Hauptwerke der russischen Literatur

Hauptwerke der russischen Literatur

Einzeldarstellungen
und Interpretationen

Herausgegeben von Wolfgang Kasack

verlegt bei Kindler

Wolfgang Kasack, geb. 1927, ist o. Professor em. für Slavische Philologie an der Universität zu Köln. Neben einem umfangreichen eigenen wissenschaftlichen Werk stehen seine Übersetzungen von Werken Gogols, Dostojewskis, Tolstois, Paustowskis, Tendrjakows u. a. Zu seinen Handbüchern zur russischen Literatur gehören das *Lexikon der russischen Literatur des 20. Jahrhunderts*, München 1992, das auch in englischer, russischer, polnischer und bulgarischer Übersetzung vorliegt, die Einführung *Russische Autoren in Einzelporträts*, Stuttgart 1994, seine Aufsatzsammlung *Die russische Schriftsteller-Emigration im 20. Jahrhundert*, München 1996, und das enzyklopädische Nachschlagewerk *Russische Literaturgeschichten und Lexika der russischen Literatur. Die Handbücher des 20. Jahrhunderts*, das 1997 im Universitätsverlag uvk Konstanz erscheint. Professor Dr. Kasack ist Ehrendoktor des Moskauer Literaturinstituts.

Satz: Satz-Rechen-Zentrum, Berlin
Druck und Verarbeitung: Franz Spiegel Buch, Ulm
Printed in Germany
ISBN 3-463-40312-9

24531

Inhaltsverzeichnis

Vorbemerkung

Für dieses Lexikon wurden aus *Kindlers Neuem Literaturlexikon* 590 Beiträge ausgewählt. Es umfaßt somit die umfangreichste, in einem Band vereinte Sammlung von Artikeln über einzelne Werke der russischen Literatur. Die Artikel wurden unverändert aus der zwanzigbändigen, 1988–1992 erschienenen Ausgabe übernommen, ferner wurden einige wichtige Beiträge einbezogen, die für die in Arbeit befindlichen Ergänzungsbände vorgesehen sind. Die Bibliographien wurden nach Möglichkeit durch Hinzufügung von ein oder zwei Titeln aktualisiert. In der Regel betreffen die Artikel ein einzelnes Werk. Bei Lyrikern wird statt dessen oft ein Überblick über *Das lyrische Werk* gegeben. Die vorgestellten Werke stammen – soweit es sich nicht um anonyme Texte der Frühzeit handelt – von 261 russischen Schriftstellern. Die Verfasser der Artikel sind durch Siglen gekennzeichnet.

Der Umfang dieses Bandes erlaubte eine Übernahme von etwa zwei Drittel der Beiträge. Verzichtet wurde zunächst auf einzelne Werke von Schriftstellern, die mit einer größeren Anzahl in der Gesamtausgabe vertreten sind. Im übrigen richtet sich die Auswahl möglichst nach dem Nachschlagebedürfnis, wobei auch einige Autoren nicht einbezogen wurden, die ihre Bedeutung für die russische Literatur nach dem Zusammenbruch des Sowjetregimes verloren haben.

Benutzer, die sich mit einzelnen Autoren intensiver befassen oder bestimmte Titel nicht finden, seien zunächst auf die weiteren Werkartikel in der zwanzigbändigen Ausgabe und in den 1998 erscheinenden Ergänzungsbänden verwiesen. Weiteres Nachforschen kann durch das synoptische Register der Werkartikel zur russischen Literatur mehrerer Lexika und durch weitere Register erleichtert werden, die mein Buch *Russische Literaturgeschichten und Lexika der russischen Literatur. Die Handbücher des 20. Jahrhunderts. Überblick – Einführung — Wegführer* (Konstanz: Universitätsverlag UVK 1997) enthält.

Wolfgang Kasack

Die russische Literatur

von Wilhelm Lettenbauer
Überarbeitet von Wolfgang Kasack

Unter den großen europäischen Literaturen ist die russische die jüngste. Sie beginnt, insofern sie als eine europäische gelten kann, erst im 18. Jahrhundert; ihre stärksten Leistungen drängen sich also auf einem knappen zeitlichen Raum zusammen, gehören da aber mit Autoren wie Nikolaj GOGOL', Fedor DOSTOEVSKIJ, Lev TOLSTOJ, Michail BULGAKOV und Aleksandr SOLŽENICYN zu den Krönungen der Weltliteratur.

Die *Volksdichtung* entfaltete schon in früheren Jahrhunderten einen beachtlichen Reichtum. Sie umfaßte die verschiedensten Dichtarten – *Märchen, religiöse Epik, lyrisches Lied, Totenklage, Sprichwort, Zauberformel* –, und sie gipfelte in der *Byline*, dem in einer stark stilisierten, formelreichen Sprache abgefaßten altrussischen Helden- und Spielmannslied, das im 16. und 17. Jahrhundert seine Blüte erlebte. Im besonderen steht die Märchen- und Liederdichtung Rußlands nach Gehalt und Formenfülle über der Folklore vieler anderer Völker. Aber die geschichtliche Entwicklung brachte es mit sich, daß eine nur mündlich überlieferte, volkstümliche Dichtung jahrhundertelang neben einer in ihrem innersten Kern fremdländischen, nämlich am byzantinischen Vorbild orientierten Literatur einherging. Erst im 19. Jahrhundert ging man daran, Volksdichtung in gedruckten Sammlungen herauszugeben.

In das Schrifttum sind Elemente der Volksdichtung erst um 1820 eingedrungen; sie hat auf die Kunstdichtung anregend gewirkt, ist aber nie mit ihr verschmolzen. Der Reichtum der russischen Volkskultur hat sogar der hohen Kunst und Literatur etwas Abbruch getan, denn allzu viele Kräfte der Phantasie wurden von jener absorbiert. Bis zum bolschewistischen Umsturz von 1917 ist in der russischen Geschichte mit ihrem losen Nebeneinander von unteren und oberen Schichten das Verhältnis der Volkskultur zur Hochkultur das Hauptproblem gewesen. Die Beharrlichkeit der bäuerlichen Kultur erwies sich als Hemmnis für die Herausbildung einer Elite; diese war im Vergleich mit den breiten unteren Schichten stets zu gering an Zahl.

Das Kiever Reich

Mit der Christianisierung im 10. Jahrhundert entstand im Kiever Reich eine Literatur in der aus Bulgarien übernommenen slavischen Kirchensprache, die, anders als das Latein in West- und Mitteleuropa, den Einheimischen nicht von vornherein unverständlich war. So konnte das Kirchenslavische jahrhundertelang Kult- und zugleich Schriftsprache sein.

Die im Kiever Reich geschaffene Literatur knüpft nicht an die Volksdichtung an; ihre Grundlage ist das byzantinische Schrifttum, das den Ostslaven auf dem Weg über die Slaven des Balkans vermittelt wurde. Es gründete auf dem byzantinischen Erbe der Zeit zwischen dem 4. und dem 10. Jahrhundert und beschränkte sich im wesentlichen auf zwei Gattungen: eine schmuckreiche Lyrik und eine nüchterne, realistische Prosaliteratur. Wie die byzantinischen Redner hatte auch der große Prediger KIRILL TUROVSKIJ (um 1130 – vor 1182) eine Vorliebe für Allegorie und Symbol; die den griechisch-christlichen Homileten aus der klassischen heidnischen Rhetorik überkommene Antithese war ihm ein vertrautes Stilmittel. Zugleich aber ist seine Predigtkunst ein Beispiel dafür, daß die ostslavische *Homiletik* der Kiever Periode sich nicht selten der Lyrik, dem hymnischen Preisgesang, so weit näherte, daß sie nahezu zur Dichtung wurde. Die *Hagiographie* bediente sich, wie ihr Gegenstück, die klassische byzantinische Heiligenlegende, einer realistischen Prosa. In der Neigung zu fesselnder Darstellung der Vorgänge, im Aufbau und in der Charakterisierung der Personen wird die Absicht offenkundig, das literarische Moment gegenüber der erbaulichen Tendenz hervortreten zu lassen.

Ohne Anlehnung an byzantinische Vorbilder konnte sich die *Fürstenvita* zu einer literarischen Gattung entwickeln. Sie zeigt den panegyrischen Stil des Enkomion, der Lobrede; in ihre Rhetorik mischen sich häufig lyrische Töne. Beträchtliche Wirkung übte auch die historiographische Gattung der *Chronographie* aus. Die bis zum Jahr 1110 reichende Nestorchronik (*Povest' vremennych let*) ist die älteste einer Gruppe von Chroniken, die bis in die Moskauer Periode hinein fortgeführt wurden. Die Chroniken des 12. und 13. Jahrhunderts nähern sich in der Erzählweise dem abendländischen Ritterroman, wie auch ihre Verfasser in der Geisteshaltung dem europäischen Rittertum nahestanden. Als höfisches Epos ragt das allerdings in seiner Echtheit umstrittene *Igorlied* (*Slovo o polku Igoreve*, zwischen 1185 und 1187), Darstellung der unaufhörlichen, verlustreichen Kämpfe gegen die Steppennomaden, als einziges Zeugnis seiner Art aus dem Kiever und Moskauer Schrifttum heraus. Um die Mitte des 13. Jahrhunderts führte der Einbruch der Tataren zum Untergang Kievs und damit zu einer für das geistige Leben der Ostslaven folgenschweren politischen Wende. Die kulturellen und politischen Zentren verlagerten sich nach dem Nordosten und Westen. Die Ukrainer und Weißrussen gehörten fortan, bis zum 17. Jahrhundert, dem litauisch-polnischen Reich an.

Der Moskauer Staat

Nach dem Fall Kievs (1242) bildeten sich neue politische Mittelpunkte. Das Fürstentum Moskau im Norden erlangte im 14. Jahrhundert eine beherrschende Stellung.

Während der Tatarenherrschaft (1242–1480) befand sich das literarische Leben, ebenso wie das staatliche und wirtschaftliche, in einem Stadium des Übergangs. Die aus dem Kiever Reich überlieferten Gattungen und Stile lebten nur noch in epigonenhaften Versuchen weiter. Gegen Ende des 14. Jahrhunderts ermöglichte die Wiederaufnahme der Verbindungen zu den orthodoxen Balkanslaven und zu Byzanz eine Erneuerung des südslavisch-kirchenslavischen Einflusses. Er wurde insofern bedeutsam, als der auf SYMEON METAPHRASTES (zweite Hälfte 10. Jahrhundert) zurückgehende, panegyrisch-rhetorische Stil der byzantinischen Hagiographie jetzt in die Moskauer Literatur einging. Daraus erklärt sich deren Neigung zu überladener Rhetorik. Eine Sammlung literarischer Denkmäler des 16. und früherer Jahrhunderte, die *Großen Lesemenäen* (*Velikie minei čet'i*), entstand unter dem Metropoliten MAKARIJ (um 1482–1563), dem Lehrer Ivans des Schrecklichen. Sie enthält das gesamte in Rußland vorhandene originale und übersetzte Vitenmaterial und ist der *Legenda aurea* des JACOBUS DE VORAGINE aus dem 13. Jahrhundert an die Seite zu stellen. Sie sollte den Ruhm von Kirche und Staat mehren und gleichzeitig der Ideologie von Moskau als »Drittem Rom« Ausdruck geben.

Das kirchlich-religiöse Element nimmt sowohl hinsichtlich der Thematik als auch der Autorschaft in der Kiever und Moskauer Literatur einen breiten Raum ein, ist aber nicht ihr bestimmendes Merkmal. Sie steht zur neuen russischen Literatur in einem Gegensatz, der auf der Verschiedenheit zweier literarischer Systeme beruht: Das Kiever Schrifttum wie auch das Moskauer haben ihre Wurzeln in Byzanz; die Begründer der neuen russischen Literatur leiteten deren Normen vom zeitgenössischen westeuropäischen Schrifttum ab.

Von Weißrußland und der Ukraine aus strömte im 17. Jahrhundert, zumal nach der Angliederung der Ostukraine an das Moskauer Reich, westliches Bildungsgut nach Moskau ein. Zwei Literaturgattungen, nämlich eine syllabische Lyrik und eine vom Geist der Scholastik geprägte, abstrakte Dramatik, konnten im Moskauer Schrifttum Fuß fassen; im russischen Kunstvers, der ein Jahrhundert lang der Tradition der ukrainischen barocken Versdichtung folgen sollte, lag jedoch die Sprachgestaltung im Widerstreit mit den Akzentverhältnissen des Russischen. Gleichzeitig kamen anekdotische Erzählungen, satirisch-milieuschildernde Novellen, Abenteuer- und Schelmenromane auf. Das auf Homiletik, Hagiographie und annalistische Chronistik gegründete altrussisch-byzantinische literarische System trat endgültig zurück vor den mehr und mehr eindringenden westeuropäischen, ebenfalls auf alter Tradition beruhenden Kunstarten. War der Kunst bisher eine dienende Stellung zuerteilt worden, so rückte jetzt der Zeitpunkt nahe, da sie frei im Leben der Gesellschaft wirken und aus neuen Lebensbereichen Anregung und Bereicherung empfangen sollte.

Das Rußland St. Petersburgs

Mit dem Beginn der Petersburger Periode (1712) wurde »Moskovien« in »Rußland« umbenannt, es wurde europäische Großmacht, bezeichnet mit dem ursprünglich römischen Begriff »Kaiserreich«. Erst nach der Epoche Peters des Großen (reg. 1682–1725), erst nachdem die beginnende Europäisierung in Rußland ein reges Interesse an den europäischen Literaturen geweckt hatte, gelang es, die Verhältnisse im russischen Schrifttum theoretisch zu erfassen. Vasilij K. TREDIAKOVSKIJ (1703–1768) hat in Frankreich, Michail V. LOMONOSOV (1711–1765) in Deutschland die Anregungen empfangen, aufgrund derer sie die neue russische Literatur in ihrem Normengefüge begründeten. Trediakovskij führte die Poetik des französischen Klassizismus in Rußland ein, nach deren Maßstäben er die Bereiche der lyrischen, epischen und dramatischen Dichtung unterschied. Lomonosov teilte den einzelnen Dichtarten jeweils einen der drei Stile zu, die er in die wissenschaftliche Beschreibung des Russischen einführte. Der erzählenden Literatur erkannte Trediakovskij nicht denselben Rang zu wie den drei anderen Dichtarten. Erst im Gewand des Romans und der Novelle, also erst im 19. Jahrhundert, wurde sie höher bewertet. Wenngleich manche Auffassungen der beiden Theoretiker, deren Dichtung übrigens noch dem Stil des Barock verpflichtet war, sich später als einseitig oder allzu schematisch erwiesen, so ist doch die russische Literatur dank dieser beiden Persönlichkeiten eine europäische geworden.

Um die Mitte des 18. Jahrhunderts war die russische Oberschicht so eng mit dem europäischen Geistesleben verbunden, daß nunmehr die geistesgeschichtlichen Entwicklungsphasen des Westens in Rußland Widerhall finden konnten. Die zweite Hälfte des Jahrhunderts wurde zur russischen Aufklärungsepoche. Nikolaj KARAMZIN (1766 bis 1826), der erste beachtliche Vertreter der russischen Kunstprosa, führte die von LOMONOSOV begonnene Reform der Schriftsprache fort; in weniger als einem Jahrhundert war damit die russische Literatursprache zu einem ausdrucksreichen Instrument geworden, das allen Ansprüchen dichterischer Phantasie genügen konnte. Beträchtlichen Anteil daran hatte auch der französische Einfluß; die Klarheit des französischen Geistes hat die neue russische Literatursprache mitgeprägt.

Im Kaiserreich war die geistige Kluft zwischen den führenden Schichten und den Massen tiefer als im Moskauer Staat, obwohl die Ideologie von Moskau als »Drittem Rom« – Ausdruck und Losung des nationalen Bewußtseins im theokratischen Absolutismus Moskaus – nahezu nur für den Hof und die höhere Geistlichkeit Bedeutung hatte. Unter der Wirkung der fortschreitenden Europäisierung der oberen Schicht verschärfte sich im 18. Jahrhundert die soziale Spannung. Der von Peter dem Großen geschaffene neue Adel übertraf den alten an Zahl und Bildungsfähigkeit. Er war Träger des politischen und kulturellen Aufschwungs Rußlands bis zur Ära Alexanders I. (reg. 1801–1825); er verwandelte die neue, in vieler Hinsicht fremdartige Kultur in eine Kultur russischer Prägung. Neben den Faktoren des kulturellen Lebens waren es vor allem militärische Leistungen und die wachsende internationale Bedeutung Rußlands, die den Glauben an eine bedeutende Zukunft der Nation weckten und stärkten.

Die große Literatur des 19. Jahrhunderts ist enger mit der neuen Metropole Petersburg als mit Moskau verbunden. Daß sie in ihren Anfängen bereits europäisch war, läßt sich aus dem auf die Dichtart der Fabel beschränkten Werk erkennen, mit dem Ivan KRYLOV (1768–1844) als erster internationale Anerkennung erwarb. Er übertrug die Fabeln La Fontaines und schrieb eigene. Dabei verstand er es, die lautlichen und grammatischen Eigenheiten des Russischen zur Wirkung zu bringen und in der russischen Umgangssprache geschmeidige Verse zu schreiben. Es ist allein der Wesensunterschied zwischen der französischen und der russischen Sprache, der das Fabelwerk La Fontaines und Krylovs voneinander trennt. Als Dichterpersönlichkeiten sind beide einander ebenbürtig.

Soviel Aleksandr PUŠKIN (1799–1837) auch jenen verdankt, die ihm den Weg ebnen halfen, einem Gavril DERŽAVIN (1743–1816), Vasilij ŽUKOVSKIJ (1783–1852), Konstantin BATJUŠKOV (1787–1855), so gebührt doch ihm allein der Ruhm, die russische Dichtung nach einer kurzen Anlaufzeit auf die Höhe der großen europäischen

Literaturen erhoben zu haben und die prägende Gestalt des »Goldenen Zeitalters« der russischen Literatur zu sein. Der Vergangenheit vor allem Europas zugewandt, versenkte er sich in den Geist der fremden Literaturen, um das Erbe europäischer Dichtung nutzbar zu machen. Es ist schwer, das ganze Ausmaß seiner Wirkung auf die russische Sprache und Dichtung abzuschätzen. Er hat den Grund für die geistige Entwicklung seines Landes im 19. Jahrhundert gelegt, dem Jahrhundert, dessen Bedeutung für Rußland ähnlich war wie die der Renaissance für Italien, oder die der prägende Wirkung des ausgehenden 16. und 17. Jahrhunderts für Spanien, Frankreich und England.

Als Lyriker übertrifft PUŠKIN alle späteren, von Lermontov bis Blok. Seine Versdichtung, überragend in der Spannweite der Gedanken und Gefühle, ist bezwingend in Klang und Rhythmus. Er bereicherte die russische Balladendichtung, der Žukovskij zu einem Höhepunkt verholfen hatte. In der Verserzählung *Ruslan und Ljudmila* (*Ruslan i Ljudmila*, 1820) verbindet sich die Phantastik des komischen Epos Ariosts und seiner Schule mit der Welt des russischen Märchens zu einem Kunstwerk, das die Zeitgenossen zur ersten Diskussion über die Romantik in Rußland veranlaßte. Die literarischen Vorwürfe seiner im Bann der Dichtung Byrons geschaffenen »romantischen Verserzählungen« suchte er im Kaukasus, in der tatarischen Krim und unter den Zigeunern der Moldau. Viele russische Dichter sind ihm darin gefolgt. In seinem Versroman *Eugen Onegin* (*Evgenij Onegin*, 1825–1833), dem ersten der großen russischen Romane, formt sich aus einer Verschmelzung realistischer Darstellung mit lyrischer Stimmung und subjektiver Tönung das poetische Bild Onegins und der weiblichen Hauptfigur Tatjana. Die Verse des *Ehernen Reiters* (*Mednyj vsadnik*, 1833) enthalten eine philosophische Rechtfertigung der historischen Entwicklung Rußlands; sie weisen auf den phantastischen Aspekt der jungen Hauptstadt Sankt Petersburg hin, der noch viele russische Autoren – von Gogol' und Dostoevskij bis zu Andrej Belyj – inspirieren sollte.

Prägnante Kürze und logische Klarheit der syntaktischen Formen sind Kennzeichen der Prosa PUŠKINS, die freilich der Ungezwungenheit, des freien Strömens seines Verses entbehrt. Die *Erzählungen Belkins* (*Povesti Belkina*, 1831), stilisiert, in die Form eines Novellenkranzes gefaßt, bezeichnen den Beginn einer Entwicklung in der russischen Erzählprosa, die Gogol' fortsetzte. Wie im *Eugen Onegin*, so kündigt sich auch in der *Hauptmannstochter* (*Kapitanskaja dočka*, 1836) der Realismus der kommenden Jahrzehnte an.

Dem Romantiker Michail LERMONTOV (1814 bis 1841) gelang es in derselben Periode, neue Ausdrucksmittel zu entwickeln; in seiner Lyrik nimmt das Persönliche breiten Raum ein. Die Vision des »fernen Landes«, sowohl von den englischen wie den deutschen Romantikern gestaltet, war unter den russischen Dichtern nur ihm vertraut. Seine

Verserzählung *Der Dämon* (*Demon*, 1840), an der er nahezu lebenslang schrieb, gestaltet Kraft, Leid und geistige Unterlegenheit des Bösen. Als Erzähler konnte er zwar sein Ziel, die große Form des Romans, nicht erreichen, doch schuf er mit seinem *Ein Held unserer Zeit* (*Geroj našego vremeni*, 1840) die Grundlage für den russischen psychologischen Roman. Die fünf in diesem Werk zusammengefaßten Erzählungen erweisen Lermontov als Meister der kleinen Form.

Dem Werk des Erzählers Nikolaj GOGOL' (1809–1852) liegen religiös-ethische Motive zugrunde, die sich später verstärkten und mit mystischen Gedankengängen verflochten. Seine künstlerische Einstellung wurde von der deutschen Romantik entscheidend beeinflußt. Was er von seinen Vorbildern übernahm, hat er bereits in den Erzählungen *Abende auf dem Vorwerk bei Dikan'ka* (*Večera na chutore bliz Dikan'ki*, 1831/32) zu seinem literarischen Eigentum umgeprägt. Mit diesem Werk, in das der gebürtige Ukrainer volkstümliche Überlieferungen seiner Heimat aufnahm, begann die nachhaltige Wirkung Gogol's auf Literatursprache und Schrifttum in Rußland, die bis ins 20. Jahrhundert hinein unverkennbar bleiben sollte. In den fünf *Petersburger Novellen* (*Portret, Nevskij Prospekt, Zapiskij sumasšedšego, Nos, Šinel'*, 1835–1842) ist die Phantastik der frühen Erzählungen in die Schilderung des Großstadtlebens übernommen. Die beste Novelle, *Der Mantel* (*Šinel'*), mit ihren für Gogol' bezeichnenden, wir-

kungsvollen Stilbrüchen, wurde – in ihrem religiösen Grundgedanken wohl nicht völlig verstanden – zum Ausgangspunkt der Richtung des »sozialen Mitleids« in der russischen Literatur. Diese philanthropische Strömung wurde später als Mit-Leid mit allen Menschen zu einem Kennzeichen des russischen Realismus.

GOGOL's Satiren sind weniger sozialer Art; viele seiner Figuren sind ironisiert, Menschen des grauen Durchschnitts, gestaltet aus der Sicht eines, ob der Trägheit der Geister, ob der Übermacht des Bösen in der Welt, pessimistisch-spöttischen Beobachters der menschlichen Natur. Mit einer schöpferischen Kraft, die an Shakespeare, an Rabelais gemahnt, hat Gogol' Figuren wie den Protagonisten und die Gutsbesitzer in den *Toten Seelen* (*Mërtvye duši*, 1842), die Beamten und den eitlen Betrüger im *Revisor* (*Revizor*, 1836) geschaffen. Das Neuartige im *Revizor* – einer der besten Komödien der Weltliteratur – ist das Fehlen jeglicher Didaktik, der Verzicht auf feingesponnene Liebesintrigen und sympathische Charaktere.

In der zweiten Hälfte des 19. Jahrhunderts hat Aleksandr OSTROVSKIJ (1823–1886) mit seinen meist in der Kaufmannswelt spielenden Stücken zwar eine Schule des russischen Dramas gegründet, aber nur wenige dieser – und auch späterer – Bühnenstücke konnten sich mit dem *Revizor* oder mit GRIBOEDOVS (1795–1829) die Fesseln des Klassizismus sprengender Komödie *Verstand schafft Leiden* (*Gore ot uma*, 1831) messen.

Das Zarenreich und Europa

In der russischen Geistesgeschichte kommt den Jahren von 1835 bis 1848, von den Russen mit dem zum historischen Terminus gewordenen Begriff der »Vierziger Jahre« bezeichnet, überragende Bedeutung zu. Aufgrund politischer Erfolge und kultureller Leistungen, vor allem auf literarischem Gebiet, war unter den gebildeten Russen ein Selbstbewußtsein erwacht, das nun zu einer kritischen Haltung gegenüber der westlichen Kultur führte. Im 18. Jahrhundert, insbesondere aber während der Napoleonischen Kriege, waren zahlreiche russische Adlige als Offiziere in Westeuropa mit der Gedankenwelt des deutschen Idealismus in Berührung gekommen. Ferner war um die Jahrhundertmitte eine tiefgreifende Wirkung von der Philosophie Hegels ausgegangen. Diese starken Impulse hatten im geistigen Leben Rußlands nicht nur eine bewundernde Anerkennung der westlichen Welt, sondern auch eine Besinnung auf die eigene kulturelle Tradition bewirkt.

Die Veröffentlichung des 1827 entstandenen ersten der *Philosophischen Briefe* (*Filosofičeskie pis'ma*) von Pëtr ČAADAEV (1794–1856), in dem dieser von der kulturellen Überlegenheit Westeuropas sprach, führte zu heftigen Diskussionen: Die Standpunkte der »Westler« und der »Slavophilen« begannen sich herauszuschälen. Beide beantworteten zwar die Frage nach dem vergangenen und

künftigen Weg Rußlands in vieler Hinsicht unterschiedlich; gemeinsam war ihnen jedoch die kritische Einstellung zur Regierung und zum öffentlichen Leben. Die in der Beurteilung des Verhältnisses Rußlands zu Europa zutage tretenden Gegensätze spiegelten sich deutlich in der Literatur der zweiten Jahrhunderthälfte.

Der in den dreißiger und vierziger Jahren in Rußland einsetzende soziale Wandel wirkte sich auch im literarischen Leben aus. Noch immer waren zwar die meisten Schriftsteller adliger Abkunft (die Mehrzahl stammte allerdings vom kleineren Adel ab) und hatten daher den hohen Bildungsgrad erwerben können, den der Staat ihnen dank ihrer Vorzugsstellung ermöglichte; nun traten aber auch Schriftsteller nichtadliger Herkunft hervor. Ihre anfängliche Unsicherheit im ästhetischen Urteil, ein gewisser Mangel an Taktgefühl in der literarischen Auseinandersetzung sowie die Verwendung vergröberter Stilformen schwanden in dem Maße, als sich die Bildungsmöglichkeiten für nichtadlige Kreise in Rußland erweiterten. Um die Jahrhundertmitte bestand die Oberschicht aus einem regierenden Stand und einer geistig führenden Gruppe, der *intelligencija*. Das Sendungsbewußtsein der letzteren hatte bereits in ČAADAEVS Schriften einen Niederschlag gefunden. Dieser Gruppe gehörten Persönlichkeiten an, denen, ungeachtet ihrer Abkunft, die tätige Teilnahme an der Regierung und am öffentlichen Leben verwehrt war, die sich als Intellektuelle im russischen Staat stets von den leitenden Positionen ausgeschlossen fühlten, sich selbst aber als die Träger der Zukunft betrachteten. Ein Sprachrohr fanden sie in den Zeitschriften, in denen sie, trotz strenger Zensur, zu Wort kommen konnten. Die Zeitschrift, und damit die Literatur, hatte daher wesentliche Aufgaben der Presse, der Publizistik, der Wissenschaft, ja sogar der Politik zu erfüllen und wurde in den Augen weiter Kreise der Bevölkerung zum Organ des nationalen Geistes.

Der russische Realismus, wie er sich im Roman und in kleineren literarischen Formen äußerte, war vom Ende der vierziger Jahre bis etwa 1900 die dominierende Stilrichtung. Gemeinsam war den Realisten die Wahl der literarischen Vorwürfe aus dem zeitgenössischen russischen Leben oder aus der jüngsten Vergangenheit. Die Schriftsteller sollten, so forderte die Kritik, gleichsam den Pulsschlag der Nation registrieren, die Kunstprosa sollte einen »sozialen Auftrag« erfüllen und das aktuelle gesellschaftliche Geschehen schildern. Der soziale Aspekt wird im russischen realistischen Schrifttum stärker berücksichtigt als im europäischen der Jahrhundertmitte.

Der Novellenband *Aufzeichnungen eines Jägers* (*Zapiski ochotnika*, 1852) von Ivan TURGENEV (1818–1883) wurde von der Kritik als soziale Anklage verstanden, obwohl dem Autor selbst eine solche Absicht ferngelegen hatte. Aus der Tradition Puškins heraus entwickelte Turgenev den Typus des *freien Romans*, in dem die Darstellung des persönlichen Schicksals des Helden mit dem Bild des sozialen, politischen und geistigen Lebens Rußlands in verschiedenen Perioden des 19. Jahrhunderts verschmilzt. Im *Adelsnest* (*Dvorjanskoe gnezdo*, 1859) gelang ihm die organische Verbindung von tiefer psychologischer Einsicht und der Erkenntnis gesellschaftlicher Probleme. Dasselbe gilt für *Väter und Söhne* (*Otcy i deti*, 1862), seine bemüht objektive Interpretation des Generationenproblems, wie auch für *Neuland* (*Nov'*, 1877), den Roman über die junge russische Generation und ihre neue Ideologie. Während Tolstoj und Dostoevskij das Innere ihrer Helden ausloten, analysieren, zeigt Turgenev, wie sie sich in den Augen anderer spiegeln, oder läßt sie aus der jeweiligen Atmosphäre heraus Gestalt annehmen. Mit seiner Novellistik hat er in der russischen Literatur eine Erzählform zur Vollendung geführt, die vordem zwar im Werk einiger bedeutender Autoren vertreten, nicht aber als Gattung gepflegt worden war. Hier steht er Seite an Seite mit den großen europäischen Novellendichtern Mérimée, Musset, Storm und Keller; in Deutschland hat man seinen Novellen den Vorzug vor seinen anderen Werken gegeben. Als erster russischer Schriftsteller zog er die Leser Europas ganz in seinen Bann; abgesehen von dem Einfluß, den seine Schriften in thematischer und allgemeinkünstlerischer Hinsicht ausübten, gewann er in Deutschland und Frankreich für die Verbreitung russischer Dichtung wirkend, erhebliche Bedeutung als literarischer Mittler.

Im Jahrfünft von 1855 bis 1860 erreichte fast jeder der russischen Schriftsteller, die in den vierziger Jahren hervorgetreten waren, den Höhepunkt seines literarischen Schaffens. Ivan GONČAROV (1812–1891) zeigt, im Gegensatz zu Gogol', in seinen Prosawerken die Abneigung gegen stilistische Effekte und den Verzicht auf schmückendes Beiwerk, die für den Stil des russischen realistischen Schrifttums kennzeichnend sind. In seinem bedeutendsten Roman, *Oblomov* (1859), hat er ein Symbol poetisch geformt, den Weg eines der gewollten Einsamkeit verfallenen Menschen bis zum Untergang in trostloser Öde und Trägheit gezeichnet. Namentlich in den letzten Teilen des Werkes ist die Unvermeidlichkeit des herannahenden Verderbens ähnlich zwingend dargestellt wie später etwa in Michail E. SALTYKOV-ŠČEDRINS (1826–1889) Meisterwerk *Die Herren Golowljow* (*Gospoda Golovlëvy*, 1880) und in Ivan BUNINS (1870–1953) *Suchodol* (1911). Der Vorgang ruhmlosen Vergehens von Menschen und Geschlechtern des russischen Landadels ist in diesen drei Romanen in einer in der russischen Literatur einzigartigen Weise künstlerisch gestaltet.

In seinem Frühwerk knüpft Fëdor DOSTOEVSKIJ (1821–1881) an die Stiltendenzen und die Gedankenwelt Gogol's an, ist ihm das Persönlichkeitsproblem eine Frage der Moral. Neun Jahre lang, während der Zeit seiner Zwangsarbeit in Sibirien, lag danach sein Talent brach. Das religiöse Element tritt in seinem Roman *Schuld und Sühne* (*Prestuplenie i nakazanie*, 1866) hervor, verstärkt sich mehr und mehr bis zum letzten Roman und verflicht sich mit dem grundlegenden Thema der Dialektik von Wahrheit und Freiheit. Die *Aufzeichnungen aus einem Kellerloch* (*Zapiski iz podpol'ja*, 1864), die Periode einleitend, in der die Werke der Reifezeit entstanden, sind ein Zeugnis tiefen geistigen Erlebens. Mit ihrer Analyse des Verhältnisses zwischen menschlicher Natur und Freiheit, mit ihrem Motiv der Selbstbehauptung des Individuums, die zum Streben nach unbegrenzter Willkür, zur Selbstüberheblichkeit wird, greifen sie über den literarischen Bereich hinaus. Jeder Satz in den Bekenntnissen des einsamen Schreibers dieser Aufzeichnungen ist dialogisch, an einen erdachten Gegner gerichtet.

Die Dialoge und Monologe, unvergleichlich in der Individualisierung der einzelnen Stimmen, sind Höhepunkte im Werk dieses Dichters, dem ein Platz neben den großen Denkern der Menschheit gebührt. In seinen Romanen bildet jeweils eine Idee religiös-philosophischer oder politisch-gesellschaftlicher Art das Zentrum, um das die Ereignisse der Handlung kreisen. In der Geschichte des Romans ist dies eine neue, komplexe Form – DOSTOEVSKIJS literarisches Eigentum ist, in der er einem großen Gedanken mit Hilfe von Elementen niederer Romanformen, des Kriminal-, Boulevard- oder Feuilletonromans, Ausdruck verleiht. Es sind vor allem zwei Gruppen von Gestalten, an denen Dostoevskij sein Hauptthema entwickelt: einerseits Menschen, die der Versuchung durch die Leidenschaft der Sinne ausgesetzt sind und ihr erliegen, andererseits solche, die, der Verlockung abstrakter Ideen nachgebend, als unbelehrbare Weltverbesserer vor die Öffentlichkeit treten, wie sein Raskolnikov, sein Ivan Karamazov und sein Großinquisitor, eine der großartigsten Figuren der russischen Literatur. Bei Dostoevskij verletzt der Mensch, der diesen Versuchungen erliegt, seine gottmenschliche Existenz, in der die menschliche Freiheit an die göttliche Wahrheit gebunden ist. Der Denker und Schriftsteller Dostoevskij ist anderen weit vorausgeeilt. Viele Jahre vor Proust, Joyce, den Symbolisten und Expressionisten entäußert sich der Held der Novelle *Die Sanfte* (*Krotkaja*, 1876) bei seiner inneren Betrachtung der Konvention der logischen, literarischen Redeweise und läßt die Gedanken und Bilder der unmittelbaren assoziativen Bewegung entspringen. – Den Ideen Dostoevskijs wiederum verdanken die europäischen Literaturen und einzelne Bereiche der westlichen Philosophie und Theologie fruchtbare Anregungen.

Die tiefe, umfassende geistige Erfahrung teilt der reife Dostoevskij mit Lev TOLSTOJ (1828–1910). Der grundlegende Gegensatz in der geistig-seelischen Haltung beider verstärkt noch den Eindruck des Einzigartigen, Unwiederholbaren im Wirken des einen wie des anderen. Für den Aristokraten Tolstoj war das russische und französische Geistesleben im 18. Jahrhundert – vor allem Rousseausches Gedankengut – der Wurzelboden. Sein Weg zur Dichtung führte über die Form des Tagebuchs. Diese scharfe Beobachtung des eigenen Wesens und Handelns bewirkte, daß er, ein Vorgänger Freuds, die psychologische Analyse in der Folgezeit auf alles und jeden anwandte. Es gab für ihn keine Geschlossenheit und Ganzheit des Seelenlebens. Dabei ist eines seiner wichtigen Stilmittel die »Verfremdung«, der Blick »von der Seite her«. Nicht nur in diesem Zug unterscheidet sich sein Werk von dem der anderen russischen Realisten; er vermeidet auch, im Gegensatz zu ihnen, die Schilderung des Milieus im lokalen, zeitlich begrenzten Sinn. Zentralprobleme seiner Erzählungen sind nicht die aktuellen politischen und sozialen Fragen, sondern die moralischen. Die Introspektion, vor allem die Darstellung des Traums und schwer faßbarer traum- und schlafähnlicher Zustände als Mittel der Charakterisierung, beherrschte er vollkommen. Der Roman *Krieg und Frieden* (*Vojna i mir*, 1868/69), das hervorragendste Werk der russischen realistischen Kunstprosa, hat, wie nur wenige andere Romane, zahlreiche in- und ausländische Prosaerzähler beeinflußt. Weltliterarisch wäre Tolstoj als Nachfahre Stendhals und als Vorläufer von Henry James und Marcel Proust einzuordnen.

Die Sonderstellung, die Nikolaj LESKOV (1831–1895) in der Gesamtliteratur Rußlands einnimmt, ist in seiner Sprache und seiner Thematik, die dem kirchlichen Leben Raum gibt, begründet. Als Sprachkünstler steht er neben Gogol', und nur wenige Autoren, so beispielsweise Aleksej REMIZOV (1877–1957) und Evgenij ZAMJATIN (1884–1937), kommen ihm später im verschnörkelten, verwirrenden Stil, in Wortspiel und seltsamer Wortbildung, in der kunstvoll-stilisierten Rede unterer Volksschichten nahe. Sein Russisch erscheint bei allem Reichtum an eigenartigen Idiomen, an mannigfachen Formen von Berufs- und Klassensprachen, an kirchenslavischen und fremdsprachlichen Elementen dennoch als Einheit; es gleichwertig zu übersetzen ist unmöglich. In der Prosa russischer Erzähler des 20. Jahrhunderts, wie Leonid LEONOV (geb. 1899), Boris PIL'NJAK (1894–1938) und Michail ZOŠČENKO (1894–1958), ist der Einfluß seines Stils deutlich erkennbar. Der Reichtum an Motiven und Gestalten beweist sich in seinen besten Erzählungen in einer Fülle von Zwischenfällen, Abenteuern und Anekdoten. Im Lauf seines Lebens eignete er sich eine ungewöhnlich tiefe Kenntnis des russischen Menschen an, dessen ethischen Prinzipien er mit seiner literarischen Verherrlichung von Demut und Liebe und mit seiner Ächtung des geistigen Hochmuts entgegenkam.

Daß die sechziger und siebziger Jahre zur großen Zeit des russischen Romans wurden, haben Tolstoj und Dostoevskij aufgrund ihrer ablehnenden Haltung gegenüber den sozialistisch-utilitaristischen Strömungen und Persönlichkeiten des literarischen Lebens, vor allem der Literaturkritik, bewirkt. Kurz nach 1880 trat dann eine Wende ein. Dostoevskij und Turgenev starben, Tolstoj kehrte sich, ein einfaches bäuerliches Leben führend, eine Zeitlang von der Literatur ab, Leskov ging vom Roman zur Chronik und Novelle über.

In diesen Jahren schuf Anton ČECHOV (1860–1904) die neue Gattung der anekdotischen Kurzgeschichte. Er schulte sich an Maupassant, dem er das Muster der kleinen Erzählung verdankte, in der Bilder und Gedanken aufs äußerste verdichtet und die Geschehnisse auf denkbar engem Raum zusammengedrängt sind; auch Flaubert und Zola waren ihm Vorbild, Vsevolod GARŠIN (1855–1888) in manchem Vorläufer. Eine wenig entwickelte Handlung und eine Verhaltenheit, die den Leser erst allmählich den Grundgedanken erkennen läßt, kennzeichnen Čechovs Erzählkunst. Sie kennt kaum Steigerungen und Höhepunkte. Das Detail, zeichenhaft und symbolisch wirkend, deutet das Thema an. In der tektonischen Geschlossenheit übertrifft er jedoch alle Schriftsteller des russischen Realismus, ist er nur Puškin und Lermontov vergleichbar. Seine Erzählungen sind in sich geschlossene lyrische Gebilde, in denen jede Episode ihren unverrückbaren Platz hat. Die mittels einer Fülle emotional bedeutsamer Details hervorgerufene Stimmung ist das spezifische Stilmittel des Impressionisten Čechov. Seine psychologische Einsicht beweist er vor allem in der Darstellung der unüberwindlichen Kluft zwischen den Menschen, ihrer Vereinzelung und Vereinsamung. Mit seinen Dramen hat Čechov in die Weltliteratur eine neue Art der Bühnendichtung eingeführt. Parataktisch gebaut mit dem Gewicht auf der Szene, nicht der Lösung, oft durchaus lyrisch, unterscheiden sich seine Stücke von seinen Erzählungen im wesentlichen durch ihren Dialog, der ganz auf atmosphärische Wirkung abzielt. Die Aufführung seiner Dramen im Moskauer Künstler-Theater unter Stanislavskij war ein Markstein in der Geschichte dieser berühmten Bühne.

Zur Lösung von einem Schaffen, wie es die herrschende, nur an Sozialkritik interessierte, atheistische Kritik forderte, trugen auch bedeutende, im Geistigen verwurzelte Lyriker bei wie Fedor TJUTČEV (1803–1873), Afanasij FET (1820–1892) und der in vielen Gattungen – dem historischen Drama, dem historischen Roman, Balladen und einer geistig fundierten Lyrik – gut ausgewiesene Aleksej Konstantinovič TOLSTOJ (1817–1875).

Die russische Literatur des 20. Jahrhunderts

Vom Symbolismus bis zum Ende der Sowjetunion

von Wolfgang Kasack

Wesentliches Kennzeichen der russischen Literatur des 20. Jahrhunderts ist ihre Spaltung in eine freie Auslandsliteratur und eine vom Sowjetstaat in unterschiedlichem Ausmaß unterdrückte Inlandsliteratur. Der Blüte zu Beginn des Jahrhunderts, das als »Silbernes Zeitalter« bezeichnet wird, folgte ein Niedergang nach dem bolschewistischen Umsturz von 1917. Die Inlandsliteratur war nun in Inhalt und Qualität von dem schwankenden Grad des Freiraums abhängig, den ihr die Kommunistische Partei gewährte. Neben ihr stand eine ideologisch freie, doch der breiten Leserschicht beraubte und dadurch eingeengte Literatur der Emigranten, die in drei Wellen – 1917/22, 1941/45, 1971/84 – Rußland verließen.

Die Perestroika-Politik der Jahre 1985–1991 und das Ende des Sowjetreiches 1991 gaben der russischen Literatur ihre Einheit wieder. Die anomale Entwicklung von Literatur und Literaturgeschichtsschreibung führte zu einer Verfälschung der russischen Literatur und ihrer Wertung. Zensur und Redaktionen zerstörten und veränderten viele Werke im Großen wie im Detail, die Macht der Politik über das Geistesleben führte aber auch zur Verfälschung des Wesens mancher Autoren durch innere Anpassung. Der Kanon anerkannter russischer Schriftsteller wurde weitgehend nicht ästhetisch, sondern politisch bestimmt, die eigentlich bedeutenden Dichter wurden weniger verlegt, übersetzt, erwähnt und in Literaturgeschichten behandelt. Im Westen war die russische Literatur fast vollständig bekannt, doch hatte die sowjetische Verfälschung auch negativen Einfluß auf die dortige Kenntnis und Haltung. Die Normalisierung und Gesundung begann erst am Ende der achtziger Jahre.

Das Silberne Zeitalter

Die Blütezeit der russischen Dichtung zu Beginn des 20. Jahrhunderts bis zu Lenins Terror gegen Bürgertum und Adel trägt in Analogie zum »Goldenen Zeitalter« der Puškinzeit den Namen »Silbernes Zeitalter«. Es beginnt mit der berühmtesten Strömung, dem Symbolismus, und schließt den darauf aufbauenden Akmeismus ebenso ein wie den antibürgerlichen Futurismus.

Keimzelle des Symbolismus war die St. Petersburger Künstlervereinigung »Die Welt der Kunst« *(»Mir iskusstva«)*, die – was für das »Silberne Zeitalter« typisch blieb – Dichtung und Malerei vereinte und die Kunst auf ihren eigentlichen, den transzendenten Ursprung zurückführte. Somit wurde der Symbolismus zum Brückenschlag zwischen dem natürlichen Leben der Menschheit und der Welt geistigen Seins, lag das Wesen der symbolischen Erkenntnis in der religiösen Deutung der naturhaften und der historischen Wirklichkeit.

Der russische Symbolismus entstand unter direktem Einfluß des französischen als Gegenbewegung gegen den verflachenden Realismus und Positivismus in der Literatur und gegen die vorherrschende marxistische und atheistische Kritik, gegen Fortschrittsgläubigkeit und Geringschätzung des Dichterischen in Rußland. Er fußte auch auf der russischen philosophischen und religiösen Lyrik. Zu den bedeutendsten russischen Symbolisten gehören Vladimir SOLOV'EV (1907–1978) als Vorläufer, Dmitrij MEREŽKOVSKIJ (1865–1941), dessen Frau Zinaida GIPPIUS (1869–1945), Vjačeslav IVANOV (1866–1949), Valerij BRJUSOV (1873–1924), Konstantin BAL'MONT (1867 bis 1942), Fëdor SOLOGUB (1863–1927) sowie – als eine zweite Welle – Aleksandr BLOK (1880–1921) und Andrej BELYJ (1880–1934). Eine wesentliche Rolle im russischen literarischen Leben spielten die symbolistischen Zeitschriften wie die von Sergej MAKOVSKIJ (1877–1962) in St. Petersburg herausgegebene ›Apollon‹ (1909–1917) und die von V. Brjusov faktisch geleitete Moskauer ›Vesy‹, 1904–1909 (Die Waage).

Von den mystischen Bestrebungen innerhalb des Symbolismus setzte sich die etwa 1910 gebildete Gruppe des Akmeismus ab, die bei gleicher Achtung des Ästhetischen jeder Kunst den Schwerpunkt auf das Handwerkliche und auf maximale, an PUŠKIN anknüpfende Klarheit legte. Theoretischer Kopf des Akmeismus war Nikolaj GUMILËV (1886–1921), organisatorisches Zentrum die »Dichtergilde« (*Cech poètov*, 1911–1914). Wichtigste Vertreter waren neben Gumilëv Anna ACH-

MATOVA (1889–1966) und Osip MANDEL'ŠTAM (1891–1938). Die vom Griechischen abgeleitete Bezeichnung »Akmeismus« deutet das Streben nach höchster dichterischer Vollkommenheit (*ak-mé* = Spitze) an, verwendet wurde auch der Begriff des »Neoklassizismus«.

Stärker gegen den Symbolismus richtet sich der gleichzeitig entstandene italienisch beeinflußte Futurismus mit Velimir CHLEBNIKOV (1885–1922), David BURLJUK (1882–1967), Aleksandr KRUČENYCH (1886–1968), Vladimir MAJAKOVSKIJ (1893–1930) und zahlreichen anderen Autoren. Diese provokativ revolutionäre Richtung war heterogen, aber überwiegend vom Verstand her bestimmt. In der Malerei legte sie die Grundlage der abstrakten Kunst, in der Dichtung gipfelte die Wortbewußtheit in einer transmentalen, lediglich Wortwurzeln und Klangelemente des Vertrauten verwendenden Sprache.

Einige Futuristen erhofften sich vergeblich Erfolg durch Unterstützung der Bolschewisten. Autoren wie Maksim GOR'KIJ (1886–1936), Ivan BUNIN (1870–1953), Ivan ŠMELËV (1873–1950) und Boris ZAJCEV (1881–1972) setzten in dieser Zeit die realistische Tradition fort, andere wie Maksimilian VOLOŠIN (1877–1932), Marina CVETAEVA (1892–1941), Aleksandr REMIZOV (1877–1957) oder Nikolaj RERICH (1874–1947) gingen eigene, doch dem Geist des Silbernen Zeitalters nahe Wege.

Bolschewistischer Umsturz und Erste Emigration (1917–1934)

Lenins Machtergreifung im Jahre 1917, die er als »Oktoberrevolution« feiern ließ, richtete sich gegen die Träger der russischen Kultur – den Adel, die Geistlichkeit, das Bürgertum und den Teil der Intelligenz, der ihn nicht unmittelbar unterstützte. Er verfolgte diese Gruppen mit Terror und Tod. Die Mehrzahl der angesehenen russischen Schriftsteller verließ bis 1922 das Land, manche legal, die meisten als Flüchtlinge, einige wurden zusammen mit bedeutenden russischen Philosophen 1922 ausgewiesen. Manche hatten in der Armee der Freiwilligen, der »Weißen«, gegen die »Roten« gekämpft, um Rußland vor den Bolschewiken zu retten. Als nach dem völligen Zusammenbruch des wirtschaftlichen Lebens des neuen Staates die »Neue ökonomische Politik« (NEP; 1921–1927) mit ihrer partiellen Rückkehr zur Privatwirtschaft allmähliche Gesundung versprach, arbeiteten viele daheimgebliebene Schriftsteller in Kulturinstituten des Sowjetstaates mit.

Die Bolschewiken hatten kein Konzept für ihre Literaturpolitik. Sie führten zwar sofort eine Vorzensur ein, duldeten aber anfangs nicht nur die Vereinigungen proletarischer Schriftsteller (wie *Kuzniza* – »Die Schmiede«) und der »linken« Künstler (wie LEF, die »Linke Front« der Futuristen), sondern auch solcher, die sich für Freiheit und Vielfalt der Kunst einsetzten wie die Petrograder »Serapionsbrüder«. Die Macht aber übertrug die Regierung zunehmend parteihörigen Literatur-Funktionären. Schrittweise wurde freie Kunst mehr und mehr unterdrückt. Der Begriff »proletarisch« war bald nicht mehr soziologisch gebunden, sondern identisch mit staatstreu, parteihörig und antidemokratisch. Die RAPP (Russische Assoziation proletarischer Schriftsteller) unterdrückte alle ihr nicht angehörenden Schriftsteller und ebnete den Weg für den Schriftsteller-Einheitsverband, der 1932 angeordnet wurde.

Die namhaftesten nicht emigrierten Schriftsteller wie A. ACHMATOVA, O. MANDEL'ŠTAM, F. SOLOGUB oder B. PASTERNAK (1890–1960) konnten nur noch bis Anfang der zwanziger Jahre publizieren, N. GUMILËV wurde hingerichtet. Linke Künstler, die an das »Revolutionäre« der »Revolution« geglaubt und diese unterstützt hatten, wie V. MAJAKOVSKIJ und Vs. MEJERCHOL'D (1874–1940), wurden zunehmend ausgeschaltet und verfolgt. Die aus dem Bauernstand stammenden Dichter wie Sergej ESENIN (1895–1925), Nikolaj KLJUEV (1884–1937), Sergej KLYČKOV (1889–1940) u. a., die zeitweilig mit dem Umbruch religiös-mystische Ideale verbunden hatten, mußten ebenso wie die Proletkult-Dichter erkennen, daß das Bekenntnis der Führung zu Arbeitern und Bauern eine taktische Lüge war. Junge, erstmals publizierende Schriftsteller wie Michail BULGAKOV (1891–1940) oder Andrej PLATONOV (1899–1951) erlebten bald, daß die Wahrheit über das Erlebte nicht literarisch dargestellt werden durfte.

Der Umbruch des gesellschaftlichen und privaten Lebens bot reichlich Stoff zur literarischen Bewältigung. Eine Zeitlang wurden Werke, die das Geschehen vom Standpunkt der Bolschewiken her schilderten, zugelassen, auch wenn sie den stilistischen Primitivvorstellungen der Machthaber widersprachen oder das Geschehen inhaltlich differenziert darstellten. So wurde MAJAKOVSKIJS antireligiöses und antikapitalistisches Straßendrama *Mysterium buffo* aufgeführt (1918), erschienen *Budjonnys Reiterarmee* (1926) von Isaak BABEL' (1894–1941) und *Das nackte Jahr* (1922) von Boris PIL'NJAK (1894–1941). Der Roman *Wir* (entstanden 1920) von Evgenij ZAMJATIN (1884 bis 1937) aber, der in phantastischer Bildsprache das sozialistische System mit seiner Unterdrückung der menschlichen Individualität, wie überhaupt alles Menschlichen, vor allem des Seelischen erfaßte und die totale Herabwürdigung der Kunst zum Propagandainstrument vorausschauend beschrieb, wurde unterdrückt. Nur zeitweilig wurden die weniger harmlosen Satiren Michail ZOŠČENKOS (1895–1958) geduldet.

Bis 1923 war Berlin das wichtigste Zentrum der Emigration, wobei die Grenze zwischen emigrierten und sich nur besuchsweise oder für einige Zeit im Westen aufhaltenden Autoren anfangs fließend war. Ein großer Teil emigrierte über Konstantinopel. Allmählich wurde Paris zum wichtigsten Zentrum der dem »Reich des Antichrist« entkommenen Autoren, wie Dmitrij MEREŽKOVSKIJ Rußland nun nannte. In der Tradition der frankophilen Haltung der russischen Oberschicht des 18. und 19. Jahrhunderts wählten viele Paris als neuen Lebensort, u. a. Mark ALDANOV (1886–1957), Konstantin BAL'MONT, Ivan BUNIN, Marina CVETAEVA, Zinaida GIPPIUS, Aleksandr KUPRIN (1870–1938), Aleksej REMIZOV, I. ŠMELËV, B. ZAJCEV. Fëdor STEPUN und Vladimir NABOKOV (1899–1977) blieben in Deutschland, wobei Nabokov, der 1937 nach Paris überwechselte, schon der zweiten Generation der ersten Emigrationswelle zuzurechnen ist, jenen Schriftstellern, die erst im Westen als Autoren bekannt wurden.

Zu ihnen gehören auch Boris POPLAVSKIJ (1903–1935), Vladimir SMOLENSKIJ (1901 bis 1961), Anatolij ŠTEJGER (1907–1944), Jurij FEL'ZEN (1895–1943) oder Gejto GAZDANOV (1903–1971).
Eine große Rolle spielten in Paris zwei Kritiker – beide auch Lyriker: Georgij ADAMOVIČ (1894 bis 1972), der Vorkämpfer der sprachliche Sparsamkeit fordernden »Pariser Note«, und Vladislav CHODASEVIČ (1886–1939). Für die Emigrantendichter bildete das Jahr der Moskauer Gleichschaltung 1934 keinerlei Einschnitt. In Rußland aber endete damit die letzte Vielfalt. An die Stelle des geduldeten Nebeneinanders von parteihörigen Autoren und (nach einer Formulierung TROKKIJS) »Mitläufern« trat der allein geduldete »Sowjetschriftsteller«.

Gleichschaltung, Stalinzeit, Zweite Emigration (1934–1953)

Wie in anderen Bereichen der sowjetischen Gesellschaft, so wurde auch in der Literatur durch die Schaffung eines einheitlichen »Schriftstellerverbandes der UdSSR« (1934) das zentrale Lenkungs- und Kontrollsystem von Partei und Staat erheblich verstärkt. Die Macht lag in Händen von über das Nomenklatursystem ausgewählten Funktionären, zunächst der damaligen RAPP-Führer wie Aleksandr FADEEV (1901–1956). Damit herrschten lückenlos im Verband, in Verlagen und Zeitschriften opportunistische, mittelbegabte oder unbegabte Schriftsteller über die wahren Größen der russischen Literatur und bestimmten über das Publikationsrecht jedes einzelnen Autors, über jedes Werk, jede Auflagenhöhe, ja jede Zeile. Sie entschieden über Wohnung, Lebensstandard, Freiheit, Leben und Tod. An die Stelle der in den zwanziger Jahren propagierten Unterscheidung in »Mitläufer« und »proletarische Schriftsteller« trat nun der Gegensatz von »Sowjetschriftsteller« und »Feinde«. Richtschnur der zum »Ingenieur der menschlichen Seele« degradierten Autoren war der »Sozialistische Realismus«, die parteigemäße Schilderung des Gewünschten statt empirischer Wahrheit und eigener geistiger Erkenntnis: beschönigende Lüge statt Überzeugung.
Während in der Emigration einige Meisterwerke der russischen Literatur wie I. ŠMELËVs Das Jahr des Herrn entstanden und I. BUNIN 1933 den Nobelpreis erhielt, erklärte man in der UdSSR ein literarisch wertloses Machwerk Wie der Stahl gehärtet wurde des Komsomolfunktionärs Nikolaj OSTROVSKIJ (1904–1936) zur Richtschnur. Zahlreiche bedeutende Autoren wie I. BABEL', Daniil CHARMS (1905–1942), N. KLJUEV, S. KLYČKOV, O. MANDEL'ŠTAM, Vladimir NARBUT (1888 bis 1944), B. PIL'NJAK wurden unter sinnlosen Beschuldigungen verhaftet, gefoltert und ermordet. Mehr als 1000 Autoren verloren so in der schlimmsten Terrorphase ihr Leben, die anderen litten unter ständiger Angst. Eine gewisse Erleichterung bildete der Zweite Weltkrieg (1941–1945),

da die Diskrepanz zwischen dem Erlebten und dem Darstellbaren etwas kleiner und die ideologische Kontrolle abgeschwächt wurde. Um so härter wurde der Druck nach dem Krieg, ab 1946, unter dem Parteisekretär Andrej Ždanov. Er hielt bis zu Stalins Tod 1953 an, erzwang eine literarische Verteufelung des Westens und – nach einer »Theorie der Konfliktlosigkeit« – eine idyllische Darstellung des Sowjetlebens.
Der Krieg eröffnete die Möglichkeit zur Zweiten Emigration der Sowjetära, die nun auf eigener Erfahrung der Unterdrückung des Geisteslebens unter dem Sozialismus sowjetischer Prägung basierte. Einige der meist erst im Westen schriftstellerisch tätig werdenden Autoren flohen mit den Deutschen, so Ivan ELAGIN (1918–1987), Dmitrij KLENOVSKIJ (1893–1976), Boris ŠIRJAEV (1889–1959) oder Nikolaj NAROKOV (1887 bis 1969), andere wie Valentina SINKEVIČ (1926) blieben als von den Deutschen verschleppte Ostarbeiter in Deutschland. Diese Emigration hatte ihre Zentren in Frankfurt und München. Viele von ihnen übersiedelten nach dem Krieg in die USA. Sie leistete auch Wesentliches für den Erhalt der in der UdSSR unterdrückten Literatur der ersten Hälfte des 20. Jahrhunderts, wobei die größten Verdienste Boris FILIPPOV (1905–1991) erwarb.
Zu den wenigen international beachteten Beiträgen zur russischen Literatur, die in der UdSSR erscheinen konnten, gehören Michail ŠOLOCHOVS (1905–1984) Roman Der stille Don (wobei die Autorschaft zweifelhaft ist), Aleksej N. TOLSTOJS (1883–1945) Peter I. (wobei historische Treue durchaus dem Parteiopportunismus geopfert wurde). Die Masse des Publizierten (auch von diesen Autoren) erschöpft sich in Lobeshymnen auf Industrieaufbau, Zwangskollektivierung, Kriegserfolge, Neuaufbau und den »Führer« Stalin als größtem Genius aller Zeiten. Wesentliche Dichtung wie Anna ACHMATOVAS Zyklus Requiem über das Leid der Frauen der Verhafteten blieb Manuskript.

»Tauwetter« (1953–1964)

Stalins Tod 1953 brachte ein großes Aufatmen für die Menschen in der Sowjetunion und einen ersten Kampf mutiger Schriftsteller für eine Liberalisierung und Normalisierung des literarischen Lebens. Chruščev ermöglichte denen, die Stalins GULag lebend überstanden hatten, die Rückkehr aus Lager und Verbannung. Zögernde »Rehabilitierungen« eröffneten lebenden und toten Schriftstellern die Rückkehr in die Literatur – nicht allen, nie mit dem ganzen Schaffen, aber wenigstens mit einem Teil. Jurij DOMBROVSKIJ (1909–1978) hatte 15 Jahre im Lager verbracht, konnte aber seine Erfahrungen ebensowenig veröffentlichen wie Varlam ŠALAMOV (1907–1982), der 17 grauenhafte GULag-Jahre lebend überstanden hatte. Den ersten Erfahrungsbericht über sowjetische Zwangslager, der die Leser in Rußland nach persönlichem Einsatz von Chruščev erreichte, stammte von dem bis dahin unbekannten Autor Aleksandr SOLŽENICYN (geb. 1918): *Ein Tag des Iwan Denissowitsch*. Diese Erzählung wurde Ende 1962 eines der größten Ereignisse der Weltliteratur.

Die liberalen Kräfte in der UdSSR wie Aleksandr TVARDOVSKIJ (1910–1971), der diesen Kurzroman in der von ihm redigierten Zeitschrift ›Novyj mir‹ durchgesetzt hatte, befanden sich vom Beginn des »Tauwetters« an – so nannte man diese Phase nach einer 1954 erschienenen Erzählung Il'ja ERENBURGS (1891–1967) – in scharfer Auseinandersetzung mit den Reaktionären, die dann 1964 den Sieg davontrugen. Boris PASTERNAK hatte einen Roman, *Doktor Živago*, abgeschlossen, der Geschichte und Vorgeschichte der bolschewistischen Machtergreifung sehr viel differenzierter sah als die schematischen Werke des sozialistischen Realismus. Als die Veröffentlichung in Moskau untersagt wurde, gab er ihn in den Westen, wo er 1957 erschien, weltweite Beachtung erzielte und eine Reihe bedeutender Auslandspublikationen nicht emigrierter Schriftsteller einleitete. Pasternak mußte unter erniedrigenden Beschimpfungen von Parteifunktionären und Schriftstellerkollegen auf die Annahme des Nobelpreises (1958) verzichten, um nicht exiliert zu werden, aber sein Fall weckte in der literarischen Intelligenz das Bewußtsein, daß ohne Kampf und Opferbereitschaft die russische Literatur nicht bewahrt werden könne.

Eine Reihe junger Schriftsteller trat mit beachtlichen Werken auf, deren Hauptanliegen es war, soweit wie irgend möglich die Wahrheit über Gegenwart und Vergangenheit, auch über das seelische Leben des Menschen darzustellen, denn all das war verboten gewesen. Viktor ROZOV (geb. 1913) brachte echte Jugendprobleme auf die Bühne, Vasilij AKSËNOV (geb. 1932) schilderte sie in der Form kurzer Romane. Lyriker wie Evgenij EVTUŠENKO (geb. 1933), Bella ACHMADULINA (geb. 1937), Junna MORIC (geb. 1937), Andrej VOZNESENSKIJ (geb. 1933) und Aleksandr KUŠNER (geb. 1936) gingen in Form und Inhalt neue Wege, gestalteten seelisches Erleben, moderne Technik, Liebe und Tod nach innerer Überzeugung. Konstantin PAUSTOVSKIJ (1892–1968) kehrte mit erstaunlichem Schwung zu seiner nach dem Kriege begonnenen Autobiographie *Erzählung vom Leben* zurück und schrieb sechs Bände, die auch die Grenzen der Tauwetter-Liberalität aufzeigen. Denn, obwohl als »Symbol der Ehrlichkeit« gepriesen, war er gezwungen, über die Stalinzeit zu schweigen. Der von ihm 1961 herausgegebene Almanach *Blätter aus Tarusa* – Dokument des geistigen Widerstands – wurde verboten. Nur kurzfristig war die Beachtung von Vladimir DUDINCEVs (geb. 1918) Roman vom Kampf gegen die Sowjetbürokratie, *Der Mensch lebt nicht vom Brot allein* (1956).

Die Auslandsliteratur wurde durch Wladimir LINDENBERG (Čeliščev, 1902–1997) und seine in Berlin geschriebenen ethischen und autobiographischen Werke von großer geistiger Kraft bereichert. V. NABOKOV erzielte Weltruhm durch seinen Roman *Lolita*. B. ŠIRJAEV schilderte seine Erfahrungen im Lager auf den Solowki-Inseln. V. VARŠAVSKIJ (1906–1978) gestaltete in *Die unbemerkte Generation* das Schicksal der Jugend der Ersten Emigration als einer auf das Christentum orientierten, zwischen den Kulturen des Gastlandes und der unerreichbaren Heimat lebenden Generation. Wegen des zunehmenden Drucks der Reaktionäre wichen erste Moskauer Autoren wie A. SINJAVSKIJ als Abram Terc (1925–1997) in die neue Möglichkeit einer Auslandspublikation aus. Seine Verurteilung zu Lagerhaft fiel mit dem Ende des »Tauwetters« zusammen.

Erneute Zweiteilung und Dritte Emigration (1964–1985)

Der Regierungsantritt Leonid Brežnevs, mit dem das »Tauwetter« abbrach, wirkte sich auf das Geistesleben lähmend aus, aber das erwachte Selbstbewußtsein der Künstler und die erkannte Verantwortung vor dem Wort ließen eine Opposition reifen. Teils nahm sie die Konfrontation mit dem Staat auf, teils zog sie sich in den Untergrund zurück. Die kommunistische Ideologie hatte sich als hohle Fassade erwiesen und wurde von den Machthabern nur als Lippenbekenntnis verwendet. In

der Literatur hatten Funktionäre ohne künstlerische Begabung wie Aleksandr ČAKOVSKIJ (1913–1994) und Georgij MARKOV (1911–1991) das Sagen. Nachdem erste Schriftstellerprozesse weltweite Proteste ausgelöst hatten, betrieben sie im Verein mit KP-Führung und KGB eine Dritte Emigration, durch die Rußland ab 1971 viele hervorragende Schriftsteller verlor. Andererseits gewährte man den Autoren im Lande mehr Freiheit als unter Stalin. Es entwickelte sich eine Methode der Anpassung an die Zensur durch Auslassungen, Andeutungen, Teilwahrheiten und »äsopische« Gleichnissprache, so daß auch gute Werke im Inland erschienen.

Die hervorragenden Autoren der Inlandsliteratur waren Jurij TRIFONOV (1925–1981), der zwischenmenschliche Probleme im Leben der sowjetischen städtischen Intelligenz schilderte, Veniamin KAVERIN (1902–1989), der in den Bereichen Wissenschaft und Kunst ein Maximum an Wahrheit literarisch gestaltete, Čingiz AJTMATOV (geb. 1928), der sein erzählerisches Werk aus der Begegnung zwischen kirgisischer Tradition und sowjetischer Neugestaltung mit mythologischen Elementen bereicherte, Valentin RASPUTIN (geb. 1937), der in drei Romanen Grundfragen der menschlichen Existenz mit der Forderung der Bewahrung der Tradition auf religiöser Grundlage verband, Anatolij KIM (geb. 1939), der in polyphoner Vielfalt unter Aufhebung der Zeit als ordnendem Erzählfaktor in die Tiefen des Lebens drang, und Vladimir TENDRJAKOV (1923–1984), der als geschickter Erzähler in Kurzromanen vor allem Probleme der Schuld, des Glaubens und des Erziehungswesens gestaltete. Die Unmöglichkeit, die politisch-sozialen Probleme des Sowjetstaates darzustellen, führte zu einer auf ethische Fragen konzentrierten »Dorfliteratur« mit Autoren wie Viktor ASTAF'EV (geb. 1924), Vasilij BELOV (geb. 1932), Boris MOŽAEV (1923–1996), Vladimir SOLOUCHIN (1924–1997).

Die zur Emigration gezwungenen Autoren hatten sich entweder dadurch »schuldig« gemacht, daß sie die Wahrheit über das Sowjetleben literarisch dargestellt und (nach Ablehnung in Rußland) im Ausland publiziert hatten oder daß sie sich für Verfolgte und Inhaftierte, für die Wahrung der Menschenrechte einsetzten. Aleksandr SOLŽENICYN hatte vor der Exilierung (1974) ab 1968 seine Romane aus eigenem Erleben – Im ersten Kreis und Krebsstation –, seine dokumentarisch-literarische Darstellung Archipel GULag und den Anfang seines historischen Romanzyklus Das Rote Rad in Frankfurt/M. und Paris herausgebracht, Vladimir VOJNOVIČ (geb. 1932) mußte seinen vergnüglichen Satiren ins Ausland folgen, Vladimir MAKSIMOV (1930–1995) hatte den Zorn der Machthaber durch die Veranschaulichung der in ihrem Glauben an die Revolution enttäuschten Arbeiter erregt und wurde im Westen als Herausgeber der internationalen Zeitschrift ›Kontinent‹ (gegründet 1974) zu einem aktiven Bekämpfer des sozialistischen Unrechtsystems. Viktor NEKRASOV (1911–1987), lange Zeit anerkannter Sowjetschriftsteller, entwickelte von Paris aus eine rege Reise- und Schreibtätigkeit, die früher und nun Erlebtes verband. Die Lyriker Iosif BRODSKIJ (1940–1996; Nobelpreis 1987), Naum KORŽAVIN (geb. 1925) und Aleksandr GALIČ (1919–1977) folgten ihren im Westen erschienenen Büchern. Die nur im Westen publizierbare Wahrheit über den Alltag in Moskau veranschaulichten Evgenij TERNOVSKIJ (geb. 1941) am Schicksal von Kranken in einer Klinik, Feliks ROZINER (1936–1997) an dem eines jüdischen Schriftstellers.

Zwei Drittel hatte der Zensor aus Fazil ISKANDERS (geb. 1929) satirischem Novellenzyklus über Onkel Sandro gestrichen, das Verbotene erschien in den USA. Er konnte wie der psychologisch-intellektuell schreibende Andrej BITOV (geb. 1937) im In- und Ausland publizieren, ohne ausgewiesen zu werden. Bei Gennadij AJGI (geb. 1934) blieben alle seine maximal verdichteten, auf Wesentliches konzentrierten russischen Gedichte ins Ausland verbannt. Übersetzungen ins Tschuwaschische blieben erlaubt.

Zu dem wenigen, das von älterer russischer Literatur freigegeben wurde, gehört mit M. BULGAKOVS schon 1940 entstandenem Werk Der Meister und Margarita einer der besten Romane der russischen Literatur. Allerdings war die genehmigte Auflage viel zu klein. Dasselbe gilt für die Auswahlbände der wahren Größen der russischen Literatur, z. B. von O. MANDEL'ŠTAM, Vja. IVANOV, A. REMIZOV, A. VOLOŠIN, A. PLATONOV, A. ACHMATOVA oder V. KLJUEV, die wenigstens den Literaturwissenschaftlern eine – wenn auch verzerrte – Vorstellung vermittelten. In den USA und Deutschland aber erschienen deren Werke so vollständig wie möglich.

Große Auflagen waren allein den Werken der Funktionäre wie Ju. BONDAREV (geb. 1924), K. FEDIN (1892–1977), G. MARKOV, S. MICHALKOV (geb. 1913) und M. ŠOLOCHOV (Nobelpreis 1965) sicher, die in ihrer »Sekretärsliteratur« gemäß den Regeln des sozialistischen Realismus dem System, der eigenen Macht und dem eigenen Wohlstand dienten.

Von den Freunden der russischen Literatur wurden Lyriker wie Oleg ČUCHONCEV (geb. 1938), Aleksandr KUŠNER (geb. 1936), Nikolaj RUBCOV (1936–1971), Georgij SEMËNOV (1931–1992), Viktor SOSNORA (geb. 1936), Aleksandr TARKOVSKIJ (1907–1989) oder Dramatiker wie Viktor ROZOV, Aleksandr VOLODIN (geb. 1919), Jurij ÉDLIS (geb. 1929) und Aleksandr VAMPILOV (1937–1972) geschätzt, die um die Publikation ihrer Werke kämpften. Der beliebteste Liedermacher aber, Vladimir VYSOCKIJ (1938–1990), hatte zeitlebens Publikationsverbot.

Wiederherstellung der Einheit (1985–1997)

Der Machtantritt Gorbačëvs 1985 bedeutete für die Entwicklung der russischen Literatur einen ebenso großen Einschnitt wie der Lenins 1917. Sein Versuch, mit Offenheit (glasnost') in den Medien und Umstrukturierung der Gesellschaft (perestrojka) die UdSSR in einen wenigstens etwas offeneren und wirtschaftlich funktionsfähigen Staat zu wandeln, führte zwar ungewollt zur Auflösung des sowjetischen Imperiums, legte aber im Bereich der Literatur die Grundlage für eine spätere Normalisierung. Die Schriftsteller durften mehr und mehr ihre eigene Überzeugung und Erfahrung darstellen, Auslands- und Inlandsliteratur wurden zusammengeführt, über 70 Jahre verbotene Literatur konnte erscheinen, die Zensur entfiel, die Absurdität der Begriffe »sozialistischer Realismus«, »positiver Held« und »Sowjetliteratur« wurde offen kundgetan. Die zentralistische Position von Moskau lockerte sich, das kulturelle Leben in der Provinz kam zum Erwachen.

Radikal veränderte sich die Position der Schriftsteller. Jahrzehntelang war ihre Rolle übermäßig beachtet worden: entweder seitens des Staates als Folge genügender Anpassung oder seitens der liberalen Intelligenz dank Eigenständigkeit oder sogar Opposition. Sie hatten die Sonderstellung verloren, auch die früher Anerkannten konnten nicht mehr von ihren Honoraren leben. Den bis dahin Unterdrückten erschwerte allerdings das Weiterbestehen der alten Strukturen die Integration. Emigranten konnten nun auch in Rußland publizieren. Sie konnten zurückkehren, doch davon machten nur ganz wenige wie Aleksandr SOLŽENICYN und Jurij KUBLANOVSKIJ (geb. 1947) Gebrauch, im allgemeinen hinderte sie ihre inzwischen erfolgte Integration in den Westen und die wirtschaftliche Misere in der Heimat. Viele Emigranten besuchten Rußland, stellten aber neben der Bereitschaft zur Verbindung im Literarischen oft eine Entfremdung fest.

Die russische Inlandsliteratur erfuhr eine gewaltige Bereicherung. Von manchen Autoren erschien nun etwas zum erstenmal in Rußland, z. B. von V. NABOKOV, D. KLENOVSKIJ und G. GAZDANOV, von anderen war verschwindend wenig bekannt geworden, so von V. CHODASEVIČ, N. GUMILËV, A. REMIZOV, I. ŠMELËV oder B. ZAJCEV. Bei manchen änderte sich durch die vorher fast nur im Westen bekannten Werke das gesamte Bild, so bei A. PLATONOV und B. SLUCKIJ. Die Veröffentlichungen des bis dahin Verbotenen erfolgten schrittweise. Bei der Auslandsliteratur begann man mit der zum Teil schon freigegebenen Ersten Emigration, im Dezember 1987 eröffneten Gedichte

von I. BRODSKIJ der Dritten den Weg, doch erst 1990 und sehr zögernd publizierte man Werke der Zweiten aus dem Krieg.

Die jahrzehntelange Indoktrination, daß es nur eine einzige richtige Meinung gäbe, zeigte sich nun in dem undemokratischen Verhalten verschiedener Schriftstellergruppen untereinander, vor allem zwischen der »rechten«, an der russischen nationalen Tradition, auch der Orthodoxie haftenden, und der »linken«, sich »demokratisch« nennenden, die sich mehr nach Westeuropa orientierte. Infolge der zunehmenden wirtschaftlichen Probleme sanken in wenigen Jahren die Buch- und Zeitschriftenauflagen auf 2 bis 10 Prozent der Sowjetzeit herab, andererseits entstanden aus dem Idealismus einzelner für die Literatur viele private Verlage, neue Zeitschriften und selbstfinanzierte Bücher.

Den Markt beherrschten aber zunächst billige Kriminalromane und Sex-Literatur. In der Sowjetzeit Nichtbeachtete setzten sich unter dem Schlagwort des »Postmodernismus« für eine in jeder Hinsicht andere Literatur ein, sprachen ihr ethische Aufgaben ab, betonten das Böse, die Sexualität, die Vulgärsprache, das Sprachspiel. Sie fanden vor allem im Ausland Beachtung.

Das literarische Leben in Rußland wurde unübersichtlich, neue Schriftsteller traten selten ins Blickfeld. Zu ihnen gehören Ljudmila PETRUŠEVSKAJA (geb. 1938), die vor allem Probleme von Frauen schildert, Ljudmila ULICKAJA (geb. 1943), die allgemein menschliche Fragen unaufdringlich vor dem Hintergrund der nun unverfälscht beschreibbaren Sowjetwirklichkeit darstellt, und Oleg ERMAKOV (geb. 1961), der Erzählungen über die Wahrheit im Afghanistankrieg auch solche mit christlichen Themen folgen ließ. Die Wahrheit über Gegenwart und Vergangenheit und die offene religiöse Bekenntnis, besonders in der Lyrik, sind die wesentlichen Elemente der neuen Literatur. Die russische Literaturwissenschaft hat in dem ersten nachkommunistischen Jahrzehnt mit der großen Aufgabe begonnen, unter Einbeziehung der Forschung westlicher Slavisten und der russischen Religionsphilosophen die russische Literatur vom Anfang bis zur Gegenwart vollständig und ideologiefrei zu erfassen.

Literaturhinweise

A. Lexika

Early Modern Russian Writers. Late Seventeenth and Eighteenth Centuries. Hrsg. Marcus C. Levitt. Detroit, MI, London: Gale 1995, XVIII, 465 S. (Dictionary of Literary Biography 150).

Evgenij (Bolchovitinov), Mitropolit: *Slovar' istoričeskij o byvših v Rossii pisateljach duchovnogo čina Greko-Rossijskoj Cerkvi.* 2 Bde. Sankt Peterburg 1818. 2. verbesserte und erweiterte Aufl. 2 Bde. Sankt Peterburg 1827, 343, 333, LXXIV S. – ND Leipzig 1971. 3. verbesserte und erweiterte Aufl. Moskva: Russkij dvor 1995, 416 S.

Evgenij (Bolchovitinov), Mitropolit: *Slovar' russkich svetskich pisatelej, sootečestvennikov i čužestrancev, pisavšich v Rossii.* Hrsg. I. W. Snegirev. Bd. 1 [A–G]. Moskva 1838. Vollst. Ausg. hrsg. von M. P. Pogodin in 2 Bänden. Moskva 1845, 328, 290, XVI S. – ND Westmead 1971.

Filosofy Rossii XIX–XX stoletij. Biografii. Idei. Trudy. 2. überarb. u. erweiterte Aufl. Hrsg. P. V. Alekseev u. a. Moskva: Kniga i biznes 1995, 750 S. (1. Aufl. 1993).

Handbook of Russian Literature. Hrsg. V. Terras. New Haven, London: Yale Univ. Press 1985, XX, 558 S.

Handbuch der Sowjetliteratur (1917–1972). Hrsg. Nadeshda Ludwig. Leipzig: Bibliographisches Institut 1975, 616 S.

Harkins, William E.: *Dictionary of Russian Literature*. New York: Philosophical Library [und] London: Georg Allen & Unwin 1957, VI, 439 S.

Kasack, Wolfgang: *Lexikon der russischen Literatur des 20. Jahrhunderts. Vom Beginn des Jahrhunderts bis zum Ende der Sowjetära*. München: Sagner 1992, 1508 Sp. – Kazak, Vol'fgang: *Leksikon russkoj literatury XX veka*. Übers. ins Russische: Marija Zorkaja (und Redaktion), Elena Vargaftik und Igor Burichin. Moskva: Kul'tura 1996, 492 S.

Kasack, Wolfgang: *Russische Autoren in Einzelporträts*. Stuttgart: Reclam 1994, 439 S. mit 67 Abb.

Kasack, Wolfgang: *Russische Literaturgeschichten und Lexika der russischen Literatur. Die Handbücher des 20. Jahrhunderts. Überblick – Einführung – Wegführer*. Konstanz: Universitätsverlag UVK 1997 [mit Erläuterungen und Kommentaren zu allen in diesem Abschnitt aufgeführten Lexika, deren Inhalte z. T. durch Autoren-, Werk- und Begriffsregister erschlossen werden]

Kindlers Neues Literatur Lexikon. Hrsg. W. Jens. 20 Bde. München: Kindler Verlag 1988–1992.

Kratkaja literaturnaja ènciklopedija. Hrsg. A. Surkov und V. Ždanov. 9 Bde. Moskva: Sovetskaja ènciklopedija 1962–1978.

Kritisches Lexikon zur fremdsprachlichen Gegenwartsliteratur. Hrsg. Heinz Ludwig Arnold. Göttingen: Text und Kritik 1983–1996 ff. [Loseblattsammlung].

Lexikon der Weltliteratur. Hrsg. Gero von Wilpert. 3., neubearbeitete Aufl. Bd. 1: *Biographisch-bibliographisches Wörterbuch nach Autoren und anonymen Werken*. Bd. 2: *Hauptwerke der Weltliteratur in Charakteristiken und Kurzinterpretationen*. Stuttgart: Kröner 1988, 1993.

Literaturnaja ènciklopedija. Bd. 1–9, 11 [– Fo]. Moskva 1929–1937. – ND Ann Arbor 1949. – Bd. 10 [verboten für Moskau ca. 1937]. München: Sagner 1991.

Literaturnaja ènciklopedija russkogo zarubež'ja (1918–1940). T. 2 [Periodičeskie izdanija, al'manachi, literaturnye centry, izdatel'stva], č. 1. [A–I]. Hrsg. A.N. Nikoljukin. Moskva: INION 1996, 300 S; T. 1 siehe *Pisateli russkogo zarubež'ja*.

Literaturnyj ènciklopedičeskij slovar'. Hrsg. V.M. Koževnikov und P.A. Nikolaev. Moskva: Sovetskaja ènciklopedija 1987, 752 S.

The Modern Encyclopedia of Russian and Soviet Literatures. Including Non-Russian and Emigre Literatures [MERSL]. Bd. 1–9 (A–Ho). Hrsg. Harry B. Weber (Bd. 1–8), George J. Gutsche (Bd. 9). Fortsetzung: *The Modern Encyclopedia of East Slavic and Eurasian Literatures* [MESBEL]. Bd. 10 (Ho–Iv). Hrsg. Peter Rollberg. Gulf Breeze, FL: Academic International Press 1977–1989, 1996.

Nikitina, E.F.: *Russkaja literatura ot Simvolizma do našich dnej. Literaturno-sociologičeskij seminarij*. Predislovie N.K. Piksanov. Moskva: Nikitinskie subbotniki 1926, 544 S. – ND Leipzig: Zentralantiquariat 1972.

Pisateli russkogo zarubež'ja. 1918–1940. Hrsg. A.N. Nikoljukin. Spravočnik. 3 Bde. Moskva: INION RAN 1994–1996, 238, 288, 321 S.

Der Romanführer. Der Inhalt der Romane und Novellen der Weltliteratur. Begründet von W. Olbrich und J. Beer unter Mitwirkung von K. Weitzel, fortgeführt von A.C. Baumgärtner, ab Bd. 18 Hrsg. Bernd und Jutta Gräf. Bd. 1–32. [Wird fortgesetzt. Russ. Lit. in Bd. 8, 12, 14, 17, 22]. Stg.: Hiersemann 1952–1996.

Russkaja filosofija. Slovar'. Hrsg. M.A. Maslin. Moskva: Respublika 1995, 655 S.

Russkie pisateli. Biobibliografičeskij slovar'. Hrsg. D.S. Lichačev, S.I. Mašinskij, S.M. Petrov und A.I. Revjakin. Sostaviteli A.P. Spasibenko und N.M. Gajdenkov. Moskva: Prosveščenie 1971, 728 S.

Russkie pisateli. Biobibliografičeskij slovar'. Hrsg. P.A. Nikolaev. 2 Bde. Moskva: Prosveščenie 1990.

Russkie pisateli 1800–1917. Hrsg. P.A. Nikolaev, Bd. 1 A–G, Bd. 2 G–K, Bd. 3 K–M. Moskva: Sovetskaja ènciklopedija, ab Bd. 2: Bol'šaja rossijskaja ènciklopedija 1989, 1992, 1994.

Russkie pisateli XI – načala XX veka. Biobibliografičeskij slovar'. Kniga dlja učaščichsja. Hrsg. V.A. Kotel'nikov und Ju.M. Prozorov, Red. N.N. Skatov. Moskva: Prosveščenie 1995, 575 S.

Russkoe zarubež'e. Zolotaja kniga èmigracii. Pervaja tret' XX vela. Ènciklopedičeskij biografičeskij slovar'. Hrsg. V.V. Šelochaev u.a. Moskva: Rossijskaja političeskaja ènciklopedija 1997, 749 S., Abb.

Slovar' knižnikov i knižnosti Drevnej Rusi. Hrsg. D.S. Lichačev. Redaktion D.M. Bulanin und [vyp. 1:] O.V. Tvorogov, [vyp. 2:] G.M. Prochorov, [vyp. 3:] A.A. Turilov. Vyp. 1 (XI-pervaja polovina XIVv.). Vyp. 2. č. 1.2 (Vtoraja polovina XIV–XVI v.). Vyp. 3. č. 1.2 (XVII v.) (A–O). Leningrad, Sankt Peterburg: Nauka 1987–1989, Bulanin 1992–1993.

Stevanovic, Bosiljka und Vladimir Wertsman: *Free Voices in Russian Literature, 1950s–1980s. A Bio-Bibliographical Guide*. Ed. by A. Sumerkin. New York: Russica Publ. 1987, 510 S.

Teatral'naja ènciklopedija. 5 Bde. Hrsg. S. Mokul'skij (Bd. 1), P. Markov (Bd. 2–5) u.a. Moskva: Sovetskaja ènciklopedija 1961–1967.

B. Bibliographien

L'Emigration Russe. Revues et recueils, 1920–1980. Index général des articles. Paris: Institut d'études slaves 1988, 661 S.

Foster, L.A.: *Bibliography of Russian Emigré Literature, 1918–1968*, 2 Bde. Boston: G.K. Hall 1970.

Istorija russkoj literatury konca XIX-načala XX veka. Bibliografičeskij ukazatel'. Hrsg. K. D. Muratova. Moskva, Leningrad: Nauka 1963, 519 S.

Russische Dichterinnen und Schriftstellerinnen. Bestandsverzeichnis der literaturwissenschaftlichen Spezialsammlung des Slavischen Seminars der Universität Freiburg i. Br. Teil 1: Hrsg. Elisabeth Cheauré. Teil 2: Hrsg. Elisabeth Cheauré und Simone Fischer. 2 Bände. Freiburg: Weiher 1995, 1996, 212, 208 S. (Freiburger Slavistische Materialien 2 und 3).

Russkie sovetskie pisateli. Poěty. Bibliografičeskij ukazatel', Bd. 1–15 (A–Na). Moskva: Knižnaja palata 1977–1992. Ab Band 16 Titeländerung: *Russkie pisateli. Poěty. (Sovetskij period). Bibliografičeskij ukazatel',* Bd. 16–17 (Ne–Pr). Sankt Peterburg: Rossijskaja nacional'naja biblioteka 1994 ff.

Russkie sovetskie pisateli. Prozaiki. Bibliografičeskij ukazatel'. Bd. 1–7.2. Moskva, Leningrad: Kniga 1959–1972.

Stepanov, V. P. und Ju. V. Stennik: *Istorija russkoj literatury XVIII veka. Bibliografičeskij ukazatel'.* Hrsg. P. N. Berkov. Leningrad: Nauka 1968, 500 S.

Tarasenkov, A. K.: *Russkie poěty XX veka. Bibliografičeskij ukazatel'. 1900–1955.* Moskva, Leningrad: Svetskij pisatel' 1966, 486 S.

Wytrzens, Günther: *Bibliographie der russischen Autoren und anonymen Werke.* Frankfurt a. M.: Klostermann 1975, 267 S.

Wytrzens, Günther: *Bibliographie der russischen Autoren und anonymen Werke 1975–1980.* Frankfurt a. M.: Klostermann 1982.

C. Darstellungen

Ajchenval'd, Ju[lij]: *Siluěty russkich pisatelej.* Hrsg. Vadim Krejd. Moskva: Respublika 1994, 591 S. – ND auf der Grundlage der 3 Bände, die in Sankt Petersburg 1906–1910 erschienen, in den überarbeiteten Fassungen des Verlages »Slovo«, Berlin, Bd. 1: 6. Aufl. 1929, Bd. 2: 5. Aufl. 1923, Bd. 3: 4. Aufl. 1923, ergänzt um Vypusk III der 3. Aufl. Moskva: Mir 1917, und »Spor o Belinskom«, Moskva 1914.

Al'tšuller, Mark und Elena Dryžakova: *Put' otrečenija. Russkaja literatura 1953–1968.* Tenafly, N. J.: Ermitaž 1985, 180 S.

Amfiteatrov-Kadašev, Vladimir: *Očerki istorii russkoj literatury.* Praga: Slavjanskoe izdatel'stvo 1922, 263 S.

Aničkov, Evgenij: *Novaja russkaja poězija.* Berlin: Ladyžnikov 1923, 142 S. – ND The Hague: Mouton 1969 (Slavistic Printings and Reprintings 188).

Arseniew, N[ikolai] v.: *Die russische Literatur der Neuzeit und Gegenwart in ihren geistigen Zusammenhängen. In Einzeldarstellungen.* Mainz: Dioskuren-Verlag 1929, 410 S.

Bagrij, A. V.: *Russkaja literatura XIX-go – pervoj četverti XX-go v.v.* Baku: Vostočnyj fakul'tet

1926, 450 S. – ND Düsseldorf, Vaduz 1970 (Slavica reprint 75).

Betaki, Vasilij: *Russkaja poězija za 30 let. 1956–1986.* Orange, Conn.: Antiquary 1987, 287 S.

Boguslavskij, Aleksandr Osipovič, Vladislav Aleksandrovič Diev, Anatolij Sergeevič Karpov: *Kratkaja istorija russkoj sovetskoj dramaturgii. Ot »Misterii buff« do »Tret'ej Patetičeskoj«.* Moskva: Prosveščenie 1966, 347 S.

Braun, Maximilian: *Russische Dichtung im neunzehnten Jahrhundert.* Hannover: Richard Beeck 1947, 190 S. – 2. Aufl. Heidelberg: Winter 1953, 239 S., Abb.

Brown, Deming: *The Last Years of Soviet Russian Literature. Prose Fiction 1975–1991.* Cambridge, New York: Cambridge University Press 1993, X, 208 S.

Brown, Deming: *Soviet Russian Literature since Stalin.* Cambridge, New York: Cambridge University Press 1978, 394 S.

Brown, Edward J.: *Russian Literature since the Revolution.* Cambridge, Mass.: Harvard University Press 1982, 413 S. (frühere Auflagen 1963 und 1969).

Brown, William Edward: *A History of 18th Century Russian Literature.* Ann Arbor: Ardis 1980, 659 S.

Brown, William Edward: *A History of Russian Literature of the Romantic Period.* 4 Bde. Ann Arbor: Ardis 1986, 364, 327, 457, 452 S.

Brown, William Edward: *A History of Seventeenth-Century Russian Literature.* Ann Arbor: Ardis 1980, 182 S.

Brückner, Alexander: *Geschichte der russischen Litteratur.* Leipzig: Amelangs 1905, 508 S. – 2. Aufl. ebd. 1909.

The Cambridge History of Russian Literature. Ed. by Ch. A. Moser. Cambridge, New York: Cambridge University Press 1989, 685 S.

Eliasberg, Alexander: *Russische Literaturgeschichte in Einzelporträts.* München: Beck 1922, 192 S., Abb. – 2. Aufl. München: Goldmann 1964, 198 S. – Ergänzung: *Bildergalerie zur russischen Literatur.* Ausgewählt und herausgegeben von Alexander Eliasberg. München: Orchis 1922, 143 S.

Etkind, Efim: *Russische Lyrik von der Oktoberrevolution bis zur Gegenwart.* München: Beck 1984, 270 S.

Evreinov, Nikolaj N.: *Istorija russkogo teatra s drevnejšich vremen do 1917 goda.* New York: Izd. im. Čechova 1955, 411 S. (Französische Ausgabe: *Histoire du théâtre en Russie avant 1946.* Paris 1947).

Flaker, Aleksandar: *Die slavischen Literaturen 1870–1900.* In: *Jahrhundertende – Jahrhundertwende,* Teil 1. Herausgegeben von Helmut Kreuzer. Wiesbaden: AULA 1976, S. 311–358, Abb. (*Neues Handbuch der Literaturwissenschaft,* Band 18).

Flaker, Aleksandar: *Die slavischen Literaturen zur Zeit des Modernismus. Das Auftreten der Avant-*

garde und des Expressionismus. In: *Jahrhundertende – Jahrhundertwende,* Teil 2. Hrsg. Hans Hinterhäuser. Wiesbaden: AULA 1976, S. 391–428, Abb. (*Neues Handbuch der Literaturwissenschaft* 19).

Geller, Michail: *Koncentracionnyj mir i sovetskaja literatura.* London: Overseas Publ. Interchange Ltd. 1974, 352 S.

Geschichte der russischen Literatur von den Anfängen bis 1917. Hrsg. Wolf Düwel. 2 Bde. Berlin: Aufbau 1986, 495, 716 S.

Geschichte der russischen Sowjetliteratur. Hrsg. Harri Jünger [u. a.]. 2 Bde. Berlin: Akademie-Verlag 1973, 674, 608 S. (Eine 2. Aufl. erschien 1977).

Gudzij, Nikolaj: *Istorija drevnej russkoj literatury.* Moskva 1956. (7. Aufl. 1966). – Deutsch: *Geschichte der russischen Literatur. 11.–17. Jh.* Übersetzung und Anmerkungen von F. v. Lilienfeld. Halle: Niemeyer 1959, 649 S.

Guenther, Johannes von: *Die Literatur Rußlands.* Stuttgart: Union 1964, 228 S.

Hinrichs, Jan Paul: *Verbannte Muse. Zehn Essays über russische Literatur der Emigration. A. Nesmelov, G. Ivanov, V. Lebedev, D. Knut, V. Lourié, B. Poplavskij, A. Štejger, V. Perelešin, N. Moršen, I. Elagin.* Aus dem Niederl. übers. von Thomas Hauth. München: Sagner 1992, 139 S. (Arbeiten und Texte zur Slavistik 55).

Histoire de la littérature russe. Ouvrage dirigé par Efin Etkind, Georges Nivat, Ilya Serman et Vittorio Strada. Paris: Fayard. [1] Des origines aux Lumières. 1992, 895 S.; [2] Le XIXe siècle. L'époque de Pouchkine et de Gogol. 1996, 1289 S.; [4] Le XXième siècle. L'Age d'argent. 1987, 784 S.; [5] Le XXième siècle. La Révolution et les années vingt. 1988, 1003 S.; [6] Le XXième siècle. Gels et Dégels. 1990, 1091 S. – angek.: [3] Le XIXe siècle. Le temps du roman; [7] Problèmes généraux de la littérature russe.

Holthusen, Johannes: *Russische Literatur im 20. Jahrhundert.* München: Francke 1978, 330 S. (2. Aufl. ebd. 1992).

Hosking, Geoffrey: *Beyond Socialist Realism. Soviet fiction since Ivan Denisovich.* London: Granada 1980, 260 S.

Istorija russkoj dramaturgii. XVII – pervaja polovina XIX veka. Hrsg. Lidija M. Lotman. Leningrad: Nauka 1982, 352 S.

Istorija russkoj dramaturgii. Vtoraja polovina XIX – načalo XX veka do 1917 g. Hrsg. Lidija M. Lotman. Leningrad: Nauka 1987, 659 S.

Istorija russkoj literatury XIX v. Hrsg. D. N. Ovsjaniko-Kulikovskij [u. a.] 5 Bde. Moskva: Mir 1910–1911. – ND The Hague: Mouton 1969 (Slavistic Printings and Reprintings 153, 1–5).

Istorija russkoj literatury v četyrech tomach. Hrsg. N. Pruckov [u. a.]. Leningrad: Nauka 1980–1983.

Istorija russkoj poèzii v dvuch tomach. Hrsg. B. P. Gorodeckij. Moskva: Nauka 1968–1969, 460, 560 S. (Institut russkoj literatury AN SSSR. Puškinskij dom).

Istorija russkoj sovetskoj literatury v četyrech tomach (1917–1965). Hrsg. A. G. Dement'ev [u. a.] Bd. 1–3, L. Timofeev [u. a.] Bd. 4. Leningrad: Nauka 1967–1971.

Kasack, Wolfgang: *Russian literature 1945–1988.* Translated by Carol Sandison. München: Sagner 1989, 160 S., 35 Abb. (Arbeiten und Texte zur Slavistik 46).

Kasack, Wolfgang: *Die russische Literatur 1945–1982.* Mit einem Verzeichnis der Übersetzungen ins Deutsche. München: Sagner 1983, 120 S., Abb. (Arbeiten und Texte zur Slavistik 28).

Kasack, Wolfgang: *Russische Literatur des 20. Jahrhunderts in deutscher Sprache.* Bd. 1: *350 Kurzrezensionen von Übersetzungen 1976–1983.* München: Sagner 1985, 160 S.

Kasack, Wolfgang: *Russische Literatur des 20. Jahrhunderts in deutscher Sprache.* Bd. 2: *450 Kurzrezensionen von Übersetzungen 1984–1990.* München: Sagner 1991, 283 S.

Kasack, Wolfgang: *Die russische Schriftsteller-Emigration im 20. Jahrhundert. Beiträge zur Geschichte, den Autoren und ihren Werken.* München: Sagner 1996, 360 S. (Arbeiten und Texte zur Slavistik 62).

Kasper, Karlheinz: *Russische Literatur … in deutschen Übersetzungen von …* [1991–1995], in: Osteuropa 43 (1993) 44–72, 43 (1993) 1132–1145, 45 (1995) 3–21, 45 (1995) 1087–1108, 46 (1996) 11. – Ders.: *Das literarische Leben in Rußland* [1991–1995], in: Osteuropa 43 (1993) 44–72, 43 (1993) 1015–1029, 44 (1994) 1132–1145, 45 (1995) 987–1003, 46 (1996) 947–967.

Der Krieg gegen die Sowjetunion im Spiegel von 36 Filmen. Eine Dokumentation. Hrsg. Oksana Bulgakowa und Dietmar Hochmuth. Berlin: Freunde der Deutschen Kinemathek [1991], 168 S.

Lauer, Reinhard: *Die russische Literatur* [1918–1941]. In: *Zwischen den Weltkriegen.* Hrsg. Thomas Koebner. Wiesbaden: Athenaion 1983, S. 487–524, Abb. (*Neues Handbuch der Literaturwissenschaft* 20).

Lauer, Reinhard: *Die russische Literatur im 18. Jahrhundert.* In: *Europäische Aufklärung.* Bd. 3. Hrsg. J. von Stackelberg. Wiesbaden: Athenaion 1980, S. 391–430, Abb. (*Neues Handbuch der Literaturwissenschaft* 13).

Lauer, Reinhard: *Der russische Realismus.* In: *Europäischer Realismus.* Hrsg. Reinhard Lauer. Wiesbaden: Athenaion 1980, S. 275–342, Abb. (*Neues Handbuch der Lit.wiss.* 17).

Lettenbauer, Wilhelm: *Russische Literaturgeschichte,* 2., vermehrte und verbesserte Aufl. Wiesbaden: Harrassowitz 1958, 336 S. (1. Aufl. 1955).

Lichačev, D[mitrij] S.: *Poètika drevnerusskoj literatury.* Leningrad: Nauka 1967, 372 S. – 2. Aufl. Leningrad: Chudožestvennaja literatura 1971, 414 S. – 3. Aufl. Moskva: Nauka 1979, 359 S.

Lichačev, D[mitrij] S.: *Razvitie russkoj literatury X–XVII vekov. Èpochi i stili.* Leningrad: Nauka

1973, 254 S. – dt. Lichatschow, D. S.: *Russische Literatur und europäische Kultur des 10.–17. Jahrhunderts.* Übersetzt von Renate Franke. Berlin: Akademieverlag 1977, 246 S. (Slawistische Studien und Texte).

Luther, Arthur: *Geschichte der russischen Literatur.* Leipzig: Bibliographisches Institut 1924, IX, 499 S., Abb.

Maurina, Zenta: *Kleines Orchester der Hoffnung. Essays zur östlichen und westlichen Literatur.* Memmingen: Dietrich 1974, 251 S., Abb.

Maurina, Zenta: *Porträts russischer Schriftsteller. Essays.* Memmingen: Maximilian Dietrich 1968, 255 S., Abb.

Michajlov, Oleg N.: *Literatura russkogo zarubež'ja* [pervoj volny]. Moskva: Prosveščenie 1995, 432 S., Abb.

Mirskij, [Fürst] Dmitrij S[vjatopolk]: *Geschichte der russischen Literatur.* Übers. aus dem Engl. [und hrsg.] von Georg Mayer. München: Piper 1964, 542 S.

Neuhäuser, Rudolf: *Die russische Literatur von Karamzin bis Puškin.* In: *Europäische Romantik.* Bd. 2. Hrsg. Klaus Heitmann. Wiesbaden: Athenaion 1982, S. 391–430, Abb. (*Neues Handbuch der Literaturwissenschaft* 15).

Peters, Jochen-Ulrich: *Die russische Literatur.* In: *Europäische Romantik.* Bd. 3. Hrsg. Norbert Altenhofer und Alfred Estermann. Wiesbaden: AULA 1985, S. 413–438, Abb. (*Neues Handbuch der Literaturwissenschaft* 16).

Pypin, Aleksandr: *Istorija russkoj literatury.* 4 Bde. Sankt Peterburg 1898–1899. 2. Aufl. 1902–1903. – ND The Hague, Paris 1968.

Reißner, Eberhard: *Das russische Drama der achtziger Jahre.* München: Sagner 1992, 342 S. (Arbeiten und Texte zur Slavistik 56).

Das russische Drama. Hrsg. Bodo Zelinsky. Düsseldorf: Bagel 1986, 408 S.

Russische Literatur im Überblick. Leipzig: Reclam 1974, 500 S. (Verfasser: Helmut Graßhoff, Harald Raab, Eberhard Reißner, Michael Wegner).

Die russische Novelle. Hrsg. Bodo Zelinsky. Düsseldorf: Bagel 1982, 333 S.

Russische Prosa im 20. Jahrhundert. Eine Literaturgeschichte in Einzelporträts 1914–1934. Hrsg. Karlheinz Kasper. München: Fink 1993, 447 S.

Der russische Roman. Hrsg. Bodo Zelinsky. Düsseldorf: Bagel 1979, 438 S.

Russkaja literatura, in: *Kratkaja literaturnaja ènciklopedija.* Bd. 6. Moskva 1971, Sp. 439–506.

Russkaja literatura, in: *Literaturnaja ènciklopedija.* Bd. 10 [verboten für Moskau ca. 1937]. München: Sagner 1991, Sp. 88–398.

Russkaja literatura XX veka. Očerki, portrety, èsse. Učebnoe posobie dlja učaščichsja 11 klassa srednej školy v dvuch častjach. 2 Bde. Hrsg. E. Pronina. 2. überarb. Aufl. Moskva: Prosveščenie 1994, 384, 384 S. (1. Aufl. ebd. 1991).

Russkaja literatura v èmigracii. Sbornik statej. Hrsg. N. P. Poltorackij. Pittsburgh: Dep. of Slavic Languages and Literatures. University of Pittsburgh 1972, VIII, 414 S.

Schöne Literatur in russischer Übersetzung. Von den Anfängen bis zum 18. Jahrhundert. (Istorija russkoj perevodnoj chudožestvennoj literatury. Drevnjaja Rus'. XVIII vek.) Teil I *Prosa.* Teil II *Drama und Lyrik.* Hrsg. Jurij D. Levin. Köln, Weimar, Wien: Böhlau (und Sankt Peterburg: Bulanin) 1995, 1996, 315, 268 S. (Bausteine zur Slavischen Philologie und Kulturgeschichte. R. A. Slavist. Forschungen. N. F., Bd. 13, 18).

Segel, Harold B.: *Twentieth-Century Russian Drama. From Gorky to the Present.* New York: Columbia University Press 1979, 502 S., Abb.

Setschkareff, Vsevolod: *Geschichte der russischen Literatur.* Stuttgart: Reclam 1962, 207 S.

Shneidman, N. N.: *Russian Literature, 1988–1994. The End of an Era.* Toronto: University Press 1995, XII, 245 S.

Shneidman, N. N.: *Soviet Literature in the 1970s. Artists diversity and ideological conformity.* Toronto: Toronto University Press 1979, 122 S.

Shneidman, N. N.: *Soviet Literature in the 1980s. Decade of Transition.* Toronto [u. a.]: Toronto University Press 1989, 250 S.

Slonim, Marc: *Die Sowjetliteratur. Eine Einführung.* Aus dem Engl. übers. von Heidrun Handke. Stuttgart: Kröner 1972, 433 S.

Ssachno, Helen von: *Der Aufstand der Person. Sowjetliteratur seit Stalins Tod.* Berlin: Argon 1965, 396 S.

Steininger, Alexander: *Literatur und Politik in der Sowjetunion nach Stalins Tod.* Wiesbaden: Harrassowitz 1965, 236 S.

Stender-Petersen, Adolf: *Geschichte der russischen Literatur.* Aus dem Dänischen übers. von Wilhelm Krämer. 5. Aufl. München: Beck 1993, XIV, 623 S. (1. Aufl. der dt. Übers. in 2 Bänden 1957).

Storia della civiltà letteraria russa. Hrsg. Michele Colucci e Riccardo Piccio. 2 Bände und Dizionario (storico, biografico e bibliografico). Chronologia. Turin: Utet 1997, 789, 897, 405 S.

Struve, Gleb: *Geschichte der Sowjetliteratur.* Ergänzte Übers. aus dem Engl. u. Russ. von H. Neerfeld und G. Schäfer. München: Goldmann o. J. [1957], 603 S.

Struve, Gleb: *Russkaja literatura v izgnanii.* New York: Izd. im Čechova 1956, 408 S. – ND Paris: YMCA 1984 – ND [um ein Lexikon erw.] Moskva, Paris: YMCA 1996, 448 S.

Terras, Victor: *A History of Russian Literature.* New Haven, London: Yale University Press 1991, X, 654 S.

Trommler, Frank: *Literatur und Sozialismus.* In: *Zwischen den Weltkriegen.* Hrsg. Thomas Koebner. Wiesbaden: Athenaion 1983, S. 9–34, Abb. (*Neues Handbuch der Literaturwissenschaft* 20).

Trubeckoj, N[ikolaj] S[ergeevič]: *Die russischen Dichter des 18. und 19. Jahrhunderts. Abriß einer Entwicklungsgeschichte.* Hrsg. Rudolf Jagoditsch. Graz, Köln: Böhlau 1956, 148 S. (Wiener Slavistisches Jahrbuch. Ergänzungsband III).

Tschižewskij, Dmitrij: *Geschichte der altrussischen Literatur im 11., 12. und 13. Jahrhundert. Kiever Epoche.* Frankfurt a. M.: Klostermann 1948, 465 S.

Tschižewskij, Dmitrij: *Russische Literaturgeschichte des 19. Jahrhunderts.* Band 1: *Die Romantik.* München: Eidos 1964, 180 S.; 2. Aufl. München: Fink 1977, 184 S.

Tschižewskij, Dmitrij: *Russische Literaturgeschichte des 19. Jahrhunderts.* Band 2: *Der Realismus.* München: Fink 1967, 210 S. [Übersetzung dieser beiden Bände: D. Čiževskij: *History of the Nineteenth-Century Russian Literature.* 2 Bde. Vanderbilt University Press 1974].

Vengerov, S[emen, A.]: *Istorija russkoj literatury.* In: *Ènciklopedičeskij slovar'.* Hrsg. F. A. Brokgauz, Leipzig, und I. A. Èfron. Bd. 55. Sankt Peterburg 1899, S. 581–650.

Vom »Tauwetter« zur Perestroika. Russische Literatur zwischen den fünfziger und neunziger Jahren. Hrsg. Willi Beitz. Bern, Berlin u. a.: Peter Lang 1994, 460 S., 30 Abb.

Waegemans, Emmanuel: *Geschichte der russischen Literatur 1700–1995.* Aus dem Niederländischen übersetzt von Th. Hauth. Konstanz: UVK Universitätsverlag [für 1997 geplant], ca. 500 S.

Weiher, Eckhard: *Die altrussische Literatur der Kiever Zeit.* In: *Europäisches Frühmittelalter.* Hrsg. Klaus von See. Wiesbaden: Athenaion 1985, S. 411–435, Abb. (*Neues Handbuch der Literaturwissenschaft* 6).

Die altrussische Literatur von den Anfängen bis zum Ende des 17. Jahrhunderts

* 1620 oder 1621 Grigorovo / Kreis Nižnij
  Novgorod
† 14.4.1682 Pustozersk / Gebiet Archangel'sk

ŽITIE PROTOPOPA AVVAKUMA, im samim napisannoe

(russ.; *Das Leben des Protopopen Avvakum, von ihm selbst niedergeschrieben*). Autobiographie des Erz-priesters AVVAKUM, entstanden um 1672/73, zu-nächst nur handschriftlich verbreitet, erstmals im Druck erschienen 1861. – In Pustozersk am Unter-lauf der Pečora unweit von ihrer Mündung ins Nördliche Eismeer, wohin man ihn 1667 gebracht hatte und wo er schließlich am 14. April 1682 für seine *»gewaltigen Schmähungen gegen das Zaren-haus«* auf dem Scheiterhaufen endete, hat Avva-kum, in ein Erdloch gesperrt, auf Geheiß eines Mit-gefangenen, der dort sein Beichtvater war, sein Le-ben beschrieben, *»damit nicht der Vergessenheit an-heimgegeben werde die Sache Gottes«*. Demgemäß stehen Avvakums Kampf um Erneuerung der alt-russischen Frömmigkeit, der sich zunächst nur ge-gen den Verfall kirchlicher Zucht und Sitte, seit 1653 aber auch gegen die von Patriarch Nikon ein-geleiteten Kultusreformen (Änderung der Finger-haltung beim Bekreuzigen, Verbesserung liturgi-scher Texte u. a.) richtete, sowie seine dabei gewon-nenen geistlichen Erfahrungen im Vordergrund der Darstellung, die durch ein von Lesefrüchten aus Kirchenväteranthologien gebildetes Glaubens-bekenntnis eingeleitet wird. Kindheit und Jugend des Popensohnes im Dorfe Grigorovo an der Kud'ma sowie seine Verheiratung kommen nur kurz zur Sprache, Art und Vorgang seiner Ausbil-dung bleiben unerwähnt. Seine Wirksamkeit als Landgeistlicher in Lopatišči und Jur'evec-Po-vol'skij (1642–1652) sowie als Mitarbeiter des Erz-priesters Ivan Neronov an der Kathedrale der Mut-tergottesikone von Kazan' nahe dem Roten Platz in Moskau (1652/53), seine Verschickung nach Sibi-rien, während der er über Tobol'sk und Enisejsk bis Nerčinsk ziehen mußte (1653–1664), und sein durch die Verbannung nach Mezen' an der Küste

des Weißen Meeres (1664–1666), die Verurteilung seitens des Großen Moskauer Konzils (1666/67) sowie die Einkerkerung in Pustozersk bedingter letzter Leidensweg lassen sich als die Hauptab-schnitte der Lebensbeschreibung herausheben. Av-vakum widmet ihnen jedoch nur wenige zusam-menfassende Erwägungen, da es ihm mehr um die in Fülle erzählten einzelnen Begebenheiten zu tun ist. Dabei hält er sich nicht streng an die zeitliche Abfolge, sondern nimmt um sachlicher Zusam-menhänge willen häufig Späteres vorweg oder trägt nicht selten Zurückliegendes nach, wie er die Darstellung schließlich überhaupt durch eine Kette von Nachträgen beendet.

Bei der Abfassung dieser ersten russischen Auto-biographie konnte sich Avvakum nur stellenweise an die Heiligenviten anlehnen, die ihm als die einzi-gen literarischen Vorbilder zur Verfügung stan-den; ebensowenig vermochte er das damals allein literaturfähige Kirchenslavisch durchzuhalten. Um seine Erlebnisse unabgeschwächt vermitteln und sich selbst rückhaltlos mitteilen zu können, hat er in seiner völlig kunstlosen Erzählweise ein literari-sches Kunstwerk von höchstem Rang geschaffen und zugleich der russischen Umgangssprache des 17. Jh.s zu ihrem ersten literarischen Niederschlag verholfen. Durch den mitunter ausgesprochen hu-morvollen Realismus seiner Schilderungen beein-druckt Avvakum nicht weniger als durch den Ernst seiner Frömmigkeit und die Zartheit seiner Emp-findungen. Die innige Verbundenheit mit Frau und Kindern wird durch wiederholte knappe Be-merkungen mehr angedeutet als beschrieben. Ähn-liches gilt von seinem Verhältnis zur Zarenfamilie, das trotz sachlicher Gegensätze von gegenseitiger Wertschätzung bestimmt gewesen ist. Die rühren-de Erzählung von der schwarzen Henne, die Avva-kums Kinder in Sibirien mit Eiern versorgte und sich engsten Familienanschlusses erfreute, gehört zu den schönsten Tiergeschichten überhaupt. – An-gesichts der bis ins 19. Jh. hinein andauernden Ver-folgungen der russischen Altgläubigen – Avva-kums Glaubensgenossen – durch die orthodoxe Staatsgewalt ist seine Lebensbeschreibung erst spät in weiteren Kreisen bekannt geworden. N. S. LES-kov entwarf die Gestalt des Helden seiner Roman-Chronik *Soborjane*, 1872 *(Die Klerisei)*, des Erz-priesters Savelij Tuberozov, unter dem Eindruck der Persönlichkeit Avvakums. Außer ins Deutsche ist dieses *»sprachlich originellste und, man möchte* *fast sagen, russischste Schriftdenkmal Altmoskaus«* (R. Jagoditsch) bereits ins Englische (1924), Französische (1938), Neutürkische, Polnische und Bulgarische übersetzt worden. Die in der Sowjetunion besorgten Neuausgaben (Auflagenhöhe 1960: 30 000; 1963: 3000) waren binnen kurzem vergriffen.   P.Ha.

AUSGABEN: Petersburg 1861, Hg. N. S. Tichonravov. – Moskau 1960, Hg. N. K. Gudzij u. a. – Moskau 1963 (A. N. Robinson, *Žizneopisanija Avvakuma i Epifanija, Issledovanie i teksty*). – Irkutsk 1979. – Ann Arbor 1983.

ÜBERSETZUNGEN: *Das Leben des Protopopen A.*, R. Jagoditsch, Bln. 1930 [m. Komm.]. – Dass., G. Hildebrandt, Göttingen 1965 [m. Nachw.].

LITERATUR: A. K. Borozdin, *Protopop A. Očerk iz istorii umstvennoj žizni russkogo obščestva v XVII v.*, Petersburg ²1900. – P. Pascal, *A. et les débuts du Raskol. La crise religieuse au XVIIe siècle en Russie*, Paris 1938. – P. Hauptmann, *Altrussischer Glaube. Der Kampf des Protopopen A. gegen die Kirchenreformen des 17. Jh.s*, Göttingen 1963. – B. Ilek, *Život protopopa A. Studie o stylu*, Prag 1967 [enth. Bibliogr.]. – N. S. Demkova, *Žitie protopopa A. (Tvorč. istorija proizv.)*, Leningrad 1974. – H. Grasshoff, *Wirklichkeitsaneignung und gesellschaftsverändernde Zielsetzung in A.'s »Žitie«* (in ZfSl, 1976, 21, S. 351–356). – D. S. Lichačëv, *Jumor protopopa A.'a* (in Russian Literature, 1977, 5, S. 373–387). – H. Hunt, *The Autobiography of the Archpriest A. The Outer Limits of the Narrative Icon*, Diss. Stanford Univ. 1979 [enth. Bibliogr.]. – *Archpriest A., the Life Written by Himself* (with the Study of V. V. Vinogradov: *On the Tasks of Stylistics. Observations Regarding the Style of the Life of the Archpriest A.*), Ann Arbor 1979. – A. M. Pančenko, *Protopop A. kak poėt* (in Izvestija Akademii Nauk S.S.S.R., 1979, 38, S. 300–308). – Ders., *A. kak novator* (in Russkaja Literatura, 1982, 4, S. 142–152). – V. I. Malysev, *Materialy k »Letopisi žizni protopopa A.«* (in Drevnerusskaja knižnost' po materialam Puškinskogo doma, Leningrad 1985, S. 277–322).

EPIFANIJ »PREMUDRYJ«

d.h. »der Weise«

* um 1420

LITERATUR ZUM AUTOR:
V. Ključevskij, *Drevnerusskie žitija sviatych kak istoriceskij istočnik*, Moskau 1871, S. 88 ff. – *Istorija russkoj literatury*, Bd. 2, Tl. 1, Moskau 1948,

S. 235–238. – D. S. Lichačëv, *Čelovek v literature drevnej Rusi*, Moskau/Leningrad 1958; Moskau ²1970. – D. Čiževskij, *E.* (in E. P., *Žitie sviatago Stefana episkopa Permskogo* [Nachdr. d. Ausg. v. 1897], Hg. V. Družinin, Den Haag 1959, S. 5–18). – D. S. Lichačev, *Kul'tura Rusi vremeni Andreja Rublëva i Epifanija Premudrogo*, Moskau/Leningrad 1962. – D. Čiževskij, *History of Russian Literature from the 11th Century to the End of the Baroque*, Den Haag 1962, S. 167–180. – N. K. Gudzij, *Istorija drevnej russkoj literatury*, Moskau ⁷1966 (dt.: *Geschichte der russischen Literatur 11.–17. Jh.*, Halle 1959). – J. Holthusen, *E. P. u. Gregor von Nyssa* (in Fs. für Margarete Woltner zum 70. Geburtstag, Hg. P. Brang u. a., Heidelberg 1967, S. 64–82). – *Istoki russkoj belletristiki*, Hg. Ja. S. Lur'e, Leningrad 1970, S. 219–222. – F. Vigcel, *Citaty iz knig sviaščennogo pisanija v sočinenijach E. P.* (in Trudy otdela drevnorusskoj literatury, Bd. 26, 1970, S. 232–243). – F. Kitch, *The Literary Style of E. P., Pletenie sloves*, Mchn. 1976 (Slavistische Beiträge, 96). – *Istorija russkoj literatury*, Hg. D. Lichačëv u. G. P. Mekagonenko, Bd. 1, Leningrad 1980, S. 159–163.

ŽITIE SERGIJA RADONEŽSKAGO

(aruss.; *Vita des Sergij von Radonež*). Heiligenvita von EPIFANIJ »PREMUDRYJ«, entstanden um 1417. – Sergij von Radonež, gestorben 1392, bis heute einer der am meisten verehrten russischen Heiligen, gründete um das Jahr 1340 in der Waldwildnis bei der heutigen Stadt Zagorsk (nordöstlich von Moskau) eine Einsiedelei, aus der sich eines der größten und schönsten russischen Klöster, die Troice-Sergieva Lavra (Dreifaltigkeitskloster des Sergij), entwickelte. Das Leben dieses Sergij beschrieb sein Schüler Epifanij etwa 25 Jahre nach dem Tode des Heiligen. Leider ist dieses Werk – der genaue Titel lautet: *Žitie i žizn' prepodobnago otca našego igumena Sergija, spisano učenikom ego svjaščennoinokom Epifaniem (Vita und Leben unseres heiligen Vaters, des Abtes Sergij, geschrieben von seinem Schüler, dem Priestermönch Epifanij)* – nicht in der ursprünglichen Form erhalten, sondern nur in der um die Erzählung von postumen Wundern erweiterten, aber im biographischen Teil gekürzten und auch sonst überarbeiteten Fassung des Serben PACHOMIJ LOGOFET, der etwa von 1430–1480 in Rußland gewirkt hat. Diese Vita des Pachomij wurde dann wieder um neue Geschichten erweitert und erhielt in der zweiten Hälfte des 16. Jh.s in der sogenannten Redaktion E eine Gestalt, die von nun an lange Zeit (zu Unrecht) für das Werk des Epifanij gehalten wurde. Einige Kapitel dieser Redaktion E zeichnen sich durch jene stilistischen Eigentümlichkeiten aus, die das andere, besser überlieferte Werk des Epifanij, das *Žitie Stefana Permskago* (vgl. dort), kennzeichnen; andere beschränken sich auf trockene Wiedergabe des Faktischen. Sehr unterschiedlich ist auch der historische Wert der einzelnen Kapitel: Neben Glaubwürdigem und historisch Interessantem stehen rein legendäre Erzählungen, die zum Teil fast wörtlich aus anderen hagiographischen Werken übernommen sind. Die Aufgabe, aus der Masse des in der Redaktion E Enthaltenen das herauszufinden, was von Epifanij stammt, ist noch nicht endgültig gelöst. Aber auch in der kontaminierten Form, die uns in der Redaktion E vorliegt, hat das Werk mit seiner typisierten und doch lebenswarmen Schilderung eines heiligen Asketen und Klostergründers tiefe Wirkung auf das religiöse Leben des russischen Volkes ausgeübt und ist neben der Feodosij-Vita des NESTOR das bedeutendste Werk dieser Gattung aus dem russischen Mittelalter.   L.Mü.

AUSGABEN: Petersburg 1883 (in Velikie Mineičeťi, Sept., Bd. 3; Red. E). – Petersburg 1885, Hg. Archimandrit Leonid (Pamjatniki drevnej pis'mennosti i iskusstva, 58; Red. E). – Moskau 1892–1916, Hg. N. S. Tichonravov, 2 Bde. (Neudr. in *Die Legenden des heiligen Sergij von Radonež*, Hg., Einl. u. Inhaltsübersicht L. Müller, Mchn. 1967).

ÜBERSETZUNGEN [gek.]: G. Apel (in E. Benz, *Russische Heiligenlegenden*, Zürich 1953). – *Epiphanij der Weise*, A. Hackel, Münster 1956.

LITERATUR: B. P. Zubov, *E. P. i Pachomij Serb: K voprosu o redakcijach »Žitija Sergeja Radonožskogo«* (in Trudy Otdela drevnorusskoj literatury, Bd. 9, Moskau 1953, S. 145–158). – L. Müller, *Einleitung* (in *Die Legenden des heiligen Sergij von Radonež*, Hg. L. M., Mchn. 1967, S. 10 ff.). – O. Appel, *Untersuchungen zur Textgeschichte der Vita des hl. Sergij von Radonez*, Diss. Tübingen 1970. – L. Müller, *Osobaja redakcija »Žitija Sergija Radonežskogo«. Spisok iz sobranija V. M. Undol'-skogo (F. 310) No. 370* (in Zapiski otdela rukopisej). – O. Appel, *»Die Vita des heiligen Sergej von Radonež«. Untersuchungen zur Textgestaltung*, Mchn. 1972. – Vgl. Lit. zu *Žitie Stefana Permskago*.

ŽITIE STEFANA PERMSKAGO

(aruss.; *Vita des Stefan von Perm*). Heiligenvita von EPIFANIJ »PREMUDRYJ«, geschrieben bald nach dem Tod des Heiligen im Jahre 1396. – Epifanij schildert kurz Herkunft und Jugend des Heiligen in Ustjug, dann sein Mönchsleben in Rostow, wo er den Plan faßt, die heidnische Bevölkerung des Gebiets von Perm, den Stamm der Zyrjanen, deren (finnische) Sprache er kennt, zu missionieren; es folgt eine ausführliche Beschreibung des Landes und seiner Bewohner, dann der Bericht über die mühe- und gefahrvolle missionarische Tätigkeit Stefans bei den Zyrjanen, besonders ausführlich die Auseinandersetzung mit dem Schamanen Pam; dann erzählt Epifanij von der Einsetzung Stefans zum Bischof des von ihm missionierten Gebietes und von der Bedeutung der von Stefan erfundenen zyrjanischen Schrift, schließlich von seinem Tod.

Besonders originell ist der von der literarischen Tradition am Ende der Vita geforderte Lobpreis des Heiligen gestaltet; er besteht aus drei Totenklagen: der Klage der Leute von Perm, die nach dem Tod ihres geistlichen Vaters gleichsam verwaist sind und nun um ihn klagen wie Kinder um ihren Vater; dann die Klage der Kirche von Perm, die um ihn klagt wie eine Witwe um ihren Mann; und schließlich die Klage des »schreibenden Mönches«, d. h. des Verfassers dieses Werks, des Epifanij, der hier auch an seine persönlichen Beziehungen zu Stefan erinnert und der Klage dadurch einen besonders herzlichen Ton gibt.

Von der hohen Wertschätzung der schriftstellerischen Kunst des Epifanij durch seine Zeitgenossen und die nachfolgenden Generationen zeugt der ihm gegebene Beiname: »der Weise«. Die Stefansvita, deren vollständiger Titel *Slovo o žitii i učenii svjatago otca našego Stefana, byvšago v Perm episkopa (Erzählung vom Leben und von der Lehre unseres heiligen Vaters Stefan, der Bischof in Perm war)* lautet, blieb das nicht wieder erreichte Muster des *pletenie sloves*, des »Flechtens der Worte«, das dem sprachlichen Kunstwerk die Schönheit eines kunstvoll gewobenen Teppichs geben sollte. Der Stil ist prunkvoll, kompliziert, wortreich und gleichzeitig doch geistreich, warmherzig und eindringlich. Im Zeitalter des Realismus tadelte man oft diesen ausschweifenden Wortprunk und rechnete Epifanij vor, daß er die in der Vita enthaltenen Fakten auf wesentlich kleinerem Raum hätte mitteilen können. In der jüngsten Zeit aber hat man (in der Sowjetunion wie im Westen) erkannt, daß es dem Epifanij um anderes und um mehr ging als um die Mitteilung biographischer Fakten – um Belehrung, Erbauung, Begeisterung des Lesers –, und man hat neues Verständnis für diese wahrhaft artistische Stilkunst gewonnen und sie mit der Kunst des Zeitgenossen und Klosterbruders Epifanijs, des Ikonenmalers Andrej Rublëv, verglichen. Eine deutsche Übersetzung dieses Meisterwerks altrussischer Wortkunst ist eine schwierige, aber lohnende Aufgabe.   L.Mü.

AUSGABE: Petersburg 1897, Hg. Družinin (Nachdr. Den Haag 1959, Hg. D. Čiževskij).

LITERATUR: F. C. M. Wigzell (F. Vigcel), *Convention and Originality in »The Life of Stephan of Perm«. A Stylistic Analysis* (in SEER, 1971, 49, S. 338–345). – O. V. Karpova, *Synonyms. Paraphrases and Parallelisms in »The Life of Stephan of Perm«*, Ann Arbor 1977. – Vgl. Lit. zu *Žitie Sergija Radonežskago*.

JOHANN GOTTFRIED GREGORII

† 1675

KOMEDIJA O IUDIFI

(russ.; *Komödie von Judith*). Schauspiel in sieben
Akten von Johann Gottfried GREGORII, Uraufführung: 1674. – Wie der byzantinischen ist auch der
in ihrem Bann stehenden altrussischen Literatur
das dramatische Genre im wesentlichen fremd geblieben; aus der Zeit vor dem 17. Jh. ist kein einziges russisches Theaterstück erhalten. Die orthodoxe Kirche trat lange Zeit hindurch theaterähnlichen
Volksbelustigungen durch kategorische Verbote
entgegen, weil sie in diesen Vergnügungen eine
dem Seelenheil der Gläubigen abträgliche irdische
Verlockung sah. Noch im Jahr 1657 hatte sich Zar
Alexander daher zur Erneuerung seines strengen
Verbots aller weltlichen »Spiele« gezwungen gesehen. Er selbst jedoch sollte der erste werden, der
dieses Verdikt durchbrach. Unter dem Einfluß des
Bojaren Artamon S. Matveev (1625–1685) befahl
Alexander um 1671 die Anwerbung von »Komödienmachermeistern« aus dem Ausland und beauftragte schließlich den deutschen Pastor Gregorii
aus der Deutschen Vorstadt *(Nemeckaja sloboda)* in
Moskau mit der Gründung einer Schauspieltruppe
und der Abfassung von »Komödien« – wie im
17. Jh. in Rußland jede szenische Aufführung genannt wurde. Im Oktober 1672 fand in dem in aller
Eile in Preobraženskoe errichteten Theater vor den
Mitgliedern des Zarenhofs die erste Vorstellung
mit Gregoriis zunächst deutsch aufgeführtem
Stück *Esther oder Das Spiel von Artaxerxes* statt; die
russische Übertragung mit dem Titel *Esfir' ili Artakserkovo dejstvo* konnte Alexander erst nachträglich überreicht werden. Das tragische Stück, das
sich wohlweislich an ein biblisches Thema hält,
wurde ein großer Erfolg. Gregorii nahm in seine
Truppe nach und nach auch russische Schauspieler
auf und spielte in den folgenden drei Jahren noch
vier andere Werke: *Tovija mladšij (Tobias der Jüngere)*, *Žalostnaja komedija ob Adame i Eve (Die betrübliche Komödie von Adam und Eva)*, *Malaja
prochladnaja komedija ob Iosife (Die kleine erfrischende Komödie von Joseph)* und schließlich die *Komedija
o Iudifi* (oder einfach *Iudif'*).
Die Stücke des Pastors, in denen vermutlich auch
Elemente der deutschen Fastnachts- und Paradiesspiele wirksam wurden, sind nach dem Vorbild der
Stücke der »Englischen Komödianten« gestaltet.
Darunter versteht man jene Schauspieltruppen,
die sich in der Blütezeit des englischen Theaters im
16. Jh. zusammengefunden und seit 1585 auch das
Festland bereist haben. Da sie hier zunächst vor
einem ihrer Sprache nicht mächtigen Publikum zu
spielen hatten, waren sie in ihren Aufführungen

primär auf die darstellerische Wirkung bedacht.
Das hatte zur Folge, daß das optische Moment des
Spiels überbetont, daß jeder nur mögliche theatralische Effekt bis zum letzten ausgekostet wurde
und daß die Handlung meist in groben, naiven Naturalismus ausartete. Die Komödien entnahmen
ihre Thematik vorwiegend der biblischen Geschichte. Beliebte Themen waren z. B. der »Verlorene Sohn«, »Susanna«, »Esther« und »Nebukadnezar«. Zwischen die vielfach nur episodenhaften
»Akte« der Haupthandlung wurden zynische, frivole und derb-realistische Possen als Interludien
zur anspruchslosen Unterhaltung und Entspannung des durch die Hauptfabel ermüdeten Publikums eingefügt.
Die Hauptmerkmale dieser englischen Komödien
finden sich auch in den Stücken des Gregorii, und
gerade die breitangelegte *Komödie von Judith* stellt
ein Musterbeispiel dieser Gattung dar. Das Drama,
das keinem der im 16. und 17. Jh. in Europa bekannten Judith-Stücke entspricht und somit wohl
von Gregorii selbständig verfaßt wurde, besteht
aus sieben umfangreichen, in 29 Szenen unterteilten Akten und einem »Intermezzo« zwischen dem
vierten und fünften Akt. In langatmigen, dem dramatischen Genre durchaus nicht gemäßen Dialogen der etwa 63 handelnden Personen schleppt sich
die Handlung hin. Der assyrische König Nebukadnezar (Navuchodonosor) zieht mit seinem von
Holophernes (Olofern) geführten Heer gegen das
jüdische Volk. Er erobert große Teile von Judäa,
nur die Einwohner von Bethulia leisten heftigen
Widerstand und sind erst dann zur Übergabe der
Stadt bereit, als der Feind die Wasserzufuhr abgeschnitten hat. Da endlich (im vierten Akt) tritt Judith auf und hält feurig-pathetische Reden gegen
die Assyrer. Schließlich begibt sie sich in Begleitung ihrer Dienerin Abra in das feindliche Lager,
um Holophernes durch ihre Schönheit zu besiegen
und ihn zu ermorden. Sie erreicht ihr Ziel, schlägt
dem Tyrannen das Haupt ab und kehrt damit in die
belagerte Stadt zurück. Die geretteten Bürger befestigen das abgeschlagene Haupt hoch über der
Stadtmauer und singen Gott Lobeshymnen.
Die beiden einander entgegengesetzten Stilhaltungen der »Komödie«, tragisches Pathos und ausgelassener Spott, sind fast durchweg miteinander verschmolzen; eine gekünstelte, grammatisch oft
holprige, von Kirchenslavismen strotzende Sprache und breitestes Umgangsidiom wechseln einander ab. Besonders augenfällig ist dieser Zug in den
Auftritten Judiths und Holophernes' im Gegensatz
zu der lebhaften, aber geistig beschränkten Dienerin Abra sowie in der Szene, die von dem assyrischen Kriegsgefangenen Susachim handelt.
Gregoriis Werk gewann zwar keine entscheidende
Bedeutung für die Weiterentwicklung des russischen Theaters – seine Bühne wurde mit dem Tod
des Zaren Alexander geschlossen –, doch war man
dank seinem Vorbild von dem der russischen Sprache unangemessenen, aus Polen übernommenen
syllabischen Versmaß der formstrengen Schuldramen abgerückt und zur realistischeren Prosa über-

gegangen. Gregoriis *Komedija o Judifi* hat sich längere Zeit auf der Bühne behaupten können. Sie wurde noch von der Schwester Peters des Großen, der talentierten Prinzessin Natalja (1673–1716), aufgeführt, sank aber bald zur Belustigung der städtischen Unterschicht herab. C.K.

AUSGABE: Petersburg 1874 (in *Russkie dramatičeskie proizvedenija 1672–1725 godov*, Hg. N. S. Tichonravov, Bd. 1).

LITERATUR: *Starinnyj spektakl' v Rossii*, Hg. V. Vsevolodskij-Gerngross, Leningrad 1928 [m. Bibliogr.]. – V. Vsevolodskij-Gerngross, *Istorija russkogo teatra*, Bd. 1, Leningrad/Moskau 1929, S. 320–335. – P. N. Popov, *Neizvestnaja drama petrovskoj epochi »Judif'«* (in Trudy Otdela drevnerusskoj literatury, 3, S. 195–253).

ILARION

Metropolit von Kiew

11. Jh.

SLOVO O ZAKONE I BLAGODATI

(aruss.; *Rede über das Gesetz und die Gnade*). Theologischer Traktat, mit gewichtigen Gründen dem Priestermönch ILARION zugeschrieben, der von 1051 bis spätestens 1055 Metropolit von Kiew war; entstanden ca. 1036–1051. – Das Werk, von dessen Popularität mehr als vierzig Handschriften zeugen, nimmt in der altrussischen Literaturgeschichte einen hervorragenden Platz ein und wurde Vorbild für eine große Zahl hagiographischer Lobpreisungen. Der vollständige Titel lautet: *Über das Gesetz, das durch Mose gegeben ist, und über die Gnade und Wahrheit, die durch Jesus Christus geworden ist; und wie das Gesetz vergangen ist, die Gnade aber und Wahrheit die ganze Erde erfüllt hat, und der Glaube sich zu allen Völkern verbreitet hat, auch bis zu unserem russischen Volke; und Lobpreis auf unseren Kagan Vladimir, von dem wir getauft sind, und Gebet zu Gott von unserem ganzen Land.* Auch dieser lange Titel gibt den Reichtum des Inhalts nicht vollständig wieder. Der Gesamttraktat besteht aus sieben ungleichmäßig langen, ursprünglich offenbar selbständigen Teilen.

Der erste Teil, die *Rede über das Gesetz und die Gnade*, schildert die spannungsreiche Beziehung zwischen dem *Alten Testament* (dem »Gesetz«) und dem *Neuen* (der »Gnade«): Das Gesetz existierte zwar zuerst, aber die Gnade ist größer; das Gesetz war nur einem Volk gegeben (den Juden), die Gnade gilt allen Völkern. Unter den ehemals heidnischen Völkern, die seit dem Erscheinen Christi durch die Gnade zum neuen Gottesvolk geworden sind, ist auch das russische. Mit der Schilderung der Bekehrung dieses Volks und seines neuen Lebens und einem kurzen Gebet schließt dieser Teil. Es dürfte ursprünglich eine Festpredigt gewesen sein. Nach Thema und Durchführung paßt sie gut zum Osterfest oder auch zum Fest der Erscheinung des Herrn (6. Januar).

Der zweite Teil trägt nicht, wie der erste, festlich-rhetorischen, sondern mehr theologisch-wissenschaftlichen Charakter: Fünfzehn aneinandergereihte Zitate aus dem *Alten Testament* sollen beweisen, daß die Berufung der Heiden von Gott schon während der Zeit des Alten Bundes geplant war. Ilarion steht hier in der Tradition der theologischen Polemik gegen das Judentum. Der Stil ist trocken und eintönig und hebt sich stark ab von dem schwungvollen und abwechslungsreichen Redefluß des vorangehenden (ersten) und des folgenden (dritten) Teils.

Dieser hat wieder die Form einer Festrede. Der Lobpreis auf den Fürsten Vladimir, unter dem das Christentum im Jahr 989 zur Staatsreligion des russischen Reiches gemacht worden war, dürfte vorgetragen worden sein in einem Gedenkgottesdienst zu seinen Ehren, an einem 15. Juli (dem Tag, an dem Vladimir im Jahr 1015 gestorben war) gegen Ende der vierziger Jahre des 11. Jh.s, am ehesten im Jahr 1049, in der Muttergotteskirche in Kiew, die von Vladimir gebaut und in der er begraben war. In geschickter Stilisierung der historischen Wirklichkeit wird aus dem Leben und Werk Vladimirs das hervorgehoben, was ihn als Heiligen erscheinen läßt und für seine Kanonisierung spricht. Am Ende wird diese Kanonisierung, die in Wirklichkeit erst zweihundert Jahre später erfolgt ist, vom Festredner vorweggenommen, indem Vladimir mit liturgisch-hymnischen Formeln als Heiliger gepriesen und um seine Fürbitte bei Gott gebeten wird.

Der vierte Teil ist ein Bußgebet. Es ist auf einen ganz anderen Ton gestimmt als der erste und der dritte Teil. Wurden dort die großen Erfolge des Christentums in Rußland begeistert gepriesen (und vielleicht übertrieben), so wird hier gesagt, daß das Christentum in Rußland noch jung und schwach sei, eine kleine Herde, neu gekaufte Sklaven, die den Willen ihres Herrn noch nicht recht zu erfüllen wissen. Von schweren Gefahren ist die Rede, die dem Lande drohen, um der Sünden seiner Bewohner willen. Das Gebet könnte erheblich früher entstanden sein als der Lobpreis auf Vladimir – etwa 1036, als Kiew von den Petschenegen bedroht war. Möglicherweise ist es aber auch ohne Rücksicht auf konkrete Zeitereignisse als allgemeines Bußgebet für Fälle nationalen Unglücks oder allgemeiner Gefahren abgefaßt worden.

Der fünfte Teil enthält das nicäno-konstantinopolitanische Glaubensbekenntnis. Dieses wird bei jeder Feier der orthodoxen Meßliturgie gesungen. Der Wortlaut Ilarions weicht von dem sonst gebräuchlichen an einigen Stellen ab. Vielleicht wollte Ilarion den überaus wichtigen liturgischen Text in dem von ihm vorgeschlagenen Wortlaut für den kirchlichen Gebrauch fixieren.

Das eigene Glaubensbekenntnis des Ilarion, im sechsten Teil des Traktats, gibt den Inhalt des orthodoxen Glaubens wesentlich ausführlicher und mit Einsatz aller Mittel der Kunstprosa wieder. Wie aus dem letzten Satz hervorgeht, hat Ilarion es bei seiner Inthronisierung als Metropolit von Kiew vorgetragen. – Der letzte, siebte Teil ist eine kurze autobiographische Notiz. Ilarion berichtet, in engem Anschluß an das Ende des Glaubensbekenntnisses, in zwei schönen Sätzen über seine Weihe und Inthronisation zum Metropoliten von Kiew im Jahr 1051.

Die sieben Teile des Werks zeigen die große Spannweite der theologischen und kirchlichen Arbeit Ilarions. Sie stehen aber nicht unverbunden nebeneinander, sondern sind, offenbar durch den Verfasser selbst, durch feine stilistische und gedankliche Überleitungen zu einer Einheit zusammengearbeitet. Das Gesamtwerk zeugt von einer guten Kenntnis der _Bibel_, der patristischen Literatur und der liturgischen Dichtung, von einer vollkommenen Beherrschung der Formensprache der byzantinischen Kunstprosa und von einem bewundernswerten künstlerischen Taktgefühl. Es ist schwer zu begreifen, wo und wie Ilarion, wenige Jahrzehnte nach der Christianisierung Rußlands, eine so hervorragende theologische und literarische Bildung hat erwerben können.   L.Mü.

AUSGABEN: Petersburg 1844 (in _Pribavlenija k tvorenijam svjatych otcov._, Hg. A. V. Gorskij, Bd. 2). – Wiesbaden 1962 _(Des Metropoliten Ilarion Lobrede auf Vladimir den Heiligen u. Glaubensbekenntnis,_ Hg., Einl. u. Erl. L.Müller). – Prag 1963, Hg. N. N. Rozov (in _Slavia,_ 32, H. 2).

ÜBERSETZUNGEN: K. Rose (in K. R., _Grund und Quellort des russischen Geisteslebens,_ Bln. 1956, S. 167–184). – L.Müller (in _Die Werke des Metropoliten I.,_ Hg. ders., Mchn. 1971, S. 23–39).

LITERATUR: N. K. Gudzij, _Geschichte d. russ. Lit. 11.–17. Jh._, Halle 1959, S. 96–106. – N. N. Rozov, _Iz nabljudenij nad istoriej teksta »Slova o zakone i blagodati«_ (in _Slavia,_ 35, 1966, S. 365–379). – L.Müller, _Eine westliche liturgische Formel in I.s Lobpreis auf Vladimir den Heiligen_ (in L'Annuaire de l'Institut de Philologie et d'Histoire Orientales et Slaves, 18, 1966/67, S. 299–305). – M.Mainka, _Von Gesetz u. Gnade. Die heilsgeschichtliche Sicht im »Slovo« des Kiever Metropoliten I._ (in Claretianum, 9, 1969, S. 273–304). – H. Elbe, _Die Handschrift der Werke des Metropoliten I._ (in Russia Mediaevalis, 1975, 2, S. 121–161). – L.Müller, _Neue Untersuchungen zum Text der Werke des Metropoliten I._ (ebd., S. 3–91). – Ders., _Vzaimootnošenija meždu opublikovannymi spiskami »Slova o zakone i blagodati« i »Pochvaly Vladimiru« mitropolita I._ (in _Kul'turnoe nasledie Drevnej Rusi. Istoki, stanovlenie, tradicii,_ Moskau 1976, S. 372–378). – »Slovo o zakone i blagodati« I., Hg. A. M. Moldovan, Kiew 1984.

NESTOR ISKANDER

15.Jh.

POVEST' O VZJATII CAR'GRADA TURKAMI

(aruss.; _Die Erzählung von der Einnahme Konstantinopels durch die Türken_). Augenzeugenbericht des Nestor ISKANDER vom Fall Konstantinopels im Jahre 1453. – Iskander (türk. für Alexander) war von Geburt Russe. Auf unbekannte Weise in die Türkei verschlagen, hatte er den mohammedanischen Glauben angenommen und befand sich während der Belagerung Konstantinopels im Lager der Türken. Heimlich mit den Christen sympathisierend, registrierte er den Ablauf der Kämpfe in Tagebuchnotizen, die, wie zeitgenössische Quellen beweisen, von außergewöhnlicher Exaktheit sind. Nach der Einnahme der Stadt füllte er seinen Bericht mit den Schilderungen der Belagerten auf, so daß sich ein ausgewogenes Bild des historischen Geschehens ergab. Der literarische Wert des Berichts liegt in der sorgfältigen Wiedergabe der Ereignisse, der profilierten Zeichnung ihrer Hauptgestalten (Konstantins XI., Mehmeds II., des Genuesen Giovanni Giustiniani) sowie in der lebendigen, freien Diktion des Werks. Allerdings liegt die Erzählung des Iskander nicht in ihrer ersten Fassung vor. Vielleicht er selbst, wahrscheinlicher aber ein späterer Redaktor hat seine Aufzeichnungen ergänzt und überarbeitet und ihnen dabei das ideologische Moment mitgeteilt, das ihre ungeheure Verbreitung in Rußland um die Wende des 15. und 16. Jh.s bedingen sollte: Die zweite Fassung des Berichts enthält jene Prophezeiungen über das Schicksal Konstantinopels, welche der Moskauer Staatsideologie den Anschluß ihrer Politik an die von der göttlichen Vorsehung vorgezeichnete Weltgeschichte erlaubten. Schon während der Gründung der Stadt, so heißt es da, ereignete sich ein prophetisches Wunderzeichen: ein Kampf zwischen Adler und Schlange, in dem der Adler zunächst besiegt, hernach jedoch von den herbeieilenden Menschen gerettet wurde. Für das Schicksal der Stadt bedeutet das: Byzanz (der Adler) wird von den Ungläubigen (der Schlange) überwältigt, in letzter Stunde jedoch von den Christen befreit. In Zusammenhang mit dieser Prophezeiung, welche dem Autor in zahlreichen, teils eschatologisch gefärbten Varianten einer jahrhundertealten byzantinischen Tradition bekannt war, stehen auch die Wunderzeichen, welche sich während der Belagerung der Stadt ereignen: der Auszug des Schutzengels aus der Hagia Sophia und der blutige Regen, der das Ende Konstantinopels verkündet. Doch ist der Untergang der Stadt nicht endgültig. Das Werk schließt mit der Voraussage, daß eines Tages ein blondes Volk (russ. _rusyj narod_) Konstantinopel aus den Händen der Türken befreien werde.

Unter dem Eindruck des »Abfalls« der Griechen vom wahren Glauben auf dem Unionskonzil von Ferrara (1438/39) und ihrer gerechten Bestrafung durch die türkische Eroberung fiel es in Rußland nicht schwer, den Terminus *rusyj narod* als *russkij narod* (d. i. »russisches Volk«) zu lesen: Der Kaiser, welcher einst in das Zweite Rom zurückkehren wird, wird der russische Zar, der letzte rechtgläubige Herrscher auf Erden, sein. Durch diese tendenziöse Umdeutung wird das Werk Iskanders zu einem frühen Beleg jener Idee von »Moskau, dem dritten Rom«, welche ein Jahrhundert lang die Politik des moskovitischen Staates bestimmen sollte. Wurde das Werk literarisch zum Vorbild der *Istorija o kazan'skom carstve*, 16. Jh. *(Geschichte vom Zarenreich Kasan)*, so war es in ideologischer Hinsicht ein Vorläufer für das russische Nationalbewußtsein so bedeutsamer Werke wie der *Povest' o novgorodskom belom klobuke*, Ende des 15. Jh.s *(Erzählung von der Nowgoroder weißen Mitra)*. Durch Vermittlung des russischen *Chronograf (Chronograph)* gelangte die Erzählung auch in die serbische und bulgarische Literatur. C.K.

AUSGABEN: Petersburg 1854 (in Učenye zap. Akad. nauk, 2). – Petersburg 1878 (in *Pamjatniki. Obščestvo ljubitelej drevnej pis'mennosti)*. – Petersburg 1886 (Pamjatniki drevnej pis'mennosti i iskusstva, 61; Nachdr. Moskau/Leningrad 1958, in *Russkije povesti XV–XVI vv.*, Hg. M. O. Skripil' u. a.). – Petersburg 1902 u. 1911 (Polnoe sobranie russk. letopisej, 8 u. 22).

LITERATUR: G. P. Bel'čenko, *K voprosu o sostave istorič. »Povesti o vzjatii Car'grada«* (in *Sbornik statej k 40-letiju uč. dejatelnosti akademika A. S. Orlova*, Leningrad 1934, S. 507–513). – N. A. Smirnov, *Istoričeskoe značenie russkoj povesti N. I. »O vzjatii Car'grada turkami«* (in *Vizantijskij vremennik*, 7, 1953, S. 50–71). – M. N. Speranskij, *Povesti i skazanija »O vzjatii Car'grada turkami« (1453) v russkoj pis'mennosti XVI–XVII vv.* (in *Trudy otdela drevnerussk. lit.*, 10, 1954, S. 136–165; 12, 1956, S. 188–225). – M. O. Skripil', *Istorija »O vzjatii Car'grada turkami«* (ebd., S. 166–184).

JOHANNES DER EXARCH

Joan Ekzarch Bălgarski
* Mitte des 9. Jh.s
† 20er Jahre des 10. Jh.s

ŠESTODNEV

(aksl.; *Hexaemeron*). Christliche Kosmogonie von JOHANNES DEM EXARCHEN, entstanden zu Anfang des 10. Jh.s. – Das umfangreiche Werk zählt zu den geistes- und sprachgeschichtlich wertvollsten Zeugnissen des altslavischen Schrifttums. Es steht in der Tradition der byzantinischen *hexaēmera*, welche die orthodoxe Auffassung der Kosmogonie und Weltordnung durch die Exegese der biblischen Schöpfungsgeschichte gegen das wissenschaftlichere ptolemäische System zu verteidigen suchen. Außer dem originalen Prolog, der eine Widmung des Werkes an den bulgarischen Fürsten und späteren Zaren Simeon (890–927) enthält, umfaßt der Text sechs vorwiegend kompilatorische *Slovesa* (Reden) in der Reihenfolge der biblischen Schöpfungsakte. Die Hauptquelle der Schrift ist das byzantinische *Hexaēmeron* BASILEIOS' DES GROSSEN (um 329/331–379). Daneben benutzt der Autor die Werke des SEVERIAN († um 408), des THEODORETOS aus Kyrrhos (um 393–457/458), des JOHANNES CHRYSOSTOMOS († um 407) und anderer byzantinischer Schriftsteller sowie einige bislang nicht näher ausgemachte Quellen. Der Aristoteles-Bearbeitung des byzantinischen Mönchs MELETIOS (10. Jh.) entnimmt er eine Beschreibung des menschlichen Körpers. Johannes begnügt sich nicht mit der bloßen Reihung der übersetzten Exzerpte. Er fügt sie in einen logischen Zusammenhang und ergänzt sie durch eigene Ausführungen und Erläuterungen. Den Beweis für die Richtigkeit der biblischen Schöpfungslehre sucht er auf dem Wege naturwissenschaftlicher Argumentation zu erbringen. Aus der Anschauung der Naturerscheinungen und der Interpretation von Leben und Körperbau bei Mensch und Tier sucht er die Gesetzmäßigkeit des Naturgeschehens zu erweisen. Dem orthodoxen Slaventum wurde der *Šestodnev* zu einer wahren Enzyklopädie des mittelalterlichen naturwissenschaftlichen Wissens. Unter den sachlichen Informationen des Textes stehen seine geographischen Nachrichten an erster Stelle. Eine Vielzahl fremder Völker und Länder tritt hier zum ersten Mal in den Gesichtskreis der Slaven. Von starkem missionarischem Engagement getragen, ist das Werk in durchaus polemischer Intention geschrieben. Ausführlich setzt sich der Autor mit den heidnischen Gegnern der christlichen Schöpfungslehre auseinander. Indem das Werk die gegnerische Argumentation mit großer Objektivität selbst zu Wort kommen läßt, vermittelt es dem mittelalterlichen Slaventum zum ersten Mal das Denken einer

Reihe antiker Philosophen und Gelehrter. Für die bulgarische Kulturgeschichte ist insbesondere der Beginn des sechsten *slovo* von Bedeutung, der aus der eigenen Anschauung des Autors eine detaillierte Beschreibung der Residenz zu Preslav enthält. Mit feiner Beobachtungsgabe zeichnet der Autor ein informatives Bild des Lebens, der Kultur und der sozialen Differenzierung der frühfeudalen bulgarischen Gesellschaft. Johannes versteht es, dem abstrakten Stoff eine anspruchsvolle literarische Form zu geben, die insbesondere in der Naturschilderung echte poetische Impulse verrät. Über seinen Reichtum an originellen Bildern und Vergleichen hinaus enthält der Text eine Vielzahl der altkirchenslavischen Sprache bislang unbekannter Wortbildungen und Wendungen, die sich zum Teil bis ins moderne Bulgarisch behauptet haben. Vor allem die wissenschaftliche Terminologie verdankt Johannes bedeutende Anregungen; seine Beschreibung des menschlichen Körpers enthält die ersten festen medizinischen Termini der bulgarischen Sprache. Früh ist das Werk des Johannes, das wegen der Verderbtheit der überlieferten Texte und durch die ungerechtfertigte Kritik des Slavisten Leskien an Stil und gedanklicher Leistung des Verfassers von der modernen Forschung lange Zeit vernachlässigt wurde, zu einem der beliebtesten Lesestoffe auch der altrussischen und der altserbischen Literatur geworden.   KLL

Ausgaben: Moskau 1879 (*Šestodnev, sostavlennyj Ioannom Eksarchom Bolgarskim. Po charitejnomu spisku Moskovskoj Sinodal'noj biblioteki 1263 goda,* Hg. A. Popov). – Graz 1958–1975 (*Das Hexaemeron des Exarchen Johannes,* Hg. R. Aitzetmüller, 7 Bde.).

Übersetzung: *Šestodnev,* N. Kočev, Sofia 1981 [neubulg.].

Literatur: A. Leskien, *Zum »Šestodnef« des E. J.* (in AslPh, 26, 1904, S. 1–10). – Panaret, *Životŭt na J. E. B.,* Stanimaka 1914. – N. Mavrodinov, *Opisanieto na Preslav v »Šestodneva« na J. E.* (in Istoričeski pregled, 1955, H. 3, S. 66–76). – H. Jaksche, *Das Weltbild im »Šestodnev« des E. J.* (in WdS, 4, 1959, S. 259–301). – A. Lägreid, *Der rhetorische Stil im »Šestodnev« des E. J.,* Wiesbaden 1965. – R. Baur, *Untersuchungen zur Nominalkomposition im Altbulgarischen, insbesondere im »Šestodnev« des E. J.,* Diss. Saarbrücken 1968. – H. Weimann, *Aktionsart und Aspekt im »Šestodnev« des E. J.,* Diss. Saarbrücken 1968. – I. Bužančić, *Die Ausdrücke für die geistigen Kräfte des Menschen in den Werken des E. J.,* Diss. Saarbrücken 1970. – D. Ivanova-Mirčeva, *J. E. B. Slova,* Sofia 1971. – N. Kočev, *»Šestodnevát« na J. E. B.* (in Problemi na kulturata, 1980, 1, S. 78–95). – N. Kočev, *J. Ekzarchovoto viždane za krasivoto, otrazeno v negovija »Šestodnev«* (ebd., 5, S. 101–117). – E. Dogramadžieva, *Văprosi na knižovnata teorija i praktika u J. E. s material ot săjuznata sistema v »Šestodneva«* (in Bălg. ezik, 30, 1980, S. 108–115). – A. Stojnev, *»Šestodnev« ot J. E. na no-*

vobălgarski ezik (in Filosofska misăl, 1982, 7). – T. Mostrova, *Nomina agentis v »Šestodneva« na J. E. v săpostavka săs starobălgarskite pametnici* (in Bălg. ezik, 33, 1983). – G. Berghorn, *Untersuchungen zum Verbum finitum im altbulgarischen »Šestodnev« des E. J.,* Diss. Würzburg 1984.

KIRILL TUROVSKIJ

Kyrill von Turov

* um 1130

† vor 1182

Literatur zum Autor: L. K. Goetz, *Die Echtheit der Mönchsreden des K. v. T.* (in AslPh, 27, 1905, S. 191 ff.). – V. P. Vinogradov, *O charaktere propovedničeskogo tvorčestva K., episkopa T.* (in *V pamjat' stoletija Imp. Mosk. duchovno. Akad. Sbornik statej,* Bd. 2, Sergiev Posad 1915, S. 313–395). – A. Vaillant, *Cyrille de Tourov et Grégoire de Nazianze* (in RES, 26, 1950, S. 34–50). – I. P. Erëmin, *Literaturnoe nasledie K. T.* (in Trudy otdela drevnerusskoj literatury, 11, 1955, S. 32–367; 12, 1956, S. 340–361; 13, 1957, S. 409–426; 15, 1959, S. 331–348). – V. Kolesov, *K charakteristike poětičeskogo stilja K. T.* (ebd., 34, 1981, S. 37–49).

SLOVO V NEDELJU CVETONOSNUJU

(aruss.; *Predigt auf den Palmsonntag*). Predigt von Kirill Turovskij. – »*Heute beim Einzug des Herrn ist ganz Jerusalem in Bewegung: die Alten eilen herbei, um Jesus als Gott anzubeten; die Jünglinge laufen geschwind, um ihn wegen der wunderbaren Auferweckung des Lazarus zu verherrlichen; die Kinder aber umschweben Jesus gleich den beschwingten Vöglein und rufen ›Hosianna dem Sohne Davids!‹ ... Welch eine Offenbarung der Geheimnisse! Welch eine Erfüllung der prophetischen Schriften!«* – Das Zitat verdeutlicht exemplarisch den anschaulichen, expressiven und dynamischen Stil der homiletischen Rhetorik des altrussischen Predigers, aus dessen Feder acht Homilien auf verschiedene Festtage des Kirchenjahres erhalten sind. Die einleitend angesprochene Bewegung der Stadt Jerusalem scheint in den parallelisierend-steigernden Syntagmen der folgenden Worte gleichsam sprachlich nachgebildet zu werden. Sosehr diese Worte in sich selbst zu ruhen scheinen, bilden sie doch nur das vordergründige Transparent einer zweiten, abstrakten Wirklichkeit, die Allegorie einer tieferen, gewichtigeren Aussage. Dieser symbolischen Bedeutung gilt die eigentliche Intention des Predigers. Kirill erläutert selbst: »*Unter den Alten sind die Heiden zu verste-*

hen ... *die Jünglinge stellen den ehrwürdigen, die Keuschheit liebenden Mönchsstand dar ... die Kinder aber versinnbildlichen alle Christen ...«* Jedes Element der Erzählung erhält auf diese Weise seine allegorische Erklärung: Das Eselsfüllen versinnbildlicht die Christen unter den Heiden, die Kleider der Apostel sind die christlichen Tugenden, die Menschen, die die Palmzweige brechen, stellen die reuigen Sünder dar. Der Palmsonntag selbst, der den Anlaß der Predigt bildet, vertritt den Inhalt des Festes nicht allein *in intellectu*, sondern gleichsam *realiter*: *»Heute zieht Christus in Jerusalem ein ...«* Diese Art des allegorischen Sprechens ist für Kirill bezeichnend. Sie hat ihren Ursprung in der neuplatonischen Urbild-Abbild-Theorie, die Kirill für die literarische Gestaltung fruchtbar zu machen sucht. In stilistischer Hinsicht zählt die erste Predigt des Kirill zu seinen vollendetsten Werken. Sie ist in zahlreichen Abschriften überliefert, deren älteste dem 14. Jh. angehört. Als Quelle der Predigt mag Kirill des IOANNES CHRYSOSTOMOS Predigt *Wunder auf Wunder* gedient haben. Kirill entlehnt dem byzantinischen Vorbild in erster Linie die gattungsbedingte rhetorische Form, ist in der gedanklichen Ausgestaltung des Vorwurfs dagegen originell. Seine Predigten, die in den angesehensten altrussischen Homiliensammlungen überliefert sind, gehören vor allem dem panegyrisch-hymnischen Genre an, das sich vor der moralisierenden oder polemischen Lehrpredigt durch größere inhaltliche und gestalterische Freiheit auszeichnet.   C.K.

AUSGABEN: Moskau 1821 (in *Pamjatniki rossijskoj slovesnosti XII v.*, Hg. K. Kalajdovič). – Petersburg 1858 (in M. I. Suchomlinov, *Rukopisi grafa A. S. Uvarova*, Bd. 2). – Moskau/Leningrad 1957, Hg. I. P. Erёmin (in Trudy otdela drevnerusskoj literatury, 13).

ÜBERSETZUNG: In K. Rose, *Die Predigt der russisch-orthodoxen Kirche*, Bln. 1952.

FÜRST ANDREJ MICHAJLOVIČ KURBSKIJ

* um 1528
† 1583

KORRESPONDENZ ZWISCHEN DEM FÜRSTEN KURBSKIJ UND ZAR IVAN IV.

(aruss.). – Dieser Briefwechsel zweier bedeutender Persönlichkeiten der russischen Geschichte wurde ein *»literarisches Denkmal des Kampfes auf Leben und Tod zwischen dem Selbstherrschertum und dem Großadel«* (Stender-Petersen). Fürst Andrej M. KURBSKIJ, Heerführer und Vertrauter des Zaren Ivan IV. (reg. 1547–1584), floh 1564 nach einer unter seiner Führung verlorenen Schlacht im Litauischen Krieg zu Zygmunt II. August, dem polnisch-litauischen König (reg. 1548–1572), dessen Machtfülle durch ein starkes Magnatentum eingeschränkt war. Als wichtigste Ursache der Flucht ist Kurbskijs ablehnende Haltung gegenüber dem blutigen Kampf anzusehen, den Ivan IV. gegen den russischen Hochadel führte. In fünf Briefen, die er in den Jahren 1564–1579 an Ivan IV. »den Schrecklichen« richtete, protestiert Kurbskij vom Standpunkt des in seinen Rechten beschnittenen Erbadels gegen die Grausamkeit und Willkür der Zentralgewalt. Ivan IV. reagierte mit zwei Antwortbriefen, in denen er die Vorwürfe zu entkräften sucht. Die gewichtigsten Argumente werden in dem jeweils ersten Brief vorgebracht. Dieser ist bei Kurbskij inhaltlich streng und logisch gegliedert. Seine grundsätzliche Polemik richtet sich nicht gegen das Zarenamt als solches, sondern gegen die Person Ivans. Kurbskij versucht seinen Abfall vom Zaren, der seine treuen Dienste mit schnödem Undank vergolten habe, zu rechtfertigen und schildert vor allem die Verfolgungen, die er – wie die anderen russischen Bojaren – zu erleiden hatte. Die endgültige Verurteilung Ivans, den Kurbskij mit einem heidnischen Christenverfolger vergleicht, werde erst am Tage des Jüngsten Gerichts erfolgen. Bis dahin werden die vom Zaren Ermordeten im Himmel unentwegt die Taten des Mörders anprangern, und die Verbannten werden nicht aufhören, den Fluch des Himmels auf den Zaren herabzubeschwören. Der Brief schließt mit der Versicherung Kurbskijs, er werde eine Abschrift davon mit ins Grab nehmen und sie dem Weltenrichter am Jüngsten Tage persönlich überreichen. – Die Antwort Ivans ist Ausdruck seiner absolut autokratischen Staatsideologie: *»Ich bin durch Gottes Willen zum Zarenamt geboren.«* Die Auflehnung Kurbskijs sei also nicht nur gegen den Zaren, sondern gegen Gott selbst gerichtet.

Ivans ironisch-grausame Briefe, voller Haß gegen die eigennützigen Bojaren, *»sind Meisterwerke der altrussischen und vielleicht sogar der gesamtrussischen politischen Publizistik«* (Mirskij), auch wenn ihre Sprache von Schwulst und Pathos überfrachtet ist. Eine Aufzählung aller seiner Herrschertitel, phrasenhaftes Prunken und eine Fülle von Bibelzitaten und derben Schimpfwörtern sollen Kurbskij den Abstand zu seinem Briefpartner fühlen lassen. Der sprachgewaltige Zar schreibt in typisch moskovitisch-hagiographischer Manier, in einem *»dem Untergang geweihten Stil«* (Stender-Petersen), und Kurbskij fragt höhnisch, wie der Zar es wagen könne, ein stilistisch so »barbarisches« Schreiben in das hochgebildete westliche Ausland zu schicken. In diesem Antwortbrief Kurbskijs wird erstmals von russischer Seite selbst das Kulturgefälle zwischen dem moskovitischen Rußland und dem europäischen Westen hervorgehoben. Der Stil des Fürsten ist klar, gewandt und bewußt anspruchslos. In Anlehnung an den gelehrten Griechen MAXIMOS, genannt Maksim Grek (als dessen Schüler er sich bezeichnet), und seine neuen polnisch-westeuropäischen Vorbilder vermeidet Kurbskij das Übermaß an rhetorischen Figuren sowie Bibelzitate und unübersichtliche Satzperioden, die er als typische Merkmale des moskovitischen Prunkstils verachtet.

C.K.-KLL

AUSGABEN: Petrograd 1914 (in *Sočinenija knjazja Kurbskago*, Hg. G. Z. Kuncevič, Bd. 1; Russkaja istoričeskaja biblioteka, 31; enth. 5 Briefe). – Moskau/Leningrad 1951 (*Poslanija Ivana Groznogo*, Hg. V. P. Adrianova-Peretc). – Cambridge 1955 (*The Correspondence between Prince A. M. Kurbsky and Tsar Ivan IV. of Russia*, Hg. J. L. I. Fenell; russ.-engl.; erster vollst. Abdruck aller 7 Briefe). – Wiesbaden 1961 (*Der Briefwechsel zwischen A. K. und I. dem Schrecklichen*, Hg. H. Neubauer und J. Schütz; Ausw.; russ. Text). – Leningrad 1979 (Hg. Ja. Lur'e u. Ju. Rykov; krit.).

ÜBERSETZUNG: *Der Briefwechsel Ivans des Schrecklichen mit dem Fürsten Kurbskij*, K. Stählin, Lpzg. 1921.

LITERATUR: S. O. Šmidt, *Zametki o jazyke poslanij Ivana Groznogo* (in Trudy otdela drevnerusskoj literatury, 14, 1958, S. 256–265). – I. Dujčev, *Vizantija i vizantijskaja literatura v poslanijach Ivana Groznogo*, (ebd., 15, 1959). – E. Kennan, *The K.-Groznyj Apocrypha. The Seventeenth-Century Genesis of the »Correspondence« Attributed to Prince A. M. K. and Tsar Ivan IV.*, Cambridge/Mass. 1971. – A. A. Zimin, *Pervoe poslanie K. Ivanu Groznomu (tekstologičeskie voprosy)* (in Trudy otdela drevnerusskoj literatury, 31, 1976). – Ju. D. Rykov, *K voprosu ob istočnikach Pervogo poslanija k Ivanu IV.* (ebd., S. 235–246). – N. Rossing, *Apocryphal, not Apocryphal? A Critical Analysis of the Discussion Concerning the Correspondence between Ivan IV. Groznyj and Prince A.K.*, Kopenhagen 1980. – D. Vasil'ev, *Leksika poslanij A. M. K. Ivanu Groznomu: tradicionnost' i svoeobrazie: k voprosu formirovanija stilističeskogo normy russkogo literaturnogo jazyka*, Diss. Tomsk 1982.

METROPOLIT MAKARIJ

* um 1482
† 1563

VELIKIE MINEI ČET'I

(aruss.; *Große Lesemenäen*). Hagiographisches Sammelwerk des Metropoliten MAKARIJ. – Das enzyklopädische, unter hohem Kostenaufwand von einem umfangreichen Mitarbeiterstab (Dmitrij GERASIMOV, Vasilij TUČKOV, MICHAIL u. a.) verwirklichte Unternehmen ist ein hervorragendes Zeugnis der moskowitischen Repräsentationsliteratur des 16. Jh.s, die das politische Selbstbewußtsein des russischen Staates als des weltlichen und geistlichen Zentrums der Orthodoxie nach der Florentiner Union (1439) und dem Fall Konstantinopels (1453) widerspiegelt. Sein Ziel ist die Stärkung der Autorität der Staatskirche durch die Propagierung des Kults nationaler Heiliger.

Das Werk bezweckte nach den Worten seines Initiators die Sammlung »*aller gelesenen Bücher, die in Rußland zu finden sind*«. In zwölf umfangreichen Bänden enthält es daher nicht nur das gesamte kanonische, kalendarisch geordnete hagiographische Schrifttum, sondern darüber hinaus eine Vielzahl nichthagiographischer Texte der altrussischen Literatur. Vereinzelt fanden selbst apokryphe Schriften Aufnahme. Eine Reihe altrussischer Denkmäler ist allein in der Redaktion von Makarijs *Minei* bekannt. Die kritische Sichtung der literarischen Überlieferung begann im Jahre 1529. Zwölf Jahre später deponierte Makarij als Erzbischof von Novgorod eine erste Redaktion des Sammelwerks in der Novgoroder Sophienkirche. Als Metropolit von Moskau (reg. 1542–1563) leitete er die Erweiterung und stilistische Überarbeitung der *Minei* ein. Sie hatte nicht zuletzt die Aufgabe, die Unterlagen der Moskauer Konzilien von 1547 und 1549 bereitzustellen, welche eine Anzahl regionaler russischer Heiliger kanonisierten. Mit der Sammlung der hagiographischen Texte ging die ideologische Unifizierung des durch lokale Zersplitterung vielfach differierenden Materials im Sinne des herrschenden Selbstverständnisses der Orthodoxie und seine sprachliche Redaktion im Sinne des moskowitischen rhetorischen Prunkstils einher.

Die Grundlage des Werks bildete die bereits vorliegende Übersetzung byzantinischer Lesemenäen, die in Rußland durch mannigfache Einschübe teils heimischen Ursprungs erweitert worden waren. Die kalendarischen Lücken der Vorlage füllte Makarij mit eigenständig überlieferten Viten und mit Texten des einfachen oder des Versprologs. Darüber hinaus wurden zahlreiche Viten vor allem der durch die Moskauer Konzile kanonisierten Heiligen neu geschrieben. Die zweite Redaktion der *Minei* wurde 1552 im Uspenskij Sobor des Moskauer Kreml niedergelegt; eine dritte Abschrift des Werks fertigte man für Ivan IV. an. Die *Lesemenäen* Makarijs festigten das Bewußtsein der kulturellen Einheit des mittelalterlichen Rußland. Sie waren ein bedeutender Beitrag zur ideologischen Unterstützung der gegen die feudale Zersplitterung gerichteten Zentralisierungsbestrebungen des moskowitischen Staates. Auf ihrer Grundlage entstanden im 17. Jh. die *Menäen* des Ivan MILJUTIN, des German TULUPOV und des Dmitrij ROSTOVSKIJ sowie die späteren, in Kreisen der Altgläubigen verbreiteten *Menäen* des Andrej DENISOV.   C.K.

AUSGABEN: Petersburg 1869–1917 (*Velikie Minei*

Četii sobrannye Vserossijskim Mitropolitom Makariem; enth. Material für Sept., Okt., 1.–25. Nov., 1.–24. Dez., 31. Dez.–11. Jan., April).

LITERATUR: A. V. Gorskij u. K. I. Nevostruev, *Opisanie »Velikich Čet'ich minej«* (in Čtenija v obšč. ist. i drevn., 1, 1884; 2, 1886). – I. Archimandrit, *Podrobnoe oglavlenie »Velikich Četij Minej«*, Moskau 1892. – V. Ključevskij, *»Velikie Čet'i Minei«, sobrannye Vserossijskim Mitropolitom Makariem* (in Otzyvy i otvety, 3, 1914). – N. I. Kareev, *Germes-Michail i skazanie o čude v Chonach* (Izvestija Otd. russk. jaz. i slov. Akad. nauk, 23, 1918, H. 1, S. 246–261). – D. S. Miller, *The »Velikie Minei Chetii« and the »Stepennaja kniga« of M. and the Origins of Russian National Consciousness* (in Forschungen zur osteuropäischen Geschichte, 26, 1979, S. 263–278).

MAKSIM GREK

d.i. Michael Trivolis
* um 1480 Artis / Griechenland
† 1556 Suzdal'

SLOVO, PROSTRANNE IZLAGAJUŠČEE, Z ŽALOSTIJU, NESTROENIJA I BEZČINIJA CAREJ I VLASTEJ POSLEDNJAGO ŽITIJA

(aruss.; *Traktat, welcher ausführlich und mit Bedauern die Unordnung und die Verfehlungen von Kaiser und Herrschaft der letzten Zeit darlegt*). Polemische Schrift von MAKSIM GREK. – Der Traktat ist einer der bekanntesten Texte aus dem umfangreichen Nachlaß des hochgebildeten Griechen, der 1518 von dem Moskauer Großfürsten Vasilij Ivanovič nach Rußland gerufen wurde, um das durch Textverderbnis und den Einfluß lokaler Traditionen entstellte kirchliche Schrifttum des Landes anhand der griechischen Originale zu korrigieren, und der in den erbitterten innerkirchlichen Auseinandersetzungen zwischen den »Zavolžskie starcy« (Anhänger des Nil Sorskij) und den »Iosifljane« (Anhänger des Iosif Sanin) der Sache der ersteren zuneigte. Die Anklageschrift ist um 1540 entstanden. Sie brandmarkt, nach dem Vorbild der Platonischen Schriften in Dialogform, den Verfall des weltlichen Regiments in der entwickelten Feudalgesellschaft ihrer Zeit.

An einem »*rauhen Wege voller Ungemach*« trifft der Erzähler eine hemmungslos weinende und klagende Frau, die von wilden Tieren umlagert ist. Nach der Ursache ihres Kummers gefragt, antwortet sie, daß ihr Leid nicht nur unerfreulich anzuhören, sondern zudem mit menschlichen Mitteln nicht zu heilen sei. Als der Erzähler weiter in sie dringt, erfährt er den wahren Grund ihrer Schweigsamkeit: Sie befürchtet, er könne sich den Unmut derer zuziehen, die »*sich von der Wahrheit abkehren und die Lehren der (zavolžskie) Starcy verwerfen*«, wenn er ihre Worte zu Papier bringe. In ihnen, d. h. den Iosifljane, sieht sie das »*tödliche Verderben menschlicher Herrschaft und Machtausübung*«. Die Weinende gibt sich endlich als die Tochter des einen Herrn und Schöpfers aller Dinge zu erkennen. Ihr Name ist Herrschaft, Macht, geistliche Führung und weltliche Regierung oder mit einem Wort Basileia (von griech. *basileia* – »Kaiserherrschaft«). Das Unglück der Basileia besteht darin, daß die meisten den Sinn dieses Namens – gerechte Regierung zum Wohle des Volkes – nicht begreifen und, des Herrscheramtes unwürdig, eher zu Tyrannen als zu Kaisern werden. Auf jede Weise versuchen sie, die Herrschaft der eigenen Geldgier und Ruhmsucht dienstbar zu machen, sie zu knechten und auszupressen. Mit ausführlichen Bibelzitaten führt die Weinende den Beweis ihrer Klage. Das gravierendste Versäumnis der Herrschenden ist ihre Vernachlässigung der Kirche Christi, die »*auf mannigfache Weise von den christenfeindlichen Ismaeliten zerstört wird*«. Vor allem bedauert die Klagende, daß auch von kirchlicher Seite die Stimmen ausbleiben, die die Herrscher an ihre Pflichten erinnern, wie es die Propheten, wie es Ambrosius und Chrysostomos getan haben. Mit der Aufforderung zum Gebet um gerechte Herrscher schließt der Traktat.

Die eindrucksvolle Allegorie ist eine Verteidigung der byzantinischen Auffassung des christlichen Staates, daß weltliches und geistliches Regiment zwei Seiten der einen Machtausübung im Auftrage Gottes durch den christlichen Herrscher sind. Ein knappes Jahrhundert nach dem Fall Konstantinopels (1453) beklagt der Autor den Verfall dieser Auffassung in Moskau, auf das die Orthodoxie die Hoffnung einer Erneuerung des christlichen Glaubens setzte und dessen Staatsideologie die Nachfolge des Byzantinischen Reiches für sich beanspruchte. Der Bezug des Textes auf die aktuellen innen- und kirchenpolitischen Verhältnisse des Moskauer Staates steht außer Frage. Das kritische Engagement seiner Werke bezahlte Maksim Grek mit einer sechsundzwanzigjährigen Klosterhaft. Die Allegorie teilt ihre sprachlichen und stilistischen Eigentümlichkeiten mit dem übrigen Werk des überdurchschnittlichen Schriftstellers, dem die altrussische Literatur starke Impulse zur bewußten Ausbildung ihrer Ausdrucksmittel verdankt. Häufig trocken und weitschweifig, erhebt sich die Sprache Maksim Greks in seinen von emotionaler Anteilnahme getragenen moralisierenden Werken zu echtem, ausdrucksstarkem, erregtem Pathos.　　　C.K.

AUSGABEN: Kasan 1859 ff. (in *Sočinenija*). – Moskau ⁷1962 (in N.K. Gudzij, *Chrestomatija po drevnej russkoj literature*).

LITERATUR: V. Ikonnikov, *M. G. i ego vremja*, Kiew ²1915. – V. F. Ržiga, *Opyty po istorii publicis-*

tiki XVI v., M. G. *kak publicist* (in Trudy otdela drevneruss. lit., 1, 1934, S. 5–120). – E. Denissof, *Maxim le Grec et l'occident*, Paris/Löwen 1943. – A. I. Ivanov, M. G. *i ital'janskoe vozroždenie* (in Vizantijskij vremennik, 33–35, 1971–1973). – N. V. Sinicyna, M. G. *v Rossii*, Moskau 1977. – M. Aleksandropulos, *Sceny iz žizni* M. G., Moskau 1980. – Ders., *Skenes apo tu bio tu Maximu tu Graiku: mythistorema*, Athen ²1982. – M. Gromov, M. G., Moskau 1983. – D. Obolenskij, *Six Byzantine Portraits*, Oxford 1988.

AFANASIJ NIKITIN

† 1472

CHOŽENIE ZA TRI MORJA

(russ.; *Fahrt über drei Meere*). Reisebeschreibung von Afanasij NIKTIN, Erstdruck 1821. – Die 1466–1472 unternommene, zunächst als Geschäftsreise nach Astrachan geplante Fahrt des Kaufmanns Nikitin führte diesen »russischen Marco Polo« aus seiner Vaterstadt Tver die Wolga hinab über das Kaspische Meer durch Persien und über das Indische Meer nach Zentralindien, wo er sich zwei Jahre aufhielt, um dann durch die Türkei über das Schwarze Meer den Dnepr hinauf nach Smolensk zurückzukehren, eine Odyssee, als deren Ursache der Verfasser seine Ausplünderung durch nordiranische Chajdaken angibt: »*Ich bin in großer Armut nach Indien gelangt, weil ich nichts hatte, um nach Rußland zurückzukehren, und keine Ware mir geblieben war.*« Die Frucht dieser freiwillig begonnenen und gezwungenermaßen weitergeführten Reise ist die erste Profan-Reisebeschreibung der russischen Literatur und – zeitlich hinter Niccolo di CONTI und vor Vasco da GAMA gelegen – der zweite abendländische Beitrag zur Kenntnis des mittelalterlichen Indien. Die absolute Sachlichkeit des Verfassers, eines kommerziell denkenden Rechners (ihm unterlaufen nur hie und da kleine Irrtümer), macht wett, was ihm an Fakten entgangen sein mag, so daß man sich getrost dem Urteil K. H. MEYERS anschließen kann: »*Vergleichen wir die Berichte dieser drei Reisenden, so ist dem Nikitinschen ohne Zweifel der erste Rang zuzuerkennen; er verdient es deshalb wohl, mehr beachtet zu werden, als es bisher geschehen ist.*«
Die formale Gestalt dieser in verschiedenen Chroniken (die älteste: *Troica-Chronik* gegen Ende des 15. Jh.s) überlieferten »*Tagebuchnotizen oder Bleistiftentwürfe*« (K. H. Meyer) bietet ein getreues Abbild der Entstehung: Zwischen die wohl in Mußestunden und mit ausgeprägtem Stilwillen niedergeschriebenen Aufzeichnungen ethnographischer Besonderheiten und theologischer Reflexionen sind laufend – stichwortartig – kaufmännisch interessante Feststellungen eingefügt; ihre Knappheit verrät die Unmittelbarkeit ihrer Niederschrift. Auch die detaillierten Beobachtungen sexueller Gepflogenheiten und Sitten, die nie die »Preisgünstigkeit« außer acht lassen, werden unmittelbar mitgeteilt und verleihen dem Dokument eine gutmütig-naive Aufrichtigkeit. Die interessanteste Selbstcharakterisierung gibt Nikitin jedoch dort, wo er über seine »Glaubenszweifel« spricht: Zwar empfindet er die Orthodoxie als »Heimatsymbol« und ist durchaus bereit, diese Bindung aufrechtzuerhalten, doch sind seine Theologiekenntnisse nicht profund genug, um den fremden Einflüssen (Islam, Parsentum, Hinduismus) auf die Dauer widerstehen zu können. Zunehmend verwirren sich so die religiösen Bezüge. Er ruft »*Allah, Gott und Mokri*« zugleich an und gibt einem konfusen Heterotheismus Raum: der Bericht schließt mit einem Auszug aus dem arabischen *Gebet der 100 Namen Allahs*.
Einige Züge des Tagebuchs deuten auf ein Vorhaben Nikitins, die Aufzeichnungen als literarisches Werk einer breiten Leserschaft zuzuführen. So benutzt er genretypische Wörter (z. B. *choženie* [neuruss. *choždenie*]: metonymisch als »Reisebeschreibung« gebraucht); auch die Rücksicht auf etwaige Prüderie der Leser – er durchsetzt den Teil, der überwiegend eine Darstellung des orientalischen Liebeslebens enthält, bis zur Unverständlichkeit mit persischen oder türkischen Ausdrücken – läßt diese Absicht durchblicken. Vermutlich kurz nach seiner Rückkehr verstorben, fand der Kaufmann nicht mehr die Möglichkeit, seine Notizen auszuarbeiten – ein Umstand, der uns einige wertvolle Passagen in altrussischer Umgangssprache erhalten hat.   W. Sch.

AUSGABEN: Moskau 1821 (in *Sofijskij vremennik*, Hg. P. M. Stroev, 2 Bde., 1820/21, 2). – Moskau 1958, Hg. V. P. Adrianova-Peretc [m. Komm.]. – Moskau 1960, Hg. S. N. Kumkes [m. neuruss., engl. u. Hindi-Übers.; Faks.].

ÜBERSETZUNGEN: *Reise nach Indien, unternommen von einem russ. Kaufmann im 15. Jh.*, D. I. Jazykov (in Dorpater Jbb. f. Lit., 4, Lpzg. 1835). – *Die Fahrt des Athanasius Nikitin über die drei Meere. Reise eines russ. Kaufmanns nach Ostindien 1466–1472*, K. H. Meyer, Lpzg. 1920.

LITERATUR: M. Vitaševskaja, *Putešestvie za tri morja* A. N., Moskau 1949. – Dies., A. N., Moskau 1949. – N. V. Vodovozov, A. N., »*Choždenie za tri morja*«. S *pereloženiem ritmičeskoju reč'ju, predisloviem i kommentariem*, Moskau 1950. – P. Winter-Wirz, *Die Reise des russischen Kaufmannes A. N. über drei Meere und sein Aufenthalt in Indien 1466–1472*, Diss. Basel 1960. – M. Vitaševskaja, *Stranstvija A. N.'a*, Moskau 1972. – G. Lenhoff, »*Beyond Three Seas*«: A. N.'s *Journey from Orthodoxy* to *Apostasy* (in East European Quarterly, 13, 1973, S. 431–447). – R. Ažaliev, *Zagadočnye čisla drevnich rukopisej* (in Russian Review, 4, 1983, S. 89–94).

NIL SORSKIJ

d.i. Nikolaj Majkov
* 1433 (?)
† 1508 Moskau

O ŽITEL'STVE SVJATYCH OTEC' SIE PREDANIE STARCA NILA PUSTYNNIKA UČENIKOM SVOIM

(russ.; *Unterweisung des Starec Nil, des Einsiedlers, an seine Schüler über die Lebensführung der Heiligen Väter*). Klostertypikon des NIL SORSKIJ. – Der Nachlaß Nil Sorskijs, soweit er bekannt ist, besteht neben verschiedenen *Poslanija (Sendschreiben)* und kleineren Werken vor allem aus seinen drei bedeutenden Lehrschriften: dem *Ustav (Typikon)*, einer allgemeinen Belehrung über Aufgaben und Sinn des Mönchslebens; dem *Zaveščanie (Testament)*, dem persönlichen Vermächtnis des Abtes; endlich dem *Predanie (Unterweisung)*, einem Klostertypikon im engeren Sinne, das Nil den Mönchen des Klosters, das aus seiner Eremitenklause an dem nordrussischen Flüßchen Sora hervorging, zur Wahrung und Tradierung der von ihm eingeführten Lebensweise hinterließ. Nil hat das Typikon wahrscheinlich gegen Ende seines Lebens, in den Jahren 1506–1508, verfaßt. In den mehr als 100 erhaltenen Handschriften erscheint es zumeist unter einem gemeinsamen Titel mit dem umfangreicheren *Ustav*, so daß beide Texte der Forschung geraume Zeit als ein Werk galten. Später hat man verschiedentlich das *Predanie* als Vorarbeit oder als Kurzfassung des *Ustav* zu deuten versucht, bis es jüngeren Untersuchungen gelang, die unterschiedliche Gattungszugehörigkeit der Denkmäler zu erweisen. Ist danach gesichert, daß das *Predanie* den Klosterregeln, und unter diesen den Abtstypika zuzuordnen ist, so fallen seine Eigentümlichkeiten gegenüber vergleichbaren Texten um so deutlicher ins Auge.

Scheut sich der einzige russische Vorläufer des *Predanie*, der *Ustav* des EVFROSIN von Pskov, nicht, seinen Autor den klassischen Stiftergestalten eines Sabbas, Theodosios, Pachomios oder Euthymios an die Seite zu stellen, so bemüht sich Nil, die eigene Leistung und Person gänzlich hinter der Autorität der Heiligen Väter zurücktreten zu lassen. Er verzichtet daher auf die Darlegung der Gründungsgeschichte seines Klosters, die das eigene Wirken über Gebühr in den Vordergrund gerückt hätte.

Indem das *Predanie* die Besorgnis des Dahinscheidenden um die Fortführung und Erhaltung seines Lebenswerkes zum Ausdruck bringt, rückt es in die Nähe der eigentlichen Abt-Testamente. Unter den russischen Quellen ist es am ehesten dem Vermächtnis des PAFNUTIJ BOROVSKIJ zu vergleichen, das in der *Zapiska o poslednich dnjach Pafnutija Borovskogo (Aufzeichnung über die letzten Tage des Pafnutij Borovskij)* seines Schülers INNOKENTIJ überliefert ist. Eine echte geistige Verwandtschaft indes scheint das *Predanie* unter allen russischen und griechischen Typika allein mit dem *Typos kai paradosis kai nomos tes sebasmias lauras tou agiou Sabba*, der Klosterregel des heiligen SABBAS, zu verbinden. Enger noch ist das *Predanie* mit den Abt-Testamenten durch eine bedeutsame Abweichung von der Sabbas-Regel verbunden: Nils Text enthält ein (antihäretisches?) Glaubensbekenntnis, das am ehesten dem Bekenntnis im Testament des THEODOROS STUDITES nahekommt.

Das *Predanie* beginnt mit einer kurzen Begründung seines Anliegens: »Um meiner Rettung willen und der Rettung all derer, die es wollen«, gibt Nil den Mönchen – die er ausdrücklich nicht als »Schüler« anspricht – den kurzen Leitfaden eines gottgefälligen mönchischen Lebenswandels. Es folgt das kurze, urchristlich anmutende Glaubensbekenntnis. Zurückhaltend nur geht Nil auf die Klostergeschichte ein. Zögernd und eher widerwillig hat er es hingenommen, daß seine Eremitenklause zum Mittelpunkt einer ausgedehnteren Klosteransiedlung wurde. Das Verweilen wurde nur denjenigen Mönchen gestattet, die bereit waren, sich der Lebensweise des Nil anzupassen. In den traditionellen Bescheidenheitstopoi entschuldigt sich Nil, daß er sich einen Lehrer anderer aufwirft. Nach dieser umfangreichen Einleitung folgen die einzelnen Vorschriften und Mahnungen ohne erkennbare logische Folgerichtigkeit: die Ermahnung zur Beichte, zur Abtötung des individuellen Eigensinns, zur körperlichen Betätigung, zum Verzicht auf weltlichen Besitz, zur Mäßigung beim Almosennehmen, zur Gastfreundschaft, zur Sorgfalt in aufgetragenen Arbeiten, zum Verzicht auf unerlaubten Ausgang, zur Bewahrung der Tradition des Klosters, zum Verzicht auf die kostbare Ausstattung der Kirche, zur Mäßigung im Essen und Trinken, zum Verzicht auf kostbare Gebrauchsgegenstände, schließlich das Verbot des Klosterbesuchs für Frauen und Knaben mit »glatten, frauenähnlichen Gesichtern«. Nil fundiert seine Argumentation durch fortgesetzte Zitate der biblischen und patristischen Literatur. Neben dem NT erwähnt er namentlich BASILEIOS D. GR., PACHOMIOS, JOHANNES CHRYSOSTOMOS, BARSANUPHIOS, ISAAK DEN SYRER, DOROTHEOS, MAXIMOS HOMOLOGETES und JOHANNES KLIMAKOS. Geschickt fügt er die Zeugnisse der Väter zu einem geschlossenen Gedankengang im Sinne seines Anliegens. Keinesfalls bestätigt er den Vorwurf der dogmatischen Autoritätshörigkeit und der mechanischen Zitateklitterung, den ihm seine Gegner wie auch die frühere Forschung zu machen pflegten. In keiner Weise auch läßt das *Pre-*

danie Nil Sorskij als den großen Eiferer und Kontrahenten des frühmoskovitischen Kirchenkampfes erkennen, den das slavophile Lager des 19. Jh.s in ihm sehen wollte. Die scharfe Konfrontierung Nil Sorskijs und seines Antipoden Josif SANIN ist weniger ein Widerstreit der geistlichen Väter selbst als das Werk ihrer Schüler, der *zavolžskie starcy* (Starcen von jenseits der Wolga) und der letztlich siegreichen Josifljane (Anhänger Josifs).   C.K.

AUSGABEN: Petersburg 1849 (in *Prepodobnogo otca našego Nila Sorskogo predanie učenikom svoim o žitel'stve skitskom*, Hg. Optina-Pustyn'). – Petersburg 1882 (in A. S. Archangel'skij, *N. S. i Vassian Patrikeev, ich literaturnye trudy i idei v drevnej Rusi*, Bd. 1: *Prepodobnyj Nil Sorskij*). – Petersburg 1912 (in M. A. Borovkova-Majkova, *Predanie i Ustav*).

ÜBERSETZUNG: In F. v. Lilienfeld, *N. S. u. seine Schriften*, Bln. 1963.

LITERATUR: K. Kalestinov, *Velikij starec. Očerk žizni prep. N. S.*, Petersburg 1907. – B. Grečev, *Prepodobnyj N. S. i ›zavolžskie starcy‹-publicisty* (in Bogoslovskij vestnik, 1908, Nr. 5, 9, 11; 1909, Nr. 5). – M. S. Borovkova-Majkova, *K literaturnoj dejatel'nosti N. S.*, Petersburg 1910. – Dies., *Velikij starec Nil, pustynnik S.* (in Russkij filologičeskij vestnik, 64, 1910, S. 62–78). – I. Smolič, *Velikij starec N. S.* (in Put', Paris 1929, Nr. 1929). – J. S. Lur'e, *K voprosu ob ideologii N. S.* (in Trudy otdela drevnerusskoj literatury, 13, 1957, S. 182–212). – F. v. Lilienfeld, *Iosif Volockij u. N. S., ihre sogenannten ›Schulen‹ u. ihre Stellung im gesellschaftlichen u. politischen Leben ihrer Zeit* (in ZfSl, 3, 1958, S. 786–801). – Dies., *N. S. u. seine Schriften. Die Krise der Tradition im Rußland Ivans III.*, Bln. 1963 (Diss. Halle/Wittenberg 1961). – G. A. Maloney, *Russian Hesychasm. The Spirituality of N. S.*, Den Haag/Paris 1973. – G. Prochorov, *Poslanija N. S.* (in Trudy otdela drevnerusskoj lit., 29, 1974).

IVAN SEMĚNOVIČ PERESVETOV

16. Jh.

SKAZANIE O MAGMETE-SALTANE

(aruss.; *Erzählung über den Sultan Magmet*). Politischer Traktat von Ivan S. PERESVETOV. – Die inneren Auseinandersetzungen der russischen Feudalgesellschaft des 16. Jh.s haben ihren literarischen Niederschlag insbesondere in einem unmittelbar den politischen Ereignissen verbundenen publizistischen Schrifttum gefunden. Jede der beteiligten Parteien suchte ihre gesellschaftliche Position durch eine wohlbedachte propagandistische Tätigkeit zu verteidigen und zu festigen. Vertrat der Renegat Andrej KURBSKIJ die Interessen des zurückgedrängten Bojarenadels, IVAN IV. persönlich die der zaristischen Zentralgewalt, so wurde Ivan Peresvetov zum Sprecher der zu eigenem Selbstbewußtsein erwachten Dienstadelsschicht. Zweimal überreichte er im Jahre 1549 dem Zaren persönlich seine Schriften, welche umfangreiche Vorschläge zur Reform des Moskauer Feudalstaates enthalten. Die erhaltenen Handschriften der Werke Peresvetovs, deren älteste nicht über die dreißiger Jahre des 17. Jh.s hinausreicht, überliefern den Text seiner zweiten Eingabe, darunter den Traktat über die Einnahme Konstantinopels durch den türkischen Sultan Magmet (Mehmed II.).

Das Werk besteht aus zwei Teilen: der *Povest' o vzjatii Car'grada (Erzählung von der Einnahme Konstantinopels)* des Nestor ISKANDER in der Bearbeitung Peresvetovs und den beiden Erzählungen *O knigach (Von den Büchern)* und *O Magmete-Saltane*. Um 1547 entstanden, umreißt diese Schrift, welche nicht zu Unrecht N. MACHIAVELLIS *Il principe*, 1532 *(Der Fürst)*, verglichen wurde (etwa von dem Literaturhistoriker A. STENDER-PETERSEN), das Gesamtkonzept einer moskovitischen Autokratie nach den Interessen des heimischen Dienstadels. In der Person des Sultans zeichnet Peresvetov das Bild eines idealen Herrschers, wohl abgegrenzt gegen die sympathische, doch erfolglose Gestalt des letzten byzantinischen Kaisers Konstantin. Dem humanistischen Herrscherbild der westeuropäischen Renaissance verwandt, erscheint Magmet als strenger, doch gerechter, gewissenhafter, gebildeter und »weiser« Regent. Er läßt sich nach der Einnahme Konstantinopels die Bücher der Griechen bringen, um aus Erfolgen und Fehlern des bezwungenen Feinds zu lernen.

Sein Interesse gilt vor allem dem Schicksal Konstantins, der in seiner Jugend ähnlichen Übergriffen des Hochadels ausgesetzt war wie der minderjährige Ivan während der Regentschaft der Bojaren. Die innere Zerrüttung des Staates durch die ungezügelte Adelsherrschaft und das nachsichtige Regime Konstantins haben den Fall des byzantinischen Reiches herbeigeführt. Um so positiver erscheint das harte Durchgreifen des Sultans. Grundprinzip seiner Herrschaft ist die auf Strenge und Härte beruhende Autorität *(groza)* der Zentralgewalt. Magmet zerschlägt die feudale Machtzersplitterung des Reichs und schafft einen straff gegliederten Zentralstaat, in dem die Regierungsgewalt allein in den Händen des autokratischen Herrschers und seines durch Leistung legitimierten Dienstadels liegt. Er nimmt den Magnaten das Recht der Steuereintreibung und zentralisiert das Finanzwesen. Er entzieht ihnen die Gerichtshoheit und setzt mit grausamer Härte eine einheitliche Rechtsprechung durch besoldete Richter durch. Mit sozialen Reformen hebt er die Kampfkraft seiner Truppen. Maßstab des sozialen Aufstiegs sind fortan nicht Tradition und Erbanspruch, sondern persönliche Bewährung.

Peresvetov enthält sich jeglicher Invektiven auf die islamische Religion des Sultans. Gleichwohl erfreuen sich die Christen unter seiner Herrschaft lediglich eines starken und gerechten weltlichen Regimes. Ihre geistlichen Hoffnungen richten sie auf das »*autokratische Kaisertum des orthodoxen russischen Zaren*«. Rußland ist das einzige Land, in dem die Orthodoxie in Freiheit lebt. »*Käme zu diesem wahren christlichen Glauben noch die Gerechtigkeit der Türken, so würden mit ihnen die Engel verkehren.*«

Als fortschrittliche Kraft in der publizistischen Auseinandersetzung um die Zukunft des russischen Feudalstaates lebt das Schrifttum des russischen Dienstadels des 16. Jh.s von dem Glauben an die Kraft der Vernunft und der rationalen Bewältigung der gesellschaftlichen Probleme. Sein Adressat ist in erster Linie die verbündete Zentralgewalt, die allein seine Ratschläge in die Tat umzusetzen vermag. Die Verwandtschaft der Gedanken Peresvetovs mit dem politischen Konzept Ivans IV. ist unverkennbar. Gleichwohl reichen seine Vorschläge weit über die Reformen hinaus, die in den fünfziger Jahren des 16. Jh.s durch die »Izbrannaja rada« (den Ausgewählten Rat) in Angriff genommen werden konnten. Von der Autorität der Kirche hat sich Peresvetov befreit. Seine Kronzeugen sind nicht *Bibel* und Kirchenväter, sondern ein erfolgreicher Staatsmann der jüngeren Geschichte. Sein Regime dient dem Autor als Allegorie der Herrschaft, welche er von der zaristischen Gewalt zur Verwirklichung eines zentralisierten moskovitischen Staates erwartet. C.K.

AUSGABEN: Moskau 1908 (in V. F. Ržiga, *I. S. P., publicist XVI v.*; Čtenija v obšč. ist. i drevn. ross., Nr. 1). – Moskau/Leningrad 1956 (in *Sočinenija*, Hg. A. A. Zimin). – Moskau ⁷1962 (in *Chrestomatija po drevnej russkoj literature*, Hg. N. K. Gudzij).

LITERATUR: Ju. Javorskij, *K voprosu ob I. P., publiciste XVI v.* (in Čtenija v ist. obšč. Nestora letopisca, 20, 1908, S. 59–86). – V. F. Ržiga, *I. S. P. i zapadnaja kul'turno-istoričeskaja sreda* (in Izvestija Otd. russk. jaz. i slov. Ak. Nauk SSSR, 16, 1911, S. 169–174). – G. V. Plechanov, *Istorija russkoj obščestvennoj mysli*, Bd. 1, Moskau 1904, S. 150–167. – G. Bel'čenko, *K voprosu o sostave i redakcijach sočinenij I. P.* (in *Sbornik statej v čest' akad. A. I. Sobolevskogo*, Leningrad 1928). – W. Philipp, *I. P. u. seine politischen Schriften*, Hbg. 1934. – Ders., *I. P. u. seine Schriften zur Erneuerung des Moskauer Reiches* (in Osteuropäische Forschungen, N. F. 20, 1935). – I. I. Polosin, *O čelobitnych P.* (in Uc. zap. Moskovsk. gos. ped. inst. im. V. I. Lenina, 35, 1945, S. 25–55). – I. U. Bodovnic, *Russkaja publicistika XVI v.*, Moskau/Leningrad 1947. – A. L. Sakketti, *Političeskaja programma I. S. P.* (in Vestnik Mosk. univ., 1951, S. 107–117). – A. Stender-Petersen, *Geschichte der russischen Literatur*, Bd. 1, Mchn. 1957, S. 202–205; 208 f. – A. A. Zimin, *I. S. P. i ego sovremenniki. Očerki po istorii russkoj obščestvenno-političeskoj mysli seredini XVI v.*, Moskau 1958.

SIMEON POLOCKIJ

d.i. Samuil Emel'janovič (bzw. Gavriilovič) Petrovskij Sitnianovič

* 1629 Polock
† 25.8.1680 Moskau

LITERATUR ZUM AUTOR:
I. Tatarskij, *S. P., ego žizn' i dejatel'nost'*, Moskau 1886. – L. N. Majkov, *S. P.* (in L. N. M., *Očerki iz istorii russkoj literatury XVII–XVIII vv.*, Petersburg 1896, S. 1–162). – I. P. Erëmin, *Poétičeskij stil' S. P.* (in Trudy otdela drevnerusskoj literatury, 6, 1948, S. 125–153). – V. I. Gorbač u. V. M. Gorcev, *S. P. K 275-letiju so dnja smerti* (in Izvestija AN BSSR, 1955, Nr. 4, S. 19–33). – D. Žukov u. L. Puškarev, *Russkie pisateli XVII v.*, Moskau 1972, S. 199–335. – D. S. Ladner, *S. P.'s Metrical Psalter*, Diss. New Haven/Conn. 1976. – P. Rolland, *Aspects of S. P.'s Early Verse*, Diss. Bloomington/Ind. 1978. – B. Uhlenbach, *S. P.s poetische Verfahren*, Diss. Bochum 1979. – V. K. Bylinin, *O date roždenija S. P.* (in Trudy otdela drevnerusskoj literatury, 39, 1985, S. 367–370).

KOMIDIJA PRITČI O BLUDNEM SYNĚ

(russ.; *Komödie über das Gleichnis vom verlorenen Sohn*). Schuldrama in sechs Akten mit Prolog und Epilog von Simeon POLOCKIJ, entstanden 1679, erschienen 1685. – Das Werk des weißruthenischen Theologen und Schülers der berühmten Kiewer Geistlichen Akademie (1631 von Peter Mohyla, dem Metropoliten von Kiew, gegründet), der 1667 Erzieher der beiden Söhne des Zaren Alexander (reg. 1645–1676) wurde und als der erste russische Hofdichter gilt, umfaßt neben dogmatischen Schriften, einer Psalter-Übersetzung, zwei Predigtbänden und zwei Bänden meist panegyrischer Gedichte – *Rifmologion (Rhythmologion)* und *Vertograd mnogocvetnyj (Reicher Blumengarten)*, beide 1678/79 entstanden – auch zwei im *Rifmologion* enthaltene Schuldramen in syllabischem Versmaß: *Komidija o Navuchodonosorě caře (Komödie über Nebukadnezar)* und die *Komidija pritči o bludnem syně*. – Beide Stücke sind die ersten Beispiele einer russischen Adaption des westeuropäischen jesuitischen Schuldramas, das Polockij in Kiew kennengelernt bzw. bereits in seiner weißruthenischen Heimat, wo meist lateinische oder polnische geistliche Dramen aufgeführt wurden, gekannt hatte. Während Polockij mit Rücksicht auf den Zarenhof – Zar Alexander hatte noch 1648 alle weltlichen Vergnügungen verboten und diesen Erlaß 1657 erneuert – sein erstes Drama in den Rahmen des traditionellen Moskauer Kirchenritus von den drei Jünglingen im Feuerofen *(Peščnoe dejstvie)* eingebettet und damit die Bedenken des Hofes der neuen dramatischen

Gattung gegenüber zerstreut hatte, schuf er mit seiner Komödie vom verlorenen Sohn ein dramaturgisch interessantes, eigenständiges Theaterstück. Er mußte allerdings damit rechnen, daß dem Zaren und seinem Hofstaat alle Voraussetzungen für das Verständnis der Feinheiten eines so abstrakten Dramas, wie es das jesuitische Schuldrama war, fehlten. Daher verzichtete Polockij in seinen beiden Komödien auf die für das Jesuitendrama charakteristischen Allegorien und die im Barockdrama übliche mythologische Staffage.

Einfach, wirklichkeitsnah und in ihrem Bezug auf die zeitgenössischen Verhältnisse – zahlreiche unzufriedene Bojarensöhne zogen damals in die Fremde – für den Zuschauer verständlich, entwickelt sich die Handlung um das Acolastus-Motiv: Ein Vater verteilt seinen Besitz an seine beiden Söhne und gibt ihnen fromme Belehrungen mit auf den Lebensweg. Der Ältere, den Mittelmäßigkeit und geistige Unbeweglichkeit kennzeichnen, schenkt diesen Ermahnungen Gehör; der freiheitsliebende Jüngere dagegen hegt eigenwillige Vorstellungen von seinem Glück: Er besteht auf sofortiger Aushändigung seines Erbteils, denn er will in die Welt ziehen, um *»Ruhm zu erwerben«* und reich an Wissen und Erfahrung nach Hause zurückzukehren. Den Einwand des Vaters, für solch ein Unternehmen fehle ihm die Lebenserfahrung, mißachtet er und macht sich unverzüglich auf den Weg. Anstatt seine Pläne zu verwirklichen, verspielt und vertrinkt er jedoch den ganzen Besitz und sieht sich schließlich – bettelarm geworden – gezwungen, seinen Lebensunterhalt selbst zu verdienen. Er verdingt sich als Schweinehirt. Als er aber den Tod eines Schweins verschuldet, wird er geschlagen und immer menschenunwürdiger behandelt. In größter Not findet er einen rettenden Ausweg darin, daß er Mönch wird. Im Kloster besinnt er sich auf sein Elternhaus. Er kehrt reumütig heim, wird vom Vater freudig empfangen und – sehr zum Mißfallen des älteren Bruders – mit einem großen Gastmahl geehrt.

Im Prolog teilt der Autor den Sinn des Stückes mit: *»Ein Wort wird nicht so leicht behalten, als wenn wir es in Taten gestalten.«* Er verspricht dem Theaterpublikum nach jedem Akt ein kleines heiteres Intermedium, doch sind diese Zwischenspiele nicht überliefert. Der Epilog faßt das didaktische Anliegen des Stücks noch einmal zusammen: Die Jugend solle sich nicht allzu selbstsicher auf den eigenen Verstand verlassen; die Eltern mögen ihre Kinder streng erziehen und nicht all ihren Wünschen nachgeben, sie aber in liebevollem Vergeben wieder aufnehmen, wenn die Jungen ihre Fehler einsähen und Reue zeigten. Bezeichnenderweise schildert Polockij die ursprüngliche Absicht des jüngeren Sohns, ins Ausland zu reisen, um dort Wissen zu erwerben, im Unterschied zur lethargischen Haltung des älteren Sohns in durchaus positiver Sicht. Der Autor geißelt in seiner Komödie also durchaus nicht den unter den jungen russischen Adeligen verbreiteten Wunsch einer unmittelbaren Bekanntschaft mit der westeuropäischen Kultur,

sondern lediglich die menschliche Schwäche eines Teils dieser Jugend. – Ob Polockijs Stück jemals aufgeführt wurde, ist nicht bekannt. Der Autor selbst hat zweifellos an eine Aufführung seines Dramas gedacht, denn er versah es mit mehreren detaillierten Regieanweisungen.   C.K.-KLL

AUSGABEN: o.O. 1685. – Petersburg 1874 (in *Russkie dramat. proizv. 1672–1725 godov*, Hg. N. S. Tichonravov, Bd. 1). – Moskau/Leningrad 1953 (in *Izbr. soč.*, Hg. I.P. Erëmin).

LITERATUR: V.I. Rezanov, *Iz istorii russkoj dramy. Škol'nyja dejstvija XVII–XVIII veka i teatr iezuitov*, Moskau 1910. – N.M. Petrovskij, *Bibliografičeskie meloči. Ob izdanijach komidii o bludnem syne* (in Izvestija otdel. russk. jaz. i slovesn. Akad. Nauk, 17, 1912, H. 2, S. 156–159). – R. Wolkan, *Protestantisches Schuldrama* (in *Das deutsche Drama*, Hg. R.F. Arnold, Mchn. 1925, S. 139–154). – N. Lastočkin, *»Komidija pritči o bludnem synĕ«* (in *Starinnyj spektakl' v Rossii*, Hg. V. Vsevolodskij-Gerngross, Leningrad 1928, S. 99–131). – V. Vsevolodskij-Gerngross, *Istorija russkogo teatra*, Bd. 1, Leningrad/Moskau 1929, S. 294–316. – N.K. Gudzij, *Geschichte der russischen Literatur. 11.–17. Jh.*, Halle 1959, S. 612–617. – L. Itigina, *Novyj spisok »Komidii pritči o bludnem synĕ«* (in Trudy otdela drevnerusskoj literatury, 34, 1979, S. 339).

VERTOGRAD MNOGOCVETNYJ

(russ.; *Blumenreicher Ziergarten*). Didaktische Gedichtsammlung von Simeon POLOCKIJ, entstanden 1680; auszugsweise erschienen 1861. – Sieht man von der Tatsache ab, daß Simeon Polockij sprachlich noch weitgehend dem Kirchenslavischen verpflichtet ist, so läßt sich sein didaktisches Hauptwerk mit I. ERËMIN als die erste russische Gedichtsammlung bezeichnen. Die 1246 Gedichte, die der Autor in der ursprünglich alphabetischen Reihenfolge eines *azbukovnik* (Abecedarium) zusammenfaßt, weichen gattungsmäßig wie thematisch stark voneinander ab. Als formales Bindeglied dient der zwischen 11 und 13 Silben schwankende Zäsurvers, der im *Rifmologion, 1679 (Rhythmologion)*, durch den einheitlichen Elfsilber ersetzt wird. Die vom Autor gewählten Gattungsbezeichnungen – *podobie* (Gleichnis), *obraz* (Bild), *uveščanie* (Ermahnung), *obličenie* (Entlarvung) etc. – haben oft den Charakter des Willkürlichen, da sie in der Regel weder durch inhaltliche noch durch formale Elemente differenziert werden. Zentrale Themengruppen sind solche gesellschaftspolitischer, historischer und populärwissenschaftlicher (zoologischer, geologischer, geographischer) Natur, wobei der Pluralismus der Themen keiner funktionalen Vielfalt entspricht, sondern vornehmlich den Zweck erfüllt, einen breiten historischen Hintergrund zu schaffen, auf den die stereotypen moralischen Quintessenzen des Dichters anzuwenden sind. Hauptsächlich geschieht dies durch am

Schluß der historischen Exempel in direkter Apostrophe vorgetragene Ermahnungen zu Keuschheit, Gottesfurcht, Reue, Glaube, Barmherzigkeit, Freigebigkeit, Milde usf. oder durch an Beispielen demonstrierte Kataloge von Ständelastern – so vor allem in den bekannten »Satiren« *Monach (Der Mönch)* und *Kupectvo (Die Kaufmannschaft)*. Mitunter werden die Exempel zu ganzen Verserzählungen ausgedehnt, so in *Kleveta (Verleumdung)*, einer 342 Verse umfassenden Variante der Genoveva-Legende.

Als Quelle und Vorbild dienten dem Autor insbesondere die *Legenda aurea* des JACOBUS DE VORAGINE, das *Speculum historiale* des VINCENTIUS BELLOVACENSIS, möglicherweise der *Facetus* des ANDREAS CAPELLANUS und eine Reihe westeuropäischer Spruchsammlungen. Die typologische Parallele zu den westeuropäischen Spruchsammlungen des Spätmittelalters in funktionaler wie formaler Hinsicht ist am augenfälligsten. Hier wie dort ist das vorrangige Anliegen des Autors bzw. Kompilators die auf konzentrierte Kürze in den Einzelformen und umfassende Breite in der Anwendbarkeit der moralischen Nutzeffekte bedachte Vermittlung von Verhaltensnormen, die sich sowohl auf den exemplarischen Charakter erzählter Geschichte und Sage als auch auf die in vorliterarische Traditionen zurückreichende Gnomik des gereimten Zweizeilers stützen kann. Bei Simeon Polockij wird unter dem Einfluß des westeuropäischen Späthumanismus der mittelalterliche Rahmen bereits gesprengt: Die Wissensvermittlung steht bei ihm zumindest im Ansatz bereits im Zeichen eines Bildungsideals, das von der mittelalterlichen, primär praxisbezogenen Didaktik zu den Vorstellungen der gesamteuropäischen Aufklärung überleitet.   A.Gu.

AUSGABEN: Moskau 1861 (in F. I. Buslaev, *Istoričeskaja chrestomatija cerkovno-slavjanskogo i drevnerusskogo jazykov*; Ausz.). – Petersburg 1889 (in L. N. Majkov, *Očerki iz istorii russkoj literatury XVII–XVIII stoletij*; Ausz.). – Moskau/Leningrad 1953 (in *Izbr. soč.*, Hg. I. P. Erëmin). – Leningrad 1970 (in *Russkaja sillabičeskaja poèzija XVII–XVIII vv.*, Hg. V. P. Adrianova-Peretc).

LITERATUR: I. M. Tabarin, *Apokrifičeskij èlement v »Vertograde« S. P.* (in Trudy Slavjanskoj komissii imp. Mosk. archeologičeskogo obščestva, 3, 1902, Nr. 23/24). – A. I. Beleckij, *Stichotvorenija S. P. na temy iz vseobščej istorii* (in Sbornik Istoriko-filol. obščestva pri Imp. Char'kovskom univ., 1914). – Ders., *Povestvovatel'nyj èlement v »Vertograde« S. P.* (in Sbornik statej k sorokaletiju učenoj dejatel'nosti akad. A. S. Orlova, 1934, S. 325–334).

FEOFAN PROKOPOVIČ

* 18.6.1681 Kiew
† 19.9.1736 St. Petersburg

VLADIMIR

(russ.; *Vladimir*). Tragikomödie in fünf Akten von Feofan PROKOPOVIČ, Uraufführung: Kiew, 3.7. 1705, Mohyljanische Akademie; erschienen 1874. – An der Gestalt Vladimirs des Heiligen, der Rußland in den Jahren 988/989 dem Christentum zuführte, beschreibt das Drama in bewußtem Bezug auf die Auseinandersetzungen der Petrinischen Epoche den Kampf eines aufgeklärten russischen Monarchen gegen die Fortschritts- und Bildungsfeindlichkeit der einheimischen Geistlichkeit. Auf die Kunde von der bevorstehenden Taufe der Kiewer Rus' erhebt sich Vladimirs Bruder Jaropolk, den der Fürst erschlug, aus der Unterwelt, um das Vorhaben des Herrschers zu durchkreuzen. Er erzählt dem heidnischen Oberpriester Žerivol von seiner Ermordung und enthüllt ihm die religionspolitischen Pläne des Fürsten. Empört ruft Žerivol die heidnische Götterwelt um Hilfe gegen Vladimir an. Des Beistandes der Dämonen der weltlichen Macht, der Schande und der Fleischeslust versichert, tanzen die Magier mit den heidnischen Götzenbildern in der Hoffnung auf den bevorstehenden Sieg. Vladimir bespricht mit seinen Söhnen Boris und Gleb die Aufforderung des byzantinischen Kaisers zur Annahme des Christentums. Žerivol, der dem Fürsten von der Erkrankung der vernachlässigten heidnischen Götter berichtet und um Abhilfe bittet, wird abgewiesen. Ein Streitgespräch vor dem Fürsten zwischen Žerivol und dem byzantinischen Gesandten enthüllt die Unbildung des Oberpriesters. Erzürnt weist Vladimir die Magier hinaus. In umfangreichem Vortrag überzeugt der Gesandte Vladimir von den Grundlagen des christlichen Glaubens. Von magischen Traumgesichten erschreckt und von den Dämonen versucht, widersteht Vladimir allen Anfechtungen und geht daran, den Willen des Höchsten zu vollstrecken. Vergeblich ruft die weltliche Herrlichkeit den Herrscher zur Umkehr. Die Magier beweinen den Sturz der Götzenbilder, die von Vladimirs Soldaten beseitigt werden. Ein Soldat berichtet seinem Befehlshaber Mečyslav von der Taufe Vladimirs. Seinen Bericht vertieft ein Brief des Herrschers, der Mečyslav Schild und Fahne mit dem Zeichen des Kreuzes übersendet. Im Schlußchor begrüßt der Apostel Andreas, der Schutzheilige der Kiewer Rus', die Erfüllung seiner Prophezeiung von der Frömmigkeit, die über dem Kiewer Land aufgehen werde, und sagt dem Lande den Märtyrertod von Boris und Gleb, die Gründung des Kiewer Höhlenklosters und zahlloser christlicher Kirchen, den Tatareneinfall, die Wiedererstehung des Landes und endlich die »*heute im Ruhme blühenden russischen Leuchten, unsere Herren, Förderer und Wohltäter*« voraus. Mit der Bitte um göttlichen Beistand für Peter den Großen und »*seinen allertreuesten*« Feldherrn Mazepa klingt das Stück aus.

Höhepunkt und letztes bedeutendes Zeugnis des russischen syllabischen Schuldramas, zeigt Prokopovičs Tragikomödie Ansätze zur Überwindung der barocken Überwucherung der Gattung und zur Besinnung auf die Prinzipien der klassischen Dramatik. Streng nach den Vorschriften der Poetik des Autors (*De arte poetica*, 1786) gestaltet, die SENECA als Lehrer der Tragödie, PLAUTUS und TERENZ als Muster der Komödie empfiehlt, wird sie durch die Wahl des zum ersten Mal in der Geschichte des russischen Dramas nicht biblischen Quellen, sondern der heimischen Chronistik entnommenen Vorwurfs zum Vorläufer der russischen klassizistischen Tragödie des 18. Jh.s. Der Zeitbezug des Stücks läßt das komische Moment der »Tragikomödie«, die die Scheidung von Tragik und Komik in Dramentext und Intermedium nach dem Vorbild Simeon POLOCKIJS aufhebt, insbesondere in der Darstellung der heidnischen Priester mit den sprechenden Namen Žerivol (»Ochsenschling«), Kurojad (»Hühnerfraß«) und Pijar (»Saufbold«) zur beißenden Satire auf Kulturfeindlichkeit und politische Reaktion geraten. Die Darstellung des zwischen der Annahme des Christentums und seiner Neigung zur Vielweiberei schwankenden Vladimir verrät gegenüber der eindimensionalen Psyche des klassizistischen Helden realistische Züge. Die Uniformität des meisterhaften syllabischen Verses, dessen gehobene Sprache zahlreiche Ukrainismen enthält, ist durch glückliche Verwendung des Enjambements und inhaltlich bedingten Wechsel der Zeilenlänge gemildert. Prokopovičs Tragikomödie, die eine einzige Aufführung erlebte, ist in sechs Handschriften des 18. Jh.s überliefert, deren spätere das vor allem in Titel, Prolog und Schlußchor des Werks ausgesprochene Lob Mazepas nach dem Verrat des Hetmans unterdrücken.　　　　　　　　　　　　　　　　C.K.

AUSGABEN: Petersburg 1874 (in N. S. Tichonravov, *Russkie dramatičeskie proizvedenija 1672–1725 gg.*). – Lemberg 1922 (in Ja. Gordyns'kyj, »*Vladymir*« *Teofana Prokopovyča*, Zapysky naukovoho tovarystva im. Ševčenka, Bd. 132). – Moskau/Leningrad 1961 (in *Sočinenija*, Hg. I. P. Erëmin).

LITERATUR: N. S. Tichonravov, *Tragikomedija F. P. »Vladimir«* (in Žurnal Ministerstva Narodnogo Prosveščenija, 1879, Nr. 5, S. 52–96; auch in N. S. T., *Sočinenija*, Bd. 2, Moskau 1898, S. 120 bis 155). – P. O. Morozov, *F. P. kak pisatel'*, Petersburg 1880. – B. Titlinov, *F. P.* (in *Russkij biografičeskij slovar'*, Petersburg 1913, S. 339–448). – Ja. Gordyns'kyj, »*Vladymir*« *Teofana Prokopovyča* (in Zapysky naukovoho tovarystva im. Ševčenka, Bd. 130, 1920, S. 19–71; Bd. 132, 1922, S. 65 bis 134). – L. A. Petrov, *Filosofskie vzgljady P., Tatiščeva i Kantemira*, Irkutsk 1957. – Ders., *Obščestven-*

no-političeskie vzgljady P., Tatiščeva i Kantemira, Irkutsk 1959. – J. Tetzner, *Theophan Prokopovič und die russische Frühaufklärung* (in ZfSl, 1958, S. 351 bis 368). – H. Härtel, *Byzantinisches Erbe und Orthodoxie bei F. P.*, Würzburg 1970. – J. Cracraft, *F. P.: a Bibliography of his Works* (in Oxford Slavonic Papers, 1975, S. 1–36). – V. Ničik, *F. P.*, Moskau 1977. – O. Buranok, *P'esa F. P. »Vladimir« i žanr tragedo-komedii v russkoj dramaturgii pervoj poloviony XVIII veka*, Diss. Moskau 1984.

IVAN SANIN

auch Iosif von Volokolamsk
* 1439/40
† 1515

PROSVETITEL'

auch *Kniga na novgorodskich eretikov* (aruss.; *Der Aufklärer*, auch: *Schrift gegen die Novgoroder Häretiker*). Theologische Streitschrift von Ivan SANIN. – Es ist nicht ausgeschlossen, daß das Hauptwerk des militanten Theologen die Anklageakte des Konzils darstellte, welches 1504 die Verurteilung der antifeudalen Häresie der sog. Judaisierenden (*židovstvujuščie*) aussprach. Ziel des *Prosvetitel'* ist die physische Vernichtung der Ketzer, die den geistlichen und weltlichen Machtanspruch der orthodoxen Feudalkirche bekämpften und die Inhalte der christlichen Glaubenslehre einer rationalistischen Kritik unterzogen. Da die orthodoxe Tradition die Todesstrafe für reuige Dissidenten nicht kennt, ist Sanin bemüht, die Häretiker zu Apostaten zu stempeln, welche der Gnade der Kirche entzogen sind. In den Mittelpunkt seiner Anklage stellt er die vorgebliche Gemeinsamkeit der Sekte mit dem aufgeklärten Judentum: Von Sanin stammt die polemische, die historischen Tatsachen entstellende Bezeichnung der »Judaisierenden«.

Die ausgedehnte Einleitung der Schrift schreitet nach einer kurzen historischen Betrachtung *in medias res*: Stets hat der Teufel die Christenheit mit Häresien aller Art überzogen, denen der wahre Glaube nur mit bedingungslosem Haß begegnen kann. Rußland, lange Zeit vom Heidentum bedrückt, in letzter Stunde aber durch den Apostel Andreas missioniert, hat bald alle anderen Länder an Heiligen und Wundertätern übertroffen. In ohnmächtiger Wut schreitet daher der Teufel zum Angriff. Er schickt den Juden Scharija, der die Geistlichkeit Novgorods zur Annahme des Judentums überredet. Rasch breitet sich die Bewegung aus. Sie bekämpft die Institution der Kirche, verbietet die Darstellung der Trinität, bestreitet das von der Orthodoxie für 1492 erwartete Weltende und eifert gegen das Mönchtum. Es gelingt den Häretikern gar, einen der Ihren zum Metropoliten zu machen. Der erste Schlag gegen die Häresie glückt auf dem Konzil von 1490, das ihre Novgoroder Anhänger verurteilt. Doch geben sich die Feinde des Christentums nicht geschlagen. Der Autor hat daher seine *slova* (Kapitel) gegen die teuflische Versuchung zusammengestellt, deren Inhalt er in einer kurzen Aufzählung vorwegnimmt. Das erste *slovo* widerlegt die Angriffe der Häretiker gegen die Trinität, das zweite die Zweifel am messianischen Charakter Christi, das dritte begegnet den jüdischen Momenten der Häresie, das vierte den Argumenten gegen die Erlösertat des Gekreuzigten, die *slova* 5–7 beweisen die Berechtigung der Ikonen-, Reliquien- und Kreuzesverehrung, die *slova* 8–10 widerlegen die Skepsis an der Wiederkunft Christi, das elfte Kapitel verteidigt das Mönchsleben. Die zweite Redaktion des *Prosvetitel'* fügt dieser Argumentation fünf weitere Kapitel bei, welche sich gegen die Befürworter einer nachsichtigen Haltung gegen die Häretiker wenden.

Josif hat seine Polemik zum geringsten Teile original konzipiert. Er stützt sich auf ausgedehnte, überaus tendenziös überarbeitete Exzerpte aus der patristischen und hagiographischen Literatur sowie auf unmittelbare Ausschriften seiner eigenen antihäretischen *Poslanija (Sendschreiben)*. Der epistolographische Nachlaß Sanins, der seine Aufnahme in die altrussische Literaturgeschichte außer Frage stellt, umfaßt mehr als zwei Dutzend Sendschreiben unterschiedlicher Thematik. Sie behandeln das Verhältnis des Autors zur großfürstlichen Zentralgewalt, seine Verteidigung des Mönchtums und des Kirchenbesitzes gegen die Angriffe seiner innerkirchlichen Gegner, der *zavolžskie starcy* (Mönche von jenseits der Wolga) unter Nil SORSKIJ, das Verhältnis der Feudalherren zu ihren Untergebenen und schließlich den Kampf des Autors gegen die Häresie der Judaisierenden. Die ketzerfeindlichen Schreiben Sanins nehmen die Argumentation seines *Prosvetitel'* vorweg, übertreffen ihn jedoch in ihrer literarischen Gestaltung.

Die handschriftliche Überlieferung des *Prosvetitel'* ist äußerst verworren. Die erhaltenen Abschriften weisen tiefgreifende Unterschiede nicht allein im Detail, sondern vor allem auch in der theologischen Beweisführung auf. Es scheint, als sei die Textgeschichte des Werks ein Spiegel der Realgeschichte der Ketzerverfolger. Stellt die ursprüngliche Redaktion (bestehend aus elf bzw. dreizehn Kapiteln) eine kompromißlose Invektive gegen die Häretiker dar, so zeigt die zweite (sechzehn Kapitel) deutliche Spuren einer nachgiebigeren Haltung, die durch eine Veränderung der innerkirchlichen Machtverhältnisse bedingt war. Eine dritte Überarbeitung im Sinne der herrschenden Orthodoxie erfuhr das Werk nach dem Tode des Autors. Der Titel *Prosvetitel'*, unter dem das Werk zu einem der populärsten Texte des russischen Mittelalters wurde, kam erst im 17. Jh. auf. – Die mehrfache Anpassung des Textes an die politischen Bedürfnisse der Parteigänger Sanins, sein offen tendenziöser Charakter und seine innere Widersprüchlichkeit lassen den *Prosvetitel'* zu einer höchst unzuverlässigen Quelle für die wissenschaftlichen Beurteilung der antifeudalen häretischen Bewegungen Rußlands um die Wende des 15./16. Jh.s werden. Gleichwohl hat seine Darstellung die Ansichten der Historiker bestimmt, bis sie in sowjetischer Zeit einer kritischen Analyse unterworfen wurde.

Die gesamte schriftstellerische Tätigkeit Sanins ist seiner politischen Zielsetzung untergeordnet. Schreiben ist dem Autor in erster Linie Mittel zum gesellschaftlichen Zweck. Mehr Theologe und Politiker als Schriftsteller, gehört er dennoch zu den nennenswerten Schreibern seiner Zeit. Obwohl den Polemiken seiner Gegner sprachlich unterlegen, besticht er nicht selten durch Präzision und Ausgewogenheit seiner Diktion, die weniger das eigene stilistische Talent des Autors, als seine vorzügliche Kenntnis der literarischen Tradition beweist. Sanin schreibt flüssig, bisweilen eilig, scheut sich nicht vor Wiederholung und raschem Stilwechsel, weiß seinem Text jedoch stets eine beachtliche kompositionelle Geschlossenheit zu geben. In seiner theologischen Beweisführung ist er erzkonservativ. Er beschränkt sich darauf, seine Argumente durch Zitate aus den Kirchenvätern zu belegen, und läßt alles Verständnis für die Äußerung eines eigenständigen, kritischen und freien Denkens vermissen. Sanin versteht sich als Bewahrer der bestehenden kirchlichen Ordnung. Mit Recht betrachtet man ihn als den imponierenden Vertreter einer orthodoxen *ecclesia militans*, deren Gegnerschaft allen fortschrittlichen Strömungen der entwickelten russischen Feudalgesellschaft gilt.   C.K.

AUSGABEN: Kasan 1859 (in *Pravoslavnyj sobesednik*, Bd. 3). – Kasan 1896 (in *Pravoslavnyj sobesednik priloženie*, Hg. Kazanskaja Duchovnaja Akademija). – Moskau/Leningrad 1959 (*Poslanija*, Hg. A. A. Zimin u. Ja. S. Lur'e).

LITERATUR: I. Chruščov, *Issledovanija o sočinenijach I. S.*, Petersburg 1865. – E. Denissoff, *Aux origines de l'église russe autocéphale* (in RES, 23, 1947, S. 66–88). – M. Raeff, *An Early Theoretist of Absolutism: Joseph of Volokolamsk* (in The American Slavic and East European Review, 7, 1949, S. 77–89). – J. L. I. Fennell, *The Attitude of the Josephians and Trans-Volga Elders to the Heresy of Judisers* (in SEER, 29, 1951). – A. A. Zimin, *O političeskoj doktrine I. Volockogo* (in Trudy otdela drevnerussk. literatury, 9, 1953, S. 159–177). – N. A. Kazakova u. Ja. S. Lur'e, *Antifeodal'nye eretičeskie dviženija na Rusi XIV-načala XVI v.*, Moskau 1955, S. 74 ff. – T. Špidlik, *Joseph de Volokolamsk. Un chapitre de la spiritualité russe*, Rom 1956. – N. K. Gudzij, *Geschichte der russischen Literatur. 11.–17. Jh.*, Halle 1959, S. 336 ff. – A. I. Klibanov, *Reformacionnye dviženija v Rossii, XIV-pervoj polovine XVI vv.*, Moskau 1960. – A. Zimin, *Rossija na poroge novogo vremeni (Očerki političeskoj istorii Rossii pervoj treti XVI v.)*, Moskau 1972.

SOFONIJA AUS RJAZAN'

14./15. Jh.

ZADONŠČINA VELIKOGO KNJAZJA GOSPODINA DIMITRIJA IVANOVIČA I BRATA EGO KNJAZJA VOLODIMERA ONDREEVIČA

(aruss.; *Die Geschichte von der Schlacht, die unter dem Großfürsten, dem Herrn Dimitrij Ivanovič, und seinem Bruder Volodimer Ondreevič jenseits des Dons geschlagen wurde*). Episch-lyrischer Bericht von So-FONIJA aus Rjazan' über die Schlacht auf dem Kulikovo pole (Schnepfenfeld) am Don im Jahre 1380, in der die Russen nach fast hundertfünfzigjähriger Fremdherrschaft zum ersten Mal über die Tataren siegten. – Die Datierung des Werks ist unsicher. Sie schwankt zwischen 1380 und etwa 1450. Spätestes Entstehungsdatum sind die siebziger Jahre des 15. Jh.s, aus denen die erste Handschrift stammt. Diese Handschrift bietet eine kurze Redaktion des Werks, vier weitere aus dem 16. und 17. Jh. eine wesentlich längere. Beide Redaktionen stehen dem *Igorlied (Slovo o polku Igoreve*, vgl. dort) so nahe, daß literarische Beziehungen zwischen den beiden Werken bestehen müssen. Umstritten und für die Textgeschichte der *Zadonščina* sowie für ihre Beziehungen zum *Igorlied* äußerst wichtig ist die Frage, ob die kurze oder die lange Redaktion der *Zadonščina* die ursprüngliche ist. Ist es die kurze, so macht die Annahme, daß die *Zadonščina* vom *Igorlied* abhängig sei, Schwierigkeiten, und man muß annehmen, daß umgekehrt das *Igorlied* von der *Zadonščina* abhängig ist, also nicht aus dem 12., sondern frühestens aus dem 17. Jh. stammt. Darum hat der wissenschaftliche Streit um das *Igorlied* zu einer intensiven Beschäftigung mit der Textgeschichte der *Zadonščina* geführt, der Kampf um den Fürsten Igor hat sich gleichsam von der Kajala an den Don verlagert. Die Einleitung der *Zadonščina* steckt (in der langen Redaktion) den geographischen und den weltgeschichtlichen Rahmen der Schlacht von 1380 ab. Dann wird die Gattung des Werks angegeben: Klage und Ruhmlied gleichzeitig soll es sein: Klage über die vielen gefallenen Russen und Ruhmlied auf ihre Tapferkeit und den errungenen Sieg. An dieser Stelle nennt der Verfasser seinen Namen und vergleicht sich mit dem uns sonst nur aus dem *Igorlied* bekannten Sänger der Vorzeit, Bojan. – Der Hauptteil berichtet zuerst, wie die russischen Fürsten sich Mut zusprechen zum Kampf gegen den gefürchteten Gegner, wie sie ihre Heere sammeln und Heerschau halten. Die Tataren rücken heran, das russische Heer zieht ihnen entgegen von Moskau zum Don. Der Bericht über die Schlacht am 8. September zerfällt, dem Kampfgeschehen entsprechend, in zwei deutlich voneinander geschiede-

ne Teile: der Kampf bis zum Mittag, der für die Russen mit schweren Verlusten und mit der Gefahr einer Niederlage endet; dann aber das Geschehen am Nachmittag mit dem Eingreifen der im Hinterhalt gehaltenen Reserve, das die Schlacht zugunsten der Russen entscheidet. Der erste Teil dieser Schlachtschilderung betont, entsprechend dem für die Russen schlechten Verlauf des Vormittags, stärker die Verluste und die Nöte der Russen: Die Namen der gefallenen russischen Fürsten werden aufgezählt, vom heldenhaften, aber tödlich ausgehenden Zweikampf des russischen Mönches Peresvet mit einem Tataren wird andeutend berichtet, der Schrecken des Krieges wird ausgemalt und schließlich die Klage der vornehmen Moskauer Frauen um ihre getöteten Männer geschildert; dies ist in der langen Redaktion chronologisch unpassend, da es dem Bericht über den zweiten Teil der Schlacht vorausgeht. In der kurzen Redaktion besteht dieses chronologische Mißverhältnis nicht, da sie an dieser Stelle endet. Nach ihr erscheint die Schlacht am Don eher als eine bejammernswerte Niederlage denn als ein Sieg der Russen. – In der langen Redaktion folgt jetzt der Bericht über den zweiten Teil der Schlacht. Die Russen greifen von neuem an (daß es sich um das Eingreifen der Reserve aus dem Hinterhalt handelt, wird nicht deutlich), die Tataren wenden sich zur Flucht, ihr Heer löst sich auf; sie bejammern ihre Niederlage, die Russen triumphieren; der Führer der Tataren, Mamaj, flieht auf die Krim und wird von den dort wohnenden Genuesen verspottet. Der Schluß enthält zunächst eine kurze Betrachtung über das Strafen und Lieben Gottes, das sich in den verschiedenen Schicksalen des russischen Volkes kundtut, berichtet dann über die Totenwache der überlebenden Fürsten; mehr als 250 000 gefallene Russen werden gezählt. Die Überlebenden danken den Toten für das Opfer ihres Lebens und kehren ruhmbedeckt nach Moskau zurück. Der dichterische Wert des Werks ist umstritten und hängt zum Teil mit der Frage seiner Originalität zusammen. Ist die *Zadonščina* vom *Igorlied* abhängig, so besitzt sie hinsichtlich ihrer poetischen Mittel keine große Kraft und Originalität, sondern bleibt hinter dem Vorbild zurück und verwendet die übernommenen Worte und Wendungen oft in recht ungeschickter Weise. Ihr Wert liegt dann vor allem in der geschickten Realisierung der Gattung der Palinodie (das heißt: der »widerrufenden« Dichtung): Ein früheres Gedicht, das *Igorlied*, wird durch nachahmende Umgestaltung »widerrufen«; widerrufen wird der halb heidnische Charakter des *Igorliedes* durch den betont christlichen der *Zadonščina*, widerrufen die Klage über die Niederlage der Russen im Kampf mit einem heidnischen Volk aus dem Osten durch den Jubel über den russischen Sieg über ein ebensolches Volk. Die wörtlichen Entlehnungen aus dem *Igorlied* sind zwar im Kontext der *Zadonščina* manchmal unpassend, aber von der Intention des Werks her notwendig: Soll der Leser es als Palinodie verstehen, so muß der Dichter ihm das »widerrufene« Lied durch reichliche Zitate ins Gedächtnis rücken. Sollte das *Igorlied* aber von der *Zadonščina* abhängig sein, so gehört ein Teil des Verdienstes der vielgepriesenen Wortkunst des *Igorliedes* dem Verfasser der *Zadonščina*. Allerdings wird man auch dann sagen müssen, daß die Nachahmung (das *Igorlied*) das Vorbild (die *Zadonščina*) an dichterischer Qualität übertrifft.

L.Mü.

AUSGABEN: Moskau 1852, Hg. Undol'skij. – Petersburg 1858, Hg. I.I. Sreznevskij. – Moskau 1959 (in *Povesti o Kulikovskoj bitve*, Hg. M.N. Tichomirov). – Den Haag 1963 (R. Jakobson u. D. Worth, *Sofonija's Tale of the Russian-Tatar Battle on the Kulikovo Field*; Rekonstruktion des Textes der langen Red.; m. engl. Übers.). – Moskau/Leningrad 1966 (in *Slovo o polku Igoreve i pamjatniki kulikovskogo cikla*; enth. alle Hss. beider Red.). – Paris 1967 (A. Vaillant, *La Zadonščina, épopée russe du XVe siècle*; m. frz. Übers.).

ÜBERSETZUNG: In *O Bojan, du Nachtigall der alten Zeit. Sieben Jh. altruss. Lit.*, Hg. G. Sturm u. a., Ü. ders., Ffm. 1965.

LITERATUR: N. K. Gudzij, *Geschichte der russischen Literatur, 11.-17. Jh.*, Halle 1959, S. 269–277. –

A. A. Zimin, *Dve redakcii »Zadonščiny«* (in Trudy Mosk. gos. ist.-archiv. inst., 24, 1966, S. 17–54). – Ders., *Spornye voprosy tekstologii »Zadonščiny«* (in Russkaja literatura, 1967, Nr. 1). – R. Dimitrieva u. a., *Po povodu stat'i A. A. Zimina Spornye voprosy tekstologii »Zadonščiny«* (ebd.). – A. A. Zimin, *»Zadonščina« (Opyt rekonstrukcii teksta Prostrannoj redakcii)* (in Uč. zap. nauč.-issledov. inst. pri sovete ministrov Čuvašskoj ASSR, 1967, Nr. 36, S. 216–239). – D. S. Lichačëv, *Nestilizacionnye podražanija* (in D. S. L., *Poėtika drevnerusskoj literatury*, Leningrad 1967, S. 185–211). – L. A. Dimitriev, *»Zadonščina«. Podgotovka teksta, perevod i primečanija* (in *Izbornik*, Moskau 1969). – A. A. Zimin, *Tekstologija prostrannoj »Zadonščiny«* (in Uč. zap. nauč.-issledov. inst. pri sovete ministrov Čuvašskoj ASSR, 1969, Nr. 47, S. 91–111). – Ders., *»Skazanie o Mamaevom poboišče« i »Zadonščina«* (in *Archeografičeskij ežegodnik za 1967 god*, Moskau 1969, S. 41–58). – Ders., *Iz tekstologii Kirillo-Belozerskogo spiska »Zadonščiny«* (in *Vspomogatel'nye istoričeskie discipliny*, Bd. 3, Leningrad 1970, S. 233–249). – G. Mojseev, *K voprosu o datirovke »Zadonščiny«* (in Trudy otdela drevnerusskoj literatury, 34, 1979, S. 220–240). – R. Dimitrieva, *Byl li Sofonij rjazanec avtorom »Zadonščiny«?* (ebd., S. 18–25). – M. Salmina, *»Na rič na Čeč« v »Zadonščine«* (ebd., 36, 1981, S. 231–234).

Anonyme Werke

ALËŠA POPOVIČ I TUGARIN

(russ.; *Alëša Popovič und Tugarin*). Episches Lied
der Kiewer Epoche, dessen älteste Teile bis etwa in
das 11. Jh. zurückreichen; erste Aufzeichnung
durch Kirša DANILOV im 18. Jh., erschienen 1804.
– Der junge *bogatyr'* (Recke) Alëša Popovič reitet
mit seinem Gefährten Ekim Ivanovič aus. Unterwegs treffen sie auf einen weißen Stein, der das Ziel
dreier, nach verschiedenen Richtungen auseinan-
derlaufender Straßen angibt (Murom, Tschernigow, Kiew). Alëša beschließt, die Straße nach Kiew
zu nehmen, die zum »*milden Fürsten Vladimir*«
führt (Liedeingang). In der Nähe des Safatflusses
übernachten die Helden in ihren weißen Zelten.
Als sie am nächsten Morgen weiterreiten wollen,
berichtet ihnen ein Pilgersmann, er habe Tugarin Zmeevič (»Schlangensohn«) gesehen. Alëša
tauscht daraufhin mit dem Pilger das Gewand und
bricht auf, den schrecklichen, drei Klafter großen
Erzfeind zu suchen. Er findet ihn, und es gelingt
ihm dank seiner Verkleidung, den ahnungslosen
Riesen mit dem achtzig Pud schweren Wanderstab
des Pilgers zu fällen. Bevor ihm Alëša das Haupt
abschneidet, erkennt Tugarin, wer der harmlose
Pilger in Wirklichkeit ist. Dem Toten zieht Alëša
das heidnische Gewand aus, bekleidet sich damit selbst
und reitet zurück, doch sein Gefährte und der Pilger fliehen vor ihm im Glauben, er sei Tugarin
Schlangensohn. Alëša setzt ihnen nach, bis ihn die
Kampfkeule, die Ekim hinter sich schleudert, aus
dem Sattel reißt. Er stürzt »*auf die feuchte Erde
hin*«, und Ekim wirft sich über den vermeintlichen
Feind. Am Kreuz, das Alëša auf der Brust trägt, erkennt er den Freund. Ein »*überseeischer Trank*«
bringt dem jungen Helden Heilung, und die zwei
Recken setzen ihre Reise nach Kiew fort (1. Hauptteil). – In Kiew empfängt ihn Fürst Vladimir
freundlich in der »*lichten Halle*«, er fragt Alëša nach
Namen und Herkunft (Alëša stellt sich ihm als
Sohn des Kathedralpopen aus der Stadt Rostov
vor) und weist ihnen Ehrenplätze an der Tafel zu.
Doch Alëša wählt mit seinem Gefährten den Platz
der Niederen. Hierauf wird Tugarin Zmeevič von
zwölf mächtigen *bogatyri* in den Saal getragen und
auf den Ehrenplatz neben Vladimirs Gemahlin, die
Fürstin Apraksija, gesetzt. Das Mahl beginnt. Tugarin säuft und frißt und berührt die Fürstin un-
züchtig, worauf ihn Alëša dreimal beleidigt und
Tugarin den Dolch nach Alëša wirft. Am nächsten
Morgen kommt es am Safatfluß zum Zweikampf,
nachdem ein Gebet Alëšas den Feind seiner Flügel
beraubte. Dank einer kühnen List kann der junge
Held seinem Feind Tugarin den Kopf abschlagen,
den er dem Fürsten Vladimir nach Kiew bringt

(2. Hauptteil). – Ein großes Gastmahl wird gefeiert, und Vladimir bittet den Helden, ihm fortan zu
dienen. Als Apraksija sich über Alëša beschwert,
weil er ihr den Liebhaber erschlug, kontert der
Held grob: »*O du Mütterchen Fürstin Apraksija!
Beinahe hätte ich dich Hündin genannt, eine brünsti-
ge Hündin!*«
Dem Inhalt des ursprünglichen Lieds werden mit
Sicherheit sowohl der erste Hauptteil wie auch die
rüden Apraksija-Szenen gefehlt haben. Beides ist
eine Erfindung des 17. Jh.s (der Inhalt des
1. Hauptteils stimmt übrigens mit einem Einzel-
lied überein, das die Krjukova sang und das
A. MARKOV aufzeichnete). Ebenso jung ist der Name des Gefährten Ekim Ivanovič (u. a. aus dem
»Historischen Lied« als Eroberer Sibiriens bekannt), der vermutlich Torop hieß, ein Vasall
Aleksandrs war und mit diesem im Dienst des
Großfürsten Jurevič und später in dem seines Sohnes Konstantin stand (frühes 13. Jh.). Nach Mitteilung der *Nikonchronik* (16. Jh.) wäre das Geschehen in das Jahr 1000 zu legen und Aleksandr Popovič als Kämpfer gegen die einfallenden Tataren zu
verstehen (historische Zeit 1110, Liederkreis um
den Fürsten Vladimir Monomach). Der Heide Tugarin dagegen scheint mit dem Chan der Polovcer,
Tugorkan, identisch zu sein, der im Jahr 1096 getötet wurde. – Motivgeschichtlich ist eine Episode in
diesem Lied interessant, die in der mittelhochdeut-
schen wie orientalischen Dichtung bekannt ist
(und auch in Th. MANNs *Joseph und seine Brüder*,
1948, vorkommt): Beim Zerlegen (hier) eines
»*weißen Schwans*« schneidet sich Apraksija in die
linke Hand, da sie ihren Blick nicht von ihrem »*geliebten Leben*«, dem jungen Tugarin Schlangensohn, wenden kann. Ein anderes Motiv, das – wie
R. TRAUTMANN annimmt – noch dem Urlied angehört, geht auf die Geschichte von Alexanders des
Großen Kampf mit Porus zurück: Wie Alexander
überwindet Alëša (Diminutivform von Aleksandr)
seinen Feind durch die List, ihn von seiner Person
abzulenken. – Das Lied, das in mehreren Redaktionen vorliegt, ist kaum vor dem 14. Jh. entstanden.
Der eingeschobene 1. Hauptteil und andere Zusät-
ze aus jüngerer Zeit schwemmten seinen Umfang
auf 341 Verse auf (vgl. den Sammelartikel *Byliny*).

                                            M. Gru.

AUSGABEN: Moskau 1804 (*Drevnie rossijskie stichotvorenija: Sbornik Kirši Danilova*, Hg. A. F. Jakubovič; ²1818, Hg. K. F. Kalajdovič; 1901, Hg.
P. N. Šeffer; 1938, Hg. S. K. Šambinago). – Mos-
kau 1860–1874 (in *Pesni sobrannye*, Hg. P. V. Ki-
reevskij, 10 Bde.). – Petersburg ²1894–1900 (in
Onežskie byliny, ges. v. A. F. Gil'ferding, Hg. Bestu-
žev-Rjumin, 3 Bde.; Nr. 99). – Moskau 1909/10
(in *Pesni sobrannye*, Hg. P. N. Rybnikov, 3 Bde.). –
Moskau 1957 (in *Byliny*, Hg. P. D. Uchov u. V. I.
Čičerov; krit.). – Moskau 1958 (in *Byliny*, Hg.
V. Ja. Propp u. B. N. Putilov, 2 Bde.; krit.). –
Moskau 1977 (*Drevnie rossijskie stichotvorenija.
Sbornik Kirši Danilova*).

ÜBERSETZUNG: In B. Stern, *Fürst Wladimirs Tafelrunde. Altrussische Heldensagen*, Bln. 1892.

LITERATUR: V. J. Propp, *Geroj v bor'be s čudoviščami: »Alëša i Tugarin«* (in V. J. P., *Russkij geroičeskij épos*, Leningrad 1955, S. 198–214; 531–532). – V. I. Čičerov, *Obraz Alëši Popoviča i byliny o nem* (in V. I. Č., *Russkoe narodnoe tvorčestvo*, Moskau 1959, S. 227–229). – B. A. Rybakov, *Byliny épochi Vladimira Monomacha: »Alëša Popovič i Tugarin«* (in B. A. R., *Drevnjaja Rus'*, Moskau 1963, S. 106 bis 114).

ALEXANDERROMAN

ALEKSANDRIJA

Die russische Version des *Alexanderromans*, entstanden wahrscheinlich im 11. Jh., liegt in fünf Versionen vor, welche sich durch Kürzungen und durch Erweiterungen aufgrund literarischer Anleihen entwickelt haben. Im 15. Jh. brachten die vor den Türken fliehenden Südslaven eine weitere Redaktion völlig neuen Charakters nach Rußland, die, mehr unterhaltsam und leicht lyrisch gestimmt, die früheren Fassungen fast gänzlich verdrängte. In ihr erscheint die Gestalt Alexanders bereits im christlichen Sinne umgedeutet: Er verkehrt mit dem Propheten Jeremias und bekennt sich zur Lehre des einen allmächtigen Gottes. Die ursprünglichen Übertragungen sind inhaltlich und formal anspruchsloser. Die wohlkomponierten Erzählungen berichten schlicht über das Leben Alexanders, wobei im allgemeinen das biographische Grundschema – Geburt, Jugend, erste Taten, Kriegszüge und Abenteuer, Tod des Helden – gewahrt ist.

Im Unterschied etwa zur tschechischen *Alexandreis* ist die russische Version eine Prosafassung. Es fehlt ihr der ritterliche Ton, der für die westlichen Bearbeitungen bezeichnend ist. Dagegen überwiegt das phantastische Moment: Zauberei, Sterndeuterei, Himmelszeichen, Träume, Prophezeiungen und Göttererscheinungen – Züge, die das Interesse des zeitgenössischen Lesers ebenso wachriefen wie die spannende, aber nie übertriebene Erzählung der ausgefallensten Begebenheiten. Wenn man die stilisierende und typisierende Tendenz des Romans betont (A. Stender-Petersen), so darf doch nicht die durchaus individualisierende psychologische Motivierung übersehen werden, wie sie beispielsweise in der bekannten Szene zu finden ist, in der Alexander den Verleumdungen seiner Umgebung zum Trotz die Arznei seines Leibarztes annimmt.

Obwohl die russische Fassung sich eng an das griechische Original anlehnt, ist sie dank zahlreicher Übernahmen aus anderen (originalen oder übersetzten) altrussischen Werken – vor allem *Hamartolos, Pčela, Fiziolog, Skazanie ob indijskom carstve* und *Choždenie Zosima k Rachmanam* – fest in der russischen Literatur verankert. Andererseits haben die Motive des *Alexanderromans* vielfach Eingang in andere Werke der russischen Literatur und Volksdichtung gefunden. Und wie im Westen Alexanders Abenteuer auf seinem Indienzug ein beliebtes Sujet der mittelalterlichen Miniaturmalerei gewesen sind, so wurden sie in Rußland gern in den sogenannten *lubočnye izdanija* (Volksbilderdrucken) illustriert. C. K.

AUSGABE: Moskau 1893, Hg. V. M. Istrin [enth. die Texte v. 4. Fassgn. d. *Alexandreis*].

LITERATUR: V. Istrin, *Aleksandrija russkich chronografov. Issled. i tekst*, Moskau 1893. – Ders., *Istorija serbskoj Aleksandrii*, 1910. – A. S. Orlov, *Perevodnye povesti feodal'noj Rusi i Moskovskogo gosudarstva XII–XVII vekov*, Leningrad 1934. – V. P. Adrianova-Perec, *Drevneruss. povest'*. Lfg. 1, Moskau 1940. – J. E. Bertel's, *Roman ob Aleksandre i ego glavnyje versii na vostoke*, Moskau 1948. – R. Merkelbach, *Die Quellen des griech. Alexanderromans*, Mchn. 1954; ²1977. – I. Coper, *Der Einfluß der »Alexandreis« auf die russische Volksdichtung*, Diss. Bln. 1956. – A. Stender-Petersen, *Geschichte der russischen Literatur*, Bd. 1, Mchn. 1957, S. 86 ff. – N. K. Gudzij, *»Die Alexandreis«* (in N. K. G., *Geschichte der russischen Literatur*, Halle/Saale 1959, S. 180–188). – Ch. A. van den Berk, *Zwei unbekannte Hss. des Alexanderromans* (in Mitt. aus dem Slav. Seminar der Univ. Hbg., 1962, Nr. 1).

AVDOT'JA RJAZAŇOČKA

(russ.; *Avdot'ja von Rjazań*). Episches Lied der Moskauer Epoche aus dem 16. Jh., das nur in fünf zum Teil fragmentarischen Aufzeichnungen (Onegasee, Petschora, Gouvernement Archangelsk) aus dem 19. Jh. vorliegt. Der Mangel an Texten erschwert die Aufhellung der komplizierten Entstehungsgeschichte des Liedes sehr. Der Stoff zeigt deutlich Lokalkolorit (Rjazan'); er weist auf historische Ereignisse hin (die zahlreichen Tatareneinfälle in das einst selbständige Fürstentum vom 13.–15. Jh.), doch ist zu der Liedfabel kein konkreter Hintergrund zu ermitteln. Es handelt sich also nicht um ein historisches Lied. Der mit uralten Märchenmotiven (die Suche der Frau nach ihrer Sippe, der Einsatz des eigenen Lebens) bereicherte, frei erfundene Inhalt ist vom Sänger des Urliedes nationalisiert worden, vielleicht liegt aber auch eine Verschmelzung zweier Lieder vor.

Der türkische König Bachmet hat Rjazan' erobert und zerstört, die Fürsten und Bojaren teils getötet, teils gefangen und »viele Tausend vom Volk« in sein

Land mitgenommen, darunter auch Avdot'jas Mann, Sohn, Schwiegersohn und Bruder. Die Frau beschließt, ins türkische Land zu gehen und wenigstens einen der Entführten loszukaufen (Einleitung). Sie überwindet die drei Hindernisse, die Bachmet um die Stadt gelegt hat: Flüsse und tiefe Seen, das freie, von Dieben und Räubern bewachte Feld, die dunklen Wälder mit den wilden Tieren, erscheint vor Bachmet und trägt ihm ihr Anliegen vor (1. Hauptteil). Der König erwidert ihr: Wenn du verstanden hast, Wege und Straßen zu überwinden, so verstehe recht, um einen der vier zu bitten; verstehst du es nicht, so schlage ich dir das stolze Köpfchen von den Schultern. Avdot'ja überlegt: Einen Mann, einen Sohn, einen Schwiegersohn kann ich wieder bekommen, aber einen Bruder nicht mehr – und bittet um diesen. Das gefällt dem König, zumal er selber einen Bruder vor Rjazan' verloren hat (2. Hauptteil). Er gibt Avdot'ja alle Gefangenen frei und beschenkt sie dazu noch reichlich (Schluß). Höhepunkt des Liedes ist die Wechselrede zwischen Bachmet und Avdot'ja. Die Komposition mit zwei Hauptteilen ist eine späte Entwicklung. Eine Melodie des Liedes wurde nicht aufgezeichnet (vgl. den Sammelartikel *Byliny*).

J.H.

AUSGABEN: Petrozavodsk 1864 (in *Pesni*, Hg. P. N. Rybnikov, Bd. 3; Nr. 38; ern. 1910, Bd. 2). – Moskau 1873 (in *Onežskie byliny*, Hg. A. F. Gil'ferding, Bd. 3; Nr. 260). – Moskau 1958 (in *Byliny*, Hg. V. Ja. Propp u. P. N. Putilov, 2 Bde., 2; krit.). – Moskau 1963 (in *Narodnye ballady*, Hg. A. M. Astachova).

LITERATUR: R. Trautmann, *Die Volksdichtung der Großrussen*, Bd. 1: *Das Heldenlied (Die Byline)*, Heidelberg 1935, S. 365–369 [m. Prosaübers.]. – G. Mayer, *Das inszenierte Epos. Entwurf einer generativen Poetik der russischen Byline* (in *Erzählforschung*, Bd. 3, Göttingen 1978, S. 14–45). – N. A. Meščerskij, *Ob otraženii v russkom geroičeskom épose istoričeskogo prošlogo i žizni naroda* (in Russian Literature, 1984, Nr. 2, S. 116–123).

BOJ IL'I MUROMCA S SYNOM

(russ.; *Der Kampf des Il'ja Muromec mit dem Sohn*). Episches Lied der »Moskauer Epoche« aus dem 13./14. Jh., überliefert in rund vierzig Varianten, die die Fabel mehr oder weniger ausdehnen, Episoden hinzufügen oder weglassen, im ganzen aber den ursprünglichen Aufbau des (nicht sehr umfangreichen) alten Lieds im Umriß noch zeigen. – Der statische Liedeingang erzählt, wie die altrussischen *bogatyri* (Recken) – unter ihnen die berühmten Helden Il'ja Muromec, Dobrynja Nikitič und

Alëša Popovič – Grenzwacht *(zastava)* halten. In der Morgendämmerung erspäht Il'ja in der Ferne einen Reiter, einen trotz seiner Jugend gewaltigen Recken, dessen Pferd ein wahres Fabelwesen ist. Il'ja sendet Dobrynja aus, damit er mit dem fremden Jüngling kämpfe, doch kehrt Dobrynja unverrichteterdinge zurück. In dem nun folgenden dynamischen Hauptteil des Lieds überstürzen sich die Ereignisse: Il'ja stellt den Unbekannten zum Kampf, der drei Tage dauert. Zuletzt erproben die Helden ihre Kraft im Ringkampf. Il'ja stürzt, der Gegner wirft sich über ihn, um ihm die Brust aufzuschneiden, doch kann sich Il'ja befreien und seinerseits den Feind zu Boden werfen. Als er ihm die Brust aufschneiden will, um sein »feuriges« Herz zu sehen, erblickt er ein ihm bekanntes Kreuz (andere Fassungen nennen als Erkennungszeichen einen goldenen Ring, den der Knabe am Finger trägt). Dreimal fragt Il'ja ihn nach Namen und Herkunft, zweimal verweigert ihm der Jüngling die Antwort, bis er sich als Skol'niček (»Falkner«) zu erkennen gibt: Er ist zwölf Jahre alt, kommt vom Fels Latyŕ, seine Mutter heißt Latygorka. Il'ja umfängt den Sohn und berichtet ihm, wie er seiner Mutter auf freiem Feld begegnete: »*Kraft traf auf Kraft, doch verwundeten wir uns nicht, vergossen nicht unser Blut, sondern leibliche Liebe ergriff uns, herzliche Liebe, und so zeugten wir dich, mein Kind.*« (Offenbar ist Latygorka eine *polenica*, ein »Heldenweib«). Der Sohn reitet zu seiner Mutter zurück, tötet sie, da Il'ja sie zur Hure und sie ihn damit zum Hurensohn gemacht hat, und kehrt nach der Mordtat um, nun auch den Vater zu töten. Er trifft ihn schlafend im Zelt und wirft die Lanze nach ihm, die jedoch am Brustkreuz abprallt. Il'ja erwacht, packt den Sohn und schlägt ihn in Stücke, die er aufs freie Feld wirft.

Die Fabel des Lieds erinnert – sieht man vom Motiv des Muttermords ab – an das germanische *Hildebrandslied* und die Geschichte von Rustam und Suhrab in FERDOUSIS *Šāh-nāme*. Auffallend ist auch die Ähnlichkeit mit dem irischen Heldenepos *Der Tod von Aifes einzigem Sohn (Aided Oenfir Aife)*: Wie der irische Held wird der russische Jüngling von Vögeln umschwärmt, und auch er zeigt im Spiel seine gewaltigen Körperkräfte, die die Zuschauer in der Ferne erschrecken lassen, so wenn er seine Streitkeule bis unter die Wolken wirft und sie im Flug wieder auffängt (vgl. den Sammelartikel *Byliny*).

M. Gru.

AUSGABEN: Moskau 1804 (*Drevnie rossijskie stichotvorenija: Sbornik Kirši Danilova*, Hg. A. F. Jakubovič; [2]1818, Hg. K. F. Kalajdovič; 1901, Hg. P. N. Šeffer; 1938, Hg. S. K. Šambinago). – Petersburg 1910 (in *Archangel'skie byliny i ist. pesni*, ges. v. A. D. Grigor'ev, Bd. 3, Nr. 308). – Moskau 1957 (in *Byliny*, Hg. P. D. Uchov u. V. I. Čičerov; krit.). – Moskau 1958 (in *Byliny*, Hg. V. Ja. Propp u. B. N. Putilov, 2 Bde., 1; krit.).

ÜBERSETZUNGEN: In C. H. v. Busse, *Fürst Wladimir u. dessen Tafelrunde. Altrussische Heldenlieder*,

Lpzg. 1819. – In B. Stern, *Fürst Wladimirs Tafelrunde. Altrussische Heldensagen*, Bln. 1892.

Literatur: O. Miller, *Il'ja Muromec i bogatyrstvo kievskoe*, Petersburg 1869, S. 1–62; 158–167; 459–462 u. ö. – A. V. Markov, *K byline o boe Il'i Muromca s synom* (in Ėtnogr. obrozenie, 1900, Nr. 3). – A. Ljaščenko, *Byliny o boe Il'i Muromca s synom* (in *Kratk. otčet o dejatel'nosti obšč. drevn. pis'm. i issk.*, Leningrad 1925, S. 36–68). – S. A. Avižanskaja, *Boj otca s synom v russk. ėpose* (in Vestnik Leningrad gos. univ., 1947, Nr. 3). – V. Ja. Propp, *Il'ja Muromec i syn* (in V. Ja. P., *Russkij geroičeskij ėpos*, Leningrad 1955, S. 250–253). – A. M. Astachova, *Il'ja Muromec v russkom ėpose.* – *Byliny ob Il'ji Muromce v obščerusskoj ustnoj tradicii XVIII–XX vv.* (in *Il'ja Muromec*, Hg. dies., Moskau 1958, S. 393–419; 447–496). – V. Mitrofanova, *»Povesti«, »Skazanija« i »Istorii« ob Il'ji Muromce »Sebežskoj gruppy«* (in *Issledovanija i materialy po drevnerusskoj literature*, Hg. V. Kuz'mína, Moskau 1961, S. 87–102).

Byliny

(russ.; *Bylinen*). Epische Heldenlieddichtungen, entstanden etwa seit dem 10. Jh., erstmals aufgezeichnet im 18. Jh. in der Sammlung Kirša Danilovs (zwischen 1721 und etwa 1765). Frühere Aufzeichnungen (in Chroniken des 17. Jh.s) geben meist nur den gekürzten Inhalt in Prosa wieder. – Die Bezeichnung *Byline* (»Erzählung von wirklichem Geschehen«) ist jung und, als Terminus technicus, nur in der Literaturwissenschaft gebräuchlich; die Bezeichnung geht auf den Folkloristen Sacharov (Anfang 19. Jh.) zurück, der eine Stelle zu Beginn des *Igorlieds (Slovo o polku Igoreve)* falsch interpretierte. Im Volk lebt die Bylinendichtung unter dem Namen *starina* (»Erzählung von altem Geschehen«); da aber auch ein »historisches Lied« als *starina* bezeichnet wird, behielt die Wissenschaft die abgrenzende Bezeichnung *bylina* für das mündliche tradierte russische Heldenlied bei. – Die Helden der Bylinen alter Inhalte sind die russischen *bogatyri* (Recken) des 10.–13. Jh.s, doch weisen bestimmte Namen und Geschehnisse weiter zurück bis in heidnische, mythische Zeit. Demgemäß unterscheidet D. Tschiževskij nach dem Inhalt der Bylinen fünf Liedkreise: einen »vorchristlichen« Kreis, den Kreis um Vladimir den Heiligen (der das Kiewer Reich christianisierte, † 1015), den Kreis um Vladimir Monomach (Fürst von Kiew, reg. 1113–1125), sämtlich mit Kiew verbunden; Lieder über Großfürst Mstislav den Kühnen von Tmutorokan' (reg. 1125–1132) und den Černigover Liederkreis.

In den »vorchristlichen Kreis« weisen die Lieder über den Zauberer Vol'ga → *Volch Vseslav'evič*, den wunderbaren Pflüger → *Mikula Seljaninovič* und → *Svjatogor*, den übermenschlichen Recken. Wie fast alle Bylinen sind auch sie in mehreren Versionen aufgezeichnet worden, doch zeigen sie trotz mancher Umformungen und Verflechtungen mit jüngeren Motiven noch recht gut den Inhalt der ursprünglichen Lieder.

Zum »Kreis um Vladimir den Heiligen« gehört der größte Teil der uns bekannten epischen Lieder. Unter den Helden, die sich in der Hauptstadt Kiew *(stol'nyj Kiev grad)* um die *»schöne liebe Sonne«*, den *»freundlichen Fürsten Vladimir«* (*»laskovyj knjaz' Vladimir«*) zum Gastmahl *(pirovan'e, počesten pir)* versammeln, ragt vor allem der *bogatyr'* Dobrynja hervor, der Vernichter der (heidnischen) Schlangenbrut und Befreier der »russischen Gefangenen«. Eine Chronik (*Joakimchronik*, inzwischen verloren) berichtete über ihn, daß er im Auftrag des Fürsten Vladimir zusammen mit dem Helden Putjata der Stadt Nowgorod das Christentum brachte – auf welche Weise allerdings, erhellt das vom Chronisten wiedergegebene Sprichwort: *»Putjata taufte mit dem Schwert, Dobrynja aber mit Feuer.«* Zu den besterhaltenen Liedern über diesen Helden gehören: → *Dobrynja i Zmej (Dobrynja und die Schlange)*, → *Dobrynja i Dunaj (Dobrynja und Dunaj)*, → *Dobrynja i Vasilij Kazimirovič (Dobrynja und Vasilij Kazimirovič)*, → *Dobrynja i Alëša (Dobrynja und Alëša)*. Weitere berühmte *bogatyri* um Vladimir sind: Il'ja Murovec (wird später zu »Muromec«), Gleb Volodevič, Samson Kolubaev, Vasilij Ignat'evič, Peresemeta Stepanovič, Stavr Godinovič, Kazarin Petrovič, die – wie auch Dobrynja – im »Kreis um Vladimir Monomach« wiederzufinden sind (in der Erinnerung des Volkes verschmolzen Vladimir der Heilige und Vladimir Monomach zu einer Person). Im Mittelpunkt dieses dritten, mit Kiew verbundenen Kreises steht der *bogatyr'* Alëša Popovič, der den heidnischen »Schlangensohn« *(zmeevič)* Tugarin überwindet (→ *Alëša Popovič i Tugarin – Alëša Popovič und Tugarin*). Hierher gehören auch die Lieder über → *Gleb Volod'evič* und → *Stavr Godinovič*. Die epischen Lieder der vierten Gruppe – über den Fürsten Mstislav den Kühnen, den ältesten Sohn Vladimir Monomachs – sind nicht lebendig geblieben; wir wissen von ihnen nur durch Aufzeichnungen in Chroniken.

Im »Černigover Liedkreis« wird vor allem der gewaltige Recke Il'ja Murovec besungen, der – nach Tschiževskij – vermutlich aus diesem Fürstentum stammt. Vor allem im 17. Jh. erfreute er sich großer Beliebtheit. Er war der Vernichter der Tataren, die die Stadt Černigov belagerten, überwand und tötete den Räuber Solovej (→ *Il'ja Muromec i Solovej-Razbojnik – Il'ja Muromec und der Räuber Solovej*) und befreite Kiew vom »heidnischen Götzen«, dem Idolišče Poganoe (→ *Il'ja i Idolišče*). Das Motiv des Liedes → *Boj Il'i Muromca s synom (Der Kampf des Il'ja Muromec mit dem Sohn)* weist sowohl auf das germanische *Hildebrandslied*, das irische Epos *Aided Oenfir Aife (Der Tod von Aifes einzigem Sohn)* wie auch auf eine Episode (Rustam und Suhrab) in

FERDOUSIS *Šāh-nāme*, entst. 982–1014 *(Königsbuch)*.

Nach der Zerstörung Kiews (1240) und Černigovs durch die »Goldene Horde« und dem Verfall der galizisch-wolhynischen Fürstenhöfe (in deren Raum beispielsweise das schöne Lied über → *Djuk Stepanovič* entstand) werden die alten Heldenlieder in den großrussischen Raum hineingetragen. Moskau und Nowgorod heißen die neuen Zentren, in denen die Byline schließlich ihre von nun an charakteristische Gestalt erhält (im 15. Jh.). Die neue Landschaft und das neue soziale Gefüge beginnen den Charakter der Heldenlieder zu verändern. Ihre Träger sind nicht mehr die einstigen, am Hof der Fürsten lebenden Družina-Sänger (*družina*: die Kampfschar eines Bojaren), sondern die berufsmäßigen Spielleute *(skomorochi)*. Die Blütezeit der Bylinendichtung aber fällt in das 16. und 17. Jh. und damit in jene bedeutsame historische Epoche, in der Rußland unter der Führung Moskaus nach innen und außen erstarkte. Die überlieferten Lieder werden jetzt weitgehend umgestaltet, ihre Inhalte stark verändert, neue Motive (vor allem christliche) mit einbezogen oder mit alten verwoben; auch entstehen jetzt neue Lieder (→ *Avdot'ja Rjazanočka*), oder es werden bekannte Volksballaden in Bylinen umgewandelt. Das Heldische und Kriegerische aber tritt immer mehr zurück: »*Novellistische Motive werden beliebter, ein spielerischer, scherzhafter, häufig geistvoll-graziöser, oft auch überlegen-frivoler Ton kann die Lieder durchsetzen oder Teile von ihnen ergreifen*« (R. Trautmann). Bürgerlichen Einfluß zeigt deutlich das Lied → *Ivan gostinyj syn (Ivan Kaufmannssohn)* und die im Nowgoroder Raum entstandene Byline → *Solovej Budimirovič*. Ironie gegenüber den Fürsten verrät das Lied → *Ivan Godinovič*. Die von den großrussischen Kosaken gesungenen Lieder des »Černigover Kreises« erfahren – in jüngerer Zeit, 17. Jh. – ebenfalls charakteristische Veränderungen: Aus dem *bogatyr'* Il'ja Muromec wird der *staryj kazak* Muromec (der »alte Kosak«), der Held Vasilij Ignat'evič verwandelt sich in Vasilij Pjanica (Vasilij Trunkenbold), andere Helden werden zu händelstiftenden Fausthelden, ja zu Räubern.

An die Stelle der von Staat und Kirche verfolgten berufsmäßigen Spielleute treten schließlich im 18. Jh. die bäuerlichen Sänger und singenden Handwerker (*skazatel'* oder *skazitel'*, auch *starinščik* genannt). Sie übernehmen die Byline als ein nach Inhalt und Form unveränderbares Lied und bewahren sie in mündlicher Überlieferung bis ins 20. Jh. Doch bilden sie keinen eigenen Stand (nur insofern kann man von »Schulen« sprechen, als ein berühmter Sänger immer Schüler anzieht), können weder lesen noch schreiben (ein Sänger, der es erlernt, singt nicht mehr) und lernen die Bylinen meist schon in früher Jugend (um das achte Lebensjahr) zusammen mit der Melodie (der Sänger begleitet sich selbst auf der *gusli*, einer liegenden Harfe, die schon die alten Sänger benutzten). Der Liedbestand vererbt sich häufig in einer Familie fort, so daß – bei dem mitunter hohen Lebensalter

der bäuerlichen Bevölkerung – ein Sänger die Tradition noch an seine Urenkel und deren Kinder weitergeben kann. Die Zahl der Lieder, die ein Sänger beherrscht, ist zuweilen verblüffend groß: Von der Sängerin Krjukova beispielsweise wird berichtet, daß sie vierzig Bylinen kannte; einer der berühmtesten Sänger, Trofim Rjabinin (1791 bis 1885), ein Bauer und Fischer, hatte ein Bylinenrepertoire von mehr als fünftausend Versen. Improvisation, freie Umdichtung oder formale Veränderung eines Liedes ist bei diesen Sängern ausgeschlossen. Die Auskunft der Sängerin Krjukova – »*Verflucht, wer sich erlaubt, etwas dem Inhalt der Bylinen zuzufügen oder wegzunehmen*« – charakterisiert das Traditionsbewußtsein der Sänger, die selbst die ihnen nicht verständlichen, nicht mehr gebrauchten alten Wörter und Begriffe im Lied bewahren (z. B. die weibliche Entsprechung zu *bogatyr'*: *polenica* – »Heldenweib«). Unterschiede, die sich zwischen ein und demselben, aber von verschiedenen Sängern vorgetragenen Lied ergeben, sind allein auf die individuell unterschiedliche künstlerische Gestaltungskraft der einzelnen Sänger sowie auf die – ältere oder jüngere, gute oder schlechte – Tradition zurückzuführen, der der Sänger folgt. Die Frage nach dem Wahrheitsgehalt des vorgetragenen Liedes – die beispielsweise zur Ausmerzung eines unwahrscheinlichen, unglaubwürdigen Geschehens und so zu inhaltlichen Korrekturen führen müßte – wird nicht gestellt, da »das, was gewesen war«, für den Sänger (und den Zuhörer) Realität ist und nicht angezweifelt wird. Ist dies nicht mehr der Fall – der Untergang der lebendigen Bylinendichtung im 20. Jh. weist u. a. darauf hin –, stirbt das gesungene Lied.

Die uns überlieferten Bylinen lassen die Form der alten russischen Epen nicht mehr erkennen. Zwar lassen sich Teile des alten Inhalts noch unter den jüngeren Schichten erkennen, doch ist die Form der ursprünglichen Lieder im Lauf der vielfachen Umwandlungen verlorengegangen. An stilistischen Eigenarten, die auf die alten Epen zurückgehen, nennt Tschižewskij: reichlichen Gebrauch der Epitheta, Wiederholung von Wörtern und sogar von ganzen Zeilen, Anapher, zahlreiche Vergleiche, Parallelismus der Bilder, Hyperbel, feste Formeln (z. B. das Satteln des Pferdes: »*Sattelt da Dobrynja das treffliche Roß/ legt Schweißdecken auf Schweißdecken/ auf die Schweißdecken legt er Filzdecken/ auf die Filzdecken den Čerkessensattel/ zieht an zwölf straffe Sattelgurte/ und den dreizehnten der Stärke wegen/ daß das wackere Roß unter dem Sattel nicht hervorspringe/ den trefflichen Helden im freien Feld nicht abwerfe*«).

Die Form einer klassischen Byline, wie sie sich aus den uns bekannten Liedern erschließen läßt, ist meist dreiteilig: Liedeingang *(začin)* – Hauptteil – Schlußteil. Vor dem Liedeingang kann ein präludierender, den Zuhörer »einstimmender« Vorgesang *(zapev)* stehen, dessen Form und Inhalt dem Sänger überlassen bleibt; eine solche *pribautka* (musikalischer Schnörkel) wird auch gern an den Schluß gesetzt. Der Liedeingang bereitet das zu erzählende Geschehen statisch oder dynamisch durch die Wiedergabe einer – meist nicht der Haupthandlung entnommenen – Einzelszene vor. Der Hauptteil erzählt, reich verzierend und in vollem poetischem Schmuck, die eigentliche Handlung. Sie wird entweder geradlinig auf ihren Höhepunkt geführt (jüngere Byline) oder erreicht erst nach mehrfachen spannungssteigernden Verzögerungen ihren Kulminationspunkt (ältere Byline). Der Schluß, oft nicht fest fixiert, kann vom Sänger frei gestaltet werden. Wachsen zwei Einzellieder zusammen, entsteht eine zyklisierende Byline *(svodnaja bylina)*, so in dem Lied *Dobrynja i Dunaj*. Neben diesem ältesten Beispiel einer *svodnaja bylina* sind aus jüngerer Zeit einige Bylinenzyklen bekannt, die mehrere Einzellieder über einen bestimmten Helden zu einer Art Biographie vereinen, so z. B. der Liederzyklus über Il'ja Muromec.

M.Gru.

AUSGABEN: Moskau 1804 (*Drevnie rossijskie stichotvorenija: Sbornik Kirši Danilova*, Hg. A. F. Jakubovič; ²1818, Hg. K. F. Kalajdovič; 1901, Hg. P. N. Šeffer; 1938, Hg. S. K. Šambinago). – Moskau 1860–1864 (*Pesni sobrannye*, Hg. P. V. Kireevskij, 10 Bde.). – Moskau 1873 (*Onežskie byliny*, ges. v. A. F. Gil'ferding; ⁴1949–1951, 3 Bde.). – Moskau 1894 (*Russkie byliny staroj i novoj zapisi*, Hg. N. S. Tichonravov u. V. F. Miller, 4 Bde.). – Moskau ²1909/10 (*Pesni*, ges. v. N. P. Rybnikov, 3 Bde.). – Moskau 1957 (*Byliny*, Hg. V. I. Čičerov u. P. D. Uchov; krit.). – Moskau 1958 (*Byliny*, Hg. V. Ja. Propp u. B. N. Putilov, 2 Bde.; krit.). – Hbg. 1977 (*Bylinen. Kommentierte Arbeitstexte*, Hg. I. Nowikowa). – Moskau 1977 (*Drevnie rossijskie stichotvorenija: Sbornik Kirši Danilova*).

ÜBERSETZUNGEN (in folgenden Sammlungen): C. H. v. Busse, *Fürst Wladimir und dessen Tafelrunde. Altrussische Heldenlieder*, Lpzg. 1819. – B. Stern, *Fürst Wladimirs Tafelrunde. Altrussische Heldensagen*, Bln. 1892.

LITERATUR: M. E. Chalanskij, *Velikorusskie byliny Kievskogo cikla*, Warschau 1885. – I. N. Ždanov, *Russkij bylevoj épos*, Petersburg 1895. – A. M. Loboda, *Russkie byliny o svatovstve*, Kiew 1904. – R. Abicht, *Die altrussische Heldensage*, Lpzg. 1907. – A. V. Markov, *Iz istorii russkogo bylevogo éposa*, Moskau ²1907. – A. P. Škaftymov, *Poétika i genezis bylin*, Moskau/Saratov 1924. – A. Brückner, *Michajlo Potyk und der wahre Sinn der Bylinen* (in ZslPh, 3, 1926, S. 373–385). – R. Trautmann, *Die Volksdichtung der Großrussen*, 1: *Das Heldenlied der Bylinen*, Lpzg. 1935 [m. Bibliogr.]. – D. Tschiževskij, *Geschichte der altrussischen Literatur im 11., 12. u. 13. Jh.*, Ffm. 1948, S. 199–224; 319–338 u. ö. – V. Ja. Propp, *Russkij geroičeskij épos*, Leningrad 1955. – O. Schieffer, *Das Beiwort als Kriterium des individuellen und kollektiven Einflusses der nordrussischen Sänger auf die Byline*, Diss. Göttingen 1956. – B. A. Rybakov, *Drevnjaja Rus': Skazanija, byliny, letopisi*, Moskau 1963. – J. Tauer, *Studie über Einleitungs- und Schlußformeln (zapevy und koncovki) in den russischen Bylinen*, Diss. Wien 1964. – I. Nowikowa, *Warum gerade Bylinen?* (in *Byliny. Kommentierte Arbeitstexte*, Hg. dies., Hbg. 1977, S. 7–64). – U. Schmitz, *»Typische Stellen« mündlicher Dichtung. Ein Vergleich zwischen dem »Sbornik Kirši Danilova« und den traditionellen Sammlungen russischer Bylinen und historischer Lieder des 19. u. 20. Jh.s*, Diss. Würzburg 1979. – V. P. Aninkin, *Ob istoričeskom izučenii bylin* (in Russian Literature, 1, 1984, S. 107–119). – F. M. Selivanov, *K voprosu ob izučenii istorizma russkogo éposa* (ebd., S. 120–132).

CHOŽDENIE BOGORODICY PO MUKAM

(aruss.; *Der Gang der Muttergottes durch die Höllenqualen*). Neutestamentliche apokryphe Legende, die in Rußland seit dem 12. Jh. handschriftlich bezeugt ist; der Text hat eine griechische Vorlage. – Mit Recht sagt F. DOSTOEVSKIJ zu Beginn seiner *Legende vom Großinquisitor*, daß dieses »Klosterpoem« von einer Kühnheit der Phantasie sei, die der eines DANTE in nichts nachstehe. Die Gottesmutter läßt sich von dem Erzengel Michael in die Hölle führen, um zu sehen, wie die Sünder bestraft werden. Die lange Reihe ihrer Begegnungen mit den Gepeinigten bildet den ersten Teil des Werkes. Bei jeder dieser lose aneinandergefügten Szenen wird das Erschrecken der Muttergottes über die Grausamkeit der Qualen und ihr tiefes Mitleid mit den Gemarterten geschildert. Sie schreit auf, bricht in Tränen aus, aber immer wieder muß Michael ihr entgegenhalten: »*Was weinst Du? Noch hast Du nicht die wirklichen Qualen gesehen!*«, und von neuem nimmt sie es auf sich, Zeuge noch schrecklicherer Martern zu werden. So sehr wird die Gottesmutter schließlich von ihrem Mitleid mit den gequälten Christen überwältigt, daß sie den Erzengel bittet, er möge auch sie in die Hölle einlassen, damit sie mit den Sündern gemartert werde, »*weil sie ja Kinder meines Sohnes geheißen waren*«. Der Erzengel muß ihr die Bitte abschlagen, und sie wendet sich zusammen mit allen Engeln des Himmels in einem Gebet an Gott und fleht um Erbarmen für die Sünder. Auch hier zurückgewiesen, ruft sie in wachsender Erregung alle himmlischen Heerscharen, alle Heiligen und Propheten um Beistand an und erreicht endlich, daß Christus ein zweites Mal in die Hölle gesandt wird, um den Sündern Befreiung von ihren Martern zwischen Gründonnerstag und Pfingsten zu verheißen – »*um der Barmherzigkeit meines Vaters willen und wegen der Gebete meiner Mutter, die da viel um euch geweint hat*«. Die Legende von der Höllenwanderung der Gottesmutter steht in der Tradition des übrigen apokryphen Schrifttums: Sie zeigt in der Art der Höllenschilderung Gemeinsamkeiten mit den nicht-christlichen Jenseitsdarstellungen der jüdischen, indischen oder persischen Literatur und enthält in der Figurenkomposition Entsprechungen zu antiken, byzantinischen und abendländischen Unterweltswanderungen, etwa der *Höllenwanderung des Apostels Paulus*. Darstellungen von Paradies- und Höllenwanderungen mit didaktischer Absicht stehen in der Literatur erst unlängst dem Christentum gewonnener Völker vor allem im Dienste der Missionstätigkeit der christlichen Kirche. Im vorliegenden Text findet sich – in Gestalt einer eingefügten Marterszene – ein Hinweis auf die heidnische Vergangenheit oder heidnische Umgebung des russischen Lesers, der speziell den Anhängern der einstigen russischen Götzen zugedacht ist. Von kulturgeschichtlichem Interesse ist es, festzuhalten, welche Sünden in diesem Katalog der Verfehlungen erwähnt werden: Zunächst sind es die allgemeineren menschlichen Verfehlungen wie Unzucht, Meineid oder Verleumdung, dann aber engt sich der Kreis der Sünder deutlich ein auf die Personen, die unmittelbar im Bereich der Kirche leben: So wird der Verwalter bestraft, der das Kirchengut unterschlägt, der Meßdiener, der die Hostie entweiht, oder die Popenfrau, die zum zweiten Male heiratet. Vor allem aber hat die Legende das Ziel, die Rolle der Muttergottes als Fürbitterin zu verdeutlichen: Da die Barmherzigkeit Gottes begrenzt ist von der Idee der Gerechtigkeit, die Heilstat des Sohnes nicht auch diejenigen mit einbezieht, die sich bewußt oder aus Nachlässigkeit von ihm lossagen, können diese Verlorenen allein dank des Mitleids und der Vermittlung der Gottesmutter in der Ewigkeit ihrer Höllenstrafe eine zeitweilige Befreiung von den Martern erhalten, um »den Vater, den Sohn und den Heiligen Geist zu preisen«. Besonders deutlich wird dieser Gedanke akzentuiert, wenn aus der Zahl der Sünder, die sich des Unglaubens schuldig gemacht haben, ausdrücklich diejenigen abgesondert werden, die nicht an die Gottesmutter geglaubt haben: Sie müssen, wie die verlorenen Juden, in ewiger Finsternis leben, sie sind von Abraham, Moses, Johannes und Paulus, ja selbst von Christus übergangen worden – sie sind es aber auch, die als erste in diesem Werk die Muttergottes als Fürsprecherin erkennen und ansprechen.   C.K.

AUSGABEN: Petersburg 1857, Hg. A. N. Pypin (in Oteč. zapiski, 115). – Moskau 1863 (in *Pamjatniki otrečennoj russkoj literatury*, Hg. N. S. Tichonravov, Bd. 2; Abdr. d. Hs. a. d. 12. Jh.). – Petersburg 1890, Hg. P. Ja. Porfir'ev (in Sbornik otdel. russk. jazyka i slovesnosti). – Lpzg. 1949 (in *Altrussisches Lesebuch*, Hg. R. Trautmann, Bd. 1; unvollst.). – Moskau 1980 (in *Pamjatniki literatury Drevnej Rusi. XII vek*, Hg. L. Dmitriev u. D. Lichačëv; m. nruss. Übers.).

ÜBERSETZUNGEN: *Die Wanderung der Muttergottes durch die Höllenqualen*, L. Calmann (in *Altrussische Heiligenlegenden*, Mchn. 1922). – *Der Gang der Gottesmutter durch die Stätten der Pein*, E. Kott-meier (in *Aus dem alten Rußland. Epen, Chroniken und Geschichten*, Hg. S. Zenkovsky, Mchn./Wien 1968).

LITERATUR: N. K. Bokadorov, *Legenda o »Choždenie bogorodicy po mukam«* (in Izbornik Kievskij, 1904, S. 34–94). – D. Tschižewskij, *Die Apokryphen* (in D. T., *Geschichte der altrussischen Literatur im 11., 12. u. 13. Jh.*, Ffm. 1948, S. 78–83; 163 ff. u. ö.). – N. K. Gudzij, *Die Apokryphen* (in N. K. G., *Geschichte der russischen Literatur, 11. bis 17. Jh.*, Halle 1959, S. 26–37; 579 ff. u. ö.). – L. Müller, *Die Offenbarung der Gottesmutter über die Höllenstrafen. Theologischer Gehalt und dichterische Form* (in WdS, 6, 1961, S. 26–39). – A. de Santos-Otero, *Die handschriftliche Überlieferung der altslavischen Apokryphen*, Bd. 1, Bln./NY 1978, S. 188–195. – M. Roždestvenskaja, *»Choždenie Bogorodicy po mukam«* (in *Slovar' knižnikov i knižnosti Drevnej Rusi*, Bd. 1, Hg. D. Lichačëv, Leningrad 1987, S. 463 bis 465; m. Bibliogr.).

DEVGENIEVO DEJANIE

(aruss.; *Die Taten des Devgenij*). Übertragung des griechischen Digenis-Stoffes (*Digenis Akritas*) ins Russische (etwa 11. Jh.). – Wenige Werke der altrussischen Literatur haben in solchem Maße die Beachtung der Forschung gefunden wie die Handschriften des »russischen Digenis«. Dies erklärt sich aus dem eigentümlichen Verhältnis der russischen Texte zu den bekannten griechischen Versionen: Die russische Fassung ist in Prosa geschrieben, die griechische in Versform; die russischen Texte zeigen stark folkloristische Züge, die griechischen sind von gelehrter Hand überarbeitet. Die griechischen Originale, die den rekonstruierbaren russischen Urfassungen zugrunde gelegen haben, müssen älter gewesen sein als die vorliegenden griechischen Handschriften; es ist nicht zu entscheiden, ob die russischen Fassungen eine Übersetzung aus dem Griechischen oder eine Nacherzählung darstellen. Neben den Fragen nach Ort und Weg der Übersetzung, wie sie bei der frühen, aus Byzanz importierten altrussischen Literatur auftauchen, wirft das Denkmal somit in erster Linie die Frage nach der Gestalt seines eigentlichen Originals auf. Wie die vorliegenden griechischen Texte geht wohl auch die russische Fassung auf ursprünglich voneinander unabhängige Lieder über den Araber Amir und die Taten des Digenis zurück, doch erscheinen beide Stoffe hier in einer äußerst verkürzten Gestalt. Der Text über Amir stimmt inhaltlich im allgemeinen mit der griechischen Fassung überein, doch weist die *Digenis*-Geschichte selbst eine Reihe sehr bezeichnender Abweichungen auf. Am aufschlußreichsten für die Rekonstruktion der griechischen Urfassung des *Digenis* erscheint dabei die sogenannte »Kaiserszene« des Russischen. Die byzantinischen Texte überliefern lediglich die Erzählung von einem Besuch des Kaisers bei Digenis und von der Auszeichnung des Helden durch den Herrscher. Im Russischen erscheint statt dessen ein Kampf des Digenis mit dem Kaiser, in dem der Herrscher schmählich besiegt und in die Flucht getrieben wird. Ob man hieraus schließen darf, daß die griechische Vorlage in paulikianischer (gnostisch-manichäischer) Umwelt entstanden war – worauf einige Eigennamen des griechischen Textes hinzuweisen scheinen –, bleibt ungewiß. Doch hat die Komposition der Szene Auswirkungen innerhalb des slavischen Textes gehabt: Sie stellt das Vorbild für den Aufbau der hier völlig umgestalteten Szene des Kampfes Devgenijs mit der Amazone Maximo (Maksima) und dem Apelaten Philopappos (Filipapa) dar (A. Schmaus). Eine ähnliche kompositionelle Wiederholung bedeutet das Motiv vom doppelten Brautraub Amirs und Digenis'. Einige Motive der griechischen Version – der eigentliche Kampf mit Maximo, der Ehebruch mit dem verlassenen Mädchen, die Beschreibung des Palastes und der Tod des Digenis – fehlen der russischen völlig; von anderen – etwa dem Versuch der Apelaten, die Frau des Digenis zu rauben – sind nur verstümmelte Reminiszenzen erkennbar. Auch die Gestalt des Helden selbst ist in beiden Werken verschieden: im Russischen ist sie als gewalttätige Kämpfernatur, im Griechischen als eine mehr abgerundete Persönlichkeit gezeichnet.

Obwohl der »russische Digenis« eine Übertragung ist, hat er seinen festen Platz in der altrussischen Literatur dank seiner mannigfachen Beziehungen zu anderen originalen oder übersetzten Werken. Ob die Übertragung des Stoffes unmittelbar ins Russische oder durch südslavische Vermittlung geschah, ist eine offene Frage. Bereits der Text dieser ersten Übersetzung zeigt Gemeinsamkeiten mit der originalrussischen Historiographie und dem *Igorlied (Slovo o polku Igoreve)*, sowie mit den Übersetzungen der *Alexandreis* und des *Jüdischen Krieges (Peri tu Judaiku polemu)* des Josephus FLAVIUS. Das Werk nahm seinerseits Einfluß auf so unterschiedliche Werke wie den *Letopisec Daniila Galickogo (Chronik des Daniil Galickij)*, die *Vita Aleksandr Nevskijs* und das *Skazanie o Pskovskom vzjatii (Bericht von der Einnahme Pskovs)*. C.K.

AUSGABEN: Petersburg 1922 (in Sbornik otdel. russk. jazyka i slovesnosti). – Moskau 7 1962 (in N. K. Gudzij, *Chrestomatija po drevnej russk. literature XI–XVII vv.*). – Moskau 1962, Hg. V. D. Kuz'mina [m. Bibliogr.]. – Moskau 1969 (in *Izbornik. Sbornik proizvedenij literatury Drevnej Rusi*, Hg. O. Tvorogov). – Moskau 1981 (in *Pamjatniki literatury Drevnej Rusi. XIII vek*, Hg. L. Dmitriev u. D. Lichačëv; m. nruss. Übers.).

ÜBERSETZUNG: *The Tale of Devgenij*, H. Graham (in Byzantinoslavica, 29, 1968).

LITERATUR: A. Schmaus, *Philopappos Maximo-Szene u. Kaiserepisode im altruss. »Digenis«* (in ByZ, 44, 1951, S. 495–508). – W. J. Entwistle, *Bride-Snatching and the Deeds of »Digenis«* (in Oxford Slavonic Papers, 4, 1953, S. 1–16). – A. Soloviev, *La date de la version russe du »Digenis Akritas«* (in Byzantion, 22, 1953, S. 129–132). – V. D. Kuz'mina, *Novyj spisok »Devgen. dejanija«* (in Trudy otdela drevnerusskoj literatury, 9, 1953, S. 339–360). – A. I. Stender-Petersen, *O tak nazyv. »Devgen. dejanie«* (in Scando-Slavica, 1, 1954). – O. Tvorogov, *Perevodnaja belletristika XI–XIII vv.* (in *Istoki russkoj belletristiki*, Leningrad 1970, S. 180–194). – H. Graham, *Digenis Akritis and the »Devgenievo dejanie« – a Reappraisal* (in Studies in Medieval Culture, 4, 1974, Nr. 3, S. 483–495). – O. Tvorogov, *»Devgenievo dejanie«* (in *Slovar' knižnikov i knižnosti Drevnej Rusi*, Bd. 1, Hg. D. Lichačëv, Leningrad 1987, S. 115–116; m. Bibliogr.). – T. Černyševa, *Kompozicija »Digenisa Akrita« i »Devgenievo dejanie«* (in Trudy otdela drevnerusskoj literatury, 42, 1989, S. 344–350).

DJUK STEPANOVIČ

(russ.; *Djuk Stepanovič*). Episches Lied der Kiewer Epoche aus dem 16. Jh., dessen älteste Stoffteile bis ins 12./13. Jh. zurückreichen; überliefert in etwa 70 Fassungen von verschiedener Länge (131–871 Verse) und Variationsbreite. Das Lied, das Kasjanov sang und der Forscher A. GIL'FERDING 1871 aufzeichnete, umfaßt 448 Verse, hat einen dem Urlied wohl sehr ähnlichen Liedeingang, einen dreigliedrigen Hauptteil und einen stark akzentuierten Schluß. (*»Und so singt man in aller Ewigkeit Lieder von Djuk / dem blauen Meere zur Stille, den guten Menschen zum Hören.«*)

Der Inhalt kann hier nur in seinen wesentlichsten Zügen wiedergegeben werden: Der junge Bojar Djuk Stepanovič verläßt Indien, um zum »*milden Fürsten Vladimir*« nach Kiew zu reiten. Er überwindet die drei großen Hindernisse (die sich öffnenden und wieder schließenden Berge, die Raubvögel, die Schlange mit den zwölf Fängen), gelangt nach Kiew, begrüßt die Fürstin Apraksija und sucht den Fürsten Vladimir in der Kirche auf. Die hochgelobte Stadt enttäuscht ihn mit ihren schmutzigen Straßen, Holzkirchen und harten Brotfladen bitter, und beim Gastmahl beginnt er vor Vladimir und seinen Recken mit dem Reichtum seiner Heimat zu prahlen. Um dafür nicht seinen Kopf zu verwirken, muß er mit dem Kiewer Helden Čurilo Plenkovič zwei Wetten wagen, die er gewinnt. Nun sendet Fürst Vladimir Il'ja Muromec und Dobrynja nach Indien (Alëša Popovič wird von Djuk abgelehnt, da er neidische Popenaugen habe), um von ihnen Djuks Reichtümer schätzen zu lassen. Obwohl sie

Papier für drei Jahre und drei Tage mit sich führen, langt es zur Aufzeichnung aller Kostbarkeiten bei weitem nicht aus. Djuks Mutter schickt sie schließlich zurück mit dem Auftrag an Fürst Vladimir, er möge die Stadt Kiew für Papier, die Stadt Černigov für Tinte verkaufen und sodann nochmals Boten nach Indien entsenden. Fürst Vladimir kapituliert und bietet Djuk an, in Kiew freien Handel ohne Abgaben zu führen. Der junge Held lehnt jedoch ab und reitet in seine Heimat zurück.

Das Lied ist galizisch-wolhynischer Abstammung und spiegelt – in der Verherrlichung der »indischen« Reichtümer – das Aufblühen der westlichen Fürstenhöfe im 12./13. Jh. wider. Natürlich steht der Name Indien für ein Märchenland: Die Sage vom reichen Indien (aus dem *Alexanderroman*) war den Sängern wohl schon im 13. Jh. bekannt, und in ihrer Sehnsucht danach statteten sie ihre Lieder mit üppigen Bildern dieses Wunderlands aus. Djuks ferne Heimat wird Ungarn gewesen sein; daß er mit dem ungarischen Königssohn Stefan (* 1164) identisch ist, kann nur vermutet werden; der Vorname Djuk weist auf lateinisch *dux* – ein Titel, den der ungarische Prinz führte; der Vatersname Stepanovič deutet auf Stefan (russ. Stepan). Die *Hypationschronik* berichtet, daß im Jahr 1150 die ungarischen Helden in Kiew weilten und die Einheimischen über die Pracht der Fremden staunten; der im Lied besungene übermütige Leichtsinn Djuks trifft in den historischen Quellen auch für Stefan zu.

Erst in jüngerer Zeit (etwa im 16. Jh.) ist der *bogatyr'* (Recke) Čurilo Plenkovič in das Lied aufgenommen worden, ebenso Il'ja Muromec (der schon »staryj kazak« – »alter Kosak« genannt wird) und Alëša Popovič (der zum scheelblickenden Popensohn geworden ist). Sie sind aber mit Handlungsteilen verbunden, die zum alten Liedbestand gehören müssen, wie beispielsweise die Schätzung der indischen Reichtümer (vgl. den Sammelartikel *Byliny*).   M.Gru.

AUSGABEN: Moskau 1804 (*Drevnie rossijskie stichotvorenija: Sbornik Kirši Danilova*, Hg. A. F. Jakubovič; ²1818, Hg. K. F. Kalajdovič; 1901, Hg. P. N. Šeffer; 1938, Hg. S. K. Šambinago). – Petrozavodsk 1948 (in *Byliny*, Hg. A. M. Astachova u. V. N. Vsevolodskij-Gerngross; Nr. 7). – Moskau ⁴1949–1951 (in *Onežskie byliny*, ges. v. A. F. Gil'ferding, Hg. Bestužev-Rjumin, 3 Bde.; Nr. 230). – Moskau 1957 (in *Byliny*, Hg. P. D. Uchov u. V. I. Čičerov; krit.). – Moskau 1958 (in *Byliny*, Hg. V. Ja. Propp u. B. N. Putilov, 2 Bde., 2; krit.).

ÜBERSETZUNGEN: In C. H. v. Busse, *Fürst Wladimir und dessen Tafelrunde. Altrussische Heldenlieder*, Lpzg. 1819. – In B. Stern, *Fürst Wladimirs Tafelrunde. Altrussische Heldensagen*, Bln. 1892.

LITERATUR: M. E. Chalanskij, *K byline pro Djuku Stepanoviču* (in Russk. filol. vestnik, 1891, Nr. 4). – A. I. Ljaščenko, *Bylina o Djuku Stepanoviču* (in Izv. otdel. russk. jaz. i slov. AN SSSR, 30,

1925, S. 45–142). – V. Ja. Propp, *Bylina-satira XVI–XVII vv.: Djuk Stepanovič v sostjazanii s Čuriloj* (in V. Ja. P., *Russkij geroičeskij èpos*, Leningrad 1955, S. 460–489). – V. M. Mordvincev u. V. A. Starkov, *K voprosu o fizičeskoj kul'ture Drevnej Rusi (Po byline »Djuk Stepanovič«)*, Kiew 1987.

DOBRYNJA I ALËŠA

(russ.; *Dobrynja und Alëša*). Episches Lied der Moskauer Epoche, entstanden etwa im 15. Jh., überliefert in mehr als hundert Varianten. – Der hier wiedergegebene Inhalt des Lieds entstammt einer zyklisierenden Byline *(svodnaja bylina)*, die der Sänger Kalinin dem Forscher A. GIL'FERDING vortrug. Das Lied umfaßt 355 Verse, besteht aus einem ausführlichen (jüngeren) Liedeingang, einem viergliedrigen Hauptteil und einem (jungen) Nachgesang, in dem gleichsam das Resümee der Erzählung gezogen wird: »*Wenn auch jeder auf der Welt heiratet / nicht jedem glückt die Heirat / gebe Gott keinem eine Heirat wie dem Alëša.*«

Dobrynja Nikitič, der Kiewer *bogatyr'* (Recke) in der Gefolgschaft des Fürsten Vladimir, klagt seiner Mutter, der Witwe Ofimja Oleksandrovna, sein Schicksal, das ihn dazu bestimmt hat, durch das Heilige Rußland zu reiten und »*unschuldige Seelen*« zu töten. Die Mutter bedauert sein Los, doch da ihm Gott nur »*Höfischkeit*« verliehen habe, müsse er sich damit bescheiden. Hierauf sattelt der Held zornig sein Roß und reitet »*in das freie Feld*« hinaus (vermutlich in Kampf und Krieg). Zuvor aber hat sein geliebtes Weib Nastasja ihm geloben müssen, zweimal drei Jahre auf ihn zu warten und – sollte er nicht zurückkehren – sich erst nach Ablauf dieser Zeit mit einem anderen Manne zu vermählen, dieser aber dürfe nicht Alëša Popovič sein (Liedeingang). Der Hauptteil wird von dem dreimal sich steigernden Vergleich eingeleitet: »*Tag nun folgt auf Tag, als ob der Regen schlägt / Woche folgt auf Woche, wie das Gras wächst / Jahr auf Jahr, wie ein Fluß hineilt*« – so vergehen sechs Jahre. Als sie abgelaufen sind, bringt Alëša Popovič aus dem »*freien Feld*« die Kunde mit, Dobrynja sei erschlagen worden. Fürst Vladimir wirbt bei Nastasja für Alëša, doch sie gelobt, weitere sechs Jahre auf ihren Mann zu warten. Nach dieser Zeit willigt Nastasja in die Hochzeit mit Alëša ein. Dobrynja erfährt davon durch eine »*Stimme des Himmels*«, reitet von Car'grad nach Kiew zum Palast seiner Mutter, gibt sich als Kreuzbruder Dobrynjas aus und läßt sich das Skomorochengewand, den vierzig Pud schweren Knüttel und die Gusli aus Ahornholz geben, um bei der Hochzeit Nastasjas aufzuspielen. Fürst Vladimir weist ihm den Skomorochenplatz auf dem Ofen an, und Dobrynja gelingt es, die Gäste mit seinen Liedern zu fesseln *(»... und er spielte von al-*

len, vom Alten bis zum Jungen, und er nannte sie alle bei Namen...«), worauf ihm Fürst Vladimir Ehrenplätze an der Tafel anbietet. Dobrynja wählt den Platz gegenüber der Braut, der er einen Becher Wein reicht. Die Braut trinkt und findet auf dem Grund des Bechers einen goldenen Ring: durch ihn hatte sie sich einst mit Dobrynja verlobt. Sie erkennt den Ehegatten und versöhnt sich mit ihm. Auch Fürst Vladimir und die Fürstin bitten den Helden um Verzeihung, die er ihnen gewährt. Nur Alëša Popovič entgeht seiner Strafe nicht, da er – um seiner Liebe zu einer Frau willen – den Kreuzbruder fälschlich totgesagt hatte: Dobrynja ergreift ihn bei den *»blonden Locken«* und prügelt ihn durch, doch – *»da wurde kein Schmerzenslaut hörbar«*.

An diesem poetischen Lied fällt auf, daß in ihm sowohl orientalische wie westeuropäische Motive russifiziert wurden. Die Liedfabel entspricht in ihren wesentlichen Zügen sehr genau einem türkischen Märchen (M. LERMONTOV erzählt es nach), das im Kaukasus heimisch wurde (Ort der Handlung ist Tiflis). Daran schließt sich das Ringmotiv an, das etwa bei G. BOCCACCIO *(Decamerone)*, im deutschen Volkslied oder in Sagen über einen »Heimkehrer« aufscheint. Aus diesen Bausteinen wurde ein reich geschmücktes, ausgewogenes und eigenständiges Lied zusammengefügt, an dem bis ins frühe 17. Jh. hinein phantasiebegabte Spielleute *(skomorochi)* weitergebaut und gefeilt haben mögen (vgl. den Sammelartikel *Byliny*).   M.Gru.

AUSGABEN: Moskau 1804 *(Drevnie rossijskie stichotvorenija: Sbornik Kirši Danilova*, Hg. A. F. Jakubovič; ²1818, Hg. K. F. Kalajdovič; 1901, Hg. P. N. Šeffer; 1938, Hg. S. K. Šambinago). – Moskau 1941–1951 (in *Onežskie byliny*, ges. v. A. F. Gil'ferding, Hg. Bestužev-Rjumin, 3 Bde.; Nr. 149). – Moskau 1957 (in *Byliny*, Hg. P. D. Uchov u. V. I. Čičerov; krit.).

ÜBERSETZUNGEN: In C. H. v. Busse, *Fürst Wladimir und dessen Tafelrunde. Altrussische Heldenlieder*, Lpzg. 1819. – In B. Stern, *Fürst Wladimirs Tafelrunde. Altrussische Heldensagen*, Bln. 1892.

LITERATUR: V. Ja. Propp, *Dobrynja v ot'ezde i neudavšajasja ženit'ba Alëša* (in V. Ja. P., *Russkij geroičeskij èpos*, Leningrad 1955, S. 265–274).

DOBRYNJA I DUNAJ

(russ.; *Dobrynja und Dunaj*). Episches Lied der Kiewer Epoche, dessen älteste Stoffteile bis in das 11./12. Jh. zurückreichen; überliefert in über fünfzig Fassungen. – Die hier wiedergegebene Variante wurde dem Forscher A. GIL'FERDING von dem Sänger Romanov vorgetragen. Sie umfaßt 316

Verse und besteht aus einem umfangreichen Liedeingang und einem zweigipfligen Hauptteil.

In Kiew beim milden Fürsten Vladimir wird ein Gelage gefeiert. Der unbeweibte Fürst ergreift das Wort und fragt seine Gäste, ob sie für ihn eine Fürstentochter wüßten, die seinen Wünschen entspräche. Lange schweigen die Gäste, bis sich schließlich der junge *bogatyr'* (Recke) Dunaj – stark betrunken, doch klar in seinen Worten – erhebt und dem Fürsten die Schönheit zweier Mädchen preist: Nastasja und Apraksa, Töchter des Königs von Litauen. Der Fürst entscheidet sich für Apraksa (denn Nastasja ist eine *polenica*, ein »Heldenweib«) und fordert Dunaj auf, sofort mit einer Heeresmacht und einem großen Goldschatz aufzubrechen. Dunaj jedoch lehnt lakonisch diese »Hilfsmittel« für seine Werbung ab und bittet sich als einzigen Begleiter den *bogatyr'* Dobrynja Nikitič aus. Beide rüsten sich und reiten, *»wie lichte Falken aufflattern«*, aus Kiew fort (Liedeingang). Am Hofe des litauischen Königs angelangt, trägt Dunaj seine Brautwerbung vor, erhält aber eine Absage, da er um die jüngere Tochter wirbt, während die ältere noch unverheiratet ist. Überdies soll er für diese Beleidigung eingesperrt werden. Da zerbricht Dunaj den schweren Eichentisch in der Halle, während Dobrynja auf dem Hof seine sarazenische Keule schwingt und zahlreiche Tataren erschlägt. Dies ändert des Königs Sinn: Er bittet, ihm wenigstens *»zur Aussaat«* genügend Tataren leben zu lassen, und übergibt Dunaj die Tochter Apraksa als Braut für den Fürsten Vladimir. Unterwegs bemerken die Recken, daß ihnen ein Tatar nachreitet. Während Dobrynja die junge Braut nach Kiew geleitet, kommt es zwischen Dunaj und dem Tataren zum Zweikampf, in dem Dunaj siegt. Als er aber dem Feind die *»weiße Brust«* aufschneiden will, erkennt er in dem Tataren die Frau – das »Heldenweib« Nastasja. Er nimmt sie mit sich nach Kiew und macht sie dort zu seinem Weibe. Im Verlauf der dreitägigen Doppelhochzeit gerät Dunaj ins Prahlen. Nastasja fordert ihn heraus, sich mit ihr im Bogenschießen zu messen. Ihr Pfeil trifft genau auf eine Messerschneide, die den Pfeil überdies in zwei gleiche Hälften spaltet; Dunaj dagegen verfehlt dreimal das Ziel, gerät in Zorn und tötet seine Frau trotz ihres Flehens, mit ihr nicht auch seinen Sohn zu morden. Als er ihr die Brust aufschneidet, Herz und Leber herausnimmt, sieht er seinen Sohn und gibt sich selbst den Tod. Dort, wo sein Kopf hinsinkt, entspringt der Dunajfluß, wo der seines Weibes niederfiel, der Nastasjafluß.

Das Lied, das seine uns überlieferte Gestalt wohl im 16./17. Jh. erhielt, wurde aus zwei älteren Einzelliedern zusammengefügt. Da im zweiten Lied (Dunaj und Nastasja) der Held Dobrynja nur am Rande auftaucht, scheint der Sänger, der die zwei Lieder aneinanderreihte, Dobrynjas ursprüngliche Hauptrolle im ersten Lied (Werbung um Apraksa) abgeschwächt zu haben. Die *Laurentio-Chronik* jedenfalls berichtet von Dobrynja, daß er ein Verwandter (*plemjannik* – »Sippengenosse«) des Fürsten Vladimir war, dem er die Braut, die Tochter des heidnischen Fürsten Rogvolod von Polock, zuführte. Zuerst erhält Dobrynja als Werber eine Absage, besiegt dann mit seiner *družina* Rogvolod und nimmt ihn samt Frau und Tochter gefangen; vor den Augen ihrer Eltern beschläft Vladimir – sein heidnischer Name ist Volodimer – die Tochter, ihr Vater wird getötet, ihre Mutter macht Dobrynja zu seinem Weibe. Geschichte und Sage lassen sich hier allerdings nicht mehr genau voneinander trennen.

Der Dunaj-Nastasja-Stoff regte spätere Sänger zu einem neuen Lied an, in dem Nepra und Don (*tichij Don* – der »stille« Don) die Helden sind. Andere Lieder, ebenfalls von diesem Stoff inspiriert (ab 17. Jh.), berichten von Dobrynjas Vermählung mit einem Recken in Frauenkleidern. Hier wird die Erzählung an das Lied *Dobrynja i Zmej (Dobrynja und die Schlange)* angeschlossen: Dobrynja reitet mit der befreiten Zabava nach Kiew zurück, bemerkt eine ungewöhnliche Pferdespur, übergibt Zabava dem Recken Alëša Popovič und verfolgt die Spur. Er trifft schließlich auf ein »Heldenweib«, dem er dreimal, allerdings ohne Erfolg, die sarazenische Keule aufs Haupt schlägt (»*Der Mut ist bei Dobrynja in alter Weise / sichtlich ist seine Kraft nicht in alter Weise*«). Nach dem dritten Keulenschlag steckt ihn die Heldin unversehens in ihre Tasche, wogegen das Pferd protestiert, da es nicht zwei Helden tragen könne. Das Reckenweib zieht Dobrynja wieder heraus und bewegt ihn – unter der Androhung, ihn auf der flachen Hand in eine Linse zu verwandeln – zum Eheversprechen (vgl. den Sammelartikel *Byliny*).　　　　　　　　　M.Gru.

Ausgaben: Moskau 1804 (*Drevnie rossijskie stichotvorenija: Sbornik Kirši Danilova*, Hg. A. F. Jakubovič; ²1818, Hg. K. F. Kalajdovič; 1901, Hg. P. N. Šeffer; 1938, Hg. S. K. Šambinago). – Petersburg ²1894–1900 (in *Onežskie byliny*, ges. v. A. F. Gil'ferding, Hg. Bestužev-Rjumin, 3 Bde.; Nr. 94). – Petersburg 1910 (in *Archangel'skie byliny i ist. pesni*, ges. v. A. D. Grigor'ev, Bd. 3; Nr. 37).

Übersetzungen: In C. H. v. Busse, *Fürst Wladimir und dessen Tafelrunde. Altrussische Heldenlieder*, Lpzg. 1819. – In B. Stern, *Fürst Wladimirs Tafelrunde. Altrussische Heldensagen*, Bln. 1892.

Literatur: Löwis of Menar, *Die Brünhildsage in Rußland*, Lpzg. 1923, S. 65–69. – V. Ja. Propp, *Dunaj* (in V. Ja. P., *Russkij geroičeskij ėpos*, Leningrad 1955, S. 128–147; 527 f.).

Dobrynja i Vasilij Kazimirovič

(russ.; *Dobrynja und Vasilij Kazimirovič*). Episches Lied der Moskauer Epoche, entstanden etwa um 1500, überliefert in mehr als sechs Varianten. – Der Inhalt des Lieds entspricht dem der Byline, die der blinde Bauer Tupicyn dem Forscher S. Guljaev vorsang (Aufzeichnung 1871). Das Lied umfaßt 374 Verse und besteht aus einem sorgfältig motivierenden Liedeingang, einem dreigliedrigen Hauptteil und dem Schlußteil.

Am Hofe des Kiewer Fürsten Vladimir findet ein üppiges Gelage statt. Als alle Gäste sich vollgetrunken und satt gegessen haben, fragt der Fürst, wer von den Helden bereit sei, dem Zaren Batur den Tribut für die letzten zwölf Jahre in das heidnische Polovcenland zu bringen. Alle schweigen, bis endlich Vasilij Kazimirovič aufsteht und sich zu dem Unternehmen bereit erklärt. Sein kühnes Versprechen aber ernüchtert den jungen Helden derart, daß er augenblicks die Halle verläßt. Auf der Straße trifft er Dobrynja Nikitič, gesteht ihm, sich beim Gastmahl »*im Prahlen*« übernommen zu haben, und bittet ihn, als sein älterer Kreuzbruder ihn zu begleiten. Dobrynja sagt zwar zu, lehnt es aber ab, dem Tataren Tribut zu bringen – im Gegenteil: der »*Hund Batur*« soll Tribut zahlen. Fürst Vladimir schreibt ihnen einen »*eiligen Jarlyk*« (Vollmacht), segnet sie, und die Recken werfen sich auf ihre Rosse (Liedeingang). Ohne Anmeldung dringen sie zum Zaren Batur vor, und Vasilij legt den Jarlyk auf den Tisch mit den Worten: »*Empfange, du Hund, den Tribut vom milden Fürsten Vladimir.*« Batur liest die Tributaufforderung Vladimirs und verheißt dem Überbringer, er werde nie wieder nach Kiew zurückkehren. Hierauf folgen drei Wettkämpfe: Das Würfelspiel und Bogenschießen gewinnt Dobrynja, beim Ringkampf ruft Batur seine Tataren herbei, die Dobrynja entweder zerreißt, zertritt, miteinander erschlägt oder sogar mit einer Wagenachse zu Boden mäht. Endlich lenkt Zar Batur ein und bittet, ihm wenigstens »*zur Züchtigung*« und »*zur Aussaat*« Tataren übrigzulassen. Er erkennt seine Tributpflicht an, worauf die Helden den Kampf abbrechen und die Rückreise an der Spitze eines riesigen Wagenzugs antreten, der mit unermeßlichen Schätzen beladen ist (Hauptteil). Der Schlußteil berichtet von ihrer Ankunft bei dem dankbaren Fürsten Vladimir.

Mancher Forscher, etwa V. F. Miller, nimmt an, daß das in der Byline erzählte Geschehen indirekt – wie immer in diesen Heldenliedern sind die Vorgänge nach Kiew verlegt – historische und politische Wirklichkeit widerspiegelt: nämlich die Weigerung des mächtigen Zaren Ivan III. (er befreite sich im Jahre 1480 von der Oberhoheit der Tataren), den seit neun Jahren fälligen Tribut an Khan Achmed zu entrichten. In diese Zeit weist – nach Miller – der Name des Vasilij Kazimirovič, der auf den Nowgoroder geistigen Führer der Unabhängigkeitspartei, Vasilij Kazimir, zu deuten scheint (vgl. den Sammelartikel *Byliny*).　　　　　　　　　M.Gru.

Ausgaben: Moskau 1804 (*Drevnie rossijskie stichotvorenija: Sbornik Kirši Danilova*, Hg. A. F. Jakubovič; ²1818, Hg. K. F. Kalajdovič; 1901, Hg. P. N. Šeffer; 1938, Hg. S. K. Šambinago). – Mos-

kau 1894 (*Russkie byliny staroj i novoj zapisi*, Hg.
N. S. Tichonravov u. V. F. Miller, Bd. 2; Nr. 37). –
Nowosibirsk 1952 (in *Byliny i pesni južnoj Sibiri*;
ges. v. S. I. Guljaeva, Hg. V. I. Čičerov; Nr. 4). –
Moskau 1957 (in *Byliny*, Hg. P. D. Uchov u. V. I.
Čičerov; krit.). – Moskau 1958 (in *Byliny*, Hg.
V. Ja. Propp u. B. N. Putilov, 2 Bd., 1; krit.).

Übersetzungen: In C. H. v. Busse, *Fürst Wladimir und dessen Tafelrunde. Altruss. Heldenlieder*,
Lpzg. 1819. – In B. Stern, *Fürst Wladimirs Tafelrunde. Altrussische Heldensagen*, Bln. 1892.

Literatur: V. Ja. Propp, »*Dobrynja i Vasilij Kazimirovič*« (in V. Ja. P., *Russkij geroičeskij ėpos*, Leningrad 1955, S. 343–355; 536 f.). – B. A. Rybakov,
Dobrynja Nikitič (in B. A. R., *Drevnjaja Rus'*, Moskau 1963, S. 62–72).

Dobrynja i zmej

(russ.; *Dobrynja und die Schlange*). Episches Lied
der Kiewer Epoche, dessen älteste Teile zwischen
dem 13. und 14. Jh. entstanden sind; überliefert in
vielen Varianten, deren wichtigste aus dem Olonecgebiet, vom Weißen Meer und aus dem hohen
Norden Rußlands kommen. – Die hier wiedergegebene Fassung entspricht einer Byline, die der
Sänger Čukov dem Forscher A. Gil'ferding vortrug; das Lied umfaßt 253 Verse und besteht aus
Liedeingang und einem zweigliedrigen Hauptteil.
Entgegen der Warnung seiner Mutter reitet der
junge *bogatyr'* (Recke) Dobrynja Nikitič zum Pučajfluß, um dort zu baden. Während er im Fluß
schwimmt, überfällt ihn Goryněišče, die (fliegende) Schlange mit den zwölf Fängen. Dobrynja
taucht und kann das Ufer erreichen, wo er als einzige Waffe seinen drei Pud schweren »*Hut aus griechischen Landen*« findet. Er schleudert ihn nach der
Schlange, und der Hut schneidet ihr die zwölf Fänge ab. Sie stürzt zur Erde, doch als Dobrynja ihr die
Brust aufschneiden will, bietet sie dem Recken
einen »*großen Vertrag*« an, den Dobrynja akzeptiert: Er verspricht, nicht wieder zum Pučajfluß zu
reiten, sie gelobt, nicht mehr ins Heilige Rußland
zu fliegen und Menschen zu rauben. Die »*verfluchte
Schlange*« bricht jedoch den Vertrag und entführt
aus Kiew die junge Nichte des Fürsten Vladimir,
Zabava Putjatična. Der Recke Alëša Popovič rät
Vladimir beim Gastmahl, Dobrynja auszusenden,
da die Schlange mit diesem den Vertrag geschlossen habe und ihm deshalb die Entführte ohne Blutvergießen ausliefern müsse. Schweren Herzens sattelt Dobrynja sein Pferd und reitet – versehen mit
einer zauberkräftigen Peitsche, die ihm seine Mutter mitgab – zum Sarazenenberg, in dem die
Schlange ihre Höhle hat. Dank der Peitsche kann er

sein Pferd von der »*jungen Schlangenbrut*« befreien, die die Fesseln des Rosses umwindet. Als das
Pferd die Brut zertreten hat, kriecht die Schlange
aus ihrer Höhle und verweigert die Freigabe des geraubten Mädchens. Dobrynja kämpft mit ihr drei
Tage lang, ohne sie überwinden zu können. Gerade
als er aufgeben will, verheißt ihm eine himmlische
Stimme den Sieg, wenn er noch drei Stunden weiterkämpfe. So tötet er schließlich die Schlange, die
drei Tage und drei Stunden blutet, bis die Erde sich
auftut und die ganze Schlangenbrut verschlingt. In
der Höhle findet Dobrynja die »*russischen Gefangenen*«, die er befreit. Mit dem Mädchen Zabava reitet er nach Kiew zurück.
Den Kern dieses Liedes bildet ein Motiv, das aus
der griechischen Sage bekannt ist: Perseus' Kampf
mit dem Meerungeheuer und die Befreiung Andromedas (der »*Hut aus griechischen Landen*«, den Dobrynja nach der Schlange wirft, scheint dem *Diskos*
des griechischen Helden zu entsprechen, mit dem
dieser seinen Großvater tödlich verletzte). Die
christliche Legendendichtung übernahm das Motiv vom Drachenkampf (der hl. Georg, dazu in
Rußland die Heiligen Feodor Tiron und Feodor
Stratilat), das in diesem Lied in Zusammenhang
mit den Tatareneinfällen gebracht wird. Dobrynja,
schon früh als christlicher Held ausgewiesen (er
christianisierte Nowgorod), erscheint nun als
Kämpfer gegen die heidnischen Tataren, symbolisiert als die »*Schlangenbrut*«, die aus der großen
Schlange Goryněišče kriecht. Altchristliches Gedankengut (etwa das Bad Dobrynjas im Pučajfluß,
das auf die Taufe anspielt) und heidnische Rudimente (die Zauberpeitsche) mischt das Lied mit
aktuellen lokalen Tatsachen, wie etwa Vertragsabschlüsse christlicher Fürsten mit den Heiden-Tataren (vgl. den Sammelartikel *Byliny*).　M.Gru.

Ausgaben: Moskau 1804 (*Drevnie rossijskie stichotvorenija: Sbornik Kirši Danilova*, Hg. A. F. Jakubovič; ²1818, Hg. K. F. Kalajdovič; 1901, Hg.
P. N. Šeffer; 1938, Hg. S. K. Šambinago). – Moskau ⁴1949–1951 (in *Onežskie byliny*, ges. v. A. F.
Gil'ferding, Hg. Bestužev-Rjumin, 3 Bde., Nr. 79).
– Moskau 1957 (in *Byliny*, Hg. P. D. Uchov u. V. I.
Čičerov; krit.). – Moskau 1958 (in *Byliny*, Hg.
V. Ja. Propp u. B. N. Putilov, 2 Bde., 1; krit.).

Übersetzungen: In C. H. v. Busse, *Fürst Wladimir und dessen Tafelrunde, Altrussische Heldenlieder*,
Lpzg. 1819. – In B. Stern, *Fürst Wladimirs Tafelrunde. Altrussische Heldensagen*, Bln. 1892.

Literatur: V. Danilov, *Otzvuk byliny o zmeeborstve Dobrynii Nikitiča v ukrainskom fol'klore* (in Kievskaja starina, 9, 1905). – A. V. Markov, *Ėtnografičeskoe obozrenie*, Bd. 67, Moskau 1905, S. 1–53. –
V. Ja. Propp, *Geroj v bor'be s čudoviščami*: »*Dobrynja i Zmej*« (in V. Ja. P., *Russkij geroičeskij ėpos*, Leningrad 1955, S. 172–198).

DOMOSTROJ

(russ.; *Hausordnung*). Lehrbuch des häuslichen Verhaltens aus der Mitte des 16. Jh.s, überliefert in drei Fassungen, deren letzte (zweite Hälfte des 16. Jh.s) vermutlich von dem Protopopen SIL'VESTR, dem Beichtvater und Mitarbeiter des Zaren Ivan IV., redigiert wurde. – Das Werk gehört mit dem *Azbukovnik* und dem *Stoglav* zu den Denkmälern der unter Ivan IV. dem »Schrecklichen« (reg. 1547–1584) entwickelten offiziellen Ideologie von Moskau als dem dritten Rom. Es ist nach dem Vorbild der Klosterregeln als Lehrbuch einer idealen absolutistisch-orthodoxen Lebensweise gedacht, erklärt (nach der Parallele Christus – Gläubige, Zar – Untertanen, Abt – Brüder) den Hausvater zum uneingeschränkten Herrn der Familie und enthält eine bis ins letzte Detail durchdachte Reglementierung des religiösen, politischen, sozialen, häuslichen Verhaltens für den wohlhabenden Untertan des moskovitischen Reiches. Durch die jedem Hausherrn zugestandenen Machtbefugnisse ist der *Domostroj* ein Symbol der reaktionären Zustände und feudalen Willkür im damaligen Zarenreich. Das Prügeln von Frau, Kindern und Gesinde als Erziehungsmittel und das Regiment der Furcht als Methode, die Familienbande zu festigen, bekunden eine überaus rohe Gesinnung. Zu einem vollends düsteren Kulturdokument wird der *Domostroj* beim Vergleich mit Werken ähnlicher Thematik. Der *Oikonomikos* des XENOPHON, das *Poučenie Vladimira Monomacha*, die zahlreichen anonymen *Naučení (Belehrungen)* für Kinder und Eltern in der tschechischen Literatur des 15. und 16. Jh.s nach verschiedenen Vorlagen, B. CASTIGLIONES *Il libro del cortegiano*, 1528 *(Das Buch vom Hofmann)*, samt der polnischen Bearbeitung durch Ł. GÓRNICKI unter dem Titel *Dworzanin polski*, 1566 *(Der polnische Hofmann)*, B. GRACIÁNS *El héroe*, 1637 *(Der Held)*, oder S. LOMNICKÝS *Instrukce mladému hospodáři*, 1586 *(Instruktionen für einen jungen Hauswirt)*, stehen moralisch und ethisch auf einer unvergleichlich höheren Stufe und zeigen die Isolierung des belehrenden moskovitischen Schrifttums dieser Zeit – auch der eigenen Tradition gegenüber – auf bestürzende Weise, auch wenn zur Ehre der angesprochenen Gesellschaftskreise gesagt werden muß, daß die praktische Auswirkung des *Domostroj* nicht sonderlich groß war. Kulturhistorisch ist das Werk von außerordentlicher Bedeutung. Es enthält eine unerschöpfliche Fülle von Einzelheiten zum Verständnis der altrussischen Literatur wie des altrussischen Lebens bis zur Zeit Peters des Großen.

Der *Domostroj* besteht aus 63 Kapiteln. Als Kapitel 64 ist in der Moskauer Redaktion ein Sendschreiben Sil'vestrs an seinen Sohn Anfim angefügt. Inhaltlich lassen sich drei Teile unterscheiden. Sie behandeln die geistliche, weltliche und häusliche Ordnung: wie man glauben, beten und den Zaren ehren muß (1); wie mit der Frau, den Kindern und dem Hausgesinde zu leben ist (2); wie Haus und Hof bewirtschaftet werden muß (3). Im ersten Teil wird vor allem Achtung, Furcht und Treue gegenüber den geistlichen und weltlichen Vorgesetzten verlangt. Der zweite Teil – er besonders war es, der den *Domostroj* in Verruf gebracht hat, obgleich sich auch manche praktische Weisheit von allgemeiner Gültigkeit darin findet – entwirft das Musterbild einer feudalen Familienordnung. Rechte hat eigentlich nur der Mann und Vater. Den meisten Platz nehmen ausführliche Belehrungen über Art und Maß der jeweils anzuwendenden Prügelstrafe ein. Die Stellung der Frau ist praktisch auf Gehorsam, Kindergebären und Arbeit beschränkt. Am schlechtesten fährt natürlich das Gesinde. Im dritten Teil werden Anleitungen zum erfolgreichen Wirtschaften – nach den Größenmaßstäben der Zeit – gegeben. Jeder Hof gleicht einer kleinen Festung mit eigener Gerichtsbarkeit und fester Ordnung. – Vom literarischen Standpunkt aus muß vor allem der lakonische, präzise Stil mit den zahlreichen volkstümlichen Redensarten erwähnt werden. Zu beachten bleibt auch der lebendige Umgangssprache fast ohne kirchenslavische Elemente.   J.H.

AUSGABEN: Moskau 1849 (*Domostroj blagoveščenskogo popa Sil'vestra*, Hg. D. P. Golochvastov; in Vremennik obščestva russk. istorii i drevnostej). – Petersburg 1867, Hg. V. Jakovlev. – Moskau 1892, Hg. J. Zabelin; Nachdr. Letchworth 1971. – Petersburg ²1902 (*Domostroj Sil'vestrovskogo izvoda*, Hg. I. Glazunov). – Moskau 1908 (*Domostroj po Konšinskomu spisku i podobnym*, Hg. A. S. Orlov; Nachdr. Den Haag 1967). – Moskau 1985 (in *Pamjatniki literatury Drevnej Rusi. Seredina XVI veka*, Hg. L. Dmitriev u. D. Lichačëv; m. nruss. Übers.).

ÜBERSETZUNGEN: *Le Domostroï*, E. Duchesne, Paris 1910 [m. Komm.]. – *Domostroi*, W. Förster (in *O Bojan, du Nachtigall der alten Zeit*, Ffm. 1965; Ausz.). – *Altrussisches Hausbuch »Domostroj«*, K. Müller, Lpzg. u. a. 1987.

LITERATUR: I. S. Nekrasov, *Opyt ist.-lit. issledovanija o proischoždenii drevnerusskogo »Domostroj«*, Moskau 1873. – Brakengejmer, *Alexiu Komnenu »Poiema parainetikon« v sravnenii s russkim »Domostroj«*, Odessa 1893. – A. A. Kizevetter, *Osnovnaja tendencija drevnerusskogo »Domostroj«* (in Russkoe bogatstvo, 1896, S. 39–59). – A. S. Orlov, *»Domostroj«. Issledovanie*, Moskau 1917; Nachdr. Den Haag 1967. – R. Winkler, *Der »Domostroj« und seine Entstehungsgeschichte*, Diss. Lpzg. o. J. – H. Niess, *Der »Domostroj« oder »Wie man als rechtgläubiger Christ leben soll«* (in Kirche im Osten, 14, 1971, S. 26–67). – C. Kučera, *Problemy izučenija drevnerusskogo »Domostroja«* (in WSlJ, 17, 1972, S. 125–135). – C. Pouncy, *The »Domostroj« as a Source for Moscovite History*, Diss. Stanford 1985. – D. Bulanin u. V. Kolesov, *»Domostroj«* (in *Slovar'* *knižnikov i knižnosti Drevnej Rusi*, Hg. D. Lichačëv, Bd. 2, Tl. 2, Leningrad 1989, S. 323–333; m. Bibliogr.).

LITERATUR: V. F. Miller, *K byline o knjaze »Glebe Volod'eviče«* (in Žurnal Ministerstva narodnogo prosvečenija, 1903, Nr. 6, S. 304–321). – Ders., *Očerki russkoj narodnoj slovesnosti*, Bd. 2, Moskau 1910, S. 57 f.

GLEB VOLOD'EVIČ

(russ.; *Gleb Volod'evič*). Episches Lied der Kiewer Epoche, dessen älteste Teile bis in das 11./12. Jh. zurückreichen. – Drei purpurfarbene Schiffe des Fürsten Gleb (aus Nowgorod) suchen vor einem schweren Unwetter im Hafen von Korsun' Schutz. Das *»hurerische, häretische, gottlose Weib«* Marinka Kaidalovna, Herrin der Hafenstadt, erhebt nicht nur unmäßig hohe Zollgebühren, sondern läßt die drei Schiffe sogar von ihren Wachen beschlagnahmen. Die Kapitäne schreiben ihrem Fürsten unverzüglich Briefe, in denen sie über Marinkas Untaten Klage führen (Liedeingang). Zornentbrannt sammelt Gleb um sich eine ausgewählte *družina* (Kampfschar) und reitet nach Korsun' ans Schwarze Meer, läßt seine Männer vor der Stadt zurück, begibt sich allein vor die Stadtmauer und fordert von der Räuberin sein Eigentum zurück. Marinka dagegen stellt ihm drei *»verschmitzte Rätsel«*, die er lösen müsse, bevor er seine Schiffe zurückbekommt. Gleb löst die Rätsel auf Anhieb, und Marinka gibt vor, ihn freien zu wollen. Zum Willkommen reicht sie ihm einen Krug, gefüllt mit grünem Wein. Gerade als Gleb zum Trunk ansetzt, scheut das Pferd und rettet dem Helden damit das Leben: Aus dem verschütteten Wein nämlich schlagen Flammen. Da setzt Gleb auf seinem Roß über die Stadtmauer, holt Marinka in ihrem Hof ein und schlägt ihr den Kopf ab (Hauptteil und Schluß). Diese Byline entstand im 14. Jh. im Nowgoroder Raum und gibt zum Teil historisches Geschehen wieder: Im Jahre 1076 (?) erbat Byzanz die Hilfe Kiews gegen das rebellische Korsun'; Großfürst Svjatoslav Jaroslavevič beauftragte daraufhin seinen Sohn Gleb und seinen Neffen Volodja mit dem Kriegszug. Beide Helden verschmolzen später in der Dichtung zu einer Person: Gleb Volod'evič. Die alte orientalische Märchenfabel (drei Rätsel, die der Held lösen muß, um die Gunst einer Prinzessin zu gewinnen) weist deutliche Russifizierungen auf. Aus der schönen Prinzessin ist ein *»gottloses Weib«* geworden (ihrem Namen nach war ihr Vater Heide), und wie die Geliebte des Helden Dobrynja – deren Namen mit dem ihren identisch ist – versteht sie sich auf zauberkräftige Tränke (vgl. den Sammelartikel *Byliny*). M. Gru.

AUSGABEN: Moskau 1901 (in *Belomorskie byliny*, Hg. A. Markov). – Moskau 1957 (in *Byliny*, Hg. P. D. Uchov u. V. I. Čičerov; krit.). – Moskau 1958 (in *Byliny*, Hg. V. Ja. Propp u. B. N. Putilov, 2 Bde., 2; krit.).

IL'JA I IDOLIŠČE

(russ.; *Il'ja und Idolišče*). Episches Lied der Moskauer Epoche, entstanden in der zweiten Hälfte des 15. Jh.s. – Der hier wiedergegebene Inhalt entspricht dem der Byline, die der Sänger Prochorov dem Forscher A. GIL'FERDING im Jahr 1871 vortrug. Das Lied umfaßt 274 Verse, hat einen ausführlichen, die Handlung gut vorbereitenden Liedeingang, einen zweigipfligen Hauptteil und einen festgefügten Schluß.

Der Pilger Ivan wandert nach Jerusalem, betet dort, badet im Jordan, küßt das Grab Christi und gelangt auf dem Rückweg in die Nähe der von den Tataren eroberten Stadt Car'grad: *»Eingerückt ist der heidnische Idolišče, die Heiligenbilder sind zerschlagen, in schwarzen Kot sind sie getreten, in Gottes Kirchen füttert man die Rosse.«* Ivan fängt einen Tataren und läßt sich von ihm den Idolišče beschreiben: *»Idolišče ist sechs Aršin* [d. h. über vier Meter] *lang, in die Breite geht er drei Aršin, sein Kopf ist wie ein Bottich groß, die Augen sind Biergläsern gleich, die Nase ist in seiner Fratze ist eine Elle lang.«* Ivan bedankt sich auf seine Weise für die Auskunft, indem er den Tataren aufs freie Feld hinauswirft, wo sich dieser alle Knochen bricht. Dann wandert er weiter und begegnet dem *staryj kazak* (alter Kosak) Il'ja Muromec. Als Il'ja hört, wie es in Car'grad zugeht, tauscht er mit dem Pilger die Kleidung, nimmt Ivans vierzig Pud schweren Wanderstab und überläßt ihm dafür sein Roß (Liedeingang). Zu Fuß trifft Il'ja in Car'grad ein und ruft mit gewaltiger Stimme nach dem Zaren Konstantin Bogoljubovič (*bog*: Gott, *ljubov'*: Liebe), den der Idolišče (*idol*: Götze) gefangenhält. Der *»russische Pilgersmann«* wird zum Zaren Konstantin gebracht, der zu seiner großen Freude in dem Pilger Il'ja erkennt: *»Nun wird uns Il'ja von dieser Not befreien, von diesem sinnlosen Tod!«* Idolišče läßt sich den Pilger vorführen und befragt ihn nach dem ihm nur dem Namen nach bekannten Kiewer Recken Il'ja Muromec, dessen Körpergröße und Leistungsfähigkeit im Essen und Trinken ihn vor allem interessieren. Als er erfährt, Il'ja sei nicht größer als der vor ihm stehende Pilgersmann und bei weitem kein so starker Esser und Trinker wie er selbst, beginnt Idolišče zu prahlen. Der Pilger erzählt ihm daraufhin die Geschichte von der gefräßigen Kuh des Popen von Rostow, *»die fraß und trank viel, da platzte sie auf: dir Heiden mag's ebenso gehen«*. Diese Warnung mißfällt dem Heiden sehr: Er schleudert sein Messer nach dem Pilger, der den Wurf jedoch geschickt mit seinem Hut pariert; das Messer schlägt in die Eichentür ein, die, aus den Angeln gerissen, in den Saal stürzt und zwölf der dort herumlungernden Tataren tötet, zwölf weitere verwundet. Jetzt aber zeigt Il'ja seine Kunst: Mit dem Wanderstab schlägt er dem Idolišče aufs Haupt, ergreift ihn dann am Bein und mäht, ihn wie eine riesige Sense schwingend, in drei Stunden alle Tataren in Car'grad nieder, ohne auch nur einen einzigen »zur Aussaat« übrigzulassen. Zar Konstantin dankt dem Befreier und lädt ihn ein, bei ihm am Hof zu bleiben, was Il'ja jedoch abschlägt (Mittelteil). Beschenkt mit Gold, Perlen und Silber, tauscht er mit dem Pilger Ivan wiederum die Kleider und reitet auf seinem Heldenroß gen Kiew.

Das Lied spiegelt die russische Reaktion auf die Türkeneinfälle (Konstantin XII. Palaiologos fiel 1453 bei der Eroberung Konstantinopels durch die Türken) und die Hoffnung auf die Befreiung des altrussischen Landes Kiew, das in die Hand der Tataren gefallen war. Türken und Tataren werden gleichgesetzt; Idolišče unterscheidet sich nicht wesentlich von Tugarin Schlangensohn im zweiten Teil der alten Byline *Alëša Popovič i Tugarin (Alëša Popovič und Tugarin)*. Zar Konstantin erinnert an den Fürsten Vladimir von Kiew, wie denn auch der ganze Stoff russifiziert wurde. Interessant ist die Rolle des Pilgers Ivan als Nachrichtenvermittler zwischen dem Byzantinischen Reich und Rußland. Die breite Einleitung des Lieds läßt vermuten, daß es sich bei dem Liedeingang um eine ehemals selbständige Byline handelt, an die ein neuer Stoff angeschlossen wurde (vgl. den Sammelartikel *Byliny*).   M.Gru.

Ausgaben: Moskau 1873 (in *Onežskie byliny*, Hg. A. F. Gil'ferding, Bd. 1). – Moskau 1957 (in *Byliny*, Hg. P. D. Uchov u. V. I. Čičerov; krit.) – Moskau 1958 (in *Byliny*, Hg. V. Ja. Propp u. B. N. Putilov, 2 Bde., 1; krit.). – Moskau 1958 (in *Il'ja Muromec*, Hg. A. M. Astachova).

Literatur: O. F. Miller, *Sravnitel'no-kritičeskija nabljudenija nad sloevym sostavom narodnogo russkago ép_osa*, Bd. 1: *Il'ja Muromec i bogatyrstvo kievskoe*, Petersburg 1869, S. 739–763. – V. F. Miller, *Očerki russkoj narodnoj slovesnosti*, Bd. 2, Moskau 1897, S. 87–168. – B. M. Sokolov, *Byliny ob Idolišče Poganom* (in *Žurnal Ministerstva narodnogo prosveščenija*, 1916, Nr. 5). – V. Ja. Propp, *Russkij geroičeskij épos*, Leningrad 1955, S. 215–227.

IL'JA MUROMEC I SOLOVEJ-RAZBOJNIK

(russ.; *Il'ja Muromec und der Räuber Solovej*). Episches Lied der Moskauer Epoche, entstanden wahrscheinlich im 14. Jh., überliefert in mehr als sechzig Varianten. – Thema des Lieds ist Il'jas erste Bewährung als junger Recke und – in der Urfassung – seine Aufnahme in die *družina* (Kampfschar) des Fürsten Vladimir von Kiew. Der Recke, dessen spätere Heldentaten als Gefolgsmann des Fürsten in vielen anderen Liedern besungen werden, stammt aus dem Dorf Karatscharow (vielleicht die Stadt Karatschew im ehemaligen Gouvernement Orël), das zu der Stadt »Murov« gehört (in jüngeren Liedern wird aus Murov die Stadt Murom, aus dem Namen des Helden, Murovec, dementsprechend Muromec). Weitere topographische Angaben lassen Rückschlüsse darauf zu, wo ein Teil der Handlung (die Überwindung des Räubers Solovej) zu lokalisieren ist: Der Fluß Smorodina scheint mit dem kleinen Fluß Smorodinnaja in der Nähe der Stadt Karatschew identisch zu sein; an der Smorodinnaja liegt das Dorf »Deojatidube« (»Neuneichen«: wie es im Lied heißt, soll der Räuber auf neun feuchten Eichen gehaust haben); die *lesa brjanskija* (Brjanskschen Wälder) oder *lesa brynskija* (Brynjaschen Wälder) weisen auf die einst riesigen Waldgebiete im Gouvernement Orël und Kaluga, eine zerklüftete Landschaft, in der ein berühmter Räuber einst sein Unwesen getrieben haben mag, bis er von einem kühnen Burschen überwältigt und gefangengenommen wurde.

Von der Stadt Murov aus, wo er die Frühmesse hörte, reitet der junge Il'ja Murovec in Richtung Kiew. Er gelangt nach Tschernigow (in jüngeren Liedern ist es die Stadt Sebež, die 1536 von einem polnisch-litauischen Heer belagert wurde, aber siegreich blieb) und sieht, daß eine gewaltige Heeresmacht die Stadt zu erstürmen droht. Obwohl er gelobt hat, während der Reise nach Kiew weder Säbel noch Bogen zu gebrauchen (dieses Gelübde fehlt oft bei jüngeren Fassungen), zieht er die Säbel, fällt wie eine »Dohlenschar« über die Feinde her und vernichtet sie. Die befreite Stadt bietet dem Helden an, in ihren Dienst zu treten, Il'ja jedoch drängt es, auf kürzestem Weg nach Kiew zum Fürsten Vladimir zu gelangen. Dieser Weg aber, seit dreißig Jahren weder von Mensch noch Tier begangen, führt durch die Wälder von Brjansk, durch Sümpfe und über den Fluß Smorodina – eine verrufene Gegend, wo der furchtbare Räuber Solovej auf feuchten Eichen sitzt und nach Opfern Ausschau hält. Am Flusse Smorodina angelangt, hört Il'ja den schrecklichen Räuberpfiff Solovejs (»Nachtigall«), der das Pferd des Helden zusammenbrechen läßt. Il'ja spannt den Bogen, trifft Solovej mit dem Pfeil ins rechte Auge und bindet den von seinen Eichen herabgefallenen Räuber an die Steigbügel seines Pferds. Nun treten die Söhne (oder Schwiegersöhne) Solovejs zum Kampf gegen den »*Bauernlümmel*« an, doch ihr Vater rät ihnen, den jungen Helden nicht zu reizen und ihn lieber zum Gastmahl zu laden. Il'ja schlägt die Einladung ab und reitet, Solovej am Steigbügel mit sich führend, nach Kiew, wo er, wie beabsichtigt, noch am gleichen Tag zur Mittagsmesse eintrifft. Ohne sich anzumelden, tritt er vor den Fürsten Vladimir, der ihn verwundert nach Namen, Herkunft, Reiseweg und -dauer fragt. Als der Fürst ihn einen Schwindler heißt (da selbst seine Eilboten die Strecke Kiew–Murov nicht in einem halben Tag wie Il'jas bewältigt, sondern dafür einen Monat benötigen), gesteht ihm der Held, daß er wohl noch schneller hätte kommen können, wäre er unterwegs nicht aufgehalten worden. Er schildert dem Fürsten seine Abenteuer bei Tschernigow und die Überwindung des Solovej-Razbojnik. Die letzten Zweifel schwinden dem staunenden Vladimir, als er den Räuber, angebunden an Il'jas Roß, erblickt. Er fordert ihn auf, seinen Räuberpfiff ertönen zu lassen, doch Solovej gehorcht nicht ihm, sondern allein dem, der ihn überwunden hat. Auf Befehl Il'jas pfeift er so gewaltig, daß die Bänke unter den in der Halle sitzenden Recken zusammenbrechen. Il'ja wird ehrenvoll in die *družina* des Fürsten von Kiew aufgenommen, um ihm fortan in »*Treue und Wahrheit*« zu dienen.

Spätere Lieder, in denen der junge Il'ja schon den formelhaften Beinamen *staryj kazak* (»alter Kosak«) trägt, haben einen anderen Schluß, da sie die Gestalt des Solovej-Razbojnik mythisierend hervorheben und ihn in ein zauberisches Märchenungeheuer verwandeln: Mit einem Nachtigallenpfiff und einem Tierschrei kann er bewirken, daß alles, was auf Erden wächst, sich ineinander verflicht, daß die Wälder sich bis zur Erde neigen und die Menschen tot umfallen. Als Solovej, von Il'ja gefangen, vor dem Fürsten Vladimir den Nachtigallenpfiff ausstößt, wanken die Kuppeln der Terems, und die Menschen stürzen tot um. Um weiteres Unheil zu verhindern, führt Il'ja den Räuber aufs freie Feld und schlägt ihm den »*kühnen Kopf*« ab: »*Nun singt man von Solovej ein Lied, ein Lied in alle Ewigkeit*« (vgl. den Sammelartikel *Byliny*). M.Gru.

AUSGABEN: Moskau 1860 (in *Pesni sobrannyja*, Hg. P. V. Kireevskij, Bd. 1). – Moskau ⁴1949 bis 1951 (in *Onežskie byliny*, ges. v. A. F. Gil'ferding, Hg. Bestužev-Rjumin, 3 Bde.). – Moskau 1958 (in *Byliny*, Hg. V. Ja. Propp u. B. N. Putilov; krit.). – Moskau 1958 (in *Il'ja Muromec*, Hg. A. M. Astachova).

LITERATUR: O. F. Miller, *Sravnitel'no-kritičeskija nabljudenija nad sloevym sostavom narodnogo russkago ėposa*, Bd. 1: *Il'ja Muromec i bogatyrstvo kievskoe*, Petersburg 1869, S. 254–326. – V. F. Miller, *Očerki russkoj narodnoj slovesnosti*, Moskau 1897, Bd. 1, S. 362–401; Bd. 3, S. 91–135. – N. I. Petrov, *Istoriko-geografičeskaja osnova byliny o pobede Il'i Muromca nad Solovem Razbojnikom* (in Izv. otdel. russk. jaz. i slov. AN SSSR, 1900, Nr. 2, S. 624–630). –

A. M. Loboda, *Russkie byliny o svatovstve*, Kiew 1905, S. 1–7; 15 f. – A. Skaftymov, *Poėtika i genezis bylin*, Moskau 1924, S. 63–74. – V. Ja. Propp, *Russkij geroičeskij ėpos*, Leningrad 1955, S. 227–247. – V. Mitrofanova, *»Povesti«, »Skazanija« i »Istorii« ob Il'ji Muromce »Sebežeskoj gruppy«* (in *Issledovanija i materialy po drevnerusskoj literature*, Hg. V. Kuz'mina, Moskau 1961).

INOE SKAZANIE

(russ.; *Der andere Bericht*). Anonymes Werk aus dem Anfang des 17. Jh.s. – *Inoe skazanie* ist der in die Wissenschaft eingegangene Titel für ein Werk, das die ein Jahr nach dem Tode des Zaren Boris Godunov entstandene *Povest' 1606 goda (Erzählung des Jahres 1606)* eines namentlich nicht bekannten Mönchs aus der Troice-Sergeevskaja Lavra enthält und durch weitere Aufzeichnungen der Ereignisse bis zum Jahre 1645 vervollständigt. – Als Ivan IV. (reg. 1547–1584) – der »Schreckliche«, wie ihn die Nachwelt nennt – am 18. März 1584 starb, kamen die ungeheuren innenpolitischen Spannungen, deren der Zar nur durch härteste Maßnahmen hatte Herr werden können, mit um so größerer Vehemenz zum Ausbruch. Unter seiner Regierung war zwar der aufstrebende moskovitische Staat zu seiner höchsten Entfaltung gelangt, aber auch bis an die Grenze seiner Haltbarkeit beansprucht worden. Von den zwei Söhnen, die Ivan IV. hinterließ (der erwachsene Fëdor aus erster, der einjährige Dmitrij aus letzter Ehe), trat Fëdor nominell die Regentschaft an. Da er aber unfähig war, die Regierungsgeschäfte selbständig zu führen, übernahm sein Schwager Boris Godunov nach langwierigen Auseinandersetzungen die Regentschaft, führte elf Jahre lang die Politik seines Landes und wurde 1598, als Fëdor starb, vom Zemskij Sobor (Landesversammlung) zum rechtmäßigen Nachfolger des Zaren erhoben. Godunov verstand es zwar, das auseinanderstrebende russische Staatsgefüge ein letztes Mal mit starker Hand zusammenzuhalten und seinen Bestand nach außen zu wahren, konnte selbst aber weder als Regent noch als Zar volle Anerkennung finden. Obwohl persönlich nicht durch die Terrormaßnahmen Ivans IV. kompromittiert, hatte er als Schwiegersohn des Metropolitenmörders Skuratov und als Abkömmling einer niederen tatarischen Adelsfamilie von Anfang an den geschlossenen Widerstand der eingesessenen Bojarenkaste gegen sich. Zum Sprecher der Bojarenopposition erhoben sich vor allem die Fürsten Mstislavskij und Žuijskij, während Godunov zunächst von der Familie der Romanovs gestützt wurde. Die Fehde entschied sich zugunsten Godunovs und der Romanovs, doch zerbrach auch ihre Einigkeit, als Boris Zar wurde. Die Romanovs stellten sich hinter den aus seinem Kloster entwichenen Mönch Griša Otrepev, der vorgab, der zweite Sohn Ivans IV., Dmitrij, zu sein (Dmitrij war 1591 in der Verbannung auf ungeklärte Weise umgekommen.) Noch vor der entscheidenden Auseinandersetzung starb Boris Godunov am 14. April 1605.

Der Verfasser der _Povest' 1606 goda_, der von Godunov ausgeschalteten Bojarenpartei nahestehend, beabsichtigte mit seiner Erzählung ein polemisches Pamphlet sowohl gegen Boris Godunov als auch gegen dessen Gegner, den falschen Dmitrij. In völlig unhistorischer Weise werden dem Zaren darin die unglaublichsten Verbrechen nachgesagt, während Vasilij Žujskij, dem Vertreter des Hochadels, die höchsten menschlichen Tugenden und Vorzüge angedichtet werden. Die Typisierung der Personen in der _Povest'_ ist äußerst klischeehaft und plump. Der althergebrachte Topos vom »Licht« und vom »Dunkel« muß auch hier zu einer finsteren Schwarzweißmalerei herhalten, die, sowenig sie den Tatsachen entsprach, das geschichtliche Bild des Boris Godunov doch wirksam verzerren sollte. Der Autor des _Povest'_, der sich im erhaben-rhetorischen Stilgewande der Makarios-Zeit bewegt (und dabei mitunter in kleinliche, langweilige Ausführlichkeit verfällt), gibt sich ungemein belesen in den Kirchenvätern, der _Bibel_, und der älteren theologischen Literatur. Als direkte Quellen scheint er die Vita des Aleksandr Nevskij _(Žitie svjatogo Aleksandra Nevskogo)_, die Erzählung O žitii i o prestavlenii Dimitrija Ivanoviča _(Von Leben und Tod des Dimitrij Ivanovič)_ und die Berichte von der Mamaj-Schlacht _(Povest' o mamaevom poboišče)_ herangezogen zu haben. KLL

Ausgaben: Petersburg 1891 (in _Pamjatniki drevnej russkoj pis'mennosti, otnosjaščiesja k Smutnomu vremeni_, Leningrad ³1925).

Literatur: S. F. Platonov, _Drevnerusskie skazanija i povesti o Smutnom vremeni XVII veka kak istoričeskij istočnik_, Petersburg ²1913. – M. A. Jakovlev, »Inoe skazanie« (in Uč. zap. Leningradskogo gos. ped. inst., 1, 1938, S. 183–232). – L. V. Čerepnin, _Smuta i istoriografija XVII veka_ (in Istoričeskie zapiski, 14, 1945, S. 81–128). – A. A. Nazarevskij, _Očerki iz oblasti russkoj istoričeskoj povesti načala XVII stoletija_, Kiew 1958. – Ja. Solodkin, _K istorii sozdanija »Inogo skazanija«_ (in Vspomogatel'nye istoričeskie discipliny, 13, 1982, S. 63–77).

ISTORIJA O KAZAN'SKOM CARSTVE

(russ.; _Geschichte vom Zarenreich Kasan_). Anonyme Kriegserzählung aus dem 16. Jh. über die Belagerung und Einnahme der Stadt Kasan durch den

Moskauer Zaren Ivan IV. Groznyj (der »Schreckliche«, reg. 1533–1584). – Der namentlich nicht bekannte Autor, ein Russe (möglicherweise der Pope Ioann Glazatyj), der zwanzig Jahre lang als Gefangener der Tataren in Kasan gelebt hatte, eröffnet seine Erzählung mit einem kurzen Bericht über die sagenhafte Entstehung des Reichs: An der Stelle eines alten Schlangennests, das nur durch Zauberei hatte gereinigt werden können, hat sich neues Schlangengezücht eingenistet: die heidnischen Tataren. Aus den Resten der Goldenen Horde, aus finnischen, bulgarischen und chazarischen Stämmen hatte sich gegen Ende des 15. Jh.s der Königreich Kasan neben den tatarischen Khanaten der Krim, Astrachans und Sibiriens konsolidiert. Die tatarischen Herrscher machten den Russen den Handelsweg nach dem Osten über die Wolga streitig, und schon bevor Ivan IV. im Jahr 1550 zu seinem ersten Kriegszug nach Kasan aufbrach, war es zu Kampfhandlungen gekommen, die sich mehrmals sogar im Raum Moskaus abgespielt hatten. – Mit dem Auftritt Ivans in der »Geschichte«, setzt der eigentliche, ausführlich erzählte Bericht ein. Das erste Unternehmen des Zaren scheitert an ungünstigen Wetterverhältnissen. Den zweiten Versuch leiten ungewöhnlich lange und gründliche Vorbereitungen ein: In der Nähe Kasans wird der Stützpunkt Svijažsk angelegt, und ausländische Ingenieure werden zur Beratung herangezogen, ehe 1552 die eigentliche Belagerung beginnt, die mit der Sprengung der Stadtmauern und einem fürchterlichen Blutbad unter den Einwohnern endet: _»Wie hungrige Adler und Falken stießen die Russen herab auf die Ruinen der Stadt ... Sie fahndeten nach den Bürgern von Kasan, die sich in ihren Häusern und Tempeln, in ihren Kellern und Höhlen verbargen. Wenn sie einen Greis oder einen Jüngling oder einen Mann reiferen Alters griffen, übergaben sie ihn sofort dem Tode durch das Schwert ... Ströme von Blut flossen durch die Straßen, Ströme von Tränen ergossen sich, und wie eine gewaltige Regenpfütze sammelte sich das Blut an den tiefer gelegenen Stellen.«_ Die Erzählung schließt mit der Schilderung der triumphalen Rückkehr Ivans nach Moskau.

Entgegen der Meinung einiger sowjetischer Forscher kann dem Werk ein spezifisch literarischer Rang nicht zuerkannt werden, da die Konzeption der Erzählung am Widerstreit von sachlicher Objektivität, zustimmender Anerkennung und christlichem Ressentiment gegenüber den Tataren zerbricht (aufschlußreich ist, daß der Autor in der Gefangenschaft selbst vorübergehend den mohammedanischen Glauben angenommen hatte). Die eigentliche Bedeutung der _Istorija_ beruht darauf, daß sie eine authentische Schilderung der Persönlichkeit Ivans IV. enthält, seine Auseinandersetzungen mit dem Adel und seine außenpolitischen diplomatischen Praktiken schildert sowie die politischen Verhältnisse am Moskauer Hof detaillierter darstellt. Der Zar, den die abendländischen Gesandten an seinem Hof zu einseitig als den »Schrecklichen« charakterisiert haben, erscheint in dem Bericht – wie übrigens auch im russischen Volkslied – als gerechter Herrscher, kluger Beschützer des jungen Moskauer Staats und als Christ, der von seinem Glauben so durchdrungen ist, daß ihn die gefallenen Feinde zu Tränen rühren. In den harten Auseinandersetzungen Ivans mit dem selbstherrlichen Bojarenstand steht der Autor eindeutig auf seiten des Herrschers und seiner zentralistischen Einheitspolitik. Ebenso übernimmt er den Gedanken von »Moskau, dem dritten Rom« (vgl. *Povest' o novgorodskom belom klobuke*) und akzeptiert jene Abstammungstheorie, nach der das Herrscherhaus Ivans auf die römischen Kaiser zurückgeht, wie sie sich im *Skazanie o knjazjach Vladimirskich (Erzählung über den Fürsten Vladimir)* aus dem 15. Jh. findet. Der ausgesprochenen politischen und staatsideologischen Thematik scheint die Sprache des Werkes, die ganz dem Stil des religiösen Schrifttums verhaftet bleibt, wenig angemessen. Es finden sich jedoch auch Passagen, in denen eine starke poetische Ausdruckskraft durchbricht, so vor allem in der leidenschaftlichen Klage der Zarin von Kasan, deren besiegten Mann Ivan IV. als Gefangenen mit sich nach Moskau führt. – Die *Istorija* ist in mehr als zweihundert Handschriften überliefert, was ihre große Beliebtheit erweist. Noch im 18. Jh. fand der Stoff Beachtung: Michail M. Cheraskov übernahm ihn, wenngleich in abgewandelter Form, in sein Poem *Rossiada* (1779).   C.K.

Ausgaben: Petersburg 1903, Hg. G. Z. Kuncevič (*Poln. sobr. russkich letopisej*, Bd. 19). – Moskau 1954, Hg. V. P. Adrianova-Peretc [Anm. G. N. Moiseeva]. – Kiew 1989, Hg. L. A. Dubrovina.

Übersetzung: *Historie vom Zartum Kasan (Kasaner Chronist)*, F. Kaempfer, Graz u. a. 1969.

Literatur: G. Z. Kuncevič, »*Istorija o Kazan'skom carstve« ili Kazan'skij letopisec*, Petersburg 1905. – G. N. Moiseeva, »*Kazan'skaja istorija«. Novyj ètap v razvitii istorič. povestvovanija drevnej Rusi*, Diss. Leningrad 1951. – Dies., *Avtor »Kazan'skoj istorii«* (in Trudy otdela drevnerusskoj literatury, 9, 1953, S. 266–288). – Dies., *Kazan'skaja carica Sjujunbike i Sumbeka »Kazan'skoj istorii«* (ebd., 12, 1956, S. 174–187). – S. I. Kokorina, *K voprosu o sostave i plane avtorskogo teksta »Kazan'skoj istorii«* (ebd., 12, 1956, S. 576–585). – T. F. Volkova, »*Kazan'skaja istorija« i istorika-publicistčeskie povestvovanie Moskovskoj Rusi vtoroj poloviny XVI veka*, Diss. Moskau 1982. – T. K. Volkova, *Maloizucaënnyj istočnik »Kazan'skoj istorii«* (in Russkaja literatura, 1982, Nr. 3, S. 135–138). – T. F. Volkova, »*Kazan'skaja istorija« i troickie literaturnye pamjatniki o vzjatii Kazani. (K voprosu ob istoriko-literaturnych osobennostjach »Kazan'skoj istorii«)* (in Trudy otdela drevnerusskoj literaturnyj, 37, 1983, S. 104–117). – Dies., *Rabota avtora »Kazan'skoj istorii« nad sjužetom povestvovanija ob osade i vzjatii Kazani* (ebd., 39, 1985, S. 308–322). – A. S. Demin, *Otgoloski »Slova o polku Igoreve« v »Kazan'skoj istorii« (Gipoteza o promežutočnom istočnike)* (ebd., 43, 1990, S. 124–130). – N. V. Trofimova, *Poëtika povesti vto-*

roj poloviny XVI veka. »*Istorija o kazan'skom carstve«*, Moskau 1984. – N. V. Trofimova, »*Istorija o kazan'skom carstve« i tradicii russkogo fol'klora* (in *Fol'klornye tradicii v russkoj i sovetskoj literature*, Moskau 1987). – T. F. Volkova, »*Kazan'skaja istorija«* (in Slovar knižnikov i knižnosti Drevnej Rusi, 1988, S. 450–458; m. Bibliogr.).

Istorija o rossijskom Dvorjanine Frole Skobeeve

(russ.; *Die Geschichte von dem russischen Edelmann Frol Skobeev*). Anonyme Novelle aus dem 17. Jh. – Hatte bereits die *Povest' o gore i zločastii (Geschichte von Leid und Unglück)* Ansätze zu einer realistischen Darstellungsweise gezeigt, so vollzieht sich in den Erzählungen von *Karp Sutulov (Povest' o Karpe Sutulove)* und *Frol Skobeev* endgültig die Emanzipation von Stil und Gehalt der moralisierenden, geistlichen Literatur.

Gegen Ende des 17. Jh.s lebt im Kreise Novgorod der Edelmann Frol Skobeev, den die Natur zum Ausgleich für seine Armut mit einer gehörigen Portion Schlauheit ausgestattet hat. Als er von Annuška, der schönen Tochter des angesehenen Mundschenks Nardin Naščekin, hört, sinnt er auf ein Mittel, das ihn in ihre Nähe führen soll. Es gelingt ihm, sich die Amme des Mädchens geneigt zu machen, und diese rät ihm, in Mädchenkleidern eine Gesellschaft Annuškas zu besuchen. Als er am Abend mit der reizvollen Gastgeberin allein bleibt, macht er sich ihre Unerfahrenheit zunutze und verführt sie. Annuška spielt der kupplerischen Amme gegenüber die Entrüstete, in Wahrheit jedoch ist ihr das drei Tage während Beisammensein mit Skobeev durchaus nicht zuwider. Indessen bittet der Vater sie, nach Moskau zu kommen, wo viele angesehene Freier ihrer harren. Skobeev eilt ihr in die Hauptstadt nach, wo Annuška sich nur allzugern von ihm entführen und heiraten läßt. Durch ein schlau-durchtriebenes Spiel gelingt es dem feinen Edelmann, die zunächst erbitterten Eltern mit dem Fait accompli zu versöhnen, ja, er versteht es sogar, von dem Mundschenk ein ansehnliches Grundkapital zu erschmeicheln. Da er mit dem Gelde umzugehen weiß, ist Frol Skobeev binnen kurzem ein gemachter Mann.

Die Abenteuer des skrupellosen Edelmanns wirken wie ein heiteres Vorspiel zu den weltoffenen Novellen der Petrinischen Zeit. An die Stelle der aus der geistlichen Literatur vertrauten typisierten Personen und Örtlichkeiten tritt jetzt eine wirklichkeitsgetreue Schilderung vom Leben und Treiben des russischen Kleinadels, der weniger um die ethischen Forderungen der Kirche besorgt war als vielmehr um Reichtum und Ansehen in dieser Welt. Ein lakonisch knapper Stil von geradezu raffinierter Sparsamkeit der Mittel zeichnet die Novelle aus. In drei Sätzen wird die Resignation des zwischen Entrüstung und Sorge um die Tochter schwankenden Nardin Naščekin, aber auch die berechnende Durchtriebenheit Skobeevs umrissen. »›*Na, du Schuft, hast du Geld? Wovon willst du dir Dörfer kaufen?*‹›*Aber Ihr wißt doch, lieber Herr und Schwiegervater, was ich für Geld habe!*‹ *– Und der Mundschenk befahl seinem Hofmeister, 500 Rubel herauszugeben.*« – Da der Name des Mundschenks auch aus anderen zeitgenössischen Quellen bekannt ist, nimmt man an, daß der Stoff der Novelle auf eine wahre Begebenheit zurückgeht. Die Sprache des Werks verrät, daß der Verfasser den Kreisen der Kanzleibeamten nahegestanden haben muß. Das humorvolle, frivole Werk wurde in späterer Zeit mehrfach bearbeitet und auch vertont.   C.K.

AUSGABEN: Petersburg 1905 (in *Russkie povesti 17–18 vekov*, Hg. V. V. Sipovskij). – Leningrad 1934, Hg. V. F. Prokovskaja (in *Trudy otdela drevnerusskoj literatury*, 1). – NY 1954 (in *Anthology of Old Russian Literature*, Hg. A. Stender-Petersen). – Moskau ⁷1962 (in *Chrestomatija po drevnej russkoj literature 11–17 vekov*, Hg. N. K. Gudzij). – Moskau 1969 (in *Izbornik. Sbornik proizvedenij litratury Drevnej Rusi*, Hg. O. Tvorogov). – Moskau 1986 (in *Izbornik. Povesti Drevnej Rusi*, Hg. L. Dmitriev u. N. Ponyrko, Vorw. D. Lichačëv; nruss.). – Moskau 1988 (in *Pamjatniki litratury Drevnej Rusi, XVII vek*, Hg. L. Dmitriev u. D. Lichačëv; m. nruss. Übers.).

ÜBERSETZUNG: *Die Geschichte vom Schelmen Frol Skobejew*, E. Kottmeier (in *Aus dem alten Rußland. Epen, Chroniken und Geschichten*, Hg. S. Zenkovsky, Herrsching 1968).

DRAMATISIERUNG: D. V. Averkiev, *Komedija o rossijskom dvorjanine Frole Skobeeve* (Urauff.: Petersburg 1868, Aleksandrinskij teatr).

VERTONUNG: T. N. Chrennikov, *Frol Skobeev* (Oper; Urauff.: Moskau 1950).

LITERATUR: M. A. Sokolova, *K voprosu o vremeni i meste vozniknovenija »Povesti o Frole Skobeeve«* (in Naučnyj bjulleten' Leningr. gosud. ordena Lenina univ., 1945, Nr. 3, S. 33 f.). – N. A. Baklanova, *K voprosu o datirovke »Povesti o Frole Skobeeve«* (in Trudy otdela drevnerusskoj literatury, 13, 1957, S. 511–518). – D. Lichačëv, *»Povest' o Frole Skobeeve«* (in *Istoki russkoj belletristiki: Vozniknovenie žanrov sjužetnogo povestvovanija v drevnerusskoj literature*, Leningrad 1970, S. 558–561). – V. Mašleša, *Nravstvennoe soderžanie bytovych povestej XVII v. »Povest' o Gore-Zločastie«, »Povest' o Savve Grudcyne«, »Povest'o Flore Skobeeve«*, Diss. Moskau 1986. – A. Pančenko, *Povest' o Frole Skobeeve* (in Trudy otdela drevnerusskoj literatury, 41, 1988, S. 94–96).

IVAN GODINOVIČ

(russ.; *Ivan Godinovič*). Episches Lied der Moskauer Epoche, entstanden im 16. Jh. und in vielen Varianten überliefert. – Am Hofe des Fürsten Vladimir von Kiew wird ein großes Gastmahl gefeiert. Alle sind fröhlich und betrunken, nur der Recke Ivan Godinovič nicht. Nach den Ursachen seines Kummers befragt, gesteht Ivan, daß ihm eine Frau fehle. Der Fürst, Ivans Onkel, empfiehlt ihm, sich eine zu suchen: »*Wo eine Braut ist nach deinem Gefallen, da nimm sie dir; gibt man sie im guten nicht, nimm sie mit Gewalt.*« Ivan bricht sofort mit seinem Gefährten Efimka nach Černigov auf. Hier wirbt er bei dem Kaufherrn Dmitrij um dessen bildschöne Tochter Nastasja, muß jedoch erfahren, daß sie schon dem (heidnischen) Zaren Koščej (»Zauberer«) Trapetovič anverlobt ist. Eingedenk des Rats seines fürstlichen Onkels entführt er Nastasja »*mit Gewalt*«. Auf dem Rückweg nach Kiew schickt er Efimka voraus, um allein mit Nastasja in seinem weißen Zelt der Ruhe zu pflegen. Während die beiden schlafen, reitet Koščej heran und fordert vor dem Zelt laut Rechenschaft von Ivan. Es kommt zum Zweikampf, in dem Ivan siegt, doch kann Koščej im letzten Moment das Blatt zu seinen Gunsten wenden. Er erinnert Nastasja daran, daß sie als seine Frau eine Zarin, als Ivans Weib jedoch eine Waschfrau sein würde: Nastasja begreift augenblicklich und kommt Koščej zu Hilfe; gemeinsam überwinden sie den russischen Recken und fesseln ihn, um sich daraufhin im Zelt vor seinen Augen der Liebe hinzugeben. Ein Taubenpaar kommt angeflogen und verhöhnt Ivan, Nastasja aber wittert Gefahr: Die Tauben werden nach Kiew fliegen und dort von Ivans Schande berichten. Sie bittet Koščej, Ivan den Kopf abzuschlagen, ehe die Kiewer Recken ihn befreien können. Koščej jedoch hört nicht auf sie: Er schießt den Pfeil auf die Tauben ab – und wird vom eigenen Schuß getötet. Nastasja tritt mit dem Säbel in der Hand vor den gefesselten Ivan: Gelobt er ihr, sie nicht zu schlagen und zu schmähen, wird sie ihn losbinden; weigert er sich, wird sie ihn köpfen. Plötzlich aber entfällt der scharfe Säbel ihrer zitternden Hand und zerschneidet Ivans Fesseln. Endlich befreit, schlägt und schmäht er die Treulose nicht, sondern erteilt ihr »*drei große Lehren*«: Die Hände hackt er ihr ab, weil sie ihn zu Boden warfen; die Lippen schneidet er ihr aus dem Gesicht, weil sie Koščej küßten; die Zunge reißt er ihr aus dem Mund, weil sie seinen Tod forderte. Der Schlußteil des Lieds befremdet durch schwankhafte Züge (die in dem sehr ähnlichen Lied über *Dobrynja und Alëša* noch gerechtfertigt erscheinen): Ivan reitet allein nach Kiew zurück und meldet dem Fürsten Vladimir: »*Ei mein Oheim du! Jeder verheiratet sich in dieser Welt, doch nicht jedermann glückt die Hochzeit!*«
Der Verfasser des Lieds übernahm wesentliche Teile und Motive aus ihm bekannten älteren Bylinen:

Die Gastmahlszene und das Motiv der Brautwerbung stammen aus dem Lied *Dobrynja i Dunaj (Dobrynja und Dunaj)*; der dritte Teil des Lieds über *Michajlo Potyk*, das nur in sehr zersungener Form überliefert ist, erzählt, wie Michajlos treuloses Weib den eigenen Gatten an Koščej, den Zaren der Goldenen Horde, verrät, wofür sie später mit dem Tod bestraft wird; der Schluß schließlich ist im Lied über *Dobrynja i Alëša (Dobrynja und Alëša)* vorgebildet. Den Stoff zu seiner Byline fand der Ursänger in der alten, aus Asien nach Europa und Rußland getragenen, auch auf dem Balkan, in Polen und der Ukraine bekannten Wanderfabel, die vom Beischlaf des treulosen Weibes mit ihrem Liebhaber vor den Augen des – mit ihrer Hilfe gefesselten – Gatten berichtet und davon, daß dieser sich durch göttliche Hilfe mit dem Schwert seines Rivalen befreien und ihn erschlagen kann. Die indische, wohl ursprüngliche Version nennt die für Ehebrecherinnen übliche Strafe: das Abschneiden von Nase und Ohren (vgl. den Sammelartikel *Byliny*). M.Gru.

AUSGABEN: Moskau 1804 (in *Drevnie rossijskie stichotvorenija: Sbornik Kirši Danilova*, Hg. A. F. Jakubovič; ²1818, Hg. K. F. Kalajdovič; 1901, Hg. P. N. Šeffer; 1938, Hg. S. K. Šambinago). – Moskau 1894 (in *Russkie byliny staroj i novoj zapisi*, Hg. N. S. Tichonravov u. V. F. Miller; Beilage). – Moskau 1957 (in *Byliny*, Hg. P. D. Uchov u. V. I. Čičerov; krit.). – Moskau 1958 (in *Byliny*, Hg. V. Ja. Propp u. B. N. Putilov, 2 Bde., 2; krit.).

LITERATUR: M. E. Chalanskij, *Južnoslavjanskija skazanija*, Bd. 3, Warschau 1894, S. 594–607. – G. N. Potanin, *Vostočnye motivy v srednevekovom evropejskom épose*, Moskau 1899, S. 660–692. – A. M. Loboda, *Russkie byliny o svatovstve*, Kiew 1904, S. 203–231. – R. Trautmann, *Die Volksdichtung der Großrussen*, Bd. 1, Lpzg. 1935, S. 359 bis 365. – V. Ja. Propp, *Russkij geroičeskij épos*, Leningrad 1955, S. 121–128.

IVAN GOSTINYJ SYN

(russ.; *Ivan Kaufmannssohn*). Episches Lied der Nowgoroder oder Moskauer Epoche, Entstehungszeit unbekannt, im 16. Jh. entscheidend durch bürgerlichen Einfluß umgeformt. – Den Hintergrund der Handlung bildet das alte Kiew und der Hof des Großfürsten Vladimir. Beim Gastmahl fragt der überaus gutgelaunte Großfürst seine Fürsten, Bojaren und Recken, wer von ihnen es wohl mit dreihundert Hengsten und *»drei hochgepriesenen Hengsten«* aufnehmen und gegen sie um die Wette von Kiew nach Černigov *»zweimal neunzig volle Werst zwischen Frühmesse und Hochamt«*

reiten wolle. Das betretene Schweigen beendet Ivan Kaufmannssohn, der sich von der Reckenbank erhebt, die Wette annimmt und als Pfand seinen Kopf setzt. Während für den Großfürsten sogleich sämtliche Fürsten, Bojaren, Kaufleute und Schiffsherren die Bürgschaft in Höhe von 100 000 an Geld übernehmen, bürgt für Ivan Kaufmannssohn zuletzt nur der Erzbischof von Černigov. Ivan trinkt eineinhalb Eimer grünen Wein und sucht danach im Stall sein Roß auf, dem er weinend vor die Hufe fällt, weil ihm nun klar wird, daß er sein Leben verspielt hat. Das Pferd läßt sich von ihm Einzelheiten der Wette erzählen, tröstet ihn und trägt ihm auf, es bei Sonnenaufgang dreimal umherzuführen, es mit Honigwasser zu tränken, mit Mais zu füttern und nicht zu satteln; an dem Tag aber, an dem die Wette ausgetragen werde, solle Ivan seinen kostbarsten schwarzen Zobelpelz anziehen. Am Tag der Wette führt Ivan sein Pferd auf den Hof Vladimirs. Alle Fürsten sind versammelt, die dreihundertdrei Hengste stehen bereit. Da schlägt Ivans Roß plötzlich mit den Vorderhufen aus, reißt seinem Herrn die schwarzen Zobelfelle aus dem Mantel und zerstreut sie in alle Richtungen. Fürsten und Bojaren sind maßlos erstaunt, doch es kommt noch besser: Das Roß beginnt wie ein Auerochse zu brüllen und nach Schlangenart zu zischen, die dreihundert Hengste stieben auseinander, und von den *»drei hochgepriesenen Hengsten«* bricht sich einer die Beine, der andere den Hals, der dritte galoppiert zur Goldenen Horde zurück; Fürsten und Bojaren aber kriechen vor Angst auf allen vieren. Großfürst Vladimir, höchst betrübt darüber, daß er die Wette auf diese Weise verloren hat, sucht zu retten, was zu retten ist: *»Heil dir, Ivan Kaufmannssohn, führe die Mißgeburt vom Hofe weg; eitel sind die festen Bürgschaften, nicht unsere Verträge.«* Damit gibt sich jedoch der Erzbischof von Černigov nicht zufrieden: Um die Wettschuld einzutreiben, läßt er drei Frachtschiffe mit Waren aus Übersee auf dem Dnjepr kapern und droht: *»Die Fürsten aber und Bojaren werden uns nirgendhin entgehen.«*

Das inhaltlich nicht sehr klare, in vielen Varianten überlieferte Lied vermischt ein Märchenmotiv (das wunderbare Pferd) mit Teilen alter Bylinen (so wird etwa der Anfang des Lieds über *Djuk Stepanović*, dort nur Handlungsanlaß, hier Haupthandlung; auch das Motiv von dem Pferd, das Il'ja Murovec von dem jungen Tugarin Schlangensohn erbeutete und das zuletzt wieder zur Goldenen Horde zurückkehrt, mag Teil einer alten, vergessenen Byline sein). Dem Sänger scheint es aber weniger auf Originalität der Erfindung angekommen zu sein; wichtiger war die neuartige ironische Charakterisierung der Einzelpersonen, die durchaus nicht mehr die statuarische Größe der Helden alter Lieder besitzen. Im Geist einer bürgerlichen Zeit dient die Kiewer Bylinenkulisse dazu, um das unheldische (Ivan), feige (Fürsten und Bojaren) oder gar unehrenhafte (Großfürst Vladimir) Verhalten der Akteure um so stärker hervortreten zu lassen (vgl. den Sammelartikel *Byliny*). M.Gru.

AUSGABEN: Moskau 1804 (in *Drevnie rossijskie stichotvorenija: Sbornik Kirši Danilova*, Hg. A. F. Jakubovič; ²1818, Hg. K. F. Kalajdovič; 1901, Hg. P. N. Šeffer; 1938, Hg. S. K. Šambinago). – Moskau 1957 (in *Byliny*, Hg. P. D. Uchov u. V. I. Čičerov; krit.). – Moskau 1958 (in *Byliny*, Hg. V. Ja. Propp u. B. N. Putilov, 2 Bde., 2; krit.).

LITERATUR: O. F. Miller, *Sravnitel'no-kritičeskija nabljudenija nad sloevym sostavom narodnogo russkago ėposa*, Bd. 1: *Il'ja Muromec i bogatyrstvo kievskoe*, Petersburg 1869, S. 379–386. – R. Trautmann, *Die Volksdichtung der Großrussen*, Bd. 1, Lpzg. 1935, S. 207–210. – B. A. Rybakov, *Drevnjaja Rus'*, Moskau 1963, S. 125–134.

IZBORNIKI SVJATOSLAVA

(aruss.; *Sammelbände Svjatoslavs*). Anonyme Sammelhandschriften des 11. Jh.s. – Nach dem Scheitern der mährischen Mission flohen die Schüler Kyrills und Methods auf den Balkan und fanden im bulgarischen Reich, das sich im Jahr 864 endgültig dem orthodoxen Christentum angeschlossen hatte, eine neue Wirkungsstätte. Im Kloster Sveti Pantelejmon in Ohrid, dem Zentrum der südslavischen Mission, wurde der Grundstein für die Entwicklung des slavischen Schrifttums gelegt, dessen Sprache das Altbulgarische und dessen Quelle der unerschöpfliche Reichtum der byzantinischen Literatur war. Einer Anregung des Zaren Simeon verdanken zwei Sammelwerke ihre Entstehung, der sog. *Zlatostruj*, eine Übersetzung der Homilien des JOHANNES CHRYSOSTOMOS, und ein Codex, der auf russischem Boden als *Izbornik Svjatoslava* berühmt werden sollte. Er vermittelte den Slaven nicht nur die Kenntnis der meistgelesenen byzantinischen Schriftsteller, sondern auch von weniger bekannten Autoren des griechischen Mittelalters. Die bulgarische Handschrift mit dem umständlichen Titel *Exzerpte aus vielen Kirchenvätern, Erläuterungen unerklärlicher Ausdrücke aus den Evangelien, der Apostelgeschichte und anderen Büchern, kurz zusammengefaßt als Gedächtnisstütze und für präzise Antworten* enthält 383 Auszüge der verschiedensten Art aus dreißig frühbyzantinischen und lateinischen Autoren. Neben theologischen Exzerpten stehen historische; an den Traktat des GEORGIOS CHOIROBOSKOS über die Redefiguren schließt sich ein Verzeichnis der zugelassenen und der verbotenen Bücher an, dogmatisch-ethische Themen wechseln mit detaillierten Fastenvorschriften für die einzelnen Monate des Jahres. Es ist nicht ausgeschlossen, daß Simeon selbst die Texte auswählte, deren Übersetzung weitgehend dem griechischen Original angemessen ist.
Im Jahre 1073 wurde der Sammelband des bulgarischen Zaren für den Kiewer Fürsten Svjatoslav abgeschrieben. Die russische Redaktion besorgte ein Kanzleischreiber *(d'jak)* namens IOANN. Der reich mit Miniaturen und Ornamenten geschmückte Codex gehört zu den schönsten russischen Handschriften. Die erste Seite des in klarer Majuskelschrift geschriebenen Textes ist in Gold ausgemalt. Im Jahr 1076 wurde für den Kiewer Fürsten ein zweiter umfangreicher Sammelband angefertigt, der nach Meinung vieler Forscher ebenfalls auf Simeon zurückgeht. Neuere Forscher halten die Handschrift dagegen für ein authentisch russisches Werk. Auch sie enthält Übersetzungen aus der byzantinischen und der patristischen Literatur, darunter auffallenderweise auch einige Texte weltlichen Charakters. Die Forschung ist auf die Sammelbände Svjatoslavs bereits sehr früh aufmerksam geworden. K. F. KALAJDOVIC (1792–1832), einer der bedeutendsten Angehörigen des Rumjancev-Kreises, der die erste wissenschaftliche Untersuchung des altrussischen Schrifttums anregte, ist der Entdecker dieser wichtigen Texte, denen die altrussische Literatur viele Anregungen verdankt.   C.K.

AUSGABEN: Petersburg 1880 (*Izbornik velikogo knjaza Svjatoslava Jaroslaviča 1073*). – Warschau 1894 (*Sbornik Svjatoslava 1076 g.*, Hg. V. Szjmanovskij). – Moskau 1965 (*Izbornik 1076 g.*, Hg. V. S. Golysenko u. a.). – Moskau 1983 (*Izbornik 1073 g.*, 2 Bde.; krit.).

LITERATUR: M. Lunt, *On the »Izbornik of 1076«* (in *Fs. f. O. Unbegaun*, NY 1968). – V. Adrianova-Perec, *Aforizmy »Izbornik Sviatoslava 1076 g.« i russkie poslovicy* (in *Trudy otdela drevnerusskoj literatury*, 25, 1970, S. 3–19). – N. Meščerskij, *K voprosu ob istočnikach »Izbornika 1076 g.«* (ebd., 27, 1972, S. 321–328). – *»Izbornik Svjatoslava 1073 g.« Sbornik statej*, Hg. B. Rybakov, Moskau 1977. – I. Levočkin, *Novyj spisok »Izbornika Svjatoslava 1073 g.«* (in *Pamjatniki kul'tury. Novye otkrytija*, Leningrad 1981, S. 7–11). – S. Bondar', *Drevnerusskij »Izbornik 1076 g.« kak istočnik filosofskoj kul'tury Kievskoj Rusi* (in *Problemy filosofii*, 56, 1982, S. 17–24). – I. Levočkin, *»Izbornik Svjatoslava« i russkie sborniki XV–XVII vv.* (in *Trudy otdela drevnerusskoj literatury*, 40, 1985, S. 373–378). – S. Bondar', *K ponimaniju problemy »čelovek-istorija-vremja« v »Izbornike 1073 g.«* (in *Čelovek i istorija srednevekovoj filosofskoj mysli russkogo, ukrainskogo i belorusskogo narodov*, Kiew 1987, S. 69–87). – Ders., *»Izbornik 1073 g.«: enciklopedija ili chrestomatija?* (in *Sovetskoe slavjanovedenie*, 1988, Nr. 5, S. 70–74; m. Bibliogr.). – D. Bulanin, *Neizvestnyj istočnik »Izbornika 1076 g.«* (in *Trudy otdela drevnerusskoj literatury*, 44, 1990, S. 161–178). – D. Lichačëv, *Naznačenie »Izbornika 1076 g.«.*

KIEVO-PEČERSKIJ PATERIK

(aruss.; *Väterbuch des Kiewer Höhlenklosters*). Dieses aus dem 13. Jh. stammende Paterikon ist im Unterschied zu schon früh in Rußland bekanntgewordenen Übersetzungswerken der gleichen Gattung eine original russische Schöpfung. Der Kern des Väterbuchs verdankt seine Entstehung einem persönlichen Anlaß: dem Briefwechsel zwischen Bischof SIMON VON VLADIMIR (Bischof 1215 bis 1226; † 1226) und dem Klostermöch POLYKARPOS (Polikarp). Simon, ehemals Mönch des Höhlenklosters, ermahnt seinen dort verbliebenen ehrgeizigen Freund Polikarp, er solle nicht danach trachten, die Stille und Geborgenheit des Klosterlebens gegen kirchliche Ämter und Würden einzutauschen. Auch wenn er sich bei seinen geistigen Fähigkeiten übergangen fühle, möge er dessenungeachtet in Demut ausharren und die Heiligkeit des Klosters nicht einer Stellung zu opfern bestrebt sein, in der er ständig den Verlockungen der Welt ausgesetzt sei. Zur Bekräftigung seiner Ermahnungen schildert Simon die wunderbare Erbauung der Muttergotteskirche des Höhlenklosters sowie einige ihm bedeutsame Ereignisse aus dem Leben der Kiewer Mönche, an deren vorbildlicher Verhaltensweise angesichts von Versuchungen durch Teufel, Dämonen, grausame Fürsten und sinnliche Frauen Polikarp sich ein Beispiel nehmen solle. Dieser scheint durch den Brief des Freundes umgestimmt worden zu sein, denn er ergänzt die Erzählung Simons durch elf eigene Schilderungen ähnlicher Art, die er mit einer Einleitung versieht und an den Abt des Kiewer Höhlenklosters, AKYNDINOS (Akindin, Abt 1214–1231), adressiert.
Die typisch hagiographischen, durch zahlreiche persönliche Anreden und Bekenntnisse der Autoren unterbrochenen Schilderungen weisen mitunter dramatisierende und psychologisierende Momente auf. Augenfällig ist der Unterschied zwischen den Erzählungen Simons und denen Polikarps. Während die Briefe Simons speziell auf das augenblickliche Anliegen seines Freundes abgestimmt sind, haben Polikarps Schilderungen bereits einen allgemeinen, von literarischem Ehrgeiz zeugenden Charakter. Alle Berichte zeichnen sich durch eine schlicht erzählende Sprache aus, die schon Aleksandr PUŠKIN begeistert hat.
Der Wert des Paterikons liegt vor allem in den zahlreichen Hinweisen auf das zeitgenössische Ambiente der Mönche: Auch findet sich darin manche Ergänzung zu den Chronikberichten des 11. und 12. Jh.s. In der Absicht, die religiöse Bedeutung des Höhlenklosters für das ganze Kiewer Reich zu unterstreichen, erlauben sich die Verfasser des *Väterbuchs* offene Kritik an den Fürsten, die die Stellung des Klosters und seiner Mönche nicht in gebührender Weise zu achten bereit sind.
Der Briefwechsel Simons und Polikarps wurde offenbar schon früh zusammengefaßt. In seiner älte-

sten erhaltenen Fassung aus dem Jahr 1406 ist er mit NESTORS *Vita des Feodosij (Žitie Feodosija)* vereint, die neben der Anonios-Legende und den Legenden der altrussischen Annalen (unter dem Jahr 1074) eine seiner vornehmsten Quellen darstellt. Während die Fassung von 1406 *(Arsenevskaja redakcija)* noch den Charakter persönlicher Sendschreiben mit einem überwiegend durch lokale Gegebenheiten bedingten Inhalt bewahrt, nimmt in der zweiten bekannten Redaktion von 1462 *(Kassianovskaja redakcija)* die allgemein historisierende Tendenz zu. Im Druck erschien das ganze Werk erstmals 1661 in Kiew auf Anregung des Archimandriten Inokentij GIZEL', des Verfassers der bekannten *Synopsis* der russischen Geschichte. Neben mündlich tradierten Heiligenlegenden mögen für das *Kiewer Väterbuch* das *Sinaitische Paterikon* (eine kirchenslavische Übertragung des *Leimón pneumatikós* des JOHANNES MOSCHOS), das *Paterikon von Jerusalem* sowie die Schriften EPHRAIMS DES SYRERS und JOHANNES KLIMAKOS' von Bedeutung gewesen sein.   C.K.

AUSGABEN: Kiew 1661. – Petersburg 1911, Hg. D. I. Abramovič (Pamjatniki slavjano-russk. pis'mennosti, Bd. 2). – Kiew 1931, Hg. ders. – Moskau 1980 (in *Pamjatniki literatury Drevnej Rusi: XII vek*).

ÜBERSETZUNGEN: »Kievo-Pečerskij paterik« po drevnim rukopisjam v pereloženii na sovremennyj russkij jazyk, M. Viktorova, Kiew 1870 [nruss.]. – Dass., Hg. I. P. Erëmin (in *Chudožestvennaja proza Kievskoj Rusi*, Moskau 1957). – *Erzählungen über altruss. Heilige aus dem Kiewer Paterikon*, D. Tschiževski (in E. Benz, *Russ. Heiligenlegenden*, Zürich 1952; Ausw.).

LITERATUR: D. I. Abramovič, *Issledovanie o »Kievo-Pečerskom Paterike« kak istoriko-literaturnom pamjatnike*, Petersburg 1902. – D. Tschiževski, *Geschichte der altrussischen Literatur im 11., 12. u. 13. Jh.*, Ffm. 1948, S. 280–292. – N. N. Voronin, *Političeskaja legenda v »Kievo-Pečerskom Paterike«* (in Trudy otdela drevnerusskoj literatury, 11, 1955, S. 96–102). – F. Bubner, *»Das Kiever Paterikon«*, Diss. Heidelberg 1972. – H. Reiter, *Studien zur ersten kyrillischen Druckausgabe des »Kiever Paterikons«*, Mchn. 1976. – L. A. Ol'ševskaja, *Ob istočnikovedčeskom aspekte izučenija chudožestvenno-dokumental'noj literatury Drevnej Rusi: Tipologo-tekstologčeskoe issledovanie spiskov Arsen'evskoj redakcii »Kievo-Pečerskogo Paterika«* (in O chudožestvenno-dokumental'noj literature, 1979, S. 65–81). – L. A. Ol'ševskaja, *»Kievo-Pečerskij Paterik« Tekstologija, literaturnoj istorii, žanrovoe svoeobrazie*, Diss. Moskau 1979. – D. K. Prestel, *A Comparative Analysis of the »Kievan Caves Patericon«*, Ann Arbor/Mich. 1983. – Ju. A. Isičenko, *»Kievo-Pečerskij Paterik« v istoriko-literaturnom processe konca XVI-nač. XVIII v na Ukraine*, Kiew 1983. – E. N. Vakulina, *Izvestija »Kievo-Pečerskogo Paterika« o Drevnej Rusi* (in Voprosy istorii, 1986, Nr. 9, S. 174–178). – Ju. A.

Isičenko, »*Kievo-Pečerskij Paterik« u. literaturnomu konteksti XVI–XVIII st.* (in Rad literaturoznavstvo, 1986). – D. Čiževskij, *Erzählungen über altrussische Heilige aus dem »Kiewer Paterikon«* (in *Russische Heiligenlegenden*, Hg. E. Benz, Zürich 1987). – »*Das Väterbuch des Kiewer Höhlenklosters«*, Hg. D. Freydank u. a., Graz u. a. 1989.

KIEVSKAJA LETOPIS'

(aruss.; *Kiewer Chronik*), anonym, 1128–1199. – Die sog. *Kiewer Chronik*, 1199 wohl von dem Abt MOJSEJ für den Fürsten Rjurik Rostislavič abgeschrieben und redigiert, ist das unmittelbare historiographische Bindeglied zwischen der altrussischen *Nestorchronik – der Povest' vremennych let (Geschichte der vergangenen Jahre)* – und der *Galicko-Volynskaja letopis' (Galizisch-Wolhynische Chronik)*. Mit diesen ist sie am besten im sog. *Codex Hypatianus* (russ. *Ipat'evskaja letopis'*) aus dem 15. Jh. tradiert.

Die Chronik setzt mit dem Jahr 1128 ein. Ihr Thema sind die inneren Auseinandersetzungen der frühfeudalen Kiewer Gesellschaft und der Kampf des Kiewer Reichs gegen die aus Innerasien vordringenden Nomadenstämme (Kumanen-Polovcer), die den Mongolensturm des folgenden Jahrhunderts ankündigen. Angesichts der drohenden äußeren Gefahr mußten die Zeichen der inneren Auflösung – die Fürstenfehden, die sich aus dem Nachfolgeprinzip des Seniorats ergaben – dem Einsichtigen den nahen Untergang des Reichs augenfällig machen. Die Mahnung zur politischen Einigung und der Appell an das christliche Gemeinschaftsbewußtsein kehren daher in der offiziellen Literatur des Kiewer Reichs beständig wieder. Die *Kiewer Chronik* bringt diesen Gedanken vor allem in der Darstellung des Feldzugs von Fürst Igor Svjatoslavič aus Novgorod-Seversk (1185) – ein Thema, das auch dem wohl zwischen 1185 und 1187 entstandenen *Igorlied* zugrunde liegt – zum Ausdruck. Von besonderem Interesse jedoch ist der in der Chronik enthaltene Hinweis auf den Kreuzzug Friedrich Barbarossas, den der Chronist als Parallele zum »heiligen Kampf« des russischen Christentums gegen die heidnischen Nomaden sieht.

Als Werk aus vielen Federn ist die *Kiewer Chronik* kein geschlossenes Ganzes. Deutlich lassen sich nach Stil (eine Vorliebe für Dialoge) und Inhalt verschiedene, in sich ausgeglichene Einzelepisoden gegeneinander abheben (die Ermordung des Fürsten Igor' Ol'govič 1147, das Gottesurteil an dem eidbrüchigen Vladimirko von Galizien, 1152, etc.). Nichtsdestoweniger verbindet alle diese Partien die für die altrussische Kriegserzählung kennzeichnende »*martialische Diktion«* (A. Stender-Pe-

tersen) mit ihren typischen, bereits konventionellen Formeln und Wendungen. Sie verleiht dem Werk auf den ersten Blick ein gewisses literarischanspruchsvolles Gepräge, trägt aber in Wahrheit nur dazu bei, die individuellen Eigenarten seiner verschiedenen Schreiber zu neutralisieren und zu nivellieren: »*Im großen ganzen hinterläßt die Kiever Chronik einen Eindruck großer Pracht, aber zugleich einer gewissen Monotonie«* (D. Čyževs'kyj).

W. Sch.-KLL

AUSGABEN: Petersburg 1843 (in *Poln. sobr. russkich letopisej*, Bd. 2). – Petersburg 1908; Nachdr. Moskau 1962. – L. L. Heinrich, *The Kievan Chronicle. A Translation and Commentary*, Diss. Vanderbilt 1977.

LITERATUR: A. A. Šachmatov, *Razyskanija o drevnejšich russkich letopisnych svodach*, Petersburg 1908. – A. S. Klevanov, *Letopisnyj rasskaz sobytij Kievskoj, Volynskoj i Galickoj Rusi ot eë načala do poloviny XIV v.* (in Izv. otdel. russk. jaz. i slov. AN SSSR, 31, 1926, S. 92–126). – D. S. Lichačëv, *Russkie letopisi i ich kul'turno-istoričeskoe značenie*, Moskau/Leningrad 1947, S. 58–76. – I. P. Erëmin, »*Kievskaja letopis'« kak pamjatnik literatury* (in Trudy otdela drevnerusskoj literatury, 7, 1951, S. 67 bis 97). – Ė. Goranin, »*Kievskaja letopis'« XII v. v pol'skoj istoriografii* (in Voprosy istorii, 1974, Nr. 9, S. 186–193). – V. J. Frančuk, »*Kievskaja letopis'«: sostav i istočniki v lingvističeskom osveščenii*, Kiew 1986.

KIEWER BLÄTTER

(aksl.; auch *Kiewer glagolitische Blätter, Kiewer glagolitisches Missale* genannt). Ältestes Denkmal der altkirchenslavischen Literatur. – Es handelt sich um das Fragment eines *Missale* aus dem 10. Jh., das nach lateinischer Vorlage angefertigt wurde. Die Blätter befanden sich lange Zeit in dem berühmten Katharinenkloster auf dem Berg Sinai. Dort wurden sie zwischen 1869 und 1872 von dem russischen Archimandriten Antonin Kapustin entwendet und der Kiewer Geistlichen Akademie geschenkt, wo sie während des III. Archäologischen Kongresses 1874 ausgestellt und von J. SREZNEVSKIJ entdeckt wurden.

Das Fragment besteht aus sieben kleinformatigen Pergamentblättern in glagolitischer Schrift und enthält einen Episteltext (*Römer* 13, 11–14; 14, 1–4), ein Gebet sowie zehn Messen vom Ende des römischen Kirchenjahres: eine zu Ehren des hl. Clemens, eine zu Ehren der hl. Felizitas, sechs für die Wochentage des ganzen Kirchenjahres, eine zu Ehren von Märtyrern und schließlich eine zu Ehren aller himmlischen Heerscharen. Insgesamt besteht das Fragment aus 38 kurzen Texten. Bei einigen der Messen fehlen die Präfationes, dafür hat Nr. 10 zwei Postcommuniones.

Die Glagolica der wegen ihrer Altertümlichkeit für Sprachhistoriker so interessanten *Kiewer Blätter* zeigt die älteste uns bekannte Form dieser Schrift. Das Denkmal ist auch deshalb bemerkenswert, weil es phonetisch (c/z anstelle von abulg. št/žd für urslav. tj/dj), morphologisch (z.B. Imperativ *dazĭ* statt *daždĭ*) und lexikalisch (z.B. *prefaciě* für *praefatio*) durch Moravismen gekennzeichnet ist. – Das Entstehungsgebiet der altkirchenslavischen Handschrift dürfte mit größter Wahrscheinlichkeit im Bereich der *Dazĭ*-Isoglosse liegen, die sich im Westen bis Böhmen und im Osten bis nach Trnava (Tyrnau) in der Slovakei erstreckt. Aufgrund verschiedener historischer Gegebenheiten ist es wohl nicht von der Hand zu weisen, als Ursprungsland der *Kiewer Blätter* Mähren anzunehmen, denn im Jahr 862 begann mit der Entsendung der Brüder KONSTANTIN (KYRILL) und METHOD die sog. »Slavenmission« im Großmährischen Reich, nachdem dessen Fürst Rotislav den byzantinischen Kaiser Michael III. um slavischsprechende Missionare gebeten hatte.

Die Bedeutung der *Kiewer Blätter* als eines der wichtigsten Denkmäler der altkirchenslavischen Literatur ist unbestritten. Der Text ist mit Zeichen versehen, die man früher für Akzente hielt, nun aber eher als Neumen der ekphonetischen Notation für die *Lectio solemnis* (E. Koschmieder) anzusehen geneigt ist. Was die Frage der Vorlage für die *Kiewer Blätter* betrifft, so konnte bisher nur festgestellt werden, daß sie mit dem im *Codex Padovanus D 47* enthaltenen Sakramentarium aus dem 6./7. Jh. auf das nicht erhaltene Sakramentarium GREGORS DES GROSSEN (Papst 590–604) zurückgehen, also zwei Glieder in dieser Textfiliation bilden. Daher rühren wohl auch die textlichen Abweichungen zwischen dem lateinischen und dem slavischen Text. Schwer zu beantworten ist darüber hinaus die Frage der liturgischen Zugehörigkeit des Fragments. Während der Forschung bisher annahm, es handele sich um Messen nach römischem Ritus, sieht J. VAJS in den Texten eine Ergänzung zur byzantinisch-römischen *Petrusliturgie* des 9. Jh.s. Ungeachtet dessen muß die Entstehung der *Kiewer Blätter* in die unmittelbare Nähe der beiden Slavenapostel Konstantin und Method gerückt werden. Das *Missale* gewährt somit einen interessanten Einblick in die Kirchenpolitik der Brüder und darf als Zeugnis ihrer Fähigkeit zur Anpassung an die damaligen liturgischen Verhältnisse in der Erzdiözese Salzburg gelten. J.H.

AUSGABE: Wien 1890, Hg. V. Jagić [fotogr. Reproduktion in kyrillischer Umschrift].

LITERATUR: V. Vondrák, *O původu »Kijevských listů« a Pražských zlomků*, Prag 1904; ern. 1982. – K. Mohlberg, *Il Messale glagolitico di Kiew sec. IX ed il suo prototipo romano del sec. VI–VII*, Rom 1928. – J. Vašica, *Slovanská liturgie nově osvětlená »Kyjevský-mi listy«* (in Slovo a slovesnost, 6, Prag 1940, S. 65–77). – N. Hoeppner, *Zur Forschungsgesch. über die »Kiewer Glagolitischen Blätter«* (in ZslPh, 21, 1951/52, S. 39–63; m. Bibliogr.). – M. Leumann, *Die altkirchenslawischen »Kiewer Blätter« und ihr lateinisches Original* (in *Sprachgeschichte u. Wortbedeutung. Fs. f. A. Debrunner*, Bern 1954, S. 291–305; ern. in M. L., *Kleine Schriften*, Zürich/Stg. 1959, S. 371–385). – E. Koschmieder, *Die vermeintlichen Akzentzeichen der »Kiever Blätter«* (in Slovo, 4/5, Zagreb 1955, S. 5–23). – V. Tkadlčík, *Troji hlaholské ›i‹ v »Kyjevských listech«* (in Slavia, 25, Prag 1956, S. 200–216). – F. V. Mareš, *The Prayer »Look, Lord, upon our Kingdom« in the »Kiev Fragments«* (in Folia Slavica, 1, 1978, Nr. 3, S. 240 bis 244). – J. Hamm, *Das glagolitische Missale von Kiew*, Wien 1979. – V. V. Nimčuk, *»Kyjivs'ki hlaholyčni lystky«: Najdavniša pam'jatka slov'jan pysemnosti*, Kiew 1983.

LICEVOJ LETOPISNYJ SVOD

(russ.; *Illustrierter Chronikkodex*). Chronikkompilation, entstanden vermutlich in den siebziger Jahren des 16. Jh.s. – Unter dem Eindruck einer wachsenden politischen Machtentfaltung bildete sich im Moskauer Reich des 16. Jh.s ein starkes staatliches Selbstbewußtsein heraus, das danach drängte, die neuentdeckten Machtansprüche ideologisch allseitig zu begründen. Man bemühte sich insbesondere um den Nachweis der Legitimität des Moskauer Herrscherhauses, das eine unbestrittene autokratische Machtposition im Staatsgefüge des eigenen Reiches wie im Gesamtbild der Weltgeschichte beanspruchte. So begann um die Jahrhundertmitte in Moskau eine intensive kompilatorische und enzyklopädische Tätigkeit mit dem Ziel, das gesamte russische Geistesleben von den Anfängen seiner Tradition in ein geschlossenes historisches System zu bringen. Der junge Moskauer Staat sollte als Krönung der historischen Entwicklung glaubhaft gemacht und verherrlicht werden. Dazu galt es, das Moskauer Reich nicht nur als den historisch legitimen Erben der Kievskaja Rus' (Kiewer Reich) darzustellen, sondern es auch mit den Traditionen der griechisch-römischen Antike und des byzantinischen Reichs zu verbinden. Diesem Ziel diente – wie die Staatsideologie von »Moskau, dem Dritten Rom« – die Zusammenfassung sämtlicher damals bekannten lokalen und überregionalen russischen Chroniken zu einem Monumentalwerk. Auf diese Weise ging die eigenständige historiographische Überlieferung ehemals unabhängiger Gebiete (z.B. Kiev, Novgorod, Tver' und Suzdal') in die zentralistische Geschichtsschreibung des Moskowiterreichs ein. Die bedeutendsten Zeugnisse der geschichtskompilatorischen Bestrebungen des

16. Jh.s sind die bis zum Jahr 1541 reichende *Voskresenskaja letopis' (Auferstehungschronik)*, die bis zum Jahr 1558 weitergeführte *Patriaršaja* oder *Nikonovskaja letopis' (Patriarchen-* oder *Nikon-Chronik*; so genannt nach dem Patriarchen Nikon, der die Handschrift besaß) und der mit dem Jahr 1560 endende, nach seinem ersten Herausgeber benannte *L'vovskij svod (L'vover Kodex)*. Auf der Grundlage der beiden zuletzt genannten Werke entstand vermutlich auf den persönlichen Wunsch Zar Ivans IV. der *Licevoj letopisnyj svod (Illustrierter Chronikkodex)*, der häufig auch als *Illustrierter Kodex des Nikon (Nikonovskij licevoj svod)* bezeichnet wird. Seine prächtige äußere Aufmachung übertrifft die aller vorausgegangenen Werke vergleichbarer Art. Der Kodex ist nicht vollständig erhalten; allein der überlieferte Teil der Handschrift umfaßt jedoch 10 000 Blätter (d. h. 20 000 Seiten) in zwölf Folianten mit 16 000 farbenprächtigen Miniaturen. Das prunkvolle Monumentalwerk enthält Texte aus der Bibel, der byzantinischen Chronistik, der altrussischen historischen Literatur sowie einige rein weltliche Texte (u. a. den *Alexanderroman* und die Schilderung des *Trojanischen Kriegs*).

Der Kompilator des Chronikkodex war offensichtlich bestrebt, Macht und Größe des Moskauer Zarentums dadurch zu verherrlichen, daß er es in diesem Werk »*als das letzte und vornehmste Erzeugnis der Weltgeschichte, vom ersten Schöpfungstage an Jahrhunderte hindurch vorbereitet und nun endlich vollendet*« (A. Stender-Petersen) darstellt. Da das Material der Sammelhandschrift aber in seiner ursprünglichen Form, ohne redaktionelle Überarbeitung, dargeboten wird, besitzt der Kodex keinen literarischen Eigenwert. Das Interesse der Literaturwissenschaft beschränkt sich infolgedessen auf den Repräsentationsanspruch des Prunkwerks, dessen monumentale Form als Ausdruck des Zeitgeschmacks anzusehen ist. Der *Illustrierte Chronikkodex* gilt als Krönung des im Moskauer Reich forcierten kompilatorischen Bemühens. Darüber hinaus liegt mit dem Werk ein Dokument des damals unter der moskowitischen geistigen Elite verbreiteten unkritischen Geschichtsverständnisses vor.

C. K.

AUSGABE: Petersburg 1901 (*Poln. sobr. russkich letopisej*, Bd. 13).

LITERATUR: I. A. Tichomirov, *Obozrenie sostava moskovskich letopisnych svodov* (in Letopis' zanjatij Archiografičeskoj kommissii, 10, 1895, S. 1–84). – A. E. Presnjakov, *Moskovskaja istoričeskaja enciklopedija XVI v.* (in Izv. otdel. jaz. i slov. AN SSSR, 1900, H. 3, S. 824–876). – Ders., *Zametki o licevych letopisjach* (ebd., 1901, H. 4, S. 295–304). – Ders., *Letopisnoe delo v XV i XVI v.* (in Istorija russkoj literatury do XIX v., Hg. A. Gruzinskij, Moskau 1916, S. 248–270). – B. Kloss, *Nikonovskij svod i russkie letopisi XVI–XVII vv.*, Moskau 1980, S. 206–265. – Ders., *Letopis: svod licevoj* (in Slovar' knižnikov i knižnosti Drevnej Rusi, Hg. D. Lichačëv, Bd. 2, Tl. 2, Leningrad 1989, S. 30 ff.).

MIKULA SELJANINOVIČ

auch: *Mikula i Vol'ga* (russ.; *Mikula Seljaninovič*, auch: *Mikula und Vol'ga*). Episches Lied der Novgoroder Epoche, entstanden vermutlich im 14./15. Jh., erstmals veröffentlicht von P. RYBNIKOV 1861, in einer vollständigen, 1871 aufgezeichneten Fassung von A. GIL'FERDING 1873. – Der Kern dieser Byline, die in der vorliegenden Form eine vergleichsweise späte Schöpfung darstellt, reicht mindestens bis in das 12. Jh. zurück und dürfte im Novgoroder Gebiet entstanden sein. Durch spätere Überschichtungen gewann die dem Inhalt wie auch der Struktur nach besonders interessante Byline, die in mehreren Varianten aufgezeichnet ist, schließlich ihre heutige Gestalt.

Die Dreiteilung in Einleitung, Hauptteil und Schluß sowie die Verwendung stereotyper Formeln und wiederholter Verszeilen, die Betonung der Dreizahl und die angewandte Steigerungstechnik entsprechen der üblichen Komposition epischer Lieder, doch ist die Byline *Mikula Seljaninovič* im übrigen rein auf Kontrastwirkung hin angelegt: Fürst Vol'ga Svjatoslavovič hat von seinem Oheim, dem Kiewer Großfürsten Vladimir »Rote Sonne« (Krasnoe Solnyško), die Städte Gurčevec, Orechovec und Krest'janovec als Geschenk erhalten und will nun dort mit seiner aus dreißig Recken bestehenden Gefolgschaft *(družina)* den Tribut eintreiben. Unterwegs stoßen sie auf einen gewaltigen, kostbar ausgestatteten Pflüger, dessen Pfeifen sie schon seit zwei Tagen gehört haben, und beobachten mit Staunen, wie er die Erde samt Wurzelwerk und Felsbrocken aufreißt. Als der Pflüger im Gespräch erfährt, wohin Fürst Vol'ga ziehen will, warnt er ihn, denn er selbst habe sich erst unlängst der räuberischen Stadtbewohner nur dadurch erwehren können, daß er ein gutes Tausend davon erschlug. Daraufhin bittet Vol'ga den Unbekannten, ihn zu begleiten. Der Pflüger spannt aus und reitet mit der »Družina«, doch erweist sich sein Pferd als so gewaltig, daß die anderen alle Mühe haben, mit dem Streitroß des Pflügers Schritt zu halten. Unterwegs besinnt sich der Unbekannte auf seinen Pflug, den er – zum Schutz vor Dieben – im Gebüsch hatte verbergen wollen. Auf seine Bitte hin schickt der Fürst zuerst zwei, drei, dann ein Dutzend und schließlich dreißig Mann zurück, die aber alle nicht imstande sind, den mächtigen Pflug von der Stelle zu bewegen. Erst dem Pflüger selbst gelingt das, noch dazu mühelos mit einer Hand. Wieder wird sich Vol'ga im weiteren Verlauf der Reise der Überlegenheit des Pflügers (und seines Pferdes) bewußt, und er fragt schließlich den Recken nach seinem Namen, den der Bauer mit Stolz nennt: Mikula Seljaninovič (»Bauernsohn«).

Während die unvollständige Rybnikovsche Variante an dieser Stelle abbricht, endet die Gil'ferdingsche damit, daß die Stadtbewohner Mikula erkennen und sich in Furcht vor ihm bis zur Erde verneigen, worauf Vol'ga dem mächtigen Helden die drei Städte samt dem Recht der Tributeinziehung überläßt. Der Schluß der von Rybnikov in der Anmerkung erwähnten, aber nicht aufgezeichneten Variante berichtet dagegen, daß die Städter Vol'ga und seine Gefolgsleute in eine Falle locken, aus der ihnen allein Mikula herauszuhelfen imstande ist. Erst nachdem der Retter sich auch noch als großzügiger Gastgeber erwiesen hat, läßt er Vol'ga nach Kiew ziehen.

Nicht umsonst beginnen manche Varianten der Byline mit einer Schilderung der wunderbaren Geburt und Zauberkünste des Fürsten Vol'ga (die bereits aus den Bylinen über *Volch Vseslav'evič* bekannt sind), denn um so mehr kann der Sänger dann die Überlegenheit Mikulas auch über einen solchen Helden herausarbeiten. Und gerade diese Tendenz, daß der Novgoroder Mikula über den Neffen des Kiewer Großfürsten gestellt wird und dieser ihm freiwillig Rechte abtritt, deutet darauf hin, daß der Bylinenkern dem 12. Jh. entstammen könnte, als nämlich Novgorod besonders hartnäckig um seine Unabhängigkeit gegenüber Kiew kämpfte. Auch die Art und Umstände des Pflügers weisen eher auf die waldreichen Gebiete im Norden der Region als auf das Schwarzerdegebiet im Süden hin.

Dank ihrer *»demokratischen Grundlage«* (V. Anikin) – der Gegenüberstellung von Fürst und Bauer –, die auf Entstehung in bäuerlichem Milieu hinweist, ist es der Byline wohl gelungen, sich von der Novgoroder Lokaltradition zu lösen und in den allgemeinrussischen Epenschatz einzugehen. Wie der Variantenvergleich zeigt, wurde die soziale Tendenz im Laufe der Zeit verstärkt und die Verherrlichung der Bauernarbeit mit den poetischen Mitteln des epischen Lieds zunehmend gesteigert. – Gewisse Zusammenhänge mit der international verbreiteten Gestalt des »mythischen Pflügers« sowie bogumilischen Legenden sind nicht von der Hand zu weisen (vgl. den Sammelartikel *Byliny*).

D.Bu.

AUSGABEN: Moskau 1861 (in *Pesni, sobrannye*, Hg. P. N. Rybnikov, 4 Bde., 1; Nr. 3; m. Anm.). – Moskau 1873 (in *Onežskie byliny*, Hg. A. F. Gil'ferding, Bd. 2; Nr. 156). – Moskau 1958 (in *Byliny*, Hg. V. Ja. Propp u. B. N. Putilov, 2 Bde., 1; krit.).

ÜBERSETZUNGEN: In C. H. v. Busse, *Fürst Wladimir und dessen Tafelrunde. Altrussische Heldenlieder*, Lpzg. 1819. – In B. Stern, *Fürst Wladimirs Tafelrunde. Altrussische Heldensagen*, Bln. 1892.

LITERATUR: M. E. Chalanskij, *K bylinam pro »Mikulu Seljaninoviču«* (in Russkij filologičeskij vestnik, 1881, Nr. 4). – I. N. Ždanov, *Russkij bylevoj épos*, Petersburg 1895, S. 193–424. – V. F. Miller, *K krest'janstvu »Mikuly Seljaninoviča«* (in Étnografičeskoe obozrenie, 1911, Nr. 3/4). – V. Ja. Propp, *»Mikula Seljaninovič i Vol'ga«* (in V. Ja. P., *Russkij geroičeskij épos*, Leningrad 1955, S. 361–374). – B. A. Rybakov, *»Mikula Seljaninovič«* (in B. A. R.,

Drevnjaja Rus', Moskau 1963, S. 52–58). – V. P. Anikin, *Russkij bogatyrskij épos*, Moskau 1964, S. 128–133.

NOVAJA POVEST' O PRESLAVNOM ROSSIJSKOM CARSTVE I VELIKOM GOSUDARSTVE MOSKOVSKOM

(russ.; *Ein neuer Bericht über das berühmte russische Zarentum und das große Moskauer Reich*). Anonyme Polemik aus dem Beginn des 17. Jh.s. – Die sog. Smuta, die Periode der innen- und außenpolitischen »Wirren« zu Beginn des 17. Jh.s, hat ihren Niederschlag in zahlreichen Zeugnissen der russischen Literatur jener Zeit gefunden. Die Mehrzahl der Texte entstand in der Umgebung der exponierten Akteure des historischen Geschehens. Um so erfreulicher ist es, daß sich darunter – in einer einzigen Handschrift – ein Denkmal aus der Feder eines der untergeordnetsten Beobachter der politischen Ereignisse erhalten hat: die *Novaja povest'* eines patriotischen Eiferers aus der abhängigen Beamtenschaft der russischen Hauptstadt. Sein Bericht, auf den Jahreswechsel 1610/11 datiert, stellt ein engagiertes Bekenntnis zur Einheit des moskovitischen Staates und zur Verteidigung der orthodoxen Kirche dar. Seine Grundthemen sind – ohne kompositionelle Logik sich in ungeordnetem Wechsel wiederholend – die Heiligkeit und Unberührbarkeit der Orthodoxie, die Schändlichkeit der polnischen Intervention, die Standhaftigkeit der Stadt Smolensk, der energische Ruf des Patriarchen Germogen zur Verteidigung des Vaterlands, die widerrechtliche Erhebung des Pseudo-Dimitrij, des ersten Samozvanec, schließlich der gewissenlose Verrat der herrschenden Kreise des eigenen Landes und die flammende Aufforderung zur gemeinsamen Abwehr des Feindes. All dies wird in einer pathetischen, von Ausrufen und wirkungsvollen Wiederholungen durchsetzten Sprache von stark archaisierendem Gepräge vorgetragen. Bemüht, den Leser mit seiner Empörung über die geschilderten Zustände zu entlassen, erschwert ihm der Autor zugleich das Mitgehen durch einen komplizierten Satzbau, einen zähen, wenig abwechslungsreichen Gedankengang und den Mangel an jeder praktischen Orientierung. Von Interesse sind die ausführlichen Bemerkungen des Autors zu Entstehung und Veröffentlichung des Werks. Er konzipiert seinen Bericht als Brief an seine orthodoxen Gesinnungsgenossen, muß seinen Namen aber verheimlichen, da er das Unglück hat, im Dienst der propolnischen Verräter in der Hauptstadt zu stehen, mit Frau und Kindern gesegnet ist und, wie er nicht anzumerken vergißt, ein ansehnliches Gehalt bezieht. Die Grenzen seiner dienstlichen Möglichkeiten scheinen sich trotz seiner emphatischen Versicherung, er sei bereit, *»seine Seele für den orthodoxen Glauben und die heilige göttliche Kirche darzubringen«*, einigermaßen mit den Grenzen seines persönlichen Mutes zu decken.   C.K.

AUSGABEN: Petersburg ²1909 (in *Pamjatniki drevnej russkoj pis'mennosti, otnosjaščiesja k Smutnomu vremeni*). – Moskau/Leningrad 1960 (in N. F. Droblenkova, *Novaja povest' o preslavnom Rossijskom carstve i sovremennaja ej agitacionnaja patriotičeskaja pis'mennost'*). – Moskau ⁷1962 (in *Chrestomatija po drevnej russkoj literature*, Hg. N. K. Gudzij; Ausz.). – Moskau 1987 (in *Pamjatniki literatury Drevnej Rusi. Konec XVI–načalo XVII vekov*, Hg. L. Dmitriev u. D. Lichačëv; m. nruss. Übers.).

LITERATUR: S. F. Platonov, *Očerki po istorii smuty v moskovskom gosudarstve XVI–XVII vv.*, Petersburg 1899. – Ders., *Drevnerusskie skazanija i povesti o Smutnom vremeni XVII v. kak istoričeskij istočnik*, Petersburg ²1913. – Ju. V. Got'e, *Smutnoe vremja. Očerk istorii revoljucionnych dviženij načala XVII stoletija*, Moskau/Leningrad 1921. – A. A. Nazarevskij, *Očerki iz oblasti russkoj istoričeskoj povesti načala XVII stoletija*, Kiew 1958. – Ja. Solodkin, *K datirovke i atribucii »Novoj povesti o preslavnom Rossijskom carstve«* (in Trudy otdela drevnerusskoj literatury, 36, 1980, S. 103–113). – N. Droblenkova, *»Novaja povest' o preslavnom Rossijskom carstve i velikom gosudarstve moskovskom«* (ebd., 41, 1988, S. 19–24; m. Bibliogr.).

OSTROMIROVO EVANGELIE

(russ.-ksl.; *Ostromir-Evangelium*). Evangelistarhandschrift aus dem 11. Jh., das älteste datierte Denkmal des altrussischen Schrifttums. (Es wird zwar angenommen, daß das sog. *Reimser Evangeliar* vor 1018 datiert werden muß und demnach das älteste erhaltene Sprachdenkmal der Kiewer Rus' darstellt, es handelt sich dabei aber um einen Text, der im Gegensatz zum *Ostromir-Evangelium* undatiert ist.)
Das Evangelistar wurde, wie aus dem in persönlichem Ton gehaltenen Nachwort des Schreibers hervorgeht, in den Jahren 1056/57 in Novgorod oder Kiew von dem Diakon GRIGORIJ für den Novgoroder Statthalter Iosif Ostromir abgeschrieben. Der Text des Evangeliums, eine Aprakos-Fassung, die nur die Lektionen für die Sonn- und Feiertage des Kirchenjahrs enthält, beruht auf einem altbulgarischen (d. i. altkirchenslavischen) Original aus der Sofioter Sophienkathedrale. In Sprache und Stil bewahrt er alle Eigentümlichkeiten der Vorlage. Für die Erforschung der altrussischen Literatursprache ist daher weniger die Kopie des Gri-

gorij als vielmehr der Beginn des Codex (24 Blätter) von Interesse, der von einer zweiten Hand erst später nach einer jüngeren Vorlage nachgetragen wurde und bereits deutliche Merkmale einer russischen (ostslavischen) Redaktion des Kirchenslavischen zeigt (Fälle von Entnasalierung der beiden Nasalvokale und Vollvokalisierung der beiden Halbvokale in sog. starker Stellung; charakteristische Liquidenstellung; Substitution des abulg. – žd – durch russ. – ž –; einige Fälle von Polnoglasie, etc.).
Der Codex, dem zeitlich das *Archangel'sk-Evangelium* (um 1092 entstanden) am nächsten steht, befindet sich heute in der Leningrader Öffentlichen Bibliothek. Er umfaßt 294 großformatige, in regelmäßigem kyrillischem Ustav (Unzialschrift) beschriebene und mit prächtigen goldenen Initialen und farbigen Miniaturen (vor allem in Gold und Purpur gehaltene Evangelistendarstellungen) illuminierte Pergamentblätter.   KLL

AUSGABEN: Petersburg 1843, Hg. A. Ch. Vostokov. – Petersburg ²1889, Hg. I. K. Savinkov [Faks.]. – Wiesbaden 1964 [Nachdr. d. Ausg. v. 1843].

LITERATUR: A. A. Šachmatov u. V. N. Ščepkin, *Osobennosti jazyka »Ostromirovo evangelie«* (in *Dopolnenie*, Hg. A. Leskien, Moskau 1890, S. 157 ff.). – N. M. Karinskij, *Pis'mo »Ostromirovo evangelie«. Paleografičeskij očerk* (in Sbornik russkoj publičnoj biblioteki, 1, 1920, S. 168–192). – E. V. Mateeva, *»Ostromirovo evangelie« kak pamjatnik drevnerusskoj kul'tury* (in Uč. zap. Leningradskogo ped. inst., 1957, S. 5–13; 37 f.). – A. Obrazcov, *Drevnejšij pamjatnik russkoj pis'mennosti* (in Slavjane, 1957, S. 46 ff.). – L. P. Žukovskaja, *Značenie i perspektivy izučenija »Ostromirovo evangelie«* (in Issledovanija po grammatike i leksikologii russkogo jazyka, Hg. Akad. Nauk, Moskau 1961, S. 14–44). – V. Pucko, *Funkcional'naja rol' i chudožestvennaja koncepcija dekora »Ostromirova evangelija«* (in Palaeobulgarica, 7, 1983, Nr. 1, S. 21–34).

PISANIE O PRESTAVLENII I O POGREBENII KNJAZJA MICHAILA VASIL'EVIČA ŠUJSKOGO. REKOMAGO SKOPINA

(russ.; *Die Beschreibung des Todes und des Begräbnisses des Fürsten Michailo Vasil'evič Skopin-Šujskij*). Anonyme Erzählung vom Beginn des 17. Jh.s. – Michailo Skopin-Šujskij, dem jugendlichen Feldherrn der sog. Smuta (Zeit der »Wirren«), der, durch seine Siege über den zweiten Pseudo-Dimitrij bekannt geworden, im Jahre 1610 als Vierundzwanzigjähriger eines plötzlichen und, wie die Volksüberlieferung behauptet, unnatürlichen Todes starb, sind zwei Denkmäler der russischen Literatur von durchaus unterschiedlicher Qualität gewidmet. Das erste faßt im Stil des Heiligenlebens und der traditionellen martialischen Erzählung die Biographie des Feldherrn und die Ereignisse nach seinem Tod zusammen, das zweite behandelt die Hintergründe seines Todes und seine Beisetzung. Stilistische Übereinstimmungen der Texte deuten auf literarische Abhängigkeit oder gemeinsamen Ursprung aus der Feder ein und desselben (unbekannten) Verfassers. Die relative Chronologie der Texte ist erschlossen: Ist der zweite unter dem unmittelbaren Eindruck der geschilderten Ereignisse vermutlich bereits 1612 entstanden, so kann der erste erst ab 1620, dem Jahr der Niederschrift von Palicyns *Skazanie (Erzählung)*, unter dessen Einfluß er steht, verfaßt worden sein. Beide Erzählungen gingen gemeinsam in den russischen *Chronographen* ein. Literarisch übertrifft die zweite Erzählung die erste bei weitem. Sie zeigt eine gewisse Eigenständigkeit des Verfassers im Gebrauch der Sprach- und Stilmittel. Von besonderem Interesse ist der mehrmalige Übergang des traditionell hagiographischen Redestils in die Diktion der Volksdichtung: Diese Partien dürften unmittelbar der folkloristischen Bearbeitung des Stoffs entnommen sein, die sogleich nach dem Tode des Feldherrn eingesetzt zu haben scheint.

Die Erzählung beginnt im Stil der propagandistischen moskovitischen Literatur des 16. Jh.s: Sie leitet die Abkunft ihres Helden über die angesehensten Gestalten der russischen Geschichte (Vladimir der Heilige, Aleksandr Nevskij) aus dem römischen Kaiserhaus (Augustus) ab, um die Legitimität seiner Erfolge und der Hoffnungen zu unterstreichen, die das Volk in ihn setzte. Auf einem Tauffest bei Ivan Šujskij-Vorotynskij wird Michailo von seiner Mitpatin Mar'ja Šujskaja vergiftet. Von Krämpfen befallen, verläßt er das Fest. Seine Mutter empfängt ihn und erahnt aus seinem getrübten Blick, seinen blutunterlaufenen Wangen und seinen gesträubten Haaren das Vorgefallene. Nach kurzem Todeskampf stirbt Michailo. Die engere Familie, das Hausgesinde, seine Soldaten und viel Volks strömen auf den Hof, um ihn zu betrauern. Der gesamte geistliche Stand vom Patriarchen bis zum niederen Klerus versammelt sich um sein Totenbett. Mit Nachdruck verlangt das Volk seine Beisetzung an der Seite der moskovitischen Zaren in der Erzengel-Kathedrale. Immer wieder betont der Verfasser die Menge des versammelten Volkes, immer wieder malt er pathetische Bilder der hemmungslosen Trauer der Beteiligten. Selbst der Zar schließt sich der fassungslosen Stimmung des Volkes an. Einer Lobpreisung des Verstorbenen – in der Form von Vergleichen mit heiligen Gestalten – folgen zwei kurze Totenklagen der Mutter und der Gattin des Feldherrn, welche die Diktion der Volksdichtung verraten. Die Erzählung schließt mit dem Bericht eines Wunderzeichens, dem Traum eines Malers, der den Tod des Helden vorausgesagt hat.

Der Grundton der Erzählung ist der des repräsentativen, rhetorischen moskovitischen Prunkstils. Zwar hat der Verfasser dessen Technik bei weitem nicht mit der gleichen Gewandtheit, vielleicht auch nicht mit dem gleichen Engagement gehandhabt, wie dies zur Blütezeit der Moskauer Herrschaft geschah, doch ist die bewußte Anknüpfung an das charakteristische *pletenie sloves* (Verflechten der Worte) unverkennbar. Die Totenklagen der Frauen, welche den volkstümlichen Partien des *Pisanie* nahestehen, verbinden das Werk mit dem *Slovo o žizni i o prestavlenii velikogo knjazja Dmitrija Ivanoviča*, Ende des 14./Anfang des 15. Jh.s *(Erzählung vom Leben und vom Sterben des Großfürsten Dmitrij Ivanović)*. C.K.

Ausgaben: Moskau 1869 (in *Izbornik slavjanskich i russkich sočinenij i statej, vnesennych v Chronografy russkoj redakcii*, Hg. A. Popov). – Petersburg ²1909 (in *Pamjatniki i drevnej russkoj pis'mennosti, otnosjaščiesja k smutnomu vremeni*). – NY 1954 (in A. Stender-Petersen, *Anthology of Old Russian Literature*). – Moskau ⁷1962 (in *Chrestomatija po drevnej russkoj literature*, Hg. N. K. Gudzij). – Moskau 1987 (in *Pamjatniki literatury Drevnej Rusi, Konec XVI–načalo XVII vekov*, Hg. L. Dmitriev u. D. Lichačëv; m. nruss. Übers.).

Literatur: V. F. Ržiga, *Povesti' i pesni o Michajle Skopine-Šujskom* (in Izv. otdel. russk. jaz. i slov. AN SSSR, 1, 1928, S. 81–133). – M. A. Jakovlev, »*Povest' o Michajle Skopine-Šujskom*«. *Eë istoričeskoe značenie* (in Uč. zap. Leningradskogo gos. ped. inst., 4, 1946, S. 188–213). – *Istorija russkoj literatury*, Bd. 2, Moskau/Leningrad 1948, S. 7–27; 42–77. – G. Enin, »*Pisanie o prestavlenii i o pogrebenii knjazja Michail Vasil'evič Šujskogo*« (in Trudy otdela drevnerusskoj literatury, 41, 1988, S. 28 f.).

Plač o plenenii i o konečnom razorenii prevysokago i presvetlejšago Moskovskogo Gosudarstva

(russ.; *Klage über die Einnahme und endgültige Zerstörung des allerhöchsten und allererleuchtetsten Moskauer Staatswesens*). Anonyme Lamentation aus dem Beginn des 17. Jh.s – Die gründliche Kenntnis der historischen Ereignisse der sog. Smuta, der Zeit der »Wirren« zu Beginn des 17. Jh.s, ist die Voraussetzung für das Verständnis des wohl von geistlicher Hand nicht vor 1612 verfaßten Traktats. Eines der interessantesten, zugleich literarisch ausgewogenstens Denkmäler der Zeit, steht das Werk ganz in der Tradition des rhetorisch-erhabenen, gewählten, pathetischen Stils der moskovitischen Literatur vor allem des 16. Jh.s. Nirgends verläßt der

Autor die engagiert-emotionale Sprechweise. Er weiß mit seiner Bildung und Belesenheit zu brillieren und den Leser auf jede Weise durch Ausrufe und direkte Anrede in den Bann seiner durchaus nicht objektiven Klage zu ziehen. Die Lamentation zerfällt in mehrere, wohl gegeneinander abgegrenzte Abschnitte. Einer allgemeinen Einleitung, die die Ratlosigkeit des Autors über die zu wählende Form der Darstellung enthält, folgt eine Klage über den Fall der russischen Hauptstadt und des orthodoxen Christentums durch die Zerstörung Moskaus im Jahre 1611/12. Zwei panegyrische Ergüsse über den weltlichen und geistlichen Reichtum der Stadt schließen sich an, worauf die Berichterstattung durch eine Belehrung an den Leser unterbrochen wird: In echt altrussischer Manier sucht der Verfasser die Ursache des hereingebrochenen Unglücks in den Sünden der orthodoxen Christenheit. Die beiden folgenden, ausführlichen Abschnitte behandeln den Aufstieg der beiden Pseudo-Dimitrij, die Ambitionen der römischen Kirche und die Machenschaften des polnischen Adels und Hofes. In deutlicher Parteinahme verurteilt der Autor die Absetzung des Zaren Vasilij Šujskij und verherrlicht den Aufruf des Patriarchen Germogen zum Widerstand gegen die Fremden. Nach eingehender Darstellung der diversen Greueltaten der Eroberer gegen die Bewohner der Hauptstadt schließt die Erzählung mit einer Hinwendung zu Gott. Ihre letzten Worte bringen die Hoffnung einer Generation zum Ausdruck, die ihre Existenz Tag für Tag durch Aufstand, Strafexpedition, Bürgerkrieg, Hunger und Plünderung gefährdet sah: »_in Christo Frieden!_«

So unzuverlässig das Werk aufgrund des persönlichen Engagements seines Verfassers als Geschichtsquelle sein mag, so wertvoll ist es als literarisches Denkmal. Noch einmal zeigt es die gehobene kirchenslavische Diktion in ihrer vollen Entfaltung und Leistungsfähigkeit, ehe sie sich in den folgenden Jahrzehnten anschickt, ihren Platz der vordringenden russischen Umgangssprache freizugeben. C.K.

AUSGABEN: Petersburg ²1909 (in _Pamjatniki drevnej russkoj pis'mennosti, otnosjaščiesja k Smutnomu vremeni_). – NY 1954 (in A. Stender-Petersen, _Anthology of Old Russian Literature_). – Moskau 1987 (in _Pamjatniki literatury Drevnej Rusi, Konec XVI–načalo XVII vekov_, Hg. L. Dmitriev u. D. Lichačëv; m. nruss. Übers.).

LITERATUR: S. F. Platonov, _Drevnerusskie skazanija i povesti o smutnom vremeni XVII v. kak istoričeskij istočnik_, Petersburg ²1913. – E. K. Kuševa, _Iz istorii publicistiki Smutnogo vremeni_, Saralov 1926. – L. C. Čerepnin, _Smuta i istoriografija XVII v._ (in Istoričeskie zapiski, 14, 1945, S. 81–128). – G. Enin, »_Plač o plenenii i o konečnom razorenii prevysokago Moskovskogo gosudarstva_« (in Trudy otdela drevnerusskoj literatury, 41, 1988, S. 32 f.).

POVESTI O VAVILONSKOM CARSTVE

(russ.; _Erzählungen über das babylonische Kaiserreich_). Anonyme Erzählungen aus dem 15. Jh. – Unter diesem Titel faßt die russische Literaturgeschichte das _Poslanie ot L'va, carja grečeskogo (Die Gesandtschaft des griechischen Kaisers Leo)_, kurz _Skazanie (Bericht)_ genannt, die _Pritča o Vavilone grade (Erzählung von der Stadt Babylon)_ und eine Erzählung von der Hochzeit Nebukadnezars mit einer persischen Prinzessin zusammen, welche gemeinsam einen begrenzten Zyklus legendärer Nachrichten über das versunkene babylonische Weltreich bilden. Während die letztere Erzählung nichts weiter zu sein scheint als eine literarische Bearbeitung der Legenden um Salomon und die Königin von Saba, berichtet die _Pritča_ von der Auffindung des ausgesetzten Knaben Nebukadnezar, der durch ein göttliches Zeichen zum Herrn von Babylon erhoben wird. Er richtet die Stadt neu her, befestigt und verteidigt sie mit seinem wunderbaren Schwert, das er bei seinem Tod bis ans Ende der Zeiten einzumauern befiehlt. Sein Sohn übertritt das Gebot, und Babylon fällt dem Wüten des Zauberschwerts zum Opfer. Verödet steht die mächtige Stadt »_bis auf den heutigen Tag_«.

Die _Pritča_ bildet dergestalt die Einleitung des wichtigsten und ausführlichsten Werks dieser Gruppe, des _Skazanie_, obwohl das ursprüngliche Verhältnis der beiden Texte umstritten bleibt. Das _Skazanie_ berichtet, daß der byzantinische Kaiser Leo drei Männer nach Babylon sandte, um ein »Zeichen« der drei Heiligen zu holen, die dort begraben liegen. Die Ausgesandten gelangen in die Nähe Babylons, aber um die ganze Stadt hat sich eine riesige Schlange gewunden. Auf einer Leiter, an der sich Aufschriften in den Muttersprachen der Gesandten befinden, übersteigen sie das schlafende Tier und gelangen in die Kirche der gesuchten Heiligen. Hier werden sie von einer wunderbaren Stimme in die Räume des kaiserlichen Palastes verwiesen, wo sie neben anderen Kostbarkeiten der babylonischen Herrscher die Kaiserkrone Nebukadnezars und seiner Gemahlin finden. Die Gesandten ergreifen die Gegenstände und überbringen sie dem Kaiser. Leo läßt sich vom Patriarchen mit den Insignien der babylonischen Kaiser krönen: Byzanz hat das Erbe des babylonischen Weltreiches angetreten. Reich beschenkt werden die Gesandten entlassen.

Die russische Redaktion der Legenden fügt das _Skazanie_ dem propagandistischen Schrifttum des Moskauer Großfürstentums ein, das die russische Geschichte im Interesse der eigenen Zentralisationsbestrebungen an die Tradition der vorangegangenen Weltreiche anzuknüpfen trachtete. Sie läßt in der Gesandtschaft des Kaisers Leo einen Russen und in den Aufschriften der Leiter, welche in die Stadt Babylon führt, die russische Sprache erscheinen. Einige Handschriften des _Skazanie_ fügen

der Erzählung den Hinweis an, Teile der Herrscherinsignien seien in späterer Zeit in den Besitz
des Kiewer Großfürsten Vladimir gelangt. Gänzlich in die moskovitische Staatsideologie eingeglie-
dert erscheint die Erzählung in der Gestalt, die sie
in dem russischen *Märchen von Borma* angenommen hat: Eine seiner Versionen berichtet, daß Borma – hier der Gesandte des Kaisers – die babylonischen Herrscherinsignien nicht in Konstantinopel
belassen konnte, da dort der orthodoxe Glaube verraten und der Kaiser vertrieben sei (gemeint ist das
Unionskonzil von Ferrara 1438/39 und die Eroberung der byzantinischen Hauptstadt durch die Türken 1453). Er bringt sie daher in die Stadt Kazan',
welche soeben von Ivan Vasilevič (dem Schrecklichen) eingenommen worden ist. Ivan läßt sich in
Kazan' mit dem kaiserlichen Purpur krönen: Moskau tritt das Erbe Byzanz' und Babylons an. Die
babylonisch-byzantinische Translationslegende
mündet in die Ideologie von Moskau, dem »Dritten Rom«, welche, auf südslavische Anregung, das
politische Selbstverständnis des Moskauer Fürstentums während des 16. Jh.s bestimmen sollte.
Die Umdeutung der Legende im Sinne der moskovitischen Herrschaftsidee hat ihren literarischen
Ursprung wohl in dem Zusammentreffen russischer Überlieferungen über den Griechenfeldzug
Vladimirs des Heiligen mit der sicher übersetzten
Erzählung von der Gesandtschaft Leos. Die Verschmelzung beider Traditionen schlägt die Brücke
für die lückenlose Translation der Weltherrschafts-
symbole auf den Moskauer Herrscher.   C.K.

AUSGABEN: Petersburg 1860 (in *Pamjatniki starinnoj russkoj literatury*, Hg. G. Kušelev-Bezborodko, Bd. 2). – Moskau ⁷1962 (in N. K. Gudzij,
*Chrestomatija po drevnej russkoj literature
XI–XVII vv.*). – Moskau 1982 (in *Pamjatniki literatury Drevnej Rusi. Vtoraja polovina XV veka*, Hg.
L. Dmitriev u. D. Lichačëv; m. nruss. Übers.)

ÜBERSETZUNG: *Die Sage vom babilonischen Reiche*,
A. Veselovskij (in Archiv für slavische Philologie,
11, 1877).

LITERATUR: I. N. Ždanov, »*Povesti o Vavilone« i
»Skazanie o knjazech Vladimirskich*« (in Žurnal Ministerstva narodnovo prosveščenija, 276/277,
1891). – Ders., *Russkij bylevoj èpos*, Petersburg
1895, S. 1–151. – M. O. Skripil', »*Skazanie o Vavilone grade*« (in Trudy otdela drevnerusskoj literatury, 9, 1953, S. 119 ff.). – N. Droblenko, *Po povodu žanrovoj prirody »Slova o Vavilone*« (ebd., 24,
1969, S. 129–135). – E. Tudorovskaja, *Skazki o
Borme Jaryžke (»Vavilonskoe carstvo«)* (in Russkij
fol'klor, 14, 1975, S. 173–185). – Ders., *K voprosu o
srednevekovom istorizme (»obežanin« »Skazanija o
Vavilone grade«)* (in *Russkaja i gruzinskaja srednevekovye literatury*, Leningrad 1979, S. 116–129). –
G. Venediktov, *Literatura i kul'tura: (skazki Russkogo Ust'ja)* (in Russkaja literatura, 1985, Nr. 2,
S. 128–141). – Ders., »*Skazanie o Vavilone*« (in
Trudy otdela drevnerusskoj literatury, 41, 1988,
S. 124–128). – N. Droblenkova, »*Skazanie o Vavilone*« (in *Slovar' knižnikov i knižnosti Drevnej Rusi*,
Hg. D. Lichačëv, Bd. 2, Leningrad 1989, S. 351 bis
357; m. Bibliogr.).

POVEST' O BITVE NA REKE KALKE

(aruss.; *Die Erzählung von der Schlacht an der Kalka*). Anonyme Erzählung des 13. Jh.s. – Unter dem
Jahr 1223/24 erscheint in den altrussischen Chroniken ein Schlachtenbericht, der, zwischen 1224
und 1240 im Kreise der militärischen Gefolgschaft
des Kiewer Großfürsten entstanden, gegen Anfang
des 14. Jh.s unter mannigfachen Veränderungen,
Kürzungen und Ergänzungen Eingang in die historiographische Literatur gefunden hat: der Bericht über den ersten mongolischen Rußlandfeld-
zug. Unbeachtet von der europäischen Staatenwelt
hatte sich zu Beginn des 13. Jh.s die Einigung des
mongolischen Großreichs unter Čingis Khan vollzogen. Ein Vorstoß zweier mongolischer Heerführer über den Kaukasus traf die Polovcer (Kumanen), welche ihren russischen Nachbarn ein Hilfs-
ersuchen zur gemeinsamen Abwehr des Feindes zu-
stellten. Die Kiewer Fürsten unterschätzten jedoch
die Stärke des Gegners und stellten sich ihm mit
ungenügender Heeresmacht auf fremdem Gebiet.
Die Schlacht endete mit der vernichtenden Niederlage des russischen Heeres und dem Tod eines großen Teils seiner fähigsten Führer.
Die russischen Chronisten behandeln das Thema
aus einem auffallend engen, fast provinziellen Gesichtswinkel. Liebevoll zählen sie die an der
Schlacht beteiligten Fürsten auf, preisen ihren Mut
und ihre Tapferkeit und beschreiben die Einzelheiten des Schlachtverlaufs. In den Chronikhand-
schriften begegnet die Erzählung in nach Umfang
und Inhalt beträchtlich variierender Gestalt. Be-
gnügen sich die *Lavrent'evskaja letopis' (Laurentius-
chronik)* und die sog. *Vierte Novgoroder Chronik* mit
einer knappen Wiedergabe der Ereignisse, so bietet
die *Ipat'evskaja letopis' (Hypatiuschronik)* einen aus-
führlicheren Text mit Ansätzen einer eigenständigen Ausdeutung. Das unterschiedliche Verhalten
der Chronisten läßt darauf schließen, daß die geschilderten Ereignisse im Bewußtsein der Zeitgenossen keine so singuläre Bedeutung erlangt hatten, daß sich eine einheitliche, verbindliche Bewertung des Geschehens hätte durchsetzen können.
Überhaupt deutet nichts an den Chronikberichten
darauf hin, daß sich die Texte der geschichtlichen
Bedeutung der Schlacht bewußt gewesen wären.
Sie reihen die russische Niederlage in die unaufhörliche Folge der Pečenegen- und Kumanenzüge,
welche gewöhnlich als Strafe des Himmels »*um unserer Sünden willen*«, d. h. wegen des unablässigen
Bruderzwistes der Kiewer Fürsten, gewertet wer-

den. Die beiläufige Beurteilung der Schlacht an der Kalka ist um so bemerkenswerter, als sie der Vorbote des endgültigen Mongolenvorstoßes unter Bātū (Batyj) im Winter des Jahres 1237/38 war, der das Kiewer Reich vernichten und ganz Rußland unter die tatarische Fremdherrschaft bringen sollte.   C.K.

AUSGABEN: Petersburg ³1897 (in *Lavrent'evskaja letopis'*). – Petersburg 1908 (in *Poln. sobr. russkich letopisej*, Bd. 2; Nachdr. Moskau 1962). – Petrograd 1915 (ebd., Bd. 4). – Leningrad 1926 (in *Lavrent'evskaja letopis'*).

LITERATUR: S. M. Prochorov, *Letopis'naja »Povest' o bitve na reke Kalke« i bylina o »Gibeli« bogatyrej: K voprosu o specifike žanra byliny* (in *Problemy izučenija russkogo narodnogo poėtičeskogo tvorčestva*, Moskau 1981, S. 3–16).

POVEST' O BOVE-KOROLEVIČE

(russ.; *Die Geschichte von Bova, dem Königssohn*). Russische Version des westeuropäischen Bova-Romans. – Schon früh war der anglonormannische Ritterroman *Buève de Hantone*, 13. Jh. (*Buève von Hantone*), zu einer der beliebtesten Erzählungen der mittelalterlichen westeuropäischen Literaturen von Island bis nach Italien geworden. Durch die Vermittlung des italienischen *Buovo d'Antona* gelangte das Werk in die serbische Literatur. Die verlorene serbische Übersetzung einer venezianischen Redaktion liegt der weißruthenischen Posener Handschrift aus dem Ende des 16. Jh.s zugrunde, und diese wurde zu einer der Quellen der russischen Fassungen des Textes. Auf anderem Wege gelangte der Stoff durch mündliche Überlieferung aus dem Westen nach Rußland. Hier muß er bereits um die Mitte des 16. Jh.s bekannt gewesen sein, da gegen Ende des Jahrhunderts Personennamen des Romans in Rußland populär werden und da sich sein Wortschatz in dem handschriftlichen russisch-englischen Wörterbuch des Jahres 1599 niedergeschlagen hat.

Die weißrussische Redaktion des Textes, ein charakteristisches Zeugnis des höfischen Ritterromans, verbindet das ritterlich-abenteuerliche Moment, durch Märchenmotive angereichert, mit einer durchaus komplizierten Liebesintrige. Sie gibt mit geringen Abweichungen den Bestand der italienischen Fassung wieder: Der König Gvidon von Antona wirbt um die Hand Militrisas, der Tochter des Königs Kirbit. Militrisa sträubt sich, Gvidons Gattin zu werden, da sie den König Dodon liebt, heiratet jedoch auf Wunsch ihres Vaters Gvidon. Nach der Geburt Bovas schickt sie zu Dodon, er möge Gvidon mit Hilfe eines starken Hee-

res absetzen. Dodon tötet Gvidon und heiratet Militrisa. Die Königin läßt Bova einkerkern und sucht ihn zu vergiften. Bova entkommt und wird von einem Schiffsherrn als armer Leute Kind an den armenischen König Zenzevej verkauft. Zenzevejs Tochter Druževna verliebt sich in den schönen Jüngling. Bova besiegt die Truppen der Könige Lukoper und Markobrun, die um Druževnas Hand anhalten, und erschlägt den Sohn des Kaisers Saltan Saltanovič im Zweikampf. Er gerät in die Gewalt des Kaisers, der den Tod des Sohnes an ihm rächen will. Saltans Tochter Mil'cigrija verliebt sich jedoch in Bova und erhält die Einwilligung des Vaters zur Heirat. Doch Bova weigert sich, Mil'cigrijas Glauben anzunehmen, und wird ins Gefängnis geworfen. Er entkommt und gelangt in das Reich Markobruns, der während seiner Abwesenheit Druževna geraubt hat. Bova vernichtet das Heer Markobruns, wird jedoch von dem Ungeheuer Polkan – halb Mensch, halb Hund – geschlagen. Er versöhnt sich mit Polkan und vertraut Druževna, die ihm zwei Söhne gebiert, dessen Obhut an. Als er nach einiger Zeit zurückkehrt, findet er Polkan von einem Löwen zerrissen am Boden liegen. In der Annahme, Druževna sei umgekommen, reist er an den Hof Saltans, um Mil'cigrija zu heiraten. Dort trifft er jedoch Druževna mit den beiden Kindern. Zusammen kehren sie nach Antona zurück. Bova läßt Militrisa und Dodon hinrichten und führt mit Druževna ein glückliches Leben.

Das Schicksal des Romans in den mehr als fünfzig russischen Handschriften des 17. bis 19. Jh.s ist von dem gesellschaftlichen Milieu abhängig, dem er als Lektüre diente: Im 17. Jh. Lesestoff der herrschenden Kreise der russischen Feudalgesellschaft (1693 wird der Roman als Unterhaltung Aleksejs, des Sohnes Peters des Großen, genannt), wird er im 18. Jh. Lektüre der demokratischen Gesellschaftsschichten. Mit dem Wandel seines sozialen Stellenwerts geht die Veränderung seines literarischen Genres und die Adaption des Textes an die zeitgenössische russische Wirklichkeit einher. Das ritterlich-höfische Element abendländischer Provenienz weicht der Eingliederung des Romans in die heimische literarische Tradition. Westliche Termini wurden aus Unkenntnis zu Personennamen und geographischen Bezeichnungen umgedeutet, Szenen und Gestalten in einen anderen Zusammenhang gebracht, ganze Episoden hinzugefügt und vor allem die Diktion des Werks dem Verständnis des russischen Lesers angepaßt. Der weißrussischen Fassung des Textes steht die sog. erste Redaktion des russischen Romans am nächsten. Sie bewahrt im allgemeinen die Fabel der Vorlage, nähert den Text jedoch bald der altrussischen Kriegserzählung, bald dem abenteuerlichen Liebesroman des 18. Jh.s an. Stärker ist die Russifizierung der sog. zweiten Redaktion, welche die Angleichung des Romans an die abenteuerlich-amouröse Literatur bis zur Grenze des Gattungswechsels treibt. Die Handschriften der sog. dritten Redaktion, die nur noch ausnahmsweise in den gehobenen Gesellschaftskreisen gelesen wurden, bieten die weitestgehende Überarbeitung des Textes. In erster Linie in städtischem Milieu verbreitet, belegen sie den endgültigen Übergang des Werks vom westlichen Ritterroman zur russischen *gistorija* (Historie) des 18. Jh.s. Gleich anderen Werken der handschriftlichen Literatur des 18. Jh.s stehen sie unter dem Einfluß der russischen Volksdichtung, insbesondere des russischen Volksmärchens, und reflektieren Ereignisse der zeitgenössischen russischen Geschichte. Die vierte Redaktion des Romans ist eine Kontamination der weißruthenischen Überlieferung mit der Tradition der zweiten oder dritten Redaktion. Sie ist die Grundlage der einzigen bekannten ukrainischen Handschrift des Stoffes aus dem Jahr 1788. Eine fünfte Redaktion stellen die handschriftlichen Kopien der zahlreichen Ausgaben des Romans in den sog. *lubočnye izdanija* (Volksbilderbögen) dar. Der populäre gedruckte Volksbilderbogen, der seit der zweiten Hälfte des 18. Jh.s an die Seite der handschriftlichen Überlieferung tritt, bietet an die 300 Versionen der Erzählung. Die Verbreitung des Volksbilderbogens in den weniger gebildeten Kreisen der russischen Gesellschaft trug dem Roman in den Augen der klassizistischen Dichter des 18. Jh.s den Ruf einer minderwertigen Lektüre ein. Früh ist der Stoff des Romans in die Byline, die *duchovnye stichi* (geistliche Gedichte) und das russische Märchen eingegangen. In sowjetischer Zeit sind neben zahlreichen russischen und je einer weißruthenischen und ukrainischen Märchenfassung verschiedene Bearbeitungen des Vorwurfs in der Volksdichtung nichtslavischer Völker der Sowjetunion bekannt. C.K.

AUSGABEN: Leningrad 1879. – Moskau 1887. – Moskau 1914 (in B. Dunaev, *Skazanie pro chrabrogo vitezja pro Bovu Koroleviča*). – Moskau 1969 (in *Izbornik [Sbornik proizvedenij literatury Drevnej Rusi]*). – Moskau 1988 (in *Pamjatniki literatury Drevnej Rusi. XVII vek.*, Hg. L. Dmitriev u. D. Lichačëv, Bd. 1; m. nruss. Übers.).

LITERATUR: G. Potanin, *Vostočnye motivy v srednevekovom evropejskom ėpose*, Moskau 1899, S. 680 bis 693. – N. Pavlova, *»Racylhejskoe carstvo« v skazke o Bove-koroleviče* (in Izv. otdel. russk. jaz. i slov. AN SSSR, 31, Leningrad 1926, S. 127–136). – Dies., *Skazka »Bova« u Radiščeva i Puškina kak vid političeskoj satiry* (in Zven'ja, 1, 1932, S. 513–539). – V. Kuz'mina, *Skazka o Bove v obrabotke A. N. Radiščeva* (in *Problema realizma v russkoj literature XVIII v.*, Moskau/Leningrad 1940, S. 257–291). – Dies., *»Povest' o Bove-koroleviče« v russkoj rukopisnoj tradicii XVII–XIX vv.* (in *Starinnaja russkaja povest'*, Moskau/Leningrad 1941, S. 83–134). – R. Greve, *Studien über den Roman Buovo d'Antona in Rußland*, Bln./Wiesbaden 1956. – V. Kuz'mina, *Russkaja skazka o Bove-koroleviče v lubočnych izdanijach XVIII-nač XX veka* (in *Issledovanija i materialy po drevnerusskoj literature*, Hg. dies., Moskau 1961, S. 148–192). – Dies., *Rycarskij roman na Rusi*, Moskau 1964, S. 3–132; 237–264. – A. Gračev, *»Povest' o Bove-koroleviče« v obrabotke A. M. Remizo-*

va (in Trudy otdela drevnerusskoj literatury, 36, 1980, S. 216–222). – M. Salmina, *»Povest' o Bove«* (ebd., 41, 1988, S. 42–44). – M. Slamin, *»Povest' o Bove«* (in *Slovar' knižnikov i knižnosti Drevnej Rusi*, Hg. D. Lichačëv, Bd. 2, Tl. 2, Leningrad 1989, S. 220–222; m. Bibliogr.).

POVEST' O ERŠE ERŠOVIČE

(russ.; *Die Erzählung von Erš Eršovič, dem Kaulbarsch*). Satire eines unbekannten Verfassers aus dem 17. Jh. – Wie die *Povest' o Šemjakinom sude*, 17. Jh. (*Erzählung vom Urteil des Šemjaka*), stellt die Geschichte vom Prozeß des Kaulbarsches mit dem Blei um die Grundbesitzrechte im See von Rostov eine Satire auf die Praxis der zeitgenössischen moskovitischen Gerichte dar. Die vier Redaktionen dieser Erzählung, welche in einer großen Zahl von Handschriften überliefert ist, weichen derart voneinander ab, daß es aus dem vorliegenden Material unmöglich erscheint, das Original der Geschichte zu rekonstruieren. Trotz der starken Textverderbnis scheint die erste Redaktion die ursprüngliche Fassung der Erzählung am getreuesten widerspruchsfrei wiederzugeben.

Blei und Weißfisch, zwei Bauern niederen Standes, erheben Klage gegen den Kaulbarsch, einen »Bojarensohn«, der sich mit seinen Nachkommen im Rostover See verbreitet hat, ohne sich um die überkommenen Besitzrechte seiner Kontrahenten zu kümmern. Vom Gerichtsdiener Flußbarsch vor den Richter geführt, beruft sich der Kaulbarsch auf seine Beziehungen zu hochgestellten Feinschmeckern in Moskau und erklärt, bereits sein Großvater, dessen Hörige Blei und Weißfisch gewesen seien, habe Rechte auf den Rostover See gehabt. Gegen ihn zeugen der Lodugafisch, der Bläuling und der Hering, die den Kaulbarsch als üblen Aufrührer und Räuber hinstellen, der von den hohen Herren in Moskau *»eher ausgespuckt denn gegessen«* wird. Die Richter schließen sich ihrem Zeugnis an und stellen dem Blei und dem Weißfisch eine Besitzurkunde über den See aus. Da aber der Kaulbarsch zu stark und zu gut bewaffnet ist, vermag ihn das Gericht nicht zu bestrafen. Doch erhält der Büttel den Auftrag, den Kaulbarsch zu verprügeln, wo immer er ihn trifft. Nimmt diese Redaktion die unterdrückte Bauernschaft gegen die Übergriffe ihrer adligen Herren und Konkurrenten in Schutz, so bringt die zweite Fassung, welche im allgemeinen die Klassenunterschiede der Gerichtsparteien und die Korruption des Gerichtes schärfer herausarbeitet, erhebliche Verwirrung in das gerechte Urteil, indem sie den Blei zum Bojarensohn, den Kaulbarsch zum Vertreter minderbemittelter Schichten macht. Hier erhält das Urteil den Anstrich der Ungerechtigkeit, so daß einige Handschriften berichten, der übervorteilte Kaulbarsch habe seinen Richtern ins Gesicht gespuckt und sei auf Nimmerwiedersehen verschwunden. Die dritte Redaktion steht der ersten näher und beseitigt einige ihrer Widersprüche. Die vierte ist durch die Aufgabe der sozialkritischen Tendenz und die Annäherung an die volkstümliche Erzählung gekennzeichnet.

Ein heftiger, doch fruchtloser Streit ist um die Entstehungszeit der Erzählung entbrannt, da man versucht hat, in den gänzlich unzureichenden Notizen des Werks über das Verfahren des Fischgerichts Reminiszenzen an den *Sudebnik*, 1550 *(Gesetzbuch)*, resp. das *Uloženie*, 1649 *(Rechtssammlung)*, zu erkennen. Nach der Sprache, dem Genre und dem Inhalt der Erzählung zu urteilen, kann jedoch kaum ein Zweifel daran bestehen, daß sie in den Kreis der russischen gesellschaftskritischen Erzählungen und Novellen des 17. Jh.s gehört.   C.K.

Ausgaben: Jaroslavl' 1929 (in A.M. Smirnov-Kutačeskij, *Na zemle Rostovskoj*; Trudy Jarosl. ped. inst., 3). – Moskau/Leningrad 1954 (in *Russkoj demokratičeskaja satira XVII v.*, Hg. V.P. Adrianova-Peretc). – Moskau 7 1962 (in N.K. Gudzij, *Chrestomatija po drevnej russkoj literature XI do XVII vv.*). – Moskau 1986 (in *Izbornik, Povesti drevnej rusi*, Hg. L. Dmitriev u. N. Ponyrko; Vorw. D. Lichačëv; nruss.). – Moskau 1989 (in *Pamjatniki literatury Drevnej Rusi. XVII vek.*, Hg. L. Dmitriev u. D. Lichačëv, Bd. 2; m. nruss. Übers.).

Literatur: N.A. Baklanova, *K datirovke »Povesti o Erše Eršoviče«* (in Trudy otdela drevnerusskoj literatury, 10, 1954, S. 310–331). – I.P. Lapickij, *»Povest' o Erše Eršoviče«* (in *Russkaja povest' XVII v.*, Leningrad 1954, S. 428–440; m. Text). – L.T. Romanova, *»Povest' o Erše Eršoviče« v redakcii XVIII v.* (in Uč. zap. Moskovskogo gos. ped. inst., 115, 1957, S. 381–393). – N.K. Gudzij, *Geschichte der russischen Literatur. 11.–17. Jh.*, Halle 1959, S. 502–506. – *Istorija russkoj literatury*, Hg. D. Lichačëv u. G. Makagonenko, Bd. 1, Leningrad 1980, S. 361 ff.

POVEST' O GORE I ZLOČASTII

(russ.; *Die Geschichte von Leid und Unglück*). Erzählung eines unbekannten Verfassers des 17. Jh.s. – Die Fabel der Erzählung, die in einer einzigen Handschrift des beginnenden 18. Jh.s überliefert ist, stellt eine Variation des biblischen Motivs vom verlorenen Sohn dar. Das Werk beginnt mit einer gleichnishaften Exposition über den Sündenfall Adams und Evas. Die Ureltern essen von der verbotenen Frucht – die Erzählung bestimmt sie in der Tradition der *Apokryphen* und in symbolischer Ausdeutung für die eigene Argumentation als

Weintraube –, wofür sie der Himmel mit *»ungeheurem Ungemach, unermeßlichem Leid, unabsehbarer Schande, lebensbedrohendem Unglück, Anfeindungen des Teufels, gänzlicher Nacktheit und Blöße, unaufhörlicher Armut und den letzten Entbehrungen«* heimsucht, um sie *»durch Strafe und Demütigung auf den Weg der Rettung zu führen«*. Wie die Ureltern die Gebote Gottes, so überschreitet der Held der Erzählung die Ermahnungen seiner Eltern. In einer langen Belehrung *(poučenie)* haben sie ihn vor den Gefahren und Verlockungen dieser Welt gewarnt. Durch einen falschen Freund läßt er sich jedoch verleiten, den Rat der Eltern zu mißachten und sich dem Trunk zu ergeben. Ausgeraubt erwacht er am anderen Morgen von seinem Rausch. Er schämt sich, vor seine Eltern zu treten, und wandert – in steter innerer Unruhe über sein Vergehen – in fremde Länder. Auf den Rat von Gastfreunden beginnt er ein ehrliches, arbeitsames Leben und hat sich bald ein beachtliches Vermögen erworben. Er beschließt zu heiraten. Während des Hochzeitsfestes verleitet ihn der Wein, mit seinen Reichtümern zu prahlen. Sogleich stellt sich – personifiziert – das Leid-Unglück ein und fällt ihm ins Wort: Aller Reichtum kann den Jüngling nicht vor den Nachstellungen des Leid-Unglücks, der Strafe für seinen leichtfertigen Lebenswandel, retten. Im Traum erweckt das Leid-Unglück Mißtrauen im Herzen des Jünglings, seine junge Frau trachte ihm wegen seines Reichtums nach dem Leben. Mit der verlockenden Beschreibung des sorglosen, ungebundenen Lebens des Besitzlosen verleitet es den Helden, seinen Wohlstand zu vertun. Aus Scham vor den Freunden wandert er ein zweites Mal fort. Hungrig und ohne Mittel für die Überfahrt, beschließt er am Ufer eines Flusses, seinem Leben ein Ende zu machen. Höhnisch hält ihm das Leid-Unglück entgegen, auch im Tode würde er keine Befreiung finden; nur die völlige Unterwerfung unter das Leid-Unglück könne ihm Ruhe bringen. In der Tat gibt der Jüngling in tiefster Erniedrigung seinen Widerstand gegen das Unglück auf. Sogleich wird ihm leicht ums Herz, und er beschließt, in sein Heimatland zurückzukehren. Vergeblich jagt ihm das Leid-Unglück auf allen seinen Wegen nach, vergeblich sucht es ihn zu Raub und Mord zu verleiten, um ihn dem Tod durch den Henker auszuliefern; der Jüngling tritt in ein Kloster ein, das Leid-Unglück bleibt *»vor der heiligen Pforte«*.

Die Ideologie der Erzählung macht ihre Entstehung im Milieu der konservativen Handwerker- oder Kaufmannsschichten des 17. Jh.s wahrscheinlich. In ihren Moralbegriffen und ihrer Auffassung des einzig möglichen Heilsweges den überkommenen Vorstellungen der entwickelten Feudalgesellschaft verpflichtet, berücksichtigt die Erzählung in ihrer künstlerischen Formgebung doch bereits die Bedürfnisse des aufkommenden, dem praktischen Leben zugewandten handel- und gewerbetreibenden Bürgertums. Ihr Held ist nicht mehr die Idealgestalt des Heiligenlebens und der höfisch-kriegerischen Literatur, sondern der anonyme Privatmann. Realistische Züge äußern sich in der Beschreibung seiner Lebensumstände und der psychologischen Motivation seines Handelns, als dessen Triebkräfte Eigensinn, Freiheitsdrang, Leichtfertigkeit, Eitelkeit, Scham usf. erscheinen. Das personifizierte Leid-Unglück ist ebenso Ausdruck der äußeren Not, die sich der Held durch seine leichtfertige Lebensweise zugezogen hat, wie das Abbild seiner inneren Erniedrigung, die ihm gleichsam als *alter ego* entgegentritt. Auch die Sprache des Werks ist bereits spürbar individualisiert. Obwohl sich der Nachhall der gehobenen, theologischen Literatur – vor allem in der Exposition – nicht verleugnen läßt, steht die Erzählung insgesamt unter dem bestimmenden Einfluß der Volksdichtung. Reich an poetischen Bildern, ist der Text fast durchweg in deutlicher Anlehnung an den Bylinenvers rhythmisch gegliedert. Die charakteristischen reduplizierenden oder tautologischen Wiederholungen sowie die feststehenden schmückenden Epitheta des Volksepos kehren in der Erzählung wieder. Bisweilen vermeint man in den rhythmischen Kola der Erzählung Sprichwörter zu erkennen. Verbindet das Motiv des Trinkers die Erzählung z. T. bis ins Detail mit der Fülle der literarischen Denkmäler des 17. Jh.s über die Trunksucht, so weisen die antithetisch verwandten Ermahnungen der guten und schlechten Ratgeber auf die Tradition der *poučenija* (Belehrungen), die in der russischen Literatur seit dem *Izbornik Svjatoslava*, 1076 *(Sammelband Svjatoslavs)*, und der *Povest' vremennych let*, 12. Jh. *(Nestorchronik)*, bekannt sind. Das Wechselverhältnis der Erzählung und der zahlreichen großrussischen, weißrussischen und ukrainischen Volkslieder über das Unglück ist schwer zu erhellen. C.K.

Ausgaben: Petersburg 1860 (in *Pamjatniki starinnoj russkoj literatury*, Hg. G. Kušelev-Bezborodko, Bd. 1). – Petersburg ²1907, Hg. P. K. Simoni (Pamjatniki starinnogo russkogo jazyka i slovesnosti XV–XVIII stoletij, 7). – Leningrad 1954 (in *Russkaja povest' XVII v.*). – Moskau ⁷1962 (in N. K. Gudzij, *Chrestomatija po drevnej russkoj literature XI–XVII vv.*). – Leningrad 1984, Hg. D. Lichačëv u. E. Vaneeva. – Moskau 1986 (in *Izbornik. Povesti drevnej Rusi*, Hg. L. Dmitriev u. N. Ponyrko, Vorw. D. Lichačëv; nruss.). – Moskau 1988 (in *Pamjatniki literatury Drevnej Rusi. XVII vek*, Hg. L. Dmitriev u. D. Lichačëv; m. nruss. Übers.).

Übersetzungen: *Die Erzählung von Leid-Ungemach. Wie das Leid-Ungemach einen Burschen zum Klosterbruder werden ließ*, H. Grasshoff (in *O Bojan, du Nachtigall der alten Zeit. Sieben Jahrhunderte altrussischer Literatur*, Hg. u. Vorw. H. G., Ffm. 1965). – *Geschichte von Trübsal und Elend*, H. Baumann (in *Aus dem alten Rußland. Epen, Chroniken und Geschichten*, Hg. S. Zenkovsky, Herrsching 1968).

Literatur: V. Ržiga, »*Povest' o gore i zločastii« i pesni o Gore* (in *Slavia*, 10, 1931, S. 40–66; 288–315). – A. Mazon, »*Gore-zločastie«. Malheur – mauvais destin* (in *RES*, 28, 1951, S. 17–42). – W. E. Harkins, *Russian Folk Ballads and the »Tale of Misery and Ill Fortune«* (in *SEER*, 13, 1954, Nr. 3). – M. O. Skripil', »*Povest' o gore i zločastii«* (in *Russkaja povest' XVII v.*, Leningrad 1954, S. 400–417). – B. N. Putilov, *Pesnja »Dobryj molodec i reka Smorodian« i »Povest' o gorezločastii«* (in Trudy otdela drevnerusskoj literatury, 12, 1956, S. 226–235). – V. L. Vinogradova, »*Povest' o gore-zločastii«* (ebd., 12, 1956, S. 20–27). – A. Nazarevskij, *K izučeniju »Povesti o gorezločastii«* (in Trudy otdela drevnerusskoj literatury, 24, 1969, S. 199–204). – V. Masleša, *Nravstvennoe soderžanie bytovych povestej XVII v., »Povest' o gore-zločastii«, »Povest' o Savve Grudcyne«, »Povest' o Flore Skobeeve«*, Diss. Moskau 1986. – N. Kolgurina, *K izučeniju sostava sbornika, soderžaščego »Povest' o gorezločastii«* (in *Literatura i klassovaja bor'ba épochi pozdnego feodalizma v Rossii*, Novosibirsk 1987, S. 193–205). – A. Pančenko, »*Povest' o gore-zločastii«* (in Trudy otdela drevnerusskoj literatury, 41, 1988, S. 57–59; m. Bibliogr.). – A. Fëdorov, »*Povest' o gore i zločastii« i eë otnošenija k volšebnoj skazke* (ebd., 44, 1990, S. 284–299).

POVEST' O KARPE SUTULOVE

(russ.; *Die Geschichte von Karp Sutulov*). Satire eines unbekannten Verfassers des 17. Jh.s. – Der russische Kaufmann Karp Sutulov muß seine Frau Tatjana während einer längeren Geschäftsreise allein zu Hause lassen. Er bittet einen Freund, Tatjana beizustehen, falls sie in seiner Abwesenheit in finanzielle Schwierigkeiten geraten sollte. In der Tat muß sich Tatjana nach kurzer Zeit an den Freund wenden, der versucht, die Notlage der Frau zu einem Liebesabenteuer auszunutzen. Tatjana gibt vor, zuerst die Erlaubnis ihres Beichtvaters einholen zu müssen, muß jedoch zu ihrem Erstaunen erleben, daß ihr nicht allein der Priester, sondern selbst der Erzbischof der Stadt mit einem großzügigen Geldversprechen höchst ungeistliche Angebote macht. Es bleibt ihr nichts anderes übrig, als die Versucher hintereinander zu sich nach Hause zu bestellen. Hier spielen sich Szenen ab, die jeder Ehrfurcht vor dem geistlichen Stande hohnsprechen: Der Erzbischof verschwindet in einem Weiberhemd in einem großen Kasten, als der Priester in der Türe steht. Dieser geht im gleichen Aufzug denselben Weg, als der Hausfreund das Stelldichein stört. Doch auch dieser verbirgt sich eiligst in einer Truhe, als – von der Hausfrau bestellt – eine Dienerin von außen klopft. Tatjana hat die Schürzenjäger in ihrer Gewalt, nicht ohne zuvor »mit Freuden« ihr Geld eingenommen zu haben. Die schweren Truhen schickt sie als Pfand für weitere Geldsummen an den Woiwoden der Stadt. Dieser ist nicht wenig erstaunt, als er in den Truhen statt der erwarteten reichen Kleider die spärlich bekleideten hohen Herren entdeckt. Er bricht in schallendes Gelächter aus und nimmt den Überführten ein hohes Bußgeld ab, von dem Tatjana wiederum die Hälfte erhält. Höchst zufrieden erfährt Sutulov bei seiner Rückkehr von der moralischen Standhaftigkeit und dem wirtschaftlichen Erfolg seiner Frau. Obwohl das Sujet der Erzählung auf dem Wege literarischer Entlehnung aus den Geschichten von *Tausendundeiner Nacht* nach Rußland gelangt ist, ist die Welt der Satire – das Kaufmannsmilieu, die Verderbnis der Geistlichkeit, die Rechtsprechung des Woiwoden – authentisch russisch. Sie weist das Werk als eines der typischen Zeugnisse der russischen Literatur des ausgehenden 17. Jh.s aus. Den eigentlichen Reiz der in einer einzigen Handschrift des 18. Jh.s überlieferten Satire macht die durchgehende Doppelbödigkeit der Darstellung aus: Eine wohlanständige, meist der kirchlichen Ausdrucksweise angelehnte Sprache bringt das sinnlich-weltliche Thema in der Verhüllung nur um so eindringlicher zu Bewußtsein. Deutlich korrespondiert die Entlarvung der kirchlichen Diktion, welche aus anderen Satiren der Zeit (z. B. der *Povest' o kure i lisice – Geschichte vom Hahn und vom Fuchs* – oder der *Služba kabaku – Der Kneipendienst*) vertraut ist, mit der inhaltlichen Konfrontation des aufstrebenden, praktisch-diesseitsbezogenen Kaufmannsstandes und der korrupten orthodoxen Geistlichkeit.   C.K.

AUSGABEN: Moskau 1923 (in N. K. Piksanov, *Starorusskaja povest'*). – Moskau 1941, Hg. Ju. M. Sokolov (in Trudy slavjansk. komissii Mosk. archeolog. obšč., 4). – Moskau 1954 (in *Russkaja demokratičeskaja satire XVII v.*, Hg. V. P. Adrianova-Peretc). – Leningrad 1954 (in *Russkaja povest' XVII v.*, Hg. I. P. Erëmin).

LITERATUR: *Skazki iz raznych mest Sibiri*, Hg. M. K. Azadovskij, Irkutsk 1928, S. 24–34. – *Russkoe narodnoe poětičeskoe tvorčestvo*, Hg. V. P. Adrianova-Peretc, Bd. 1, Moskau 1953, S. 447 ff. – I. P. Lapickij, »*Povest' o Karpe Sutulove*« (in *Russkaja povest' XVII v.*, Leningrad 1954, S. 459–466). – N. K. Gudzij, *Geschichte der russischen Literatur 11.–17. Jh.*, Halle 1959, S. 520–524.

POVEST' O MAMAEVOM POBOIŠČE

(aruss.; *Die Erzählung von der Mamaj-Schlacht*). Anonyme Chronikerzählung aus dem Ende des 14. Jh.s. – Um die Wende des 14./15. Jh.s entsteht in Rußland eine ganze Reihe literarischer Denkmäler über den Sieg des Moskauer Großfürsten Dmitrij Ivanovič über das Heer des Tatarenkhans Mamaj auf dem Kulikovo pole (Schnepfenfeld) am Don (8. 9. 1380): das *Skazanie o poboišče velikogo knjazja Dimitrija Ivanoviča* (*Die Erzählung von der Schlacht des Großfürsten Dmitrij Ivanovič*), das *Žitie i smert' velikogo knjazja Dimitrija Ivanoviča* (*Leben und Tod des Großfürsten Dmitrij Ivanovič*) und vor allem die *Zadonščina* (*Das Epos von der Schlacht am Don*) des SOFRONIJ von Rjazan', die die Ereignisse von 1380 mit den Stilmitteln des *Slovo o polku Igoreve*, 12. Jh. (*Igorlied*), beschreibt. All diesen Werken liegt, mehr oder minder ausführlich, die *Povest' o Mamaevom poboišče* zugrunde, die sich in den Novgoroder Chroniken – der sog. *IV. Novgoroder Chronik*, der *I. Sophienchronik* und der *Voskresenskaja-Chronik* – unter dem Jahr 1380 findet.

Bereits der sachliche Chronikbericht ist stark auf die Persönlichkeit des Siegers von Kulikovo zugeschnitten. Er berichtet vom Einfall der Tataren und ihrer litauischen Verbündeten nach Rußland, vom Verrat des Rjazaner Fürsten Oleg Ivanovič und von der Vorbereitung der russischen Abwehr. Dem Moskauer Großfürsten gelingt es, die russischen Teilfürsten zum gemeinsamen Vorgehen gegen die heidnische Gefahr zu einen. Mit dem Segen der Kirche stellen sich die Russen dem Feind. Mamaj wird in einer auch für das russische Heer verlustreichen Schlacht vernichtend geschlagen. Die Tataren ziehen sich fluchtartig zurück. Von Tochtamyš, einem General Timurlenks, überfallen und besiegt, kommt Mamaj auf der Flucht ums Leben. Mit reicher Beute kehrt der Moskauer Großfürst heim. – Stilistisch und sprachlich steht die Erzählung in der Tradition der altrussischen Chronistik. Es herrscht die nüchtern-narrative Diktion vor, die die Forschung mit dem Stil des *Žitie Aleksandra Nevskogo*, 13./14. Jh. (*Vita des Aleksandr Nevskij*), in Verbindung bringt.   C.K.

AUSGABEN: Moskau 1838 (in Russkij istoričeskij sbornik, 3). – Petersburg 1906, Hg. S. K. Šambinago. – Moskau 1947, Hg. V. P. Adrianova-Peretc (in Trudy otdela drevnerusskoj literatury, 5). – Moskau 1949 (in L. Novikov, *Russkie geroičeskie povesti*; nruss. Übers.). – Moskau/Leningrad 1959 (in *Povesti o Kulikovskom bitve*). – Moskau 1980. – Moskau 1981 (in *Pamjatniki literatury Drevnej Rusi XIV – seredina XV veka*). – Moskau 1982 [zus. m. *Zadonščina*. Letopis'naja povest' o poboišče na Donu].

LITERATUR: A. S. Orlov, *Lit. istočniki »Povesti o Mamaevom poboišče«* (in Trudy otdela drevnerusskoj literatury, 2, 1935, S. 157–163). – L. A. Dimitriev, »*Skazanie o Mamaevom poboišče«*, Diss. Leningrad 1953. – A. L. Dmitriev, *Miniatjury »Skazanija o Mamaevom poboišče«* (in Trudy otdela drevnerusskoj literatury, 22, 1966, S. 239–263). – I. B. Grekov, *O pervonačal'nom variante »Skazanija o Mamaevom poboišče«* (in Sovetskoe slavjanovedenie, 1970, Nr. 6, S. 27–36). – A. L. Salmina, *K voprosu o datirovke »Skazanija o Mamaevom poboišče«* (in Trudy otdela drevnerusskoj literatury, 29, 1974, S. 98–124). – A. A. Amosov, »*Skazanie o Mamaevom poboišče« v licevom svode Ivana Groznogo* (ebd., 34, 1979, S. 49–60). – V. V. Kolesov, *Slovo o »Ma-

maevom poboišče« (in Russkaja reč', 1980, Nr. 5, S. 97–104). – N. A. Meščerskij, *Iz nabljudenij nad tekstom »Skazanija o Mamaevom poboišče«* (in Trudy otdela drevnerusskoj literatury, 37, 1983, S. 409 bis 410). – S. N. Azbelev, *Vzaimodejstvie fol'klora i literatury v cikle proizvedenij o »Mamaevom poboišče«* (in *Problemy vzaimosvjazi literatury i fol'klora*, Voronež 1984, S. 12–19). – L. A. Dmitriev, *»Skazanie o Mamaevom poboišče«* (in *Slovar' knižnikov i knižnosti Drevnej Rusi*, Hg. D. Lichačëv, Bd. 2, Leningrad 1989, S. 371–384; m. Bibliogr.).

Povest' o načale carstvujuščego grada Moskvy

(russ.; *Die Erzählung vom Ursprung der Zarenstadt Moskau*). Novelle eines unbekannten Verfassers aus dem 17. Jh. – Das Werk gehört in den Zyklus der Erzählungen über die legendäre Gründung der Stadt Moskau, deren Entstehungsgeschichte eines der schwierigsten Kapitel der altrussischen Literaturgeschichte ist. S. Šambinago unterscheidet drei Fassungen des Sujets: die chronographische, die novellistische und die märchenhafte. Sie alle gehen – mehr oder minder erkennbar – auf einen Chronikbericht zurück, der sich unter dem Jahr 1175 in der *Ipat'evskaja letopis' (Hypatiuschronik)* findet, im 16. Jh. in überarbeiteter Gestalt Aufnahme in die *Stepennaja kniga (Stufenbuch)* fand und – in wiederum anderer Redaktion – in die *Nikonovskaja* oder *Patriaršaja letopis' (Nikon-* oder *Patriarchen-Chronik)* einging. Die Chronikerzählung berichtet von der sagenhaften Ermordung des Fürsten Andrej Bogoljubskij durch die beiden Brüder Pëtr und Jakim Kučkovič. Eine verwandte Namensform, allerdings als Toponym, taucht in der *Ipat'evskaja letopis'* unter dem Jahr 1176 auf, wo der Name Kučkovo mit Moskau gleichgesetzt wird. Bereits die ältere historiographische Literatur berichtet, Moskau sei durch einen Kučkov gegründet worden (es handelt sich wohl um die bekannte Umdeutung eines Toponyms in eine sagenhafte Gründergestalt). Die Gleichsetzung von Moskau/Kučkovo scheint das Bindeglied zu sein, das die Gründungslegenden der Stadt Moskau mit dem Bericht über die Mordtat der Kučkoviči zusammenfließen ließ. Die chronographische Redaktion der Legenden berichtet – im Anschluß an die Formel von Moskau, dem »Dritten Rom« –, Moskau sei von Jurij Vladimirovič auf dem Besitz des vom Großfürsten erschlagenen Bojaren Stepan Kučko errichtet worden. Die Söhne des Bojaren hätten gemeinsam mit ihrer Schwester Ulita, welche Jurij seinem Sohn Andrej vermählte, die Ermordung ihres Schwagers geplant und bewerkstelligt, da Andrej die Liebeserwartungen Ulitas enttäuschte. Man hat die chronographische Erzählung – mit zweifelhaftem Recht –

mit dem Bericht der Chronik des Manasses über die Ermordung des byzantinischen Kaisers Nikephoros Phokas durch die Kaiserin Theophano in Verbindung gebracht.

Die novellistische Fassung der Legenden, die *Povest'*, entfernt sich in größerer erzählerischer Freiheit verschiedentlich von den Berichten der historiographischen Quellen. Sie überträgt das Geschick des Andrej Bogoljubskij auf den Fürsten Daniil Aleksandrovič, der, ein Sohn Aleksandr Nevskijs, als Stammvater des Moskauer Fürstenhauses galt: Daniil Aleksandrovič residiert in Suzdal'. In der Nähe seiner Hauptstadt liegen die Güter des Bojaren Stepan Kučko, dessen über alle Maßen schöne Söhne der Fürst gewaltsam an seinen Hof holt. Hier findet Ulita, die Gattin des Fürsten, Gefallen an den Jünglingen. Gemeinsam mit ihnen sinnt sie auf die Beseitigung ihres Mannes. Auf der Hasenjagd greifen die Brüder den Fürsten hinterrücks an, doch entgeht er ihnen und entflieht. Mit Hilfe seines treuen Hundes machen die Mörder ihn ausfindig und erschlagen ihn. Ein ergebener Diener des Fürsten verständigt dessen Bruder, den Fürsten von Vladimir, von dem Vorgefallenen. Andrej zieht nach Suzdal', dessen Einwohner sich demonstrativ der Sache des Gerechten zuwenden. Ulita wird unter grausamen Foltern getötet, der Besitz der Kučkoviči genommen, die Familie ausgelöscht. Mit dieser moralisierenden, doch nicht spannungslosen Erzählung verbindet die Novelle relativ unvermittelt das Motiv von der Gründung Moskaus: Dem Rächer des ermordeten Fürsten gefallen die Güter der Kučkoviči so sehr, daß er beschließt, mit Gottes Hilfe eine Stadt darauf zu errichten. Er läßt zunächst die kleine Kirche der Verkündigung Mariens auführen, hat jedoch in kurzer Zeit bereits *»die ganze Angelegenheit der Stadt vollendet«*, welche sich nun an Moskau nennen wird. Die Krönung seines Werks ist die Übersiedelung des Metropoliten Pëtr in die neue Stadt.

Die märchenhafte Bearbeitung des Stoffes schließlich weicht am weitesten von der historiographischen Fassung ab: Sie ersetzt die historischen Gestalten der vorangehenden Redaktionen durch den fiktiven Helden Danil Ivanovič. – Die handschriftliche Tradition der Erzählungen setzt gegen Ende des 17. Jh.s ein. Über ihre Datierung gehen die Meinungen auseinander. Die einen (Tichomirov u. a.) schreiben sie der Jahrhundertwende, die anderen (Šambinago u. a.) der Mitte des 17. Jh.s zu. Die Sprache der novellistischen Fassung ist flüssig und wenig anspruchsvoll. Sie zeigt nur gemäßigte Einflüsse der gehobenen literarischen Diktion, doch ist es kühn zu behaupten (N. K. Gudzij), sie sei im Versmaß der Byline geschrieben. C.K.

Ausgaben: Moskau 1947, Hg. M. N. Tichomirov (in Drevnjaja Moskva, Beil.). – Moskau 1955, Hg. L. N. Puškarev (in *Quellenmaterial zur Geschichte der UdSSR*, Bd. 2; Beil.). – Moskau [7]1962 (in N. K. Gudzij, *Chrestomatija po drevnej russkoj literature XI–XVII vv.*). – Moskau 1964 (in *Povesti o načale Moskvy*, Hg. M. Salmina). – Moskau 1986 (in *Iz-*

bornik *Povesti drevnej Rusi*, Hg. L. Dmitriev u.
N. Ponyrko; Vorw. D. Lichačëv; neuruss.).

LITERATUR: I. Zabelin, *Istorija goroda Moskvy*,
Bd. 1, Moskau ²1905, S. 30–36. – S. Šambinago,
»Povest' o načale Moskvy« (in Trudy otdela drevnerusskoj literatury, 3, 1936, S. 59–98). – M. N. Tichomirov, *Skazanija o načale Moskvy* (in Istoričeskie zapiski, 32, 1950, S. 233–241). – M. Salmina, *Skazanie o začatii Moskvy i Krutickoj ėpiskopii*
(in Trudy otdela drevnerusskoj literatury, 41,
1988).

POVEST' O NOVGORODSKOM
BELOM KLOBUKE

(aruss.; *Die Erzählung von der Novgoroder weißen
Mitra*). Anonyme Legende, entstanden um die
Wende des 15./16. Jh.s. – Die *Geschichte von der
weißen Mitra* gehört in die Reihe der altrussischen
Erzählungen, Legenden und Traktate, welche den
Anspruch des orthodoxen Rußland auf das geistige
und politische Erbe des 1453 von den heidnischen
Türken eroberten Byzanz zu begründen suchten.
Die Ideologie von der russischen Nachfolge der
»verräterischen« Griechen, die auf dem Unionskonzil von Ferrara 1438/39 vom »wahren Glauben« abgefallen und von Gott durch die Zerstörung ihres Reiches bestraft worden seien, wurde
auf russischem Boden Agitationsmittel der inner-
russischen Auseinandersetzungen. Moskau suchte
mit dieser Idee, die der Mönch Filofej von Pskov zu
Beginn des 16. Jh.s auf die berühmte Formel von
»Moskau, dem Dritten Rom« bringen sollte, seine
Prätention auf die politische Führung Rußlands
durchzusetzen. Seine in der politischen Auseinandersetzung unterlegenen Nachbarn waren bemüht,
durch die Verbindung ihrer Geschichte mit den
Traditionen des Ersten und des Zweiten Rom
einen Rest ihrer verlorenen Eigenständigkeit zumindest auf geistigem Gebiet zu bewahren. Vor allem Novgorod bringt nach seiner endgültigen Unterwerfung durch Moskau (1478) eine ganze Reihe
propagandistischer Novellen dieser Art hervor.
Knüpft die Translationsgeschichte von der Ikone
der Muttergottes von Tichvin (16. Jh.) an die Geschichte des byzantinischen, die Vita des hl. Anto-
nij von Novgorod (15./16. Jh.) an die des römischen Christentums an, so finden sich beide Traditionen vereint in der *Erzählung von der Novgoroder
weißen Mitra*. Die Legende ist in mehr als 250
Handschriften des 16.–19. Jh.s überliefert, die von
der großen Popularität des Textes zeugen. Einigen
späteren Überarbeitungen liegt als Urfassung der
Text eines Dmitrij, wahrscheinlich des Dmitrij Gerasimov, eines Mitarbeiters des Novgoroder Erzbischofs Gennadij (reg. 1484–1504), zugrunde. Die

Fabel der Legende spielt während der Amtszeit des
Novgoroder Erzbischofs Vasilij (reg. 1330–1352)
zu dessen Ornat – wie eine Graböffnung in neuerer
Zeit bestätigte – eine weiße Mitra gehörte.
Dmitrij schickt seiner Erzählung eine Einleitung
voraus, in der er Gennadij von den Schwierigkeiten
berichtet, die ihm die Auffindung des Originals der
Legende in Rom bereitet habe. Es handle sich dabei
um ein Dokument, das fromme Griechen nach
1453 nach Rom gebracht hätten, wo es die Katho-
liken seines Inhalts wegen sogleich vernichteten,
nicht ohne jedoch vorher eine streng gehütete lateinische Übersetzung anzufertigen. Es sei ihm, Dmitrij, gelungen, diesen lateinischen Text für Gennadij ins Russische zu übertragen. Auf diese Einleitung folgt mit großer Exaktheit die Darstellung des
Stoffes, der aus den lateinischen *Actus Silvestri (Sil-
vesterlegende)* bekannt ist: Konstantin der Große
wird von dem römischen Papst Silvester durch die
Taufe von einer schweren Krankheit geheilt. Aus
Dankbarkeit will er dem Papst die Kaiserkrone an-
tragen, doch dieser lehnt in Demut ab. Statt dessen
erhält er als Zeichen seiner geistlichen Würde die
weiße Mitra, die er fortan zu hohen kirchlichen und
staatlichen Festtagen trägt. Nach einiger Zeit hält
es der Kaiser für nicht länger schicklich, daß geistliche und weltliche Macht in einer Stadt residieren.
Er verlegt die Hauptstadt des Römischen Reiches
nach Konstantinopel.
Erst danach folgt die eigentliche Erzählung von der
Translation der weißen Mitra nach Novgorod: Seit
dem Papst Formosus hassen die römischen Päpste
die weiße Mitra und suchen sie auf jegliche Weise
zu entehren und zu verheimlichen. Ein Engel befiehlt dem Papst, die Mitra nach Konstantinopel zu
senden. Nur widerstrebend gehorcht der Papst.
Auch der Patriarch Philotheos von Byzanz kann
nur durch die Prophezeiung über das bevorstehende Ende seiner Stadt gezwungen werden, die Mitra
auf Gottes Geheiß dem Novgoroder Erzbischof
Vasilij zu schicken. Ein Engel erläutert Vasilij
Schicksal und Bedeutung der Mitra. Dankbar
nimmt er sie aus der Hand der byzantinischen Gesandten entgegen. Rasch verbreitet sich die Kunde
von der geistlichen Auszeichnung Novgorods vor
den übrigen Fürstentümern im russischen Land.
Darüber hinaus betont die Legende den Vorrang
der geistlichen Würde über die weltliche Macht:
Die Novgoroder Mitra *»ist mehr zu ehren«* als die
Moskauer Krone, *»denn sie ist eine geistliche Kaiserkrone von Erzengelrang«*. Es ist dieser Anspruch der
Legende, der zu ihrer scharfen Verurteilung durch
die russische Kirche auf dem Moskauer Konzil von
1666/67 führte.   C.K.

AUSGABEN: Petersburg 1860 (in *Pamjatniki starinnoj russkoj literatury*, Hg. G. Kušelev-Bezborodko, Bd. 1). – Moskau 1985 (in *Pamjatniki literatury Drevnej Rusi. Seredina XVI veka*, Hg. L. Dmitriev u. D. Lichačëv; m. nruss. Übers.).

ÜBERSETZUNG: *Die Geschichte von der weißen Bi-
schofsmütze*, E. Kottmeier (in *Aus dem alten Ruß-*

land. Epen, Chroniken und Geschichten, Hg. S. Zenkovsky, Herrsching 1968).

Literatur: N. N. Rozov, *»Povest' o novgorodskom belom klobuke« kak pamjatnik obščerusskoj publicistiki XV v.* (in Trudy otdela drevnerusskoj literatury, 9, 1953, S. 178–319). – Ders., *»Povest' o novgorodskom belom klobuke«. Idejnoe soderžanie, vremja i mesto sostavlenija* (in Uč. zap. Leningradskogo gos. univ., 173, 1954, S. 307–327). – N. K. Gudzij, *Geschichte der russischen Literatur 11.–17. Jh.*, Halle 1959, S. 353–357. – *Istorija russkoj literatury*, Hg. D. Lichačëv u. G. Makagonenko, Bd. 1, Leningrad 1980, S. 264 ff.

Povest' o petre i fevronii

(russ.; *Die Geschichte von Peter und Fevronija*). Anonyme Erzählung des 16. Jh.s. – Die Frau des Muromer Fürsten Pavel wird auf Anstiften des Teufels von einem Drachen mißbraucht, der seine wahre Gestalt vor den Menschen zu verheimlichen weiß. Sie verrät dem Fürsten die aufgezwungene Verbindung und listet dem Drachen das Geheimnis seiner Sterblichkeit ab. Mit Hilfe des Zauberschwerts, das allein den Drachen zu töten vermag, erschlägt Pëtr, der Bruder des Fürsten, das Untier. Doch bespritzt er sich mit dessen Blut und wird unheilbar krank. Auf der Suche nach einem Arzt, der ihm helfen kann, findet er Fevronija, die Tochter eines armen Honigsammlers. Sie verspricht, ihn zu heilen, wenn er sie zur Frau nimmt. Widerstrebend willigt Pëtr ein. Mit einer wundertätigen Salbe wird er geheilt und führt Fevronija als seine Gattin heim. Er tritt die Nachfolge seines Bruders an und regiert in Frieden über Murom, bis sich die Bojaren der Stadt gegen die unstandesgemäße Fürstin auflehnen. Fevronija selbst willigt in ihre Verbannung ein, bittet sich jedoch aus, mitnehmen zu dürfen, was ihr das Liebste ist. Zur Befriedigung der Bojaren, die auf ihre eigene Machtübernahme hoffen, trägt sie ihren Gatten mit sich fort. Kaum sind die Vertriebenen jedoch einige Tage gereist, da werden sie von ihrem Volk, das unter dem Bruderzwist der Bojaren leidet, zurückgeholt. Kurz vor ihrem Tode treten sie in ein Kloster ein. Sie sterben am gleichen Tag. Als Klosterinsassen werden sie getrennt begraben, doch findet man die Leichname anderntags in der gleichen Grabkammer beieinander. Als sich das Wunder wiederholt, läßt man die Toten beisammen ruhen.
Die populäre, in vier Redaktionen und mehr als 150 Abschriften erhaltene Erzählung steht inhaltlich und sprachlich der Volksdichtung überaus nahe. Rätselsprüche, Weisheiten, Sprichwörter und Sentenzen der russischen Folklore haben unmittelbar Eingang in die Erzählung gefunden. Motive

wie die nächtlichen Besuche des Drachen, das Zauberschwert, die unheilbare Krankheit, die weise Jungfrau, die Mitnahme des Gatten in die Verbannung finden sich in zahlreichen Variationen über den Bereich des russischen Volksmärchens und der Byline hinaus. Die Personen der Erzählung sind der politischen Geschichte Rußlands unbekannt. Ihre Helden werden jedoch von der Volksüberlieferung mit dem Fürsten David von Murom und seiner Gattin Evfrosinija (beide gest. 1228) identifiziert. Es ist wahrscheinlich, daß eine erste, verlorene Fassung der Erzählung bereits im 15. Jh. bestand. Vielleicht ist sie eine der Quellen der Liturgie für Pëtr und Fevronija gewesen, welche Pachomij Logofet im gleichen Jahrhundert verfaßte. Ihre endgültige Redaktion erhielt die Erzählung jedoch erst um die Mitte des 16. Jh.s, als ihre Helden durch das Moskauer Konzil von 1547 heiliggesprochen wurden. Einzelheiten des Werks scheinen unter dem Eindruck der Regierungszeit Ivans IV. konzipiert, so vor allem die Wiedergabe der politischen Konstellation des Bündnisses von Herrscher und Volk gegen die Bojarenschaft, die sich am eindringlichsten in der Rückberufung Pëtrs und Fevronijas durch das Volk von Murom manifestiert. Das Sujet der Erzählung liegt Rimskij-Korsakovs Oper *Skazanie o nevidimom grade Kitež (Die Erzählung von Kitežgrad)* zugrunde.

C. K.

Ausgaben: Petersburg 1860 (in *Pamjatniki starinnoj russkoj literatury*, Hg. G. Kušelev-Bezborodko, Bd. 1). – Moskau 1949, Hg. M. O. Skripil' (in Trudy otdela drevnerusskoj literatury, 7).

Übersetzung: *Die Geschichte von Peter, Fürst von Murom, u. seiner Gemahlin Fevronija*, L. Calmann (in *Altrussische Heiligenlegenden*, Mchn. 1922).

Vertonung: N. Rimskij-Korsakov, *Skazanie o nevidimom grade Kitež* (Text: W. I. Bjelskij; Oper; Urauff.: Petersburg, 20. 2. 1907, Mariinskij teatr).

Literatur: M. O. Skripil', *»Povest' o Petre i Fevronii Muromskich« i eë otnošenie k russk. skazke* (in Trudy otdela drevnerusskoj literatury, 7, 1949, S. 131 bis 167). – O. I. Podobedova, *»Povest' o Petre i Fevronii« kak lit. istočnik žitijnych ikon XVII v.* (ebd., 10, 1954, S. 290–304). – R. P. Dmitrieva, *»Povest' o Petre i Fevronii« v pereskaze A. M. Remizova* (in Trudy otdela drevnerusskoj literatury, 26, 1971, S. 155–176). – Dies., *Drevnerusskaja »Povest' o Petre i Fevronii« i sovremennye zapisi fol'klornych rasskazov* (in Russkaja literatura, 1974, Nr. 4, S. 90–99). – S. K. Rosoveckij, *»Povest' o Petre i Fevronii« v literaturnom processe XVIII veka* (in Voprosy russkoj literatury, 1974, Nr. 1, S. 49–54). – R. P. Dmitrieva, *O strukture »Povesti o Petre i Fevronii«* (in Trudy otdela drevnerusskoj literatury, 31, 1976, S. 247–270). – N. S. Demkova, *»Povest' o Petre i Fevronii«*, Leningrad 1979. – R. P. Dmitrieva, *»Povest' o Petre i Fevronii«*, Leningrad 1981. – L. N. Norejko, *»Povest' o Petre i Fevronii Muromskich« – lite-*

raturnyj pamjatnik Moskovskoj Rusi (in *Russkaja reč'*, 1983, Nr. 3, S. 100–104). – L. A. Pruner, *The Hagiographic Genre and the »Vita of Peter and Fevronija«*, Ann Arbor/Mich. 1983. – S. P. Vasil'eva, *Narodnaja leksika v »Povesti o Petre i Fevronii«* (in *Russkoe narodnoe slovo v istoričeskom aspekte*, Krasnojarsk 1984, S. 127–134). – M. B. Krivošeev, *Istoričeskie realii v »Povesti o Petre i Fevronii«* (in Vestnik Leningradskogo univ., 1987, Nr. 2, S. 23–29). – L. N. Norejko, *»Povest' o Petre i Fevronii« kak pamjatnik istorii russkogo literaturnogo jazyka*, Moskau 1987. – A. A. Sajkin, *Fol'klornye tradicii v »Povesti o Petre i Fevronii Muromskich«* (in *Folklornye tradicii v russkoj i sovetskoj literature*, Moskau 1987).

Povest' o prichode batyja na rjazan'

(aruss.; *Erzählung vom Feldzug des Batyj gegen Rjazan'*). Anonyme Kriegserzählung des 13. Jh.s. – Die literarisch bedeutsame Erzählung schildert die Zerstörung des russischen Fürstentums Rjazan' durch das Heer des Tatarenkhans Batyj im Jahre 1237, welche die endgültige tatarische Eroberung Rußlands einleitete. Vermutlich unmittelbar im Anschluß an die geschilderten Ereignisse entstanden, ist die Erzählung in späten Handschriften seit dem 16. Jh. im Verband der Legenden um die Ikone des hl. Nikolaus Zarazskij überliefert, die 1225 nach Rußland kam. Der inhomogene, oberflächlich nach dem annalistischen Jahresnetz gegliederte Geschichtszyklus vereinigt Texte weltlicher und kirchlicher, lokaler und gemeinrussischer Thematik. Gehören die kirchlichen Erzählungen zu den gewöhnlichsten Beispielen ihrer Gattung, so wird die Erzählung über den Feldzug des Batyj von manchen in die Nähe des *Slovo o polku Igoreve*, 12. Jh. *(Igorlied)*, gerückt. Die späte Überlieferung des Textes verhindert die Rekonstruktion seines Originals.
Die Erzählung beginnt mit der Ankunft des Tatarenkhans an den Grenzen des Fürstentums Rjazan'. Sie berichtet von den ersten Tributverhandlungen der Gegner, den vergeblichen Versuchen des Rjazaner Fürsten Jurij Ingorevič, die Hilfe seiner Nachbarn zu erwirken, von der Ermordung des jungen Fürsten Fëdor im Tatarenlager, dem Ende seiner Frau, die sich auf die Todesnachricht hin von der Höhe ihres Schlosses stürzt, schließlich von den Vorbereitungen zum Kampf. Die Rjazaner stellen sich dem Feind, unterliegen jedoch in einer erbitterten Schlacht. Batyj dringt in die Stadt ein und läßt die Einwohner niedermachen. Es folgt die – in der vorliegenden Form wohl unhistorische – Episode von dem kühnen Recken Evpatij, der den Tataren mit einem kleinen Gefolge nachsetzt und blu-

tige Rache an den Feinden zu nehmen vermag, ehe sie ihn überwältigen und erschlagen. Den Abschluß der Erzählung bildet die Heimkehr des Fürsten Ingvar', eines Bruders des gefallenen Rjazaner Fürsten, seine bewegte Klage über das Schicksal des Landes, das Begräbnis der Toten, die Ehrung der erschlagenen Fürsten und der Ausblick auf den Wiederaufbau des Fürstentums.
Aus der Anschauung des Erzählten entstanden und in vielem ausführlicher und genauer als die Chronikberichte zum gleichen Thema, erlaubt sich die Erzählung doch bezeichnende Abweichungen von der historischen Wirklichkeit. Diese stehen im Dienste einer möglichst geschlossenen literarischen Durcharbeitung des Textes. Stil und Inhalt weisen die Erzählung als ein Denkmal aus dem Milieu der *družina* (Gefolgschaft) des Rjazaner Fürsten aus. Sie besticht durch ihre anspruchslose, dynamische Erzählweise und ihre mitunter dramatische Diktion, die sich, vor allem in der Klage des Fürsten Ingvar', zu hohem lyrischem Ausdruck zu erheben vermag. Dennoch erscheint der Vergleich mit dem *Igorlied* zu hoch gegriffen: Alles, was die Größe des *Igorliedes* ausmacht, die einheitliche Konzeption und vor allem die Integration des historischen Vorwurfs in die Wirklichkeit des literarischen Kunstwerks, fehlt der Erzählung.　　C.K.

Ausgaben: Moskau/Leningrad 1949, Hg. D. S. Lichačëv (in *Voinskie povesti drevnej Rusi*; krit.). – Moskau 1949 (in I. Novikov, *Russk. geroič. povesti*; nruss.). – NY 1954 (in *Anthology of Old Russian Literature*, Hg. A. Stender-Petersen).

Literatur: B. A. Rybakov, *Bor'ba Rusi s Batyem* (in *Narod-bogatyr' IX–XIII v.*, Moskau 1948, S. 36–55). – N. V. Vodovozov, *»Povest' o razorenii Rjazani Batyem«* (in Uč. zap. Moskovskogo gos. ped. inst., 48, 1956, S. 3–27). – N. K. Gudzij, *Geschichte der russischen Literatur 11.–17. Jh.*, Halle 1959, S. 220–229. – B. N. Putilov, *K voprosu o sostave Rjazanskogo pesennogo cikla* (in Trudy otdela drevnerusskoj literatury, 16, 1960). – D. S. Lichačëv, *Povesti o nikole zarazskom* (in *Slovar' knižnikov i knižnosti Drevnej Rusi*, Hg. D. Lichačëv, Bd. 1, Leningrad 1987, S. 332–337; m. Bibliogr.).

Povest' o savve grudcyne

(russ.; *Die Geschichte von Savva Grudcyn*). Erzählung eines unbekannten Verfassers aus der zweiten Hälfte des 17. Jh.s. – Die in zahlreichen Handschriften aus dem frühen 18. Jh. überlieferte Erzählung ist thematisch aufs engste verwandt mit der wenig zuvor entstandenen *Povest' o gore i zločastii* (*Erzählung von Kummer und Unglück*). Wie diese erzählt sie die Geschichte eines Jünglings aus gutem Hause, der sich durch die Verlockungen dieser Welt verleiten läßt, mit den überkommenen Ehrbegriffen seines Standes zu brechen, bis er, über das Sündhafte seines Tuns belehrt, sein Seelenheil durch den Eintritt ins Kloster rettet.

Savva Grudcyn, Sohn einer wohlhabenden Kaufmannsfamilie, die 1606 während der politischen Wirren, der *smuta*, von Ustjug nach Kazan' übersiedelte, wird vom Vater auf eine Geschäftsreise nach Solikamsk geschickt. Unterwegs findet er Aufnahme im Haus des reichen Bažen, eines Freundes seines Vaters, der in dritter Ehe mit einer sehr viel jüngeren Frau verheiratet ist. Der Teufel versteht es, die Leidenschaft der Frau zu wecken, so daß Savva ihren Verführungskünsten erliegt. »*Gleich einem Schwein wälzte er sich in sündigen Unreinheiten und verbrachte lange Zeit gleich dem Vieh in dieser unersättlichen Leidenschaft.*« Am Vorabend des Himmelfahrtstages jedoch trifft ihn »*ein Pfeil der Gottesfurcht*«: Er widersteht dem hartnäckigen Werben der Geliebten. Die Verschmähte reicht ihm einen Liebestrank, spielt jedoch, als Savva sie nicht mehr vergessen kann, selbst die Gleichgültige. Überdies denunziert sie Savva bei ihrem Mann. Aus dem Haus gewiesen, geht der Jüngling in trüben Gedanken vor der Stadt spazieren. Um die Geliebte wiederzugewinnen, ist er einen Augenblick bereit, seine Seele dem Teufel zu verschreiben. Kaum hat er den Gedanken gedacht, da gewahrt er einen Jüngling, der ihm nacheilt, sich als sein Verwandter ausgibt und ihm jegliche Hilfe zur Linderung seines Kummers anbietet. Gegen eine »*gewisse Unterschrift*« – Savva leistet sie, ohne zu wissen, daß er einen Pakt mit dem Teufel unterzeichnet – rät ihm der Jüngling, ins Haus Bažens zurückzukehren. In der Tat wird er dort freundlich aufgenommen und erneuert das Verhältnis mit der Geliebten. Die Kunde seines sündhaften Treibens dringt bis in sein Elternhaus. Doch Savva schlägt die beschwörenden Briefe der Mutter in den Wind. Schließlich bricht der Vater auf, den Sohn zur Tugend anzuhalten. Der Teufel entführt den Jüngling jedoch in andere Lande. Durch die Luft gelangen sie nach Smolensk, wo der Zar Michail Fёdorovič gegen die Polen rüstet. Savva vollbringt während des Feldzugs mit Hilfe des Teufels unbeschreibliche Heldentaten. In Moskau führt er, vom Zaren geehrt, ein glänzendes Leben. Als er plötzlich erkrankt, läßt er einen Popen zur Beichte holen. Zähneknirschend hält ihm der Teufel »*in tierischer Gestalt*« den Kontrakt vor. Savva jedoch leistet die Beichte und sieht im Traum die Gottesmutter, die ihm Heilung und Rettung verspricht, wenn er Mönch werde und am Festtag ihrer Ikone die Kirche besuche. Er läßt sich zur Kathedrale der Kazaner Muttergottes tragen. Während des Cherubimliedes verspricht ihm eine gewaltige Stimme, er werde geheilt, wenn er die Kirche betrete. Zugleich fällt aus der Kirchenkuppel Savvas Kontrakt mit dem Teufel hernieder: Das Blatt ist weiß, als sei es nie beschrieben worden. Savva springt von seiner Bahre auf, dankt der Muttergottes für seine Erlösung, verteilt sein gesamtes Gut unter die Armen und verbringt den Rest seines Lebens unter Gebet und Fasten im Kloster.

Die literarhistorische Einordnung der handlungsreichen Erzählung ist in vieler Hinsicht strittig. Hat die ältere Forschung das Werk vor allem wegen seiner Anklänge an die Faustsage und wegen der ausführlichen Behandlung des der altrussischen Literatur so fremden Liebesthemas beträchtlich überschätzt, so neigen jüngere Arbeiten zu einer nüchterneren Betrachtung. Die Erzählung fügt sich im allgemeinen durchaus dem üblichen Rahmen ihrer Gattung. Die Verwandtschaft mit der Faustsage bleibt auf den Abschluß des Teufelspaktes beschränkt, den der Held hier überdies nicht einmal bewußt unterzeichnet. Auch die Behandlung der Liebesthematik geht nur geringfügig über die Tradition der altrussischen Literatur hinaus. Der Erzählung fehlt jegliche psychologische Motivierung ihrer Gestaltung. Die Erotik selbst entspringt nicht dem Innenleben der Personen, sondern wird mechanisch durch den Anstoß des Teufels ausgelöst. Die Liebenden verhalten sich letztlich passiv: Sie sind Instrument eines übermenschlichen, geistlichen Zweikampfes der Gottesmutter mit dem Teufel.

Strittig ist auch die Entstehungsgeschichte der Erzählung. Ein Teil der Forscher möchte den Autor der Erzählung in den konservativen Kreisen der russischen Kaufmannschaft finden, aus denen auch die *Povest' o gore i zločastii* hervorgegangen ist. Andere sehen ihn aufgrund der Lokalisierung der Erzählung in einem Geistlichen der Kazaner Kathedrale zu Moskau. Für diese Möglichkeit spricht nicht zuletzt die konservative, dem Kirchenslavischen verpflichtete Sprache des Werks. Allerdings ist wegen des Motivreichtums der Erzählung, den man sich nur durch eine lange literarische Wanderung erklären zu können glaubt, sowie Novellen des *Velikoe zercalo (Der große Spiegel)*, einer durch das Polnische vermittelten altrussischen Übersetzung des katholischen *Speculum magnum exemplorum*, selbst die originalrussische Entstehung der *Povest'* in Zweifel gezogen worden. Eine Eigenart der Erzählung ist ihre Offenheit gegenüber realen, historischen Ereignissen und Personen, welche in der Darstellung lebender Gestalten (das Geschlecht der Grudcyns ist im 17. Jh. in Velikij Ustjug und in Moskau belegt) und der Verwicklung des Helden in geschichtliche Geschehnisse der Zeit (den russisch-polnischen Krieg Michail Fёdorovičs von 1632–1634) zum Ausdruck kommt.　　　　J.H.

AUSGABEN: Moskau 1860 (in Letopisi russkoj literatury i drevnosti, 2). – Petersburg 1905 (in V. V. Sipovskij, *Russkie povesti XVII–XVIII vv.*). – Leningrad 1954 (in *Russkaja povest' XVII v.*). – Moskau 1961, Hg. V. F. Ržiga. – Moskau 1986 (in *Izbornik. Povesti drevnej Rusi*, Hg. L. Dmitriev u. N. Ponyrka; Vorw. D. Lichačёv; nruss.). – Moskau 1988 (in *Pamjatniki literatury Drevnej Rusi. XVII vek*, Hg. L. Dmitriev u. D. Lichačёv; m. nruss. Übers.).

LITERATUR: M. O. Skripil', »*Povest o Savve Grudcyne*« (in Trudy otdela drevnerusskoj literatury, 2, 1935, S. 181–214; 3, 1936, S. 99–152). – N. A. Baklanova, *K voprosu o datirovke* »*Povesti o Savve Grudcyne*« (ebd., 11, 1955, S. 391–396). – N. V. Vodovozov, »*Povest' o Savve Grudcyne*« (in N. V. V., *Istorija drevnerusskoj literatury*, Moskau 1962, S. 358–363). – I. Smirnov, *Ot skazki i romanu* (in Trudy otdela drevnerusskoj literatury, 27, 1972, S. 284–320). – A. Gračev, *Povest' A. M. Remizova* »*Savva Grudcyn*« *i eë drevnerusskij prototip* (ebd., 33, 1979, S. 388–400). – V. Bagno, *Dogovor čeloveka s d'javolom v* »*Povesti o Savve Grudcyne*« *i v evropejskoj literaturnoj tradicii* (ebd., 40, 1985, S. 364–372). – V. Masleša, *Nravstvennoe soderžanie bytovych povestej XVII v.* »*Povest' o Gore-Zločastie*«, »*Povest' o Savve Grudcyne*«, »*Povest' o Flore Skobeeve*«, Diss. Moskau 1986.

POVEST' O VARLAAME I IOASAFE

(aruss.; *Die Geschichte von Varlaam und Ioasaf*). Russische Redaktion des mittelalterlichen Romans *Barlaam und Josaphat*, vermutlich vor dem 12. Jh. in Rußland übersetzt. – Gehen die westslavischen Versionen des weitverbreiteten Erzählstoffes auf die lateinische Redaktion des Romans zurück, so sind die ostslavischen Fassungen mit wenigen Ausnahmen direkt oder durch südslavische Vermittlung vom griechischen Text abhängig. Die ältesten Handschriften der russischen Übersetzung werden verschieden datiert, doch nimmt man an, daß ein altrussischer Text bereits im 12. Jh. vorgelegen hat, da sich KIRILL VON TUROV (um 1130 – vor 1182) in seiner Predigt *Povest' o belorizce čeloveke... (Die Erzählung vom Laien...)* eines Sujets aus dem Roman bedient.

Thema des Romans ist die berühmte Legende von der Erleuchtung des Siddharta, welche aus dem Leben Buddhas († 543 v. Chr.) bekannt ist. Lediglich die Namen der handelnden Personen sind aus der buddhistischen Tradition in die christliche Welt übertragen. Der russische Text erzählt von dem indischen König Avenir, der dem Vordringen des Christentums in seinem Lande mit den härtesten Maßnahmen entgegentritt. Ihm wird ein Sohn – Ioasaf – geboren, der außerordentlich schön und begabt ist. Von den Magiern des Reiches vermögen ihm 55 nichts als die herkömmlichen Güter dieser Welt zu prophezeien. Ein einziger erkennt, daß Ioasaf zu Höherem geboren ist: Sein Reich werde »*nicht von dieser Welt*« sein, d. h., er werde sich zum Christentum bekehren. Erschrocken läßt Avenir Vorkehrungen treffen, die Erfüllung der Prophezeiung zu verhindern. Er baut Ioasaf einen herrlichen Palast, in dem er ihn von allen bedrückenden Erfahrungen der Welt fernzuhalten trachtet. Trotz aller Vorsorge des Vaters lernt Ioasaf auf seinen wohlbehüteten Ausritten Krankheit, Alter und Tod kennen. Dadurch angeregt, über die Eitelkeit des irdischen Lebens nachzudenken, beginnt Ioasaf nach einem Dasein jenseits der Endlichkeit der Welt zu fragen. Die göttliche Offenbarung schickt ihm, als Kaufmann verkleidet, den Einsiedler Varlaam. Varlaam gibt vor, dem Königssohn einen kostbaren Stein zu bringen, der Kranke heilen und Blinde sehend machen könne, der aber nur von einer reinen Seele geschaut werden kann. Das Kleinod ist die Erkenntnis der christlichen Wahrheit, welche Varlaam dem Prinzen in einer Reihe teils christlicher, teils orientalischer Gleichnisse darlegt. Die berühmteste dieser Parabeln ist die *Geschichte vom Einhorn*, das vielfach nacherzählte Gleichnis von dem Menschen, der, von einem Einhorn gejagt, in einen tiefen Brunnen stürzt, im Fall jedoch von Astwerk aufgefangen wird und nun zu seinem Entsetzen feststellen muß, daß er zwischen zwei Gefahren schwebt: Über ihm schnaubt das wilde Einhorn (der Tod), unter ihm nagen eine weiße und eine schwarze Maus (Tag und Nacht) unablässig an dem Baume, der ihn hält (dem Leben). Auf dem Grunde des Brunnens erblickt er einen grimmigen Drachen (die Hölle) und zu seiner Seite vier giftige Schlangenköpfe (die menschlichen Versuchungen). Dennoch vergißt der Mensch alle Bedrohung über dem süßen Honig, der von den Zweigen des Baumes tropft (den irdischen Verlockungen). Mit solchen Geschichten gelingt es Varlaam, den Prinzen zum Christentum zu bekehren. Ioasaf tauft seinen Vater und das ganze indische Reich. Er verzichtet auf die Herrscherwürde und begibt sich auf die Suche nach der Einsiedelei des Varlaam. Er überlebt seinen Lehrer um 35 Jahre und stirbt nach einem gottesfürchtigen Leben. Die Gebeine der Einsiedler werden in die indische Hauptstadt überführt. Sie wirken viele Wunder, die die umliegenden Völker zum Christentum bekehren.

Die russische Erzählung steht dem hagiographischen Schrifttum nahe. Ihr Stil ist ausgeglichen, ihre Sprache anspruchslos und verständlich. Eine gewisse Langatmigkeit der Erzählung hat der beachtlichen Verbreitung des Textes, der in zahlreichen Abschriften, Umarbeitungen und Varianten überliefert ist, keinen Abbruch getan. Über Jahrhunderte diente das Werk, dessen Einfluß in zahlreichen Denkmälern der altrussischen Literatur zutage tritt, den unterschiedlichsten Interessen als »Gefäß« ihrer Anschauungen. Im 15. Jh. wurde der Roman von den Iosifljanen zur Propagierung ihrer Interpretation des Verhältnisses von weltlicher und geistlicher Macht benutzt (sog. *Afanas'evskij izvod* – *Athanasius-Redaktion*). Zeugnisse der Volksdichtung beweisen, daß das Werk späterhin den Altgläubigen zu ähnlichen Zwecken gedient hat. Ohne Tendenz ist das Varlaam-Motiv in die Volkserzählung, die *duchovnye stichi* (moralisierende Volkspoesie) und vor allem in die Volkslieder eingedrungen, welche noch im 19. Jh. lebendig waren.

C. K.

Ausgaben: Petersburg 1885 (in Obščestvo ljubitelej drevnej pis'menno sti, 83). – Moskau 1980 (in *Pamjatniki literatury Drevnej Rusi. XII vek*, Hg. L. Dmitriev u. D. Lichačëv; m. nruss. Übers.). – Leningrad 1985–1988, Hg. I. Lebedeva, 2 Bde. [krit.].

Literatur: C. Braunholz, *Die erste nichtchristliche Parabel des »Barlaam und Josafat«, ihre Herkunft u. Verbreitung*, Halle 1883. – I. Franko, »*Varlaam i Iosafat*«, *starochristianskij duchovnyj roman i ego literaturnaja istorija*, Lemberg 1897. – Š. I. Nucubidze, *K proischoždeniju grečeskogo romana* »*Varlaam i Ioasaf*«, Tiflis 1956. – B. Kuznecov, »*Povest' o Varlaame i Ioasafe*« (*K voprosu o proischoždeni*) (in Trudy otdela drevnerusskoj literatury, 33, 1979, S. 238–245). – I. Lebedeva, *O drevnerusskom perevode* »*Povesti o Varlaame i Ioasafe*« (ebd., S. 246 bis 252). – L. Itigina, *Redaktorskaja rabota Simeona Polocko nad izdaniem* »*Povesti o Varlaame i Ioasafe*« (in *Istočnikovedenie literatury Drevnej Rusi*, Leningrad 1980, S. 259–265). – L. Sidorova, »*Povest' o Varlaame i Ioasafe*« *v isdanii Simeona Polockogo* (in *Simeon Polockij i ego knigoizdantel'skaja dejatel'nost'*, Moskau 1982, S. 134–151). – N. Gerasimova-Persidskaja, *Ob otraženii* »*Povesti o Varlaame i Ioasafe*« *v drevnerusskoj muzyke* (in Trudy otdela drevnerusskoj literatury, 38, 1985, S. 331–337). – I. Lebedeva, *Bolgarskij perevod* »*Povesti o Varlaame i Ioasafe*« *i ego sud'ba v russkoj knižnosti* (in Kirilo-Metodievski studii, 1986, Nr. 3, S. 213–220). – Dies., »*Povest' o Varlaame i Ioasafe*« (in *Slovar' knižnikov i knižnosti Drevnej Rusi*, Hg. D. Lichačëv, Bd. 1, Leningrad 1987, S. 349–352; m. Bibliogr.). – *Slovoukazatel' k tekstu* »*Povesti o Varlaame i Ioasafe*«, Hg. I. Lebedeva, Leningrad 1988. – L. Petrova, *Iz istorii podgotovki moskovskogo izdanija* »*Povesti o Varlaame i Ioasafe*« (in *Rukopisnaja i pečatnaja kniga v Rossii*, Leningrad 1988, S. 66–78).

Povest', sireč' istorija o Azovskom sidenii donskich kazakov 5000 protiv turok 300 000 Povest'

(russ.; *Erzählung, will sagen Historie von der Belagerung Azovs durch 300 000 Türken gegen 5000 Kosaken*). Kriegsbericht aus dem 17. Jh., vielleicht Fëdor I. Porošin zuzuschreiben. – Das Original des umfangreichen Berichts wurde der Kanzlei für Auswärtige Angelegenheiten des Moskauer Zaren Michail Fëdorovič Romanov (reg. 1613–1645) am 28. Oktober 1642 durch eine Delegation der Donkosaken als Bittschreiben der russischen Verteidiger Azovs, einer militärisch bedeutsamen Festung unweit des Schwarzen Meeres, überbracht. Es sollte den Zaren bewegen, die Stadt, welche die Kosa-

ken einen Monat zuvor unter schweren Verlusten gegen ein türkisches Belagerungsheer behauptet hatten, unter seinen Schutz zu stellen. Mit minuziöser Genauigkeit rekonstruiert das Schreiben den Verlauf der Belagerung: Am 24. Juni 1641 schickt der türkische Sultan Ibrahim I. ein Heer gegen Azov, das seinem Vorgänger Murad IV. erst vier Jahre zuvor von den Kosaken ohne Moskauer Hilfe abgerungen worden war. Die Türken hatten die Zwischenzeit zu nutzen gewußt: Ihr Heer zählt 300 000 Mann, ist vorzüglich ausgerüstet und von deutschen Militärfachleuten beraten. Vor der Offensive schicken die Türken eine Gesandtschaft in die Stadt. In weitläufiger Ausführung, in die der Verfasser ehrenvolle Epitheta der Kosaken eingearbeitet hat, zählen sie die Vergehen der Kosaken seit der »Beleidigung« Murads auf. Deutlich lassen sie die militärische Bedeutung der Eroberung Azovs durch russische Truppen erkennen. Sie fordern die Kosaken auf, sich der Oberhoheit des Sultans zu unterstellen und die Stadt, da sie von Moskau keine Hilfe zu erwarten hätten, unverzüglich zu verlassen. In klarer Einschätzung ihrer Lage geben die Kosaken ihre Antwort. Sie verweisen auf die Erfahrungen, die sie in früheren Jahren mit den Türken gemacht haben, spielen auf das Zeugnis an, das dem Sultan die Inanspruchnahme fremder Söldner und Berater ausstellt, und deuten die Schande an, die die Einnahme der schwachen Stadt ihrem ungeheuren Heer machen müßte. Nüchtern ist die Einschätzung ihres Rückhalts in Rußland. Mit unverhohlener Ironie geben sie dem Moskauer Zaren zu verstehen: »*Bei uns in Rußland achtet man uns geringer als einen stinkenden Köter, daher sind wir dem Moskauer Reich entflohen, der ewigen Knechtschaft und der niederen Unterdrückung.*« Lobende Worte über den christlichen Herrscher und das strahlende Moskau nehmen diesen Akzenten nichts von ihrer Schärfe. Die Einnahme Azovs durch die Kosaken bietet Moskau die Chance, das türkische Reich zu erobern und ein christliches Reich in Konstantinopel zu errichten. Im Vertrauen auf die Hilfe Gottes, der Gottesmutter, der Nothelfer und nicht zuletzt der umliegenden Kosaken wird die Stadt dem Sultan Widerstand zu leisten wissen. Der Schilderung der Verhandlungen, die mehr als die Hälfte des Berichts einnimmt, folgt die detaillierte Beschreibung der Belagerung, die für die politische Absicht des Schreibens von geringerer Bedeutung ist. Nach einer langwierigen und verlustreichen Belagerung ziehen sich die Türken überraschend zurück; türkische Gefangene berichten, man habe im Türkenlager eine schreckliche Vision gehabt: Aus dem moskovitischen Reich sei eine dunkle Wolke gegen die Türken gezogen, begleitet von zwei Jünglingen mit entblößten Schwertern. Die Kosaken, unter denen niemand unverwundet ist, schicken ihre Gesandtschaft nach Moskau. Sie geloben, da sie nur noch unbrauchbare Greise seien, in den Mönchsstand zu treten und unter ihrem Ataman als Igumen (Abt) ein Kloster zu Ehren Johannes des Täufers zu errichten. Das Gelübde wurde aber nicht erfüllt: Der Verfasser hatte voreilig die schwarze Wolke aus dem Moskoviterreich zitiert, denn auf türkisches Drängen lehnte der Zar den Schutz Azovs ab. Die Kosaken mußten die Stadt erneut den Türken überlassen, in deren Händen sie bis zur Zeit Peters des Großen blieb.

Die Auseinandersetzungen um die Stadt Azov haben in der altrussischen Literatur ihren Niederschlag in einer ganzen Reihe von Erzählungen gefunden, die vermutlich in unmittelbarem Anschluß an die geschilderten Ereignisse niedergeschrieben wurden. Hierher gehören – nach der Unterscheidung A. S. ORLOVS – die »historische« Erzählung von der Einnahme Azovs durch die Donkosaken im Jahr 1637, die »dokumentarische« und die »poetische« Bearbeitung der Belagerung von 1641. Die spätere, »märchenhafte« Redaktion des *Povest'* gehört in die Reihe der literarisch bedeutsamsten, in vier Redaktionen überlieferten »poetischen« Fassung, welche Anklänge an die Stilistik der Volksepik verrät. Ihre historische Wahrhaftigkeit wird durch die Aufzeichnungen des türkischen Reisenden Evliyā Čelebi, den Bericht des russischen Augenzeugen Kuzemka Fëdorov und eine Reihe russischer Urkunden bestätigt. Wie einzelne Handschriften erweisen, ist die Erzählung im Winter 1641/42 in Moskau, vermutlich von einem Mitglied der Kosakengesandtschaft, niedergeschrieben worden. Die jüngere Forschung schreibt sie Fëdor I. Porošin, dem Vorsteher der Militärkanzlei der Kosaken, zu.   C.K.

AUSGABEN: Moskau 1906 (in A. Orlov, *Istoričeskie i poetičeskie ob Azove*). – Moskau/Leningrad 1949 (in V. P. Adrianova u. V. N. Peretc, *Voinskie povesti drevnej Rusi*). – Moskau 1986 (in *Izbornik. Povesti drevnej Rusi*, Hg. L. Dmitriev u. N. Ponyrko; Vorw. D. Lichačëv; nruss.). – Moskau 1988 (in *Pamjatniki literatury Drevnej Rusi. XVII vek*, Hg. L. Dmitriev u. D. Lichačëv; m. nruss. Übers.).

LITERATUR: N. I. Sutt, »Povesti ob Azove« (in Uč. zap. Moskovskogo gos. ped. inst., 2, 1939, S. 3 bis 67). – A.N. Robinson, *Iz nabljudenij nad stilem poetič.* »Povesti ob Azove« (in Uč. zap. Moskovskogo gos. univ., 118, 1946, S. 43–71). – Ders., *Poetič.* »Povest' ob Azove« i politič. bor'ba Donskich kazakov v 1642 godu (in Trudy otdela drevnerusskoj literatury, 6, 1948, S. 24–59). – Ders., *Žanr poetič.* »Povesti ob Azove« (ebd., 7, 1949, S. 98–130). – I. Novikov, *Russkie geroičeskie povesti*, Moskau 1949, S. 143–173. – V. V. Mitrofanova, »Povest' ob Azovskom osadnom sidenii« (in *Russkaja povest' XVII v.*, Leningrad 1954, S. 366–375). – M. D. Kagan, »Povest' ob azovskom sidenii« (in Trudy otdela drevnerusskoj literatury, 41, 1988, S. 104–111).

POVEST' VREMENNYCH LET

(aruss.; *Chronik der vergangenen Jahre*, auch *Nestorchronik*). Anonyme russische Chronik aus dem Anfang des 12. Jh.s. – Zeugnis des entwickelten Geschichtsbewußtseins der Kiewer Rus', berichtet die *Nestorchronik* die weltliche und geistliche Geschichte des Landes – vor allem Kiews und Novgorods – von der Frühzeit der slavischen Stämme bis in die Gegenwart der Endredaktion. Die Chronik beginnt in fortlaufender Erzählung mit der Teilung der Erde unter die Söhne Noahs und der Abkunft der Slaven aus dem Stamme Japhets. Es folgt die antibyzantinische Legende von der apostolischen Mission des Landes durch den Besuch des Apostels Andreas. Die vorwarägische Gründung Kiews und des ältesten südrussischen Staates wird dem russischen Fürstenhaus der Brüder Kij, Šček und Choriv zugeschrieben. Detailliert beschreibt die Chronik die Auseinandersetzungen der Russen mit ihren ausländischen Feinden, vor allem den Avaren und Chazaren. Mit dem Jahr 852, in dem die Russen vor Konstantinopel erscheinen, beginnt das Jahresnetz der Chronik (besser: Annalen), berechnet nach dem Datum der Erschaffung der Welt im Jahr 5508 v. Chr. Nordrussischen Ursprungs ist die Legende von der Berufung der Warägerfürsten unter Rjurik, dessen Haus die Herrschaft in Kiew antritt. Es folgt der Bericht über die Herrschaft Olegs, der Byzanz zum Abschluß eines Handelsvertrags zwingt, und seinen sagenhaften Tod durch sein Lieblingspferd. Ausführlich wird die grausame Rache der Fürstin Ol'ga an den Derevljanen für die Ermordung ihres Mannes Igor' beschrieben. Ol'gas Sohn, der kriegerische Svjatoslav, zwingt den byzantinischen Kaiser Johannes Tzimiskes zu hohen Tributzahlungen. Viel Raum gibt die Chronik dem ausschweifenden Leben des Fürsten Vladimir Svjatoslavič, seiner Bekehrung und Taufe, seiner Hochzeit mit der byzantinischen Prinzessin Anna und der Christianisierung der Kiewer Rus' im Jahr 988. Scharf verurteilt der Chronist den Bruderzwist unter den Söhnen Vladimirs. Die *Nestorchronik* schließt mit der Herrschaft des Fürsten Vladimir Monomach, dessen Werke einer ihrer Handschriften unter dem Jahr 1096 beigefügt sind.

Die Entstehungsgeschichte der Chronik ist eng mit der politischen Geschichte der Kiewer Rus' verbunden. Die Urfassung des Werkes ist vermutlich aus weltlichen und geistlichen Erzählstoffen aus dem Milieu des Kiewer Hofes und der Kiewer Klöster entstanden. Sie steht in unmittelbarem Zusammenhang mit der Errichtung der Kiewer Metropolie (1039) und ist Ausdruck der russischen Unabhängigkeitsbestrebungen gegen die kirchliche Oberhoheit Konstantinopels. Als in der zweiten Hälfte des 11. Jh.s der griechische Einfluß am Metropolitensitz siegt, geht die nationale Historiographie an das Kiewer Höhlenkloster über. Hier erfährt die Chronik zwei Redaktionen (um 1073 und um 1093/95), welche sie um Stoffe aus der Geschichte Novgorods und Tmutorakan's bereichern. Als das Höhlenkloster seine Unabhängigkeit verliert und Fürstenkloster wird, ist eine Neufassung der Chronik erforderlich, welche dem Mönch Nestor anvertraut wird (um 1113). Als Vladimir Monomach dem Höhlenkloster die Kiewer Chronistik entzog und sie dem von ihm gegründeten Michail-Kloster in Vydubič anvertraute, wurde die Fassung Nestors von dem Abt Sil'vester ein weiteres Mal überarbeitet (um 1116). Diese Redaktion ist am getreuesten in der *Lavrent'evskaja letopis' (Laurentiuschronik)* des Jahres 1377 erhalten, welche der *Nestorchronik* eine nordrussische Chronik (bis 1305) beifügt. Eine zweite Redaktion der *Nestorchronik* (um 1118) ist in der *Ipat'evskaja letopis' (Hypatiuschronik)* aus den zwanziger Jahren des 15. Jh.s erhalten, welche dem Werk eine südrussische Fortsetzung (bis 1292) anschließt.

Der kompilatorische Charakter und die verwickelte Entstehungsgeschichte der Chronik bedingen ihre stilistische und stoffliche Vielfalt der heterogensten Quellen: mündliche Überlieferung, Volksdichtung, epische und heroische Erzählstoffe, Augenzeugenberichte und eigenes Erleben des Redaktors leisten ihren Beitrag ebenso wie das literarische Vorbild der *Bibel*, der liturgischen und hagiographischen Texte, der byzantinischen und regionalen Chronistik, der politischen Urkunde usf. Vorwiegend in der kirchenslavischen Literatursprache geschrieben, bietet die Chronik in den der mündlichen Tradition entnommenen Partien der zeitgenössischen russischen Umgangssprache viel Raum.

Die *Nestorchronik* ist Ausdruck des nationalen Selbstverständnisses der Kiewer Rus'. Dem Zerfall des Kiewer Reiches infolge der Zwistigkeiten der russischen Teilfürsten hält sie, den Beschlüssen des Ljubečer Fürstenkongresses von 1097 getreu, das Ideal des unter dem Kiewer Großfürsten zum Kampf gegen die auswärtigen Heiden geeinten Staates entgegen. Im Dienste dieses Gedankens stehen die zahlreichen negativen und positiven Fürstencharakteristiken der Chronik. Den ersten Platz nimmt unter ihnen das Denkmal ein, das sich der Kiewer Großfürst Vladimir Monomach in der Laurentius-Abschrift der Chronik in seinem *Poučenie (Belehrung)* selbst gesetzt hat. Zusammen mit einem Brief Vladimirs an den Fürsten Oleg von Černigov und einigen Gebeten des Herrschers unter dem Jahre 1096 in die Chronik eingefügt, dürfte das Werk in Wahrheit dem Todesdatum des Fürsten (1125) näher entstanden sein.

Das *Poučenie* ist das Testament Vladimirs an seine Kinder, ergänzt um eine skizzenhafte Autobiographie des Herrschers. Vladimir erscheint darin als das Idealbild des humanen, mächtigen, christlichen Fürsten, der das geistliche und politische Wohl des Staates über alle persönlichen Interessen stellt. Aktive Bewältigung der politischen Aufgaben, nicht kontemplativer Rückzug aus der Welt ist die Aufgabe gerade des christlichen Herrschers, der sich um alle Belange des Staatswesens selbst zu sorgen

hat. Energie und kriegerische Stärke, Zielstrebigkeit und Unbeugsamkeit, absolute Ehrlichkeit und Eidestreue, gepaart mit Milde und Gerechtigkeit, Ehrfurcht vor dem Alter und christlicher Barmherzigkeit sind die Tugenden des Fürsten. Besonderes Gewicht legt Vladimir auf den Erwerb der notwendigen Bildung: Eigens erwähnt er die Beherrschung fremder Sprachen als Voraussetzung des Herrscheramtes. Das *Poučenie* schließt mit einer Aufzählung der gefährlichen Jagdabenteuer und der 83 Feldzüge des Herrschers.

Die Gattung der elterlichen »Belehrung« war Vladimir aus der byzantinischen Literatur bekannt, der bereits der *Izbornik Svjatoslava (Sammelband Svjatoslavs)* des Jahres 1076 ein Beispiel entnommen hatte. Die Sprache des *Poučenie* ist die russische Umgangssprache, welche nur selten dem Kirchenslavischen weiteren Raum gibt. – Die *Nestorchronik* wurde zum Vorbild der altrussischen Historiographie, das kaum einer der zahlreichen regionalen Chronisten seinem Werk für die Zeit bis zum Beginn des 12. Jh.s voranzustellen versäumt hat. Die Anlage der Chronik hat die Darstellung der russischen Geschichte bis in die Blütezeit des moskovitischen Staates im 16. Jh. hinein bestimmt. Häufig hat die neuere russische Literatur die *Nestorchronik* als Quelle ihrer Sujets benutzt. Eines der bekanntesten Beispiele ist A. Puškins *Pesn' o veščem Olege*, 1822 *(Das Lied vom weisen Oleg)*, das an das Sagenmotiv vom Tod des Fürsten durch sein Pferd anknüpft. — C.K.

Ausgaben: Petersburg 1767. – Moskau 1824, Hg. Timkovskij. – Wien 1860, Hg. F. Miklosich [Faks. Petersburg 1872]. – Petrograd 1916, Hg. A. A. Šachmatov [m. Einf. u. Komm.]. – Leningrad 1926; Nachdr. Mchn. 1977. – Lpzg. 1948 *(Die altrussische Nestorchronik,* Hg. K. Trautmann; Ausw.). – Moskau 1950, Hg. V. P. Adrianova-Peretc, 2 Bde. [m. nruss. Übers.; Aufsätze u. Komm. D. S. Lichačëv]. – Moskau 1962 *(Ipat'evskaja letopis';* in *Poln. sobr. russkich letopisej,* Bd. 2). – Moskau 1962 *(Lavrent'evskaja letopis';* ebd., Bd. 1). – Moskau 1978 (in *Pamjatniki literatury Drevnej Rusi. XI – načalo XII vek,* Hg. L. Dmitriev u. D. Lichačëv; m. nruss. Übers.). – Moskau 1986 (in *Izbornik. Povesti drevnej Rusi,* Hg. L. Dmitriev u. N. Ponyrko; Vorw. D. Lichačëv; Ausz.; nruss.).

Übersetzungen: *Nestor. Russische Annalen in ihrer slavonischen Grundsprache,* A. L. Schlözer, 4 Bde., Göttingen 1802–1805. – *Olga und Wladimir. Skizzen aus der Urgeschichte Rußlands. Nach Nestors Annalen,* G. Kuttler, Stg. 1857. – *Die altrussische Nestorchronik,* R. Trautmann, Lpzg. 1931. – *Die Nestor-Chronik,* E. Kottmeier (in *Aus dem alten Rußland. Epen, Chroniken und Geschichten,* Hg. S. Zenkovsky, Herrsching 1968; Ausz.).

Literatur: S. Skrulj, *Die Entstehung der ältesten russischen sog. »Nestorchronik«,* Požega 1896. – S. A. Bugoslavskij, *»Povest' vremennych let«* (in *Starinnaja russk. povest',* Hg. N. K. Gudzij, Moskau 1941,

S. 7–37). – I. R. Erëmin, *»Povest' vremennych let«, problemy eë istorikolit. izučenija*, Moskau 1946. – L. Müller, *Die »Dritte Redaktion« der sog. »Nestorchronik«* (in *Fs. f. M. Woltner zum 70. Geburtstag*, Heidelberg 1967, S. 171–186). – O. Tvorogov, *»Povest' vremennych let« i »Chronograf po velikomu izloženiju«* (in Trudy otdela drevnerusskoj literatury, 28, 1974, S. 99–113). – A. L'vov, *Leksika »Povesti vremennych let«*, Moskau 1975. – H.-J. Grabmüller, *»Povest' vremennych let«* (in Jahrbücher für die Geschichte Osteuropas, 25, 1977, S. 66–90). – L. Müller, *Handbuch zur »Nestorchronik«*, 3 Bde., Mchn. 1977. – B. Gröber, *Vollständiges Wörterverzeichnis zur »Nestorchronik«*, Mchn. 1977. – G. Chaburgaev, *Etnonimija »Povesti vremennych let«*, Moskau 1979. – G. Valeev, *Antroponimija »Povesti vremennych let«*, Diss. Moskau 1982. – M. Schulman, *Judaic Influence as Reflected in Ideas and Motifs of the »Kievan Primary Chronical«*, Diss. NY 1984. – O. Tvorogov, *Leksičeskij sostav »Povesti o vremennych let«*, Kiew 1984. – A. Šajkin, *Epičeskie geroi i personaži »Povest' vremennych let« i sposoby ich izobraženija* (in Russkaja literatura, 1986, 3, S. 89–108). – O. Tvorogov, *»Povest' vremennych let«* (in *Slovar' knižnikov i knižnosti Drevnej Rusi*, Hg. D. Lichačëv, Bd. 1, Leningrad 1987, S. 337–343; m. Bibliogr.).

PSKOVSKOE VZJATIE, KAKO VZJAT EGO KNJAZ' VELIKII VASILEI IVANOVIČ

(russ.; *Die Einnahme von Pskov durch den Großfürsten Vasilij Ivanovič*). Anonymer Chronikbericht aus dem Beginn des 16. Jh.s. – Lange vor dem Erstarken der Moskauer Zentralgewalt hatte sich in den russischen Teilfürstentümern von nur einiger politischer Bedeutung ein lokales Schrifttum autonomistischer, antimoskovitischer Tendenz herausgebildet. So setzt auch in Pskov in der zweiten Hälfte des 15. Jh.s eine verstärkte Pflege der städtischen Traditionen und eine Sammlung des heimischen Kulturerbes ein, das gegen den Moskauer Herrschaftsanspruch ausgespielt werden kann. Wohl nach dem Beispiel Novgorods hatte in Pskov bereits im 13. Jh. eine städtische Geschichtsschreibung begonnen, die über den Anschluß der Stadt an Moskau (1510) hinaus fortgesetzt wurde. Die Forschung unterscheidet verschiedene Fassungen der Pskover Chronik, in deren erste das *Pskovskoe vzjatie* unter dem Jahr des Ereignisses eingegangen ist.

Die Komposition der Erzählung, die als das beste Zeugnis der Pskover Historiographie gilt, ist durch den Ablauf der geschilderten Ereignisse bestimmt. Die detaillierte Kenntnis der Vorfälle weist den Autor als Augenzeugen des historischen Geschehens aus. Die ausführliche Einleitung der Erzäh-

lung schildert die Vorgeschichte der Einnahme der Stadt. Sie beschreibt die traditionellen Beziehungen zwischen Pskov und Moskau und berichtet den unmittelbaren Anlaß der Expedition des Großfürsten: die Bittgänge der Pskover Bürger wegen der Übergriffe des moskovitischen Statthalters und die Gegenintrige des Beschuldigten. Bis in die kleinsten Einzelheiten beschreibt die Erzählung den entehrenden Empfang der Pskover Gesandten und den Weg, auf dem die Kunde von ihrer widerrechtlichen Festsetzung in die Stadt kommt. Im Wortlaut vermag sie die Botschaft des Großfürsten an die Stadt anzuführen. Vasilij verlangt von den Pskover Bürgern die Herausgabe der Veče-Glocke, des Symbols der städtischen Unabhängigkeit, und die Anerkennung zweier vom Großfürsten bestimmter Statthalter. Unter Tränen und Klagen kommen die Pskover nach einer Nacht Bedenkzeit dem Moskauer Verlangen nach. Mit bitteren Worten teilen sie dem Großfürsten die Unterwerfung der Stadt mit: »*Wir aber sind über Ihm, unseren Herren, aus ganzem Herzen froh, daß er uns nicht bis zum letzten zugrunde gerichtet hat.*« Zwei emotionale Einschübe unterbrechen den sachlichen Bericht: Eine kurze Klage der Stadt Pskov über die ihr widerfahrene Ungerechtigkeit und eine ebenso knappe Belehrung *(poučenie)* an den Leser, die toposhaft den Grund für den Fall der Stadt in den Sünden der Betroffenen zu suchen auffordert. Mit der Darstellung der Auswirkungen und der Nachgeschichte der Einnahme schließt die Erzählung.

Der literarische Höhepunkt des Werks ist die bewegte Klage der Stadt, in einer lyrischen, rhythmisierten Sprache mit Verbalreimen vorgetragen. Die Forschung hat darin den Einfluß der biblischen Klagelieder und der ersten Predigt des SERAPHON VON VLADIMIR (1230) erkannt. Die Tendenz der Erzählung spiegelt die Ideologie der weltlichen und geistlichen Feudalherren Pskovs wider: Während die an einer Ausweitung ihrer Handelsgeschäfte interessierten bürgerlichen Kreise der Stadt dem Zentralisierungsbestreben Moskaus nur mit halbem Herzen Widerstand leisteten, befand sich die städtische Feudalmacht im unversöhnlichem Konkurrenzkampf mit dem Moskauer Hof und Adel.   C. K.

AUSGABEN: Petersburg 1848 (in *Novgorodskija: Pskovskija letopisi*; *Poln. sobr. russkich letopisej*, Bd. 4). – Moskau 1955 (in *Pskovskie letopisi*, Hg. A. N. Nasonov, Bd. 2). – Moskau ⁷1962 (N. K. Gudzij, in *Chrestomatija po drevnej russkoj literature XI–XVII vv.*; Ausz.). – Moskau 1984 (in *Pamjatniki literatury Drevnej Rusi. Konec XV veka – pervaja polovina XVI veka*, Hg. L. Dmitriev u. D. Lichačëv; m. nruss. Übers.).

ÜBERSETZUNG: *Die Besetzung Pleskaus durch den Großfürst Wassilij III.*, E. Kottmeier (in *Aus dem alten Rußland. Epen, Chroniken und Geschichten*, Hg. S. Zenkovsky, Herrsching 1968).

LITERATUR: A. Pokrovskij, *Drevnee pskovskonovgo-*

rodskoe pis'mennoe nasledie, Moskau 1916. – A. N. Nasonov, *Iz istorii pskovskogo letopisanija* (in Istoričeskie zapiski, 18, 1946). – N. N. Maslenikova, *Ideologičeskaja bor'ba v pskovskoj literature v period obrazovanija russkogo centralizovannogo gosudarstva* (in Trudy otdela drevnerusskoj literatury, 8, 1951). – Dies., *Prisoedinenie Pskova k Russkomu centralizovannomu gosudarstvu*, Leningrad 1955. – V. Ochotnikova, *»Povest' o Pskovskom vzjatii«* (in Slovar' knižnikov i knižnosti Drevnej Rusi, Hg. D. Lichačëv, Bd. 1, Leningrad 1987, S. 463 ff.; m. Bibliogr.).

SINAGRIP, CAR' ADOROV I NALIVSKOJ STRANY

(aruss.; *Sinagrip, König von Ninive und Assur*). Russische Übersetzung des *Achikar-Romans* aus dem 11. Jh. – Die russische Redaktion des babylonisch-assyrischen Erzählstoffes aus dem 7.–5. Jh. v. Chr. geht auf die verlorene, durch Reminiszenzen in den Sprüchen des DEMOKRITOS und der Biographie des AISOPOS jedoch bezeugte griechische Fassung zurück. Sie scheint bereits im 11. Jh. unter Jaroslav Mudryj in Rußland aus der griechischen Vorlage oder einem südslavischen Zwischenglied übersetzt worden zu sein. Die russische Version des Romans zeigt eine der christlichen Weltanschauung zumindest nicht zuwiderlaufende Gedankenführung, die der Hand eines byzantinischen Redaktors zuzuschreiben sein mag. Die handschriftliche Überlieferung des Textes setzt um die Wende des 15. und 16. Jh.s ein. Auf russischem Boden hat das Werk, dessen moralisierend-belehrende Tendenz dem Interesse der kirchlichen Erbauungsliteratur, dessen romanhaft-erzählende Form dem Bedürfnis des Lesers nach Unterhaltung entgegenkam, rasche Verbreitung gefunden. Dabei wurde der Stoff – in den späteren Versionen immer deutlicher – den zeitgenössischen russischen Verhältnissen angepaßt: Die Redaktionen spiegeln das politisch-soziale Milieu ihrer Entstehung ebenso wie den Wandel der literarischen Anschauungen der russischen Gesellschaft, bis das Sujet im 18. Jh. im charakteristischen Gewand der petrinischen Novelle erscheint. Mit der zunehmenden Russifizierung des Vorwurfs treten die moralisierenden Partien des Textes, die ihren Nachhall in der *Pčela*, 12. Jh. *(Die Biene)*, und dem *Poslanie Daniila Zatočnika*, 12./13. Jh. *(Sendschreiben Daniils des Verbannten)*, fanden und Einfluß auf die Gattung des altrussischen *poučenie* (Belehrung) ausübten, zugunsten der unterhaltenden Momente der Erzählung zurück. Bei aller Naturalisierung im Detail bewahrt der in der Ichform erzählte Text jedoch im ganzen die Eigenart des orientalischen Erzählstoffes (vgl. *Achikar-Roman*).   C. K.

AUSGABE: Moskau 1913 (*Povest' ob Akire Premudrom*, Hg. A. D. Grigor'ev).

LITERATUR: A. D. Grigor'ev, *»Povest' ob Akire Premudrom« kak chudožestvennoe proizvedenie* (in Varšavskie universitetskie izvestija, 1913, Nr. 4). – N. N. Durnovo, *Materialy i issledovanija po starinnoj literature. K istorii »Povesti ob Akire«*, Moskau 1915. – V. N. Peretc, *K istorii teksta »Povesti ob Akire Premudrom«* (in Izv. otdel. russk. jaz. i slov. AN SSSR, 1916, Nr. 1, S. 262–278). – A. S. Orlov, *Perevodnye povesti feodal'noj Rusi i Moskovskogo gosudarstva XII–XVII vv.*, Leningrad 1934. – V. P. Adrianova-Peretc u. V. F. Pokrovskaja, *Drevnerusskaja povest'*, Bd. 1, Moskau/Leningrad 1940. – N. K. Gudzij, *Geschichte der russischen Literatur. 11.–17. Jh.*, Halle 1959, S. 198–200.

SKAZANIE O BOGATOM KUPCE

(russ.; *Die Erzählung vom reichen Kaufmann*). Anonyme Erzählung aus dem 17. Jh. – Die russische Literatur des 17. Jh.s spiegelt die gesellschaftlichen Veränderungen, die das Entstehen bürgerlicher Schichten innerhalb der russischen Feudalgesellschaft mit sich brachte. Nicht zufällig spielt ein Großteil dieser Literatur in der Händler- und Kaufmannswelt, die das gärende Element der zeitgenössischen Gesellschaft darstellte. Hierher gehört – obwohl trotz seiner späten Entstehungszeit der kirchlichen Erbauungsliteratur noch relativ nahestehend – auch das *Skazanie o bogatom kupce*, ein Text, der erst vor wenigen Jahren in einer Sammelhandschrift der Sammlung Tichonravov (Moskau, Leninbibliothek, Nr. 361) entdeckt wurde. Die Handschrift enthält außer dem *Skazanie* eine Reihe von Texten des 17. Jh.s und aus früherer Zeit sowie einige Bylinenbearbeitungen und ist auf die vierziger Jahre des 18. Jh.s zu datieren. Zahlreiche orthographische und sprachliche Unstimmigkeiten in der Wiedergabe des *Skazanie* erlauben den Schluß, daß es sich nicht um das Autograph des Autors handelt. Nach Inhalt und Stil ist das Werk vielmehr Ende des 17., allenfalls zu Beginn des 18. Jh.s entstanden.

In der Stadt Babylon lebt ein reicher Kaufmann namens Bender. Gewohnt, in seinem Haus Edelleute und Könige zu bewirten, versteigt er sich dazu, den Herrn selbst zum Mahle zu laden. Er läßt alle Vorbereitungen treffen und stellt verstärkte Wachen um sein Haus. Christus aber erscheint nicht, wie es der Reiche erwartet hat: Er betritt die ausgebreiteten Teppiche als Bettler und wird – unerkannt – von den Wächtern des Kaufmanns davongejagt. In einer Szene, deren Ursprung noch ungeklärt ist (Christus auf einem hohen Stein im Dialog mit einem Engel), prophezeit der Herr, der Kaufmann werde sich selbst für seine Hartherzigkeit strafen: Seine Tochter werde er Fivran, einem Bettlerskind aus dem fernen Fantifon, zur Frau geben und diesen zum Erben machen. Der Reiche versucht mit allen Mitteln, die Weissagung des Herrn zunichte zu machen. Er fährt zu Schiff nach Fantifon, macht Fivran ausfindig und kauft den Säugling seinen Eltern gegen eine hohe Summe Geldes ab. Auf dem Heimweg vom Sturm überrascht, landet er in der Nähe eines Klosters. Hier dingt er gegen eine hohe Belohnung die Köche, den Knaben zu erschlagen und ihm sein Herz zum Verzehr vorzulegen. Die Köche aber widersetzen sich heimlich diesem verbrecherischen Plan; sie bringen das Kind einer verständigen Frau zur Pflege und braten dem Reichen das Herz eines Hundes. Nach Jahr und Tag erkrankt seine Tochter auf den Tod. Der Reiche kehrt zu jenem Kloster zurück, um für ihre Gesundheit zu beten, begegnet dem herangewachsenen Fivran und erfährt die Geschichte seiner Errettung. Wieder gelingt es ihm, den Jüngling in seine Gewalt zu bringen. Er will ihn unter einem Vorwand in den Wald locken und dort umbringen lassen. Durch einen Zufall gelangt der Kaufmann jedoch eher zu den Mördern als sein Opfer. Obwohl man ihn erkennt, wird er ergriffen und zu Tode gebracht. Fivran aber erhält die Tochter des Reichen, läßt seinen Vater aus Fantifon holen und lebt bis ans Ende seiner Tage herrlich und in Freuden.

Das Motiv der Erscheinung des Herrn in irdischer Gestalt ist der altrussischen Literatur nicht fremd: Es findet sich außer in dem *Slovo o černorizce Martirii (Die Geschichte des Mönchs Martirij)* aus derselben Handschrift vor allem in einigen Titeln der *Prologe* und der *Čet'i Minei (Lesemenäen)*, beispielsweise im *Slovo o nekoem igumene, egože iskusi Christos v obraze niščego (Geschichte von einem Igumen, welchen Christus in der Gestalt eines Bettlers auf die Probe stellte)*.

Eine weitaus überzeugendere Parallele des *Skazanie* stellt jedoch das russische Volksmärchen *O Marke bogatom (Vom reichen Mark)* dar, das in diversen Redaktionen in verschiedenen Gegenden Rußlands heimisch ist. Trotz gewisser Abweichungen im Detail sind die Übereinstimmungen beider Fassungen so groß, daß an einen unmittelbaren literarischen Zusammenhang zu denken ist. Ohne Beweis hält die Herausgeberin des Textes (O. A. BELOBROVA) das *Skazanie* für die literarische, künstlerische Bearbeitung des Volksmärchens. Nicht weniger wahrscheinlich ist jedoch die umgekehrte Abhängigkeit der Texte. Hierfür spräche nicht zuletzt die auffallende Nähe des Textes zu den Denkmälern der weltlichen Literatur des 17. Jh.s in inhaltlicher und sprachlicher Hinsicht. Stilistisch scheint das *Skazanie* keine Anklänge an das Volksmärchen aufzuweisen, und auch die Szenerie der Handlung scheint eher literarischer als märchenhafter Herkunft. Für die Priorität der literarischen Fassung spricht – nach allem anderen – auch der textliche Zusammenhang des *Skazanie* mit dem in derselben Handschrift von gleicher Hand geschriebenen Fragment der *Povest' o pape Grigorii (Ge-*

schichte über den Papst Gregor). Die Annahme des literarischen Ursprungs des *Skazanie* stünde überdies in Einklang mit der Beobachtung M. N. SPERANSKIJS, daß Sammelhandschriften des 18. Jh.s nur relativ selten Märchenstoffe enthalten. Zur endgültigen Klärung der Entstehung des *Skazanie* bedarf es jedoch einer eingehenderen literarhistorischen, vor allem motivgeschichtlichen Untersuchung.   C. K.

AUSGABE: Moskau/Leningrad 1965, Hg. O. A. Belobrova (in Trudy otdela drevnerusskoj literatury, 21).

LITERATUR: M. N. Speranskij, *Rukopisnye sborniki XVIII v. Materialy dlja istorii russkoj literatury XVIII v.*, Moskau 1963. – O. A. Belobrova, »*Skazanie o bogatom kupce*« (in Trudy otdela drevnerusskoj literatury, 21, 1965, S. 259–266). – Dies., »*Skazanie o bogatom kupce*« (ebd., 41, 1988, S. 123 bis 135).

SKAZANIE O DRAKULE VOEVODE

(aruss.; *Die Geschichte vom Wojewoden Drakula*). Anonyme Erzählung aus dem 15. Jh. – Die kurze, aus zehn lose aneinandergereihten Anekdoten und einem historisch referierenden Schlußwort bestehende Erzählung ist eines der eigenartigsten Werke der altrussischen Literatur. Ihr Held ist der Herrscher Vlad IV. (II.) von Muntenien (reg. 1456 bis 1462 und 1476/77), mit Beinamen Ţepeş (»der Pfähler«) oder Dracula (»der Drache«). Die historisch bezeugte Grausamkeit des walachischen Fürsten hat bereits zu seinen Lebzeiten eine Fülle mündlicher Erzählungen hervorgebracht, die, angereichert durch Wandermotive der Zeit, rasch zu einem mehr oder minder abgegrenzten Kanon gleichbleibender Anekdoten wurden. Kärgliche Spuren dieser Tradition haben sich in der rumänischen und südslavischen Volksdichtung erhalten. Auf folkloristische Überlieferung stützt sich vermutlich auch B. STOKERS Roman *Dracula* (1904), der eine Renaissance des mittelalterlichen Sujets auf der Ebene des Groschenromans und des drittrangigen Films initiierte. Auf der Grundlage der mündlichen Erzählungen entstand noch im 15. Jh. eine Reihe literarischer Bearbeitungen des Stoffs, die sich in drei Traditionen gliedern: einen Chronikbericht, der aus den *Rerum Ungaricarum decades...* des Antonio BONFINI (15. Jh.) Eingang in die deutsche Chronik des Sebastian MÜNSTER und die tschechische des JAN Z PUCHOVA (beide 16. Jh.) fand; eine Reihe deutscher Handschriften und Drucke sowie ein umfangreiches Gedicht des Meistersingers Michael BEHEIM (1416 – nach 1474); schließlich die russische Erzählung des 15. Jh.s, die in drei Redaktionen und 22 Handschriften seit dem Jahre 1490/91 überliefert ist.

Die genannten Traditionen stimmen inhaltlich im wesentlichen überein. Ihre Abkunft aus mündlicher Überlieferung erklärt ihre gleichwohl beträchtlichen Textabweichungen. Die russische Fassung steht der deutschen Überlieferung näher als der Chronikerzählung. Sie vereinigt alle stofflichen Momente, welche den anderen Traditionen gemeinsam sind, wird jedoch von den deutschen Texten an Inhaltsreichtum übertroffen. Ihr Thema ist das Problem der auf terroristische Machtausübung gegründeten Herrschaft. Eindringlich stellt sie das gerechte Regiment des Vlad-Țepeș und das zu seiner Sicherung notwendige harte Durchgreifen des Herrschers nebeneinander: Mit äußerster Strenge ist Dracula um die öffentliche Ordnung seines Landes besorgt. Erbarmungslos bestraft er die Verbrecher, ohne Ansehen von Stand oder Person. Ohne Sorge kann er unbeaufsichtigt einen goldenen Becher in seiner Hauptstadt aufstellen lassen. Fremde Kaufleute stellt er auf die Probe, indem er ihnen mehr Geld zusteckt, als sie besitzen: Wer das Überzählige behält, ist des Todes. Ehebruch, Unkeuschheit und Vernachlässigung der häuslichen Pflichten bestraft er mit Pfahl und Pranger. Den Mitgliedern einer türkischen Gesandtschaft, die nach islamischer Sitte ihre Köpfe bedeckt ließen, befahl er, die Turbane auf den Köpfen festzunageln, *»um ihre Sitte zu bestätigen«*. Ein andermal bewirtet er die Armen seines Landes und läßt sie anschließend verbrennen, um sie von ihrer Armut und das Land von ihnen zu befreien. Ein Mönch, der die Wahrheit sagt, stirbt auf dem Pfahle. Gesandte, die ihm schmeicheln oder durch ihre Verschlagenheit imponieren, entläßt er in Ehren. Die Meister, die seinen Staatsschatz an einem verborgenen Ort verstecken, tötet er, um das Geheimnis zu wahren. Mit einer ausführlichen, rein historischen Schlußbemerkung über die Gefangennahme des Herrschers durch den ungarischen König, seine Kerkerhaft und seinen Übertritt zum katholischen Glauben, seine Rückkehr zur Macht und seinen Tod durch die Hand seines eigenen Dieners schließt die Erzählung.

Da der Verfasser berichtet, er habe die Söhne Draculas mit eigenen Augen gesehen, wird er den Stoff seiner Erzählung am Ort der Ereignisse erfahren haben, vielleicht als Mitglied einer russischen Gesandtschaft am ungarischen Hof, die sich 1482, also zur Entstehungszeit des Textes – zwischen 1481 und 1486 – unter Leitung des Moskauer Beamten Fëdor KURICYN in Budapest aufhielt. Es spricht alles dafür, daß Kuricyn oder einer seiner Begleiter der Autor der Erzählung ist.

Die wissenschaftliche Erforschung der Erzählung hat sich lange Zeit auf die Kritik ihrer Textgestalt beschränkt. Erst die sowjetische Forschung stellte die Frage nach ihrem ideologischen Gehalt. Es ist wahrscheinlich, daß das Werk einen Widerhall des Herrscherbildes der westeuropäischen Renaissance darstellt, der die Überwindung der feudalen Zersplitterung durch eine machtvolle Zentralgewalt als sicherste Garantie für eine gerechte Herrschaft galt (MACHIAVELLI). In der Periode der Konsolidierung des zentralistischen moskovitischen Staates um die Wende des 14. zum 15. Jh. mußten diese Gedanken in Rußland einen überaus günstigen Boden finden. Die Entstehung der rein weltlich-narrativen Erzählung fällt in eine Zeit der Blüte der altrussischen Belletristik. Im 16. Jh. wurde das Werk von der moskovitischen Prunkliteratur verdrängt. Erst im 17. Jh. wurde es mit dem neuerlichen Aufkommen der weltlichen Literatur wieder wahrgenommen, doch verhinderte die Diskreditierung der Herrschaftsauffassung der Renaissance durch die Regierungszeit Ivans IV. (»des Schrecklichen«, reg. 1533–1584) seine weitere Verbreitung. C.K.

AUSGABEN: Moskau 1929, Hg. A. D. Sedel'nikov (in Izv. otdel. russk. jaz. i slov. AN SSSR, 2). – Moskau/Leningrad 1964 (*Povest' o Drakule*, Hg. Ja. S. Lur'e). – Moskau 1982 (in *Pamjatniki literatury Drevnej Rusi. Vtoraja polovina XV veka*, Hg. L. Dmitriev u. D. Lichačëv; m. nruss. Übers.). – Moskau 1986 (in *Izbornik. Povesti drevnej Rusi*, Hg. L. Dmitriev u. N. Ponyrko; Vorw. D. Lichačëv; nruss.).

LITERATUR: L. V. Čerepnin, *Russkie feodal'nye archivy XIV–XV vv.*, Bd. 2, Moskau 1951, S. 310 bis 313. – *Literaturnaja istorija povesti o Drakule* (in Izv. otdel. russk. jaz. i slov. AN SSSR, 2, 1929, S. 621 f.). – M. Cazacu, *À propos du récit russe »Skazanie o drakule voevode«* (in Cahiers du Monde Russe et Soviétique, 15, 1974, Nr. 3/4, S. 279–296).

SKAZANIE O KURE I LISICE

(russ.; *Die Geschichte von Hahn und Fuchs*). Anonyme Satire aus dem 17. Jh. – Die gesellschaftlichen Veränderungen des 17. Jh.s, welche die Petrinischen Reformen vorbereiteten, zogen eine tiefgreifende Säkularisierung des russischen Geisteslebens nach sich. Das Denken befreite sich aus den Normen des von der Kirche vorgezeichneten Weltbilds und wandte sich der realen, diesseitigen Wirklichkeit des praktischen Lebens zu. Dieser Umdenkungsprozeß schlägt sich in der russischen Literatur in der Entstehung einer Gattung nieder, die sich wie keine andere zur Darstellung des Widerspruchs zwischen schal gewordenem Ideal und erkannter Realität, zwischen Vorgegebenem und Gemeintem anbietet: der kritischen Satire und der Parodie. Zu den frühen Texten dieser Gattung zählt das *Skazanie o kure i lisice*, eine beißende Polemik gegen eine zum Deckmantel menschlicher Begehrlichkeit und Schwäche pervertierte Frömmigkeit. Nach einem urkundlichen Zeugnis zu schließen war das *Skazanie* bereits zu Beginn des 17. Jh.s in einer volkstümlichen Prosafassung verbreitet. Die ältesten Handschriften dieser Redaktion gehören jedoch erst dem 18. Jh. an. Gleich anderen Satiren der Zeit (z. B. _Sud Šemjakin – Das Gericht des Šemjaka_) wurde das _Skazanie_ im 18. Jh. in Verse übertragen und fand Eingang in die Literatur der _lubočnye kartiny_ (Volksbilderbogen) und das russische Volksmärchen.

Das _Skazanie_ hat die Form einer Tierfabel. Auf einem hohen Baum sitzt der prächtige Hahn, der mit weithin hallender Stimme das Lob Christi verkündet und die Christen an ihr Tagwerk ruft. Unter dem Baum sitzt der heuchlerische, verschlagene Fuchs, dem der Anblick des frommen Hahns lediglich das Wasser im Munde zusammenlaufen läßt. Er schlüpft in die Maske des ehrbaren, besorgten Christen und spricht den Hahn ob seiner Sünden an. Er bittet ihn, herabzusteigen, um sich vom Fuchs die Absolution erteilen zu lassen. Der Hahn, wohl ahnend, woher der Wind weht, weigert sich zunächst, ist jedoch gottesfürchtig genug, bei der Erwähnung seiner Sünden zu erschrecken und mißtrauisch-zerknirscht von seinem hohen Ast herunterzuklettern. Der Fuchs sieht sich seinem Ziel nahe. Die Krallen schon im Gefieder des Hahnes, ist er gleichwohl auf die Wahrung des frommen Scheins bedacht. Auch der Hahn, der sich über sein Schicksal nicht länger im unklaren sein kann, sucht sein Heil in der theologischen Argumentation. Als ihm der Fuchs Vielweiberei vorwirft, repliziert er mit der Aufforderung der Bibel: »_Seid fruchtbar und mehret euch…_«; der Fuchs klagt ihn des Bruderzwists an, der Hahn windet sich heraus. Des Streitens müde, verrät der Fuchs den wahren Grund seines Hasses: die Aufmerksamkeit des Hahnes bei seinem Wächterdienst über das Hühnervolk seines Herrn. Als er die Zähne des Fuchses an der Kehle spürt, greift der Hahn zum letzten Mittel: Er bietet dem Fuchs Anteile an einer einträglichen Pfründe, für die ihn der Metropolit von Kruticy ausersehen hat. Von nichttheologischen Argumenten hält der Fuchs jedoch ebensoviel wie von theologischen und frißt den Hahn kurzerhand auf.

Die Herkunft dieser Satire ist nicht mit Sicherheit auszumachen. Aufgrund ihrer – abgesehen von den theologischen und literarischen Zitaten – volkstümlichen Sprache und der Verwendung von Sprichwörtern hat man – vielleicht zu Recht – ihre Entstehung dem Milieu der Handwerker- oder Hofbedienstetenkreise zugeschrieben.   C.K.

AUSGABEN: Moskau/Leningrad 1954 (in _Russkaja demokratičeskaja satira XVII veka_, Hg. V.P. Adrianova-Peretc). – Moskau ⁷1962 (in N.K. Gudzij, _Chrestomatija po drevnej russkoj literature XI–XVII vv._).

LITERATUR: V.P. Adrianova-Peretc, _Očerki po istorii russkoj satiričeskoj literatury XVII v._, Moskau/Leningrad 1937. – I.P. Lapickij, _Russkaja povest' XVII v._, Moskau 1954.

SKAZANIE O VELIKICH KNJAZECH VLADIMIRSKICH

(russ.; _Erzählung über die Großfürsten von Vladimir_). Politische Propagandaschrift des 16. Jh.s. – Die Konsolidierung des zentralisierten russischen Feudalstaats im 16. Jh. fand ihren literarischen Niederschlag in einem umfangreichen propagandistischen Schrifttum, in dem sich die gesellschaftlichen Veränderungen der Zeit widerspiegeln und das darüber hinaus zum aktiven Element der vielfältigen politischen Auseinandersetzungen wurde. In diesem Kampf um die innere und äußere Anerkennung der moskovitischen Zentralgewalt fiel dem _Skazanie o velikich knjazech Vladimirskich_ eine hervorragende Aufgabe zu. Im Verlauf seiner komplizierten Entstehungsgeschichte dient das Werk zwei unterschiedlichen politischen Zwecken: zum einen der Stärkung der Autorität des Moskauer Großfürsten und der Rechtfertigung seines Führungsanspruchs gegenüber den übrigen Feudalherren des Landes, zum anderen der ideologischen Fundierung des Anspruchs der Moskauer Herrscher auf den Zarentitel im Verkehr mit den Regierungen des Auslandes. Der Auftrag zur Abfassung eines Dokuments, welches die politische Konzeption des Moskauer Großfürsten als logische Konsequenz des Verlaufs der Weltgeschichte rechtfertigen sollte, dürfte aus der unmittelbaren Umgebung Vasilijs III. (reg. 1505–1533) ergangen sein. Er wurde dem Ferapontov-Kloster erteilt, wo SPIRIDON-SAVVA, der unglückliche orthodoxe Metropolit Polen-Litauens, vermutlich zwischen 1510 und 1520 eine erste Fassung des Werks, das sog. _Poslanie (Sendschreiben)_, niederschrieb.

Der erste Teil des _Poslanie_ enthält die Genealogie der russischen Fürsten von den ältesten Zeiten an. Er beschreibt die Teilung der Erde unter die Söhne Noahs, die Regierung der ägyptischen Könige, die Weltherrschaft des Augustus, die Entsendung seines Bruders Prus an die Weichsel, die Abstammung Rjuriks, des Stammvaters der Kiewer Fürsten, von Prus, den Erwerb der Kaiserkrone durch Vladimir Monomach, schließlich den Ursprung der Moskauer Dynastie aus dem Kiewer Fürstenhaus. – Der zweite Teil des _Poslanie_ stellt dem glänzenden Stammbaum des Moskauer Fürstengeschlechts zum Kontrast die niedere Abkunft der litauischen Fürsten entgegen.

Für die Bedürfnisse der Moskauer Politik wurde das _Poslanie_ wohl noch unter Vasilij III. einer offiziellen Bearbeitung unterzogen. Aus dem ersten Teil des _Poslanie_ entstand die erste Redaktion des _Skazanie_, das mit dem fortschreitenden Zentralisierungsprozeß des russischen Feudalstaats an Bedeutung gewann und bis in die zweite Hälfte des 16. Jh.s als offizielles Dokument der moskovitischen Diplomatie ins Spiel gebracht wurde. Die erste Redaktion des Werks gibt im wesentlichen Inhalt und Ideengehalt des _Poslanie_ wieder, sucht die

Beweiskraft seiner Argumentation jedoch durch die Korrektur historischer Details, die Zufügung von Daten, die Überprüfung der biblischen Erzählungen am Bibeltext etc. zu erhöhen. Während der Regierungszeit Ivans IV. des »Schrecklichen« (reg. 1533–1584) wird die Argumentation des *Skazanie* zum offiziellen Instrument der Moskauer Innen- und Außenpolitik im Kampf um die Festigung der Zarenherrschaft.

Der zweite Teil des *Skazanie*, der über den Erwerb der Zarenkrone durch Vladimir Monomach handelt, wird dem Zeremoniell der Zarenkrönung Ivans IV. als historische Einleitung unter dem Titel *Postavlenie velikich knjazej russkich... (Die Einsetzung der russischen Großfürsten...)* vorangestellt. – Aus dem *Postavlenie* schließlich geht um 1557 bis 1561 durch eine erneute Überarbeitung, welche wiederum den dokumentarischen Wert des Textes erhöhen soll, die zweite Redaktion des *Skazanie* hervor. Die Argumentation des Werks gilt in erster Linie dem Nachweis des Vorrangs des großfürstlichen Stammbaums und der Anciennität des Moskauer Anspruchs auf die Zarenkrone. Die genealogische Verknüpfung des Moskauer Fürstengeschlechts mit den Herrscherhäusern der Antike soll der russischen Geschichte ihren angemessenen Platz im Ablauf der Weltgeschichte zuweisen. Der Rückgriff auf die römische Geschichte entspricht dem politischen Denken der Renaissance. Er stellt den Moskauer Zaren den regierenden Häusern Westeuropas gleich. – Die Gedanken des *Skazanie* fanden Eingang in nahezu alle literarischen Unternehmungen des 16. Jh.s, welche die Stärkung der Moskauer Zentralgewalt zum Ziele hatten. Beide Redaktionen des *Skazanie* sind in 32 Handschriften bekannt, deren älteste der zweiten Hälfte des 16. Jh.s angehören. C.K.

AUSGABEN: Petersburg 1895 (in I.N. Ždanov, *Russkij bylevoj épos. Issledovanija i materialy*). – Moskau/Leningrad 1955 (in R. P. Dimitrieva, *Skazanie o knjaz'jach Vladimirskich*). – Moskau 1984 (in *Pamjatniki Literatury Drevnej Rusi. Konec XV veka – pervaja polovina XVI veka*. Hg. L. Dmitriev u. D. Lichačëv; m. nruss. Übers.).

LITERATUR: D. Stremooukoff, *Moscow the Third Rome. Sources of the Doctrine* (in Speculum, 28, 1953, S. 84–101). – N. K. Gudzij, *Geschichte der russischen Literatur. 11.–17. Jh.*, Halle 1959, S. 307 ff. – I. N. Ždanov, *Povesti o Vavilone i »Skazanie o knjazech Vladimirskich«*, Petersburg 1891. – P. P. Pitolina, *K voprosu ob oficial'nych političeskich idejach Russkogo zentralizovannogo gosudarstva (»Skazanie o knjaz'jach Vladimirskich«)*, Diss. Leningrad 1953. – R. P. Dimitrieva, *O nekotorych istočnikach »Poslanija Spiridona Savvy«* (in Trudy otdela drevnerusskoj literatury, 13, 1957, S. 440 bis 445). – A. Zimin, *Antičnye motivy v russkoj publicistike konca XV v.* (in *Feodal'naja Rossija vo vsemirnom istoričeskom processe*, Moskau 1972). – A. Gol'dberg, *K istorii rasskaza o potomkach Avgusta i o detjach Monomacha* (in Trudy otdela drevneruss-

koj literatury, 30, 1976, S. 204–216). – R. Dmitrieva, *»Skazanie o knjazjach Vladimirskich«* (in *Slovar' knižnikov i knižnosti Drevnej Rusi*, Hg. D. Lichačëv, Bd. 2, Leningrad 1989, S. 370–371; m. Bibliogr.).

SKAZANIE STRASTI I POCHVALA SVJATUJU MUČENIKU BORISA I GLEBA

(aruss.; *Erzählung vom Leiden der heiligen Märtyrer Boris und Gleb und Lobpreis auf sie*). Heiligenlegende eines unbekannten Verfassers, entstanden in der zweiten Hälfte des 11. oder ersten Hälfte des 12. Jh.s. – Das Werk schildert zunächst den Tod der Brüder Boris und Gleb, zweier Söhne des russischen Großfürsten Vladimir des Heiligen († 1015), die in den Thronwirren nach dem Tod ihres Vaters auf Befehl ihres Halbbruders Svjatopolk ermordet wurden. Es folgt ein Bericht über den Kampf zwischen Svjatopolk und Jaroslav, einem weiteren Halbbruder von Boris und Gleb, um den Kiewer Thron bis zum Sieg Jaroslavs, der sich als Rächer der Ermordeten ausgab, sowie über die Auffindung der Reliquien der Heiligen und ihre Beisetzung in Vyšgorod (nahe bei Kiew), der Hauptstätte ihres Kults. Mit einem hymnischen Lobpreis der Heiligen und einem feierlichen Gebet zu ihnen und zu Gott schließt die Legende.

Boris und Gleb waren die ersten kanonisierten Heiligen der russischen Kirche. Ihr Kult spielte im religiösen und staatlichen Leben Rußlands bis ins 20 Jh. hinein eine große Rolle. Wegen seiner literarischen und theologischen Vorzüge war das *Skazanie* das ganze Mittelalter hindurch die beliebteste Erzählung über diese hochverehrten Heiligen. – Literarisch ist es dadurch wertvoll, daß es Reichtum an knapp erzählten Fakten mit breit ausgeführten, lyrisch gestimmten Szenen verbindet (Klage des Boris um den Tod seines Vaters, Betrachtungen über die Eitelkeit der Welt, ein Monolog des bei seiner Ermordung noch sehr jungen Gleb, in dem die kreatürliche Todesangst ergreifenden Ausdruck findet). Dadurch ergeben sich auch stilistisch reizvolle Kontraste zwischen den einzelnen Teilen der Erzählung, ferner zwischen der Erzählung als Ganzem und dem nachfolgenden Lobpreis. Die theologische Bedeutung des *Skazanie* liegt darin, daß es die Heiligen nicht heroisiert und damit aus der Sphäre des Menschlichen heraushebt, sondern sie in Angefochtenheit und Todesnot zeigt. Außer dem *Skazanie* gibt es noch zwei erzählende Berichte über den Tod der Heiligen aus dem 11. Jh.: chronikalische Erzählung, unter den Jahren 1015–1019 eingefügt in die *Povest' vremennych let (Chronik der vergangenen Jahre)*, und das *Čtenie o žitii i o pogublenii blažennuju strastoterpcu Borisa i Gleba (Lesung über Leben und Ermordung der seligen Märtyrer Boris und Gleb)* des Hagiographen NE-

STOR. Die Frage nach dem gegenseitigen Verhältnis dieser drei Erzählungen und, in engem Zusammenhang damit, die nach den Quellen, der Entstehungszeit und dem Verfasser des *Skazanie* ist seit über hundert Jahren Gegenstand wissenschaftlicher Untersuchungen; allgemein anerkannte Antworten sind bisher nicht gegeben. L.Mü.

AUSGABEN: Petrograd 1916 (D. I. Abramovič, *Žitija svjatych mučenikov Borisa i Gleba i služby im*; Pamjatniki drevnerusskoj literatury, 2; Nachdr. Mchn. 1967). – Kiew 1928 (S. Buhoslavs'kyj, *Ukrajino-rus'ki pam'jatky XI–XVIII vv. pro knjaziv Borysa ta Hliba*). – Mchn. 1967 (L. Müller, *Die altrussischen hagiographischen Erzählungen u. liturgischen Dichtungen über die Heiligen Boris und Gleb*; m. Einl.; Ausw.). – Moskau 1978 (in *Pamjatniki literatury Drevnej Rusi. XI – načalo XII vek*, Hg. L. Dmitriev u. D. Lichačëv; m. nruss. Übers.). – Moskau 1985, 2 Bde. [krit.]. – Prag 1989 (in *Staroruská čitanka*, Hg. E. Fojtiková u. a.).

ÜBERSETZUNGEN: *Erzählung von den beiden Duldern u. hl. Märtyrern Boris u. Gleb*, W. Fritze (in *Russische Heiligenlegenden*, Hg. E. Benz, Zürich 1953). – In *O Bojan, du Nachtigall der alten Zeit. Sieben Jahrhunderte altrussischer Literatur*, Hg. H. Grasshoff u. a., Ffm. 1965. – *Erzählung von den beiden Duldern und heiligen Märtyrern Boris und Gleb*, W. Fritze (in *Russische Heiligenlegenden*, Hg. E. Benz, Zürich 1987).

LITERATUR: L. Müller, *Studien zur altrussischen Legende der Heiligen Boris u. Gleb* (in ZslPh, 23, 1954, S. 60–77; 25, 1956, S. 329–363; 27, 1959, S. 274–322; 30, 1962, S. 14–44). – N. N. Voronin, *Anonimnoe skazanie o Borise i Glebe, ego vremja, stil' i avtor* (in Trudy otdela drevnerusskoj literatury, 13, 1957, S. 11–56). – L. Müller, *Neuere Forschungen über das Leben u. die kultische Verehrung der Heiligen Boris u. Gleb* (in *Slawistische Studien zum V. Internationalen Slawistenkongreß in Sofia 1963*, Göttingen 1963, S. 295–317; m. Bibliogr.). – A. Poppe, *»Opowieść o męczeństwie i cudach Borysa i Gleba«* (in Slavia Orientalis, 18, 1969, S. 267–292; 359–382). – A. Poppe, *O vremeni zaroždenija kul'ta Borisa i Gleba* (in Russia mediaevalis, 1973, Nr. 1, S. 6–29). – L. Soboleva, *Paramejnye čtenija Borisu i Glebu* (in *Voprosy istorii knižnoj kul'tury*, Novosibirsk 1975, S. 105–125). – Dies., *K voprosu ob ėvoljucii minejnogo teksta, posvjaščennogo Borisu i Glebu* (in *Sibirskaja archeologija i istočnikovedenie*, Novosibirsk 1979, S. 5–112). – G. Abgarjan, *K probleme predpologaemoj grečeskoj versii »Skazanija o Borise i Glebe«* (in *Russkie i armjanskie srednevekovye teksty*, Leningrad 1982, S. 235–254). – *Slovar' knižnikov i knižnosti Drevnej Rusi*, Hg. D. Lichačëv, Bd. 1, Leningrad 1987, S. 398–406 [m. Bibliogr.].

SLOVO O POGIBELI RUSSKYJA ZEMLI

(aruss.; *Klage über den Untergang des russischen Landes*). Anonymes Fragment aus dem 13. Jh. – Das Werk ist in zwei Handschriften des 15. bzw. 16. Jh.s überliefert. Es umfaßt dort weniger als 50 Zeilen. In bewegter, stark emotionaler Diktion schildert der erste Abschnitt des Textes den Reichtum des russischen Landes: Seen und Flüsse, Berge und Wälder fügen sich zu einer üppigen, idealen Landschaft; Dörfer, Städte, Kirchen, Klöster, Fürsten und Bojaren verkörpern die weltliche und geistige Kultur der Kiewer Rus'. Der zweite Abschnitt bietet eine detaillierte Beschreibung der Ausdehnung und Machtfülle des Landes in seiner Blütezeit unter der Regierung des Fürsten Vladimir Monomach (reg. 1113–1125). »*...und die Litauer wagten nicht, aus ihren Sümpfen ans Licht zu tauchen... und die Deutschen freuten sich, daß sie weitab hinter dem blauen Meere saßen.*« Selbst der byzantinische Kaiser Manuel Komnenos schickt Vladimir Geschenke, um ihn von der Eroberung Konstantinopels abzuhalten. Mit dem ersten Satz des dritten Abschnitts bricht die Klage unvermittelt ab: »*Doch in jenen Tagen herrschte Unheil für die Christen, von Jaroslav dem Großen bis zu Vladimir sowie zu dem jetzigen Jaroslav und zu seinem Bruder Jurij, dem Fürsten von Vladimir.*« Die Schlußzeilen der Klage erlauben die Datierung des Textes. Sie sprechen von Jaroslav (Vsevolodovič) im Gegensatz zu Jaroslav dem Großen (Mudryj) als dem »jetzigen«. Jaroslav Vsevolodovič (gest. 1246) – nach dem weiteren Kontext evtl. auch sein Bruder Jurij (gest. 1238), wie Ch. LOPARËV, M. TICHOMIROV, N. GUDZIJ, W. PHILIPP u. a. dargelegt haben – lebte also zur Zeit der Niederschrift des Textes. Das äußerste Datum für die Entstehung der Klage ist mithin das Todesjahr der Fürsten. In der Tat weist der Text sprachliche Archaismen des 13. Jh.s auf. In beiden Handschriften geht das *Slovo* ohne Übergang dem *Žitie knjazja Aleksandra Nevskogo (Vita des Aleksandr Nevskij)* voraus. Übereinstimmende Schreibfehler beider Handschriften legen die Annahme eines gemeinsamen Archetyps der Kopien nahe, der vermutlich in der zweiten Hälfte des 15. Jh.s in der Umgebung von Pskov entstand. Strittig ist das Verhältnis des *Slovo* zur anschließenden Fürstenvita. Das Thema des *Slovo* – der »Untergang« der Kiewer Rus' – steht jedenfalls im Widerspruch zum Bericht der Vita über die glänzende Siege Aleksandr Nevskijs. Der tragische Grundton des *Slovo* steht dem ruhigen, feierlichen Diktion des *Žitie* entgegen. Das *Žitie* weist starken, das *Slovo* nur geringen kirchenslavischen Einfluß auf. Die linguistische Untersuchung der Denkmäler läßt auf verschiedene Autoren beider Texte schließen. Die Datierung des *Slovo* auf die erste Hälfte des 13. Jh.s trennt den Text von der Anfang der achtziger Jahre des Jahrhunderts entstandenen ersten Redaktion des *Žitie*. Schließlich gehört das *Slovo* nicht zum ursprünglichen Bestand der Vita, sondern trat erst an einen späteren Zweig ihrer Überlieferung. Das *Slovo* ist somit als eigenständiges Denkmal anzusehen, das aus kaum zu erhellenden äußeren Gründen mit dem *Žitie* zusammengefaßt wurde.

Strittig ist auch die inhaltliche Deutung des *Slovo*. Den Schlüssel zum Verständnis enthält der letzte Satz des Textes. Seine Korrektheit erkennen allein die Forscher an, welche das erwähnte »*Unheil für die Christen*« in den verhängnisvollen Zwistigkeiten der altrussischen Feudalherren erblicken (Loparëv, Philipp, Begunov u. a.). Nach dieser Lesart hat das innere »Unheil« den in der Überschrift genannten »Untergang« des russischen Landes bewirkt, den die einen als die russische Niederlage gegen die Tataren an der Kalka (1223), die anderen – wohl mit größerem Recht – als den verheerenden Tatareneinfall des Jahres 1237 interpretieren. Diejenigen Forscher, die »Unheil« und »Untergang« gleichermaßen als Synonyme der tatarischen Verheerungen deuten (Gudzij u. a.), sind gezwungen, die Einheit des Schlußsatzes zu leugnen, da zur Zeit der angeführten Fürsten Jaroslav (Mudryj) und Vladimir (Monomach) von Tatareneinfällen keine Rede sein kann. Der erhaltene Teil des *Slovo* stellt offenbar den ersten Teil einer Gegenüberstellung der idealisierten russischen Vergangenheit und der trostlosen Gegenwart des Landes zu Beginn der Tatarenzeit dar. Leuchtendes Symbol der Vergangenheit ist Vladimir Monomach, der im Sinne einer im 11.–13. Jh. ausgebildeten Tradition als ideale Herrschergestalt vorgestellt wird. In Person und Regierung wird die Epoche eines starken, innerlich geeinten und in seinen Grenzen unverletzlichen Rußland verherrlicht.

Trotz seiner fragmentarischen Überlieferung gibt das *Slovo* seine literarische Bedeutung deutlich zu erkennen. Der bewußt gehandhabte, bildhafte Stil, die freie, lebendige Sprache und die bewegte, stellenweise hymnische Redehaltung machen den Text zu einem der kostbarsten Zeugnisse der altrussischen Literatur. Die Diktion der Klage verrät eine deutliche rhythmische Gliederung. Gleichwohl vermögen zahlreiche Versuche, den Rhythmus des Textes einem festen Schema zu fügen und die Klage in rhythmische Kola zu gliedern, nicht zu überzeugen. Der rhythmische Charakter des Textes ergibt sich nicht aus der Einhaltung metrischer Grundformen, sondern aus der Reihung gleichartiger, metrisch freier syntaktischer Einheiten. – In erheblich überarbeiteter, dem hagiographischen Genre angepaßter Gestalt ging das *Slovo* in das Vorwort des in der zweiten Hälfte des 15. Jh.s von Andrej JUR'EV verfaßten *Žitie Fëdora Jaroslavskogo (Vita des Fëdor von Jaroslav)* ein. Es fand auch Niederschlag in der gegen Ende des 15. Jh.s entstandenen Kopie der *Zadonščina (Epos von der Schlacht am Don)* des Kirillo-Belzerskij-Klosters und hinterließ Spuren in der *Stepennaja kniga*, 1563 *(Stufenbuch)*. C.K.

AUSGABEN: Petersburg 1892, Hg. Ch. M. Loparëv. – Moskau [7]1962 (in N. K. Gudzij, *Chrestomatija po drevnej russkoj literature XI–XVII vv.*). – Moskau/Leningrad 1965 (in Ju. K. Begunov, *Pamjatnik russkoj literatury XIII v. Slovo o pogibeli russkoj zemli*). – Moskau 1969 (in *Izbornik. Sbornik proizvedenij literatury drevnej Rusi*, Hg. L. A. Dmitriev u. D. S. Lichačëv). – Moskau 1981 (in *Pamjatniki literatury Drevnej Rusi, XIII vek*, Hg. dies.; m. nruss. Übers.). – Prag 1989 (in *Staroruská čitanka*, Hg. E. Fojtiková u. a.).

ÜBERSETZUNGEN: *Die Dichtung vom Untergang Rußlands*, A. Soloviev (in WdS, 9, 1964). – *Klage über den Untergang des russischen Landes*, H. Baumann (in *Aus dem alten Rußland. Epen, Chroniken und Geschichten*, Hg. S. Zenkovsky, Herrsching 1968).

LITERATUR: M. Gorlin, »*Le dit de la ruine de la terre russe*« *et de la mort du grand-prince Jaroslav* (in RES, 21, 1947, S. 5–33). – M. N. Tichomirov, *Gde i kogda bylo napisano* »*Slovo o pogibeli russkyja zemli*« (in Trudy otdela drevnerusskoj literatury, 8, 1951, S. 235–244). – A. Soloviev, »*Le dit de la terre russe*« (in Byzantion, 22, 1953, S. 105–128). – N. K. Gudzij, *O* »*Slovo o pogibeli russkyja zemli*« (in Trudy otdela drevnerusskoj literatury, 12, 1956, S. 527–545). – W. Philipp, *Über das Verhältnis des* »*Slovo o pogibeli russkyja zemli*« *zum* »*Žitie Aleksandra Nevskogo*« (in Forschungen zur osteuropäischen Geschichte, 5, 1957, S. 7–37). – N. K. Gudzij, »*Die Klage um den Untergang des russischen Landes*« (in N. K. G., *Geschichte der russischen Literatur. 11.–17. Jh.*, Halle 1959, S. 229–234). – V. V. Danilov, »*Slovo o pogibeli russkyja zemli*« *kak proizvedenie chudož* (in Trudy otdela drevnerusskoj literatury, 16, 1960). – J. K. Begunov, *Vremja vozniknovenija* »*Slovo o pogibeli russkyja zemli*« *i ponjatie pogibeli r. zemli* (ebd.). – N. A. Meščerskij, *K rekonstrukcii teksta* »*Slovo o pogibeli russkyja zemli*« (in Vestnik Leningr. univ., 18, 1963, S. 44–53). – A. Gorskij, *Problemy izučenija* »*Slova o pogibeli russkaja zemli*« *(K 750–letiju sovremeni napisanija)* (in Trudy otdela drevnerusskoj literatury, 43, 1990).

SLOVO O POLKU IGOREVE

(aruss.; *Das Igorlied*). Anonymes heroisches Poem, entstanden wahrscheinlich um 1185–1187 in der Umgebung des Großfürsten von Kiew. Die einzige überlieferte Handschrift, die wahrscheinlich um 1500 entstanden war, ist 1812 in Moskau verbrannt; sie war aber vorher (1800) ediert. Gegenstand des kurzen, 218 Sätze umfassenden Poems, dessen vollständiger Titel *Slovo o polku Igoreve syna Svjatoslava vnuka Ol'gova (Rede vom Heer-*

zug Igors, des Svjatoslav-Sohnes, des Oleg-Enkels) lautet, ist ein unglücklich verlaufender Feldzug des russischen Teilfürsten Igor Svjatoslavič von Novgorod-Seversk (1151–1202) gegen die in der südrussischen Steppe nomadisierenden Kumanen im April und Mai 1185. Der Feldzug war unternommen ohne jede Koordinierung mit den weiterreichenden strategischen Plänen des Kiewer Großfürsten Svjatoslav. Das Heer Igors wurde nach einem Anfangserfolg gegen die kumanische Vorhut in der Nacht zum 9. Mai von der kumanischen Hauptstreitmacht eingeschlossen und vollständig vernichtet. Igor selbst geriet in Gefangenschaft; die Kumanen suchten im Sommer 1185 das seiner Verteidiger beraubte russisch-kumanische Grenzgebiet mit schweren Plünderungszügen heim. Igor floh (wahrscheinlich im Frühjahr 1186) aus der kumanischen Gefangenschaft; sein Sohn Vladimir, der mit ihm gefangengenommen war, heiratete in der Gefangenschaft die Tochter eines kumanischen Fürsten und wurde mit ihr zusammen im Jahre 1187 nach Rußland entlassen.

Das *Igorlied* beginnt mit einer dichtungstheoretischen Einleitung, in welcher der Dichter sich absetzt von den »*alten Worten*«, d. h. von der dunklen, übertrieben metaphorischen Ausdrucksweise, in der Bojan – ein nur aus dieser Erwähnung im *Igorlied* und aus der *Zadonščina* (vgl. dort) bekannter Dichter – die Taten der Helden des 11. Jh.s besungen hatte. Er beschreibt dann im ersten Hauptteil des Lieds den Feldzug, wobei die Ereignisse aber nicht in epischer Breite geschildert, sondern als bekannt vorausgesetzt werden. Das Faktische wird nur kurz angedeutet, aber es wird oft ausführlich lyrisch paraphrasiert und durch Exkurse in die russische Vergangenheit geschichtlich und politisch gedeutet. Der zweite Hauptteil schildert einen unheilverkündenden Traum des Kiewer Großfürsten und, im Anschluß daran, dessen »*goldenes Wort*«, in dem er die russischen Teilfürsten wegen ihrer Unbotmäßigkeit und Eigenmächtigkeit tadelt und sie zur Koordinierung ihres militärischen Handelns unter seiner, des Großfürsten, Leitung aufruft. Im dritten Teil nimmt der Dichter diese Belehrung des Großfürsten auf und wendet sich in direkter Anrede an eine Reihe russischer Fürsten mit der Aufforderung, ins Feld zu ziehen gegen die Kumanen, »*für das russische Land, für die Wunden Igors*«. Ein vierter Teil schildert dann die politischen und militärischen Verhältnisse im Nordwesten Rußlands, im russisch-litauischen Grenzgebiet von Polock und Grodno, wo die Russen durch die Zersplitterung ihrer Kräfte und durch innere Fehden in eine ähnliche Situation gegenüber den angreifenden heidnischen Litauern gekommen sind wie im Südosten gegenüber den heidnischen Kumanen. Ein Exkurs in die Vorgeschichte des Polocker Landes, nämlich in die Biographie des schon damals sagenumwobenen Stammvaters der Polocker Fürsten Vseslav (gest. 1101), bekräftigt die ständig wiederholte politische Doktrin des *Igorlieds*, Rußland könne nur dann von seinen äußeren Feinden besiegt werden, wenn die Fürsten, statt gemeinsam gegen die Heiden zu kämpfen, sich gegenseitig befehdeten.

Bis zum Ende des vierten Teils paßt das *Igorlied* in die politische und militärische Situation des Jahres 1185: Der Dichter unterstützt mit seiner Dichtung den Kiewer Großfürsten, der nach der katastrophalen Niederlage Igors mühsam und insgesamt auch ziemlich vergeblich versuchte, die Verteidigung der Grenzgebiete gegen die Raubzüge der Kumanen zu organisieren.

Vielleicht war das *Igorlied* ursprünglich an dieser Stelle zu Ende. Der weitere Text könnte zwei Jahre später, nachdem Igor und sein Sohn Vladimir aus der Gefangenschaft heimgekehrt waren, hinzugefügt sein. Der Ton der Dichtung ist von jetzt an heller und freudiger. Es folgt zunächst die Klage der Jaroslavna, der Gemahlin Igors. Sie beklagt den Untergang des Heeres und die gegenwärtige Notlage ihres Mannes und fleht die Naturgewalten (den Wind, das Wasser und die Sonne) an, huldvoll zu dem fernen Geliebten zu sein und ihn zu ihr zurückzubringen. Darauf schildert der Dichter mit starker innerer Anteilnahme die glückvolle Flucht Igors: Die Bitte der Jaroslavna ist erfüllt. Ein Heilruf auf die Fürsten und ihre Gefolgschaft, »*die kämpfen für die Christen gegen die heidnischen Heerhaufen*«, beschließt das Werk.

Das *Igorlied* hat eine doppelte Intention. Einerseits will es durch die lyrisch gestimmte Schilderung eines hochbedeutsamen, symbolstarken Geschehens der jüngsten Vergangenheit den Hörer (oder Leser) dieses Geschehen nacherleben, miterleben lassen; andererseits will es politisch deuten und den Hörer (oder Leser) zu politischem und militärischem Handeln hinreißen. – Auch die Stellung zu dem Helden des Poems, dem Fürsten Igor, zeigt einen doppelten Aspekt: Igor wird gerühmt wegen seiner Tapferkeit und seiner Bereitschaft, für das russische Land zu kämpfen; aber er wird freimütig getadelt für die politische Unbedachtsamkeit und Verantwortungslosigkeit, mit der er seine militärischen Aktionen durchführt, wodurch er das seiner Führung anvertraute Heer und ganz Rußland in schweres Unglück bringt.

Die Frage nach der literarischen Gattung des *Igorlieds* ist umstritten. In der Überschrift wird es *slovo* (Rede) genannt, und man hat es deswegen als ein Werk der politischen Rhetorik aufgefaßt. Aber die Überschrift ist doch wohl sekundär, auch wenn sie vom Verfasser des *Igorlieds* stammen sollte. Im Werk selbst bezeichnet der Dichter es als *pesn'* (Lied). Er stellt es hinein in die Tradition der Lieder Bojans, auch wenn er sich von dessen Stil distanziert. Wie Bojan seine Lieder unter Begleitung eines Saiteninstruments, also rezitierend vorgetragen hatte, so dürfte es auch der Dichter des *Igorlieds* getan haben. Gleichzeitig könnte er es aber auch von vornherein zur Lektüre bestimmt und deswegen selbst aufgezeichnet haben. Kenntnis nicht nur der mündlichen Dichtung, sondern auch des künstlerischen und gelehrten Schrifttums seiner Zeit muß für den Dichter und bis zu einem gewissen Grad auch für seine Hörer und Leser vorausgesetzt werden. Das Poem ist stellenweise rhythmisch gegliedert (besonders deutlich in der Schilderung der Krieger von Kursk und in der Klage der Jaroslavna), aber für das ganze Werk hat ein klares, durchgehendes Versmaß nicht nachgewiesen werden können. Der Rhythmus war vielleicht stark bestimmt durch die Art des musikalischen Vortrags. Wie wir etwa aus den Passionsmusiken wissen, ist eine für die Rezitation bestimmte Dichtung auf durchgehende rhythmische Gliederung nicht angewiesen.

Die Sprache des *Igorlieds* ist von hohem dichterischem Rang. Die Sätze und Perioden sind kunstvoll und abwechslungsreich gebaut. Alliteration und Reim erzielen feine musikalische Wirkungen. Durch Apostrophierungen, rhetorische Fragen und Ausrufe bringt der Dichter den Zuhörern seine Emotionen nahe. Zahlreiche Vergleiche und Metaphern beziehen die Fülle des Lebens in die Schilderung der thematisch eng umgrenzten Handlung ein; dabei stehen Verglichenes und Vergleichendes oft in tragischer Spannung zueinander, etwa das freudige Gastmahl und die blutige Schlacht. Ein reich differenzierter Wortschatz, der viele sonst wenig oder gar nicht belegte Worte der altrussischen Sprache bietet, läßt diese Lebensfülle plastisch deutlich werden, läßt sie visuell und akustisch erleben. Auch unter dem Aspekt geistesgeschichtlicher Betrachtung enthält das *Igorlied* innere Spannungen. Neben (verhältnismäßig wenigen) christlichen Begriffen und Symbolen und Ansätzen zu einer Kreuzzugsideologie stehen starke pagane Elemente: Namen und Begriffe aus der heidnischen Mythologie, Spuren volkstümlichen Aberglaubens und ein vorchristliches Naturempfinden.

Das *Igorlied* war politische Gegenwartsdichtung und verlor deswegen unter sich rasch wandelnden politischen Verhältnissen bald sein aktuelles politisches Interesse. (Fünfzig Jahre nach der Niederlage Igors wurde Rußland durch die Tataren unterworfen, und die Kumanen verschwanden aus Rußland.) Zudem war es wegen seiner unepischen Redeweise und seines teilweise dunklen Stils schwer verständlich und wegen seines unkirchlichen Charakters für die Leser und Abschreiber des späteren Mittelalters, die in der Literatur vor allem Erbauung und Belehrung suchten, uninteressant oder gar verdächtig. Deswegen wurde es wenig abgeschrieben und ist nur in einem einzigen Exemplar in die Neuzeit gekommen. Immerhin hat es auch in der mittelalterlichen Literatur einige deutliche Spuren hinterlassen. In der Nachschrift zu einer Bibelhandschrift aus dem Jahre 1307 wird ein Satz des *Igorlieds* in leichter Abwandlung zitiert, und gegen Ende des 14. Jh.s entstand die *Zadonščina*, die das *Igorlied*, das 200 Jahre zuvor eine Niederlage der Russen beklagt hatte, in enger, zum Teil wörtlicher Nachahmung umwandelte in ein Ruhmlied auf den ersten großen Sieg der Russen über die Tataren, die Schlacht am Don im Jahre 1380.

Seit der Wiederentdeckung des *Igorlieds* am Ende des 18. Jh.s hat es innerhalb und außerhalb Rußlands höchstes Interesse und Bewunderung hervorgerufen. Bis heute wird es immer wieder von neuem nachgedichtet, übersetzt und kommentiert; unter den Übersetzern sind bedeutende Dichter (V. Žukovskij, A. Majkov, K. Bal'mont, R.M. Rilke, V. Nabokov). Namhafte Künstler haben es illustriert; A. Borodin (1833–1887) hat den Stoff des *Igorlieds* zum Sujet seiner unvollendeten Oper *Knjaz' Igor' (Fürst Igor)* gemacht (vollendet und bearbeitet durch N. Rimskij-Korsakov und A. Glazunov). Einzelne Wendungen und Motive des *Igorlieds* sind in der russischen Literatur des 19. und 20. Jh.s vielfach benutzt worden. Stärker als die deutsche Dichtung des Mittelalters in Deutschland ist das *Igorlied* bei den Großrussen, Ukrainern und Weißrussen lebendiger literarischer Besitz weiter Kreise.

Da die einzige Handschrift seit 1812 verloren ist, können Zweifel an der Echtheit des *Igorlieds* nicht durch Rückgriff auf materielle Beweisstücke unwiderleglich abgewiesen werden. Nach der Veröffentlichung der *Zadonščina* im Jahr 1852 waren die Zweifel für lange Zeit verstummt. Sie sind aber seit 1938 von dem französischen Slavisten A. Mazon und 1963 von dem sowjetischen Historiker A. Zimin mit Nachdruck von neuem angemeldet worden. Eine Reihe angesehener Gelehrter zeigt sich von diesen Zweifeln beeindruckt. Doch hat sich die Mehrzahl der Forscher nicht von den Argumenten überzeugen lassen.   L.Mü.

Ausgaben: Moskau 1800, Hg. A. I. Musin-Puškin [m. nruss. Übers.]. – Moskau 1923, Hg. A. S. Orlov; ²1946 [m. Einf.]. – NY 1948 (*Le geste du prince Igor*, Hg. H. Grégoire u. a.; m. frz. Übers., Komm. u. Aufsätzen). – Moskau 1950, Hg. V. P. Adrianova-Peretc [m. nruss. Übers., Komm. u. Beitr.]. – Ljubljana 1954, Hg. R. Nahtigal. – Turin 1954, Hg. u. Anm. R. Jakobson [m. ital. Übers.; Einl. u. Komm. R. Poggioli]. – Leningrad 1967, Hg. L. A. Dmitriev u. a. [m. russ. Nachdichtungen]. – Tübingen 1977 [m. Vorw. u. Anm. in dt. Sprache]. – Moskau 1980 (in *Pamjatniki literatury Drevnej Rusi. XII vek*, Hg. L. Dmitriev u. D. Lichačëv; m. nruss. Übers.). – Moskau 1981 (in Oktjabr', Nr. 9; m. nruss. Übers.). – Stg. 1983 (in *Russische Lyrik. Von den Anfängen bis zur Gegenwart*; RUB). – Leningrad 1985 [m. ukr., ksl. u. nruss. Übers.]. – Prag 1989 (in *Staroruská čitanka*, Hg. E. Fojtiková u. a.). – Moskau 1990 [m. nruss. Übers.].

Übersetzungen: *Lied vom Zuge Igors gegen die Polowzer*, J. G. Richter (in Russische Miscellen, 1, 1803). – *Das Lied von der Heerfahrt Igors*, H. Paukker, Bln. 1884. – *Das Lied von der Heerschar Igors*, R. Abicht, Lpzg. 1895. – *Die Mär von der Heerfahrt Igors*, A. Luther, Mchn. 1923. – *Das Igorlied. Eine Heldendichtung*, R. M. Rilke, Hg. W. Haupt, Lpzg. 1960 (IB; m. nruss. Prosafassg. v. D. S. Lichačëv; Nachdr. Leimen 1987). – Dass., H. Raab, Lpzg. 1965 (RUB). – *Das Lied vom Heereszug Igors, des Swjatoslaw-Sohns, des Oleg-Enkels*, H. Baumann (in *Aus dem alten Rußland. Epen, Chroniken und Geschichten*, Hg. S. Zenkovsky, Herrsching

1968). – *Die Rede von der Heeresfahrt Igor's, des Svjatoslav-Sohnes, des Enkels des Oleg*, L. Müller (in *Russische Lyrik. Von den Anfängen bis zur Gegenwart*, Stg. 1983; RUB). – *Das Igorlied*, S. Hordynsky, Mchn. 1985.

Vertonung: A. P. Borodin, N. A. Rimskij-Korsakov u. A. K. Glazunov, *Knjaz' Igor'* (Oper; Urauff.: Petersburg 1890).

Literatur: A. Mazon, *Le »Slovo d'Igor«*, Paris 1940. – *»Slovo o polku Igoreve«. Sbornik issl. statej*, Hg. V. P. Adrianova-Peretc, Moskau 1950. – R. Jakobson, *The Puzzles of the »Igor Tale« on the 150th Anniversary of its First Edition* (in Speculum, 27, 1952, S. 43–66). – L. A. Dmitriev, *Istorija pervogo izdanija »Slova o polku Igoreve«*, Moskau/Leningrad 1960. – *»Slovo o polku Igoreve« – pamjatnik XII v.*, Hg. D. S. Lichačёv, Moskau 1962. – *Slovar'-spravočnik k »Slovu o polku Igoreve«*, 6 Bde., Hg. V. Vinogradova, Moskau/Leningrad 1965–1984. – T. Čiževska, *Glossary of the »Igor Tale«*, Den Haag 1966. – *»Slovo o polku Igoreve« i pamjatniki Kulikovskogo cikla*, Moskau/Leningrad 1966. – D. S. Lichacev, *The Authenticity of the »Slovo o polku Igoreve«* (in Oxford Slavonic Papers, 13, 1967). – Ders., *»Slovo o polku Igoreve« i process žanroobrazovanija v XI–XIII vv.* (in Trudy otdela drevnerusskoj literatury, 27, 1972, S. 69–75). – J. Klein, *Zur Struktur des »Igorlieds«*, Mchn. 1972. – G. Perejda, *»Beowulf« and »Slovo o polku Igoreve«*, Diss. Detroit 1973. – *»Slovo o polku Igoreve« i pamjatniki drevnerusskoj literatury*, Hg. D. Lichačёv u. a. (in Trudy otdela drevnerusskoj literatury, 31, 1976). – E. Osetrov, *Mir Igorevej pesni. Ètjudy*, Moskau 1977. – *»Slovo o polku Igoreve«. Pamjatniki literatury i iskusstva XI–XVII vekov*, Moskau 1978. – N. Cooper, *The »Igor Tale«. An Annotated Bibliography of 20th Century Non-Soviet Scholarship on the »Slovo o polku Igoreve«*, Ldn. 1978. – D. Lichačёv, *»Slovo o polku Igoreve« i kul'tura ego vremeni*, Leningrad 1978; ²1985 [m. Bibliogr.]. – G. Sumarokov, *Kto est' kto v »Slove o polku Igoreve«*, Moskau 1983. – B. Gasparov, *Poètika »Slova o polku Igoreve«*, Wien 1984 (WSLA, Sonderbd. 12). – Ju. Kondrat'eva, *»Slovo o polku Igoreve«: ukazatel' literatury na russkom jazyke 1968–1984*, Moskau 1985. – *»Slovo o polku Igoreve«. 800 let*, Hg. I. Škjarevskij, Moskau 1986. – *Issledovanija »Slova o polku Igoreve«*, Hg. D. Lichačёv, Leningrad 1986 [m. Bibliogr.]. – *»Slovo o polku Igoreve«: kompleksnye issledovanija*, Hg. A. Robinson, Moskau 1988. – *»Slovo o polku Igoreve« v literaturovedenie, iskusstve, nauke, Kratkij ènciklopedičeskij slovar'*, Hg. M. Bulachov, Minsk 1989. – G. Sturm, *K istorii perevodov »Slova o polku Igoreve« na nemeckij jazyk* (in Trudy otdela drevnerusskoj literatury, 43, 1990, S. 163–170). – L. Sokolova, *Trojan v »Slove o polku Igoreve«* (ebd., 44, 1990, S. 325–362). – S. Brojman, *K voprosu o sub'jektno-obraznoj strukture »Slova o polku Igoreve«* (ebd., S. 363–369).

SLOVO O ŽITII I O PRESTAVLENII VELIKOGO KNJAZJA DMITRIJA IVANOVIČA

(aruss.; *Erzählung von Leben und Sterben des Großfürsten Dmitrij Ivanovič*). Anonyme Fürstenvita aus dem 15. Jh. – Das Werk gehört zu dem Zyklus altrussischer Denkmäler, in denen der Sieg Dmitrij Donskojs über den tatarischen Teilfürsten Mamaj auf dem Kulikovo pole (1380) seinen literarischen Niederschlag fand. Sie alle gehen in der einen oder anderen Form auf die *Povest' o Mamaevom poboišče* (*Erzählung von der Mamaj-Schlacht*) zurück, welche unter dem Jahr des Ereignisses in den Novgoroder Chroniken erscheint. Mit dem Fortgang der literarischen Überarbeitung entfernen sich die Texte von der objektiven Berichterstattung und konzentrieren sich zunehmend auf die Verherrlichung des Siegers. Ihren Höhepunkt findet diese Entwicklung in der Vita des Großfürsten, einer eigentümlichen Mischung hagiographischer, weltlichbiographischer und historiographischer Darstellung, welche dem Erfolg der russischen Waffen seine Begründung im göttlichen Heilsplan zuweist. Durch die transzendentale Fundierung des Moskauer Herrschaftsanspruchs legt die Vita den Grundstein zur literarischen Ausformung der Ideologie des zentralisierten moskovitischen Staatswesens des 15. und 16. Jh.s. Es ist nicht ausgeschlossen, daß sie die Kanonisierung ihres Helden bezweckt: Der Großfürst durchläuft alle Stationen des traditionellen Heiligenlebens und wird *expressis verbis* als Heiliger angesprochen.

Dmitrij ist der Sohn ehrbarer Eltern aus dem Hause Vladimirs des Heiligen. Verwandtschaftliche Bande verbinden ihn mit den russischen Nationalheiligen Boris und Gleb. Seine Erziehung geschieht in weltlicher Herrlichkeit und geistlicher Strenge. Nach dem Tode der Eltern übernimmt er in jungen Jahren die Herrschaft, gleichermaßen um die geistliche Verfassung wie um die äußere Sicherheit seines Fürstentums besorgt. Sein Ruhm kommt dem Vladimirs des Heiligen gleich, sein Staat blüht wie das Gelobte Land. Seine Gegner hetzen die Tataren zum Glaubenskrieg gegen die Christen auf. Mit dem Beginn der Schlachtbeschreibung verläßt die Vita auf weite Strecken die hagiographische Diktion und verfällt in den Tonfall der epischen Kriegserzählung, vor allem der *Zadonščina* (*Epos von der Schlacht am Don*) und des *Slovo o polku Igoreve*, 12. Jh. (*Igorlied*): Die Heere stoßen zusammen *»wie starke Wolken«*, die Waffen blitzen *»wie Blitze an einem Regentag«*, der Don färbt sich rot von Blut, die Köpfe der Tataren rollen *»wie Steine«*, die Feinde werden *»niedergemäht wie ein Eichenwald«*. Viele der Kämpfer sehen Gottes Engel auf seiten der Christen streiten. Ihr Sieg festigt die Stellung des Moskauer Großfürsten nach innen und außen. Eine umfangreiche *pochvala* (Lobpreisung) beschließt den ersten Teil der Vita. Dmitrij wird mit dem biblischen König David verglichen und mit einer unaufhörlichen Reihe metaphorischer Attribute charakterisiert: »... *ein Lager derer, die sich um Gott sorgen, eine Trompete den Schlafenden, ein demütiger Heerführer, ein Siegeskranz, ein Hafen den Schiffahrenden, ein Schiff dem Reichtum...*« Es folgt eine summarische Zusammenfassung der Jugend des Helden, einige Daten seines Lebens und die Überleitung zum zweiten Teil der Vita, welcher das Ende Dmitrijs beschreibt. Mit 38 Jahren erkrankt der Großfürst auf den Tod. Er nimmt Abschied von seinen Söhnen in der Form des aus der älteren Literatur bekannten *poučenie* (Belehrung) und stirbt friedlich. Eine literarisch hochstehende Totenklage seiner Witwe beschließt diesen Teil der Vita. Die bewegte Schilderung der Trauer des russischen Volkes, eine rhetorisch ausgefeilte Charakterisierung des Helden durch seinen Vergleich mit Gestalten des Alten Testaments, seine Eingliederung in die Reihe der Apostel, schließlich die Schilderung seiner Gemeinschaft mit den Chören der Engel, den Propheten, Aposteln und Märtyrern, den Bekennern und Gläubigen leistet eine zweite, aus wechselnder Perspektive vorgetragene Lobpreisung des Fürsten, welche in einem Gebet an Gott ausklingt.

Die Vita Dmitrij Donskojs ist eines der frühen Zeugnisse der erhaben-ausschweifenden rhetorischen Diktion, die gegen Ende des 14. Jh.s in Rußland heimisch wurde und in dem repräsentativen Prunkstil des 16. Jh.s gipfelte. Die Sprache der Vita steht dem hesychastischen Stil der Werke des Epifanij Premudryj so nahe, daß man dessen Autorschaft erwog (A. Stender-Petersen). Die raffinierte Nutzung der rhetorischen Stilmittel, die kunstvolle Reihung von Metaphern, Vergleichen, Symbolen und Bildern, die äußerste Ausschöpfung der Syntax in Parallelismen, Antithesen und Verschränkungen – mit einem Ausdruck Epifanijs: das *pletenie sloves* (Wortgeflecht) – sollen die Aufmerksamkeit des Lesers von der Atmosphäre des Irdischen auf die Erkenntnis des dahinter verborgenen Eigentlichen, Außermenschlichen, Überwirklichen lenken. Beständig wird die Grenze zwischen Diesseits und Jenseits durchstoßen, wie es exemplarisch die Epitheta des Großfürsten veranschaulichen – »*ein irdischer Engel und ein himmlischer Mensch*«. Die Vita Dmitrij Donskojs ist kurz nach dem Tode des Helden (1389) und jedenfalls vor der Mitte des 15. Jh.s entstanden; sie findet sich bereits im *Novgorodskij svod (Novgoroder Kodex)* von 1448.   C.K.

AUSGABEN: Petersburg 1848 (*Poln. sobr. russkich letopisej*, Bd. 4). – Petersburg 1853 (ebd., Bd. 6). – Petersburg 1859 (ebd., Bd. 8). – Petersburg 1897 (ebd., Bd. 11; überarb.). – Moskau 1981 (in *Pamjatniki literatury Drevnej Rusi. XIV–seredina XV veka*, Hg. L. Dmitriev u. D. Lichačëv; m. nruss. Übers.).

LITERATUR: V. P. Adrianova-Peretc, »*Slovo o žitii i o prestavlenii velikogo knjazja Dmitrija Ivanoviča carja Rus'kago*« (in Trudy otdela drevnerusskoj literatury, 5, 1947, S. 73–96). – L. S. Borisevič, *Pamjatniki moskovskoj literatury XIV – nač. XV v. (1326–1418)*, Diss. Tjumen' 1951. – M. Salmina, »*Slovo o žitii i o prestavlenii velikogo knjazja Dmitrija Ivanoviča, carja Rus'kago*« (in Trudy otdela drevnerusskoj literatury, 25, 1970, S. 81–104). – M. Antonova, »*Slovo o žitii i o prestavlenii velikogo knjazja Dmitrija Ivanoviča, carja Rus'kago*« (voprosy atribucii i žanra) (ebd., 28, 1974, S. 140–154). – G. Prochorov, *Neponjatnyj tekst i pis'mo k zakazčiku v* »*Slove o žitii i o prestavlenii velikogo knjazja Dmitrija Ivanoviča, carja Rus'kago*« (ebd., 40, 1985, S. 229 bis 247).

Služba kabaku

(russ.; *Der Kneipendienst*), auch: *Prazdnik kabackich jaryžek (Der Festtag der Spitzbuben in den Kneipen)*. Sozialkritische Satire aus dem 17. Jh. – Die älteste der bekannten moskovitischen Parodien ist in drei Handschriften überliefert, welche lediglich in ihrem zentralen Teil übereinstimmen. Zwei von ihnen erweitern den gemeinsamen Text um Auszüge aus anderen russischen Quellen, eine um eine Einleitung, welche das parodistische Genre des Werkes begründet. Die älteste der Handschriften ist auf das Jahr 1666 datiert. Nach Ausweis der Überlieferung ist die Erzählung in der Gegend von Sol'vyčegodsk entstanden. In Form einer Parodie auf die große und die kleine Abendmesse und das Heiligenleben beschreibt die Satire die Wirklichkeit des russischen Wirtshauses. Sie behandelt das Thema der Trunksucht, das aus der byzantinisch-altrussischen Literatur toposhaft bekannt ist, nicht in der traditionellen Weise unter dem Gesichtspunkt des verspielten Seelenheils des Trinkers, sondern aus der Einsicht in die verheerenden Folgen der zaristischen »Wirtshauspolitik«: Weniger aus moralischen denn aus ökonomischen Gründen hatten bereits die Zaren vergangener Jahrhunderte Maßnahmen gegen die Trunksucht ergriffen, welche keiner der ausländischen Reisenden der Zeit als russisches Nationalübel zu beschreiben versäumte. Es gelang dem Zaren, seinen zahlreichen Handelsprivilegien das einträgliche Monopol des Alkoholausschanks hinzuzufügen; die öffentliche Kneipe wurde zum widerwärtigsten Mittel der Ausbeutung der untergebenen Schichten des Zarenreiches. Die Satire begleitet die unterschiedlichsten Stände ins Wirtshaus: Priester, Mönche, Fürsten, Bojaren, Beamte, Soldaten, Philosophen, Ärzte, Gauner, Kaufleute, Handwerker und Frauen. Die Erzählung verfolgt die fortschreitende Selbstvernichtung des Trinkers, der, zuerst von anderen genötigt, bald selbst dem Laster keinen Widerstand mehr leistet, sein Hab und Gut, ja die eigene Freiheit vertrinkt, um zuletzt durch die Trunksucht zu Diebstahl und Verbrechen getrieben zu werden. Ohne ihre Kritik des Trinkers zu mildern, schreibt die Satire doch die Hauptschuld an dem Übel der unmenschlichen Einrichtung der öffentlichen Wirtshäuser zu.

Der Autor der Satire beherrscht Aufbau und Diktion des parodierten liturgischen und hagiographischen Vorbildes so meisterhaft, daß man in ihm wohl zu Recht einen Vertreter der russischen Geistlichkeit vermutet. Die feststehenden, auch dem Leser wohlbekannten Teile der Liturgie dienen ihm als Ausgangspunkt und als formaler Rahmen, den er mit den derbsten und heftigsten Invektiven gegen den *carev kabak* (die Schenke des Zaren) füllt. Dabei reichen die Bezugnahmen auf das Original von der wörtlichen Entlehnung bis zum bloßen lautlichen, rhythmischen oder syntaktischen Anklang. Weit entfernt, in der literarischen Parodie ihr Hauptanliegen zu erblicken, ahmt die Satire das kirchliche Vorbild weniger im Detail als in der allgemeinen Manier des Vortrags nach. Dem Widerstreit zwischen dem weltlichen Inhalt und der kirchlichen Form des Werkes entspricht seine sprachliche Zweischichtigkeit: Unter der Tradition der kirchenslavischen Diktion bricht mit erstaunlicher Kraft die lebendige russische Volkssprache hervor, welche sich vor allem in der Vorliebe des Werkes für (häufig gereimte) Sprichwörter kundtut. Unmittelbare Nachahmung hat die Technik der *Služba kabaku* im Schlußteil der *Povest' o pope Savve*, 17. Jh. (*Erzählung vom Popen Savva*), gefunden, einer Parodie auf den *Akathistos-Hymnus*. Parodien auf kirchliche Texte finden sich in der russischen Literatur bis in die sowjetische Zeit.   C.K.

AUSGABEN: Moskau/Leningrad 1936 (in V. P. Adrianova-Peretc, *Prazdnik kabackich jaryžek. Parodija-satira vtoroj poloviny XVII veka*). – Moskau/Leningrad 1937 (in V. P. Adrianova-Peretc, *Očerki po istorii russkoj satiričeskoj literatury XVII v.*). – Moskau/Leningrad 1954 (in V. P. Adrianova-Peretc, *Russkaja demokratičeskaja satira XVII v.*). – Moskau ⁷1962 (in N. K. Gudzij, *Chrestomatija po drevnej russkoj literature XI–XVII vv.*).

LITERATUR: I. P. Ljapickij, *Russkaja demokratičeskaja satira XVII v.* (in Uč. zap. Leningradskogo gos. univ., 16, 1949, S. 80–96). – V. P. Adrianova-Peretc, *Iz istorii teksta antiklerikal'nych satir* (in Trudy drevnerusskoj literatury, 13, 1957, S. 497 bis 500). – A. M. Pančenko, *Literatura »Perechodnogo veka«* (in Istorija russkoj literatury, 1980, Nr. 1, S. 361–368).

SOLOVEJ BUDIMIROVIČ

(russ.; *Solovej Budimirovič*). Episches Lied, dessen ursprüngliche Version erstmals von P. RYBNIKOV

nach der Aufzeichnung A. SOROKINS herausgegeben wurde; eine jüngere Version erschien erstmals 1804, ediert von A. JAKUBOVIČ nach der Aufzeichnung des *Sbornik Kirši Danilova*, um 1750 (*Sammelband des Kirša Danilov*). – Mit dreißig Schiffen segelt der reiche Kaufmann Solovej Budimirovič über das Meer nach Kiew und begibt sich mit kostbaren Geschenken an den Hof des Kiewer Fürsten Vladimir. Dort bittet er um ein Stück (ungepflügten) Lands im Garten Ljubavas (oder Zapavas), der Nichte des Herrschers. In einer Nacht errichtet die *družina* (Gefolgschaft) des Kaufmanns auf dem angewiesenen Grund drei kostbare, goldgedeckte Gemächer. Als Ljubava morgens erwacht, erblickt sie verwundert die nie gesehenen Gebäude auf ihrem Besitz. Vom Glanz der Häuser gelockt, schmückt sich Ljubava und begibt sich in den Garten. Im ersten Gemach findet sie die Mutter des Kaufmanns in stillem Gebet. Im zweiten vernimmt sie das Klirren von Gold; hier läßt Solovej seine Schätze zählen. Im dritten Gemach trifft Ljubava den Kaufmann inmitten eines rauschenden Fests. Überwältigt bittet Ljubava den Kaufmann, sie zur Frau zu nehmen. Nicht ohne Tadel wegen ihrer Selbsterniedrigung hält Solovej bei Vladimir um die Hand Ljubavas an. Vladimir willigt ein und entläßt das Paar nach einem üppigen Festmahl mit reichen Geschenken.

Lediglich zwei Varianten des Liedes – der Text innerhalb des *Kirša Danilov* und eine Aufzeichnung von M. KRIVOPOLENOVA aus dem 19. Jh. – überliefern eine Ausgestaltung des Vorwurfs, die Gemeinsamkeiten mit der Byline von *Dobrynja und Alëša* aufweist: Solovej und das Mädchen (hier Zapava) gestehen einander ihre Liebe und wechseln ihre Ringe. Vor der Hochzeit bricht Solovej jedoch noch einmal zu einer weiten Handelsreise auf. Während seiner Abwesenheit trifft der Stutzer Davyd Popovič in Kiew ein. Er läßt verbreiten, Solovej sei auf dem Meere umgekommen, und hält um die Hand Zapavas an. Zapava schenkt seinen Worten Glauben und willigt in die Hochzeit ein. Vladimir selbst nimmt mit seiner Gattin an der Hochzeitsfeier teil. Während des Festes kehrt Solovej mit einer großen Flotte nach Kiew zurück. Er erfährt das Vorgefallene von seiner Mutter, dringt in die Hochzeitsgesellschaft ein, wirft den betrügerischen Bräutigam hinaus und läßt sich mit Zapava trauen.

Das in rund zwanzig Varianten überlieferte Lied gehört dem Genre der novellistischen Bylinen an, das später als die ursprüngliche Schicht des heroischen Epos entstand. Die ausgestaltete Version des Liedes, die ihre sekundäre Entstehung deutlich zu erkennen gibt, ist wohl erst im 17. Jh. entstanden. Das Lied von *Solovej Budimirovič* gehört dem Zyklus der Hochzeitsbylinen an. Ist jedoch das Hochzeitsmotiv in der Mehrzahl der Lieder dieses Zyklus mit heroischen Taten und Abenteuern der Helden verbunden (*Michajlo Potyk, Ivan Godinovič, Dunaj* u. a.), so überwiegt hier das realistische, milieuschildernde Moment. Dem Vorwurf des Liedes fehlt – zumindest in der ursprünglichen Fassung –

ein ernster innerer Konflikt. Die hervorstechendsten Merkmale der Byline sind der optimistische Grundton und die Farbigkeit der Erzählung sowie ihr Reichtum an genrehaft-konkreten Details. Deutlich verrät die Byline den Einfluß der großrussischen Hochzeitslieder, die den Bräutigam mitunter als Nachtigall *(solovej)* bezeichnen, welche die Braut mit ihrem Gesang weckt (russ. *budit'*, daher vielleicht *Budimirovič*). Die prunkvolle Ankunft des weithergereisten Bräutigams und seine reichen Gastgeschenke sind gleichfalls aus den Hochzeitsbräuchen vertraut. Umgekehrt mag die Byline ihrerseits auf die Hochzeitslieder eingewirkt haben: R. Trautmann verweist auf ein Lied der Terek-Kosaken, das dem Lied von *Solovej Budimirovič* thematisch nahesteht (vgl. den Sammelartikel *Byliny*).

M.Gru.-KLL

AUSGABEN: Moskau 1804 (in *Drevnie rossijskie stichotvorenija: Sbornik Kirši Danilova*, Hg. A. F. Jakubovič; ²1818, Hg. K. F. Kalajdovič; 1901, Hg. P. N. Šeffer; 1938, Hg. S. K. Šambinago). – Moskau 1861–1867 (in *Pesni sobrannye*, Hg. P. N. Rybnikov, 4 Bde.; Nr. 132). – Moskau 1957 (in *Byliny*, Hg. P. D. Uchov u. V. I. Čičerov; krit.). – Moskau 1958 (in *Byliny*, Hg. V. Ja. Propp u. B. N. Putilov, 2 Bde., 2; krit.).

ÜBERSETZUNGEN: In C. H. v. Busse, *Fürst Wladimir u. dessen Tafelrunde. Altrussische Heldenlieder*, Lpzg. 1819. – In B. Stern, *Fürst Wladimirs Tafelrunde. Altrussische Heldensagen*, Bln. 1892.

LITERATUR: M. E. Chalanskij, *Velikorusskie byliny Kievskogo cikla*, Warschau 1885, S. 147–166. – A.M. Loboda, *Russkie byliny o svatovstve*, Kiew 1904, S. 127–168. – R. Trautmann, *Die Volksdichtung der Großrussen 1: Das Heldenlied der Bylinen*, Lpzg. 1935, S. 210–215. – V. Ja. Propp, *Russkij geroičeskij epos*, Leningrad 1955, S. 160–172. – B. A. Rybakov, *Drevnjaja Rus'*, Moskau 1963, S. 78–84.

STAVR GODINOVIČ

(russ.; *Stavr Godinovič*). Episches Lied, erstmals 1804 von A. JAKUBOVIČ veröffentlicht. – Der Kern der Byline, deren rund dreißig Varianten sich in verschiedene Grundversionen gliedern, reicht ins 12. Jh. zurück. Der Text der archaischsten, sog. sibirischen Version, der der Erstausgabe zugrunde liegt, ist im *Sbornik Kirši Danilova*, Mitte des 18. Jh.s *(Sammelband des Kirša Danilov)*, überliefert. Er dürfte in der vorliegenden Gestalt nicht vor dem 14. Jh. entstanden sein.

Der Kiewer Fürst Vladimir gibt seinen Fürsten, Bojaren und Recken ein üppiges Gastmahl. Unter seinen Gästen vermißt er den Bojaren Stavr Godi-

novič. Sogleich läßt er ihn vorladen. Stavr leistet der Aufforderung des Fürsten Folge, verharrt jedoch schweigend, als die Zechenden im Rausch Größe und Reichtum Kiews preisen. Insgeheim wendet er sich an seinen Tischnachbarn und prahlt, sein Hof könne sich mit der Stadt Kiew, sein Reichtum mit den Schätzen Vladimirs messen, seine Gattin aber übertreffe alle Frauen an Schönheit, Klugheit und Geschicklichkeit. Als Vladimir von den überheblichen Worten hört, befiehlt er, den Helden in ein unterirdisches Verlies zu werfen, seinen Hof zu versiegeln und seine Frau Vasilisa nach Kiew zu holen. Als Vasilisa das Vorgefallene erfährt, verkleidet sie sich als Mann und zieht mit der *družina* (Gefolgschaft) ihres Gatten nach Kiew. Vor der Stadt begegnet ihr der Bote Vladimirs. Vasilisa gibt sich als Gesandten der Goldenen Horde aus, der gekommen ist, Vladimir den ausstehenden Tribut für zwölf Jahre abzufordern. Betroffen eilt der Bote Vladimirs zurück, seinen Herrn von dem drohenden Unheil zu unterrichten. Vasilisa trifft am Hofe Vladimirs ein, wird jedoch von Vladimirs Frau Apraksija als Gattin Stavrs erkannt. Durch drei Prüfungen sucht Vladimir den angeblichen Gesandten der Tataren zu entlarven. Er befiehlt Vasilisa, zum Ringkampf und zum Wettschießen mit den Recken seines Hofes anzutreten, und fordert sie selbst zum Schachspiel heraus. Mit glänzendem Erfolg besteht Vasilisa die Prüfungen und wiederholt ihre Tributforderungen. Verzweifelt bietet Vladimir sich und seine Gattin als Unterpfand der Summe an, die er nicht aufzubringen vermag. Da deutet Vasilisa die Möglichkeit an, Vladimir könne den Tribut in Gestalt eines Musikanten seines Hofes entrichten. Der beste Guslispieler an Vladimirs Hof aber ist der immer noch eingekerkerte Stavr. Erleichtert liefert Vladimir Vasilisa den Gefangenen aus. Erst die Erwähnung gemeinsamer Erlebnisse läßt Stavr die Gattin erkennen. Sie reiten eilig davon.

Die Byline von *Stavr Godinovič* ist weit verbreitet. Die Identifizierung ihres Helden mit dem von der Chronik erwähnten Novgoroder Beamten Stavr, der von dem Kiewer Fürsten Vladimir Monomach (reg. 1113–1125) eingekerkert wurde, ist umstritten. Der historische Vorfall mag Namengebung und Tendenz des Liedes beeinflußt haben, das Sujet der Byline ist jedoch im ganzen fiktiv. Es erinnert an das in vielen Literaturen verbreitete, ursprünglich wohl märchenhafte Motiv der Frau, die durch ihre Klugheit den Gatten aus dem Unglück rettet. Die Byline ist ganz auf die Gegenüberstellung Vladimirs und des Recken Stavr mit seiner Gattin Vasilisa gegründet. Die Niederlage des mächtigen Kiewer Fürsten im ungleichen Kampf mit der Frau eines seiner Untergebenen ist der Grundgedanke des Liedes. Obwohl Stavr in der Byline als Bojar bezeichnet wird, sehen sowjetische Forscher (V. PROPP, B. PUTILOV) in dem Konflikt des Recken und des Fürsten einen Widerhall der feudalen Klassenauseinandersetzungen. Der Inhalt der Byline blieb bis gegen Anfang des 17. Jh.s, von geringfügigen Veränderungen vor allem des Liedausgangs abgesehen, unangetastet. Im 17. Jh. entstand im Novgoroder Raum eine Version des Liedes, in der Vasilisa nicht als Gesandter der Tataren, sondern als Freier um die Hand der Tochter (oder Nichte) Vladimirs an den Fürstenhof kommt, wobei vor allem das Spiel mit dem Motiv der als Mann verkleideten Frau (Prüfung Vasilisas durch Bad und Bett usf.) ausgeschmückt wird (vgl. den Sammelartikel *Byliny*). M.Gru.-KLL

AUSGABEN: Moskau 1804 (in *Drevnie rossijskie stichotvorenija: Sbornik Kirši Danilova*, Hg. A. F. Jakubovič; ²1818, Hg. K. F. Kalajdovič; 1901, Hg. P. N. Šeffer; 1938, Hg. S. K. Šambinago). – Moskau 1957 (in *Byliny*, Hg. P. D. Uchov u. V. I. Cicerov; krit.). – Moskau 1958 (in *Byliny*, Hg. V. Ja. Propp u. B. N. Putilov, 2 Bde., 2; krit.).

ÜBERSETZUNGEN: In C. H. v. Busse, *Fürst Wladimir und dessen Tafelrunde. Altrussische Heldenlieder*, Lpzg. 1819. – In B. Stern, *Fürst Wladimirs Tafelrunde. Altrussische Heldensagen*, Bln. 1892.

LITERATUR: I. P. Sozonovič, *Pesni o devuške-voine i bylina o »Stavr Godinovič«*, Warschau 1896. – R. Trautmann, *Die Volksdichtung der Großrussen*, Bd. 1: *Das Heldenlied der Bylinen*, Lpzg. 1935, S. 189–195. – B. A. Rybakov, *»Stavr Godinovič«* (in B. A. R., *Drevnjaja Rus'*, Moskau 1963, S. 125 ff.).

STEPENNAJA KNIGA

(russ.; *Stufenbuch*). Stammbaum der moskovitischen Fürsten, entstanden 1563. – Der zentralisierte moskovitische Staat des 16. Jh.s bedurfte zu seiner Rechtfertigung und Konsolidierung in der Auseinandersetzung der widerstreitenden feudalen Machtgruppen einer tragenden Staatsideologie. Zur Formulierung des nationalen Selbstverständnisses begann daher unter der tatkräftigen Leitung des Metropoliten MAKARIJ (1543–1563), eines profilierten Vertreters des Iosifljanentums, eine systematische Sichtung und Auswertung des hagiographischen und historiographischen Schrifttums der altrussischen Literatur, als deren Ergebnis einerseits das repräsentative Sammelwerk der *Velikie Minei čet'i*, 1552 (*Große Lesemenäen*), andererseits die *Voskresenskaja letopis'* (*Voskresenskaja-Chronik*) und die *Nikonovskaja* oder *Patriaršaja letopis'* (*Nikon- oder Patriarchenchronik*) entstanden. Das eigentümlichste Denkmal der historiographischen Sammel- und Kompilationstätigkeit des Makarij-Kreises jedoch ist die *Stepennaja kniga*, so genannt nach dem Incipit des Textes: »*Stufenbuch des Stammbaumes der Zaren…*« Sie wurde 1563 auf Initiative Makarijs wohl von seinem Mitarbeiter und späteren Nachfolger AFANASIJ (mit weltlichem

Namen Andrej) nach dem Vorbild des *Carostavnik*, 14. Jh. (*Zarenbuch*), des serbischen Erzbischofs DANILO zusammengestellt. Auch sie hat die Aufgabe, den Machtanspruch der moskovitischen Dynastie aus der nationalen Geschichte zu begründen.

In siebzehn »Stufen« gegliedert, verfolgt die *Stepennaja kniga* in einer langen Reihe halb biographischer, halb hagiographischer Lebensbilder den Stammbaum der Moskauer Fürsten von Vladimir Svjatoslavič, dem ersten christlichen Herrscher der Kiewer Rus', bis zu Ivan IV. Groznyj (der Schreckliche). Sie bestätigt die Moskauer Großfürsten als legitime Erben der durch die Jahre der tatarischen Okkupation von ihnen getrennten Kiewer Dynastie und weist dem Kiewer Reich mit der Argumentation des *Skazanie o velikich knjazech Vladimirskich*, 16. Jh. (*Erzählung über die Großfürsten von Vladimir*), durch die Rückführung des Kiewer Fürstengeschlechts auf die Kaiserhäuser der Antike einen angemessenen Platz im Verlauf der Weltgeschichte zu. Besonderes Augenmerk widmet der Text im Sinne des Iosifljanentums dem Einklang zwischen weltlichem und geistlichem Regime in der russischen Vergangenheit.

Die Quellen der *Stepennaja kniga* sind neben dem ideologischen Schrifttum der Zeit insbesondere die Fürstendarstellungen der altrussischen Chronistik und die hagiographische Literatur. Diese Vorlagen wurden im Sinne des repräsentativen Prunkstils der moskovitischen Staatsliteratur gründlich überarbeitet, so daß das *Stufenbuch* selbst die anspruchsvolle Diktion des *Slovo o žitii i o prestavlenii velikogo knjazja Dmitrija Ivanoviča*, 15. Jh. (*Die Erzählung von Leben und Tod des Großfürsten Dmitrij Ivanovič*), überbietet, was nicht unbedingt zur Lesbarkeit des Textes beigetragen hat. C.K.

AUSGABEN: Petersburg 1908–1913 (in *Poln. sobr. russkich letopisej*, Bd. 21). – Moskau 1986.

LITERATUR: P. G. Vasenko, *»Kniga stepennaja carskogo rodoslovija« i eë značenie v drevnerusskoj pis'mennosti*, Petersburg 1904. – V. V. Kuskov, *»Stepennaja kniga« kak literaturnyj pamjatnik XVI veka*, Diss. Moskau 1952. – A. A. Zimin, *K izučeniju istočnikov »Stepennoj knigi«* (in Trudy otdela drevnerusskoj literatury, 13, 1957, S. 225–230). – F. Otten, *Die finiten Verbalformen und ihr Gebrauch in der »Stepennaja kniga«*, Wiesbaden 1973. – W. F. Barnette, *»Stepennaja kniga«. Sources, their Adaption and Development*, Diss. Vanderbilt 1979. – E. V. Neberkutina, *Melodika atribucii publicističeskich i istoričeskich proizvedenii russkogo srednevekov'ja serediny XVI v.: »Stepennaja kniga«; voprosy avtorstva*, Moskau 1987.

STOGLAV

(russ.; *Hundertkapitelbuch*). Bestimmungen des Moskauer Konzils von 1551. – Die sog. Reformperiode der Regierung Ivans IV. (des Schrecklichen, reg. 1533–1584) traf die entscheidenden Maßnahmen zur Konsolidierung des zentralisierten moskovitischen Staates des 16. Jh.s. Eine umfassende Heeres- und Verwaltungsreform, die Revision und Kodifizierung des geltenden Rechts (im *Car'skij sudebnik*, 1550 – *Gerichtsbuch des Zaren*) und die Normierung des kirchlichen Lebens sind die bedeutsamsten Unternehmungen der Zeit. Die Kirchenreform hatte vor allem die Bereinigung der teils noch aus der Tatarenzeit herrührenden innerkirchlichen Mißbräuche und die Vereinheitlichung der lokalen Traditionen in Gottesdienst und Heiligenverehrung zum Ziel. In den Jahren 1547 und 1549 traten Synoden zusammen, um die Kanonisierung nationaler Heiliger auf der Grundlage einer einheitlichen Überarbeitung der altrussischen Hagiographie (später zu den *Velikie Minei Čet'i*, 1552 – *Große Lesemenäen* zusammengefaßt) vorzunehmen. Das Moskauer Konzil von 1551 behandelte, teils aus dem konservativen Bemühen um die Abwehr auswärtiger Neuerungen, teils aus dem Bedürfnis nach moralischer und geistlicher Stärkung der orthodoxen Geistlichkeit, die Mißstände, die im weltlichen, kirchlichen und insbesondere klösterlichen Leben überhandgenommen hatten. Sein Ziel war die verbindliche Organisation der Moskauer Reichskirche nach den Prinzipien des Josifljanentums.

Die Beschlüsse des Konzils resümiert der *Stoglav* in der Gestalt von hundert Antworten der Konzilsväter auf Fragen des Zaren. Seine Darlegungen sind weniger von theologischem als von kulturgeschichtlichem Interesse. Ausführlich diskutiert das Werk unter Berufung auf die »alte Überlieferung der christlichen Wahrheit« eine Vielzahl moralischer, liturgischer, sozialer, rechtlicher und administrativer Fragen. Mit großer Anschaulichkeit werden die Unsitten der Zeit besprochen, welche den Unwillen der Kirche erregen: Die Masse der Gläubigen hält noch immer an heidnischen Traditionen fest, die sich vor allem im Brauchtum des Volks behaupten. Zauber- und Hexenglauben leben mit großer Zähigkeit fort, die Astrologie gewinnt zusehends an Boden, Skomorochen (Gaukler) üben ihren schädlichen Einfluß aus. Viele Orthodoxe kleiden sich nach ausländischer Mode, andere lassen sich nach dem Vorbild der Lateiner den Bart scheren. Die Trunksucht ist bis in die Kreise der Bojaren verbreitet. Das Brettspiel hält viele Christen von einem gottgefälligen Leben ab. Falsche Propheten und Sektierer verführen das Volk. Die Mönche suchen in den Klöstern nicht das Heil ihrer Seele, sondern Müßiggang, Vergnügen und niederste Ausschweifung. Mönche und Nonnen besuchen gemeinsam das Bad, die Klosterbrüder holen Frauen in ihre Zellen, verprassen das Klostergut und geben sich der Sodomie hin. Die Priester sind ungebildet und grob; sie streiten und raufen in der Kirche. Viele von ihnen können weder lesen noch schreiben und fördern den Aberglauben der Masse. Die Handschriften der liturgischen Bücher enthalten eine Vielzahl glaubenswidriger Irrtümer und Fehler usf.

An der Entstehung des *Stoglav* nahm der Metropolit MAKARIJ, der Initiator der repräsentativen literarischen Unternehmungen des 16. Jh.s, persönlichen Anteil. Die Sprache des *Stoglav* steht der russischen Umgangssprache näher als dem Kirchenslavischen. Mit der offiziellen Literatur der Zeit ist das Werk durch die gleiche Geisteshaltung verbunden: Der *Stoglav* ist ein markantes Zeugnis des politischen Selbstbewußtseins des moskovitischen Reiches, das in der Ideologie von »Moskau, dem Dritten Rom«, seine prägnanteste Formel fand. Wie *Domostroj* (Hausbuch) und *Azbukovnik* (Lexikon) ist der *Stoglav* um die umfassende Reglementierung des menschlichen Lebens im Sinne des moskovitischen Selbstverständnisses bemüht. Die Bestimmungen des *Stoglav* blieben bis zu den Reformen des Patriarchen Nikon (17. Jh.) in Kraft und dienten vor allem den russischen Altgläubigen als autoritative Bestätigung ihres Glaubens (Zweifingerbekreuzigung etc.).
                                                      C.K.

AUSGABEN: Ldn. 1860. – Petersburg 1861, Hg. N. A. Kalačov (in Archiv istorič. i praktičeskich svedenij za 1860–1861 g., H. 5). – Petersburg 1863, Hg. D. E. Kožančikov; Nachdr. Letchworth 1971. – Novgorod 1912 (in Trudy Novogorodskoj gubernskoj učenoj archivnoj komissii, H. 1).

ÜBERSETZUNG: *Le Stoglav ou les Cent Chapitres*, E. Duchesne, Paris 1920.

LITERATUR: I. Ždanov, *Materialy dlja istorii stoglavovo sobora* (in Žurnal ministerstva nar. prosveščenija, 1876, Nr. 7/8). – D. Stefanovič, *O »Stoglave«. Ego proischoždenie, redakcii i sostav*, Petersburg 1909. – I. U. Budnovic, *Russkaja publicistika XVI v.*, Moskau 1947. – J. E. Kollmann jr., *The Moscow »Stoglav« (Hundred Chapters). Church Council of 1551*, 2 Bde., Ann Arbor/Mich. 1979.

SUD ŠEMJAKIN

(russ.; *Das Urteil des Šemjaka*). Anonyme Satire des 17. Jh.s. – Ein Beleg für die Ausbildung einer kritischen, antifeudalen Geisteshaltung in der russischen Gesellschaft gegen Ende der altrussischen Periode ist das Aufkommen einer vorwiegend demokratischen Satire in der russischen Literatur des 17. Jh.s. Das satirische Schrifttum richtet sich in er-

ster Linie gegen die Übergriffe der Feudalherren, gegen den sittlichen Verfall der Geistlichkeit und gegen die ungerechte Gerichtspraxis der Zeit. Die Satire über das Urteil des Šemjaka verbindet ein gemäßigtes soziales Engagement mit einer scharfen Kritik an der Bestechlichkeit der Richter. Ein Armer leiht sich bei seinem reichen Bruder ein Pferd, reißt ihm jedoch bei der Arbeit den Schwanz ab. Der Reiche verweigert die Rücknahme des Pferdes und geht, den Armen zu verklagen. Notgedrungen folgt ihm der Bruder. Beide übernachten bei einem Popen, der den Reichen zu einem üppigen Abendmahl lädt. Der Arme guckt sich so sehr die Augen nach dem Essen aus, daß er von seiner Lagerstatt herunterfällt und das Kind des Popen erdrückt. Nun zieht auch der Pope vor den Richter. Verzweifelt will sich der Arme das Leben nehmen. Er stürzt sich von einer hohen Brücke, fällt jedoch ausgerechnet auf einen alten Mann, der von seinem Sohn unter der Brücke vorbeigefahren wird, und erschlägt ihn. Der Sohn schließt sich den Klägern an. Da der Arme nichts zu seiner Verteidigung vorzubringen hat, zeigt er dem Richter nach jeder Anklage ein Tuch, in das er einen Stein gewickelt hat. Der Richter vermutet in dem Tuch ein ansehnliches Bestechungsgeld und entscheidet zugunsten des Angeklagten. Der Arme soll das Pferd behalten, bis ihm der Schwanz nachgewachsen ist; er soll mit der Popenfrau zusammenleben, bis statt des erschlagenen Kindes ein anderes geboren ist; er soll sich unter die Brücke stellen und dem Sohn Gelegenheit geben, sich auf ihn zu stürzen, um seinen toten Vater zu rächen. Entsetzt kaufen sich die Kläger bei dem Armen von den Urteilen los. Der bestechliche Richter aber muß sich mit der Versicherung des Armen zufriedengeben, er hätte ihn mit dem eingewickelten Stein erschlagen, wenn der Spruch anders ausgefallen wäre. *»Und der Arme kehrte heim, freute sich und lobte Gott. Amen.«*
Die Satire ersetzt das klerikale Menschenbild vergangener Jahrhunderte, das den Menschen in Abhängigkeit von der göttlichen Vorsehung sah, unter dem Eindruck der gesellschaftlichen Umwälzungen der Zeit durch eine realistischere Auffassung, der die persönliche Initiative und der findige Verstand des einzelnen als Voraussetzung zur Bewältigung des menschlichen Lebens gilt. Vermutlich in bäuerlichem Milieu entstanden, steht der Text russischen Märchenstoffen nahe. Die satirische Tendenz scheint erst die literarische Bearbeitung beigetragen zu haben. Einige Handschriften der Satire sprechen von einer polnischen Quelle des Textes, doch hat sich ein ausländisches Original des Werkes bislang nicht nachweisen lassen. Die russische Herkunft der Satire wird insbesondere durch ihre getreue Wiedergabe des einheimischen Milieus und der russischen Gerichtspraxis nahegelegt, die auch den Anhaltspunkt zur Datierung des Textes liefert; da die Form des in der Satire beschriebenen Gerichts erst in der zweiten Hälfte des 17. Jh.s üblich war, kann das Werk erst gegen Ende des Jahrhunderts entstanden sein. Die Sprache der Satire steht der Umgangssprache nahe. Im 18. Jh. wurde das Werk im Rahmen des *lubok* (Volksbilderbogen) zu einem der beliebtesten russischen Lesestoffe. Das Sujet ist von verschiedenen Schriftstellern (u. a. A. v. Chamisso) aufgegriffen worden.   C.K.

Ausgaben: Moskau/Leningrad 1954 (in *Russkaja demokratičeskaja satira XVII v.*, Hg. V. P. Adrianova-Peretc). – Moskau 1954 (in *Russkaja povest' XVII v.*, Hg. M. O. Skripil'). – Moskau ⁷1962 (in N. K. Gudzij, *Chrestomatija po drevnej russkoj literature XI–XVII vv.*). – Moskau 1969 (in *Izbornik. Sbornik proizvedenij literatury drevnej Rusi*, Hg. D. S. Lichačëv u. L. A. Dmitriev).

Übersetzung: *Die Erzählung vom Urteil des Schemjaka*, A. v. Löwis of Menar (in *Russische Volksmärchen*, Jena 1921).

Bearbeitung: A. v. Chamisso, *Das Urteil des Schemjáka* (in Deutscher Musenalmanach für das Jahr 1833, Lpzg. 1832).

Literatur: N. S. Tichonravov, *Sočinenija*, Bd. 1, Moskau 1898, S. 308–343. – M. I. Suchomlinov »*Povest' o sude Šemjaki*« (in M. I. S., *Issledovanija po drevnej russkoj literature*, Petersburg 1908, S. 637–671). – I. P. Lapickij, »*Povest' o sude Šemjaki*« *i sudebnaja praktika vtoroj poloviny XVII v.* (in Trudy otdela drevnerusskoj literatury, 6, 1948, S. 60–99). – Ders., *Demokratič. satira XVII v. i russkoe narodnoe tvorčestvo. Povest' »Šemjakin sud«* (in Uč. zap. Leningradskogo gos. univ. 1954, H. 20, S. 328–374). – N. K. Gudzij, *Geschichte der russischen Literatur. 11.–17. Jh.*, Halle 1959, S. 506 bis 510.

SVJATOGOR

(russ.; *Svjatogor*). Nordrussischer Bylinenzyklus. – Sowjetische Forscher schreiben den Ursprung der mythischen Gestalt des Riesen Svjatogor der klassenlosen Gesellschaft der Frühzeit zu. Sicherlich geht er der Herausbildung der verbreiteten Heldengestalten des russischen Epos voran. Archaisch sind vor allem der Charakter des Helden und das Sujet der zentralen Lieder des Zyklus. Svjatogor fehlen die reckenhaften Züge der Kiewer Bylinenhelden. Mit seinem Namen verbinden sich sieben epische Erzählstoffe. Den ältesten Kern des Zyklus bilden zwei Liedgruppen über das seltene Motiv des schicksalhaften Endes des Helden.
Die erste Liedgruppe berichtet von dem vergeblichen Versuch des mit seiner Stärke prahlenden Helden, einen unscheinbaren Quersack vom Boden aufzunehmen, in dem die »Erdenschwere« beschlossen liegt. Svjatogor verhebt sich an der Last und stirbt. Ein Teil der Aufzeichnungen schreibt

das Sujet Samson zu, das geistliche Lied verbindet es mit Anika Voin. Der russischen Byline verwandt ist ein bulgarisches Volkslied, in dem sich der Königssohn Marko brüstet, die ganze Welt auf seine Lanze nehmen zu können, aber an einem von Gottes Engel herbeigebrachten Reisesack scheitert, der die Erdenschwere enthält. Der Vergleich des Quersackmotivs mit der Christophorus-Legende (I. Ždanov) ist abzuweisen. Die Deutung des Motivs der Erdenschwere bleibt ungewiß: In einigen Texten scheint allein die physikalische Last des Quersacks gemeint, in anderen (in denen Svjatogors Gefährte Mikula Seljaninovič den Quersack mit leichter Hand bewegt) scheint die Mühe bäuerlicher Arbeit symbolisiert, die andere Kräfte erfordert als die physische Stärke Svjatogors. Hier tritt die landwirtschaftliche Nutzung der Erde als Wendepunkt der russischen Frühgeschichte zutage: Svjatogor ist als Repräsentant der alten Zeit dem Untergang geweiht, Held der neuen ist der bäuerliche Mikula. Eine anderweitig nicht bekannte Fassung der Byline gibt G. USPENSKIJS Zyklus *Vlast' zemli*, 1882 *(Die Macht der Erde)*, wieder. G. NEKRASOV verwendet Motive des Liedes in seinem Poem *Komu na Rusi žit' chorošo*, 1863–1877 *(Wer lebt glücklich in Rußland?)*.

Die thematisch verwandte zweite Liedgruppe berichtet, daß Il'ja Muromec und Svjatogor, der sich wiederum seiner Stärke rühmt, auf grüner Wiese unvermutet einen leeren, weißen Sarg finden, der der riesigen Gestalt Svjatogors exakt angepaßt ist. Nachdem Il'ja Muromec, von Svjatogor dazu aufgefordert, den Sargdeckel über ihm geschlossen hat, bleiben alle Versuche der Helden vergeblich, Svjatogor wieder zu befreien. Wie der Quersack der ersten Liedgruppe bezeichnet der Sarg den unausweichlichen Untergang des Helden. Durch seinen Atem (bzw. seinen Todesschweiß) überträgt Svjatogor einen Teil seiner Kraft auf Il'ja und stirbt. Die Verbindung des Motivs mit dem Sargmotiv in PLUTARCHS *De Iside et Osiride (Isis und Osiris)* und einer mohammedanischen Sage über Moses und Aaron (I. Ždanov) ist umstritten. Das Motiv der Übertragung der Kraft ist im russischen Märchen verbreitet. Wahrscheinlich sind die Bylinen der zweiten Liedgruppe später entstanden als die der ersten; sie setzen die Ausbildung der epischen Gestalt des Il'ja Muromec voraus, dessen Popularität die Verbreitung des Lieds gefördert haben mag. Auch in diesen Bylinen erscheint Svjatogor als Vertreter des untergehenden Alten, während Il'ja eine neue Zeit verkörpert.

Die übrigen Bylinen über Svjatogor sind Ergebnisse späterer Entwicklung. Das Lied von der *Hochzeit Svjatogors* erzählt, wie der Held die ihm geheimnisvoll bestimmte, doch mißliebige Braut vergeblich zu töten versucht, um sie nach Jahren, da sie zu unerwarteter Schönheit erblüht ist, unerkannt zu ehelichen. Das möglicherweise orientalische Motiv begegnet auch in der Samson-Tradition. Es steht einem in Novgoroder Gebiet nachgewiesenen Märchen nahe. Verwandte Märchen sind aus dem Kaukasus, dem Tatarischen, Litauischen und Bulgarischen bekannt. Das Lied dürfte im 17. Jh. im Novgoroder Raum entstanden sein. Das *Lied vom treulosen Weibe Svjatogors* berichtet, wie Il'ja sich von der Gattin des Helden verführen und von Svjatogor in die Tasche stecken läßt. Als er dem Helden den Fehltritt berichtet, tötet Svjatogor die Treulose und verbrüdert sich mit Il'ja. Das mit der Erzählung von Schehriyār und Schehrezāde aus der Rahmenerzählung der *Alf laila wa-laila (Tausendundeine Nacht)* verwandte Motiv ist – begünstigt durch Svjatogors Gleichsetzung mit Samson – wohl erst spät mit der Gestalt des Helden verbunden worden. Die Byline vom *Vater Svjatogors und Il'ja Muromec* erzählt davon, daß Il'ja dem blinden Vater des Helden zur Begrüßung statt der Hand ein erwärmtes Eisen reicht, um für die Kraft seines Händedrucks gelobt zu werden. Die Byline von *Svjatogor und der Heldin* berichtet von dem langjährigen vergeblichen Kampf des Helden mit einer Amazone, die Il'ja Muromec mühelos zu überwältigen vermag. Das Lied *Wie Svjatogor seine Kraft verlor* erzählt die Geschichte von Samson und Dalila nach der Fassung der *Kratkaja Paleja (Kurze Paleja)* in der Adaptation auf den Helden.

Im Bilde Svjatogors, das in keiner der überlieferten Bylinen schärfere Konturen gewinnt, scheint eine von »nebelhaften mythischen Vorstellungen« (R. Trautmann) umwobene Gestalt mit der Samson-Tradition zusammengeflossen zu sein. Der Name des Helden ist wahrscheinlich die Personifikation eines Toponyms. Der Vergleich Svjatogors mit dem Helden der estnischen Sagen von Kalevipoeg (Šambinago; Trautmann) ist strittig (vgl. den Sammelartikel *Byliny*). C. K.

AUSGABEN: Moskau 1804 (in *Drevnie rossijskie stichotvorenija: Sbornik Kirši Danilova*, Hg. A. F. Jakubovič, ²1818, Hg. K. F. Kalajdovič; 1901, Hg. P. N. Šeffer; 1938, Hg. S. K. Šambinago). – Moskau 1957 (in *Byliny*, Hg. P. D. Uchov u. V. I. Čičerov; krit.). – Moskau 1958 (in *Byliny*, Hg. V. Ja. Propp u. B. N. Putilov, 2 Bde., 1; krit.).

ÜBERSETZUNGEN: In C. H. v. Busse, *Fürst Wladimir und dessen Tafelrunde. Altrussische Heldenlieder*, Lpzg. 1819. – In B. Stern, *Fürst Wladimirs Tafelrunde. Altrussische Heldensagen*, Bln. 1892.

LITERATUR: I. N. Ždanov, *Povest' o koroleviče Valtasare i byliny o Samsone-Svjatogore* (in Žurnal Ministerstva narodnogo prosveščenija, 1901, Nr. 5, S. 1–24). – R. Trautmann, *Die Volksdichtung der Großrussen*, Bd. 1: *Das Heldenlied der Bylinen*, Lpzg. 1935, S. 254–267. – V. Ja. Propp, *Russkij geroičeskij èpos*, Leningrad 1955, S. 72–83. – B. A. Rybakov, *Byliny-novelly èpochi Vladimira Monomacha: »Svjatogor«* (in B. A. R., *Drevnjaja Rus'*, Moskau 1963, S. 125–134).

VOLCH VSESLAV'EVIČ

(russ.; *Volch Vseslav'evič*). Episches Lied, in etwa zehn Abschriften aus dem Onega-, Olonec-, Weißmeer-, Mezen'- und Pečora-Gebiet sowie aus Sibirien bekannt. – Zu den besten Überlieferungen des Liedes zählt der Text innerhalb des *Sbornik Kirši Danilova (Sammelband des Kirša Danilov)* Mitte des 18. Jh.s. Die Byline erzählt von Geburt, Jugend und Heldentum der Titelgestalt. Die Prinzessin Marfa Vseslav'evna empfängt den Helden von einer Schlange, die sich ihr im Garten ums Bein windet und mit dem Schwanz »*an ihren weißen Schenkel*« schlägt. Im Mondlicht wird der Held geboren. Bei seiner Ankunft erbebt die Erde, ferne Reiche erzittern, das jagbare Wild verbirgt sich in wilder Flucht. Im Alter von anderthalb Stunden verlangt Volch mit Donnerstimme nach Stahlpanzer, Goldhelm und Bleikeule, mit sieben Jahren lernt er lesen und schreiben, mit zehn Jahren vermag er sich in eine beliebige Tiergestalt zu verwandeln, mit zwölf beginnt er eine *družina* (Gefolgschaft) tapferer Altersgenossen um sich zu scharen. Auf das Gerücht hin, der indische Zar rüste gegen Kiew, um »*Gottes Kirchen in Rauch aufgehen zu lassen und die heiligen Klöster zu zerstören*«, zieht Volch mit seinem Gefolge gegen den Feind. Mit Hilfe der Jagdbeute, die er dank seiner Zauber- und Verwandlungskunst macht, kleidet und ernährt er die *družina*. In der Gestalt des goldgehörnten Ur sprengt er nach Indien, als lichter Falke fliegt er zum Palast des indischen Herrschers, wo er das Gespräch zwischen Zar und Zarin belauscht, das die indischen Kriegsabsichten bestätigt. Volch verwandelt sich in ein Hermelin, zerbeißt die Sehnen der indischen Bogen und vergräbt die Pfeilspitzen des Feindes. Als Falke kehrt er zu seiner *družina* zurück, um sie an die Grenze des indischen Reiches zu führen. In Ameisen verwandelt überwinden die Gefolgsleute die uneinnehmbar scheinende Mauer, die das indische Reich umschließt. Bis auf 7000 ausgewählte Mädchen machen sie die Einwohner des Landes nieder. Eigenhändig tötet Volch den indischen Zaren. Er nimmt die Zarin zur Frau, seine Gefolgsleute heiraten die indischen Mädchen. Volch herrscht als Zar und teilt den Reichtum des Landes mit seiner *družina*.

Das Lied über Volch Vseslav'evič zählt zu den ältesten russischen Bylinen. Der Typus der Titelgestalt reicht in die Zeit zurück, da das Epos seinen Helden mit übermenschlichen und überirdischen Kräften ausstattete. Der Name des Helden leitet sich von russ. *volchov* (Zauberer) ab. Volch ist der einzige Held des russischen Epos, der die aus dem russischen Zaubermärchen bekannte Fähigkeit der Verwandlung besitzt. Die wunderbare Geburt des Helden, die »*Apotheose der Heldengeburt*« (V. Belinskij), die eine Parallele im Lied von *Saur Vanidovič* findet, und seine Verwandlung in Tiergestalt verraten totemistische Vorstellungen. Sein Heerzug, der mit der Inbesitznahme des feindlichen Landes endet, ist der Beutezug des frühgeschichtlichen Stammesführers. – Die Variante des Kirša Danilov stellt bereits eine spätere Bearbeitung des Liedes im Sinne des heroischen Epos der Kiewer Zeit dar. Volch wird zum verantwortlichen Führer einer *družina* und zum Schirmherrn des epischen Kiew. Das feindliche Land erhielt in vortatarischer Zeit den Namen des indischen Königreichs, doch verraten die Namen des indischen Herrscherpaares (Saltyk Stavruľevič – Batyevič – Zarin Avzjakovna) bereits den Einfluß der tatarischen Thematik auf das altrussische Epos. Die im Olonec-Gebiet aufgezeichneten Varianten des Liedes geben dem Helden den Namen Voľgas, der in der Byline von *Mikula Seljaninovič (Mikula i Voľga)* bereits in pejorativer Bewertung als ein Kraft des Volkes unterlegener Feudalherr erscheint.   KLL

AUSGABEN: Moskau 1804 (in *Drevnie rossijskie stichotvorenija: Sbornik Kirši Danilova*, Hg. A. F. Jakubovič; [2]1818, Hg. K. F. Kalajdovič; 1901, Hg. P. W. Šeffer; 1938, Hg. S. K. Šambinago). – Moskau 1958 (in *Byliny*, Hg. V. Ja. Propp u. B. N. Putilov, 2 Bde., 1; krit.). – Stg. 1983 (in *Russische Lyrik. Von den Anfängen bis zur Gegenwart*; RUB).

ÜBERSETZUNG: *Die Byline von Voľch Vseslav'evič*, L. Müller (in *Russische Lyrik. Von den Anfängen bis zur Gegenwart*, Stg. 1983; RUB).

LITERATUR: R. Trautmann, *Die Volksdichtung der Großrussen*, Bd. 1: *Das Heldenlied der Bylinen*, Lpzg. 1935, S. 215–222. – V. Ja. Propp, *Russkij geroičeskij epos*, Leningrad 1955, S. 67–72; 521 f.

ŽITIE ALEKSANDRA NEVSKOGO

(aruss.; *Das Leben des Aleksandr Nevskij*). Fürstenvita eines unbekannten Verfassers, entstanden im 13. Jh. – Die erste Redaktion der Vita des durch seine Siege über die Schweden (1240) und den deutschen Ritterorden (1242) berühmten Fürsten von Novgorod und Vladimir-Suzdaľ (1219–1263), die in den Handschriften bald als *žitie* (Vita), bald als *povest'* (Erzählung), bald als *slovo* (Geschichte, Bericht) bezeichnet wird, ist in dreizehn Kopien aus dem 14.–17. Jh. überliefert. Sie entstand gegen Ende des 13. Jh.s – wie die neuere Forschung annimmt, in den Jahren 1282/83 in Vladimir – und stammt aus der Feder eines jüngeren, möglicherweise geistlichen Zeitgenossen aus der näheren Umgebung des Fürsten. Die Mischform des Textes, der Elemente der weltlichen und geistlichen Erzählliteratur vereinigt, erscheint ursprünglich. Wenngleich die Handschriften die Zunahme des anfangs eher zurücktretenden hagiographischen

Moments bezeugen, ist die ältere Annahme eines im Milieu der Družina (Gefolgschaft) entstandenen rein weltlichen Originals heute aufgegeben.

Der Autor will weniger die äußere Biographie des Fürsten schildern, als den Charakter seines Helden in umfassender Weise darstellen. In souveräner Auswahl des Materials behandelt er diejenigen Ereignisse der Regierungszeit des Fürsten, die seine historische Rolle als Verteidiger des kaum vom Tatareneinfall erholten Rußland gegen den Angriff des katholischen Westens verdeutlichen. Den obligatorischen Bescheidenheitstopoi des Autors, der teils nach dem Zeugnis der Älteren, teils aus eigener Anschauung berichtet, folgen in gedrängter Gestalt der Hinweis auf die fürstliche Abkunft Aleksandrs und – in Form von Parallelen zu Gestalten der biblischen und römischen Geschichte – die Vorstellung seiner hervorragendsten Eigenschaften, die ihn zum Feldherrn und Staatsmann berufen. Eingeleitet durch eine Anekdote über die Verbreitung seines Ruhms im Westen, folgt ohne Umschweife der Bericht von der ersten Bewährungsprobe des Fürsten, dem Angriff des Schwedenkönigs. Auf die Kunde von der Ankunft des Gegners auf der Neva eilt Aleksandr zum Gebet in die Novgoroder Sophienkirche. Vom Erzbischof gesegnet, spricht er seiner Družina Mut zu (*»Nicht mit der Macht, sondern mit der gerechten Sache ist Gott«*) und bricht, ohne die Sammlung eines größeren Heers abzuwarten, mit kleiner Schar gegen die Feinde auf. Die Vision eines unter den Heiden lebenden christlichen Gefolgsmanns versichert ihn des Beistands der russischen Heiligen Boris und Gleb. In blutiger Schlacht, in der sich sechs namentlich genannte Gefolgsleute des Fürsten durch ihre kurz charakterisierten Heldentaten hervortun, besiegt Aleksandr die »Römer« mit göttlicher Hilfe. Zwei Jahre später zerstört er eine von westlichen Nachbarn auf seinem Territorium errichtete Festung. Im folgenden Winter entsetzt er das von den Deutschen besetzte Pskov. Dem Heer des deutschen Ritterordens stellt er sich auf dem Eis des Peipussees. Die Schlacht wird durch ein himmlisches Heer entschieden, das Aleksandr aus der Luft zu Hilfe eilt. Im Triumph zieht der Fürst in Pskov ein. Nachdem er den Einfällen der Litauer ein Ende gesetzt hat, wird er in die Goldene Horde berufen. In Ehren empfangen und entlassen, hilft er seinem Bruder Andrej, die Folgen eines tatarischen Angriffs auf das Suzdaler Land zu beheben. Das päpstliche Angebot von Glaubensverhandlungen weist er selbstbewußt zurück. Das tatarische Heerfolgeverlangen veranlaßt Aleksandr zu einem Bittgang in die Horde, währenddessen sein Sohn Dmitrij die Stadt Jur'ev (Dorpat) erobert. Auf dem Rückweg erkrankt Aleksandr und stirbt. Nach bewegter Klage schließt der Text mit der Erzählung eines Wunders anläßlich der Beerdigung des großen Mannes: Der tote Fürst nimmt mit eigener Hand eine geistliche Urkunde entgegen.

Zur Verherrlichung der politischen und kriegerischen Gaben wie der geistlichen Tugenden Aleksandrs greift der Text auf die weltliche Überset-zungsliteratur (das *Devgenievo Dejanie – Taten des Devgenij*) und – möglicherweise durch den Chronographen vermittelte – Auszüge aus dem *Alexanderroman* und dem *Jüdischen Krieg* des FLAVIUS IOSEPHUS, auf die *Bibel* und die hagiographische Literatur zurück. Die Verwendung aus der südwestrussischen Schule bekannter Darstellungstechniken hat zur Annahme eines galizischen Autors veranlaßt, der 1250 mit dem Metropoliten Kirill III. an den Hof des Aleksandr kam (D. Lichačëv). Andere denken an einen *»Mönch aus Vladimir, der vordem zum Hauptpersonal des Fürsten gehörte«* (Ju. Begunov). Die *Vita des Aleksandr Nevskij* ist früh in die altrussische Chronik eingegangen. Sie erscheint zuerst in der *Lavrent'evskaja letopis'*, 1377 *(Laurentius-Chronik)*, und wird von der jüngeren Redaktion der *I. Novgoroder*, von der *I. Sophien-*, der *IV. Novgoroder* und der *II. Pskover Chronik* überliefert. Das Werk wurde bis ins 17. Jh. im Zuge der Fortentwicklung des hagiographischen Stils überarbeitet. Es beeinflußte verschiedene Werke der altrussischen Literatur, darunter das *Slovo o žitii i o prestavlenii velikogo knjazja Dmitrija Ivanoviča (Bericht von Leben und Sterben des Großfürsten Dmitrij Ivanovič)* und die Chronikerzählung von der Mamaj-Schlacht. Einigen Abschriften des Werks geht das ausschließlich in dieser Umgebung überlieferte *Slovo o pogibeli russkoj zemli (Klage über den Untergang des russischen Landes)* voraus, dessen Eigenständigkeit von der Forschung erwiesen wurde.   C.K.

AUSGABEN: Petersburg 1846 (in *Poln. sobr. russkich letopisej*, Bd. 1: *Lavrent'evskaja letopis'*). – Petersburg 1851 (in *Poln. sobr. russkich letopisej*, Bd. 5). – Petersburg 1882 (in Archim. Leonid, *Skazanie o podvigach i žizni sv. blagovernago velikago knjazja Aleksandra Nevskago*; Pamjatniki drevnej pis'mennosti, Bd. 36). – Petersburg 1913 (in V. Mansikka, *Žitie Aleksandra Nevskogo*). – Petersburg 1915 (S. A. Boguslavskij, *K voprosu o pervonačal'nom tekste žitija svjatogo knjazja Aleksandra Nevskogo*; in Izv. otdel. russk. jaz. i slov. AN SSSR, 19). – Moskau 1915 (in N. Serebrjanskij, *Drevnerusskie knjaźeskie žitija*). – Moskau/Leningrad 1947 (V. I. Malyšev, *Žitie Aleksandra Nevskogo [Po rukopisi serediny XVI veka Grebenšćikovskoj staroobrjadčeskoj obšćiny v g. Rige]*; in Trudy otdela drevnerusskoj literatury, 5). – NY 1954 (in A. Stender-Petersen, *Anthology of Old Russian Literature*). – Moskau 1955 (in *Pskovskie letopisi*, Hg. A. N. Nasonov, Bd. 2). – Moskau 1962 (in N. K. Gudzij, *Chrestomatija po drevnej russkoj literature XI–XVII vv.*). – Leningrad 1964 (R. N. Mojseeva, *Novyj spisok povesti ob Aleksandre Nevskom*; in Russkaja literatura, Nr. 1). – Moskau/Leningrad 1965 (in Ju. K. Begunov, *Pamjatnik russkoj literatury XIII veka*). – Moskau 1969 (in *Izbornik. Sbornik proizvedenij literatury drevnej Rusi*). – Moskau 1981 (in *Pamjatniki literatury Drevnej Rusi: XIII vek.*).

ÜBERSETZUNG: *Legende des Heiligen Alexander Newskij*, W. Fritze (in *Russische Heiligenlegenden*, Hg. E. Benz, Zürich 1953).

LITERATUR: N. I. Sutt, *Aleksandr Nevskij*, Jaroslavl' 1940. – A. S. Orlov, *Aleksandr Nevskij v srednevekovoj literature* (in Vestnik AN SSSR, Kazan', 1942, S. 72–79). – V. Sajanov, »*Žitie Aleksandra Nevskogo*« (in *Geroičeskaja poèzija drevnej Rusi*, Leningrad 1944, S. 81–92). – A. Jugov, *Daniil Galickij i Aleksandr Nevskij* (in Voprosy istorii, 1945, Nr. 3/4, S. 99–107). – D. S. Lichačëv, *Galickaja literaturnaja tradicija v »Žitii Aleksandra Nevskogo«* (in Trudy otdela drevnerusskoj literatury, 5, 1947, S. 36–56). – V. Pašutko, *Aleksandr Nevskij i bor'ba russkogo naroda za nezavisimost' v XIII v.*, Moskau 1951. – Ju. K. Begunov, »*Žitie Aleksandra Nevskogo« v sostave Novgorodskoj 1-j i Sofijskoj 1-j letopisej* (in Novgorodskij istoričeskij sbornik, 9, 1959, S. 229–238). – I. P. Erëmin, »*Žitie Aleksandra Nevskogo*« (in I. P. E., *Lekcii po drevnej russkoj literature*, Leningrad 1968, S. 136–138). – Ju. K. Begunov, »*Žitie Aleksandra Nevskogo« v stankovoj živopisi načala XVII v.* (in Trudy otdela drevnerusskoj literatury, 22, 1966, S. 311–326). – Ders., *Kyrillo-belozerčeskie otryvki »Žitija Aleksandra Nevskogo«* (ebd., 24, 1969, S. 105–107). – Ders., »*Žitie Aleksandra Nevskogo« v sbornike iz sobranija N. P. Lichačëva* (ebd., 30, 1976, S. 60–72). – V. V. Vinogradov, *O stile »Žitija Aleksandra Nevskogo«* (in Voprosy russkogo jazykoznanija, 1976, Nr. 1, S. 21–36). – P. V. Pjatnov, *K voprosu o žanrovom svoeobrazii »Žitie Aleksandra Nevskogo«* (in Vestnik Moskovskogo univ., 1979, Nr. 1, S. 33–41). – D. Crnković, *Thematic and Compositional Unity in the »Life of Aleksandr Nevskij«*, Ann Arbor/Mich. 1985. – P. M. Wasnik, *Life, Courage, Ice: A Semiological Essay on the Old Russian Biography of Aleksandr Nevskij*, Mchn. 1990 (Slavistische Beiträge, Bd. 256).

Aufklärung und Klassizismus. Das 18. Jahrhundert

MICHAIL MATVEEVIČ CHERASKOV

* 5.11.1733 Perejaslavl'
† 9.10.1807 Moskau

LITERATUR ZUM AUTOR:
P. Thiergen, *Bemerkungen zur Versepik M. M. Ch.s* (in ZslPh, 1972, 36, S. 296–317). – M. A. Green, *M. Xeraskov and His Contribution to the Eighteenth Century Russian Theater*, Diss. Univ. of California 1973 [enth. Bibliogr.]. – Ders., *Kheraskov and the Christian Tragedy* (in California Slavic Studies, 1976, 9, S. 1–26). – H. Rothe, *Zu Ch.s Dichtungsauffassung* (in *Studien zu Literatur und Aufklärung in Osteuropa. Aus Anlaß des VIII. Intern. Slawistenkongresses in Zagreb*, Gießen 1978, S. 93–109). – A. A. Smirnov, *I v chram bessmertija provedut: k 250-letiju so dnja roždenija M. M. Ch.* (in Russkaja Reč', 1983, 6, S. 8–14).

ROSSIJADA

(russ.; *Die Rossiade*). Heroisches Epos von Michail M. CHERASKOV, erschienen 1779. – Die *Rossijada*, der Versuch eines russischen Nationalepos, basiert stofflich auf der *Erzählung vom Beginn des Zarenreichs Kasan, von den siegreichen Kämpfen der Moskauer Großfürsten mit den Zaren von Kasan und von der Eroberung des Zarenreichs Kasan*, einem historischen Roman aus der zweiten Hälfte des 16. Jh.s, der bis zur Neuentdeckung des *Igorlieds*, 1187 (vgl. *Slovo o polku Igoreve*), als bedeutendstes Denkmal der altrussischen Literatur galt. Historischer Hintergrund ist die Einnahme Kasans unter Ivan IV. im Jahr 1552, die für die russische Geschichte mehr bedeutete als die kampflose Abschüttelung des Tatarenjochs im Jahre 1480: Zum ersten Mal war eine Stadt des ungläubigen Erbfeinds der eigenen Herrschaft einverleibt worden.

Großfürst Aleksandr von Tver' erscheint dem jungen Zaren Ivan im Traum und befiehlt ihm, Vaterland und christlichen Glauben von der Bedrohung durch die heidnischen Tataren zu befreien. Ivan beruft eine Thronversammlung ein, bei der ihn sein Freund und Berater Adašev sowie Fürst Kurbskij in dem Entschluß bestärken, gegen die in Kasan residierenden Tataren zu ziehen. – Beunruhigt von der Kunde eines russischen Heerzugs sucht die tatarische Königin Sumbeka Beistand bei den Geistern: Ihr aus dem Grab beschworener, toter Gatte Safgirej rät ihr, sie solle Alej, den russenfreundlichen, früheren Kasaner Zaren, heiraten und ihm die Herrschaft übergeben. Schon bei der ersten Begegnung entbrennen Sumbeka und Alej in Liebe zueinander. Aber es gilt eine Reihe von Hindernissen zu überwinden, bis sie unter dem Schutz Ivans vereint werden: Die Tatarenfürsten Osman, Astalon und Sargun bemühen sich um Sumbeka, der heidnische Oberpriester Seït versucht, seine Position dadurch zu stärken, daß er die Zarin für sich gewinnt, wird aber schließlich von der Frau des Krimfürsten Iskanar, der seinem Ränkespiel zum Opfer gefallen ist, enthauptet. – Den Heerzug gegen die Tataren gefährden Naturmächte und Höllengeister, und das »Böse« selbst in Gestalt Mohammeds bedroht den »christlichen Zaren«. Tröstlich steht dem aber eine Zukunftsvision gegenüber, die Ivan die ruhmreiche Entwicklung Rußlands bis zur Zeit Katharinas II. vor Augen führt. – Machtkämpfe im eigenen Lager schwächen unterdessen die Tatarenfürsten. Auf Geheiß eines Engels flieht Sumbeka vor den Nachstellungen machtgieriger Heiden zu Ivan nach Svijažsk und wird dort mit Alej vermählt. Ivan rückt nun mit seiner ganzen Streitmacht gegen Kasan vor. Weder das Eingreifen der persischen Amazone Ramida noch die Zaubermächte von Ramidas Vater Nigrin können den Sieg des russischen Heeres vereiteln. Nach blutigen Kämpfen nimmt der russische Zar die Stadt ein und läßt einen Altar errichten.

Seit Beginn des Klassizismus hatte es nicht an Bemühungen gefehlt, ein russisches Nationalepos zu schaffen. Die Anfang der dreißiger Jahre des 18. Jh.s geplante *Petrida (Petriade)* KANTEMIRS blieb jedoch wie LOMONOSOVS Epos *Pëtr Velikij*, 1760 *(Peter der Große)*, und SUMAROKOVS *Dmitrijada*, 1769 *(Demetriade)*, unvollendet. Andererseits wurde in der Vorrede zu TREDIAKOVSKIJS *Tilemachida*, 1766 *(Telemachide)*, das Epos als »Gipfel, Krone und Grenze der Wirksamkeit der menschlichen Vernunft«, als »Höhepunkt und endliche Vollendung aller künstlerischen Nachahmungen«, gerühmt. So blieb die Schaffung eines Nationalepos für den russischen klassizistischen Dichter weiterhin vornehmste und dringlichste Aufgabe. Cheraskov, der diese Forderung erfüllt hatte und von seinen begeisterten Zeitgenossen als »russischer Homer« gefeiert wurde, sicherte sich mit seinem von Patriotismus und Bewunderung für die imperialistischen Eroberungen Katharinas durchdrungenen Epos einen bedeutenden Platz in der Dichtung des 18. Jh.s. Als Vorbilder nennt er die *Ilias*, die *Odyssee* und die *Aeneis*, doch auch VOLTAIRES *Henriade* und TASSOS *Gerusalemme liberata* beeinflußten den Autor. Als »echtes« klassizistisches Epos folgt die *Rossijada* allen Anforderungen des Genres: das Thema – ein wichtiges Ereignis der vaterländischen Geschichte; die Gestalten – rationalistisch gezeichnet; der Umfang – mit zwölf Gesängen (in Alexandrinern) der Forderung nach großem Volumen der Epopöe entsprechend; auch die traditionelle Einleitung mit Nennung des Themas und Musenanruf fehlt nicht. Nach dem Vorbild anderer europäischer Nationalepen, jedoch entgegen den Regeln BOILEAUS, führt Cheraskov christlich-mythologische Phantastik (Eingreifen höherer Mächte, Zauber usw.) ein, die, verbunden mit den zahlreich in die Haupthandlung eingeflochtenen Liebesabenteuern, ein »*poetisiertes, romantisiertes moskovitisches und tatarisches Mittelalter*« (Stender-Petersen) erstehen läßt. Die Romanhaftigkeit der (gänzlich enthistorisierten) Erzählung geht mit einer Senkung des thematischen Niveaus und Retardierung im episch-erhabenen Stil einher, der auch die Sprache der *Rossijada* entspricht. Nach Lomonosov und Trediakovskij konnte die einfache Sprache in einem hohen Poem nicht mehr ohne weiteres verwendet werden, und auch die Natürlichkeit der Sumarokov-Schule war für dieses Genre unpassend. Cheraskovs »mittlerer erhabener Stil« stellt somit einen Kompromiß dar. Zwar verwendet der Dichter volkstümliche Wörter, aber er kleidet sie in ein kirchenslavisches Gewand, um sie dem Gesamtgepräge der Sprache einzuordnen. Seine Sätze sind pompös und kompliziert, nie jedoch auf Kosten der natürlichen Wortstellung. Das Ergebnis der Bemühungen Cheraskovs um eine Vereinigung von Volks- und Kirchensprache war ein (trotz zahlreicher Inkonsequenzen) harmonischer Satzfluß, der die Bewunderung seiner Zeitgenossen erregte, freilich aber nicht lebensfähig genug war, um eine neue poetische Sprache zu schaffen (Stender-Petersen).

E.Kö.

AUSGABEN: Moskau 1779. – Moskau 1807 (in *Tvorenija*, Bd. 1). – Petersburg 1895. – Leningrad 1961 (in *Izbr. proizv.*; Ausz.).

LITERATUR: G. Kuncevič, »*Rossijada*« *Ch. i. istorija o Kazanskom carstve* (in *Žurnal ministerstva narodnogo prosveščenija*, 1901, S. 1–15). – A. N. Sokolov, *Očerki po istorii russkoj poëmy XVIII i pervoj poloviny XIXv.*, Moskau 1955. – A. V. Zapadov, *Tvorčestvo Ch.* (in M. M. Cheraskov, *Biblioteka poëta B. S.*, Leningrad 1961, S. 5–56). – P. Thiergen, *Studien zu M. M. Ch.s Versepos »Rossijada«. Materialien und Beobachtungen*, Bonn 1970. – M. Colucci, *Genèse et structure de la Rossiada de M. M. Ch.* (in *Lidová tradice; přátele k 85. narozeniám Akademika Jiřiho Horáka*, Hg. J. Jech u. O. Skalníková, Prag 1971, S. 851). – P. Thiergen, *Die Schildbeschreibung in Ch.s »Rossijada«. Bemerkungen zu Geschich-*

te und Form einer epischen Ekphrase (in Arcadia, 1972, 7, S. 200–215).

GAVRILA ROMANOVIČ DERŽAVIN

* 14.7.1743 Karmači od. Sokura / Gouvernement Kazan'
† 20.7.1816 Gut Svanka / Gouvernement Novgorod Zvanka

LITERATUR ZUM AUTOR:
J. K. Grot, *Žizn' D. po ego sočinenijam i pis'mam i po istoričeskim dokumentam*, 2 Bde., St. Petersburg 1880–1883. – B. Ějchenbaum, *Poëtika D.* (in Apollon, 8, 1916, S. 23–45). – N. D. Chechulin, *O stichotvorenijach D.*, Petersburg 1919 (in Izvestija Akademii Nauk, 2, S. 51–112). – V. F. Chodasevič, *D.* (in V. F. Ch., *Stat'i o russkoj poëzii*, Petersburg 1922, S. 43–57). – B. Ějchenbaum, *D.* (in B. Ě., *Skvoz' literaturu*, Leningrad 1924). – G. Gukovskij, *Pervye gody poëzii D.* (in *Russkaja poezija XVIII veka*, Leningrad 1927). – V. F. Chodasevič, *D.*, Paris 1931 [Nachdr. Mchn. 1975; Paris 1986; Moskau 1988]. – G. Gukovskij, *Lit. nasledstvo D.*, (in Lit. nasledstvo, 1933, 9/10, S. 369–396). – D. D. Blagoj, *D.*, Moskau 1944. – A. V. Zapadov, *D.*, Moskau 1958. – Ders., *Masterstvo D.*, Moskau 1958. – H. Kölle, *Farbe, Licht und Klang in der malenden Poesie D.s*, Mchn. 1966. – J. Clardy, *G. R. D. A Political Biography*, Den Haag/Paris 1967. – A. R. Springer, *The Public Career and Political Views of G. R. D.*, Phil. Diss. Univ. of Calif. 1971. – Th. Watts, *G. R. D.'s Path to the Pre-Romantic Lyric*, Diss. NY Univ. 1976. – O. N. Michajlov, *D.*, Moskau 1977. – P. Hart, *G. R. D.: A Poet's Progress*, Columbus 1978. – A. V. Zapadov, *Poety XVIII veka. M. V. Lomonosov, G. R. D. Lit. očerki*, Moskau 1979.

BOG

(russ.; *Gott*). Ode von Gavrila R. DERŽAVIN, erschienen 1784. – Von allen Werken des russischen Klassizisten erlangte die Ode *Bog* die größte Berühmtheit; sie trug den Namen ihres Verfassers in alle Welt hinaus und kann mit ihren vielen Übertragungen in fremde Sprachen (allein fünfzehnmal ins Französische, achtmal ins Deutsche) als die erste russische Dichtung gelten, die weltliterarischen Rang erreichte. In einem streng harmonischen Aufbau, der die von LOMONOSOV der Gattung vorgeschriebenen Regeln des »hohen Stils« verwirklicht, preisen die ersten fünf Strophen im Geist einer liturgischen Doxologie »*IHN, der sich aus sich selbst erhält, der war, der ist und ewig sein wird*«. Die sechste Strophe fungiert als Symmetrieachse, auf der von Gott zum Menschen, vom Du zum Ich übergeleitet und beider Verhältnis zueinander antithetisch umrissen wird:

»Ein kleiner Tropfen tief im Meere / Ist dieses Firmament vor DIR; / Was ist vor mir des Weltalls Leere? / Was bleibt vor DIR, o GOTT, von mir?«

In den letzten fünf Strophen deutet Deržavin schließlich den Menschen in seiner Ambivalenz als selbständigen Gestalter der Welt einerseits und unselbständiges Geschöpf Gottes andererseits:

»Ich bin der Welten Band und Bindung, / Bin, was den Sinn des Seins erfüllt, / Der Schöpfung Mitte und Begründung, / Ich bin der Gottheit Ebenbild. / Mein Körper muß zu Staub zerfallen, / Mein Geist befiehlt dem Donnerhallen, / Zar, Sklave, Gott und Wurm bin ich! / Ja, wunderbar bin ich bereitet, / Doch woher komm ich? – Ungeleitet, / Aus mir zu sein vermöcht' ich nicht.«

Aus diesen Zeilen spricht jene religiöse Stimme der Aufklärung, die das katharinäische Rußland kennzeichnet. Und dieses neue Humanitätsideal stellt auch die eigentliche Intention der thematisch stark von KLOPSTOCK, GELLERT und vor allem BROCKES beeinflußten Ode dar, die die dogmatische Erläuterung des Mensch-Gott-Verhältnisses in Richtung auf den Menschen lenkte. W.Sch.

AUSGABEN: Petersburg/Moskau 1784 (in Sobesednik). – Petersburg 1851 (in *Sočinenija*, Hg. A. Smirdina, Bd. 1). – Leningrad 1957 (in *Stichotvorenija*, Hg. D. D. Blagoj; m. Einf.). – Moskau 1958 (in *Stichotvorenija*, Hg. A. J. Kučerov; m. Einf.).

ÜBERSETZUNGEN: *Gott*, A. v. Kotzebue (in *Gedichte*, Bd. 1, Lpzg. 1793). – Dass., F. Notter (in *Aus russ. Dichtern*, Hg. A. Tschernow, Halle 1889).

LITERATUR: J. Tynjanov, *Oda kak oratorskij žanr* (in Poëtika, 3, Leningrad 1927, S. 120–124 u. ö.). – P. R. Hart, *D.'s Ode »God« and the Great Chain of Being* (in SEEJ, 14, 1970, S. 1–10).

FELICA

(russ.; *Felize*). Ode von Gavrila R. DERŽAVIN, erschienen 1783. – Sowohl in Deržavins Biographie als auch in der russischen Odendichtung des 18. Jh.s nimmt *Felica* eine entscheidende Rolle ein. Das Werk verschaffte Deržavin nicht nur schlagartig literarischen Ruhm, sondern auch die Gunst der Zarin KATHARINA II., der es gewidmet war, und damit Zugang zu hohen politischen Ämtern. Als Ode entfernt sich *Felica* wesentlich von der konventionellen Panegyrik durch Einbeziehung realistischer und satirischer Elemente sowie eine Vermischung des eigentlich obligatorischen hohen Stils mit einer natürlichen Alltagssprache. Traditionell ist lediglich die Strophenform (26 Strophen im 4füßigen Jambus mit einheitlichem Schema AbAbCCdEEd).

Mit dem Namen »*Felica*«, den er anstelle der direkten Apostrophe an die Zarin wählt, bezieht sich Deržavin auf das von Katharina selbst verfaßte Märchen vom Prinzen Chlorus, das in einem orientalisch anmutenden Phantasiereich spielt. Hierauf verweist das Ich des Gedichts zu Beginn, indem es von Felica, die (im Märchen) dem Prinzen den Weg zur Rose ohne Dornen, d. h. zur Tugend, gewiesen habe, das gleiche für sich, den lasterhaften und zur Beherrschung unfähigen Menschen, erbittet. Die Gegenüberstellung von tugendhafter Felica und den »Murzas« – gemeint sind die Günstlinge bei Hofe – mit ihren luxuriösen Vergnügungen bestimmt die Anlage der Ode. Als Murza bezeichnet sich auch der Sprecher und bezieht die recht breit geschilderten Laster und unnützen Beschäftigungen (insbesondere in den Strophen 5–10) wie Rauchen, Kaffeetrinken, reiches und ausgefallenes Essen, Musik, Jagd, Lektüre etc. unter anderem auf sich selbst. Für die Zeitgenossen waren dahinter jedoch unschwer die mächtigen Würdenträger zu erkennen, deren Schwächen und Neigungen allgemein bekannt waren. Felica hingegen erscheint nicht, wie es die Gattung verlangt, als entrückte, gottgleiche Idealgestalt, vielmehr werden Einfachheit, Natürlichkeit, Bescheidenheit, Arbeitsamkeit, Freundlichkeit, Nachsicht und Liberalität als ihre wesentlichen Charakterzüge herausgestellt. Erst gegen Ende kehrt Deržavin – zumindest auf einer Ebene – in panegyrische Schemata zurück: Sein Vergleich Felicas mit Gott (22.–24. Strophe) soll zunächst die Größe Katharinas unterstreichen, in der inhaltlichen Durchführung begrüßt Deržavin aber zugleich deren politische Entscheidungen, die – seinen eigenen Vorstellungen entsprechend – die adligen Gutsbesitzer begünstigen.

Wegen des informellen Tons und der Spitzen auf die höfische Gesellschaft wagte Deržavin nach Fertigstellung der Ode (1782) nicht, sie auch zu veröffentlichen. Als sie ohne sein Wissen durch die Fürstin Daškova in deren neu gegründeter Zeitschrift »Sobesednik« gedruckt wurde, fühlte sich die Zarin jedoch durchaus geschmeichelt, da sie mit einem Bild von sich konfrontiert wurde, mit dem sie sich identifizieren konnte. – Deržavins *Felica* markiert nicht nur den Beginn der Auflösung des klassizistischen Gattungskanons, sondern bildet einen Vorläufer des Realismus und *»beeinflußte damit sogar die Entwicklung des russischen Romans«* (Chodasevič). F.G.

AUSGABEN: St. Petersburg 1783 (in Sobesednik, Nr. 1). – St. Petersburg 1808 (in *Sočinenija*, Bd. 1). – St. Petersburg 1864–1883 (in *Sočinenija*, Hg. J. K. Grot, 9 Bde.). – Leningrad 1957 (in *Stichotvorenija*, Hg. D. D. Blagoj). – Moskau 1958 (in *Stichotvorenija*, Hg. A. Ja. Kučerov).

ÜBERSETZUNG: *Felize*, A. v. Kotzebue (in *Gedichte*, Lpzg. 1793).

NA SMERT' KNJAZJA MEŠČERSKOGO

(russ.; *Auf den Tod des Fürsten Meščerskij*). Ode von Gavrila R. Deržavin, erschienen 1779. – Die Ode, die wie viele Gedichte Deržavins über den engen Rahmen der klassizistischen Gattungsnormen hinausgeht, nimmt den plötzlichen Tod des mit ihm bekannten Fürsten A. I. Meščerskij zum Anlaß einer tiefen Reflexion über Tod und Vergänglichkeit. Es geht nicht darum, die Tugenden des Verstorbenen zu preisen, der kein großer Staatsmann oder Feldherr, sondern ein »*Sohn von Pracht, Genuß und Glück*« war – und entsprechend auch nur in einer von insgesamt elf Strophen erwähnt wird (5. Strophe); vielmehr macht Deržavin in einer äußerst prägnanten und rhetorisch stark durchformten Sprache das Allgegenwärtige und Allumfassende des Todes deutlich. Auch die Tatsache, daß der Dichter als Subjekt der Betrachtungen persönliche Gestalt annimmt, indem er z. B. über sein Altern nachdenkt (9. und 10. Strophe), ist für die Zeit ungewöhnlich.
Ein zentrales Darstellungsmittel ist die Personifizierung des Todes zum Sensenmann (1. und 7. Strophe) oder zum Dieb, der den Menschen überrascht und ihm das Leben stiehlt (4. Strophe). Der Tod macht nicht nur die Menschen gleich (»*Monarch wie Sträfling – Würmerfraß*«; 2. Strophe), sondern erfaßt »*Sterne*«, »*Sonnen*« und »*Welten*« (3. Strophe). Vor ihm erscheint das Leben als Traum (8. Strophe), und das Glück wird zum Trug (9. Strophe). Einen wesentlichen Teil ihrer Wirkung bezieht die Ode aus der klanglichen Gestaltung, z. B. der Verwendung von Binnenreimen, Alliterationen und Assonanzen, die die regelmäßige Reimstruktur (aBaBcDDc) auflockern und bereichern. Unter den rhetorischen Mitteln ragt die Anapher in der siebten Strophe heraus, die die Eindringlichkeit dieses *memento mori* unterstreicht: »*Da jammert jetzt die Totenklage, / Und blasser Tod auf alle starrt… / Starrt alle an – auch deren Macht, / Wenn sie gekrönt, zu eng die Welten, / Starrt auf die Reichen, die in Pracht / Für Gold- und Silbergötzen gelten; / Starrt auf die Schönheit, Süßigkeit, / Starrt auf die Schätze geist'gen Gutes, / Starrt auf die Kräfte kühnsten Mutes – / Und macht die Sense schnittbereit.*«　　　　　　　　　　　　F.G.

Ausgaben: St. Petersburg 1779 (in Sankt Peterburgskij vestnik, Nr. 9). – Moskau 1798 (in *Sočinenija D.*). – St. Petersburg 1864–1883 (in *Sočinenija*, Hg. Ja. K. Grot, 9 Bde.). – Leningrad 1957 (in *Stichotvorenija*, Hg. D. D. Blagoj). – Moskau 1958 (in *Stichotvorenija*, Hg. A. Ja. Kučerov).

Übersetzungen: *Auf den Tod des Fürsten Meschtscherskij*, A. v. Kotzebue (in *Gedichte*, Lpzg. 1793). – Dass., W.-D. Keil (in *Russische Lyrik*, Hg. E. Etkind, Mchn. 1981).

DENIS IVANOVIČ FONVIZIN

* 14.4.1745 Moskau
† 12.12.1792 St. Petersburg

LITERATUR ZUM AUTOR:
Bibliographien:
E. S. Smirnova-Čikina, *D. I. F. Rekomendatel'nyi ukazatel' literatury*, Moskau 1945. – *Istorija russkoj literatury XVIII veka. Bibliografičeskij ukazatel'*, Hg. V. P. Stepanov u. Ju. V. Stennik, Leningrad 1968, S. 386–395.
Forschungsbericht:
N. G. Puryskina, *Ocenka chudožestvennogo metoda F. v. sovetskom literturovedenii* (in Izvestija Voronežskogo pedagogičeskogo instituta, Bd. 117, 1971, S. 57–69).
Biographien:
N. I. Ždanov, *F., očerk ego žizni' i literaturnoj dejatel'nosti* (in *Russkij biografičeskij slovar'*, Bd. »Faber-Cjakovskij«, St. Petersburg 1907, S. 177–197; in N. I. Ž., *Sočinenija*, Bd. 2, St. Petersburg 1907, S. 135–192). – N. S. Tichonravov, *D. I. F.* (in N. S. T., *Sočinenija*, Bd. 3, Tl. 1, Moskau 1898, S. 90–129). – A. Stryczek, *D. F. La Russie des lumières*, Paris 1976. – S. B. Rassadin, *F.*, Moskau 1980.
Gesamtdarstellungen und Studien:
P. A. Vjazemskij, *F.*, St. Petersburg 1848; 21880. – V. Istomin, *Glavneišie osobennosti jazyka i sloga proizvedenij D. I. F.* (in Russkij filologičeskij vestnik, 1897, 3/4, Tl. 2, S. 1–33). – *D. I. F. Ego žizn' i sočinenija* (Sbornik istoriko-literaturnych statej), Hg. V. Pokrovskij, Moskau 1905; 21911. – M. Muratov, *D. I. F.*, Moskau/Leningrad 1953. – K. V. Pigarev, *Tvorčestvo F.*, Moskau 1954. – *F. v. russkoj kritike*, Hg. P. E. Šamesa, Moskau 1958. – V. N. Vsevolodskij-Gerngross, *Tvorčeskaja istorija komedij F.* (in Teatr, 1958, 11, S. 115–122). – Ders., *F.-dramaturg*, Moskau 1960. – G. P. Makagonenko, *F. Tvorčeskij put'*, Moskau 1961. – C. A. Moser, *D. F.*, Boston 1979 [m. Bibliogr.]. – *Istorija russkoj literatury*, Hg. G. P. Makagonenko u. D. S. Lichačev, Bd. 1, Leningrad 1980, S. 655–672. – N. D. Kočetkova, *F. v. Peterburge*, Leningrad 1984. – P. Hiller, *D. I. F. und P. A. Parliščikov: ein Kapitel aus der russischen Theatergeschichte im 18. Jh.*, Mchn. 1985 (Slavistische Beiträge, 189). – S. B. Rassadin, *Satiry smelyj vlastelin: kniga o D. I. F.*, Moskau 1985.

NEDOROSL'

(russ.; *Der Landjunker*). Satirische Gesellschaftskomödie in fünf Akten von Denis I. Fonvizin, private Uraufführung: Petersburg, 24. 9. 1782. – Wie in Fonvizins Frühwerk *Brigadir*, 1768 *(Der Brigadier)*, sind auch in dieser Komödie die Verhältnisse in der russischen Provinz zur Zeit der Zarin Ekaterina II. Zielscheibe der Satire, doch wächst hier die Kritik an den Mängeln einer falschen Erziehung und der daraus resultierenden Unwissenheit in eine unverhüllte Bloßstellung des Systems der Leibeigenschaft hinüber. *Nedorosl'* zeigt als erste russische Komödie die »*zersetzende Rolle der Leibeigenschaft und ihren Einfluß auf den Adel, der durch eben diese Versklavung der Bauernschaft geistig verkommen, entartet und pervertiert ist*« (Gor'kij). Prototypen dieser Adelsschicht sind die despotische, verlogene und geizige Gutsbesitzerin Prostakova (von *prostak*: einfältiger Mensch), deren einziges Gefühl die Affenliebe zu ihrem dummen, verzogenen Sohn Mitrofan ist (der griech. Name bedeutet etwa: nach der Mutter geraten), der willensschwache, von seiner Frau tyrannisierte Prostakov und Skotinin (von *skot*: Vieh), der Bruder der Prostakova, ein ungehobelter, brutaler Mensch, der nur für seine Schweinezucht Interesse zeigt. Im Haus der Prostakovs lebt die junge Waise Sof'ja, die von ihrem totgeglaubten reichen Onkel Starodum (von *staryj*: alt; *duma*: Gedanke) unvermutet als Erbin seines Vermögens eingesetzt wird. Skotinin, der sich schon vorher um Sof'ja bemüht hat, wird nun von der Prostakova zurückgedrängt, die ihren Mitrofanuška mit Sof'ja verheiraten will. Dieser Plan scheitert jedoch am Eingreifen Starodums, der Sof'jas Neigung zu dem jungen, aufrechten Offizier Milon billigt. Ein Versuch der Prostakova, Sof'ja zu entführen, um sie gewaltsam mit Mitrofan zu verheiraten, wird von Milon vereitelt. Nur dank Starodums und Sof'jas Großmut bleibt die Prostakova zunächst noch ungeschoren. Als sie dann aber ihre Wut über das Mißlingen der Entführung an ihrem Gesinde auslassen will (»*Ist denn ein Adliger nicht frei, seinen Diener zu schlagen, wann er will?*«), entmündigt sie der gerechtigkeitsliebende Regierungsbeamte Pravdin (von *pravda*: Wahrheit, Gerechtigkeit). Bei der Mitteilung, daß ihr Gut unter Regierungskontrolle gestellt wird, bricht sie zusammen. Pravdin nennt sie eine »*unmenschliche Herrin, deren Schlechtigkeit in einem wohleingerichteten Staat nicht geduldet werden kann*«. Angesichts der Tatsache, daß infolge der Günstlingspolitik Ekaterinas II. der Landadel eine grenzenlose Willkürherrschaft ausüben konnte, impliziert die in Fonvizins Stück verfügte Entmündigung der Prostakova eine deutlich oppositionelle, aufklärerisch-liberale Programmatik. Fonvizin sicherte sich vor Angriffen der offiziellen Kritik, indem er die Vertreter humanitär-aufgeklärter Gedanken im Namen der Regierung sprechen ließ. Stellenweise kamen auf diese Weise zweideutig auslegbare Repliken zustande wie z. B.: »*Ein Herrscher, der seines Thrones würdig ist, strebt danach, Herz und Gemüt seiner Untertanen emporzuheben. Das sehen wir mit unseren eigenen Augen.*« Bezeichnenderweise verlegte Fonvizin sein gesellschaftliches Ideal in die Vergangenheit. Sein Sprachrohr Starodum erscheint als Repräsentant des Idealzustands der Epoche Peters des Großen. Im Aufbau seiner Komödie folgt der Autor, der seit seinen Anfängen unter dem Einfluß HOLBERGS

stand, ganz den klassischen Regeln der Einheit von Zeit, Ort und Handlung. Auch die positiven Gestalten, besonders der Räsoneur Starodum, entsprechen völlig dem klassizistischen Muster, während negative Figuren wie die Prostakova oder Skotinin bedeutend stärker individualisiert sind und daher sehr viel plastischer und lebendiger wirken – eine Wendung zur typisierenden Milieukomödie, die auch in der individuell differenzierten Redeweise, dem umgangssprachlich-vulgären Jargon dieser Personen ihre Entsprechung findet. In Einklang damit hat sich Fonvizin die von LUKIN erhobene Forderung nach »*Anpassung an die russischen Sitten*« ganz zu eigen gemacht. Der *Nedorosl'* steht als erste »*wahrhaft gesellschaftliche Komödie*« (Gogol') der russischen Literatur am Anfang einer Entwicklung, die im 19. Jh. in den Werken GRIBOEDOVS, GOGOL's und A. N. OSTROVSKIJS ihre Fortsetzung fand.   W. Sch.

AUSGABEN: Petersburg 1783. – Moskau 1959 (in *Sobr. soč.*, Hg. G. P. Makogonenko, 2 Bde., 1). – Letchworth 1965.

ÜBERSETZUNGEN: *Das Muttersöhnchen*, anon., Lpzg./Wien 1787. – *Der Landjunker*, F. Fiedler, Lpzg. o. J. [1890]. – Dass., A. Bauch (in *Der Landjunker u. andere satirische Dichtungen und Schriften*, Bln. 1957).

LITERATUR: D. D. Jazykov, »*Nedorosl'« na scene i v literature (1782–1882)* (in Istorič. vestnik, 10, 1882, S. 139–147). – L. Barag, *Sud'ba komedii »Nedorosl'«* (in Učёnye zapiski Minsk. pedag. instit., 1940, S. 109–125). – L. Savoj, *Su di una probabile genesi di »Minorenne« di F.* (in *Sbornik v čest' na Prof. L. Miletič za 70-godišninata ot roždenieto mu (1863–1933)*, Sofia 1933).

FÜRST ANTIOCH DMITRIEVIČ KANTEMIR

* 21.9.1708 Konstantinopel
† 11.4.1744 Paris

NA CHULJAŠČICH UČENIJA. K umu svoemu

(russ.; *Gegen die Verächter der Wissenschaft. An meinen Verstand*). Verssatire von Antioch D. KANTEMIR, entstanden 1728, erschienen in französischer Übersetzung 1749, in Rußland 1762. – Im Vorwort zu seiner ersten Redaktion der frühesten seiner neun – von ihm selbst mit aufklärerischem Kommentar versehenen – Satiren betont Kantemir, daß er allgemeine Mißstände der Zeit, nicht bestimmte

Personen zu kritisieren beabsichtige. Mithin sind die Helden seiner Satiren lediglich Personifikationen gängiger Ressentiments der bildungs- und aufklärungsfeindlichen zeitgenössischen russischen Gesellschaft, die in blindem Vertrauen auf die geistige Autorität der Kirche einem materiellen und ästhetischen Utilitarismus huldigte. Der fromme Kriton – ein scheinheiliger Verfechter des Alten – beklagt den zunehmenden Sittenverfall, der sich am krassesten darin äußere, daß die Jugend nun selbst beginne, die Bibel zu lesen. Der abergläubische Silvan sieht den schädlichen Effekt der Wissenschaft in der Verminderung der Ernteerträge erwiesen und erklärt alles Wissen, das nicht als materieller Gewinn zu Buche schlage, für überflüssig. Der Trunkenbold Luka bedauert den ungeselligen Charakter der Aufklärung: Nicht die Tinte, sondern der Wein führe die Menschen zur Verwirklichung seines Ideals, eines *»Lebens in Frohsinn und Festlichkeit«*, zusammen. Aus der Unmöglichkeit, Druckerzeugnisse als Lockenwickler zu verwenden, schließt der eitle Medor auf den beschränkten Wert der Gelehrsamkeit. Dem Dichter bleibt nach alledem nur der Rat an seinen Verstand, *»im dunklen Winkel zu schweigen«* und sich im verborgenen des Nutzens der Wissenschaft zu freuen: *»Noch ist die Zeit nicht angebrochen, da die Weisheit über alle herrschen und als einzige Kränze verteilen wird.«*

Kantemirs Satire steht am Beginn seines zahlreiche Gattungen umfassenden literarischen Schaffens. Sie ist daher noch eindeutig dem aus Polen übernommenen, dem Russischen mit seinem stark exspiratorischen Akzent aber nicht entsprechenden syllabischen Vers verpflichtet, den in Rußland Simeon POLOCKIJ eingeführt hatte. Die einzige rhythmische Fixierung dieser monoton klingenden, paarweise gereimten, dreizehnsilbigen Langzeilen bestand in der durchgehenden Betonung ihrer vorletzten Silbe. Kantemirs Neuerung liegt nun in der Einführung einer Zäsur nach der siebten Silbe und der Stabilisierung des Anverses durch die Betonung der fünften bzw. siebten Silbe als Äquivalent zur Paenultimabetonung des Abverses. Damit war zwar der erste Schritt zur Strukturfestigung, noch nicht aber der Tonisierung des russischen Verses getan, die erst TREDIAKOVSKIJ in seinem *Novyj i kratkij sposob*, 1735 (*Neue und kurze Anleitung*), theoretisch verankern sollte. Bereits in seiner ersten, in Dialogform gehaltenen Satire macht Kantemir Gebrauch von den Freiheiten, die er später in seinem Traktat *Pis'mo Charitona Makentina k prijatelju o složenii stichov russkich*, 1744 (*Brief des Chariton Makentin an seinen Freund über die Verfertigung russischer Verse*), dem Dichter zugestehen wollte. Manche von ihnen (z.B. das Schwanken zwischen der gehoben-kirchenslavischen Diktion und der Umgangssprache, dem *prostorečie*, ebenso wie der Wechsel von didaktischem Pathos und realistischer Karikatur) sind ohne Zweifel nicht nur gattungsbedingtes Resultat der Satire als einer Mischform, sondern müssen auch dem Fehlen nationaler Vorbilder für die Satire in Rußland, als deren Initiator der Autor bereits von Trediakovskij anerkannt wurde, zugeschrieben werden. Zu den vom Autor in seinen Anmerkungen genannten Vorbildern gehören vor allem Horaz, Juvenal, La Bruyère und Boileau, deren satirische Elemente er überaus geschickt auf russische Verhältnisse übertrug. Was die Art der Geißelung von »russischen Lastern«, wie Scheinheiligkeit, Adelsdünkel, Stutzertum, Gallomanie u.ä., anbelangt, ist der Einfluß auf Novikov und Fonvizin unverkennbar.   A.Gu.

AUSGABEN: Ldn. 1749 (in *Satyres du monsieur le prince Cantemir*, 2 Tle.; frz. Übers. v. L.A. [d.i. L'Abbé Count O. de Guasco]; m. biogr. Studie). – Petersburg 1762 (in *Satiry i drugie stichotvorčeskie sočinenija knjazja A.K.*; russ.). – Petersburg 1836 (in *Sočinenija*). – Moskau 1949 (in *Izbr. soč.*). – Leningrad 1956 (in *Sobr. stichotv.*, Hg. F. Ja. Prijma u. Z.I. Gerškovič).

ÜBERSETZUNG: *Freye Übersetzung der Satyren des Printzen Kantemir*, H.E. v. Spilker, Hg. C. Mylius, Bln. 1852 [nach d. Ausg. Ldn. 1749].

LITERATUR: L. Majkov, *Materialy dlja biografii kn. A.D.K.*, Petersburg 1903. – *A.D.K. Ego žizn' i sočinenija*, Hg. V. Pokrovskij, Moskau ³1910 [Nachdr. Oxford 1985]. – M. Erhard, *Le prince Cantemir à Paris 1738–1744*, Paris 1938. – H. Grasshof, *A.D.K. u. Westeuropa. Ein russischer Schriftsteller des 18. Jh.s u. seine Beziehungen zur westeuropäischen Kultur u. Kunst*, Bln. 1966. – V. Boss, *Prince A. Cantemir and »Giovanni Milton«*, NY 1973. – D.B. Redston, *K. and His Translations*, Diss. Vanderbilt Univ. 1973. – V. Veselitskij, *A.K. i razvitie russkogo lit. jazyka*, Moskau 1974. – G. Stanchfeld, *Russian Baroque: A.D.K.*, Diss. Florida State Univ. 1977. – G. Bobyné, *Filosofskie vozzrenija A.K.*, Kišinëv 1981. – C. Cîrsten, *Antioh Cantemir*, Craiova 1984. – A. Zapadov, *Poëty XVIII. veka. A.K., A. Sumarokov, V. Majkov, M. Cherkasov; lit. očerki*, Moskau 1984.

NIKOLAJ MICHAJLOVIČ KARAMZIN

* 12.12.1766 Michajlovka / Gouvernement Simbirsk
† 15.6.1826 St. Petersburg

LITERATUR ZUM AUTOR:
Bibliographien:
S. Ponomarev, *Materialy dlja bibliografii literatury o N.M.K.*, Petersburg 1883 [Nachdr. Lpzg. 1973]. – *Istorija russkoj literatury XIX veka. Bibliografičeskij ukazatel'*, Hg. K. Muratova, Moskau/Leningrad 1962, S. 352–359.

Forschungsberichte:
I. Garrard, *K. in Recent Soviet Criticism* (in SEEJ, 11, 1967, S. 464–472). – H. Rothe, *Die Entwicklung der K.-Forschung seit ihren Anfängen* (in ZslPh, 39, 1969, S. 129–147; 385–395).
Biographie:
M. Pogodin, *N. M. K.*, 2 Bde., Moskau 1866.
Gesamtdarstellungen und Studien:
N. M. K. po sočinenijam, pis'mam i otzyvam sovremennikov, Hg. M. Pogodin, 2 Bde., Moskau 1866. – *N. M. K. Ego žizn'i sočinenija*, Hg. V. Pokrovskij, Moskau ³1910 [Nachdr. Oxford 1981]. – B. Ėjchenbaum, *K.* (in B. Ė., *Skvoz' literaturu*, Leningrad 1924, S. 37–49; auch in B. Ė, *O proze. O poėzii*, Leningrad 1986, S. 18–29). – F. W. Neumann, *K.s Verhältnis zu Schiller* (in ZfSl, 9, 1932). – R. Baechtold, *K.s Weg zur Geschichte*, Basel 1946. – H. Dorsch, *K., the Impeller of Russian Culture*, Washington 1959. – H. M. Nebel, *N. M. K. A Russian Sentimentalist*, Den Haag 1967. – F. Kanunova, *Iz istorii russkoj povesti (Istoriko-literaturnoe značenie povestej N. M. K.)*, Tomsk 1967. – A. G. Cross, *N. M. K. A Study of His Literary Career 1783–1803*, Carbondale/Ill. u. a. 1971. – D. E. Davidson, *N. M. K. and German Literature*, Diss. Harvard 1972. – E. Bryner, *K. Eine kirchen- u. frömmigkeitsgeschichtliche Studie*, Erlangen 1974 [enth. Bibliogr.]. – R. Anderson, *N. M. K.'s Prose*, Houston 1974. – N. Kočetkova, *K.*, Boston 1975. – J. Black, *N. K. and Russian Society in the 19th Century*, Toronto 1975 [enth. Bibliogr.]. – L. Kisljagina, *Formirovanie obščestvenno-političeskich vzgljadov N. M. K. 1785–1803*, Moskau 1976. – *Essays on K., Russian Man-of-Letters. Political Thinker, Historian 1766–1826*, Hg. J. Black, Den Haag/Paris 1975 [enth. Bibliogr.]. – N. Kočetkova, *N. K.*, NY 1975. – G. Hammarberg, *K.'s Prose Fiction: The Poetics of Co-Creation*, Diss. Univ. of Michigan 1982. – Ju. Lotman, *Sotvorenie K.*, Moskau 1987. – G. Hammarberg, *From the Idyll to the Novel: K.'s Sentimental Prose*, Cambridge 1991.

BEDNAJA LIZA

(russ.; *Die arme Liza*). Novelle von Nikolaj M. KARAMZIN, erschienen 1792. – Karamzin, der weitgereiste junge Schriftsteller mit dem *»guten und empfindsamen Herzen«*, dessen sentimentale *Pis'ma russkogo putešestvennika (Briefe eines russischen Reisenden)* die literarischen Salons in Moskau in helles Entzücken versetzt hatten, überraschte sein gebildetes Publikum kurz darauf mit einer traurigen Liebesgeschichte, die sich vor den Toren Moskaus in einer *»idyllischen Landschaft«* zugetragen haben soll: Dort lebte die *»wunderschöne, liebreizende«* Liza mit ihrer *»empfindsamen, gütigen, alten«* Mutter zufrieden in einer bescheidenen Hütte, bis Liza dem jungen Aristokraten Erast begegnet, der sich gern *»in seinen Gedanken in jene gute alte Zeit versetzte, da alle Menschen ... sorglos auf Wiesen wandelten ... sich wie Turteltauben küßten und unter Rosen und Myrten ausruhten«*. Nun glaubt der Jüngling,

in Liza die ersehnte *»Natur und reine Freude«* gefunden zu haben, und sogleich kehrt er der großen Welt – *»wenigstens für eine Zeitlang«* – den Rücken. Ersten heimlichen Küssen folgen innige Umarmungen, und nicht lange währt es, da naht die Stunde der *»Erfüllung aller Wünsche«*, der die Natur sogleich Blitz und Donnerschlag als Vorzeichen einer düsteren Zukunft nachsendet. In der Tat kühlen sich Erasts Gefühle bald mehr und mehr ab. Er zieht in den Krieg, verliert jedoch nicht das Leben, sondern nur sein Geld im Spiel und heiratet, zurückgekehrt, eine *»reiche, etwas ältliche«* Witwe. Seiner Liza aber widmet er nur noch einen *»herzinnigen Seufzer«* und hundert Rubel, als er der Unglücklichen zufällig in Moskau begegnet. Gebrochenen Herzens wandert sie zurück in den *»Schatten der hundertjährigen Eichen«* und ertränkt sich in einem Teich. Ihre Mutter stirbt vor Gram, Erast aber ist *»unglücklich bis an sein Lebensende«*.

Nach der trockenen Gelehrsamkeit der Literatur im *»hohen Stile«* einer mit kirchenslavischen Sprachelementen durchsetzten steifen Prosa wirkten Karamzins sentimentale Träumereien in einem französisch-eleganten, rührend-anmutigen und wohlgefälligen Russisch unendlich erquickend auf das Lesepublikum, das heiße Tränen an »Lizas Teich« vergoß und aus Karamzins Sentimentalismus *»eine Schule des Lebensidealismus für das heranwachsende Geschlecht«* (Miliukov) machte, wofür selbst der junge PUŠKIN noch preisende Worte fand. Karamzin, der nur Gefühle gelten ließ (*»Ach, ich liebe alles, was mein Herz ergreift und Tränen einer sanften Wehmut in mir löst«*), der Soziales nur behutsam andeutete und über Natur und Menschen den Schleier der reinen Unschuld breitete, wirkte nicht nur als der – von STERNE, RICHARDSON, GESSNER inspirierte – russische Lehrer der Empfindsamkeit. Weit größer war seine Bedeutung als Spracherneuerer, dem es außerdem gelang, die bisher verschmähte Form der kurzen Prosaerzählung durch seine Novellen gesellschaftsfähig zu machen.

M. Gru.

AUSGABEN: Moskau 1792. – Petersburg 1834 (in *Sočinenija*, 6 Bde., 6). – Moskau 1963 (in *Sočinenija*, 2 Bde.). – Moskau 1980 (in *Pis'ma russkogo putešestvennika. Povesti*).

ÜBERSETZUNGEN: *Die arme Lisa*, J. Richter, Lpzg. 1800. – Dass., L. Machaeff, Bln. 1952. – Dass., E. Jäkel (in *Russ. Meistererzählungen*, Hg. E. Jäkel, Bremen 1956; Slg. Dieterich, 145). – Dass., M. u. M. Schneider, Stg. 1982.

LITERATUR: P. I. Plotnikov, *»Bednaja Liza« kak tipič. proizved. sentiment. stilja* (in Russk. jazyk v škole, 1923, S. 122–125). – A. J. Kučerov, *Sentimental'naja povest' i lit. putešestvij* (in *Ist. russk. lit.*, Bd. 5, Moskau 1941, S. 101–120). – P. A. Orlov, *Idejnyj smysl povesti K. »Bednaja Liza«* (in Učen. zapiski Kazanskogo pedag. inst., 1955, S. 43–55). – N. K. Piksanov, *»Bednaja Anjuta« Radiščeva i »Bednaja Liza« K.* (in *18. vek. Sbornik*, Bd. 3, Moskau

1958, S. 262–275; 309–325). – P. Brang, *»Die arme Lisa«* (in *Die russische Novelle*, Hg. B. Zelinsky, Düsseldorf 1982, S. 23–33). – M.M. Gordin, *Veličie »ničtožnogo geroja«* (in Voprosy Literatury, 1984, 1, S. 149–167). – V.N. Toporov, *Bednaja Liza K. Opyt pročtenija*, Moskau 1995.

PIS'MA RUSSKOGO PUTEŠESTVENNIKA

(russ.; *Briefe eines russischen Reisenden*). Reisetagebuch von Nikolaj M. Karamzin, erschienen 1791/92 (in Auszügen) und 1799–1801 (vollständig). – Das klassische Werk des russischen Sentimentalismus entstand aus den Briefen und Tagebuchaufzeichnungen, die Karamzin von seiner ausgedehnten Bildungsreise zu den Stätten der westeuropäischen Kultur zurückbrachte. Die im Detail vorausberechnete Route führte den Autor in den Jahren 1789/90 über Memel, Tilsit und Danzig nach Berlin, von hier über Dresden und Leipzig nach Weimar, in die Schweiz nach Basel, Zürich, Bern, Lausanne und Genf, über Lyon nach Paris, nach London und von hier zu Schiff zurück nach Petersburg. Systematisch machte sich Karamzin mit den landschaftlichen und städtebaulichen Sehenswürdigkeiten der besuchten Orte, mit den Eigentümlichkeiten ihrer Bewohner, mit den Besonderheiten ihres kulturellen und wissenschaftlichen Lebens bekannt. Von den erlauchtesten Köpfen der Zeit bis zu den mittelmäßigsten Modegeistern reicht die lange Reihe seiner Reisebekanntschaften; Kant, E. Platner, Herder, Wieland, Lavater, Ch. Bonnet, Marmontel, J.-J. Barthélemy, P.-Ch. Levesque und J.-F. La Harpe stattete er seinen Besuch ab. In Frankreich geriet er in die Wirren der Revolution, der er sich jedoch, seiner konservativen Einstellung entsprechend, soweit wie möglich zu entziehen suchte. Im Gegensatz zu den Reisebeschreibungen Aleksandr N. Radiščevs, dem sozialkritischen *Otryvok putešestvija v ***, 1772 (Fragment einer Reise nach ***)*, und dem anklagenden *Putešestvie iz Peterburga v Moskvu, 1790 (Reise von Petersburg nach Moskau)*, zwei Werken, die das Genre der Reisebriefe in Rußland heimisch machten, gilt das Interesse des liberalen Adeligen Karamzin nicht der gesellschaftlichen Thematik, nicht dem sozialen Protest oder der Befreiung der unterdrückten Schichten des Volkes. Sein Anliegen ist das Ideal einer allumfassenden humanen Harmonie auf der Grundlage der Beibehaltung der konkreten Klassenherrschaft eines gebildeten und aufgeklärten Adelsstandes. Nicht das revolutionäre Paris, sondern die bäuerlich-friedliche Schweiz und das bürgerliche London entsprechen seinen Vorstellungen. Sein Augenmerk gilt in erster Linie den schöngeistigen Strömungen des zeitgenössischen Westeuropa: dem Theater, der Literatur, der Philosophie. Bedeutsam ist sein Urteil über die klassische französische Bühne, der er die Vernachlässigung einer im Konflikt der beteiligten Charaktere begründeten dramatischen Handlung zum Vorwurf macht, wie er sie im Schaffen Shakespeares vorgebildet sieht. Seine erlesene Bildung, seine intime Bekanntschaft mit den westeuropäischen Literaturen ist der getreueste Reisebegleiter des Autors und der sicherste Schlüssel zu den fremdartigen Eindrücken. Städte und Landschaften, Menschen und Ereignisse sieht Karamzin mit den Augen der geliebten Schriftsteller. Goethe, Rousseau, Haller, Delille, Sterne, Voltaire u. a. lehren ihn den Blick für die Schönheiten und Realitäten des europäischen Alltags. Seinen Gipfelpunkt findet dieses »literarische Erleben« in der Beschreibung der kulturellen Bedeutung der Stadt Zürich.

Über das ganze Werk breitet der Autor den Schleier der Empfindsamkeit: Melancholie, Selbstversunkenheit und Einsamkeit, Rührung und Trauer, Erschütterung, Todessehnsucht – sie zusammen ergeben den Grundton des Berichts, der Ausdrucksweise und Ideologie des russischen Sentimentalismus auf eine enzyklopädisch umfassende Formel bringt. Hinter dem sentimentalen Begriffsapparat verbirgt sich, nur unvollkommen verhüllt, der Wunsch des Autors nach einer glückseligen, auf Gerechtigkeit, Menschenliebe und Harmonie bedachten Welt, die den entgegengesetztesten Anschauungen und Bedürfnissen Platz bietet. Der parteilichen Intoleranz des klassischen Rationalismus setzt er seine bis zur Prinzipienlosigkeit überparteiliche, liberale Toleranz entgegen. Der sentimentalen Grundhaltung des Werks kommt die Form des intimen, die klassischen Normen der Literatur überschreitenden Reisebriefs vorzüglich entgegen. Die bis ins Detail aufrechterhaltene Fiktion des privaten Schreibens ermöglicht dem Autor den beständigen Wechsel der heterogensten Erzählformen: Lyrische, dramatische, essayistische, anekdotenhafte und publizistische Passagen alternieren mit Theaterrezensionen und biographischen Exkursen. Das größte Verdienst der Reisebriefe Karamzins liegt jedoch in ihrer für die Entwicklung der russischen Literatursprache so bedeutsamen Erneuerung des literarischen Ausdrucks. Karamzins Ideal war die *»gefällige Sprache (»prijatnyj jazyk«)*, unter der der Autor die gehobene Umgangssprache der gebildeten Kreise verstanden wissen wollte. Entschlossen befreite er sich von dem Vorbild der klassischen Rhetorik, die den kirchenslavischen Traditionen der Vergangenheit verpflichtet war. Die schwerfälligen Termini der rhetorischen Diktion ersetzte er durch geschmeidige, an französischen oder deutschen Vorbildern orientierte Neubildungen. Zum Teil übernahm er dabei das fremde Wort unmittelbar als Fremdwort, oder er bildete mit ausgeprägtem Sprachgefühl Lehnübersetzungen, die sich zum größten Teil augenblicklich durchsetzten und meist bis auf den heutigen Tag in Gebrauch sind. Doch nicht allein die Lexik, auch die bislang an den Grammatiken der klassischen Sprachen orientierte Syntax des Russischen adaptierte er dem französischen Vorbild. Der vielseitige und von einem weitgespannten geistigen Interesse zeugende Inhalt der Reisebriefe, ihre empfindsame Grundhaltung und ihre elegante, bildhafte Sprache machten Karamzins Werk zum Vorbild einer ganzen Flut von Reiseberichten in der gleichen Manier, die man – völlig zutreffend – »Karamzinismus« nannte.   KLL

AUSGABEN: Moskau 1791/92 (in Moskovskij žurnal; Ausz.). – Moskau 1794/95 (in *Aglaja*). – Moskau 1799–1801 [1. GA]. – Moskau ⁴1834 (in *Sočinenija*). – Moskau 1963 (in *Sočinenija*, 2 Bde., 1). – Moskau/Leningrad 1964 (in *Izbr. soč.*, Hg. P. N. Berkov u. G. P. Makogonenko, 2 Bde.). – Leningrad 1983 (in *Sočinenija*, Hg. G. Makogonenko, 2 Bde., 1983/84, 1). – Leningrad 1984, Hg. Ju. Lotman u. a. [krit.].

ÜBERSETZUNG: *Briefe eines reisenden Russen*, J. Richter, 6 Bde., Lpzg. 1799–1802. – Dass., ders., Wien 1922 [Vorw. V. Püttner]. – Dass., ders., Bln. ²1964 [Vorw. W. Markov]. – Dass., ders., Mchn. 1966.

LITERATUR: V. V. Sipovskij, *K. avtor »Pisem russkogo putešestvennika«*, Petersburg 1899. – H. Rothe, *N. M. K.s europäische Reise, der Beginn des russischen Romans. Philologische Untersuchungen*, Bad Homburg u. a. 1968. – R. Anderson, *The »Split Personality« of the Narrator in N. M. K.s »Pis'ma russkogo putešestvennika«: A Textual Analysis* (in Etudes slaves et est-européennes, 13, 1968, S. 20–31).

MICHAIL VASIL'EVIČ LOMONOSOV

* 19.11.1711 Mišaninskaja bei Cholmogory
/ Gouvernement Archangel'sk
† 15.4.1765 St. Petersburg

LITERATUR ZUM AUTOR:
Bibliographie:
Istorija russkoj literatury XVIII veka. Bibliografičeskij ukazatel', Hg. V. Stepanov u. Ju. Stennik, Leningrad 1968, S. 292–312.
Biographien:
B. N. Menšutin, *Žizneopisanie M. V. L.*, Moskau/Leningrad 1925; ²1937; ³1947. – A. Morozov, *M. V. L. Put' k zrelosti 1711–1741*, Moskau/Leningrad 1962. – W. Schütz, *M. W. L.*, Lpzg. 1970. – A. Morozov, *Rodina L.*, Archangel'sk 1975. – G. F. Pavlova u. A. S. Fedorov, *M. V. L.*, Moskau 1980 [m. Bibliogr.]. – G. Lichotkin, *L. v. Peterburge*, Leningrad 1981.
Gesamtdarstellungen und Studien:
Lomonosovskij sbornik, St. Petersburg 1911. – N. R. Politur, *M. V. L.: i žizn' XVIII, veka*, St. Petersburg ²1915. – A. Martel, *M. L. et la langue littéraire russe*, Paris 1933. – P. N. Berkov, *L. i literaturnaja polemi-*

ka ego vremeni 1750–1765, Leningrad 1936. – A. A. Morozov, *M. V. L.*, Moskau ²1952; ⁵1965. – B. G. Kuznecov, *Tvorčekij put' L.*, Moskau 1956. – M. Muratov, *L.*, Moskau 1960. – A. I. Efimov, *M. V. L. i russkij jazyk*, Moskau 1961. – G. Vaseckij, *Mirovozzrenie M. V. L.*, Moskau 1961. – A. V. Zapadov, *Otec russkoj poèzii. O tvorčestve L.*, Moskau 1961. – *Letopis' žizni i tvorčestva M. V. L.*, Hg. A. V. Topičiev, Moskau/Leningrad 1961. – H. Grasshoff, *M. L. Der Begründer der neueren russischen Literatur*, Halle 1962. – *Lomonosov'kyj filolohyčnyj zbyrnik*, Kiew 1963. – I. Z. Serman', *Poètičeskij stil' L.*, Moskau/Leningrad 1966. – L. Langevin, *L. 1711–1765. Sa vie, son œuvre*, Paris 1967 [m. Einl., Text u. Komm.]. – G. Mojseeva, *L. i drevnerusskaja literatura*, Leningrad 1971. – L. Auburger, *Sprachliche Subsysteme. Die philosophische Fachsprache bei L.*, Hbg. 1975. – E. Lebedev, *Ogon' – ego roditel'*, Moskau 1976. – W. Schuetz, *M. W. L.*, Lpzg. ²1976. – A. Zapadov, *Poèty XVIII, veka. M. V. L. i G. R. Deržavin. Literaturny očerki*, Moskau 1979. – G. E. Pavlova u. A. S. Fedorov, *M. V. L. Žizn' i tvorčestvo*, Moskau 1980. – *L. Sbornik statej i materialov*, Hg. E. Karpeev, Leningrad 1983. – *Dvesti sem' desjat pjat' let so dnja roždenija M. V. L.: 1717–1986*, Hg. L. Bazanova, Leningrad 1986. – *M. V. L. i značenie ego dejatel'nosti dlja razvitija prosveščenija*, Hg. Ju. Lukin u. a., Archangel'sk 1986. – *L. i russkaja literatura*, Hg. A. Karilov, Moskau 1987.

PIS'MO O PRAVILACH ROSSIJSKOGO STICHOTVORSTVA

(russ.; *Brief über die Regeln der russischen Dichtkunst*). Literaturtheoretische Abhandlung von Michail V. LOMONOSOV, entstanden 1739, erschienen 1778. – Mit diesem in Freiberg in Sachsen (wo sich der Autor gerade zum Studium an der Bergbauakademie aufhielt) geschriebenen Brief, der an die 1735 von der Akademie der Wissenschaften gegründete Russische Gesellschaft (Rossijskoe Sobranie) gerichtet ist, gelang dem achtundzwanzigjährigen Lomonosov nicht nur eine kritische Ergänzung zu V. TREDIAKOVSKIJS *Novyj i kratkij sposob k složeniju rossijskich stichov*, 1735 *(Neue und kurze Anleitung zur Verfertigung russischer Verse)*, sondern eine völlige Neuorientierung der russischen Vers- und Gattungslehre. Die grundsätzliche Forderung, von der sowohl Trediakovskij wie auch Lomonosov ausgehen, ist die nach einer den besonderen Eigenschaften der russischen Sprache entsprechenden Prosodie, d. h. nach Übereinstimmung von Iktus und Wortakzent. Zwar hatte Trediakovskij die Wichtigkeit der Versfüße, d. h. den regelmäßigen Wechsel von betonten und unbetonten Silben, erkannt, das neue (alternierende) Prinzip aber nur für Dreizehn- und Elfsilber (für kürzere Verse läßt er weiter das syllabische Prinzip gelten) verlangt. Ferner hatte er – orientiert an dem von Polen über Kiew nach Moskau gelangten syllabischen Vers *(virš)* – weiblichen Reim (männliche

Reime sollen nur für niedere Gattungen gestattet sein) und zweisilbige Versfüße (wobei er dem Trochäus den Vorzug gibt, den Jambus aber für die Ode nicht zuläßt) gefordert, den Daktylus indes abgelehnt. Lomonosov wendet sich mit den in seinem Brief aufgestellten Regeln gegen diese inkonsequenten Einschränkungen und fordert – wohl unter dem Einfluß seiner deutschen Dichter-Zeitgenossen – die uneingeschränkte Realisierung des syllabotonischen Prinzips in der russischen Dichtkunst. Nachdem in der ersten Regel klargestellt wurde, daß in der russischen Sprache nur die betonten Silben lang, die unbetonten aber kurz sind, nennt die zweite Regel die nunmehr möglichen Versfüße: Jambus (der dem Pathos der Ode am besten entspreche), Trochäus, Anapäst, Daktylus, die Kombination von Jambus und Anapäst sowie die Kombination von Trochäus und Daktylus (d. h. zwei Verbindungen, die heute unter dem Terminus Amphibrachys zusammengefaßt werden). Als dritte Regel ergibt sich (da der Autor Jambus und dreisilbige Versfüße zuläßt), daß neben dem weiblichen auch der männliche und daktylische Reimschluß erlaubt sind, und davon wiederum ist die vierte Regel abgeleitet: der absolut freie Wechsel im Reimschluß. Diese letzte Regel gipfelt in Lomonosovs Zurückweisung von Trediakovskijs unglücklicher Bemerkung, der freie Wechsel von männlichem und weiblichem Reim erscheine ihm so, »*als ob man eine ganz bezaubernde, liebliche und in der Blüte ihrer Jugend strahlende europäische Schönheit mit einem verlebten, schwarzen neunzigjährigen Neger paaren wollte*«.
Weniger durch die theoretische Fassung seiner Erkenntnisse als durch seine barock-klassizistische Dichtung, in der er die neuaufgestellten Regeln konsequent anwendet, hat Lomonosov einen überragenden Einfluß auf die russische Verskunst des 18. bis hinein ins 19. Jh. ausgeübt. Sozusagen als »Probe aufs Exempel« legte er dem Brief seine patriotische *Oda, blažennaja pamjati Gosudaryne Imperatice Anne Ioannovne na pobedu nad turkami i tatarami i na vzjatie Chotina 1739 goda (Ode an die Kaiserin Anna Ivanovna auf den Sieg über die Türken und Tataren und die Eroberung Chotins im Jahre 1739)* bei, die meist unter dem Kurztitel *Oda na vzjatie Chotina* zitiert wird und den Beweis für die Behauptung liefern sollte, daß der Jambus der bestgeeignete Versfuß für feierlich-pathetische Oden sei. Während der vorwiegend nach Frankreich orientierte Trediakovskij in seiner ersten (zunächst in syllabischen Versen geschriebenen, später aber nach den neuen Regeln umgearbeiteten), mit einer theoretischen Abhandlung über die Ode als eigene Gattung versehenen Dichtung, der *Triumfal'naja oda na sdaču goroda Gdanska, 1734 (Triumphale Ode auf die Eroberung der Stadt Danzig)*, eine Paraphrase von N. BOILEAUS *Ode sur la prise de Namur*, 1694 *(Ode auf die Einnahme von Namur)*, vorgelegt hatte, dichtete Lomonosov seine Ode nach dem Vorbild von J. Chr. GÜNTHERS *Ode auf den zwischen Ihro Kayserlichen Majestät und der Pforte anno 1718 geschlossenen Frieden* (1718). Die um-

fangreiche *Oda na vzjatie Chotina* besteht aus 28 Strophen zu je zehn Zeilen in vierfüßigen Jamben mit abwechselnd männlichen und weiblichen Reimschlüssen nach dem Schema *abab ccdeed*. Diese in A. PUŠKINS Onegin-Strophe abgewandelte Strophenform sollte in der Folgezeit vorbildlich für die feierliche (auch triumphale) Ode werden, obgleich A. SUMAROKOV im Rahmen seiner generellen Polemik gegen Lomonosov (dem er vor allem übertriebenen Metapherngebrauch und Verwendung unsinniger Bilder vorwirft) versuchte, sie durch seine Parodien lächerlich zu machen.

H. Lau.-KLL

AUSGABEN: Moskau 1778 (in *Sobr. soč.*, Bd. 2). – Petersburg 1891 (in *Sočinenija*). – Moskau/Leningrad 1952 (in *Poln. sobr. soč.*, Hg. V. V. Vinogradov u. a., 9 Bde., 1950–1959, 7). – Moskau/Leningrad 1965 (in *Izbr. proizv.*, Hg. A. A. Morozov). – Moskau 1986 (in *Izbr. proizv.*, Hg. E. Karpeev u. a., 2 Bde., 2).

LITERATUR: B. N. Berkov, *L. i problema russk. lit. jazyka v 1740 godach* (in Izvestija AN, Otdelenija obščestvennych nauk, 1937, S. 207–211).

PREDISLOVIE O POL'ZE KNIG CERKOVNYCH V ROSSIJSKOM JAZYKE

(russ.; *Vorrede über den Nutzen der kirchlichen Bücher in der russischen Sprache*). Philologischer Traktat von Michail V. Lomonosov, verfaßt als Vorrede zum ersten Band der zweiten Werkausgabe Lomonosovs *(Sobranie raznych sočinenij v stichach i v proze – Sammlung verschiedener Werke in Versen und Prosa)*, erschienen 1757. – Für die Entwicklung der russischen Literatursprache und des Stilbewußtseins ist der Aufsatz bis in die Puškin-Zeit von kaum zu überschätzender Bedeutung. Lomonosov überdenkt hier neu die Rolle der kirchenslavischen Wörter im Russischen und teilt das lexikalische Inventar des Russischen in drei Kategorien. Er unterscheidet 1. Wörter, die im Kirchenslavischen und im Russischen gleichermaßen verwendet werden und jedem Russen geläufig sind *(bog, slava, ruka, nyne, počitaju)*; 2. kirchenslavische Wörter, die in der Alltagssprache selten gebraucht werden, jedoch dem Gebildeten vertraut sind *(otverzaju, gospoden', nasaždennyj, vzyvaju)*; und 3. Wörter der russischen Umgangssprache, die in den kirchenslavischen Büchern niemals vorkommen *(govorju, ručej, kotoryj, poka, liš')*. Seltene und unverständliche kirchenslavische Ausdrücke (Archaismen) der zweiten Gruppe und Barbarismen, wie sie sich in der Petrinischen Zeit eingebürgert hatten, will Lomonosov aus der Literatursprache ausmerzen. Vulgarismen billigt er nur der derben Komödie zu.
In Entsprechung zu den drei lexikalischen Kategorien entwickelt Lomonosov drei Redesysteme, hierarchisch gegliedert in hohen, mittleren und niedrigen Stil. Im hohen Stil *(vysokij stil')* sollten Wörter der ersten und zweiten Kategorie verwen-

det werden; im mittleren Stil *(posredstvennyj ili srednij štil')* solche der ersten und dritten Kategorie, wobei allerdings reine Kirchenslavismen sehr vorsichtig zu dosieren seien. Für den niedrigeren Stil *(nizkij štil')* schließlich wurde das Fehlen des kirchenslavischen Elements zum Charakteristikum; ihm war die dritte Kategorie vorbehalten. Die grammatikalischen und rhetorischen Aspekte der drei Stilarten waren von Lomonosov zum Teil in seiner Rhetorik *(Ritorika* oder *Kratkoe rukovodstvo k krasnorečiju, 1748 – Kurze Anleitung zur Redekunst)* und der für die Normierung der russischen Schriftsprache so bedeutsamen *Rossijskaja grammatika, 1757 (Russische Grammatik),* erarbeitet worden.

Lomonosovs Hierarchie der Stile war keine leere Klassifikation, sondern fand weitere Anwendung in der Zuordnung zu den literarischen Gattungen der Zeit. So ordnete er dem hohen Stil heroisches Epos, Ode und Lobrede zu; dem mittleren die dramatischen Gattungen (die Tragödie partizipiert in ihren heroischen Passagen außerdem am hohen Stil), Sendschreiben (Epistel), Satire, Ekloge, Elegie; dem niedrigen Stil schließlich Komödie, scherzhaftes Epigramm, Lied, gewöhnliche Briefe und Beschreibungen.

Die Frage, ob sich Lomonosovs Lehre von den Stilen nur auf der Ebene der schönen Literatur (A. EFIMOV) oder im Gesamtbereich der geschriebenen Sprache (V. VINOGRADOV) auswirkte, ist in der Forschung noch umstritten. Unzweifelhafte Folgen des Lomonosovschen Traktats aber waren die Reaktivierung des kirchenslavischen Elements, das in der Petrinischen Zeit merklich zurückgedrängt worden war, und damit die Bereicherung des Russischen um einen kaum auszuschöpfenden lexikalischen Vorrat, ferner die stilistische Ordnung des lexikalischen Inventars sowie dessen angemessene Nutzung für die Literatur. Nicht zu unterschätzen im Bewußtsein der Zeitgenossen war ferner der Effekt, daß nunmehr auch das Russische ein plausibles System der Stile vorweisen konnte und damit einer wichtigen Forderung der traditionellen Rhetoriken und Poetiken genügte.   R.La.

AUSGABEN: Moskau 1757. – Moskau/Leningrad 1952 (in *Poln. sobr. soč.,* Hg. V. V. Vinogradov u. a., 9 Bde., 1950–1959, 7). – Moskau/Leningrad 1965 (in *Izbr. proizv.*). – Moskau 1986 (in *Izbr. proizv.,* Hg. E. Karpeev u. a., 2 Bde., 2).

LITERATUR: A. P. Kadlubovskij, *Ob istočnikach L. učenija o trech stiljach* (in Sbornik istorikofilolog. ob-va Char'kovskogo univ., 15, 1908, S. 83–89). – V. V. Vinogradov, *Očerki po istorii russkogo literaturnogo jazyka XVII–XIX vv.,* Moskau ²1938, S. 91 ff. – E. V. Matveeva, *Rassuždenie L. »O pol'ze knig cerkovnych...«* (in Literaturnyj sbornik. Trudy Gor'kovskogo ped. inst., 1940, H. 8, S. 105–119). – A. V. Danevyč, *Do peredumov stvorennja teoriji tr'och styliv M. V. L.* (in *Lomonosov'kyj filologičnyj zbirnyk,* Kiew 1963). – V. V. Vinogradov, *Stilistika, teorija poètičeskoj reči, poètika,* Moskau 1963,

S. 211 ff. – A. I. Efimov, *Istorija russkogo literaturnogo jazyka,* Moskau ²1967, S. 115 ff.

ROSSIJSKAJA GRAMMATIKA

(russ.; *Russische Grammatik*). Sprachwissenschaftliches Werk von Michail V. LOMONOSOV, erschienen 1755. – Die theoretische Beschäftigung mit der russischen Sprache durchzieht das Schaffen Lomonosovs seit dem Beginn seiner wissenschaftlichen Tätigkeit. Die Materialsammlung für sein linguistisches Hauptwerk, die erste wissenschaftliche Grammatik des Russischen, begann der Autor vermutlich noch während der Arbeit an seinem *Kratkoe rukovodstvo k krasnorečiju,* 1748 (*Kurze Anleitung zur Rhetorik*). Er stützt sich auf das Vorbild des kirchenslavischen *Grammatiki slavenskija pravil'noe sintagma,* 1619 (*Richtiges Syntagma der slavischen Grammatik*), von Meletij SMOTRICKIJ sowie auf seine eingehende Kenntnis der grammatischen Systeme der alten (ARISTOTELES, PRISCIANUS, DONATUS) und der neueren (ARNAULD/LANCELOT, BUFFIER, SCHOPPE, GOTTSCHED) europäischen Sprachen. Sein Ziel ist die grammatische Systematisierung des phonetischen und morphologischen Reichtums der russischen Sprache unter historischem, deskriptivem und normativem Aspekt.

Die sechs Kapitel *(nastavlenija)* des Werks behandeln die menschliche Sprache im allgemeinen, die Phonetik und die Orthographie des Russischen, Einteilung und Morphologie des Nomina, die Morphologie der Verba, die übrigen Wortarten und die Syntax. Das Charakteristikum der Grammatik besteht nach Ansicht Lomonosovs darin, daß sie, »*obgleich vom allgemeinen Sprachgebrauch ausgehend, diesem Sprachgebrauch doch durch Regeln den Weg zeigt*«. In ihrem normativen Bemühen setzt Lomonosovs *Grammatik* die Ansätze seiner *Rhetorik* und des *Predislovie o pol'ze knig cerkovnych v rossijskom jazyke,* 1757 (*Vorwort über den Nutzen der kirchlichen Bücher in der russischen Sprache*), fort. Bei der Formulierung grammatischer Regeln beachtet Lomonosov insbesondere die stilistischen Implikationen der phonetischen und morphologischen Normen. Die Grammatik bietet auch Einblick in die Sprachphilosophie des Autors. Die Sprache ist für Lomonosov die qualitative Eigentümlichkeit, durch die der Mensch die übrigen Lebewesen übertrifft; mit ihrer Hilfe teilt der Mensch im Rahmen der menschlichen Gesellschaft »*die in der Wahrnehmung gewonnenen Begriffe*« über die objektive Wirklichkeit mit.

Lomonosovs *Grammatik* wurde zum Fundament der neueren russischen Literatursprache. Sie scheidet die russischen Sprachelemente von den kirchenslavischen, zeigt die historischen Veränderungen des Russischen auf und identifiziert den Moskauer Dialekt als Grundlage der russischen Literatursprache. Von literarischem Interesse ist die Widmung des Werkes an den Großfürsten Pavel Petrovič. Sie enthält Lomonosovs berühmte Weiterführung der Anekdote Karls V., der angeblich mit

Gott spanisch, mit Freunden französisch, mit Feinden deutsch und mit Frauen italienisch zu sprechen liebte. Hätte Karl V., sagt Lomonosov, das Russische beherrscht, so hätte er zugeben müssen, daß man in dieser Sprache mit ihnen allen reden kann. Lomonosovs Werk diente lange Zeit späteren Beschreibungen des Russischen – N. KURGANOVS populärwissenschaftlicher *Rossijskaja universal'naja grammatika*, 1769 *(Russische Universalgrammatik)*, in späteren Auflagen *Pis'movnik* genannt, ebenso wie der Akademiegrammatik von 1802 – als autoritatives Vorbild und hat bis heute nichts von ihrer Bedeutung als Quelle der historischen Beschreibung der russischen Literatursprache eingebüßt.   KLL

AUSGABEN: Petersburg 1755. – Moskau/Leningrad 1952 (in *Poln. sobr. soč.*, Hg. V. V. Vinogradov u. a., 9 Bde., 1950–1959, 7). – Moskau 1965 (in *Izbr. proizv.*).

ÜBERSETZUNGEN: *Russische Gramatick*, J. L. Stavenhagen, Petersburg 1764 [Nachdr. 1980]. – *Aus der russischen Grammatik*, anon. (in *AS*, Bd. 2, Bln. 1961; Ausz.).

LITERATUR: V. V. Vinogradov, *Iz istorii izučenija russkogo sintaksa (ot. L. do Potebni i Fortunatova)*, Moskau 1958. – V. N. Makeeva, *Istorija sozdanija »Rossijskoj grammatiki« M. V. L.*, Moskau/Leningrad 1961. – V. P. Vomperskij, *»Rossijskaja grammatika« M. V. L.* (in Russkaja reč, 1986, Nr. 6, S. 19–27).

TAMIRA I SELIM

(russ.; *Tamira und Selim*). Verstragödie in fünf Akten von Michail V. Lomonosov, Uraufführung: Petersburg 1. 12. 1750. – Historischer Hintergrund des Dramas, über den der Autor in einer Einführung berichtet, ist der Untergang des Tataren-Khans Mamaj, dessen Niederlage im Kampf gegen den Moskauer Großfürsten Dmitrij Ivanovič in der Schlacht auf dem Kulikovo pole (1380) in der altrussischen *Provest'o Mamaevom boišče*, 14. Jh. *(Erzählung von der Mamaj-Schlacht)*, geschildert wird. – Tamira, die Tochter des in Kafa auf der Krim residierenden Zaren Mumet, verliebt sich in den Prinzen Selim aus Bagdad, der mit einem Heer die Stadt belagert. Als Selim nach einem Waffenstillstand selbst in der Residenzstadt erscheint, gesteht auch er der Prinzessin seine Liebe. Tamira ist jedoch bereits Mamaj, dem Verbündeten ihres Vaters, versprochen. Nachdem er von den Russen vernichtend geschlagen worden ist, flieht Mamaj nach Kafa, verheimlicht aber seine Niederlage, weil er hofft, durch die Verbindung mit Tamira ein neues Heer zu erhalten. Tamira jedoch weist ihn ab, und Mamaj schwört Rache. Es kommt zum Zweikampf zwischen Selim und dem Großkhan, und man berichtet, der Prinz sei getötet worden. Selim wird jedoch von Tamiras Bruder Narsim gerettet, den Ma-

maj in der Schlacht am Don verraten hatte. So endet das Stück – durchaus ungewöhnlich für eine Tragödie – mit der Hochzeit des »tugendhaften« Liebespaares.

Sowohl inhaltlich als auch formal tritt der Einfluß Johann Christoph GOTTSCHEDS (1700–1766) zutage, mit dessen theoretischen Schriften sich der Autor während eines Aufenthalts in Marburg eingehend beschäftigte. Insbesondere in dem *Versuch einer Critischen Dichtkunst vor die Deutschen* (1730) fand Lomonosov ein Rezept für die Anfertigung seiner Tragödie: *»Der Poet wählet sich einen moralischen Lehrsatz, den er seinen Zuschauern auf eine sinnliche Art einprägen will. Dazu ersinnt er sich eine allgemeine Fabel, daraus die Wahrheit seines Satzes erhellet. Hiernächst sucht er in der Historie solche berühmte Leute, denen etwas Ähnliches begegnet ist: und von diesen entlehnet er die Namen, für die Personen seiner Fabel, um derselben also ein Ansehen zu geben. Er erdenket sodann alle Umstände dazu, um die Hauptfabel recht wahrscheinlich zu machen …«* Der »moralische Lehrsatz« von Lomonosovs Tragödie besagt, daß das Böse, verkörpert durch den Tataren-Khan Mamaj, dem Untergang geweiht ist, während die allen Intrigen gegenüber standhafte Liebe am Ende triumphiert. Aus der Historie entlehnt ist der Name des Bösewichts und seine Vernichtung durch den tapferen russischen Großfürsten Dmitrij, die die allmähliche Befreiung von der Herrschaft der Tataren einleitete, so daß das Werk in gewissem Sinne den Beginn des russischen Geschichtsdramas markiert. Die eigentliche Fabel aber, den Feldzug Selims gegen die Krimtataren und die damit verbundene Liebesgeschichte, hat der Autor frei erfunden. Streng beachtet er die Regeln des klassizistischen Dramas, und seine dichterisch anspruchsvolle, bilderreiche Sprache enthält eine Fülle rhetorischer Elemente. Das Werk wurde in Auftrag gegeben von der Zarin Elisabeth (reg. 1741–1762), der Tochter Peters des Großen, und sollte zur Schaffung eines eigenen russischen Theaterrepertoires beitragen.   P. Mü.

AUSGABEN: Petersburg 1750. – Petersburg 1891 (in *Sočinenija*, Hg. M. I. Suchomlinov u. a., 8 Bde., 1891–1948, 1). – Moskau/Leningrad 1959 (in *Poln. sobr. soč.*, Hg. V. V. Vinogradov u. a., 9 Bde., 1950–1959, 8). – Moskau 1957 (in *Sočinenija*, Hg. A. A. Morozov). – Moskau/Leningrad 1965 (in *Izbr. soč.*, Hg. ders.).

LITERATUR: V. N. Močul'skij, *M. V. L. kak dramaturg* (in Russkij filologičeskij vestnik, 56, 1911). – V. I. Rezanov, *Tragedii L.* (in *Lomonosovskij sbornik*, Petersburg 1911). – M. Lur'e, *Dramaturgija M. V. L.* (in Teatr, 1945, Nr. 3/4, S. 43–47). – E. A. Kasatkina, *Tragedija L. »Tamira i Selim«* (in Uč. zap. Tomskogo gos. ped. inst., 7, 1949, S. 116–142). – G. N. Mojseeva, *K voprosu ob istočnikach tragedii M. V. L. »Tamira i Selim«* (in Literaturnoe tvorčestvo M. V. L., Moskau/Leningrad 1962, S. 253–257).

NIKOLAJ IVANOVIČ NOVIKOV

* 8.5.1744 Tichvinskoe bei Moskau
† 12.8.1818 Tichvinskoe bei Moskau

PIS'MA K FALALEJU

(russ.; *Briefe an Falalej*). Satiren von Nikolaj I. No-
VIKOV, erschienen 1772. – Den bei weitem bedeutendsten Beitrag zur satirischen Prosa im Zeitalter
Katharinas II. (reg. 1762–1796) hat Novikov geleistet, der in seinen 1769–1774 erschienenen Zeitschriften ›Truten'‹ (Drohne), ›Živopisec‹ (Maler)
und ›Košelëk‹ (Beutel) in zahlreichen, zumeist von
ihm selbst verfaßten, in der Regel jedoch pseudonym veröffentlichten Artikeln, Briefen, Skizzen,
Reiseberichten und Dialogen weit über die von Katharina als Norm gesetzten Möglichkeiten der Satire hinausging. Novikov begnügte sich nicht damit,
allgemein menschliche Schwächen oder aufklä-
rungsfeindliche Kräfte der russischen Gesellschaft
in mildem Ton zu rügen (wie Katharina dies
1769/70 in dem von ihr selbst redigierten Journal
›Vsjakaja vsjačina‹ – ›Allerlei‹ – getan hatte), sondern stellt das System Katharinas selbst, die katastrophalen sozialen Zustände (speziell die Lage der
Leibeigenen), administrative Mißstände, Korruption und Heuchelei des Adels und der Beamtenschaft an den Pranger seiner (formal freilich immer
zurückhaltenden und vorsichtigen) Kritik.
In den (bisweilen A.N. RADIŠČEV zugeschrie-
nen) *Pis'ma k Falaleju* fingiert der Autor eine Folge
von Briefen, die der Gutsbesitzer Trifon Terent'evič seinem in Petersburg dienenden Sohn Falalej schreibt. Der erste Brief enthält eine väterliche
Belehrung an den Sohn, deren Stil und Gehalt treffend die konservative, heuchlerisch-frömmelnde
Grundhaltung des ungebildeten russischen Landadels reflektiert. Trifon empfiehlt Falalej, sich vor
allem mit der Geistlichkeit gut zu stellen, deren
Fürsprache bei Gott erst nach einer entsprechenden
finanziellen Zuwendung Erfolg verspreche. Im
übrigen klagt er über die schlechte Lage der Großgrundbesitzer und die niedrige Arbeitsmoral der
leibeigenen Bauern, deren mangelhafte Produktivität die Ursache aller Übel sei, von denen der
Landadel seit geraumer Zeit betroffen werde.
Ebenso unwillig äußert er sich über die Petersburger Ministerialbürokratie und den ständig wachsenden Einfluß ausländischer Politiker am Hofe,
wie er denn überhaupt den zunehmenden Sittenverfall in der Gesellschaft des Hof- und Stadtadels
den negativen Auswirkungen der westeuropäischen Kultur zuschreibt. – In seinem zweiten Brief
drückt Trifon Terent'evič seinen Zorn darüber aus,
daß Falalej (was der Leser erst jetzt erfährt) es gewagt hat, sein erstes Schreiben im ›Živopisec‹ zu
veröffentlichen. Für den Fall, daß sein Sohn dieses
Vorgehen nicht bereue und sich entschuldige, kün-

digt Trifon ihm härteste Repressalien an. Gleichzeitig fordert er ihn auf, aufs Land zurückzukehren,
da seine Mutter schwer erkrankt sei und er ihn mit
der Nachbarstochter zu verheiraten gedenke. Je ein
Brief des Onkels Ermolaj Terent'evič und der Mutter bestätigen deren Krankheit und den Zorn Tri-
fons. Die Mutter, die Falalej heimlich hundert Rubel überweist, bittet ihn, sich nicht mit dem Vater
zu überwerfen, da dieser gedroht habe, ihn zu ent-
erben. Im letzten Brief schließlich meldet Trifon
den Tod seiner Frau, mit deren Hinscheiden er allerdings weniger den Verlust seiner Lebensgefährtin als vielmehr das Fehlen seiner besten und zuver-
lässigsten Arbeitskraft beklagt.
Obschon Novikov in seinen satirischen Arbeiten
nie offene Kritik am politischen und sozialen System Katharinas II. geübt hat, zog er sich doch sehr
bald den Zorn der im Laufe ihrer Regentschaft –
besonders nach dem Pugačëv-Aufstand von 1775 –
sich immer mißtrauischer und despotischer gebärdenden Herrscherin zu, die die Leibeigenschaft
kurz nach ihrer Machtübernahme noch als *»wider
die christliche Religion und die Gerechtigkeit«* bezeichnet hatte, inzwischen aber (durch die zahlreichen Rechtserweiterungen des Adels und die
Gleichschaltung der freien ukrainischen mit den
leibeigenen großrussischen Bauern) das Los der
Landbevölkerung in nie dagewesenem Ausmaß
verschlechtert hatte. – Zwar enthielt sich Novikov
nach Katharinas schwerem Tadel zunächst jeder satirischen und journalistischen Tätigkeit, erhielt jedoch 1778 einen neuen Verweis, nachdem er sich
um die Drucklegung einer weiteren satirischen
Zeitschrift bemüht hatte. 1792 schließlich wurde er
wegen der Verbreitung freimaurerischer Schriften
in der Peter-Paul-Festung eingekerkert, aus der er
erst nach dem Tod Katharinas II. (1796) entlassen
wurde. Damit widerfuhr ihm ein ähnliches Schicksal wie A.N. Radiščev, dessen *Otryvok putešestvija
v...*, 1772 *(Fragment einer Reise nach...)*, ein Vorläufer des berühmten Reiseromans *Putešestvie iz
Peterburga v Moskvu*, 1790 *(Reise von Petersburg
nach Moskau)*, im selben Jahr wie die *Pis'ma k Falaleju* in Novikovs ›Živopisec‹ erschienen war.

A.Gu.

AUSGABEN: Petersburg 1772 (in Živopisec). –
Moskau/Leningrad 1951 (in *Satiričeskie žurnaly*;
Einl. P.N. Berkov).

LITERATUR: V. Bogoljubov, *N. i ego vremja*, Mos-
kau 1916; Nachdr. Düsseldorf 1970. – A.V. Zapa-
dov, *N.*, Moskau 1968. – G.McArthur, *The
N.-Circle in Moskau*, Diss. Rochester 1968. – L.A.
Derbov, *Obščestvenno-političeskie i istoričeskie vzglja-
dy N.I.N.*, Saratov 1974. – M.A. Herzen, *N.I.N.
The St.Peterburg Years*, Diss. Berkeley 1975. –
A.T. Weinbaum, *N.I.N.*, Diss. NY 1975. –
*N.I.N. i obščestvenno-literaturnoe dviženie ego vre-
meni*, Hg. G.Makogonenko, Leningrad 1976. –
G.McArthur, *Freemasonry and Enlightenment in
Russia: The Views of N.I.N.* (in Canadian American
Slavic Studies, 14, 1980, S. 361–375). – G. Leo-

nard, N., *Shcherbatov, Radishchev. The Intellectual in the Age of Catherine the Great*, Diss. Binghamton 1981. – A. Monnier, *N. N. Un publiciste frondeur sous Cathérine II*, Paris 1981 [enth. Bibliogr.]. – W. G. Jones, *N. N.: Enlightener of Russia*, Cambridge 1984.

ALEKSANDR NIKOLAEVIČ
RADIŠČEV

* 31.8.1749 Moskau
† 24.9.1802 St. Petersburg

PUTEŠESTVIE IZ PETERBURGA V MOSKVU

(russ.; *Reise von Petersburg nach Moskau*). Reiseroman von Aleksandr N. RADIŠČEV, erschienen 1790 bzw. 1905. – Als Vorläufer dieses literar- und geistesgeschichtlich bedeutendsten Werks Radiščevs erschien 1772 in N. NOVIKOVS Zeitschrift ›Živopisec‹ (Maler) das mit großer Wahrscheinlichkeit ebenfalls Radiščev zuzuschreibende *Fragment einer Reise nach *** (Otryvok putešestvija v ***)*, in dem der Verfasser pathetisch das menschenunwürdige Los der leibeigenen Bauern beklagt und scharfe Kritik an der russischen Administration und der Gutsherrenkaste übt. Die 1790 als privater Druck erschienenen ersten Exemplare des Reiseromans, der trotz seiner scharfen Sozialkritik und vernichtenden Beurteilung der historischen Situation Rußlands zunächst die Zensur durchlaufen hatte, ließ Katharina II. (reg. 1762–1796) bald darauf konfiszieren. Wegen Anstiftung zum Aufruhr wurde der nach Meinung der empörten Zarin vom *»französischen Gift«* der Revolution verseuchte Autor zunächst zum Tod, später zur Verbannung nach Sibirien verurteilt, aus der ihn Paul I. (reg. 1796–1801) im Jahre 1796 nach Petersburg zurückholte. Eine vollständige Ausgabe des revolutionär-aufklärerischen Romans, der die Gattung des Reisebriefs in Rußland begründete, durfte jedoch erst 1905 erscheinen.

Formal L. STERNES *Sentimental Journey* (1768) verpflichtet, geht das dem Mystiker A. KUTUZOV, einem *»mitfühlenden Freund«*, in polemischer Absicht gewidmete Werk in seiner pamphletischen Tendenz weit über den *Otryvok putešestvija v **** hinaus. Radiščev weitet seine Kritik an der Leibeigenschaft nun aus zu einem radikalen Infragestellen des absolutistischen Regimes Katharinas II., dessen aufklärerische Fassade nur mangelhaft seine substantiellen Schwächen zu verbergen vermochte. Mit jeder der 24 Reisestationen, die den Romankapiteln als Überschriften dienen, beleuchtet der Autor anhand verschiedener Einzelschicksale immer

neue Aspekte dieses Systems: Er kommt ins Gespräch mit einem leibeigenen Bauern, der am Sonntag – dem einzigen Tag, an dem er nicht für den Gutsbesitzer arbeiten muß – sein eigenes Feld bestellt, um seine Familie ernähren zu können. Er schildert die öffentliche Versteigerung Leibeigener, beschreibt erschütternde Szenen bei der Einziehung von Rekruten (was bei dem 25jährigen Militärdienst praktisch eine lebenslange Trennung von der Familie bedeutet) etc.

Während der Autor alle Arten von grausamer Mißachtung der Menschenwürde durch die Herrschenden schildert, ist er gleichzeitig bemüht, diesem düster-pessimistischen Bild Betrachtungen über den Seelenadel und die hochentwickelte traditionelle Kultur der Bauern (als deren würdigster Vertreter im Schlußkapitel der Dichter M. LOMONOSOV gepriesen wird) gegenüberzustellen: *»Ich konnte mich nicht genug wundern, daß ich soviel Edelmut in der Denkart der Dorfbewohner fand.«* Wenig schmeichelhaft sind aber die Prädikate, mit denen der Autor – allerdings mehr am Rande – den Kaufmannsstand und das Beamtentum belegt. Mit Verbitterung stellt er fest, die zaristische Zensur arbeite nach dem Grundsatz, *»alles zu streichen, besudeln, verbieten, zerreißen und verbrennen, was gegen die natürliche Religion und Offenbarung«*, gegen *»die Regierung, Sitte, Ordnung und öffentliche Ruhe«* sei. Daß daraus eine konsequente Erziehung des Menschen zu Unmündigkeit und Knechtschaft resultiert, belegt der *»Reisende«* mit einem umfangreichen Zitat aus J. G. HERDERS Schrift *Vom Einfluß der Regierung auf die Wissenschaften und der Wissenschaften auf die Regierung* (1780).

Um die Despotie des absoluten Herrschertums zu entlarven, wendet der Autor den Kunstgriff des erhellenden Traums an; weiter fügt er fingierte Schriftstücke *(»Zukunftsprojekte«)* in den Text ein, in denen er die Abschaffung der Leibeigenschaft sowie des erblichen Adels fordert. Immer wieder verbindet er die – in ihrem sprachlichen Gewand sentimentalischen, im übrigen aber realistischen – Schicksalsbeschreibungen mit pathetischen Appellen an die maßgebenden Instanzen des Staates, mit theoretischen Exkursen über Natur- und bürgerliches Recht, Pädagogik usw. Radikal wird die Berechtigung jeder institutionellen Autorität bis hinab in die Vater-Sohn-Beziehung geleugnet. Gemäß dem Gesellschaftsvertrag sei jeder Bürger im gleichen Maße am allgemeinen wirtschaftlichen und sozialen Progreß zu beteiligen. Gegen die Leibeigenschaft macht Radiščev nun nicht mehr allein humanitäre, sondern auch ökonomische Argumente (vor allem den produktionslähmenden Mangel an Privatinitiative) geltend. Den Hauptteil der Kriminalität in den niederen Volksschichten wertet er als Milieuschäden, deren Ursache in der mangelhaften Sorge des Staats für das ihm zum Schutz anvertraute Volk bestehe.

Eine eigene und grundsätzlich neue Gesellschaftskonzeption hat Radiščev nicht entwickelt: Er ist in seinem sozial- und staatsphilosophischen Programm vor allem von A. SMITH, J.-J. ROUSSEAU und Herder beeinflußt. – Weder seine schwerfällig-archaisierende Prosa im »hohen« Stil, der bislang ausschließlich der Tragödie, Ode und dem heroischen Epos vorbehalten war, noch seine pathetisch-panegyrische Lyrik (so auch die in *Putešestvie* zitierte, gegen die monarchistische Unterdrückung gerichtete Ode *Vol'nost'*, 1781 – *Freiheit*) weisen Radiščev als Dichter von Rang aus. Sein Hauptverdienst war und bleibt, zum erstenmal in der Geschichte der russischen Literatur ein umfassendes, ungeschminktes Bild des absolutistischen Regimes und der daraus resultierenden barbarischen Sozialbedingungen in Rußland vermittelt zu haben – ein Verdienst, das ihn zum »*Stammvater der russischen Republikaner*« (D. Tschižewskij), der liberalen wie der radikalen Opposition gemacht hat. A. Gu.

AUSGABEN: Petersburg 1790 [anon.; unvollst.]. – Ldn. 1858; Nachdr. Moskau 1983. – Lpzg. 1876. – Petersburg 1905, Hg. Sčegolev [vollst.; krit.]. – Moskau 1938–1952 (in *Poln. sobr. soč.*, Hg. N. K. Piksanov u. a., 3 Bde; Nachdr. Düsseldorf/Vaduz 1969). – Moskau 1949 (in *Izbrannoe*, Hg. L. I. Kulakovoj; Ill. A. N. Samochvalov). – Moskau 1958, Hg. A. Herzen.

ÜBERSETZUNGEN: *Bruchstück einer Reise durch Rußland*, anon. (in Deutsche Monatsschrift, 1793; Übers. der ersten 6 Kap.). – *Reise von Petersburg nach Moskau (1790)*, A. Luther, Bln. 1922 [vollst.]. – Dass., G. Dalitz, Bln. 1961 [Nachw. H. Grasshoff]. – Dass., ders. u. B. Tutenberg, Lpzg. 1982.

LITERATUR: *A. N. R. Ego žizn'i tvorčstvo*, Hg. V. Pokrovskij, Moskau 1907; Nachdr. Oxford 1985. – D. N. Anučin, *Sud'ba pervogo izdanija »Putešestvija«*, R., Moskau 1918. – V. P. Semennikov, *R., Očerki i issledovanija*, Moskau 1923; Nachdr. Lpzg. 1974. – G. P. Makagonenko, *A. N. R., Očerk žizni i tvorčestva*, Moskau 1949. – V. N. Orlov, *R. i russkaja literatura*, Moskau 1949. – M. Murotov, *Žizn'R.*, Moskau/Leningrad 1950. – D. S. Babkin, *Process A. N. R.*, Moskau/Leningrad 1950. – D. M. Lang, *The First Russian Radical. A. Radishchev (1749–1802)*, Ldn. 1959. – A. I. Starcev, *R. v. gody »Putešestivija«*, Moskau 1960. – D. Tschižewskij, *A. N. R.* (in D. T., *Russische Geistesgeschichte*, Bd. 2, Reinbek 1961, S. 54–57). – J. Clardy, *The Philosophical Ideas of A. Radishchev*, Ldn. 1964. – A. MacConnell, *A Russian Philosopher. A. Radishchev 1749–1802*, Den Haag 1964. – G. P. Storm, *Potaënnyi R., Vtoraja žizn'»Putešestvija iz Peterburga v Moskvu«*, Moskau 1965; ³1974. – D. S. Babkin, *A. N. R. Lit. dejatel'nost*, Moskau/Leningrad 1966. – *A. N. R. in Deutschland*, Hg. E. Hexelschneider, Bln. 1969. – T. Page, *The Spiritual Conflict of A. N. R.*, Diss. NY 1973. – L. Kulakova u. V. Zapadov, *»Putešestvie« R. Kommentarij*, Leningrad 1974. – N. Kočetkova, *Izučenie R. za rubežom* (in Russkaja literatura, 1975, Nr. 1, S. 179–187). – I. Serman, *R.-pisatel'v issledovanijach poslednego desjatiletija* (ebd., 1975, Nr. 4, S. 180–191). – L. Ku-

lakova, *R. v. Peterburge*, Leningrad 1976. – A. Tatarincev, *R. v. Sibirii*, Moskau 1977. – *Zum 175. Todestag A. N. R.s*, Lpzg. 1977. – G. Leonard, *Novikov, Shcherbatov, R., The Intellectual in the Age of Catherine the Great*, Diss. Bingamton/N. Y. 1980 [m. Bibliogr.]. – A. Tatarincev, *Syn otečestva*, Moskau 1981. – M. Kalinčenko, *Chudožesvennyj mir A. N. R.: na materiale »Putešestvija iz Peterburga v Moskvu«*, Diss. Kiew 1985. – V. Zapadov, *Problemy tekstologii i poétiki A. N. R., »Putešestvie iz Peterburga v Moskvu« i »Vol'nost'«*, Diss. Leningrad 1985.

ALEKSANDR PETROVIČ SUMAROKOV

* 4.12.1717 St. Petersburg
† 23.10.1777 Moskau

LITERATUR ZUM AUTOR:
N. Bulič, *S. i sovremennaja emu kritika*, Petersburg 1854. – V. J. Stojunin, *A. P. S.*, Petersburg 1856. – E. Nekrasov, *Osnovanie russkogo teatra. F. G. Volkov i A. P. S.*, Moskau 1890. – *A. P. S. – ego žizn'i sočinenija*, Hg. V. Pokrovskij, Moskau 1911; Nachdr. Oxford 1975. – V. A. Filippov, *K voprosu ob istočnikach komedij A. P. S.*, Leningrad 1928. – P. N. Berkov, *A. P. S.*, Leningrad 1949. – Ders., *A. P. S.* (in *Russkaja dramaturgija XVIII–XIX vv.*, Hg. G. Makagonenko, Moskau/Leningrad 1959, S. 69–128). – E. Vetter, *Studien zu S.*, Diss. Bln. 1961. – A. Zapadov, *Zabytaja slava*, Moskau 1965; ern. 1976. – Z. Dabars, *The Similes of S., Karamzin and Deržavin*, Diss. Bloomington/Ind. 1971 [m. Bibliogr.]. – A. Zapadov, *Poéty XVIII veka. A. Kantemir, A. S., V. Majkov, M. Cheraskov: literaturnye očerki*, Moskau 1984.

CHORËV

(russ.; *Chorëv*). Pseudohistorische Tragödie in fünf Aufzügen von Aleksandr P. SUMAROKOV, Uraufführung: Petersburg 1749. – Die erste klassizistisch-heroische russische Tragödie nach dem Vorbild der französischen Barock-Klassik, die – von einem Kadettenkorps aufgeführt – beträchtliches Aufsehen erregte und der Zarin den Gedanken zur Gründung eines öffentlichen Theaters eingab (1756 wurde das erste »Russische Tragödien- und Komödientheater« in Petersburg tatsächlich eröffnet). Innerhalb von Sumarokovs Gesamtwerk leitet *Chorëv* die Reihe jener dramatischen Historienfiktionen ein, die dem aufkeimenden Nationalbewußtsein der Epoche eine mythische russische Vorgeschichte vorgaukelten. Wie die Stücke von J. B.

RACINE sind auch sie mit edlen Gestalten angefüllt, alles Geschehen erhält seine dichterische Motivation aus der unerfüllten Liebe zwischen dem Heros und der Heroine, und eine höhere Verantwortlichkeit des Monarchen wird aus einem (unechten) Konflikt zwischen Staatsräson und edlem Sentiment als bedauernswerte Bürde des Herrschers abgeleitet. Der Sieg des Varägerkönigs Kij über Zavloch, den Fürsten von Kiew, ist getrübt, da eine Verschwörung des Liebespaares Chorëv (Kijs Bruder und Feldherr) und Osnel'da (des Feindes Zavlochs Tochter) gegen den König bestehen soll; als Opfer dieser (im Stück nicht motivierten) unwahren, intriganten Verdächtigung vergiftet sich Osnel'da, worauf sich Chorëv – soeben siegreich vom Schlachtfeld heimgekehrt und Zavloch als Gefangenen mit sich führend – vor Kijs Augen erdolcht. Verglichen mit Racines sublimer Nuancierung der Sprache und psychologischer Charakterformung wirkt dieses Spektakulum des »russischen Racine« wie eine Karikatur seiner selbst. Der metrische Alexandriner (eine Versform, die bei dem stark zentralisierenden Akzent des Russischen ohnehin sehr monoton klingt) gängelt eine völlig unnatürliche Syntax; der »mittlere Stil« M. LOMONOSOVS (hier erweitert durch französische Lehnübersetzungen, vor allem in den pathetischen Dialogen) ist durchsetzt von überschwenglichen Ausrufen und blumigen Paraphrasen über schablonenhaft-indifferente Gefühlswerte – was das zeitgenössische Publikum allerdings nicht störte, im Gegenteil: Die junge adlige Petersburger Gesellschaft zeigte sich nicht nur von der heroischen Darstellung eines pseudohistorischen Altertums (das ihr Geschichtsbild bestimmen half) begeistert, sondern genoß, begierig und ergriffen, hingebungsvoll und kritiklos das Pathos der edlen Liebenden und der finsteren Widersacher (handelte es sich hier doch um slavische, nicht um abstrakte fremdländische Helden). W.Sch.

AUSGABEN: 1747. – Moskau 1781 (in *Poln. sobr. vsech soč.*, Hg. N. I. Novikov).

LITERATUR: R. Lachmann, *Zur Frage der Wertung poetischer Verfahren: Am Beispiel einer Lomonosov-Ode (Vergleich mit S.)* (in *Colloquium Slavicum Basiliense*, Bern 1981, S. 361–385). – R. Kemball, *A. P. S. – A Master of Metrics* (ebd., S. 327–356).

DIMITRIJ SAMOZVANEC

(russ.; *Der falsche Demetrius*). Pseudohistorische Tragödie in einem Akt von Aleksandr P. SUMAROKOV, Uraufführung: Petersburg, 1. 2. 1771, Hoftheater. – Sumarokovs dramatische Bearbeitung des Demetrius-Stoffes entspricht nach Sujet und klassizistisch-heroischem Habitus seinen übrigen Tragödien (vgl. *Chorëv*). Der »falsche« Dimitrij (Demetrius) will Ksenija, die Tochter des Putschisten Sujskij, zur Frau gewinnen. Er schreckt vor keiner erpresserischen Greueltat an ihrem Vater

und ihrem Verlobten zurück. Am Ende dringen die Verschwörer in sein Zimmer ein, und er gibt sich selbst den Tod. – Dieses Historiendrama ist das einzige Werk Sumarokovs, dessen Stoff nicht vollkommen frei erfunden ist. Mit der Anprangerung der moralischen Untugenden des Tyrannen Dimitrij wollte der Autor zweifelsohne Katharina II. und ihre Günstlingswirtschaft treffen. Dagegen wird das Problem der Rechtmäßigkeit Dimitrijs im Drama gar nicht relevant, und auch seinen Sturz begründet der Autor rein pragmatisch. Die Möglichkeit eines inneren Gespaltenseins wird dramaturgisch nicht genützt. Es versteht sich deshalb von selbst, daß das Stück auf spätere Bearbeitungen des Demetrius-Stoffes – etwa durch A. PUŠKIN *(Boris Godunov)*, A. OSTROVSKIJ *(Dmitrij Samozvanec)*, F. SCHILLER *(Demetrius)* oder Ch. F. HEBBEL *(Demetrius)* – keinen Einfluß hatte. W.Sch.

AUSGABEN: Petersburg 1771. – Leningrad 1957 (in *Izbr. proizv.*, Hg. u. Vorw. P. N. Berkov).

LITERATUR: J. V. Stennik, *O chud. strukture tragedij A. P. S.* (in 18-j vek, 5, 1962). – B. Osterwald, *Das Demetrius-Drama in der russischen und deutschen Literatur. A. P. S.s »Dmitrij Samozvanec«, A. S. Puškins »Boris Godunov« und F. Schillers »Demetrius«*, Münster 1982 [zugl. Diss. 1980].

VASILIJ KIRILLOVIČ TREDIAKOVSKIJ

* 3.5.1703 Astrachan'
† 17.8.1768 St. Petersburg

NOVYJ I KRATKIJ SPOSOB K SLOŽENIJU ROSSIJSKICH STICHOV

(russ.; *Neue und kurze Anleitung zur Verfertigung russischer Verse*). Literaturtheoretische Abhandlung von Vasilij K. TREDIAKOVSKIJ, erschienen 1735. – Der umfangreiche Traktat stellt den gewichtigsten theoretischen Beitrag des Autors zur Entwicklung der neueren russischen Verslehre dar. Trediakovskij, weniger bedeutend als Dichter denn als Experimentator, versucht darin, den Standort der russischen Verskunst gegen ihre ausländischen Vorbilder abzugrenzen und die Möglichkeiten ihrer nationalen Eigenart darzulegen. Einer Übersetzung und Definition der vornehmlich dem Lateinischen und Französischen entnommenen Grundbegriffe der Poetik folgt die Einführung eines neuen, von Trediakovskij für die prosodischen Voraussetzungen des Russischen geschaffenen dreizehnsilbigen syllabotonischen Verses, für den sich nach Ansicht des Autors in erster Linie der Trochäus – den

Jambus lehnt er für die Ode ab – als Versmaß empfiehlt. Die Möglichkeit einer dreigliedrigen (z. B. daktylischen) Taktfüllung will Trediakovskij nicht gelten lassen. Auf ein Plädoyer für gewisse poetische Lizenzen (die Verwendung von Kurzformen der Adjektiva, Pronomina, Imperative etc.) folgt eine Erörterung der Reimanordnung. Eine Untersuchung der weniger als elfsilbigen Verse, für die das syllabische Prinzip weiterhin gelten darf, beschließt das Werk.

Die literaturgeschichtliche Bedeutung des *Sposob* liegt nicht so sehr in den theoretischen Einzelerörterungen Trediakovskijs, sondern vielmehr in seiner umfassenden Begründung des alternierend-syllabotonischen, des sog. wägenden Verssystems. Trediakovskijs Reform zielt allein auf die adäquate Behandlung der Sprache im Vers, nicht auf die Entdeckung neuer rhythmischer Formen ab. Das griechische und lateinische Verssystem erkennt der Autor als unvereinbar mit den sprachlichen Möglichkeiten des Russischen. Die dem Polnischen entlehnten, rein syllabischen dreizehn- bzw. elfsilbigen *virši* (Verse) des 16. und 17. Jh.s, deren sich noch A. KANTEMIR bedient hatte, klassifiziert er als »prosaische Zeilen«. Was ihnen zu richtigen Versen fehle, seien der Versfuß und jenes *sladkoe padenie* (»süßes Gefälle«), zu dem Trediakovskij dem Vers mit der Forderung nach streng tonischer Alternierung verhalf. Die zweite entscheidende Leistung des *Sposob* war die Einführung eines »russischen Hexameters«, des dreizehnsilbigen »heroischen Verses« *(stich geroičeskij)*, den Trediakovskij bewußt von seinem antiken Vorläufer sowie den geschmähten *virši* (die bereits drei Kriterien seines Idealverses aufwiesen: feste Silbenzahl, Zäsur und weiblichen Reim) abhebt. – Ein Vorbild für seine Versreform, bei der ihn allerdings M. LOMONOSOV bald überflügeln sollte, stand Trediakovskij weder in der russischen (auch wenn er sich – übrigens nur mit wenig Berechtigung – auf die russische Volksdichtung beruft) noch in der westeuropäischen Literatur zur Verfügung. Gleichwohl nennt er in seiner *Èpistola ot rossijskija poèzii k Apollinu (Brief der russischen Poesie an Apollo)*, die er der ersten Fassung des *Sposob* als Exempel für die Anwendung des heroischen Verses beifügte, einen langen Katalog der von ihm bewunderten europäischen Dichterfürsten, unter denen vor allem OPITZ als »*Vater der neuen Verse*« hervorgehoben wird.

Setzte sich Trediakovskijs Forderung nach dem Zusammenfall von Versakzent und Wortakzent vor allem dank der Autorität Lomonosovs in kürzester Zeit durch, so war seinem russischen Hexameter zunächst weniger Erfolg beschieden. – Trediakovskij hat der ersten Ausgabe seines *Sposob* im Jahre 1752 eine zweite folgen lassen, in der die früheren Ergebnisse z. T. zusammengefaßt, z. T. jedoch – unter dem Eindruck der Kritik in Lomonosovs *Pis'mo o pravilach rossijskogo stichotvorstva, 1739 (Brief über die Regeln der russischen Verskunst)* – auch revidiert wurden. Nun lehnt Trediakovskij zwar die Verbindung von Jambus und Trochäus in einem Vers ab, bejaht aber die Möglichkeit dreigliedriger Taktfüllungen. Dem 19. Jh. ist die Poetik Trediakovskijs offensichtlich vor allem in dieser verbesserten und ergänzten Fassung bekannt geworden. A.Gu.

AUSGABEN: Petersburg 1735. – Petersburg 1752 [verb. u. erg.]. – Moskau/Leningrad 1963 (in *Izbr. proizv.*, Hg. L. I. Timofeev u. J. M. Stročkov).

LITERATUR: V. N. Peretc, *V. T. kak novator v oblasti teorii poèzii i russkogo sticha* (in *Istoriko-literaturnye issledovanija i materialy*, Bd. 3, Petersburg 1902). – A. Adamczyk, *T. u. die Reform. Eine Erörterung des »Novyj i kratkij sposob …«*, Diss. Breslau 1940. – L. Pumpjanskij, *T.* (in *Istorija russkoj literatury*, Hg. A. Gukovskij u. V. Desnickij, Bd. 3, Moskau/Leningrad 1948, S. 215–263). – K. Rosenberg, *Between Ancients and Moderns: V. K. T. on the Theory of Language and Literature*, Diss. New Haven/Conn. 1980 [enth. Bibliogr.]. – A. Derjagin, *T.-perevodčik*, Saratov 1985. – I. Reyfman, *V. T.: The Hero of the Myth of the »New« Russian Literature*, Diss. Stanford/Calif. 1986. – S. Garzonio, *T.-perevodčik ital'janskich muzykal'nych p'es* (in *Slavjanovedenie*, 1995, Nr. 1).

Romantik und Realismus. Das 19. Jahrhundert

ALEKSANDR NIKOLAEVIČ
AFANAS'EV

* 11.(23.)7.1826 Bogučar
† 23.9.(5.10.)1871 Moskau

NARODNYE RUSSKIE SKAZKI

(russ.; *Russische Volksmärchen*). Märchensammlung von Aleksandr N. AFANAS'EV, erschienen 1855–1863. – Das bis in die Gegenwart beliebte Hausbuch des russischen Lesers, das auch der russischen Märchenforschung als klassisches Werk gilt, stellt die erste umfassende Edition russischer Volksmärchen dar, deren Rang weder zeitgenössische noch spätere Märchensammlungen in Frage zu stellen vermochten. Der Herausgeber, der sich nach einem Jurastudium zunächst mit historischen Problemen befaßte, wandte sich – angeregt von den ethnographischen Interessen seines Lehrers K. D. Kavelin – der russischen Folklore zu. Als Mitglied der Russischen Geographischen Gesellschaft erwirkte Kavelin, daß die im Archiv der Gesellschaft aufbewahrten Märchentexte Afanas'ev zur Veröffentlichung anvertraut wurden. Das reiche Material füllt nahezu die ersten drei Hefte von dessen Sammlung. Weitere Aufzeichnungen, die durch einige Texte aus Handschriften des 18. Jh.s ergänzt werden sollten, stellten Sammler wie V. I. DAL' (über 150 Nummern), P. V. KIREEVSKIJ, P. I. JAKUŠKIN und N. I. VTOROV zur Verfügung. Hinzu kamen gedruckte Sammlungen (von B. BRONNICYN, A. N. ZYRJANOV u. a.) sowie Volksbilderbogen. Der Herausgeber selbst steuerte nur etwa zehn Texte aus eigener Feldforschung in seinem Heimatgouvernement Voronež bei. Aus der Fülle des genannten Materials wählte er mehr als 640 Texte aus, die seines Erachtens einen repräsentativen Überblick über den Bestand des russischen Märchens zu geben imstande waren. Als Ziel der Sammlung nannte Afanas'ev, »*die Ähnlichkeit von Märchen und Legenden der verschiedenen Völker zu erklären, auf deren wissenschaftliche und poetische Bedeutung hinzuweisen und Muster russischer Märchen vorzustellen*«.

Bot Afanas'ev die Texte in der ersten Auflage seiner Sammlung noch in mehr oder weniger unsystematischer Anordnung, so unternahm er in der erst 1873 erschienenen Neuausgabe zum erstenmal einen Klassifizierungsversuch, der – A. AARNES Märchentypen-Index folgend – trotz seiner Unzulänglichkeiten im Detail bis heute in Theorie und Praxis Gültigkeit besitzt. Afanas'ev unterscheidet Zaubermärchen, Tiermärchen, Abenteuermärchen, novellistische Märchen, Lügen- und Scherzmärchen sowie pointierte Anekdoten. Den größten Raum der Sammlung (ca. 30 v. H.) nehmen die Zaubermärchen ein, denen seinerzeit das größte Alter zugeschrieben wurde. Für satirische Märchen über die Geistlichkeit sowie für Märchen obszönen Inhalts sah der Herausgeber einen Extraband vor, der, in Rußland aus Zensurgründen von der Veröffentlichung ausgeschlossen, in Genf unter dem Titel *Russkie zavetnye skazki (Geheime russische Märchen)* erschien.

Zu den Zaubermärchen finden sich die meisten Entsprechungen in der westeuropäischen, zu den Tier- und novellistischen Märchen dagegen in der orientalischen Märchenliteratur. Afanas'ev selbst verglich die Texte seiner Sammlung mit den deutschen Märchen, die ihm, wie die vergleichende Methode selbst, aus der 1812–1822 erschienenen Ausgabe der Brüder GRIMM bekannt waren. Er war bei seinen historischen und ethnographischen Plänen schon früh auf die Arbeiten der Brüder Grimm gestoßen und wurde innerhalb der jungen russischen Folkloristik des 19. Jh.s – neben F. I. BUSLAEV – zum bedeutendsten Vertreter der von diesen begründeten, von M. MÜLLER, A. KUHN u. a. fortgeführten »mythologischen Schule«, die die alten Mythen aus Naturerscheinungen abzuleiten suchte. Am deutlichsten zeigen sich die in heutiger Sicht allzu schematischen Prinzipien dieser Schule bei Afanas'ev in *Poětičeskie vozzrenija Slavjan na prirodu*, 1865–1869 *(Die poetischen Anschauungen der Slaven über die Natur)*, die, nach dem Vorbild der *Deutschen Mythologie* (1835) von J. Grimm konzipiert, die ursprünglichen religiös-mythologischen Vorstellungen des russischen Volkes zu erhellen suchen. Von Grimms Theorie ausgehend, betrachtet Afanas'ev die Beschaffenheit der Mythologie in engem Zusammenhang mit der Entwicklung der Sprache: »*Es ist erwiesen, daß die gleiche schöpferische Kraft, die die Sprache schuf, auch den Volksglauben und dessen treue Repräsentantin, die Volkspoesie, erzeugt hat.*« Von größtem wissenschaftlichem Wert blieb bis heute das umfangreiche Beispielmaterial dieses Werkes aus den verschiedenen Gattungen der Volksdichtung, die Afanas'ev als Reste alter Sonnen- oder Donnermythen deutete.

Die Prinzipien der »mythologischen Schule« liegen auch dem ausführlichen Kommentar zugrunde, der nicht zuletzt das wissenschaftliche Verdienst der Märchensammlung ausmacht. Während Afanas'evs Erläuterungen dem Kommentar der Grimmschen Märchenedition verpflichtet sind, weist ihn die Textgestaltung seiner Sammlung als eigenständigen Forscher aus. Räumt er mit den Brüdern Grimm prinzipiell die Möglichkeit einer Korrektur und Überarbeitung der Märchentexte ein, so bemüht er sich doch, äußerst behutsam dabei vorzugehen. Eingriffe gestattet er nur da, wo er eine unzulängliche Aufzeichnung vermutet oder wo hochsprachlicher Stil den volkssprachlichen Wortlaut der Texte entstellt. Im Gegensatz zur Grimmschen Editionstechnik mißt er den Textvarianten große Bedeutung bei und kontaminiert sie nur ausnahmsweise zu einem Grundtext.

Afanas'evs Märchensammlung wurde in Rußland von den Lesern und der Kritik positiv aufgenommen. Früh wurden jedoch auch kritische Einwände laut. In einer berühmten Rezension lobte N. A. Dobroljubov die Vollständigkeit der Texte und Varianten, bemängelte jedoch, daß der Kommentar den Hintergrund der Märchenaufzeichnung, ihre äußere und innere (»sittliche«) Situation unberücksichtigt läßt. Keine Märchensammlung der slawischen Völker ist – wenn auch nur in Auswahlausgaben – öfter in westliche Sprachen übersetzt worden als diejenige Afanas'evs. Obwohl in Deutschland bereits 1831 die hervorragende Märchensammlung A. Dietrichs vorlag, fanden die von Afanas'ev gesammelten Texte gerade hier die größte Verbreitung.   J.Di.

Ausgaben: Petersburg 1855–1863, 8 Bde. – Moskau 1936–1940, 3 Bde., Hg. Ju. M. Sokolov. – Moskau 1957, 3 Bde., Hg. V. Ja. Propp; ²1958. – Moskau 1985, 3 Bde.

Übersetzungen: *Narodnye Russkie Skazki. Russische Volksmärchen* (russisch-deutsch), ausgew. u. übers. von H. Dehio, Mchn. 1979. – Dass., ders., Mchn. 1981. – *Russische Volksmärchen*, S. Geier, 2 Bde., Mchn. 1985. – Dass., W. v. Grimm, Ffm. 1988.

Literatur: N. A. Dobroljubov, Rez. (in Sovremennik, 1858, Nr. 9, auch in N. A. D., *Sobr. soč.*, Bd. 1, Moskau 1950). – A. N. Pypin, *Istorija russkoj etnografii*, Bd. 2, Petersburg 1891, S. 350–374. – S. A. Savčenko, *Russkaja narodnaja skazka. Istorija sobranija i izučenija*, Kiew 1914. – M. K. Azadovskij, *Russkaja skazka*, 1–2, Moskau/Leningrad 1932. – Ders., *Literatura i fol'klor*, Leningrad 1938. – Ju. M. Sokolov, *Žizn' i naučnaja dejatel'nost' A. N. A.* (in A. N. Afanas'ev, *Narodnye russkie skazki*, Bd. 1, Moskau 1936). – V. A. Tonkov, *A. N. A.* (in Literaturnyj Voronež, 1947, Nr. I/16, S. 337–360). – V. P. Anikin, *Russkaja narodnaja skazka*, Moskau 1959. – É. V. Pomeranceva, *A. N. A. u. die Brüder Grimm* (in Deutsches Jahrbuch für Völkerkunde, 9, 1963, S. 94–103). – Dies., *Sud'by*

russkoj skazki, Moskau 1965. – F. Harkort u. K.-H. Pollok, *Übersetzungen russischer Volksmärchen aus der Sammlung von A. N. A.* (in *Slavistische Studien zum VI. Internationalen Slavistenkongreß in Prag 1968*, Wiesbaden 1968, S. 591–630).

SERGEJ TIMOFEEVIČ **AKSAKOV**

* 20.9.(1.10.)1791 Ufa
† 30.4.(12.5.)1859 Moskau

Literatur zum Autor:
D. D. Jazykov, *Literaturnaja dejatel'nost' S. T. A.*, Petersburg 1891. – O. Miller, *S. T. A.* (in O. M., *Russkie pisateli posle Gogolja*, Bd. 3, Petersburg/Moskau ⁵1910, S. 1–60). – A. Noskova, *A.*, Moskau 1914. – S. I. Mašinskij, *S. T. A. Žizn' i tvorčestvo*, Moskau 1961; ern. 1973. – P. J. Wreath, *A critical study of S. T. A.*, Phil. Diss. Cornell Univ. 1969. – J. J. Pinkus, *The world view of S. A.*, Diss. Brown Univ. 1971. – E. F. Cohen, *The genre of the autobiographical account of childhood, three test cases. The trilogies of Tolstoy, A., and Gorky*, Diss. Yale Univ. 1973 [enth. Bibliogr.]. – M. J. Gauntt, *S. T. A.'s »The Family Chronicle«. An exceptional novel*, Diss. Univ. of California, Los Angeles 1975 [enth. Bibliogr.]. – N. H. Carr, *S. T. A. in Russian literary criticism before 1917*, Diss. Univ. of Colorado 1976 [enth. Bibliogr.]. – N. A. Nikolina, *K 190-letiju S. T. A.: Žizn' čeloveka v detstve* (in Russkaja Reč', 1981, 5, S. 39–44). – M. P. Lobanov, *S. T. Aksakov*, Moskau 1987.

DETSKIE GODY BAGROVA-VNUKA.
Služaščie prodolženiem Semejnoj chroniki

(russ.; *Die Kinderjahre des Enkels Bagrov. Fortsetzung der Familienchronik*). Roman von Sergej T. Aksakov, erschienen 1858. – Als Aksakov seinen ersten Roman *Semejnaja chronika*, 1856 (*Familienchronik*), den »letzten Akt« seines Lebens nannte, ahnte er nicht, daß sich aus diesem Werk eine umfangreiche Romantrilogie, die Geschichte der Familie Bagrov, entwickeln sollte: an die *Familienchronik* schlossen sich 1858 die *Detskie gody (Kinderjahre)* – inhaltlich und formal dem ersten Roman verwandt – und wenig später die etwas schwächeren *Vospominanija (Erinnerungen)* an. Aksakov selbst hat in einem Brief bekannt, seine Kunst beruhe nicht auf einer »*ungebundenen Einbildungskraft*«, sondern allein »*auf dem Boden der realen Wirklichkeit*« und folge »*den Linien des tatsächlichen Geschehens*«. So ist auch seine Chronik der Adelsfamilie Bagrov in Wahrheit nichts anderes als eine

Autobiographie des Dichters und die Geschichte seiner Vorfahren. Behandelt die *Familienchronik* die Generation der Großeltern, so steht im Mittelpunkt der *Detskie gody* der Enkel, der den Autor selbst verkörpert. War der erste Roman aus den Überlieferungen der Familie und den Erzählungen der Eltern hervorgegangen, so spiegelt der zweite die Erlebnisse und Eindrücke des jungen Aksakov. Es ist dem Autor in seinen Romanen gelungen, den Einzelfall des persönlichen Geschicks und der eigenen Familie zur Allgemeingültigkeit typischer Schicksale der zeitgenössischen Gesellschaft zu erheben.

Der junge Bagrov der *Detskie gody* steht in vielem Nikolen'ka Irten'ev aus TOLSTOJS sechs Jahre zuvor erschienener Erzählung *Detstvo (Kindheit)* nahe, unterscheidet sich aber von ihm durch seine unreflektierte Offenheit der Welt gegenüber. Er sieht sein eigenes Leben unbefangener, unvoreingenommener und mißt die Wirklichkeit nicht ausschließlich nach moralisch-ethischen Kategorien. Weil er in frühester Kindheit auf den Tod krank war, wird er von seiner Mutter noch in späteren Jahren ängstlich vor allen negativen Eindrücken des Lebens bewahrt und in einer in sich abgeschlossenen Welt häuslicher Liebe und Zurückgezogenheit behütet. Die enge Bindung an die Welt der Mutter und die Anhänglichkeit an seine kleine Schwester, die ihm gleichaltrige Spielkameraden ersetzt, lassen ihn ängstlich und furchtsam, fast hilflos werden, machen ihn zugleich aber äußerst sensibel und empfänglich für die Außenwelt, vor allem für die Eindrücke der Natur, die das Reich seines Vaters ist. Mit ihm teilt er eine unstillbare Leidenschaft für den Angel- und Jagdsport, die beiden häufig sogar der Mutter zu entfremden droht. Seine Sensibilität läßt ihn die aus zahlreichen Interessen, Abneigungen und Sympathien resultierenden Verhaltensweisen der Menschen seiner Umgebung instinktiv richtig beurteilen und verstehen und schärft ihm den Blick für die feinen Unterschiede in der Behandlung der Menschen durch die Mitglieder der adligen Gesellschaft. Früh begreift er auch die sozialen Gegensätze zwischen Besitzern und Untergebenen und versteht, daß er dereinst zur Klasse der Herren gehören wird. Mehr und mehr fächern sich so die tatsächlichen Verhältnisse des gesellschaftlichen Lebens vor ihm auf, bis er mit dem Eintritt in das Gymnasium den Kreis seiner Familie für immer verläßt.

Aksakov beabsichtigte, ein »*Kinderbuch für Erwachsene*« zu schreiben, in dem mit größter Genauigkeit kindliche Entwicklung, kindliche Vorstellungs- und Erlebnisweise in einer bestimmten gesellschaftlichen Umwelt dargestellt werden sollten. Zu diesem Zweck läßt er den jugendlichen Helden des Romans sein Leben selbst erzählen und bleibt ganz im Hintergrund, gibt sich lediglich als Herausgeber dieser Erzählungen aus.

Indem er alles Geschehen aus dem Blickwinkel des Kindes darstellt, engt er die Erzählung inhaltlich bewußt und konsequent ein, schafft sich aber zugleich die Möglichkeit, die geschilderten Vorgänge aus dem vorbehaltlosen Erleben des Kindes heraus plastischer und eindringlicher zu gestalten. Die Psyche des Kindes ist die Lupe, durch die die Gesellschaft seiner Umgebung betrachtet wird. Dies geschieht mit solch feinem Verständnis für die kindliche Psychologie, daß der Leser fortwährend geneigt ist, das Werk eher als einen Entwicklungsroman denn als Gesellschaftsanalyse zu betrachten. Man hat die realistische Erzählweise Aksakovs häufig von der Tradition der Prosa GOGOL's herleiten wollen, doch steht sie in ihrer Verhaltenheit und Einfachheit der Technik PUŠKINS wesentlich näher. Es wäre jedoch verfehlt, den anspruchslosen Charakter seiner Sprache nach Art der sowjetischen Forschung ausschließlich aus ihrer Nähe zur Volkssprache zu erklären. C.K.

AUSGABEN: Moskau 1858. – Petersburg 1886 (in *Poln. sobr. soč.*, 6 Bde., 1/2). – Moskau 1958 (*Semejnaja chronika. Detskie gody Bagrova-vnuka*; Vorw. v. S. Mašinskij). – Moskau 1982 (*Semejnaja chronika. Detskie gody Bagrova-vnuka*).

ÜBERSETZUNGEN: *Eine Familienchronik* [enth.: *Familienchronik; Die Kinderjahre Bagrows des Enkels; Aus den Erinnerungen*], H. Röhl, Lpzg. 1919. – *Bagrovs Kinderjahre*, E. Müller-Kamp, Zürich 1978.

LITERATUR: I. V. Čuvašev, *Semejnoe vospitanie A. v »Detskie gody«* (in Doškol'noe vospitanie, 1946, 4, S. 29–36). – N. Onufriev, *Povest' A. »Detskie gody Bagrova-vnuka«* (in *Detskie gody Bagrova-vnuka*, Moskau 1949, S. 3 ff.).

SEMEJNAJA CHRONIKA

(russ.; *Eine Familienchronik*). Roman von Sergej T. AKSAKOV, erschienen 1856. – Die Verschärfung der inneren Widersprüche der russischen Gesellschaft um die Mitte des 19. Jh.s weckte in weiten Kreisen der russischen Öffentlichkeit das Interesse an der historischen Durchdringung und Erklärung der herrschenden Verhältnisse. Das wachsende politische und geschichtliche Bewußtsein findet seinen Niederschlag in der russischen Literatur im Vordringen der historischen und gesellschaftskritischen Thematik. Aus demselben Interesse erklärt sich das Aufblühen einer umfangreichen Memoirenliteratur, welche die tatsächlichen oder fiktiven Erlebnisse ihrer Helden mit dem Blick auf die nationale Geschichte darstellte. Als Memoirenwerk wurde auch Aksakovs *Semejnaja chronika* aufgenommen, der erste, eigenständige Teil einer überdies die Romane *Vospominanija*, 1856 (*Erinnerungen*), und *Detskie gody Bagrova-vnuka*, 1858 (*Die Kinderjahre des Enkels Bagrov*), umfassenden Trilogie der Familien- und Jugenderinnerungen des Autors. Auf Anregung GOGOL's entstanden, beschreibt die Trilogie die Geschichte dreier Generationen der Familie Bagrov (d. i. Aksakov: mit Rücksicht auf lebende Familienmitglieder änderte der Autor die wichtigsten Eigennamen des im übrigen authentischen Werks). Der erste Teil der Trilogie fußt auf mündlichen Familienerzählungen. Er beschreibt das Leben der Eltern und Großeltern des Ich-Erzählers: die Übersiedlung der Großeltern auf das neuerworbene Gut Bagrovo, welche die gewaltsame Entwurzelung ihrer 180 Leibeigenen zur Folge hat; die streng gefügte patriarchalische Ordnung im Haus des Großvaters; die Untaten des Großonkels Kurolesov, der von den eigenen Leibeigenen vergiftet wird; die Liebe des schwachen, von seinem Vater unterdrückten Aleksej Bagrov zu der selbstbewußten, machthungrigen Sof'ja Nikolaevna, der Tochter eines hohen Beamten; endlich die ersten Ehejahre der Eltern bis zur Geburt des Erzählers.

Aksakov, der selbst bekennt, daß ihm die »*Gabe der freien Erfindung*« versagt sei, hält sich in seinem Roman eng an den vorgegebenen Stoff der eigenen Familiengeschichte. Gleichwohl erlangen seine Gestalten jenes Maß an Allgemeingültigkeit, das sie zu charakteristischen Vertretern der zeitgenössischen russischen Gutsbesitzerschicht macht. Die größte Glaubwürdigkeit gewinnt zweifellos die machtvolle Persönlichkeit des Großvaters Stepan Bagrov. Energisch, unduldsam, despotisch bis zur Grausamkeit, zeichnet er sich zugleich durch seinen wachen Verstand, seinen klaren Blick und seinen Gerechtigkeitssinn aus. Ungezügelt im Zorn, ist er gutmütig und milde, solange sich alles seinem Willen fügt. Gut und Böse verschmelzen in seiner Psyche zu einer untrennbaren Einheit. Typisches Produkt einer auf die brutale Unterdrückung des Menschen in der Leibeigenschaft gegründeten Gesellschaft, setzt Stepan Bagrov unabhängig von seinem Willen das Unrecht dieser Ordnung in seinen guten wie in seinen schlechten Taten fort. Seine herrische Haltung, die er auch im Verkehr mit seinen Angehörigen nicht aufgibt, zerrüttet die Harmonie seiner Familie und läßt ihn zum Opfer heimlicher Betrügereien durch Kinder und Gattin werden. Von den übrigen Figuren des Romans kommt allein Sof'ja, die Mutter des Erzählers, der eindrucksvollen Gestalt des Großvaters nahe. Der ausgeprägte Charakter der klugen, sensiblen Frau weiß sich dem ebenbürtigen Schwiegervater weit verbunden als der gänzlich entgegengesetzten Natur des Gatten. Ausschließlich negativ gezeichnet ist die Gestalt des Gutsbesitzers Kurolesov, eines Teufels in Menschengestalt, der seine sadistischen Neigungen in der unmenschlichen Behandlung seiner Leibeigenen auslebt. Der Erzähler gibt sich keine besondere Mühe, die Untaten Kurolesovs anzuklagen. Er beschreibt sie mit den Worten des unbeteiligten Zeugen, der durch seine Objektivität den Leser um so dringender zur Parteinahme herausfordert. Trotz seiner Sympathie für die Opfer der Gutsherrenwillkür schildert der Autor das russische Volk als unbewegliche, beharrende, ihr Schicksal in ergebener Demut ertragende Masse. Obgleich Aksakov das Unrecht der herrschenden Gesellschaft erkennt, weiß er, selber Gutsbesitzer, keinen Weg zu seiner Überwindung aufzuzeigen.

Ohne den Standpunkt des neutralen Beobachters zu verlassen, zeichnet er ein Bild der russischen Wirklichkeit, das durch seinen unbestechlichen Realismus zu einer unüberhörbaren Anklage der zeitgenössischen russischen Gesellschaftsordnung wird. Fern jeder Absicht, zum Widerstand gegen die bestehenden Verhältnisse aufzurufen, steht Aksakovs Familienchronik somit dennoch auf einer Stufe mit den gegen die Leibeigenschaft gerichteten Werken eines Turgenev, Grigorovič u. a. Nicht umsonst erzwang die zaristische Zensur – insbesondere in der Erzählung über Kurolesov – einschneidende Kürzungen des Romans, die jedoch den ungeheuren Erfolg der ersten Veröffentlichung nicht beeinträchtigen konnten.   C.K.

Ausgaben: Moskau 1856 (zus. m. *Vospominanija*). – Moskau 1955 (in *Sobr. soč.*, 4 Bde., 1955/56, 1). – Moskau 1982 (*Semejnaja chronika. Detskie gody Bagrova-vnuka*).

Übersetzungen: *Eine Familienchronik*, U. F. Krantz, Bln. 1912. – Dass., S. Raczynski, Lpzg. 1958. – *Am Rande der Wildnis. Eine Familienchronik*, S. Raczynski, Hg. u. Vorw. A. Luther, Hbg. 1961. – *Familienchronik*, E. Schäfer-Luther, Stg. 1982.

Literatur: P. Annenkov, *A. i ego »Semejnaja chronika«* (in P. A., *Vospom. i kritič. očerki*, Petersburg 1881).

EVGENIJ ABRAMOVIČ
BARATYNSKIJ

* 2.3.1800 Mara / Gouvernement Tambov
† 11.7.1844 Neapel

Literatur zum Autor:
M. L. Gofman, *Poėzija B.*, Petersburg 1915. – N. R. Mazepa, *E. A. B. Estetičeskie i lit.-kritič. vzgljady*, Kiev 1960. – L. G. Frisman, *Tvorčeskij put' B.*, Moskau 1966. – J. B. Dees, *Content and Expression in the Poetry of B.*, Phil. Diss. Princeton/NY 1967. – Ders., *E. A. B.*, NY 1972. – G. Kjetsaa, *E. B. Žizn' i tvorčestvo*, Oslo 1973. – J. Shaw, *B. A Dictionary of the Rhymes and a Concordance to the Poetry*, Madison 1975. – D. Burton, *B. The Evolution of his Style and Poetic Themes*, Diss. Univ. of Washington 1975. – L. Suchanek, *Poezja liryczna E. B.*, Krakau 1977. – S. Pratt, *Russian Metaphysical Romanticism: The Poetry of Tiutchev and B.*, Diss. Stanford Univ. 1984. – I. M. Tojbin, *Trevožnoe slovo. (O poėzii E. A. B.)*, Voronež 1988. – L. Udolph, *Dichter und Dichtung bei E. A. B.* (in ZslPh, 52, 1, 1992).

CYGANKA

(russ.; *Die Zigeunerin*). Poem von Evgenij A. BA-
RATYNSKIJ, erschienen 1831 unter dem Titel *Naložnica (Die Konkubine)*, überarbeitet 1842. – Baratynskijs letztes großes Poem – Anlaß zu einer litera-
turästhetischen Polemik mit dem Kritiker N. I. NA-
DEŽDIN –, das an einem byronistischen Stoff die
Überwindung des Byronismus demonstriert, kann
stilgeschichtlich als Gegenstück zu PUŠKINS *Evgenij Onegin* gelten. Beide Werke stießen aus der romantischen Literaturkonzeption zu einem künstlerischen Realismus vor; während Puškins Versroman jedoch durch eine ironisch-subjektivistische
Erzählweise die epische Tradition ins Leben rief,
die über GOGOL' zu ČECHOV führte, zog sich Baratynskij zuletzt auf eine dramatisch-objektivistische
Form zurück, den Archetypus der Methode, die
TURGENEV zu ihrem Höhepunkt führte: »*Ein Werk
kann nicht geschmackvoll und nicht sittlich sein, es sei
denn durch einen wahrhaften Ausdruck der Wirklichkeit, es sei denn durch seine Wahrheitstreue*«.
Das Poem hat eine klassische Dreiecksfabel zum
Inhalt: der Held Eleckoj hat seine Wahl zu treffen
zwischen einem apollinisch-hellen (Vera Vol-
chovskaja) und einem dionysisch-dunklen Frauen-
typ (die Zigeunerin Sara). Dieser Eleckoj ist ein
mehr dem LERMONTOVSchen Pečorin (*Geroj našego
vremeni – Ein Held unserer Zeit*) als ein dem Onegin
verwandter finsterer Jüngling voll zynischen Kul-
turekels, der soeben von einer Auslandsreise zurückkehrt. Bald jedoch verliebt sich Eleckoj in die
blutjunge Vera, die er in der Pose einer »interessanten Figur« trotz seines schlechten Leumundes für
sich gewinnt. Als er mit ihr gemeinsam ein neues
Leben beginnen will, schlägt das Schicksal zu: die
Zigeunerin Sara vergiftet ihn unbeabsichtigt mit
einem vermeintlichen Liebestrank. Aus Schmerz
über seinen Tod verliert Sara den Verstand; und
Vera verzweifelt an der Frage nach ihrer schicksalhaften Mitschuld.
Hauptsächlich zwei Aspekte grenzen den neuen
Formtypus des Poems gegen die ältere Dichtung
der romantischen Schule ab. Die Charakterisierung
der drei Gestalten erfolgt vorwiegend indirekt;
ihre Vorgeschichte ist auf knapp exponierende Notizen
beschränkt; dem Leser werden die seelischen Konflikte der Helden aufgedeckt. Den zweiten Aspekt
liefert die Konzeption Baratynskijs: während eine
»bedeutsam« fragmentarische Charakterisierungs-
methode einen außergewöhnlichen Helden zu dä-
monisieren und damit aus seiner Umwelt auszu-
schließen sucht, strebt eine deskriptive Methode
danach, ihn in jene Umwelt, die ihn geschaffen hat,
als integralen Bestandteil einzubürgern. – Der
maßvoll romantischen Sprache wie dem vierhebigen Jambus ist der Einfluß von Puškins Poemen
deutlich anzumerken, wenngleich die objektivie-
rende Erzählweise Baratynskijs dem Vers (durchwegs konventioneller Reim) die grazile Biegsam-
keit seines Vorbildes nicht gestattet und gelegentlich auch schwerfällige Enjambements verursacht.

W. Sch.

AUSGABEN: Petersburg 1831 *(Naložnica)*. – Petersburg 1842 (*Cyganka*; überarb.). – Petersburg
1914–1915 (in *Poln. sobr. soč.*, Hg. M. L. Gofman,
2 Bde.). – Leningrad 1958 (in *Stichotvorenija i poėmy*, Hg. L. A. Ozerov). – Moskau 1982 (in *Stichotvorenija i poėmy*).

LITERATUR: N. I. Nadeždin, Rez. (in Teleskop, 3,
1831, 10, S. 228–239).

ĖDA. Finljandskaja povest'

(russ.; *Ėda, Eine finnische Erzählung*). Poem von
Evgenij A. BARATYNSKIJ, erschienen 1826. – Wie
PUŠKIN und LERMONTOV ihre romantischen Kau-
kasus-Poeme, schrieb auch Baratynskij sein Poem
während des unfreiwilligen Militärdienstes, den er
im karelischen Grenzgebiet absolvierte. Dieses im
Gegensatz zum Kaukasus völlig unexotische und
im Vergleich zu Rußland eher dunklere als freundlichere Land mag bewirkt haben, daß das Werk –
thematisch eine Variante der *Bednaja Liza (Arme
Liza)* KARAMZINS, formal Puškins romantischen
Versepen abgeschaut – kühl und karg wurde, ohne
daß es in Baratynskijs Absicht gelegen hätte, vom
Byronismus weg zu einer realistischeren Kunstauffassung zu gelangen. Daß er aber über den Byronismus zu einem neuen realistischen Stil kam, erkannte die offizielle Kritik nicht, sie tat das Werk als
einen blassen Spätling der Karamzin-Richtung ab.
Puškin hatte ein schärferes Auge: »*Die originalen
Züge der Erzählung entdecken unsere Kritiker nicht.
Aber welch eine Differenziertheit. Der Husar, Ėda
und der Dichter selbst – jeder redet auf seine Weise!
Und die Beschreibung der finnischen Landschaft!
Und der Morgen nach der ersten Nacht! Und die Szene mit dem Vater! – Ein Wunder!*«
Im Vergleich mit der sentimentalen Darstellung
der »verführten Unschuld« bei Karamzin fällt so-
fort auf, daß Baratynskij auf eine Idyllisierung der
Landschaft (die, abgesehen von einzelnen lyrischen
Passagen, knapp gezeichnet ist) wie auch der
Handlung verzichtet, soweit ihm dies der Stoff erlaubte (die Liebesszenen bilden die Ausnahmen);
der Erzähler ist an dem Geschehen nicht larmoyant
beteiligt, sondern gibt nur gelegentlich Kommentare, die das Los des verführten und verlassenen
Mädchens aus der Sicht des allwissenden Betrachters bedauern; schließlich »reden« die beiden
Hauptfiguren nicht nur »auf ihre Weise«, sondern
sie wirken in ihrer typisierten Sprache auch psychologisch glaubhaft. Ein letzter Rest Karamzinscher
Empfindsamkeit wirkt nur noch in der Friedhofs-
stimmung des Schlußtableaus nach: wie die »arme
Liza« Karamzins ist auch Ėda an nichts anderem als
an gebrochenem Herzen gestorben.

W. Sch.

AUSGABEN: Petersburg 1826. – Petersburg 1914/
15 (in *Poln. sobr. soč.*, Hg. M. L. Gofman, 2 Bde.). –
Leningrad 1958 (in *Stichotvorenija i poėmy*; Einl.
L. A. Ozerov). – Moskau 1982 (in *Stichotvorenija i
poėmy*).

LITERATUR: E. Malkina, *Finljandskaja povest' B.* (in Lit. učeba, 1939, 2, S. 47–72).

SUMERKI

(russ.; *Dämmerung*). Gedichtsammlung von Evgenij A. BARATYNSKIJ, erschienen 1842. – Der kurze Gedichtzyklus setzt die elegische Tradition des frühen 19. Jh.s geradlinig fort. Die zentralen Gedichte *Poslednij poèt (Der letzte Dichter)* und *Osen' (Herbst)* umkreisen in immer neuen Bildern das Thema der Einsamkeit des Dichters in einer kommerzialisierten, seelenlosen Welt, die Demaskierung der eigenen idealistischen Träume als kindliche Illusion, die Sinnlosigkeit der Hoffnung auf einen Vernunftausgleich der Widersprüche des Seins. In *Osen'* wird das Bild der Herbstlandschaft zur Metapher des Lebensabends, jener Stunde, in der der Mensch, bar jeden Glücks und jeder Zukunftshoffnung zum Gericht mit sich selbst aufgerufen, die Nichtigkeit seines Daseins erkennen muß. Der gleiche Gedanke bestimmt das Gedicht *Na posev lesa (Auf die Aussaat des Waldes)*: Das Bild des Frühlings wird zur Anthithese der eigenen seelischen Herbststimmung.

Im Gegensatz zu dieser elegischen Grundtendenz stehen epikureische Gedichte wie *Zvëzdy (Sterne)* und *Filida*. Der Rückgriff auf klassizistische Formen, die immer bereits thematisch festgelegt und daher dem elegischen Bekenntnisschema inadäquat sind, erfolgt aus der Rückbesinnung auf antike bzw. antikisierende ästhetische Normen. Hieraus erklärt sich auch Baratynskijs häufige Thematisierung der Kunst und des Künstlers: Nur die Kunst vermag sich der Fragwürdigkeit zu entziehen, von der das Leben und damit der Künstler beherrscht ist. Die künstlerische Form erfährt mithin eine nicht allein metaphysische, sondern geradezu religiöse Überhöhung, die »Dämmerung« des Lebens wird zu einer Art Realität zweiten Grades. Eine derartige Konzeption mußte Baratynskij notwendig in Widerspruch zu den herrschenden Tendenzen der Zeit setzen. Die Literatur der vierziger Jahre ist unter dem Einfluß der sozialkritischen Journalistik um den Verzicht auf den metaphysischen Ballast der Klassik und Romantik und um eine sehr viel nüchternere Einstellung zum Formalen bemüht. So ist es nicht verwunderlich, daß Baratynskij in Vergessenheit geriet, bis ihm die Symbolisten zu der Geltung verhalfen, die ihm als einem der Klassiker der lyrischen Form gebührt.   A.Gu.

AUSGABEN: Moskau 1842. – Petersburg 1884. – Leningrad 1957. – Moskau 1982 (in *Stichotvorenija i poémy*).

LITERATUR: T. Kovalenko, *The Rhythmic and Syntactic Structure of the Sumerki Cycle of E. A. B.*, Phil. Diss. Univ. of NY 1973. – I. Rakusa, *Poetik der Verneinung. B. und Annenskij* (in Slavica Helvetica, 1978, 12).

KONSTANTIN NIKOLAEVIČ BATJUŠKOV

* 29.5.1787 Vologda
† 19.7.1855 Vologda

LITERATUR ZUM AUTOR: S. Majkov, *B., ego žizn' i sočinenija*, Petersburg 1896. – N. V. Fridman, *Proza B.*, Moskau 1965. – E. M. Brendel, *The Poetry of K. B.*, Diss. Univ. of Calif. 1969. – N. V. Fridman, *Poèzija B.*, Moskau 1971. – D. Johnson, *The Comparison in the Poetry of B. and Zhukovsky*, Diss. Univ. of Michigan 1973 [enth. Bibliogr.]. – I. Z. Serman, *K. B.*, NY 1974 [enth. Bibliogr.]. – J. Th. Shaw, *B. A Dictionary of the Rhymes and a Concordance to the Poetry*, Madison 1975. – N. Batjuškov, *Pis'ma N. L. Batjuškova k K. N. B.* (in Russkaja literatura, 1992, Nr. 4).

MOI PENATY

(russ.; *Meine Penaten*). Programmatische Epistel von Konstantin N. BATJUŠKOV, erschienen 1814. – Die umfangreiche Epistel (russ. *poslanie*), die Batjuškov seinen literarischen Vorbildern ŽUKOVSKIJ und VJAZEMSKIJ widmete (beide antworteten in gleicher Form, so daß sich eine regelrechte poetische Korrespondenz ergab), entstand zwischen 1811 und 1812 unter dem Einfluß DERŽAVINS, aber auch spätklassizistischer französischer Vorbilder (der berühmten Epistel *La chartreuse* von GRESSET und des kleinen Gedichts *A mes Pénats* von DUCIS).

Der auch als kongenialer Übersetzer lateinischer Dichter (vor allem des HORAZ) bekannte Autor sucht in seinem Dichtwerk eine gedrängte Skizze der zeitgenössischen russischen Literatur und seiner eigenen Stellung zu geben. Nach antikem Muster beginnt das klassizistische, doch auch vorromantische Züge tragende Werk mit einer Anrufung der Götter, allerdings der einfachen Hausgötter, der Penaten des Refugiums eines auf »Reichtum und Eitelkeit«, »Gold und Ehren« verzichtenden Dichters. Nicht mit kostbarem Wein und erlesenen Wohlgerüchen wird den Göttern gehuldigt; der Dichter bringt ihnen vielmehr »Tränen der Rührung« und »süße Lieder« dar. Liebevoll entwirft er das Genrebild seiner bescheidenen Behausung fern vom Getriebe der Welt, getreu dem Horazschen »goldenen Mittelmaß«, dem er das in krassen Farben gemalte Bild der gehobenen Gesellschaft entgegenhält, in der eitler Reichtum, hinfälliges Glück und Standesdünkel herrschen. Gefährten des Dichters sind nicht die eingebildeten Höflinge, sondern der einfache Soldat, dem er seit den Feldzügen gegen Napoleon verbunden ist, und – Lileta, die Freundin, die um Mitternacht plötzlich verkleidet hereintritt, sich zu erkennen gibt und sich mit bezauberndem Lächeln niederläßt. Der Morgen findet den Dichter in den Armen der Geliebten. Die Liebe ersetzt ihm Reichtum und Ehren, und auch das höchste Gut, »*der Genius der heiligen Dichtkunst*«, ist ohne Geld und Ansehen zu erreichen. Der Dichter beschwört seine »*liebsten Sänger*«, um mit ihnen zu plaudern. Angeführt wird die Dichterschar von dem ungenannt bleibenden, doch dem Eingeweihten aus Andeutungen kenntlichen Deržavin, dem »*Riesen des Parnaß*«, dem russischen PINDAR und Horaz. In wenigen Worten wird der Grundcharakter seines Schaffens umrissen: die Verbindung des Lyrischen mit dem Heroischen. Ihm folgt KARAMZIN, der als Autor sentimentaler Novellen und der *Istorija gosudarstva Rossijskogo* (*Geschichte des russischen Staates*; verfaßt 1816–1826) vorgestellt wird. Ihm gesellt sich BOGDANOVIČ zu, kenntlich durch Nennung seines Hauptwerks *Dušenka*, 1775 *(Die kleine Psyche)*. Nur kurz verweilt die Versdichtung bei MELECKIJ, um ausführlicher DMITRIEV, CHEMNICER und KRYLOV zu charakterisieren. In ihre Reihe stellt sich der Dichter selbst. Das Werk schließt mit einer an die Adressaten des Sendschreibens gerichteten Apostrophe, die sich auflöst in ein anakreontisches Bacchanal und mit einer feurigen Verteidigung der Lebensfreude gegen den Gedanken der Vergänglichkeit endet.

Batjuškov, der schon in seinem satirischen Gedicht *Videnie na beregu lety*, 1809 *(Vision am Ufer der Lethe)*, vergangene Geschmacksrichtungen verhöhnt hatte, markiert mit seinem idyllisch-hedonistischen Dichtwerk den Sieg der Richtung Deržavins in der russischen Dichtung, die, im Gegensatz zu Sentimentalismus (Karamzin) und Romantik (Žukovskij), den Blick des Dichters zurücklenkt auf die Realitäten des Lebens und der menschlichen Gesellschaft. Nicht zuletzt diese Einbeziehung des Menschen und vorab des Dichters in das gesellschaftliche Leben sucht die äußerst formvollendete, in geschmeidigen Jamben abgefaßte Epistel darzustellen. Sie entthront den über die Wirklichkeit erhabenen Dichter und macht ihn zum vertrauten Penaten, zum intimen Hausgenossen des Lesers. Kann das Werk autobiographische Elemente nicht verleugnen, so ist sein Held doch keineswegs dem Autor gleichzusetzen; in seinem – auch nur zurückhaltend angedeuteten – gesellschaftlichen Bezug erzielt das Werk über das individuelle Geschick hinausreichende Gültigkeit.   C.K.-KLL

AUSGABEN: Petersburg 1814 (in *Panteon russkoj poèzii*, 1). – Petersburg 1817 (in *Opyty v stichach i proze*). – Petersburg 1885 (in *Sočinenija*, Hg. Akad. Nauk, 3 Bde., 1885–1887, 1). – Leningrad 1959 (in *Stichotvorenija*; m. Studie v. G. P. Makogonenko.)

VISSARION GRIGOR'EVIČ BELINSKIJ

* 11.6.1811 Sveaborg / Finnland
† 7.6.1848 St. Petersburg

LITERATUR ZUM AUTOR:
V. S. Nečaev, *V. G. B.*, Moskau/Leningrad 1940. – P. I. Lebedev-Poljanskij, *V. G. B., Literarno-kritičeskaja dejatel'nost'*, Moskau/Leningrad 1945. – N. L. Brodskij, *V. G. B.*, Moskau 1946. – *B.-istorik i teoretik literatury*, Hg. N. L. Brodskij, Moskau/Leningrad 1949. – N. Mordovčenko, *B. i russkaja literatura ego vremeni*, Moskau/Leningrad 1950. – P. Mezencev, *B.*, Moskau 1957. – S. Fasting, *V. G. B. Die Entwicklung seiner Literaturtheorie*, Bergen 1972. – E. I. Kijko, *V. G. B. Očerk literaturno-kritičeskoj dejatel'nosti*, Moskau 1972. – V. G. Berezina, *B. i. voprosy istorii russkoj žurnalistiki*, Leningrad 1973. – J. Schillinger, *The Evolution of Artistic Criteria in the Criticism of V. B.*, Diss. Univ. of Wisconsin 1973. – V. Terras, *B. and Russian Literary Criticism. The Heritage of Organic Aesthetics*, Madison 1974. – P. V. Sobolev, *Estetika B.*, Moskau 1978. – V. R. Ščerbina, *Revoljucionno-demokratičeskaja kritika i sovremennost'. B., Černyševskij, Dobroljubov*, Moskau 1980.

VZGLJAD NA RUSSKUJU LITERATURU 1847 GODA

(russ.; *Blick auf die russische Literatur des Jahres 1847*). Literaturtheoretische Abhandlung von Vissarion G. BELINSKIJ, erschienen 1848. – In dieser letzten großen Abhandlung umreißt der streitbare Kritiker noch einmal sein nach der Hegel-Krise zu Beginn der vierziger Jahre nun nicht mehr den »apriorischen Systemen« und Ideen, sondern dem sozialen Fortschritt und der Veränderung einer als unvernünftig begriffenen Wirklichkeit verpflichtetes ästhetisches und literarisches Programm. Angesichts der wichtigsten Neuerscheinungen des Jahres 1847 – GERCENS *Kto vinovat? (Wer ist schuld?)*, GONČAROVS *Obyknovennaja istorija (Eine gewöhnliche Geschichte)* und TURGENEVS *Zapiski ochotnika (Aufzeichnungen eines Jägers)* – hält Belinskij den Sieg der »natürlichen Schule« *(natural'naja škola)* über die »rhetorische«, d. h. über die ästhetisierende Richtung der russischen Literatur und damit zugleich den Triumph der Prosagattungen Roman, Erzählung, literarische Skizze für ausgemacht. Die Idee der »reinen Kunst« des interesselosen Wohlgefallens sei ein typisches Produkt des zur abstrakten Spekulation neigenden deutschen Geistes. Sie entspreche weder den gesellschaftlichen Erfordernissen Rußlands noch dem Wesen der Kunst überhaupt. Nicht einmal die Antike, an der die Ästhetik des Idealismus sich orientiere, habe eine Kunst um ihrer selbst, d. h. um der Form willen, gekannt. Vielmehr beruhe sie auf einem Gleichgewicht von Inhalt und Form. Der progressive Gang der Geschichte destabilisiere dieses Gleichgewicht und führe unausweichlich zum Primat des Inhalts über die formalen Komponenten des Kunstwerks. Damit ist nicht nur ein höheres Maß an Reflexion und Selbstreflexion im Kunstwerk, sondern auch die verstärkte Rückkoppelung des ästhetischen Zeichens an die Empirie gemeint. Seit Gogol', dessen Werk den ersten Höhepunkt der »natürlichen Schule« markiert habe, sei sich die russische Literatur ihrer wahren Bestimmung bewußt geworden: »*der Wiedergabe der Wirklichkeit in ihrer ganzen Wahrheit*«.

Dies bedeutet – wie Belinskij ausführt – in erster Hinsicht die Wiedergabe jener sozialen Wirklichkeit, die vom Klassizismus und von der Romantik ebenso tabuisiert worden ist wie von der zeitgenössischen Unterhaltungsliteratur. Kunst und Wissenschaft verfolgen dasselbe Ziel, indem sie der Gesellschaft helfen, sich ihrer selbst bewußt zu werden. Sei jene aber auf das logische Argument und auf Spezialsprachen angewiesen und daher nur einer Minderheit zugänglich, so bestehe der Vorteil der Kunst darin, daß sie durch die Hervorbringung von allgemeinverständlichen, typischen Bildern breiteste Leserschichten erreiche. Um dies zu gewährleisten, dürfe sich die Kunst bei der ästhetischen Reproduktion der Wirklichkeit allerdings auch nicht auf die fotomechanische Wiedergabe des Einmaligen und Zufälligen – das bloße »*Malen nach der Natur*« – beschränken, sondern bleibe sie auf die beflügelnde, verallgemeinernde Kraft der Phantasie angewiesen.

In die Forderung nach verstärkter Selbstreflexion bezieht Belinskij ausdrücklich auch die literarische Kritik mit ein. Deren Aufgabe sei es, die jeweils »führende Richtung« der Gegenwartsliteratur aufzuzeigen und sich auf diese Weise zum Agenten des »Fortschritts« zu machen. Kennzeichnend für Belinskijs Ansatz ist es, daß er literarische Kommunikation damit nicht mehr auf die intime und unmittelbare Beziehung zwischen Text und Leser beschränkt, sondern diese im Rahmen einer breiten literarischen Öffentlichkeit definiert, an der neben Autoren, Texten und Lesern auch Kritiker, Verlage und literarische Zeitschriften maßgeblich beteiligt sind.

Nach dem Tode Belinskijs, auf den sich die Theoretiker des sozialistischen Realismus stalinistischer Prägung als ihren Ahnherren immer wieder, aber nicht immer zu Recht beriefen, wurde sein Programm einer *littérature engagée* erheblich radikaler von seinen Schülern N. A. Dobroljubov und N. G. Černyševskij fortgeschrieben.   A.Gu.

Ausgaben: Moskau 1848 (in Sovremennik, Nr. 1 und 3). – Moskau 1956 (in *Poln. sobr. soč.*, Hg. N. F. Belčikov, 1953–1959, Bd. 10).

Übersetzung (Ausz.): *Über Kritik. Ein Blick auf*

die russische Literatur des Jahres 1846 (1847), F. Frisch (in *Russische Kritiker*, Mchn. 1921). – *Betrachtungen über die russische Literatur des Jahres 1847* (Ausz. »*Das Programm des russischen kritischen Realismus*«, in Wissarion Belinskij, *Aus ästhetischen Schriften*, Hg. G. Ziegengeist, Dresden 1953).

PËTR JAKOVLEVIČ ČAADAEV

* 7.6.1794 Nižnij Novgorod
† 26.4.1856 Moskau

Literatur zum Autor:
M. O. Geršenzon, *P. J. Č. Žizn' i myšlenie*, St. Petersburg 1908; Nachdr. Den Haag/Paris 1968. – M. Winkler, *P. I. Č. Ein Beitrag zur russischen Geistesgeschichte des 19. Jh.s*, Bln. 1927. – E. A. Moskov, *The Russian Philosopher Chaadayev, His Ideas and His Epoch*, NY 1937. – P. S. Škurinov, *Mirovozzrenie Č.*, Moskau 1958. – Ders., *P. J. Č. Žizn', dejatel'nost', mirovozzrenie*, Moskau 1960. – R. McNally, *Č. and His Friends. An Intellectual History of P. Č. and His Russian Contemporaries*, Talahassee 1971. – G. Cook, *P. J. Č. and the Rise of Russian Cultural Criticism, 1800–1830*, Diss. Duke Univ. 1972. – R. Tempest, *P. J. Chaadaev, His Impact and Influence on Russian Society and Thought between 1812 and 1856*, Diss. Oxford 1981.

APOLOGIE D'UN FOU

(frz.; *Apologie eines Irrsinnigen*). Streitschrift des Philosophen Pëtr J. Čaadaev (Rußland), erschienen 1836. – Nach Veröffentlichung seiner *Filosofičeskie pis'ma*, 1836 *(Philosophische Briefe)*, offiziell für verrückt erklärt, nahm Čaadaev, der geistige Vater der russischen Okzidentalisten, eine gemäßigtere Haltung in der Bewertung von Rußlands Geschichte ein, zum Teil eine Konzession aufgrund seiner kaum beneidenswerten gesellschaftlichen Situation, zum anderen Teil zurückzuführen auf neue Einsichten in der Beurteilung der historischen Rolle Peters des Großen. (»*Er fand eine tabula rasa Rußland vor, ein unbeschriebenes Blatt, und mit seiner mächtigen Hand schrieb er darauf die Worte: Europa und der Westen.*«) Mithin ist des Autors These von der »*barbarischen Vergangenheit*« Rußlands, die es seinem Byzantinismus verdanke und die mittels einer Patenschaft des Westens und der römischen Kirche überwunden werden könne, nachträglich auf die vorpetrinische Periode eingeschränkt. Sein geschichtsphilosophisches Fundament, das die »nationale Eitelkeit« so erzürnt hatte, wurde also nicht wesentlich verändert. Ein bedeutsamer Unterschied zu den früheren Ideen Čaadaevs kommt jedoch in seiner neuen Auffassung von Rußlands zukünftigem Weg zum Ausdruck. Einzig in der *Apologie* postuliert Čaadaev einen – wahrscheinlich aus Abscheu vor den antiklerikalen Tendenzen der Julirevolution entwickelten – russischen Missionsauftrag, wobei er die Definition Rußlands als einer *»historisch leeren Stelle«* recht dialektisch ausnützt: Da Rußland nicht *»unter dem Druck der Vergangenheit«* stehe, trete es neuen Ideen *»wie ein jungfräulicher Geist«* entgegen und sei *»in manchem Prozeß, der vor den Tribunalen des menschlichen Geistes und der menschlichen Gesellschaft geführt werden wird, durch den Lauf der Dinge selbst gewissermaßen zum eigentlichen Richter bestellt«.*

An diese Gedankengänge knüpft die Ideologie der Slavophilen an: Aber auch in den übrigen Schriften *»braucht man bei Čaadaev nur die Worte ›Rußland‹ und ›Europa‹, ›Orthodoxie‹ und ›Katholizismus‹ ihre Plätze wechseln zu lassen, so hat man ein Glaubensbekenntnis, das sich von dem slavophilen kaum unterscheidet«* (A. Luther).   W.Sch.

AUSGABEN: Paris 1836. – Kasan 1906 (*Apologija sumasšedšego*; erste russ. Ausg., Übers. v. S.M. Jur'ev u. B.P. Denike). – Moskau 1913 (in *Soč. i pis'ma*, Hg. M. Geršenzon, 2 Bde., 1913/14, 1: *Apologie d'un fou*). – Ann Arbor 1978 (in *Filosofiскie pis'ma. Apologija sumasšedšego*, Hg. M. Geršenzon).

ÜBERSETZUNG: *Apologie eines Irrsinnigen*, E. Hurwicz (in *Schriften u. Briefe*, Mchn. 1921).

LITERATUR: M. Geršenzon, *P.J. Č. Žizn'i myšlenie*, Petersburg 1908, S. 280–296. – D.V. Filosofov, *»Apologija sumasšedšego«* (in D.V.F., *Slova i žizn'*, Petersburg 1909, S. 236–244). – R.F. Kullė, *K 90-j godovščine »sumasšestvija« P.J. Č.* (in Vestnik znanija, 1926, S. 1187–1190). – V. Il'inskij, *»Apologija sumasšedšego« Č. v interpretacijach N.G. Černyševskogo* (in *N.G. Černyševskij*, Saratov 1928, S. 46–49). – R. Tempest, *Madman or Criminal: Government Attitudes in P. Č. in 1836* (in Slavonic Review, 43 (2), 1984, S. 281–287).

FILOSOFIČESKIE PIS'MA

(russ.; *Philosophische Briefe*). Acht Traktate von Pëtr J. ČAADAEV, erschienen (nur der erste) 1836. – Die Briefe, 1829 begonnen, hatten ursprünglich privaten Charakter und waren an Ekaterina D. Panova gerichtet. In der Folgezeit jedoch arbeitete der Verfasser die darin vertretenen Thesen zu einem in sich geschlossenen Gedankengebäude aus und bestimmte die Briefe zur Veröffentlichung. Allerdings wurde zu seinen Lebzeiten nur der erste der im Original französisch geschriebenen Briefe veröffentlicht. Der sechste und siebte Brief erschie-

nen 1862 in den *Œuvres choisies*, die restlichen wurden erst in den dreißiger Jahren unseres Jh.s aufgefunden.

Daß der erste *Philosophische Brief* überhaupt gedruckt werden konnte (in NADEŽDINS Zeitschrift ›Teleskop‹, die gleich darauf verboten wurde; den Herausgeber verbannte der Zar in die Provinz), verdankte sein Verfasser einer später schwer geahndeten Nachlässigkeit des Zensors Boldyrev. Čaadaev selbst wurde nach der Veröffentlichung seines religionskritischen Angriffs vom Zaren Nikolaus I. öffentlich für verrückt erklärt und – bei lebenslänglichem Publikationsverbot – unter »medizinischpolizeiliche Aufsicht« gestellt. *»Noch nie, seit man in Rußland zu lesen und schreiben versteht, hat irgendein literarisches oder wissenschaftliches Ereignis, nicht einmal der Tod Puškins, einen so ungeheuren Eindruck gemacht und eine so weite Wirkung hervorgerufen, und keines ist mit solcher Schnelligkeit und mit solchem Lärm verbreitet worden ... Es gab keinen Esel, der es nicht für seine heilige und willkommene Pflicht und Schuldigkeit gehalten hätte, dem Löwen der geschichtsphilosophischen Kritik mit seinem Huf in den Rücken zu treten.«* (Lavrenov)

Diese für den Verfasser katastrophale Wirkung des Briefs erklärt sich aus Čaadaevs Rußlandkritik, die allerdings vernichtend ist. Er vergleicht sein Land mit dem europäischen Westen, in dem das Reich Gottes in gewissem Maße verwirklicht sei, weil nur die römisch-katholische Kirche das Erbe Jesu Christi treu bewahrt habe. Demgegenüber sei Rußland wegen der *»Schwäche seiner Glaubensüberzeugung und der Unvollkommenheit seines Dogmas ... eine Lücke in der moralischen Weltordnung«.* Čaadaev wirft den Russen vor, daß sie unter dem Einfluß von Byzanz die Verbindung mit der ursprünglichen christlichen (römischen) Tradition völlig verloren hätten. Außerdem sieht er weder in den Petrinischen Reformen noch in der Imitation der französischen Kultur etwas Positives und fordert abschließend, daß in Rußland *»die ganze Erziehung des Menschengeschlechts von vorn beginnen«* müsse.

Čaadaev geht in seinem Denken davon aus, daß Philosophie und Religion eins seien. So beruft er sich in allen Betrachtungen seiner *Philosophischen Briefe* auf die »christliche Vernunft«, die er vor allem an Joseph de MAISTRE (1753–1821), dem Hauptvertreter des politischen Klerikalismus, bewundert, den Čaadaev als sardinischen Gesandten zu Petersburg wohl gekannt haben mag. Die grimmige Kritik des Russen speziell an der griechischen Antike (*»Homer ist uns der Ahriman der Welt«*; Ahriman: der von Uranfang bestehende Geist des Bösen), an der ganzen vorchristlichen Epoche im allgemeinen (*»Alles verderbt, blutüberströmt, lügenhaft«*) und an der Reformation (*»Die Reformation hat die Welt von neuem in die Uneinigkeit des Heidentums zurückversetzt«*) stützt sich im wesentlichen auf den französischen Legitimisten Vicomte de BONALD (1754–1840). Sein philosophisches System schließlich geht in der Hauptsache auf SCHELLING zurück und basiert auf der Annahme der Identität des »Göttlich-Idealen« mit dem »Geschichtlich-Realen«. Das Motto »*Adveniat regnum tuum*« (»*Zu uns komme dein Reich*«) unterstreicht die patriotisch-seelsorgerische Tendenz der Philosophie Čaadaevs.   W.Sch.

AUSGABEN: Moskau 1836 (in Teleskop, Nr. 15; Brief I). – Paris/Lpzg. 1862 (in *Œuvres choisies*, Hg. I. S. Gagarin; enth. Brief I, VI, VII; frz.). – Moskau 1913/14 (in *Soč. i pis'ma*, Hg. M. Geršenzon, 2 Bde.; enth. Brief I, VI, VII; frz. u. russ.). – Moskau 1935 (*Neizdannye filos. pis'ma*, Hg. D. Šachovskoj; Brief II, III, IV, V, VIII; Literaturnoe nasledstvo, 22–24).

ÜBERSETZUNGEN: *Philosophische Briefe*, E. Hurwicz (in *Schriften und Briefe*, Mchn. 1921; enth. Brief I, VI, VII). – Dass., N. v. Bubnoff (in *Östl. Christentum. Dokumente*, Hg. H. Ehrenberg, Bd. 1, Mchn. 1925, S. 1–87; enth. Brief I, VI, VII). – Dass., H. Falk (in H. F., *Das Weltbild P. J. Tschaadajews nach seinen acht philos. Briefen*, Mchn. 1954; enth. Brief II, III, IV, V, VIII).

LITERATUR: Ch. Quénet, *Tschaadaev et les »Lettres philosophiques«. Contribution à l'étude du mouvement des idées en Russie*, Paris 1931. – V. Asmus, *O novych filosofič. pis'mach P. J. Č.*, Moskau 1935 (Literaturnoe nasledstvo, 22–24, S. 1–6). – V. Solov'ëv, *Č. i ego filos. pis'ma* (in Pod znamenem marksizma, 1938, 1, S. 83 ff.). – B. Zenkofsky, *Istorija russk. filosofii*, Bd. 1, Paris 1948–1950, S. 166–172 (frz.: *Histoire de la philosophie russe*, Bd. 1, Paris 1953, S. 158–192). – B. Schultze, *Die Sozialprinzipien in der russ. Religionsphilosophie* (in Zs. f. kath. Theologie, 73, 1951, S. 385 ff.). – A. Tamborra, *P. J. C., lettere filosofiche seguite dall'apologia di un pazzo e da una lettera a Schelling*, Bari 1950. – H. Falk, *Das Weltbild P. J. Tschaadaevs nach seinen acht philosoph. Briefen. Ein Beitrag zur russ. Geistesgeschichte des 19. Jh.s*, Mchn. 1954. – P. S. Škurinov, *Filosofskie vzgljady P. J. Č.* (in P. S. Š., *P. J. Č. Žizn', dejatel'nost', mirovozzrenie*, Moskau 1960, S. 44–92). – R. T. MacNally, *The Significance of Chaadayev's Weltanschauung* (in Russian Review, 23, 1964, S. 352–361).

NIKOLAJ GAVRILOVIČ
ČERNYŠEVSKIJ

*   24.7.1828 Saratov
† 29.10.1889 Saratov

LITERATUR ZUM AUTOR:
M. Steklov, *Tsch.*, Lpzg. 1913. – A. V. Lunačarskij, *Romany Č.*, Moskau 1947. – N. Beltschikow, *Tsch.*, Bln. 1948. – G. E. Tamarčenko, *Romany N. G. Č.*,

Saratov 1954. – W. Düwel, *Č. in Deutschland*, Diss. Bln. 1955. – B. Rjurikov, *N. G. Č.*, Moskau 1961. – W. F. Woehrlin, *Ch. The Man and the Journalist*, Cambridge/Mass. 1971 [enth. Bibliogr.]. – I. S. Serebrov, *Logika naučnogo poznanija v trudach N. G. Č.*, Leningrad 1972. – G. A. Solov'ev, *Estetičeskie vozzrenija Č. i Dobroljubova*, Moskau 1974. – N. S. Travuškin, *Č. v gody katorgi i ssylki*, Moskau 1978. – *Č. i ego épocha*, Moskau 1979. – B. Lambeck, *Dostoevskijs Auseinandersetzung mit dem Gedankengut Č.s in »Aufzeichnungen aus dem Untergrund«*, Tübingen 1980. – N. N. Novikova, *N. G. Č. vo glave revoljucionerov 1861 goda. Nekotorye itogi i perspektivy issl.*, Moskau 1981.

ČTO DELAT'. Iz rasskazov o novych ljudjach

(russ.; *Was tun? Erzählungen von neuen Menschen*). Roman in drei Teilen von Nikolaj G. ČERNYŠEVSKIJ, erschienen 1863. – Die *Erzählungen von neuen Menschen* sind ohne Kenntnis der Vorgeschichte kaum zu beurteilen: Černyševskij, Dialektiker der Schule HEGELS, verschworen dem Materialismus FEUERBACHS und dem utopischen Sozialismus des Dreigestirns BLANC – FOURIER – SAINT-SIMON, wird im Juli 1862 in Petersburg verhaftet. Dem berühmten Literaturkritiker und politischen, wirtschaftswissenschaftlichen und soziologischen Beobachter seiner Zeit wird vorgeworfen, auf Grund seiner in NEKRASOVS Zeitschrift ›Sovremennik‹ (Zeitgenosse) veröffentlichten Aufsätze der geistige Urheber der Studentenrevolten und Bauernunruhen zu sein, die in den Jahren 1861/62 ausbrachen und in den verheerenden, den Nihilisten zugeschriebenen Brandstiftungen in Petersburg ihren Höhepunkt erreichten. Während er in den Kasematten der Peter-Paul-Festung sein Urteil erwartet, schreibt Černyševskij den Roman *Čto delat'*: eine Verteidigung des neuen Menschen, eine Anklage der herrschenden Gesellschaftsordnung. Getreu seiner – in *Estetičeskie otnošenija iskusstva k dejstvitel'nosti (Das ästhetische Verhältnis zwischen Kunst und Wirklichkeit)* formulierten – Theorie über die Aufgabe der Literatur will er das »*Leben erklären, über die Erscheinungen des Lebens*« urteilen und Menschen und Verhältnisse zeigen, wie sie die Wirklichkeit hervorbringt.
So sind denn auch die Hauptpersonen seines Romans keine erfundenen Modelle, sondern ihm persönlich verbundene Freunde oder Bekannte: Der Medizinstudent Lopuchov heiratet die junge Vera und befreit sie dadurch von ihrer gemein-despotischen Familie und den Nachstellungen eines sich um sie bewerbenden labilen Geldprotzen. Sie faßt in neuen Verhältnissen Wurzel (ihr Mann ist Materialist und verficht unter anderem auch die Emanzipation der Frau) und gewinnt ideologische Einsichten, gründet genossenschaftliche Schneiderwerkstätten und verwirklicht so die Theorien des französischen utopischen Sozialismus. Nach puritanisch-keuschen Ehejahren verliebt sie sich in den Freund ihres Mannes, den Arzt Kirsanov, der ihre

Liebe erwidert. Der Konflikt löst sich dadurch, daß der einsichtige Lopuchov einen – amtlich anerkannten – Selbstmord vortäuscht und unter falschem Namen ins Ausland geht. Die Liebenden heiraten und demonstrieren in ihrer Ehe die vollkommene Gleichberechtigung der Partner. Jetzt gelingt es Vera auch, ihre Nützlichkeit für die Gesellschaft durch Erlernung eines »männlichen« Berufs zu beweisen: Sie wird Ärztin. Nach Jahren kehrt der »Selbstmörder« als Angestellter einer englischen Firma nach Petersburg zurück, heiratet die vom Leben enttäuschte Tochter eines verarmten Millionärs und gesellt sich den Kirsanovs zu. Die zwei Familien leben fortan zusammen und verkörpern so Černyševskijs Idealbild der *»neuen Menschen«.*

Der Roman endet mit dem Kapital *Dekorationswechsel,* das – in »äsopischer« Verschlüsselung – den Ausbruch einer Revolution ahnen läßt. Die Frage *Was tun?* ist damit beantwortet: Werden die gesellschaftlichen Verhältnisse verändert, so kann das Gute im Menschen wirksam werden. Mit der Beseitigung der Ausbeutung des Menschen durch den Menschen fallen die Bildungsschranken; der Egoismus des Individuums weicht einem kollektiven Verantwortungsbewußtsein, das Leben des Menschen erhält wieder einen zielgerichteten Sinn. Das Bild der zukünftigen Gesellschaft nach der Revolution läßt Černyševskij folgerichtig in einem Traum seiner Heldin Vera erstehen, ein Bild, das trotz seiner Naivität zwei wesentliche, nach der Oktoberrevolution in die Wirklichkeit umgesetzte Momente festhält: Industrialisierung und Kollektivierung als Voraussetzungen für neue Lebensformen.

Mit der Reaktion der (konservativen) Leser seines Romans rechnend, bedient sich Černyševskij spöttisch eines literarischen Tricks: Er leitet die Erzählung nach Art eines melodramatischen Liebesromans mit dem Selbstmord des Ehemanns und der tränenreichen Trennung des Liebespaars ein, um sich in dem gleich darauf folgenden *Vorwort* provozierend an jenen Leser zu wenden, der auf den Effekt hereingefallen ist. Überhaupt will und kann Černyševskij keinen Roman schreiben: Er legt Fakten vor, die er nicht zugunsten einer romanhaften geschlossenen Handlung verändert und dadurch verfälscht. Die Fakten sollen provozieren, die aus ihnen abgeleiteten Schlüsse die Wahrhaftigkeit der neuen Moral dokumentieren. Dieses Ziel hat der Roman erreicht: Er wurde zum Lehrbuch der radikal gesinnten jungen Generation. Einige seiner Gestalten (so vor allem der asketische Feuerbach-Anhänger Rachmetov, der hart, kalt und selbstlos für die zukünftige Revolution arbeitet) werden, mehr oder weniger überzeugend, in der Darstellung TURGENEVS *(Otcy i deti – Väter und Söhne),* DOSTOEVSKIJS *(Besy – Die Dämonen)* oder LESKOVS *(Nekuda – Ohne Ausweg, Na nožach – Bis aufs Messer)* wiederzufinden sein.   M.Gru.

AUSGABEN: Petersburg 1863 (in *Sovremennik*). – Petersburg 1863. – Moskau 1939 (in *Poln. sobr. soč.,*

Hg. V. Ja. Kirpotin u. a., 16 Bde., 1939–1953, 11). – Moskau 1962. – Leningrad 1978 (in *Izbr. proizv.,* 3 Bde., 1).

ÜBERSETZUNGEN: *Was tun? Erzählungen von neuen Menschen,* anon., 3 Bde., Lpzg. 1883. – Dass., M. Hellmann u. H. Gleistein, Bln. [3]1954. – Dass., dt. Bearb. H.-J. v. Hülst, Bln. 1977. – Dass., W. Jollos, Bln. 1979. – Dass., M. Hellmann u. H. Gleistein, Bln./Weimar [7]1986.

LITERATUR: N. V. Vodovozov, *Roman Č. »Čto delat'«,* Moskau 1953. – G. Verchovskij, *O romane Č. »Čto delat'«,* Jaroslawl 1959. – B. Rjurikov, *N. G. Č.,* Moskau 1961, S. 135–165. – A. Lebedev, *Geroi Č.,* Moskau 1962, S. 51–132. – G. Zekulin, *Forerunner of Socialist Realism: The Novel »What to Do?« by N. G. Ch.* (in SEER, 41, 1963, S. 467–483). – N. Naumova, *Roman N. G. Č. »Čto delat'?«,* Leningrad 1972. – V. Smolickij, *Iz ravelina. O sud'be romana N. G. Č. »Čto delat'?«,* Moskau 1977. – J. Rudenko, *Roman N. G. Č. »Čto delat'?«. Èstetičeskoe svoeobrazie i chudožestvennyj metod,* Leningrad 1979. – M. R. Katz, *The Conclusion of »What Is to Be Done?«* (in Russian Review, 41, 1982, S. 181–196).

NIKOLAJ JAKOVLEVIČ
DANILEVSKIJ

* 10.12.1822 Oberez / Gouvernement Orël
† 3.12.1892 Tiflis

ROSSIJA I EVROPA

(russ.; *Rußland und Europa*). Geschichtsphilosophisches Werk von Nikolaj J. DANILEVSKIJ, erschienen 1869 in der Zeitschrift ›Zarja‹. – Die im russischen Geschichtsdenken des 19. Jh.s traditionelle Fragestellung nach dem Verhältnis von Rußland und Europa erhält ihre radikalste und originellste Antwort in Danilevskijs Schrift, die Rußland und Europa als antagonistische kulturhistorische Typen darstellt. Als einer der frühesten Vertreter der Kulturtypenlehre interpretiert Danilevskij den Geschichtsverlauf nicht als linearen, teleologischen und um Europa zentrierten Prozeß, sondern als Neben- und Nacheinander von Zivilisationen. Der Typenbegriff und die jedem kulturhistorischen Typus immanente Gesetzlichkeit sind nach dem Modell des pflanzlichen Organismus geformt. In Danilevskijs historiographischem Schema figurieren neben den Kulturtypen, die als schöpferische Subjekte im Geschichtsablauf auftreten, Völker, die eine rein destruktive Funktion ausüben *(»verneinende Führer der Menschheit«),* und solche, die weder positiv noch negativ eine historische Individualität entwickelt haben *(»ethnographisches Material«)*. In der Geschichte der Menschheit unterscheidet Danilevskij zehn kulturhistorische Typen: den ägyptischen, den chinesischen, den assyrisch-babylonisch-phönizisch-chaldäischen oder altsemitischen, den indischen, iranischen, hebräischen, griechischen, römischen, neusemitischen und den germanisch-romanischen oder europäischen. Hinzu kommen die beiden unvollendeten, frühzeitig abgestorbenen Kulturen von Mexiko und Peru. Aufgrund ihrer Leistung auf vier Gebieten, dem religiösen, wissenschaftlich-kulturellen, politischen und sozioökonomischen, lassen sich die Zivilisationen klassifizieren in: autochthone Kulturen (bei denen die vier Gebiete in kompaktem Nebeneinander bestehen, ohne daß eins davon besonders entwickelt wäre), einseitig begründete Kulturen (wo eins der vier Gebiete besonders entwickelt ist) und zweiseitige Kulturen (mit zwei entwickelten Gebieten, z. B. Europa). Für die Entwicklung der Kulturtypen formuliert Danilevskij fünf Gesetze: 1. Jede Völkerfamilie mit einer besonderen Sprache bildet einen kulturhistorischen Typ. 2. Zur Entfaltung einer Kultur ist politische Unabhängigkeit notwendig. 3. Die charakteristischen Grundlagen einer Kultur können nicht übertragen werden. 4. Die politisch günstigste Form ist die Föderation, weil sie die Mannigfaltigkeit der ethnographischen Elemente sichert. 5. Der Entwicklungsgang eines historischen Typs ist analog dem einer vieljährigen, aber nur einmal blühenden Pflanze.

Die Transponierung dieses *»natürlichen Systems«* auf die Geschichte der slavischen Völker gestattet Danilevskij, seine panslavischen Aspirationen geschichtsphilosophisch zu begründen. Die Slaven werden als eigenständiger Kulturtyp dargestellt, der unter der Führung Rußlands gerade den Sprung in die Zivilisationsphase vollzieht. Aufgabe des slavischen Kulturtyps ist die Bildung eines allslavischen Bundes, der die politische Weltherrschaft Europas und die globale Vorherrschaft der europäischen Kultur zum Segen der ganzen Menschheit verhindern soll. Durch die militärische Lösung der orientalischen Frage, des zentralen Konfliktherds zwischen Europa und Rußland, soll die allslavische Föderation geboren werden, zu der folgende Territorien – in Danilevskijs Terminologie – gehören sollen: das russische und das tschechoslowakische Reich, das Königreich der Serben, Kroaten und Slovenen, das bulgarische und das rumänische Königreich, das griechische und magyarische Reich sowie der Distrikt von Konstantinopel. Dem slavischen Kulturtyp unter russischer Hegemonie prophezeit Danilevskij eine glänzende Zukunft: »*Wir können begründete Hoffnung hegen, daß der slavische Kulturtyp zum erstenmal die Synthese aller Seiten der Kulturtätigkeit darstellt ... Wir können hoffen, daß der slavische Typ der erste volle, vierfach begründete kulturhistorische Typ sein wird.*« Breite Resonanz fand Danilevskijs Buch erst in der zweiten Hälfte der achtziger Jahre, in der es zur »Bibel des Panslavismus« wurde.   R.Bi.

AUSGABEN: Petersburg 1869 (in Zarja). – Petersburg 1871. – Petersburg 1888. – Petersburg 1889. – Petersburg 1895. – NY 1966.

ÜBERSETZUNG: *Rußland u. Europa*, K. Nötzel, Stg./Bln. 1920 [m. Einl.]; Nachdr. Osnabrück 1965 [unvollst.].

LITERATUR: V. Schwartz, *Spengler i D.* (in Sovremennye zapiski, 1926, S. 436–458). – A. v. Schelting, *Rußland u. Europa im russischen Geschichtsdenken*, Bern 1948. – P. A. Sorokin, *Kulturkrise u. Gesellschaftsphilosophie*, Stg./Wien 1953. – F. M. B. Petrovich, *The Emergence of Russian Panslavism*, NY ²1958. – R. E. MacMaster, *D. – A. Russian Totalitarian Philosopher*, Cambridge/Mass. 1967.

<hr>

ANTON ANTONOVIČ DEL'VIG

       * 17.8.1798 Moskau
       † 26.1.1831 St. Petersburg

LITERATUR ZUM AUTOR:
V. Gaevskij, *D.* (in Sovremennik, 1853, Bd. 37, Nr. 2, S. 45–88; Bd. 39, Nr. 5, S. 1–66; 1854, Bd. 43, Nr. 1, S. 1–52; Bd. 47, Nr. 9, S. 1–64). – J. Verchovskij, *Baron D.*, Petrograd 1922. – V. Uspenskij, *O D. Russkaja poézija XIX v.*, Leningrad 1929. – O. D. Blagoj, *D.* (in Literaturnaja enciklopedija, Bd. 3, Moskau/Leningrad 1930, S. 190–193). – V. N. Orlov, *D.* (in Literaturnaja učeba, 1940, Nr. 2).

KONEC ZOLOTOGO VEKA

(russ.; *Das Ende des Goldenen Zeitalters*). Idylle von Anton A. DEL'VIG, erschienen 1829. – Ein naher Freund PUŠKINS und eine der einflußreichsten Dichtergestalten der Puškinschen Plejade, ist Del'vig der zwar typische, aber dennoch eigenständige Vertreter der russischen Dichtung der zwanziger Jahre des 19. Jh.s. Sein Werk vereint zwei divergierende, doch gerade in ihrer Gegensätzlichkeit den Übergangscharakter dieser Dichtung exemplarisch verdeutlichende Momente: die dem Klassizismus verpflichtete Nachahmung der Antike und die auf die Romantik weisende Pflege national-volkstümlicher Genres. Klassik und Romantik begegnen einander in Del'vigs Dichtung nicht in unversöhntem Gegensatz, sondern – in der Tradition VOSTOKOVS, MERZLJAKOVS, L'VOVS und in Nachbarschaft zu KJUCHEL'BEKER – im Streben nach einer eigenartigen, spezifisch russischen Synthese. Unter dem Einfluß GNEDIČS fand Del'vig früh von der Nachahmung der anakreontischen Dichtung und der *Epistolae* des HORAZ zur Form der Idylle nach dem Vorbild THEOKRITS. »*Del'vigs Idyllen*«, schreibt Puškin mit einer leichten Verschiebung der Akzente, »*sind für mich ganz erstaunlich. Welch eine Einbildungskraft muß man besitzen, um sich derart vollständig aus dem 19. Jh. in das Goldene Zeitalter zurückzuversetzen.*« In Wahrheit ging es Del'vig nicht darum, in seiner Dichtung die Antike um ihrer selbst willen wiedererstehen zu lassen. Motive, Namen und Termini der Antike reduzieren sich bei ihm zu einem System konventioneller Sprachformen, zum reichhaltigen Repertoire einer periphrastischen, allegorischen Ausdrucksweise, die nicht immer frei ist von schablonenhafter Routine.

Eher formales Gestaltungsprinzip als eigenständiger inhaltlicher Vorwurf ist das antike Moment auch in Del'vigs 1828 entstandener und in einem fragmentarischen Autograph erhaltener Idylle *Konec zolotogo veka*. Die klassizistische Formgebung kann über den romantischen Charakter des Sujets nicht hinwegtäuschen. In die pastorale Szenerie des Goldenen Zeitalters transponiert, behandelt die Idylle das gleiche Motiv wie KARAMZINS sentimentale Novelle *Bednaja Liza*, 1791 *(Die arme Liza)*: die Geschichte des unschuldigen, vom falschen Städter verführten Bauernmädchens. Von allen Hirten Arkadiens umworben, hat Amarilla, die schönste aller Schäferinnen, ihr Herz dem stattlichen, redegewandten Stadtbewohner Meletius geschenkt. Nach einem Frühling heißer Liebesschwüre ist Meletius verschwunden. Amarilla sucht ihn in der Stadt, gerät jedoch in das rauschende Hochzeitsfest des Treulosen. Wie von Furien gehetzt, flieht sie in die Heimat. Aus den Blumen, die Eros zum Opfer bestimmt sind, flicht sie sich ein absonderliches Gewand. Mit irrem Lachen tritt sie vor ihre Eltern, die aus Kummer über ihren Zustand sterben. Amarillas wilder Gesang lockt ihre Freunde und Freundinnen, die Hirten und Schäferinnen, herbei. Betroffen ziehen sie sich von der Wahnsinnigen zurück. Mit den Blumen des Eros schmückt Amarilla einen Baum am Flußufer. Als der Ast, an dem sie sich hält, bricht, wird sie von den Fluten des Flusses davongetragen.

Del'vig hat seine wehmütige »Idylle« über den Untergang des Goldenen Zeitalters durch die hereinbrechende Zivilisation als Gespräch zwischen einem Hirten Arkadiens, dem letzten Zeugen der glücklichen Vergangenheit, und einem Wanderer konzipiert, der in allen Teilen der Welt – nicht zuletzt im rauhen, russischen Norden – dem Glück vergeblich nachgejagt ist. In einer Fußnote weist er selbst auf das zweite literarische Vorbild seines Gedichts: das Ende Ophelias in SHAKESPEARES *Hamlet*. In dem tragischen Moment des Karamzinschen sowie des Shakespeareschen Vorbilds, in der über die Szene gebreiteten, die Gattung der Idylle überschreitenden Melancholie liegt das eigentliche, das romantische Interesse des Autors. Unmittelbar am antiken Muster orientiert, sind Versmaß und Rhythmus dennoch keine bloße Kopie klassischer Formen. Das Gedicht ist in gleichmäßigen reimlosen Hexametern verfaßt, in denen der Ersatz zweier »Kürzen« durch eine »Länge« rhythmische Akzente setzt.

C.K.

AUSGABEN: Petersburg 1829 (in *Stichotvorenija barona Del'viga*). – Petersburg 1850 (in *Sočinenija barona A. A. Del'viga*, Hg. A. Smirdin). – Petersburg 1893 (in *Sočinenija barona A. A. Del'viga*, Hg. V. V. Majkov; Beilage zu ›Sever‹, Juli 1893). – Leningrad 1934 (in *Poln. sobr. soč.*, Hg. B. Tomaševskij; ern. 1959). – Moskau 1983 (in *Stichotvorenija*).

LITERATUR: L. Koehler, *A. A. D. A Classicist in the Time of Romanticism*, Den Haag/Paris 1970.

FËDOR MICHAJLOVIČ DOSTOEVSKIJ

* 11.11.1821 Moskau
† 9.2.1881 St. Petersburg

LITERATUR ZUM AUTOR:
Bibliographien:
F. M. D. *Bibliografija proizvedenij F. M. D. i literatury o něm. 1917–1965*, Moskau 1968. – S. V. Belov, *Bibliografija proizvedenij F. M. D. i literatury o něm. 1966–1969*, Leningrad 1971. – Ders., *F. M. D. i teatr. 1846–1977. Bibliogr. ukazatel'*, Leningrad 1980.
Wörterbuch:
R. Chapple, *A. D. Dictionary*, Ann Arbor 1982.
Zeitschriften:
International Dostoevsky Society Bulletin, Washington 1972–1979. – Dostoevsky Studies: Journal of the International Dostoevsky Society, Klagenfurt 1980 ff.
Biographien:
E. Solov'ev, *D., ego žizn' i literaturaja dejatel'nost'*, Kasan 1922. – K. V. Močul'skij, *D. Žizn' i tvorčestvo*, Paris 1947. – D. I. Zaslavskij, *F. M. D. Kritiko-biografičeskij očerk*, Moskau 1956. – P. S. R. Payne, *D. A Human Portrait*, NY 1961. – Ė. M. Rumjanceva, *F. M. D. Biografija pisatelja*, Leningrad 1971. – L. Grossman, *D. A Biography*, Ldn. 1974. – P. Hingley, *D. His Life and Work*, NY 1978. – J. Seleznev, *D.*, Moskau 1981.
Gesamtdarstellungen und Studien:
N. Berdjajew, *Die Weltanschauung D.s*, Mchn. 1925. – L. Grossman, *Poëtika D.*, Moskau 1925. – D. Gerhardt, *Gogol u. D. in ihrem künstlerischen Verhältnis*, Diss. Halle 1940. – R. Lauth, *Die Philosophie D.s*, Mchn. 1950. – R. Guardini, *Religiöse Gestalten in D.s Werk*, Mchn. 1951. – J. Eng, *D. – romancier*, Den Haag 1957. – V. Šklovskij, *Za i protiv. Zametki o D.*, Moskau 1957. – *D. A Collection of Critical Essays*, Hg. R. Wellek, Englewood Cliffs/

N. J. 1962. – N. Gus', *Idei i obrazy F. M. D.*, Moskau 1962. – M. Bachtin, *Problemy poétiki D.*, Moskau 1963 [dt. Ü: Mchn. 1971]. – N. M. Čirkov, *O stile D.*, Moskau 1963; ²1967. – G. Fridlender, *Realizm D.*, Moskau/Leningrad 1964. – J. Holthusen, *Prinzipien der Komposition u. des Erzählens bei D.*, Köln 1969. – F. Thiess, *D. Realismus am Rande der Transzendenz*, Stg. 1971. – W. Schmid, *Der Textaufbau in den Erzählungen D.s*, Mchn. 1973 [enth. Bibliogr.]. – M. Braun, *Das Gesamtwerk als Vielfalt u. Einheit*, Göttingen 1976. – L. Müller, *D.*, Tübingen 1977. – *D. & Gogol. Texts and Criticism*, Hg. P. Meyer u. St. Rudy, Ann Arbor 1979. – G. M. Fridlender, *D. i mirovaja literatura*, Moskau 1979. – R. Neuhäuser, *Das Frühwerk D.s. Literarische Tradition u. gesellschaftlicher Anspruch*, Heidelberg 1979 [enth. Bibliogr.]. – S. M. Solov'ev, *Izobrazitel'nye sredstva v tvorčestve F. M. D. Očerki*, Moskau 1979. – F. Ph. Ingold, *D. u. das Judentum*, Ffm. 1981. – J. L. Rice, *D. and the Healing Art: An Essay in Literary and Medical History*, Ann Arbor 1985. – W. Baumann, *Orientierungen oder Desorientierungen zu D.?*, Hbg. 1986.

BEDNYE LJUDI

(russ.; *Arme Leute*). Roman von Fëdor M. Dostoevskij, erschienen 1846. – Die Geschichte *»eines Beamtenherzens, rein und redlich, und eines jungen Mädchens, gekränkt und traurig«* machte den jungen Dostoevskij über Nacht zu einem gefeierten Schriftsteller (darüber Dostoevskij in *Dnevnik pisatelja – Tagebuch eines Schriftstellers* – für das Jahr 1877). Ein alter, ärmlich lebender Beamter führt einen schlichten Briefwechsel mit seiner jungen, hübschen, entfernten Verwandten Varja, die – indem sie einen reichen, ungeliebten Gutsbesitzer heiratet – in selbstverständlicher und für ihn grausamer Ahnungslosigkeit an ihm vorübergeht, dem eigenen, wahrscheinlich glücklosen Schicksal entgegen.
Dostoevskij setzt die auf Gogol' zurückgehende Tradition der »Natürlichen Schule« fort und stellt in den Mittelpunkt seiner Geschichte eine »Departementsratte«, den kleinen Mann – den Antihelden. Aber indem er seinen Titularrat Makar Devuškin (*devuška*: Jungfrau) in selbstloser Liebe leiden läßt, setzt er ihn gegen Gogol's erbarmungsloses und ironisches Porträt Akakij Bašmačkins (*bašmak*: Schuh) ab, der für einen Mantel lebt (vgl. *Šinel'*). – Außer der für Dostoevskij typischen Form der direkten Rede läßt der Erstlingsroman noch andere Merkmale erkennen, die auf die großen Romane hindeuten: der Kontrast als spannungsbildender Faktor (jung – alt, gefühlvolles Herz – lächerliches Äußeres, Sentimentalismus bei der Schilderung des Seelischen – Naturalismus bei der Darstellung der Außenwelt); das Vorbild als Mittel zur Selbstidentifikation; der gebannt auf die menschliche Seele gerichtete Blick des Autors. Die Armut stellt sich diesem Blick als ein spezifisches psychisches Erlebnis, nicht nur als ein soziales Anliegen dar. Dieses Erlebnis führt seinen Antihelden vor die tragische Frage: *»Woher kommt es, daß gerade der gute Mensch im Unglück einherwandelt?«* Eine Frage, die in den großen Romanen Dostoevskijs den Menschen zur Rebellion verführen wird.   S. G.

Ausgaben: Petersburg 1846 (in Petersburgskij sbornik). – Moskau 1956 (in *Sobr. soč.*, Hg. L. Grossman u. a., 10 Bde., 1956–1958, 1). – Moskau 1982 (in *Sobr. soč.*, 12 Bde., 1).

Übersetzungen: *Arme Leute*, A. L. Hauff, Dresden 1887. – Dass., E. K. Rahsin (in *SW*, Hg. D. Mereschkowski u. A. Moeller van den Bruck, Bd. 1, Mchn. 1910). – Dass., G. Jarchow, Mchn. 1959 (GGT, 543). – Dass., E. K. Rahsin (in *SW*, Bd. 1, Mchn./Zürich 1977). – Dass., Chr. Ganzer, Stg. 1985.

Literatur: N. S. Trubeckoj, *The Style of »Poor Folk« and »The Double«* (in Amer. Slavic and East Europ. Review, April 1948, S. 150–170). – D. Barlesi, *La vision sociale de Petersbourg chez D. Des »Pauvres gens« à »Crime et châtiment«*, Aix-en-Provence 1961. – H. Günther, *Die Bewußtseinsentwicklung des kleinen Beamten in D.s »Armen Leuten«* (in *Aus der Geisteswelt der Slaven. Dankesgabe an Erwin Koschmieder*, Mchn. 1967, S. 176–188). – R. Neuhäuser, *Rereading »Poor Folk« and »The Double«* (in International Dostoevsky Society Bull., 1976, 6, S. 29–32). – J. Timm, *Das Seinsverständnis der Helden in D.s »Bednye ljudi« und in der »Krotkaja«*, Kiel 1981. – G. Rosenshield, *Old Pokrovskij: Technique and Meaning in a Character Foil in D.'s »Poor Folk«* (in *New Perspectives on Nineteenth-Century Russian Prose*, Columbus 1982, S. 99–110). – V. Terras, *The Young D.: an Assessment in the Light of Recent Scholarship* (in *New Essays on D.*, Cambridge 1983, S. 21–40).

BESY

(russ.; *Die Dämonen*). Roman von Fëdor M. Dostoevskij, erschienen 1871/72. – Der Roman war ursprünglich vom Autor als ein Pamphlet gegen die russische Form des Atheismus – den Nihilismus – gedacht; im Verlauf der Arbeit trat jedoch die beabsichtigte zeitkritische Tendenz hinter philosophische und künstlerische Problematik zurück. Der Handlung liegt die Geschichte des Studenten Ivanov zugrunde, der sich mit einer anarchistisch-revolutionären Gruppe entzweit hatte und von deren Anführer Nečaev im Park der Landwirtschaftlichen Akademie zu Moskau ermordet worden war (November 1869). Die Geschichte eines Mordes aus politischer Räson ist zu einem Element der Handlung auf der Ebene der »Söhne« geworden. Die Ebene der »Väter« (in Analogie zu Turgenevs *Otcy i deti* – *Väter und Söhne*) wird von Stepan Verchovenskij repräsentiert. Das eigentliche dynamische und thematische Zentrum des Romans, die letzte Ursache und das eigentliche Ziel aller Peripetien ist das Geheimnis der Schönheit und der Macht Nikolaj Stavrogins.

Vater Verchovenskij, der *»fünfzigjährige Säugling«*, Idealist, Ästhet und begeisterter Liebhaber der deutschen Philosophie, fristet sein Leben in einer abgelegenen Provinzstadt im Haus der reichen Witwe Varvara Stavrogina. Er ficht Dostoevskijs Kampf gegen den Utilitarismus der jungen Generation aus und proklamiert die Schönheit – nicht das Brot – als das bestimmende Prinzip der Geschichte, als die *»eigentliche Frucht der Menschheit«*. Doch sein geistiger Sieg führt endgültig zu seiner Entwurzelung: Er flieht aus dem Haus seiner Wohltäterin und stirbt als Pilger. Vor seinem Tod (er läßt sich aus dem *Lukas-Evangelium* die Geschichte von der Austreibung der Teufel vorlesen – Entschlüsselung des Titels und des Romans) findet seine ästhetisierende Frömmigkeit zu der religiösen Erkenntnis: *»Die Liebe ist höher denn das Sein, die Liebe ist die Krönung des Seins.«*

Stepan Verchovenskij war der Erzieher Nikolaj Stavrogins, des Sohns der reichen Stavrogina. Stavrogin taucht drei Wochen vor seinem Selbstmord auf; vier Männer umgeben ihn, von denen jeder Stavrogins Antinomie (Glauben – Vernichtung) als individuelles Schicksal erleidet. Der wie Stavrogin erst kürzlich aus dem Ausland zurückgekehrte Anarchist und Führer eines revolutionären *»Fünferkomitees«*, Pëtr Verchovenskij (Sohn des alten Stepan Verchovenskij und damit geistiger Bruder Stavrogins), überträgt dessen Losung: *»Alles ist allem gleich«* (letzte Konsequenz der Idee des »eingekerkerten Bewußtseins« bei Dostoevskij) auf das politische Leben. Er ermordet den Studenten Šatov, angeblich, weil von ihm Denunziation drohe, in Wirklichkeit aber, um seiner konspirativen Tätigkeit mit dieser Untat einen Inhalt zu geben. Hinter der Maske eines Intriganten und Narren verbirgt sich ein von der Idee der Zerstörung um ihrer selbst willen Besessener. Ihm steht in der *»grenzenlosen Despotie«* Šigalëvs eine Utopie von der Herrschaft des außergewöhnlichen Menschen über die Kommune der Entmündigten gegenüber (Ideen Raskol'nikovs und des Großinquisitors treffen hier zusammen).

Der junge Ingenieur Kirilov kennt, gleich Fürst Myškin *(Der Idiot)*, die ekstatische Erfahrung der *»ewigen Harmonie«* des Seins, das *»Alles ist gut!«*. Sie aber steht im Widerspruch zu der alltäglichen Erkenntnis: *»Leben ist Schmerz und Angst.«* Aus Angst schuf der Mensch die Lüge: einen Gott. Die Überwindung der Angst, die Aufhebung des Unterschieds zwischen Leben und Tod bedeutet für Kirilov die Überwindung Gottes und die Gottwerdung des Menschen: Kirilov ist bereit, sich – und damit Gott – zu töten, da für ihn der Selbstmord, der *»höchste Punkt des Eigenwollens«*, den Menschen zum Menschgott macht und Mensch und Natur neue Impulse gibt. Allein, seine *»furchtbare Freiheit«* wird für das konspirative Treiben eingespannt: Genötigt, sich als Mörder des Studenten Šatov auszugeben, stirbt er als Opfer einer grauenvollen Mystifikation.

Šatov ist (neben dem alten Stepan Verchovenskij) die Lieblingsfigur Dostoevskijs und spricht dessen Credo aus: *»Ich glaube an Rußland, ich glaube an eine Orthodoxie… Ich glaube an den Leib Christi… Ich glaube, daß Christi Wiederkunft in Rußland stattfinden wird…«* Šatov – der leidenschaftlichste Anhänger und der heftigste Antipode Stavrogins – glaubt an Rußland, ohne an Gott glauben zu können; darin liegt sein Verhängnis. Die Freude über die Rückkehr seiner Frau, die ihn Stavrogins wegen verlassen hatte, könnte ihn vielleicht wieder zum Glauben zurückführen; doch ehe es dazu kommt, wird er ermordet. Den innersten Kreis um Stavrogin bilden vier Frauen: das kleine Mädchen, das er frevelhaft zugrunde richtete; die hinkende Schwachsinnige, die er aus *»Leidenschaft zur Qual«* heiratete (und die mit Hilfe Pëtr Verchovenskijs ermordet wird); die schöne Liza, die ihm das Wunder der Liebe erschließen sollte (und die vom Pöbel umgebracht wird), und Daša, die ihm bis zu seinem Selbstmord in mütterlicher Barmherzigkeit standhielt. Die Frauen entlarven die Macht Stavrogins als die Ohnmacht eines *»falschen Prinzen«*; Mönch Tichon – der *»positiv schöne Mensch«* als Verkörperung potentieller Kraft – durchschaut das Geheimnis seiner *»widerlichen Schönheit«*.

Das erst 1923 gedruckte, ursprünglich neunte Kapitel des dritten Teils mit der Überschrift *Bei Tichon* enthält die Beichte Stavrogins und sein Bekenntnis: *»Ich glaube an den Teufel«* – äußerste Dokumentation des vollzogenen Abfalls vom Sein bei Dostoevskij. Die Verwirklichung des Menschgottes erweist sich nicht als Triumph des Menschen, sondern als Zerstörung der Persönlichkeit. Der realisierte Unglaube ist Besessenheit. – Die dynamische Achse des Romans (die Antithese: Wahrheit der göttlichen Schönheit – Lüge der gottfernen Schönheit) ist durch ein undurchdringliches Geflecht von Intrige und Mystifikation getarnt. In den *Dämonen* erreicht Dostoevskijs Romantechnik ihren Höhepunkt. Monolog und Dialog sind Kraftfelder ständig wachsender Spannung, erzeugt vor allem durch die Katastrophen, die Stavrogin sowohl erleidet als auch auslöst.   S. G.

Ausgaben: Petersburg 1871/72 (in Russkij vestnik). – Moskau 1957 (in *Sobr. soč.*, Hg. L. Grossman u. a., 10 Bde., 7). – Moskau 1982 (in *Sobr. soč.*, 12 Bde., 8, 9, 10).

Übersetzungen: *Die Besessenen*, H. Putze, 3 Bde., Dresden 1888. – *Die Dämonen*, E. K. Rahsin (in *SW*, Hg. Moeller van den Bruck, Bd. 5–6, Mchn. 1906; m. Einl.). – Dass., H. Röhl, Gütersloh 1962. – Dass., E. K. Rahsin (in *SW*, Bd. 8, Mchn./Zürich 1977). – Dass., dies., Mchn. 1985.

Dramatisierungen: *Nikolaj Stavrogin*, Moskau 1913 [Uraufführung im Künstlertheater]. – V. Burenin u. M. Suvorin, *Besy*, Petersburg 1908. – A. Camus, *Les possédés* [Uraufführung: Paris 1959; Ü: *Die Besessenen*, G. G. Meister, Hbg. 1960].

VERFILMUNG: Frankreich/Polen 1987 (Regie: A. Wajda).

LITERATUR: A. Moeller van den Bruck, *»Die Dämonen«* (in Die Zukunft, 14, 1906, 45). – A. Bem [Böhm], *Die Entwicklung d. Gestalt Stawrogins* (in *D.-Studien*, Hg. D. Čyževski, Reichenberg 1931, S. 69–98). – S. Hessen, *Stavrogin als philos. Gestalt. Die Idee des Bösen in den »Dämonen«* (ebd., S. 51–68). – R. Guardini, *Religiöse Gestalten in D.s Werk*, Mchn. 1951, S. 290–353. – R. Lauth, *Die Bedeutung d. Schatow-Ideologie f. d. philos. Weltanschauung D.s* (in *Münchner Beiträge z. Slawenkunde, Festgabe P. Diels*, 1953, S. 240–252). – K. Hermanns, *»Die Dämonen«* (in K. H., *Das Experiment der Freiheit*, Diss. Köln 1956, S. 89–120). – F. I. Evnin, *Roman »Besy« D.* (in *Tvorčestvo D.*, Moskau 1959, S. 215–264). – E. Stenbok-Fermor, *Lermontov and D.'s Novel »The Devils«* (in SEER, 17, 1959, S. 215–230). – F. Stepun, *D.s prophet. Analyse d. bolschewist. Revolution* (in F. S., *D. u. Tolstoj*, Mchn. 1961, S. 51–79). – M. S. Gus, *Idei i obrazy D.*, Moskau 1962, S. 345–368. – D. Bradbury, *The Narrative Structure of »Besy« by F. M. D. A Formal Analysis*, Edinburgh 1974. – B.-V. Gretzmacher, *Die Gestalt des Stavrogin in dem Roman »Die Dämonen« von F. M. D.*, Tübingen 1974. – G. M. Hucko, *The Uses of Narrator in D.'s »The Devils«*, Diss. Yale Univ. 1974 [enth. Bibliogr.]. – V. Černý, *D. and His »Devils«*, Ann Arbor 1975. – S. Vladiv, *Narrative Principles in D.'s »Besy«. A Structural Analysis*, Bern/Ffm. u. a. 1979 [enth. Bibliogr.].

BRAT'JA KARAMAZOVY.
Roman v 4 castjach s ėpilogom

(russ.; *Die Brüder Karamazov*). »Roman in vier Büchern und einem Epilog« von Fëdor M. DOSTOEVSKIJ, erschienen 1879/80. – Dostoevskijs letzter Roman gibt eine Zusammenfassung seiner Meditationen über das Schicksal der Menschheit aus den letzten Jahrgängen des *Tagebuch eines Schriftstellers (Dnevnik pisatelja)*, gipfelnd in dem Satz: *»Ohne eine höhere Idee kann weder ein einzelner Mensch noch eine Nation existieren. Es gibt nur eine höchste Idee auf Erden – die Idee der Unsterblichkeit der menschlichen Seele, denn alle übrigen hohen Ideen, von denen der Mensch leben kann, entspringen ihr allein ... Kurz, die Idee der Unsterblichkeit ist das Leben selber, das lebendige Leben.«* Darüber hinaus spiegelt der Roman die gesamte dichterische Welt Dostoevskijs und weist wie kein anderer in sublimierter Form Züge seiner eigenen inneren Biographie auf. Die Freundschaft mit Vladimir S. SOLOV'ËV, dem Verkünder der Philosophie des Christentums, wirkte sich bedeutsam auf die Gestaltung und auf die gedankliche Intensität dieses Romans einer Idee aus; eine weitere wichtige Anregung brachte Dostoevskij die Begegnung mit der »Philosophie des gemeinsamen Tuns« von Nikolaj F. FËDOROV. Die Fabel des Romans ähnelt wie keine andere bei Dostoevskij einer Kriminalstory, da der wahre Täter bis zuletzt für den Leser unbekannt bleibt (im Gegensatz zu *Prestuplenie i nakazanie – Schuld und Sühne*). Die drei Brüder Karamazov kehren als Erwachsene in ihr Elternhaus zurück und treten dort ihrem Vater Fëdor gegenüber, einem alternden Lüstling und Narren, dem sie nichts als Verachtung und Haß entgegenbringen können. Alle drei wünschen seinen Tod. Als er eines Tages ermordet wird, fällt der Verdacht auf den ältesten Bruder Dmitrij, einen Rivalen des alten Karamazov bei der schönen Grušenka. Sämtliche Indizien sprechen gegen ihn, er wird schuldig gesprochen und zu Zwangsarbeit in Sibirien verurteilt. Der tatsächliche Mörder ist der Epileptiker Smerdjakov, unehelicher Sohn des alten Karamazov. Er setzt die Maxime des zweitältesten Bruders Ivan: *»Alles ist erlaubt«* in die Wirklichkeit um. Aus Langeweile, aus Ekel am Leben, jedoch ohne das geringste Schuldgefühl, erhängt sich Smerdjakov. Die drei Brüder nehmen ihre reale Mitschuld auf sich, als Voraussetzung einer Sühne.

Als Roman einer Idee ist dieses Werk nicht nur die Geschichte der Familie Karamazov, sondern die der menschlichen Situation schlechthin. Fëdor Karamazov (biologischer Vater, Pol der Zeugung und des Todes) steht Starec Zosima (geistiger Vater, Pol des Opfers und der Auferstehung) gegenüber. Die drei Brüder manifestieren die Trichotomie: das Denken ist das Element Ivans, Leidenschaft bestimmt das Leben Dmitrijs, der schöpferische Wille die Haltung Alëšas. Alle drei entstammen dem »Karamazovschen Element« (Erdhaftigkeit und Sinnlichkeit) und müssen sich gegen ihren illegitimen Halbbruder, die Personifikation von Sünde und Versuchung, behaupten. Alle drei stehen den gleichen tragischen Konflikt (Vaterhaß) durch und tragen die gleiche Schuld (Vatermord) wie Smerdjakov. Jedem der drei Brüder ist eine weibliche Gestalt zugeordnet, die ihm gegenüber eine tragende und charakterisierende Funktion erfüllt: Ivan – Katerina (Stolz und Selbstvergewaltigung), Dmitrij – Grušenka (Sinnlichkeit und Schönheit), Alëša – Liza (das Wunder der Heilung). Jeder ist von seiner eigenen Welt umschlossen: Ivan steht seinen Doppelgängern gegenüber, Dmitrij lebt in Schenken und Gassen, Alëša in der Welt des Klosters und der Kinder.

Die Haupthandlung wird von den Biographien der Brüder flankiert, die den tragischen Konflikt im *nadryv* ausleben müssen (Überschrift zu Buch 4). *Nadryv* – eine der wichtigsten Entdeckungen Dostoevskijs seit seinen *Aufzeichnungen aus dem Kellerloch (Zapiski iz podpol'ja*, 1864) – ist ein nicht zu übersetzender Terminus, abgeleitet von dem Verb *nadryvat'* (zerreißen). Dostoevskij meint damit den willentlichen Selbstbetrug und die gewollte Selbstzerstörung als Ausdruck des in der Natur des menschlichen Seins begründeten »Eigenwollens« und den Vollzug des Selbstbeweises. *Nadryv* ist *»Vergewaltigung der eigenen Person und Vergewaltigenwollen des Schicksals«* als Ausdruck ontologischer Stabilität. Alëša erlebt in der Ekstase die Vision der verklärten Welt; Dmitrijs Traum von einem un-

glücklichen Kindlein weist seine Leidenschaftlichkeit in die Bahn des Mitleids; Ivan dichtet eine *Legende vom Großinquisitor.*
Der Sinn dieser Legende ist nur im Rahmen des gesamten Romans zu erfassen: Christus erscheint im mittelalterlichen Spanien; er wird sofort erkannt und auf Geheiß des Großinquisitors eingekerkert. In einem Monolog klagt der Greis den Heiland an, er habe die Gaben des Versuchers: Brot, Wunder und Macht zugunsten seiner Freiheit verschmäht und damit das Unglück und Leid des Menschen besiegelt. Der Großinquisitor bekennt sich zum Antichrist, mit dessen Hilfe für den entwürdigten Menschen das Paradies auf Erden errichtet und *»bloß der Tod«* ins Jenseits verwiesen werden soll. Schweigend küßt ihn Christus auf den Mund, und schweigend verläßt er den Kerker. Der erste Aspekt der Legende ist die Kritik Dostoevskijs am westeuropäischen Christentum und an der römischen Kirche als der Verkörperung weltlicher Macht; der zweite ist die Selbstdarstellung Ivans, die Beziehungslosigkeit seines Mitleids, das nur das irdische Schicksal des Menschen zu erfassen vermag; der dritte ist Dostoevskijs Analyse der Freiheit als einer Offenbarung des göttlichen Prinzips im Menschen, die er in der Gegenüberstellung der Legende und der Reden des Starec Zosima durchführt. Zosima verkündet eine ekstatische Erfahrung: die Unsterblichkeit des Menschen und die Göttlichkeit der Welt. Seine Gewißheit, daß das Sein eine Einheit ist, führt ihn zu der Erkenntnis: *»Alle sind an allem schuld«* und zur Praxis der *»werktätigen Liebe«* als Verwirklichung selbstloser Freiheit.
Damit korrigiert und vollendet Dostoevskij die Gedanken aus seinen früheren Romanen, in denen er das Prinzip der menschlichen Existenz ohne Gott in Gestalten wie Kirilov, Stavrogin *(Besy)* und noch in den *Brüdern Karamazov* (Ivan) bis in seine letzten Konsequenzen verfolgte. *»Und zweifellos hat niemand in dem Maße wie Dostoevskij der absurden Welt so eindringliche und so quälende Reize zu geben vermocht«* (Albert Camus). Alëšas Antwort auf die Frage nach der Auferstehung – *»Gewiß, wir werden uns wiedersehen, wir werden uns fröhlich erzählen, was alles geschehen ist«* – zieht gleichsam die Schlußfolgerung. Der Selbstmord Kirilovs, Ivans Wahnsinn (*»wie Nietzsche, der berühmteste Gottesmörder, endet er im Wahnsinn«*, bemerkt Camus) sind überholt. SCHILLERS Idee des *»höheren Menschen«* hat in Alëša die Gedankenspiele mit dem Übermenschen (Raskoľnikov) und dem Menschgott (Kirilov) überwunden. S.G.

AUSGABEN: Petersburg 1879/80 (in Russkij vestnik). – Moskau 1958 (in *Sobr. soč.*, Hg. L. Grossman u. a., 10 Bde., 1956–1958, 9. u. 10). – Moskau 1982 (in *Sobr. soč.*, 12 Bde., 11 u. 12).

ÜBERSETZUNGEN: *Die Brüder Karamasow*, anon., Lpzg. 1884, 4 Bde. – *Die Brüder Karamasoff*, E. K. Rahsin (in *SW*, Bd. 9/10, Mchn. 1906; ern. in *SW*, Mchn. 1952; revid.). – *Die Brüder Karamasow*, K. Nötzel (in *Sämtl. Romane u. Novellen*, Bde. 23, 24 u. 25, Lpzg. 1921). – Dass., H. Ruoff, Mchn. 1958. – *Die Brüder Karamasoff*, E. K. Rahsin (in *SW*, Bd. 10, Mchn./Zürich 1977). – Dass., dies., Mchn. 1985.

DRAMATISIERUNGEN: 12. 10. 1910 aufgef. im Moskauer Künstlertheater. – V. Hochmann, Hbg. 1949.

VERTONUNG: *Bratří Karamazoví*, O. Jeremiaš, Prag 1930 (Oper).

VERFILMUNGEN: Rußland 1914. – Dtschld. 1920. – Frankreich 1921. – Dtschld. 1931. – Italien 1947. – USA 1957.

LITERATUR: A. L. Wolynski (Flekser), *Das Reich d. Karamazow*, Mchn. 1920. – V. Rozanov, *Legenda o »Velikom inkvizitore« D.*, Bln. 1924. – H. Hesse, *Die »Brüder Karamasow« oder d. Untergang Europas* (in H. H., *Betrachtungen*, Bln. 1928, S. 104 ff.). – *Die Urgestalt d. »Brüder Karamasow«. D.s Quellen, Entwürfe u. Fragmente*, Hg. R. Fülöp-Miller u. F. Eckstein, Mchn. 1928. – O. Piper, *Der »Großinquisitor« v. D.* (in Die Furche, 17, 1931, S. 249–273). – A. Rammelmeyer, *D.s Begegnung m. Belinski. Zur Deutung d. Gedankenwelt Iwan Karamasows* (in ZslPh, 21, 1951, S. 1–21). – A. Maceina, *»Der Großinquisitor«. Geschichtsphilosoph. Deutung d. Legende D.s*, Heidelberg 1952. – V. V. Ermilov, *D.s Roman »Die Brüder Karamazow«* (in Sowjetwissenschaft; Ser. Kunst u. Lit., 4, 1956, S. 608–638). – K. Serežnikov, *D. Auftakt z. Legende »Der Großinquisitor«* (in *Fs. M. Vasmer*, Wiesbaden 1956). – A. A. Belkin, *»Brat'ja Karamazovy«; social'no-filosofskaja problematika* (in *Tvorčestvo D.*, Moskau 1959, S. 265–292). – M. Markovitch, *Problème du style dans »Les Frères Karamasow«* (in *Stil- u. Formprobleme der Literatur*, Hg. P. Böckmann, 1959, S. 402 ff.). – H. Slochower, *Incest in »The Brothers Karamasow«* (in Amer. Imago, 16, 1959, S. 127 bis 145). – W. Lettenbauer, *Zur Deutung d. »Legende v. Großinquisitor« D.s* (in WdS, 5, 1960, S. 329–333). – W. Rehm, *Die »Legende v. Großinquisitor«* (in W. R., *Jean Paul – D. Eine Studie z. dichter. Gestaltung d. Unglaubens*, Göttingen 1962, S. 65–93). – Ja. E. Golosovker, *D. i Kant. Razmyšlenie čitatelja nad romanom »Brat'ja Karamazovy« i traktatom Kanta »Kritika čistogo razuma«*, Moskau 1963. – J. van der Eng u. J. Meijer, *»The Brothers Karamazov« by F. M. D. Essays*, Den Haag/Paris 1971. – H.-J. Gerigk, *Die zweifache Pointe der »Brüder Karamazow«. Eine Deutung mit Rücksicht auf Kants »Metaphysik der Sitten«* (in Euphorion, 69, 1975, S. 333–349). – St. Sutherland, *Atheism and the Rejection of God. Contemporary Philosophy and »The Brothers Karamasow«*, Oxford 1977. – V. E. Vetlovskaja, *Poètika romana »Brat'ja Karamazovy«*, Leningrad 1977. – R. Miller, *The Biblical Story of Joseph in D.'s »The Brothers Karamasow«* (in Slavic Review, 41, 1982, S. 653–665). – V. Kirpotin, *»Brat'ja Karamazovy« kak filosofskij roman* (in Voprosy literatury, 12, 1983, S. 106–135).

DNEVNIK PISATELJA

(russ.; *Tagebuch eines Schriftstellers*). In Einzelteilen fortlaufend veröffentlichte Tagebuchaufzeichnungen von Fëdor M. Dostoevskij, erschienen 1873–1881. – Ursprünglich ein Beitrag in der von ihm redigierten konservativen Zeitschrift ›Graždanin‹ (Januar 1873 bis März 1874), erschienen die Tagebuchaufzeichnungen nach einer Pause von drei Jahren in monatlichen Abständen im Selbstverlag und erreichten im Dezember 1877 eine Auflage von über siebentausend Exemplaren. Die Arbeit an den *Brat'ja Karamazovy (Die Brüder Karamazov)* bedeutete eine neue Unterbrechung bis zum Augustheft 1880; das letzte Heft des Tagebuchs erschien im Januar 1881, bereits nach Dostoevskijs Tod.

Die Aufzeichnungen (über 200 Einzelstücke) lassen sich ihrem Inhalt nach unter folgenden Gesichtspunkten zusammenfassen: 1. Autobiographisches: Kindheits- und Jugenderinnerungen; Porträts seiner Zeitgenossen (u. a. Belinskij, Nekrasov). 2. Literarisches: Stoff für seine Romane, den er dem russischen Alltag entnahm; Auseinandersetzung mit Werken anderer Autoren und Problemen der russischen Literatur (Leskov, Tolstoj); das Augustheft 1880 enthält Dostoevskijs literarisches Credo: die Rede vor der »Gesellschaft der Freunde der russischen Literatur« anläßlich einer Puškin-Feier im Juni 1880 und die eingehende Begründung seiner Thesen. 3. Politisches: Sozialpolitisches (Rechtsprechung, Jugendrecht usw.); Außenpolitisches (Rolle und Aufgabe der europäischen Nationen, Ursprung und Ziel des römischen Katholizismus und des Sozialismus). 4. Novellen: *Bobok* (1873), *Mal'čik u Christa na jolke*, 1876 *(Der Knabe bei Christo zur Weihnacht), Krotkaja*, 1876 *(Die Sanfte), Son smešnogo čeloveka*, 1877 *(Der Traum eines lächerlichen Menschen)*.

Das *Tagebuch eines Schriftstellers* ist für Dostoevskij ein *»vollständiges Tagebuch in voller Bedeutung des Wortes, d. h. ein Bericht darüber, was mich persönlich am meisten interessierte – hier liegt sogar eine Laune vor«.* Der Drang aus der Anonymität in die verbindliche Intimität ist ein Erbe Gogol's, der als erster russischer Künstler die Fragwürdigkeit der Kunst gegenüber dem christlichen Sein als ein persönliches Verhängnis erlebte und an diesem Konflikt zugrunde ging.

Dostoevskij versucht in seinen Reflexionen einen Durchbruch zur direkten Aussage zu verwirklichen, die eine engagierte ist und sein soll. Sein Streben nach einer absolut verbindlichen Aussprache mit dem Leser ist Ausdruck seines unstillbaren Verlangens nach unausgesetzter Beichte (*»Beichte vor dir selber unaufhörlich«*, sagt Starec Zosima in den *Brüdern Karamazov*) und das eigentliche Kraftzentrum seiner Werke. Sowohl das fingierte Selbstgespräch in den Romanen als auch das authentische in den Tagebüchern ist für Dostoevskij ein Experiment der Selbsterfahrung.   S.G.

Ausgaben: Petersburg 1873/74 (in Graždanin). – Leningrad 1982–1984 (in *Poln. sobr. soč.*, 30 Bde., 24, 25, 26, 27).

Übersetzungen: *Tagebuch eines Schriftstellers*, A. Eliasberg, 4 Bde., Mchn. 1921–1923. – *Aus dem Tagebuch eines Schriftstellers*, ders., Hbg. 1962 (RKl, 111/112; Ausw.; Nachw. S. Geier). – *Tagebuch eines Schriftstellers*, E. K. Rahsin (in *SW*, Bd. 5, Mchn./Zürich 1977).

Literatur: I. L. Volgin, *D. i carskaja cenzura: k istorii izdanija »Dnevnika pisatelja«* (in Russkaja Literatura, 1970, 13, S. 106–120). – D. V. Grishin, *D. – čelovek, pisatel' i mify*, Melburn 1971. – Ders., *Nravstvennye osnovy publicistiki D. (Vostočny vopros v Dnevnike pisatelja)* (in Izvestija Akademii Nauk, 1971, 30, S. 312–324). – G. Morson, *D. »Writer's Diary« as Literature of Process* (in Russian Literature, 1976, 4, S. 1–14). – Ders., *The Boundaries of Genre. D.'s »Diary of a Writer« and the Traditions of Literary Utopia*, Austin 1981. – N. Perlina, *Vozdejstvie gertsenovskogo žurnalizma na architektonku i polifoničeskoe stroenie »Dnevnika pisatelja« D.* (in Dostoevsky Studies, 1984, 5, S. 141–155).

IDIOT

(russ.; *Der Idiot*). Roman von Fëdor M. Dostoevskij, erschienen von Januar 1868 bis Februar 1869 in der Zeitschrift ›Russkij vestnik‹. – »*Der Hauptgedanke des Romans«,* in dessen qualvollen und langwierigen Entstehungsprozeß die lückenlos erhaltenen Notizbücher Einblick gewähren, *»ist die Darstellung des im positiven Sinne schönen Menschen«.* Da das Schöne für Dostoevskij keine ästhetische Fiktion, vielmehr ein Sein von höchster sittlicher Kraft darstellt, erscheint ihm Christus als der einzig vollkommen schöne und freie Mensch. Um darzutun, wie sehr der heillose Zustand irdischer Verhältnisse des Guten und Reinen bedarf, richtet Dostoevskij seine geistige und künstlerische Anstrengung auf die Nachbildung jener beispielhaften, in selbstloser Liebe sich erfüllenden Existenz. Don Quijote und Mr. Pickwick, die im Konflikt mit der unvollkommenen Welt komisch erscheinen und eben dadurch die Fähigkeit des Mitleidens erwecken, zählen für ihn zu den literarischen Nachfolgern Christi, und *»Fürst Christus«* nennt er in den Entwürfen seinen eigenen Helden, den Fürsten Myškin. Die Einzigartigkeit dieses Menschen – *»on nevinen« (»er ist unschuldig«)* –, der nicht nur wegen seiner Geisteskrankheit und seines schweren epileptischen Leidens, sondern auch wegen der Ungewöhnlichkeit seines demütigen, bescheidenen und zutiefst einsamen Wesens als Idiot bezeichnet wird, übt auf seine Umgebung eine unwiderstehliche Anziehungskraft aus. *»Alle Geschehnisse, so entfernt sie auch von ihm verlaufen mögen, besitzen eine Gravitation auf ihn zu, und dieses Gravitieren aller Dinge und Menschen gegen den Einen macht den Inhalt des Buches aus«* (W. Benjamin).

Myškin, letzter Sproß eines alten Geschlechts, kehrt nach langem Aufenthalt in einer Schweizer Heilanstalt nach Rußland zurück und begegnet im Eisenbahnabteil dem Kaufmann Rogožin, der ihm von seiner Leidenschaft zu Nastas'ja Filippovna erzählt. Am gleichen Tag sieht der Fürst im Haus des Generals Epančin, dessen Frau eine entfernte Verwandte von ihm ist, ein Bild der ungewöhnlich schönen Nastas'ja und erfährt, daß sie mit Ivolgin, dem Sekretär des Generals, verheiratet werden soll, um ihrem reichen Verführer Tockij die Ehe mit einer der drei Töchter Epančins zu ermöglichen. Wenig später steht Myškin der jüngsten Tochter des Generals, der anmutigen Aglaja, gegenüber. Zwei starke Empfindungen bestimmen von nun an sein Verhalten: die Liebe zu Aglaja und tiefes Mitleid mit Nastas'ja, in der er als einziger nicht eine Frau von zweifelhaftem Ruf sieht, sondern den leidenden Menschen erkennt. Noch am gleichen Abend macht er ihr einen Heiratsantrag, weil er glaubt, sie vor dem berechnenden Ivolgin und dem von Haßliebe verzehrten Rogožin schützen zu müssen. Für Nastas'ja scheint in der Begegnung mit dem Fürsten eine lebenslange Sehnsucht ihr Ziel zu finden, doch das Bewußtsein ihrer eigenen Minderwertigkeit – *sie war tief davon überzeugt, das lasterhafteste, am tiefsten gefallene Geschöpf von der Welt zu sein* – und ein unwiderstehlicher selbstzerstörerischer Drang lassen sie Rogožin folgen und später die Verbindung zwischen Myškin und Aglaja fördern. Für Aglaja aber wird gerade das zum Anlaß, der ihr unerklärlichen Beziehung des Fürsten zu Nastas'ja den Kampf anzusagen. Vor Rogožin und Myškin erhebt sie Anklage gegen die Nebenbuhlerin. Ihr Angriff, verständlich und unbarmherzig zugleich, zwingt den Fürsten, sich wiederum schützend vor Nastas'ja zu stellen. In ihrem Selbstbewußtsein zutiefst verletzt, verläßt Aglaja ihn für immer. Nastas'ja aber flieht unmittelbar vor der Trauung mit dem Fürsten zu Rogožin, der sie in derselben Nacht ersticht. Gemeinsam mit seinem Gegenspieler wacht Myškin am Bett der Toten. *»Dann als die Tür nach vielen Stunden aufging und Leute kamen, fanden sie den Mörder fiebernd und völlig bewußtlos vor. Der Fürst saß reglos neben ihm auf den Kissen und fuhr bei den Fieberphantasien des Kranken diesem liebkosend und beruhigend mit zitternder Hand über Haare und Wangen. Doch er verstand nichts mehr von dem, was man ihm fragte.«* Rogožin wird zu fünfzehn Jahren Zuchthaus verurteilt, Myškin aber in die Heilanstalt zurückgebracht, wo sein gestörtes Bewußtsein allmählich erlischt.

Fürst Myškin ist einer der wenigen Helden Dostoevskijs, die nicht im *nadryv* (vorsätzliche Selbstzerstörung als Ausdruck der Selbstbestätigung) leben. Er wird sich vielmehr seiner inneren Identität in der Erfahrung einer höheren Realität bewußt. *»Bei epileptischen Anfällen gibt es kurz vor dem Ausbruch der Krankheit immer einen Augenblick, wo das Gehirn mitten in seiner bekümmerten Erregung, mitten in seiner seelischen Dunkelheit und Bedrücktheit plötzlich gleichsam aufflammt. Der Verstand und das Herz werden mit ungewöhnlichem Licht erfüllt, und aller Kummer, aller Zweifel, alle Unruhe lösen sich in Frieden auf ... Kann es die geringste Bedeutung haben, daß dieser Zustand der Gespanntheit unnormal ist, wenn sich einem das Resultat ... als höchste Harmonie und Schönheit offenbart, wenn er einem das bisher unbekannte und ungeahnte Gefühl des Lebens, das Bewußtsein seiner selbst, der Versöhnung und der leidenschaftlichen religiösen Vereinigung mit der höchsten Synthese des Lebens schenken kann?«* Die mit den Begriffen Frieden und Harmonie evozierten Vorstellungen gehören im Seinsverständnis Dostoevskijs, in dem die Sphären des Metaphysischen und des *hic et nunc* Geschehenden – sich wechselseitig erhellend – aufeinander bezogen werden, durchaus in den Umkreis der im Rußland des 19.Jh.s von Theoretikern und Schriftstellern verschiedenster geistiger Herkunft entwickelten und auf die Veränderung der bestehenden Verhältnisse ausgerichteten utopischen Denkmodelle. In Dostoevskijs eschatologischem Geschichtsbewußtsein entsteht das potentielle Paradies, die als Einheit mit Gott verstandene höchste Synthese des Lebens, als Folge eines zur Verbrüderung aller Menschen führenden Erlösungswerks des als Christusträger apostrophierten russischen Volks. *»Es ist aber notwendig, daß unser Christus, den wir bewahrt haben, als eine Gegenwehr gegen den Westen erstrahlt.«* Doch nicht die Verkündigung einer – vor allem im *Dnevnik pisatelja*, 1873–1881 *(Tagebuch eines Schriftstellers)*, und der Puškin-Rede vertretenen – von der Geschichte widerlegten politisch-religiösen Idee macht die Größe des Romans aus, sondern die Tatsache, daß der in der Hauptgestalt inkarnierte utopische Gedanke die künstlerische Einheit des Werks garantiert. *»Das Gravitieren aller Dinge und Menschen gegen den Einen«* bestimmt nicht nur den Inhalt, sondern auch die Form des Romans, dessen labyrinthisch verschlungene Handlungsstränge auf einen Kern hin zentriert sind. *»Die gesamte Bewegung des Buchs gleicht einem ungeheuren Kratereinsturz«* (Benjamin). Die permanente Spannung zwischen der Sphäre einer vollkommenen Welt und einer heillosen Gegenwirklichkeit, die die explosive, übersteigerte Sprache aufs genaueste kennzeichnet, löst sich in der Katastrophe, die, als Kompositionselement verstanden, an die Stelle *»der üblichen Einheit schaffenden Formkräfte des klassischen russischen Realismus«* tritt und diesem, wie den andern großen Romanen Dostoevskijs, *»eine unerhört geschlossene Wirkungskraft verleiht«* (Stender-Petersen). KLL

AUSGABEN: Petersburg 1868/69 (in Russkij vestnik). – Moskau 1957 (in *Sobr. soč.*, Hg. L. Grossman u. a., 10 Bde., 1956–1958, 6). – Moskau 1982 (in *Sobr. soč.*, 12 Bde., 6 u. 7).

ÜBERSETZUNGEN: Der Idiot, A. Scholz, 3 Bde., Bln. 1889. – Dass., E. K. Rahsin, Mchn. 1910; ern. 1961 (in *SW*, Bd. 3). – Dass., A. Luther, Mchn. 1959. – Dass., K. Brauer, Ffm. 1962. – Dass., A. Scholz, Reinbek 1964 (RKl, 149–152). – Dass., E. K. Rahsin (in *SW*, Bd. 7, Mchn./Zürich 1977). – Dass., H. Röhl, Ffm. 1983.

DRAMATISIERUNG: F. Weyl u. J. W. Bienenstock, *L'idiot*, Paris 1931 [frz.].

VERFILMUNGEN: Frankreich 1946 (Regie: G. Lampin). – *Hakuchi*, Japan 1951 (Regie: A. Kurosawa). – UdSSR 1958 (Regie: I. Pyrjew).

LITERATUR: E. Liatzky, *Zwei Schatten, zwei Flügel. Studie zu D.s Roman »Der Idiot«* (in E. L., *Der russische Gedanke*, Bonn 1931, S. 184–198). – C. A. Manning, *Problema »Idiota« D.* (in Slavia, 14, 1936, S. 96–107). – B. Tönnies, *Die Genialität der Menschenliebe. Gedanken über D.s »Idiot«* (in Philosophische Studien, 2, 1950, S. 81–90). – R. Guardini, *Myschkins Persönlichkeit* (in R. G., *Religiöse Gestalten in D.s Werk*, Mchn. 1951, S. 361–370; ern. 1964). – W. Benjamin, *Der »Idiot« von D.* (in W. B., *Schriften*, Bd. 2, Ffm. 1955, S. 127–131). – V. V. Ermilov, *D.s Roman »Der Idiot«* (in Sowjetwissenschaft, Kunst u. Literatur, 4, 1956, S. 299–318). – W. Nigg, *D.s »Idiot«* (in W. N., *Der christliche Narr*, Stg. 1956, S. 349–403). – S. O. Lesser, *Saint and Sinner – D.'s »Idiot«* (in Modern Fiction Studies, 4, 1958, S. 211–224). – R. Fridlender, *Roman »Idiot«* (in *Tvorčestvo D.*, Hg. L. Grossman, Moskau 1959, S. 173–214). – B. Schultze, *Aspekte der szenischen Darbietungsweise u. der Romanszene in F. M. D.s »Idiot«* (in WdS, 1973, 18, S. 329–341). – Dies., *Der Dialog in F. M. D.s »Idiot«*, Mchn. 1974. – R. Miller, *The Multi-voiced Narrator of the »Idiot«*, Diss. Columbia University 1977. – H.-P. Beer, *Die Gestalt des Evgenij Pavlovič Radomskij in D.s Roman »Der Idiot«*, Tübingen 1978. – *Studien u. Materialien zu D.s Roman »Der Idiot«*, Hg. D. Schwarz u. a., Tübingen 1978 [enth. Bibliogr.]. – R. Neuhäuser, *Semantisierung formaler Elemente im »Idiot«* (in Dostoevsky Studies, 1980, 1, S. 47–63). – R. Miller, *D. and the »Idiot«. Author, Narrator and Reader*, Cambridge/Mass. 1981.

IGROK. Iz zapisok molodogo čeloveka

(russ.; *Der Spieler. Aus den Erinnerungen eines jungen Mannes*). Roman von Fëdor M. DOSTOEVSKIJ, erschienen 1867. – Im Jahre 1863 reiste Dostoevskij zum zweitenmal nach Westeuropa, diesmal mit dem Ziel, sich in Paris mit seiner Geliebten Polina Suslova zu treffen. Finanzielle Schwierigkeiten, verursacht durch das Verbot der von ihm mitherausgegebenen Zeitschrift ›Vremja‹, waren wohl der Anlaß zum Besuch der Wiesbadener Spielbank; dort kam seine über Jahre anhaltende, verhängnisvolle Spielleidenschaft zum Ausbruch. Ende 1863 kehrte Dostoevskij vorübergehend nach Rußland zurück, doch schon im Sommer 1865 fuhr er wieder nach Wiesbaden und verspielte dort in kurzer Zeit die 3000 Rubel, die ihm sein Verleger Stellovskij für die Rechte an einer Ausgabe seiner bisherigen Werke und unter der Bedingung, daß er bis zum 1. November 1866 einen neuen Roman vorlege, ausgezahlt hatte. Unter dem Druck dieser ver-

traglich festgelegten Forderung diktierte Dostoevskij im Oktober 1866 in knapp vier Wochen seiner späteren zweiten Frau, Anna Grigorjevna, den kurzen Roman *Igrok*, in dessen Hauptgestalt, dem Erzähler Aleksej Ivanovič – nach dem ursprünglichen Entwurf *»ein vielseitiger, aber unfertiger Charakter«* –, er sich selbst porträtierte.

In einer fiktiven deutschen Stadt, die den bezeichnenden Namen Ruletenburg trägt, wartet die Familie eines verschuldeten russischen Generals voller Ungeduld auf eine in Aussicht gestellte reiche Erbschaft. Doch statt des ersehnten Geldes trifft eines Tages die reiche Moskauer Verwandte persönlich ein und verspielt in wenigen Tagen ihr gesamtes Vermögen. In dieser verzweifelten Situation sucht Polina, die Tochter des Generals – von ihrem Liebhaber, einem jungen Franzosen, verlassen –, Zuflucht bei dem Erzähler, dem Hauslehrer der Familie, und gesteht ihm, den sie bislang mit kapriziöser Grausamkeit gequält hat, ihre Liebe. Obwohl die Leidenschaft zu Polina sein eigentlicher Lebensinhalt war, stürzt er fort, um das dringend benötigte Geld zu beschaffen, setzt das letzte Goldstück ein und gewinnt 100 000 Florin. Als er zu Polina zurückkehrt, fühlen beide, daß eine unbezähmbare Sucht ihn wieder zum Spieltisch ziehen wird, daß seine Liebe einer mächtigeren Leidenschaft gewichen ist. Polina verläßt Aleksej, als sie erkennen muß, daß er dem Spiel, das nun für ihn das wahre Leben bedeutet, rettungslos verfallen ist.

In diesem unter Zeitdruck geschriebenen, eher improvisierten als durchkomponierten Werk klingen bereits Zentralmotive der späteren großen Romane an: die Haßliebe – die Aleksej und Polina verbindet, wie sie im Leben Dostoevskij und die Suslova verband – und die am Reichtum sich entzündende Machtgier. Die *»Poesie des Spiels«*, vom Erzähler als Herausforderung des Schicksals und als Lust an der Selbstzerstörung erlebt, muß so als eine existentielle Ausdrucksform jener Entwurzelung und Gespaltenheit erklärt werden, die Dostoevskij in der Gestalt des Kellerlochmenschen – *Zapiski iz podpol'ja*, 1864 *(Aufzeichnungen aus einem Kellerloch)* – exemplifizierte.   S.G.

AUSGABEN: Petersburg 1867. – Moskau 1956 (in *Sobr. soč.*, Hg. L. Grossman u. a., 10 Bde., 1956 bis 1958, 4). – Moskau 1982 (in *Sobr. soč.*, 12 Bde., 3).

ÜBERSETZUNGEN: *Der Spieler. Aus den Erinnerungen eines jungen Mannes*, L. A. Hauff, Bln. 1890. – *Der Spieler*, E. K. Rahsin, Mchn. 1949; ²1959. – Dass., A. Eliasberg, Reinbek 1960 (RKl, 67). – Dass., E. K. Rahsin (in *SW*, Bd. 4, Mchn./Zürich 1977). – *Der Spieler: aus den Aufzeichnungen eines jungen Mannes*, dies., Mchn. 1986.

DRAMATISIERUNG: H. Tielmann, *Der Spieler* (Urauff.: Rostock, 26. 2. 1959).

VERTONUNG: S. Prokofieff, *Igrok* (Text: S. P.; Oper; Urauff.: Brüssel, 29. 4. 1929, Théâtre de la Monnaie).

VERFILMUNGEN: Deutschland 1938 (Regie: R. G. Lamprecht). – *The Great Sinner*, USA 1949 (Regie: R. Siodmak). – *Le joueur*, Frankreich 1958 (Regie: R. C. Autant-Lara).

LITERATUR: *D. am Roulette*, Hg. R. Fülöp-Miller u. F. Eckstein, Mchn. 1925. – A. Dempf, *Die drei Laster. D.s Tiefenpsychologie*, Mchn. 1946. – D. S. Savage, *The Idea of »The Gambler« of Dostoevskij* (in Sewanee Review, 58, 1950, S. 281–298). – A. Vinograde, *»The Gambler«: Prokof'ev's Libretto and Dostoevskij's Novel* (in SEEJ, 1973, S. 414 bis 418).

KROKODIL. Neobyknovennoe sobytie ili Passaž v Passaže

(russ.; *Das Krokodil. Ein ungewöhnliches Ereignis oder Eine Passage in der Passage*). Groteske Satire von Fëdor M. DOSTOEVSKIJ, erschienen 1865. – Der Beamte Ivan Matveič besucht zusammen mit seiner Frau und einem Hausfreund (dem Erzähler) die Tierschau eines Deutschen in der Petersburger Passage. (In den sechziger Jahren fanden dort Ausstellungen und Konzerte statt.) Während seine Begleiter sich dem Käfig mit Affen zuwenden, kitzelt er ein Krokodil mit seinem Handschuh und wird plötzlich von dem Ungeheuer *»ganz und gar«* verschlungen.
Sehr bald weiß Ivan Matveič sein Unglück zu nutzen: Er richtet sich im Inneren des Reptils häuslich ein und plant, da sein ungewöhnliches Abenteuer ihm das Interesse der Öffentlichkeit, ja Berühmtheit sichert, die Welt durch neue wissenschaftliche und soziale Theorien in Atem zu halten und zu beglücken. Seine Frau sieht er als Mittelpunkt eines auserwählten Salons und seinen Freund als einen dienstbeflissenen Sekrektär. In Wirklichkeit aber bleibt sein Verschwinden fast unbeachtet; seine junge Frau genießt das Leben als Strohwitwe, und sein Freund hegt den mißgünstigen Gedanken, das Krokodil zu kaufen und den »Gefangenen« wider dessen Willen zu befreien.
Die Erzählung blieb unvollendet. Sofort nach ihrem Erscheinen wurde gegen Dostoevskij der Vorwurf erhoben, das »ungewöhnliche Ereignis« sei eine Anspielung auf das Schicksal von N. G. ČERNYŠEVSKIJ (1828–1889), dem Autor des vieldiskutierten sozialutopischen Romans *Čto delat' (Was tun?)*, der sich zu diesem Zeitpunkt im Gefängnis befand.
Viele Details (z. B. Namen wie ›Golos‹: Die Stimme – eine liberale Zeitung) und Schlagworte, die aus dem »Krokodilsbauch« tönen, stammen aus dem Arsenal der liberalen Presse der sechziger Jahre, so daß der erwähnte Vorwurf wohl zu Recht besteht. Der Einfluß von GOGOL's grotesker Novelle *Nos (Die Nase)* ist ganz deutlich; thematisch muß *Das Krokodil* im Zusammenhang mit der Kritik Dostoevskijs an den Ideen des utopischen Sozialismus gesehen werden: Das positivistische Zukunftsbild, die Idee vom »Goldenen Zeitalter« ent-

behren für ihn jeder Realität und können – bildlich gesprochen – nur im Bauch eines Krokodils verwirklicht werden.   S.G.

AUSGABEN: Petersburg 1865 (in Ėpocha). – Moskau 1956 (in *Sobr. soč.*, Hg. L. Grossman u. a., 1956–1958, 4). – Moskau 1982 (in *Sobr. soč.*, 12 Bde., 2).

ÜBERSETZUNGEN: *Das Krokodil*, E. K. Rahsin (in *SW*, Hg. Moeller van den Bruck, Bd. 17, Mchn. 1909). – Dass., H. Röhl (in *Sämtl. Romane und Erzählungen*, Bd. 5, Lpzg. 1921). – Dass., E. K. Rahsin (in *Der Spieler. Späte Romane und Novellen*, Mchn. 1959). – Dass., A. Luther (in *Erzählungen*, Mchn. 1962).– Dass., E. K. Rahsin (in *SW*, Bd. 4, Mchn./Zürich 1977). – *Das Krokodil. Ein ungewöhnliches Ereignis*, dies. (in *Sämtl. Erzählungen*, Mchn./Zürich 1984).

LITERATUR: Z. Efimova, *Problema groteska v tvorčestve D.* (in Nauč. zap. kafedry ist. evrop. kul'tury, Dnepropetrovsk, 1927, H. 2, S. 145–170). – D. Zaslavskij, *Zametki o jumore i satire v proizvedenijach D.* (in *Tvorčestvo D.*, Moskau 1959, S. 445–471).

KROTKAJA. Fantastičeskij rasskaz

(russ.; *Die Sanfte. Eine phantastische Erzählung*). Erzählung von Fëdor M. DOSTOEVSKIJ, erschienen 1876. – Die ersten Entwürfe der Erzählung stammen aus dem Jahr 1869 und enthalten das Schlüsselwort zu dem Charakter des Haupthelden: *»Ein echter Kellerlochtypus . . . Eine Zeitlang stellt sich zwischen ihm und seiner Frau wirkliche Liebe ein, aber er bricht ihr das Herz.«* Im Oktober 1876 beschäftigt sich Dostoevskij mit dem Selbstmord einer jungen Näherin (sie sprang mit einer Ikone in den Händen aus dem Fenster) und schreibt anschließend in wenigen Wochen die vollendetste seiner Erzählungen. Sie besteht aus zwei Kapiteln und einer Vorrede. Er selbst bezeichnet dort die Erzählung als *»phantastisch und in höchstem Maße real«*. »Real« nennt er den Anlaß und den Ablauf der Geschichte, »phantastisch« ihre Form, ein »Stenogramm« des inneren Monologs des Haupthelden. Als literarisches Vorbild nennt Dostoevskij die Erzählung *Le dernier jour d'un condamné*, 1829 *(Der letzte Tag eines Verurteilten)*, von V. HUGO (1860–1862 von Dostoevskijs Bruder Michail ins Russische übersetzt), in der ein Verurteilter bis zu seiner Hinrichtung in Monolog-Form berichtet.
Im *monologue intérieur* des Witwers vor der aufgebahrten Leiche seiner durch Selbstmord aus dem Leben geschiedenen Frau wiederholt sich das Geschehene noch einmal: Ein Offizier, der sich nicht entschließen wollte, sich für die Ehre seines Regiments zu duellieren, wird gezwungen, seinen Abschied zu nehmen. Er verliert allmählich jeden Halt und sinkt immer tiefer, wobei die selbstgewollte Isolation das Bewußtsein der eigenen Unzuläng-

lichkeit überdecken soll. Eine kleine Erbschaft wird ihm zum Anlaß, Pfandleiher zu werden und Rache an den Menschen zu nehmen, von denen er sich ausgestoßen glaubt. Eines Tages besucht ihn ein junges Mädchen, dessen Reinheit und Armut auf ihn wie eine Verheißung wirken. Er heiratet sie, um in der Unterwerfung der »Sanften« durch gespielte Gleichgültigkeit, lähmendes Schweigen und unerbittliche Strenge seinen unstillbaren Machttrieb auszuleben. Die junge Frau, die ihrem Mann vertrauensvoll entgegenkommt, versucht nach einiger Zeit aufzubegehren. Es kommt zu einer entscheidenden Kraftprobe, nach der es nur noch den »Sieger« und die »Besiegte« gibt. Als die Sanfte von ihrem Mann in Versuchung geführt wird, mit einem Revolver auf ihn zu schießen (eine Parallele zu dem Duell Dunja-Svidrigajlov in *Prestuplenie i nakazanie – Schuld und Sühne*), erweist sich, daß Kampf und Selbstbehauptungstrieb ihr wesensfremd sind. Sie erkrankt und lebt fortan stumm und gefügig neben ihrem triumphierenden Mann, bis dieser, als er sie eines Tages mit gebrochener Stimme singen hört, von Reue und Leidenschaft übermannt, sich ihr zu Füßen wirft und abermals um sie wirbt. Um nicht Liebe heucheln zu müssen, flieht die Frau in den Tod und springt nach einem Gebet mit einer Ikone in der Hand aus dem Fenster. Die Erzählung setzt wenige Stunden später ein.

Der Machtanspruch über die Seele des geliebten Menschen ist der elementare Ausdruck der Selbstbehauptung und der Übersteigerung des Ichs bei Dostoevskij. Der Monolog (wie auch alle Tagebuchaufzeichnungen und Beichten ein Weg der Selbsterkenntnis) gipfelt in einem »Punkt«, der von dem Protagonisten mit gleicher Intensität gesucht wie gemieden wird – in der Übereinstimmung von Geschehenem und Erkanntem: *»Ich habe sie zu Tode gequält – das ist es!«* Mit *Krotkaja* hat der Dichter die höchste Steigerung bei der Wiedergabe seelischer Vorgänge seit den *Zapiski iz podpol'ja (Aufzeichnungen aus dem Kellerloch)* erreicht. Dostoevskijs Gedanke der Vereinsamung des Menschen (»Kellerloch«) und des Zwangs zum Selbstbeweis im *nadryv* (Dostoevskijs Terminus für gewollte Selbstzerstörung) wird hier als eine universale Erscheinung gesehen. Der einzige Weg, der aus der Isolation führen kann, ist die Liebe, ein Verbrechen gegen die Liebe aber macht den namenlosen Erzähler zu einem lebenden Leichnam in einer toten Welt: *»Die Menschen sind einsam auf Erden – das ist das Unglück! ... Man sagt, die Sonne belebe das Weltall. Aber seht sie euch nur an, die Sonne, wenn sie aufgeht, ist sie vielleicht kein Leichnam? Alles ist tot, überall sind Leichen. Die Menschen sind einsam und von Schweigen umgeben – das ist die Erde! ›Menschen, liebet einander – wer hat das gesagt?‹ ... Nein, im Ernst, wenn man sie morgen forttragen wird, was soll ich dann?«*   S.G.

AUSGABEN: Petersburg 1876 (in Dnevnik pisatelja, Nov.). – Moskau 1958 (in *Sobr. soč.*, Hg. L. Grossman u. a., 10 Bde., 1956–1958, 10). – Moskau 1982 (in *Sobr. soč.*, 12 Bde., 12).

ÜBERSETZUNGEN: *Krotkaja. Eine phantastische Erzählung*, M. v. Bröndsted, Dresden 1887. – *Die Sanfte*, J. v. Guenther (in *Meistererzählungen*, Hbg./Mchn. 1961). – Dass., A. Luther (in *Erzählungen*, Mchn. 1962). – Dass., E. K. Rahsin (in *SW*, Bd. 4, Mchn./Zürich 1977). – Dass., dies. (in *Sämtl. Erzählungen*, Mchn./Zürich 1984).

LITERATUR: F. F. Seeley, *Dostoevsky's Women* (in SEER, 39, 1961, S. 291–312). – J. David, *Le suicide chez D.* (in Esprit, 1956, S. 544–549). – I. Malow, *Der Pfandleiher u. der Mann aus dem Kellerloch. Versuch eines Vergleichs d. Hauptgestalten in D.s »Krotkaja« u. »Zapiski iz podpol'ja«* (in Zeitschrift für den Russischunterricht, Hbg. 1971, 7, S. 38–59). – L. Grossman, *About the Meek One* (in Soviet Literature, 1981, 12, S. 57–59). – R. Neuhäuser, *F. D. »Die Sanfte«* (in *Die russische Novelle*, Hg. B. Zelinsky, Düsseldorf 1982, S. 73–83).

PODROSTOK

(russ.; *Der Jüngling*). Roman von Fëdor M. Dostoevskij, erschienen 1875. – Die Notizbücher Dostoevskijs lassen erkennen, daß in diesem Roman Motive und Ideen eines geplanten fünfteiligen Werks *(Žitie velikogo grešnika – Das Leben eines großen Sünders)* und seine Stellungnahme zu den aktuellen Problemen der siebziger Jahre verschmolzen sind. Die Geschichte einer »zufälligen« Familie – zu ihr gehören der verarmte Gutsbesitzer Versilov, seine frühere Leibeigene Sof'ja sowie die unehelichen Kinder von beiden, Arkadij und Liza – war Dostoevskijs Antwort auf die Scheinwelt der überlebten Gutsbesitzerliteratur TOLSTOJS und TURGENEVS. Der Roman hat die Form eines Tagebuchs. Arkadij Dolgorukij – seinen Namen hat er von Sof'jas legitimem Ehemann Makar Dolgorukij, einem weisen Bauern, der als Pilger und *»großer Dulder«* von Kloster zu Kloster zieht – ist der Autor der Tagebuchaufzeichnungen, deren Niederschrift der Verständigung mit sich selbst dient und die mit der Lebensgeschichte seines Vaters beginnen. Andrej Versilov hatte sich als fünfundzwanzigjähriger Witwer in die Gutsmagd Sof'ja verliebt und sie von Makar losgekauft. Er ging, nachdem die Kinder in die Obhut fremder Menschen gegeben worden waren, mit Sof'ja auf längere Auslandsreisen. Arkadij wird in einer Moskauer Adelspension erzogen, wo er wegen seiner unehelichen Herkunft von Mitschülern und Lehrern geschlagen und verachtet wird. All seine Träume, in die er sich mehr und mehr zurückzieht, sind auf den Vater bezogen, den er bewundert, obwohl er ihn nur ein einziges Mal kurz gesehen hat. In seiner Vereinsamung und Isolierung entwickelt sich in Arkadij langsam die »Idee«, durch Fleiß und Ausdauer, durch Sparen und Fasten Geld anzuhäufen und ein *»Rothschild zu werden«.* Die Macht, die er sich von dem Reichtum verspricht, soll den Makel seiner unehelichen Geburt tilgen und ihn unabhängig machen. Seine »Idee«, eine Philosophie des starren Individualismus, isoliert ihn noch stärker, da er sich von allem fernhält, was ihn in seiner Zielsetzung schwankend machen könnte. Mit neunzehn Jahren lernt er seinen Vater näher kennen, der nun sofort zum Mittelpunkt seiner Interessen und Pläne wird. Die Analyse der Figur des Vaters verläuft in Etappen, die der Selbsterkenntnis des Sohnes entsprechen. Arkadijs Verhältnis zu Versilov ist ambivalent; eine Art Haßliebe empfindet er für ihn: Wohl achtet er die Persönlichkeit seines Vaters, haßt ihn aber auch, da Versilov die Schuld an Arkadijs illegitimer Herkunft trägt. Nach Beendigung des Moskauer Internatsaufenthalts kommt der junge Dolgorukij nach Petersburg, wo er seine Familie in bedrängten familiären Verhältnissen antrifft. Er verzichtet auf ein Universitätsstudium, um möglichst schnell unabhängig zu werden, verläßt nach einem Streit die »zufällige« Familie, mietet sich ein Zimmer und nimmt auf Empfehlung Versilovs die Stellung eines Privatsekretärs bei dem alten Fürsten Sokol'skij an, mit dessen Familie sein Vater um eine Erbschaft prozessiert. Als erster besucht Versilov seinen Sohn, worüber Arkadij sehr glücklich ist. Eine lange und herzliche Unterredung bringt beide einander näher.

Der Zufall spielt Arkadij einen Brief in die Hand, den Katerina Achmakova, die verwitwete Tochter des alten Fürsten, an den Juristen Andronikov geschrieben hatte. Hierin bat sie um Auskunft darüber, wie sie ihren Vater für geisteskrank und unmündig erklären lassen könne. Der Besitz dieses Dokuments gibt dem jungen Arkadij, der sich in Katerina verliebt hat, das Gefühl der Macht über eine schöne Frau. – In dem Streben, von seiner Umwelt ernst genommen zu werden und einen Platz im Leben einzunehmen, stürzt sich Arkadij in das gesellschaftliche Treiben der Stadt, stößt aber auf Ablehnung und Verachtung. Er gerät in einen anarchistischen Zirkel – die Beschreibung des Zirkels geht auf Zeitungsmeldungen über den Prozeß gegen den Revolutionär Dolgušin zurück –, wo er einmal eine Rede über Atheismus und freie Liebe hält. Sein Verhältnis zu den Frauen ist, seinem Alter gemäß, zwiespältig; einerseits empfindet er Verachtung für sie (»denn ich habe mir geschworen, daß ich mein ganzes Leben auf sie spucken werde«), andererseits nähert er sich ihnen bewundernd und ritterlich. Seine erste Liebe gehört Katerina Achmakova, die auch in Versilov eine Leidenschaft geweckt hat. Arkadij wird zum Rivalen seines Vaters, wodurch sich die Beziehungen zwischen ihnen erneut komplizieren. Durch Vermittlung des Fürsten Sergej Sokol'skij, mit dem er sich angefreundet hat und von dem seine Schwester Liza ein Kind erwartet, findet Arkadij Eingang in die »höhere Gesellschaft«. Er beginnt zu spielen, gerät in Schulden, und gewinnt schließlich eine beträchtliche Summe. In der zweifelhaften Gesellschaft von Spielern und Erpressern ereignet sich ein für Arkadij peinlicher Vorfall, in dessen Verlauf er ohne Grund für einen Dieb gehalten und aus dem illegalen Spielsalon gewiesen wird. Ziellos irrt er durch die Stadt, stürzt bei dem Versuch, eine Mauer zu erklimmen, und

fällt in tiefe Bewußtlosigkeit. In diesem Zustand findet ihn sein ehemaliger Moskauer Schulfreund Lambert, ein gewissenloser Schurke, der in der Folgezeit einen unheilvollen Einfluß auf ihn ausübt. Man bringt Arkadij in das Haus seiner Mutter, wo er seinem gesetzlichen Vater Makar begegnet, der krank von einer seiner Pilgerreisen zurückgekehrt ist. Makars Einfalt und die Heiterkeit seines Herzens, seine Uneigennützigkeit und Menschenliebe hinterlassen bei dem sich langsam erholenden Arkadij einen tiefen Eindruck. – Makars Tod bewirkt, daß die »zufällige« Familie wieder näher zusammenrückt: Arkadij söhnt sich mit Versilov aus und beschließt, ein Universitätsstudium zu beginnen; Versilov entsagt seiner Leidenschaft zu der schönen und stolzen Achmakova und kehrt zur stillen und demütigen Sof'ja zurück.

Der Roman, der durch die Ichform Unmittelbarkeit und Frische erhält, umfaßt einen Handlungszeitraum von knapp drei Monaten, von denen der Erzähler sechzehn Tage genau in ihrem Verlauf schildert. Zentrum der Handlung und Bezugspunkt aller Geschehnisse im Roman ist Arkadij, dessen pubertäre Gefühlswelt mit psychologischer Meisterschaft dargestellt ist. In dieser Hinsicht (so H.-J. Gerigk) befindet sich *Der Jüngling* auf einer Linie mit FLAUBERTS *Novembre* (entstanden 1842) und JOYCES *A Portrait of the Artist as a Young Man* (1916). – Die Erzählperspektive wird vom jeweiligen Entwicklungsstadium des Helden bestimmt, dem als »Heranwachsenden« nicht alle Fakten und Ereignisse zugänglich sind. Er muß sie allmählich enträtseln und erforschen. Deshalb erscheint auch die Fabel nicht in ihrem chronologischen Zusammenhang, sondern sie wird kaleidoskopartig dargeboten. Hauptthema ist der Aufbruch des Jünglings in die Welt. Der durch die weltfeindlichen Vorstellungen Arkadijs verursachte Konflikt mit der Umwelt wird erst nach vielen qualvollen Erlebnissen des nach der »*Wahrheit des Lebens*« suchenden Helden gelöst: Arkadij befreit sich von der wirklichkeitsfeindlichen »Idee« und findet, in die Gesellschaft zurückkehrend, zu einer bejahenden Weltschau.

Der Roman, in der Forschung oft als weniger bedeutsames, chaotisches Nebenwerk des Dichters abgetan, wird neuerdings in die Tradition des westeuropäischen Schelmenromans gestellt, GERIGK weist eine Reihe typisch pikaresker Wesensmerkmale nach: die Verstrickung des Helden in den Strudel des Lebens, das Erlebnis der »Gefährlichkeit des Glücks«, der physische Zusammenbruch, die Begegnung mit Repräsentanten der verschiedenen Gesellschaftsschichten und die Perspektive »von unten«. J. HOLTHUSEN stimmt jedoch der Charakterisierung des *Podrostok* als eines pikaresken Romans nicht vorbehaltlos zu und schlägt die Bezeichnung »Entwicklungsroman« vor. S.G.

AUSGABEN: Petersburg 1875 (in Otečestvennye zapiski). – Moskau 1957 (in *Sobr. soč.*, Hg. L. Grossman u. a., 10 Bde., 1956–1958, 8). – Moskau 1982 (in *Sobr. soč.*, 12 Bde., 10).

Übersetzungen: *Junger Nachwuchs*, W. Stein, 3 Bde., Lpzg. 1886. – *Der Jüngling*, E. K. Rahsin, Mchn. 1922; ern. 1957. – Dass., M. Grace-Racié, Mchn. 1965. – Dass., E. K. Rahsin (in *SW*, Bd. 9, Mchn./Zürich 1977). – Dass., dies., Mchn. 1986.

Literatur: P. Wohlfart, *Psychologische Entwicklung von D.s »Jüngling«* (in Zs. f. Individualpsychologie, 13, 1935, S. 104 ff.). – M. Braun, *Das Nachwort zum »Jüngling«. (Zur Frage des aktuellen Romans bei D.)* (in WdS, 6, 1961, S. 16–25). – A. S. Dolinin, *Poslednie romany D. Kak sozdavalis' »Podrostok« i »Brat'ja Karamazovy«*, Moskau/Leningrad 1963. – *F. M. D. v rabote nad romanom »Podrostok«. Tvorčeskie rukopisi*, Moskau 1965 (Literaturnoe nasledstvo, 77). – H.-J. Gerigk, *Versuch über D.s »Jüngling«. Ein Beitrag zur Theorie des Romans*, Mchn. 1965 (zugl. Diss. Heidelberg; Forum Slavicum, 4). – E. I. Semenov, *U istokov »Podrostka«* (in Russkaja Literatura, 1973, 3, S. 107–116). – E. I. Kijko, *Russkij tip »vsemirnogo bolenija za vsech« v »Podrostke«: Po materialam černovogo avtografa* (in Russkaja Literatura, 1975, 18, S. 155–161). – T. V. Civ'jan, *O strukture vremeni i prostranstva v romane D. »Podrostok«* (in Russian Literature, 1976, 4, S. 203–255). – E. I. Semenov, *Byl li Michajlovskij idejnym vdochnovitelem avtora »Podrostka«?* (in Filologičeskie Nauki, 1976, 18, S. 92–99). – Ders., *Roman D. »Podrostok«: Problematika i žanr*, Leningrad 1979. – H. Rothe, *Quotations in D.'s »A Raw Youth«* (in MLR, 1984, 79, S. 131–141).

PRESTUPLENIE I NAKAZANIE.
Roman v 6 častjach s ėpilogom

(russ.; *Schuld und Sühne*). »Roman in sechs Teilen mit einem Epilog« von Fёdor M. Dostoevskij, erschienen 1866. – Der Titel des großen Romans ist mit *Schuld und Sühne* nicht ganz zutreffend übersetzt. Die russischen Termini sind mehr juristische als moralphilosophische Begriffe, enthalten allerdings auch den Hinweis auf die ethischen Grundlagen des Rechts. Besser als der in Deutschland eingebürgerte Titel wäre deswegen »Verbrechen und Strafe«, noch genauer: »Übertretung und Zurechtweisung«. Ein Mensch »übertritt« durch einen Mord die ethischen und bürgerlichen Gesetze; er wird »zurechtgewiesen«, zuerst durch die sühnende Kraft der Strafe, dann durch die heilende Kraft der Liebe.

Der aus verarmter bürgerlicher Familie stammende dreiundzwanzigjährige Student Raskol'nikov ist, wie schon sein Familienname (von russ. *raskol*: Schisma, Abspaltung) andeutet, losgelöst, »abgespalten« von den tragenden Kräften des menschlichen Seins: als Bewohner eines engen, schrank- und sargähnlichen Zimmers in dem unnatürlichen, künstlichen Gebilde Petersburg »abgespalten« vom Boden, von der Erde, dem nach Dostoevskij unersetzbaren Kraftquell des Menschen; als Angehöriger der russischen Intelligenzschicht »abgespalten« vom russischen Volk, dem Träger wahr-haften, ganzheitlichen Lebens; endlich als Rationalist »abgespalten« von den Kräften der tieferen, elementaren Schichten der menschlichen Persönlichkeit. Die organische Einheit des Seins ist in ihm verlorengegangen, der »euklidische Verstand«, der Diener des Lebens sein soll, ist Herrscher geworden.

Raskol'nikov ist besessen von der Idee des Nutzens. Um eines unklar gefaßten naturwissenschaftlichen oder sozialen »Fortschritts« willen ist es seiner Meinung nach dem »großen Menschen« erlaubt, »lebensunwertes Leben« zu vernichten, um »lebenswertes« zu erhalten und zu fördern, das heißt in seinem Falle: eine alte Wucherin, die *»nicht besser ist als eine Laus«*, zu töten und mit dem geraubten Geld sein Studium zu finanzieren. Obwohl Raskol'nikovs Herz sich vor der geplanten Tat ekelt und sein Unterbewußtsein sich (im Traum von der Mißhandlung eines Pferdes) gegen sie aufbäumt, führt er sie doch aus, weil er, bestimmt vom euklidischen Verstand und noch dazu gedrängt von sozialer Not, hier nichts anderes zu sehen vermag als ein Rechenexempel *(»ein Tod gegen hundert Leben«)*, dessen rationaler Klarheit er kein gleich starkes rationales Argument entgegenzusetzen hat. Die Idee des Verbrechens, einmal von der *ratio* bejaht, drängt den von ihr Besessenen zur Tat. *»Es war, als habe ihn jemand bei der Hand genommen und zöge ihn hinter sich her, unwiderstehlich, blindlings, mit übernatürlicher Kraft, die jeden Widerspruch ausschloß. Es war, als habe das Rad einer Maschine seinen Rockzipfel erfaßt und er würde nun hineingezogen und mit fortgerissen«* (I, 6).

Mit Hilfe einer Reihe »glücklicher« Zufälle, die beinahe von einer metaphysischen Kraft (dem »Teufel«, der hier wiederholt genannt wird) gelenkt zu sein scheinen, gelingen der Mord und die Flucht vom Tatort. Aber in dem auf den Mord folgenden physischen Zusammenbruch Raskol'nikovs zeigt sich, daß der euklidische Verstand, der die Tat erdacht und ihre Ausführung gefordert und gelenkt hat, nicht die einzige und nicht die allein bestimmende Schicht der menschlichen Persönlichkeit ist. – Nach dem Erwachen aus tagelangem Delirium fühlt Raskol'nikov sich grenzenlos vereinsamt. Durch Mitleid (mit dem verunglückten Marmeladov und seiner Familie) und durch das Erwachen der Liebe (zu Marmeladovs Tochter Sonja, die, um ihrer Familie zu helfen, Prostituierte geworden ist) glaubt Raskol'nikov für Augenblicke, die verlorene Menschlichkeit zurückgewonnen zu haben. Aber Sonja und der scharfsinnige, tiefblickende Untersuchungsrichter Porfirij zeigen ihm, und er selbst erkennt in immer neuen leidvollen Erfahrungen, daß der Weg aus der Vereinsamung nur über Geständnis und Strafe gehen kann. Der Verbrecher selbst braucht die Strafe als Sühne. Die Strafe ist noch nicht seine Rettung, aber der Übergang aus der Hölle ins Fegefeuer. Die Rettung, die »Auferstehung« kommt durch Sonja. In der Mitte des Romans (IV, 4) läßt Raskol'nikov sich von ihr die Geschichte von der Auferweckung des Lazarus (*Johannes-Evangelium*, Kap. 11) vorlesen. Ihre

Hoffnung, daß er dadurch »*jetzt gleich, im nächsten Augenblick schon*« zum Glauben kommen werde, erfüllt sich nicht. Aber am Ende der Erzählung, als er sich in Sibirien als Strafgefangener in einer Arbeitspause plötzlich ganz von der Liebe zu Sonja, die ihm freiwillig gefolgt ist, einnehmen läßt, erfüllt sich an ihm jene »Auferweckung eines Toten«, an die er früher nicht hat glauben können. Die legendäre Erzählung des *Neuen Testaments* bewährt ihren tieferen Sinn an Raskol'nikov: Er selbst nämlich war jener Lazarus, der »*krank war*« (an den finsteren, lebensfeindlichen Ideen des Jahrhunderts) und »*gestorben ist*« (durch den Mord hat er nicht nur die Wucherin und ihre Schwester, sondern vor allem sich selbst getötet, sich ausgestoßen aus dem Kreis der Lebenden, sich entfernt vom »lebendigen Leben«); »auferweckt« wird er durch die erlösende Liebe Sonjas, in der sich Mitleid und sexuelle Zuneigung verbinden. Jetzt »*tritt an die Stelle der Dialektik das Leben*«; damit ist die »*Krankheit zum Tode*« überwunden, und das neue Leben hat begonnen.

Schuld und Sühne, die erste und in formaler Hinsicht vielleicht vollkommenste der fünf großen philosophischen Roman-Tragödien Dostoevskijs, ist ein Kriminalroman von atemberaubender Spannung und gleichzeitig vollendeter künstlerischer Ausdruck wesentlicher Probleme der Weltanschauung des späten Dostoevskij, wie sie sich seit seiner sibirischen Zuchthauszeit herausgebildet hatte.

L.Mü.

AUSGABEN: Petersburg 1866 (in Russkij vestnik, Jan.–Dez.). – Petersburg 1867 [rev.]. – Moskau 1957 (in *Sobr. soč.*, Hg. L. Grossman u. a., 10 Bde., 1956–1958, 5; m. Einf.). – Leningrad 1980.

ÜBERSETZUNGEN: *Raskolnikow*, W. Henckel, 3 Bde., Lpzg. 1882. – *Rodion Raskolnikoff. Schuld und Sühne*, E. K. Rahsin, Mchn. 1909; zul. 1964. – *Schuld und Sühne*, R. Hoffmann, Mchn. 1960; ern. 1968. – *Raskolnikow*, H. Röhl, Bln. 1963. – *Raskolnikow. Schuld und Sühne*, S. Geier, Reinbek 1964 (RKl, 166–169; m. Essay). – *Rodion Raskolnikoff (Schuld und Sühne)*, E. K. Rahsin (in *SW*, Bd. 6, Mchn./Zürich 1977). – *Schuld und Sühne*, W. Bergengruen, Zürich 1985.

DRAMATISIERUNGEN: R. Ackland, *Crime and Punishment*, NY 1948. – L. Ahlsen, *Raskolnikoff* (Urauff.: Berlin, 20. 9. 1960, Schloßparktheater).

VERTONUNG: H. Sutermeister, *Raskolnikow* (Oper; Stockholm 1948).

VERFILMUNGEN: Rußland 1910 (Regie: V. Gončarov). – Rußland 1913 (Regie: I. Vronskij). – *Raskolnikov*, Ungarn 1916 (Regie: Deésy A.). – Dass., Deutschland 1922/23 (Regie: R. Wiene). – *Crime and Punishment*, USA 1935 (Regie: J. von Sternberg). – *Crime et châtiment*, Frankreich 1935 (Regie: P. Chenal). – *Brott och Straff*, Schweden 1945 (Regie: E. Faustman). – *Crime et châtiment*,

Frankreich 1956 (Regie: G. Lampin). – UdSSR 1969 (Regie: L. Kulidžanov).

LITERATUR: O. Knaus, *Die Träume in D.s »Raskolnikoff«*, Mchn. 1926. – *Raskolnikows Tagebuch. Mit unbekannten Entwürfen, Fragmenten u. Briefen zu »Raskolnikow« u. »Idiot«*, Hg. R. Fülöp-Miller u. F. Eckstein, Mchn. 1928. – M. Beebe, *The Three Motives of Raskolnikov. A Re-Interpretation of »Crime and Punishment«* (in College English, 17, 1955, S. 151–158). – V. V. Ermilov, *Der Roman »Schuld und Sühne«* (in Sowjetwissenschaft, 4, 1956, S. 299–318). – M. Doerne, *Richterliche u. schöpferische Menschenkenntnis. »Schuld und Sühne« von D.* (in M. D., *Gott und Mensch in D.s Werk*, Göttingen 1957, S. 26–38). – V. B. Šklovskij, *Za i protiv. Zametki o D.*, Moskau 1957, S. 165–220. – F. Hahn, *D.s Roman »Schuld und Sühne«. Versuch einer theologischen Deutung* (in Erziehung als Beruf u. Wissenschaft. Festgabe f. F. Trost zum 60. Geburtstag, Ffm. 1961, S. 25–36). – N. I. Gus', *Idei i obrazy D.*, Moskau 1962, S. 261–308. – J. Lavrin, *F. M. D. in Selbstzeugnissen u. Bilddokumenten*, Reinbek 1963, S. 68–75 (rm). – G. A. Mejer, *Svet v noči (O »Prestuplenii i nakazanii«). Opyt medlennogo čtenija*, Ffm. 1967. – V. J. Kirpotin, *Razočarovanie i krušenie Rodiona Raskol'nikova. Kniga o romane F. M. D. »Prestuplenie i nakazanie«*, Moskau 1970. – J. F. Karjakin, *Samoobman Raskol'nikova. Roman F. M. D. »Prestuplenie i nakazanie«*, Moskau 1976. – H.-J. Gerigk, Nachw. zu F. M. D., *Schuld u. Sühne*, Mchn. 1977, S. 709–735. – E. Lehrman, *A »Handbook« to the Russian text of »Crime and Punishment«*, Den Haag/Paris 1977. – Chr. Heim, *Die Gestalt Svidrigajlovs in D.s Roman »Verbrechen und Strafe«*, Tübingen 1978. – R. Neuhäuser, *D. »Schuld und Sühne«* (in Der russische Roman, Hg. Bodo Zelinsky, Düsseldorf 1979, S. 164–187; 415–419). – L. Simon, *Subjective Time in »Crime and Punishment«*, Diss. NY Univ. 1980 [enth. Bibliogr.]. – W. Potthoff, *Zu D.s Konzeption des literarischen Helden in den 1860er Jahren. Am Beispiel von »Schuld und Sühne«* (in Dostoevsky Studies, 2, 1981, S. 69–81).

SELO STEPANČIKOVO I EGO OBITATELI. Iz zapisok neizvestnogo

(russ.; *Das Gut Stepančikovo und seine Bewohner. Aus den Aufzeichnungen eines Unbekannten*). Roman von Fëdor M. DOSTOEVSKIJ, erschienen 1859 in der Zeitschrift ›Otečestvennye zapiski‹. – Auf Stepančikovo, dem Gut des vierzigjährigen verabschiedeten Obersten und Witwers Rostanev, eines etwas naiven, aber grundgütigen, bescheidenen Menschen mit einem überfein entwickelten Taktempfinden, leben außer ihm und den Bauern seine beiden Kinder und deren Erzieherin, ferner seine Mutter, eine Generalswitwe, mit einem ganzen Hofstaat von geschäftigen Nichtstuern; unter ihnen der gescheiterte Literat Foma Fomič Opiskin, ein aufgeblasener, anmaßender, unverschämter

Besserwisser, Frömmler und Moralist. Rostanev beugt sich ganz dem Einfluß Opiskins, dessen scheinbare Gelehrsamkeit, Frömmigkeit und hohe Moral er bewundert und dessen offenkundige Fehler er durch frühere unglückliche Lebensverhältnisse immer wieder entschuldigt. An ihre Grenze gelangt diese Unterordnung aber, als Foma Fomič zusammen mit der Mutter Rostanevs energisch gegen dessen Plan, die Erzieherin seiner Kinder zu heiraten, intrigiert und sie, um dies zu vereiteln, öffentlich beschimpft. Der in seiner Liebe und Ritterlichkeit verletzte Rostanev wirft in einer höchst effektvollen Szene den frömmelnden Intriganten buchstäblich zur Tür hinaus. Tief gekränkt geht Opiskin, angeblich, um als ruheloser Pilger und wandernder Moralprediger sein Leben zu vollenden. Aber ein furchtbares Gewitter, das gerade jetzt hereinbricht, läßt den Gutsherrn sein hartes Vorgehen schon wieder bedauern und gibt Opiskin die willkommene Gelegenheit, umzukehren. Er hat sich rasch auf die neue Situation eingestellt: Da er einsieht, daß sein Einfluß an diesem Punkt an eine unüberwindliche Grenze gekommen ist, ändert er seine Position. Er erklärt sich einverstanden mit der Eheschließung, gibt selbst die Hände des Paares zusammen, und Rostanev fühlt sich ihm von neuem verpflichtet als dem Stifter seines Glücks und dem ihm vom Himmel gesandten weisheitsvollen Ratgeber und väterlichen Freund. Er läßt ihn bis an sein Lebensende bei sich wohnen.

Der Roman ist aufgebaut nach den Strukturprinzipien der klassischen Komödie. Die Handlung, räumlich und zeitlich eng zusammengedrängt, läßt sich leicht in fünf Akte einteilen: Der vierte schließt wirkungsvoll mit dem Hinauswurf Opiskins, der fünfte enthält dessen Rückkehr und das Happy-End. Auch einige Einzelepisoden machen den Eindruck von Theaterszenen. Nach den episch gestalteten Werken der Frühzeit hat Dostoevskij hier und in dem etwa gleichzeitig geschriebenen *Djadjuškin son (Onkelchens Traum)* zum erstenmal das Strukturprinzip des Dramas auf den Roman angewandt. Auch das Sujet berührt sich eng mit einem berühmten Bühnenwerk, mit MOLIÈRES *Tartuffe*. In beiden Werken versteht es ein Frömmler, die Gunst und das blinde Vertrauen eines gutmütigen, vermögenden Menschen zu gewinnen und in schamloser Weise auszunutzen. Erst dadurch, daß der Frömmler die Liebesempfindungen seines Gönners verletzt, verscherzt er sich dessen Gunst. Auch Einzelheiten entsprechen sich, z. B. die, daß außer dem Gönner selbst nur dessen Mutter für den Frömmler ist, die übrige Familie gegen ihn. Offenbar wollte Dostoevskij bewußt und offenkundig mit dem berühmten Vorbild in Wettstreit treten, dessen Sujet modernisieren und die Durchführung durch psychologische Vertiefung übertreffen. Molières Hauptgestalt, Organ, ist in gewisser Hinsicht widerspruchsvoll: Er ist einerseits empfänglich für die (geheuchelte) Frömmigkeit Tartuffes, andererseits rücksichtlos gegen seine eigene Frau und tyrannisch gegen seine Kinder. Dostoevskijs Rostanev ist psychologisch aus einem

Guß; er ist durch und durch gütig, rücksichtsvoll, edelmütig. Molières Tartuffe ist ein einfacher Betrüger, seine Frömmigkeit ist eine Maske. Dostoevskijs Opiskin ist von viel komplizierterer Psychologie. Seine Frömmigkeit ist zwar nicht echt, aber auch nicht geheuchelt, er glaubt selbst an sie; sie ist – ihm selbst unbewußt – Instrument seiner Herrschaft über Rostanev, dessen engelreine, stets zum Verzicht bereite Güte der unverschämten Selbstsicherheit Opiskins keinen Widerstand zu leisten vermag. Aber auch die maßlose Eigenliebe Opiskins ist kein Zufall, sondern »*ein falsches, ein schon im Ursprung entstelltes Gefühl für die eigene Würde, die, zum ersten Mal vielleicht schon in der Kindheit, beleidigt war von Unterdrückung, Armut, Schmutz, bespien vielleicht schon im Antlitz der Eltern des künftigen Herumtreibers, vor seinen Augen*« (I, 1). Von allen verachtet, muß er sich maßlos überschätzen, um vor sich selbst bestehen zu können. Auch der unterschiedliche Ausgang der beiden Werke ist bezeichnend. Bei Molière wird der heuchlerische Gauner entlarvt und der gerechten Strafe zugeführt; bei Dostoevskij siegt die krankhafte Unverschämtheit letztlich doch über den kindlichen Edelmut. Das Werk, von Thomas MANN mit Recht bezeichnet als »*eine komische Creation ersten Ranges, unwiderstehlich an Shakespeare und Molière heranreichend*«, weist doch gleichzeitig voraus auf die Tragödie des *Idioten*.

Der Roman fand bei seinem Erscheinen wenig Anklang. Zwei angesehene Zeitschriften lehnten den Druck ab. Dostoevskij war darüber erbittert und erstaunt. Er selbst, der seinen eigenen Arbeiten gegenüber im allgemeinen sehr kritisch war, hielt ihn 1859, nach Abschluß des Manuskripts, für das beste seiner Werke. Er schrieb darüber: »*Es sind darin zwei hochbedeutsame Charaktertypen, an denen ich fünf Jahre lang geschaffen und geschrieben habe, die meiner Meinung nach tadellos ausgearbeitet sind, Charaktere, die typisch russisch sind und trotzdem in der russischen Literatur bisher nur unzulänglich vertreten sind … Es gibt darin Szenen von einer hohen Komik, Szenen, unter die Gogol' sofort seinen Namen gesetzt hätte.*«   L.Mü.

AUSGABEN: Petersburg 1859 (in Otečestvennye zapiski). – Moskau 1956 (in *Sobr. soč.*, Hg. L. P. Grossman u. a., 10 Bde., 1956–1958, 2). – Moskau 1982 (in *Sobr. soč.*, 12 Bde., 2).

ÜBERSETZUNGEN: *Tollhaus oder Herrenhaus? Stepantschikowo u. seine Bewohner*, L. A. Hauff, Bln. 1890. – *Das Gut Stepantschikow u. seine Bewohner. Humoristischer Roman*, E. K. Rahsin (in *SW*, Bd. 16, Mchn. 1909). – *Das Gut Stepantschikowo*, dies. (in *SW*, Bd. 2, Mchn./Zürich 1977). – *Das Gut Stepantschikowo und seine Bewohner: aus den Aufzeichnungen eines Unbekannten*, M. Kegel, Mchn. 1982; ²1985.

LITERATUR: A. V. Čičerin, *Tvorčestvo D.*, Moskau 1959, S. 417–444. – D. O. Zaslavskij, *Tvorčestvo D.*, Moskau 1959, S. 445–471. – N. M. Cirkov, *O stile D. Problematika, idei, obrazy*, Moskau ²1967, S. 31–35. – B. Monter, *The Quality of D.'s Humor: »The Village of Stepančikovo«* (in SEEJ, 1973, 17, S. 33–41). – A. Van Holk, *Verbal Aggression and Offended Honour in D.'s »Selo Stepančikovo i ego obitateli«: A Text-Grammatical Approach* (in Russian Literature, 1976, 4, S. 67–107).

SLABOE SERDCE

(russ.; *Ein schwaches Herz*). Erzählung von Fëdor M. DOSTOEVSKIJ, erschienen 1848 in der Zeitschrift ›Otečestvennye zapiski‹. – Zwei arme Petersburger Beamte, Arkadij Nefëdevič und Vasja Šumkov, leben in inniger, sentimentaler Freundschaft gemeinsam in einer bescheidenen Wohnung. Einer von ihnen verlobt sich am Tag vor Neujahr. Im Gefühlsüberschwang seiner Verliebtheit hat er eine große Schreibarbeit, die zum 2. Januar abgegeben werden soll und für die er die Bezahlung schon bekommen hat, wochenlang vernachlässigt. In übermenschlicher Anstrengung versucht er jetzt, das Versäumte nachzuholen, um seinem »Wohltäter« gegenüber, der ihm den Auftrag gegeben hat, nicht undankbar zu erscheinen. Das »schwache Herz« Vasjas hält diese Belastungen durch starke, einander widerstreitende Gefühle und durch übermäßige, geist- und seelentötende Arbeit nicht aus. Er verliert den Verstand. Nach Ausbruch der Krankheit stellt sich heraus, daß die Arbeit gar nicht so dringlich war; der »Wohltäter« bedauert die sinnlose Zerstörung einer menschlichen Existenz. Arkadij, der zunächst erklärt hatte, sein Freund sei aus Dankbarkeit gegen den Wohltäter um den Verstand gekommen, erkennt am Abend des Tages beim Anblick der kalten Pracht des winterlichen Petersburg, *»warum sein Freund Vasja, der sein Glück nicht hatte ertragen können, um den Verstand gekommen ist … Seine Lippen zitterten, seine Augen traten hervor, er erbleichte und blickte in diesem Augenblick gleichsam hindurch zu etwas Neuem.«*
Die Erzählung ist eine Charaktertragödie. Vasja ist ein Mensch von übergroßer, fast pathologischer Empfindsamkeit; eng mit ihr verbunden ist sein »Träumertum«. Er träumt von der allgemeinen Harmonie des Menschen mit der Natur, der Menschen untereinander, und darum leidet er unter dem Widerspruch zwischen der Innenwelt und der Außenwelt, zwischen der Höhe seines Glücksgefühls und der Öde seiner endlosen Schreibarbeit. Beides zusammen führt zu falschem Verhalten: In den Wochen der seelischen Hochstimmung vermag er die öde Alltagspflicht nicht zu erfüllen; aber dann bauscht seine Empfindsamkeit das harmlose Versäumnis zu einem Akt unverzeihlicher Undankbarkeit, ja zu einem Verbrechen auf. Zur Katastrophe führt die Verbindung von Empfindsamkeit und Träumertum dadurch, daß Vasja ein »schwaches Herz« hat. Das ist kein Zufall: Es wird motiviert einerseits durch einen körperlichen Mangel, andererseits durch die Tatsache, daß er unter gro-

ßen Entbehrungen aus niedrigsten sozialen Verhältnissen aufgestiegen ist und auch jetzt noch Not und soziale Abhängigkeit erdulden muß. Dieses schwache, innerlich unsichere Herz ist den Gefühlen nicht gewachsen, denen es ausgesetzt ist.
Aber die Erzählung ist noch mehr als die Schilderung einer Tragödie pathologischer Empfindsamkeit. Neben Vasja steht Arkadij; auch er ist empfindsam, auch er träumt von der allgemeinen Harmonie (daher vielleicht sein Vorname); aber er hat nicht das schwache Herz Vasjas, darum geht er nicht zugrunde wie jener; er dringt sogar durch zum Verständnis des tragischen Geschehens: Er begreift, daß Vasja, der von der allgemeinen Harmonie träumte, zugrunde gegangen ist an der Disharmonie, die in der Welt der Zivilisation und der hierarchischen Sozialordnung herrscht – in der Welt, deren Symbol das prachtvolle, aber eiskalte Petersburg ist, der absolute Gegensatz des erträumten Arkadien. Aber bei Arkadij bleibt es bei der Erkenntnis; wir treffen ihn im letzten Absatz in der Kirche: Vielleicht will Dostoevskij sagen, daß er nun in der Religion die in der Wirklichkeit nicht zu findende Erfüllung seines Wunschtraums sucht. Über ihn hinaus führt eine ganz episodisch auftauchende, scheinbar funktionslose Gestalt: ein *»unbeteiligter Zuschauer«* bei der Katastrophe Vasjas, den *»jeder Skandal, jede entsetzliche Szene gleichzeitig erschreckt und doch irgendwie freut«*. Er sagt zu allen, zu denen er zu sprechen wagen darf: Er wisse, woher dies komme, und dies sei nicht eine einfache, sondern eine sehr wichtige Angelegenheit, vor allem: *»Man darf das nicht so lassen.«* Offenbar schildert der Dichter hier sich oder einen seiner Freunde aus dem Kreis der Anhänger des »utopischen Sozialismus«, zu dem Dostoevskij damals gehörte: Dieser *»unbeteiligte Zuschauer«* interessiert sich für die scheinbar banalen Skandalgeschichten nicht aus oberflächlicher Neugier, sondern er versteht sie als Symbole, erkennt in ihnen Symptome einer tiefen Krankheit der Kultur und flüstert allen, denen man so etwas anvertrauen darf, ins Ohr, *»daß man sie nicht so lassen darf«.* – Die kleine Erzählung fasziniert durch die Kunst der Darstellung, die die Idylle allmählich zur Tragödie werden läßt, durch ihren bedeutsamen menschlichen Gehalt und durch ihre weltanschauliche Hintergründigkeit.   L.Mü.

AUSGABEN: Petersburg 1848 (in Otečestvennye zapiski, Febr.). – Moskau 1956 (in *Sobr. soč.*, Hg. L. Grossman u. a., 10 Bde., 1956–1958, 1). – Moskau 1979 (in *Povesti i rasskazy*, 2 Bde., 1).

ÜBERSETZUNGEN: *Ein schwaches Herz*, H. Roskoschny, Lpzg. 1888. – *Ein schwaches Herz. Eine Novelle*, E. K. Rahsin (in *Der Doppelgänger. Frühe Romane u. Erzählungen*, Mchn. 1961). – Dass., A. Luther (in *Erzählungen*, Mchn. 1962). – *Ein schwaches Herz*, E. K. Rahsin (in *SW*, Bd. 1, Mchn./Zürich 1977). – Dass., dies. (in *Sämtl. Erzählungen*, Mchn./Zürich 1984; ⁹1987).

LITERATUR: K. Strelsky, *D.'s Early Tale »A Faint Heart«* (in Russian Review, 1971, 30, S. 146 bis 153). – W. J. Leatherbarrow, *Idealism and Utopian Socialism in D.'s »Gospodin Procharčin« and »Slaboe serdce«* (in SEER, 1980, 58, S. 524–540).

SON SMEŠNOGO ČELOVEKA.
Fantastičeskij rasskaz

(russ.; *Der Traum eines lächerlichen Menschen. Eine phantastische Erzählung*). Erzählung von Fëdor M. DOSTOEVSKIJ, erschienen 1877. – Der Held der Erzählung, der seine Geschichte selbst erzählt, galt von Jugend auf als ein lächerlicher Mensch. Er hat auf die Verachtung und den Spott seiner Umgebung zuerst mit Stolz geantwortet, dann mit völliger Gleichgültigkeit gegenüber den Menschen und der Welt überhaupt. Er beschließt, sich zu erschießen, weil er keinen Grund sieht, weiterzuleben. Aber kurz bevor er die Tat ausführen will, bittet ihn im nächtlichen Petersburg ein kleines Mädchen auf der Straße um Hilfe. Obwohl er Mitleid verspürt und helfen könnte, jagt er das Mädchen grob fort, weil er sich sagt, daß ihm angesichts seines bevorstehenden Todes, seines Übergangs in absolutes Nichtsein, die fremde Not und auch die Scham über sein eigenes Verhalten völlig gleichgültig sein müßten. Beunruhigt von diesem ungelösten Konflikt zwischen Herz und Verstand, schläft der Erzähler auf seinem Sessel ein. Er träumt, er schieße sich ins Herz und werde begraben. Aus dem Grab wird er von einem unbekannten Wesen durch unendliche Räume getragen und schließlich abgesetzt auf einem »Doppelgänger« unserer Erde, im griechischen Archipelag. Dort leben Menschen wie wir, aber es sind Menschen ohne Sünde. Sie leben in vollkommener, harmonischer Einheit miteinander, mit der Natur, mit dem All. Sie kennen Liebe, Geburt und Tod, nicht aber Eifersucht, Haß und Schmerz. Durch die Schuld des Erzählers gelangt die Sünde in diese paradiesische Welt. Alle werden von ihr angesteckt, und nun entwickeln sich die Weltanschauungen und die sozialen Institutionen, so wie wir es aus der Geschichte der Menschheit bis ins 19. Jh. kennen. Der Erzähler bekennt (noch im Traum) seine Schuld an dieser Entwicklung, möchte dafür büßen, gekreuzigt werden, aber er wird nur verlacht; man droht, ihn ins Irrenhaus zu sperren. Er erwacht, stößt die geladene Pistole von sich, ist voll von Jubel und Entzücken, will jetzt leben und die Wahrheit verkünden, die er im Offenbarungstraum gesehen hat.

Die Erzählung antwortet auf die Frage: Was kann einen Menschen unserer Zeit, der durch Charakter und Schicksal zu einem freudlosen Dasein verurteilt ist, der durch Reflexion und Aufklärung den unreflektierten Willen zum Leben und die Furcht vor dem Sterben und vor ewiger Strafe verloren hat, auf der Erde festhalten? Der Wille und der Verstand kommen zur Einsicht, daß die Behauptung des Selbst gegen die Umwelt und gegen den Tod letztlich unmöglich ist, und von daher zu der Folgerung, daß »alles egal« und es deswegen besser ist, das Leben wegzuwerfen als es weiterzuleben. – Das Erlebnis mit dem Mädchen zeigt, daß es eine dritte Kraft im Menschen gibt, die die Devise des »Alles egal« Lügen straft – das Herz. In dem darauffolgenden Traum erkennt, »sieht« der Erzähler, daß die Menschen nicht erst in irgendeinem Jenseits, sondern auf dieser Erde glücklich und schön sein können und daß er selbst schuld daran ist, daß unsere Erde kein Paradies ist. Nach dem Erwachen ergeben sich aus der Offenbarung des Traums zwei Folgerungen. Erstens: Wenn es auch nicht in der Macht des einzelnen steht, die ganze Welt in das (an sich mögliche) irdische Paradies zu verwandeln, so kann er doch durch seine »Predigt« und durch das Vorbild seines Lebens (eines Lebens, dessen wesentliche Triebkraft nicht mehr der euklidische Verstand und nicht mehr der sich selbst wollende Wille, sondern das Herz ist) daran mitwirken, daß die Welt sich wenigstens in seinem Wirkungskreis zum Besseren wandelt. Zweitens: Damit ist die Anschauung des »Alles ist egal« überwunden, als falsch erwiesen, das Leben hat Inhalt und Sinn bekommen, die Bande, die den Erzähler an die Erde fesselten und die fast zerrissen waren, sind neu geknüpft, der Selbstmord ist sinnlos geworden.

Das kleine Werk ist eine Art Fortsetzung der dreizehn Jahre früher geschriebenen *Zapiski iz podpol'ja*, 1864 *(Aufzeichnungen aus einem Kellerloch)*, und gleichzeitig ein ideologischer Entwurf zu dem letzten großen Roman Dostoevskijs *Brat'ja Karamazovy*, 1879/80 *(Die Brüder Karamazov)*. In diesem Roman werden die möglichen Verhaltensweisen des Menschen und deren Folgen für den Menschen selbst und für seine Umgebung inkarniert in den Gestalten und Schicksalen der drei Brüder: das Leben aus dem Willen in Dmitrij, das Leben aus dem Verstand in Ivan, das Leben aus dem Herzen in Alëša. In der Erzählung *Son smešnogo čeloveka* folgen sie nacheinander als Stufen im Werdegang eines einzigen Menschen.

Trotz der stark ideologischen Konzeption ist *Der Traum eines lächerlichen Menschen* nicht bloße Reflexion, sondern wirkliches, dramatisches Geschehen. – Die Vision vom irdischen Paradies ist die Fortentwicklung der Vision Stavrogins in *Besy*, 1871/72 *(Die Dämonen)*, und Versilovs in *Podrostok*, 1875 *(Der Jüngling)*. Letztlich geht sie offenbar zurück auf ein eigenes Erleben Dostoevskijs, das mit der Betrachtung der Gemälde von Claude Lorrain in der Dresdener Gemäldegalerie verbunden war und das ihn wegen seiner Tiefe und Bedeutsamkeit zu immer neuer Gestaltung und Deutung drängte.   L.Mü.

AUSGABEN: Petersburg 1877 (in Dnevnik pisatelja, April). – Moskau 1958 (in Sobr. soč., Hg. L. Grossman u. a., 10 Bde., 1956–1958, 10). – Moskau 1982 (in Sobr. soč., 12 Bde., 12).

ÜBERSETZUNGEN: *Der Traum eines lächerlichen Menschen. Eine phantastische Erzählung*, E. K. Rahsin (in *SW*, Bd. 20, Mchn. 1907). – Dass., dies. (in

Aus dem Dunkel der Großstadt, Mchn. 1922). –
Dass., A. Luther (in *Erzählungen*, Mchn. 1962). –
Traum eines lächerlichen Menschen, E. K. Rahsin (in
SW, Bd. 4, Mchn./Zürich 1977). – Dass., dies. (in
Sämtl. Erzählungen, Mchn./Zürich 1984; ⁹1987).

LITERATUR: W. Lettenbauer, *Russische Visionslite-
ratur im 19. Jh.* (in ByZ, 44, 1951, S. 397–404). –
V. Setschkareff, *D. u. das Goldene Zeitalter* (in *Fs. f.
D. Čyževs'kyj*, Bln. 1954, S. 271–274). – R. Morti-
mer, *Dostoevsky and the Dream* (in MPh, 54, 1956,
S. 106–116). – E. W. Trahan, *The Golden Age –
»Dream of a Ridiculous Man«* (in SEEJ, 17, 1959,
S. 349–371). – K. Onasch, *D. als Verführer*, Zürich
1961, S. 58–70. – G. Fridlender, *Realizm D.*, Mos-
kau/Leningrad 1964, S. 34–43. – R. Phillips,
»Dream of a Ridiculous Man«. A Study in Ambiguity
(in Criticism, 1975, 17, S. 355–363). – N. Rosen,
The Defective Memory of the Ridiculous Man (in
Canadian-American Slavic Studies, 1978, 12,
S. 323–338). – R. Lauth, *Der »Traum eines lächerli-
chen Menschen« als Auseinandersetzung mit Rous-
seau und Fichte* (in Dostoevsky Studies, 1980, 1,
S. 89–101).

UNIŽENNYE I OSKORBLËNNYE

(russ.; *Die Erniedrigten und die Beleidigten*). Roman von Fëdor M. DOSTOEVSKIJ, erschienen 1861.
– Nach seiner sibirischen Verbannung (1849 bis
1859) sucht sich Dostoevskij systematisch einen festen Platz im literarischen Leben Rußlands zu sichern. Hierzu tragen hauptsächlich bei die *Zapiski
iz mërtvogo doma*, 1861/62 *(Aufzeichnungen aus
einem Totenhaus)*, ein gattungsgemäß schwer fest-
legbares Werk, sowie *Die Erniedrigten und die Beleidigten*, ein bewußt sensationell, sentimental und
sozialkritisch gehaltener Roman, der die zur europäischen Mode gewordene Großstadtmisere effektvoll ins Bild bringt. Schauplatz ist Petersburg,
die Brutstätte jener *»düsteren und qualvollen Geschichten, die sich so oft und unbemerkt, fast heimlich
unter seinem lastenden Himmel begeben, in den dunklen, verschwiegenen Winkeln der großen Stadt, inmitten des unabsehbar siedenden Lebens, inmitten des
blinden Egoismus, der gegenläufigen Interessen, der
finsteren Ausschweifungen, der sorgsam gehüteten
Verbrechen, inmitten dieser unerträglichen Hölle
sinnlosen und unmoralischen Lebens...«* Die Meister
solchen Kolorits, BALZAC und DICKENS, sind unabweislich präsent. Dostoevskij verfeinert hier sein
erzähltechnisches Instrumentarium: Das Resultat
ist noch ziemlich heterogen; die Stärke liegt in den
Einzelszenen, im Aufbau einzelner Charaktere.
Integrierende Figur ist der Ich-Erzähler Ivan Petrovič, ein desillusionierter Romanschriftsteller,
der, todkrank im Hospital, seine Erinnerungen zu
Papier bringt. In ihnen verflechten sich zwei Ge-
schehniskomplexe. Die Geschichte beginnt mit
dem Tod des alten Smitt, einer um den Verstand
gekommenen Elendsgestalt der Petersburger
Slums. Der völlig allein zurückbleibenden Enkelin

des Verstorbenen nimmt sich der Erzähler an. Die
psychologische Gestaltung seiner verhaltenen Zuneigung zur verschlossenen, frühreifen und kranken Nelly gehört zweifellos zu den echten Leistungen des Werks. Nelly stirbt schließlich, und der Erzähler erfährt, daß sie die Tochter des Fürsten Valkovskij ist, der ihre Mutter einst um ein Vermögen
betrog und der Armut preisgab. Fürst Pëtr Valkovskij, ein zynischer und heuchlerischer Mann,
der schon wesentliche Charakteristika der negativen Gestalten in Dostoevskijs späten Romanen
aufweist, ist auch maßgebend am zweiten großen
Geschehniskomplex beteiligt: Sein willensschwa-
cher Sohn Alëša wird von Nataša Ichmeneva, der
Tochter aus lange schon verarmtem Adelshaus, fast
mütterlich geliebt. Valkovskij hintertreibt systematisch diese Beziehung, da er seinem Sohn eine reiche Erbin zugedacht hat, und Alëša verläßt schließlich seine entführte Geliebte. Der Erzähler, der mit
Nataša aufwuchs und eine Zeitlang mit ihr verlobt
war, wird, gequält, aber ohne Haß, zum Intimzeu-
gen ihrer Zuneigung zu Alëša. So mündet für die
drei Zentralfiguren: den Erzähler, Nataša und Nelly, all ihr Hoffen in bitterste Frustration.
In der Gestalt der 13jährigen Nelly nimmt Dostoevskij wesentliche Züge seines großangelegten und
niemals abgeschlossenen Werks *Netočka Nezvanova*
(1849) wieder auf, in dessen Zentrum die Entwicklung einer weiblichen Psyche, vor allem in der Phase der Pubertät, stehen sollte. Der Erzähler Ivan Petrovič ist eine direkte Fortsetzung der Gestalt des
Träumers in Dostoevskijs Frühwerk, der zum Leben die Haltung eines Voyeurs bezieht und seine
Kränkungen masochistisch mit sich herumträgt. –
Hervorzuheben ist, daß der Titel des Werks eher
pittoresk-sentimental als wahrhaft sozialkritisch
eingesetzt wird und ganz gewiß nicht als Kennmar-
ke für Dostoevskijs Gesamtwerk herhalten darf.

H. J. G.

AUSGABEN: Petersburg 1861 (in Vremja, Januar
bis Juli). – Moskau 1956 (in *Sobr. soč.*, Hg.
L. P. Grossman u. a., 10 Bde., 1956–1958, 3). –
Moskau 1982 (in *Sobr. soč.*, 12 Bde., 4).

ÜBERSETZUNGEN: *Erniedrigte und Beleidigte*,
K. Jürgens, Stg. 1885 (Collection Speman, 84). –
Die Erniedrigten und Beleidigten, E. K. Rahsin,
Mchn. 1910; ern. in *Onkelchens Traum*, Mchn.
1961. – *Erniedrigte und Beleidigte*, H. Röhl (in
Sämtl. Romane und Novellen, Bd. 8/9, Lpzg. 1922).
– *Die Erniedrigten und Beleidigten*, E. K. Rahsin (in
SW, Bd. 2, Mchn./Zürich 1977). – *Erniedrigte und
Beleidigte*, M. Kegel, Mchn. 1983.

LITERATUR: N. A. Dobroljubov, *Zabitye ljudi* (in
Sovremennik, 1861, Bd. 89; auch in N. A. D., *Poln.
sobr. soč.*, Bd. 2, Leningrad 1935, S. 367–405; dt.:
Eingeschüchterte Menschen, in N. A. D., *Ein Lichtstrahl im finsteren Reich*, Lpzg. 1961). – B. G. Rei-
zov, *O zapadnom vlijanii v tvorčestve D. (Nekotorye
zapadnye istočniki romana »Unižennye i oskorblënnye«)* (in Izvestija Severo-Kavkazskogo gos. uni-

versiteta, Rostow 1927, Bd. 1, S. 95–104). – R. Nazirov, _Tragedijnoe načalo v romane »Uniženye i oskorblënnye«_ (in Filologičeskie nauki, 1965, Nr. 4, S. 27–40). – R. Neuhäuser, _F. M. D.: »Die Erniedrigten und Beleidigten.« Ein bisher unbekanntes Manuskript des Dichters aus dem Nachlaß Stefan Zweigs_ (in WSlJb, 1975, 21, S. 158–172). – Ders., _The Structure of the »Insulted and Humiliated«_ (in Forum International, 1980, 3, S. 48–61). – T. Iu. Rigina, _Chudožestvennye priemy D.-portretista: »Uniženye i oskorblënnye«_ (in Filologičeskie Nauki, 1983, 6, S. 16–21).

ZAPISKI IZ MËRTVOGO DOMA

(russ.; _Aufzeichnungen aus einem Totenhaus_). Roman von Fëdor M. Dostoevskij, erschienen 1860–1862. – Auf der Grundlage seiner sibirischen Erfahrungen (1849–1859) schreibt Dostoevskij ein gattungsgemäß schwer einzuordnendes Werk. Die Wesenszüge des Dokumentarischen, die deutlich hervortreten, dürfen nicht vergessen machen, daß es sich hier um eine Dichtung handelt. Zwar wird die Darstellung von einem Pathos getragen, das sehr wohl die Kennzeichnung gravierender Mißstände im Strafvollzug unter Nikolaus I. intendiert, doch übersteigt das Anliegen des Werks die Bindung an eine historische Situation. Es wird eine Deskription des Menschen unter erschwerten Lebensbedingungen gegeben: das sibirische Zuchthaus fungiert als Metapher für Gemeinschaft schlechthin, die für das Individuum stets eine erzwungene ist.

Der Erzähler Aleksandr Gorjančikov, zugleich zentrales Bewußtsein, schildert seine allmähliche Eingewöhnung ins absolut Ungewohnte. Dostoevskij führt ihn als Gattenmörder ein, der eine zehnjährige Strafe zu verbüßen hat. Gorjančikovs Verbrechen bleibt indessen undiskutiert, weil es nur als notwendiger Anlaß für reguläres Sträflingsdasein ins Spiel gebracht wird. Die Technik der Präsentation ist an der Empirie der Erinnerung orientiert: Begonnen wird mit den »ersten Eindrücken« aus dem Einlieferungsmonat des Erzählers. Sie gipfeln in einer Weihnachtsfeier, die Anlaß gibt, Volksstücke und Volkslieder zu demonstrieren. Die sprachlichen Eigentümlichkeiten verdienen besondere Beachtung. Wie man weiß, hat Dostoevskij in einem erhaltenen _Sibirischen Notizbuch (Sibirskaja tetrad')_ systematisch Ausdrücke der Volkssprache, Sprichwörter und verschiedene Absonderlichkeiten gesammelt, die, vereinzelt, auch in seinen anderen Werken wiederkehren. Der zweite Teil des Werks präsentiert das Zuchthausleben im Wandel der Jahreszeiten und endet, nach der Erörterung spezieller Probleme (Möglichkeiten der Flucht, Stellung der politischen Häftlinge usf.), mit dem Tag der Freilassung des Erzählers. Vor dem Hintergrund der russisch-orthodoxen Glaubenshaltung kommt es zu antisemitischen und antipolnischen Seitenhieben, die auch für Dostoevskijs Spätwerk typisch bleiben. – Dostoevskij zeigt bei-spielhaft, wie unter dem Druck einer zum Alltag werdenden Ausnahmesituation (_»Sich mit diesem Leben abzufinden, war unmöglich, es als vollendete Tatsache anzuerkennen, indessen längst gefordert«_) sämtliche Lebensvorgänge und menschlichen Eigenheiten ein Übermaß an Bedeutsamkeit erhalten. Nichts ist mehr trivial. Die Gemeinschaft derer, die mit dem Brandmal gesellschaftlicher Untauglichkeit versehen wurden, läßt die Zwänge jener, die die Strafe verhängte, überscharf erkennen. Die Frage nach der Berechtigung von institutionalisierter Strafe erlangt hier höchste Brisanz. Zum Höhepunkt zynisch unterkühlter Optik wird nicht zufällig die Beschreibung der Bestrafungsriten. _»Nicht mit Unrecht hat Dostoiewsky von den Insassen jener sibirischen Zuchthäuser gesagt, sie bildeten den stärksten und wertvollsten Bestandteil des russischen Volkes«_, notiert Friedrich Nietzsche im _Willen zur Macht_. Hervorzuheben ist die hohe Kunst der ganzheitlichen Personenzeichnung, die gelegentlich zu eigenständigen anekdotischen Gebilden führt, wie der ein ganzes Kapitel füllenden Erzählung _Akul'kin muž (Akulkas Mann)_.

Das Werk machte Dostoevskij weithin berühmt und fand sogar die uneingeschränkte Zustimmung Turgenevs und Tolstojs, die seinem Gesamtwerk mit großer Zurückhaltung begegneten. Auch Gercen und Pisarev spendeten hohes Lob. In unserer Zeit hat Aleksandr Solženicyn mit seinem Kurzroman _Odin den' Ivana Denisoviča_, 1962 (_Ein Tag im Leben des Ivan Denissowitsch_), und insbesondere mit seiner »künstlerischen Exploration« des _Archipelag Gulag: 1918–1956_ (1973–1975) die metaphorischen Möglichkeiten des _Totenhauses_ überzeugend aktiviert. Im Bannkreis des Themas stehen, wenngleich mit anderen Intentionen verfaßt, George Kennans _Siberia and the Exile System_, 1891 (_Sibirien und das System der Verbannung_), und Čechovs _Ostrov Sachalin_, 1895 (_Die Insel Sachalin_). Im europäisch-amerikanischen Kontext sind des weiteren zu nennen: Kafkas _In der Strafkolonie_ (1914), E. E. Cummings' _The Enormous Room_, 1922 (_Der ungeheure Raum_), Nelly Sachs' _In den Wohnungen des Todes_ (1947) und MacKinlay Kantors _Andersonville_ (1955).   H.J.G.

Ausgaben: Moskau 1860/61 (in Russkij mir, 1860, Nr. 67; 1861, Nr. 1, 3, 7; Ausz.). – Petersburg 1861/62 (in Vremja, 1861, April; Sept.–Nov.; 1862, Jan.–März; Mai; Dez.; vollst.). – Moskau 1956 (in _Sobr. soč._, Hg. L. P. Grossman, 10 Bde., 1956–1958, 3). – Moskau 1982 (in _Sobr. soč._, 12 Bde., 3).

Übersetzungen: _Aus dem todten Hause_, anon., Dresden 1886. – _Aus einem Totenhaus_, E. K. Rahsin (in SW, Bd. 18, Mchn. 1908). – _Memoiren aus einem Totenhaus_, H. Moser, Lpzg. o. J. – _Das tote Haus_, A. Scholz, Bln. 1921. – _Erinnerungen aus einem Totenhause_, F. Scharfenberg, Mchn. 1922. – _Aufzeichnungen aus einem Totenhaus_, A. Eliasberg, o. O. 1923. – Dass., E. K. Rahsin (in _Aus einem Totenhaus u. drei Erzählungen_, Mchn. 1958). – _Auf-_

zeichnungen aus einem toten Haus, R. E. Riedt, Mchn. 1985. – *Aufzeichnungen aus einem Totenhaus*, E. K. Rahsin (in *SW*, Bd. 3, Mchn./Zürich 1977).

VERTONUNG: L. Janáček, *Z mrtvého domu* (Urauff.: 1930; Oper).

LITERATUR: S. F. Mstislavskij, *»Zapiski iz mërtvogo doma«* (in Ёkran, 1921, Nr. 6). – N. S. Deržavin, *»Mërtvyj dom« v russkoj literature XIX veka*, Petrograd 1923. – G. Berliner, *D. kak izobrazitel' doreformennoj katorgi* (in Katorga i ssylka, 1933, Nr. 10, S. 48–84). – Ders., *Kak rabotal D. nad »Zapiskami iz mërtvogo doma«* (in Novyj kraj, 1937, S. 80–85). – M. Judalevič, *D. i ego »Zapiski iz mërtvogo doma«* (in Molodoj bol'ševik, 9. 2. 1941). – I. T. Mišin, *Problematika romana F. M. D. »Zapiski iz mërtvogo doma«* (in Uč. zap. Armavirskogo ped. instituta, 1957/3, 2, S. 109–161). – Ders., *Obraznaja struktura romana F. M. D. »Zapiski iz mërtvogo doma«* (ebd., 1958/3, 1, S. 89–139). – A. P. Mogiljanskij, *K istorii pervoj publikacii »Zapisok iz mërtvogo doma«* (in Russk. Liter., 1969, 12, S. 179–181). – W. Koschmal, *Semantisierung von Raum und Zeit. D.s »Aufzeichnungen aus einem toten Haus« und Čechovs »Insel Sachalin«* (in Poetica, 1980, 3/4, S. 397 bis 420). – I. P. Smirnov, *Otchuždenie v otchuždenii: O »Zapiskach iz mërtvogo doma«* (in WSlA, 1981, 7, S. 37–48). – I. Serman, *Tema narodnosti v »Zapiskach iz mërtvogo doma«* (in Dostoevsky Studies, 1982, 3, S. 101–144). – L. Bagby, *On D.'s Conversion: the Introduction to »Notes from a Dead House«* (in Symposium, 1985, 39, S. 3–18).

ZAPISKI IZ PODPOL'JA

(russ.; *Aufzeichnungen aus einem Kellerloch*). Erzählung von Fëdor M. DOSTOEVSKIJ, erschienen 1864. – Mit gutem Recht läßt sich sagen, daß Dostoevskij mit diesem Werk entscheidende Züge der europäischen »Dekadenz« exemplarisch und damit zweideutig formuliert hat. Mit der Ausleuchtung des »Kellerlochs«, des lichtlosen Orts des Verdrängten und Verpönten, beginnt die Hauptphase des Dostoevskijschen Schaffens. Der hier entworfene Problemhorizont bleibt auch bestimmend für die unmittelbar nachfolgende Phalanx seiner fünf großen Romane. Der Mensch aus dem Kellerloch, verbittert, krank und von höchster Intelligenz, sucht sich die Autarkie des Subjekts gegenüber dem Lauf der Dinge einzureden. Dabei erscheint die Außenwelt als beherrscht von der Idee des »Kristallpalasts« der Londoner Weltausstellung, des Emblems einer vernünftigen, vom Fortschritt bestimmten Weltordnung, die den Einzelmenschen zur Klaviertaste und zum Drehorgelstift entmündigen muß. In seiner Ablehnung des Diktats der Vernunft *(» Wie wäre es, meine Herren, wenn wir diese ganze Vernünftigkeit mit einem einzigen Fußtritt davonjagen würden?«)* erschließt der namenlose Räsoneur des Kellerlochs das paradoxe Reich der

freiwilligen Verrücktheit, des Widersinns, der sorgsam kultivierten Kränkungen und Sadismen. Die Erzählung zerfällt in zwei in der Darstellungsweise wesentlich differierende Teile. Zunächst wird ein mit allen Mitteln subtilster Rhetorik ausgestalteter Monolog der morbid-sensiblen Hauptfigur präsentiert, die im Rampenlicht der Argumente eines imaginären Publikums ihre absonderlichen Maximen entwickelt. Dostoevskij verwendet hier die für ihn typische *Rede mit einer Hintertür* (Bachtin) mit denkbar höchstem Raffinement. Der zweite Teil zeigt den zur Zeit der Niederschrift vierzigjährigen »Helden« in einer Reihe von Situationen, die bereits sechzehn Jahre zurückliegen und sein Versagen im Bereich des Berufslebens, der privaten Geselligkeit und der Intimbeziehungen vorführen. Charakteristisch ist dabei der Übergang von einer masochistischen zu einer rein sadistischen Einstellung: Eine Zusammenkunft mit Schulkameraden trägt noch die Züge rein passiver Selbstvergiftung, während die Begegnung mit einer Prostituierten aktiven Zynismus freiwerden läßt. Beherrschend wird schließlich die Vorstellung vom »nassen Schnee«, der sich wie ein Leichentuch über das winterlich unwirtliche Petersburg legt und allen Unglücklichen, die vom Kellerlochmenschen mit diabolischer Hingabe beschworen werden, zum wohlfeilen Grab wird.

Die Erzählung fand die uneingeschränkte Bewunderung NIETZSCHES *(»ein wahrer Geniestreich der Psychologie«)*, hat nachhaltigen Einfluß auf die russische Literatur (GARŠIN, SOLOGUB, ANDREEV, OLEŠA) ausgeübt und maßgebende Strömungen der westeuropäischen Moderne vorgezeichnet (Henry MILLER, CAMUS, GENET). Hans SEDLMAYR nennt gerade dieses Werk wegen der Ablehnung totaler Ordnung, *»den tiefsten Kommentar, der zu den surrealistischen Manifesten je geschrieben worden ist, ante festum, und der je geschrieben werden kann«.* Daß Dostoevskijs Verführungskraft zum im höchsten Sinne Asozialen insbesondere innerhalb der sowjetrussischen Kritik – aber auch bereits bei SALTYKOV-ŠČEDRIN (1864) – auf Ablehnung stößt, ist verständlich.   H. J. G.

AUSGABEN: Petersburg 1864 (in Ёpocha, Nr. 1/2; 4). – Moskau 1956 (in *Sobr. soč.*, Hg. L. P. Grossman u. a., 10 Bde., 1956–1958, 4). – Moskau 1982 (in *Sobr. soč.*, 12 Bde., 2).

ÜBERSETZUNGEN: *Aus dem dunkelsten Winkel der Großstadt*, A. Markow, Bln. 1895 [m. Einl.]. – *Aus dem Dunkel der Großstadt*, E. K. Rahsin (in *SW*, Bd. 20, Mchn. 1907). – Dass., H. Röhl (in *Aus dem Dunkel der Großstadt – Helle Nächte*, Lpzg. 1921). – *Aufzeichnungen aus einem Kellerloch*, A. Luther (in *Erzählungen*, Mchn. 1962). – *Aufzeichnungen aus dem Untergrund*, E. K. Rahsin (in *Der Spieler und andere Romane*, Mchn. 1969). – *Aufzeichnungen aus dem Untergrund*, E. K. Rahsin (in *SW*, Bd. 4, Mchn./Zürich 1977). – *Aufzeichnungen aus einem Kellerloch: Erzählungen*, F. Bennewitz, Mchn. 1983.

LITERATUR: G. Gorbačëv, *Social'nye korni propovedi D.* (in Bor'ba klassov, 1924, S. 172–207). – M. C. Beardsley, *D.'s Metaphor of the Underground* (in Journal of History of Ideas, 3, 1942, S. 265–290). – P. N. Berkov, *Ob odnom otraženii »Kamennogo gostja« Puškina u D.* (in Puškin. Issledovanija i materialy, Bd. 2, Moskau/Leningrad 1958, S. 394–399). – R. E. Matlaw, *Structure and Integration in »Notes from the Underground«* (in PMLA 73, 1958, S. 101–109). – R. L. Jackson, *D.'s Underground Man in Russian Literature*, Den Haag 1958. – D. Zaslavskij, *Spor s džentl'menom* (in Literaturnaja gazeta, 7. 11. 1961). – J. Frank, *Nihilism and Notes from the Underground* (in Sewanee Review, 69, 1961, S. 1–33). – M. Gus, *Idei i obrazy F. M. D.*, Moskau 1962, S. 224–244. – V. Kirpotin, *»Zapiski iz podpol'ja« F. M. D.* (in Russkaja literatura, 1964, Nr. 1, S. 27–48). – G. Zimmermann, *Bildersprache in F. M. D.s »Zapiski iz podpol'ja«*, Göttingen 1971. – W. Holdheim, *Die Struktur von D.s »Aufzeichnungen aus dem Kellerloch«* (in DVLG, 1973, 47, S. 310–323). – B. Lambeck, *D.s Auseinandersetzung mit dem Gedankengut Černyševskijs in »Aufzeichnungen aus dem Untergrund«*, Phil. Diss. Tübingen 1980. – J. A. Hall, *Abstraction in D.'s »Notes from the Underground«* (in MLR, 1981, 76, S. 129–137). – P. Villadsen, *The Underground Man and Raskolnikov. A Comparative Study*, Odense 1981. – M. Jones, *D.: »Notes from Underground«* (in *The Voice of a Giant: Essays on Seven Russian Prose Classics*, Hg. R. Cockrell u. D. Richards, Exeter 1985, S. 55–65).

ja, Moskau 1904; [2]1911. – V. M. Tichomurov, *Poėzija F.*, Kiew 1914. – V. S. Fedina, *A. A. F.*, Petersburg 1915 [m. Bibliogr.]. – B. Ejchenbaum, *F.* (in B. E., *Melodika russkogo liričeskogo sticha*, Petrograd 1922, S. 119–195; auch in B. E., *O poėzii*, Leningrad 1969, S. 435–509). – S. V. Kastorskij, *Iz nabljudenij nad stichotvornoj technikoj F.* (in Izvestija Leningradskogo pedagogičeskogo instituta imeni A. I. Gercena, 1928, 1, S. 214–229). – Ders., *Nekrasov i F.* (in Učenye zapiski Leningradskogo pedagogičeskogo instituta imeni A. I. Gercena, 1936, 2, S. 250–288). – B. Buchštab, *A. A. F.* (in A. A. F., *Poln. sobr. stichotv.*, Leningrad 1959, S. 5–78). – D. N. Feichtinger, *Zur Verstechnik A. A. F.s*, Diss. Wien 1965. – R. F. Gustafson, *The Imagination of Spring. The Poetry of A. F.*, New Haven 1966. – L. A. Ozerov, *Lirika F.* (in A. A. F., *Stichotvorenija*, Moskau 1970, S. 3–26). – B. J. Buchštab, *A. A. F. Očerk žizni i tvorčestva*, Leningrad 1974. – S. Althaus-Schönbucher, *Konstantin Bal'mont. Parallelen zu A. F. Symbolismus und Impressionismus*, Bern/Ffm. 1975. – C. D. Buck, *Duality in A. F. Conflict and Transcendence*, Diss. Yale 1978. – V. I. Čeredničenko, *Poėtika chudožestvennogo vremeni A. A. F.*, Diss. Tbilisi 1982. – *Jazyk poėzii XIX–XX vv.: F., sovremennaja lirika*, Hg. O. Grigor'eva u. N. N. Ivanova, Moskau 1985. – W. Kasack, *A. F.* (in W. K., *Die Klassiker der russischen Literatur*, Düsseldorf 1986, S. 72–77). – G. Ritz, *F. und das Programm der »Reinen Kunst«* (in ZslPh, 49, 1989).

AFANASIJ AFANAS'EVIČ FET

d. i. Afanasij Afanas'evič Šenšin

* Okt. od. Nov. 1820 Novoselskij /
Gouvernement Orël
† 3.12.1892 Moskau

LITERATUR ZUM AUTOR:
Bibliographien:
V. S. Fedina, *Literatura o F. i proza F.* (in V. S. F., *A. A. F. (Šenšin). Materialy k charakteristike*, St. Petersburg 1915, S. 11–28). – B. Buchštab, *Sud'ba literaturnogo nasledstva A. A. F. Obzor* (in Literaturnoe nasledstvo, 1935, 22–24, S. 561–602). – *A. A. F.* (in *Istorija russkoj literatury XIX veka. Bibliografičeskij ukazatel'*, Hg. K. D. Muratova, Moskau/Leningrad 1962, S. 753–758).
Biographie:
L. M. Lotman, *A. F.* (übers. aus dem Russischen ins Englische von M. Wettlin), Boston 1976 [m. Bibliogr.].
Gesamtdarstellungen und Studien:
V. Pokrovskij, *A. A. F. (Šenšin). Ego žizn' i sočineni-*

VEČERNIE OGNI

(russ.; *Abendliche Feuer*). Gedichtsammlung von Afanasij A. FET, erschienen in vier Heften 1883 bis 1891. – Das lyrische Spätwerk des Autors erschien nach einer nahezu zwanzigjährigen Unterbrechung seiner literarischen Tätigkeit. Stärker und bewußter als die früheren Werke verwirklicht es das Prinzip des *l'art pour l'art*. Der unerwartete Erfolg der Gedichte ist vor allem auf die Erschöpfung des von BELINSKIJ, ČERNYŠEVSKIJ, DOBROLJUBOV, PISAREV u. a. vertretenen Realismus zurückzuführen. Die Glanzzeit der russischen Prosa näherte sich ihrem Ende. Nicht zuletzt unter dem Einfluß der pessimistischen Philosophie SCHOPENHAUERS, dessen *Welt als Wille und Vorstellung* der Autor ins Russische übersetzte, wird das Bewußtsein des Fin de siècle auch in Rußland zum herrschenden Zeitbewußtsein und zum ästhetischen Horizont der Literatur.

Den Hauptanteil des Sammelbandes macht neben Natur- und Liebesgedichten philosophische Gedankenlyrik aus, wobei sich die genannten Gattungen in der Regel wechselseitig durchdringen. Durchweg umkreisen die Gedichte ein aus erotischer und philosophischer Sehnsucht angesprochenes Du. In Träumen und Visionen, die allein die Erkenntnis- und Erlebnisgrenzen des Ich zu überwinden vermögen, wird das anonyme Du nur allgemein als Vergessen, Überwindung des Schmerzes, Glückseligkeit usf. bestimmt. Als *»undurchschau-*

bares Geflecht der Träume« bleibt es der vergebliche Versuch einer Objektivation des an sich selbst gefesselten Ich. Auffallend und durchaus im Sinn der romantischen Kunstphilosophie des Dichters ist die häufige Verwendung des Begriffes *tajna* (Geheimnis), der den ruhenden Gegenpol des Ichs umreißt. Der Tendenz zum Mystischen widerspricht das apollinische Wesen der Dichtung. Es kommt zum einen in einem strengen Formbewußtsein, zum anderen in der Forderung zum Ausdruck, Dichtung habe *»Linderung der Qualen als Bewußtmachung des Glücks«* zu sein. Der aufgezeigte Widerspruch findet seine Fortsetzung in Theorie und Praxis des russischen Symbolismus, der das Schaffen des Autors vor der Vergessenheit bewahrte.

A.Gu.

AUSGABEN: Moskau 1883–1891 (H. 1–4). – Petersburg 1901 (in *Poln. sobr. stichotv.*, Hg. B. V. Nikol'skij, 3 Bde., 1). – Leningrad 1959 (in *Poln. sobr. stichotv.*, Hg. B. Ja. Buchštab). – Moskau 1971, Hg. D. D. Blagoj u. M. A. Sokolova.

LITERATUR: S. Vesin, *F., Polonskij i. A. Žemčužnikov, »Večernye ogni«, »Večernyj zvon« i »Stichotvorenija«*, Žitomir 1893. – D. D. Blagoj, *Mir kak krasota: O »Večernich ogniach« A. F.*, Moskau 1975.

VSEVOLOD MICHAJLOVIČ GARŠIN

* 14.2.1855 Bachmut / Gouvernement
Ekaterinoslav
† 5.4.1888 St. Petersburg

LITERATUR ZUM AUTOR:
Bibliographie:
Istorija russkoj lit. XIX. veka. Bibliogr. ukazatel', Hg. K. Muratova, Moskau 1962, S. 197–201.
Biographien:
G. A. Bjalyj, *V. M. G. očerk*, Moskau 1955. – *Sovremmeniki o V. M. G. Krit.-biogr. očerk*, Moskau 1955. – *Sovremmeniki o V. M. G.*, Hg. G. F. Samosjuk, Saratov 1977. – V. I. Porudominskij, *Grustnyi soldat, ili žizn' V. G.*, Moskau 1986.
Gesamtdarstellungen und Studien:
E. Zelm, *Studien über G.*, Lpzg. 1935. – G. A. Bjalyj, *V. M. G. i literaturnaja bor'ba vos'midesiatych godov*, Moskau 1938. – N. Z. Beljaev, *G.*, Moskau 1938. – M. Kievenskij, *G.*, Moskau 1955. – H.-J. Gerigk, *G. als Vorläufer des russischen Symbolismus* (in WdS, 7, 1962, S. 246–292). – V. I. Porudominskij, *G.*, Moskau 1962. – G. A. Bjalyj, *V. M. G.*, Leningrad 1969. – P. Varnai, *The Prose of V. G.*, Diss. Univ. of Michigan 1970 [m. Bibliogr.]. – L. Stenborg, *Studien zur Erzähltechnik in den Novellen V. M. G.s*, Uppsala 1972 [m. Bibliogr.]. –

E. J. Yarwood, *Hero and Foil. Structure in the Stories of V. G.*, Diss. Univ. of North Carolina 1974 [m. Bibliogr.]. – L. Stenborg, *Die Zeit als strukturelles Element im literarischen Werk. Mit Illustrationen aus der Novellistik V. M. G.s*, Uppsala/Stockholm 1975 [m. Bibliogr.]. – B. Penny, *V. M. G. A Study in the Dynamics of Guilt*, Diss. Georgetown Univ. 1977 [m. Bibliogr.]. – L. Schön, *Die dichterische Symbolik V. M. G.s*, Mchn. 1978 (Slavistische Beiträge, 125). – E. Yarwood, *V. G.*, Boston 1981 [m. Bibliogr.]. – E. V. Sincov, *Romantiko-realističeskaja dvuplannost' i funkcija predvidenija v proze Čechova, G., Korolenko*, Moskau 1983. – P. Henry, *A Hamlet of his Time: V. G. the Man, his Works, and his Milieu*, Oxford 1983. – N. V. Kožuchovskaja, *Voennye rasskazy V. M. G*, Leningrad 1985. – A. N. Latynina, *V. G.: tvorčestvo i sud'ba*, Moskau 1986.

ATTALEA PRINCEPS

(russ.; *Attalea princeps*). Erzählung von Vsevolod M. GARŠIN, erschienen 1880. – In einer Sprache, die noch die feinsten Regungen eines gefesselten, nach Freiheit, Himmel und Sonne dürstenden Wesens auszudrücken vermag, erzählt Garšin sein »Märchen« von der südamerikanischen Palme Attalea, die – mit vielen anderen exotischen Gewächsen im Treibhaus eingesperrt – ihren Leidensgenossen beschwörend zuruft: *»Hört auf mich: wachset immer höher und breiter, stemmt euch gegen die Rahmen und Glasscheiben; unser Glashaus wird in Stücke zerfallen, und wir werden in die Freiheit gelangen. Man muß nur einträchtig arbeiten, und der Sieg ist unser.«* Da die anderen Pflanzen Angst haben, die »Glasglocke« zu durchbrechen, geht Attalea allein an ihr kühnes Werk. Sie wächst und wächst – begleitet von den Segenswünschen des »kläglichsten« Pflänzchens – immer höher und wird das Prunkstück des Treibhausdirektors, der ihr ungeheures Wachstum allein seiner vorzüglichen Pflege zuschreibt, nicht ahnend, daß hier ein durch Leiden stark gewordenes Lebewesen einen Kampf auf Leben und Tod ausficht. *»Ich werde sterben oder mich befreien«*, ruft Attalea, zerbricht das Glasdach und streckt ihr Haupt durch die ersehnte Öffnung – da aber fallen Regen, Schnee, Wind und graue, zerfetzte Wolken über sie her, und *»Attalea begriff, daß alles für sie zu Ende war. Sie begann zu erstarren.«* Erbost läßt der Direktor die »Aufrührerin« absägen und zusammen mit dem kläglichen Pflänzchen, das Attaleas Stamm umwand, in den Schmutz des Hinterhofes werfen. – Am Schluß dieses »Märchens« – eine Form, die Garšins Neigung zur doppelsinnigen, hintergründigen und symbolistischen Gestaltung entgegenkam – scheint der Erzähler wieder vor der entsetzlichen Mauer zu stehen, die ihm den Sinn menschlichen Bemühens, Strebens und Wachsens verbarg, gegen die er aber immer wieder von neuem anrennen mußte, weil er sich nicht mit jener Leere des Daseins abzufinden vermochte, die Glaube und Hoffnung im *»Schmerz des Hinterhofes«* verdorren läßt.

M.Gru.

AUSGABEN: Petersburg 1880. – Moskau 1951 (in *Sočinenija*, Hg. G. A. Bjalyj). – Leningrad 1970 (in *Krasnyj cvetok. Rasskazy*). – Moskau 1984 (in *Sočinenija*).

ÜBERSETZUNGEN: *Attalea princeps*, W. Beleno (in *Novellen*, Bln. 1887). – Dass, V. Tornius (in ... *alle Bitternis der Welt: Die Erzählungen*, 2. veränd. Aufl., Lpzg. 1981).

ČETYRE DNJA

(russ.; *Vier Tage*). Erzählung von Vsevolod M. GARŠIN, erschienen 1877. – Erlebnisbericht eines im Russisch-Türkischen Krieg schwerverwundeten Soldaten, der vier Tage lang mit gebrochenen Beinen bewegungsunfähig neben der verwesenden Leiche eines von ihm getöteten Türken lag, bis er zufällig von einem Begräbniskommando gefunden wurde. Eingeschlossen in diesen expressiven Bericht ist die Frage nach dem Sinn menschlichen Seins, exemplifiziert an zwei Beispielen: Aus seiner Ohnmacht erwacht, findet sich der Soldat in vollkommener Einsamkeit wieder. Seine Erinnerungen an die Schlacht verblassen, statt dessen tauchen vor ihm Bilder aus Friedenszeiten auf: Ein weißes Hündchen liegt, umstanden von teilnahmslosen Passanten, blutbesudelt auf der Straße, der Soldat schlendert als Zivilist *»sehr glücklich und wie im Rausch«* an dem sterbenden Hündchen vorbei. Abgelöst wird der Fiebertraum von der Übersetzung dieses »friedlichen« Bildes in die Realität: Der Soldat entdeckt an seiner Seite den toten Feind. Und plötzlich weiß er, daß er, wie auch der Tote, nichts anderes als ein solches »weißes Hündchen« ist: willkürlich getötet, aus Zufall zu einem sinnlosen Tod verurteilt. Das Chaos regiert, und daß es ihm auch in Zukunft nicht an Menschen fehle, dafür sorgt der Lebenstrieb: Der Soldat übersteht die vier Tage dank der gefüllten Wasserflasche, die er mit letzter Kraft dem Toten abnimmt.
Četyre dnja, in der Ichform geschrieben und zweifellos auf persönlichen Erlebnissen des Kriegsfreiwilligen Garšin basierend, zeigt die subjektive Handschrift eines sensitiven Erzählers, der eine in sich schon dramatische Handlung ihrem Höhepunkt förmlich entgegenhetzt. Unter dem gleichen Gesetz äußerster Verknappung und Verdichtung steht auch die Sprache: Substantivreihen (*»Rauch, Klirren, Stöhnen, rasendes Hurra«*) ersetzen ganze Sätze; andere Sätze sind oft nur Stenogramme von Sinneseindrücken, Gefühlen, Gedanken – eine Technik, die bei Garšin als Vorwegnahme expressionistischer Erzählformen zum erstenmal in der russischen Literatur zu beobachten ist.   M.Gru.

AUSGABEN: Petersburg 1877 (in Otečestvennye zapiski). – Moskau 1951 (in *Sočinenija*, Hg. G. A. Bjalyj). – Leningrad 1970 (in *Krasnyj cvetok. Rasskazy*). – Moskau 1984 (in *Sočinenija*).

ÜBERSETZUNGEN: *Vier Tage*, C. v. Jürgens (in St. Petersburger Zeitung, 1878). – Dass., W. Beleno (in *Novellen*, Bln. 1887). – Dass., F. Frisch (in *GW*, Bd. 1, Mchn. 1923). – Dass., V. Tornius (in ... *alle Bitternis der Welt: Die Erzählungen*, 2. veränd. Aufl., Lpzg. 1981).

LITERATUR: Ju. Sobolev, *G. na vojne* (in Novaja žizn', 1914, S. 141–150). – D. Tamarčenko, *G. i G. I. Uspenskij o vojne* (in D. T., *Tema vojny v literature*, Moskau 1933, S. 41–63). – V. M. Antimirova, *Russk. soldat i vojna v proizvedenijach G.* (in Učen. zapiski Groznenskogo instituta, 1945, S. 113 bis 139). – F. Parker, *G. a Study of a Russian Conscience*, NY 1946. – G. A. Bjalyj, *Realizm G.* (in Novyj mir, 31, 1955, S. 237–246). – P. Henry, *Imagery of ›podvig‹ and ›podvižničestvo‹ in the Works of G. and the Early Gor'kij* (in SEER, 61, 1983).

CHUDOŽNIKI

(russ.; *Die Künstler*). Novelle von Vsevolod M. GARŠIN, erschienen 1879. – Fiktive Tagebuchaufzeichnungen zweier junger Maler der Akademie (Dedov und Rjabinin), die abwechselnd über ihr künstlerisches Schaffen, über ihr Verhältnis zur Wirklichkeit und über die Eindrücke berichten, die sie von ihrer Umwelt empfangen. Beider »Berichte« stoßen zu der Grundfrage vor, die sich Garšin selbst immer wieder stellte: Kann und darf es angesichts des leidenden Menschen noch Kunst geben? (Und Garšin versteht unter Kunst nur eine reine, dem Schönen zugewandte Kunst, ähnlich wie etwa GOGOL'.) Die positive (Dedov) und die negative (Rjabinin) Antwort auf diese Frage charakterisieren zugleich auch – nach Garšins Darstellung – das Verantwortungsbewußtsein des schöpferischen Menschen und seine sittliche Haltung: Der Landschaftsmaler Dedov, *»ein guter und unschuldiger Mensch wie die Landschaft selbst«*, hat seinen Beruf als Ingenieur aufgegeben und sich der Kunst zugewandt, die, wie er meint, allein *»das Schöne in der Natur«* schöpferisch wiederzugeben habe, während Rjabinin, Porträtist mit einer *»Vorliebe für realistische Sujets«*, die Daseinsberechtigung jener »schönen« Kunst anzuzweifeln beginnt, da sie nicht das wirkliche Leben widerspiegeln könne. Als er das Bildnis eines Nieters vollendet hat, der, Tag für Tag in einem Kessel liegend, die dröhnenden Hammerschläge mit seiner Brust auffangen muß, wird ihm bewußt, daß er von jetzt an nie mehr das »Schöne«, sondern nur noch die *»reif gewordene Krankheit«* seiner Zeit malen kann, um die *»reine, geleckte, verhaßte Menge«* das Entsetzen zu lehren. Diese Bankrotterklärung der »reinen Kunst« treibt den Maler schließlich zum künstlerischen Selbstmord: Er wirft den Pinsel aus der Hand und wird Provinzlehrer, während sein Kollege, mit der goldenen Medaille der Akademie dekoriert, ins Ausland reist, um sich dort *»in der Kunst zu vervollkommnen«*. Dieser poetisch gefaßte, extrem pessimistische »Essay« über Kunst und Wirklichkeit, geschrieben in einer Zeit, da in Rußland mit dem Anwachsen eines verelendeten Industrieproletariats der allgemeine soziale Notstand offenbar wurde, umschreibt die innere Verzweiflung des Künstlers Garšin, der sich in der Gestalt des Malers Rjabinin zur Opferung der Kunst durchringt und damit eine Entscheidung trifft, die ihn *de facto* neun Jahre später zum Selbstmord trieb. Der junge Gerhart HAUPTMANN, der in Garšin den einsamen, erlösungsbedürftigen Menschen und den Dichter des menschlichen Gewissens in heilloser Zeit erkannt hatte, stellte 1891 in seinem Drama *Einsame Menschen* die *Chudožniki* dem deutschen Publikum zur Diskussion. M.Gru.

AUSGABEN: Petersburg 1879 (in Otečestvennye zapiski). – Leningrad 1970 (in *Krasnyj cvetok. Rasskazy*). – Leningrad 1979 (in *Rasskazy*). – Moskau 1984 (in *Sočinenija*).

ÜBERSETZUNGEN: *Die Künstler*, W. Beleno (in *Novellen*, Bln. 1887). – Dass., V. Tornius (in *Die Erzählungen*, Lpzg. 1956; Slg. Dieterich, 177). – *Künstler*, H. Loose (in *Die Rote Blume*, Lpzg. 1977).

LITERATUR: V. D. Skvoznikov, *Realizm i romantika v proizvedenijach G.* (in Izvestija Akad. Nauk. Otdel. lit. i. jaz., 16, 1957, S. 233–246).

KRASNYJ CVETOK

(russ.; *Die rote Blume*). Novelle von Vsevolod M. GARŠIN, erschienen 1883. – Garšins beste und zugleich in Thema und Darstellungsweise charakteristischste Novelle beschreibt die Vorstellungswelt eines Geistesgestörten, die in der russischen Literatur erstmals GOGOL' in den *Zapiski sumassedšego*, 1835 *(Aufzeichnungen eines Verrückten)*, und später ČECHOV in *Palata No 6*, 1892 *(Krankensaal Nr. 6)*, als Sonderfall menschlicher Bewußtseinsbildung begreiflich zu machen suchten.
Der Insasse eines Irrenhauses, ein ehemaliger Revisor, ist von dem Wahn besessen, zum Wohl der »Allgemeinheit« das Böse in der Welt vernichten zu müssen. Im Zustand rastloser Unruhe und in der steten Erwartung, den Widersacher der Menschheit zu treffen, verwandeln sich ihm in seinen Visionen drei im Anstaltsgarten wachsende Mohnblumen in die sichtbare Erscheinung des gesuchten Feinds. Nachts bemächtigt er sich einer der Blumen und preßt sie bis zum Tagesanbruch an seine Brust, damit das Böse aus ihr in seine Seele ströme – *»er würde dann zugrunde gehen und sterben, aber als ehrlicher Streiter und als erster Vorkämpfer der Menschheit«*. Am Morgen ist die rote Farbe, Symbol des Bösen, aus der verwelkten Blüte gewichen. Das gleiche wiederholt sich mit der zweiten Blume, doch diesmal kostet der Kampf den Kranken schon so viel Kraft, daß ihn der Arzt aus Sorge um das Leben seines Patienten ans Bett fesseln läßt. Mit übermenschlicher Energie gelingt es dem Wahnsinni-

gen, sich zu befreien, um die letzte, eben erst erblühte Mohnblume zu brechen. Der Wärter findet ihn am nächsten Morgen tot im Bett – in der erstarrten Hand die *»besiegte Blume«*, das Antlitz *»ruhig und hell«*, erfüllt von *»stolzem Glück«*.
Die Novelle, geschrieben zu einem Zeitpunkt, als Garšin unter schwersten seelischen und geistigen Depressionen litt (fünf Jahre später trieb ihn die latente Gemütskrankheit in den Freitod), spiegelt überscharf sein Verhältnis zu einer Wirklichkeit, in der er stets das Gute vom Bösen überwältigt sah. Hatte er aber in anderen Novellen, beispielsweise in *Chudožniki*, 1879 *(Die Künstler)*, noch konkrete Erscheinungen des Bösen aufgezeigt, so vollzieht er nun nach Experimenten mit Parabelformen und -inhalten in seinen Märchen *(Attalea princeps; Ljaguška-putešestvennik – Der Frosch auf Reisen; To, čego ne bylo – Das, was niemals geschah)* den Übergang zur rein symbolistischen Darstellung des Stoffs und nimmt damit richtungweisend vorweg, was um die Jahrhundertwende zum gültigen Formprinzip erklärt wurde. M.Gru.

AUSGABEN: Petersburg 1883 (in Otečestvennye zapiski). – Moskau 1951 (in *Sočinenija*, Hg. G. A. Bjalyj). – Moskau 1963. – Moskau 1967 [Nachdr. Letchworth 1978]. – Leningrad 1970 (in *Krasnyj cvetok. Rasskazy*). – Leningrad 1979 (in *Rasskazy*). – Moskau 1984 (in *Sočinenija*).

ÜBERSETZUNGEN: *Die rote Blume*, A. Berger (in *Russische Novellen*, Lpzg. o. J. [ca. 1887]). – Dass., V. Tornius (in *Die Erzählungen*, Lpzg. 1956; m. Nachw.; Slg. Dieterich, 177). – Dass., E. Müller-Kamp (in *Die rote Blume. Das Signal*, Stg. 1981). – Dass., B. W. Loewenberg u. a., Lpzg. ²1977.

LITERATUR: P. Henry, *Image and Symbol in G.'s »The Red Flower«* (in Essays in Poetics, 7, 1982, S. 1–41).

SIGNAL

(russ.; *Das Signal*). Erzählung von Vsevolod M. GARŠIN, erschienen 1887. – Held der kurzen Erzählung ist der Bahnangestellte Semën Ivanov, der als Invalide aus dem Russisch-Türkischen Krieg heimkehrt und nach langem Suchen endlich eine Anstellung als Bahnwärter findet. Trotz seines niedrigen Gehalts ist der ausgeglichene, bescheidene und genügsame Semën mit dem neuen Posten, der ihm Haus und Garten einbringt und etwas Viehzucht ermöglicht, vollauf zufrieden. Ganz anders Vasilij Spiridonov, der Bahnwärter der Nachbarstation. Weder mit seinem Beruf noch mit seiner Entlohnung einverstanden, hadert er insbesondere mit seinen Vorgesetzten, von denen er sich schikaniert fühlt. Bei der Inspektion der Bahnstrecke durch einen hohen Beamten der Eisenbahngesellschaft wird Vasilij, der sich angeblich mehr um seinen Gemüsegarten als um die Instandhaltung des Bahnkörpers kümmert, brutal zusammengeschlagen. Seine Beschwerde bei der zuständigen Behörde in Moskau findet kein Gehör. Als er eines Abends mit einem Brecheisen die Bahngeleise von den Schwellen bricht, wird er von Semën überrascht. Entsetzt verspricht dieser Vasilij, ihn nicht zu verraten, wenn er ihm helfe, die Schienen wieder instand zu setzen. Doch Vasilij flieht in den Wald. Um den nahenden Abendzug aufzuhalten, schlitzt sich Semën mit einem Messer den Arm auf, tränkt sein Taschentuch mit Blut und schwenkt es mit letzter Kraft als Signalflagge. Durch den Blutverlust fast ohnmächtig, ruft er dem herbeieilenden Maschinisten, der die Lokomotive noch rechtzeitig zum Stehen gebracht hat, entgegen: *»Fesselt mich! Ich habe die Schiene herausgerissen.«*

Alles andere als das Lied vom braven Mann, der sein Leben in den Dienst der Allgemeinheit stellt, zeichnet die Erzählung, eine der letzten des Autors, das Porträt eines hilflosen Menschen, der trotz seiner unausgesetzten Bemühung, durch Anpassung jeden Konflikt zu vermeiden, gezwungen wird, seine Existenz aufs Spiel zu setzen. Die Selbstaufopferung Semëns ist weniger durch das Mitleid mit den Opfern des drohenden Zugunglücks als durch eine rigorose Pflichtvorstellung motiviert. Bei Garšin ist der Mensch unentrinnbar den Widersprüchen eines grundsätzlich unsicheren Lebens ausgeliefert, in dem alle auch noch so bescheidenen Ansprüche und Erwartungen ständig gefährdet sind. Garšin verzichtet auf eine soziologische Begründung des Konflikts, wenngleich Milieu und Darstellung der Helden an die sozial engagierte Prosa der fünfziger und sechziger Jahre des 19. Jh.s – besonders an die Werke Rešetnikovs – erinnern. Sein Erzählstil ist frei von jedem naturalistischen Pathos. Emotionale Gestaltung wird in der Erlebnisperspektive der Helden selbst realisiert. Kurze Sätze, die zugleich ein Maximum an psychischer und faktischer Handlung enthalten, charakterisieren jenen in der russischen Prosa des 19. Jh.s gänzlich neuen Telegrammstil, der dem Autor den Ruf eines Vorläufers der Symbolisten einbrachte. A.Gu.

AUSGABEN: Petersburg 1887 (in Severnyj vestnik, Nr. 1). – Petersburg 1910 (in *Poln. sobr. soč.*; Beil. zu ›Niva‹). – Bln. 1920 (in *Sobr. soč.*). – Moskau/ Leningrad 1951 (in *Sočinenija*, Hg. T. A. Bjalyj; [2]1960).

ÜBERSETZUNGEN: *Das Signal*, F. Frisch (in *GW*, 2 Bde., Mchn. 1923). – Dass., ders. (in *Eine Nacht*, Mchn. 1926). – Dass., V. Tornius (in *Die Erzählungen*, Lpzg. 1956). – Dass., E. Müller-Kamp, Mchn. 1963. – Dass., ders. (in *Die rote Blume. Das Signal*, Stg. 1981).

LITERATUR: A. P. Seljavskaja, *»Signal« V. M. G. (Opyt analiza)* (in Trudy Irkutskogo universiteta, 16, 1956, 3, S. 85–105).

ALEKSANDR IVANOVIČ GERCEN

auch Aleksandr Ivanovič Herzen
* 6.4.1812 Moskau
† 21.1.1870 Paris

LITERATUR ZUM AUTOR:
Bibliographie:
Istorija russkoj literatury XIX. veka. Bibliografičeskij ukazatel', Hg. K. D. Muratova, Moskau 1962, S. 201–216. – *Bibliografija literatury o A. I. G. 1917–1970 gg.*, 2 Bde., Leningrad 1978–1984.
Biographien:
N. J. Priumova, *A. G. Žizn' i dejatel'nost'*, Moskau 1962. – E. Reissner, *A. H. in Deutschland*, Bln. 1963. – *Letopis' žizni i tvorčestva A. I. G. 1812–1870*, Hg. S. D. Gurbič-Liščner, 4 Bde., Moskau 1974–1987. – R. Orlova-Kopeleva, *Poslednij god žizni G.*, NY 1982.
Gesamtdarstellungen und Studien:
C. Vetrinskij, *G.*, Petersburg 1908. – G. Špet, *Filosofskoe mirovozzrenie G.*, Petrograd 1921. – A. Labry, *A. I. H.*, Paris 1928. – V. Piroškov, *Das Problem des Spießertums bei A. H.*, Mchn. 1951. – P. Scheibert, *Von Bakunin zu Lenin, Geschichte der russischen revolutionären Ideologie 1840–1895*, Leiden 1956. – M. Malia, *A. H. and the Birth of Russian Socialism 1812–1855*, Cambridge/Mass. 1961. – V. Piroschkov, *A. H. Zusammenbruch einer Utopie*, Mchn. 1961 [Geleitw. F. Stepun]. – E. Zejlinger-Rubenštejn, *Voprosy vospitanija v žizni i tvorčestve A. I. G.*, Leningrad 1962. – *Problemy izučenija G.*, Moskau 1963. – I. E. Él'sberg, *A. I. G. Žizn' i tvorčestvo*, Moskau [2]1963. – *Gercenovskie čtenija*, Leningrad 1967–1977. – R. L. Winter, *Narrative Devices in the Fiction of A. H.*, Diss. Columbia Univ. 1971. – N. Rzewsky, *H. in Russian Literature*, Diss. Princeton 1972. – Z. V. Smirnova, *Social'naja filosofija A. G.*, Moskau 1973. – R. u. W. Śliwowski, *A. H.*, Warschau 1973. – V. Ja. Éjdel'man, *G. protiv samoderžavija*, Moskau 1973. – W. C. Weidemaier, *The Anticipation of Nietzschean Themes in the Writings of A. G.*, Diss. Arizona State Univ. 1975. – B. Sciacchitano, *The Exil World of A. H. A View of Russia and the West*, Diss. Univ. of Illinois 1979. – A. E. Eremeev, *Évoljucija russkoj filosofskoj prozy 1820ch–1830ch godov i tvorčeskie poiski rannego G.*, Tomsk 1982. – E. Babaev, *Iz istorij russkogo romana XIX veka: Puškin, G., Tolstoj*, Moskau 1984. – *A. H. and European Culture, Proceedings of an International Symposium*, Hg. M. Partridge, Nottingham 1984. – M. Partridge, *A. H.: 1812–1870*, Paris 1984. – L. S. Radek, *G.: Turgenev: Literaturnoėstetičeskaja polemika*, Kišinëv 1984. – N. P. Utechin, *Sovremennost' klassiki*, Moskau 1986. – I. S. Novič, *Molodoj G.: stranicy žizni i tvorčestva*, Moskau 1986. – *G. i Rossija*, Moskau 1986. – L. S. Becker, *A. H. and Cultural Politics: 1847–1864*, Diss. Stanford 1987.

BYLOE I DUMY

(russ.; *Erlebtes und Gedachtes*). Lebenserinnerungen von Aleksandr I. GERCEN, erschienen ab 1854, mit Ergänzungen 1870; vollständige Ausgabe in acht Teilen 1946. – Gercens berühmtes Memoirenwerk – persönliches Bekenntnis, Zeitgeschichte und politisches Testament in einem – unterscheidet sich von ähnlichen autobiographischen Schriften dadurch, daß es von Anfang an als Kampfschrift gedacht war, gerichtet einmal gegen die feudale zaristische Gesellschaftsordnung Rußlands, zum anderen gegen die kapitalistischen Verhältnisse in Westeuropa, die Gercen, ab 1847 im Ausland lebend, kennenlernte und studierte. Im Eingangskapitel seines Werks gibt sich Gercen als Erbe der Dekabristen zu erkennen, jener kühnen Männer, die, an den französischen Enzyklopädisten geschult und den Ideen der Französischen Revolution von 1789 anhängend, im Jahre 1825 in St. Petersburg als Verschwörer hingerichtet oder lebenslänglich verbannt wurden.

Ihre Hinrichtung, schreibt Gercen, habe seine *»Seele aus dem Schlaf der Kindheit geweckt«*, dazu geweckt, sein Leben dem Kampf gegen Tyrannei für das Volk zu opfern – was der SCHILLER und PUŠKIN verehrende Schüler Gercen zusammen mit seinem Freund OGARËV dann auch auf den Sperlingsbergen vor Moskau schwört. Ob als Student, den Zar Nikolaus I. in die Verbannung schickt (1834), als berühmter philosophischer Schriftsteller, der das Land verläßt, oder als Emigrant, der das revolutionäre Rußland im Ausland vertritt – nie wird Gercen diesem Schwur untreu, und noch von London aus dringt seine Stimme nach Rußland durch die von ihm gegründete Zeitschrift ›Kolokol‹ (Die Glocke), die ein Jahrzehnt lang die russische Jugend zum Kampf um die Freiheit aufruft.

Neben den stets im Zusammenhang mit den gesellschaftlichen und politischen Verhältnissen gesehenen persönlichen Erlebnissen Gercens, den authentischen Zeugnissen über die Regierungszeit des unmenschlich wütenden Zaren Nikolaus I., der Analyse der Gesellschaftsstruktur jener Epoche und den Porträts ihrer führenden Köpfe interessiert vor allem die überlegene geistige und politische Rolle, die Gercen anfangs in den Studentenzirkeln, später in den Freundeskreisen Gleichgesinnter und als Verfasser des aufsehenerregenden Romans *Kto vinovat? (Wer ist schuld?)* sowie der *Pis'ma ob izučenii prirody (Briefe zum Studium der Natur)* und der Aufsätze *Diletantizm v nauke (Über den Dilettantismus in der Wissenschaft)* und zuletzt als Sprecher des fortschrittlichen Rußland im Ausland spielte.

Sich von der romantischen Philosophie SCHELLINGS ab- und dem Studium der russischen Geschichte sowie den sozialen Utopien SAINT-SIMONS zuwendend, durcheilt Gercen die Gedankenwelt des utopischen Sozialismus und erhebt als einer der ersten in Rußland die Forderung nach der Umgestaltung der Gesellschaft. Aus der fünfjährigen Verbannung zurückgekehrt, gereift an der politischen und gesellschaftlichen Wirklichkeit und vertraut mit der Geschichte der Philosophie von ARISTOTELES bis HEGEL und darüber hinaus bis FEUERBACH, trägt er den Feuerbrand der Dialektik Hegels und des Materialismus Feuerbachs nach Moskau: *»Das neue Jahrhundert fordert, daß das Begriffene in der wirklichen Welt des Geschehens vollzogen wird.«* Ihm folgen BELINSKIJ und Ogarëv; ihm wenden sich die von den Slavophilen, den Romantikern, Schellingianern und Hegelianern enttäuschten Vertreter jener jungen *intelligencija* zu, die später den russischen Realismus in der Literatur und Literaturkritik zum Siege führt. So kann ČERNYŠEVSKIJ in seinen *Očerki Gogolevskogo perioda (Skizzen der Gogol'-Zeit)* schreiben: *»Hier hat das Geistesleben unseres Vaterlands zum erstenmal Männer [Gercen und Belinskij] hervorgebracht, die in einer Reihe mit den Denkern Europas schrieben und nicht im Gefolge ihrer Schüler.«* Und fünfzehn Jahre nach Gercens Emigration muß TOLSTOJ bekennen: Hätte man diesen *»erstaunlichen Schriftsteller, der tiefstrahlend und durchdringend«* ist, der jungen Generation nicht vorenthalten, so wäre das Schicksal Rußlands anders verlaufen.

Wenn auch der Einfluß des emigrierten Gercen, vor allem dank seiner Zeitschrift ›Kolokol‹, auf das junge Rußland nicht zu unterschätzen ist, direkt konnte er, der aller Heimatrechte verlustig gegangen war, nicht mehr wirken. Im Ausland sehen wir ihn – von persönlichen Unglücksfällen heimgesucht, unter den Rückwirkungen der Achtundvierziger-Revolution leidend, von den zersplitterten Emigrantengruppen abgestoßen – ruhelos von Stadt zu Stadt, von Land zu Land reisen, neue Kontakte aufnehmend oder Freundschaft schließend mit den Theoretikern und Praktikern der Revolution: MAZZINI und GARIBALDI, LEDRU-ROLLIN, KOSSUTH, WORZEL, Victor HUGO und Louis BLANC, RUGE, KINKEL, Robert OWEN oder FREILIGRATH – um nur einige Namen zu nennen. Hier schreibt er seinen bitteren *Epilog auf Europa*; hier fallen Sätze wie: *»Ihre politische Unfähigkeit müßte die Deutschen zur Bescheidenheit verpflichten, und man möchte wünschen, daß sie dies einmal begreifen«* oder: *»In unseren Tagen wird es immer offensichtlicher, daß der Glaube kein Fundament mehr sein kann ... Der Liberalismus darf als letzte religiöse Anschauung gelten ... ist es ihm aber gelungen, Ideal und Wirklichkeit miteinander in Einklang zu bringen?«* Und in einem Brief an den Anarchisten BAKUNIN schreibt er: *»Klar, wir sehen, daß endlich die exklusive Herrschaft des Kapitals und das unbedingte Eigentumsrecht am Ende sind.«*

Obgleich sich Gercen von MARX und ENGELS fernhielt, führten ihn seine Überlegungen letztlich doch zu ihnen, so, wenn er schreibt: *»Indem die Arbeiter sich vereinigen und einen besonderen Staat im Staate bilden, der seine eigene Organisation und seine eigenen Rechte, unabhängig von den Kapitalisten und Eigentümern erzielt, bilden sie das erste Netz, die erste junge Saat der kommenden ökonomischen Ordnung.«*

M.Gru.

AUSGABEN: Ldn. 1854–1858 (in Tjur'ma i ssylka. Iz zapisok Iskandera u. in Kolokol; Tl. 2 u. a.). – Ldn. u. [später] Genf 1856–1868 (in Poljarnaja zvezda; Tle. 1, 3, 4, 5 [teilw.], 6, 8). – Ldn. 1861 [Bd. 1–2]. – Ldn. 1862 [Bd. 3]. – Genf 1870 [Bd. 4]. – Genf 1875–1879 (in *Sobr. soč.*, 10 Bde., 6–10). – Petersburg 1919–1925 (in *Poln. sobr. soč.*, Hg. M. K. Lemke, 22 Bde., 12–14; m. Erl. z. Entstehungsgeschichte). – Moskau 1954–1961 (in *Sobr. soč.*, 30 Bde., 8–11). – Leningrad 1978.

ÜBERSETZUNGEN: *Gedachtes und Erlebtes*, anon. (in *Aus den Memoiren eines Russen*, Bd. 4, Hbg. 1859). – *Erlebtes und Erdachtes*, C. Bergmann, Weimar 1953 [m. Anm.]. – *Erlebtes und Gedachtes*, H. v. Schulz, Lpzg. 1981.

LITERATUR: N. S. Deržavin, *»Byloe i dumy«*, Leningrad 1924. – Ja. E. El'sberg, *G. i »Byloe i dumy«*, Moskau 1930. – L. Ja. Ginzburg, *»Byloe i dumy« G.*, Moskau 1957. – Vl. Putincev, *»Byloe i dumy« A. I. G.* (in A. I. G., *Byloe i dumy*, Leningrad 1978).

KTO VINOVAT?

(russ.; *Ü: Wer ist schuld?*). Roman von Aleksandr I. GERCEN, erschienen 1846. – Der Roman entwirft ein umfassendes Bild der zeitgenössischen Gesellschaft, indem er seine Gestalten, die sich in Tagebuchaufzeichnungen oder Briefen z. T. selbst charakterisieren, als Produkte ihrer Umwelt vorführt und ihre Verhaltensweisen von den jeweiligen Lebensumständen (Herkunft, Erziehung, Bildung, Milieu) ableitet. Prägnante Porträtskizzen der Haupt- und Nebenfiguren nehmen fast den ganzen ersten Teil des Romans ein. Im zweiten Teil beginnt die eigentliche Handlung, eine nach dem Geschmack der Zeit empfindsame (im Kommentar aber ironisierte) Liebes- und Ehegeschichte, die erst durch ihre Hintergründe interessant wird. Der Hauslehrer Kruciferskij, den schon sein Name charakterisiert und den der Autor selbst mit GOETHES Werther und dem unglücklichen, schwärmerischen Lenskij aus PUŠKINS *Evgenij Onegin* vergleicht, gerät, arm und weltfremd von der Universität kommend, in das *»üppige Leben«* einer Generalsfamilie, über die es heißt: *»Von Tag zu Tag wurden sie schwerer, träger. Sie hatten keine Lust mehr, sich anzukleiden, und blieben zu Hause sitzen.«* Für Ljuba, die uneheliche Tochter des Gutsbesitzers General Negrov, ist das Leben in der rohen Umgebung schon zur gewohnten Qual geworden. Dank des sentimentalen Großmuts der damals jung verheirateten Generalin war das Mädchen aus der Gesindestube in die Beletage gelangt, wo es sich bald fremd und verwaist vorkam. *»Mit Angst entdecke ich, daß ich niemanden liebe. Das ist furchtbar. Alle Menschen sind mir fremd.«* Der erste Liebesbrief des zartfühlenden Kruciferskij weckt Ljuba aus ihrer Lethargie, und beide glauben, füreinander bestimmt zu sein. Trotz der an den jungen Mann gerichteten Warnung des väterlichen alten Arztes Krupov –

»Deine Braut paßt nicht für dich ... sie ist eine junge Tigerin, die ihre Kraft noch nicht kennt!« – werden die beiden ein glückliches Paar. Vier Jahre lang erfährt ihre zärtliche Liebe, die durch die Geburt eines Kindes vertieft wird, keine Trübung, bis schließlich der junge, verwöhnte und von hohen Idealen erfüllte Gutsbesitzer Bel'tov in ihr idyllisches Leben eindringt. *»Nachdem er es mit der Medizin und der Malerei versucht, ein wenig gepraßt und gespielt hatte, reiste er ins Ausland.«* Sein *»krankhaftes Bedürfnis nach Tätigkeit«* ließ ihn nach Rußland zurückkehren und sich bei den Adelswahlen um ein Amt bewerben. Der träge Provinzadel will jedoch von diesem eleganten *»Pariser«* nichts wissen. Bel'tov, in Langeweile versinkend, wird schließlich von Dr. Krupov in die Familie Kruciferskij eingeführt, nimmt regen Anteil an deren Geschick und findet im Laufe der Zeit mit der *»wunderbaren Frau«* Ljuba jenes reine Glück, dem er in seinem Leben bisher vergeblich nachgejagt war. Die zarte, durch einen Kuß besiegelte Liebe der beiden, für die sie sich nicht schuldig sprechen können, bleibt jedoch unerfüllt. Sie verzichten, und Bel'tov reist ins Ausland, doch wird der Fortgang der Tragödie damit nicht verhindert: Kruciferskij, im Kern seines Lebens getroffen, verdämmert in religiöser Schwermut, dem Trunk hingegeben; Ljuba, seelisch gebrochen, siecht dahin. – Die polemische Frage des Titels beantwortet Gercen mittelbar. Allein schuldig ist die russische Gesellschaft, die den robusten Stumpfsinn begünstigt, jegliches geistig fruchtbare Leben schon im Keim erstickt und unnütze Menschen wie Bel'tov hervorbringt, die aus Mangel an einer sinnvollen Arbeit sich in Liebestragödien verstricken und sich selbst wie andere in den Untergang treiben.
Als Gesellschaftskritiker und Anhänger der von GOGOL' ausgehenden *»Natürlichen Schule«* schuf Gercen in Bel'tov den Prototyp des *lišnij čelovek* (überflüssigen Menschen) seiner Generation, wie vorher GRIBOEDOV mit Čackij (vgl. *Gore ot uma*), PUŠKIN mit Evgenij Onegin (vgl. *Evgenij Onegin*) und LERMONTOV mit Pečorin (vgl. *Geroj našego vremeni*) für die ihre. – *Kto vinovat?* gilt als eines der ersten Beispiele der sogenannten russischen Anklageliteratur, der noch viele weitere, darunter GONČAROVS *Oblomov* und TURGENEVS *Dvorjanskoe gnezdo (Das Adelsnest)*, folgen sollten.　　　M. Gru.

AUSGABEN: Moskau 1846 (in Sovremennik und in Otečestvennye zapiski). – Genf 1875 (in *Sobr. soč.*, 10 Bde., 1875–1879, 3). – Moskau/Leningrad 1934 (in *Povesti i rasskazy*, Hg. Ja. El'sberg). – Moskau 1955 (in *Sočinenija*, Hg. ders., 9 Bde., 1955–1958, 1). – Moskau 1954 (in *Sobr. soč.*, 30 Bde., 1954–1961, 2). – Moskau 1969. – Moskau 1972. – Petrozavodsk 1980. – Voronež 1984. – Moskau 1985 (in *Proza*).

ÜBERSETZUNGEN: *Wer ist schuld?*, W. Wolfsohn, Lpzg. 1851. – *Wer ist schuldig?*, A. Eckelt, Erfurt 1951. – Dass., ders., Bln. 1976.

LITERATUR: A. Šeller, »*Kto vinovat?*« *(Po povodu romana togo že nazvanija)* (in Russkoe slovo, 12, 1865, Abt. 2, S. 1–15). – V. Kranichfel'd, *Pamjati Černyševskogo. Istor. parallel' meždu romanami »Čto delat'?«i »Kto vinovat?«* (in Sovremennyj mir, 1908, S. 82–93). – G. Gaj, *Roman G. »Kto vinovat?«* (in Nauč. zap. Dnepropetrovskogo univ., 35, 1949, S. 3–45). – I. Kas'janova, *Sredstva chudožestvennogo izobraženija v romane A. I. G. »Kto vinovat?«* (in Uč. zap. Magnitogorskogo ped. inst., 4, 1957, S. 140 bis 168). – M. Nikolaeva, *K voprosu o položitel'nom geroe v romane G. »Kto vinovat?«* (in Uč. zap. Krasnojarskogo ped. inst., 7, 1957, S. 229–240). – O. Matveeva, *Svoeobrazie chudožestvennoj formy romana A. I. G. »Kto vinovat?«* (in Uč. zap. Ivanskogo ped. inst., 13, 1958, S. 27–68). – N. Pruckov, *»Kto vinovat?« G.* (in N. P., *Istorija russk. romana*, Bd. 1, Moskau 1962, S. 560–582).

NIKOLAJ VASIL'EVIČ GOGOL'

* 1.4.1809 Velikie Soročincy /
  Gouvernement Poltava
† 4.3.1852 Moskau

LITERATUR ZUM AUTOR:
Bibliographien:
Istorija russkoj literatury XIX. veka. Bibliografičeskij ukazatel', Hg. K. Muratova, Moskau/Leningrad 1962, S. 224–243. – P. Franz, *G. Bibliography*, Ann Arbor 1983.
Forschungsberichte:
V. Gippius, *Die G.-Forschung 1914–1924* (in ZslPh, 2, 1925, S. 530–539). – H. Emmer, *Neuere G.-Literatur* (in WSlJ, 3, 1953, S. 79–114). – H. Stolze, *Die französische G.-Rezeption*, Köln/Wien 1974. – D. Young, *N. V. G. in Russian and Western Psychoanalytic Criticism*, Diss. Toronto 1977. – S. Gural', *G. v sovremennom amerikanskom literaturovedenii. Problemy chudožestvennogo metoda i povestvovanija*, Tomsk 1985.
Biographien:
V. Šenrok, *Materialy dlja biografii G.*, 4 Bde., Moskau 1892–1897 [Nachdr. Düsseldorf 1971]. – *N. V. G. v vospominanijach sovremennikov i perepiske*, Hg. V. Kallaš, Moskau 1909. – V. Veresaev, *G. v žizni*, Moskau/Leningrad 1933 [Nachdr. Lpzg. 1972; Ann Arbor 1983]. – A. Schick, *N. G. Une vie de tourments*, Paris 1949. – D. Iofanov, *G. Detskie i junošeskie gody*, Kiew 1951. – *G. v vospominanijach sovremennikov*, Hg. A. Brodskij u. a., Moskau 1952. – N. Onufriev, *N. V. G. Kritiko-biografičeskij očerk*, Moskau 1952. – D. Magaršak, *G.: A Life*, Ldn. 1957. – H. Troyat, *G.*, Paris 1971. – M. Braun, *N. V. G. Eine literarische Biograpie*, Mchn. 1973. – I. Zolotousskij, *G.*, Moskau 1979. – R. Keil, *N. G.*

in Selbstzeugnissen u. Bilddokumenten, Reinbek 1985. – L. Pljasko, *Gorod, pisatel', vremja: Nežinskij period žizni N. V. G.*, Kiew 1985.
Gesamtdarstellungen und Studien:
D. Merežkovskij, *G. i čort*, Moskau 1906 [Nachdr. Letchworth 1976; dt. *G. und der Teufel*, Hbg./Mchn. 1963]. – V. Rozanov, *O G.*, Moskau 1906 [Nachdr. Letchworth 1970]. – *Russkaja kritičeskaja literatura o proizvedenijach N. V. G.*, Hg. V. Zelinskij, 3 Bde., Moskau ⁴1910. – G. I. Čudakov, *Otnošenie tvorčestva N. V. G. k zapadnoevropejskim literaturam*, Kiew 1908. – *N. V. G. Ego žizn' i sočinenija. Sbornik istoriko-literaturnych statej*, Hg. V. Pokrovskij, Moskau ³1910. – D. Merežkovskij, *G.: tvorčestvo, žizn' i religija*, Petersburg 1911 [Nachdr. Letchworth 1980]. – V. Pervezev, *Tvorčestvo G.*, Moskau 1914. – F. Thiess, *N. G. u. seine Bühnenwerke*, Bln. 1922. – L. Slonimskij, *Technika komičeskogo u G.*, Petrograd 1923 [Nachdr. Letchworth 1972]. – V. Gippius, *G.*, Leningrad 1924. [Nachdr. Providence/Oh. 1963; ³1971]. – V. Vinogradov, *G. i natural'naja škola*, Leningrad 1925. – Ders., *Ètjudi o stile G.*, Leningrad 1926 [Nachdr. Chicago 1969]. – A. Belyj, *Masterstvo G.*, Moskau 1934 [Nachdr. Mchn. 1969]. – M. Močul'skij, *Duchovnyi put' G.*, Paris 1934 [Nachdr. Mchn. 1976]. – M. Gorlin, *N. V. G. u. E. T. A. Hoffmann*, Lpzg. 1935. – S. Danilov, *G. i teatr*, Leningrad 1936. – *N. V. G. Materialy i issledovanija*, Hg. V. Gippius, 4 Bde., Moskau/Leningrad 1936 [Nachdr. Vaduz 1972]. – D. Gerhardt, *G. u. Dostoevsky in ihrem künstlerischen Verhältnis*, Diss. Lpzg. 1941. – H. Pakosch, *Der Humor N. V. G.s*, Diss. Mchn. 1944. – V. Nabokov, *N. G.*, Norfolk/Conn., 1944 [Nachdr. Ldn. 1973]. – *Belinskij o G.*, Hg. S. Mašinskij, Moskau 1949. – P. Ščipunov, *N. V. G. (1809 do 1852)*, Leningrad/Moskau 1949. – S. Mašinskij, *G. (1852–1952)*, Moskau 1951. – J. Lavrin, *N. G. A Centenary Survey*, Ldn. 1951. – *G. i teatr*, Hg. N. Stepanov u. M. Žagorskij, Moskau 1952. – G. Pospelov, *N. V. G.*, Moskau 1953. – V. Setchkareff, *N. V. G. Leben u. Schaffen*, Bln. 1953. – N. Gurfinkel', *N. G. dramaturge*, Paris 1956. – M. Chrapčenko, *Tvorčestvo G.*, Moskau ²1956; ³1959. – W. Kasack, *Die Technik der Personendarstellung bei N. V. G.*, Wiesbaden 1957 [zugl. Diss. Göttingen]. – M. Gus, *G. i nikolaevskaja Rossija*, Moskau 1957. – H. Leiste, *G. u. Molière*, Diss. Nürnberg 1958. – V. Ermilov, *Genij G.*, Moskau 1959. – G. Gukovskij, *Realizm G.*, Moskau 1959. – N. Stepanov, *N. V. G. Tvorčeskij put'*, Moskau ²1959. – V. Ždanov, *N. V. G.*, Moskau 1959. – P. Evdokimov, *G. et Dostoievsky ou la Descente aux enfers*, Paris 1961 [dt. *Der Abstieg in die Hölle. G. und Dostoewskij*, Salzburg 1965]. – N. Stepanov, *Iskusstvo G. - dramaturga*, Moskau 1964. – F. Driessen, *G. as a Short Story Writer. A Study of His Technique of Composition*, Den Haag 1965. – W. Nigg, *Wallfahrt zur Dichtung*, Zürich 1966. – P. Debreczeny, *N. G. and His Contemporary Critics*, Philadelphia 1966. – W. Storch, *N. G.*, Velber 1967; Mchn. ²1976. – H. Günther, *Das Groteske bei N. V. G. Formen und Funktionen*, Mchn. 1968 (Sla-

vistische Beiträge, 34). – J. Holquist, *Non-Realistic Modes in the Prose Fiction of G. and Dostoevsky*, Diss. Yale Univ. 1968. – Ju. Lotman, *Problema chudožestvennogo prostranstva u G.*, Tartu 1968 (Trudy po russkoj i slavjanskoj filologii, 11). – L. Kent, *The Subconscious in G. and Dostoevskij and Its Antecedents*, Den Haag 1969. – V. Erlich, *G.*, New Haven 1969. – O. Vuchich, *Stylistic Contrasts in G.'s Artistic Works*, Diss. Univ. of Pittsburgh 1969 [m. Bibliogr.]. – S. Mašinskij, *Chudožestvennyj mir G.*, Moskau 1971. – K. Olson, *G. and the Natural School*, Diss. Univ. of Illinois 1972. – A. Elistratova, *G. i problemy zapadnoevropejskogo romana*, Moskau 1972. – A. Karpenko, *O narodnosti G.*, Kiew 1973. – V. Hryško, *G.'s Ukrainian-Russian Bilingualism and the Dualism of the Gogolian Style*, Diss. Univ. of Washington 1973. – T. Lindstrom, *N. G.*, NY 1974 [m. Bibliogr.]. – *G. from the Twentieth Century*, Hg. R. Maguire, Princeton 1974. – I. Kartašova, *G. i romantik*, Kalinin 1975; Moskau ²1983. – A. Terc, *V teni G.*, Ldn. 1975 [dt. *Im Schatten G.s*, Bln./Ffm. 1979]. – C. Barrett, *Artist as Missionary: A History of G.'s Literary Development in Terms of His Attitude toward the Reading Public*, Diss. Stanford Univ. 1975. – S. Karlinsky, *The Sexual Labyrinth of N. G.*, Cambridge/Mass. 1976. – W. Rowe, *Through G.'s Looking Glass. Reverse Vision. False Focus and Precarious Logic*, NY 1976. – H. Schreier, *G.s religiöses Weltbild u. sein literarisches Werk: zur Antagonie zwischen Kunst und Tendenz*, Mchn. 1977 (Slavistische Beiträge, 115). – Ju. Mann, *Poêtika G.*, Moskau 1978. – I. Stahlberg, *The Grotesque in G. and Poe*, Diss. Bingamton Univ. 1978. – J. Zeldin, *N. G.'s Quest for Beauty*, Lawrence/Kansas 1978. – G. Cox, *A Study of G.'s Narrators*, Diss. Columbia 1978. – D. Fanger, *The Creation of N. G.*, Cambridge/Mass. 1979. – *G. and Dostoevskij: Texts and Criticism*, Hg. P. Meyer u. a., Ann Arbor 1979. – R. A. Peace, *The Enigma of G.: An Examination of the Writings of N. V. G. and Their Place in the Russian Tradition*, Cambridge/Mass. 1981. – R. Peace, *The Enigma of G.*, Cambridge/Mass. 1981. – V. Krivonos, *Problema čitatelja v tvorčestve G.*, Voronež 1981. – V. Pereverzev, *G.*, Moskau 1982. – G. Daniel, *G. et le théâtre*, Troyes 1982. – *Gogol' e la sua opera. Colloquio italosovietico*, Rom 1983. – G. Shapiro, *N. V. G and the Baroque*, Diss. Univ. of Illinois 1984. – *Association of Russian-American Scholars in the USA. Issue Dedicated to N. G. on the 175th Anniversary of His Birth*, NY 1984. – D. Nikolaev, *Satira G.*, Moskau 1984. – *Istorija i sovremennost'. K 175-letiju so dnja roždenija G.*, Moskau 1985. – G. Makagonenko, *G. i Puškin*, Leningrad 1985. – V. Nosov, *»Ključ« k G.*, Ldn. 1985 [Nachw. B. Filipov]. – L. Eremina, *O jazyke chudožestvennoj prozy N. V. G.: iskusstvo povestvovanija*, Moskau 1987. – *G. i mirovaja literatura*, Hg. Ju. Mann, Moskau 1988. – L. Amberg, *Kirche, Liturgie und Frömmigkeit im Schaffen von N. V. G.*, Bern 1986. – M. Vajskopf, *Sjužet G.*, Moskau 1993.
Neue Werkausg.: *Sobr. soč. v. devjati tomach*, Moskau 1994.

MËRTVYE DUŠI

(russ.; *Tote Seelen*). Roman von Nikolaj V. Gogol', erster Teil entstanden 1835–1841, erschienen 1842 unter dem von der Zensur vorgeschriebenen Titel *Pochoždenija Čičikova ili Mërtvye duši. Poêma (Die Abenteuer Čičikovs oder Tote Seelen. Ein Poem)*; zweiter Teil entstanden 1842–1852, in fragmentarischer Form erschienen 1855. – Gogol', der sein Werk zunächst einen Roman nannte, wählte später die Bezeichnung »Poem«, unter der er eine kleinere Form des Prosaepos zwischen Roman und Epopöe verstand. In seiner ursprünglichen Konzeption sollte das Werk nach dem Vorbild von Dantes *Göttlicher Komödie* drei Teile umfassen. Der erste Band hat die abstoßende gesellschaftliche Wirklichkeit des zaristischen Rußland zum Gegenstand. Der zweite sollte, wie aus den erhaltenen fünf Kapiteln hervorgeht, den Läuterungsprozeß des negativen Helden Čičikov unter dem Einfluß positiver Gestalten darstellen. Es ist jedoch dem Autor nicht gelungen, Čičikovs Wandlung künstlerisch glaubhaft zu machen. Die Figuren des zweiten Bandes ähnelten entweder in ihren negativen Zügen denen des ersten oder verblaßten zu Idealgestalten wie Kostanžoglo, das Muster eines patriarchalischen Gutsbesitzers, oder der den »idealen« Gouverneur verkörpernde Murazov. Gogol's Bestreben, das zeitgenössische gesellschaftliche Leben Rußlands als inneren Läuterungsprozeß einzelner Individuen zu begreifen, erwies sich als eine wirklichkeitsverstellende Ideologie, die in zunehmendem Maß mit dem künstlerischen Talent des Dichters in Konflikt geriet. Deshalb verbrannte er auch 1845 die Manuskripte des zweiten Teils der *Toten Seelen* und 1852, unmittelbar vor seinem Tod, den bereits abgeschlossenen zweiten Teil. Den dritten Band hat Gogol' nicht mehr in Angriff genommen.

Die Fabel des Romans, die Gogol' dem mit ihm befreundeten Dichter Puškin verdankt, ist in ihrem Aufbau sehr einfach: Der Kollegienrat Čičikov reist durch die russische Provinz und kauft »tote Seelen« auf, d. h. verstorbene Leibeigene, die aber noch in den staatlichen Steuerlisten geführt werden und für die der Besitzer bis zur nächsten – nur alle zehn Jahre stattfindenden – Revision Abgaben zu leisten hat. Čičikovs betrügerisches Vorhaben geht dahin, die zu einem Spottpreis erworbenen Seelen bei Kreditinstituten zum Marktwert zu verpfänden und so zu Reichtum zu gelangen. Wie V. T. Narežnyj in seinem Schelmenroman *Rossijskij Žil'blaz ili Pochoždenija knjazja Gavrily Simonoviča Čistjakova*, 1814 *(Der russische Gil Blas oder Die Abenteuer des Fürsten G. S. Čistjakov)*, benutzt Gogol' die Rundreise seines Helden gleichsam als Spiegel, der in grotesk übertreibender Verzerrung ein breites Spektrum von Gestalten aus dem russischen Landadel und der städtischen Beamtenschaft vorführt. Charakter und Absicht Čičikovs bleiben im Fortgang der Erzählung lange in geheimnisvolles Dunkel gehüllt. Erst das Schlußkapitel beschreibt seine Vergangenheit und deckt das Gewinnstreben als treibende Kraft seines Handelns auf. Bezeichnenderweise bleiben Gogol's Ansätze, den Erwerbstrieb Čičikovs ins Positive umzudeuten, unrealisiert: Viele Interpreten sehen daher in Čičikov den Typ des in der zerfallenden Feudalgesellschaft emporsteigenden Geschäftemachers.

Es ist gerade die Durchschnittlichkeit und Anpassungsfähigkeit Čičikovs, die sein jeweiliges Gegenüber dazu zwingt, das eigene Wesen zu enthüllen. Vor dem Leser ersteht eine ganze Galerie seelisch und geistig deformierter Gutsbesitzertypen, von denen jeder auf Čičikovs seltsames Kaufangebot anders reagiert. Der süßliche, phrasenhafte Manilov, der ihm die toten Seelen als »vollkommenen Dreck« überläßt; die abergläubische Korobočka, die in ihrer Geschäftstüchtigkeit nichts mehr fürchtet, als ihre Seelen »unter dem Preis« zu verkaufen; der bärenhaft-brutale Sobakevič, der seine verstorbenen Leibeigenen über alles lobt, um einen möglichst hohen Verkaufspreis zu erzielen; der lügnerische und zanksüchtige Nozdrëv, vor dessen Handgreiflichkeiten Čičikov das Weite suchen muß; schließlich die groteske, bis zur Unmenschlichkeit verwahrloste Gestalt des Geizhalses Pljuškin – sie alle sind »tote Seelen« im eigentlichen Sinn. Die Art und Weise, in der sie über ihre verstorbenen Bauern sprechen, verrät ihre Einstellung zu den lebenden: Manilov sind sie gleichgültig, die Korobočka sieht in ihnen nichts als eine Einnahmequelle, und Sobakevič schont sie aus Eigennutz. Die Satire erreicht ihre paradoxe Spitze darin, daß die verstorbenen Leibeigenen teilweise in frischen, lebendigen Farben geschildert werden, während ihre Besitzer, die wahren »toten Seelen«, wesentliche Züge menschlicher Existenz vermissen lassen. Jeder der beschriebenen Typen findet sein getreues Abbild in den ihn umgebenden Dingen. Durch diese Projektion des Inneren in die Außenwelt treten die Grundzüge der einzelnen Charaktere mit um so größerer Plastizität hervor. So spiegelt z. B. die plumpe, schwerfällige Bauart des Dorfs von Sobakevič und die Ausstattung seines Hauses genau das grobschlächtige Wesen des Hausherrn wider, und die chaotische Anhäufung unbestimmbarer Dinge in Pljuškins Wohnung bringt die völlige menschliche Erstarrung des alten Geizhalses zum Ausdruck. – Die Einwohner der Provinzstadt, vor allem die Beamten, mit denen Čičikov zu tun hat – auch sie »tote Seelen« –, sind im Vergleich zu den Gutsbesitzern weit weniger deutlich individualisiert. Sie erscheinen oft in satirischen Gruppenporträts oder in komischen Gegenüberstellungen wie die »bloß angenehme Dame« und die »in jeder Beziehung angenehme Dame«. Klatsch, Intrigen und Banalität beherrschen das Leben der Stadt. Bald laufen auch über Čičikovs Geschäfte die phantastischsten Vermutungen um. In diesem Gerüchtwirbel ist auch die – von der Zensur besonders beanstandete – Erzählung vom Hauptmann Kopejkin, einem Invaliden, der in Petersburg vergeblich um eine gerechte Unterstützung kämpft, eingebettet. Nachdem der Postmeister diese Geschichte im Stil des skaz, einer zum Berufsjargon stilisierten Rede, erzählt hat,

stellt sich heraus, daß sie mit Čičikov auch nicht das geringste zu tun hat. Die Gerüchte zwingen Čičikov zuletzt, die Stadt fluchtartig zu verlassen. Der Roman endet mit dem Bild der dahinjagenden Troika Čičikovs, das ins Visionäre ausgeweitet wird. »Stürmst nicht auch du dahin, mein Rußland, wie eine flinke Troika, die niemand einholen kann? ... Rußland, gib Antwort, wohin stürmst du? ... Vorbei fliegt die ganze Erde und mit neidischem Blick treten die anderen Völker und Staaten zur Seite und machen ihm Platz.«

Die Einfachheit der Fabel der Toten Seelen wird aufgewogen durch die Komplexität des Stils. Gogol' ist ein Meister des Details und des überraschenden Kunstgriffs. Ist er auf der einen Seite bemüht, das Geschehen realistisch zu motivieren und zu verallgemeinern, so verläßt er andererseits die realistische Linie durch verschiedene Mittel des grotesken Stils. In hyperbolischer Ausdrucksweise wird z. B. ein Bild im Gasthof der Provinzstadt beschrieben, auf dem »eine Nymphe mit so ungeheuren Brüsten dargestellt war, wie sie der Leser vermutlich noch nie gesehen hat«. Komisch-alogisch wirkt die Schilderung der Interessen der »gebildeten Leute« der Stadt: »Manche lasen Karamzin, manche die ›Moskauer Nachrichten‹, manche sogar überhaupt nichts.« Die im grotesken Stil besonders ausgeprägte Tendenz zur Reduzierung und Verdinglichung des Belebten wird häufig in satirischer Absicht zur Unterstreichung der »Seelenlosigkeit« und menschlichen Verkümmerung negativer Gestalten eingesetzt, z. B. in Čičikovs Feststellung, daß am verstorbenen Staatsanwalt der Provinzstadt »nichts außer den dichten Augenbrauen« gewesen sei. So verwendet Gogol' auch mosaikartige Aneinanderreihungen, in denen Menschliches und Dingliches auf derselben Ebene abgehandelt werden: »Unsere Helden sahen viel Papier, beschriebenes und weißes, gesenkte Köpfe, breite Nacken, Fräcke und Gehröcke von provinziellem Zuschnitt und sogar eine sehr auffällig abstechende hellgraue Jacke, die den Kopf zur Seite gewendet und fast ganz auf das Papier gelegt hatte und flink und schwungvoll irgendein Protokoll ... schrieb.« – Wie auch in anderen Werken Gogol's fällt an den Toten Seelen der Kontrast zwischen »hoher« und »niedriger« Sprache auf. In gehobener Sprache sind vor allem die in die satirische Schilderung eingestreuten lyrisch-reflektierenden Abschweifungen gehalten. Darin stellt der Erzähler Betrachtungen über seine Romangestalten an, kommentiert ihre Handlung oder reflektiert über seine eigene Schreibweise. Besonders aufschlußreich ist der Einschub am Anfang des siebenten Kapitels, wo sich der Verfasser im Gegensatz zum Dichter des Erhabenen als Schilderer der gemeinalltäglichen Wirklichkeit vorstellt, »der es wagt, alles an die Oberfläche hervorzutreiben, was sich jeden Augenblick vor unseren Augen abspielt und was gleichgültige Augen nicht sehen, das ganze schreckliche und erschütternde Schlingpflanzengewirr von Kleinigkeiten, die unser Leben umstricken...« Mit dieser Aufmerksamkeit für das Niedrige und Gewöhnliche, für das unbeachtete naturalistische Detail konnte Gogol' das

Vorbild einer ganzen literarischen Richtung, der »Natürlichen Schule«, werden.

In Gogol's »Poem« sind zwar die Einflüsse von CERVANTES, FIELDING, STERNE, LESAGE und dessen russischem Nachahmer Narežnyj spürbar, doch stellt es aufgrund seiner sprachlichen Virtuosität etwas qualitativ Neues, Originäres dar und weist voraus auf den russischen realistischen Roman der späteren Jahrzehnte. In den *Toten Seelen* hat Gogol' den Übergang von der novellistischen Erzählform zur großen Form des Romans vollzogen, die an wirklichkeitsumspannender Breite und sprachlicher Gestaltungskraft sein gesamtes früheres Schaffen übertrifft. Die *Toten Seelen*, Gogol's einziger Roman und Höhepunkt seines Werks, haben entscheidend zur Weltgeltung dieses Dichters beigetragen.   H.Gü.

AUSGABEN: Moskau 1842 (*Pochoždenija Čičikova ili Mërtvye duši. Poèma*; ²1846). – Moskau 1855 [Fragm. von Tl. 2]. – Moskau 1951 (in *Poln. sobr. soč.*, Hg. N. L. Meščerjakov, 14 Bde., 1937–1952, 6; krit.). – Moskau 1978 (in *Sobr. soč.*, Hg. S. I. Mašinskij u. M. B. Chrapčenko, 7 Bde., 1976–1978, 5). – Moskau 1980.

ÜBERSETZUNGEN: *Die todten Seelen. Ein satirisch-komisches Zeitgemälde*, Ph. Löbenstein, Lpzg. 1846 u. ö. (RUB). – *Die Abenteuer Tschitschikows oder Die toten Seelen*, O. Buek (in *SW*, Bd. 1/2, Mchn./ Lpzg. 1914). – *Tote Seelen oder Tschitschikoffs Abenteuer*, S. v. Radecki, Mchn. 1954. – *Tote Seelen*, F. Ottow, Hbg. 1958 (RKl). – *Tote Seelen oder Tschitschikows Abenteuer*, A. Eliasberg, Köln/Bln. 1965. – *Tote Seelen*, F. Ottow, Mchn. 1982; ⁴1987. – Dass., M. Pfeiffer, Mchn. 1984. – *Die toten Seelen*, W. Kasack (in *GW*, Bd. 2, Stg. 1988; m. Nachw. des Übs.).

DRAMATISIERUNG: M. Bulgakov, *Mërtvye duši*, Moskau 1936.

LITERATUR: E. Smirnova-Čikina, *Poèma N. V. G. »Mërtvye duši«. Kommentarij*, Moskau 1934; ²1964; Leningrad ³1974. – P. Bogolepov, *Jazyk poèmy N. V. G.: »Mërtvye duši«*, Moskau 1952. – M. B. Chrapčenko, *»Mërtvye duši« N. V. G.*, Moskau 1952; ²1956. – S. O. Mašinskij, *»Mërtvye duši« N. V. G.*, Moskau 1966. – C. Proffer, *The Simile and G.'s »Dead Souls«*, Den Haag 1967. – H. Snyder, *The Airbourne Imagery in G.'s »Dead Souls«*, Diss. Browen Univ. 1974. – Y. Harussi, *G.'s »Dead Souls«: A Reading*, Diss. Columbia Univ. 1975. – S. Masinskij, *»Mërtvye duši« N. V. G.*, Moskau 1978. – J. B. Woodward, *G.'s »Dead Souls«*, Princeton 1978. – M. Gus, *Živaja Rossija. »Mërtvye duši«*, Moskau 1981. – S. Fusso, *Čičikov on G.: The Structure of the Oppositions in »Dead Souls«*, Diss. Yale Univ. 1984. – Ju. Mann, *V poiskach živoi duši. »Mërtvye duši«, Pisatel' – Kritika – Čitatel'*, Moskau 1984. – O. Markof-Belaeff, *»Dead Souls« and The Picaresque Tradition: A Study in the Definition of Genre*, Ann Arbor 1984. – V. Krivonos, *»Mërtvye*

duši« G. i stanovlenie novoj russkoj prozy: problemy povestvovanija, Voronež 1985. – R. Weiss, *The Hidden World of G.: A Study of the Irrational in »Dead Souls«*, Diss. Univ. of California 1985. – S. Gončarov, *Žanrovaja struktura »Mërtvych duši« N. V. G. i tradicii russkoj prozy*, Leningrad 1985.

MIRGOROD. Povesti služaščie prodolženiem »Večerov na chutore bliz Dikan'ki«

(russ.; *Mirgorod. Erzählungen, gedacht als Fortsetzung der »Abende auf dem Vorwerk bei Dikan'ka«*). Novellenzyklus von Nikolaj V. GOGOL', erschienen 1835. – Der Untertitel des Sammelbands weist den Zyklus als Fortsetzung der *Večera na chutore bliz Dikan'ki (Abende auf dem Vorwerk bei Dikan'ka)* aus. Während jedoch noch im Dikan'ka-Zyklus der Bienenzüchter Rudyj Pan'ko als Herausgeber der Erzählungen auftritt, wird nun auf diese Fiktion verzichtet. Überhaupt besteht zwischen den beiden Zyklen eine nur lockere Verbindung; ihre Gemeinsamkeit beruht vor allem in ihrem volkstümlichen ukrainischen Kolorit.

Der *Mirgorod*-Zyklus besteht aus zwei Teilen, deren jeder zwei miteinander kontrastierende Erzählungen enthält. Im ersten Teil stehen die *Starosvetskie pomeščiki (Altväterliche Gutsbesitzer)* der historisch-epischen Novelle *Taras Bul'ba* gegenüber. Die erste Erzählung behandelt das Leben eines alten ukrainischen Gutsbesitzerehepaars, dessen Einvernehmen mit rührend-idyllischen Strichen gezeichnet ist. Durch die Beschränktheit und Banalität der Lebensumstände getrübt, nimmt die Idylle des Paares jedoch komische, ja satirische Züge an. – In der Gestalt des tapferen, patriotischen Kosaken Taras Bul'ba, der im Kampf gegen die polnische Fremdherrschaft sein Leben läßt, entwirft Gogol' das Idealbild eines positiven Helden, das er bezeichnenderweise in die Vergangenheit verlegt.

Den zweiten Teil des Zyklus bestimmt der Kontrast der folkloristischen Phantastik des *Vij (Vij)* und der grotesken, mit naturalistischen Details überhäuften, banalen Realität der *Povest' o tom, kak possorilsja Ivan Ivanovič s Ivanom Nikiforovičem (Die Geschichte, wie sich Ivan Ivanovič mit Ivan Nikiforovič verzankte)*. In der ersten Novelle, die von der Begegnung eines Kiewer Seminaristen mit dem schauerlichen König der Erddämonen Vij berichtet, erreicht die aus dem *Dikan'ka*-Zyklus bekannte folkloristische Phantastik Gogol's ihren Höhepunkt. Von diesem Hintergrund hebt sich die Geschichte der beiden Ivane, die Schilderung einer sinnlosen Feindschaft zweier benachbarter Gutsbesitzer, um so wirkungsvoller ab. Thematisch wie stilistisch knüpft sie unmittelbar an die Erzählung *Ivan Fёdorovič Špon'ka i ego tёtuška (Ivan Fёdorovič Špon'ka und seine Tante)* aus dem *Dikan'ka*-Zyklus an, wo gleichfalls das phantastische Element weitgehend zugunsten einer komisch-realistischen Schilderung zurücktritt. Mirgorod, der Ort der Handlung, erscheint als das Sinnbild grenzenloser Banalität und Borniertheit, der allein mit den Mitteln der übertreibenden Komik und der Groteske beizukommen ist.

Die widerspruchsvolle Einheit der Gesamtkomposition des *Mirgorod*-Zyklus hat ihren Ursprung in der Spannung zwischen den polaren Gegensätzen von idealer Norm und entstellter Realität, wobei die Extreme durch *Taras Bul'ba* auf der einen, die Geschichte der beiden Ivane auf der anderen Seite bezeichnet werden. Mit diesen Novellen findet die romantisch-folkloristische Linie in Gogol's Schaffen ihren Abschluß. Sie macht einer grotesk-satirischen Orientierung Platz, wie sie sich etwa im *Revizor*, 1836 *(Der Revisor)*, und in *Mërtvye duši*, 1842 *(Die toten Seelen)*, ausdrückt. Der *Mirgorod*-Zyklus, in dem sich beide Momente noch die Waage halten, darf als Bindeglied zwischen folkloristischer Phantastik und satirischer Groteske in Gogol's Schaffen gelten.   H.Gü.

AUSGABEN: Petersburg 1835. – Leningrad/Moskau 1937 (in *Poln. sobr. soč.*, Hg. N. L. Meščerjakov, 14 Bde., 1937–1952, 2; krit.). – Moskau 1976 (in *Sobr. soč.*, Hg. S. I. Mašinskij u. M. B. Chrapčenko, 7 Bde., 1976–1978, 2). – Moskau 1987 (in *Večera na chutore bliz Dikan'ki. Mirgorod Povesti*).

ÜBERSETZUNGEN: *Mirgorod*, O. Buek (in *SW*, Bd. 4, Mchn. 1910). – Dass., J. v. Guenther (in *GW*, Bd. 2, Bln. 1952). – Dass., J. Hahn (in *Sämtliche Erzählungen*, Stg./Hbg. 1964). – Dass., G. Schwarz (in *Mirgorod. Erzählungen*, Bln. 1979). – Dass., ders. u. R. Kassner (in *GW*, Stg. 1982).

LITERATUR: A. Dokusov, *»Mirgorod« N. V. G.*, Leningrad 1971. – R. Sobel, *Time, Space and Genre in G.'s »Mirgorod«* (in Essays in Poetics, 1981, 6).

NEVSKIJ PROSPEKT

(russ.; *Der Nevskij Prospekt)*. Erzählung von Nikolaj V. GOGOL', erschienen 1835. – Die Novelle, an der Gogol' von 1831 bis 1834 arbeitete, wurde zusammen mit den *Zapiski sumasšedšego (Aufzeichnungen eines Wahnsinnigen)* und *Portret (Das Porträt)* in dem Sammelband *Arabeski* veröffentlicht, der Gogol's Hinwendung zur Petersburg-Thematik markiert. Während in den ersten Entwürfen des *Nevskij prospekt* – sie finden sich in unmittelbarer Nachbarschaft der Vorarbeiten zu der im ukrainisch-volkstümlichen Kolorit gehaltenen Novellensammlung *Večera na chutore bliz Dikan'ki*, 1831/32 *(Abende auf dem Vorwerk bei Dikan'ka)* – das phantastische Element noch vorherrscht, tritt es allmählich zugunsten der realen Darstellungsebene in den Hintergrund. Jedoch verschwindet die Phantastik nicht ganz, sondern geht gleichsam in die Tiefe und bleibt unterhalb der Oberfläche der Realität spürbar.

Der Übergang Gogol's zur urbanistischen Thematik vollzog sich nicht zuletzt unter dem Einfluß der französischen »rasenden Schule«, insbesondere ihres Vertreters Jules-Gabriel JANIN, der die These vom *»Phantastischen in der Wirklichkeit«* am konsequentesten formulierte. In Janins Sammlung *Paris ou Le livre de cent et un* (1832) ist die Technik der Großstadtbeschreibung, in *L'âne mort et la femme guillotinée* (1829) das Motiv der Liebe eines schwärmerischen Jünglings zu einer Dirne vorgebildet. Einen Einfluß auf Gogol's Sujet dürften auch DE QUINCEYS *Confessions of an English Opium-Eater* (1821/22) ausgeübt haben, ebenso wie auch eine Verwandtschaft der Künstlergestalt aus Gogol's Novelle mit dem Anselmus aus E. T. A. HOFFMANNS *Goldnem Topf* (1814) unverkennbar ist.

Auf dem Nevskij Prospekt, der Prachtstraße Petersburgs, begegnen sich in der Abenddämmerung zwei konträre Charaktere, der empfindsame Maler Piskarëv und der leichtlebige Leutnant Pirogov. Nach ein paar flüchtigen Worten trennen sich die beiden, um zwei Damen nachzugehen, die ihnen in der Menge aufgefallen sind. Der leicht entflammbare Piskarëv, von der Schönheit des Mädchens fasziniert, muß zu seiner grenzenlosen Enttäuschung feststellen, daß er einer Dirne gefolgt ist. Um die Kluft zwischen seiner idealen Vorstellung vom edlen Wesen der Schönheit und der abstoßenden Wirklichkeit zu überbrücken, nimmt er Zuflucht zu Traum und Opium. Als sein großmütig-verzweifelter Versuch scheitert, das Mädchen zum Verlassen des Bordells zu bewegen, nimmt er sich das Leben. – Die Blondine, der Pirogov nachgeeilt ist, stellt sich als die ebenso hübsche wie dumme Frau des deutschen Handwerkers Schiller – es ist *»nicht jener Schiller, der ›Wilhelm Tell‹ und die ›Geschichte des dreißigjährigen Krieges‹ geschrieben hat, sondern den bekannte Schiller, der Klempnermeister aus der M.-Straße«* – heraus. Der zudringliche Pirogov wird eines Tages von Schiller und seinen Freunden jämmerlich verprügelt. Nach kurzem Zorn hat jedoch der oberflächliche Leutnant seine anfänglichen Rachegedanken vergessen.

Die im Stil einer komischen Farce erzählte Pirogov-Episode und die tragisch-sentimentale Geschichte des Künstlers Piskarëv werden von der Schilderung des Nevskij Prospekts, einer meisterhaften Wiedergabe der phosphoreszierenden Großstadtatmosphäre, eingerahmt. Die hyperbolisch-ironische Begeisterung des Erzählers (*»Allmächtiger Nevskij Prospekt! Einzigartige Zerstreuung der Armen beim Spaziergang durch Petersburg!«*) geht in eine groteske Beschreibung der *»Phantasmagorie«* des im Laufe eines Tages sich verändernden Straßenbildes über. In verdinglichender, metonymischer Diktion ist nicht von Menschen die Rede, sondern da werden Backenbärte *»wie Samt und Atlas, schwarz wie Zobel oder Kohle, die aber ach! nur dem Auswärtigen Amt zustehen«*, Damentaillen, *»nicht dicker als Flaschenhälse«*, und in pathetisch-anaphorischer Rede unnachahmliche Schnurrbärte gepriesen. Mit übertriebener Akribie wird die *»Ausstellung der allerbesten Produkte des Menschen«* beschrieben: *»Einer zeigt einen stutzerhaften Gehrock mit dem besten Biberpelz, ein anderer eine wunderbare griechische Nase, ein* *dritter einen vortrefflichen Backenbart, eine vierte ein Paar hübscher Augen und ein erstaunliches Hütchen...«* Hinter dem vordergründig bewundernden Ton des Erzählers wird die Desillusion immer greifbarer und erreicht nach dem traurigen Ende Piskarëvs und dem blamablen Abenteuer Pirogovs ihren Höhepunkt am Schluß der Novelle: *»Er lügt zu jeder Zeit, dieser Nevskij Prospekt, doch am meisten dann, wenn die Nacht sich wie eine dichte Masse auf ihn legt und die weißen und gelben Hausmauern hervortreten läßt, wenn die ganze Stadt sich in Donner und Glanz wandelt, Myriaden von Kaleschen sich von den Brücken daherwälzen, die Vorreiter brüllen und sich auf den Pferden hochrecken und wenn der Dämon selbst die Lampen anzündet, nur zu dem Zweck, alles nicht so erscheinen zu lassen, wie es in Wahrheit ist.«* Der Nevskij Prospekt wird so zum Symbol des unter einer schillernden Oberfläche verborgenen »Betrugs«.   H.Gü.

AUSGABEN: Moskau 1835 (in *Arabeski*, Tl. 2). – Leningrad/Moskau 1938 (in *Poln. sobr. soč.*, Hg. N. L. Meščerjakov, 14 Bde., 1937–1952, 3; krit.). – Moskau 1977 (in *Sobr. soč.*, Hg. S. I. Mašinskij u. M. B. Chrapčenko, 7 Bde., 1976–1978, 3). – Leningrad 1983 (in *Povesti. Dramatičeskie proizvedenija*).

ÜBERSETZUNGEN: *Der Newski Prospekt*, H. Gerschmann (in *Petersburger Geschichten*, Bln. 1903). – Dass., O. Buek (in *SW*, Bd. 6, Mchn. 1912). – Dass., J. v. Guenther (in *GW*, Bd. 3, Mchn. 1952). – Dass., J. Hahn (in *Sämtliche Erzählungen*, Stg./Hbg. 1964). – Dass., S. v. Radecki (in *Die Nase u. andere Erzählungen*, Zürich 1966; Ill. A. Kubin; m. Vorw.). – Dass., G. Schwarz (in *GW*, Bd. 1, Stg. 1982).

LITERATUR: N. Nilsson, *G. et Pétersbourg. Recherches sur les Antécédents des contes Pétersbourgeois*, Stockholm 1954. – N. L. Stepanov, »Peterburgskie povesti« *N. V. G.* (in N. L. S., *N. V. G. Tvorčeskij put'*, Moskau 1955, S. 212–301). – I. M. Gubarev, »Peterburgskie povesti« *G.*, Rostov 1968. – D. Hughes, *The Apparent and the Real in G.'s »Nevskij Prospekt«* (in California Slavic Studies, 8, 1975, S. 75–91). – V. Zareckij, »Peterburgskie povesti« *N. V. G. Chudožestvennaja sistema i prigovor dejstvitel'nosti*, Saratov 1976. – O. Dilaktorskaja, *Fantastičeskoe v peterburgskich povestjach G.*, Leningrad 1983 – P. Waszik, »*Such Things Happen in the World*«. *Deixis in 3 Short Stories by G.*, Amsterdam 1988, S. 72–133; 189–247.

NOS

(russ.; *Die Nase*). Erzählung von Nikolaj V. GOGOL', erschienen 1836. – Unter den »Petersburger Novellen« nimmt die 1833 begonnene Erzählung aufgrund ihres ausgeprägten absurd-grotesken Vorwurfs einen besonderen Platz ein. Die romantische Phantastik erscheint hier auf die Spitze getrie-

ben und dadurch ironisch parodiert: Am Morgen eines 25. März findet der Barbier Ivan Jakovlevič die Nase eines seiner Kunden, des Kollegienassessors Kovalëv, in seinem Frühstücksbrot. Im Glauben, sie Kovalëv bei der morgendlichen Rasur im Rausch abgeschnitten zu haben, schafft der erschrockene Barbier das Corpus delicti aus dem Hause und wirft es in die Neva. Zu seinem Entsetzen ist er dabei jedoch von einem Polizeibeamten beobachtet worden, der ihn arretiert und zur Rede stellt. *»Doch hier hüllt sich das Vorgefallene in dichten Nebel«*, erklärt der fiktive Erzähler, *»und was weiter geschah, entzieht sich gänzlich unserer Kenntnis.«* – Der Hauptteil der Novelle ändert die Szenerie: Erschrocken bemerkt Kovalëv bei der Morgentoilette statt der Nase in seinem Gesicht eine *»völlig glatte Stelle«* und begibt sich, ohne zu zögern, auf die Suche nach dem für seine berufliche und gesellschaftliche Karriere unentbehrlichen Körperteil. Zu seiner Verblüffung trifft er seine Nase mitten in der Hauptstadt auf offener Straße in der Uniform eines Staatsrats an. Betroffen folgt er ihr in die Kathedrale, wo er sie beim Beten beobachtet. Als er sich schließlich ein Herz faßt und sie anspricht, wird er abgewiesen und verliert die Nase aus den Augen. Eine Zeitung lehnt, um ihre Reputation nicht zu gefährden, seine absonderliche Suchanzeige ab. Auch der schläfrige Polizeimeister kann Kovalëv nicht helfen. Als er, am Ende aller Hoffnung, verzweifelt Ruhe in seinem Zimmer sucht, betritt eben der Polizeibeamte, welcher in der Vorgeschichte den Barbier an der Neva überraschte, den Raum und überreicht ihm, sorgfältig in ein Papier gepackt, das ersehnte Sinnesorgan. Doch nun beginnen neue Sorgen für Kovalëv: Es will ihm nicht gelingen, die Nase an ihrer angestammten Stelle anzubringen. Weder der Besuch eines Arztes noch ein Drohbrief an die Stabsoffizierswitwe Podtočina, die Kovalëv der Zauberei aus Rache für ihre verschmähte Tochter bezichtigt, führen zum gewünschten Erfolg. Schon beginnen sich die wildesten Gerüchte um die Nase des Kollegienassessors in der Stadt zu verbreiten – *»doch hier hüllt sich das Geschehen erneut in Nebel, und was dann geschah, ist gänzlich unbekannt«.* – Im Schlußteil der Novelle findet Kovalëv, als er in den Spiegel schaut, die Nase wieder an ihrem Platz. Verängstigt schaut der Barbier Ivan Jakovlevič herein. Doch Kovalëv läßt sich wie immer rasieren und wendet sich, als sei nichts vorgefallen, seinen beruflichen und gesellschaftlichen Ambitionen zu. Mit einem ausführlichen Schlußwort des Erzählers, das die Verwirrung des Lesers nur noch erhöht, klingt die Novelle aus: *»... Und dann auch – wie geriet die Nase in das gebakkene Brot und wie konnte Ivan Jakovlevič selbst ... nein, das verstehe ich nicht, das verstehe ich nicht im geringsten! Aber, was das Allerseltsamste, das Unbegreiflichste ist: wie können sich Schriftsteller solche Sujets aussuchen? ... Erstens hat das Vaterland nicht den geringsten Nutzen davon; zweitens – aber auch zweitens ist kein Nutzen dabei ...«*
Die erste Fassung der Novelle, die 1835 von einer Zeitschrift als »abgeschmackt« und »schmutzig«

zurückgewiesen worden war, hatte das absurde Geschehen noch in der traditionellen Manier als Traumerlebnis Kovalëvs dargestellt. Erst durch Eliminierung der Traummotivation erhielt sie den Charakter einer unlegitimierten Groteske, in der Phantastik und Realität zu einem unentwirrbaren Konglomerat verschmelzen. Die kühle Selbstverständlichkeit, mit der Ungeheuerliches vorgetragen wird, scheint KAFKAS *Verwandlung* vorwegzunehmen. Zur *»abnormen Groteske«* (Vinogradov) wird die Novelle vor allem dadurch, daß ihre Teile untereinander nicht logisch, sondern nur assoziativ verknüpft sind.

Gogol's Novelle hat zu verschiedensten Interpretationsversuchen angeregt: Die psychoanalytische Deutung sieht in der Nase ein Symbol von obszöner Doppeldeutigkeit, wie es etwa im *Tristram Shandy* von STERNE vorgebildet ist, an dessen vielschichtige Erzählmanier Gogol' ohne Zweifel anknüpft. Psychologische und metaphysische Interpretationen rücken das Motiv der Persönlichkeitsspaltung – in Anlehnung an A. von CHAMISSOS *Peter Schlemihl* und E. T. A. HOFFMANNS *Abenteuer der Silvesternacht* – in den Vordergrund. V. SETSCHKAREFF vermutet, gestützt auf den Epilog der Novelle und eine Äußerung PUŠKINS, der sie als fröhlich-originellen »Scherz« bezeichnete, in *Nos* eine Verspottung spießiger Forderungen nach nützlicher und moralischer Literatur. Schließlich handelt es sich aber auch um eine Groteske, die den eitlen, karrierebesessenen Kollegienassessor mit seiner verselbständigten, in der Beamtenhierarchie über ihm stehenden Nase konfrontiert. H.Gü.

AUSGABEN: Petersburg 1836 (in Sovremennik, 3). – Moskau 1938 (in *Poln. sobr. soč.*, Hg. N. L. Meščerjakov, 14 Bde., 1937–1952, 3; krit.). – Moskau 1977 (in *Sobr. soč.*, Hg. S. I. Mašinskij u. M. B. Chrapčenko, 7 Bde., 1976–1978, 3). – Leningrad 1983 (in *Povesti. Dramatičeskie proizvedenija*).

ÜBERSETZUNGEN: *Die Nase*, W. Lange u. Ph. Löbenstein (in *Phantasien u. Geschichten*, Lpzg. 1883). – Dass., J. v. Guenther (in *GW*, Bd. 3, Bln. 1952). – Dass., J. Hahn (in *Sämtliche Erzählungen*, Mchn. 1961). – Dass., W. Lange, Stg. 1961 (RUB). – Dass. S. v. Radecki (in *Die Nase u. andere Erzählungen*, Zürich 1966 [Ill. A. Kubin]). – Dass., G. Schwarz (in *GW*, Bd. 1, Stg. 1982).

VERTONUNG: D. Schostakowitsch, *Nos* (Text: Y. Preis; Oper; 1927/28).

LITERATUR: V. Vinogradov, *Naturalističeskij grotesk (Sjužet i kompozicija povesti G. »Nos«)* (in V. V., *Évoljucija russkogo naturalizma. G. i Dostoevskij*, Leningrad 1929, S. 7–88; Nachdr. Cleveland/Oh. 1967; Letchworth 1975). – V. Setschkareff, *Zur Interpretation von G.s »Nase«* (in ZslPh, 21, 1951, S. 118–121). – H. E. Bowman, *»The Nose«* (in SEER, 31, 1952, S. 204–211). – Ju. Mann, *O groteske v literature*, Moskau 1966, S. 35–55.– I. M. Gubarev, *»Peterburgskie povesti« G.*, Rostov 1968. –

V. Zareckij, *»Peterburgskie povesti« N. V. G. Chudožestvennaja sistema i prigovor dejstvitel'nosti*, Saratov 1976. – W. R. Berger, *Drei phantastische Erzählungen: Chamissos »Peter Schlemihl«, E. T. A. Hoffmanns »Die Abenteuer der Silvester-Nacht« und G.s »Die Nase«* (in Arcadia, 1978, S. 106–138). – I. Bock, *Die Analyse der Handlungsstrukturen von Erzählungen: am Beispiel von N. V. G.s »Die Nase« u. »Der Mantel«*, Mchn. 1982 (Slavistische Beiträge, 156). – O. Dilaktorskaja, *Fantastičeskoe v peterburgskich povestjach G.*, Leningrad 1983 – P. Waszik, *»Such Things Happen in the World«. Deixis in 3 Short Stories by G.*, Amsterdam 1988, S. 134–188.

PORTRET

(russ.; *Das Porträt*). Erzählung von Nikolaj V. GOGOL', erschienen: erste Fassung 1835, zweite Fassung 1842. – Die dritte der »Petersburger Novellen« Gogol's gibt der Problematik des Künstlertums einen noch zentraleren Platz als die Erzählung *Nevskij prospekt*, 1835 (*Der Nevskij Prospekt*). Der erste Teil der Novelle erzählt die Geschichte des armen, talentierten Malers Čartkov, der bei einem Trödler das Porträt eines Greises erstanden hat, das ihm wegen der ungewöhnlichen Augen aufgefallen ist. In der Nacht träumt Čartkov, dem Bild entsteige ein häßlicher alter Mann mit stechendem Blick, der ihm ein Bündel Geldscheine zeigt. Der sonderbare Traum enträtselt sich am folgenden Tag, als bei der Berührung des Bildes ein Päckchen Banknoten aus dem Rahmen fällt. Unverhofft zu Reichtum gelangt, mietet Čartkov ein Atelier am Nevskij Prospekt, kleidet sich *à la mode* und läßt einen gekauften Journalisten sein Künstlertalent anpreisen. Stets bemüht, dem Geschmack seiner Kunden zu folgen, sinkt Čartkov zum Modemaler herab. Je oberflächlicher seine Porträts ausfallen, desto anmaßender werden seine Äußerungen über andere Künstler. Eines Tages jedoch überfällt ihn beim Anblick eines genialen Bildes Ekel und Scham über sein verratenes Talent. Seine Reaktion ist paradox: Wie besessen beginnt er, wertvolle Bilder aufzukaufen, um sie zu vernichten, bis er, verfolgt von den *»lebendigen Augen des grauenhaften Porträts«*, im Wahn zugrunde geht.

Der zweite Teil der Erzählung trägt die Vorgeschichte des geheimnisvollen Bildes nach. Der Sohn des Künstlers, der das Bild geschaffen hat, erzählt sie während einer Kunstauktion. In Kolomna, einem ärmlichen Viertel Petersburgs, lebte einst ein dämonischer Wucherer, der sich vor seinem Tode porträtieren ließ. Durch den teuflischen Einfluß des Wucherers verfiel der Maler, ein frommer, rechtschaffener Mann, einem bislang ungekannten Neid gegen seine Berufsgenossen. Nach langen Jahren eines entsagungsvollen Lebens erst konnte er seinen Neid überwinden. Er wurde ein geachteter Kirchenmaler, der seinen Sohn anhielt, sein Talent als kostbarste Gabe zu bewahren. Im Sterben noch bittet er, das Porträt des Wucherers mit den schrecklichen Augen zu vernichten, damit es kein weiteres Unheil stiften könne. Als sich der Erzähler bei diesen Worten zu dem Bildnis umwendet, ist es gestohlen.

Von allen »Petersburger Erzählungen« Gogol's offenbart *Portret* – vor allem in seinem zweiten Teil – die deutlichsten Spuren romantischer Einflüsse. Das Motiv der dämonischen Augen des Porträts ist in MATURINS Roman *Melmoth the Wanderer* (1820) vorgebildet. Der Maler des zweiten Teils findet in dem Künstler Franzesko aus E. T. A. HOFFMANNS *Die Elixiere des Teufels* (1815/16), der Wucherer in Dappertutto aus dem *Verlorenen Spiegelbild* und Albano aus dem *Magnetiseur* seine Parallele. Der erste Teil der Novelle gestaltet das Thema des gefährdeten Künstlers durch seine psychologische und soziale Motivierung weitaus realistischer. – Gogol' hatte eine erste Fassung der Erzählung, in der das phantastische Moment vorherrschte, bereits 1835 in seinem Sammelband *Arabeski* veröffentlicht. Die negative Kritik BELINSKIJS, der das Werk als »mißlungenen Versuch Gogol's im phantastischen Genre« bezeichnet hatte, veranlaßte den Autor, die Novelle unter dem Gesichtspunkt der Entromantisierung und »Ent-Hoffmannisierung« zu überarbeiten. Die Endredaktion der Erzählung ist wirklichkeitsnäher in Handlung und Motivation und enthält lebendigere Dialoge, wenn auch die religiöse Didaktik – entsprechend Gogol's geistiger Entwicklung – verstärkt ist. Dennoch blieb das Werk eine »Predigt in moralischen Kontrasten« (Passage). Die innere Widersprüchlichkeit der Novelle war durch die Beschränkung ihrer romantischen Züge nur vertieft, so daß Belinskij nach wie vor insbesondere den zweiten Teil des Werks als »vom Boden des gegenwärtigen Lebens losgelöst« verwarf. H.Gü.

AUSGABEN: Moskau 1835 (in *Arabeski*; 1. Fassg.). – Petersburg 1842 (in *Sovremennik*, 27, Nr. 3; 2. Fassg.). – Leningrad/Moskau 1938 (in *Poln. sobr. soč.*, Hg. N. L. Meščerjakov, 14 Bde., 1937–1952, 3; krit.). – Moskau 1977 (in *Sobr. soč.*, Hg. S. I. Mašinskij u. M. B. Chrapčenko, 7 Bde., 1976–1978, 3). – Leningrad 1983 (in *Povesti. Dramatičeskie proizvedenija*). – Moskau 1988.

ÜBERSETZUNGEN: In *Russisches Leben u. Dichten. Erzählungen von Graf Sollogrub u. N. Gogol*, Lpzg. 1851. – *Das Porträt*, H. Gerschmann (in *Petersburger Geschichten*, Bln. 1903). – Dass., O. Buek (in *SW*, Bd. 2, Mchn. 1923). – Dass., I. Krämer, Zürich 1946. – Dass., J. v. Guenther (in *GW*, Bd. 3, Bln. 1952). – Dass., J. Hahn (in *Sämtliche Erzählungen*, Mchn. 1961). – Dass., G. Schwarz (in *GW*, Bd. 1, Stg. 1982).

LITERATUR: N. Nilsson, *G. et Pétersbourg. Recherches sur les Antécédents des contes Pétersbourgeois*, Stockholm 1954. – I. M. Gubarev, »Peterburgskie povesti« G., Rostov 1968. – V. Zareckij, »Peterburgskie povesti« N. V. G. Chudožestvennaja sistema i prigovor dejstvitel'nosti, Saratov 1976. – O. Dilaktorskaja, *Fantastičeskoe v peterburgskich povestjach*

G., Leningrad 1983. – N. Jermakoff, »Portret« G. v dvuch redakcijach (in *Association of Russian-American Scholars in the USA. Issue Dedicated to N. G. on the 175th Anniversary of His Birth*, NY 1984, S. 23–47).

POVEST' O TOM, KAK POSSORILSJA IVAN IVANOVIČ S IVANOM NIKIFOROVIČEM

(russ.; *Die Geschichte, wie sich der Ivan Ivanovič mit dem Ivan Nikiforovič verzankte*). Novelle von Nikolaj V. GOGOL', erschienen 1834. – Ivan Ivanovič und Ivan Nikiforovič, zwei Bürger der Stadt Mirgorod, geraten in Streit, weil der eine sich weigert, sein altes Gewehr gegen ein Schwein des anderen einzutauschen. Die beiden, die ihr ganzes Leben lang gute Freunde und Nachbarn waren, entzweien sich endgültig, als Ivan Nikiforovič den Ivan Ivanovič einen »Gänserich« nennt. Schließlich bringen sie ihren Streit vor Gericht. Ein Versöhnungsversuch der Mirgoroder Bürger scheitert an der Wiederholung der Beleidigung. Die Sache wird von den Provinzgerichten über lange Jahre verschleppt, aber keiner der verfeindeten Nachbarn gibt die Hoffnung auf, daß die Entscheidung zu seinen Gunsten ausfällt.

Ein Vergleich der Novelle, die Gogol's Erzählband *Mirgorod* (1835) abschließt, mit dem thematisch nahestehenden Roman *Dva Ivana ili strast' k tjažbam*, 1825 (*Die zwei Ivane oder Die Prozeßsucht*), von V. T. NAREŽNYJ läßt den Unterschied zwischen dem moralisierenden Sentimentalismus Narežnyjs und dem grotesken Stil Gogol's deutlich hervortreten. Gogol's Meisterschaft äußert sich vor allem in der – bei STERNE vorgeprägten – Verlagerung des Schwerpunkts von der Handlung auf die sprachlichen Gestaltungsmittel. Der weitschweifige Erzählstrom eines vorgeschobenen Ich-Erzählers verleiht der Novelle ihr unverwechselbares Gepräge. Der größte Teil des Geschehens wird von einem naiv »bewundernden« Standpunkt in einem auf der spielerischen Verwendung sprachlicher Mittel und der Verzerrung normaler Proportionen beruhenden grotesken Stil wiedergegeben, während der Schluß im sentimentalen Ton gehalten ist – eine Verschiebung des Erzählstandpunkts, die durch den größeren Grad an Reife und den Abstand des Erzählers von seinen komischen Helden motiviert ist.

Die Novelle beginnt mit einer hyperbolisch-exaltierten Beschreibung des Ivan Ivanovič (»Ein prachtvoller Mensch ist Ivan Ivanovič!«), aus der letztlich aber nur hervorgeht, daß der Betreffende ein pedantischer, beschränkter Faulpelz ist. Von Ivan Nikiforovič (»Ein sehr guter Mensch ist auch Ivan Nikiforovič!«) erfährt man nur, daß er nicht verheiratet ist. Eine lange Gegenüberstellung soll den »Charakter« der beiden erhellen. Vergleich reiht sich an Vergleich (»Der Kopf des Ivan Ivanovič ähnelt einem Rettich mit dem Schwanz nach unten; der Kopf des Ivan Nikiforovič einem Rettich mit dem

Schwanz nach oben«), bis der vom Automatismus des Vergleichens eingelullte Leser bei der Feststellung stutzt: *»Ivan Ivanovič ist etwas ängstlichen Charakters. Ivan Nikiforovič dagegen hat Pluderhosen mit so weiten Falten, daß man den ganzen Hof mit Scheunen und Haus darin unterbringen könnte.«* Das Kapitel endet mit dem verblüffenden Alogismus: *»Übrigens, trotz einiger Unählichkeiten sind Ivan Ivanovič und Ivan Nikiforovič prachtvolle Menschen.«* Mit grotesker Komik werden die Vorkommnisse im Gericht von Mirgorod beschrieben. Es ereignet sich der »außerordentliche Vorfall«, daß das braune Schwein des Ivan Ivanovič die Anklageschrift des Ivan Nikiforovič entwendet. Der Erzähler wird nicht müde zu berichten, daß die Nase des Richters gern an der Oberlippe schnuppert und einmal sogar für ihre »Dreistigkeit« bestraft wird. Die groteske Personifizierung einzelner Körperteile und die mit ihr korrespondierende Mechanisierung des Belebten – in Form der Reduktion der Figuren auf motorische Gesten und Dialoge sowie auf komische äußerliche Details – lassen sämtliche Gestalten der Novelle als seelenlose Marionetten erscheinen. In wirkungsvollem Kontrast zu diesen Stilelementen steht der sentimentale Schluß der Novelle. Von dem melancholisch-resignierten Schlußsatz *»Traurig ist es auf der Welt, meine Herren!«* fällt ein tragischer Schatten auf die Gestalten der streitenden Ivane.

Mit ihrer spielerisch freien Entfaltung kontrastierender Mittel und sprachlicher Kunstgriffe stellt die Novelle einen wesentlichen Schritt in der Entwicklung des Gogol'schen Schaffens dar: Sie markiert den Übergang vom familiären *skaz* (einer auf den sprachlich-sozialen Horizont des Erzählers verweisenden Rollenerzählung) des Bienenzüchters Rudyj Pan'ko in den *Večera na chutore bliz Dikan'ki*, 1831/32 *(Abende auf dem Vorwerk bei Dikan'ka)*, zum »natürlichen Stil« der späteren Satiren Gogol's.   H.Gü.

AUSGABEN: Moskau 1834 (in Novosel'e). – Petersburg 1835 (in *Mirgorod*, Tl. 2). – Leningrad/Moskau 1937 (in *Poln. sobr. soč.*, Hg. N. L. Meščerjakov, 14 Bde., 1937–1952, 2; krit.). – Moskau 1952 (in *Sobr. soč.*, Hg. N. L. Stepanov, 6 Bde., 1952/53, 2). – Moskau 1976 (in *Sobr. soč.*, Hg. S. I. Mašinskij u. M. B. Chrapčenko, 7 Bde., 1976–1978, 2). – Letchworth 1970.

ÜBERSETZUNGEN: O. Buek (in *SW*, Bd. 4, Mchn. 1910). – *Wie sich Iwan Iwanowitsch mit Iwan Nikiforowitsch verfeindete*, K. Noetzel, Mchn. 1958 (GGT). – In *Sämtliche Erzählungen*, J. Hahn, Mchn. 1961. – *Die Geschichte des Streitfalls Iwan Iwanovitsch gegen Iwan Nikiforowitsch*, G. Schwarz (in *GW*, Bd. 1, Stg. 1982).

REVIZOR

(russ.; *Der Revisor*), Komödie in fünf Akten von Nikolaj V. GOGOL', erschienen 1836; Uraufführung: Petersburg, 19. 4. 1836, Aleksandrinskij teatr. – Am 7. Oktober 1835 wandte sich Gogol' an PUŠKIN mit der Bitte: *»Tun Sie mir den Gefallen und geben Sie mir irgendein Sujet, irgendeine komische oder nicht komische, aber rein russische Anekdote. Ich brenne jetzt darauf, eine Komödie zu verfassen!«* Der Anekdote, die Gogol' darauf erhielt, lag ein Erlebnis Puškins zugrunde: In Nižnij-Novgorod hatte man ihn einmal für einen inkognito reisenden staatlichen Revisor gehalten. Das Motiv des falschen Revisors lag damals in der Luft.

Der Stadthauptmann eines abgelegenen russischen Provinznests erhält die Nachricht, daß ein Revisor aus Petersburg – inkognito *»und mit geheimen Instruktionen«* – zu erwarten sei. Unter den Beamten des Städtchens ruft der Brief verständliche Nervosität und Angst hervor, da sie durch den Revisor die Aufdeckung der herrschenden – vom Autor im Licht grotesker Komik vorgeführten – Mißstände befürchten: Der Stadthauptmann Anton Antonovič Skvoznik-Dmuchanovskij tyrannisiert mit Hilfe seiner Polizisten die Bürgerschaft und plündert die Kaufleute aus; der Richter Ammos Fëdorovič Ljapkin-Tjapkin läßt sich mit Jagdhunden bestechen; in den Artemij Filippovič Zemljanika unterstellten Armenanstalten werden die Patienten, wie er sich mit groteskem Zynismus ausdrückt, *»wie die Fliegen«* gesund; der Postmeister Špekin liest alle Briefe, denn er möchte *»ums Verrecken gerne wissen, was es Neues auf der Welt gibt«*; der Geschichtslehrer schneidet im Unterricht solche Grimassen, *»daß man gleich die Heiligenbilder hinaustragen sollte«*. Während der Stadthauptmann Anordnungen zum Empfang des Revisors erteilt, platzen Bobčinskij und Dobčinskij, zwei stadtbekannte parasitäre Neuigkeitskrämer, mit ihrer »Nachricht« herein, der erwartete Revisor sei im Gasthaus abgestiegen. In Wirklichkeit handelt es sich jedoch um einen kleinen Petersburger Beamten namens Chlestakov, einen Windbeutel, eine *»Fliege mit gestutzten Flügeln«*. Die Begegnung zwischen Chlestakov und dem Stadthauptmann wird in der Technik des Aneinander-Vorbeiredens gestaltet: Chlestakov fürchtet, der Stadthauptmann wolle ihn wegen der unbeglichenen Wirtshausrechnung ins Gefängnis bringen, sein Gesprächspartner zittert vor dem vermeintlichen Revisor und verlegt sich aufs Heucheln. Jeder ist im Bannkreis seiner Angst gefangen und daher unfähig, den anderen zu verstehen. Schließlich wird Chlestakov, ohne zu ahnen, daß man ihn für einen Revisor hält, vom Stadthauptmann eingeladen. Die Damen im Haus des Stadthauptmanns sind vom galanten Auftreten Chlestakovs begeistert. Er schwindelt ihnen alles mögliche vor und steigert sich, auf einer Welle der Bewunderung emporgehoben und vom Trinken erhitzt, in ein rauschhaftes Lügenfeuerwerk hinein. Prahlereien über seine Beziehungen zu Ministern, Botschaftern, Generalen, ja zum Zaren selber, wechseln mit hyperbolischen Übertreibungen über das Leben in Petersburg. (*»Eine Wassermelone für 700 Rubel. Und die Suppe wird in einer Kasserolle direkt mit dem Dampfer aus Paris gebracht.«*) Während Chlestakov sich anschließend ausruht, beraten die Beamten über eine gemeinsame Bestechungstaktik. Nachdem der Vorschlag einer pauschalen Bestechungssumme verworfen ist – »*In einem wohlgeordneten Staat werden solche Angelegenheiten nicht so durchgeführt*« –, statten sie Chlestakov nacheinander ihren Besuch ab. Erst jetzt wird dem gedankenlosen Chlestakov klar, daß man ihn für einen Revisor hält. Er greift die ihm angetragene Rolle auf, nimmt von den Kaufleuten Geld und Geschenke, hört ihre Klagen an, lobt, tadelt und befiehlt. Nachdem er sich noch kurzerhand mit der Tochter des Stadthauptmanns verlobt hat, macht er sich auf Drängen seines schlauen Dieners Osip aus dem Staub. – Nach Chlestakovs Abreise versammelt sich alles, was Rang und Namen hat, im Haus des Stadthauptmanns, um ihm zu seinem Erfolg zu gratulieren. In das »*Glückwunschgetöse*« bricht plötzlich die Nachricht herein, daß Chlestakov ein falscher Revisor war. Ein Brief Chlestakovs an einen Freund in Petersburg, aus dem dieser Sachverhalt hervorgeht, wird unter den wütenden und erstaunten Kommentaren der Anwesenden vom Postmeister verlesen. In die allgemeine Verwirrung schlägt die Ankündigung des echten Revisors wie ein Blitz ein. Versteinert verharren die auf der Bühne versammelten Personen in einem stummen Schlußbild.

Die Komödie verrät den Einfluß des Molière-schen Theaters und der damals sehr populären *Deutschen Kleinstädter* (1803) von Kotzebue. Aus der russischen Literatur mögen Gogol' die Komödien von Kvitka-Osnov'janenko sowie V. Kapnists *Jabeda*, uraufgef. 1798 *(Die Prozeßintrige)*, als Vorlagen gedient haben. Entscheidender sind jedoch die Abweichungen des *Revizor* von der konventionellen Lustspieltechnik. So ist z. B. die Liebesintrige auf nur wenige Szenen reduziert, die die Schablonen des gängigen Vaudeville parodieren. Neu an Gogol's Komödie war außerdem der völlige Verzicht auf Didaktik sowie das Ausbleiben der Katharsis. Der Schluß des *Revizor* stellt nämlich keine befreiende Lösung dar, sondern führt mit der Ankündigung des echten Revisors wieder zur Ausgangssituation zurück.

Das Stück wurde von der liberalen Kritik, an ihrer Spitze Belinskij, als Satire auf die zaristische Provinzbürokratie begeistert aufgenommen, während die konservative Partei entrüstet reagierte oder die Komödie als amüsante Farce abtat. Gogol', der sich vom *Revizor* eine moralische Erneuerung Rußlands versprochen hatte, fühlte sich von allen Seiten mißverstanden und reiste enttäuscht ins Ausland. – In der Folgezeit nahm er zur Problematik seiner Komödie, deren Text er 1841 und 1842 erneut überarbeitete, wiederholt Stellung. Der *Teatral'nyj razezd posle predstavlenija novoj komedii*, 1842 *(Heimfahrt aus dem Theater nach der Aufführung einer neuen Komödie)*, ein in dramatischer Form gehaltener Kommentar, an dem Gogol' seit 1836 arbeitete, unterstreicht im wesentlichen die gesellschaftskritische Intention des *Revizor*. In der *Razvjazka Revizora*, 1846 *(Die Lösung des Revisor)*,

dagegen versuchte Gogol' unter dem Eindruck seiner verstärkten Hinwendung zur Religion eine allegorische Deutung seines Stücks zu geben, in der der Ort der Handlung als »*Seelenstadt*«, die Beamten als »*Leidenschaften*« und Chlestakov als »*leichtfertiges weltliches Gewissen*« interpretiert werden. Später kehrte Gogol' jedoch wieder unmißverständlich den satirischen Charakter seines Werks hervor. In den *Vybrannye mesta iz perepiski s druz'jami*, 1847 *(Ausgewählte Stellen aus dem Briefwechsel mit meinen Freunden)*, stellt er sich in die Tradition Fonvizins und Griboedovs, deren Werke *Nedorosl'*, 1782 *(Der Landjunker)*, und *Gore ot uma*, uraufgeführt 1831 *(Verstand schafft Leiden)*, »*gegen das Abweichen der ganzen Gesellschaft vom geraden Weg*« gerichtet waren. In der *Avtorskaja ispoved'*, entstanden 1847 *(Beichte eines Autors)*, schließlich zieht Gogol' das Resümee: »*Im ›Revisor‹ beschloß ich, alles Schlechte in Rußland, was ich damals kannte, auf einen Haufen zu sammeln … und mit einem Mal alles zu verlachen.*«   H. Gü.

Ausgaben: Petersburg 1836. – Moskau 1951 (in *Poln. sobr. soč.*, Hg. N. L. Meščerjakov, 14 Bde., 1937–1952, 4; krit.). – Moskau 1977 (in *Sobr. soč.*, Hg. S. I. Mašinskij u. M. B. Chrapčenko, 7 Bde., 1976–1978, 4). – Leningrad 1983 (in *Povesti. Dramatičeskie proizvedenija*). – Leningrad 1988 (in *Komedii*; krit.).

Übersetzungen: *Der Revisor*, A. v. Viedert, Bln. 1854. – Dass., O. Buek (in *SW*, Bd. 4, Mchn. 1923). – Dass., A. Schultz u. K. Holm, Bln. 1933. – Dass., J. v. Guenther (in *GW*, Bd. 5, Bln. 1952). – Dass., F. X. Schaffgotsch (in *Russische Meisterdramen*, Mchn. 1961). – Dass., G. Schwarz (in *Sämtliche Dramen*, Nachw. J. Holthusen, Mchn. 1974). – Dass., J. v. Guenther, Stg. 1979. – Dass., W. Kasack (in *GW*, Bd. 3, Stg. 1985). – Dass., ders., Stg. 1986.

Vertonungen: A. Zanella, *Il revisore* (Oper; Urauff.: Triest, 20. 2. 1940). – W. Egk, *Der Revisor* (Oper; Urauff.: Schwetzingen 1957).

Verfilmungen: Rußland 1915. – *Seine Excellenz der Revisor*, Deutschland 1922. – *Eine Stadt steht Kopf*, Deutschland 1932 (Regie: G. Gründgens). – Tschechoslovakei 1933 (Regie: M. Frič). – *The Inspector General*, USA 1949 (Regie: H. Koster).

Literatur: L. Krestova, *Komentarij k komedii N. V. G. »Revizor«*, Moskau 1933. – A. Stender-Petersen, *G. u. Kotzebue. Zur thematischen Entstehung von G.s »Revizor«* (in ZslPh, 12, 1935, S. 16–35). – *N. V. G. Materialy i issledovanija*, Hg. V. Gippius, Bd. 2, Moskau 1936, S. 151–199. – H. Wiens, *Die Geschichte einer Komödie. Die Entstehung von G.s »Revizor«*, Diss. Göttingen 1946. – R. Triomphe, *G. u. die russische Kritik über den »Revizor«* (in Veröffentlichungen des Instituts f. Slawistik, 8, 1956). – Ju. V. Mann, *Komedija »Revizor«*, Moskau 1966. – E. Vojtolovskaja, *Komedija N. V. G. »Revizor«*.

Kommentarij, Leningrad 1971. – E. Nordby, *G.'s Comic Theory and Practice in »The Inspector General«*, Diss. Stanford Univ. 1971 [m. Bibliogr.]. – A. Grozdeva, *»Revizor« v teatre imeni V. S. Mejerchol'da. Sbornik statej*, Leningrad 1972. – E. Neis, *Erläuterungen zu N. G. »Der Revizor«, »Der Mantel«*, Hollfeld 1975. – E. Fedorenko, *G.'s »Revizor«: A Reexamination of Language Characteristics* (in Russian Language Journal, 30, 1976, 106, S. 39 bis 50). – C. Gorokhoff, *»Le Revisor« dans la critique et la mise en scène de 1967 à 1974* (in Revue des études slaves, 1977, 1, S. 55–71). – P.-A. Bodin, *The Silent Scene in N. G.'s »The Inspector General«* (in Scando-Slavica, 33, 1987, S. 5–16).

ŠINEL'

(russ.; *Der Mantel*). Novelle von Nikolaj V. Go-GOL', erschienen 1842. – Im Mittelpunkt der Novelle steht der teils ironisch-spöttisch, teils mitleidig-teilnahmsvoll geschilderte Akakij Akakievič Bašmačkin, ein äußerst beschränkter, kleiner Petersburger Büroschreiber, der arm und von niemand beachtet sein Dasein fristet. Die Mischung von komischem *skaz* – einer Erzählweise, die den Eindruck mündlicher Rede zu erwecken sucht – und sentimental-pathetischen Einschüben, die den Tonfall des Erzählers kennzeichnet, ergibt im Resultat eine *»Groteske, in der die Mimik des Lachens und die Mimik der Trauer miteinander abwechseln«* (Éjchenbaum). Auf der Ebene des familiären, anekdotischen *skaz* wird z. B. zu Akakijs Familiennamen – er leitet sich von *bašmak* (Schuh) ab – bemerkt: *»Aber wann, zu welcher Zeit und auf welche Weise er von ›Schuh‹ kam, davon ist nichts bekannt. Der Vater, der Großvater und sogar der Schwager und alle richtigen Bašmačkins gingen in Stiefeln und wechselten nur etwa dreimal im Jahr die Sohlen.«* Der *»ewige Titularrat«* mit seiner *»hämorrhoidalen«* Gesichtsfarbe ist ganz erfüllt von seiner Schreibarbeit, in der ihm *»eine eigene abwechslungsreiche und angenehme Welt«* erscheint, und gibt sich auch abends zu Hause *»keinerlei Zerstreuung«* hin. Vor dem Hintergrund dieses komischen *skaz* hebt sich die pathetisch gehaltene Beschreibung des von seinen Kollegen verspotteten Akakij besonders wirkungsvoll ab: *»Laßt mich, warum beleidigt ihr mich – und in diesen durchdringenden Worten klangen andere Worte: ich bin dein Bruder.«* Unter größten Entbehrungen spart Akakij für einen neuen Wintermantel, den er dringend braucht. *»Er nährte sich geistig, indem er in seinen eigenen Gedanken die ewige Idee des zukünftigen Mantels trug.«* Im Vergleich des Mantels (*šinel'* ist weiblichen Geschlechts) mit einer *»Lebensgefährtin«*, in dem auch erotische Anklänge nicht fehlen, erreicht die groteske Schilderung ihren Höhepunkt. – An dem triumphalen Tag, als Akakij den neuen Mantel endlich von seinem Schneider Petrovič bekommt, wird er sogar vom Bürovorsteher zu einem Festessen eingeladen. Doch ist sein Glück nur von kurzer Dauer, da ihm nachts auf dem Rückweg in einem

finsteren Viertel der Mantel bei einem Überfall entrissen wird. Eine *»bedeutende Persönlichkeit«*, an die sich Akakij wendet, weist ihn grob ab. Der Verlust des Mantels richtet ihn seelisch und physisch zugrunde. Komik und tragisches Pathos mischen sich in der Beschreibung seines Todes: *»Es verschwand ein Wesen … das für niemand interessant war … ein Wesen, das geduldig allen Kanzleihohn ertragen hatte und ohne jeden außergewöhnlichen Grund ins Grab gestiegen war, aber für das doch, wenn auch nur gerade noch vor dem Ende seines Lebens, ein heller Gast in Gestalt des Mantels erschienen war, der für einen Augenblick das arme Leben belebte, und auf das dann quälend das Unglück stürzte, wie es auf Kaiser und Beherrscher der Welt zu stürzen pflegt.«* Nach Akakijs Tod nimmt die Geschichte, wie der Erzähler ironisch bemerkt, *»unerwartet ein phantastisches Ende«*. In Petersburg ereignen sich allerlei unerklärliche Vorfälle, die erst ein Ende finden, nachdem das Gespenst des armen Beamten den Mantel der *»bedeutenden Persönlichkeit«* in seinen Besitz gebracht hat.

Die Vertreter der russischen Natürlichen Schule und des Realismus sahen in Gogol's Novelle gewissermaßen ihren literarischen Ausgangspunkt, was sich etwa in dem DOSTOEVSKIJ zugeschriebenen Ausspruch *»Wir alle kommen von Gogol's Mantel her«* niedergeschlagen hat. Doch zeigt zumal das frühe Werk Dostoevskijs – *Bednye ljudi*, 1846 *(Arme Leute)*, oder *Dvojnik*, 1846 *(Der Doppelgänger)*, die beide das Thema des kleinen Beamten behandeln –, daß es sich dabei weniger um Nachahmung als vielmehr um ein kritisches Anknüpfen an Gogol' handelte. Bei Dostoevskij zeigt sich gegenüber Gogol' deutlich das Bestreben nach Vermenschlichung dieses grotesken Typus.

Im Licht der seit BELINSKIJ in Rußland sich immer mehr durchsetzenden Normen des sozialkritischen Realismus mußte Gogol's Novelle im Sinn eines humanistisch engagierten Protests gegen das bürokratische Feudalsystem verstanden werden, eine Interpretation, die von der sowjetischen Gogol'-Forschung im wesentlichen übernommen wurde. Im Gegensatz dazu sehen einige westliche Autoren den kleinen Beamten als Opfer teuflisch-irdischer Versuchung (Tschižewskij, Setschkareff u. a.) – diese Deutung ist jedoch auf berechtigte Kritik gestoßen (Wissemann) –, als Träger einer *»großen Idee«* (Driessen, van der Eng) oder als Sinnbild der Fragilität aller menschlichen Existenz (Gančikov). – Der Formalist Boris ÉJCHENBAUM hat mit *Kak sdelana »Šinel'« Gogolja*, 1919 *(Wie Gogol's »Mantel« gemacht ist)*, in dem er die Aufmerksamkeit auf das groteske Wechselspiel von sentimental-deklamatorischer und komisch-spielerischer Erzählweise lenkte, entscheidend zum Verständnis der Novelle beigetragen. H. Gü.

AUSGABEN: Petersburg 1842 (in *Sočinenija*, Bd. 3). – Leningrad/Moskau 1938 (in *Poln. sobr. soč.*, Hg. N. L. Meščerjakov, 14 Bde., 1937–1952, 3; krit.). – Moskau 1977 (in *Sobr. soč.*, Hg. S. I. Mašinskij u. M. B. Chrapčenko, 7 Bde., 1976–1978, Bd. 3).

Übersetzungen: *Der Mantel*, anon. (in *Russisches Leben u. Dichten*, Lpzg. 1851). – Dass., M. Spiro u. S. Bugow (in *SW*, Bd. 2, Mchn./Lpzg. 1909; ern. in *SW*, Bd. 2, Bln. 1923). – Dass., K. Holm (in *GW*, Bd. 3, Bln. 1952). – Dass., A. Luther, Wiesbaden 1958 (IB, 24; Ill. G. Böhmer). – Dass., W. Lange, Stg. 1962 (RUB). – Dass., S. v. Radecki (in *Die Nase u. andere Erzählungen*, Zürich 1966; Ill. A. Kubin). – Dass., R. Kassner (in *GW*, Bd. 1, Stg. 1982).

Verfilmung: *Il cappotto*, Italien 1952 (Regie: A. Lattuada).

Literatur: B. M. Ėjchenbaum, *Kak sdelana »Šinel'«* G. (in B. M. Ė., *Skvoz' literaturu. Sbornik statej*, Leningrad 1924; Neudr. Den Haag 1962; auch in B. Ė., *O proze. O poėzii*, Leningrad 1986, S. 45–63; dt. in B. M. Ė., *Aufsätze zur Theorie u. Geschichte der Literatur*, Ffm. 1965, S. 119–142; auch in *Texte der russischen Formalisten*, Hg. J. Striedter, Bd. 1, Mchn. 1969, S. 122–159). – A. L. Bem, *»Šinel'« i »Bednye ljudi«* (in A. L. B., *U istokov tvorčestva Dostoevskogo*, Prag 1936, S. 127–138). – D. Tschiževeskij, *Zur Komposition von G.s »Mantel«* (in ZslPh, 14, 1937, S. 63–94; auch in *G. – Turgenev – Dostoevskij – Tolstoj. Zur russischen Literatur des 19. Jh.s*, Mchn. 1966, S. 100–123; Forum Slavicum, 12). – L. Gančikov, *Dell'umiltà. Commento a »Il mantello« di N. V. G.* (in Ricerche Slavistiche, 3, 1954, S. 242–252). – N. A. Nilsson, *Zur Entstehungsgeschichte des G.schen »Mantels«* (in Scando-Slavica, 2, 1956, S. 116–133). – H. Wissemann, *Zum Ideengehalt von G.s »Mantel«* (in ZslPh, 26, 1958, S. 391–415). – K. D. Seemann, *Eine Heiligenlegende als Vorbild für G.s »Mantel«* (in ZslPh, 33, 1966, S. 7–21). – N. A. Nilsson, *G.s »Overcoat« and the Topography of Petersburg* (in Scando-Slavica, 21, 1974, S. 5–18). – C. Bernheimer, *Cloaking the Self: The Literary Space of G.'s »Overcoat«* (in PMLA, 90, 1975, 1, S. 53–91). – E. Neis, *Erläuterungen zu N. G. »Der Revizor«, »Der Mantel«*, Hollfeld 1975. – R. Peace, *G. and Psychological Realism: »Šinel'«* (in *Russian and Slavic Literature*, Hg. R. Freeborn u. a., Cambridge/Mass. 1976, S. 63–91). – P. Waszik, *Mythical Traits in G.s »The Overcoat«* (in SEEJ, 22, 1978, 3, S. 287–300). – A. Pinto, *Das Mantelmotiv in Kellers »Kleider machen Leute« u. G.s »Der Mantel«*, Ffm. 1978. – I. Bock, *Die Analyse der Handlungsstrukturen von Erzählungen: am Beispiel von N. V. G.s »Die Nase« u. »Der Mantel«*, Mchn. 1982 (Slavistische Beiträge, 156). – *G.'s »Overcoat«. An Anthology of Critical Essays*, Hg. E. W. Trahan, Ann Arbor 1982. – D. Rancour-Leferriere, *Out From Under G.'s »Overcoat«: A Psychoanalytic Study*, Ann Arbor 1982. – V. Vetlovskaja, *Povest' G. »Šinel'«* (*transformacija puškinskich motivov*) (in Russkaja literatura, 1988, 4, S. 41–69). – P. Thiergen, *G.s »Mantel« als narrative Theologie. Eine Deutung* (in NZZ, 27. 1. 1989).

TARAS BUL'BA

(russ.; *Taras Bulba*). Novelle von Nikolaj V. Gogol', erste Fassung erschienen 1835, zweite Fassung 1842. – Die Handlung der zum *Mirgorod*-Zyklus gehörenden Novelle spielt im 16./17. Jahrhundert, während der ukrainischen Befreiungskriege gegen die Polen. Im Mittelpunkt des Geschehens steht der kampferprobte, bärbeißige Kosakenoberst Taras Bul'ba, dessen älterer Sohn Ostap ganz dem Vater ähnelt, während Andrij, der jüngere, ein eher empfindsamer und gefühlsbetonter Charakter ist. Dem kompositorisch bestimmenden Gegensatz zwischen dem labilen Gefühlsmenschen Andrij und seinem robusten, über jeden inneren Zwiespalt erhabenen Vater entspricht der stilistische Kontrast zwischen naiv-epischer und psychologischer Schilderung.
Während das Kosakenheer, das sich in Seč' gesammelt hat, die von den Polen gehaltene Stadt Dubno belagert, gelangt Andrij auf abenteuerlichen Wegen in die Stadt, wo er sich von einer schönen adligen Polin – sie ist ihm bereits einmal in Kiew aufgefallen – dazu verlocken läßt, um ihrer Liebe willen an der Spitze des polnischen Heeres gegen seine Landsleute zu kämpfen. Andrij muß seinen Verrat mit dem Leben bezahlen: Er wird im Kampf von seinem Vater erschossen. Kaum von einer Verwundung genesen, macht sich der alte Bul'ba auf die Suche nach seinem Sohn Ostap, den die Polen gefangengenommen haben. Als er in Warschau eintrifft, wird Ostap gerade öffentlich hingerichtet. Auf einem erneuten Feldzug gerät Taras Bul'ba selber in die Hände der Polen. Aber noch während er, an einen Baumstamm gefesselt, in den Flammen umkommt, feuert er seine Kosaken zum Kampf an. Seine letzten Gedanken gelten dem orthodoxen Glauben und dem Vaterland.
In der Novelle versucht sich Gogol' in der pathetisch-sentimentalen Gestaltung eines patriotischen Themas. Die Darstellung von Grausamkeiten verrät den Einfluß der Schauerromantik im Stil eines Jules Janin. Neben der Einwirkung der historischen Romane Walter Scotts, der damals in Rußland sehr populär war, ist in der Erzählung Gogol's das Vorbild Homers unverkennbar, so z. B. im Kunstgriff der Charakterisierung der einzelnen Helden kurz vor ihrem Eintritt in die Schlacht. Zu den gelungensten Passagen der Erzählung gehören die Naturschilderungen sowie die Beschreibung des abenteuerlichen, bunten Kosakenlebens, in die viele folkloristische Elemente, vor allem Volkslieder, eingeflochten sind.
In Erkenntnis seiner Unfähigkeit zum ernstgemeinten hohen Pathos und zur idealisierenden Darstellung positiver Helden wandte sich Gogol' bald wieder von der heroisch-patriotischen Thematik ab. Eine spätere Überarbeitung des *Taras Bul'ba* veränderte den Charakter der Novelle nicht wesentlich.　　　　　　　　　　　　H. Gü.

Ausgaben: Petersburg 1835 (1. Fassg.). – Petersburg 1842 (in *Sočinenija*, Bd. 2; 2. Fassg.).

ÜBERSETZUNGEN: *Die Saporoger Kosaken oder Taras Bulba* (in *Europa. Chronik der gebildeten Welt*, Hg. A. Lewald, Karlsruhe 1844). – *Taras Bulba*, E. Chmelnitzky (in *SW*, Bd. 4, Mchn. 1910). – Dass., J. v. Guenther (in *GW*, Bd. 2, Bln. 1952). – Dass., I. Krämer, Köln/Olten o. J. [1966; Ill. C. Piatti]. – Dass., R. Kassner (in *GW*, Bd. 1, Stg. 1982).

VERTONUNG: E. Richter, *Taras Bulba* (Text: J. Kempfe; Oper; Stettin 1935).

VERFILMUNGEN: Rußland 1909 (Regie: A. Drankov). – Rußland 1910 (Regie: M. Maître). – Deutschland 1924 (Regie: V. Strichewsky). – Frankreich 1936 (Regie: A. Granowsky). – USA 1961 (Regie: J. Lee Thompson). – *Taras Bulba, il cosacco*, Italien 1963 (Regie: F. Baldi).

LITERATUR: H. Jilek, *Die Stellung des »Taras Bulba« in G.s Gesamtwerk* (in ZslPh, 16, 1939, S. 123 bis 141). – M. Gus, *»Taras Bul'ba«, èpopeja iz istorii bor'by Ukrainy za nacional'nuju svobodu. Narod-geroj v »Taras Bul'ba«* (in M. G., *G. i nikolaevskaja Rossija*, Moskau 1957, S. 91–107). – J. Hubert, *De »Taras Bulba« à Tchitchikov* (in Esprit, 7/8, 1957). – R. Pikulyk, *»Taras Bul'ba« and The Black Council: The Adherence to and Divergence from Walter Scott's Historical Novel Pattern*, Diss. Toronto 1978. – W. Sirskyi, *Discordances idéologiques dans »Taras Bulba« de G.* (in L'Est européen, 1980, 19, S. 17–23).

VEČERA NA CHUTORE BLIZ DIKAN'KI.
Povesti, izdannye pasičnikom Rudym Pan'kom

(russ.; *Abende auf dem Vorwerk bei Dikan'ka. Erzählungen, herausgegeben von dem Imker Rudyj Pan'ko*). Novellenzyklus von Nikolaj V. GOGOL', erschienen 1831/32. – Der aus acht Erzählungen bestehende Zyklus steht gleich PUŠKINS *Povesti pokojnogo Ivana Petroviča Belkina*, 1831 (*Erzählungen des verstorbenen Ivan Petrovič Belkin*), in der Erzähltradition W. SCOTTS. Auch er nennt einen fiktiven Herausgeber. Der ukrainische Imker Rudyj Pan'ko gibt – als einer von mehreren Erzählern – Geschichten wieder, die er während der langen Winterabende auf dem Vorwerk von Dikan'ka gehört hat. Die literarischen Neuerungen der Novellen liegen in erster Linie auf stilistischem Gebiet. Sie sind in der Technik des *skaz* geboten, der mit provinzieller Dialektfärbung und familiärem Plauderton den Eindruck lebendiger umgangssprachlicher Rede zu erwecken sucht. Die Elemente des *skaz* mischen sich in den Erzählungen eigenartig mit romantisch-sentimentalem und pathetischem Stil. Aus Wechsel und Durchdringung der heterogenen Stilschichten resultiert der sprachliche Reiz des Werks, in dem burleske Elemente des *vertep* (des ukrainischen Puppentheaters) mit Volksüberlieferung, Volkslied- und Balladenmotiven sowie Themen der russischen und deutschen Romantik (L. TIECK,

E. T. A. HOFFMANN) zusammenfließen. Das exotisch-folkloristische Kolorit und der Wechsel von humorvoller Alltagsschilderung und dämonischer Phantastik machten den Zyklus zu Gogol's erstem literarischem Erfolg.

Die erste Novelle des Zyklus – *Soročinskaja jarmarka (Der Jahrmarkt von Soročincy)* – beschreibt, wie der Bauernsohn Gryc'ko durch die List eines Zigeuners die schöne Paraska, die Tochter des Bauern Solopij Čerevik und seines bösen Weibes Chivrja, zur Frau gewinnt. Gryc'ko sieht Paraska, als sie an einem heißen Sommertag zum erstenmal zum Jahrmarkt fährt. Auf dem Markt verbreitet sich das Gerücht, der Teufel gehe um und suche in Gestalt eines Schweins seinen roten Kittel. Als die Čereviks am Abend in lustiger Runde beisammensitzen und die Geschichte vom Teufel besprechen, schiebt sich – ein Streich des Zigeuners – eine schreckliche Schweineschnauze durch das Fenster und läßt alle auseinanderstieben. Die Verwirrung nimmt groteske Züge an: Solopij, der sich vom Teufel verfolgt fühlt, stülpt statt seiner Mütze einen Topf über seinen Kopf und läuft schreiend davon. Nach einigem Widerstand erhält Gryc'ko am Ende die Zustimmung der Eltern zur Hochzeit mit Paraska. Die Novelle, in der possenhafte Realität und dämonische Anklänge ineinanderfließen, schließt auf für Gogol' nicht untypische Weise melancholisch: *»Traurig ist es für den Verlassenen! Schwer und traurig wird das Herz, und nichts vermag ihm zu helfen.«* – Vom Küster Foma Grigor'evič erzählt, berichtet die Novelle *Večer nakanune Ivana Kupala (Der Abend vor dem Johannistag)* von dem armen Knecht Petrus', der sich, um die schöne Bauerntochter Pidorka zu gewinnen, mit dem Teufel einläßt und in der Johannisnacht schwere Schuld auf sich lädt, um den versprochenen Schatz zu heben. Gleichwohl wird er auch nach der Hochzeit nicht glücklich, da er das Gedächtnis verliert und von Schwermut und Wahnvorstellungen heimgesucht wird. Die Erinnerung kehrt in der Johannisnacht des folgenden Jahres zurück, doch verliert Petrus' zugleich den Schatz. Pidorka geht ins Kloster, der Teufel aber treibt bis auf den heutigen Tag sein Unwesen im Dorf. – Im Mittelpunkt der Novelle *Majskaja noč', ili utoplennica (Die Mainacht oder Die Ertrunkene)* steht die Liebe zwischen dem Sohn des Dorfschulzen Levko und der schönen Ganna. Auch der herrschsüchtige, dumme Dorfschulze hat ein Auge auf Ganna geworfen. Nur mit Hilfe der Nixenkönigin gelingt es dem Burschen, bei seinem Vater die Hochzeit mit Ganna durchzusetzen. Die Nixenthematik ist durch eine in die Haupthandlung eingeschobene, ihr in vielem parallele Legende vorbereitet, die Levko seiner Geliebten des Nachts am Ufer eines Sees erzählt. Der groteske Realismus der Erzählung kontrastiert wirksam mit der romantischen, zwischen Traum und Wirklichkeit angesiedelten Welt. – *Propavšaja gramota (Das verlorene Sendschreiben)* schildert eine Begebenheit, die dem Großvater des Küsters Foma Grigor'evič zugestoßen ist. Um seine mit einem eingenähten wichtigen Sendschreiben im Wirtshaus verlorene Mütze wiederzuerlangen, begab sich der Großvater auf den Hexensabbat, wo er von einer Vielzahl komischer Wesen bedrängt wird: »*Schweineschnauzen, Hundeschnauzen, Bocksschnauzen, Trappenschnauzen, Pferdeschnauzen – alle reckten sich, als wollten sie ihn küssen.*« Vom Hexensabbat zurückgekehrt, findet der Großvater seine Frau auf der Stubenbank herumhopsend. – Den zweiten Teil des Zyklus eröffnet die Novelle *Noč' pered roždestvom (Die Nacht vor Weihnachten)*, in der sich vor dem Hintergrund der Sitte des dörflichen Weihnachtssingens allerhand komischer Spuk ereignet. Der Teufel, der auf ungesetzliche Weise den Mond in die Tasche steckt, um die Verabredung zwischen dem frommen Vakula und der schönen Oksana zu verhindern, wird selbst geprellt. Vakula überrascht ihn bei einem Stelldichein mit seiner Mutter, der Hexe Solocha, und zwingt ihn, ihn zum Palast der Kaiserin in Petersburg zu tragen, von wo er Oksana ein Paar herrliche Pantoffeln mitbringt. Vakula heiratet endlich Oksana und malt als Kirchenbuße für seinen Umgang mit den bösen Geistern den Teufel an die Seitenwand der Kirche, »*und zwar so abstoßend, daß alle ausspuckten, wenn sie vorübergingen*«. – Die düsterschaurige Novelle *Strašnaja mest' (Die schreckliche Rache)*, der das komische Element völlig fehlt, gestaltet das romantische Thema des verfluchten Geschlechts, dessen letzter Nachkomme alle Untaten seiner Ahnen übertrifft. Das Geschlecht Petros wurde verflucht, weil Petro seinen Freund Ivan aus Mißgunst getötet hat. Zur Strafe sollen, wenn der letzte Nachfahre Petros seinen gräßlichen Lebensweg beendet hat, alle Toten der Sippe sich aus ihren Gräbern erheben und Petro zerfleischen. Der letzte Nachfahre Petros ist ein furchtbarer Zauberer, der seine eigene Tochter Katerina begehrt. Er scheitert an der Lauterkeit Katerinas, tötet sie aber schließlich mitsamt ihrer Familie. Nach der Untat erfüllt sich die schreckliche Rache. In rhythmisierter, stilistisch meisterhaft durchgeformter Prosa geschrieben, enthält die Novelle neben Bildern des Grauens lyrische Passagen und Naturschilderungen. – Die Erzählung *Ivan Fëdorovič Špon'ka i ego tëtuška (Ivan Fëdorovič Špon'ka und sein Tantchen)* läßt in ihrer weitschweifigen Erzählweise und ihrer fiktiven Fragmentarität (die Frau des Erzählers hat einen Teil des Manuskripts zum Pastetenbacken verwendet) auf Sternesche Tradition schließen. Sie sticht mit ihrer grotesk-realistischen Schilderung einer banalen Wirklichkeit von den übrigen Novellen des Zyklus ab und nimmt Züge späterer Werke des Autors vorweg. Der schüchterne Gutsbesitzer Špon'ka soll nach seiner Rückkehr vom Militärdienst von seiner resoluten Tante verheiratet werden. Das Projekt scheitert jedoch an Špon'kas Angst vor der Ehe, die sich in einem abstrusen Alptraum niederschlägt. In der Novelle entfaltet sich zum erstenmal voll Gogol's grotesker Stil. Ihre Gestalten erscheinen in gänzlich verdinglichter Beschreibung (eine alte Frau wird z. B. als »*vollkommene Kaffeekanne im Häubchen*« geschildert) als komische Marionetten, als Dingmasken ohne seelische Regungen. – Die lustige phantastische Geschichte *Zakoldovannoe mesto (Die verhexte Stelle)* endlich erzählt wiederum von dem Großvater des Küsters, der einen Schatz heben will, jedoch nur einen Topf mit Dreck behält.   H.Gü.

AUSGABEN: Petersburg 1831/32. – Moskau 1940 (in *Poln. sobr. soč.*, Hg. N. L. Meščerjakov, 14 Bde., 1937–1952, 1; krit.). – Moskau 1976 (in *Sobr. soč.*, Hg. S. I. Mašinskij u. M. B. Chrapčenko, 7 Bde., 1976–1978, 1).

ÜBERSETZUNGEN: *Abende auf dem Gutshof bei Dikanka. Phantastische Novellen*, L. Rubiner (in *SW*, Bd. 3, Mchn. 1910). – *Abende auf dem Vorwerk bei Dikanka*, J. v. Guenther (in *GW*, Bd. 1, Bln. 1952). – *Die Abende auf einem Weiler bei Dikanka*, J. Hahn (in *Sämtliche Erzählungen*, Mchn. 1961; ern. 1967). – *Abende auf dem Weiler bei Dikanka*, M. Pfeiffer, Bln./Weimar 1968. – Dass., ders., Stg. 1981. – Dass., ders. (in *GW*, Bd. 1, Stg. 1982).

VERTONUNGEN: N. A. Rimskij-Korsakov, *Majskaja noč'* (Oper; Urauff.: Petersburg, 9. 1. 1880). – Ders., *Noč' pered roždestvom* (Oper; Urauff.: Petersburg, 28. 11. 1895). – M. P. Mussorgskij, *Soročinskaja jarmarka* (Oper; Urauff.: Petersburg, 16. 3. 1911).

VERFILMUNG: *Majskaja noč'*, SU 1952 (Regie: A. Rou).

LITERATUR: V. A. Rozov, *Tradicionnye tipy malorusskogo teatra 17.–18. vekov i junošeskie povesti N. V. G.* (in *Pamjati N. V. G.*, Kiew 1911, S. 99–169). – V. V. Gippius, »*Večera na chutore bliz Dikan'ki*« G. (in Trudy Otdela Novoj russkoj literatury, Bd. 1, 1948, S. 9–38). – V. V. Vinogradov, *O jazyke rannej prozy G.* (in *Materialy i issledovanija po istorii russkogo literaturnogo jazyka*, Bd. 2, Moskau/Leningrad 1951, S. 94–138).

VYBRANNYE MESTA IZ PEREPISKI S DRUZ'JAMI

(russ.; *Ausgewählte Stellen aus dem Briefwechsel mit Freunden*). Sozialphilosophisch-moralische Lehrschrift von Nikolaj V. GOGOL', erschienen 1847. – Das teils aus fiktiven, größerenteils aus überarbeiteten Briefen der Jahre 1843–1846 bestehende Werk ist ein seltsames, ja »*phantastisches Buch*« (Belinskij). Zugleich »Seelenerguß« und predigthafte Propagierung einer rückwärtsgewandten Utopie, enthält es neben stellenweise kritischen Betrachtungen über die russischen Zustände Ratschläge zur individuellen Vervollkommnung und Reflexionen über die Aufgaben des Schriftstellers und der Kunst in der Gesellschaft. Gogol', der in der ideologischen Auseinandersetzung der vierziger Jahre zwischen den Apologeten des Zarismus, den Slavophilen und den liberalen Westlern eine unabhängige Position einnehmen wollte (tatsächlich neigte er mehr der »offiziellen Volkstümlichkeit« und den slavophilen Ideen zu), rief mit seinem Buch auf allen Seiten Kritik hervor. Das Werk ist Ausdruck der Krise des Autors, der sich fast nur noch in Westeuropa aufhielt und darunter litt, daß er den zweiten Teil der *Toten Seelen* nicht nach seinen Vorstellungen schreiben konnte. Erwähnt wird die Verbrennung des Manuskripts im Jahre 1845.

In vieler Hinsicht stellt das Buch eine Reaktion auf die politische und soziale Bewegung der vierziger Jahre dar, der Gogol' mit seinen religiös-moralisierenden Denkkategorien verständnislos gegenüberstand. Angesichts der Unruhe der Zeit empfiehlt er, ein jeder möge an der ihm von Gott zugewiesenen Stelle dienen. Damit rechtfertigt er, wenngleich nicht ohne Kritik der Gutsbesitzergesellschaft, die Leibeigenschaft, die Zarenmonarchie, die Beamtenhierarchie, die orthodoxe Kirche, ja selbst die zaristische Zensur als gottgewollt. Die Mißstände in Rußland werden aus der Sündhaftigkeit des einzelnen erklärt, der aus Unwissen fehlt und durch Belehrung gebessert werden kann. An den Wirren der Zeit ist der *»Stolz des Verstandes«* schuld, der überall Unzufriedenheit hervorruft. In der noch nicht vom weltlichen Treiben angesteckten orthodoxen Kirche sieht der Autor den Erzieher des Volkes und die versöhnende Instanz, die die patriarchalische Gesellschaftsordnung vor den aus dem Westen kommenden Erschütterungen bewahren kann. Gogol's Ratschläge zur *»seelischen«* und materiellen Ökonomie gehen ins Abstruse über, wenn er die Gutsbesitzer auffordert, vor den Bauern Geld zu verbrennen, um damit ihre Uneigennützigkeit darzutun, oder wenn von den sieben *»Häufchen«* die Rede ist, in die er das Wirtschaftsgeld einzuteilen empfiehlt. Das Buch dokumentiert den tragischen Konflikt zwischen Gogol's künstlerischer Position und seinem immer stärker werdenden Bedürfnis nach einer nützlichen, belehrenden Literatur. In den *Četyre pis'ma k raznym licam po povodu »Mërtvych duš«* (Vier Briefe an verschiedene Personen anläßlich der *»Toten Seelen«*) stimmt Gogol' denjenigen Kritikern zu, die seinem Werk eine karikaturistische Überzeichnung bei der Schilderung Rußlands vorwarfen. Daneben finden sich aufschlußreiche Bemerkungen über die spezifischen Fähigkeiten des eigenen Talents oder über die russische Tradition der satirischen Komödie (FONVIZIN, GRIBOEDOV), in der auch Gogol's *Revizor* steht. Gogol's rückwärtsgewandte Utopie wurde von GERCEN und besonders von BELINSKIJ heftig attackiert. In seinem berühmt gewordenen Brief an Gogol' aus dem Jahre 1847 drückt Belinskij seine tiefe Enttäuschung über das Buch aus und unterzieht dessen Ansichten einer vernichtenden Kritik: *»Sie Prediger der Knute, Apostel der Unbildung, Kämpfer für Obskurantismus und Dunkelmännertum, Panegyriker tatarischer Sitten – was tun Sie? Schauen Sie unter sich: Sie stehen doch am Abgrund!«* Belinskij führt Gogol's große Werke gegen seine rückschrittliche Ideologie ins Feld und kommt zu dem Schluß, daß Gogol' *»Rußland nur als Künstler, nicht aber als denkender Mensch«* kenne. In seiner

Avtorskaja ispoved, 1847 (Beichte eines Autors), erwidert Gogol' auf die Angriffe gegen sein Werk, wobei er manches abschwächt. Dabei fällt eine stärkere Hinwendung zur schriftstellerischen Tätigkeit auf, die er in seinen *Ausgewählten Stellen* aufgekündigt hatte. Die Krise Gogol's, von Ernst FISCHER als *»zunehmender Widerspruch zwischen dem unerbittlichen künstlerischen Gewissen und dem unentwickelten Bewußtsein«* beschrieben, dauerte jedoch bis zu seinem Tod fort. H.Gü.

AUSGABEN: Petersburg 1847 [zensierte Ausg.]. – Petersburg 1867 (in *Poln. sobr. soč.*, Bd. 3; authent. Text). – Moskau 1952 (in *Poln. sobr. soč.*, Hg. N. L. Meščerjakov, 14 Bde., 1937–1952, 8; krit.). – Moskau 1978 (in *Sobr. soč.*, Hg. S. I. Mašinskij u. M. B. Chrapčenko, 7 Bde., 1976–1978, 6).

ÜBERSETZUNGEN: *Aus dem Briefwechsel mit meinen Freunden*, U. Steindorf (in *SW*, Bd. 7/8, Mchn./ Lpzg. 1913/14). – Dass. (in *SW*, Bd. 5, Bln. 1923). – *Ausgewählte Stellen aus Briefen an Freunde*, H. Ruoff (in *N. V. G., Sein Vermächtnis in Briefen*, Mchn. 1965). – *Ausgewählte Stellen aus dem Briefwechsel mit Freunden*, I. Lorenz (in *GW*, Bd. 4, Stg. 1981).

LITERATUR: J. Johannet, *Recherches sur les sources des »Vybrannye mesta«* (in RES, 44, 1965, S. 111–139). – R. Sobel, *G.'s Views on Art and Literature. »Selected Passages from a Correspondence with Friends«* (in Journal of Russian Studies, 31, 1976, S. 29–37). – R. Sobel, *G.'s Forgotten Book. »Selected Passages« and its Contemporary Readers*, Washington 1981 [zugl. Diss. Leeds 1976]. – A. Ivanov-Natov, *Novoe pročtenie »Vybrannych mest iz perepiski s druz'jami«* (in *Association of Russian-American Scholars in the USA. Issue Dedicated to N. G. on the 175th Anniversary of His Birth*, NY 1984, S. 171–191).

ZAPISKI SUMASŠEDŠEGO

(russ.; *Aufzeichnungen eines Wahnsinnigen*). Novelle von Nikolaj V. GOGOL', erschienen 1835. – Der Held der Novelle, der Petersburger Titularrat Popriščin, ist ein Vorläufer des kleinen Beamten Akakij Akakievič aus Gogol's *Šinel'*, 1842 (Der Mantel). Im Gegensatz zu dem unscheinbaren, schließlich gespenstig entschwindenden Akakij schlägt das Minderwertigkeitsgefühl des verachteten Propriščin in Größenwahn um.

Die Tagebuchaufzeichnungen, die Popriščin im Irrenhaus fortführt, spiegeln den fortschreitenden Prozeß seiner geistigen Verwirrung wider. Ausgelöst wird die Geistesstörung durch seine unglückliche Zuneigung zur Tochter des Direktors, der im Büro die Schreibfedern spitzt. Daß die Dame nur Spott für ihn übrig hat und demnächst einen Kammerjunker heiraten wird, erfährt Popriščin aus dem phantastischen Briefwechsel, den die Hunde der verehrten Sofi und des Kammerjunkers mitein-

ander führen. Die so gewonnene Einsicht in die Intimsphäre der höheren Gesellschaft veranlaßt Popriščin darüber nachzudenken, *»wo alle diese Unterschiede herkommen«*, warum er Titularrat und nicht General oder Graf ist. In seiner krankhaften Phantasie sieht er sich als König von Spanien und wundert sich, daß er sich ehedem für einen kleinen Beamten halten konnte. Unter dem Datum des *»43. April 2000«* notiert Popriščin, er sei *»inkognito«* auf dem Nevskij Prospekt in Erwartung der spanischen Delegierten spazierengegangen, die ihn nach Madrid begleiten sollten. Statt dessen bringt man ihn ins Irrenhaus, wo er in bittere Klagen über seine Peiniger ausbricht, die ihn prügeln und ihm kaltes Wasser über den Kopf gießen: *»Rettet mich! Nehmt mich mit! Gebt mir eine Trojka mit windschnellen Rossen! Steig hinauf, mein Kutscher, läute, mein Glöckchen, bäumt euch, meine Rosse, und tragt mich aus dieser Welt!«* Verzweifelt ruft er seine Mutter an: *»Mütterchen, rette deinen armen Sohn! Laß eine Träne auf sein krankes Köpfchen fallen! Schau, wie sie ihn quälen! ... Mütterchen, hab Mitleid mit deinem armen Kind!«* Unvermittelt bricht der pathetische Ausruf mit einem Schlußsatz von komischer Absurdität ab: *»Und wißt ihr, daß der französische König direkt unter der Nase eine Beule hat?«*
Angeregt von E. T. A. Hoffmanns *Kreisleriana*, 1814/15, und einigen Erzählungen aus Odoevskijs *Russkie noči*, 1844 *(Russische Nächte)*, beabsichtigte Gogol' ursprünglich, Aufzeichnungen eines wahnsinnigen Musikanten zu schreiben. Mit dem Entwurf verknüpfte er die Idee zu einer Komödie *Vladimir tret'ej stepeni (Der Vladimirorden dritter Klasse)*, in der ein Beamter, der sich die Erlangung des Ordens zum Ziel gesetzt hat, wahnsinnig wird und sich einbildet, selbst der Orden zu sein. Gogol' geht in seiner Novelle über das romantische Interesse am Künstler und der phantastischen Gestaltung des Wahnsinns hinaus, indem er den Wahnsinn des kleinen Beamten als Ausfluß seiner normalen Existenz darstellt.
Das Irresein seines Helden Popriščin und das an E. T. A. Hoffmanns *Lebensansichten des Katers Murr*, 1819–1821, erinnernde Motiv der schreibenden Hunde dienen bei Gogol' der satirischen Enthüllung einer schlechten Normalität. Der Prozeß des Wahnsinnigwerdens ist paradoxerweise zugleich ein Prozeß der Bewußtwerdung und Vermenschlichung des kleinen Beamten. Ist der »normale« Popriščin mit niedrigen und gemeinen Zügen ausgestattet, so gewinnt er im Zustand des Irreseins Einsicht in seine Lage und nimmt tragische menschliche Dimensionen an. Belinskij hat diese Dialektik von Realem und Phantastischem, von Komik und Tragik treffend erfaßt, wenn er die Novelle als *»häßliche Groteske«*, als Karikatur charakterisiert, *»in der unendlich viel Poesie und unendlich viel Philosophie enthalten ist«*, und ihre widersprüchliche Wirkung in die Worte faßt: *»Sie lachen noch über den einfältigen Menschen, aber schon löst sich ihr Lachen in Bitterkeit auf – dieses Lachen über den Wahnsinnigen, dessen zusammenhanglose Phantasie belustigt und Mitleid hervorruft.«*   H.Gü.

Ausgaben: Petersburg 1835 (in *Arabeski*). – Moskau 1938 (in *Poln. sobr. soč.*, Hg. N. L. Meščerjakov, 14 Bde., 1937–1952, 3; krit.). – Moskau 1977 (in *Sobr. soč.*, Hg. S. I. Mašinskij u. M. B. Chrapčenko, 7 Bde., 1976–1978, 3). – Leningrad 1983 (in *Povesti. Dramatičeskie proizvedenija*).

Übersetzungen: *Aufzeichnungen eines Wahnsinnigen*, H. König u. N. A. Mel'gunov (in Morgenblatt, 27.11.1839). – *Das Tagebuch eines Narren*, nach L. Viardot a. d. Frz. v. H. Bode (in *Russische Novellen*, 2, Lpzg. 1846). – *Aufzeichnungen eines Wahnsinnigen*, J. Meixner (in *Altväterliche Leute u. andere Erzählungen*, Stg. 1883). – *Memoiren eines Wahnsinnigen*, O. Buek (in *SW*, Bd. 6, Mchn. 1912; ern. in *SW*, Bd. 2, Bln. 1923). – *Aufzeichnungen eines Irren*, A. Eliasberg (in *Petersburger Erzählungen*, Mchn. 1922). – *Memoiren eines Wahnsinnigen*, W. Lange u. A. Scholz (in *Phantasien und Geschichten*, Bd. 1, Lpzg. 1947). – *Aufzeichnungen eines Verrückten*, J. v. Guenther (in *GW*, Bd. 3, Bln. 1952). – *Tagebuch eines Wahnsinnigen*, X. F. Schaffgotsch (in *Werke*, Wien u. a. 1955). – Dass., S. v. Radecki (in *Novellen*, Mchn. 1956). – *Aufzeichnungen eines Wahnsinnigen*, J. Hahn (in *Sämtliche Erzählungen*, Mchn. 1961). – Dass., G. Schwarz (in *GW*, Bd. 1, Stg. 1982).

Dramatisierung: S. L. Luneau u. R. Coggio, *Le journal d'un fou*, Paris 1962 [zus. m. G. Sonnier, *La pelisse*].

Verfilmung: UdSSR 1969 (Regie: A. Belinskij).

Literatur: G. A. Gukovskij, *»Zapiski sumasšedšego«* (in G. A. G., *Realizm G.*, Moskau 1959, S. 300–328). – R. Peace, *The Logic of Madness: G.'s »Zapiski Sumasshedshego«* (in Oxford Slavonic Papers, 9, 1976, S. 28–45). – L. Asch, *The Censorship of N. G.'s »Diary of a madman«* (in Russian Literature Triquarterly, 1976, 14, S. 20–35).

Ivan Aleksandrovič Gončarov

* 18.6.1812 Simbirsk
† 27.9.1891 St. Petersburg

Literatur zum Autor:
Bibliographien:
Istorija russkoj literatury XIX. veka. Bibliografičeskij ukazatel', Hg. K. D. Muratova, Moskau/Leningrad 1962, S. 247–326. – A. S. Alekseev, *Bibliografija I. A. G.*, Leningrad 1968.
Forschungsbericht:
B. Neumann, *Die G.-Forschung von 1918–1928* (in ZslPh, 7, 1930, S. 153–178).

Biographien:
L. S. Utevskij, *Žizn' G.*, Moskau 1931. – A. D. Alekseev, *Letopis' žizni i tvorčestva I. A. G.*, Moskau/Leningrad 1960. – *I. A. G. v vosp. sovr.*, Hg. A. D. Alekseev u. O. A. Demichovskaja, Leningrad 1969. – V. E. Evgen'ev-Maksimov, *I. A. G. Žizn', ličnost', tvorčestvo*, Moskau 1975. – J. Loščic, *G.*, Moskau 1977.

Gesamtdarstellungen und Studien:
B. A. Bajkov, *I. A. G. Podrobnyi razbor ego glavnejšich proizvedenij*, Petersburg/Warschau ²1914. – A. T. Cejtlin, *I. A. G.*, Moskau 1950. – J. Lavrin, *G.*, New Haven 1954. – A. P. Rybasov, *I. A. G.*, Moskau 1957 [m. Bibliogr.]. – N. I. Pruckov, *Masterstvo G.-romanista*, Moskau/Leningrad 1962. – W. Rehm, *G. u. Jacobsen oder Langeweile und Schwermut*, Göttingen 1963. – R. K. Schulz, *The Changing Portrayal of the German as a Character in the Prose Works of I. A. G., I. S. Turgenev, F. M. Dostoevsky and L. N. Tolstoy*, Diss. Florida State Univ. 1969. – S. Molinari, *Razionalità ed emozione. Osservazioni sullo stile di I. G.*, Padua 1970. – E. C. Barksdale, *G. and the Pastoral Novel in Nineteenth Century Russian Literature*, Diss. Ohio State Univ. 1971. – M. M. Miŕenderski, *Gustave Flaubert, I. A. G. – romanciers de l'échec*, Diss. Straßburg 1971. – A. Lyngstad u. S. Lyngstad, *I. G.*, NY 1971. – M. Ehre, *Oblomov and his Creator. The Life and Art of I. G.*, Princeton 1973 [m. Bibliogr.]. – V. Setschkareff, *I. G. His Life and His Works*, Würzburg 1974 [m. Bibliogr.]. – U. H. Lohff, *Die Bildlichkeit in den Romanen I. A. G.s*, Mchn. 1977 (Slavistische Beiträge, 108). – M. Russel, *Untersuchungen zur Theorie und Praxis der Typisierung bei I. A. G.*, Mchn. 1978 (Slavistische Beiträge, 178). – N. A. Guz', *Tipologija charakterov v romanach I. A. G.*, Moskau 1985. – V. I. Meľnik, *Realizm I. A. G.*, Vladivostok 1985. – *I. A. G. Beiträge zu Werk und Wirkung*, Hg. P. Thiergen, Köln/Wien 1989. – *I. A. G. Leben, Werke und Wirkung*, Köln/Weimar/Wien 1994. – *Materialy meždunarodnoj konferencii, posvjaščennoj 180-letij so dnja roždenija I. A. G.*, Uľjanovsk 1995.

OBLOMOV

(russ.; *Oblomov*). Roman von Ivan A. GONČAROV, erschienen 1859. – Die drei im Abstand von jeweils einem Jahrzehnt erschienenen Romane Gončarovs – *Obyknovennaja istorija*, 1847 *(Eine gewöhnliche Geschichte)*, *Oblomov* und *Obryv*, 1869 *(Die Schlucht)*, bilden eine thematische Einheit. Sie alle sind dem Typus des begabten, gebildeten, wirklichen Idealen verpflichteten, als Angehöriger einer überlebten gesellschaftlichen Klasse jedoch zu welt- und lebensferner Wirkungslosigkeit verurteilten russischen Adligen gewidmet, der in Gončarovs bedeutendstem Roman durch den Titelhelden Oblomov verkörpert wird.
Der etwa dreißigjährige Gutsbesitzer hat vergeblich versucht, Auskommen und befriedigende Be-

schäftigung im zaristischen Staatsdienst zu finden. Er hat den Dienst quittiert und lebt nun ohne jede Betätigung in der russischen Hauptstadt. Er verbringt den Tag mit philanthropischen Erwägungen über die Besserung der sozialen Lage seiner Dienstboten oder mit detaillierten Gedanken über den Ausbau seines Gutes zu einer Musterwirtschaft, vermag jedoch nicht den geringsten Entschluß zur Verwirklichung seiner Pläne zu fassen. Selbst für den in Gedanken längst konzipierten Brief an seinen Verwalter erhebt er sich nicht vom Ruhelager. Für kurze Zeit scheint ihm die Liebe zu Oľga Kraft zu neuer Aktivität zu geben. Oľga, die die fortschrittliche, tatkräftige Jugend Rußlands verkörpert, ist von dem Gedanken beseelt, den schwachen Geliebten zu »erlösen«, der von ihrer Liebe gerührt und erschreckt zugleich ist. Sie trennt sich von Oblomov, als sie erkennen muß, daß ihre Liebe ihn nicht aus seiner Tatenlosigkeit zu reißen vermag, und heiratet den energischen Geschäftsmann Štoľc (Stolz). Oblomov ehelicht Agaf'ja Pšenicyna, die ihm ergeben und geduldig den Schlafrock zusammennäht, aus dem ihn Oľga für kurze Zeit herausgerissen hatte. Agaf'ja bedeutet für Oblomov ungestörte Bequemlichkeit *»ohne süße oder bittere Tränen«.*
Gončarov hat der Gestalt des Stolz, die an den Charakter des älteren Aduev der *Obyknovennaja istorija* anknüpft, alle Züge eines positiven Helden verleihen wollen. Den Widerspruch zwischen seiner inneren menschlichen Kultur und seiner realen gesellschaftlichen Stellung als Vertreter des beginnenden russischen Unternehmertums hat er gleichwohl nicht zu lösen vermocht. Der Autor selbst nennt seinen Helden *»schwach und blaß«*: *»Allzu ungeschminkt verrät sich in ihm die zugrundegelegte Idee.«* Bereits der bedeutende Kritiker DOBROLJUBOV lehnte es ab, in Stolz das Ideal einer fortschrittlichen Gestalt zu sehen. Er erkennt die wahrhaft positive Heldin des Romans in Oľga, die in der Ehe mit Stolz keine Erfüllung findet.
Die innere Motivierung der Titelgestalt, die, anders als PUŠKINS Onegin oder LERMONTOVS Pečorin, die Ideale kennt und hochhält, die zu verwirklichen sie sich nicht aufraffen kann, enthält das bekannte neunte Kapitel des Romans mit dem Titel *Son Oblomova (Der Traum Oblomovs)*, das der Autor zehn Jahre vor der Veröffentlichung des Ganzen gesondert herausgab. In Form eines Traumes werden Kindheit und Jugend des Helden, die von entscheidendem Einfluß auf die Ausprägung seines Charakters waren, nachgetragen. Detail um Detail trägt das Kapitel die Eindrücke des wohlhabenden, gesicherten Gutsbesitzermilieus auf die empfindsame Psyche des Kindes zusammen, welche bewirkten, daß sich früh alle Aktivität und Energie des Knaben nach innen, auf das eigene Ich richteten. Oblomovs Leben *»begann mit dem Erlöschen«.* Durch die materielle Sicherheit seines Standes in die Lage versetzt, seine Introvertiertheit und Untätigkeit zu pflegen, findet Oblomov keinen Ausweg aus der erstickenden Ruhe, Trägheit und Schläfrigkeit, welche die Darstellung seines Lebens leitmoti-

visch durchziehen. Er verliert sich in den Traum eines geborgenen, sicheren, von aller Verantwortung freien Lebens auf dem väterlichen Gut Oblomovka, in dem der Mittagsschlaf Zentrum und Schwerpunkt der täglichen Verrichtungen ist. – Gelungen wird das Schicksal Oblomovs in der Gestalt seines Dieners Zachar reflektiert, des – allerdings negativen – Vertreters der Leibeigenen, welche allein den adligen Herren ein Leben überflüssiger Nichtstuer ermöglichen. Zachar ist der Typ des korrumpierten Untertanen, der sich bei aller Kritik an seinem Herrn das eigene Dasein nicht anders denn als Unterwerfung und als Dienen vorzustellen vermag. *»Es kam ihm nie der Gedanke, daß man anders überhaupt leben kann.«*
Gončarovs Roman zeichnet ein Bild der russischen Gesellschaft jener Zeit, als in die Wirklichkeit und die geistige Vorstellungswelt der überkommenen Feudalordnung die Ansätze der bürgerlichen Wirtschaftsform einzudringen beginnen. Dem Gutsbesitzer Oblomov gegenüber bedeutet der Geschäftsmann Stolz, in dem der Autor gleichwohl den Widerspruch zwischen Ideal und gesellschaftlicher Wirklichkeit erahnt, einen unbestrittenen gesellschaftlichen Fortschritt. Stolz kündet die Überwindung der »Oblomoverei« *(oblomovščina)*, der Zerfallserscheinung der absterbenden Feudalgesellschaft durch den Impuls des beginnenden russischen Frühkapitalismus an. Die Entlarvung der *oblomovščina* als engagierte Anklage gegen die herrschende Gesellschaft der Gutsbesitzer, des Land- und des Dienstadels erkannt und hervorgehoben zu haben ist das Verdienst der umfangreichen Arbeit Dobroljubovs *Čto takoe oblomovščina? (Was ist Oblomoverei?)*, die wesentlich zur Verbreitung und Wirkung des Romans beigetragen hat.   C. K.

AUSGABEN: Petersburg 1859 (in Otečestvennye zapiski). – Petersburg 1859, 2 Bde. – Moskau 1953 (in *Sobr. soč.*, Hg. A. P. Rybasov, 8 Bde., 1952 bis 1955, 4; krit.). – Moskau 1979 (in *Sobr. soč.*, 8 Bde., 1977–1980, 4). – Moskau 1982. – Moskau 1985. – Moskau 1986 (in *Oblomov. Obyknovennaja istorija*). – Leningrad 1987 [krit.].

ÜBERSETZUNGEN: *Oblomow. Ein russisches Lebensbild*, B. Borsky, 2 Bde., Lpzg. 1869. – *Oblomow*, K. Brauner (in *GW*, Bd. 2, Bln. 1910). – Dass., R. v. Walter, Bln. 1932; Mchn. ²1962. – Dass., J. Hahn, Mchn. 1960; ⁵1988. – Dass., C. Brauner, Nachw. F. Ernst, Zürich 1980.

DRAMATISIERUNG: F. X. Kroetz, *Oblomow* (Urauff.: Mchn., 5. 3. 1989, Residenztheater).

VERFILMUNG: SU 1979 (Regie: N. Michalkov).

LITERATUR: N. A. Dobroljubov, *Was ist ›Oblomowerei‹?* (in Internationale Literatur, 9, 1939, S. 100–129). – F. D. Reeve, *Oblomovism Revisited* (in American Slavic and East European Review, 15, 1956). – F. J. Belen'kaja, *Iz nabljudenij nad jazykom i stilem romana »Oblomov«* (in Učёnye zap.

Ivanovskogo ped. in-ta, 22, 1959, S. 117–137). – N. I. Pruckov, *»Oblomov« I. A. G.* (in *Istorija russk. romana*, Bd. 1, Moskau 1962, S. 536–559). – Ders., *»Oblomov«, Gogolevskaja tradicija i russk. roman vtoroj poloviny 50-ch godov* (in N. I. P., *Masterstvo G.-romanista*, Moskau 1962, S. 57–128). – A. F. Zacharkin, *Roman I. A. G. »Oblomov«*, Moskau 1963. – F. W. Neumann, *G.s Roman »Oblomov«*, Wiesbaden 1974. – G. J. Janecek, *Some Comments on Character in »Oblomov«* (in Scando-Slavica, 21, 1975, S. 41–50). – F. F. Seely, *»Oblomov«* (in SEER, 1976, 7, S. 335–354). – L. S. Gejro, *Roman I. A. G. »Oblomov«* (in I. A. G., *Oblomov*, Leningrad 1987, S. 527–550). – Ders., *Istorija sozdanija i publikacii romana »Oblomov«* (ebd., S. 551–647).

OBRYV

(russ.; *Die Schlucht*). Roman von Ivan A. GONČAROV, erschienen 1869. – Zu seinen drei großen Romanen – *Obyknovennaja istorija*, 1847 *(Eine gewöhnliche Geschichte)*, Oblomov, 1859, und *Obryv* – schrieb Gončarov in einem Aufsatz: *»Ich sehe darin nicht drei Romane, sondern einen. Sie alle sind miteinander durch einen gemeinsamen Faden, eine folgerichtige Idee verbunden: den Gedanken des Übergangs von einer Epoche des russischen Lebens, welche ich erlebt habe, in eine neue.«* Behandeln die ersten beiden Romane die Zerfallserscheinungen der angesichts des aufstrebenden Kapitals dahinsterbenden russischen Feudalgesellschaft, so faßt das letzte Werk, das nach der Aufhebung der russischen Leibeigenschaft durch Alexander II. (1861) in der sog. »Reformperiode« des Zarismus erschien, seine gesellschaftliche Thematik weiter. Es begnügt sich nicht mit der Konfrontation der feudalen und der bürgerlichen Ordnung und Weltanschauung, sondern bezieht in der Gestalt des revolutionären Demokraten Volochov bereits die Aufhebung der letzteren ein. Allerdings hat Gončarov aus seiner Ablehnung des revolutionären Gedankens heraus in Volochov ein Zerrbild des fortschrittlichen *»neuen Menschen«* des 19. Jh.s geschaffen, dem er die extremsten Äußerungen einer anarchistischen Moral, der »nihilistischen« Negation und des vulgären Materialismus zuschrieb. In Volochov, dessen Gestalt die Unhaltbarkeit der *»neuen Lüge«*, der fortschrittlichen Ideen der demokratischen Bewegung Rußlands entlarven sollte, wird nach der heftigen Reaktion SALTYKOV-ŠČEDRINS auf den fünften, »philosophischen« Teil des Romans – in dem Artikel *Uličnaja filosofija (Straßenphilosophie)* – das Programm der revolutionären Negation der Gesellschaft in karikaturistischer Verzeichnung verhöhnt.
Der negativen Gestalt des »Nihilisten« Volochov ist Vera entgegengesetzt, die Freundin des Revolutionärs, in deren Gestalt der Autor das *»helle Bild eines vorbildlichen Menschen«* zu schaffen beabsichtigte. Sie trägt in vielem die Züge der fortschrittlichen russischen Jugend der sechziger Jahre des 19. Jh.s. Mit hohen geistigen und charakterlichen

Gaben ausgestattet, zeichnet sie sich durch das wahrhafte Streben nach einem »*neuen Leben*«, einer »*neuen Wahrheit*« aus. Sie glaubt, Volochov durch ihre Liebe retten und ihn zum »*Freund der Gesellschaft und seiner selbst*« bekehren zu können. Die – unentschiedene – Auseinandersetzung beider betrachtet der Autor als den Kampf zweier entgegengesetzter Lager der russischen Gesellschaft. Die positive Anlage der Gestalt des Mädchens ist jedoch nicht durchgehalten. Gegen Ende des Romans unterwirft sie sich der Moral der konservativen Adelskreise, verkörpert durch die Gutsbesitzerin Tat'jana Markovna. – Zwischen den extremen Kontrastfiguren des Romans vermitteln der Gutsbesitzer Rajskij und der Sägewerksbesitzer Tušin. Tušin, eine Mischung aus Adligem und Unternehmer, ist der energische Pragmatiker, ein Verwandter des Stolz und des älteren Aduev aus den früheren Romanen Gončarovs. Er ist es, der Vera von der Liebe des »Nihilisten« Volochov »erlöst«. In Tušin erblickte der Autor den eigentlichen Motor der gesellschaftlichen Veränderungen und suchte ihn mit allen Zügen eines positiven Helden auszustatten. »*Alle Tušins erweisen Rußland ihren Dienst, indem sie seine Umgestaltung und Erneuerung ausarbeiten, vollenden und festigen*«, schrieb Gončarov, mußte jedoch zugeben, daß der Sägewerksbesitzer eine ausgedachte, künstlerisch nicht überzeugende Gestalt ist. Der Idealisierung des gewandten Unternehmers stand seine reale gesellschaftliche Stellung entgegen. – In dem adligen Künstler Rajskij, dem Widerpart Tušins, entlarvt Gončarov wie in Oblomov und dem jüngeren Aduev den adligen Romantiker, der hohen Idealen nachträumt, ohne eine Hand zu ihrer Verwirklichung zu rühren. Auch in seinem Beruf, der Kunst, kommt Rajskij über vielversprechende Ansätze nicht hinaus: »*Rajskij ist eine Künstlernatur: aufnahmefähig, empfindsam, mit starker Begabung, aber dennoch ein Sohn Oblomovs … Rajskij ist hin und her gerissen, bis er sich, dank seines Talents oder seiner Talente, auf die Kunst stürzt: auf die Malerei, dann auf die Poesie, schließlich auf die Bildhauerkunst. Doch auch hier zieht ihn, wie ein Mühlstein, die gleiche Oblomoverei zurück.*« Der in der kontrastierenden Personenkonstellation ausgedrückte gesellschaftliche Konflikt, nicht die gänzlich dahinter zurücktretende, kaum ausgebildete Handlung bildet das Interesse des Romans, der in sprachlicher und stilistischer Hinsicht den beiden vorausgegangenen in nichts nachsteht. Gončarov hat an seinem Roman mehr als zwanzig Jahre gearbeitet. Die Veränderungen, welche die russische Gesellschaft in dieser Zeit durchlebte, haben entscheidend auf die Endredaktion des Werks eingewirkt. Plante er zunächst, Volochov zu einer positiven, im antifeudalen Kampf noch unterlegenen Gestalt zu machen, deren Ansichten denen Veras verwandt waren, so zwang ihn das bewußte Auftreten der ihm fernstehenden revolutionären Demokraten, Volochov von Vera zu trennen. Er fühlte sich ebenfalls gezwungen, seiner positiven Heldin größeres Gewicht und größere Eigenständigkeit zu geben und in dem liberalen, um seine Ar-

beiter als »*Hüter ihres Wohlergehens*« besorgten Unternehmer Tušin ein Gegengewicht zu dem »Nihilisten« Volochov zu schaffen. Die realistische Einsicht des Autors in die gesellschaftliche Wirklichkeit Rußlands erforderte eine Amplifikation des Personenkreises und ein Abgehen von dem festen Schema der vorangegangenen Romane. C.K.

AUSGABEN: Petersburg 1869 (in Vestnik Evropy). – Moskau 1870, 2 Bde. – Moskau 1953/54 (in *Sobr. soč.*, Hg. A. P. Rybasov, 8 Bde., 1952–1955, 5/6; krit.). – Moskau 1979–1980 (in *Sobr. soč.*, 8 Bde., 1977–1980, 5–6).

ÜBERSETZUNGEN: *Der Absturz*, W. Goldschmidt, Lpzg. o. J. [1890] (RUB, 2243–2245). – *Die Schlucht*, A. Scholz (in GW, Bd. 3/4, Bln. 1912). – Dass., E. Müller-Kamp, Mchn. 1961. – Dass., A. Scholz, Wiesbaden 1982.

VERFILMUNGEN: Rußland 1913 (Regie: A. Dolinov). – SU 1983 (Regie: V. Vengerov).

LITERATUR: V. N. Zlobin, *Kak sozdavalsja »Obryv«* (in Lit. učeba, 1937, Nr. 7, S. 22–24; 755–764). – N. K. Piksanov, *Roman I. A. G. »Obryv«* (in Učёnye zapiski Leningr. univ., 1954, Nr. 20, S. 186–257). – N. K. Michajlovskij, *Sof'ja Nikolaevna Belovodova* (in *I. A. G. v russk. kritike*, Moskau 1958, S. 184 bis 195). – O. Čemena, *Ėtapy tvorč. istorii romana G. »Obryv«* (in Russkaja literatura, 1960, Nr. 4, S. 195–208). – D. A. Polityko, *Roman I. A. G. »Obryv«*, Minsk 1962. – N. I. Pruckov, *»Obryv« I. A. G.* (in N. I. P., *Masterstvo G.-romanista*, Moskau/Leningrad 1962, S. 129–214). – N. K. Pistanov, *Roman G. »Obryv« v svete social'noj istorii*, Leningrad 1968.

OBYKNOVENNAJA ISTORIJA

(russ.; *Eine gewöhnliche Geschichte*). Roman von Ivan A. GONČAROV, erschienen 1847. – Einen »*schrecklichen Schlag gegen Romantizismus und Phantasterei, gegen Sentimentalität und Provinzialismus*« nannte der bedeutende russische Kritiker BELINSKIJ das erfolgreiche Erstlingswerk Gončarovs, das dem Autor mit einem Schlag die Sympathien der fortschrittlichen russischen Intelligenz einbrachte. Das Werk, an dem Gončarov drei Jahre lang arbeitete, bildet zusammen mit den im Abstand von jeweils einem Jahrzehnt erschienenen Romanen Oblomov (1859) und Obryv, 1869 (*Die Schlucht*), eine thematische Einheit. Wie diese ist es dem Typus der edlen Prinzipien verpflichteten, durch soziale Herkunft und Standesgewohnheiten jedoch zur Lebensuntüchtigkeit verkümmerten russischen Adligen gewidmet, dem unmittelbaren Nachfahren des *lišnij čelovek* (überflüssigen Menschen) der russischen Literatur der ersten Hälfte des 19. Jh.s.

In der Gestalt des jugendlichen Schwärmers Aleksandr Aduev, eines typischen Produkts gutsherrlicher Erziehung, entlarvt der Roman die Unwirklichkeit und Lebensferne der pseudoromantischen Weltanschauung, die für die adlige russische Intelligenz der dreißiger Jahre des 19. Jh.s kennzeichnend war. Aleksandr Aduev hat zu dieser Zeit das väterliche Gut, das realistische Urbild *»der patriarchalischen Unbeweglichkeit der vorkapitalistischen Ordnung«* (Lenin), verlassen, um sich in Petersburg Stellung und Auskommen zu suchen. Ein Übermaß von Gefühl, Sentimentalität und jugendlichem Überschwang kontrastiert bei ihm mit der gänzlichen Unfähigkeit, den Wandel der gesellschaftlichen Verhältnisse zu erfassen und seinen Platz in der Gesellschaft nüchtern zu bestimmen. Längst waren in Wirklichkeit und Vorstellungswelt der absterbenden russischen Feudalgesellschaft Ansätze des beginnenden Frühkapitalismus eingedrungen, war das Gesetz des Handelns aus den Händen des Adels und der Gutsherrschaft in die Hände der Vertreter des jungen Kapitals übergegangen.

Die Verkörperung des aufstrebenden russischen Unternehmertums ist Aleksandrs Gegenspieler, sein Onkel Pëtr Aduev, der den Neffen erbarmungslos aus seinen überschwenglichen Schwärmereien reißt – so urteilt Gončarov selbst in seinem Aufsatz *Lučše pozdno, čem nikogda*, 1879 *(Besser spät als nie)*. Pëtr Aduev, Beamter und Unternehmer zugleich, ist der Typ des reinen Pragmatikers. *»Vergiß deine heiligen und himmlischen Gefühle und freunde dich mit der Arbeit an«*, ist sein Rat an den Neffen, der nach etlichen Enttäuschungen in der Liebe, nach beruflichen Rückschlägen und ausgedehnten Perioden tödlicher innerer Leere in acht Jahren auf die Position des Onkels überwechselt. Pëtr Aduev ist ohne Zweifel die eigentliche Kontrastfigur des Romanhelden, doch hat ihn der Autor nicht zur positiven Gestalt des Romans erhoben. Die gesellschaftliche Stellung des geschäftstüchtigen Unternehmers, der gänzlich *»gleichgültig gegen den Menschen, seine Nöte und Interessen«* ist, steht für Gončarov dem Ideal eines wahrhaft fortschrittlichen Helden entgegen. Die schonungslos-einsichtige Beurteilung Pëtr Aduevs durch seine Frau Lizaveta Aleksandrovna, der der Autor Züge eines positiven Gegenbilds zu Aleksandr Aduev verliehen hat, enthüllt die andere Seite des Unternehmers: *»Hat er für ein allgemeines menschliches Ziel gearbeitet, indem er die Aufgabe, die ihm das Schicksal stellte, erfüllte, oder nur aus kleinlichen Gründen, um unter den Menschen Bedeutung durch Geld und Stellung zu erlangen? Weiß Gott. Über hohe Ziele hat er nicht gerne gesprochen. Unsinn nannte er das. Er pflegte schlicht und trocken zu sagen, man müsse ›seine Arbeit tun‹.«* Realistisch hat Gončarov die innere Widersprüchlichkeit der Gestalt des älteren Aduev entfaltet. Als Gegner der dahinschwindenden Feudalordnung Rußlands erkannte der Autor in dem Vertreter des aufstrebenden Kapitals den unabweislichen gesellschaftlichen Fortschritt, ohne doch zugleich die antihumanen Konsequenzen der neuen Gesellschafts- und Wirtschaftsordnung zu übersehen.

In dem Augenblick, da der Neffe die Gedanken des Älteren übernimmt, da er eine Vernunftehe eingeht und sich auf eine glänzende Karriere vorbereitet, muß Pëtr Aduev erkennen, daß er als Mensch versagt hat. Das Opfer seiner Haltung ist seine Frau. *»Sorgen, oder sagen wir nicht Sorgen, sondern unterdrückte Wünsche«* diagnostiziert der Arzt als Ursache ihrer psychischen Erkrankung. Der Moment seines Sieges über den Neffen ist der Moment seiner Niederlage als Mensch.   C. K.

Ausgaben: Petersburg 1847 (in Sovremennik). – Moskau 1952 (in *Sobr. soč.*, Hg. A. P. Rybasov, 8 Bde., 1952–1955, 1; krit.). – Moskau 1977 (in *Sobr. soč.*, 8 Bde., 1977–1980, 1). – Moskau 1986 (in *Oblomov. Obyknovennaja istorija*).

Übersetzungen: *Eine alltägliche Geschichte*, H. v. Exe, Stg. 1885. – Dass., F. Frisch (in *GW*, Bd. 1, Bln. 1909). – Dass., C. Brauner, Zürich 1960. – Dass., R. Fritze-Hanschmann, Lpzg. 1980.

Literatur: V. B. Brodskaja, *Jazyk i stil' romana »Obyknovennaja istorija«* (in Voprosy slavjanskogo jazykoznanija, 1953, S. 129–154; 203–230). – N. I. Pruckov, *Obščaja aktualnost' »Obyknovennoj istorii«: »Obyknovennaja istorija« i svoeobrazie talanta G.* (in N. I. P., *Masterstvo G.-romanista*, Moskau 1962, S. 13–56). – N. I. Pruckov, *»Obyknovennaja istorija«* (in *Istorija russk. romana*, Bd. 1, Moskau 1962, S. 514–535).

Aleksandr Sergejevič geev
Griboedov

* 15.1.1795 Moskau
† 11.2.1829 Teheran

Literatur zum Autor:
Bibliographie:
Istorija russkoj literatury XIX. veka. Bibliografičeskij ukazatel', Hg. K. D. Muratova, Moskau/Leningrad 1962, S. 259–267.
Forschungsberichte:
E. Petuchov, *Die G.-Forschung in den Jahren 1914–1929* (in ZslPh, 7, 1930, S. 443–450). – S. Fomičev, *Issledovanija i interpretacii* (in Russkaja literatura, 14, 1971, S. 165–172).
Biographien:
Ju. Tynjanov, *Smert' Vazir-Muchtara*, Leningrad 1929; Moskau ²1948. – J. K. Enikolopov, *A. S. G. v Gruzii i Persii. Istoriko-biografičeskij očerk*, Tbilisi 1929. – O. Popova, *G. – diplomat*, Moskau 1964. – A. Timrot, *V mjatežnye gody. G. v krugu dekabirtov*, Moskau 1976. – E. J. Harden, *The Murder of G. New Materials*, Birmingham 1979. – *A. S. G. v vos-*

pominanijach sovremennikov, Hg. S. Fomičev, Moskau 1980. – S. Fomičev, *G. v Peterburge*, Leningrad 1982. – B. P. Balajan, *Krov'na almze »Šach«: tragedija A. S. G.*, Erevan 1983.
Gesamtdarstellungen und Studien:
A. Krameeva, *A. S. G., sa vie, ses œuvres*, Diss. Paris 1907. – *A. S. G.: ego žizn' i sočinenija. Sbornik istoriko-literaturnych statej*, Hg. V. Pokrovskij, Moskau 1911 [Nachdr. Oxford 1985]. – N. Piskanov, *G. i Mol'er*, Moskau 1922 [Nachdr. Letchworth 1979]. – D. Kireev, *A. S. G. Žizn' i literaturnaja dejatel'nost'*, Moskau 1929 [enth. Bibliogr.]. – V. Orlov, *G.*, Moskau ²1954; Leningrad ³1967. – S. Petrov, *A. S. G.*, Moskau ²1954. – *A. S. G. v russkoj kritike. Sbornik statej*, Hg. A. M. Gordin, Moskau 1958. – J. Bonamour, *G. et la vie littéraire de son temps*, Paris 1965. – V. Orlov, *G.*, Leningrad 1967. – *A. S. G. Tvorčestvo. Biografija. Tradicija*, Hg. S. Fomičev, Leningrad 1977. – A. Lebedev, *G. Fakty i gipotezy*, Moskau 1980. – V. Meščerjakov, *A. S. G.: literaturnoe okruženie i vosprijatie (XIX-načalo XX v.)*, Leningrad 1983. – V. P. Meščerjakov, *A. S. G. i literaturno-obščestvennaja sreda 1815–1828 gg.*, Moskau 1984.

GORE OT UMA

(russ.; *Verstand schafft Leiden*). Verskomödie in vier Akten von Aleksandr S. GRIBOEDOV, entstanden 1824; Uraufführung: Petersburg, 26. 1. 1831. – Die Handlung der auf der russischen Bühne berühmt gewordenen satirischen Komödie *»spielt in Moskau … zehn Jahre nach dem russischen Feldzug Napoleons«*, d. h. im Jahr 1822. Ihr Held ist der junge, hochbegabte, geist- und witzsprühende, mit materiellen Gütern allerdings weniger gesegnete Adlige Aleksandr Andreevič Čackij, ein Mann des Fortschritts, der Aufklärung und der unbedingten moralischen Lauterkeit. Vor drei Jahren hatte er den ihm verhaßten Staatsdienst quittiert und Rußland verlassen, jetzt ist er überraschend nach Moskau zurückgekehrt, um das von ihm geliebte Mädchen wiederzusehen: seine Kindheitsgespielin Sofija, Tochter des hohen Staatsbeamten Famusov. Noch immer glaubt er, daß sie ihm in treuer Freundschaft verbunden ist, weiß er doch nicht, daß sie insgeheim ein schwärmerisch romantisches Liebesverhältnis mit Molčalin, dem Sekretär Famusovs, angeknüpft hat. Kühl wird er von der – inzwischen voll erblühten – Schönen empfangen, die sein Werben unwillig zurückweist und schließlich eindeutig erklärt, daß ihre Liebe Molčalin gehört. Allerdings kann Čackij auch jetzt noch nicht ganz daran glauben, denn die Eigenschaften, die Sofija an ihrem Auserwählten schätzt – kriecherische Unterwürfigkeit, durchschnittlicher Verstand, sklavisch gefälliges Wesen –, müssen diesen so niedrig erscheinen lassen, daß Čackij aus Sofijas Lob solcher »Vorzüge« nur die purste Ironie herauszuhören glaubt. Erst ein nächtliches Rendezvous zwischen ihr und Molčalin, dessen zufälliger Zeuge er wird, öffnet ihm die Augen. Allerdings bleibt auch

Sofija nicht von einer bitteren Wahrheit verschont: Als ihre Zofe Molčalin zu dem nächtlichen Stelldichein abholt, muß sie, unbemerkt von beiden, hören, wie Molčalin auf schändlichste Weise ihre Liebe verrät. Das Stück endet, ohne daß es zu einer Versöhnung zwischen Sofija und Čackij gekommen wäre, mit dessen Flucht aus Famusovs Haus: *»Ich fliehe … schau nicht zurück … Ich will die Welt durchsuchen / ob's einen Winkel gibt für mein gekränktes Herz.«*
Die Handlung der Komödie ist stark an MOLIÈRES *Misanthrope* orientiert. Während jedoch Molières Stück in einer verlogenen Welt spielt, in der der einzelne innerhalb seiner individuellen Grenzen volle Handlungsfreiheit genießt, kommt es in *Gore ot uma* – und das ist das absolut Neue bei Griboedov – zum Kampf mit der verlogenen Welt, die die Aktionen aller Gestalten von vornherein begrenzt und determiniert. Diese Welt ist konkret die russische Gesellschaft, repräsentiert durch Moskau, unter der Regierung des Zaren Alexander I. Sie hat ihre bestimmten, teilweise noch auf die Ära der Zarin Katharina zurückgehenden Spielregeln und Verhaltensmuster entwickelt, denen der Wille zur Unveränderbarkeit der Adelsgesellschaft zugrunde liegt und für die nichts von dem gilt, was den jungen Čackij auszeichnet. Indem sich der Held gegen die Norm verhält und sie als monströse Entartung anprangert, sagt er dieser Gesellschaft den Kampf an, dessen Ausgang allerdings nur allzu gewiß ist: Er verliert nicht nur das geliebte Mädchen, sondern auch – in den Augen dieser Gesellschaft, die ihn für geisteskrank erklärt – den Verstand, die einzige Waffe, mit der er zu streiten vermag. Seine Niederlage ist vernichtend, ebenso vernichtend aber ist das Zeugnis, das sich seine Sieger damit selbst ausstellen.
Griboedov kritisiert also nicht nur einzelne moralische, ethische und gesellschaftliche Defekte, sondern er entlarvt die Gesellschaft insgesamt als monströs, indem er ihre typischsten Vertreter auf die Bühne stellt. (Das Schema der alten Typenkomödie ist zwar unterlegt, doch scheint es bei keiner Figur durch.) Angeführt wird der Reigen von dem erzkonservativen, barbarisch ungebildeten, patriarchalisch sich gebärdenden Würdenträger Famusov, in dessen Haus die ganze Handlung spielt (unter Wahrung der klassischen drei Einheiten), wodurch sich Griboedov zugleich die Möglichkeit schafft, auch den Tagesablauf eines hohen Staatsbeamten zu verspotten: Am Morgen unterzeichnet Famusov (nach seinem Motto *»Ich aber hab den Brauch – ob falsch, ob richtig, / das ist mir einerlei: / Was unterschrieben, ist vorbei«*) einige Papiere, nachdem er sich vorher ein wenig an den ländlich frischen Reizen der Zofe delektiert hat, läßt hiernach in den Terminkalender die am Nachmittag fälligen Aufwartungen, die Diners, Tauf- und Beerdigungsfeierlichkeiten eintragen und empfängt sodann private Besucher wie den schneidigen Oberst Skalozub, dessen geistiger Horizont die Mauern des Exerzierplatzes nicht übersteigt. Nach dem solchermaßen verbrachten anstrengenden Arbeitstag gehört der

Abend dem Vergnügen im Kreise einer illustren adligen Gesellschaft: ein schwerhöriger, offensichtlich verblödeter Fürst mit Gattin und sechs schnatternden Töchtern, die unter die Haube gebracht werden wollen; eine mumienhafte Gräfin und eine französisch parlierende, am laufenden Band Phrasen produzierende Komtesse; ein gescheiter Idealist, dem in der Ehe das Rückgrat gebrochen und alle Begeisterungsfähigkeit genommen wurde; ein unerträglicher Schönredner und betrügerischer Whistspieler; ein betrunkener »Liberaler«, der gerade aus dem Adelsklub kommt, wo man mit Hilfe von Champagner den Fortschritt sucht; zwei Herren, deren einzige Tätigkeit darin besteht, Gerüchte in die Welt zu setzen, u. a.

Erscheint Čackij in dieser Gesellschaft zu Anfang noch als ein wenn auch scharfzüngiger, so doch lächelnder Spötter, so verwandelt er sich mit zwingender Stringenz (motiviert durch die immer schmerzlicher brennende Erkenntnis, daß Sofija zu ebendieser, von ihm zutiefst verachteten Welt gehört) in einen leidenschaftlichen Ankläger und rücksichtslosen, sarkastischen Kritiker der bestehenden »Ordnung«. Darin allerdings erschöpft sich seine Rolle, denn mit konkreten Vorstellungen davon, wie das morbide, nach außen hin jedoch stabile Rußland der Väter in ein lichteres Rußland der Söhne umgestaltet werden könnte, vermag Čackij, dem sogar die Absichten der Dekabristen suspekt sind, nicht aufzuwarten. Nicht nur die Gesellschaft, auch dieses Fehlen einer eigenen, formulierten Gegenposition, auf die eine konstruktive Kritik aufbauen könnte, bewirkt schließlich Čackijs Leiden und sein Scheitern an der Wirklichkeit, die zu verändern er nicht fähig ist. Zum erstenmal erscheint hier in der russischen Literatur der Typ, der später als *lišnij čelovek* (überflüssiger Mensch) zu einem stehenden Begriff werden sollte. Helden wie PUŠKINS Onegin *(Evgenij Onegin)*, LERMONTOVS Pečorin *(Geroj našego vremeni)*, TURGENEVS Rudin *(Rudin)*, GONČAROVS Oblomov *(Oblomov)* oder GOR'KIJS Satin *(Na dne)* sind die repräsentativen Zeugen der weiteren Entwicklung dieses Typus. Seine formale Gestalt verdankt *Gore ot uma* dem klassischen Komödienmodell Molières, das Griboedov souverän zu benutzen weiß. Vor allem aber sind es Griboedovs Sprache und die »*kämpferische Musik*« (Gončarov) seiner Verse, die dem Stück zur Unsterblichkeit verhalfen. Indem er die im damaligen russischen Drama üblichen schwerfälligen Alexandriner teilweise durch paarig gereimte Jamben mit freier Reimstellung ersetzte, verlieh er der Sprache ungekünsteltes Leben und eine Leichtigkeit, wie sie bislang nur in KRYLOVS *Basni (Fabeln)* anzutreffen war. Von Krylov, auf dessen *Fabeln* im Stück einmal beziehungsvoll angespielt wird, übernahm Griboedov auch die Technik, die aus den Dialogen sich ergebenden Schlußfolgerungen in einprägsamen Aphorismen zusammenzufassen. Die meisten dieser prägnanten Kurzverse wurden bald zu geflügelten Worten, die heute noch in der russischen Umgangssprache lebendig sind. Fast ebenso populär wurden die Namen der einzelnen

Personen, die bestimmte Typen verkörpern, ohne dabei Schwarzweiß-Charaktere zu sein. Zwar deuten einige Namen auf hervorstechende Eigenarten hin (Molčalin – Schweiger, Skalozub – Zähnefletscher, Togouchovskij – der Schwerhörige), doch handelt es sich hier mehr um karikaturistische Züge an realistischen Gestalten als um die Fixierung lebensunwirklicher Karikaturen, wie sie die bürgerliche Komödie vor Griboedov hervorbrachte. Wenn auch, schreibt STENDER-PETERSEN, »*die Komödie* ›*Verstand schafft Leiden*‹ *kulturgeschichtlich ein Dokument der Niederlage war, so war sie literarisch ein glänzender Sieg. Die russische Literatur hatte – nach dem Kampf so vieler Jahrzehnte und Generationen gegen die strenge Poetik des Klassizismus – endlich ein eigenwüchsiges, ein nationales Meisterwerk erhalten.*«

                                           W.Sch.-KLL

AUSGABEN: Moskau 1833 [zens. Aus.]. – Moskau 1862 [vollst. Ausg.]. – Moskau 1913 (in *Poln. sobr. soč.*, Hg. N. K. Piksanov, 3 Bde., 1911–1917, 2; Nachdr. NY 1977). – Leningrad 1963, Hg. V. Orlov [m. Einl.]. – Moskau 1971 (in *Poln. sobr. soč.*, Hg. M. Eremina, Bd. 1). – Letchworth 1977. – Leningrad 1987 (in *Soč. v stichach*). – Kiew 1987.

ÜBERSETZUNGEN: *Verstand schafft Leiden*, Bertram [d. i. G. I. Schultz], Lpzg. 1853. – *Weh' dem Klugen*, O. A. Ellissen, Einbeck 1899. – *Verstand schafft Leiden*, A. Luther (in *Meisterwerke der russischen Bühne*, Lpzg. 1922). – *Geist bringt Kummer*, J. v. Guenther, Bln. 1948.

VERFILMUNG: SU 1952 (Regie: P. Sadovskij).

LITERATUR: V. A. Filippov, *Problemy sticha v »Gore ot uma«*, Moskau 1926. – N. K. Piksanov, *Tvorčeskaja istorija »Gore ot uma«*, Moskau 1928; Moskau ²1971. – »*Gore ot uma*«. *Sbornik statej*, Moskau 1947. – V. A. Filippov, *Gore ot uma« A. S. G. na russkoj scene*, Moskau 1954. – I. Medvedeva, *»Gore ot uma« A. S. G.* (in I. M. u. G. Makogonenko, *»Gore ot uma« A. S. G.; »Evgenij Onegin« A. S. Puškina*, Moskau 1971). – I. Gladyš u. T. Dinesman, *»Gore ot uma«: stranicy istorii*, Moskau 1971. – Ju. Borisov, *»Gore ot uma« i russkaja stichotvornaja komedija*, Saratov 1978. – *»Gore ot uma« na scene Moskovskogo chudožestvennogo teatra. Opyt 4 redakcii 1906, 1914, 1925, 1938 gg.*, Hg. L. Frejdkina u. Ju. Kalašnikov, Moskau 1979. – B. Kičikova, *Žanrovoe svoeobrazie komedii A. S. G. »Gore ot uma«*, Moskau 1982. – W. Košny, *A. S. G. – Poet u. Minister: die zeitgenössische Rezeption seiner Komödie »Gore ot uma« (1824–1832)*, Wiesbaden 1985. – *»Gore ot uma« na russkoj i sovetskoj scene. Svidetel'stva sovremennikov*, Moskau 1987.

APOLLON ALEKSANDROVIČ GRIGOR'EV

* 1.8.1822 Moskau
† 7.10.1864 St. Petersburg

LITERATUR ZUM AUTOR:
D. Michajlov, *A. G.*, Petersburg 1900. –
V. Knjažnin, *A. A. G. Materialy dlja biografii*, Petersburg 1917. – B. Egorof, *A. G.-kritik* (in Trudy po russkoj i slavjanskoj filologii 3, 1960, S. 194–246; 4, 1961, S. 58–83; enth. Bibliogr.). – *Istorija russkoj literatury XIX. veka. Bibliografičeskij ukazatel'*, Hg. K. D. Muratova, Moskau/Leningrad 1962, S. 270–273. – L. Satta Boschian, *Il regno oscuro. Vita e opera di A. A. G.*, Neapel 1969. – R. Whittaker, *A. A. G. and the Evolution of »Organic Criticism«*, Diss. Univ. of Indiana 1970 [enth. Bibliogr.]. – G. Jerkovich, *A. G. as a Literary Critic*, Diss. Kansas Univ. 1970 [enth. Bibliogr.]. – E. Talbot, *A. G. as Literary Critic*, Diss. Brown Univ. 1973 [enth. Bibliogr.]. – F. Czyzewski, *The Aesthetics of A. G.: Theory and Practice*, Diss. Univ. of Wisconsin 1975. – J. Lehmann, *Der Einfluß der Philosophie des deutschen Idealismus in der russischen Literaturkritik des 19. Jh.s. Die »organische Kritik« A. A. G.s*, Heidelberg 1975 [zugl. Diss. Univ. Freiburg]. – P. Sahgal, *Aleksandr Blok and A. G.: a Synthesized View of Life and Art*, Diss. Univ. of Virginia 1983.

KRITIČESKIJ VZGLJAD NA OSNOVY, ZNAČENIE I PRIËMY SOVREMENNOJ KRITIKI ISKUSSTVA

(russ.; *Kritische Betrachtung der Grundlagen, der Bedeutung und der Mittel der zeitgenössischen Kunstkritik*). Literaturtheoretischer Traktat von Apollon A. GRIGOR'EV, erschienen 1858. – Seit 1847 Redakteur verschiedener Moskauer Literaturzeitschriften, war Grigor'ev seit 1851 führendes Mitglied der »Molodaja redakcija« (Junge Redaktion) an M. P. POGODINS Zeitschrift ›Moskvitjanin‹ (Der Moskoviter), deren geistiger Mittelpunkt lange Zeit A. N. OSTROVSKIJ war. In der Verkennung Apollon Grigor'evs als eines »soziologischen Positivisten« (A. Stender-Petersen) wirkt die weitverbreitete Fehleinschätzung der russischen Literaturkritik in der zweiten Hälfte des 19. Jh.s als einer ausschließlich sozial engagierten Bewegung fort. Man konstruiert hier eine geradlinige Entwicklung von BELINSKIJ über die »revolutionären Demokraten« bis hin zu PLECHANOV, die den revolutionären Umwälzungen des 20. Jh.s den Boden bereitet habe. Diese undifferenzierte Betrachtungsweise läßt jedoch die Tatsache außer acht, daß unter den verschiedenen Richtungen der russischen Literaturkritik die »realistisch-materialistische« noch nicht

einmal dominierend war. So würdigte etwa D. I. PISAREV 1865 gerade Grigor'ev als den »*letzten großen russischen Idealisten*«. – Trotz seiner wiederholt bezeugten Wertschätzung des späten Belinskij blieb Grigor'ev zeitlebens ein erklärter Gegner jeder ausschließlich gesellschaftsbezogenen Kunst- und Literaturkritik. Ebenso rigoros verwarf er andererseits die Etablierung einer absoluten Ästhetik. In *Kritičeskij vzgljad* ... sucht Grigor'ev seine Theorie der »organischen Kritik« zu begründen, die zwischen sozial engagierter und ästhetizistischer Kritik vermitteln soll. Er schränkt die Relevanz gesellschaftlicher, historischer und psychologischer Faktoren für die Beurteilung eines Kunstwerks nicht ein, lehnt aber ein interpretatives Verfahren ab, das sich einseitig von solchen außerästhetischen Gesichtspunkten leiten läßt. Ebenso wie er jede Idee als »organische Einheit« auffaßt – er spielt hier auf die Reflexionen Pečorins in *Žurnal Pečorina* von LERMONTOV an –, definiert er auch das Kunstwerk als einen lebendigen Organismus, der sich keinem strengen Regelzwang fügen könne. Dem negativen Beispiel der klassizistischen Tragödie Frankreichs stellt Grigor'ev deshalb die schöpferische Freiheit SHAKESPEARES gegenüber. Da nach seinem Konzept der ideelle Gehalt eines Kunstwerks darüber hinaus ebenso vom Geist der Epoche wie von der Persönlichkeit des Künstlers bestimmt werde, habe die Kritik allen diesen Faktoren Rechnung zu tragen. So definiert Grigor'ev auch den Kritiker als einen Künstler, bei dem zwar die Fähigkeit zur Analyse das kreative Vermögen übertreffen, der jedoch auf dem Weg über die »organische Kritik« zur Wahrung der »Lebensharmonie« beitragen könne. Dieser Aufgabe des Kritikers kann nach Grigor'evs Ansicht weder die historisch orientierte Ästhetik HEGELS noch eine rein formanalytische Kunstbetrachtung gerecht werden. So habe an die Stelle der historischen Kritik das »*historische Gefühl*« (»*istoričeskoe čuvstvo*«) zu treten, dem seit HERDER und der europäischen Romantik der Weg gewiesen sei, ein Kunstwerk sowohl von seinen historischen Voraussetzungen als auch von seinen immanenten, »organischen« Wesensgesetzen her zu analysieren.

Grigor'evs Ausführungen zeichnen sich weder durch eine schlüssige Abfolge der einzelnen Gedankengänge noch durch präzise Formulierungen aus. Er soll selbst zugegeben haben, daß er zu Beginn einer Abhandlung niemals eine klare Vorstellung vom jeweiligen Resultat seiner Ausführungen habe. So dokumentiert sich also seine Antipathie gegen alles »Gemachte« *(sdelannoe)*, Technische, auch in der Struktur seiner eigenen Abhandlungen. Die in *Kritičeskij vzgljad* ... entwickelten Gedanken greifen mehr oder minder eklektizistisch ästhetische und poetologische Theorien der Empfindsamkeit der deutschen Klassik sowie der europäischen Romantik auf. Damit bezog Grigor'ev jedoch nicht gegen die zeitgenössische russische Literatur Stellung. Er war im Gegenteil davon überzeugt, daß es gerade mit Hilfe der »*organischen Kritik*« möglich sein müsse, die herkömmlichen

Grenzen zwischen »subjektiver« (romantischer) und »objektiver« (realistischer) Kunst zu durchbrechen und zu einem umfassenderen ästhetischen Konzept zu gelangen.   A.Gu.

AUSGABEN: Moskau 1858. – Petersburg 1918 (in *Poln. sobr. soč. i pisem*, Bd. 1; Nachdr. Ldn./NY 1970). – Moskau 1967 (in *Literaturnaja kritika*, Hg. B. F. Egorov). – Moskau 1986 (in *Iskusstvo i nravstvennost'*).

DMITRIJ VASIL'EVIČ GRIGOROVIČ

* 31.3.1822 Simbirsk
† 3.1.1900 St. Petersburg

LITERATUR ZUM AUTOR:
N. Pruckov, *Narodnaja žizn' v peredovoj russkoj literature v 1840–1850 godach. Rannee tvorčestvo D. V. G.* (in Učenye zapiski Grozenskogo pedagogičeskogo instituta, 1945, S. 1–65). – *Istorija russkoj literatury XIX. veka. Bibliografičeskij ukazatel'*, Hg. K. D. Muratova, Moskau/Leningrad 1962, S. 268–270. – V. Meščerjakov, *D. V. G. – pisatel' i iskusstvoved*, Leningrad 1985. – N. Utechin, *Sovremennost' klassiki*, Moskau 1986. – D. M. Pursglove, *D. V. G.: the Man Who Discovered Chekhov*, Avebury 1987.

ANTON-GOREMYKA

(russ.; *Anton Pechvogel*). Sozialkritische Bauernnovelle von Dmitrij V. GRIGOROVIČ, erschienen 1847. – Grigorovičs beste Novelle, neben TURGENEVs *Zapiski ochotnika (Aufzeichnungen eines Jägers)* einer der frühen Beiträge zur realistisch gefaßten Bauernthematik und eines der erfolgreichsten Werke der sogenannten »Natürlichen Schule« unter BELINSKIJ.
Anton, der *goremyka* (ein armseliger Mensch), ist ein leibeigener, des Schreibens kundiger Bauer, der sich in einem Brief an die Herrschaften über den in Troskino unumschränkt waltenden Aufseher Nikita Fedoryč beschwert und ihn sich so zum unerbittlichen Feind gemacht hat. Als Anton, der auch noch die Kinder seines verschwundenen Bruders ernähren muß, seine Kopfsteuern nicht entrichten kann, zwingt ihn der Aufseher, sein letztes Pferd in der Kreisstadt zu verkaufen. Das Pferd wird ihm jedoch gestohlen, so daß Anton vor dem Ruin steht. In seiner Verzweiflung beteiligt er sich an einem Raub, wird erkannt und nach Sibirien deportiert. – Seinen Eindruck von dieser Erzählung faßte Belinskij in den Worten zusammen: »*Als ich es las, schien mir, ich sei in einem Stall, wo ein wohlmeinender Guts-*

herr seinen sämtlichen Besitz [d. h. die Leibeigenen] *peitscht und peinigt – das gesetzliche Erbe seiner wohlgeborenen Vorfahren.*« Aufschlußreich ist (nicht nur im Hinblick darauf, daß Grigorovič selbst von Belinskij überschätzt wurde), daß der Ausgang der Novelle ursprünglich anders konzipiert war: Bauernerhebung und triumphaler Racheakt Antons an Nikita Fedoryč. Diesen romantisch-heroisierenden Schluß wandelte der Zensor Nikitenko – Grigorovičs Freund – in eine Bestrafung des aus Not zum Verbrecher gewordenen Leibeigenen um, wodurch der sozialkritische Gehalt – sicherlich ohne Absicht des Zensors – entschieden akzentuiert wurde und der Realismus der »Natürlichen Schule« gewahrt blieb: ein groteskes und wohl einmaliges Beispiel zensorischer Leistung.
Im übrigen richtete sich Grigorovič aufs genaueste nach den von Belinskij aufgestellten realistischen Stilmaximen: Rhetorische Passagen sind weitgehend vermieden, so daß deskriptive Schilderungen fast völlig fehlen; dort, wo sie unumgänglich waren, sind sie aus »gehörten« Satzfetzen zusammenkomponiert. Den größten Raum nehmen Dialoge und Reflexionen ein, die wegen ihrer vielen Provinzialismen und Vulgarismen zuweilen schwer verständlich sind.   W.Sch.

AUSGABEN: Petersburg 1847 (in Sovremennik). – Petersburg 1896 (in *Poln. sobr. soč.*, 12 Bde., 1). – Moskau 1954 (in *Izbr. proiz.*, Hg. A. I. Gruzdev; m. Einl. v. L. M. Lotman). – Leningrad 1981 (in *Izbrannoe*).

LITERATUR: E. J. Kirilina, *»Anton-Goremyka« G. v russk. kritike 40–60 godov 19 veka* (in Uč. zap. Jakutsk. univ. 1957, S. 115–127). – S. Tkebučava, *Tvorčestvo D. V. G. sorokovych godov* (in Trudy Batumsk. ped. inst., 6, 1958, S. 115–156). – M. Pursglove, *D. V. G. (1822–1899): »Derevnja« and »Anton-Goremyka«* (in Slavonic Review, 51, 1973, S. 505–516). – M. V. Otradin, *G. i Kol'cov: K probleme narodnogo charaktera v russkoj literature 40-ch godov XIX veka* (in Vestnik Leningr. univ., 2, 1982, S. 38–45).

NIKOLAJ MICHAJLOVIČ JAZYKOV

* 16.3.1803 Gouvernement Simbirsk
† 7.1.1847 Moskau

ŽAR-PTICA

(russ.; *Der Feuervogel*). Dramatisches Märchen von Nikolaj M. JAZYKOV, erschienen 1836–1857. – Das dramatische Märchen des Autors, der mit DEL'VIG, BARATYNSKIJ und KJUCHEL'BEKER zu den Hauptvertretern der »Puškinschen Plejade« zählt, knüpft an die Tradition des romantischen Märchenpoems im Stil von Puškins *Ruslan i Ljudmila* an, mit dem es trotz der Divergenz des Stoffes auch in der Fabel Ähnlichkeiten aufweist. Das ruhige Leben des alten Zaren Vyslav, dessen höchstes Glück im Genuß seiner im Palastgarten sorgsam gezüchteten Äpfel besteht, wird durch die Nachricht gestört, daß ein unbekannter Feuervogel, dessen man nicht habhaft werden kann, tagtäglich seine Lieblingsfrüchte stiehlt. Vyslav schickt seine beiden ältesten Söhne Vasilij und Dimitrij auf die Suche nach dem sagenhaften Wesen. Nur zögernd gibt er dem Wunsch des jüngsten Sohnes Ivan nach, sich den Brüdern anzuschließen. Mit Hilfe eines grauen Wolfes, der ihm nach dem Verlust seines Pferdes seine Hilfe anbietet, gelangt Ivan in den Garten des Zaren Dolmat, der den Feuervogel besitzt. Er wird jedoch ertappt und vor den Zaren geführt. Unter der Bedingung, daß ihm Ivan das goldmähnige Pferd des Zaren Afron bringe, läßt Dolmat ihn frei und verspricht ihm darüber hinaus den Feuervogel. Im Reich des Zaren Afron wiederholt sich das Geschehen. Ivan wird beim Raub des goldmähnigen Pferdes festgenommen, der Zar verspricht ihm jedoch die Freiheit und das Pferd, wenn er ihm die Schöne Helena herbeischaffe. Als es dem Wolf gelingt, das Mädchen zu entführen, verliebt sich jedoch Ivan selbst so heftig in sie, daß er beschließt, Helena für sich zu behalten. Dank einer neuen List des Wolfes, der sich dem vor Liebe blinden Afron als Helena präsentiert, gelangt Ivan in den Besitz des kostbaren Pferdes wie des Feuervogels. Auf der Heimreise jedoch wird er von seinen Brüdern, die bei ihrer lässigen Suche nach dem Feuervogel ihr Geld verspielt und verzecht haben, überfallen und ermordet. Das Los bestimmt Vasilij zum Besitzer Helenas, doch währt sein Glück nicht lange. Ivan wird von dem grauen Wolf durch ein heilendes Wasser ins Leben zurückgerufen, und die Schandtat der Brüder kommt ans Licht. Ivan, mit Helena vereint, verzeiht ihnen indes großmütig.

In der Entmythologisierung der Erzählung durch humoristisch-ironische Brechung der archaischen Märchenidylle, in der sich der Einfluß von Tiecks *Gestiefeltem Kater* geltend macht, geht das von Belinskij als bestes Werk des Autors gepriesene Märchen weit über die ironischen Einschübe in Puškins *Ruslan i Ljudmila* hinaus, indem es Handlung und Personen mit stilistischen und kompositionellen Mitteln konsequent auf aktuelle Elemente bezieht und so das ironische Moment mitunter zur Groteske steigert: Der Zar Dolmat droht dem eingeschüchterten Ivan, seinen Ruf durch eine breite Pressekampagne zu ruinieren; Ivans Bitte, sich an der Suche nach dem Feuervogel beteiligen zu dürfen, wird zum pathetischen Leidenschaftsausbruch in byronistischer Manier, die Liebeswerbung des Zaren Afron um die vermeintliche Helena zum sentimentalen Bekenntnis einer schönen Seele stilisiert; das Poem endet prosaisch mit dem überschwenglichen Lob des Zaren Vyslav auf den vortrefflichen Schwanz des Feuervogels. Andererseits verrät das Märchen des Geschichtenerzählers am Hofe Dolmats über den idealen Herrscher, der auszieht, für sich und sein Volk die rechte Bildung zu erwerben, deutlich politische Tendenz: Er spielt darauf an, daß das Erbe Peters des Großen im zeitgenössischen Rußland ohne Verbindlichkeit als politischer und gesellschaftlicher Auftrag nur mehr als Gegenstand erbaulicher Erinnerungen dient. – Igor Stravinskijs gleichnamiges weltberühmtes Ballett (uraufgeführt 1910) verwendet zwar das Sujet, geht jedoch nicht unmittelbar auf Jazykov zurück.   A.Gu.

AUSGABEN: Moskau 1836 (in Sovremennik, 1836, Nr. 2, und Moskovskij nabljudatel', 1836, Tl. 8; Ausz.). – Moskau 1845 (in *Novye stichotvorenija*). – Petersburg 1857. – Moskau 1959 (in *Stichotvorenija. Skazki. Poėmy. Dramatičeskie sceny. Pis'ma*). – Moskau/Leningrad 1964 (in *Poln. sobr. stichotv.*).

VERTONUNG: I. Stravinskij, *Feuervogel* (Ballett; Urauff.: Paris, 25. 6. 1910, Opéra).

LITERATUR: V. Ja. Smirnov, *Žizn' i poėzija N. M. Ja.*, Perm' 1900. – D. Jazykov, *N. M. Ja. Biogr. očerk*, Moskau 1903. – I. Kolesnickaja, *Skazka o »Ivane-Careviče, Žar-ptice i serom volke« v obrabotke Ja. i Žukovskogo* (in Stud. zap. fil. fak. Leningr. univ., 1937, S. 75–89). – A. Leong, *The Poetics of N. M. Ja.*, Diss. Chicago 1970. – I. Lilly, *The Lyric Poetry of N. M. Ja. A Periodization Using Objective Criteria*, Diss. Univ. of Michigan [m. Bibliogr.]. – S. Rassadin, *Sputniki. Del'vid. Davydov. Benediktov. Ja. Vjazemskij*, Moskau 1983.

IVAN VASILEVIČ KIREEVSKIJ

* 3.4.1806 Moskau
† 23.6.1856 St. Petersburg

O CHARAKTERE PROSVEŠČENIJA EVROPY I EGO OTNOŠENII K PROSVEŠČENIJU ROSSII

(russ.; *Über den Charakter der Zivilisation Europas und ihr Verhältnis zur Zivilisation Rußlands*). Geschichtsphilosophischer Essay von Ivan V. Kireevskij, erschienen April 1852 in der Zeitschrift ›Moskovskij sbornik‹ (Moskauer Sammlung). – Dieser meistübersetzte Essay Kireevskijs kann weder als typische Programmschrift der sog. älteren Slavophilen gelten, zu deren besten Köpfen man Kireevskij zählt, noch besitzt er infolge seiner mißverständlichen Zuspitzungen hervorragende Signifikanz für den besonderen Standort des Autors. Herausgeber und Mitautoren des als Organ slavophiler Anschauungen publizierten ›Sbornik‹ beeilten sich, gegenüber den Partnern des literarischen Disputs von diesem Beitrag und seiner historisch unhaltbaren, extrem typisierenden Kontrastierung Abstand zu nehmen; Kireevskij selbst, bei der Erstschrift durch Zeitdruck und Krankheit belastet und an der völligen Beendigung des Manuskripts gehindert, plante sofort eine überarbeitete Zweitauflage, deren Realisierung jedoch durch das Verbot der Zeitschrift vereitelt wurde. – Die Aussageintention des Essays erschließt sich erst in vierfachem Zusammenhang: 1. auf dem Hintergrund der zeitkritischen Publizistik der dreißiger/vierziger Jahre im Westen (Frankreich, Deutschland, England); 2. im Rahmen der daraus schöpfenden Auseinandersetzung zwischen den sog. westlerischen und den slavophilen russischen Intellektuellen; 3. aus dem Verlauf des Mitte der dreißiger Jahre beginnenden Perspektivenwechsels des ursprünglich rein westeuropäisch orientierten Autors; 4. mit Rücksicht auf die scharfe Zensur, die eine aktuelle Konkretion verschleiernde, in ihrer Allgemeinheit heute nicht ohne weiteres zu entschlüsselnde Sprache erzwang.

Die – zumal nach 1848 akute – Ausgangsfrage, wohin sich die künftige Entwicklung Rußlands orientieren solle, erweist Kireevskij als die Grundfrage nach Zustand und Zukunft der europäischen Zivilisation schlechthin, denn Rußland und Westeuropa sind unauflöslich zu einem gemeinsamen Geschick miteinander verwoben. Die Mitte des 19. Jh.s erbringt auf allen Sektoren europäischer Kultur eine unabweislich negative Bilanz: In Kunst, Wissenschaft, Theologie, Philosophie, in den drängenden Fragen der gesellschaftlichen und politischen Verhältnisse herrschen Desorientierung und heillose Divergenz der Überzeugungen. – Dieses Urteil reproduziert nachweislich nur westliche Zeugnisse eines intensiven Krisenbewußtseins, jenes *»revolutionären Bruchs im Denken des 19. Jh.s«*, der dem intimen Kenner der deutschen philosophischen und theologischen Szene, der französischen Journalliteratur und der französischen wie englischen Sozialkritik (Saint-Simonisten, Louis Blanc, der frühe Disraeli, Carlyle; Lorenz von Stein) lebendig vor Augen stand. Die letzte Ursache dieser Krise aber ist dem europäischen Geist in seiner sublimsten Form, der philosophischen Selbstreflexion, bereits bewußt geworden: Die Überwindung des Universalsystems der dialektischen Vernunft Hegels durch die Forderung einer neuen »positiven« Philosophie (Schelling) hat das Telos westlicher Kulturentwicklung enthüllt als die einseitige Vollendung der bloßen Rationalität. Der entelechetischen Sehweise seiner Zeit verhaftet, greift Kireevskij nun auf zu einer idealtypischen Rekonstruktion der westlichen Zivilisationsgeschichte, die er gründet auf eine Umdeutung seiner schon 1832, damals im prowestlichen Sinne, von Guizot (*Cours d'histoire moderne. Histoire générale de la civilisation en Europe*, 1828–1832) entlehnten Drei-Elemente-Theorie: Die europäische Zivilisation resultiert aus der spezifischen Prägung

des weströmischen Christentums, aus der einseitig römischen Erbschaft der Antike (wobei der römische Volksgeist als Träger der deformierenden rationalistischen Potenz gilt) und dem antagonistischen Charakter der Barbarenvölker, womit Kireevskij die Leitthese Augustin Thierrys (*Histoire de la conquête de l'Angleterre par les Normands*, 1825) zitiert, alle europäischen Staatswesen entsprängen dem Prinzip der Eroberung und Unterdrückung, das auch in den Klassenkämpfen und im politischen Parlamentarismus der individualistischen Gegenwartsgesellschaft wirksam ist.

Dieser an mannigfachen Beispielreihen (z. B. Aristoteles – Luther – David Friedrich Strauß) demonstrierten westlichen Linie der Zivilisation stellt Kireevskij auf demselben Weg historischer Projektion eine östliche Parallele gegenüber, die ebenfalls aus drei Elementen hervorgeht: dem reinen ökumenischen Christentum der Ostkirche, dem griechischen Erbe der Antike und dem russischen Volk, das – widerstandslos vom christlichen Geist verwandelt – das im 16. Jh. verfallene, nicht antagonistische altrussische Staatswesen schuf. Das Kontrastbild der altrussischen Kultur ist mit allen Zügen der frühsozialistischen Utopie ausgestattet, namentlich in Gestalt der *obščina* bzw. des *mir*, jener Idee der auf Gemeineigentum und funktionsbedingter Besitzverteilung ruhenden Gesellschaftsform, die, seit Ende der dreißiger Jahre bei den Slavophilen virulent, 1847 von Haxthausen als politisch konservative Alternative zum Sozialismus publik gemacht, nach 1848 auch dem Emigranten Alexander Herzen die Enttäuschung über die gescheiterte Revolution kompensieren half. Die Möglichkeiten altrussischer Kultur, die Kireevskij übrigens nie romantisch-national aus dem russischen Volksgeist, sondern aus universal-christlichen Prinzipien herleitet, blieben für die moderne Zivilisation folgenlos. Jetzt aber könnte die ihr Telos überschreitende westliche Evolution durch Vermittlung der russischen Europäer jene Potenz (nicht deren vergangene Form) aufnehmen und der gesamteuropäischen, russisch-westlichen Kultur den gesuchten Weg in die Zukunft eröffnen. Hinweise auf eine neue, das »negative« System des Rationalismus in sich aufhebende »positive« Philosophie der Wirklichkeit, die in einem der orthodoxen Patristik eigenen Begriff der ganzheitlichen Vernunft wurzele, entwickelte Kireevskij klarer in seiner letzten Schrift *Über die Notwendigkeit und Möglichkeit neuer Prinzipien für die Philosophie*, 1856 (*O neobchodimosti i vozmožnosti novych načal dlja filosofii*). E.Mü.

Ausgaben: Moskau 1852 (in Moskovskij sbornik). – Moskau 1911 (in *Poln. sobr. soč.*, Hg. M. Geršenzon, 2 Bde., 1; vollst.). – Ann Arbor 1983 (in *Poln. sobr. soč.*, 2 Bde., 2).

Übersetzungen: *Über den Charakter der Zivilisation Europas u. ihr Verhältnis zur Zivilisation Rußlands*, H. v. Hoerschelmann (in *Drei Essays*, Mchn. 1921; m. Einl.). – *Über den Charakter der Bildung*

Europas u. ihr Verhältnis zur Bildung Rußlands, N. v. Bubnoff (in Rußlands Kritik an Europa, Stg. 1923; ern. Stg. 1948; gek.). – Über das Wesen der europäischen Kultur u. ihr Verhältnis zur russischen, D. Groh (in Europa u. Rußland, Hg. D. Tschiževskij u. D. Groh, Darmstadt 1959).

LITERATUR: I. Smolitsch, I. V. K. Leben u. Weltanschauung. 1806–1856. Ein Beitrag zur Geschichte des russischen Slawophilentums (in Jb. f. Kultur, N. F. 9, 1933, S. 390–427; 463–492). – K. Löwith, Von Hegel zu Nietzsche, Stg. ²1950. – P. K. Christoff, An Introduction to Nineteenth-Century Russian Slavophilism, Den Haag 1961. – C. Goehrke, Die Theorien über Entstehung u. Entwicklung des »Mir«, Wiesbaden 1964. – E. Müller, Russischer Intellekt in europäischer Krise. I. V. K. (1806–1856), Köln/Graz 1966. – W. Goerdt, Vergöttlichung u. Gesellschaft. Studien zur Philosophie von I. V. K., Wiesbaden 1968. – A. Gleason, European and Muskovite. I. K., Cambridge 1972.

ALEKSEJ VASIL'EVIČ KOL'COV

* 15.10.1808 Voronež
† 10.11.1842 Voronež

DAS LYRISCHE WERK (russ.) von Aleksej V. KOL'COV.
Inspiriert von den Versen des sentimentalen Dichters I. DMITRIEV (1760–1838), begann Kol'cov schon im Alter von sechzehn Jahren heimlich Gedichte zu schreiben. Ein Buchhändler korrigierte seine Verse. 1829 wurde Kol'cov mit dem Provinzdichter A. SREBRJANSKIJ bekannt, der die Jugend des theologischen Seminars in Voronež, Kol'covs Heimatstadt, um sich scharte. Er führte den jungen, unerfahrenen Dichter in die Grundbegriffe der Verslehre und Ästhetik ein. Ein Jahr darauf erschienen einige Gedichte Kol'covs im Druck. Anläßlich einer Geschäftsreise – Kol'cov war im Viehhandel seines Vaters tätig – schloß er 1830 Bekanntschaft, bald Freundschaft mit dem Studenten N. STANKEVIČ, einem der ersten russischen Hegelianer. Stankevič, Mittelpunkt eines Kreises junger Intellektueller, führte Kol'cov in die zeitgenössische Dichtung ein. Bei einer weiteren Geschäftsreise im darauffolgenden Jahr traf Kol'cov mit V. BELINSKIJ zusammen, der von dem dichterischen Naturtalent Kol'cov begeistert war. Kol'covs Gedichte erschienen nun in Zeitschriften. Stankevič und Belinskij halfen dem Dichter, 1835 einen schmalen Band mit achtzehn Gedichten herauszubringen, der ihn weithin bekannt machte. Als der Dichter 1836 geschäftlich nach St. Petersburg kam, wurde er auch mit A. PUŠKIN, V. ŽUKOVSKIJ und anderen

Schriftstellern der Hauptstadt bekannt. Drei Jahre nach seinem frühen Tod an Schwindsucht veröffentlichte Belinskij die gesammelten Gedichte Kol'covs mit einem ausführlichen Vorwort, in dem er den Dichter als die Verkörperung russisch-nationaler Werte pries und ihn einen großen »Nationaldichter« nannte. In ihm seien, so schrieb Belinskij, »alle Elemente des russischen Geistes enthalten, besonders aber jene, sich bis zum Übermaß der Trauer und der Fröhlichkeit hinzugeben«.
Kol'cov war zwar Autodidakt, orientierte sich aber an literarischen Vorbildern, wobei die Dichter der Romantik - Žukovskij, A. DEL'VIG, Puškin - im Vordergrund standen. Besonders letzterer war sein großes und unerreichtes Vorbild. So ist Kol'covs Gedicht Solovej (Die Nachtigall) Puškins Solovej i roza (Die Nachtigall und die Rose) nachempfunden; das Adjektiv pečal'nyj (traurig), ein Lieblingswort Puškins, findet sich häufig auch bei Kol'cov.
Das Gesamtwerk des Dichters umfaßt rund hundertdreißig Gedichte, von denen etwa ein Drittel als Lieder im Volkston zu bezeichnen sind. Auf ihnen beruht der Ruhm Kol'covs. Weniger gelungen sind seine philosophischen Gedichte (dumy), in denen die mangelhafte Schulbildung und Belesenheit deutlich spürbar werden. Bereits in den zwanziger Jahren des 19. Jh.s hatte Kol'cov begonnen, kurze lyrische Gedichte nach Art von Volksliedern zu schreiben. Dahinter stand eine Tradition, die auf A. VOSTOKOV (1781–1864), selbst Dichter und einer der frühesten Slavisten Rußlands, zurückgeht, der in seinem Opyt o russkom stichsloženii (Versuch über die russische Verslehre) als erster eingehend das Volkslied analysierte.
Kol'covs Lieder behandeln nicht nur gängige Themen der Romantik, sie spiegeln auch die widrigen Lebensumstände des Dichters und die schwierigen Lebensverhältnisse der ländlichen Bevölkerung wider, sei es in den Steppen rund um Voronež, sei es in weiteren Gegenden: »Wohin man blickt – überall nur verzweifelte Gesichter; die Felder, die abgebrannte Steppe füllen die Seele mit Verzweiflung und Traurigkeit ...« (Brief an Belinskij, 1839). In den Gedichten Gorkaja dolja, 1837 (Das bittere Los), Razdum'ja seljanina, 1837 (Gedanken eines Landmanns), Pereput'e, 1840 (Wegkreuzung), Dolja bednjaka, 1841 (Das Los des Armen), beklagt Kol'cov das harte Schicksal des russischen Bauern, das auch in seinem berühmtesten Gedicht Ne šumi, ty, rož', 1835 (Rausche, Roggen, nicht), anklingt. Meist sind es aber schwermütige Zeilen, die von unerfüllter Liebe handeln, von Trauer um die Geliebte, von Einsamkeit, Armut, verlorener Jugend und der ersehnten, aber vorenthaltenen Freiheit. In Ne šumi, ty, rož' klagt der Dichter um den Tod des geliebten Mädchens. Belinskij zählte das Gedicht zu den Werken, welche »die Blüte und Krönung der Dichtung Kol'covs« darstellen. Es wurde mehrfach vertont. Zugrunde liegt ihm vermutlich die Trauer um den Tod einer leibeigenen Bediensteten im Hause der Kol'covs namens Dunjaša, einer Schönheit nach zeitgenössischen Berichten, die der Dichter liebte und heiraten wollte. »Augen,

ach, die hellen, / sind verloschen nun, / und im Grabes-schlaf / schläft die schöne Maid.« Die Trauer um den Verlust des geliebten Menschen ist eingebettet in ein mit wenigen Strichen gezeichnetes Bild des Spätsommers, wenn der reife Roggen auf die Mahd wartet. Das Gedicht mündet in tiefe und aus-weglose Schwermut: *»Keinen Sinn hat's mehr, / mich um Gut zu mühn … / … / Schwerer als ein Berg, / dunkler als die Nacht / auf dem Herzen mir / schwar-ze Schwermut liegt.«*

Kol'cov verwendet poetische Verfahren, die aus dem Repertoire der Volksdichtung stammen. Da-zu gehören der häufige Gebrauch von Negationen, syntaktische Parallelstrukturen, Diminutive, direk-te Anreden und in der Volkssprache übliche feste Wortverbindungen. Exklamationen und Fragen variieren die an sich einfache Syntax Kol'covs. Oft erzählt er ein Ereignis aus dem Leben seiner Hel-den in chronologischer Abfolge, oder er läßt sich von Assoziationen leiten. Dies gilt vor allem für sei-ne an poetischen Bildern reiche Naturlyrik. In den Liedern verwendet der Dichter in der Regel zwei-hebige jambisch-anapästische oder trochäisch-dak-tylische Zeilen mit einem betont starken Akzent in der Zeilenmitte.

Kol'cov hatte eine beträchtliche Ausstrahlung auf nachkommende Dichtergenerationen. Schon I. Turgenev meinte: *»Kol'cov hat etwa zwanzig kleine Gedichte, die so lange lebendig bleiben werden, wie die russische Sprache selbst lebt.«* Die Authenti-zität seiner Verse – in denen erstmals der einfa-che bäuerliche Mensch als Held der Dichtung er-scheint –, der besondere Klang und Rhythmus, die volkstümliche Sprache faszinierten immer wieder die Dichter. So läßt A. Nekrasov (1821–1877), der bedeutendste Dichter des Realismus, in seinem Poem *Komu na Rusi žit' chorošo?*, 1866–1881 *(Wer lebt gut in Rußland?)*, deutlich den Einfluß Kol'covs spüren. R.Ne.

Ausgaben (Ausw.): *Stichotvorenija*, Moskau 1835. – *Stichotvorenija*, St. Petersburg 1846. – *Sti-chotvorenija i pis'ma. Polnoe sobranie*, St. Petersburg ²1895. – *Polnoe sobranie stichotvorenij*, Leningrad 1958. – *Sočinenija*, Moskau 1966. – *Sočinenija*, Moskau/Leningrad 1984.

Übersetzungen: In A. Stender-Petersen, *Ge-schichte der russischen Literatur*, Bd. 2, Mchn. 1957, S. 94. – *Russische Lyrik*, Hg. K. Borowsky u. L. Müller, Stg. 1983, S. 168 (RUB).

Literatur: E. A. Markov, *Značenie poezii A. V. K.*, Voronež 1892. – A. I. Sobolevskij, *K. v istorii russ-koj literatury*, St. Petersburg 1910. – V. Tonkov, *A. V. K., Žizn' i tvorčestvo*, Voronež ²1958. – *Sovre-menniki o K.*, Hg. ders., Voronež 1959. – *A. V. K., Stat'i materialy*, Voronež 1960. – S. M. Kljuev, *K. i ego sovremenniki* (in Ucenye zap. Moskovskogo gosud. ped. inst., 107, 1960). – Ders., *Zur philoso-phischen Lyrik K.s* (in ZfSl, 5, 1960, S. 394–417). – V. Tonkov, *Die K.-Forschung in der Sowjetunion (1917–1959)* (in ZfSl, 6, 1961, S. 266–282). –

N. Skatov, *Poèzija A. K.*, Leningrad 1977. – Ders., *K.*, Moskau 1983. – A. A. Slin'ko, *V. G. Belinskij i A. V. K.* (in A. A. S., *Sovremennost' klassiki*, Voronež 1986). – *A. V. K. i russkaja literatura*, Hg. N. V. Os'makov, Moskau 1988.

IVAN ANDREEVIČ KRYLOV

* 13.2.1769 Moskau
† 21.11.1844 St. Petersburg

BASNI

(russ.; *Fabeln*). Fabelsammlung in neun Büchern von Ivan A. Krylov, erschienen: die erste Samm-lung (23 Fabeln) 1809, die letzte (197 Fabeln) 1843. – Die *Basni* sind keinesfalls einfache Nach-dichtungen Äsops oder La Fontaines; Krylov be-gann zwar damit, die besten Fabeln La Fontaines ins Russische zu übersetzen, und nahm klassische Motive auf, fand aber bald den eigenen Weg zur echt russischen Fabel, deren unübertroffener Schöpfer er wurde. Im Aufbau hielt er an der tradi-tionellen Form der klassischen Fabel fest (Exposi-tion, Peripetie, pointierter Schluß, Moral), doch verließ er ganz das didaktische Schema, indem er den Akzent von der »Moral« auf die dramatisierte, oft auch dialogisierte Handlung der erzählten Ge-schichte verlegte. Die »allgemeingültige Moral« der Fabel, in jedem Fall auf den konservativen Durchschnittsbürger zugeschnitten, wurde zum Deckmäntelchen einer oft sehr bissigen Satire de-gradiert. Krylov *»kleidete die höchste Ratio in ein so einfaches Gewand, daß sie der sogenannten gesunden Vernunft zu entspringen schien«*, die Moral also *»der billigen, durchschnittlichen, konservativen Spießbür-gerphilosophie des gewöhnlichen Lesers«* (Stender-Petersen) entsprach. Dank dieser Technik schlüpfte Krylov ohne Schwierigkeiten durch die Maschen der strengen Zensur und konnte sogar ungestraft gegen diese selbst polemisieren: *Koška i solovej* (*Katze* [Zensur] *und Nachtigall* [Dichter]):
»›So zittre nicht, mein Seelchen, nur keine Muckerei; / Und fürchte dich doch nicht, ich will dich gar nicht fressen.
Nur singe etwas Schönes: dann laß ich dich auch frei …‹
Die Nachtigall in Todesnot
Hing in den Krallen, atmend kaum, fast tot.
›Nun was denn?‹ sprach die Katze weiter,
›Mein Herzchen, sing ein wenig heiter!‹«
Doch die Nachtigall singt nicht, sondern piept nur kläglich, und das Gedicht schließt mit der Moral:
»Unschön singen Nachtigallen
in einer Katze Krallen.«
So gelang es Krylov, in der »unschuldigsten« Weise

den Finger auf alle nur möglichen Mißstände der Gesellschaft zu legen; und unschwer läßt sich aus seinen Fabeln ein vollständiges Mosaik der sittlichen, politischen und sozialen Zustände im damaligen Rußland zusammensetzen. – Die gesprächsartige Erzählweise, die lapidare Form der Sätze und die Ausgewogenheit der einzelnen Teile verschmelzen mit der Handlung zu einem nahtlosen Ganzen. Krylov war es, der als erster LOMONOSOVS Theorie von den drei abgestuften Stilarten ad absurdum führte und in seinen Fabeln alle Nuancen der russischen Sprache vom erhabenen Pathos des Kirchenslavischen bis zur Umgangssprache der niedrigsten Volksschichten zur Geltung brachte. Bestimmend für den Sprachstil war immer das jeweilige Thema der Fabel, doch finden sich auch innerhalb einer Fabel mehrere Sprachebenen, ohne daß sich der geringste Stilbruch feststellen ließe. Als Versform erscheinen ausschließlich paarweise gereimte Jamben mit freier Reimstellung bei variierender, aber nicht willkürlicher Verslänge. Die rhythmische Formgebung und die Länge der Zeilen sind genau auf den Inhalt abgestimmt; und so fein sind die Fabeln eingefädelt, daß am Ende die Wirkung immer explosiv und der Witz überraschend unmittelbar ist. – Krylovs Dichtung hatte, besonders was diese Technik angeht, großen Einfluß auf GRIBOEDOVS Komödie *Gore ot uma*, 1833 *(Verstand schafft Leiden)*, und hier wie da ist ein großer Teil der epigrammatischen Verse überaus volkstümlich geworden. W. Sch.

AUSGABEN: Petersburg 1809 [Teildr.]. – Petersburg 1843 [vollst., 9 Tle.]. – Moskau 1956 (in *Sočinenija*, Hg. N. L. Stepanov, 2 Bde., 1; m. Einf.). – Moskau 1975. – Leningrad 1983.

ÜBERSETZUNGEN: *Fabeln in 8 Büchern*, F. Torney, Mitau 1842. – *Sämtliche Fabeln*, R. Baechtold, Zürich 1960 [Ill. v. W. Preetorius]. – Dass., ders., Darmstadt 1984. – *Fabeln*, F. Löwe, Ffm. 1985.

LITERATUR: V. F. Kenevič, *Bibliogr. i istorič. primečanija k basnjam K.*, 1868. – V. V. Vinogradov, *Jazyk i stil' basen K.* (in Izvestija Akad. Nauk SSSR, Otdel. lit. i jazyk, 1945, 4, S. 24–52). – F. Wiltschek, *K. u. La Fontaine. Ein literarwissenschaftlicher Vergleich* (in WSLJ, 1, 1950, S. 170 ff.). – V. A. Žukovskij, *Basni K.* (in V. A. Ž., *Sočinenija*, Moskau 1954, S. 508–515). – H. Löwe, *K. u. seine Fabeln* (in Volkskunst, Lpzg. 1954, 3, S. 36 ff.). – N. L. Stepanov, *I. A. K.*, Moskau 1958, S. 126 bis 275. – Ders., *K.*, Moskau 1963. – Ders., *Basni K.'a*, Moskau 1969. – Ders., *I. K.*, NY 1973 [enth. Bibliogr.]. – Z. Werchun, *The Influence of La Fontaine on K.*, Diss. Northwestern Univ. 1973 [enth. Bibliogr.]. – V. Archipov, *I. A. K. Poezija narodnoj mudrosti*, Moskau 1974.

MICHAIL JUR'EVIČ LERMONTOV

* 15.10.1814 Moskau
† 27.7.1841 Pjatigorsk

LITERATUR ZUM AUTOR:
Bibliographien:
Opisanie materialov Puškinskogo doma. Bd. 2: M. Ju. L., Hg. B. Tomaševskij, Moskau/Leningrad 1953. – *Istorija russkoj literatury XIX. veka. Bibliografičeskij ukazatel'*, Hg. K. Muratova, Moskau/Leningrad 1962, S. 414–429. – E. Najdič, *M. Ju. L. Rekommendatel'nyj ukazatel' literatury*, Leningrad 1964. – O. V. Miller, *Bibliografija literatury o M. Ju. L. (1917–1977 gg.)*, Leningrad 1980.
Biographien:
S. Šuvalov, *M. Ju. L. v vospominanijach sovremennikov i ego pis'mach*, Moskau 1923. – I. Andronikov, *Žizn' L.*, Moskau/Leningrad 1939. – N. Brodskij, *M. Ju. L. Biografija*, Moskau 1945. – E. Piccard, *M. L. 1814–1841. Essai biographique*, Neuchâtel 1948. – T. Ivanova, *Junost' L.*, Moskau 1957. – I. Andronikov, *L. v Gruzii v 1837 godu*, Tbilisi 1958. – E. Gerštejn, *Sud'ba L.*, Moskau 1964. – T. Ivanova, *L. na Kavkaze*, Moskau 1968. – P. Vyrypaev, *L. Novye materialy k biografii*, Voronež 1972. – *M. Ju. L. v vospominanijach sovremennikov*, Hg. M. I. Gillel'son u. V. A. Manujlov, Moskau 1972. – B. T. Udotov, *M. Ju. L.*, Voronež 1973. – L. Kelly, *L. Tragedy in the Caucasus*, Ldn. 1977 [enth. Bibliogr.]. – H. Troyat, *L'étrange destin de L.*, Paris 1979. – V. Manujlov, *L. v Peterburge*, Leningrad 1984.
Gesamtdarstellungen und Studien:
M. E. Duchesne, *M. Ju. L. Sa vie et ses œuvres*, Diss. Paris 1910. – D. Merežkovskij, *L. Poèt sverchčelovečestva*, Moskau 1911 [Nachdr. Letchworth 1979]. – B. Ejchenbaum, *L. Opyt istoriko-literaturnoj ocenki*, Leningrad 1924 [Nachdr. Mchn. 1967; Letchworth 1977]. – M. Jakovlev, *M. Ju. L. – kak dramaturg*, Leningrad 1924. – L. Ginzburg, *Tvorčeskij put' L.*, Leningrad 1941. – V. Zakrutkin, *Puškin i L. Issledovanija i stat'i*, Rostov 1941. – S. Gogarten, *Die Verstechnik L.s*, Diss. Göttingen 1948. – I. Andronikov, *M. L.*, Moskau 1951. – *M. Ju. L. v russkoj kritike. Sbornik statej*, Hg. D. Zonov, Moskau 1951; ²1955. – E. N. Michajlova, *Proza L.*, Moskau 1957. – B. Woelcke, *Themen und Motivkreise in der Lyrik L.s*, Diss. Greifswald 1957. – D. E. Maksimov, *Poèzija L.*, Moskau 1959; ²1964. – B. Ejchenbaum, *Stat'i o L.*, Moskau 1961. – K. N. Grigorjan, *L. i romantizm*, Moskau 1964. – *M. Ju. L. Issledovanija i materialy*, Hg. Ju. Gudošnikov u. a., Voronež 1964. – S. V. Ivanov, *M. Ju. L. Žizn' i tvorčestvo*, Moskau 1964. – V. A. Manujlov, *Letopis' žizni i tvorčestva M. Ju. L.*, Moskau/Leningrad 1964. – V. Fёdorov, *L. i literatura ego vremeni*, Leningrad 1967. – P. Gerlinghoff, *Frauengestalten u. Liebesproblematik bei M. Ju. L.*, Meisenheim a. Gl. 1968. –

A. Rubinovič, *Ėstetičeskie idealy L.*, Irkutsk 1968. –
A. Guski, *M. Ju. L.s Konzeption des literarischen Helden*, Diss. Mchn. 1970 (Slavistische Beiträge, 48). –
M. Umanskaja, *L. i romantizm ego vremeni*, Jaroslavl' 1971. – *Problemy mirovozzrenija i masterstva M. Ju. L.*, Hg. V. Truškin, Irkutsk 1973. – U. R. Focht, *L. Logika tvorčestva*, Moskau 1975. – A. Prozov, *Metafizika L.*, Madrid 1975. – T. Golovanova, *Nasledie L. v sovetskoj poèzii*, Leningrad 1978. –
M. Ju. L. Issledovanija i materialy, Hg. M. Alekseev u. a., Leningrad 1979. – K. Kuenzlen, *Deutsche Übersetzer und deutsche Übersetzungen Lermontovscher Gedichte von 1841 bis zur Gegenwart*, Diss. Tübingen 1980. – *Lermontovskaja ėnciklopedija*, Hg. V. Manujlov, Moskau 1981. – J. Garrard, *M. L.*, Boston 1982. – *M. Ju. L. Voprosy tradicii i novatorstva*, Hg. I. Ščeblykina, Rjazan' 1983. – *Lermontovskij sbornik*, Hg. I. Čistova u. a., Leningrad 1985. – S. Lominadze, *Poėtičeskij mir L.*, Moskau 1985. – E. Oslina, *Vzaimodejstvie liro-ėpičeskich žanrov v tvorčestve M. Ju. L.*, Diss. Moskau 1985. – G. P. Makagonenko, *Lermontov i Puškin. Problemy preemstvennogo razvitija literatury*, Leningrad 1987. – P. Viskovatov, *M. Ju. L.: žizn' i tvorčestvo*, Moskau 1987.

DAS LYRISCHE WERK (russ.) von Michail Ju. LERMONTOV.

Lermontov, der letzte große Dichter der russischen Romantik, stand seiner Umwelt kritisch und ironisch distanziert gegenüber. Er fühlte sich der Gesellschaft überlegen, wurde aber von ihr nicht akzeptiert. Er rächte sich mit Epigrammen, beißendem Spott und Streichen, die zweimal zu Duellen führten, das zweite Mal mit tödlichem Ausgang für den Dichter. Der schwerwiegende Konflikt betraf Lermontovs Verhältnis zum Hof und dem Zaren Nikolaus I. (reg. 1825–1855). Dies begann im Todesjahr A. PUŠKINS (1837), als Lermontov tief betroffen das Gedicht *Smert' poèta* (*Der Tod des Dichters*) verfaßte, dessen letzte sechzehn Zeilen eine flammende Anklage gegen das Regime sind. Das Gedicht führte zu Lermontovs Arrest und Versetzung vom Garderegiment an die kaukasische Front, wo er ein Jahr Dienst machte. Zwei weitere Verhaftungen und die neuerliche Versetzung in den Kaukasus (1840) folgten. (Es ist anzunehmen, daß die Versetzungen an die kaukasische Front, an der in manchen Regimentern die Hälfte der Soldaten von Krankheiten und Schlachtentod hinweggerafft wurden, vom Zaren als Todesurteil gedacht waren.) Die Gedichte, die Lermontov zwischen seinem 14. und 23. Lebensjahr verfaßte, sind im Geiste der Romantik der zwanziger Jahre geschrieben und zeigen deutlich den Einfluß der Dichter, die er verehrte. Die jugendliche Lyrik Lermontovs ist stark ichbezogen, das einsame Individuum – das Alter ego des Autors – steht im Mittelpunkt der Verse, die Sprache ist outriert im Sinne des Kraftstils der frühen Romantik bzw. verwendet die sentimentalen Klischees der Modedichtung der Zeit.

In der reifen Lyrik verdichten sich die gesellschaftskritischen Züge. In *Smert' poèta* (1837) macht er die *»Lasterbrut«*, die *»den Thron umringt«*, die *»vermess'nen Artgenossen von Ahnen, wohlbekannt ob ihrer Niedertracht«* für Puškins Tod verantwortlich. Ein Jahr später verdammt er die ganze zeitgenössische Generation: *»Traurig blicke ich auf unsere Generation! Ihre Zukunft ist entweder sinnlos oder düster. Sie sind schamvoll gleichgültig gegenüber Gut und Böse…«* (1838). Eine tiefe Hoffnungslosigkeit begleitet den Dichter bis zu seinem frühen Tod. Als er St. Petersburg 1840 zum letzten Mal verläßt, schreibt er Verse, deren negative Wucht kaum zu übertreffen ist: *»Leb wohl, mein ungewaschnes Rußland, / Du Volk der Sklaven und der Herren! / … Der Kaukasus wird mich verbergen, / Und dort entdeckt mich nicht perfid … / Das Ohr und Auge deiner Schergen, / Das alles hört und alles sieht!«* Ein weiteres beständiges Motiv der Lermontovschen Dichtung ist die Einsamkeit. Immer wieder zieht sich der Dichter aus der lärmenden Welt, die er verachtet, zurück, denn *»vor den Idolen der Welt beuge ich nicht meine Knie«* (1841).

In den späten Gedichten wird die *»Müdigkeit der Seele«* zum Kennzeichen seiner Generation. Das Gedicht *I skučno i grustno …*, 1840 *(Und einsam und traurig)*, stellt den Höhepunkt dieser Entwicklung dar. Der Dichter resigniert vor der Unmöglichkeit einer sinnvollen Gestaltung des Lebens, es bleibt ihm nur die stille Klage, die in Resignation mündet: *»Und einsam und traurig … Vergebens die Sehnsucht, im Leid / Die Hand einem Freunde zu reichen! … / Was frommt's, daß mich Wünsche durchglühen in ewigem Streit, / Derweil meine blühendsten Jahre verstreichen? / … Das Leben ist immer ein dummer, verächtlicher Scherz / Bei sehender Augen kühler Betrachtung!«*

Es bleibt nur die Liebe, in welcher der Dichter zumindest für kurze Augenblicke seine Einsamkeit vergessen kann, wenngleich auch sie immer wieder in Untreue endet oder aber die Gegenliebe ausbleibt. Letzten Endes zweifelt der Dichter überhaupt an der Möglichkeit der erfüllten Liebe, denn: *»Die Liebe? … Wen lieben? … Nur flüchtig? – Der Mühe nicht wert! / Und ewig zu lieben – unmöglich …«* (1840). In *Utes*, 1841 *(Der Felsen)*, schreibt er von der Wolke, die eine Nacht lang an der Brust des Felsens ruhte und im Morgengrauen für immer davonflog; in dem H. HEINE nachempfundenen Gedicht *Na severe dikom …*, 1841 *(Im wilden Norden steht allein)*, ist es die einsame Fichte in der rauhen Bergwelt, die von einer schönen Palme im sonnigen Süden träumt. In beiden Fällen gibt es kein Zusammenfinden.

Zwei wichtige weitere Aspekte der Lyrik Lermontovs sind zu erwähnen. Von Jugend an interessierte sich der Dichter für Volksdichtung und entnahm ihr Motive für sein Werk, wie etwa in *Pesnja pro Carja Ivana Vasil'eviča, molodogo opričnika i udalogo kupca Kalašnikova*, 1837 *(Lied vom Zaren Ivan Vasilevič, seinem jungen Leibwächter Kiribeevič und dem kühnen Kaufherrn Kalašnikov)*, einem Gedicht über die Zeit Ivans des Schrecklichen, das im Ton der

Bylinen geschrieben ist; im Gedicht *Borodino* (1837), in dem ein Veteran der Napoleonischen Kriege von der Schlacht vor den Toren Moskaus berichtet; und in *Kazač'ja kolybel'naja pesnja*, 1840 *(Kosakenwiegenlied)*, das V. BELINSKIJ *»die künstlerische Apotheose der Mutter«* nannte.

Eine besondere Bedeutung für Lermontov hatte der Kaukasus. Für den Dichter war er das Symbol einer Welt, in der es noch Freiheit gab, wo die Macht des Zaren endete. In *Dary Tereka*, 1839 *(Die Gaben des Terek)*, *Tamara* (1841) und vielen anderen Gedichten sind das Gebirge des Kazbek und der Bergfluß Terek Hintergrund bzw. Gegenstand seiner Verse. Wenn er in *Dary Tereka* dem personifizierten kaukasischen Fluß die Worte in den Mund legt: *»Auf des Kazbeks Grat geboren, / Von der Wolkenbrust genährt, / Hab ich Menschen Haß geschworen, / Die uns Freien Krieg erklärt«*, so steht hinter diesen Worten wohl das Lebensgefühl des Dichters selbst.

Lermontovs Selbsteinschätzung als Dichter spiegelt sich im Gedicht *Prorok*, 1841 *(Der Prophet)*: *»Die Liebe begann ich zu verkünden, / Die reinen Lehren der Wahrheit…«* In dem Gedicht in Dialogform *Žurnalist, čitatel' i poet*, 1840 *(Der Journalist, der Leser und der Dichter)*, und *Poët*, 1838 *(Der Dichter)*, definiert Lermontov die ethische Verantwortlichkeit des Dichters und stellt sein Schaffen, das wie *»Gottes Odem über der Menge schwebt«*, dem eitlen, leeren und käuflichen Geist seines Zeitalters gegenüber.

Lermontov verfaßte 29 erzählende Gedichte (Poeme). Etwa drei Viertel davon entstanden vor 1837. Von den fünf Verserzählungen nach 1837 heben sich zwei ab, die beide den Kaukasus zum Hintergrund haben. In *Mcyri*, 1839 *(Der Novize)*, erzählt er von einem kaukasischen Bergbewohner, der als Kind in die Hände der Russen geriet, in ein Kloster gesteckt wurde und dessen unbezähmbarer Freiheitsdrang ihn immer wieder fliehen ließ. Auf dem Totenbett erzählt er rückblickend dem Prior sein Leben. *Mcyri* ist ähnlich BYRONS *Prisoner of Chillon*, 1816 *(Der Gefangene von Chillon)*, in vierhebigen jambischen Zeilen mit ausschließlich männlichen Reimen abgefaßt, von denen Belinskij schrieb, daß sie *»wie Schwertschläge auf ihr Opfer fallen. Ihre Spannkraft und Energie, ihr klingendes gleichmäßiges Fallen harmonieren auf erstaunliche Weise mit dem konzentrierten Gefühl der unzähmbaren Kraft einer machtvollen Natur und der tragischen Situation des Helden.«* Der Charakter des Novizen trägt autobiographische Züge.

Das lyrische Hauptwerk Lermontovs ist die Verserzählung *Demon (Der Dämon)*, an der der Dichter von 1829 bis 1839 arbeitete. Auf der Grundlage einer kaukasischen Legende konzipierte Lermontov seinen Dämon, der als Geist des Bösen von Gott dazu verdammt ist, ewig ruhelos über dem Kaukasus zu schweben. Als er die schöne Tamara erblickt, die um ihren gefallenen Verlobten trauert, glaubt er Ruhe und Erlösung zu finden: *»In deiner Liebe bin ich frei / Von Lüge, Trug und Heuchelei!«* Und er schwört ihr: *»Reuig abzulassen / Von aller Rache, allem Hassen, / Von aller Sünde und Gemeinheit, – / Mein ganzes Wesen umzuwandeln … / … Sieh: mit dir beten, hoffen, lieben / Will ich – an alles Gute glauben …«* Durch die Macht seiner poetischen Worte gelingt es ihm, Tamaras Herz zu rühren. Sie ergibt sich seiner Liebe, findet jedoch darin ihren Tod. Ein Engel führt ihre Seele in den Himmel. Der Dämon, der die Seele für sich fordert, bleibt erneut vereinsamt zurück und schwebt weiterhin ruhelos über dem Kaukasus. Abgesehen von autobiographischen Zügen soll *Demon* nach Lermontov wohl wesentliche Eigenschaften der jungen Generation seiner Zeit darstellen. Zugleich ist er Ausdruck des Bösen an sich, in dessen Schatten die Erde liegt. Daneben veranschaulicht er die Macht des dichterischen Wortes, das die Grenzen von Moral und Ethik zu sprengen vermag. Der Dämon als Verkörperung ewigen Widerspruchs von Gut und Böse, Liebe und Haß ist aber auch beredter Ausdruck der Weltanschauung seines Autors (vgl. Art. zu *Demon*).

In der formalen Organisation seiner Verse, in Strophik und Metrik, erscheint Lermontov als Neuerer, der unkonventionelle Formen suchte, die bis dahin vernachlässigten dreisilbigen Metren (daktylische Zeilen) in größerem Umfang verwendete, aber auch traditionelle Oktaven und die von Puškin geschaffene Onegin-Strophe anzuwenden verstand. Seine Dichtung ist stets Bekenntnis, die Darstellung seelischer Vorgänge und Stimmungen, die er in melodiöse, harmonische Verse kleidet, die einen klar strukturierten Aufbau zeigen, der sich an Oppositionen und Polaritäten orientiert. In Sprache, Lexik und Syntax ist er der Dichter der russischen Romantik, der dem modernen Lebensgefühl am nächsten steht.   R.Ne.

AUSGABEN: *Stichotvorenija*, Petersburg 1840. – *Stichotvorenija*, 4 Tle., Petersburg 1842–1844. – *Demon. Vostočnaja povest'*, Karlsruhe 1856. – *Poln. sobr. soč.*, Hg. D. J. Abramovič, 5 Bde., Petrograd 1911–1916. – *Sočinenija*, 2 Tle., Petersburg 1913. – *Lirika*, Bln. 1921. – *Poln. sobr. soč.*, Hg. B.M. Ėjchenbaum, 5 Bde., Moskau/Leningrad 1935 bis 1937. – *Izbrannaja lirika*, Moskau/Leningrad 1947. – *Poln. sobr. soč.*, Hg. N. F. Belčikov u. a., 6 Bde., Moskau/Leningrad 1954–1957 [krit.]. – *Izbrannoe*, Leningrad 1979. – *Kavkazskie poėmy*, Ordžonikidze 1983. – *Sobr. soč.*, Hg. I. L. Andronikov u. a., 4 Bde., Moskau 1983/84. – *Stichotvorenija*, Moskau 1986. – *Stichotvorenija i poėmy*, Moskau 1988 [russ.-engl.].

ÜBERSETZUNGEN: *Poetischer Nachlaß*, F. Bodenstedt, 2 Bde., Bln. 1852. – *Gedichte*, F. Fiedler, Lpzg. 1893 (RUB). – *Werke*, A. Luther, Lpzg. 1922; ern. Ffm. 1963. – *Gedichte und Verserzählungen*, J. v. Guenther, Potsdam 1950. – *Ausgewählte Gedichte*, Ch. Ferber, Sachseln 1985. – *Gedichte und Poeme*, A. Ascharin u. a. (in *AW*, Bd. 1, Bln./DDR 1987). – *AW*, R. Opitz, 2 Bde., Ffm. 1989 (Insel Tb).

DEMON. Vostočnaja povest'

(russ.; *Der Dämon. Eine Erzählung aus dem Osten*). Verserzählung von Michail Ju. LERMONTOV, erschienen 1856. – Der Stoff dieser Verserzählung hat Lermontov während seines ganzen Schaffens begleitet. Die ersten Skizzen stammen bereits aus dem Jahre 1829; aber erst zwölf Jahre später, 1841, lag das Werk in seiner endgültigen Form vor. Diese letzte Fassung der Erzählung ist heute verloren, doch besteht Grund zu der Annahme, daß sie mit der ersten vollständigen Ausgabe des Werkes, die 1856 in Karlsruhe erschien, identisch ist.

Während sich im Laufe der Entstehung die äußere Wirklichkeit und das Kolorit des Werkes von Grund auf änderten, blieb die Grundkonzeption von den frühesten Entwürfen an dieselbe. Der erste Entwurf – ein Kampf zwischen Satan und Engeln um die Seele einer Irdischen – steht westlichen Bearbeitungen des gleichen Stoffes noch außerordentlich nahe. Da es jedoch in der russischen Literatur an einer Tradition von der Art des westeuropäischen mittelalterlichen Epos oder eines Werkes wie MILTONS *Paradise Lost* fehlte, mußte das Sujet seine erhabene gedankliche Allgemeingültigkeit verlieren: Aus Satan, dem Mephistopheles, wurde Satanael, der gefallene und verbannte Engel in Gestalt eines romantisch individualisierten Dämons, dessen Dasein wegen seiner außerirdischen Herkunft keiner Motivation bedarf. Ist in den westlichen Vorbildern das Böse eine mit dem Leben verwobene Form menschlicher Existenz, so tritt es bei Lermontov als losgelöstes Prinzip auf. Die Auseinandersetzung um Gut und Böse erscheint daher nicht mehr als echte psychologische Alternative des Menschen, sondern als reiner, unlösbarer Gegensatz. – Der Dämon, der *»Geist der Verbannung«*, schwebt über der Erde, einsamer Herrscher ohne Gegenüber in einer sinnlosen, nichtigen Welt. In der Erinnerung an seinen himmlischen Ursprung wird ihm ständig die unentrinnbare Leere seiner Existenz quälend bewußt. In der Liebe zu Tamara, einer jungen Grusinierin, hofft er das Böse zu überwinden. Er schwört seinem unstet zerstörenden Handeln ab. Doch selbst das Mitleid des Mädchens kann ihn nicht von seinen Qualen erlösen: Sie stirbt an seinem Kuß und wird ihrer Liebe wegen im Tode von den Engeln des Himmels dem Dämon entrissen.

So wenig original der Vorwurf des Werkes ist, so wenig hat sich Lermontov bei der dichterischen Verarbeitung um Eigenständigkeit bemüht; die Anklänge an BYRON, MOORE, VIGNY, LAMARTINE und GOETHE, an ŽUKOVSKIJ, PUŠKIN, POLEŽAEV, KOZLOV und PODOLINSKIJ häufen sich geradezu, ja reichen bisweilen bis zur unmittelbaren Übersetzung oder Zitierung. Trotz alledem aber machen die deklamatorisch-kraftvolle, emotional gefärbte Sprache des Dichters, seine Beherrschung von Metrik und Reim und die psychologische Nuancierung der Reden den *Dämon* zu einem eindrucksvollen Poem, das nicht zu Unrecht als Selbstdeutung Lermontovs verstanden worden ist.   C.K.

AUSGABEN: Karlsruhe 1856. – Petersburg 1860 [1. Ausg. in Rußland]. – Moskau/Leningrad 1955 (in *Poln. sobr. soč.*, Hg. N. F. Bel'čikov u. a., 6 Bde., 1954–1957, 4; krit.). – Moskau 1981. – Moskau 1983 (in *Sobr. soč.*, Hg. I. L. Andronikov u. a., 4 Bde., 1983/84, 2).

ÜBERSETZUNGEN: *Der Dämon*, F. Bodenstedt (in *Poetischer Nachlaß*, Bln. 1852). – *Der Dämon. Eine morgenländische Sage*, L. Jessen [d. i. L. v. Osten], Bln. 1876. – *Der Dämon. Eine Sage aus dem Osten*, G. Weck (in *Werke*, Lpzg. 1922). – *Der Dämon. Eine Erzählung aus d. Osten*, J. v. Guenther, Heidelberg 1949. – *Der Dämon. Erzählung aus dem Osten*, I.-M. Hofmeister, Stg. 1986 [russ.-dt.]. – Dass., dies., Ludwigsburg 1987.

VERTONUNG: Anton G. Rubinštejn, *Demon*, Petersburg 1875 (Oper).

LITERATUR: A. Pogodin, *L.s »Dämon«* (in JbKGS, N.F. 9, 1933, S. 139–150). – N. Otsoupe, *Vigny's »Eloa« and L.'s »Demon«* (in SEER, 35, 1956/57, S. 186–190). – J. T. Shaw, *L.'s »Demon« and the Byronic Oriental Verse Tale* (in Indiana Slavic Studies, 2, 1958, S. 163–180). – D. A. Gireev, *Poèma L. »Demon«. Tvorč. ist. i tekstolog. analiz*, Ordschonikidse 1958. – E. Loginovskaja, *Poèma M. Ju. L. »Demon«*, Moskau 1977. – R. Reid, *L.s »Demon«: A Question of Identity* (in SEER, 60, 1980, S. 189–210).

GEROJ NAŠEGO VREMENI

(russ.; *Ein Held unserer Zeit*). Roman von Michail Ju. LERMONTOV, erschienen 1840. – Der Roman besteht aus fünf inhaltlich zusammenhängenden Novellen dreier fiktiver Erzähler – einer von ihnen ist der Held selbst –, ein Kunstgriff, der es ermöglicht, die Titelfigur in dreifach wechselnder Perspektive erscheinen zu lassen.

Der fiktive Kompilator der Teile und Ich-Erzähler der ersten Novelle, *Bela*, gibt in der Hauptsache einen Bericht des Stabshauptmanns Maksim Maksimyč wieder, der den Romanhelden Grigorij Aleksandrovič Pečorin vor Jahren als Untergebenen in einem Fort im Kaukasus kennengelernt und sich mit ihm angefreundet hat. Der schlichte, biedere Maksim erinnert sich nicht ohne Sympathie des eigenartigen jungen Offiziers, der ihm auch nach einem gemeinsam verbrachten Jahr ebenso rätselhaft wie zu Beginn ihrer Bekanntschaft blieb und der offenbar eben deshalb einen seltsamen Reiz auf seine Umwelt ausübte. Hilflos, aber nicht ohne Bewunderung, wird der alte Mann Zeuge, wie Pečorin, der sich leidenschaftlich in Bela, die sechzehnjährige, bildhübsche Tochter eines tscherkessischen Fürsten verliebt hat, ihrem Bruder hilft, das heißbegehrte Pferd eines tscherkessischen Banditen zu stehlen, und von ihm als Gegenleistung fordert, die eigene Schwester aus dem väterlichen Haus zu rauben und ihm zuzuführen. Alles

scheint gutzugehen, und tatsächlich gewinnt Pečorin – nach einer langen Zeit unermüdlicher Werbung – die Zuneigung des Mädchens. Doch nur allzubald überfällt den jungen Offizier wieder die seltsame Langeweile, die die ständige Begleiterin seines bisherigen Lebens ist. Immer öfter bleibt Bela, die ihm gleichgültig geworden ist, sich selbst überlassen. Während Pečorin Zerstreuung auf der Jagd sucht, entführt der um sein kostbares Pferd gebrachte Bandit das Mädchen und verletzt es auf der Flucht vor seinen Verfolgern so schwer, daß es bald darauf in Pečorins Armen stirbt. Obgleich er den Tod des Mädchens (und dessen Vaters) verschuldet hat, scheint Pečorin den Tod der Geliebten ohne große innere Bewegung hinzunehmen. Immerhin weiß Maksim zu berichten, daß er danach drei Monate krank gewesen sei. – In die Bela-Episode, die für die spätere Entwicklung Pečorins bedeutsam ist, flicht Lermontov eine Selbstcharakteristik des Helden ein, die Aufschluß über seine Vergangenheit und seinen »unglücklichen Charakter« gibt: »*Ob ich ein Narr bin oder ein Bösewicht, weiß ich nicht; aber eins ist richtig: ich bin auch zu bemitleiden und vielleicht mehr als sie; denn meine Seele ist von der Welt verdorben, meine Phantasie ist unruhig, mein Herz unersättlich; ich habe nie genug: an den Kummer gewöhne ich mich ebenso wie an den Genuß, und mein Leben wird von Tag zu Tag inhaltsleerer; es bleibt mir nur noch ein Mittel: reisen.*«
Die Handlung der nur wenige Seiten umfassenden zweiten Novelle, *Maksim Maksimyč*, trägt sich in Gegenwart desselben Ich-Erzählers zu, der, an dem Geschehen wiederum selbst unbeteiligt, Zeuge eines kurzen, enttäuschenden Wiedersehens zwischen Hauptmann Maksim und Pečorin wird. In gedrängter Kürze schildert er die Freude des alten Soldaten, der die Begegnung mit dem einstigen Freund kaum erwarten kann und darüber sogar seine eigenen Geschäfte vernachlässigt, und die freundliche Unverbindlichkeit Pečorins, den das Zusammentreffen nicht berührt und der allein darauf bedacht ist, schnellstens seine Reise in den Orient fortzusetzen, auf der er seiner Langeweile zu entfliehen hofft. Der Autor nutzt die Episode, dem Ich-Erzähler die »objektive« Beschreibung des Helden in den Mund zu legen: die Beschreibung seines Äußeren und der Zeichen, die er daraus abliest – »*Zeichen entweder eines schlechten Charakters oder eines tiefen beständigen Kummers*«.
Die folgenden drei Novellen haben den Helden selbst zum Verfasser; es sind Tagebuchaufzeichnungen Pečorins, die der Erzähler nach desen Tod herausgibt. In diesen Selbstzeugnissen offenbart sich Pečorin dem Leser am unmittelbarsten. Die Erzählung *Taman'* (so benannt nach einem Ort in den kaukasischen Bergen) schildert eine romantische Episode: Auf seiner ersten Reise gerät Pečorin in das Haus einer Schmugglerbande, wird zum unwillkommenen Mitwisser ihrer dunklen Geschäfte und – nach dem Mißlingen eines Mordanschlags, den sie auf ihn verüben – zur unfreiwilligen Ursache der Zerstörung ihrer Lebensgemeinschaft. Daran schließt sich der neben der ersten Novelle bedeut-

samste Teil des Romans, die Erzählung *Knjažna Meri*, an, deren Umfang die Hälfte des ganzen Werks ausmacht: In einen langweiligen Badeort verschlagen, lernt Pečorin eine junge Prinzessin kennen, die sich, als er ihr – selber nicht wissend, ob ernsthaft verliebt oder nur, um sich Zugang zu seiner Geliebten Vera, einer verheirateten Frau, zu schaffen – den Hof macht, leidenschaftlich in ihn verliebt und schließlich kalt von ihm zurückgewiesen wird. Bei all dem ist Pečorin selbst sein schärfster Kritiker. Er durchschaut das Motiv, das ihn dazu bringt, das Spiel der Liebe immer wieder mitzumachen: »*In einem andern das Gefühl der Liebe, der Ergebenheit, der Furcht wecken – ist das nicht das erste Zeichen und der höchste Triumph der Macht? Für jemand die Ursache seiner Leiden und Freuden zu sein, ohne das geringste positive Recht darauf zu besitzen – ist das nicht die süßeste Speise für unsern Stolz? Und was ist Glück? Gesättigter Stolz.*« Pečorin scheut sich nicht, sich selber böse zu nennen, und begreift nicht, wieso das Böse eine so große Anziehungskraft besitzen kann. Der Leser des Tagebuchs, der seinem Zauber ebenso erliegt wie die Frauen, die ihn lieben, ahnt, daß es nicht die Anziehungskraft des Bösen, sondern das immer gegenwärtige Leiden am Nichtleidenwollen, Nichtliebenwollen, daß es Verzweiflung ist, was diesen Mann nicht abstoßend, sondern tief bemitleidenswert und faszinierend zugleich erscheinen läßt. Die kurze abschließende Geschichte *Der Fatalist*, deren Held ein Offizier ist, der mit Pečorin eine lebensgefährliche Wette darüber eingeht, ob es eine Vorsehung gibt, enthüllt die letzte Ursache seines Überdrusses und seiner Langeweile: Es ist die Glaubenslosigkeit der »*jämmerlichen Nachfahren*«, die zu keinen großen Opfern mehr fähig sind, »*weder um das Wohl der Menschheit, noch um unser eigenes Glück, denn wir wissen, daß es unmöglich ist*«.
Lermontov vollendete das einzige Prosawerk, das er abgeschlossen hinterließ, einige Jahre nach dem Erscheinen von A. PUŠKINS *Evgenij Onegin*, mit dem *Ein Held unserer Zeit* in engstem Zusammenhang steht. Hier wie dort wird die Geschichte eines den Helden BYRONS verwandten Menschentyps erzählt, doch lassen beide Werke ihre Vorbilder – einen *Don Juan, Beppo* oder *Childe Harold* – hinter sich. Ist Puškins *Evgenij* im ersten Kapitel des Versromans ganz byronscher Held, so hat er, wie Puškin sagt, in den letzten Kapiteln mit ihm »*nichts mehr gemein*«. Das gleiche gilt für Lermontovs Pečorin. Beide Dichter übernahmen von Byron lediglich äußere Merkmale ihrer Helden, das Schema ihrer Persönlichkeiten, statteten sie jedoch mit so vielen der russischen gesellschaftlichen Wirklichkeit entsprechenden Zügen aus, daß sie für Generationen russischer Schriftsteller zum Urbild des *lišnij čelovek* (überflüssigen Menschen) wurden: A. GERCENS Bel'tov (in *Kto vinovat? – Wer ist schuld?*), GONČAROVS Oblomov und TURGENEVS Rudin sind direkte Nachfahren der Helden Puškins und Lermontovs.
Obwohl Pečorins Verwandtschaft mit Onegin auch äußerlich dadurch kenntlich gemacht ist, daß

beider Namen von russischen Gewässernamen abgeleitet sind (Onegin vom Onegasee, Pečorin vom Pečora-Fluß), besteht zwischen ihnen ein nicht zu übersehender Unterschied. In Pečorin liegen nicht, wie bei Onegin, eine enorme geistige Befähigung und ein von vornherein schlechter Charakter miteinander im Widerstreit, er ist auch nicht von Natur aus schwach. Sein im Grunde starker Charakter wird im Gegenteil erst durch die rückhaltlose intellektuelle Selbstzergliederung zersetzt, die sein Prinzip ist. Indem er allen Genuß und alle Erkenntnis als schal empfindet, verdammt er sich selbst zur Untätigkeit und Resignation. Pečorin sagt von sich: »*In mir sind zwei Menschen: der eine lebt im vollen Sinne dieses Wortes, der andere überdenkt und beurteilt ihn.*« Da er nicht glaubt, am Lauf der Welt etwas ändern zu können, verlieren alle ethischen und moralischen Forderungen ihren Sinn. In jedem Wesenszug muß er dessen Gegenteil, in jedem Gefühl dessen Falschheit, in jeder Handlung deren Aufhebung erkennen. Seine Einsicht in die Nichtigkeit menschlicher Existenz bewirkt, daß ihm sowohl er selbst als auch die Menschen, die ihm begegnen, als nichtig erscheinen, woraus er das Recht ableitet, sie wie Schachfiguren zu seinen Zwecken zu benutzen. Pečorins innere Unbeteiligtheit ist die Ursache seiner Langeweile und diese der Grund seines völligen Desengagements – aus diesem *circulus vitiosus* gibt es kein Entrinnen. »*Es kann sein, daß einige Leser von mir meine Meinung über den Charakter Pečorins erfahren möchten*«, schreibt der Erzähler. »*Meine Antwort ist – der Titel meines Buchs.*«   C.K.-KLL

Ausgaben: Petersburg 1840 [m. Vorw. L.s]. – Petersburg 1841 [m. neuem Vorw. L.s]. – Moskau/Leningrad 1937 (in *Poln. sobr. soč.*, Hg. B.M. Ėjchenbaum, 5 Bde., 1935–1937, 5). – Moskau/Leningrad 1957 (in *Poln. sobr. soč.*, Hg. N. F. Bel'čikov u. a., 6 Bde., 1954–1957, 6; krit.). – Moskau 1962, Hg. B.M. Ėjchenbaum u. E.E. Najdič. – Letchworth 1981. – Moskau 1984 (in *Sobr. soč.*, Hg. I. L. Andronikov u. a., 4 Bde., 1983/84, 4).

Übersetzungen: *Petschorin oder Ein Duell im Kaukasus. Aus den hinterlassenen Papieren eines russischen Offiziers*, anon., Ffm. 1845. – *Der Held unserer Zeit. Kaukasische Lebensbilder*, A. Boltz, Bln. 1852. – *Ein Held unserer Zeit*, W. Lange, Lpzg. o. J. [1878]. – Dass., M. Feofanoff, Lpzg. 1906. – Dass., A. Luther (in *Werke*, Lpzg. 1922; ern. Ffm. 1963; Nachw. A. Naumann; EC). – Dass., J. v. Guenther, Mchn. o. J. [1923]. – *Der Held unserer Zeit*, F. Frisch, Zürich 1945. – *Ein Held unserer Zeit*, E. Müller-Kamp, Zürich 1963. – Dass., J. v. Guenther, Stg. 1968 (RUB). – Dass., A. Luther, Zürich 1986 (detebe). – Dass., G. Stein, Ffm. 1989. – Dass., ders., Mchn. 1989 (dtv).

Verfilmungen: *Knjažna Meri*, SU 1926 (Regie: V. Barskij). – *Bela*, SU 1927 (Regie: ders.). – *Maksim Maksimyč*, SU 1927 (Regie: ders.). – *Knjažna Meri*, SU 1955 (Regie: A. Annenskij).

Literatur: Z. Ja. Rez, *Roman M. Ju. L. »Geroj našego vremeni«*, Leningrad 1956. – J. Mersereau, »*The Fatalist« as a Keystone of »A Hero of Our Times«* (in SEEJ, 4, 1960, S. 137–146). – B. M. Ėjchenbaum, »*Geroj našego vremeni*« (in B. M. Ė, *Stat'i o L.*, Moskau 1961, S. 221–288). – D. E. Tamarčenko, *Iz istorii russkogo klassičeskogo romana*, Leningrad 1961, S. 59–103. – A. Lipski, *Pechorin's Quest for ›Meaningfulness‹* (in Slavic Review, 23, 1964, S. 239–257). – T. N. Mrevlišvili, *O nekotorych osobennostjach jazyka i stilja »Geroja našego vremeni« M. Ju. L.* (in Russkij jazyk v škole, 1964, Nr. 5, S. 33–37). – A. Titov, *L. i ›Geroj načala veka‹* (in Russkaja literatura, 7, 1964, 3, S. 13–31). – B. T. Udovov, *»Geroj našego vremeni« kak javlenie istoriko-literaturnogo processa* (in *M. Ju. L. Issledovanija i materialy*, Voronež 1964, S. 3–109). – K. Grigor'jan, *O sovremennych tendencijach v izučenii romana L. »Geroj našego vremeni«* (in Russkaja literatura, 16, 1973, S. 57–79). – Ders., *L. i ego roman »Geroj našego vremeni«*, Leningrad 1975. – C. J. G. Turner, *Pechorin: An Essay on L.'s »A Hero of our Time«*, Birmingham 1978. – G. D. Cox, *Dramatic Genre as a Tool of Characterization in L.'s »A Hero of our Time«* (in Russian Literature, 11, 1982, Nr. 2, S. 163–172). – T. Urazaeva, *»Žurnal Pečorina«. K probleme »ispovedal'nogo« povestvovanija v strukture romana* (in Problemy metoda i žanra, 13, 1986, S. 155–172).

MASKARAD

(russ.; *Die Maskerade*). Versdrama in vier Akten von Michail Ju. Lermontov, erschienen 1842, Uraufführung: Moskau, 24. 9. 1862, Malyj teatr. – Evgenij Arbenin, einst ein Petersburger Salonlöwe und leidenschaftlicher Kartenspieler, hat sich nach seiner Heirat mit Nina Arbenina völlig aus dem gesellschaftlichen Leben zurückgezogen. Eines Tages jedoch trifft er im Hause seines früheren Spiel- und Zechkumpanen Kazarin den jungen Fürsten Zvezdič, der soeben sein ganzes Vermögen verspielt hat. Von alter Spielleidenschaft angestachelt, übernimmt Arbenin die Partie des Fürsten und gewinnt ihm das verlorene Geld zurück. Am Abend desselben Tages findet ein Maskenball statt, an dem Arbenin und Zvezdič und – ohne ihren Mann davon unterrichtet zu haben – auch Nina Arbenina teilnehmen. Ein Maskenflirt der attraktiven Baronin Štral' mit dem jungen Zvezdič bringt die tragische Entwicklung in Gang. Hingerissen von der schönen Unbekannten, erbittet sich Zvezdič ein Unterpfand ihrer Zuneigung. Um ihre Identität nicht zu verraten, überläßt die Baronin dem Fürsten ein Armband, das Nina Arbenina im Gedränge verloren hat. Zvezdič zieht Arbenin ins Vertrauen und zeigt ihm das Armband. Arbenins anfangs noch vager Verdacht steigert sich zu einer pathetischen Eifersuchtsszene im Stile Othellos, als Nina zu Hause den Verlust ihres Armbandes zugeben muß. Zvezdič, der unterdessen Nina als Besitzerin des Armbandes ermittelt hat, schickt dieser einen leidenschaftlichen Liebesbrief, der von Arbenin abgefangen wird. Von Rachegedanken getrieben, dringt Arbenin in das Haus des schlafenden Fürsten ein, ist jedoch nicht in der Lage, diesen zu ermorden. Statt dessen bezichtigt er den vermeintlichen Nebenbuhler öffentlich des Falschspiels. Damit ist dieser gesellschaftlich kompromittiert. Arbenin vollendet sein Rachewerk, indem er Nina vergiftet und, ihren Unschuldsbeteuerungen gegenüber taub, ungerührt ihrem Todeskampf zuschaut. Der Fürst und ein »Unbekannter« (Neizvestnyj), den Arbenin vor vielen Jahren durch gnadenloses Hazardspiel ruiniert hatte, erscheinen in Arbenins Haus und beweisen durch einen Brief der Baronin Štral' Ninas Unschuld. Arbenin bricht zusammen und verliert den Verstand.

Verkörperten Jurij Volin und Vladimir Arbenin, die Helden der 1830 und 1831 entstandenen Tragödien *Menschen und Leidenschaften* (dt. im Original) und *Strannyj čelovek* (*Ein seltsamer Mensch*) noch ungebrochen Lermontovs Ideal des dämonischen Individuums, so zeichnet sich in *Maskarad* eine Revision dieses Heldentypus ab. Gut und Böse *(dobro i zlo)*, die beiden Pole, zwischen denen Lermontovs Held sich bisher meist nur in abstrakter Rhetorik bewegte, werden im bündigen Kausalnexus der dramatischen Fabel und in einem konkreten gesellschaftlichen Milieu, der Petersburger High-Society, entfaltet. Wie später die Figur Pečorins in Lermontovs Roman *Geroj našego vremeni,* 1840 *(Ein Held unserer Zeit)*, so wird auch Arbenins Handeln figurenperspektivisch gebrochen und relativiert. Der Rezipient wird sowohl zur Sympathie mit der Figur des leidenschaftlichen Helden als auch zur moralischen Distanzierung von ihm aufgefordert. Eine zusätzliche Brechung erfolgt dadurch, daß Arbenin und seine Mit- und Gegenspieler letztlich nur Varianten ein und desselben Typus sind. In negativer Hinsicht gilt dies für die dämonische Gestalt Arbenins selbst, für den mephistophelischen Kazarin und den intriganten jüdischen Geldleiher Šprich – in positiver Hinsicht für den gereiften, postromantischen Arbenin und den »Unbekannten«. Indem der Text auf diese Weise gleichsam unterschiedliche genetische Varianten des romantischen Helden durchdekliniert, wird Arbenin jene Absolutheit genommen, die sich aus seiner Rolle als historischer Einzelkämpfer (einer gegen alle) ableiten ließe.

War PUŠKINS *Boris Godunov* (1831) die erste große Tragödie der russischen Romantik, an SHAKESPEARE orientiert, so macht sich in Lermontovs Dramaturgie zum einen der Einfluß des deutschen bürgerlichen Trauerspiels, zum anderen der von A. GRIBOEDOVS klassizistisch anmutender Verskomödie *Gore ot uma,* 1824 *(Verstand schafft Leiden)*, geltend. Neben der dramaturgisch wichtigen Funktion des Gerüchts und der seichten Gesellschaftsintrige kommt der Einfluß Griboedovs besonders in sprachlicher Hinsicht zur Geltung. Die Eleganz des vier- bis sechshebigen Jambus in Lermontovs Konversationsdialogen übertrifft dabei oft die aphoristische Bündigkeit Griboedovs.

Nicht weniger kompliziert als der Handlungsaufbau des Dramas ist dessen Entstehungsgeschichte. Eine ursprünglich dreiaktige Version, die mit Ninas Tod endete und die der Autor 1835 der Zensur vorlegte, wurde mit der Begründung zurückgewiesen, das Stück enthalte zu viel kritische Anspielungen auf die Petersburger Hocharistokratie. Statt des tragischen Endes fordert Gendarmeriechef Benckendorff die Versöhnung des zerstrittenen Ehepaares, d. h. eine völlig andere Gattung als die vom Autor intendierte Tragödie. Obwohl Lermontov einen solchen Eingriff ablehnte, machte er sich doch an eine Neufassung. Das Stück wurde um einen Akt erweitert, in dem durch Einführung des »Unbekannten« Arbenins Bild noch negativer erscheint als in der ersten Version. Auch diese Fassung jedoch stieß bei der Zensur im Januar 1836 auf Ablehnung. Unter dem Titel *Arbenin* schrieb Lermontov daraufhin eine weitere, diesmal fünfaktige Version, die in wesentlichen Punkten von den beiden vorausgegangenen so stark abweicht, daß sie bereits ein neues Drama darstellt. Der wissenschaftliche Streit darüber, welche Fassung als kanonisch zu betrachten sei, ist bis heute unentschieden. Allgemein jedoch hält man sich an die hier referierte zweite Version. A.Gu.

AUSGABEN: Petersburg 1842 (in *Stichotvorenija*, 4 Tle., 1842–1844, 3). – Petersburg 1875 (in Ruskaja starina, Nr. 14). – Petersburg 1891. – Petersburg 1913 (in *Sočinenija*, 2 Tle., 2). – Moskau/Leningrad 1956 (in *Poln. sobr. soč.*, Hg. N. F. Belčikov u. a., 6 Bde., 1954–1957, 5; krit.). – Moskau 1983 (in *Sobr. soč.*, Hg. I. L. Andronikov u. a., 4 Bde., 1983/84, 2).

LITERATUR: B. V. Nejman, »*Maskarad*« L. (in M. Ju. L., *Maskarad*, Moskau/Leningrad 1940, S. 171–178). – »*Maskarad*« L. Sbornik statej, Moskau/Leningrad 1941. – V. Komarovič, *Avtobiografičeskaja osnova* »*Maskarada*« (in Literaturnoe nasledstvo, 43/44, 1941, S. 629–672). – B. I. Kandiev, »*Maskarad*« (in Uč. zap. Severno-Osetinskogo gosud. ped. inst., 3, 1942, Nr. 16, S. 35–53). – A. N. Dokusov, »*Maskarad*« *M. Ju. L.* (in Uč. zap. Leningradskogo gosud. ped. inst. im. A. I. Gercena, 120, 1955, S. 5–42). – V. Turbin u. I. Usok, *Tragedija gordogo uma (O chudožestvennom svoeobrazii dramy L.* »*Maskarad*«) (in Voprosy literatury, 4, 1957, S. 83–109). – L. A. Linev, *Iz tvorčeskoj istorii dramy M. Ju. L.* »*Maskarad*« (in Uč. zap. Kišinevskogo gosud. ped. inst., 11, 1959, S. 59–71). – V. K. Bogomolec, *Obraz Kazarina v drame* »*Maskarade*« (in *M. Ju. L., Materialy i soobščenija VI vsesojuznoj Lermontovskoj Konferencii,* Stavropol' 1965, S. 88–100).

MCYRI

(russ.; *Der Novize*). Poem von Michail Ju. LERMONTOV, erschienen 1840. – Noch lange nachdem der grusinische Herrscher Georg XII. im Jahr 1801 den Anschluß seines Landes an das russische Zarenreich verfügt hatte, waren die Verbindungswege zwischen Transkaukasien und dem russischen Imperium von den um ihre Freiheit kämpfenden Bergvölkern des nördlichen und des Hohen Kaukasus bedroht. Erst nach den Napoleonischen Kriegen gelang es dem russischen General Ermolov, der 1816 als Oberbefehlshaber Grusiniens in Tiflis eintraf, das kaukasische Bergland im Sinne des zaristischen Imperialismus zu »befrieden«. Als Lermontov 1837 auf dem Weg in die Verbannung die alte grusinische Hauptstadt Mccheta besuchte, soll er nach dem Zeugnis P. Viskovatovs dort den letzten Mönch des Klosters Džvaris-sakdari (»Zum heiligen Kreuz«) getroffen haben, der ihm die Geschichte erzählte, die seinem späteren Poem *Mcyri* zugrunde liegt: Der Mönch war in den Bergen des Kaukasus geboren, fiel jedoch schon als Kind den russischen Truppen in die Hände, erkrankte und wurde von General Ermolov dem Kloster von Mccheta übergeben. Hier wuchs er auf, lernte Russisch und wurde getauft. Mehrfach hatte er versucht, dem aufgezwungenen Klosterleben zu entfliehen, wurde jedoch jedesmal wieder gefangen und zurückgebracht. Erst als ihn nach einem letzten Ausbruchsversuch eine Krankheit dem Tode nahebrachte, fand er sich mit seinem Schicksal ab und wurde Mitglied der Klostergemeinschaft.

Die Einleitung des Poems führt in die georgische Umwelt ein und zeichnet in knappen Strichen das Schicksal des gefangenen Grusiniers, der nach seinem letzten Fluchtversuch todkrank darniederliegt. Niemand gelingt es, die Ursache seines Leids zu erfahren, bis er sich endlich einem der Mönche eröffnet. Die Schilderung, die der Novize in einem langen, leidenschaftlichen Monolog von der kurzen Zeit seiner Freiheit gibt, erhebt sich zu einer glühenden Verteidigung seines Rechts auf ein Leben nach eigenem Willen, auf die Unabhängigkeit seines Vaterlands, auf die eigene Freiheit und die seines Volkes. Rasch verläßt die Rede das Gleichmaß des epischen Berichts und steigert sich zu einem Katarakt ausdrucksstarker, lyrischer Motive und Szenen, in deren Zentrum der symbolische Kampf des jungen Helden gegen den Panther des grusinischen Urwaldes steht – ein Sinnbild des Freiheitskampfes der nichtrussischen Nationalitäten gegen die zaristische Unterdrückungspolitik, das Lermontov einem weitverbreiteten grusinischen Volkslied entnahm. Doch alle Anstrengungen des Fliehenden bleiben vergeblich. Nach Tagen des Umherirrens muß er erkennen, daß er im Kreis gelaufen ist; verzweifelt bricht er beim Anblick der Klostermauern zusammen.

Es ist verständlich, daß den verbannten Dichter das Sujet des freiheitsdürstenden Klosterzöglings reizen mußte. Literarische Anregungen empfing er vor allem von Byrons 1816 erschienenem *Prisoner of Chillon* (in der Übersetzung V. Žukovskijs) und von I. Kozlovs Poem *Černec*, 1823 *(Der Mönch)*. Große Partien des Poems sind umgearbeitete Übernahmen aus Lermontovs eigenen Jugendwerken *Ispoved'*, 1831 *(Die Beichte)*, und *Bojarin Orša*,

1835/36 *(Der Bojar Orša)*. Niedergeschrieben hat Lermontov das Werk erst nach seiner Rückkehr aus der Verbannung: Das Autograph trägt das Datum des 5. August 1839. Seinen ursprünglichen Titel *Bèri* (grus. »der Mönch«) hat Lermontov später durch das zutreffendere *Mcyri* (grus. »der Novize«) ersetzt. – Lermontovs Poem ist in vierfüßigen Jamben mit regelmäßigem männlichem Ausgang geschrieben. Der Dichter wahrt hier das Reimschema strenger als im späteren *Dèmon*; er variiert lediglich an manchen Stellen den zugrundeliegenden Paarreim, um durch die Hinzufügung einer dritten Verszeile gleicher Gestalt eine gewichtigere, eindringlichere syntaktische Form zu erzielen.   C.K.

Ausgaben: Petersburg 1840 (in *Stichotvorenija*). – Moskau/Leningrad 1936 (in *Poln. sobr. soč.*, Hg. B. M. Èjchenbaum, 5 Bde., 1935–1937, 2). – Moskau/Leningrad 1955 (in *Poln. sobr. soč.*, Hg. N.F. Bel'cikov u. a., 6 Bde., 1954–1957, 4; krit.). – Moskau 1960. – Letchworth 1980. – Moskau 1984 (in *Sobr. soč.*, Hg. I. L. Andronikov u. a., 4 Bde., 1983/84, 3).

Übersetzungen: *Der Novize*, R. v. Budberg-Benninghausen, Bln. 1842. – *Der Mzyri*, A. Luther (in *Werke*, Lpzg. 1922).

Vertonung: M.M. Ippolitov-Ivanov, *Mtzyri* (symphon. Dichtung; Wien/Moskau 1929).

Literatur: M. E. Duchesne, »*Le novice*« (in M. E. D., *M. J. L.*, Paris 1910, S. 122–128). – N. F. Babuškin, *Iz tvorč. i lit. istorii poèmy L.* »*Mcyri*« (in Uč. zap. Tomskogo univ., 7, 1947, S. 22–43). – S. I. Lejšev, *Poèmy L.* »*Dèmon*« *i* »*Mcyri*« (in Literatura v škole, 1, 1940, S. 33–49). – A. N. Solokov, *Romantičeskaja poèma L.* (in A. N. S., *M. J. L.*, Moskau 1957, S. 33–49). – I. Andronikov, *L. v Gruzii v 1837 g.*, Tiflis 1958. – R. Reid, *Hero, Plot and Myth: Some Aspects of L.'s Caucasian* »*Poèmy*« (in Essays in Poetics, 7, 1982, Nr. 2, S. 39–64). – O. Il'nickij, *Osnovnye obraznosmyslovye zakonnomernosti poèmy L.* »*Mcyri*« (in Russkoe vozroždenie, 19, 1982, S. 140–157). – Ders., *L.s* »*Mcyri*«: *Themes and Structure* (in R. Reid, *Problems of Russian Romanticism*, Brookfield/Vermont 1986, S. 127–168).

NIKOLAJ SEMËNOVIČ LESKOV

* 16.2.1831 Gorochovo / Gouvernement
Orël
† 5.3.1895 St. Petersburg

LITERATUR ZUM AUTOR:
Bibliographien:
Istorija russkoj literatury XIX veka. Bibliografičeskij ukazatel', Hg. K.Muratova, Moskau/Leningrad 1962, S.429–434. – V.Petrovskaja, *N. L. S. K. 150-letiju so dnja roždenija*, Moskau 1980. – I. Muller de Morogues, *L'œuvre journalistique et littéraire de N. S. L.: bibliographie*, Bern u. a. 1984.
Biographie:
A. Leskov, *Žizn' N. L. po ego ličnym, semejnym i nesemejnym zapisjam i pamjatnikam*, 2 Bde., Moskau 1984.
Gesamtdarstellungen und Studien:
M. L. Rössler, *L. u. seine Darstellung des religiösen Menschen*, Diss. Marburg 1939. – L. Grossman, *N. S. L. Žizn' – Tvorčestvo – Poètika*, Moskau 1945. – B. Macher, *L.s Verhältnis zur Orthodoxie*, Diss. Marburg 1952. – H. Maclean, *Studies in the Life and Art of L.*, Cambridge/Mass. 1956. – V. Setschkareff, *N. S. L. Sein Leben und sein Werk*, Wiesbaden 1959. – B. Drugov, *N. S. L. Očerk tvorčestva*, Moskau ²1961. – M. S. Gorjačkina, *Satira L.*, Moskau 1963. – V. Barkson, *The Misunderstood and Misinterpreted L.*, Diss. Pittsburgh 1969. – W. Girke, *Studien zur Sprache N. S. L.s*, Mchn. 1969. – S. Sigal, *Contribution à l'étude de l'humour verbal dans l'œuvre de N. S. L.*, Diss. Aix-en-Provence 1969. – B. Zelinskij, *Roman u. Romanchronik. Strukturuntersuchungen zur Erzählkunst N. L.s*, Köln 1970. – J. G. K. Russel, *L. and Folklore*, Diss. Princeton Univ. 1971. – N. Gruss, *L. et les juifs de Russie*, Paris 1974. – V.Troickij, *L. – chudožnik*, Moskau 1974. – L. G. Čudnova, *L. v Peterburge*, Leningrad 1975. – D. Dragt, *The Righteous Man. A Study of the Positive Heroes in the Works of N. S. L.*, Diss. Michigan State Univ. 1975 [enth. Bibliogr.]. – H. McLean, *N. L.: the Man and His Art*, Cambridge/Mass. 1977. – *Tvorčestvo N. S. L.*, Hg. G. Kurljandskaja u. a., Kursk 1977. – J. Muckle, *N. L. and the ›Spirit of Protestantism‹*, Birmingham 1978. – I. V. Stoljarova, *V poiskach ideala. Tvorčestvo N. S. L.*, Leningrad 1978. – K. Lantz, *N. L.*, Boston 1979. – W. Keenan, *The Early Works of N. S. L. A Study of the Writer's Development*, Ldn. 1981. – V. Semenov, *N. L. Vremja i knigi*, Moskau 1981. – *V mire L. Sbornik statej*, Hg. V. Bogdanov, Moskau 1983. – N.N. Starygina, *Problema cikla v proze N. S. L.*, Diss. Leningrad 1985. – V. Zarva, *Tvorčestvo N. S. L. v aspekte russko-ukrainskich literaturnych vzaimosvjazej*, Diss. Kiew 1985. – L. A. Anninskij, *Leskovskoe ožerel'e*, Moskau ²1986. – P. G. Chester, *Hagiography in the Prose of Tolstoy and L.*, Diss. Harvard Univ. 1986. – S. F. Dmitrenko,

Idejno-èstetičeskie funkcii vymysla v tvorčestve N. S. L., Diss. Moskau 1986. – S. Mikuškina, *N. S. L. v russkoj presse 80-90ch godov XIX veka*, Diss. Moskau 1986. – *Tezizi i doklady… konferencii posvjaščennoj 160-letiju so dnja roždenija L.*, Orel 1991.
Neue Werkausg.: Sobr. soč. v dvenadcati tomach, Moskau 1989.

LEDI MAKBET MCENSKOGO UEZDA

(russ.; *Lady Macbeth aus dem Landkreis Mcensk*).
Novelle von Nikolaj S. LESKOV, erschienen 1865. –
In dieser dramatischen Novelle greift der Autor aus der *»kaleidoskopartigen Buntheit des russischen Lebens«* ein Frauenschicksal heraus und schildert in dem sich überstürzenden Handlungsablauf die Entfesselung eines *»schrecklichen Dramas«* von Ehebruch, Mord und Selbstvernichtung.
Nach sechs Jahren einer tristen, unfruchtbaren Ehe mit einem um dreißig Jahre älteren reichen Kaufmann verliebt sich Katerina L'vovna in ihren jungen Hausknecht Sergej. Die erste Begegnung der beiden Liebenden genügt, um das Leben Katerinas von Grund auf zu ändern. Sie ergibt sich ihrer Leidenschaft in einem Maße, das die kleinbürgerliche Ordnung ihres bisherigen Daseins augenblicklich sprengt und all ihre menschlichen Bindungen zunichte macht. Wer immer sich ihrer Liebe als Hindernis in den Weg stellt, wird beseitigt: der Schwiegervater vergiftet, der von einer Reise heimkehrende Ehemann auf bestialische Weise ermordet. Um sich das Vermögen des Kaufmanns zu sichern, ersticken die beiden auf so unheilvolle Weise Verstrickten dessen minderjährigen Neffen und Erben. Dieser dritte Mord jedoch bringt ihr Treiben an den Tag: Sie werden verhaftet und zu lebenslänglicher Zwangsarbeit verurteilt. Erst in dem Zug von Arrestanten, der sich auf dem Weg nach Sibirien befindet, sehen sie sich wieder. Sergejs Liebe aber ist erkaltet; ohne Geld und Besitz bedeutet Katerina für ihn nur eine lästige Konkubine, die er nun brutal demütigt und mit einer Mitgefangenen betrügt. Diese Erniedrigung vermag die von ihrer Leidenschaft besessene Katerina nicht zu ertragen. Rasend vor Haß und Eifersucht reißt sie bei einer Flußüberfahrt ihre Nebenbuhlerin mit sich in die Fluten und beendet so ihr zum Zerstören und Zerstörtwerden bestimmtes Leben.
Diese wilde Tragödie der Leidenschaft, in der die Liebe mit elementarer, alle Gesetze mißachtender, zerstörerischer Gewalt zum Ausbruch kommt, hat in der Literatur des 19. Jh.s nicht ihresgleichen. Der bei Leskov auffällige, gestelzt wirkende Titel der Novelle ist eine ironische literarische Anspielung auf die nach dem Vorbild SHAKESPEAREscher Helden angelegten lebensschwachen, grüblerisch-intellektuellen Helden I. TURGENEVs: Ihnen stellt Leskov vitale Menschen mit ihren Leidenschaften entgegen, ohne sich jedoch um deren psychologische Vertiefung zu bemühen. Seine Gestalten faszinierten ihn allein ihres *»außergewöhnlichen«* Schick-

sals wegen. Dieses häufigste Adjektiv seiner Novellen ist zugleich die treffendste Charakteristik der Erzählungen selbst. – Zwischen 1930 und 1932 vertonte der sowjetische Komponist Dimitrij Šostakovič Leskovs Novelle. 1934 uraufgeführt, wurde die Oper in der Stalinzeit schon 1936 verboten. 1960 kam sie in überarbeiteter Fassung auf die Bühne. M.Gru.

AUSGABEN: Petersburg 1865 (in Épocha). – Moskau 1956 (in *Sobr. soč.*, Hg. V. G. Bazanov u. a., 11 Bde., 1956–1958, 1; krit.). – Moskau 1973 (in *Sobr. soč.*, Hg. B. Buchštab, 6 Bde., 1).

ÜBERSETZUNGEN: *Die Lady Macbeth von Mzensk*, S. v. Vegesack, Mchn. 1921. – *Eine Lady Macbeth aus Mzensk*, J. v. Guenther (in *GW*, Bd. 2, Mchn. 1950). – *Eine Lady Macbeth aus Mzensk*, ders. (in *GW*, Bd. 1, Mchn. 1963). – *Die Lady Macbeth aus dem Landkreis Mzensk*, G. Dalitz (in *Die Lady Macbeth und andere Erzählungen*, Vorw. u. Nachw. B. Zelinsky, Mchn. 1974). – *Lady Macbeth des Mzensker Landkreises*, R. Hanschmann (in *Der Weg ins Dunkel*, Ffm. 1980). – *Die Lady Macbeth aus dem Landkreis Mzensk*, G. Dalitz (in *GW in Einzelbänden*, Hg. E. Dieckmann, Bd. 1, Bln./DDR 1988).

VERTONUNG: D. D. Šostakovič, *Ledi Makbet* (Text: A. Preiss u. D. Š.; Oper; Urauff.: Leningrad, 22. 1. 1934; Neufassg.: *Katerina Izmajlova*; Urauff.: Moskau, 8. 1. 1963).

VERFILMUNGEN: *Katarina Izmajlova*, SU 1926 (Regie: Č. Sabinskij). – *Sibirska ledi Magbet*, Jugoslavien 1962 (Regie: A. Wajda).

LITERATUR: M. Kreps, *»Ledi Makbet mcenskogo uezda«. Psichologičeskaja motivirovka obrazov i čitatel'skoe vosprijatie* (in *Otkliki: sbornik statej pamjati Nikolaja Ul'janova*, New Haven 1986, S. 138 bis 154).

NEKREŠČËNNYJ POP

(russ.; *Der ungetaufte Pope*). Erzählung von Nikolaj S. LESKOV, erschienen 1877. – Der wegen seiner Bösartigkeit im ganzen Dorf verhaßte reiche Kosak Dukač vermag keinen Taufpaten für sein Kind zu finden. So schickt er seinen schwachsinnigen Neffen und die gerissene, im Dorf als Zauberin verrufene Hebamme Kerasivna mit dem Täufling ins Nachbardorf, wo es einen Popen gibt, der gegen ein Fäßchen Branntwein bereit sein wird, den kleinen Dukač zu taufen. Da nach ihrer Abfahrt ein fürchterlicher Schneesturm losbricht, begibt sich der alte Dukač beunruhigt auf die Suche nach dem Gefährt. In der Dämmerung entdeckt er einen dunklen Gegenstand im Schnee. Er schießt auf den vermeintlichen Hasen, findet aber statt des Hasen im Schnee eine Pelzmütze, darunter den Kopf des erschossenen Neffen, schließlich das ganze einge-

schneite Gespann. Er muß den Versicherungen der Hebamme Glauben schenken, daß sein Sohn vom Popen des Nachbardorfs auf den Namen Savka getauft worden ist. Erfreut über die Taufe und die Rettung des Kindes, verspricht Dukač, es der Kirche zu weihen. Savka wächst heran, lernt bei einem Einsiedler Lesen und Schreiben und zeichnet sich im geistlichen Seminar durch innige Frömmigkeit und Bibelfestigkeit aus. Als junger Priester in sein Heimatdorf zurückgekehrt, erwirbt er sich bald allgemeine Zuneigung. Auf dem Sterbebett beichtet die greise Kerasivna dem Popen jedoch, daß er nicht getauft sei, was sie seinerzeit dem alten Dukač aus Furcht vor dessen Jähzorn verschwiegen hat. Zu Tode erschrocken, legt Savka sein Amt nieder und meldet den ungeheuerlichen Vorfall seinem Bischof Ignatij. Der beschließt jedoch, den außergewöhnlichen Fall durch eine außergewöhnliche Entscheidung aus der Welt zu schaffen: Er erteilt Savka, den er als berufenen Künder des Wortes Gottes erkannt hat, seinen Segen und schickt ihn in seine Gemeinde zurück.
In ihrer Fülle einfallsreicher, in raschem, dynamischem Wechsel einander ablösender Handlungsmotive erinnert Leskovs Erzählung an die Novellen GOGOL's. Obwohl das Werk eines der zentralen Themen der Weltanschauung des Autors behandelt – den Gegensatz zwischen kirchlich-institutionalisierter und naiv-menschlicher Frömmigkeit –, ist doch unverkennbar, daß Leskovs Aufmerksamkeit weniger auf die Darlegung des ideologischen Gehalts als auf die farbenfrohe, bisweilen groteske Ausgestaltung des Sujets gerichtet ist. In ironischer Distanz scheint die sich naiv-verwundert gebende Diktion der Erzählung das Geschehen unablässig gleichsam von außen zu kommentieren. M.Gru.

AUSGABEN: Petersburg 1877 (in Graždanin). – Moskau 1957 (in *Sobr. soč.*, Hg. V. G. Bazanov u. a., 11 Bde., 1956–1958, 6; krit.).

ÜBERSETZUNGEN: *Der ungetaufte Pope*, J. v. Guenther (in *GW*, Bd. 7, Mchn. 1926). – Dass., ders. (in *Der ungetaufte Pope u. andere Erzählungen*, Mchn. 1955). – Dass., ders. (in *GW*, Bd. 2, Mchn. 1964). – Dass., H. Herboth (in *Der Toupetkünstler u. andere Erzählungen*, Nachw. B. Zelinsky, Mchn. 1975). – Dass., dies. (in *GW in Einzelbänden*, Hg. E. Dieckmann, Bd. 4, Bln./DDR 1984).

NEKUDA

(russ.; *Ohne Ausweg*). Roman von Nikolaj S. LESKOV, erschienen 1864. – Der Roman gehört in die Reihe der in den sechziger und siebziger Jahren des 19. Jh.s in Rußland veröffentlichten tendenziös »antinihilistischen« Literatur, die gegen die rasch anwachsende revolutionär-demokratische Bewegung gerichtet war. Da Leskov schon lange vor dem Erscheinen seines Romans publizistisch militant gegen den Nihilismus – diese Bezeichnung für die revolutionäre junge Generation stammt aus

Turgenevs Roman *Otcy i deti*, 1862 *(Väter und Söhne)* – aufgetreten war, läßt sich die Behauptung, der Autor sei von der fortschrittlichen Kritik mißverstanden worden, nicht aufrechterhalten. Seine Haltung ergab sich vielmehr bruchlos aus seiner konservativ-liberalen Grundeinstellung.

Die Handlung des aus drei Büchern bestehenden Romans spielt zunächst in der Provinz. Die beiden Mädchen Liza Bachareva und Jenny Glovackaja sind mit vielen progressiven Ideen aus dem Pensionat ins Elternhaus zurückgekehrt. Während sich Jenny, der die Sympathie des Autors gilt, bald in die Enge des Provinzlebens gefunden hat, verteidigt Liza ihr Ideal der Frauenemanzipation gegen die Sticheleien der Schwester und die hysterischen Ausbrüche der Mutter. Mit dem Arzt Rozanov, der sich unter ihrem Einfluß aus seiner unglücklichen Ehe befreit – er trägt autobiographische Züge und vertritt in vielem die Ansichten des Autors –, beginnt Liza ein neues Leben in Moskau, wo die beiden Kontakt mit revolutionären Kreisen aufnehmen. Mit Ausnahme des von aufrichtigen politischen Zielen geleiteten Rajner, der dem in Polen wirkenden Revolutionär Arthur Benni nachgebildet ist, werden die Mitglieder der illegalen Gruppe in übertriebener Weise als moralisch verkommene, politisch infantile Vulgärmaterialisten dargestellt. Als die Vorbereitungen zur Erhebung konkrete Formen annehmen, bricht Rozanov mit den Revolutionären und trennt sich von Liza, die am Gedanken eines »*radikalen Umsturzes*« festhält. Liza zieht nach Petersburg, wo sie sich der Kommune des eigennützigen Belojarcev, einer Karikatur auf den fortschrittlichen Schriftsteller Vasilij A. Slepcov (1836–1878), anschließt. Der abstoßend geschilderten Wirklichkeit des Kommunedaseins wird das bürgerliche Familienleben Jennys gegenübergestellt, die, mit dem Provinzlehrer Vjazmitinov verheiratet, ebenfalls nach Petersburg gezogen ist. Jenny rettet den von der Polizei als polnischen Agenten verdächtigten Rajner, der jedoch bald darauf im Zusammenhang mit der polnischen Erhebung des Jahres 1863, dem sog. »Januaraufstand«, als Aufrührer gefangen und hingerichtet wird. Nach kurzer Zeit stirbt Liza an einer Lungenentzündung. Rajners und Lizas Ende sowie die Auflösung der Kommune besiegeln das Schicksal der Revolutionäre. Der pamphletistisch verzerrten Darstellung der nihilistischen Bewegung hat Leskov auf der liberalen Seite nichts entgegenzusetzen gewußt. Der Roman endet mit einem unvermittelt angefügten Kapitel über die aufbauende Tätigkeit eines erst hier eingeführten Bürgers Masljannikov aus der Provinz.

Personen und Geschehen des von der französischen Boulevardliteratur beeinflußten, breiten, zähflüssigen Werks sind, in der Art des Schlüsselromans, unmittelbar historischen Gestalten und Ereignissen nachgebildet. Noch lange danach, als Leskov bereits zu einer kritischen Haltung gegenüber dem bürgerlichen Liberalismus gefunden hatte, war er von dem dokumentarischen Charakter des Romans überzeugt: »*Er enthielt weder Lügen noch tendenziöse Phantastereien, sondern nur eine photographische Reproduktion der tatsächlichen Vorgänge …* *In der literarischen Welt aber wurde erdichtet, daß dieser Roman auf Bestellung der III. Abteilung* [zaristische Geheimpolizei] *geschrieben worden sei, die mir dafür viel Geld gezahlt habe. Dies verdarb meine Position in der Literatur, und da nur sie mein Beruf war, wurde mir mein Leben für ganze zwanzig Jahre verdorben.*« Bevor Leskov in den siebziger Jahren dazu überging, seine literarisch sehr viel anspruchsvolleren Novellen zu schreiben, setzte er seine »antinihilistische« Agitation, die er bereits in der Erzählung *Ovcebyk*, 1863 *(Der Schafochs)*, begonnen hatte, nach dem Erscheinen von *Nekuda* mit dem Roman *Obojdënnye*, 1865 *(Die Übergangenen)*, und vor allem mit *Na nožach*, 1870/71 *(Bis aufs Messer)*, fort.

Na nožach, in der Art eines Kriminalromans geschrieben, erzählt von einer jungen Schönheit, die einen alten Mann wegen seines Reichtums heiratet. Als der Alte einen entfernten Verwandten zum Alleinerben bestimmt, läßt die Frau heimlich das Testament fälschen. Die Lage spitzt sich zu, als sich die Ehegatten unverhofft aussöhnen und der Reiche das Testament zugunsten seiner Frau umschreiben will. Damit die Fälschung nicht aufgedeckt wird, soll der Alte beseitigt werden. Die Tat wird von dem »nihilistischen« Anarchisten Gordanov und seinem Anhang ausgeführt. Vernichtung des Bürgertums durch bewußte Förderung seiner Verfallserscheinungen lautet die Parole dieser Gruppe, die Leskov der revolutionären Bewegung gleichsetzt. Gordanov versteht sich selbst als die Krönung des russischen Nihilismus, als dessen Vorläufer ihm die nihilistischen Helden Gončarovs, Turgenevs und Dostoevskijs gelten. Es kann nicht verwundern, daß die revolutionäre Bewegung Rußlands sich kaum in Leskovs Gordanov wiedererkannte und daß der langatmige, vom Autor selbst als sein schlechtestes Werk bezeichnete Roman bei der Kritik auf Ablehnung stieß.   C.K.

Ausgaben: Petersburg 1864 (in Biblioteka dlja čtenija, Nr. 1–5; 7/8; 10–12). – Petersburg 1865. – Moskau 1956 (in *Sobr. soč.*, Hg. V. G. Bazanov u. a., 11 Bde., 1956–1958, 2).

Literatur: K. I. Čukovskij, *Istorija Slepcovcoj kommuny* (in K. I. Č., *Ljudi i knigi šestidesjatych godov*, Leningrad 1934). – N. S. Pleščunov, *Romany L. »Nekuda« i »Soborjane«*, Baku 1963.

OČAROVANNYJ STRANNIK

(russ.; *Der verzauberte Pilger*). Novelle von Nikolaj S. Leskov, erschienen 1873. – Absicht der meisten Erzählungen Leskovs ist die Aufdeckung des Widerspruchs zwischen dem vermeintlich unverfälschten natürlichen Wesen des Menschen und dessen Entstellung und Verzerrung im weltlichen Geschäft, dem alltäglichen gesellschaftlichen Handeln des Menschen. Diese Ansicht, der es nicht um die Befreiung des Menschen durch Befreiung der Gesellschaft, sondern um seine Selbstverwirklichung in der Abwendung von der Gesellschaft geht, hat den Autor in unversöhnlichen Gegensatz zur revolutionären russischen Bewegung gebracht. Verschiedentlich hat Leskov die Verstrickung des Menschen in die soziale Wirklichkeit, die sich erdrückend über seine wahre Bestimmung legt, im Bilde des Zaubers, der Verzauberung umschrieben. In *Očarovannyj strannik* erfährt dieses Bild seine tiefste und detaillierteste Entfaltung. Leskov hat auch diese Novelle in eine – autobiographisch begründete – Rahmenhandlung eingefügt.

Auf dem Schiff erzählt der Held der Novelle, Ivan Severjanovič Fljagin, Sohn eines leibeigenen Kutschers, der zufälligen Reisegesellschaft die Stationen seines Lebens. Er hat aus Übermut bei einer der Ausfahrten seines Gutsherrn den Tod eines Mönchs aus dem benachbarten Kloster verschuldet. Der Mönch erscheint ihm fortan im Traum, um ihm die *»wahre Bestimmung«* seines Lebens zu verkünden: Zum Dank für die langerflehte Geburt des Nachfolgers ist Ivan von seiner Mutter, die im Wochenbett starb, dem Dienst an Gott versprochen worden. Zeichen der Richtigkeit dieser Botschaft soll die Tatsache sein, daß er in seinem Leben ungezählte Male in äußerster Gefahr schweben, doch so lange davonkommen werde, bis er durch *»das wahre Verderben«* zur Besinnung gebracht und zum Eintritt ins Kloster bewogen wird. Dieser *»Zauber«*, die Prophezeiung des Mönchs, ist die innere Klammer der sich anschließenden, in bunter Folge dynamisch wechselnden Szenen. Nur durch die Gestalt des Helden verbunden, zeigen sie sein reiches, gefährliches, stets jedoch ganz der Zufälligkeit der äußeren Umstände unterworfenes Leben. Als Vorreiter rettet Ivan unter Lebensgefahr die Equipage seines Herrn; als »Connaisseur« bezwingt er die ungebärdigsten Pferde; mit einem Zigeuner versucht er sich im Pferderaub; auf dem Markt verdingt er sich als Kindermädchen; seinen Zögling raubt er gemeinsam mit dessen davongelaufener Mutter; zehn Jahre zieht er durch die Steppe als Gefangener der Tataren; durch ein schreckenerregendes Feuerwerk bekehrt er sie zu einem oberflächlichen Christentum und entweicht; aus der Ferne verliebt er sich in das Zigeunermädchen Gruša, das sein neuer Brotgeber zu seiner Geliebten macht; als Soldat avanciert er wegen seiner Tapferkeit zum Offizier; als Verantwortlicher für den Buchstaben F gerät er ans Petersburger Adreßbüro; zuletzt wird er Schauspieler, ehe er tatsächlich in der Einsamkeit des Klosters seine Ruhe findet.

Der Wendepunkt im Leben des Helden ist seine Begegnung mit dem Zigeunermädchen Gruša. Kunstvoll eingeleitet durch eine widerwärtig-tiefsinnige Trinkszene, nimmt sie Ivan in der ersten echt empfundenen Liebe, der ersten Anteilnahme an dem Leid des anderen die »Verzauberung«, die oberflächliche Befangenheit in den Dingen dieser Welt. Das *»wahre Verderben«* in der äußersten Selbstaufgabe der Trunkenheit – *»Ein fremder Wille wirkte in mir, und ich erfüllte ein fremdes Schicksal«*

– bringt Ivan der Erkenntnis der *»Krone der Schöpfung«* in seinem Mitmenschen nahe. Zwar gewinnt diese Erkenntnis bei Ivan, der sein Leben stets als unreflektierte Antwort auf äußere Anstöße gelebt hat, keine rationale Klarheit, doch bringt sie die Saiten seines verschütteten Selbst zum ersten Male zum Klingen.

Sosehr sich Leskov bemüht, den Weg Ivans nicht als konsequenten Fortschritt seiner intellektuellen Einsicht, sondern als intuitive Annäherung an das »Ziel« seiner Bestimmung darzustellen, so wenig vermag er doch die gedankliche Unstimmigkeit seiner Novelle zu verdecken: Es konnte ihm nicht gelingen, den Rückzug des Individuums auf das Ich als Konsequenz seines ersten Schrittes zum Du zu erweisen; der Eintritt des Helden ins Kloster kann nicht als organische Folge seiner Begegnung mit dem Zigeunermädchen verstanden werden. So liegt die Bedeutung der Novelle weniger in ihrer Überzeugungskraft als in ihrer beispielhaften formalen Geschlossenheit. Leskov hat auch in diesem Fall den Helden der Novelle selbst zum Erzähler der Handlung gemacht, um seine Individualität dem Leser in ihrer eigenen Sprache lebendig werden zu lassen. In der ungewandten, anspruchslosen Diktion des ungebildeten Erzählers *(skaz)* erfährt das Sujet der Novelle seine unverwechselbare subjektive Brechung, die als einigendes Band die locker gefügten Einzelszenen zusammenschließt. Der unerschöpfliche Einfallsreichtum dieser Szenen erweist das eigentliche Erzähltalent Leskovs. Boten ihm die reichen Erfahrungen seiner ausgedehnten Reisen durch Rußland hierzu die stoffliche Anregung, so scheinen die lebendigen Volksmärchen *(skazki)* des 17. und 18. Jh.s sein formales Vorbild gewesen zu sein. *»Eine allerliebste Reiselektüre«* hat Leskov seine Novelle selbst genannt, womit er vermutlich den stationsartigen Aufbau der Erzählung charakterisieren wollte, zu dem ihm Fénelons *Les aventures de Télémaque*, Cervantes' *Don Quijote* und Gogol's *Mërtvye duši (Tote Seelen)* als Muster dienten: *»Rundreisen in Čičikovs Art haben mich stets interessiert, und im ›Verzauberten Pilger‹ habe auch ich mich darin versucht.«* C. K.

Ausgaben: Moskau 1873 (in Russkij mir). – Moskau 1957 (in *Sobr. soč.*, Hg. V. G. Bazanov u. a., 11 Bde., 1956–1958, 4; krit.). – Moskau 1973 (in *Sobr. soč.*, Hg. B. Buchštab, 6 Bde., 3).

Übersetzungen: *Der verzauberte Pilger*, A. D. Braun, Lpzg. 1925. – Dass., A. Luther, Hbg. 1961. – *Der verzauberte Wanderer*, J. v. Guenther (in *GW*, Bd. 1, Mchn. 1963). – *Der verzauberte Pilger*, G. Dalitz (in *Die Lady Macbeth und andere Erzählungen*, Vorw. und Nachw. B. Zelinsky, Mchn. 1974). – Dass., A. Luther, Zürich 1982. – Dass., G. Dalitz (in *GW in Einzelbänden*, Hg. E. Dieckmann, Bd. 3, Bln./DDR 1985). – *Der verzauberte Wanderer*, O. v. Taube, Reinbek 1990 (rororo).

Literatur: B. Dychanova, *»Zapečatlennyj angel« i »Očarovannyj strannik« N. S. L.*, Moskau 1980. –

H. Piontek, »*Der verzauberte Pilger*« L. (in DUZ, 14, 1959, S. 30–40; 100–107).

OVCEBYK

(russ.; *Der Schafochs*). Erzählung von Nikolaj S. LESKOV, erschienen 1863. – Vasilij Petrovič, der nach seinen beiden langen Haarflechten neben den Ohren den Beinamen »Schafochs« erhalten hat, ist dem Priesterseminar entlaufen, um die »*Menschen des Evangeliums*« im russischen Alltag zu suchen, und lebt nun, überall und nirgends ansässig, beseelt von dem göttlichen Auftrag, den Menschen ein Beispiel christlicher Selbstaufopferung zu sein. Ohne daß er die Ursache begreifen könnte, führen ihn seine idealistischen Weltveränderungsträume mehr und mehr in die Einsamkeit. Die betriebsame Welt verlacht den absonderlichen Schwärmer, der alle Hoffnung auf das russische Volk, den einfachen und, wie er erkannt hat, schändlich ausgebeuteten Menschen setzt. Aus dem Glauben heraus, das Reich Gottes sei nahegekommen, predigt Vasilij den Bauern und Arbeitern die offene Erhebung gegen die Besitzenden. Die Unterdrückten jedoch hören nicht auf seine Worte. Sie sind in die bestehenden Verhältnisse so sehr eingebunden, daß sie sie gutheißen und Vasilij eher für einen gemeingefährlichen Fanatiker halten. Überflüssig in einer solchen Welt, begeht der »Schafochs« Selbstmord. *Ovcebyk* ist Leskovs erste größere Erzählung, die er 1862/63 in Paris schrieb, wo er als Korrespondent der ›Nordischen Biene‹ tätig war. Bereits in diesem frühen Werk zeigt sich eines der wesentlichsten Gestaltungsmittel des Autors: Die Personen der Novelle charakterisieren sich selbst durch die ihnen in den Mund gelegte unverwechselbare Sprache, den *skaz*. Unverkennbar ist auch die für Leskov charakteristische Dynamik des Handlungsfortlaufs und seine Liebe zum einfallsreich entfalteten Detail. Gleichwohl hat die zeitgenössische Kritik den Erstling des durch seine politischen Mißgriffe bekannt gewordenen Schriftstellers mit erheblicher Reserve aufgenommen. M.Gru.

AUSGABEN: Petersburg 1863 (in Otečestvennye zapiski). – Moskau 1956 (in *Sobr. soč.*, Hg. V. G. Bazanov u. a., 11 Bde., 1956–1958, 1; krit.). – Moskau 1973 (in *Sobr. soč.*, Hg. B. Buchštab, 6 Bde., 4).

ÜBERSETZUNGEN: *Der Schafochs*, E. Müller (in *GW*, Bd. 7, Mchn. 1926). – Dass., G. Dalitz (in *Die Lady Macbeth und andere Erzählungen*, Vorw. u. Nachw. B. Zelinsky, Mchn. 1974). – Dass., ders. (in *GW in Einzelbänden*, Hg. E. Dieckmann, Bd. 1, Bln./DDR 1988).

LITERATUR: V. Bazanov, *Pavel Ivanovič Jakuškin (prototip geroja povesti »Ovcebyk«)* (in Orel, 1950, S. 57–64).

SKAZ O TUL'SKOM KOSOM LEVŠE I O STAL'NOJ BLOCHE

(russ.; *Die Erzählung vom scheelen Linkshänder aus Tula und vom stählernen Floh*). Erzählung von Nikolaj S. LESKOV, erschienen 1881. – Zar Alexander I. verspürt nach dem Ende des Wiener Kongresses das Bedürfnis, »*durch Europa zu fahren und sich die Wunderwerke in verschiedener Herren Länder anzusehen*«. Aus England bringt er ein staunenerregendes »Nymphosorium« (Kontamination aus *infuzorija* – »Infusionstierchen« und *nimfa* – »Nymphe«) mit: einen winzigen Floh aus englischem Stahl, der, aufgezogen, eine reizende Quadrille auszuführen vermag. Dem menschlichen Auge nur durch ein »Melkoskop« (von *melkij* – »klein«) erkennbar, gerät das Kinderspielzeug nach dem Tode des Zaren in Vergessenheit. Erst Nikolaus I. erinnert sich seiner. Dem ehrgeizigen Patrioten ist es zuwider, beständig den Beweis der technischen Überlegenheit des westlichen Auslands vor Augen zu haben. Unverzüglich befiehlt er den ob ihrer Kunstfertigkeit berühmten Waffenschmieden von Tula, über das »Nymphosorium« *nachzudenken und irgend etwas zu erfinden*«, das das englische Spielzeug zu übertreffen vermag. Nach einem Bittgang zu der »*überaus fürchterlichen und schrecklichen*« Ikone des heiligen Nikolaus machen sich die Schmiede ans Werk. Nach wochenlanger Arbeit bringt der »*allerkunstfertigste*« von ihnen, der »Linkshänder«, dem Zaren den Floh zurück: Die Schmiede haben ihn mit kleinen Hufeisen beschlagen, auf denen sie in winziger Schrift ihre Namen eingraviert haben. Stolz schickt der Zar den Linkshänder nach England, um das russische Wunder vorzuführen. Die Engländer loben den russischen Schmied über alles, entdecken jedoch bald den bezeichnenden Mangel seines Werks: Die russischen Hufeisen sind so schwer, daß das plumpe Tier nicht mehr zu tanzen vermag. Auf dem Schiff, das ihn nach Rußland zurückbringt, geht der Linkshänder eine Trinkwette ein, die er nicht überlebt. Vor seinem Tod kann er gerade noch seinen Landsleuten ein waffentechnisches Geheimnis der Engländer verraten. Die russischen Generale jedoch schlagen seine Mitteilung in den Wind – hätten sie auf den Linkshänder gehört, hätte Rußland den Krimkrieg gewonnen.
Auf subtile Weise bringt die Erzählung im Gewand einer vordergründigen Groteske die Kritik an der selbstverschuldeten Rückständigkeit und der eitlen Borniertheit der russischen Gesellschaft zum Ausdruck, die jede fremde Errungenschaft bei ihrer Übernahme nach Rußland durch den Unverstand der Einheimischen in ihr Gegenteil umschlagen läßt. Wenn der Autor seine Erzählung als *skaz* ausgibt, so verwendet er das Wort in seiner doppelten Bedeutung: als Bezeichnung einer literarischen Gattung und zugleich als Terminus für ein durchgehendes Gestaltungsprinzip. Es ist jene Erzählform, die einen subjektiven Sprachstil zur individuellen Charakteristik des Erzählers selbst benutzt. Deutlich weist die Diktion die Erzählung als den Bericht eines einfachen, ungebildeten Menschen

aus dem Volke aus. In unablässiger Folge häufen sich absonderliche Volksetymologien, bizarre Wortverdrehungen, lächerliche Entstellungen von Fremdwörtern usf., die darauf deuten, daß der Erzähler seinem Gegenstand nur mit erheblicher Einschränkung sprachlich gewachsen ist. Leskov gesteht: *»Diese Sprache ... läßt sich nicht leicht fügen, im Gegenteil, es geht sehr schwer, und nur die Liebe zur Sache kann einen veranlassen, eine solche Mosaikarbeit zu unternehmen.«* Gleichwohl kommt die Technik des *skaz* der Neigung des Autors zur ungebändigten Detail- und Episodenreihung entgegen: Sie gestattet ihm, dem vorgegebenen Erzähler die Verantwortung für Stimmigkeit und Ökonomie der Erzählung zu übertragen. – 1925 veröffentlichte Evgenij I. Zamjatin (1884–1937) unter dem Titel *Blocha (Der Floh)* eine erfolgreiche Dramatisierung der Erzählung Leskovs im Stile der italienischen *commedia dell'arte.*   M.Gru.

Ausgaben: Moskau 1881 (in Rus', Nr. 49–51). – Petersburg 1882. – Moskau 1958 (in *Sobr. soč.*, Hg. V. G. Bazanov u. a., 11 Bde., 1956–1958, 7; krit.).

Übersetzungen: *Der stählerne Floh*, K. Nötzel, Mchn. 1921; ern. 1957. – *Die Geschichte von dem stählernen Floh und dem Linkshänder*, J. v. Guenther (in *GW*, Bd. 2, Mchn. ²1950). – *Die Geschichte von dem stählernen Floh und dem Linkshänder aus Tula. Eine Volkslegende*, ders. (in *Der ungetaufte Pope und andere Erzählungen*, Mchn. 1955). – Dass., ders., Stg. 1958 (zus. m. *Das Tier*; RUB; ern. 1962). – *Der Linkshänder*, H. v. Schulz (in *Der Toupetkünstler und andere Erzählungen*, Mchn. 1975).

Dramatisierung: E. I. Zamjatin, *Blocha*, Moskau 1925 (dt.: *Der Floh*, J. v. Guenther, Mchn. 1962).

Literatur: V. Šklovskij, *Ob odnoj cechovoj legende (»Levša«)* (in Ogonëk, 1947, S. 16). – E. S. Litvin, *Fol'klornye istočniki »Skaza o tul'skom Levše i o stal'noj bloche« N. S. L.* (in *Russkij fol'klor. Materialy i issledovanija*, Moskau/Leningrad 1956, S. 125 bis 134).

SKOMOROCH PAMFALON

(russ.; *Der Gaukler Pamphalon*). Erzählung von Nikolaj S. Leskov, erschienen 1887. – Um sein Seelenheil zu retten, entsagt der byzantinische Würdenträger Jermij (Hermius) seinen Ämtern, verteilt sein Gut unter die Armen und verharrt dreißig Jahre auf einer hohen Steinklippe als Säulenheiliger. Eine göttliche Stimme befiehlt ihm, in Damaskus den gottgefälligen Menschen Pamfalon aufzusuchen. Zu seinem Entsetzen stellt sich heraus, daß Pamfalon ein *»Tänzer, Gaukler, Sänger und Wahrsager«* ist, der seinen Beruf vorwiegend in den Häusern der Hetären zur Belustigung der verworfensten Gäste ausübt. Ein ausführliches Gespräch offenbart die konträre Lebensweise beider: dem selbstlos-hilfsbereiten Pamfalon steht der ob

seiner Frömmigkeit selbstgefällige Säulenheilige gegenüber. Pamfalon erzählt, daß er einst ein Gott gegebenes Gelübde gebrochen habe: Im Besitz einer größeren Geldsumme, habe er es nicht vermocht, der Welt zu entsagen und ein gottgefälliges Leben in der Wüste zu führen. Das Geld, das ihn Angst und Mißtrauen lehrt, führt ihn in die Versuchung der Besitzgier. Seine Retterin wird die edle Dame Magna, die ihm einst den Reichtum geschenkt hat. Magna, die Gattin eines byzantinischen Lebemannes und Mutter zweier Kinder, ist in ein Bordell verkauft worden, um die Schulden ihres Mannes abzuarbeiten. Sie bietet Pamfalon ihren Körper gegen eine hohe Summe Geldes, um ihre Kinder aus der Sklaverei zu befreien. Pamfalon weist ihr Angebot zurück, verspricht aber, ihr dennoch zu helfen. Als sein eigenes Geld nicht ausreicht, opfert auf seine Bitte die Hetäre Azella ihren Schmuck, um der unglücklichen Magna zu helfen. Seine tätige Liebe hat Pamfalon erneut zum armen Mann gemacht. Doch Jermij bestätigt ihm: *»Viele von denen, die die Welt verachtet, werden auf dem Weg der Gnade in die Ewigkeit eingehen, – viele von denen, die ich als hochmütiger Einsiedler in meiner Eigenliebe vergessen habe.«* Pamfalon kehrt zu seiner Gaukelei zurück, und auch Jermij entschließt sich zu einer Tätigkeit in der Welt. Er verdingt sich als Ziegenhirt, denn: *»... der Mensch muß dem Menschen dienen«.* In seiner Todesstunde sieht Jermij das Wort »Eigenliebe« in großen schwarzen Lettern als Schranke auf den Himmel geschrieben, die ihm den Eingang in die Ewigkeit verwehrt. Es ist Pamfalon, der mit seinem Gauklergewand darüber hinfährt und das Wort aus dem unendlichen Raum wischt. Hand in Hand fliegen Pamfalon und Jermij der Ewigkeit zu.

Aus dem unveröffentlichten Vorwort der Erzählung ist ersichtlich, das Leskov das Werk in polemischer Absicht verfaßt hat. Es ist gegen die 1886 in der Zeitschrift ›Delo‹ erschienene dramatische Bearbeitung einer florentinischen Legende gerichtet, die vom Publikum geschätzt und den »byzantinischen« Legenden aus der Feder L. Tolstojs ihrer angeblichen Farbigkeit und psychologischen Tiefe wegen vorgezogen wurde. Leskov sucht zu beweisen, daß auch der byzantinisch-russischen Hagiographie stoffliche Vielfalt und menschliche Wärme innewohnt. Den abstrakten Tugenden der Helden der westlichen Legende hält er die aufopfernde Liebestat des Pamfalon vor, der sich Magna zuliebe nicht vor der tiefsten Erniedrigung scheut. In seinem polemischen Elan hat Leskov seine Quelle, die byzantinisch-altrussische Legende des heiligen Theodulos, weit hinter sich gelassen. Er schuf – nach seinen eigenen Worten – eine Kunstlegende im Sinne Flauberts und Tolstojs, deren künstlerische Wirkung allenfalls durch Leskovs Versuch gemindert wird, der Erzählung aktuellen Zeitbezug zu verleihen.   M.Gru.

Ausgaben: Petersburg 1887 (in Istoričeskij vestnik, März). – Moskau 1958 (in *Sobr. soč.*, Hg. V. G. Bazanov u. a., 11 Bde., 1956–1958, Bd. 8; krit.).

ÜBERSETZUNGEN: *Der Gaukler Pamphalon*, J. v. Guenther, Mchn. 1923. – Dass., E. Müller (in *GW*, Bd. 3, Mchn. 1925). – Dass., J. v. Guenther (in *GW*, Bd. 4, Mchn. ²1950). – Dass., ders., Stg. 1961 (RUB). – Dass., G. Dalitz (in *Mitternachtsgespräche und andere Erzählungen*, Nachw. B. Zelinsky, Mchn. 1976; ern. 1989). – Dass., ders. (in *GW in Einzelbänden*, Hg. E. Dieckmann, Bd. 5, Bln/DDR 1986).

SOBORJANE

(russ.; *Die Klerisei*). Roman von Nikolaj S. LESKOV, erschienen 1872. – Nach dem Mißerfolg der Romane *Nekuda*, 1864 *(Ohne Ausweg)*, und *Na nožach*, 1870/71 *(Bis aufs Messer)*, versuchte Leskov sein drittes umfangreiches Werk nach Art einer »Romanchronik« anzulegen, ein Genre, das seiner Erzähltechnik der losen Episodenreihung entgegenkam. Leskovs Thema ist hier eine eigenwillige Kritik der orthodoxen Staatskirche und des religiösen Lebens in Rußland. Die Handlung spielt in der russischen Provinzstadt Stargorod. Das weltliche Regime führt dort der vom Gouverneur überwachte und vom Adelsmarschall dirigierte Stadthauptmann, das geistliche der Erzpriester der Stargoroder Hauptkirche Tuberozov und der Diakon Achilla Desnicyn. Beide verkörpern die positiven Kräfte des Geschehens. Tuberozov ist von der Kirchenbehörde mit dem Auftrag in sein Amt eingesetzt worden, die Sekte der Altgläubigen dem wahren Glauben zurückzugewinnen, und widmet sich mit allem Eifer dieser Aufgabe. Bald muß er jedoch erkennen, daß die überkommenen Dogmen der Orthodoxie einer geistigen und sittlichen Erneuerung des östlichen Christentums entgegenstehen. Von »*heiliger Unruhe*« erfüllt und unfähig, das Amt des Priesters »*mit kalter Leidenschaftslosigkeit*« auszuüben, eröffnet er den Kampf gegen die kirchliche Administration. Immer dringlicher erscheint ihm dabei die Notwendigkeit einer Trennung von Kirche und Staat. Offen erhebt er die Forderung in seiner letzten großen Predigt. Allein in seinem Kampf, von unablässigem, kleinlichem und banalem Streit aufgerieben, schließlich von der Kirche relegiert, stirbt er, im Glauben ungebrochen, als ein gescheiterter Idealist, dessen Ruf nach einer Wiedergeburt der Orthodoxie ungehört verhallt.

Um diesen Handlungskern rankt sich – aus ungezählten Einzelmotiven, Episoden, Skizzen und Aufzeichnungen mosaikartig zusammengefügt – ein vielfältiges, ereignisreiches Geschehen, aus dem sich vor allem die kraftvolle Gestalt des Diakons abhebt, die Züge von Leskovs *Očarovannyj strannik*, 1873 *(Der verzauberte Pilger)*, vorwegnimmt. Die offenkundige Uneinheitlichkeit der Szenerie erklärt sich aus der zensurbedingten weitläufigen Entstehungsgeschichte des Werks. Ursprünglich beabsichtigte der Autor, in seinem Roman das russische Provinzleben umfassend darzustellen. Die erste Fassung (1867) stand folglich unter dem Motto des *Johannes-Evangeliums*, 5, 3: Leskov verglich die russische Gesellschaft mit den Kranken des Teiches Bethesda, welche des göttlichen Engels harren, der ihnen Heilung bringt. Eine zweite Fassung des Romans (1868) trug den Titel *Soborjane*, gelangte jedoch nicht vollständig zum Abdruck. Die endgültige Edition legt in der alle Grenzen einer einheitlichen Konzeption sprengenden Überfülle häufig unzusammenhängender Einzelheiten den Verdacht nahe, daß der Autor »*durch die vielen Umarbeitungen die Übersicht über sein Werk*« verlor (V. Setschkareff).

Von Zeitgenossen ist Leskovs Roman als antikirchliches Buch verstanden worden. Tatsächlich läßt er jedoch das Gebäude der orthodoxen Kirche unangetastet. Erst später – gegen Ende der siebziger Jahre – verlor der Autor die Hoffnung auf eine innere Reformation der Orthodoxie und gelangte schließlich zur grundsätzlichen Ablehnung der Kirche als Glaubensinstitution. 1893 schrieb er, von diesem Standpunkt zurückblickend, über die *Soborjane*: »*In jedem Fall würde ich sie jetzt nicht mehr schreiben. Statt dessen schriebe ich gerne die ›Aufzeichnungen eines Entweihten‹.*«   M. Gru.

AUSGABEN: Moskau 1872 (in *Russkij vestnik*). – Moskau 1957 (in *Sobr. soč.*, Hg. V. G. Bazanov u. a., 11 Bde., 1956–1958, 4; krit.). – Moskau 1973 (in *Sobr. soč.*, Hg. B. Buchštab, 6 Bde., 2).

ÜBERSETZUNGEN: *Die Klerisei*, A. Luther, Lpzg. 1919. – *Die Domherren*, G. Jarno, Lpzg. 1926. – *Die Klerisei*, J. v. Guenther (in *GW*, Bd. 6, Mchn. ³1951). – *Die Priester von Stargorod. Eine Chronik*, W. v. Reinhold, Basel u. a. 1956; ²1959. – *Die Klerisei. Eine Kleinstadtchronik*, A. Luther, Ffm./Hbg. 1960 (Nachw. J. Striedter; EC). – *Die Klerisei*, J. v. Guenther (in *GW*, Bd. 1, Mchn. 1963). – *Die Klerisei. Eine Chronik*, G. Dalitz, Nachw. B. Zelinsky, Mchn. 1981.

LITERATUR: H. M. Biedermann, *Russischer Klerus. Eine Studie zu Leskows »Die Klerisei. Eine Kleinstadtchronik«* (in Ostkirchliche Studien, 2, 1953, S. 253–269). – M. A. Zejtlin, *Analiz chudožestvennych osobennostej romana L. »Soborjane«* (in Učënye zap. Moskovskogo oblastnogo ped. inst., 66, 1958, S. 269–290). – N. S. Pleščunov, *Romany L. »Nekuda i »Soborjane«*, Baku 1963. – I. Gollert, *N. S. L.s Romanchronik »Die Klerisei«*, Diss. Bln. 1969. – A. Burago, *L.'s »Cathedral Folk«. A Russian Apocalypse*, Diss. Univ. of Texas 1976.

TUPEJNYJ CHUDOŽNIK. Rasskaz na mogile

(russ.; *Der Toupetkünstler*). Erzählung von Nikolaj S. LESKOV, erschienen 1883. – *Eine Erzählung auf dem Grabe* lautet der Untertitel des eindrucksvollen Textes, in dem Leskov, der bei der Behandlung gesellschaftskritischer Themen nicht immer eine glückliche Hand bewies, dank seiner überragenden Beobachtungsgabe ein realistisches Bild der gesellschaftlichen Verhältnisse des zeitgenössischen Rußland zeichnet. Die Erzählung, der eine wahre Begebenheit aus dem Jahre 1830 zugrunde liegt, setzt der grausamen Willkürherrschaft der russischen Gutsbesitzer über ihre Leibeigenen ein authentisches Denkmal.

Graf Kamenskij, der Besitzer eines Leibeigenentheaters in Orël, erteilt seinem Toupetkünstler Arkadij den Befehl, die leibeigene Schauspielerin Ljuba für die Rolle der heiligen Cäcilie herzurichten. Jeder Eingeweihte kennt die Bedeutung des Auftrags: Er ist das Zeichen, daß der Graf die Betreffende zur Gefährtin einer Nacht erkoren hat. Ljuba aber ist die Geliebte Arkadijs. Unter dramatischen Umständen gelingt dem Paar die Flucht. An der Landesgrenze werden sie von einem Popen, der sie zu trauen versprach, den Häschern des Grafen ausgeliefert. Arkadij wird gefoltert und nach seiner Genesung ins Heer gesteckt. Ljuba läßt der Graf lebenslänglich in einen Viehstall sperren. Nichts scheint einer glücklichen Wende im Wege zu stehen, als Arkadij, im Kriege zum Offizier befördert, nach Jahren zurückkehrt, um Ljuba freizukaufen. Da fällt er in der Vorstadtherberge, in der er Quartier genommen hat, einem Raubmord zum Opfer.

Tupejnyi chudožnik bedient sich der für das Gesamtwerk des Autors bezeichnenden Technik des *skaz*. Um dem Leser die Figuren in ihrer eigenen, unverwechselbaren Sprache lebendig werden zu lassen, legt der Autor die Erzählung seiner Heldin selbst in den Mund: Ljuba, die aus der Ausweglosigkeit ihres Schicksals heraus zum Wodka gegriffen hat, ohne ihren bezwingenden Charme und die Würde ihrer Persönlichkeit zu verlieren, erzählt im Alter in der Ichform die Tragödie ihrer Jugendliebe.   M.Gru.

AUSGABEN: Petersburg 1883 (in Chudožestvennyj žurnal). – Moskau 1958 (in *Sobr. soč.*, Hg. V. G. Bazanov u. a., 11 Bde., 1956–1958, 7; krit.). – Moskau 1973 (in *Sobr. soč.*, Hg. B. Buchštab, 6 Bde., 4).

ÜBERSETZUNGEN: *Der Toupetkünstler*, E. Müller (in *GW*, Bd. 4, Mchn. 1925). – Dass., E. Jäkel (in *Russische Meistererzählungen*, Bremen 1956). – Dass., J. v. Guenther, Ebenhausen 1956 [zus. m. *Das Tier* u. *Herren und Knechte*]. – Dass., ders. (in *GW*, Bd. 2, Mchn. 1964). – Dass., ders. (in *Liebesgeschichten*, Mchn. 1968; m. Nachw.). – Dass., W. Plackmeyer (in *Der Toupetkünstler und andere Erzählungen*, Nachw. B. Zelinsky, Mchn. 1975). – Dass., ders. (in *Der Tolpatsch*, Ffm. 1978). – Dass., ders. (in *GW in Einzelbänden*, Hg. E. Dieckmann, Bd. 5, Bln./DDR 1986).

VERTONUNG: M. S. Čujko, *Tupejny chudožnik*, Moskau 1929.

VERFILMUNG: *Komediantka*, Rußland 1923 (Regie: A. Ivanovskij).

ZAPEČATLENNYJ ANGEL

(russ.; *Der versiegelte Engel*). Erzählung von Nikolaj S. LESKOV, erschienen 1873. – Eine Genossenschaft altgläubiger Steinmetzen arbeitet in Kiew am Bau einer Dnepr-Brücke. Bei all ihren Reisen führen die Arbeiter alte Ikonen mit, vor denen sie gemeinsam ihre Gebete verrichten. Vor allen anderen Bildern verehren sie die Ikone eines Engels, dem sie es zu verdanken glauben, daß sie überall Anstellung und Auskommen finden. Eine Dame der Kiewer Gesellschaft bittet eines Tages den Organisator der Genossenschaft, er möge gegen ein Entgelt mit seinen Leuten vor der Ikone beten, damit ihr ein Wunsch erfüllt werde. Nachdem der Engel tatsächlich seine wunderwirkende Kraft erwiesen hat, wird wenig später der Ehemann jener Dame in eine Bestechungsaffäre verwickelt. Er schiebt die Schuld auf den Engel der Altgläubigen, der ihm den unheilvollen Auftrag eingebracht habe. Um sich von allen Schwierigkeiten zu befreien, verlangt er, die Steinmetzen sollten ihm 25 000 Rubel verschaffen. Als die gläubigen Handwerker dieses Ansinnen zurückweisen, denunziert er die Genossenschaft als ketzerische Sekte beim Gouverneur und beschlagnahmt persönlich ihren Ikonenbesitz. Dem Schutzengel drückt er effektvoll das Amtssiegel mitten ins Gesicht, *»daß das brennende Harz unter dem Petschaft wie eine Mischung aus Blut und Tränen herabfloß«*. Die Ikonen werden in den Keller des geistlichen Konsistoriums geworfen, den »versiegelten Engel« jedoch läßt der orthodoxe Erzbischof aus Ehrfurcht vor dem geheiligten Kunstwerk in der Kathedrale hinter dem Opfertisch aufstellen. Die Entehrung ihres Heiligtums ist den Altgläubigen unerträglich. Mit Hilfe eines englischen Ingenieurs gelingt es ihnen, den versiegelten Engel für einige Stunden über den vereisten Dnepr zu entführen. Sie lassen von einem Ikonenmaler »alter Schule« eine täuschend ähnliche Kopie anfertigen, die, gleichfalls versiegelt, noch in derselben Nacht auf das andere Dnepr-Ufer zurückgebracht werden soll. Doch inzwischen hat Tauwetter eingesetzt, das Eis des Flusses ist geborsten, alle Boote sind abgetrieben. So muß der Patron der Altgläubigen den Fluß auf den Ketten überqueren, die für die geplante Brücke über das Wasser gespannt sind. Das tollkühne Unternehmen gelingt, doch am Ziel ist das Siegel von der Kopie verschwunden. Der Patron erblickt darin ein Wunder *»der Engel der herrschenden Kirche«*. Überwältigt gesteht er dem Erzbischof das Vorgehen der Altgläubigen. Der Erzbischof vergibt ihm und nimmt die bekehrte Genossenschaft in den Schoß der rechtgläubigen Kirche auf.

Leskov bedient sich in der als Rahmenerzählung konzipierten Novelle der für sein ganzes Schaffen bezeichnenden Technik des *skaz*. Der altgläubige Erzähler war selbst an dem Geschehen beteiligt, das er einer ungläubigen Zuhörerschaft in der Silvesternacht als Exempel der Offenbarung göttlicher Allmacht, Kraft und Güte vorträgt. Die Einführung eines zweiten Erzählers enthebt den Autor der

Verantwortung für die zahlreichen sachlichen und kompositorischen Unstimmigkeiten der Darstellung und gibt ihm Gelegenheit, ohne Rücksicht auf die Ökonomie der Erzählung eine bunte Fülle ausgefeilter Einzelepisoden und -motive einzuführen. Die zeitgenössische Kritik – darunter F. DOSTO-EVSKIJ in seinem *Dnevnik pisatelja*, 1873–1881 *(Tagebuch eines Schriftstellers)* – hat die Erzählung bis auf die unglaubhafte Bekehrung der Altgläubigen positiv aufgenommen. Das Altgläubigenproblem hatte Leskov bereits seit den sechziger Jahren des 19. Jh.s beschäftigt. Lehnte er die Sekte zunächst unter dem Einfluß der Romane P. MEL'NI-KOVS (*V lesach*, 1872 – *In den Wäldern; Na gorach*, 1875–1880, *Auf den Bergen*) ab, so sieht er sie seit seiner Beschäftigung mit der altrussischen Ikonenkunst in einem neuen Licht. Mit I. BUSLAEV hält Leskov die Zeugnisse der altrussischen kirchlichen Kunst für den unmittelbaren Ausdruck der natürlichen Religiosität des russischen Volkes. In der Kunst der Altgläubigen erblickt er die einzig authentische Fortführung dieser Tradition. Nach seinem eigenen Zeugnis entstand seine Erzählung *»ganz in der heißen und stickigen Werkstatt«* des Ikonenmalers Nikita S. Račejskov (gest. 1886). Ist die Novelle, die den zeitgenössischen Stand der wissenschaftlichen Erkenntnis der altrussischen Kunst widerspiegelt, auch voller Irrtümer über ihren Gegenstand, so hat sie doch die ästhetische Wertung der Ikonenmalerei im damaligen Rußland nachhaltig beeinflußt. M. Gru.

AUSGABEN: Moskau 1873 (in Russkij vestnik, Nr. 1). – Moskau 1957 (in *Sobr. soč.*, Hg. V. G. Bazanov u. a., 11 Bde., 1956–1958, 4; krit.). – Moskau 1973 (in *Sobr. soč.*, Hg. B. Buchštab, 6 Bde., 2).

ÜBERSETZUNGEN: *Der versiegelte Engel*, A. Eliasberg, Mchn. 1922. – Dass., H. Ruoff, Mchn. 1950. – Dass., J. v. Guenther (in *GW*, Bd. 4, Mchn. 1950). – Dass., A. Eliasberg (in *Der versiegelte Engel und andere Erzählungen*, Mchn. 1959). – Dass., J. v. Guenther (in *GW*, Bd. 1, Mchn. 1963). – Dass., ders. (in *Der versiegelte Engel und andere Erzählungen*, Mchn./Hbg. 1967). – Dass., H. Herboth (in *Der Toupetkünstler und andere Erzählungen*, Nachw. B. Zelinsky, Mchn. 1975). – Dass., dies. (in *GW in Einzelbänden*, Hg. E. Dieckmann, Bd. 3, Bln./DDR 1985).

LITERATUR: B. Dychanova, *»Zapečatlennyj angel« i »Očarovannyj strannik« N. S. L.*, Moskau 1980. – A. A. Gorelov, *Patriotičeskaja legenda N. S. L. Poétika preobraženija i stilizacij v povesti ›Zapečatlennyj angel«* (in Russkaja literatura, 1986, Nr. 4).

APOLLON NIKOLAEVIČ MAJKOV

* 4.6.1821 Moskau
† 20.3.1897 St. Petersburg

LITERATUR ZUM AUTOR:
M. L. Zlatkovskij, *A. N. M.*, Petersburg ²1898. – M. Borodkin, *Poétičeskoe tvorčestvo A. N. M.*, Petersburg 1900. – V. V. Danilov, *K charakteristike lit. dejatel'nosti A. N. M.* (in Russk. filol. vestnik, 1907, H. 2, S. 297–338). – V. Pokrovskij, *M., ego žizn' i sočinenija*, Moskau ²1911. – Ju. Ajchenval'd, *M.* (in Ju. A., *Siluéty russkich pisatelej*, Bd. 2, Moskau ⁴1917, S. 41–56). – N. L. Stepanov, *A. M.* (in *Istorija russkoj literatury*, Bd. 8/2, Moskau 1956, S. 284–301). – *Istorija russkoj literatury XIX. veka. Bibliografičeskij ukazatel'*, Hg. K. Muratova, Moskau/Leningrad 1962, S. 435–438. – M. Oezata, *Die politische Dichtung A. N. M.s*, Diss. Tübingen 1972. – N. P. Suchova, *Mastera russkoj liriki. A. A. Fet, Ja. P. Polonskij. A. N. M., A. K. Tolstoj*, Moskau 1982.

DVA MIRA

(russ.; *Zwei Welten*). Drama in drei Akten von Apollon N. MAJKOV, erschienen 1881. – Wie der Autor einmal selbst sagte, beschäftigte ihn zeit seines Lebens die Problematik der Ablösung des antik-heidnischen Weltbildes durch die humanistisch-christliche Kultur: *»Früh, bereits in meiner Jugend, ergriff mich das Bild des Zusammenstoßes der antiken griechisch-römischen Welt, die in der vollen Blüte ihrer grundlegenden Elemente stand, mit der Welt des Christentums, welche in die Beziehungen der Menschen ein neues, gänzlich andersgeartetes Moment hineintrug.«* In seinem Poem *Esfir i Olinf (Esfir und Olinf)* gab er dieser Problematik zum erstenmal literarischen Ausdruck; doch verdient erst sein frühestes Drama *Tri smerti*, 1852 *(Drei Todesweisen)*, Beachtung, obwohl hier der Einbruch der christlichen Heilslehre in die unfruchtbar gewordene heidnische Philosophie nur in einer ahnungsvollen Prophetie angekündigt wird. Die *Tri smerti* wurden erweitert zu dem Drama *Smert' Lucija*, 1863 *(Der Tod des Lucius)*, und erst daraus entstand, nach weiteren Ausweitungen und Umarbeitungen, 1881 die endgültige Fassung der *Dva mira*. Die Gründe für die fortwährende Überarbeitung seines Stoffes führt der Dichter selbst in einer kurzen Besprechung seines Werkes an: Mit Recht wirft er den *Tri smerti*, die im Grunde nichts weiter darstellen als eine kulturhistorische Abhandlung in Versdialogen, die *»Äußerlichkeit der Charakteristik«* jener geistesgeschichtlichen Auseinandersetzung vor. Die auftretenden Personen, ein Dichter, ein Stoiker und ein Epikureer, erscheinen darin eher als Verfechter einseitiger weltanschaulicher

Prinzipien denn als lebendige Menschen der Antike. Auch der Held der *Smert' Lucija* erwies sich, da er ausschließlich auf das epikureische Lebensideal festgelegt ist, als ungeeignet für die authentische Verkörperung des antiken Lebensgefühls. Erst Decius, der Held der *Dva mira*, ein reicher römischer Patrizier aus der Zeit des Kaisers Nero, umschließt – nach Meinung des Dichters – in seiner Person die gesamte kulturelle Leistung der Antike: die Verbindung römischen Staatsdenkens mit griechischer Eleganz und Bildung.

Das Drama *Dva mira* gliedert sich in drei Teile. Die beiden Szenen des ersten Aktes stellen die »Vortüren« zu Heidentum und Christentum dar, der zweite Akt führt in die Welt der leidenden, unterdrückten Christenheit am Vorabend der Neronischen Verfolgungen, und erst der letzte Akt enthält den unlösbaren Konflikt der beiden unvereinbaren Welten im Zusammenstoß des traditionsbewußten heidnischen Patriziers mit seinen getauften Freunden. Zwei Prinzipien stehen einander gegenüber: der Anspruch der Ratio, die wohl Ordnung, Gesetze und Staaten zu schaffen vermag, aber die Freiheit nur auf der Basis von Unfreiheit verwirklichen kann, und die Forderung der allumfassenden Liebe, deren Inhalt die Gleichheit der Menschen voreinander ist. Die Leistung des Verstandes, der Aufbau der römischen Republik, endet mit der Raserei Neros und der Auflösung des alten Staates, der alten Religion, der gesamten antiken Gesellschaft. Umsonst beruft sich Decius angesichts des Zerfalls des Alten wie der Revolution der neuen Religion auf die Überlieferung der Väter: die ausschließlich rationale Bewältigung der Welt endet in Verzweiflung und Abscheu vor dem Leben. Mit den Worten *»Auf das ewige Rom!«* leert Decius den Giftbecher, Symbol des Scheiterns der antiken Kultur, die doch in ihren Trümmern bereits den Keim neuen Aufstiegs in sich trägt: das neue Rom, die *nova Roma* des christlichen Abendlandes. C.K.

AUSGABEN: Petersburg 1881. – Petersburg 1914 (in *Poln. sobr. soč.*, Hg. P. V. Bykov, 4 Bde.). – Leningrad 1952 (in *Izbrannoe*, Hg. N. Gajdenkov). – Leningrad 1957 (in *Izbr. proizv.*, Hg. N. L. Stepanov). – Leningrad 1977 (in *Izbr. proizv.*, Hg. L. S. Gejro).

LITERATUR: F. F. Zelinskij, *Antičnyj mir v poèzii M.* (in Russk. vestnik, 1899, H. 7, S. 138–157). – F. D. Batjuškov, *»Dva mira«. Tragedija A. N. M. Eë proischoždenie i eë kritiki* (in F. D. B., *Kritič. očerki i zametki*, Petersburg 1900, S. 60–79). – A. Izmajlov, *Pevec »Dvuch mirov«* (in Niva, 1913, Nr. 12, S. 589–612).

DMITRIJ NARKISOVIČ
MAMIN-SIBIRJAK

* 6.11.1852 Visimo-Šajtansk / Gouvernement Perm'
† 15.11.1912 St. Petersburg

LITERATUR ZUM AUTOR:
Bibliographie:
Russkaja literatura XIX veka. Bibliografičeskij ukazatel', Hg. K. Muratova, Moskau/Leningrad 1962, S. 440–445.
Biographien:
D. N. M.-S. v vospominanijach sovremennikov, Sverdlovsk 1963. – V. S. Prichodko, *Tema staroobrjačestva v tvorčestve D. N. M.-S.*, Diss. Leningrad 1982. – O. K. Lagunova, *Istoričeskaja problematika v tvorčestve D. N. M.-S.*, Diss. Sverdlovsk 1985. – V. A. Starikov, *Žit' tysjač'ju žiznej: povestvovanie-chronika o žizni D. N. M.-S.*, Sverdlovsk 1986.
Gesamtdarstellungen und Studien:
E. A. Bogoljubov, *Tvorčestvo M.-Sibirjak*, Moskau 1953. – *D. N. M.-S. Sto let so dnja roždenija*, Sverdlovsk 1953. – M. G. Kitajnik, *M.-S. i narodnoe tvorčestvo*, Sverdlovsk 1955. – A. Gruzdev, *D. N. M.-S. Krit.-biogr. očerk*, Moskau 1958. – B. Udincev u. K. Bogolubov, *Pevec Urala*, Sverdlovsk 1969. – I. Dergačev, *D. N. M.-S.*, Sverdlovsk 1977. – V. A. Kovalev, *D. N. M.-S. v sovetskom literaturovedenii (60e i 70e gody)* (in Russkaja literatura, 1979, Nr. 2, S. 191–198). – T. Klimowicz, *D. N. M.-S. i problemy naturalizmu w literatuze rosyjskiej*, Breslau 1979.

CHLEB

(russ.; *Korn*). Roman von Dmitrij N. MAMIN-SIBIRJAK, erschienen 1895. – Das letzte große Erzählwerk Mamins »des Sibiriers« schließt den Themenkreis, den die Romane *Privalovskie milliony*, 1883 (*Die Privalovschen Millionen*), *Gornoe gnezdo*, 1884 (*Ein Bergnest*), und *Zoloto*, 1892 (*Gold*), markieren. Ort der Handlung: Transkaukasien, eines der fruchtbarsten Weizenanbaugebiete Rußlands; Zeit: zwischen 1860 und 1870, ein Jahrzehnt, in das die Aufhebung der Leibeigenschaft und der Übergang vom Feudalismus zum Kapitalismus fällt.

Im Zentrum des Geschehens steht die Familie des alten Kolobov. Kolobov konnte sich als Leibeigener im Bergwerk ein kleines Vermögen verdienen; nach der Befreiung zieht er mit seinen Söhnen in die Stadt, um hier eine große Weizenmühle zu bauen. Diese Mühle gibt den Anstoß zu einer Entwicklung, die Stadt und Land in ungeahntem Ausmaß verändert. Speicherten bisher die Bauern ihr Korn jahrelang auf und sicherten dadurch auch den

Kaufleuten ein gleichmäßig ruhiges Geschäft, so verkaufen sie es jetzt an die wie Pilze aus dem Boden schießenden Mühlen mit immer größerer Mahlkapazität, zu denen sich bald riesige Schnapsbrennereien gesellen. Banken und Handelsgesellschaften werden gegründet, an die Stelle des soliden Kleinkaufmanns tritt der Großkapitalist, der mit Riesensummen spekuliert und einen rüden Konkurrenzkampf führt: das Kapital akkumuliert sich. Dem jähen Aufschwung auf Kredit- und Spekulationsbasis folgt die Depression. Die Kornvorräte der Bauern sind erschöpft, eine Mißernte bringt Hungersnot, die Bauern verarmen, die Kornhändler gehen dem Ruin entgegen. Wer davon profitiert, ist Galaktion, der Lieblingssohn des alten Kolobov. Er, der im Auftrag eines Großfinanziers jahrelang im Land umherreiste und den Kornmarkt wie kein zweiter kennt, verwirklicht jetzt seinen alten Traum: Er richtet eine Dampfschiffahrt ein, kann, als die Hungersnot ausbricht, billiges Getreide aus Sibirien einführen und die Monopolherrschaft im Getreidehandel an sich reißen. Noch ehe er jedoch sein Millionengeschäft realisiert hat, begeht er, vom Vater verflucht und zur Verantwortung gezogen, Selbstmord. Damit zieht er einen Schlußstrich unter sein verfehltes Leben: Aus einer altgläubigen Familie stammend und den patriarchalischen Gesetzen gehorchend, heiratete er eine ihm vom Vater zugeführte, ungeliebte Frau; bald trennte er sich vom Vater und geriet in die Kreise skrupelloser Geschäftemacher: »*In ihm starb unter Qualen jener einfache russische Kaufmann, der noch ein Mitgefühl hatte mit anderen und mit sich selbst, der noch ein Gewissen hatte.*« Seine Ehe, die ihm hätte einen Halt geben können, zerbrach; er begann zu trinken, betrog mehrmals seine Frau, und nach ihrem Tode lebte er mit deren jüngster Schwester zusammen. In dem gleichen Maße, wie sich sein sittlicher Verfall beschleunigte, vermehrte sich sein Reichtum; auf dem Gipfel seines Erfolgs aber traf ihn der vernichtende Schlag, geführt von der Hand des eigenen Vaters. Sein Selbstmord ist das Eingeständnis des Verbrechens, wissentlich mit dem Geld eines Ermordeten zu seinem und der Mörder Vorteil spekuliert zu haben. Die letzten Worte dieses »*starken*« und »*außergewöhnlichen*« Mannes, der im Guten hätte groß sein können, sind: »*Grüß mir … Ustinja!*« Dieses reine und unbestechliche Mädchen Ustinja, das er liebte und das ihn verachtete, wird zum Symbol eines neuen Rußland, nach dem sich Galaktion sehnte. Mamin, von der zeitgenössischen Kritik als sibirischer Heimatschriftsteller verkannt, gilt heute zu Recht als ein Klassiker der russischen Literatur, in dessen besten Werken – und dazu zählt *Chleb* – das russische Volk »keinesfalls schlechter dargestellt wird als in den Werken Lev Tolstojs« (A. Čechov). Daß besonders N. Leskov von dem Roman *Chleb* begeistert war, weist auf die spezifischen Qualitäten der Erzählung hin: Als scharf beobachtender Analytiker und – aus einer immensen Stoffülle schöpfender – phantasievoller Fabulierer verbindet Mamin begriffliche Prägnanz mit sinnlicher Anschauungskraft; neben der abenteuerlich wilden Szene, der satyrhaft grotesken Episode steht die präzise soziale Untersuchung des Wissenschaftlers, der auf ökonomischen Tatsachen aufbaut und diese Tatsachen als funktionierende Teile organisch in die Romanhandlung einfügt. Diese Behandlung des Stoffes weist auf M. Gor'kij, der mit seinen sozialen Biographien *(Delo Artamonovych – Das Werk der Artamonovs, Žizn' Klima Samgina – Das Leben Klim Samgins, Foma Gordeev)* direkt bei Mamin anknüpfte. M.Gru.

AUSGABEN: Petersburg 1895 (in Russkaja mysl'). – Moskau 1955 (in *Sobr. soč.*, Hg. G.A. Piskun, 8 Bde., 1953–1955, 7). – Ivanowo 1960.

ÜBERSETZUNG: *Korn*, H. v. Schulz, Hbg. 1946. – Dass., dies., Bln. 1954. – Dass., dies., Düsseldorf 1955.

LITERATUR: V. Birjukov, *Ljudi i sobytija v romane »Chleb«* (in Ural'skij sovremennik, 1944, S. 87 bis 90). – T. Kulakova, *Chudož. osobennosti romana »Chleb«* (in Uč. zap. Permsk. ped. inst., 1957, S. 109–132). – Dies., *Istorija sozdanija romana »Chleb«* (ebd., 1959, S. 44–71). – L.P. Jakimova, *K voprosu ob izobraženii kapitalizma v romane »Chleb«* (in Uč. zap. Govno-Altajskogo ped. inst., 1, 1959, S. 104–116).

LEV ALEKSANDROVIČ MEJ

* 25.2.1822 Moskau
† 28.5.1862 St. Petersburg

LITERATUR ZUM AUTOR:
V. Zotov, *L. A. M. i ego značenie v russkoj literature*, Petersburg 1887. – Ja. P. Polonskij, *M. kak čelovek i pisatel'* (in Russkij vestnik, 1896, Nr. 9, S. 105 bis 119). – V. Sadovnik, *L.A.M.* (ebd., 1901, Nr. 3, S. 157–172). – N.N. Sergievskij, *Russkij poèt L. A. M.*, Petersburg 1913. – V. Pjast, *L. A. M. i ego poèzija*, Petersburg 1922. – H. Herbst, *Studien zu M.s Gedichten*, Diss. Halle 1941. – M. Umanskaja, *Istoriko-bytovye p'esy L. A. M. i A. N. Ostrovskogo* (in M. U., *Russkaja istoričeskaja dramaturgija 60-ch godov XIX veka*, Vol'sk 1958, S. 271–305).

CARSKAJA NEVESTA

(russ.; *Die Zarenbraut*). Historische Tragödie in vier Aufzügen von Lev A. MEJ, erschienen 1849. – Im Gegensatz zu den vaterländischen Schwulstdramen zwischen 1830 und 1840 beruht diese Tragödie auf einem authentischen Geschehen: der dritten

Ehe Ivans IV. (des Schrecklichen) mit der Kaufmannstochter Marfa Vasilevna Sobakina, von der die Quellen berichten, daß »*die Hochzeitsfeierlichkeiten mit dem Leichenbegängnis endeten*« (N. Karamzin). Authentisch ist ferner, daß der Zar das Mädchen aus einem Aufgebot der schönsten heiratsfähigen Bürgertöchter Moskaus nach mehreren Audienzen ausgewählt hatte. Um diesen historischen Kern baut Mej eine tragische Handlung: Marfa ist dem Neffen des Vojvoden von Narva, Ivan Lykov, versprochen. Nun muß er dulden, daß seine Braut von Ivan IV. in die engere Wahl gezogen wird. Der dritte, der Marfa zu besitzen trachtet, ist der Bojar Grigorij Grjaznoj. Er will sich das Mädchen mittels eines Liebestranks gefügig machen, den ihm der deutsche Leibarzt des Zaren, Bomelius, verspricht. Doch Grjaznojs ehemalige Geliebte, Ljubaša, verhindert das, indem sie sich unter der Bedingung dem Arzt hingibt, daß er den Bojaren täuscht. So vergiftet Grjaznoj unwissentlich das Mädchen mit dem vermeintlichen Liebestrank. Bereits krank, erfährt Marfa, daß des Zaren Wahl auf sie gefallen ist. Als ihr Grjaznoj berichtet, Ivan Lykov sei hingerichtet worden, weil er – einer Verleumdung Grjaznojs nach – »*der Braut des Zaren nach dem Leben getrachtet hat*«, verliert sie den Verstand. Grjaznoj durchschaut schließlich Ljubašas Spiel und bekennt die Tat, damit Marfa noch mit einem Gegengift gerettet werden kann. Dafür ist es jedoch zu spät.

Der hauptsächlich als Lyriker bekannt gewordene Mej fand die Vorbilder zu seinen zwei gegensätzlichen Frauengestalten Marfa und Ljubaša in zweien seiner eigenen Liebeslieder. So bilden denn auch der balladeske Rachemonolog Ljubašas (Ende des 2. Aufzugs) und der lyrische Wahnsinnsmonolog Marfas (Ende des 4. Aufzugs) formal die absoluten Höhepunkte der Tragödie. Der Zar dagegen tritt überhaupt nicht in Erscheinung. Nur indirekt erhält der Zuschauer von ihm einen – allerdings sehr plastischen – Eindruck durch den Bericht von den Brautschau-Audienzen. Doch wird seine Allgegenwart auch im Verhalten der Akteure, in dem Milieu und der bedrückenden Atmosphäre spürbar. – Mejs Tragödie zeigt die ersten Ansätze einer Erneuerung des russischen Historiendramas, die später von A. Ostrovskij und A. Tolstoj weiterentwickelt werden. Die Musikalität des geschmeidigen Blankverses, die melodramatische Intrige und die ausgeprägte Klangfarbe der Monologe prädestinierten das Werk zum Opernlibretto.　　W. Sch.

AUSGABEN: Petersburg 1849. – Moskau 1887 (in *Poln. sobr. soč.*, 5 Bde.). – Leningrad 1972 (in *Izbr. proizv.*, Hg. K. Bachmejer).

VERTONUNGEN: N. A. Rimskij-Korsakov, Moskau 1899 (Oper). – Edward Agate, *The Tsar's Bride*, Ldn. 1931 (Oper).

LITERATUR: L. S. Litvinenko, *O svoeobrazii istoričeskich dram L. A. M. i A. N. Ostrovskogo* (in Voprosy russkoj literatury, 1983, Nr. 1, S. 45–51).

OTOJDI OT MENJA. SATANA!

(russ.; *Hebe dich hinweg von mir, Satan!*). Gedichtzyklus von Lev A. MEJ, erschienen 1851. – Der bedeutendste Gedichtzyklus des vor allem durch seine qualifizierten Übersetzungen (GOETHE, SCHILLER, HEINE, HUGO, BYRON, ANAKREON, THEOKRIT u. a.), Bibelparaphrasen und Umdichtungen volkstümlicher Legenden- und Erzählstoffe bekannt gewordenen Dichters der »reinen Kunst« ist eine poetische Ausgestaltung des Evangelienberichts von der Versuchung Christi (*Matth.* 4, 8–10) durch Satan, der seinem »Opfer« alle Herrlichkeiten der Welt vor Augen führt.

In Art eines kulturgeschichtlichen Kaleidoskops läßt der Autor meisterhaft getroffene Panoramen der Kulturlandschaft der Alten Welt – Palästina, Ägypten, Persien, der Norden, Indien, Griechenland, Rom und Capri – vor dem inneren Auge des Lesers vorüberziehen, um in der Abfolge der Bilder »*die Einheit der alten Geschichte, begriffen als Prozeß einer stetigen kulturellen Ablösung der großen Völker der Antike*« (G. M. Fridlender) aufzuweisen. Die zentrale Darstellung des in frostiger Erstarrung verharrenden russischen Nordens trägt visionär-programmatischen Charakter: Rußland wird sich erheben, seine »*eisigen Ketten*« abschütteln und (»*ein langer Friede zerschellt*«) seinen Platz in der Entwicklung der Menschheitsgeschichte einnehmen.

Der Zyklus, der zunächst den Titel *Kartiny drevnego mira. Videnie (Bilder der alten Welt. Eine Vision)* trug, ist bereits vor 1851 entstanden, doch wurde sein Erscheinen zunächst von der russischen Zensur verhindert. Im engeren Sinne ist der Zyklus aus Mejs biblisch-orientalischen Sujets erwachsen, einem Stoffkreis, dem der Dichter vor allem durch seine zahlreichen Übertragungen hebräischer Lyrik eng verbunden war. Aus diesem Zusammenhang stammt wohl die »*leuchtende, bisweilen überfließende Buntheit der Bilder und Farben*« (Golobačev), gekleidet in das Gewand eines Madrigals von uneinheitlicher Verslänge und freiem Reimgefüge.

　　W. Sch.

AUSGABEN: Moskau 1851 (in Moskvitjanin). – Petersburg 1887 (in *Poln. sobr. soč.*, Hg. N. D. Martynov, 5 Bde., 1). – Moskau 1962 (in *Izbr. proizv.*, Hg. N. N. Petrunina; Einf. G. M. Fridlender). – Leningrad 1972 (in *Izbr. proizv.*, Hg. K. Bachmejer).

SERVILIJA

(russ.; *Servilija*). Trauerspiel in fünf Akten von Lev A. MEJ, erschienen 1854. – Behandeln die Stücke *Carskaja nevesta*, 1849 *(Die Zarenbraut)*, und *Pskovitjanka*, 1860 *(Das Mädchen von Pskov)*, Sujets aus der mittelalterlichen russischen Geschichte um Ivan IV., so wandte sich Mej, wie viele zeitgenössische Dichter, mit seinem Drama *Servilija* dem

Thema der Antike zu. Das Stück basiert auf dem intensiven Studium historischer Quellen und der wissenschaftlichen Literatur. Im Mittelpunkt der Handlung steht, neben dem mit dem Thema des Christentums verbundenen tragischen Schicksal der Hauptheldin, der in den *Annalen* des TACITUS beschriebene Untergang der Neostoiker zur Zeit Neros. Ihre Führer Soran (Barea Soranus) und Trazea (Thrasea Paetus) sowie Sorans Tochter Servilija wurden zum Tode verurteilt. – In einer Zeit blutiger Willkür und sittlichen Verfalls war das Wirken der neostoischen Schule für Mej ein *»Aufflackern des Geistes und der Tugend«*, wenn auch die von den Stoikern geplante Verschwörung nicht Nero selbst galt – er war auch für sie der *»göttliche Caesar«* –, sondern dem durch zahlreiche politische Prozesse gegen vermeintliche Gegner Neros von den Römern gefürchteten Prätorianerpräfekt Tigellin (Tigellinus).

Egnatij, ein im Hause Sorans erzogener Freigelassener, der sich das Vertrauen der Stoiker erschlichen hat, wird beauftragt, ein Protokoll über das Ziel der Verschwörung zu schreiben und es von allen Teilnehmern unterzeichnen zu lassen. Er liebt insgeheim Servilija, doch gehört deren Liebe, obwohl sie Trazea versprochen ist, dem Volkstribun Valerij. Um Servilija in seine Gewalt zu bekommen, setzt sich Egnatij mit Tigellin in Verbindung und verrät die Pläne der Stoiker. Trazea und Soran werden verhaftet. Bei der Zauberin Lokusta hofft Servilija etwas über das zukünftige Schicksal ihres Vaters zu erfahren. Sie trifft auf Egnatij, der sich am Ziel seiner Wünsche glaubt. Entrüstet weist ihn Servilija zurück, doch ist sie seine Gefangene. Mit Hilfe der Christin Nevoleja, einer Sklavin Lokustas, gelingt die Flucht in die Katakomben. Vor dem Tribunal werden Soran und Trazea des Verrats an Rom beschuldigt, Servilija der Zauberei und Magie verdächtigt. Der Statthalter Sabin Ostorij (Ostorius Scapula) unterstellt Soran aufrührerische Bestrebungen während seines Prokonsulats in Asia und macht ihm seine freundschaftlichen Beziehungen zu dem von Nero verurteilten Rubellij Plavt (Rubellius Plautus) zum Vorwurf. Als das Urteil verkündet ist – Trazea und Soran werden verbannt, Servilija freigesprochen und Egnatij übergeben –, erscheint Valerij und schließt mit seinem Veto die Sitzung. In der letzten Szene bekennt Servilija, daß sie Christin geworden sei und Egnatij verzeihe. In den Armen Sorans und Valerijs, der sich ihrem Bekenntnis anschließt, stirbt sie. Egnatijs Worte: *»Es gibt einen allmächtigen Gott, einen Richter im Himmel, der die Guten verteidigt und die Bösen straft«*, lassen erkennen, daß auch er zum Christ geworden ist.

Die spannende Handlung, die geschickt gemeisterte Verbindung des Privatbereichs der Helden mit dem Historisch-Politischen, die virtuos beherrschte Sprache und der klassisch-vollendete Blankvers erweisen den Dichter als einen Meister der Form. Die Figuren des Trauerspiels sind realistisch gesehene Menschen, deren Verhalten psychologisch motiviert erscheint – ein Novum in einer Zeit, in

der sich andere Dramatiker mit der szenischen Wiedergabe des Inhalts historischer Dokumente begnügten. Nach Mejs eigenen Worten soll das Drama *»historisch Gegebenes künstlerisch verdichten, um den allgemeinen Charakter einer Epoche sichtbar zu machen. Das gesellschaftliche Leben der Römer, die beginnende Emanzipation der Frauen, der Konflikt zwischen der Philosophie und der bestehenden Ordnung und der immer stärker werdende Einfluß der christlichen Lehre – das sind nur einige Aspekte, mit denen ich einen Abriß römischer Lebensweise unter Nero geben wollte.«* Allerdings nimmt die Beschreibung volkskundlicher römischer Details stellenweise einen allzu breiten Raum ein.　　　P.Mi.

AUSGABEN: Petersburg 1854 (in Oteč. zapiski). – Moskau 1887 (in *Poln. sobr. soč.*, 5 Bde.). – Petersburg 1911 (in *Poln. sobr. soč.*, 2 Bde., 2). – Moskau 1961 (in *Dramy*).

VERTONUNG: N. Rimskij-Korsakov, *Servilija* (Oper; Uraufführung: 1. 10. 1902, Marinskij teatr Petersburg).

LITERATUR: A. Grigor'ev, Rez. (in Moskvitjanin, 1855, Nr. 3, S. 123–132).

PAVEL IVANOVIČ MEL'NIKOV

auch Pavel Ivanovič Mel'nikov-Pečerskij oder Andrej Pečerskij

* 6.11.1818 Nižnij Novgorod
† 13.2.1883 Ljachovo / Gouvernement Nižnij Novgorod

LITERATUR ZUM AUTOR:
D. I. Jazykov, *Učenno-literaturnaja dejatel'nost' P. I. M.* (in Istoričeskij vestnik, 1884, Nr. 2, S. 346–350). – N. Nevzorov, *P. I. M., ego žizn' i literaturnoe značenie*, Kazan' 1893. – A. Izmajlov, *P. I. M.-P., Krit.-biogr. očerk* (in P. I. M., *Poln. sobr. soč.*, Bd. 1, Petersburg 1909, S. 3–26). – A. I. Zmorovič, *O jazyke i stile proizvedenij M.* (in Russk. filolog. vestnik, 1916, S. 172–191). – N. A. Jančuk, *P. I. M. (A. P.)* (in Istorija russkoj literatury XIX v., Bd. 4, Moskau 1910, S. 194–207). – L. M. Lotman, *M.-P.* (in *Istorija russkoj literatury*, Bd. 9/2, Moskau 1956, S. 198–227). – D. A. Markov, *Jazyk i stil' M. v ocenke russkoj kritiki* (in Uč. zap. Mosk. obl. ped. inst. im. Krupskoj, 48, 1957, S. 43–57). – *Russkaja literatura XIX veka. Bibliografičeskij ukazatel'*, Hg. K. Muratova, Moskau/Leningrad 1962, S. 452–454. – D. Cavaion, *P. I. M.-P.* (in *Miscellanea della Facoltà dei ling. e lettere straniere di Udine*, Triest 1972). – S. F. Starr, *M.-P.*, Princeton 1978. – V. F. Sokolova, *P. I. M. (A. P.). Očerk žizni i tvor-*

čestva, Gor'kij 1981. – L. A. Aminskij, *Tri eretika*, Moskau 1988.

V LESACH

(russ.; *In den Wäldern*). Roman von Pavel I. MEL'NIKOV, erschienen 1871–1874. – Die Entstehungsgeschichte der umfangreichen Epopöe über das Leben der russischen Altgläubigen ist kaum weniger kompliziert als ihre epische Komposition. 1859 erschienen in der von Mel'nikov edierten Zeitschrift ›Russkij dnevnik‹ unter dem Titel *Zauzolcy (Die Leute jenseits der Uzola)* sechs Kapitel eines Romans aus dem Leben der Altgläubigen im Wolgagebiet, die auf umfassenden Materialsammlungen des Autors über das *staroobrjadčestvo* (Altgläubigentum) beruhten. Erst 1868 griff der Autor die Thematik erneut in dem Roman *Za Volgoj (Jenseits der Volga)* auf, den er von 1871 bis 1874 in der Zeitschrift ›Russkij vestnik‹ unter dem Titel *Ve lesach* fortsetzte. 1875 endlich erschien die letzte Redaktion des Werks, die beide Romane unter dem Titel *V lesach* vereinte und in dieser Fassung in die Gesamtausgabe von 1881 einging.
Während der Arbeit an seinem Hauptwerk entwickelte sich der Autor von einem entschiedenen Gegner der Altgläubigen zu ihrem engagierten Fürsprecher. In der zentralen Gestalt des Romans, dem vermögenden Kaufmann Patap Maksimyč Čapurin, zeichnet er das Bild eines Magnaten von altem Schrot und Korn, der seine Geschäfte mit der gleichen autoritären, wenngleich nie tyrannischen Selbstherrlichkeit regelt, die er in familiären Dingen an den Tag legt. Čapurin ist zu sehr Pragmatiker, um überzeugter Anhänger des *staroobrjadčestvo* zu sein. Gleichwohl unterstützt er seine Glaubensgefährten nach Kräften, da er begreift, daß ihr fanatischer Konservatismus das ideologische Rückgrat seiner eigenen sozialen Klasse darstellt und daß mit der Liquidation des Altgläubigentums auch sein persönliches Imperium ins Wanken geriete.
Zum Lager Čapurins gehören die Kaufleute Zaletov, Masljannikov und Lochmatov. Masljannikov, ein gewissenloser Lustgreis, hält mit Erfolg um die Hand von Zaletovs Tochter Mar'ja an, obwohl er weiß, daß das Mädchen heimlich mit seinem eigenen Sohn Evgraf verlobt ist. Lochmatov, ein Adonis mit einer Krämerseele, der sowohl Mar'ja als auch Čapurins Tochter Nastja verführt und diese endlich ins Verderben stürzt, sich auch wegen seiner Reformvorhaben im Geschäftsbereich den Unwillen Čapurins zuzieht, ist als Charakter zuwenig ausgeprägt, um den glaubwürdigen Konterpart in einem Generationenkonflikt abgeben zu können. Ohne überzeugende Alternative, bleibt Čapurins Stellung unangefochten.
Auch das *imperium sacrum*, die Klosterwelt seiner Schwester, der Äbtissin Manefa, bietet keine ebenbürtige Antithese. Gelangt die weniger dogmatische Manefa zu objektiveren Einsichten über ihre Mitmenschen, so ist sie ihrerseits zu sehr an die institutionalisierten Tabus der Klosterwelt gebunden, um sich gegen die kommerzialisierte Welt des Bruders zu behaupten. Manefas Tod und die moralisch fragwürdige Emanzipation ihrer Lieblingsnovizin Flёnuška aus der klösterlichen Geborgenheit symbolisieren das Scheitern der religiösen Mission. In einer Zeit zunehmender sozialer Spannungen und Konflikte sieht Mel'nikov im *staroobrjadčestvo* nicht mehr, wie in den vierziger Jahren, eine mögliche politische Sezessionsbewegung, sondern die für die Erhaltung der überkommenen Kulturwerte bedeutendste soziale Gruppe Rußlands.
Die Häufung ethnographischer Details und die Stilisierung der Erzählung in den unüberschaubar zahlreichen Nebenhandlungen des Romans nach dem Vorbild der altrussischen Chroniken und Bylinen sind – im Gegensatz zum Populismus eines Fёdor REŠETNIKOV (1841–1871) – Beschwörungen der Tradition um ihrer verbindlichen Werte für die Gegenwart willen. Die sowjetische Forschung war sich darin einig, daß eben das ethnographische Material den Roman zu einer der wichtigsten Quellen für die Kultur des Altgläubigentums wie für das traditionelle russische Brauchtum des 19. Jh.s macht. A.Gu.

AUSGABEN: Moskau 1871–1874 (in Russkij vestnik). – Moskau 1875. – Petersburg 1881. – Petersburg 1909 (in *Poln. sobr. soč.*, 7 Bde., 1904–1909, 2/3). – Moskau/Leningrad 1928. – Moskau/Leningrad 1936. [Einl. G. S. Vinogradov]. – Leningrad 1936/37. – Moskau 1956, Hg. I. S. Ežov. – Moskau 1976 (in *Poln. sobr. soč.*, Hg. M. Eremin, 8 Bde., 2–4).

ÜBERSETZUNG: *In den Wäldern*, L. v. d. Orlsnitz, Bln. 1878.

LITERATUR: N. Ja. Agafonov, *Kazanskaja geroinja »V lesach« A. P.* (in Istoričeskij vestnik, 1902, Nr. 1, S. 201–228). – P. O. Pilaševskij, *K voprosu o kompozicii i stile romana P. I. M. »V lesach«* (in Izv. Nižegorodskogo univ., 1928, H. 2, S. 330–347). – V. Pleyer, *Die Darstellung des Altgläubigentums in der russischen Literatur des 19. Jh.s* (in V. P., *Das russische Altgläubigentum*, Mchn. 1961, S. 75 bis 129). – V. F. Sokolova, *K voprosu o tovrčeskoj istorii romanov P. I. M.-P. »V lesach« i »Na gorach«* (in Russkaja literatura, 13, 1970, Nr. 3, S. 107 bis 118). – Ju. A. Kurdin, *Chudožestvennaja funkcija fol'klora v romanach P. I. M.-P. »V lesach« i »Na gorach«* (in *Problemy interpretacii chudožestvennogo proizvedenija*, Moskau 1985, S. 116–122). – Ders., *Postojannye èpitety v avtorskoj reči P. I. M.-P. (»V lesach«)* (in *Problemy vzaimovlijanija fol'klora i literatury*, Moskau 1986, S. 100–109). – E. T. Kakil'baeva, *Osobennosti sjužetosloženija romana P. I. M.-P. »V lesach«*, Taldy-Kurgan 1986.

VASILIJ TROFIMOVIČ NAREŽNYJ

* 1780 Ustivice / Gouvernement Poltava
† 3.7.1825 St. Petersburg

LITERATUR ZUM AUTOR:
N. L. Stepanov, *V. T. N.* (in *Istorija russkoj literatury*, Bd. 5, Moskau 1941, S. 275–292). – Ders., *Romany V. T. N.* (in V. T. N., *Izbr. soč.*, Bd. 1, Moskau 1956, S. 5–40). – *Istorija russkoj literatury 19 veka. Bibliografičeskij ukazatel'*, Hg. K. Muratova, Moskau/Leningrad 1962, S. 477. – V. F. Pereverzev, *U istokov russkogo realističeskogo romana*, Moskau ²1965, S. 7–62. – V. A. Kombaj, *V. T. N. v russkoj kritike* (in Trudy Tbilisogo univ., 5, 1972). – H. Mazurek-Wita, *Powieści W. N. na tle prozy satyryczno-obyczajowej XVIII i początku XIX wieku*, Breslau 1978. – L. Teml, *V. T. N.s satirische Romane*, Mchn. 1979.

ROSSIJSKIJ ŽILBLAZ ili Pochoždenija knjazja Gavrily Simonoviča Čistjakova

(russ.; *Ein russischer Gil Blas oder Die Abenteuer des Fürsten Gavrilo Simonovič Čistjakov*). Schelmenroman von Vasilij T. NAREŽNYJ, erschienen 1814 (Teil 1–3) und 1938 (Teil 1–6). – Das unvollendete Werk des *»ersten russischen Romanciers«* (V. Belinskij) zeichnet in enzyklopädischer Vollständigkeit ein Sittengemälde der russischen Gesellschaft des 18. Jh.s. Die durch die Vielzahl der Personen und Einzelepisoden, die komplizierte Verschachtelung von Erzählung und Rahmenerzählung, die absichtliche Mystifikation des Geschehens kaum überschaubare Handlung verläuft auf zwei in Fabel und Diktion geschiedenen Ebenen: der in der Ichform gehaltenen Schilderung des abenteuerlichen Lebenswegs des Fürsten Čistjakov und der Rahmenerzählung über das Schicksal der Gutsbesitzerfamilie Prostakov.

Die Geschichte der Prostakovs beginnt im Stil des »empfindsamen« Familienromans als ländliche Idylle. Ausführliche (teils regelrecht dramatisierte) Gespräche sind die abendliche Unterhaltung des rechtschaffenen Prostakov, seiner eingebildeten Gattin Marem'jana und seiner Töchter Katerina und Elizaveta, die aus dem Pensionat zurückkehren mußten, als sich Elizaveta dort in den jungen Nikandr verliebte. Das beschauliche Familienleben wird durch die Ankunft des Fürsten Čistjakov unterbrochen. Ihm folgt ebenso unerwartet der Fürst Svetlozarov, der in kurzer Zeit die Zuneigung Katerinas zu gewinnen weiß. Ahnungslos bringt Prostakov den jungen Nikandr als Privatlehrer Elizavetas ins Haus. Von Marem'jana, die eine Unterrichtsstunde des Paares belauscht, hinausgeworfen, findet Nikandr, in dem Čistjakov seinen als Säugling entführten Sohn erkennt, im Hause des Kauf-

manns Pričudin Unterkunft. Čistjakov bewegt Prostakov dazu, Katerina die Hochzeit mit Svetlozarov zu verwehren, wird jedoch von Svetlozarov gefangengesetzt und bei Prostakov verleumdet. Die erneut angesetzte Hochzeit verhindert Nikandr, indem er die Verhaftung des Bräutigams veranlaßt. Svetlozarov wird als der Verbrecher Golovorezov entlarvt, der neben anderen auch Čistjakovs Frau Fekla ins Unglück stürzte. Betroffen stirbt Prostakov, nachdem er, wiederum ahnungslos, die Tochter Pričudins als Gesellschafterin ins Haus geholt hat. Durch sie erfährt Nikandr zuletzt von dem Verbleib der Familie und findet die geliebte Elizaveta wieder.

Im Haus Prostakovs und Pričudins erzählt Čistjakov die Geschichte seines Lebens. In Falaleevka, einem kleinen Dorf der russischen Provinz, geboren, vernachlässigte er das väterliche Erbe um der Nachbarstochter Fekla willen, die ihn zur Heirat zwang, ihn jedoch bald mit seinem Sohn Nikandr verließ, um in der großen Welt ihr Glück zu suchen. Kurz darauf wurde Nikandr entführt. Der Fürst hinterließ Hab und Gut dem Juden Jan'ka und begab sich auf eine abenteuerliche Wanderung, die ihn durch sämtliche Schichten der russischen Gesellschaft führen sollte. Schüler des eifersüchtigen »Metaphysikers« Bibarius (dessen Gattin er ungewollt schwängerte), unglücklicher Liebesbote des Adeligen Jastrebov, unfreiwilliger Liebhaber der bigotten Byvalova, Sekretär des Freimaurers Dobroslavov, durch diesen Teilnehmer der ausschweifenden Orgien der Loge (unter deren »Nymphen« er Fekla findet), Urheber des Ruins zweier begüterter Logenbrüder, Geliebter der »Nymphe« Likorisa, mit Hilfe Feklas schließlich Sekretär des Fürsten Latron, der in Warschau ein hohes Regierungsamt bekleidete, stürzte Čistjakov mit dem Fall seines Herrn vom Zenit seiner Karriere in das Verlies eines rechtschaffenen Mannes, den er in den Tagen seines Glanzes ins Verderben stieß. Die Demütigung gab den Anstoß zu seiner Läuterung. Nach Falaleevka zurückgekehrt, fand er sein Haus verfallen, den Juden Jan'ka durch die Nachstellungen der Dorfbewohner an den Rand des Grabes gebracht. Čistjakov verließ sein Heimatdorf, als die Bewohner seinen Besitz niederbrannten. Auf einem abgelegenen Waldschloß wurde er der Schloßherrin (wie sich später herausstellte, der von Svetlozarov verführten Tochter Pričudins) angetraut, nach dem Hochzeitsmahl jedoch hinausgeworfen, da die Dame weniger an ihm als an seinem Fürstentitel interessiert war. Aus diesem Abenteuer rettete sich Čistjakov endlich in das Haus Prostakovs.

Die Zusammenführung der Handlungsstränge geschieht nicht allein auf inhaltlicher Ebene. Wie in der Rahmenerzählung die Familienidylle, so wird in der Ich-Erzählung das pikareske Moment zunehmend durch den Stil des galanten Abenteuerromans überdeckt. A.-R. LESAGES *Histoire de Gil Blas de Santillane*, 1715–1725 *(Geschichte des Gil Blas von Santillana)*, hat den Roman weniger durch die gelegentliche Übernahme einzelner Motive und Erzähltechniken denn als charakteristisches Vorbild der literarischen Gattung beeinflußt. Narežnyj gibt seinem Werk ein ausgesprochen russisches Gepräge: »*Ich habe russischen Menschen auch einen russischen Menschen vorgeführt, denn ich meine, es ist weit angemessener, an dem Schicksal eines Landsmannes Anteil zu nehmen als an dem eines Ausländers.*« Mit satirischer Schärfe macht sich dieses Bemühen in der direkten Parodierung herausragender Ereignisse und Gestalten des Katharinischen Rußland geltend. So ist die Gestalt des Fürsten Latron auf Potëmkin, den Günstling Katharinas II., gemünzt. Die Beschreibung der Freimaurer bezieht sich auf die skandalöse Entlarvung der sog. »Philadelphischen Gesellschaft« und des »Physikalischen Klubs« zu Ende des 18. Jh.s. Nikandrs Lehrmeister Trismegalos mit seiner übertriebenen Leidenschaft für das Kirchenslavische ist eine Karikatur V. Šiškovs, des Widersachers N. Karamzins in dem erbitterten Sprachenstreit, der zu Narežnyjs Zeit das literarische Leben Rußlands beherrschte. Der Tradition der satirischen Literatur des 18. Jh.s stärker verbunden als dem Sentimentalismus, grenzt sich Narežnyj gegen dessen »Empfindsamkeit« ab.

Der stärkste Impuls seiner Satire geht jedoch von ihrem gesellschaftskritischen Engagement aus. Seit A. Radiščevs *Putešestvie iz Peterburga v Moskvu*, 1790 *(Reise von Petersburg nach Moskau)*, das Narežnyj unmittelbar beeinflußt haben mag, war in Rußland kein Werk von derart sozialkritischer Schärfe erschienen. Narežnyj sucht mit bisweilen grober Offenheit (die ihm den Namen eines »russischen Teniers'« einbrachte) ein Gesamtgemälde der inneren Zerrüttung der auf das Unrecht der Leibeigenschaft gegründeten russischen Adelsgesellschaft zu entwerfen. Die positiven Gestalten des Romans, unter denen die Figur des Juden Jan'ka ein besonderes Wagnis darstellte, bieten Musterbeispiele eines natürlichen Lebens prinzipieller Ehrenhaftigkeit. Narežnyj zieht aus seiner Kritik nicht die politischen Konsequenzen Radiščevs. Nicht die Aufhebung der Leibeigenschaft, sondern die an J. J. Rousseau orientierte Errichtung einer »vernünftigen« Gesellschaft ist sein gemäßigtes, aufgeklärtes Ideal. Die gesellschaftskritische Haltung des Werkes hat die zaristische Zensur veranlaßt, den Druck des Romans nach dem Erscheinen des dritten Teils zu unterbinden: Die Schlußkapitel des Werkes konnten erst in sowjetischer Zeit erscheinen. Das Verbot der zaristischen Zensur hat der Verbreitung des Romans jedoch keinen Abbruch getan: Er zählte zur Lektüre der russischen Dekabristen und hat insbesondere N. Gogol's *Mërtvye duši*, 1842 *(Tote Seelen)*, nachhaltig beeinflußt.

C.K.

Ausgaben: Petersburg 1814 [Tl. 1–3]. – Moskau 1938, Hg. N.L. Stepanov [Tl. 1–6]. – Moskau 1956 (in *Izbr. soč.*, Hg. ders., 2 Bde., 1; krit.). – Moskau 1983 (in *Sočinenija*, 2 Bde., 1).

Übersetzung: *Der russische Gil Blas*, G. Schwarz, Bln. 1972.

Literatur: E. E. Sollertinskij, *Roman N. »Rossijskij Žilblaz«* (in Uč. zap. Ural'skogo ped. inst., 2, 1955, S. 101–134). – J. Striedter, *Der Schelmenroman in Rußland*, Bln. 1961. – T. G. Orlova, *»Avtorskij jazyk« i otraženie stilevoj differenciacii ruskogo jazyka načala XIX. veka v romane »Rossijskij Žilblaz« V. T. N.*, Diss. Moskau 1985.

NIKOLAJ ALEKSEEVIČ NEKRASOV

* 10.12.1821 Nemirov / Gouvernement Podol'sk
† 8.1.1878 St. Petersburg

Literatur zum Autor:
Bibliographien:
L. M. Dobrovol'skij u. V. M. Lavrov, *Bibliografija literatury o N. A. N. 1917–1952*, Moskau/Leningrad 1953. – *Istorija russkoj literatury XIX. veka. Bibliografičeskij ukazatel'*, Hg. K. Muratova, Moskau/Leningrad 1962, S. 480–496. – K. Dul'neva, *Bibliografija literatury o N. za 1959–1969 gg.* (in *N. A. N. i russkaja literatura 1821–1971*, Moskau 1971, S. 477–504). – G. K. Ivanov, *N. v muzyke. Notnobibliografičeskij spravočnik*, Moskau 1972. – *Nekrasovskij sbornik*, Bd. 6, Moskau 1978, S. 179–201.
Forschungsberichte:
N. Kašin, *Die Jubiläumsliteratur über N. A. N.* (in ZslPh, 3, 1926, S. 453–463). – I. Stepanov, *Izučenie poètičeskogo masterstva N.* (in Russkaja literatura, 1, 1958, Nr. 3, S. 215–227). – M. Karetnikova, *Chudožestvennoe masterstvo v centre vnimanija (N.)* (in Voprosy literatury, 5, 1961, Nr. 11, S. 205 bis 209). – A. Grigor'ev, *N. za rubežom* (in Russkaja literatura, 10, 1967, Nr. 4, S. 221–231). – G. Tamarčenko, *»Vremja stavit' voprosy« (Obzor literatury o N.)* (in Voprosy literatury, 18, 1974, Nr. 7, S. 237–271). – L. Ermilova, *Sovremennoe pročtennie klassiki (Knigi o N. 1981–1986 gg.)* (in Naš sovremennik, 1987, Nr. 6, S. 175–179).
Biographien:
N. v vospominanijach sovremennikov, Hg. G. Krasnov u. N. Fortunatov, Moskau 1971. – V. A. Smirnov, *Izučenie biografii N. A. N.* (in Russkaja literatura, 1978, 1, S. 221–233). – V. V. Ždanov, *Žizn' N.*, Moskau 1981. – O. V. Loman, *N. v Peterburge*, Leningrad 1985.
Gesamtdarstellungen und Studien:
D. Merežkovskij, *Dve tajny russkoj poèzii N. i Tjutčev*, Petrograd 1915. – V. K. Ikov, *N. A. N. Ist.-bibl. očerk*, Moskau 1928; Nachdr. Lpzg. 1975. – N. S. Ašukin, *Letopis' žizni i tvorčestva N. A. N.*, Moskau/Leningrad 1935; Nachdr. Vaduz 1973. – V. E. Evgen'ev-Maksimov, *Žizn' i dejatel'nost' N. A. N.*, 3 Bde., Moskau 1947–1952. – Ders., *Tvorčeskij put' N. A. N.*, Moskau/Leningrad 1953. – *Nekrasovskij*

sbornik, Moskau/Leningrad 1951 ff. [Reihenwerk]. – V. Archipov, *Poèzija truda i bor'by. Očerki tvorčestva N. A. N.*, Jaroslavl' 1961; Moskau ²1973. – N. L. Stepanov, *N. A. N.*, Moskau 1962. – B. O. Korman, *Lirika N. A. N.*, Voronež 1964; Iževsk ²1978. – A. M. Garkavi, *N. v bor'be s carskoj cenzury*, Kaliningrad 1966. – M. M. Gin, *O svoeobrazii realizma N.*, Petrozavodsk 1966. – S. S. Birkenmayer, *N. N. His Life and Poetic Art*, Den Haag 1968. – *Jazyk N. A. N.*, Hg. G. Mel'ničenko u. a., Jaroslavl' 1970. – M. Vlasov, *O jazyke i stile N. A. N.*, Perm' 1970. – V. I. Makov, *Trud i kapital v poèzii N.*, Taškent 1971. – V. B. Smirnov, *N. A. N. i žurnal'naja poèzija v »Otečestvennych zapiskach«*, Ufa 1972. – *Materialy naučnoj konferencii posvjaščennoj 150 lietiju so dnja roždenija N. A. N.*, Jaroslavl' 1973. – K. I. Čukovskij, *Nesobrannye stat'i o N.*, Kaliningrad 1974. – *F. M. Dostoevskij – N. A. N.*, Leningrad 1974. – *N. A. N. i russkaja literatura*, Kostroma 1974 ff. [Reihenwerk]. – *N. A. N. i russkaja literatura*, Jaroslavl' 1975 ff. [Reihenwerk]. – *N. A. N. i ego vremja*, Kaliningrad 1975 ff. [Reihenwerk]. – M. Bojko, *Lirika N.*, Moskau 1977. – *Vlijanie tvorčestva N. A. N. na russkuju literaturu*, Jaroslavl' 1978. – V. G. Prokšin, *N. A. N. Put' k èpopee*, Ufa 1979. – A. M. Garkavi, *Lirika N. A. N. i problemy realizma v liričeskoj poèzii*, Kaliningrad 1979. – F. M. Borščevskij, *Izučenie tvorčestva N.*, Kiew 1980. – *N. A. N. i sovremennost'. Sbornik statej i materialov*, Jaroslavl' 1984. – F. Prijma, *N. i russkaja literatura*, Leningrad 1987.

FIZIOLOGIJA PETERBURGA

(russ.; *Die Physiologie Petersburgs*). Sammelband von Prosawerken, herausgegeben von Nikolaj A. NEKRASOV, erschienen 1845. – Die nach einem polemischen Ausdruck ihrer Gegner von V. BELINSKIJ so genannte »Natürliche Schule« (*natural'naja škola*), die sich zu Beginn der vierziger Jahre des 19. Jh.s auf der Grundlage des von N. GOGOL' entwickelten realistischen Stils herausbildete, stellte die Verwirklichung ihres schriftstellerischen Programms in zwei von Nekrasov edierten Sammelbänden vor. Im Gegensatz zum *Peterburgskij sbornik*, 1846 (*Petersburger Sammelband*), der neben Romanen (z. B. F. DOSTOEVSKIJS *Bednye ljudi*, 1846 – *Arme Leute*) auch Gedichte, Poeme und Übersetzungen (SHAKESPEARE, BYRON) enthält, umfaßt die *Fiziologija Peterburga* mit Ausnahme von Nekrasovs Gedicht *Činovnik (Der Beamte)* und A. KUL'ČINSKIJ-GOVORILINS Szenenfolge *Omnibus* ausschließlich originale Prosa. Dabei überwiegen die »*physiologischen Skizzen*«, die, als »*von Grund auf kleinbürgerliche Gattung*« (W. Benjamin) in Frankreich entstanden, von der »Natürlichen Schule« zum Mittel der literarischen Aufklärung entwickelt wurden.
Ihre Aufgabe ist die naturgetreue Wiedergabe der gesellschaftlichen Wirklichkeit mit dem Ziel, dem Leser die Lebensbedingungen der unteren Volksschichten vor Augen zu führen und deren Angehörige als gleichwertige Mitglieder der Gesellschaft auszuweisen. Ausdrücklich verteidigt Belinskij das Interesse für die »*einfachen Menschen*«: »*Und ist denn ein Bauer etwa kein Mensch? – Aber was kann denn schon interessant sein an einem groben, ungebildeten Bauern? – Wie denn? Sein Charakter, sein Verstand, sein Herz, seine Leidenschaften und Neigungen, mit einem Wort, alles, was auch an einem gebildeten Menschen interessiert.*« Aufgrund ihrer realistischen Konzeption fehlt den physiologischen Skizzen der sentimentale Ton, der in den seltenen Schilderungen des einfachen Volkes in der früheren russischen Literatur geherrscht hatte (z. B. N. KARAMZINS *Bednaja Liza*, 1792 – *Die arme Liza*). War die Verklärung der Armut auf ein adliges Lesepublikum zugeschnitten, so dokumentiert die Hervorhebung der *pošlost'* (Gemeinheit, Niedrigkeit, Banalität) in den physiologischen Skizzen die Entstehung neuer Leserschichten. In der Einleitung des Sammelbandes definiert Belinskij die vorgelegte Prosa als gute Gebrauchsliteratur, die, von Talenten verfaßt, einen größeren Leserkreis ansprechen sollte, als es die genialen Schöpfungen eines PUŠKIN, LERMONTOV oder Gogol' vermochten.
Das Petersburger Leben wird nicht aus der Perspektive der Oberschicht geschildert, sondern »von unten«. E. GREBENKA beschreibt in *Peterburgskaja storona (Die Petersburger Seite)* jene Viertel der Hauptstadt, »*in denen Tausende von armen, aber ehrlichen Arbeitern wohnen ... der ausgepfiffene Schauspieler, der verkannte Dichter, das Mädchen, das von irgend jemandem auf der weiten Welt beleidigt worden ist ...*« D. GRIGOROVIČS Skizze *Peterburgskie šarmanščiki (Die Petersburger Drehorgelspieler)* spielt im Milieu von Straßenmusikanten verschiedenster Nationalität. In Nekrasovs Erzählung *Peterburgskie ugly (Petersburger Winkel)* schildert der Erzähler, ein sensibler *raznočinec* (nichtadliger Gebildeter), das Leben, das er und seine Leidensgenossen in Petersburger Kellerlöchern fristen.
Ein deutlicher Angriff auf die Publizistik des gegnerischen Lagers ist I. PANAEVS Skizze *Peterburgskij fel'etonist (Der Petersburger Feuilletonist)*. In ihr wird die Karriere eines Journalisten beschrieben, der für die jeweils am besten zahlende Zeitung arbeitet und sich in seinen polemischen Artikeln nach den Anweisungen des jeweiligen Herausgebers richtet. Als seine Produktivität aufgrund seines ausschweifenden Lebenswandels nachläßt, wird er von seinem letzten Arbeitgeber, dem »*Vampir-Journalisten*«, auf die Straße gesetzt, um anderen, Gleichgearteten Platz zu machen. Nekrasovs Gedicht *Činovnik* entwirft das Bild eines mittleren Beamten, bei dem »*alles – Gang, Aussehen, hämisches Lächeln, Unterhaltung – seinem Rang entspricht*«. Er liebt das Préférencespiel, hat seiner Frau schon vor langer Zeit ein fünfstöckiges Haus gekauft – und niemals wegen Bestechung vor Gericht gestanden. Grigorovičs Skizze *Loterejnyj bal (Der Lotterieball)* stellt die spießigen Vergnügungen, die Kleinlichkeit und Beschränktheit der Beamtengattinnen und -töchter dar, während Kul'činskij-Govorilins *Om-*

nibus das Verhalten der Passagiere im Verlauf einer Omnibusfahrt beschreibt. Belinskijs Beitrag *Peterburg i Moskva (Petersburg und Moskau)* beleuchtet die gesellschaftlichen Hintergründe des Petersburger Lebens anhand des Vergleichs der neuen Metropole mit der alten Hauptstadt Moskau. Seine Artikel *Aleksandrinskij teatr (Das Aleksandrinskij Theater)* und *Peterburgskaja literatura (Die Petersburger Literatur)* vergleichen das kulturelle Leben beider Städte.

Der Sammelband ist in zwei Teile gegliedert. Enthält der erste Teil des Werkes die *»positiv pathetische Verkündigung der neuen ›lichten‹ Prinzipien der Kunst«* (V. Kulešov), so wird im zweiten Teil das kleinbürgerlich-spießige Verhalten ebenjener Gesellschaftsschichten – teilweise satirisch – kritisiert, für die das Buch Verständnis wecken will. Auch die Fehler der sozial Benachteiligten werden analysiert, freilich in ihrer sozialen Bedingtheit. Ziel des realistischen Ansatzes der »Natürlichen Schule« ist es nicht, das Mitleid der herrschenden Klasse zu erregen, sondern die objektive gesellschaftliche Wirklichkeit zu erkennen und zu beschreiben.   E.Bs.

AUSGABE: Petersburg 1845.

LITERATUR: V. Vinogradov, *Ėvoljucija russkogo naturalizma*, Leningrad 1928. – A. Belkin, *N. i natural'naja škola* (in *Tvorčestvo N.*, Hg. A.M. Egolin, Leningrad 1939). – N. I. Mordovčenko, *Belinskij v bor'be za natural'nuju školu* (in *Literaturnoe nasledstvo*, 55, 1948). – A. G. Dement'ev, *Očerki po istorii russkoj žurnalistiki 1840–1850 gg.*, Moskau/Leningrad 1951. – V. E. Evgen'ev-Maksimov, *Tvorčeskij put' N. A. N.*, Moskau/Leningrad 1953, S. 24–37. – A. G. Dement'ev, *Žurnalistika i kritika sorokovych godov* (in *Istorija russkoj literatury*, Bd. 7, Moskau/Leningrad 1955). – M. M. Gin, *N. A. N. – kritik v bor'be za natural'nuju školu* (in *Nekrasovskij sbornik*, Bd. 1, Moskau/Leningrad 1951). – Ders., *N. A. N. – literaturnyj kritik*, Petrozavodsk 1957, S. 61–64. – V. I. Kulešov, *Natural'naja škola v russkoj literature XIX v.*, Moskau 1965. – A. G. Cejtlin, *Stanovlenie realizma v russkoj literature (Russkij fiziologičeskij očerk)*, Moskau 1965.

KOMU NA RUSI ŽIT' CHOROŠO

(russ.; *Wer lebt glücklich in Rußland?*). Poem von Nikolaj A. NEKRASOV, entstanden 1863–1877, in einzelnen Teilen erschienen 1866; 1869/70; 1873/74; 1881. – Das unvollendete Poem entstand wenige Jahre nach der Aufhebung der Leibeigenschaft durch Zar Alexander II. (1861), die nichts an der ökonomischen Abhängigkeit der Bauern von ihren vormaligen Herren änderte. Zahlreiche Bezugnahmen auf die »Bauernbefreiung« weisen den märchenhaft einsetzenden Text als engagierte Kritik der zaristischen Gesellschaft aus. Der »Held« des Poems ist das russische Volk, exemplarisch dargestellt in einer Folge typischer Charaktere. Die Bauernthematik war Nekrasovs Schaffen nicht

fremd. Sie findet sich bereits in Gedichten der vierziger Jahre, weicht während der Reaktion der Jahre 1848–1855 in die Prosa aus, um sich endlich in den Poemen der sechziger Jahre voll zu entfalten. Der Übergang von der kleinen Gattung zur Monumentalform ist inhaltlich bedingt: Beschränkt sich Nekrasov zu Beginn seines Schaffens, das unter dem Einfluß der »natürlichen Schule« V. BELINSKIJS steht, auf die Wiedergabe des Individuellen, Persönlichen, so steht nach 1861 die sozialökonomischen Lage der russischen Bauernschaft im Mittelpunkt seines Werks.

Das kompositorische Gerüst des Poems bildet das märchenhafte Motiv der sieben Bauern, die sich über die Titelfrage derart zerstreiten, daß sie beschließen, sich auf eine lange Wanderung zu begeben, um den Glücklichen ausfindig zu machen. Aller irdischen Nöte – sie stammen aus Dörfern mit sprechenden Namen wie »Geflickt«, »Zerlumpt«, »Hungersnot«, »Mißernte« u. ä. – entbeht sie ein Tischleindeckdich. Das Motiv der Wahrheitssuche, am konsequentesten durchgehalten im ersten Teil des Poems, erinnert an die Volksmärchen über *Pravda i krivda (Wahrheit und Unwahrheit)*. Es erlaubt dem Autor die lose Reihung auch der heterogensten Szenen und Handlungsdetails. Bezeichnenderweise wenden sich die Bauern mit ihrer Frage nicht an die eigene Klasse, sondern an die herrschenden Kreise des Zarenreichs. Ursprünglich plante Nekrasov, die Bauern mit den repräsentativen Ständen des damaligen Rußland zu konfrontieren: dem Gutsbesitzer, dem Popen, dem Kaufmann, dem Bojaren, dem Minister und dem Zaren. Vollendet sind nur die Begegnungen mit dem Popen und dem Gutsbesitzer. Sie zeigen die beabsichtigte Argumentation: Indem die Angesprochenen begründen, warum sie sich nicht für glücklich halten, enthüllen sie, daß ihre Nöte zugleich die Sorgen der Herrschenden sind, die ihr Wohlleben auf die Knechtung des überwiegenden Teils der Gesellschaft gründen.

Zwischen beiden Szenen stehen Kapitel, in denen sich das russische Volk in charakteristischen Alltagsbildern selbst darstellt. Das fröhliche Treiben eines Jahrmarkts offenbart die Unwissenheit der Bauern, in der sie durch ihre soziale Stellung nach dem Willen der Herrschenden gefangen bleiben. Unfähig, die Ursache ihrer Not im Charakter ihrer Gesellschaft zu begreifen, unfähig, sich durch gemeinsames Handeln aus der Knechtschaft zu befreien, jagt der Bauer dem falschen Glück des Jahrmarktszaubers nach und betäubt sein Elend im Alkohol. In der Trunksucht des Volkes erkennt Nekrasov die kraftlose, doch umfassende Auflehnung der Unterdrückten gegen das Bestehende. Inmitten der verzweifelten Ausgelassenheit richten die Wanderer ihre Frage auch an das Volk; dem Glücklichen versprechen sie einen Extratrunk. Viele melden sich, doch ihr Glück ist ein Sklavenglück. In Ermilo Girin ersteht endlich das Idealbild des Volkshelden. Sein Auftreten weckt die spontane Solidarität der Massen im Kampf gegen ihre Herren. Der erste Abschnitt des zweiten Teils – *Posledyš* (etwa

Das Fossil) – führt die Wanderer in eine gespenstische Szenerie: Um das Leben des Gutsherrn zu schonen, den die Nachricht von der »Bauernbefreiung« an den Rand des Grabes gebracht hat, hat seine Familie ihre früheren Leibeigenen mit dem Versprechen einer Landzuteilung dazu überredet, bis zum natürlichen Tod des »Fossils« freiwillig den überkommenen Frondienst fortzusetzen. Wiederum kündigt sich in Agap, der sich gegen die Selbstverleugnung auflehnt, die latente Kraft des bis an den Rand des Aufstands gedrängten Volkes an. Erst das folgende Kapitel jedoch – *Pir na ves' mir (Der ganzen Gemeinde ein Fest)* – stellt in Griša Dobrosklonov und seinem Lied über die *Rus'* den eigentlichen Vorboten der russischen Revolution vor. Im Volk erkennt Dobrosklonov das Subjekt der Geschichte. Der dritte Teil des Poems – *Krest'janka (Die Bäuerin)* – erzählt exemplarisch das Schicksal der russischen Bauersfrau. Er enthält eines jener unübertrefflichen Porträts russischer Frauengestalten, wie sie aus anderen Werken Nekrasovs bekannt sind.

Unter Anleitung Belinskijs knüpft Nekrasov an das von der Reaktion unterdrückte demokratische, ja revolutionäre Erbe A. PuŠKINS an. Er gibt der Lyrik bewußt eine gesellschaftliche Aufgabe. Sein Poem steht in Sprache, Stil und Rhythmus in nächster Nähe der Volksdichtung. Obwohl der Autor die Vorlagen seines Poems großenteils zeitgenössischen Publikationen russischer Volkslieder entnahm, stellt sein Werk keine Kopie, sondern eine überaus kritische Nachdichtung des folkloristischen Materials dar. Große Sorgfalt hat Nekrasov auf die Erarbeitung seines Versmaßes verwandt. In der Endfassung ist das Poem beherrscht von dreifüßigen Jamben mit daktylischen Ausgängen, die von männlichen Zeilenschlüssen in freier Folge nach Sinneinheiten gegliedert sind. Reim tritt allein an semantisch exponierter Stelle auf. In der freien Behandlung der Form und der Leichtigkeit des Metrums nähert sich die Diktion des Poems der rhythmischen Prosa. Obwohl das Werk ein Muster der *»äsopischen Sprache«*, der chiffrierten Gesellschaftskritik, ist, wurde es von der zaristischen Zensur verboten. Ungeachtet seines fragmentarischen Charakters darf das Poem als überragendes literarisches Zeugnis ohne Vorbild nicht nur in der russischen, sondern in der gesamten Weltliteratur angesehen werden. C. K.

AUSGABEN: Moskau 1949 (in *Poln. sobr. soč.*, Hg. K. I. Čukovskij, 12 Bde., 1948–1953, 3; krit.). – Moskau 1954 (in *Sočinenija*, Hg. ders., 3 Bde., 3; krit.). – Moskau 1965 (in *Sobr. soč.*, Hg. ders., 8 Bde., 1965–1967, 3; krit.). – Leningrad 1982 (in *Poln. sobr. soč. i pisem*, 15 Bde., 1981 ff., 5).

ÜBERSETZUNGEN: In *SW*, H. J. Köcher, 2 Bde., Lpzg. 1885–1888. – *Wer lebt glücklich in Rußland?*, R. Seuberlich, Lpzg. 1890 (RUB; ern. 1948). – Dass., ders., bearb. v. G. Dudek (in *Gedichte u. Poeme*, Bd. 2, Bln./Weimar 1965).

LITERATUR: I. J. Tverdochlebov, *Poêma N. »Komu na Rusi žit' chorošo«*, Moskau 1954. – A. A. Lučak, *Narod v poême »Komu na Rusi žit' chorošo*, Odessa 1956. – V. T. Plachotišina, *Poêma N. »Komu na Rusi žit' chorošo«*, Kiew 1956. – Dies., *Pejzaž v poême N. »Komu na Rusi žit' chorošo« i ego idejno-kompozicionnaja funkcija* (in Naučnye zap. Dnepropetrovskogo univ., 21, 1959, S. 43–59). – *Istoki velikoj poêmy. N. A. N. »Komu na Rusi žit' chorošo«*, Jaroslavl' 1962. – A. Gruzdev, *Poêma N. »Komu na Rusi žit' chorošo«*, Moskau/Leningrad 1966. – F. M. Žurko, *Poêma N. »Komu na Rusi žit' chorošo«*, Leningrad 1968. – L. Rozanova, *N. A. N. »Komu na Rusi žit' chorošo« Kommentarij*, Leningrad 1970. – V. Anikin, *Poêma N. A. N. »Komu na Rusi žit' chorošo«*, Moskau 1973 [enth. Bibliogr.]. – V. G. Prokšin, *Tvorčeskaja istorija êpopei N. A. N. »Komu na Rusi žit' chorošo«*, Diss. Moskau 1982.

MOROZ, KRASNYJ NOS

(russ.; *Frost Rotnase*). Poem von Nikolaj A. NEKRASOV, erschienen 1864. – Das umfangreiche, der Schwester des Autors gewidmete Poem entstand zwei Jahre nach der Aufhebung der russischen Leibeigenschaft durch Zar Alexander II. (1861). Diese als Vorbeugung gegen eine drohende Revolution gedachte »Reform von oben« erleichterte aber die Lage der unterdrückten russischen Bauernschaft keineswegs, da der Bauer durch die sozialen Konsequenzen des Edikts zur freiwilligen Rückkehr in die ökonomische Abhängigkeit von seinen alten Herren gezwungen war. Diese Situation hat Nekrasov am ausführlichsten in seinem Poem *Komu na Rusi žit' chorošo*, 1866–1881 *(Wer lebt glücklich in Rußland?)*, geschildert, während *Moroz, Krasnyj nos* aus der Gesamtproblematik nur einen begrenzten Ausschnitt, nämlich das Schicksal der russischen Bäuerinnen, darstellt. Stark um das innere Erleben der geschilderten Personen bemüht, steht das Poem dem Frühwerk Nekrasovs nahe, das sich – im Sinne der »natürlichen Schule« V. BELINSKIJS – auf die Wiedergabe des Individuellen, Persönlichen richtet. Zugleich aber weist es mit der in »äsopischer Sprache« angedeuteten Einordnung des geschilderten Einzelschicksals in das Gesamt der gesellschaftlichen Verhältnisse auf die Gedichte der späteren Jahre voraus.

Das Poem gliedert sich in zwei umfangreiche, nach Aussage und Gestaltung unterschiedliche Kapitel. In distanzierter, realistischer Erzählweise schildert der in 15 Abschnitte gegliederte erste Teil alle Einzelheiten des Leichenbegängnisses des jungen Bauern Prokl: das Ausheben des Grabes, das Herrichten des Leichnams, die Totenklage, die Nachtwache, den Beileidsbesuch der Nachbarn, den Weg zum Friedhof, das Begräbnis, die Heimkehr. In einer Rückblende wird der Todesfall geschildert: Prokl zog sich seine Erkrankung zu, als er sich in einer Schneewehe festgefahren hatte. Die einzelnen Skizzen, von denen jede eine in sich geschlossene Szene darstellt, gruppieren sich – in ihrer unausweichlichen Reihung um so trostloser – um das Phänomen des Todes. Die Psychologie der Gestalten steht dabei nicht unmittelbar im Vordergrund; ihr Erleben, ihre Empfindung geben sich nur insoweit zu erkennen, als sie in ihrem Handeln zum Ausdruck kommen. Bezeichnenderweise gilt die Aufmerksamkeit des Dichters weniger dem Verstorbenen als den Hinterbliebenen: seinen gebrochenen Eltern, seinen Kindern, vor allem aber seiner Frau Dar'ja, die nun die Sorge für den Unterhalt der Familie allein zu tragen hat. In zwei umfangreichen kontemplativen Abschnitten deutet der Autor die Gestalt seiner Heldin als das Urbild der russischen, der slavischen Frau. Nicht bei den Herrschenden, sondern in den untersten Schichten der Gesellschaft ist die wahre Kraft des russischen Volkes zu finden. Jahrhundertelange Entwicklung hat allen Ständen Fortschritt und Glück gebracht. *»Doch einzig der Bäuerin drückendes Los / Hat Gott noch zu ändern vergessen.«* Nach wie vor bleibt sie das *»zufällige Opfer des Schicksals«*.

Dem kühlen Realismus des ersten Teils steht die unwirklich-märchenhafte, der Phantastik volkstümlicher Glaubensvorstellungen adäquate Stimmung des (in 21 Abschnitte gegliederten) zweiten gegenüber. Das trübe Winterwetter hat sich zu einem sonnenhellen, frostklaren Himmel gelichtet. Dar'ja ist nach dem Begräbnis ihres Mannes in den Wald gefahren, um Holz zu holen. In ihrem Kummer hält sie Zwiesprache mit dem Toten. Sie spricht von ihrer Sorge über die Zukunft ihrer Familie, erzählt ihm von einem ahnungsvollen Traum, den sie vor seinem Tod gehabt hat, und klagt ihm ihr bitteres Los, ihre Einsamkeit, Schwäche und Schutzlosigkeit. Erschöpft von der Arbeit und ganz in Gedanken versunken, bemerkt sie nicht, wie Waldkönig Frost – die Verkörperung der Natur in ihrer elementaren Gewalt – sich ihr auf dem Rundgang durch sein Revier nähert und sie langsam mit seinem eisigen Atem einhüllt. Erstarrend glaubt sie sich von ihrem Mann geküßt – ein Lächeln verklärt ihr Antlitz im Tod.

Moroz, Krasnyj nos gilt zu Recht als *»das ideell und künstlerisch bedeutendste Poem Nekrasovs«* (Düwel). Neben der evozierten Bilderwelt ist die metrische Gestaltung des Poems von Interesse. Das Grundversmaß beider Kapitel ist daktylisch-anapästisch, doch wirkt der zweite Teil metrisch vielgestaltiger, weil der Grundrhythmus weitaus häufiger durch andere Versmaße unterbrochen wird. Hier kündigt sich bereits der volkstümliche daktylische Versausgang an, der die späteren Poeme Nekrasovs beherrschen sollte. – Es ist verständlich, daß Nekrasovs Verskunst zu einer Zeit, da die Schilderung gesellschaftlicher Verhältnisse der Prosa vorbehalten war, nicht auf die Zustimmung der offiziellen Literaturkritik rechnen durfte. Die konservativen Anhänger der »reinen Kunst«, deren Maßstab ein mißverstandener, da seines gesellschaftskritischen Gehalts entkleideter A. Puškin war, lehnten Nekrasov als unbegabt ab; dem grob-realistischen Propagandisten außerliterarischer Zielsetzungen, wie sie ihn verstanden, zogen sie Puškin als den Dichter der reinen Lebensfreude vor. Unter der Anleitung Belinskijs knüpft Nekrasov aber gerade an die von der Reaktion unterdrückten demokratischen Tendenzen in der Lyrik Puškins an und gibt somit seinen Gedichten bewußt eine gesellschaftliche Aufgabe.

C.K.

Ausgaben: Moskau 1864. – Moskau 1946 [zus. m. *Russkie ženščiny*]. – Moskau 1948 (in *Poln. sobr. soč.*, Hg. K. I. Čukovskij, 12 Bde., 1948–1953, 2; krit.). – Moskau 1965 (in *Sobr. soč.*, Hg. ders., 8 Bde., 1965–1967, 2; krit.). – Leningrad 1982 (in *Poln. sobr. soč. i pisem*, 15 Bde., 1981 ff., 4).

Übersetzungen: In *SW*, H.J. Köcher, 2 Bde., Lpzg. 1885–1888. – *Waldkönig Frost* (in *Gedichte u. Poeme*, Hg. G. Dudek, Bd. 1, Bln./Weimar 1965).

Literatur: A.L. Žovtis, *K voprosu ob idejnom soderžanii poèmy N. »Moroz, Krasnyj nos«* (in Uč. zap. Kazachskogo univ., 14, 1952, S. 72–83). – A. A. Mamaev, *Poèma N. A. N. »Moroz, Krasnyj nos«*, Astrachan 1957. – V. A. Sapogov, *Analiz chudožestvennogo proizvedenija (Poèma N. A. N. »Moroz, krasnyj nos«)*, Jaroslavl' 1980. – A. van Holk, *Erkundigungen zur Tiefenstruktur von N.s »Moroz, Krasnyj nos«* (in ZslPh, 52, 1992, H. 1).

ALEKSANDR NIKOLAEVIČ OSTROVSKIJ

* 12.4.1823 Moskau
† 14.6.1886 Ščel'kovo / Gouvernement Kostroma

Literatur zum Autor:
Bibliographien:
V. I. Petrovskaja, *A. N. O. Rekomendatel'nyj ukazatel' literatury*, Moskau 1956. – G. P. Pirogov, *A. N. O. Seminarij*, Moskau 1962. – *Istorija russkoj literatury XIX veka. Bibliografičeskij ukazatel' literatury*, Hg. K. Muratova, Moskau/Leningrad 1962, S. 519–530. – Dies., *Bibliografija literatury ob A. N. O. 1847–1917*, Leningrad 1974.
Forschungsbericht:
P. Bogatyrev, *Bibliografičeskij obzor rabot ob A. N. O. s 1914–1925 g* (in Slavia, 4, 1925/26, S. 397–414).
Biographien:
N. Efros, *A. N. O.*, Petrograd 1922. – S. Šambinago, *A. N. O.*, Moskau 1937. – L. R. Kogan, *Letopis' žizni i tvorčestva A. N. O.*, Moskau 1953. – *A. N. O. v vospominanijach sovremennikov*, Moskau 1966. – V. Lakšin, *A. N. O.*, Moskau 1976; ²1982. – M. Lobanov, *O.*, Moskau 1979.

Gesamtdarstellungen und Studien:
J. Patouillet, *O. et son théâtre des mœurs russes*, Paris 1912. – N. P. Kašin, *Ėtjudy ob A. N. O.*, 2 Bde., Moskau 1912. – *A. N. O. Ego žizn' i sočinenija. Sbornik istoriko-literaturnych statej*, Hg. V. Pokrovskij, Moskau ³1912. – V. Sachnovskij, *Teatr A. N. O.*, Moskau 1920. – N. K. Piskanov, *O. – Lit.-teatral'n. seminarij. Vvedenie v izučenie O.*, Ivanovo/Voznesensk 1923. – *A. N. O. 1823–1923. Sbornik statej*, Hg. V. Varneke, Odessa 1923. – A. Linin, *Tvorčestvo A. N. O.*, Rostov 1937. – A. Štejn, *A. N. O.*, Moskau 1946. – K. N. Deržavin, *A. N. O.*, Leningrad 1950. – A. I. Dubinskaja, *A. N. O. Očerk žizni i tvorčestva*, Moskau 1953. – N. A. Dobroljubov, *Stat'i ob O.*, Moskau 1956; ²1967. – L. Lotman, *A. N. O. i russkaja dramaturgija ego vremeni*, Moskau/Leningrad 1961. – E. G. Cholodov, *Masterstvo O.*, Moskau 1963; ²1967. – G. Pirogov, *Realizm A. N. O. i A. P. Čechova*, Moskau 1967. – *Problemy izučenija tvorčestva A. N. O.*, Kujbyšev 1973. – A. L. Štejn, *Master russkoj dramy*, Moskau 1973. – *O. i literaturno-teatral'noe dviženie XIX i XX vekov*, Hg. N. Pruckov u. a., Leningrad 1974. – *A. N. O. na sovetskom scene*, Moskau 1974. – *Jazyk i slog O.-dramaturga*, Jaroslavl' 1974. – A. Revjakin, *Iskusstvo dramaturgii O.*, Moskau ²1974. – A. Žuravleva, *Dramaturgija A. N. O.*, Moskau 1974. – A. Lebedev, *Dramaturg pered licom kritika*, Moskau 1974. – T. N. Pavlova u. E. Cholodov, *A. N. O. na sovetskom scene. Stat'i o spektakljach moskovskich teatrov raznych let*, Moskau 1974. – *A. N. O. Novye materialy i issledovanija*, 2 Bde., Moskau 1974/75. – E. Cholodov, *Dramaturg na vse vremena*, Moskau 1975. – L. Cox, *Form and Meaning in the Plays of A. N. O.*, Diss. Philadelphia/Pa. 1975. – B. Grylack, *The Function of Proverbs in the Dramatic Works of A. N. O.*, Diss. NY 1975. – Z. Červjakova, *Dramaturgija A. N. O.*, Minsk 1978. – U. Steltner, *Die künstlerischen Funktionen der Sprache in den Dramen O.s*, Gießen 1978. – E. Cholodov, *Jazyk dramy*, Moskau 1978. – M. Manheim, *O. and Vaudeville*, Diss. NY 1978. – H. R. Smith, *A. N. O. and the Didactic Plot. Critical Analyses of Nine Late Plays*, Diss. Denver/Colo. 1978. – *Zugänge zu O.*, Bremen 1979. – A. Žuravleva, *A. N. O. – komediograf*, Moskau 1981. – M. Hoover, *A. O.*, Boston 1981. – A. Štejn, *Uroki O.: iz opyta russkogo i sovetskogo teatra*, Moskau 1984. – A. Žuravleva, *Žanrovaja sistema dramaturgii A. N. O.*, Diss. Moskau 1985. – Dies. u. V. Nekrasov, *Teatr A. N. O.*, Moskau 1986. – A. Čumačenko, *Istoričeskaja tema v dramaturgii A. N. O.*, Diss. Moskau 1986. – A. G. Lomov, *Frazeologija v tvorčeskoj laboratorii A. N. O.*, Taškent 1987.

LES

(russ.; *Der Wald*). Komödie in fünf Akten von Aleksandr N. OSTROVSKIJ, Uraufführung: Petersburg, 1. 11. 1871, Aleksandrinskij teatr. – Der weder Thema noch Charakter des Stücks andeutende Titel der Komödie – bei Ostrovskijs Vorliebe für Sprichwort- oder Stichworttitel eine Seltenheit – läßt an A. ČECHOVS symbolische Schauspieltitel wie *Višněvyj sad*, 1903 *(Der Kirschgarten)*, oder *Čajka*, 1896 *(Die Möwe)*, denken. Und tatsächlich spielt der »Wald« – wertvollster Grundbesitz der reichen, verwitweten Gutsbesitzerin Raisa Gurmyžskaja, die schon über die Fünfzig hinaus ist – die beherrschende Rolle in dieser Komödie.

Mit Recht hält alle Welt Raisa für eine tugendhafte und fromme Frau: Sie kleidet sich so einfach, als trüge sie Trauer; sie hat aus Mitleid Aleksej, einen jungen, hübschen, armen Adligen (dem es nicht einmal glücken wollte, das Gymnasium zu absolvieren) in ihr Haus aufgenommen; sie betont bei jeder Gelegenheit, für ihren Nächsten sei ihr »*nichts zu schade*«; auch ihr Neffe und Erbe, der vor Jahren spurlos aus dem Haus verschwand, schreibt ihr dankerfüllte, ihre Strenge preisende Briefe; und schließlich ist es ihr Wille, die arme, in ihrem Haus lebende Verwandte Aksin'ja mit Aleksej zu verheiraten und somit völlig uneigennützig Glück zu stiften. – Gegenwärtig aber hat Raisa aus unerfindlichen Gründen viel Bargeld nötig, weshalb auch der Holzhändler Vosmibratov ständig auf ihrem Gut aus und ein geht, was bedeutet, daß der Wald – eigentlich die Mitgift der armen Aksin'ja – immer kleiner wird. Wozu aber dieses Geld dienen soll, weiß vorläufig niemand, denn unmißverständlich erklärt Raisa dem Holzhändler, als dieser für seinen Sohn Pëtr um Aksin'ja wirbt, daß für das Mädchen schon ein Bräutigam gefunden sei. Allein mit dem »Brautpaar« hat es seine besondere Bewandtnis: Obwohl Aksin'ja, die Pëtr liebt und sich heimlich mit ihm trifft, von dem aufdringlichen »Bräutigam« Aleksej nichts wissen will (und deshalb von Raisa bewacht wird), besteht die gestrenge Gutsherrin darauf, daß Aksin'ja sich vor den Leuten als Braut betrachte. Andererseits soll sie sich aber nicht allzusehr mit dem Gedanken anfreunden, einen so »*gescheiten, hübschen und gebildeten*« jungen Mann wirklich heiraten zu können, denn diese »*Trauben hängen zu hoch*«: Raisa hat nämlich den schmucken Jungen insgeheim für sich selbst ausersehen.

Eine gefährliche Bedrohung ihrer Arrangements hat sich der Gutsherrin im Traum angekündigt: ihr Neffe, der plötzlich auftauchen und sein Erbe verlangen könnte. Und wirklich ist der unglückselige Gennadij schon auf dem Weg zu seiner Tante, die er nur als »*Dame von ehrfurchtgebietendem Charakter*« kennt, weshalb er vor ihr auch nicht als der wandernde, bettelarme Schauspieler (der er ist), sondern als Major a. D. mit Diener (in Wirklichkeit sein Kollege Arkadij, genannt Sčastlivcev, »Der Glückliche«) erscheint. Mit einer unglaublichen schauspielerischen Leistung – er fordert dem dreisten Holzhändler die 1000 Rubel ab, um die dieser Raisa soeben betrogen hat – führt er sich trefflich bei seiner Tante ein, und da er auch von ihr keine Kopeke von seinem Erbe fordert (sein edler Sinn ist nicht auf irdischen Besitz gerichtet), kann Raisa wieder aufatmen und an die Erfüllung ihres geheimen Traums denken: Vor den Augen des erstaunten Aleksej öffnet sie ihre Kassette und läßt den

Jüngling wissen, daß der ganze Rubelsegen einmal dem gehören wird, den sie liebt – oder besser, der sie liebt. Augenblicklich zappelt der »Bräutigam« an ihrer Angel, und bereits in der folgenden Nacht hat er ihr den Beweis seiner »Liebe« geliefert. Befriedigt, doch immer noch auf ihren Lockvogel Aksin'ja eifersüchtig, legt Raisa dem Mädchen nahe, sich eine andere Bleibe zu suchen. Und da Aksin'ja das nötige Geld für eine Mitgift fehlt, die der Holzhändler unerbittlich für seinen Sohn fordert, entschließt sie sich, Schauspielerin zu werden und mit Gennadij – sein Inkognito ist inzwischen gelüftet – in die Welt zu ziehen. – Der letzte Akt der Komödie gehört dem »Tragöden« Gennadij, genannt Nesčastlivcev (»Der Unglückliche«), der so arglos in diesen »Wald« geriet, wo im Schutz der Ehrenhaftigkeit und Sittenstrenge schamlos um Geld und Liebe geschachert wird, wo *»alte Weiber grüne Lausejungen«* heiraten, jungen Mädchen aber das Leben vergällt wird. Nun, da er alles durchschaut hat, wird er zum Richter über die »Waldmenschen«, die ihn, den *»armen Schauspieler«*, zu Unrecht verachten. *»Ihr seid die Komödianten, die Gaukler, nicht wir!«* ruft er ihnen zu und überläßt dem Holzhändler verächtlich die 1000 Rubel als Mitgift Aksin'jas, die er sich zuvor erst von seiner Tante als Reisegeld hatte geben lassen. Denn: *»Wenn wir lieben, dann lieben wir wirklich … und wenn wir helfen, dann helfen wir mit unserem letzten, sauerverdienten Groschen.«* Und: *»Wen habt ihr in seinem Leid getröstet?«*
Durch die wahre Hauptfigur des Stücks, den zum Komödianten »abgesunkenen«, mit seiner Lage aber zufriedenen Adelssproß Gennadij – halb überlegen-moralisierender Räsoneur, halb edel-weltfremder Don Quijote – hält Ostrovskij der nach der offiziellen Aufhebung der Leibeigenschaft immer noch auf ihrer autoritären Macht beharrenden Gutsbesitzerkaste einen Spiegel vor, in dem sich ihre Verlogenheit und moralische Verkommenheit zeigt. Der Wald, ehemals von Leibeigenen bearbeitet und Symbol der Macht der Besitzenden, ist nun Sinnbild der veränderten gesellschaftlichen Verhältnisse: Er muß Stück für Stück verkauft werden, um der gierigen Raisa Genuß und Aufrechterhaltung des bisherigen Lebensstandards zu sichern – womit der unausweichliche Zusammenbruch aber nur hinausgeschoben wird. Wie in seinen übrigen Stücken kommt es dem Autor auch in *Les* weniger auf formales Raffinement als auf die Prägnanz seiner Aussage an. Auf der durch D. Fonvizin, A. Griboedov und N. Gogol' geschaffenen russischen Theatertradition fußend, hat Ostrovskij die Bühne um eine in der Treffsicherheit der Milieuschilderung, der entlarvenden Dialoge und genau differenzierenden Charakterzeichnung brillante Komödie bereichert.   M.Gru.

Ausgaben: Petersburg 1871 (in *Otečestvennye zapiski*). – Moskau 1960 (in *Sobr. soč.*, Hg. A. I. Revjakin u. a., 10 Bde., 1959/60, 6; krit.). – Moskau 1974 (in *Poln. sobr. soč.*, 12 Bde., 1973–1980, 3; krit.).

Übersetzungen: *Wald*, A. Luther, Lpzg. 1950 (RUB). – *Der Wald*, J. v. Guenther (in *Dramatische Werke*, Bd. 3, Bln. 1951). – Dass., ders. (in *Ausgewählte Theaterstücke*, Bd. 2, Mchn. 1966). – Dass., ders., Stg. 1971; ern. 1982. – Dass., P. Urban, Ffm. 1972; ern. 1981. – Dass., G. Jäniche (in *Klugsein schützt vor Torheit nicht. Der Wald. Wölfe und Schafe*, Lpzg. 1975). – Dass., M. Karge u. M. Langhoff, Bln. 1978.

Verfilmung: SU 1953 (Regie: V. Kožiu u. a.).

Literatur: A. I. Orlov, *K voprosu o jazyke personažej komedii A. N. O. »Les«* (in Uč. zap. Šujskogo ped. inst., 1955, 2, S. 31–44). – E. Izmajlova, *Sveobrazie chudož. formy komedii A. N. O. »Les«* (in Soobšč. inst. istorii iskusstv. 1957, Nr. 10/11, S. 82–99). – F. Všetička, *Kompozícia O. hry »Les«* (in Slovenské divadlo, 25, 1977, Nr. 4, S. 521 bis 528).

BEDNOST' NE POROK

(russ.; *Armut ist kein Laster*). Komödie in drei Akten von Aleksandr N. Ostrovskij, Uraufführung: Moskau, 25. 1. 1854. – Wie in *Svoi ljudi – sočtëmsja*, 1847 *(Unter Verwandten wird man sich schon einig)*, oder in *Bednaja nevesta*, 1852 *(Die arme Braut)*, spielt die Handlung der Komödie in einem typischen moskovitischen Kaufmannshaus, in dem der »Samodur« (Haustyrann) Torcov patriarchalisch-grausam über Familie und Angestellte herrscht. Längst wäre der arme Handelsgehilfe Mitja schon diesem Peiniger entwichen, gäbe es nicht die schöne Ljubov, die Tochter des Kaufmanns, in die Mitja sterblich, aber ohne Hoffnung auf Erhörung verliebt ist. Da gesteht ihm ganz unerwartet während der lustigen Weihnachtsfeiertage Ljubov ihre Liebe, doch können sie sich nicht sehr lange ihres Glückes erfreuen: Wie ein sibirisches Unwetter fällt der alte Torcov in das Haus ein, verjagt die fröhlichen Gäste und stellt seiner Tochter einen seiner Geschäftsfreunde (einen alten, schwammigen, steinreichen Fabrikanten) als Bräutigam vor. Kein Sträuben hilft, gehört doch Torcov zu jenen Vätern, die *»ihre Töchter in Grütze fressen, wenn's ihnen so beliebt, oder in Butter getunkt, wenn's ihnen anders gefällt«*. Als Mitja schon resignierend das Haus verlassen will, taucht der Retter in der Not auf: der närrisch-weise Trinker Ljubim, Torcovs heruntergekommener Bruder. Sein Werk ist der große Streit des »Bräutigams« mit dem Brautvater, in dessen Verlauf Torcov sein Töchterlein wutentbrannt dem Nächstbesten in die Arme wirft – und das ist der gänzlich verstörte Mitja. Kaum aber hat sich der von der Überraschung erholt, besitzt er die Frechheit zu erklären, er wolle Ljubov nicht *»aus Trotz«* geschenkt, sondern freiwillig und noch dazu *»aus Güte«* zur Frau bekommen. Unverzüglich platzt Torcov der Kragen – und spränge nicht sein Bruder neuerlich dazwischen, so hätte Mitja die »geschenkte Braut« sicher zum letztenmal gesehen.

Des Bruders pathetische Rede (*»Was macht's, daß er* [Mitja] *arm ist! Ach, wäre ich arm gewesen, ich wäre ein Mensch geworden. Armut ist kein Laster!«*) erweicht zuletzt das Herz des Tyrannen, treibt ihm die Tränen in die Augen und das Bekenntnis seiner Einsicht auf die Lippen – der Hochzeit der Liebenden steht nichts mehr im Weg.

In Komposition und Handlungsführung unterscheidet sich dieses Stück kaum von *Bednaja nevesta*. Noch meisterlicher aber handhabt hier Ostrovskij die Sprache als Mittel zur psychologischen Charakterisierung seiner Personen. Und die Sprache ist es auch, die die Komik dieses in einer angstgeplagten, grausam materialistischen Welt des einfachen, primitiven, barbarischen oder resigniert leidenden Menschen spielenden Stückes entzündet. Um nur ein Beispiel zu nennen: Die Tatsache, daß Torcov seine Tochter einem Geschäftsfreund vermacht, ist kaum komisch zu nennen; wenn aber sein beschränktes, herzensgutes Weib in ihrer Sprache diese Tatsache kommentiert (*»Was ist das für ein Bräutigam ... ach, ach, ach! ... Wo soll da Liebe herkommen! ... Das Mädchen ist jetzt gerade in die richtigen Jahre gekommen, das Herzchen wird ihr sicher manchmal klopfen. Sie müßte jetzt einen richtigen Liebsten haben, und wenn es der Ärmste wäre ... Das wäre dann das richtige Leben für sie ... ein Paradies!«*), verschiebt sich der Akzent, und der Zuschauer kann die Simplizität einer Vorstellungswelt belachen, in die ein unmenschlicher realer Vorgang hineingenommen und dadurch unglaublich verkleinert wird.   M.Gru.

AUSGABEN: Moskau 1854. – Moskau 1959 (in *Sobr. soč.*, Hg. A.I. Revjakin u.a., 10 Bde., 1959/60, 1; krit.). – Moskau 1973 (in *Poln. sobr. soč.*, 12 Bde., 1973–1980, 1; krit.).

ÜBERSETZUNG: *Armut ist kein Laster*, J.v. Guenther, Bln. 1951 (in *Dramat. Werke*, Bd. 1).

LITERATUR: E. Kremer, *Jazyk kupečestva serediny prošlogo stoletija po komedii O.* »*Bednost' ne porok*« (in Trudy Tbilisskogo ped. inst., 5, 1948, S. 217 bis 231). – S.K. Sambinago, *Social'nyj smysl komedii »Bednost' ne porok«* (in A.N.O., *Bednost' ne porok*, Moskau 1949, S. 42–56). – A. van Holk, *Thematic Analysis of O.'s »Poverty Is No Crime«* (in Essays in Poetics, 3, 1978, Nr. 2, S. 41–76).

BEZ VINY VINOVATYE

(russ.; *Schuldlos schuldig*). Komödie in vier Akten von Aleksandr N. OSTROVSKIJ, Uraufführung: Moskau, 15.1. 1884. – Zwei Jahre nach seinem Stück *Talanty i poklonniki (Talente und Verehrer)* griff Ostrovskij wieder ein Thema aus der Welt des Theatervolks auf. Diese schien ihm die einzige Welt zu sein, in der noch echter Heroismus und ungekünsteltes Leiden zu finden waren, echte Helden und Heldinnen, die zu Recht auf das Publikum, jene im Leben Gefühle und Ideale heucheln-

den eigentlichen Komödianten, herabschauen konnten.

»Schuldlos schuldig« ist der junge Schauspieler Nesnamov, dessen *»Seele so krank ist«*, daß ihm *»jeder Blick, jedes Wort Schmerzen verursacht«*, weil er *»vom Tage seiner Geburt an kein anderes Empfinden kannte als das des Schmerzes«*: Elternlos, ohne Vatersnamen und folglich ohne Paß, ist er vogelfrei und wird, ohne sein Dazutun, *»auf einer abschüssigen Ebene unaufhaltsam zum Gefängnis«* getrieben. Die Vorgeschichte erzählt der erste Akt: Otradina, ein armes *»Fräulein adliger Herkunft«*, hat sich einem jungen Beamten aus Liebe hingegeben und ein uneheliches Kind zur Welt gebracht, das von einer Kleinbürgerin außerhalb des Hauses aufgezogen wird. Als ihr Geliebter sein Eheversprechen nicht hält, ein reiches Mädchen heiratet und ihr überdies die tödliche Erkrankung des Kindes und später dessen Tod mitteilt, bricht sie zusammen. Die darauffolgenden siebzehn Jahre überspringt das Stück und zeigt nun eine andere Otradina: die berühmte Schauspielerin, die unter einem Künstlernamen zu einem Gastspiel in die Stadt ihrer unglücklichen ersten Liebe zurückkehrt. Hier trifft sie unter den Schauspielern des kleinen Provinztheaters den verbittert-bösartigen Nesnamov. Ihre mütterliche Zuneigung bewirkt, daß der junge Mann zum erstenmal *»in den Menschen viel Edelmut, viel Liebe und viel Aufopferungsfähigkeit«* entdeckt. Aber auch hier scheint er getäuscht worden zu sein, munkeln doch die auf die künstlerischen Erfolge der Otradina neidischen Kollegen, die scheinheilige Charakterschauspielerin habe einst herzlos ihr Kind verstoßen, um sich in der Welt herumtreiben zu können. Die Fäden entwirren sich im letzten Akt: An einem Medaillon erkennt die Otradina in Nesnamov ihren Sohn, schließt ihn glücklich in die Arme und antwortet auf seine Frage nach dem Vater stolz: *»Dein Vater ist es nicht wert, daß man nach ihm suche ... Wozu brauchst du einen Vater? ... Du wirst meinen Familiennamen annehmen und darfst ihn mit Stolz tragen; er ist keinesfalls schlechter als jeder andere.«*

Es ist kein Zufall, daß der von der »Natürlichen Schule« herkommende Ostrovskij immer dann der Gefahr eines naiv-rührenden Sentimentalismus und eines wortreichen Pathos erliegt, wenn er positive Typen gestaltet. Sein Metier war die Satire, die Zeichnung des für eine bestimmte Gesellschaftsschicht typischen negativen Menschen, das »Die-Sitten-durch-Lachen-Verbessern«. Um ein positives Menschenbild wiedergeben zu können, fehlte dem Naturalisten das lebendige Vorbild, dem er die Sprache hätte ablauschen können.   M.Gru.

AUSGABEN: Petersburg 1884 (in *Otečestvennye zapiski*). – Moskau 1960 (in *Sobr. soč.*, Hg. A.I. Revjakin u.a., 10 Bde., 1959/60, 8; krit.). – Moskau 1975 (in *Poln. sobr. soč.*, 12 Bde., 1973–1980, 5; krit.).

ÜBERSETZUNG: *Die schuldlos Schuldigen*, J.v. Guenther (in *Dramat. Werke*, Bd. 4, Bln. 1951).

Verfilmung: SU 1945 (Regie: V. Petrov).

Literatur: *»Bez viny vinovatye«. Materialy i issledovanija*, Moskau 1947.

DMITRIJ SAMOZVANEC I VASILIJ ŠUJSKIJ

(russ.; *Der falsche Dmitrij und Vasilij Šujskij*). Dramatische Chronik in zwei Teilen von Aleksandr N. Ostrovskij, Uraufführung: Moskau, 30. 1. 1867. – Ostrovskijs erstes Historiendrama mutet wie eine Fortsetzung zu A. Puškins *Boris Godunov* (1831) an, da es nicht nur inhaltlich direkt daran anschließt (selbst unhistorische Nebenfiguren sind übernommen), sondern auch dessen ingeniöse Form der »dramatischen Chronik« übernimmt und ihm sogar in der Aussage sehr nahekommt.

Das recht umfangreiche Bühnenwerk umfaßt die Regierungszeit des Usurpators Griška Otrepev (1605/06), der sich als jüngster Sohn Ivans IV. (des Schrecklichen) ausgab und mit polnischer Unterstützung auf den Zarenthron gelangt war. Ostrovskij zeichnet ihn als einen zunächst milden Herrscher: Trotz der Ratschläge seines Vertrauten Basmanov (*»Die Güte dein wird dich auf ewig zieren, doch nur die Härte kann das Reich regieren«*) kann sich der Usurpator nicht entschließen, den Bojaren Vasilij Šujskij zu liquidieren, der allem Anschein nach weiß, daß der echte Dmitrij tot ist. Nur in die Verbannung geschickt, kann Šujskij ruhig die Zeit für sich arbeiten lassen, da das Volk *»Solch einen Hanswurst auf dem Zarenthrone / Nicht dulden wird! Und früher oder später / Der Vagabundenzar von eignen Gnaden / Mit seinem kühnen Kopf bezahlen muß«*. Tatsächlich genügt es, daß Vasilij Šujskij nach seiner Rückkehr Öl in das schwelende Feuer der Volksmeinung gießt, da die Polenfreundlichkeit des Zaren, seine Begünstigung der »lateinischen Häresie« und seine Absicht, die Polin Marina zur Zarin krönen zu lassen, schon genug Unzufriedenheit erregt haben. Ebenso wie das Volk sind auch die Bojaren zum Aufstand geneigt, da die Polenherrschaft sie mehr und mehr aus dem Kreml verdrängt. Als Dmitrij die Gefahr richtig einschätzt, ist es zu spät. Seine Erkenntnis: *»Ihr braucht einen Ivan den Schrecklichen! Wisset, daß ich noch schrecklicher als er sein kann«*, hilft ihm nicht mehr gegen Šujskij, der *»das Kreuz in der einen, das Schwert in der anderen Hand«* an der Spitze des Volkes in den Kreml eindringt. Vasilij Šujskijs Hybris erregt jedoch bereits wieder den Argwohn der Bojaren, die fürchten, Šujskij könne *»selbstherrlich«* den Thron für sich in Anspruch nehmen (was er de facto auch tat). Die abschließende Prognose des Bojaren Golicyn – *»Nein! Moskaus freie Zarenwürde fällt / Nur dem zu, den das ganze Volk erwählt«* – charakterisiert das demokratische Geschichtsprinzip, das Ostrovskij als Schüler Puškins seiner Bühnenchronik unterlegte.

Die Mißachtung des Volkes und die Unterschätzung seiner politischen Kraft führen Dmitrij in die Katastrophe. Seine Tragik ist sein frevelhafter Leichtsinn: als ihn das Volk im Kampf gegen Boris Godunov auf den Thron hob, überhörte er leichtfertig die immanente, ihm selbst geltende Warnung. In kraftvollen Massenszenen arbeitet Ostrovskij den Prozeß des Schwindens der Sympathie für Dmitrij heraus, einen Prozeß, der von dem wachsenden Gerücht, Dmitrijs Herkunft sei höchst zweifelhaft, beschleunigt wird. Nur in diesen archaisierend volkstümlichen und dabei überzeugend realistischen Repliken erreicht Ostrovskij sein Vorbild Puškin an sprachlicher und szenarischer Ausdrucksstärke; in den Hof- und Beratungsszenen dagegen wird der strenge Blankvers zur Schablone.   W.Sch.

Ausgaben: Moskau 1867 (in Vestnik Evropy). – Moskau 1960 (in *Sobr. soč.*, Hg. A. I. Revjakin u. a., 10 Bde., 1959/60, 5; krit.). – Moskau 1977 (in *Poln. sobr. soč.*, 12 Bde., 1973–1980, 1; krit.).

Literatur: P. O. Morozov, *»Dmitrij Samozvanec i Vasilij Šujskij«. Istorič. chronika O.* (in *Pamjati O.*, Leningrad 1923). – A. I. Revjakin, *Istorič. p'esy A. N. O.* (in A. I. R., *A. N. O.*, Moskau 1949, S. 275–300). – V. A. Bočkarev, *A. N. O. i russk. istorič. drama* (in Uč. zap. Kujbyš. gos. ped. inst., 13, 1955, S. 35–114). – L. Černych, *»Boris Godunov« Puškina i »Dmitrij Samozvanec i Vasilij Šujskij« O.* (in Russkaja literatura, 1973, Nr. 2, S. 122–133). – P. Kormilov, *Prinzip istorizma v istoričeskich dramach A. N. O.* (*»Koz'ma Zarar'ič Minin«*, *»Dmitrij Samozvanec i Vasilij Šujskij«*) (in Vestnik Moskovskogo gosud. univ. 1981, Nr. 2, S. 3–13).

DOCHODNOE MESTO

(russ.; *Ein einträglicher Posten*). Gesellschaftskomödie in fünf Akten von Aleksandr N. Ostrovskij, erschienen 1857, Uraufführung: Petersburg, 27. 9. 1863. – Das von der Zensur lange beanstandete Stück führt als das einzige unter den sozialkritischen Dramen Ostrovskijs in das zeitgenössische Beamtenmilieu, das den Nährboden für Kriechertum und Mittelmäßigkeit abgab. So formuliert einer der Akteure mit unfreiwilligem Sarkasmus: *»Was hat denn alle Bildung für einen Zweck, wenn im Menschen keine Furcht, keinerlei Angst vor den Vorgesetzten steckt?«*

Held der Tragikomödie ist der junge Idealist Žadov. Er will nicht glauben, *»daß ein gebildeter Mensch sich und seine Familie nicht mit ehrlicher Arbeit durchbringen kann«*, wenn ihm auch sein einflußreicher Onkel Vyšnevskij und sein direkter Vorgesetzter Jusov deutlich das Gegenteil zu verstehen geben. Žadov scheidet im Groll von Vyšnevskij und heiratet die mittellose Polina Kukuškina. Ein Jahr lang widersteht er der korrumpierenden Beamtenmoral (*»Wo kein Kläger ist, ist auch kein Richter«*), indem er ihr seine persönliche Rechtschaffenheit entgegensetzt. Allerdings muß er während dieser Zeit erfahren, daß er für seine

Ehrlichkeit mit fortschreitender Verarmung bestraft wird, während die Karriere seines dümmlichen Schwagers Belogubov einen schnellen Aufstieg nimmt, weil dieser es versteht, im Strom der Korruption mitzuschwimmen. Als seine Frau unter dem Einfluß ihrer tyrannischen Mutter droht, ihn zu verlassen, bittet Žadov – nun allerdings zu spät – seinen Onkel um einen *»einträglichen Posten«*. Vyšnevskij jedoch kann ihm nicht mehr helfen, da er soeben seinen Posten wegen korrupter Machenschaften verloren hat. Für den »reuigen« Neffen hat er nur noch Spott übrig: *»Hast du nicht gesagt, es wüchse eine neue Generation gebildeter, ehrlicher Menschen, von Wahrheitszeugen heran, die uns entlarvten, mit Schmutz bewürfen? Nicht wahr? Ich gestehe dir, ich hab's geglaubt. Ich hab euch zutiefst gehaßt ... ich hab euch gefürchtet. Ja, ohne Spaß. Und was kommt jetzt heraus! Ihr seid so lange ehrlich, wie die Lektionen, die man euch eingeblasen hat, noch nicht verduftet sind; ehrlich nur bis zur ersten Begegnung mit der Not! Nun, du machst mir Spaß, ehrlich gesagt! ... Nein, ihr seid keinen Haß wert – ich verachte euch!«* Žadov ist tief beschämt, doch hat ihm die Rede seines Onkels eine Gewißheit gegeben: seine Lebenskonzeption ist nicht unbeachtet geblieben. Und damit sie einst auch Einfluß auf seine Umwelt nehmen kann, wird er seinen Weg weitergehen: *»Ich werde auf die Zeit warten, in der ein bestechlicher Mensch den Spruch der Gesellschaft mehr fürchten muß als den des Strafrichters.«*
In seinem aggressivsten Bühnenwerk beschränkt Ostrovskij den »komischen Anteil« auf Elemente jener Typenkomik, die er dem russischen Klassizismus (V. LUKIN) entlieh: nämlich auf eine – nicht einmal immer kuriose – »sprechende« Namengebung (Kukuškina, d. i. Frau Kuckuck; Vyšnevskij, d. i. Oberster) sowie auf die Verwendung lächerlicher Phrasen und Klischees, mit denen die einzelnen Personen sich selbst charakterisieren. In Verbindung aber mit der nunciert naturalistischen Sprache – Ostrovskijs einziges und einzigartig beherrschtes Mittel zur Charakterisierung seiner Figuren – verlieren letztlich auch diese Klischees ihre Komik, da die vom Sprecher benutzte, ihm auf den Leib geschnittene Sprache nicht komisch, sondern entlarvend wirkt. So sind auf der Bühne nicht mehr jene schrulligen Typen anzutreffen, wie sie der Klassizismus hervorbrachte, sondern Menschen, die zu lebenswahr sind, um noch komisch sein zu können.   W. Sch.

AUSGABEN: Petersburg 1857 (in Russkaja beseda). – Moskau 1960 (in *Sobr. soč.*, Hg. A. I. Revjakin u. a., 10 Bde., 1959/60, 2; krit.). – Moskau 1974 (in *Poln. sobr. soč.*, 12 Bde., 1973–1980, 2; krit.).

ÜBERSETZUNG: *Eine einträgliche Stelle*, E. Wiemuth u. A. Decker, Lpzg. 1946 [Bühnenms.].

LITERATUR: N. Macuev, *O. v pečati, na scene i v žizni* (in Znamja, 1948, S. 184 ff.). – A. I. Revjakin, *A. N. O. i cenzura* (in Uč. zap. Mosk. gor. ped. inst., 48, 1955, Nr. 5, S. 267–298). – Ju. V. Babičeva,

Komedija A. N. O. »Dochodnoe mesto« i obličitel'naja literatura 50-ch godov (in Uč. zap. Orenburgsk. ped. inst., 1958, S. 243–284). – L. V. Černych, *Komedija A. N. O. »Dochodnoe mesto«* (Uč. zap. Bašk. univ., 6, 1958, S. 207–234).

GROZA

(russ.; *Das Gewitter*). Schauspiel in fünf Akten von Aleksandr N. OSTROVSKIJ, Uraufführung: Moskau 1859; deutsche Erstaufführung: Berlin/DDR, 16. 2. 1951, Deutsches Theater. – Das Stück spielt gegen Mitte des 19. Jh.s in dem Wolgastädtchen Kalinov, und zwar im Milieu des sogenannten »dunklen Reichs« der russischen *»Samodure«* (russ. *sam*: selbst; dem Wortstamm *dur* entspricht im Deutschen »dummfrech«). Bereits in seinen frühen Komödien (vgl. *Svoi ljudi – sočtëmsja – Unter Verwandten wird man sich schon einig; Bednaja nevesta – Die arme Braut; Bednost' ne porok – Armut ist kein Laster*) hatte Ostrovskij diese Gestalten aus dem Kaufmannsstand als Monstrositäten einer in sich erstarrten kleinbürgerlich-patriarchalischen Welt entlarvt. Während er jedoch dort seinen Stoff in kritisch-didaktischer Absicht nach dem Motto *ridendo castigare mores* gestaltete, formt er ihn hier zu einer Tragödie, die dem Zuschauer das Lachen vergehen läßt. Dabei ist die Fabel – die Geschichte eines Ehebruchs – nicht eben originell:
Tichon, der Sohn der reichen Kaufmannswitwe Kabanova, heiratet auf Wunsch seiner Mutter die aus einem Nachbarstädtchen stammende Kaufmannstochter Ekaterina. Da Ekaterina jung und zudem schön ist, empfindet Tichon mit der Zeit sogar etwas wie Liebe zu seiner Frau. Das allerdings wird beiden zum Verhängnis, da jetzt seine Mutter mutmaßt, das junge Paar wolle ihr in Haus und Geschäft das Zepter aus der Hand nehmen. Obwohl weder Sohn noch Schwiegertochter daran zu denken wagen, macht sie den beiden von nun an das Leben zur Hölle. Tichon, labil und alles andere als eine Kämpfernatur, verschreibt sich die Medizin der alkoholischen Tröstung; Ekaterina, schwärmerisch-religiös veranlagt, träumt von Todsünden, die sie in ihren nächtlichen Phantasien mit einem jungen Mann begeht, die sie bisher nur einige Male ihm begegnet ist. Diese romantische »Liebe auf den ersten Blick« erfüllt sich, als Tichon von seiner Mutter auf eine zweiwöchige Geschäftsreise geschickt wird, die er – obwohl seine Frau ihn inständig bittet, sie mitzunehmen – nur allzugern allein absolviert. Zehn Nächte lang gehört nun Ekaterina ihrem Geliebten Boris an, bis Tichon vorzeitig von der Reise zurückkehrt. An einem Sonntag, da alle Welt im Stadtgarten promeniert und sich unverhofft ein Gewitter zusammenzieht, begegnet Ekaterina im Beisein der ganzen Familie ihrem Geliebten wieder. Obwohl Boris von der hilfreichen Mitwisserin, Tichons Schwester Varvara, genötigt wird, schnell zu verschwinden, ist die Katastrophe nicht mehr aufzuhalten: Während das Gewitter, von dem sich die abergläubischen Kleinstädter ein

Gottesurteil erwarten, sich entlädt, bricht Ekaterina zusammen. Unter den Donnerschlägen schreit sie laut ihre Sünden heraus. An einem der nächsten Tage begeht sie Selbstmord. Boris kann sie davor nicht bewahren: Auf Befehl seines Onkels, des reichen Kaufmanns Dikoj, mußte er die Stadt verlassen.

Nicht die Trennung von dem Geliebten jedoch treibt Ekaterina in den Freitod, und auch ihren Mann, der den Ehebruch zu vergeben bereit ist, trifft daran keine Schuld. Sie ist ausschließlich das Opfer des »dunklen Reichs«, das im Stück von zwei seiner typischen Repräsentanten regiert wird: dem geizigen und betrügerischen Dikoj (russ. *dikij*: wild, roh), der in der Stadt den Ton angibt und ganz nebenbei die Zukunft seines verwaisten, in der Großstadt aufgewachsenen und gebildeten Neffen Boris dadurch zerstört, daß er ihm das elterliche Erbe vorenthält und ihn in ein erniedrigendes Abhängigkeitsverhältnis zwingt, und der alten Kabanova (russ. *kaban*: Eber), die deshalb noch weit gefährlicher ist als der barbarisch rohe Dikoj, weil sie es versteht, ihre Opfer moralisch ins Unrecht zu setzen und sie auf diese Weise psychisch zu vernichten. Die Ehebrecherin mit dem Tod zu bestrafen, wie es früher Brauch war, hieße ihrer Meinung nach, die Sünde von Ekaterina nehmen. Sie soll leben und sich mit ihrer »*Sünde quälen*«, durch die sie sich ihr Seelenheil verscherzt hat. Da Ekaterina diesem Richterspruch des »dunklen Reichs« – in dem ihre Moralbegriffe ja geprägt wurden – nichts entgegenzusetzen hat, wählt sie den Freitod, um einer Welt zu entfliehen und sich dem »*gerechteren Richter*« zu stellen.

Als Kontrast zu der gleichsam überhöhten Ebene des Stücks, auf der sich das tragische Schicksal zweier sich wahrhaft liebender, im Grunde idealistischer und daher lebensuntüchtiger Menschen vollzieht, ist eine Nebenhandlung eingebaut, die eine der vergleichsweise »gewöhnlichen« Liebesaffären aus dem »dunklen Reich« festhält, dessen Kennzeichen »*Roheit, Unkultur, Willkür, Despotismus, blöder Aberglaube als Ersatz für Religion, Haß und Neid auf jeden geistig Höherstehenden*« (A. Luther) sind. In dieser Welt hat sich Vanja, der wortgewandte und schlaue Kontorist Dikojs, so eingerichtet, daß er die »*Samodure*« nicht mehr zu fürchten braucht: Da er ihnen dank seiner Tüchtigkeit und seines klugen Kopfes unentbehrlich ist, kann er sich ihnen gegenüber durchsetzen. Unentbehrlich ist er auch der jungen Kaufmannstochter Varvara Kabanova, ihr aber als Liebhaber. Das Liebesverhältnis der beiden ist unkompliziert: Sie begehren einander, ohne hierin eine Sünde zu sehen. Als durch Ekaterinas Geständnis auch ihr »Verbrechen« ans Tageslicht kommt, verlassen sie beide die Stadt: das »dunkle Reich« hat über sie keine Macht mehr. Die eminente Bedeutung, die dieser der Haupthandlung parallel laufenden Nebenhandlung zukommt, ist bisher von der Ostrovskij-Kritik fast immer übersehen worden, wohl unter dem Einfluß des Aufsatzes *Luč sveta v temnom carstve*, 1860 (*Ein Lichtstrahl im dunklen Reich*), von

N. Dobroljubov, der den Ehebruch Ekaterinas als spontane Rebellion gegen die Gewaltherrschaft der »*Samodure*« auffaßt, den Freitod der Heldin als konsequenten Bruch mit einer Welt deutet, in der kein Leben mehr möglich ist, und so zu dem Schluß kommt, ebendiese Ekaterina sei der einzige »Lichtstrahl« in der Finsternis. Dem im Geiste der revolutionären Aufklärung schreibenden Kritiker scheint aber entgangen zu sein, daß Ostrovskij bewußt seiner idealisch stilisierten Heldin und ihrem dramatisch-tragischen Schicksal das »gewöhnliche« Schicksal Vanjas und Varvaras gegenübergestellt hat. Daß diese beiden einfachen, im »dunklen Reich« aufgewachsenen Menschen sich für ein eigenes, freies Leben und damit gegen die Dikojs und Kabanovas entscheiden, deren Opfer sie nicht werden wollen, ist in Wirklichkeit der einzige in diesem Stück aufleuchtende »Lichtstrahl«.

Der inhaltlichen Geschlossenheit des Dramas entspricht die formale Gestalt des Schauspiels. Ostrovskij gliedert den Inhalt streng nach den einzelnen Phasen eines sich langsam zusammenziehenden und schließlich mit elementarer Gewalt ausbrechenden Gewitters, das symbolisch den Gegensatz von Menschenwelt und Natur ausdrücken soll: Der atmosphärische Ausbruch befreit und löst die Spannung, das »Gewitter« reinigt die Luft; in der Menschenwelt dagegen, die Unnatur ist, beschwört die Entladung die Katastrophe herauf. »*Von welcher Seite man auch das Schauspiel betrachtet*«, notiert I. Gončarov nach der Aufführung, »*überall offenbaren der Plan, die dramatische Bewegung oder schließlich die Charaktere schöpferische Kraft, scharfe Beobachtungsgabe, kompositorischen und sprachlichen Schliff.*«   M. Gru.

AUSGABEN: Petersburg 1860. – Moskau 1959 (in *Sobr. soč.*, Hg. A. I. Revjakin u. a., 10 Bde., 1959/60, 2; krit.). – Moskau 1974 (in *Poln. sobr. soč.*, 12 Bde., 1973–1980, 2; krit.).

ÜBERSETZUNGEN: *Das Gewitter*, A. Markov u. R. Zeyss, Bln. 1893. – *Gewitter*, A. Luther (in *Meisterwerke der russischen Bühne*, Lpzg. 1922). – Dass., R. Blümer, Bln. o. J. [ca. 1940; bearb.]. – Dass., J. v. Guenther (in *Dramatische Werke*, Bd. 2, Bln. 1951). – Dass., ders. (in *Ausgewählte Theaterstücke*, Bd. 1, Mchn. 1966).

VERTONUNGEN: V. N. Kašperov, *Groza* (Oper; Urauff.: Petersburg u. Moskau, 11. 11. 1867). – L. Janáček, *Káta Kabanová* (Text: V. Červinka; Oper; Urauff.: Brünn, 23. 10. 1921).

VERFILMUNG: SU 1934 (Regie: V. Petrov).

LITERATUR: R. Matorina, *Iz tvorčeskoj istorii obrazov* »*Grozy*« (in *Tvorčeskaja istorija. Issledovanija po russkoj literature*, Moskau 1927, S. 192–216). – I. A. Gončarov, *Otzyv o drame* »*Groza*« *O.* (in I. A. G., *Sobr. soč.*, Bd. 8, Moskau 1955, S. 136 f.). – A. I. Revjakin, *Žizennyj prototip Kateriny* (in *Uč. zap. Mosk. gorodsk. ped. inst.*, 94, 1959,

S. 291–339). – A. J. Revjakin, *»Groza« A. N. O., Posobie dlja učitelej*, Moskau ³1962. – A. Afanas'ev, *»Groza« O.*, Moskau 1975. – J. J. van Baak, *The Function of the Social Setting in »Groza« by A. N. O.* (in *Zugänge zu O.*, Hg. A. G. F. van Holk, Bremen 1979, S. 117–146). – Ju. Lebedev, *O narodnosti »Grozy«, »russkoj tragedii« A. N. O.* (in Russkaja literatura, 1981, Nr. 1, S. 14–31). – A. G. F. van Holk, *The Key Scene in O.'s »The Thunderstorm« (On the Analysis of Modal Profiles)* (in International Journal of Slavic Linguistics and Poetics, 31/32, 1985, S. 481–494). – N. Višnevskaja, *Velikaja p'esa* (in Teatr, 1988, Nr. 6, S. 97–109).

NA VSJAKOGO MUDRECA DOVOL'NO PROSTOTY

(russ.; *Eine Dummheit macht auch der Gescheiteste*). Komödie in fünf Akten von Aleksandr N. OSTROVSKIJ, Uraufführung: Petersburg, 1. 11. 1868, Aleksandrinskij teatr; deutsche Erstaufführung: Magdeburg 1940, Städtisches Theater. – Wie die Mehrzahl der zahlreichen Theaterstücke des Autors spielt die Komödie im Milieu der traditionellen Moskauer Kaufmannschaft. Mittellos und ohne Rückhalt in der Gesellschaft sucht Egor Glumov durch Intrigen, Schmeichelei und ein vorgetäuschtes Liebesverhältnis mit seiner einflußreichen Verwandten Mamaeva Karriere zu machen. Geschickt weiß er sich dazu der Unterstützung seiner Mutter und der bezahlten Dienste der Wahrsagerin Manefa zu bedienen. Manefa vermag durch ihre Prophezeiungen die reiche Kaufmannswitwe Turusina zu überzeugen, daß Glumov der vom Schicksal bestimmte Bräutigam ihrer hübschen Nichte Mašenka sei. Schon sieht sich Glumov im Besitz des begüterten Mädchens, da unterläuft ihm ein schwerwiegender Fehler: Er läßt für einen Moment sein Tagebuch unbeaufsichtigt, in dem er die illustre Gesellschaft, der er nach außen unterwürfig liebedienert, in einer Reihe gelungen boshafter Porträtskizzen charakterisiert hat. Das verräterische Dokument wird von eben der Mamaeva gefunden, die der Eckpfeiler seines Emporkommens ist. Sie sieht sich von Glumov betrogen und denkt Rache zu nehmen, indem sie die Aufzeichnungen den Betroffenen vorliest. Doch ihre Rechnung geht fehl: Nach einem Sturm der Empörung (und der heimlichen Schadenfreude über die Mitentlarvten) ist sich die Gesellschaft einig, Glumov erst recht in ihren Kreis aufzunehmen, da sie sein so erkauftes Schweigen einer öffentlichen Bloßstellung bei weitem vorzieht.

Das aus den frühen Komödien des Autors vertraute zentrale Motiv des Stücks – unter einer erlesenen Schar von Spitzbuben, die einander an Gerissenheit und Raffinement nicht nachstehen, fällt der Sieg dem Skrupellosesten und Durchtriebensten zu – hat nichts von seiner sozialkritisch entlarvenden Kraft verloren. Der kometenhafte Aufstieg eines Subjekts vom Schlage Glumovs, der seinen Weg noch über die eigene Blamage zu nehmen ver-

mag, diskreditiert bereits zur Genüge das Milieu seiner Wünsche, das durch die ungebildeten, abergläubischen und heuchlerischen Figuren der höheren Gesellschaft würdig repräsentiert wird. Das konservative Lager der zeitgenössischen Literaturkritik hat das Werk mit verständlichem Mißtrauen aufgenommen und sich auf jede Weise bemüht, die realistische, exemplarische Gültigkeit seiner Gestalten zu bestreiten. Nichtsdestoweniger wurde die Komödie in kürzester Zeit zu einem der beliebtesten Stücke der vorrevolutionären russischen und der sowjetischen Bühne.   J.Wo.-KLL

AUSGABEN: Moskau 1868 (in Otečestvennye zapiski, Nr. 11). – Moskau 1868. – Moskau 1960 (in *Sobr. soč.*, Hg. A. I. Revjakin u. a., 10 Bde., 1959/60, 5; krit.). – Moskau 1974 (in *Poln. sobr. soč.*, 12 Bde., 1973–1980, 3; krit.).

ÜBERSETZUNGEN: *Eine Dummheit macht auch der Gescheiteste*, J. v. Guenther (in *Dramatische Werke*, Bd. 3, Bln. 1951). – Dass., ders. (in *Ausgewählte Theaterstücke*, Bd. 1, Mchn. 1966). – *Klugsein schützt vor Torheit nicht*, G. Jäniche (in *Klugsein schützt vor Torheit nicht. Der Wald. Wölfe und Schafe*, Lpzg. 1975).

VERFILMUNG: SU 1952 (Regie: V. Suchobokov u. A. Dormenko).

SVOI LJUDI – SOČTËMSJA!

(russ.; *Unter Verwandten wird man sich schon einig*). Komödie in vier Akten von Aleksandr N. OSTROVSKIJ, erschienen 1847, Uraufführung: Voronež, 18. 4. 1860 (im Kadettenkorps). – Das erste größere Bühnenwerk des Autors ist eine radikale Anklage des ausschließlich auf Besitz und Geldgier gegründeten Lebens der unteren bürgerlichen Schichten der zeitgenössischen russischen Gesellschaft. Es spielt, wie der Großteil seines umfangreichen dramatischen Schaffens, in den Kreisen der russischen Kaufmannschaft. Durch gewissenloses Geschäftsgebaren reich geworden, sucht sich der Moskauer Kaufmann Bol'šov seiner Gläubiger durch falschen Konkurs zu entledigen. Er läßt die auf Wechsel bezogenen Waren in Sicherheit bringen, überschreibt seinen Besitz seinem, wie er meint, ergebenen Kommis Podchaljuzin und meldet seinen Bankrott an. Podchaljuzin bewegt Bol'šov überdies, ihm seine Tochter Olimpiada, die wegen ihrer kärglichen Bildung auf einen vornehmen Freier hofft, gegen ihren Willen zur Frau zu geben. Er verpflichtet sich seinerseits, Bol'šovs Gläubiger mit einem gewissen Anteil ihrer Forderungen abzufinden. Als die Gläubiger das Angebot ausschlagen und Bol'šov in Schuldhaft nehmen, weigern sich Olimpiada und Podchaljuzin, auch nur einen Teil des übernommenen Reichtums zu opfern, um den Vater und Wohltäter aus dem Schuldturm zu befreien und vor der Verbannung nach Sibirien zu bewahren.

Ein positiver Held fehlt der Komödie. Haupt- und Nebenakteure entstammen ausnahmslos den schwärzesten Winkeln des »dunklen Reichs« *(tëmnoe carstvo)*, wie die Kritik das Milieu der Dramen Ostrovskijs treffend bezeichnete. Der skrupellose Geschäftsmann und despotische Haustyrann Bol'šov, der mit den Mitteln des eigenen Aufstiegs zugrunde gerichtet wird; seine nichtssagend-einfältige Gattin Agrafena; seine eitle Tochter Olimpiada, die in der Ehe mit dem ungeliebten Kommis das Mittel ihrer Befreiung aus der Macht des Vaters erblickt: schließlich der kriecherisch-machthungrige Podchaljuzin, der seine schmierige Hundsnatur auch nach seinem Erfolg nicht ablegt, sie alle sind ebenso charakteristische Produkte der von Betrug und Gaunerei regierten Welt des Gelds wie ihre subalternen Handlanger, die geschäftstüchtige Heiratsvermittlerin Ustin'ja Naumovna, der trunksüchtige Winkeladvokat Rispoloženskij und der ebenfalls bereits korrumpierte jugendliche Diener Tiška. »*Alle Personen des Stücks ... sind ausgemachte Schurken. Der Dialog ist schmutzig. Das ganze Stück ist eine Beleidigung der russischen Kaufmannschaft*«, empörte sich die zaristische Zensur, und Nikolaus I. selbst untersagte auf eine Anzeige der russischen Kaufleute hin Aufführungen und Rezensionen des Stücks. Der Autor mußte seinen Dienst quittieren und wurde fünf Jahre lang von der zaristischen Geheimpolizei beschattet.

Ostrovskij begann die Arbeit an der Komödie bereits 1846. Auszüge des Werks erschienen 1847 unter dem Titel *Nesostojatel'nyj dolžnik (Der zahlungsunfähige Schuldner)* im Druck. Titel und Konzeption des Dramas wurden bis zur Erstausgabe in der konservativen Literaturzeitschrift ›Moskvitjanin‹ (1850) mehrfach geändert. Der erste Versuch einer Inszenierung des Stücks unter Umgehung des zaristischen Verbots scheiterte (Irkutsk 1857). Aus Zensurrücksichten überarbeitete Ostrovskij die Komödie für die Aufnahme in die Edition seiner *Gesammelten Werke* im Jahre 1859: Der Gauner Podchaljuzin wird darin bereits auf Erden seiner gerechten Strafe zugeführt. Diese Redaktion der Komödie lag vermutlich der Uraufführung zugrunde.

Ostrovskijs Komödie lebt von der Spannung zwischen dem schurkischen Denken und Handeln seiner Helden und ihrer milieubedingt konservativen, äußerlich auf peinliche Wohlanständigkeit bedachten Redeweise, die gemeinsam mit der authentischen Wiedergabe der Sitten und Gewohnheiten des geschilderten Milieus den Eindruck absoluter Objektivität des Autors erweckt. Die fortschrittliche Literaturkritik begrüßte das Drama als Zeugnis des russischen kritischen Realismus und stellte sie N. Gogol's *Revizor*, 1836 *(Der Revisor)*, und A. Griboedovs *Gore ot uma*, 1833 *(Verstand schafft Leiden)*, zur Seite. Trotz der Verfolgung durch die zaristische Zensur fand das Werk lange vor der Uraufführung als Manuskript und durch private Rezitation weite Verbreitung. Allein bis zum Ausbruch der Oktoberrevolution wurde es mehr als fünfzehnhundertmal gespielt. C.K.

AUSGABEN: Moskau 1847 (u. d. T. *Nesostojatel'nyj dolžnik*). – Moskau 1850 (u. d. T. *Svoi ljudi – sočtëmsja!*; in Moskvitjanin, Nr. 6). – Moskau 1959 (in *Sobr. soč.*, Hg. A. I. Revjakin u. a., 10 Bde., 1959/60, 1; krit.). – Moskau 1973 (in *Poln. sobr. soč.*, 12 Bde., 1973–1980, 1; krit.).

ÜBERSETZUNGEN: *Das werden wir schon unter uns abmachen*, anon., Engels 1937. – *Es bleibt ja in der Familie*, J. v. Guenther (in *Dramatische Werke*, Bd. 1, Bln. 1951). – Dass., ders. (in *Ausgewählte Theaterstücke*, Bd. 1, Mchn. 1966).

LITERATUR: S. I. Cypin, *Jazyk komedii A. N. O. »Svoi ljudi – sočtëmsja!«* (in Naukovi zap. Dnipropetr. univ., 52, 1956, S. 63–89). – T. Sterkin, *Pervaja postanovka komedii O. »Svoi ljudi – sočtëmsja!«* (in Teatr, 17, 1956, S. 118 ff.). – M. Wheeler, *Popular Speech in the Plays of A. N. O. A Study of »Svoi ljudi – sočtëmsja!«* (in AION, 2, 1959, S. 61–68).

VOLKI I OVCY

(russ.; *Wölfe und Schafe*). Komödie in fünf Akten von Aleksandr N. OSTROVSKIJ, Uraufführung: Petersburg, 8. 12. 1875, Aleksandrinskij teatr; deutsche Erstaufführung: Leipzig, 23. 2. 1947. – In »Wölfe« und »Schafe« teilt Ostrovskij die Protagonisten seines Dramas ein. Da ist zunächst die im Mittelpunkt der Handlung stehende etwa 65jährige ledige Gutsbesitzerin Meropa Murzaveckaja. Ihre scharfe Zunge und eine geschickt zur Schau gestellte heuchlerische Frömmigkeit verhelfen ihr zu großem Ansehen im Gouvernement; jedermann fürchtet ihre Launen. Zusammen mit ihrem Gehilfen Čugunov scheut sie allerdings nicht vor betrügerischen Manipulationen zurück, wenn dies für sie von Nutzen ist. Ihren Neffen Apollon, eine verkrachte Existenz, doch nicht ohne positive Eigenschaften, will sie mit der hübschen und reichen Witwe Jevlampija Kupavina verheiraten. Sie droht ihr sogar – sollte diese sich weigern – mit einem Prozeß, den sie mit Hilfe eines gefälschten Papiers anstrengen will. Zu den »Wölfen« gehört auch Glafira, eine im Haus der Murzaveckaja lebende, stets schwarz gekleidete arme Verwandte, deren einziges Ziel es ist, eine gute Heirat zu machen, um ein Leben in Wohlstand führen zu können. In dem wohlhabenden Gutsbesitzer Lynjaev, einem behäbigen Junggesellen, wittert sie bereits ihr Opfer. Am Ende des Stücks – und das ist die Pointe der gut gebauten satirischen Komödie – erweist es sich allerdings, daß diese »Wölfe« in Wahrheit die »Schafe« sind. Der wirkliche »Wolf« ist nämlich der weltmännische Berkutov, ein Repräsentant des aufsteigenden Industriekapitalismus und eiskalter Geschäftemacher neuen Stils, der zunächst als der Retter der bereits in den Fängen der Murzaveckaja zappelnden Kupavina erscheint, indem er die betrügerischen Absichten Meropas aufdeckt. Doch letzten Endes »verschlingt« er das Opfer selbst samt den kleinen Betrügern und Rechtsverdrehern alten

Stils: Er heiratet Kupavina; Glafira den Lynjaev. In der letzten Szene klagt Čugunov: »*Warum nennt man uns Wölfe? Was sind wir für Wölfe? Wir sind Hühner, Tauben ... picken hier und da ein Korn und sind nie satt. Aber jene da – das sind die richtigen Wölfe! Die schlingen mit einem Mal herunter, was wir unser ganzes Leben lang nicht erarbeiten können!*«
Das Stück gilt als das bedeutendste der späten Dramen des Autors, in denen er die Wandlungen darzustellen sucht, die sich nach den Reformen von 1861 im sozialen Leben auf dem Lande abspielten und vor allem durch den Niedergang des russischen Landadels und das Hervortreten jener *homines novi* vom Schlage Berkutovs gekennzeichnet sind. Die plastisch und lebensvoll gezeichneten Charaktere, der meisterhaft geführte Dialog, der sprachliche Reichtum und eine Fülle dankbarer Rollen machen die Komödie zu einem auch heute noch gespielten Repertoirestück russischer Bühnen.   P.Mi.

AUSGABEN: Petersburg 1875 (in Otečestvennye zapiski, Nr. 11). – Moskau 1960 (in *Sobr. soč.*, Hg. A. I. Revjakin u. a., 10 Bde., 1959/60, 7; krit.). – Moskau 1975 (in *Poln. sobr. soč.*, 12 Bde., 1973–1980, 4; krit.).

ÜBERSETZUNGEN: *Wölfe und Schafe*, J. v. Guenther (in *Dramatische Werke*, Bd. 4, Bln. 1951). – Dass., G. Colditz, Halle 1952. – Dass., A. Luther u. K. Seeger, Lpzg. 1952 (RUB). – Dass., G. Jäniche (in *Klugsein schützt vor Torheit nicht. Der Wald. Wölfe und Schafe*, Lpzg. 1975).

VERFILMUNG: SU 1953 (Regie: V. Suchobokov).

LITERATUR: D. Garibjan, *O specifičeskich slovach i vyraženijach kupečeskoj reči v dramaturgii A. N. O.* (in Sbornik studenčeskich naučnych trudov Erevanskogo univ., 1952, S. 111–129).

DMITRIJ IVANOVIČ PISAREV

* 14.10.1840 Znamenskoe / Gouvernement Orlov
† 16.7.1868 Dubbel'n bei Riga

LITERATUR ZUM AUTOR:
V. Kirpotin, *Radikal'nyj raznočinec. D. I. P.*, Moskau 1933. – L. A. Plotkin, *P. i literaturno-obščestvennoe dviženie šestidesjatych godov*, Leningrad/Moskau 1945. – A. Coquart, *D. P. et l'idéologie du nihilisme russe*, Paris 1946. – L. A. Plotkin, *D. I. P. – Žizn' i dejatelnost'*, Moskau/Leningrad 1962. – L. J. Stanis, *Osnovnye čerty mirovozzrenija D. I. P.*, Moskau 1963. – N. V. Demidova, *P.*, Moskau 1969. – J. Simkin, *Žizn' D. P., Ličnost' i publicistika*, Rostov

am Don 1969. – S. Konkin, *Estetičeskie i literaturno-kritičeskie vzgljady P.*, Saransk 1973. – C. D. Ushinsky, *D. I. P.'s Theory of Realism and Aesthetics*, Diss. Chicago 1973. – Ju. N. Korotkov, *P.*, Moskau 1976. – L. Belenkova, *D. I. P. kak istorik filofskoj i obščestvennoj mysli*, Moskau 1983. – V. Gosevskij, *Problema ličnosti v filosofskom nasledii D. I. P.*, Leningrad 1987. – L. Iskra, *D. I. P. i ego rol' v istorii russkoj obščestvennoj mysli*, Voronež 1988.

RAZRUŠENIE ÉSTETIKI

(russ.; *Die Zerstörung der Ästhetik*). Kunsttheoretische Abhandlung von Dmitrij I. PISAREV, erschienen 1865. – Der Aufsatz, der in provozierender Schärfe die Kunstauffassung des radikalen Flügels der russischen Intelligenz in den sechziger Jahren darlegt, entstand während Pisarevs Haft in den Kasematten der Peter-Pauls-Festung und wurde in der linksliberalen Zeitschrift ›Russkoe slovo‹ veröffentlicht. Pisarev, der seine literaturkritische Tätigkeit 1859 als Anhänger der »reinen Kunst« begonnen hatte, näherte sich in dieser Zeit dem ästhetischen und literaturtheoretischen Standpunkt N. ČERNYŠEVSKIJS. Er war von dessen Roman *Čto delat'*, 1863 *(Was tun?)*, begeistert und setzte sich mit der 1865 in zweiter Auflage (ohne Nennung des Verfassers) erschienenen Magisterschrift Černyševskijs, *Estetičeskie otnošenija iskusstva k dejstvitel'nosti*, 1855 *(Die ästhetischen Beziehungen der Kunst zur Wirklichkeit)*, auseinander. Hieraus resultiert unmittelbar der Essay *Razrušenie éstetiki*, der auf die Aktualisierung und Anwendung der Thesen Černyševskijs abzielt.
Pisarev geht aus von Černyševskijs materialistischer Kritik am idealistischen Begriff des Schönen. Ästhetik als Wissenschaft vom Schönen könne es nur dann geben, wenn das Schöne als absolute Kategorie existiere. Das »*ewige Schöne*« sei jedoch eine Fiktion der schmarotzenden Stände, ein Luxus, der zu Lasten des arbeitenden Volkes gehe. Statt dessen trägt Pisarev den neuen Schönheitsbegriff vor: Schön sei das Leben, sei der Gegenstand, der an das Leben gemahnt. (Černyševskij hatte diese Auffassung aus F. Th. VISCHERS *Ästhetik oder Wissenschaft des Schönen* übernommen.) Eine Kunst, die diesem Schönen nachstrebe und ihr Ziel darin erblicke, Armut und Unbildung zu beseitigen, trete gleichberechtigt neben die exakten Wissenschaften. Aufbauend auf Černyševskij, führt Pisarev in den einzelnen Kunstarten den Nachweis der Unterlegenheit der Kunst gegenüber der Wirklichkeit. Wenn aber Kunst das lebendige Schöne nicht erreicht – folgert er –, so kann sie nur versuchen, das für den Menschen im Leben Interessante zu realisieren und dem Menschen unbekannte Seiten des Lebens zu erschließen. – Aufgabe des Künstlers wiederum als eines »*denkenden und entwickelten Menschen*« sei es, das Interessante vom Uninteressanten zu scheiden. Der Begriff des »Interessanten« wird von Pisarev deutlich auf das »Nützliche« hin abgegrenzt. Die Kunst erscheint in der Quintes-

senz als »*Wirklichkeitsersatz*«, als eine Art »*Lehrbuch des Lebens*«; sie vermag keine Eigenwelt zu schaffen, sondern nur Wirklichkeit widerzuspiegeln. Vor dem Kritiker steht damit die Aufgabe, das Kunstwerk zur Wirklichkeit und den Forderungen des Lebens in Beziehung zu setzen. Die Form des Kunstwerks – Gegenstand der traditionellen Ästhetik – ist für den Kritiker ohne Bedeutung. Für ihn zählt allein die Beziehung zur Wirklichkeit, die sich nach Pisarev allein im Inhalt manifestiert. »*Der Inhalt ist wichtiger als die Form.*«
Pisarevs Artikel bezeichnet einen extremen Punkt in der Entwicklung des russischen ästhetischen Denkens seit V. BELINSKIJ. Die Kunst wird dem Bereich des zwecklosen Schönen entzogen und – mit Pisarevs eigenen Worten – einem »*konsequenten Realismus und strengen Nützlichkeitsprinzip*« unterstellt. Im Gegensatz zu seinem Kronzeugen Černyševskij negiert Pisarev die Tatsache des ästhetischen Genusses und das Vorhandensein objektiver ästhetischer Kategorien und hebt damit die Wissenschaft vom Schönen, die Ästhetik, auf. In seiner kritischen Praxis führt das in den folgenden Jahren zur Abwertung etwa der Dichtung A. PUŠKINS, der plastischen Kunst u. a. Nur solche Kunst ließ Pisarev am Ende noch gelten, die der »*Erreichung der himmlischen Zwecke*«, der sozialen und politischen Befreiung der Menschheit, diente.   R.La.

AUSGABEN: Petersburg 1865 (in Russkoe slovo, Nr. 5). – Moskau 1956 (in *Sočinenija*, Hg. Ju. S. Sorokin, 4 Bde., 1955/56, 3). – Moskau 1981 (in *Literaturnaja kritika*, 3 Bde., 2).

LITERATUR: N. F. Bel'čikov, *D. I. P. – kritik i ego ēstetičeskie vzgljady* (in Izvestija ANS, Otdelenie literatury i jazyka, 2, 1941, Nr. 1, S. 22–45). – L. Ė. Varustin, *Žurnal »Russkoe slovo« 1859–1866*, Leningrad 1966.

ALEKSEJ FEOFILAKTOVIČ
PISEMSKIJ

---

* 23.3.1821 Ramen'e / Gouvernement
Kostroma
† 2.2.1881 Moskau

LITERATUR ZUM AUTOR:
F. Evnin, *A. F. P.*, Moskau 1945. – M. P. Erëmin, *A. F. P.*, Moskau 1956. – I. A. Martynov, *A. F. P.* (in *Istorija russkoj literatury*, Bd. 8, Moskau 1956, S. 462–483). – D. Brown, *P.: The Aesthetics of Scepticism* (in *American Contributions to the 5th International Congress of Slavists. Sofia 1963*, Den Haag 1963, S. 7–20). – Ch. Moser, *P., A Provincial Realist*, Diss. Cambridge/Mass. 1969. – P. Pustovojt,

P. v istorii russkogo romana, Moskau 1969 [enth. Bibliogr.]. – J. Blankoff, *La société russe de la seconde moitié du XIXe siècle. 3 témoignages littéraires. M. Saltykov-Ščedrin, G. Usepenskij, A. F. P.*, Brüssel 1972. – P. Pustovojt, *Istoriografija izučennija tvorčestva A. F. P.* (in Russkaja literatura, 1976, Nr. 4, S. 224–232). – Ders., *A. F. P. v ocenke dorevoljucionnogo literaturovedenija* (in Vestnik MGU, 1977, Nr. 3, S. 44–55). – S. Plechanov, *P.*, Moskau 1986.

TYSJAČA DUŠ

(russ.; *Tausend Seelen*). Roman von Aleksej F. PISEMSKIJ, erschienen 1858. – Die Handlung des bedeutendsten und zugleich erfolgreichsten Romans des Autors spielt in den vierziger und fünfziger Jahren des 19. Jh.s. Sie beschreibt die Karriere des mittellosen Intellektuellen Kalinovič, der seine persönlichen und gesellschaftlichen Ideale opfert, um sich, mit findiger, zäher Rücksichtslosigkeit und von seinen – vermeintlichen – Fähigkeiten überzeugt, einen angemessenen Platz in der zeitgenössischen zaristischen Gesellschaft zu erobern. Als Nachfahre eines verarmten Adelsgeschlechts (»*Mein gesamtes Erbe steckt in meinem Kopf!*«) sieht sich Kalinovič jeder Möglichkeit gesellschaftlichen Aufstiegs beraubt. »*Ich besitze Verstand, besitze Wissen, besitze nicht zuletzt eine Willenskraft, wie sie wenigen gegeben ist. Ein einziger erfolgreicher Schritt voran, und ich würde es weit bringen.*« Ebendiesen ersten Schritt jedoch verhindert die abweisende Geschlossenheit der höheren Gesellschaft, die das geistige Kapital des Helden nicht honoriert. Weit entfernt, sich den revolutionären Strömungen unter den *raznočincy* (den russischen Intellektuellen des 19. Jh.s) anzuschließen, sucht Kalinovič sein Heil in der opportunistischen Anbiederung an die verhaßte Gesellschaft, die sich weigert, den Mittellosen zu akzeptieren. Überzeugt, daß man unter den bestehenden Bedingungen auch um hoher Ziele willen zur Gemeinheit Zuflucht nehmen müsse, heiratet Kalinovič aus Berechnung die verkrüppelte Generalstochter Polina, die ihm tausend »Seelen«, Beziehungen und gesellschaftliches Ansehen einbringt, obwohl er sich kurz zuvor mit Nasten'ka, einem feinsinnigen, aufopfernd liebenden Mädchen aus der Provinz verlobt hat. Diese Wende seines Lebens, und vor allem die Tatsache, daß er sich zutiefst vor dem dämonischen Fürsten Ramenskij erniedrigen muß, erschüttert Kalinovičs Idealismus und seinen Glauben an das eigene Talent. Er verliert alle Selbstkontrolle und erweist sich als ebenbürtiger Sohn der Gesellschaft, die er zu Recht verurteilt. Gleichwohl vermag er, innerlich vereinsamt, alsbald die Hohlheit seiner gesellschaftlichen Umgebung zu erkennen. Durch seinen Reichtum zu den höchsten Ämtern ausersehen, sucht er als Gouverneur den gewandelten gesellschaftlichen Erfordernissen durch eine Reform des ihm unterstellten Beamtentums im Sinne eines gemäßigten bürgerlichen Liberalismus Rechnung zu tragen. Mit eisernem Besen versucht er Korruption und Bestechung auszurotten,

mit unerbittlicher Härte verfolgt er jede Gesetz-
widrigkeit. Das Scheitern seines Versuchs, im Herzen des Antiliberalismus ein liberales Refugium zu
schaffen, ist unvermeidlich. »*Du tust mir leid, du ehrenhafter Mann … Wie einsam stehst du da, den Kopf
voller Projekte, doch wissend, daß Dutzende von Leuten gegen dich wegen deiner Verfolgung der verschiedenen, gelassen existierenden Widerwärtigkeiten in-
trigieren.*« Auf Betreiben seiner Gegner muß Kalinovič in den Ruhestand treten. »*Moralisch gebrochen und physisch krank*« heiratet er nach dem Tode
seiner Frau seine Jugendliebe Nasten'ka, »*einzig
und allein, weil er auf nichts mehr hoffte und nichts
mehr vom Leben erwartete*«.
Pisemskijs Roman verbindet das dem Byronismus
entstammende, von A. PUŠKIN und M. LERMON-
TOV verfolgte Thema des »überflüssigen Menschen« (*lišnyj čelovek*) mit dem Konzept sozialmo-
ralischer Läuterung nach dem Vorbild des zweiten
Teils von N. GOGOL's titelverwandtem Roman
Mërtvye duši, 1842–1852 (*Tote Seelen*). Ein Čičikov der frühbourgeoisen russischen Gesellschaft
der Jahrhundertmitte, teilt Kalinovič mit Lermontovs Pečorin das präzise, selbstanalytische Bewußtsein des eigenen Handelns, das er gleichwohl nicht
grundlegend zu ändern vermag. – Die Konzeption
des Romans hat sich im Laufe seiner fünfjährigen
Entstehungszeit deutlich verändert. Bis zur moralischen Selbstaufgabe des Helden ist die Erzählhaltung vor allem in den ironischen Einblendungen,
die den Fortgang der Handlung unterbrechen,
weithin Gogol' verpflichtet. Später folgt Pisemskij
einer objektiveren Erzählweise, die den Stoff selbst
zur Geltung kommen läßt und den Kommentar des
Autors auf floskelhafte Anmerkungen ohne epische
Valenz beschränkt. Der Roman läßt die Gründe für
Kalinovičs Wandel zum sozialen Reformator unausgesprochen. Dennoch kann von einem Bruch in
der Charakterentwicklung des Helden nicht die
Rede sein. Das Werk, dessen Erscheinen eine heftige Diskussion in der zeitgenössischen Kritik auslöste, zeichnet ein präzises, umfassendes und entlar-
vendes Bild der russischen Gesellschaft an der
Schwelle des kapitalistischen Zeitalters.   W.Sch.

AUSGABEN: Petersburg 1858. – Moskau 1959 (in
Sobr. soč., Hg. A. P. Mogiljanskij, 9 Bde., 3; krit.;
Ill. P. Pinkisevič). – Moskau 1971. – Moskau 1981
[Vorw. K. Tjun'kin]. – Moskau 1983 (in *Sobr. soč.*,
5 Bde., 1982–1984, 3).

ÜBERSETZUNG: *Tausend Seelen*, L. Kayssler,
2 Bde., Bln. 1870. – Dass., W. Feysack, Bln. 1955.

LITERATUR: M. Pearson, *A Comparative Study of
the Art of A. F. P.: »Tysjača duš« and the Novels of the
Last Period*, Ann Arbor 1975 [zugl. Diss. Los Angeles 1974]. – P. Pustovojt, *O nekotorych sjužetno-
kompozicionnych osovbennostjach romana A. F. P.
»Tysjača duš«* (in *Zamysl, trud, voploščenija*, Moskau
1977, S. 212–221). – M. Gin, *A. F. P. i jego roman
»Tysjača duš«*, Petrozavodsk 1955.

KOZ'MA PETROVIČ PRUTKOV

Aleksej Konstantinovič Tolstoj

* 5.9.1817 St. Petersburg
† 10.10.1875 Krasnyj rog / Gouvernement
  Černigov

Aleksej Michajlovič Žemčužnikov

* 22.2.1821 Gouvernement Černigov
† 7.4.1908 Tambov

Vladimir Michajlovič Žemčužnikov

* 23.4.1830 Počep / Gouvernement
  Černigov
† 18.9.1884 Mentone / Italien (heute
  Menton / Frankreich)

PLODY RAZDUM'JA. MYSLI I AFORIZMY

(russ.; *Früchte des Nachdenkens. Gedanken und
Aphorismen*). Sammlung von Aphorismen, die unter dem Namen des fiktiven Dichters Koz'ma
PRUTKOV teils 1854 in der Zeitschrift ›Sovremennik‹ und teils 1860 in ›Iskra‹ erschienen. Von insgesamt 262 Aphorismen wurden 160 in die *Sämtlichen Werke Koz'ma Prutkovs (Polnoe sobranie soči-
nij Koz'my Prutkova*, 1884) aufgenommen. –
Koz'ma Prutkov wurde als literarische Maske von
den Brüdern ŽEMČUŽNIKOV (Aleksej M. und Vladimir M.) und ihrem Vetter, dem Grafen Aleksej
K. TOLSTOJ, geschaffen. Sie schrieben die unter diesem Namen veröffentlichten Werke (Gedichte,
Aphorismen, Projekte, Dramatisches), verfaßten
einen Nekrolog, als Prutkov 1863 angeblich starb,
und veröffentlichten später die Biographie und sogar ein Porträt ihrer Ausgeburt.
Koz'ma Prutkov stellt den Prototyp einerseits des
epigonalen, andererseits des »fiskalischen« (d. i. des
staatserhaltenden) Dichters dar. Seine Gedichte
sind in Wahrheit Parodien auf abgenutzte poetische Motive und Kunstgriffe zeitgenössischer
Dichter (V. BENEDIKTOV, N. ŠČERBINA, A. FET,
des »russischen Heine« u. a.). Doch hat schon
V. SOLOV'ËV den Widerspruch aufgedeckt, der darin besteht, daß ein vorgeblich beschränkter Geist
wie Koz'ma Prutkov mit feinem Gespür die negativen Seiten fremder Dichtung zu erkennen vermag.
Die Aphorismen *Früchte des Nachdenkens* denunzieren platte Lebensweisheiten und billigen Tief-
sinn. Wenn in der Fülle der Tautologien (»*Wenn
du glücklich sein willst, dann sei es!*«), des Nonsens
(»*Der fleißige Arzt gleicht einem Pelikan*«; »*Ein
Kammerherr genießt selten die Natur*«; »*Auch Ter-
pentin ist zu irgend etwas nütze*«) und der simplen
Imperative (»*Schmilz das Wachs aus, aber bewahre
den Honig!*« – »*Sei wachsam!*« – »*Schere nicht alles,
was wächst!*«) auch einmal ein ernstzunehmender
Sinnspruch unterläuft (»*Solange du lebst, solange*

lernst du! Und am Ende wirst du doch nur das errei-chen, daß du, dem Weisen gleich, das Recht haben wirst zu sagen, daß du nichts weißt«), dann wird er so umständlich und unaphoristisch formuliert, daß der entlarvende Effekt nicht ausbleibt.

Durch die Anordnung der *Früchte des Nachdenkens* in den *Sämtlichen Werken*, etwa durch die Wiederkehr bestimmter Typen von Aphorismen (Vergleich, Imperativ usw.) in Sequenzen, wird die humoristische Wirkung potenziert. So wird der dritte Aphorismus *(»Niemand wird das Unermeßliche ermessen!«)* wie ein Refrain mehrmals wiederholt. – Wie die Werke Koz'ma Prutkovs, so ist auch ihre Zielrichtung doppeldeutig: Sie parodieren – auf der literarischen Ebene – die Epigonen des Klassizismus und der Romantik, jedoch nicht von der Warte der Positivisten, sondern von einem hoch angesetzten ästhetischen Ideal aus; sie belächeln praktische Lebensweisheit und politisches Duckmäusertum, jedoch nicht von der Position der demokratischen Intelligenz, sondern aus der liberalen Attitüde der Aristokratie.   R.La.

AUSGABEN: Petersburg 1854 (in Sovremennik, Nr. 2 u. 6). – Petersburg 1860 (in Iskra, Nr. 26 u. 28). – Petersburg 1884 (in *Poln. sobr. soč.*; enth. 160 Aphorismen). – Moskau 1959 (in *Sočinenija*). – Moskau 1965 (in *Poln. sobr. soč.*). – Moskau 1981 (in *Sočinenija*, Hg. D. Žukov).

LITERATUR: P. N. Berkov, *K. P., direktor Probirnoj palatki i poèt*, Leningrad 1933. – F. Ingram, *K. P., His Emergence and Development as a Classic of Russian Literature*, Diss. Bloomington/Ind. 1967. – B. Monter, *K. P., The Art of Parody*, Den Haag/Paris 1972. – D. Žukov, *K. P. i ego druz'ja*, Moskau 1976.

ALEKSANDR SERGEEVIČ PUŠKIN

* 26.5.1799 Moskau
† 23.1.1837 St. Petersburg

LITERATUR ZUM AUTOR:
Bibliographien und Forschungsberichte:
B. Modzalevskij, *Biblioteka P., Bibliografičeskoe opisanie*, Petersburg 1910; Nachdr. Paris/Den Haag 1970 u. Moskau 1988. – *Bibliografija puškinskoj bibliografii 1846–1950*, Moskau/Leningrad 1951. – *P., Itogi i problemy izučenija*, Moskau/Leningrad 1966. – *Rukopisi P.*, Hg. L. B. Modzalevskij u. B. V. Tomaševskij, Amsterdam 1970 [Nachdr. d. Ausg. Moskau/Leningrad 1937]. – *Bibliographie der P.-Vertonungen 1815–1965* (in E. Stöckl, *P. und die Musik*, Lpzg. 1974).

Wörterbücher und Konkordanzen:
Slovar' jazyka P., 4 Bde., Moskau 1956 ff.; dazu erg. *Novye materialy k slovarju A. S. P.*, Moskau 1982. – J. T. Shaw, *P.'s Rhymes. A Dictionary*, Madison 1974. – Ders., *P., A Concordance to the Poetry*, 2 Bde., Ohio 1984.

Zeitschriften:
P., Issledovanija i materialy, Leningrad 1956 ff. [erscheint unregelmäßig]. – *Arion. Jb. d. Dt. P.-Ges.*, Hg. R.-D. Keil, Bonn 1989 ff.

Biographien:
P. Ščegolev, *Duèl' i smert' P.*, Petrograd 1916. – D. Mirsky, *P.*, Ldn./NY 1926; Nachdr. NY 1966. – V. Veresaev, *P. v žizni*, Moskau [5]1932. – H. Troyat, *P., Biographie*, Paris 1953; ern. 1976 [erw.] (dt.: *P., Eine Biographie*, Mchn. 1959; ern. 1979; gek.). – E. Simmons, *P.*, NY 1964. – G. Ziegler, *A. S. P.*, Reinbek 1979. – Ju. Lotman, *A. S. P., Biografija pisatelja*, Leningrad 1981 (dt.: *A. S. P., Biographie des Schriftstellers*, Lpzg. 1989). – *A. S. P. v vospominanijach sovremennikov*, 2 Bde., Moskau 1985. – *Žizn' P. rasskazannaja im samim i ego sovremennikami*, 2 Bde., Moskau 1987.

Gesamtdarstellungen und Studien:
M. O. Geržeson, *Mudrost' P.*, Moskau 1919; Nachdr. Ann Arbor 1984. – V. Brjusov, *Moj P.*, Moskau 1929. – H. v. Heiseler, *A. S. P. als dramatischer Dichter*, Mchn. 1935. – V. Vinogradov, *Jazyk P., P. i istorija russkogo literaturnogo jazyka*, Moskau/Leningrad 1935. – A. Ležnev, *Proza P., Opyt stilevogo issledovanija*, Moskau 1937. – M. D. Zagorskij, *P. i teatr*, Moskau/Leningrad 1940. – V. Vinogradov, *Stil' P.*, Moskau 1941; Nachdr. Düsseldorf/Vaduz 1969. – L. Kobilinski-Ellis, *A. P., der religiöse Genius Rußlands*, Olten 1948. – G. P. Blok, *P. v rabote nad istoričeskimi istočnikami*, Moskau 1949. – *Solange Dichter leben. P.-Studien. Zum 150. Geburtstag des Dichters*, Hg. A. Luther, Krefeld 1949. – D. Blagoj, *Tvorčeskij put' P. (1813–1826)*, Moskau/Leningrad 1950. – M. Cjavlovskij, *Letopis' žizni i tvorčestva A. S. P.*, Moskau 1951. – S. Durilin, *P. na scene*, Moskau 1951. – G. Lukács, *P.s Platz in der Weltliteratur* (in SuF, 5, 1952, S. 150–181). – B. P. Gorodeckij, *Dramaturgija P.*, Moskau 1953. – S. M. Petrov, *Istoričeskij roman P.*, Moskau 1953. – D. Blagoj, *Masterstvo P.*, Moskau 1955. – B. Tomaševskij, *P.*, 2 Bde., Moskau 1956–1961. – G. A. Gukovskij, *P. i problemy realističeskogo stilja*, Moskau 1957. – I. L. Fejnberg, *Nezaveršennye raboty P.*, Moskau 1958. – G. Lehrmann-Gandolfi, *P., l'iniziatore della grande letteratura russa*, Varese 1959. – A. Slonimskij, *Masterstvo P.*, Moskau 1959. – E. L. Gatto, *P., Storia di un poeta e del suo eroe*, Mailand 1960. – N. L. Stepanov, *Proza P.*, Moskau 1962. – V. Setschkareff, *A. P., Sein Leben u. Werk*, Wiesbaden 1963. – K. Hielscher, *A. S. P.s Versepik. Autoren-Ich u. Erzählstruktur*, Mchn. 1966. – M. Alekseev, *P. i mirovaja literatura*, Leningrad 1967. – D. Blagoj, *Tvorčeskij put' P. (1826–1830)*, Moskau 1967. – M. Cvetaeva, *Moj P.*, Moskau 1967. – *Poetičeskaja frazeologija P.*, Red. V. Levin, Moskau 1969. – J. Bayley, *P., A Comparative Commentary*, Cambridge 1971.

– G. Makogonenko, *Tvorčestvo A. S. P. v 1830-e go-dy (1833–1836)*, Leningrad 1974; ²1982. – D. Bla-goj, *Duša v zavetnoj lire. Očerki žizni i tvorčestva P.*, Moskau 1977. – N. Fridman, *Romantizm v tvorčest-ve A. S. P.*, Moskau 1980. – A. Briggs, *P., A Critical Study*, Beckenham 1983. – P. Debreczeny, *The Other P., A Study of A. P.'s Prose Fiction*, Stanford/ Calif. 1983. – V. Nepomnjaščij, *Poézija i sud'ba*, Moskau 1983. – N. Ejdelman, *P., Istorija i sovre-mennost' v chudožestvennom soznanii poèta*, Moskau 1984. – J. T. Shaw, *A. P. (1799–1837)* (in *European Writers: The Romantic Century*, Bd. 5, NY 1985, S. 659–691). – Zeitschrift f. Kulturaustausch, 37, 1987, Nr. 1 [Sondernr. *A. S. P.*]. – N. Ejdel'man, *P., Iz biografii i tvorčestva 1826–1837*, Moskau 1987. – U. Busch, *P., Leben und Werk*, Mchn. 1989. – *Letopis' žizni i tvorčestva A. S. P. 1799–1826*, Hg. M. Cjavlovskij, ²1991.

DAS LYRISCHE WERK (russ.) von
Aleksandr S. PUŠKIN.

Puškins Ruhm als größter russischer Dichter grün-det sich auf seine Versdichtungen, die rein stati-stisch die Hälfte seines Œuvres ausmachen. Dazu gehören zahlreiche epische Werke wie der »Roman in Versen« *Evgenij Onegin*, 1825–1933 *(Eugen Onegin)*, etwa ein Dutzend Verserzählungen *(poè-my)*, einige Märchen sowie alle abgeschlossenen dramatischen Dichtungen. Sieht man von allem Epischen und Dramatischen ab, so bleiben, ob-wohl die Abgrenzung mitunter schwierig ist, als »lyrisches Werk« etwa 800 Stücke sehr verschie-ner Länge, metrischer und strophischer Gestalt, ganz überwiegend gereimt. In dieser Zahl sind Entwürfe und Fragmente enthalten, jedoch nicht Kollektiva und Dubia. An die 300 Gedichte wur-den zu Lebzeiten Puškins veröffentlicht, oft zu-nächst in Zeitschriften und Almanachen. Buchaus-gaben seiner Gedichte hat der Dichter selbst zwei-mal veranstaltet: in einem Band 1826 und in vier Teilen, von denen die ersten beiden 1829, die fol-genden 1832 und 1835 erschienen. Eine dritte Ver-öffentlichung war im Rahmen einer Werkausgabe geplant und wurde nach dem plötzlichen Tode des Autors von V. ŽUKOVSKIJ 1841 verwirklicht. Seit 1855 (eine Ausgabe von P. ANNENKOV) bemüht man sich um historisch-kritische Editionen, deren letzte, die siebzehnbändige der Akademie der Wis-senschaften der UdSSR (1937–1959) in den Bän-den I, II.1, II.2, III.1 und III.2 Texte und Varian-ten der Gedichte enthält. Puškin hat seine Gedich-te, bis auf wenige Ausnahmen, nicht zu Zyklen zu-sammengestellt, sondern teils nach Genres, teils nach der Entstehungszeit geordnet. Die chronolo-gische Reihenfolge hat sich durchgesetzt. Daher folgt auch diese Darstellung der Periodisierung nach Lebensabschnitten.

Die Gedichte der Lyzeumszeit (1813–1817) sind naturgemäß noch stark fremden Vorbildern ver-pflichtet, was die Themen angeht, dabei in vers-technischer Hinsicht schon früh vollendet. Es sind meist freie Umsetzungen französischer Muster (VOLTAIRE, G. A. CHAULIEU, J. B. L. GRESSET und E.-D. PARNY), anakreontische, horazische und os-sianische Bilder und Stimmungen nach Art der *poé-sies fugitives* des Rokoko, hedonistische Idyllen, be-lebt durch witzige Ausfälle gegen Autoren, die die am Französischen orientierte Verfeinerung der rus-sischen Literatursprache ablehnten. Dies alles ge-schieht in Freundschaftsepisteln und in Epigram-men. Persönlichere – und modernere – Töne klin-gen in Elegien an, die dem Sentimentalismus (Ch. H. MILLEVOYE) nahestehen.

In der Petersburger Periode (1817–1820) macht sich der Umgang Puškins mit liberal gesonnenen Freunden bemerkbar, zumal in einigen größer an-gelegten Stücken wie der Ode *Vol'nost*, 1817 *(Die Freiheit)*, oder *Derevnja*, 1819 *(Das Dorf)*, die die konstitutionelle Monarchie bzw. die Aufhebung der Leibeigenschaft »auf einen Wink des Zaren« propagieren. Neben Episteln, die weiterhin ele-gisch oder auch frivol gestimmt sind, gibt es nun auch solche mit politisch-freiheitlicher Tendenz wie die *K Čaadaevu*, 1818 *(An Čaadaev)*, und scharfe, gegen den Zaren (Alexander I.) und Ver-treter seines Regimes gerichtete Spottverse, die schließlich die Strafversetzung ihres Verfassers aus der Hauptstadt in die Provinz zur Folge haben. Diese Versetzung erweist sich als äußerst förderlich für die Entwicklung des Dichters. Glückliche Um-stände führen ihn anfangs in den Nordkaukasus und auf die Krim. In teils orientalischen, teils anti-kischen Umgebungen lernt er die Dichtungen BY-RONS und A. CHÉNIERS kennen und gerät schließ-lich für mehrere Jahre nach Bessarabien, wo er den Beginn des griechischen Befreiungskampfes erlebt und vom Scheitern ähnlicher Bestrebungen in Spa-nien und Italien sowie vom Tode Napoleons er-fährt. Unter dem Einfluß dieser Ereignisse reift der junge Formkünstler schnell zum eigenständigen Dichter. Seine Verse gewinnen durch historische Einsicht an Tiefe und durch die Aneignung »südli-cher« Atmosphäre an Glanz. Das kündigt sich schon im September 1820 an in der großen, an By-rons *Adieu, My Native Shore* anknüpfenden Elegie *Pogaslo dnevnoe svetilo (Erloschen ist des Tages Leuch-te)*. Es folgen, neben den sog. »südlichen Poemen« *(Kavkazskij plennik – Der Gefangene im Kaukasus, Brat'ja razbojniki – Die Räuberbrüder, Bachčisa-rajskij fontan – Die Fontäne von Bachčisaraj, Cygany – Die Zigeuner)*, mehrere anthologische Gedichte, die später als *Podražanija drevnim (Antiker Form sich nähernd)* gedruckt werden, sowie große Ele-gien wie *K Ovidiju*, 1821 *(An Ovid)*, Oden wie *Na-poleon* (1821) und Balladen wie *Pesn' o veščem Ole-ge*, 1822 *(Das Lied vom weisen Oleg)*.

Das Jahr 1823 bezeichnet den Tiefpunkt einer gei-stigen Krise mit den Gedichten *Demon (Der Dä-mon)* und *Svobody sejatel' pustynnyj (Als Freiheitssä-mann in der Wüste)*, die von Zweifeln und Ver-zweiflung künden. Seit Herbst 1823 ist Puškin in Odessa, wo er wieder auflebt und sich neben eini-gen Liebesaffären für J. W. v. GOETHE, W. SHAKE-SPEARE und die Bibel zu interessieren beginnt, während er gleichzeitig an seinem Versroman und dem Poem *Cygany* schreibt. Mehrere Fragmente sind dem Phänomen Napoleon gewidmet, bissige Epigramme gelten dem Dienstvorgesetzten Graf Voroncov, der schließlich dafür sorgt, daß Puškin aus dem Staatsdienst entlassen wird – eine Äußerung über Atheismus (in einem abgefangenen Brief) dient als hinreichender Grund für eine unbefristete Verbannung.

Ort der Verbannung ist das mütterliche Gut Michajlovskoe im Gouvernement Pskov, wo der Dichter ab September 1824 leben muß. Wieder erweist sich die erzwungene Einsamkeit als Stimulans der schöpferischen Kräfte. Puškin arbeitet an der Erweiterung seiner Bildung und bekennt 1825: *»Ich fühle, daß meine Seele gereift ist, ich kann schaffen.«* Das bezieht sich auf *Boris Godunov*, gilt aber ebenso für die Lyrik, die mit der großen, Byron und Napoleon beschwörenden Abschiedselegie *K morju*, 1824 *(An das Meer)*, machtvoll einsetzt. Der Dichter erweitert den europäischen wie den nationalen Horizont seiner Lyrik *»mit Riesenschritten«* (A. Bestužev): Parallel zu Goethes *Vorspiel auf dem Theater* entwirft er den *Razgovor knigoprodavca s poètom*, 1824 *(Gespräch des Buchhändlers mit dem Dichter)*, und erfindet eine neue *Scena iz Fausta*, 1825 *(Szene aus Faust)*, übersetzt L. Ariosto und aus dem Portugiesischen, schreibt die große Elegie *Andrej Šen'e*, 1825 *(André Chénier)*, die sich um die Verse gruppiert, die der französische Dichter vor seiner Hinrichtung verfaßte. Puškin sammelt Volkslieder über Sten'ka Razin, *»die einzige romantische Gestalt unserer Geschichte«*, und schreibt selbst seinen ganz andern volksliednahen *Zimnij večer*, 1825 *(Winterabend)*; er wendet sich erstmals dem Thema »Kleopatra« zu und schafft die neun hieratischen *Podražanija Koranu*, 1824 *(Nachbildungen des Korans)*, einen seiner wenigen Zyklen. Die archaische Sprachgewalt dieser Strophen wird noch übertroffen vom *Prorok*, 1826 *(Der Prophet)*, der das vernichtend-verwandelnde Berufungserlebnis (nach *Jesaja*, 6,1) eindringlich Bild und Klang werden läßt. (Es war das Lieblingsgedicht F. Dostoevskijs.) 1825 entsteht erstmals ein Gedicht zum Gründungstag des Lyzeums, *19oe oktjabrja (Der 19. Oktober)*, das aus der Freundschaftsepistel hinüberwächst in einen jener historischen Rückblicke, die für den reifen Puškin typisch sind. Ähnliches liegt sogar seinem vielleicht berühmtesten Liebesgedicht *K ...*, 1825 *(An ...;* d. i. Anna Petrovna Kern) zugrunde: *Ja pomnju čudnoe mgnoven'e (Ich gedenke des wunderbaren Augenblicks)*. Nach dem überraschenden Tod Alexanders I. (Nov. 1825) vergeht noch ein Dreivierteljahr, bis der neue Zar, Nikolaus I. (reg. 1825–1855) Puškin nach Moskau bestellt und seine Verbannung aufhebt.

Damit beginnt die Periode des unsteten Junggesellendaseins (1826–1831), die Puškin abwechselnd in Moskau, Petersburg, Michajlovskoe und auf Landgütern von Bekannten verbringt. Die lyrische Produktion dieser Jahre ist thematisch sehr reichhaltig und formal im höchsten Grade vollendet. Neben einigen berühmten Liebesgedichten und Balladen (z. B. *Utoplennik*, 1827 – *Der Ertrunkene*) lassen sich zwei Grundlinien verfolgen: zum einen die hoffnungsvolle politische, mit der der neue Zar begrüßt wird (*Stansy*, 1826 – *Stanzen*, und *Druz'jam*, 1828 – *Den Freunden*), zum anderen die von der Dichtungsauffassung der Moskauer Schellingianer beeinflußte poetisch programmatische (*Poèt*, 1827 – *Der Dichter*, *Poèt i tolpa*, 1828 – *Der Dichter und die Menge*, und das Sonett *Poètu*, 1830 – *Dem Dichter*). Beide wurden von Puškins Zeitgenossen mißverstanden, die eine als opportunistisch, die andere als überheblich. So nimmt es nicht wunder, wenn die Gedichte, die persönliche Stimmungen des Dichters ausformen, zunehmend düstere Töne anschlagen, bis zu dem an seinem 29. Geburtstag geschriebenen *Dar naprasnyj ...*, 1828 *(Vergebliche Gabe)*. Erschütternden Ausdruck findet die Abrechnung mit dem eigenen Leben in *Vospominanie*, 1828 *(Erinnerung)*, dem Lieblingsgedicht L. Tolstojs. In dem balladenähnlichen *Ančar* wird die Verwerflichkeit menschlicher Machtausübung in kurzen Versen gebrandmarkt, von denen P. Mérimée meinte, man könne sie nur ins Lateinische übersetzen. Damit ist die Treffsicherheit und lapidare Kürze der Puškinschen Diktion glänzend charakterisiert.

Das Jahr 1829 bringt einen neuen Aufschwung, als Puškin sich – unerlaubt – zur kämpfenden Truppe nach Transkaukasien begibt. Dort entsteht eine ganze Reihe »kaukasischer« Gedichte (z. B. *Monastyr' na Kazbeke – Kloster auf dem Kazbek*). Dem gleichen Jahr entstammt auch das Liebesgedicht *Ja vas ljubil ...: »Ich liebte Sie, vielleicht ist dieses Lieben/ In meinem Herzen noch nicht ganz verglimmt,/ Doch soll Sie das fortan nicht mehr betrüben,/ Ich will nicht, daß Sie etwas traurig stimmt./ Ich liebte Sie, ganz ohne Wort und Hoffen,/ Bald schüchtern, bald von Eifersucht geplagt,/ Ich liebte Sie so zärtlich, so ganz offen,/ Wie Sie, geb's Gott, ein andrer lieben mag.«*

Ein Jahr nach dem kaukasischen Abenteuer tritt Puškin in den schöpferisch reichsten Herbst seines Lebens ein. Er hatte sich mit der schönen Natalja Gončarova verlobt und war zu finanziellen Hochzeitsvorbereitungen in das Dorf seines Vaters gefahren. Dort, in Boldino (Gouvernement Nižnij Novgorod) wird er von einer Cholera-Quarantäne überrascht und fast drei Monate festgehalten. In dieser Zeit entstehen neben dem Schlußkapitel des *Evgenij Onegin*, den vier »kleinen Tragödien«, den fünf *Povesti Belkina (Erzählungen Belkins)* und anderer Prosa, dem Poem *Domik v Kolomne (Das Häuschen in Kolomna)* auch rund 30 lyrische Gedichte. Darunter sind einige von »spanischer« Thematik, manche von englischen Stücken angeregt, einige der besten Polemiken, z. B. *Moja rodoslovnaja (Meine Ahnentafel)*, der große Dialog *Geroj (Der Held)* und *Besy (Die Dämonen)*, die Titel und Motto für Dostoevskijs Roman abgaben.

Mit der Heirat (1831) beginnt die letzte Periode von Puškins Schaffen, in der die Prosa (*Dubrovskij*, *Kapitanskaja dočka – Die Hauptmannstochter*, *Pikovaja dama – Pique Dame*) und die historische Forschung (*Istorija Pugačevskogo bunta*, 1835 – *Die*

Geschichte des Pugačev-Aufstandes), sowie die unvollendete *Istorija Petra Velikogo – Geschichte Peters des Großen*) breiten Raum einnehmen. Trotzdem entstehen weiter bedeutende Gedichte, u. a. zum polnischen Aufstand (1831) und zu den Lyzeums-Jubiläen 1831 und 1836. Erstaunlich oft läßt sich der reife Puškin von literarischen Vorbildern anregen, die er in eigenständige, oft sogar tief persönliche Aussagen umwandelt. Zum Teil geht es ihm auch um die Eroberung neuer Bereiche und Formen für die russische Literatur, so bei dem von P. Mérimées *Guzla*, 1825 *(Guzla)*, und V. KARADŽIĆS Liedsammlungen angeregten großen Zyklus *Pesni zapadnych slavjan*, 1834 *(Lieder der westlichen Slaven)*, zum Teil um illustrative Einschübe in geplante Prosawerke, so bei den meisten Nachbildungen antiker Autoren. Dagegen ist die als Nachbildung bezeichnete und in *Iz Pindemonti*, 1836 *(Aus Pindemonte)*, enthaltene Summa des Puškinschen Poesieverständnisses – »*Vom Zaren abzuhängen, vom Volke abzuhängen,/ Ist uns das nicht ganz egal? ... Nach eigner Laune umherzuschweifen,/ In Bewunderung der göttlichen Schönheiten der Natur/ Und vor den Schöpfungen der Künste und der Inspiration/ in ergriffener Rührung freudig zu beben,/ Das ist Glück, das sind Rechte!...*« – ein eigenständiges Bekenntnis des Dichters.
Auffällig ist die Zunahme der religiösen Themen in der späten Lyrik. Schon 1835 schafft Puškin in einer in Ichform und Alexandriner umgesetzten Version von J. BUNYANS *The Pilgrim's Progress*, 1678/1684 *(Des Pilgers Reise)* – die ersten zwei Seiten –, das Gedicht *Strannik (Der Pilger)*. Im Jahre 1836 plant er einen Zyklus, zu dem eine Übersetzung des Fastengebets EPHRAEM DES SYRERS gehört, ein aus dem Italienischen übersetztes Judas-Gedicht, *Mirskaja vlast' (Die weltliche Macht)*, in dem die Aufstellung von Posten vor dem Kruzifix in der Kazaner Kathedrale Petersburgs kritisiert wird, aber auch das unter dem horazischen Motto »*Exegi monumentum*« stehende Gedicht *Ja pamjatnik sebe vozdvig nerukotvornyj (Ein Denkmal schuf ich mir, wie Menschenhand keins zeugte)*, das als Vermächtnis des Dichters bis heute gilt und immer neue Interpretationen provoziert. R. D. K.

AUSGABEN: *Stichotvorenija*, Petersburg 1826. – *Stichotvorenija*, 4 Tle., Petersburg 1829–1835. – In *Sočinenija*, Hg. V. Žukovskij, Petersburg 1838–1841, 11 Bde. – In *Sočinenija*, Hg. P. Annenkov, Petersburg 1855–1857, 7 Bde. – In *Poln. sobr. soč.*, Hg. M. Cjavlovskij, Moskau 1936–1938, 6 Bde. – *Poln. sobr. soč.*, Hg. Akad. d. Wiss., 17 Bde., Moskau 1937–1959, 1–3 [krit.]. – *Poln. sobr. soč.*, Hg. B. Tomaševskij, 10 Bde., Moskau 1962–1966, 1–3 [krit.]. – In *Sobr. soč.*, 10 Bde., Moskau 1974–1978.

ÜBERSETZUNGEN: *Poetische Werke*, F. Bodenstedt, Bln. 1854, 4 Bde. – *Gedichte*, J. v. Guenther u. a. (in *Werke*, Bd. 1, Lpzg. 1923). – *Gedichte*, H. Raab u. a. (in *GW*, Bd. 1, Bln./Weimar 1962; Nachdr. Ffm. 1973). – *Eugen Onegin, Dramen, Gedichte*,

M. v. d. Ropp u. F. Zelinski, Mchn. 1972. – *Ein Denkmal schuf ich mir. Ausgewählte Gedichte*, K. Borowsky u. a., Tübingen 1983.

LITERATUR: V. Šklovskij, *Očerki po poétike P.*, Bln. 1923. – N. L. Stepanov, *Lirika P., Očerki i étjudy*, Moskau 1959; ²1974. – S. V. Servinskij, *Ritm i smysl. K izučeniju poétiki P.*, Moskau 1961. – B. P. Gorodeckij, *Lirika P.*, Moskau/Leningrad 1962. – H. Raab, *Die Lyrik P.s in Deutschland (1820–1870)*, Bln./DDR 1964. – M. P. Alekseev, *Stichotvorenie P. »Ja pamjatnik sebe vozdvig ...«*, Leningrad 1967. – *Stichotvorenija P. 1820–1830-ch godov*, Leningrad 1974. – R. V. Iezuitova, *Lirika P. v sovremennych sovetskich issledovanijach 1959–1973* (in Russkaja literatura, 1974, Nr. 4, S. 163–178). – E. A. Majmin, *Russkaja filozofskaja poézija*, Moskau 1976, S. 107–142. – V. Skvoznikov, *Lirika P.*, Moskau 1975. – V. Grechnev, *Boldinskaja lirika 1830-ch godov*, Gorkij 1977; ²1980. – E. Peuranen, *Lirika A. S. P. 1830-ch godov*, Jüveskülä 1978. – A. Žolkovskij, *Invarianty i struktura teksta »Ja vas ljubil«* (in Russian Literature, 8, 1979, Nr. 1, S. 1–26). – U. Herdmann, *Die Südlichen Poeme A. S. P.s. Ihr Verhältnis zu Lord Byrons »Oriental Tales«*, Hildesheim u. a. 1982. – S. Šenderovič, *Aletejja. Elegija P. »Vospominanie« i problemy ego poétiki*, Wien 1982 (WSlA, Sonderbd. 8). – S. Fomičev, *Poézija P., Tvorčeskaja évoljucija*, Leningrad 1986.

ARAP PETRA VELIKOGO

(russ.; *Der Mohr Peters des Großen*). Romanfragment von Aleksandr S. PUŠKIN, erschienen 1837. – Im Paris des Ancien régime lebt der junge Abessinier Ibrahim. Sein Taufpate, Zar Peter der Große, hat ihn nach Frankreich auf die Kriegsschule geschickt. Im lebenssprühenden und lebenshungrigen Paris erregt der edle junge Mann allgemeines Interesse. Ein Liebesverhältnis mit der Gräfin D., die ihm einen Sohn gebiert, läßt ihn des Zaren Aufforderungen zur Rückkehr ausweichend beantworten. Erst als er fürchtet, der Eifersucht zu verfallen, reist er überstürzt ab. Peter nimmt ihn auf wie einen Sohn; Ibrahim tritt in das Leibregiment ein und wird begeisterter »*Mitstreiter eines großen Mannes*«. Aus Paris kommt der junge Stutzer Korsakov zurück, überbringt ihm einen liebevollen Brief der Gräfin und erzählt zugleich von ihrer Untreue. Er und Ibrahim besuchen eine der »Assembléen« Peters, wo sich Damen des Hofes, Bojaren, ausländische Seeleute und Handwerker treffen. Anders sieht die Runde beim Bojaren Rževskij aus, der Peters Westtendenzen wie alles Ausländische ablehnt. Unerwartet wirbt der Zar für Ibrahim um Rževskijs Tochter Nataša. Rževskij sagt aus Anhänglichkeit zum Zaren zu, Nataša aber erkrankt vor Entsetzen und ruft fiebernd den Namen ihres Pflegebruders Valerian, den sie liebt. Der Roman endet mit einer Szene im Zimmer des Hauslehrers bei Rževskij: Ein junger Offizier, offenbar Valerian, kommt herein und wird freudig begrüßt.

Als Puškin – sein Urgroßvater mütterlicherseits war ein abessinischer Fürstensohn, den Zar Peter vom Sultan geschenkt bekam – den Roman schrieb, hielt er die Prosaform noch für etwas Zweitrangiges, und doch konnte V. BELINSKIJ urteilen: *»Ein Kapitel aus dem Mohren steht unermeßlich höher ... als jeglicher russische historische Roman.«* Schon hier ist das Gläserne der Puškinschen Prosa zu finden, die äußerste Sparsamkeit und Direktheit, die klare Zeichnung der Charaktere. Ab und zu tritt der Dichter mit einer Bemerkung persönlich hervor.

Aus dem 1827 begonnenen Roman veröffentlichte Puškin einen Teil in A. DEL'VIGS Journal ›Severnye cvety‹ unter dem Titel *Das 4. Kapitel eines historischen Romans.* Als das Werk 1837 nach seinem Tod erschien, kam der Titel *Arap Petra Velikogo* auf, doch hatte Puškin vermutlich nicht beabsichtigt, den Mohren in den Mittelpunkt zu stellen, auch wenn Frau Karamzina von einem *»entzückenden Roman: Ibrahim, der Zarenmohr«* schrieb. Aufschlußreich sind die Epigraphen zu den einzelnen Kapiteln, die Puškin zunächst auf einem besonderen Blatt listenartig notierte. Eines – offenbar zuerst geschrieben und rechts am Rand stehend – stellte er dem Ganzen voran: *»Durch Peters eisernen Willen ist Rußland umgewandelt worden.«* Diese Umwandlung Rußlands konnte nicht wirkungsvoller gezeigt werden als in der Gegenüberstellung Paris – Petersburg, vorgeführt etwa in den überraschend modernen Reflexionen des Mohren, fast sowjetkommunistisch anmutend: *»Rußland erschien Ibrahim wie eine riesige Werkstatt, wo sich Maschinen bewegen und jeder Arbeiter, der eingeführten Ordnung unterworfen, mit seinem Werk beschäftigt ist, er hielt auch sich für verpflichtet, an der eigenen Werkbank zu arbeiten.«* Der Bogen Petersburg – Paris ist weit gespannt, aber Denken in großen Dimensionen ist typisch für Puškins Geschichtsauffassung: Er trennt die nationale Geschichte nicht von der Weltgeschichte, er glaubt an ein Fortschreiten der Aufklärung in der Welt und sieht in Peter den Erfüller eigenster Wünsche: der Europäisierung Rußlands. Er stellt ihn in seinen letzten Lebensjahren dar, ohne Härten, zeigt seinen Demokratismus in der Wahl der Mitarbeiter und seine typisch russischen Züge. Ibrahim war offenbar nicht als Privatperson, sondern als *»Küken aus Peters Nest«* (V. Belinskij) gedacht, als *»Vertreter der neuen petrinischen Intelligenz«*.

Für die Nichtvollendung des Romans werden private und politische Gründe verantwortlich gemacht. S. AUSLENDER glaubt, die Exotik seiner Familie habe Puškin in dem Moment nicht mehr interessiert, als er die Absicht hatte, ein Ehemann und Bürger zu werden. J. OKSMAN denkt, daß möglicherweise M. ZAGOSKINS Roman *Jurij Miloslavskij* (1829) oder aber F. BULGARINS Hohn in der ›Severnaja pčela‹ dem Dichter die Arbeit verleidet habe. Einleuchtender erscheint die Begründung G. LAPKINAS: Für Puškin war Zar Peter der Inbegriff des Fortschritts, er konnte nichts sehnlicher wünschen, als Nikolaus I. (reg. 1825–1855) ihm

nachfolgen zu sehen. Nachdem der Zar 1826 Puškin aus seinem Verbannungsort Michajlovskoe zu einem Gespräch an den Hof gerufen hatte und sein persönlicher Zensor geworden war, hoffte der Dichter, *»auf das Schicksal eines großen Volkes mit einwirken zu können«*. Seine Hoffnungen wurden enttäuscht. Er stand unter Aufsicht der Geheimpolizei, 1828 fürchtete er eine abermalige Verschickung, *»weiter noch nach Osten hin«*, er durfte ohne polizeiliche Erlaubnis keinen Schritt aus Petersburg tun. Er sah keinen Sinn mehr darin, dem Zaren fortschrittliche Ideen nahezulegen.   I.M.

AUSGABEN: Moskau 1837. – Moskau 1948 (in *Poln. sobr. soč.*, Hg. Akad. d. Wiss., 17 Bde., 1937–1959, 8; krit.). – Moskau 1964 (in *Poln. sobr. soč.*, Hg. B. Tomaševskij, 10 Bde., 1962–1966, 6; krit.; ern. Leningrad 1978).

ÜBERSETZUNGEN: *Der Mohr des Zaren*, R. Kassner, Wien 1923. – Dass., F. Frisch (in *Sämtliche Romane u. Erzählungen*, Bd. 1, Mchn. 1923). – *Der Mohr Peters des Großen*, J. v. Guenther (in *AW*, Bd. 3, Bln. 1952). – Dass., R. v. Walter (in *Sämtliche Erzählungen*, Düsseldorf 1954). – Dass., F. Ottow (in *Erzählungen*, Mchn. 1962). – Dass., M. Pfeiffer (in *GW*, Bd. 4, Bln./Weimar 1964; ern. Ffm. 1973).

LITERATUR: S. M. Petrov, *Istor. roman P.*, Moskau 1953, S. 61–77. – B. V. Tomaševskij, *Istorizm P.* (in *Uč. zap. Len. univ.* 1954, Nr. 20, S. 41–85). – B. L. Bogorodskij, *O jazyke i stile romana »Arap Petra Velikogo«* (in *Uč. zap. Len. ped. inst. im. Gercena*, 122, 1956, S. 201–239). – S. L. Abramovič, *K voprosu o stanovlenii povestvovatel'noj prozy P.* (in *Russkaja literatura*, 17, 1974, Nr. 2, S. 54–73). – D. Jakubovič, *»Arap Petra Velikogo«* (in *P., Issledovanija i materialy*, 9, 1979, S. 261–293). – L. Sidjakov, *»Arap Petra Velikogo«* i *»Poltava«* (ebd., 12, 1986, S. 60–78).

BACHČISARAJSKIJ FONTAN

(russ.; *Die Fontäne von Bachčisaraj*). Poem von Aleksandr S. PUŠKIN, erschienen 1824. – Der Stoff geht auf eine Sage aus der Krim zurück: Der Krimtataren-Khan Girej hält die polnische Fürstin Maria gefangen, die er auf einem Beutezug geraubt hat. Seine Favoritin Zarema ist ihm gleichgültig geworden, er denkt nur noch an Maria, deren Zuneigung er nicht gewinnen kann. Nachts stiehlt sich Zarema zu Maria und beschwört sie bei der Muttergottes, ihr *»den früheren Girej«* zurückzugeben. Maria ist stumm vor Bestürzung, die verzweifelte Zarema droht, sie zu erdolchen. Nachdenklich bleibt Maria allein und wünscht sich zu sterben. Am Tag, da Maria stirbt, ertränkt sich Zarema. Girejs Wildheit ist gebrochen, und zum Gedenken an Maria errichtet er eine Fontäne, die das Volk den *»Brunnen der Tränen«* nennt.

Als Puškin das Poem schrieb, stand er unter dem Einfluß BYRONS, der ihn, wie er gesteht, *»verrückt machte«*. An Byron erinnern Form und Gegenstand, das exotische Milieu, die spezifische Polarität: verschmähte Leidenschaft – grimmige Männlichkeit – kühle Unschuld. Von Byron unterscheidet sich Puškins Romantik in ihrer Gebändigtheit, in der Eigenständigkeit des rein Deskriptiven, in der bei aller Engagiertheit fühlbaren Distanz. Puškins Milieuschilderung (hier des Harems, den der Eunuch durchwandert) ist eine ethnographische Studie, aber sie wirkt nie altertümlich und angestaubt. In einem Brief heißt es: *»Weißt du, warum ich Moore* [dessen *Lalla Rookh* er kannte] *nicht liebe: weil er schon zu östlich ist … er ahmt kindlich und entstellend nach. Ein Europäer muß, auch wenn er vom Überschwang des Südens berauscht ist, Geschmack und Blick eines Europäers bewahren.«*
An reiner Schönheit von Wort und Klang hat Puškin sich selbst seitdem nicht mehr übertroffen. Vielfach bricht das Poem – der Dichter nannte es *»zusammenhanglose Fragmente«* – in der Erzählung ab. Vieles bleibt dunkel und der Phantasie des Lesers überlassen, die deshalb um so mehr gefangengenommen wird. Gleich Byrons romantische Melancholikern ist Puškins Khan Girej *»melodramatisch«*, wie der Autor ihn später selbst bezeichnete. Doch fällt, im Gegensatz zu den Helden Byrons, nicht ihm, sondern den Frauen die Hauptrolle zu. Die Szene Zarema – Maria, der Puškin *»dramatischen Wert«* zusprach, ist sein erster dramatischer Versuch. Sie bildet das Zentrum, zu dem die Dichtung langsam hinführt: aus der taurischen Nacht ins Dorf, durch das verschleierte Gestalten huschen, dann in den Palast und schließlich in Marias Gemach. Über fast alles übrige Geschehen wird nur berichtet. Direkte Aktion der Gestalten ist selten: Girej sitzt und sinnt; Maria schläft und spricht nach dem Erwachen kein Wort; der Eunuch wandelt umher. Das Poem ist astrophisch mit wechselnden Reimen in vierfüßigen Jamben geschrieben, Enjambements sind häufig. Strophisch ist nur das tatarische Lied.
V. BELINSKIJ sah in der *Fontan* einen grandiosen Versuch, den Einfluß christlicher Zivilisation auf Barbaren zu zeigen, wenn auch ein Poem dafür nicht die geeignete Form sei. Auch andere Kritiker möchten in der durch Maria bewirkten Wandlung Girejs eine Absicht des Autors sehen. Dem entgegen steht Puškins Bekenntnis, er habe die Dichtung einzig für sich als eine Erinnerung geschrieben. Er war damals *»sehr lange und sehr dumm in eine Frau verliebt«*, und auf sie bezog sich das *»Liebesdelirium«* des Originals (*»Ich denk an manchen lieben Blick …«*), das er später, als er sich von Petrarkismen dieser Art distanzierte, auf vier Zeilen kürzte. Der Erfolg des Gedichts war groß; Aufsehen erregte P. VJAZEMSKIJS Vorwort, ein fingiertes Gespräch mit Gegnern der Romantik. Beigefügt war auch der Reisebericht S. MURAV'EV-APOSTOLS, der das Dorf Bachčisaraj vor Puškin besucht hatte. Die zweite Ausgabe erschien ohne Vorwort, der dritten war das Brieffragment *An D.* beigefügt.   I.M.

AUSGABEN: Moskau 1824. – Moskau 1937 (in *Poln. sobr. soč.*, Hg. Akad. d. Wiss., 17 Bde., 1937–1959, 4; krit.). – Moskau 1963 (in *Poln. sobr. soč.*, Hg. B. Tomaševskij, 10 Bde., 1962–1966, 4; krit.; ern. Leningrad 1977).

ÜBERSETZUNGEN: *Der Trauerquell*, A. v. Wulffert, Petersburg o. J. [1825]. – *Der Springbrunnen von Bachčisaraj*, R. Lippert (in *Dichtungen*, Bd. 1, Lpzg. 1840). – *Die Springquelle von Bachčisaraj*, F. Bodenstedt (in *Poetische Werke*, Bd. 1, Bln. 1854). – *Die Fontäne von Bachčisaraj*, W. E. Groeger, Bln. 1923. – Dass., M. Remané (in *GW*, Bd. 2, Bln./Weimar 1962; ern. Ffm. 1973). – Dass., M. v. d. Ropp (in *Eugen Onegin u. andere Versdichtungen*, Mchn. 1972).

VERFILMUNG: SU 1954 (Ballett; Regie: G. Rappaport, Musik: B. V. Asafev; mit G. S. Ulanova).

LITERATUR: V. Žirmunskij, *P. u. Byron* (in ZslPh, 3, 1926, S. 290–310; 4, 1927, S. 20–42). – V. A. Manujlov, »*Bachčisarajskij fontan*« P., Leningrad 1937. – B. V. Tomaševskij, »*Bachčisarajskij fontan*« (in B. V. T., *P.*, Bd. 1, Moskau 1956, S. 479–527). – A. Slonimskij, *Romantič. poėmy P.* (in A. S., *Masterstvo P.*, Moskau 1959, S. 217–254). – K. Hielscher, *A. S. P.s Versepik*, Mchn. 1966, S. 75–79. – U. Herdmann, *Die Südlichen Poeme, A. S. P.s*, Hildesheim u. a. 1982, S. 124–141. – G. Fridlender, *Poėmy P. 1820-ch godov v istorii ėvoljucii žanra poėmy v mirovoi literature* (in P., Issledovanija i materialy, 7, 1974, S. 100–122).

BORIS GODUNOV

(russ.; *Boris Godunov*). Tragödie in 23 Szenen von Aleksandr S. PUŠKIN, erschienen 1831; Uraufführung: Petersburg 1870 (16 Szenen). Den historischen Hintergrund fand Puškin im zehnten und elften Band der *Geschichte des russischen Staates*, 1816–1829 *(Istorija gosudarstva rossijskogo)*, von N. KARAMZIN aufgezeichnet, dem er auch das Werk widmete: Nach dem Tod Ivans des Schrecklichen (1584) übernimmt nominell der schwachsinnige Fëdor die Regentschaft. Dessen Halbbruder, der junge Zarewitsch Dimitrij (Demetrius), wird 1591 ermordet; die Schuld an seinem Tod wird dem Regenten Boris Godunov (Fëdors Schwager) zugeschrieben, der jetzt wochenlang Abkehr von den weltlichen Geschäften heuchelt. Als Zar Fëdor 1598, ohne Erben zu hinterlassen, stirbt, ist Boris Alleinherrscher. Im Jahr 1605 zieht ein »falscher Dimitrij« in Moskau ein und läßt sich als Zar ausrufen. Wer Boris Godunovs Gegenspieler, der falsche Dimitrij, war, ist nicht zu klären (seine Gestalt hat übrigens von F. de Lope de VEGA an immer wieder die Dramatiker u. a. F. SCHILLER, F. HEBBEL, A. OSTROVSKIJ beschäftigt). Fest stehen: sein Auftauchen in Krakau, seine heimliche Konversion zum Katholizismus und die Unterstützung, die König Sigismund III. von Polen ihm gewährte, seine elfmonatige Regierungszeit in Moskau und seine Ermordung auf Betreiben des Bojaren Žujskij.

Puškins Tragödie setzt nach dem Tode Zar Fëdors ein: Žujskij will verhindern, daß Boris Zar wird, und wiegelt das Volk auf, indes sich Boris nach vorgeblicher Wahl zum Zaren ausrufen läßt (1598). Einige Jahre später erfährt im Kloster Čudov der neunzehnjährige Mönch Grigorij Otrepev die Geschichte vom ermordeten Zarewitsch; es wird das Jahr 1603 geschrieben, und der Chronist Pimen sagt zu Grigorij: »*Er wäre jetzt mit dir in einem Alter.*« Grigorij flieht aus dem Kloster, will »*Zar in Moskau*« werden, entgeht, steckbrieflich gesucht, der Verhaftung an der litauischen Grenze und taucht 1604 unter dem Namen Dimitrij in Krakau auf. Der verängstigte Boris läßt sich von Žujskij, der 1591 die Mordkommission leitete, den Tod des wirklichen Dimitrij beteuern. Der Usurpator verheißt baldige Katholisierung Rußlands, sammelt ein Heer, offenbart der Tochter des Edelmanns Mnišek, die er liebt, seine wahre Identität und rückt mit wechselndem Kriegsglück gegen Moskau vor. In Moskau verhindert Žujskij, daß die Gebeine des echten Dimitrij, die schon Wunder bewirkten, in die Stadt überführt werden: Er selbst will das Volk beruhigen. Boris übergibt Basmanov den Oberbefehl und stirbt, nachdem er die Bojaren auf seinen Sohn vereidigt hat. Basmanov und Žujskij jedoch laufen zu »Dimitrij« über, der in Moskau einzieht, Frau und Sohn Boris Godunovs werden von den Bojaren erwürgt. Das Volk, zu Ovationen für den neuen Zaren aufgerufen, »*verharrt in Schweigen*«.

Puškins Begeisterung für W. SHAKESPEARE, sein wachsendes Interesse an der nationalen Geschichte, der Wunsch, das russische Drama zu reformieren und die – unfreiwillige – enge Fühlungnahme mit dem Volk waren Voraussetzungen für die Entstehung des Werks. »*Die Geschichte eines Volkes gehört dem Dichter*«; sein Ziel: die Vergangenheit in aller Wahrheit wiedererstehen zu lassen. Dazu braucht er »*Lebhaftigkeit der künstlerischen Phantasie und die Philosophie und das Staatsdenken des Historikers*«. Puškin wendet sich »*den volkstümlichen Gesetzen des Shakespearedramas zu, dessen freie und breite Darstellung der Charaktere*« er »*nachahmt*«. Ins Zentrum seiner Dramaturgie stellt er den »Markt«: »*Das Drama ist auf den Märkten geboren und stellte eine Volksbelustigung dar ... Das Drama hat den Markt verlassen und ist in die Prunkgemächer hinübergewandert ... Kann unsere Tragödie zur derben Aufrichtigkeit der Volksleidenschaften, zur Freiheit des Urteils des Marktes übergehen?*« – Zu Puškins Zeit sprachen Kritiker von einem »*Durcheinander Shakespearescher Art*«. Konstruktionsprinzip der »Tragödie« ist der Kreis (D. Blagoj): zentral die drei Szenen in Polen, um die sich in strenger Symmetrie alles Geschehen fügt; je drei heldenlose Szenen (1–3, 21–23). Boris erster und letzter Auftritt (4, 20), ein schlafender Dimitrij (5, 19), Boris in der Begegnung mit imaginären und wirklichen Kindern (7, 17).

Puškin spricht vom »*style mélangé*« seiner »*romantischen Tragödie*«. Blankvers (fünffüßige Jamben) wechselt mit Prosa, die russische Sprache mit der französischen oder deutschen. Verschiedentlich beleben Reime die durch Zäsur auf dem zweiten Versfuß bedingte Kargheit. Auch die Diktion wechselt, da jede Person die ihr eigene, individuelle Sprache spricht. Die sich über sieben Jahre erstreckende Handlung (im Grunde zwei parallel nebeneinanderlaufende Handlungen) und der ständig wechselnde Schauplatz zeigen die Absage an die klassizistischen drei Einheiten. Es fehlt die Liebesintrige, und wenn Puškin Dimitrij verliebt sein läßt, so nur, »*um seinen ungewöhnlichen Charakter besser nuancieren zu können*«. (Nuancen hatte die Schwarzweißmalerei des klassizistischen höfischen Dramas nicht gekannt.) Grigorij, der entlaufene Mönch und Abenteurer, fürchtet keine Entlarvung, er fühlt sich als Vollstrecker eines Gerichts an Boris und als Sohn Ivans IV. in höherem Sinn. Daß er Rußlands Feinde gegen Moskau führt, läßt ihn schuldig werden. Puškin sah die Aufgabe des Dramas darin, »*Volksschicksal zu entwickeln, Menschenschicksal*« zu zeigen. Eine Entwicklung oder Entfaltung der Charaktere im Laufe der Handlung findet bei ihm – im Gegensatz zu Shakespeare – nicht statt. Boris wird vorgeführt als ein vollentfalteter Charakter, als ein Mensch, der die Folgen seiner Tat trägt und mit diesen Folgen rechnet. Gezeigt wird der Zustand, nicht die Entwicklung, die zu diesem Zustand führte. Akteur ist erstmals das Volk, das anfangs hilflos nach einem Zaren weint (ironisch gebrochen schon in der Klosterhofszene, wenn einige sich die Augen sicherheitshalber mit Speichel befeuchten) und das am Ende das Schicksal auch des neuen Zaren besiegelt, indem es »*in Schweigen verharrt*«. Vom Volk – verkörpert in der Gestalt des Gottesnarren – nimmt Boris eine Verurteilung an: Der Narr »*kann nicht beten für den Zaren Herodes, die Muttergottes erlaubt es nicht*«. Grigorij verdankt seinen Erfolg nur »*der Meinung, der Meinung, hör, des Volkes*«. Deshalb kann er nach verlorener Schlacht ruhig schlafen, während Boris untergehen muß, weil ebendiese Meinung gegen ihn ist.

Zur Übernahme des Stoffes aus Karamzins *Geschichte des russischen Staates* bemerkt M. SCHULZE, Karamzins Geschichtsschreibung sei »*zu romantisch, als daß sie verläßlich sein könnte*«; auch D. MIRSKIJ sieht in der Anlehnung an Karamzin ein Handikap und nennt darüber hinaus den *Boris* ein formales Experiment. Man darf annehmen, daß Puškin weder Chronik noch formales Experiment plante. Das kurz vor dem Dekabristenaufstand beendete Werk war, wie er in einem Brief schreibt, sein »*Lieblingswerk*«. Und in einem anderen heißt es: »*Hier ist meine Tragödie ... sie ist voll ... Anspielungen, die sich auf die Geschichte jener Zeit beziehen wie unsere ... Kamensker Umschreibungen. Das muß man verstehen, das ist eine Grundbedingung.*« (Kamenska war der Treffpunkt des revolutionären Südbundes, dem Puškin nahestand.) An. P. VJAZEMSKIJ schreibt er schließlich: »*Sie [die Tragödie] ist in guter Gesinnung geschrieben, aber ich konnte meine Ohren nicht ganz unter der Kappe des Gottes-narren verstecken, sie gucken heraus.«* Ferner läßt Puškin – wie er betont, nicht aus Adelsstolz – seinen Vorfahren Afanasij auftreten, der *»zum meuteri-schen Stamm der Puškins«* gehört. **I.M.**

AUSGABEN: Petersburg 1831 [unvollst.]. – Moskau 1948 (in *Poln. sobr. soč.*, Hg. Akad. d. Wiss., 17 Bde., 1937–1959, 8; krit.). – Moskau 1964 (in *Poln. sobr. soč.*, Hg. B. Tomaševskij, 10 Bde., 1962–1966, 5; krit.; ern. Leningrad 1978).

ÜBERSETZUNGEN: *Boris Godunov*, R. Lippert (in *Dichtungen*, Bd. 1, Lpzg. 1840). – Dass., F. Boden-stedt (in *Poetische Werke*, Bd. 3, Bln. 1855). – Dass., A. Luther (in *Werke*, Bd. 2, Lpzg. 1923). – Dass., H. v. Heiseler (in *Sämtliche Dramen*, Düsseldorf 1945). – Dass., J. v. Guenther (in *AW*, Bd. 4, Bln. 1952). – Dass., H. v. Heiseler (in *GW*, Bd. 3, Ffm. 1964; ern. 1973). – Dass., M. v. d. Ropp (in *Eugen Onegin u. andere Versdichtungen*, Mchn. 1972).

VERTONUNG: M. P. Mussorgskij, *Boris Godunov*, 1874 (Oper; Bearb.: N. A. Rimskij-Korsakov, 1896; Neubearb.: D. D. Šostakovič, 1940).

VERFILMUNG: SU 1954 (Drehbuch u. Regie: V. Stroeva; Musik: M. P. Mussorgskij).

LITERATUR: G. Vinokur, *»Boris Godunov« P.* (in Lit. sovremennik, 6, 1935, S. 200–216). – A. Mioni, *Il »Boris Godunov« di A. S. P., studio storico-critico*, Rom 1935. – J. L. Schücking, *Demetrius-Dramen* (in D. dt. Drama in Gesch. und Gegenw., 7, 1935, S. 32–71). – E. H. Gehe, *»Demetrius« u. »Boris Godunov«, Hist.-romant. Gemälde*, 2 Bde., Lpzg. 1836. – K. P. Lachostskij, *Izučenie tragedii »Boris Godunov«*, Leningrad 1954. – G. A. Gukovskij, *»Boris Godunov«* (in G. A. G., *P. i problemy realistič. stilja*, Moskau 1957, S. 9–92). – A. Slonimskij, *»Boris Godunov«* (in A. S., *Masterstvo P.*, Moskau 1959, S. 457–500). – M. Schulze, *P., »Boris Godunov«*, Ffm./Bln. 1963. – R.-D. Kluge, *Die Komposition des »Boris Godunov«* (in *Fs. f. A. Schmaus*, Mchn. 1971, S. 342–354). – C. G. Emerson, *»Boris Godunov« and a Poetics of Transposition*, Diss. Austin/ Texas 1980.

CYGANY

(russ.; *Die Zigeuner*). Poem von Aleksandr S. PUŠKIN, erschienen 1827. – Die junge Zemfira bringt den vom Gesetz verfolgten Aleko in das in der bessarabischen Steppe gelegene Zigeunerlager, wo ihn der »Alte« aufnimmt. Aleko, überdrüssig des Stadtlebens, wo jeder *»nach Geld und Ketten trachtet«*, wird Bärenführer und lebt mit Zemfira zusammen, die ihm einen Sohn schenkt. Als sie ihm untreu wird, ersticht er sie und ihren Geliebten. Die Zigeuner verlassen ihn, er bleibt allein zurück. Puškin kannte aus der Zeit seiner Verbannung das ärmliche Dasein der zum Teil leibeigenen Zigeuner. Das schloß eine Romantisierung des Stoffes aus, wie denn auch der romantische Held, mit dem sich Puškin – im Gegensatz zu BYRON – nicht identifiziert, hier realistisch dargestellt ist. Was an Byron erinnern könnte, wird verworfen, so, wenn der »Alte« dem Helden seinen egoistischen Freiheitstrieb und Stolz vorhält (Puškin nannte Byron den *»Dichter des Stolzes«*). Dem »Alten« ist die Funktion des antiken Chors zugewiesen. Seine ruhige Würde, seine Weisheit, die kein Dasein ohne Leid kennt, steht im Gegensatz zu dem Getriebensein Alekos, des *»Prototyps«* (P. Vjazemskij) seiner Zeit. Puškins Forderung nach Kürze, Klarheit und Einfachheit eines sprachlichen Kunstwerks hat mit diesem Poem eine erste Erfüllung gefunden: sparsamste Gestik zur Darstellung seelischer Erregung; konzentrierte Milieuwiedergabe durch Aufzählung; im Zentrum Zemfiras Lied (es entstammt der moldauischen Folklore), das hier nicht romantisches Beiwerk, sondern wichtige Aussage ist und den Knoten schürzt; Parallelismus der Szenen und einzelner Ausdrücke, der die Wirkung erhöht (also Puškins *»innere Mathematik«*, mit der er *»über die Teile im Hinblick auf das Ganze«* verfügt); typisch die Kontraste zwischen *»musikalisch-elegischen«* und *»konkret-malerischen Episoden«* (B. Tomaševskij). Das in vierfüßigen Jamben geschriebene Poem charakterisiert V. SETSCHKAREFF treffend mit einem *»klingenden Organismus, zu dem sich die Worte verbinden«*.

Das Poem war ein großer Erfolg; selbst die Verkäufer hinter dem Ladentisch verschlangen das Buch, wie V. BELINSKIJ mitteilt. In Puškins Kreisen dagegen wurde bemängelt, daß Aleko ausgerechnet als Bärenführer auftrat, worauf Puškin entgegnete: *»Am besten wohl als Beamter der Achten Klasse oder als Gutsbesitzer.«* Eine Dame meinte, der einzige anständige Mensch im ganzen Poem sei ein Bär. Viel gerätselt wurde darüber, welche Absicht Puškin mit diesem Poem verfolgte. Belinskij spricht vom *»unbewußten Schaffen«*: Puškin habe eine Apotheose auf Aleko geplant, aber eine Satire geschrieben. B. TOMAŠEVSKIJ sieht als Leitidee den Gedanken des Naturrechts, mit dem Puškin aufgewachsen war: Ursprung des Bösen ist der freie Wille des Menschen, den die Vernunft nicht zügelt, und das Nichtachten der Freiheit des anderen. Puškin selbst sagte, von V. ŽUKOVSKIJ nach seinem *»hohen Ziel«* gefragt: *»Das Ziel der Dichtung ist die Dichtung, wie Del'vig sagt (wenn er's nicht gestohlen hat).«* Damit meint er jedoch nicht *l'art pour l'art* (ehe dieser Begriff überhaupt geprägt war), sondern den Verzicht auf Lehrhaftigkeit. Wenn Puškin, was oft behauptet wurde und wird, mit seinem Poem etwas entlarven und entthronen wollte, dann war es das Stadtleben, das *»die einfachen Laster durch gebildete Verderbtheit«* ersetzt, und J. J. ROUSSEAUS *»Zurück zur Natur«*, das sich als nicht realisierbar erweist. **I.M.**

AUSGABEN: Petersburg 1825 (in Poljarnaja zvezda; Ausz.). – Moskau 1827. – Moskau 1937 (in

Poln. sobr. soč., Hg. Akad. d. Wiss., 17 Bde., 1937–1959, 4; krit.). – Moskau 1963 (in *Poln. sobr. soč.*, Hg. B. Tomaševskij, 10 Bde., 1962–1966, 4; krit.; ern. Leningrad 1977). – Moskau 1982 (in *Poèmy*).

ÜBERSETZUNGEN: *Die Zigeuner*, R. Lippert (in *Dichtungen*, Bd. 1, Lpzg. 1840). – Dass., A. Luther (in *Werke*, Bd. 2, Lpzg. 1923). – Dass., J. v. Guenther (in *AW*, Bd. 2, Bln. 1952). – Dass., A. Luther (in *GW*, Bd. 2, Bln./Weimar 1962; ern. Ffm. 1973). – Dass., M. v. d. Ropp (in *Eugen Onegin u. andere Versdichtungen*, Mchn. 1972).

VERTONUNG: S. V. Rachmaninov, *Aleko*, Moskau 1893 (Oper).

VERFILMUNG: *Aleko*, SU 1953 (Regie: S. Sidelev).

LITERATUR: H. Schroeder, *P.s »Cygany« u. Mérimées »Carmen«* (in ZslPh, 21, 1952, S. 307–320). – B. V. Tomaševskij, *»Cygany«* (in B. V. T., *P.*, Moskau/Leningrad 1956, S. 615–660). – E. M. Černikkij, *Poèma P. »Cygany«* (in *P. na juge. Trudy Puškinkoj konferencij Kišineva i Odessy*, Kišinëv 1958). – U. Herdmann, *Die Südlichen Poeme A. S. P.s*, Hildesheim u. a. 1982, S. 142–162. – N. V. Fridman, *O romantizme P.* (*»Cygany« v chudožestvennoj sisteme južnych poèm*) (in *Istorija russkogo romantizma*, Hg. Ju. Mann u. a., Moskau 1973). – G. Fridlender, *Poèmy P. 1820-ch godov v istorii èvolucii žanra poèmy v mirovoi literature* (in *P.*, Issledovanija i materialy, 7, 1974, S. 100–122). – V. I. Korovin, *Poètika romantičeskoj poèmy: ot »Kavkazskogo plennika« k »Cyganam«* (in *Istorija romantizma v russkoj literature*, Moskau 1979).

DOMIK V KOLOMNE

(russ.; *Das Häuschen in Kolomna*). Burleske Verserzählung von Aleksandr S. PUŠKIN, erschienen 1833. – Das Poem, das der Autor nach ersten Entwürfen aus dem Ende des Jahres 1829 während des schaffensreichen Herbstes 1830 in Boldino in wenigen Tagen niederschrieb, behandelt in vierzig Oktaven (Achtzeiler in fünffüßigen Jamben) ein gewollt banales Thema. Die schöne, fleißige und tugendsame Bürgerstochter Paraša bewohnt mit ihrer Mutter ein Häuschen in der Petersburger Vorstadt Kolomna. Als die Köchin Mavra stirbt, holt Paraša eine neue Gehilfin ins Haus, die sich als überaus ungeschickt in allen häuslichen Verrichtungen erweist und von der Mutter endlich als der in Frauenkleider gehüllte Liebhaber der Tochter entlarvt wird. Das triviale, in knappen Strichen angedeutete Sujet liefert den Vorwand für witzige Digressionen des plaudernden Erzählers und für die geistreiche Erörterung im Werk verwendeten (Oktave, fünffüßiger Jambus, Reim, Zäsur u. a.) wie der vom Autor ausdrücklich verworfenen Kunstmittel (vierfüßiger Jambus, Alexandriner, Hexameter).

Zu Recht galt das Poem den Formalisten als Musterbeispiel für die *»Offenlegung des Kunstmittels«* *(obnaženie priëma)*, als ein Werk, das *»fast ausschließlich der Beschreibung des darin angewandten Kunstmittels gewidmet«* ist (V. Šklovskij). Puškins Poem kann als Pendant der seinerzeit in Westeuropa beliebten Verserzählungen im Stil von BYRONS *Beppo* (1818) angesehen werden. Auch die Oktave, die erst mit Puškin in der russischen Literatur heimisch wurde, dürfte von englischen Vorbildern (Byron, CORNWALL) übernommen sein. Die künstlerische Intention des Poems besteht in der »Erniedrigung« von Thematik und Stil der epischen Poesie. Eine außerordentlich freie Behandlung des Verses, reiche Anwendung des Enjambements und die variable Zäsur rufen den Eindruck ungezwungener Gesprächsintonation hervor. Die Bedeutung von *Domik v Kolomne* ist darin zu sehen, daß Tendenzen des Realismus in die Gattung des romantischen Poems Eingang fanden, die von M. LERMONTOV, A. FET, N. OGARËV, I. TURGENEV u. a. aufgenommen wurden und die realistische Versepik N. NEKRASOVS vorbereiten.   R. La.

AUSGABEN: Petersburg 1833 (in *Novosel'e*). – Moskau 1948 (in *Poln. sobr. soč.*, Hg. Akad. d. Wiss., 17 Bde., 1937–1959, 5; krit.). – Moskau 1963 (in *Poln. sobr. soč.*, Hg. B. Tomaševskij, 10 Bde., 1962–1966, 4; krit.; ern. Leningrad 1977).

ÜBERSETZUNG: *Das Häuschen in Kolomna*, M. Remané (in *GW*, Bd. 2, Bln./Weimar 1966; ern. Ffm. 1973).

LITERATUR: M. L. Gofman, *Istorija sozdanija i teksta »Domika v Kolomne«* (in A. S. P., *Domik v Kolomne*, Petrograd 1922). – J. Semjonow, *»Das Häuschen in Kolomna« in der poetischen Erbschaft A. P.s*, Uppsala 1965. – K. Hielscher, *A. S. P.s Versepik*, Mchn. 1966, S. 89–99. – P. *Itogi i problemy izučenija*, Moskau/Leningrad 1966, S. 392–394.

DUBROVSKIJ

(russ.; *Dubrovskij*). Romanfragment von Aleksandr S. PUŠKIN, erschienen 1841; vom Autor ohne Titel hinterlassen. – Die miteinander verfeindeten Gutsbesitzer Troekurov und Dubrovskij führen einen gerichtlichen Prozeß, bei dem bestochene Beamte den alten Dubrovskij um sein Gut bringen. Kurz nach seinem Tode wollen Gerichtsbeamte seinen Sohn vom väterlichen Besitz vertreiben. Das Haus geht samt den angetrunkenen Beamten in Flammen auf, und der junge Dubrovskij führt daraufhin mit seinen Bauern ein Räuberleben im Wald. Sein Widersacher Troekurov engagiert als Hauslehrer einen »Franzosen«, in den sich seine Tochter Maša verliebt. Nach einem abendlichen Gastmahl nimmt der Franzose dem anwesenden Polizeichef das unredlich erworbene Geld weg und gibt sich als Dubrovskij zu erkennen. Er gesteht Maša seine Liebe und bietet ihr Hilfe an gegen den

Fürsten Verejskij, der ihr den Hof macht. Troekurov verlobt Maša alsbald mit Verejskij, Mašas Bote an Dubrovskij wird abgefangen, und die Trauung findet statt. Im Wald wird die Hochzeitskutsche von Dubrovskij und seinen Gesellen überfallen, doch lehnt Maša, da sie schon getraut ist, eine Flucht ab. Dubrovskij verläßt seine Gefährten und *»soll ins Ausland gegangen sein«.*

Puškin begann mit der Arbeit an diesem Prosawerk im Herbst 1832 und brach im Februar 1833 ab, offenbar wegen der Arbeit an der *Kapitanskaja dočka (Die Hauptmannstochter)* und der *Istorija Pugačëvskogo bunta (Die Geschichte des Pugačëv-Aufstandes).* Typisch für das Denken der russischen Intelligenz zwischen 1820 und 1830 war der »Historismus«, der die *»Fragen der Gegenwart anhand der Vergangenheit zu analysieren suchte«* (S. Petrov). Jeder Roman, meinte Puškin, *»sollte sich auf dem Hintergrund einer historischen Epoche entwickeln und mit ihr in Zusammenhang stehen«.* Die Art, wie Puškin sein Werk konzipierte, erläutert diesen Satz. Der Held Dubrovskij hatte mehrere »Wandlungen« durchzumachen, wie schon die mehrmalige Änderung des Namens zeigt: Der Autor nannte ihn erst Ostrovskij, dann Zubrovskij, endlich Dubrovskij. Das geht auf die realen geschichtlichen Hintergründe des Werks zurück: Im Jahre 1737 hatte im Gouvernement Pskov der Edelmann Dubrovskij samt seinen Bauern gemeutert und anrückende Soldaten zurückgeschlagen. Puškins Bekannter Naščokin hatte 1810 auf der Festung einen Edelmann Ostrovskij gesehen, der zusammen mit seinen Bauern zunächst Amtspersonen, dann auch andere Leute beraubt hatte; schließlich kannte der Dichter die Prozeßakten gegen den Gutsbesitzer Muratov, den sein Nachbar Krjukov um seinen Besitz gebracht hatte. In das Manuskript seines Romans hatte Puškin eine Aktenkopie eingeheftet, die er unverändert in seinen Text übernahm, *»weil sicher jeder gern eine der Arten kennenlernt, wie wir hier in Rußland um unsere Habe gebracht werden können«.*

Der Roman gibt ein genaues Bild des russischen Landlebens um 1810. Puškin tritt in der Hauptsache als Berichterstatter auf, der allerdings aus seiner Sympathie für die kleinen Leute keinen Hehl macht (besonders liebevoll ist die Kinderfrau gezeichnet, ebenso Archip, der die Beamten seelenruhig verbrennen läßt, aber unter Lebensgefahr eine Katze rettet, weil sie ein *»Gottesgeschöpf«* ist). Abgesehen davon, daß er den einfachen Leuten gern Sprichwörter in den Mund legt, verzichtet Puškin im allgemeinen auf eine realistische Charakterisierung der Personen: Um anzudeuten, daß der »Franzose« Dubrovskij tatsächlich französisch sprechen kann, genügt es ihm, in dessen Rede einige französische Phrasen einzuflechten.

Wie vieles in dem Roman auch an das Genre des »Räuberromans« erinnern mag – seine eigentliche Problematik liegt in der politischen Tendenz, in dem Bemühen, einerseits die Spannung zwischen dem alten Gutsadel und dem seit Katharina II. stark gewordenen Hofadel, andererseits den Konflikt zwischen Bauern und Gutsherren aufzuzeigen. Der Held Dubrovskij freilich (aus altem, aber verarmtem Adel wie Puškin) ist nicht etwa der typische Repräsentant dieser Konflikte, sondern erleidet ein durchaus persönliches Schicksal, das in seiner unerfüllbaren Liebe zu Maša Troekurova kulminiert. Wie manch andere Helden Puškins hat auch er keinen festen Standort, sondern steht zwischen den Fronten: Als die Beamten ihn aus dem Haus jagen, sinnt nicht er auf Rache, sondern seine für ihn empörte Dienerschaft; und nachdem er Maša verloren hat, verläßt er seine Kumpane ebenso überraschend wie unkameradschaftlich mit der Bemerkung, sie würden dies Leben, obgleich sie nun zu Geld gekommen seien, wohl weiterführen wollen, da sie ja alle miteinander Gauner seien. I.M.

AUSGABEN: Moskau 1841 (in *Sobr. soč.*, 10 Bde., 10; entstellt u. gek.). – Moskau 1948 (in *Poln. sobr. soč.*, Hg. Akad. d. Wiss., 17 Bde., 1937–1959, 8; krit.). – Moskau 1964 (in *Poln. sobr. soč.*, Hg. B. Tomaševskij, 10 Bde., 1962–1966, 6; krit.; ern. Leningrad 1978).

ÜBERSETZUNGEN: *Dubrowsky*, N. v. Bessel, Breslau 1894. – *Dubrovskij*, F. Frisch (in *Sämtliche Romane u. Erzählungen*, Bd. 1, Mchn. 1923). – Dass., J.v. Koskull, Bln. 1946. – Dass., J.v. Guenther, Lpzg. 1954 (RUB). – Dass., R. v. Walter (in *Sämtliche Erzählungen*, Düsseldorf 1954). – Dass., F. Ottow (in *Erzählungen*, Mchn. 1962). – Dass., M. Pfeifer (in *GW*, Bd. 4, Bln./Weimar 1964; ern. Ffm. 1973). – Dass., O. Schwechheimer u. W. Richer-Ruhland (in *Der Postmeister u. andere Erzählungen*, Mchn. 1972).

VERFILMUNG: SU 1935 (Drehbuch u. Regie: A. Ivanovskij).

LITERATUR: P. Kaleckij, *Ot »Dubrovskogo« k »Kapitanskoj dočke«* (in Lit. sovremennik, 1937, S. 148–168). – N.L. Stepanov, *Proza P.* (in Uč. zap. Mosk. ped. inst. im. Lenina, 1954, H. 4, S. 21–62). – T.P. Soboleva, *Povest' A.S.P. »Dubrovskij«*, Moskau 1963. – N. Petrunina, *P. na puti k romanu v proze »Dubrovskij«* (in P., Issledovanija i materialy, 9, 1979, S. 141–167). – H.-J. Gerigk, *A.P.s »Dubrovskij« (Werkanalyse)* (in H.-J. G., *Entwurf einer Theorie des literarischen Gebildes*, Bln./NY 1975, S. 89–109).

EVGENIJ ONEGIN

(russ.; *Eugen Onegin*). Versroman von Aleksandr S. PUŠKIN, erschienen 1825–1833. – Eugen Onegin, ein junger Petersburger Dandy, hat alle Genüsse des Großstadtlebens ausgekostet und empfindet nur noch Überdruß. Eine Erbschaft macht ihn zum Gutsbesitzer, worauf er die Stadt verläßt. Nach wenigen Tagen jedoch widert ihn auch das Landleben an. Sein ebenfalls noch junger Nachbar Lenskij, ein schwärmerischer, dichtender »Göttinger« (er hat in

Göttingen studiert), führt ihn im Haus der Larins ein, deren Tochter Olga er liebt. Die Ältere, Tatjana, verliebt sich in Eugen und gesteht es ihm in einem Brief. Eugen erklärt ihr, wie wenig er sich zum Familienleben eigne, weist sie auf die Flüchtigkeit von Mädchenschwärmereien hin und warnt sie vor allzu schnellen Liebesbekenntnissen. An Tatjanas Namenstag tanzt er ostentativ nur mit ihrer Schwester Olga. Lenskij ist darüber empört und schickt ihm aus Eifersucht eine Forderung. Eugen tötet ihn im Duell und verläßt sein Landgut. Olga tröstet sich bald und heiratet einen Ulanenoffizier; Tatjana wird in Moskau mit einem General verheiratet. Zufällig sieht Eugen sie in Moskau auf einem Ball wieder, und diesmal verliebt er sich tatsächlich in sie. Er gesteht ihr nun seinerseits in einem Brief seine Liebe, doch Tatjana weist ihn ab, obwohl auch sie ihn noch liebt.

Mit diesem »*Roman in Versen*«, wie der Autor sein Meisterwerk zur Verwunderung der Zeitgenossen ausdrücklich nannte, überwand Puškin den Byronismus in der russischen Literatur und leitete die Periode des großen, realistisch-poetischen Romans ein. Zum erstenmal in der russischen Literatur begegneten in diesem Werk dem Leser Menschen, die er zu Tausenden in der Wirklichkeit wiederfinden konnte (wie der Romancier A. BESTUŽEV-MARLINSKIJ mißbilligend bemerkte). Dies gilt nicht nur von den vielen Nebenfiguren (es werden mehr als hundert Personen genannt), sondern im gleichen Maße auch für die vier Hauptpersonen Eugen, Tatjana, Lenskij und Olga, die zwar unverwechselbar individuelle Züge aufweisen, zugleich aber auch als Typen erkennbar sind.

Prototyp des »überflüssigen Menschen« ist Eugen Onegin, der achtzehnjährige Jüngling mit der »*vor der Zeit gealterten Seele*«: Er ist begabt, leidet unter der Sterilität seiner Umwelt und ist doch unfähig, sich aus ihr zu lösen; als er Petersburg verläßt, wird er als »spleenig« charakterisiert (daß Puškin in ironischer Absicht das englische Wort *spleen* benutzt, das keineswegs beim Leser die Assoziation »Weltschmerz« hervorruft, zeigt seine Distanz zu dem Helden); später, während seiner Reise auf das Landgut, ist Schwermut sein ständiger Begleiter; in der Provinz gilt er bald als »*höchst gefährlicher Kauz*«, da er das Los seiner leibeigenen Bauern erleichtert; seine Haltung gegenüber Tatjana ist kühl, überlegen, einmal gönnerhaft, dann wieder zynisch. Tatjana (der Name wirkte damals vulgär oder altertümlich) ist ein Mädchen, das in einer Bücherwelt lebt und dem »*holden Trug*« ergeben ist. In ihrem Brief an Onegin spricht sie zwar anfangs von ihrem beiderseitigen Füreinander-Bestimmtsein; später, als sie in Onegins verlassenem Haus seine Bücher samt Anmerkungen sieht, fragt sie sich, ob er wohl »*ein Engel, ein Teufel, ein nichtiges Gespenst ... oder ein Moskoviter in Childe Harolds Mantel*« sei, und weiß, »*er kann mir kein Glück geben*«. Nach der Wiederbegegnung in Moskau und Onegins Liebesgeständnis erkennt sie: »*Jetzt ist die Reihe an mir*«, ihm eine »Lektion« zu erteilen. Als Onegin dann vor ihr kniet, ist sie keineswegs prü-

de: Sie sagt, daß sie ihn noch liebe – aber sie weist ihn ab, weil sie verheiratet ist. Von dem Romantiker Lenskij zeichnet Puškin ein sehr ironisches Bild, vor allem mokiert er sich über dessen pseudoromantische Gedichte. Er läßt den wirklichkeitsblinden Jüngling nicht Tatjana interessant finden, sondern Olga, deren Gesicht »*so rund ist wie der dumme Mond dort überm dummen Horizont*«. Lenskijs letztes Gedicht nennt Puškin einfach »*Liebesquatsch, wie Del'vig ihn redet, wenn er betrunken ist ... dunkel und schlaff*«.

Das Werk ist in acht »Kapitel« gegliedert, die – bis auf zwei Briefe und ein Lied – in der vierzehnzeiligen »Onegin-Strophe« geschrieben sind, in der neunsilbige Verse mit weiblichem und achtsilbige Verse mit männlichem Ausgang einander abwechseln (Reimschema: *ab ab cc dd ef fe gg*). Fast alle Reime sind nicht nur phonetisch, sondern auch orthographisch richtig. Zahlreich sind die – zum Teil ironischen – Anklänge an die zeitgenössische Literatur (schon Zeile 1 lautet: »*Mein Onkel ist ein Mann von Ehre*« – analog zu I. KRYLOVS »*Der Esel war ein Mann von Ehre ...*«). Die volkstümliche, niedere Sprache verwendet Puškin ebenso meisterhaft wie eine dichterisch gehobene; beide Sprachschichten wechseln miteinander in feinen, für die Bedeutung des Inhalts ausschlaggebenden Abstufungen. Auffällig und neuartig sind die vielen Reime auf Fremdwörter, die ungebräuchlichen Betonungen, damals noch nicht literaturfähige Adverbien, psychische oder dynamische Epitheta, Antithesen, Abschweifungen und Apostrophierungen. Viele Strophen enden epigrammatisch.

Als Fortsetzung des Versromans waren zwei weitere Kapitel geplant: *Onegins Reise*, von dem aus politischen Gründen nur neunzehn Strophen als Anhang veröffentlicht wurden, und ein zehntes Kapitel, das Puškin vor der Zensur verbrannte: Hierin kam z. B. Alexander I. als »*glatzköpfiger Geck*« vor. – Insgesamt entstand das Werk nicht nach einem fest vorgezeichneten Plan (den Puškin erst nachträglich notierte: drei Teile aus je drei Unterteilen), sondern es entwickelte sich in ununterbrochener Auseinandersetzung des Autors mit der Wirklichkeit, die ihm immer neuen Stoff lieferte. Scheinbar spielerisch leicht wurde die riesige Materialmenge zu einem graziösen, ironisch blitzenden und vollkommen nahtlosen Kunstwerk zusammengewoben; die Manuskripte allerdings beweisen, daß diese spielerische Leichtigkeit das Ergebnis harter Arbeit war. Als Beispiel für Puškins Prägnanz sei der Dialog Onegin – Lenskij in Kapitel 3 hervorgehoben: In zwei Zeilen mit insgesamt siebzehn Silben wird in dreifacher Frage und Antwort der Besuch bei den Larins erörtert. – Die natürlichen Schwerpunkte des Versromans sind die Briefe Tatjanas und Eugens, die einander auf frappierende Weise ähnlich sind (Eugens Brief wurde allerdings erst nachträglich eingefügt, als das Kapitel *Onegins Reise* ausfallen mußte).

Mit Recht spricht V. BELINSKIJ – neben A. GERCEN der erste, der *Evgenij Onegin* würdigte – dem Werk den Rang einer »*Enzyklopädie russischen Le-*

bens« zu: Nicht nur im Alltagsleben der gehobenen Mittelschicht und ihrer Umwelt, sondern auch in der Natur des Landes gibt es nichts, was nicht beschrieben wäre. Unvergeßlich bleiben dem Leser Schilderungen wie die des nächtlichen Orakels vor Dreikönig oder ungewöhnliche kleine Bilder wie das von der Gans, die sich rotfüßig aus dem Fluß aufs Eis hinaufarbeitet, ein paar Schritte läuft und dann ausrutscht. I.M.

AUSGABEN: Petersburg 1825 [1. Kap.]. – Petersburg 1826 [2. Kap.]. – Petersburg 1827 [3. Kap.]. – Petersburg 1828 [4. u. 5. Kap.]. – Petersburg 1829 [6. Kap.]. – Petersburg 1830 [7. Kap.]. – Petersburg 1832 [8. Kap.]. – Moskau 1833 [vollst. Fassg.]. – Moskau 1948 (in *Poln. sobr. soč.*, Hg. Akad. d. Wiss., 17 Bde., 1937–1959, 6; krit.). – Moskau 1964 (in *Poln. sobr. soč.*, Hg. B. Tomaševskij, 10 Bde., 1962–1966, 5; krit.; ern. Leningrad 1978).

ÜBERSETZUNGEN: *Eugen Onägin*, R. Lippert (in *Dichtungen*, Bd. 2, Lpzg. 1840). – Dass., F. Bodenstedt (in *Poetische Werke*, Bd. 2, Bln. 1854/55). – Dass., T. Commichau, Bln. 1916. – *Eugen Onegin*, J. v. Guenther (in *AW*, Bd. 2, Bln. 1949). – Dass., ders., Lpzg. 1955 (RUB). – Dass., M. v. d. Ropp (in *Eugen Onegin u. andere Versdichtungen*, Mchn. 1972). – Dass., K. Borowsky, Stg. 1972 [Prosaübers.]. – *Eugen Onägin*, T. Commichau u. M. Remané, Bearb. K. Schmidt (in *GW*, Bd. 3, Ffm. 1973). – *Jewgenij Onegin. Roman in Versen*, R.-D. Keil, Gießen 1980; ern. Mchn. 1987 [russ.-dt.]. – *Eugen Onegin*, U. Busch, Zürich 1981.

DRAMATISIERUNG: 1846.

VERTONUNG: P. Čajkovskij, *Eugen Onegin* (Text: P. Č. u. K. Šilovskij; Oper; Urauff.: Moskau, 29. 3. 1879).

VERFILMUNGEN: Rußland 1911 (Regie: V. Gončarov). – SU 1959 (Verfilm. d. Oper v. P. Čajkovskij; Regie: R. Tichonirov).

LITERATUR: N. Polevoj, Rez. (in Moskovskij telegraf, 1825; Nr. 5). – D. Venevitinov, *Razbor stat'i o »Evgenie Onegine«* (in Syn otečestva, 100, 1825, Nr. 8, ern. in D. V., *Izbrannoe*, Moskau 1956, S. 183–189). – V. G. Belinskij, *»Evgenij Onegin«* P., Stat'i, Moskau 1957. – A. Slonimskij, *»Evgenij Onegin«* (in A. S., *Masterstvo P.*, Moskau 1959, S. 311–384). – E. Wedel, *Onegin – Pečorin Čackij. Versuch einer vergl. Betrachtung* (in WdS, 6, 1961, S. 355–367). – D. E. Tamarčenko, *Roman v stichach A. S. P. »Evgenij Onegin«* (in D. E. T., *Iz istorii russk. klassič. romana*, Leningrad 1961, S. 18–58). – B. S. Mejlach, *»Evgenij Onegin«* (in *Istorija russk. romana*, Bd. 2, Moskau 1962, S. 100–156). – G. Makogonenko, *Roman P. »Evgenij Onegin«*, Moskau 1963. – U. Busch, *A. P. – »Jewgenij Onegin«* (in *Der russische Roman*, Hg. B. Zelinsky, Düsseldorf 1979, S. 47–68). – Ju. Lot-

man, *Roman, A. S. P. »Evgenij Onegin«. Komentarij*, Leningrad 1980. – J. Clayton, *Ice and Flame: A. P.'s »Eugene Onegin«*, Toronto 1985. – Ju. u. M. Lotman, *Vokrug desjatoj glavu »Evgenija Onegina«* (in P., Issledovanija i materialy, 12, 1986, S. 124–151). – K. Städtke, *Literarischer Text und Salonkultur. Anmerkungen zu P.s Versroman »Eugen Onegin«* (in Arion. Jb. d. Dt. P.-Ges., 1, 1989, S. 239–251). – B. van Sambeek-Weideli, *Wege eines Meisterwerks. Die russische Rezeption von P.s »Evgenij Onegin«*, Bern 1990 (Slavica Helvetiva, 34).

GRAF NULIN

(russ.; *Graf Nulin*). Poem von Aleksandr S. PUŠKIN, erschienen 1827. – Das 370 vierfüßige Jamben zählende Poem, das als erstes realistisches Werk Puškins gilt, entstand an zwei Wintertagen (am 13. und 14. Dezember 1825, also gleichzeitig mit dem Petersburger Dekabristenaufstand) im Verbannungsort Michajlovskoe als Parodie. Puškin berichtet (1830), nach der Lektüre von W. SHAKESPEARES *The Rape of Lucrece*, 1594 (*Die Schändung der Lucrecia*), sei ihm der Gedanke gekommen, was wohl geschehen wäre, wenn Lucrecia dem Tarquinius eine Ohrfeige gegeben hätte: *»Die Welt und die Geschichte sähen anders aus … Der Gedanke, die Geschichte und Shakespeare zugleich zu parodieren, stellte sich ein. Ich konnte der Versuchung nicht widerstehen.«*

Mit der Form des romantischen Poems (Verserzählung) beginnt bereits die Parodie, denn alles übrige ist bewußt antiromantisch und ins Banale umgesetzt. Der Held ist, wie der Name Nulin sagt, eine Null, ein junger Fant, der, gerade aus Paris kommend, wegen eines Unfalls seiner Kutsche auf dem Gut der Natalja Pavlovna einkehrt. Sie ist über den Besuch sehr erfreut, da sie von Langeweile geplagt wird. Ihr Mann ist gerade wieder für unbestimmte Zeit zur Jagd ausgeritten. Sie hatte versucht, sich mit einem höchst erbaulichen und schrecklich langen Roman zu unterhalten, sich dann an einem Zweikampf von Hofhund und Ziegenbock ergötzt, und ergreift nun freudig die Gelegenheit, mit Nulin über die neuesten Pariser Moden zu unterhalten. Beim Abschied nach dem Abendessen hatte sie seine Hand so gedrückt, daß er sich Chancen ausrechnet. Er schleicht in ihr Schlafzimmer, aber: *»Sie gab Tarquinius mit Schwung/ Eine Ohrfeige, jawohl,/ Eine Ohrfeige, und was für eine!«* Nulin zieht sich schmachvoll zurück. Am Morgen gibt es ein etwas peinliches Frühstück. Da sie sich nichts anmerken läßt, beginnt er schon wieder zu hoffen, als plötzlich Nataljas Mann zurückkehrt. Vom Hausherrn informiert, daß seine Kutsche repariert sei, macht sich Nulin aus dem Staube. Natalja erzählt später ihr Abenteuer ihrem Mann und aller Welt. Und nun kommt die eigentliche Parodie der Lucrecia als Symbol ehelicher Treue. Der Erzähler fragt: *»Wißt ihr, wer am meisten darüber gelacht hat? Ihr Mann? Keineswegs – vielmehr der dreiundzwanzigjährige Gutsnachbar*

Lidin.« Und er schließt: »*Jetzt können wir mit vollem Recht/ Behaupten, daß in unsern Zeiten/ Eine ihrem Gatten treue Frau/ Durchaus kein Wunder ist.*« Weiter konnte die Ironie nicht getrieben werden. Die Leser, die den Mut der neuen Lucrecia schon bewundert hatten, sind am Ende doch hinters Licht geführt.

Das kleine Poem ist über den amüsanten Inhalt hinaus bemerkenswert durch die vollständige, fast programmatische Absage an jede Art des Poetisierens. So heißt es schon zu Anfang: »*In den letzten Septembertagen/ (um in verächtlicher Prosa zu sprechen)/ Ists auf dem Lande langweilig: Dreck, nasses Wetter,/ Herbstlicher Wind, schütterer Schnee/ Und das Geheul der Wölfe.*« Dieser Ton ist bis zum Ende durchgehalten. Auch das Gespräch über Pariser Modeautoren und -komponisten, Theaterleben und Damenmode hält sich bewußt auf dem Niveau des Klatsches. Wo Vergleiche gebraucht werden, sind sie »nach unten« ausgerichtet. So wird der Graf auf seinem Weg ins Schlafzimmer der Hausherrin mit einem listigen Kater verglichen, der mit einer Maus spielt, bis er endlich »*die Ärmste, schwuppdiwupp!*« mit seinen Krallen schlägt. Und der Name Tarquinius (ursprünglich sollte das Poem *Der neue Tarquinius* heißen) taucht nur noch in der Szene mit der Ohrfeige auf, wodurch er um so lächerlicher wirkt. – *Graf Nulin* gilt allgemein als das Werk, das Puškins Durchbruch zum Realismus bezeichnet, wobei meist vergessen wird, daß der Realismus hier einem bestimmten künstlerischen Zweck dient, nämlich der Parodie.   R.D.K.

AUSGABEN: Moskau 1827 (in *Moskovskij vestnik*, Nr. 4; unvollst.). – Petersburg 1827 (in *Severnye cvety na 1828 god*). – Moskau 1937 (in *Poln. sobr. soč.*, Hg. Akad. d. Wiss., 17 Bde., 1937–1959, 4; krit.). – Moskau 1963 (in *Poln. sobr. soč.*, Hg. B. Tomaševskij, 10 Bde., 1962–1966, 4; krit.; ern. Leningrad 1977). – Moskau 1982 (in *Poèmy*).

ÜBERSETZUNGEN: *Graf Nulin*, F. Bodenstedt, Bln. 1854. – Dass., J. v. Koskull, Bln. 1947. – Dass., W. Groeger (in *GW*, Bd. 2, Bln./Weimar 1966; ern. Ffm. 1973).

LITERATUR: B. Ejchenbaum, *O zamysle »Grafa Nulina«* (in *Vremennik Puškinskoj komissii*, 3, 1937, S. 353 ff.). – K. Hielscher, *A. S. P.s Versepik*, Mchn. 1966, S. 79–88. – G. Seehase, *P.s Parodie auf Shakespeare in »Graf Nulin«* (in *A. P. in unserer Zeit*, Lpzg. 1988, S. 47–53). – Ch. Träger, *P., Shakespeare und der europäische Klassizismus – Anmerkungen zu P.s Verserzählung »Graf Nulin«* (ebd., S. 54–61).

KAMENNYJ GOST'

(russ.; *Der steinerne Gast*). Tragödie in vier Szenen von Aleksandr S. PUŠKIN, erschienen 1840; Uraufführung: Petersburg 1847, Aleksandrinskij teatr; deutsche Erstaufführung: Würzburg, 26.4.1932,

Stadttheater. – *Kamennyj gost'* gehört in die Reihe der sog. »kleinen Tragödien«, deren Vorbild vermutlich B. W. PROCTERS *Dramatic Scenes (Dramatische Szenen)*, erschienen 1819 unter dem Pseudonym Barry Cornwall, gewesen sind. Die Absicht, den Don-Juan-Stoff zu dramatisieren, hat Puškin nach einer Notiz des Literaturkritikers S. ŠEVYRËV (1841) bereits 1826 geäußert. Zwei Jahre später schreibt er der Pianistin Šimanovskaja Verse ins Album, die wörtlich in seinem Schauspiel wiederkehren. Das erhaltene, durchgehend in Boldino, seinem Erbgut, entstandene Manuskript des Stücks erweist jedoch, daß die Endredaktion erst im Jahre 1830 vorgenommen wurde. Die unmittelbare Anregung zu der Arbeit ging wohl von MOLIÈRES Komödie *Dom Juan ou Le festin de pierre*, 1665 *(Don Juan oder Der steinerne Gast)*, aus, die zu Puškins Zeit in Rußland aufgeführt wurde. Aus Mozarts Oper *Don Giovanni* entnahm der Dichter das Epigraph des Werks und die Namen einiger Personen. Im übrigen gestaltete Puškin seinen Stoff jedoch mit denkbarer Freiheit. Wie die anderen »kleinen Tragödien« – *Skupoj rycar'* (*Der geizige Ritter*) und *Mocart i Sal'eri* (*Mozart und Salieri*) – ist auch *Kamennyj gost'* die fortschreitende Entfaltung eines einzigen, unveränderlich vorgegebenen Charakters, in diesem Fall des leichtlebigen, wagemutigen Liebhabers.

Don Juan, den der König wegen des Mordes an dem Komtur aus Madrid verbannt hat, ist in die Stadt zurückgekehrt, um eine angebetete Dame, Donna Laura, zu treffen. Als er von einem Mönch erfährt, daß Donna Anna, die Witwe des Komturs, täglich das steinerne Grabmal aufsucht, um zu beten, beschließt er, um jeden Preis die Bekanntschaft dieser Frau zu machen. Bei einem Fest im Hause Lauras begegnet er Don Carlos, dem Bruder des ermordeten Komturs und, wie er bald bemerkt, seinem Nebenbuhler um die Gunst der schönen Hausherrin. Als Laura mit Don Carlos allein zurückbleibt, kommt Don Juan dazu, fordert den Rivalen zum Duell und tötet ihn kaltblütig vor den Augen der Dame, die alsbald den Werbungen des unwiderstehlichen Kavaliers nachgibt. Don Juans eigentliches Ziel aber bleibt die Eroberung Donna Annas. Als Mönch verkleidet folgt er ihr ans Grab ihres Gatten. Obwohl sie auf die Wahrung ihrer Witwenrolle bedacht ist, gewährt Donna Anna dem Fremden ein Stelldichein, und dieser fordert, übermütig im Vorgefühl seines Erfolges, seinen Diener Leporello auf, das steinerne Grabmal des Toten zum Schauplatz seines Sieges zu laden. Entsetzt sehen beide, daß die Statue ihr Einverständnis nickt. Gleichwohl begibt sich Don Juan zu Donna Anna, die ihm, der sich nun als Mörder ihres Gatten zu erkennen gibt, ein Wiedersehen verspricht. In diesem Moment tritt der steinerne Gast herein, ergreift die Hand Don Juans und versinkt mit ihm in den Boden.

Die Literaturwissenschaft hat in Puškins *Kamennyj gost'* – das Stück ist wie die anderen »kleinen Tragödien« in Blankversen geschrieben – nicht ohne Erfolg autobiographische Züge gesucht. In der persönlichen Situation des Dichters kurz vor seiner Verheiratung den eigentlichen Anstoß zu dem Drama zu sehen, erscheint jedoch ebenso unzutreffend wie die Ansicht, der Grundgedanke des Schauspiels sei das Wirken der ewigen Gerechtigkeit (D. Mirskij). Puškins eigentliche künstlerische Absicht war, eine von einem einzigen Trieb, der Lust an der Verführung, beherrschte Persönlichkeit zu entwerfen, die auf der Bühne die »Einseitigkeit« ihres Charakters bis in die feinsten seelischen Nuancierungen offenbaren sollte.   C.K.

AUSGABEN: Moskau 1840. – Moskau 1948 (in *Poln. sobr. soč.*, Hg. Akad. d. Wiss., 17 Bde., 1937–1959, 7; krit.). – Moskau 1964 (in *Poln. sobr. soč.*, Hg. B. Tomaševskij, 10 Bde., 1962–1966, 5; krit.; ern. Leningrad 1977). – Moskau 1983 (in *Malen'kie tragedii*).

ÜBERSETZUNGEN: *Der steinerne Gast*, R. Lippert (in *Dichtungen*, Bd. 2, Lpzg. 1840). – Dass., F. Bodenstedt, Bln. 1854. – Dass., J. v. Guenther (in *AW*, Bd. 4, Bln. 1952). – Dass., H. v. Heiseler (in *GW*, Bd. 3, Bln. 1964; ern. Ffm. 1973). – Dass., M. v. d. Ropp (in *Eugen Onegin u. andere Versdichtungen*, Mchn. 1972).

VERTONUNG: A. S. Dargomyšsky, A. Cui u. A. N. Rimskij-Korsakov (Oper; Urauff.: Petersburg, 28. 2. 1872).

VERFILMUNG: SU 1967 (Verfilm. d. Oper v. A. S. Dargomyšsky u. a.; Regie: V. Gorikker).

LITERATUR: N. M. Družinina, *K voprosu o tradicijach antičnoj dramaturgii v ›Malen'kich tragedijach‹ P.* (in Uč. zap. Len. ped. inst. im. Gercena, 150, 1957, S. 3–18). – A. Meynieux, *P. et Don Juan* (in La Table Ronde, 1957, Nr. 119, S. 90–107). – E. Frenzel, *Stoffe der Weltliteratur*, Stg. 1963, S. 131–136. – R. Karpiak, *The Sequels to P.'s »Kamennyj gost'«: Russian Don Juan Versions by N. Gumilëv and V. Korvin-Piotrovskij* (in *Studies in Honour of Louis Shein*, Hamilton 1983, S. 79–92). – G. Lesskis, *»Kamennyj gost'« (tragedija gedonizma)* (in P., Issledovanija i materialy, 13, 1989, S. 134 bis 145).

KAPITANSKAJA DOČKA

(russ.; *Die Hauptmannstochter*). Historischer Roman von Aleksandr S. PUŠKIN, erschienen 1836. – Mit diesem seinem letzten vollendeten Werk erreichte Puškin den Höhepunkt seines Prosaschaffens und schuf zugleich einen der besten russischen historischen Romane überhaupt. Das Werk, das den Dichter seit Anfang des Jahres 1833 beschäftigte und dessen komplizierte Entstehungsgeschichte durch fünf verschiedene Entwürfe bezeugt ist, entstand in Zusammenhang mit Puškins intensiven historischen Studien über die Bauernaufstände von 1773–1775 und ihren Führer Pugačëv, die

in der historischen Darstellung *Istorija Pugačëva*, 1834 *(Die Geschichte Pugačëvs)*, ihren Niederschlag fanden. In der *Kapitanskaja dočka* zeichnet Puškin, gemäß seiner Definition des Romans als einer »*historischen Epoche, entwickelt an einer erdachten Erzählung*«, das persönliche Schicksal eines Menschen vor dem Hintergrund der geschichtlichen Ereignisse, die ganz Rußland erschütterten. Bei seinen Studien hatte ihn die Gestalt eines Adligen, der zu Pugačëv übergelaufen war, besonders gefesselt. Daraus entwickelten sich allmählich zwei antagonistische Romangestalten: der negativ gezeichnete Švabrin und der positiv gesehene Grinëv.

Der Roman gibt die persönlichen Aufzeichnungen des Helden Pëtr Andreevič Grinëv wieder, die in Herausgeberfiktion vorgelegt werden. In der Ich-Erzählung dieses einfachen Gardesergeanten Grinëv spiegeln sich die gewaltigen historischen Ereignisse und die eindrucksvolle Gestalt Pugačëvs. Auf der Reise des blutjungen Grinëv in sein erstes Dienstverhältnis kreuzen sich die Wege des Adligen und des Bauernrebellen zum erstenmal, ohne daß Grinëv erkennt, wen er vor sich hat: Ein Unbekannter führt Grinëvs Schlitten in einem Schneesturm sicher zur Poststation und erhält dafür dessen Hasenpelz als Geschenk. Durch einen prophetischen Traum Grinëvs, der – zwar der romantischen Tradition verpflichtet, aber doch bereits psychologisch motiviert – die kommenden Ereignisse vorwegnimmt, ergibt sich die Verbindung zur weiteren Handlung.

Die folgenden Kapitel beschreiben Grinëvs Leben in der Festung Belogorsk, seine Beziehung zu der einfachen, patriarchalischen Familie des Kommandanten Mironov, das Erwachen seiner Liebe zu dessen Tochter Maša und den Zusammenstoß mit seinem Gegenspieler, dem Leutnant Švabrin. Da Grinëvs Eltern in einem Brief jede Verbindung mit Maša strikt ablehnen, kommt die Entwicklung seines persönlichen Schicksals zu einem Stillstand. »*Unerwartete Begebenheiten*«, nämlich der Sturm Pugačëvs auf die Festung – zugleich der Höhepunkt des Romans im siebten Kapitel –, markieren den Einbruch der großen historischen Ereignisse. Pugačëv erobert mit den Aufständischen Belogorsk, läßt den Kommandanten und seine Frau hinrichten und übernimmt selbst die Herrschaft. Als er Grinëv als den Mann erkennt, der ihm einst den Hasenpelz geschenkt hat, rettet er ihn vor dem Galgen, lädt ihn zu einem Gelage ein, belohnt ihn und läßt ihn ungehindert ziehen. Da aber Maša in der Gewalt des zu Pugačëv übergelaufenen Švabrin zurückbleibt, kehrt Grinëv später nach Belogorsk zurück, um seine Geliebte zu befreien. Dabei trifft er zum drittenmal mit Pugačëv zusammen, mit dessen Hilfe er sein Ziel erreicht. Nach der Niederwerfung des Bauernaufstands, an der sich Grinëv als Soldat aktiv beteiligt hat, wird der Adelige dennoch seiner freundschaftlichen Beziehungen zu Pugačëv wegen verhaftet und angeklagt. Ihn rettet nur das mutige Eingreifen seiner Braut, die für ihn bei der Zarin Gnade erwirkt. Durch diesen Kunstgriff – das Einfügen der Episode am Zarenhof – gelingt es

Puškin zugleich, auch Pugačëvs große historische Gegenspielerin Katharina II. in einen zwanglosen Zusammenhang mit der erdachten Geschichte zu bringen. Zum letztenmal begegnen sich Grinëv und Pugačëv bei der Hinrichtung des Bauernführers. Der zum Tod Verurteilte erkennt Grinëv in der Menge und nickt ihm zu.

Der verhältnismäßig kurze Roman steht klar in der Tradition des historischen Romans von W. Scott. Puškin verbindet hier die Gattung der Familienchronik mit der des historischen Romans und vereint die beiden Sujetlinien der Grinëv- und der Pugačëv-Handlung mit großem Raffinement in einer perfekt durchdachten Komposition. Das innere Thema des Romans bildet die von Sympathie getragene, doch spannungsreiche Beziehung Grinëvs zu Pugačëv. Der eigentliche Held ist aber nicht Grinëv mit seinem persönlichen Schicksal, sondern Pugačëv, der als eine großartig tragische Gestalt gezeichnet wird: listig, gutherzig und kraftvoll, so wie er in der Volksüberlieferung fortlebt – und das, obwohl Puškin den Bauernaufstand *»sinnlos und erbarmungslos«* nannte. Das Fluidum des Volkstümlichen, das Pugačëvs Gestalt umgibt und das in Volksliedern und einem von Pugačëv erzählten gleichnishaften Märchen seinen Ausdruck findet, wird verstärkt durch die Kapitelepigraphen, die zu einem großen Teil dem Volkslied- oder Sprichwortschatz entnommen sind. In der Gestaltung der übrigen Figuren ist der Einfluß der satirischen Literatur des 18. Jh.s, besonders der gesellschaftskritischen Satiren D. Fonvizins, deutlich, bei dem sich die Prototypen einer ganzen Reihe von Personen der *Kapitanskaja dočka* finden. In Puškins Roman sind es realistische, lebensvolle Gestalten, die dem getreu wiedergegebenen Milieu der russischen Provinz des 18. Jh.s entsprechen. Der bis in letzte Feinheiten ausgewogenen Komposition des Werks entspricht die vollendet klare, prägnante und jedes überflüssige Wort meidende Sprache.   K.H.

Ausgaben: Petersburg 1836 (in Sovremennik). – Moskau 1964 (in *Poln. sobr. soč.*, Hg. B. Tomaševskij, 10 Bde., 1962–1966, 6; krit.; ern. Leningrad 1978). – Moskau 1984.

Übersetzungen: *Die Hauptmannstochter. Novelle aus den Zeiten der Pugatscheffischen Empörung*, G. Tröbst (in *Novellen*, Bd. 2, Jena 1848). – *Die Hauptmannstochter*, W. Lange, Lpzg. ca. 1875 (RUB). – Dass., A. Luther (in *Werke*, Bd. 1, Lpzg. 1923). – Dass., F. Frisch (in *Sämtliche Romane und Erzählungen*, Bd. 2, Mchn. 1923). – Dass., J. v. Guenther (in *AW*, Bd. 3, Bln. 1952). – Dass., R. v. Walter, Düsseldorf 1954. – Dass., F. Ottow (in *Erzählungen*, Mchn. 1962). – Dass., R. Schneider, Freiburg i. B. 1963. – Dass., F. Frisch (in *Pique-Dame u. andere Erzählungen*, Zürich 1965). – Dass., A. Luther (in *GW*, Bln./Weimar 1966; ern. Ffm. 1973).

Verfilmungen: SU 1928 (Regie: Ju. Tarič). – SU 1958 (Regie: V. Kaplunovsky). – *La tempesta*, Italien/Frankreich/Jugoslawien 1958 (Regie: A. Lattuada).

Literatur: Ju. G. Oksman, *P. v rabote nad »Kapitanskoj dočkoj«* (in Lit. nasledstvo, 58, 1952, S. 222 bis 242). – S. M. Petrov, *»Kapitanskoj dočka«* (in S. M. P., *Istoričeskij roman P.*, Moskau 1953, S. 107–183). – P. Brang, *P. u. Krjukow: Zur Entstehungsgeschichte der »Kapitanskaja dočka«*, Bln. 1957. – W. Schamschula, *Der Einfluß Walter Scotts in »Kapitanskaja dočka«* (in W. Sch., *Der russische historische Roman vom Klassizismus bis zur Romantik*, Meisenheim a. Gl. 1961, S. 137–143). – M. Cvetaeva, *P. i Pugačëv* (in M. C., *Moj P.*, Moskau 1967, S. 105–160). – H.-J. Gerigk, *Von der Kommentarunbedürftigkeit des Kunstwerks: Überlegungen zu P.s »Hauptmannstochter«* (in H.-J. G., *Entwurf einer Theorie des literarischen Gebildes*, Bln./NY 1975, S. 189–209). – M. Gillel'son u. I. Mušina, *Povest' A. S. P. »Kapitanskaja dočka« – Kommentarij*, Leningrad 1977. – G. Makogonenko *»Kapitanskaja dočka« P.*, Leningrad 1977.

KAVKAZSKIJ PLENNIK

(russ.; *Der Gefangene im Kaukasus*). Poem von Aleksandr S. Puškin, erschienen 1822. – Der Dichter nannte das erste seiner sog. »Südlichen Poeme« selbst eine »Erzählung« (*povest'*), weil es in der russischen Literatur kein Vorbild für die neue Gattung gab. Er begann in den ersten Wochen seines Aufenthaltes in Gurzuf an dieser Verserzählung zu arbeiten, und man spürt, wie sehr er von seiner neuen, fremdartig-exotischen Umwelt fasziniert war. Hier im Süden lernte Puškin die *Oriental Tales* Byrons im Original kennen, von denen *Kavkazskij plennik* stark beeinflußt ist.

Die eigentlichen Helden des Poems, in dem die romantische Antithese Natur – Zivilisation besonders stark betont wird, sind der Kaukasus in seiner wilden Schönheit und das *»wunderbare Volk«*, das *»die Aufmerksamkeit des Europäers«* fesselt. Den Hauptfiguren, zwei jungen Menschen, vom Dichter bewußt namenlos gehalten, haftet etwas Schemenhaftes an. Sie treten als Typen hinter ihrer Umgebung zurück: Der Mann ist stolz, freiheitsliebend, mutig und weich zugleich, mit sich selbst aber uneins und im Innern letztlich unfrei; das Mädchen dagegen erscheint aufrichtig, naiv und hingebungsvoll. Der des verlogenen gesellschaftlichen Lebens überdrüssige Held flieht die Zivilisation und eine ungnädige Geliebte und sucht *»als Freund der Natur«* bei den russischen Truppen im Kaukasus die ersehnte Freiheit, wird aber von Tscherkessen gefangengenommen. Eine junge Tscherkessin liebt ihn, verhilft ihm zur Flucht und ertränkt sich schließlich, als er das rettende Ufer erreicht. Als Egozentriker – wie die Helden Byrons – hatte der Protagonist die Liebe des Mädchens zurückgewiesen, scheute sich aber nicht, Mitleid für sich zu verlangen. Erst als die Tscherkessin seine Fesseln losgefeilt hatte, schlug er enthusiastisch eine gemeinsame Flucht vor, doch seine Retterin hatte sich schon entschieden, ihn an seine frühere Geliebte freizugeben. Gegen Ende des Poems erspäht der Gefangene in der Ferne russische Bajonette und hört einen Postenruf. Dies leitet zum Epilog über, in dem der Autor seine Freude über den Sieg des *»doppelköpfigen Adlers«* äußert, bewundernd die Generäle der Kaukasusfeldzüge nennt und Kotljarevskij als *»Geißel des Kaukasus«* preist.

Damit erregte er Anstoß beim Liberalen P. VJA-ZEMSKIJ, der Puškin entgegenhielt: *»Hätten wir die Stämme aufgeklärt, das wäre eher etwas zum Besingen gewesen!«* – Puškin tadelte später *»die Einfachheit des Entwurfs, die an Gedankenarmut grenzt«*; 1829, als der Dichter sich längst zu einer realistischen und objektiven Erzählweise hingezogen fühlte, fand er das Poem *»schwach, jung, unausgeschöpft«*, aber viele Dinge doch *»richtig erfaßt und wiedergegeben«*. In einem Brief aus dem Jahr 1822 charakterisierte Puškin seinen ersten Versuch, eine Art *»überflüssigen Menschen« (lišnij čelovek)* zu gestalten, folgendermaßen: *»Ich wollte in ihm diese Gleichgültigkeit dem Leben und seinen Genüssen gegenüber zeigen, dieses Altern der Seele vor der Zeit, das zum hervorragenden Merkmal der Jugend des 19. Jahrhunderts geworden ist.«*

Die klangvollen Verse sind vierfüßige Jamben mit unregelmäßigem Reim und wenigen Enjambements. Strophisch ist nur das zu Lebzeiten Puškins sechsmal aufgelegte *Tscherkessische Lied* in drei – ursprünglich vier – Strophen zu je sechs Zeilen. Der Stil ist gehoben, mitunter periphrastisch, ohne eine Spur von Ironie. – Dem Poem war ein großer Erfolg beschieden. 1823 wurde es als Ballett mit der Istomina aufgeführt.   KLL

AUSGABEN: Petersburg 1822. – Moskau 1937 (in *Poln. sobr. soč.*, Hg. Akad. d. Wiss., 17 Bde., 1937–1959, 4; krit.). – Moskau 1963 (in *Poln. sobr. soč.*, Hg. B. Tomaševskij, 10 Bde., 1962–1966, 4; krit.; ern. Leningrad 1977). – Moskau 1982 (in *Poėmy*).

ÜBERSETZUNGEN: *Der Berggefangene. Ein Gedicht*, anon., Petersburg 1824 [russ.-dt.]. – *Der Gefangene im Kaukasus*, R. Lippert (in *Dichtungen*, Bd. 1, Lpzg. 1840). – Dass., A. Ascharin (in *Gedichte, Poeme, Eugen Onegin*, Bln. 1947). – Dass., A. Seubert, Lpzg. 1949 (RUB; ²1954). – Dass., J. v. Guenther (in *GW*, Mchn. 1966; ern. Ffm. 1973). – Dass., M. v. d. Ropp (in *Eugen Onegin u. andere Versdichtungen*, Mchn. 1972).

DRAMATISIERUNG: N. N., *Kavkazskij plennik* (vgl. S. N. Durylin, *Puškin na scene*, Moskau 1951).

VERTONUNGEN: C. Cui, *Kavkazskij plennik* (Oper; konzertante Urauff.: Leža 1885). – *Kavkazskij plennik* (Ballett; Urauff.: Petersburg 1823). – B. V. Asaf'ev, *Kavkazskij plennik* (Ballett; Urauff.: Leningrad, 1938, Malyj opernyj teatr).

VERFILMUNG: Rußland 1911 (Regie: G. Vitrotti).

LITERATUR: I. Nekrasov, *K voprosu o literaturnych istočnikach »Kavkazskogo plennika«* (in *Sbornik statej k sorokaletiju učënoj dejatel'nosti akad. A. S. Orlova*, Leningrad 1934, S. 153–163). – P. Gorodeckij, *K istorii izdanija »Kavkazskogo plennika«* (in *P., Vremennik Puškinskoj komissii*, Bd. 2, Moskau/Leningrad 1936, S. 387–499). – N. Džusoev, *Kavkaz v tvorčestve P.* (in N. D., *Tema Kavkaza v russkoj literature i v tvorčestve Kosta Chetagurova*, Stalinir 1955, S. 35–51). – N. N. Fatov, *Ėzopov jazyk v proizvedenijach P. južnogo perioda* (in *P. na juge. Trudy Puškinskich konferencij Kišinëva i Odessy*, Kišinëv 1958, S. 281–372). – A. Slonimskij, *Romantičeskie poėmy P.* (in A. S., *Masterstvo P.*, Moskau 1959, S. 217–253). – G. Fridlender, *Poėmy P. 1820-ch godov v istorii ėvoljucii žanra poėmy v mirovoj literature* (in P., Issledovanija i materialy, 7, 1974, S. 100–122). – V. I. Korovin, *Poėtika romantičeskoj poėmy ot »Kavkazskogo plennika« k »Cyganam«* (in *Istorija romantizma v russkoj literature*, Moskau 1979, S. 209–239). – U. Herdmann, *Die Südlichen Poeme A. S. P.s*, Hildesheim u. a. 1982, S. 99–116.

MEDNYJ VSADNIK. Peterburgskaja povest'

(russ.; *Der eherne Reiter. Eine Petersburger Erzählung*). Verserzählung von Aleksandr S. PUŠKIN, in Auszügen erschienen 1834, vollständig 1837. – Puškins berühmtes Poem ist der Niederschlag seiner Auseinandersetzung mit der historischen Bedeutung des Reformwerks Peters des Großen (reg. 1689–1725). Sein Titel bezieht sich auf das Wahrzeichen Petersburgs, das eherne Reiterstandbild Falconets, das Katharina II. ihrem Vorgänger errichten ließ. Das Poem entstand nach umfangreichen Vorarbeiten – Puškin hinterließ ausführliche Aufzeichnungen zur Geschichte Peters I. – zwischen dem 6. und 31. 10. 1833 in Boldino. Möglicherweise ist die Thematik des Poems von den Gedichten beeinflußt, die Adam MICKIEWICZ (1798–1855) dem dritten Teil seiner *Dziady*, 1823–1832 *(Totenfeier)*, beigegeben hat. Puškin selbst erwähnt Mickiewicz' Gedicht *Oleszkiewicz*, welches den Vortag der im *Mednyj vsadnik* geschilderten Überschwemmungskatastrophe beschreibt, in den Anmerkungen zu seinem Poem. Ist jedoch dem polnischen Freiheitskämpfer Gestalt und Denkmal Peters des Großen nichts als das Symbol der zaristischen Unterdrückung, so zeichnet Puškin ein vielschichtigeres Bild des Herrschers.

Von Nikolaus I. beanstandet, konnte das Poem vom Autor zu Lebzeiten nur in verstümmelter Form unter dem Titel *Peterburg. Otryvok iz poėmy*, 1834 *(Petersburg. Fragment eines Poems)*, veröffentlicht werden. Puškin begann zwar, das Werk im Sinne der Zensur umzuschreiben, doch gab er den Versuch rasch auf. 1837 edierte V. ŽUKOVSKIJ das Gedicht in einer der Zensur genehmen Redaktion von seiner Hand in der Zeitschrift ›Sovremennik‹ (Der Zeitgenosse). Žukovskijs Bearbeitungen, welche der russischen Reaktion lange Zeit Gelegenheit gaben, Puškin als einen Vertreter des *l'art pour l'art* der revolutionären Dichtung vor allem N. NEKRASOVS entgegenzusetzen, haben die Ära Nikolaus' I. (reg. 1825–1855) überdauert. Sie gingen auch in die vielgeschätzte Puškin-Ausgabe von P. ANNENKOV (1855) ein und sind z. T. erst in sowjetischer Zeit durch Puškins Text ersetzt worden. Das kurze Poem besteht aus zwei inhaltlich wohlgeschiedenen Kapiteln und einer umfangreichen Einleitung. Sie beginnt mit einer in sparsamen Strichen gezeichneten Szene, die Peter den Großen an ebenjener Stelle des Newa-Ufers zeigt, an der sich heute sein majestätisches Standbild erhebt. Der Herrscher träumt die Vision seiner Stadt, des russischen »Fensters nach Europa«. Unvermittelt schließt hier ein Hymnus des Dichters auf die der feindlichen Natur abgetrotzte, festgegründete, von rauschendem Leben erfüllte moderne Stadt an. Wie unbeabsichtigt mischt sich indes der Vorwurf des Zuviel, des Luxus und der Überheblichkeit bei, bis das begeisterte Lob mit den letzten Zeilen der Einleitung unvermittelt in eine düstere Stimmung umschlägt: *»Es war eine schreckliche Zeit,/ frisch ist die Erinnerung daran .../ Traurig wird meine Erzählung.«*

Das erste Kapitel berichtet im Plauderton von dem bescheidenen Dasein des Helden Evgenij (so genannt nach der Titelgestalt von Puškins *Evgenij Onegin*), einem einfachen Beamten adliger Herkunft. An einem stürmischen und regnerischen Wintertag sinnt er über die Ungerechtigkeiten des menschlichen Lebens nach. Der Morgen verkündet das unabwendbare Unheil: Sturmgepeitscht treiben die Wassermassen der Newa vom offenen Meer her stromaufwärts. Das Poem schildert nun die Schrecken der Überschwemmung Petersburgs vom 7. November 1824, deren Einzelheiten Puškin einem sorgfältigen Quellenstudium verdankt. Der Dichter stellt die »traurige«, doch wohlbehütete Sicherheit des Zaren Alexander I. (reg. 1801–1825) dem kümmerlichen Refugium gegenüber, das Evgenij auf dem Rücken eines der Marmorlöwen auf dem Petersplatz inmitten des tosenden Wassers gefunden hat. Der Held bangt vor allem um seine Geliebte Paraša, deren Hütte, unmittelbar am Newa-Ufer gelegen, aufs gefährlichste von den Fluten bedroht ist. Auf eine demütigende und zugleich ironische Weise kontrastiert seine Zuflucht auf dem Löwen mit der stolzen, selbstherrlichen Pose des aus dem Wasser ragenden Standbilds. Hier fällt, exponiert in der letzten Zeile, das Wort von dem *»Götzen auf bronzenem Pferd«*, das Žukovskij durch das schmeichelnde *»Gigant«* glaubte ersetzen zu dürfen.

Im zweiten Kapitel verläßt der Dichter in zunehmendem Maße die reine Darstellung zugunsten der deutenden Vertiefung. Das Hochwasser geht zurück. Als Evgenij unter Gefahren das Anwesen seiner Geliebten erreicht und sieht, daß die Fluten Haus und Bewohner mit sich gerissen haben, verliert er den Verstand. Er kehrt nicht mehr nach Hause zurück und wird, abgerissen und heruntergekommen, zum Gespött der Straßenjungen. Ein regnerischer Winterabend ruft in ihm die Erinnerung an das Unglück wach. Er findet zurück zu den Marmorlöwen des Petersplatzes. In einem Moment ungetrübten Bewußtseins erblickt er vor sich das Reiterstandbild des »Götzen«. – Die folgende Charakteristik Peters I., als Beschreibung seines Denkmals konzipiert, enthält den eigentlichen Kern der Aussage. Puškins Bild des Herrschers zeichnet sich durch die Dialektik von Anerkennung und Kritik aus. Er sieht den gewaltigen Aufbruch Rußlands in den notwendigen Petrinischen Reformen, zugleich aber – verkörpert durch die Leiden der Flutkatastrophe – die ungeheuren Opfer, welche sie den Untertanen des Reichs abverlangen. Klar erkennt Evgenij in Peter denjenigen, der Rußlands Zukunft auf ein kühnes Wagnis gründet. »Schrecklich« erscheint der Zar in dieser Sicht, und doch: *» Welch ein Entwurf in dieser Stirn! Und welche Kraft in ihm beschlossen!«* Ungewiß auch in der Gegenwart ist der Ausgang, sind Chance und Gefahr des Unternehmens: *»Wo sprengst Du hin, Du stolzes Roß?/ Wo setzt Du Deine Hufe nieder?«* – Vor diesem Hintergrund ist das Aufbegehren Evgenijs gegen das *»stolze Götzenbild«* zu sehen, das ihn – mit dem Hufschlag des nachsetzenden *»ehernen Reiters«* im Ohr – durch die Straßen Petersburgs hetzt. Nicht der abstrakte Gegensatz von Individuum und Gemeinwohl, wie viele Interpreten meinen, sondern der Widerspruch zwischen dem notwendigen Fortschritt und den Opfern, welche er dem Menschen in einem bestimmten Entwicklungsstadium auferlegt, ist es, der Evgenij die Hand gegen das Standbild erheben läßt. Es ist ein kurzer, verzweifelter Protest: Jedesmal, wenn Evgenij in der Folge an dem Standbild des Herrschers vorüberkommt, zieht er verwirrt seine zerschlissene Mütze, um dem Zaren seine Reverenz zu erweisen. In einer vom Hochwasser fortgeschwemmten Hütte findet er ein einsames Ende.

Puškins Poem ist in vierfüßigen Jamben mit unregelmäßiger Reimfolge gehalten. Seine realistische Grundhaltung, die in dem knappen, um Objektivität bemühten Stil sowie im weitgehenden Verzicht auf metaphorische und rhetorische Elemente zum Ausdruck kommt, wird durch den Untertitel *Eine Petersburger Erzählung* unterstrichen. Unablässiges Enjambement nähert die Diktion des ersten, darstellenden Teils auf weite Strecken der gebundenen Prosa. Während hier die dynamische, zuweilen lapidare Sprache und ein rascher Szenenwechsel das Erzähltempo beschleunigen, ist der Fortgang der Darstellung im zweiten Kapitel mit kontemplativen Einschüben und sinndeutenden Vergleichen durchsetzt.   C.K.

AUSGABEN: Petersburg 1834 (u. d. T. *Peterburg. Otryvok iz poëmy*; in Biblioteka dlja čtenija). – Petersburg 1837, Hg. V. A. Žukovskij (in Sovremennik). – Moskau 1948 (in *Poln. sobr. soč.*, Hg. Akad. d. Wiss., 17 Bde., 1937–1959, 5). – Moskau 1963 (in *Poln. sobr. soč.*, Hg. B. Tomaševskij, 10 Bde., 1962–1966, 4; krit.; ern. Leningrad 1977).

ÜBERSETZUNGEN: *Der eherne Reiter*, anon. (in *Poetische Erzählungen*, Lpzg. 1891). – Dass., A. Lupus, Petersburg 1898. – *Der Reiter aus Erz*, J. v. Guenther, Mchn. 1922; ern. Bln. 1952 (in *AW*, Bd. 2). – *Der eherne Reiter*, W. Groeger (in *GW*, Bd. 2, Mchn. 1966; ern. Ffm. 1973). – Dass., M. v. d. Ropp (in *Eugen Onegin u. andere Versdichtungen*, Mchn. 1972).

LITERATUR: D. D. Blagoj, *Kompozicija »Mednogo vsadnika«* (in Izvestija Akad. Nauk, Otdel. lit. i jaz., 14, 1955, S. 420–435). – W. Lednickij, *P.'s »Bronze Horseman«, the Story of a Masterpiece*, Berkeley 1955. – P. T. Saakjan, *Poèma P. »Mednyj vsadnik«* (in Sbornik naučn. trudov Erev. armjansk. ped. inst., 1957, S. 205–234). – M. Charlap, *O »Mednom vsadnike« A. S. P.* (in Voprosy literatury, 7, 1960, S. 87–101). – G. Lenobl', *K istorii sozdanija »Mednogo vsadnika«* (in G. L., *Istorija i literatury*, Moskau 1960, S. 351–387). – O. Soloev'eva, *»Ezerskij« i »Mednyj vsadnik Istorija teksta* (in P., Issledovanija i materialy, 3, 1960, S. 268–346). – G. Makarovskaja, *»Mednyj vsadnik« A. S. P.*, Saratov 1978. – S. Rudakov, *Ritm i stil' »Mednogo vsadnika«* (in P., Issledovanija i materialy, 9, 1979, S. 294–324). – A. Knigge, *P.s Verserzählung »Der eherne Reiter« in der russischen Kritik: Rebellion oder Unterwerfung?*, Amsterdam 1984. – A. Ospovat u. R. Timenčik, *»Pečal'nu povest' sochranit'…« Ob avtore i čitateljach »Mednogo vsadnika«*, Moskau 1985. – I. Panfilowitsch, *A. P. »Mednyj vsadnik« Deutungsgeschichte und Gehalt*, Mchn. 1995 (Specimina philologicae slavicae, Suppl. 38).

MOCART I SAL'ERI

(russ.; *Mozart und Salieri*). Tragödie in zwei Szenen von Aleksandr S. PUŠKIN, Uraufführung: Petersburg, 27. 1. 1832, Bol'šoj teatr. – Die ersten Pläne zur Niederschrift des kurzen Dramas, einer der sog. »kleinen Tragödien«, sind bereits für das Jahr 1826 bezeugt, beendet aber hatte es Puškin erst 1830 auf dem Gut Boldino. Von dem Autograph ist nur mehr der Umschlag erhalten: Er trägt die Überschrift *Zavist' (Neid)*, die deutlicher, als es der heutige Titel vermag, die thematische Verwandtschaft zu den übrigen »kleinen Tragödien« hervorhebt. Wie diese ist auch *Mocart i Sal'eri* nichts anderes als die psychologisch feinfühlige Enthüllung eines von einem einzigen Antrieb gesteuerten menschlichen Charakters. Puškin, der in *Kamennyj gost'* einen ganz der sinnlichen Liebe Verfallenen schildert, benutzt das Sujet der Vergiftung Mozarts – ein weitverbreitetes, wohl auf eine Vermutung Mozarts selbst zurückgehendes zeitgenössisches Gerücht – zur Darstellung verblendeter, gehässiger Eifersucht. Es ist daher unangemessen, die Tragödie etwa auf ihre historische Genauigkeit zu prüfen.
Das Stück beginnt mit einem langen Monolog Salieris, der seine Auffassung vom entsagungsreichen Dienst an der Kunst gegen die geniale, heitere Begabung Mozarts stellt. Früh hat er allen *»eitlen Vergnügungen«* entsagt, um sich ganz dem Musikstudium widmen zu können. *»Das Handwerk hab ich zum Fundament der Kunst gemacht … Die Harmonie hab ich der Algebra vertraut.«* Fleißige Fingerübungen sollten ihn der Stunde der Erleuchtung näherbringen, und wirklich bleibt der Erfolg nicht aus: Als Nachahmer Glucks erobert er die Herzen des Publikums. Da tritt ihm auf der Höhe des Ruhms Mozart in den Weg, der *»Tor«* und *»faule Müßiggänger«*, den wider alle irdische und göttliche Gerechtigkeit der Genius erleuchtet hat. *»Und heute – ich bekenn's – und heute bin ich ein Neider, ich beneide – tief und quälend neide ich.«* Mitten in seine finsteren Gedanken tritt Mozart ein, köstlich amüsiert über einen blinden Bettler, der eine Arie aus »Figaros Hochzeit« schauderhaft entstellt auf seiner Geige zum besten gibt. Salieri sieht in des Bettlers Unverstand und in Mozarts Belustigung darüber die hehre Kunst selbst verhöhnt. *»Du, Mozart, bist dein selbst nicht wert … Du bist ein Gott und weißt es selber nicht.«* Man verabredet sich zum gemeinsamen Mittagessen; Salieri beschließt, Mozart zu vergiften.
Die zweite Szene zeigt die beiden so gegensätzlichen Charaktere bei Tisch. Mozart ist bedrückt, da er den Besuch eines Unbekannten empfing, der ein Requiem bei ihm bestellte. Dunkle Todesahnungen wollen seither nicht von ihm weichen. Als er im Gespräch äußert: *»Doch Genius und Verbrechen, das sind geschiedne Dinge«*, schüttet Salieri, sichtlich betroffen, hastig das Gift in Mozarts Glas. Der leert es auf den *»aufrichtigen Bund, der Mozart und Salieri eint«*, und verläßt ahnungslos den Mörder. Der Neider bleibt allein zurück, bedrängt von Zweifeln, die Mozarts Bemerkung über das Verbrechen in ihm geweckt haben.
Das handlungsarme, ganz auf die psychologische Thematik konzentrierte Stück ist wie die übrigen »kleinen Tragödien« in Blankversen geschrieben. Als einziges von ihnen gelangte es bei Lebzeiten des Dichters zur Aufführung. Bei der Premiere war es zwei weiteren Dramen vorangestellt: So ging es unter in dem Lärm, den zu spät gekommene Zuschauer verursachten. C. K.

AUSGABEN: Moskau 1831. – Moskau 1948 (in *Poln. sobr. soč.*, Hg. Akad. d. Wiss., 17 Bde., 1937–1959, 7; krit.). – Moskau 1964 (in *Poln. sobr. soč.*, Hg. B. Tomaševskij, 10 Bde., 1962–1966, 5; krit.; ern. Leningrad 1978).

ÜBERSETZUNGEN: *Mozart u. Salieri*, F. Bodenstedt (in *Poetische Werke*, Bd. 3, Bln. 1855). – Dass., J. v. Guenther (in *AW*, Bd. 4, Bln. 1952). – Dass., H. v. Heiseler (in *GW*, Bd. 3, Bln. 1964; ern. Ffm. 1973). – Dass., M. v. d. Ropp (in *Eugen Onegin u. andere Versdichtungen*, Mchn. 1972). – Dass., R.-D. Keil (in *All das Lob, das du verdienst*, Stg. 1987).

VERTONUNG: N. A. Rimskij-Korsakov, *Mocart i*

Sal'eri (Text: N. A. R.-K.; Oper; Urauff.: Moskau 1898).

VERFILMUNG: SU 1962 (Verfilm. d. Oper von N. A. Rimskij-Korsakov; Regie: V. Gorikker).

LITERATUR: I. Bélza, *»Mocart i Sal'eri« (Ob istoričeskoj dostovernosti tragedii P.)* (in P., Issledovanija i materialy, 4, 1962, S. 237–266). – J. Woll, *An Analysis of the Concept of Tragedy in P.'s »Malen'kie tragedii«*, Diss. Chapel Hill/N.C. 1975. – A. van Holk, *The Open Message: on the Syntax of Envy in A. S. P.'s »Mozart and Salieri«* (in Russian Linguistics, 5, 1980, Nr. 1, S. 1–54). – R. Karpiak, *P.'s Little Tragedies. The Controversies in Criticism* (in Canadian Slavic Papers, 22, 1980, S. 80–91). – H. Schmid, *Symmetrie, Gradation und Focus in P.s kleiner Tragödie »Mocart i Sal'eri«* (in *Fs. f. J. van der Eng-Leidmeier*, Amsterdam 1980, S. 37–55).

PIKOVAJA DAMA

(russ.; *Pique Dame*). Erzählung von Aleksandr S. PUŠKIN, erschienen 1834. – Der Ingenieuroffizier deutscher Abstammung German (Hermann) ist ständiger Gast in den Spielsalons der Petersburger Gesellschaft, spielt selbst aber nie, da er *»nicht in der Lage ist, Unentbehrliches zu opfern, in der Hoffnung, Überflüssiges zu erwerben«*. Einmal hört er von dem Grafen Tomskij eine geheimnisvolle Geschichte, die ihn nicht mehr losläßt: Der Großmutter des Grafen sollen in ihrer Jugend in Paris, als sie eine Spielschuld nicht zahlen konnte, von dem als Mystiker bekannten Grafen Saint-Germain drei unfehlbare Karten genannt worden sein. Von der Idee besessen, zu Geld zu kommen, will German um jeden Preis das Geheimnis der drei Karten ertrotzen. Er erschleicht sich das Vertrauen von Liza, der armen Gesellschafterin der alten Gräfin, und dringt in Abwesenheit der Alten in das Haus ein, um ihr bei ihrer Rückkehr das Geheimnis zu entreißen. Als er nach vergeblichem Flehen um das Kartengeheimnis die Pistole zieht, stirbt die Gräfin vor Schreck. German verspürt weder Reue noch Mitleid für die in ihren Gefühlen zutiefst gekränkte Liza. Eine abergläubische Stimmung läßt ihn am Begräbnis teilnehmen, wo ihm die tote Gräfin voll Hohn zuzublinzeln scheint. In der folgenden Nacht erscheint ihm die Verstorbene und nennt die geheimnisvollen Karten: Drei, Sieben und As. An drei aufeinanderfolgenden Tagen setzt German nacheinander im Salon eines berühmten Spielers auf die drei Karten und gewinnt auch zweimal. Am dritten Tag aber blinzelt ihm statt des von ihm gesetzten As die Pique Dame höhnisch zu. German wird wahnsinnig.

Die romantische Erzählung, schon von den Zeitgenossen in ihrer Neuartigkeit erkannt, nimmt wegen ihres phantastischen Sujets eine besondere Stellung in Puškins Erzählwerk ein. Sie verrät deutlich den Einfluß E. T. A. HOFFMANNS, stellt aber gleichzeitig einen Bruch in der Tradition der romantisch-phantastischen Erzählung dar und trägt im Keim alle Züge der späteren realistischen Prosa des 19. Jh.s in sich. Die romantische Handlung spielt vor dem Hintergrund einer realistischen Schilderung des Lebens der oberen Gesellschaftsschichten im Petersburg des aufkommenden Kapitalismus. Mit German, dem äußerlich so typisch romantischen Helden *»mit dem Profil Napoleons und der Seele Mephistos«*, führt Puškin gleichzeitig einen neuen sozialen Typ in die russische Literatur ein, der für die westeuropäischen Literaturen der ersten Hälfte des 19. Jh.s charakteristisch war. Ähnlich Julien Sorel aus STENDHALS *Le rouge et le noir*, 1830 *(Rot und Schwarz)*, ist er ein zeitgemäßer Charakter, der junge Bürgerliche mit seinem leidenschaftlichen Aufstiegsstreben und seiner skrupellosen Geldgier. Er wurde zum Prototyp für mehrere spätere Helden F. DOSTOEVSKIJS, wie Raskolnikov in *Prestuplenie i nakazanie*, 1866 *(Schuld und Sühne)*, und den *Jüngling* (1875) Arkadij Dolgorukij. Die uralte Gräfin in ihrer mit Gegenständen aus dem 18. Jh. vollgestopften Umwelt wird zum satirischen Symbol einer untergegangenen Zeit; das kommt vor allem in der Szene der abstoßenden Entkleidung der Alten nach dem Ball zum Ausdruck.

In der Erzählung verbinden sich kunstvoll eine phantastische und eine realistische Linie in einem raffinierten Spiel mit der doppelten Motivierung allen Geschehens. Noch in den phantastischen Elementen, bis zum letzten Höhepunkt der Spielszene, deutet Puškin die Möglichkeit einer realistischen Motivierung an. Ein wichtiges Kompositionsprinzip, das die Verknüpfung phantastischer und realistischer Deutungsmöglichkeiten unterstreicht, ist das Ineinandergreifen von zwei Zeitebenen, der siebziger Jahre des 18. und der dreißiger Jahre des 19. Jh.s, wobei die untergegangene Welt der Alten mit ihrem ganzen Inventar mit der phantastischen Schicht korrespondiert. So entsteht ein Schwebezustand zwischen der phantastischen und der realistischen Ebene, der noch verstärkt wird durch die Epigraphen zu jedem Kapitel, die die leicht ironische Intonation der Erzählung unterstreichen. Im Gegensatz zur Tradition der romantischen Erzählung steht die Sprache Puškins, die in ihrem Lakonismus, ihrer Klarheit und Einfachheit von höchster Meisterschaft zeugt.   K.H.

AUSGABEN: Petersburg 1834 (in Biblioteka dlja čtenija, Nr. 2). – Petersburg 1834. – Moskau 1948 (in *Poln. sobr. soč.*, Hg. Akad. d. Wiss., 17 Bde., 1937–1959, 8; krit.). – Moskau 1964 (in *Poln. sobr. soč.*, Hg. B. Tomaševskij, 10 Bde., 1962–1966, 6; krit.; ern. Leningrad 1978).

ÜBERSETZUNGEN: *Pik-Dame*, G. Tröbst u. S. Sabinin (in *Novellen*, Bd. 1, Jena 1840). – *Pique Dame*, C. v. Glümer, Mchn. 1873. – Dass., A. Villard (in *Sämtliche Werke*, Bd. 5, Mchn./Lpzg. 1910). – Dass., F. Frisch (in *Sämtliche Romane u. Erzählungen*, Bd. 1, Mchn. 1923). – Dass., J. v. Guenther (in *AW*, Bln. 1952). – Dass., R. v. Walter, Düsseldorf 1954. – Dass., R. Kassner, Lpzg. 1955 (FB). –

Dass., F. Ottow (in *Erzählungen*, Mchn. 1962; ern. 1969). – Dass., G. Drohla, Ffm. 1964 (IB). – Dass., M. Pfeiffer (in *GW*, Bd. 4, Bln. 1964; ern. Ffm. 1973). – Dass., F. Frisch (in *Pique Dame und andere Erzählungen*, Zürich 1965). – Dass., A. Villard (in *Meistererzählungen*, Zürich 1987).

VERTONUNG: P. I. Čajkovskij, *Pikovaja dama* (Text: M. Čajkovskij; Oper; Urauff.: Petersburg, 7./19. 12. 1890).

VERFILMUNGEN: Rußland 1910 (Regie: P. Čardynin). – *Dama di Picche*, Italien 1911 (Regie: M. Caserini). – Rußland 1915 (Regie: J. Protazanov). – *Pique Dame*, Deutschland 1927 (Regie: A. Rasumny). – *La dame de pique*, Frankreich 1937 (Regie: F. Ozep). – *Queen of Spades*, England 1948 (Regie: Th. Dickinson). – SU 1960 (Verfilm. d. Oper v. P. I. Čajkovskij; Regie: R. Tichomirov). – *La dame de pique*, Frankreich 1964 (Regie: L. Keigel).

LITERATUR: A. Gide, *Préface à la »Dame de Pique«* (in A. G., *Œuvres complètes*, Bd. 11, Bruges 1936, S. 1391–1442). – D. Burgin, *The Mystery of »Pikovaja dama«. A New Interpretation* (in *Mnemozina. Fs. f. V. Setchkarev*, Mchn. 1974, S. 49–56). – M. u. A. Schwartz, *»The Queen of Spades«. A Psychoanalytic Interpretation* (in Texas Studies in Literature and Language, 17, 1975, S. 275–288). – A. Zapadov, *Čudo »Pikovoj damy«* (in A. Z., *V glubine stroki*, Moskau 1975, S. 45–72). – U. Busch, *Zu P.s »Pique Dame«* (in *Fs. f. Dickenmann*, Heidelberg 1977, S. 17–30). – O. S. Murav'eva, *»Pikovaja dama« v issledovanijach poslednego desjatiletija* (in Russkaja literatura, 1977, Nr. 3, S. 291–228). – Canadian-American Slavic Studies, 1977, S. 91–133. – N. N. Petrunina, *P. i tradicija volšebnoskazočnogo povestvovanija* (in Russkaja literatura, 1980, Nr. 3, S. 30–50).

PIR VO VREMJA ČUMY. Iz Vil'sonovoj tragedii: The City of the Plague

(russ.; *Das Gelage während der Pest. Fragment aus Wilsons Tragödie: The City of the Plague*). Tragödie in einer Szene von Aleksandr S. PUŠKIN, erschienen 1831. – Die kürzeste der sog. »kleinen Tragödien« – 238 Verse – ist wie die anderen *(Mocart i Sal'eri – Mozart und Salieri, Kamennyj gost' – Der steinerne Gast, Skupoj rycar' – Der geizige Ritter)* im Herbst 1830 in Boldino geschrieben, wo Puškin durch eine Cholera-Quarantäne festgehalten war. Wie bereits im Untertitel angedeutet, gibt sie eine Szene aus dem 1816 erschienenen Stück von John WILSON wieder, in der eine Gruppe junger Leute unter dem Vorsitz eines gewissen Walsingham ein Gelage feiert, während draußen ein Leichenkarren mit Pesttoten vorbeifährt. Puškin hat die Vorlage um zwei lyrische Einlagen erweitert, die den eigentlichen Ruhm des Stückes begründen: das melancholische Liebeslied der Mary und, vor allem, die (von dem eintretenden Geistlichen als blasphemisch ver-

urteilte) von Walsingham vorgetragene Hymne an die Pest, deren mitreißende Verse in dem Bekenntnis gipfeln: »*All das, was mit Vernichtung dräut,/ Hält für ein sterblich Herz bereit/ So unerklärlich süße Wonnen!*« Es ist nicht die Lust am Untergang, sondern die höchste Steigerung des Lebens im Angesicht tödlicher Gefahr. Marina CVETAEVA hat das Stück zum Ausgangspunkt ihres Essays *Iskusstvo pri svete sovesti*, 1932 *(Die Kunst im Lichte des Gewissens)*, gemacht und geschrieben: »*Nie und nimmer haben die Naturgewalten sich solchermaßen artikuliert ... Mit Flammenzungen, mit Wogen des Ozeans, mit Sandstürmen der Wüste – womit auch immer, nur nicht mit Worten – ist das geschrieben.*« R.D.K.

AUSGABEN: Petersburg 1831 (in *Al'cion na 1832 god*). – Petersburg 1832 (in *Stichotvorenija*, Bd. 3). – Moskau 1948 (in *Poln. sobr. soč.*, Hg. Akad. d. Wiss., 17 Bde., 1937–1959, 7; krit.). – Moskau 1964 (in *Poln. sobr. soč.*, Hg. B. Tomaševskij, 10 Bde., 1962–1966, 5; krit.; ern. Leningrad 1978). – Moskau 1983 (in *Malen'kie tragedii*).

ÜBERSETZUNGEN: *Das Gelage während der Pest*, H. v. Heiseler, Mchn. 1931; ern. Lpzg. 1941. – Dass., ders. (in *GW*, Bd. 3, Bln./Weimar 1964; ern. Ffm. 1973). – *Das Fest während der Pest*, M. v. d. Ropp (in *Eugen Onegin u. andere Versdichtungen*, Mchn. 1972). – *Das Gelage während der Pest*, R.-D. Keil (in M. Zwetajewa, *Ein gefangener Geist*, Ffm. 1989, S. 253–262).

LITERATUR: J. Woll, *An Analysis of the Concept of Tragedy in P.'s »Malen'kie tragedii«*, Diss. Chapel Hill/N.C. 1975. – R. Karpiak, *P.'s »Little Tragedies«. The Controversies in Criticism* (in Canadian Slavic Papers, 22, 1980, S. 80–91). – M. Zwetajewa, *Die Kunst im Lichte des Gewissens* (in M. Z., *Ein gefangener Geist*, Ffm. 1989).

POLTAVA

(russ.; *Poltava*). Historisches Verspoem von Aleksandr S. PUŠKIN, erschienen 1829. – *Poltava* gehört zu den Werken Puškins, welche die Gestalt Peters des Großen, die Puškin sein Leben lang faszinierte, zum Thema haben. Im Mittelpunkt der Handlung steht die Entscheidungsschlacht von 1709 bei Poltava, in der Zar Peter die schwedischen Truppen unter König Karl XII. (reg. 1697–1718) vernichtend schlug. Der ukrainische Hetman Mazepa, der auf die Seite Schwedens getreten war, um die Ukraine aus dem Machtbereich des Zaren zu lösen, scheiterte dabei mit seinen Plänen, so daß der Zentralgewalt Peters gestärkt und gefestigt wurde. – Puškin schrieb das Werk, zu dem er verschiedene historische Quellen und Geschichtsbücher heranzog, in sehr kurzer Zeit nieder. Obwohl er selbst es für sein bestes Poem hielt, wurde es von der Kritik mit wenig Verständnis aufgenommen. Der erste der drei Gesänge der Verserzählung enthält die Exposition. Marija, die schöne Tochter des reichen ukrainischen Pans Kočubej, liebt den greisen Hetman Mazepa, ihren Taufpaten und Freund der Familie. Gegen den Willen ihrer Eltern lebt sie in leidenschaftlicher Hingabe mit ihm zusammen. Die Eltern Marijas, tief gebrochen und empört, sinnen auf Rache. Mazepa, von Puškin als ehrgeiziger und machtbesessener Intrigant gezeichnet, bereitet mit politischen Ränkespielen den Aufstand der Ukraine gegen den Zaren vor und will sich mit dem Schwedenkönig gegen Peter verbünden. Kočubej hat davon erfahren und läßt die Nachricht von dem geplanten Verrat durch einen Kosaken dem Zaren überbringen. Dieser aber, von der Unschuld Mazepas überzeugt, glaubt Kočubej nicht und läßt es zu, daß dieser als Verleumder von Mazepa zum Tode verurteilt wird. – Der zweite Gesang umfaßt die eigentliche dramatische Konfliktsituation. In der Nacht vor der Hinrichtung ihres Vaters, von der Marija nichts ahnt, läßt Mazepa sie zwischen ihm, dem Geliebten, und ihrem Vater wählen, ohne daß Marija die verhängnisvolle Bedeutung dieses Gesprächs erkennt. Kurz danach erfährt sie von ihrer Mutter, die gekommen ist, weil sie hoffte, daß Marija ihren Vater noch retten könne, die Wahrheit. Die beiden Frauen kommen zu spät zum Richtplatz. Marija wird wahnsinnig und kehrt nicht mehr zu Mazepa zurück. – Der dritte Gesang ist ein kolossales Schlachtgemälde des Kampfes bei Poltava. Dabei werden die Gestalt Peters und des jungen, leichtsinnigen Königs Karl XII. einander gegenübergestellt. Die russischen Truppen siegen. König Karl und Mazepa ergreifen die Flucht. In einer fast melodramatischen Szene kommt es zu einer Wiederbegegnung zwischen der wahnsinnigen Marija und Mazepa. Der Epilog spricht von der Vergänglichkeit der individuellen menschlichen Schicksale und betont die historische Bedeutung Peters.

In der Handlung verflechten sich zwei Linien – die psychologisch begründete tragische Geschichte einer ungewöhnlichen Liebe und die historische Darstellung einer staatspolitischen Idee. Im Gegensatz zu seinen romantischen Vorgängern – Byrons *Mazeppa* (1819) und K. Ryleevs *Vojnarovskij* (1825) – dominiert jedoch bei Puškin das historische Element, die Verherrlichung Peters und des russischen Staats, was schon im Titel *Poltava* (ursprünglich sollte das Poem *Mazepa* heißen) zum Ausdruck kommt. In *Poltava* sind Elemente der Epopöe, des lyrischen romantischen Poems, aber auch der Tragödie und des historischen Romans miteinander verschmolzen. Es gelang Puškin, durch die Synthese von Traditionen des Klassizismus und der Romantik eine ganz neue Gattungsform zu finden. Dementsprechend wechseln lyrische Intonation und ein heroisch-pathetisch odenhafter Stil, dramatische Dialoge und epischer Erzählton einander ab. Im Gegensatz zu Puškins früheren romantischen Poemen ist das Autoren-Ich zurückgetreten.

Der strahlenden Gestalt Peters – mehr Verkörperung einer Idee als Mensch – wird der düstere, ehr-

geizige Verräter Mazepa gegenübergestellt. Anders als in der klassizistischen Tradition ist er jedoch kein abstrakter Bösewicht, sondern ein tragischer Held mit menschlichen Gefühlen. Marija ist als leidenschaftlich Liebende und heroische Natur eine echt romantische Gestalt. – In dem Poem lassen sich drei Stilsphären unterscheiden: ein folkloristisch liedhafter Ton um die Gestalten Marijas und Kočubejs, voller volkstümlich poetischer Metaphern und Epitheta, ein westrussischer Stilstrom um Mazepa, geprägt von kirchenslavischen Elementen, Latinismen und Polonismen, und der dem Zaren und der Schlachtbeschreibung zugeordnete odenhafte Monumentalstil.　　　　K.H.

Ausgaben: Petersburg 1829. – Moskau 1948 (in *Poln. sobr. soč.*, Hg. Akad. d. Wiss., 17 Bde., 1937–1959, 5; krit.). – Moskau 1963 (in *Poln. sobr. soč.*, Hg. B. Tomaševskij, 10 Bde., 1962–1966, 4; krit.; ern. Leningrad 1977).

Übersetzungen: *Poltawa*, R. Lippert (in *Dichtungen*, Bd. 1, Lpzg. 1840). – Dass., F. Bodenstedt (in *Poetische Werke*, Bln. 1854; ern. 1962). – Dass., J. v. Guenther (in *AW*, Bd. 2, Bln. ²1952). – Dass., B. Tutenberg (in *GW*, Bd. 2, Bln. 1966). – Dass., M. v. d. Ropp (in *Eugen Onegin u. andere Versdichtungen*, Mchn. 1972).

Vertonung: P. I. Čajkovskij, *Mazeppa* (Text: V. P. Burenin; Oper; Urauff.: Moskau, 15. 2. 1884, Bolšoj teatr).

Literatur: M. M. Šiškevič, *Istorizm i narodnost' poėmy P. »Poltava«* (in *P. v. škole*, Moskau 1951, S. 319–332). – G. Lenobl', *U istokov »Poltavy«* (in *Novyj mir*, 1959, S. 235–250). – J. P. Pauls, *Historicity of P.'s »Poltava«* (in Ukrainian Quarterly, NY, 17, 1961, S. 230–247). – A. Sokolov, *»Poltava« P. i žanr romantičeskoj poėmy* (in P., Issledovanija i materialy, 1962, S. 154–172). – F. Mocha, *P.'s »Poltava« as a Reaction to the Revolutionary Politics and History of Mickiewicz's »Konrad Wallenrod« and Ryleev's »Vojnarovskij«* (in Antemurale, 19, 1975, S. 91–147). – V. Burns, *P.'s »Poltava«: a Literary Interpretation*, Diss. Toronto 1977. – L. Sidjakov, *»Arap Petr Velikogo« i »Poltava«* (in P., Issledovanija i materialy, 12, 1986, S. 60–78).

POVESTI POKOJNOGO IVANA PETROVIČA BELKINA

(russ.; *Die Erzählungen des verstorbenen Ivan Petrovič Belkin*). Novellenzyklus von Aleksandr S. Puškin, erschienen 1831. – Die im Herbst 1830 in Boldino entstandenen *Povesti Belkina*, die ersten abgeschlossenen Prosawerke Puškins, ziehen die Bilanz seiner Entwicklung der zwanziger Jahre und eröffnen eine neue, von der Prosa bestimmte Schaffensperiode. Sie gelten als der Beginn der realistischen Kunstprosa in der russischen Literaturgeschichte. Im klaren Gegensatz zur sentimentalen Tradition

N. KARAMZINS und der üppigen Metaphorik der bisherigen romantischen Prosa stehend, erobern die *Povesti Belkina* neue Bereiche der Wirklichkeit für die Literatur, zeigen neue Helden und stellen vor allem sprachlich eine Befreiung von den üblichen literarischen Schemata und Schablonen der Zeit dar.

Der Zyklus besteht aus fünf Erzählungen, die alle russische Menschen verschiedener sozialer Schichten aus der Zeit Puškins darstellen. Die Stoffe sind aus dem Milieu der Gutsbesitzer *(Metel', Baryšnja-krest'janka)*, dem Offiziersleben *(Vystrel)*, dem Milieu der städtischen Handwerker *(Grobovščik)* und des kleinen Beamten *(Stancionnyj smotritel')* genommen. Alle Erzählungen werden einem fingierten Autor, dem naiven, biederen Landedelmann Ivan Petrovič Belkin, zugeschrieben, der noch dazu die Erzählungen anderer wiedergibt. Puškin tritt nur als Herausgeber in Erscheinung. In einem Vorwort des Herausgebers in der Form eines Briefes wird Belkin von einem persönlichen Freund als bescheidener, schwärmerisch veranlagter Dilettant mit »Mangel an Phantasie« charakterisiert. Dieser von W. SCOTT übernommene Kunstgriff der mehrfachen Abschirmung durch fingierte Erzählpersonen erzeugt den Anschein streng objektiver Realität. Durch die verschiedenen Erzähler entsteht die Illusion einer »vielstimmigen Subjektivität, eine Art Polylog« (V. Vinogradov).

Die erste Erzählung, *Vystrel (Der Schuß)*, von drei verschiedenen Ich-Erzählern vorgetragen, die düster romantische Geschichte eines ungewöhnlichen Pistolenduells, ist ein Beispiel höchster kompositorischer Meisterschaft. Bei einem Duell folgen die Schüsse der Gegner nicht unmittelbar aufeinander, sondern einer der Beteiligten, der Meisterschütze Sil'vio, behält sich aus Rache seinen Schuß für später vor. Sechs Jahre vergehen bis zu einem Wiedersehen der Gegner, wobei Sil'vio schließlich doch auf die so lange aufgesparte Rache verzichtet. Dem zweigeteilten Duell entsprechen zwei parallel und symmetrisch gebaute Erzählungen, in denen die Duellanten jeweils über einen Teil des Duells und ihren Gegner berichten. – *Metel' (Der Schneesturm)* ist eine romantische Liebesgeschichte, in der bei einer geplanten heimlichen Trauung eines Provinzfräuleins mit ihrem Geliebten in einer stürmischen Winternacht der Bräutigam verwechselt wird. Das der Erzählung zugrundeliegende so typisch romantische Verwechslungsmotiv steht in reizvollem Kontrast zu seiner sachlich knappen, leicht ironischen realistischen Behandlung durch den Autor. – *Grobovščik (Der Sargmacher)* ist eine Art Berufsporträt des kleinen städtischen Handwerkers und seines Milieus, gepaart mit einem phantastischen Traummotiv. Die Erzählung nimmt in manchen Formen die sog. »physiologische Skizze« der späteren »natürlichen Schule« vorweg.

Wohl zur berühmtesten Erzählung der *Povesti Belkina* wurde *Stancionnyj smotritel' (Der Postmeister)*. Hier steht zum erstenmal in der russischen Literatur der kleine Mann und seine Psychologie im Mittelpunkt. – *Baryšnja-krest'janka (Das Edelfräulein als Bäuerin)* behandelt ein traditionelles naives Verkleidungsspielmotiv. Das Gutsbesitzerfräulein verkleidet sich als Bäuerin und lernt in dieser Gestalt den ihr zugedachten Bräutigam, den Sohn des Nachbargutsbesitzers kennen und lieben. Dieses traditionelle Sujet wird mit viel Humor und Anmut zu einer graziösen Parodie der romantischen Erzählung. Unmittelbar in Zusammenhang mit den *Povesti Belkina* ist auch das zur gleichen Zeit entstandene Fragment *Istorija sela Gorjuchina (Geschichte des Gutes Gorjuchino)* zu sehen, das dem gleichen fiktiven Erzähler Belkin zugeschrieben ist und das Leben eines Leibeigenendorfes zum Thema hat. – Die Sprache ist von der für Puškin charakteristischen Genauigkeit und Kürze, durchtränkt von einer fast ungreifbaren Ironie und inneren Polemik gegen die alten literarischen Schablonen. *Povesti Belkina* wurden wegweisend für die große realistische Prosa des 19. Jh.s.   K.M.

AUSGABEN: Petersburg 1831 [anon.]. – Moskau 1948 (in *Poln. sobr. soč.*, Hg. Akad. d. Wiss., 17 Bde., 1937–1959, 8; krit). – Moskau 1964 (in *Poln. sobr. soč.*, Hg. B. Tomaševskij, 10 Bde., 1962–1966, 6; krit; ern. Leningrad 1978).

ÜBERSETZUNGEN: *Der Schneesturm*, K. v. Jaenisch (in *Das Nordlicht*, Lpzg. 1833). – In *Novellen*, G. Tröbst u. D. Sabinin, Bd. 1, Jena 1840 [außer *Der Schuß*]. – *Die Erzählungen Belkins*, A. Lupus, Lfg. 1, Lpzg. ²1899 (*Der Schuß* u. *Der Schneesturm*). – *Die Erzählungen Bjelkins*, J. v. Guenther, Mchn. 1922. – *Die Erzählungen Belkins*, F. Frisch (in *Sämtliche Romane u. Erzählungen*, Bd. 1, Mchn. 1923). – *Geschichten des verstorbenen Iwan Petrowitsch Belkin*, F. Ottow (in *Erzählungen*, Mchn. 1962; ern. 1969). – *Die Erzählungen des verstorbenen Iwan Petrowitsch Belkin*, M. Pfeiffer (in *GW*, Bd. 4, Bln. 1964; ern. Ffm. 1973). – *Die Erzählungen des seligen Iwan Petrowitsch Belkin*, F. Frisch (in *Pique Dame u. andere Erzählungen*, Zürich 1965). – Dass., O. Schwechheimer u. W. Richer-Ruhland (in *Der Postmeister u. andere Erzählungen*, Mchn. 1972).

VERFILMUNGEN: *Vystrel (Der Schuß)*: Rußland 1912 (Regie: J. A. Protazanov). – *Un colpo di pistola*, Italien 1941 (Regie: R. Castellani). – *Wystrzal*, Polen 1965 (Regie: J. Antczak).
Metel' (Der Schneesturm): Rußland 1965 (Regie: V. Bassov).
Baryšnja-krest'janka (Das Edelfräulein als Bäuerin): Rußland 1912. – Rußland 1916 (Regie: O. Preobraženskaja u. V. Gardin).

LITERATUR: V. Gippius, »*Povesti Belkina*« (in Lit. kritik, 1937, S. 19–55). – A. G. Gukasova, »*Povesti Belkina*« P., Moskau 1949. – D. Ward, *The Structure of P.'s »Tales of Belkin«* (in SEER, 14, 1955, S. 516–527). – U. Busch, *P. u. Sil'vio (Zur Deutung von »Vystrel«. Eine Studie über P.s Erzählkunst)* (in *Slawistische Studien zum V. Internationalen Slawistenkongreß in Sofia 1963*, Göttingen 1963,

S. 401–425; Opera Slavica, Bd. 4). – H. Salfeld, *Die Erzähltechnik P.s unter motivationspsychologischen Gesichtspunkten gesehen* (in WdS, 18, 1973, S. 306–316). – S. Sazonova, *O Belkine i ego roli v »Povestjach Belkina«*, Riga 1976. – A. Kodjak, *P.'s I. P. Belkin*, Columbus/Ohio 1979. – W. Schmid, *Intertextualität und Komposition in P.s Novellen »Der Schuß« und »Der Posthalter«* (in Poetica, 13, 1981, S. 82–132). – Ders., *Diegetische Realisierung von Sprichwörtern, Redensarten und semantischen Figuren in P.s »Povesti Belkina«* (in WSlA, 10, 1982, S. 163–195). – V. Markovič, *»Povesti Belkina« i literaturnyj kontekst* (in P., Issledovanija i materialy, 13, 1989, S. 63–88).

RUSLAN I LJUDMILA

(russ.; *Ruslan und Ljudmila*). Märchenpoem von Aleksandr S. Puškin, erschienen 1820. – *Ruslan und Ljudmila* ist das Werk, das Puškin mit einem Schlage berühmt machte. Es stand augenblicklich im Mittelpunkt eines erbitterten Kritikerstreits und wurde von allen – mit Anerkennung oder mit Empörung – als etwas unerhört Neues empfunden. Das Werk steht in der Tradition der seinerzeit auch in Rußland beliebten märchenhaften oder komischen Ritterpoeme, die dem westlichen Vorbild L. Ariostos, Ch. M. Wielands und Voltaires verpflichtet sind. Puškins Poem stellt den dichterischen Höhepunkt und zugleich die graziöse Parodie dieser Gattung dar. Es bedeutet einerseits die Überwindung des klassizistischen epischen Poems und steht zugleich der empfindsamen Romantik V. Žukovskijs entgegen, deren literarische Motive parodistisch verarbeitet werden.

Das Poem ist eine scherzhaft bunte Geschichte märchenhafter erotischer Abenteuer mit historischen Reminiszenzen und folkloristischen Motiven, literarischen Anspielungen und erotischen Galanterien. Ljudmila, die Tochter des Großfürsten Vladimir von Kiew, dem Ritter Ruslan angetraut, wird in der Hochzeitsnacht von dem boshaften Zwerg Černomor auf zauberische Weise entführt. Der verzweifelte Gatte und seine früheren Rivalen, die Ritter Rogdaj, Farlaf und Ratmir, nehmen die Verfolgung auf, jeder in der Hoffnung, Ljudmila für sich zu gewinnen. Dabei haben sie die verschiedensten Abenteuer und komischen Situationen zu bestehen. Zauberer und Hexen, schöne Verführerinnen und dämonische Wesen treten ihnen entgegen. Rogdaj wird von Ruslan im Zweikampf getötet, Ratmir findet im Schloß der zwölf Jungfrauen eine andere Geliebte, und auch der feige Farlaf kommt mit seinen Intrigen nicht zum Ziel. Ruslan muß mit einem riesigen, sprechenden Kopf kämpfen (ein Motiv der russischen Folklore) und erhält von ihm das Zauberschwert, mit dem er Černomor besiegen kann. Er findet Ljudmila im Schloßpark des Zwerges, wo sie sehnsuchtsvoll, doch weiblich verspielt, in der Tarnkappe, die sie dem Zwerg entrissen hat, unsichtbar ihres Retters harrt. Ruslan besiegt den Bösewicht, indem er ihm den Bart ab-

schneidet, in dem seine Zauberkraft steckt. Mit Ljudmila, die in tiefem Schlaf liegt, eilt er nach Kiew zurück. Nach etlichen Hindernissen, die dem glücklichen Ausgang im Wege stehen, muß er noch die von den Pečenegen belagerte Stadt befreien, ehe er endlich mit Ljudmila vereint ist.

Obwohl Puškins Poem Elemente der verschiedensten traditionellen Gattungen verbindet, stellt es im ganzen etwas vollkommen Neuartiges für die russische Literatur dar. Heroisches und Komisches, Lyrik und Ironie, märchenhafte und historische Elemente sind auf eine einzigartig anmutige und poetische Weise vereint. Die Grundlage für diesen verblüffend neuen Ton ist die Funktion der fiktiven Autorengestalt, die in Abschweifungen, Ausrufen, ironischen und elegischen Ich-Aussagen ständig mit dem Leser über das Erzählte im Gespräch ist. Daraus entsteht jene spielerisch gesellige, intime Atmosphäre zwischen dem Leser und dem Autor, der sich als anakreontischer Dichter und Liebhaber stilisiert – jener den Leser einbeziehende, oft zeitbezogene Dialog im Plauderton mit erotischen Anspielungen und dem augenzwinkernden Einverständnis der Gesprächspartner. Daraus entsteht auch eine durchgehend ironische Intonation, die in vielem bereits auf *Evgenij Onegin*, 1825–1833 *(Eugen Onegin)*, vorausweist. Als neu und originell wurde auch die metrische Seite des Poems empfunden. Weder schwerfällige klassizistische Alexandriner noch Imitation des volkstümlichen Verses, wie es bei seinen Vorläufern üblich war, sondern frei fließende, nicht in Strophen gezwängte vierfüßige Jamben ermöglichten Puškin den charakteristischen vertrauten Gesprächston, der durch viele Elemente der Umgangssprache und des volkstümlichen Wortschatzes unterstrichen wird.   K.H.

Ausgaben: Moskau 1820 (in Syn otečestya). – Moskau ²1828 [m. Prolog]. – Moskau 1937 (in *Poln. sobr. soč.*, Hg. Akad. d. Wiss., 17 Bde., 1937–1959, 4; krit.). – Moskau 1963 (in *Poln. sobr. soč.*, Hg. B. Tomaševskij, 10 Bde., 1962–1966, 4; krit.; ern. Leningrad 1977).

Übersetzungen: In K. F. v. d. Borg, *Poetische Erzeugnisse der Russen*, Riga/Dorpat 1821 [Ausz.]. – E. Göring, Moskau 1833 [Gesang 1 u. 2]. – *Ruslan u. Ludmila. Ein phantastisches Märchen*, J. v. Guenther, Mchn. 1922 [unvollst.]. – Dass., ders. (in *AW*, Bd. 2, Bln. 1952). – *Ruslan u. Ludmila*, M. Remané (in *GW*, Bd. 2, Bln. 1966; ern. Ffm. 1973). – Dass., M. v. d. Ropp (in *Eugen Onegin u. andere Versdichtungen*, Mchn. 1972).

Vertonungen: F. Šol'c, *Ruslan i Ljudmila*, Moskau 1821 (Ballett). – M. I. Glinka, *Ruslan i Ljudmila* (Oper; Urauff.: Petersburg 1842).

Verfilmungen: Rußland 1915 (Regie: V. Starevič). – SU 1938 (Regie: I. Nikičenko u. V. Nevešin). – SU 1973 (Regie: A. Ptaško).

LITERATUR: D. D. Blagoj, *Tvorčeskij put' P.*, Moskau/Leningrad 1949, S. 200–245. – L. P. Grossman, *Stil' i žanr poèmy »Ruslan i Ljudmila«* (in Uč. zap. Mosk, gosud. ped. inst., 48, 1955, S. 143–191). – P. M. Volkov, *Narodnye istoki poèmy-skazki »Ruslan i Ljudmila« A. S. P.* (in Uč. zap. Černovick. univ., 14, 1955, S. 3–74). – B. V. Tomaševskij, *P. kniga I (1813–1824)*, Moskau/Leningrad 1956, S. 295–370. – L. Nazorova, *K istorii sozdanija poèma P. »Ruslan i Ljudmila«* (in P., Issledovanija i materialy, 1, 1956, S. 216–221). – A. Slonimskij, *Masterstvo P.*, Moskau 1959, S. 187 bis 216. – L. Šlionskij, *K voprosu o definitivnom tekste poèmy »Ruslan i Ljudmila«* (in P., Issledovanija i materialy, 3, 1960, S. 378–401). – K. Hielscher, *A. S. P.s Versepik*, Mchn. 1966, S. 41–62. – G. Fridlender, *Poèmy P. 1820-ch godov v istorii èvoljucii žanra poèmy v mirovoj literature* (in P., Issledovanija i materialy, 7, 1974, S. 100–122). – G. Warning, *Die Funktion des Erzählers in Wielands »Oberon« und P.s »Ruslan i Ljudmila«*, Diss. Basel 1975.

SKUPOJ RYCAR' Sceny iz Čenstonovoj tragikomedii: The Covetous Knight

(russ.; *Der geizige Ritter. Szenen aus Shenstones Tragikomödie: The Covetous Knight*). Dramatische Szenen von Aleksandr S. PUŠKIN, erschienen 1836. – Das Originalwerk Puškins, *Skupoj rycar'* (beim Untertitel handelt es sich um eine literarische Mystifikation) gehört – neben *Mocart i Sal'eri (Mozart und Salieri)*, *Kamennyj gost' (Der steinerne Gast)* und *Pir vo vremja čumy (Das Gelage während der Pest)* – zu den vier berühmten sog. »kleinen Tragödien«, die schon 1826, kurz nach Beendigung des *Boris Godunov*, konzipiert, 1830 in Boldino in schneller Folge niedergeschrieben wurden und eine ganz eigenartige dramatische Gattungsform darstellen. In den »kleinen Tragödien« greift Puškin einige der »ewigen Themen« der Weltliteratur auf, das des Geizes, des Neides, das Don-Juan-Thema und das Todesproblem, und gestaltet in meisterhafter Versdichtung, in nur auf dramatische Höhepunkte konzentrierten Situationsstudien, große menschliche Leidenschaften und Charaktere. *Skupoj rycar'* ist eine tiefschürfende psychologische und philosophische Analyse des Geizes und der Geldgier, ein Thema, das Puškin nicht nur vom allgemeinmenschlichen, abstrakt psychologischen Aspekt her interessierte, sondern als Thema seiner Epoche, der Epoche des heraufziehenden Kapitalismus. Er gestaltet den Stoff nicht mehr wie seine Vorgänger als Komödie, sondern als die Tragödie der menschlichen Psyche und Moral unter den Bedingungen der absoluten Herrschaft des Geldes. In drei kurzen, höchst konzentrierten und kunstvoll aufeinander hin komponierten Szenen, deren Handlung ins westeuropäische späte Mittelalter verlegt ist, wird die schreckliche, zerstörende, alle menschlichen Gefühle und Beziehungen durchdringende Macht des Geldes an dem dramatischen Konflikt zwischen Vater und Sohn dargestellt.

Die erste Szene stellt den Sohn Al'ber vor, einen kühnen, lebensfrohen, leichtsinnigen Jüngling, der sein junges Leben genießen will, aber – obwohl Erbe eines riesigen Vermögens – von seinem geizigen Vater zu einer armseligen, für einen Ritter seines Standes demütigenden Lebensweise gezwungen wird. Er sehnt den Tag herbei, da ihm sein Erbe endlich zur Verfügung steht. Trotzdem weist er den jüdischen Geldverleiher, der ihm vorschlägt, seinen Vater zu vergiften, voller Empörung ab. – Die zweite Szene ist ein einziger gewaltiger, die Psyche des Geizigen in seiner ganzen Schärfe und Widersprüchlichkeit ausleuchtender Monolog des Vaters, Baron Filipp. Er wird beim Betrachten seines Goldes allein in einem unterirdischen Gewölbe gezeigt, das die Abgeschnittenheit von allen menschlichen Beziehungen unterstreicht. Für diese Anhäufung von Gold, in dem »*Blut, Tränen und Schweiß*« vieler Menschen stecken, hat er gedarbt und alles in seinem Leben geopfert, seine Wünsche, seine Gefühle, sein Gewissen. Er berauscht sich an dem Gedanken, daß dieses Gold ihm Macht und alle irdischen Freuden bieten könnte, ist aber nicht fähig, diese Möglichkeiten zu realisieren. Einzig und allein darüber besorgt, daß sein Sohn nach seinem Tod das Gold verschwenden wird, ist er zum Sklaven seiner Leidenschaft geworden, der der Gestalt in ihrer Unersättlichkeit dämonische Züge und eine düstere, fast tragische Größe verleiht. Die dritte Szene bringt den unausweichlichen Zusammenstoß der beiden Gegenspieler. Al'ber hat den Herzog um Fürsprache bei seinem Vater gebeten. Dieser versucht, Baron Filipp dazu zu überreden, seinen Sohn, mit einem angemessenen Unterhalt versehen, am Herzogshof leben zu lassen. Der Baron weigert sich unter verschiedenen Vorwänden und bezichtigt seinen Sohn schließlich, ihn ermorden zu wollen. Al'ber, der im Nebenzimmer der Unterredung zuhörte, stürzt, außer sich über diese Lüge, hervor, und der Vater wirft ihm in höchster Erregung den Fehdehandschuh hin, den der Sohn sofort aufnimmt. Doch zum Kampf kommt es nicht mehr: Baron Filipp stirbt, sein letzter Gedanke gilt seinen Schlüsseln.   K. H.

AUSGABEN: Petersburg 1836 (in Sovremennik). – Moskau 1948 (in *Poln. sobr. soč.*, Hg. Akad. d. Wiss., 17 Bde., 1937–1959, 7; krit.). – Moskau 1964 (in *Poln. sobr. soč.*, Hg. B. Tomaševskij, 10 Bde., 1962–1966, 5; krit.; ern. Leningrad 1978). – Moskau 1983 (in *Malen'kie tragedii*).

ÜBERSETZUNGEN: *Der geizige Ritter*, F. Fiedler (in *Dramen*, Lpzg. 1891). – Dass., R. v. Walter (in *Dramen*, Bln. 1922). – Dass., H. v. Heiseler (in *Sämtliche Dramen*, Mchn. 1935; Dessau ²1941). – Dass., J. v. Guenther (in *AW*, Bd. 4, Bln. 1952). – Dass., H. Raab (in *GW*, Bd. 3, Bln./Weimar 1964; ern. Ffm. 1973). – Dass., M. v. d. Ropp (in *Eugen Onegin u. andere Versdichtungen*, Mchn. 1972).

VERTONUNG: S. V. Rachmaninov, *Skupoj rycar'*, Moskau 1905.

LITERATUR: T. G. Morozova, *Izučenie »Malen'kich tragedij« P., »Skupoj rycar'«* (in Lit. v škole, 1937). – D. D. Blagoj, *Masterstvo P.*, Moskau 1955, S. 143–177. – G. A. Gukovskij, *P. i problemy realističeskogo stilja*, Moskau 1957, S. 309–324. – J. Woll, *An Analysis of the Concept of Tragedy in P.'s »Malen'kie tragedii«*, Diss. Chapel Hill/N.Č. 1975. – R. Karpiak, *P.'s Little Tragedies. The Controversies in Criticism* (in Canadian Slavic Papers, 22, 1980, S. 80–91).

KONDRATIJ FËDOROVIČ RYLEEV

* 29.9.1795 Batovo / Gouvernement
St. Petersburg
† 25.7.1826 St. Petersburg

VOJNAROVSKIJ

(russ.; *Vojnarovskij*). Poem von Kondratij F. RYLEEV, erschienen 1825. – Das Sujet des in vierhebigen Jamben geschriebenen Poems entnahm der Autor D. BANTYŠ-KAMENSKIJS *Istorija Maloj Rossii (Geschichte Kleinrußlands)*, die u. a. von der Begegnung des russischen Historikers Miller mit dem nach Sibirien verbannten ukrainischen Kriegshelden Vojnarovskij berichtet. In die Rahmenerzählung, zu der Ryleev die Episode ausgestaltet, ist in Form einer pathetischen Lebensbeichte die Biographie des Helden eingebettet. Vojnarovskij ist glücklich mit einem Kosakenmädchen verheiratet, das ihm nach einem Gefecht mit den Krimtataren das Leben rettete. Zu Beginn des Nordischen Kriegs eilt er zu den Fahnen, um unter dem Kommando des Kosakenhetmans Mazepa Rußland gegen die Invasionstruppen Karls XII. zu verteidigen. Mazepa, dessen engster Vertrauter Vojnarovskij wird, ist entschlossen, den historischen Augenblick zu nutzen und die Ukraine mit Hilfe der Schweden vom großrussischen Joch zu befreien. Vojnarovskij, der wie Mazepa die ukrainische Nationalidee über die gesamtrussische stellt, erklärt sich bereit, sein Leben in den Dienst der Sache Mazepas zu stellen. Nach den unerwarteten Erfolgen Peters des Großen wird Vojnarovskij gefangengenommen und zu lebenslänglicher Verbannung nach Irkutsk verurteilt. Seiner Frau gelingt es nach einiger Zeit, ihm in die Verbannung zu folgen und sein Los erträglicher zu machen, doch stirbt sie bald und läßt Vojnarovskij als finsteren, in sich gekehrten, seiner selbst und der Welt überdrüssigen Einsiedler zurück. Hier mündet der Mittelteil des Poems erneut in die Rahmenhandlung: Als Miller den Helden eines Tages besuchen will, findet er ihn tot auf dem Grab seiner Frau.
Der Autor selbst leugnete die Abhängigkeit seines Poems von BYRONS Verserzählungen *The Giaour*, 1813 *(Der Gjaur)*, und *Mazeppa* (1819) sowie von A. PUŠKINS »südlichen Poemen« nicht. Ist in den letzten der »südlichen Poeme«, insbesondere in *Kavkazskij plennik*, 1822 *(Der Gefangene im Kaukasus)*, der romantische Gefühlstitanismus bereits gebändigt, so ist Ryleev vor allem in der Charakterzeichnung noch stark der pathetischen Darstellungsweise des Byronismus verpflichtet. So bleibt die Gestalt Mazepas letztlich ebenso schablonenhaft wie das melodramatische Porträt Vojnarovskijs selbst. Lediglich in den schon von den Zeitgenossen gerühmten Naturbeschreibungen, die zu den besten Zeugnissen der russischen Naturlyrik des 19. Jh.s zählen, tritt – im Gegensatz etwa zu A. BESTUŽEV-MARLINSKIJ oder M. LERMONTOV – eine gewisse Beruhigung des pathetisch bewegten Erzählgestus ein. Der wesentliche Unterschied zwischen Ryleev, der wegen seiner führenden Rolle im Putschversuch von 1825 hingerichtet wurde, und den übrigen russischen Byronisten mit Ausnahme V. KJUCHEL'BEKERS besteht jedoch weniger in der gleichen formalen Differenzen als in der politischen Akzentuierung seines Gedichts: der Sympathiebezeugung für die ukrainischen Autonomiebestrebungen im Sinne des Dekabrismus.   A.Gu.

AUSGABEN: Moskau 1825. – Bln. 1857. – Kiew 1912. – Moskau/Leningrad 1934.

LITERATUR: V. I. Maslov, *Literaturnaja dejatel'nost' K. F. R.*, Kiew 1912. – Ders., *Načalnyj period dekabrizma v Rossii*, Kiew 1925. – A. G. Cejtlin, *Tvorčeskij put' R.* (in *Bunt dekabristov*, Leningrad 1926, S. 223–283). – V. Gofman, *R.-poèt* (in *Russkaja poèzija XIX veka*, Hg. Ju. Tynjanov u. B. Ejchenbaum, Leningrad 1929). – Ju. G. Oksman, *R.* (in Zvezda, 1933, Nr. 7, S. 148–157). – B. Galster, *Twórczość R. na tle prądów epoki*, Breslau 1962. – V. Afanas'ev, *R., Žizneopisanie*, Moskau 1982. – P. O'Meara, *K. F. R.: a Political Biography of the Decembrist Poet*, Princeton 1984.

MICHAIL EVGRAFOVIČ SALTYKOV-ŠČEDRIN

* 27.1.1826 Spas-Ugol / Gouvernement
Tver'
† 10.5.1889 St. Petersburg

LITERATUR ZUM AUTOR:
Bibliographien und Forschungsberichte:
L. M. Dobrovol'skij, *Bibliografija lit. o M. E. S.-Šč., 1848–1917*, Moskau 1961. – *Istorija russkoj literatury XIX veka. Bibliografičeskij ukazatel' literatury*, Hg. K. Muratova, Moskau/Leningrad 1962,

S. 623–639. – V. Baskakov, *Bibliografija literatury o M. E. S.-Šč., 1917–1965*, Moskau 1966. – Russkaja literatura, 1975, Nr. 4, S. 3–45. – *S.-Šč., 1826–1976. Stat'i, materialy, bibliografija*, Hg. A. Bušmin u. a., Leningrad 1976, S. 391–428 [Bibliogr. d. Jahre 1965–1974]. – V. Vlašinová, *S.-Šč. v české literatuře*, Prag 1976. – S. Makašin, *Posle jubileja* (in Voprosy literatury, 1977, Nr. 10, S. 164–183).

Biographien:
S. Krivenko, *S.-Šč. Ego žizn' i literaturnaja dejatel'nost'. Biografičeskij očerk*, Petrograd 1914. – A. Turkov, *S.-Šč.*, Moskau 1964; ²1965; ³1981. – V. Baskakov, *M. E. S.-Šč. v portretach, illustracijach, dokumentach*, Hg. V. Baskakov, Leningrad 1968. – S. Makašin, *M. E. S.-Šč. na rubeže 1850–1860 godov*, Moskau 1972. – *M. E. S.-Šč. v vospominanijach sovremennikov*, 2 Bde., Moskau 1975. – *M. E. S.-Šč. i Tver'*, Moskau 1976.

Gesamtdarstellungen und Studien:
A. Pypin, *M. E. S.*, St. Petersburg 1899. – *Kritičeskaja literatura o M. E. S.-Šč.*, Hg. N. Denisjuk, 5 Bde., Moskau 1905. – K. Arsen'ev, *S.-Šč. Literaturno obščestvennaja charakteristika*, St. Petersburg 1906. – M. Ol'minskij, *Stat'i o Šč.*, Moskau/Leningrad 1930. – *Literaturnoe nasledstvo*, Bd. 11–14, Moskau 1933–1934. – M. Ol'minskij, *Ščedrinskij slovar'*, Moskau 1937. – M. S. Gorjačkina, *M. E. S.-Šč.*, Moskau 1952. – A. I. Efimov, *Jazyk satiry, S.-Šč.*, Moskau 1953. – Ja. E. Ėl'sberg, *S.-Šč.*, Moskau 1953. – V. J. Kirpotin, *M. E. S., Žizn' i tvorčestvo*, Moskau 1955. – K. Sanine, *S. Chtchédrine. Sa vie et ses œuvres*, Paris 1955. – M. Ol'minskij, *Stat'i o S.-Šč.*, Moskau 1959. – I. Trofimov, *M. E. S.-Šč. i russkaja literatura*, Moskau 1967. – R. Risaliti, *S.-Šč.*, Pisa 1968. – I. Iščenko, *Parodii S.-Šč.*, Minsk 1973. – P. Rejfman, *M. E. S.-Šč.*, Tartu ²1973. – *Tvorčestvo M. E. S.-Šč.*, Hg. M. Bulachov u. I. Iščenko, Minsk 1975. – N. Kočetova, *Provincija v tvorčestve S.-Šč.*, Rjazan' 1975. – A. Bušmin, *S.-Šč. Iskusstvo satiry*, Moskau 1976. – *Satira M. E. S.-Šč.*, Hg. G. Iščuk u. a., Kalinin 1977. – D. Nikolaev, *Satira M. E. S.-Šč. i realističeskij grotesk*, Moskau 1977. – V. Kirpotin, *Izbrannye raboty*, Bd. 1, Moskau 1978, S. 89–483. – E. Draitser, *The Comic Art of S.-Šč.*, Diss. Los Angeles 1983. – V. Mysljakov, *S.-Šč. i narodničeskaja demokratija*, Leningrad 1984. – *Šestidesjatye gody v tvorčestve M. E. S.-Šč., Sbornik naučnych trudov*, Kalinin 1985. – D. Nikolaev, *Smech Šč.*, Moskau 1988. – Z. Prokopenko, *M. E. S.-Šč. i I. A. Gončarov v literaturnom processe XIX veka*, Voronež 1989.

GOSPODA GOLOVLËVY

(russ.; *Die Herren Golowljow*). Roman von Michail E. SALTYKOV-ŠČEDRIN, erschienen 1880. – Das als *Episoden aus der Geschichte einer Familie* geplante, später zum geschlossenen Roman abgerundete und als Chronik dreier Geschlechter einer kleinadligen Gutsbesitzerfamilie vorgestellte Werk spielt in der Zeit vor und nach Aufhebung der Leibeigen-

schaft (1861); sein Thema ist der moralische, sittliche, physische und geistige Zerfall der Familie Golovlëv. »*Drei charakteristische Wesenszüge zogen sich im Laufe von drei Generationen durch die Geschichte dieser Familie: Müßiggang, Unfähigkeit, irgend etwas zu tun, und die Trunksucht. Die ersten beiden hatten Schwätzerei, Gedankenlosigkeit und Unfruchtbarkeit zur Folge. Die Trunksucht war das notwendige Abschlußkapitel der gesamten Lebensverwirrung.*«

Hauptfigur des ersten Romanteils ist Arina Petrovna, die Frau des nichtsnutzigen Gutsbesitzers Vladimir Golovlëv. Sie herrscht nicht nur über ihren Mann, ihre Kinder und die Leibeigenen, sondern verwaltet auch das Gut und hält eisern das Vermögen zusammen. Ihre Herrschsucht und ihr Geiz zerstören alle Familienbindungen, auch die Liebe zu ihren Kindern, in denen sie wilde, gefährliche Raubtiere wittert, die ihr eines Tages die »*Schlinge um den Hals*« legen könnten. Die Erziehung der Kinder ist deshalb ausschließlich darauf gerichtet, ihren Charakter zu brechen und sie zu willfährigen Werkzeugen der Mutter zu machen. Jeden Lebenssinnes beraubt, verfallen die zwei ältesten Söhne der Trunksucht, an der sie sterben. Die Tochter, die ausbrechen will und heimlich einen Offizier heiratet, wird verstoßen, da sie »*unter dem Busch*« zur Frau gemacht wurde: Sie stirbt an der Geburt von Zwillingsmädchen. Nur der von Arina Petrovna verhätschelte jüngste Sohn, Porfirij, überlebt, und er ist es auch, der seiner Mutter tatsächlich die Schlinge um den Hals legt.

Porfirij Golovlëv, genannt »Juduška« (Judaslein), ist die Hauptfigur des zweiten Romanteils: »*Heuchler rein russischer Prägung, ein Mensch, dem jedes moralische Maß fehlt.*« Noch zu Lebzeiten Arina Petrovnas entwindet er seinem »*geliebten Mamachen*« das Stammgut Golovlëvo, reißt nach dem Tod des Bruders Pavel auch dessen Gut an sich und jagt die Mutter auf den armseligen Hof ihrer beiden verwaisten Enkelinnen, wo sie – nicht ohne das Lieblingssöhnchen verflucht zu haben – in Armut stirbt. Porfirij-Juduška, »*eine der schrecklichsten Visionen einer ihrer menschlichen Würde verlustig gegangenen Menschheit, wie sie noch nie von einem Dichter gestaltet worden ist*« (D. Mirskij), erinnert in seinem Hauptcharakterzug, der Heuchelei, an MOLIÈRES *Tartuffe*. Er unterscheidet sich jedoch dadurch grundlegend von ihm, daß er es nicht für nötig hält, seine Verbrechen, wie Tartuffe, hinter einer gottgefälligen Maske zu verbergen. In der Gesellschaft, von der Porfirij geformt wurde und deren ungeheuerliches Produkt er darstellt, sind solche Verbrechen »normal«, und deshalb kann ihm auch gar nicht bewußt werden, daß er amoralisch handelt: Wenn er seinen Sohn Volodja zum Selbstmord treibt, so nur deshalb, weil dieser eine unerwünschte Ehe eingeht und damit vor seinem Vater schuldig wird; wenn sein zweiter Sohn Petenka auf dem Weg in die sibirische Verbannung sterben muß, dann nur deshalb, weil sein ehrenhafter Vater sich weigerte, für die Spielschulden des Sohns – unterschlagene Staatsgelder – aufzukommen; und auch die Verstoßung des unehelichen, in der Fastenzeit gezeugten Sohns »Siechling« wird mit »moralischen« Motiven gerechtfertigt: Das Haus soll von der Sünde gereinigt werden.

Nach der Vernichtung der Familie – und damit auch der Erben – ist Juduška alleiniger Besitzer eines enormen Vermögens, das ihm, im wahrsten Sinn des Wortes, den Verstand raubt. In seinen wahnwitzigen Phantasien verdoppelt und verdreifacht er seinen Besitz durch ungeheuerliche Spekulationen, ruiniert genußvoll seine Bekannten und schindet er satanisch seine Leibeigenen zu Tode. Seine nicht zu bändigende Schwatzsucht, der Zwang, seine Person, seine Taten und Handlungen mit Bibelsprüchen und »Volksweisheiten« zu verklären und lobend in den Himmel zu heben, treibt ihn schließlich in ein Wortmeer, das sein Gehirn mit Phrasenkatarakten überflutet, die er, wie ein Besessener redend und betend, sogleich wieder von sich geben muß. Letzte »Gesprächspartnerin« ist eine seiner von ihm ruinierten Nichten, die Schauspielerin werden wollte, am »freien Leben« aber scheiterte und, als sie auch als Dirne sich nicht mehr ernähren kann, einen letzten Unterschlupf auf dem Gut Golovlëvo sucht. Das einzige, was Onkel und Nichte miteinander verbindet und sie am Leben erhält, zugleich aber ihre letzten Lebenskräfte um so schneller aufzehrt, ist der Alkohol, dem beide in rauschgifthafter Gier verfallen. Am Ende seines Lebens jedoch geschieht dem letzten der Herren Golovlëv etwas Unfaßliches: »*Etwas Ungeheuerliches, bisher unter einem dichten Vorhang verborgen, näherte sich ihm und drohte ihm jeden Augenblick zu erdrücken.*« In seinem »*verwilderten Gewissen*« erhebt sich eine nicht zu erstickende Stimme, die ihn aller begangenen Verbrechen anklagt und ihn schließlich nachts an das Grab seiner Mutter treibt, wo er, »*um Vergebung*« bittend, im Schnee erfriert.

Dieser erste und einzige Roman des Satirikers Saltykov ist eines der markantesten Werke des russischen kritischen Realismus. In ihm wird erstmals die Geschichte der Leibeigenschaft und des Untergangs des russischen Landadels in ihren ökonomischen, gesellschaftlichen und geistigen Zusammenhängen gesehen, analysiert und ohne idyllische Beschönigung bis ins Detail künstlerisch plastisch dargestellt. D. Mirskij nennt den Roman, der I. Gončarovs, L. Tolstojs oder I. Turgenevs Darstellungen des russischen Landadels und der Verhältnisse in der Provinz entscheidend korrigiert, das »*düsterste Buch in der russischen Literatur, und dies um so mehr, als diese düstere Wirkung auf die einfachste Weise ohne theatralische oder aufsehenerregende Mittel erreicht wird*«.   M.Gru.

AUSGABEN: Moskau 1880. – Moskau 1938 (in *Poln. sobr. soč.*, Hg. V. J. Kirpotin u. a., 20 Bde., 1933–1941, 12). – Moskau 1951 (in *Sobr. soč.*, Hg. D. I. Zaslavskij, 12 Bde., 7). – Moskau 1954 (in *Izbr. proizv.*, Hg. M. S. Gorjačkina). – Moskau 1972 (in *Sobr. soč.*, 22 Bde., 1965–1987, 13; krit.). – Moskau 1979. – Moskau 1982.

ÜBERSETZUNGEN: *Die Herren Golowljow*, H. Moser, Lpzg. 1885 (RUB). – Dass., F. Frisch, Mchn. 1914. – Dass., E. v. Baer, Bln. 1952. – Dass., dies., Reinbek 1988.

VERFILMUNG: *Juduška Golovlëv*, SU 1933 (Regie: A. Ivanovskij).

LITERATUR: V. A. Desnickij, *Semejnaja chronika »Gospoda Golovlëvy«* (in V. A. D., *Na literaturnye temy*, Bd. 2, Leningrad 1936, S. 446–467). – Ja. E. El'sberg, *S.-Šč.*, Moskau 1953, S. 391–411. – S. F. Baranov, *»Gospoda Golovlëvy« M. E. S.-Šč.* (in Trudy Irkutsk. univ., 10, 1954, S. 3–23). – A. S. Sarancev, *Iz tvorčeskoj istorii romana »Gospoda Golovlëvy«* (in Uč. zap. Celjabinsk. ped. inst., 1956, S. 38–54). – E. I. Pokusaev, *»Gospoda Golovlëvy« S.-Šč.* (in Uč. zap. Sarat. univ., 56, 1957, S. 367–417). – A. S. Bušmin, *»Gospoda Golovlëvy«* (in A. S. B., *Satira S.-Šč.*, Moskau 1959, S. 171 ff.). – K. N. Grigor'jan, *Roman »Gospoda Golovlëvy«*, Moskau 1962. – E. Pokusaev, *»Gospoda Golovlëvy« M. E. S.-Šč.*, Moskau 1975. – M. Comtet, *Le roman »Les Golovlevs« dans l'œuvre de l'écrivain russe Chtchédrine* (in Littératures, 2, 1980, S. 33–43). – L. Zel'cer, *Simvol v strukture romana M. E. S.-Šč. »Gospoda Golovlëvy«* (in *Voprosy istorizma i realizma v russkoj literature XIX–XX vekov*, Leningrad 1985, S. 150–156).

GOSPODA TAŠKENTCY. Kartiny nravov

(russ.; *Die Herren Taschkenter. Sittenbilder*). Satirische Skizzen von Michail E. SALTYKOV-ŠČEDRIN, erschienen 1869–1872 (von der Zensur gekürzt); erste Buchausgabe (ebenfalls gekürzt) 1873, erste vollständige Ausgabe 1881. – Hauptangriffsziel dieser Satiren ist die zaristische Bürokratie unter Zar Alexander II. (reg. 1855–1881), dessen Reformen keineswegs zu den von der fortschrittlichen *intelligencija* erhofften Veränderungen führten. Weiterhin blieb die Frage aktuell, die Saltykov am Ende seiner einleitenden Vorrede dem Leser stellte: »*Wo liegen eigentlich die Keime der Zukunft?*« Bald wird der Leser gewahr, daß diese »*Keime der Zukunft*« nicht treiben können, da die sogenannte Aufklärung in Rußland von den Herren Taschkentern (d. h. den Beamten und Polizisten) amtlich durchgeführt wird: »*Sehr oft sind diese Menschen dem Aussehen nach höchst verschieden, aber alle haben eine Losung, die sie eint: Fressen!*« Benannt sind die Taschkenter nach der Hauptstadt jenes neueroberten, mittelasiatisch-usbekischen Teils Rußlands, wohin Zar Alexander scharenweise Beamte zur »Kolonisation« schickte. Doch gibt gleich der Anfang zu erkennen, daß der Name Taschkent für ganz Rußland steht. »*Als abstrakter Begriff ist Taschkent ein Land, das überall da liegt, wo man den Menschen in die Fresse schlägt ... Wenn man sich in einer Stadt befindet, von der es in den Statistiken heißt: Einwohner soundso viele, Pfarrkirchen soundso viele, Schulen keine, Bibliotheken keine, Armenanstalten keine, Gefängnis eins und so weiter, dann kann man, ohne sich zu irren, sagen, daß man sich mitten in Taschkent befindet.«*

In vier »Parallelen« führt Saltykov die *»Taschkenter der Vorbereitungsklasse«* vor: junge Männer aus den sogenannten besseren Familien, die von Kindheit an zu Taschkentern erzogen und auf das Zauberwort »Fressen« dressiert werden. In staatlichen Anstalten werden vier junge Menschen auf ihren zukünftigen Beruf vorbereitet (Gendarm, Staatsanwalt, Gouverneur, Finanzmann). In den Formen unterschiedlich, in den Resultaten übereinstimmend, gipfelt die Ausbildung darin, daß die vier, bar aller moralischen Skrupel, den Zeitpunkt nicht mehr erwarten können, zu dem auch sie endlich auf die Futternäpfe losgelassen werden.

Die satirischen Skizzen Saltykovs, zuerst in der Zeitschrift ›Otečestvennye zapiski‹ (Vaterländische Annalen) abgedruckt, prangern ausschließlich aktuelle gesellschaftliche Mißstände an. Da ihre Aufgabe war, ein aktuelles politisches Feuilleton zu ersetzen, hat ihr Inhalt heute nur noch Informations- und Illustrationswert. In Form und Sprache allerdings sind sie Meisterwerke der Skizzenliteratur, die Saltykov zu einem ganz neuen literarischen Genre weiterentwickelte: *»Das bürgerliche und soziale Element ... wurde von den Schriftstellern unter der Regierung Alexanders II. noch stärker betont. Die antiästhetische Bewegung einerseits und zum anderen die zunehmende Möglichkeit, die bestehenden gesellschaftlichen Verhältnisse und die Regierungsformen bloßzustellen und zu verspotten, führten zur Entstehung eines neuen literarischen Genres, das in der Mitte zwischen Romandichtung und Publizistik stand«* (D. Mirskij). – Saltykov, der Klassiker dieses Genres, faßte die Skizzen zu Zyklen zusammen, die er streng einem Hauptthema unterordnete. Formal war größte Variabilität gestattet (Dialogerzählung, Bericht, dramatische Skizze, Essay, Ich-Erzählung usw.). Da die Satire erst die Maschen der Zensur durchschlüpfen mußte, um ihr Ziel zu erreichen, bediente sich der Autor einer »äsopischen Sprache«, die den Stoff scheinbar politisch entaktualisierte (mit Hilfe der Paraphrase, der Metapher, der Allegorie). *»Meine Art zu schreiben«*, stellt Saltykov fest, *»ist eine Sklavenmanier. Sie besteht darin, daß der Autor, wenn er zur Feder greift, nicht so sehr um den Gegenstand der bevorstehenden Arbeit besorgt ist, als vielmehr mit Nachdenken beschäftigt ist, wie er ihn seinen Lesern nahebringt.«* M.Gru.

AUSGABEN: Petersburg 1869–1872 (in Otečestvennye zapiski, 1869, Nr. 10/11; 1870, Nr. 11; 1871, Nr. 9 u. 11; 1872, Nr. 1–9). – Petersburg 1873. – Moskau 1881 [vollst. Fassg.]. – Moskau 1936 (in *Poln. sobr. soč.*, Hg. V. J. Kirpotin u. a., 20 Bde., 1933–1941, 10). – Moskau 1951 (in *Sobr. soč.*, Hg. D. I. Zaslavskij, 12 Bde., 5). – Moskau 1970 (in *Sobr. soč.*, 22 Bde., 1965–1977, 10; krit.). – Moskau 1976 (in *Izbrannoe*).

ÜBERSETZUNG: *Die Herren Taschkenter. Sittenbilder*, A. Klöckner, Bln. 1953.

LITERATUR: E. I. Pokusaev, *»Gospoda Taškentcy« M. E. S.* (in Trudy otdela novoj russkoj literatury, 1, 1957, S. 205–248). – A. S. Bušmin, *»Gospoda Taškentcy«* (in A. S. B., *Satira S.-Šč.*, Moskau 1959, S. 95 ff.).

ISTORIJA ODNOGO GORODA

(russ.; *Geschichte einer Stadt*). Satire von Michail E. SALTYKOV-ŠČEDRIN, erschienen 1870. – Die vorgeblich nach »Originalurkunden« von imaginären »Stadtarchivaren« geschriebene Chronik der Stadt Glupov (»Dummshausen« – gemeint ist damit natürlich das gesamte russische Zarenreich) umfaßt die Jahre zwischen 1731 und 1825 (Regierungsantritt des Zaren Nikolaus I. und Dekabristenaufstand, nach dessen Scheitern es *»selbst einem Stadtarchivar unmöglich gemacht wurde, sich literarisch zu betätigen«*). 21 Stadtoberhäupter haben während dieser Zeit in Glupov geherrscht, und unschwer sind in ihnen die Zaren, Minister und Günstlinge wiederzuerkennen, die das Volk in Angst, Schrecken oder dummes, ehrfürchtiges Staunen versetzt haben.

So ist beispielsweise in Erast Andreevič Grustilov der Zar Alexander I. (reg. 1801–1825) zu entdecken; schon die Namenscharakteristik (Erast: der Mädchenverführer in N. KARAMZINS sentimentaler Erzählung *Bednaja Liza; grust'*: Wehmut) typisiert diesen Zaren, von dem die Legende berichtete, er sei nicht gestorben, sondern lebe als frommer Einsiedler in Sibirien. Grustilov ist denn auch ein gefühlvolles und schüchternes, der Mystik zugetanes Stadtoberhaupt; kein weibliches Wesen kann er ansehen, ohne erröten zu müssen, insgeheim aber führt er das Leben eines perversen Wüstlings. Auch der Minister dieses Zaren, Speranskij, ist in der Gestalt eines Benevolenskij (der »Wohlmeinende«) vertreten: Sohn eines Popen, ersinnt er schon als Seminarist verzwickte Verordnungen und erläßt, zum Gouverneur aufgestiegen, *»Gesetze über wohlanständiges Kuchenbacken«*. Das schrecklichste Ungeheuer in dieser illustren Reihe indes ist Ugrium Burčeev (»Murr-Dustermann«), in dessen Gestalt gleich zwei historische Persönlichkeiten zusammengefaßt sind: Nikolaus I. und Graf Arakčeev, der engste Vertraute des Zaren Alexander I.: *»Nackte Entschlossenheit – und nichts weiter. Beschränkt, wie er war, kannte er kein anderes Ziel als regelmäßige Konstruktionen ... Der Gesichtskreis dieses Idioten war sehr eng: außerhalb dieses Kreises konnte man mit den Armen fuchteln, laut sprechen und atmen, sogar aufgeknöpft gehen – er bemerkte nichts; innerhalb dieses Kreises aber durfte man nur marschieren.«* Offenbar verdienten die Glupover von gestern – und auch die des späten 19. Jh.s, denn in Glupov hatte es keine großen Veränderungen gegeben – solche Herren: *»Wenn man uns jetzt alle auf einen Haufen legte und an allen vier Ecken anzündete – wir würden auch da kein Wort des Widerspruchs sagen.«* In diesem Satz kommt die eigentliche Absicht der Satire zum Ausdruck, denn Saltykov datierte die Abstrusitäten der »Wunderwelt« Glupov nur deshalb um ein Jahrhundert zurück, damit sie die Zensur passieren konnten. Die *Istorija odnogo goroda* ist also nicht so sehr eine Satire auf die russische Geschichte, sondern eher eine vernichtende Kritik am gesamten russischen Volk, dessen Passivität, dessen »*Gutherzigkeit, die an Schlappheit grenzt*«, dessen »*Gelassenheit, die sich zum Gehen-Lassen steigert*«, dessen Leichtsinn und Verantwortungslosigkeit die Etablierung eines autokratischen Regierungssystems erst ermöglichten und alle seine Auswüchse förderten.

In der Form der mit Invektiven übertreibenden, phantastisch grotesken Darstellung der »Wunderwelt« Glupov erinnert das Werk stark an *Gullivers Reisen*. »*In Saltykov ist etwas Swiftähnliches*«, schreibt I. TURGENEV bewundernd in seiner Rezension der *Istorija*, »*dieser ernste und grimmige Humor, dieser Realismus, nüchtern in seiner Klarheit inmitten des wildesten Spiels der Phantasie, und besonders dieser unerschütterliche gesunde Menschenverstand, ja ich möchte sagen, diese Mäßigung verläßt den Autor in keiner Minute trotz der Zügellosigkeit und Hyperbolisierung der Form.*«   M.Gru.

AUSGABEN: Petersburg 1870 (in Otečestvennye zapiski). – Petersburg 1879 [überarb.]. – Petersburg 1883 [überarb.]. – Moskau 1937 (in *Poln. sobr. soč.*, Hg. V. J. Kirpotin u. a., 20 Bde., 1933–1941, 9). – Moskau 1951 (in *Sobr. soč.*, Hg. D. I. Zaslavskij, 12 Bde., 4). – Moskau 1959. – Moskau 1969 (in *Sobr. soč.*, 22 Bde., 1965–1977, 8; krit.). – Bloomington/Ind. 1969, 2 Bde.

ÜBERSETZUNG: *Die Geschichte einer Stadt*, A. Klöckner, Bln. 1946. – Dass., ders., Bln. 1952.

LITERATUR: I. S. Turgenev, Rez. (in The Academy, 1871, 19; ern. in I. S. T., *Sobr. soč.*, Bd. 11, Moskau 1956, S. 200–203). – S. F. Baranov, *Real'nye ėtnografičeskie i fol'klornye istočniki »Istorii odnogo goroda« M. E. S.-Šč.* (in Trudy Irkutsk. gos. univ. im Ždanova, 3, 1948, S. 37–100). – Ders., *Problematika »Istorii odnogo goroda«* (in S. F. B., *Velikij russkij satirik M. E. S.*, Irkutsk 1950, S. 3–43). – A. S. Busmin, *Satira S.-Šč.*, Moskau 1959, S. 90–94. – D. Nikolaev, *»Istorija odnogo goroda« M. E. S.-Šč.* (in *Tri šedevra russkoj klassiki*, Moskau 1971). – I. Suchich, *Problema finala »Istorii odnogo goroda«* (in *Stil' i vremja*, Syktyvkar 1985, S. 53–65).

SKAZKI

(russ.; *Märchen*). Satirische Märchen von Michail E. SALTYKOV-ŠČEDRIN, erschienen 1869–1922. – »*Was Herr Saltykov Märchen nennt, entspricht keineswegs dieser Bezeichnung: seine Märchen sind ebenfalls Satire, tendenziöse Satire, die mehr oder weniger gegen unsere gesellschaftliche und politische Ordnung gerichtet ist.*« Treffend charakterisiert der zaristische Zensor mit diesen Worten die dreißig prägnanten Prosatexte, die in Gestalt von Fabeln, Parabeln, Skizzen und Märchen in »äsopischer Sprache« ein erschütterndes Bild der russischen Klassengesellschaft des 19. Jh.s entwerfen. Ihr Thema ist der Despotismus der Autarchie, die Korruption der Verwaltung, die Unfähigkeit und Borniertheit der Beamten, die Unmenschlichkeit der Gouverneure, die Rückständigkeit und Grausamkeit der Gutsbesitzer, der Opportunismus und die illusionäre Vernunft-, Tugend- und Demokratiegläubigkeit der liberalen Bourgeoisie, das Elend der Leibeigenen, kurz die gesamte abstoßende zaristische Wirklichkeit.

Das Märchen *Bogatyr'*, 1922 *(Der Recke)*, zerstört die Hoffnung auf eine von der zaristischen Selbstherrschaft ausgehende nationale Erneuerung: Ivanuška, der »Narr« aus dem Volke, dringt in das Refugium des Herrschers ein und findet ihn von Schlangen und Nattern zerfressen. Die Satire *Orël-mecenat*, 1886 *(Der Adler als Mäzen)*, verspottet das heuchlerische Bemühen der Zarenherrschaft, sich mit der Förderung von Kunst und Wissenschaft zu schmücken. Die Erzählung *Medved' na voevodstve*, 1884 *(Der Bär als Statthalter)*, charakterisiert die Machtstruktur des Reiches: Weniger die ungezählten Übergriffe der herrscherlichen Statthalter als die von der Klassengesellschaft hervorgebrachten »*natürlichen Verbrechen*« garantieren den Fortbestand der bestehenden Ordnung.

Die *Povest' o tom, kak odin mužik dvuch generalov prokormil*, 1869 *(Erzählung, wie ein Bauer zwei Generale durchfütterte)*, schildert die Unfähigkeit zaristischer Offiziere, sich ohne Ausbeutung der bäuerlichen Arbeitskraft auch nur am Leben zu erhalten. Das Märchen vom *Dikij pomeščik*, 1869 *(Der wilde Gutsbesitzer)*, greift erneut das Thema der Leibeigenschaft auf und erzählt die Geschichte eines Landadligen, der seinen Leibeigenen derart zusetzt, daß der Himmel sie in einem Wirbelsturm außer Landes trägt. Ohne Bedienstete verwildert der Gutsbesitzer zu einem bärengleichen Ungeheuer, das erst aus fiskalischem Interesse durch staatlichen Eingriff zur Räson gebracht wird.

Das Märchen *Vernyj Trezor*, 1885 *(Der treue Tresor)*, beschreibt am Beispiel des übereifrigen Hofhundes den Typ der speichelleckerischen Stützen des Regimes, welche das eigene Glück mit dem Wohlbefinden ihres Zwingherrn gleichsetzen. Einen ähnlichen Charakter besitzt der Held des Märchens *Samootveržennyj zajac*, 1883 *(Der selbstlose Hase)*, der sich, vom Wolf für kurze Zeit zu seiner Hochzeit entlassen, die Seele aus dem Leibe rennt, um dem Raubtier zur ausbedungenen Frist als Frühstück zu dienen. Der verständige Hase und die idealistische Karausche der gleichnamigen Erzählungen (*Zdravomyslennyj zajac*, 1885; *Karas'-idealist*, 1884) verkörpern den bürgerlichen Liberalen, dessen schärfste Kritik in der bis zur Oktoberrevolution und nicht zuletzt von V. LENIN im Kampf gegen das liberale Lager angeführten Erzählung *Liberal*, 1885 *(Der Liberale)*, erfährt.

Dem vergeßlichen Hammel des gleichnamigen Märchens (*Baran-Nepomnjaščij*, 1885) wird sein unstillbarer, doch passiver Freiheitsdrang zum

Verhängnis, über dem er die Erfüllung seiner natürlichen Pflichten vergißt. Eine messerscharfe Charakteristik des Loses der ausgebeuteten Schichten bietet das aus dem Jahre 1885 stammende Märchen *Konjaga (Der Ackergaul)*: Die Arbeit des von den eleganten Traberpferden aus Langeweile verspotteten, bemitleideten und großsprecherisch bewunderten Ackergauls ist die unabdingbare Existenzgrundlage der Spitzen der Gesellschaft.

Saltykovs Texte gehören dem Genre des publizistischen Kunstmärchens an, welches Anregungen aus dem agitatorischen Märchen der »Narodniki« (Volkstümler) empfing. Nicht zufällig begann er mit dem Schreiben von Märchen zu einer Zeit, als die anonym edierte politische *Skazka o Mitjajach (Das Märchen von den Mitjai)* von GULEVIČ weiteste Verbreitung fand. Die Märchen Saltykovs sind, im Gegensatz etwa zu denen BASOV-VERCHOJANCEVS, nicht eigentlich revolutionär. Wie das übrige Schaffen des Autors zeichnen sie sich in erster Linie durch die schonungslose Entlarvung der herrschenden Gesellschaft aus. Durch ihre eingängige Form verleihen sie dem gesellschaftskritischen Gedankengut über die Kreise des gebildeten Leserpublikums hinaus Resonanz. Mit Recht sind sie als »*thematische, weltanschauliche und stilistische Zusammenfassung des Lebenswerkes Saltykov-Ščedrins*« bezeichnet worden (H.-G. Kupferschmidt). C.K.

AUSGABEN: Petersburg 1886 [enth. 23 Märchen]. – Moskau 1937 (in *Poln. sobr. soč.*, Hg. V. J. Kirpotin u. a., 20 Bde., 1933–1941, 16). – Moskau 1951 (in *Sobr. soč.*, Hg. D. I. Zaslavskij, 12 Bde., 10). – Moskau 1954 (in *Izbr. proizv.*, Hg. M. S. Gorjačkina). – Moskau 1974 (in *Sobr. soč.*, 22 Bde., 1965–1977, 16; krit.). – Moskau 1980. – Leningrad 1988.

ÜBERSETZUNGEN: *Geschichten u. Märchen*, A. Luther, Lpzg. o. J. [1924]. – *Märchen*, ders., Bergen 1948 [Ausw.]. – *Satirische Märchen*, J. Hahn, Düsseldorf 1958 [Ill. C. Sturtzkopf].

LITERATUR: N. A. Metlina, *Fol'klornye ėlementy Šč. skazok* (in Uč. zap. Kujbys. ped. inst., 1938, S. 185–192). – Ja. Lebedev, *Šč., avtor »Skazok«* (in Trudy Mosk. gosud. inst. istorii filosofii i lit., 4, 1939, S. 135–158). – Ja. E. Ėl'sberg, *S.-Šč. Žizn' i tvorčestvo*, Moskau 1953, S. 532–547. – V. S. Filippov, *»Skazki« M. E. S. K istorii sozdanija skazočnogo cikla* (in Sbornik trudov Stavropol'sk. gosud. ped. inst., 9, 1959, S. 199–241). – B. Ja. Buchštab, *»Skazki« M. E. Šč.*, Leningrad 1958. – A. S. Bušmin, *»Skazki« S.-Šč.*, Moskau 1960; Leningrad ²1976. – M. E. Saltykov-Ščedrin, *Skazki*, Leningrad 1988, S. 204–276 [diverse Aufsätze].

ALEKSANDR VASIL'EVIČ
SUCHOVO-KOBYLIN

* 29.9.1817 Moskau
† 24.3.1903 Beaulieu / Frankreich

LITERATUR ZUM AUTOR:
D. Jazykov, *A. V. S.-K. Ego žizn' i literaturnaja dejatel'nost'*, Moskau 1904. – L. P. Grossman, *Prestuplenie S.-K.*, Leningrad 1927. – Ders., *Teatr S.-K.*, Moskau 1940. – S. S. Danilov, *A. V. S.-K.*, Moskau 1949. – N. Milonov, *Dramaturgija S.-K.*, Tula 1956. – N. Kononov, *Žizn' i tvorčestvo A. V. S.-K.*, Leningrad 1956. – K. Rudnickij, *A. V. S.-K.*, Moskau 1957. – M.-J. Seladoux, *Le théâtre de S. K.*, Diss. Paris 1973. – J. Klejner, *Dramaturgija S.-K.*, Moskau 1961. – Ders., *Sud'ba S.-K.*, Moskau 1969. – A. Gorelov, *Tri sud'by, F. Tjutčev, A. S.-K., I. Bunin*, Leningrad 1980. – M. Bessarad, *S.-K.*, Moskau 1981. – R. Fortune, *A. S.-K.*, Boston 1982. – S. Rassadin, *Genij i zlodejstvo, ili delo S.-K.*, Moskau 1989.

DELO

(russ.; *Der Prozeß*). Schauspiel in fünf Akten von Aleksandr V. SUCHOVO-KOBYLIN, entstanden 1861, erschienen 1869; Uraufführung: Petersburg, 4. 4. 1882, unter dem Titel *Otžitoe vremja (Überlebte Zeit)*. – Das auf persönlichen Erfahrungen des Autors basierende Schauspiel ist der zweite Teil einer Dramentrilogie (1. Teil: *Svad'ba Krečinskogo – Krečinskijs Hochzeit*, 3. Teil: *Smert' Tarelkina – Tarelkins Tod*), die die korrumpierte russische Rechtspflege jener Zeit zum Thema hat. Suchovo-Kobylin, der sieben Jahre lang unschuldig unter Mordverdacht in Untersuchungshaft gesessen hatte und 1857 freigesprochen wurde, sah in diesem »*aus Galle geschriebenen*« Werk die Waffe, mit der er sich an der ihm gründlich verhaßten Justizbürokratie rächen konnte. Im Vorwort zu seinem Stück, das die Zensur nur in »entschärfter« Fassung unter dem entaktualisierenden Titel *Überlebte Zeit* zur Aufführung freigab, erklärt der Autor: »*Wenn irgendwer an der Realität, mehr noch an der Möglichkeit der von mir beschriebenen Ereignisse zweifeln sollte, dann erkläre ich hiermit, daß ich Fakten von ziemlich grellen Farbnuancen zur Hand habe, daß ich mir nichts Unmögliches ausgedacht und nichts Unsinniges zusammengesponnen habe.*«

Das Stück schildert, als Fortsetzung der *Svad'ba Krečinskogo*, die tragischen Folgen dieser Gaunerkomödie: Krečinskij ist ins Ausland geflüchtet und hat seiner Frau Lidija Muromskaja sowie ihrem Vater einen Schuldprozeß hinterlassen. Der angebliche Kollegienassessor Tarelkin versteht es geschickt, aus der Situation Kapital zu schlagen. Mit Hilfe des Staatsrats Varravin verschleppt er das

Verfahren auf Kosten Muromskijs über Jahre hinweg. Der gewissenlosen Bürokratie sind ehrbare Menschen wie der Beklagte und sein hilfreicher Gutsnachbar Nel'kin nicht gewachsen. Je höher sie sich in der Amtshierarchie hinaufwagen, desto geringer werden ihre Chancen, Recht zu finden. Hilflos stehen sie einem entpersönlichten Beamtenapparat gegenüber, in dem eine ebenso anonym bleibende *»einflußreiche Persönlichkeit« (»seiner Geburt nach Fürst; seinem Rang nach Geheimrat; im Club ein angenehmer Mensch, im Amt eine Bestie«)* den Ton angibt. Mit diesen berufsmäßigen Schurken verglichen, muß dem Zuschauer schließlich sogar noch der Übeltäter Krečinskij als ein moralischer Mensch erscheinen, weil er *»keine Kinder angefaßt, keine Schläfer verletzt, keine Mädchen an der Angelrute der Jurisprudenz gefangen hat«.* Letzten Endes bringen Tarelkin und Varravin den ganzen Besitz Muromskijs an sich. Als der Geschädigte nach dem Zaren ruft, verbittet sich eine *»ganz einflußreiche Persönlichkeit«* den Lärm: *»Der Antichrist ist schon lange geboren.«*

Diese Attacke gegen die russische Justiz erinnert in ihrer Schärfe an V. Kapnists Komödie *Jabeda,* 1798 *(Intrigen),* der im wesentlichen ebenfalls eigene Erfahrungen des Dichters mit dem Gerichtswesen zugrunde lagen. Dem mittleren Teil von Suchovo-Kobylins Dramentrilogie ist allerdings anzumerken, daß er allzusehr ein Produkt persönlicher Erbitterung ist, die einer formalen Bewältigung des Stoffes – Vorbild war, neben N. Gogol's *Revizor* (1836), die politische französische Komödie im Stile E. Scribes – entgegenstand.   W.Sch.

Ausgaben: Moskau 1869 (in *Kartiny prošedšego. Trilogija;* ²1927, Hg. L. P. Grossman). – Moskau 1887 *(Delo. Otžitoe vremja).* – Moskau/Leningrad 1959 (in *Kartiny prošedšego. Trilogija,* Hg. u. Vorw. I. D. Glikman).

Übersetzung: *Die Akte,* R. Kühn, Bln. 1977.

Verfilmung: SU 1955 (Regie: N. Akimov).

Literatur: L. P. Grossman, *Prestuplenie S.-K.,* Leningrad 1927, S. 134–192. – V. Grossman, *»Delo« S.-K.,* Moskau 1936. – N. Kononov, *P'esy S.-K. »Svad'ba Krečinskogo« i »Delo«* (in *Uč. zap. Rjazanskogo ped. inst.,* 1949, Nr. 8). – R. Fortune, *The Trilogy of A. V. S.-K.,* Diss. NY 1971. – G. Adrianov, *The Importance of Lexical and Social-Cultural Symbolism in S.-K.'s Trilogy,* Diss. Montreal 1976.

SMERT' TARELKINA

(russ.; *Tarelkins Tod*). Komödie in drei Akten von Aleksandr V. Suchovo-Kobylin, erschienen 1869; Uraufführung in einer von der zaristischen Zensur entstellten Fassung unter dem Titel *Raspljuevskie veselye dni (Raspljuevs fröhliche Tage):* Petersburg, 15. 9. 1900; in authentischem Wortlaut: Petersburg, 23. 10. 1917. – Suchovo-Koby-

lins »Komödienscherz« ist der dritte Teil einer außerdem aus den Stücken *Svad'ba Krečinskogo,* 1856 *(Krečinskijs Hochzeit),* und *Delo,* 1869 *(Der Prozeß),* bestehenden Dramentrilogie, worin der Autor seine langjährigen persönlichen Erfahrungen mit den Praktiken der zeitgenössischen zaristischen Justiz verarbeitet hat. Die Handlung der Komödie knüpft an den Vorwurf des Dramas *Delo* an. Diesmal liegen jedoch nicht Ehrbarkeit und gewissenlose Beamtenhabier miteinander im Streit, sondern die beiden blutsaugerischen Schurken der vorangegangenen Komödie, der Staatsrat Varravin und sein Untergebener, der Kollegienassessor Tarelkin: Beide hatten seinerzeit gemeinsam den von seinem skrupellosen Schwiegersohn betrogenen Muromskij um seinen Besitz geprellt. Nun hat der Staatsrat, wie der diabolisch-groteske Eingangsmonolog des Titelhelden verrät, Tarelkin um den vereinbarten Anteil an dem Vermögen des Geschädigten gebracht. Um sich an seinem Vorgesetzten zu rächen und zugleich seine aufdringlichen Gläubiger loszuwerden, inszeniert Tarelkin seinen *»eigenen, offiziellen, unbezweifelbaren Tod«.* Er stellt einen mit faulen Fischen gefüllten Sarg in sein Zimmer, legt Perücke und Gebiß ab und schlüpft in die Rolle seines tatsächlich verstorbenen Zimmernachbarn Kopylov. Mit belastenden Dokumenten sucht er Varravin zu erpressen: *»Um dein Geld, dein Diebsgeld, das dir teurer ist als Kinder, Weib und eigenes Ich. Dieses Geld werde ich … Rubel um Rubel, Summe um Summe unter fürchterlichen Schmerzen aus dir herauspressen.«* Am Sarg des angeblich Verstorbenen erscheinen die Gläubiger Tarelkins, empört, daß sich der Schuldner *»wider Gesetz und Natur«* seinen Verpflichtungen durch den Tod entzogen hat. Geschickt weiß der falsche Kopylov den Revieraufseher Raspljuev von einer Untersuchung des Sarges abzuhalten. Mit den Gläubigern taucht ein Hauptmann Polutatarinov – alias Varravin – auf, der auf der Suche nach den Dokumenten, mit denen Tarelkin ihn zu belasten sucht, Perücke und Gebiß des Kollegienassessors aufspürt. Mit Gewalt zwingt man daraufhin Tarelkin, seine Maske fallen zu lassen. Von Varravin den Bedingungen der zeitgenössischen zaristischen »Untersuchungshaft« ausgesetzt, gibt er am Ende seiner Kräfte das Belastungsmaterial gegen den Staatsrat heraus, wofür ihn dieser – eine Gefälligkeit ist der anderen wert – mit dem Paß Kopylovs und einer Wegzehrung auf freien Fuß setzt.

Im Zentrum der hyperbolischen Karikatur von Geldherrschaft, Beamtenkorruption und Polizeiwillkür, als deren Motto Tarelkins Worte *»Es gibt keine Menschen, es gibt nur Teufel«* dienen könnten, steht das einfallsreiche, in Zug und Gegenzug entwickelte Duell der beiden Hauptschurken, umgeben von einem Reigen typenhafter Gestalten, die einander in ihrer sittlichen Verworfenheit in nichts nachstehen. Einer der effektsichersten Komödiendichter des russischen Theaters, zog der Autor das Erschauern vor dem Bösen dem Lachen über das Laster vor. Daher zwingt er seine negativen Helden, sich ohne positiven Gegenspieler selbst zu entlarven. Hieraus resultiert die hintergründige Komik der Doppelrollen. In einer farbenreichen Diktion verbindet die Komödie die Stilmittel der Groteske mit denen der volkstümlichen Farce und der Kriminalgeschichte. In der nationalen Tradition V. KAPNISTS und N. GOGOL's stehend, verrät sie zugleich den Einfluß der französischen politischen Komödie E. SCRIBES.   W.Sch.

AUSGABEN: Moskau 1869 (in *Kartiny prošedšego. Trilogija*; [2]1927, Hg. L. P. Grossman). – Moskau/Leningrad 1959 (in *Kartiny prošedšego. Trilogija*, Hg. u. Vorw. I. D. Glikman).

ÜBERSETZUNGEN: *Tarelkins Tod*, I. Gampert, Kassel-Wilhelmshöhe 1970. – Dass., H. Müller, Bln. 1977. – *Tarelkins Tod oder Der Vampir von St. Petersburg*, H. M. Enzensberger, Ffm. 1981.

LITERATUR: I. Klejner, *Dramaturgija S.-K.*, Moskau 1961, S. 242–403. – S. Rassadin, *Ogovorka i ogovor. »Smert' Tarelkina«: eë geroj i eë avtor* (in Voprosy literatury, 1988, Nr. 4, S. 103–129).

SVAD'BA KREČINSKOGO

(russ.; *Krečinskijs Hochzeit*). Komödie in drei Akten von Aleksandr V. SUCHOVO-KOBYLIN, Uraufführung: Moskau, 28. 11. 1855, Malyj teatr. – Die Komödie ist der erste Teil einer Dramentrilogie (2. Teil: *Delo – Der Prozeß*; 3. Teil: *Smert' Tarelkina – Tarelkins Tod*), die während Suchovo-Kobylins siebenjähriger Untersuchungshaft entstand und als sein bestes Werk gilt. Der Titelheld, ein Bankrotteur und Spieler, betört die junge Gutserbin Lidija Muromskaja und schließlich auch ihren mißtrauischen Vater durch heuchlerische Bejahung von dessen Lebensidealen. Krečinskij, von seinen Gläubigern bedrängt, wünscht rasche Heirat. Aber noch vorher braucht er dringend Geld. Er erbittet von seiner Braut deren wertvollen Solitär, angeblich um eine Wette gegen einen Fürsten Bel'skij (mit dem er den naiven Muromskijs gegenüber ständig renommiert) zu gewinnen. Von einem Juden läßt er den Diamanten beleihen, tauscht ihn jedoch nach der Prüfung geschickt gegen einen falschen Stein aus, um Lidija den echten zurückgeben zu können: *»So machen es ehrliche Leute.«* Über seinen Rivalen bei Lidija, Nel'kin, der ihn bei dem alten Muromskij des Betrugs verdächtigt, triumphiert Krečinskij, als er das Schmuckstück abends in gekränkter Unschuld vorweisen kann. Mehr denn je fühlen sich die Muromskijs dem »grundehrlichen« Mann verpflichtet, bis plötzlich der geprellte Jude mit der Polizei erscheint und Krečinskij flüchten muß. Lidija gibt dem Geldverleiher ihren echten Solitär als Pfand, und dann verlassen auch die Muromskijs *»vor der Schande«* die Stadt. Das Werk ist eine Typenkomödie in der direkten Nachfolge N. GOGOL's (ursprünglich übernahm Suchovo-Kobylin sogar Gogol'sche Namen für seine Figuren) und karikiert den treuherzigen, durch und durch »verbauerten« Gutsherrn Muromskij, die nach dem Vorbild ihrer sentimentalen Romanheldinnen lebende Naive Lidija, die ungebildete Gallomanin vom Lande, die kupplerische Tante Atueva. Mit großer Meisterschaft charakterisiert Suchovo-Kobylin seine Gestalten in individueller Weise. Einer der komischsten Effekte des Stücks besteht in Krečinskijs Fähigkeit, die sprachliche Eigenart seines Gesprächspartners zu übernehmen und unbewußt zu übertreiben. Der interessanteste und vom Autor neu in die russische Bühnenliteratur eingeführte Typ ist allerdings Raspluev (von *rasplevat'* - spucken). Es ist der heruntergekommene und immer noch im gesellschaftlichen Abstieg befindliche kleine Gutsbesitzer. Ohne die hochstaplerische Intelligenz eines Krečinskij, aber auch ohne dessen Scheinmoral, dient er dem Abenteurer auf Gedeih und Verderb.   W.Sch.

AUSGABEN: Moskau 1856 (in *Sovremennik*). – Moskau 1869 (in *Kartiny prošedšego. Trilogija*; [2]1927, Hg. L. P. Grossman). – Moskau/Leningrad 1959 (in *Kartiny prošedšego. Trilogija*, Hg. u. Vorw. I. D. Glikman).

ÜBERSETZUNGEN: *Kretschinskis Hochzeit*, E. v. Baer, Bln. 1945 [Bühnenms.]. – Dass., E. Boehme, Wiesbaden 1945 [Bühnenms.]. – Dass., I. Tinzmann, Bln. o. J. [1945; Bühnenms.].

VERFILMUNG: SU 1953 (Regie: V. Vanin u. A. Zolotnickij).

LITERATUR: K. L. Rudnickij, *A. V. S.-K. Očerk žizni i tvorčestva*, Moskau 1957, S. 273–284. – M. T. Smith, *A. V. S.-K.'s »Krečinskij's Wedding« on the Russian and Soviet Stage*. Diss. Pittsburgh 1984.

FËDOR IVANOVIČ TJUTČEV

* 5.12.1803 Ovstug bei Brjansk /
Gouvernement Orël
† 27.7.1873 Carskoe Selo

STICHOTVORENIJA

(russ.; *Gedichte*). Gedichtsammlung von Fëdor I. Tjutčev, erschienen 1854. – Tjutčev gilt als einer der bedeutendsten russischen Lyriker. Er entstammte einem alten Adelsgeschlecht aus dem Gouvernement Orël, wurde zunächst im Hause seiner Eltern von dem Dichter und Übersetzer S. RAIČ erzogen und kam 1818 an die Moskauer Universität. Nach Abschluß der Studien trat er in das Ministerium für Auswärtige Angelegenheiten ein und wurde 1822 der russischen Gesandtschaft in München zugeordnet. 1837 nach Turin versetzt, wurde er wegen einer nicht genehmigten Abwesenheit entlassen. Er ging wieder nach München, wo er einige Jahre als Privatmann lebte (seine zweite Frau war eine bayerische Adlige). Erst 1845 kehrte er nach Rußland zurück, hatte dort verschiedene Stellungen im Staatsdienst inne und spielte eine bedeutende Rolle in intellektuellen slavophilen Kreisen. Bereits an der Moskauer Universität trat er mit den jungen russischen Romantikern in Verbindung, die sich um den Fürsten Vladimir ODOEVSKIJ scharten. In München lernte er F. W. J. SCHELLING und H. HEINE kennen, mit der Dichterfamilie von MALTITZ war er verschwägert.

Das dichterische Werk Tjutčevs ist nicht sehr umfangreich, es umfaßt etwa 350 meist sehr kurze Gedichte. Seine ersten Gedichte, die stilistisch V. ŽUKOVSKIJ verpflichtet sind, erschienen 1818; eine besondere Bedeutung haben die achtundzwanzig Gedichte, die in A. PUŠKINS ›Sovremennik‹ 1836/37 veröffentlicht wurden. I. TURGENEV gab 1854 die erste Sammlung mit Tjutčevs Gedichten heraus.

Ein zentrales Thema der Dichtung Tjutčevs ist die Natur, einige seiner Gedichte gehören zu den schönsten russischen Naturgedichten überhaupt und erfreuen sich bis heute großer Beliebtheit. Seine vordergründig »einfache« Naturlyrik bietet aber nur ausnahmsweise bloße Naturschilderungen, denn fast immer sind in ihnen zumindest auch philosophische Anspielungen enthalten. Häufig finden sich hier Personifikationen (z. B. Winter – »eine böse Hexe«; Lenz – »ein schönes Kind«) und kühne Metaphern (Gewitter – »der donnererfüllte Becher der Göttin Hebe«; Wetterleuchten – »das Gespräch der taubstummen Dämonen miteinander«). Typisch für Tjutčevs philosophische Dichtung sind die zahlreichen »Nachtgedichte«, in denen der Einfluß der deutschen Romantik spürbar ist. In der Nachtlandschaft glaubt der Dichter die tiefen Geheimnisse des Seins zu erkennen und meint im Wehen des nächtlichen Windes die Stimme des mit dem symbolischen Begriff »Chaos« bezeichneten Abgrunds des Seins (»Nachtseite der Natur«) zu hören *(O čëm ty voeš', vetr nočnoj – Nachtwind, was singt in deinem Wehen?)*. Abgrund und Chaos sind die Heimat der menschlichen Seele, sie sind Objekte der visionären Erkenntnis, die in der menschlichen Sprache keinen adäquaten Ausdruck finden können, eher im Schweigen, denn der ausgesprochene Gedanke ist »Lüge«, d. h. unvollständig und unvollkommen.

In den späteren Gedichten treten religiöse Motive stärker hervor, und Tjutčevs politische Ansichten werden klarer. Zeugnis dafür legen auch seine Aufsätze und seine formvollendeten, meist französisch geschriebenen Briefe ab. Sie kennzeichnen Tjutčev nicht einfach als konservativen Slavophilen, sondern als einen den französischen ›Traditionalisten‹ (X. MAISTRE, L. BONALD) verwandten selbständigen Denker. Er sieht in Rußland im Gegensatz zum revolutionären Westen den »ewigen Pol« politischer Stabilität. Rußland sei das Land, das

»*Christus in Sklavengestalt segnend durchwandelte*«. Die Bilder in der Dichtung Tjutčevs, wenngleich sie originell und oft paradox und dunkel sind, weisen manche Parallelen zu deutschen und vor allem russischen Romantikern auf (P. VJAZEMSKIJ, V. KJUCHEL'BEKER, Žukovskij, Puškin). Wichtiger noch ist die Verwandtschaft Tjutčevs mit der Philosophie des deutschen Idealismus, vor allem Schellings (*Bessonica – Schlaflosigkeit; Problesk – Lichtstrahl*; beide nach 1820). Tjutčevs Sprache ist gekennzeichnet durch zahlreiche, oft eigenartige Komposita und Doppelwörter, die auch widerspruchsvolle Elemente verbinden (z. B. *proročeski-proščal'nyj glas – prophezeiende und sich [von der Vergangenheit] verabschiedende Stimme*). Seine Sprache klingt dadurch archaisch, ohne eigentlich veraltet zu sein. Beliebte Form der frühen Gedichte ist das »Kurzgedicht«. Sie enthalten oft Anreden an den Leser (*»du wirst sagen«*) sowie schwer verständliche paradoxe Metaphern und Formulierungen. Auf die Größe Tjutčevs als Dichter haben N. NEKRASOV, Turgenev und A. FET mit Nachdruck hingewiesen. L. TOLSTOJ, Vjazemskij und die führenden russischen Symbolisten, vor allem V. IVANOV, V. BRJUSOV und A. BELYJ, schätzten ihn hoch. Einfluß übte er auch auf die Futuristen (vor allem S. BOBROV) und die Philosophen V. SOLOV'ÈV und S. FRANK aus. Erst spät wurden Tjutčevs wertvolle Übersetzungen bekannt. Er übertrug J. W. GOETHE, F. SCHILLER und Heine ins Russische. Eine Nachdichtung von HORAZ (*Carmina* III, 29) gehört zu den Jugendwerken des Dichters.   D. T.

AUSGABEN: Moskau 1854, Hg. I. S. Turgenev. – Petersburg 1911, Hg. V. Brjusov. – Moskau 1933/1934, Hg. G. Čulkov, 2 Bde. [m. Komm.]. – Leningrad 1957 (in *Poln. sobr. stichotvorenij*, Hg. V. Gippius u. K. Pigarev). – Moskau 1965 (in *Stichotvorenija i pisma*, Hg. K. Pigarev, 2 Bde.). – Leningrad 1987 (in *Poln. sobr. stichotvorenij*).

ÜBERSETZUNGEN: *Lyrische Gedichte*, H. Noé, Mchn. 1861. – In D. Hiller v. Gaertringen, *Russische Dichter*, Lpzg. 1934.

LITERATUR: *F. I. T., Ego žizn' i sočinenija*, Hg. V. Pokrovskij, Moskau 1911; Nachdr. Oxford 1980. – L. Pumpjanskij, *Uranija. T. almanach*, Moskau 1928. – D. Stremoukhoff, *La poésie et l'idéologie de F. I. T.*, Paris 1937. – K. Pigarev, *Žizn' i tvorčestvo T.*, Moskau 1962. – A. Schulze, *T.s Kurzlyrik*, Mchn. 1968. – Ju. Zudelovič, *Ètjudy o lirike T.*, Samarkand 1971. – F. Cornillot, *T. Poète-philosophe*, Diss. Paris 1974. – E. Toddes, *Mandel'štam i T.*, Lisse 1974. – A. Wehrle, *Tension in the Poetry of F. I. T.*, Diss. Columbus/Ohio 1974. – L. Ozerov, *Lirika T.*, Moskau 1975. – B. Bilokur, *A Concordance to the Russian Poetry of F. I. T.*, Providence/R. I. 1975. – V. Kasatkina, *Poèzija F. I. T.*, Moskau 1978. – S. Pratt, *The Metaphysical Poetry of T. and Baratynskij*, Diss. NY 1978. – L. Novinskaja, *Psichologija tvorčestva poètov-lirikov T. i Feta*, Moskau 1979. – A. Grigor'eva, *Slovo o poèzii T.*,

Moskau 1980. – L. Ospovat, »*Kak slovo naše otzovetsja*...« *O pervom sbornike F. I. T.*, Moskau 1980. – S. Pratt, *The Semantics of Chaos in T.*, Mchn. 1983 (Slavistische Beiträge, Bd. 171). – Dies., *Russian Metaphysical Romanticism. The Poetry of Tiutchev and Boratynskij*, Stanford 1984. – *Sovremenniki o T. Vospominanija, otzyvy i pis'ma*, Tula 1984. – *Bibliography of Works by and about F. I. Tiutchev to 1985*, Cotgrave 1987. – A. Petrov, *Ličnost' i sud'ba F. T.*, Moskau 1992.

ALEKSEJ KONSTANTINOVIČ GRAF TOLSTOJ

* 5.9.1817 St. Petersburg
† 10.10.1875 Krasnyj Rog / Gouvernement Černigov

LITERATUR ZUM AUTOR:
N. Denisjuk, *Graf A. K. T., Ego vremja, žizn' i sočinenija*, Moskau 1907. – Ders., *Kritičeskaja literatura o proizvedenijach gr. A. K. T.*, Moskau 1907. – *A. K. T., Ego žizn' i sočinenija. Sbornik literaturno-istoričeskich statej*, Hg. V. Pokrovskij, Moskau ²1908. – B. Nazarevskij, *Graf A. K. T., Ego žizn' i sočinenija*, Moskau 1911. – A. Kondrat'ev, *Graf A. K. T.*, Petersburg 1912 [m. Bibliogr.]. – A. Lirondelle, *Le poète A. T., L'homme et l'œuvre*, Paris 1913. – E. Kubaschek, *Die Dramen A. K. T.s*, Diss. Wien 1953. – G. Stafeev, *A. K. T., Očerk žizni i tvorčestva*, Tula 1967. – Ders., *A. K. T. Bibliografičeskij ukazatel'*, Brjansk 1969. – T. Berry, *Satire in the Works of A. K. T.*, Diss. Austin/Tex. 1969. – M. Dalton, *A. K. Tolstoy*, NY 1972 [m. Bibliogr.]. – G. Stafeev, *Serdce polno vdochnovenija*, Tula 1973. – J. Ortowski, *A. K. T.*, Lublin 1974. – G. Stafeev, *A. K. T. v Krasnom roge*, Tula 1977. – D. Žukov, *A. K. T.*, Moskau 1982. – M. Ivancin, *A. K. T. and Russian Romanticism*, Diss. Urbana/Ill. 1983. – E. Lee, *A. K. Tolstoy: Life and Lyric Poetry*, Diss. Pittsburgh 1985. – S. Graham, *The Lyrik Poetry of A. K. Tolstoi*, Amsterdam 1985.

CAR' BORIS

(russ.; *Zar Boris*). Historische Tragödie in fünf Aufzügen von Aleksej K. Graf TOLSTOJ, erschienen 1870. – Zu Unrecht erklärt die Literaturgeschichte diesen dritten Teil von Tolstojs Trilogie um Boris Godunov (reg. 1598–1605) und den Beginn des Interregnums (»Smuta«) in Rußland für schwächer als die vorhergehenden Stücke, *Smert' Ivana Groznogo*, 1866 *(Der Tod Ivans des Schrecklichen)*, und *Car' Fëdor Ioannovič* (1868). Eine solche Wertung mag darauf beruhen, daß der Demetrius-Stoff

des Dramas sich zum Vergleich mit A. PUŠKINS *Boris Godunov* oder F. SCHILLERS Tragödienfragment *Demetrius* anbietet, von den beiden ersten Teilen aber konthematische Werke von vergleichbarem Format nicht vorliegen. Tatsächlich ist eine Abwertung jedoch ungerechtfertigt. In Tolstojs Werk tritt der falsche Dimitrij, der bei Puškin wie bei Schiller eine zentrale Rolle spielt, überhaupt nicht auf. Er dient lediglich dazu, die im Charakter Boris Godunovs angelegte tragische Entwicklung auszulösen: Boris weiß nicht, ob der Usurpator Griška Otrepev der echte oder ein falscher Dimitrij ist, und diese Zweifel führen ihn in die dramatische Krisis. Sie gipfelt in einer packenden Szene mit dem ehemaligen Vertrauten Klešnin, der Handlanger des Mordes gewesen war, jetzt aber als Mönch lebt. Von ihm will sich Boris Gewißheit verschaffen: *»Was würde ich wohl Jahre heimgesucht?/ Was würde ich wohl diese Ketten tragen?/ Was grübe ich mich lebend in die Erde,/ wenn er nicht zweifellos ermordet wäre?«* Hatte Boris nach seiner Krönung zum Zaren geglaubt, die Untaten der Vergangenheit mit einem friedensfürstlichen Regierungsprogramm aufwiegen zu können, so muß er jetzt erfahren, daß sich ein Schreckensregiment auch nicht durch gute Vorsätze wiedergutmachen läßt. Nicht nur Dimitrij ist – nach dem Wortlaut des Orakels – ein *»lebendiger Ermordeter«*, sondern auch Klešnin und sämtliche Opfer Godunovs stehen in ihm wieder auf. Das Blut der erschlagenen Gegner regt sich im noch verborgenen Haß der Bojaren, und auch das Verhältnis des Zarewitsch zu Boris wird durch die Freveltaten der Vergangenheit vergiftet. Bereits ein Gezeichneter, nimmt er den Kampf mit Otrepev auf; doch sein pathetischer Selbstbetrug, des Zaren Feind sei auch des Reiches Feind, kann seine Demoralisierung nicht aufhalten: Boris wird ohne die Hoffnung sterben, daß die Bojaren ihren Treueid gegenüber dem Thronfolger halten und seine Dynastie sowie sein Ideal des Landfriedens schützen werden.

Tolstojs Godunov ließe sich am besten mit dem paradoxen Begriff eines »versittlichten Macbeth« fassen, ein Widerspruch allerdings in sich, weil ein solcher Macbeth natürlich seines tragischen Eigenwertes verlustig geht. Daher kann Godunov nicht Opfer seines Charakters werden, sondern nur Opfer einer schicksalhaften Zerrissenheit. Damit aber nähert sich das Werk am stärksten von allen Dramen der Trilogie der Schicksalstragödie Schillerscher Konzeption: Die wachsende Divergenz von friedensfürstlichem Ideal und despotischer Wirklichkeit mündet in die Katastrophe.   W.Sch.

AUSGABEN: Petersburg 1870. – Moskau 1963 (in *Sobr. soč.*, Hg. I. Jampol'skij, 4 Bde., 1963–1965, 2; krit.). – Leningrad 1984 (in *Pol. sobr. stichotvorenij*, Hg. E. Prochorova, 2 Bde., 2). – Moskau 1988 (in *Smert' Ivana Groznogo. Car' Fëdor Ioannovič. Car' Boris. Stichotvorenija*).

ÜBERSETZUNG: *Zar Boris*, R. Seuberlich, Bln. 1909.

LITERATUR: M. F. Dotcauer, *K voprosu ob istorič. istočnikach dramatič. trilogie A. K. T.* (in Učen. zapiski Sarat. ped. inst., 1948, Nr. 12, S. 29–52). – J. Padro, *A. K. Tolstoy's Trilogy of Historical Plays. »The Death of Ivan the Terrible«, »Tsar Fyodor«, »Tsar Boris«*, Diss. NY 1970.

CAR' FËDOR IOANNOVIČ

(russ.; *Zar Fëdor Ioannovič*). Historische Tragödie in fünf Aufzügen von Aleksej K. Graf TOLSTOJ, erschienen 1868; Uraufführung: Moskau 1898, Chudožestvennyj teatr. – Die Tragödie bildet den Mittelteil der berühmten Dramentrilogie über den Boris-Godunov-Stoff, mit dessen Uraufführung K. STANISLAVSKIJ den Ruhm seines Künstlertheaters begründete. Von dem vorausgehenden (*Smert' Ivana Groznogo*, 1866 – *Der Tod Ivans des Schrecklichen*) und dem abschließenden (*Car' Boris*, 1870) unterscheidet sich dieses Stück durch ausgesprochen russische Züge. Läßt sich das erste Drama als die Tragödie eines satanischen Geistes definieren, so kommt diesem Werk die Bezeichnung »Tragödie eines engelhaften Geistes« zu: Tragödie jenes überweichen, reinen Charakters, wie ihn nur die russische Orthodoxie mit Figuren wie dem Fürsten Myškin (in *Idiot* – *Der Idiot* von F. DOSTOEVSKIJ) oder dem Popen Benediktov (in *Soborjane* – *Die Klerisei* von N. LESKOV) der Literatur schenkte. Gegen die sein Reich gefährdenden Machtkämpfe der Bojaren kennt der Zar im Glauben an die alles versöhnende Kraft brüderlicher Nächstenliebe (die er als allgemein verbreitet annimmt, weil er selbst sie ja besitzt) kein anderes Mittel, als immerfort Frieden zu stiften. Auf Wortbrüche und Versuche, ihn zu stürzen, reagiert Fëdor sanft und ungläubig. Und selbst die Nachrichten vom Tode seines jüngeren Bruders und dem drohenden Chaos können ihn nicht dazu bewegen, seine Regierungsmethoden zu ändern: »*Aus einem so reinen Quell wie der lieben den Seele Fëdors entspringt das entsetzliche Ereignis, das jahrelang Not und Unheil über Rußland bringen sollte.*« Allerdings liegen die eigentlichen Regierungsgeschäfte gar nicht in Fëdors Händen, sondern in denen seines Schwagers Boris Godunov, der die Schwäche des Zaren und dessen blindes Vertrauen zu ihm skrupellos ausnützt, um die Macht zentralisierend an sich zu reißen und dafür zu sorgen, daß das – im vorausgehenden Stück *Der Tod Ivans des Schrecklichen* erfahrene – Orakel sich bewahrheitet. Als der nachgiebige Zar auch geneigt ist, der ihm feindlich gesinnten Bojarenfamilie Žujskij die Umsturzpläne zu verzeihen, erkennt Boris Godunov zum erstenmal die Gefahr, die auch ihm droht. Er, der »*in sieben Jahren, häufend Stein auf Stein, mit großer Mühe ein Gebäude* [der staatlichen Ordnung] *baute*«, setzt sich jetzt mit der gleichen staatsräsonablen Kaltblütigkeit über Fëdor hinweg, mit der er den Thronfolger Dimitrij (Demetrius) ermorden ließ: »*Als Ort, gleich heilig und gleich hoffnungslos,/ So stelle ich mir Fëdor vor. Sein Herz,/ Dem Feinde wie dem Freunde aufgeschlos-*

sen,/ Ist voll von Liebe, Güte und Gebet.../ Doch wozu alle Heiligkeit und Güte,/ Hat man an ihnen nicht den kleinsten Halt!«

Der Einfluß F. SCHILLERS wird in diesem Stück nicht nur in der Sprache und in der dramaturgischen Form wirksam, sondern macht sich auch in der Konzeption des tragischen Aspektes geltend. Wie Johanna von Orleans scheitert Fëdor daran, daß sein Charakter der Verwirklichung seiner Idee entgegensteht. Allerdings bedingt bei Tolstoj der Charakter des Helden zugleich auch dessen Idee, durch brüderliche Liebe das Reich zu einen. Beide Komponenten – Idee und Charakter – sind also nicht gleichwertig wie bei Johanna, so daß eine freie Willensentscheidung des Helden ebenso ausgeschlossen bleibt wie seine Katharsis: Er endet in resignierender Verzweiflung über eine Schuldhaftigkeit, deren wahren Kern er nicht begreift. Und eben dies ist Fëdors wirkliche Schuld, nicht etwa seine Unentschlossenheit, der die Bojarenfamilie Žujskij und der Thronfolger zum Opfer fallen: »*Durch meine Schuld kam alles! Aber ich,/ Arina – wollte Gutes! Ja ich wollte/ Sie alle einigen, versöhnen – Gott, mein Gott!/ Warum hast Du zum Zaren mich gemacht!*«

                                          W.Sch.

AUSGABEN: Moskau 1868. – Moskau 1963 (in *Sobr. soč.*, Hg. I. Jampol'skij, 4 Bde., 1963–1965, 2; krit.). – Leningrad 1984 (in *Pol. sobr. stichotvorenij*, Hg. E. Prochorova, 2 Bde., 2). – Moskau 1988 (in *Smert' Ivana Groznogo. Car' Fëdor Ioannovič. Car' Boris. Stichotvorenija*).

ÜBERSETZUNGEN: *Zar Fjodor*, R. Seuberlich, Bln. 1908. – *Zar Feodor Ioannowitsch*, M. Goldberg, Bln. 1911.

LITERATUR: D. N. Certelev, *Dramatič. trilogija A. K. T.* (in Russkij vestnik, 1899, S. 652–672). – A. L. Volynskij, »*Car' F. I.*« (in A. L. V., *Carstvo Karamazovych*, Petersburg 1901, S. 476–489). – I. Jampol'skij, *A. K. T. – dramaturg* (in Lit. učeba, 11, 1939, S. 45–67).

DON ŽUAN

(russ.; *Don Juan*). Dramatisches Gedicht von Aleksej K. Graf TOLSTOJ, erschienen 1862, überarbeitete Fassung 1867; Uraufführung: Moskau 1905, Privattheater V. A. Nemetti. – Obwohl das erste dramatische Werk des Dichters in der Öffentlichkeit weit weniger Aufmerksamkeit erregte als seine folgende Tragödie *Smert' Ivana Groznogo*, 1867 (*Der Tod Iwans des Schrecklichen*), und erst nahezu ein halbes Jahrhundert nach seiner Entstehung zur Aufführung gelangte, zeugt es bereits von der stilistischen Meisterschaft des Autors. Die Handlung weicht nur geringfügig vom Schema der klassischen Vorlage ab. Im Prolog, der dem Mysterienspiel verpflichtet ist, wird der ethische Konflikt des Helden in den Rahmen des umfassenden Widerstreits zwischen den Prinzipien des Lichts und der

Finsternis gestellt. Satan berichtet den himmlischen Geistern von seiner Absicht, den ehrenhaften Don Juan vom Pfad der Tugend abzubringen. Der erste Teil des Dramas setzt zehn Jahre später ein. Wegen seines gottlosen und ausschweifenden Lebenswandels von der spanischen Inquisition heimlich zum Tode verurteilt, wirbt Don Juan um Donna Anna, die Tochter des Stadtkommandanten von Sevilla. In ihr glaubt er zum erstenmal das irdische Abbild jenes hohen Ideals der Liebe, Schönheit und Vollkommenheit gefunden zu haben, nach dem er bisher vergeblich gesucht hat. Trotz der anfänglichen Widerstände des Kommandanten, der Juans Treuegelöbnis mißtraut, wird die Hochzeit festgesetzt. Im letzten Moment überkommen Juan Zweifel am Sinn einer institutionalisierten Liebesbeziehung. In trotziger Reaktion gegen die archaischen Ehevorstellungen des Kommandanten bringt er der stadtbekannten Dirne Nisetta ein abendliches Ständchen, wohl wissend, daß Anna und ihr Vater Zeugen der Szene sind. In ohnmächtigem Zorn stürzt sich der Kommandant auf Don Juan und fordert ihn zum Duell. Juan versucht, den ungleichen Kampf zu verhindern, greift aber schließlich in seiner Bedrängnis zum Degen und ersticht den Alten. Ein Jahr vergeht. Donna Anna liebt Juan noch immer und ist bereit, ihm zu vergeben, weist jedoch seine Liebe zurück. Das Netz der Inquisition hat sich inzwischen so eng um Juan zusammengezogen, daß ihm nur der eine Ausweg bleibt, Spanien für immer zu verlassen. Er beauftragt einen arabischen Seeräuber, ein Schiff zu beschaffen und eine Mannschaft zusammenzustellen. Kurz bevor er in See sticht, sucht Donna Anna ihn ein letztes Mal auf und bittet ihn vergeblich, seinen Widerstand gegen Gott aufzugeben. Erst als sie gegangen ist, erkennt Juan, daß er in Anna verloren hat, was ihm Glauben und Erkenntnis hätte geben können. Seine Reue kommt zu spät. Als er ihr verzweifelt nachstürzen will, tritt ihm die Marmorgestalt des Kommandanten entgegen, die Juan am Vorabend hochmütig aufgefordert hatte, ihn anderntags mit seiner Gesellschaft zu beehren. Die Statue fordert ihn auf zu beten, doch verweigert Juan auch jetzt den Gehorsam gegen Gott. Unter dem Händedruck des »steinernen Gastes« bricht er tot zusammen.

Tolstojs Drama entstand unter dem Einfluß von G. G. BYRONS *Manfred* (1817) und *Cain* (1821), von J. W. GOETHES *Faust* sowie A. PUŠKINS *Kamennyj gost'*, 1840 *(Der steinerne Gast)*. Formale Parallelen zu Goethe sind insbesondere in der Anlage des Prologs und in der Figur des Satans gegeben, der in seiner saloppen, ironisch-sophistischen Debattierfreudigkeit deutliche Züge des Goetheschen Mephisto trägt. Dagegen ist die Gestalt des Don Juan stärker an den Helden Byrons orientiert, die ihrem prometheischen Dämon in der gleichen Einsamkeit überlassen sind, die ihre Hybris mit der gleichen Selbstverachtung gegen das eigene Ich richten und deren ethische und metaphysische Schuld in gleicher Weise durch den Willen zum Widerstand und zur Größe legitimiert und aufgeho-

ben wird. Don Juans Satz »*Gibt es die Liebe nicht, so gibt es keinen Glauben ... keinen Gott*« offenbart jene rigoros an die eigene Existenz geknüpfte Heilserwartung, die als Revolte gegen einen schweigenden Gott bis hin zu Albert CAMUS' Don-Juan-Interpretation ein Topos menschlicher Seinserfahrung geworden ist.   A. Gu.

AUSGABEN: Petersburg 1862 (in Russkij vestnik, Nr. 4). – Petersburg 1867 (in *Stichotvorenija*). – Moskau 1963 (in *Sobr. soč.*, Hg. I. Jampolskij, 4 Bde., 1963–1965, 2; krit.). – Leningrad 1984 (in *Pol. sobr. stichotvorenij*, Hg. E. Prochorova, 2 Bde., Bd. 2).

ÜBERSETZUNG: *Don Juan*, C. v. Pawloff, Dresden 1863.

LITERATUR: I. Ivancin, *A. K. T. and Russian Romanticism*, Diss. Urbana-Champaign/Ill. 1983, S. 140–150.

SMERT' IVANA GROZNOGO

(russ.; *Der Tod Ivans des Schrecklichen*). Historische Tragödie in fünf Akten von Aleksej K. Graf TOLSTOJ, Uraufführung: Petersburg 1867, Marinskij teatr. – Die Verstragödie bildet den ersten Teil einer außerdem die Dramen *Car' Fëdor Ioannovič*, 1868 *(Zar Fëdor Ioannovič)*, und *Car' Boris*, 1870 *(Zar Boris)*, umfassenden Trilogie über die Gestalt des russischen Zaren Boris Godunov (reg. 1598–1605) und den Beginn der »Smuta«, der Wirren zu Anfang des 17. Jh.s. Die Handlung des Dramas spielt im Todesjahr Ivans des Schrecklichen (1584). Sie setzt mit einer depressiven Phase des alternden Zaren ein, in der er in selbstquälerischer Reue über die Ermordung des eigenen Sohnes die Bojaren anweist, einen neuen Herrscher zu wählen. Untereinander zerstritten, schließen sich die Bojaren aus Angst vor der Rache des Zaren dem Argument des Emporkömmlings Boris Godunov an, das Einigungswerk Ivans wiege schwerer als alle seine Greueltaten. Sie tragen dem Herrscher erneut die Krone an und beugen sich freiwillig unter das Joch des Tyrannen. Godunov wird Ratgeber des Zaren. Seine Hoffnung, mäßigend auf den Despoten einwirken zu können, erfüllt sich nicht. Offen demütigt ihn der Zar: »*Begreife: ich halte dich nur, damit du meinen Willen rückhaltlos erfüllst.*« Als Godunov erfährt, daß die Bojaren unter der Führung des Fürsten Šujskij gegen ihn konspirieren, greift er aus Machtgier zu unlauteren Mitteln. Er vermag seine Feinde auszuschalten und festigt seine Stellung beim Zaren, der, todkrank, zwischen niedrigster Grausamkeit und weinerlicher Reue hin und her geworfen wird. Durch einen wohlberechneten psychologischen Schock tötet Boris den Zaren. Es gelingt ihm, Ivans schwächlichen Sohn Fëdor zum Nachfolger des Tyrannen auszurufen. Seine einflußreichsten Gegner werden als Aufrührer entlarvt. Boris ist entschlossen, seine Machtstellung mit allen Mitteln zu verteidigen und auszubauen: *»Ein starker Mann wird nicht vergeblich warten, daß ihm ein Wunder zu den Sternen hebt.«*

Gegenstand und Chronologie des historischen Sujets behandelt der Autor mit großer Freizügigkeit. Im Gegensatz zu Lev Mejs *Pskovitjanka,* 1860 *(Das Mädchen von Pskov),* tritt bei Tolstoj die Würdigung der historischen Rolle Ivans IV. hinter der psychologischen Motivierung der Herrscherpersönlichkeit zurück. Von Gewissensbissen zermartert, ist Ivan gleichwohl unfähig, seine unberechenbare Grausamkeit zu überwinden. Nicht minder komplex ist die Psyche Godunovs angelegt: Ursprünglich ein positiver Charakter, wird er durch seine ungezügelte Machtgier immer unwiderruflicher in das Böse verstrickt. Verraten die gewandten, dynamischen Blankverse des Dramas das Vorbild F. Schillers, so ist seine Konzeption als Charaktertragödie W. Shakespeare verpflichtet.

Das Grundmotiv des Dramas – die Angst des Untertanen vor der Freiheit, wie sie in der freiwilligen Unterwerfung der Bojaren zutage tritt – ist Tolstojs Roman *Knjaz' Serebrjanyj,* 1862 *(Fürst Serebrjanyj),* entnommen, der die späte Regierungszeit Ivans des Schrecklichen exemplarisch anhand der Geschichte des Jahres 1565 charakterisiert. Das historisch, ethnographisch und folkloristisch fundierte Kulturgemälde zeichnet das Regime des Zaren als ein schauriges Panorama von Folterungen und Hinrichtungen, Grausamkeiten und Schrecken. Das Engagement des Autors gilt der Entlarvung der Tyrannei, wird jedoch weniger von der Empörung über die Despotie als von dem zornigen Erstaunen über die Untertanen getragen, die dieses Regime ohne Gegenwehr erdulden.

Hauptmotiv der bewegten Handlung ist die Liebe des edlen Bojaren Serebrjanyj zu Elena, der Gattin des alten Fürsten Morozov. Walter Scotts *Ivanhoe* verwandt, zeichnet sich der Titelheld aus durch seine *»Aufrichtigkeit, seinen unbestechlichen Freimut und seine Unfähigkeit, persönliche Vorteile zu suchen«.* Seine Seele *»wallt jedesmal auf«,* wenn er auf ein Unrecht stößt. Seine Widersacher sind der eifersüchtige Morozov und sein Nebenbuhler Vjazemskij. Eine Fülle abenteuerlicher Verwicklungen und eine Vielzahl fiktiver Nebenfiguren lassen ein detailliertes Gemälde der moskovitischen Feudalgesellschaft des 16. Jh.s entstehen. – Die Hauptquelle des Romans, der unter dem nachhaltigen Einfluß von M. Lermontovs *Pesnja pro carja Ivana Vasil'eviča,* 1838 *(Das Lied vom Zaren Ivan Vasil'evič),* entstand, ist N. Karamzins *Istorija gosudarstva rossijskogo,* 1816–1826 *(Geschichte des russischen Staates).* Die einfache, doch anschauliche und ausdrucksstarke Sprache des Romans ist vielfach von Wortschatz, Phraseologie und Bildmaterial der Volksdichtung durchsetzt. Die Schwarzweißmalerei der Charaktere (in der Tradition M. Zagoskins), die Fehlbeurteilung Ivans IV., die Idealisierung des altrussischen Feudaladels nach den Interessen der russischen Aristokratie des 19. Jh.s, schließlich die bereits von den Zeitgenossen empfundene Antiquiertheit von Stil, Konzeption und

Psychologie des Romans stellen das Urteil A. Luthers in Frage, der das Werk als den *»besten Geschichtsroman«* der russischen Literatur bezeichnete. Gleichwohl gehört das Werk, das die erste Konzeption Ivans IV. in Tolstojs Balladen *Vasilij Šibanov (Vasilij Šibanov), Knjaz' Michajlo Repnin (Fürst Michajlo Repnin)* und *Starickij voevoda (Der Wojewode Starickij)* mit der abschließenden künstlerischen Formulierung der Gestalt im ersten Teil der Dramentrilogie verbindet, in Rußland bis heute zu den meistgelesenen Romanen der historischen Gattung.   W. Sch.-KLL

Ausgaben: Moskau 1866 (in Otečestvennye zapiski, Nr. 1). – Petersburg 1867. – Moskau 1963 (in *Sobr. soč.,* Hg. I. Jampol'skij, 4 Bde., 1963–1965, 2; krit.). – Leningrad 1984 (in *Pol. sobr. stichotvorenij,* Hg. E. Prochorova, 2 Bde., 2). – Moskau 1988 (in *Smert' Ivana Groznogo. Car' Fëdor Ioannovič. Car' Boris. Stichotvorenija*).

Übersetzungen: *Der Tod Iwans des Furchtbaren,* K. v. Pawloff, Dresden 1863. – *Der Tod Iwan des Grausamen,* R. Seuberlich, Bln. 1908. – *Der Tod Iwans des Grausamen,* F. Fiedler, Halle 1911.

Literatur: M. Umanskaja, *Dramatič. trilogija A. K. T.* (in M. U., *Rusk. istorič. dramaturgija 60-ch godov XIX v.,* Vol'sk 1958, S. 239–267). – S. Kormilov, *Ivan Groznyj i ego èpocha v tvorčestve M. Ju. Lermontova i A. K. Tolstogo* (in Vestnik Moskovskogo univ., filologija, 1977, Nr. 4, S. 25–36).

Knjaz' Serebrjanyj:
Ausgaben: Moskau 1862 (in Russkij vestnik). – Moskau 1964 (in *Sobr. soč.,* Hg. I. Jampol'skij, 4 Bde., 1963–1965, 3; krit.). – Moskau 1980.

Übersetzungen: *Fürst Serebräny,* W. Lange, 2 Bde., Bln. 1882; ern. 1909. – *Iwan der Schreckliche,* ders., Lpzg. 1927. – *Zar Iwan der Schreckliche,* A. Usthal, Bln. 1930. – *Fürst Serebriany. Roman aus der Zeit Iwans IV.,* L. Berndl, Zürich 1952; ern. 1984. – *Der silberne Fürst,* H. v. Hörner, Rudolstadt 1954 [Ill. K. Stratil].

Literatur: V. Porečnikov, *Provincial'nye pis'ma o našej literature* (»Knjaz' Serebrjanyj«. Istoričeskij roman grafa T.) (in Otečestvennye zapiski, 146, 1863, S. 163–186). – M. Sokolov, *»Knjaz' Serebrjanyj«. Istoričeskij roman grafa A. T.,* Tula 1913. – V. Solov'ëv, *Raport o zapreščenii p'esy N. I. Sobol'ščikova-Samarina »Knjaz' Serebrjanyj« po odnoimennomu romanu A. K. T. 30. okt. 1897* (in Naučnye issl. inst. teatra i muzyka, 1956). – D. Strziga, *A. K. T. (1817–1875). Geschichtliche Dichtungen und Geschichtsbild,* Diss. Mainz 1972.

LEV NIKOLAEVIČ GRAF TOLSTOJ

* 9.9.1828 Jasnaja Poljana / Gouvernement
Tula
† 20.11.1910 Astapovo / Gouvernement
Tambov

LITERATUR ZUM AUTOR:
Bibliographien:
A. Bem u. V. Sreznevskij, *Bibliografičeskij ukazatel' tvorenij L. N. T.*, Leningrad 1926; Nachdr. Würzburg 1972. – *L. N. T. Bibliographie der Erstausgaben deutschsprachiger Übersetzungen*, Lpzg. 1958 [Vorw. A. Seghers]. – N. Šeljapina u. a., *Bibliografija literatury o L. N. T. 1917–1958*, Moskau 1960. – *Chudožestvennye proizvedenija L. N. T. v perevodach na inostrannye jazyki*, Hg. T. Motyleva, Moskau 1961. – N. Šeljapina, *Bibliografija literatury o L. N. T. 1956–1961*, Moskau 1965. – Dies. u. a., *Bibliografija literatury o L. N. T. 1962–1967*, Moskau 1972. – Dies., *Bibliografija literatury o L. N. T. 1968–1973*, Moskau 1978. – D. u. M. Egan, *Leo Tolstoy. An Annotated Bibliography of English-Language Sources to 1978*, Metuchen/N.J. 1979.
Zeitschrift:
Jasnopoljanskij sbornik, Tula 1955 ff.
Forschungsberichte:
G. Berliner, *Russische Forschung über L. T. in den Jahren 1917–1931* (in ZslPh, 9, 1932, S. 453–486). – V. Ždanov, *L. N. T. v ›Učenych zapiskach‹* (in Russkaja literatura, 5, 1962, Nr. 4, S. 172–186). – V. Gornaja, *T.-myslitel' v sovremennom buržuaznom literaturovedenii i filosofii* (in Izvestija otdela literatury i jazyka, 27, 1968, S. 513–526). – S. Rozanova, *Neisčerpaemost' genija. Obzor novych issledovatel'skich rabot* (in Literaturnoe obozrenie, 1980, Nr. 8, S. 17–24).
Biographien:
R. Rolland, *Vie de T.*, Paris ³1911; ern. 1978. – M. Geršenzon, *Mečta… L. N. T. v 1855–1862 godach*, Moskau 1919; Nachdr. Mchn. 1970. – N. Gusev, *L. N. T., Materialy k biografii s 1828 po 1855 g.*, Moskau 1954. – Ders., *L. N. T., Materialy k biografii s 1855 po 1869 g.*, Moskau 1957. – H. Troyat, *T.*, Paris 1965 (dt.: *T. oder die Flucht in die Wahrheit*, Wien 1966; ern. Mchn. 1977). – V. Šklovskij, *L. T.*, Moskau 1967. – I. L. Tolstoj, *Moi vospominanija*, Moskau 1969. – N. Gusev, *L. N. T. Materialy k biografii 1881–1885*, Moskau 1970. – V. Bulgakov, *The Last Year of L. T.*, NY 1971. – G. Rusanov, *Vospominanija o L. N. T. 1883–1901*, Voronež 1972. – S. Tolstoj, *Očerki bylogo*, Tula ⁴1975. – P. Birjukov, *L. N. T. Kratkaja biografija*, Moskau 1976. – T. Suchotina-Tolstaja, *Vospominanija*, Moskau 1976 (dt.: *Ein Leben mit meinem Vater*, Köln 1978). – M. Braun, *T. Eine literarische Biographie*, Göttingen 1978. – A. Rachmanova, *T. Tragödie einer Ehe*, Wien 1978. – *T. v Moskve*, Moskau 1978. – *L. N. T. v vospominanijach sovremennikov*, 2 Bde., Moskau 1978. – *L. N. T. v tulskom krae*, Tula 1978. – D. Makovicsky, *U T. 1904–1910*, 4 Bde., Moskau 1979. – B. Mejlach, *Uchod i smert' T.*, Moskau ²1979. – L. Opul'skaja, *L. N. T. Materialy k biografii 1886–1892*, Moskau 1980. – M. Al'tman, *U T.*, Tula 1981. – K. Lomunov, *Žizn' L. N. T.*, Moskau 1981. – H. Gifford, *T.*, Oxford 1982. – A. Šifman, *Stranicy žizni L. T.: očerki*, Moskau 1983. – P. Citati, *T.*, Mailand ²1984 (dt. *L. T.: eine Biographie*, Reinbek 1988). – L. Kuz'mina, *L. T. v Peterburge*, Leningrad 1986. – W. Rowe, *L. T.*, Boston 1986. – T. Kuzminskaja, *Moja žizn' doma i v Jasnoj Poljane: vospominanija*, Kiew 1987. – A. Wilson, *Tolstoy*, Ldn. 1988. – *T.s letzte Jahre*, Hg. G. Drohla, Ffm. 1988.
Gesamtdarstellungen und Studien:
Ch. Turner, *Count T. as Novellist and Thinker*, Ldn. 1888; Nachdr. NY 1974. – K. Leont'ev, *O romanach gr. L. N. T. Analiz, stil', vejanie*, Moskau 1911. – A. Maude, *L. T.*, Ldn. 1918; Nachdr. NY 1975. – B. Ejchenbaum, *Molodoj T.*, Petrograd 1922; Nachdr. Mchn. 1968. – Th. Mann, *Goethe u. T.*, Aachen 1923; ²1932. – B. Ejchenbaum, *L. T.*, 2 Bde., Leningrad 1928–1931; Nachdr. Mchn. 1968. – G. Abraham, *T.*, Ldn. 1935; Nachdr. NY 1974. – J. Lavrin, *Tolstoy. An Approach*, NY 1946. – H. Meyer-Benfey, *T.s Weltanschauung*, Hbg. 1946. – E. Simmons, *L. T.*, Boston 1946. – B. Metzel, *T.*, Paris 1950. – K. Hamburger, *T. Gestalt u. Problem*, Mchn. 1950; Göttingen ²1962. – E. Kuprejanova, *Molodoj T.*, Tula 1956. – L. Myškovskaja, *Masterstvo L. N. T.*, Moskau 1958. – N. Gusev, *Letopis žizni i tvorčestva L. N. T.*, 2 Bde., Moskau 1958–1960. – J. Belinkis, *O tvorčestve L. N. T.*, Leningrad 1959. – D. Gilles, *Tolstoi. Essai*, Paris 1959. – B. Bursov, *L. T. Idejnye iskanija i tvorčeskij metod 1847–1862*, Moskau 1960. – V. Kovalëv, *O stile chud. prozy L. N. T.*, Moskau 1960. – N. Ludwig, *L. T.*, Halle 1960. – *L. N. T. v russkoj kritike. Sbornik statej*, Moskau 1960. – N. Ardens [d. i. N. Apostolov], *Tvorčeskij put' L. N. T.*, Moskau 1962. – M. B. Chrapčenko, *T. kak chudožnik*, Moskau 1963. – H. Duffield u. M. Bilsky, *Tolstoy and the Critics*, Chicago 1965. – E. Nuralov, *Ob èstetičeskich vzgljadach L. N. T.*, Erevan 1965. – J. Bayley, *T. and the Novel*, Ldn. 1966; Nachdr. NY 1967; Chicago 1988. – G. Iščuk, *Problemy èstetiki pozdnego T.*, Rostov am Don 1967. – E. Simmons, *Introduction to Tolstoy's Writings*, Chicago/Ldn. 1968. – R. F. Christian, *T. A Critical Introduction*, Cambridge 1969. – E. Dieckmann, *Erzählformen im Frühwerk L. N. T.s 1851–1857*, Bln. 1969. – M. Doerne, *T. u. Dostojewski. Zwei christliche Utopien*, Göttingen 1969. – N. Ardens [d. i. N. Apostolov], *Dostoevskij i T.*, Moskau 1970. – B. Ejchenbaum, *L. T., 70-ye gody*, Leningrad 1970; ²1974. – M.-Th. Bodart, *T.*, Paris 1971. – L. Speirs, *T. and Chekhov*, Ldn. 1971. – W. Kornman, *T. and the Drama*, Diss. Stanford/Calif. 1973. – R. Sampson, *The Discovery of Peace*, Ldn. 1973. – R. C. Benson, *Women in T. The Ideal and the Erotic*, Urbana/Ill. 1974. – E. Crankshaw, *T. The Making of a Novelist*, Ldn. 1974. – E. Greenwood, *T. The Comprehensive Vision*, Ldn.

1975. - G. Iščuk, *Problema čitatelja v tvorčeskom soznanii L. N. T.*, Kalinin 1975. - T. Cain, *T.*, Ldn. 1977. - P. Mitchell, *L. N. T. in Pre-Soviet Literary Criticism*, Diss. Bloomington/Ind. 1977. - Ju. Jankovskij, *Čelovek i vojna v tvorčestve L. N. T.*, Kiew 1978. - T. Karlova, *L. T. v dviženii istorii*, Kazan' 1978. - E. Majmin, *L. T.*, Moskau 1978. - V. Odinokov, *Poètika romanov L. N. T.*, Novosibirsk 1978. - E. Wasiolek, *T.'s Major Fiction*, Chicago/ Ldn. 1978. - È. Nuralov, *Èstetika L. N. T. v ocenke kritiki*, Erewan 1979. - B. Sorokin, *L. T. in Pre-Revolutionary Russian Criticism*, Columbus 1979. - E. Andreeva, *T.-chudožnik v poslednij period dejatel'nosti*, Voronež 1980. - V. Kovalëv, *Poètika L. T.: istoki, tradicii*, Moskau 1983. - W. Lettenbauer, *T.*, Mchn./Zürich 1984. - I. Budina, *Literaturnye žanry v tvorčeskom nasledii L. N. T. 80-90-ch godov*, Diss. Moskau 1985. - *Critical Essays on Tolstoy*, Hg. E. Wasiolek, Boston 1986. - R. Gustafson, *Leo Tolstoy. Resident and Stranger: A Study in Fiction and Theology*, Princeton 1986. - *Leo Tolstoy*, Hg. H. Bloom, NY u. a. 1986. - E. Dieckmann, *Polemik um einen Klassiker: Lew Tolstoi im Urteil seiner russischen Zeitgenossen. 1855–1910*, Bln. u. a. 1987. - A. Nilwjukin, *Vzaimosvjazi literatur Rossii i SŠA: Turgenev, T., Dostoevskij i Amerika*, Moskau 1987. - A. Donskov, *Essays on L. N. T.'s Dramatic Art*, Wiesbaden 1988. - V. Kovalëv, *Tvorčeskij put' L. T.*, Moskau 1988. - D. Murphy, *T. and Education*, Dublin 1992. - B. I. Berman, *Sokrovennyj T.*, Moskau 1992.

ANNA KARENINA

(russ.; *Anna Karenina*). Roman von Lev N. Graf Tolstoj, erschienen 1875–1877 in der Zeitschrift ›Russkij vestnik‹; in Buchform 1878. - In seinem zweiten großen Roman nach *Vojna i mir*, 1868/69 *(Krieg und Frieden)*, wendet sich Tolstoj von der historischen Vergangenheit Rußlands ab und seiner Gegenwart (die Jahre um 1870) zu. Er bekannte einmal, er liebe in *Anna Karenina* die Idee der Familie, so wie er in *Vojna i mir* der Idee des Volkes verbunden gewesen sei.

In der Tat gruppieren sich die Hauptfiguren um drei untereinander verwandte, der russischen Oberschicht angehörende Familien: Karenin, Levin und Oblonskij. Anna Karenina, jung, bezaubernd schön und von reifer, fraulicher Anmut, ist ebenso warmherzig wie klug, ebenso rein in ihrem Denken und Fühlen wie hinreißend in ihrer emotionalen Erlebnisfähigkeit. Die spannungsgeladene Handlung wird dadurch ausgelöst, daß Anna nach langjähriger glückloser Ehe dem männlich kraftvollen Offizier Graf Vronskij in unwiderstehlicher Liebe verfällt. Zwischen der ersten, schicksalhaften Begegnung auf einem Moskauer Bahnhof und der Verzweiflungstat des Selbstmords der Heldin unter den Rädern eines Eisenbahnwagens liegen die Stationen eines durch schuldlos-schuldhafte, tragische Verstrickung heraufbeschworenen Leidenswegs, den der psychologische Analytiker

Tolstoj in allen Phasen minuziös nachzeichnet. Seinen unaufhaltsamen Verlauf nimmt das Verhängnis, als Anna, die sich in ihrem leidenschaftlichen Drang nach Glück unwiderruflich und ausschließlich für den Geliebten entschieden und ihren Mann und Sohn verlassen hat, die bittere Erfahrung macht, daß die Gesellschaft in ihrer Liebe nur den Fehltritt sieht und sie das Los einer von der Gesellschaft Ausgestoßenen auf sich nehmen muß. Die aufrichtig Lebende und Liebende klammert sich nun verzweifelt an das einzige, was ihr verblieben ist: ihre Liebe, der sie alles geopfert hat und die sie sich um jeden Preis bewahren will. Dieser Kampf, dessen Sinn letztlich die absolute Inbesitznahme des Geliebten ist, führt aber im Gegenteil zur Entfremdung, die, nach einer Phase erbitterter Eifersuchts- und Haßausbrüche, in tiefste Hoffnungslosigkeit mündet. Aus dem Gefängnis ihrer seelischen Qualen findet Anna keinen anderen Ausweg mehr, als »die Kerze« zu löschen, »in deren Schein sie das von Unruhe, Täuschungen, Kummer und Übel erfüllte Buch ihres Lebens gelesen«.

Bestrafte Ehebrecherin? Ja, doch vor allem auch ein Opfer! Die beiden männlichen Gegenspieler Annas, Karenin und Vronskij, werden von ihrer menschlichen Größe und wahrhaftigen Gesinnung überstrahlt. Der aus der Distanz lebende, vornehm-frostige Ehegatte mit dem spöttisch-überlegenen Auftreten eines gefühllosen, engherzigen, steifen Petersburger Würdenträgers, diese – nach Annas Worten – »ministerielle Maschine«, in der alles Menschliche erstickt ist, wirkt in der hilflosen Verlassenheit und Ratlosigkeit gegenüber dem hereingebrochenen Unheil zwar bedauernswert, doch nicht bemitleidenswert. Auch Karenins Widersacher Vronskij, der Auserwählte, dessen äußere Erscheinung und gesellschaftliche Glanzrolle die Beschränktheit seines Charakters vertuschen, führt ein künstliches Dasein: Er lebt in einer Scheinwelt, deren Sklave er ist. Solange die illegitime Verbindung mit Anna der Eitelkeit dieses ehrgeizigen Weltmannes schmeichelt und seine Leidenschaft befriedigt, glaubt er an die Gleichwertigkeit ihrer beider Gefühle. Sicher seines Besitzes, dem er die Offizierskarriere opferte, bereit, sich mit der Tatsache abzufinden, daß Anna, deren Mann die Scheidung verweigert, nicht auch vor der Welt seine Frau sein kann, bleibt ihm Annas Kampf um seine Liebe unbegreiflich, ja er wird unfähig, ihre durch die seelische Vereinsamung und die verhinderte Familiengründung noch gesteigerten Gefühle zu erwidern. Einsam wie Anna, die in der Maßlosigkeit das Maß ihres Lebens und ihrer Liebe entdeckt, ist auch Vronskij, er jedoch ist es aus Mittelmäßigkeit.

Über den Beziehungen der in diese Tragödie Verstrickten lastet eine elementar und unerbittlich waltende Schicksalsmacht, angekündigt schon in dem als Motto dem Roman vorangestellten *Die Rache ist mein, ich will vergelten«*. Dieser Bibelspruch (5. *Mosis 32, 35*), den Tolstoj A. Schopenhauers *Die Welt als Wille und Vorstellung* (1819) entnommen hat, soll ausdrücken, daß die von blinder, sich selbst genügender und daher selbstzerstörerischer Leidenschaft überwältigten, ihre moralische Pflicht gegenüber dem Leben, der natürlichen Bestimmung des Menschen verfehlenden Liebenden mit schicksalhafter, »gottgewollter« Notwendigkeit von der sittlichen Vergeltung der ewigen Gerechtigkeit ereilt werden – eine ethische Führungslinie, die schon auf den Tolstoj der *Ispoved'*, 1882 *(Die Beichte)*, weist.

Die dem Autor vorschwebende »Familienidee« konnte somit in der – gewiß nicht zufällig im »verfremdenden« großstädtischen Milieu spielenden – dramatisch zugespitzten, romantisch überhauchten Geschichte von der unglücklichen Liebe Annas und Vronskijs mit all ihren destruktiven Folgen nur von der negativen Seite gestaltet werden. Als positive Gegenerzählung wurde deshalb in sehr kunstvoller Weise (Tolstoj selbst war stolz darauf) ein zweiter, zeitlich parallel zum ersten verlaufender, erzähltechnisch mit ihm antithetisch alternierender Handlungsstrang eingebaut, der das »prosaischere«, ruhigere, von Störungen des Alltags kaum getrübte harmonische Familienleben des Ehepaars Levin auf ihrem Landgut schildert.

Als wichtiges kompositorisches Bindeglied zwischen diesen beiden Hauptsträngen fungiert die dem Ehepaar Oblonskij gewidmete Erzählung, die überdies die Aufgabe hat, die Problematik der beiden Haupthandlungen auf alltäglicher Ebene widerzuspiegeln. Während in der Ehebruchtragödie das ganze Geschehen um die Titelheldin gebaut ist, bildet in der Kontrasthandlung die männliche Hauptfigur Konstantin Levin den Mittelpunkt. Anna und Levin sind die zwei starken Persönlichkeiten des Romans, die das natürliche, aktive, leidensfähige Lebensprinzip verkörpern: Anna im Bereich des emotionalen Strebens nach Glück, Levin, der innerlich Unzufriedene, stets Suchende und um neue Erkenntnisse Ringende, in der persönlichen geistigen Auseinandersetzung mit dem Sinn seines Daseins. Wie alle dichterischen Selbstspiegelungen Tolstojs ist dieser junge russische Gutsbesitzer als eine komplizierte Gestalt angelegt: Schwerfällig-grüblerisch in seinem Denken, äußerlich nicht sehr anziehend, besticht er durch seine Charaktereigenschaften, seine redliche, ethisch geprägte Gesinnung und sein hellwaches Gewissen. Das Ideal des natürlichen, echten Menschendaseins sieht er, der das lasterhafte und müßige Treiben der von »Lug und Trug« umgarnten Gesellschaftskreise verabscheut, in der Harmonie des tätigen Landlebens; daher Levins Liebe zum russischen Bauern und zu seiner in ewigem Einklang mit der Natur verrichteten Arbeit (besonders schön in der meisterhaft gelungenen Episode der Heumahd). Sein Streben nach sittlicher Selbstvervollkommnung, sein Suchen nach Wahrheit, nach dem Sinn des Lebens (und Todes) wird bei ihm in gesunder Weise ergänzt durch das Verlangen nach Liebes- und Eheglück. Er findet es endlich in der liebreizenden, zarten Kitty Ščerbackaja, mit der gemeinsam er dazu berufen ist, das zentrale ethische Problem der Ehe und Familie in einem – von Tolstoj aus gese-hen – befriedigenden Sinn zu lösen. Ihr Lebensbund ruht auf geprüften und daher unerschütterlichen sittlichen Grundlagen. Ihre höchste Erfüllung erhält ihre Ehe durch beider Willen zur Fortpflanzung (und so ließ es sich Tolstoj besonders angelegen sein, die Mutterschaft Kittys mit einem poetischen Nimbus zu umgeben). Während Kitty damit und durch ihr Wirken in der und für die Familie das Endziel ihrer Bestimmung erreicht hat, geht Levin weiter: Am Ende des Romans vernimmt er, der Gott sucht, aus dem Mund eines Bauern die »einfache Wahrheit«, daß der Mensch für die Seele leben und an Gott denken müsse. Diese Worte wirken auf ihn wie eine Erleuchtung, da er erkennt, daß das Leben auf das Üben der christlichen Nächstenliebe ausgerichtet sein soll.

Der letzte, achte Teil des Werks, in dem Levin zu dieser Erkenntnis gelangt, kann als Epilog zur Handlungslinie Anna–Vronskij gelten (letzterer zieht nach einem Selbstmordversuch als Freiwilliger in den Krieg gegen die Türken, um den Tod zu suchen). Das Leben bei den Levins geht weiter, und Levins Zukunft kann man sich unschwer als mit der seines geistigen Schöpfers identisch vorstellen. Die tagebuchähnlichen Schlußseiten des Romans weisen auf die wenige Jahre später, nach dem Umbruch in Tolstojs Weltschau, veröffentlichte *Ispoved'*. Im Gegensatz zu *Vojna i mir* ist der philosophische Grundton von *Anna Karenina* pessimistisch. Die Frage nach dem Glück der Familie, dieses Inbegriffs des sittlichen Lebens, konnte von Tolstoj nur teilweise – und auch da mit Vorbehalten – im positiven Sinn künstlerisch beantwortet werden.

Die zahlreichen, plastisch skizzierten Nebenfiguren des Romans, denen der Leser in den aristokratischen Salons, im Offiziersmilieu, beim Pferderennen, auf Bällen, im Theater oder auf dem Gutshof begegnet, beleben den vielgestaltigen sozialen Hintergrund. Sie haben die Funktion, die jeweils auftretenden Hauptfiguren in Charakter und Aktion kontrastierend oder komplementär zu nuancieren sowie für eine Bereicherung des Sujets und eine Aktivierung des Handlungsablaufs zu sorgen. Auf diese Weise wird das Leben des städtischen und ländlichen Adels sowie des Bauernstandes im damaligen Rußland dargestellt. Daneben werden aber auch wissenschaftliche und philosophische Probleme, Fragen der Kunst sowie historische und politische Ereignisse jener Zeit beleuchtet. Mit überscharfem, jeweils das Typische auswählendem Beobachtungssinn und vollendeter Beherrschung der Darstellungsmittel des psychologischen Realismus schildert Tolstoj auch in diesem Werk eine Fülle charakteristischer Erscheinungsformen menschlichen Daseins, analysiert er unfehlbar die intimsten Gefühlsregungen und Affekte, die geheimsten Triebfedern menschlichen Handelns. Seine Charakterzeichnung ist nie statisch, die Handlungsführung stets dynamisch, zielstrebig. Die hie und da im Werk eingestreuten Naturschilderungen sind nie bloßer Hintergrund, sondern dienen gewöhnlich der lyrischen Unterstreichung oder dramatischen Steigerung bedeutsamer Erkenntnisse und ahnungsvoller Stimmungen der Romangestalten (vgl. z. B. die herrliche Beschreibung des Frühlingserwachens auf dem Land und die Wirkung auf Levin; oder Levins Nacht auf dem Feld). Große Bedeutung kommt der Bildsymbolik zu; so sind der Schneesturm während Annas Rückfahrt nach Petersburg und Vronskijs Sturz beim Pferderennen ominöse Vorzeichen, die bevorstehende entscheidende Wendungen im Schicksal der Titelheldin versinnbildlichen sollen. Besonders gewichtig scheint das unheilschwere Bild der Eisenbahn als einer beinahe mystischen Vollstreckerin der »höheren« Vergeltung auf; hierher gehört auch der Traum Annas und Vronskijs von dem mit »Eisen« hantierenden koboldhaften Männlein. Was die Erzähltechnik (namentlich die Verwendung des inneren Monologs), den Stil und die überaus nuancenreiche sprachliche Gestaltung betrifft, steht dieser Roman Tolstojs, der seine erste große Schaffensperiode abschließt, in nichts seinem Monumentalwerk *Vojna i mir* nach.   E.W.

AUSGABEN: Petersburg 1875–1877 (in Russkij vestnik). – Moskau 1878. – Moskau 1963 (in *Sobr. soč.*, Hg. N. N. Akopova u. a., 20 Bde., 1960–1966, 8–9; krit.). – Moskau 1970, Hg. V. Ždanov u. E. Zajdenšnur [krit.]. – Moskau 1981–1982 (in *Sobr. soč.*, 22 Bde., 1978–1985, 8–9; krit.).

ÜBERSETZUNGEN: *Anna Karenina*, W. P. Graff, Bln. 1885. – Dass., F. Ottow, Mchn. 1955. – Dass., F. Frisch, Olten/Freiburg i. B. 1959. – Dass., H. Asemissen, Ffm. 1962 (EC). – Dass., A. Scholz, Mchn. 1976 (Goldmann Tb); ²1990 [erg.]. – Dass., H. Asemissen (in *GW*, Hg. E. Dieckmann u. G. Dudek, Bd. 6–7, Bln./DDR 1966). – Dass., F. Ottow, 2 Bände, Mchn. 1978 (dtv). – Dass., G. Drohla (in *Die Romane*, Bd. 1–3, Ffm. 1984). – Dass., A. Luther, Zürich 1985 (detebe). – Dass., X. Schaffgotsch (in *AW*, Hg. J. Perfahl, Bd. 1–2, Mchn. 1989). – Dass., G. Drohla, 2 Bände, Ffm. ⁵1989 (Insel Tb). – Dass., F. Ottow, Mchn. ⁸1989.

VERFILMUNGEN: Rußland 1910 (Regie: P. Č. Čardinin). – Rußland 1914 (Regie: V. Gardin). – USA 1915 (Regie: J. G. Edwards). – Italien 1917. – Deutschland 1919 (Regie: F. Zelnik). – Ungarn 1920. – *Love*, USA 1927 (Regie: E. Goulding; m. G. Garbo). – USA 1935 (m. G. Garbo). – England 1948 (Regie: J. Duvivier; m. V. Leigh). – SU 1953 (Regie: V. Nemirovič-Dančenko u. a.). – *Verbotene Liebe*, Argentinien 1956 (Regie: L. C. Amadori). – SU 1968 (Regie: A. Zarchi). – SU 1976 (Regie: M. Pilichina, P. u. V. Pajan). – USA 1985 (Regie: S. Langton; TV).

LITERATUR: L. Müller, *Der Sinn der Liebe und der Sinn des Lebens. Der ideologische Plan der »Anna Karenina«* (in ZslPh, 21, 1952, Nr. 1, S. 22–39). – V. Ždanov, *Tvorčeskaja istorija »Anny Kareninoj«*, Moskau 1957. – V. Z. Gornaja, *Masterstvo sozdani-*

ja obrazov Karenina, Vronskogo i Oblonskogo v romane »Anna Karenina« (in Uč. zap. mosk. obl. ped. inst. im. Krupskoj., 46, 1958, S. 235–267). – V. Ermilov, *Roman L. N. T. »Anna Karenina«*, Moskau 1963. – H. Mooney Jr., *T.'s Epic Vision. A Study of »War and Peace« and »Anna Karenina«*, Tulsa/Okl. 1968. – B. Batereau, *Zeit in L. T.'s »Anna Karenina«* (in WdS, 16, 1971, S. 1–19). – S. Patterson Schultze, *»Anna Karenina«. A Structural Analysis*, Ann Arbor 1975 [m. Bibliogr.]. – P. Jones, *Philosophy and the Novel. Philosophical Aspects of »Middlemarch«, »Anna Karenina«, »The Brothers Karamasov«, »A la Recherche du Temps Perdu« and of the Methods of Criticism*, Oxford 1975. – E. Stenbock-Fermor, *The Architecture of »Anna Karenina«*, Lisse 1975. – È. Babaev, *»Anna Karenina« L. N. T.*, Moskau 1978. – A. Knowles, *Russian Views of »Anna Karenina«* (in SEEJ, 22, 1978, S. 301–312). – V. Gornaja, *Mir čitaet »Annu Kareninu«*, Moskau 1979. – B. Zelinsky, *T.,* »*Anna Karenina«* (in *Der russische Roman*, Hg. ders., Düsseldorf 1979, S. 208–241). – G. Krasnov, *Osnovnye vechi v vosprijatii romana »Anna Karenina«* (in *Literaturnye proizvedenija v dviženii èpoch*, Moskau 1979, S. 184–228). – L. Rygalova, *Dostoevskij i T. v seredine 1870-ch. godov. »Podrostok« i »Anna Karenina«*, Leningrad 1984. – *Leo Tolstoy's »Anna Karenina«*, Hg. H. Bloom, NY u. a. 1987. – A. Keesman-Marwitz, *Das Primat der objektiven Zeit, dargelegt am Roman »Anna Karenina«*, Amsterdam 1987. – A. Thorlby, *Leo Tolstoy,* »*Anna Karenina«*, Cambridge 1987. – J. Armstrong, *The Unsaid Anna Karenina*, NY 1988.

CHADŽI-MURAT

(russ.; *Chadži-Murat*). Erzählung von Lev N. Graf TOLSTOJ, entstanden 1896–1904, postum erschienen 1912. – Zum Vorwurf seiner Erzählung – letzter Höhepunkt im dichterischen Schaffen des »Weisen von Jasnaja Poljana« – nimmt Tolstoj eine Episode aus dem Krieg im Kaukasus, den das Zarenreich mit dem Ziel einer endgültigen Unterwerfung der dort ansässigen Bergstämme führte. Der Dichter, damals junger Offizier in der kaukasischen Armee, vermerkte in einem Brief aus jener Zeit (Dezember 1851) den Übertritt eines der fähigsten Führer der sich tapfer wehrenden Kaukasier zu den Russen – eben jenes Chadži-Murat, der in dieser Erzählung als Titelheld wiedererscheint. In einem Prolog teilt der Autor mit, daß ihn der Anblick einer zählebigen Distel auf einem Sturzacker – »*Sie verteidigt ihr Leben bis zum letzten«* (Tolstojs Notizbuch) – intuitiv zur dichterischen Gestaltung des tragischen Endes dieses Mannes anregte, und zwar über die Assoziation des im russischen Volksmund für diese Pflanze gebräuchlichen Namens »Tatar«. Die Distel symbolisiert als gleichnishaftes Motto dieses Werks den unbeugsamen Lebenswillen des in der Natur wurzelnden Menschen. Ein solcher Naturmensch ist Chadži-Murat, ein Mann der Tat und Lebenskraft, von »*imposantem Aussehen«*, stark, gewandt, in seinem Wesen unkompliziert, gut- und edelmütig, klug, dabei auch verschlagen, ein rechtgläubiger Muselman und mutiger, entschlossener, stolzer Krieger. Aus persönlichem Ehrgeiz und blindem Haß auf den Beherrscher des kaukasischen Berglandes, Šamil', an dem er Blutrache üben will, wechselt Chadži-Murat ins Lager der russischen Eroberer über, mit deren Hilfe er seine Ziele zu erreichen hofft. Doch das untätige Dasein eines in Gewahrsam genommenen, verdächtigen prominenten Überläufers kann für den freien Sohn der Berge nicht von Dauer sein; verzehrende Sehnsucht nach seinen von Šamil' gefangengehaltenen Angehörigen – unter ihnen der über alles geliebte, blutjunge Sohn – treibt ihn schließlich zur Flucht und in den Tod.

Die Erlebnisse des für kurze Zeit in die sogenannte zivilisierte Welt hineingeratenen »Halbwilden« geben dem Autor reichlich Gelegenheit, die verderbten Sitten der russischen adligen Offizierskreise mit der auch im fremden Milieu gewahrten Würde seines Helden zu konfrontieren und dabei seine Überlegenheit zu zeigen. Ebenso sind die Männer der Leibwache Chadži-Murats, aber auch die russischen Soldaten und unteren Offizierschargen, kurz, die Menschen aus dem Volk – wie stets bei Tolstoj – mit großer Sympathie und unnachahmlicher Meisterschaft gezeichnet. Nicht minder plastisch, jedoch in ironisch-negativer Darstellung, erscheinen im Werk die Fürsten Voroncov (Vater und Sohn) nebst ihrem aristokratischen Kreis, ferner der kriecherische, intrigierende Kriegsminister Černysëv und vor allem Zar Nikolaus I., an dessen Gestalt Tolstoj Borniertheit, Kälte, Grausamkeit, Eigendünkel, Scheinheiligkeit, Zynismus und unmoralischen Lebenswandel herausarbeitet. Damit entdeckt er dem Leser zugleich – übrigens in beabsichtigter Parallele zu Šamil' auf der Gegenseite – die *»Psychologie des Despotismus«*, der europäischen wie der asiatischen Form, und legt ihm seine eigene Auffassung von der Macht dar. Für die verknappende Tolstojsche Charakterzeichnung ist typisch, daß einige wenige, jedoch besonders markante Züge der handelnden Personen wiederholt hervorgehoben werden, so etwa hier die *»weit auseinanderstehenden Augen«* und das *»kindliche Lächeln«* Chadži-Murats oder der *»leblose Blick«* des Zaren und die *»zusammengekniffenen Augen«* Šamil's.

Die den entsprechenden Darstellungen früherer Werke Tolstojs in nichts nachstehenden Szenen vom Leben und Sterben russischer Soldaten gehen sicherlich auf eigene Jugenderinnerungen zurück, während die bis ins kleinste Detail exakte Schilderung der kaukasischen Völkerschaften, ihrer Sitten und Bräuche, einschließlich der Riten des mohammedanischen Glaubens, ein intensives Quellenstudium verrät. In die Rede verschiedener Personen sind Sprichwörter, Grußformeln, Vergleiche und andere spezifische Wendungen aus den Sprachen des Kaukasus (teils im Original, teils in russischer Übertragung) eingeflochten; ebenso verarbeitet Tolstoj einheimische Lieder und Legenden des Kaukasus. Geschichtliche Dokumente werden, wie

beispielsweise auch in *Vojna i mir*, 1868/69 *(Krieg und Frieden)*, im Wortlaut zitiert, doch ist hier die Bloßstellung der Verlogenheit amtlicher Kriegsberichterstattung und Geschichtsschreibung noch schonungsloser offener als in anderen seiner Werke historischen Inhalts.

Die Komposition der aus insgesamt 25 Kapiteln bestehenden Erzählung ergab sich, wie auch sonst im Schaffen Tolstojs, erst im Laufe des Arbeitsprozesses. Charakteristisch für den Aufbau ist ein rascher Szenenwechsel und – damit verbunden – ein dem geschilderten Geschehen angepaßter, sich dramatisch steigernder dynamischer Handlungsablauf (besonders in der Schlußepisode: Flucht und Tod des Helden). Retardierend wirken lediglich die Kapitel 11 und 13 im Mittelteil, in denen Chadži-Murat seine Lebensgeschichte erzählt. – Auch in diesem Werk bedient sich Tolstoj des von ihm vielfach angewandten Kunstgriffs, die Personen der Handlung – die eine äußerst individuelle Redeweise auch sprachlich in erstaunlichem Maße differenziert – über einen Gegenstand sprechen zu lassen und danach dieses Gespräch (oder auch Details, die nach außen hin in einem bestimmten Licht erscheinen) aus der Sicht des »objektiven, allwissenden Beobachters« zu kommentieren und dabei den »wahren«, nicht selten entgegengesetzten Sachverhalt zu konstatieren. Von diesem Beobachterposten aus stellt der Autor auch philosophische und militärstrategische Betrachtungen an. Dies und die meisterhaften Traumschilderungen weisen wiederum auf *Vojna i mir* hin (durch akustische Assoziationen werden Träume in Beziehung zur Wirklichkeit gesetzt und leiten so in den Wachzustand über). Der Stil der letzten Erzählung Tolstojs spiegelt das Bemühen des Autors um eine knappe, klare und schlichte Ausdrucksweise wider. Genauigkeit und Prägnanz der mit sparsamen Mitteln erreichten optimalen Aussage stehen über Wohlklang und stilistischer Glätte.   E.W.

AUSGABEN: Moskau 1912 (in *Posmertnye chud. proizv.*). – Moskau 1964 (in *Sobr. soč.*, Hg. N.N. Akopova u.a., 20 Bde., 1960–1966, 14; krit.). – Moskau 1983 (in *Sobr. soč.*, 22 Bde., 1978–1985, 14; krit.).

ÜBERSETZUNGEN: *Chadschi Murat*, A. Scholz, Bln. 1912. – *Chadshi Murat. Der Held des Kaukasus*, ders., Mchn. 1962 (Heyne Tb). – *Hadschi-Murat*, J. Hahn (in *Späte Erzählungen*, Mchn. 1962). – Dass., H. Asemissen (in *GW*, Hg. E. Dieckmann u. G. Dudek, Bd. 13, Bln./DDR 1973). – Dass., ders. (in *Die Kreutzersonate u.a. späte Erzählungen*, Mchn. ²1978). – Dass., A. Luther (in *Sämtliche Erzählungen*, Hg. G. Drohla, Bd. 7, Ffm. 1980; ern. 1990; Insel Tb). – Dass., A. Scholz (in *Hadschi Murat u.a. Erzählungen*, Zürich 1985; detebe). – Dass., M. Kegel (in *Die großen Erzählungen*, Ausw. u. Nachw. L. Kopelew, Mchn. 1989).

DRAMATISIERUNG: *Chadži-Murat*, Moskau 1934.

LITERATUR: A. Tacho-Godi, *L. T. v »Chadži-Murate«*, Machač-Kala 1929. – L. Myškovskaja, *Rabota T. nad proizvedeniem. Sozdanie »Chadži-Murata«*, Moskau 1931. – I. S. Pisarenko, *Realistič. masterstvo T. v raskrytii central'n. istorič. obrazov povesti »Chadži-Murat«* (in Uč. zap. sev.-oset. ped. inst., 23, 1958, S. 43–66). – A. Sergeenko, *»Chadži Murat« L. T.: Istorija sozdanija povesti*, Moskau 1983.

CHOZJAIN I RABOTNIK

(russ.; *Herr und Knecht*). Erzählung von Lev N. Graf TOLSTOJ, erschienen 1895. – Das Problem des Todes hat Tolstoj zeit seines Lebens so beschäftigt, daß es ihn immer wieder zu dichterischer Gestaltung anregte. In dieser späten, ein knappes Jahrzehnt nach *Smert' Ivana Il'iča*, 1886 *(Der Tod des Ivan Il'ič)*, entstandenen »*sehr lebendigen künstlerischen Erzählung*« (Tolstojs Tagebuch, 1894) bildet die Konfrontation zweier Menschen mit der Unausweichlichkeit des Sterbenmüssens das zentrale Thema der spannend erzählten Fabel. Das zunächst grundverschiedene Verhalten der beiden Menschen in dieser existentiellen Grenzsituation ist durch den Gegensatz ihrer Charaktere bedingt, der sich letztlich aber aus der unterschiedlichen sozialen Stellung – Herr und Knecht – ergibt.

Der neureiche Kaufmann Vasilij Andreič Brechunov (*brechun*: Lügner) besteht, von unersättlicher Profitgier getrieben, auf der von ihm beschlossenen Fahrt durch die vom Schneesturm umtoste Steppe, um ein dringendes Geschäft abzuschließen. Als sich der Schlitten verirrt und Brechunov der Gefahr des Erfrierens ausgesetzt ist, befällt ihn angesichts des drohenden Todes tiefe Angst: Er bangt um sein Leben, dessen »*einziger Zweck und Sinn*«, dessen »*Freude und Stolz*« sein bereits erworbener und noch zu mehrender Besitz war. Ganz anders reagiert der seinen Herrn begleitende alte Knecht Nikita: Ähnlich dem Bauern Fëdor in der frühen Erzählung *Tri smerti*, 1859 *(Drei Tode)*, fügt er sich, an Gehorsam und Demut gewöhnt, dem Schicksal und sieht seiner letzten Stunde gefaßt entgegen: »*Der Gedanke, daß er in dieser Nacht sterben könne, ja höchst wahrscheinlich sterben müsse ... erschien ihm weder besonders unangenehm noch besonders furchterregend ... war doch sein ganzes Leben nicht ein beständiger Müßiggang, sondern im Gegenteil ein unausgesetztes Dienen, dessen er müde zu werden begann.*« Und: »*Außer den Herren wie Vasilij Andreič, denen er hier diente, fühlte er sich in diesem Leben stets abhängig von jenem Oberherrn, der ihn in dieses Leben geschickt hatte, und er wußte, daß er, auch wenn er stirbt, in der Macht eben dieses Herrn bleiben wird und daß dieser Herr ihm nichts zuleide tun würde.*«

Die Sympathien des Autors sind eindeutig auf seiten des arbeitsamen, gutmütigen, von seinem Herrn ausgenutzten Mužiks Nikita, der »*wie alle Menschen, die mit der Natur lebten und die Not kannten*«, alles im Leben geduldig ertrug und nun auch zu sterben bereit ist. Doch im entscheidenden Augenblick, als Nikita das Ende nahen fühlt und von seinem Herrn »*um Christi willen*« Abschied nimmt, kommt plötzlich über Brechunov die Erleuchtung: Er erkennt die Notwendigkeit tätiger christlicher Nächstenliebe, und mit freudiger Rührung über die eben erlangte Gabe der Opferbereitschaft bewahrt er den in seiner ärmlichen Kleidung halberfrorenen alten Nikita mit der Wärme seines eigenen Leibes vor dem letzten Zugriff des eisigen Todes, wobei »*ihm scheint, daß er Nikita sei, und daß Nikita er sei, und daß das Leben nicht in ihm selbst, sondern in Nikita ist*«. Die ebenso schlichten wie ergreifenden Worte des Sterbenden *(»Nikita lebt, also lebe ich auch«)* besiegeln die durch Brechunovs Selbstaufopferung möglich gewordene Errettung eines – früher in seinen Augen »minderwertigen« – Mitmenschen. Damit hat der »Herr« Brechunov sein durch und durch egoistisches Dasein in sittlich edelster Weise gesühnt. Am nächsten Morgen wird Nikita ausgegraben – und lebt.

Die meisterhafte dichterische Ausarbeitung der »vorgefaßten Leitidee«, die erstaunlich suggestive Verkörperung dieser Leitidee in den beiden Gestalten, die in ihrem ganzen Wesen einander so entgegengesetzt sind und dennoch in der Stunde höchster Not in ihrem Menschsein gleichsam mystisch in Gott miteinander verschmelzen, findet den ihr gemäßen künstlerischen Rahmen in der gleichermaßen plastischen Zeichnung der Nebenfiguren sowie dem mit beeindruckenden Naturschilderungen und ausdrucksstarken Traumbildern verwobenen Handlungsablauf (Abreise Brechunovs und Nikitas, Besuch in einem Bauernhaus, nächtliches Biwakieren auf freiem Feld inmitten der entfesselten Naturgewalten). – Die Darstellung verrät des Autors große Vertrautheit mit dem russischen Bauern und seinem Leben. Dies erweist sich ebenso im stilistischen Bereich, namentlich auch im milieuechten Gebrauch (kaum übersetzbarer) volkstümlicher Sprache, einschließlich eingestreuter Sprichwörter und typischer ländlicher Redewendungen; sogar solch feine Details wie etwa die phonetischen Eigentümlichkeiten der Dialekte Südrußlands sind exakt wiedergegeben. – Bezeichnend für die Erzähltechnik ist hier vor allem die doppelte Perspektive der Schilderung des hochdramatischen Geschehens in den Schlußkapiteln, einmal aus der Sicht des Herrn, zum anderen aus der des Knechtes. In der Charakterzeichnung arbeitet Tolstoj auch hier wieder mit der wiederholten Hervorhebung einzelner, besonders markanter Züge, wodurch er eine expressive Typisierung der einzelnen Gestalten erreicht.   E.W.

AUSGABEN: Moskau 1895 (in *Severnyj vestnik*). – Petersburg 1895. – Moskau 1964 (in *Sobr. soč.*, Hg. N. N. Akopova, 20 Bde., 1960–1966, 12; krit.). – Moskau 1982 (in *Sobr. soč.*, 22 Bde., 1978–1985, 12; krit.).

ÜBERSETZUNGEN: *Herr u. Diener*, H. Roskoschny, Bln. 1895. – *Herr und Knecht*, R. Loewenfeld (in *SW*, Bd. 7, Lpzg. 1911). – Dass., K. Wildhagen (in

Die schönsten Erzählungen, Mchn. 1957; Nachw. M. Gor'kij). – Dass., M. Kegel (in *Volkserzählungen, Jugenderinnerungen*, Mchn. 1961). – Dass., H. Asemissen (in *GW*, Hg. E. Dieckmann u. G. Dudek, Bd. 12, Bln./DDR 1976). – Dass., H. Röhl, Bearb. G. Drohla (in *Sämtliche Erzählungen*, Hg. G. Drohla, Bd. 7, Ffm. 1980; ern. 1990; Insel Tb). – Dass., A. Tkatsch, Stg. 1982 (RUB). – Dass., F. Frisch (in *Meistererzählungen*, Zürich ⁸1985). – Dass., E. Boehme (in *Herr und Knecht. Volkserzählungen*, Zürich 1985; detebe). – Dass., A. Luther u. a. (in *Meistererzählungen*, Zürich 1989; detebe).

LITERATUR: N. K. Gudzij, *Materialy dlja izučenija stilja L. T.: »Chozjain i rabotnik« v pervonač. i v okončat. redakcijach* (in Trudy Orech.-Zuevsk. ped. inst. 1936, S. 41–53). – V. A. Abramov, *»Chozjain i rabotnik« v svete leninskoj ocenki ego tvorč.* (in Trudy Burjat-Mongol'sk. ped. inst. 1940, S. 26–52). – F. Ph. Ingold, *Unsterblichkeit. Joyce und Lenin zu Tolstois »Herr und Knecht«* (in NZZ, 3. 4. 1982, S. 45).

DETSTVO

(russ.; *Kindheit*). Erzählung von Lev N. Graf TOL-STOJ, erschienen 1852. – Das Erstlingswerk Tolstojs ist der erste Teil einer Trilogie (2.: *Otročestvo – Knabenjahre*; 3.: *Junost' – Jugendzeit*), für die Tolstoj, wie er an N. NEKRASOV schrieb, die Form der Selbstbiographie wählte: Die Fabel wird in der Ichform erzählt, wobei der Erzähler auch tatsächlich mit dem Autor identisch ist. (Im Tagebuch aus jener Zeit findet sich die Notiz: *»Die vier Abschnitte des Lebens werden meinen Roman ... bilden ... Und als Roman eines klugen, empfindsamen und verirrten Menschen wird er lehrreich sein...«*) Alle drei Teile dieses Erzählzyklus sind jedoch keine literarisch überarbeiteten Memoiren im üblichen Sinne, sondern die durchaus originale Schöpfung eines bereits in jungen Jahren reifen schriftstellerischen Talents, das Wirkliches und Erdachtes mit erstaunlicher Gestaltungskraft zu verschmelzen und zu sublimieren versteht.

Die aus einer Abfolge aneinandergereihter Episoden bestehende, auf 28 kurze Kapitel verteilte Handlung der Erzählung spielt im wesentlichen an zwei Tagen: Zunächst wird der Tagesablauf der Familie Irten'ev auf dem Landgut Petrovskoe beschrieben (darunter besonders gelungen die Jagdszene in Kap. 7, die ähnliche spätere Beschreibungen, z. B. in *Vojna i mir – Krieg und Frieden*, vorwegnimmt, ferner die gleichsam von unmittelbarem kindlichem Gefühl inspirierte Schilderung der ersten aufkeimenden, unschuldigen Liebe in Kap. 9, z. T. 12). Am nächsten Morgen nehmen Nikolen'ka und sein Bruder Volodja Abschied vom sorglosen Dasein im »warmen Adelsnest« auf dem Lande, das die beiden Kinder gegen die steife Atmosphäre des großmütterlichen Palais in Moskau vertauschen müssen (hervorzuheben die in Kap. 14

dargestellte Trennung von der heißgeliebten Mutter). Am zweiten, ebenso ausführlich geschilderten Tag werden einige Episoden erzählt, die Nikolen'ka Irten'ev fast einen Monat später anläßlich des Namenstags seiner Großmutter in deren Moskauer Haus erlebt, wo Vater Irten'ev mit seinen zwei nunmehr in der Stadt lernenden Söhnen wohnt (besonders interessant sind in diesem Teil die Zeichnung der zur Gratulationscour erscheinenden Gäste und die Beschreibung des Hausballs – Kap. 17 ff. bzw. 21 f.). Über den Schluß des ersten Teils der Trilogie (25 ff.) werfen zwei überraschende Todesfälle düstere Schatten: Die Mutter stirbt in Petrovskoe, ohne ihre Kinder noch einmal wiedergesehen zu haben; die gottergebene, alte treue Dienerin Natal'ja Saviŝna folgt ihrer Herrin in den Tod nach. Die lichten Kindheitsjahre haben einen traurigen Abschluß gefunden; ein neuer Lebensabschnitt – die Knabenzeit – beginnt.

In ihrer ausgesprochen autobiographisch-bekenntnishaften und zugleich betont psychologischen Konzeption knüpft die Erzählung unmittelbar an das von kritischer Selbstbeobachtung und strenger moralischer Selbstzucht bestimmte Jugendtagebuch Tolstojs an. Die künstlerische Eigenart der Darstellung besteht vor allem darin, daß die stark lyrisch empfundenen Erinnerungen des erwachsenen und lebenserfahrenen Erzählers an die *»glückliche, unwiederbringliche Zeit der Kindheit«* mit objektivierten narrativen Episoden aus dem Leben des zehnjährigen Knaben verflochten werden. Diese Episoden, aus der damaligen Perspektive des Knaben geschildert, kommentiert der Erzähler in der Retrospektive ergänzend und erläuternd, vergegenwärtigend und verallgemeinernd. Das tiefere Wesen der so erzählten Begebenheiten wird vornehmlich mittels einer subtilen Analyse der durch sie ausgelösten intimsten psychischen Regungen und gedanklichen Assoziationen in all ihrer komplexen Bewegung und Wandlung (der *»Dialektik der Seele«*, wie der Kritiker N. ČERNYŠEVSKIJ es ausdrückte) sichtbar gemacht. Neben dieser für das ganze spätere Schaffen des Dichters überaus bezeichnenden Darstellungsweise sowie der ebenfalls eminent bedeutsamen Rolle des Autobiographischen ist noch ein drittes Charakteristikum hervorzuheben: die typisch Tolstojsche moralische Wertung des Verhaltens der handelnden Personen, die in *Detstvo* ebenso wie in den übrigen Teilen der Trilogie von der zentralen Gestalt Nikolen'ka Irten'ev aus erfolgt. Dieser ungewöhnlich sensible, gefühlvolle, kindlich-unbefangene, schüchterne, schon früh zur Reflexion neigende, seine Umgebung mit scharfem Blick beobachtende Junge steht im ersten Stadium seiner geistigen und sittlichen Entwicklung noch fest im enggezogenen Kreis seiner Familie und der sich mit ihr berührenden Umwelt. Um diese Hauptfigur gruppieren sich – mit Nikolen'kas Augen gesehen, von ihm geschildert und beurteilt – die übrigen Gestalten, die zumeist mittels kontrastierender Charakterisierung voneinander abgehoben werden: die gütige, liebevolle, musisch veranlagte Mutter, die in ihrer engelhaften Reinheit ein gleichsam ätherisch verklärtes Wesen ist; der als liebenswürdiger Weltmann und fürsorgliches Familienhaupt auftretende Vater, der in Wirklichkeit ein hemmungsloser Hasardeur und Frauenheld ist; der ihm in manchem ähnelnde kluge, gewandte, selbstbewußt-beherrschte, sittlich jedoch verderbte ältere Bruder Volodja; die vornehm-strenge, achtunggebietende Großmutter; der gutmütige, etwas kauzige deutsche Hauslehrer Karl Ivanyč Mauer; die »*unausstehliche*« französische Gouvernante Mimi; die herzensgute, aufopferungsvolle Haushälterin Natal'ja Savišna; der inbrünstig gläubige, hellseherische Gottesnarr Griša u. a.

Jahrzehnte später bekannte Tolstoj in seinen Erinnerungen, daß er in *Detstvo* Geschehnisse aus seinem eigenen Leben und dem seiner Jugendfreunde verarbeitet habe; stark beeinflußt sei er damals von L. Sternes *Sentimental Journey through France and Italy*, 1768 *(Eine empfindsame Reise durch Frankreich und Italien)*, gewesen (die er übrigens während der Arbeit an seiner ersten eigenen Erzählung ins Russische übertrug), daneben auch von R. Toepffers *Bibliothèque de mon oncle*, 1832 *(Die Bibliothek meines Oheims)*. Außerdem dürfte die damalige Lektüre J.-J. Rousseaus und des *David Copperfield* (1850) von Ch. Dickens ihre Wirkung auf den jungen Autor nicht verfehlt haben, wie sich an einigen Details der Stoffbehandlung zeigt. E.W.

Ausgaben: Moskau 1852 (in Sovremennik). – Moskau 1960 (in *Sobr. soč.*, Hg. N. N. Akopova u. a., 20 Bde., 1960–1966, 1; krit.). – Moskau 1978 (in *Sobr. soč.*, 22 Bde., 1978–1985, 1; krit.).

Übersetzungen: *Geschichte meiner Kindheit*, E. Röttger, Lpzg. 1882. – *Kindheit*, K. Nötzel, Freiburg i. B. 1949. – Dass., H. Röhl (in *Kindheit. Knabenalter. Jünglingsjahre*, Ffm. 1963; ern. 1976; ⁶1990; Insel Tb). – Dass., H. Asemissen (in *GW*, Hg. E. Dieckmann u. G. Dudek, Bd. 1, Bln./DDR 1964). – Dass., E. Luther (in *Kindheit. Knabenzeit. Jugendzeit*, Zürich 1985; detebe).

Literatur: M. A. Gavlovskij, »*Detstvo*«. *Istorija pisanija* (in L. N. T., *Polnoe sobr. soč.*, Bd. 1, Moskau/Leningrad 1928, S. 305–337). – B. I. Bursov, *Avtobiogr. trilogija L. N. T.* (in Vestnik Leningr. univ. 1953, S. 105–126). – N. P. Loščinin, »*Detstvo*«, »*Otročestvo*«, »*Junost'*« *L. N. T.*, Tula 1956. – L. J. Kruglik, *O trilogii* »*Detstvo*«, »*Otročestvo*«, »*Junost'*« (in Uč. zap. Krasnodarsk. ped. inst., 1957, S. 127–149). – I. V. Čuprina, *Trilogija L. N. T.* »*Detstvo*«, »*Otročestvo*« *i* »*Junost'*« (in Uč. zap. Sarat. univ., 56, 1957, S. 202–249). – A. Pistorius, *Die Trilogie von L. N. T. und »David Copperfield« von Ch. Dickens: ein Vergleich*, Hbg. 1982.

I SVET VO T'ME SVETIT

(russ.; *Und das Licht leuchtet in der Finsternis*). Unvollendetes Drama in fünf Akten von Lev N. Graf Tolstoj, postum erschienen 1911. – Ende 1894 erzählte Tolstoj dem in Moskau weilenden Gründer und Leiter des Berliner Lessing-Theaters, Oskar Blumenthal, er trage sich schon seit Jahren mit dem Gedanken an ein Drama, für das seine Stücke *Vlast' t'my*, 1886 *(Die Macht der Finsternis)*, und *Plody prosveščenija*, 1889 *(Früchte der Aufklärung)*, nur »*vorbereitende Studien*« gewesen seien. Auch in anderen Äußerungen jener Jahre (im Tagebuch, in Briefen und Gesprächen) ist immer wieder von der Arbeit an »seinem« Drama die Rede. In diesem wohl am stärksten autobiographisch geprägten Werk sind nicht nur verschiedene Ereignisse aus dem Leben der Familie Tolstoj in den achtziger Jahren verarbeitet, es sind vor allem die innere Entwicklung des Autors und sein Bewußtsein von der unaufhebbaren Diskrepanz zwischen moralischer Überzeugung (vgl. *Ispoved'*, 1882 – *Meine Beichte*) und eigener Unzulänglichkeit, die mit schonungsloser Offenheit dargelegt werden.

Die Zentralgestalt des Stücks, der »*kluge, gebildete*« Gutsbesitzer Nikolaj Ivanovič Saryncev, will, wie Tolstoj selbst, sein und seiner Familie Leben nach dem in der Bergpredigt überlieferten Willen Christi einrichten und allen Besitz an die notleidenden Bauern verschenken. Seine Auffassung von tätiger Nächstenliebe stößt jedoch auf den hartnäckigen Widerstand seiner Frau, die ihm vorwirft, er wolle seine Kinder zu Bettlern machen. Mit der Einsicht in die moralische Notwendigkeit, den »*geraubten Boden*« an die Bauern zurückzugeben und sich von eigener Arbeit zu ernähren, verbindet sich in Saryncevs »*rationalistischer Betrachtung der Lehre Christi*« eine entschiedene Ablehnung der offiziellen Kirche, da sie nicht nur die Unantastbarkeit von unrechtmäßig erworbenem Besitz garantiere, sondern auch Militärdienst, Krieg und Todesstrafe sanktioniere. Im Einklang mit diesen seinen Überzeugungen sagt Saryncev sich von der Kirche los und überschreibt allen Besitz seiner Frau. Aber den letzten, folgerichtigen Schritt zu tun, sich dem »*schrecklichen, verderbten*« Leben der Familie durch die Flucht zu entziehen, dazu ist der Vereinsamte, immer mehr der Resignation Verfallende nicht fähig. Die wenigen Anhänger seiner Lehre wenden sich entweder von ihm ab, wie der Geistliche Vasilij Nikanorovič, der reumütig in den Schoß der Kirche zurückkehrt, oder scheitern an der Unvereinbarkeit von Ideal und Wirklichkeit, wie der Fürst Boris Čeremšanov, der wegen Eides- und Militärdienstverweigerung im Irrenhaus endet. (In dem nur im Entwurf vorliegenden fünften Akt sollte Saryncev von dessen verzweifelter Mutter getötet werden.) Am Ende steht nicht ein moralischer Triumph, sondern eine äußere und innere Niederlage. »*Und das Licht scheint in der Finsternis, und die Finsternis hat's nicht begriffen*« (*Johannes*, 1,5).

Der künstlerische Gesamteindruck des Stücks ist ungleich schwächer als der des bühnenwirksamen *Živoj trup*, 1900 *(Der lebende Leichnam)*, oder des Bauerndramas *Vlast' t'my*. Zwar überzeugt die sprachliche Charakterisierung und Differenzierung der verschiedene soziale Gruppen und Berufsstände repräsentierenden Personen (der Geistliche, der General, der Handwerker, der Bauer); in den Dialogen der Hauptgestalten aber überwiegt die moralisierende Tendenz so stark, daß sie wenig lebensnah wirken. Das Stück blieb, wohl nicht zuletzt seines autobiographischen Inhalts wegen, unvollendet. Tolstojs Ahnung, daß er sterben werde, bevor er dieses Drama beendet haben würde – er äußerte diese Befürchtung in dem erwähnten Gespräch mit Blumenthal –, sollte sich bewahrheiten.

E.W.

AUSGABEN: Moskau 1911. – Moskau 1964 (in *Sobr. soč.*, Hg. N.N. Akopova u.a., 20 Bde., 1960–1966, 12; krit.). – Moskau 1982 (in *Sobr. soč.*, 22 Bde., 1978–1985, 11; krit.).

ÜBERSETZUNGEN: *Und das Licht scheinet in der Finsternis*, A. Scholz, Bln. 1912; ern. 1925. – *Und das Licht leuchtet in der Finsternis*, ders., Stg. 1959 (RUB). – Dass., ders., Ffm. 1970. – Dass., W. Creutziger (in *GW*, Hg. E. Dieckmann u. G. Dudek, Bd. 10, Bln./DDR 1976). – Dass., ders. (in *Macht der Finsternis u.a. Dramen*, Mchn. 1979; Nachw. B. Zelinsky). – Dass., H. Audner, Norderstedt 1985.

LITERATUR: V.I. Sreznevskij, *O ličnom élemente v drame L.N.T. »I svet vo t'me svetit«* (in Petrogr. gos. akad. teatrov. 2-j sb. statej, 1920, S. 144–158). – I.L. Al'tman, *Dramaturgija L.N.T.* (in I.L.A., *Izbrannye stat'i*, Moskau 1957, S. 249–277). – M. Chrapčenko, *T. dramaturg* (in Teatr, 1960, 11, S. 14–29). – E. Gaškenečervinokene, *Drama L.N.T. »I svet vo t'me svetit«* (in Uč. zap. Vil'njussk. gos. univ. 31, 1960, S. 109–129).

ISPOVED'

(russ.; *Die Beichte*). Bekenntnisschrift von Lev N. Graf TOLSTOJ, entstanden um 1879, erschienen 1882. – In dieser seiner wichtigsten Bekenntnisschrift, die gleich den *Confessions* des von ihm zeitlebens bewunderten J.-J. ROUSSEAU »*durchaus auf der großen Linie der Lebens- und Seelenbeichten*« liegt (Th. Mann), schildert Tolstoj die Krise, die er als Fünfzigjähriger durchmachte und die in Ansätzen bereits in der Lebensstimmung der weitgehend autobiographischen Gestalt Levins in *Anna Karenina* (1875–1877) zum Ausdruck kommt. Mit schonungsloser Offenheit und der ihm eigenen Überzeugungskraft legt er Rechenschaft ab über seine geistige, sittliche und religiöse Entwicklung, wie er sie zum Zeitpunkt seiner »Bekehrung«, Ende der siebziger Jahre, sah. Die aus sechzehn Abschnitten bestehende Schrift setzt sich aus Lebenserinnerungen und religionsphilosophischen Betrachtungen zusammen.

Den schon im Jünglingsalter vollzogenen Abfall vom orthodoxen Glauben, der mit der frühen Lektüre der Schriften VOLTAIRES und Rousseaus in engem Zusammenhang gestanden haben mag, erklärt Tolstoj damit, daß das künstliche Gebäude der wirklichkeitsfremden Glaubenslehre seiner Lebenserfahrung und seinen rationalen Erkenntnissen nicht habe standhalten können. Geblieben war der stark ausgeprägte Glaube an eine sittliche Vervollkommnung im Diesseits, der in Tolstojs unausgesetztem Bemühen, die Anlagen von Körper, Geist und Willen zu entfalten, praktischen Ausdruck fand. Reisen nach Westeuropa und die Begegnung mit »*bedeutenden und gelehrten Europäern*« bestärkten ihn zunächst in der Gewißheit eines allgemeinen Fortschritts. Doch bald mehrten sich die Zweifel. Der nachhaltige Eindruck einer öffentlichen Hinrichtung in Paris und der Tod seines an der Schwindsucht erkrankten Lieblingsbruders trugen entscheidend zu der mehr mit dem Herzen als dem Verstand vollzogenen Auflehnung gegen die von nun an als Aberglaube verketzerte Fortschrittsgläubigkeit bei. Vor dem unabweisbaren Gedanken an die Absurdität des Daseins rettete Tolstoj sich zunächst ins Familienleben und in eine angespannte literarische Tätigkeit – *Vojna i mir*, 1868/69 *(Krieg und Frieden)*, *Anna Karenina* –, die ihm dann aus späterer Sicht als »*Verführung der Schriftstellerei*« erschien. Am Ende aber sah er sich einem Abgrund gegenüber wie jener Wanderer in einer von ihm erzählten orientalischen Fabel, der auf der Flucht vor einem wütenden wilden Tier in einen ausgetrockneten Brunnen springt und sich dort an einen aus der Brunnenwand hervorwachsenden Busch klammert. Eine weiße und eine schwarze Maus (Tag und Nacht) nagen am Stamm des Gewächses, während auf dem Grund der Drache des Todes lauert. In dieser Grenzsituation der Angst und Verzweiflung vermochten Tolstoj, der sich mit Selbstmordgedanken trug, weder die empirischen noch die spekulativen Wissenschaften eine befriedigende Antwort auf die quälende Frage nach dem Sinn des dem Tode verfallenen Lebens zu geben, ja »*die größten Weisen der Menschheit*«, BUDDHA, SOKRATES, SALOMO und A. SCHOPENHAUER, bestärkten ihn noch in seinem Pessimismus. Den einzigen Ausweg sah er in der Hinwendung zum Glauben des leidensfähigen und schicksalergebenen einfachen Bauernvolks, eine Erkenntnis, die ihn folgerichtig zur Abkehr vom »Scheinleben« seiner »parasitären« Standesgenossen veranlaßte und zum bewußten christlichen Glauben im Geist der Bergpredigt zurückführte. Da er aber nach wie vor grundlegende Glaubenssätze – so die Transsubstantiation, die Dreifaltigkeit – ablehnte, in seiner Haltung zum Krieg und zur Todesstrafe von der offiziellen Meinung abwich und die Intoleranz Andersgläubigen gegenüber scharf verurteilte, war der endgültige Bruch mit der russisch-orthodoxen Kirche – die ihn dann 1901 exkommunizierte – unvermeidlich. Tolstojs moralisches Pathos ist stilistisch einzigartig durchgeformt, die Argumentation bleibt zwingend und klar auch da, wo die Selbstinterpretation von emotionalen Beweggründen getragen wird. Das Werk ist zweifellos die glänzendste Leistung in einer ganzen Reihe traktatähnlicher Schriften aus Tolstojs Feder.   E.W.

AUSGABEN: Moskau 1882. – Moskau 1963 (in *Sobr. soč.*, Hg. N. N. Akopova u. a., 20 Bde., 1960–1966, 10; krit.). – Moskau 1983 (in *Sobr. soč.*, 22 Bde., 1978–1985, 16; krit.).

ÜBERSETZUNGEN: *Bekenntnisse*, H. v. Samson-Himmelstjerna, Lpzg. 1886. – *Meine Beichte*, R. Loewenfeld (in *SW*, Bd. 1, Lpzg. 1901). – Dass., A. Pankow, Lorch 1929. – Dass., R. Loewenfeld, Düsseldorf u. a. 1978. – Dass., R. Grabow, Göttingen 1982.

LITERATUR: A. N. Afinogenov, *Dnevniki i zapisnye knižki*, Moskau 1960, S. 448–454. – B. Bursov, *O jazyke L. N. T.* (in Neva, 1960, S. 199–206).

JUNOST'

(russ.; *Jugendzeit*). Erzählung von Lev N. Graf TOLSTOJ, erschienen 1857 als dritter und umfangreichster Teil der autobiographischen Trilogie des Dichters (1.: *Detstvo – Kindheit*; 2.: *Otročstvo – Knabenjahre*). – Nach einem ursprünglichen Plan Tolstojs sollte die Entwicklung des nunmehr sechzehn- bis siebzehnjährigen Nikolen'ka Irten'ev in der geschilderten Lebensphase besonders durch Züge wie »*Schönheit der Gefühle*« und »*Entfaltung der Eitelkeit*« gekennzeichnet sein. Im Werk selbst sieht der Erzähler – und der hinter ihm stehende Autor – als Beginn der Jugendzeit die Freundschaft zwischen dem Helden und dem etwas älteren Dmitrij Nechljudov an. (Den gleichen Namen tragen die mit eigenen Zügen Tolstojs ausgestatteten Hauptgestalten in der um dieselbe Zeit wie *Junost'* entstandenen Erzählung *Utro pomeščika*, 1856 – *Der Morgen eines Gutsbesitzers*, und in dem über vier Jahrzehnte später geschriebenen Roman *Voskresenie*, 1899 – *Auferstehung*.) Durch diese sich bereits am Ende von *Otročstvo* anbahnende Freundschaft, die als Leitmotiv über dem letzten Teil der Trilogie steht, erscheint das Leben dem zuvor innerlich vereinsamten Jüngling Nikolen'ka in einem völlig neuen Licht: Sie vermittelt ihm die Überzeugung, daß die Bestimmung des Menschen in dem Streben nach ständiger sittlicher Selbstvervollkommnung bestehe. Die neue Erkenntnis löst in ihm eine »*begeisterte Verehrung des Ideals der Tugend*« aus und veranlaßt ihn, Regeln aufzustellen, deren strenge Befolgung ihm bei der Verwirklichung seiner ehrgeizigen »*Träume*« (Kap. 3, vgl. *Otročstvo*, Kap. 15) behilflich sein soll. Allein die von solchem seelischen Auftrieb und gedanklichen Höhenflug getragenen guten Absichten und Vorsätze werden immer wieder zunichte gemacht von einem Alltagsdasein, das vor allem von der herkömmlichen aristokratischen Erziehung mit ihrem verlogenen »Moralkodex« des *comme il faut* (Kap. 31) geprägt wird – jener Ursache mancher »*Verirrungen*« des jugendlichen Helden, in denen Eigenschaften wie Selbstgefälligkeit, Eitelkeit, Einbildung, Prahlsucht, Wichtigtuerei, Verstellung usf., aber auch Ansätze von Scham,

Reue und Mitleid zutage treten. Daher der seelische Zwiespalt, dem sich der um Aufrichtigkeit bemühte, mit sich selbst streng ins Gericht gehende Nikolen'ka beständig ausgesetzt sieht. Einen wesentlichen Faktor in diesem Entwicklungsstadium der heranreifenden Persönlichkeit bildet das immer ausgeprägtere Urteilsvermögen, das sich in einer ungewöhnlich scharfsinnigen Beobachtung und kritischen Analyse des eigenen Ich und der Umwelt äußert. Die in den früheren Teilen der Trilogie fast ausschließlich vom erwachsenen Erzähler wahrgenommene Funktion, die Fülle unmittelbarer Eindrücke, Empfindungen, Stimmungen und Handlungen des Knaben Nikolen'ka aus späterer Sicht zu »begreifen« und in der Erinnerung verstandesmäßig zu werten, geht hier weitgehend auf die Gestalt Irten'evs selbst über und verringert so den geistigen Abstand zwischen dem Erzähler und der zunehmend komplizierter aufgefaßten Hauptfigur. Der Autor ist stets darauf bedacht, den einzelnen Bewegungen und Wandlungen – der Dynamik – des verwickelten, widerspruchsvollen Wachstums- und Läuterungsprozesses nachzuspüren. Als wichtiges Mittel der Darstellung solcher subtilen Gemütsbewegungen und Bewußtseinsvorgänge – ihr sind alle übrigen Strukturelemente unter- oder zugeordnet – sind die im Werk ausgiebig angewandten inneren Monologe zu nennen, die oft sehr kunstvoll in Dialoge überleiten, sich mit ihnen verflechten oder ihnen entspringen. Angesichts dieses betonten Interesses für psychologische Detailschilderung tritt das äußere, unkomplizierte Handlungsgeschehen merklich in den Hintergrund. Wenn etwa einige Kapitel (18 ff.) gewissermaßen in einer zyklischen Wiederholung an entsprechende Episoden der *Kindheit* anknüpfen, so in erster Linie wohl, um den Stand von Nikolen'kas fortschreitender Entwicklung an den mit ihm nach einer Reihe von Jahren wieder konfrontierten Valachins, Kornakovs, Ivins usf. zu messen. Das Ergebnis dieser Wiederbegegnung mit Menschen der vornehmen Gesellschaft kommt im ganzen dem Eingeständnis einer Entfremdung gleich. Das gilt gleichermaßen von den Beziehungen Nikolen'kas zu seinen nächsten Angehörigen (dem Vater, dem Bruder), die als typische Vertreter des *comme il faut* gezeichnet sind und durch ihren leichtsinnigen Lebenswandel und ihre Selbstzufriedenheit den Helden in seiner grundsätzlichen Abneigung gegen ein solches »Lebensideal« nur bestärken. Eine weitere deutliche kompositionelle Parallele zu den früheren Teilen der Trilogie bietet sich in Kap. 2: *Vesna – Frühling* (vgl. *Otročstvo*, Kap. 2). Die sehr eindrucksvoll gemalten Naturerscheinungen haben symbolhafte Bedeutung, denn sie sind nicht nur mit der Gemütsverfassung des Helden in der jeweiligen Situation aufs innigste verschmolzen, sondern lassen darüber hinaus gleichsam »prophetisch« den Grundton der auf ihn zukommenden Ereignisse und Erfahrungen ahnen. Die Empfänglichkeit des menschlichen Herzens für die Schönheiten der Natur ist ein bedeutsames Charakterisierungsmerkmal: Dmitrij Nechljudovs Gleichgültigkeit gegenüber einem solchen emotionalen Erlebnis (Kap. 22) kann bereits als Vorzeichen einer allmählichen Abkühlung der anfänglichen Begeisterung Nikolen'kas für seinen Freund gedeutet werden. Für den von seinem Städterdasein im Grund enttäuschten Helden selbst liegt über der Landschaft in der näheren Umgebung Moskaus, aber auch über dem elterlichen Gut im ländlich-patriarchalischen Rußland immer noch ein zarter Hauch von Poesie.

Mit der Vergrößerung und Vertiefung des geistigen Horizonts geht bei Nikolen'ka Irten'ev auch eine Ausweitung seines sozialen Gesichtskreises einher: In den letzten Kapiteln von *Junost'* kommt dies durch die Schilderung seiner näheren Bekanntschaft mit einem Kreis nichtadeliger Studenten zum Ausdruck, deren Bildungsniveau und vor allem menschliche Qualitäten ihm Achtung, ja ein Gefühl des Neides abnötigen und ihn zugleich mehr und eindringlicher denn je an dem Wert der in seinen Standeskreisen geheiligten Anschauungen und Umgangsformen zweifeln lassen. Anders als *Otročestvo* mit seinem hoffnungsvollen, optimistischen Schluß endet dieser letzte Teil der Trilogie mit einer großen Enttäuschung für den Helden: Er fällt in seinem ersten Universitätsexamen durch und wird von Gefühlen der Erniedrigung und Schande gequält. Voller Reue nimmt er sich fest vor, sein künftiges Leben besser und nützlicher zu gestalten. – Eine vom Autor in Aussicht gestellte Fortsetzung mit der Schilderung glücklicherer Jugendjahre ist über einige Planentwürfe und erste Schreibversuche nicht hinausgekommen.   E.W.

AUSGABEN: Moskau 1857 (in Sovremennik). – Moskau 1960 (in *Sobr. soč.*, Hg. N.N. Akopova u. a., 20 Bde., 1960–1966, 1; krit.). – Moskau 1978 (in *Sobr. soč.*, 22 Bde., 1978–1985, 1; krit.).

ÜBERSETZUNGEN: *Aus meinem Leben*, H. Roskoschny, Lpzg. 1890. – *Jünglingszeit*, K. Bannwitz (in *Volkserzählungen. Jugenderinnerungen*, Mchn. 1961). – *Jünglingsjahre*, H. Röhl (in *Kindheit. Knabenalter. Jünglingsjahre*, Ffm. 1963; ern. 1976; ⁶1990; Insel Tb). – *Jugendzeit*, H. Asemissen (in *GW*, Hg. E. Dieckmann u. G. Dudek, Bd. 1, Bln./DDR 1964). – Dass., E. Luther (in *Kindheit. Knabenzeit. Jugendzeit*, Zürich 1985; detebe).

LITERATUR: N. A. Konovalov, »Detstvo« i »Junost'« v chudožestvennych proizvedenijach L. N. T. (in Uč. zap. Permskogo univ., 1929, Nr. 1, S. 157–194). – M. A. Cjavlovskij, *Tri redacii »Junosti«. Istorija pečatanija »Junosti« i ›Sovremennike‹ 1857 g.* (in L. N. T., *Poln. sobr. soč.*, Bd. 2, Moskau/Leningrad 1935, S. 374–400). – V. G. Odinokov, *Chudožestvennye osobennosti trilogii L. N. T.* (in Trudy IV naučn. konfer. Novosibirskogo ped. inst., 1957, Nr. 1, S. 249–273). – A. Pistorius, *Die Trilogie von L. N. T. und »David Copperfield« von Ch. Dickens: ein Vergleich*, Hbg. 1982.

KAZAKI

(russ.; *Die Kosaken*). Erzählung von Lev N. Graf TOLSTOJ, entstanden 1852–1862, erschienen 1863. – Das Werk ist aus einem ursprünglich viel größer angelegten Vorhaben – dem Plan eines aus drei Teilen bestehenden »Kaukasus-Romans« – hervorgegangen. In der russischen literarhistorischen Tradition knüpft es an die in den zwanziger und dreißiger Jahren verbreiteten romantischen Poeme und Romane mit »südlicher Thematik« an, wie sie von A. PUŠKIN, A. BESTUŽEV-MARLINSKIJ, M. LERMONTOV und anderen Autoren dieser Zeit gestaltet wurde, doch ist die Stoffbehandlung, in bewußter Ablehnung der um die Jahrhundertmitte bereits überlebten Romantik, mit den Mitteln des künstlerischen Realismus durchgeführt. In Tolstojs eigener schriftstellerischer Entwicklung kennzeichnen die *Kazaki* vor allem dadurch eine markante Phase, daß der Held Dmitrij Olenin ein wichtiges Glied in der Kette autobiographisch konzipierter Figuren mit ihrem unentwegten Suchen nach den wahren Prinzipien des Daseins, ihrem Streben nach menschlichem Glück und moralischer Selbstvervollkommnung darstellt.

Dem Sujet des Werks liegt als Leitidee die von Tolstoj immer wieder aufgegriffene und künstlerisch gestaltete Rousseausche These vom Wertgegensatz Zivilisation–Natur (auf die russische Wirklichkeit des 19. Jh.s bezogen) zugrunde. Erstere repräsentiert der des müßigen, banalen Lebenswandels vornehmer Moskauer Gesellschaftskreise überdrüssige und in die ferne Naturwelt des Kaukasus fliehende junge, reiche, gebildete Adelige Olenin, der keine Ruhe und Selbstzufriedenheit kennt und unter großen seelischen Qualen einen komplizierten inneren Entwicklungs- und Reifungsprozeß durchmacht. Die »Natur« finden wir in den Bewohnern eines Kosakendorfs am Terek-Fluß, auf der Nordseite der kaukasischen Berge, verkörpert – unter ihnen namentlich in den Gestalten des alten, lebenserfahrenen, sorglos-fröhlichen Jägers Eroška, des schneidigen, jungen Kosaken Lukaška und seiner Braut, der schönen, stolzen, charakterstarken Mar'jana. Die Liebe des Neuankömmlings Olenin zu dem Kosakenmädchen bleibt unerfüllt, sein Trachten, Mar'jana zuliebe über alle sozialen und zivilisatorischen Schranken hinweg in die freie Gemeinschaft der Kosaken einzutreten, ist am Ende zum Scheitern verurteilt – zu verschieden und einander fremd sind die beiden Welten, die sich hier begegnen. So ist der Bruch des Helden mit der »zivilisierten« Gesellschaft zwar vollzogen, der Weg »zurück« in das natürliche Leben des einfachen Volks (und damit ein Ausweg aus der Einsamkeit, aus dem inneren Dilemma) jedoch nicht gefunden. Ob Olenin einen solchen Ausweg je finden wird, bleibt offen.

Eine gewisse Ähnlichkeit mit dem Typus des »überflüssigen Menschen« ist zweifellos gegeben. Doch hat Olenin mit seiner sozialen Grundhaltung, seinen ethischen Grundsätzen und seinem Tatendrang nicht viel mit den »überflüssigen« Helden von Puškin, Lermontov oder I. Turgenev gemein. Im strukturellen Aufbau der Erzählung zeichnen sich zunächst zwei getrennte Handlungslinien ab: die Abreise Olenins von Moskau und seine Fahrt in den Kaukasus sowie die Beschreibung des patriarchalischen Lebens der altgläubigen Kosaken am Terek. Erst mit der Ankunft des Helden am Ort des Hauptgeschehens laufen beide Linien zusammen. Neben der für Tolstoj besonders kennzeichnenden plastischen und zugleich psychologisch eindringlichen Charakterzeichnung (ersteres gilt hier vor allem von den Figuren der Kosaken, letzteres von der dem Autor nahestehenden Zentralgestalt Olenin) kommt den meisterhaften Naturschilderungen eine wichtige kompositionelle Funktion zu. So bedeutet der erhabene – ständig leitmotivisch wiederholte – Anblick der schneebedeckten Bergriesen des Kaukasus dem Helden ein tiefgreifendes Erlebnis, das seine Seele gleichsam regeneriert und ihn mit der Natur eins werden läßt – was ihm, dem »Eindringling«, im Umgang mit den Menschen dieser Gegend nie gelang. Symbolischen Wert hat auch der Ablauf der Jahreszeiten; es ist wohl kein Zufall, daß Olenin Moskau im ausgehenden Winter verläßt, im Kaukasus aber schon vom Frühling empfangen wird und schließlich von den Kosaken im Herbst scheidet. – Neben einem originellen Wechsel der Erzählperspektiven spielt als Kunstmittel der innere Monolog eine wichtige Rolle, als dessen besondere Spielart auch der bekenntnishafte »Brief« des Helden zu gelten hat. Die überlegene Distanz des Autors kommt in gelegentlichen Kommentaren über die wahren Motive bestimmter Handlungen seines Helden, die diesem selbst verborgen bleiben, oder auch in der ironischen Darstellung allzu kühner jugendlicher Träume und naiv anmutender »Offenbarungen« Olenins zum Ausdruck. – Die Sprache der handelnden Personen und Randfiguren ist differenziert. Das Lokalkolorit wird durch volkstümliche und mundartliche, ja sogar fremdsprachliche (tatarische) Ausdrücke – mit entsprechenden Erklärungen Tolstojs in Anmerkungen – betont. Selbst phonetische Besonderheiten in der Aussprache der Kosaken oder Wörter aus dem Jägerjargon fehlen nicht. Das stark folkloristische Element (Lieder, Sprichwörter, Beschwörungsformeln) hebt die besondere Eigenart des geschilderten Volksmilieus hervor.

E. W.

Ausgaben: Petersburg 1863 (in *Russkij vestnik*). – Moskau 1961 (in *Sobr. soč.*, Hg. N. N. Akopova u. a., 20 Bde., 1960–1966, 3; krit.). – Moskau 1963; Hg. L. Opul'skaja [krit.]. – Moskau 1979 (in *Sobr. soč.*, 22 Bde., 1978–1985, 3; krit.).

Übersetzungen: *Die Kosaken. Kaukasische Novelle*, G. Keuchel, Bln. 1885. – *Die Kosaken*, W. Bergengruen, Zürich 1953. – *Die Kosaken*, J. v. Guenther (in *Meistererzählungen*, Ffm. 1958; FiBü). – Dass., J. Hahn (in *Volkserzählungen. Jugenderinnerungen*, Mchn. 1961). – Dass., A. Scholz, Mchn. 1964. – Dass., H. Asemissen (in *GW*, Hg. E. Dieckmann u. G. Dudek, Bd. 3, Bln./DDR 1967). – Dass., J. Hahn (in *Die Kosaken u. a. frühe Erzählungen*, Mchn. ²1978). – Dass., G. Drohla (in *Sämtliche Erzählungen*, Hg. dies., Bd. 3, Ffm. 1980; ern. 1990; Insel Tb). – Dass., A. Luther (in *Die Kosaken u. a. Erzählungen*, Zürich 1985; detebe). – Dass., M. Stucken (in *Die großen Erzählungen*, Ausw. u. Vorw. L. Kopelew, Mchn. 1989).

Verfilmungen: Rußland 1928 (Regie: V. Barskij). – *The Cossacks*, USA 1928 (Regie: G. Hill). – SU 1961 (Regie: V. Pronin).

Literatur: A. E. Gruzinskij, *Istorija pisanija i pečatanija »Kazakov«* (in *Poln. sobr. soč.*, Bd. 6, Moskau/Leningrad 1936, S. 271–293). – M. S. Silina, *Izobraženie narodnogo byta v povesti »Kazaki«* (in *Uč. zap. Kujbyš. ped. inst.*, 1958, S. 227–260). – M. Ferrazzi, *»I Cosacchi« di T.*, Padua 1978.

KREJCEROVA SONATA

(russ.; *Die Kreutzersonate*). Erzählung von Lev N. Graf Tolstoj, erschienen 1891. – Dieses durch autobiographisches Erleben wie durch authentische Begebenheiten aus dem Leben von Zeitgenossen angeregte Alterswerk – einer der Gipfel im Schaffen des späten Tolstoj – handelt nach Aussage des Dichters von »ehelichen Beziehungen« und »geschlechtlicher Liebe«. Der 60jährige Autor setzt sich darin mit den nach seiner »inneren Umkehr« besonders intensiv beschäftigenden Fragen der Ehe und Geschlechtsmoral als Künstler, letztlich aber doch wohl als Sittenprediger kritisch auseinander: »Ich habe dort dem Künstlerischen nur so viel Raum gegeben, daß die furchtbare Wahrheit deutlicher sichtbar werde.« Die Grundintention klingt bereits in dem Motto aus dem Evangelium an: »Ich aber sage euch: Wer ein Weib ansieht, ihrer zu begehren, der hat schon mit ihr die Ehe gebrochen in seinem Herzen« (Matth. 5,28).
Der Kern der Erzählung ist in eine Rahmenhandlung eingebaut. Diese hebt damit an, daß sich zwischen einigen nicht ohne ironisch-mokante Distanz charakterisierten Reisenden eines Eisenbahnabteils – einer ältlichen »emanzipierten« Dame nebst ihrem Bekannten, einem gesprächigen Advokaten, und einem alten, patriarchalischen Sitten anhängenden Kaufmann – ein Gespräch über Liebe, Ehe, Scheidung usw. entspinnt, womit die Hauptthemen des Werks gleich zu Beginn angeschlagen sind. Später, nach dem Weggang des Kaufmanns, tritt der mitreisende Held, Vasilij Pozdnyšev, ein »vorzeitig ergrauter... nervöser Herr... mit ungewöhnlich glänzenden Augen«, als Opponent des »liberalen« Paares auf und verficht die Ansicht, daß es nur sinnliche Liebe gebe und daß die Ehe ein einziger Betrug sei. Mit dem als Gesprächspartner im Hintergrund bleibenden und als »Fragesteller« oder »provozierender« Kommentator fungierenden Erzähler allein geblieben, legt Pozdnyšev diesem während der nächtlichen Fahrt eine umfassen-

de Lebensbeichte ab. Es ist die trostlose Geschichte seiner im Grunde inhaltsleeren, auf flüchtiger Verliebtheit gegründeten und von zunehmender Enttäuschung, Gleichgültigkeit, Gereiztheit, Verbitterung, ja Haß erfüllten Ehe, seiner krankhaften, durch die Bekanntschaft seiner Frau mit einem Musiker angestachelten Eifersucht, seiner an Wahnsinn grenzenden seelischen Zerrissenheit – kurz seines ganzen qualvollen *»inneren Dramas«* (R. Rolland) bis hin zur äußersten Zuspitzung und tragischen Wendung des Ehekonflikts, dem Racheakt des Mannes, der keinen anderen Ausweg sieht, als die vermeintliche Ehebrecherin umzubringen.

Der bekenntnishafte Bericht des Helden wird freilich erst im letzten Drittel der Erzählung, als das Geschehen im Hause Pozdnyšev in einem spannungsgeladenen »Crescendo« dem Höhepunkt zustrebt, fortlaufend wiedergegeben. Vorher stößt der Leser immer wieder auf längere, den Handlungsablauf stark retardierende Abschweifungen in Form von verallgemeinernden Betrachtungen Pozdnyšev (also Tolstojs) über die unheilvolle Sittenverderbnis der Zeit – nicht nur in den oberen Schichten, sondern auch in einem Teil der russischen Bauernschaft –, die Verlogenheit der nur auf erotischen Bindungen beruhenden Ehen, vor allem aber die Erniedrigung der Frau zur »Sklavin«, zum *»Objekt der Sinnlichkeit«,* zum *»Werkzeug des Genusses«* der Männer. Die Herrschaft der Mode wie auch die Wirkung der Kunst, darunter vor allem die verderbliche Macht der Musik (das aufwühlende erste Presto in Beethovens Kreutzersonate gewinnt hier symbolischen Wert), hätten dem allgemeinen Niedergang der Sitten Vorschub geleistet. Aber auch die Wissenschaften werden mit herber Kritik nicht verschont, allen voran die Medizin, deren »Priester«, die Ärzte, eine bevorzugte Zielscheibe sarkastischer Angriffe sind. – Daß die Hauptfigur Pozdnyšev dabei als Sprachrohr des Autors auftritt, erhellt aus einem rein didaktischen Nachwort Tolstojs, worin alle wichtigen Thesen des Werks noch einmal direkt ausgesprochen werden: *»Man soll weder vor noch in der Ehe ein ausschweifendes Leben führen, man soll die Zeugung von Kindern nicht künstlich unterbinden, man soll nicht aus Kindern ein Spielzeug machen, und man soll nicht eine Liebesvereinigung über alles stellen...«* Demgegenüber predigt der Autor als erstrebenswertes, wenn auch zugegebenermaßen unerreichbares Ideal Enthaltsamkeit und Keuschheit, d. h., er mahnt, zur christlich-asketischen Tradition zurückzukehren. Das christliche Ideal sei die Liebe zu Gott und dem Nächsten, und diese Liebe sei mit der sinnlichen Liebe und der Ehe als Dienst an sich selber nicht vereinbar und insofern vom christlichen Standpunkt eine Sünde.

So stellt *Krejcerova sonata* eine eigentümliche Mischung zweier gattungsmäßig verschiedener Komplexe dar, die jedoch ineinander verwoben sind: das meisterhaft erzählte, psychologisch subtil gestaltete menschliche Drama und der moralisch-sozialkritische Traktat, dessen rhetorisches Pathos stellenweise (z. B. in Kap. 5) an A. RADIŠČEV erinnert. (In

diesem Zusammenhang ist die häufig wiederkehrende, der feierlichen Emphase oder emotionalen Eindringlichkeit dienende Drei- oder Zweigliedrigkeit des Ausdrucks von Bedeutung.) Auf der anderen Seite läßt die ausweglos vergiftete Atmosphäre im Eheleben der Pozdnyševs an die herb-naturalistischen Stücke von A. STRINDBERG denken. Mitunter wirken Einzelheiten der Fabel konstruiert und übertrieben. Mit Recht spricht Lo GATTO davon, daß Pozdnyšev in seinem Handeln eher von einer *gelosia cerebrale* denn *passionale* getrieben wird. Es ist eine Eifersucht ohne Liebe, eine Eifersucht der verletzten Eitelkeit und des Selbstmitleids des Helden. Auch lassen sich die zynischen, ja teilweise brutalen Ausfälle Pozdnyševs gegen seine eigene Frau mit dem von ihm bekundeten Mitgefühl für die Frauen und ihre Stellung in der Ehe nur schwer in Einklang bringen. – Das Thema des Zerfalls der bürgerlichen Familie wurde von Tolstoj auch in anderen Werken der achtziger Jahre bearbeitet, so in den Erzählungen *Smert' Ivana Il'iča*, 1886 *(Der Tod des Ivan Il'ič)*, und *D'javol*, 1889 *(Der Teufel)*. Verschiedene Motive der *Kreutzersonate* fanden in dem Roman *Voskresenie*, 1899 *(Die Auferstehung)*, einen späten Nachhall.

E.W.

AUSGABEN: Moskau 1891. – Moskau 1963 (in *Sobr. soč.*, Hg. N. N. Akopova u. a., 20 Bde., 1960–1966, 10; krit.). – Moskau 1982 (in *Sobr. soč.*, 22 Bde., 1978–1985, 12; krit.).

ÜBERSETZUNGEN: *Die Kreutzersonate*, anon., Bln. 1890. – Dass., A. Eliasberg u. S. Geier, Hbg. 1961 (RKl). – Dass., A. Luther, Ffm. 1962 (IB). – Dass., A. Scholz, Mchn. 1963; ern. 1986. – Dass., A. Luther (in *Die großen Erzählungen*, Ffm. 1973; Nachw. Th. Mann; Insel Tb). – Dass., H. Asemissen (in *GW*, Hg. E. Dieckmann u. G. Dudek, Bd. 12, Bln./DDR 1976). – Dass., J. Hahn, Stg. 1977. – Dass., A. Luther (in *Sämtliche Erzählungen*, Hg. G. Drohla, Bd. 6, Ffm. 1980; ern. 1990; Insel Tb). – Dass., B. Busse, Köln 1985. – Dass., A. Luther (in *Die Kreutzersonate u. a. Erzählungen*, Zürich 1985; detebe). – Dass., E. v. Baer, Bln. 1987. – Dass., A. Scholz, Mchn. 1987 (Goldm. Tb). – Dass., A. Luther, Ffm. ⁴1989 (Insel Tb). – Dass., H. Asemissen, Mchn. 1990 (Heyne Tb).

DRAMATISIERUNG: O. Willner, *Die Kreutzersonate* (Urauff.: Neuwied, 26. 4. 1959).

VERFILMUNGEN: Rußland 1911 (Regie: P. Č. Čardinin). – Rußland 1914 (Regie: V. Gardin). – *Die Kreutzer-Sonate*, Deutschland 1922 (Regie: R. Petersen). – *Kreutzerova-Sonata*, Tschechoslovakei 1926 (Regie: G. Machaty). – *Die Kreutzersonate*, Deutschland 1936 (Regie: V. Harlan). – *Les nuits blanches de St.-Pétersbourg*, Frankreich 1937 (Regie: J. Dréville). – *Celos*, Argentinien 1946 (Regie: M. Soffici). – *Amanti senza amore*, Italien 1948 (Regie: G. Franciolini).

LITERATUR: I. G. Oršanskij, *Po povodu »Krejcerovoj sonaty«* (in Tolstovskij ežegodnik, 1913, S. 60–66). – N. Gusjev, *Zur Geschichte der »Kreutzersonate«*, o. O. 1937. – P. V. Viľkoševskij, *Sudʼba »Krejcerovoj sonaty« L. N. T.* (in Trudy Samarkandskogo ped. inst., 2, 1940, S. 1–22). – N. Pereverzeva, *Chudožestvennaja funkcija simvola v povestjach pozdnego perioda tvorčestva L. N. T. »Smertʼ Ivana Ilʼiča«, »Krejcerova sonata«, »Otec Sergij«*, Diss. Moskau 1986.

NARODNYE RASSKAZY

(russ.; *Volkserzählungen*). Erzählungen von Lev N. Graf TOLSTOJ, erschienen 1881–1886. – Unter dem Titel *Narodnye rasskazy* wird ein Zyklus von siebzehn Erzählungen zusammengefaßt, in dem Tolstoj nach seiner religiösen Wandlung seine Lehre breitesten Schichten des russischen Volkes bekannt und verständlich zu machen suchte. Der Beginn der Sammlung geht auf die epischen und legendären Erzählstoffe zurück, welche Tolstoj 1879 von dem Olonecker Bylinensänger V. P. Ščeglov erfahren hatte. Ihnen ist das Sujet der Erzählung *Čem ljudi živy*, 1881 *(Wovon die Menschen leben)*, entnommen, der Worte des Ersten *Johannes-Briefs* als Motto vorangestellt sind. Die Geschichte erzählt die Erfahrung des Erzengels Michael, der, von Gott wegen Ungehorsams auf die Erde gesandt, erkennt, daß er nur mit Hilfe der Liebe Gottes leben kann, welche in den Menschen verborgen ist. Biblischen Bezug (*Matth.* 18,21–35) hat auch die Erzählung *Upustišʼ ogonʼ, ne potušišʼ*, 1885 *(Lösche das Feuer, solange es glimmt)*. Sie behandelt am Beispiel zweier unversöhnlicher Nachbarn das christliche Gebot, dem Feind zu vergeben. Die Erzählung *Dva starca*, 1885 *(Die beiden Alten)*, bekräftigt, ausgehend von *Joh.* 4, 19–23, den Vorzug der tätigen Nächstenliebe vor kontemplativem Gebet, Pilgerreise und anderen ichbezogenen Wegen zum Heil. Die Erzählungen *Zerno i kurinoe jajco*, 1886 *(Das Korn und das Ei)*, und *Kak čertënok krajušku vykupal*, 1886 *(Wie der Teufel das Brot gewann)*, behandeln die Trunksucht und das Leben auf Kosten anderer. Die Geschichte *Mnogo li čeloveku zemli nado?*, 1886 *(Wieviel Erde braucht der Mensch?)*, zeichnet das abschreckende Exempel eines Menschen, der durch die eigene Habgier in den Tod getrieben wird. Das erbauliche Sujet und die didaktische Intention kennzeichnen auch die übrigen Erzählungen. Sie alle dienen der Propagierung der beiden Tolstojschen Grundgedanken der Selbstvervollkommnung des Menschen und des Verzichts auf gewaltsamen Widerstand gegen das Böse. Mit Konsequenz sind die Stoffe der Erzählungen unabhängig von ihrer Quelle – der erbaulichen und didaktischen geistlichen Literatur oder der Volksüberlieferung – diesem Programm unterworfen. Ist in der Wahl des Sujets die kirchliche Tradition bestimmend, so entscheidet in der Wahl der Form das folkloristische Vorbild. Märchen, Sage und Legende bestimmen die Gattung der Erzählungen. Die Sprache ist bewußt der Ausdrucksweise des einfachen Volkes angenähert. Der Stil weist die charakteristischen Merkmale der Märchenerzählung auf. Die Einfachheit und Gedrängtheit von Konzeption und Sprache haben manche der *Volkserzählungen* zu wahren Meisterwerken der erzählerischen Kleinform, andere dagegen zu schematischen und leblosen Exemplaren der Erbauungsliteratur werden lassen.

Tolstoj suchte mit seinen Erzählungen, zu deren massenhafter Verbreitung er mit V. G. Čertkov und P. I. Birjukov einen eigenen Verlag, »Posrednik« (Der Mittler), gründete, die traditionelle Bilderbogen-Literatur der unteren Volksschichten zu verdrängen. Sein Ziel war, daß *»Greis, Weib und Kind das Buch lesen können, Interesse daran finden, sich daran ergötzen und sich geläutert fühlen«*. Der Humanismus Tolstojs erhob sich nicht über den passiven Protest gegen die zaristische Gesellschaft. Nicht ihrer Grundlage, der Verteilung des gesellschaftlichen Eigentums, sondern ihren abstoßenden Erscheinungsformen galt seine Kritik. Den gesellschaftskritischen, revolutionären Strömungen der Zeit stellte er das Postulat der individuellen Läuterung des Menschen entgegen. Die Ethisierung der sozialen Frage ist das Hauptanliegen seiner aufklärerischen Schriften. Seine Ablehnung der zeitgenössischen russischen Gesellschaft mußte gleichwohl mit der weltlichen, seine Forderung nach der individuellen Verwirklichung eines erneuerten Christentums mit der kirchlichen Macht des Zarenreiches in Konflikt geraten. Aus der orthodoxen Kirche ausgeschlossen, war Tolstoj zugleich den Angriffen der zaristischen Zensur ausgesetzt, die die Verbreitung der meisten seiner *Narodnye rasskazy* zeitweilig untersagte.   J.Wo.-KLL

AUSGABEN: Moskau 1881 (*Čem ljudi živy*; in Detski ojtdych, Nr. 12). – Moskau 1885 (*Upustišʼ ogonʼ*…; in Posrednik). – Moskau 1886 (*Kak čertënok*… u. *Zerno i kurinoe jajco*; in *Tri skazki*). – Moskau 1886. – Moskau 1963 (in *Sobr. soč.*, Hg. N. N. Akopova u. a., 20 Bde., 1960–1966, 10; krit.).

ÜBERSETZUNGEN: *Volkserzählungen*, A. Eliasberg, Bln. 1920; 15 1927. – Dass., E. Boehme, Bln. 1925. – Dass., ders., Bln. 1956. – Dass., J. Hahn (in *Volkserzählungen. Jugenderinnerungen*, Mchn. 1961). – *Wieviel Erde braucht der Mensch? Volkserzählungen, Legenden und Gleichnisse*, H. Asemissen u. G. Schwarz (in *GW*, Hg. E. Dieckmann u. G. Dudek, Bd. 9, Bln./DDR 1966; 3 1986). – *Volkserzählungen und Legenden*, E. Hurwicz, Mchn. 1960. – *Volkserzählungen*, G. Waldmann, Stg. 1987 (RUB). – *Wieviel Erde braucht der Mensch. Volkserzählungen*, A. Eliasberg, Ffm. 1989 (Insel Tb).

LITERATUR: A. Bachtyzin, *Rečevye sredstva lakonizma v »Narodnych rasskazach« L. N. T.* (in Russkoe jazykoznanie, 2, 1970, S. 309–324). – Ders., *Stilistikosintaktičeskie čerty »Narodnych rasskazov« L. N. T., Avtoreferat*, Alma Ata 1970. – Z. A. Kuščenko, »*Narodnye rasskazy*« L. N. T. *(Idejnochudo-žestvennoe svoeobrazie), Avtoreferat*, Moskau 1972. – *O sud'be* »*Narodnych rasskazov*« *L. T.* (in Kniga, 55, 1987, S. 207–209).

OTEC SERGIJ

(russ.; *Vater Sergej*). Erzählung von Lev N. Graf TOLSTOJ, entstanden 1890/91–1898, postum erschienen 1911. – Wie in der etwa um die gleiche Zeit verfaßten *Kreutzersonate*, 1891 *(Krejcerova sonata)*, und der zu Lebzeiten des Dichters ebenfalls nicht veröffentlichten Erzählung *Der Teufel*, 1889 *(D'javol)*, setzt sich Tolstoj in diesem auf hohem künstlerischem Niveau stehenden Werk mit dem ihn damals besonders stark beschäftigenden ethischen Problem des Kampfes gegen die sinnliche Begierde auseinander. Darüber hinaus nimmt er hier Stellung gegen die Verlockungen menschlicher Ruhmsucht, die ebenso wie der Geschlechtstrieb teuflische Täuschungen seien, die den wahren Glauben im Menschen untergraben.

Der Lebensweg des Titelhelden wird durch vier schicksalhafte Begegnungen mit Frauen entscheidend geprägt. Als Folge der ersten dieser Begegnungen – mit einer schönen jungen Petersburger Hofdame, mit der er sich verlobt, jedoch kurz vor der Heirat (als er erfährt, daß sie die Geliebte des Zaren gewesen ist) schroff alle Beziehungen abbricht – gibt der junge, überaus ehrgeizige Gardeoffizier Fürst Stepan Kasatskij enttäuscht und verbittert seine glänzende Karriere auf und geht ins Kloster. Jahre später wird Vater Sergij, wie der Fürst jetzt heißt, in seiner Einsiedelei von einer buhlerischen jungen Witwe versucht, widersteht jedoch ihren Verführungskünsten, indem er im Augenblick höchster Verwirrung den Kampf um die Rettung seiner Seele durch Verstümmelung seines Körpers gewinnt (ein Motiv, das sich ähnlich schon in der mittelalterlichen hagiographischen Literatur, aber auch in der Lebensbeschreibung, dem 1672–1675 entstandenen *Žitie*, des Protopopen AVVAKUM findet). Nach diesem erschütternden Erlebnis, das auch zu einer Läuterung der Frevlerin führt (sie wird Nonne), erlangt Vater Sergij den Ruf eines mit wundertätiger Heilkraft begabten Heiligen und wird so auf eine sittliche Höhe emporgetragen, aus der er um so tiefer in den Abgrund des Lasters und der Schande stürzt, als er wenige Jahre später fast ohne Widerstand einer neuerlichen Versuchung durch eine kranke, schwachsinnige Kaufmannstochter erliegt. Die vierte weibliche Gestalt, Sergijs Kusine Pašen'ka, die in selbstloser Weise ihre Nächsten umsorgt und sich dabei aufzehrt, ist dazu berufen, dem gefallenen und verzagenden Gottsucher wieder den Weg zurück ins Leben zu weisen: »*Ich lebte für die Menschen unter dem Vorwande Gottes, sie lebt für Gott und vermeint, für die Menschen zu leben.*« In dem Ideal, das diese einfache sanftmütige alte Frau ihm vorlebt und dem er sich von nun an selbst verschreibt, nämlich der in aller Stille und Demut ge-

leisteten tätigen Nächstenliebe, findet Vater Sergij – entsprechend den damaligen Überzeugungen seines geistigen Schöpfers – den eigentlichen Sinn des Lebens und damit den wahren Weg zu Gott. Diese Erleuchtung bedeutet ihm nach den qualvollen seelischen Prüfungen und Anfechtungen im Adelsmilieu wie in seinem langen Mönchsdasein einen neuen Lebensanfang, ist seine im hohen Alter nun endlich vollzogene »Auferstehung« zum echten »*Knecht Gottes*«. Konnte er früher seinen Stolz und Egoismus, seine Eitelkeit und innere Unruhe nie ganz unterdrücken, so lebt er fortan – als Pilger, Bettler, Krankenpfleger – in tiefer Demut, gottgefälliger Selbstlosigkeit und im seelischen Frieden mit sich selbst und den Mitmenschen.

Im Unterschied zu F. DOSTOEVSKIJ (man denke an die Gestalt und das Wirken des Starec Zosima in den *Brat'ja Karamazovy*, 1879/80 – *Brüdern Karamazov*) spart Tolstoj nicht mit Kritik am Klosteralltag und an den Vertretern des Mönchsstands. Die Charaktere sind auch in diesem Spätwerk des Dichters mit meisterlicher psychologischer Einfühlung gezeichnet. Wie im übrigen Schaffen, so fällt auch hier die Hervorhebung der schönen, ausdrucksstarken Augen bei beiden positiven Hauptgestalten (Sergij, Pašen'ka) auf, wobei im Falle der Frau die für Tolstoj typische Kontrastierung ihres sonst unansehnlichen Äußeren mit ihrer »inneren Schönheit« hinzukommt.

Die spärlichen Naturschilderungen dienen einer Untermalung der jeweiligen Gemütsverfassung der beteiligten Personen, z. T. auch als Mittel einer symbolhaften Andeutung der weiteren Entwicklung des Helden. Der mit einem mystischen Detail (wegweisender Engel) ausgestattete Traum und die Kindheitserinnerung am Ende von Kap. 7 haben die Funktion, eine Wende im Bewußtsein Sergijs herbeizuführen. Die mit knappen, schlichten, treffenden und in dramatischen Szenen (Kap. 5) kraftvoll ausladenden Stilmitteln erzählte Fabel ist ebenso wie die handelnden Personen künstlerische Fiktion, doch tritt eingangs auch eine historische Persönlichkeit (Zar Nikolaus I.) episodisch auf. Als wirklich existierende Orte der Handlung werden, ebenfalls am Anfang, Petersburg und Carskoe Selo genannt, der zeitliche Rahmen erstreckt sich von den vierziger Jahren bis zum Ende des 19. Jh.s (dabei heißt es in dem als eine Art Epilog angelegten Schlußabschnitt interessanterweise, Sergij lebe noch »heute« in Sibirien, wohin man ihn verbannt habe). Solche Einzelheiten verleihen dieser modernen »Vita« chronikalischen Charakter, was vom Autor sicherlich nicht unbeabsichtigt war.   E.W.

AUSGABEN: Moskau 1911. – Moskau 1964 (in *Sobr. soč.*, Hg. N. N. Akopova u. a., 20 Bde., 1960–1966, 12; krit.). – Moskau 1982 (in *Sobr. soč.*, 22 Bde., 1978–1985, 12; krit.).

ÜBERSETZUNGEN: *Pater Sergius*, A. Hess, Bln. 1914. – Dass., E. Böhm u. a. (in *Die Kreutzersonate u. a. Erzählungen*, Mchn. 1961). – *Vater Sergej*, J. Hahn (in *Späte Erzählungen*, Mchn. 1962). – *Va-*

ter Sergius, A. Luther (in *Die großen Erzählungen*, Ffm. 1973; Nachw. Th. Mann; Insel Tb). – *Vater Sergej*, H. Asemissen (in *GW*, Hg. F. Dieckmann u. G. Dudek, Bd. 12, Bln./DDR 1976). – Dass., J. Hahn (in *Die Kreutzersonate u. a. späte Erzählungen*, Mchn. ²1978). – *Vater Sergius*, A. Luther (in *Sämtliche Erzählungen*, Hg. G. Drohla, Bd. 6, Ffm. 1980; ern. 1990; Insel Tb). – *Vater Sergij*, F. Frisch (in *Meistererzählungen*, Zürich ⁸1985). – *Vater Sergius*, A. Luther, Ffm. 1988 (Insel Tb).

VERFILMUNGEN: Rußland 1918 (Regie: Ju. Protazanov). – SU 1978 (Regie: I. Talankin). – *Il sole anche di notte*, Italien 1989 (Regie: P. u. V. Taviani).

LITERATUR: S. N. Bulgakov, *Čelovekobog i čelovekozver' (po povodu posmertnych proizvedenij L. N. T. »D'javol« i »Otec Sergij«)* (in Voprosy filosofii i psichologii, 1912, H. 112, S. 55–105). – R. Pletnev, *L. T.s »Vater Sergij« und die russischen Heiligenleben* (in ZslPh, 10, 1933, S. 32–34). – N. van Wijk, *Noch einmal T.s »Vater Sergij«* (ebd., 11, 1934, S. 356–358). – V. A. Ždanov, *Ot »Anny Kareninoj« k »Voskreseniju«*, Moskau o. J. [1968], S. 232–257. – N. Pereverzeva, *Chudožestvennaja funkcija simvola v povestjach pozdnego perioda tvorčestva L. N. T. »Smert' Ivana Il'iča«, »Krejcerova sonata«, »Otec Sergij«*, Diss. Moskau 1986.

OTROČESTVO

(russ.; *Knabenjahre*). Erzählung von Lev N. Graf TOLSTOJ, erschienen 1854. – Das Werk ist der zweite und mit 27 Kapiteln der kleinste Teil der sog. »Jugendtrilogie« des Dichters (1.: *Detstvo – Kindheit*; 3.: *Junost' – Jugendzeit*). – Verschiedenen Plänen und Notizen Tolstojs ist zu entnehmen, daß im gefahrvollen *»Übergangsalter der Knabenzeit«* (12–14 Jahre) die reinen Gefühle kindlicher Liebe und Gläubigkeit von neuen charakterlichen Neigungen wie Eitelkeit, Selbstgefälligkeit, Stolz und Skepsis überdeckt und verdrängt werden, wobei der Knabe immer mehr »verdorben« wird, sich aber dann vor der Jugendzeit wieder »bessert«. Den Beginn seiner Knabenjahre sieht der Held Nikolen'ka Irten'ev in einem bestimmten Augenblick seines Lebens, als ihm nämlich auf der Reise vom elterlichen Gut in die Stadt plötzlich bewußt wird, daß es außer ihm und seinen Angehörigen auf der Welt noch viele andere Menschen mit ihren Familien, Sorgen und Interessen gibt. Die allmähliche Ausweitung des ethischen und sozialen Gesichtskreises Nikolen'kas hängt mit seinem wachsenden Hang zur Selbstanalyse und kritischen Beobachtung der Umwelt, zur Reflexion über das moralische Verhalten der Mitmenschen und seiner selbst eng zusammen. Aus der stimmungsvollen, geborgenen Atmosphäre des idyllischen Landlebens *(Detstvo)* gelangt der Knabe nach dem Tod seiner Mutter in die nüchterne, frostige Umgebung des großmütterlichen Hauses in Moskau, wo ihm ein Mißgeschick nach dem anderen zustößt und allerlei

seelische Prüfungen und Qualen bereitet werden. So wird die einstige Harmonie einer unmittelbar erfahrenen heilen Welt jäh zerstört, was zu einem inneren Zwiespalt des Helden in seinem Verhältnis zur Umwelt führt. Die damit einhergehende Entfremdung von den im herkömmlichen gesellschaftlichen »Moralkodex« befangenen Angehörigen steigert in dem überaus sensiblen und intelligenten Jungen das Gefühl der Einsamkeit (daher der Ausdruck *»Öde des Knabenalters«*, Kap. 20), aus der freilich eine sich anbahnende Freundschaft bald in die glücklichere Zeit der Jugend führen wird.
Erstaunlich, welch komplizierte philosophische Fragen den Vierzehnjährigen bereits beschäftigen: Bestimmung des Menschen, künftiges Leben, Unsterblichkeit der Seele (Kap. 19 mit der programmatischen Überschrift *Otročestvo*; vgl. noch die Gedanken über den Tod, Kap. 23). Zu den neuen »Entdeckungen« dieser Entwicklungsphase gehören auch die Unterscheidung von arm und reich sowie das Erwachen pubertärer Gefühle für eine junge Frau, das Stubenmädchen Maša, deren Liebesgeschichte mit dem Diener Vasilij – die übrigens eine Parallele in der Episode mit Natal'ja Saviśna und Foka in *Detstvo* findet – der Erzähler zum Anlaß nimmt, in der Art N. KARAMZINS an das soziale Mitgefühl des Lesers zu appellieren. Rührend und mitleiderregend ist auch die lange Lebensgeschichte des deutschen Hauslehrers Karl Mauer (Kap. 8–10), die dieser seinem Zögling nicht ohne pathetische und sentimentale Details in sehr schlechtem Russisch und teils in nicht ganz einwandfreiem Deutsch erzählt. Dem gutmütigen alten Karl Ivanyč wird der neue französische Erzieher St.-Jérôme gegenübergestellt, ein sehr gebildeter, aber selbstgerechter, eitler und anmaßender Stutzer – in Nikolen'kas Augen ein Franzose par excellence. Überhaupt ist hier wie sonst bei Tolstoj die Kontrastierung der handelnden Personen ein bevorzugter Kunstgriff: Nikolen'ka–Volodja, Katen'ka–Ljuboćka, Dubkov–Nechljudov, Karl Ivanyč–St.-Jérôme. Aber auch in der Zeichnung ein und derselben Gestalt kommt oft Gegensätzliches zum Ausdruck, so etwa bei Nikolen'ka, dessen betont unschönes Äußere in auffälliger Weise mit seinem intensiven Innenleben und seinen edlen Bestrebungen kontrastiert. Beim Tod der Großmutter zeigt nur das von ihr zu Lebzeiten schikanierte Stubenmädchen Maša echte Trauer, was an das ganz analoge Verhalten Natal'ja Saviśnas in *Detstvo* erinnert, als Nikolen'kas Mutter stirbt.
Die Distanz zwischen dem reiferen Erzähler und den von ihm aus der Erinnerung geschilderten Knabenjahren erlaubt es ihm, manche Erlebnisse und Erfahrungen von damals mit feiner Ironie oder Selbstironie darzustellen. Dabei bleiben auch komisch-groteske Effekte nicht aus, so vor allem, wenn der jugendliche Held durch plötzlich einbrechende, ganz prosaische Wahrnehmungen vom Höhenflug seiner kühnen Gedanken und Träumereien wieder auf den Boden der Wirklichkeit zurückgeholt wird. Als Beispiele für köstliche Situationskomik sind vor allem die Szene mit dem Ge-

schichtslehrer (im blauen Frack mit »gelehrten« Knöpfen – Kap. 11) und die Eskapaden Nikolen'kas beim »Katz-und-Maus-Spiel« am Beginn von Kap. 13 zu nennen. – Die subtile Differenzierung der Stilmittel läßt sich insbesondere an Feinheiten wie der Hervorhebung individueller Sprachgewohnheiten, etwa der Großmutter, Karl Ivanyčs, St.-Jérômes u. a., oder einer naturgetreuen Wiedergabe der Rede einfacher Leute (eines Bettlers, der Dienerschaft usf.) sehr deutlich erkennen. Mit der Herausarbeitung von bestimmten Eigenheiten der Gestik und Mimik (z. B. die zuckende Schulter des Vaters, die »sprechenden« Blicke verschiedener Personen) als sichtbare Äußerungen innerer Regungen oder charakterlicher Qualitäten ist ein markanter Stilzug der späteren großen Romane bereits in diesem Frühwerk vorgeprägt.   E.W.

AUSGABEN: Moskau 1854 (in Sovremennik). – Moskau 1960 (in Sobr. soč., Hg. N. N. Akopova u. a., 20 Bde., 1960–1966, 1; krit.). – Moskau 1978 (in Sobr. soč., 22 Bde., 1978–1985, 1; krit.).

ÜBERSETZUNGEN: Aus meinem Leben, H. Roskoschny, Lpzg. 1890. – Knabenalter, R. Loewenfeld (in SW, Bd. 3, Lpzg. 1903). – Knabenjahre, K. Bannwitz (in Volkserzählungen. Jugenderinnerungen, Mchn. 1961). – Knabenalter, H. Röhl (in Kindheit. Knabenalter. Jünglingsjahre, Ffm. 1963; ern. 1976; 6 1990; Insel Tb). – Knabenjahre, H. Asemissen (in GW, Bd. 1, Hg. E. Dieckmann u. G. Dudek, Bln./DDR 1964). – Knabenzeit, A. Luther (in Kindheit. Knabenzeit. Jugendzeit, Zürich 1985; detebe).

LITERATUR: M. A. Cjavlovskij, »Otročestvo« (Kommentarii) (in L. N. T., Poln. sobr. soč., Bd. 2, Moskau/Leningrad 1930, S. 351–373). – P. Popov, Stil' rannich povestej T. (in Literaturnoe nasledstvo, 1939, Nr. 35/36, S. 78–116). – V. V. Vinogradov, O jazyke T. (50–60-e gody) (ebd., S. 117–220). – N. P. Loščinin, »Detstvo«, »Otročestvo«, »Junost'« L. N. T., Tula 1956. – V. G. Odinokov, Chudož. osobennosti trilogii L. N. T. (in Trudy IV naučn. konfer. Novosib. gos. ped. inst., 1, 1957, S. 249–274). – I. V. Čuprina, Trilogija L. N. T. »Detstvo«, »Otročestvo« i »Junost'« (in Uč. zap. Sarat. univ., 56, 1957, S. 202–249). – L. Ja. Kruglik, Vnutrennij monolog i dialog v trilogii L. N. T. »Detstvo«, »Otročestvo«, »Junost'« (in Uč. zap. Krasnodarskogo ped. inst., 1961, Nr. 24, S. 103 bis 118). – A. Pistorius, Die Trilogie von L. N. T. und »David Copperfield« von Ch. Dickens: ein Vergleich, Hbg. 1982.

SMERT' IVANA IL'IČA

(russ.; Der Tod des Iwan Iljitsch). Novelle von Lev N. Graf TOLSTOJ, erschienen 1886. – Die Frage nach dem Sinn des Lebens und der Bestimmung des Menschen stellt einen zentralen Themenkreis in Tolstojs literarischem Schaffen dar. Aber auch das damit zusammenhängende Problem des Todes regte den Dichter immer wieder zu künstlerischer Gestaltung an, und zwar nicht nur in den großen Romanen, sondern auch in kleineren Werken: so schon in der frühen Erzählung Tri smerti, 1859 (Drei Tode); ferner in der etwa vier Jahrzehnte später entstandenen Novelle Chozjain i rabotnik, 1895 (Herr und Knecht), und, rund zehn Jahre zuvor, in Smert' Ivana Il'iča.

Es ist dies die ursprünglich in Ichform konzipierte, dann aber doch in der objektivierenden Er-Perspektive erzählte, erschütternde Geschichte vom Sterben des hohen Gerichtsbeamten Ivan Il'ič Golovin (von golova: Kopf). Auf dem Gipfel seiner beruflichen Laufbahn tut sich dem 45jährigen Titelhelden völlig unverhofft der tiefe Abgrund des unausweichlichen Todes auf. In dieser entscheidenden existentiellen Situation zieht er, aus seiner geistig nivellierten Durchschnittsexistenz zu intensivem Nachdenken aufgeschreckt, eine ungeschminkte Bilanz seines nach außen hin erfolgreichen, im Grunde aber höchst oberflächlichen, in platten Konventionen und einem verlogenen bürgerlichen Moralkodex erstarrten Lebenswegs und gelangt durch diesen Akt kritischer Selbstbesinnung zu niederschmetternden Einsichten. Das, was ihm vorher jahrzehntelang als »leichtes, angenehmes und wohlanständiges« Leben erschien, erweist sich nun aus der Sicht des todkranken, mit sich selbst und seinen Mitmenschen streng ins Gericht gehenden Staatsanwalts als ein armseliges, selbstgefälliges, spießhaftes Scheindasein, dessen nichtigbanale Interessen einzig und allein um die dienstliche Karriere und das materielle Wohlergehen der Familie kreisten. Ebenso erschreckend ist nach langen Jahren der Selbsttäuschung die Erkenntnis, daß zwischen ihm und selbst seinen nächsten Angehörigen keine echten menschlichen Bindungen bestehen, was zu einer völligen inneren Vereinsamung des unheilbar Kranken führt und seinen ohnedies kaum erträglichen physischen Leiden noch viel schlimmere seelische Qualen – zumal angesichts der ihn weiterhin umgebenden Lüge und der Herabwürdigung seines »furchtbaren feierlichen Sterbevorgangs« zu einer zufälligen Unannehmlichkeit oder gar Ungehörigkeit – hinzufügt.

Mit beklemmend-unheimlichem Einfühlungsvermögen und erstaunlicher Gestaltungskraft schildert der Autor-Erzähler die einzelnen Stadien des in einem ständigen Crescendo fortschreitenden Leidensprozesses seines Helden – vom ersten, mit befremdlichem Staunen wahrgenommenen Unwohlsein und dumpfen Schmerz (als Folge einer an sich läppischen Verletzung beim Einrichten einer neuen Wohnung) bis hin zur panischen Todesangst und Verzweiflung, die noch gesteigert werden durch die aufreizende Teilnahmslosigkeit der Angehörigen (Ehefrau, Tochter) wie auch die mit besonders krassen satirischen Strichen dargebotene professionell-dünkelhafte Gleichgültigkeit der behandelnden Ärzte. (Im letzteren Fall setzt Tolstoj die Art der ärztlichen Untersuchungen mit den aller menschlichen Regungen entbehrenden Gerichtsverhandlungen gleich, wodurch Ivan Il'ič – Ironie des Schicksals – an die von ihm in seiner juristischen Praxis tausendfach geübten bürokratischen Methoden erinnert wird.) Einen gewissen Trost findet der Unglückliche nur in der aufrichtigen Anteilnahme und ehrlichen Hilfsbereitschaft eines jungen Dieners, des gutmütigen, gelassen-natürlichen, auch in seinen Vorstellungen von Leben, Krankheit und Tod unkomplizierten Bauernburschen Gerasim, der den Leidensweg seines verbitterten Herrn lindern hilft und dessen Zuneigung gewinnt, obwohl er in seiner äußeren Erscheinung – jung, frisch, gesund, kräftig, fröhlich – neben dem siechen, auch in der »Physiologie« des Sterbens gezeigten Ivan Il'ič als Kontrastfigur angelegt ist. Die menschliche Begegnung mit Gerasim, aber auch das mitleidige Verhalten und die echte Trauer des kleinen Vasja, Golovins Sohn, tragen zur seelischen Läuterung und Erlösung des Sterbenden bei: In seiner letzten Stunde, nach dreitägigem übermenschlichem Martyrium, das sich in einem unaufhörlichen kreatürlichen Schrei äußert, überwindet er in einer plötzlichen Eingebung barmherziger Opferbereitschaft und freudiger Erleuchtung die Todesfurcht und scheidet als Sieger über den Tod, den es für ihn nun nicht mehr gibt, aus dem Leben. Die Wahrheit des Lebens hat Ivan Il'ič – und das ist seine Tragik – zu spät, die Wahrheit des Todes aber gerade noch rechtzeitig begriffen, um von der Höhe seiner ethischen Reife die Sinnlosigkeit seines Daseins zu entsühnen.

In der Komposition originell und von der inneren Entwicklung des Sujets her durchaus motiviert ist die prologartige Vorwegnahme des eigentlichen Epilog-Kapitels, in dem von der Aufnahme der Todesnachricht unter den Amtskollegen des Verstorbenen, den heuchlerischen Kondolenzbesuchen bei seiner Witwe und der Totenfeier im Hause der Golovins berichtet wird. (Bezeichnend dabei die egoistischen Überlegungen der Kollegen Ivan Il'ičs über den frei gewordenen Posten und die Beförderungsmöglichkeiten im Amt, die vordergründigen Rentenwünsche der anstandshalber »gramgebeugten« Ehefrau, die durch den »lästigen« Vorfall und die damit verbundenen langweiligen Pflichten hervorgerufene Sorge über das Zustandekommen des stereotypen Vergnügens einer allabendlichen Kartenrunde usf.; hier wie auch bei seinen obligaten Ausfällen gegen die Ärzte geht Tolstoj zuweilen bis an die Grenze des Zynischen.) In den beiden nachfolgenden Kapiteln, die eine Art Exposition zur Haupthandlung bilden, wird in das vergangene Leben des Helden zurückgeblendet, während die Kapitel 4–12 ganz der Krankheits- und Sterbegeschichte Ivan Il'ičs gewidmet sind. So läßt sich als Kompositionsprinzip gleichsam eine Bewegung »von außen nach innen«, mit immer schärferer »Fokuseinstellung« aufzeigen: Gerichtsgebäude – Wohnung mit dem aufgebahrten Toten – Vergangenheit des Helden – dessen »aktuelle«, intim-bekenntnishafte Erlebnisse in den letzten drei Monaten seines Lebens bis zum Tode. Dieser allgemeine Trend in der Erzählhaltung führt zu einer stetigen Steigerung der inneren Dynamik des Geschehens bis zur Lösung der Spannung am Schluß. Sie findet in der Zunahme der inneren Monologe des Helden bei gleichzeitig abnehmendem Umfang der Kapitelabschnitte gegen das Ende zu deutlichen Ausdruck.

Der für das Spätwerk Tolstojs typische konzise Stil der Novelle verrät eine sehr ökonomische Handhabung der künstlerischen Mittel, die verhaltene Sprache wirkt besonders ausdrucksstark. Das Milieu wird in seiner ganzen Monotonie und Unpersönlichkeit (so haben verschiedene Beamte nur Vor- und Vatersnamen) treffend charakterisiert, wozu auch der teils ironisierende Gebrauch des juristisch-kanzleisprachlichen Fachjargons und französischer Wendungen – hier auch zur Dekuvrierung der Unaufrichtigkeit des Sprechers – gehört. Entlarvend-satirische Funktion haben ferner das Stilmittel der ständigen Wiederholung stehender Epitheta (wie vor allem »angenehm und anständig«) in ihren verschiedensten Abwandlungen, der »Zwischenfall« mit dem sich gegen den Trauergast auflehnenden Polsterstuhl (Kap. 1), die Symbolisierung der liberalen Einstellung Ivan Il'ičs durch seinen frei wachsenden Bart (Kap. 2) u. a. m. Erwähnt seien noch zwei ungemein suggestive Bilder: die französischen Backpflaumen mit ihrem ganz besonderen Geschmack (in den lichten Kindheitserinnerungen des Kranken) und die alptraumhafte Vision des Sterbenden, bei der er im Fieberwahn fühlt, daß eine unsichtbare Macht ihn in einen engen, tiefen schwarzen Sack zu stecken sucht (am Ende erscheint ihm in dem schwarzen Loch ein Licht).

Als bedeutendes Werk der Weltliteratur regte diese Tolstojsche Novelle durch ihre tiefe allgemeinmenschliche Problematik Philosophen (M. Heidegger) und Schriftsteller an, in der russischen Literatur namentlich I. Bunin (*Gospodin iz San Francisko*, 1915 – *Der Herr aus San Francisco*), und M. Gor'kij (*Egor Bulyčov i drugie*, 1932 – *Jegor Bulytschow und die anderen*). E.W.

Ausgaben: Moskau 1886 (in *Sočinenija*, Bd. 12). – Moskau 1963 (in *Sobr. soč.*, Hg. N.N. Akopova u. a., 20 Bde., 1960–1966, 10; krit.). – Moskau 1982 (in *Sobr. soč.*, 22 Bde., 1978–1985, 12; krit.).

Übersetzungen: *Der Tod des Iwan Ilitsch*, anon. (in *Neue Erzählungen*, Lpzg. 1887). – *Der Tod des Iwan Iljitsch*, J. v. Guenther (in *Meistererzählungen*, Ffm. 1958; FiBü). – Dass., M. Stellzig (in *Volkserzählungen. Jugenderinnerungen*, Mchn. 1961). – Dass., A. Luther (in *Die großen Erzählungen*, Ffm. 1973; Nachw. Th. Mann; Insel Tb). – Dass., H. Asemissen (in *GW*, Hg. E. Dieckmann u. G. Dudek, Bd. 12, Bln./DDR 1976). – Dass., J. v. Guenther, Ffm. 1979. – Dass., R. Kassner (in *Sämtliche Erzählungen*, Hg. G. Drohla, Bd. 5, Ffm. 1980; ern. 1990; Insel Tb). – Dass., F. Frisch (in *Meistererzählungen*, Zürich 8.1985). – *Der Tod des Iwan Iljitsch*, G. Drohla, Ffm. 1985 (Insel Tb). – *Der Tod des Iwan Iljitsch*, R. Kassner u. A. Eliasberg, Ffm. 1988. – Dass., J. v. Guenther, Stg. 1989 (RUB). – Dass., A. Luther (in *Meistererzählungen*, Zürich 1989; detebe).

LITERATUR: A. I. Vvedenskij, *Obščestvennoe samosoznanie v russkoj literature*, Petersburg 1900, S. 208–226. – L. P. Grossman, *»Smert' Ivana Il'iča«. Istorija pisanija i pečatanija* (in L. N. T., *Poln. sobr. soč.*, Bd. 26, Moskau/Leningrad 1936, S. 679–688). – E. P. Andreeva, *Chudožestvennoe svoeobrazie povesti L. N. T. »Smert' Ivana Il'iča«* (in Trudy Voronežskogo univ., 42, 1955, Nr. 3, S. 61–63). – M. Ščeglov, *Literaturno-kritičeskie stat'i*, Moskau 1965, S. 125–176. – V. A. Ždanov, *Ot »Anny Kareninoj« k »Voskreseniju«*, Moskau 1968, S. 82–122. – J. van der Eng, *»The Death of Ivan Il'ič«* (in Russian Literature, 7, 1979, Nr. 2, S. 159–192). – N. Pereverzeva, *Chudožestvennaja funkcija simvola v povestjach pozdnego perioda tvorčestva L. N. T. »Smert' Ivana Il'iča«, »Krejcerova sonata«, »Otec Sergij«*, Diss. Moskau 1986. – R. Salys, *Signs on the Road of Life: »The Death of Ivan Il'ič«* (in SEEJ, 30, 1986, Nr. 1, S. 18–28).

TRI SMERTI

(russ.; *Drei Tode*). Erzählung von Lev N. Graf TOLSTOJ, erschienen 1859. – Ähnlich wie die wenige Jahre zuvor entstandenen *Dva gusara*, 1856 *(Zwei Husaren)*, ist dieses viel kleinere Werk auf einem kompositionellen Parallelismus aufgebaut, wobei die antithetische Gegenüberstellung der hier erzählten drei Episoden nicht auf dem Generationsproblem, sondern auf der Wertantinomie von Natur: Zivilisation – mit ihren ethischen, religiösen und sozialen Implikationen – fußt. Die Grundidee dieser seiner frühen künstlerischen Auseinandersetzung mit dem Problem des Todes erläuterte der Autor in einem Brief aus jener Zeit: *»Drei Wesen sind gestorben: eine Herrin (barynja), ein Bauer und ein Baum. Die Herrin ist erbärmlich und widerlich, weil sie ihr Leben lang gelogen hat und auch vor dem Tod lügt. Das Christentum, wie sie es versteht, vermag für sie die Frage von Leben und Tod nicht zu lösen ... Der Bauer stirbt ruhig ... Seine Religion ist die Natur, in der er lebte ... ihm ist dieses Gesetz* [des Geborenwerdens und Sterbens aller Kreatur] *wohlbekannt, und er wandte sich von ihm nie ab, wie es die Herrin tat, sondern sah ihm direkt und einfach ins Auge ... Der Baum stirbt ruhig, aufrecht und schön. Schön – weil er nicht lügt, sich nicht ziert, nichts fürchtet noch bedauert.«* Die drei zu einer Art Gleichnis zusammengefaßten Episoden sind demnach durch das gemeinsame Thema des Sterbens und des unterschiedlichen »moralischen« Verhaltens in der Todesstunde miteinander verbunden. Dabei wird im Gesamtbereich der Natur von dem in der beinahe allegorischen Schlußepisode vorgeführten »sterbenden« Baum ein Höchstmaß an schlichter Erhabenheit und unmittelbarer Natürlichkeit, eine absolute Harmonie der Schöpfung im Sinne eines Ineinanderfließens

von Leben und Tod als komplementäre Erscheinungsformen des Seins erreicht. Der Mensch hingegen, dessen Hand in der Natur die Rolle des Schicksals spielen kann – der Baum wird im Wald gefällt –, ist von diesem Idealzustand mehr oder weniger entfernt. Relativ am nächsten kommt ihm der einfache Bauernkutscher Fëdor, der auf dem Ofen im engen stickigen Aufenthaltsraum einer Poststation schicksalsergeben und gelassen seinem nahen Ende entgegensieht. Anders die in ihrem herrschaftlichen Haus in Moskau sterbende Gutsherrin, die um ihr Leben zittert, von ihrem desolaten Zustand viel Aufhebens macht und durch ihre ständigen Quengeleien einen starken Kontrast zu dem stummen Dulder Fëdor abgibt. Die Dame verkörpert den Egoismus und die Heuchelei ihrer komplizierten, »zivilisierten« Welt und ist in ihrer inneren Einsamkeit und Todesangst zugleich deren Opfer, da sie völlig der Macht und dem Schrecken ihres physischen Verlöschens ausgeliefert bleibt und im Unterschied zu späteren Tolstojschen Helden (Andrej Bolkonskij, Ivan Il'ič, dem Kaufmann Brechunov in *Chozjain i rabotnik – Herr und Knecht* usf.) nicht über den Tod hinauszuwachsen vermag. Der primitive Bauer leidet wohl physisch, nicht aber moralisch: Er nimmt den Tod als etwas naturgegeben Notwendiges hin.

Das völlig verschiedenartige Erleben dieser existentiellen Grenzsituation tritt in Tolstojs Darstellung auch dadurch sinnfällig zutage, daß in der Episode mit der Herrin deren Denken und Fühlen – sogar in einer gewissen inneren Entwicklung – ergründet wird, wohingegen in der Szene mit dem unkomplizierten Bauern eine solche psychologische Analyse ausbleibt und fast nur die äußeren Umstände eines Sterbens geschildert werden. (Das erste Verfahren wird der Autor in seinen reiferen Werken zu hochdramatischen inneren Monologen ausbauen.) In kontrastierenden Parallelismen bis hin zu einzelnen Epitheta ist ferner die Zeichnung der beiden Todkranken und der sie umgebenden gesunden Personen (Herrin und Zofe im 1. Kap.) sowie ihres gegenseitigen Verhaltens angelegt. So reagiert die anspruchsvolle und launenhafte Mar'ja Dmitrevna auf jede Äußerung des gesunden Lebens um sie – auch von seiten ihrer fürsorglichen und rücksichtsvollen nächsten Angehörigen – sehr gereizt. Umgekehrt schämt sich der bescheidene arme Kutscher, daß er den anderen zur Last fällt; diese letzteren sprechen ihrerseits offen und wie selbstverständlich über seinen bevorstehenden und von ihnen erwarteten Tod. Dabei ziehen die Gesunden aus der hilflosen Lage des alleinstehenden, aus einer fremden Gegend stammenden Fëdor noch Vorteile, indem er dazu veranlaßt wird, seine (für ihn freilich nutzlos gewordenen) neuen Stiefel zu verschenken. Deren neuer Besitzer ist ein junger Kutscher, der mit der schwindsüchtigen Gutsherrin und ihrer Begleitung auf der Durchreise zum Pferdewechseln Station gemacht hat und später aus der gefällten Esche ein Kreuz auf Fëdors Grab zimmern wird. Dies sind die einzigen Schnittpunkte der drei Fabellinien.

Kompositionelle Funktion kommt in der Erzählung den jahreszeitlich bestimmten Naturschilderungen zu, die in den Ablauf der Geschichte integriert sind und die jeweilige Verfassung der Personen akzentuieren (Herbststimmung in Kap. 1; schwere Krankheit der Herrin, Tod Fëdors in Kap. 2; Frühlingserwachen in der Natur und dazu als Mißklang das krampfhafte Sterben der »naturfernen« Herrin in Kap. 3). Satirische Striche bringt der Autor besonders bei der Skizzierung der episodischen Figuren des Arztes und des Priesters an – als Vertretern einer profanen und einer sakralen Institution, deren Heil- und Seelsorgekünsten Tolstoj von jeher sehr skeptisch gegenüberstand. Als abwertend ist schließlich der Gebrauch des Französischen im Gespräch des Gutsbesitzerehepaars aufzufassen; ein positives Gegenstück hierzu bieten die Dialoge der Menschen aus dem Volk, die ein genau wiedergegebenes lebendiges, unverfälschtes, zum Teil mundartlich gefärbtes Russisch sprechen.

　　　　　　　　　　　　　　　　　E.W.

AUSGABEN: Petersburg 1859 (in Biblioteka dlja čtenija). – Moskau 1961 (in *Sobr. soč.*, Hg. N.N. Akopova u.a., 20 Bde., 1960–1966, 3; krit.). – Moskau 1979 (in *Sobr. soč.*, 22 Bde., 1978–1985, 3; krit.).

ÜBERSETZUNGEN: *Drei Tode* (in *SW*, Hg. R. Loewenfeld, Bd. 4, Lpzg. 1911). – Dass., J. Hahn (in *Frühe Erzählungen*, Mchn. 1960). – Dass., ders. (in *Volkserzählungen. Jugenderinnerungen*, Mchn. 1961). – Dass., H. Asemissen (in *Polikuschka. Frühe Erzählungen*, Bln. 1967). – Dass., ders. (in *GW*, Hg. E. Dieckmann u. G. Dudek, Bd. 3, Bln./DDR 1967; ³1983). – Dass., A. Eliasberg (in *Sämtliche Erzählungen*, Hg. G. Drohla, Bd. 2, Ffm. 1980; ern. 1990; Insel Tb). – Dass., A. Luther (in *Meistererzählungen*, Zürich 1989; detebe).

LITERATUR: D.I. Pisarev, »*Tri smerti*«. *Rasskaz grafa L.N.T.* (in Rassvet, 1859, Nr. 12, S. 63–74; Nachdr. in *L.N.T. v russkoj kritike. Sbornik statej*, Moskau 1960, S. 124–137). – N.M. Mendel'son, »*Tri smerti*«. *Kommentarij* (in L.N.T., *Poln. sobr. soč.*, Bd. 5, Moskau/Leningrad 1931, S. 300–303).

VLAST' T'MY, ili Kogotok uvjaz, vsej ptičke propast'

(russ.; *Macht der Finsternis oder Ist die Kralle hängengeblieben, muß das ganze Vögelchen zugrunde gehen*). Drama in fünf Akten von Lev N. Graf TOLSTOJ, erschienen 1886; russische (öffentliche) Uraufführung: Petersburg, Oktober 1895, Aleksandrinskij teatr. – Neben seinen großen dichterischen Leistungen im Bereich der epischen Prosa schuf Tolstoj, nach einigen Ansätzen in den 1850er bis 1860er Jahren, im hohen Alter noch ein beachtliches dramatisches Œuvre, als dessen bedeutendste Stücke *Živoj trup*, 1911 (*Der lebende Leichnam*), und das hier darzustellende Bauerndrama, eigentli-

ches Erstlingswerk des Autors in dieser Gattung, anzusehen sind.

Innerhalb der russischen literarischen Tradition zeigt dieses für die damaligen Volkstheater geschriebene Werk thematisch-motivische Berührungspunkte mit A. OSTROVSKIJS Drama *Ne tak živi, kak chočetsja*, 1859 (*Lebe nicht, wie's dir gefällt*), A. PISEMSKIJS Bauerntragödie *Gor'kaja sud'bina*, 1860 (*Das bittere Schicksal*), und G. USPENSKIJS Skizzen *Vlast' zemli*, 1882 (*Die Macht der Erde*). Die für Tolstoj entscheidende moralische Grundidee seines Dramas ist in dem lehrhaft-sprichwortähnlichen Untertitel ausgedrückt: Hat man sich einmal auf etwas Übles eingelassen, so verstrickt man sich in seinem bösen Tun und Trachten so sehr, daß es daraus kaum ein Entrinnen gibt. So ergeht es dem Helden Nikita, einem jungen, willensschwachen, leichtsinnig-geckenhaften, von der städtischen »Zivilisation« verdorbenen Bauernknecht. Er beginnt mit einer Lüge, um sich das von ihm verführte arme Waisenmädchen Marina vom Halse zu schaffen und damit sein für ihn sehr angenehmes und vorteilhaftes Verhältnis mit der älteren, aber reichen Bäuerin Anis'ja nicht stören zu lassen, sinkt dann immer tiefer in den Morast eines lasterhaften Lebenswandels (»*eine Sünde zieht die andere nach sich…*«, moralisiert sein Vater) und endet schließlich mit der Ermordung seines eigenen, aus der ehebrecherischen Verbindung mit Anis'jas primitiv-sinnlicher Stieftochter Akulina hervorgegangenen Kindes. Doch auf diesem Tiefpunkt seines schändlichen Tuns packt ihn die Reue, und er legt ein öffentliches Schuldbekenntnis ab – bereit, seine Freveltaten hinter Zuchthausmauern zu sühnen. (Dem Geschehen auf der Bühne liegt großenteils ein wirklicher, in einem Prozeß von 1880 in Tula verhandelter Vorfall zugrunde.)

Das eigentliche böse Prinzip, die dörfliche »Macht der Finsternis« wird im Stück jedoch nicht von dem leicht beeinflußbaren Nikita, sondern von zwei Frauen verkörpert: seiner Mutter Matrëna, einer raffiniert-selbstsicheren alten »Hexe« mit sehr praktischem Menschenverstand, einer Art bäuerlich-russischer Lady Macbeth, die für das Glück ihres Sohnes, wenn es sein muß, über Leichen geht, und seiner Herrin, später Ehefrau, Anis'ja, einer sinnlich-egoistischen Dorfkoketten, die als Komplicin und Handlangerin Matrënas zu jeder verbrecherischen Tat bereit ist. Sie begeht mit dem Knecht Ehebruch (hierauf bezieht sich das dem Drama vorangestellte Motto aus der Bergpredigt – Matth. 5,28–29), vergiftet ihren alten, kränklichen Mann und rächt sich später – als Nikita, bald nach der Heirat ihrer überdrüssig geworden, sich der jungen Akulina zuwendet – an diesem, indem sie ihn (wieder zusammen mit seiner Mutter) zum Kindsmord anstiftet. Nun sind sie beide Mörder und, wenn schon nicht in der Liebe, so doch wenigstens im Verbrechen vereint. Der letzte Triumph bleibt Anis'ja und der hinter ihr stehenden Matrëna freilich versagt: Als Akulina durch Verehelichung »abgeschoben« werden soll, damit ihre Stiefmutter ihren Nikita wieder ganz für sich allein haben kann, durchkreuzt dieser, endlich aus seiner Passivität wachgerüttelt und zu eigenem Handeln auf Geheiß seines erleuchteten Gewissens entschlossen, just am Tag der Hochzeit jäh diesen Plan und bringt so seine und die von den Frauen begangenen Schandtaten an den Tag.

Als Gegenspieler des Bösen, gleichsam ein Lichtstrahl im Reich der Finsternis, tritt Nikitas Vater Akim auf, ein aufrechter, gottesfürchtiger Mann, äußerlich unansehnlich, mit einem Sprachfehler behaftet – er stottert, flicht in seine Rede immerzu Flickwörter ein und bringt kaum einen logisch schlüssigen Satz zustande. Doch gerade er verkörpert als Wahrer der gesunden bäuerlichen Moral das ethische Ideal Tolstojs; seine armselige, komisch anmutende Sprache kontrastiert bewußt mit der großen moralischen Wirkung, deren Ernst und Eindringlichkeit sich letztlich auch Nikita nicht entziehen kann. An der Errettung seiner verirrten und verwirrten Seele und dem Triumph des Guten über das Böse, der Wahrheit über die Lüge, hat aber auch noch eine weitere männliche Figur des Dramas Anteil: Nikitas Knecht Mitrič, ein alter ausgedienter Soldat, der, in seiner schlichten Menschlichkeit und heiteren Lebensklugheit ein Pendant zu ähnlichen Gestalten im frühen Erzählwerk Tolstojs, seinem Herrn in der kritischen Phase den Mut gibt, vor die Menschen zu treten und seine Schuld furchtlos zu bekennen. Akim und ihm fällt im Drama eine ähnliche »erlösende« Rolle zu wie dem Bauern Fëdor in *Anna Karenina*, zum Teil auch Platon Karataev in *Vojna i mir (Krieg und Frieden)*.

Das Handlungsgeschehen bietet, vor allem in seinen dramatischen Kollisionen, eine hart realistische, mitunter in krassen Zolaschen Naturalismus (besonders die Szene des grausamen Kindsmordes im vierten Akt) abgleitende Schilderung freudloser, düsterer Aspekte im Leben der russischen Bauern nach den Reformen der sechziger Jahre, wobei der Verfall des alten patriarchalischen Dorfes mit der Ausbreitung einer neuen, aus der Stadt aufs Land vordringenden bürgerlich-kapitalistischen Einstellung zum Leben in einem kausalen Zusammenhang gesehen wird. Auflösungserscheinungen in den Familien und Bauernwirtschaften sind die Folge; sie wurzeln nach Tolstoj in zwei Ursachen: Unter den ländlichen Bewohnern fehle es immer mehr an Wahrhaftigkeit des unmittelbaren moralischen Gefühls; die reicheren Hofbesitzer seien immer weniger am landwirtschaftlichen Arbeitsprozeß direkt beteiligt. Das Thema »Geld« nimmt dabei eine zentrale Stellung ein. Über seine Macht wird nicht nur gesprochen – so in einem den Horizont des Dramas erweiternden Dialog zwischen Akim und Mitrič im vierten Akt: dieser urteilt über die Mechanik des Geldwesens mit nüchterner bäuerlicher Skepsis, während jener das Problem mit der ihm eigenen Logik ins Groteske zieht –, sondern diese Macht und die mit ihr verbundene Geldgier wird auch in verschiedenen Abhängigkeitsformen demonstriert: »Jagd« Matrënas und Anis'jas nach dem Geld des sterbenden Pëtr; Nikita, später

Mitrič, als Knechte, d. h. bezahlte Arbeitskräfte, usf. Damit tritt in Tolstojs Sicht eine neue »finstere« Kraft der alten, sich vor allem in der völligen Unwissenheit der Bauersfrauen äußernden (so Mitrič in einem Zwiegespräch mit der aufgeweckten kleinen Anjutka) zur Seite. Die Kritik an dem verderblichen Einfluß des städtischen Milieus kommt vor allem auch in der Zeichnung Nikitas zum Ausdruck, der von seinem vorübergehenden Aufenthalt in der Stadt als »Früchte der Aufklärung« lockere Sitten ins Dorf mit zurückgebracht hat: Er knüpft Liebschaften an und löst sie wieder, läßt andere für sich arbeiten, raucht Tabak, gebraucht blumige Redewendungen. Doch Nikita ist nicht hoffnungslos verloren, der göttliche Funke in ihm ist nicht erloschen; er findet am Schluß zu einem Leben »mit Gott« zurück.

Die Hauptpersonen des Dramas sind teilweise nach dem Kontrastprinzip (Nikita – Pëtr, Akim – Matrëna), teilweise komplementär (Matrëna – Anis'ja, Akim – Mitrič) angelegt. So wie die zwei Frauen den Helden ins Verderben stürzen, so wirken die beiden Männer an seiner Läuterung mit. Beide, Akim wie Mitrič, sind kritisch gegen die Vorgänge ihrer Umgebung und die herrschenden Verhältnisse eingestellt, ersterer aber von einem ethisch-religiösen, letzterer eher von einem sozialen Standpunkt aus; beide erfüllen im Drama die Funktion des Chores der antiken Tragödie.

Die Handlung entwickelt sich im engen räumlichen Rahmen eines Bauernhauses und -hofes, erstreckt sich mit jeweils mehrmonatigen Zeitabschnitten zwischen den einzelnen (in verschiedenen Jahreszeiten spielenden) Akten über fast zwei Jahre und strebt in einem einzigen Strang auf den Höhepunkt des Konflikts und die anschließende Lösung des Knotens konsequent zu. Sie läßt sich in ihrem Aufbau in drei Stufen oder Zyklen einteilen. Der erste dieser Kreise schließt sich mit dem Tod Pëtrs am Ende des zweiten Aktes. Es ist dies der erste Erfolg der beiden bösen Frauen, die nun alle Hindernisse für eine Heirat Anis'jas und Nikitas überwunden haben. Der zweite, sich durch eine steigende Dynamik abhebende Handlungskreis findet in der Tötung des Neugeborenen am Ende des vierten Aktes seinen Abschluß. Dieser zweite Sieg Anis'jas und Matrënas, die nun den Weg für Nikitas Rückkehr zu Anis'ja (und damit deren Sieg im Ringen um den Platz der Herrin im Haus) endgültig freigelegt zu haben glauben, markiert den Kulminationspunkt des ganzen Dramas und bringt zugleich die entscheidende Wendung in der Entwicklung Nikitas mit sich. Der dritte, die Katharsis herbeiführende Kreis schließlich mündet durch das ekstatische Geständnis des Helden vor den versammelten Hochzeitsgästen in einen Triumph Akims und damit in eine totale Niederlage seiner Widersacher. Das für Tolstoj so typische Kontrastierungsverfahren läßt sich nicht nur in der Charakterzeichnung, sondern auch in einzelnen Handlungsepisoden beobachten: Brautwerbung – Kindstötung, fröhliche Hochzeitsfeier im Haus – Gewissensqualen und Selbstmordgedanken des Helden draußen auf der

Tenne, sterbender Ehemann – auf sein Geld versessene Ehefrau (wobei Anis'jas Heuchelei durch ihr Wehklagen nach dem Tod Pëtrs besonders sinnfällig gemacht wird) usf. Einen ebenso schreienden Widerspruch und Zynismus zeigen die vielen Koseworte Matrënas, die sie bei der Ausführung ihrer schrecklichen Taten äußert. Einen gleichfalls aus der Erzählprosa übernommenen beliebten Kunstgriff Tolstojs, die Verfremdungstechnik, finden wir hier in einigen »naiven« Betrachtungen und Ausdrücken Akims über städtische Einrichtungen, namentlich aber in der ergreifenden Schilderung des dramatischen nächtlichen Kindsmords aus der Perspektive der kleinen Anjutka (in der abgemilderten Variante zu IV, 12–16, die das grausige Geschehen hinter die Bühne verlegt).

Die ständig wiederholten optischen »Erkennungsmerkmale« bestimmter Personen in den großen Romanen (Karenins abstehende Ohren u. ä.) erscheinen im Drama, gattungsmäßig bedingt, in akustische, individualisierende »Signale« umgesetzt: so Akims ewiges (unübersetzbares) Flickwort *»tae«* oder *»značit«* (also); auch Mitrič, Matrëna, Anjutka und anfangs auch Nikita werden bestimmte feste Wendungen in den Mund gelegt. Die Charaktere der handelnden Personen – vor allem der weiblichen und da wiederum Matrënas – sind in ganz besonderer, meisterlicher Weise durch ihre farben- und bilderreiche, echt volkstümliche, kernig-kraftvolle Sprache psychologisch überzeugend, plastisch herausgearbeitet. Selbst Dialektismen sind in größerer Zahl eingestreut. Diese wie auch verschiedene Kraftausdrücke aus der vulgären Umgangssprache verstärken das naturalistische Element des Stücks. In die gleiche Richtung weisen Regieanweisungen des Autors wie die folgende: *»Man hört ein Fohlen wiehern und Pferde durch das Tor hereinlaufen; das Tor knarrt; Nikita ... reitet auf einem Pferd zum Tor.«* Gerade durch seinen stellenweise sehr ausgeprägten Naturalismus wirkte das Stück auf jüngere Dramatiker um die Jahrhundertwende anregend, so auf M. Gor'kij (*Na dne*, 1902 – *Das Nachtasyl*) und in Deutschland auf G. Hauptmann. Mag auch H. Ibsens Kritik am Aufbau der Tolstojschen Dialoge (sie seien eher episch als dramatisch konstruiert) bis zu einem gewissen Grad berechtigt sein, aufs ganze gesehen ist dieses Drama – jedenfalls in Rußland – bis heute durchaus bühnenwirksam geblieben.   E.W.

Ausgaben: Moskau 1886. – Moskau 1963 (in *Sobr. soč.*, Hg. N.N. Akopova u.a., 20 Bde., 1960–1966, 11; krit.). – Moskau 1982 (in *Sobr. soč.*, 22 Bde., 1978–1985, 11; krit.).

Übersetzungen: *Die Macht der Finsternis*, A. Scholz, Bln. 1887. – Dass., ders. (in *Dramen*, Bln. 1959). – Dass., ders. (in *Dramen*, Reinbek 1966; Rkl). – Dass., W. Creutziger (in *GW*, Hg. E. Dieckmann u. G. Dudek, Bd. 10, Bln./DDR 1976). – Dass., ders. (in *Macht der Finsternis u. a. Dramen*, Mchn. 1979; Nachw. B. Zelinsky).

Verfilmung: Rußland 1918 (m. V. Orlova).

Literatur: I. Annenskij, *»Vlast' t'my«* (in *Kniga otražеnij*, Petersburg 1906, S. 112–126; Nachdr. Mchn. 1969). – E. P. Gaškene, *O nekotorych chudožestvennych osobennostjach dramy L. N. T. »Vlast' t'my«* (in Uč. zap. Moskovskogo gos. univ., 1958, Nr. 196, S. 203–221). – V. A. Ždanov, *Ot »Anny Kareninoj« k »Voskreseniju«*, Moskau 1968, S. 123–154.

VOJNA I MIR

(russ.; *Krieg und Frieden*). Roman in vier Bänden von Lev N. Graf Tolstoj, erschienen 1868/69. – Als Ausgangspunkt für die Arbeit an diesem die reife Schaffensperiode des Dichters einleitenden Werk, das als eine der Gipfelleistungen dieser Gattung in die Weltliteratur eingehen sollte, ist das in drei Kapiteln überlieferte Fragment *Dekabristy*, 1860 (*Dekabristen*), anzusehen, worin Tolstoj schildert, wie eine Dekabristenfamilie nach dem verlorenen Krimkrieg und einer Amnestie des neuen Zaren Alexander II. (reg. 1855–1881) aus dreißigjähriger sibirischer Verbannung zurückkehrt und versucht, sich im heimischen Moskau wieder einzuleben. Indem der Autor den Lebenslauf seines Helden bis in dessen Jugendzeit zurückverfolgte, gelangte er schließlich in die welthistorisch bedeutsame Epoche der Napoleonischen Kriege von 1805–1812, an deren Ende der glorreiche Sieg Rußlands stand. Diese Epoche gestaltet Tolstoj in *Vojna i mir*, wobei der Epilog einen Ausblick auf das Jahr 1820 enthält.

Neben die ursprüngliche Zentralfigur – der junge Pierre erscheint hier als illegitimer Sohn und alleiniger Erbe des steinreichen Grafen Bezuchov, eines hohen Würdenträgers aus der Zeit Katharinas II. (reg. 1762–1796) – treten nun die Familien des gutmütigen, verarmten Grafen Rostov, des friderizianisch strengen Fürsten Bolkonskij und, als Petersburger Gegenstück zu diesem alten, echt russischen Gutsadel, die des leisetreterischen Höflings Fürst Kuragin. Während diese Familien mit den Töchtern Nataša, Mar'ja und Hélène als weiblichen Hauptcharakteren in den im »Frieden« spielenden Szenen auftreten, nehmen die Söhne Nikolaj, Andrej und Anatol am Krieg teil, in dem außer diesen »privaten« Helden eine Reihe historischer Persönlichkeiten, allen voran Napoleon, Alexander I. und der russische Oberbefehlshaber Kutuzov, gezeigt werden. Durch die weitgespannte historisch-militärische und geschichtsphilosophische Perspektive erhält das zunächst vorwiegend als Familienchronik mit geschichtlichem Hintergrund geplante Werk – für eine kürzere, trivialere Fassung war der dazu passende Titel *Ende gut, alles gut* in Aussicht genommen – die epischen Dimensionen eines historischen Romans ersten Ranges, ja man hat unter Hinweis auf die breit dahinströmende, großräumige Darstellung einer schicksalhaften Epoche des russischen Volkes und des ganzen europäischen

Kontinents nicht zu Unrecht von einer neuzeitlichen Epopöe gesprochen. Tolstoj selbst, in dessen schriftstellerischer Entwicklung *Krieg und Frieden* die zugleich erste und unübertroffene, sein früheres Schaffen erweiternde und vertiefende Schöpfung im Bereich der großen Form war, stellte dieses sein Werk nicht ohne Stolz neben die *Ilias*.

Als wichtigste Quelle für die Konzeption der »privaten« Romanfiguren und der mit ihnen verbundenen Handlung ist die Tolstojsche Familienüberlieferung zu nennen, wobei dem Autor eine geniale Synthese aus Erinnerungen, Erzählungen über die Vorfahren, privaten Korrespondenzen aus jener über ein halbes Jahrhundert zurückliegenden Zeit und persönlichen Begegnungen, Begebenheiten und Erlebnissen aus seiner damaligen Gegenwart gelingt. Als Prototypen der beiden Familien der Rostovs und Bolkonskijs gelten Tolstojs Großeltern und Eltern, aber auch Mitglieder der Familie seiner Frau. Stark autobiographisch und zugleich fiktiv sind die Gestalten der beiden Freunde Andrej Bolkonskij und Pierre Bezuchov angelegt, die zwar in ihrem Äußeren und zum Teil auch in ihren Anschauungen kontrastieren, mit ihrem Schöpfer aber geistesverwandt sind: Wie er sind sie unentwegt auf der Suche nach sittlichen Idealen und dem Sinn des Lebens. Ihre sich auf einer höheren geistigen Ebene – verglichen etwa mit der des gutmütigen, aber beschränkten Nikolaj Rostov – vollziehende Entwicklung verläuft in manchem parallel, doch führt Pierres entbehrungsreicher Weg weiter: Er wird, nicht zuletzt durch seine Begegnung mit dem sanftmütigen und schicksalsergebenen Bauern Platon Karataev, zu einem mit seinem Volk verbundenen Bürger, der sich sieben Jahre nach Kriegsende (1820) einem dekabristischen Geheimbund angeschlossen hat – ein Schritt, den nach der Überzeugung des kleinen Nikolen'ka, Andrejs Sohn, auch sein toter Freund gebilligt hätte. Aber auch Andrej wandelt sich: Zunächst ein hochmütiger Stabsoffizier und ruhmsüchtiger Bewunderer Napoleons, wird er zum aktiven Frontsoldaten und glühenden Patrioten von Borodino (1812), wo er, schwer verletzt, auf dem Verbandsplatz seinem beinamputierten Rivalen Anatol wegen der versuchten Entführung seiner ehemaligen Verlobten Nataša vergibt. Diese anmutige, lebhafte, natürliche und gefühlvolle Nataša, deren Charme in jeder Phase des Romans spürbar bleibt, wird im Epilog – nach jahrelangem Abstand zur Handlungszeit des Romans – als eine jeder Poesie bare, ganz im prosaischen Alltag ihrer glücklichen, kindergesegneten Ehe mit Pierre aufgehende Frau gezeichnet. Dagegen ist das zweite aus der jüngeren Generation hervorgegangene Ehepaar Mar'ja und Nikolaj statischer gezeichnet, was auch durch die borniert-konservative Haltung des tüchtigen Gutsbesitzers Nikolaj unterstrichen wird. Das Motiv des Verzichts auf persönliches Glück verkörpert Sonja, Pflegetochter bei den Rostovs, die ihre Loyalität zur Familie noch über die Liebe zu Nikolaj (der vorwiegend aus wirtschaftlichen Erwägungen heiratet) stellen muß. Die älteste Rostov-Tochter Vera, im

Gegensatz zu Nataša kalt und berechnend, findet in dem Karrieristen Berg, einem Baltendeutschen, ihresgleichen, während sich ihre Schwester gerade von einem ähnlichen Typ, ihrem Jugendfreund Boris Drubeckoj, abwendet. Der blutjunge Petja Rostov schließlich geht 1812 freiwillig zu den Partisanen und fällt bei einem Angriff auf ein Nachtlager der sich zurückziehenden Franzosen, ein sinnloses Opfer des mörderischen Krieges.

Schon in der Darbietung der überaus vielfältigen und abwechslungsreichen, gleichsam mitten aus dem Leben gegriffenen »Friedensepisoden« voll menschlicher Aktivitäten, Emotionen, Argumentationen, Leidenschaften und Konflikte – dargestellt in Familienfeiern, Empfängen, Duellen, Niederkunfts- und Sterbeszenen, Selbstmordversuchen, Reisen, Jagden, Theatervorstellungen, weihnachtlichen Schlittenfahrten usf. – zeigt sich Tolstojs realistische Erzählkunst in nahezu unerschöpflicher Fülle und hoher Meisterschaft. Nicht minder gilt dies für die zahlreichen mit diesem Geschehen eng verflochtenen und in ihrer Kontrastfunktion wichtigen Kriegsschilderungen mit den drei großen Schlachten von Schöngrabn, Austerlitz und Borodino, dem späteren Partisanenkrieg, den Truppenschauen, Brückenübergängen, Märschen, Lagebesprechungen, Gesprächen in Stäben, in Unterständen und am Lagerfeuer. Hier wie dort kommt es Tolstoj nicht so sehr auf den Hergang des Geschehnisses selbst an, sondern auf das Verhalten der daran beteiligten Menschen. So wird für die männlichen Charaktere (und indirekt auch für die weiblichen) vor allem der Krieg zu einer Art Prüfstein, der Eigenschaften wie Tapferkeit oder Feigheit, Opferbereitschaft oder Egoismus, Bescheidenheit oder Angeberei zutage fördert. Hier schneiden Nikolaj, Andrej, Tušin, Timochin und Denisov besser ab als etwa Anatol, Boris, Berg oder Dolochov; bei den Frauen sind Nataša und Mar'ja positiver als Vera, Hélène und Julie dargestellt. Von den historischen Persönlichkeiten erscheint neben dem etwas blaß wirkenden Zaren Alexander I. (reg. 1801–1825) besonders Kutuzov in einem sehr günstigen Licht: Er ist in Tolstojs Sicht der wahre Held des Krieges – bescheiden, jeder Pose und äußerlichem Glanz abhold, durch seine intuitive Lebensweisheit wohl wissend, daß es nicht in seiner Macht steht, den Gang der Dinge zu lenken, und daß ihm daher nichts anderes übrigbleibt, als sich von der vorherbestimmten allgemeinen Entwicklung treiben zu lassen. Anders sein Gegenspieler Napoleon, dessen Nimbus eines großen Feldherrn zu zerstören Tolstoj sich angelegen sein läßt: Er ist im Roman der große Poseur, der meint, aktiv in den weltgeschichtlichen Prozeß eingreifen und auf die Haupttriebkräfte des Geschehens bestimmend einwirken zu können, in Wirklichkeit aber ist er *»das nichtigste Werkzeug der Geschichte«*. Stets darauf bedacht, historische Klischees und damit auch die herkömmlichen Vorstellungen von dekorativem, zur Schau gestelltem Heldentum auszuräumen, kehrt der Autor selbst bei positiv gezeichneten Persönlichkeiten gern deren menschliche Schwächen und Unzulänglichkeiten hervor (so liest Kutuzov Bücher der Mme. de GENLIS, schläft bei Lagebesprechungen ein u. ä. m.).

Ein von Tolstoj mit Vorliebe angewandter, bei STENDHAL entlehnter Kunstgriff zur Verarbeitung geschichtlicher Materie im Gewebe seines Werks ist die Schilderung historischer und militärischer Ereignisse vom Standpunkt eines Augenzeugen, d. h. in der Regel aus der Sicht einer der fiktiven Gestalten des Romans (Andrej bei Schöngraben und Austerlitz, Nikolaj darüber hinaus noch in Tilsit, Pierre bei Borodino). Auch das historische Quellenstudium erstreckte sich vor allem auf Memoirenliteratur (J. de MAISTRE u. a.), daneben wurden einige der einschlägigen Darstellungen über die Kriege von 1805, 1806/07 und 1812 herangezogen und kritisch verarbeitet. Ab Band 3, in der im Jahre 1812 spielenden zweiten Hälfte des Romans, schiebt sich der auktoriale Erzähler immer mehr in den Vordergrund und spricht nun seine mit einigen slavophilen Freunden (N. POGODIN u. a.) vordiskutierten Auffassungen und Betrachtungen über die weltgeschichtliche und militärpolitische Entwicklung in zunehmendem Maße direkt, in ganzen Kapiteln und größeren Abschnitten, aus. Dabei richten sich Kritik und Satire gegen Historiker wie A. THIERS und N. MICHAJLOVSKIJ-DANILEVSKIJ, aber auch gegen die (namentlich deutschen) Militärtheoretiker und Strategen, deren Forderungen nach Schlachtdispositionen er bei jeder passenden Gelegenheit als baren Unsinn abtut. Ironie klingt auch immer dann an, wenn von den Offiziersdegen die Rede ist oder wenn es gilt, das Tolstoj suspekte Metier der Ärzte oder der Diplomaten aufs Korn zu nehmen. Im übrigen wird die historische Authentizität des Stoffes durch zahlreiche Zitate aus zeitgenössischen Briefen, amtlichen Dokumenten, Verlautbarungen, Aufrufen, Kriegsberichten, diplomatischen Noten usf. unterstrichen.

Wesentliches Konstruktionsprinzip des Romans ist die antithetische Komposition. Es manifestiert sich nicht nur in der u. a. von P.-J. PROUDHON angeregten Antinomie von Krieg und Frieden, sondern auch in ständig kontrastierenden Szenen mit wechselnden Bildern und Stimmungen der Freude und Trauer, der Begeisterung und Verzweiflung, des Lebens und Todes, was dem Leser zusammen mit dem raschen Ortswechsel den Eindruck einer stetigen Bewegung, eines lebendigen Flusses vermittelt. Aber auch in der psychologisch umfassenden, komplexen Personendarstellung findet dieses Prinzip breite Anwendung, wobei Tolstoj die alte sokratische Spruchweisheit von der körperlichen Schönheit als Spiegelung der seelischen umkehrt, indem er gerade den mit einem reichen Innenleben und bescheiden-hilfsbereiter Haltung ausgestatteten Personen ein unscheinbares Äußeres oder »unschöne« Züge verleiht (Pierre, Mar'ja, auch Nataša, Hauptmann Tušin u. a.) und umgekehrt eine Reihe Gestalten von schönem oder hübschem Äußeren vorführt, hinter dessen Fassade sich meist ein hohles, nichtssagendes oder egoistisches und angeberi-

sches, ja lasterhaftes Wesen verbirgt (Hélène, Anatol, Liza Bolkonskaja, Dolochov, Berg, Drubeckoj). Sogar der Haar- und Hautfarbe (blond sind gewöhnlich die weniger sympathischen Charaktere; Napoleon hat weiße Hände, Hélène weiße Schultern) und den nuancierten Ausdruckswerten der Gesten, des Lächelns, besonders der Augen – man erinnere sich an den strahlenden Blick der sonst häßlichen Mar'ja – kommt bei Tolstoj erhebliche Bedeutung zu. Hierher gehört im weiteren Sinn auch die visuell erfaßte Gegenüberstellung von Natürlichem, Unverfälschtem und Konventionellem, Gekünsteltem, wie sie der Autor gerade in mehreren mit den Mitteln der Verfremdungstechnik aufgebauten Episoden ins Spiel bringt (die Opernaufführung mit den Augen der eben vom Lande nach Moskau zurückgekehrten Nataša gesehen; der Kriegsrat in Fili aus der »Ofenperspektive« des kleinen Bauernmädchens Malaška; die Schlacht von Borodino aus der Sicht des Zivilisten Pierre u. a. m.).

Als ein verstärkendes Mittel der Kontrastwirkung werden auch Naturschilderungen einbezogen: So sieht der verwundete Fürst Andrej auf dem Schlachtfeld von Austerlitz plötzlich den unendlich hohen Himmel über sich und begreift zum erstenmal die Nichtigkeit aller irdischen Ruhmsucht und Eitelkeit; oder Jahre später, auf seiner Rückfahrt vom Rostovschen Gut Otradnoe, suggeriert ihm der Anblick einer binnen weniger Tage ergrünten knorrigen Eiche jäh den Entschluß, nach langer Zurückgezogenheit wieder ins öffentliche Leben zu treten und für sein Land tätig zu sein. Hier wie auch sonst recht häufig im Roman dienen die besonders Andrej und Pierre zugedachten inneren Monologe als markantes Kompositonsmittel, das der Dynamik im Denken und Fühlen dieser beiden Hauptpersonen in optimaler Weise gerecht wird. Bei anderen Gestalten stehen eher äußerliche, körperliche Merkmale im Vordergrund, die als eine Art Erkennungssignal im Erinnerungsvermögen des Lesers wirken sollen (z. B. die zu kurze Oberlippe der kleinen Fürstin Bolkonskaja). Ähnlich verhält es sich mit den sog. »Situationsreimen«, assoziativen oder emphatischen Wiederholungen bestimmter Sachverhalte, so wenn Pierre immer wieder in analogen Bildern und Formen über den Sinn des Daseins nachgrübelt oder Andrej sich auf der Fähre und auch in der Episode mit der Eiche an den unendlich hohen Himmel von Austerlitz erinnert. Sprachlich fällt in den oft langen, komplizierten Satzperioden Tolstojs der dreigliedrige Ausdruck als typisches rhetorisches Mittel auf. Die handelnden Personen reden, von bewußt intendierten Ausnahmen abgesehen, ein natürliches Russisch; der Gebrauch des Französischen soll das Zeitkolorit betonen, doch dient er dem Autor auch zur abschätzigen Wertung der unter den Russen jener Zeit weitverbreiteten Gallomanie. – Das gewaltige Werk wird trotz Krieg und Tod, die ihren Tribut auch unter einigen Hauptfiguren des Romans fordern, von einer optimistischen, lebensbejahenden, vorwärtsblickenden Grundstimmung beherrscht, wie sie im weiteren Schaffen Tolstojs nicht mehr wiederkehren wird. E.W.

AUSGABEN: Moskau 1868/69, 4 Bde. – Moskau 1930–1955 (in *Poln. sobr. soč., Jubilejnoe izd.*, Hg. V. G. Čertkov u. a., 90 Bde., 1929–1958, 9–15; m. d. Varianten). – Moskau 1961–1963 (in *Sobr. soč.*, Hg. N. N. Akopova u. a., 20 Bde., 1960–1966, 4–7; krit.). – Moskau 1979–1981 (in *Sobr. soč.*, 22 Bde., 1978–1985, 4–7; krit.).

ÜBERSETZUNGEN: *Krieg und Frieden*, E. Strenge, 4 Bde., Bln. 1885. – Dass., W. Bergengruen, Mchn. 1953; ern. 1970 [Nachw. H. Böll]. – Dass., M. Kegel, Mchn. 1956; 12 1984. – Dass., W. Bergengruen (in *GW*, Hg. E. Dieckmann u. G. Dudek, Bd. 4–5, Bln./DDR 1965). – Dass., M. Kegel, Stg. 1974. – Dass., H. Röhl, 4 Bde., Ffm. 1982 (Insel Tb). – Dass., ders. u. W. Kasack (in *Die Romane*, Bd. 4–8, Ffm. 1984).

VERTONUNG: S. S. Prokof'ev, *Vojna i mir* (Text: S. S. P. u. M. Mendel'son; Oper; Urauff.: Moskau 1946; Neufassg. Leningrad 1955).

VERFILMUNGEN: Rußland 1915 (Regie: V. Gardin; m. Ja. Protazonov). – Japan 1947 (Regie: F. Kamei). – USA/Italien 1956 (Regie: K. Vidor). – SU 1965 (Regie: S. Bondarčuk). – BRD 1983 (Regie: A. Kluge u. V. Schlöndorff).

LITERATUR: *»Vojna i mir«. Sbornik*, Moskau 1912. – V. Šklovskij, *Mater'ial i stil' v romane L. T. »Vojna i mir«*, Moskau 1928; Nachdr. Den Haag 1970. – N. Brian-Chaninov, *»La guerre et la paix« de L. T.*, Paris 1931. – S. I. Leuševa, *»Vojna i mir« L. N. T.*, Moskau 1954. – Z. S. Šepeleva, *Chudožestvennoe masterstvo L. N. T. (roman »Vojna i mir«)*, Kostroma 1954. – A. V. Čičerin, *O jazyke i stile romana-èpopei »Vojna i mir«*, Lemberg 2 1956. – A. A. Saburov, *»Vojna i mir«. T. Problematika i poètika*, Moskau 1959. – *»Vojna i mir« L. N. T. Sbornik statej*, Gor'kij 1959. – V. Ermilov, *T.-chudožnik i roman »Vojna i mir«*, Moskau 1961. – A. D. Timrot, *Geroi i obrazy romana L. N. T. »Vojna i mir«*, Tula 2 1961. – E. Wedel, *Die Entstehungsgeschichte von L. N. T.s »Krieg und Frieden«*, Wiesbaden 1961. – R. F. Christian, *T.'s »War and Peace«. A Study*, Oxford 1962. – G. Krasnov, *Geroj i narod. O romane L. T. »Vojna i mir«*, Moskau 1964. – G. N. Fejn, *Roman L. N. T. »Vojna i mir«. Celostnyj analiz*, Moskau 1966. – E E. Zajdenšnur, *»Vojna i mir« L. N. T. Sozdanie velikoj knigi*, Moskau 1966. – B. I. Kandiev, *Roman-èpopeja L. N. T. »Vojna i mir«. Kommentarij*, Moskau 1967. – Potapov, *Roman L. N. T. »Vojna i mir«*, Moskau 1970. – R. Lewis, *Deception and Revelation. A Study of Three Systems of Characterization in T.'s »War and Peace«*, Diss. NY 1972. – A. Palmer, *Russia in »War and Peace«*, Ldn. 1972. – Z. Kuk, *T.'s »War and Peace« and Žeromski's »Ashes«. A Comparative Study*, Diss. Ohio 1973. – B. Goreloff, *L'influence de la pensée et de la langue française dans »La guerre et la paix« de T.*, Diss. Montreal 1974. –

D. Bradshaw, *The Aesthetic Treatment of Historical, Moral and Philosophical Themes in T.'s »Vojna i mir« and V. Hugo's »Les Misérables«*, Diss. Chapel Hill/N.C. 1974. – I. Grineva, *»Vojna i mir« L. N. T.*, Tula 1976. – P. Gromov, *O stile L. T. »Dialektika duši« v »Vojne i mire«*, Leningrad 1977. – S. Bočarov, *Roman T. »Vojna i mir«*, Moskau 3 1978. – *Častotnyj slovar' romana »Vojna i mir«*, Tula 1978. – L. Jepsen, *From Achilles to Christ. The Myth of the Hero in T.'s »War and Peace«*, Tallahassee/Fla. 1978. – V. Kamjanov, *Poètičeskij mir èposa. O romane L. T. »Vojna i mir«*, Moskau 1978. – T. Motyleva, *»Vojna i mir« za rubežom: Perevody. Kritika. Vlijanie*, Moskau 1978. – E. Lehrman, *A Guide to the Russian Texts of »War and Peace«*, Ann Arbor/Mich. 1980. – S. Kormilov, *Roman L. N. T. »Vojna i mir«*, Moskau 1983. – G. Syrica, *Jazyk portreta v romanach L. N. T. »Vojna i mir« i »Voskresenie«*, Moskau 1986. – L. Opul'skaja, *Roman-èpopeja L. N. T. »Vojna i mir«*, Moskau 1987. – G. Morson, *Hidden in Plain View: Narrative and Creative Potentials in »War and Peace«*, Stanford 1987. – V. Remenkova, *Die Darstellung der Napoleonischen Kriege in »Krieg und Frieden« von L. T. und »Vor dem Sturm« von Theodor Fontane*, Ffm. 1987. – O. Slivičkaja, *»Vojna i mir« L. N. T.*, Moskau 1988. – *Leo Tolstoy's »War and Peace«*, Hg. H. Bloom, NY u. a. 1988. – I. Ko, *Studien zu L. N. T.s »Krieg u. Frieden«: die Gestalt des Pierre Besuchov und ihre Bedeutung für die kompositorische Entwicklung des Romans*, Gießen 1988.

VOSKRESENIE

(russ.; *Auferstehung*). Roman von Lev N. Graf TOLSTOJ, entstanden 1889 bis 1899, zuerst veröffentlicht in der Wochenzeitschrift ›Niva‹ 1899, mit zahlreichen Änderungen durch die Zensur, gleichzeitig unzensiert in London. – Die Handlung des Romans spielt vom 28. April bis zum September eines Jahres am Ende der achtziger Jahre. Der Fürst Nechljudov, etwas über dreißig Jahre alt, nimmt als Geschworener an einer Gerichtsverhandlung in Moskau teil. Er erkennt in der des Giftmordes angeklagten siebenundzwanzigjährigen Prostituierten Maslova eine Freundin seiner Jugend, die er acht Jahre zuvor auf dem Gut seiner Tanten verführt und dann verlassen hatte. Obwohl sie unschuldig ist, wird sie von dem Gericht zu vier Jahren Zwangsarbeit verurteilt. In seinem Gewissen getroffen, beschließt Nechljudov, seine Schuld zu sühnen, der Maslova die Ehe anzubieten und ihr nach Sibirien zu folgen. Er bricht mit seiner bisherigen Umgebung und gibt einen großen Teil seines Grundbesitzes unentgeltlich den Bauern, die ihn bearbeiten. Als seine Bemühungen, die Kassation des ungerechten Urteils zu erwirken, scheitern, folgt er der Maslova nach Sibirien. Doch wird diese vor Beginn der Zwangsarbeit dazu begnadigt, sich in Sibirien anzusiedeln. Die Heirat wäre möglich; aber die Maslova nimmt das Opfer Nechljudovs nicht an, sondern heiratet den aus politischen Gründen verurteilten Simonson.

Die Auferstehung Christi, von der Ostkirche am Osterfest mit besonderer Feierlichkeit als das zentrale Ereignis der Heilsgeschichte gefeiert, ist für Tolstoj ein Mirakel, dem er, wie allen Wundererzählungen des *Neuen Testaments*, den Glauben versagt. In *Voskresenie* setzt er dem seiner Meinung nach mythologischen Auferstehungsverständnis der Kirche seine eigene, entmythologisierte, existentielle Auffassung entgegen. Danach vollzieht sich die Auferstehung nicht jenseits des Grabes, sondern in diesem Leben. Sie besteht darin, daß das geistige Prinzip in einem Menschen über das fleischliche siegt, daß er aufhört, den falschen Vorbildern zu folgen, die das Macht- und Luststreben des fleischlichen Ich proklamiert hat, und daß er anfängt, der Stimme der göttlichen Vernunft zu gehorchen, die im Gewissen zu uns spricht. Diese »Auferstehung« erleben die beiden Hauptgestalten des Romans. Bei Nechljudov wird sie durch die Gewissenserschütterung beim Anblick der Maslova ausgelöst, die durch seine Schuld auf den Weg des Lasters geraten ist. Seine Auferstehung hat sich dann zu bewähren in einer Reihe von Versuchungen, die an ihn herantreten: vor allem die Versuchung des Besitzes und die der sexuellen Liebe. Den Anstoß zur »Auferstehung« der Maslova gibt Nechljudov – derselbe, der sie einst in den geistigen Tod gestürzt hat. Zuerst wehrt sie sich gegen die Auferweckung aus einem Zustand, an den sie sich gewöhnt hat. Aber der gesunde Kern ihres Wesens, berührt von der Kraft der beharrlichen Liebe Nechljudovs, läßt ihre gesamte Persönlichkeit wieder gesunden. Am Schluß steht sie in ihrer opferbereiten Liebe als sittlicher Kraft höher als er.

Mit dem religiösen Thema bzw. moralischen Thema verbindet sich eine überaus scharfe soziale Tendenz. Tolstoj schildert den Staat und seine Diener und Organe als Instrumente der Ausbeutung der arbeitenden Klassen durch die privilegierte Oberschicht, die in ihrem Streben nach Genuß nicht durch Arbeit gehindert sein will. Das Heer, die Verwaltung und die Kirche werden als Mittel dieser Unterdrückung dargestellt, im Mittelpunkt der Anklage aber stehen die Justiz und der Strafvollzug. Durch die Handlung des Romans, durch zahlreiche eingefügte Biographien und Episoden, durch Reflexionen des Helden und des Autors werden die Ungerechtigkeit der Rechtsprechung und die Unmenschlichkeit des Strafvollzugs im damaligen Rußland enthüllt und angeklagt. Aber die Kritik geht noch tiefer. Es wird gezeigt, daß die Gefängnisstrafe kein Mittel gegen die Kriminalität, sondern das beste Mittel zu ihrer Verbreitung ist. Und schließlich wird unter Hinweis auf Worte Jesu dem Menschen überhaupt das Recht abgesprochen, über andere Menschen zu richten. – Dieser »anklägerischen« Tendenz entsprechend hat Tolstoj in *Voskresenie* überwiegend faktisches Material verarbeitet. Die Gattung des Romans geht über in die des Dokumentarberichts, der Denkschrift, der agitatorischen Publizistik. – Das Werk steht in der Entwicklungslinie, die von F. Dostoevskijs *Zapiski iz mërtvogo doma*, 1860–1862 *(Aufzeichnungen aus einem Totenhaus)*, zu den Romanen A. Solženicyns führt.

Der literarische Wert des Romans wird durch seine moralische und sozialkritische Tendenz nicht beeinträchtigt. Während sich die Handlung nur langsam entwickelt, wird das Interesse des Lesers durch die plastische Kraft der Darstellung, durch die suggestive psychologische Analyse und besonders durch die Schärfe der unverhüllt zum Ausdruck gebrachten Tendenz wachgehalten. Die leidenschaftliche, oft einseitige Stellungnahme des Dichters provoziert ständig die Urteilskraft des Lesers, der sich entweder mit den scharfen, manchmal paradox klingenden Urteilen Tolstojs identifiziert oder sie mit Gegenargumenten ablehnen muß. Die psychologische und moralische Allwissenheit des Autors, die bei einem mittelmäßigen Schriftsteller als unerträgliche Schulmeisterei wirken könnte, verleiht dem Werk aus der Feder Tolstojs besondere Wucht und Größe.　　　　　　　　　　　L.Mü.

Ausgaben: Moskau 1899 (in Niva, Nr. 11–52). – Ldn. 1899. – Moskau 1964 (in *Sobr. soč.*, Hg. N. N. Akopova u. a., 20 Bde., 1960–1966, 13; krit.). – Moskau 1983 (in *Sobr. soč.*, 22 Bde., 1978–1985, 13; krit.).

Übersetzungen: *Auferstehung*, W. Tronin u. I. Frapan, Stg. 1899; ern. Mchn. 1968; ⁶1980. – Dass., L. A. Hauff, Bln. 1900. – Dass., H. Asemissen (in *GW*, Hg. E. Dieckmann u. G. Dudek, Bd. 11, Bln./DDR 1972; ⁴1988). – Dass., A. Hess (in *Die Romane*, Bd. 9–10; Ffm. 1984). – Dass., W. Tronin u. I. Frapan, Mchn. 1985. – Dass., dies., Stg. 1987. – Dass., X. Schaffgotsch (in *AW*, Hg. J. Perfahl, Mchn. 1989).

Verfilmungen: *Ressurrection*, USA 1909 (Regie: D. W. Griffith). – Dass., USA 1927 (Regie: E. Carewe). – *Auferstehung*, Deutschland 1958 (Regie: R. Hansen). – SU 1961 (Regie: M. Chveitser).

Literatur: L. Farber, *Dva tipa voskresenija (Nechljudov i Nilovna)* (in Russkaja literatura, 1966, Nr. 3, S. 172–179). – L. Kuzina u. K. Tjunkin »*Voskresenie*« L. T., Moskau 1978. – K. Lomunov, *Nad stranicami* »*Voskresenija*«, Moskau 1979. – M. Varec, *Roman L. N. T.* »*Voskresenie*«: *žanrovoe novatorstvo i problema tradicii*, Moskau 1982. – A. Dornemann, *Im Labyrinth der Bürokratie: T.s »Auferstehung« u. Kafkas »Schloß«*, Heidelberg 1984 [zugl. Diss. Heidelberg 1981]. – V. Remizov, *Roman L. N. T.* »*Voskresenie*«: *koncepcija žizni i formy eë voploščenija*, Voronež 1986.

ŽIVOJ TRUP

(russ.; *Der lebende Leichnam*). Drama in sechs Akten von Lev N. Graf Tolstoj, entstanden 1900, postum erschienen 1911; Uraufführung: Moskau, 23. 9. 1911, Chudožestvennyj teatr. – Was dem autobiographisch konzipierten Protagonisten des unmittelbar zuvor verfaßten, ebenfalls unvollendeten Dramas *I svet vo t'me svetit*, entst. 1896–1900 *(Und das Licht leuchtet in der Finsternis)*, nicht gelingt, nämlich die Flucht aus einem als falsch, banal und verlogen erkannten bürgerlich-adeligen Milieu, die Trennung von seiner ihm fremd gewordenen eigenen Familie, das macht der Held der stofflich z. T. auf einem wirklichen Vorfall beruhenden und thematisch (Unlösbarkeit der Ehe und tragischer Ausgang der daraus resultierenden Konflikte) an *Anna Karenina* (1875–1877) anknüpfenden Dreiecksgeschichte in letzter Konsequenz wahr. Freilich geschieht dies nicht aus christlich-moralischer Überzeugung, sondern aus Protest gegen die starren gesellschaftlichen Konventionen und staatlich-kirchlichen Zwänge, aus einem inneren Drang nach individueller Freiheit und Ungebundenheit, sei es auch um den Preis eines Absinkens auf die unterste Sprosse der sozialen Stufenleiter. Das Fehlen einer aufdringlichen Didaktik im Sinne der Propagierung des Tolstojanertums gereicht dem späteren der beiden Dramen durchaus zum Vorteil. Der unterschiedliche Grundtenor kommt bereits im jeweiligen Titel der Stücke zum Ausdruck: dort ein sentenziös-symbolisch angewandter Satz aus dem *Evangelium*, hier ein treffend gewähltes Oxymoron, das die ungewöhnliche, sowohl vom Prototyp N. Gimer als auch von einem literarischen Vorbild, dem im Drama erwähnten Rachmetov aus N. ČERNYŠEVSKIJS *Čto delat'?*, 1863 *(Was tun?)*, vorgelebte Rolle des Helden in der letzten Phase seines Lebens verdeutlicht.

Nachdem Fedja Protasov, ein sanfter, gütiger, grundehrlicher, hochherziger, aber charakterschwacher, dem Trunk und der Verschwendung zuneigender Enddreißiger, Frau und Kind verlassen, auf der Suche nach einem freien, natürlichen Leben zu den Zigeunern und ihren Liedern gefunden und alle Versuche seiner Freunde und Verwandten, ihn zur Rückkehr zu bewegen, abgelehnt hat, täuscht er auf Anregung des von ihm verehrten und ihn aufrichtig liebenden Zigeunermädchens Maša einen Selbstmord vor, um seiner Frau Liza die Möglichkeit zu geben, ihren Jugendfreund Viktor Karenin zu heiraten. Protasov lehnt es ab, sich den Formalitäten der in seinen Augen auf Lügen und Gemeinheiten gegründeten Prozedur einer Scheidung zu unterziehen, die ohnehin auf Schwierigkeiten seitens der geistlichen Behörden gestoßen wäre. Nach einiger Zeit gerät der in die Anonymität untergetauchte »lebende Leichnam« durch eigene Unvorsichtigkeit und durch die Spitzeldienste eines Denunzianten in die Fänge der Justiz, die ihm und der inzwischen wiedervermählten »Bigamistin« Liza den Prozeß macht. Für den Verhafteten, vom Gesetz Gehetzten gibt es, um der zwangsweisen Vereinigung mit seiner früheren Frau und der Verbannung nach Sibirien zu entgehen, nur einen Ausweg: Durch seinen Freitod im Gerichtsgebäude beseitigt der »Überflüssige« *(lišnij)* das einzige Hindernis für das durch seine Existenz bedrohte Glück des Ehepaars Karenin.

Fedjas »Gegenspieler« sind durchweg ehrenwerte und anständige Menschen. Vor allem die dreißigjährige Liza ist sympathisch gezeichnet: zart, arglos, bescheiden, sensibel und leidensfähig. Sie liebt ihren ersten Mann, verteidigt ihn und ist immer wieder bereit, seine Fehler und Schwächen zu verzeihen. Erst als Fedja sich ganz von ihr trennt und der jungen Zigeunerin zuwendet, schenkt sie nach längerem Zögern dem Jugendfreund ihr Herz. Der prosaische, tugendhafte, strenggläubige und letztlich egoistische Viktor setzt sich über seine Prinzipien hinweg, als es darum geht, mit der lange Angebeteten endlich eine »normale« Ehe einzugehen. Was beiden fehlt und von Fedja an Liza schmerzlich vermißt wird, ist der Sinn für die Poesie des Lebens, ein Sich-Aufschwingen über das Banale und Gewöhnliche im alltäglichen bürgerlichen Dasein. Ganz anders Lizas jüngere, begeisterungsfähige Schwester Saša, die als »gute Fee« den Zusammenhalt der Familie zu retten sucht und ihren Schwager Fedja bewundert – im Gegensatz zu ihrer Mutter Anna Pavlovna, die Liza zugunsten Viktors und gegen ihren abtrünnigen Mann beeinflußt. Auch Viktors Mutter Anna Dmitrievna wird als seelenlose Egoistin und Heuchlerin gezeigt. In mehr oder weniger ungünstigem Licht erscheinen ferner ein ebenso berühmter wie eingebildeter Arzt, der Lizas krankes Kind behandelt, der Untersuchungsrichter und der Anwalt Petrušin, während unter den positiv gezeichneten Nebenfiguren Bohemiens wie der Maler Petuškov und der kauzige Ivan Petrovič, ein »unerkanntes Genie«, zu finden sind. Die meisten der rund dreißig Personen, die in dem Drama auftreten, gehören den Kreisen um die Hauptgestalten Liza/Viktor und Fedja an.

Im Aufbau des Dramas werden diese beiden Welten durch ein ständiges Alternieren der paarweise zu jeweils einem Akt zusammengefaßten Bilder einander gegenübergestellt, wobei ihre Reihenfolge in Akt 4/5 diejenige von Akt 1–3 umkehrt. Erst im sechsten Akt, der den dritten, den privaten Kreisen übergeordneten Bereich der Justiz vorführt, treffen die beiden vordem nur gelegentlich durch vermittelnde Personen (Karenin, Saša, Fürst Abrezkov) oder schriftliche Mitteilungen (Lizas Brief an Fedja, dessen Abschiedsbrief) verbundenen Handlungslinien – gleichsam unter gesetzlichem Zwang – zusammen. Für die Komposition des Dramas ist nicht der herkömmliche Konflikt mit seinen einzelnen Entwicklungsstadien und einer dynamischen Steigerung der Handlung charakteristisch, wenngleich man in der Verhörs- und Gerichtsszene des Schlußakts wie in der nunmehr ins Staatskritisch-Satirische ausgeweiteten Zielsetzung, die an *Voskresenie*, 1899 *(Auferstehung)*, erinnert, eine Art Kulminationspunkt sehen kann, der dann in die Katastrophe ausmündet. Charakteristisch ist vielmehr eine bereits auf das moderne Drama (A. ČECHOV) weisende analytische Konstruktion, durch die im Verlauf der überwiegend aus Gesprächen bestehenden Handlung retrospektiv eine immer eindeutigere Klärung der wahren Motive für das schon zu Beginn des Geschehens vollzogenen Bruch Fedjas mit seiner Familie und seiner Umwelt herbeigeführt wird. Die Sympathien für den anfangs in falschem Licht erscheinenden Helden steigen in dem Maße, wie er in seinem selbstgewählten Elend sinkt. Umgekehrt erweist sich die zur Schau gestellte Wohlanständigkeit mancher seiner moralischen Richter bei näherem Hinsehen als zweifelhaft.

Die Technik der knappen, lebendigen, nur selten von längeren Monologen abgelösten Dialoge – mit Pausen, Unterbrechungen, nicht zu Ende gesprochenen Gedanken usf. – mutet modern an. Allerdings wirkt die Dialogstruktur der einzelnen Szenen und Bilder simpel, fast primitiv: Es sprechen in der Regel jeweils nur zwei Personen miteinander, so daß eine komplexere Konversation kaum zustande kommt. Hier mag sich eine gewisse Unfertigkeit des Stückes bemerkbar machen, was auch durch mehrere sachliche Unklarheiten und Ungereimtheiten bestätigt wird. Trotzdem hat das Drama große Bühnenerfolge erlebt – so vor allem am Moskauer Künstlertheater unter K. Stanislavskij und in Berlin unter M. Reinhardt.   E.W.

AUSGABEN: Petersburg 1911 (in Russkoe slovo, 23.9.). – Moskau 1911. – Moskau 1963 (in *Sobr. soč.*, Hg. N. N. Akopova u. a., 20 Bde., 1960–1966, 11; krit.). – Moskau 1982 (in *Sobr. soč.*, 22 Bde., 1978–1985, 11; krit.).

ÜBERSETZUNGEN: *Der lebende Leichnam*, F. Meyer Balte, Lpzg. 1911. – Dass., A. Scholz, Bln. 1911. – Dass., H. Röhl, Lpzg. 1922. – Dass., A. Scholz (in *Werke*, Bd. 14, Bln. 1925). – Dass., anon. (in *AW*, Bd. 4, Lpzg. o. J.). – Dass., A. Scholz (in *Dramen*, Reinbek 1966). – Dass., G. Düwel (in *GW*, Hg. E. Dieckmann u. G. Dudek, Bd. 10, Bln./DDR 1976). – Dass., ders. (in *Macht der Finsternis u. a. Dramen*, Mchn. 1979; Nachw. B. Zelinsky).

VERFILMUNGEN: Japan 1918 (Regie: E. Tanaka). – SU 1918 (m. V. Maksimov u. F. Protasov). – SU 1929 (Regie: F. Ocep). – SU 1952 (Regie: V. Vengerov). – SU 1969 (Regie: V. Vengerov).

LITERATUR: M. L. Semanova, *P'esa L. N. T. »Živoj trup« (K voprosu o dramaturgii L. N. T. i A. P. Čechova)* (in Uč. zap. Leningradskogo gos. ped. inst., 120, 1955, S. 93–119). – V. V. Gurbanov, *O jazyke p'esy L. N. T. »Živoj trup«* (in Uč. zap. Krasnodarskogo ped. inst., 22, 1957, S. 44–62). – B. Michajlovskij, *Voprosy kompozicii i stilistiki p'esy L. N. T. »Živoj trup«* (in Voprosy literatury, 1957, Nr. 2, S. 70–93). – V. Ja. Lakšin, *Iskusstvo psichologičeskoj dramy Čechova i T. (»Djadja Vanja« i »Živoj trup«)*, Moskau 1958. – V. V. Osnovin, *Drama »Živoj trup« (Évoljucija zamysla)* (in Uč. zap. Gor'kovskogo univ. 60, 1963).

IVAN SERGEEVIČ TURGENEV

* 9.11.1818 Orël
† 3.9.1883 Bougival bei Paris

LITERATUR ZUM AUTOR:
Bibliographien:
V. Bogdanov, *T. i Orlovskij kraj. Bibliografičeskij ukazatel'*, Orël 1967. – L. Nazarova u. A. Alekseev, *Bibliografija literatury o I. S. T. 1918–1967*, Leningrad 1970. – K. Dornacher, *Bibliographie der deutschsprachigen Buchausgaben der Werke I. S. T.s 1854–1900* (in WZ Potsdam, 19, 1975, Nr. 2, S. 285–292). – N. Mostovskaja, *Bibliografija literatury o I. S. T. 1968–1974* (in *T. i ego sovremenniki*, Hg. M. Alekseev, Leningrad 1977, S. 237–284). – N. Žekulin, *T.: A Bibliography of Books 1843–1982 by and about I. T.*, Calgary 1985. – V. Gromov, *T. Pisatel' i kritika*, Tula 1986.
Forschungsberichte:
V. Zelinskij, *Sobranie kritičeskich materialov dlja izučenija proizvedenija I. S. T.*, 3 Bde., Moskau ⁵1906–1908. – *T. v russkoj kritike. Sbornik statej*, Moskau 1939. – *T. v russkoj kritike*, Hg. K. Boneckij, Moskau 1953. – P. Brang, *I. S. T. in der russischen Literaturwissenschaft 1917–1954* (in ZslPh, 24, 1955/56, S. 182–215; 358–410). – *I. S. T. und Deutschland. Materialien und Untersuchungen*, Hg. G. Ziegengeist, Bd. 1, Bln. 1965. – L. Nazarova, *T.-vedenie 1968–1970 godov* (in Russkaja literatura, 14, 1971, Nr. 4, S. 173–190). – Dies. u. T. Golovanova, *Novye raboty francuzskich slavistov o T.* (ebd., 16, 1973, Nr. 3, 221–229). – R. Danilevskij, *Izučenie tvorčestva T. v stranach nemeckogo jazyka (1969–1974)* (in *T. i ego sovremenniki*, Hg. M. Alekseev, Leningrad 1977, S. 221–228). – G. Time, *Raboty nemeckich slavistov o I. S. T.* (in Russkaja literatura, 22, 1979, Nr. 2, S. 186–189). – N. Malyševa, *I. S. T. v kritike i literaturovedenii konca XIX-načala XX vekov*, Leningrad 1984. – *T., Commemorative Volume 1818–1883*, NY 1983. – D. Lowe, *Critical Essays on I. T.*, Boston/Mass. 1989.
Zeitschrift:
Cahiers I. Tourguéniev, Paris 1977 ff.
Biographien:
N. Gorbačeva, *Molodye gody T.*, Kazan' 1926. – B. Zajcev, *Žizn' T.*, Paris 1932; ern. 1949. – R. Gettmann, *T. in England u. America*, Westport ²1941; ern. 1974. – A. Maurois, *T.*, Paris 1952. – M. Parturier, *Une amitié littéraire. Prosper Mérimée et I. T.*, Paris 1952. – H. Granjard, *I. T. et les courants politiques et sociaux de son temps*, Paris 1954; ern. 1966. – D. Magarshack, *T., A Life*, Ldn. 1954. – P. Pustovojt, *I. S. T.*, Moskau 1957; ern. 1980. – N. Bogoslovskij, *T.*, Moskau ²1961. – N. Žitova, *Vospominanija o sem'e I. S. T.*, Tula 1961. – G. Bjalyj u. A. Muratov, *T. v Peterburge*, Leningrad 1970. – A. Semczuk, *I. T.*, Warschau 1970; ern. 1988. – V. Novikov, *Po Turgenevskim mestam*, Tula 1971. –

Ch. Moser, *I. T.*, NY/Ldn. 1972. – N. Gottlieb u. R. Chapman, *Letters to an Actress. (Savina)*, Athens/Oh. 1973. – V. Gibelli, *T.*, Mailand 1974. – E. Garnett, *T.*, NY ²1975. – *T. i ego sovremenniki*, Hg. M. Alekseev, Leningrad 1977. – *I. S. T., Molodye gody*, Moskau 1980. – L. Schapiro, *T.: His Life and Times*, Oxford ²1982. – *I. S. T. v vospominanijach sovremennikov*, Hg. S. Petrov, 2 Bde., Moskau ²1982. – J. Trochimiak, *T.*, Lublin 1985. – V. Čalmaev, *T.*, Moskau 1986. – H. Troyat, *T.*, Paris 1986. – A. Knowles, *I. T.*, Boston 1988.
Gesamtdarstellungen und Studien:
P. Moxom, *Two Masters*, Norwood 1912; ern. 1977. – P. Sakulin, *Na grani dvuch kul'tur. I. S. T.*, Moskau 1918. – M. Geršenzon, *Mečta i mysl'. I. T. i Tolstoj*, Petrograd 1919; Nachdr. Mchn. 1970. – *Tvorčestvo T., sbornik statej*, Hg. I. Rozanov u. Ju. Sokolov, Moskau 1920. – *Tvorčeskij put' T.*, Hg. N. L. Brodskij, Moskau/Petrograd 1923. – V. L'vov-Rogačevskij, *I. S. T., Žizn' i tvorčestvo*, Moskau/Leningrad 1926. – A. Mazon, *Manuscrits parisiens d'I. T.*, Paris 1930 (russ. Moskau/Leningrad 1931). – M. Kleman, *Letopis' žizni i tvorčestva I. S. T.*, Moskau/Leningrad 1934. – U. Schütz, *Das Goethebild T.s*, Bern/Stg. 1952. – E. Hoch, *T. und die deutsche Literatur*, Diss. Göttingen 1953. – K. Čmškjan, *I. S. T. – literaturnyj kritik*, Erevan 1957. – V. Golubkov, *Chudožestvennoe masterstvo I. S. T.*, Moskau 1958; ²1960. – A. Cejtlin, *Masterstvo T.-romanista*, Moskau 1958. – E. Efimova, *T., Seminarij*, Leningrad 1958. – *Tvorčestvo I. S. T.*, Hg. S. Petrov, Moskau 1959; ern. 1968. – A. Yarmolinsky, *T., The Man, His Art, and His Age*, NY ²1959. – *I. S. T. Stat'i i materialy*, Orël 1960. – G. Bjalyj, *T. i russkij realizm*, Moskau 1962. – G. Kurljandskaja, *Metod i stil' T.-romanista*, Hg. G. Domračev u. a., Tula 1967. – K. Laage, *Th. Storm u. I. T.*, Heide 1967. – S. M. Petrov, *I. S. T. Tvorčeskij put'*, Moskau ²1968; ern. 1979 [m. Bibliogr.]. – S. Šatalov, *Problemy poetiki I. S. T.*, Moskau 1969. – L. Bliason, *The Problem of the Generations in Fiction of I. T. and Th. Fontane*, Ann Arbor/Mich. 1970. – M. Ladarija, *T. i klassiki francuzskoj literatury*, Suchumi 1970. – A. Timrot, *Turgenevie vstreči*, Mchn. 1970. – I. Zil'berštejn, *Rozyskanija o T.*, Moskau 1970. – A. Batjuto, *T.-romanist*, Leningrad 1972. – G. Kurljandskaja, *Chudožestvennyj metod T.-romanista*, Tula ²1972. – M. Ledkovsky, *The Other T.: From Romanticism to Symbolism*, Würzburg 1973. – G. Pahomov, *Romanticizm in T.*, Diss. NY 1973. – G. Schwirtz, *I. S. T. in Deutschland (1860–1870)*, Diss. Jena 1974. – *T. i russkie pisateli*, Kursk 1975. – M. Ladarija, *Živye ključi družby. K voprosu o ličnych i tvorčeskich svjazjach I. S. T. i Ž. Sand*, Suchumi 1976. – *Beiträge und Skizzen zum Werk I. T.s*, Mchn. 1977. – P. Brang, *I. S. T., Sein Leben und sein Werk*, Wiesbaden 1977; ern. 1984. – V. Prichett, *The Gentle Barbarian: The Life and Work of T.*, Ldn. 1977. – G. Vinnikova, *T. i Rossija*, Moskau 1977; ³1986. – L. Nazarova, *T. i russkaja literatura konca 19 – načala 20 v.*, Leningrad 1979. – S. Šatalov, *Chuožestvennyj mir T.*, Moskau 1979. – L. Šestov, *T.*, Ann Arbor/Mich. 1979. – G. Kurljandskaja, *T. i russkaja literatura*, Moskau 1980. – A. Muratov, *Povesti i rasskazy T. 1867–1871 godov*, Leningrad 1980. – P. Waddington, *T. and England*, Ldn. 1980. – Ders., *T. and George Sand. An Improbable Entente*, Totowa/N.J. 1981. – *T. et la France. Actes du congrès international de Bougival 8.–9. 5. 1981*, Paris 1981. – *I. S. T. i russkaja literatura*, Kursk 1982. – M. Ladarija, *I. S. T. i pisateli Francii XIX veka*, Moskau 1982. – N. Loščin, *L. N. Tolstoj i I. S. T.: tvorčestvo i ličnye otnošenija*, Tula 1982. – *I. S. T., Voprosy biografii i tvorčestva*, Leningrad 1982. – V. Marković, *I. S. T. i russkij realističeskij roman XIX veka*, Leningrad 1982. – *Tvorčestvo o I. S. T., Sbornik naučnych trudov*, Kursk 1983. – W. Koschmal, *Das poetische System der Dramen I. S. T.s: Studien zu einer pragmatischen Dramenanalyse*, Mchn. 1983. – *T. et l'Europe. Actes du congrès du centenaire, 1883–1983*, Hg. A. Zviguilsky, Paris 1983. – *I. S. T. 1818–1883–1983*, Wellington 1983. – W. Koschmal, *Vom Realismus zum Symbolismus: Zur Genese und Morphologie der Symbolsprache in den späten Werken I. S. T.s*, Amsterdam 1984. – S. McLaughlin, *Schopenhauer in Rußland. Zur literarischen Rezeption bei T.*, Wiesbaden 1984. – S. Adnan, *Tvorčeskij metod I. S. T.*, Moskau 1985. – N. Kudel'ko, *I. S. T. i sovetskaja literatura: na primere proizvedenij K. G. Paustovskogo i V. A. Solouchina*, Moskau 1986. – M. Wilkinson, *Hemingway and T.*, Ann Arbor/Mich. 1986. – S. Šatalov, *I. S. T. v sovremennom mire*, Moskau 1987. – A. Nikoljukin, *Vzaimosvjazi literatur v Rossii i SŠA: T., Tolstoj, Dostoevskij i America*, Moskau 1987. – *T. et Pouchkine. Actes de la table ronde du cent cinquantenaire de la mort d'Alexandre Pouchkine 1837–1987*, Paris 1987. – I. Višnevskaja, *Teatr T.: nekotorye problemy interpretacii klassiki na sovetskoj scene*, Moskau 1989. – J. Woodward, *Metaphysical Conflict: A Study of the Major Novels of I. T.*, Mchn. 1990. – F. F. Seeley, *T. A Reading of His Fiction*, Cambridge 1991. – *I. S. T. Leben, Werk und Wirkung*, Hg. P. Thiersen, Mchn. 1995.

ASJA

(russ.; *Asja*). Novelle von Ivan S. TURGENEV, erschienen 1858. – In tagebuchartigen Aufzeichnungen teilt ein früh gealterter, schwermütiger Mann sein entscheidendes Jugenderlebnis mit: In einem deutschen Rheinstädtchen lernte er als junger Mann ein russisches Geschwisterpaar kennen, das ungestüme, zuweilen affektiert-kokette, dann wieder rührend-naive Mädchen Asja und deren Halbbruder Gagin, mit dem den jungen Mann bald eine herzliche Freundschaft verbindet, während Asjas unausgeglichenes Wesen ihn befremdet. Geneigt, in den beiden ein heimliches Liebespaar auf Reisen zu sehen, bleibt er dem Mädchen diskret fern, bis ihm Gagin die Lebensgeschichte Asjas anvertraut. Als uneheliches Kind seines (d. h. Gagins) Vaters geboren, lebte Asja anfangs bei ihrer Mutter in sehr ärmlichen Verhältnissen, kam dann in das Gutshaus ihres altadligen Vaters, begriff bald ihre »schiefe Lage« und schwor sich, »die ganze Welt ihre Abkunft vergessen zu machen«. Nach dem frühen Tod des Vaters übernahm Gagin die Erziehung des Mädchens, reiste aber schließlich mit ihm ins Ausland, da er nichts Besseres mit der störrischen Halbschwester anzufangen wußte.

Das Mitleid, das der junge Mann jetzt für die kleine *femme fatale* empfindet, ist nicht geheuchelt. Von nun an trifft er sich regelmäßig mit Asja, stärkt ihr Selbstgefühl und macht ihr auch ein wenig den Hof, ohne allerdings an die Folgen zu denken. Um so erstaunter ist er, als ihm Gagin mitteilt, Asja sei leidenschaftlich in ihn verliebt und würde – bei ihrer labilen seelischen Konstitution – eine Enttäuschung nie verwinden. Und obwohl auch der junge adlige Mann sich jetzt seiner Liebe zu Asja bewußt wird – ihr seine Gefühle zu gestehen vermag er nicht. Am nächsten Tag ist Asja mit ihrem Bruder abgereist. Dem Erzähler dieser Geschichte bleiben allein die Erinnerungen, Asjas »Zettelchen und eine vertrocknete Geranienblume«, deren Duft – wie er abgeklärt meint – »alle Freuden und alle Leiden der Menschen – den Menschen selbst überlebt«.

Asja ist – wie übrigens alle sogenannten »Liebeserzählungen« Turgenevs – die Novelle eines romantisierenden Lyrikers. Hier findet sich, wofür in den Romanen des Zeitkritikers kaum ein Platz war: das liebevolle Eingehen auf die unerklärbaren Gefühle der Liebenden, melancholisches Sichvertiefen in das Rätsel einer schicksalhaften Begegnung und Trennung, die mit behutsam getupften weichen Farben, einer im Klang vollen und reinen, sanft im Rhythmus sich wiegenden Sprache geschildert wird. Wie etwa Th. STORM, dem Turgenev freundschaftlich verbunden war und dessen Stimmungsbilder den seinen verwandt sind, baut er seine Erzählung auf einem psychologischen Fall auf, der mit größtmöglichem Raffinement in Szene gesetzt wird; eine Rückblende klärt behutsam die äußeren Umstände; ein feingesponnenes Netz merkwürdiger Ereignisse nimmt die komplizierte Hauptgestalt wieder ins Geheimnisvolle zurück; und die überraschende Wendung am Schluß bringt die letzte Steigerung, die man tragisch nennen könnte, wäre die ganze Erzählung nicht die Nachschrift eines Mannes, der seine Vergangenheit durchblättert, als wäre sie ein Bündel vergilbter Liebesbriefe, zwischen denen sich hie und da eine verblaßte Blume findet. So aber wollte Turgenev seine Erzählung von den unglücklich Liebenden verstanden wissen.   M. Gru.

AUSGABEN: Petersburg 1858 (in *Sovremennik* u. einzeln). – Moskau 1962 (in *Sobr. soč.*, Hg. A. I. Batjuto u. a., 10 Bde., 1961/62, 6; krit.). – Moskau ²1981 (in *Poln. sobr. soč. i pisem*, Hg. M. P. Alekseev u. a., 30 Bde., ²1978 ff., 6).

ÜBERSETZUNGEN: *Assja*, anon. (in *AW*, Bd. 2, Mitau 1869). – Dass., L. Rubiner (in *SW*, Bd. 6, Mchn. 1914). – *Asja*, W. Creutziger (in *Asja. Drei Erzählungen*, Lpzg. 1975). – Dass., E. v. Baer (in

Erste Liebe u. a. Novellen, Ffm. 1977). – Dass., anon. (in *Liebesgeschichten*, Mchn. 1983; dtv). – Dass., K. Borowsky, Stg. 1983 (RUB). – *Assja*, E. Müller-Kamp (in *Meistererzählungen*, Zürich ³1986). – *Asja*, E. v. Baer, Ffm. ⁵1989 (Insel Tb).

VERTONUNG: M. M. Ippolitov-Ivanov, *Asja*, 1900 (Oper).

VERFILMUNGEN: SU 1928 (Regie: A. Ivanovskij). – SU 1928 (Regie: I. Chejfic).

LITERATUR: J. Conrad, *T.'s »Asja«. An Analysis* (in SEEJ, 8, 1964, S. 391–400). – Ch. Johanson, *T.'s Heroines: A Historical Assessment* (in Canad. Slavonic Papers, 26, 1984, S. 15–23). – D. Peterson, *From Russia with Love: T.'s Maidens and Howell's Heroines* (ebd., S. 24–34). – J. Conrad, *T.'s »Asja«: Ambiguous Ambivalence* (in SEEJ 30, 1986).

DVORJANSKOE GNEZDO

(russ.; *Ein Adelsnest*). Roman von Ivan S. TURGENEV, erschienen 1859. – Das »Adelsnest«, ein Gut in Mittelrußland, ist der Stammsitz der Familie Kalitin, Treffpunkt ihrer weitverzweigten Verwandtschaft und gesellschaftliches Zentrum der Provinz. Die sich hier zu ihrem »Vergnügen« versammeln, sind lebende Leichname einer längst vergangenen Zeit, deren Glanz zuweilen noch durch die Gesellschaftsräume des Adelsnests geistert und die Spieler am Kartentisch, die anämischen Damen in großer Toilette, die müden Gesichter der Kavaliere gespenstisch illuminiert. In diese Gesellschaft kehrt nach einem längeren Auslandsaufenthalt der Held des Romans, der schwermütige Lavreckij, zurück. Er hat den Vorsatz, »das Land zu pflügen«, um so mit tätiger Arbeit seinem Volk zu dienen.

Die Gründe dafür erhellt ein Rückblick auf die drei vorangegangenen Generationen, deren Produkt er ist: Lavreckij ist das letzte Glied einer ehemals großen Familie, die der herrschenden Klasse angehörte. Er repräsentiert die Endphase eines komplizierten Zerfallsprozesses, der mit dem Verlust erdverbundener Urbanität und aristokratischen Stolzes eingeleitet und durch den Einbruch westeuropäischer Denkart noch beschleunigt wurde. Die Folgen für Lavreckij waren: eine törichte Erziehung nach englischem Vorbild; ein Universitätsstudium, das ihm eine unverdaute Masse wertlosen Bildungsguts vermittelte und ihm den Blick für die Wirklichkeit trübte; innere Einsamkeit und eine überstürzte, zum Scheitern verurteilte Ehe. Kurz nachdem ihn seine Frau im Ausland betrogen hat, kehrt Lavreckij nach Rußland zurück, gewillt, die Vergangenheit über Bord zu werfen und neu zu beginnen. Im Adelsnest hat er Gelegenheit, als urrussisch wirkender und klardenkender Mann aufzutreten, der mit Leichtigkeit die Phrasen eines Petersburger Snobs entkräftet, für den das Heil Rußlands nur in einer schnellen Verwestlichung des Landes zu liegen scheint. Ganz nebenher – und doch entscheidend für den weiteren Verlauf – spinnt sich im Adelsnest eine Liebesbeziehung an: Lavreckij verliebt sich – entgegen seinen neuen Grundsätzen – in Liza, die Tochter des Hauses. Sie entscheidet sich für ihn anstatt für den ihr zugedachten Petersburger Snob. Da Lavreckijs Frau einer Zeitungsnotiz zufolge im Ausland gestorben sein soll, glauben beide, daß nun ihre gemeinsame Zukunft beginnen kann. Da taucht plötzlich die totgesagte Frau im Adelsnest auf, heuchelt Reue und fleht um Vergebung. Lavreckij, kopflos und zu keinem Entschluß fähig, beugt sich der Entscheidung Lizas: Seine Ehe wird bestehenbleiben. Im Epilog bekennt er seine Kapitulation: »*Willkommen, einsames Alter! Rinne dem Ende zu, nutzloses Leben!*«

Turgenev hat seine Absicht, ein »*gewissenhafter und unparteiischer Sittenschilderer zu sein und in lebendigen Typen das zu verkörpern, was Shakespeare ›the body and pressure of time‹ nennt*«, in diesem Roman weitgehend verwirklicht. Lavreckij ist das Spiegelbild einer Generation, die – ideologisch gespalten in Westler, Slavophile und Konservative – von der Zukunft redete und träumte, ihr kaum begonnenes »Werk« aber resignierend einer neuen Generation zur Vollendung überlassen mußte. Dies aber nicht etwa deshalb, weil sie sich im Lebenskampf aufgerieben hätte: Wie Lavreckij stolperten die Männer seiner Generation über ihre unbewältigte Vergangenheit und verloren im Fallen die Lust dazu, Avantgarde zu sein. Zeitgenössische Kritiker und die Geschichte selbst bezeugen die objektive Wahrhaftigkeit dieses Generationsbildes. Damit wird das *Adelsnest* zum historischen Dokument der Verfallszeit des russischen Landadels.

In formaler Hinsicht ist der Roman, den die Literaturgeschichte das Hauptwerk Turgenevs nennt, unproportioniert: Die Vorgeschichte, in der die Abstammung des Helden und Lizas, in bescheidenerem Maße auch die der wichtigsten Nebenfiguren, bis zu den Urgroßeltern zurückverfolgt wird, hat im Verhältnis zu der Haupthandlung zuviel Gewicht. Epilogische Nachschriften, wie sie Turgenev vor allem seinen Novellen mitgab, führen die Handlung an ihren Schlußpunkt, geben das Resümee und zeigen den Helden in seinem letzten, unveränderbaren Seinszustand: der Resignation. Sprachlich ist *Dvorjanskoe gnezdo* ein Meisterwerk russischer Prosa aus der Endzeit adeliger Kultur. Besonders in den bildhaften Natur- und Landschaftsbeschreibungen kommt Turgenevs poetischer Realismus voll zur Geltung: Die Natur ist für Turgenev ein Teil der Seele, ist »*tiefe und zarte und völlig menschliche Stimmung … Sie war die eigene Seele des Dichters, projiziert in den Raum … die Natur war zu einem Symbol der Innenwelt des Menschen und zu einem Ausdruck für diese gemacht*« (A. Stender-Petersen). M. Gru.

AUSGABEN: Petersburg 1859 (in Sovremennik). – Moskau 1961 (in *Sobr. soč.*, Hg. A. I. Batjuto u. a., 10 Bde., 1961/62, 2; krit.). – Moskau ²1981 (in *Poln. sobr. soč. i pisem*, Hg. M. P. Alekseev u. a., 30 Bde., ²1978 ff., 5).

ÜBERSETZUNGEN: *Das adelige Nest*, P. Fuchs, Lpzg. 1862. – Dass., A. Gerstmann, Bln. 1885. – *Nest der Landjunker*, K. Wildhagen (in *SW*, Bd. 3, Mchn. 1912). – *Das Adelsnest*, J. v. Guenther (in *Werke*, Mchn. 1957). – Dass., A. Luther, Mchn. 1963 (GGT). – *Ein Adelsnest*, J. Hahn (in *Romane*, Mchn. 1964; ⁵1987). – Dass., V. Tornius, Lpzg. 1972. – Dass., J. Hahn, Mchn. 1989.

VERFILMUNGEN: Rußland 1914 (Regie: A. Levickij). – Rußland 1915 (Regie: V. Gardin). – SU 1969 (Regie: A. Michalkov-Končalovskij).

LITERATUR: G. B. Kurljandskaja, *Problema dolga v romane »Dvorjanskoe gnezdo«* (in Uč. zap. Kazansk. gos. univ. im. Lenina, 111, 1951, S. 99–117). – M. O. Gabel', *Roman T. »Dvorjanskoe gnezdo« v obščestvenno-politič. i lit. borbe konca 50-ch godov* (in Uč. zap. Charkovsk. bibliot. inst., 1956, S. 199 bis 246). – A. Menzorova, *O roli pejzaža i muzyki v romane I. S. T. »Dvorjanskoe gnezdo«* (in Trudy IV nauč. konferencii Novosibirskogo ped. inst., 1, 1957). – H. Granjard, *I. T., la comtesse Lambert et »Nid de seigneurs«*, Paris 1960. – S. A. Malachov, *»Dvorjanskoe gnezdo«* T. (in *Istorija russkogo romana*, Bd. 1, Moskau 1962, S. 476–483). – L. Sabas, *Struktura povestvovanija v romanach I. S. T.: 50-60-e gody*, Moskau 1982. – D. Sherman, *Concepts of Self in Turgenev's Novels: »Rudin«, »A Noblemen's Nest« and »Fathers and Sons«*, Ann Arbor 1985.

DYM

(russ.; *Dunst*). Roman von Ivan S. TURGENEV, erschienen 1867. – Der vorletzte der sechs großen zeitkritischen Romane Turgenevs beschäftigt sich mit dem im 19. Jahrhundert besonders virulenten gesellschaftspolitischen Problem der russischen Emigranten und Auslandsreisenden. Schon der Titel (*dym*: Rauch, Dunst, Nebel) deutet an, was der Autor vom Treiben dieser Männer hält, die sich »Slavophile«, »Westler« und »Konservative« nennen, in endlosen Diskussionen die gesellschaftlichen Verhältnisse in Rußland fruchtlos erörtern und die ungewisse politische Zukunft des Landes zum Gegenstand ihrer hitzigen Polemiken machen. Hauptfigur des Romans – er spielt im Jahre 1862 in Baden-Baden, wo sich Turgenev längere Zeit aufhielt – ist der junge Gutsbesitzer Litvinov, der im Ausland seine landwirtschaftlichen Studien beendet hat und auf der Rückreise nach Rußland in Baden-Baden Station macht, um hier mit seiner Braut zusammenzutreffen. Kaum angelangt, wird Litvinov in die Kreise der verschiedenen russischen Emigrantengruppen eingeführt. Er durchschaut jedoch bald die mit pseudorevolutionärem Wortschwall sich aufblähenden politischen Schwätzer und wendet sich von ihnen ab. Letztlich haben sie ihn nur in seinem Entschluß bestärken können, die im Ausland kennengelernten neuen ökonomischen Theorien und Arbeitsweisen möglichst schnell auf seinem Gut zu verwerten und mit praktischer, aufbauender Arbeit das nach Aufhebung der Leibeigenschaft (1861) aus den Fugen geratene Rußland neu gestalten zu helfen. Noch ehe aber Litvinov seinen Vorsatz realisieren kann, droht eine private Affäre ihn aus der Bahn zu werfen. In Baden-Baden begegnet er seiner Jugendliebe wieder: einer ungestümen slavischen Schönheit, die inzwischen mit einem bornierten General verheiratet ist und von einem melancholischen, ihr bis zur Hörigkeit ergebenen Liebhaber begleitet wird. Die Verführungskünste dieser Frau wecken erneut Litvinovs Leidenschaft. Da sie ihm alles, auch die Trennung von ihrem Mann, verspricht, läßt es Litvinov zum Bruch mit seiner Braut kommen. Das Erwachen aber ist bitter für ihn: Als er sich nahe am Ziel seiner Wünsche glaubt, schlägt ihm die frivole Generalin eine entwürdigende *liaison d'amour* vor. Noch am gleichen Tag läßt Litvinov den »Dunst und Nebel« Baden-Badens hinter sich und reist nach Rußland zurück, um dort sein »Werk« zu beginnen. Im Epilog des Romans erfährt der Leser, daß Litvinov tatsächlich seine Vorsätze verwirklicht und überdies den inneren Frieden bei seiner ihm alles verzeihenden Braut wiedergefunden hat.

Dym, der aggressivste Gesellschaftsroman Turgenevs, ist eine brillante Satire auf die grotesken Versuche einer entwurzelten Gesellschaftsschicht (hier der gebildete kleine und mittlere Provinzadel), auch in dem nach den Reformen von 1861 in Rußland sich anbahnenden tiefgreifenden wirtschaftlichen, politischen und gesellschaftlichen Strukturwandel das ausschlaggebende Zünglein an der Waage zu bleiben. Schon allein die Tatsache, daß der Roman im Ausland spielt und dort die »russische Frage« gestellt und konfus zerredet wird, charakterisiert die Bewegung der revolutionären »Erneuerer« aller Schattierungen, die keinen Kontakt mehr mit der russischen Wirklichkeit hatten. Das russische Echo auf *Dym* bestätigte denn auch, daß Turgenev den Nagel auf den Kopf getroffen hatte: Die sogenannten Fortschrittsparteien vereinten sich im Protest gegen Turgenev und verleumdeten ihn als reaktionären »Ausländer«. Keiner seiner Kritiker konnte oder wollte begreifen, daß Turgenev – ähnlich wie sein Held Litvinov – um ein unparteiisch objektives Urteil bemüht war und aus diesem Grunde sogar seinen Standpunkt als überzeugter Westler verließ. Seine helfende Kritik – und sein Roman ist eines der wichtigsten kritischen Dokumente zum Verständnis jenes vorrevolutionären Jahrzehnts – wurde ihm umgekehrt als das Resultat einer tiefgehenden Entfremdung von Rußland ausgelegt: ein Schlag, den Turgenev nie verwand und der den Romancier für zehn Jahre verstummen ließ. Sein letzter Roman *Nov'* *(Neuland)* erschien erst 1877. M.Gru.

AUSGABEN: Moskau 1867 (in Russkij vestnik). – Moskau 1961 (in *Sobr. soč.*, Hg. A. I. Batjuto u. a., 10 Bde., 1961/62, 4; krit.). – Moskau ²1981 (in *Poln. sobr. soč. i pisem*, Hg. M. P. Alekseev u. a., 30 Bde., ²1978 ff., 7).

ÜBERSETZUNGEN: *Dunst*, H. v. Lankenau, Lpzg. 1867. – Dass., W. Lange, Lpzg. ca. 1880 (RUB). – Dass., K. Wildhagen (in *SW*, Bd. 3,, Mchn. 1912). – *Rauch*, J. v. Guenther (in *GW*, Bln. 1952). – Dass., D. v. Kruedener-Struve, Weimar 1963. – Dass., J. Hahn (in *Romane*, Mchn. 1964; ⁵1987). – Dass., D. Pomerenke, Bln. ²1979. – Dass., W. Plackmeyer, Bln./Weimar ³1985.

LITERATUR: G. A. Bjalyj, »Dym« v rjadu romanov T. (in Vestnik Leningradskogo univ., 9, 1947, S. 88–102). – H. Granjard, Les années ›soixante‹: »Fumée« »Dym« (in H. G., I. Tourguénev et les courants polit. et sociaux de son temps, Diss. Paris 1954, S. 353–369). – S. M. Petrov, Roman T. »Dym« (in Izvestija Akad. Nauk., 17, 1958, S.401–416). – S. Petrov, T. v 60-e gody: Roman »Dym« (in S. P., I. S. T., Moskau 1961, S. 407–473). – V. Markovič, Čelovek v romanach I. S. T., Leningrad 1975.

MESJAC V DEREVNE

(russ.; *Ein Monat auf dem Lande*). Komödie in fünf Akten von Ivan S. TURGENEV, erschienen 1855; Uraufführung: Moskau, 13. 1. 1872, Malyj teatr. – Turgenevs Komödie spielt in dem Hause des harmlos-grobschlächtigen Gutsbesitzers Islaev, der zur Erziehung seines Sohnes Kolja den Moskauer Studenten Aleksej Beljaev, einen *»ungehobelten jungen Mann von gesunder Denkart«* auf sein Gut geholt hat. Ohne selbst etwas dazu zu tun, bringt es Beljaev in wenigen Wochen fertig, das abgestandene Provinzdasein der weltfernen Landadelsgesellschaft in seinen Grundfesten zu erschüttern. Die übrigen Figuren des erheiternden Spiels sind: Natal'ja, die dreißigjährige, unbefriedigte, übernervöse Gattin Islaevs; ihre Pflegetochter Vera, eine siebzehnjährige naive Unschuld; der Hausfreund Rakitin, Natal'jas kultivierter, doch schüchterner Liebhaber; der *»ländliche Talleyrand«* Špigel'skij, der als Hausarzt mit unbestechlichem Blick die Vorgänge in der Familie Islaev durchschaut; der ältliche Gutsbesitzer Bol'šincov, Veras bodenlos einfältiger Freier. Gemeinsam verlieben sich Natal'ja und Vera in den jungen Erzieher. Natal'ja sucht den überflüssigen Hausfreund zur Abreise zu bewegen und ihre Nebenbuhlerin Vera mit Bol'šincov zu verheiraten. Verdächtigungen, Mißverständnisse und Intrigen ranken sich um den lange Zeit ahnungslosen Beljaev, der die Liebe Veras nicht erwidert und die Zuneigung Natal'jas nur ungläubig staunend entgegennimmt. Als die widerstrebenden Interessen der Parteien sich unlösbar kompliziert haben, entschließen sich die Hauptbeteiligten zur Flucht: Rakitin und Beljaev reisen nach Moskau ab, Vera heiratet aus freien Stücken den verachteten Bol'šincov. Zurück bleibt Natal'ja, welche nicht allein ihren erhofften Liebhaber, sondern Hausfreund und Pflegetochter zugleich verloren hat und einem langweiligen Eheleben mit dem ungeliebten Mann entgegensieht.

1848–1850 entstand in Paris die erste Fassung der

Komödie mit dem Titel *Student (Der Student)*. Sujet und Konzeption der späteren Fassung sind hier bereits voll entwickelt. Die Absicht des Dichters, in dem Konflikt seiner Figuren die gesellschaftlichen Auseinandersetzungen seiner Zeit auf die Bühne zu bringen – etwa die Problematik des »überflüssigen Menschen« *(lišnyj čelovek)* oder der *raznočincy* (der nichtadligen Intelligenz) – tritt sogar deutlicher hervor als in der endgültigen Fassung. Von entscheidendem Einfluß auf die Figurenkonstellation der Komödie war H. de BALZACS Drama *La marâtre (Die Stiefmutter)*, welches 1848 während Turgenevs Pariser Aufenthalt in der französischen Hauptstadt gespielt wurde. Nachdem die zaristische Zensur sein Stück in seiner ursprünglichen Gestalt wie in einer überarbeiteten Redaktion des Jahres 1850 unter dem Titel *Dve ženščiny (Zwei Frauen)* verboten hatte, sah sich Turgenev gezwungen, die gesellschaftliche Thematik des Stückes mehr und mehr hinter der psychologischen zu verbergen. In stark veränderter Gestalt konnte die Komödie schließlich 1855 in der fortschrittlichen Literaturzeitschrift ›Sovremennik‹ (Der Zeitgenosse) erscheinen. – Die russische Kritik, soweit sie überhaupt auf das Stück einging, lobte seine sprachlichen und stilistischen Qualitäten, rügte jedoch seinen absolut undramatischen Charakter. Turgenev selbst hatte in einer besonderen »Bemerkung« auf dem Titelblatt der Erstveröffentlichung geschrieben: *»Diese Komödie ist ... niemals für die Bühne bestimmt gewesen. Im Grunde genommen ist es gar keine Komödie, sondern eine Erzählung in dramatischer Form.«* Als das Stück im Jahre 1872 trotzdem im Moskauer Malyj teatr aufgeführt wurde, stieß es auf einhellige Ablehnung. Erst die Petersburger Inszenierung des Jahres 1879 verhalf ihm zum Erfolg. Turgenev selbst stand seinem dramatischen Schaffen mit äußerster Reserve gegenüber. Es tritt gänzlich hinter seinem epischen Werk zurück, obwohl es einen bedeutenden Beitrag zur Entwicklung des psychologischen Theaters in Rußland darstellt und als direkter Vorläufer der ČECHOVschen Dramatik erscheint.   M.Gru.-KLL

AUSGABEN: Petersburg 1855 (in Sovremennik, Nr. 1). – Moskau ²1979 (in *Poln. sobr. soč. i pisem*, Hg. H. P. Alekseev u. a., 30 Bde., ²1978 ff., 2).

ÜBERSETZUNGEN: *Der Monat auf dem Lande*, K. Wildhagen (in *SW*, Bd. 12, Mchn. 1931). – *Ein Monat auf dem Lande*, E. Reiche, Bern 1943. – Dass., A. Scholz, Ffm. ²1958. – Dass., I. Gempert, Kassel 1970. – Dass., P. Urban, Ffm. 1981. – Dass., K. Seeger, Stg. 1981 (RUB).

VERFILMUNG: *Secrets*, Frankreich 1942 (Regie: P. Blanchar).

LITERATUR: L. Grossman, *Teatr T.*, Petrograd 1924. – I. Ėjges, *P'esa »Mesjac v derevne« I. S. T.* (in *Literaturnaja učeba*, 1938, Nr. 12, S. 56–78). – N. M. Kučerovskij, *Tri redakcii komedii I. S. T. »Mesjac v derevne«* (in *Uč. zap. Kalužskogo gos.*

ped. inst., 4, 1958, S. 165–181). – N. V. Klimova, *Chudožestvennye osobennosti dramaturgii I. S. T.*, Išim 1959. – M. Ozdrovsky, *The Plays of T. in Relation to 19th Century European and Russian Drama*, Diss. Columbia 1972.

MUMU

(russ.; *Mumu*). Erzählung von Ivan S. TURGENEV, erschienen 1854. – In den *Zapiski ochotnika*, 1852 *(Aufzeichnungen eines Jägers)*, hatte Turgenev durch eine Reihung von Porträts ein realistisches, doch ästhetisch verklärtes Bild des russischen Leibeigenen gezeigt. Die wenig später erschienene Erzählung *Mumu* stellt das gleiche Thema an einem exemplarischen Einzelschicksal dar. Der junge Bauer Gerasim – taub, stumm, doch *»kraftvoll wie ein junger Stier«* – hat auf Befehl seiner Herrin das heimatliche Dorf verlassen und versieht, prädestiniert durch seine furchterregende Gestalt, im städtischen Anwesen der Herrschaft das Amt des Aufsehers. Gewissenhaft und pünktlich verrichtet er seine Arbeit, bis die Besitzerin ein leibeigenes Mädchen, das Gerasim liebt, kurzerhand mit einem anderen verheiratet. Niemand bemerkt, wie sehr ihn der Schlag getroffen hat. Um so störender empfindet es die Herrin, daß sich Gerasim ein munter kläffendes Hündchen ins Haus holt. Mumu, wie er das Tier stammelnd nennt, ist ihm zugelaufen, und sogleich sind Mensch und Tier unzertrennliche Freunde geworden. Durch das Bellen des Hundes um ihre Ruhe gebracht, läßt die Herrin das Tier ohne Wissen seines Besitzers vom Hof entfernen. Alles Suchen bleibt vergeblich, und Gerasim schließt sich bekümmert in sein Zimmer ein. Mumu jedoch findet zu aller Erstaunen den Weg zu ihrem Herrn zurück, der den Hund fortan nicht mehr aus den Augen läßt. Als ihm die Besitzerin unmißverständlich bedeutet, das Tier müsse verschwinden, ertränkt er, den *»Ausdruck tiefster Erbitterung im Gesicht«*, seinen Hund im Fluß. In die Stadt kehrt er nicht mehr zurück. Mit *»freudiger Entschlossenheit«* und *»ungebrochener Kühnheit«* schlägt er den Weg zu seinem Heimatdorf ein.

Die sprachlich und kompositorisch meisterhaft gestaltete Erzählung ist nicht nur thematisch den *Zapiski ochotnika* verwandt. Auch der Aspekt, unter dem der Autor die Wirklichkeit der russischen Leibeigenschaft darstellt, ist der gleiche geblieben. Hier wie dort begegnet dem Leser ein ästhetisch idealisierender Realismus, der die bestehenden gesellschaftlichen Verhältnisse zwar entlarvt, zugleich jedoch wissen läßt, sie seien nicht derart barbarisch, daß jede menschliche Regung bereits im Keime ersticken müsse. Turgenev übersieht, was etwa sein Zeitgenosse M. SALTYKOV-ŠČEDRIN zum gleichen Thema sagt. Indem er seinen Helden ungebrochen an den Ort seiner Bestimmung zurückkehren läßt, ohne die Konsequenzen seines Handelns, die grausame Bestrafung durch die Besitzerin, mitzuteilen, versieht er einen Gesellschaftszustand mit einem ungebührlichen Hoffnungsschimmer, den der konservative N. Leskov die »Mitternachtszeit« des zaristischen Rußland genannt hat.

M.Gru.

Ausgaben: Petersburg 1854 (in Sovremennik). – Moskau 1961 (in *Sobr. soč.*, Hg. A. I. Batjuto u. a., 10 Bde., 1961/62, 5; krit.). – Moskau ²1980 (in *Poln. sobr. soč. i pisem*, Hg. M. P. Alekseev u. a., 30 Bde., ²1978 ff., 4).

Übersetzungen: *Mumu*, F. Bodenstedt (in *Erzählungen*, Mchn. 1864). – Dass., J. v. Guenther (in *Werke*, Mchn. 1957). – Dass., ders. (in *Drei Begegnungen u. a. Erzählungen*, Mchn. 1962). – Dass., anon. (in *Aufzeichnungen eines Jägers. Erzählungen 1844–1855*, Mchn. ²1975). – Dass., E. Jäkel (in *Erste Liebe u. a. Novellen*, Ffm. 1977). – Dass., J. v. Guenther (in *Meistererzählungen*, Zürich 1983; detebe). – Dass., E. Jäkel (in *Erste Liebe u. a. Erzählungen*, Ffm. ⁴1985; Insel Tb). – Dass., ders., Ffm. ⁵1989 (Insel Tb).

Verfilmungen: *Gerasim i Mumu*, Rußland 1919 (Regie: C. Sabinskij). – SU 1959 (Regie: A. Bobrovskij).

Literatur: S. A. Fessalonockij, *Leksič. analiz »Mumu«* (in Russk. jazyk v škole, 1940, Nr. 6, S. 50–54). – M. M. Kločichina, *Chud. svoeobrazie povesti »Mumu«* (in *Russkaja literatura XIX v.*, Moskau 1959, S. 67–79). – E. Dobin, *Mat'i syn (»Mumu«)* (in E. D., *Sjužet*, Leningrad 1976, S. 366–381). – E. Frost, *T.'s »Mumu« and the Absense of Love* (in SEEJ 31, 1987, S. 171–186).

NAKANUNE

(russ.; *Am Vorabend*). Roman von Ivan S. Turgenev, erschienen 1860. – Dem Roman, der unmittelbar vor dem Ausbruch des Krimkrieges von 1853–1856 spielt, liegt eine wahre Begebenheit zugrunde. Von Nikolaus I. (reg. 1825–1855) aufgrund seines Gogol'-Artikels auf seinen Gutsbesitz verbannt, las Turgenev im Jahre 1852 das fragmentarische Manuskript einer autobiographischen Erzählung seines Freundes und Gutsnachbarn V. Karataev. Dieser berichtet darin von seiner tragischen Liebe zu einem jungen Mädchen, das sich dem (historischen) bulgarischen Patrioten und Freiheitskämpfer Katranov anschloß, um ihm nach Bulgarien zu folgen. In der Erzählung des Freundes fand Turgenev nach seinen eigenen Worten *»mit flüchtigen Strichen das verzeichnet, was später der Inhalt von ›Nakanune‹ werden sollte«.*
Nach anfänglicher Zuneigung zu Bersenev, dem selbstlosen, durch humanistische Bildung ausgezeichneten, doch gänzlich passiven und unpraktischen »dritten Kandidaten der Moskauer Philosophischen Fakultät«, den ihr Vetter, der Bildhauer Šubin, in die Familie eingeführt hat, verliebt sich die junge Adelige Elena Stachova mit aller Leidenschaft in den als Emigrant in Moskau lebenden bul-

garischen Revolutionär Insarov. Gegen die gesellschaftliche Konvention und den Widerstand der Eltern hält Elena treu zu dem Geliebten und läßt sich schließlich heimlich mit ihm trauen. Ohne Zögern folgt sie ihm, als Freunde ihn in die Heimat rufen, um einen Aufstand gegen die türkische Fremdherrschaft vorzubereiten. Doch bereits auf dem Weg nach Bulgarien – in Venedig – wirft Insarov eine in Rußland ungenügend ausgeheilte Lungenentzündung nieder. Er stirbt in der darauffolgenden Nacht. Obwohl die Eltern ihr Heirat und Fortgang verzeihen, kehrt Elena nicht nach Rußland zurück, sondern begleitet den Sarg Insarovs nach Bulgarien, um den Geliebten in der heimatlichen Erde zu begraben. Sie entschließt sich, ihr Leben in den Dienst der bulgarischen Freiheitsbewegung zu stellen. Alle Nachforschungen der Eltern sind vergeblich: Elena bleibt für immer verschollen.
Mit Turgenevs Roman beginnt eine neue Epoche in der Geschichte der russischen Literatur. *Nakanune* ist der erste Roman, der einen *raznočinec*, einen jener fortschrittlichen nichtadeligen Intellektuellen des 19. Jh.s, zum Helden hat. Der »überflüssige Mensch« *(lišnij čelovek)* der vorangegangenen Periode, der die gesellschaftliche Wirklichkeit distanziert-teilnahmslos reflektiert, ohne je selbst sozial oder politisch aktiv zu werden, gehört der Vergangenheit an. Die politische Realität des Zarenreiches unter Nikolaus I., dem »Gendarmen Europas«, verlangt nach sozialpolitischem Engagement, nach einer neuen, fortschrittlichen Intelligenz. Der Tradition des russischen Romans getreu, haben auch bei Turgenev die Charaktere das Übergewicht gegenüber der Fabel. Es ist bezeichnend für Turgenevs skeptische Beurteilung der Möglichkeit einer inneren Erneuerung der russischen Gesellschaft, daß sein positiver Held, der als einziger die Voraussetzungen zielbewußten revolutionären Handelns erfüllt, nicht Russe, sondern Bulgare ist. Ohne überragende geistige Fähigkeiten, doch mit Kraft und Energie ausgestattet, bereitet sich der Revolutionär Insarov auf die Rückkehr in die Heimat und die Führung des Volksaufstandes vor. In der Darstellung Insarovs bedient sich Turgenev der seit dem Roman *Rudin* (1856) für ihn charakteristischen Technik der komplementären Charakterisierung. Er stellt dem Tatmenschen Insarov seine Karikatur in Gestalt des einfältigen Karrieristen Kurnatovskij gegenüber, konfrontiert ihn jedoch zugleich mit seinen reflektierten Gegenbildern Šubin und Bersenev. Šubin verkörpert die künstlerischen, Bersenev die wissenschaftlichen Qualitäten der zeitgenössischen russischen Intelligenz. Beide jedoch unterliegen Insarov in der Auseinandersetzung um Elena, die mit Schönheit, Klugheit, Tapferkeit und Leidenschaft ausgestattete Zentralgestalt des Romans.
Gedanklich gipfelt Turgenevs Roman in der zweifelnden Frage Šubins: *»Und wann wird unsere Zeit kommen? Wann werden bei uns Männer geboren werden?«*, worauf er von der schwer zu deutenden Gestalt des Uvar Ivanovič, der prophetischen Stimme

des russischen Volkes, die lakonische, doch zuversichtliche Antwort erhält: *»Zeit lassen... Sie werden schon kommen!«* Bei allem Bezug auf die gesellschaftliche Wirklichkeit seiner Zeit kreist doch auch Turgenevs Roman *Nakanune*, dessen Titel auf die Regierungszeit des »Reformzaren« Alexander II. (reg. 1855–1881) vorausweist, um das zentrale Motiv der Liebe, das für das gesamte Schaffen des Autors charakteristisch ist. So basiert die Fabel des Romans auf der Entwicklung der erotischen Beziehung zwischen Insarov und Elena, ihrem Aufkeimen, ihrer Erfüllung und ihrem unglückseligen Ende. Auch in diesem Roman hat daher die lyrische Stimmung, die zarte Andeutung den Vorrang vor der rationalen Analyse.   I.v.W.

AUSGABEN: Moskau 1860 (in Russkij vestnik, Nr. 1–2). – Moskau 1860 (in *Sočinenija*, Bd. 4). – Moskau 1961 (in *Sobr. soč.*, Hg. A. I. Batjuto u. a., 10 Bde., 1961/62, 3; krit.). – Moskau ²1981 (in *Poln. sobr. soč. i pisem*, Hg. M. P. Alekseev u. a., 30 Bde., ²1978 ff., 6).

ÜBERSETZUNGEN: *Helene*, anon. (in *AW*, Bd. 5 Mitau 1871). – *Am Vorabend*, F. Frisch (in *SW*, Bd. 1, Mchn. 1910). – *Vorabend*, J. v. Guenther (in *GW*, Bd. 3, Bln. 1952). – Dass., D. Pomerenke, Bln. 1972.

LITERATUR: A. Mazon, *L'élaboration d'un roman de Turgenev: »A la veille«, »Premier amour«, »Fumée«* (in RES, 5, 1925). – I. V. Mal'cev, *K istorii sozdanija »Nakanune« I. S. T.* (in Uč. zap. Leningradskogo gos. ped. inst., 1939, S. 41–57). – M. G. Ladarija, *Osobennosti kompozicii obrazov v romane T. »Nakanune«* (in Trudy Suchumskogo ped. inst., 9, 1956). – D. S. Markozova, *Sozdanie obraza obščestvennogo dejatelja v romane I. S. T. »Nakanune«* (in Uč. zap. Leningradskogo gos. ped. inst., 1957). – V. Markovič, *Turgenevskij tip russkogo realističeskogo romana: 1855–1862 gg.*, Moskau 1982.

NOV'

(russ.; *Neuland*). Roman von Ivan S. TURGENEV, erschienen 1877. – Im letzten seiner zeitkritischen Gesellschaftsromane gestaltet Turgenev in dem jungen Studenten Neždanov noch einmal einen seiner russischen Hamlet-Typen. Die Zwiespältigkeit seiner Herkunft – er ist der uneheliche Sohn eines russischen Aristokraten und einer mittellosen Gesellschafterin – versinnbildlicht die gesellschaftliche Zwischenstellung des Helden: Im äußeren Gehaben rauh, realistisch und todesmutig revolutionär, hängt Neždanov insgeheim idealistischen, ästhetisierenden Träumereien nach. So ist seine Begeisterung für die Bewegung der *narodniki* (Volkstümler) und illegalen Studentenverbindungen, die sich die revolutionäre Aufklärung der russischen Bauernschaft zum Ziele setzten, im Grunde nicht mehr als eine romantische Schwärmerei. Turgenev entlarvt den Charakter Neždanovs vor allem in sei-

nem Gegensatz zu Marianna, der ehrlichen, engagierten Revolutionärin, die darauf brennt, ihr Leben *»für sämtliche Unterdrückte, Arme und Bedauernswerte Rußlands«* einzusetzen. Auf die Gemeinsamkeit ihrer politischen Überzeugung gegründet, zerbricht die Liebe der beiden, als sich in der Konfrontation mit der Wirklichkeit die Ohnmacht und Unzulänglichkeit von Neždanovs gesellschaftlichem Bewußtsein herausstellt. Neždanov versucht, auf sich allein gestellt, »ins Volk« zu gehen, um die Bauern zur Revolution zu gewinnen. Doch da er das Volk nicht kennt, muß er scheitern. Verzweifelt erschießt er sich, schon zu Lebzeiten nicht mehr als *»ein ehrlicher Leichnam voll guter Absichten«*. – Der zweite Teil des Romans stellt Neždanov den positiven Helden Solomin gegenüber, einen Realisten aus dem Volk, der mit der revolutionären Bewegung sympathisiert, doch keine Chance für ihren unmittelbaren Erfolg sieht: *»Neuland muß man nicht vorsichtig mit der Schaufel bearbeiten, sondern mit dem Pflug, der die Erde tief aufreißt.«* Solomins Haltung überzeugt auch Marianna, die nach Neždanovs Tod seine Frau wird.

Obwohl Turgenev mit seinem Roman in den *narodniki* einen der vielen sozialistischen Vorläufer der russischen revolutionären Bewegung entdeckt hatte – das Werk führt zum erstenmal Begriffe wie Sozialismus, Kommunismus, Proletariat, Bourgeoisie und Kapitalismus in die gehobene russische Literatur ein –, glaubte er, ihr notwendiges Scheitern in dem Selbstmord Neždanovs als Folge ihrer Lebensferne und ihrer inneren Widersprüche anzeigen zu müssen. Es kann daher nicht verwundern, daß die zeitgenössische Kritik dem meist im Ausland lebenden Verfasser Unkenntnis der gesellschaftlichen Verhältnisse Rußlands und böswillige Verunglimpfung der russischen revolutionären Bewegung zum Vorwurf machte. Ihr entging dabei Turgenevs wenn auch in unklarer Form geäußerte Bemerkung, daß die eigentliche Zukunft der russischen Revolution nicht der fortschrittsbegeisterten Intelligenz und nicht der von ihr agitierten Bauernschaft, sondern den Arbeitern der aufblühenden Industriebetriebe gehören werde.   M.Gru.

AUSGABEN: Petersburg 1877 (in Vestnik Evropy). – Moskau ²1982 (in *Poln. sobr. soč. i pisem*, Hg. M. P. Alekseev u. a., 30 Bde., ²1978 ff., 9).

ÜBERSETZUNGEN: *Neu-Land*, anon. (in *AW*, Bd. 10, Hbg. 1877). – *Neuland*, W. Jollos, Zürich 1946. – Dass., H. A. Windorf, Rudolstadt 1951. – Dass., W. Plackmeyer, Bln./Weimar ³1985.

LITERATUR: G. A. Bjalyj, *Ot »Dyma« k »Novi«* (in Uč. zap. Leningradskogo gos. ped. inst., 1956, S. 82–98). – A. A. Zemljakovskaja, *Social'naja problematika, idei i obrazy romana T. »Nov'«* (in Uč. zap. Mičurinskogo ped. inst., 1957, S. 127–168). – E. Grigorenko, *Roman I. S. T. »Nov'«: problematika i poétika*, Moskau 1986.

OTCY I DETI

(russ.; *Väter und Söhne*). Roman von Ivan S. TUR-GENEV, erschienen 1862. – Der Roman, dessen Handlung im Jahre 1859 spielt, spiegelt den Konflikt zwischen der in den vierziger Jahren groß gewordenen, von einem idealistischen Humanismus geprägten Generation der »Väter« und der rebellierenden, illusionslos-materialistischen Jugend der sechziger Jahre. Die liberalen »Väter« werden in dem Roman durch die dem Landadel zugehörigen Brüder Kirsanov repräsentiert, den weichen, schwächlichen Nikolaj Petrovič, der außerstande ist, den Verfall seines Gutsbesitzes aufzuhalten, und den melancholischen, vornehmen »Gentleman« Pavel Pavlovič, ehemals ein berüchtigter Frauenheld, der sich nach einer unglücklichen Liebe resigniert aufs Land zu seinem Bruder zurückgezogen hat. Typischer Vertreter der Jugend ist der »Nihilist« – der von Turgenev in die Literatur eingeführte Begriff ist nach eigener Definition gleichbedeutend mit »Revolutionär« – Evgenij Vasil'evič Bazarov, ein *raznočinec* (Vertreter der fortschrittlichen nichtadligen Intelligenz), der zusammen mit Arkadij, dem Sohn von Nikolaj Kirsanov, in Petersburg studiert hat. Ist Arkadij als ein unselbständiger Bewunderer Bazarovs geschildert, so wird in den widerlichen Gestalten Sitnikovs und der »emanzipierten« Kukšina der Pseudonihilismus in seiner abstoßendsten Form karikiert.

Die Konfrontation der gegensätzlichen Generationen wird durch den Besuch Arkadijs und Bazarovs auf dem Gut von Nikolaj Petrovič eingeleitet. Antipoden einer erbitterten Auseinandersetzung sind der aristokratische Pavel Pavlovič und der von ihm gehaßte »Plebejer« Bazarov, zwischen denen es schließlich aus nichtigem Anlaß zu einem Duell kommt, bei dem Pavel Pavlovič von seinem Gegner verletzt wird. In den Streitgesprächen mit Pavel Pavlovič tritt Bazarovs Weltanschauung besonders deutlich hervor. »*Ein Nihilist*«, so erklärt Arkadij, »*ist ein Mensch, der sich vor keiner Autorität beugt und kein einziges Prinzip auf Treu und Glauben annimmt, mit wieviel Respekt dieses Prinzip auch sonst anerkannt worden wäre.*« Bazarov verachtet den aristokratischen Liberalismus, der keine gesellschaftlichen Veränderungen in Rußland durchzusetzen vermochte: »*Augenblicklich ist Verneinung das Nützlichste von allem – und so verneinen wir eben.*« Die militante Einstellung Bazarovs gegenüber der rückständigen, im Verfall begriffenen russischen Feudalgesellschaft mündet mitunter jedoch in einen extrem utilitaristischen Vulgärmaterialismus (beeinflußt von den Ideen G. BÜCHNERS, J. LIEBIGS u. a.), der die Kunst und die Schönheit der Natur (»*Die Natur ist kein Tempel, sondern eine Werkstatt, und der Mensch ist der Arbeiter darin*«) und nur Naturwissenschaft und Medizin als nützliche Betätigungen gelten läßt. – Bazarovs und Arkadijs Anschauung und Charakter werden durch das Zusammentreffen mit der klugen, schönen Witwe Anna Sergeevna Odincova – sie gehört in die Reihe der überzeugend dargestellten überlegenen Frauengestalten Turgenevs – auf die entscheidende Probe gestellt. Arkadij, der in seinem Inneren der »*weichliche, liberale Aristokrat*« geblieben ist, stellt sich durch seine Bindung mit Katja, der jüngeren Schwester der Odincova, wieder auf die Seite der »Väter«. Bazarov indes wird durch seine wachsende Leidenschaft für die zurückhaltende Odincova, die, auf ein sicheres, angenehmes Leben bedacht, sich mehr aus Neugier als aus Zuneigung für ihn interessiert, aus dem Gleichgewicht gebracht. Er gerät in Gegensatz zu seiner Ansicht, daß Liebe nur als physiologisches Faktum oder als »eingebildetes Gefühl« und romantische Krankheit zu verstehen sei. Bazarovs unerwidertes Gefühl für die Odincova offenbart seine schwächste Stelle, seine Verhärtung und menschliche Isoliertheit. Sein plötzlicher Tod durch eine Typhusinfektion läßt Bazarovs Vereinsamung und seine bewundernswerte Stärke und unbeugsame Konsequenz gleichermaßen hervortreten.

Dem Roman, der eine tiefgreifende Auseinandersetzung in Rußland hervorrief, wurde von der jungen Generation vorgeworfen, er ergreife Partei für die Liberalen und verzerre das Bild der »Nihilisten«, während die Liberalen sich gegen die vermeintliche Idealisierung Bazarovs wandten. Die Kritik der progressiven Seite bemängelte insbesondere die darin zum Ausdruck kommende gesellschaftlich-politische Perspektivlosigkeit der »Nihilisten«, die der allzu zufällige Tod Bazarovs andeute. Tatsächlich war Turgenev im Lauf des Schreibens seines Romans immer mehr von der Meinung abgekommen, daß die »nihilistische« Generation Rußland aus seiner Misere herausführen könne. Er sah daher in Bazarov eine »*starke, zornige, aufrichtige – und trotzdem zum Untergang verurteilte*« Figur. Bemerkenswert ist die von dem revolutionären Demokraten D. PISAREV in dem Aufsatz *Bazarov* (1862) vertretene Ansicht, daß Turgenev bei aller Sympathie für die liberalen »Väter« aus der künstlerischen Aufrichtigkeit des Realisten heraus die Gestalt Bazarovs weder verzerrt noch idealisiert, sondern sich kritisch-anerkennend in diesen Typ hineingedacht habe. H.Gü.

AUSGABEN: Moskau 1862 (in Russkij vestnik). – Moskau 1862. – Moskau ²1981 (in *Poln. sobr. soč. i pisem*, Hg. M. P. Alekseev u. a., 30 Bde., ²1978 ff., Bd. 7).

ÜBERSETZUNGEN: *Väter und Söhne*, anon. (in *AW*, Bd. 1, Mitau 1869). – Dass., F. Frisch (in *GW*, Bd. 2, Mchn. 1910). – Dass., W. Bergengruen, Lpzg. 1925; ern. Mchn. 1964. – Dass., J. v. Guenther, Mchn. 1957. – Dass., J. Hahn (in *Romane*, Mchn. 1964; ⁵1987). – Dass., M. v. d. Ropp, Mchn. 1983 (dtv). – Dass., F. Frisch, Zürich 1984. – Dass., anon., Ffm. 1984; ⁸1990 (Insel Tb). – Dass., W. Bergengruen, Lpzg./Weimar 1985. – Dass., H. Burck, Bln./DDR ⁵1986. – Dass., ders., Mchn. ⁶1988. – Dass., F. Rubiner, Stg. 1989 (RUB).

VERFILMUNGEN: Rußland 1915 (Regie: V. Viskovskij). – SU 1959 (Regie: A. Bergunker).

LITERATUR: D.I. Pisarev, *Bazarov*. *»Otcy i deti«* I. S. T., Moskau 1953; ern. 1974. – A.I. Batjuto, *K voprosu o proischoždenii slova ›nigilizm‹ v romane T. »Otcy i deti«* (in Izvestija ANSSSR, 12, 1953, S. 520–525). – M. Semanova, *Roman »Otcy i deti«. Analiz obrazov* (in Literatura v škole, 1953, Nr. 2, S. 15–39). – V. V. Vorovskij, *Bazarov i Sanin. Dva nigilizma* (in V. V. V., *Literaturno-kritičeskie stat'i*, Moskau 1956, S. 221–249). – G. A. Bjalyi, *Roman T. »Otcy i deti«*, Moskau/Leningrad 1963; ²1972. – P. Pustovojt, *Roman I. S. T. »Otcy i deti« i idejnaja bor'ba 60-ch godov XIX veka*, Moskau ²1965. – R. Lentulay, *A Nihilist's Nihilist. A Study of D. I. Pisarev's Interpretation of »Fathers and Sons«*, Diss. Ann Arbor/Mich. 1971. – I. Berlin, *»Fathers and Children«. The Romanes Lecturer, Delivered in the Sheldonian Theatre, 12. nov. 1970*, Oxford 1972. – A. Muratov, *I. S. T. posle »Otcov i detej«*, Leningrad 1972. – I. Berlin, *»Fathers and Children«: T. and the Liberal Predicament* (in New York Review of Books, 18. 10. 1973, S. 39–44). – V. Mysljakov, *Černyševskij i T. (»Otcy i deti«)* (in N. *Černyševskij. Éstetika. Literatura. Kritika*, Leningrad 1979, S. 137–168.) – S. Šatalov, *Roman »Otcy i deti« v literaturno-obščestvennom dviženii* (in *Literaturnye proizvedenija v dviženii époch*, Moskau 1979, S. 75–131). – Ju. Troickij, *Kniga pokolenij. (»Otcy i deti«)*, Moskau 1979. – V. Ripp, *T.'s Russia. From »Notes of a Hunter« to »Fathers and Sons«*, Ithaca/Ldn. 1980. – Ju. Lebedev, *Roman I. S. T. »Otcy i deti«: posobie dlja učitelja*, Moskau 1982. – D. Lowe, *T., »Fathers and Sons«*, Ann Arbor/Mich. 1983. – R. Busch, *T.'s »Otcy i deti« and Dostoevskij's »Besy«* (in Canadian Slavonic Papers, 26, 1984, S. 1–9). – D. Sherman, *Concepts of Self in T.'s Novels: »Rudin«, »A Noblemen's Nest« and »Fathers and Sons«*, Ann Arbor/Mich. 1985. – *Roman I. S. T. »Otcy i deti« v russkoj kritike*, Leningrad 1986. – P. Waddington, *A Brief History of the Composition of T.'s »Fathers and Sons«*, Wellington 1988.

PERVAJA LJUBOV'

(russ.; *Erste Liebe*). Novelle von Ivan S. TURGENEV, erschienen 1860. – Die zum Teil autobiographisches Material verarbeitende, lyrisch gestimmte Novelle – im Sujet Th. MANNs Erzählung *Unordnung und frühes Leid* (1926) verwandt – ist als Rahmenerzählung mit Manuskriptfiktion angelegt: Aus der Distanz des gereiften Mannes erzählt Vladimir, der Held der Novelle, zwei Freunden die zu wehmütiger Erinnerung verblaßte Geschichte seiner ersten Liebe, die er als sechzehnjähriger, frühreifer und sensibler Knabe zu der fünf Jahre älteren Zinaida (der Tochter eines Fürsten und einer Kleinbürgerin) erlebte. Von Verehrern umschwärmt, doch unschlüssig in ihrer Wahl, hat das kapriziös-kokette Mädchen aus einer Stimmung heraus Vladimir zu ihrem vertrauten Pagen erklärt.

Der Junge, der Zinaidas bezaubernde Schönheit bislang nur aus der Ferne bewundert hat, glaubt sich vor allen anderen Verehrern ausgezeichnet, ohne zu erkennen, daß Zinaida ihn nicht als Mann, sondern nur als ein Spielzeug zur Befriedigung ihrer Launen betrachtet. Als sich in Zinaidas Wesen eine auffallende Veränderung abzuzeichnen beginnt, glaubt Vladimir allein sich selbst betroffen – um so mehr, als das Mädchen ihm in einem unbeherrschten Augenblick ihre Zuneigung zu offenbaren scheint: Mutwillig fordert sie ihn auf, zum Beweis seiner Liebe von einer hohen Mauer herabzuspringen. Als Vladimir ihr, vom Sturz betäubt, zu Füßen liegt, küßt sie ihn leidenschaftlich und läßt erst von ihm ab, als er wieder zu sich kommt. Doch bald gelangt der Knabe zu der bitteren Erkenntnis, daß dieser Gefühlsausbruch nicht ihm gegolten hat, daß er in ihrer Vorstellung lediglich den Mann vertritt, dessen Geliebte sie schließlich wird: Es ist Vladimirs jugendlicher, mit einer zehn Jahre älteren Frau in Vernunftehe lebender, herrisch-egozentrischer Vater, den Zinaida durch das »Gift« ihrer animalischen Liebe betört, für kurze Zeit beglückt und – zugrunde richtet.

Pervaja ljubov' zählt – neben *Faust* (1855) und *Asja* (1858) – zu den poetisch reizvollsten Liebesnovellen des Autors. Wie in den beiden anderen Erzählungen sucht der Dichter auch hier »*die Hauptzüge in der Seele der dämonischen Frau auf einer Stufe festzuhalten, wo Erfahrung und Wissen sie noch nicht der Anmut und Sanftheit beraubt haben*« (A. Stender-Petersen). Es wäre jedoch verfehlt, die intime, durch ihren zurückhaltenden Stil besonders authentisch wirkende Liebesgeschichte ausschließlich unter psychologischen Aspekten beurteilen zu wollen, wie sehr es dem Autor auch immer auf subtile Beobachtung und ästhetisch wirksame Gestaltung des schicksalhaft hereinbrechenden Liebeserlebens ankam. Ihre volle Bedeutung gewinnt die Novelle erst durch die treffende Widerspiegelung der gesellschaftlichen Verhältnisse des zeitgenössischen Rußland, die den äußeren Rahmen des Geschehens abgeben. Den Klassencharakter der spätfeudalen zaristischen Gesellschaft faßt die Novelle in moralischen Kategorien: »*Etwas viel Dunkleres als Unsittlichkeit*« erkennen die beiden Zuhörer (in der Rahmenhandlung) aus Vladimirs Erzählung, eine »*allgemeine Schuld*«, ein »*Nationalverbrechen*«, das die untergehende Klasse – die russische Adelsschicht – an den nachfolgenden Generationen begeht, indem sie diese durch ihr Verhalten demoralisiert und – wie im Falle Vladimirs – aller ethischen Wertbegriffe beraubt, ohne etwas Neues an ihre Stelle setzen zu können.   M. Gru.

AUSGABEN: Petersburg 1860 (in Biblioteka dlja čtenija, Nr. 3). – Moskau 1860 (in *Sočinenija*, Bd. 3). – Moskau 1962 (in *Sobr. soč.*, Hg. A. I. Batjuto u. a., 10 Bde., 1961/62, 6; krit.). – Moskau ²1980 (in *Poln. sobr. soč. i pisem*, Hg. M. P. Alekseev u. a., 30 Bde., ²1978 ff., 6).

ÜBERSETZUNGEN: *Erste Liebe*, F. Bodenstedt (in

Erzählungen, Bd. 2, Mchn. 1864). – *Die erste Liebe*, K. Wildhagen (in *SW*, Bd. 6, Mchn. 1914). – *Erste Liebe*, J. v. Guenther (in *Werke*, Mchn. 1957). – Dass., ders. (in *Drei Begegnungen u. a. Erzählungen*, Hbg./Mchn. 1962). – Dass., E. v. Baer (in *Erzählungen 1857–1883. Gedichte in Prosa*, Mchn. 1967). – Dass., dies. (in *Erste Liebe u. a. Novellen*, Ffm. 1977). – Dass., J. v. Guenther (in *Meistererzählungen*, Zürich 1983; detebe). – Dass., K. Borowsky, Stg. 1983 (RUB). – Dass., L. Kolanoske, Bln. 1984. – Dass., H. Wotte, Bln. ⁴1985. – Dass., E. Müller-Kamp (in *Meistererzählungen*, Zürich ³1986). – Dass., E. v. Baer, Ffm. ⁶1991 (Insel Tb).

VERFILMUNGEN: *Primer amor*, Spanien 1941 (Regie: C. de la Torre). – Italien 1958 (Regie: M. Camerini). – *First Love*, Schweiz/BRD 1970 (Regie: M. Schell).

LITERATUR: E. Kagan-Kans, *I. T. and H. James: »First Love« and »Daisy Miller«* (in American Contributions to the 9th International Congress of Slavists, 1974, S. 251–265). – V. Terras, *Tragičeskoe v tvorčestve T.: »Pervaja ljubov'«* (in *T., Commemorative Volume 1818–1883*, NY 1983).

PESN' TORŽESTVUJUŠČEJ LJUBVI

(russ.; *Das Lied der triumphierenden Liebe*). Novelle von Ivan S. TURGENEV, erschienen 1881. – Im kunstvollen, verdichteten Stil der Renaissancenovelle erzählt der Autor – vorgeblich nach einer italienischen Handschrift des 16. Jh.s – eine seiner letzten, mystisch verklärten Liebesgeschichten. Turgenev setzt seiner Erzählung, die dem Gedenken G. FLAUBERTS gewidmet ist, F. SCHILLERS »*Wage du zu irren und zu träumen*« als Leitmotiv voran. – Der Musiker Mucio und der Maler Fabio bewerben sich um die Hand Valerias, des schönsten Mädchens von Ferrara. Valeria entscheidet sich, dem Rat ihrer Mutter folgend, für den freimütigen, heiteren Fabio. Mucio, der Düstere, verläßt die Stadt und kehrt erst nach fünf Jahren, die er im Orient verbracht hat, nach Ferrara zurück. Freudig wird er von dem glücklichen, doch kinderlosen Paar empfangen. Anfangs scheint es, als habe Mucio seiner Liebe zu Valeria entsagt, doch als er den Gastgebern auf seiner indischen Geige das leidenschaftliche »Lied der triumphierenden Liebe« vorspielt, weiß sich die junge Frau erneut von ihm umworben. Von nun an steht sie unter dem Bann des Heimgekehrten, dessen magisch-zauberischen Kräften sie sich willenlos fügt. Jede Nacht bei Mondschein ruft Mucio sie zu sich in den Rosengarten; im Trancezustand gehorcht sie seinem Befehl. Endlich entdeckt Fabio das Geheimnis. Er lauert dem Freund im Garten auf und erdolcht ihn. Allmählich ziehen wieder Friede und Glück in Fabios Haus ein. Als Valeria eines Tages, in Träumen versunken, auf der Orgel Mucios Lied spielt, spürt sie »*in sich zum ersten Male das Beben neuen, keimenden Lebens*«.

Die für das Spätschaffen des Dichters charakteristische Novelle zeigt – genau wie die wenig später entstandene geheimnisvolle Erzählung *Klara Milič* (1883) – Turgenev von einer gänzlich anderen Seite als seine vorausgegangene zeit- und gesellschaftskritische Prosa: »*Der große Realist und Gesellschaftsschilderer demaskiert sich in seinen letzten Werken als der, der er im Grunde immer gewesen war: ein Mystiker der Liebe, ein sublimer erotischer Spiritualist*« (A. Stender-Petersen).   M. Gru.

AUSGABEN: Petersburg 1881 (in Vestnik Evropy). – Moskau 1962 (in *Sobr. soč.*, Hg. A. I. Batjuto u. a., 10 Bde., 1961/62, 8; krit.). – Moskau ²1982 (in *Poln. sobr. soč. i pisem*, Hg. M. Alekseev u. a., 30 Bde., ²1978 ff., 10).

ÜBERSETZUNGEN: *Das Lied der triumphierenden Liebe. Fragmente aus eigenen u. fremden Erinnerungen*, anon. (in *Vier Erzählungen*, Lpzg. 1884). – *Das Lied der triumphierenden Liebe*, R. v. Walter (in *SW*, Bd. 9, Mchn. 1925). – Dass., A. Eliasberg (in *Visionen und andere phantastische Erzählungen*, Mchn. 1961; GGT). – Dass., E. v. Baer (in *Erzählungen 1857–1883. Gedichte in Prosa*, Mchn. 1967). – Dass., dies. (in *Liebesgeschichten*, Mchn. 1983).

VERFILMUNG: Rußland 1915 (Regie: E. Baver).

LITERATUR: M. Gabel', *»Pesn' toržestvujuščej ljubvi«. Opyt analiza* (in *Tvorčeskij put' I. S. T.*, Hg. N. L. Brodskij, Moskau/Leningrad 1923). – R. Freeborn, *T., the Novelist's Novelist*, Oxford 1959. – A. Muratov, *T.-novellist: 1870-1880-e gody*, Leningrad 1985.

RUDIN

(russ.; *Rudin*). Roman von Ivan S. TURGENEV, erschienen 1856. – Das erste umfangreichere Prosawerk des Autors leitet die Reihe seiner zeitkritischen Gesellschaftsromane ein, welche die »*sich rasch wandelnde Physiognomie des Russen der gebildeten Schichten*« in »*lebendigen Typen*« exemplarisch darzustellen suchten. Der Typus des Titelhelden begegnet in zahlreichen Erzählungen des Autors wieder. Turgenev hat ihn in seinem Aufsatz *Gamlet i Don-Kichot*, 1860 *(Hamlet und Don Quichotte)*, als den »Helden der Zeit« zu Ende und in unmittelbarer Folge der vierziger Jahre des 19. Jh.s gekennzeichnet. Klug, gebildet, begeisterungsfähig und zu enthusiastischer Schwärmerei veranlagt, in der Welt des abstrakten Denkens heimisch und mit dem ehrlichen »Willen zum Guten« begabt, scheitert er an seiner Unfähigkeit, Begonnenes konsequent und zielstrebig zu Ende zu führen und seine Ideale in die Tat umzusetzen. Stets plant er Neues, doch mangelt es ihm an Kraft, an »Natur und Blut«, seine Ideen entschlossen in die Tat umzusetzen. Ein heimatloser Intellektueller und Idealist, lebt er »*wie ein Kind, nicht wie ein Schmarotzer, auf fremde Kosten*«.

Einem feurigen Kometen gleich erscheint Rudin in der tristen, langweiligen Atmosphäre einer Gutsbesitzergesellschaft der russischen Provinz. Er erwirbt sich ihre Sympathien – insbesondere die Gunst seiner Gastgeberin – durch die Eleganz und Gewandtheit seiner Rede- und Disputierkunst. Obwohl er sich – ohne Vermögen und von niederem Adel – nicht zu den Spitzen der Gesellschaft zählen kann, gibt er nach kurzer Zeit auf dem Hof seiner reichen Gönnerin den Ton an. Mit Erfolg legt er ein geradezu genialisches Gebaren an den Tag. Begeisternd schwärmt er – in ehrlicher Überzeugung – von der Erhabenheit des Guten und Schönen und der Pflicht des Menschen, sich *»dem allgemeinen Wohl zum Opfer zu bringen«*. Mit seinen in vielem unverständlichen, doch beeindruckenden Reden erwirbt er sich die Zuneigung Natašas, der Tochter seiner Wohltäterin. Rudin selbst glaubt das Mädchen leidenschaftlich zu lieben. Ihre Verbindung zerbricht am Einspruch der Mutter, die sich für Nataša einen vermögenden Schwiegersohn »von Familie« wünscht. Vor die Entscheidung gestellt, seine idealistischen Worte von »Freiheit und Opfer« durch die Tat zu verwirklichen, versagt Rudin: Statt das geliebte Mädchen gegen den Willen der Mutter zu heiraten, rät er Nataša, sich dem unausweichlichen Schicksal zu fügen. Wie ein entlarvter Hochstapler, der sich in die gute Gesellschaft einschleichen wollte, muß Rudin den Gutshof verlassen.

Den negativen Eindruck der Gestalt mildert der Epilog, der das Unvermögen Rudins, seine Ideale und Gedanken in die Wirklichkeit umzusetzen, als die innere, nicht von ihm selbst verschuldete Tragik seiner Existenz hervorhebt. Bei aller Wirklichkeitsferne jedoch ist Rudin in gewisser Hinsicht ein Überwindung des Typus der »überflüssigen Menschen« in der russischen Literatur der vorangegangenen Jahrzehnte; er ist der erste Held Turgenevs, der zumindest in Ansätzen seinen Platz in der gesellschaftlichen Auseinandersetzung seiner Zeit sucht. Seine schönrednerischen Worte durchzieht die ehrliche, wenn auch kraftlose Absicht, seinem Land und seiner Gesellschaft von Nutzen zu sein. Die Verwandtschaft des Helden mit seinem ursprünglichen Vorbild, dem bekannten Anarchisten M. BAKUNIN, mildert die Endredaktion des Romans allerdings nicht allein aus politischen Erwägungen beträchtlich ab.

Die Handlung des Romans ist zeitlich eng begrenzt: Rudins Aufenthalt in der Provinzgesellschaft trägt beinahe episodischen Charakter. Rückblenden tragen Herkunft und Lebensweg des Helden bis zu seinem ersten Auftreten nach. Die Handlung ist weniger auf den dynamischen Fortgang des Geschehens als auf die für Turgenevs Romane charakteristische, insbesondere in der Dialogführung hervortretende Personenkonstellation gegründet: Der Hauptgestalt werden paarweise Komplementärgestalten beigegeben, welche die widersprüchlichen Züge ihres Charakters in ausschließlicherer Reinheit verkörpern und in ihrem Denken und Handeln entfalten.

Ist der Schmarotzer Pandalevskij das Zerrbild der Psychologie des Helden, so karikiert der skeptische Gutsbesitzer Pigasov seine Ideologie. Die positiven Gegenfiguren Rudins sind, in ihrer Funktion dem negativen Komplementärpaar exakt entsprechend, der Gutsbesitzer Ležnev und dessen jüngerer Freund Volyncev, welche trotz ihrer persönlichen Blässe die weiblichen Partnerinnen Rudins für sich gewinnen. Ohne Gegenüber bleibt allein der Hauslehrer des Gutshofs, der Student Basistov: Er vertritt die junge Generation, die fortführen wird, wozu die Helden vom Typ Rudins aufgerufen haben. Turgenev hat das Werk, in enger Verwandtschaft mit I. PANAEVS Erzählung *Rodstvenniki*, 1847 *(Die Verwandten)*, und seinem Aufsatz *Zametki i razmyšlenija Novogo poėta po povodu russkoj žurnalistiki (Bemerkungen und Gedanken des Neuen Poeten aus Anlaß der russischen Journalistik)* steht, von Ausgabe zu Ausgabe beträchtlichen Veränderungen und Verbesserungen unterzogen, was die Korrektur der gattungsmäßigen Einordnung des Werks (von der Novelle zum Roman) zur Folge hatte.   M.Gru.-KLL

AUSGABEN: Petersburg 1856 (in Sovremennik). – Moskau 1961 (in *Sobr. soč.*, Hg. A. I. Batjuto u. a., 10 Bde., 1961/62, 2; krit.). – Moskau ²1980 (in *Poln. sobr. soč. i pisem*, Hg. M. P. Alekseev u. a., 30 Bde., ²1978, 5).

ÜBERSETZUNGEN: *Rudin*, anon. (in *AW*, Bd. 2, Mitau 1869). – Dass., L. Rubiner u. F. Ichak (in *SW*, Bd. 2, Mchn. 1911). – Dass., J. v. Guenther (in *GW*, Bd. 2, Bln. 1952). – Dass., J. Hahn (in *Romane*, Mchn. 1964; ⁵1987). – Dass., ders., Mchn. 1989.

VERFILMUNG: SU 1977 (Regie: K. Vojnov).

LITERATUR: V. Danilov, *Komentarii k romanu I. S. T. »Rudin«. Posobie dlja izučenija romana*, Moskau/Petrograd 1918. – G. B. Kurljandskaja, *O romane T. »Rudin«* (in Uč. zap. Kazanskogo gos. univ., 116, 1956, S. 283–287). – S. M. Petrov, *Pervye romany T.: »Rudin« i »Dvorjanskoe gnezdo«* (in I. S. T., *Sobr. soč.*, Bd. 2, Moskau 1961, S. 231–250). – A. Cejtlin, *Roman T. »Rudin«*, Moskau 1968. – P. Thiergen, *T.s »Rudin« und Schillers »Philosophische Briefe«*, Gießen 1980. – J. Clayton, *Night and Wind: Images and Allusions as the Source of the Poetic in T.'s »Rudin«* (in Canadian Slavonic Papers, 24, 1984, S. 10–14). – D. Sherman, *Concepts of Self in T.'s Novels: »Rudin«, »A Noblemen's Nest« and »Fathers and Sons«*, Ann Arbor/Mich. 1985. – G. Dudek, *I. S. T.s »Rudin« – individuelle Romanform und Romantypus*, Bln. 1987.

STICHOTVORENIJA V PROZE. Senilia

(russ.; *Gedichte in Prosa. Senilia*). Prosagedichte von Ivan S. TURGENEV, erschienen 1882 und 1930. – Zwischen 1878 und 1882 in Frankreich entstan-

den, führt das letzte Prosawerk des Autors das Genre des Prosagedichts – die Gattung schuf A. BERTRAND, den Terminus Ch. BAUDELAIRE (*Petits poèmes en prose*, 1855–1865 – *Kleine Prosagedichte*) – in die russische Literatur ein. Die miniaturartigen, vorwiegend in der Ichform gehaltenen Texte sind lyrisch-bekenntnishafte Aufzeichnungen von unterschiedlichen Begebenheiten, Beobachtungen, Erinnerungen, Reflexionen und Stimmungen. In Thematik und Motivik dem Gesamtwerk des Autors verbunden, behandeln sie Grundgegebenheiten menschlicher Existenz, aber auch mannigfaltige historische und kulturgeschichtliche Fragen. Eingebettet in schwermütige Erinnerungen und aphoristische Betrachtungen über Alter, Tod und irdische Vergänglichkeit, kehren auch hier die Schilderung des schweren Loses der russischen Bauernschaft (*Šči – Die Kohlsuppe; Dva bogača – Zwei Reiche*) und die Glorifizierung der selbstlos-opferbereiten russischen Frau (*Porog – Die Schwelle*) wieder. Daneben gestaltet der Dichter hier vor allem das Motiv der menschlichen Unzulänglichkeit gegenüber der teilnahmslos-unerbittlichen Natur (*Razgovor – Das Gespräch; Priroda – Die Natur; Moi derev'ja – Meine Bäume*). Turgenevs Überwindung des Byronismus dokumentiert das thematisch BYRONS *Manfred*, 1817 (*Manfred*), verwandte Gedicht *U–A ... U–A! (Der Schrei)*. *Dvojnik (Der Doppelgänger)* verrät den Einfluß E. T. A. HOFFMANNS. Düsterer Fatalismus ist die Grundstimmung in *Starucha (Die Alte)*. Tiefe Schwermut und Resignation sprechen aus den Gedichten der letzten Jahre des todkranken Autors (*Kuropatki – Die Rebhühner; Nessun maggior dolore – Es gibt kein größeres Leid; Popalsja pod koleso – Unters Rad gekommen*). Einer der eindrucksvollsten Texte ist das 1878 gleichsam als Vermächtnis der Sängerin Pauline Viardot gewidmete Gedicht *Kogda menja ne budet (Wenn ich nicht mehr sein werde)*.
Die divergierenden Inhalte der von G. LEOPARDI und Baudelaire beeinflußten Texte sind weithin von der an A. SCHOPENHAUER orientierten, durchgehend pessimistischen Grundstimmung Turgenevs gekennzeichnet. Die formale Vielfalt der Texte hat ihren gemeinsamen Ausgangspunkt in der Intention, die gedankliche Aussage durch poetische Ausdrucksmittel (Musikalität der Sprache, rhythmische Strukturierung, Alliteration, Assonanz) zu verdeutlichen. Die vom Autor ursprünglich *Senilia* überschriebene Sammlung verdankt ihren heute geläufigen Titel M. STASJULEVIČ, dem Herausgeber der 52 zu Lebzeiten Turgenevs veröffentlichten »Gedichte in Prosa«. Unter den vielen russischen Nachahmern des Werkes, das unmittelbar nach seiner Veröffentlichung auch in zahlreiche westeuropäische Sprachen übertragen wurde, sind allenfalls Ja. POLONSKIJ, V. GARŠIN und K. BAL'MONT bemerkenswert. In den zwanziger Jahren des 20. Jh.s entdeckte A. MAZON in dem von den Erben Pauline Viardots verwalteten Nachlaß des Dichters die Manuskripte von 31 weiteren Prosagedichten Turgenevs. I.v.W.

AUSGABEN: Moskau 1882, Hg. M. M. Stasjulevič (in Vestnik Evropy, Nr. 12). – Paris 1930, Hg. u. Vorw. A. Mazon [m. frz. Übers.]. – Moskau/Leningrad 1931, Hg. B. V. Tomaševskij [erste GA]. – Moskau 1962 (in *Sobr. soč.*, Hg. A. I. Batjuto u. a., 10 Bde., 1961/62, 10; krit.). – Moskau ²1982 (in *Poln. sobr. soč. i pisem*, Hg. M. P. Alekseev u. a., 30 Bde., ²1978 ff., 10).

ÜBERSETZUNGEN: *Senilia. Dichtungen in Prosa*, W. Henckel, Lpzg. 1883. – *Gedichte in Prosa*, I. Orloff (in *SW*, Bd. 9, Bln. 1925). – Dass., E. v. Baer (in *Erzählungen 1857 bis 1883*, Mchn. 1967). – Dass., C. Reinke-Kunze, Stg. 1983 (RUB). – Dass., T. Commichau, Ffm. 1987. – Dass., G. Schwarz, Bln./Weimar ³1985.

LITERATUR: L. E. Obelenskij, »*Stichotvorenija v proze*« (in Russkoe bogatstvo, 1883, S. 213–224). – D. Michajlov, *Očerki russkoj poèzii XIX v.*, Tiflis 1904, S. 299–360. – L. P. Grossman, *Poslednjaja poèma T. (Senilia)* (in *Venok T. 1818–1918. Sbornik statej*, Hg. A. A. Ivasenko, Odessa 1919). – A. Peškovskij, *Ritmika »Stichotvorenij v proze«* (in *Russkaja Reč'*, Leningrad 1928, S. 69–83). – M. Nierle, *Die Naturschilderung u. ihre Funktionen in Versdichtung u. Prosa von I. S. T.*, Bad Homburg 1969. – Ju. Basichin, *Poèmy I. S. T.*, Saransk 1973.

VEŠNIE VODY

(russ.; *Frühlingswogen*). Novelle von Ivan S. TURGENEV, erschienen 1872. – Aus Italien kommend, unterbricht der junge russische Gutsbesitzer Sanin seine Reise nach Petersburg in Frankfurt. Hier lernt er in einer italienischen Konditorei die faszinierend schöne Konditorstochter Gemma kennen, in die er sich binnen weniger Tage verliebt. Ohne zu zögern, duelliert er sich mit einem deutschen Offizier, der Gemmas Ehre verletzte. Von Sanins Liebe überzeugt, löst Gemma ihr Verlöbnis und nimmt seinen Heiratsantrag an. Gemmas wegen ist Sanin bereit, sein Gut in Rußland zu verkaufen. Ein Schulfreund vermittelt ihm seine eigene Gattin als Käuferin des Besitztums. Die geschäftlichen Auseinandersetzungen zwingen Sanin, zwei Tage in der Gesellschaft der jungen, reichen Gräfin zu verbringen, von der »*jene verwirrende, ermattende, still brennende Verführungskraft ausgeht*«, die »*gewissen slavischen Naturen*« eigen ist und die ihre Wirkung auf Sanin nicht verfehlt. Schon am zweiten Tag wird er der Geliebte der Gräfin und folgt ihr, ohne Gemma wiedergesehen zu haben, nach Paris. Einer unter vielen Liebhabern der Gräfin, durchleidet er alle Qualen der Eifersucht, bis er von ihr »*wie ein abgetragenes Kleid*« fallengelassen wird. Erniedrigt und gebrochen kehrt er nach Rußland zurück.
Die umfangreiche Novelle, der die Verse einer alten Romanze (»*Heitere Jahre,/ glückliche Tage/ – wie Frühlingswogen/ sind sie verrauscht*«) als Motto vorangestellt sind, ist nach dem eigenen Zeugnis des

Dichters in ihrem Kern autobiographisch. Sie variiert das Motiv des 1867 erschienenen Romans *Dym (Dunst)*, entkleidet es jedoch aller gesellschaftlichen und zeitkritischen Bezüge. Turgenev selbst bezeichnete sein Werk selbstkritisch als »*weitläufig erzählte Liebesgeschichte, in der sich keine soziale, politische noch überhaupt aktuelle Andeutung findet*«. Die lyrisch getönte, auf Wohlklang bedachte Sprache trug wesentlich zu dem raschen Erfolg der Novelle beim Publikum bei, der in schroffem Gegensatz zu der einhelligen Ablehnung der Kritik stand. In kurzer Zeit wurde die Erzählung in die wichtigsten westeuropäischen Sprachen übertragen (allein im Erscheinungsjahr wurden zwei deutsche Übersetzungen publiziert). Eine Opernfassung des Werks unter gleichem Titel besorgte 1946 A. B. Gol'dvejzer.   C. K.

AUSGABEN: Petersburg 1872 (in Vestnik Evropy, Nr. 1). – Moskau 1874 (in *Sočinenija (1844 do 1874)*, Bd. 7). – Moskau 1962 (in *Sobr. soč.*, Hg. A. I. Batjuto u. a., 10 Bde., 1961/62, 8; krit.). – Moskau ²1981 (in *Poln. sobr. soč. i pisem*, Hg. M. P. Alekseev u. a., 30 Bde., ²1978 ff., 8).

ÜBERSETZUNGEN: *Frühlingsfluten*, M. G. Petzold (in Nordische Presse, Nr. 80–134, April–Juni 1872). – Dass., anon. (in *AW*, Bd. 6, Mitau 1872). – Dass., K. Wildhagen (in *SW*, Bd. 8, Mchn. 1924). – *Frühlingswogen*, E. v. Baer, Bln. 1963. – *Frühlingsfluten*, anon. (in *Erzählungen 1857–1883. Gedichte in Prosa*, Mchn. 1967). – Dass., D. Pommerenke, Bln. ²1985. – Dass., W. Creutziger, Bln. ⁴1985.

VERTONUNG: A. B. Gol'dvejzer, *Vešnie vody*, 1946 (Oper).

VERFILMUNGEN: Deutschland 1923 (Regie: N. Malikoff). – *Jarni vody*, Tschechoslovakei 1968 (Regie: V. Krška). – Italien/Frankreich 1988 (Regie: J. Skolimowski).

LITERATUR: N. A. Kuznecova, »*Vešnie vody*« I. S. T. (in Uč. zap. Moskovskogo gos. univ., 1948, Nr. 127, S. 155–171). – J. Costlow, *Worlds within Worlds: The Novels of I. T.*, New Haven 1987.

ZAPISKI OCHOTNIKA

(russ.; *Aufzeichnungen eines Jägers*). Erzählungen« von Ivan S. TURGENEV, erschienen 1852. – Das Jahr 1847 bedeutet einen Wendepunkt im Schaffen Turgenevs. Der Autor romantisch-lyrischer Reimgedichte voller klischeehaft elegischer Reflexionen über Liebe und Leben, der Schöpfer lyrisch-dramatischer Verspoeme in der Nachfolge G. G. N. BYRONS, A. PUŠKINS und M. LERMONTOVS hat seinen eigenen Stil dichterischer Aussage gefunden und ist auf dem Weg, die russische Literatur um einen neuen, poetischen Prosastil zu bereichern. Am Anfang dieses Weges steht die im gleichen Jahr in ›Sovre-

mennik‹ (Der Zeitgenosse) erschienene Erzählung *Chor' i Kalinyč (Chor' und Kalinyč)*, die den vom Herausgeber der Zeitschrift beigefügten Untertitel *Zapiski ochotnika* trägt. Der Erfolg des lediglich als Füllsel für die Zeitschrift gedachten Werks in der literarischen Öffentlichkeit war so groß, daß der Autor in den folgenden Jahren mehr als zwanzig dieser skizzenartigen Erzählungen schrieb, die er 1852 gesammelt veröffentlichte. Neben *Chor' i Kalinyč* enthält der Band die Erzählungen: *Ermolaj i mel'ničicha (Ermolaj und die Müllerin)*, *Malinovaja voda (Der Himbeerquell)*, *Uezdnyj lekar' (Der Kreisarzt)*, *Moj sosed Radilov (Mein Nachbar Radilov)*, *Odnodvorec Ovsjanikov (Der Hofbesitzer Ovsjanikov)*, *L'gov (L'gov)*, *Bežin lug (Die Bežinwiese)*, *Kas'jan s Krasivoj Meči (Kas'jan von Krasivaja Meč')*, *Burmistr (Der Gutsverwalter)*, *Kontora (Das Kontor)*, *Birjuk (Der Birjuk)*, *Dva pomeščika (Zwei Gutsbesitzer)*, *Lebedjan' (Lebedjan')*, *Tat'jana Borisovna i eë plemjannik (Tat'jana Borisovna und ihr Neffe)*, *Smert' (Der Tod)*, *Pevcy (Die Sänger)*, *Pëtr Petrovič Karataev (Pëtr Petrovič Karataev)*, *Svidanie (Das Stelldichein)*, *Gamlet Ščigrovskogo uezda (Hamlet aus dem Kreise Ščigry)*, *Čertopchanov i Nedopjuškin (Čertopchanov und Nedopjuškin)*, *Konec Čertopchanova (Čertopchanovs Ende)*, *Živye mošči (Die lebende Reliquie)*, *Stučit! (Es rattert!)*, *Les i step' (Wald und Steppe)*. Das Buch, dessen physiologisch dokumentarische Erzählungen aus dem Leben der leibeigenen Bauern und des in ökonomischem und moralischem Verfall begriffenen kleinen und mittleren Landadels der vierziger Jahre allein durch die gleichbleibende Grundthematik und die Gestalt des Jägers – des fiktiven Ich-Erzählers – zusammengehalten werden, erregten in den politischen und literarischen Lagern Rußlands gleichermaßen Aufmerksamkeit. In einer Zeit finsterster Reaktion, wie sie die Herrschaft Nikolaus' I. (reg. 1825 bis 1855), des »Gendarmen Europas«, darstellte, mußte das Buch in erster Linie als politisches Werk begriffen werden. Während die politische Reaktion die *Zapiski ochotnika* als aufwieglerisches Buch etikettierte und der Erziehungsminister sie in einem Geheimbericht als ein gefährliches Schriftstück bezeichnete, das angetan sei, bei den niederen Schichten Respektlosigkeit gegen ihre Herren zu wecken, wurden sie von liberalen Kreisen begeistert begrüßt.
Bezeichnenderweise fällt die Entstehung der *Zapiski ochotnika* in die Zeit, da Turgenev unter V. BELINSKIJS Einfluß stand. In der Tat spricht aus den meisten der Erzählungen die gegen die Leibeigenschaft gerichtete Einstellung des liberalen Westlers. Dennoch ist das Naturell des adligen Gutsbesitzers Turgenev nicht das des revolutionären Barrikadenkämpfers. Zweifellos mit der Haltung des Autors identisch, ist die Position des Erzählers vielmehr die des feinsinnigen Beobachters der geschilderten Personen, der Landschaft, in der sie leben, und des Milieus, das ihr Verhalten und ihre psychischen Regungen bestimmt. Die einzige Skizze, die einen offenen, gewalttätigen Aufruhr leibeigener Bauern gegen ihren Herren zum Inhalt hat, ist Plan geblie-

ben. Die demoralisierende Auswirkung der Leibeigenschaft zeigt sich in der Gestalt des Kammerdieners Viktor, der voller Hochmut und seelischer Grausamkeit seine Liebesbeziehung zu einem einfachen Dorfmädchen abbricht *(Svidanie – Das Stelldichein)*. Sozialkritische Züge weist auch die Gestalt des Fischers Kuz'ma auf, der nach der Laune seiner Herren gekauft, verkauft oder vererbt wird, andere Namen anzunehmen und die unterschiedlichsten Berufe auszuüben hat. Eindrucksvoll wird hier die Degradierung des Menschen zur Sache demonstriert *(L'gov)*. Gleichwohl sind die Bauerngestalten in nahezu allen Erzählungen von patriarchalischer, passiver Gesinnung. Sie wird am erschreckendsten von dem Bauernburschen Vasja zum Ausdruck gebracht, der, von seinem Gutsherrn wegen einer Nichtigkeit verprügelt, gleichwohl ein Loblied auf ihn singt. Am künstlerisch überzeugendsten ist der Autor, wo er allgemein menschliche Züge seiner Helden hervorhebt. Auf Gestalten wie der des Chor', dessen Gesichtsschnitt den Erzähler an die Züge des Sokrates erinnert, des ganz in der Natur aufgehenden Poeten Kalinyč *(Chor' i Kalinyč)*, den am nächtlichen Feuer auf der Bežinwiese die Pferde hütenden Bauernbuben *(Bežin lug – Die Bežinwiese)*, des Sängers Jaška *(Pevcy – Die Sänger)*, des Narren in Christo Jasjan *(Kas'jan s Krasivoj Meči – Kasjan von Krasivaja Meč')* oder der seit Jahren dahinsiechenden, doch ihr Schicksal in Demut ertragenden Lukerja *(Živye mošči – Die lebende Reliquie)* liegt ein unwiderstehlicher poetischer Zauber: Sie wirken wie eine Liebeserklärung an das trotz Erniedrigung, Unterdrückung und Ausbeutung ungebrochene russische Volk. Wo die Bauerngestalten mit ihren Herren, den »Seelenbesitzern« konfrontiert werden, wird ihre sittliche und geistige Überlegenheit hervorgehoben. Die Vertreter des Landadels werden keineswegs als von Natur aus böse, sondern als durch ihre unbegrenzte Macht über ihre Untergebenen sittlich korrumpiert und geistig degeneriert gezeichnet. Unaufdringlich legt der Autor ihr Kastendenken, ihre Grausamkeit und ihre Unfähigkeit zur Wahrnehmung ihrer gesellschaftlichen Führungsposition bloß. Der einzige positiv gezeichnete Vertreter des Landadels, Čertopchanov, ein von Gerechtigkeitssinn und einem beinah übertriebenen Ehrgefühl beherrschter Mensch, endet in Vereinsamung, Verwahrlosung und materieller Verarmung *(Čertopchanov i Nedopjuškin – Čertopchanov und Nedopjuškin; Konec Čertopchanova – Čertopchanovs Ende)*. In der Erzählung *Gamlet Ščigrovskogo uezda (Hamlet aus dem Kreise Ščigry)* schildert Turgenev zum erstenmal den Typus des schwärmerischen, lebensuntauglichen russischen Intellektuellen, den »russischen Hamlet«, dem man in den späteren Werken des Dichters wiederbegegnet.

Einen breiten Raum nehmen in den *Zapiski ochotnika* Natur- und Landschaftsschilderungen ein. Es ist die Landschaft Mittelrußlands, der der Autor selbst entstammt. Aquarellen gleich, bilden die Landschaftsbilder den Rahmen der zumeist spärlichen Handlung. Der Mensch erscheint als Teil der Natur, seine seelischen Regungen sind von der Landschaft seiner Umgebung geprägt. In den Landschaftsbildern zeigt sich bereits die für das spätere Schaffen des Autors charakteristische Liebe zum Detail. In einigen der Erzählungen – vor allem in *Bežin lug* – überwuchern Natur- und Landschaftsschilderung gar Handlung und Charakterzeichnung. Die *Zapiski ochotnika* schließen mit einer lyrischen Verherrlichung der mittelrussischen Landschaft und des Jägerlebens in der freien Natur *(Les i step' – Wald und Steppe)*, einem Musterbeispiel des neuen poetischen Prosastils und einem Vorläufer der *Stichotvorenija v proze*, entst. 1878–1882 *(Gedichte in Prosa)*, des Autors. I.v.W.

Ausgaben: Moskau 1852, 2 Bde. – Moskau 1961 (in *Sobr. soč.*, Hg. A. I. Batjuto, 10 Bde., 1961/62, 1; krit.). – Moskau ²1979 (in *Poln. sobr. soč. i pisem*, Hg. M. P. Alekseev u. a., 30 Bde., ²1978 ff., 3).

Übersetzungen: *Aufzeichnungen eines Jägers*, A. Viedert, Bln. 1854. – *Skizzen aus dem Tagebuch eines Jägers*, F. Beer (in *AW*, Bd. 8/9, Mitau 1869). – *Aus dem Tagebuch eines Jägers*, F. Frisch u. a. (in *SW*, Bd. 4, Mchn. 1913). – *Aufzeichnungen eines Jägers*, J. v. Guenther (in *Werke*, Wien u. a. 1957). – Dass., J. v. Guenther, Stg. 1983 (RUB). – Dass., D. Berndl-Friedmann, Zürich ³1985. – Dass., M. v. d. Ropp, Mchn. ²1985. – Dass., H. Wotte, Ffm. 1989 (Insel Tb).

Verfilmung: *Bežin lug*, SU 1935/36 (Regie: S. Ėjzenštejn).

Literatur: N. L. Brodskij, *Proza »Zapisok ochotnika«* (in *T. i ego vremja*, Hg. ders., Petrograd 1923). – L. Grossman, *Kompozicija »Zapisok ochotnika«* (in *Ot Puškina do Bloka*, Hg. ders., o. O. 1926). – *»Zapiski ochotnika« I. S. T. (1852 do 1952)*. *Sbornik statej i materialov*, Hg. M. P. Alekseev, Orël 1955. – L. Stamberg, *Obrazy i kompozicija »Zapisok ochotnika« I. S. T.* (in *Uč. zap. Tarturskogo univ.*, 1957, H. 47, S. 119–130). – M. I. Litvinov, *Jazyk krest'jan v »Zapiskach ochotnika« I. S. T. kak sredstvo ich charakteristiki* (in *Uč. zap. Šujskogo ped. inst.*, 1958, H. 7, S. 305–338). – K. I. Čiškjan, *Pejzaž v »Zapiskach ochotnika« I. S. T.* (in *Naučnye trudy Erevanskogo univ.*, 66, 1958, H. 6, S. 217–234). – Z. A. Vorob'eva, *K voprosu ob izobraženii naroda v »Zapiskach ochotnika« I. S. T.* (in *Uč. zap. Leningradskogo ped. inst.*, 1959, S. 27–46). – N. M. Belova, *Žanrovoe novatotorstvo T. v. »Zapiskach ochotnika«* (in *Uč. zap. Saratovskogo univ.*, 67, 1959, S. 41–62). – I. Novikov, *T. – chudožnik slova (O »Zapiskach ochotnika«)*, Moskau 1954. – J. Peters, *T.s »Zapiski ochotnika« innerhalb der Očerk-Tradition der 40er Jahre*, Bln. 1972. – V. Ripp, *T.'s Russia. From »Notes of a Hunter« to »Fathers and Sons«*, Ithaca/Ldn. 1980.

GLEB IVANOVIČ USPENSKIJ

* 25.10.1843 Tula
† 6.4.1902 St. Petersburg

LITERATUR ZUM AUTOR:
O. Aptekman, *G. I. U.*, Moskau 1922. – V. Buš, *G. U. (v masterskoj chudožnika slova). Ètjudy*, Saratov 1925. – I. Kubikov, *G. U.*, Moskau 1925. – V. Buš, *Literaturnaja dejatel'nost' G. U.*, Leningrad 1927. – V. Češichin-Vetrinskij, *G. I. U., Biogr. očerk*, Moskau 1929. – A. Kamegulov, *Stil' G. U.*, Leningrad 1930. – A. Glinka-Volžskij, *G. U. v žizni. Po vospominanijam, perepiske i dokumentam*, Moskau/Leningrad 1935. – I. Veksler, *G. U. Materialy i issledovanija*, Moskau/Leningrad 1938. – N. Glagoleev, *G. I. U., Iz kursa lekcij po istorii russkoj literatury XIX veka*, Moskau 1953. – I. Rjabov, *G. I. U., Krit.-biogr. očerk*, Moskau 1954. – N. Pruckov, *G. U. semidesjatych – načala vozmidesjatych godov*, Char'kov 1955. – N. Pruckov, *Tvorčeskij put' G. U.*, Moskau/Leningrad 1958. – N. Sokolov, *Masterstvo G. I. U.*, Leningrad 1958. – L. Lisin, *G. I. U., Tvorčeskij put'*, Irkutsk 1961. – *G. I. U. v russkoj kritike*, Hg. N. Sokolov, Moskau/Leningrad 1961. – J. Lothe, *G. I. U. et le populisme russe. Contribution à l'histoire de la pensée et de la littérature populiste en Russie ›1870–1890‹*, Leiden 1963. – N. Sokolov, *G. I. U., Žizn' i tvorčestvo*, Leningrad 1968. – N. Pruckov, *G. U.*, Leningrad 1971; Nachdr. NY 1972. – J. Blanloff, *La société russe de la seconde moitié du XIX siècle. G. I. U.*, Brüssel 1972. – Ju. Bel'čikov, *G. U.*, Moskau 1979. – D. Barabochin, *G. U. i russkaja žurnalistika 1862–1892*, Leningrad 1983. – S. Michajlova, *G. U. v Peterburge*, Leningrad 1987.

NRAVY RASTERJAEVOJ ULICY

(russ.; *Die Straße der Verlorenen*). Skizzenzyklus von Gleb I. USPENSKIJ, erschienen 1866 (in Einzelveröffentlichungen) bzw. 1883 (in der endgültigen Fassung). – Das meistgenannte Werk Uspenskijs, dessen Titel im Russischen zum geflügelten Wort geworden ist, besteht aus achtzehn einzelnen Skizzen aus dem Handwerker- und Kleinbürgermilieu der Stadt T. (gemeint ist Tula, die Geburtsstadt des Autors, deren wirtschaftliche Existenz auf einer ansehnlichen Kleinindustrie beruhte).
In dem hoffnungslos dumpfen Alltag der Rasterjaev-Straße (von *rasterjat'*: verlieren) vertritt Prochor Porfiryč, eine der Hauptgestalten des Zyklus, den Typus des kleinen Unternehmers. Ehrgeiz und Energie, nicht zuletzt auch Betrug und Gaunerei, haben ihn die soziale Stufenleiter aus der Masse der beschränkten, passiven Kleinbürger emporsteigen lassen. Ihm steht die Familie der Preterpeevy entgegen, in der eine ehrgeizige Mutter versucht, der ältesten ihrer Töchter eine »gute« Erziehung in einem Mädchenpensionat zu ermöglichen, was für die Familie ruinöse Folgen hat: Die Mutter muß betteln gehen, die Töchter verfallen der Prostitution. Der Beamte Tolokonnikov scheint der Familie die Rettung zu bringen, doch entpuppt sich der »Wohltäter« als herrischer Egozentriker, der sich seine Hilfe mit der gänzlichen Unterwerfung seiner Umgebung vergelten läßt. Endlich davongejagt, heiratet er ein unterwürfiges Geschöpf, dessen pathologische Verschüchterung er Freunden und Bekannten wie eine Zirkusnummer vorführt. Tolokonnikov ist die Verkörperung des *zverstvo*, des »Viehischen« im Kleinbürgermilieu, das die menschlichen Beziehungen vergiftet und aus der sozialen Stellung des Kleinbürgers resultiert, der, unablässig bemüht, ins Bürgertum aufzusteigen, beständig befürchten muß, von diesem ins Proletariat hinabgetreten zu werden. In allen Handlungen der Rasterjaev-Bewohner äußert sich dieser ausweglos erscheinende Widerspruch: Sklavische Nachahmung des bürgerlichen Lebens, die sich vor allem in der Übernahme der Abfallprodukte der bürgerlichen Kultur äußert, steht der dumpfen Einsicht in die Aussichtslosigkeit des zermürbenden Existenzkampfes gegenüber. Resignation und Verzweiflung schlagen in Skrupellosigkeit und Haß um. So versetzt um des Alkohols willen ein Familienvater die letzte Habe seines Hauses. Der »Arzt« Chripuškin hat seine medizinischen Kenntnisse längst dem Interesse für Klatsch und Zuträgerei geopfert. Die intrigante Witwe Balkanicha, die ihren Mann zu Tode malträtiert hat, spielt sich nun als die »weise Alte« der Vorstadt auf. – Über der völligen Selbstaufgabe des einzelnen, über der Aggressivität, die die zwischenmenschlichen Beziehungen bestimmt, liegt der Schleier einer fadenscheinigen Bigotterie. Das unüberwindliche Mißtrauen gegen die erlösende Tat, gegen den Versuch der Selbstbefreiung, kommt am deutlichsten in dem Stoßseufzer des trunksüchtigen Schlossers um eine Rettung von außen zum Ausdruck: »*Vielleicht erhört Gott irgendeinen Fremden, der für uns betet, und schickt einen, der für uns eintritt.*«
Uspenskij, aus dem Kreis der *narodniki* (Populisten) kommend, hat die Kleinbürgerthematik nach der Veröffentlichung der *Nravy* nicht aufgegeben. 1883 faßte er eine Anzahl vergleichbarer »physiologischer Skizzen« unter dem Titel *Rasterjaevskie tipy i sceny (Typen und Szenen der Rasterjaev-Straße)* zusammen. Auch der Zyklus *Razoren'e*, 1869–1871 *(Der Ruin)*, schließt sich hier an. Der Stil von Uspenskijs Skizzen zeichnet sich durch die lockere Reihung einzelner, einprägsamer Bilder mit zahlreich eingestreuten Anekdoten (deren äußerliche Komik die eigentliche Tragik verbirgt) sowie reichlichen Gebrauch der Umgangssprache zur differenzierten Charakterisierung der handelnden Personen aus. Die häufige Verwendung »sprechender Namen« – z. B. Preterpeevy (»die zuviel gelitten haben«), Krivonogov (»Krummbein«), Bogoborcev (»Gotteskämpfer«) u. ä. – knüpft an Traditionen der russischen Literatur seit dem 18. Jh. an. KLL

AUSGABEN: Petersburg 1866 (in Sovremennik, Nr. 2/3, u. Zenskij vestnik, Nr. 1/2). – Petersburg 1883 (in *Sobr. soč.*; endg. Fassg.). – Moskau 1952 (in *Poln. sobr. soč.*, 13 Bde., 1940–1954, 1). – Moskau 1955 (in *Sobr. soč.*, Hg. V. P. Druzin, 9 Bde., 1955–1957, 1). – Moskau 1964; ern. 1981.

ÜBERSETZUNG: *Die Straße der Verlorenen*, J. v. Koskull, Bln. 1958.

LITERATUR: B. Ja. Sanninskij, *Obraz Prochora Porfiryča v »Nravach Rasterjaevoj ulicy«* (in Nauč. zap. Char'kivs'koho ped. inst., 30, 1958, S. 211–277). – V. V. Tjurin, *G. U. »Nravy Rasterjaevoj ulicy«* (in Uč. zap. Novgorodskogo gos. ped. inst., 9, 1963, S. 57–72). – U. Kälin, *Die Familiennamen der Beamten im Frühwerk von G. I. U.: ein Beitrag zur literaturwissenschaftlichen Onomastik*, Heerbrugg 1987.

VLAST' ZEMLI

(russ.; *Die Macht der Erde*). Skizzenzyklus von Gleb I. USPENSKIJ, erschienen 1882. – In diesen sozialkritischen »Skizzen« formuliert Uspenskij, der bedeutendste Schriftsteller der russischen Volkstümlerbewegung, sein endgültiges, resigniertes Urteil über die »verkommene«, »verdorbene« soziale Situation der russischen Bauernschaft, in die die Narodniki revolutionäre Hoffnung gesetzt hatten. Anstelle der ungeweckten urwüchsigen Kraft des Volkes, von der sich die Bewegung die Errettung und Erneuerung des Vaterlandes erhoffte, findet Uspenskij im russischen Bauerntum Ursprünglichkeit allein mit Unwissenheit und desolatem Primitivismus gepaart und muß die gesellschaftsgeschichtliche Überholtheit der bäuerlichen Gemeinschaft angesichts der vordringenden Industrialisierung und Kapitalisierung der russischen Wirtschaft erkennen.
Hauptgestalt der Skizzenfolge ist Ivan Bosych, ein heruntergekommener Bauer, der den Lohn seiner Arbeit in der Kneipe vertrinkt. *»Er gehört jener nutzlosen … für ein Land wie Rußland geradezu schändlichen Klasse des Landvolkes an, die man wohl oder übel als Dorfproletariat bezeichnen muß.«* Die selbsttrügerische Rechtfertigung des Helden, der seinen Lebenswandel mit dem *»ungewohnt leichten Leben«* des Bauern nach der sog. Bauernbefreiung des Jahres 1861 entschuldigt, führt den Autor zur Formulierung der Kernfrage des Zyklus: *»Das heißt, er ist froh, wenn ihn der Aufseher … aus dem leichten Leben wieder in die Schufterei zwingt? Liegt hier das Geheimnis?«* Als Gleichnis der Bindung des Bauern an die Scholle führt Uspenskij das Heldenlied über den Recken Svjatogor an, der trotz seiner unermeßlichen Körperkraft den Quersack eines Wanderers, in dem die *»Schwere der grauen Mutter Erde«* beschlossen ist, nicht zu heben vermag. Der Besitzer des Sackes, der das Requisit mit leichter Hand bewegt, gibt sich als Inkarnation des Bauerntums zu erkennen: *»Ich bin Mikula, der Bauer, ich bin der Sohn des Landes … mich liebt die graue Mutter Erde.«* Subtile Beobachtung der ökonomischen und gesellschaftlichen Veränderungen auf dem Dorf führt Uspenskij zur naturalistischen Schilderung der tatsächlichen, *»nicht allegorischen«* Macht der Erde über den Bauern. *»Der Bauer tut keinen Schritt, keine Handlung, keinen Gedanken, der nicht der Erde zugedacht wäre. Er ist völlig den grünen Grashalmen leibeigen. Irgendwohin aus dem Joch dieser Macht auszubrechen, ist ihm unmöglich …«* Die einzige Hoffnung auf revolutionäre Veränderung schöpft der Autor aus der zunehmenden Expropriation des Bauern und der Akkumulation des Kapitals in den Händen der Kulaken, an der sich *»Neid und Haß«* der Dorfgemeinschaft nähren, weil man nicht mehr durch *»individuelles Glück oder Unglück«* reich oder arm wird, sondern sich *»einer am anderen«* bereichert. Von der Volksintelligenz dagegen verspricht sich der Verfasser keine Hilfe, da sie *»immer existent, gegenwärtig jedoch bedeutungslos«* sei.

W. Sch.

AUSGABEN: Petersburg 1882 (in Otečestvennye zapiski, Nr. 1, 2, 4). – Moskau 1949 (in *Poln. sobr. soč.*, 13 Bde., 1940–1954, 8). – Moskau 1956 (in *Sobr. soč.*, Hg. V. P. Druzin, 9 Bde., 1955–1957, Bd. 5).

LITERATUR: L. Alekseev, *Zemlja i krest'janin* (in Russkoe bogatstvo, 1882, Nr. 7, Abt. II, S. 141–184; Nr. 8, Abt. II, S. 1–45). – N. I. Sokolov, *»Vlast' zemli« i krest'janskie očerki G. I. U. načala 1880-ch godov* (in Uč. zap. Leningradskogo gos. univ., 229, 1957, S. 202–254). – A. Bušmin, *Istorija russkoj literatury*, Bd. 4, Leningrad 1983.

ALEKSANDR FOMIČ VEL'TMAN

* 20.7.1800 St. Petersburg
† 23.1.1870 Moskau

LITERATUR ZUM AUTOR:
B. Buchštab, *Pervye romany V.* (in *Russkaja proza. Sbornik statej*, Hg. B. Ejchenbaum u. Ju. Tynjanov, Leningrad 1926, S. 192–231). – Z. Efimova, *Načal'nyj period literaturnoj dejatel'nosti A. F. V.* (in *Russkij romantizm*, Leningrad 1927, S. 51–87). – *Istorija russkoj literatury XIX veka. Bibliografičeskij ukazatel' literatury*, Hg. K. Muratova, Moskau/Leningrad 1962, S. 184–185. – J. Gebhard, *The Early Works of A. F. V.*, Diss. Bloomington/Ind. 1968. – N. Golub-Lagatskaja, *A. F. V. kak romantik*, Diss. NY 1981. – L. Krekina, *Žanrove svoeobrazie prozy V. 1830-40-ch godov*, Diss. Tomsk 1985. – D. Lapeza, *Kaleidoscope: The Poetics of A. V.'s Early Novels*, Diss. Ann Arbor/Mich. 1986.

PRIKLJUČENIJA, POČERPNUTYE IZ MORJA ŽITEJSKOGO

(russ.; *Abenteuer, aus dem Meer des Lebens geschöpft*). Romantetralogie von Aleksandr F. VEL'TMAN, erschienen 1846–1863. – Der umfangreiche Zyklus umfaßt die Romane *Salomeja*, 1846–1848 *(Salomeja)*, *Čudodej*, 1849–1856 *(Der Wundertäter)*, *Vospitannica Sara*, 1862 *(Die Pflegetochter Sara)*, und *Ščast'e-nesčast'e*, 1863 *(Glück und Unglück)*. Von ihnen ist allein das erste Buch, Höhepunkt des seinerzeit populären, später vergessenen und erst unlängst von der Literaturwissenschaft wieder beachteten Romanwerks des Autors, bis heute lebendig geblieben. Es beschreibt das Schicksal des Abenteurers und Spielers Dmitrickij und seiner Mit- und Gegenspielerin Salomeja Petrovna im Rahmen eines farbigen Panoramas aller Schichten der zeitgenössischen russischen Gesellschaft vom hohen Adel bis hinunter zum Kleinbürgertum. Der Roman verbindet präzise Milieuschilderungen, wie sie für die »physiologischen Skizzen« der sog. »Natürlichen Schule« der vierziger Jahre charakteristisch sind, mit der Tradition des Abenteuer- und Schelmenromans. Nach der gleichen Konzeption entworfen, sind die späteren Teile des Zyklus gleichwohl künstlerisch schwächer als der Roman *Salomeja*, der sich durch die überzeugende Psychologie seiner Gestalten und die Lebendigkeit seines Dialogs auszeichnet, der ausgedehnten Gebrauch von der russischen Umgangssprache macht. Der Kritiker V. BELINSKIJ hob in Vel'tmans Roman insbesondere die treffende Schilderung des russischen Alltagslebens hervor, tadelte jedoch neben des Autors Liebe zur patriarchalischen Vergangenheit seine Vermengung von *»Wahrscheinlichem und Unwahrscheinlichem, Möglichem und Unmöglichem«*. Der Wechsel von phantastischer und realistischer Erzählung, der humorvoll-ironische Grundton des Werkes, ein mit Sujet, Diktion und Leser spielender Erzähler, die Verwendung des *skaz* und die bunte Fülle von Gestalten und Ereignissen ließen Vel'tmans Werk in einer Reihe neben dem erzählerischen Schaffen eines F. BULGARIN, M. ZAGOSKIN, A. BESTUŽEV-MARLINSKIJ, ja A. PUŠKIN erscheinen. Antiquiert neben der Prosa I. TURGENEVS, I. GONČAROVS oder L. TOLSTOJS, weisen Vel'tmans Romane zugleich in Einzelheiten der Kompositionstechnik und der psychologischen Gestaltung ihrer Helden auf F. DOSTOEVSKIJ.

R.La.

AUSGABEN: Moskau 1846–1848 *(Salomeja*, 4 Bde.). – Moskau 1849–1856 *(Čudodej)*. – Moskau 1862 *(Vospitannica Sara)*. – Moskau 1863 *(Ščast'e-nesčast'e*, 2 Bde.). – Moskau 1864, 4 Bde. – Moskau/Leningrad 1933. – Moskau 1957.

LITERATUR: S. Goldgart, *Pózna proza A. Weltmana. Cykl powieściowy »Przygody zaczerpnięte z morza życia«*, Breslau 1971. – Ü. Gabara, *A. F. V.'s »Salomeja«: A Case for the 19th Century Picaresque Novel*, Diss. Charlottesville/Va. 1982.

VASILIJ ANDREEVIČ ŽUKOVSKIJ

* 9.2.1783 Mišenskoe / Gouvernement Tula
† 24.4.1852 Baden-Baden

PEVEC VO STANE RUSSKICH VOINOV

(russ.; *Der Sänger im Lager der russischen Krieger*). Poem von Vasilij A. ŽUKOVSKIJ, erschienen 1812, endgültige Fassung 1815. – Die patriotische Dichtung, die Žukovskijs literarischen Ruhm begründete, entstand inmitten der Kriegswirren des Napoleonischen Feldzugs nach der Schlacht bei Borodino und der Aufgabe Moskaus, doch vor der Entscheidungsschlacht bei Tarutino. Žukovskij, der wie GRIBOEDOV, VJAZEMSKIJ und BATJUŠKOV seit Kriegsausbruch im russischen Heer diente, zeichnet das romantische Bild des Barden im Feldlager, der am Vorabend der Schlacht den Kampfgeist der Krieger durch seine heroischen Verse anfeuert. Vor und auch nach seiner ersten Veröffentlichung hat Žukovskijs Gedicht, das unter den Soldaten und in der gehobenen Gesellschaft von Hand zu Hand ging, mannigfache Überarbeitungen erfahren, die dem Wandel des Kriegsgeschehens und dem Geschick der zitierten Personen Rechnung trugen, bis das Werk in der 1815 veröffentlichten Fassung seine endgültige Gestalt erhielt.

Der Dichter hat das Poem als Dialog zwischen dem Sänger und dem Chor der versammelten Krieger stilisiert, wobei sich die kehrreimartigen Repliken des Chors, durch die die Rede des Sängers nach Sinneinheiten gegliedert wird, auf kurze Wiederholungen der Kernsätze des Vorgetragenen beschränken. Der Barde hebt an mit der Aufforderung, zu Ehren der Gefallenen und zur Besiegelung der Freundschaft vor der bevorstehenden Schlacht zu trinken. Er besingt die tapferen Kriegshelden der russischen Geschichte, wobei er den Kiewer Großfürsten Svjatoslav, den Moskauer Fürsten Dmitrij Donskoj, Peter den Großen und den Feldherrn Suvorov namentlich erwähnt. Es folgt ein Trinkspruch auf das Vaterland und seine geheiligten Güter – das Elternhaus, den Freundeskreis, den Zarenthron. Ein überschwengliches Lob gilt dem russischen Herrscher (Alexander I.), gefolgt von einer Reihe panegyrischer Trinksprüche auf die lebenden russischen Heerführer, allen voran Kutuzov, den späteren Sieger über Napoleon. Besonders ausführlich gedenkt der Sänger der Kriegshelden, die in den vorangegangenen Schlachten gefallen sind; sie zu rächen, fordert er die Kameraden in seinem nächsten Trinkspruch auf. Rasch wendet er sich jedoch friedlicheren Idealen zu: Er besingt Freundschaft, Liebe, die schönen Frauen, die Musen und nicht zuletzt die eigene Dichtkunst, die edle Leier, deren Klang über den Tod des Dichters auf dem Schlachtfeld hinaus weitertönen werde. Der Sänger reiht sich ein in den Kreis der Dichter, die den Heldenmut ihrer Herrscher rühmen durften: der sagenumwobene Bojan (11. Jh.) und der Hofdichter M. Lomonosov, V. Petrov und G. Deržavin. Ein flammendes Gebet, das die Gedanken des Aufrufs noch einmal zusammenfaßt, befiehlt das Schicksal der Krieger in Gottes Hand. Der Morgen bricht an, der Tag der Schlacht hat begonnen.

Žukovskijs Dichtung, die die engen Beziehungen des Autors zum russischen Zarenhof gefördert hat, bezeichnet nicht nur einen Wendepunkt in seinem Schaffen, sondern auch den Auftakt zu einer neuen Phase in der Entwicklung der russischen Versdichtung. Weist das Werk einerseits noch die Requisiten der klassizistischen Schlachtenbeschreibung, die Stileigentümlichkeiten und das triumphale Pathos der panegyrischen Ode auf, so läßt es andererseits bereits persönliche, in ihrer menschlichen Wärme ansprechende Töne anklingen, die dem heroischen Grundton eine lyrische, empfindsame Färbung verleihen. Mit seinem formal der Ode, aber auch dem volkstümlichen Soldatenlied nahestehenden Poem, das in zwölfzeilige, regelmäßig gebaute und nur durch die jeweils vierzeiligen, refrainartigen Repliken des Chors unterbrochene Strophen (in dreifüßigen Jamben mit wechselnd männlichem und weiblichem Ausgang) gegliedert ist, erreichte der als kongenialer Nachdichter wie als Begründer der russischen romantischen Dichtung gleichermaßen bedeutende Autor ein Höchstmaß an Musikalität und eine bis dahin in der russischen Dichtung nicht gekannte Stileinheitlichkeit. Zu Unrecht hat A. Stender-Petersen das Vorbild des Gedichts in einer Ode des frühromantischen englischen Dichters T. Gray (*The Bard*) sehen wollen, dem Žukovskij allerdings nacheiferte, seit er 1802 dessen berühmte *Elegy, Written in a Country-Churchyard*, 1751 (*Elegie, geschrieben auf einem Dorffriedhof*), in weichfließende russische Verse übertragen und damit die Elegie als Gattung in die russische Literatur eingeführt hatte. Žukovskijs Poem, das mit Grays Ode nichts als die Gestalt des Sängers gemein hat, ist als originale Schöpfung des Dichters zu betrachten. Er schrieb 1814 eine Art Fortsetzung des Werks in seinem Gedicht *Pevec v Kremle (Der Sänger im Kreml)*, in dem er das siegreiche Ende des Feldzugs besingt.

C.K.

Ausgaben: Petersburg 1812 (in Vestnik Evropy, Nr. 23/24). – Petersburg 1813. – Petersburg 1815 (in *Stichotvorenija*, Bd. 1; Endfassg.). – Leningrad 1939/40 (in *Stichotvorenija*, Hg. C. Vol'pe, 2 Bde.). – Leningrad 1956 (in *Stichotvorenija*, Hg. N. V. Izmajlova). – Moskau/Leningrad 1959 (in *Sobr. soč.*, Hg. V. P. Petuškov, 4 Bde., 1959/60, 1). – Moskau 1983 (in *Stichotvorenija, Poėmy, Proza*).

Literatur: V. Lazurskij, *Zapadno-evropejskij romantizm i romantizm Ž.*, Odessa 1901. – A. Veselovskij, *Ž. Poėzija čuvstva i serdečnogo voobraženija*, Petersburg 1904; Petrograd ²1918. – I. I. Rezanov, *Iz razyskanij o sočinenijach Ž.*, 2 Bde., Petrograd 1917. – M. Ehrhardt, *V. A. Joukovski et le préromantisme russe*, Paris 1938. – D. Johnson, *The Comparison in the Poetry of Batyushkov and Zhukovsky*, Diss. Ann Arbor/Mich. 1973 [m. Bibliogr.]. – I. Semenko, *Žizn' i poėzija Ž.*, Moskau 1975. – *Biblioteka V. A. Ž. v Tomske*, 3 Bde., Hg. A. Jankuševič u. a., Tomsk 1978–1988. – Ders., *Ėtapy i problemy tvorčeskoj ėvoljucii V. A. Ž.*, Tomsk 1985. – Ders., *Romanticizm V. A. Ž. kak chudožestvennaja sistema*, Diss. Moskau 1985. – V. Afanas'ev, *Ž.*, Moskau 1986. – S. Whitehead, *English Pre-Romantic and Romantic Influences in the Poetry of V. A. Zhukovsky*, Diss. East Anglia 1987. – *Ž. i russkaja kul'tura*, Leningrad 1987. – *Ž. i literatury konca XVIII–XIX veka*, Hg. V. Troickij, Moskau 1988.

Die russische Moderne.
Von der Jahrhundertwende bis 1917

LEONID NIKOLAEVIČ ANDREEV

* 9.(21.)8.1871 Orël
† 12.9.1919 Nejvala / Finnland

LITERATUR ZUM AUTOR:
L. Hecker, *L. A. i ego proizvedenija*, Odessa 1903. –
V. Brusjanin, *L. A. Žizn'i tvorčestvo*, Moskau 1912.
– A. Kaun, *L. A. A critical study*, NY 1924. – W. Ja-
rosch, *Die Dramen L. A.s*, Diss. Prag 1926. – A. Linin, *Novelly i povesti A.*, Baku 1928. – A. Burghardt,
Die Leitmotive bei L. A., Lpzg. 1941. – L. Afonin, *L.
A.*, Orël 1959. – A. V. Lunačarskij, *L. A. Social'naja
charakteristika* (in A. V. L., *Sobr. soč.*, Bd. 1, Moskau 1963, S. 416–424). – J. Woodward, *L. A. A
study*, Oxford 1969. – *Kniga o L. A.*, *Vospominanija*,
Letchworth/Herts 1970. – Ju. Babičeva, *Dramaturgija L. N. A. Epochi pervoj russkoj revoljucii*, Vologda 1971. – U. Nitsch, *Studien zu den Dramen L.
N. A.s*, Phil. Diss. Wien 1971. – J. Newcombe, *L.
A.*, Letchworth 1972. – H. King, *Dostoyevsky and
A. Gazers upon the abyss*, NY 1936 [Nachdr. Mill-
wood 1972]. – A. Netick, *Expressionism in the plays
of L. A.*, Ann Arbor 1974. – L. Iezuitova, *Tvorčestvo
L. A. (1892–1906)*, Leningrad 1976. – A. Martini,
Erzähltechniken L. N. A.s, Mchn. 1978. – H. Chała-
cińska-Wiertelak, *Dramaturgia L. A. 1906–1911.
Interpretacja*, Posen 1980. – *Ein russischer Dichter
und seine Welt. Die unbekannten Photos des L. A.*,
Hg. R. Davies, Stg./Zürich 1991. – S. Hutchings,
*Semantic Contagion, Internalisation and Collapse of
Difference in the Short Stories of L. A.* (in New Zea-
land Slavonic Journal 1992, S. 75–100).
Neue Werkausg.: Sobr. soč., 6 Bde., Moskau
1990–1996.

ANATĖMA. Tragičeskoe predstavlenie v semi kartinach

(russ.; *Ü: Anathema. Ein tragisches Spiel in sieben
Bildern*) von Leonid N. ANDREEV, Uraufführung:
Moskau, 20. 10. 1909, Künstlertheater (unter Nemirovič-Dančenko). – Anathema, der Geist *»der
Zahl und des Maßes«*, der ewig Zweifelnde, innerlich Gespaltene, wird von Andreev als Gegenpol
zur *»Großen Vernunft des Weltalls«* dargestellt. Ihr
Reich zu erkennen bleibt ihm versagt. Zurück- und
ausgestoßen, will er jetzt den Menschen die Grausamkeit und Absurdität des irdischen Lebens beweisen, bis jene empört die Offenbarung des My-
steriums erzwingen, das den Menschen in die
Knechtschaft des allgegenwärtigen Todes zwingt.
Anathemas unschuldiges Werkzeug wird der arme
Jude David Leiser, den er reich beschenkt, gleichzeitig aber dazu veranlaßt, all sein Gut wieder an die
Hilflosen und Gebrechlichen zu verteilen, die in
Scharen herbeiströmen. Für jeden bleibt schließlich nicht mehr als eine Kopeke. Das Mitleid hat
sich als nutzlos erwiesen, ja es schafft nur neue Ungerechtigkeit, da es nicht alle Menschen befriedigen
kann. David flieht, verzweifelt ob seiner Ohnmacht, wird von den Enttäuschten verfolgt, eingeholt und gesteinigt. Aber den Undankbaren zu flu-
chen, wie es Anathema forderte, vermag er nicht.
Wenn auch seine Liebe zu den Menschen nichts bewirkte – der Liebende selbst wird erlöst und geht in
das grenzenlose Reich des Lichts ein. Die Masse
versinkt im Chaos, doch vor den Toren des Ewigen
ist nichts Irdisches zu spüren, und Anathema wird
einsam seinen Weg weitergehen.
Die Idee, die diesem Stück zugrunde liegt, ist der
Philosophie SCHOPENHAUERS entlehnt: Der
Mensch befreit sich von seiner Selbstsucht, die ihn
am Leben hält, und geht im Gefühl eines allgemeinen Mitleids auf. Da der Pessimismus des Stückes
auch die Deutung zuließ, *Anathema* sei als eine Persiflage des Christentums aufzufassen, wurde seine
Aufführung auf Betreiben des Klerus bald verboten. Die Sprache, die der Autor den Personen seines
Stückes zudiktiert, ist steif und trocken, durchsetzt
mit Hyperbeln und rhetorischen Phrasen. Sie gestattet den Handelnden keine Individualität und
zerstört oft jede Konsequenz der Handlung. Nur
Davids Frau wirkt lebendig, auch wenn sie sich
manchmal in einer symbolischen Formelsprache
verliert. David selbst erinnert an einen biblischen
Patriarchen. Wie alle anderen Figuren des Stücks
ist auch er auf einen bestimmten Zug festgelegt,
den er in einer karikaturhaften Übertreibung ständig wiederholt. In derselben Weise agieren die
Massen, die gleich dem Chor im klassischen Drama
auftreten, geführt von antagonistischen Sprechern.
Einer davon, der »Fremde«, verkehrt Davids Wirken ins Phantastische, verlangt Unerhörtes und ist
am Schluß der erste, der sich gegen ihn wendet. Die

Handlungsübergänge sind grell und heftig, wirken psychologisch unglaubwürdig. Mit besonderer Vorliebe bedient sich Andreev allegorischer Anspielungen, in denen das Häßliche, Unharmonische, die groteske Verunstaltung betont wird, um so das Gefühl des unerträglichen Ausgeliefertseins an Tod und Vernichtung noch zu verdichten. J.W.

AUSGABEN: Petersburg 1909 (in Šipovnik). – Petersburg 1913 (in *Poln. sobr. soč.*, Bd. 3). – Moskau 1959 (in *P'esy*, Hg. A. Dymšic). – Letchworth 1976.

ÜBERSETZUNG: *Anathema*, K. Ritter, Bln. 1911.

LITERATUR: H. Thomson, *A.'s »Anathema« and the Faust Legend* (in North American Review, Dez. 1911, S. 882–887). – A. Gornfel'd, *Glupyj čort: »Anatèma« L. N. A.* (in A. G., *Boevye otkliki na mirnye temy*, Leningrad 1924, S. 225–233).

CAR' GOLOD

(russ.; Ü: *König Hunger*). Schauspiel in fünf Akten und einem Prolog von Leonid N. ANDREEV, dessen Aufführung von der Zensur verboten wurde; deutsche Erstaufführung: Düsseldorf 1908, Schauspielhaus. – In diesem allegorisch-symbolistischen Spiel muß sich König »Hunger« gegen den Vorwurf der »Zeit« verteidigen, er lasse die von ihm beherrschten Arbeiter und Armen zugrunde gehen, während er die Besitzenden schone. König Hunger führt dies darauf zurück, daß er von den listigen Menschen getäuscht worden sei. Doch er will das Versäumte wiedergutmachen und treibt die Fabrikarbeiter und den Pöbel zur Rebellion. Vor den Festsaalfenstern der Reichen lodern die Flammen des Aufruhrs; während jene in brutalem Egoismus allein an die Rettung ihres Lebens denken, schlägt ihr Knecht, der »Ingenieur«, dank seiner praktischen Vernunft den Aufstand nieder. Wiederum getäuscht, verhöhnt König Hunger in blinder Wut die Gefallenen; er fordert sie auf, sich wieder zu erheben. Ihre dumpfen Drohungen, wiederzukommen, bewirken, daß die Reichen in Panik fliehen, verfolgt vom Triumphgeheul König Hungers.
Car' golod, von dem bei Erscheinen an einem einzigen Tag 17 000 Exemplare verkauft wurden, läßt sich vom Inhalt her auf die gescheiterte Revolution von 1905 beziehen. Doch will das Stück nicht die organisierte Revolution verspotten, sondern den ziellosen, zerstörerischen Aufstand des Mobs treffen, der allein an seinen Bauch denkt und sich darin nicht von den Reichen unterscheidet. Wichtiger jedoch als der Inhalt des Spiels – eine der Figuren läßt Andreev pro domo formulieren: »*Das ist so etwas Schwankendes: Geschichte! Die wirkliche Geschichte kennen wir ja nicht.*« – erscheint uns heute seine formale Gestalt: der Versuch, mittels einer abstrakten allegorischen Darstellung neue dramatische Aussagemöglichkeiten zu gewinnen. Im ganzen mußte Andreevs Experiment zwar mißlingen, was haupt-

sächlich auf die schematisch-trockene Gedankenführung, die formelhaft tote Sprache und das künstlich überhitzte Pathos zurückzuführen ist. Doch künden sich hier – wie auch in *Čërnye maski (Die schwarzen Masken)*, *Okèan (Ozean)*, *Žizn' čeloveka (Das Leben des Menschen)*, *Anatèma* – jene spezifischen dramatischen Stilmittel an, die später etwa im deutschen Expressionismus Schule machen sollten: Menschenmassen werden durch einen allen gemeinsamen Sprachduktus gleichsam zu einer einzigen Gestalt zusammengeballt; der rhythmisch-hymnische Sprechton und die sich steigernden syntaktischen Parallelen sollen den bestimmten kollektiven Grundzustand ausdrücken (vgl. etwa Georg KAISERS *Gas I* und *Gas II*, vor allem auch in bezug auf die Typik der Arbeiter oder die Entpersönlichung der Figuren). J.W.

AUSGABEN: Petersburg 1908. – Bln. 1908. – Moskau 1910–1916 (in *Poln. sobr. soč.*, 17 Bde.). – Petersburg 1913 (in *Poln. sobr. soč.*, 8 Bde., 5). – Moskau 1959 (in *P'esy*, Hg. A. Dymsic).

ÜBERSETZUNG: *König Hunger*, A. Scholz, Bln. 1924.

LITERATUR: E. Séménoff, *Le Roi-la-Faim en Lettres russes* (in MdF, 1.5.1908, S. 175–177). – E. Stark, *Car' golod, L. A.* (in Teatr i iskusstvo, 21, 1908).

ČËRNYE MASKI

(russ.; *Die schwarzen Masken*). Schauspiel in zwei Akten und fünf Bildern von Leonid N. ANDREEV, Uraufführung: Petersburg 1909, V. F. Komissarževskaja-Theater. – Die gedankliche Formel für dieses symbolistische Drama ist: der analysierende, sich selbst sondierende Verstand trifft auf das in ihm verborgene Böse, vor dem sich der Mensch nur durch die Selbstzerstörung retten kann. – Herzog Lorenzo di Spadaro feiert ein Maskenfest. Er hat angeordnet, das Schloß weithin zu erleuchten, um den Gästen den Weg zu weisen. Die ankommenden Masken jedoch sind ihm fremd. Glaubt er einen ihrer Träger zu erkennen, so ist dies ein Verstorbener. Die Gäste stellen sich ihm als seine bösen Eigenschaften vor. Alles Bekannte und Gewünschte verkehrt sich: Der Wein wird zu Blut, die Musik zu einer kreischenden Kakophonie, das Liebeslied des Herzogs im Munde des Sängers zu einer Hymne an Satan; seine vertrauten Diener und seine geliebte Gattin Francesca, zu der er sich in seiner Verwirrung flüchtet, verlieren ihre Identität, jeder spaltet sich in eine nicht zu fassende Anzahl von Gestalten auf. Der Herzog selbst steht plötzlich seinem Doppelgänger gegenüber, den er im Streit um das eigene Ich ersticht. In den Festsaal dringen, von der Helligkeit angelockt, schwarze Masken ein, groteske nächtliche Wesen, die selbst die maskierten gespenstischen Gäste erschrecken. Namenlose Mächte der Finsternis, stürzen sie sich gierig auf jedes Licht und ersticken es, bis das ganze Schloß im

Dunkeln liegt. Am Sarg des Doppelgängers hört Lorenzo von seinen geheimen Verbrechen; es enthüllt sich ihm eine andere Welt als jene, die er kannte. Erst vor dem realistischen Hintergrund der Schlußszene wird klar, daß Lorenzo wahnsinnig geworden ist. Wieder läßt er das Schloß festlich erleuchten, doch es kommen keine Gäste. Statt ihrer umgeben ihn die von Francesca angeführten Hofleute, deren wirkliche Gesichter er jetzt unter dem Zwang, alles in sein Gegenteil zu verkehren, als Masken sieht. Lorenzo setzt das Schloß in Flammen. Alle fliehen, auch Francesca verläßt ihn um des Kindes willen, das sie von ihm erwartet und in dem sich vielleicht einmal ihre Liebe mit Lorenzos Drang, die Wahrheit zu erkennen, vereinen wird. Nur der von Lorenzo abhängige Narr bleibt zurück und folgt ihm in den Tod. Die schwarzen Masken kehren zurück und stürzen sich auf die Flammen; sie zu löschen gelingt ihnen jedoch nicht: durch sein Selbstopfer hat Lorenzo das Böse überwunden.

Černye maski ist eines der bühnenwirksamsten Stücke aus der Reihe der abstrakt-allegorischen Schauspiele Andreevs, die seine Suche nach neuen dramatischen Darstellungs- und Ausdrucksformen dokumentieren. An Dostoevskijs *Dvojnik (Der Doppelgänger)* erinnert der fließende Übergang von der realen Ebene in die Spiegelwelt des Doppelgängertums, das auch Andreev als psychopathologisches Phänomen faßt, aber dahingehend rationalisiert, daß es zum Symbol der doppelgesichtigen Wahrheit wird: Das Weltgericht findet im Menschen statt, Erlösung bietet nicht Gott, sondern die Zerstörung der Existenz, die dem Kampf zwischen Gut und Böse, Gott und Satan, ein Ende setzt. Weitergeführt und ins Kosmische gehoben wird das Thema in dem ein Jahr später erschienenen Schauspiel *Okёan (Ozean).* J.W.

AUSGABEN: Bln. 1908. – Moskau 1910–1916 (in *Poln. sobr. soč.*, 17 Bde.). – Petersburg 1913 (in *Poln. sobr. soč.*, 8 Bde., 1). – Moskau 1959 (in *P'esy*, Hg. A. Dymšic).

LITERATUR: L. Galič, »Černye maski« L. A. (in Teatr i iskusstvo, 1908, Nr. 51). – J. Woodward, *The theme and structural significance of L. A.'s »The Black Masks«* (in Modern Drama, 1967, 10, S. 95–103). – L. Turkevič, *A. and the Mask* (in Russian Literary Triquarterly, 1973, 7, S. 267–284). – M. Cymborska-Leboda, *Z obserwacji nad poetyką »Czarnych masek« L. A.* (in Slavia Orientalis, 1977, 26, S. 33–46).

IUDA ISKARIOT I DRUGIE

(russ.; *Ü: Judas Ischariot und die anderen*). Erzählung von Leonid N. ANDREEV, erschienen 1907. – Die Judas-Figur dient Andreev zur Gestaltung des tragischen Konflikts, dem seiner Auffassung nach der einzelne Mensch in dieser Welt heillos ausgesetzt ist.

Der Judas Ischariot dieser Erzählung, der häßlich, böse, lüstern und ein Menschenverächter ist, brennt in Wirklichkeit darauf, von seiner Umwelt geliebt, bewundert und als überlegen anerkannt zu werden. Er selber liebt nur Jesus, der ihn unter seine Jünger aufgenommen hat, aber in diese Liebe mischen sich Bitterkeit und Haß auf die anderen, die gleich ihm erwählt wurden und die er ob ihrer Schwäche verachtet. Jedes Wort Jesu weckt in ihm einen Sturm widersprechender Gefühle. Ihn als einzigen belügt er nie, vor ihm sucht er sich auszuzeichnen: Er schafft, und wenn er stehlen muß, für ihn und die Jünger die Nahrung herbei, beschützt ihn vor einer wütenden Menschenmenge, erzählt, um aufzufallen, unglaubliche Lügengeschichten und tut sich mit seinen riesigen Körperkräften hervor, mit denen sich keiner der Jünger messen kann. Allein, Jesus schweigt zu allem, was Judas tut, nie richtet er das Wort an ihn, ja, es »schien, daß ER immer gegen Judas sprach«. Auch während des Streits der Jünger, wem von ihnen der erste Platz im Reich des Herrn gebühre, schweigt Jesus zu der Behauptung Ischariots, er, Judas, werde es sein. Unfähig, die Weigerung Jesu, sich zum Herrn der Welt zu machen, zu begreifen, versucht er, kraft eigener Machtvollkommenheit die Ereignisse auf den äußersten Punkt der Entscheidung zu treiben: Wenn Jesus gefangengenommen ist, werden die Jünger ihn verteidigen, wird das Volk ihm zujubeln. Um das zu erreichen, ist Judas jedes Mittel recht. Sein Verrat ist der letzte und höchste Beweis seiner Liebe. Er überantwortet Jesus den Häschern, weil er glaubt, daß sich jetzt die Göttlichkeit des Herrn vor aller Welt offenbaren und dieser über alle seine Widersacher triumphieren müsse. Jesus jedoch stirbt, von den Seinen verlassen, nicht anders als ein gewöhnlicher Mensch. Judas' erste Reaktion ist nicht Reue, sondern Empörung und Zorn. Nicht er – so heißt es in der Deutung Andreevs – war der Verräter, sondern die Jünger, die stets alles über Christus zu wissen vorgaben und die seinen Tod hätten verhindern müssen. »Wie habt ihr denn das zugelassen?« fragt Judas sie. »Wo war denn eure Liebe? ... Wer liebt, der fragt nicht, was zu tun ist! Er geht hin und vollbringt. Er weint, beißt, er würgt den Feind und bricht ihm das Knochen im Leibe! ... Nein, ihr habt die ganze Sünde auf euch geladen. Lieblingsjünger! Beginnt denn nicht mit dir das Geschlecht der Verräter, der Kleinmütigen und Lügner? Warum lebt ihr, wenn ER tot ist?« Vorübergehend mischt sich in des sich betrogen fühlenden Verräters Verzweiflung ein gräßlicher Triumph: Er, Judas, hat sich als der Stärkere erwiesen, er ist der eigentliche Sieger. Doch immer wieder dröhnt die Frage an sein Ohr, die wie ein Leitmotiv die ganze Erzählung begleitet: »Wer betrügt den armen Judas? Wer hat recht?« Ihm bleibt nichts als eine ungeheure Leere, ihm bleibt nichts als der Tod.

Die Erzählung, einer der interessantesten Deutungsversuche der Judas-Gestalt in der russischen Literatur, ist in einer unprätentiösen, dabei aber kraftvollen und expressiven Prosa geschrieben, wie sie Andreev nicht immer gelang. J.W.

AUSGABEN: Bln. 1907. – Petersburg 1913 (in *Poln. sobr. soč.*, 8 Bde., 3). – Moskau 1957 (in *Povesti i rasskazy*). – Moskau 1971 (in *Povesti i rasskazy*, 2 Bde., 2).

ÜBERSETZUNGEN: *Judas Ischariot u. die anderen*, O. Buek, Bln. 1908. – *Judas Ischariot*, I. Tinzmann u. S. Geier, Hbg. 1957 (RKl, 15).

LITERATUR: A. Red'ko, *Chorošie i plochie u. L. A.* (in Russkoe bogatstvo, 1909, 4, S. 173–183). – I. Annenskij, *Iuda, novyj simvol* (in I. A., *Vtoraja kniga otraženij*, Petersburg 1909, S. 43–54). – L. Burgov, *Povest' A. »Iuda Iskariot i drugie«. Opyt podrobnoj literaturnoj i Evangel'skoj kritiki*, Charkow 1911.

KRASNYJ SMECH. Otryvki iz najdënnoj rukopisi

(russ.; *Ü: Das rote Lachen. Fragmente aus einer aufgefundenen Handschrift*). Erzählung von Leonid N. ANDREEV, erschienen 1905. – Das sinnlose Verbluten der mangelhaft ausgerüsteten zaristischen Truppen im Russisch-Japanischen Krieg von 1904 hatte das russische Bürgertum aufgeschreckt. Mit Leidenschaft wendet sich auch Andreev den politischen Ereignissen seiner Tage zu: Seine thematisch etwa mit GARŠINS Novelle *Četyre dnja*, 1877 *(Vier Tage)*, zu vergleichenden *Fragmente* sind eine bittere Anklage gegen die Pervertierung des Menschen in der von »*Wahnsinn und Schrecken*« erfüllten Wirklichkeit des Kriegs.

Den ersten Teil der Novelle bildet das fiktive Tagebuch eines russischen Offiziers, der sich in einer fast völlig aufgeriebenen, erschöpften und vom Hunger ausgezehrten Abteilung beim Rückzug vor dem siegreichen Feind nur noch von Verwundeten, Sterbenden, gräßlich verstümmelten Leichen und Wahnsinnigen umgeben sieht. Schließlich als Krüppel nach Hause zurückgekehrt, versucht er – bei zunehmender geistiger Umnachtung –, seine Kriegseindrücke aufzuzeichnen. In unersättlicher Arbeitswut füllt er Bogen um Bogen mit sinnlosen Strichen, unfähig, den grauenhaften Erlebnissen eine rationale, faßliche Form zu geben. Sein von der Sinnlosigkeit des Kriegs zutiefst überzeugter Bruder, der fiktive Herausgeber der Notizen, beschreibt im zweiten Teil der Erzählung das Schicksal des Offiziers von dessen Heimkehr bis zum Tod. Dieser Bruder, der als einziger die Bedeutung der wirren Linien aus der Feder des Kranken begreift, verliert darüber schließlich selbst den Verstand. Seine Vision – die Erde gebiert Leichen, die alles Leben erdrücken und in »*rotem Lachen*« ersticken – beschließt die Novelle.

Die Erzählweise der berühmten Novelle ahmt die verworrenen Zeichnungen des Offiziers nach. In unzusammenhängenden, grotesken Bildern gestaltet Andreev eine apokalyptische Vision von Grauen und Wahnsinn, »*ein wüstes Traumbild der toll gewordenen Erde*«. Die geschichtlichen Ereignisse werden zu einem mythischen Weltgeschehen stili-

siert. Sinnbild des allgemeinen Gemetzels ist das »*rote Lachen*«, das aus den zerstückelten Körpern der Gefallenen hervorbricht, das Lachen Satans, »*das vom Himmel und von der Sonne niedergrinst und bald die ganze Erde überfluten wird*«. Andreev, der seine Erzählung über die unmenschlichen Brutalitäten des Schlachtfeldes ohne eigene Kriegserfahrungen geschrieben hat, »*steigert das Grauen hier zu einem solchen Fortissimo, daß die Hyperbeln sich gegenseitig aufheben*« (J. Holthusen).   J.W.

AUSGABEN: Bln. 1905. – Petersburg 1905. – Petersburg 1913 (in *Poln. sobr. soč.*, 8 Bde., 4). – Moskau 1957 (in *Povesti i rasskazy*, Hg. F. M. Levin). – Moskau 1971 (in *Povesti i rasskazy*, 2 Bde., 1). – Gor'kij 1979 (in *Izbrannoe*).

ÜBERSETZUNGEN: *Das rote Lachen*, A. Scholz, Bln. 1905. – Dass., A. Luther, Bln. 1922.

LITERATUR: A. Belyj, *Apokalipsis v russkoj poèzii (Krasnyj smech)* (in Vesy, 1905, Nr. 4, S. 14/15). – N. Nadeždin, »*Krasnyj smech*« *L. A.* (in Vestnik literatury, 8. 2. 1905, S. 49–51). – M. Capellmann, *Die Erzähltechnik in »Krasnyj Smech« von L. A.* (in Ost und West, 1977, 2. S. 263–285).

RASSKAZ O SEMI POVEŠENNYCH

(russ.; *Ü: Die Geschichte von den sieben Gehenkten*). Erzählung von Leonid N. ANDREEV, erschienen 1908. – Mit Anteilnahme schildert die TOLSTOJ gewidmete, unter dem Eindruck der Revolution von 1905 entstandene Erzählung die letzten Stunden von sieben zum Tode verurteilten Sträflingen – zwei von ihnen Kriminelle, die übrigen politische Häftlinge. Der vitale, ein wenig naive Sergej Golovin, der verschlossene Werner, die stolze, strenge Musja, der übermütige, doch in der Haft zusammengebrochene Vasja und Tanja Koval'čuk, die älteste, um das Schicksal der Kameraden besorgte Terroristin, haben ein Attentat auf einen zaristischen Beamten vorbereitet, sind jedoch vor Ausführung der Tat verhaftet und abgeurteilt worden. Gemeinsam mit ihnen warten der tatarische Raubmörder Cyganok und der Este Janson, der eines bewaffneten Überfalls beschuldigt ist, auf den Tod, den sie »*aus verwaltungstechnischen Gründen*« am gleichen Tage erleiden werden. Jeder der Häftlinge harrt in einer Einzelzelle, sich selbst überlassen, der Vollstreckung des Urteils. Mit minuziöser Genauigkeit beobachtet die Erzählung die Veränderungen, welche in den Todeskandidaten in den Wochen vor der Hinrichtung vor sich gehen. Der Este versinkt in dumpfe Lethargie. Der Tatare wird von wachsender Unruhe ergriffen und gibt zuletzt nur noch ein tierisches Geheul von sich. Als man ihm das Amt des Henkers anbietet, das ihm die Freiheit bringen kann, lehnt er ab, da er nicht imstande ist, einen klaren Gedanken zu fassen und eine abgewogene Entscheidung zu treffen: »*Sein menschliches Gehirn zerfiel in seine Einzelteile.*« Vasja, der sich freiwillig erboten hatte, die Bombe der Terroristen zu werfen, ist im Gefängnis, erschrocken vor dem unerbittlichen Mechanismus des Geschehens, zu einem Bündel der Angst geworden. Sein Zusammentreffen mit seiner Familie am Tage vor der Hinrichtung zeigt die kühle Distanz zwischen dem Revolutionär und seiner Mutter, die selbst im Angesicht des Todes nicht zu überbrücken ist. Musja verbringt die letzten Tage vor der Exekution in wachsendem Glücksempfinden. Sergej hält sich durch konsequente Selbstdisziplin aufrecht, überzeugt, daß alles im Leben *»fröhlich und wichtig«* ist und *»gut«* getan werden muß. In dem Menschenverächter Werner, der sich vorgenommen hat, bis zum letzten Augenblick Schachprobleme zu lösen, erwacht die allumfassende Liebe zu seinen Mitmenschen. Tanja geht auf in der Sorge um die anderen, die ihr selbst Halt und Stütze ist. Zur Exekution geführt, werden die Verurteilten paarweise gehängt. Als letzte geht, allein gelassen, die mütterliche Tanja zum Galgen: Der Tod der Gefährten liefert auch sie – für wenige Sekunden – der grausamen Einsamkeit und wahnsinnigen Angst vor dem Tode aus.

Die sozialistische Kritik – insbesondere Maksim GOR'KIJ – hat Andreev vorgehalten, daß sein Interesse ausschließlich dem inneren Erleben seiner gleichsam einem unabänderlichen Fatum ausgelieferten Helden gilt, ohne daß er ein einziges Mal zum Nachdenken über die politischen Hintergründe ihrer Verurteilung anregt. Keiner der Häftlinge zeigt auch nur die Spur eines Interesses für den politischen Kampf, in dessen Namen er in den Tod gegangen ist; es fehlt jede Verbindung zwischen den Helden und ihrer revolutionären Tat. Nicht die gesellschaftspolitische Bedingtheit des geschilderten Vorwurfs, sondern die abstrakte Thematik »Mensch und Tod« bildet den Gegenstand des Autors. Die psychologische Motivierung seiner Helden bleibt mitunter unglaubwürdig, schematisch wirkt die Reihung der ineinandergreifenden, kaum in ihrer Diktion geschiedenen Einzelschicksale. Form und Inhalt der Erzählung zeigen den Autor in einem fortgeschrittenen Stadium seines Entwicklungsweges, der ihn literarisch vom Realismus ČECHOVS und Gor'kijs in die Nähe der dekadenten Todesdichtung Fëdor SOLOGUBS, politisch von einer gemäßigt fortschrittlichen Position zur Gegnerschaft gegen die russische Revolution führte.

J.W.

AUSGABEN: Bln. 1908. – Petersburg 1913 (in *Poln. sobr. soč.*, 8 Bde., 4). – Moskau 1957 (in *Povesti i rasskazy*, Hg. A. I. Naumov). – Moskau 1980 (in *Rasskazy i povesti*).

ÜBERSETZUNGEN: *Die Geschichte von den sieben Gehenkten*, A. Scholz, Bln. 1908. – Dass., L. Wiebeck, Mchn. 1920; ern. 1927. – *Die sieben Gehenkten*, V. Tinzmann u. S. Geier, Hbg. 1957 (RKl, 15).

VERFILMUNG: Rußland 1920 (Regie: P. Čardynin).

LITERATUR: V. Kranichfeld, *»Rasskaz o semi povešennych«* (in Lit. zametki, 1908, 6, S. 93–108). – V. P. Val'činskij, *Pravda istorii, chudožestvennyj otbor i proizvol'nyj domysel (»Rasskaz o semi povešennych« L. A.)* (in Russkaja Literatura, 1970, 13, S. 157 bis 162). – L. I. Šiškova, *O real'noj osnove »Rasskaza o semi povešennych« L. N. A.* (in *Russkaja Literatura XIX–XX vekov*, Hg. I. G. Jampol'skij, Leningrad 1971). – A. Martini, *Die sieben Gehenkten* (in *Die russische Novelle*, Hg. B. Zelinsky, Düsseldorf 1982, S. 161–172).

ŽIZN' ČELOVEKA

(russ.; *Ü: Das Leben des Menschen*). Drama in fünf Bildern mit einem Prolog von Leonid N. ANDREEV, Uraufführung: Petersburg, 22.2.1907, Theater der Kommissarževskaja. – Das ganz in der Tradition des von MAETERLINCK inaugurierten *drame statique* stehende Stück gehört zu den wenigen Dramen Andreevs, denen zumindest zu Lebzeiten des Dichters ein durchschlagender Theatererfolg auch auf nichtrussischen Bühnen beschieden war. Der Titel bezeichnet die Art der beabsichtigten Präsentation: die Zurschaustellung eines Schicksals im biographischen Prozeß, eine an sich epische Konzeption (dramaturgisch vornehmlich durch die Mittel des dialogisierten Berichts und der Zeitraffung realisiert), darüber hinaus jedoch eine Art Menschheitsdrama, d. h. szenische Thematisierung nicht individuellen, sondern typischen Menschseins.

Die dramatische Biographie »des Menschen« – sämtliche Gestalten des Dramas bleiben anonym – realisiert sich in fünf verschiedenen Lebensstadien: Geburt; Liebe und Armut; Reichtum; Unglück und neuerliche Armut; Tod. Sie erzählt die Geschichte eines begabten Architekten, seine materielle Not als junger Ehemann, seine Kampfansage an das eigene Schicksal, seinen plötzlichen Reichtum und Ruhm, seine erneute Armut, den Verlust seiner Frau und seines einzigen Sohnes, schließlich sein Ende als vereinsamter Greis. Als Kommentator, Initiator und zugleich *»Publikum ersten Grades«* fungiert die »Gestalt in Grau« *(nekto v serom)*, die Rahmen und exemplarische Funktion der gezeigten Schicksals angibt, zugleich jedoch als Summe der Personalisierungen von Schicksal, Göttlichkeit, Zerstörung, Leben und Tod steht und der in letzter Konsequenz der Kampf des »Menschen« dient. Die Auflehnung gegen das eigene Schicksal bestimmt dramaturgisch die entscheidenden Peripetien: den Aufschwung zu Größe und Ruhm wie den Glückswechsel im vorletzten Bild des Dramas. Doch das Eingebettetsein des Lebens in einen so und nicht anders möglichen Vollzug beraubt den Helden letztlich seiner Heldenhaftigkeit. Sein Handeln ist das einer Marionette, deren Glück und Unglück fixiert und manipuliert sind. Dem entspricht die Reduktion aller individualisierenden Züge auf ein durch die Tendenz zum Typischen und Repräsentativen allein nicht motivierbares

Mindestmaß. So agiert der »Mensch« bezeichnenderweise überhaupt nicht. Seine Handlungen werden von anonymen Personengruppen (Gäste, Nachbarn, Freund, Feinde, Erben, Betrunkene usf.) registriert, die das Schicksal des »Menschen« entindividualisieren, es als normiertes Wissen einer öffentlichen Meinung abstrahieren und beliebig wiederholbar machen. Die wichtigste Normierungsfunktion fällt dabei den »alten Weibern« *(staruchi)* zu, die, zu parzenähnlichen Halbgöttinnen stilisiert und jeweils in den Stadien »Geburt« und »Tod« auftretend, mit ihren zynischen Kommentaren die Sinn- und Wertlosigkeit des Lebens und damit des »Menschen« demonstrieren.

Analog zur Entindividualisierung und Entleerung des Handlungsgehalts verhält sich die Struktur der Dialoge, die kein kommunikatives Sprechen, sondern monologische Darlegungen von Standpunkten sind. Das Prinzip des »Standpunktes« erweist sich als übergeordnetes Strukturprinzip. Entwicklung, Handlung, Aktion werden ersetzt durch Situationen und statische Querschnitte des Lebens. Das Statische kommt auch dort zum Tragen, wo der »Mensch« dem gleichgültigen Schicksal seine ewigen Träume entgegensetzt. So materialisiert sich die Sehnsucht des jungen Paares nach der Überwindung seiner materiellen Notlage im zweiten Bild in den Wunschbildern marmorner Paläste und leerer Tempel, einem Imperium des Anorganisch-Schönen. Held und Schicksal entsprechen einander unmittelbar. Das Schicksal ist nur eine Objektivation des »handelnden« Subjekts, und gerade deshalb ist ein Ausbruch aus dem immer identischen Sinnkreis des Lebens unmöglich.   A.Gu.

AUSGABEN: Petersburg 1907 (in Šipovnik, Nr. 1). – Bln. 1907. – Petersburg 1913 (in *Poln. sobr. soč.*, 8 Bde., 1). – Moskau 1959 (in *P'esy*).

ÜBERSETZUNGEN: *Das Leben des Menschen*, A. Scholz, Bln. 1908. – Dass., ders., Lpzg. 1979.

LITERATUR: A. V. Lunačarskij, *Dramy (»Žizn' čeloveka«)* (in Vestnik žizni, 1907, Nr. 3). – A. E. Red'ko, *»Vragi« M. Gor'kogo i »Žizn' čeloveka« L. A.* (in Russkoe bogatstvo, 1907, Nr. 6, S. 106–114). – A. Blok, *O drame »Žizn' čeloveka«* (in Zolotoe runo, 1907, S. 129–131). – J. I. Zunin, *Mysli po povodu p'esy A. »Žizn' čeloveka« (Kritič. obzor)*, Kiew 1907. – N. Valentinov, *My ešče pridem. O sovremennoj literature, »Žizni čeloveka« i »Care golode« L. A.*, Moskau 1908. – T. Gric, *O kompozicii »Žizni čeloveka« L. A.* (in Izv. Azerbajdž. universiteta, 1927/8–10, prilož., S. 46–52). – A. Linin, *Teatr L. A. (»Žizn' čeloveka«)* (in A. V. Bagrij, Literaturnyj seminarij, vyp. 6, Baku 1928, S. 5–35). – H. Chałacińska-Wiertelak, *Struktura artystyczna »Życia człowieka« L. A.* (in Slavia Orientalis, 1971, 20, S. 409–418).

INNOKENTIJ FËDOROVIČ ANNENSKIJ

* 20.8.(1.9.)1856 Omsk
† 30.11.(13.12.)1909 St.Petersburg

LITERATUR ZUM AUTOR:
V. Ivanov, *O poèzii I. F. A.* (in Apollon, 1910, 4). – V. Sechkarev, *Studies in the Life and Work of I. A.*, Den Haag 1963. – L. A. Shapovaloff, *Aesthetics and Poetics of I. A.*, Phil. Diss. Univ. of Washington 1968. – F. Ingold, *I. A. Sein Beitrag zur Poetik des russischen Symbolismus*, Diss. Basel 1970. – B. Conrad, *Grundlagen einer Deutung des poetischen Werks von I. F. A.*, Phil. Diss. Heidelberg 1972. – J. G. Tucker, *I. A. and the Acmeist Doctrine*, Phil. Diss. Indiana Univ. 1973 [enth. Bibliogr.]. – D. Borker, *Studies in the Lyric Poetry of I. A. The Poet and the Object*, Diss. Yale Univ. 1975 [enth. Bibliogr.]. – B. Conrad, *I. F. A.s poetische Reflexionen*, Mchn. 1976. – N. J. Tittler, *The Lyric Poetry of I. A. and Russian Literary Tradition*, Diss. Yale Univ. 1981.

KIPARISOVYJ LAREC

(russ.; *Das Kästchen aus Zypressenholz*). Gedichtzyklus von Innokentij F. ANNENSKIJ, erschienen 1910. – Grundthema aller Dichtungen Annenskijs ist der Dualismus von Diesseits und Jenseits, der Begrenztheit der menschlichen Existenz und der Freiheit einer überirdischen Welt. Dieses Thema durchzieht auch den auf Annenskijs erste Sammlung *Tichie pesni*, 1904 (*Stille Lieder*: teils eigene Gedichte, teils Übersetzungen), folgenden zweiten und wohl bedeutendsten Gedichtband *Kiparisovyj larec*. Wie das dichterische Schaffen der russischen Symbolisten, deren Kunstauffassung Annenskij zuneigt, wird auch sein Werk durch die Frage nach der Möglichkeit einer Überwindung der empirischen Welt bestimmt. Das Irdische, das menschliche Leben erscheint ihm grausam und inhaltslos, und nicht umsonst stehen die Gedichte, die diese Welt beschreiben, unter dem Symbol der Zypresse, die für den klassischen Philologen und Euripides-Übersetzer Annenskij das Sinnbild des Todes darstellt.

Ein Teil der Gedichte dieser Sammlung ist zu Dreiergruppen zusammengefaßt, die vom Autor – in Anspielung auf die Gestalt des Zypressenlaubs – »Dreiblätter« *(Trilistniki)* genannt werden. In rein impressionistischer Manier folgen aufeinander das *Dreiblatt der Dämmerung*, das *Dreiblatt der Versuchung*, das *Dreiblatt der Sehnsucht* usw. – jedes von ihnen als Ausdruck einer charakteristischen Stimmung. Die Gesamtheit dieser »Dreiblätter« vermittelt ein beklemmendes Gefühl der Bedrückung, ja Ausweglosigkeit. Der Gedichtzyklus kreist um ein einziges Thema, das bereits in den ersten Gedichten

– dem *Dreiblatt der Dämmerung* – zum Ausdruck kommt: In der Abenddämmerung ahnt der Mensch (das »Ich« der Gedichte), daß es jenseits der Geschehnisse des Tages eine andere Welt gibt, und wünscht, sie möge sich ihm offenbaren. Er muß jedoch erfahren, daß ihre Erschließung allein ihm selber aufgegeben ist. Ebenso unvermittelt, wie ihm diese Erkenntnis gekommen ist, vergeht sie auch wieder, und der Dämmerung folgt nicht der neue Tag in einer neuen Welt, sondern das Dunkel der Nacht, die Verzweiflung. Das irdische Los ist allein Sehnsucht und gespannte Erwartung. Immer wieder glaubt der Mensch, eine überirdische Stimme zu vernehmen, doch jedesmal bleibt ihm, dem Sterblichen, die Möglichkeit einer Antwort versagt. Ein Entrinnen aus dem furchtbaren Kreis der »*Anrufe ohne Entgegnung*« gibt es nicht. – In dem Gedicht *Oktjabr'skij mif (Oktobermythos)* heißt es: »*Ich bin traurig, kraftlos, schwach –, / Höre eines Blinden Schritte – / Über mir die ganze Nacht / Auf dem Dach die harten Tritte.*« Eindringlicher noch ist das Bild des Gedichts *Ja na dne (Ich bin am Boden)*: »*Ich bin am Boden, ein trauriges Bruchstück,/ Grünes Wasser sich über mir türmt. / Aus dem gläsernen, bleischweren Dunkel / Niemanden nirgends ein Weg hinausführt.*«
Trotz des Bewußtseins einer anderen Wirklichkeit und bei aller thematischen und stilistischen Verwandtschaft mit der Dichtung der Symbolisten bleiben Annenskijs pessimistische Gedichte vorwiegend der bedrückenden Welt des Irdischen verhaftet, während jene ihre Aufgabe gerade in der Erfassung der transzendenten Wirklichkeit sahen. So läßt sich wahrscheinlich erklären, daß Annenskij auf die russischen Akmeisten mit ihrer dem Irdisch-Dinglichen verschworenen Dichtung einen gewissen Einfluß ausgeübt hat. Mit seiner an ČECHOV erinnernden subtilen Art, die Widrigkeiten des Lebens meist nur in lakonischen Andeutungen, mit gewisser Selbstironie und ohne jeden Mystizismus zu behandeln, vermochte Annenskij die Existenz des modernen Menschen treffend wie kaum ein zweiter Dichter seiner Generation zu erfassen. Sein an den französischen Parnassiens und Vertretern der Dekadenz geschulter Stil lebt von Gegensätzen – erlesene Metaphorik neben gewollt prosaischem Wortschatz – und einem Geflecht von Entsprechungen (*correspondances*): Jedes Gedicht ist adäquate Wiedergabe einer Stimmung.   C.K.

AUSGABEN: Moskau 1910. – Petersburg ²1913, Hg. V. Krivič. – Leningrad 1939 (in *Izbrannye stichotvorenija*; Biblioteka poèta, malaja serija). – Leningrad 1959 (in *Stichotvorenija i tragedii*; Biblioteka poèta, bol'šaja serija). – Ann Arbor 1982 [zweisprach. Ausg.; Übers. R. H. Morrison].

LITERATUR: V. Brjusov, *Review of »Kiparisovyj larec«* (in Russkaja mysl', 6, 1910, S. 162 f.). – V. Larin, *O »Kiparisovyj larec«* (in Literaturnaja mysl', 2, 1923, S. 149).

KONSTANTIN DMITRIEVIČ BAL'MONT

* 15.6.1867 Gumnišči / Gouvernement Vladimir
† 24.12.1942 Noisy-le-Grand bei Paris

DAS LYRISCHE WERK (russ.) von Konstantin D. BAL'MONT.
Das dichterische Schaffen Bal'monts umfaßt die Jahre 1885–1932, d. h. eine Zeit tiefgreifender politischer und geistesgeschichtlicher Umbrüche in Europa und damit auch in Rußland. Das breite literarische Leben Rußlands war in den achtziger und neunziger Jahren des 19. Jh.s von einem naiven Realismus und utilitaristischen Kunstbegriff geprägt, wogegen schon damals namhafte Schriftsteller der älteren Generation wie A. ČECHOV und L. TOLSTOJ Stellung bezogen. Vor diesem Hintergrund wurde Bal'mont bereits mit seinen frühen Publikationen *Sbornik stichotvorenij*, 1890 (*Gedichtsammlung*) und *Pod severnym nebom*, 1884 (*Unter nördlichem Himmel*) zu einem Vorreiter der »neuen« russischen Dichtkunst, des Symbolismus, jener literarischen Epoche, die bald »Silbernes Zeitalter« der russischen Literatur genannt wurde. Das Bewußtsein dessen, daß Formen und Inhalte des Realismus sich überlebt haben, war weit verbreitet und führte zwischen den literarischen Lagern zu leidenschaftlichen Diskussionen über Begriff und Wesen der Kunst. So schrieb z. B. D. MEREŽKOVSKIJ 1893 *O pričinach upadka i o novych tečenijach sovremennoj russkoj literatury (Über die Gründe des Verfalls und über die neuen Strömungen der zeitgenössischen russischen Literatur)*, und L. Tolstoj verfaßte 1897 seine Abhandlung *Čto takoe iskusstvo? (Was ist Kunst?)*.
Es sollte für das Schicksal der »neuen« Kunst in Rußland entscheidend werden, daß sie in Bal'mont ein dichterisches Talent fand, dem es – nach einer relativ kurzen Experimentierphase in den achtziger Jahren – bereits in seinen frühen Gedichten gelang, den neuen ästhetischen Geschmack vollendet zum Ausdruck zu bringen. Bal'mont entwickelte früh, bereits als Gymnasiast, ein intensives literarisches Interesse. Seine schon in jungen Jahren breiten Kenntnisse des Deutschen, Englischen und Französischen eröffneten ihm den direkten Zugang auch zu den neuesten literarischen Strömungen des Auslands. Dabei förderte ihn Fürst A. I. Urusov, einflußreicher Moskauer Advokat und hervorragender Kenner der französischen Literatur. Dieser machte Bal'mont Ende der achtziger Jahre mit den Werken BAUDELAIRES, VERLAINES und MALLARMÉS vertraut, wie Bal'mont selbst bekannte, etwa in der 1903 gehaltenen Gedenkrede für Urusov: »*Urusov machte mir selbst deutlich, was in mir lebte, aber was ich noch nicht mit voller Klarheit verstanden hatte: meine Liebe zur Poesie der Assonanzen, meine*

Neigung zu der harmonischen Musikalität, die mich faszinierte, vor der ich mich aber zugleich unter dem Druck bestimmter literarischer Vorurteile fürchtete ...« Urusov ist auch in dem Band *Unter nördlichem Himmel* das Gedicht *Čëln tomlenija (Kahn der Sehnsucht)* gewidmet, mit dem Bal'mont eine große Breitenwirkung erlangte. Das Gedicht mag als typisches Beispiel für die »Poesie der Assonanzen« gelten. Neben den sonst üblichen Reimen und Binnenreimen sind es hier vor allem die Alliterationen, die die Klangfülle steigern. Diese beziehen sich nicht nur auf die Wiederholung von Vokalen unter Betonung, sondern auch von Konsonanten – im besonderen von Labialen und Liquiden – der betonten Silben:

»*Večer. Vzmor'e. Vzdochi vetra.*
Veličavyj vozglas voln.
Blizko burja. V bereg b'etsja
Čuždyj čaram čërnyj čëln.«
(»*Abend. Strand. Windeshauch. / Erhabenes Rauschen der Wellen. / Nah ist der Sturm. An das Ufer stößt / ein jeglichem Zauber entfremdeter schwarzer Kahn.*«)

Mit dem Gedichtband *Unter nördlichem Himmel* wurde Bal'mont zur zentralen Figur der ersten Generation der russischen Symbolisten (etwa 1894–1904). Verse wie *Čuždyj čaram čërnyj čëln* drückten der »neuen« Kunst ihren Stempel auf; viele von ihnen wurden vertont. Die Gefahr der formalen Mittelmäßigkeit dieser Kunstgriffe wurde zwar sehr bald von anderen Dichtern, u. a. von A. BLOK, erkannt, zunächst aber fand Bal'mont begeisterten Zuspruch in den literarischen Kreisen (u. a. von V. BRJUSOV, A. Blok, A. BELYI und I. ANNENSKIJ).

Abgesehen von der erhöhten Klanglichkeit seiner Verse ist Bal'mont in seinen Gedichtformen traditionell: Es überwiegen Gedichte mit Vierzeilern, Sonette, Terzinen, Ringgedichte. In seinen weiteren Gedichtbänden, die in rascher Folge erschienen – *V bezbrežnosti*, 1895 (*In die Unendlichkeiten*) und *Tišina*, 1898 (*Stille*) – vervollkommnete Bal'mont seine Verstechnik im Sinn von A. Belyjs »*magija slov*« (»*Magie der Worte*«). Besondere Anerkennung fanden die Gedichte: *Podvodnye rastenija (Unterwasserpflanzen), Lebed' (Schwan), Veter (Wind), Lunnyj luč (Mondstrahl)*.

Bal'monts Ruhm erreichte seinen Höhepunkt um die Jahrhundertwende mit dem Erscheinen der Gedichtbände *Gorjaščie zdanija*, 1900 (*Brennende Gebäude), Budem kak solnce*, 1903 (*Laßt uns sein wie die Sonne*) und *Tol'ko ljubov'*, 1903 (*Nur Liebe*). Themen und Motive dieser Bände spiegeln die »neuen« Inhalte der symbolistischen Dichtung wider und markieren gleichzeitig Bal'monts nächste Schaffensperiode. *Brennende Gebäude* trägt ein Motto, das NIETZSCHES *Also sprach Zarathustra* nachempfunden ist: »*Mir dolžen byt' opravdan ves', čtob možno bylo žit'*. (»*Die ganze Welt muß gerechtfertigt werden, damit man leben kann.*«) Dominierten bisher als Motive – noch in der Tradition der Impressionisten – flüchtige, vergängliche Naturerscheinungen, so sind es jetzt die starke und geniale

Mensch und seine Schöpfung, die Dichtung. Bal'mont veranschaulicht seine Motive und Themen durch Anwendung zahlreicher Bilder und Metaphern, die seine große Belesenheit in der Weltliteratur dokumentieren und dem Bereich der Elemente (Zephir, Wolke, Welle), der Tiere (Schwan, Schmetterling, Albatros, Schlange, Phönix) und der vernünftigen und geistigen Wesen (Hirte, Sänger, Uhrmacher, Prophet, Magier, Schmied, Rächer, Henker, Dämon) entliehen sind.

Für Rezeption und Verwendung der literarischen Traditionen in den eigenen Gedichten spielten die Übersetzungen SHELLEYS, POES, CALDERÓNS, KĀLIDĀSAS, in denen sich Bal'mont seit früher Jugend übte, eine wichtige Rolle. Er galt als gelehrter Dichter – davon zeugen auch seine zahlreichen literaturkritischen Artikel. »*Er bestreute seine Gabe mit Gelehrsamkeit ... konnte ... mit Erfolg berechnen, was bei wem wieviel mal gesagt ist: Shelley sagte über die Blume – das und das da ...*« (A. Belyi). Bal'mont schöpfte aus dem ganzen Reichtum der abendländischen Traditionen, nicht um deren intellektuelle Aussagen neu zu interpretieren, sondern um eine Konzeption der Dichtung zu realisieren, wie sie V. Brjusov formulierte: »*Das Ziel des Symbolismus ist es, durch eine Reihe von nebeneinander gestellten Bildern zu hypnotisieren ...*«

Die nächste Schaffensperiode, in der u. a. *Liturgija krasoty*, 1905 (*Liturgie der Schönheit*), entstand, zeigt deutliche Spuren des Verfalls. Kennzeichnend für diese Zeit sind Bal'monts wenig überzeugende Versuche, thematisch und formal dem veränderten literarischen Geschmack zu entsprechen. Schon seine Zeitgenossen konstatierten, daß er zu dieser Wandlung nicht fähig war. A. Blok schrieb: »*Es erschien die Verstandspoesie, die von kraftlosen Schreien durchbrochen wird.*« So wurde Bal'mont noch während seines Aufenthalts in Rußland in der Zeit der zweiten Symbolisten-Generation (etwa 1904–1910) zu einem Außenseiter. Er fuhr zwar fort zu publizieren – vor seiner Emigration erschienen z. B. die Gedichtbände *Fejnye skazki*, 1905 (*Feenmärchen), Žar-Ptica*, 1907 (*Wundervogel), Zelënyj vertograd*, 1908 (*Der grüne Weinberg*), und auch im Ausland konnte er seine Gedichte vereinzelt in literarischen Zeitschriften veröffentlichen –, doch für die Geschichte der russischen Dichtung blieb dieses späte Werk trotz seines Umfangs bedeutungslos.   H.Sp.

AUSGABEN: *Sobranie stichov*, 2 Bde., Moskau 1904/1905. – *Polnoe sobranie stichov*, 10 Bde., Moskau 1908–1914. – *Sobranie liriki*, 6 Bde., Moskau 1917. – *Stichotvorenija*, Moskau 1969. – *Izbr.*, Moskau 1990. – *Svetlyj čas*, Moskau 1992. – *Gde moj dom*, Moskau 1992. – *Sobr. soč.*, 2 Bde., Moskau 1994.

LITERATUR: V. Brjusov, *B.* (in Mir iskusstva, 1903, 7/8; auch in V. B., *Dalëkie i blizkie*, Moskau 1912, S. 73–106). – A. Belyj, *K. D. B.* (in Vesy, 1904, 3, S. 9–12). – I. Annenskij, *B-lirik* (in I. A., *Kniga otraženij*, Petersburg 1906, Bd. 1, S. 172–213). –

A. V. Amfiteatrov, *K. D. B.* (in A. V. A., *Sovremenniki*, Moskau 1908, S. 199–232). – K. Čukovskij, *B.* (in K. C., *Ot Čechova do našich dnej*, Petersburg 1908). – A. Blok, *B.* (in Rečʼ, 1909, Nr. 59). – A. Bartenev, *OB.* (in Žatva, 1912, 3, S. 237–257). – Zapiski Neofilologičeskogo obščestva pri imperatorskom Peterburgskom universitete, 7, Petersburg 1914 [Sammelband über B.]. – B. Zajcev, *OB.* (in Sovremennye zapiski, 1936, 61). – R. Patterson, *The Early Poetry of K. D. B.*, Diss. Univ. of California/Los Angeles 1969 [enth. Bibl.]. – H. Schneider, *Der frühe B. Untersuchungen zu der Metaphorik*, Mchn. 1970. – L. Ellis, *Russkie simvolisty (K. B., Valerij Brjusov, Andrej Belyj)*, Letchworth 1972. – S. Althaus-Schönbucher, *K. D. B. Parallelen zu Afanasij A. Fet. Symbolismus und Impressionismus*, Bern 1975. – V. Dmitriev, *Serebrjannyj gostʼ. O liričeskom geroe B.*, Tenafly 1992. – V. Markov, *Kommentar zu den Dichtungen von K. D. B.*, 2 Bde., Köln u. a. 1988–1992.

ANDREJ BELYJ

d.i. Boris Nikolaevič Bugaev

* 26.10.1880 Moskau
† 8.1.1934 Moskau

LITERATUR ZUM AUTOR:
K. V. Močulʼskij, *A.B.*, Paris 1955. – A. Hönig, *B.s Romane. Stil und Gestalt*, Mchn. 1965. – L. Hindley, *Die Neologismen A. B.s*, Mchn. 1966. – J. D. Elsworth, *A. B.*, Letchworth 1972. – S. D. Cioran, *The Apocalyptic Symbolism of A. B.*, Den Haag/Paris [enth. Bibliogr.]. – Th. Beyer, *A. B.ʼs »realʼnyj« Criticism. Precursor of Russian Formalism*, Diss. Univ. of Kansas 1974. – K. V. Močulʼskij, *A. B. His Life and Works*, Ann Arbor 1977. – J. Holthusen, *Weltmodelle moderner slavischer Dichter. A. B. und Miroslav Krleža*, Innsbruck 1978. – R. E. Peterson, *A. B.ʼs Short Prose*, Birmingham 1980. – K. N. Bugaeva, *Vospominanija o B.*, Berkeley 1981. – F. Kozlik, *Lʼinfluence de lʼanthroposophie sur lʼœuvre dʼA. B.*, 3 Bde., Ffm. 1981 [enth. Bibliogr.]. – M. Deppermann, *A. B.s ästhetische Theorie des schöpferischen Bewußtseins. Symbolisierung und Krise der Kultur um die Jahrhundertwende*, Phil. Diss. Freiburg 1981. – Th. Beyer, *A. B. – The Berlin Years 1921–1923* (in ZslPh, 50, H. 1, 1990). – M. Mironova, *A. B. – memuarist* (in Australian Slavonic and East European Studies, 1993, Nr. 1). – *Meždunarodnaja konferencija v IMLI: A. B.* (in Izvestija AN, Serija literatury i jazyka, 1994, Nr. 1).

DAS LYRISCHE WERK (russ.) von Andrej BELYJ.

Während Andrej Belyj durch seine Leistungen als Prosaiker und Theoretiker die meisten russischen Symbolisten überragt, fügt sich sein lyrisches Werk eher nahtlos in die Bewegung um Konstantin BALʼMONT (1867–1942), Valerij BRJUSOV (1873 bis 1924), Vjačeslav IVANOV (1866–1949) und Aleksandr BLOK (1880–1921) ein. In der Hinwendung zur in der russischen Literatur lange vernachlässigten Lyrik liegt die literaturhistorische Bedeutung des russischen Symbolismus begründet. Der Kreis der sogenannten »jüngeren« Symbolisten um Blok, Ivanov und Belyj stand zunächst vor allem unter dem Einfluß des russischen Religionsphilosophen und Dichters Vladimir SOLOVʼEV (1853 bis 1900). Der junge Belyj verkehrte im Hause des Bruders Vl. Solovʼevs, Michail Solovʼev, der es auch war, der Boris Bugaev zur Veröffentlichung seiner Gedichte ermutigte und ihm das Pseudonym »Andrej Belyj« (»Andreas der Weiße«) vorschlug. Mit der Annahme dieses Pseudonyms kommt das religiöse Element in Belyjs Kunstauffassung zum Ausdruck, da Weiß die Farbe des Lichtes und der Reinheit, die Farbe der Engel ist. Darüber hinaus symbolisiert es das Empfinden der Unschuld des jungen Naturwissenschaftlers und Sohnes eines Mathematikprofessors, dessen Dichterexistenz dem in Wissenschaftskreisen vorherrschenden Positivismus kraß entgegenstand.

Das lyrische Werk Belyjs ist vor allem auf seine frühe Schaffensphase bis 1909 konzentriert, in welcher die drei wichtigsten Sammlungen erschienen, die seinen Ruf als innovatorischer Sprachexperimentator begründeten. Vorausgegangen war die Publikation (ab 1902) zweier insgesamt vier *Symphonien*, deren durchstrukturierter, an musikalischen Prinzipien wie Fuge und Leitmotiv orientierter Sprachstil die Grenze zwischen Prosa und Lyrik aufhob.

Der erste Lyrikband, *Zoloto v lazuri (Gold in Azur)*, erschien 1904 und stand ganz unter dem Eindruck der freudigen Aufbruchsstimmung der symbolistischen Bewegung. Die Gedichte drücken die Erwartung eines neuen Zeitalters aus, in dem sich die Erscheinung der Sophia, der Verkörperung des Ewig-Weiblichen in der Philosophie Vl. Solovʼevs, vollziehen wird. Der Titel der Sammlung ist dem berühmten Poem Solovʼevs *Tri svidanija (Drei Begegnungen)* entnommen, und die oft anzutreffende »Sonnenthematik« weist, außer auf K. Balʼmonts Gedichtsammlung *Budem kak solnce*, 1903 *(Laßt uns wie die Sonne sein)*, auch auf die »mit der Sonne bekleidete« Sophia hin.

Die Gedichte dieser ersten Sammlung sind in einer für Belyj typischen Weise nicht chronologisch, sondern – unter kompositorischen Gesichtspunkten – zyklisch angeordnet. So greift das letzte Gedicht *Razdumʼe (Nachdenklichkeit)* wieder das Thema der Erwartung der Morgenröte auf, das schon zu Beginn den Zyklus charakterisiert hatte (*»Es fliegt der trügerische Schatten nach Westen/Und immer näher, immer klarer erscheint das Leuchten der Morgen-*

röte«). Außer den Solov'ëv-Reminiszenzen gibt es ironische Gedichte über das Alltagsleben im Abschnitt *Prežde i teper'* *(Einst und jetzt)*, und im Abschnitt *Obrazy (Bilder)* kommen wieder die schon aus der *Ersten Symphonie* (1904) bekannten phantastischen Fabelwesen vor. Sprachlich fallen in *Zoloto v lazuri* besonders die schon in den Symphonien verwendeten Edelstein- und Farbepitheta auf. Die, trotz einiger ironisierender Einschübe, insgesamt helle, sonnige, erwartungsvolle Stimmung aus *Zoloto v lazuri* ist in den beiden folgenden Lyriksammlungen *Pepel'*, 1909 *(Asche)*, und *Urna*, 1909 *(Die Urne)*, in das absolute Gegenteil umgeschlagen. Die gescheiterte Revolution von 1905 und die damit verbundene Desillusionierung auch der russischen Intellektuellen finden darin ihr Echo. Rußland und das Schicksal seines Volkes stehen thematisch im Mittelpunkt von *Pepel'*, den hellen Sonnen- und Morgenröten-Epitheta des ersten Bandes folgen hier die Farben grauer Asche und des Staubes; Sturmwolken und Zerstörung sind die vorherrschenden, bedrohlichen Bilder. In *Urna* wird diese Stimmung weitergeführt, nur weicht das nationale Pathos hier einer eher philosophischen Reflexion, und auf formaler Ebene finden sich zahlreiche Lautmalereien und eine stärkere Rhythmisierung.

Die späteren Gedichtbände *Korolevna i rytsari*, 1919 *(Die Königstochter und die Ritter)*, *Zvezda*, 1922 *(Der Stern)* und *Posle razluki*, 1922 *(Nach der Trennung)*, sind von geringerer Bedeutung im lyrischen Werk Belyjs, da sie zwar die in seiner ersten Schaffensphase begonnenen formalen Experimente in Rhythmik, Onomatopoesie und typographischen Kunstgriffen fortführten, aber nichts substantiell Neues boten. Erwähnenswert ist jedoch das häufige Vorkommen anthroposophischer Grundgedanken. Wie schon in den Prosawerken ab 1912 gibt sich Belyj hier als Anhänger Rudolf Steiners zu erkennen. Die Kenntnis anthroposophischen Denkens erleichtert das Verständnis des gesamten Belyjschen Œuvres.

Mit den beiden Versepen *Christos voskres*, 1918 *(Christ ist erstanden)*, und *Pervoe svidanie*, 1921 *(Erste Begegnung)*, legte Belyj dann noch Beispiele der lyrischen Großform des Poems vor. In *Christos voskres* setzt er das Revolutionsgeschehen von 1917 als Mysterium mit der Erlösung der Menschheit durch Christus gleich und gibt so – wie zur gleichen Zeit A. Blok in dem zu größerer Bekanntheit gelangten Poem *Dvenadcat'* *(Die Zwölf)* – der Hoffnung auf eine geistige und religiöse Erneuerung im nachrevolutionären Rußland Ausdruck.

In *Pervoe svidanie* vereint Belyj noch einmal in ausgefeilter formaler Sicherheit seine Erkenntnisse der Poetik, Sprachtheorie und Philosophie mit autobiographischen Erinnerungen an die Zeit der Jahrhundertwende und das Leben in der Familie M. Solov'ëvs. Durch die Verbundenheit mit Vladimir Solov'ëv, dessen Idee vom Ewig-Weiblichen hier, in der Gestalt der schönen Zarina, nochmals verkörpert wird, schließt sich der 1904 mit *Zoloto v lazuri* begonnene zyklische Kreis des lyrischen Ge-

samtwerks. Durch Wiederholungstechniken, Lautmalerei und rhythmische Gestaltung erreicht Belyj in *Pervoe svidanie* einen Höhepunkt musikalischer Wiedergabemöglichkeit mit sprachlichen Mitteln.

Das Denken in Gedichtzyklen, in dem jeder Zyklus als literarischer Gesamtausdruck der jeweiligen inneren Gestimmtheit des Dichters gemeint ist, führte bei Belyj dazu, daß er seine Gedichte ständig überarbeitete und neu anordnete. Die mehrfachen Versuche, Ausgaben seiner »Gesammelten Gedichte« herauszugeben, sind gescheitert, obwohl Belyj schon Vorworte dazu geschrieben und Bearbeitungen der Gedichte vorgenommen hatte. Einen umfassenden Überblick über die Varianten bietet die ab 1982 im Westen herausgegebene Sammlung. Die häufigen Änderungen der Gedichte offenbaren ein Ganzheits- und Vollkommenheitsdenken bei Belyj, das sich auch in der Vielseitigkeit seines Schaffens als Theoretiker und Praktiker des russischen Symbolismus widerspiegelt.   J.Bec.

AUSGABEN: *Zoloto v lazuri*, Moskau 1904. – *Pervoe svidanie*, Petrograd 1921; Nachdr. Mchn. 1972. – *Christos voskres* (in Znamja truda, 1918, Nr. 199). – *Stichotvorenija i poėmy*, Moskau 1966. – *Stichotvorenija I–III*, Hg. J. E. Malmstad, Mchn. 1982–1984.

LITERATUR: A. Knigge, *Die Lyrik Vl. Solov'evs und ihre Nachwirkung bei A. B. und A. Blok*, Diss. Kiel 1972. – B. Christa, *Music as Model and Ideal in A.B.'s Poetic Theory and Practice* (in Russian Literature, 4. 4. 1976, S. 395–413). – B. Christa, *The Poetic World of Andrey Bely*, Amsterdam 1977.

KOTIK LETAEV. Pervaja čast' romana »Moja žizn'«

(russ.; *Kotik Letaev. Erster Teil des Romans »Mein Leben«)*. Roman von Andrej BELYJ, entstanden 1915/16, erschienen 1917/18. – Der Lyriker, Prosaist und Literaturtheoretiker Belyj, einer der hervorragendsten Vertreter der mystisch-religiöser Erfahrung zuneigenden zweiten Generation russischer Symbolisten, hatte ursprünglich unter dem Einfluß von SOLOV'ëvs Idee des Panmongolismus und theosophisch-okkultem Gedankengut eine Romantrilogie mit dem Titel *Vostok ili Zapad (Osten oder Westen)* geplant. Die ersten beiden Teile dieser Trilogie – *Serebrjanyi golub'*, 1909 *(Die silberne Taube)*, und *Peterburg* (1912 bzw. 1922) – zählen zu den bedeutendsten Beispielen der russischen Romanliteratur des 20. Jh.s. Der zunächst als dritter Teil gedachte Roman *Kotik Letaev* aber durchbrach die geplante Konzeption und leitete über zur »autobiographischen« Schaffensphase des Autors, der auch die Fortsetzung *Prestuplenie Nikolaja Letaeva*, 1921 *(Das Verbrechen des Nikolaj Letaev)*, bzw. (in umgearbeiteter Form) *Kreščënnyj kitaec*, 1927 *(Der getaufte Chinese)*, entstammt und die in dem 1929–1933 publizierten dreibändigen Memoirenwerk Belyjs ihren Abschluß findet.

Kotik [Katerchen] *Letaev* (von *letat'*: fliegen) ist

eine dichterisch-philosophisch-anthroposophische Deutung von Kindheitseindrücken, die abwechselnd von dem drei- bis vierjährigen Kotik und dem inzwischen Erwachsenen (einem 35jährigen Mann) als Ich-Erzählung in Form eines einzigen langen Bewußtseinsstroms wiedergegeben werden. Das Kind, dessen Sprache vor allem durch den Gebrauch zahlreicher Diminutiva und das Fehlen des Kausalzusammenhangs gekennzeichnet ist, spricht im Präsens, das erinnernde Ich des Mannes erzählt und kommentiert in der Vergangenheitsform. Der Dichter, der einen neuen »alexandrinischen« Eklektizismus befürwortet und an die mystische Gegenwart aller vergangenen Kulturen glaubt, läßt – unter dem Einfluß der Steinerschen Vorstellung von Präexistenz und Wiedergeburt und im Sinne Hegelscher und Platonscher Ideen – den Jungen Kotik nicht nur seine Erfahrungen im Mutterleib und in seinen ersten Lebensjahren schildern, sondern auch die Entwicklungsphasen des Kosmos und der Erde aus eigenem Erleben andeuten (die Ausbildung der Kugelgestalt der Erde; die Zeit der Mythen, der schlangenfüßigen Riesen, der urzeitlichen Reptile, der Höhlenmenschen, des alten Ägyptens, der Heilsgeschichte samt Kreuzigung). Zunächst fühlt sich das Kind noch eins mit der »Weltseele«, entwickelt aber allmählich ein Eigenbewußtsein und versucht, sich in der von den Eltern, dem Kindermädchen, Verwandten und Bekannten der Familie, aber auch Fabeltieren und Ungeheuern bevölkerten Umwelt zurechtzufinden. Kotik vermag die tote Dingwelt (vom Dichter in einer Art Panpsychismus verfremdend belebt) noch nicht von der menschlichen Sphäre zu trennen: Zimmerfluchten, Korridore, Spiegel und Stuckverzierungen sind in (kosmischer) Bewegung begriffen; bei einem Gewitter bewerfen Titanen einander mit Wolken; aus einer dunklen Holzwand treten Mohren hervor usw. Der Kommentator gibt für vieles eine rationale Erklärung: Kotiks Erleben der Erdkrustenbildung wird hervorgerufen durch eine Folge von Kinderkrankheiten (Scharlach, Masern); der stierköpfige Gott mit Stab ist in Wirklichkeit der Arzt, der sich um das kranke Kind bemüht; der vermeintliche Löwe der Fieberträume nur ein Bernhardiner, der Lev (Löwe) gerufen wird. Kotik sucht unverständlichen Wörtern aus Gesprächen der Erwachsenen selbst eine Bedeutung zu geben (das Wort »Kreml« z. B. leitet er von *krem* – »Creme« – ab); Metaphern nimmt er wörtlich (für den Dichter ein willkommenes Spiel mit den Möglichkeiten der Sprache).

Mit Andrej Belyj hat die symbolistische Prosa zweifellos ihren Höhepunkt erreicht. Wie schon in seinen vorhergehenden Werken zeigt sich der Dichter auch in *Kotik Letaev* als ein Meister literarischer Kunstgriffe. Seine an GOGOL' und NIETZSCHE geschulte rhythmisch-ornamentale Prosa ist reich an Alliterationen, Assonanzen, »Lautmetaphern« und Neologismen und wird durch eine der Tradition TOLSTOJS, DOSTOEVSKIJS und WAGNERS verpflichtete Leitmotivtechnik gebändigt. – Der wohl bemerkenswerteste Zug an *Kotik Letaev* ist die vollendete Bewußtseinsstrom-Technik, deretwegen Belyj stets mit JOYCE verglichen wird, wenn auch eine gegenseitige Beeinflussung völlig ausgeschlossen ist. – Für das Jahr 1919 findet sich in Belyjs Tagebuchnotizen eine Stelle, die zeigt, weshalb die anthroposophische Anschauung von der Außenwelt als Projektion des eigenen Bewußtseins dem umfassend ichbewußten Denken des Dichters entgegenkommen mußte: »*Es gibt nur ein Thema – die Beschreibung eigener Bewußtseinspanoramen, eine Aufgabe – die Konzentrierung auf das eigene Ich.*« Und nicht umsonst steht als Leitzitat über dem ersten Kapitel die berühmte Verszeile aus TJUČEVS Gedicht *Sumerki*, 1854 *(Dämmerungen)*: »*Vsë – vo mne ... I ja – vo vsëm.*« (»*Alles ist in mir ... und ich bin in allem.*«)

D.Bu.

AUSGABEN: Petrograd 1917/18 (in Almanach Skify, 1, 2). – Petrograd/Bln. 1922; Nachdr. Mchn. 1964 (Einl. D. Tschižewskij u. A. Hönig; Slav. Propyläen. Texte in Neu- u. Nachdrucken, 3).

LITERATUR: V. Chodasevič, *Ableuchovy – Letaevy – Korobkiny* (in V. Ch., *Literaturnye stat'i i vospominanija*, NY 1954). – G. Janecek, *Poetic Devices and Structure in A. B.'s »Kotik Letaev«*, Diss. Univ. of Michigan 1971 [enth. Bibliogr.]. – S. Cioran, *The Eternal Return: A. B.'s »Kotik Letaev«* (in SEEJ, 1971, 15, S. 22–37). – P. R. Hart, *Psychological Primitivism in »Kotik Letaev«* (in Russian Literature Triquarterly, 1972, 4, S. 319–330). – C. Anschuetz, *Word Creation in »Kotik Letaev« and »Krešcennyj Kitaec«*, Diss. Princeton Univ. 1972 [enth. Bibliogr.]. – H. Smilga, *Syntax und Stilisierung in A. B.s Roman »Kotik Letaev«* (in WdS, 1972, 17, S. 358–395). – G. Janecek, *Anthroposophy in »Kotik Letaev«* (in Orbis Litterarum, 1974, 29, S. 45–67). – F. Ph. Ingold, *Zu A. B.s »Schweizer Roman« »Kotik Letaev«* (in Die Literarische Tat, 1974, Nr. 121). – C. Anschuetz, *Recollection as Metaphor in »Kotik Letaev«* (in Russian Literature, 1976, 4, S. 345–355). – G. Janecek, *The Spiral as Image and Structural Principle in A. B.'s »Kotik Letaev«* (ebd., S. 357–364). – A. Mandelker, *Synaesthesia and Semiosis: Icon and Logos in A. B.'s »Glossalolija« and »Kotik Letaev«* (in SEEJ, 34, H. 2, 1990).

PETERBURG

(russ.; Ü: *Petersburg*). Roman von Andrej BELYJ, erschienen 1912 und 1913/14 beziehungsweise in gekürzter Neufassung 1922. – Der Roman, der in der ursprünglichen Konzeption als zweiter Teil einer *Vostok ili Zapad* (Osten oder Westen) betitelten, geschichtsphilosophisch-symbolistischen Romantrilogie geplant war, durchbrach die durch den ersten Teil *(Serebrjanyi golub'*, 1909 – *Die silberne Taube*) gesteckten Grenzen. Zwar sollte zunächst auch in *Peterburg* die Kollision der Kräfte des rationalen Westens und des okkulten Ostens auf der historischen Bühne der »westlichsten« aller russischen Städte, dem Schauplatz der ersten russischen Revolution von 1905, dargestellt werden, doch erlag im Laufe der Entstehung des Romans der beabsichtigte ideologische Kern den dominierenden poetischen Komponenten des Werks. Dies gilt auch für die den Roman ursprünglich bestimmenden anthroposophischen Ideen (samt der von Rudolf STEINER übernommenen Terminologie), die dem künstlerischen Zugriff untergeordnet wurden und nur noch verschlüsselt greifbar sind. Elemente der symbolischen, realistischen, satirisch-ironischen und ideologischen Sphäre integrierend, verläuft die facettenartig zersplitterte »Handlung« weitgehend auf der Bewußtseinsebene – Identität von Außenwelt und Innenwelt bzw. Existenz der physischen Welt als bloße Projektion der psychischen postulierend.

Das Stadtphantom Petersburg, ein auf feuchten Granitblöcken erbautes, nebliges, von giftig grünem Wasser zerfressenes »Geisterreich« mit endlosen Prospekten und gespenstischem architektonischem Zierat, ein von rasender Bewegung erfüllter »adimensionaler Punkt«, der sich jeden Augenblick ins Unendliche ausweiten kann, ist nicht nur der die einzelnen Geschehenskreise konjugierende Raum, sondern auch der eigentliche Protagonist der Erzählung, der sich seinerseits seine Gestalten – »Bewohner der vierten Dimension«, Schatten und Chimären – schafft. In dem gleichen Maße, wie die Großstadt Petersburg zu einer nur noch halluzinatorischen Existenz reduziert ist, wird auch der *plot* – ein von quälender Spannung erfülltes Gemisch aus Fieberträumen, Wahnsinn, Mord, enttäuschter Liebe, Betrug, Verwechslungen, Zufällen, Revolution und Reaktion – zu einem Panorama psychischer Manifestationen »entrealisiert«.

In die Bewußtseinssphäre transponiert ist einerseits das durch das zentrale Attentatsmotiv diktierte Geschehen: Nikolaj Ableuchov, ein neurotischer, mutterfixierter junger Intellektueller, der sich vergebens um Sof'ja (offensichtlich eine Parodie von SOLOV'ĖVS »Sophia«, der Reinkarnation des Hl. Geistes in weiblicher Gestalt), die dümmlich-aufreizende Frau seines Freundes Lichutin bemüht, hat sich revolutionären Kreisen – verkörpert durch den brutal-sentimentalen Provokateur Lippančenko, den von ihm abhängigen, in seinen Gefühlen aber zwiespältigen Psychopathen und Alkoholiker Dudkin, der Lippančenko schließlich tötet, die Terroristin Varvara und den Doppelagenten Morkovin-Voronkov – angeschlossen und soll in ihrem Auftrag seinen verhaßten Vater, mit dem er bereits seit Jahren einen wortlosen Kampf führt, mit einer Zeitbombe ermorden. Der Anschlag – Ironie der Fabel – mißlingt jedoch: Nikolaj taucht im Ausland unter; Apollon, der Vater, zieht sich aufs Land zurück. Auch das Kräftespiel der mystisch-okkulten und kosmischen Erscheinungsformen auftretenden Mächte des »Ostens« und des »Westens«, der *schwarzen und weißen Magie*«, vollzieht sich – durch Leitmotiv- und Symboltechnik erzählerisch realisiert – weitgehend auf der Ebene von »*zerebralen Spielen*«, Träumen, »*astralen*

Reisen« und Fieberphantasien: Nikolaj und Apollon, obwohl scheinbare Opponenten, sind in Wirklichkeit – Homoiusie (Wesensähnlichkeit) des Sohnes mit dem Vater – beide Exponenten des »*mongolischen Chaos*«, »*Turanier*«, die denselben destruktiven Nihilismus vertreten: Apollon möchte die russischen Weiten mit ihren anarchischen Strömungen durch einen ins Kosmische ausgeweiteten Bürokratismus und eine universale Staatsplanimetrie zähmen; Nikolaj hofft auf Überwindung des Chaos durch Rationalismus und intellektuelle Schemata. Gemeinsam mit den der Kraft des »*revolutionären Schauers*« verfallenen Terroristen sind die Ableuchovs, von tatarischen Vorfahren abstammend und durch die Kraft des »*Eises*« geblendet, Vertreter des »*Mongolismus*«, des »*Ostens des Antichrist*«, des »*Reiches des Drachens*«, während Gestalten wie der naiv-gläubige Offizier Lichutin, der Sektierer Stepka, die okkulte Christusfigur (der »weiße Domino«, der an Handlungsknotenpunkten auftretende »unbekannte Alte«) und vermutlich auch die rätselhafte Geistererscheinung Peters des Großen, des »Ehernen Reiters«, als Exponenten des westlichen, »*arischen Prinzips*« zu deuten sind.

Von einem im Grunde unpolitischen Schriftsteller wie Belyj, der zwar ein seismographisches Gespür für Umbruchszeiten besaß, die Revolution aber – als rein emotionales Erlebnis ästhetisierend – lediglich als heilsamen apokalyptischen Sturm und Zusammenbruch der alten, morschen bürgerlichen Kultur begrüßte, war keine politisch-sozialpsychologische Zeitanalyse zu erwarten. So gibt er nicht die Realität, sondern nur die »Obertöne« des Revolutionsgeschehens (vor allem in Leitmotiven und Symbolen): der »*zirkulierende Browning*«, der »*menschliche Tausendfüßler*«, die »*Provokation*«, die auf dem Nevskij spazierengeht, die sich sträubenden Fabrikschlote, die Bombe, die »*roten Skandalblätter*« usw.) wieder, Reflexe der revolutionären Ereignisse auf der Bewußtseinsebene. Trotzdem gelang es Belyj, das Typische innerhalb der historischen Situation zu erfassen: Seine Romangestalten, vor allem die Vertreter der bürgerlichen Schicht, sind keine Charaktere, sondern austauschbare Charaktermasken, Stützen der dem Untergang geweihten zaristischen Gesellschaft.

Daß der Roman zu einem Zeitpunkt entstanden ist, als der russische Symbolismus seinen Höhepunkt bereits überschritten hatte und von neuen literarischen Strömungen abgelöst worden war, erklärt Belyjs Romantechnik: ein nur noch artistisches Jonglieren mit Versatzstücken des zu einer mystischen Weltanschauung gewordenen Symbolismus, mit Elementen des Okkultismus und Bausteinen der traditionellen russischen Geschichtsphilosophie. Folgerichtig erweist sich bei Belyj, dem »*vielleicht größten russischen Humoristen seit Gogol*'« (Mirskij), das Satirisch-Parodistische als das beherrschende Strukturelement. Indem er die Welt in Fragmente zerlegt, »verfratzt« und in einer Reihe von possenhaften Situationen neu zusammensetzt, gerät ihm der Roman zur Groteske.

Die Bedeutung des von KANT, NIETZSCHE, SCHO-PENHAUER, den Neukantianern, WAGNER, Steiner und Solov'ëv beeinflußten Eklektikers Belyj, der an die mystische Präsenz aller vergangenen Kulturen in der Gegenwart glaubte, liegt nicht im gedanklichen Bereich, sondern in seinem höchst originellen Beitrag zur russischen Literatursprache: Sein an Allusionen, Assonanzen, etymologischen Wortspielen, kühnen Neologismen, ironischen Aperçus und musikalischen Elementen reicher, ornamentaler (in der Terminologie der russischen Formalisten »schwerer«) Prosastil, seine polyphone, konsequent rhythmisierte, auf »Lautmetaphern« und »Wortinstrumentierung« aufbauende Sprache hat zahlreiche Nachahmer (PIL'NJAK und seine Schule, ZAMJATIN u. a.) gefunden. Unabhängig von JOYCE' *Ulysses* (1922), mit dem Belyjs Roman häufig verglichen wird, stellt sich *Peterburg* dar als Paradigma eines auf der Technik des *stream of consciousness* basierenden, chronologische und Kausalzusammenhänge ignorierenden sprachlichen Surrealismus. Literarische Reminiszenzen an PUŠKIN (vor allem den des *Mednyj Vsadnik*, 1846 – *Der eherne Reiter*) weckend und zum Vergleich mit GOGOL' (vor allem dem der *Petersburger Erzählungen*) und DO-STOEVSKIJ (dem des *Dvojnik*, 1846 – *Der Doppelgänger*, und der *Belye noči*, 1848 – *Weiße Nächte*) herausfordernd, erweist sich Belyj als ein Meister der absoluten Poetisierung und Musikalisierung der Sprache: *Peterburg* als komplexe, atonale Wortsymphonie.   D.Bu.

AUSGABEN: Jaroslavl' 1912. – Petersburg 1913/14 (im Almanach des Sirin-Verlags). – Petrograd 1916. – Bln. 1922 [gek. Neufassg.]. – Moskau 1928; Nachdr. Mchn. 1967, 2 Bde. [Einl. D. Tschižewskij]. – Moskau 1935.

ÜBERSETZUNGEN: *Petersburg*, N. Strasser, Mchn. 1919. – Dass., J. Ladyschnikow, Bln. 1922. – Dass. G. Drohla, Wiesbaden 1959. – Dass., dies., Ffm. 1976. – Dass., G. Dalitz, Bln. 1982.

LITERATUR: V. Chodaševič, *Ableuchovy – Letaevy – Korobkiny* (in *Literaturnye stat'i i vospominanija*, NY 1954). – D. Burkhart, *Leitmotivik u. Symbolik in A. B.s Roman »Peterburg«* (in WdS, 9, 1964). – P. R. Hart, *A. B.'s »Petersburg« and the Myth of the City*, Diss. Univ. of Wisconsin 1969. – H. Hartmann, *A. B. and the Hermetic Tradition. A Study of the Novel »Petersburg«*, Diss. Columbia 1969 [enth. Bibliogr.]. – L. K. Dolgopolov, *Obraz goroda v romane A. B. Peterburg* (in Izvestija Akademii Nauk, 1975, 34, S. 46–59). – A. Voroncov, *A. B.'s »Petersburg« and James Joyce's Ulysses. A Comparative Study*, Los Angeles 1975. – R. DiCarlo, *A. B.'s »Petersburg« and the Modern Aesthetic Consciousness*, Diss. Brown Univ. 1979. – E. Kulešova, *Erotika i revoljucija v »Peterburge« B.* (in Russian Language Journal, 110, 1977, S. 77–88). – N. Berberova, *A Memoir and a Comment: the »Circle« of Petersburg* (in *A. B., A critical review*, Hg. G. Janecek, Lexington 1978, S. 115–120). – J. Holthusen, *A. B. »Pe-terburg«* (in *Der russische Roman*, Hg. B. Zelinsky, Düsseldorf 1979, S. 265–289). – Ch. Castellano, *Synthesia. Imagination's Semiotic in A. B.'s »Petersburg«*, Diss. Cornell Univ. 1980 [enth. Bibliogr.]. – H.-J. Gerigk, *B.s »Petersburg« und Nietzsches »Geburt der Tragödie«* (in Nietzsche-Studien, 1980, 9, S. 356–373). – J. Holthusen, *Spielerische Strukturen in A. B.s »Peterburg«* (in Andrey Bely Centenary Papers, Hg. B. Christa, Amsterdam 1980, S. 146–156). – Ch. Tomei, *On the Function of Light and Color in A. B.'s »Peterburg«: Green and Twilight* (in SEEJ, 36, H. 1, 1992).

SEREBRJANYJ GOLUB'

(russ.; Ü: *Die silberne Taube*). Roman von Andrej BELYJ, erschienen 1909. – Der Roman war ursprünglich gedacht als 1. Teil der geplanten Trilogie *Vostok ili Zapad (Ost oder West)*, von der allerdings mit *Peterburg* (1912 bzw. 1922) nur noch der 2. Teil verwirklicht wurde. Der Gegensatz zwischen Orient und Okzident wird hier vor allem in der Figur des Romanhelden Petr Darjal'skij realisiert. Dieser ist verlobt mit Katja Gugoleva, der Enkelin der Baronin Todrabe-Graaben, deren Familie das europäische, westliche Prinzip eines in Etikette erstarrten Lebens verkörpert, während der Tischler Kudejarov, Führer einer geheimen Sekte, die ein Reich des Heiligen Geistes auf Erden erwartet, und dessen Magd Matrena das östliche Prinzip vertreten. Darjal'skij, seiner Erziehung und seinem Milieu nach ein Westler, glaubt an die Geburt eines durch die orthodoxe Kirche vermittelten neuen Hellenentums in Rußland. Seine Neigung zum Okkultismus macht ihn anfällig für die Heilserwartung der »*Golubi*« (Tauben), wie sich die Anhänger Kudejarovs nennen. Psychologisch motiviert wird Darjal'skijs Bruch mit Katja und sein Eintritt in den Dienst Kudejarovs, bei dem er sich als Geselle verdingt, durch sein Verfallensein an Matrena, die hexenhafte, pockennarbige Magd des Tischlers. Kudejarov glaubt, daß Darjal'skij dazu auserwählt sei, mit Matrena einen neuen Christus zu zeugen und fördert daher, seine Eifersucht überwindend, das erotische Verhältnis zwischen den beiden. Als das erwartete Kind jedoch ausbleibt, beschließt er, Matrenas Liebhaber zu töten. Im Hause der Fekla Eropegina, einer reichen Gönnerin Kudejarovs, wird er von den »*Golubi*« erdrosselt.
Belyjs erster Roman weist bereits alle charakteristischen Merkmale seines späteren Erzählwerkes auf. Elemente der *skaz*-Technik GOGOL's und DOSTO-EVSKIJS mischen sich mit ekstatisch-visionären Passagen. Eine besondere Rolle spielen bestimmte Signalfarben (Rot, Weiß, Grün), Schlüsselsymbole (Tauben, Fliegen; Netze, Fäden, Stricke usw.), wiederkehrende Lieder, Satzphrasen und Lautgruppen, die – ähnlich wie in Belyjs *Sinfonien* der Jahre 1901–1908 – den Text wie eine musikalische Komposition organisieren. Kaum eines dieser Elemente ist semantisch genau festgelegt. Die Bedeutungen sind kontextabhängig und außerordentlich

dynamisch. So z. B. steht die Farbe Rot mal für das westliche Prinzip der Revolution (die Handlung spielt vor dem Hintergrund der Ereignisse der Jahre 1905/06), mal für das östliche Prinzip der Morgenröte *(ex oriente lux)*; mal für Sinnen- und Lebensfreude, mal für Gewalt und Tod. Dieser Relativismus macht es dem Leser schwer herauszufinden, für welche Alternative, Ost oder West, sich der Autor entscheidet. Neben der Musikalisierung des Textes und der Dynamisierung seiner Bedeutungen trägt schließlich auch die eminent komische Anlage des Romans dazu bei, daß dieser sich eindeutigen Interpretationen entzieht. Jede Figur wird doppelt entworfen: als tragische und als komische, als erhabene und als burleske Rolle. Wesentlichen Anteil an der Erzeugung haben sprachkomische Elemente in der Tradition Gogol's wie groteske Namen, Wortspiele und Kalauer. Die »ornamentale« Erzähltechnik, die Belyj damit schuf, hat später besonders PIL'NJAK in seinen Romanen aufgegriffen und weiterentwickelt.   A.Gu.

AUSGABEN: Moskau 1909 (in Vesy, Nr. 3/4; 6/7; 10–12). – Moskau 1910. – Bln. 1922, 2 Bde.; Nachdr. Mchn. 1967 [Einl. A. Hönig].

ÜBERSETZUNG: *Die silberne Taube*, G. Drohla, Ffm. 1961. – Dass., dies., Mchn./Zürich 1964.

LITERATUR: J. L. Rice, *A. B.'s »Silver Dove«: the Black Depths of Blue Space, or Who Stole the Baroness's Diamonds* (in *Mnemozina: Studia Litteraria Russica in Honorem Vsevolod Setchkarev*, Hg. J. Baer u. N. W. Ingham, Mchn. 1974, S. 301–316). – Th. Beyer, *B.'s »Serebrjanyj Golub'«: Gogol' in Gugolevo* (in Russian Language Journal, 107, 1976, S. 79–88). – J. D. Elsworth, *»The Silver Dove«: an Analysis* (in Russian Literature, 1976, 4, S. 365–393). – J. Holthusen, *Erzähler und Raum des Erzählens in B.s »Serebrjanyj Golub'«* (in Russian Literature, 1976, 4, S. 325–344). – Th. Beyer, *A. B.'s »The Magic of Words« and »The Silver Dove«* (in SEEJ, 22, 1978, S. 464–472).

ALEKSANDR ALEKSANDROVIČ
BLOK

* 28.11.1880 St. Petersburg
† 7.8.1921 Petrograd

LITERATUR ZUM AUTOR:
Biographien:
M. A. Beketova, *A. B. Biografičeskij očerk*, Den Haag/Paris 1969 [Nachdr. der Ausg. Petersburg 1922]. – N. S. Ašukin, *A. B. Sinchronističeskie tablicy žizni i tvorčestva. 1880–1921. Bibliografija*

1903–1923, Letchworth 1973. – A. Pyman, *The Life of A. B.*, Oxford 1979. – St. St. Lesnevskij, *Put' otkrytyj vzoram. Moskovskaja zemlja v žizni A. B. Biografičeskaja chronika*, Moskau 1980.
Gesamtdarstellungen und Studien:
P. Medvedev, *Dramy i poėmy A. B.*, Leningrad 1928. – J. v. Guenther, *A. B. Der Versuch einer Darstellung*, Mchn. 1948. – K. Močul'skij, *A. B.*, Paris 1948. – E. Mayr. *Die lyrischen Dramen A. B.s*, Diss. Wien 1950. – R. Kemball, *A. B. A Study in Rhythm and Metre*, Den Haag 1965. – R.-D. Kluge, *Westeuropa u. Rußland im Weltbild A. B.s*, Mchn. 1967. – A. B. Rubcov, *Dramaturgija A. B.*, Minsk 1968. – A. V. Fëdorov, *Teatr A. B. i dramaturgija ego vremeni*, Leningrad 1972. – L. Vl. Krasnova, *Poėtika A. B. Očerki*, Lemberg 1973. – G. Pirog, *A. B.'s Italian Poems. A Study of Compositional Form*, Diss. Yale Univ. 1975. – D. M. Pocepnja, *Proza A. B. Stilističeskije problemy*, Leningrad 1976. – J. Forsyth, *Listening to the Wind. An Introduction to A. B.*, Oxford 1977. – F. Jaeger, *Die vier Elemente im lyrischen Werk A. A. B.s*, Freiburg (Breisgau) 1978. – A. S. Pozov, *Liričeskij misticizm B.*, Stg. 1978. – B. M. Ėjchenbaum, *Sud'ba B.*, Letchworth 1979. – L. K. Dolgopolov, *A. B. Ličnost' i tvorčestvo*, Leningrad 1980. – D. E. Maksimov, *Poėzija i proza A. B.*, Leningrad 1981. – J. Peters, *Farbe und Licht, Symbolik bei A. B.*, Mchn. 1981.
Neue Werkausg.: *Sobr. soč. v dvadcati tomach*, Moskau 1995.

BALAGANČIK

(russ.; *Ü: Die Schaubude*). Lyrische Szenen von Aleksandr A. BLOK, Uraufführung: Petersburg, 30. 12. 1906, Komissarževskaja-Theater (unter Mejerchol'd). – Durch die mißlungenen Revolutionsversuche des Jahres 1905 in seiner mystischen Haltung wankend geworden, ging Blok daran, alles das einzureißen, was ihm zuvor Gegenstand höchster Verehrung gewesen war. So entstand eine Persiflage auf das Ewigweibliche, auf die eschatologischen Erwartungen Bloks, sein Ungenügen am Alltagsleben. Das Stück führt die Idee eines gleichnamigen Gedichts (vom Juni 1905) fort und machte den Autor erstmals weiteren Kreisen bekannt. Zusammen mit den später entstandenen Bühnenwerken *Korol' na ploščadi (Der König auf dem Rummelplatz)* und *Neznakomka (Die Unbekannte)* bildet es eine Trilogie. – Die Personen der Handlung: der melancholische Pierrot, sein Gegenspieler, der aktive Harlekin, und zwischen ihnen Columbina, die marionettenhafte Braut Pierrots; weiter ein geheimnisvoller Kreis von Mystikern, denen Columbina als eine Erscheinung des Todes gilt. Drei Liebespaare bieten Gelegenheit zu Allegorien auf alle Arten des Ewigweiblichen, ins Lächerlich-Banale verzerrt. Zuletzt betritt auch der Autor selbst die Bühne, um dort den Inhalt des Stücks als eine triviale Liebesgeschichte zu erklären.
Aufbau und Sprache des fast handlungslosen Stücks sind vergröbert und wirken so unbeholfen,

daß im Zuschauer der Eindruck entstehen muß, er wohne tatsächlich einer primitiven Schaubudenvorstellung bei. Das Ziel Bloks ist, den Zuschauer restlos zu desillusionieren. Sehr vordergründige Komik (das aus den Wunden fließende Blut ist Fruchtsaft, die Waffen und Rüstungen bestehen aus Pappmaché, die Bewegungen der Darsteller wirken grotesk-maschinell) steht in krassem Gegensatz zu Szenen von betont gefühlvoller Traurigkeit, die ernst zu nehmen und zu deuten dem Zuschauer ebenso überlassen bleibt wie die Beantwortung der Frage, ob sich nicht doch Hintergründiges im Spiel verbirgt. War die sehnlichst erwartete und sich zum Schluß in eine leblose Puppe aus Pappmaché auflösende Columbina vielleicht ein Symbol für die Verfassung der Zarenregierung? Die dies fragten, waren zu sehr an ernstgemeinte symbolische Darstellungen gewöhnt, als daß sie nur ein plakathaft buntes, allein der Desillusionierung dienendes Puppenspiel hätten begreifen können.

Mejerchol'd ließ sich von diesem Programmwerk Bloks, dessen Prosasprache hier steif und formelhaft, dessen Reim plakativ ist, zu einem ganz neuen Inszenierungsstil anregen; neben den Schauspielern bezog er Marionetten mit in die Handlung ein und ließ – dies zum erstenmal – die Dekorationen auf offener Szene umbauen. All das diente der Absicht, den Zuschauer auch vom Bühnenbild und von der Inszenierung her vor jeder Illusion zu bewahren.　　J.W.

AUSGABEN: Moskau 1906. – Moskau 1960 (in *Sočinenija*, Hg. V. N. Orlov, 3 Bde., 1). – Leningrad 1981 (in *Teatr*). – Leningrad 1980–1982 (in *Sobr. soč.*, 6 Bde., 3).

ÜBERSETZUNGEN: *Die Schaubude*, J. v. Guenther, Mchn. 1947. – Dass., L. u. M. Remané (in Alexander Block, *Ausgewählte Werke*, Hg. F. Mierau, 3 Bde., Mchn. 1978, 2).

LITERATUR: V. Bennett, *Russian Pagliacci: Symbols of Profaned Love in »The Puppett Show«* (in V. B., *Drame and Symbolism*, Cambridge 1982, S. 141–171).

DVENADCAT'

(russ.; *Ü: Die Zwölf*). Poem von Aleksandr A. BLOK, erschienen im April 1918. – Das Spätwerk Bloks, mit dem der Dichter Weltruhm erlangte, beschreibt den Todeskampf der durch die Revolution zertrümmerten bürgerlichen Gesellschaft. Während in der Stadt (Petrograd) der mordende und plündernde Pöbel tobt, bahnen sich zwölf Rotgardisten durch Kugelregen und Schneetreiben ihren blutigen Weg (*»Haltet den Schritt der Revolution!«*), der sie an den aufgestörten Vertretern der alten, bürgerlichen Welt vorbeiführt: ein Bourgeois verbirgt sein Gesicht hinter dem hochgeschlagenen Mantelkragen, eine alte Bürgerin fällt in

den Schnee und beklagt ihr Schicksal, ein Intellektueller bejammert die Zerstörung Rußlands, ein Priester sucht in den Schneewehen Schutz, eine Aristokratin klagt einer anderen ihren Kummer und gleitet plötzlich auf dem Eis aus, ein hungriger, räudiger Hund mit eingezogenem Schwanz erscheint als Symbol der alten Welt. Für die zwölf aber gilt allein der Befehl: *»Mann der Arbeit, bleib nicht stehen, weiter mußt du, weitergehen.«* Vorbei auch an der Hure Kat'ja, die von einem der zwölf Gardisten, Petrujuška, auf der Straße niedergeschossen wird, weil sie ihn betrog. Seine Kameraden verwehren ihm (der Gardist: *»Man empfindet keine Freude über die Sünde«*) die Trauer: *»Wie sie da liegt ... Hurengeschmeiß! Dich Aas macht auch der Schnee nicht keusch.«* Der Mörder marschiert weiter, denn für private Gefühle ist die Zeit vorbei, jetzt *»werden Sachen kommen, drum, Genosse, schick dich drein«.* Grausam und zerstörerisch, *»nichts bedauernd«,* so schreitet der Zug unter der roten Fahne der Revolution vorwärts, die Jesus Christus ihm voranträgt:

»Gehn und schreiten, schreiten, gehen ...
Hungerhund prescht hinterher.
Vorn die Fahne, blutig wehend,
Und, unsichtbar – denn es schneit –,
Einer noch, der ist gefeit,
Sturmfern, sanft, so schreitet er
Schneeglanz, perlend, um sich her,
Rosenweiß sein Kränzlein ist –
Vorne gehet Jesus Christ.«　(Ü. P. Celan)

Das Poem, bei seinem Erscheinen von der bolschewistischen Parteipresse gebilligt, auf zahlreichen Veranstaltungen in den ersten Jahren nach der Oktoberrevolution öffentlich vorgetragen, war Gegenstand zahlreicher Interpretationen, deren Deutungen von einem Preislied auf die Revolution bis hin zu einer Variation über das Thema der »schönen Dame« *(Stichi o prekrasnoj dame)* reichen. Dieser »schönen Dame« scheint die Christusfigur am Ende des Poems zu gleichen, und in der Tat sagte Blok später, er schäme sich dieser *»weibischen Erscheinung«,* lieber sähe er eine andere Gestalt an ihrer Stelle, aber *»noch muß es Christus sein, da kein anderer da ist«. »Es handelt sich nicht darum, ob sie* [die Zwölf] *seiner würdig sind, schrecklicher ist vielmehr, daß er wieder mit ihnen ist und vorläufig kein anderer ...«* Diese Aussage Bloks resultiert aus seinem permanenten Mißverständnis der Ursachen der Revolution, in der er kein gesellschaftlich-politisches Ereignis der sozialen Umwälzungen sah. Obwohl er sofort bereit war, auf seiten der Bolschewiken mitzuarbeiten – was er auch bis zu seinem Tode tat –, verstand er doch nie ihr durch die marxistische Klassenkampftheorie begründetes Handeln. Als Dichter des mystischen »schönen Dame«, die die außerweltliche Harmonie und ewige Göttlichkeit versinnbildlichen sollte, konnte er keinen Weg zu den in der proletarischen Revolution wirksamen Gesetzen gesellschaftlicher Bewegung finden. In der Revolution – für Blok kosmische Katastrophe und ein Naturereignis, das die schale, abgestandene Welt der »alten Langeweile« niederwarf –

will er den Abglanz jener höheren, außerweltlichen Ordnung entdecken. Und wie konnte er sie anders durch das Revolutionschaos hindurchscheinen lassen als durch seine Vision von einem göttlichen Führer?

Auch dieses eine neue Geschichtsepoche einleitende Zeitereignis war also für Blok nur Abbild seines eigenen mystischen Erlebens: als er an seinem Poem arbeitete, glaubte er, wie er mitteilt, einen überwältigenden Lärm zu vernehmen, *»wahrscheinlich das Zusammenstürzen der alten Welt«*. Diese gewaltige Musik des Zusammenbruchs, die aus den Versen Bloks tönt, ist das Faszinierende an dem Werk. In den zwölf Strophen wechseln freie Rhythmen mit Tanzlied und Romanze, Revolutionslieder und -parolen mit den *častuški* des Volkslieds. Die Sprache schafft Ironie und Begeisterung. Satire steht neben Burleske und Tragödie, das Schöne neben dem Gemeinen, Straßenjargon bricht in Lyrismen ein; Dissonanzen und wechselnde Metrik erzeugen den chaotischen Rhythmus der durch den Schneesturm symbolisierten Revolution.   J.W.-KLL

AUSGABEN: Moskau 1918. – Leningrad 1960 (in *Sobr. soč.*, Hg. V.N. Orlov, 3 Bde., 3). – Moskau 1978.

ÜBERSETZUNGEN: *Die Zwölf*, R. v. Walter, Bln. 1920. – Dass., J. v. Guenther (in *Gesammelte Dichtungen*, Mchn. 1947). – Dass., P. Celan, Ffm. 1958. – Dass., ders., Lpzg. 1977. – Dass., A. E. Thoss (in *Ausgewählte Werke*, Hg. F. Mierau, 3 Bde., Mchn. 1978, 1).

LITERATUR: M. Baade, *Die deutsche Literaturkritik zu dem Poem »Die Zwölf« von A. B.* (in Wiss. Zs. d. Humboldt-Univ. Bln., 1957/58, S. 107 ff.). – R. I. Smirnov, *Nekotor, voprosy idejno-chud, specifiki poèmy »Dvenadcat'«* (in Učen. zap. Irkutsk. ped. inst., 15, 1959, S. 87–129). – S. Štut, *»Dvenadcat'« A. B.* (in Novyi mir, 1959, Nr. 1). – F. D. Reeve, *Structure and Symbol in B.'s »The Twelve«* (in American Slavic and East European Review, 19, 1960, S. 259–276). – M. Baade, *Zur Aufnahme von A. B.s Poem »Die Zwölf« in Deutschland (Tl. 1: 1920 bis 1933)* (in ZfSl, 9, 1964, S. 175–195). – R. D. Kluge, *Zur Deutung der Revolution in A. B.s Versepos »Dvenadcat'«* (in *Das Menschenbild in der Sowjetliteratur*, Jena 1969, S. 125–133). – E. Etkind, *Kompozicija poėmy A. B. »Dvenadcat'«* (in Russkaja Literatura, 1972, 15, S. 49–63). – S. Hackel, *The Poet and the Revolution. A. B.'s »The Twelve«*, Oxford 1975. – M. F. P'janych, *»Dvenadcat'« A. B. Lekcija*, Leningrad 1976 [enth. Bibliogr.]. – D. Bergstraesser, *A. B. und »Die Zwölf«. Materialien zum eschatologischen Aspekt seiner Dichtung*, Heidelberg 1979. – L. K. Dolgopolov, *Poèma A. B.'a »Dvenadcat'«*, Leningrad 1979. – A. Knigge, *Ein Tropfen Politik. Zur Rezeption des Poems »Die Zwölf« von A. B.* (in ZslPh, 1980, 41, S. 306–349). – I. Masing-Delic, *The Salvation Model of B.'s The Twelve* (in SEEJ, 1980, 24, S. 118–132). – V. Orlov, *»Die Zwölf« von A. B.* (in Kunst u. Literatur, 1980, 28, S. 1176–1196). – L. I. Eremina, *Starinnye rozy A. B.: k istolkovaniju finala poėmy »Dvenadcat'«* (in Filologičeskie Nauki, 1982, 4, S. 17–34). – E. Ivanova, *Zagadočnyj final »Dvenadcati«* (in Moskva, 1991, Nr. 8).

NEZNAKOMKA

(russ.; *Ü: Die Unbekannte*). Lyrisches Drama in drei »Visionen« von Aleksandr A. BLOK, erschienen 1907; Uraufführung: Moskau, 3. 2. 1913, Literaturnyj Chudožestvennyj Kružok. – Das 1906 entstandene Werk gibt nach den Worten des Autors eine Weiterentwicklung der Thematik einiger Gedichte der Jahre 1905/1906 (unter ihnen ist eines, das ebenfalls den Titel *Neznakomka* trägt).

Steht das frühe, vorwiegend lyrische Schaffen des symbolistischen Dichters ganz unter dem Einfluß der idealistischen, religiös-mystischen Philosophie Vladimir SOLOV'ÈVs (1853–1900), so bezeichnet der Zyklus der lyrischen Dramen *Balagančik (Der Schaubudenbesitzer)*, *Korol' na ploščadi (Der König auf dem Platze)* und *Neznakomka* aus dem Jahre 1906 einen Wendepunkt im Schaffen Bloks. Unter dem Eindruck der ersten russischen Revolution von 1905, an der er aktiv teilnahm, beginnt der Dichter sich von den Bindungen an die Gedankenwelt des Bürgertums zu lösen, deren dekadentester Ausprägung er bislang verpflichtet war. Es setzt jene Entwicklung ein, die ihn in seinem bekanntesten Poem *Dvenadcat'*, 1918 *(Die Zwölf)*, zur Bejahung der Oktoberrevolution führen sollte. Hatte Blok in seinen früheren Gedichten das Ideal der »Schönen Dame« *(Prekrasnaja Dama)* als abstraktes Prinzip besungen, in dem die Idee des Ewig-Weiblichen mit der Idee der göttlichen Weisheit, der griechisch-christlichen *sophia*, verschmolz, so konfrontiert er in *Neznakomka* dieses Ideal mit der abstoßenden Niedrigkeit des bürgerlichen Großstadtmilieus.

Die erste »Vision« des Stückes spielt in einer schäbigen Straßenkneipe, wo verschiedene Gäste ihre tatsächlichen oder eingebildeten Liebeserlebnisse erzählen. Inmitten der widerlichen Atmosphäre hängt der Dichter seinem Traum von der Schönen Unbekannten nach, dem Ideal überirdischer weiblicher Vollkommenheit. Seiner Phantasie sekundiert ein junger Seminarist, der einem Trinkgenossen seine Begegnung mit einer jungen Tänzerin schildert. Beide werden durch die desillusionierenden Bemerkungen eines an Verlaine erinnernden Gastes aus ihren Träumen gerissen. – Der Alkohol steigt den Trinkenden zu Kopf, und die Wände der Kneipe weiten sich zur zweiten »Vision«. Zwei Kneipendiener schleppen den völlig betrunkenen Dichter ins Freie, wo ein Astrologe einen neuen Stern am Himmel beobachtet. Der Stern, der auf die schneebedeckte Brücke herabfällt, nimmt die Gestalt der Unbekannten an. Der Dichter, in den »Blauen«, das Sinnbild des der Erfüllung seines Traumes nahen Idealisten, verwandelt, sucht in der Fremden die überirdische Geliebte, während die Unbekannte danach trachtet, die irdische Liebe und Wirklichkeit zu erfahren. Da die Absichten beider einander zuwiderlaufen, sucht der Dichter vergeblich, sein übersinnliches Ideal gegen die sinnliche Werbung der Unbekannten zu verteidigen: »*Willst du mich umarmen? – Ich wage nicht, dich zu berühren. – Kennst du die Leidenschaft? – Mein Blut schweigt.*« Ein schäbiger Schürzenjäger führt die Unbekannte, die sich Maria nennt, mit sich fort. Doppelsinnig beklagt der Astrologe das Verschwinden seines Sterns: »*Gefallen ist der Stern Maria.*«

Die dritte »Vision«, die eine Abendgesellschaft im gehobenen bürgerlichen Milieu vorstellt, zeichnet das exakte Spiegelbild des Kneipenmilieus aus dem ersten Aufzug. Als unerwartet die Unbekannte in die Gesellschaft tritt, vermag keiner der Anwesenden sie ins Gespräch zu ziehen, und auch im Dichter weckt sie keinerlei Erinnerung. Von dem Astrologen, der um seinen neuen Stern trauert, nach dem Erfolg seiner Suche nach dem Ideal gefragt, erwidert der Dichter: »*Mein Suchen war vergeblich.*« Die Unbekannte ist verschwunden. Am Himmel leuchtet ein strahlender Stern.

Obwohl Blok betont, in seinen frühen Dramen »*keinerlei gedankliche, moralische oder andere Schlußfolgerungen*« zu ziehen, ist die Absage an die metaphysische Wahrheitssuche seines früheren Schaffens, dargestellt am Scheitern des Dichters, unverkennbar. Die Abkehr von seinem früheren Programm führte zum scharfen Bruch des Dichters mit Andrej BELYJ und anderen Symbolisten. Obgleich der Autor keines seiner lyrischen Dramen zur Aufführung bestimmt hat, wurde das Stück nach anhaltenden Verfolgungen durch die zaristische Zensur 1913 in Moskau uraufgeführt, wobei die Inszenierung – in der Tradition der *Balagančik*-Aufführung Mejerchol'ds (1906) – der symbolistischen Stilbühne und der dem Puppenspiel entlehnten pantomimisch-statuarischen Darstellungsweise bediente.   C.K.

AUSGABEN: Moskau 1907 (in Vesy, Nr. 5–7). – Moskau 1908 (in *Liričeskie dramy*). – Moskau ²1918 (in *Teatr*). – Moskau/Leningrad 1961 (in *Sobranie sočinenij*, 8 Bde., 4). – Leningrad 1981 (in *Teatr*). – Leningrad 1980–1982 (in *Sobr. soč.*, 6 Bde., 3).

ÜBERSETZUNGEN: *Die Unbekannte*, J. v. Guenther (in *GW*, Bd. 2, Mchn. 1947). – Dass., L. u. M. Remané (in *Ausgewählte Werke*, Hg. F. Mierau, 3 Bde., Mchn. 1978, 2).

LITERATUR: G. M. Shoolbraid, *B.'s »Neznakomka«: A Note* (in Russian Language Journal, 1970, 89, S. 22–32). – E. A. Nekrasova, *Kak »sdelany« stichi A. B.?* (in Russkaja Reč', 1981, 2, S. 39–46). – S. Nolda, *B.'s Drama »Neznakomka«* (in WdS, 1983, 28, S. 155–170).

ROZA I KREST

(russ.; *Ü: Rose und Kreuz*). Drama in vier Akten von Aleksandr A. BLOK, erschienen 1913. – Bloks lyrisches Drama arbeitet mit zahlreichen Entlehnungen (z. B. aus dem südfranzösischen *Flamenca*-Roman, aus Troubadourliedern, Auszügen aus dem *Lancelot*, Geschichtsquellen zu den Albigenser-Kriegen) und schafft dadurch, daß Ort und Zeit der Handlung genau bestimmbar sind, die historische Realität des Stücks. Diese kommt auch szenisch durch die bunte Menge von Statisten, häufigen Schauplatzwechsel und Theatereffekte (Tänze, Lieder, Ritterschlag, Überfälle usw.) sowie durch die Spiegelung der Moral des französischen Mittelalters und seiner sprachlichen Eigentümlichkeiten zum Ausdruck. Bei den Liebesintrigen ist die psychologische Motivation so weit außer acht gelassen, daß statt realistischer Charakterisierung ein Spiel von Masken im Stil der *commedia dell'arte* bzw. des symbolischen Theaters (vgl. SOLOGUB) stattfindet. Der historische Realismus erweist sich hier als Ausweitung der in früheren Stücken verzerrt gesehenen Realität (z. B. *Die Unbekannte* – *Neznakomka*, 1907) und wirkt aus der Sicht der zusammenhängenden lyrischen Welt Bloks fast grotesk.

Die Liebe des häßlichen Bertrand, Gefolgsmann des Grafen von Archimbauld, zu der Gattin seines Herrn, Izora, bleibt unerwidert. Der Graf wird von feindlichen Nachbarn bedrängt und schickt Bertrand als Kundschafter aus. Gleichzeitig beauftragt ihn seine Herrin, den »Wanderer« zu suchen, den fahrenden Sänger, durch dessen von allen Spielleuten gesungenes Lied über »*Freude-Leiden*« (»*radost'-stradanie*«) sie in tiefe Melancholie fiel. Der Sänger war ihr im Traum als lichte Jünglingsgestalt mit einer schwarzen Rose auf der Brust erschienen. Nur er allein kann ihre Schwermut heilen. Durch den Kapellan, einen Intriganten und Zuträger, erfährt der Graf von den Träumen seiner Gattin und sperrt sie, mißtrauisch geworden, in den »*Turm der untröstlichen Witwe*« ein. Bertrand findet den Sänger, Gaëtan, einen alten Ritter, der schwermütige Lieder von den Enttäuschungen der Liebe singt, die im Augenblick ihrer Erfüllung schon dem Untergang geweiht ist. Er nimmt ihn mit an den Hof von Archimbauld. Izora erblickt den Sänger in einer Fieberphantasie, in der sich der wirkliche Gaëtan mit ihrer Traumgestalt vermischt. Sie erschrickt vor dem strengen Kreuz auf seiner Brust und deckt es mit einer schwarzen Rose zu. Die beiden trennt die für Izora nicht begreifbare Vereinigung von Liebe und Tod, von Freude und Leiden. Bertrand findet die Rose auf der Brust des schlafenden Gaëtan, erbittet sie von diesem und birgt sie unter dem Panzer an seiner Brust. In einer Schlacht wird er schwer verwundet. Der selbstgerechte Graf jedoch bleibt ihm den Lohn für seine Treue schuldig.

Das romantisch-symbolische Stück weist keinen eigentlichen dramatischen Konflikt auf, sondern gründet auf der Überschneidung der Sphären des

Traums und der Wirklichkeit. Diese Zweischichtigkeit in *Rose und Kreuz* wird durch die ganze Handlung geführt: Inmitten der dynamischen Realität des 13. Jh.s ist die Statik der imaginativen Ebene angesiedelt; als lyrische Wiederholung (z. B. Lied des Gaëtan) schafft sie einen ruhenden Pol und stiftet Querverbindungen. In der Gestalt des Bertrand vereinigen sich die beiden Ebenen: die Welt der legendären Bretagne und die des realen Languedoc. Gleichzeitig verkörpert er die paradoxe Koexistenz von Freude und Leid. Seine Freude ist der Dienst an Herr und Herrin, die Ergebnislosigkeit seines Dienstes ist sein Leiden. Doch wären Lohn und Erfüllung der Beginn neuen Leidens – so will es das in dem Drama gestaltete dialektische Prinzip. Bertrand erkennt dieses *»Gesetz des Herzens«*, als er das heimliche Zusammensein von Izora und Ritter Aliksan bewacht. Als die Nacht des Liebespaares zu Ende geht, erliegt er nach diesem letzten Dienst seinen Wunden, stirbt für den Grafen und Izora, für die er lediglich ein *»treuer Diener«* war, zugleich aber stellvertretend für alle wahrhaft Liebenden: Das Stück findet seinen Sinn im *»Mysterium der gekreuzigten Liebe«* (Močuľskij). Künstlerisch läßt Blok in seinem Drama die historisch-reale Welt mit ihren politischen Aufständen auf eine erträumte stoßen und beschreibt damit eine Kollision, die sich für ihn mit der Revolution von 1905 tatsächlich vollzogen hatte.   J.W.-KLL

AUSGABEN: Moskau 1913. – Moskau/Leningrad 1961 (in *Sočinenija*, Hg. V. N. Orlov, 8 Bde., 1960 bis 1965, 4). – Leningrad 1981 (in *Teatr*). – Leningrad 1980–1982 (in *Sobr. soč. v 6 tomach*, 3).

ÜBERSETZUNGEN: *Rose und Kreuz*, W. E. Groeger, Bln. 1922. – Dass., L. u. M. Remané (in *AW*, Hg. F. Mierau, 3 Bde., Mchn. 1978, 2).

LITERATUR: D. Sheluďko, *Ob istočnikach dramy B. »Roza i krest«* (in Slavia, 9, 1930, S. 103–138). – R. L. Lewitter, *The Inspiration and the Meaning of B.'s »The Rose and the Cross«* (in SEER, 35, 1956, S. 428–442). – V. M. Žirmunskij, *Drama A. B. »Roza i krest«. Literaturnye istočniki*, Leningrad 1964. – E. A. Ogneva, *»Roza i krest« A. B.: Avtobiografičeskaja osnova* (in Russkaja Literatura, 1976, 19, S. 136–143).

SKIFY

(russ.; *Ü: Die Skythen*). Poem von Aleksandr A. BLOK, erschienen 1918. – Während in dem Poem *Dvenadcat'*, 1918 (*Die Zwölf*), der sozialrevolutionäre Aspekt im Vordergrund steht, ist *Skify* betont nationalrevolutionär. Der Dichter beschwört hier Europa, das neue Rußland zu begreifen und ihm in die *»neue Epoche der Menschheitsgeschichte«* (Kluge) zu folgen. Das Schicksal der kulturell kranken europäischen Welt sei besiegelt, wenn sie sich gegen ihre eigene Erneuerung wehre. Diese scheint dem Dichter nur mit Hilfe der skythischen Urkraft des »asiatischen« Rußlands (*»Ja, Skythen sind wir! Ja, Asiaten sind wir! Asiaten mit geschlitzten und gierigen Augen«*) möglich. Rußland, das mit *»Haß und Liebe«* auf den Westen blicke, *»den scharfen gallischen Sinn und das düstere germanische Genie«* bewundere, sei zur *»friedlichen Umarmung«* bereit; noch biete es die Bruderschaft an, die die westlichen Völker nicht ausschlagen dürften, wenn sie vermeiden wollten, daß ihre *»kranke späte Nachkommenschaft«* sie noch *»Jahrhunderte lang verfluchen wird«*. Die Länder Europas werden untergehen, sollten sie sich auf einen Kampf mit den wilden mongolischen Horden einlassen, denn Rußland – bisher ein *»Schild zwischen den feindlichen Rassen«* – werde nicht mehr helfend eingreifen. *»Zum letzten Mal«* warnt die *»Barbarenleier«* die *»alte Welt«*.

Im Gegensatz zu dem rhythmisch unregelmäßigen und nervösen *Dvenadcat'* ist dieses Poem im Wechsel von vier- und fünfhebigen Jamben, die durch Paarreim zusammengefaßt sind, gleichmäßig und ruhig gestaltet. Im ersten Teil werden in scharfen Antithesen das zivilisiert-rationale, statische Westeuropa und das elementar-revolutionäre, dynamische Asiatenrußland gegenübergestellt. Zugleich greift Blok den für ihn ungewöhnlichen slavophilen Gedanken auf, daß die Feindschaft zwischen dem ausbeuterischen Westeuropa und dem mißbrauchten Rußland historisch erwiesen sei. Der zweite Teil kreist um den Gedanken DOSTOEVSKIJS von Rußlands fast unbegrenzter Aufnahmefähigkeit für alle geistig-kulturellen Werte des Westens. Diese Aufnahmefähigkeit basiere auf Rußlands besonderer emotionaler Intensität. Der letzte Teil wird beherrscht von dem schon bei Vladimir SOLOV'ËV anzutreffenden Motiv der »gelben Gefahr«, die Europa zermalmen werde, wenn es sich nicht mit Rußland vereine. Blok greift hier formal auf die Form der Ode LOMONOSOVS und DERŽAVINS zurück; inhaltlich nähert er sich PUŠKINS berühmtem Gedicht *Klevetnikam Rossii*, 1831 *(An die Verleumder Rußlands)*. Bloks *»moderne Ode der Revolution«* (Struve), die die aktuelle politische Problematik vom Skythen-Mythos her betrachtet, beeindruckt durch Monumentalität und die beschwörende Kraft der Bilder, läßt andererseits eine inhaltlich konzentrierte Entwicklung der dualistischen Ausgangsthese vermissen. Seine besondere Anziehungskraft, die die der *Zwölf* noch übersteigt, verdankt das Poem seiner lautstarken Rhetorik und seinem slavophilen wie pazifistischen Tenor. Wie schon in *Die Zwölf* setzt Blok hier seinen Weg vom mythischen Symbolismus zu einem an gesellschaftlichen Problemen orientierten Realismus fort.

           KLL

AUSGABEN: Petersburg 1918. – Moskau 1960 (in *Sočinenija*, Hg. V. N. Orlov, 8 Bde., 1960–1965, 3). – Leningrad 1961 (in *Stichotvorenija i poėmy*, 2 Bde., 2). – Leningrad 1980–1982 (in *Sobr. soč.*, 6 Bde., 2).

ÜBERSETZUNGEN: *Die Skythen*, R. v. Walter, Bln. o. J. [1920; zus. m. *Die Zwölf*]. – Dass., J. v. Guenther (in *Gesammelte Dichtungen*, Mchn. 1947). – Dass., H. Czechowski (in *Ausgewählte Werke*, Hg. F. Mierau, 3 Bde., Mchn. 1978, 1).

LITERATUR: E. Lo Gatto, »*Gli Sciti« di A. B.* (in *For Roman Jakobson. Essays on the Occassion of His 60th Birthday*, 11.10. 1956, Hg. M. Halle u. a., Den Haag, 1956, S. 295 ff.). – J.-P. Morel, *L'orient, le commissaire et les surréalistes* (in Revue de Littérature Comparée, 1980, 216, S. 425–443).

SNEŽNAJA MASKA

(russ.; *Ü: Die Schneemaske*). Gedichtzyklus von Aleksandr A. BLOK, erschienen 1907. – Die dreißig Gedichte des in die Abschnitte *Snega (Schnee)* und *Maski (Masken)* gegliederten Zyklus entstanden innerhalb weniger Tage unter dem Eindruck der leidenschaftlichen Liebe des Autors zu der Schauspielerin Natal'ja Volochova. Der Dichter sah in der Geliebten die Verkörperung kosmischer Elementargewalten, deren Verlockungen er sich in dionysischem Rausch »*blind ergab*«. Die Frauengestalt des Zyklus, deren Konturen durch die mitreißende Bewegung der Elementarkräfte nahezu verwischt wurden, ist eine Weiterentwicklung der »Unbekannten« *(neznakomka)* des Gedichtzyklus *Gorod*, 1904–1908 *(Die Stadt)*. Der Dichter faßt den Vorwurf in einer sich überstürzenden Folge von Bildern, die aus der Entfaltung und Überkreuzung nur weniger Grundmetaphern erwachsen (Žirmunskij): Durch die Verknüpfung der geläufigen Metaphern »Sturm der Leidenschaften« und »Flamme der Liebe« mit der antithetischen Metapher »kaltes Herz« wird die Liebe zum »*Schneebrand*«, zum »*schneeigen Scheiterhaufen*«, auf den der Dichter »*verbrennt*«. In der Kreuzung mit der Metapher »Rausch der Leidenschaft« werden die Grundmetaphern weiter zu den Verbindungen »*schneeiger Wein*«, »*schneeiger Rausch*« entfaltet. Der atemberaubenden Dynamik der Bilderfolge entspricht die Häufung von Bewegungsverben wie »*fliegen*«, »*stürzen*«, »*davonstürmen*«, »*aufwirbeln*« usf. Das aus der russischen Volksdichtung und Go-GOL's *Mёrtvye duši (Tote Seelen)* entlehnte Bild der dahinjagenden Troika vermischt sich mit den Bildern des rasenden Schneesturms und der kosmischen Sternennacht, in deren Abgründe die »Schneejungfrau« den Dichter reißt. Löst sich im ersten Teil des Zyklus die Landschaft in kosmischen Stürmen und zum Tosen elementarer Gewalten auf, so verdichtet sich im zweiten Teil der Hintergrund zu den wechselnden Szenenbildern eines Maskenballs, dessen Atmosphäre in impressionistischer Weise angedeutet ist.
Die Einheit des Zyklus wahrt die Identität der symbolischen Frauengestalt und die alles erfassende Bewegung des in das Geschehen einbrechenden Schneesturms. Die metrische Gestalt der Gedichte entspricht ihrer rauschhaften Grundstimmung. In den regelmäßigen Versen überwiegen Trochäen, die Blok der Volksdichtung und den volkstümli-chen Liedern NEKRASOVS entlehnt. Die vierfüßigen Metren treten bald rein, bald mit zwei- und dreifüßigen oder mit Anapästen vermischt auf. Daneben stehen tonische Verse, die wirkungsvoll mit syllabotonischen untersetzt sind. Die durchgehende Strophenform ist häufig gesprengt. Der dahinstürmende Rhythmus der Gedichte hebt alle feste Ordnung auf. Auch die Reime setzen sich über die klassischen Regeln hinweg: Blok erweist sich als Meister des unreinen Reims, den er der bloßen Assonanz vorzieht. D.Wö.

AUSGABEN: Petersburg 1907. – Moskau/Leningrad 1960 (in *Sobr. soč.*, Hg. V. N. Orlov, 8 Bde., 1960–1965, 2). – Leningrad 1980–1982 (in *Sobr. soč.*, 6 Bde., 2).

ÜBERSETZUNGEN (Ausw.): *Die Schneemaske*, J. v. Guenther (in *Gesammelte Dichtungen*, Mchn. 1947). – Dass., W. Berg-Papendick (in *Der Mystiker A. B. im Spiegel seiner Lyrik. Ausgewählte Dichtungen*, Ffm. 1967). – *Schneemaske*, S. Kirsch (in *Ausgewählte Werke*, Hg. F. Mierau, 3 Bde., Mchn. 1978, 1).

LITERATUR: I. Masing, *A. B.'s »The Snow Mask.« An Interpretation*, Stockholm 1971. – R.-D. Kluge, *A. B.s »Schneemaske« oder: Wie funktioniert ein symbolistisches Gedicht?* (in ZslPh, 1982, 42, S. 261 bis 273).

STICHI O PREKRASNOJ DAME

(russ.; *Ü: Die Verse von der schönsten Dame*). Gedichtzyklus von Aleksandr A. BLOK, erschienen 1904. – Der erste Gedichtband des Autors, ein in sechs chronologische Abschnitte gegliedertes dichterisches Tagebuch der Jahre 1901 und 1902, steht im Zeichen gespannter mystischer und eschatologischer Erwartung. Die gänzlich individualistische Dichtung sucht der in abstrakte Symbole gefaßten irdischen Welt ein in geheimnisvoller, unaussprechlicher Ahnung geschautes Jenseits entgegenzusetzen. Befreit von den »*Fesseln*« des Konkreten, wollen die Gedichte »*in Fragmenten nebelhafter Worte andrer Welten Lauf erfassen*«. »*Überirdisch*«, »*unendlich*«, »*unsagbar*«, »*unbekannt*«, »*undeutlich*«, »*unklar*« sind die beliebtesten Epitheta der Dichtungen. In der Gestalt der »Schönen Dame« suchen sie ein Bild des geistigen Wesens der Welt zu schaffen. Ihr Erscheinen erwartet der Dichter bald in banger Furcht, bald in gläubiger Hoffnung. In mystischer Überhöhung ist die Schöne Dame dem Dichter bald Maria, bald das Ewig Weibliche, bald Sophia, die göttliche Weisheit, und erscheint vor dem Hintergrund traditioneller mystischer Landschaften, in denen selbst »*unbedeutende Details Sinn und höchste Bedeutung erhalten*«, als helle, strahlende Herrin, als strenge Göttin, als überirdische, sternenhafte Erscheinung, als unnahbare Geliebte. »*Rätselhafte Jungfrau*«, »*Weiße Herrin*«, »*Herrscherin*«, »*Unvergleichliche Frau*«, »*Ersehnte*

Freundin«, »Braut«, »Göttin«, »Heilige« sind ihre Namen. Mit der Wärme irdischer Empfindung vorgetragen, verläßt die Anbetung des Dichters doch nirgends die Distanz religiöser Verehrung. Bilder und Symbole des Zyklus, die vor allem der hohen Minne und der Marienverehrung entstammen, zeigen die Abhängigkeit des Autors von der westeuropäischen Mystik, der romantischen Liebesdichtung und insbesondere der Philosophie und dem dichterischen Werk Vladimir Solov'ëvs. Im Gegensatz zu dessen »Sophia« hat die Schöne Dame Bloks jedoch ambivalenten Charakter: In manchen Gedichten erscheint sie als dämonische Verführerin, und die bange Hoffnung des Dichters weicht bleichem Schrecken. Besondere Intensität gewinnen die Gedichte durch ihren erlebnishaften Charakter: Sie entstanden unter dem Eindruck der Liebe des Dichters zu seiner späteren Gattin. Die Schöne Dame bleibt auch in der Folgezeit Gegenstand der Dichtungen Bloks, sie verliert jedoch ihr überirdisches Wesen und tritt aus der mystischen Abstraktion in die Niederungen des menschlichen Lebens, wird Großstadtdame, ja Straßendirne (*Snežnaja maska*, 1907 – *Schneemaske*; *Neznakomka*, 1907 – *Die Unbekannte* u. a.).

Formal orientiert sich das Frühwerk des Dichters weitgehend an klassischen deutschen und russischen Vorbildern. Er bevorzugt reinen Reim und regelmäßigen Strophenbau. Auch die Klangmalerei der Verse geht trotz ihrer suggestiven Kraft nicht über das Gewohnte hinaus. Im Bereich des Versmaßes jedoch beginnt der Autor das syllabotonische System zugunsten des rein tonischen Systems aufzugeben, in welchem Tjutčev, Fet, Gippius, Brjusov u. a. erste zaghafte Versuche unternommen hatten. Obwohl der Dichter seine Erneuerung des russischen Versmaßes nicht konsequent zu Ende führt, ist sein Einfluß auch auf Dichter, die im übrigen eigene Wege gingen (vor allem die Futuristen um Vladimir Majakovskij), unbestritten. *»In dieser Revolution kommt ohne Zweifel dem Schaffen Bloks die entscheidende Rolle zu«* (Žirmunskij). Die Sprache der Gedichte entspricht der Phantastik und der mystischen Rätselhaftigkeit des Dargestellten. Unpersönliche Sätze, indefinite Pronomina, die Verwendung von Attributen ohne Bestimmungswort unterstützen den Eindruck des *»Nicht-zu-Ende-Sprechens«*. Die *Verse von der schönsten Dame* nehmen im Gesamtwerk Bloks eine exponierte Stellung ein. Ihnen galt die Liebe des Autors auch dann noch, als er sich in seinem späteren Werk von der idealistischen Grundhaltung der Jugendgedichte losgesagt hat.

Der Zyklus fand bei seinem Erscheinen nur geringe Resonanz. Die zeitgenössische Kritik wertete den Band als typisches Zeugnis der modischen dekadenten Poesie. Begeisterte Anhänger erwarb sich Blok jedoch in den Kreisen der jungen russischen Symbolisten (Andrej Belyj u. a.). Sie erhoben den Dichter in einem Moment zum Führer des russischen Symbolismus, in dem Blok sich anschickte, neue Wege einzuschlagen, die ihn von der dekadenten Mystik zu einer realistischen Sicht der gesell-

schaftlichen Verhältnisse im revolutionären Rußland führen sollten.   D.Wö.

Ausgaben: Moskau 1905 [recte 1904]. – Moskau 1960 (in *Sobr. soč.*, Hg. V. N. Orlov, 8 Bde., 1).

Übersetzungen: *Die Verse von der schönsten Dame*, J. v. Guenther (in *Gesammelte Dichtungen*, Mchn. 1947). – In *Der Mystiker A. B. im Spiegel seiner Lyrik. Ausgewählte Dichtungen*, W. Berg-Papendick, Ffm. 1967 [Ausz.]. – *Verse von der Schönen Dame*, A. Bostroem, A. Christoph, A. Endler u. E. Erb (in *Ausgewählte Werke*, Hg. F. Mierau, 3 Bde., Mchn. 1978, 1).

Literatur: J. D. Grossman, *B., Brjusov, and the »Prekrasnaja Dama«* (in *A. B. Centennial Conference*, Hg. W. Vickery u. B. Sagatov, Columbus 1984, S. 159–177).

VALERIJ JAKOVLEVIČ BRJUSOV

* 13.12.1873 Moskau
† 9.10.1924 Moskau

LITERATUR ZUM AUTOR:
Bibliographie:
È. S. Danieljan, *Bibliografija V. J. B. 1884–1973*, Hg. K. D. Muratova, Erevan 1976.
Gesamtdarstellungen und Studien:
G. Lelevič, *V. J. B.*, Moskau 1926. – K. Močul'skij, *V. B.*, Paris 1962. – A. Schmidt, *V. B.s Beitrag zur Literaturtheorie*, Mchn. 1963. – D. E. Maksimov, *B. Poèzija i pozicija*, Leningrad 1969. – V. Žirmunskij, *V. B. i nasledie Puškina*, Den Haag 1970. – R. Zaym, *Die historischen Romane V. J. B.s*, Diss. Wien 1973. – N. St. Burlakov, *V. B. Očerk tvorčestvo*, Moskau 1975. – M. P. Rice, *V. B. and the Rise of Russian Symbolism*, Ann Arbor 1975 [enth. Bibliogr.]. – D. B. Arthur, *Love, Death and World's End. Themes in B.s Prose*, Diss. Univ. of Texas 1976 [enth. Bibliogr.]. – J. D. Grossmann, *V. B. and the Riddle of Russian Decadence*, Berkeley u. a. 1985.

ALTAR' POBEDY

(russ.; *Ü: Der Siegesaltar*). Historischer Roman von Valerij Ja. Brjusov, erschienen 1911. – Der Roman gehört wie sein Pendant *Ognennyj angel* (*Der feurige Engel*) zum epischen Spätwerk des Autors, in dem er der von Merežkovskij (*Julian Apostata*) und Vjačeslav Ivanov um die Jahrhundertwende erweckten Vorliebe für antike Stoffe huldigt. Er erzählt die Abenteuer eines naiven heidnischen Galliers Decimus Iunius Norbanes (ein fingierter Zeitgenosse der Rhetoren SYMMACHUS und AUSONIUS, 4. Jh. n. Chr.), der in Rom Rhetorik studieren will. Aus Liebe zu einer machthungrigen Kurtisane verstrickt er sich in die wirre spätrömische Innenpolitik (zur Zeit, als der Imperator Gratian den mythischen »Siegesaltar« aus dem Senat entfernen läßt). Er verliert seinen idealistischen Glauben an Roms Größe und Zukunft und verläßt die Stadt schließlich – zwar ohne seinen Plan, ein Rhetor zu werden, doch als gereifter Mann, der Einsichten in den Lauf der Geschichte gewonnen hat: »*Alter Brennus! wiederhole deine stolzen Worte vor dem vernichteten Rom! Wehe den Besiegten! Das Kreuz ist auf die eine Waagschale gefallen, und alles Gold der Welt reicht nicht aus, es aufzuwiegen.*«

An Stellen wie dieser wird der ideelle Kern des Romans sichtbar: der Antagonismus von Christentum (Ambrosius: »*Laß das Imperium untergehen! Auf seinen Trümmern werde ich ein anderes, ewiges, unerschütterliches errichten.*«) und sterbendem Kult der olympischen Götter. Mit seinem Überfluß an Zitaten aus antiken Autoren (und seinen umfänglichen Anmerkungen) folgt das Werk – gestützt hauptsächlich auf die Briefe des Symmachus – formal jenen »Professorenromanen«, die möglichst getreue historische Genre- und Sittenbilder wiedergeben wollen. Dieser Absicht ist auch die Sprache unterworfen, die als ein latinisiertes Russisch bezeichnet werden kann; ihre Ausdrucksmöglichkeiten erschöpfen sich in der ausgefeilten Formulierung geistreicher Aphorismen. W.Sch.

AUSGABEN: Moskau 1911. – Petersburg 1913/14 (in *Poln. sobr. soč.*). – Moskau 1926 (in *Izbrann. proizved.*, Bd. 1–3). – Mchn. 1969 (Hg. D. Tschiževskij; Nachdr. der Bde. 12 u. 13 der Gesamtausgabe der Werke B.s, St. Petersburg 1913).

ÜBERSETZUNG: *Der Siegesaltar, Roman aus dem 4. Jh.*, N. Strasser, Mchn. 1913.

KON' BLED

(russ.; *Ü: Das fahle Pferd*). Lyrisches Poem von Valerij Ja. BRJUSOV, erschienen 1904. – In diesem, unter dem Einfluß VERHAERENS entstandenen visionären Poem, das den Höhepunkt der urbanistischen Schaffensphase des Lyrikers, Erzählers und Dramatikers Brjusov bildet, findet der Kulturpessimismus der russischen Symbolisten einen erregenden Ausdruck. Das »fahle Pferd« der *Apokalypse* (6, 8) – ein seinerzeit sehr beliebtes Motiv – taucht im hektischen Verkehr der Häuserschlucht einer utopischen Riesenstadt auf, im Licht »*der von den Priestern der Wissenschaft geschaffenen Monde*«, und wird als göttliches Zeichen allein von einer Hure und einem Irren erkannt – zwei Menschen, die nach einer Sekunde der Erstarrung weiterflutende Verkehr überrollt und deren warnende Schreie »*wie unnütze Worte aus vergessenen Zeilen*« ungehört verhallen.

Die Faszination dieses Poems, das BLOK zu mehre-

ren Nachfolgegedichten – *Gorod*, 1906 *(Die Stadt)*; *Nečajannaja radost'*, 1907 *(Unerwartete Freude)*, u. a. – anregte und BELYJ wie SOLOV'ĖV (nach Aussage Brjusovs) »*von den Stühlen riß*«, geht weniger von seinem Inhalt oder visionären Gehalt (Motiv und Stoff sind bei Brjusov wie bei den anderen Symbolisten häufig anzutreffen), als vielmehr von seiner formalen Vollendung aus. Zur Feierlichkeit der zwölfzeiligen Odenstrophe gesellt sich ein eigenartiger Synkopenrhythmus, der den russischen Wortakzent derart mit dem Trochäus koppelt, daß dieser sich ständig in daktylische und hyperdaktylische Verse aufzulösen trachtet. Die daraus resultierende immanente Spannung verleiht dem Poem eine Brisanz, die indes nie die Sprachstruktur zu zerreißen droht. Die formale Virtuosität Brjusovs, die in *Kon' bled* in seltener Reinheit zum Ausdruck kommt, findet – wenn überhaupt – allenfalls in der Poesie Aleksandr Bloks eine ebenbürtige Entsprechung. W.Sch.

AUSGABEN: Moskau 1904 (in Novyj put', Nr. 5). – Petersburg 1913/14 (in *Poln. sobr. soč.*, 4 Bde.). – Leningrad 1959 (in *Stichotvorenija*, Einl. V. M. Sajanov). – Leningrad 1961 (in *Stichotvorenija i poėmy*, Einl. D. S. Maksimov). – Moskau 1982 (in *Izbrannoe*).

ÜBERSETZUNG: *Das fahle Pferd*, W. E. Groeger (in V. B. u. K. Bal'mont, *Gedichte*, Bln. 1921).

LITERATUR: A. Blok, *Vlijanie »Konja bleda« B.* (in A. B., *Sobr. stichotvor.*, Bd. 2, Moskau 1912, S. 155).

OGNENNYJ ANGEL

(russ.; *Ü: Der feurige Engel*). Historischer Roman von Valerij Ja. BRJUSOV, erschienen 1908. – Hinter dem lyrischen Werk des berühmtesten russischen Symbolisten, dessen künstlerischer Weg vom idealistischen Mystizismus der bourgeoisen russischen Dekadenzliteratur zum fortschrittlichen, den Zielen der russischen Revolution verpflichteten Realismus führte, tritt sein Prosaschaffen, darunter vor allem die historischen Romane *Ognennyj angel* und *Altar' pobedy*, 1911 *(Der Siegesaltar)*, fast gänzlich zurück. Der erste dieser Romane, eine »*wahrhaftige Erzählung, in der vom Teufel berichtet wird, der mehr als einmal einer Jungfrau in Gestalt eines lichten Geistes begegnet ist, um sie zu mannigfaltigen sündigen Handlungen zu verleiten*«, spielt zur Zeit der Reformation in Köln. In Stil und Komposition von Wilhelm MEINHOLDS reaktionärem Hexenroman *Maria Schweidler, die Bernsteinhexe* (1843) beeinflußt, gibt sich der Roman als Aufzeichnung des moselfränkischen Abenteurers Ruprecht über seine Erfahrungen mit der exaltierten Renata aus, die, im Besitz hypnotischer Kräfte, fremde Menschen in ihren Bann zu ziehen vermag. Renata jagt ihrer visionären Jugendliebe, dem feurigen Engel Madiel nach, den sie in dem Grafen

Heinrich verkörpert glaubt. Für ihre manische Suche bedient sie sich Ruprechts, der ihr hörig ist. Sie schickt ihn auf den Hexensabbat, läßt ihn Dämonen beschwören, weist ihn jedoch in einer Phase der Depression von sich. Renata endet in religiösem Wahn. Ruprecht begegnet ihr als Schreiber der Inquisition in einem Klarissinnenkloster wieder, wo ihr der Hexenprozeß gemacht wird (»*Mag ihre Gestalt auch noch so verführerisch sein, nie wieder, auch in den schwierigsten Lagen meines Lebens, werde ich meine Zuflucht zu der von der Kirche verurteilten Zauberei nehmen*«). Renata stirbt in den Armen des verzweifelten Ruprecht.

Abgesehen von gelegentlichen skeptischen Bemerkungen Ruprechts über die Religionspolitik seiner Zeit (»*Ich weiß nicht, ob es wahr ist, daß die Beschäftigung mit der Theologie das Hirn erweicht*«) bleibt der Roman inhaltlich schwach. Ermüdende, in affektierter Sprache vorgetragene Liebesszenen wechseln mit sachkundigen Einführungen in die »Schwarze Magie«. Trotz einer Vielzahl von Zitaten und Quellenangaben bietet der Roman kein abgerundetes Geistesbild der Zeit, da Ruprecht nur Astrologen, gauklerische Mystiker u. ä. zu Wort kommen läßt, dagegen das »*leere Gerede der Theologen und Scholastiker*« mit Stillschweigen übergeht. Im Panorama sensationeller Ausgefallenheiten fehlt selbst die Gestalt des Doktor Faustus nicht, der zusammen mit Mephistopheles die Bekanntschaft des Ruprecht macht. Die Kompilation von Motiven der Faustsage, des Goetheschen *Faust* und eigenen Einfällen des Autors ergibt eine Reihe literarisch bedenklicher Passagen. Um so höher jedoch steht der Stil des Werks. Lexik und Syntax sind sorgfältigst abgewogen, die zahlreichen Vergleiche überzeugen durch Treffsicherheit und Originalität.

W.Sch.

AUSGABEN: Moskau 1908, 2 Bde. – Mchn. 1971 (Nachdr. der rev. Ausg. Moskau 1909). – Moskau 1986 (in *Izbrannaja Proza*).

ÜBERSETZUNG: *Der feurige Engel. Erzählung aus dem 16. Jh.*, R. v. Walter, Mchn. 1910. – *Der Feurige Engel*, ders., Bln. 1981.

VERTONUNG: S. S. Prokofiev, *Ognennyj angel* (Text: V. J. Brjusov; Oper; Urauff.: Paris, 14. 6. 1928; vollst. Venedig 1955).

LITERATUR: A. Belyj, Rez. (in Vesy, 1909, S. 91 ff.). – S. D. Abramovič, *Voprosy istorizma v romane V. Ja. B. Ognennyj Angel* (in Voprosy Russkoj Literatury, 1973, 2, S. 88–94). – B. Flickinger, *V. B. Dichtung als Magie. Kritische Analyse des »Feurigen Engels«*, Mchn. 1976. – J. T. Baer, *Symbolism and Stylized Prose in Russia and Poland: V. B.'s Ognennyj Angel and W. Berent's Żywe Kamienie* (in *American Contributions to the 9th International Congress of Slavists, Kiew, Sept. 1983*, Hg. P. Debreczeny, Columbus 1983, II, S. 19–38). – S. Hutchings, *Framing, Time-Shifts and Mirrors in B.'s »Ognennyj angel«* (in SEEJ, 34, H. 4, 1990).

RESPUBLIKA JUŽNOGO KRESTA. Stat'ja iz special'nogo izdanija Severoevropejskoj večernej gazety

(russ.; *Ü: Die Republik des Südkreuzes. Ein Artikel der Spezialnummer des Nordeuropäischen Abendblattes*). Erzählung von Valerij Ja. BRJUSOV, erschienen 1905. – Die »Republik des Südkreuzes« wird von Brjusov als das utopische Modell eines zivilisatorisch hochgezüchteten, totalitären Wohlfahrtsstaates in der Antarktis dargestellt, der es aufgrund seiner ergiebigen Stahlvorkommen zu ungeheurem Reichtum und internationalem Ansehen gebracht hat. In der Hauptstadt, der sogenannten »Sternenstadt« (einer gewaltigen zeltartigen Konstruktion mit künstlicher Beleuchtung und Klimaregulation, die direkt am Südpol errichtet ist), treten plötzlich Fälle einer mentalen Krankheit auf, der »Mania contradicens«, die sich zunächst im permanenten Widerspruchsbedürfnis des Patienten äußert, später zum Wahnsinn und schließlich zum Tod führt. Infolge der epidemisch um sich greifenden Krankheit nehmen die Zustände in der Sternenstadt chaotische Formen an, bis schließlich eine allgemeine Massenflucht einsetzt. Auch die Regierung verläßt die Hauptstadt, nachdem sie einen provisorischen Stadtkommandanten eingesetzt hat, der eine Zeitlang vergeblich versucht, Ruhe und Ordnung wiederherzustellen. Die Furcht vor dem Untergang löst unter den Einwohnern der Sternenstadt das Bedürfnis nach orgiastischem Lebensgenuß, nach Sadismus und Brutalität aus. Mit Vergewaltigung, Mord, Raub, Menschenfresserei und Totschlag richtet sich das Volk in einem letzten Bacchanal der Grausamkeiten und sexuellen Exzesse selbst zugrunde, bis schließlich nur noch einige tausend Menschen der ehemaligen Millionenstadt übrigbleiben, die von den später eingesetzten Rettungskolonnen der Regierung wie wilde Tiere eingefangen werden müssen.

In seinen frühen Erzählungen umreißt Brjusov immer wieder elementarste Möglichkeiten menschlichen Verhaltens jenseits der Zivilisation. Selten ist ihm dieser Versuch so konsequent gelungen wie in der *Republik des Südkreuzes*. Die »Mania contradicens« symbolisiert den jedem Individuum immanenten Trieb zur Anarchie, zur Destruktion, der sich in letzter Konsequenz als Selbstvernichtungstrieb erweist. Wie BELYJ und BLOK geht auch Brjusov bei seiner Zivilisationskritik von NIETZSCHES Kategorie des Dionysischen aus, das die »*dünne, obgleich jahrtausendealte Rinde*« der Kultur durchbricht. – Die für Brjusovs Erzählungen typische Herausgeberfiktion präsentiert die dramatischen Ereignisse in einem kühl distanzierten, nicht selten ironischen Berichtstil. Der Diskurs des Erzählers steht somit für jene apollinische Kultur, die durch die Fabel in Frage gestellt wird. Auf diese Weise wird der Text selbst zum Modell einer zwischen Chaos und Ordnung, Triebnatur und Vernunftzensur gespaltenen Welt.

A.Gu.

AUSGABEN: Moskau 1905 (in Vesy, Nr. 1/2). – Petersburg 1913/14 (in *Poln. sobr. soč.*). – Mchn. 1970 (in *Rasskazy i povesti*, Hg. D. Tschižewskij). – Moskau 1983 (in *Povesti i rasskazy*).

ÜBERSETZUNG: *Die Republik des Südkreuzes*, J. v. Guenther, Mchn. 1908 [u. a. Erzählungen]. – Dass., ders., Hbg./Mchn. 1964.

TERTIA VIGILIA

(russ.; *Die dritte Nachtwache*). Gedichtsammlung von Valerij Ja. BRJUSOV, erschienen 1900. – Mit seinem dritten Gedichtband erreichte Brjusov den Höhepunkt seines literarischen Ruhms. Bereits die vorausgegangenen Zyklen *Chefs d'œuvre* (1894 bis 1896) und *Me eum esse* (1896/97) zeigten seine Vorliebe für exotische Sujets, die sich bewußt gegen das positivistische Programm der sozial engagierten Literatur des ausgehenden 19. Jh.s abgrenzen und in der Tradition LERMONTOVS, NADSONS und der französischen Parnassiens stehen. *Tertia vigilia* zeigt deren Einfluß vor allem in der Beschwörung historischer und mythischer Helden (Alexander, Moses, Napoleon, DANTE, Skythen usw.), denen sich das lyrische Ich anverwandelt. Die Attribute des Ich – Größe, Einsamkeit, grenzenloser Egoismus – sind Waffen im Kampf gegen eine Welt materieller Determinierung, die das ästhetizistische Weltgefühl des Décadent zu überwinden trachtet. Die symbolistische Suche nach dem Wesen der Dinge, den *»Schlüsseln der Geheimnisse«*, führt aus »dem Gefängnis« der Kausalität und der trivialen Erscheinungen in die Welt des Wunderbaren: *»Auf allen Wegen kommen wir zum Wunderbaren, denn diese Welt ist nur der Schatten einer anderen.«* Das Streben nach dieser Welt entspricht der vom Symbolismus postulierten Erkenntnisleistung der Poesie: Dichtung und Wissenschaft sind unterschiedliche Ausdrucksformen zweier an sich identischer Erkenntnisweisen. Die Vorstellung vom *poeta vates (»Der Künstler kann nichts anderes als Prophet sein.«)* trägt ebenso romantische Züge wie der Gedanke der doppelten Unendlichkeit, der, bereits in TJUTČEVS Gedicht *Lebed' (Der Schwan)* vorweggenommen, von besonderer Bedeutung für BELYJS Theurgie ist. Im Gegensatz zu Belyj, BLOK und V. IVANOV weist Brjusov allerdings jede religiöse Funktion der im Symbol zur Erscheinung gebrachten Welt von sich und insistiert auf deren rein ästhetischem Charakter. In der theurgischen Poetik sieht er den Versuch, die eben erlangte Freiheit der Kunst von allen kunstfremden Bedingungen rückgängig zu machen. A.Gu.

AUSGABEN: Moskau 1900. – Leningrad 1961. – Moskau 1982 (in *Izbrannoe*).

URBI ET ORBI

(russ.; *Urbi et orbi*). Gedichtzyklus von Valerij Ja. BRJUSOV, erschienen 1903. – Mit den Gedichtbänden *Tertia vigilia*, 1900 *(Die dritte Nachtwache)*, und *Urbi et orbi* beginnt die zweite und fruchtbarste Schaffensperiode des Autors. Gegenüber den vorangegangenen Gedichtzyklen läßt sich in *Urbi et orbi* eine Abnahme der den französischen Parnassiens verpflichteten exotischen Sujets feststellen. Bleiben Thematik und Tenor der meisten Gedichte den literarischen und weltanschaulichen Tendenzen des Fin de siècle verpflichtet, so verzichtet Brjusov nunmehr doch weitgehend auf plakative Nachahmungen des französischen Symbolismus. Die Sammlung ist gegliedert nach überwiegend klassischen Genretiteln (Balladen, Oden, Elegien, Sonette usw.) und nicht nach Themen. Schon hieran wird deutlich, daß das virtuose Spiel mit der Form eindeutigen Vorrang hat vor den insgesamt recht konventionellen Sujets und Motiven, die nahtlos an Brjusovs vorausgegangene Lyrik anknüpfen (Einsamkeit, Traum, Erinnerung, Zeit und Ewigkeit usf.). Hier, wie auch in *Tertia vigilia*, überwiegt der *ennui de vivre* als Grunderfahrung des lyrischen Ich, des Décadent und Flaneurs, für den die Welt nur als ästhetisches Phänomen gerechtfertigt ist. – Andererseits gibt es, gerade in dem Gedicht *L'ennui de vivre*, Ansätze zu einer selbstkritischen Reflexion dieses Ästhetizismus. Hieraus erklärt sich denn auch das Vordringen urbaner Motive (vgl. das »urbi« im Titel der Sammlung), so u. a. in dem Gedicht *Kamenščik (Der Maurer)*, das später zu einem populären Lied der russischen Arbeiterbewegung werden sollte. A.Gu.

AUSGABEN: Moskau 1903. – Leningrad 1961 (in *Stichotvorenija i poėmy*, Hg. D. E. Maksimov u. M. I. Dikman). – Moskau 1982 (in *Izbrannoe*).

IVAN ALEKSEEVIČ BUNIN

* 22.10.1870 Voronež
† 8.11.1953 Paris

LITERATUR ZUM AUTOR:
Biographie:
V. N. Muromceva-Bunina, *Žizn' B.*, Paris 1958.
Gesamtdarstellungen und Studien:
J. D. Bažinov, *Stanovlenie realizma v proze B.*, Moskau 1960. – I. D. Sterlina, *I. A. B.*, Lipeck 1960. – V. N. Afanas'ev, *I. A. B. Očerk tvorčestva*, Moskau 1966. – V. Michajlov, *I. A. B.*, Moskau 1967. – B. Kirchner, *Die Lebensanschauung I. A. B.s nach seinem Prosawerk*, Tübingen 1968. – A. A. Volkov,

Proza I. B., Moskau 1969. – A. Elbel, _Die Erzählungen I. B.s 1890–1917. Eine systematische Studie über Form und Gehalt_, Gießen 1975. – V. Nefedov, _Poèzija I. B. a. Etjudy_, Minsk 1975. – N. Cvetanovič, _Description in the Prose Works of I. A. B._, Diss. Ohio State Univ. 1976. – O. Michajlov, _Strogij talant. Žizn'. Sud'ba. Tvorčestvo_, Moskau 1976. – N. M. Kučerovskij, _I. B. i ego proza (1887–1917)_, Tula 1980. – J. Woodward, _I. B. A Study of His Fiction_, Chapel Hill 1980 [enth. Bibliogr.].

ANTONOVSKIE JABLOKI

(russ.; _Ü: Die Antonsäpfel_). Erzählung von Ivan A. BUNIN, erschienen 1900. – Eine der ersten Prosaarbeiten des jungen Lyrikers und späteren Nobelpreisträgers, der hier wehmütig altrussisches Dorfleben beschreibt, Frühling, Sommer und Ernteherbst (_»Sind die Antonsäpfel saftig – dann gibt's ein gutes Jahr ... Und sind die Äpfel geraten, ist's auch sonst um die Bauern nicht schlecht bestellt«_) und die spätherbstlich wilde Jagdzeit, die der dämmrigen Öde des Winters vorausgeht. Analog zum jahreszeitlichen Ablauf – von der Fülle zur Verkargung – vollzieht sich die Entwicklung der das russische Landleben repräsentierenden Gesellschaftsklasse des Kleinadels. Sie geht ihrem Ende entgegen. Neues meldet sich nicht an; der Verfall bleibt konstant. – Wie ČECHOV achtet Bunin auf die sorgfältig genaue Beschreibung des Details, in dem das Ganze sicht- und spürbar gemacht wird. Als Lyriker aber setzt er die empfangenen Eindrücke um in sinnfällige Bilder, erfüllt von Farben und Gerüchen. Ein Bild geht aus dem anderen hervor; einer Empfindung, einer Reflexion ordnen sich in ihren Stimmungsgehalten gleichwertige Assoziationsreihen zu (_»Wenn du in das Haus hineinkommst, nimmst du vor allem den Apfelduft wahr und dann erst den Geruch der Mahagonimöbel und der getrockneten Lindenblüten, die seit Juni auf den Fensterbrettern liegen ...«_). Wenn auch die Atmosphäre wehmütiger Erinnerung dieser in der Ichform vorgetragenen Novelle den Leser unwillkürlich an die späten Erzählungen TURGENEVS denken läßt, so ist Bunin doch nicht als Nachfahre dieses Meisters verfeinerter lyrischer Stimmung zu sehen. Viel stärker war der Einfluß TOLSTOJS (vor allem dessen Kindheitserinnerungen _Detstvo_, 1852), aus denen er sogar stilistische Wendungen fast wörtlich übernahm (_»Und wieder sehe ich mich in dem weiträumigen Gutshaus ... unter den vielen Menschen ...«_). Auch späterhin blieb ihm Tolstoj das große Vorbild, dessen Erzählung _Smert' Ivana Il'iča (Der Tod des Ivan Il'ič)_ er thematisch mit der Novelle _Gospodin iz San Francisko (Der Herr aus San Francisco)_ Gleichwertiges zur Seite stellte. M. Gru.

AUSGABEN: Moskau 1900 (in _Žizn'_, T. 10). – Moskau 1956 (in _Sobr. soč._, 5 Bde., 1, Hg. L. V. Nikulin; krit.). – Moskau 1982 (in _Sočinenija_, 3 Bde., 1). – Moskau 1984 (in _Povesti i rasskazy_).

ÜBERSETZUNGEN: _Die Antonower Äpfel_, G. v. Polonskij (in _Erzählungen_, Mchn. 1903). – _Die Antonsäpfel_, O. Schwechheimer u. W. Richter-Ruhland, Mchn. 1960 (GGT). – _Antonäpfel_, E. Ahrndt (in _Antonäpfel: Erzählungen 1892–1911_, Bln. 1982).

LITERATUR: J. D. Bažinov, _Rasskaz I. A. B. »Antonovskie Jabloki«. K stoletiju so dnja roždenija I. A. B._ (in Voprosy Russkoj Literatury, 1970, 2 (14), S. 22–27).

ČAŠA ŽIZNI

(russ.; _Ü: Der Kelch des Lebens_). Erzählung von Ivan A. BUNIN, erschienen 1913. – Der Titel deutet an, was den Menschen in dieser pessimistischen Erzählung Bunins mangelt: der Inhalt nämlich, der diesen Kelch füllt und dem Leben Sinn und Zweck geben könnte. Es sind ganz alltägliche, in der Darstellung Bunins allerdings höchst absonderliche Existenzen, die dem Leser vorgeführt werden: der Provinzstutzer, der aus Ehrgeiz, nicht aus Liebe heiratet, seine Frau in dreißigjähriger Ehe zugrunde richtet, ein Vermögen erwuchert und den Rest seines Lebens mit der Abfassung seines Testaments und grotesken Tänzen zu wilder Grammophonmusik verbringt; seine fett und häßlich gewordene Frau, welche nach seinem Tode unerwartet seine Alleinerbin wird, mit dem seit langem ersehnten persönlichen Reichtum aber nichts mehr anfangen kann: der letzte Tropfen im »Kelch des Lebens« beschert ihr nur noch einen obszönen sexuellen Traum, ehe sie, in der Gosse zertreten, das Zeitliche segnet; der religiöse Phantast, der alten Weibern die Köpfe verdreht und schließlich selbst so irr wird, daß er seine Tage damit verbringt, an die Wand seiner Klause zu spucken und dort den _»Speichel mit den Apfelsinen, die ihm seine Verehrerinnen geschenkt hatten«_, zu verreiben; der abgewirtschaftete adlige Trinker, dem Wachtelschießen letzter Lebensinhalt ist; der pensionierte Lehrer, der den »Kelch« seines Lebens _»fest in den Händen«_ hält, indem er seinen Körper abhärtet, wie ein Vieh frißt und sein Skelett gegen eine Lebensrente an die Universität verkauft und schließlich – als Hauptfigur – der geistliche Vater Kyr, äußerlich so imposant wie Propst Tuberosov (in LESKOVS _Soborjane – Klerisei_), doch innerlich vom Ehrgeiz zerfressen wie der Provinzstutzer, der ihm die Frau abjagte: um sich, dem Rivalen und der Frau, die ihn verschmähte, seine Fähigkeiten zu beweisen, ringt er verbissen um die geistliche Macht in der Provinzstadt. Als er sein Ziel endlich erreicht hat und der Rivale gestorben ist, ergibt er sich gänzlich dem Trunk. Die Quelle seines Lebens, der Haß, ist versiegt.

Das Absurde – seit GOGOL' in der russischen Literatur als Wirklichkeit begriffen, da es eine Realität des Lebens widerspiegelt – tritt bei Bunin nicht so sehr im Stofflichen oder in der Psychologie der Charaktere hervor. Er beschreibt vielmehr alltägliche Zustände in der auskalkulierten Sprache eines als Schaubudenbesitzer Maskierten, der – nicht ohne Ironie und mit humorigem Sinn für makabre Ausgelassenheit – die Lebensläufe seiner Puppen einem wissenschaftlich interessierten Publikum vorträgt. Die Bühne, auf der die Puppen agieren, ist die russische Provinzstadt Streleck, die für ganz Rußland steht (ebenso wollte SALTYKOV-ŠČEDRIN sein Taschkent in *Gospoda Taškentcy*, GOR'KIJ sein Okurov in *Gorodok Okurov*, SERAFIMOVIČ sein Kotelnikovo in *Gorod v stepi*, SOLOGUB die Stadt seines »Kleinen Dämons« in *Melkij bes* verstanden wissen). Daß in diesem Stück die hellen Farben fehlen, ist angesichts dieser düsteren, verwüsteten Bühne nicht verwunderlich. Und wehmütige Stimmungsmalerei, wie sie noch in den *Antonovskie jabloki (Antonsäpfel)* beispielsweise anzutreffen ist, dieser frühen Prosaerzählung des jungen Lyrikers Bunin, kann nicht mehr erwartet werden: einen solchen Verfall zu protokollieren, dazu bedurfte es der distanzierten Haltung des die Zeiterscheinungen überblickenden, Typisches auswählenden, kühl über sein Erzählmodell gebietenden Dichters.

M.Gru.

AUSGABEN: Moskau 1913 (in Vestnik Evropy). – Moskau 1956 (in *Sobr. soč.*, 5 Bde., 3; Einl. L. Nikulin). – Moskau 1982 (in *Sočinenija*, 3 Bde., 1). – Moskau 1984 (in *Povesti i rasskazy*).

ÜBERSETZUNGEN: *Der Kelch des Lebens*, J. König (in *Dunkle Alleen*, Stg. 1959). – Dass., O. Schwechheimer u. W. Richter-Ruhland (in *Ein Herr aus San Francisco*, Mchn. 1960; GGT). – Dass., J. König (in *Dunkle Alleen*, Mchn. 1986).

LITERATUR: G. Meyer, *Attitude to Death and Skeleton, Shown in B.'s »Čaša žizni«* (in Vozroždenie, 52, 1956, S. 58–64).

DEREVNJA

(russ.; *Ü: Das Dorf*). Roman von Ivan A. BUNIN, erschienen 1910. – Das erste längere Prosawerk des 1933 mit dem Nobelpreis ausgezeichneten Autors erregte bei seinem Erscheinen erhebliches Aufsehen. Es zeichnet ein Bild Rußlands, das von den schwelenden sozialen Konflikten vor der Oktoberrevolution bestimmt wird. Anders als A. BELYJs thematisch verwandte Romantrilogie *Vostok ili zapad (Osten oder Westen)* verzichtet der Roman auf jede Dynamik in Handlung und Stil. Einige sparsame Skizzen deuten das Leben der Brüder Tichon und Kuz'ma Krasov in Umrissen an. Tichon, ein kleiner Trödler, dem es durch geschickte Manipulationen und zum Teil zweifelhafte Geschäftsmethoden gelingt, die Besitzungen verarmter Grundbesitzer aufzukaufen, wird von der allgemein herrschenden Unruhe und Nervosität angesteckt. Seiner Veranlagung nach alles andere als ein sensibler Charakter, gerät er, dessen Hoffnung auf einen Erben seines Hofs durch eine kinderlose Ehe ent-

täuscht wurde, in eine schwere Lebenskrise, aus der er keinen anderen Ausweg findet, als sich resigniert von seinem Gut Durnovka zurückzuziehen. Kuz'ma Krasov ist eine von Grund auf andere Natur. Als naiver, begeisterungsfähiger Mensch, dessen Hoffnung auf eine literarische Karriere sich nicht erfüllt, träumt er anfangs von einer Erneuerung Rußlands durch eine Wiederbelebung der glorreichen Vergangenheit; später wird er Anarchist, resigniert aber schließlich ebenso wie sein Bruder.

Die Haupthandlung des Romans tritt hinter einer Fülle detaillierter Schilderungen von mitunter novellenhaft ausgestalteten Einzelsituationen zurück, die, überwiegend als Dialogszenen angelegt, ein Prisma subjektiv erlebter Wirklichkeitselemente ergeben. Subjektive und objektive Realität durchdringen einander. Der spannungsvollen historischen Wirklichkeit entspricht die Sensibilisierung der Helden. Auf eine Wertung der historischen Ereignisse verzichtet der Autor. Die Notwendigkeit einer gesellschaftlichen Veränderung wird zwar anerkannt, doch bleibt zugleich das quälende Bewußtsein, daß der Preis dafür in dem Verlust einer zwar fragwürdig gewordenen, aber dennoch festen Wertordnung besteht. Die Retro- und Introspektiven der Romanhelden zeigen die Flucht vor der Brutalität der Geschichte in kindliches Heimweh und zwanghafte Religiosität.

Stilistisch greift Bunin auf die Prosa der »Narodniki« und die volkstümlichen Erzählungen L.N. TOLSTOJS zurück. Die Brechung der Erzählperspektive und die Montage leitmotivisch verknüpfter Handlungseinheiten lassen das Geschehen zu einer Realität zweiten Grades werden, zu einer »realistischen Symbolisation« seiner selbst (P. B. Zavelin).

A.Gu.

AUSGABEN: Petersburg 1910 (in Sovremennyj mir, Nr. 3). – Moskau 1910. – Bln. 1934 (in *Sobr. soč.*, 11 Bde., 1934–1936, 2). – Moskau 1956. – Moskau 1965 (in *Sobr. soč.*, Hg. A. S. Mjasnikov u. a., 9 Bde., 1965–1967, 3). – Moskau 1982 (in *Sočinenija*, 3 Bde., 1). – Moskau 1984 (in *Povesti i rasskazy*).

ÜBERSETZUNG: *Das Dorf*, A. Luther, Bln. 1936. – Dass., ders., Mchn. 1976.

LITERATUR: P. B. Zavelin, *Idejno-chudožestvennaja problematika i stil' povesti I. A. B. »Derevnja«*, Irkutsk 1965. – A. Ninov, *»Derevnja« B. i russkaja literatura* (in Voprosy Literatury, 1970, 14, S. 58–78). – N. I. Volynskaja, *Dialog v povesti I. A. B. »Derevnja«* (in Filolog. Nauki, 1976, 18, S. 95–99). – Th. Marullo, *I. B.s »Derevnja«: The Demythologization of the Peasant* (in Russian Language Journal, 109, 1977, S. 79–100). – M. L. Surpin, *Dinastija krasovych. Ešče raz o »Derevne«* I. A. B. (in Filolog. Nauki, 3, 1984, S. 18–24).

GOSPODIN IZ SAN FRANCISKO

(russ.; *Ü: Der Herr aus San Francisco*). Erzählung von Ivan A. BUNIN, erschienen 1915. – Der Herr aus San Francisco, dessen Namen, wie es heißt, sich »weder in Neapel noch auf Capri jemand gemerkt hat«, befindet sich mit Frau und Tochter auf einer Vergnügungsreise in die Alte Welt. 58 Jahre alt, reich und bei bester Gesundheit, hat der »Mister« nur noch den einen Wunsch, das zu tun, was er sich bislang als harter Businessman versagen mußte: das Leben in vollen Zügen zu genießen. Was er sich darunter vorstellt, sind ein in Ruhe geordneter Tagesslauf, gewürzt vom Genuß üppiger Tafelfreuden und der devoten Untertänigkeit der Bedienenden, die gelassene Besichtigung der Sehenswürdigkeiten Europas und der ausgiebige Besuch bestimmter Etablissements, in denen Frivolitäten auszukosten und die Umarmungen schöner Frauen zu kaufen sind. Alles läßt sich vorzüglich an bis auf das Wetter – das einzige, was nicht ›käuflich ist. Also entschließt sich der Mister, das verregnete Neapel zu verlassen und mit der Familie auf dem sonnigen Capri Station zu machen. Die Fahrt dorthin auf einem kleinen Dampfer verläuft stürmisch: »*Der Mister ... lag auf dem Rücken und brachte die Zähne nicht auseinander. Sein Gesicht sah fahl aus, und der Schnurrbart war völlig weiß geworden; heftige Kopfschmerzen plagten ihn. In der letzten Zeit hatte er wegen des schlechten Wetters abends zu sehr dem Alkohol zugesprochen und zu oft die ›lebendigen Bilder‹ in gewissen Lokalen bewundert.*« Auf Capri angelangt, von den dienstbaren Geistern des Luxushotels untertänigst empfangen und sogleich in die besten Zimmer geleitet, gewinnt der Mister schnell sein Selbstvertrauen zurück und bereitet sich unverzüglich auf das Dinner vor, erregt von den bevorstehenden Genüssen des Gaumens und einem in Erwägung gezogenen Abenteuer mit einer rasanten italienischen Tarantella-Tänzerin. Während er sich umzieht, befällt ihn ein merkwürdiges Schwindelgefühl, und kurz darauf kommt es, im Lesezimmer, zur Katastrophe: »*... der Hals straffte sich, die Augen quollen aus den Höhlen ... Ein wildes Röcheln entrang sich seiner Brust, der Unterkiefer sank herab, die Goldkronen im ganzen Mund blitzten auf, zuckend fiel der Kopf seitwärts auf eine Schulter ... und der sich in einem verzweifelten Kampf aufbäumende Körper sackte ... auf dem Fußboden zusammen.*« Obwohl sich der Vorfall kaum mehr vor den übrigen Gästen verheimlichen läßt, wird der sterbende Mister schleunigst in einem der entlegensten und elendesten Zimmer verborgen. Frau und Tochter finden nur noch einen Toten vor, den die Hotelleitung am frühen Morgen in eine längliche Sodawasserkiste verpacken und zum Hafen befördern läßt. »*Nachdem sein Leichnam vielen Erniedrigungen und mancher Rücksichtslosigkeit ausgesetzt gewesen war*«, kehrt der tote Herr aus San Francisco, tief unten im Laderaum des Ozeandampfers verstaut, in die Neue Welt zurück.

Die Novelle, ein bedeutendes Gegenstück zu TOLSTOJS *Smert' Ivana Il'iča* (*Der Tod des Ivan Il'ič*), stellt einen der Höhepunkte in Bunins Erzählwerk dar. Eine kühl komponierte Paraphrase auf das vom Autor immer wieder neu gestaltete Untergangs- und Todesthema, bildet sie eine gespenstische Welt des Scheinlebens ab, in der der Mensch, seines Lebensinhalts beraubt, den Tod flieht und ihn zugleich sucht: im Maße, wie der vom Erzähler in der Namenlosigkeit belassene »Herr aus San Francisco« seine Kräfte im »Lebensgenuß« strapaziert, verringert er die Tage seines Lebens. Er weiß, daß er nur noch ein Scheinleben führt (»*Oh, wie furchtbar ist das alles!*«), doch gerade deshalb ist er bemüht, den Schein durch immer größere physische Ausschweifungen aufrechtzuerhalten. Erst der Tod, gegen den er sich mit aller ihm noch verbliebenen Energie aufbäumt, verschafft ihm endlich die Ruhe, »*nach der er sich schon lange gesehnt hatte*«. Was jedoch der Lebende sich noch mit Geld erkaufen konnte – Freundlichkeit und Respekt –, dem Toten wird es verweigert: unerträglich zynisch in jener Szene, da der posierende italienische Diener das knarrende »*Yes, come in*« des Herrn aus San Francisco grotesk imitiert, belohnt vom kreischenden Gelächter der Stubenmädchen. Kurze Szenen wie diese wirken gleichsam wie Positionslichter, die die »Vergnügungsreise« in dem fahlen, kalten Licht erscheinen lassen, das die Wahrheit beklemmend enthüllt. M.Gru.

AUSGABEN: Moskau 1915 (in Slovo, 5, 1915). – Leningrad 1926. – Moskau 1956 (in *Sobr. soč.*, 5 Bde., 3). – Moskau 1982 (in *Sočinenija*, 3 Bde., 2). – Moskau 1984 (in *Povesti i rasskazy*).

ÜBERSETZUNGEN: *Der Herr aus San Francisco*, K. Rosenberg, Bln. 1922. – Dass., O. Schwechheimer u. W. Richter-Ruhland, Mchn. 1960 (GGT). – Dass., G. Schwarz, Bln. 1976. – *Der Herr aus San Francisco*, K. Borowsky, Stg. 1994 [russ./dt.].

LITERATUR: E. Huth, *An Intensive Reading of B.'s »The Gentleman from San Francisco«*, Middletown 1942. – V. N. Atanas'ev, *I. A. B. v rabote nad rasskazom »Gospodin iz San Francisko«* (in Izvestija Akademii Nauk S. S. R., Otdelenie literatury i jazyka, 24, 1965, S. 7–17). – A. Kara-Sokol, *Struktura i kompozicija proizvedenija B. »Gospodin iz San Francisko«* (in *Proceedings: Pacific Northwest Conference on Foreign Languages*, Hg. W. C. Kraft, Oregon State Univ. 1971, S. 104–111). – Chr. Scholle, *»Der Herr aus San Francisco«* (in *Die Russische Novelle*, Hg. B. Zelinsky, Düsseldorf 1982, S. 151–160).

SUCHODOL

(russ.; *Ü: Ssuchodol*). Erzählung von Ivan A. BUNIN, erschienen 1912. – Die Chronik der letzten Generationen des Adelsgeschlechts der Chruščëvs, die zur Zeit der russischen »Bauernbefreiung« (1861) in Suchodol, dem Stammsitz der Familie spielt, beschließt die »Adelselegien« des Autors aus der Zeit nach der Jahrhundertwende. Die Erzählung überwindet die wehmütige Idealisierung der dahinsterbenden Adelskultur in Bunins Frühwerk (vgl. *Antonovskie jabloki*, 1900 – *Die Antonsäpfel*) und läßt unter der nach wie vor attraktiven Oberfläche des Gutsherrenmilieus überaus kritische, realistische Töne anklingen, welche die Morbidität des russischen Adels und die Fundierung seiner elitären Standeskultur auf der brutalen Herrschaft über leibeigene Bauern und Bedienstete mit krasser und ungeschminkter Deutlichkeit offenbaren. *»Wie ein junger Pope, der in seinem Glauben an Gott wankend geworden ist, hat Bunin in ›Suchodol‹ seinem dahingeschwundenen Stande die Totenmesse gelesen«*, urteilt Maksim GOR'KIJ.

Im Mittelpunkt der Erzählung steht das Schicksal der Dienstmagd Natalja. Die Fabel ihrer Geschichte ist einfach: In früher Jugend verlor Natalja beide Eltern. Der Vater wurde zum Militärdienst gepreßt, die Mutter starb vor Angst, als der Hagel das ihr anvertraute herrschaftliche Federvieh erschlug. Als Mündel der Familie Chruščëv verliebt sich Natalja in den Sohn der Herrschaft und entwendet ihm als Unterpfand ihrer Sehnsucht einen silbernen Spiegel. Der Geliebte selbst entdeckt den Diebstahl, befiehlt, Natalja das Haar zu scheren, und verbannt die Entehrte auf ein abgelegenes Gehöft. Nach zwei Jahren kehrt Natalja nach Suchodol zurück, um ihrer Herrschaft fortan unter Verzicht auf jedes persönliche Glück zu dienen.

Epische Dimension erhält das Schicksal Nataljas durch seine Verflochtenheit mit der Geschichte des Gutsherrengeschlechts. Nach dem Tod seiner Frau schwachsinnig geworden, verbringt Pëtr Kirrilyč, das Haupt der Familie, seine Tage damit, die gesamten Möbel im Gutshaus umzustellen und Geldstücke in den Fugen des altersschwachen Gebäudes zu verstecken. Fünfundvierzig Jahre alt, wird er von seinem unehelichen Sohn Gervas'ka, der im Hause die Rolle des Lakaien spielt, im Zorn erschlagen. Auch seine Tochter Tonja verliert den Verstand, nachdem sie dem Liebeswerben Vojtkevičs, eines Kriegskameraden des Bruders, eine ungewollte Absage erteilt hat. Die Söhne, Pëtr und Arkadij, greifen in ihrem permanenten Streit um Verwaltung und ökonomische Nutzung des Familienbesitzes nicht selten zu *»Messer und Gewehr«*. Pëtr gerät unter die Hufe seines Pferdes und wird zertreten, als er betrunken von einer Geliebten heimkehrt. Arkadij verläßt das Elternhaus im Streit. Seither führen Tonja, Natalja und Klavdija Markovna, die Witwe Pëtrs, ein einsames, von Aberglauben und unbestimmter Furcht überschattetes Leben auf dem verwaisten Herrensitz. Ausdruck ihrer Existenzangst ist ihre symbolträchtige Furcht vor Feuer und Gewitter, die sich leitmotivisch durch die Erzählung zieht. In religiösen Wahn umgeschlagene sexuelle Sehnsucht macht Tonja der gewaltsamen Liebe eines entlaufenen Mönches gefügig, der für kurze Zeit Unterkunft im Hause findet. Aus abergläubisch-fatalistischer Unterwerfung unter die Vorzeichen unheilvoller Träume gibt auch Natalja seinen Wünschen nach.

Ihr Kind verliert sie, als sie in panischer Furcht aus dem durch Blitzschlag oder Brandstiftung entflammten Gutshaus stürzt.

Bunins Chronik der Familie Chruščëv ist bis ins Detail geprägt durch die eigene Familiengeschichte des Autors. Suchodol ist das kaum verhüllte Abbild des Buninschen Stammsitzes Kamenka. Bunins Großvater Nikolaj ist das Urbild des ältesten Chruščëv, seine Tante Varvara der Prototyp Tonjas, sein Vater das charakteristische Ebenbild Arkadijs. Mit dem Gesamtwerk des Autors teilt die Erzählung ihre überaus komplizierte Erzählstruktur. Vordergründig treten als Erzähler die Kinder Arkadijs auf. Sie selbst erfahren die Geschichte Suchodols jedoch aus dem Munde der eigentlichen Erzählerin Natalja. Natalja berichtet ihnen das Schicksal des Familiensitzes zweimal: einmal als Erzieherin ihrer Jugend, zum anderen anläßlich der Versöhnung der Familie bei der Rückkehr Arkadijs nach Suchodol. In den fragmentarischen Erzählungen ihrer Erzieherin, denen sie eine kindlichem Fassungsvermögen gemäße Deutung zu geben versuchen, begegnet den jugendlichen Erzählern Suchodol als fernes Traumland kindlicher Phantasie. Viele Momente der späteren Erzählung nimmt die Novelle hier unverbunden aus der Perspektive kindlicher Verständnislosigkeit vorweg, in der die heimliche Faszination des Gutsherrenmilieus über die Einsicht in seine atavistische Realität dominiert. Den vollen Sinnzusammenhang des Geschehens stellt erst der Bericht Nataljas im Hauptteil der Erzählung her. Doch auch hier ist die erzählte Wirklichkeit zweifach gebrochen. Zum einen erscheint sie unter dem eingeengten Gesichtswinkel der leibeigenen Dienstmagd. Zum anderen wird sie nicht durch den unmittelbaren Bericht Nataljas, sondern in der Nacherzählung ihrer Worte durch die vordergründigen Erzähler wiedergegeben.

Bunin hat die 1911 vollendete Novelle für spätere Veröffentlichungen mehrfach überarbeitet. Das Werk bestätigte den mit der Erzählung *Derevnja*, 1910 *(Das Dorf)* errungenen Erfolg des Autors, den Gor'kij den *»besten Stilisten der Gegenwart«* nannte.   C.K.

AUSGABEN: Petersburg 1912 (in Vestnik Evropy, Nr. 4). – Moskau 1912. – Moskau 1965 (in *Sobr. soč.*, Hg. A. S. Mjasnikov u. a., 9 Bde., 1965–1967, 3). – Moskau 1982 (in *Sočinenija*, 3 Bde., 1). – Moskau 1984 (in *Povesti i rasskazy*).

ÜBERSETZUNG: *Ssuchodol*, E. Schleicher, Mchn. 1966.

LITERATUR: S. Adrianov, Rez. (in Vestnik Evropy, 6, 1912, Nr. 11). – R. Grigor'ev, *I. A. B. »Suchodol« i drugie rasskazy* (in Sovremennik, Petersburg 1913, 7, Nr. 3). – B. Scherr, *Time, Space and Causality in the World of B.'s »Sukhodol«* (in *Proceedings of the Pacific Northwest Conference on Foreign Languages*, 27, 1976, S. 141–145). – Th. Marullo, *B.'s »Dry Valley«: The Russian Novel in Transition from Realism to Modernism* (in FMLS, 1978, 14,

S. 193–207). – A. Ninov, *Smert' i roždenie čeloveka: I. B. i M. Gor'kij v 1911–1912 godach* (in Voprosy Literatury, 1984, 12, S. 100–133).

TËMNYE ALLEI

(russ.; *Ü: Dunkle Alleen*). Erzählung von Ivan A. BUNIN, erschienen 1943. – An einem grauen Herbsttag begegnet ein reisender Offizier in der schönen, reifen Wirtin einer Poststation seiner Jugendliebe Nadežda wieder, der er vor dreißig Jahren verliebte Gedichte über »Dunkle Alleen« vorgetragen hatte. Zwar hat der Offizier die Episode längst aus seinen Erinnerungen getilgt (*»Alles vergeht … Die Liebe, die Jugend – alles, alles«*), aber er muß nun erfahren, daß Nadežda ausschließlich dieser Liebe gelebt hat, die – unerfüllt und von ihm verraten – zu ihrem Lebensinhalt wurde. Noch heute hat Nadežda seinen Treuebruch nicht verwunden noch verziehen, doch *»Tote trägt man nicht wieder vom Friedhof heim«*. An der Sinnlosigkeit des Lebens resignierend, bekennt der Offizier Nadežda sein verlorenes Dasein. Die Frau, die er geheiratet hat, nachdem er Nadežda verlassen hatte, betrog ihn, der Sohn, den er über alles liebte, mißriet. *»Doch das ist im übrigen eine abgeschmackte, alltägliche Geschichte.«* Geblieben ist ihm allein die Erinnerung an den *»schönsten Augenblick seines Lebens«* und die beunruhigende Frage: *»Was wäre geworden, wenn ich sie nicht verlassen hätte?«*

Die Titelgeschichte der Erzählsammlung, die Bunin für das *»in künstlerischer Hinsicht vollendetste«* seiner Bücher hielt, entstand nach den Worten des Autors unter dem Eindruck der Lektüre von N. P. OGARËVS thematisch verwandtem Gedicht *Obyknovennaja povest'*, 1843 *(Eine gewöhnliche Geschichte)*. Wie alle in der Emigration entstandenen Erzählungen des »Neuklassikers« Bunin (Stender-Petersen) der Tradition der großen russischen Erzähler (PUŠKIN, TURGENEV, TOLSTOJ, ČECHOV) verpflichtet, teilt die Erzählung mit den übrigen Texten des Bands die düster-pessimistische, vom Gedanken an den Tod überschattete Gestaltung der Liebesthematik. *»Wie ein Verliebter um den sprachlichen Ausdruck«* kreisend (Stender-Petersen) schafft Bunin, den Maksim GOR'KIJ 1912 als den *»besten Stilisten der Gegenwart«* empfahl, in wohlgeformten, in ihrer Präzision mathematischen Formeln vergleichbaren Sätzen eine artifizielle Prosa von distanzierter Herbheit. M. Gru.

AUSGABEN: NY 1943. – Moskau 1956 (in *Sobr. soč.*, Hg. L. V. Nikulin u. a., 5 Bde., 4; m. Einl.). – Moskau 1961 (in *Povesti. Rasskazy. Vospominanija*, Hg. P. L. Vjačeslavov; Einf. K. Paustovskij). – Moskau 1966 (in *Sobr. soč.*, Hg. A. S. Mjasnikov u. a., 9 Bde., 1965–1967, 7). – Moskau 1978 (in *Rasskazy*).

ÜBERSETZUNGEN: *Dunkle Alleen*, I. Koenig (in *Dunkle Alleen. Ausgewählte Meistererzählungen*, Stg. 1959; Einf. J. Holthusen). – Dass., E. Ahrndt

(in *Dunkle Alleen: Erzählungen 1920–53*, Bln./Weimar 1985).

LITERATUR: I. A. Figurovskij, *O sintaksise prozy B.: Sintaksičeskaja dominanta »Tëmnych allei«* (in Russkaja Reč', 1970, 5, S. 63–66). – L. Foster, *O kompozicii Tëmnych allei B.* (in Russian Literature, 1975, 9, S. 55–65). – D. Myšalova, *Realist li B. O poètike cikla »T. a.«* (in Grani, 1994, Nr. 171).

ŽIZN' ARSEN'EVA

(russ.; *Ü: Im Anbruch der Tage. Arsjenjews Leben*). Autobiographischer Roman von Ivan A. BUNIN, erschienen 1927–1939. – Das bedeutendste Erzählwerk des nach der Oktoberrevolution nach Frankreich emigrierten und 1933 mit dem Nobelpreis ausgezeichneten Schriftstellers steht in der Tradition der russischen Memoirenliteratur des 19. Jh.s. Der Roman, der Dichtung und Wahrheit ineinanderfließen läßt, weist keine einheitliche Handlung auf. Im Rückblick des fiktiven Erzählers Aleksej Arsen'ev schildert er die Jugendzeit des Autors im vorrevolutionären Rußland.

Der erste Teil des Werks beschreibt den dichterischen Werdegang des Helden, der zweite den tragischen Konflikt seiner Liebe und seiner künstlerischen Berufung. Das Schwergewicht der Erzählung liegt auf der eingehenden Beschreibung einzelner Erlebnisse, Gestalten und Gefühle. Über den autobiographischen Bericht hinaus zeichnet der Roman ein detailliertes Bild der sozialen Verhältnisse, vorab der Lage des Kleinadels in der zaristischen Gesellschaft. Notwendig verklärt die Erinnerung des Emigranten eine Zeit, in dem die gesellschaftlichen Umbruch zutrieb und die soziale Frage zum Hauptthema der russischen Literatur erhob. Als Sproß einer ehedem angesehenen, dem Ruin verfallenden Adelsfamilie, einem Leben der Unsicherheit und Ungeborgenheit ausgesetzt und in der Gegenwart der Vergangenheit zugewandt, erlebt der Autor die Veränderung der Verhältnisse resigniert als unabänderliches persönliches Schicksal. *»Das Schicksal eines jeden Menschen wird vom Zufall gestaltet, in Abhängigkeit von seiner Umgebung. So gestaltete sich auch das Schicksal meiner Jugend, das maßgebend für mein späteres Leben werden sollte.«*

Man ist geneigt, dieses Schicksal als das Produkt des Untergangs einer Klasse zu deuten, die den Ästhetizismus eines Jahrhunderts aufgespeichert hatte, sich PUŠKIN und LERMONTOV verbunden fühlte und ihren idealistischen Freiheitsdrang auf Kosten ihrer materiellen Sicherheit über die Zeiten zu retten suchte. Notwendige gesellschaftliche Entwicklung erscheint dem Betroffenen als Auswirkung jenes Selbstzerstörungstriebs, den TURGENEV in seinem *Stepnoj korol' Lir*, 1870 *(Ein König Lear der Steppe)*, Ausdruck verlieh. *»Und in allem, allem war der Tod; er schlich sich unaufhaltsam in das ewig-liebliche, ziellose Leben ein! … Im Leben der meisten spielt er wohl eine geringe Rolle. Dagegen gibt es*

Menschen, die ihr Leben lang unter seinem Zeichen stehen, seit der frühesten Kindheit ein geschärftes Gefühl für den Tod haben, meist wohl dank eines gleich starken Lebensgefühls.«
Eine poetische Sprache, die ihre Treffsicherheit im charakterisierenden Attribut erweist, verbindet das Werk mit Turgenevs *Stichotvorenija v proze*, 1883 *(Gedichte in Prosa)*. In Bunins Roman *»durchdringt das lyrische Element die Erzählung von Anfang bis Ende, um ihren ganzen materiellen Gehalt in sich aufzulösen«* (Weidlé).   M.Gru.

AUSGABEN: Paris 1927 (in Rossija, Nr. 9; enth. Buch 1, Kap. 4). – Paris 1928/29 (in Poslednie novosti, Nr. 2475: Buch 1, Kap. 3–4; Nr. 2481: Buch 1, Kap. 19; Nr. 2538: Buch 2, Kap. 7–9; Nr. 2573: Buch 2, Kap. 15–22; Nr. 2801: Buch 3, Kap. 6–7; Nr. 2811: Buch 3, Kap. 10–12; Nr. 2965: Buch 4, Kap. 4–10; Nr. 3116: Buch 4, Kap. 13–15). – Paris 1928/29 (in Sovremennye zapiski, 34/35; 37, 40; enth. Buch 1–4). – Paris 1930 [Buch 1–4]. – Paris 1932/33 (in Poslednie novosti, Nr. 4295, 4316, 4330: Buch 5, Kap. 1–9). – Paris 1933 (in Sovremennye zapiski, 52/53: Buch 5, Kap. 2–21). – Bln. 1936 (in *Sobr. soč.*, 11 Bde., 1934–1936, 11). – Paris 1937 (in Illjustrirovannaja Rossija, 2. Jan.: Buch 5, Kap. 24–31). – Paris 1938/39 (in Poslednie novosti, Nr. 6481: Buch 5, Kap. 25–27; Nr. 6488: Buch 5, Kap. 29). – Brüssel 1939 [Buch 5]. – NY 1952 [vollst.]. – Moskau 1961 (in Moskva, Nr. 7, 8, 11; Buch 1–4). – Moskau 1961 (in *Povesti. Rasskazy. Vospominanija*). – Moskau 1966 (in *Sobr. soč.*, 9 Bde., Hg. A. S. Mjasnikov u. a., 1965–1967, 6). – Gor'kij 1986 (in *Žizn' Arsen'eva. Rasskazy*).

ÜBERSETZUNGEN: *Im Anbruch der Tage. Arsenjews Leben*, J. Steinberg u. R. Candreia, Bln. 1934 [Buch 1–4]. – *Das Leben Arsenjews*, G. Schwarz, Bln./Weimar 1979. – Dass., ders., Mchn./Wien 1980 *(Rasskazy o pisateljach, knigach i slovach); stat'ja tret'ja*.

LITERATUR: R. Bowie, *An Intensive Study of B.'s »The Life of Arsen'ev«*, Diss. Vanderbilt Univ. 1971. – S. Antonov, *Ot pervogo lica ... (Rasskazy o pisateljach, knigach i slovach); stat'ja tret'ja*: I. B., *Žizn' Arsen'eva* (in Novyj Mir, 1973, 49, S. 243–264). – A. F. Zweers, *A. A.s Spiritual Freedom: Major Themes and Literary Devices in I. B.'s »The Life of A.«* (in *Crisis and Commitment: Studies in German and Russian Literature in Honour of J. W. Dyck*, Hg. J. Whiton, Waterloo 1983, S. 247–255).

ANTON PAVLOVIČ ČECHOV

* 17.1.1860 Taganrog
† 15.7.1904 Badenweiler

LITERATUR ZUM AUTOR:
Bibliographie:
In: Russian Language Journal, 39, 1985, S. 227 bis 379.
Biographien:
W. Jermilow, *Tsch.*, Bln./DDR 1951 [a. d. Russ.]. – W. Duwel, *A. Tsch.*, Halle 1961. – E. J. Simmons, *Ch. A. Biography*, Boston 1962. – D. Magarshack, *Ch. A Life*, Westport 1970. – R. Hingley, *A New Life of Ch.*, London 1976. – P. Urban, *Č.-Chronik. Daten zu Leben und Werk*, Zürich 1981. – E. Wolffheim, *A. Č. in Selbstzeugnissen u. Bilddokumenten*, Reinbek 1982 (rm). – H. Troyat, *Tsch. Leben u. Werk*, Stg. 1987. – *A. Č., sein Leben in Bildern*, Hg. P. Urban, Zürich 1987.
Gesamtdarstellungen und Studien:
H. Halm, *A. P. Tsch.s Kurzgeschichten und deren Vorläufer*, Weimar 1933. – S. D. Baluchatyj, *Č. – dramaturg*, Leningrad 1936. – G. Dick, *Č. in Deutschland*, Diss. Bln. 1956. – G. Berdnikov, *Č. – dramaturg*, Leningrad 1957. – H. Auzinger, *Die Pointe bei Tsch.*, Wiesbaden 1958. – Z. Papernyj, *A. P. Č.*, Moskau 1960. – *A. Č., 1860–1960. Some Essays*, Hg. Th. Eekman, Leiden 1960. – P. M. Bicilli, *A. P. Č. Das Werk und sein Stil*, Mchn. 1966. – *Ch. A Collection of Critical Essays*, Hg. R. L. Jackson, Englewood Cliffs/N. J. 1967. – N. A. Nilsson, *Studies in Č. Narrative Technique*, Stockholm 1968. – S. Melchinger, *A. Tsch.*, Velber 1968; ern. Mchn. 1974. – G. Selge, *A. Č.s Menschenbild*, Mchn. 1970. – J. L. Styan, *Ch. in Performance. A Commentary on the Major Plays*, Cambridge 1971. – Ch. Scheibitz, *Mensch und Mitmensch im Drama A. Tsch.s*, Göppingen 1972. – B. Hahn, *Ch. A Study of the Major Stories and Plays*, Cambridge 1976. – *Ch.'s Art of Writing*, Columbus 1977. – J. v. d. Eng u. a., *On the Theory of Descriptive Poetics. A. P. Č. as Story-Teller and Playwright*, Lisse 1978. – *Ch. The Critical Heritage*, Hg. V. Emeljanov, Ldn. 1981. – V. Gottlieb, *Ch. in Performance in Russia and Soviet Russia*, Alexandria/Va. 1984. – *Ch. New Perspectives*, Hg. R. u. N. Wellek, Englewood Cliffs 1984. – Russian Language Journal, 39, 1985 [Sonderheft zu *A. Č.*]. – K. Hielscher, *Tsch. Eine Einführung*, Zürich 1987. – *Über Č.*, Hg. P. Urban, Zürich 1988 [Aufsätze u. Materialien].

ARIADNA

(russ.; *Ariadna*). Erzählung von Anton P. ČECHOV, erschienen 1895. – Eingeleitet wird diese sarkastisch-ironische *»Geschichte von der Liebe«* von den Reflexionen eines verbitterten Liebhabers: *»Wenn wir geheiratet haben oder ein Liebesverhältnis mit einer Frau eingegangen sind, vergehen kaum zwei bis drei Jahre, und wir fühlen uns schon enttäuscht und betrogen.«* Betrogen und enttäuscht fühlt sich der junge Gutsbesitzer Šamotin von der schönen, temperamentvollen Ariadna, für die er noch vor kurzem sein Leben zu opfern gewillt war, die ihm *»höher als alles in der Welt«* gestanden und um deren Hand anzuhalten ihn einst die Furcht zurückgehalten hatte, er könnte dieses *»schöne, poetische Geschöpf«* zutiefst verletzen. Ein Schlag traf ihn, als er erfuhr, ebendieses Geschöpf sei mit einem Liebhaber nach Italien durchgebrannt; doch erholte er sich wieder, bat ihn doch Ariadna bald darauf brieflich um seine Gesellschaft. Frohen Herzens reiste er ihr nach, doch nur, um eine neue Enttäuschung zu erleben: Wie mit anderen Männern, so spielte Ariadna auch mit ihm nur zu ihrem Zeitvertreib, unfähig, mehr zu empfinden als oberflächliches Vergnügen. Šamotin wandte sich daraufhin von ihr ab; allein, noch war seine Leidenschaft nicht erloschen. Auch einem zweiten Ruf Ariadnas folgte er, und diesmal gab sie sich ihm hin – wohl nur deshalb, weil ihr kein anderer Liebhaber zur Verfügung stand. Dem ersten Glück folgte die Ernüchterung auf dem Fuß: In aller Deutlichkeit sah Šamotin jetzt, wie *»verlogen, kleinlich, eitel, ungerecht, ungebildet und grausam«* sein einstiges Idol in Wirklichkeit war, ja, daß diese Frau, die alle seine Ideale zerstört und überdies noch sein Vermögen verschwendet hat, nicht höher, sondern im Gegenteil viel tiefer als er selbst stand.

Ariadna, Gegenstück zu der drei Jahre früher erschienenen Erzählung *Žena (Die Gattin)*, führt ein Thema fort, dem sich Čechov mit der Bemerkung stellte: *»Die Liebe ist entweder das Überbleibsel eines früheren Werts, der heute zu entarten beginnt, oder der Teil einer großartigen Zukunft. In der Gegenwart kann sie aber nicht befriedigen, weil sie viel weniger gibt, als man von ihr erwartet.«* Dieser lähmende Zustand der tristen Desillusionierung, der hier in einer kühlen, fast unbeteiligt klingenden Sprache beschrieben wird, ist charakteristisch für die Situation nahezu aller Liebenden, die uns in Čechovs Werk begegnen, am tragischsten wohl widergespiegelt in *Čajka (Die Möwe)*.   M.Gru.

Ausgaben: Moskau 1895 (in Russkaja mysl', Nr. 12). – Moskau 1977 (in *Poln. sobr. soč. i pisem*, 30 Bde., 1974–1983, 9).

Übersetzungen: *Ariadna*, L. Flachs-Fokschaneanu (in *Russ. Liebelei*, Mchn. 1897). – Dass., J. v. Guenther, Mchn. 1954 (GGT). – Dass., M. Pfeiffer (in *Rothschilds Geige. Erzählungen 1893–1896*, Zürich 1976).

Literatur: M. Nielsen, *Two Women Characters in Č.'s Work and Some Aspects of His Portrayal of Women*, Oslo 1975.

ČAJKA

(russ.; *Die Möwe*). Komödie in vier Aufzügen von Anton P. Čechov, Uraufführung: Petersburg 1896, Aleksandrinskij Teatr; deutsche Erstaufführung: Breslau, 1. 11. 1902, Lobe-Theater. – Das Stück spielt auf dem Landgut einer alternden Schauspielerin. Ihr Freund, der berühmte Schriftsteller Trigorin, begegnet dort der jungen, zur Frau erblühenden Nina. Die beiden verlieben sich ineinander, und Nina reist dem Schriftsteller in die Stadt nach; sie wird Schauspielerin, allerdings eine schlechte, bekommt ein Kind von Trigorin und wird bald von ihm verlassen und vergessen. Zwei Jahre später versammelt sich die gleiche Gesellschaft wiederum auf dem Landgut – nur Nina fehlt. Während die Gäste sich angestrengt die Zeit vertreiben, fällt in einem Nebenzimmer ein Schuß; der Sohn der Hausherrin, Treplev, hat Selbstmord begangen. Nina war, von keinem der Gäste bemerkt, in sein Zimmer eingedrungen, und Treplev hatte geglaubt, nun endlich werde ihre einst von Trigorin zerstörte Jugendliebe ihre Erfüllung finden. Nina jedoch kam nicht zu ihm. Die Nähe des unvergessenen Trigorin hatte sie angezogen. Heimlich, wie sie gekommen war, verließ sie das Haus wieder, und Treplev griff zur Waffe.

Die Fabel des *»forte beginnenden und pianissimo endenden«* Stücks (Čechov) mutet alltäglich an. Čechov bezeichnet es ausdrücklich als Komödie, doch ist die *Möwe* seit der Musterinszenierung Stanislavskijs (1898) allein als Stimmungsdrama begriffen worden: *»Niederdrückend, melancholisch und unendlich monoton ... Eine Atmosphäre, die so völlig mit der vorherrschenden Stimmung der gebildeten Klassen des damaligen Rußland übereinzustimmen schien, daß man sie in England und Amerika als typisch für jedes Drama Čechovs akzeptierte und sogar das Eigenschaftswort ›Chekovian‹ dafür prägte«* (D. Magarshak). – Das Stück lebt also nicht von seiner Fabel, und es empfängt seine dramatischen Impulse nicht von der Handlung, sondern allein vom Wort, der ausgesprochenen, verzögerten oder zurückgehaltenen Replik, von der Pause, von Stimmung und Melodie, dem subtilen Nebeneinander der Dialoge, den verschwimmenden Konturen der einzelnen Charaktere, die großen Darstellern und Regisseuren bis in die Gegenwart die Möglichkeit immer neuer exemplarischer Interpretationen boten.

Magarshak, der Kritiker der ersten und der folgenden Stanislavskij-Inszenierungen Čechovs, spricht davon, daß die Atmosphäre *»mit der vorherrschenden Stimmung der gebildeten Klassen«* Rußlands – und mit Čechov wird man hier an dekadente Klassen denken müssen – übereinstimmt; diese Kongruenz gilt auch für die Denk- und Verhaltensweisen dieser Klassen, für die Čechov in der Parabel von der »Möwe« ein konkretes Bild findet: aus »Langeweile« schießt Treplev am See eine Möwe und bringt sie Nina als Geschenk. Der Schriftsteller Trigorin erfindet dazu eine Fabel: *»Es lebt ein Mädchen an einem See ... Es liebt den See wie eine Möwe,* *und wie eine Möwe ist es frei und glücklich. Da kommt eines Tages ein Mann daher, sieht das Mädchen und richtet es zugrunde, bloß so, aus Langeweile – wie Ihr Freund hier diese Möwe.«* Im letzten Akt wird diese Paraphrase wieder symbolisch konkretisiert: Ausgestopft und präpariert hat die Möwe ihren Platz im Gesellschaftsraum gefunden und vermag in dem noch immer berühmten, verehrten und geliebten Trigorin keine Erinnerungen mehr zu erwekken. Vergessen wie die Liebe der »Möwe« Nina aber sind auch die dem Flug der freien Möwen gleichenden Ideen des jungen, erfolglosen Stückeschreibers Treplev, die er in seinem – zu Anfang der »Komödie« aufgeführten – dramatischen Dialog den gelangweilten Zuhörern entwickelte: *»Neue Formen brauchen wir, neue Formen«,* fort mit den Konventionen, fort mit den *»seichten Situationen und Phrasen«,* aus denen *»eine leichtverdauliche kleine Nutzmoral für den Hausgebrauch geschöpft werden soll ...«* Als beständig erweist sich nur der Zustand der Langeweile, das tödliche nivellierende Gleichmaß des Alltags, die Wiederholung der sinnlosen Phrase, wie sie eine der Figuren stereotyp durch alle Akte hindurch vor sich hin summt: *»O wie glücklich, wer den Glauben hat.«*   M.Gru.

AUSGABEN: Moskau 1896 (in Russkaja mysl'). – Moskau 1897 [überarb. Fassg.]. – Moskau 1978 (in *Poln. sobr. soč. i pisem*, 30 Bde., 1977–1983, 13).

ÜBERSETZUNGEN: *Die Möwe*, W. Czumikow, Jena 1902. – Dass., J. v. Guenther (in *Dramen*, Hbg. 1960; Nachw. S. Geier; RKl). – Dass., K. Borowsky, Stg. 1975. – Dass., P. Urban, Zürich 1976.

LITERATUR: T. G. Winner, *A. P. Č.'s »Seagull« and Shakespeare's »Hamlet«* (in American Slavic and East European Review, 15, 1956, S. 103–112). – J. M. Curtis, *Spatial Form in Drama: »The Seagull«* (in Canadian-American Slavic Studies, 6, 1972, S. 13–37). – W. G. Jones, *The Seagull's Second Symbolist Play-within-the-Play* (in Slavonic Review, 53, 1975, S. 17–26). – Z. Papernyj, *Čajka*, Moskau 1980. – P. Holland, *Č. and the Resistant Symbol* (in Drama and Symbolism, Cambridge 1982, S. 227–242). – C. Hollosi, *Č.'s Reactions to Two Interpretations of Nina* (in Theatre Survey, 24, 1983).

ČELOVEK V FUTLJARE

(russ.; *Der Mann im Futteral*). Erzählung von Anton P. ČECHOV, erschienen 1898. – Der *Mann im Futteral* ist der Griechischlehrer Belikov, ein in seiner Angst und Unfreiheit kaum noch menschenähnliches Wesen, das, gleich dem Einsiedlerkrebs oder der Schnecke, ständig das Bedürfnis hat, sich vor der Außenwelt zu schützen oder zu verbergen. Stets fühlt er sich, eingekapselt in eine sommers wie winters gleich hochgeschlossene Kleidung, von der Gegenwart bedroht, weshalb er auch sie in ein isolierendes Futteral steckt: Er lebt nur in und aus der Vergangenheit, und er lobt nur behördliche Ver-

bote und Anordnungen, da *»in einer Erlaubnis sich für ihn immer etwas Zweifelhaftes«,* also etwas Zukünftig-Ungewisses und deshalb Beunruhigendes verbirgt. Grundsätzlich jedem Fortschritt und vor allem der Freiheit abhold und hierin der Obrigkeit gleichend, zwängt er seine Mitmenschen, ja das Leben einer ganzen Stadt in ebensolche »Futterale«, wie er sie selbst trägt. – Als ein neuer Lehrer seine Schwester Varin'ka (»gnädiges Frauchen«) mit in die Stadt bringt, setzen sich seine Kollegen und vor allem deren Frauen mehr aus Langeweile als aus Mitgefühl das Ziel, ihn mit der schönen und heiteren Person, die als Dreißigjährige nicht mehr sehr wählerisch sein kann, zu verheiraten. Belikov wäre im Grunde nicht abgeneigt, kommt aber vor lauter Nachdenken und Sicherungsmaßnahmen nie zu einem Heiratsantrag und gerät schließlich außer sich, weil er darüber zum Gespött der Leute wird. Als auch Varin'ka eines Tages bei seinem Anblick in schallendes Gelächter ausbricht, ist es mit ihm zu Ende: Er legt sich ins Bett und stirbt. *»Jetzt, da er im Sarge lag, war sein Gesicht bescheiden und angenehm, ja sogar fröhlich, als freute er sich darüber, daß man ihn endlich in ein Futteral gelegt hatte, aus dem er nie wieder herauszukommen brauchte.«* Der Erzähler muß gestehen, *»daß es ein großes Vergnügen ist, Leute wie Belikov zu begraben«.* Jedoch: *».. . wie viele solcher Menschen im Futteral sind noch geblieben, wie viele wird es noch geben?«*

Die Erzählung, die in unüberbietbarer Kürze die handelnden Personen und die beklemmende Atmosphäre ihrer kleinstädtischen Umwelt vollkommen greif- und fühlbar macht, ist in eine Rahmenhandlung eingefügt: ein einstiger Kollege Belikovs schildert in einer hellen Mondnacht vor einer einsamen Scheune seinem Freund – einem Tierarzt, der die Erzählung mit gelegentlichen Einwürfen weiterführt – die Geschichte vom *Mann im Futteral.* Diese dialogische Form gibt Čechov Gelegenheit, die beiden Gesprächspartner zum Schluß die – sonst von ihm sorgfältiger verborgene – Nutzanwendung nachdrücklich formulieren zu lassen: *»Sehen und hören, wie die Menschen lügen ... sich nicht getrauen, offen zu erklären, man stehe auf der Seite der ehrenhaften, freien Menschen, und selber lügen, lächeln ... ist das etwa kein Futteral? ... Nein, so kann man nicht mehr weiterleben.«*   M.Gru.

AUSGABEN: Moskau 1898. – Moskau 1977 (in *Poln. sobr. soč. i pisem*, 30 Bde., 1974–1983, 10).

ÜBERSETZUNGEN: *Der Mann im Futteral*, A. Luther (in *Erzählungen*, Bln. 1926). – *Der Mensch im Futteral*, G. Dick (in *Die Dame mit dem Hündchen. Erzählungen 1897–1903*, Zürich 1976). – Dass., K. Borowsky (in Dass., *Erzählungen*, Stg. 1978).

VERFILMUNG: *Čelovek v futljare*, SU 1939 (Regie: A. Annenskij).

LITERATUR: K. Marko, *»Menschen im Futteral«. Über ein Motiv bei Č.* (in WSlJ, 4, 1955, S. 51–60). – J. Conrad, *Č.'s »The Man in the Shell«. Freedom* *and Responsibility* (in SEEJ, 4, 1966, 10, S. 400–410). – L. Müller, *Nachwort* (in A. Č., *Der Mensch im Futteral: Erzählungen*, Stg. 1978, S. 305–334).

DAMA S SOBAČKOJ

(russ.; *Die Dame mit dem Hündchen*). Erzählung von Anton P. Čᴇᴄʜᴏᴠ, erschienen 1899. – Während eines Urlaubs am Meer lernt Gurov, ein gelangweilter, der Ehe müder und auf flüchtige amouröse Abenteuer gewöhnter Beamter, eine hübsche junge Dame mit einem Hündchen kennen, von der er sich eine reizvolle Abwechslung verspricht. Aber die noch kindlich-unberührt wirkende, von Gewissensbissen gequälte Frau, der er auf Spaziergängen, in gemeinsam verträumten Stunden am Meer und schließlich in verschwiegenen Hotelzimmern nahekommt, entspricht so wenig der Vorstellung, die er sich in seinem bisherigen Leben von der *»niederen Rasse«* Frau gebildet hat, daß er sich ganz verwandelt fühlt: Diese Ferienliebe, die nur wenige Wochen dauern kann, erfüllt ihn mit *»ungeduldiger Leidenschaft«*. Sie trennen sich: Die Dame reist zu ihrem erkrankten Gatten, Gurov kehrt zu seiner Familie nach Moskau zurück und wartet darauf, daß das Bild der Geliebten verdämmern werde *»wie alle anderen«*. Statt dessen muß er feststellen, daß die Erinnerungen eine immer stärkere Macht über ihn gewinnen und daß ihm in der Stadt alles zuwider wird: sein Beruf, seine Frau, selbst seine Kinder. So unerträglich erscheint ihm plötzlich sein unausgefülltes Leben, daß er aufbricht, die Dame mit dem Hündchen zu suchen. Bei ihrem Wiedersehen entdeckt er, daß es *»für ihn auf der ganzen Welt keinen Menschen gab, der ihm näher, teurer und wichtiger gewesen wäre«*. Mit dem Versprechen der Geliebten, ihn von nun an regelmäßig zu besuchen, kehrt er glücklich nach Moskau zurück. Wieder wird ein Hotelzimmer ihr Treffpunkt, und beiden scheint es, daß die Frage, wie ein *»neues, herrliches Leben«* zu beginnen sei, sich in Kürze beantworten lassen wird, obgleich ihnen klar ist, daß *»das Allerschwierigste und Verwickeltste erst jetzt beginne«*.
Der besondere Reiz dieser kurzen Erzählung liegt darin, daß ihr Thema – selten genug bei Čechov – nicht hoffnungslose Ergebung, sondern ein – zwar verhaltener und heimlicher – Triumph der Liebe über ein *»armseliges unbeschwingtes Leben«* ist. Dieser Triumph kann nur im verborgenen errungen werden. Aber das verborgene Leben ist, wie der Dichter seinen Helden erkennen läßt, *»bei jedem Menschen sein wirkliches, sein interessantes Leben«*, da das Leben *»vor aller Augen«* erfüllt ist von *»konventioneller Wahrheit und konventionellem Betrug ... Lüge, in der er sich verbarg, um die Wahrheit zu verheimlichen«*.   B.B.

Ausɢᴀʙᴇɴ: Moskau 1899. – Moskau 1977 (in *Poln. sobr. soč. i pisem*, 30 Bde., 1974–1983, 10).

Üʙᴇʀsᴇᴛᴢᴜɴɢᴇɴ: *Die Dame mit dem Hündchen*, W. Czumikow (in *GW*, 5 Bde., Lpzg. 1901–1904, 4). – Dass., H. v. Schulz (in Dass., *Erzählungen 1897–1903*, Zürich 1976).

Vᴇʀꜰɪʟᴍᴜɴɢ: SU 1960 (Regie: J. Chejfiz).

Lɪᴛᴇʀᴀᴛᴜʀ: V. L. Smith, *A. Ch. and »The Lady with the Dog«*, Ldn. 1973. – G. O. Berdnikov, *»Dama s sobackoj«*, Leningrad 1976. – H.-J. Gerigk, *Tsch. »Die Dame mit dem Hündchen«* (in *Die russische Novelle*, Hg. B. Zelinsky, Düsseldorf 1982).

DJADJA VANJA. Sceny iz derevenskoj zizni

(russ.; *Onkel Vanja. Szenen aus dem Landleben*). Schauspiel in vier Aufzügen von Anton P. Čᴇᴄʜᴏᴠ, Uraufführung: Moskau, 26. 10. 1899, Künstlertheater; deutsche Erstaufführung: München, 23. 3. 1903, Schauspielhaus. – Die Grundzüge der Handlung, einzelne Situationen und Namen hat Čechov seinem zehn Jahre früher entstandenen erfolglosen Stück *Lešij (Der Waldgeist)* entnommen; die neuen Handlungsteile und die einschneidenden Veränderungen der Charaktere lassen jedoch kaum noch eine Ähnlichkeit mit der Vorlage erkennen: Ein emeritierter Professor – kränkelnd, launenhaft, eitel und despotisch – hat sich mit seiner jungen Frau Elena auf das Landgut seiner verstorbenen ersten Gattin zurückgezogen. Er betrachtet das Gut als seinen selbstverständlichen Besitz und lebt ebenso selbstverständlich von dessen Erträgen. Bewirtschaftet wird »sein« Besitz von der Mutter, der Tochter (Sonja) und dem Bruder (Onkel Vanja) der Verstorbenen, die alle drei für den Unterhalt des berühmten und verehrten Professors arbeiten, ohne auch nur einmal an ihr eigenes Wohl zu denken. Während des Aufenthalts des Professors auf dem Gut aber muß Onkel Vanja eine niederschmetternde Entdeckung machen: Ihm wird klar, daß der große Professor *»fünfundzwanzig Jahre lang auf einem fremden Platz gesessen«* und nichts anderes getan hat, als leeres Stroh zu dreschen, fremde Gedanken wiederzukäuen, einen unberechtigten Hochmut zur Schau zu stellen und zwei schöne junge Frauen an sich zu binden. Seinem Haß auf diesen *»überflüssigen Menschen«*, der gleicherweise fremdes Geld, jugendliche Schönheit und äußerste Wertschätzung für sich in Anspruch nimmt, gesellt sich der Schmerz hinzu, die besten Jahre seines Lebens nutzlos vertan zu haben. Doch nicht er allein ist vom Leben betrogen worden. Alle Mitspieler sind der Leere eines unerfüllten, erniedrigenden Lebens ausgesetzt. Die schöne Elena verblüht an der Seite ihres Mannes, für den sie nichts mehr empfindet, von dem sie sich aber aus Gleichgültigkeit auch nicht mehr trennt. Einst eine hoffnungsvolle Künstlerin, hat sie sich inzwischen damit abgefunden, nichts anderes als eine *»Episodenfigur in der Musik, im Haus* [ihres] *Mannes, in allen Liebesaffären«* zu sein. Eine Episode bleibt deshalb auch ihre Begegnung mit dem Landarzt Astrov, den der Alltag und der aufreibende Beruf abge-

stumpft haben und zum Trinker werden ließen. Sonja, die ihn liebt, enttäuscht er; Elena, mit der er ein neues Leben beginnen könnte, verliert er, da beide wissen: Ihre Liebe zueinander ist letztlich nicht mehr als eine Krankheit, ein schnell verfliegender Rausch.
Zur Katastrophe kommt es, als der Professor kurzerhand das Gut verkaufen will, da ihm das Leben auf dem Lande unter all diesen »dummen Menschen« nicht mehr behagt. Onkel Vanja empört sich, schießt auf ihn, verfehlt jedoch zweimal sein Ziel. Sein Ausbruch reinigt die Atmosphäre: Vanja versöhnt sich mit dem Professor, der mit seiner Frau abreist. Nichts hat sich geändert, aber: »Was sollen wir machen? Wir müssen leben!« tröstet Sonja den verzweifelten Onkel. »Wir werden weiterleben, Onkel Vanja. Eine lange Reihe von Tagen und endlosen Abenden. Wir werden geduldig alle Prüfungen ertragen, die das Schicksal uns noch auferlegt; wir werden arbeiten für andere Menschen, jetzt und im Alter ... und jenseits des Grabes werden wir erzählen, wie wir geweint haben, wie bitter unser Los war, und Gott wird sich unser erbarmen ... Und wir werden ausruhen ...«
Das Schauspiel, in Stanislavskijs Musterinszenierung berühmt geworden, erhält seine Bühnenwirksamkeit nicht aus der im Grunde undramatischen Handlung. Alles Grelle, Auffällige und Laute ist ausgespart – abgesehen von den zwei Pistolenschüssen, die lächerlicherweise fehlgehen und so noch die Zwecklosigkeit jeder wirklichen Tat unterstreichen. Aber gerade das »Nichts« im Leben all dieser Menschen ist es, das plötzlich Erregung und Spannung provoziert. In scheinbar zusammenhanglosen Repliken, in alltäglichen Dialogen, hingeträumten poetischen Monologen, in leitmotivischem Gitarrengeklimper, in stereotypem Pfeifen, vor allem aber in den Pausen, die ein nicht ganz ausgesprochener Satz, ein nur angerissener Gedanke hinterläßt, wird diese erregende, krankhaft nervöse, dabei aber unterkühlte Stimmung dem Zuschauer mitgeteilt. Die Atmosphäre einer Endzeit lastet auf diesem Stück der Resignation. Der Arzt Astrov vermeint zwar, das Neue schon zu sehen, doch zeigt es sich ihm nur aus weiter Ferne: Der »Weg zum Glück«, sagt er, werde erst in ein- oder zweihundert Jahren zu finden sein. Für ihn aber, wie für die anderen Figuren des Stücks, gilt es, sich weiterhin mit jenem Zustand abzufinden, für den zwei merkwürdige Bühnenrequisiten das Symbol sind: In Onkel Vanjas Zimmer hängt »ganz unnütz« eine Karte von Afrika (die Freiheit und Weite verheißt) und neben ihr ein Vogelkäfig – das Gefängnis eines Stars. M.Gru.

AUSGABEN: Moskau 1897. – Moskau 1948 (in Poln. sobr. soč. i pisem, 20 Bde., 1944–1951, 11). – Moskau 1978 (in Poln. sobr. soč. i pisem, 30 Bde., 1974–1983, 13).

ÜBERSETZUNGEN: Onkel Wanja, W. Czumikow, Lpzg. 1902. – Onkel Vanja, A. Scholz, Bln. 1921. – Dass., J. v. Guenther (in Dramen, Hbg. 1960;

Nachw. S. Geier; RKl). – Dass., P. Urban, Zürich ²1980.

LITERATUR: »Djadja Vanja«. Sbornik statej, Leningrad 1947. – V. V. Ermilov, »Djadja Vanja«. Materialy i issledovanija, Moskau 1948. – G. Berdnikov, »Djadja Vanja« A. P. Č. (in Uč. zap. Leningr. univ., 1949, S. 224–260). – V. Ja. Laksin, Iskusstvo psicholog. dramy Č. i Tolstogo (»Djadja Vanja« i »Živoj trup«), Moskau 1958.

DUĚL'

(russ.; Das Duell). Erzählung von Anton P. ČECHOV, erschienen 1891. – Der Held der Erzählung, Laevskij, ist, will man seinen Worten Glauben schenken, ein von der »Kultur zugrunde gerichteter ... degenerierter Epigone der Leibeigenschaftszeit«; darüber hinaus erscheint der junge Beamte als ein skrupelloser Triebmensch, ein gehässiger Zyniker und geschickter Schwindler. Mit seiner – bereits verheirateten – Geliebten Nadešda ist er aus Petersburg in eine nordkaukasische Kleinstadt geflohen, um hier unter einfachen Menschen ein neues Leben zu beginnen. Das erweist sich zwar bald als Illusion, doch erkennt Laevskij seinen Selbstbetrug nicht. So beschließt er, die ihn inzwischen bis zum Überdruß langweilende Nadešda »abzuschaffen« und allein nach dem »neuen Leben« zu suchen – wofür allerdings Geld nötig ist. Gerade das aber läßt auf sich warten, denn Laevskijs einziger Freund am Ort – der Arzt und Philanthrop Samoilenko, selbst ein armer Schlucker – muß die benötigte Summe von einem seiner Untermieter borgen. Dieser Untermieter, der Naturwissenschaftler von Koren, haßt jedoch Laevskij bis aufs Blut und wäre nicht abgeneigt, den »ausschweifenden und perversen« Schwindler samt seiner Geliebten »im Interesse der Menschheit« wie »Schmeißfliegen« auszumerzen. Unter der Bedingung, daß Laevskij zusammen mit Nadešda die Stadt verläßt, verspricht er schließlich, hundert Rubel zu leihen. Laevskijs Lage spitzt sich zu, als er entdeckt, daß Nadešda ihn betrügt. In seiner Eitelkeit getroffen, weiß er nicht mehr ein noch aus; er verliert die Nerven, beleidigt von Koren und fordert ihn unüberlegt zum Duell. Von Koren nimmt an, fest entschlossen, den Parasiten Laevskij zu töten. Nur dem unerwarteten Eingreifen eines Diakons ist es zu danken, daß der Herausforderer von der Kugel nur gestreift wird. Doch die wenigen Sekunden der Todesangst genügten, Laevskij zur Besinnung zu bringen: Als von Koren drei Monate später zu einer Expeditionsreise aufbricht und vorher noch einmal mit seinem Gegner zusammentrifft, kann er eine unerhörte Entdeckung machen: Laevskij hat Nadešda geheiratet; er arbeitet, lebt bescheiden, zahlt seine Schulden zurück und befindet sich »auf dem Weg zur Wahrheit« des Lebens.
Wie diese Wahrheit aussieht, sagt Čechov nicht. Er zeigt nur, was sie nicht ist: In der dekadenten Lebensphilosophie des degenerierten Kultur- und

Genußmenschen Laevskij findet sie sich ebensowenig wie in der mildtätigen Nächstenliebe des Arztes Samoilenko, die das Böse doch nicht verhindern kann, oder in dem aggressiven Fortschrittsglauben des Wissenschaftlers von Koren. So ungewöhnlich dies auch bei Čechov sein mag: Am nächsten scheint seiner Vorstellung von einer »*wirklichen Wahrheit*« das Verhalten des Diakons zu kommen, der den Duellmord verhindert und der sagen kann: »*Wenn es auch Ungläubige sind, so sind sie doch Menschen und unbedingt zu retten.*«

Die Gruppierung dreier in sich positiver Möglichkeiten menschlichen Verhaltens um einen negativen Mittelpunkt (Laevskij) und die Darstellung der Reaktion Laevskijs (den von Koren als ein Tolstoj-Produkt begreift) auf diese verschiedenen – gesellschaftlich zu verstehenden – Möglichkeiten lassen vermuten, daß Čechov mit dem *Duėl'* einen Erziehungsroman im Sinne hatte. Die Tatsache, daß die Erzählung formal einem Romanfragment gleichkommt, bestätigt diese Vermutung. Die Einleitung öffnet einen weiten epischen Hintergrund, den Čechov jedoch nicht in seiner Breite und Tiefe nutzt. Es folgt ein voluminöser Mittelteil, in dem immenses Material angehäuft und gewaltsam auf Dialog, inneren Monolog und Bericht verteilt wird. Der Schlußteil mit der Wandlung Laevskijs und dem Aufbruch von Korens zu einer langjährigen Expedition (womit äußerlich die Notwendigkeit seiner Versöhnung mit dem Gegner begründet wird) verrät durch die äußerst mühsame Konstruktion, daß die Geschichte sehr überstürzt zu Ende geführt wurde. Was aus dem »unvollendeten Roman« hätte werden können, zeigen jene außerordentlich modern wirkenden Passagen, in denen Čechov die Relativität jeglicher Wahrheitsfindung nachweist (indem ein und dieselbe Tatsache – etwa die beabsichtigte Trennung Laevskijs von Nadešda – jeweils drei- oder mehrmals von verschiedenen Personen beurteilt und nach allen Richtungen hin reflektiert wird). Letzte Aussage ist der lapidare Satz: »*Niemand weiß die ganze Wahrheit.*« M.Gru.

AUSGABEN: Moskau 1891. – Moskau 1977 (in *Poln. sobr. soč. i pisem*, 30 Bde., 1974–1983, 7).

ÜBERSETZUNGEN: *Ein Zweikampf*, K. Holm, Mchn. 1897. – *Das Duell*, R. Hoffmann (in *Werke*, Mchn. 1958). – Dass., A. Bock, Zürich 1962. – Dass., A. Knipper u. G. Dick (in *Eine langweilige Geschichte. Das Duell*, Zürich 1976).

IVANOV

(russ.; *Ivanov*). Schauspiel in vier Akten von Anton P. ČECHOV, Uraufführung: Saratov, 10. 11. 1887; deutsche Erstaufführung: Berlin, 17. 10. 1919, Deutsches Theater. – Held des ersten Schauspiels von Čechov ist der in der russischen Literatur berühmt-berüchtigte »überflüssige Mensch«, ein »*Zwitter aus Hamlet und Manfred*«. Der dreißigjährige Ivanov, dessen »*Seele aus Furcht vor dem morgigen Tag zittert*«, ist seit fünf Jahren mit einer Jüdin verheiratet, die seinetwegen zur rechtgläubigen Kirche übertrat und deswegen von ihren Eltern verflucht und enterbt wurde. Ivanov kann diese Frau, die an Schwindsucht erkrankt ist und der er einst alles Glück auf Erden versprochen hatte, nicht mehr lieben. Außerstande, mit ihr die langen Abende in der lähmenden Stille des Gutshauses zu verbringen, flüchtet er sich in die Gesellschaft eines reichen Gutsbesitzers, der überdies sein Gläubiger ist. Jeden Abend trifft er hier die kaum zwanzigjährige Saša, Tochter des reichen Nachbarn, ein leidenschaftliches, freidenkendes, in ihrem Wesen vollkommen natürliches Mädchen. Sie erkennt, daß der kühl sich zurückhaltende Intellektuelle Ivanov ein zutiefst unglücklicher, nach menschlicher Wärme sich sehnender Mann ist, und beschließt, ihn in das Leben zurückzuführen. Am Tage ihrer Geburtstagsfeier bekennt sie ihm ihre Liebe und küßt ihn. Das sieht zufällig Ivanovs Frau, die jetzt das bestätigt findet, was ihr Arzt ihr einmal offen ins Gesicht gesagt hat: daß Ivanov sie nur um ihres Vermögens willen geheiratet habe und sie nun, da ihm ihre Mitgift entging, langsam und berechnend zu Tode quäle, um die reiche Saša heiraten zu können. Tatsächlich verlobt sich Ivanov ein Jahr nach dem Tod seiner Frau mit Saša, doch kurz vor der Heirat erschießt er sich aus Angst, das Leben dieses Mädchens ebenso zu zerstören wie das seiner ersten Frau.

Čechovs erstes Schauspiel, das nur selten aufgeführt wird, zeigt ihn als einen Dramatiker, der auf die Erfindung einer außergewöhnlichen, in sich dramatischen Fabel verzichten kann. Die Handlung wird fast ausschließlich von dem grübelnden, das eigene Ich analysierenden, nie expressiv vorgetragenen Monolog und einem unterkühlten, oftmals innehaltenden Dialog getragen. Die Pausen sind kalkuliert gesetzt, um die Melodie eines Satzes ausschwingen zu lassen. Von den späteren Stücken Čechovs, die in der Inszenierung Stanislavskijs zu »Stimmungsdramen« stilisiert wurden, unterscheidet sich *Ivanov* dadurch, daß es tatsächlich eine Komödie ist (wie Čechov alle seine Stücke verstanden wissen wollte), in die ein psychologisches Drama einmontiert wurde. Die Komödie in diesem Schauspiel – die oft auch sprachlich an Aleksandr N. OSTROVSKIJ (1823–1886) erinnernde Darstellung des vom Geld besessenen und nur ihm nachjagenden Landadels in allen seinen originell-komischen und gerissen-querköpfigen Spielarten – umreißt den gesellschaftlichen Kreis, innerhalb dessen sich Ivanovs Tragödie abspielt. Es ist die Tragödie des russischen Intellektuellen gegen Ende des 19. Jh.s, der, kaum dreißigjährig, seine Kräfte verbraucht hat, sich »*mit schwerem Kopf, mit träger Seele, ermattet, zerbrochen, zermalmt, ohne Glauben, ohne Liebe, ohne Ziel*« treiben läßt und nur noch ein »*Schatten unter den Menschen*« ist, mit denen ihn nichts anderes mehr verbindet als alltägliche Lebensgewohnheiten. Sein Selbstmord reinigt Ivanov zwar von dem Verdacht, ein kalt berechnender Mitgiftjäger zu sein, doch löst er nicht den Konflikt, sondern macht den Zustand einer Klasse sichtbar, deren Endzeit Čechov distanziert, hier aber nicht ohne eigene Betroffenheit darstellt. M.Gru.

AUSGABEN: Moskau 1887. – Moskau 1978 (in *Poln. sobr. soč. i pisem*, 30 Bde., 1974–1983, 12).

ÜBERSETZUNGEN: *Iwanow*, A. Scholz, Bln. 1919. – Dass., J. v. Guenther (in *Dramen*, Hbg. 1960; Nachw. S. Geier; RKl). – Dass., P. Urban, Zürich 1974.

LITERATUR: Th. G. Winner, *Speech Characteristics in Chekhov's »Ivanov« and Čapek's »Loupežník«* (in *American Contributions to the 5th International Congress of Slavists, Sofia 1963*, Den Haag 1963, S. 403–431). – V. Chalizev, *Drama A. P. Č. »Ivanov«* (in Russkaja literatura, 7, 1964, 1, S. 65–83). – H. Schmid, *Strukturalistische Dramentheorie. Semantische Analyse von Č.s »Ivanov« und »Der Kirschgarten«*, Kronberg/Ts. 1973.

MEDVED'

(russ.; *Der Bär*). Komödie in einem Akt von Anton P. ČECHOV, Uraufführung: Moskau, 28. 10. 1888, Teatr Korsa; deutsche Erstaufführung: Berlin, 12. 11. 1900, Berliner Sezessionsbühne. – Die Komödie, von Čechov zurückhaltend als *šutka* (Posse) bezeichnet, ist neben *Predloženie*, 1889 *(Der Heiratsantrag)*, der bekannteste und erfolgreichste der vier burlesk-komischen Einakter, mit denen der Autor sein dramatisches Schaffen einleitete. Standhaft und prinzipienfest betrauert die Gutsbesitzerin Popova seit einem Jahr den Tod ihres Gatten, obwohl das *»liebe Ungeheuer«* sie – wie aus seinen hinterlassenen Briefschaften hervorgeht – zu Lebzeiten weidlich mit anderen Frauenzimmern betrogen hat. *»Begraben zwischen den vier Mauern«* ihres Zimmers lebt sie der süßen Rache, dem aus dem Jenseits herabblickenden Gemahl triumphierend das reine Bild der ewig treuen Gattin präsentieren zu können. Aus solch beschaulichem Dasein schreckt sie die Ankunft eines Herrn auf, der sich grob und zornig Zutritt zu ihrem Zimmer verschafft und geräuschvoll die Rückzahlung von zwölfhundert Rubeln verlangt, die ihm der Verstorbene schulde. Die Abneigung der Popova dagegen, daß sie ihre Gedanken plötzlich derart profanen Geldgeschäften widmen soll, veranlaßt den ungeschliffenen Eindringling zu höhnischen Ausfällen gegen die *»Stimmungen«* gewisser *»ätherischer, göttlicher Wesen«*, gegen Liebe, Treue und ähnliche *»Weiberlügen«*. In ihrer Haltung unverstanden, fühlt Frau Popova ihre Seele bluten. Zornig schimpft sie den Grobian, der keinen Zentimeter von der Stelle weicht, einen *»Bären«*, ein *»Untier«*, und eilt nach den Duellpistolen ihres Verstorbenen, um den erregten, doch bereits zwischen seiner Wut über die Herausforderung und seiner Bewunderung für die Dame hin- und hergerissenen Wüterich *»in die Schranken«* zu weisen. Bebend stehen sich beide gegenüber. Die erschrockene, bewaffnet ins Zimmer stürmende Dienerschaft findet die Kontrahenten in inniger Umarmung.

Die vielbelachte Pointe des Stücks liegt jedoch nicht im äußeren Effekt der widersinnigen Versöhnung, sondern in dem nebensächlichen Detail, mit dem das Stück ausklingt: Hatte die trauernde Witwe noch wenig zuvor dem Lieblingspferd des Verstorbenen unter Tränen der Rührung ein Extramaß Hafer zugedacht, so erteilt sie dem verblüfften Diener nun den Befehl: *»Luka, sag im Stall, daß Tobby heute gar keinen Hafer bekommen soll!«* Diese Technik der unerwarteten Pointierung bestimmt die ganze Anlage der Groteske, die ihre Komik überwiegend aus der Gegensätzlichkeit der Stimmungen, dem jähen Umschlag der Gefühle, den übertreibenden, listig berechneten und knapp formulierten Dialogen bezieht. M.Gru.

AUSGABEN: Moskau 1888. – Moskau 1978 (in *Poln. sobr. soč. i pisem*, 30 Bde., 1974–1983, 11).

ÜBERSETZUNGEN: *Der Bär*, L. Flachs-Fokschaneanu, Lpzg. 1903 (RUB). – Dass., J. v. Guenther (in *Dramen*, Hbg. 1960; Nachw. S. Geier; RKl). – Dass., P. Urban (in *Sämtliche Einakter*, Zürich 1980).

PALATA NO. 6

(russ.; *Krankensaal Nr. 6*). Erzählung von Anton P. ČECHOV, erschienen im Novemberheft der Zeitschrift ›Russkaja mysl‹ 1892, ein Jahr später als Titelgeschichte einer Sammlung von Erzählungen. – Čechov, der in den achtziger Jahren vorwiegend Kurzgeschichten und Humoresken geschrieben hatte, wandte sich gegen Ende des Jahrzehnts der großen Erzählung zu. *Krankensaal Nr. 6* ist das erste Meisterwerk, das ihm in der neuen Gattung gelang. In der Zeitschriftenfassung besteht die Erzählung aus sechs Kapiteln; im Sammelband wurde der Text in 19 Kapitel gegliedert; die einzelnen Phasen der Handlung sind damit schärfer voneinander getrennt.

Geschildert wird ein verrottetes, medizinisch und hygienisch unzulängliches russisches Provinzkrankenhaus in den neunziger Jahren. Der Krankensaal Nr. 6 beherbergt die Geisteskranken, darunter den aus einer verarmten adligen Familie stammenden Beamten Ivan Dmitrič Gromov, der unter Verfolgungswahn leidet. Der Chef des Krankenhauses, Dr. Andrej Efimyč Ragin, hatte ihn für geisteskrank erklärt und in den Krankensaal Nr. 6 eingewiesen. Ragin, ein resignierender Intelligenzler, der das Krankenhaus mit nachlässiger Hand führt, wissend, daß er die Verhältnisse nicht ändern kann, kommt durch Zufall mit Gromov ins Gespräch und erkennt, daß dieser Geisteskranke der einzig Vernünftige in dem Provinznest ist. Ihre fortan häufig geführten Unterhaltungen über Leben, Krankheit und Tod, *»Verwandlung der Materie«*, über die drückende Gegenwart und die lichte Zukunft Rußlands, liefern dem intrigierenden Arzt Chobotov den Vorwand, Ragin selbst als geistesgestört seines Postens entheben zu lassen. Man schickt ihn zuerst auf Reisen, nimmt ihm die Wohnung, versagt ihm die Pension. Am Ende sperrt man auch ihn in den Krankensaal Nr. 6. Hat er bisher mit der ihm eigenen Apathie alles widerstandslos mit sich geschehen lassen, so bäumt er sich, als er durchs Fenster die Silhouette des Stadtgefängnisses sieht, gegen die Einschließung auf. Nikita, der brutale Wächter des Krankensaales, schlägt ihn nieder, und Ragin stirbt an den Folgen eines Blutsturzes.

Krankensaal Nr. 6 gehört zu den Werken, in denen sich die Erfahrungen des Naturwissenschaftlers und Arztes Čechov niederschlugen. Das bedrückende Sachalinerlebnis (1890) wirkt hier nach; nicht minder Čechovs Tätigkeit als Kreisarzt von Sepuchov, der er mit großem Ernst nachging (vgl. Brief an A. S. Suvorin vom 18. 10. 1892). Die Beschäftigung mit der Philosophie und der Entwicklungstheorie Darwins liefert weitere wichtige Bausteine für die Erzählung. Ragin vertritt in den Gesprächen mit Gromov eine Philosophie der stoischen Empfindungslosigkeit und Passivität gegenüber dem menschlichen Leiden, die letztlich aus seiner Charakterschwäche und Resignation entspringt. (Ragins Unentschlossenheit wird sprachlich meisterhaft durch den unauffälligen Gebrauch binärer Ausdrücke realisiert.) Gromov stellt dem die Utopie einer künftigen befreiten und glücklichen Menschheit entgegen.

Daß die Utopie Gromovs im Saal der Geisteskranken reift, die liberale Resignation Ragins dort endet, kennzeichnet die Verkehrtheit der geschilderten Welt. Der Krankensaal, in der Erzählung Schauplatz, Auslöser und Endpunkt der tragischen Schicksale Ragins und Gromovs, wurde von den Zeitgenossen als Symbol der allgemeinen Zustände in Rußland aufgefaßt. »*Čechovs Krankensaal*«, schrieb N. S. Leskov, »*das ist Rußland.*« – Čechov selbst empfand Unbehagen an dieser »*traurigen*« Geschichte. Um sie von ihrem »*Krankenhaus- und Totenkammergeruch*« zu befreien, wollte er sie später »*umfärben*« (Brief an V. M. Lavrov vom 25. 10. 1892). Einen zweiten Mangel sah er darin, daß in ihr zuviel räsoniert werde und daß »*das Element der Liebe*« fehle (Brief an Suvorin vom 31. 3. 1892).

R.La.

Ausgaben: Petersburg 1892 (in *Russkaja mysl'*, Nov.). – Moskau 1977 (in *Poln. sobr. soč. i pisem*, 30 Bde., 1974–1983, 8).

Übersetzungen: *Eine gottgefällige Anstalt*, C. Berger (in *AW*, Bd. 2, Bln. 1903). – *Krankenstation Nr. 6*, H. v. Schulz (in *Meistererzählungen*, Bln. 1960). – *Krankenhauszimmer Nr. 6*, J. v. Guenther (in *Werke*, Bd. 2, Mchn. 1963). – *Krankenzimmer Nr. 6*, A. Knipper u. G. Dick (in *Krankenzimmer Nr. 6. Erzählung eines Unbekannten. Kleine Romane II*, Zürich 1976).

Literatur: Th. G. Winner, *Chekov's »Ward No. 6« and Tolstoyan Ethics* (in American Slavic and East European Journal, 17, 1959, S. 321–334).

PREDLOŽENIE

(russ.; *Der Heiratsantrag*). Posse in einem Akt von Anton P. Čechov, Uraufführung: Moskau 1889, Privattheater von I. L. Ščeglov; deutsche Erstaufführung: Berlin, 12. 11. 1900, Berliner Sezessionsbühne. – Zusammen mit Čechovs wenig zuvor geschriebenem *Medved'*, 1888 *(Der Bär)*, zählt die Groteske zu den gelungensten und bühnenwirksamsten Einaktern nicht nur der russischen Literatur. – Überraschend besucht der jugendliche, leicht cholerische und hypochondrische Gutsbesitzer Lomov eines Morgens im Frack seinen Nachbarn Čubukov und bittet aufgeregt stotternd den erstaunten Hausherrn um die Hand seiner Tochter Natal'ja. Freudig bewegt eilt Čubukov, die Ahnungslose zu holen. Lomov, verwirrt und über die Maßen nervös, beginnt ein Gespräch über »seine« Ochsenwiese. Augenblicklich korrigiert Natal'ja, die Wiese gehöre zum Besitztum ihres Vaters. Die Meinungsverschiedenheiten wachsen sich im Nu zu einem handfesten Streit aus, der mit bösen und heftigen Beschimpfungen endet. Dem Herzschlag nah, wankt der Hochzeiter aus dem Hause. Nun erst erfährt Natal'ja, weshalb Lomov im Frack erschienen ist. Erschrocken läßt sie ihn zurückholen, eifrig bemüht, ihn in ein ruhiges Gespräch zu ziehen. Bald jedoch erheben sich die Stimmen erneut. Diesmal geht es um die Qualitäten der Lomovschen und Čubukovschen Jagdhunde, und der Streit entbrennt noch heftiger als vorher, bis Lomov ohnmächtig in sich zusammensinkt. In panischer Angst, den Bräutigam zu Tode geredet zu haben, sinkt Natal'ja unter hysterischen Schreien in einen Sessel. Kaum beginnt sich der Brautwerber wieder zu regen, fügt Čubukov unter hastigen väterlichen »Segenswünschen« (»*Heiraten Sie schneller – oder der Teufel soll Sie holen!*«) die Hände des Paares zusammen. Ehe der Bräutigam recht begriffen hat, was geschieht, entzündet sich der Hundestreit aufs neue – übertönt von den verzweifelten Rufen des Brautvaters: »*Champagner! Champagner!*«

Seine Wirkung verdankt der burleske Einakter, von Čechov als Farce *(šutka)* oder Vaudeville bezeichnet, nicht nur dem derb-komischen Einfall vom Zusammenstoß zweier streitsüchtiger Charaktere ausgerechnet bei einem Heiratsantrag, sondern vor allem seinem pointierten, vor Bosheit funkelnden Dialog, der die Handlung unmerklich, doch mit unausweichlicher Konsequenz ihrem widersprüchlichen Ende zutreibt.

M.Gru.

Ausgaben: Moskau 1889. – Moskau 1978 (in *Poln. sobr. soč. i pisem*, 30 Bde., 1974–1983, 11).

Übersetzungen: *Der Heiratsantrag*, L. Flachs-Fokschaneanu, Lpzg. 1903. – Dass., J. v. Guenther (in *Dramen*, Hbg. 1960; Nachw. S. Geier; RKl). –

Dass., P. Urban (in *Sämtliche Einakter*, Zürich 1980).

SKUČNAJA ISTORIJA. Iz zapisok starogo čeloveka

(russ.; *Eine langweilige Geschichte. Aus den Aufzeichnungen eines alten Mannes*). Erzählung von Anton P. Čechov, erschienen 1889. – *Skučnaja istorija* gehört zu den größeren Erzählungen Čechovs, die um 1890 entstanden sind, einer Zeit, in der er sich in einer tiefen seelischen Krise befand, die u. a. durch den Tod seines Bruders Nikolaj ausgelöst worden war. Erzählungen wie *Gusev*, 1890, *Duėl'*, 1891 *(Das Duell)*, *Palata No. 6*, 1892 *(Krankensaal Nr. 6)*, behandeln sehr viel direkter als die späteren Werke philosophische Themen und sind verbunden durch die Frage nach einer Weltanschauung, einer »Gesamtidee« – ein Gedanke, der auch in den Briefen dieser Zeit immer wieder auftaucht. Jedoch wird auch in diesen Erzählungen die Welt immer aus der Perspektive eines konkreten und deshalb eingeschränkten Bewußtseins dargestellt. Durch dieses – für Čechovs Gesamtwerk charakteristische – Verfahren nimmt sich der Autor als Erzählinstanz völlig zurück und verzichtet auf jeden autoritativen Standpunkt mit festen Wertpositionen. In *Skučnaja istorija* zeichnet der 29jährige Čechov in Form eigener Aufzeichnungen das Innenleben eines alten Mannes, der auf den Tod wartet. Der Ich-Erzähler, ein berühmter, hochgeehrter Medizinprofessor, der sein ganzes Leben der wissenschaftlichen Arbeit gewidmet hat, betrachtet jetzt, im Bewußtsein des nahen Todes, sein Leben, das ihm immer erfüllt schien, zum ersten Mal mit einem kritischen Blick. Gequält von Schlaflosigkeit und Todesangst, in ängstlicher Selbstbeobachtung, im Kampf mit seiner sich ständig steigernden Schwäche, erkennt er, wie sinnlos dies Leben ohne Ziel und ohne Idee war.

Mit erschreckender Deutlichkeit sieht er seine Umwelt und gerät in immer größere Isolation und Entfremdung von seiner Familie, seinen Kollegen, seinen Studenten. Er leidet unter der Trivialität und Banalität der Gespräche mit seiner ewig jammernden Frau, seiner Tochter Lisa und deren Verehrer Gnekker, mit denen er Tag für Tag an der gemeinsamen Tischrunde abgedroschene Gemeinplätze wechseln muß. Die Kollegen empfindet er als menschlich reduzierte, gelehrte Schwachköpfe oder modische Zyniker. Die Vorlesungen, die ihn früher mit tiefer Befriedigung erfüllt haben, sind nur noch eine Qual für ihn. Er leidet unter seinem eigenen wachsenden Unvermögen, am Leben seiner Mitmenschen emotional Anteil zu nehmen, verachtet sich selbst, wird aber dabei immer bitterer, kälter und hilfloser gegenüber seiner Umwelt, in seinen Ansichten über soziale Probleme, in seinen menschlichen Reaktionen. – Nur gegenüber seiner Pflegetochter Katja empfindet er eine starke Bindung. Sie ist in seiner Familie aufgewachsen, wurde dann Schauspielerin, verschrieb ihr Leben ganz der Kunst, verzweifelte aber an ihrer Talentlosigkeit und schweren persönlichen Schicksalsschlägen. Aber auch Katja gegenüber, die ihn liebt und braucht und die sein einziger Lebensinhalt geblieben ist, versagt der Professor und macht damit seine Einsamkeit total. Die Geschichte der wachsenden Entfremdung zwischen dem Professor und Katja ist verknüpft mit den beiden kritischen Höhepunkten der Erzählung, ihren Begegnungen in Augenblicken höchster innerer Spannung: in einer Nacht, als er glaubte zu sterben, und an einem Morgen in einem Hotel in Charkow, wohin ihm Katja in völliger Verzweiflung nachreist und ihn, von dem sie allein Rettung erwartet, »um wenigstens ein Wort, ein einziges Wort« bittet, das ihrem Leben irgendeinen Sinn geben könnte. Doch er weiß keine Antwort, und Katja verläßt ihn. »Ich schaue sie an und schäme mich, daß ich glücklicher bin als sie. Das Fehlen dessen, was die Kollegen Philosophen die allgemeine Idee nennen, habe ich erst kurz vor dem Tode bemerkt, am Ende meiner Tage, aber die Seele dieses armen Menschenkindes hat keine Zuflucht gekannt und wird sie ihr Leben lang nicht kennen – ihr ganzes Leben lang!«

Die Sicht des Geschehens allein aus der Perspektive des sich selbst beobachtenden, alle seine Reaktionen bewußt reflektierenden Wissenschaftlers motiviert die analysierende, objektive Schreibmethode Čechovs, die direkte Wiedergabe vieler Gespräche und Diskussionen. Der Ton ist kühl, distanziert wie ein Krankheitsbericht und doch voller Bitterkeit und Melancholie. Die Frage nach dem fehlenden Sinn und den höheren Zielen wird in der Erzählung in aller Schärfe gestellt. Eine Antwort hat der allen Ideologien fernstehende Autor nicht zu geben. Thomas Mann nannte die Geschichte »*die mir teuerste von Tschechows erzählerischen Schöpfungen, ein ganz und gar außerordentliches, faszinierendes Werk, das an stiller, trauriger Merkwürdigkeit in aller Literatur nicht seinesgleichen hat ...*«   K.H.

AUSGABEN: Moskau 1889 (in Severnyj vestnik, Nr. 11). – Moskau 1977 (in *Poln. sobr. soč. i pisem*, 30 Bde., 1974–1983, 7).

ÜBERSETZUNGEN: *Schatten des Todes. Aus den Papieren eines alten Mannes*, K. Holm, Mchn. 1902. – *Aus den Aufzeichnungen eines alten Mannes*, M. Feofanoff, Lpzg. 1903. – *Eine langweilige Geschichte. Aus den Aufzeichnungen eines alten Mannes*, H. Röhl, Lpzg. 1919 (IB). – *Eine langweilige Geschichte*, J. v. Guenther (in *Werke*, Bd. 2, Mchn. 1963). – Dass., A. Knipper u. G. Dick (in *Eine langweilige Geschichte. Das Duell. Kleine Romane I*, Zürich 1976).

LITERATUR: L. P. Gromov, *Povest' Č. »Skučnaja istorija«* (in L. P. G., *Realizm Č. vtoroj poloviny 80-ch godov*, Rostow 1958, S. 170–212).

SMERT' ČINOVNIKA

(russ.; *Der Tod eines Beamten*). Kurzgeschichte von Anton P. ČECHOV, erschienen 1883. – *Smert' činovnika* ist eine der vielen Kurzgeschichten aus Čechovs frühester, etwa bis 1886 reichender Schaffensperiode, die er als Medizinstudent unter dem Namen Antoša Čechonte und anderen Pseudonymen in den verschiedensten, damals in Rußland in großer Blüte stehenden humoristischen Zeitschriften veröffentlichte. Obwohl er von seiner literarischen Tätigkeit selbst keine allzu hohe Meinung hatte und sie als reinen Broterwerb betrachtete, zeugen viele dieser Kurzgeschichten von der frühen Reife seiner Kunst. Die Stoffe dieser kleinen scherzhaften Kurzgeschichten, Humoresken, satirischen Miniaturen und komischen Szenen mit pfiffigen Pointen reichen von den Standardthemen der humoristischen Zeitschriften wie der hysterischen Ehefrau, dem gehörnten Gatten, dem betrogenen Betrüger und der bösen Schwiegermutter bis zu den düsteren sozialen und gesellschaftlichen Phänomenen, die das zaristische System der achtziger Jahre prägten, wie Bestechlichkeit, Alkoholismus und Zerstörung der zwischenmenschlichen Beziehungen in einer durch und durch hierarchisch organisierten Gesellschaft. Angriffspunkte seiner Kurzgeschichten sind das Spießertum in allen seinen Ausprägungen, Dummheit, Borniertheit, Selbstgerechtigkeit und Pharisäertum, Heuchelei und Feigheit, immer wieder aber vor allem Selbsterniedrigung und Duckmäusertum. In diesen Texten tauchen alle sozialen Schichten auf, besonders häufig aber die Beamten der vierzehn im russischen Staatsdienst üblichen Rangklassen, vom Kollegienregistrator über den Titularrat bis hin zum Staatrat und Wirklichen Geheimrat. Damit reiht sich Čechov in die Tradition der russischen satirischen Dichtung von GOGOL' und SALTYKOV-ŠČEDRIN ein. *Smert' činovnika, Tolstyj i tonkij*, 1883 *(Der Dicke und der Dünne), Chameleon*, 1884 *(Das Chamäleon)*, u. a. sind klassische Beispiele für die satirische Kurzgeschichte.

Smert' činovnika, sicherlich inspiriert vom Schluß der berühmten Gogolschen Erzählung *Šinel'*, 1842 *(Der Mantel)*, behandelt das Thema des »armen Beamten«. Červjakov (von russ. *červ'*: der Wurm) niest im Theater einem vor ihm sitzenden General versehentlich auf die Glatze. Er entschuldigt sich, der General sagt »keine Ursache«, und die Angelegenheit könnte abgetan sein. Aber in der verängstigten, zu Unterwürfigkeit und Demut erzogenen Sklavenseele Červjakovs gewinnt der Vorfall immer größere Dimensionen. Mehrmals wiederholt er umständlich seine Entschuldigungen, auch am nächsten und übernächsten Tag, während der General immer ärgerlicher über diese Reaktion Červjakovs wird und damit dessen panische Angst und den Zwang, sich zu erklären und zu entschuldigen, noch steigert. Als der General ihm schließlich die Tür weist, geht Červjakov nach Hause, legt sich aufs Sofa und stirbt.

Die Geschichte ist meisterhaft in ihrer Kürze und Pointiertheit. Aus einer satirisch zugespitzten Anekdote, einer komischen Situation heraus, enthüllt Čechov die ganze jammervoll-lächerliche Tragik der menschlichen Existenz in unmenschlichen gesellschaftlichen Verhältnissen. Die Komik entsteht in dieser Kurzgeschichte durch das Verfahren der »eskalierenden Verschlimmbesserung«, die zwanghafte Wiederholung des erniedrigenden und das Gegenteil bewirkenden Entschuldigungsrituals. An der Gestalt Červjakovs wird ein wesentliches Strukturprinzip des Čechovschen Frühwerks deutlich: Alle Figuren leben in festgefügten, starren Denkschemata und fixierten Verhaltensweisen, die durch soziale Herkunft, Rang, Beruf usw. geprägt sind. Diese Denkklischees bestimmen Lebensweise, Verhalten, Wertvorstellungen und Sprechweise und reduzieren die Sicht auf die Welt auf einen ganz engen Ausschnitt. – In *Smert' činovnika* dominiert – wie in den meisten Kurzgeschichten Čechovs – die Personenrede, und der Erzähler tritt völlig in den Hintergrund. Die Texte mit ihren entlarvenden Dialogen und Monologen bekommen dadurch häufig szenischen Charakter und lassen schon das große Theatertalent Čechovs ahnen.

K. H.

AUSGABEN: Moskau 1883. – Moskau 1975 (in *Poln. sobr. soč. i pisem*, 30 Bde., 1974–1983, 2).

ÜBERSETZUNGEN: *Tragikomisch*, W. Czumikov (in *Starker Tobak u. andere Novellen*, Mchn. 1898). – *Der Tod eines Beamten*, J. v. Guenther (in *Werke*, Bd. 1, Hbg./Mchn. 1963). – *Der Tod des Beamten*, G. Dick u. A. Knipper (in *Ein unbedeutender Mensch. Erzählungen 1883–1885*, Zürich 1976).

LITERATUR: A. Roskin, *Antoša Čechonte*, Moskau 1940. – G. A. Bjalyj, *Jumoristiceskie rasskazy A. P. Č.* (in Izv. ANSSR OLJA, 13, 1954, S. 305–316). – J. M. Geiser, *Č. i medicina*, Moskau 1954. – H. Auzinger, *Die Pointe bei Č.*, Kempten 1956. – D. Müller, *Über die Schilderung einer anankastischen Konstitution mit Befürchtungsideen u. abdominaler Komplikation in Tschechows »Der Tod des Beamten«* (in Psychiatrie, Neurologie u. mediz. Psych., 12, 1960, S. 193–199). – W. Düwel u. a., *Geschichte der klassischen russischen Literatur*, Bln./Weimar 1965, S. 859–861.

STEP'. Istorija odnoj poezdki

(russ.; *Die Steppe. Geschichte einer Reise*). Erzählung von Anton P. ČECHOV, erschienen 1888. – Die lange Erzählung *Die Steppe* ist in Zusammenhang zu sehen mit Čechovs intensivem Ringen in jenen Jahren um die große literarische Gattung, den Roman. Der Schriftsteller Dmitrij V. GRIGOROVIČ (1822–1899) hatte ihn gedrängt, nach den vielen Kurzgeschichten nun ein umfangreiches, ernsthaftes Werk in Angriff zu nehmen. Das Ergebnis nun, das wesentlich den Ruhm Čechovs begründete, ist keine handlungsreiche Novelle im traditionellen Sinne, sondern eine »*Dichtung in Prosa*« (P. Bicilli), in der nicht die Geschichte wichtig ist, sondern das Thema, die Natur und die Menschen der Steppenlandschaft. »*Ich schildere die Ebene, die violette Ferne, Schafzüchter, Juden, Popen, Nachtgewitter, Herbergen, Wagenzüge, Steppenvögel und anderes*«, schrieb Čechov an Grigorovič. – Den Anstoß für das Steppenthema, bei dem er bewußt an die Tradition GOGOL's, des großen Steppenschilderers in der russischen Literatur anknüpfte, gab eine Reise im Frühjahr 1887 in Čechovs südrussische Heimat, die viele Kindheitserinnerungen wiederbelebte und der Erzählung autobiographische Züge verlieh.

Den Rahmen für die Schilderung der vielfältigen Eindrücke bildet die Reise des neunjährigen Egoruška mit seinem Onkel, dem Kaufmann Ivan Ivanyč Kuzmičov und dem Popen Vater Christofor, die einen Transport Wolle verkaufen wollen, durch die endlose Steppe in die Stadt, wo Egoruška das Gymnasium besuchen soll. Er reist erst in der Kalesche des Onkels, dann mit den ihm fremden Fuhrleuten auf dem Wagenzug, wird unterwegs krank und erreicht schließlich die fremde Stadt, in der ihn ein neues, unbekanntes Leben erwartet. Die Landschaft und alles Geschehen wird aus der Perspektive des unglücklichen, sich einsam fühlenden kleinen Jungen gesehen. Er ist kein agierender Held, sondern ein passiver Empfänger von Eindrücken, Stimmungen, das Medium, durch das die Welt der Steppe gesehen wird.

Farbig realistische Milieuschilderungen, wie die Szenen in dem düsteren Einkehrhof mit seinen geschäftigen, jüdischen Wirtsleuten, die Beobachtung der Fuhrleute beim Erzählen ihrer grausigen Geschichten am Lagerfeuer, beim Bereiten ihrer Mahlzeiten oder beim Fischfang, wechseln mit rein lyrischen Naturbeschreibungen. »*Die Luft erstarrte, und die betrogene Steppe setzte wieder ihr trostloses Juligesicht auf. Das Gras neigte sich, alles Leben erstarb. Die sonnenverbrannten Hügel, bräunlichgrün und in der Ferne violett, mit ihren schattenhaft ruhigen Farben, die Ebene mit der dunstigen Weite und dem darübergestülpten Himmel, der in der Steppe, wo es keine Wälder und hohen Berge gibt, so erschreckend tief und durchsichtig scheint, sie alle boten sich jetzt unendlich und schwermütig erstarrt den Blicken dar.*« – Die Details und Szenen der Erzählung werden vereint durch die poetische Stimmung, den einheitlichen Ton, »den Geruch von Sommer und Steppe«, sie fügen sich zusammen zu einem »*Gemälde, in dem alle Einzelheiten wie die Sterne am Himmel in ein einziges Gemeinsames zusammengeflossen sind*«, wie Čechov es in einem Brief an KOROLENKO formuliert.

Unvergeßlich sind die mit wenigen Strichen skizzierten Volkstypen, der Altgläubige Pantelej mit seinen erfrorenen Füßen, der wilde Raufbold Dymov, Jemeljans »*langes rotes Gesicht mit einem spärlichen Ziegenbärtchen und einer schwammigen Beule unter dem rechten Auge*«. Sie alle sind unglücklich, einsam, unerlöst und voll Sehnsucht nach Glück. »*Unser Leben ist ein verfehltes, ein grausames Leben*«,

sagt Dymov und stöhnt vor dem Unwetter: »*Mir ist so schwer.*« Über allem liegt die Stimmung einer unendlichen Schwermut. – Die Lebensvorgänge in der Natur und bei den Menschen laufen parallel. Die drückende Hitze der ausgedörrten, öden Steppe führt bei den Menschen zu einem Gefühl der Müdigkeit, der Beklemmung, der unerträglichen Einsamkeit in der Monotonie der Reise; die seltsame Spannung in der Natur vor dem Unwetter entlädt sich in Gereiztheit und boshaftem Streit unter den Fuhrleuten, an dem auch Egoruška verzweifelt teilnimmt. Das Gewitter bringt die Entladung und Lösung der Spannung.

Die durchgehende Bildsymbolik der Einsamkeit, Verlorenheit, Erstarrung und Schwermut in Natur und Menschenleben, der gleichsam musikalische Aufbau der Erzählung, der Rhythmus von Monotonie und ewiger Wiederkehr auf der einen und Spannung und Entspannung, Auf- und Abbewegung auf der anderen Seite, transponiert das großartige Bild der Steppe und ihrer Menschen in ein einziges großes Symbol des unerlösten Lebens.

K.H.

AUSGABEN: Moskau 1888. – Moskau 1977 (in *Poln. sobr. soč. i pisem*, 30 Bde., 1974–1983, 7).

ÜBERSETZUNGEN: *Steppe. Die Geschichte einer Fahrt*, R. v. Walter, Köln 1940. – *Die Steppe*, J. v. Guenther (in *Werke*, Bd. 1, Mchn. 1963). – Dass., A. Knipper u. G. Dick (in *Die Steppe. Erzählungen 1887–1888*, Zürich 1976).

LITERATUR: H.-B. Harder, *Zur Entwicklung der Poetik Č.s 1886–1890* (in *A. Č. 1860–1960*, Hg. T. Eekman, Leiden 1960, S. 1 ff.). – P.M. Bicilli, *A. P. Č. Das Werk und sein Stil*, Mchn. 1966. – N. A. Nilsson, *Studies in C.'s Narrative Technique »The Steppe« and »The Bishop«*, Stockholm 1968. – P. Tammi, *Three Remarks on Č.'s »Step'«: Point of View, Subtext and Their Conjunction* (in Scando-Slavica, Bd. 33, 1987). – M. P. Gromov, *Step' kak literaturnyj pamjatnik* (in A.Č., *Step'*, Moskau 1995).

TOSKA

(russ.; *Gram*). Erzählung von Anton P. ČECHOV, erschienen 1886. – Die Kurzgeschichte, die zuerst in einem Boulevardblatt unter dem Pseudonym Antoša Čechonte publiziert wurde, gehört in jene Übergangsperiode im Schaffen Čechovs, in der er, als Autor humoristischer und satirischer Kurzgeschichten, die er zum Broterwerb schrieb, bekannt geworden, seine schriftstellerische Berufung erkannte, sein Interesse ernsthafteren Stoffen zuwandte und bemüht war, eine neue Form zu finden. Etwa seit 1885 erschienen, noch in der gleichen, durch die Forderung der Verleger bestimmten feuilletonistischen Kurzform, Erzählungen wie *Gore*, 1885 (*Leid*), *Van'ka* (1886), *Anjuta* (1886), in denen nicht mehr das Komische, Anekdotische im Vordergrund steht, sondern tragische Schicksale einfacher Menschen. Eine der ergreifendsten Geschichten dieser Art ist die schmale Erzählung *Toska*, über der als Motto der Anfangsvers eines populären geistlichen Liedes »*Wem klage ich meinen Schmerz*« steht.

Dem armen Petersburger Droschkenkutscher Iona Potapov ist sein Sohn gestorben. Weil der Schmerz darüber so übermächtig und qualvoll ist, daß er ihn nicht für sich behalten kann, sucht er verzweifelt und ungeschickt jemanden, dem er sein Leid klagen könnte. Immer wieder versucht er, bei seinen Fahrgästen ein offenes Ohr zu finden. »*Wird sich unter diesen Tausenden nicht wenigstens einer finden, der ihm anhört?*« Leitmotivisch wiederholt sich immer wieder der heisere Satz Ionas: »*Aber mir ist diese Woche ... nämlich ... der Sohn gestorben.*« Doch er trifft nur auf Gleichgültigkeit und Grobheit. Als Befreiung empfindet er es schon, überhaupt beachtet zu werden, so daß er sogar die unflätigen Beschimpfungen und Schläge einer Gruppe von Fahrgästen mit dankbarem Lachen quittiert. Nach mehreren vergeblichen Versuchen sinkt er aber immer wieder zurück in die schmerzliche Abgeschlossenheit und Einsamkeit seines unerträglichen Leids. Das Bild der zusammengekrümmten, reglosen, ganz vom nassen Schnee bedeckten Gestalt des Kutschers und seines »*augenscheinlich tief in Gedanken versunkenen*« Pferdes symbolisiert eindrucksvoll seinen Gram. Als Iona am Abend nicht einschlafen kann, geht er noch einmal in den Stall und findet nun in seinem Pferd den Zuhörer, den »Bruder«, dem er sein Herz ausschüttet. »*Das Pferdchen kaut, hört zu und schnauft seinem Herrn auf die Hände ... Iona kommt ins Reden und erzählt ihm alles ...*«.

Die zuerst unerträgliche und schließlich sich lösende Spannung des unausgesprochenen Grams hat in der Erzählstruktur ihren Niederschlag gefunden – in den schnell abreißenden und immer neu versuchten Ansätzen zu Dialogen mit Fahrgästen am Anfang der Geschichte, in dem folgenden längeren, stockenden inneren Monolog Ionas und schließlich dem immer freier strömenden Gespräch mit dem Pferd. TOLSTOJ hielt *Toska* für eine der besten Erzählungen Čechovs. K.H.

AUSGABEN: Petersburg 1886 (in Peterburgskaja gazeta, 27. 1.). – Moskau 1976 (in *Poln. sobr. soč. i pisem*, 30 Bde., 1974–1983, 4).

ÜBERSETZUNGEN: In *Russische Leute. Geschichten aus dem Alltagsleben*, J. Treumann, Lpzg. 1890. – *Pein*, J. v. Guenther (in *Religiöse Erzählungen eines Atheisten*, Hbg./Mchn. 1962). – *Gram*, W. Düwel (in *Kurzgeschichten u. frühe Erzählungen*, Hg. ders. u. G. Dick, Mchn. 1968). – Dass., A. Knipper u. G. Dick (in *Gespräch eines Betrunkenen mit einem nüchternen Teufel. Erzählungen 1886*, Zürich 1976).

TRI SESTRY

(russ.; *Drei Schwestern*). Schauspiel in vier Akten von Anton P. ČECHOV, entstanden 1899/1900, Uraufführung: 31. 1. 1901, Moskauer Künstlertheater; deutsche Erstaufführung: Berlin, 21. 12. 1926, Schillertheater (Regie: J. Fehling). – In einer russischen Provinzstadt leben drei Töchter und ein Sohn eines Generals, der vor elf Jahren aus Moskau hierher versetzt worden war und ein Jahr vor Beginn der Handlung gestorben ist. Die älteste, Ol'ga, ist seit vier Jahren Lehrerin am Mädchengymnasium, die zweite, Maša, mit dem Lateinlehrer Kulygin verheiratet; die dritte, Irina, ist bisher ohne Beruf, sehnt sich aber nach Arbeit, die ihr Leben ausfüllt und ihre Kräfte voll beansprucht; im zweiten Akt tritt sie dann wirklich als Angestellte des Telegraphenamtes auf, im dritten Akt arbeitet sie in der Stadtverwaltung, im vierten hat sie das Lehrerinnenexamen abgelegt und will am folgenden Tag ihre erste Stelle an der Schule antreten. Zusammen mit den drei Schwestern lebt deren Bruder Andrej, vom Vater für die wissenschaftliche Laufbahn bestimmt, aber schon am Anfang des Stücks den Verdacht erweckend, daß er die hierfür nötige Energie nicht aufbringen wird. Die Schwestern sehnen sich zurück nach Moskau. Sie hoffen, daß ihr Bruder dort Professor wird und sie mit ihm in die Hauptstadt ziehen können. Aber diese Hoffnung, die bis zum Ende des dritten Akts in immer leidenschaftlicherer Weise geäußert wird, geht nicht in Erfüllung. Andrej bindet sich durch die Heirat eines Mädchens dieser Stadt (Nataša) allzu fest an das rückständige Milieu der Provinzstadt; Maša ist durch ihre Ehe ohnehin gebunden, und auch Ol'ga und Irina können sich offenbar nicht von dem Haus, von ihrem Beruf und von ihren Geschwistern lösen. Im Haus der drei Schwestern verkehren vor allem Offiziere. Einer von ihnen, der in seiner Ehe unglückliche Oberstleutnant Veršinin, verliebt sich in die gleichfalls unglücklich verheiratete Maša und findet volle Gegenliebe. Irina wird von dem sehr kultivierten Leutnant Baron Tuzenbach geliebt, der wie sie von einem Leben der Arbeit träumt und darum den Offiziersberuf aufgibt, um in einer Ziegelei zu arbeiten. Irina kann die Neigung Tuzenbachs nicht erwidern, aber da die große Liebe, die sie erwartet hatte, ausbleibt, gibt sie seinem Werben nach.

Am Ende des Stücks sind oder werden all diese Beziehungen, Illusionen und Glückserwartungen der drei Schwestern zerstört: Tuzenbach wird am Tag vor der geplanten Hochzeit und dem Beginn seines neuen Lebens von dem Stabskapitän Solenyj, seinem zynischen, psychopathischen, sich in Lermontov-Posen gefallenden, von Irina schroff zurückgewiesenen Nebenbuhler, in einem von diesem absichtlich provozierten Duell erschossen; Veršinin und Maša müssen sich bei Verlegung der Garnison ohne Hoffnung auf ein Wiedersehen trennen; Ol'ga, die gern geheiratet hätte, ist für immer an den sie überfordernden Beruf der Lehrerin gebunden; Andrej ist in der Ehe mit der herz- und geschmacklosen, ihn überdies betrügenden Nataša in völlige Lethargie versunken. Die einzige, die ihr Ziel erreicht hat, ist Nataša: Sie hat die drei Schwestern aus deren eigenem Haus verdrängt, hat einen Mann, der sich ihrer Herrschaft willenlos beugt, zwei Kinder, die sie abgöttisch liebt, und obendrein einen Liebhaber. Außer ihr gibt es am Ende nur noch eine glückliche Gestalt, die ehemalige Kinderfrau der drei Schwestern, Anfisa, die mit Ol'ga im Gymnasium in einer staatlichen Wohnung lebt und hier ein Zimmer für sich hat: »Wache ich nachts auf – o Herr Gott, Mutter Gottes, einen glücklicheren Menschen als mich gibt es nicht.«

Die oft geäußerte Meinung, den Dramen Čechovs mangele es an Handlung, an Entwicklung, am Element des eigentlich Dramatischen, trifft auf die *Drei Schwestern* vielleicht noch weniger zu als auf die anderen Stücke Čechovs. Zahlreiche Entwicklungs- und Handlungslinien laufen nebeneinander her: Die tragischen Liebesgeschichten zwischen Maša und Veršinin und zwischen Irina und Tuzenbach; die banale Geschichte von der Ehe und Mutterschaft und dem außerehelichen Liebesverhältnis Natašas; ihr siegreicher Kampf um die Macht in Haus und Familie. Neben diesen »Gesellschaftstragödien« stehen die individuellen Tragödien fast jeder einzelnen Person des Dramas: Ol'ga – die Tragödie der Frau, die sich nach Liebe und Ehe und einer kultivierten Umgebung sehnt und sich im Beruf an der falschen Stelle und ständig überfordert sieht; Andrej – die Tragödie des Mannes, der mit großen Erwartungen ins Leben gegangen ist und der herabgezogen wird in den Sumpf der provinziellen Banalität und Lethargie; Irina – die Tragödie der Desillusionierung: Ihre Illusionen über die Schönheit der Arbeit gehen unter in der Härte und Eintönigkeit der Arbeitswelt, ihre Träume von der großen Liebe verwirklichen sich nicht.

Mit großem dramaturgischem Geschick hält Čechov diese zahlreichen Entwicklungs- und Handlungslinien zusammen, läßt sie neben- und ineinander fortlaufen und im Schlußakt in einem erschütternden Finale gemeinsam ausklingen. So zahlreich und verschieden die Einzelhandlungen aber auch sind, werden sie doch durch einen zentralen Themenkreis miteinander verbunden. Es ist dies die Frage nach der Möglichkeit des Glücks, nach der Möglichkeit eines sozialen und kulturellen Fortschritts der Menschheit; die Frage, ob wir etwas dafür tun können und ob es sinnvoll ist, etwas für ihn zu tun, wenn wir doch die Erfolge dieses Fortschritts nicht erleben können. Nicht nur im Dialog (besonders in den Gesprächen Veršinins) steht diese Thematik im Vordergrund, sondern sie bestimmt weitgehend die Gesamtkonzeption des Dramas – die Personengestaltung ebenso wie die Handlung.

Zwei verschiedene Milieus stehen einander gegenüber, repräsentiert durch zwei Personengruppen, die vom Autor eindeutig unterschiedlich bewertet werden. Auf der einen Seite stehen die drei Schwestern, alle drei gebildet, kultiviert, feinfühlig. Den drei Schwestern zugeordnet sind der sympathische Tuzenbach und der nur leicht ironisierte Veršinin. (Es wäre falsch, auf der Bühne eine komische Figur aus ihm zu machen. Ihm legt Čechov als letztes Wort die entscheidende Formel für den kulturellen und sozialen Fortschritt Rußlands in den Mund: *»Man müßte der Arbeitsliebe die Bildung hinzufügen, und der Bildung die Arbeitsliebe.«*) Diese fünf überwiegend positiv gezeichneten Gestalten aus Moskau und Petersburg verkörpern das Milieu der Bildung. Auf der anderen Seite steht die Provinz – *»eine Stadt wie Perm«*. Ihre drückende Atmosphäre wird repräsentiert durch Nataša mit ihrer tierhaften, egoistischen Weibchenhaftigkeit, durch die philisterhafte Selbstzufriedenheit und den Subordinationsgeist des Lateinlehrers Kulygin, durch den spießbürgerlichen Lebensgenuß Protopopovs (des Geliebten Natašas), schließlich auch durch die Beschränktheit des Amtsdieners Ferapont (Anfisa, das positiv gezeichnete weibliche Gegenstück zu Ferapont, gehört zum Milieu der drei Schwestern). Weiterhin wird das Provinzmilieu in Gesprächen und vor allem in den Reflexionen Andrejs thematisiert (am Anfang des zweiten und in der Mitte des vierten Akts). Er, der sich auf das niedere Niveau hat herabziehen lassen, empfindet auf dem Grund seiner Seele Schmerz und Scham darüber und charakterisiert die *»schlechte Unendlichkeit«* des Provinzlebens mit letzter Schärfe. Es ist kein Zufall, daß er am Ende dieser Reflexion (im vierten Akt), *»überwältigt von einem zärtlichen Gefühl«*, seine Schwestern apostrophiert: Sie haben sich nicht, wie er, in diesen Sumpf herabziehen lassen. Darum nennt der Titel auch nicht die »Vier Geschwister«, sondern nur *Drei Schwestern*.

Die Sehnsucht der Schwestern nach Moskau ist nicht nur illusorisches Heimweh nach der verlorenen *»glücklichen Kindheit«*, sondern auch berechtigtes Verlangen nach einer Umgebung, die ihrem kulturellen Niveau entspricht. Doch die verständliche und berechtigte Sehnsucht erfüllt sich nicht. Im vierten Akt wird dieser Wunsch nicht mehr geäußert. Die Schwestern haben resigniert. Aber das Ende des Dramas führt über die Resignation hinaus. Nach dem Zusammenbruch aller Illusionen und dem Ende der Glückserwartungen nehmen die Schwestern das Leben in der Provinz auf sich, um es neu zu beginnen. Irina wird, wie Ol'ga es schon lange tut, als Lehrerin *»ihr ganzes Leben denen hingeben, denen es vielleicht nötig ist«*. *»Unsere Leiden werden zur Freude werden für die, die nach uns kommen«*, sagt Ol'ga am Ende des Stücks. Das sind keine Illusionen. Für die drei Schwestern ist es ein Leiden, daß sie im inadäquaten kulturellen Milieu leben müssen; für dieses Milieu aber ist ihre Anwesenheit ein Ferment des kulturellen Fortschritts, ein Anlaß zur Hoffnung, daß künftig *»der göttliche Funke in den Kindern«*, die in dieser Stadt geboren werden, nicht alsbald *»erlischt«* (Andrej im vierten Akt), daß das Leben mit der Hebung des intellektuellen und moralischen Niveaus erfüllter, menschenwürdiger und damit letztlich *»freudiger«* wird. Es ist ein schweres Vergehen gegen die Grundidee des Stücks, wenn bei Theateraufführungen die letzten Reden der drei Schwestern um die einen neuen Anfang setzenden, in die Zukunft weisenden, lebensbejahenden Sätze gekürzt werden.

Freilich dürfen die drei Schwestern am Ende des Schauspiels auch nicht heroisiert werden. Sie wissen um die Aufgabe, die ihnen gestellt ist, und sie bejahen sie; aber es bleibt die Resignation darüber, daß die großen Fragen nach dem letzten Sinn des Lebens und des Leidens nicht gelöst werden können, obwohl der menschliche Geist eine Lösung verlangt. Es bleibt das Wissen, daß aller Fortschritt der Kultur, so wichtig und notwendig er ist, die Welt nicht in ein Paradies verwandeln, die Grundbedingungen der menschlichen Existenz nicht ändern kann – wie Tuzenbach es im zweiten Akt sagt: »*Auch in tausend Jahren wird der Mensch seufzen: ›Ach, wie schwer ist das Leben‹, und wird doch gleichzeitig, so wie wir jetzt, sich vor dem Tode fürchten und nicht sterben wollen.*« Das Stück Čechovs hat sich die Bühnen der ganzen Welt erobert.   L.Mü.

AUSGABEN: Moskau 1901 (in Russkaja mysl', H. 2). – Moskau 1978 (in *Poln. sobr. soč. i pisem*, 30 Bde., 1974–1983, 13).

ÜBERSETZUNGEN: *Drei Schwestern*, W. Czumikow, Lpzg. 1902. – Dass., A. Scholz, Bln. 1921. – Dass., J. v. Guenther (in *Dramen*, Hbg. 1960; Nachw. S. Geier; RKl). – Dass., G. Düwel (in *Dramen*, Mchn. 1969; Nachw. F. Rehder). – Dass., P. Urban, Zürich 1974.

LITERATUR: A. R. Vladimirskaja, *Dve rannie redakcii p'esy »Tri sestry«* (in Literaturnoe nasledstvo, 68, 1960).

V OVRAGE

(russ.; *In der Schlucht*). Erzählung von Anton P. ČECHOV, erschienen 1900. – Bei ihrem Erscheinen von GOR'KIJ und TOLSTOJ, dessen Schauspiel *Vlast' t'my*, 1886 (*Die Macht der Finsternis*), sie thematisch nahesteht, begeistert begrüßt, unterscheidet sich die letzte der dem Leben der russischen Bauern gewidmeten Erzählungen des Autors von den vorausgegangenen, eher naturalistisch-objektiven Novellen durch ihre symbolische Überhöhung und deutliche Wertungsposition.

Die Erzählung, die als Beitrag zur Zerstörung der Illusionen der Narodniki über das russische Dorf gewertet werden kann, sieht das Dorf nichts weniger als idyllisch. Sie konfrontiert die klare Welt der einfachen Dorfbewohner mit der grausamen Welt der neuen Dorfherren, deren menschliche Beziehungen von Geld- und Besitzgier vergiftet sind. Diese wird von der Familie Cybukin verkörpert, reich gewordenen Kulaken, die den Kolonialwarenladen des Dorfes führen, heimlich Schnaps brennen, mit Vieh und Leder handeln, Geld gegen Zinsen verleihen und ihren Besitz durch Betrug zu mehren wissen. Der alte Grigorij Cybukin genießt

seine Machtstellung und verachtet die Bauern. Seine Frau Varvara sucht ihr christliches Gewissen durch Almosen an Pilger und Bettler zu beruhigen. Der ältere Sohn Anisim ist Polizeispitzel. Sein Bruder Stepan, taub und schwächlich, hilft im Geschäft. Dessen Frau Aksinja, schön, unruhig und tierhaft, findet bald völlige Befriedigung im Geldraffen und erfüllt das Haus von Morgen bis Abend mit ihrer wilden Geschäftigkeit. Niemand in dieser dumpfen, trübseligen Welt der Gemeinheit, Skrupellosigkeit und Niedertracht reflektiert über das eigene Leben, doch lastet auf allen ein dunkles Unbehagen, eine drückende, schwermütige Atmosphäre.

Die Gegenwelt der Cybukins verkörpern Anisims Gattin Lipa und ihre Mutter, die arme Tagelöhnerin Praskov'ja. Die zarte, schüchterne Lipa mit ihren »*großen, männlichen Händen*«, die es gewohnt sind zu arbeiten, bleibt eine Fremde im Haus der Cybukins. Der Antagonismus zwischen Lipa, die das einfache, ehrliche Leben symbolisiert, und der dämonischen, schlangenhaften Aksinja wird zum Grundthema der Erzählung. Ihr Konflikt gipfelt in der Ermordung von Lipas Söhnchen durch Aksinja, weil der alte Cybukin dem Enkel eine Ziegelei übertragen hat. Ohne ihr naives Lächeln zu verlieren, verbrüht Aksinja den Säugling mit kochendem Wasser. Als Lipa nachts ihr totes Kind, in eine Dekke gewickelt, aus dem Krankenhaus heimträgt, trifft sie unterwegs auf eine Gruppe Reisender, die ihr wie Heilige erscheinen. Und die Szene des ruhigen Gesprächs mit dem alten Mann in der feierlichen nächtlichen Stille wird zum Sinnbild tröstenden menschlichen Miteinanders. »*Ich bin in dem ganzen Rußland gewesen und hab alles gesehen, was darin ist, und du kannst meinem Worte glauben, meine Liebe. Gutes gibt es, und es gibt auch Böses... Nicht mal sterben möcht ich, meine Liebe, möcht noch an zwanzig Jährchen leben; also hat's mehr Gutes gegeben. Groß ist Mütterchen Rußland!*« Triumphierend herrscht Aksinja über Haus und Hof, als Anisim wegen Falschmünzerei nach Sibirien verbannt wird, Lipa das Haus der Cybukins verläßt und der alte Cybukin, von der Verurteilung des Sohnes tief getroffen, greisenhaft vor sich hin zu dämmern beginnt. Am Ende erweist sich Lipa als die moralisch Stärkere. Als sie, mit anderen Frauen singend von der Arbeit in Aksinjas Ziegelei heimkehrend, dem alten, im Hause der Reichen vernachlässigten Cybukin begegnet, gibt sie ihm mitleidig zu essen. »*Wer arbeitet, wer duldet, der ist mehr, der steht höher*«, sagt der Zimmermann Elizarov in der Erzählung, die bei aller Düsternis und Grausamkeit von einem hoffnungsvollen, optimistischen Zug geprägt ist. Im Gegeneinander der beiden Hauptthemen gleichsam musikalisch komponiert und reich an Klang- und Bildsymbolen, ist *V ovrage* eine der vollkommensten und poetisch intensivsten Erzählungen Čechovs.   K.H.

AUSGABEN: Petersburg 1900 (in Žizn'). – Moskau 1977 (in *Poln. sobr. soč. i pisem*, 30 Bde., 1974–1983, 10).

ÜBERSETZUNGEN: *In der Schlucht*, M. Budimir (in *GW*, Bd. 5, Jena 1904). – Dass., R. Trautmann (in *Meistererzählungen*, Lpzg. 1947). – Dass., H. v. Schulz (in *Die Dame mit dem Hündchen. Erzählungen 1897–1903*, Zürich 1976).

LITERATUR: M. Gor'kij, *Po povodu odnogo rasskaza A. P. Č. »V ovrage«* (in *Sobr. soč.*, Bd. 23, Moskau 1950, S. 313–318). – S. E. Šatalov, *Tipizacija i avtorskoe otnošenie v povesti Č. »V ovrage«* (in *A. P. Č., Materialy k 100-letiju so dnja roždenija*, Izd. Tadžikskogo gos. universiteta, 1960, S. 40–43).

VAN'KA

(russ.; *Vanka*). Kurzgeschichte von Anton P. ČECHOV, erschienen 1886. – Die erschütternde, nur wenige Seiten umfassende Erzählung entstand zur Zeit einer Wende in der schriftstellerischen Entwicklung des Autors, der um 1886 von den als Broterwerb verstandenen humoristischen Kurzgeschichten und Sketches (mit denen er nichtsdestoweniger eine neue literarische Gattung begründete) zu größeren und ernsteren Arbeiten überging und seine schriftstellerische Tätigkeit überdachte. Immer häufiger gestaltet Čechov fortan erschütternde Schicksale einfacher Menschen, vor allem das Leiden von Kindern und Frauen, die ihrer inhumanen Umwelt hilflos ausgeliefert sind. In der Erzählstruktur zeigt sich der Wandel im Übergang vom vordem überwiegenden Dialog zur Sicht aus dem Inneren der Personen, welche inneren Monolog und erlebte Rede zunehmende Bedeutung erlangen läßt. In einer Boulevardzeitschrift unter dem Pseudonym Antoša Čechonte erschienen, zeigt die Erzählung *Van'ka* in Vorwurf und Struktur bereits den neuen Ansatz.

Heimlich schreibt der neunjährige Waisenjunge Van'ka, der in Moskau bei einem Schuster als Lehrjunge kümmerlich dahinvegetiert, in der Weihnachtsnacht einen Brief an seinen Großvater auf dem Dorf, in dem er seine verzweifelte Lage im Hause des Lehrherrn schildert. Ausgebeutet, geschlagen, gequält, verhöhnt und hungrig, findet er nicht einmal des Nachts vor seinen Peinigern Ruhe. Flehentlich bittet er den Großvater, ihn zurück ins Dorf zu holen, in dem er aufgewachsen ist. *»Ich würde ja zu Fuß ins Dorf laufen, aber ich habe keine Schuhe und fürchte mich vor dem Frost.«* Der Text des Briefes, der die ganze Bitterkeit des Kinderschicksals ausdrückt, wechselt mit Van'kas Erinnerungen an das Dorf. In seiner Vorstellung erscheint ihm der armselige Alltag auf dem Lande, wo sein fortwährend betrunkener Großvater Nachtwächter eines Gutes ist, als freundlich verklärte Gegenwelt. Der mit den Köchinnen schäkernde Alte mit seinen Hunden Kaštanka und V'jun oder das Schlagen der Weihnachtstanne im frostklirrenden Wald sind Gegenstand der verzehrenden Sehnsucht des Kindes. Voller Hoffnung faltet Van'ka seinen Brief zusammen und bringt ihn zum Briefkasten. Als Adresse hat er nach kurzem Überlegen geschrieben: *»An den Großvater im Dorf, Konstantin Makaryč.«* Das für Čechovs anekdotische Kurzgeschichte typische Verfahren der Pointe bekommt mit diesem kommentarlosen offenen Schluß tragische Dimensionen. Es bleibt dem Leser überlassen zu erkennen, daß der Brief des verlassenen Kindes nie ankommen wird. Gerade Čechovs Kunst des Weglassens und Nicht-zu-Ende-Sprechens macht aus dem knappen Text einen bewegenden Hilferuf.   K.H.

AUSGABEN: Petersburg 1886 (in Peterburgskaja gazeta, Nr. 354, 25. Dez.). – Moskau 1976 (in *Poln. sobr. soč. i pisem*, 30 Bde., 1974–1983, 5).

ÜBERSETZUNGEN: *Wanjka*, J. Treumann (in *Russische Leute. Geschichten aus dem Alltagsleben*, Lpzg. 1890). – *Wanka*, J. v. Guenther (in *Werke*, Bd. 1, Hbg./Mchn. 1963). – *Vanka*, G. Dick (in *Gespräch eines Betrunkenen mit einem nüchternen Teufel. Erzählungen 1886*, Zürich 1976).

VIŠNĚVYJ SAD

(russ.; *Der Kirschgarten*). Komödie in vier Akten von Anton P. ČECHOV, Uraufführung: 17. 1. 1904, Moskauer Künstlertheater; deutschsprach. Erstauff.: Wien, 12. 10. 1916, Neue Wiener Bühne; deutsche Erstauff.: München, 9. 12. 1917, Kammerspiele (Regie: Lion Feuchtwanger). – Das Stück spielt um 1900 auf einem russischen Landgut, dessen altes Herrenhaus von einem riesigen Kirschgarten umgeben ist. Die Herrin des Gutes, Ljubov' Andreevna Ranevskaja, seit sechs Jahren verwitwet, hat fünf Jahre lang in entwürdigenden Verhältnissen mit einem Geliebten in Frankreich gelebt. Bei ihrer Heimkehr (zu Beginn des Stücks) ist sie überwältigt von Kindheitserinnerungen und von der Schönheit des gerade blühenden Kirschgartens. Aber das total verschuldete Gut soll am 22. August verkauft werden, wenn die Schuldzinsen nicht bezahlt werden können. Der geschäftstüchtige Unternehmer Lopachin, dessen Vater noch Leibeigener auf diesem Gut war, schlägt vor, den Kirschgarten roden zu lassen und das Land als Datschengrundstücke zu verpachten. Die Ranevskaja und ihr Bruder Gaev weisen diesen Vorschlag als trivial zurück. So kommt es zur Auktion, Lopachin selbst ersteigert das Gut. Die alten Besitzer und ihr Hofstaat verlassen es, nur der 87jährige Lakai Firs bleibt zurück, um hier zu sterben. Die Axthiebe der Holzfäller, die ihre Arbeit im Kirschgarten schon vor der Abreise der ehemaligen Besitzer begonnen haben, durchbrechen die Stille des Todes – des Untergangs einer alten Welt.

Der Kirschgarten ist in dem Stück ein mehrdeutiges Symbol. Er ist einerseits Inbegriff der Schönheit, besonders in der Zeit seiner Blüte. Sein Untergang bedeutet Verarmung der Kulturlandschaft. Andererseits hat Lopachin vielleicht nicht ganz unrecht, wenn er ihn fällen läßt. Denn ein Kirschgarten ist nun eben doch nicht Symbol zweckfreier Schönheit: Er ist nicht ein Park, sondern eine Obstplantage. Die Schönheit dieses unrentabel gewordenen Kirschgartens würde vielleicht auch dann schnell zugrunde gehen, wenn Lopachin ihn nicht abholzen ließe. Čechov identifiziert sich offenbar weder mit der sentimentalen Einstellung der ehemaligen Besitzer des Kirschgartens noch mit der rein utilitaristischen, beinah brutalen Haltung Lopachins, sondern mit der Anschauung Anjas, der Tochter der Ranevskaja, die den Kirschgarten innig liebt, aber seinen Verlust verschmerzen kann. Der alte Lakai Firs ist der letzte intakte Vertreter der versinkenden Welt des Gutsbesitzertums und der Leibeigenschaft und ihrer Wertordnung; sein hohes Alter symbolisiert die Tatsache, daß jene Epoche innerlich längst zu Ende gegangen ist. In dem liberalen Schönredner Gaev, dessen Hauptlebensinhalt das Billardspiel ist und der ein ganzes Vermögen für Bonbons ausgegeben hat, und in der liebenswürdigen und gutmütigen, aber schwachen, beinah charakterlosen, durch ihre Liebesgeschichten gegen den Ehrenkodex der Adelsgesellschaft verstoßenden Ranevskaja hat diese Welt sich schon überlebt. Die Unfähigkeit dieser Geschwister, mit Geld umzugehen und überhaupt den Realitäten ins Auge zu sehen, symbolisiert den Verfall eines Standes, der seine historische Existenzberechtigung und die Grundlage seiner wirtschaftlichen Existenz verloren hat.

Dem Untergang des einen Standes korrespondiert der Aufstieg eines anderen: des arbeitsamen, finanztüchtigen Unternehmertums, repräsentiert in der Gestalt Lopachins. Čechov schildert ihn mit einer gewissen Sympathie. Uneigennützig macht er der von ihm verehrten Ranevskaja den Vorschlag, wie sie das Gut retten und viel Geld aus ihm herausholen könne. Erst als sie den Vorschlag ablehnt, macht er das Geschäft selbst. Varja, *ein seriöses und religiöses Mädchen, liebt ihn*« (Čechov in einem Brief vom 30. 10. 1903), die Ranevskaja achtet und schätzt ihn, und selbst sein ideologischer Gegenspieler Trofimov gesteht: *Du hast eine feine, zarte Seele.*« Er ist empfänglich für die Schönheit eines blühenden Mohnfeldes und für die Schönheit des Gutes mit dem Kirschgarten. Aber trotzdem läßt er ihn nicht nur fällen, sondern malt sich in Gegenwart der Ranevskaja aus, wie die Bäume zur Erde stürzen werden, und läßt mit der Arbeit beginnen, ehe sie abgefahren ist. Trofimov bezeichnet ihn als Raubtier, das im Kreislauf der Natur die Aufgabe habe, alles zu fressen, was ihm in den Weg kommt. Offenbar sind sein Gewinnstreben und sein nüchterner Sinn für ökonomische Realitäten diese Raubtiereigenschaften, die ihn prädestinieren zu der Aufgabe, das sozial Überholte, wirtschaftlich nicht mehr Lebensfähige zu »fressen«. Diese Eigenschaften Lopachins lassen die menschlichen Züge und Anlagen, die in ihm durchaus vorhanden sind, zurücktreten und verkümmern. Darum bleibt auch die gegenseitige Sympathie zwischen ihm und Varja ergebnislos – es kommt nicht zu der von allen gewünschten und erwarteten Verlobung.

Scharf abgesetzt sowohl von den Vertretern des untergehenden Standes der Gutsbesitzer wie von dem des aufsteigenden Standes der Unternehmer ist Trofimov, einst Hauslehrer des ertrunkenen Sohnes der Ranevskaja, jetzt 26 oder 27 Jahre alt, »ewiger Student«, zweimal von der Universität entlassen (man weiß nicht recht, ob wegen nicht bestandener Examina oder aus politischen Gründen). Er verurteilt das Leben der einst privilegierten Schichten, die »lebende Seelen« (d. h. Leibeigene) als Eigentum besessen haben und dadurch entartet sind, die früher auf fremde Kosten lebten und jetzt durch Schulden ihr Dasein fristen. Aber ebenso verurteilt er den neuen Typus des Unternehmers, das »Raubtier«. Er ist völlig gleichgültig gegenüber Geld und Eigentum; ihm ist die Existenz des Kirschgartens nicht so schrecklich wichtig, weil *»ganz Rußland unser Garten ist«*. Er sieht deutlich die Schäden des russischen Lebens: Armut, Rückständigkeit, Phrasendrescherei; er meint die Wege zu kennen, die zum sozialen Glück führen, das er schon ganz nahe glaubt: diese Wege sind *»Leiden und ungewöhnliche, unaufhörliche Arbeit«*. Er sagt allen unverblümt die Wahrheit, ist sittlich von großer Reinheit. – Aber trotz aller positiven Züge, mit denen der Dichter ihn ausstattet, wird er von ihm doch gleichzeitig leicht ironisiert. Trofimov fordert auf zu unaufhörlicher Arbeit, aber wir sehen nicht, daß er in den sechs Monaten, die wir im Stück erleben, auch nur einen Finger krumm machte; er empört sich über die Gutsbesitzer, die auf fremde Kosten leben, aber er selbst lebt diese Zeit über offenbar auch noch auf Kosten der total verschuldeten Ranevskaja. Er liebt deren Tochter Anja und wird von ihr geliebt, aber er predigt ständig: »*Wir stehen über der Liebe.*« Čechov will in ihm offenbar einen Vertreter der russischen Intelligenz mit allen positiven und negativen Zügen dieser Gruppe darstellen: Positiv ist die gerechte Kritik an der Vergangenheit und der Gegenwart, positiv die Gleichgültigkeit gegen Besitz und Stellung, positiv der hohe Flug der Gedanken und Pläne, das Stecken weiter, zum Teil utopischer Ziele; aber negativ ist die Unreife, der mangelnde Ernst beim Durchdenken der Pläne und Entwürfe, das Unvermögen, die eigenen Ideale zu realisieren, vor allem die Unfähigkeit zu ernster Arbeit, die er selbst von anderen so streng fordert. Trofimov ist ebenso wie Lopachin (und anders als die Ranevskaja und Gaev) ein positiver Faktor in der Entwicklung Rußlands, aber er ist doch nicht die Gestalt, die aus der schwierigen Gegenwart in eine bessere Zukunft weist.

Wie in den drei anderen großen Dramen Čechovs ist es auch im *Kirschgarten* eine weibliche Gestalt, die die Kräfte der Überwindung am stärksten symbolisiert, die am meisten Hoffnung für die Zukunft erweckt. Es ist Anja, die 17jährige Tochter der Ranevskaja, während der im Stück dargestellten Zeit in Trofimov verliebt. Am Anfang noch mit ihrem ganzen Herzen am Besitz des herrlichen Kirschgartens hängend, gewinnt sie, beeinflußt auch durch die schönen, eindringlichen Reden Trofimovs, allmählich inneren Abstand zu Tradition und Besitz. Am Ende des zweiten Akts gesteht sie Trofimov, daß sie unter seinem Einfluß den Kirschgarten jetzt schon nicht mehr so liebe wie früher und gibt ihm das Wort, daß sie »fortgehen« werde von hier. Am Ende des dritten Akts tröstet sie schon selbst die Mutter über den Verlust des Kirschgartens, mit Worten, die denen Trofimovs ähnlich sind: »*Wir pflanzen einen neuen Garten, der üppiger ist als dieser...*«; und am Ende des vierten Akts geht sie wirklich mit Freuden weg aus dem alten in das neue Leben. In Anja vereinigen sich die menschliche Güte und der Charme ihrer Mutter mit der inneren Freiheit gegenüber dem Privatbesitz, wie ihn Trofimov predigt, und mit dem Willen zu eigener ernster Arbeit, wie Lopachin ihn besitzt.

Gewiß – wir wissen nicht, wie sie sich in dem »neuen Leben« bewähren wird, aber Čechov hat diese Gestalt doch mit so viel Sympathie und Wärme gezeichnet, daß im Leser und Zuschauer die Hoffnung erweckt wird, der Lebens- und Arbeitswille Anjas, ihre ererbte Kultur in Verbindung mit einer neuen Welthaltung werde sie selbst den Weg in die Zukunft finden und ihn anderen weisen lassen. Die Revolution, die Čechov erhofft, ist nicht eine blutige Umwälzung und die Aufrichtung einer neuen Diktatur, sondern die Wandlung der Welt durch die Wandlung des Menschen, durch das Gewinnen einer neuen Lebenshaltung, die auf Unterdrückung und Ausbeutung verzichten kann, weil diese neuen Menschen nicht auf fremde Kosten, sondern durch eigene Arbeit leben wollen.

Die Dramen Čechovs werden vielfach als »im Grunde ganz undramatisch« bezeichnet. Auch im *Kirschgarten* wird keine fein gesponnene Intrige überraschend und effektvoll gelöst (Čechov selbst hat scherzhaft betont, daß in dem Stück kein einziger Schuß falle); aber es geht doch auch nicht nur um das Hervorzaubern einer Stimmung wehmütiger Resignation, sondern in intensiver (aktiver oder passiver) Auseinandersetzung mit der Katastrophe des 22. August, die zuerst als unaufhaltsam heranrückende Zukunft, dann als schicksalentscheidende Gegenwart, dann als allmählich entschwindende Vergangenheit erlebt wird, vollziehen sich Schicksale, die – wenigstens teilweise – menschlich erschüttern, über das Individuelle hinaus aber historische Symbolkraft besitzen: Die bewegenden Kräfte und Mächte der Zeit finden in ihnen Gestalt und Ausdruck. – Es hat von jeher Befremden erregt, daß Čechov den *Kirschgarten* als Komödie bezeichnet. Aber er meint diese Bezeichnung ernst. Der Abgesang auf die Vergangenheit und die Kritik an der Gegenwart ist stärker komödienhaft und satirisch als sentimental und melancholisch gemeint. Darum sollten die komischen Züge des Stücks in der Aufführung voll zu ihrem Recht kommen.   L.Mü.

AUSGABEN: Moskau 1904. – Moskau 1978 (in *Poln. sobr. soč. i pisem*, 30 Bde., 1974–1983, 13).

ÜBERSETZUNGEN: *Der Kirschgarten*, S. Aschkinasy [u. L. Feuchtwanger], Mchn. 1912. – Dass., J. v. Guenther (in *Dramen*, Hbg. 1960; Nachw. S. Geier; RKl). – Dass., G. Düwel (in *Dramen*, Mchn. 1969; Nachw. P. Rehder). – Dass., P. Urban, Zürich 1973.

LITERATUR: A. R. Vladimirskaja, *Avtograf doblavenij ko vtoromu aktu »Višnëvogo sada«* (in Literaturnoe nasledstvo, 68, 1960). – V. E. Chalizev, *P'esa A. P. Č.-a »Višnëvyj sad«* (in *Russkaja klassičeskaja literatura*, Hg. D. Ustjužanin, Moskau 1969, S. 358–388). – H. Schmid, *Strukturalistische Dramentheorie. Semantische Analyse von Č.s »Ivanov« und »Der Kirschgarten«*, Kronberg/Ts. 1973. – K. D. Kramer, *Love and Comic Instability in »The Cherry Orchard«* (in Russian Literature and American Critics, Ann Arbor 1984).

ŽENA

(russ.; *Meine Frau*). Erzählung von Anton P. ČE-CHOV, erschienen 1892. – Čechovs Prosa der neunziger Jahre verbindet in zunehmendem Maße ethische und soziale Problematik. Nach den Erfahrungen seiner Forschungsreise auf die Sträflingsinsel Sachalin, 1890, hatte Čechov begonnen, sich aktiv im gesellschaftlichen und politischen Leben zu engagieren. So beteiligte er sich intensiv an den Hilfsmaßnahmen zur Bekämpfung der schrecklichen Hungersnöte von 1891/1892. Diese Erfahrungen fanden ihren Niederschlag in der Erzählung *Žena*, die ursprünglich den Titel *V derevne (Auf dem Lande)* trug.

Das Thema der durch die Komitees der Gutsbesitzer geleisteten Hungerhilfe wird in der Erzählung zur Folie für die feinfühlige psychologische Durchleuchtung des Lebensgefühls der Reichen und Satten angesichts von Hunger und Not. Geschildert wird die innere Erneuerung eines in Gleichgültigkeit, Hartherzigkeit, Menschenverachtung und Prinzipienreiterei erstarrten Menschen – eines Typs, der Čechov immer wieder beschäftigt hat. Der Ich-Erzähler, der wohlhabende Ingenieur Pavel Andreevič, hält sich für einen wichtigen, fähigen, pflichtgetreu und gerecht handelnden Menschen. Er lebt zurückgezogen auf seinem Gut, wo er an seinem Lebenswerk, einer »Geschichte der Eisenbahn« arbeitet. Seine weitaus jüngere Frau Natal'ja lebt, längst von ihm getrennt, doch finanziell von ihm abhängig, im unteren Geschoß des Hauses ihr eigenes Leben. In seiner Eigenschaft als Gutsherr sorgt Pavel Andreevič für »Ordnung« und »Gerechtigkeit«. So läßt er hungernde Bauern, die aus seiner Scheune Getreide gestohlen haben, »aus Prinzip« gerichtlich verfolgen. Er schreibt Beschwerden, macht Eingaben und führt Prozesse. Eines Tages erhält er einen anonymen Brief, der die verzweifelte Lage der hungernden Bauern in einem nahe gelegenen Dorf schildert und um seine Hilfe bittet. Eine lästige Unruhe bemächtigt sich seiner, die sein ganzes, festgefügt erscheinendes Leben in Unordnung zu bringen droht. Von neuem erwacht in ihm ein unklares Gefühl des Hingezogenseins zu seiner Frau, von deren Gedanken und Gefühlen er nichts weiß und die er für dumm und oberflächlich hält. Als er bei der Organisation von Hilfsmaßnahmen für die Hungernden nach langer Zeit wieder mit Natal'ja spricht, stößt er bei ihr auf hilflos bitteren Haß und Ablehnung. Natal'ja hat in seinem Haus längst ein Hilfskomitee organisiert und sich mit fast hysterischem Fanatismus in die Arbeit gestürzt, in der sie die einzige Rechtfertigung ihres sinnlosen Lebens sieht. Pavel Andreevič will arrogant und verächtlich die Leitung der Hilfsmaßnahmen an sich reißen. Er kränkt und demütigt seine Frau, indem er ihre Sammellisten und Abrechnungen kontrolliert und ihre Mitarbeiter auf niedrige Weise verdächtigt.

In den Konfrontationen und Gesprächen mit ihr, dem senilen Gutsnachbarn Bragin und dem Landarzt Sobol' gerät er jedoch in eine psychische Situation, die ihn zum ersten Mal an seinem bisherigen Leben zweifeln läßt. Ihm wird bewußt, daß ihn niemand liebt, daß er isoliert und seinen Mitmenschen entfremdet in fürchterlicher Einsamkeit und Erstarrung lebt. So beginnt er an seiner Gefühlskälte und Indifferenz, seinem Unvermögen, emotional Anteil zu nehmen, zu leiden. Die Maßstäbe, nach denen er die Menschen seiner Umgebung abqualifizierte, die arrogante Sicherheit seines Urteils geraten ins Wanken. Den einfachen, naiven Landarzt Sobol', den er bisher für eine banale, lächerliche Figur hielt, erkennt er als komplizierten, klugen Menschen, der ohne Illusionen und mit einer realistischen Einschätzung der heuchlerischen Philanthropie der Gutsbesitzer unermüdlich helfend tätig ist. – Ein ungewöhnlicher Wintertag, der den Ausbruch aus seinem bisherigen Leben symbolisiert, wird für Pavel Andreevič zum Tag der Wandlung. Indem er beschließt, seinen Besitz mit den Hungernden zu teilen, söhnt er sich mit sich selbst aus, gelangt zu innerer Ruhe und findet zu seiner Frau zurück. Eine satirische Zuspitzung erhält die Erzählung durch den Kontrast des durch die Hungersnot bewirkten inneren Wandels des Ich-Erzählers mit der detaillierten Schilderung eines sich stundenlang hinziehenden Gastmahls. Durch das Ineinandergreifen der satirischen Stilebene, die – etwa in der Zeichnung Bragins – an Gogol' erinnert, und der gleichwohl durchgehenden melancholischen Stimmung wie durch die Darstellung aus der Perspektive des Betroffenen gewinnt die Erzählung eine seltsam irritierende Unbestimmtheit, die den Leser zur Stellungnahme herausfordert. K.H.

Ausgaben: Petersburg 1892 (in Severnyj vestnik, Nr. 1, Jan.). – Moskau 1977 (in *Poln. sobr. soč. i pisem*, 30 Bde., 1974–1983, 7).

Übersetzungen: *Meine Frau*, R. Hoffmann (in *Der schwarze Mönch*, Bln. 1926). – Dass., A. Luther, Ffm. 1946. – Dass., A. Knipper u. G. Dick (in *Faltergeist, Erzählungen 1888–1892*, Zürich 1976).

d.i. Aleksej Maksimovič Peškov od. Aleksej Maksimovič Gor'kij

* 28.3.1868 Nižnij Novgorod
† 18.6.1936 bei Moskau

LITERATUR ZUM AUTOR:
Bibliographien:
S. Baluchatyj, *Kritika o M. G. Bibliografija statej 1893–1932*, Leningrad 1954. – L. Rumanova, *A. M. G. Kratkij rekomendatel'nyj ukazatel' i materialy dlja massovych bibliotek*, Moskau 1956. – A. Kaleps, *Bibliographie M. G.*, Heidelberg/Kirchheim 1963. – K. Lukirskaja u. A. Morščichina, *Literatura o G. Bibliografija 1955–1960*, Moskau/Leningrad 1965. – S. Brodskaja, *Publikacii tekstov A. M. G. v SSSR (1959–1963). Bibliografičeskij ukazatel'*, Moskau 1967. – E. Czikowsky u. a., *M. G. in Deutschland. Bibliographie 1899–1965*, Bln. 1968. – *G. en France*, Paris 1968. – K. Lukirskaja u. a., *Literatura o G. Bibliografija 1961–1965*, Leningrad 1970. – Dies. u. A. Morščichina, *Literatura o G. Bibliografičeskij ukazatel' 1966–1970*, Leningrad 1985. – T. Garth, *M. G. in English. A Bibliography 1868–1936–1986*, Nottingham 1986. – A. Morščichina u. L. Mironenko, *Literatura o G. Bibliografičeskij ukazatel' 1971–1975*, Leningrad 1987. – E. W. Clowes, *M. G. A Reference Guide*, Boston 1987.

Zeitschrift:
Gor'kovskie čtenija, Moskau 1940 ff., Gor'kij 1977 ff. [erscheint unregelmäßig].

Forschungsberichte:
H. Vogt, *Die zeitgenöss. dt. Lit.-Kritik zum Frühwerk M. G.s* (in ZfSl, 3, 1958, S. 590–619). – K. Muratova, *Novye knigi o M. G. (1955–1957)* (in Russkaja literatura, 1, 1958, 3, S. 187–194). – V. Ščerbina, *Problemy izučenija M. G.* (in *Tvorčestvo M. G. i voprosy socialističeskogo realizma*, Hg. B. Michajlovskij, Moskau 1958, S. 452–501). – S. Brodskaja, *M. G. v zarubežnoj kritike 1959–1962* (In Voprosy literatury, 1963, 7, S. 187–194).

Biographien:
O G. – sovremenniki. Sbornik vospominanij i statej, Moskau 1931. – K. Fedin, *G. sredi nas. Dvacatye gody*, Moskau 1943 [dt. *G. unter uns*, Bln. 1982]. – I. Grudzev, *A. M. G. Kratkaja biografija*, Moskau 1946. – F. Holtzman, *The Young M. G.*, NY 1948. – A. Grégoire, *La vie amère de M. G.*, Grenoble 1950. – N. Gourfinkel, *M. G. in Selbstzeugnissen und Bilddokumenten*, Reinbek 1958; Nachdr. 1986. – I. Grudzev, *G. i ego vremja 1868–1896*, Moskau ³1962. – B. Wolfe, *The Bridge and the Abyss: The Troubled Friendship of M. G. and V. I. Lenin*, NY 1967. – B. Bjalik, *Sud'ba M. G.*, Moskau 1968; ³1986. – G. Habermann, *M. G.*, Bln. 1968. – N. Ludwig, *M. G. Sein Leben und Werk*, Bln. 1968; ⁴1984. – A. Volkov, *Put' chudožnika. M. G. do Ok-*

tabrja, Moskau 1969. – I. Nefedova, *M. G. Biografija pisatelja*, Leningrad 1971. – L. F. Bykovceva, *G. na Capri 1911–1913*, Leningrad 1971. – M. Muratova, *G. v Moskve 1931–1936*, Moskau ²1972. – L. F. Bykovceva, *G. v Italii*, Moskau 1975. – *M. G. v vospominananjach sovremennikov*, Hg. A. Krudyševa, 2 Bde., Moskau 1981. – H. Troyat, *G.*, Paris 1986 [dt. *G. Sturmvogel der Revolution*, Gernsbach 1987]. – G. Kjetsaa, *M. G.*, Hildesheim 1996. *Gesamtdarstellungen und Studien:*
E. J. Dillon, *M. G. His Life and Writings*, Ldn. 1902. – D. Merežkovskij, *Čechov i G.*, Petersburg 1906 [Nachdr. Letchworth 1975]. – V. Šklovskij, *Udači i poraženija M. G.*, Tbilisi 1926. – A. V. Lunačarskij, *Stat'i o G.*, Moskau 1938. – A. Roskin, *M. G.*, Bln. 1947. – F. Holtzmann, *The Younger G. 1868–1902*, NY 1949. – B. Michajlovskij, *Dramaturgija M. G. èpochi pervoj russkoj revoljucii*, Moskau 1951; ²1955. – B. A. Bjalik, *Dramaturgija M. G. sovetskoj èpochi*, Moskau 1952. – G. Lukács, *Puschkin, G. Zwei Essays*, Lpzg. 1952. – E. Koplenig, *G. und der sozialistische Realismus*, Wien 1952. – A. Mjasnikov, *M. G. Očerk tvorčestva*, Moskau 1953. – S. Kastorskij, *Stat'i o G.*, Leningrad 1955. – A. Ovarčenko, *O položitel'nom geroe v tvorč. M. G. 1892–1907*, Moskau 1956. – G. M. Lenobl', *O M. G., chudožnike slova. Sbornik statej*, Moskau 1957. – T. Livanova, *Muzyka v proizvedenijach M. G.*, Moskau 1957. – S. S. Danilov, *G. na scene*, Leningrad 1958. – *Letopis' žizni i tvorčestva A. M. G.*, 4 Bde., Moskau 1958–1960. – V. A. Desnickij, *M. G. Očerki žizni i tvorčestva*, Moskau 1959. – Ju. Juzovskij, *M. G. i ego dramaturgija*, Moskau 1959. – G. Mayer, *Der junge G. (1868–1904). – Untersuchungen zum Frühwerk M. G.s*, Diss. Heidelberg 1960. – *O chudožestvennom masterstve M. G. Sbornik statej*, Hg. E. Tager, Moskau 1960. – R. Hare, *M. G. Romantic Realist and Conservative Revolutionary*, Ldn. 1962. – B. Bjalik, *M. G. – Dramaturg*, Moskau 1962; ²1977. – S. Kastorskij, *Dramaturgija M. G.*, Moskau 1963. – E. B. Tager, *Tvorčestvo G. sovetskoj èpochi*, Moskau 1964. – D. Levin, *Stormy Petrel. The Life and Work of M. G.*, NY 1965; ²1986. – I. Weil, *G. His Literary Development and Influence on Soviet Intellectual Life*, NY 1966. – F. M. Borras, *M. G. The Writer*, Oxford 1967. – J. Pérus, *Romain Rolland et M. G.*, Paris 1968. – *Mit der Menschheit auf du und du. Schriftsteller der Welt über M. G.*, Hg. R. Schröder, Bln. 1968. – *Slovoupreblenie i stil' M. G. Opisanie semantiko-stilističeskoj sistemy pisatelja*, Hg. L. S. Kovtun, Leningrad 1968; Saratov ²1982. – I. Stauche, *M. G. Drama und Theater*, Bln. 1968 [m. Bibliogr.]. – *Gor'kovskij sbornik*, Hg. Z. Minc, Tartu 1968. – T. Richter, *Das Glück des Bitteren*, Halle 1969. – N. Salnikow, *Die Gestalt und die Ethik des Kleinbürgers im Werk G.s*, Diss. Graz 1969. – B. Kaleps, *G.s Glaube und seine verschiedenen Konflikte mit der Umwelt*, Diss. Heidelberg 1969. – M. Borisova, *Slovo v dramaturgii M. G.*, Saratov 1970. – D. Pavagenu, *M. G. nouvelliste*, Diss. Paris/Nanterre 1970. – S. Rybak, *U istokov ličnosti. Mir detstva v izobraženij M. G.*, Kišinev 1970. – A. Ovarčenko, *M. G. i literaturnye iskanija*

XX. stoletija, Moskau 1971; ³1982. – E. Babajan, *Rannij G. U idejnych istokov tvorčestva*, Moskau 1973. – N. Ninov, *M. G. i Bunin. Istorija otnošenij. Problemy tvorčestva*, Leningrad 1973. – I. Eventov, *Sila sarkazma. Satira i jumor v tvorčestve M. G.*, Leningrad 1973. – N. Aponiuk, *From Critic to Proselyte: A Study of the Development of G.'s Political and Literary Views*, Diss. Toronto 1974. – A. Šumskij, *M. G. i sovetskij očerk*, Moskau 1975. – H. Rischbieter, *M. G.*, Mchn. 1976. – *Zur G.-Rezeption in der DDR. Ergebnisse eines Kolloquiums*, Bln. 1978. – W. Pailer, *Die frühen Dramen M. G.s in ihrem Verhältnis zum dramatischen Schaffen A. P. Čechovs*, Mchn. 1978 [m. Bibliogr.] (Slavistische Beiträge, 122). – A. Volkov, *Chudožestvennyi mir G.*, Moskau 1978. – S. Zaika, *M. G. i russkaja klassičeskaja literatura konca XIX i načala XX veka*, Moskau 1982. – M. Matvijčuk, *V tvorčeskoj masterskoj M. G.*, Lemberg 1982. – E. Prochorov, *Tekstologija chudožestvennych proizvedenij M. G.*, Moskau 1983. – *M. G. i sovremennyj literaturnyi process*, Gor'kij 1984. – I. Turuta, *Sobstvennye imena v chudožestvennoj reči A. M. G.: prozvišča i familii*, Kiew 1985. – *Nasledie G. i sovremennost'*, Hg. B. Bjalik, Moskau 1986. – *Fifty Years on: G. and His Time*, Hg. N. Luker, Nottingham 1987. – *Russian Literature*, 24, 1988, Nr. 4 [Sondernr. zu *M. G.*]. – V. Baranov, *G. bez grima. Tajna smerti*, Moskau 1996.

DELO ARTAMONOVYCH

(russ.; *Ü: Das Werk der Artamonows*). Roman von Maksim GOR'KIJ, erschienen 1925. – Analog zu den gesellschaftlichen und ökonomischen Veränderungen im Rußland der Jahre zwischen 1861 und 1917 schildert Gor'kij den Aufstieg und Fall der Familie Artamonov. Sie wird in drei Generationen vorgestellt, von denen jede eine bestimmte Phase des Zerfalls der bürgerlich-kapitalistischen Gesellschaft repräsentiert.

Der Witwer Il'ja Artamonov, bärenstark, kühn und vital wie Egor Bulyčov (aus dem gleichnamigen Stück) kommt als freigelassener Leibeigener mit seinen Söhnen Pëtr, Nikita und dem adoptierten Neffen Aleksej in die Kleinstadt Driomov. Von seinem Fürsten, dem er als Gutsverwalter gedient hatte, reich beschenkt, beginnt er mit dem Aufbau einer Leinenweberei, die sich entgegen den skeptischen Prophezeiungen der Kleinbürger rasch vergrößert. Ihnen ist Il'ja Artamonov, der aus Berechnung seinen Sohn Pëtr mit der Tochter des Bürgermeisters verheiratet und nach des Bürgermeisters Tod sich die heißblütige Witwe zur Geliebten gemacht hat, ein verhaßter, Unruhe stiftender Fremdkörper in ihrem schläfrigen Provinzdasein. Seine Arbeiter dagegen, freigelassene Bauern wie er, achten und lieben ihn, weil er ihre Sprache spricht. Da sich die Bauern überdies seinem Zuspruch fügen und sich auf Flachsanbau spezialisieren, kann der Fabrikant Artamonov vertrauensvoll in die Zukunft blicken. Jäh aber setzt der Tod diesem leidenschaftlich seinem Werk ergebenen, »zur

Freude erschaffenen« Menschen ein Ende: Nach einer mit seinen Arbeitern festlich durchzechten Nacht hat er beim Ausladen eines riesigen Dampfkessels – Symbol der kommenden Industrialisierung – einen Blutsturz, an dem er stirbt.

Die zweite Generation rückt nach, doch kann sie sich nicht mit einem Il'ja Artamonov messen. Pëtr, ein verschlossener, grüblerischer Mensch, besitzt zwar die Kraft seines Vaters, doch fehlen ihm dessen mitreißende Energie und geistige Beweglichkeit. Aleksej, den die Städter als jungen Burschen halb zum Krüppel schlugen, verschafft als wendig kluger Geschäftsmann dem Namen Artamonov in den Unternehmerkreisen der großstädtischen Bourgeoisie Ansehen und Klang, doch sein lockerer Lebenswandel durchbricht die vom Vater weitergegebene patriarchalische Ordnung in der Familie. Die seltsamste Gestalt unter den Artamonovs ist der verwachsene, bucklige Nikita: seiner Mißgestalt wegen verachtet, bleibt er einsam und verbringt seine Tage mit der liebevollen Pflege des Gartens. Zur Katastrophe in seinem armseligen Leben kommt es, als er sich seiner wachsenden, nicht zu unterdrückenden Liebe zu der Frau seines Bruders bewußt wird: Die Familie verhindert zwar seinen Selbstmord, entledigt sich jedoch des Krüppels, indem sie ihn in ein Kloster einkauft. Um Pilger anzulocken, machen die Klosterbrüder ihn zu einem orakelnden heiligen Popanz. Dem Trunke ergeben und ohne Glauben an Gott, verlischt Nikita einsam. Gierig beobachtet sein Bruder Pëtr dieses Sterben, das ihm die Endzeit der Artamonovs ankündigt.

Die ökonomischen und gesellschaftlichen Verhältnisse haben sich inzwischen grundlegend geändert: Der wirtschaftliche Aufschwung, den die Industrialisierung auch den Artamonovs brachte, hatte eine konzentrierte Ausbeutung des Arbeiters zur Folge, der als städtischer Proletarier keine Bindung an einen Herrn mehr kennt. Eine tiefe, unüberbrückbare Kluft trennt Ausbeuter und Ausgebeutete voneinander; sie trennt auch den alten Pëtr Artamonov von seinem erstgeborenen Sohn Il'ja, der – nach Temperament und Charakter ein verjüngtes Ebenbild des Großvaters – die Verbrechen seiner Klasse erkennt. Er weigert sich, die Leitung der Fabrik zu übernehmen (*»... dort ist ein ganzer Friedhof der von dem Werk Ermordeten«*), geht, vom Vater verstoßen, nach Moskau und nimmt das Studium der Geschichte auf. Als Rotarmist kommt er im Revolutionsjahr 1917 in seine Heimatstadt zurück, um das Werk der Artamonovs für die eigentlichen Herren, die Proletarier, zu erobern.

Wie etwa die Romane *Foma Gordeev, Žizn' Matveja Kožemjakina (Das Leben Matvej Kožemjakins)* oder *Žizn' Klima Samgina (Das Leben Klim Samgins)* ist *Das Werk der Artamonovs* als »soziale Biographie« konzipiert, die die Widersprüche innerhalb einer bestimmten Gesellschaftsordnung und Klasse aufdecken und das Verhalten des Individuums zu diesen Widersprüchen beispielhaft zeigen soll. Da es in Gor'kijs Absicht lag, in die Form des biographischen Romans ein umfassendes Zeitgemälde einzumontieren, mußte die Biographie, eigentlicher Gegenstand der Erzählung, Schaden nehmen: Sie reißt ab, setzt später in einem neuen Stadium wieder ein oder beschränkt sich teilweise sogar nur auf die Mitteilung von Tatsachen, ohne daß der Leser erfahren hätte, wie es zu ihnen gekommen ist (so etwa die Tatsache, daß der junge Il'ja Bolschewist geworden ist). Eine neue Einschätzung der Romane Gor'kijs, zu der in der Literaturkritik bisher nur wenige Ansatzpunkte vorhanden sind, dürfte jedoch den Blick von dem oft, aber nicht immer zu Recht kritisierten formalen Unterliegen des Autors auf die wuchtige, in sich geschlossene Darstellung des tragischen Verhältnisses lenken, das zwischen dem Individuum und einer Wirklichkeit besteht, die in ihrer Komplexität undurchschaubar geworden ist und den einzelnen im Staubwirbel der Geschichte zu Boden reißt, so, wie es dem alten Pëtr Artamonov am Schluß des Romans geschieht: Ohne begreifen zu können, daß seine Welt, der Kosmos seines Lebens, zerstört, die Revolution über ihn hinweggestampft ist und ihn auf den Müll der Geschichte geworfen hat, verlangt er, seinen Hunger zu stillen; seine Frau reicht ihm einen Brocken nassen Brotes: *»Das gibst du mir – für alles? Für all die Angst, für das ganze Leben?«* fragt er, und Gor'kij fährt fort: *»Er wog das Brot in der Hand, murmelte etwas vor sich hin und ahnte, daß etwas unerträglich, tödlich Kränkendes geschehen war.«*

M.Gru.

AUSGABEN: Moskau 1925. – Moskau 1948 [m. Aufsatz v. L. Plotkin]. – Moskau 1973 (in *Poln. sobr. soč.*, Hg. L. Leonov, 25 Bde., 1968–1976, 18).

ÜBERSETZUNG: *Das Werk der Artamonows*, K. Brauner, Bln. 1927. – Dass., ders. (in *AW*, Bd. 2, Wien 1946). – Dass., ders., Düsseldorf 1957; ern. Bln. 1963. – Dass., ders. (in *Foma Gordejew. Eine Beichte. Das Werk der Artamonovs*, Mchn. 1976; Nachw. H. Imendörffer).

VERFILMUNG: SU 1941 (Regie: G. Rošal').

LITERATUR: V. A. Maksimova, *Iz tvorč. istorii romana »Delo Artamonovych«* (in Gor'kovskie čtenija 1947/48, Moskau 1949, S. 144–170). – A. Mjasnikov, *»Delo Artamonovych«* (in A.M., *M. G.*, Moskau 1953, S. 478–488). – K. K. Buchmejer, *»Delo Artamonovych« M. G.*, Diss. Leningrad 1954. – S. Kastorskij, *Povest' M. G. »Delo Artamonovych«* (in Voprosy sovetskoj literatury, 1961, 9, S. 7–81). – S. Zweig, *»Das Werk der Artamonovs«* (in *Mit der Menschheit auf du und du*, Hg. R. Schröder, Bln. 1968, S. 191–196). – V. Lazerev, *Roman M. G. »Delo Artamonovych« v zarubežnoj pečati i kritike 20-ch godov* (in *Idejno-stilovoe mnogoobrazie sovetskoj literatury*, Moskau 1982, S. 160–193).

EMEL'JAN PIL'AJ

(russ.; *Ü: Jemeljan Piljaj*). Erzählung von Maksim
GOR'KIJ, erschienen 1893. – Emel'jan, der heimat-
lose Gefährte des vagabundierenden Erzählers, ist
ein dem Alkohol verfallener Landstreicher und Gelegenheitsarbeiter, der von der Vorstellung besessen ist, einmal in seinem Leben viel Geld besitzen
zu müssen. Da im alten Rußland aber nur der satt
und reich wird, der über genügend Skrupellosigkeit verfügt, gibt sich Emel'jan brutal und läßt
durchblicken, daß er bei Gelegenheit unbedingt
einen Raubmord begehen werde. In einer schwachen Stunde jedoch erzählt er dem Autor eine
merkwürdige Geschichte, die ein ganz anderes
Licht auf den angeblichen zukünftigen Mörder
wirft: Vor Jahren lauerte Emel'jan nachts an einer
Brücke einem reichen Händler auf, bei dem er viel
Geld vermutete. Er war in dieser Nacht *»so voller
Wut, daß es für zehn Kaufleute gelangt hätte …
Bums, eins über den Schädel – und basta«*. Doch aus
dem Raubmord wurde nichts: Plötzlich stand ein
weinendes Mädchen auf der Brücke, das sich in den
Fluß stürzen wollte. Zum erstenmal in seinem Leben fühlte Emel'jan bei diesem Anblick Mitleid mit
einem Menschen und das Bedürfnis, Trost zu spenden. Anstatt zu morden, rettete er in dieser Nacht
ein Leben, und fortan bewahrte ihn die Erinnerung
an das Mädchen vor der Versuchung, aus Geldgier
ein Verbrechen zu begehen.

Unter den vielen, fast immer auf eigenes Erleben zurückgehenden Landstreichererzählungen
Gor'kijs ist *Emel'jan Pil'aj* eine der ersten. In ihr
finden sich – wie z. B. auch im *Čelkaš* – noch Reminiszenzen an Gor'kijs erste, romantisch-patheti-
sche Schaffensperiode (Naturhymnik, lyrische Erzählweise, mit Adjektiven überladene Sätze), doch
hat der Erzähler hier schon ein objektiveres Verhältnis zu seinem Stoff gefunden. Er identifiziert
sich nicht mehr mit seinem Helden, sondern analysiert ihn als eine typische Erscheinung seiner Zeit:
Emel'jan ist – wie alle anderen *bosjaki* (»Schwarz-
füßler«, Vagabunden) – eine *»Spielart von Mensch«*,
der *»weit entfernt davon, dumm zu sein«*, unter den
*»Halbmenschen oder Halbtieren, den Bösewichten,
den Ausgehungerten und vom Geschick Verworfenen«*
lebt und allein schon durch seine Existenz gegen die
Scheinordnung der bürgerlichen Gesellschaft protestiert. Damit war für die russische Literatur ein
neuer Typ des Helden entdeckt, der, wie ČECHOV
einmal sagte, *»nicht für das Sektierertum, nicht für
das Vagabundenleben, nicht für die Seßhaftigkeit,
sondern ganz einfach für die Revolution«* geschaffen
war. M.Gru.

AUSGABEN: Moskau 1893 (in *Russkie vedomosti*).
– Moskau 1968 (in *Poln. sobr. soč.*, Hg. L. Leonov,
25 Bde., 1968–1976, 1; krit.). – Moskau 1983 (in
Rasskazy).

ÜBERSETZUNGEN: *Jemeljan Piljaj*, A. Scholz (in
Ausgewählte Erzählungen, Bd. 4, Bln. 1901). –
Dass., F. Bertuch (in *Malwa*, Lpzg. 1919; RUB). –

Jemeljan Pilay, B. v. Lossberg (in *Meistererzählun-
gen*, Mchn. 1956). – Dass., A. Luther (in *GW*,
Bd. 1, Bln./Weimar 1973). – Dass., H. Delio (in
Erzählungen, Mchn. 1988; zweisprachig).

MOTHER

(engl.; *Ü: Die Mutter*). Roman von Maksim
GOR'KIJ, erschienen 1906/07 in englischer Sprache
in der Zeitschrift ›Appleton's Magazine‹ (Philadelphia), als Buch 1907; Vorarbeiten zu diesem
»Buch über die Arbeiter« (Gor'kij) reichen bis in das
Jahr 1903 zurück, vollendet wurde das Werk 1906
in den USA und in Italien, wo sich der Autor aufhielt, als er nach der Revolution von 1905 Rußland
hatte verlassen müssen. Die erste russische Ausgabe
erschien 1907 in Berlin, in Rußland konnte der
Roman, zunächst verboten, erst 1917 publiziert
werden.

An zwei miteinander verflochtenen Lebensläufen,
dem der Mutter *(mat')* Pelageja Vlasov und dem
ihres Sohnes Pavel, wird die Bewußtseinsentwicklung der russischen Arbeiterschaft verfolgt und ein
Ausblick auf die proletarische Revolution gegeben.
Wie alle Arbeiterfamilien führen die Vlasovs ein
Leben in Elend und Armut, überzeugt von der Un-
abänderlichkeit des Schicksals, das ihnen nur härteste Arbeit und einen stumpfsinnigen Alltag beschert. Die wachsende Unzufriedenheit mit ihrem
sinnlosen Dasein versetzt die Arbeiter in einen Zustand bösartiger Gereiztheit; die Folgen sind
Schlägereien, grundlose Streitereien, gehässige
Grausamkeiten und chronische Trunksucht. Nicht
anders als betrunken kennt die bigotte und ver-
schüchterte Pelageja ihren Mann Michail, der sie
täglich schlägt und beschimpft, nur um seine grenzenlose Wut auf das Leben abzureagieren. Nach
dem frühen Tod ihres Mannes merkt die Mutter
entsetzt, daß ihr bisher ruhiger Sohn Pavel die gleichen Lebensgewohnheiten annimmt wie sein Vater
und alle anderen Arbeiter. Ein neues Rätsel aber ergibt sich für sie, als Pavel das Trinken plötzlich wieder aufgibt und abends über Büchern und Zeitschriften sitzt, die sie noch nie gesehen hat. Auch
der Freundeskreis Pavels hat sich geändert: Es sind
junge, zumeist in der Stadt fremde Arbeiter, die
sich Sozialisten nennen und sich um einen erfahrenen Funktionär scharen, der den Auftrag hat, die
Revolution in der Industriestadt vorzubereiten.
Pavel wird einer der Eifrigsten in dieser illegalen
Organisation, deren Mitglieder sich nun regelmäßig in der Wohnung der Vlasovs treffen. Die Reden, die hier gehalten werden, lassen die Mutter
ängstlich für das Seelenheil ihres Sohnes beten. Allmählich aber reift auch in ihr die Überzeugung, daß
die Arbeiter Anspruch auf ein menschenwürdiges
Leben haben und daß Beten allein die Welt nicht
verändert. Sie begreift zwar die sozialistische Ideologie noch nicht, ist aber schon wenig später bereit,
die Revolutionäre zu unterstützen: Als Pavel zusammen mit seinen Freunden verhaftet wird, ist sie
es, die – nicht allein aus Sorge um ihr Kind – die

aufrührerischen Flugblätter weiterhin in der Fabrik verteilt, um den Verdacht von den Verhafteten abzulenken. Immer mehr wächst sie in die Arbeit des revolutionären Zirkels hinein, überwindet ihre Furcht vor Gott und der Obrigkeit und wird schließlich eine überzeugte Rebellin, die, als Pavel während einer Maidemonstration zum zweiten Mal festgenommen wird, die rote Fahne aus der Hand ihres Sohnes nimmt und sie an der Spitze der Arbeiter weiterträgt. Pavel wird verurteilt, entwickelt aber in seiner Verteidigungsrede die Aufgaben und Ziele der proletarischen Revolution mit so klaren und eindringlichen Worten, daß seine Mutter, die ihm im Gerichtssaal gebannt zuhört, jetzt ganz bewußt das Erbe ihres Sohnes antritt und fortan, gleichsam als lebendes Symbol der Revolution, von Stadt zu Stadt reist, um allen Menschen Pavels Lehre zu verkünden, bis sie schließlich selbst – von einem Spitzel verraten – verhaftet wird.

Dieser Roman, zu dem Gor'kij durch das revolutionäre Geschehen der Jahre 1901/02 in der Arbeitervorstadt von Nižni Novgorod (heute Gor'kij) angeregt worden war, wurde zum klassischen Musterbeispiel des Sozialistischen Realismus: Beherrschendes Thema der Handlung ist die Arbeiterbewegung in ihrer revolutionären Entwicklung; die positiven Helden verkörpern symbolisch den künftigen Sieg des Sozialismus; die realistische Darstellung des Sujets wird von einem *»heroischen Optimismus«* (Stender-Petersen) getragen, der allen arbeitenden Menschen ein neues, glückliches Leben unter der Fahne des Sozialismus verheißt. – *Die Mutter* ist Gor'kijs einziger Roman, der, straff komponiert, von einer ausgezirkelten architektonischen Struktur zusammengehalten wird. Seinen Titel trägt das Werk zu Recht, da es dem Autor – dank einer kunstvollen Perspektivengestaltung – gelungen ist, die Person der Mutter, sei es als Beobachterin oder als Trägerin der Handlung, ständig im Mittelpunkt des Geschehens zu halten.

Bertolt BRECHTs Dramatisierung des Romans (*Die Mutter, Leben der Revolutionärin Pelagea Wlassowa aus Twer*), entstanden 1930/31 unter Verwendung einer Dramatisierung von G. STARK und G. WEISENBORN (Uraufführung: Berlin, 31. 1. 1932, Komödienhaus), verlagert die Handlung in die Jahre um 1905–1917. In einer chronikartigen Folge von 14 Szenen führt Brecht die Wandlung der Pelagea Wlassowa von einer unpolitischen, mit ihrem Schicksal hadernden Arbeiterfrau zu einer militanten Kommunistin als einen modellhaften Prozeß der Bewußtwerdung vor. *»Gorki erzählte, wie eine Arbeiterin zur Revolutionärin wurde. Brecht verfaßte in den letzten Jahren der Weimarer Republik [in Kenntnis der Oktoberrevolution von 1917] ein marxistisches Lehrstück über Eigentumsverhältnisse, Atheismus, Klassenkampf«* (H. Mayer). Die gealterte Pelagea Wlassowa, die nicht wie bei Gor'kij am Ende verhaftet wird, sondern – die rote Fahne tragend – in den Reihen der streikenden Arbeiter und meuternden Matrosen marschiert, resümiert in der Schlußszene: *»Als ich vor vielen Jahren mit Sorge sah, daß mein Sohn nicht mehr satt wurde, habe ich zuerst*

nur gejammert. Da änderte sich nichts... Jetzt stehen wir in einem Riesenstreik in den Munitionsfabriken und kämpfen um die Macht im Staate.« Als eine leicht belehrbare, rasch Lernende und das Gelernte sogleich Weitervermittelnde ist die Wlassowa als eine Figur konzipiert, an der sich die Bildung nicht eines Einzelbewußtseins, sondern von Klassenbewußtsein ablesen läßt. Daraus ergibt sich auch der eigenartige Stellenwert der *Mutter* innerhalb von Brechts dramatischem Schaffen. *»Im Stil der Lehrstücke geschrieben, aber Schauspieler erfordernd«* (Anmerkungen, vgl. *Die Maßnahme*), begründet *Die Mutter* zugleich die Reihe der Lebenschroniken (wie auch *Mutter Courage und ihre Kinder; Leben des Galilei*). Aus diesem Ineinandergreifen von Lehrstück und Lebensbericht hat sich wohl auch die Tatsache ergeben, daß die Wlassowa unter Brechts Monumentalfiguren (Galy Gay, Mutter Courage, Galilei) die einzige ganz und gar »positive« ist, die einzige, die zeigt, wie man es machen soll.   M.Gru.-K.N.

AUSGABEN: Philadelphia 1906 (in Appleton's Magazine; engl.). – NY 1907. – Bln. 1907 (*Mat'*; russ.). – Moskau 1917 (in *Sobr. soč.*, Bd. 15; vollst.; [2]1927). – Moskau 1970 (in *Poln. sobr. soč.*, Hg. L. Leonov, 25 Bde., 1968–1976, 8; krit.).

ÜBERSETZUNGEN: *Die Mutter. Sozialer Roman*, A. Heß, Bln. 1907. – Dass., ders. (in *GW*, Bd. 5, Bln. 1927). – Dass., ders., Hbg. 1963 (rororo). – Dass., ders. (in *Drei Menschen. Die Mutter*, Nachw. H. Imendörffer, Mchn. 1977).

DRAMATISIERUNGEN: B. Brecht u. G. Weisenborn, *Die Mutter* (Urauff.: Bln., 31. 1. 1932, Komödienhaus). – E. Polevickaja u. O. Vogel, *Die Mutter* (Urauff.: Wien, 23. 1. 1948).

VERFILMUNGEN: Rußland 1919 (Regie: A. Razumnyj). – SU 1926 (Regie: V. Pudovkin). – SU 1955 (Regie: M. Donskoj).

LITERATUR: L. Timofejew, *Über die Bedeutung des Romans »Die Mutter« von M. G.*, Bln. 1948. – B. Bursov, *»Mat'«* (in *M. G. i voprosy socialističeskogo realizma*, Moskau 1951). – A. Mjasnikov, *»Mat'« M. G.* (in *A.M.*, *M. G.*, Moskau 1953, S. 224–260). – S. V. Kastorskij, *Povest' M. G. »Mat'«, eë obšč. - politič. i lit. značenie*, Leningrad 1954. – V. Desnickij, *Istorič. značenie romana »Mat'«* (in *V.D.*, *A. M. G.*, Moskau 1959, S. 294–314). – O. I. Burmistrenko, *Jazyk i stil' romana M. G. »Mat'«*, Kiew 1961. – F. Mierau, *»Die Mutter« v. M. G. Das deutsche Leben eines großen russischen Romans* (in Der Deutschunterricht, 14, 1961, S. 339–348). – B. Bursov, *Roman M. G. »Mat'«*, Moskau/Leningrad 1962. – E. Tager, *O žanre i stile romana »Mat'«* (in Gor'kovskie čtenija 1959/60, Moskau 1962, S. 157–172). – B. Michajlovskij, *Izobraženie proletariata v literature vtoroj poloviny XIX-načala XX v. (k voprosu o novatorstve G. v romane »Mat'«)* (ebd., S. 125–156). –

R. Klüge, *M. G.s »Die Mutter«* (in *Der russische Roman*, Hg. B. Zelinsky, Düsseldorf 1979). – L. Kaufmann, *Roman A. M. G. »Mat'« i nemeckaja antifašistskaja literatura 30-40-ch godov* (in Gor'kovskie čtenija 1980: *Materialy k konferencii »A. M. G. i roman XX veka«*, Hg. I. Kuz'mičev, Gor'kij 1980). – R. Freeborn, *Proletarian Heroism and Intelligentsia Militancy* (in R. F., *The Russian Revolutionary Novel*, Cambridge 1982, S. 39–64). – M. Bryld, *M. G.s »Mat'«. Eine mythische Wanderung* (in Scando Slavica, 28, 1982, S. 27–50).

NA DNE

(russ.; *Ü: Nachtasyl. Szenen aus der Tiefe*). Drama in vier Akten von Maksim GOR'KIJ, Uraufführung: Moskau, 31. 12. 1902, Künstlertheater; deutsche Erstaufführung: Berlin, 23. 1. 1903, Kleines Theater. – Die Anregung zu seinem dramatischen Schaffen verdankt Gor'kij K. S. STANISLAVSKIJ, dem Begründer des Moskauer Künstlertheaters, mit dem er im Jahre 1900 im Hause A. P. ČECHOVS in Jalta zusammentraf. Der berühmte Regisseur bat den jungen Autor, ein Stück für das eben gegründete, bislang eng mit dem Schicksal der Dramen Čechovs verbundene Theater zu schreiben. *»Uns, die Initiatoren des jungen Theaters, mußte sogleich der Wunsch ergreifen, Gor'kij zur Abfassung eines Stükkes für dieses Theater zu bewegen«*, schreibt der literarische Berater des Künstlertheaters, der Schriftsteller Vl. I. NEMIROVIČ-DANČENKO, in seinen Erinnerungen. Auch Čechov unterstützte das Projekt. So entstand 1901 Gor'kijs Drama *Meščane*, 1902 *(Die Kleinbürger)*, das erste russische Theaterstück, das den kämpferischen, klassenbewußten Proletarier auf die Bühne bringt, und ein Jahr später das *Nachtasyl*, das Gor'kijs nachhaltigster Bühnenerfolg bleiben sollte. Gor'kij hatte seinem Stück zunächst den Titel *Nočležka (Nachtasyl)* gegeben, den vor allem der beispiellose Erfolg der deutschen Inszenierung Max Reinhardts (1903) bekannt gemacht hat. Dem Rat von Freunden folgend, änderte der Autor jedoch den Titel, der allzu offenkundig von den adelig-bürgerlichen Traditionen des russischen Theaters kündigt, in das literarischere *Na dne žizni (In den Niederungen des Lebens)*, das er schließlich zu *Na dne* verkürzte. Doch auch mit dem neuen Titel bleibt das Stück eine schroffe Absage an die russische Theatervergangenheit: Gehörte die Bühne bislang den Vertretern der gehobenen Stände, so sieht sich der Zuschauer in Gor'kijs Stück mit den untersten Schichten der zaristischen Gesellschaft konfrontiert. Die Bewohner eines schäbigen, von geldgierigen Kleinbürgern betriebenen Nachtasyls melden in Gor'kijs Drama nicht ihre Hoffnung auf Duldung, Mitleid oder Almosen, sondern ihr Recht auf ein menschenwürdiges Leben in einer gerechten Gesellschaftsordnung an. Diebe, Mörder, Trinker, Prostituierte, Landstreicher, in der Literatur bisher allenfalls als Randprodukt der menschlichen Gesellschaft geduldet, nehmen hier ihren Platz als »Helden«, ja als Verkörperung des eigentlichen menschlichen Lebens, ein.

Jeder der Asylbewohner bewahrt im Einerlei des ausweglosen Alltags der Halbwelt seine unverwechselbare Persönlichkeit. In jedem der divergierenden Schicksale sind objektiv-gesellschaftliche und subjektive, im individuellen Charakter angelegte Ursachen des Scheiterns eine einmalige Konstellation eingegangen. Da ist der namenlose, dem Alkohol verfallene Schauspieler, der Baron, der sein Erbe durchgebracht und Staatsgelder unterschlagen hat, der Schlosser Klešč, der seine Frau krank geprügelt hat und sie nun unter den teilnahmslosen Blicken der anderen eines qualvollen Todes sterben läßt, der Mützenmacher Bubnov, dessen Frau ihn mit dem Gesellen betrogen und um die Werkstatt gebracht hat, der 28jährige Pepel, der, als Sträflingskind von seiner Umwelt zum Dieb und Taugenichts gestempelt, in der Gesellschaft nicht Fuß fassen konnte. Jeder dieser Gescheiterten klammert sich mit dem Rest des verbliebenen Lebenswillens an die geringe Hoffnung auf ein Entrinnen aus dem erniedrigenden Asyldasein in ein besseres Leben, und jeder gibt dieser Hoffnung seine eigene Formulierung, die den Widerspruch zwischen der objektiven Lage der Betroffenen und ihrer Bewältigung in seinem Bewußtsein unverhüllt offenbart. Die Prostituierte Nastja flüchtet sich in die Traumwelt einer romantischen Liebe; Klešč träumt von einem nach bürgerlichen Ehrbegriffen geordneten Arbeiterleben, bis ihn das Begräbnis seiner Frau um sein letztes Werkzeug, das einzige Mittel der Rettung, bringt. – Genährt werden die verzweifelten Hoffnungen der Asylbewohner durch Luka, einen Landstreicher (»Pilger«) ohne Papiere, dessen Vergangenheit im dunkeln bleibt. Er verkörpert den aus dem Tolstojanertum geborenen Philanthropen, der die Menschen, unfähig, die Ursachen ihres Leidens in der Wirklichkeit zu beseitigen, in die trügerische Vorstellungswelt eines freien, harmonischen Lebens entrückt. Der sterbenden Anna gibt Luka den Glauben an ein besseres Jenseits, dem trunksüchtigen Schauspieler setzt er den Gedanken einer kostenlosen Entziehungskur in einem komfortablen Trinkerheim in den Kopf, dem jungen Pepel macht er Hoffnung auf ein neues Leben im wirtschaftlich aufstrebenden Sibirien.

Luka führt in die Wirklichkeit des Nachtasyls die gedankliche Problematik des Stückes ein, nämlich die Auseinandersetzung um die »Wahrheit«. Der aus christlicher Nächstenliebe erwachsenen, aber auf Täuschung über die objektiven Gegebenheiten beruhenden und daher zum Untergang führenden »Wahrheit« Lukas steht die illusionslose »Wahrheit« Bubnovs entgegen, der dazu rät, sich mit dem Unausweichlichen widerstandslos abzufinden und sich nicht in trügerische Phantastereien zu verlieren. Beide – wenn auch konträre – Haltungen laufen auf das gleiche hinaus: auf eine Flucht vor der Auseinandersetzung mit der Wirklichkeit, vor der praktischen Bewältigung ihrer widermenschlichen Gegebenheiten. Ihre Aufhebung finden beide

Standpunkte in den Gedanken des Arbeiters Satin über die einzigartige, schöpferische, weltverändernde Rolle des Menschen: »*Es ist alles im Menschen, alles für den Menschen!*« Vertritt Luka eine positive, doch unwirkliche, Bubnov eine wirkliche, doch negative Welt, so verbindet Satin die zukunftweisende Hoffnung auf ein menschlicheres Dasein mit der Forderung seiner praktischen Verwirklichung durch den Menschen. Die Aufmerksamkeit des Stückes gilt jedoch weniger der fortschrittlichen Haltung Satins als der Entlarvung der schädlichen, desorientierenden Gedanken Lukas. Pepel will auf Anraten Lukas nach Sibirien ziehen, um mit Nataša, der Schwester Vasilisas – der Asylbesitzerin –, ein neues Leben zu beginnen. Aus Eifersucht verbrüht Vasilisa, Pepels vormalige Geliebte, die ihn zum Mord an ihrem Mann anzustiften suchte, Nataša mit kochendem Wasser. Im Handgemenge erschlägt Pepel Vasilisas Mann. Von der Polizei festgenommen, verrät er Vasilisas Mordgedanken. Beide kommen ins Gefängnis. Nataša, die an ein Einvernehmen zwischen Pepel und Vasilisa glaubt, verläßt den Geliebten. Lukas Rat ist die Ursache des allgemeinen Unglücks, die Wirklichkeit stärker als seine menschenfreundlichen Trostversuche. Den Schauspieler, der seine verzweifelte Hoffnung auf Lukas Hilfe gegründet hat, treibt die Entlarvung der Versprechungen des »Pilgers« in den Freitod.

Gor'kij selbst war mit der Gestalt des Luka nicht zufrieden. Er erkannte, daß sie in ihrer menschlichen Güte, ja Selbstlosigkeit dem Zuschauer als positiv erscheinen und seine ganze Aufmerksamkeit auf sich konzentrieren konnte. In der Tat hat sich die bürgerliche Kritik bemüht, Luka zur Hauptfigur des Stückes zu machen, was ihr durch das Fehlen einer gleichgewichtigen positiven Gestalt nur erleichtert wurde. – Gor'kijs *Nachtasyl* ist alles andere als ein Handlungsdrama, sondern eher die dramatisierte Entwicklung eines Gedankengangs, die Diskussion einer abstrakten, allgemeinen Thematik: der Selbstbefreiung des Menschen. – Das Stück erzielte nicht nur auf den Bühnen einen ungeheuren Erfolg: Es wurde das meistgekaufte Buch, das bis dahin in Rußland erschienen war.

C.K.

AUSGABEN: Mchn. o. J. [1902]. – Petersburg 1903. – Letchworth 1966. – Moskau 1970 (in *Poln. sobr. soč.*, Hg. L. Leonov, 25 Bde., 1968–1976, 7; krit.).

ÜBERSETZUNGEN: *Nachtasyl. Szenen aus der Tiefe*, A. Scholz, Bln. 1903. – Dass., ders. (in *GW*, Bd. 8, Mchn. 1926). – Dass., ders. (in *Dramen*, Ffm. 1962). – Dass., W. Creutziger (in *GW*, Bd. 21, Bln./Weimar 1974). – Dass., ders. (in *Dramen*, Nachw. H. Imendörffer, Mchn. 1976).

VERTONUNG: F. Testi, *L'albergo dei poveri*, 1966.

VERFILMUNGEN: Rußland 1912 [Inszenierung des Petersburger Hoftheaters]. – *Nachtasyl*, Deutschland 1919 (Regie: R. Meinert). – *Les bas-fonds*,

Frankreich 1936 (Regie: J. Renoir). – SU 1952 (Regie: A. Frolov; Verfilmung d. Bühnenaufführung v. K. Stanislavskij). – *Donzoku*, Japan 1957 (Regie: Akira Kurosawa).

LITERATUR: A. Amfiteatrov, »*Na dne*« (in A. A., *Literaturnyi al'bom*, Petersburg 1904, S. 8–27). – J. Huneker, *M. G.s* »*Nachtasyl*« (in J. H., *Iconoclasts*, NY ²1908). – N. Èfros, »*Na dne*«. *P'esa M. G. v postanovke Moskovskogo Chudožestvennogo teatra*, Moskau 1923. – »*Na dne*« G.: *Materialy i issledovanija*, Hg. Ju. Juzovskij, Moskau/Leningrad 1940. – »*Na dne*«. *Materialy i issledovanija*, Hg. M. A. Grigor'ev, Moskau 1947. – H. Muchnic, *Circe's Swine: Plays by G. and O'Neill* (in CL, 1951, 3, S. 119–128). – B. A. Bjalik, *P'esa* »*Na dne*« *i russkaja dejstvitel'nost' načala 90-ch godov* (in Gor'kovskie čtenija 1949–1952, Moskau 1954, S. 157–198). – Ders., *Pervyj cikl.* »*Na dne*« *kak filosofskaja drama* (in B. B., *G. – dramaturg*, Moskau 1962, S. 52–109). – I. Stauche, *Zur Geschichte der Berliner* »*Nachtasyl*«-*Aufführungen* (in ZfSl, 9, 1964, 1, S. 118–121). – I. Juzovskij, »*Na dne*« *M. G. Idei i obrazy*, Moskau 1968. – V. Schultze, *Zur Problematik der Gestalt des Luka in M. G.s* »*Na dne*« (in ZslPh, 1977, 2, S. 298–319). – G. Kjetsaa, *Ambivalence in Attitude: The Character Luka in* »*The Lower Depths*« (in Russian Literature, 24, 1988, 4, S. 517–524).

PESNJA O BUREVESTNIKE

(russ.; *Ü: Das Lied vom Sturmvogel*). Prosastück von Maksim GOR'KIJ, erschienen 1901. – Das durchgehend in trochäischen Metren gehaltene Prosastück ist Teil einer von der zaristischen Zensur unterdrückten, umfangreichen satirischen »Phantasie« mit dem Titel *Vesennie melodii (Frühlingsmelodien)*, worin in allegorischer Form die gesellschaftlichen Klassen des Zarenreichs, die der russischen Arbeiterbewegung feindlich gegenüberstanden, verhöhnt werden. Gor'kij stellt die Gegner der Revolution als jeweils nach Charakter und Art differenzierte Vögel dar: Die Krähe steht für den konservativen Spießer, der Sperling für den geschwätzigen Liberalen, der Dompfaff für den selbstherrlichen Bürokraten etc. Den Frühling des allegorischen Titels, den Frühling der revolutionären Erneuerung Rußlands, verkünden die Lerche, Sonne und Freiheit besingend, und der Zeisig, der schließlich das flammend revolutionäre *Lied vom Sturmvogel* vorträgt.

Über dem grauen, vom Wind aufgewühlten Meer fliegt, »*einem schwarzen Blitz vergleichbar*«, der Sturmvogel zwischen finsterem Gewölk. Im drohenden Tosen der Elemente kündet sein Schrei das Nahen des reinigenden Sturms. Längst ist im Grollen des Donners und im Peitschen der Blitze die nahe Erschöpfung zu spüren: Noch vermag die Unwetter das Meer gegen die Felsen zu schmettern, doch seine Blitze verlöschen bereits in den unerschöpflichen Wasserfluten. Freude und die unerschütterliche Gewißheit des kommenden Sieges klingen im kühnen Schrei des Sturmvogels. Stolz, hoch oben in den Lüften, ruft er den klärenden Sturm herbei, den Erzfeind der furchtsam über den Fluten huschenden Möwen, der schwerfällig an das Wasser gebundenen Tauchenten und der dummen, feisten Pinguine: »*Und es ruft des Sieges Künder: Sturmwind, brause immer stärker!*«

Dem Unverständnis des zaristischen Zensors ist es zu verdanken, daß ausgerechnet dieser den revolutionären Sinn seiner allegorischen Aussage so deutlich offenbarende Teil der *Vesennie melodii* zur Veröffentlichung freigegeben wurde. Ohne Mühe erkannten Gor'kijs Leser in dem aufgewühlten Meer das auf seine revolutionäre Befreiung dringende russische Volk, in den Blitzen und Donnerschlägen der finsteren Wolken den verzweifelten Abwehrkampf der zaristischen Reaktion, in Pinguin, Tauchente und Möwe die klerikalen, kleinbürgerlichen und liberalen Kreise des russischen Bürgertums, in dem stolzen Sturmvogel aber den Revolutionär, die Avantgarde der russischen Arbeiterbewegung. Ehe die Reaktion ihren Irrtum einsah und die Zeitschrift, in der Gor'kijs Lied erschienen war, verbot, hatte das Werk eine ungeheure Verbreitung unter den revolutionären Massen gefunden. In Abschriften und hektographierten Kopien erreichte das Lied eine Auflage von mehreren Millionen Exemplaren. Es hatte, nach dem Urteil des Bolschewisten E. JAROSLAVSKIJ, »*keine geringere revolutionäre Wirkung als die Proklamationen einzelner revolutionärer Komitees der Parteiorganisation*«. Von Interesse ist der ausführliche Gebrauch, den LENIN in seinem Artikel *Pered burej*, 1906 *(Vor dem Sturm)*, von der Metaphorik und der allegorischen Ausdrucksweise des *Liedes* macht.

Daß die zaristische Zensur Gor'kijs *Lied* von seinem phantastischen Beiwerk isolierte, hat seiner künstlerischen Wirkung keinen Abbruch getan: Die komisch-satirische Allegorie der *Vesennie melodii* hätte im Gegenteil die konzentrierte Geschlossenheit des *Liedes* nur beeinträchtigen können. Gor'kij selbst hat sein *Lied* in allen späteren Ausgaben seiner Werke für sich allein veröffentlicht. Offen verrät die Metaphorik des *Liedes* ihre Verbundenheit mit der klassischen russischen Poesie des 19. Jh.s. Seine Worte über die Befriedigung im Kampf um ein menschenwürdiges Leben gehen zurück auf PUŠKINS geflügeltes Wort: »*Es liegt etwas Berauschendes im Kampf!*«, das Gor'kij (in leichter Entstellung des Wortlauts) des öfteren von seinen Erzählungen *Neprijatnost'*, 1895 *(Eine Unannehmlichkeit)*, und *Prochodimec*, 1898 *(Der Hochstapler)*, bis zu seinem Roman *Žizn' Klima Samgina*, 1927–1937 *(Das Leben des Klim Samgin)*, wiederholte. Die Verwandtschaft des Gesamtbilds, inhaltliche Anklänge im Detail und, unmittelbarer noch, der dreimalige Vergleich des Sturmvogels mit einem Dämon verknüpfen Gor'kijs *Lied* mit LERMONTOVS Poem *Demon*, 1856 *(Der Dämon)*. Inhaltlich stellt das *Lied vom Sturmvogel* einen Wendepunkt im Schaffen Gor'kijs dar. Zum erstenmal begnügt sich der Dichter nicht damit, allein die »*Befriedigung des Kampfes*« zu beschreiben, die er bereits in seiner *Pesnja o Sokole*, 1895 *(Das Lied vom Falken)*, besungen hatte. Ebenfalls zum erstenmal nennt er das Ziel der Bewegung – die Revolution – und bringt die historische Notwendigkeit des revolutionären Sieges zum Ausdruck. Die ersten Jahre des Jahrhunderts sind die Zeit, in der sich Gor'kij endgültig von allen nichtproletarischen, nichtmarxistischen Gedanken und Strömungen trennt. Das allmähliche Erstarken der russischen Arbeiterbewegung zwang den Autor zu einer Entscheidung, die seine zahlreichen Anhänger bei den *Narodniki* und den Liberalen bis hin zur bürgerlichen Reaktion mit bitteren Worten als »*Infektion durch den Marxismus*« (P. F. Jakubovskij) beklagten.   C.K.

AUSGABEN: Petersburg 1901 (in Žizn'). – Moskau 1970 (in *Poln. sobr. soč.*, Hg. L. Leonov, 25 Bde., 1968–1976, 6; krit.). – Moskau 1983 (in *Rasskazy*).

ÜBERSETZUNGEN: *Der Sturmvogel*, A. Scholz (in *Der Pilger*, Bln. 1901). – Dass., ders. (in *GW*, Bd. 2, Bln. 1924). – *Das Lied vom Sturmvogel*, B. v. Lossberg (in *Meistererzählungen*, Mchn. 1956). – *Der Sturmvogel*, B. Brecht (in *GW*, Bd. 2, Bln./ Weimar 1973). – Dass., ders. (in *Der Vagabund u. a. Erzählungen*, Mchn. 1974; Nachw. H. Imendörffer).

LITERATUR: L. Perl'mutter, *Jazyk i stil' »Pesni o Sokole« i »Pesni o Burevestnike«* (in Lit. učeba, 1937, S. 91–113). – A.D. Briggs, *G.'s »Burevestnik«: Problems of Definition and Origin* (in FMLS, 10, 1974, 2, S. 147–155).

ŽIZN' KLIMA SAMGINA. Sorok let

(russ.; *Ü: Das Leben des Klim Samgin. Vierzig Jahre*). »Romanchronik« von Maksim GOR'KIJ, erschienen 1927–1937. – Grundgedanke aller Pläne zu Gor'kijs letztem Werk, die bis zum Jahre 1905 zurückreichen und eine Reihe konzeptioneller Änderungen erfuhren, ist die Darstellung der »*Zerstörung der Persönlichkeit*«, des »*unaufhaltsamen Vorgangs der geistigen Verarmung des Menschen*« und der »*unvermeidlichen Einengung des Ichs*« in der kleinbürgerlichen russischen Intelligenz zur Zeit des beginnenden russischen Kapitalismus. Die Problematik, die Gor'kij auch in seinen Essays *Zametki o meščanstve*, 1905 *(Bemerkungen über das Kleinbürgertum)*, *Razrušenie ličnosti*, 1909 *(Die Zerstörung der Persönlichkeit)*, und *O meščanstve*, 1929 *(Über das Kleinbürgertum)*, behandelte, stellte den Autor vor die Aufgabe, einerseits chronikartig »*vierzig Jahre des russischen Lebens – von den achtziger Jahren bis 1918 – möglichst allseitig zu schildern*«, andererseits eine »*typische Gestalt*« des russischen kleinbürgerlichen Intellektuellen zu entwerfen. Zwischen beiden Polen bewegen sich die Entwürfe des Romans, wobei die wechselnde Titelgebung ihre Entwicklungsphasen verdeutlicht: Stand zunächst (unter dem Titel *Geschichte einer leeren Seele*) die typische Hauptgestalt im Mittelpunkt eines Romans, so trug die Gegenkonzeption, die (unter dem Titel *Vierzig Jahre*) vor allem die historischen Ereignisse berücksichtigte, Chronikcharakter. Die Endredaktion vereinigt beide Konzepte in Titel *(Das Leben des Klim Samgin. Vierzig Jahre)* und Gattungsbezeichnung (»Romanchronik«). Der größte Teil des unvollendeten vierten Buches ist aus weitgehend unfertigen, nachgelassenen Entwürfen zusammengestellt. Hieraus erklärt sich eine Reihe chronologischer Unstimmigkeiten, die zum Teil bis ins dritte Buch zurückreichen. Daß Gor'kij den Roman erst nach der Oktoberrevolution niederschrieb, geht auf eine Empfehlung Lenins zurück, der ihm riet, »*das Ende*« jener Wirklichkeit abzuwarten, die das Buch darstellen sollte.

Klim Samgin ist der jüngste Sohn eines wohlhabenden Provinzkaufmanns, in dessen Haus ohne praktische Folgen liberale und oppositionelle Gedanken diskutiert werden. Signalisiert der unübliche Vorname des Helden das »Außergewöhnliche«, das seine Eltern und später er selbst in ihm zu sehen trachten, so erinnert sein Familienname an russ. *sam* (selbst) und verweist damit auf die Egozentrik Samgins. Nach der Scheidung der Eltern bleibt Klim bei der Mutter, die den Pragmatiker Varavka heiratet, einen Ingenieur, der die Zukunft Rußlands in der umfassenden Industrialisierung erblickt. Klim entwickelt sich zu einem extremen Individualisten, der sich während eines Jurastudiums ein Repertoire zeitgenössischer Bildung aus Philosophie, Politik, Literatur und Ästhetik aneignet, um in Intellektuellenkreisen »mitreden« zu können und als »außergewöhnlicher« Mensch zu erscheinen. Unverbindlich kokettiert er mit allen Strömungen der Zeit, darunter auch mit der bolschewistischen Idee, während sich sein Bruder Dmitrij, ein Medizinstudent, unter dem Einfluß des Revolutionärs Stepan Kutuzov, dem Sohn eines armen Dorfmüllers, aktiv dem Marxismus zuwendet und in Arbeiterzirkeln agitiert. Klim wird Zeuge der bedeutendsten historischen Ereignisse der Zeit: der Katastrophe auf dem Chodynka-Feld, des Blutsonntags vom 9. Januar 1905, der Beerdigung des Bolschewiken Bauman, des Moskauer Dezemberaufstands, der Februar- und endlich der Oktoberrevolution. Immer versucht er, sich als passiver »*Beobachter des Lebens*« der gewandelten Situation anzupassen. Nach 1905 hält er Vorträge über die revolutionären Ereignisse. Sie tragen ihm eine kurze Festnahme ein, die er, da sie »*zum guten Ton gehört*«, mit Stolz erträgt. Er gibt sich als »*Revolutionär aus Pflichtgefühl*«, bleibt jedoch in Wahrheit völlig passiv, ein Kleinbürger, der seine geistigen Fähigkeiten dazu nutzt, seine wahre Meinung zu kaschieren und zugleich als »interessant« zu erscheinen. So wird er innerlich zu einer »*leeren Seele*«, der die »*allgemeine Idee*« fehlt, zu einem »Monument«, das auf die Bewegungen der Zeit regungslos herabschaut.
Auch in Beruf und Privatleben findet Klim keine

innere Bindung. Nachdem ihn seine erste Frau verlassen hat, zieht er sich in die Provinz zurück, um Marina Sotova, eine Bekannte aus der Studienzeit, zu heiraten. Äußerlich eine gebildete, schöne und angesehene Frau, ist Marina das Haupt einer »Sekte der Lebensanbeter«, welche ein extremes Beispiel kleinbürgerlicher Dekadenz darstellt. Samgin bereist Deutschland und Paris, erlebt das Elend des Volkes in Westrußland und – als Zivilbeamter – die Front, um endlich zu bemerken, »*daß ihm die Wirklichkeit immer feindlicher werde und ihn von sich stoße, ihn irgendwohin beiseite dränge und aus dem Leben streiche*«. Objektiv mehr und mehr zum Reaktionär geworden, empfindet er angesichts der revolutionären Ereignisse Lenin als »*persönlichen Feind*«. Nach der Oktoberrevolution, die er sich in gewohnter Weise als passiver Zuschauer »anzusehen« versucht, wird Klim wie eine »*Kakerlake*« zertreten.

Wesentliches kompositorisches und stilistisches Moment der Romanchronik ist die Darstellung der historischen Ereignisse der vier vorrevolutionären Jahrzehnte aus der verzerrten Perspektive des extremen Individualisten Samgin. Ohne direkten kommentierenden Eingriff des Autors wird die falsche Sicht des Helden in erster Linie durch die »*verborgene Satire*« (Lunačarskij) ausgeglichen: Sie besteht in der Spiegelung des Helden in charakterverwandten Doppelgängern, wobei die Kunst der Detailzeichnung die Charakteristika des »Samgintums« (das Wort dient in der russischen Umgangssprache zur verallgemeinernden Bezeichnung der Haltung des kleinbürgerlichen Intellektuellen) entlarvend hervortreten läßt. Die gleiche Aufgabe haben die Kontrastfiguren vor allem des bolschewistischen Lagers – Stepan Kutuzov, Elizaveta Spivak, Ljubov' Somova u. a. Allein die Gestalt des Helden wird psychologisch erschlossen. Alle anderen Figuren (in jedem Band nicht weniger als etwa fünfzig) sind allein durch ihr Äußeres und ihre Redeweise charakterisiert. Gesprächspassagen beherrschen weite Strecken des Romans. All dies behinderte anfänglich Wirkung und literarische Bewertung des Werks auch in der Sowjetunion, wo man dem Roman »*zu starke Reflexion*« und »*starre, unpsychologisch gezeichnete Charaktere*« vorwarf.

H. J. S.

Ausgaben: Bln. 1927–1931 (Bde. 1–3 in *Sobr. soč.*, Bde. 20–22). – Moskau 1937 (Bd. 4). – Moskau 1974–1976 (in *Poln. sobr. soč.*, Hg. L. Leonov, 25 Bde., 1968–1976, 21–25; krit.).

Übersetzungen: *Das Leben des Klim Samgin*, R. Selke, Bln. 1929 [1. Buch]. – *Klim Samgin*, H. Ruoff, Bln. 1952–1957, 4 Bde. [Nachw. R. Schröder]. – Dass., ders., 2 Bde., Bearb. E. Kosing, Mchn. 1980 [Nachw. H. Imendörffer].

Literatur: A. M. Jegolin u. a., *Unveröffentlichtes Material und Abhandlungen zum »Klim Samgin«*, Weimar 1954. – A. Lunačarskij, »*Klim Samgin*« (in Sowjetliteratur, 1958, 12, S. 110–120). – A. Sinjavskij, *O chudožestvennoj strukture romana »Žizn' Klima Samgina«* (in *Tvorčestvo M. G. i voprosy socialističeskogo realizma*, Hg. B. Michajlovskij, Moskau 1958, S. 132–174). – N. Žegalov, *Samginščina i dekadans* (in Voprosy literatury, 1958, 3, S. 3–30). – P. Strokov, *Ėpopeja M. G. »Žizn' Klima Samgina«*, Moskau 1962. – L. Ja. Reznikov, *Povest' M. G. »Žizn' Klima Samgina« Problemy žanra i stilja*, Petrozavodsk 1964. – I. Novič, *Chudožestvennoe zaveščenie G. »Žizn' Klima Samgina«*, Moskau 1965. – A. Ovarčenko, *Roman-ėpopeja M. G. »Žizn' Klima Samgina«*, Moskau 1965. – N. Žegalov, *Roman M. G. »Žizn' Klima Samgina« (Osnovye problemy i obrazy)*, Moskau 1965. – B. Val'be, *»Žizn' Klima Samgina« v svete istorii russkogo obščestvennoj mysli*, Moskau/Leningrad 1966. – R. Schröder, *G.s Erneuerung der Fausttradition*, Bln. 1971. – I. Vajnberg, *»Žizn' Klima Samgina« M. G. Istoriko-literaturnyi komentarij*, Moskau 1971. – H. Imendörffer, *Die perspektivische Struktur von G.s Roman »Žizn' Klima Samgina«*, Wiesbaden 1973 [m. Bibliogr.]. – I. Vajnberg, *Za gor'kovskoj strokoj: Real'nyj fakt i pravda isskustva v romane »Žizn' Klima Samgina«*, Moskau ²1976. – V. Polskalov, *Točka zrenija povestvovatelja v kompozicii »Žizn' Klima Samgina« M. G.* (in *M. G. i voprosy žanra i stilja*, Hg. I. Kuz'mičev, Gor'kij 1979). – Ders., *Sopostavlenie kak stiličeskij priëm v »Žizni Klima Samgina«* (in *M. G. i proza XX veka*, Gor'kij 1981). – V. Dorogaja, *Imja sučšestvitel'noe i naricatel'noe v sisteme imenovanija personaža: roman M. G. »Žizn' Klima Samgina«*, Diss. Leningrad 1985.

S. 81–86). – G. Ivanov, *Blok i G.* (in Vozroždenie, 1949, 6, S. 113–126). – L. I. Strachovskij, *Rycar' bez stracha i upreka* (ebd., 1951, 16, S. 162–170). – R. Poggioli, *The Poets of Russia 1890–1930*, Cambridge/Mass. 1960, S. 223–229. – S. K. Makovskij, *N. G. (1886–1921); un témoignage sur l'homme et sur le poète* (in Cahiers du Monde Russe et Soviétique, 3, 1962, 2). – G. Struve, *Tvorčeskij put' G.* (in N. G., *Sobr. soč.*, Bd. 2, Washington 1964, S. 5–40; auch in G. S., *O četerëch poėtach*, Ldn. 1981, S. 95–130). – M. Maline, *N. G.: Poète et critique acméiste*, Brüssel 1964. – S. Driver, *N. G.'s Early Dramatic Works* (in SEEJ, 12, 1969, 3, S. 326–347). – L. I. Strachovskij, *Craftsmen of the Word. Three Poets of Modern Russia: G., Akhmatova, Mandelstam*, Westport 1969. – E. D. Sampson, *N. G.: Toward a Reevaluation* (in Russian Review, 29, 1970, 3, S. 301–311). – N. E. Rusinko, *The Theme of War in the Works of G.* (in SEEJ, 22, 1977, 2, S. 201–213). – S. Fauchereau, *Où Pound et Eliot rencontrent G., Mandelstam et Achmatova* (in Europe, 5, 1979, S. 57–73). – E. D. Sampson, *N. G.*, Boston 1979. – *Gumilevskie čtenija* (in WSLA, 1982, 9, S. 377–429). – G. Nivat, *L'italie de Blok et celle de G.* (in RES, 54, 1982, S. 697–709). – *Gumilevskie čtenija (2 vypusk)*, Wien 1984 (WSLA, Sonderbd. 15). – *N. G. 1886–1986. Papers from the Gumilëv Centenary Symposium*, Hg. S. Graham, Berkeley/Calif. 1987. – I. Kravcova u. M. Ėl'zon, *Meždunarodnaja konferencii »N. G. i russkij Parnas«* (in Russkaja literatura, 1992, Nr. 1).

NIKOLAJ STEPANOVIČ GUMILËV

* 15.4.1886 Kronstadt
† 24.8.1921 Petrograd

LITERATUR ZUM AUTOR:
Bibliographien:
Istorija russkoj literatury konca XIX-načala XX veka. Bibliografičeskij ukazatel', Hg. K. D. Muratova, Moskau/Leningrad 1963, S. 222 f. – R. Loewenthal, *N. S. G. 1886–1921. Russian Poet and Writer: A Bibliography*, Rockville 1984.
Biographien:
G. Struve, *N. S. G. Žizn' i ličnost'* (in N. S. G., *Sobr. soč.*, Bd. 1, Washington 1962, S. 7–44; auch in G. S., *O četerëch poėtach*, Ldn. 1981, S. 45–82). – I. Odoevceva, *Na beregach Nevy*, Washington 1967. – *N. G. v vospominanijach sovremennikov*, Hg. V. Krejd, NY/Paris 1989.
Gesamtdarstellungen und Studien:
A. Levinsov, *G.* (in Sovremennye zapiski, 1922, 11, S. 309–315). – *N. G.* (in *Literaturnaja ėnciklopedija*, Hg. A. B. Lunačarskyj, Bd. 3, Moskau 1930,

DAS LYRISCHE WERK (russ.) von Nikolaj S. GUMILËV.

Nikolaj Gumilëv zählt zu den bedeutendsten Lyrikern des »silbernen Zeitalters« der russischen Dichtung. Er verfaßte rund 400 Gedichte, von denen zwei Drittel zu seinen Lebzeiten erschienen. Der relativ kleine Umfang seines lyrischen Œuvres ist durch den frühen Tod des Dichters (er wurde mit 35 Jahren als »Konterrevolutionär« hingerichtet) bedingt. Zu Beginn seiner Dichterlaufbahn stand er unter dem Einfluß der Symbolisten.

Seine frühesten veröffentlichten Gedichte (ab 1902) sowie sein Erstlingsband *Put' konkvistadorov*, 1905 *(Der Weg der Konquistadoren)*, sind von märchenhafter Phantastik und Motiven aus der russischen und nordischen Folklore *(Rusalka)* beherrscht. Die offensichtliche Abhängigkeit von A. BELYJs Farbensymbolik und der dekadenten Gedankenwelt veranlaßte Gumilëv, sich später von dieser »Jugendsünde« zu distanzieren. Das erste Kritikerlob brachten ihm die *Romantičeskie cvety*, 1908 *(Romantische Blüten)*, ein. Hier schlägt sich der Einfluß des Symbolisten V. BRJUSOV in der Vorliebe für die kurze Ballade *(Princessa – Die Prinzessin)* nieder. Bereits die ersten Sammlungen zeichnen sich durch eine vielfältige Metrik aus, die aber zu diesem Zeitpunkt noch nach konventionellen Mustern gestaltet ist.

Als Gumilëv 1908 nach seinem Studienjahr in Paris

nach St. Petersburg zurückkehrte, hatte er sich in literarischen Kreisen durch regelmäßige Gedichtveröffentlichungen bereits einen Namen gemacht. Mit *Žemčuga*, 1910 *(Perlen)*, gelang ihm der Durchbruch zu breiterer Bekanntheit. Richtungweisend sind die Themen des Abenteuers, der Suche und des Kampfes, die er in exotischen Balladen *(Putešestvie v Kitaj – Die Reise nach China)* sowie in Sujets aus der antiken Mythologie *(Voin Agamemnona – Agamemnons Krieger)* und dem Mittelalter *(Beatriče – Beatrice)* poetisch verarbeitete.

Die Krise der symbolistischen Bewegung um das Jahr 1910 bedeutete auch für Gumilëv das Ende einer Epoche. 1911 gründete er die »Dichterzunft« *(Cech poëtov)*, aus der die literarische Gruppierung des Akmeismus entstand (vgl. Artikel zu *Nasledie simvolizma i akmeizm*). In *Čužoe nebo*, 1912 *(Der fremde Himmel)*, sind die Landschaften seiner exotischen Gedichte nicht mehr rein imaginär, vielmehr sind sie durch eine neue Konkretheit gekennzeichnet *(Konstantinopol' – Konstantinopel)*, die mit der akmeistischen Theorie im Einklang steht. Gumilëvs Akmeismus richtet sich in seiner Verherrlichung der heroischen Zielstrebigkeit gegen den als weiblich-dekadent aufgefaßten Symbolismus. Diese Geisteshaltung durchdringt auch den orientalischen Sujetkreis, z. B. in *Palomnik (Der Pilger)*, wo die Geschichte der durch den Tod abgebrochenen Pilgerfahrt nach Mekka dazu dient, den Leitsatz Gumilëvs zu unterstreichen, daß derjenige erlöst wird, der alle Herausforderungen bis zur obersten Grenze seiner Kräfte zu bewältigen versucht. In *Čužoe nebo* entzieht sich Gumilëv dem Einfluß Brjusovs und findet seine eigene poetische Stimme, sein spezifisches lyrisches Ich. Eine Hinwendung zur Klarheit der Form und Schlichtheit der Thematik, die dem Stil seiner Frau A. Achmatova ähnelt, macht sich bemerkbar.

Die in *Čužoe nebo* ansetzende Entwicklung erreicht in *Kolčan*, 1916 *(Der Köcher)*, einen Höhepunkt. Die akmeistische Hinwendung zur materiellen Welt und zur kulturellen Tradition trifft auf Gumilëvs zunehmend intensive Beschäftigung mit der Religion und die romantische Gesinnung in der Tradition M. Lermontovs. Es entstehen Gedichte wie *Pjatistopnye jambi (Fünffüßige Jamben)*, in dem das Soldatenleben, die verlorene Liebe und der Weg zum christlichen Glauben alle im Bild eines vom Schiff gesichteten Klosters mit goldenen Kuppeln eindrucksvoll vereinigt werden, oder wie *Rim (Rom)*, wo die Legende von Romulus und Remus durch eine Anrede an die Wölfin, die sie aufzog, konkretisiert und auf das Wesen der wirklichen Stadt übertragen wird. Die Erfahrungen des Dichters als Freiwilliger im Ersten Weltkrieg, der in seinen Augen einem Mysterium des Geistes gleichkommt, finden hier ihren poetischen Ausdruck. Gumilëv will jedoch mit seiner vaterländischen Thematik keine politische Botschaft verkünden. In seiner poetisch verarbeiteten mystischen Einstellung zum Krieg weist Gumilëv Gemeinsamkeiten mit G. D'Annunzio, dem eine Ode in *Kolčan* gewidmet ist, und C. Péguy auf. Unter den

Kritikern vertrat V. Žirmunskij die Meinung, daß Gumilëv in den Kriegsgedichten seine eigene dichterische Sprache fand, während B. Ejchenbaum in der patriotischen Dichtung ein Übertönen der inneren dichterischen Stimme zu vernehmen glaubte. In *Kolčan* zeichnet sich eine Hinwendung zu akzentuierenden metrischen Schemen *(dol'nik)* ab, die neben Gumilëv von A. Blok, S. Esenin, M. Cvetaeva und Z. Gippius in das Standardrepertoire der russischen Lyrik eingeführt wurden.

Die zwischen 1915 und 1917 verfaßten Gedichte des Bandes *Kostër (Das Lagerfeuer)* leiten die Spätphase ein. Die früher eher eindimensional gestaltete Anbetung der geliebten Person wird nun in *Andrej Rublëv* dadurch gesteigert, daß das Antlitz der Geliebten, das Paradies und ein Werk des russischen Ikonenmalers A. Rublëv in eine komplexe Allegorie zusammengefaßt werden. In *Ja i vy (Ich und Sie)* (mit den prophetischen Zeilen »Ich werde nicht im Bett sterben / In Anwesenheit des Notars und des Arztes«) wird der heroische Tod thematisiert, nun aber metaphysisch umgedeutet (»Damit ich nicht in ein allen offenstehendes / Protestantisches, aufgeräumtes Paradies komme«). Die zunehmende Beschäftigung mit Rußland ist vielseitig und idealisierend – von der von Rasputin verkörperten »asiatischen« Kraft der Bauern *(mužik)* zur einfachen Heiligkeit des russischen Städtchens *(Gorodok – Die Kleinstadt)* und der legendären Vergangenheit *(Švecija – Schweden)*.

Gumilëvs Schaffen von 1918 bis zu seinem Tod ist in *Šatër (Das Zelt)* und *Ognennyj stolp (Die Feuersäule)* enthalten. Der Zyklus *Šatër* stellte zur Zeit der Veröffentlichung mit seiner ausschließlich afrikanischen Thematik ein Unikum in der russischen Literatur dar. In *Vstuplenie (Vorwort)*, wo Gumilëv die afrikanische Geschichte als die Offenbarung eines Evangeliums beschreibt, kommt seine religiöse Metaphysik deutlich zum Ausdruck. Gumilëv vertieft sich in den afrikanischen Kulturkreis, um sich dem Verlust des Gefühls für mystische Zusammenhänge im modernen Europa zu widersetzen, nicht etwa, um den Kontinent einem europäisch-kolonialistischen Weltbild unterzuordnen. Das von ihm mehrfach bereiste Afrika wird objektiv als Erdteil und gleichzeitig als eine Sphäre der subjektiven Imagination dargestellt. Aus dieser Kombination geht eine unerwartete Vielfalt der Perspektiven hervor. Ungewöhnlich, andererseits, ist die metrische Homogenität: Alle 16 Gedichte sind auf dem Anapäst aufgebaut.

Die Sammlung *Ognennyj stolp (Die Feuersäule)* wird einhellig als Gumilëvs Meisterwerk bezeichnet. In dem berühmten Gedicht *Zabludivšijsja tramvaj (Die verirrte Straßenbahn)* verwandelt sich eine Petrograder Straßenbahnfahrt auf surrealistische Weise in eine Reise nach Afrika und Asien. Die Geschichte einer verlorenen Liebe bildet den Rahmen für diese Fahrt, die – von Visionen des bolschewistischen Terrors begleitet – vor der »treuen Feste der Orthodoxie«, der Isaakskathedrale in Petrograd, endet. Das Kernstück der Sammlung bilden philosophische Gedichte, in denen die mystische

Reflexion ihr höchstes Niveau erreicht. In *Šestoe čuvstvo (Der sechste Sinn)* wird das Übersinnliche greifbar gemacht: »*Unter dem Skalpell der Natur und der Kunst, / Schreit unser Geist, wird unser Leib schwach, / Sie gebären ein Organ für den sechsten Sinn.*« Die ethisch-religiöse Vermittlerrolle des Dichters wird in *Moi čitateli (Meine Leser)* hervorgehoben: »*Dann werde ich sie lehren, sich zu erinnern, / Des ganzen grausamen, lieben Lebens, / (...) Und, wenn sie vor dem Antlitz Gottes erscheinen, / Mit einfachen und weisen Worten / ruhig Sein Gericht zu erwarten.*« Einige Kritiker sahen in dieser Stilisierung des Dichters als Prophet und Priester eine erneute Zuwendung zum Symbolismus – Gumilëv schlug hier einen Weg ein, für dessen Fortsetzung ihm keine Zeit mehr blieb.

Das alle Schaffensphasen beherrschende Prinzip der Sehnsucht nach dem Fernen und schwer Erreichbaren (Ju. Verchovskij nannte es das »*Pathos des Strebens*«) manifestiert sich in einer sich vertiefenden thematischen Entwicklung: von schillernder Exotik und phantastischen Ritterlegenden am Anfang über den heiligen Krieg in der Mittelphase bis zu den christlich-philosophischen Werken am Ende. Allgegenwärtig sind die romantischen Motive des Sterns und der Blume sowie die Farben Weiß und Blau, stellvertretend für das Ideelle.

In einer Epoche, in der die Futuristen die avantgardistischen Strömungen Westeuropas aktiv rezipierten und viele nach dem bolschewistischen Umsturz versuchten, ihre Dichtung dem neuen politischen Klima anzupassen, blieb Gumilëv seinen eher konservativen, ja aristokratischen Grundsätzen treu und setzte seine ästhetische Entwicklungslinie unbeirrt fort, ebenso wie er am Kulturleben seiner Heimatstadt Petersburg bis unmittelbar vor seiner Verhaftung intensiv teilnahm. Im Gegensatz zu den anderen großen Akmeisten, Achmatova und O. Mandel'štam, deren Fortwirken ihnen beträchtlichen Ruhm einbrachte, erschwerten die Umstände seines Todes sehr früh die Rezeption in der Sowjetunion. Erst Mitte der achtziger Jahre wurde das seit 1923 bestehende Veröffentlichungsverbot seiner Werke wieder aufgehoben. Während die russische Emigration ihn zu würdigen wußte, wurde er lange Zeit von der sowjetischen Kritik, soweit überhaupt erwähnt, als »*imperialistischer Dichter*« abgestempelt. Trotzdem haben Gumilëvs individueller Stil und Themenkreis die nachfolgenden Dichtergenerationen wesentlich beeinflußt.   H.Mey.

Ausgaben: *Put' konkvistadorov*, Petersburg 1905. – *Romantičeskie cvety*, Paris 1908. – *Žemčuga*, Moskau 1910. – *Čužoe nebo*, Petersburg 1912. – *Kolčan*, Petrograd 1916; ern. Bln. 1923 [Nachdr. Letchworth 1978]. – *Kostër*, Petrograd 1918; ern. Bln. u. a. 1922 [Nachdr. Letchworth 1978; Ann Arbor 1979]. – *Šatër*, Petrograd/Sebastopol 1921. – *Stichi*, Petrograd 1922. – *Ognennyj stolp*, Petrograd 1921; ern. Petrograd/Bln. 1922 [Nachdr. Letchworth 1978]. – *K sinej zvezde*, Bln. 1923 [Nachdr. Ann Arbor 1979]. – *Sobr. soč.*, Hg. V. Zavališin,

4 Bde., Regensburg 1947. – *Sobr. soč.*, Hg. G. Struve u. B. Filippov, 4 Bde., Washington 1962–1968. – *Neizdannoe i nesobrannoe*, Hg. M. Basker u. S. Graham, Paris 1986. – *Stichotvorenija i poėmy*, Leningrad 1988.

Übersetzung: *Ausgewählte Gedichte*, I. Wille, Bln. 1988.

Literatur: Ju. Verchovskij, *Put' poėta. O poėzii N. G.* (in Ju. V., *Sovremennaja literatura*, Leningrad 1925, S. 93–143). – E. D. Sampson, *Studies in the Poetic Technique of N. G.*, Diss. Harvard Univ. 1968. – Ders., »*In the Middle of the Journey of Life*«: *G.s Pillar of Fire* (in Russian Literature Triquarterly, 1971, 1, S. 282–296). – E. M. Thompson, *Some Structural Patterns in the Poetry of N. G.* (in WdS, 19–20, 1974/75, S. 337–348). – N. E. Rusinko, »*K sinej zvezde*«: *G.'s Love Poems* (in Russian Language Journal, 31, 1977, 109, S. 155–166). – I. Masing-Delic, *The Time-Space Structure as Allusion Pattern in G.'s* »*Zabludivšijsja tramvaj*« (in Essays in Poetics, 7, 1982, S. 62 f.). – F. Rosset, *The Alienated Persona in the Poetry of N. S. G.*, Diss. Yale Univ. 1983. – V. Senderov, »*Čto delat' nam s bessmertnymi stichami?*« *O poėzii N. G.* (in Russkaja mysl', 30. 9. 1988). – A. Achmatova, *Samyj nepročitannyj poėt. Zametki Anny Achmatovy o N. G.* (in Novyj mir, 1990, Nr. 5). – L. Vasilevskaja, *O priemach kommunikativnoj organizacii rannej liriki N. G.* (in Izvestija AN, Serija literatury i jazyka, 1993, Nr. 1).

NASLEDIE SIMVOLIZMA I AKMEIZM

(russ.; *Das Erbe des Symbolismus und der Akmeismus*). Literarisches Manifest von Nikolaj S. Gumilëv, erschienen 1913. – Im Zeichen der gesamteuropäischen Kunstrevolution um 1910, die in Rußland zur Ablösung des bis dahin die literarische Bühne beherrschenden Symbolismus führte, trat eine neue, allerdings zum Teil aus dem Symbolismus hervorgegangene Dichtergeneration dessen Erbe an.

Als erster sagte Michail A. Kuzmin (1872–1936) in seinem 1910 in der Zeitschrift ›Apollon‹ veröffentlichten Manifest des »*Clarismus*« (*O prekrasnoj jasnosti – Über die herrliche Klarheit*) dem Symbolismus mit seiner Vorliebe für das Nebulose und Mystisch-Okkulte den Kampf an. Statt dessen proklamiert der Autor, der die Literatur des 18. Jh.s höher schätzt als die Romantik und die wirklich existierende Rose dem Phantasieprodukt der »blauen Blume« vorzieht, eine Dichtung, die auf Hinwendung zur irdischen Realität, zu Klarheit, Logik, Genauigkeit (in Komposition und Syntax) und Adäquanz von Thematik und darstellender Form basieren soll (»*Liebt das Wort wie Flaubert, seid sparsam mit euren Mitteln und geizt mit Worten, seid genau und authentisch ...*«).

Daß ausgerechnet Brjusov, der Wortführer der ersten Generation russischer Symbolisten, in einem anläßlich dieses Manifests geschriebenen Brief (vom 20. März 1910) gesteht, er unterstütze die Sache des Clarismus mit ganzem Herzen, ist symptomatisch für den unaufhaltsamen Zerfall seiner eigenen Schule. – Ein Jahr nach Kuzmins richtungweisendem Artikel begründen N. S. Gumilëv und Sergej M. GORODECKIJ (1884–1967) – in bewußter Ablehnung der von den russischen Symbolisten (vor allem V. IVANOV und A. BELYJ) geschaffenen Vorstellung vom Dichter als Priester, Propheten und Theurgen – eine literarische Organisation, in deren Namen (*Cech poėtov* – Dichterzunft) bereits ausgedrückt werden sollte, daß man den Dichter nun ausschließlich als Handwerker, als einen, der seine poetische Technik beherrscht, anzusehen gewillt ist.

1912 schließlich – in dem Jahr, da die radikalen Moskauer Futuristen ihr erstes Manifest mit dem herausfordernden Titel *Eine Ohrfeige dem allgemeinen Geschmack* (*Poščečina obščestvennomu vkusu*) veröffentlichten – geht aus der Dichterzunft in Petersburg die Schule des Akmeismus hervor (abgeleitet von griech. *akmē*: Reife, Blütezeit; diese Bezeichnung, genau wie Adamismus, die der Symbolist V. Ivanov spöttisch für die neue Bewegung vorgeschlagen hatte, wurde von deren Wortführern in provokanter Absicht aufgegriffen), deren Begründer – Gumilëv und Gorodeckij – ihre Lyrik-Theorie in zwei gegen den Symbolismus gerichteten Manifesten (die beide 1913 in ›Apollon‹, dem Organ der neuen Schule, erschienen) darlegen: Das neue Ideal, so betont Gumilëv in *Nasledie simvolizma*, heißt Stofflichkeit, Abkehr von Mystik, Theosophie und Okkultismus und statt dessen Hinwendung zum Dinglichen, zur sinnlich wahrnehmbaren Realität der wirklichen Welt.

Dies alles läßt sich unter dem Begriff Adamismus subsumieren: »*eine männlich feste und klare Lebensanschauung*«, Unvoreingenommenheit, wie sie »*Adam am Schöpfungsmorgen*« auszeichnete (»*Als Adamisten sind wir ein wenig wie die Tiere des Waldes und möchten auf keinen Fall das, was an Tierischem in uns wohnt, mit Neurasthenie vertauschen*«). E. A. POE, BAUDELAIRE, VERLAINE, MALLARMÉ und MAETERLINCK, die Lehrmeister der russischen Symbolisten, sind den Akmeisten, die sich im Geiste von Th. GAUTIERS »*Art robuste seul l'éternité*« neue Vorbilder suchten (und sie vor allem in SHAKESPEARE, den französischen Parnassiens und den Dichtern der Pléiade fanden), fragwürdig geworden: »*Shakespeare*«, erklärt Gumilëv, »*hat uns das innere Leben des Menschen gezeigt, Rabelais den Körper und seine Freuden, ein Stadium physiologischer Weisheit. Villon hat uns von einem Leben erzählt, das letztlich in sich selbst keine Skrupel hat und doch alles kennt: Gott, Laster, Tod und Unsterblichkeit. Für dieses Leben fand Th. Gautier in der Kunst ein würdiges Gewand von makellosem Schnitt. Diese vier Momente zu einem zu verschmelzen, ist der Traum, der diejenigen verbindet, die sich selbst so kühn als Akmeisten bezeichnet haben.*«

In seinem gleichzeitig mit Gumilëvs Manifest erschienenen programmatischen Aufsatz *Nekotorye tečenija v sovremennoj russkoj poėzii (Einige Strö-*

mungen in der zeitgenössischen russischen Dichtung) stellt Gorodeckij, der zweite Theoretiker der neuen Schule (der sich allerdings 1915 als erster wieder vom Akmeismus abwandte, während die übrigen Mitglieder der Gilde, z. T. in der Emigration, den Akmeismus bis in die frühen zwanziger Jahre aufrechterhielten), die führenden akmeistischen Dichter (N. Gumilëv, M. ZENKEVIČ, V. NARBUT, A. ACHMATOVA) vor, die in ihrer Lyrik all die Postulate erfüllen, die der Akmeismus-Adamismus aufgestellt hat: Verständlichkeit; architektonisches Gleichgewicht, »*Kampf für diese klingende, farbige Welt mit ihren Formen, ihrer Schwere und ihrer Zeit, für unseren Planeten Erde*«, den der »*Symbolismus, indem er die Welt mit ›Entsprechungen‹ ausfüllte, letztes Endes in ein Phantom verwandelte*«; Annahme der Welt »*als Einheit von Schönem und Häßlichem*«; Erschließung eines neuen (exotischen, technisch-naturwissenschaftlichen, profanen) Wortschatzes und Verwendung von »*ausschließlich ›leidenschaftslosem Material*‹« (im Sinne Gautiers) für die Dichtung.

Und für »*äußerste Zurückhaltung*« plädierte 1919 auch der (in seiner poetischen Lexik und Semantik besonders avantgardistische) Dichter Osip Ė. MANDEL'ŠTAM (1892–1942), der in seinem Aufsatz *Utro akmeizma (Der Morgen des Akmeismus)* den Akmeismus zu einem durch harmonisches Gleichgewicht architektonisch-gemeißelter Formen bestimmten Neoklassizismus – unter bewußter Hervorhebung der »*verdichteten Realität*« des Logos, »*des Wortes an sich*« – weiterführte.

Der von Literarhistorikern immer wieder angestellte Vergleich der russischen Akmeisten mit den französischen Parnassiens und den Vertretern der L'art-pour-l'art-Bewegung des 19. Jh.s trifft schon deshalb nicht zu, weil die Parnassiens und L'art-pour-l'art-Dichter Vorläufer der französischen Symbolisten und der Dichter der *décadence* waren, während es sich bei den russischen Akmeisten um Nachfolger und Erben der Symbolisten und sog. Dekadenten handelt. Bei allem Aufbegehren gegen die ästhetischen Theorien des Symbolismus standen die Akmeisten zweifellos noch so sehr unter dem Einfluß ihrer (symbolistischen) Lehrer, daß der Akmeismus letzten Endes nur als »*ein Abkömmling des Symbolismus, sozusagen eine symbolistische Häresie*« (Erlich), anzusehen ist. Auch wenn die Akmeisten in vieler Hinsicht über die Symbolisten hinausgegangen sind, indem sie z. B. deren »*zu einem leblosen Idiom*« gewordene poetische Diktion »*von ihren Fesseln*« befreiten und an ihre Stelle »*eine neue, ungegliederte, ungeschlachte Sprache*« (Ėjchenbaum) setzten, blieben sie – als typisch evolutionäre Bewegung – doch »*innerhalb der Grenzen der gleichen poetischen Tradition und des gleichen gesellschaftlichen Systems*« (Erlich). Die eigentlich revolutionäre (da mit dem Bürgertum und seiner Weltanschauung radikal brechende) und folgenschwere Opposition erwuchs dem russischen Symbolismus erst von seiten der seit 1912 zusehends erstarkenden futuristischen Bewegung (vgl. *Poščečina obščestvennomu vkusu*).

D. Bu.

AUSGABEN: Moskau 1913 (in Apollon, H. 1). – Moskau 1929 (in *Literaturnye manifesty*, Hg. N. L. Brodskij u. a.). – Moskau 1962 (in *Russkaja literatura XX v. Chrestomatija*, Hg. N. A. Trifonov).

ÜBERSETZUNG: F. Hitzer (in Kürbiskern, 4, 1967, S. 16; Ausz.).

LITERATUR: V. Brjusov, *Akmeizm* (in Russkaja mysl'', 4, 1913). – L. I. Strakhovsky, *Craftsmen of the Word: Three Poets of Modern Russia*, Cambridge/Mass. 1949. – M. Arnautová, *Akméismus a nová večnost* (in Československá rusistika, 9, 1964, H. 1, S. 17–22). – A. Klimova, *Tri lica russkogo akmeizma: G., Achmatova, Mandel'štam*, Diss. NY Univ. 1973. – N. E. Rusinko, *G.'s Acmeism: Theory and Practice*, Diss. Brown Univ. 1976.

OTRAVLENNAJA TUNIKA

(russ.; *Die vergiftete Tunika*). Tragödie in fünf Akten von Nikolaj S. GUMILĖV, entstanden 1917/18, erschienen 1952. – Erste Nachrichten über Gumilёvs jahrelang verschollenes Werk drangen 1931 in die Presse, als das Manuskript, wohl illegal aus der Sowjetunion importiert, in Paris auftauchte. Danach blieb es wieder verschollen und wurde erst 1950 wieder aufgefunden.
Wie in Gumilёvs gesamter Dichtung und in seinen fünf früheren Theaterstücken, dominiert auch in *Otravlennaja tunika* die Frage nach den höchsten Möglichkeiten des Menschen. Diese sieht Gumilёv im schöpferischen Dienst an der Kunst und im heroischen Leben. Ihr Gleichgewicht würde zum Ideal der Weisheit führen, die das Böse ausschließt. Doch wird dieses Gleichgewicht fast nie erreicht, und so ist der Sieg des Bösen nur allzu gewiß. – Die Handlung könnte in die Jahre 533/34 verlegt werden. Sie spielt am Hofe des oströmischen Imperators Justinian (527–565) in Byzanz. Er selbst, seine Gemahlin Theodora und der arabische Dichter und Krieger Imra al-Kais (Imr) treten darin als historische, allerdings stark verzeichnete, Personen auf. Die Tochter Justinians Zoe und ihr Verlobter, der Kaiser von Trapezunt, sind frei erfunden; der Eunuch als Minister ist die verallgemeinerte Figur eines byzantinischen Höflings. Von irgendeiner Geschichtstreue in den Fakten oder Charakteren kann, was von Gumilёv sicherlich beabsichtigt wurde, keine Rede sein.
Imr kommt nach Byzanz und bittet um ein Heer, damit er sich an einem Volksstamm, der seinen Vater ermordete, rächen könne. Das eroberte Land und sein eigenes würden dann Byzanz hörig sein. Er trifft im Palast Zoe und – ohne zu wissen, wer sie ist – verliebt sich sofort in sie mit aller Glut des Orientalen. Auch sie, ein ganz junges, liebebedürftiges, unschuldiges Mädchen, vermag seiner Leidenschaft nicht zu widerstehen. Hier greift Theodora als das böse Prinzip ein. Sie haßt Zoe, in der sie die Verkörperung des alten römischen Adels

sieht, da sie doch selbst Plebejerin und ehemalige Prostitutierte ist. Zoe muß fallen. Geschickt schürt Theodora die Eifersucht zwischen dem Kaiser von Trapezunt, einem aufrechten, tapferen Heerführer, der Zoe hingebungsvoll liebt, und dem wilden Imr. Doch Zoe kann dem Araber und seinen blumigen Reden, die im Vergleich mit der schüchternen Verehrung des Kaisers um so leidenschaftlicher wirken, nicht widerstehen. Sie gibt sich Imr hin und versetzt damit dem Kaiser, dem sie ihre Untreue gesteht, den Todesstoß. Er begeht Selbstmord, indem er sich vom hohen Gerüst der im Bau befindlichen Kathedrale der heiligen Sophia stürzt. Justinian hatte in kalter staatsmännischer Berechnung die Absicht, den Kaiser gleich nach der von ihm selbst befohlenen Heirat mit Zoe zu töten; dazu schickte er ihm eine prächtige Tunika als Hochzeitsgeschenk nach, die jedoch vorher, durch Gifte präpariert, den Träger töten würde. So wäre Trapezunt an Byzanz gefallen. Als Justinian von Zoe erfährt, daß sie Imrs Geliebte sei, die ihm dies unter dem Eindruck der Nachricht vom Tod des Kaisers, als dessen Mörderin sie sich nicht ohne Grund fühlt, gesteht, ändert er in theokratischer Empörung seinen Sinn und schickt die Tunika Imr nach, der durch Theodoras Intrigen das gewünschte Heer bekam und zur Eroberung auszog. (Es gibt eine arabische Legende, die dieses Ende Imrs – vermutlich eine Reminiszenz an Herakles' Todesart – bestätigt, allerdings wäre die Tunika danach nicht von Justinian, sondern von seinem Nachfolger, Justin II., gesandt.) Zoe soll ihr Leben im Kloster beenden. Der Triumph Theodoras, der Sieg des Bösen, ist vollkommen. Voll Hohn vergleicht sie Zoe mit der vergifteten Tunika, die so zum Symbol wird: Wer sie berührt, ob nun Dichter oder Held, ist des Todes.
Die Tragödie folgt der klassizistischen Form nach französischem Vorbild. Die drei Einheiten (Zeit, Ort, Handlung) sind gewahrt; das entscheidende Ereignis, der Selbstmord des Kaisers, wird nicht gezeigt, sondern vom Eunuchen berichtet (eine dichterische Glanzleistung Gumilёvs). Statt des Alexandriners wählt der Dichter allerdings reimlose fünfhebige Jamben, die nur im Falle Imrs und seiner metaphernreichen Reden zuweilen durch den Reim aufgehoben werden. Der psychologisch sehr komplizierte Handlungsablauf wirkt durch seine unaufhaltsam drängende Geschwindigkeit nicht in allen Punkten überzeugend. Es ist anzunehmen, daß der Dichter manche Handlungsstränge überarbeitet hätte. Doch ist die Sprache Gumilёvs in ihrer Klarheit und Präzision so natürlich, so ungezwungen und gerade wegen ihrer Knappheit, die doch eine Fülle von Gefühlsnuancen trägt, künstlerisch so überzeugend, daß man die Tragödie zu den besten Leistungen des russischen Theaters rechnen kann.   V. S.

AUSGABEN: NY 1952 (in *Neizdannyj G.*). – Washington 1966 (in *Sobr. soč.*, Bd. 3; m. ausführl. Komm.).

VJAČESLAV IVANOVIČ IVANOV

* 28.2.1866 Moskau
† 16.7.1949 Rom

LITERATUR ZUM AUTOR:
Bibliographien:
*Istorija russkoj literatury konca XIX-načala XX veka.
Bibliografičeskij ukazatel'*, Hg. K. Muratova, Moskau/Leningrad 1963, S. 243–245. – P. Davidson,
V. I. A Reference Guide to Literature, NY 1995.
Gesamtdarstellungen und Studien:
S. Makovskij, *V. I. v Rossii* (in Novyj Žurnal, 1952,
30, S. 135–151). – Ders., *V. I. v ėmigracii* (ebd., 31,
S. 160–174). – Ders., *V. I.* (in S. M., *Portrety sovremennikov*, NY 1951, S. 269–310). – F. Stepun,
W. I. Der russische Europäer (in F. S., *Mystische
Weltschau. Fünf Gestalten des russischen Symbolismus*, Mchn. 1964, S. 201–278). – C. Tschöpl, *V. I.,
Dichtung und Dichtungstheorie*, Mchn. 1968 (Slavistische Beiträge, 30). – J. West, *Russian Symbolism. A Study of V. I. and the Russian Symbolist Aesthetic*, Ldn. 1970. – D. Dešart, *Einleitung* (in V. I.,
Sobr. soč., Bd. 1, Brüssel, 1971, S. 7–227). – A. Klimoff, *The Late Poetry of V. I.*, Diss. Yale Univ.
1974. – S. S. Averincev, *V. I.* (in V. I., *Stichotvorenija i poėmy*, Leningrad 1976). – J. Holthusen, *V. I.
als symbolischer Dichter und als russischer Kulturphilosoph*, Mchn. 1982. – P. Davidson, *V. I. and
Dante: Reflections of a Medieval Tradition in the Poetic Imagination of a Russian Symbolist*, Diss. Oxford 1983. – T. Malcovati, *V. I.: estetica e filosofia*,
Florenz 1983. – P. Mueller-Vollmer, *Dionysos Reborn: V. I.'s Theory of Symbolism*, Diss. Stanford
Univ. 1985. – *V. I. Poet, Critic and Philosopher*, Hg.
R. Jackson u. L. Nelson, New Haven 1986. –
P. Davidson, *The Poetic Imagination of V. I.*, Cambridge 1989. – A. Šiškin, *K istorii poėmy »Čelovek«
V. I.* (in Izvestija AN, Serija literatury i jazyka,
1992, Nr. 2). – I. Koreckaja, *Metafora »arki« v poėzii V. I.* (ebd.).

DAS LYRISCHE WERK (russ.) von Vjačeslav
I. IVANOV.
Der Theoretiker und Lyriker Vjačeslav I. Ivanov
gehört mit A. BLOK (1880–1921) und A. BELYJ
(1880–1934) zu den herausragenden Vertretern
der zweiten Symbolistengeneration in Rußland.
Seine altphilologische Ausbildung – u. a. bei
Th. MOMMSEN in Berlin – und seine Kenntnis der
alten Mythologien finden in seinem Werk Ausdruck. Dem von der ersten Symbolistengeneration
um A. BRJUSOV (1873–1924) geforderten Autonomieanspruch der Kunst setzte Ivanov einen
»weltanschaulichen Symbolismus« entgegen. Wie
seine Mitstreiter Blok und Belyj glaubte er an eine
hinter der wahrnehmbaren Welt verborgene höhere Wirklichkeit. Das Streben nach Erkenntnis die-

ser Wirklichkeit brachte er in der Formel »*a realibus
ad realiora*« zum Ausdruck. Den »idealistischen
Symbolismus« kennzeichnete er als subjektivistisch
und impressionistisch. Das Ziel des von Ivanov
theoretisch begründeten »realistischen Symbolismus« bestand dagegen in der objektiven Enthüllung der »inneren« Wahrheit der Dinge.
Die in seinen theoretischen Essays enthaltenen Ansichten kommen auch in Ivanovs Lyrik zum Ausdruck. Während eines mehrjährigen Auslandsaufenthaltes in Griechenland, Ägypten und Palästina
erschienen seine ersten Gedichtsammlungen,
Kormčie zvëzdy, 1903 *(Leitsterne)* und *Prozračnost'*, 1904 *(Durchsichtigkeit)*. Die Sprache dieser
Gedichte zeichnet sich durch reiches Pathos, archaisierenden Stil, ungewöhnliche Adjektivzusammensetzungen und oft schwer erschließbare Bilder
aus und brachte Ivanov daher den Vorwurf »*allzu
großer philologischer Künstlichkeit*« (A. Blok) ein.
Besonders *Kormčie zvëzdy* erweckt den Eindruck
großer Gelehrsamkeit: Einem Drittel der Gedichte
sind Motti von DOSTOEVSKIJ, PUŠKIN, OVID, DANTE, SCHILLER, GOETHE, NIETZSCHE u. v. a. vorangestellt; der Anhang enthält Übersetzungen und
erklärende Anmerkungen zu den mythologischen
Namen. Die Anordnung der Gedichte in Zyklen
unterstreicht die Bedeutung des formalen Aspektes. Thematisch überwiegen Naturbilder, die jedoch über sich hinaus auf einen höheren Zusammenhang weisen. Das Dionysische gilt Ivanov
nicht als Wiederbelebung antiker Mythologien,
sondern wird symbolisch als Zustand des Erlebens
in der Ekstase gedeutet (»*Und er tränkt und füllt
schäumend das Gefäß des Daseins / Und die goldenen
Blätter vergießen, halten ihn nicht, / Den unerschöpflich sprudelnden Willen*«). In *Prozračnost'* wird der
Eindruck der Gelehrsamkeit schwächer – es finden
sich nur zwei Motti und eine Anmerkung –, die Zusammenstellung in Zyklen indes wird beibehalten.
Der Titel weist auf die Funktion des Dichters, das
in den äußeren Erscheinungen verborgene Sein
sichtbar zu machen (»*Durchsichtigkeit! mache die
Gesichte des Lebens / Zu einem lächelnden Märchen /
Durchscheinend den Schleier der Maja!*«). – Die beiden ersten Gedichtbände fanden ihr Publikum nur
im begrenzten Kreis der Moskauer und Petersburger Symbolisten. Der zeitgenössische Kritiker PoJARKOV urteilte gar, daß »*der Autor der ›Kormčie
zvëzdy‹ und der ›Prozračnost'‹ nur für Auserwählte*«
sei.
Und so wurde seit 1905 Ivanovs Wohnung in
St. Petersburg zum Sammelpunkt dieser Auserwählten; die bis 1910 regelmäßigen Mittwochstreffen in seinem »Turm« wurden zum geistigen
Stelldichein der Intellektuellen der Stadt, und Ivanov avancierte zum Führer und Anreger der Petersburger Symbolisten. Die in diesem Zeitabschnitt
erschienene zweibändige Sammlung *Cor ardens*
(1909 u. 1911), die auch den bereits 1907 veröffentlichten Gedichtband *Ëros* enthält, behandelt
die aus den früheren Werken bekannten, um das
dichterische Weltbild kreisenden Grundthemen.
Manche Abschnitte, insbesondere im Zyklus *Pri-*

strastija (Vorlieben), wirken wie fortgesetzte Gespräche; unter den Angesprochenen finden sich die meisten der russischen Symbolisten. *Cor ardens* ist der verstorbenen zweiten Frau Ivanovs, Lidija Zinov'eva-Annibal, gewidmet. Ein Zyklus trägt die Überschrift *Ljubov' i smert' (Liebe und Tod)*. Die Gedichte sind jedoch keinesfalls von unmittelbaren Gefühlsäußerungen geprägt, sondern sie wirken stilisiert und überladen-prunkvoll. Ivanov behält die Distanz zur vorgeblichen Realität, die irdische Liebe sehnt sich nach der grenzenlosen und wahren Wirklichkeit (*»Ich weiß: hier ist die Liebe eine Blume des Kerkers, / Eine nächtliche Wanderin durch den dichten Wald der Berge; / Vergebens folgen wir blind ihr nach. / Eng ist der einzigen Liebe die irdische Begrenzung, / Und in eine andere Welt wächst sie aus dem Dunkel«*). Eine besondere Rolle spielt in *Cor ardens* die Rosensymbolik als Ausdruck der Liebe und des Leidens (vgl. den Zyklus *Rosarium*).

Der 1912 erschienene Gedichtband *Nežnaja tajna (Zartes Geheimnis)* schließt stilistisch an die vorausgegangenen Werke an. Erwähnenswert ist hier, wie schon in *Cor ardens*, die Vielzahl von Widmungsgedichten. Der gesamte Band ist Aleksandr Blok gewidmet. Im Vorwort geht Ivanov auf die Problematik von Form und Inhalt ein. Er sieht in der *»künstlerisch in sich geschlossenen Identität mit dem Inhalt ... die Qualität der Form ... als Maßstab des Dichterischen ...«* Die untrennbare Einheit von Form und Inhalt im Kunstwerk sei das Merkmal wahrer symbolistischer Kunst. Der Formbegriff wird somit auf das gesamte Kunstwerk ausgedehnt. Die bedeutungstragende Form wird selber zum Symbol und Mythos. In einem Aufsatz von 1948 bezeichnete Ivanov die äußere Form eines Werkes als *»Forma formata«*, die formschaffende Vorstellung, die dem Künstler vorschwebt, als *»Forma formans«*. Diese setzt er mit dem Inhalt gleich. Wenngleich Ivanov keine bestimmte Technik für den Symbolismus verbindlich machte, so fallen seine Vorlieben für klassische Formen wie die sapphische oder die alkäische Strophe und vor allem für die Sonettform auf.

1919/20 entstanden *Zimnie sonety (Wintersonette)*, in denen Leid, Kälte und Hunger den Kräften menschlicher Seele und Geistes entgegengesetzt werden. Die späteren Werke zeichnen sich durch eine größere Einfachheit aus, der manieristisch-ornamentale Stil ist abgeschwächt. Im postum erschienenen Sammelband *Svet večernij*, 1962 *(Abendlicht)*, sind die Zyklen *De profundis amavi* (1920), *Rimskie sonety*, 1942 *(Römische Sonette)*, und *Rimskij dnevnik*, 1944 *(Römisches Tagebuch)*, enthalten sowie bislang unveröffentlichte Werke in einer vom Dichter noch kurz vor seinem Tode durchgesehenen Zusammenstellung. 1939 erschien in Paris der Band *Čelovek (Der Mensch)*. – Die Tendenz zur vereinfachten Ausdrucksweise kann als Versuch Ivanovs gelten, seine beiden schwer zu vereinbarenden theoretischen Forderungen – nach Vermeidung der Alltagssprache durch den Dichter und nach der aktiven, mitschaffenden Rolle des Lesers – konkret zu realisieren. Der geschwundenen Bildfülle setzt Ivanov eine stärkere suggestive Klangwirkung und einen gestrafften Bewegungsablauf entgegen, was allerdings beim Übertragen aus dem Russischen ebenso schwierig zu vermitteln ist wie die verdunkelnde, mit Kirchenslavismen und archaisierenden Neologismen durchsetzte Sprache der frühen Gedichte.

Ivanov, der 1924 nach Italien ausgewandert und 1926 zum Katholizismus übergetreten war, vertrat zeitlebens einen Symbolismus, der über den Begriff einer zeit- und formgebundenen literarischen Strömung hinausging. Jede wahre Kunst war in seinen Augen symbolistisch, und er rechnete zu den Symbolisten so unterschiedliche Dichter wie AISCHYLOS, PINDAR, Goethe, LERMONTOV, TJUTČEV, Puškin, GOGOL', Dostoevskij und Dante. Ivanov sah im Begriff Symbolismus ein Prinzip dichterischen Schaffens, nicht einen literarhistorisch eingrenzbaren Dichterkreis. Seiner Überzeugung von der theurgischen Aufgabe des Dichters – für die hinter dem Wahrnehmbaren verborgene Realität eine Form zu schaffen und sie somit sichtbar zu machen – verlieh er sowohl in seinen theoretischen Schriften als auch in seiner Dichtung Ausdruck. (*»Und je spiegelgleicher der Kristall der Kunst / Das Erdenantlitz wiedergibt, / Desto deutlicher überrascht uns / In ihm ein anderes Leben, ein anderes Licht.«*) J.Bec.

AUSGABEN: *Kormčie zvězdy*, St. Petersburg 1903. – *Prozračnost'*, Moskau 1904. – *Éros*, St. Petersburg 1907. – *Cor ardens*, Moskau 1909 (Bd. 1); St. Petersburg 1911 (Bd. 2). – *Nežnaja tajna*, St. Petersburg 1912. – *Čelovek*, Paris 1939. – *Svet večernij*, Oxford 1962. – *Sobr. soč.*, Hg. D. Ivanova u. O. Dešart, 4 Bde., Brüssel 1971–1987.

DVE STICHII SOVREMENNOM SIMVOLIZME

(russ.; *Zwei Elemente des Symbolismus*). Essay von Vjačeslav I. IVANOV, erschienen 1909. – Dieser wichtige Aufsatz über den russischen Symbolismus, dessen bedeutendster Theoretiker der Autor war, sieht in der Geschichte symbolischer Kunst ein alternierendes Auf- und Absteigen zweier Ideale: des *»realistischen«* und des *»idealistischen«* Symbolismus, denen im ästhetischen Bereich etwa die von Gustav René HOCKE geprägten Begriffe *»asianisch«* und *»attizistisch«* entsprechen. Ivanov erläutert seine Auffassung zunächst ausführlich an Beispielen aus der bildenden Kunst: »realistisch« nennt er die Symbolik der die Schöpfung bejahenden frommen Kunst der Gotik, »idealistisch« die phantasmagorische Kunst der Renaissance.

Seine eigene Dichtung und die seiner symbolistischen Zeitgenossen (nicht jedoch den französischen Symbolismus) definiert der Autor als realistisch: Nach der Konzeption des russischen Symbolismus ist Dichten *»handwerklicher Dienst«* an den religiösen Ideen, Wiedergewinnung des Mythos. Aufgabe des Dichters ist es, *»durch das augustinische ›transcende ad ipsum‹ zur Losung ›a realibus* *ad realiora‹ vorzustoßen, das heißt, in der phänomenalen Wirklichkeit eine wirklichere Wirklichkeit zu erkennen, sie künstlerisch festzuhalten und in der Sprache zu einem ›ens realissimum‹ zu erheben«.* Kunst ist für Ivanov – wie D. S. MIRSKIJ zusammenfassend urteilt – ein *»mystischer, religiöser Akt … ein Aspekt der vollkommenen synkretistischen menschlichen Betätigung, der, von mystischen Worten beherrscht, nach religiösen Normen beurteilt werden sollte«.*

Die für Ivanovs essayistisches Schaffen charakteristische *»aristokratisch-pädagogische Darstellungsweise«* (Stepun) bedient sich einer archaisierenden Syntax und eines gesucht prächtigen, altertümlichen Vokabulars. Der Stil ist ornamental, ohne steif zu wirken. Jeder Satz des an kunstgeschichtlichem Beweismaterial reichen, doch den Tonfall der Gelehrsamkeit vermeidenden Texts erreicht eine Bedeutungsfülle und Konzentration, wie sie kaum je einem anderen Essayisten russischer Sprache gelungen ist. W.Sch.

AUSGABE: Petersburg 1909 (in *Po zvezdam. Stat'i i aforizmy*). – Brüssel 1974 (in *Sobr. soč.*, Hg. D. Ivanova u. O. Dešart, 4 Bde., 1971–1987, 2).

ÉLLINSKAJA RELIGIJA STRADAJUŠČEGO BOGA

(russ.; *Die hellenische Religion des leidenden Gottes*). Essay von Vjačeslav I. IVANOV, erschienen 1904. – Ivanovs berühmter Essay, den der Autor 1903 in der Pariser Hochschule für Gesellschaftswissenschaften vortrug, baut auf NIETZSCHES Dionysos-Entdeckung *(Die Geburt der Tragödie aus dem Geiste der Musik)* auf und stellt in erster Linie eine tiefgehende Analyse der hellenischen Orphik und der Mystik des dionysischen Opfers dar. Die Nietzsche weit übertreffende Gründlichkeit der Stoffbehandlung verrät den kundigen und gewissenhaften Gräzisten.

Geistesgeschichtlich bedeutsamer und für das Verständnis von Ivanovs Dichtung unumgänglich ist jedoch die religions- und kulturphilosophische Konzeption der Untersuchung, die u. a. interessante Beobachtungen über die Wesensähnlichkeit gewisser Symbole im Dionysos-Kult und in den *Evangelien* enthält. Ivanov billigt Nietzsche zu, den *»ästhetischen Wert des Dionysos-Phänomens«* richtig erkannt zu haben, doch kritisiert er: *»Die leidende Seele des dionysischen Menschen stand ihm offen, aber das Antlitz des leidenden Gottes blieb ihm unsichtbar.«* Ivanov begreift diesen leidenden Gott der Dionysos-Mysterien als eine *»Hypostase* [Erscheinungsform] *des Sohnes«*, die Religion des Dionysos als *»eine Flur, die einer Befruchtung durch das Christentum harrte«.* Dies bedeutet allerdings keine Gleichsetzung von Dionysos und Christus (wie D. S. MIRSKIJ fälschlich behauptet); das Leiden des griechischen Gottes ist in einem durchaus anderen als dem christlichen Sinn schicksalhafte Notwendigkeit, so wie Ivanov es wenig später in seinem *Tantal' (Tantalos)* dramatisch interpretierte. Wohl aber

strebt der Autor – in bewußtem Gegensatz zu Nietzsche – eine Synthese von Dionysos und Christus an, die sich mystisch vollzieht. In der dionysischen Ekstase erblickte Ivanov das »Wie«, die »Methode«, die allein schon durch ihr formales Sein zum »Was«, zu Christus, führt. Dionysos ist für Ivanov Symbol, Symbol im Sinne seines dichterischen Symbolismus und damit Schlüssel zu seiner gesamten Ästhetik: Kunst als theurgische Methode, als ein Weg, mit Gott in Verbindung zu treten. W.Sch.

AUSGABEN: Moskau 1904 (in Novyj put').

PEREPISKA IZ DVUCH UGLOV

(russ.; *Ü: Briefwechsel zwischen zwei Zimmerwinkeln*). Fiktive kulturphilosophische Korrespondenz von Vjačeslav I. IVANOV und Michail O. GERŠENZON (1869–1925), erschienen 1921. – Die eigenwillige Schrift, deren Bedeutung in Deutschland insbesondere E. R. CURTIUS hervorgehoben hat, entstand im Sommer 1920, als die beiden Autoren zufällig gemeinsam ein Zimmer in einem Moskauer Erholungsheim für Künstler bewohnten. Die beiden hochgebildeten Männer disputieren über die Frage, welche Rolle der Kultur bei der Erlangung des Absoluten zukomme. Geršenzon bedrückt die Last der in Jahrhunderten aufgetürmten geistigen Errungenschaften und erstarrten Wertsysteme: Er möchte sie abschütteln, um wieder unmittelbaren Erlebens und natürlicher, ursprünglicher Erfahrung fähig zu sein. Er ahnt die Möglichkeit einer persönlichen Freiheit, von der er jedoch keine klare Vorstellung gewinnen kann. Ivanov dagegen verteidigt die Tradition des Humanismus und der klassischen Kultur, die »Erinnerung«, die das Leben erst reich zu machen vermag. Das »Vergessen« der Werte, der Verlust des initiativen Charakters der Erinnerung bedeutet ihm Niedergang, Verfall, *décadence*. Will Geršenzon die Rückkehr zur Persönlichkeit durch den Abbau der Routine von Denken und Gewissen erreichen, so argumentiert der metaphysische Dialektiker Ivanov, daß das Einfache nicht durch Vergessen erlangt werden könne, sondern im Gegenteil durch Aufstieg und Kompliziertheit, durch den *»Feuertod im Geiste«.*

Der esoterische Disput mißt die Ideen ROUSSEAUS und NIETZSCHES an den revolutionären Ereignissen der Zeit. Er formuliert die drängenden Fragen der bürgerlichen Intelligenz vor dem Hintergrund der Oktoberrevolution und des russischen Bürgerkrieges: Wird das Proletariat die überkommenen Kulturwerte als das *»alte Wahre«* akzeptieren, oder wird es sie vom *»Dampfer der Gegenwart«* stoßen (Tabula-rasa-Theorie)?

In nachträglichen Ergänzungen des Briefwechsels (Schreiben an Charles DU BOS und A. PELLEGRINI) hat Ivanov, der 1926 zum Katholizismus konvertierte, seine Erinnerungs-Theorie ins Religiöse umgedeutet: Die großen Kulturen sind jeweils

Emanationen einer religiösen Idee. Die »*Lehrer des Vergessens*« sind ihm nun zugleich die »*Totengräber der Religion*«, die Gegner der Religion notwendig »*Bilderstürmer und Fälscher der Kultur*«.   R.La.

AUSGABE: Petrograd 1921 [Nachdr. Letchworth 1971]. – Brüssel 1979 (in *Sobr. soč.*, Hg. D. Ivanova u. O. Dešart, 4 Bde., 1971–1987, 3).

ÜBERSETZUNGEN: *Briefwechsel zwischen zwei Zimmerwinkeln*, anon. (in Die Kreatur, 1, 1926, Nr. 2). – Dass., N. v. Bubnoff, Ffm. 1946 [m. Vorw.]. – Dass., ders., Stg. 1948 [m. Nachw. u. Brief an Du Bos]. – Dass., ders., Wien 1949 [m. Brief an A. Pellegrini].

LITERATUR: G. V. Florovskij, *V mire iskanij i bluždanij*. »*Perepiska iz dvuch uglov*« *V. I.* (in Russkaja mysl', 1922, 4, S. 129–146; 1923, 3–5, S. 210–231). – R. Jackson, *I.'s Humanism: »A Correspondence from Two Corners*« (in *V. I. Poet, Critic and Philosopher*, Hg. ders. u. L. Nelson, New Haven 1986, S. 346–357).

VLADIMIR GALAKTIONOVIČGALAKTIONOVIŁ KOROLENKO

* 27.7.1853 Žitomir
† 25.12.1921 Poltava

LITERATUR ZUM AUTOR:
Bibliographien:
I. Bojko, *K. i Ukraina. Bibliogr. pokažčyk*, Kiew 1957. – *Istorija russkoj lit. konca XIX – načala XX veka. Bibliogr. ukazatel'*, Hg. K. Muratova, Moskau/Leningrad 1963, S. 256–271.
Biographien:
A. Dermann, *V. G. K.s Leben*, Bln. 1947. – *V. G. K. v vospominanijach sovremennikov*, Hg. T. Morozova, Moskau 1962. – *V. G. K. v gody revoljucii i graždanskoj vojny 1917–1921: biografičeskij chronik*, Hg. P. Negratov, Benson/Vermont 1985.
Gesamtdarstellungen und Studien:
P. D. Batjuškov, *K. kak čelovek i pisatel'*, Moskau 1922. – R. Grigor'ev, *K.*, Moskau 1925. – E. Häusler, *V. K. u. sein Werk*, Königsberg 1930. – A. V. Kotov, *V. G. K.*, Moskau 1957. – P. S. Kulik, *Sibirskie rasskazy V. G. K.*, Kiew 1961. – G. M. Mironov, *V. G. K.*, Moskau 1962. – N. V. Rostov, *V. G. K.*, Moskau 1965. – R. Hastie, *V. G. K. The Writer and the Liberation Movement 1852–1907*, Diss. Washington 1972 [enth. Bibliogr.]. – G. Gibson, *K. and His Short Stories*, Diss. Vanderbilt 1975 [enth. Bibliogr.]. – M. Comtet, *V. G. K. L'homme et l'œuvre*, 2 Bde., Paris 1975 [enth. Bibliogr.]. – R. Garcia,

His Contemporary's Contemporary: the Making of V. K. as a Writer and Public Man 1853–1885, Diss. Stanford Univ. 1982. – G. Bjalyj, *V. G. K.*, Leningrad ²1983. – S. Linčevskaja, *L. N. Tolstoj i V. G. K. na rubeže XIX–XX stoletij. K probleme tipologii realizma*, Diss. Moskau 1985. – *Sibirskie stranicy v žizni i tvorčestve V. G. K.*, Hg. E. Kuklina, Novosibirsk 1987. – *V. G. K. Letopis' žizni i tvorčestva. 1917–1921*, Moskau 1990.

ISTORIJA MOEGO SOVREMENNIKA

(russ.; *Ü: Die Geschichte meines Zeitgenossen*). Autobiographisches Werk von Vladimir G. KOROLENKO, erschienen 1906–1921. – Das Werk ist, wie schon der Titel andeutet, keine Biographie im üblichen Sinn. Korolenko, Sohn eines – was hervorgehoben werden muß – unbestechlichen Landrichters, wurde auf dem Gymnasium nach der Schablone eines rückständigen Lehrplans erzogen, die er später als freiheitstrunkener Student und Bohemien gründlich zertrümmerte. Als bekennender »Volkstümler« kam er bald mit der Polizei in Konflikt und wurde nach Sibirien verbannt, wo er bis zu seiner Begnadigung als Landarbeiter lebte. In seinem Erinnerungswerk wollte er jedoch weder eine Konfession liefern noch ein Selbstporträt zeichnen, auch nicht die Geschichte seiner Zeit wiedergeben. Ihm ging es um »*die Geschichte einer Existenz in dieser Zeit*«, also einer Existenz, die den gesellschaftlichen Umschichtungsprozeß im Rußland der Jahre von 1853 bis 1881 (Epoche der Reformen Alexanders II., die mit der Ermordung des Zaren endete) und die ersten Jahre unter dem reaktionären Regime Alexanders III. mit ihren vielfältigen kulturellen, wirtschaftlichen und politischen Strömungen bewußt in ihrem Einfluß auf die eigene Entwicklung erlebte.
Die Geschichte des Freiheitskampfes der russischen Intelligenz ist also zugleich die Leidensgeschichte eines Menschen, der vom leidenschaftlichen Drang nach Wahrheit und Gerechtigkeit beseelt ist, sich aber für die Dauer keiner politischen und geistigen Norm unterwerfen kann, weil er keine andere Ordnung anerkennt als die, in der sich Schönheit und Gerechtigkeit zu einer harmonischen Einheit verbinden lassen. Die Objektivität dieses »Geschichtsschreibers«, der zugleich oder zuerst ein bedeutender Geschichtenschreiber ist, besteht darin, daß er nichts schildert, was »*ihm nicht wirklich begegnet ist, was er nicht empfunden und gesehen hat*«. Es ist dies eine Objektivität, die die künstlerische Gestaltung des Stoffs nicht verhindert; einzelne Kapitel – vor allem in den ersten zwei Bänden – gehören zu den bezauberndsten und ausgeformtesten Erzählungen Korolenkos. Obwohl die *Istorija* mit dem Jahr der Verbannung abbricht, ist die Erkenntnis der Wirkung zeitgenössischer Ereignisse auf die geistige Entwicklung der »Zeitgenossen« ähnlich bedeutsam wie Aleksandr I. GERCENS Erinnerungen *Byloe i dumy (Erlebtes und Gedachtes)* für die vorangegangene Phase

(1825–1847). Auch ein Vergleich mit Gor'kijs ähnlich angelegter autobiographischer Trilogie *Detstvo, V ljudjach, Moi universitety (Meine Kindheit, Unter fremden Menschen, Meine Universitäten)* liegt nahe, doch unterscheiden sich beide Werke grundsätzlich voneinander, nicht so sehr hinsichtlich der Form und künstlerischen Qualität als nach der geistigen Haltung und ihrer Sicht der Wirklichkeit. Korolenkos Äußerung gegenüber Gor'kij: »*Sozialismus ohne Idealismus ist mir unverständlich. Ich glaube nicht, daß man auf der Grundlage der Gemeinsamkeit der materiellen Interessen eine Ethik aufbauen kann*« macht diesen Unterschied deutlich, läßt aber zugleich auch erkennen, weshalb seinem Buch in Sowjetrußland keine große Zukunft beschieden sein konnte. M.Gru.

AUSGABEN: Moskau 1906 (in Russk. bogatstvo, Nr. 1, 2, 5 und 6; Ausz.). – Moskau 1909 (ebd.; enth. Bd. 1). – Moskau 1920/21 (in Golos Nimuvšago). – Moskau 1922, 2 Bde. – Moskau 1935, 4 Bde. – Moskau 1953–1956, 5 u. 6; krit. – Moskau 1965. – Moskau 1985, 2 Bde.

ÜBERSETZUNGEN: *Die Geschichte meines Zeitgenossen*, R. Luxemburg, 2 Bde., Bln. 1919. – Dass., dies. u. H. Asmissen, Bln. 1953. – Dass., dies., Zürich 1985.

LES ŠUMIT. Polesskaja legenda

(russ.; *Ü: Der Wald rauscht. Legende aus dem Poles'je*). Erzählung von Vladimir G. KOROLENKO, erschienen 1886. – Fünfundzwanzig Jahre nach der Aufhebung der Leibeigenschaft in Rußland geschrieben, ruft Korolenkos Erzählung scheinbar ohne Bezug auf die gesellschaftliche Wirklichkeit Rußlands die Erinnerung an die finstere Periode vor und nach 1861 wach. Mit Peitschenhieben war der Waldhüter Roman von seinem Herrn, einem unbarmherzigen Gutsbesitzer, gezwungen worden, Oksana, die leibeigene Geliebte des »großen Pan« (Herr), zu ehelichen und in seine einsame Waldhütte aufzunehmen. Nach kurzer Zeit gebiert Oksana das Kind, das sie im Leibe trägt, doch es stirbt bald nach der Geburt. Roman, der sich anfangs nur widerwillig mit der Anwesenheit Oksanas abgefunden hat, faßt mit der Zeit eine immer tiefere Zuneigung zu seiner Frau. Doch bald versucht der Gutsherr erneut, sich der Geliebten zu bemächtigen. Mit einem lärmenden Jagdgefolge erscheint er vor der Hütte Romans. Um die Nacht ungestört mit Oksana verbringen zu können, sucht er sich des Waldhüters zu entledigen: Er macht ihn zum Führer der Jagdgesellschaft, die er trotz des Unwetters ausschickt. Auf nur ihm bekannten Wegen kehrt Roman jedoch noch während der Jagd nach Hause zurück. Gemeinsam mit dem Kosaken Opanas, der Oksana liebt und sie seinerzeit zu heiraten hoffte, zerrt er seinen Peiniger aus der Hütte und tötet ihn samt seinem kriecherischen Kammerdiener im Wald. Opanas wird nun der Führer einer Kosakenschar, die in offenem Aufruhr die Besitzungen der umliegenden Gutsherren heimsucht. Häufig besucht er die Hütte Romans und Oksanas. Von Oksanas Enkeln, die jetzt im Försterhaus leben, ist einer Roman, der andere Opanas wie aus dem Gesicht geschnitten. – Diese Binnenerzählung ist in eine Rahmenhandlung eingebettet: Der Erzähler trifft in der Hütte im Wald nicht die beiden Waldhüter Zachar und Maksim (die Enkel Oksanas), sondern einen alten zur Familie gehörenden »Großvater« an. Der Greis erzählt vom »Herrn des Waldes«, der die Bäume in orkanartigen Stürmen rauschen lasse, und berichtet dann aus der Erinnerung, wie er selbst als elternloses Kind vom »großen Pan« in die Obhut des damaligen Waldhüters Roman gegeben wurde. Aus seiner Perspektive gesehen schließt sich nun der Bericht der Haupthandlung an, der damit endet, daß er seinerzeit den »Pan« erschossen im Unterholz gefunden habe und Roman danach noch lange Jahre unumschränkter »Herr des Waldes« gewesen sei.

Durch den Kunstgriff der Einführung dieses zweiten Erzählers distanziert sich der Erzähler der Rahmengeschichte von der Schilderung des Alten und wird gleichsam zum »objektiven« Nacherzähler. Der Autor macht reichlichen Gebrauch von der Technik des *skaz*, der spezifischen Brechung der Erzählung durch die individuellen und dialektbedingten Eigentümlichkeiten von Sprache und Stil des Sprechenden. – Obwohl Korolenko seiner Novelle einen fast lyrischen, legendenhaften Anstrich gab, ist dem durch den »äsopischen Stil« der demokratischen Literatur des 19. Jh.s geschulten zeitgenössischen Publikum der aktuelle politische Tenor der Novelle nicht entgangen. Die im Jahr nach Korolenkos Rückkehr aus sechsjähriger sibirischer Verbannung veröffentlichte Erzählung behandelt nicht nur die Zeit vor der formalen Befreiung der russischen Leibeigenen durch den Zaren, sondern auch die Situation des russischen Volkes in der Zeit danach und die – im Bild des drohend rauschenden Walds symbolisierte – bevorstehende, nunmehr tatsächliche Befreiung aus eigener Kraft. Der Autor verdeutlicht die Aktualität seines Vorwurfs, insbesondere der durch Roman und Opanas ausgeführten Befreiungstat, indem er das Leitmotiv der Binnenerzählung – den die Vorahnung der kommenden Revolution andeutenden Satz *»Der Wind rauscht im Walde, es wird einen Sturm geben«* – zum beherrschenden Motiv auch der in die Gegenwart verlegten Rahmenhandlung macht. C.K.

AUSGABEN: Petersburg 1886 (in Russkaja mysl'). – Moskau 1954 (in *Sobr. soč.*, Hg. S. V. Korolenko u. a., 10 Bde., 1953–1956, 2; krit.). – Moskau 1959 (in *Povesti i rasskazy*). – Moskau 1971 (in *Sobr. soč.*, 6 Bde., 2; krit.). – Moskau 1977 (in *Les šumit. Rasskazy*).

ÜBERSETZUNGEN: *Der Wald rauscht*, M. v. Petzold, Halle 1891. – Dass., J. Grünberg u. A. Luther (in *Der Wald rauscht u. andere Erzählungen*, Lpzg. 1952). – Dass., B. Goetz (in *Der Wald rauscht u.*

andere Erzählungen, Zürich 1954). – Dass., I. Mirus (in *Geschichten aus dem alten u. neuen Rußland*, Mchn. 1958).

SLEPOJ MUZYKANT

(russ.; *Ü: Der blinde Musiker*). Erzählung von Vladimir G. KOROLENKO, erschienen 1886, in überarbeiteter Fassung 1896. – Korolenkos umfangreiche »Studie« behandelt die körperliche und seelische Entwicklung des blinden, doch musikalisch hochbegabten Pëtr Popel'skij von der Geburt bis ins erste Mannesalter. Da die Eltern des Knaben, reiche ukrainische Gutsbesitzer, alle materiellen Sorgen von ihm fernhalten können, beschäftigt sich Pëtr über Gebühr mit seinem Gebrechen. Das leidenschaftliche Streben zum Licht beherrscht sein ganzes Wesen. Seine anfangs ausgeglichene seelische Entwicklung wird mehr und mehr durch Perioden von Melancholie und Reizbarkeit gestört, da er seine Existenz als sinnlos empfindet und sich für immer aus der Welt der Sehenden ausgeschlossen fühlt. Eine große Rolle in der Erziehung des Blinden spielt sein Onkel Maksim, ein Mitkämpfer Garibaldis, der ihn aus seiner passiven Erstarrung zu reißen sucht. Auf seinen Rat begibt sich Pëtr mit blinden Bettlern auf eine Pilgerfahrt, von der er seelisch geheilt zurückkehrt. Als ihm nach der Heirat mit seiner Jugendfreundin Evelina ein Sohn mit gesundem Augenlicht geboren wird, glaubt er für einen Augenblick selbst Licht zu sehen. Er stellt seine überragende musikalische Begabung, die aus der eingehenden Kenntnis der russischen Volksmusik schöpft, in den Dienst der Allgemeinheit. Das Werk schließt mit dem ersten Konzert des blinden Pianisten.

Korolenko, der mit dieser Erzählung die russische Literatur um ein neues Thema bereicherte, erhellt nicht nur mit feinem Verständnis die Psyche des Blinden, sondern er sucht hier überhaupt eine Antwort auf die Frage nach dem Sinn menschlichen Lebens und dem Wesen menschlichen Glücks zu geben. Der Drang zum Licht steht symbolisch für den Wunsch nach Glück. Korolenko bejaht die Frage, ob der Mensch nach Erkenntnissen streben kann, die außerhalb seiner unmittelbaren Erfahrung liegen. Seiner Auffassung nach birgt die menschliche Seele die natürliche Voraussetzung zum Glücklichsein. Scheinen dem Blinden zunächst unüberwindliche Schranken den Weg zum Glück zu versperren, so wird er geistig sehend, als er erkennt, daß echtes Glück nur innerhalb der sozialen Gemeinschaft zu finden ist. Im Bewußtsein, Menschen, die ärmer sind als er, durch seine Musik Glück schenken zu können, ist auch Popel'skij glücklich.   I. R.

AUSGABEN: Moskau 1886 (in Russkie vedomosti). – Moskau 1896 [überarb.]. – Moskau 1953 (in *Sobr. soč.*, Hg. S. V. Korolenko u. a., 10 Bde., 1953–1956, 2; krit.). – Moskau 1971 (in *Sobr. soč.*, 6 Bde., 1971, 2; krit.).

ÜBERSETZUNGEN: *Der blinde Musiker*, H. Rasel, Lpzg. 1891. – Dass., B. Goetz (in *Der Wald rauscht und andere Erzählungen*, Zürich 1954).

VERFILMUNG: SU 1961 (Regie: T. Lukaševič).

LITERATUR: D. N. Ovsjaniko-Kulikovskij, »*Slepoj muzykant*« (in D. N. O.-K., *Istorija russkoj intelligencii*, Tl. 3, Petersburg 1911, S. 25–44; *Sobr. soč.*, Bd. 9). – N. D. Michajlovskaja, *Problema ličnosti i naroda v povesti V. G. K. »Slepoj muzykant«* (in Izv. Voronežskogo ped. in-ta, 1956, 21, S. 85–106).

SON MAKARA

(russ.; *Makars Traum*). Erzählung von Vladimir G. KOROLENKO, erschienen 1885. – Korolenkos erste Veröffentlichung nach der Rückkehr aus der Verbannung begründete seinen literarischen Ruhm. Makar, ein armer jakutischer Bauer russischer Abstammung, träumt im Rausch davon, nach seinem Tod vor dem Stuhl des ewigen Richters über sein Leben Rechenschaft ablegen zu müssen. Über der Sorge um das tägliche Brot hat Makar in seinem Erdendasein versäumt, sich um sein Seelenheil zu kümmern. Nun soll er bestraft werden, da auf der Waage der Gerechtigkeit seine bösen Taten schwerer wiegen als die guten. Dank der Fürbitte des Gottessohnes darf er sich jedoch verteidigen. Makar hält das Urteil für ungerecht: Sein ganzes Leben hat er Ungerechtigkeit und Ausbeutung durch Kirche und Obrigkeit, dazu die extremen Belastungen durch die feindliche Natur ertragen, ohne jemals Freude oder Hilfe zu empfangen. Nur die Hoffnung auf ein besseres Leben ließ ihn seine Last ertragen. Nun soll auch diese Hoffnung zunichte werden. Makars Worte lassen die Waagschale mit seiner Sündenlast höher und höher steigen, bis der Herr Mitleid empfindet und Makar Gerechtigkeit widerfahren läßt.

Bereits in dieser frühen Erzählung ist Korolenkos Weltanschauung klar ausgesprochen: Seine Welt ist trotz allen Leids eine optimistische Welt. Der Mensch, von Natur aus gut, wird nur durch unwürdige Lebensbedingungen zu der elenden Kreatur erniedrigt, als die er auf Erden erscheint. Korolenko stand den »Narodniki« nahe und hat nicht allein in *Son Makara* einen armen Bauern zum Helden der Erzählung erhoben (vgl. *Les šumit – Der Wald rauscht*). Nie sind seine Erzählungen bloße Tendenzwerke, eher erläuternde Kommentare einer einmal ausgesprochenen Überzeugung. Unaufdringlich geben sie sein tiefes Mitgefühl mit den Gequälten zu erkennen. Die phantastische Einkleidung der Rede Makars erlaubte es Korolenko, die zaristische Zensur zu umgehen, offenen Protest gegen die herrschende soziale Ordnung zu erheben und das Recht des einzelnen auf individuelles Glück zu propagieren.   I. R.

AUSGABEN: Moskau 1885 (in Russkaja mysl'). – Moskau 1953 (in *Sobr. soč.*, Hg. S. V. Korolenko,

10 Bde., 1953–1956, 1; krit.). – Moskau 1971 (in *Sobr. soč.*, 6 Bde., 1; krit.). – Moskau 1977 (in *Les šumit. Rasskazy*).

Übersetzungen: *Makars Traum*, A. Scholz (in *Sibirische Novellen*, Lpzg. 1888). – Dass., B. Goetz (in *Der Wald rauscht und andere Erzählungen*, Zürich 1954). – Dass., ders. u. M. Kauer, Zürich 1983.

Literatur: V. Kaminskij, *Rasskaz V. G. K. »Son Makara« i narodničeskaja belletristika 70–80–ch godov* (in Russkaja literatura, 1960, Nr. 2, S. 146–160). – G. A. Vasil'eva, *Rasskaz V. G. K. »Son Makara«* (in Naučnye zapiski Poltavskogo gos. literaturnomemorial'nogo muzeja V. G. K., 1961, Nr. 1, S. 3 ff.). – A. S. Antončenkova, *Nesobstvennaja reč' v rasskaze V. G. K. »Son Makara«* (in Uč. zap. Belgorodskogo ped. in-ta, 1961, Nr. 2, S. 95–137).

ALEKSANDR IVANOVIČ KUPRIN

* 7.9.1870 Narovčat / Gouvernement Penza
† 25.8.1938 Leningrad

Literatur zum Autor:
Bibliographie:
Istorija russkoj literatury konca XIX – načala XX veka. Bibliografičeskij ukazatel', Moskau/Leningrad 1963, S. 277–286.
Biographien:
M. Kuprina-Iordanskaja, *Vospominanaja o A. I. K.*, Moskau 1960. – Dies., *Gody molodosti*, Moskau 1966. – K. Kuprina, *K. – moj otec*, Moskau 1971; ²1979. – O. Michajlova, *K.*, Moskau 1981. – N. Fonjakova, *K. v Peterburge-Leningrade*, Leningrad 1985.
Gesamtdarstellungen und Studien:
P. N. Berkov, *A. I. K. Krit.-biogr. očerk*, Moskau 1956. – V. N. Afanasev, *A. I. K. Krit.-biogr. očerk*, Moskau 1960; ²1972. – A. Volkov, *Tvorčestvo A. I. K.*, Moskau 1962; ²1981. – F. Kulešov, *Tvorčeskij put' A. I. K.*, Minsk 1963. – A. Dynnik, *A. I. K. Očerk žizni i tvorčestva*, East Lansing/Mich. 1969 [enth. Bibliogr.]. – L. Krutikova, *A. I. K.*, Leningrad 1971 [enth. Bibliogr.]. – K. Kravčenko, *A. I. K.*, Moskau 1973 [enth. Bibliogr.]. – H. Gamburg, *The Biblical and Apocryphal Elements in the Works of A. K.*, Diss. Vanderbilt Univ. 1976 [enth. Bibliogr.]. – N. Luker, *A. K.*, Boston 1978 [enth. Bibliogr.].

JAMA

(russ.; *Ü: Die Gruft*). Roman von Aleksandr I. Kuprin, erschienen 1912. – Schauplatz der Handlung ist das Amüsierviertel einer südrussischen Stadt, die sogenannte »Jama« (Gruft, Grube, Höhle), wo sich das von einem guten Dutzend Liebesdienerinnen bewohnte Bordell befindet, dessen Insassinnen ebenso wie ihre Kunden in genau ausgeführten Porträts charakterisiert und in vielen Einzelszenen und Episoden vorgeführt werden. Der »Berichterstatter«, hinter dem sich der Autor verbirgt, ist der Journalist Platonov; als empörter Sittenrichter erhebt er Protest gegen eine Gesellschaft, die solch moralische Verkümmerung des Menschen duldet, wie sie in der »Jama« zutage tritt. Die Schuld an dieser sittlichen Verwahrlosung jedoch gibt er nicht den von der Bordellbesitzerin wie von den Zuhältern ausgebeuteten und gequälten Dirnen, die – einmal im bürgerlichen Leben gestrauchelt – für immer zu diesem Gewerbe verurteilt sind, sondern ihren Ausbeutern und nicht zuletzt den ehrsamen Bürgern, die in der Öffentlichkeit zwar lauthals ihren Abscheu vor dem Dirnenunwesen bekunden, insgeheim sich aber doch ins Bordell schleichen. Indes – auch Platonov weiß keinen Rat, wie diesem Übel abzuhelfen wäre; als er mit einem Studenten ins Gespräch kommt und es ihm gelingt, moralische Skrupel und ethisches Verantwortungsbewußtsein in ihm zu wecken, kann er doch nicht den Entschluß des jungen Mannes gutheißen, eines der Mädchen zur Frau zu nehmen. Diese »praktische«, aber immerhin heikle Hilfeleistung erscheint ihm sinnlos, da sie die Wurzeln des Übels nicht beseitigen kann.

Das große Aufsehen, das der Roman gleich bei Erscheinen erregte, sowie den damit verbundenen Verkaufserfolg verdankt das Buch der krassen, sehr freizügigen Darstellung der Zustände in einem Bordell, was dem Autor den Vorwurf eintrug, sich selbst an pornographischen Szenen delektiert zu haben. Wie töricht diese Unterstellung (der reaktionären Presse) war, geht nicht nur daraus hervor, daß Kuprin in ernsthaft aufklärerischer Absicht seinen Roman den »*Müttern und der Jugend*« widmete, sondern auch aus der Wirkung des Buchs auf die fortschrittliche Studentenschaft, die, wie der Däne Stender-Petersen behauptet, »*in den folgenden Jahren immer wieder flammende Aufrufe zur Abschaffung der Prostitution*« erließ. Dem Mut des Autors entsprach freilich nicht sein künstlerisches Darstellungsvermögen: Der »*Alltagsrealismus des dargebotenen Stoffs war wohl echt, aber im ganzen nicht sonderlich bedeutend*«; seine »*Prosa war jeder Sprengkraft bar, und in den gelegentlichen Kommentaren des Verfassers zum Stoff vermißte der Leser intellektuelle Überlegenheit*«. J. W.-KLL

Ausgaben: Moskau 1912. – Moskau 1972 (in *Sobr. soč.*, Hg. N. Akopova u. a., 9 Bde., 1970 bis 1973, 6).

Übersetzung: *Die Gruft*, C. Philips, Mchn. 1912.

MOLOCH

(russ.; *Ü: Der Moloch*). Erzählung von Aleksandr I. KUPRIN, erschienen 1896. – Diese romanhafte Erzählung, die Kuprins Erfolg als Schriftsteller begründete, ist eines der ersten russischen Werke, die sich mit den Problemen der frühkapitalistischen Industrialisierung des Landes auseinandersetzen. In der Nachfolge TOLSTOJS und ČECHOVS schildert der Autor realistisch gesehene Bilder aus dem Alltag der industriellen Produktion: das Opfer ungezählter Menschenmassen, das in den grauen Fabriken dem Gott des Fortschritts gebracht wird.

Der sensible Ingenieur Bobrov, der seiner Fabrik den Namen des alttestamentlichen Ammonitergötzen gegeben hat, macht die erschütternde Rechnung auf, daß der Betrieb monatlich fünfzehn Arbeiter verschlingt. Bobrov erkennt die Ursache für die Not der Menschen in der ungerechten Sozialordnung Rußlands und wird dadurch zum Widerstand getrieben. Sein individuelles Drama spielt sich vor dem Hintergrund des elenden Lebens der Arbeiter ab. Bobrov liebt Nina Zinenko, die seine Liebe zwar erwidert, sich aber nicht von den Traditionen ihrer kleinbürgerlichen Familie lösen kann und sich dem reichen Fabrikherrn Kvašnin verkauft. Kvašnin, der so fettleibig ist, daß er die Hände über dem Bauch nicht mehr falten kann, tritt im gesellschaftlichen wie im privaten Bereich als Bobrovs Gegenspieler auf. Er ist das Urbild des profitgierigen Unternehmers, den das Los der Arbeiter überhaupt nicht interessiert. Empört hört der Ingenieur seinen zynischen Exkursen über Fleiß und Leistungen als Tugend der Arbeitenden zu. Es gelingt Kvašnin, Nina, die auch er begehrt, mit einem charakterlosen Untergebenen zu verheiraten, der ihm mit Rücksicht auf seine Karriere das Ehebett gelegentlich abzutreten bereit ist. Bobrov erfährt davon auf einem Empfang bei Kvašnin. Die festliche Stimmung wird durch die Nachricht gestört, daß in der Fabrik ein Aufstand der Arbeiter ausgebrochen ist. Bobrov sucht private Rache an dem verhaßten Moloch zu nehmen, indem er, wenn auch durch den Steinwurf eines Arbeiters verletzt, die Dampfkessel zur Explosion bringen will. Das Vorhaben scheitert jedoch an seiner Charakterschwäche. Die Erhebung der Masse vollendet, was die individuelle Auflehnung nicht vermochte: Die Arbeiter setzen die Fabrik in Brand. Bobrov, der am Scheitern seines Sabotageakts innerlich zerbricht, greift zum Morphium.

Als Vorläufer des Sozialistischen Realismus gibt Kuprin ein wirklichkeitsnahes Bild der Arbeitsbedingungen in der frühen russischen Industrie. Detailliert beschreibt er Fabrikanlagen, Arbeitsvorgänge und Einzelheiten des Produktionsprozesses, benutzt aber zugleich auch Mittel des Surrealismus und der grotesken Überzeichnung, um die Hoffnungslosigkeit und Monotonie des Arbeiterdaseins zu verdeutlichen. Der räsonierende Gesprächspartner, den Kuprin – wie auch in seinen anderen Werken – dem Helden zur Seite stellt (hier die Figur des Dr. Gol'dberg), kann neben den überzeugenden Gestalten des Fabrikalltags nirgends Leben gewinnen. Sein – und wohl auch des Autors – Vorschlag zur Lösung der sozialen Konflikte des Frühkapitalismus gipfelt in dem Bekenntnis zur Unschuld einer vorindustriellen, patriarchalischen Gesellschaft, mit dem Kuprin dem zeitgenössischen, von Tolstoj geprägten Publikumsgeschmack entgegenkam. KLL

AUSGABEN: Moskau 1896. – Leningrad 1928. – Moskau 1953 (in *Sočinenija*, 3, Hg. P. L. Vjačeslavov u. I. V. Myl'cynal, 3 Bde., 1; krit.). – Moskau 1957 (in *Sobr. soč.*, Hg. E. Šub, 6 Bde., 1957/58, 2). – Moskau 1961 (in *Povesti i rasskazy*, 2 Bde., 1). – Moskau 1964 (in *Sobr. soč.*, Hg. E. Rotštejn u. P. Vjačeslavov, 9 Bde., 2). – Moskau 1971 (in *Sobr. soč.*, Hg. N. Akopova u. a., 9 Bde., 1970–1973, 2).

ÜBERSETZUNG: *Der Moloch*, J. Herzmark (in *Der Moloch und andere Novellen*, Wien 1907).

POEDINOK

(russ.; *Ü: Das Duell*). Roman von Aleksandr I. KUPRIN, erschienen 1905. – Sinnlos und öde ist das Leben der Soldaten in einem kleinen südrussischen Garnisonstädtchen. Stumpfsinnig sitzen die Offiziere bei ihren Geliebten oder im Kasino, oder sie prügeln ihre eingeschüchterten Untergebenen. Leutnant Romašov, der Held des Romans, träumt sich, unter seiner Häßlichkeit leidend, in die Rolle des *»schmucken, jungen Offiziers«*. Er schämt sich seiner Armut und seiner Liebe zu Šuročka, der Frau seines Kameraden Nikolaev, die zwar die Liebe Romašovs erwidert, den gesellschaftlichen Aufstieg ihres Mannes jedoch über alles stellt. Sie zwingt ihn, regelmäßig an den Generalsprüfungen teilzunehmen, obwohl er sie nicht besteht. Den Offizier Nazanskij, den einzig wachen Intellektuellen des Kasinos, treibt der Widerwille gegen das Milieu des Offizierskorps zum Alkohol. Ständig betrunken, sinnt er einer Utopie nach, in der das Individuum, vereint mit den *»im Geiste Gleichen«*, in absoluter Freiheit seine *»göttliche Eigenliebe«* pflegt. Jedes Detail des Garnisonslebens verrät die Unfähigkeit der Offiziere, ihrem Dasein einen menschlichen Sinn zu geben. Alles, was sie einander mitzuteilen haben, sind schmierige Anekdoten. Eine mißglückte Parade vor dem Regimentskommandeur beweist die Untauglichkeit der Offiziere selbst in ihren beruflichen Aufgaben.

Bei einer Prügelei im Kasino beleidigt Romašov seinen Kameraden Nikolaev. Das Ehrengericht ordnet ein Duell an: Wer sich nicht schlägt, muß den Dienst quittieren. Nach einem Gespräch mit Nazanskij ist Romašov entschlossen, sich nicht zu schlagen, weil in der Abkehr vom Ehrenkodex des Militärs die *»größere Tapferkeit«* liegt. Zu Hause findet er jedoch Šuročka auf seinem Bett vor, die ihn beschwört, nicht von dem Duell zurückzutreten, um die Karriere ihres Mannes nicht zu gefährden. Nikolaev wolle nur pro forma und ohne die

Absicht, seinen Gegner zu töten oder zu verletzen, den Zweikampf ausfechten. Die Zärtlichkeiten Šuročkas bewegen Romašov zum Nachgeben. Er verbringt mit ihr die Nacht und fällt am anderen Morgen im Duell von der Hand Nikolaevs.

Während des Russisch-Japanischen Kriegs (1904/05) erschienen, legte der Roman gleichsam die inneren Ursachen für das historische Versagen der zaristischen Armee bloß. Er wurde bald zum Gegenstand eines erbitterten Streits zwischen dem zaristischen Offizierskorps, der bürgerlichen Reaktion und der fortschrittlichen russischen Literaturkritik. Das Werk trägt in vielem autobiographischen Charakter. *»Er ist mein Doppelgänger«*, schrieb Kuprin über den Helden des Romans, in dem der Autor die persönlichen Erfahrungen seiner Offizierszeit in einer Provinzgarnison verarbeitet. Kuprins Roman ist eine einzige Anklage gegen die zaristische Armee, deren Offiziere aus der dumpfen Erkenntnis, daß die Gesellschaft, der sie dienten, keine verteidigenswerten Inhalte aufwies, sich zu Säufern, Schindern, Spielern und Zuhältern erniedrigten. Zwar erwähnt der Roman teilnahmsvoll das Schicksal der einfachen Soldaten, doch gilt sein eigentliches Interesse den führenden Militärs. Gor'kij, unter dessen Anteilnahme der Roman entstand und dem er gewidmet ist, bemängelte, daß Kuprin in den Unterdrückten nur ihre stumpfe Ergebenheit, nicht aber den anwachsenden revolutionären Widerstand darstellte.   KLL

Ausgaben: Petersburg 1905 (in Sbornik tovariščestva »Znanie«). – Petersburg 1906. – Moskau 1953 (in *Sočinenija*, Hg. P. L. Vjačeslavov u. I. V. Myl'cynal, 3 Bde., 2; krit.). – Moskau 1958 (in *Sobr. soč.*, Hg. E. Šub, 6 Bde., 1957/58, 3). – Moskau 1962 [Ill. D. Dubinskij]. – Moskau 1964 (in *Sobr. soč.*, Hg. E. Rotštejn u. P. Vjačeslavov, 9 Bde., 4). – Moskau 1971 (in *Sobr. soč.*, Hg. N. Akopova u. a., 9 Bde., 1970–1973, 4). – Leningrad 1976 (in *Povesti i rasskazy*). – Moskau 1983.

Übersetzungen: *Das Duell*, A. Hess, Stg. 1905. – Dass., E. Ehlers, Düsseldorf 1956; Lpzg. ²1958.

Verfilmungen: Rußland 1910 (Regie: M. Maitre). – SU 1957 (Regie: V. Petrov).

Literatur: Drozd-Bonjačevskij, *»Poedinok« K. s točki zrenija storevogo oficera*, Petersburg 1910.

MICHAIL ALEKSEEVIČ KUZMIN

* 6.(18.)10.1872 Jaroslavl'
† 1.3.1936 Leningrad

Literatur zum Autor:
B. Ejchenbaum, *O proze M. K.* (in B. E., *Skvoz' literaturu*, Leningrad 1924, S. 196–200). – M. Cvetaeva, *Nezdešnij večer* (in M. C., *Proza*, NY 1953, S. 271–285). – *Istorija russkoj literatury konca XIX – načala XX veka. Bibliografičeskij ukazatel'*, Moskau/Leningrad 1963, S. 275–277. – G. G. Smakov, *Blok i K.* (in *Blokovskij sbornik*, Bd. 2, Reval 1972). – J. E. Malmstad, *M. K. A Chronicle of His Life and Times* (in M. K., *Sobranie stichov*, Bd. 3, Mchn. 1977). – N. Granoien, *M. K. An Aesthete's Prose*, Diss. Univ. of California 1981. – G. Cheron, *The Drama of M. K.*, Diss. Univ. of California 1982. – *Studies in the Life and Works of M. K.*, Hg. J. E. Malmstad, Wien 1989. – K. Harer, *M. K.s Wiederentdeckung in der Sowjetunion – ein Überblick* (in Wiener Slavistischer Almanach, 1992, Nr. 29). – N. A. Bogomolov, *M. K. Stat'i i materialy*, Moskau 1995.

DAS LYRISCHE WERK (russ.) von Michail A. Kuzmin.

Die ersten Gedichte Kuzmins, zwölf *Alexandrinische Gesänge (Aleksandrijskie pesni)* erschienen 1906 auf Empfehlung V. Brjusovs in der Zeitschrift der Symbolisten ›Vesy‹ (Die Waage). Kuzmin, 1906 bereits 34 Jahre alt, hatte sich zuvor dem Studium der Musik gewidmet und im Rahmen dessen Komposition bei Rimskij-Korsakov studiert. Seine *Alexandrinischen Gesänge*, die später in seinen ersten Gedichtband *Seti*, 1908 *(Netze)*, eingingen, hatte er früher selbst in eigener Vertonung öffentlich vorgetragen. 1910 publizierte er einen 1906 entstandenen und von ihm ebenfalls vertonten Jahreszeiten-Gedichtzyklus unter dem Titel *Kuranty ljubvi (Spieluhr der Liebe)*. Der Band enthält im zweiten Teil auch die Noten von Kuzmins Vertonung. In schneller Folge kamen Neuauflagen der ersten beiden Bände und weitere neue heraus: *Osennie ozera*, 1912 *(Herbstliche Seen)*; *Glinjanye golubki*, 1914 *(Tönerne Tauben)*; *Vožatyj*, 1918 *(Der Begleiter)*; *Zanavešennye kartinki*, 1920 *(Verhängte Fenster)*; *Dvum*, 1921 *(Für zwei)*; *Nezdešnie večera*, 1921 *(Unirdische Abende)*; *Paraboly*, 1923 *(Parabeln)*; *Novyj Gul'*, 1924 *(Der neue Hull – Held des Films von F. Lang, Dr. Mabuse, der Spieler)*; *Forel' razbivaet led*, 1929 *(Die Forelle durchstößt das Eis)*.

Trotz seiner Beziehungen zu V. Brjusov und anderen symbolistischen Dichtern, zu Malern und Literaten im Umkreis der Zeitschriften ›Mir iskusstva‹ (Die Welt der Kunst) und ›Vesy‹ steht Kuzmins Dichtung abseits vom literarischen Symbolismus.

Sie weist von Anfang an Parallelen zu der dem Symbolismus folgenden Strömung, dem Akmeismus (N. GUMILËV, A. ACHMATOVA, O. MANDEL'ŠTAM), auf. Gemeinsam hat sie mit diesem die Abkehr von einer alles überwuchernden Symbolik und das Streben nach klarem Ausdruck, realisierbaren Bildern und einer durchschaubaren Architektonik der Gedichte. In dem 1910 in der Zeitschrift ›Apollon‹ (Apollo) veröffentlichten programmatischen Aufsatz zur Prosa der russischen Gegenwartsliteratur *O prekrasnoj jasnosti (Über die schöne Klarheit)* forderte Kuzmin vor allem Klarheit auf allen Ebenen des literarischen Textes. Er nannte die Strömung, die er initiieren wollte, »*Klarismus*«. Die Akmeisten sind im übrigen andere Wege gegangen, und Kuzmin bezeichnete später ihre angebliche »*Klarheit*« als »*irgendwie stumpf*«.

Ein wichtiges Thema von Kuzmins Lyrik ist die Liebe in ihren verschiedenen Formen, darunter, versteckt oder auch offen, die Homoerotik. Kuzmins Auffassung der Liebe ist von PLATON, PLOTINOS, FRANCESCO D'ASSISI, J. G. HAMANN und W. HEINSE geprägt. Daneben spielt Religiosität eine bedeutende Rolle, vielfach in der Gestalt des sektiererischen russischen Altgläubigentums, dessen Kreisen der Dichter entstammte und mit dem er sich später auf Reisen in die Provinz eingehend beschäftigte. Kuzmin will körperliche Liebe und Religiosität, besonders in ihren ekstatischen Formen, miteinander vereinen. So verwischen sich mitunter die Grenzen zwischen der Erwartung des irdischen Geliebten und des mystischen Bräutigams *(Okna plotno zanavešeny – Die Fenster sind dicht verhängt; Leto Gospodne – Das Jahr des Herrn;* in *Seti).* Kuzmin versteht es, die flüchtigen Augenblicke der Gefühle festzuhalten. Das lyrische Ich tritt dabei in vielen Gestalten auf; es kann Jüngling, Mann, junges Mädchen oder Frau sein und der Gegenwart oder verschiedenen Epochen der Vergangenheit bis zur Antike angehören. Seine Gefühle können einfach und unkompliziert, verhalten oder ungestüm oder auch verfeinert bis zum Raffinement sein. In dem Band *Herbstliche Seen* ist der Zyklus *Duchovnye stichi (Geistliche Verse)* im Stil dieser Gattung der Volksdichtung geschrieben; ein anderer Zyklus, *Prazdniki Presvjatoj Bogorodicy (Die Feiertage der Hochheiligen Gottesmutter)*, behandelt diese Themen in modernistischer, bisweilen an R. M. RILKE erinnernder Manier.

Auch philosophische Reflexionen über Leben und Tod werden in Kuzmins Gedichten thematisiert. Seit 1917 kommen auch gnostische Gedichte hinzu. In dem Band *Unirdische Abende* wird in dem Gedicht *Fuzij v bljudečke (Der Fudschijama in der Teeschale)* das Bild einer japanischen Landschaft auf einer Porzellanschale, in die ein Mimosenzweig fällt, zum Abbild eines philosophischen Prosatextes, in dem »*bisweilen ein verliebter Vers aufglänzt*«. Auch Gestalten aus der Kunst (Botticelli, Chodowiecki, Gauguin u. a.), der Musik (Mozart, Wagner, Debussy u. a.) und der Literatur (Goethe, Puškin, Lermontov, Ibsen u. a.) tauchen in einzelnen Gedichten auf oder werden apostrophiert. Der

Band *Parabeln* enthält u. a. die Zyklen *Stichi ob iskusstve (Verse über die Kunst)* und *Putešestvie po Italii (Reise durch Italien)*, der letzte Band *Die Forelle durchstößt das Eis* eine autobiographische Verserzählung und eine Schauerballade aus dem englischen Milieu. In den beiden zuletzt genannten Bänden finden sich auch änigmatische, schwer verständliche Gedichte. Einige erinnern in Rhythmus und Metaphorik an O. Mandel'štams Lyrik aus den Jahren 1916–1925.

Kuzmins Sprache wirkt in der Mehrzahl seiner Gedichte einfach, ungezwungen und natürlich. Bisweilen ist sie historisch stilisiert. Dem Impressionismus ist ihre Eigenschaft verpflichtet, mit Hilfe von wenigen Details eine lebendige Atmosphäre zu evozieren. Ihre Bilder und Metaphern wollen nicht Symbole schaffen, in denen eine andere Seinsebene anklingt, die sich hinter den Erscheinungen dieser Welt verbirgt; sie wollen vielmehr Erscheinungen dieser Welt verlebendigen, sie bestimmten Gefühlsbereichen zuordnen oder psychische Mechanismen verdeutlichen. »*Die Ikonostasen des Waldes*« sollen im Herbst »*mit Gelb, Rot, Rosa und Lila bunt gefärbt werden*«. »*Unser Herz ist ein Zimmermann, kein Sargtischler.*« Während wir träge sind oder schlafen, zimmert es für uns ein prächtiges Haus *(terem)*, »*nicht aus kaltem Granit, sondern aus warmem Holz*«. Wir erwachen und stehen wie vor einem Wunder: »*Das Haus ist fertig.*« Aber dann nehmen wir mit Erschrecken wahr: Unser Herz »*hat das Dach nicht zu Ende gebaut und keinen First darauf gesetzt*«. Die Schlußfolgerung, daß zur Vollendung eines Kunstwerks oder einer menschlichen Beziehung außer den unbewußten Kräften, die in uns das meiste erschaffen, zum Schluß doch noch eine bewußte Willensanstrengung notwendig ist, muß der Leser selbst ziehen. Als Metaphern und Vergleiche werden oft Werke der Kunst, der Musik und der Literatur herbeigezogen. Hier hängt die Wirkung dieser poetischen Ausdrucksmittel von der Bildung des Lesers ab. Realität gewinnt Leben durch Verweise auf Kunst – ein typisch modernistisches Verfahren. Um 1920 ist in einigen Gedichten eine Nähe zum Futurismus zu spüren *(Sv. Georgij, 1917 – Der heilige Georg* u. a.).

Früher und konsequenter als die Symbolisten, Akmeisten und Futuristen hat Kuzmin den akzentuierten Vers in verschiedenen Ausprägungen und den freien Vers mit und ohne Reim verwendet. Häufig taucht ein innerer Reim auf. Aber auch die klassischen syllabotonischen Versmaße, die Metrik der Volksdichtung, ja die strengste lyrische Gattung, das Sonett, oder orientalische Gedichtformen wie die Ghasele weiß Kuzmin souverän zu handhaben. Die Metrik verleiht seinen Versen unnachahmliche Leichtigkeit und Natürlichkeit, emotionales Ungestüm, mitunter auch feierliches Pathos oder pathetische Grandezza. Ihre Lautinstrumentierung ist im allgemeinen zurückhaltend – nur für Alliterationen hat Kuzmin eine besondere Vorliebe –, dabei aber sehr wirkungsvoll, ohne sich jedoch, wie bei den Symbolisten, auf Kosten der Semantik in den Vordergrund zu drängen.

Im literarischen und musikalischen Leben wie in der Theaterwelt Petersburgs hat Kuzmin zwischen 1906 und dem Beginn der zwanziger Jahre eine bedeutende Rolle gespielt. Obwohl er keiner Gruppierung angehörte, wurde seine Dichtung von Symbolisten (V. Brjusov, A. Blok, V. Ivanov) wie von Akmeisten (N. Gumilëv, A. Achmatova) hochgeschätzt. 1908 schrieb A. Blok nach der Lektüre von *Seti* an Kuzmin: »*Mein Gott, was sind Sie für ein Dichter, und was ist dieses für ein Buch! Ich bin in alles verliebt, verstehe jede Zeile und jeden Buchstaben*...« Er bewunderte die Musikalität und den Rhythmus von Kuzmins Versen, ihr »*seraphisches*« Element und ihre »*russischen Wurzeln*«. N. Gumilëv wies ihm unter den zeitgenössischen Dichtern »*einen der ersten Plätze*« zu: »*Nur wenigen ist eine so erstaunliche Harmonie des Ganzen bei einer freien Vielfalt des Einzelnen gegeben ... seine Technik ... verhüllt das Bild nicht, sie beflügelt es.*« M. Cvetaeva konstatierte lapidar: »*Besser und einfacher geht es nicht.*« Seit 1929 ist in der Sowjetunion kein Buch von Kuzmin mehr gedruckt worden. Seine Werke und sein Name waren jahrzehntelang tabuisiert. Erst in den letzten Jahren sind einige wenige seiner Gedichte wieder in Zeitschriften und Anthologien erschienen. Hin und wieder ist der bisher erfolglose Versuch gemacht worden, den Dichter zu rehabilitieren und wenigstens einen Teil seiner Dichtung wieder zugänglich zu machen. F. Scho.

AUSGABEN: *Seti. Pervaja kniga stichov*, Moskau 1908. – *Kuranty ljubvi*, Moskau 1910. – *Osennie ozera. Vtoraja kniga stichov*, Moskau 1912. – *Glinjanye golubki. Tret'ja kniga stichov*, St. Petersburg 1914. – *Vožatyj*, St. Petersburg 1918. – *Dvum*, Petrograd 1918. – *Zanavešennye kartinki*, Amsterdam [eig. Petrograd] 1920. – *Nezdešnie večera. Stichi 1914–1920*, Petersburg 1921. – *Ècho*, Petersburg 1921. – *Aleksandrijskie pesni*, Petersburg 1921. – *Paraboly. Stichotvorenija 1921–1922*, Petersburg/ Bln. 1923. – *Novyj Gul'*, Leningrad 1924. – *Forel' razbivaet led. Stichi 1925–1928*, Leningrad 1929. – *Sobranie stichov*, Hg. J. E. Malmstad u. V. Markov, 3 Bde., Mchn. 1977/78.

ÜBERSETZUNGEN: *Spieluhr der Liebe*, J. v. Guenther, Mchn. 1920. – *Alexandrinische Gesänge*, ders., Mchn. 1920. – Dass., A. Eliasberg, Mchn. 1921.

LITERATUR: V. Orlov, *Na rubeže dvuch èpoch* (in *Voprosy literatury*, Bd. 10, Moskau 1966, S. 111 bis 143). – V. Markov, *Poèzija M. K.* (in M. A. K., *Sobranie stichov*, Bd. 3, Mchn. 1977, S. 321–426). – J. Holthusen, *Russische Literatur im 20. Jh.*, Mchn. 1978, S. 79–82.

KRYL'JA

(russ.; *Ü: Flügel*). Kurzroman von Michail A. KUZMIN, erschienen 1906. – Als Prosaautor war Kuzmin außerordentlich produktiv. Als erster hat er seit 1907 in der russischen Moderne historisch

stilisierte Prosatexte (*Priključenija Ème-Lebefa*, 1907 – *Aimé Lebœufs Abenteuer*; *Podvigi velikogo Aleksandra*, 1908 – *Die Taten des großen Alexanders* u. a.) und Theaterstücke (Mysterienspiele; *Komedija o Evdokii iz Geliopolja*, 1908 – *Komödie von der Eudokia aus Heliopolis* u. a.) heimisch gemacht. 1908 griff Brjusov mit seinem Roman *Ognennyj Angel (Der feurige Engel)* diese Tendenz auf. Daneben hat Kuzmin fünf Romane und zahlreiche Erzählungen verfaßt, deren Handlung im zeitgenössischen Rußland spielt.

Der Kurzroman *Kryl'ja* erschien erstmals 1906 in der symbolistischen Zeitschrift ›Vesy‹ (Die Waage), worauf mehrere Buchausgaben folgten. Das große Publikumsinteresse an dem Werk hängt ohne Zweifel mit seinem für die damalige Zeit skandalösen Sujet zusammen. Es handelt sich um einen homoerotischen Entwicklungsroman. Der Gymnasiast Vanja Smurov wird nach dem Tod seiner Mutter, die als Witwe in der Provinz gelebt hatte, in Petersburg bei Verwandten aufgenommen. In deren Haus lernt Vanja den hochgebildeten und geistreichen Larion Dmitrievič Štrup kennen, der väterlicherseits englischer Herkunft ist. Štrup wird zum Mentor Vanjas, dem dessen homoerotische Neigungen zunächst verborgen bleiben. Als er zufällig erfährt, daß Štrup eine Beziehung zu einem bei ihm in Dienst stehenden jungen Mann unterhält, fühlt er sich abgestoßen und bricht seine Bekanntschaft mit Štrup ab. Er verbringt die Sommerferien an der Wolga in einer Siedlung von Altgläubigen. Mit einem dieser Altgläubigen, dem Sohn eines Kaufmanns, war er in Petersburg durch Štrup bekannt geworden, der sich auch für Ikonen und das Brauchtum der Altgläubigen interessierte. Eine junge einheimische Witwe, die sich ihm nähert, weist er mit Entrüstung zurück. Als die im Wasser treibende Leiche eines jungen Selbstmörders aufgefunden wird, sieht er sich zum erstenmal mit dem Tod in einer seiner abstoßendsten Formen konfrontiert. In depressiver Stimmung trifft er kurz darauf zufällig seinen Griechischlehrer, Daniil Ivanovič, einen Griechen, der eine Erbschaft gemacht hat und gerade eine Reise nach Italien und Griechenland antreten will. Er lädt Vanja ein, mit ihm zu fahren. Um von den bedrückenden Erlebnissen loszukommen, nimmt der Gymnasiast diese Einladung erfreut an. In Italien, wo er durch die Vermittlung von Daniil Ivanovič, der eine andere Reiseroute einschlägt, von dem alten Kanoniker Mori und dessen Schwestern betreut wird, trifft er wieder mit Štrup zusammen. Inzwischen ist Vanja durch viele Gespräche und Erlebnisse, in denen er die verschiedensten Formen der Liebe kennengelernt hat, reifer geworden. Er hat erkannt, daß es auf die innere Einstellung ankommt. Štrup, mit dem Vanja sich wieder gut versteht, ist überzeugt, daß dem Jungen bald endgültig »*Flügel wachsen*« werden. Nach einigem Zögern nimmt Vanja Štrups Angebot, mit ihm weiterzureisen, an. Der Titel des Romans nimmt Bezug auf PLATONS *Phaidros*, wo geschildert wird, wie die wahrhaft liebenden Seele unter großen Qualen ihre verlorengegangenen Flügel wieder wachsen. In seiner Auffassung der Sexualität und der Antike steht Kuzmin auch unter dem Einfluß von J. G. HAMANN und W. HEINSE. Das Anstoß erregende Sujet hat die zeitgenössische Kritik die formalen Qualitäten des Werks übersehen lassen. Einzig A. BLOK bildete eine Ausnahme. Er notierte nach der Lektüre des Romans: »*Wunderbar.*« Später schrieb er, in einigen Passagen habe Kuzmin »*einer groben Barbarei Tribut gezollt*«. In impressionistischer Manier sind die einzelnen Szenen ohne verbindenden Erzählertext aneinandergereiht. Schon in diesem ersten Roman zeichnet sich Kuzmins Stil durch eine Leichtigkeit und Eleganz aus, die in der russischen Prosa nie wieder erreicht worden ist. Die Handlungsführung ist spannend, die Zeichnung des Charakters und der Persönlichkeitsentwicklung des Haupthelden subtil und überzeugend. Mit wenigen Strichen, vor allem durch eine geschickte Stilisierung der Dialoge, versteht Kuzmin es meisterhaft, ein Milieu lebendig werden zu lassen, sei es das einer durchschnittlichen Petersburger bürgerlichen Familie, sei es das von Künstlern, Musikern und Literaten in Rußland und in Italien oder das von einfachen altgläubigen Bauern und Kaufleuten in der russischen Provinz. Die zeitgenössische Kritik tadelte Kuzmins Stil als »*nachlässig*« – der gleiche Vorwurf war im 19. Jh. gegen L. TOLSTOJS Stil erhoben worden –, die heutige Kritik sieht darin einen besonderen Reiz. – In den zwanziger Jahren hatte das Thema an Brisanz verloren, so daß eine objektivere Rezeption des Romans hätte erfolgen können. Aber durch die zunehmend repressive Kultur- und Literaturpolitik in der Sowjetunion wurde Kuzmin in wachsendem Maße verfemt. Seine Prosawerke sind dort bisher nicht wieder erschienen. F. Scho.

AUSGABEN: Moskau 1906 (in Vesy, 11). – Moskau 1907; ²1908 ff. – Moskau 1910 (in *Pervaja kniga rasskazov*). – Berkeley 1984 (in *Proza*, Hg. V. Markov u. F. Scholz, Bd. 1).

ÜBERSETZUNG: *Flügel*, E. Mesching (in *Geschichten …*, Mchn. 1911).

LITERATUR: V. Markov, *Beseda o proze K.* (in M. A. K., *Proza*, Hg. ders. u. F. Scholz, Bd. 1, Berkeley 1984, S. 7–10).

PRIKLJUČENIJA ĖME-LEBEFA

(russ.; *Ü: Aimé Lebœuf's Abenteuer*). Erzählung von Michail A. KUZMIN, erschienen 1907. – Die Erzählung steht in der Tradition des Schelmenromans, der in der russischen Literatur durch Vasilij T. NAREŽNYJS *Rossijskij Žil' blaz*, 1814 *(Ein russischer Gil Blas)*, heimisch wurde. Sie spielt gegen Ende des 18. Jh.s. Die Ichform des Werks – der Titelheld selbst erzählt seine Lebensgeschichte – entspricht den Prinzipien der Gattung. Bei Adoptiveltern aufgewachsen, ist Aimé in einer französischen

Kleinstadt als Handlungsgehilfe tätig. Eine Dame, die seinen Heimatort besucht, erwählt ihn zu ihrem Liebhaber, und als sie nach Paris aufbricht, folgt ihr Aimé als Diener. Bald muß er jedoch erkennen, daß ihn die geliebte Herrin betrügt. Er verläßt sie und schließt sich François, dem Sohn eines Herzogs, an. Er begleitet François, der seinem Vater Geld entwendet hat, auf der Flucht nach Italien. Beide geben sich als Adlige aus, werden jedoch entlarvt. Aimé flieht in Frauenkleidern und wird zu einem liebeshungrigen Mönch verschleppt, der den tragischen Irrtum allerdings rasch entdeckt. In Venedig verdingt sich Aimé als Gondoliere. Im Sturm rettet er sich mit zwei Damen auf eine Gondel. Seine Begleiterinnen, die Aimé in ihre Dienste nehmen, entpuppen sich als Hellseherinnen. Aimé selbst gibt sich als berühmter Wahrsager aus und wird von einem deutschen Herzog angestellt. Mit der Ernennung des ehemaligen Handlungsgehilfen zum Minister endet der abenteuerliche Lebensbericht.

Kuzmin versteht es vollendet, in seiner Erzählung Atmosphäre und Ausdrucksweise der dargestellten Epoche nachzuahmen. Allein die kühle, überlegene Ironie des Stils verrät den modernen Autor. Nach dem Vorbild der französischen Memoirenliteratur des 18. Jh.s zeichnet sich die Fabel durch eine Fülle von Überraschungen und ausgefallenen Begebenheiten und durch ihre naive Frivolität aus. Die Figuren der Erzählung, vom Autor mit spielerischer Souveränität behandelt, sind der Handlung untergeordnet. Die Neigung des Verfassers zu überwirklicher Thematik belegen zahlreiche Episoden über Wahrsagekunst und Alchimie. Die verschwommene Mystik des Symbolismus, zu dessen Petersburger Anhängern der Autor selber zählte, sucht er jedoch durch sein Prinzip der »*herrlichen Klarheit*« (»*prekrasnaja jasnost'*«) zu überwinden. H. Fö.

AUSGABE: Petersburg 1907. – Berkeley 1984 (in *Proza*, Hg. V. Markov u. F. Scholz, Bd. 1).

ÜBERSETZUNG: *Aimé Lebœuf's Abenteuer*, E. Mesching, Mchn. 1920.

TICHIJ STRAŽ

(russ.; *Ü: Der stille Hüter*). Roman von Michail A. KUZMIN, erschienen 1916. – *Tichij straž* ist der letzte in einer Reihe von fünf Romanen Kuzmins, die im zeitgenössischen Rußland spielen; *Kryl'ja* (1906), *Nežnyi Iosif*, 1909 *(Der zärtliche Josef)*, *Mečtateli*, 1912 *(Die Träumer)*, *Plavajuščie-putešestvujuščie*, 1915 *(Reisende zu Wasser und zu Lande)* hießen die ersten vier. Figurenkonstellation und Handlung des Romans sind sehr komplex. Im Mittelpunkt des Geschehens steht die seraphische Figur des tiefgläubigen sechzehnjährigen Pavel, der alle liebt und versteht und der von allen Menschen, die sonst bösartigen eingeschlossen, geliebt wird. Er wird für seinen um zehn Jahre älteren Stiefbruder Rodion, der in einer wilden Ehe mit der ihn finanziell ruinierenden Frau eines Arztes lebt, zu einem Schutzengel. Ein frommer Mönch wird von einem Freund Pavels, der Nietzscheanischen Ideen nachhängt, ermordet. Pavel wird lebensgefährlich verletzt, als er – sich der Gefahr durchaus bewußt – an Stelle von Rodion, der wegen finanzieller Schwierigkeiten in dunkle Machenschaften geraten ist, zu einem Treffen geht, bei dem ein Mordanschlag gegen diesen verübt werden soll. Zahlreiche weitere Mädchen- und Frauengestalten sind in die beiden Haupthelden unglücklich verliebt oder haben – bis auf eine, die ihre Sexualität auslebt – Leid in ihren Liebes- und Ehebeziehungen zu erdulden. Zum Schluß zeichnet sich eine glückliche Lösung ab: Die Geliebte Rodions hat eine Scheidung erreicht, der Hochzeit der beiden steht nichts mehr im Wege, und zwischen Pavel und Ljuba, einem Mädchen, das seit seiner frühen Kindheit gelähmt war, nach dem Mordanschlag auf Pavel aber plötzlich wieder gehen konnte, bahnt sich eine auf Gegenseitigkeit beruhende Liebesbeziehung an. Pavel verläßt seinen Stiefbruder, als er bemerkt, daß dieser in eine innere Abhängigkeit von ihm geraten ist. Der Roman endet mit einem Brief Pavels an Rodion, in dem er ihm versichert, er werde immer für ihn dasein, wenn er ihn brauche, und sei auch jetzt, trotz physischer Abwesenheit, stets bei ihm.

Die Handlungsführung des Romans ist außerordentlich spannend und nimmt häufig unerwartete Wendungen. Der Schauplatz des Geschehens wechselt abrupt von Kapitel zu Kapitel. Die Dialoge, die einen großen Raum einnehmen, sind meistens hochdramatisch. Einige Figuren sowie Komposition und Dialogführung erinnern an F. Do-stoevskij. Die zeitgenössische Kritik sprach sowohl von einer Nachahmung Dostoevskijs als auch von einer Parodie auf ihn. Beides trifft in bestimmtem Maße zu. Seit etwa 1910 erfolgte in der modernistischen russischen Prosa ein Rückgriff auf Dostoevskijs Poetik (A. Belyj), eine Tendenz, die sich bis in die zwanziger Jahre hinein fortsetzte (L. Leonov). Kuzmin greift diese Tendenz auf, verfremdet Dostoevskijs Poetik aber gleichzeitig durch parodistische Elemente und durch eine Abkehr von zwei Grundsätzen des literarischen Realismus: der psychologischen Motivierung und der Wahrscheinlichkeit. Durch seine sonstige stilistische Gestaltung unterscheidet sich der Roman wesentlich von Dostoevskijs Prosa. Im Gegensatz zu Dostoevskij zeichnet Kuzmin ein lebendiges Bild des Lebens im vorrevolutionären Petersburg und streut hin und wieder lyrische Passagen ein. Seine Grundthesen kommen auch hier deutlich zum Ausdruck: Es gibt Menschen, die durch ihre Verankerung im Göttlichen für andere wegweisend sein können, eine Schutzengelfunktion haben, und zwar auch über zeitliche und räumliche Trennung hinweg (sowohl in Kuzmins anderen Romanen und Erzählungen als auch in seiner Lyrik begegnen wir immer wieder der Gestalt eines Begleiters – *rožatyj*). Liebe kann nicht erzwungen werden, schon gar nicht durch Gewalt, die überhaupt nichts Bleibendes erschaffen

kann. Religiosität und Sexualität sind nicht nur vereinbar, beide machen erst einen ganzheitlichen Menschen aus. Der Roman ist in der Kritik bisher kaum behandelt und seiner Bedeutung gemäß gewürdigt worden. F.Scho.

Ausgaben: Petrograd 1916 (in *Sobr. soč.*, Bd. 7); Petropolis/Bln. ²1924. – Berkeley 1986 (in *Proza*, Hg. V. Markov u. F. Scholz, Bd. 6).

Übersetzung: *Der stille Hüter*, J. M. Schubert, Heidelberg/Baden-Baden 1928.

Literatur: A. Fields, *M. K. Notes on a Decadent's Prose* (in The Russian Review, 22, 1963, S. 289–300). – V. Markov, *Beseda o proze Kuzmina* (in M. A. K., *Proza*, Hg. ders. u. F. Scholz, Bd. 1, Berkeley 1984, S. 9).

DMITRIJ SERGEEVIČ MEREŽKOVSKIJ

* 14.8.1865 St. Petersburg
† 9.12.1941 Paris

Literatur zum Autor:
E. Ackerknecht, *D. M. Eine kritische Würdigung*, Lpzg. 1911. – E. Lundberg, *M. u. sein neues Christentum*, Bln. 1921. – Z. Gippius, *D. M.*, Paris 1951. – C. H. Bedford, *D. M., the Forgotten Poet* (in SEER, 36, 1957, S. 159–180). – B. G. Rosenthal, *D. M.*, Diss. Berkeley 1970. – U. Spengler, *D. S. M. als Literaturkritiker*, Diss. Luzern 1972. – C. H. Bedford, *The Seeker*, Lawrence 1975. – J. B. Eichrodt, *Anarchy and Culture*, Diss. NY 1975. – B. G. Rosenthal, *D. S. M. and the Silver Age*, Den Haag 1975. – O. Holovaty, *M. Christ and Antichrist*, Diss. Nashville 1977. – T. Pachmuss, *D. S. M. in Exile: The Master of the Genre of Biographic Romance*, NY/Bern 1990. – *Meždunarodnaja konferencija, posvjaščennaja žizni i tvorčestvu D. M.* (in Izvestija AN, serija literatury i jazyka, 1991, Nr. 4).

ALEKSANDR I

(russ.; *Ü: Alexander I.*). Historischer Roman von Dmitrij S. Merežkovskij, erschienen 1911. – Der Roman über die Zeit vor dem Dekabristenaufstand (1825) bildet zusammen mit dem Schauspiel *Pavel I* und dem Roman *Četyrnadcatoe dekabrja (Der vierzehnte Dezember)* eine kulturphilosophische Trilogie »über den Kampf zwischen den gleichen Prinzipien [wie in seiner Trilogie *Christ und Antichrist*] hinsichtlich Rußlands Zukunft«. Die Titelfigur – Zar Alexander I. (reg. 1801–1825), Begründer der »Heiligen Allianz« und »*Planer eines neuen Rußland*«, der im Geist der Aufklärung erzogen wurde, zugleich Mörder seines Vaters – erscheint als der Prototyp ewiger russischer Unentschiedenheit: »*Die Fett- und Blutflecken genierten ihn nicht mehr; er hatte schon längst jeden Gedanken, sie zu beseitigen, aufgegeben. Vor Jahren hatte er sogar den Absolutismus abschaffen wollen; er konnte aber nicht einmal mit den Schlagbäumen fertig werden; natürlich wird er auch die Knute nie abschaffen. Was du dir auch ausklügelst, alles bleibt doch beim alten.*«

Alexander steht als Symbol für Rußland, für seine politische Brutalität (verkörpert in der Gestalt des Grafen Arakčeev) und erkennende Religiosität (verkörpert in dem alten Fürsten Golicyn). Ohne es zu wissen, verschreibt sich Alexander dem antichristlichen »Prinzip«, als er Golicyn dem Günstling Arakčeev opfert. Und abermals beschwört er das Gespenst des mit diesem »Prinzip« identischen Cäsaropapismus herauf: »*Der Zar und der Papst sind einander ähnlich und entgegengesetzt wie die rechte und die linke Hand ... Wessen Hände sind es? ... Vielleicht dessen, von dem der Heiland zum Apostel Paulus sagte:* ›*Ein anderer wird dich gürten und führen, wohin du nicht willst.*‹«

Antipodisch zur Entwicklung des Zaren verläuft die der »*Geheimen Gesellschaft*«, auch sie jedoch behindert vom Hemmschuh der Unentschlossenheit. Diese »Carbonari« um den jungen Fürsten Valerian Golicyn (eine der wenigen frei erfundenen Figuren) vertreten innerhalb der vom Autor entworfenen Antithese die christliche Alternative, die jedoch keine Bedeutung gewinnt, weil jugendliche Unreife und innere Zersplitterung es nicht zulassen. Wesentlicher als dieses dialektisch-kulturphilosophische Gerüst des Romans ist jedoch seine stoffliche Verkleidung, die sich dem Leser als ein geschickt komponiertes Zeitbild darbietet, in dem kaum eine berühmte Persönlichkeit aus dem Rußland A. PUŠKINS fehlt.   W. Sch.

AUSGABEN: Moskau 1911. – Moskau 1914 (in *Poln. sobr. soč.*, Bd. 7/8). – NY 1955 [Neuausg. u. d. T. *Aleksandr I i dekabristy*].

ÜBERSETZUNG: *Alexander I.*, A. Eliasberg, Mchn. 1913. – Dass., ders., Mchn. 1947.

LITERATUR: A. Kornilov, *O romane M. »Aleksandr I«* (in Sovremennik, 1913, S. 184–200). – S. P. Mel'gunov, *Roman M. »Aleksandr I«* (in S. P. M., *Dela i ljudi Aleksandrovskogo vremeni*, Bln. 1923, S. 311–341). – M. Winkler, *Zarenlegende. Glanz u. Geheimnis um Alexander I.*, Bln. 1941.

ČETYRNADCATOE DEKABRJA

(russ.; *Ü: Der vierzehnte Dezember*). Historischer Roman von Dmitrij S. MEREŽKOVSKIJ, erschienen 1918. – Mit diesem Werk über den Dekabristenaufstand (1825) schließt Merežkovskijs zweite kulturphilosophische Historientrilogie (Drama *Pa-*

vel I, Roman *Aleksandr I*). Merežkovskijs zentrales Anliegen ist auch hier, die russische Geschichte als den Schauplatz des Kampfes zwischen »*Christ und Antichrist*« (so lautet der Titel der ersten Trilogie) zu deuten.

In einer mystisch-wirren Auseinandersetzung mit den Gedanken P. ČAADAEVS, der in seinen *Filosofičeskije pis'ma*, 1836 (*Philosophische Briefe*), aus der Sicht des römischen Katholizismus die aus der Isolation vom Westen resultierende kulturelle Rückständigkeit Rußlands scharf kritisiert hatte, exemplifiziert er diesmal seinen »dialektischen Dualismus« an dem vor allem aufgrund seiner Planlosigkeit gescheiterten Aufstand der sog. Dekabristen vom 14. Dezember 1825, der die Thronbesteigung Nikolaus' I. hätte verhindern und ein konstitutionelles Regime einführen sollen: »*Rußland wird nicht gerettet werden, ehe sich seinem Schoße nicht ein Schrei des Schmerzes und der Reue entringt, dessen Widerhall die ganze Welt erfüllt.*«

Gerettet werden muß es vor dem »Antichrist«, da nach Merežkovskijs Vorstellung gerade Rußland seiner geistigen Struktur nach ein besonders günstiger Nährboden für das Gedeihen des brudermordenden Prinzips ist, denn: »*Rußland ist* [entgegen Čaadaevs Meinung] *kein unbeschriebenes Blatt Papier; es steht darauf schon geschrieben: Reich des Tieres.*« Bürger dieses Reiches sind im Roman sowohl der Zar Nikolaus I. als zunächst auch die gegen ihn anläßlich seiner Thronbesteigung revoltierenden Dekabristen, deren »*stehende Revolution*« Merežkovskij »*Maria ohne Martha, Seele ohne Körper*« zu sein scheint. Erst im Kerker und vor der Hinrichtung emanzipieren sich diese jungen Adligen, geläutert durch ihre Leiden, zu Bürgern des »*Dritten Reiches*«, jener Fiktion Merežkovskijs, in der das Endstadium des Kampfes zwischen Christ und Antichrist erreicht sein sollte.

Von der Konzeption des vorhergehenden Romans *Aleksandr I* weicht das Werk entscheidend ab: Das Urteil des Autors über die Dekabristen und ihren Aufstand hat sich unter dem Eindruck der persönlich erlebten Oktoberrevolution (die die Romanfiguren oft »prophezeien«) wesentlich verändert; die Sentenz »*Schrecklich ist das Zaren-Tier; noch schrecklicher ist vielleicht das Volk-Tier*« deutet an, daß der Autor den Dekabristenaufstand nicht mehr – wenn auch nur bedingt – im Zeichen eines Kampfes für die Herrschaft Christi zu sehen vermochte. Um so weniger gelingt ihm eine annehmbare Lösung der dargebotenen Probleme, und wenn er den Roman mit der »freudigen« Erkenntnis seines Helden Valerian Golicyn schließen läßt, daß »*Christus und die Erde, Allerreinste Mutter*«, Rußland retten würden, so setzt er zu vielen Fragezeichen nur noch ein letztes großes.   W. Sch.

AUSGABE: Petersburg 1918.

ÜBERSETZUNGEN: *Der vierzehnte Dezember*, A. Eliasberg, Mchn. 1921. – *Der Reiter aus Erz*, ders., Lpzg. 1931. – *Der vierzehnte Dezember*, ders., Mchn. 1962 (GGT).

LITERATUR: M. Cetlin, *O novom romane M.: »14-oe dekabrja«* (in *Sovrem. zapiski*, Paris 1921, S. 254 bis 262).

JULIAN OTSTUPNIK. Smert' Bogov

(russ.; *Ü: Julian Apostata*). Historischer Roman von Dmitrij S. MEREŽKOVSKIJ, erschienen 1896. – Das Werk bildet zusammen mit den späteren Romanen *Leonardo da Vinči* (1901) und *Pëtr i Aleksej* (1905) die Trilogie *Christos i antichrist (Christ und Antichrist)*. Jeder der drei Teile will an einer beispielhaften Persönlichkeit den Konflikt zwischen Heidentum und Christentum, Körper und Geist, zeigen, den der Autor für den Motor der Geschichte hält. Hinter jeder historischen Situation soll der von der idealistischen Philosophie behauptete dialektische Dreischritt geschichtlicher Entwicklung spürbar werden, ohne daß in einer der dargestellten Umwälzungen die Synthese, an die Merežkovskij glaubte, eine Theokratie, in der sich Christentum und Hellenentum vereinigen, je erreicht würde.

Merežkovskijs Julian Apostata erlebt, daß das eben zur Staatsreligion erhobene Christentum einen beherrschenden Einfluß auf die abendländische Geisteswelt gewinnt, und will wie H. IBSENS Held in *Kejser og Galilæer*, 1873 *(Kaiser und Galiläer)*, ein »drittes Reich« heraufführen. Überzeugt, daß die Unbefangenheit, Schönheit und Sinnenfreudigkeit der griechischen Götterwelt mit den alten Tempeln untergegangen sei, baut Julian diese wieder auf und versucht, die heidnischen Kulte zu neuer Blüte zu bringen. Dieser Plan scheitert, der Imperator fällt in der Schlacht bei Ktesiphon (363), und unter Kaiser Jovian erhalten die Christen die Privilegien, die ihnen Julian genommen hatte, zurück.

Der Autor gestaltet diesen Stoff, ohne ihn wesentlich zu verändern, gibt den historischen Ereignissen jedoch – sicher nicht nur unter dem Eindruck der Philosophie HEGELS, sondern auch der Polarität von Apoll und Dionysos in NIETZSCHES *Geburt der Tragödie* (1871) entsprechend – eine eigene Deutung. Überzeugt, daß die ungetrübte Schönheit der Religion vergangener Zeiten nicht ohne weiteres wiederherzustellen ist, weist er darauf hin, daß der pantheistische Kosmos der Griechen mit dem personifizierten Logos des Christentums zu einer Religion des Geistes verschmolzen werden muß. Diese Synthese würde seiner Meinung nach zugleich die Aufhebung des Gegensatzes von Gut und Schlecht, Demut und Stolz, Güte und Grausamkeit bedeuten, und das Ergebnis wären Kraft und Schönheit des Menschen. Dieser Gedanke, der in den übrigen Teilen der Trilogie wiederaufgenommen wird, bestimmt den Ablauf des Geschehens so stark, daß selbst die Hauptgestalten vorwiegend als Träger der zu veranschaulichenden Ideen erscheinen und kaum individuell charakterisiert werden. Julian, der es versäumt, der entscheidende Schrittmacher auf dem Weg der Geschichte zu einer kommenden, Heidentum und Christen-

tum miteinander vereinigenden Ära zu werden, ist die herausragende Gestalt. Merežkovskijs Held scheitert, weil er die Rolle des Christentums in der Geschichte verkennt und den Gang des Geschehens schlechthin zurückdrehen möchte.   E.Z.G.-KLL

AUSGABEN: Moskau 1896. – Petersburg/Moskau 1911 (in *Poln. sobr. soč.*, 17 Bde., 1911–1913, 1).

ÜBERSETZUNGEN: *Julian Apostata*, C. v. Gütschow, Lpzg. 1903. – Dass., A. Eliasberg, Mchn. 1951.

VERFILMUNG: *Smert' Bogov*, Rußland 1917 (Regie: V. Kasjanov).

LITERATUR: R. Förster, *Kaiser Julian in der Dichtung alter und neuer Zeit* (in StvLg, 5, 1905, S. 1–120).

LEONARDO DA VINČI. Voskresšie bogi

(russ.; *Ü: Leonardo da Vinci. Die Wiedergeburt der Götter*). Historischer Roman von Dmitrij S. MEREŽKOVSKIJ, erschienen 1901. – Das Werk bildet mit *Julian Otstupnik*, 1896 *(Julian Apostata)*, und *Pëtr i Aleksej*, 1905 *(Peter und Aleksej)*, Merežkovskijs geschichtsphilosophische Trilogie *Christos i antichrist (Christ und Antichrist)*. Behandelt der erste Teil der Trilogie den Untergang der griechischen Götterwelt, so ist das Thema des zweiten das Wiedererstehen des antiken Heidentums in der italienischen Hochrenaissance. Die Renaissance interpretiert Merežkovskij, dessen Denken sich mit Vorliebe in abstrakten Antithesen bewegt, als Epoche des kulturhistorischen Kampfes zwischen hellenistischem Heidentum und asketischem Christentum. Die Auseinandersetzung Savonarolas mit dem oberitalienischen Potentatentum und dem Borgia-Papst Alexander VI. ist dem Autor, der darin Gedankengängen HEGELS folgt, Teil der dialektischen Entwicklung der Geschichte zu jenem »dritten Reich«, in dem sich *»die weiße Mitra mit der Krone Nebukadnezars, die Krone Christi mit der Krone des Antichrists paaren«* wird.

Der Künstler und Mathematiker Leonardo – sein wechselvolles Schicksal steht im Mittelpunkt des Romans – ist einer der wenigen, die diesen dialektischen Schritt bereits begriffen und in sich selbst vollzogen haben: Er lebt seiner Zeit als geistiger Bürger des »dritten Reichs« voraus. *»Die Liebe kommt hier aus der Erkenntnis ... Unter allen Menschen hat Leonardo allein dieses Wort des Herrn erfaßt, und er hat es in seinem Christus* [dem Christus des Abendmahls], *der alles liebt, weil er alles weiß, Fleisch werden lassen.«* – In den Sitten- und Charakterbildern aus der Zeit Alexanders VI., Julius' II. und Leos X., die den Roman beherrschen, beweist der Autor eine große Einfühlungsgabe, die bewirkt, daß sich der Roman immer wieder in den Rang einer historischen Informationsquelle erhebt. Aufgrund seiner stofflichen Vielseitigkeit und des erotisch gefärbten Hintergrunds, vor dem die Intrigen der geschilderten Epoche sich abspielen, ist der Roman Bestandteil der gängigen Unterhaltungsliteratur geworden.   W. Sch.

AUSGABEN: Petersburg 1901; ²1906. – Petersburg/ Moskau 1911 (in *Poln. sobr. soč.*, 17 Bde., 1911–1913, 2/3).

ÜBERSETZUNGEN: *Leonardo da Vinci. Ein biographischer Roman aus der Wende des 15. Jh.s*, C. v. Gütschow, Lpzg. 1903; ²1906. – *Leonardo da Vinci. Die Wiedergeburt der Götter*, J. v. Guenther, Lpzg. 1929. – *Leonardo da Vinci*, H. v. Hoerschelmann, Mchn. 1960. – Dass., E. Boehme, Mchn. 1973.

LITERATUR: K. Clark, *Leonardo da Vinci*, Cambridge 1952.

PĒTR I ALEKSEJ. Antichrist

(russ.; *Ü: Peter der Große und sein Sohn Alexej*). Historischer Roman von Dmitrij S. MEREŽKOVSKIJ, erschienen 1905. – Nach *Julian Otstupnik*, 1896 *(Julian Apostata)*, und *Leonardo da Vinči* (1901) als letzter Band der geschichtsphilosophischen Trilogie *Christos i antichrist (Christ und Antichrist)* erschienen, entwirft der Roman ein umfassendes und vielfarbiges Panorama der *»großen Zeit Rußlands«*, der Epoche der Petrinischen Reformen. Wie Leonardo lebt Peter der Große seiner Zeit voraus, doch brennt in ihm statt des verinnerlichten Lichts des Italieners ein eher prometheisches Feuer, der unbeugsame Wille, seinem Volk aus besserem Wissen die westeuropäische Kultur aufzuzwingen. Da jedoch *»Millionen die Last wieder herabziehen, die er für zehn den Berg hinaufwälzt«*, führt sein Bemühen zu einem geistigen Chaos. Das einfache Volk, das in dem Zaren den Antichristen zu erkennen glaubt, flieht vor den Neuerungen in apokalyptische Endzeiterwartung und Sektierertum. *»Alltäglich den Weltuntergang und die Wiederkunft Christi erwartend, legen sich die einen ins Grab, um sich die Sterbelitanei zu singen, während sich die anderen selbst verbrennen.«*
Neben seinem gottähnlichen Machtanspruch läßt den Zaren vor allem seine durch die Staatsräson geforderte Unmenschlichkeit, der der Zarensohn Aleksej zum Opfer fällt, als »Antichrist« erscheinen. In gläubigem Humanitätsbewußtsein hat Aleksej den aussichtslosen Kampf gegen den Vater aufgenommen, bis ihn dieser des Hochverrats anklagt und eigenhändig tötet. Die Ermordung durch den »Antichrist« erhebt Aleksej zum Bürger des »dritten Reiches«, dessen Ableitung und Darstellung das eigentliche Interesse des Romans und der Trilogie gilt: *»Es gab eine alte Kirche, die Kirche Petri, des Gottesfelsens. Es entsteht eine neue Kirche, die Kirche Johannis, des Donnersohnes ... Das erste Reich, das Alte Testament, ist das Reich des Vaters. Das zweite, das Neue Testament, ist das Reich des Soh-*

nes. Das dritte, das Letzte Testament, ist das Reich des Heiligen Geistes.«
Nach Ansicht des Autors wird der – im HEGELschen Sinne – dialektische Geschichtsprozeß seine Vollendung in einer Art Theokratie finden, in der sich der Geist des Hellenismus mit dem eines geläuterten russisch-orthodoxen Christentums zu einer Synthese vereinigt. Begreiflicherweise ist Merežkovskij eine konkrete Definition dieses Reiches nicht gelungen. Seine Prognosen erschöpfen sich in einer der Offenbarung des Johannes nachempfundenen mystischen Spekulation. Das imposante, plastische Bild des Petrinischen Rußland, das der Roman entwirft, vermag jedoch einigermaßen für die mangelnde Überzeugungskraft des geschichtsphilosophischen Gedankensystems zu entschädigen.   W. Sch.

AUSGABEN: Petersburg 1905. – Petersburg/Moskau 1911 (in *Poln. sobr. soč.*, 17 Bde., 1911–1913, Bd. 4/5).

ÜBERSETZUNGEN: *Peter der Große und sein Sohn Alexej. Historischer Roman aus Rußlands großer Zeit*, C. v. Gütschow, Lpzg. 1905. – *Peter und Alexei*, A. Eliasberg, Mchn. 1924.

DRAMATISIERUNG: D. Merežkovskij, *Carevič Aleksej* (Urauff.: Petersburg, 25. 3. 1920, Bolšoj dramatičeskij teatr').

VERFILMUNG: Rußland 1919 (Regie: J. Zeljabuski).

LITERATUR: A. Luther, *Eine Romantrilogie* (in LE, 7, 1905).

VASILIJ VASIL'EVIČ ROZANOV

* 2.5.1856 Vetluga / Gouvernement
Kostroma
† 5.2.1919 Sergiev Posad

LITERATUR ZUM AUTOR:
V. Šklovskij, *R.*, Petrograd 1921; Nachdr. Letchworth 1977. – E. Gollerbach, *V. V. R., Ličnost' i tvorčestvo*, Petersburg 1922; Nachdr. Paris 1976. – M. Kurdjumov, *O R.*, Paris 1929. – R. Poggioli, *R.*, Ldn. 1962. – M. Spasovskij, *V. V. R. v poslednye gody svoej žizni*, NY ²1968. – Z. Kaulbach, *The Life and Works of V. V. R.*, Diss. Ithaca/N.Y. 1973. – J. Romanoff, *V. R., the jurodivyj of Russian Literature*, Diss. Stanford/Calif. 1974 [enth. Bibliogr.]. – A. Crone, *R. and the End of Literature: Polyphony and the Dissolution of Genre in the Solitaria and Fallen Leaves*, Würzburg 1978. – H. Stammler, *V. V. R.*

als Philosoph, Gießen 1984. – V. A. Fateev, _Žizn',
tvorčestvo, ličnost'_, Leningrad 1991. – A. N. Nikoljukin, _V. V. R._, Moskau 1990. – V. Sukač, _V. V. R._
(in _Russkaja filosofija. Malyj enciklopedičeskij slovar'_,
Red. A. Alešin, Moskau 1995).

APOKALIPSIČESKAJA SEKTA. Chlysty i skopcy

(russ.; _Die apokalyptische Sekte. Geißler und Kastra-
ten_). Religionsphilosophische Abhandlung von
Vasilij V. ROZANOV, erschienen 1914. – Das Werk
ist, in philosophischer Hinsicht, ein Teil der Rozanovschen »Metaphysik des Christentums«. Es setzt
sich mit der offiziellen Politik von Kirche und Staat
gegenüber den Sekten auseinander und exemplifiziert Rozanovs Auffassung von der Lebensfeind-
lichkeit des Christentums. Für Rozanov scheint das
neutestamentliche Ideal der Askese und körperlichen Enthaltsamkeit in den Sekten der Geißler und
Kastraten seinen echten religiösen Ausdruck gefunden zu haben: Durch freiwillige Kastration, um
der »_Sünde der fleischlichen Liebe zu entgehen_« (Kastraten), durch bewußte Ablehnung der fleischlichen Vereinigung und einen religiös-erotischen
Kult (der »_heilige Kuß der Scham_« bei den Geißlern)
wollen jene Sekten »_das ewige Leben_« gewinnen.
Die Menschen dieser Sekten, die in ihrer gesamten
biologisch-geistigen Existenz gezeigt werden, bezeichnet Rozanov als »_apokalyptisch_«, weil sie in der
Zerfallszeit der christlichen Epoche (vgl. _Apokalip-
sis našego vremeni_) mit ihrer religiös begründeten
Unfruchtbarkeit der Gesellschaft Vorbild sein werden. Man könne damit der immensen Bevölke-
rungszuwachs »_religiös_« bremsen. Die Geißler seien
»_die Antwort der Natur auf das Gesetz von Malthus_«:
»_Jene Erscheinungen der Biologie und Geschichte haben plötzlich ihren Sinn und Platz gefunden._«
Grundlage dieser religiösen Sozialutopie ist Rozanovs »Sexualpantheismus«, ein »_religiöser Biozen-
trismus_« (V. Zen'kovskij), den er in den Religionen
des Alten Testaments und des Orients findet. Die
Apokalyptische Sekte ist das wichtigste Werk über
die in Rußland noch um die Jahrhundertwende
verbreiteten Geißler- und Kastratensekten. Das
Werk, zugleich eine Untersuchung über sexual-
und religionstypologische Verhaltensweisen, zeigt
die enge Verbindung persönlicher Beobachtungen
des Autors mit der Kenntnis großer historischer
Prozesse. Im Kern seiner Thesen trifft Rozanov
sich mit S. FREUD: Da Sexualität der »_erste Bewe-
ger_« ist, sind geistige Leistungen zugleich sexuelle
Sublimationsprozesse. Bei Rozanov wird jedoch,
im Gegensatz zu Freud, Sexualität »mystisch« gedeutet: Sie ist zugleich »_in Gott_«. Sprachlich zeigt
das Werk den voll entfaltete Stil des reifen Rozanov, der mit den publizistischen Traditionen des
19. Jh.s gebrochen hat (V. Šklovskij). Der Stil des
Autors wird unverwechselbar: Die Sprache ist ganz
subjektiviert; aus dem Detail – »_aus den Einzelheiten erkennt man die Wahrheit_« – werden die allgemeingültigen Thesen abgeleitet. So vielfältig und

verwirrend Rozanovs Themen auch immer sein
mögen, seine Sprache bleibt immer diszipliniert
und einfach; es ist die »_natürliche russische Sprache
wie bei Avvakum_« (A. Remizov). Selbst lange Sätze
wirken nie komplex und schwer. Nicht überlastet,
sind sie wohl ausbalanciert und von der natürlichen
Lebendigkeit der gesprochenen Sprache, der Ausdrücke aus verschiedenen Fachsprachen beigegeben sind. Rozanov schreibt einen Verbalstil; seine
Intonationsbreite, die alle Ausdrucksmöglichkeiten der russischen Sprache kennt, zeichnet sich ab
in der Häufung von Klammern, Apostrophen, Ge-
dankenstrichen und Kursiven, die der Verkürzung,
Untertreibung, Verfremdung und Ironisierung
dienen. Auf diese Weise wird auch die »_Vibration
der tönenden Stimme hörbar_« (Ju. Ivask). Die Gradation des Textes durch Interpunktionszeichen kann
allerdings akustisch nicht nachvollzogen werden;
sie bleibt gebunden an das graphische Bild und ist
nur visuell »hörbar«. MIRSKIJ urteilt, Rozanov habe Rußland »_mit einer schriftstellerischen Originalität bereichert, ohne die der russische Genius nicht gemessen werden kann_«: »_Rozanov war der größte
Schriftsteller seiner Generation._«   F. H.

AUSGABE: Petersburg 1914.

LITERATUR: B. Schultze, _V. V. R._ (in B. Sch., _Rus-
sische Denker_, Wien 1950, S. 211–227). – H.
Stammler, _V. R. as a Philosopher_ (in Modern Age,
1984, Nr. 28, S. 143–151).

APOKALIPSIS NAŠEGO VREMENI

(russ.; _Die Apokalypse unserer Zeit_). Religionsphilosophische Abhandlung von Vasilij V. ROZANOV,
erschienen 1917/18 in zehn Teilen. – Die _Apokalyp-
se unserer Zeit_, Rozanovs Vermächtnis und letztes
Buch, wurde angesichts der Revolution geschrieben und bestätigt Rozanovs frühere Prophetie vom
Untergang der christlichen Epoche durch die Revolution. Nach seiner Meinung zeigt die biblische
Apokalypse – »_ein durchaus unchristliches, ja anti-
christliches Buch_« – nicht den Untergang der Welt,
sondern den Untergang des Christentums an. In
der Revolution nun sieht er das Wiedererstehen der
Religion des _Alten Testaments_, da die Ereignisse
der Gegenwart die Unmöglichkeit einer Synthese
zwischen _Altem Testament_ und _Neuem Testament_
bewiesen. Auch diese Gegenwart – »_das Stöhnen der
Zivilisation_« – sei schon in Christus angelegt, denn
die wahre Zivilisation werde nicht durch »_die Lilien
auf dem Felde_« und das »_jenseitige Leben_« ausgewiesen, sondern durch »_Wachstum_« und »_Licht_«, weshalb »_das Christentum nur zerstört werden_« könne.
D. H. LAWRENCE, ein philosophischer Nachfahre
Rozanovs, schrieb dazu 1930: »_Ich glaube, Tolstoj
wäre tief bestürzt, wenn er zurückkommen könnte und
das Rußland von heute sähe; Rozanov dagegen emp-
fände keine Überraschung._« – Obwohl Rozanov
letztlich im Sozialismus eher das »Anti-Christen-
tum« sah als die Renaissance des Alten Testaments,

glaubt er doch, »*Himmel und Erde*« könnten wieder zusammengebracht werden. So schließt die *Apokalypse unserer Zeit* mit einem hoffnungsvollen »*Aufruf an die Jugend*«: »*Denk daran: der Himmel ist wie die Erde … das Leben ist ein Haus. Und das Haus soll warm, bequem und rund sein. Arbeite am runden Haus, und Gott verläßt dich nicht im Himmel. Er vergißt den Vogel nicht, der sein Nest baut.*« F.H.

AUSGABEN: Sergiev Posad 1917/18. – Paris 1928. – Mchn. 1970 (in *Izbrannoe*, Hg. u. Einl. E. Žiglevič; dt. Einl. H. Stammler).

ÜBERSETZUNG: *Die Apokalypse unserer Zeit*, H. Stammler (in *Solitaria*, Hbg./Mchn. 1963; ern. Zürich 1985; Ausz.).

LITERATUR: S. Tyszkiewicz, S. J., *Réflexions du penseur russe V. R. sur le catholicisme* (in Nouvelle Revue Théolog., 74, 1952, S. 1062–1074). – P. Leskovec, S. J., *Basilio R. e la sua concezione religiosa*, Rom 1958. – H. Stammler, *Apocalyptic Speculations in the Works of D. H. Lawrence and V. V. R.* (in WdS, 1959, S. 66–73).

LEGENDA O VELIKOM INKVIZITORE F. M. DOSTOEVSKOGO. Opyt kritičeskogo kommentarija s priloženiem dvuch ėtjudov o Gogole

(russ.; *Dostojewski und seine Legende vom Großinquisitor*). Geistesgeschichtliche Abhandlung von Vasilij V. ROZANOV, erschienen 1890. – Das im Untertitel als *Versuch eines kritischen Kommentars* bezeichnete Werk des dem Symbolismus nahestehenden Autors ist nicht nur eine mystisch-religiöse Interpretation der in F. DOSTOEVSKIJS *Brat'ja Karamazovy*, 1879/80 (*Brüder Karamazov*), enthaltenen *Legende vom Großinquisitor*, sondern gleichzeitig auch eine Formulierung seiner gesamten Geschichtsphilosophie. Der von Empörung gegen das Unrecht und Leiden in der Welt getragene »Aufruhr« Ivan Karamazovs gegen Gott sowie die von Ivan erdachte *Legende* – sie erzählt, wie Christus bei seiner Wiederkehr auf Geheiß des spanischen Großinquisitors eingekerkert wird – werden von Rozanov als der bisher umfassendste satanische Angriff gegen die Religion interpretiert.
Die besondere Gefährlichkeit der von Ivan vorgebrachten »Dialektik« (der Begriff bezeichnet bei Rozanov die Spitzfindigkeiten des Bösen) beruht darin, daß sie sich gegen die drei »*mystischen Akte des Sündenfalls, der Erlösung und des Jüngsten Gerichts*« richtet, die grundlegenden religiösen »Stützpunkte«, an denen das Schicksal der Menschheit »befestigt« ist. In der eigentlichen *Legende* sieht Rozanov die Erlösung der Menschen durch Christus in Frage gestellt. Diese Tendenz ist vor allem im Katholizismus verkörpert, der »*die Korrektur Seiner Sache, die Degradierung der himmlischen Lehre zu einer irdisch verständlichen, die Anpassung des Göttlichen an das Menschliche*« ist. Mit aller Schärfe

polemisiert Rozanov gegen das Prinzip des »Rationalismus«, das nach seiner Meinung dem Verhalten des Großinquisitors wie überhaupt der katholischen Kirche zugrunde liegt. Von der »*Irrationalität des menschlichen Wesens*« ausgehend, verwirft Rozanov alle sozialen Theorien und wissenschaftlichen Erklärungen der Welt. Angesichts des vorherrschenden Materialismus und Utilitarismus sieht der Kulturkritiker den einzigen Ausweg in einer mystischen Religiosität. Die Fin-de-siècle-Stimmung kommt am deutlichsten in den unter ständiger Bezugnahme auf die *Offenbarung des Johannes* eingefügten apokalyptischen Visionen zum Ausdruck, in denen die »*Empörung alles Irdischen, Niederen gegen alles Himmlische*« ihren Höhepunkt erreicht. – Rozanovs Geschichtsverständnis ist geprägt durch die Vorstellung der Orthodoxie als die der slavischen Rasse angemessene Form der Religion, durch die slavophile Ideologie der »Bodenständigkeit« (*počvennost'*) und Elemente einer zyklischen Kulturtheorie.
Zusammen mit D. MEREŽKOVSKIJS *Tolstoj i Dostoevskij* (1901–1904) hat Rozanov wesentlich zur Formulierung des symbolistischen Dostoevskij-Bilds der Jahrhundertwende beigetragen. In der *Legende* stellt er L. TOLSTOJ, den »*Maler des Lebens in seinen vollendeten, festen Formen*«, Dostoevskij als dem »*Analytiker der nicht feststehenden Formen*« gegenüber, der bei der »*Entstehung und Auflösung*« des Lebens verweilt. In den zwei Gogol'-Studien, die der *Legende* beigefügt sind, wird N. GOGOL' als »*genialer Schilderer der äußeren Formen*« bezeichnet, während A. PUŠKIN die Fähigkeit zugesprochen wird, mit Leben erfüllte Gestalten zu schaffen. Bemerkenswert an Rozanovs Abhandlung sind, neben der bildhaften Ausdrucksfähigkeit seiner Sprache, die originellen und treffenden Beobachtungen zur künstlerischen Eigenart der klassischen russischen Autoren des 19. Jh.s. H.Gü.

AUSGABE: Petersburg 1890; ³1906.

ÜBERSETZUNG: *Dostojewski und seine Legende vom Großinquisitor*, A. Ramm, Bln. 1924.

LITERATUR: A. Belyj, *Arabeski. Kniga statej. Musaget*, Moskau 1911. – D. S. Merežkovskij, *Revoljucija i religija* (in D. S. M., *Ne mir, no meč, Lermontov, Gogol'*, Petersburg/Moskau 1911). – A. Belyj, *Načalo veka*, Moskau/Leningrad 1933.

UEDINËNNOE

(russ.; *Solitaria*). Aphoristische Prosa von Vasilij V. ROZANOV, erschienen 1912. – Wie das folgende Werk Rozanovs, *Opavšie list'ja. Korob pervyj i vtoroj*, 1913–1915 (*Verwehte Blätter. Erster und zweiter Korb*), das mit dem Text inhaltlich und formal eng verwandt ist und daher von V. ŠKLOVSKIJ mit diesem als literarische Einheit behandelt wird, entzieht sich *Uedinënnoe* jeder gattungsgemäßen Zuordnung. Die geläufige Bezeichnung »*Aphorismen*-

sammlungen« ist in zweierlei Hinsicht irreführend. Zum einen enthalten die Sammelbände außer »Aphorismen« auch literarkritische, zeitgeschichtliche und autobiographische Notizen, Anekdoten, Zeitungsausschnitte, Zitate unterschiedlicher Herkunft; in die *Opavšie list'ja* sind sogar Familienfotos eingefügt, deren stilistische und kompositorische Funktion Šklovskij aufzeigt. Zum anderen unterscheiden sich die am ehesten aphoristischen Teile der Sammlungen grundlegend von den herkömmlichen Zeugnissen der Gattung. Fast immer entfernen sich die Spruchweisheiten des Autors durch ihre intime, privat-spekulative Herkunft und ihre offene, häufig bewußt fragmentarische Gestalt von der pointierten Prägnanz der traditionellen religiösen oder philosophisch-moralischen Aphorismen. Ihren eigentlichen Charakter erhalten sie im Zusammenhang mit den übrigen Textteilen, mit denen sie eine spezifische literarische Einheit bilden. Bezeichnet H. STAMMLER die »Aphorismen« Rozanovs als »*Materialien seines inneren Lebens*«, so sieht Šklovskij in ihnen eine »*neue Gattung*«, nämlich den »*heroischen Versuch, die Literatur zu verlassen*«, was zur Entstehung »*einer neuen Literatur, einer neuen Form*« führt. Nicht zu Unrecht vergleicht R. POGGIOLI das Werk des Autors mit dem Œuvre von M. PROUST und J. JOYCE.

Fabel- oder Sujetansätze finden sich in *Uedinënnoe* ebensowenig wie in *Opavšie list'ja*. Beide Werke dienen Šklovskij daher als Beispiele einer »*Literatur außerhalb des Sujets*«. Die einzelnen Textabschnitte werden einander in äußerst willkürlicher, subjektiver Weise zugeordnet. Der innere Zusammenhalt des Textes wird allein durch den intimbekenntnishaften Charakter der einzelnen Passagen hergestellt, die in dieser Hinsicht an die Technik des inneren Monologs erinnern. Bei der Wiedergabe seiner »äußeren« (biographischen) und »inneren« (betrachtenden, meist polemischen) Erlebnisse befleißigt sich Rozanov einer eigenartigen subjektiven Genauigkeit: »*Ort und Umstand des aufgekommenen Gedankens*‹ sind stets (absolut genau) angegeben, um die fundamentale Idee des Sensualismus zu widerlegen, nach der ›nihil est in intellectu, quod non fuerat in sensu‹. Das ganze Leben lang habe ich – im Gegensatz hierzu – beobachtet, daß das, was sich in intellectu ereignet, in vollem Gegensatz zu dem steht, quod fuerat in sensu.*«

Die meist in Klammern an die verschiedenen Textstellen angefügten Angaben über Herkunft, Anlaß und Entstehungsort des betreffenden »Gedankensplitters« verblüffen daher nicht allein durch ihre eigenartige Intimität und Skurrilität, sondern auch durch den oft geradezu grotesken Kontrast, in dem sie zu den jeweiligen »Aussagen« stehen. Gedanken über das Jenseits kommen dem Autor »*beim Zigarettenstopfen*«; am Grabe Suvorins sinniert er über die Prostitution, über N. GOGOL' schreibt er »*im Garten, als der Magen schmerzte*«. Diese Skurrilität, zu der sich Parallelen in Rozanovs eigener skurriler Lebensweise finden, ist ein wichtiges Mittel, überkommene »Einheiten« in der Literatur mit provozierenden Kontrasten aufzubrechen. Diesem Ziel

dient auch die bewußte Verwendung traditionell nichtliterarischer Sprechweisen (z. B. des Jargons) und Texte (z. B. Zeitungsausschnitte). Rozanov war einer der ersten, der auf die literarische Bedeutung des Kriminalromans hinwies und eine Vorliebe für die Diebes- und Polizistensprache entwickelte. Planmäßig verstößt er gegen die konventionellen Grammatik- und Syntaxregeln und bringt dadurch auch auf sprachlich-stilistischer Ebene eine Fülle erstaunlicher und verwirrender Kontraste hervor.

Der offenen Schreibweise und Komposition entsprach die grundsätzliche Abneigung des Autors, sich auf Überzeugungen festzulegen: »*Und die Überzeugungen? Auf die spucke ich.*« »*Das Beste an meiner Schriftstellerei ist, daß sie zehn Menschen ernährt. Das ist etwas Unumstößliches und Festes. Und die Ideen? Was sind schon Ideen ... Ideen hat's viele.*« Sind diese Sätze auch nicht wörtlich zu verstehen (es ließen sich auch gegenteilige Aussagen zitieren), so kommen sie doch der menschlichen, ideologischen und künstlerischen Grundhaltung des Autors besonders nah. Wie es ihm als Publizisten nicht schwerfällt, gleichzeitig an konservativ-monarchistischen (›Novoe vremja‹), religionsphilosophischen (›Zolotoe runo‹), präfaschistischen (›Zemščina‹), aber auch an liberalen Zeitschriften (›Slovo‹) mitzuarbeiten, so stehen in seinen Sammelbänden konservativ-religiöse und antiklerikale, asketische und dionysische, antisemitische und alttestamentarische Ansichten unvermittelt nebeneinander.

Ohne Zweifel liegt in der gedanklichen Widersprüchlichkeit des Werks einer der wesentlichen Gründe für seine äußerst zurückhaltende Rezeption. Gleichwohl übte Rozanov eine nachhaltige Wirkung auf Schriftsteller und Philosophen unterschiedlichster Herkunft und Überzeugung aus (D. MEREŽKOVSKIJ, N. BERDJAEV, Z. GIPPIUS, V. IVANOV, A. REMIZOV). Deutliche Spuren seines Einflusses finden sich auch in den Werken A. BELYJS, B. PIL'NJAKS, A. VESËLYJS und anderer experimentierender Schriftsteller der frühen Sowjetliteratur, die sich von der streng sujetbezogenen Prosa entfernen.　　　　　　　　　　　　　H. J. S.

AUSGABEN: Petersburg 1912. – Petersburg 1916. – Paris 1928. – NY 1956 (in *Izbrannoe*, Hg. u. Einl. Ju. P. Ivask; zus. m. *Opavšie list'ja*). – Mchn. 1970 (in *Izbrannoe*, Hg. u. Einl. E. Žiglevič; dt. Einl. H. Stammler; zus. m. *Opavšie list'ja*).

ÜBERSETZUNGEN (Ausz.): *Solitaria* u. *Verwehte Blätter*, H. Stammler (in *Solitaria. AS*, Hbg./ Mchn. 1963; ern. Zürich 1985). – In *Gedanken aus dem Hinterhalt. Ein Katechismus für Ketzer*, Hg. F. P. Ingold, Zürich 1971.

LITERATUR: Z. Gippius, *Živye lica*, Prag 1925. – V. Šklovskij, *Literatura vne ›sjužeta‹* (in V. Š., *O teorii prozy*, Moskau 2 1929, S. 226–245).

IGOR' SEVERJANIN

eig. Igor' Vasil'evič Lotarëv

* 16.5.1887 St. Petersburg
† 20.12.1941 Tartu

GROMOKIPJAŠČIJ KUBOK

(russ.; *Der donnerschäumende Becher*). Gedichtsammlung von Igor' SEVERJANIN, erschienen
1913. – Dieser zwischen 1909 und 1912 entstandene, erste bedeutende Gedichtband Severjanins
machte ihn in Rußland schnell berühmt. Er wurde
zur Leitfigur der Petersburger »Egofuturisten«,
einer kurzlebigen Dichtervereinigung (1912 bis
1914), die nur dem Namen und dem zeitlichen
Rahmen nach den Futuristen um V. CHLEBNIKOV
und V. MAJAKOVSKIJ nahestand. Während diese
eine revolutionäre, avantgardistische Kunst und
die Zerstörung der bürgerlichen Dekadenz anstrebten (vgl. den Beitrag zu D. BURLJUK, *Poščečina
obščestvennomu vkusu*), waren die »Egofuturisten«
auf hedonistische Genußsucht und radikalen Individualismus ausgerichtet.
Die Gedichte in *Gromokipjaščij kubok* sind ein Versuch, teils aus männlicher, teils aus weiblicher Perspektive chaotische Augenblicke des Rausches, des
erotischen Genusses ins Bild zu setzen (*»... zieh den
Mantel aus / Und auch deine seidene Wäsche / ... Solche Nacktheit ist herrlicher als alle Herrlichkeiten!«*);
es herrscht in ihnen meist eine übersteigerte Emo-
tionalität (*»Den Augen deiner Seele gelten meine Gebete und meine Trauer, / Meine Krankheit, meine
Angst, das Weinen meines Gewissens / und alles, was
hier am Anfang und am Ende ist...«*). Oft steigert
sich das lyrische Ich in phantastische Visionen (*»Ich
habe einen zwölfstöckigen Palast, / Und eine Prinzessin auf jeder Etage ... Tag und Nacht wandle ich,
Tag und Nacht schlaflos / In diesem Rausch kann ich
keine Sekunde trauern«*). *Grëza* (Träumerei, Phantasie), *ėkscess* (»Exzeß«) und *kapriz* (»Laune, Capri-
ce«) sind Schlüsselwörter der Sammlung. Auch
Musik und Tanz (z. B. die Mazurka) sind für diese
lyrische Atmosphäre prägend.
Der Band ist in vier Abschnitte gegliedert. *Siren'
moej vesny* (*Der Flieder meines Frühlings*), *Morožen-
noe iz sireni* (*Fliedereis*), *Za strunnoj izgorod'ju liry*
(*Hinter dem Saitenzaun der Lyra*) und *Ego-Fu-
turizm* (*Egofuturismus*). Im kurzen letzten Abschnitt umreißt der Dichter die Stellung seiner
Gruppierung in der Literaturgeschichte (*Prolog,
Poėza o Karamzine*) und formuliert (im letzten Gedicht *Epilog*) ein »egofuturistisches« Manifest:
»*Ich, das Genie Igor Severjanin, / Bin von meiner
Freiheit berauscht: / Ich bin über der ganzen Stadt wie
auf einer Leinwand, / Ich bin in jedem Herzen fest verankert (...) Ich habe meine Aufgabe erfüllt, die Literatur gebändigt (...) Ich habe der Masse der Knechte /
Die Bedeutung ihres eigenen ›Ichs‹ geschenkt.*«

Die Sprache Severjanins – für die Zeitgenossen das
bemerkenswerteste Charakteristikum dieses Dichters – ist mit zahlreichen (meist aus ungewohnten
Zusammensetzungen gebildeten) Neologismen
durchsetzt. Der Dichter reimt häufig französische
Wörter wie *crème de violette* und *virelai* mit russischen. Im allgemeinen ist sein Werk durch eine Mischung aus einem hohen Stil und provozierenden
Vulgarismen gekennzeichnet. Er versieht die Gedichte oft mit ungewöhnlichen Gattungsbezeichnungen: *»Novelle«*, *»Erzählung eines Reisenden«* sowie den eigens für seine Werke geprägten Begriff
»poėza«. Im übrigen folgt er in Reim und Metrum
klassischen Mustern.
Severjanin greift, indem er sie zugleich radikali-
siert, die neoromantische Richtung der *poésie pure*
eines K. FOFANOV oder einer M. LOCHVICKAJA sowie die Fin-de-siècle-Dekadenz eines V. BRJUSOV
auf. Der Band erschien mit einem Vorwort des
Symbolisten F. SOLOGUB; das ihm vorangestellte
Motto, dem auch der Titel des Bandes entnommen
ist, entstammt dem Gedicht *Vesennjaja groza*
(*Frühlingssturm*) des Romantikers F. TJUTČEV, in
dem die Göttin Hebe, statt den Becher voll Nektar
dem Adler des Zeus zu reichen, einen »donner-
schäumenden Becher« auf die Erde gießt.
Obwohl Severjanin im zweiten Jahrzehnt des
20. Jh.s eine enorme Popularität genoß und als die
große Hoffnung der russischen Dichtung angesehen wurde (1918 wurde er sogar zum »König der
Dichter« gewählt), hat sich die Wirkung seines auf
Überraschung und Provokation ausgerichteten
Werks als kurzlebig erwiesen. »*Der Schock, den Severjanin ... beim Leser hervorzurufen trachtete, wurde durch eine gewisse mondäne Verspieltheit erheblich
gemildert*« (J. Holthusen). Seine kritische Haltung
gegenüber der bolschewistischen Machtübernahme, die schließlich zu seiner endgültigen Emigration nach Estland führte, machte eine weitere Veröffentlichung seiner Werke in Rußland seit den
zwanziger Jahren unmöglich. Erst 1975 konnte ein
kleiner Auswahlband, u. a. mit Gedichten aus *Gromokipjaščij kubok*, erscheinen.   H.Mey.

AUSGABEN: Moskau 1913 (Vorw. F. Sologub;
⁷1915). – St. Petersburg 1918 (in *Sobr. poėz*, 4 Bde.,
1; Nachdr. Washington 1966). – Moskau 1975 (in
Stichotvorenija; Ausw.). – Moskau 1988 (in *Stichotvorenija*).

ÜBERSETZUNG: *Ananas in Champagner. Poesen*,
Münster 1996.

LITERATUR: V. Chodasevič, Rez. (in Utro Rossii,
1913, Nr. 63, S. 6). – R. Ivanov-Razumnik, Rez.
(in Zavety, 1913, Nr. 3, Tl. 2, S. 217–222). – *Kritika o tvorčestve I. S., Stat'i i recenzii*, Moskau 1916. –
*Istorija russkoj literatury konca XIX-načala XX veka.
Bibliografičeskij ukazatel'*, Hg. K. Muratova, Mos-
kau/Leningrad 1963, S. 369–371. – V. T. Adams,
Utopija I. S. (in *Trudy po russkoj i slavjanskoj filologii*, Bd. 9, Tartu 1966, S. 237–243). – A. Tarasenkov, *Russkie poėty XX veka 1900–1955*, Moskau

1966, S. 332–335. – *Ob I. S., Tezisy dokladov nauč-noj konferencij, posveščennoj 100-letiju so dnja roždenija I. S.*, Čerepovec 1987.

FËDOR SOLOGUB

eig. Fëdor Kuz'mič Teternikov

* 1.3.1863 St. Petersburg
† 5.12.1927 Leningrad

LITERATUR ZUM AUTOR:
R. V. Ivanov-Razumnik, *O smysle žizni. F. S., L. Andreev, L. Šestov*, Petersburg ²1910. – K. Čukovskij, *Nav'i čary melkogo besa. Putevoditel' po S.* (in Russkaja mysl', 1910, Nr. 2, Abt. II, S. 70 bis 105). – *O F. S., Kritika, stat'i i zametki*, Hg. A. N. Čebotarevskaja, Petersburg 1911. – A. G. Gornfel'd, *F. S.* (in *Russkaja literatura XX veka*, Hg. S. A. Vengerov, Bd. 2, Moskau 1915, S. 14–64). – C. Hansson, *F. S. as a Short-Story Writer*, Stockholm 1976. – A. Leitner, *Die Erzählungen F. S.s*, Mchn. 1976. – J. Holthusen, *Russische Literatur im 20. Jh.*, Mchn. 1978, S. 30–38. – S. J. Rabinowitz, *S.'s Literary Children: Keys to a Symbolist's Prose*, Columbia 1980. – N. Dénissoff, *Fëdor Sologoub*, Paris 1981. – *F. S. 1884–1944. Texte, Aufsätze, Bibliographie*, Hg. B. Lauer u. U. Steltner, Mchn. 1984. – *Biografičeskie materialy* (in F. S., *Tvorimaja legenda*, t. 2, Moskau 1991).

DAS LYRISCHE WERK (russ.) von Fëdor SOLOGUB.
Fëdor Sologub hat sowohl auf dem Gebiet der Prosa (als Romancier und Novellist) wie auch auf jenem der Lyrik Vollendetes geschaffen. Bedeutung und Rang, die den Dichtungen dieses wohl wichtigsten Vertreters der russischen Décadence zukommen, sind unbestritten. Trotzdem ist sein vielseitiges und äußerst umfangreiches Œuvre (es umfaßt auch Dramen, Märchen, Übersetzungen und Publizistik) noch weit davon entfernt, gründlich erforscht oder auch nur vollständig veröffentlicht zu sein. So kann vor allem die Zahl der Gedichte, die Sologub im Verlauf fast eines halben Jahrhunderts geschrieben hat – weit über tausend –, auch nicht annähernd genau bestimmt werden. – Seine frühesten dichterischen Versuche stammen noch aus dem Jahrzehnt, das er als Schullehrer in der Provinz verbrachte (1882–1892). Bereits in diesen Gedichten, die thematisch und stilistisch einen Großteil seines lyrischen Schaffens vorausnehmen, läßt Sologub sich in seiner unverkennbaren Manier, die aber nicht selten zu Manieriertheit wird, erkennen. Seine ganze Größe erreichte er gegen Ende der neunziger Jahre. Zu diesem Zeitpunkt

schloß er sich zwar dem damals vorherrschenden Symbolismus an, kann aber nur insofern als einer seiner typischen Vertreter gelten, als er dessen anfänglich dekadentem Credo huldigte. Ästhetisches Experimentieren, aber auch pathetisches Deklamieren – typisch für K. BAL'MONT und V. BRJUSOV – sind seiner Lyrik ebenso fremd wie der Hang zum Mystischen des späteren russischen Symbolismus. Wie wohl nur bei Zinaida GIPPIUS ist Sologubs Dekadenz unverfälscht-organisch, sie folgt keiner Mode, sondern innersten, oft befremdenden Neigungen, die von einem pessimistisch-subjektivistischen Weltbild zeugen, vom Irrationalen eines dämonischen Mächten unterworfenen Lebens, dessen Fesseln sich der Dichter in Verneinung des Daseins, in »*Legenden vom Schönen und Bezaubernden*« zu entledigen sucht.
Im Jahre 1896 gelang es Sologub, einen ersten schmalen Gedichtband zu veröffentlichen; ihm folgten weitere sechs, wobei ein Band ausschließlich Übersetzungen von P. VERLAINE enthielt. Zum literarischen Ereignis wurde sein achter Gedichtband *Plamennyj krug*, 1908 *(Der flammende Kreis)*, eine nahezu repräsentative Auswahl seines bisherigen Schaffens. Allein die Untertitel geben schon Zeugnis vom Reichtum und von der Eigentümlichkeit Sologubscher Dichtkunst: *Ličiny pereživanij (Masken des Erlebten*; mit Erfahrungen aus dem Bereich der Seelenwanderung), *Zemnoe zatočenie (Erdenkerker), Set' smerti (Netz des Todes), Dymnyj ladan (Brennender Weihrauch), Preobraženija (Verwandlungen), Volchvovanija (Zaubereien), Tichaja dolina (Stilles Tal), Edinaja volja (Ein einziger Wille), Poslednee utešenie (Letzte Tröstung)*. Tröstung findet der im »Erdenkerker« eingesperrte Dichter *(»Wir sind gefangene Tiere,/ Wir brüllen und wir schreien./ Verriegelt sind die Türen,/ Wir können uns nicht befreien«)* im Traum vom fernen Land Ojlé, das vom *Stern Maïr (Zvevda Maïr*, wie der Titel seines bedeutendsten Gedichtzyklus lautet) beschienen wird: »*Dort, im Scheine des Maïr, des Sternes,/ Blüt von zarten Blüten bunt das Feld./ Dort, im Scheine des Maïr, des Sternes,/ Schwebt in endlos-nebelhafter Ferne/ Eine andere, geheimnisvolle Welt.*« Elegisch-verhaltenes Dahinfließen ist typisch für den Vers zahlreicher Sologub-Gedichte, so auch in *Angel blagogo molčan'ja (Engel des seligen Schweigens)* oder Strophen wie folgender: »*Bisweilen weht ein Duft voll Zauber,/ Und seine Herkunft kennst du nicht,/ Ein Tag, den du vergangen glaubtest,/ Noch einmal wiederholt er sich.*« Ihnen gegenüber stehen luziferische Versschöpfungen – lyrische Anklageschriften gegen Gott und die Welt – wie *Zmij, carjaščij nad vselennoju (Schlange, du der Welt Beherrscherin)*, worin die Sonne als böses Schöpfungsprinzip wortgewaltig verwünscht und in zynischer Erbitterung verherrlicht wird, wie *Kogda ja v burnom more plaval (Als ich auf stürmischem Meere fuhr)* oder auch *Čertovy kačeli (Die Teufelsschaukel)*. Mit Recht gilt Sologub als der Zauberer, der Hexenmeister unter den russischen Symbolisten. So gesteht er denn einmütig: »*Welche Last, zu leben mit den Leuten!/ Ach, was zieht denn*

uns zu ihnen hin?/ O warum denn nicht zu allen Zeiten/ Leise zaubern, hexen vor sich hin?« Groteske und satirische Züge sind der Sologubschen Lyrik ebenso eigen wie volkstümlich-patriotische, ja selbst anarchisch-revolutionäre Elemente fehlen nicht. Die verwirrende Vielfalt seines lyrischen Œuvres – *»Widersprüche lebten in ihm friedlich beisammen«* (V. Chodasevič) – reicht vom Wiegen- und Schäferlied über Elegie, Ballade und Hymne bis zum Kampfgesang, was sich auch im Reichtum der metrischen und strophischen Formen widerspiegelt. Gelegentlich sündigt Sologub an mangelndem Geschmack, verfällt einem lästigen Manierismus, beginnt sich selbst zu stilisieren, wie überhaupt das Spielerische eine wichtige Komponente seiner Lyrik ist. Formale Strenge, gedankliche Präzision, Schlichtheit der Sprache sowie betont rhythmische, oft liedhafte Musikalität zeichnen Sologubs Gedichte in besonderem Maße aus. Aber *»nicht die Melodie ist Grundlage für Sologubs lyrischen Ausdruck, sondern die Litanei mit ihren ›obstinaten‹ Wiederholungen, mit ihrer beschwörenden Eindringlichkeit«* (J. Holthusen). Im Vergleich mit fast allen russischen Symbolisten ist seine Lyrik sehr traditionell, der Autor weiß aber diesem traditionellen Vers (was sich vor allem im Gebrauch der Reime, auch »banaler« Reime, ausdrückt) unerwartete und originelle künstlerische Effekte abzugewinnen. Sologub ist in erster Linie ein Wortkünstler; sein eigentliches Credo gilt dem dichterischen Wort, der dichterischen Verkleidung eines beliebigen Inhalts. *»Besinge welches Los auch immer«*, schreibt er in einem programmatischen Gedicht aus dem Jahre 1920. Nur eine Liebe erlaubt er dem Dichter, *»die Liebe zur Verflechtung wahrer Worte«,* und fährt fort: *»Im Worte findest du alleine/ Die Unermeßlichkeit der Welt./ Nicht andrem Glück, nur ihm alleine/ Sei dein Geschick anheimgestellt.«* Die erlösende Macht des »silbernen Strahls« der Worte besingt er aber auch schon in einem seiner frühesten Gedichte: *»Ich vereinte mit rhythmischen Reimen/ Dieser Verse symmetrische Zahl,/ Um des Herzens unendliche Leiden/ Zu ertränken in silbernem Strahl.«* – Sologub ist sich und seiner Geisteshaltung immer treu geblieben, folglich ist es schwierig, wenn nicht sogar unmöglich, eine Evolution seiner Lyrik nachzuzeichnen. Seine Kraft *»als Dichter besteht darin, daß er der einzige konsequente Vertreter der Dekadenz war und blieb«* (N. Gumilëv). Einzig seine späte, durch die Revolution, der er ablehnend gegenüberstand, keineswegs beeinträchtigte Lyrik – sie gipfelt im Band *Odna ljubov'*, 1921 *(Die eine Liebe)* – zeichnet sich durch vermehrte Klassizität aus; vormals pessimistische Grundstimmungen weichen einer ironischen, abgeklärten Resignation, dem Bewußtsein, ein zwar unglückliches, aber erfülltes Leben gelebt zu haben: *»Gebrannt bist du. Denn nicht von Zucker/ Ist diese Welt. Rauh geht's hier zu!–/ So flieg denn fort, du armer Schlucker,/ Als wärst ein leichter Falter du.«*   C.Fe.

AUSGABEN: *Stichi*, Petersburg 1896. – *Rasskazy i stichi*, Petersburg 1869. – *Sobranie stichov*, Moskau

1904. – *Rodine*, Petersburg 1906. – *Plamennyj krug*, Moskau 1908. – *Sobr. soč.*, 12 Bde., Petersburg 1909–1911, 1, 5 u. 9. – *Sobr. soč.*, 20 Bde., Petersburg 1913–1914, 1, 5, 9, 13 u. 17. – *Vojna*, Petrograd 1915. – *Zemlja rodnaja*, Moskau 1916. – *Alyj mak*, Moskau 1917. – *Fimiamy*, Petersburg 1921. – *Nebo goluboe*, Reval 1921. – *Odna ljubov'*, Petrograd 1921. – *Sobornyj blagovest*, Petersburg 1921. – *Čarodejnaja čaša*, Petersburg 1922. – *Koster dorožnyj*, Moskau/Petrograd 1922. – *Svirel'*, Petersburg 1922. – *Velikij blagovest*, Moskau/Petrograd 1923. – *Stichotvorenija*, Leningrad 1939 [krit.]. – *Izbrannoe*, Chicago 1965. – *Stichotvorenija*, Leningrad 1975 [krit.; m. Varianten und Komm.]. – *Neizdannoe i nesobrannoe*, Mchn. 1989.

ÜBERSETZUNG: *Der flammende Kreis*, Ch. Ferber, Sachseln 1983 [Ausw.].

VERTONUNGEN: u. a. von R. Gliėr, M. Gnesin, R. Mervol'f.

LITERATUR: E. Lundberg, *Lirika F. S.* (in Russkaja mysl', 1912, Nr. 4, Abt. II, S. 57–82). – A. Gizetti, *Liričeskij lik S.* (in *Sovremennaja literatura. Sbornik statej*, Leningrad 1925, S. 82–92). – E. Bristol, *F. S.'s Postrevolutionary Poetry* (in The American Slavic and East European Review, 1960, Nr. 3, S. 414–422). – M. I. Dikman, *Poetičeskoe tvorčestvo F. S.* (in F. S., *Stichotvorenija*, Leningrad 1975, S. 5–74). – V. Orlov, *F. S.* (in *Pereput'ja. Iz istorii russkoj poèzii načala XX veka*, Moskau 1976, S. 36–51). – H. Brzoza, *Idejno-filosofskij smyl muzykal'nogo načala v lirike F. S. 1890–191' gg.* (in RES, 1981, Nr. 1, 2, 3, S. 179–191). – B. Lauer, *Das lyrische Frühwerk von F. S. Weltgefühl, Motivik, Sprache und Versform*, Gießen 1986 [m. Bibliogr.]. – G. Pauer, *Einleitung* (in F. S., *Neizdannoe i nesobrannoe*, Mchn. 1989, S. 13–43). – F. Poljakov, *Zur Interpretation einiger thematischer Zyklen in neuveröffentlichten Gedichten F. S.s* (in Welt der Slawen, N. F. 16, 1992).

MELKIJ BES

(russ.; *Ü: Der kleine Dämon*). Roman von Fëdor SOLOGUB, entstanden 1892–1902, erstmals vollständig veröffentlicht 1907. – Der Roman, der bei seinem Erscheinen einen sensationellen Erfolg erzielte, gilt als eines der bedeutendsten Prosawerke des russischen Symbolismus, als der *»perfekteste russische Roman seit dem Tod Dostoevskijs«* (D. S. Mirskij). In seinem Mittelpunkt steht die groteske, jedoch mit klinischer Genauigkeit gezeichnete Gestalt des perversen Gymnasiallehrers Peredonov, der nicht nur das Kleinliche, Niedrige und Ekelerregende einer russischen Provinzstadt verkörpert, sondern dessen *»idiotische Maske«*, die aber Helden und Umgebung besser als jede genrehaft-realistische Darstellung wiederzugeben vermag, *»dem Menschen immer auch schreckliches Warnbild sein wird«* (G. Čulkov). So ist denn aus Peredonov einer der bekanntesten Charaktertypen der russischen Literatur geworden, der im negativen Begriff *peredonovščina* weiterlebt. Was die innere Logik, die Stringenz der gewagten Komposition des Romans betrifft, können sich nur zwei Romane jener Zeit mit Sologubs Meisterwerk messen: V. Brjusovs *Ognennyj angel*, 1908 *(Der feurige Engel)*, und A. Belyjs *Peterburg* (1912–1914).

Wie dies für einen breiten Zweig des modernen europäischen Romans typisch ist, wird in *Melkij bes* die Angst zum vorherrschenden Motiv menschlichen Handelns. Peredonovs Angst, eine ihm vage in Aussicht gestellte Inspektorenstelle nicht zu bekommen, begründet einen Großteil seiner Handlungen, so vor allem die Versuche, sich durch feiges Denunzieren die Gunst einflußreicher Persönlichkeiten zu sichern. Seine Angst, die bald zum Verfolgungswahn wird, läßt ihn überall und in allem Feinde und Feindbilder sehen, die in *nedotykomka*, dem grauen, »unfaßbaren« Phantomtierchen, das ihn als Halluzination verfolgt, poetische Gestalt annehmen. Dieses von einem Kritiker als »erschreckende Antithese des Ewig-Weiblichen« bezeichnete Gespensterwesen stürzt Peredonov endgültig in den Wahnsinn und läßt ihn einen sinnlosen Mord verüben. – Angst hat aber auch Varvara, seine Konkubine: Sie befürchtet, Peredonov werde sie trotz ihrer Bekanntschaft mit einer Fürstin, auf deren Protektion er bei der Beförderung angewiesen ist, nicht heiraten. Sie versucht daher, die Heirat mit allen Mitteln zu erzwingen, und die daraus resultierenden Intrigen – als Beamter ist Peredonov ein begehrtes Heiratsobjekt – bilden das eigentliche Gerüst des Haupterzählstrangs des Romans.

Dieser rohen, moralisch verkommenen Welt setzt Sologub ein ebenso unorthodoxes wie intentionell unschuldiges Idyll gegenüber: die Geschichte der Liebesspiele zwischen dem vierzehnjährigen Gymnasiasten Saša und der emanzipierten Ljudmila, die beide dem »*bebenden und geheimen Kult des erblühenden Fleisches*« huldigen. Diese nicht ohne Ironie in feierlich-»heidnischem« Stil erzählte Nebenhandlung – sicher auch ein Tribut an die westeuropäische Dekadenzliteratur, von der Sologubs Schaffen ebenso beeinflußt wurde wie von der Philosophie Schopenhauers – stellt einen künstlerisch überzeugenden Ausweg aus der *peredonovščina* dar. Ihr kommen aber auch strukturelle Funktionen zu. Mit Hilfe eines ausgeklügelten Systems von Parallelismen, sich in beiden Teilen des Romans wiederholenden, kontrastiv wirkenden Szenen und Motiven wird die Aussage des wichtigeren Teils in ein noch abscheulicheres Licht gerückt. Durch den Polarisierungseffekt wird Peredonov erst recht zu einem negativen Helden. Zudem wird der Leser mittels einer geschickt alternierenden Verteilung der beiden Geschichten zwischen von Peredonovs Alpträumen »erlöst« und kann so in Ruhe und Entspannung den immer dunkler werdenden Ereignissen entgegensehen. Der gegen Ende stattfindende Maskenball verbindet die beiden nahtlos ineinandergeflochtenen Teile des Romans in einem dämonischen Tanz, bei dem der gute Geist (Saša) einen wenn auch platonischen Sieg über die kleinen Teufel davonträgt.

Die Vermischung der Ebenen, der Übergang vom Naturalistischen ins Phantastische, ja gar Idealistisch-Utopische, ist typisch für Sologubs Gesamtwerk – die ungewohnte Verbindung von Satire und Idyll, einer der Hauptreize des Romans, findet sich aber fast einzig in *Melkij bes*. Angesichts dieser betont ambivalenten Grundhaltung des Autors dürfen die sozialkritischen Elemente des Romans nicht überbewertet werden. Peredonov wird nicht nur angeprangert, Sologub erhebt ihn auch zu einem Opfer (*»Ja, selbst Peredonov strebe nach Wahrheit...«*), welches er zudem als Lieferant jener Materie, an deren Bearbeitung ihm so viel gelegen ist, mit verdächtiger Gründlichkeit ausbeutet. Im Dialog zwischen Peredonov und seinesgleichen ist es ihm gelungen, die Schlechtigkeit – *pošlost'* – Sprache werden zu lassen, jene grotesk verformte Sprache, die nicht nur Ausdruck des Niederträchtigen, sondern wie dieses auch Ausdruck des Dämonischen ist. Die Sprache des Erzählers hingegen ist *»unprätentiös und kühl«*; mit *»berechneter (ironischer) Naivität«* (J. Holthusen) wird von den grausigsten und absurdesten Vorgängen berichtet. Der Roman kann stilistisch mit Werken von A. Remizov und Belyj verglichen werden. Sologub verzichtet zwar weitgehend auf den Neologismus, schöpft aber mit Vorliebe aus dem volkstümlichen, oft komisch-verzerrten Sprachgebrauch. Leitmotivisch wiederkehrende Bilder und Sätze – ein weiteres Charakteristikum – wirken nie aufdringlich, sondern verbergen sich wie all seine stilistisch-linguistischen, aber auch strukturellen Kunstgriffe unter dem Mantel der Einfachheit, einer Einfachheit, die *»im Grunde höchste Ausgesuchtheit ist«* (V. Brjusov). – Nicht zu unterschätzende Qualitäten dieses ersten bedeutenden Romans der russischen Moderne, der – wie Sologubs Prosa überhaupt – eine ganze Generation von Prosaschriftstellern, allen voran E. Zamjatin und M. Bulgakov beeinflußt hat, sind auch Erzählreichtum, Spannung und leichte Verständlichkeit. Sie bewirken, daß der an N. Gogol', M. Saltykov-Ščedrin und E. A. Poe geschulte Bericht über die Absonderlichkeiten Peredonovs eher mit Genuß als mit Abscheu gelesen wird.   C.Fe.

Ausgaben: Petersburg 1905 (in Voprosy žizny, Nr. 6–11; ohne letzte Kap.). – Petersburg 1907. – Petersburg ⁷1913 (in *Sobr. soč.*, 20 Bde., 6; umgearb.). – Moskau/Leningrad 1933 [krit.; m. Varianten; Vorw. O. Cechnovicer]. – Moskau 1988 [kommentierte Ausg.; Einl. V. A. Keldyš].

Übersetzungen: *Der kleine Dämon*, R. v. Walter, Mchn./Lpzg. 1909. – *Der kleine Teufel*, O. Rohl, Mchn. 1969. – *Der kleine Dämon*, E. Thiele, Lpzg. 1980. – Dass., R. v. Walter, Ffm. 1989.

Literatur: F. D. Reeve, *Art as Solution: S.'s Devil* (in Modern Fiction Studies, 1957, Nr. 2, S. 110–118). – G. Selegen', *»Prechitraja vjaz'«.*

Simvolizm v russkoj proze: »Melkij bes« F. S., Washington 1968. – B. Ju. Ulanovskaja, *O prototipach romana F. S. »Melkij bes«* (in Russkaja literatura, 1969, Nr. 3, S. 181–184). – L. J. Ivanits, *The Grotesque in F. S.'s Novel »The Petty Demon«* (in *Russian and Slavic Literature*, Hg. R. Freeborn u. a., Ann Arbor 1976, S. 137–173). – G. J. Thurston, *S.'s »Melkiy bes«* (in SEER, 1977, Nr. 1, S. 30–44). – S. Leiter, *Aspects of the Hero-Narrator Relationship in S.'s »Melkij bes«* (in Russian Language Journal, 1981, Nr. 121/122, S. 133–144). – *Appendix and Critical Articles*, Hg. M. Barker (in F. S., *The Petty Demon*, Ann Arbor 1983, S. 275–355). – J.M. Mills, *Expanding Critical Contexts: S.'s »Petty Demon«* (in SEEJ, 1984, Nr. 1, S. 15–31). – V. Erofeev, *Na grani razryva (»Melkij bes« F. S. na fone russkoj realističeskoj tradicii)* (in Voprosy literatury, 1985, Nr. 2, S. 145–156). – D. Greene, *Insidious Intent: An Interpretation of F. S.'s »The Petty Demon«*, Columbus 1986.

TVORIMAJA LEGENDA

(russ.; *Ü: Eine Legende im Werden*). Romantrilogie von Fëdor SOLOGUB, erschienen 1907–1913, in überarbeiteter Fassung 1914. – Sologubs Romantrilogie – Teil 1: ursprünglich *Nav'i čary (Totenzauber)*, dann *Kapli krovi (Blutstropfen)*; Teil 2: *Koroleva Ortruda (Königin Ortrud)*; Teil 3: *Dym i pepel' (Rauch und Asche)* – repräsentiert einen charakteristischen Höhepunkt jener Richtung der symbolistischen Prosa, die, der Ästhetik des Fin de siècle verpflichtet, eine spezifisch russische Spielart der Décadence ausbildete. Im Zentrum der Trilogie steht der Versuch einer ästhetisch begründeten (und nur auf dieser Ebene schöpferischen) Negation des Realen, d. h. einer mit Hilfe komplizierter kosmischer Symbole dargestellten Entgrenzung und Relativierung der objektiven Wirklichkeit zugunsten einer solipsistischen Weltsicht, in der neben utopistischen Entwürfen vor allem Untergangsvisionen dominieren.

Die Vermischung realer und transrealer Kategorien macht sich vor allem in dem Ineinanderfließen von realer und »innerer« Zeit und der transrealen Verkettung von Personen, Planeten und Elementen geltend. Sie kommt bereits in der wechselseitigen Durchdringung der beiden Handlungsebenen des Werks – des realen, verhaßten Provinzrußlands und des imaginären, mediterranen »Reiches der Vereinigten Inseln« – zum Ausdruck. Herrscherin des Inselstaates ist Königin Ortrud, in ihrer zweiten, alltäglichen Existenz die russische Elisaveta. Ihr ist der zweite Teil des Werks gewidmet. Die Hauptgestalt des ersten und dritten Teils ist der Schriftsteller, Zauberkünstler und Pädagoge Georgij Trirodov, der »Dreigeborene«. Auch er lebt in magischer Beziehung zu den zwei antinomischen Welten, die, hier vor allem in den kosmischen Symbolik von Sonne und Mond angesprochen, die Prinzipien von »Ja« und »Nein«, von »Ironie« und »Lyrik« verkörpern. Die Verknüpfung der Perso-

nen und Schauplätze aller drei Romanteile geschieht durch Träume und Visionen der Hauptpersonen (Trirodov, Ortrud, Elisaveta). Höhepunkt der Handlung ist der Tod Ortruds bei einem Vulkanausbruch auf der Insel Dragonera. Er verbindet Liebeserfüllung und Todessehnsucht: Ortrud schreitet über die Gräber ihrer Geliebten, die sie selbst getötet und in schwarzen Messen gefeiert hat, in den Tod. Ihr Nachfolger wird, nachdem er sich selbst als Kandidaten für den vakant gewordenen Thron vorgeschlagen hat, Trirodov. (Die Teufelsmessen-Szene ist in der russischen Ausgabe aus Zensurrücksichten entschärft. Aus dem gleichen Grund findet sich eine andere Szene – Ortrud, die geheime Braut des »Lichtspenders« Luzifer, will ihr von dem verhaßten Prinzen Tankred empfangenes Kind nicht austragen – lediglich in der deutschen Ausgabe, wie überhaupt für die eigentliche, unzensierte Textgestalt die – von Sologub autorisierte – deutsche Übersetzung des Werks von Fega FRISCH maßgebend ist.)

In den Kontext der mystisch-symbolischen Handlung sind Satiren auf die westeuropäische und russische Gesellschaft eingeflochten. Sologub spiegelt sie an den Mißständen des imaginären Inselstaates, die den vor allem im dritten Teil des Romans angeprangerten Mißständen der russischen Provinzstadt Skorodož auffallend gleichen. Im letzten Teil erscheinen sie direkt mit der Fabel verbunden: Trirodov und seine Gattin werden von den Anhängern der »Schwarzen Hundertschaft« (einer faschistischen, nationalistischen Gruppierung im zaristischen Rußland) bedrängt. Mit einer kleinen Gruppe von Anhängern gelingt es ihnen, in einem selbstkonstruierten Raumschiff in das Inselreich zu entfliehen, wo Trirodov – nunmehr König Georg I. – eine Gesellschaft *»völlig freier Ordnung«* aufzubauen versucht.

Der Roman, den Sologub als sein Hauptwerk betrachtete, ist im Urteil der Nachwelt ebenso umstritten, wie er es zur Zeit seines Erscheinens war. Mit seiner gewagten, nicht jedem Geschmack bekömmlichen Verbindung von Satire, Parodie, Erotik, Lyrik, Mystik und Utopie, wobei vor keinerlei Exzessen haltgemacht wird, ist er bei einem Großteil des Publikums auf Befremden gestoßen und hat sicher mehr Kritik als Lob geerntet. Die Vielfalt heterogener Elemente beeinträchtigt aber keineswegs den Erzählfluß und Lesbarkeit des gut durchkomponierten und mit großer Meisterschaft geschriebenen Buches. Selbst mit Kunstgriffen aus der Trivial- und Abenteuerliteratur wußte Sologub geschickt umzugehen, was vor allem im zweiten Teil des Romans, *Koroleva Ortruda*, einer erzählerischen Glanzleistung, zum Ausdruck kommt. In seiner historisierend-stilisierenden Art kann dieser Teil der Trilogie mit den historischen bzw. neopikaresken Romanen V. BRJUSOVS und M. KUZMINS verglichen werden. Der eigentliche Wert des Romanwerks, das übrigens – und dies fast einmalig für Rußland – stark von Jugendstilmotiven durchsetzt ist (Sologub ist auch als Übersetzer von E. STUCKEN hervorgetreten), liegt denn auch nicht in seiner reichlich eklektischen und als System kaum überzeugenden Philosophie, sondern darin, daß in ihm versucht wurde, »*die alten Formen zu zerstören und neue zu finden*« (A. Izmajlov), was teilweise auch gelungen ist und wohl Hauptreiz und Originalität der Trilogie ausmacht. · · · · · · · · · · · · · · H.J.S.-C.Fe.

AUSGABEN: Petersburg 1907 (*Tvorimaja legenda. Pervaja čast' romana Nav'i čary*; in Šipovnik, Nr. 3). – Petersburg 1908/09 (*Kapli krovi* u. *Koroleva Ortruda*; in Šipovnik, Nr. 7 u. 10). – Moskau 1912/13 (*Dym i pepel'*; in Zemlja, Nr. 10/11). – Petersburg 1914 (in *Sobr. soč.*, Bd. 18–20; Nachdr. Mchn. 1972; rev.).

ÜBERSETZUNG: *Totenzauber. Eine Legende im Werden*, F. Frisch, Mchn. 1913.

LITERATUR: A. A. Izmajlov, *Pomračenie božkov i novye kumiry*, Moskau 1910, S. 176–182. – J. Holthusen, *F. S. Romantrilogie*, Den Haag 1960. – A. Field, *The Created Legend: S.'s Symbolic Universe* (in SEEJ, 1961, Nr. 5, S. 341–349). – O. Ronen, *Toponyms of F. S.'s »Tvorimaja legenda«* (in WdS, 1968, S. 307–316). – J. Holthusen, *Vorwort* (in F. S., *Tvorimaja legenda*, Mchn. 1972, S. 5–12). – L. Dienes, *Creative Imagination in F. S.'s »Tvorimaja legenda«* (in WdS, 1978, Nr. 1, S. 176–186). – H. Baran, *Trirodov among the Symbolists: From the Drafts for S.'s »Tvorimaja legenda«* (in *Neue Russische Literatur*, Salzburg 1979/80, S. 179–202). – Ders., *F. S. and the Critics: The Case of »Nav'i čary«* (in *Studies in 20th Century Russian Prose*, Hg. N. A. Nilsson, Stockholm 1982, S. 26–58).

VLADIMIR SERGEEVIČ SOLOV'ËV

* 28.1.1853 Moskau
† 12.8.1900 Uzkoe bei Moskau

LITERATUR ZUM AUTOR:
O V. S., Moskau 1911. – E. N. Trubeckoj, *Mirosozercanie S.*, 2 Bde., Moskau 1913. – E. M. Lange, *V. S. Eine Seelenschilderung*, Mainz 1923. – H. Prager, *S.s universalistische Lebensphilosophie*, Tübingen 1925. – D. Stremoukhoff, *V. Soloviev et son œuvre messianique*, Straßburg 1935; ern. Paris 1938. – W. Szylkarski, *Solowjews Philosophie der All-Einheit*, Kowna 1935. – K. V. Močul'skij, *V. S.*, Paris 1936; ²1951. – F. Muckermann, *V. S. Zur Begegnung zwischen Rußland und dem Abendland*, Olten 1945. – L. Müller, *Solovjev und der Protestantismus*, Freiburg i. B. 1951. – Ders., *Das religionsphilos. System V. Solovjevs*, Bln. 1956. – E. Munzer, *The Prophet of Russian-Western Unity*, Ldn. 1956. – L. Šestov, *Umozrenie i otkrovenie: Religioznaja filosofija V. S.*,

Paris 1964. – F. Stepun, *Mystische Weltschau. Fünf Gestalten des russischen Symbolismus*, Mchn. 1964. – E. Klum, *Natur, Kunst u. Liebe in der Philosophie V. S.s. Eine religionsphilosophische Untersuchung*, Mchn. 1965 (Slavistische Beiträge, Bd. 14; zugl. Diss. Mchn. 1962). – H. Gäntzel, *W. Solowjows Rechtsphilosophie auf der Grundlage der Sittlichkeit*, Ffm. 1968. – H. Dahm, *V. S. u. Max Scheler*, Mchn./Salzburg 1971. – L. Wenzler, *Die Freiheit und das Böse nach V. S.*, Augsburg 1977 [m. Bibliogr.]. – H. Gleixner, *V. S.s Konzeption vom Verhältnis zwischen Politik und Sittlichkeit*, Ffm. u. a. 1978 [zugl. Diss. Regensburg 1975; m. Bibliogr.]. – H. Mosmann, *W. Solowjoff und die »werdende Vernunft der Wahrheit«: Keime zu einer Philosophie des Geistselbst*, Stg. 1984. – F. Gurvič, *W. Solowjow: der Mensch*, Mattenz 1985. – A. Besanson, *La falsification du bien: Soloviev et Orwell*, Paris 1985. – S. Pollinger, *Die Ethik W. Solowjews*, Wien 1985 (Wiener Blätter für Friedensforschung, Bd. 44/45). – H. Gleixner, *Die ethische religiöse Sozialismuskritik des V. S. Texte und Interpretationen*, Sankt Ottilien 1986. – L. Müller, *Materialien zu einem russisch-deutschen Wörterbuch der philosophischen Terminologie V. S.s*, Tübingen 1987. – P. Waage, *Der unsichtbare Kontinent. W. Solowjow, der Denker Europas*, Stg. 1988. – M. George, *Mystische und religiöse Erfahrung im Denken V. S.s*, Göttingen 1988 [zugl. Diss. Erlangen 1983]. – J. Sutton, *The Religious Philosophy of V. Solovyov: Towards a Reassessment*, NY 1988. – S. M. Lukjanov, *O V. S. v ego molodye gody. Materialy k biografii*, Kn. 1–3, Moskau 1990 [Nachdr. d. Ausg. Petrograd 1916–1921].

DAS LYRISCHE WERK (russ.) von Vladimir S. SOLOV'ËV.
Das schmale poetische Werk Solov'ëvs hat schon zu Lebzeiten des Autors einen besonderen Verehrerkreis gefunden und nach seinem Tode eine starke Wirkung auf die Dichtung des russischen Symbolismus ausgeübt. Im deutschen Sprachraum haben Rudolf und Marie STEINER im Rahmen der anthroposophischen Bewegung das Interesse auf Solov'ëvs Lyrik gelenkt. – Mit dem philosophischen Werk durch die Grundideen der »All-Einheit« und der Sophia als »Körper Gottes« eng verbunden, stellt das lyrische Werk doch eine eigenständige und zutiefst persönliche Ausdrucksform im Gesamtwerk des Autors dar. Die Gedichte sind »*die beste Quelle zum Verständnis des innersten Wesens Solov'ëvs*« (L. Müller). Sie reflektieren Grundüberzeugungen, aber auch Zweifel und Widersprüche im Denken und im Leben des Philosophen. Obgleich nicht in allen Teilen bedeutende Dichtung, zeichnet sich Solov'ëvs Lyrik durch ein hohes Maß an Originalität aus.
Die philosophischen Gedichte, der Form nach oratorische Gedankendichtung, sind durch das Vorherrschen eines dualistischen Weltmodells gekennzeichnet. Einer niederen Welt der Stofflichkeit, der Zeit und des Todes steht die höhere Welt der Geistigkeit und Ewigkeit gegenüber. Die Haltung des

Sprechers wird in der Regel von Askese und Welt-verneinung bestimmt: *Im Erdenschlaf sind wir nur Schatten... (V sne zemnom my teni, teni...)* Selte-ner, aber der Konzeption der Sophia als »Körper Gottes« näher, begegnet eine andere Auffassung von der materiellen Welt: aus ihr kann eine Kraft hervorgehen, die »*Himmel und Erde vermählt*« (*Vis eius integra, si versa fuerit in terram*). Der Konflikt zwischen einer spiritualistischen und einer sensua-listischen Auffassung der Natur ist konstituierend für die gesamte Dichtung Solov'ëvs. Erstere domi-niert in den philosophischen Gedichten, in den lyri-schen Bearbeitungen biblischer Themen (*V zemlju obetovannuju – Ins gelobte Land* u. a.) und ebenso in den vielzitierten historiosophischen Gedichten *Ex oriente lux* und *Panmongolismus*, in denen der Dich-ter die christliche Mission Rußlands verteidigt.

In den Liebesgedichten kommt vor allem die ande-re, sensualistische Naturauffassung zur Geltung. Sie bilden zusammen einen »*mystischen Roman*« (S. Bulgakov) zwischen dem lyrischen Ich und einem überirdischen Wesen, in dem Züge der So-phia, der »Weltseele« und des »Ewig-Weiblichen« (im Titel des gleichnamigen Gedichts deutsch) ver-einigt sind. Die Liebe findet ihren Ausdruck in einer Reihe von »Begegnungen« *(svidanija)*, d. h. visionären Erlebnissen des lyrischen Ich: »*Ganz in Azur erschien mir heute / meine Königin...*« In zwei Zyklen, die Reflexe realer Liebesbeziehungen des Autors enthalten, verbindet Solov'ëv die himmli-sche Liebe mit der irdischen und konstatiert in bei-den Fällen das Scheitern dieses Experiments. Das Thema korrespondiert mit Solov'ëvs Philosophie der Geschlechtsliebe (vgl. *Smysl l'ubvi*). Das letzte und programmatische Gedicht dieser Reihe, *Tri svidanija*, 1898 *(Drei Begegnungen)*, eine 50 Stro-phen umfassende Rückschau auf »*das Bedeutungs-vollste, was sich bisher in meinem Leben ereignet hat*«, ist ausschließlich dem mystischen Erlebnis der All-Einheit im Angesicht der »*ewigen Freundin*« gewid-met. Im Vorwort zur dritten Auflage der Gedichte (1900) wehrte sich Solov'ëv entschieden gegen den Verdacht, er habe »*die weibliche Natur an sich*« zum Gegenstand der Verehrung gemacht.

Die Naturgedichte bilden eine überwiegend har-monische Variante des Themas der »All-Einheit«. In der Schönheit der Natur, wenn nach Solov'ëvs Auffassung eine objektive Eigenschaft darstellt, of-fenbart sich die Erlösungssehnsucht der Weltseele *(Krasota v prirode – Die Schönheit in der Natur)*. An-sprachen des lyrischen Ichs an die *Herrin Erde (Vla-dyčica-zemlja!)* und insbesondere der dem Saima-See in Finnland gewidmete Zyklus variieren das Grundthema der schönen Natur, meist in Bildern »stiller«, herbstlicher Landschaften.

Die »scherzhaften« *(šutočnye)* Gedichte, meist in Briefen enthalten und nicht zur Veröffentlichung bestimmt, wurden erst in die siebte Auflage (1922) als eigene Rubrik aufgenommen. Es handelt sich um Beispiele einer harmlosen Nonsens-Poesie, Botschaften an Freunde und satirische Zeitbilder, darunter die bekannten Parodien auf die russischen Symbolisten (vor allem V. BRJUSOV): »*Vertikale Horizonte/ In Schokoladenhimmeln...*« In dem wit-zigen, manchmal groben und kalauerhaften Ton der Scherzgedichte kommt auch bittere Selbstver-spottung zum Ausdruck: »*Vladimir Solov'ëv liegt unter diesem Stein./ Einst war er Philosoph, jetzt ist er nur Gebein...*« *(Epitaph)*.

Autoparodistische Züge und eine romantische Iro-nie im Geist H. HEINES kennzeichnen auch die kleinen Versdramen. *Belaja lilija (Die weiße Lilie)*, ein »*Mysterienscherz in drei Akten*«, parodiert das ernste Liebesthema des Dichters: Vier enttäuschte Liebhaber suchen die weiße Lilie, d. i. die ideale Liebe. Auch die »*ewige Weiblichkeit*« bleibt von Verballhornungen nicht verschont. Harmloseren Themen sind das Stück *Al'sim*, eine *Faust*-Parodie, und die Satire *Dvorjanskij bunt (Adelsrevolte)* ge-widmet.

Solov'ëvs Übersetzungen (überwiegend aus dem Deutschen und Italienischen) beweisen ein beacht-liches Talent und zeigen die Spannweite der eige-nen Thematik des Dichters: Neben dem Thema der hohen Liebe bei DANTE *(Vita nuova)* und PETRAR-CA (Fragment eines Marienhymnus) und dem messianischen Pathos der vierten Ekloge VERGILS stehen die hedonistische Lebenshaltung des Sän-gers HAFIS (nach F. v. BODENSTEDT) und die ro-mantische Ironie Heines *(Buch der Lieder* u. a.).

Die Poetik der Dichtung Solov'ëvs kann als »vor-symbolistisch« bezeichnet werden. Einerseits ist seine Verssprache stark von der romantischen Tra-dition der russischen Lyrik (V. ŽUKOVSKIJ, F. TJUTČEV, A. FET u. a.) geprägt und zeigt geläufi-ge Versmaße, oft auch konventionelle Metaphern wie »*Kette der Zeiten*« oder »*Ufer der Hoffnung*«. Andererseits hat Solov'ëv einige bemerkenswerte Neuerungen in die Sprache der russischen Lyrik eingeführt, vor allem im Lexikon wiederkehrender Wortsymbole. Sie dienen zuerst als ständige Attri-bute der »*ewigen Freundin*«: die Himmelsfarbe »Azur« *(lazur',* im Russischen ein Femininum), das Adjektiv »weiß« *(belyj)* und andere Wörter aus dem Bereich »Licht« *(luči, zarja, sijanie, prozračnyj* u. a.) sowie entsprechende Wortfelder aus den Be-reichen »Stille«, »Bewegungslosigkeit« und »weiter Raum«. Da diese Wörter auch in den Naturbildern und in der inneren Welt des lyrischen Ichs ständig begegnen, erzeugen sie permanent Assoziationen mit dem Hauptthema und dienen (auch in den Übersetzungen) als Erkennungszeichen für die se-mantische Einheitlichkeit der poetischen Welt. Symbolistische Verfahren sind auch in den Be-schreibungen von Traumerlebnissen und in rätsel-haften Andeutungen erkennbar (*Son najavu – Wachtraum, Belye kolokol'čiki – Weiße Glockenblu-men* u. a.).

Während die älteren Symbolisten (V. Brjusov, K. BAL'MONT u. a.) Solov'ëvs mystisch-religiöser Thematik mit Skepsis begegneten, erlebten die jün-geren A. BELYJ und A. BLOK Solov'ëvs Lyrik am Jahrhundertanfang als eine mystische *Morgenröte (Zarja)*, in der sich Apokalypse und Welterlösung anzukündigen schienen. Belyjs frühe Werke (drei *Symphonien*, 1900–1902) und der Gedichtband

Zoloto v lazuri, 1904 *(Gold in Azur)*, sind von Solov'ëv-Zitaten durchzogen. Die intensivste Einwirkung der Dichtung Solov'ëvs ist dem Werk Bloks abzulesen, der in seinen *Stichi o Prekrasnoj Dame*, 1904 *(Verse von der Schönen Dame)*, das mystische Liebesthema aufnahm und auch in seinem späteren Werk Solov'ëv eng verbunden blieb.   A.Kn.

AUSGABEN: *Stichotvorenija*, Moskau 1891. – *Stichotvorenija i šutočnye p'esy*, Hg. u. Vorw. S.M. Solov'ëv, Moskau 7̸1922; Nachdr. Mchn. 1968. – *Stichotvorenija i šutočnye p'esy* (in *Sobr. soč.*, Bd. 12, Brüssel 1970). – *Stichotvorenija i šutočnye p'esy*, Hg. u. Einl. Z.G. Minc, Leningrad 1974. – *Stichotvorenija. Estetika. Literaturnaja kritika*, Moskau 1990.

ÜBERSETZUNGEN: *Gedichte*, L.Kobilinski-Ellis u. R.Kries, Mainz 1925. – *Gedichte*, M.Steiner, Dornach 1969. – *Solowjews Leben in Briefen und Gedichten*, Hg. L.Müller u. I.Wille (in *Deutsche GA der Werke*, Ergänzungsbd., Mchn. 1977).

LITERATUR: R.J.Lager, *V. Soloviev, Symbolist Poet*, Diss. Ann Arbor/Mich. 1970. – A.Knigge, *Die Lyrik V.S.s und ihre Nachwirkung bei A.Belyj und A.Blok*, Amsterdam 1973. – Z.G.Minc, *V.S. – poèt* (in V.S., *Stichotvorenija i šutočnye p'esy*, Hg. u. Einl. ders., Leningrad 1974). – Ders., *Iz rukopisnogo naslledija V.S. – poèta* (in Trudy po russkoj i slavjanskoj filologii, 24, 1975, S.372–395). – L.Müller, *Vorwort* (in *Solowjews Leben in Briefen und Gedichten*, Mchn. 1977). – R.Pollach, *Vers- und Reimtechnik in den Gedichten V.S.s*, Tübingen 1983.

DUCHOVNYE OSNOVY ŽIZNI

(russ.; *Die geistigen Grundlagen des Lebens*). Religionsphilosophische Aufsätze von Vladimir S. Solov'ëv, vorabgedruckt in Zeitschriften; zum Teil überarbeitet und gesammelt in Buchform erschienen 1884. – Der unpolemische, von vielen Bibelzitaten gestützte Inhalt dieser Sammlung kann als Ergänzung zu Solov'ëvs übrigen Werken angesehen werden. Nach einem Vorwort (das in der russischen Gesamtausgabe fehlt) legt der Autor im ersten Teil (Einführung und drei Kapitel) dar, daß der Mensch durch seine Natur an das Reich des Todes und der Sünde gebunden sei (Mord zur Selbsterhaltung, zur Nahrungsbeschaffung; individueller Lebenszweck: Erzeugung von Nachkommen, die selbst wieder dem Tod unterworfen sind). Dieser Bindung widerstreben sein Gewissen und sein Wunsch nach Unsterblichkeit, nach *pravda* (Wahrheit – Gerechtigkeit), nach sittlicher Vollkommenheit und Würde. Um diesem Widerstreit zu entkommen, darf der Mensch sein Leben nicht nur leben, sondern muß es erkennen, verbessern und retten. Dies aber kann, da das Gesetz (z.B. das Gesetz des *Alten Testaments*) allein wiederum zum Tode führt, nur im Zusammenwirken seines Willens als Prinzip der Freiheit mit der – als Geschenk von

oben erlangten – Gnade *(blagodat')* geschehen. Allein durch diese Hingabe an Gott, den absoluten Sinn und Inhalt des Lebens, wird die Macht der Sünde und der verschiedenen Versuchungen überwunden (speziell Versuchungen religiöser und geistlicher Macht; Parallelgedanken zu F.DOSTOEVSKIJS Großinquisitor in den *Brat'ja Karamazovy*, 1879/80 – *Die Brüder Karamazov*). Mittel dazu sind die religiösen Pflichten: das wahre, weise, uneigennützige und daher wirksame Gebet, das Solov'ëv in einer Auslegung des Vaterunsers näher beschreibt; das Opfer, das sich in drei Stufen zum höchsten religiösen Gefühl emporschwingen muß, nämlich zur Liebe (zumal im Christentum, wo Gott sich selbst zum Opfer dargebracht hat); das Almosen *(milostyn')* als Werk der Barmherzigkeit und höchste Entwicklungsform sozialen Verhaltens, unabhängig von den einzelnen unvollkommenen politischen Systemen; das Fasten in seinen verschiedenen Formen als Selbstbegrenzung mit dem Ziel: Herrschaft der Geist-Seele über den Körper und Herrschaft Gottes über die Seele. Der Mensch soll nach Christi Vorbild Mittler der Erlösung für die gesamte Kreatur sein. »*Bete zu Gott mit Glauben, tu den Menschen Gutes mit Liebe, und besiege die Natur in der Hoffnung auf künftige Auferstehung.*«
Das erste Kapitel des zweiten Teils handelt *Über das Christentum*. Eine Kraft zieht das abgetrennte, leidende Einzelwesen zum Ganzen hin: Der Sinn der Welt liegt in der All-Einheit. Der Mensch umfaßt das Universum, und zwar mit seinem Bewußtsein zunächst als Idee. In diesem Licht werden die einzelnen Denksysteme mit ihren Einseitigkeiten kritisch beleuchtet – eine kurze subjektive Philosophiegeschichte. Die folgenden Abschnitte behandeln verschiedene religionsphilosophische Probleme mit Themen wie: der Heilige ist groß im Heiligen, weil er es auch im (von ihm »verbrannten«) Bösen sein konnte oder könnte; das gilt für den einzelnen wie für Völker, z.B. für das jüdische, in dem der Logos nach seiner Selbstentäußerung Fleisch und (entsprechend dem kirchlichen Dogma) wahrer Gottmensch mit zwei Naturen und zwei Willen und mit allen Konsequenzen geworden ist. Der Heiligung und Wieder-Ganzwerdung *(iscelenie)* der Welt dienen auch die Sakramente. – Das zweite Kapitel beschreibt die Kirche als metaphysische Formel und als organische Form des Leibes Christi; ihr anzugehören bedeutet Teilnahme am Werk Gottes. Schon die Urgemeinde besitzt die heutige Ordnung, aber die Kirche wächst und entfaltet sich wie eine Pflanze, entwickelt sich zu einer freien Theokratie. Göttliche Kennzeichen sind ihre Universalität und ökumenische Katholizität, ihr mystisches Leben in der Wahrheit, die von den ökumenischen Konzilien ausgesprochen wurde. – Das dritte Kapitel ist dem christlichen Staat gewidmet, der die Synthese darstellt zwischen dem alten östlichen (orientalischen) und dem westlichen (römischen) Imperium, das als Rechts- und Machtstaat leere Form ist; der Staat erhält durch das Christentum seine eigentliche Aufgabe, wird durch dasselbe

idealisiert und vergeistigt (z. B. in der Humanisierung des Gesetzes: Strafe nicht mehr als Vergeltung, sondern als Erziehungs- und Besserungsmittel). – Im Schlußwort entwirft der Autor das Bild Christi als Prüfstein des Gewissens.

Der Kern der Aussage dieses Werkes ist: Ziel und gemeinschaftliche »theurgische« Lebensaufgabe bestehen in der Verwirklichung des Christentums, das in Christus und seiner Kirche geoffenbart ist; dies bedeutet die allgemeine Versöhnung, die Entstehung des geistig-geistlichen Menschen (des zweiten Adam), die Vergöttlichung der Natur, letztlich die Inkarnation der Gottmenschheit.

M.G.R.

AUSGABEN: Moskau 1884. – Petersburg ²1912 (in *Sobr. soč.*, 10 Bde., ²1911–1914, 3; Nachdr. Brüssel 1966). – Paris 1925.

ÜBERSETZUNGEN: *Die geistigen Grundlagen des Lebens*, H. Köhler (in *AW*, Bd. 1, Jena/Stg. 1914). – Dass., L. Müller (in *Deutsche GA der Werke*, Hg. W. Szylkarski, Bd. 2, Freiburg i. B. 1957).

LITERATUR: W. Szalkarski, *S. u. Dostoevskij* (in Stimmen der Zeit, Nov. 1947, S. 105–121).

OPRAVDANIE DOBRA. Nravstvennaja filosofija

(russ.; *Die Rechtfertigung des Guten. Eine Moralphilosophie*). Systematische Ethik von Vladimir S. SOLOV'ËV, erschienen 1897. – Im Denken des russischen Religionsphilosophen und Dichters Solov'ëv verbinden sich mystische, theosophische, romantisch-utopische Züge (die ihn zum großen Anreger des russischen Symbolismus prädestinierten) mit rationaler, zum Schematismus neigender Denkweise, durch die er gleichzeitig zum ersten Systematiker der russischen Philosophie wurde. Er ist einer Vielzahl unterschiedlichster Quellen verpflichtet: den kanonischen und apokryphen Schriften des Christentums, den Werken von PLATON, J. BÖHME, B. SPINOZA, I. KANT, A. SCHOPENHAUER, F. SCHELLING, G. W. F. HEGEL, A. COMTE, daneben russischen Vorläufern seines eigenen Denkens (wie P. ČAADAEV, die Slavophilen I. KIREEVSKIJ und A. CHOMJAKOV, der Gedankenlyriker F. TJUTČEV und der originelle Denker V. FËDOROV), ferner Quellen des nicht- und außerchristlichen Kulturkreises, wie *Kabbala*, Spiritismus und Okkultismus. Bezeichnend für das synthetische, universalistische Denken Solov'ëvs ist u. a. sein überkonfessionelles, sozial gefärbtes Christentum, seine »dreifaltige« – theosophische, theokratische und theurgische – Utopie von der Verwirklichung des Gottesreichs, vor allem aber seine Grundidee von der »All-Einheit«, die bestimmt wird durch die Dreieinigkeit Gott – Christus – Sophia, in der das Wahre, das Gute und das Schöne identisch sind und zu der die Allgeschichte hinstrebt, angeleitet durch das Wirken der heiligen Sophia (des – laut

F. STEPUN – *»vorgeschöpflichen Du Gottes«*, der *»vom Logos durchstrahlten Materie«*, des *»Schutzengels der Welt«*). Für N. BERDJAEV, der auch auf das Erotische, Ekstatische dieser Sophiologie hingewiesen hat, ist die gesamte Philosophie Solov'ëvs *»eine einzige Lehre von den Wegen der Menschheit zum Gottmenschentum, zur All-Einheit«*. Dies gilt speziell auch für Solov'ëvs Geschichtsphilosophie und seine Ethik, die er endgültig in seinem monumentalen Spätwerk *Die Rechtfertigung des Guten* dargelegt hat. Allerdings zeichnet sich darin bereits jener rätselhafte Bruch ab, der die letzten Werke Solov'ëvs charakterisiert – vor allem die unvollendet gebliebenen *Teoretičeskie osnovy filosofii*, 1899 (*Theoretische Grundlagen der Philosophie*), und *Tri razgovora*, 1899/1900 (*Drei Gespräche*). In der Moralphilosophie drückt sich die Wandlung u. a. darin aus, daß der Autor nun von der Theonomie der Ethik abrückt, um dem Sittlichen *»seinen eigenen Inhalt und seine eigene Bedeutung«* zuzusprechen, die eine *»einseitige Abhängigkeit der Ethik von der positiven Religion«* ausschließen. Das aber hat bedenkliche Konsequenzen für die Konzeption der *»positiven All-Einheit«*. Diese Paradoxie bleibt (wie auch noch einige andere) ungelöst.

Im programmatischen Vorwort zur ersten Ausgabe seiner *Moralphilosophie* postuliert Solov'ëv, daß *»der sittliche Sinn des Lebens ursprünglich und endgültig bestimmt* [wird] *durch das Gute als solches, das uns innerlich zugänglich ist über unser Gewissen und unsere Vernunft«*. Die drei Hauptteile des Werks behandeln das Gute in der menschlichen Natur, das göttliche Gute und das in der Geschichte wirkende Gute. Als *»natürliche Wurzeln des Sittlichen«* im Menschen bezeichnet Solov'ëv das Gefühl der (geschlechtlichen) Scham, das Mitleiden (Sympathie) und die Ehrfurcht (Gottesfurcht): Diese drei Elemente enthalten im Keim bereits die Gesamtheit aller möglichen sittlichen Beziehungen des Menschen, die entsprechend bestimmt werden als (a) Herrschaft über das Materiell-Sinnliche, (b) Solidarität mit seinesgleichen und (c) innerliche Unterwerfung unter sein übermenschliches Prinzip. Aus den drei ursprünglichen Elementen der sittlichen Natur des Menschen leiten Vernunft und Gewissen *»allgemeine und notwendige Prinzipien und Regeln des sittlichen Lebens ab«*; alle Tugenden sind Arten der drei Grundformen. Dieses Schema durchzieht das ganze Werk, bis hin zum Schlußkapitel, in dem Solov'ëv die Quintessenz seiner *Moralphilosophie* in einem Satz zusammenfaßt: *»Das vollkommen Gute wird endgültig bestimmt als die unteilbare Organisierung der dreieinigen Liebe.«* Diese aber umfaßt a) die *»sich hinabneigende Liebe«*, die auf alles Kreatürliche und die gesamte materielle Welt gerichtet ist und diese *»in die Vollständigkeit des absolut Guten«* mit einbezieht, b) die *»solidarische Liebe«*, die den Menschen mit seinesgleichen verbindet, und c) die *»emporsteigende Liebe«*, die zum *»unendlich Vollkommenen, zu Gott«* hinstrebt. Hier fließen in Solov'ëvs Ethik Gedanken ein, die er schon einige Jahre zuvor in seinem vielleicht originellsten Werk – *Smysl l'ubvi*, 1896 (*Der Sinn der Liebe*) –

entwickelt hat. Wichtig in diesem Zusammenhang ist die Idee von der Notwendigkeit der aktiven (und freiwilligen) Mithilfe des Menschen am allgeschichtlichen Prozeß (der Mensch als »*Gehilfe Gottes*«) sowie die Idee von der »*unteilbaren Ganzheit des Menschen*«. In dieser Ganzheit besteht für Solov'ëv das innere Wesen des Sittlichen. Daraus ergibt sich als formales Gebot sittlichen Handelns: die Ganzheit des Menschen gegen die zentrifugalen und zersplitternden Kräfte des Daseins zu behaupten. – Solov'ëvs Ethik, wie überhaupt sein gesamtes philosophisches Werk, trug entscheidend bei zur Bildung einer ganzen Generation russischer Denker – vor allem Berdjaev, S. BULGAKOV, S. FRANK u. a. –, die sich zu Beginn des 20. Jh.s (und nach der Oktoberrevolution im zumeist unfreiwilligen Exil) voll entfaltete.   G.v.S.

AUSGABEN: Petersburg 1897. – Petersburg ²1913 (in *Sobr. soč.*, 10 Bde., ²1911–1914, 8; Nachdr. Brüssel 1966).

ÜBERSETZUNGEN: *Die Rechtfertigung des Guten. Eine Moralphilosophie*, H. Köhler (in *AW*, Bd. 2, Jena/Stg. 1916). – Dass., P. Rossbacher u. L. Müller (in *Deutsche GA der Werke*, Bd. 5, Mchn. 1976).

LITERATUR: B. Wembris, *Der russische Text der »Rechtfertigung des Guten«*, Diss. Tübingen 1973.

LA RUSSIE ET L'ÉGLISE UNIVERSELLE

(frz.; *Rußland und die universale Kirche*). Theologisch-philosophische Schrift von Vladimir S. Solov'ëv (Rußland), erschienen 1889. – In einer ausführlichen Einleitung setzt sich Solov'ëv mit den zeitgenössischen sozialen und politischen Verhältnissen auseinander; er behauptet, daß die Institutionen der sogenannten christlichen Staaten nach fast zwei Jahrtausenden christlicher Geschichte noch immer heidnisch seien, daß sie dem sozialen Ideal des Christentums, der freien universalen Theokratie, nicht entsprächen. Solov'ëv hofft, daß die slavischen Völker, die jetzt »*an die Pforte der universalen Geschichte klopfen*«, berufen seien, diese Theokratie zu verwirklichen und damit die Weltgeschichte ihrer Vollendung zuzuführen. Um dieses Ziel zu erreichen, müsse Rußland jedoch seinen kirchlichen Partikularismus überwinden, sich an Rom als das legitime und traditionelle Zentrum der christlichen Welt anschließen und den Papst als obersten Richter anerkennen.

Diese Einleitung ist eine Art kirchenpolitisches Manifest, das der Autor im weiteren Verlauf des Buches historisch und theologisch-philosophisch absichert und gegen seine kirchenpolitischen Gegner verteidigt. Im ersten Buch macht Solov'ëv den russischen Gegnern Roms klar, daß es weder in Rußland noch sonst irgendwo im christlichen Osten ein Zentrum der universalen Kirche gebe, daß man also entweder auf den kirchlichen Universalismus oder auf die traditionelle Ablehnung des

römischen Primats verzichten müsse. Im zweiten Buch versucht er, exegetisch und historisch zu beweisen, daß die kirchliche Herrschaft des Apostels Petrus und seiner Nachfolger von Jesus Christus selbst begründet und daß sie die konsequente Fortführung einer welthistorischen Entwicklung sei. Im dritten Buch schließlich erläutert Solov'ëv die theologischen und philosophischen Grundlagen seiner Konzeption der freien universalen Theokratie. Ausgehend von einer Analyse der Seinsweisen eines lebendigen Wesens versucht er das Sein und das innere Leben des trinitarischen Gottes zu beschreiben. Die Dreiheit der göttlichen Hypostasen sieht er verbunden durch die Einheit der göttlichen Substanz, die er als weibliches Prinzip in der Gottheit auffaßt und, im Anschluß an einige Bibelstellen, als »*Weisheit*« (griech. *sophia*) bezeichnet. In ihr ist das All in der Einheit auf ideale Weise enthalten. Aber dieses All hat die Möglichkeit, sich selbst zu wollen, außerhalb der inneren Einheit mit Gott. Es ergreift diese Möglichkeit, fällt damit aus der Fülle der Gottheit (dem Pleroma) heraus, materialisiert sich, und es entsteht unsere reale Welt, die den Gesetzen von Zeit, Raum und mechanischer Kausalität unterworfen ist. Die »Erschaffung« der Welt ist im Grunde nur ihr Herausfallen aus der Fülle des göttlichen Seins. Gottes Schöpfertum besteht darin, daß er es sich versagt, mit seiner Allmacht auf das Chaos zu reagieren, d. h. es zu vernichten oder es mit Gewalt in die Einheit zurückzuführen.

Aber das Chaos strebt von sich aus zurück in die freie Einheit mit Gott. Träger dieses Strebens ist die Weltseele, das weltliche Gegenbild der himmlischen Sophia – wie diese ein weibliches Prinzip. Im kosmologischen Prozeß gelingt es der Weltseele, das materielle Sein allmählich immer stärker zusammenzuführen, zuerst durch die Kraft der Gravitation, dann durch das Licht, schließlich durch die Kraft des Lebens, die in tastenden, oft mißlingenden Versuchen immer höhere Formen lebendigen Seins schafft, bis hin zum Menschen, dessen Bestimmung es ist, im Zusammenwirken mit der Gottheit die ganze außergöttliche Welt in die göttliche All-Einheit zurückzuführen. Aber in einem zweiten Sündenfall wählt der Mensch, wie einst die Weltseele, das Selbstsein, und nun wird der historische Prozeß notwendig, in dessen Mitte der Gottmensch Jesus Christus den Sieg über Sünde und Tod erringt.

Diesen individuellen Sieg muß die Menschheit nach Christus kollektiv realisieren, indem sie den Zustand ihres Getrenntseins überwindet, sich zusammenschließt in der freien und universalen Theokratie, geistig geeint in der vom römischen Papst geführten Kirche, politisch vereint durch die weltumfassende Solidarität aller Völker und Klassen und über die Gegenwart hinaus auf die ewigen Ziele verwiesen durch die »Propheten«. Als einen dieser Propheten betrachtet Solov'ëv ganz offenbar sich selbst. Er richtet an die Priester und Theologen, an die christlichen Fürsten und Staatsmänner und an die christlichen Völker eine prophetische

Rede, in der er zeigt, was jeder dieser Stände zum gegenwärtigen Zeitpunkt zu tun hat, um das gottmenschliche Werk zu erfüllen, die verlorene All-Einheit wiederherzustellen, den Tod zu überwinden und die endgültige Inkarnation der göttlichen Weisheit herbeizuführen.

Der dritte Teil von *La Russie* ist der Abriß eines theologisch-philosophischen Systems von großer innerer Geschlossenheit und formaler Vollendung, von philosophischer Tiefe und poetischem Zauber, eine philosophische Gedankendichtung, die aber nicht nur Dichtung, Fiktion sein will, sondern sich versteht als eine Weltdeutung, die nicht bei der Theorie stehenbleibt, sondern von der Metaphysik zur Ethik fortschreitet und die Ethik wiederum mit der Geschichte verbindet. – Das Buch erregte bei seinem Erscheinen einiges Aufsehen, aber es fand nur wenig ungeteilte Zustimmung. Die Slavophilen, die russischen Nationalisten, die kirchliche und staatliche Führung betrachteten Solov'ēvs Buch als Verrat an Rußland, den Liberalen lag die religiös-philosophische Gedankenwelt des Autors völlig fern; aber auch den katholischen Freunden Solov'ēvs war vieles suspekt – nicht nur der russische Messianismus, sondern vor allem auch die theosophische Spekulation des dritten Buches, die mit der katholischen Dogmatik weithin unvereinbar ist (besonders die Lehre von der Schöpfung). Das Scheitern der großen Hoffnungen, die Solov'ēv in dieses Buch gesetzt hatte, trug dazu bei, daß er den Glauben an den bruchlosen Übergang der Weltgeschichte in das Reich Gottes verlor und die Zukunft immer stärker *»unter dem Aspekt des Kommens des Antichrist«* sah (vgl. *Tri razgovora*). L.Mü.

Ausgaben: Paris 1889. – Paris 1891. – Paris 1922. – Paris 1924.

Übersetzungen: In *Monarchia Sancti Petri*, L. Kobilinski-Ellis, Mainz 1929 [Ausz.]. – *Rußland u. die Universale Kirche*, W. Setschkareff u. L. Müller (in *Deutsche GA der Werke*, Hg. W. Szylkarski, Bd. 3, Freiburg i. B. 1954).

SMYSL L'UBVI

(russ.; *Der Sinn der Liebe*). Philosophische Abhandlung von Vladimir S. Solov'ēv, erschienen 1896. – Die fünf zusammenhängenden Aufsätze, in denen der russische Denker und Dichter seine Philosophie der Liebe darlegte, bilden ebenso wie seine Ästhetik (u. a. im Aufsatz *Obščij smysl iskusstva*, 1890 – *Der allgemeine Sinn der Kunst*) einen integrierenden Bestandteil seiner großen Konzeption von der All-Einheit (vgl. *Opravdanie dobra*). Diese umfassende Idee verlangte, daß *»die größte Einheit des Ganzen sich in der größten Selbständigkeit und Freiheit der einzelnen Elemente«* verwirkliche. Angeleitet von der göttlichen All-Weisheit, der Sophia, realisiere sich dieses Ziel als Wiedervereinigung von Gott und Schöpfung. Vorbereitet werde die All-Einheit zunächst im kosmischen Prozeß, der

bis zur Erschaffung der *»tierischen Individualität«* gehe. In diesem Bereich sei nur partielle, materielle Vereinigung möglich. Zwar werde dies im menschlichen Leben als Grundlage erhalten, gleichzeitig geschehe aber etwas völlig Neues: Als vernunftbegabtes Wesen, in dem neben dem animalischen und sittlich-sozialen Prinzip als drittes und höchstes Prinzip das geistige (mystische, göttliche) angelegt sei, werde der Mensch zum Mittler zwischen Gott und Welt, dazu berufen, frei und bewußt an der Verwirklichung des göttlichen Heilsplans teilzunehmen. Zu dieser Aufgabe stoße er vor in seinen geistigen Produkten (Religion, Wissenschaft, Kunst). Die Möglichkeit zum höchsten schöpferischen Tun sei dem Menschen aber in der Liebe gegeben, und zwar in der *»wahr verstandenen und verwirklichten«* Geschlechtsliebe, die weder ausschließlich der Befriedigung sinnlicher Bedürfnisse diene noch die *»erhabene, aber völlig nutzlose«* rein geistige Liebe darstelle. Ausgehend von der *»Wiederherstellung der Ganzheit des Menschen«* (für Solov'ēv gleichbedeutend mit Wiederherstellung des Ebenbilds Gottes im Menschen) könne der *»wahre Mensch in der Fülle seiner idealen Persönlichkeit«* nicht nur Mann und nicht nur Weib sein, sondern müsse die höhere Einheit von beiden bilden. Das völlige Einswerden mit einem anderen Wesen erahne und ersehne der Liebende im unmittelbaren Gefühl. Es zwinge ihn zur Überwindung des Egoismus und lasse ihn die Fähigkeit entdecken, im anderen zu leben wie in sich selbst. In all dem, was gemeinhin als verliebte Torheit belächelt wird, erblickt Solov'ēv die *»Wahrheit des Liebespathos«*. Denn jeder Mensch habe tatsächlich absolute Bedeutung – zwar nicht in seinem empirischen Dasein, wohl aber als *»Potenz einer unendlichen Vollkommenheit«*. Die Idealisierung des niederen Wesens sei zugleich die beginnende Realisierung des höheren.

Den zunächst nur im Gefühl gegebenen Sinn der Liebe gelte es, auf der Grundlage des Glaubens zu rechtfertigen, da sich nur mit dem Glauben die unbedingte Bedeutung eines anderen Wesens – *»als eines in Gott seienden«* – behaupten ließe. Jedoch auch die gläubige Liebe könne die *»Neuerstehung und Verewigung des individuellen Lebens«* nicht erwirken. Dazu bedürfe es der Umwandlung des Weltalls im Sinne der all-einigen Idee. Im geschichtlichen Prozeß führe der Weg dahin über die allmähliche Ablösung *»falscher* [patriarchalischer, despotischer, einseitig individualistischer] *Verbände«* hin zur Herstellung des solidarischen Ganzen der Menschheit, zu deren *»wahrer syzygischer Einheit«*. Unter Syzygie verstehe Solov'ēv eine vollkommene harmonische Verbindung, in der das Verhältnis der Teile untereinander und zum Ganzen nicht von Herrschaft und Unterordnung, sondern von einer *»Wechselwirkung der Liebe«* geprägt ist. Für die völlige Aufhebung der Undurchdringlichkeit der Dinge und Wesen in Raum und Zeit, für den Sieg über den Tod und die endgültige Verewigung aller Individualitäten (nicht nur der gegenwärtigen, sondern auch der gewesenen) müsse der Prozeß der Integration über die Grenzen des eigentlich menschlichen Lebens hinausgehen, das wahre, syzygische Liebesverhältnis des Menschen auch auf die Natur, die kosmische Sphäre ausgedehnt werden.

Eine wesentliche Ergänzung der in *Smyl l'ubvi* entwickelten Gedanken enthält die 1898 verfaßte Schrift *Žyznennaja drama Platona (Das Lebensdrama Platons)*. Nachdrücklichen Einfluß hatte die Solov'ëvsche Philosophie der Liebe auf die russische symbolistische Dichtung (A. Blok) sowie auf eine Reihe russischer Denker (N. Berdjaev). Spuren befruchtender Wirkung verrät auch eine so anders geartete Schrift wie *The Art of Loving*, 1956 *(Die Kunst des Liebens)*, des amerikanischen Soziologen und Psychoanalytikers E. Fromm.   G.v.S.

AUSGABEN: Petersburg 1896. – Petersburg ²1912 (in *Sobr. soč.*, 10 Bde., ²1911–1914, 7; Nachdr. Brüssel 1966). – Bln. 1924.

ÜBERSETZUNGEN: *Der Sinn der Liebe*, E. Keuchel, Riga 1930. – Dass., A. Krassowsky u. A. Sellner, Wien 1948. – *Der Sinn der Geschlechtsliebe*, W. Szylkarski (in *Deutsche GA der Werke*, Hg. W. S., Bd. 7, Freiburg i. B. 1953). – *Der Sinn der Liebe*, E. Kirsten u. L. Müller, Hbg. 1985.

TRI RAZGOVORA O VOJNE, PROGRESSE I KONCE VSEMIRNOJ ISTORII, SO VKLJUČENIEM KRATKOJ POVESTI OB ANTICHRISTE

(russ.; *Drei Gespräche über Krieg, Fortschritt und das Ende der Weltgeschichte mit Einschluß einer kurzen Erzählung vom Antichrist*). Geschichtsphilosophische Schrift in Gesprächsform von Vladimir S. Solov'ëv, entstanden 1898–1900, zuerst veröffentlicht 1899/1900 in der Zeitschrift ›Knižki nedeli‹ (Bücher der Woche) unter dem Titel *Pod pal'mami. Tri razgovora o mirnych i voennych delach (Unter Palmen. Drei Gespräche über friedliche und kriegerische Dinge)*, in Buchform erschienen im Mai 1900. – Fünf Angehörige der höheren russischen Gesellschaft sprechen im Frühjahr 1899 im Garten einer Villa an der französischen Riviera über die im Titel des Buches genannten Themen. Teilnehmer des Gesprächs sind eine Dame als Gastgeberin, ein alter General, ein Politiker, ein junger Fürst, *»der verschiedene mehr oder weniger gute Broschüren über moralische und soziale Fragen herausgibt«* (er vertritt den von Solov'ëv bekämpften »abstrakten Moralismus« des russischen Dichters und Publizisten Lev N. Tolstoj), und ein Herr Z., durch den Solov'ëv seine eigenen philosophischen, politischen und religiösen Anschauungen ausspricht.

Im ersten Gespräch beweisen der General und Herr Z. gegen den abstrakten Pazifismus des Fürsten, daß der Krieg zwar ein Böses, aber nicht ein absolut Böses ist, daß es, wie im Leben der einzelnen, so auch im Leben der Völker Situationen geben kann, wo man dem Gewalt mit Gewalt entgegentreten

muß. – Im zweiten Gespräch sucht der Politiker zu zeigen, daß der Krieg, der in der Vergangenheit vielleicht einmal sinnvoll und notwendig war, jetzt vom kulturellen Fortschritt überholt sei, daß es deswegen bald keine Kriege mehr geben, sondern die Menschheit sich in einem Reich der allgemeinen Kultur friedlich vereinigen werde. – Im dritten Gespräch weist Herr Z. zunächst die Unzulänglichkeit des vom Politiker gezeichneten idealen Endzustands nach, da in ihm die Herrschaft des Todes nicht angetastet werde, entwickelt dann in kurzen Zügen Solov'ëvs eigene Konzeption des metaphysischen Weltdramas mit der Auferstehung Christi als dem Beginn und der allgemeinen Auferstehung der Toten als der vollen Verwirklichung des Reiches Gottes. Danach liest er die *Kurze Erzählung vom Antichrist* vor, die angeblich von seinem verstorbenen Freund, dem Mönch Pansofij, geschrieben ist. Hatte Solov'ëv seine Ideen über das Ende der Weltgeschichte vorher durch Herrn Z. in rationaler Argumentation vortragen lassen, so tut er es in der Erzählung des Mönchs in der Form einer apokalyptischen Dichtung, eines *»im voraus entworfenen historischen Gemäldes«* der Endzeit, in dem die Endvorstellungen des Neuen Testaments sich konkretisieren in Gestalten und Ereignissen, wie Solov'ëv sie, ausgehend von den Gegebenheiten seiner Zeit, für die nahe Zukunft glaubte erwarten zu können. Er hielt sich nicht für einen Hellseher und verbürgte sich nicht für die Einzelheiten seiner Erzählung, aber die Grundzüge der zukünftigen Entwicklung der Menschheit glaubte er doch richtig erkannt zu haben und hielt sich in einer Zeit zukunftsfrohen Fortschrittsglaubens für berufen und verpflichtet, auf die unüberwundenen und bis zum Ende der Geschichte unüberwindbaren Kräfte des Bösen hinzuweisen, die sich oft hinter der trügerischen Maske des menschenliebenden Weltbeglückers verbergen.

Außer der Frage nach der Macht des Bösen in der Geschichte behandelt Solov'ëv in der *Erzählung vom Antichrist* auch das konfessionelle Problem in origineller Weise. Er zeichnet die drei großen christlichen Konfessionen, jede in ihrer besonderen Begnadung und in ihrer besonderen Gefährdung. Er symbolisiert sie in den Gestalten des »letzten Papstes« Petrus II., des russischen Starec Ioann und des deutschen Theologieprofessors Ernst Pauli und kennzeichnet dadurch den Katholizismus als den Vertreter des petrinischen, die östliche Orthodoxie als den des johanneischen und den Protestantismus als den des paulinischen Prinzips. Die drei historischen Ausprägungen des Christentums ergänzen und korrigieren einander und vereinigen sich am Ende der Geschichte, nachdem jede ihre Einseitigkeit überwunden hat.

Die *Drei Gespräche*, das letzte Werk Solov'ëvs, nehmen die wichtigsten philosophischen und religiösen Motive seines gesamten Schaffens noch einmal auf, wandeln sie unter dem Einfluß der Erwartung eines frühen Todes und der Verdüsterung des historischen Horizonts in charakteristischer Weise ab und geben dieser neuen Geschichtsanschauung dichterischen Ausdruck. Sie haben dadurch weit über den Kreis der Fachphilosophie und der russischen Nationalliteratur hinaus gewirkt. Die *Erzählung vom Antichrist* steht in mancher Hinsicht F. DOSTOEVSKIJS *Legende vom Großinquisitor* (in *Brat'ja Karamazovy*, 1879/80 – *Die Brüder Karamazov*) nahe; im Formalen zeigen die *Drei Gespräche* den Einfluß PLATONS, dessen Werke Solov'ëv ins Russische übertragen hat.   L.Mü.

AUSGABEN: Petersburg 1899–1900 (in Knižki nedeli, Okt. 1899, Nov. 1899, Febr. 1900). – Petersburg 1900; ²1901. – Petersburg ²1914 (in *Sobr. soč.*, 10 Bde., ²1911–1914, 10; Nachdr. Brüssel 1966).

ÜBERSETZUNGEN: *Drei Gespräche*, H. Köhler (in *AW*, Bd. 1, Jena/Stg. 1914). – *Die Erzählung vom Antichrist*, K. Noetzel, Luzern 1935. – *Drei Gespräche*, E. Müller-Kamp, Bonn 1947; ern. Hbg./Mchn. 1961. – *Die kurze Erzählung vom Antichrist*, L. Müller, Mchn./Freiburg i. B. 1968; ⁶1986.

LITERATUR: L. Müller, *Solowjew und Tolstoj. Eine Studie zur Komposition u. Entstehungsgeschichte der »Drei Gespräche«* (in Catholica Unio, 21, 1953, Nr. 3, S. 68–77). – A. Maceina, *Das Geheimnis der Bosheit. Versuch einer Geschichtstheologie des Widersachers Christi als Deutung der »Erzählung vom Antichrist« Solowjews*, Freiburg i. B. 1955. – L. Müller, *Der Text der »Drei Gespräche« von V. S.* (in WdS, 4, 1959, H. 3, S. 329–365).

VIKENTIJ VIKENT'EVIČ VERESAEV

eig. Vikentij Vikent'evič Smidovič

* 16.1.1867 Tula
† 3.6.1945 Moskau

LITERATUR ZUM AUTOR:
V. Boljanovskij, *V. V. V., Krit.-biogr. očerk*, St. Petersburg 1904. – D. Blagoj, *Tvorčeskij put' V.* (in Žurnalist, 1925, Nr. 12, S. 60 f.). – S. Vržosek, *Žizn' i tvorčestvo V. V.*, Leningrad 1930. – R. Saceva, *Tvorčeskij put' V. V. V.*, Moskau 1951. – S. Borodin, *V. V. V., Bibliografičeskij pamjatnik*, Tula 1952. – I. Gejzer, *V. V. V., Pisatel'vrač*, Moskau 1957. – G. Brovman, *V. V. V., Žizn' i tvorčestvo*, Moskau 1959. – Ju. Babuškin, *V. V. V.* (in V. V. V., *Sobr. soč.*, Bd. 1, Moskau 1961, S. 3–45). – Ders., *V. V. V.*, Moskau 1966.

BEZ DOROGI

(russ.; *Ü: Ohne Weg*). Erzählung von Vikentij V. VERESAEV, erschienen 1895. – Diese erste größere Erzählung des Arztes Veresaev entstand schon während seiner Studienjahre in Dorpat und beschreibt in Form von Tagebuchnotizen des Landarztes Čekanov die Schwierigkeiten, denen sich die russischen Populisten *(narodniki)* bei der Verwirklichung ihrer sozialideologischen Theorien auf dem Lande gegenübersahen. Schon zu Beginn der Ferien bei seinem Onkel grübelt Čekanov über das »Renegatentum« in der zeitgenössischen Literatur (Veresaev meint damit ausschließlich das Schrifttum der Volkstümler), die »*mit totem Herzen, ohne Feuer und Glauben, etwas sagt, dem niemand Glauben schenken kann*«. In einem unausweichlichen Grundsatzgespräch mit seiner »*suchenden*« Base Nataša muß auch er die Leere und Hoffnungslosigkeit seiner geistigen Welt bekennen: »*Ich bin nicht der einzige: die ganze jetzige Generation erlebt dasselbe wie ich; sie hat nichts – darin steckt ihr Schrecken und ihr Fluch. Ohne Weg, ohne wegweisende Sterne geht sie unsichtbar und unwiderruflich unter…*« Natašas Achtung, die er nach diesem Gespräch verloren hat, gewinnt Čekanov zurück, als er – ungeachtet der aus Volksdummheit und Aberglauben entstandenen Arztfeindlichkeit – während der großen Cholera-Epidemie von 1892 in ein von der Krankheit verseuchtes Dorf geht. Dort gelingt es ihm zwar, die Epidemie einzudämmen und sich das Vertrauen der Kranken und Mithelfer zu erringen, doch »*die Mode, den Doktor zu verprügeln*«, muß auch er am eigenen Leib erfahren. Auf dem Sterbebett legt er für sich und seine Mitpopulisten die bittere Rechenschaft ab, daß »*sie dem Volke immer fremd und weit entfernt gewesen sind, daß sie, wie Leute von einer anderen Welt, nichts mit ihm verband*«. Er rät Nataša, »*das Volk zu lieben*«, doch anders, als er es tat: »*Du darfst nicht verzweifeln, du mußt lange und ausdauernd arbeiten, du mußt einen Weg suchen, denn es ist furchtbar viel Arbeit…*« – Diesen Weg, den Čekanov nicht, der Autor Veresaev hingegen um so besser kannte, entdeckt und beschreitet Nataša in der Fortsetzung *Povetrie*, 1897 (*Die Seuche*); es ist – zwar unausgesprochen, doch unmißverständlich für die Zeitgenossen – der Weg des Marxismus: »*Es gibt nur einen Ausweg: zu erkennen, daß jeder ein ehrloser Mensch ist, der nicht verstehen will, daß man mit den zu kurz Gekommenen Haus, Tisch, alles brüderlich teilen muß.*«
Mithin gehört die Erzählung in die Reihe sozialideologischer Polemiken zwischen Marxisten und Populisten. Doch diese Polemik steht hoch über dem durchschnittlichen Niveau der üblichen Auseinandersetzungen und verrät ihre Tendenz nur dem Kenner der russischen Geistesgeschichte jener Zeit. Der unbefangene Leser dagegen findet hier die zeitlose Tragödie eines desillusionierten Dennoch-Idealisten. Der dramatische Aufbau wie die Form der psychologischen Selbstanalyse des erzählenden Helden erinnern an F. DOSTOEVSKIJ, dessen vorwärtstreibende Diktion Veresaev allerdings,

ähnlich wie V. Garšin, ins Sensitive zu transponieren neigt.   W.Sch.

Ausgaben: Moskau 1895 (in Russkoe bogatstvo). – Moskau 1895. – Moskau 1961 (in *Sobr. soč.*, Hg. J. M. Babuškin, 5 Bde., 1; krit.). – Minsk 1980 (in *Povesti, rasskazy*; ern. Moskau 1986). – Moskau 1982 (in *Sočinenija*, 2 Bde., 2).

Übersetzung: *Ohne Weg*, H. Harff, Bln. 1905.

Literatur: A. Berzer, *Istorija odnoj stat'i* (in Voprosy literatury, 11, 1984, S. 177–184).

V TUPIKE

(russ.; *Ü: In der Sackgasse*). Roman von Vikentij V. Veresaev, erschienen 1922–1924. – Der Roman ist von den literarischen Traditionen des kritisch-milieubeschreibenden russischen »Neurealismus« (A. Stender-Petersen) der Jahrhundertwende geprägt. Von der zeitgenössischen, weitgehend durch die experimentierende Suche nach neuen Ausdrucksformen gekennzeichneten Sowjetprosa unterscheidet er sich durch die Konzentration auf ein einheitliches Sujet und die Beibehaltung konventioneller Stil- und Kompositionsweisen, ist ihr jedoch in der Thematik des russischen Bürgerkriegs verbunden. Der Akzent liegt auf dem Konflikt des liberalen Intellektuellen in den revolutionären Klassenkämpfen des Bürgerkriegs. Ebenso wie die übrigen Werke Veresaevs trägt auch dieser Roman deutliche autobiographische Züge.
Im Mittelpunkt der Handlung steht der Landarzt Ivan Il'ič Sartanov, der, bereits von der zaristischen Polizei wegen seines Auftretens gegen die Todesstrafe eingesperrt und verbannt, nach der Revolution von der Čeka aus dem gleichen Grunde verhaftet wurde. Es gelingt ihm, auf die Krim zu fliehen, wo sich die letzte Festung der Weißen befindet, die erst nach langen Kämpfen in die Hände der Revolutionäre fällt. Sartanov gerät in zweifache Opposition: gegen die weißgardistischen Offiziere und die adligen und bürgerlichen Flüchtlinge einerseits, gegen die zunächst im Untergrund arbeitenden Bolschewiki andererseits. Er versucht, seine »*neutrale Position*« zu wahren, und diskutiert wie in vorrevolutionären Zeiten im Kreise ehemaliger revolutionärer Intellektueller über die Ereignisse, indem er den »*revolutionären Idealismus*« einer Vera Figner oder eines A. Michajlov der tatsächlichen Revolution entgegenhält, die »*die heiligen Prinzipien des Demokratismus*« mißachte. Sartanovs stets am Einzelschicksal orientierter Humanismus sieht allein die Ungerechtigkeiten, die die kämpferischen Auseinandersetzungen auf beiden Seiten mit sich bringen. Dies bringt ihn, der zeitweise mit den Bolschewiki zusammenarbeitete, schließlich in die konterrevolutionäre Position eines Menschewiken bzw. Sozialrevolutionärs. Der liberalrevolutionäre Intellektuelle ist in eine »Sackgasse« geraten, aus der ihm einzig der Tod einen Ausweg zu weisen

scheint. Auch seine Tochter Katja wird durch Vorbehalte gegenüber der Härte des revolutionären Kampfes von ihrem zeitweiligen Engagement für die Bolschewiki abgebracht. Die ältere Schwester Vera dagegen bleibt ihrer kommunistischen Überzeugung treu: Mit der »Internationale« auf den Lippen stirbt sie unter den Schüssen eines weißgardistischen Exekutionskommandos. Veresaevs Haltung gegenüber der Revolution war der seines Haupthelden zeitweise verwandt, wenngleich durch die Erkenntnis modifiziert, die im Roman der Großkapitalist Agapov äußert: »*Man muß die Wahrheit sagen: Hier kommt die Macht des Volkes... Ob freudig oder nicht, so muß doch anerkannt werden, daß die wirkliche Macht bei den Bolschewiki ist.*« Die sowjetische Kritik hat dem Autor verschiedentlich vorgeworfen, eine eindeutige Stellungnahme zugunsten einer betonten Objektivität der Darstellung zurücktreten zu lassen.   H.J.S.

Ausgaben: Moskau 1922 (in Krasnaja nov'; unvollst.). – Moskau 1922 (in Južnyj al'manach). – Moskau 1923 (in *Nedra*). – Moskau 1924 [1. vollst. Ausg.]. – Moskau 1929 (in *Poln. sobr. soč.*, Bd. 9). – Chicago/Ill. 1966. – Minsk 1980 (in *Povesti, rasskazy*; ern. Moskau 1986). – Moskau 1982 (in *Sočinenija*, 2 Bde., 2).

Übersetzung: *In der Sackgasse*, M. Einstein, Bln. 1983.

Literatur: N. Meščerjakov, *Sovremenniki v novom romane V. V.* (in Pečat' i revoljucija, 1922, Nr. 8, S. 32–37). – A. K. Voronskij, *V tiskach* (in A. K. V., *Na styke*, Moskau 1923, S. 139–149). – V. Polonskij, *Intelligencija i revoljucija v romane V. V.* (in V. P., *Uchodjaščaja Rus'*, Moskau 1924). – P. Žukov, *Pisatel'skij tupik* (in Žizn' iskusstva, 1924, Nr. 3). – A. Stender-Petersen, *Geschichte der russischen Literatur*, Bd. 2, Mchn. 1957).

MAKSIMILIAN ALEKSANDROVIČ VOLOŠIN

eig. Maksimilian Aleksandrovič Kirienko-Vološin

* 28.5.1877 Kiew
† 11.8.1932 Koktebel' / Krim

DAS LYRISCHE WERK (russ.) von Maksimilian A. Vološin.

Das Werk und die Persönlichkeit Vološins, der von 1900 an regelmäßig als Schriftsteller und Maler tätig war, werden bestimmt durch eine Vielzahl philosophischer und literarischer Einflüsse. Am Anfang seines Schaffens steht er dem Symbolismus und der Vorstellungswelt der antiken Mythologie nahe. In seinem Werk finden sich Spuren der Platonischen Philosophie, der mittelalterlichen Mystik, der Anthroposophie R. STEINERS, der Religionsphilosophie V. SOLOV'ĔVS, der Geschichtsphilosophie und des Menschenbildes F. DOSTOEVSKIJS. Er hat sich mit dem Bau gotischer Kathedralen genauso befaßt wie mit der russischen Ikonographie oder der Farbenlehre J. W. GOETHES. In seinem späteren Werk ist es vorwiegend die Bibel, insbesondere die Offenbarung des Johannes *(Apokalypse)*, die seine Dichtung gedanklich und bildlich beeinflußt. Sowohl aber in seinem Frühwerk als auch in der späteren Phase seines Schaffens ist er immer ein Außenseiter, ein *»Wanderer in den Welten«* gewesen. Dieses Außenseitertum ist auch bestimmend für sein Verhältnis zur russischen Revolution. Es hat seinen Ursprung in der Auffassung von der Rolle des Dichters als Prophet, als distanziertem Zeugen historischer Vorgänge, und in seinem Anspruch, auch in den Tagen der Revolution und des Bürgerkriegs *»Mensch zu sein statt Bürger«, »nicht Teil zu sein, sondern das Ganze« (Doblest' poèta – Tapferkeit des Dichters)*. Praktisch verwirklichte es Vološin, indem er Menschen aller Geistesrichtungen in seinem Haus in Koktebel', das er von 1917 bis zu seinem Tod bewohnte, Zuflucht bot (vgl. das Gedicht *Dom poèta – Das Haus des Dichters*).

Vološins Schaffen der Jahre bis 1913 ist geprägt von dem Einfluß der französischen Symbolisten und seiner Nähe zu den russischen Symbolisten. Es ist die Zeit seiner Reisen durch die westliche Welt – Paris, Berlin, Italien, Griechenland –, seiner Begegnung mit der westlichen Philosophie und Kultur von den Anfängen bis zur Gegenwart (F. NIETZSCHE, H. BERGSON), seiner geistigen Orientierung und Suche (Buddhismus, Katholizismus, Mystik). Er schreibt über sich selbst in seiner Autobiographie: *»In diesen Jahren bin ich nur ein aufsaugender Schwamm. Ich bin ganz Augen, ganz Ohren.«* Er nennt diese Jahre *Gody stranstvij (Wanderjahre)* und *Bluždanija (Irrungen)*. Seine Dichtung dieser Zeit ist bestimmt von der Nähe zur Malerei (die für Vološin ebenso wichtig war wie die Dichtung), vom Optischen also, von Linien, Formen, Farben *(Pariž – Paris)*. Bei den Epitheta herrschen farbliche Eindrücke vor, eine Farbe taucht in mehreren Schattierungen auf. Edle Gesteine, Stoffe, Mineralien, der Gegensatz von Licht und Schatten, Glanz und Dunkelheit verbinden sich zu preziösen Bildern (z. B. im Gedicht *Venecija – Venedig*), wobei auch die Symbolik der Farben und Gesteine eine bestimmte Rolle spielt (vgl. Vološins Artikel über die russische Ikonographie, *Čemu učat ikony? – Was lehren uns die Ikonen?*). Auch Zahlen haben bei ihm einen Symbolwert, vor allem die heilige Zahl sieben.

Überhaupt ist die biblische Symbolik bedeutsam für Vološins Schaffen, z. B. das apokalyptische Symbol des Sterns Wermut *(Zvezda Polyn' – Der Stern Wermut)*, die Metaphorik des »Sehens« und »Hörens« oder deren Gegenteil des »Blind- und Taubseins«. Dieses Motiv finden wir bei Vološin – wie auch manche andere – sowohl in biblischchristlicher als auch in antiker Ausprägung (Ödipus). Das Motiv des Lichtes, speziell der Sonne, bedeutet in christlicher Symbolik Gott oder die absolute Erkenntnis, die den Menschen erblinden läßt, der durch den Sündenfall in die Finsternis des Abgrundes gestoßen wurde, aus dem er wieder zum Licht der Erkenntnis (Gottes) strebt. Die Rolle des Dichters ist im christlichen Bildbereich die des Propheten des göttlichen Willens, innerhalb des parallelen antiken Bildbereiches die des Sehers *(Zerkalo – Der Spiegel)*. Die volle Wahrheit, Erkenntnis ist für den Menschen als Sinnenwesen unerträglich. Zugleich finden wir hier Anklänge an den Platonischen Dualismus von Idee und sinnlicher Welt und dem Problem der Erkenntnis des Menschen, die auf Wiedererinnern im tiefsten Unterbewußtsein verborgener Bilder angewiesen ist und sich den Ideen immer nur im Abglanz der Erscheinungen nähern kann *(Kogda vremja ostanavlivaetsja – Wenn die Zeit stehenbleibt)*. Der Mensch/Dichter als Ausgestoßener nach dem Sündenfall, Ausgeschlossener vom Licht, findet sich als ewiger Wanderer in den Welten auf der Suche nach der Wahrheit/Erkenntnis *(Corona astralis – Der Astralkranz)*. Sein Bewußtsein und seine Erinnerung an die verlorene Einheit erzeugt im Menschen Schmerz, Leid (Mythos des Orpheus) und das Streben nach dem Wiedergewinn der Einheit des Ursprungs. Der Abgrund ist das Symbol der teuflischen Erhebung gegen Gott, des luziferischen Abfalls aus der *»superbia«* des Menschen heraus, im antiken Bildbereich der selbstzerstörerische Erkenntnisdrang eines Prometheus, neuzeitlich bis hin zum Abgrund als dem Symbol des Nihilismus. Die Landschaft der Gedichte Vološins dieser Zeit ist die mediterrane Landschaft der Krim (Koktebel'), die antike Züge trägt.

Das Jahr 1913 (Bruch mit den Symbolisten aufgrund seines Repin-Vortrages) sowie sein Verhältnis zu Revolution und Bürgerkrieg verstärken die Außenseiter-Rolle Vološins, die durch sein Verständnis der Aufgabe des Dichters schon vorgegeben ist. Diese Periode wird bestimmt durch Vološins überzeugten und auch praktizierten Pazifismus, seine bewußte »Unparteilichkeit« im Gegensatz zur vorherrschenden und verlangten Parteinahme, durch seinen Kampf gegen den Terror *»egal welcher Richtung«*, wie er in seiner Autobiographie schreibt. Die neue Thematik von Krieg, Terror und Bürgerkrieg bedingt auch einen veränderten Stil. Seine Gedichte sind nüchterner, z. T. fast dokumentarisch, konkreter in der Aussage. Statt zur Welt und zu den Gestalten der antiken Mythologie wendet sich Vološin nach Rußland. Seine Haltung wird bestimmt vom Leiden des Sohnes um die russische *Mutter Erde (Mat' Zemlja)*, vom Schmerz um den Bruderkampf und von der Distanz des Dichter-Propheten. Sein Verhältnis zum Krieg und den nun folgenden Ereignissen in Rußland wird entscheidend bestimmt durch die biblische Parallele der Apokalypse und einem daraus resultierenden Endzeitgefühl. Diese Parallele zur Apokalypse ermöglicht es Vološin, den Ereignissen einen höheren und notwendigen Sinn zu geben (*Prolog* und *Armageddon: »Die Frist läuft ab«*). Der Dichter-Prophet, der als Zeuge *»hört und sieht«*, ganz Ohr und Auge ist, wird von Gott in Distanz zum Geschehen gesetzt, hier auch räumlich, und nimmt vom Himmelsgewölbe aus die nun kommenden Ereignisse (etwa die Heuschreckenplage) in direkter Parallele zur Apokalypse wahr: als den »Prolog« zur großen eschatologischen Schlacht und zum Weltgericht. Durch diese Parallelisierung zu biblischen Ereignissen gelingt es Vološin, in den Ereignissen von Krieg und Bürgerkrieg eine notwendige Stufe des nun Kommenden zu sehen, sie als von Gott vorherbestimmt zu interpretieren. Dieses Wissen hebt den Dichter-Propheten aus der kämpfenden Menge, vereinzelt ihn, macht ihn zur Stimme Gottes für die mit Blindheit und Taubheit geschlagenen Menschen. Zugleich zwingt es dem gläubigen Menschen die Haltung der »Demut« *(smirenie)* auf, der Ergebung in das von Gott vorherbestimmte Schicksal (vgl. hierzu bei Vološin das biblische Bild des Samens, der vergehen muß, um Frucht zu tragen: im Gedicht *Preosuščestvlenie – Die Umwandlung*).

Vološins Gedichte über den Terror der Revolution geben Bilder von Blut, Zerstörung und Gewalt einer Menschheit, die mit Taubheit und Blindheit geschlagen ist (*Angel mščenija – Der Racheengel; Rus' gluchonemaja – Das taubstumme Rußland*). In seinen Versen über den Bürgerkrieg und seine Folgen (*Terror; Krasnaja Pascha – Blutige Ostern; Golod – Hunger*) erreicht der Dichter eine Eindringlichkeit und nichts beschönigende Konkretheit in der Darstellung, die fast dokumentarischen Charakter hat. Diese Eindringlichkeit wird erreicht durch eine veränderte Syntax, durch einen fast stakkatohaften Stil in der Aneinanderreihung parataktischer Fügungen, die die blutigen Bilder leidenschaftslos, kommentarlos, aber in fast filmischer Deutlichkeit evozieren. Vološins Rußlandbild ist geprägt vom Mythos der Mutter Erde und vom Sendungsbewußtsein des russischen Volkes; dessen Schicksal es ist, wie Christus ans Kreuz genagelt zu werden, durch Leid und Tränen zur Auferstehung zu gelangen wie das Himmlische Jerusalem der Apokalypse (*Russkaja Revoljucija – Die russische Revolution*). Der Charakter des russischen Volkes ist ambivalent; es ist sündig und heilig zugleich, es ist Christus und die Sünderin (*Rus'* [im Russischen ein Femininum] *guljaščaja – Das ausschweifende Rußland*), wie im Werk Dostoevskijs, bei dem Gott und Teufel miteinander in der Seele des russischen Menschen kämpfen.

In seinen Gedichten und Kommentaren der letzten Schaffensperiode der zwanziger Jahre (*Rossija – Rußland; Rossija Raspjataja – Das gekreuzigte Rußland; Putjami Kajna – Auf den Wegen Kains*) legt Vološin in philosophischen und religiösen Gedichten sein eigenwilliges Verständnis der Geschichte und Bestimmung Rußlands dar und übt Kritik an der zeitgenössischen Kultur. Alle politischen Ord-

nungen sind nur Stufen der Prüfung auf dem Leidensweg Rußlands zum Ideal des Reiches Gottes. Der einzelne Mensch, wie auch Rußland, müssen die Leiden als gottgewollt auf sich nehmen, wie Christus sein Kreuz. In *Putjami Kajna* gibt Vološin einen philosophischen Abriß der Geschichte der Menschheit von den Anfängen bis zur Gegenwart. Der Geist des Prometheus, des Kain, erhebt sich in *»superbia«* gegen Gott und zerstört die ursprüngliche Einheit der Schöpfung durch seinen Erkenntnistrieb, der sich im folgenden gegen ihn selbst wendet. Diese Entwicklung findet ihren Abschluß in einem endzeitlichen Krieg und im Weltgericht. Auch hier ist die Distanz des Dichter-Propheten entscheidend für die Klarheit des Urteils, vergleichbar der Distanz des Mönches Serafim in seinem Einsiedlerdasein (*Svjatoj Serafim – Der heilige Serafim*). Bezeichnend für Vološin ist der Glaube an die Sinnenhaftigkeit der Vorgänge seiner Zeit, die er in den göttlichen Heilsplan einfügt, wie auch sein Glaube an die besondere Aufgabe Rußlands und des russischen Menschen in diesem Heilsplan. Gerade Rußland wie auch der russische Mensch sind für ihn durch die ihnen eigene Anarchie das Feld, wo Gott und Teufel, wie bei Dostoevskij, miteinander streiten und wo nur in der Überwindung der Gegensätze, im Gang durch die Leiden, im Kampf und in der Selbstläuterung das Ideal erreicht wird.

G.Q.

AUSGABEN: *Stichotvorenija*, Moskau 1910. – *Anno mundi ardentis 1915*, Moskau 1916. – *Iverni*, Moskau 1918. – *Demony gluchonemye*, Charkow 1919. – *Stichi o Rossii i Revoljucii*, Jalta/Tambov 1921. – *Stichi o terrore*, Bln. 1923. – *Stichotvorenija*, Leningrad 1977. – *Stichotvorenija i poėmy*, Paris 1982–1984 [m. Komm. u. Bibliogr.]. – *Izbr. stichotvorenija*, Moskau 1988. – *Stichotvorenija. Stat'i. Vospominanija sovremennikov*, Vorwort Z. D. Davydova u. V. P. Kupčenko, Moskau 1991.

LITERATUR: V. Brjusov, *M. V.* (in V. B., *Dalëkie i blizkie*, Moskau 1912). – E. Lann, *Pisatel'skaja sud'ba M. V.*, Moskau 1927. – M. Cvetaeva, *Živoe o živom* (in *Sovremennye zapiski*, Paris 1933, Nr. 52–53). – V. Karalin, *Zastignutyj posredi dorogi* (in *Grani*, Kassel/Mönchehof 1948, Nr. 4). – S. Makovskij, *M. V.* (in *Vozroždenie*, NY 1949, Nr. 2). – Ders., *K stichotvorenijam M. V.* (in *Novyj žurnal*, NY 1954, Nr. 39). – L. Dadina, *V. v Koktebele* (ebd.). – V. Pavlov, *Istoriosofskie vzgljady M. V.* (in *Grani*, Ffm. 1973, Nr. 87/88). – D. White, *V.'s Poems on the Revolution and Civil War* (in SEEJ, 1975, Nr. 3). – B. Filippov, *M. V. – poėt kontrastov i mjatežej* (in *Vestnik RCHD*, Paris/NY 1977, Nr. 120). – I. Kuprijanov, *Sud'ba poėta*, Kiew 1978. – L. Fajnberg, *V Koktebele u. M. V.* (in *Don*, 1980, Nr. 7). – C. Wallrafen, *M. Woloschin als Künstler und Kritiker*, Mchn. 1982. – V. Kazak [W. Kasack], *M. A. V.* (in V. K., *Enciklopedičeskij slovar' russkoj literatury s 1917 goda*, Ldn. 1988). – B. Scherr, *M. V. and the Search for Form(s)* (in *Slavic and East European Journal* 35, H. 4, 1991).

Politisierung – Spaltung – Rückgewinnung der Einheit. Die russische Literatur vom Beginn der Sowjetära bis heute

FËDOR ALEKSANDROVIČ ABRAMOV

* 29.2.1920 Verkola
† 14.5.1983 Leningrad

LITERATUR ZUM AUTOR:
V. Lakšin, *Spor s vetchoj mudrost'ju* (in Novyj mir, 1961, 5, S. 224–229). – J. Andreev, *Bol'šoj mir (O proze F. A.)* (in Neva, 1973, 3, S. 172–182). – J. Andreev, *Chudožestvennaja literatura v épochu NTR. Surovaja dobrota F. A.* (in J. A., *V poiskach zakonomernostej*, Leningrad 1978, S. 249–275). – I. Dedkov, *Vkus pekašinskogo chleba* (in I. D., *Vozvraščenie k sebe*, Moskau 1978, S. 226–246). – F. Kuznecov, *Samaja krovnaja svjaz'* ... (in F. K., *Pereklička époch*, Moskau 1980, S. 234–248). – I. Zolotusskij, *Trepet serdca* (in Novyj mir, 1981, 9, S. 244–250). – I. Dedkov, *O tvorčestve F. A.* (in Voprosy literatury, 1982, 7, S. 37–65). – J. Křiž, *Ein kompromißloser Vertreter der Wahrheit (zu wirtschaftspolitischen Aspekten in F. A.s Prosa)* (in *Russische Literatur der Gegenwart*, Hg. N. Franz u. J. Meichel, Mainz 1986, S. 143–156). – I. Zolotusskij, *F. A.*, Moskau 1986.

BRAT'JA I SESTRY

(russ.; *Ü: Brüder und Schwestern*). Romantetralogie von Fëdor A. ABRAMOV, erschienen 1958 bis 1978. – Der Romanzyklus gestaltet die Geschichte eines nordrussischen Dorfes vom Jahr 1942 bis in die siebziger Jahre und entstand in der Absicht, mit einer wirklichkeitsnahen und für sowjetische Verhältnisse durchaus offenen Schilderung des Dorflebens die jüngste Vergangenheit des russischen Bauerntums darzustellen und auf die vielfältigen Widersprüche in der Kolchoswirtschaft aufmerksam zu machen. Trotz einer schonungslosen Offenlegung der sozialen und wirtschaftlichen Mißstände wird aber das Sowjetsystem an sich nicht in Frage gestellt, als vielmehr das persönliche Verantwortungsbewußtsein des einzelnen gegenüber der Gesellschaft als der wichtigste Faktor bei der Beseitigung der bestehenden Probleme hervorgehoben.

Der erste Teil der Tetralogie, *Brat'ja i sestry*, 1958 (*Ü: Brüder und Schwestern*), beschreibt das Leben der Menschen in einem im russischen Norden gelegenen Dorf während des Zweiten Weltkriegs. Es werden die Entbehrungen und die Opferbereitschaft vor allem der Frauen und Kinder hinter den Frontlinien gezeigt, die mit ihrer schweren Arbeit einen eigenen Beitrag zum Sieg leisten. Die Dorfbewohner treten als eine Familiengemeinschaft auf, der es mit vereinten Kräften gelingt, die Auswirkungen des Krieges leichter zu ertragen und sogar einen Wechsel in der Kolchosleitung durchzusetzen. – Die Handlung des zweiten Romans, *Dve zimy i tri leta*, 1968 (*Ü: Zwei Winter, drei Sommer*), spielt in den Jahren unmittelbar nach dem Krieg, als die unter der Last der Bedrohung entstandene Gemeinsamkeit zerbricht und das Einzelschicksal in den Vordergrund tritt. Die Hoffnung auf ein besseres Leben weicht angesichts der fortdauernden Not und Mißwirtschaft der Enttäuschung und mündet in Resignation und Selbstbezogenheit. Die scharfen Gegensätze zwischen den Erwartungen und Hoffnungen der Dorfbewohner und der ökonomischen Wirklichkeit führen zu heftigen Konflikten, in welchen die Widersprüche des Kolchossystems deutlich zutage treten. Der dritte Teil des Zyklus, *Puti-pereput'ja*, 1973 (*Ü: Wege und Kreuzwege*), gibt die Atmosphäre zu Beginn der fünfziger Jahre wieder, die von der Suche nach Auswegen aus der wirtschaftlichen Misere des Kolchos geprägt ist. In dieser Phase treten die Bauern als tragende Figuren der Handlung eher in den Hintergrund; größere Bedeutung gewinnen nun die Parteifunktionäre als Repräsentanten des Systems, an deren Auseinandersetzungen der Kampf um einen effizienteren Planungs- und Organisationsapparat und somit die Notwendigkeit von Veränderungen demonstriert wird. Die bis dahin räumlich begrenzte Handlung greift hier erstmals über die Grenzen des Kolchos hinaus und bezieht das Geschehen in den Machtzentralen einer Kreisstadt ein. – Der abschließende Band, *Dom*, 1978 (*Ü: Das Haus*), zeigt ein völlig verändertes Dorf. Die Lebens- und Arbeitsbedingungen haben sich merklich verbessert und lassen andere Probleme in den Vordergrund treten. Die bisher in düsteren Farben geschilderte materielle Lage der Bauern ist einem Leben ohne Nöte gewichen. Die deutlich erkennbaren Attribute des Wohlstands können allerdings nicht darüber hinwegtäuschen, daß an die Stelle der alten, existentiellen Sorgen neue, teilweise noch kompliziertere getreten sind, wobei die Frage nach den moralischen und sittlichen Werten der Gesellschaft zentrale Bedeutung gewinnt.

Obwohl *Brat'ja i sestry* als die Chronik eines Dorfes im Zeitraum von dreißig Jahren konzipiert ist, bilden die einzelnen Teile selbständige und in sich geschlossene Romane. Als Bindeglied fungiert das Schicksal der Familie Prjaslin (die Gesamtausgabe der ersten drei Bände trägt den Namen *Prjasliny*), deren Geschichte stellvertretend für die ganze Dorfgemeinschaft steht. Das Auseinanderfallen der Familie ist ein Synonym für den Zerfall der Gemeinschaft, die zögernde Wiederannäherung symbolisiert die Möglichkeit eines auf gegenseitiger Achtung basierenden Neuanfangs. Michail Prjaslin als die zentrale Figur des Romanzyklus verkörpert den Typus des bodenständigen Bauern, der wegen eines ausgeprägten Verantwortungsbewußtseins gegenüber seiner Arbeit und der Gemeinschaft in immer neue Konflikte verstrickt wird. Die persönliche Tragödie des Helden liegt darin, daß ihm sein unermüdliches Engagement für die Belange des Dorfes trotz des ursprünglichen hohen Ansehens letztendlich den Ruf eines Störenfriedes einbringt. Seine positiven Charaktereigenschaften wie die Liebe zur Arbeit oder die unentwegte Suche nach Gerechtigkeit werden lediglich von den alten, die tradierten bäuerlichen Werte bewahrenden Bauern anerkannt, während sie für die neue, vom Strukturwandel geprägte Generation keine Bedeutung zu haben scheinen. Die Geschichte von Michails Jugendfreund Egor zeigt die Folgen des Identitätsverlustes: Sein Streben nach schnellem Glück endet in Entwurzelung und Einsamkeit.

Der Romanzyklus läßt eine thematische Schwerpunktverschiebung erkennen, die für die gesamte sowjetische Dorfprosa der Nachkriegszeit charakteristisch ist und der tatsächlichen geschichtlichen Entwicklung Rechnung trägt. Während die ersten Teile von dem materiellen Elend der Landbevölkerung geprägt sind bzw. eine verzweifelte Suche nach Verbesserung der Verhältnisse wiedergeben, tritt im letzten Band der soziopsychologische Aspekt in den Vordergrund, der auf die Zerstörung der alten Lebensformen und mit ihnen der ideellen Werte aufmerksam macht. Abramov gelingt es auf diese Weise, *»die realistische, beschreibende Prosa, sowie eine historisch-philosophische und moralische Betrachtungsweise zu einem Ganzen zu vereinen«* (V. Lavrov). Die wahrheitsgetreue Darstellung des Dorflebens macht die mannigfaltigen Probleme des Kolchossystems sichtbar, mit denen die russischen Bauern seit dem Zweiten Weltkrieg zu kämpfen hatten. Der Autor beschränkt sich jedoch nicht auf die Schilderung der negativen Seiten des Landlebens, sondern versucht, auf Wege zur Überwindung der aufgezeigten Mißstände hinzuweisen, wodurch sein Werk trotz der oft bedrük-

kenden Trostlosigkeit des beschriebenen Dorfalltags einen optimistischen Grundton erhält. Die präzise, auf detaillierten Kenntnissen basierende Schreibweise und der teils dokumentarische Stil machen die Tetralogie zu einem Dokument der sowjetischen Zeitgeschichte.   J.Kri.

AUSGABEN: *Brat'ja i sestry*: Leningrad 1958 (in Neva, 9); Leningrad 1959; Iževsk 1979. – *Dve zimy i tri leta*: Moskau 1968 (in Novyj mir, 1–3); Leningrad 1977; Leningrad 1986. – *Puti-pereput'ja*: Moskau 1973 (in Novyj mir, 1–2); Moskau 1973. – *Prjasliny. Trilogija*: Moskau 1974; ern. 1977; Leningrad 1978. – *Dom*: Moskau 1978 (in Novyj mir, 12); Leningrad 1979; ern. 1980; Moskau 1984. – *Brat'ja i sestry. Roman v 4-ch knigach*: Moskau 1980; Leningrad 1982; Moskau 1987. – Leningrad 1980–1982 (*in Sobr. soč. v trech tomach*, 1–2).

ÜBERSETZUNG: *Brüder und Schwestern*, E. Panzig, 4 Bde., Bln. 1976–1980.

DRAMATISIERUNGEN: *Brat'ja i sestry*, Leningrad 1978 (Regie: A. Kazman und L. Dodin). – *Dom*, Archangel'sk 1981 (Regie: È. S. Simonjan).

LITERATUR: B. Pankin, *Živut Prjasliny!* (in Literatura i sovremennost'*, 1970, 10, S. 371–383). – V. Staroverov, *K portretu poslevoennoj derevni* (in Oktjabr', 1973, 7, S. 197–206). – S. Galimov, *Konflikty i charaktery* (in Moskva, 1973, 11, S. 198–205). – E. Klepikova, *Kak èto bylo...* (in Neva, 1976, 9, S. 180–186; Ü: *F. A.s Trilogie »Brüder und Schwestern«*, in Kunst und Literatur, 1977, 6, S. 627 bis 638). – E. Sidorov, *Chronika sela Pekašina* (in E. S., *Vremja, pisatel', stil'*, Moskau 1978, S. 94–105). – V. Oskockij, *Čto že slučilos' v Pekašine?* (in Literaturnoe obozrenie, 1979, 5, S. 46–50; Ü: *Was geschieht in Pekaschino?*, in Kunst und Literatur, 1980, 9, S. 973–982). – F. Kuznecov, *Letopis' derevni Pekašino* (in F. K., *Pereklička èpoch*, Moskau 1980, S. 241–248).

BELLA ACHATOVNA ACHMADULINA

* 10.4.1937 Moskau

LITERATUR ZUR AUTORIN:
Bibliographie:
Russkie sovetskie pisateli. Poèty. Bibliografičeskij ukazatel', Bd. 2, Moskau 1978, S. 118–132.
Gesamtdarstellungen und Studien:
A. Nejmirok, *B. A.* (in Grani, 55, 1964, S. 169 bis 177). – Chr. Rydel, *The Metapoetical World of B. A.* (in Russian Literature Triquarterly, 1971, 1, S. 326–341). – P. G. Antokol'skij, *B. A.* (in P. G.

A., *Sobr. soč.*, Bd. 4, Moskau 1973, S. 248–256). – F. Mierau, *B. A.* (in Akzente, 1974, S. 541–545). – N. P. Condee, *The Metapoetry of Evtušenko, A., and Voznesenskij, Analyzed in the Context of Soviet Aesthetic Theory*, Phil. Diss. Yale 1978. – J. Brodal, *Wahlverwandtschaft – ein Motiv bei B. A.* (in Scando-Slavica, Bd. 28, 1982, S. 19–26). – B. Gass, *Zaduj vo mne sveču*, London 1984. – S. Ketchian: *Poetic Creation in B. A.* (in SEEJ, 28, 1984, 1, S. 42–57). – N. Condee, *A.'s Poėmy: Poems of Transformation and Origins* (in SEEJ, 29, 1985, 2, S. 176–187). – R. Mustafin, *Poisk algoritma. Zametki o poėzii B. A.* (in Družba Narodov, 1985, 6, S. 245–252). – V. Erofeev, *Novoe i staroe. Zametki o tvorčestve B. A.* (in Oktjabr', 1987, 5, S. 190 bis 194).

DAS LYRISCHE WERK (russ.) von Bella ACHMADULINA.

Bella (eigentlich: Izabella) Achatovna Achmadulina, deren literarisches Werk neben Lyrik noch Übersetzungen, Filmdrehbücher und einige wenige, meist essayistische Prosaskizzen umfaßt, wird zwar meist als Repräsentantin der sog. »Tauwetterlyrik« in einem Atemzuge mit EVTUŠENKO und VOZNESENSKIJ genannt, stand jedoch deren polemisch-pathetischer *ėstradnaja lirika* (Tribünenlyrik) von Beginn an ästhetisch fern. Prägenden Einfluß gewann demgegenüber ihre Jugendbekanntschaft mit E. VINOKUROV, dessen an der philosophischen Dichtung des 19. Jh.s (BARATYNSKIJ, TJUTČEV, FET) geschulte Gedankenlyrik besonders in ihrem Frühwerk deutlich durchscheint. Als Lyrikerin debütierte Bella Achmadulina, die das berühmte Gor'kij-Literaturinstitut absolvierte, 1955 in der Jugendzeitung ›Komsomol'skaja Pravda‹; und schon zwei Jahre später fand sie Eingang in die angesehene, jährlich erscheinende liberale Anthologie *Den' poėzii*.

Es dauerte allerdings bis 1962 – unterdessen hatte A. GINZBURG einige ihrer Gedichte in der Samizdat-Zeitschrift ›Sintaksis‹ veröffentlicht –, ehe ihr erster Lyrikband *Struna (Die Saite)* erscheinen konnte, der in seiner erstaunlichen Frühreife grundlegend für ihre gesamte weitere Entwicklung blieb. Die 54 Gedichte dieser Sammlung umkreisen in einem für die Sowjetunion damals gänzlich ungewohnten radikalen Subjektivismus meist Bereiche individuellen Erlebens von Natur, Liebe und Kunst, wobei dem Prinzip der Vergeblichkeit menschlicher Anstrengung (*tščetnost'*) der Selbstwert ästhetischer Reflexion entgegengestellt wird. Selbst prosaische Symbole der technischen Zivilisation vermag die dichterische Imagination auf diese Weise mit der Aura des Geheimnisvollen zu umgeben, indem sie Gegenstände ebenso wie bestimmte Wörter aus ihrem gewöhnlichen Kontext löst und in einer derart großen Unbefangenheit neu zu erkennen sucht, daß orthodoxe Kritiker vor einem »*Verlust des Zeitbezugs*« (Lesnevskij) warnten, während andere später das »*Abenteuer eines Geschichtlichmachens von Empfindungen*« (Mierau)

begrüßten. – Die meist jambischen vierzeiligen Strophen verweisen in ihrer traditionellen und bewußt schlichten Formgebung auf eine durch das Vorbild PUŠKINS und ACHMATOVAS geformte Ästhetik, deren Stilprinzipien sich auch vereinzelte Versuche, im Stile der Moderne durch bewußte Bloßlegung innersprachlicher Mechanismen neue semantische Bezüge herzustellen, stets unterzuordnen haben. Charakteristisch für Achmadulinas subtile, meist in der Andeutung verharrende und historische wie stilistische Varietäten des Russischen reizvoll miteinander verflechtende Sprache ist ihr Gedicht *Vulkany (Vulkane)*, das die stimmgewaltigen antistalinistischen Pamphlete Evtušenkos künstlerisch wirkungsvoll konterkariert. Im Rückgriff auf das alte Pompeji warnt das lyrische Ich in »aesopischer Sprache« vor den unter den Kratern des keineswegs für ewig erloschenen Vesuvs schlafenden Riesen.

Das Ende 1963 entstandene Poem *Skazka o dožde (Märchen vom Regen)* leitete mit seiner vorübergehenden Wendung zu größeren Formen eine neue Schaffensperiode im Werk Achmadulinas ein. Der Regen, ein zentrales Motiv der Lyrik PASTERNAKS, erscheint hier als Sinnbild der dem Auserwählten schicksalhaft verliehenen Begabung, die ihn zwangsläufig in Konflikt zu seiner Umwelt geraten läßt. Schon in dem Gedicht *Den' poėzii (Tag der Poesie)* hatte Achmadulina zuvor in bewußter Anlehnung an Puškins *Poėt i tolpa*, 1828 (*Der Dichter und die Menge*), Einsamkeit und Andersartigkeit des schöpferischen Individuums zum zeitlosen Phänomen erhoben – ein bewußter Affront gegen die Forderung des Sozialistischen Realismus nach *narodnost'* (Volkstümlichkeit).

Nachdem 1968 ein Emigrantenverlag den Auswahlband *Oznob (Schüttelfrost)* veröffentlicht hatte, erreichte die Dichterin 1969 bei Erscheinen ihres vielbeachteten Bandes *Uroki muzyki (Musikstunden)* den vorläufigen Höhepunkt ihres Ansehens. Dennoch waren Anzeichen einer schöpferischen und persönlichen Krise nicht zu verkennen. Nur so, als intimer Ausdruck der Lebensangst und nicht im Sinne moderner Sprachskepsis, ist das früher nur vereinzelt anklingende, jetzt vielgestaltete Motiv des drohenden Verstummens zu begreifen. In der Folge drohte Achmadulinas archaisierender Sprachgestus ebenso wie ihre Subjektivität zeitweise zur manierierten Pose zu erstarren. Ihr Poem *Moja rodoslovnaja (Mein Stammbaum)* trug der im Grunde unpolitischen Dichterin, die väterlicherseits von Tataren, mütterlicherseits von russifizierten Italienern abstammt, den Vorwurf allzu großer Willfährigkeit gegenüber großrussischem Nationalismus ein (Brodal), und auch liberale Kritiker in der UdSSR konstatierten enttäuscht ihre Wandlung zu einem »*Pop-Star der Poesie*« (rückblickend V. Erofeev).

Erst 1975 trat die Autorin mit einem schlicht *Stichi (Gedichte)* betitelten Band, der zum größten Teil auf früher publizierte Texte zurückgriff, wieder an die Öffentlichkeit. 1977 erschienen beinahe gleichzeitig drei neue Gedichtsammlungen: *Sny o Gruzii*

(Träume von Georgien) unterstreicht leitmotivisch die Bedeutung, die Achmadulina – u. a. in der Tradition MANDEL'ŠTAMS – der georgischen Literatur beimißt. Das Gros des Bandes machen allerdings Nachdichtungen und literaturkritische Essays aus. Neben dem schmalen Band *Metel' (Der Schneesturm)* offenbarte vor allem *Sveča (Die Kerze)* neue Aspekte in Achmadulinas Weltsicht. In Gedichten wie *Odnaždy, pokačnuvšis' na kraju (Einstmals, am Rande wankend)* oder *Fevral' bez snega (Februar ohne Schnee)* tritt das Erschrecken vor der geistigen Haltlosigkeit des modernen Menschen zutage, ein Thema, das schon in *Stichi* vereinzelt angeklungen war (z. B. in dem Gedicht *Medlitel'nost' – Zaudern*).

Tajna, 1983 *(Das Geheimnis)*, ist das motivisch und thematisch vielleicht am strengsten durchkomponierte Werk der Autorin, in dem in immer neuen Schattierungen – Achmadulina verwendet den uralten Topos von der »Lesbarkeit der Welt« – das Verhältnis von Natur und Sprache reflektiert wird; Subjektivität ist hier eher souverän gehandhabtes Stilmittel denn Ausdruck authentischen Erlebens. Die vorläufig letzte Gedichtsammlung, *Sad*, 1987 *(Der Garten)*, nimmt die Leitmotive des Gesamtwerks auf, zeigt jedoch ein spürbares Bemühen um größere formale und stilistische Vielfalt. Zuweilen allzu gewollt virtuos knüpft Achmadulina ein dichtes Netzwerk innerliterarischer Verflechtungen (u. a. Anklänge an DERŽAVIN, TURGENEVS Gedichte in Prosa, IBSEN und BLOK) und spannt den Bogen von vereinzelten, ungewohnt sozialkritischen Gedichten *(Paška – Paschka)* über eine Vielzahl bisweilen an CVETAEVA erinnernde Landschaftsmeditationen *(Tarusa – Tarusa)* hin zu fast symbolistischer Klangakrobatik im Stile BAL'MONTS. In den gelungensten Gedichten bleibt Achmadulinas nuancenreiche, oft altertümlich stilisierte Sprache kein ästhetischer Selbstzweck, sondern eröffnet in der assoziativen Verbindung von Zeiten und Ideen auch inhaltliche Dimensionen *(Elka v bol'ničnom korridore – Ein Tannenbaum im Krankenhauskorridor)*.

Achmadulinas Bedeutung liegt in der Erneuerung der in stilistischer Normierung und ideologischer Tendenziosität erstarrten Dichtungssprache der Stalinzeit und in der schöpferischen Rückbesinnung auf die lange verschüttete russische Lyriktradition des 20. Jh.s (ACHMATOVA, CVETAEVA, MANDEL'ŠTAM, PASTERNAK), wobei eine behutsam eingesetzte Ironie das Abgleiten ins Epigonale verhindert.

Achmadulinas Lyrik, ähnlich wie bei Achmatova ein geschlossenes, jedoch keineswegs modernistisch-hermetisches Universum regelmäßig wiederkehrender Themen, Symbole und Motive (z. B. der Farbe Orange), versucht, innerem Erleben eine im dichterischen Wort sinnlich wahrnehmbare Gestalt zu verleihen; »*das Materielle ist nur dazu da, das Geistige zu stimulieren*« (Ėtkind). Der Dichter ist für Achmadulina in einem beinahe religiösen Sinne ein Benennender, der die Phänomene der »*Namenlosigkeit der Nacht*« (»*noči bezymjannosti*«)

entreißt und ihnen seine Stimme leiht, was gleichbedeutend ist mit einer Teilhabe am Leid der Welt: »*Und so stehe auch ich – klingend und dem Schmerz geöffnet.*«   R.Gt.

AUSGABEN: *Struna*, Moskau 1962. – *Oznob*, Ffm. 1968. – *Uroki muzyki. Stichi*, Moskau 1969. – *Stichi*, Moskau 1975. – *Metel'. Stichi*, Moskau 1977. – *Sveča*, Moskau 1977. – *Sny o Gruzii*, Tblisi 1977. – *Tajna. Novye stichi*, Moskau 1983. – *Sad. Novye stichi*, Moskau 1987.

UROKI MUZYKI

(russ.; *Ü: Musikstunden*). Gedichtsammlung von Bella ACHMADULINA, erschienen 1969. – *Uroki muzyki* ist die zweite in der Sowjetunion erschienene Gedichtsammlung der Autorin. Wie die vorausgegangene Sammlung *Struna*, 1962 *(Die Saite)*, aus der einige Texte wieder übernommen wurden, verweist bereits der Titel des Werks auf das Prinzip der »Kammerdichtung« (Holthusen). Ein großer Teil der Gedichte läßt sich dem Genre des lyrischen Tagebuchs zuordnen. Thematische Schwerpunkte bilden Schlaflosigkeit und Traum, Krankheit und Schaffenskrise. Schlüsselwörter der Lyrik Achmadulinas sind Begriffe wie *gorlo* (Kehle), *gortan'* (Kehlkopf, Kehle), *guby* (Lippen), *vydoch* (Hauch, Ausatmen), *golos* (Stimme) und *slovo* (Wort). Indem diese immer wieder auf die physischen Organe des dichterischen Worts verweisen, umreißen sie ein poetisches Modell, das dem Experiment mit den spezifischen Werkzeugen des Dichters, dem Klangspiel, der Sprachübung, der Etüde, auf die der Titel *Musikstunden* anspielt, Vorrang einräumt. Auf den ersten Blick allerdings nimmt sich Achmadulinas Vers- und Strophentechnik eher traditionell aus. Die Norm des aus fünfhebigen Jamben bestehenden Quartetts wird nur selten durchbrochen. Experimentiert wird vor allem auf den Ebenen der Wortbildung und des Reims durch Silben- und Lautspiele.

Achmadulinas Leitmotiv der leisen, heiseren, den Dienst verweigernden Stimme markiert einen deutlichen Gegensatz zu MAJAKOVSKIJS Lyrik der »vollen Stimmkraft« (vgl. dessen Poem *Vo ves' golos*, 1930), an die in den sechziger Jahren EVTUŠENKO, mit dem die Achmadulina in erster Ehe verheiratet war, und VOZNESENSKIJ anknüpften. Von beiden Autoren hebt sich auch Achmadulinas Verwendung technischer Symbole ab. In Gedichten wie *Motorroller, Magnitofon (Das Tonbandgerät), Gazirovannaja voda (Sodawasser)* und *Malen'kie samolety (Kleine Flugzeuge)* wird die Welt der Technik poetisch verwandelt, verzaubert und »enttechnisiert«. *Kleine Flugzeuge* liest sich wie ein Gegentext zu Voznesenskijs berühmtem Gedicht *Nočnoj aėroport v N'ju-Jorke*, 1962 *(Nächtlicher Flughafen in New York)*, auf das Achmadulina ironisch auch in *Moi tovarišči (Meine Kollegen)* anspielt.

Einen eigenen thematischen und formalen Ort besitzen die vier kurzen, an den Schluß der Sammlung gestellten Poeme, denen allen ein Zug zum Grotesken und Phantastischen eignet: in *Priključenie v antikvarnom magazine (Begebenheit in einem Antiquariat)* die unglückliche Liebe des Antiquariatsbesitzers, in *Oznob (Schüttelfrost)* die zum Wahnerlebnis verzerrte Beschreibung der eigenen Krankheit, in *Skazka o dožde (Märchen vom Regen)* die phantastische Geschichte vom störrischen Regen, der sich von der Heldin des Poems nicht trennen will, sie öffentlich kompromittiert und von ihr dennoch wie ihr eigenes Kind geliebt wird, in *Moja rodoslovnaja (Mein Stammbaum)* schließlich die aus der Perspektive des ungeborenen Kindes in Handlung umgesetzte Darstellung des eigenen Stammbaums. Das Zurückgehen hinter die Wirklichkeit wird in diesen vier Poemen vor allem als formales Element realisiert. Mögen gewisse Momente auch auf die symbolistische und akmeistische Tradition hinweisen, so ist doch nicht zu übersehen, daß das Phantastische und Groteske stets unter dem Vorzeichen einer deutlichen Ironie steht, die besonders in der Wahl der poetischen Mittel (unreiner Reim, mehrfacher Binnenreim, Archaismen in Form von Alliterationen, Anaphern und Parallelismen) zum Ausdruck kommt. Die »Erweiterung« der Wirklichkeit im Bereich des Bewußtseins erweist sich hier also als Erweiterung des technischen Instrumentariums, nicht etwa als Wirklichkeitsflucht. Dies gilt auch für die intimen und melancholischen Gedichte des ersten Teils wie etwa *Sumerki (Dämmerung)* und *Son (Traum)*, in denen die Rückbesinnung auf eine »heile« und bessere Zeit am Schluß als Illusion entlarvt wird. A.Gu.

AUSGABE: Moskau 1969.

ÜBERSETZUNG: *Musikstunden*, A. Christoph, Bln./DDR 1974 [russ.-dt.].

ANNA ACHMATOVA

eig. Anna Andreevna Gorenko
* 11.(23.)6.1889 Bol'šoj Fontan bei Odessa
† 5.3.1966 Domodedovo bei Moskau

LITERATUR ZUR AUTORIN:
B. Ėjchenbaum, *A. A.*, Petrograd 1923. – V. Vinogradov, *O poėzii A. A.*, Leningrad 1925 [Nachdr. Den Haag 1969]. – E. Dobin, *Poėzija A. A.*, Leningrad 1968. – J. Rude, *A. A.*, Paris 1968. – K. Verheul, *The Theme of Time in the Poetry of A. A.*, Den Haag 1971. – S. Driver, *A. A.*, NY 1972. – V. Žirmunskij, *Tvorčestvo A. A.*, Leningrad 1973. – *Pamjati A. A.*, Paris 1975. – A. Haight, *A. A. A Poetic Pilgrimage*, Ldn. 1976. – L. Čukovskaja, *Zapiski ob A. A.*, 2 Bde., Paris 1976–1980. – S.

Ketchian, *The Poetry of A. A. A Conquest of Time and Space*, Mchn. 1986 (Slavistische Beiträge, 196). – Je. Kusmina, A. A., Bln. 1993.

BELAJA STAJA

(russ.; *Der weiße Schwarm*). Gedichtsammlung von Anna ACHMATOVA, erschienen 1917. – Die thematischen Neuerungen dieser dritten und mit knapp 90 Texten umfangreichsten Gedichtsammlung Achmatovas gegenüber den vorausgegangenen Bänden *Večer*, 1912 *(Abend)*, und *Četki*, 1914 *(Der Rosenkranz)*, sind verhältnismäßig gering. Obwohl also auch *Belaja staja* im weiteren Sinne als Liebeslyrik bezeichnet werden kann, hat die Geschlechterbeziehung als unendlich weit zurückliegende Vorgeschichte des lyrischen Ich und damit fast schon als abstrakte Utopie hier doch einen gänzlich anderen Stellenwert.
Was in *Večer* noch in greifbarer und selbstverständlicher Nähe lag – Natur, das eigene Selbst, der eigene Körper, der des Partners oder auch nur die Erinnerung daran –, rückt hier auf extreme Distanz. In diesem perspektivischen Übergang von Nähe und Intimität auf Abstand und Entfremdung liegt der wesentliche Unterschied zwischen *Belaja staja* und den früheren Dichtungen der Autorin. Der elegische Tenor geht über weite Strecken in tiefste Resignation über. Die elegische wird durch die »tragische Muse« (Etkind) verdrängt. Religiöse Elemente, die bei Achmatova bis dahin nur schwach und eher kontrastiv zur erotischen Thematik verwendet wurden, entwickeln sich nun zu einer tragenden Motivschicht. Einige Gedichte wie z. B. *Ja tak molilas' (Ich habe so gebetet)* und *Molitva (Gebet)* stehen ganz in der Tradition des romantischen lyrischen Gebets. Primäre Signalwörter wie »Kälte«, »Eis«, »Frost«, »Erstarrung« erzeugen ein emotionales Klima, das die Blütenpracht von Carskoe selo (Blumen sind in *Večer* ein Schlüsselmotiv für weibliche Rollenvielfalt) in Eisblumen verwandelt. An die Stelle der Blumensymbolik treten Symbole des erdfernen Schwebens und Fliegens (Kraniche, Schwalben, Schwäne) – ein Motiv also, das auf die dem Gedicht *Ja ne znaju, ty živ ili umer (Ich weiß nicht, ob du lebst oder tot bist)* entlehnte Titelmetapher *belaja staja* verweist (im Gedicht: *i stichov moich belaja staja – und meiner Verse weißer Schwarm*). Blumen enthüllen ihren Zauber nur in der Nähe, Vögel ihre Grazie erst im freien Flug, d. h. aus der Ferne. Im semantisch kontrastiven Reimbezug *letet'* (fliegen) – *pet'* (singen) wird Fliegen zur Chiffre einer Freiheit, die auch die Befreiung vom poetischen Sprachzwang einschließt (vgl. *Tak ranenogo žuravlja/zovut drugie – So rufen dem verletzten Kranich/die anderen zu*). Der verletzte Kranich kann mit dem Schwarm nicht mithalten. Er ist zum Bleiben verurteilt und dazu, seinen eigenen Schmerz zu besingen.
Der Publikumserfolg von *Belaja staja* kam dem von *Večer* und *Četki* gleich. Die Literaturkritik jedoch hat Anna Achmatovas neue Gedichtsamm-

lung, die kurz nach der Februarrevolution erschien, erst mit Verspätung entdeckt.   A.Gu.

AUSGABEN: Petrograd 1917. – Petrograd 1923. – Leningrad 1976 (in *Stichotvorenija i poėmy*). – Mchn. 1979 (in *Sočinenija*, 3 Bde., 1). – Minsk 1983 (in *Beg Vremeni*; Ausw.).

ÜBERSETZUNG: In *Im Spiegelland. Ausgewählte Gedichte*, Hg. E. Etkind, Mchn./Zürich 1982.

LITERATUR: A. Slonimskij, *A. A., »Belaja staja«* (in Vestnik Evropy, 1917, Nr. 9–12, S. 403–407). – V. M. Žirmunskij, *»Belaja staja«* (in Naš vek, 1918, Nr. 21, S. 4; auch in V. M. Ž., *Voprosy teorii literatury*, Leningrad 1928, S. 322–326). – V. V. Vinogradov, *A. A. O simvolike – o poėzii*, Mchn. 1970. – S. Driver, *The Poetry of A. A., 1912–1922*, Ann Arbor 1970.

POĖMA BEZ GEROJA

(russ.; *Ü: Poem ohne Held*). Gedichtzyklus von Anna ACHMATOVA, entstanden 1940 bis 1942, bearbeitet und erweitert bis 1963, veröffentlicht in Teilen ab 1940, vollständig erstmals 1967 in den USA (›Slavonic and East European Review‹, Nr. 45), fast vollständig in der UdSSR 1974. – Die Entstehung dieses wichtigsten Gedichtzyklus von Anna Achmatova geht auf das Jahr 1923 und das Gedicht *Novogodnjaja ballada (Neujahrsballade)* zurück. Den Neuanstoß zu dem Werk, das von der Silvesternacht 1913/14 als dem Ende einer Epoche ausgeht und über den Terror bis in den Zweiten Weltkrieg mit dem zerstörten Leningrad reicht, erhielt sie in der Nacht vom 26. auf den 27. Dezember 1940 in Leningrad. Die erste Fassung schloß sie in Taschkent als Evakuierte am 18. 8. 1942 ab. Teile erschienen 1944 und 1945, manche, z. B. den Rückgriff bis in die Zeit DOSTOEVSKIJS, hat sie später verworfen. Nach ihrer zehnjährigen Verfemung als Opfer des Parteierlasses vom 14. 8. 1946, der zur Makulierung von zwei Auswahlbänden und zum Ausschluß aus dem Schriftstellerverband führte, erschienen ab 1956 fast jedes Jahr Auszüge in der UdSSR. Die ersten Gesamtredaktionen kamen in dem Almanach *Vozdušnye puti* (Bd. 1 u. 2) in New York 1960 und 1961 heraus. Eine zunächst als endgültig bezeichnete Fassung bereitete sie 1962 für die Zeitschrift ›Znamja‹ vor, doch lehnte V. M. KOŽEVNIKOV im Dezember die Veröffentlichung ab. Als bei der Aufnahme in den Auswahlband *Beg vremeni* (1965) bei den Teilen 2 und 3 des *Triptychons* erhebliche Zensureingriffe gefordert wurden, schloß A. Achmatova nur den ersten Teil ein. Bald nach dem Tode der Dichterin brachte Amanda HAIGHT 1967 die erste vollständige Edition in den USA heraus, sie wurde von Boris FILIPPOV für die dreibändige Ausgabe ihrer Werke (Washington/Paris 1967–1983) übernommen. Die erste fast vollständige sowjetische Ausgabe ist in *Izbrannoe* (1974) enthalten. Dort fehlen am Schluß 7 Zeilen

über den Zug der GULag-Häftlinge nach Sibirien. Diese wurden ab 1976 in sowjetische Ausgaben aufgenommen, es fehlen aber noch 1986 20 Zeilen, ebenfalls im 3. Teil, über das Leid *Hinter dem Stacheldraht*.

Poėma bez geroja besteht aus drei Teilen: I. *Devjat'sottrinadcatyj god (Das Jahr 1913. Eine Petersburger Erzählung)*; II. *Reška (Gegenbild)*; III. *Epilog (Epilog)*. Der Entstehung und dem Umfang nach liegt der Schwerpunkt des Werks im ersten Teil, er ist als einziger in (vier) Kapitel untergliedert, wobei zwischen Kapitel 1 und 2 noch ein *Intermedium* gestellt ist. Jedem dieser insgesamt acht Teile ist wie bei einem Theaterstück eine kurze Ortsbeschreibung und Zeitangabe vorangestellt: Teil I, 1 handelt am Silvesterabend 1913 im Haus an der Fontanka, wo Anna Achmatova als vor dem Zusammenbruch des Zarenreiches und dem bolschewistischen Umsturz berühmte Akmeistin gelebt hat und wo das *Intermedium* »irgendwo in der Nähe« und »in der Tiefe des Saales, der Szene, der Hölle oder oben auf Goethes Brocken« spielt; I, 2 handelt »im Schlafzimmer der Heldin« (gemeint, doch nicht genannt, ist die Schauspielerin Ol'ga Afanas'evna Glebova-Sudejkin); I, 3 in Petersburg 1913; I, 4 beim Haus der Brüder Adamini an der »Ecke des Marsfelds« in Petersburg und ist von der Zeit gelöst; Teil II handelt am 5. Januar 1941 in demselben Haus wie I, 1 an der Fontanka; Teil III im kriegszerstörten Leningrad, nachts am 24. 6. 1942. Die Orts- und Zeitangaben weisen auf das Anliegen der Dichterin hin, am Beispiel ihrer Heimatstadt St. Petersburg/Leningrad ein Bild an zwei unglücksträchtigen Vorabenden zu geben: am Vorabend des Ersten Weltkriegs und damit der Oktoberrevolution als der Schaffung eines neuen, aus der Tradition des 19. Jh.s herausgerissenen Staates – und am Vorabend des Zweiten Weltkriegs und damit der Zerstörung Leningrads, der Evakuierung oder des Todes eines großen Teils seiner Menschen. Für Anna Achmatova ist das Jahr 1913 Ende des »Silbernen Zeitalters«, damit des Geistes des 19. Jh.s. Erst danach beginnt für sie im geistigen Sinne das 20. Jh.

Das historische Poem gestaltet in der Wechselbeziehung der Vorabende die Tragödie des 20. Jh.s. Der Form nach knüpft dieser lyrische Zyklus an die Poeme des 19. Jh.s an, kennt aber im Unterschied zu PUŠKINS Petersburg-Dichtung *Mednyj vsadnik* (1834) weder eine Fabel noch eine zentrale Figur noch überhaupt zwischenmenschliches Handeln. Es beginnt mit einem Karneval der Schemen, Masken von Größen des Petersburger Geisteslebens von 1913, wie BLOK oder MEJERCHOL'D, dazu von Gestalten des literarischen Lebens aus einem vergangenen Europa wie Faust oder Don Juan. Aber die Maskerade ist ein Erinnerungsbild, von Silvester 1940 her gesehen, die Namen sind meist verschlüsselt, was das Gespenstische der Theater- und Bohèmewelt ebenso unterstreicht wie Gedanken des erzählenden Beobachters: »*Sind das nicht die letzten Zeiten?*« Das *Intermedium* setzt neben die allgemeine Maskerade das Spiel von Columbina und Harlekin, von Märchenfee und Iwanuschka aus alten Märchen. Der autobiographische Charakter wird in I, 2 durch die Gleichsetzung (»*Doppelgänger*«) des Ichs mit O. A. Glebova-Sudejkin, der »*Columbine*« des ersten Jahrzehnts, unterstrichen. Neben ihr ist, unter anderen, als Motto der Lyriker Vsevolod KNJAZEV stark integriert, der sich 1913 aus nicht erwiderter Liebe das Leben nahm. Das »Gegenbild« in Teil II zeichnet erst konkreter, dann wieder in literarischer Allusion und versteckten Zitaten die Dichterin in Leningrad vor dem Kriegsuntergang. In unverbrämter Härte und ohne Rücksicht auf die sowjetische Zensur erwähnt sie die Jahre des schlimmsten Terrors: »*Von Folter, Verbannung und Hinrichtung kann ich nicht singen*« (in sowjetischen Ausgaben liest man statt dessen »*Von Kriegen, Tod und Geburt*«). Teil III, der Epilog, wendet sich 1942 unmittelbar an »*Meine Stadt*«. Das Kriegsleid in Rußland und außerhalb wird mit dem Terrorleid in der Sowjetunion – »*Stacheldraht*«, »*Verhör*«, »*Lagerstaub*« – als Einheit gesehen, den Weg nach Sibirien treten Evakuierte wie Verurteilte an. Das Ort- und Zeitübergreifende bestimmt die außerordentlich konkreten Details des ganzen Werks, die persönliche Betroffenheit der Dichterin verschmilzt mit der Hebung ins Allgemeingültige. Achmatovas religiöse Grundhaltung trägt Gebets- und Bekenntnischarakter, sucht nicht Trost. Das nur durch Kommentare entschlüsselbare System von Andeutungen, Anspielungen und literarischen Zitaten nimmt allerdings die Möglichkeit, das Werk beim ersten Lesen zu verstehen, und schränkt Leserkreis und Erfassungstiefe ein.

W.Ka.

AUSGABEN: Washington/Paris 1968 (in *Sočinenija*, 3 Bde., 1967–1983, 2). – Moskau 1986 (in *Sočinenija*, Bd. 1; nicht vollständig).

ÜBERSETZUNG: *Poem ohne Held*, Hg. F. Mierau, Lpzg. 1979; ³1984. – Dass., ders., Göttingen 1992.

LITERATUR: K. Čukovskij, *Čitaja A.* (in Moskva, 1964, 5). – E. Dobin, »*Poėma bez geroja« A. A.* (in Voprosy literatury, 1966, 9). – A. Haight, »*Poėma bez geroja*« (in SEER, 1967, 105). – B. Filippov, »*Poėma bez geroja*« (in A. A., *Sočinenija*, Bd. 2, Washington 1968). – V. Toporov, *K otzvukam zapadnoevropejskoj poėzii u A.* (in International Journal of Slavic Linguistics and Poetics, 16, 1973, S. 157–176). – F. Mierau, *Vorabend: 1913 und 1940. Jahrhundertbild und Gattungsevolution in A. A.s »Poem ohne Held« (1940–1962)* (in *Konzepte*, Lpzg. 1979, S. 143–161). – I. Tlusty, *A. A. and the Composition of her »Poema bez geroya«, 1940–1962*, Diss. Univ. of Oxford 1984. – I. Lisnjanskaja, *Tajny muzyki »Poėma bez geroja«* (in Družba narodov, 1991, Nr. 7). – G. Gružkov, »*Ty opozdal na mnogo let...« Kto geroj »Poėmy bez geroja«?* (in Novyj mir, 1993, Nr. 3).

REKVIEM

(russ.; *Ü: Requiem*). Gedichtzyklus von Anna ACHMATOVA, geschrieben 1935–1961, Erstveröffentlichung in München 1963, in der UdSSR 1987 (in ›Oktjabr'‹, H. 3). – Die in diesem Zyklus vereinten 16 Gedichte bilden das bedeutendste russische Sprachdenkmal, das den Millionen Frauen gesetzt wurde, die vom Leid der willkürlichen Verhaftung ihrer Männer oder Söhne betroffen waren. Hier haben die Ohnmacht vor dem Terror, der stumme Aufschrei gegen die zynische Gewalt, das Bangen um geliebte Menschen, das schwache Hoffen, das Wissen um die massenweisen Tötungen gültige dichterische Gestaltung gefunden. Das Werk gründet im christlichen Glauben und verbindet Elemente des Evangeliums und der russisch-orthodoxen Kirche mit denen des stalinistischen Leningrad. Seine Allgemeingültigkeit ist so groß, daß es in der Sowjetunion als ganzes über vierzig Jahre verboten blieb. Der Zyklus ist im wesentlichen 1935–1940 entstanden, als Anna Achmatova, von der seit 1922 keine Zeile mehr im Druck zugelassen wurde, mit einer Veröffentlichung nicht rechnen konnte. In den wunderbarerweise 1940 genehmigten Auswahlband *Iz šesti knig* konnte sie aus *Rekviem* ein Gedicht *(Das Urteil)* einbeziehen. Selbst das Aufbewahren der Handschrift war lebensgefährlich. Daher lernte Lidija ČUKOVSKAJA das Gedicht auswendig (Aufzeichnung vom 31. 1. 1940). Nach A. Achmatovas Rückkehr in die Literatur während des Tauwetters Mitte der fünfziger Jahre blieb es noch drei Jahrzehnte als Ganzes allein von Slavisten im Westen bewahrt (insgesamt vier Gedichte erschienen in der UdSSR), wurde auch mehrfach übersetzt, bis die *Glasnost'*-Politik Gorbačevs 1987 eine sowjetische Veröffentlichung ermöglichte (ein Raubdruck in ›Oktjabr'‹ und ein Abdruck durch A. Achmatovas Sohn Lev in ›Neva‹).

Der Zyklus besteht aus zehn numerierten Gedichten in verschiedenem Versmaß, denen zwei *Widmung* und *Einführung* überschriebene Gedichte voran- und zwei *Epilog* überschriebene Gedichte nachgestellt sind. Drei Gedichte tragen Überschriften: *Prigovor* (*Das Urteil*, 7), *K smerti* (*An den Tod*, 8) und *Raspjatie* (*Kreuzigung*, 10). Die meisten Gedichte sind datiert, teils mit Jahresangaben, bisweilen genauer, doch weichen die verschiedenen Handschriften darin ab. Sie sind nicht chronologisch geordnet. Vor das Ganze hat Anna Achmatova am 1. 4. 1957 einen kurzen Prosavorspann gestellt, der die Entstehung vergegenwärtigt. Irgend jemand, der einmal mit ihr vor dem Gefängnistor anstand, um auch ein Päckchen abzugeben oder Auskunft zu erbitten, hatte sie erkannt. Da flüsterte eine Unbekannte: »*Können Sie das beschreiben?*‹ *Und ich antwortete:* ›*Ja, ich kann es.*‹« Diese Verpflichtung vor der einen Frau, in der sie die Millionen sprechen hörte, hat Anna Achmatova eingelöst. Ein lyrischer Vierzeiler, den sie 1961 noch vor das Vorwort stellte, erinnert daran, daß sie sich damals als Teil ihres Volkes empfand, sein Leid teilte und nicht »*unter fremden Flügeln*« lebte, nicht – wie die Mehrzahl der bedeutenden Dichter vor 1917 – nach dem Oktoberumsturz emigriert war. Der autobiographische Charakter des *Rekviem* gibt dem Werk seine Überzeugungskraft, kommt aber nur in berichtenden Teilen wie dem Beginn des ersten Gedichts zum Ausdruck: »*Sie holten dich im Morgengraun.*« Hier stimmt das Entstehungsjahr 1935 mit der ersten Verhaftung ihres Sohnes Lev aus ihrer Ehe mit Nikolaj GUMILËV (1910–1918) überein. Wenn sie 1940 von ihren »*zwei satanischen Jahren*« spricht, ist die Frist seit der zweiten Verhaftung Levs gemeint (dritte Verhaftung 1949, Rehabilitierung 1956). Situationen und Gedanken sind konkret erfaßt, nachvollziehbar, doch immer gleichnishaft auf das damals typische russische Frauenschicksal übertragbar.

Die *Widmung* gibt das Warten vor den Gefängnismauern wieder, Gedanken an die hinter den Toren oder in Sibirien gequälten Menschen. Naturbilder veranschaulichen den Schmerz: »*Berge krümmen sich vor diesem Kummer, selbst der große Fluß steht still.*« Natur ist in viele Gedichte einbezogen, es sind die »*Sterne des Todes*«, Erinnerungen an den »*stillen Don*« und den »*gelben Mond*«, vor deren stummem Hintergrund der Hinweis auf den toten Mann und den inhaftierten Sohn und die Bitte, für sie zu beten, hörbar werden. Anna Achmatova wählt die »*weißen Nächte*«, um vorzuführen, daß sie »*ins Gefängnis schauten*« und daß »*sie wieder schauen*« (1939) und »*von deinem hohen Kreuz und vom Tode sprechen*«. Die religiöse Bildsprache wie hier das »*hohe Kreuz*« als Metapher für das Leiden des unschuldigen Opfers der staatlichen Willkür, die an einigen Stellen den Zyklus verbindet, gipfelt im Schlußgedicht *Kreuzigung*. Das Motto entstammt dem Beginn des neunten Liedes des österlichen orthodoxen Gebetskanons »*Weine nicht über Mich, Mutter, wenn Ich im Grabe bin*«. Hier wird die Christuserfahrung zum Trost. Auch die Häftlinge, denen der Tod bestimmt ist, wenden sich im Bewußtsein der Auferstehung so an ihre leidend zurückbleibenden Mütter. Der erste der zwei Vierzeiler des Gedichtes wiederholt diese Situation des Evangeliums, erweitert um Christi Aufruf »*Warum hast du Mich verlassen*« und den Ruhmesgesang der Engel, der zweite ruft das Ikonenbild der am Kreuz leidenden drei – Magdalena, Johannes und Maria – vor Augen und schließt: »*Doch dorthin, wo Maria Mutter stand im Schweigen, hat keiner einen Blick gewagt.*« Diesen Blick auf die leidenden Mütter erzwingt diese Dichtung.

Die Schilderung des Leids und der Verzweiflung überwiegt den Trost. *An den Tod*, das achte Gedicht, ist von Todessehnsucht bestimmt; jede Todesart sei besser als die Fortsetzung der Angst und Ungewißheit. In *Das Urteil* aber kommt Entschlossenheit zum Ausdruck, das Schicksal auf sich zu nehmen. »*Seis drum, ich war ja doch bereit, ich werde damit schon fertig werden*«. So wie Anna Achmatova ihre abgrundtiefe Verzweiflung im *Rekviem* in Worte fassen konnte, so greift seine Wirkung über das Festhalten des Leids der vom sowjetischen Terror außerhalb des GULag betroffenen

Menschen hinaus, läßt durch die Gründung im Christlichen Trost erkennen.   W.Ka.

AUSGABEN: Mchn. 1963. – Washington/Paris 1967 (in *Sočinenija*, 1967–1983, 3 Bde., 1). – Moskau 1987 (in Oktjabr', 3). – Leningrad 1987 (in Neva, 6).

ÜBERSETZUNGEN: *Requiem*, M. v. Holbeck, Ffm. 1964. – Dass., S. u. R. Kirsch (in *Ein niedagewesener Herbst*, Bln. 1967; ²1973). – Dass., H. Baumann (in *Gedichte*, Ebenhausen 1967). – Dass., L. Müller (in *Im Spiegelland*, Hg. E. Etkind, Mchn. 1982). – Dass., R. Düring, Hbg. 1987.

LITERATUR: H. Birnbaum, *Face to Face with Death* (in Scando-Slavica, 28, 1982, S. 5–17). – E. Etkind, *Die Unsterblichkeit des Gedächtnisses. A. A.s Poem »Requiem«* (in Die Welt der Slaven, 1984, Nr. 2, S. 360–394). – S. Dedjulin, *Spustja četvert' veka* (in Russkaja mysl', 1./2.5.1987, S. 12). – A. Urban, *I upalo kamennoe slovo…«* (in Literaturnaja gazeta, 22.4. 1987, S. 4).

VEČER

(russ.; *Abend*). Gedichtsammlung von Anna ACHMATOVA, erschienen 1912. – Schon dieser schmale Gedichtband, mit dem Anna Achmatova 1912 ihr literarisches Debüt gab, sicherte der Autorin einen führenden Rang unter den zeitgenössischen Lyrikern. Der größte Teil der Texte entstand 1911, während einer längeren Auslandsreise ihres Mannes, des Dichters N. GUMILËV, mit dem sie seit 1910 in wenig glücklicher Ehe (bis 1918) verheiratet war. So unangemessen und unzureichend eine platt autobiographische Auslegung der Texte als Bekenntnislyrik wäre, ist andererseits doch der Zusammenhang der meisten Gedichte mit Strukturprinzipien des Tagebuchs unabweislich und für ihr Verständnis wesentlich. Dieser Zusammenhang äußert sich thematisch in der durchgängigen Behandlung von Rollenkrisen und -konflikten im Verhältnis zwischen Frau und Mann, kompositionell in der lockeren, sprunghaften, jede tektonische Anlage meidenden Form der Textverknüpfung, rhetorisch in der Projektion der verwendeten poetischen Figuren auf das umgangssprachliche System der »*Formen des ›intimen‹ Briefes, der Tagebuchfragmente*« u. a. m. (Vinogradov).

Večer ist Liebeslyrik *par excellence*. Kein einziges Gedicht verläßt diesen eng gezogenen Themenkreis. Stilistik, Wortwahl, Gegenstände und Bilder fügen sich dem elegischen Grundton, der schon im Titel *Abend* als Chiffre der (seelischen) Verdüsterung und einer Zeit des Abschiednehmens anklingt. Dieser wohlkalkulierten Monotonie des thematischen Materials steht die Vielfalt der rhythmisch-syntaktischen Fügungen des Verses und der lyrischen Genres gegenüber, unter denen sich epigrammatische und albumhafte Formen ebenso finden wie romanzenhafte und balladeske. Auch die

Rolle des lyrischen Ich ist durchaus nicht einheitlich. Die Klage um den Verlust des Geliebten gilt neben dem eigentlichen Partner immer auch einem mysteriösen Nebenbuhler und Verführer, der als *»geheimnisvoller Graf«, »Prinz«* oder *»grauäugiger König«* märchenhaft in Erscheinung tritt. Das lyrische Ich verharrt denn auch nicht durchweg in der passiven Pose des unschuldig leidenden Opfers, sondern übernimmt zugleich eine aktive und fordernde Rolle, die das weibliche Recht auf Liebe einklagt, sich andererseits aber auch keine Illusionen hinsichtlich der Bereitschaft und Fähigkeit des Mannes macht, weibliches Recht zu akzeptieren und weibliche Ansprüche auf Partnerschaft mehr als nur flüchtig zu befriedigen. Diesem emanzipatorischen Ansatz verdankt die Gedichtsammlung *Večer* den großen Erfolg beim zeitgenössischen Lesepublikum zunächst mehr als seinem poetischen Raffinement, das erst ein Jahrzehnt später von den Versspezialisten der russischen Formalen Schule (ĖJCHENBAUM, VINOGRADOV) angemessen gewürdigt wurde.

In ihrer autobiographischen Notiz *Korotko o sebe,* 1965 (*Kurz über mich selbst*), hat Anna Achmatova ihr literarisches Debüt dem Akmeismus zugeordnet, zu dessen bedeutendsten Vertretern sie neben GUMILËV und MANDEL'ŠTAM gerechnet wird. Die künstliche und aristokratische Ordnung der Parklandschaft von Carskoe Selo, die die Kulisse der meisten Gedichte bildet, und ihre typischen Requisiten (Lilien, Marmorbilder, Immortellen) stehen freilich noch in der Tradition des russischen Symbolismus. Neue Akzente jedoch, die auf die Poetik des Akmeismus verweisen, setzt Achmatova durch den Verzicht auf mythologische und historische Symbole ebenso wie auf die abstrakt überhöhte Rhetorik eines BRJUSOV oder BAL'MONT zugunsten sinnlich präziser Bilder und eines eher mittleren, ungezwungenen, »natürlichen« Sprachniveaus.

A.Gu.

AUSGABEN: Petersburg 1912. – Mchn. 1965. – Leningrad 1976 (in *Stichotvorenija i poèmy*). – Mchn. 1979 (in *Sočinenenija*, 3 Bde., 1).

ÜBERSETZUNG: In *Im Spiegelland. Ausgewählte Gedichte*, Hg. E. Etkind, Mchn./Zürich 1982.

LITERATUR: B. Filippov, *A. A.* (in A. A., *Stichotvorenija*, Mchn. 1965, S. 17–31). – G. Struve, *A. A.* (ebd., S. 5–15). – A. L. Crone, *A. A. and the Imitation of A.* (in WSLA, 1981, 7, S. 81–93).

ALEKSANDR NIKOLAEVIČ
AFINOGENOV

* 4.4.(23.3.)1904 Skopin
† 29.10.1941 Moskau

LITERATUR ZUM AUTOR:
I. L. Altman, *A. A.* (in Znamja, 1947, 4, S. 117 bis 133). – A. O. Boguslavskij, *A. N. A. Očerki žizni i tvorčestva*, Moskau 1952. – A. V. Karaganov, *A. A. Kritiko-biogr. očerk*, Moskau 1957. – J. Gorbunova, *Lebendig mit dem Leben. Über das literarische Erbe A. A.s* (in Sowjetwissenschaft, 1958, 6, S. 644 bis 658). – A. V. Karaganov, *Žizn' dramaturga. Tvorčeskij put' A. A.*, Moskau 1964. – W. Kasack, *Lexikon der russischen Literatur ab 1917*, Stg. 1976, S. 19/20.

DALËKOE

(russ.; *Ü: Ein Punkt in der Welt*). Schauspiel in drei Akten von Aleksandr N. AFINOGENOV, Uraufführung: Moskau 1935, Vachtangov-Theater. – Auf der Fahrt von Wladiwostok nach Moskau muß der Sonderzug des Kommandeurs der Fernostarmee, Matvej Mal'ko, an dem kleinen Ausweichstellwerk Dalëkoe (»Weitab«) halten. Dieses Ereignis – bisher hatte hier *»nie auch nur ein einziger Passagierzug angehalten«* – versetzt die in der einsamen Taiga gelegene Eisenbahnerkolonie in unerhörte Aufregung. Ein wenig verschämt gibt man dem hohen Offizier ein bescheidenes Fest, und bald fühlt sich Mal'ko – gerührt von der Offenherzigkeit und selbstlosen Gastfreundschaft des Vorstehers Korjuško und seiner Mitarbeiter – zu diesen einfachen Menschen hingezogen. Gutmütig und amüsiert nimmt er Korjuškos »Rapport« über das Stellwerk entgegen, obwohl er dafür natürlich gar nicht zuständig ist. Auf burschikose Weise unterhält er sich mit Korjuškos vorlauter Tochter Ženja, mit dem egoistischen *»leeren Menschen«* Vlas führt er spöttische Gespräche, und den unzufriedenen Streckenwärter Lavrentij will er sogar nach Moskau mitnehmen. Die Sibirier wiederum erfahren von Mal'kos Frau Vera, daß der Kommandeur, ohne es zu wissen, unheilbar krank ist und daß seine Reise nach Moskau wohl seine letzte sein wird. Sie beschenken ihn daraufhin auf rührende Weise, wobei sich Ženja, die ihr Blut für den Kranken spenden will, peinlich verplappert. Wie sich jetzt aber herausstellt, weiß Mal'ko sehr wohl, wie es mit ihm steht; doch er, der Kommunist, kann seine Frau belehren: *»Ich bin zwar krank, aber ich bin außerdem auch noch Bolschewik.«* Als die Stunde des Abschieds gekommen ist, der Zug anfährt und der Streckenwärter Lavrentij sich in letzter Sekunde doch dafür entscheidet, auf seinem Posten in Dalëkoe zu bleiben, schöpft der Bolschewik Mal'ko neuen Lebensmut und sieht vertrauensvoll in die Zukunft: »*Lavrentij ist geblieben, Veruša... Ach, die Leute werden doch erwachsen... Und noch leben wir... Noch leben wir, mein Schatz!*«

Afinogenov setzt in diesem Stück weder seine eigene Proletkult-Tradition fort, noch zeigt er sich allzu sehr von der Doktrin des »sozialen Auftrags« beeindruckt. Er »*stellt sein traditionelles, psychologisch-realistisches Drama bewußt gegen den von V. Višnevskij und N. F. Pogodin geforderten Typ des in Szenen gereihten, offenen Dramas mit vielen Figuren (der Masse) und dem Verzicht auf persönliches Schicksal zugunsten gesellschaftlichen Geschehens*« (W. Kasack). Zwar hat der Held des Stücks das übliche ideologische Spruchband zu liefern, das die am Sinn ihres Lebens zweifelnde Belegschaft von Dalëkoe aufrichten soll (»*Für jene unter uns... die dies große Band der Werktätigen sehen... ist überhaupt keine Abgeschiedenheit furchtbar*«), und auch die stereotype negative Figur (Vlas) des sozialistischen Dramas fehlt nicht. Doch die Patenschaft Čechovs, die das Werk deutlich erkennen läßt, half jenes Schwarzweißklischee von Klassenfeinden und Kommunisten vermeiden, wie es vor allem Pogodin in seinen Stücken produzierte. Die lebensechten Dialoge und der feinfühlige psychologische Realismus sicherten diesem verhalten dramatischen Bericht über einen Tag aus dem Leben der kleinen Sowjetbürger mehr Publikumserfolg als anderen zeitgenössischen Bühnenwerken. Eine Fortsetzung von *Dalëkoe* erschien 1939 unter dem Titel *Vtorye puti (Das zweite Gleis)*, ist jedoch in Form und Inhalt bedeutend schwächer.   W.Sch.

Ausgaben: Moskau 1935 (in Krasnaja nov', 11, S. 3–25). – Moskau 1935. – Moskau 1955. – Moskau 1956 (in *P'esy*). – Letchworth 1978.

Übersetzung: *Ein Punkt in der Welt*, L. Schwarz u. F. F. Treuberg, Bln. 1946.

GENNADIJ NIKOLAEVIČ AJGI

* 21.8.1934 Šajmuržino / Tschuwaschien

Literatur zum Autor:
D. Ivanova, *Mir G. A. - tišina* (in Grani, 1970, 74). – K. Krolow, *Skythische Winde* (in Der Tagesspiegel, 11.4. 1971). – K. Dedecius, Vorw. zu G. A., *Beginn der Lichtung*, Ffm. 1971. – W. Kasack, Vorw. zu G. A., *Stichi*, Mchn. 1975. – A. Martini, *Prolegomenon zu G. A.s »Wosklizanije bjustschich«* (in *Literatur und Sprachentwicklung in Osteuropa im 20. Jahrhundert*, Bln. 1982). – I. Rakusa, *G. A.s Lyrischer Suprematismus* (in Schweizerische Beiträ-

ge zum IX. Internationalen Slavistenkongreß in Kiew, September 1983, Bern 1983). – A. Martini, *Sprache und Dichten an ihrer Grenze: G. A.s Gedicht »Tišina«* (in *Russische Lyrik heute. Interpretationen Übersetzungen Bibliographie*, Hg. E. Reißner, Mainz 1983).

DAS LYRISCHE WERK (tschuw.-russ.) von Gennadij N. Ajgi.

Ajgis Jugend wurde von Lyrik geleitet und begleitet; der Vater übersetzte und schrieb Gedichte, und der tschuwaschische Dichter und Freund seines Vaters, Waślej Mitta, einer der vielen geächteten Literaten, ist bis heute ein Vorbild für Ajgi geblieben. 1987 wurde ihm der Waślej Mitta-Preis verliehen, eine der ersten offiziellen Auszeichnungen, die Ajgi in der Sowjetunion zuteil wurde.

Die russischen Gedichte des seit 1953 in Moskau lebenden Lyrikers konnten bisher fast nur außerhalb der Sowjetunion erscheinen: *Beginn der Lichtung* (Ffm. 1971), *Stichi 1954–1971* (Gedichte, Mchn. 1975) und *Otmečennaja zima* (Gezeichneter Winter, Paris 1982). Weniger umfängliche Ausgaben seiner noch in tschuwaschischer und dann in russischer Sprache geschriebenen Lyrik erschienen seit den sechziger Jahren in der Tschechoslowakei, Polen, Jugoslawien und in Ungarn. In der Sowjetunion hingegen sind bisher nur vereinzelt, seit 1987 vermehrt, Gedichte in Periodica publiziert worden, da Ajgis Lyrik in jeglicher Hinsicht, in ihrer formalen, traditionsabweisenden Gestalt, in ihrer semantischen Polyvalenz und ihrer geistigen Aussage sich von der von der offiziellen Kulturpolitik geförderten Dichtung unterscheidet und unterscheidet. Ungeachtet seiner künstlerischen Außenseiterposition in dem von ihm gewählten russischen Sprach- und Denkraum wurde er früh, noch während seines Studiums am Moskauer Gor'kij-Literaturinstitut, von seinem Lehrer, dem Lyriker Michail Svetlov, 1961 in der ›Literaturnaja gazeta‹ als ein »*sowjetischer Baudelaire*« erkannt, als eine sich »*bahnbrechende Sonne*«, und Bella Achmadulina erklärte 1964 die Kompliziertheit seiner Gedichte als nicht vorsätzlich, sondern als eine »*authentische und ernsthafte Kompliziertheit*«: »*Er sieht die Umwelt unverwandt an, und es gibt keine Kleinigkeit, die ihn nicht nachdenklich stimmte.*« Während die tschuwaschische Sprache für ihn vornehmlich ein »*Feld übersetzerischer Betätigung*« (Ajgi) ist, in die er Majakovskij, Dante, Shelley, Whitman, García Lorca, die französischen und italienischen Lyriker vom XIII. bis zum XX. Jahrhundert übersetzte, ist die russische Sprache das Medium seiner eigenen Lyrik.

Ajgis Lyrik ist Auseinandersetzung und Summe der europäischen Poesie, und zugleich wird sie geprägt von tschuwaschischen Mythen und dem Christentum. Eines der grundlegenden Charakteristika seines Werkes ist es, verschlüsselt und dennoch erkennbar in Widmungen, intertextuellen Bezügen und typographischen Hinweisen, einen Dialog mit den Exponenten der ost- und westeuropäischen Kulturgeschichte zu führen, die ihm geistig und in ihrem Dichtungsverständnis wahlverwandt scheinen. In Rußland sind es u. a. die Suprematisten, Majakovskij und PASTERNAK, im westlichen Kulturraum sind es jene Traditionen, die zu BAUDELAIRE hinführten und an ihn anknüpften. Ajgi schreibt eine grenzüberschreitende Dichtung, in der sich die unterschiedlichen geistigen und poetischen Traditionen in der Erkenntnis aufheben: *»Lyrik ist eine autonome Erscheinung im geistigen Schaffen des Menschen«* (Ajgi), weshalb sie unabhängig, jedoch zutiefst verpflichtend ist. Bewußt und aussagereich gruppiert Ajgi seine Gedichte zu Zyklen, die thematisch und semantisch eng aufeinander bezogen sind, da das einzelne Gedicht ebenso wie die Zyklen die Mosaiksteine eines Buches sind, das nie abgeschlossen sein wird. Denn das *»Leben ist das Buch, Ein Leben – Ein Buch«*. – Das »Buch« ist ein Gedicht, das wie das Leben nie abgeschlossen, immer wieder ergänzt und erweitert wird, bis zum Ende, zum Tod. Den Anfang dieses Buches, dessen Pariser Ausgabe (1982) nun den Titel des in der Münchner Ausgabe (1975) noch an 2. Stelle stehenden Zyklus *Otmečennaja zima (Gezeichneter Winter)* trägt, bilden die in Russisch geschriebenen Gedichte. Jene aus der Zeit des zweisprachigen Dichtens (1954–1959) und Gelegenheitsgedichte sind ausgegliedert worden. Bedeutsam ist dies deshalb, weil Ajgis Entscheidung, russisch zu schreiben, nicht pragmatischer Art war, sondern von dem poetologischen Theorem seiner Dichtung diktiert zu sein scheint. Die russische Sprache ist ihm Distanz in der Nähe, die ihm die Möglichkeit gibt, in dem Vertrauten das Fremde, Verschüttete zu entbergen. Ajgi steht der russischen, der Sprache insgesamt gegenüber, er begegnet ihr, kann sich auf sie einlassen, ohne ihre Widerständigkeit zu glätten. Diese Sprach- und Sprechhaltung ist auch der Grund, daß seine hermetischen Gedichte grammatikalisch und syntaktisch mitunter in die Grenzbereiche der Sprachkonventionen vorstoßen. Sein reflexives und existentielles Verhalten gegenüber der Sprache ist darauf bedacht, die Sprache und das Denken als die authentischen, jedoch gefährdeten Grundlagen des menschlichen Seins freizulegen. Überzeugt davon, daß die *»Wirklichkeit erfüllt ist von Hieroglyphen, Chiffren, Symbolen, versucht der Künstler nicht, sie zu lesen. Mitunter tut er das Gegenteil, mittels einer neuen Hieroglyphe zeichnet er das auf, was in der alltäglichen Erfahrung zu einfach und zu eindimensional erscheint«* (V. Vorošil'skij). Dergestalt befreit er die Worte aus ihrer Vokabelhaftigkeit und der daraus resultierenden Einschränkung, erweitert sie zu polyvalenten und Bedeutungsschichten verrätselnden und entbergenden Hieroglyphen. Dieses Verfahren verstärkt sich zunehmend in seinem lyrischen Werk, die Reduktion und Fragmentarität bei der Gestaltung der syntagmatischen Ebene nimmt zu, verstärkt wird die Offenheit und Vieldeutigkeit der paradigmatischen Ebene.

Hiermit korrespondiert die Offenheit seiner Zyklen, eines jeden einzelnen Gedichts, das aufgenommen und fortgeführt wird durch das nachfolgende und spätere. Die Gedichte gehen aufeinander zu, sie überschreiten die Zyklus»grenzen«. Diese Unabgeschlossenheit, die Ajgi semantisch in vielen Titeln und Anfangsversen durch den Auftakt *»I«* (und, auch), *»Snova«* (Von neuem), *»I vnov'«* (Und erneut), durch Titelkorrespondenzen und -wiederaufnahmen anzeigt, bewirkt jedoch nicht, daß der einzelne Text formal oder semantisch fragmentarisch bleibt. Die einzelnen Gedichte entbehren nicht der Autonomie, die sie auf einer anderen Ebene durch und in der dialektischen Spannung von niedergeschriebenem Text und dessen semantischem und gedanklichem Noch-nicht-zu-Ende-Sprechen bzw. Gesprochenhaben gewinnen. Das Anfangs-Gedicht seines bisherigen *»Buches«* ist noch *Tišina (Stille)*, das die Eckpfeiler seines Dichtungsverständnisses andeutet und thematisiert. Das Gedicht und seine Genesis ist der »schmerzvolle«, noch nicht zu Ende geschrittene Weg zum dichterischen und eigentlichen Wort. *»Wie/ durch blutige Zweige/ dringst du in helle./« »Dieses aber ist das ›Wort‹ Johannes (die Definition des Wortes durch den Apostel bleibt weiterhin wirksam: ›eben jetzt‹, in jeder Sekunde).«*

Dieser Weg, den ein jedes seiner Gedichte durch das sprachliche und gedankliche »Gestrüpp« hindurch veranschaulicht, bedeutet auch, daß jeder Text in seinem Werden und als Annäherung begriffen werden muß, als Vermittlungsinstanz von sprachlicher Materialität und angestrebter Immaterialität, sei es die Stille in der sich verlautbarenden Sprache, sei es das Schwere in der Schwerelosigkeit, die Immanenz des Göttlichen in der Transzendenz abweisenden Alltagsrealität, das Aufscheinen der Idee in der Erscheinung.

Das Feld, das in den tschuwaschischen Gebetstexten symbolisch für die geistige Freiheit steht, der Weg, der Schnee, das Licht und das Kreuz, das Ajgi auch in der typographischen Anordnung seiner Verse versinnbildlicht (*Vozniknovenie chrama*, 1981 – *Die Entstehung des geistlichen Hauses*), und deren Assoziationsumfelder – Blumen, Bäume, Sonne, Blut und Liebe –, aus der Romantik und dem Symbolismus vertraute, doch bei Ajgi neubelebte Metaphern, bilden ein dichtes semantisches Netz zwischen seinen Gedichten und poetologischen Essays. Auch dieses bewirkt, daß die Gedichte aufeinander zugehen, einander erinnern, und veranschaulichen in ihrer bisherigen Zusammenstellung, die durch Ajgis angekündigten neuen Gedichtband *Pole – Rossija (Feld-Rußland)* erneut modifiziert sein wird, die Suche nach dem Ort der *»ursprünglich-hohen Sprache«*, der *»langue pure«*, in dem sich *»weiße linien kreuzen«*, ohne daß *»namen genannt werden«* (*Ženščina sprava*, 1961 – *Frau von rechts*). A.M.W.

AUSGABEN: In tschuwaschischer Sprache: *Attesen jačepe*, Čeboksary 1958. – *Pětěm purnăssăn čĕklennĕ muzykă*, Čeboksary 1962. – *Utăm*, Čeboksary 1964. – *Franci poečĕsem. XV – XX emersem*, Čeboksary 1968. – In russischer Sprache: *Stichi*, Moskau

1961 (in Literaturnaja gazeta, 26. 9.) – *Stichi*, Ffm. 1970 (in Grani, 74). – *Stichi*, Paris 1975 (in Kontinent, 5). – *Stichi 1954–1971*, Mchn. 1975. – *Otmečennaja zima*, Paris 1982. – *Poetu rozy poeta. Desjat' stichotvorenij*, Mchn. 1982 (in *Poet-perevodčik Konstantin Bogatyrev*). – *Polja – dvojnik*, Čeboksary 1987 (in Molodoj kommunist, 24. 12.). – *Stichi*, Moskau 1988 (in Družba narodov, 2). – *Ditja-i-roza*, Paris 1990. – *Zdes'*, Moskau 1991.

ÜBERSETZUNGEN: *Beginn der Lichtung*, K. Dedecius, Ffm. 1971. – *Dem Dichter des Dichters der Rose. Zehn Gedichte*, F. Kasack (in *Ein Leben nach dem Todesurteil mit Pasternak, Rilke und Kästner. Freundesgabe für Konstantin Bogatyrjow*, Bornheim 1982). – *Gedichte*, F. Ph. Ingold (in Akzente, 1982, 3). – *Gedichte*, F. Kasack, K. Borowsky (in *Russische Lyrik. Von den Anfängen bis zur Gegenwart*, Stg. 1983). – *Gedichte*, R. Ziegler (in *NRL. Neue Russische Literatur*, Almanach 4–5, 1981–1982, Salzburg 1983). – *Veronikas Heft. Das erste Halbjahr meiner Tochter. Gedichte*, F. Ph. Ingold, Zürich 1986. – *Aus Feldern Rußland*, ders., Ffm. 1991 [russ.-dt.]. – *Und*, ders., Zürich 1992.

VERTONUNG: S. Gubajdulina, *Rozy. Cikl romansov na stichi G.A.*, 1974.

ČINGIZ AJTMATOV

* 12.12.1928 Kišlar Šeker / Kirgisien

LITERATUR ZUM AUTOR:
B. Ašymbaev, *Č. A.*, Frunze 1965 [m. Bibliogr.]. – Dž. Samaganov, *Pisateli sovetskogo Kirgizstana*, Frunze 1969, S. 49–51 [m. Bibliogr.]. – L. Lebedeva, *Povesti Č. A.a*, Moskau 1972. – W. Kasack, *Tsch. A.* (in Osteuropa, 1974, 24, S. 254–256). – K. Abdyldabekov, *Č. A.* (*Stat'i i recenzii o ego tvorčestve*), Frunze 1975. – A. Latchinian, *Tradition und Neuertum im Schaffen Tsch. A.s* (in WB, 1975, 21, S. 96–121). – Vl. Voronov, *Č. A. Očerk tvorčestva*, Moskau 1976. – K. Kasper, *Der menschheitsgesch. Anspruch der Erzählungen Č.A.s* (in ZfSl, 1976, 21, S. 65–71). – I. Lakov, *Zur Funktion nat. Traditionen im Schaffen des kirgis. Schriftstellers Č. A.* (in ZfSl, 1981, 26, H. 4, S. 479–488).

BELYJ PARACHOD

(russ.; *Ü: Der weiße Dampfer*). Novelle des kirgisisch-sowjetischen Schriftstellers Čingiz AJTMATOV, verfaßt in kirgisischer und russischer Sprache; russisch erschienen 1970 in der Zeitschrift ›Novyj mir‹ unter dem Titel *Belyj parachod*, im gleichen Jahr als Buch mit dem Nebentitel *Posle skazki (Nach dem Märchen)*. – Ajtmatov schildert das Leben einer Handvoll Menschen in einer einsamen Försterei, die an einem Zufluß des Issyk-Kul-Sees in den kirgisischen Bergen liegt und der Kontrolle staatlicher Institutionen fast völlig entzogen ist. Die Bewohner des Gehöfts sind der Tyrannei des despotischen Forstwarts Oroskul völlig ausgeliefert. Dem Autor geht es jedoch weniger um die Formen der Solidarität und des Widerstands, die in dieser Situation von den Unterdrückten entwickelt werden; im Mittelpunkt steht vielmehr das Schicksal eines elternlosen siebenjährigen Jungen, der von seinem Großvater erzogen wird, dem Schwiegervater Oroskuls, dem alten Momun, der als einziger dem Kind Liebe und Hilfe zuteil werden läßt und ihm unter großen Opfern den Besuch der weit entfernten Schule ermöglicht. Oroskul und seine zweite Frau ziehen ihn dafür ständig zur Rechenschaft. Die Großmutter ermahnt ihren Mann zu Unterwürfigkeit und duldet auch nicht, daß er seiner eigenen Tochter zu Hilfe kommt, wenn diese von ihrem betrunkenen Mann halb totgeschlagen wird. Die Ehe zwischen Oroskul und Momuns Tochter ist kinderlos geblieben, und alle Betroffenen sehen darin die Ursache für das Verhalten des Forstwarts, der – von Selbstmitleid, Haß und Alkohol zerstört, machthungrig und bestechlich, jähzornig und sadistisch – der Prototyp des Menschenschinders ist. Die Gegenfigur ist der alte Momun, der, fleißig und freundlich, arm und unterwürfig, erfüllt von Demut, zu schwach ist, um seinem Enkel den nötigen Schutz zu gewähren oder zu verhindern, daß er am Ende selbst gegen seine heiligsten Überzeugungen verstößt. Seine Liebe gilt der Vergangenheit, der Geschichte seines Stammes, der kirgisischen Bugu. Bei den Totenfeiern für verstorbene Bugus ist er ein beliebter Gast. Diese Mythengläubigkeit, die er auch seinem Enkel zu vermitteln sucht, führt bei dem Jungen dazu, daß er vor der Wirklichkeit in seine Kinderträume flieht: »*Er hatte zwei Märchen. Das eine war sein eigenes, von dem niemand wußte. Das andere pflegte der Großvater zu erzählen.*« Der Kern seines eigenen »Märchens« besteht in der Wunschvorstellung, sich in einen Fisch zu verwandeln und durch den Fluß zum Issyk Kul zu schwimmen, um seinem Vater, der Matrose auf einem weißen Dampfer ist, sein ganzes Elend berichten zu können. Das »Märchen« des Großvaters hingegen handelt von der »Gehörnten Hirschmutter«, einer weißen Maralkuh, die einst den am Jenissej beheimateten kirgisischen Stamm vor der Ausrottung bewahrte und an den Issyk Kul brachte. Sie blieb der »Schutzpatron« der Bugus, bis diese ihre ungeschriebenen Gesetze übertraten und die Marale zur Jagd freigaben. Seither blieb die weiße Hirschkuh verschwunden.

In Ajtmatovs Erzählung taucht nur eine einzige Figur auf, die Verantwortungsbewußtsein für die Gegenwart mit dem Bewahren der Tradition verbindet: der junge Sowchos-Fahrer Kulubek, der eine kurze Nacht lang im Haus des Großvaters zu Gast ist und dem vereinsamten Jungen kameradschaftlich entgegenkommt. Seine Eigenschaften – er ist klug, kraftvoll, ehrlich und freundlich – lassen ihn als ideale Verkörperung des »neuen kommunistischen Menschen« erscheinen. Zwar greift Kulubek nicht aktiv in das Schicksal der Förstereibewohner ein, ohne seine Existenz jedoch bliebe die Erzählung ein Alptraum ohne jede Hoffnung.

Welche Bedeutung dieser »positiven« Figur zukommt, zeigt besonders deutlich der Schluß der Novelle. Als in der Nähe der Försterei plötzlich Marale auftauchen, erflehen der alte Momun und sein Enkel von der »Gehörnten Hirschkuh« für Oroskuls Frau ein Kind, das – wie in den Mythen der Bugus – ihr Schicksal verändern soll. Der *deus ex machina* erweist sich jedoch als ohnmächtig, ja, der Großvater wird vom Forstwart gezwungen, die Maralkuh zu erschießen. Eigenhändig zertrümmert Oroskul den schönen Kopf der Hindin, der Junge findet seinen Großvater betrunken beim verbotenen Festmahl. Von Fieber und Ekel geschüttelt, steigt das Kind zum eiskalten Fluß hinab, um ein Fisch zu werden... In einem Schlußwort wendet sich der Erzähler an den Jungen: »*Du bist weggeschwommen. Hast nicht auf Kulubek gewartet... Warum bist du nicht auf der Landstraße davongegangen? Wenn du lange auf der Landstraße gelaufen wärst, hättest du ihn unbedingt getroffen...*« Nicht an seiner brutalen Umgebung, sondern an seinem mangelnden Vertrauen zum Leben, zu dem Menschen, der ihm den Weg in die Zukunft hätte zeigen können, geht der Junge schließlich zugrunde. Mit der darin enthaltenen, sehr vorsichtig formulierten Hoffnung auf ein besseres und gerechteres Leben vermeidet die kunstvoll aufgebaute Erzählung jedes affirmative Klischee.   E.A.G.

AUSGABEN: Moskau 1970 (in Novij mir, H. 1; *Belyj parachod/Posle skazki*). – Moskau 1970 (in Č. A., *Povesti i rasskazy* u. d. T. *Posle skazki [Belyj parachod]*). – Moskau 1983 (in *Sobr. soč.*, 3 Bde., 2).

ÜBERSETZUNGEN: *Der weiße Dampfer*, H.-J. Lambrecht, Bln. 1971; ern. Ffm. 1972. – Dass., L. Hornung, Bln. 1974; ern. Ffm. 1982. – Dass., ders., Bln. 1985. – Dass., Ch. Kossuth, Zürich 1992. – Dass., U. Groth, Ffm. 1995.

VERFILMUNG: UdSSR 1976 (Regie: B. T. Šamšiev).

LITERATUR: J. D. Döring, *Die Aufhebung des Märchens als Märchen erzählt: Č. A.: Posle skazki. Belyj parachod* (in WdS, 1977, 22, S. 40–56). – W. Kasack, *Č. A. »Der weiße Dampfer«* (in *Die russische Novelle*, Hg. B. Zelinsky, Düsseldorf 1982, S. 264–273; 329–331).

I DOL'ŠE VEKA DLITSJA DEN'

auch: *Burannyj polustanok* (russ.; *Ü: Ein Tag länger als ein Leben*). Roman von Čingiz AJTMATOV, erschienen 1980. – In seinem ersten umfangreicheren

Roman, dessen Titel nach dem Willen des Autors ursprünglich *Obruč (Der Ring)* lauten sollte, hat Ajtmatov die in früheren Werken erprobte Synthese von sowjetischer Gegenwart und mythisch-legendenhaften Stoffen um einen kritischen Rückblick in die Stalinzeit und eine Science-fiction-Ebene erweitert.

In Boranly-Burannyj, einer einsam gelegenen Eisenbahnstation in der kasachischen Steppe, stirbt der siebzig Jahre alte Eisenbahnarbeiter Kazangap. Edigej, sein etwa fünfzehn Jahre jüngerer Kollege, besteht gegen den Willen von Kazangaps Sohn, einem opportunistischen Karrieristen, auf seiner Absicht, den Freund nach islamischem Ritus beizusetzen. Sechs Männer machen sich zu dem in der Steppe gelegenen Stammesfriedhof Ana-Bejit auf. Unterwegs erinnert sich Edigej an die entscheidenden Phasen seines Lebens. Diese Rückwendungen bilden den überwiegenden Teil des Romans. Die einsame Ausweichstation war schicksalhafter Kreuzungspunkt der Lebenswege dreier Familien. Kazangap hatte einst die Heimat verlassen, weil sein Vater als Opfer von Stalins Vernichtungskampagne gegen sogenannte Kulaken umkam. Edigej gelangt, durch die Kriegswirren heimatlos geworden, als Kriegsversehrter mit seiner Frau Ukubala 1945 nach Boranly-Burannyj. Und auch für das Lehrerehepaar Abutalip und Zaripa wird die Eisenbahnstation 1951 ein Zufluchtsort. Abutalip geriet während des Krieges in deutsche Gefangenschaft, konnte jedoch fliehen und kämpfte bei den jugoslawischen Partisanen. Nur dank seiner hohen Kriegsauszeichnungen kann er nach Kriegsende wieder als Lehrer arbeiten. Aufgrund einer Unterrichtsstunde, in der er den Schülern wahrheitsgemäß von seinen Kriegserlebnissen berichtet, wird er jedoch ein paar Jahre später denunziert und darf nicht mehr unterrichten. Trotz der harten Arbeits- und Lebensbedingungen in der Steppe verläuft das Leben harmonisch, bis Abutalip 1953 von einem Revisor wegen der für seine Kinder aufgezeichneten Lebenserinnerungen erneut denunziert wird. Von der Geheimpolizei verhaftet, stirbt er kurze Zeit später – laut offizieller Mitteilung an die Witwe – an einem Herzanfall. Edigej, der sich nach Abutalips Verhaftung um dessen Familie kümmert, verliebt sich in Zaripa. Um Edigejs Ehe nicht zu gefährden, zieht Zaripa mit den Kindern weg. 1956, drei Jahre nach Stalins Tod, bemüht sich Edigej erfolgreich um Abutalips Rehabilitierung.

Von wesentlich geringerem Umfang als Edigejs Erinnerungen ist eine relativ selbständige, in mehreren Teilen eingeschobene Science-fiction-Handlung, die ebenfalls in der Gegenwart spielt: Die USA und die Sowjetunion betreiben ein gemeinsames Weltraumforschungsprogramm. Zwei Astronauten, ein Amerikaner und ein Russe, die Besatzung der Weltraumstation »*Parität*«, haben ohne Wissen der irdischen Kommandozentrale Funksprüche von außergalaktischen Lebewesen empfangen. Sie sind einer Einladung auf den fremden Planeten gefolgt und berichten per Funk über dessen technisch und moralisch weiterentwickelte Zivilisation. Das eigenmächtige Handeln der Männer und ihr Bericht über den Wunsch der extraterrestrischen Lebewesen, Kontakt mit den Menschen aufzunehmen, lösen auf der Erde eine Krise zwischen den beiden Supermächten aus. Den Kosmonauten wird trotz ihrer Bitten die Rückkehr verweigert, und um die Erde wird ein Ring aus Abwehrraketen gezogen, um das Eindringen der Außerirdischen abzuwehren. Der gesamte Vorgang bleibt der Öffentlichkeit vorenthalten. Die Menschen können aufgrund ihres gegenseitigen Mißtrauens die Chance, von einer höherstehenden Zivilisation zu profitieren, nicht nutzen. Diese Science-fiction-Ebene berührt sich mit der in der Gegenwart spielenden Handlung lediglich zu Beginn und am Ende des Romans, wenn Edigej den Start der Raketen vom nahegelegenen Kosmodrom beobachtet. Plötzlich wird der Leichenzug durch einen Schlagbaum gestoppt; die Männer wußten nicht, daß der Friedhof Ana-Bejit sich auf dem streng bewachten Kosmodrom-Gelände befindet. Sie erhalten die Auskunft, daß die Beerdigungsstätte einem Wohnkomplex weichen soll, und werden trotz ihrer Proteste nicht durchgelassen; so beerdigen sie Kazangap an einer anderen traditionsreichen Stelle.

Eine weitere Schicht des Romans bilden zwei in die Erinnerungen Edigejs integrierte Legenden: Die eine erzählt von Rajmaly-aga, einem Dichter-Sänger, der sich als alter Mann in ein junges Mädchen verliebt. Obwohl seine Verwandten diese Liebe als unschicklich verurteilen und seine Lieder nicht begreifen, sein Instrument zerstören, sein Pferd töten und ihn an einen Baum fesseln, bleibt Rajmaly-aga der Überlegene. Seinen Körper können sie binden, nicht aber seinen Geist. Die Legende von Najman-Ana handelt vom Stamm der Žuan-Žuany, die in Vorzeiten die Steppe erobert, ihren Gefangenen durch grausame Folter das Gedächtnis zerstört und sie so zu willenlosen Sklaven gemacht haben. Najman-Ana, die Mutter eines zum »Mankurt« gemachten jungen Mannes, versucht ihren Sohn aus der Gewalt der Žuan-Žuany zu befreien. Er erkennt sie jedoch nicht und tötet so auf Befehl seines Herrn die eigene Mutter.

Während das Schicksal der Eisenbahnerfamilien und die Legendenschicht aufeinander bezogen sind und sich gegenseitig erhellen, scheint das Einfügen der Science-fiction-Ebene weniger motiviert. Der hier vorherrschende nüchterne Stil und der Mangel an Individualisierung der Figuren tragen dazu bei, daß die fremde Zivilisation ein abstraktes Denkmodell bleibt: »Es wird berichtet, nicht gestaltet« (Kasack). Überzeugender sowohl als eigenständige Erzählschicht als auch in ihrer Korrelation sind die Legende von Najman-Ana und die Gegenwartshandlung. Auch Abutalip werden seine Erinnerungen und somit seine Identität genommen. Die Aussage, daß es »das schwerste aller denkbaren und undenkbaren Verbrechen« sei, dem Menschen das Gedächtnis zu rauben, läßt sich nicht zuletzt auch auf das Problem sowjetischer Geschichtsfälschung beziehen. Edigej nennt den feigen, angepaßten Sohn Kazangaps, dessen Ideal der lenkbare Mensch ist,

einen »Mankurt«. Dies ist Ajtmatovs Ausdruck für den Typ des geschichtslosen Zynikers, wie ihn etwa zur gleichen Zeit auch V. Rozov u. E. Evtušenko gestaltet haben.　　　　　　　　　　B.Gö.

Ausgaben: Moskau 1980 (in Novyj mir, 11). – Moskau 1981 (u. d. T. Burannyj polustanok). – Frunze 1981. – Moskau 1982–1984 (in Sobr. soč., 3 Bde., 2).

Übersetzungen: Der Tag zieht den Jahrhundertweg, Ch. Kossuth, Bln./DDR 1981. – Ein Tag länger als ein Leben, dies., Mchn. 1981. – Dass., dies., Zürich 1991.

Dramatisierung: Moskau 1981 (Bearb. und Regie: V. Spesivcev).

Literatur: E. Sidorov, Rez. (in Literaturnaja gazeta, 14. 1. 1981, S. 4). – V. Čubinskij, Sarozekskie metafory Č. A. (in Neva, 1981, 5, S. 173–178). – A. Latynina, Cep' čelovečeskoj pamjati (in Oktjabr', 1981, 5, S. 203–208). – Ju. Surovcev, Mnogozvučnyj roman-kontrapunkt (in Družba narodov, 1981, 5, S. 246–255). – V. Novikov, Duchovnaja zrelost' geroja (in Znamja, 1981, 6, S. 213–227). – K. Mehnert, Ein Tag – länger als ein Leben (in Osteuropa, 1981, 11, S. 985–989). – H.-P. Klausenitzer, Rez. (in FAZ, 22. 2. 1982, S. 20). – H. v. Ssachno, Rez. (in SZ 3./4. 4. 1982). – V. Iverni, Rez. (in Russkaja mysl', 24. 6. 1982, S. 11). – V. Levčenko, Č. A., Moskau 1983, S. 197–217. – I. Silina, Odin iz mnogich na zemle (in Teatr, 1983, 1, S. 62–68). – W. Kasack, A.s erster Versuch im Bereich der Phantastik (in Sience-Fiction in Osteuropa, Hg. ders., Bln. 1984, S. 61–69).

PEGIJ PES, BEGUŠČIJ KRAEM MORJA

(russ.; Ü: Der Junge und das Meer). Kurzroman von Čingiz Ajtmatov, erschienen 1977. – Anders als in Ajtmatovs übrigen Werken ist der Schauplatz dieses Romans nicht Kirgisien oder Kasachstan, sondern die Küste am Ochotskischen Meer. Auch läßt sich die Handlung nicht, wie sonst, in der sowjetischen Gegenwart fixieren. Die Figuren des Romans, Angehörige des Stamms der Nivchen, leben in einer archaischen Gesellschaft, fast abgeschnitten von der Welt und dem Weltgeschehen, was dem Roman einen zeitlos-allgemeingültigen Charakter verleiht. Das im Schaffen Ajtmatovs zentrale Thema der Konfrontation von Tradition und sozialistischer Gesellschaftsordnung fehlt hier völlig.

Im Mittelpunkt der Handlung steht der Junge Kirisk, der zum erstenmal mit seinem Vater, seinem Onkel und dem Clan-Ältesten Organ in einem Kajak zur Robbenjagd aufs Meer fährt. Die Erwachsenen begreifen es als ihre natürliche Pflicht, den Jungen in die Tradition und die Geheimnisse der Natur einzuweihen sowie ihn mit der Technik der Jagd vertraut zu machen. Nachdem sie eine kleine Insel erreicht haben, erlegen sie eine Robbe. Auf dem Weg zu der Insel, auf der sie ihr Nachtlager aufschlagen wollen, überrascht sie eine Nebelwand, die von einem Sturm begleitet wird. Sie verlieren die Orientierung und treiben tagelang im dichten Nebel. Da das Trinkwasser zur Neige geht, opfern sich, in der Hoffnung, daß die anderen überleben werden, nacheinander Organ, der Onkel und der Vater des Jungen, indem sie sich ins Meer stürzen. Der alleingelassene Junge ist verzweifelt und will sich ebenfalls das Leben nehmen, jedoch reichen seine Kräfte dazu nicht mehr aus. Nach einiger Zeit lichtet sich der Nebel, und Kirisk orientiert sich, wie er es von Organ gelernt hat, nach den Sternen, den Wellen, dem Wind und am Flug einer Polareule. Mit letzter Kraft kann er die heimatliche Bucht erreichen.

Das Geschehen auf dem Boot – der Kampf gegen Hunger und Durst, das Schwanken zwischen Resignation und Hoffnung und der allmähliche körperliche Verfall – spiegelt sich in der Gedankenwelt der Männer, insbesondere Organs, und des Jungen. Die Erinnerungen Kirisks – an die heimatliche Dorfgemeinschaft, an die Mutter, die Schwester, die Spielgefährten, an die rituellen Feste und die Beschwörung der Geister – zeigen eine harmonische, moralisch festgefügte Gemeinschaft. Die Menschen leben im ständigen Kampf mit der Natur, gleichzeitig jedoch im Einklang mit ihr. Achtung gegenüber den Mitmenschen und der Natur bestimmt das Handeln. Organ, im Bewußtsein seines nahen Todes, überdenkt sein Leben. Er versteht den Tod als schicksalhafte, naturgegebene Rückkehr zum Ursprung, als Vereinigung mit der Großen Fischfrau, der legendären Urmutter der Nivchen, die ihn zeit seines Lebens in seinen erotischen Träumen begleitet und für ihn fast reale Züge angenommen hat. Auch in den vom Durst erzeugten Fieberträumen Kirisks verwischen sich die Grenzen zwischen Traum und Realität. Er träumt von der Ente Luvr, aus deren Federn nach der Weltschöpfungslegende der Nivchen das feste Land entstanden ist. Im Traum jedoch läßt sie sich nicht auf dem Wasser nieder, um dort ihr Nest zu bauen: Hoffnung auf Land scheint es nicht zu geben. Die Disziplin der Männer – auch Kirisk erträgt tapfer Hunger und Durst – sowie die Anerkennung des Ältesten als Anführer ermöglichen die Rettung des Jungen, und ihre Selbstopferung wird erleichtert durch die Hoffnung, in dem Jungen weiterleben zu können. *»In dieser Nacht begriff er den Sinn seines vergangenen Lebens, das sich in dieser Nacht vollendete. Er war geboren worden, und er starb, um alles zu tun, damit er im Sohn weiterlebte. Daran dachte er in jener Stunde, da er schweigend Abschied nahm vom Sohn. Emraijin machte die Entdeckung, daß er sein Leben lang der gewesen war, der er war, damit er – bis zum letzten Atemzug – in seinem Sohn fortlebte.«*
B.Gö.

AUSGABEN: Moskau 1977 (in Znamja, 4). – Moskau 1977. – Moskau 1982–1984 (in *Sobr. soč.*, 3 Bde., 2).

ÜBERSETZUNGEN: *Der Junge und das Meer*, Ch. Kossuth, Bln./DDR 1978. – Dass., dies., Mchn. 1978; ern. Mchn. 1992.

DRAMATISIERUNG: *Oš*, 1982 (Bearb. und Regie: I. Ryskulov).

LITERATUR: V. Levčenko, Rez. (in Literaturnaja gazeta, 18. 5. 1977, S. 4). – V. Turbin, Rez. (in Novyj mir, 1977, 8, S. 250–253). – *Legenda, sozdannaja zanovo*; Gespräch: A. Rudenko u. V. Sangi (in Družba narodov, 1978, 1, S. 256–260). – G. Ziegler, Rez. (in FAZ, 2. 6. 1978). – H. Stehli, Rez. (in NZZ, 11. 8. 1978). – P. M. Mirza-Achmedova, *Nacional'naja ėpičeskaja tradicija v tvorčestve Č. A.*, Taschkent 1980, S. 72–87. – V. Levčenko, *Č. A.*, Moskau 1983, S. 162–196.

PLACHA

(russ.; *Ü: Der Richtplatz*). Roman von Čingiz AJTMATOV, erschienen 1986. – Der Roman *Placha* war zum Zeitpunkt seiner Veröffentlichung Ajtmatovs ambitioniertestes Werk. Es behandelt eine Vielzahl aktueller Probleme der sowjetischen Gesellschaft – vom Antagonismus zwischen Religion und sogenanntem wissenschaftlichem Atheismus über Umweltzerstörung, Drogensucht, Pressezensur, verfehlte Landwirtschaftspolitik bis hin zu Kriminalität und Strafvollzug. Einem ähnlich umfassenden Anspruch stellt sich Ajtmatov in erzähltechnischer Hinsicht. Er verwendet unterschiedliche Erzählperspektiven, verschränkt Handlungssequenzen und Zeitebenen ineinander, bezieht umgangs- und vulgärsprachliche Stilelemente ein und greift auf Schlüsselstellen der großen russischen Literatur zurück.

Hauptfigur der ersten beiden von insgesamt drei Teilen ist der ehemalige russische Seminarist Avdij Kallistratov, der auf der Suche ist nach einem als eine Art ethisches Ideal verstandenen persönlichen Gott, der nur im Bewußtsein des einzelnen existiert. Sein konkretes Ziel ist es, den Wurzeln des Bösen in der Form des Drogenhandels nachzugehen und es durch eine Serie von Zeitungsartikeln zu bekämpfen. Er mischt sich in eine Gruppe jugendlicher »Kuriere«, die in der kasachischen Steppe Hanf für die Haschisch-Herstellung sammeln und in die Großstädte bringen. Sein Versuch, die Kuriere zum Guten zu bekehren, scheitert, er wird von ihnen aus einem fahrenden Zug geworfen, wobei er beinahe ums Leben kommt. Den Tod findet Avdij später als Mitglied eines Jägertrupps, der auf halblegale Weise zur Erfüllung der Fleischnorm beiträgt. Nachdem er sich gegen das grausame Abschlachten der zuvor mit einem Hubschrauber zusammengetriebenen Steppenantilopen auflehnt, wird er von den anderen gefesselt, mißhandelt und schließlich – als Hohn auf seine christlichen Appelle – gekreuzigt.

Der in bezug auf Figuren und Handlung selbständige dritte Teil – die Geschichte des kirgisischen

Schafzüchters Boston – ist durch die Erzählung von der Wölfin Akbara mit den beiden anderen Teilen lose verbunden. Mit dieser Erzählung eröffnet Ajtmatov den Roman; in den Handlungsstrang um Avdij wird sie durch dessen Begegnung mit den Wölfen beim Hanf-Sammeln und im Augenblick seines Todes sowie durch die Schilderung der Antilopenjagd aus der Sicht der Wolfsfamilie integriert. Hier nun, im dritten Teil, wird sie handlungsbestimmend: Basarbaj, ein verrohter, wurzelloser Alkoholiker, stiehlt einen Wurf von vier Wolfsjungen aus Akbaras Höhle, um sie an einen Zoo zu verkaufen. Die Wolfseltern werden auf ihrer Suche zu dem Anwesen Bostons gelockt, wo sie die Jungen irrtümlich vermuten. Nachdem sie durch die Schuld der Menschen bereits zwei Würfe verloren haben, bleiben sie nun an Ort und Stelle, versetzen durch ihr Geheul die Menschen in Angst und beginnen in der Folge, sinnlos Tiere zu töten. Basarbaj, der Boston um seinen relativen Wohlstand und seine schöne Frau beneidet, schlägt dessen Bitte, die Jungen zurückzubringen, ab. Statt dessen beschimpft und denunziert er ihn als Kulak und Volksfeind und liefert einem dogmatischen Funktionär, der gegen Bostons traditionelle (privatwirtschaftliche) Arbeitsweise vorgehen will, Material. Das Ende ist tragisch: Die Wölfin Akbara holt Bostons zweijährigen Sohn vom Hof weg, bei der Verfolgung tötet Boston Wolf und Kind und übt schließlich an Basarbaj Rache, indem er auch ihn erschießt.

In der sowjetischen Literaturkritik war das Buch heftig umstritten. Von konservativer Seite wurden vor allem die Wahl eines religiösen Menschen als Zentralfigur und das allzu negative Gesellschaftsbild bemängelt, aber auch liberale Kritiker wie V. Lakšin, die Ajtmatovs gute Absichten würdigten, hatten Bedenken. Die philosophisch-religiösen Passagen seien oberflächlich und blieben weit hinter ihren Vorbildern F. Dostoevskij und M. Bulgakov zurück. Vor allem die aus Bulgakovs Roman *Master i Margarita (Der Meister und Margarita)* übernommene Verhörszene zwischen Pilatus und Christus (hier als Projektion von Avdijs Phantasie) ist auch im Westen einhellig mit Unbehagen aufgenommen worden. Zudem wurde der Aufbau des Romans als sehr konstruiert, manche Charaktere als unglaubwürdig empfunden (z. B. der Anführer der Drogenkuriere, der das absolute Böse verkörpern soll, in seinem intellektuellen Wettstreit mit Avdij oder dessen schematisch bleibende ideale Geliebte). Überzeugungskraft besitzen nur einzelne Passagen, etwa wo es – wie in Ajtmatovs gelungeneren Werken – um die traditionelle kirgisische Lebensweise im Konflikt mit der modernen sowjetischen Gesellschaft geht oder wenn der Autor die Perspektive des Tieres wählt. Doch auch derartige Stellen werden in ihrer Wirkung durch allzu häufige Erzählereinschaltungen (Kommentare, Interpretationen, Vorausdeutungen) beeinträchtigt – und die Wölfe wirken doch zu sehr vermenschlicht. Das Sensationelle des vor der Ära Gorbačevs geschriebenen Romans wurde durch die Tatsache ge-

schmälert, daß die hier angesprochenen Tabuthemen bald auch Gegenstand der Diskussion in den offiziellen Medien wurden.   F.G.

AUSGABEN: Moskau 1986 (in Novyj mir, 6, 8, 9). – Moskau 1987.

ÜBERSETZUNG: *Der Richtplatz*, F. Hitzer, Zürich 1987.

LITERATUR: S. Averincev u. a., *Paradoksy romana ili paradoksy vosprijatija?* (in Literaturnaja gazeta, 15. 10. 1986, S. 4). – V. Lakšin, Rez. (in Izvestija, 2. 12. 1986, S. 3, u. 3. 12. 1986, S. 3). – M. Koz'min u. a., *Obsuždaem Roman Č. A. »Placha«* (in Voprosy literatury, 1987, 3, S. 3–82). – W. Kasack, Rez. (in Rheinischer Merkur, 23. 10. 1987, S. 22). – R. Chapple, *Č. A.'s The Place of the Skull: A Soviet Writer's Excursion Into Theology* (in New Zealand Slavonic Journal, 1992, S. 105–116).

VASILIJ PAVLOVIČ AKSËNOV

* 20. 8. 1932 Kazan'

LITERATUR ZUM AUTOR:
V. Kardin, *Večnye voprosy – novye otvety* (in Voprosy literatury, 1961, 3, S. 25–48). – A. Makarov, *Serez'naja žizn'* (in Znamja, 1961, S. 188–211). – A. Marčenko, *Ne ob eksperimente* (in Voprosy literatury, 1962, 5, S. 42–53). – J. Holthusen, *V. A. u. A. Gladilin* (in J. H., *Russische Gegenwartsliteratur*, Bd. 2, Bern/Mchn. 1968, S. 106–111). – V. Meženkov, *Strannaja proza* (in Oktjabr', 1972, 7, S. 189–203). – A. Vasily, *Russian Writer Abroad* (in Soviet Analyst, 9, 1980, 16, S. 7–8). – V. Lineckij, *A. v novom svete. Fenomen dvojničestva kak faktor literaturnogo processa* (in Neva, 1992, Nr. 8). – A. Zverev, *Bljuzy četvertogo pokolenija* (in Literaturnoe obozrenie, 1992, Nr. 11/12). – Ju. Orlickij, *Mežvuzovskaja naučnaja konferencija »V. A. Literaturnaja sud'ba«* (in Novoe literaturnoe obozrenie, 1993, Nr. 4).

APEL'SINY IZ MAROKKO

(russ.; *Ü: Apfelsinen aus Marokko*). Roman von Vasilij P. AKSËNOV, erschienen 1963. – Aksënovs dritter, formal an sein vorausgegangenes Werk *Zvëzdnyj bilet*, 1961 *(Fahrkarte zu den Sternen)*, anknüpfender Roman schildert in perspektivisch gebrochenen, zeitlich ineinander verschränkten Erzählabschnitten die Ankunft einer Ladung marokkanischer Apfelsinen in Talyj und die »Wallfahrt« der Techniker, Seeleute, Bohrmannschaften, Pelztierjäger und Fabrikbelegschaften aus der näheren und ferneren Umgebung in die sibirische Hafenstadt. Trotz häufiger Rückschau auf die Vorgeschichte seiner Helden verzichtet der Autor auf epische Breite und legt das erzählerische Hauptgewicht auf pointierte Dialogszenen und knappe Gedächtnisrückblenden. Die Hauptfiguren des Romans, die Fabrikarbeiterin Ljudmila Kravčenko, der Bohrtechniker Viktor Koltyga, der Ingenieur Nikolaj Kalčanov und die Seeleute German Kovalëv und Koren' Kostjukovskij, die allesamt jugendlicher Unternehmungseifer und Abenteuerlust in die unwegsamen Gebiete der fernöstlichen UdSSR verschlagen haben, erleben die Ankunft des Apfelsinenfrachters als Einbruch des Außerordentlichen, des »Feiertäglichen« in den harten und öden Alltag ihres Lebens fern jeder Zivilisation. Die Apfelsinen sind nicht allein Katalysator und Leitmotiv der verschiedenen, jeweils aus der Sicht eines der Helden erzählten Episoden, sondern darüber hinaus Symbol eines bestimmten Lebensgenusses: der Fähigkeit zu jugendlicher Ausgelassenheit, Unbeschwertheit und schnoddrigem Draufgängertum. Daß dieser Lebensgenuß nicht philiströs als morbider, arbeitsscheuer, dekadenter Amerikanismus, sondern, wenn schon nicht positiv, so doch zumindest wertneutral und mit offensichtlicher Vorliebe für deftige Details dargestellt wird, ist einer der bemerkenswertesten Aspekte des Romans. Deutlich ist der Autor bemüht, einem Maximum an Privatem, an individueller Lebensführung und nonkonformistischer Lebensbejahung Raum zu geben. Gerät ihm dabei in Bericht und Dialog manches allzu salopp, burschikos und forciert modernistisch, so kann die qualitative Unterlegenheit des Buches gegenüber vergleichbaren Werken der westlichen Literatur (etwa der Prosa Jerome D. SALINGERS) nicht Wertmaßstab für eine gerechte Beurteilung des Romans sein, dessen entscheidende Leistung in der Überwindung der schablonisierten, sterilen Leistungs- und Frohsinnsethik früherer Komsomol-Literatur besteht. Die Einwände der sowjetischen Kritik veranlaßten den Autor in der zweiten Auflage des Romans (1964) zu zahlreichen Streichungen und Korrekturen.   A.G.

AUSGABEN: Moskau 1963 (in Junost'). – Moskau 1964.

ÜBERSETZUNGEN: *Apfelsinen aus Marokko*, Ch. Auras u. A. Jais, Mchn. 1963. – Dass., H. Herboth, Bln. 1965.

NA POLPUTI K LUNE

(russ.; *Ü: Auf halbem Weg zum Mond*). Erzählung von Vasilij P. AKSËNOV, erschienen 1962. – »Auf halbem Weg zum Mond« befindet sich Valerij Kirpičenko, als er anstelle des geplanten Urlaubs am Schwarzen Meer zum siebtenmal die Flugstrecke Chabarovsk–Moskau zurücklegt, um Tanja, die

Stewardess seines ersten Fluges, wiederzusehen. Der Mond ist das Bild, mit dem Kirpičenko, Lastkraftwagenfahrer eines am Rande der Zivilisation gelegenen Forstbetriebs auf der Halbinsel Sachalin, seine Vorstellung von erfüllter Liebe und Glück umschreibt. Zum erstenmal begegnete er Tanja, als er sich gerade aus der beklemmenden Atmosphäre eines oberflächlichen Verhältnisses befreit hatte. Welten trennen den derben Waldarbeiter von der gebildeten und gewandten Stewardess. Dennoch verfliegt Kirpičenko in beharrlicher, scheuer Verehrung für Tanja sein gesamtes Urlaubsgeld, nur um noch einmal ein paar Worte und Blicke mit der Geliebten seiner Träume zu wechseln. Zum erstenmal in seinem Leben hat ihn eine Begegnung nicht unberührt gelassen. *»Er las sehr viel. Nie im Leben hatte er so viel gesehen. Nie im Leben hatte er so viel nachgedacht. Nie im Leben hatte er geweint. Nie im Leben hatte er sich so erstklassig erholt.«* Doch nur noch ein einziges Mal, am letzten Urlaubstag, sieht Kirpičenko Tanja wieder. Unerreichbar und ohne einen Blick für ihn steht sie inmitten einer Schar plaudernder Mädchen. Die Kluft zwischen den beiden schließt sich nicht, der Weg zum Mond bleibt unvollendet.

Aksënovs Erzählung gibt sich fast durchweg als innere Betrachtung des Helden aus. Sie zeichnet, bis auf einen kurzen Abschnitt, der die Gestalt Kirpičenkos blitzartig aus der Sicht eines im übrigen fehlenden Ich-Erzählers umreißt, den Charakter des Arbeiters aus der Perspektive seines eigenen Selbstverständnisses. Die Diktion des Werks spiegelt das rauhe, naiv-ehrliche Wesen des Helden wider. Der niedere Umgangsjargon Kirpičenkos charakterisiert zugleich die offene, unbefangene Geradlinigkeit seines Verhaltens zur Umwelt wie auch sein Gefühl der Zurücksetzung und Hilflosigkeit in ebendieser Welt. Die sprunghafte Linienführung der Komposition bildet das unvermittelte, ungeschulte Denken des Helden nach.   C.K.

AUSGABEN: Moskau 1962 (in Novyj mir, 38). – Moskau 1966 (in *Na polputi k lune. Kniga rasskazov*).

ÜBERSETZUNG: *Auf halbem Weg zum Mond. Erzählungen*, J. Elperin, Bln./Weimar 1977.

OSTROV KRYM

(russ.; *Ü: Die Insel Krim*). Roman von Vasilij P. AKSËNOV, erschienen 1981. – Der ungemein produktive Autor, dessen realistisch-phantastisch-satirisches Spätwerk in der amerikanischen Emigration (ab 1980) sich vor allem durch originelle formale und sprachliche Experimente auszeichnet, geht in dem 1981 in den USA erschienenen satirischen Roman *Ostrov Krym*, den er 1977 noch in der UdSSR zu schreiben begann, von der *»köstlichen Fiktion«* (W. Kasack) aus, die Krim sei eine Insel im Schwarzen Meer und 1920 nicht von der Roten Armee erobert worden. In dem reichen Freistaat, dem

Refugium der Weißen Truppen von Wrangel, leben die ihre alten Traditionen beibehaltenden russischen Emigranten aristokratischer Herkunft in einer nach westlichem Vorbild gestalteten freien Demokratie mit allem Luxus eines kapitalistischen Staates. Aksënov verbindet in diesem irrealen Roman die US-Erfahrung mit seinem SU-Erleben. Die westliche Gesellschaft mit Wolkenkratzern, Highways, freier Presse, Werbung und Rockgruppen ist ebenso skizziert wie die sowjetische mit hohen Parteifunktionären, Geheimdienstagenten, Bespitzelung, Bestechung, Mißtrauen und Angst. Der Luxus und die Freiheit führen die Krim-Bewohner zu Selbstzufriedenheit, geistiger Verarmung und moralischer Verflachung.

Im Zentrum der Handlung steht der als eine Art Superman gezeichnete, dekadente Playboy mit James-Bond-Zügen Andrej Lučnikov, Herausgeber der Zeitung »Russischer Kurier« und Gründer der Partei UGS (»_Union des Gemeinsamen Schicksals_«). Als Vertreter der von Nostalgie und Heimweh geplagten »_dritten Generation_« setzt sich Lučnikov für die Wiedervereinigung mit der Sowjetunion ein. Die Anhänger der ultrarechten Gegenpartei, Jaki genannt, vertreten nationalistische und separatistische Ideen und versuchen mit allen Mitteln des Terrors die Verhinderung des Anschlusses. Um den Protagonisten Lučnikov gruppiert Aksënov Figuren, die mit Hilfe von Klischees aus der Trivialliteratur karikiert werden, wie die unwiderstehliche Moskauer Spitzensportlerin Tat'jana Lunina, der Dissident Vitalij Gangut oder der sowjetische Krim-Apparatschik Marlen Kusenkov. Nach der erfolgreichen Abwehr aller oppositionellen Gegenströmungen offeriert Lučnikov der Kreml-Führung den Anschluß der Krim an die Sowjetunion unter der Bedingung, daß diese Annexion allmählich und gewaltlos vollzogen werde. Die Sowjetregierung geht zum Schein auf diesen Vorschlag ein und beginnt unter dem Kennwort »_Feiertag Frühling_« die gewaltsame Eroberung, bei der alle Widersacher liquidiert werden.

Aksënovs Romane sind allgemein locker strukturiert. Die ebenfalls in diesem Werk wenig straff entwickelte Handlung spielt an mehreren Schauplätzen – neben der Krim u. a. in Moskau und Paris – und auf mehreren Ebenen. Der Reiz des Romans liegt in einzelnen Episoden mit einer Fülle von Intrigen, Verwicklungen und Anspielungen, im sprachlichen Spiel und in der amüsant-grotesken, bisweilen überzogenen Darbietung des realen politischen Geschehens als irreale Phantasmagorie. _Ostrov Krym_ ist eine Parabel über das Verhältnis zwischen den beiden ideologisch divergierenden Weltmächten und über die unterschiedlichen Lebensverhältnisse: im Westen die allmähliche moralische Zersetzung und der Ausverkauf der Freiheit mit der »_fast masochistischen Neigung_« (E. Wolffheim), sich in die Arme des diktatorischen Systems treiben zu lassen; im Osten die expansive Machthunger, die Unterdrückung von Individualität und Andersdenken. Prägnant-nüchtern und humorvoll zeichnet der Leiter einer Jazzband ein authentisches

Bild der Sowjetunion: »_Wir machen antisowjetische Musik. Die Ausländer kommen in Scharen angetanzt, wir blasen ihnen, sozusagen, ein, wir hätten den Himmel auf Erden, die absolute Freiheit._« Diese lakonische Aussage ist symptomatisch für viele ähnliche präzise Formulierungen über die sowjetischen Zustände.

Aksënov wagt sich in diesem Roman an politische, philosophische, menschliche und soziale Fragen heran, die besonders Ende der siebziger und Anfang der achtziger Jahre aktuell waren, wobei er die Probleme sowjetischer Emigranten im Ausland und deren Verhältnis zur Heimat genauer beleuchtet. Bei der Umsetzung in ein künstlerisches Werk ist jedoch eine Diskrepanz zwischen Idee und deren Realisierung spürbar. Der Autor steht bisweilen in der Gefahr der Übertreibung, Verflachung und Oberflächlichkeit. Eine deutlich spürbare nihilistische Haltung, die der Idealist Aksënov in dieses Werk einbringt, gewinnt häufig eine verstärkte, ja störende Gewichtung. Jedoch ist dieser Roman »_ein Stück flott geschriebener Unterhaltungsliteratur_« (Th. Rothschild), »_eine Mischung aus Politsatire, Politthriller und tragikomischer Groteske_« (E. Wolffheim). W.Schr.

AUSGABE: Ann Arbor 1981.

ÜBERSETZUNG: _Die Insel Krim_, M. Milack-Verheyden, Ffm./Bln. 1986.

LITERATUR: Ju. Malzew, _Freie russische Literatur 1955–1980_, Ffm. u. a. 1981, S. 316–318. – V. Tarsis, _Spelunke mit Filzvorhängen_ (in ZeitBild, 23, 1982, Nr. 18, S. 10–11). – W. Kasack, _Russische Gegenwartsliteratur in Übersetzungen des Jahres 1986_ (in Osteuropa, 1987, 12, S. 925). – Ders., _Wenn die Krim zum Westen gehörte ..._ (in Die Welt, 24. 5. 1986). – Th. Rothschild, _Rußlands Taiwan_ (in Frankfurter Rundschau, 14. 6. 1986). – E. Wolffheim, _Vom Ausverkauf der Freiheit_ (in NZZ, 16. 7. 1986). – V. Maluchin, _Pkoren'e Kryma, dubl' dva_ (in Znamja, 1991, Nr. 2).

OŽOG

(russ.; _Ü: Gebrannt_). »Roman in drei Teilen. Die späten sechziger und frühen siebziger Jahre« von Vasilij P. AKSËNOV, erschienen 1980. – Der heute in den USA lebende Schriftsteller entwirft in seinem reifsten und vielschichtigsten, zuerst auf italienisch erschienenen Roman, an dem er sechs Jahre (1969–1975) arbeitete, ein chronikartiges Bild der sowjetischen Gesellschaft vom Ende der poststalinistischen Tauwetterperiode bis zum »Prager Frühling«. Der satirische, dreiteilige Montageroman, der mit den Prinzipien des sozialistischen Realismus bricht, spiegelt ein »_assoziativ verknüpftes, phantastisch-realistisch-impressionistisch-surrealistisches Zeitmosaik einer Generation der allen staatlichen Anstrengungen zum Trotz zu selbständigem Denken herangewachsenen Intelligenz_« (W. Kasack)

wider. Aksënov beschreibt in achronischer Erzählweise und auf verschiedenen Zeitebenen angeordneten Episoden das Schicksal von fünf »gebrann-
ten« Vertretern der Moskauer Intelligenzija, die
nicht nur durch gleiche Obsessionen und Erinnerungen, sondern auch durch den identischen Vatersnamen Apollinarevič verbunden sind; hier
spielt Aksënov auf den griechischen Gott Apoll an,
aber gleichzeitig auf den französischen Dichter
APOLLINAIRE, den geistigen Vater des literarischen
Surrealismus. Die fünf Protagonisten, den Saxo-
phonisten Samson A. Sabler, den Bildhauer Radij
A. Chvastiščev, den mit autobiographischen Merkmalen versehenen Schriftsteller Pantelej A. Pantelej, den Physiker Aristarch A. Kunicer und den Arzt
Gennadij A. Malkolmov, verbindet trotz verschiedener Lebensgewohnheiten viel Gemeinsames: der
amerikanische Freund Thunderjet, dieselbe Geliebte Alisa, das hemmungslose Säufer- und Eroto-
manentum, die nihilistische Lebensgier und die
ähnliche Vergangenheit in der Verbannung. In
grotesker Verzerrung skizziert Aksënov Wirklich-
keits- und Erinnerungsfragmente aus der Chru-
ščëv- zur Brežnev-Zeit. Im Querschnitt des sowjetischen Lebens führt der Autor in die KGB-infil-
trierte Moskauer Halb- und Unterwelt, ins Dissi-
dentenmilieu und in die Polit- und Kulturszene.
Die Stoffbreite, die Aufhebung von Raum- und
Zeitprinzipien, verschiedene Stilebenen, besonders
der hyperbolische Stil, Polyperspektivität, provozierende und obszöne, für den westlichen Leser bisweilen schwerverständliche Anspielungen erschweren die Lektüre dieser komplex-chaotischen »totalen Satire« mit ihrem »irritierenden epischen Flim-
mern und Flackern« (H. v. Ssachno). Der wir-
rende Erzählstil reflektiert symbolisch die Gesamtheit der sowjetischen Lebensumstände jener Zeit,
die der Autor als »Karneval« charakterisiert und
ironisch analysiert. Aksënov verzerrt grotesk das
Bild des sowjetischen Einmarsches in die ČSSR
von 1968, indem er einen nach Prag befohlenen sowjetischen Panzer sich verfahren und zwischen Ur-
laubsfahrzeugen auf italienischen Straßen rollen
läßt oder indem er Nikita Chruščëv in der Figur
Kukita Kusevič (von: kusat' – beißen, brennen) karikiert. Auch reale Personen treten in Aksënovs
Monumentalwerk auf: die Literaten OKUDŽAVA,
EVTUŠENKO, VYSOCKIJ sowie dessen Ehefrau, die
Schauspielerin Marina Vlady, die Theaterregisseu-
re Efros, Evremov, Tovstonogov, die Dissidenten
Sacharov, SINJAVSKIJ oder Aksënovs literarische
Vorbilder ZOŠČENKO, BULGAKOV, MAJAKOVSKIJ
und HEMINGWAY.
Aksënovs Intellektuelle sind zunächst »gebrannt«
von den traumatischen Jugenderlebnissen während
der Stalinzeit, zuletzt von der sowjetischen Okkupation der ČSSR. Die Verzweiflung treibt sie in die
Scheinfreiheit von Alkoholismus und hemmungslosen Ausschweifungen. Die Inkarnation dieser
»lost generation« ist Tolja von Steinbock, der Sohn
einer »Volksfeindin«, die als Verbannte in einem
Zwangsarbeiterlager in Magadan lebt. Hinter dem
als Ich-Erzähler fungierenden Jungen, der wieder-

holt in die Rolle der fünf Hauptfiguren schlüpft,
ahnt man Aksënov, den Sohn von Evgenija GINZ-
BURG, deren Aufzeichnungen Krutoj maršrut
(Gratwanderung) ein authentisches Lagerwelt-
Zeugnis liefern. Aus der Sicht des 16jährigen Tolja,
der als »fertiger Sklave in einer versklavten Welt«
freiwillig zu seiner Mutter in die Eiswüste geht,
zeichnet Aksënov die ersten alptraumhaften Erfahrungen des »Gebranntseins«, die in der Gestalt des
brutalen GULag-Sadisten Čepcov, der Symbolfigur des Stalin-Terrors, ihren Höhepunkt finden.
Zum erstenmal läßt sich in Aksënov Werk eine religiöse Dimension ausmachen. In einem Gespräch
über Gott zwischen Pantelej und dem katholischen
Priester Alexander Jurčenko, einem ehemaligen
GULag-Häftling, spiegelt sich Aksënovs Suche
nach einer metaphysischen Sinngebung, die er das
»dritte Modell« nennt.
Aksënovs Chronik-Roman ist ein »kakophonisches
Gemisch aus Prosa und Lyrik, Volkssprache und Parteijargon, dem Geplapper der Schickeria, pornographischen Blütenlesen und alkoholischem Gestammel«
(H. v. Ssachno). In dem Panorama über das sowjetische Leben, in dem Groteskes und Märchen,
Symbolismus und Realismus, philosophische Reflexion und Bewußtseinsstrom aufeinandertreffen,
schildert Aksënov die Atmosphäre der Verzweiflung seiner Generation über die verlorenen Hoffnungen der »Tauwetter«-Ära und zeichnet, satirisch verfremdet, die Auflehnung gegen die totalitäre Macht, die jegliches geistige Leben unterdrückt. In der Sowjetunion durfte das Werk nie erscheinen; im Westen stieß es auf große Zustimmung.   W.Schr.

AUSGABEN: Ann Arbor 1980. – Ffm. 1981.

ÜBERSETZUNGEN: L'Ustione, G. Buttafava u.
S. Rapetti, Mailand 1980. – Gebrannt, L. Ujvary u.
U. Spengler, Bln. u. a. 1983.

LITERATUR: W. Kasack, A.s Brandmal (in NZZ,
11. 7. 1980). – Ders., Der Schriftsteller W. A. im
Westen (in Die Welt, 26. 7. 1980). – Ju. Malzew,
Freie russische Literatur 1955–1980, Ffm. u. a.
1981, S. 313–316. – W. Kasack, Ironie, die Zuflucht
des Verzweifelten (in Die Welt, 10. 12. 1983). –
H. v. Ssachno, Ohrenbetäubende Stille über Moskau
(in Der Spiegel, 16. 4. 1984, S. 232–234). – I. Rakusa, Phantastisches Epochenkaleidoskop (in NZZ,
4. 5. 1984). – G. Leech-Anspach, Aggression aus
Verzweiflung (in Der Tagesspiegel, 8. 7. 1984). –
W. Smith, V. A. (in Publisher's Weekly, 31. 8.
1984). – D. Sexton, Rez. (in Sunday Times,
21. 10. 1984). – A. Nemzer, Strannaja vešč, nepon-
jatnaja vešč (in Novyj mir, 1991, Nr. 11).

PORA, MOJ DRUG, PORA

(russ.; Ü: Es ist Zeit, mein Freund, es ist Zeit). Roman von Vasilij P. Aksënov, erschienen 1964. –
Held des Romans ist der junge sowjetische Intel-

lektuelle Valentin Marvič, der sich früh von seinem
Elternhaus losgesagt hat, um nach seinen eigenen
Vorstellungen zu leben. Die Ehe, die er voreilig mit
der gleichaltrigen Tanja schließt, erweist sich rasch
als beider Unglück. Valentin reicht die Scheidung
ein. Nach Jahren eines unruhigen Wanderlebens –
die Scheidung ist noch nicht ausgesprochen – begegnet er erneut Tanja, die zum Filmstar avanciert
ist und in Reval einen Film dreht. Beide verlieben
sich ein zweites Mal ineinander, doch weist Tanja
als allseits umworbene Schauspielerin den Gedanken an ein gemeinsames Eheleben weit von sich. Sie
wolle nicht verbürgerlichen, doch könne man sich
von Zeit zu Zeit lieben. So trennt sich Marvič ein
weiteres Mal von Tanja, diesmal, wie er meint, für
immer. Beide jedoch können ihre Liebe zueinander
nicht vergessen. Am Ende des Romans kehrt Tanja
zu Valentin zurück – auf Zeit, wie sie sagt. Sie beschließen ein Zusammenleben, das beiden ihre Unabhängigkeit beläßt. Tanja wird weiterhin an verschiedenen Orten filmen, Valentin auf seine Großbaustelle in Sibirien zurückkehren. Obgleich er mit
seinen literarischen Versuchen in einer führenden
Literaturzeitschrift Erfolg hat und man ihn als
Drehbuchautor verpflichten will, bleibt Marvič
Traktorist auf seinem »Objekt«, wo er seinen Platz
im Leben gefunden hat.

Gemeinsam mit seinem Helden Marvič ist Aksënov
in dem Roman über die jugendliche Form der Auflehnung gegen die Routine des sowjetischen Alltags hinausgewachsen. Zwar taucht noch einmal
ein Held nach dem Vorbild SALINGERS auf, doch
spielt er – in Gestalt eines blassen Jünglings – nur
noch die Rolle einer komischen Randfigur ohne
Perspektive und ohne Einfluß auf den Ablauf der
Dinge. Aksënovs Roman markiert einen Wendepunkt im Leben seiner Generation: Die »Dreißigjährigen« suchen einen Weg zur Ruhe, zum Ausgleich mit der bestehenden Gesellschaft, ohne sich
den Vorwurf opportunistischer Anpassung ein-
handeln zu müssen. »*Es ist Zeit, mein Freund, Zeit,
um Ruhe fleht das Herz*«, heißt es mit den Worten
eines Puškin-Gedichts gegen Ende des Romans.
Die nicht resignierte, doch wehmütige Einsicht erscheint als Leitmotiv hinter der weitausgreifenden
Handlung und klingt nicht zuletzt auch in der
Sprache des Romans mit, die bei aller Lässigkeit
des Umgangsjargons die Stimmung des Abschieds
von der Zeit des jugendlichen Protests nicht zu verbergen vermag.   M.Gru.

AUSGABE: Moskau 1964.

ÜBERSETZUNGEN: *Das Jahr der Scheidung*, N.
Drechsler, Bln. 1966. – *Es ist Zeit, mein Freund, es
ist Zeit*, I. Tinzmann, Stg. 1967.

ZATOVARENNAJA BOČKOTARA

(russ.; *Ü: Defizitposten Faßleergut. Novelle mit
Übertreibungen und Traumgesichten*). Erzählung
von Vasilij P. AKSËNOV, erschienen 1968. – Ab

1965 bezieht Aksënov in die realistische Erzählschicht verstärkt das Irreale, Groteske, Absurde
und Surreale ein und distanziert sich durch das inhaltliche, sprachliche und formale Experiment von
der sowjetischen Wirklichkeit. *Zatovarennaja Bočkotara* ist eine der ersten und brillantesten, slangge-
tragenen Satiren in Aksënovs zweiter Schaffensphase.

Ein Posten leerer Fässer wird auf einem Lkw ins
Depot der Kreisstadt Korjašk befördert. Der Fahrer Volodja Teleskopov – Aksënovs symbolhafte
Namengebung erinnert an GOGOL' und BELYJ – ist
»*eine typische Aksjonowsche Kodderschnauze mit dem
Herzen auf dem rechten Fleck*« (H. v. Ssachno), der
sich »schwarz« ein wenig Geld dazuverdient, indem
er in jedes Faß einen Fahrgast setzt. Es sind insgesamt fünf satirisch gezeichnete Figuren verschiedenen Alters und Geschlechts: der einzige sowjetische
Spezialist für das lateinamerikanische Phantasie-
land Hullygullien, Vadim Afanas'evič Drožžinin;
der nörgelnde Querulant und professionelle De-
nunziant Ivan Motčenkin, der eine Anzeige gegen
die ihrer Sinne nicht mehr mächtige Geographie-
lehrerin Irina Valentinovna Selezneva aufzusetzen
beginnt; Irina, die eine Reise auf die Krim plant,
auf der Suche nach einem Ehemann ist und in dem
auf Urlaub weilenden Matrosen Gleb Šustikov
einen willkommenen Liebhaber findet; und
schließlich die progressive Stepanida Efimovna, die
ein wissenschaftliches Institut mit verschiedenen
Insekten beliefert und nun nach einem seltenen Käfer forscht.

Auf der langen Fahrt zum Zielort rast Teleskopovs
Lkw – wie einst Gogol's Troika – durch das ar-
chaisch-schläfrige, angeblich fortschrittliche Land.
Die Fahrgäste hocken wie in Klosterzellen in ihren
Fässern, finden sich zu einer Gemeinschaft zusammen, unterhalten sich miteinander und träumen.
Jede der von Aksënov allegorisch gestalteten Figuren erzählt von ihrem Schicksal; jede Erzählung ist
ein Ausschnitt aus Beruf, Charakter, Zeitgeschichte und setzt eine literarische Tradition fort: In
sprachlicher Stilisierung parodiert Aksënov BUL-
GAKOV, GOGOL', IL'F-PETROV, LESKOV, OLEŠA,
ZOŠČENKO, ČECHOV und nicht zuletzt sich selbst.
Als der Lkw in der Kreisstadt ankommt, beschließen die Passagiere, zusammenzubleiben. Auf my-
steriöse Weise sind sie zu einer Einheit geworden:
Jeder hat sich in seinem Faß selbst zu erkennen und
von seinem selbstbeschränkten Horizont zu befrei-
en begonnen und möchte weiterfahren, weiterträu-
men und nicht auf dem Müll enden. Anstatt die unnütz gewordenen Fässer als Schrott abzuladen, lädt
Volodja die Fässer wieder auf und fährt mit den
Fahrgästen weiter – ins unbekannte Land der Verheißung, wo sie »*der heitere, ruhige und gute
Mensch*« erwartet.

Die künstlerische Qualität der handlungsarmen, als
Allegorie angelegten Erzählung einer gelungenen
»*Mischung aus Vision und Reportage, Idylle und Parodieren der Idylle*« (H. v. Ssachno) liegt im Spiel mit
dem sprachlichen Experiment. In einer komplizierten, fast unübersetzbaren Mischung von wissen-

schaftlicher Terminologie, dörflichem Idiom, Parteijargon, Kirchenslavismen, Vulgarismen, Neologismen, Slang, Hyperbeln, Metaphern und Wortverschmelzungen schafft Aksënov eine originelle, verzerrt-groteske, stilisierte Kunstsprache, die die Tradition der Gogol'schen Diktion fortsetzt, den Einfluß der literarischen Avantgarde der zwanziger Jahre, vor allem Belyjs, Olešas und Zoščenkos, spüren läßt und den sozialistischen Sprachhabitus *ad absurdum* führt.

In dieser Erzählung zeigt sich Aksënovs Begabung für mehrschichtige Aussagen, die besonders in den späteren Romanen *Ožog*, 1980 *(Gebrannt)*, und *Ostrov Krym*, 1981 *(Die Insel Krim)*, zur Perfektion geführt werden. Mit Hilfe bestimmter Kunstgriffe wie Verzerrung, schöpferische Deformierung, Auflösung von Inhalt und Form als literarische Bestimmungskategorien sowie durch Abweichung vom geläufigen Sprachgebrauch, der vorherrschenden künstlerischen Norm und der konventionellen Wirklichkeitsdarstellung des sozialistischen Realismus nimmt Aksënov das von den russischen Formalisten entwickelte Kunstmittel der Verfremdung auf und markiert eine Wende zu einer neuen, künstlerisch-originellen Erzählweise, wie sie u. a. auch Vl. NABOKOV und Saša SOKOLOV schufen.

W.Schr.

AUSGABEN: Moskau 1968 (in Junost', 3). – NY 1980.

ÜBERSETZUNG: *Defizitposten Faßleergut. Novelle mit Übertreibungen und Traumgesichten*, T. Reschke, Mchn. 1975. – Dass., ders., Mchn. 1985.

LITERATUR: D. Brown, *V. A. at 33* (in Triquarterly, 1965, Nr. 3, S. 75–83). – I. Solov'eva, *S preuveličenijami i snovidenijami* (in Literaturnaja gazeta, 1.5.1968, S. 6). – H. v. Ssachno, *Die pubertären Rebellen sind vergessen* (in SZ, 8.5.1968). – A. Elkin, *O »chorošem čeloveke« i Zatovarennoj bočkotare* (in Večernjaja Moskva, 1.8.1968, S. 3). – V. Lokonov, *Posleslovie k obsuždeniju* (in Učitel'skaja gazeta, 21.9.1968, S. 4). – V. Vladin, *Zabočkotarennyj tovar* (in Literaturnaja gazeta, 2.10.1968, S. 6). – A. Elkin, *Pered kem snimet šljapu Šekspir* (in Moskva, 1968, 10, S. 190–210). – S. Rassadin, *Šestero v kuzove, ne ščitaja bočkotara* (in Voprosy literatury, 1968, 10, S. 93–115). – P. Meyer, *A. and Soviet Prose of the 1960's* (in Russian Literature Triquarterly, 1973, Nr. 6, S. 447–460). – P. Vajl u. A. Genis, *Randevu s bočkotaroj* (in V. A., *Zatovarennaja bočkotara*, NY 1980, S. 5–8). – W. Kasack, *Russische Gegenwartsliteratur in Übersetzungen des Jahres 1985* (in Osteuropa, 1986, 12, S. 1001).

ZVËZDNYJ BILET

(russ.; *Ü: Fahrkarte zu den Sternen*). Roman von Vasilij P. AKSËNOV, erschienen 1961. – Die »Sternenfahrkarte« ist das kleine Stückchen Himmel, welches man, weit aus dem Zimmerfenster der Brüder Denisov gelehnt, von dem altehrwürdigen Moskauer Mietshaus mit dem poetischen, vorrevolutionären Namen »Barcelona« aus zu sehen bekommt. Das blaue Rechteck, in dem die Sterne wie die Löcher einer Eisenbahnfahrkarte erscheinen, ist das Sinnbild des stetig emporführenden Lebens des älteren Denisov, des achtundzwanzigjährigen Viktor, der als wissenschaftlicher Assistent an der Entwicklung eines geheimen sowjetischen Raumfahrtprojektes mitarbeitet. Als Symbol der sowjetischen Kosmonautik steht es zugleich für die Bewältigung der materiellen Natur durch die organisierten menschlichen und technischen Kräfte der sozialistischen Gesellschaft. Viktor ist der Vertreter der »mittleren« Generation der Sowjetunion, deren erwachsenes Leben mit dem Ende der Stalinzeit begann. Mit dem Abschluß seiner Dissertation steht ihm eine glänzende wissenschaftliche Laufbahn bevor. Der Verteidigung seiner Arbeit, in der er nichts als die Ausführung einer fremden Idee erblickt, zieht er jedoch die Veröffentlichung eines eigenen, die Theorien einflußreicher Wissenschaftler in Frage stellenden Versuches vor. Trotz etlicher verletzter Eitelkeiten findet das eigenwillige Vorgehen des fähigen Wissenschaftlers Anerkennung. Seine berufliche Zukunft hat mit dieser vielversprechenden Arbeit begonnen.

Viktor und seine Welt sind gleichsam der ruhende Pol des Werks. Sie bilden den unbewegten Hintergrund, auf dem sich der eigentliche Gegenstand des Romans um so bunter und bewegter abhebt: das Leben der nächsten, der *»vierten Generation«* nach der Oktoberrevolution, der die Errichtung der sozialistischen Gesellschaft nicht mehr den kämpferischen Einsatz zur Sicherung des Erreichten, sondern die auf unverrückbaren Fundamenten aufbauende Fortentwicklung des Bestehenden bedeutet, einer Generation, die man ihrer kritisch-fordernden Haltung zur Wirklichkeit der Sowjetgesellschaft wegen in Anspielung auf die demokratische Publizistik des 19. Jh.s die Generation der »Sechziger« genannt hat. Sie wird verkörpert durch die vierköpfige Bande Moskauer Oberschüler, deren Haupt Viktors achtzehnjähriger Bruder Dimka ist. Dimka, Jurka, Alik und ihre hübsche Freundin Galka sind aus anderem Holz geschnitzt als der besonnene, zielbewußte Viktor. In ihrem Leben gibt es keine a priori gültigen Wahrheiten und keine ungeprüft anerkannten gesellschaftlichen Verpflichtungen. Maßstab ihrer Entscheidungen ist das individuelle Bedürfnis. Nach der auffallendsten Mode gekleidet, begeistert für Jazz und Rock 'n' Roll, allen Konventionen auch der sozialistischen Gesellschaft hohnsprechend, suchen diese Jugendlichen den von Gesellschaft und Elternhaus getroffenen Vorentscheidungen über ihr Schicksal zu entkommen. Der eintönigen, fortwährend neue Grenzen errichtenden Umgebung von Schule und Elternhaus überdrüssig, beschließen sie, ihren Weg auf eigene Faust und ohne Wissen der Erwachsenen zu suchen. Spärlich mit Geld versehen, brechen sie an die baltische Küste auf, um sich durch Gelegenheitsarbeiten über Wasser zu halten und die neugewonnene Freiheit bis zur Neige auszukosten. Nach einer Fülle widersprüchlicher Zwischenstationen, deren einschneidendste die erwachende Liebe Galkas und Dimkas, Galkas Verrat und ihr Verhältnis zu einem alternden Schauspieler ist, finden sich die Helden in der ernüchternden Situation, da der Geldbeutel leer und der erste Enthusiasmus mit anhaltend hungrigem Magen verflogen ist. Mit der Notwendigkeit zu arbeiten beginnt der eigenwillige, aber stetige Prozeß der Eingliederung der Rebellen in die Normen der sozialistischen Gesellschaft. In der solidarischen Gemeinschaft der Werktätigen eines Fischerei-Kolchos lernen sie, ein kritisches Verhältnis zu ihren eigenen Fähigkeiten und Neigungen zu entwickeln. Jurka entschließt sich, als Dreherlehrling in einer Fabrik in Reval zu arbeiten, Alik vervollkommnet seine Kenntnisse an einem Literaturinstitut. Lediglich Dimka kann sich über seine Zukunft nicht schlüssig werden, doch läßt der Roman über die positive Entwicklung auch seines Lebens keinen Zweifel: Dimka gewinnt Galka zurück, die, von ihrem Schauspieler verlassen, in seinem Kolchos als Einsalzerin Dienst tut. Nach dem Unfalltod des Bruders entdeckt er das Sinnbild von Viktors Leben, die »Sternenfahrkarte« über dem soeben abgerissenen »Barcelona«, als Leitmotiv der eigenen Zukunft.

Der Reiz des Romans liegt in der souveränen Meisterschaft, mit der der Autor – möglicherweise von Salinger beeinflußt – in die Welt der »*vierten Generation*« der Sowjetunion, ihre Voraussetzungen, ihren Charakter und ihre Perspektiven, eingedrungen ist. Die Vertrautheit mit dem Gegenstand findet ihren formalen Niederschlag in der Diktion des Werks, dem lakonischen, spöttisch-sensiblen, mit formelhaften Ausdrucksschemata häufig westlichen Ursprungs durchsetzten Jargon der handelnden Personen, welche die vier Kapitel des Romans aus wechselnder Perspektive erzählen. Aksënovs Roman, der bei seinem Erscheinen auf begeisterte Zustimmung wie auf helle Empörung traf, macht kein Hehl aus seiner Sympathie für die Gedankenwelt seiner Helden. Er sieht in ihrer Existenz keine Auflösungserscheinung der sozialistischen Gesellschaft, sondern eine durch den Grad ihrer Konsolidierung bedingte Erscheinung. Er begrüßt die bewußte Eigenständigkeit der jungen Menschen, ihre kritische Prüfung des Bestehenden, und betont, daß eben die Eigenschaften, die sie zur Rebellion veranlassen, sie zu ihrem persönlichen Beitrag zur Entwicklung der sozialistischen Gesellschaft befähigen.   C.K.

Ausgaben: Moskau 1961 (in Junost', 7, Nr. 6/7). – Aarhus 1970.

Übersetzung: *Fahrkarte zu den Sternen*, W. Löser, Köln o. J. [1962].

Literatur: J. Bondarëv, Rez. (in Literaturnaja gazeta, 29. 7. 1961). – A. Jëlkin, Rez. (in Molodaja gvardija, 1961, Nr. 10). – L. Lazarev, Rez. (in Voprosy literatury, 1961, Nr. 9). – S. P. Pavlov, Rez.

(in Literatura i žizn', 29. 12. 1961). – G. Radov, Rez. (in Literaturnaja gazeta, 16. 11. 1961). – R. Śliwowski, Rez. (in Przegląd kulturalny, 19. 4. 1961). – L. Sobolev, Rez. (in Literatura i žizn', 24. 12. 1961). – L. Anninskij, Rez. (in Literaturnaja gazeta, 19. 4. 1962).

MARK ALDANOV

d.i. Mark Aleksandrovič Landau
* 7.11.1889 Kiew
† 25.2.1957 Nizza

Literatur zum Autor:
C. Lee, *The novels of M. A. A.*, Den Haag/Paris 1969. – Ders., *The philosophical tales of M. A. A.* (in SEEJ, 1970, 15, S. 273–292). – Ders., *The short stories of M. A. A.* (in *Studia Litteraria Russica in Honorem Vsevolod Setchkarev*, Mchn. 1974, S. 252–266). – A. Bachrach, *Po pamjati, po zapisjam: M.A.A.* (in Novyj Žurnal, 1977, 126, S. 146–170). – V. Setschkareff, »*Die Nacht von Ulm*«. *M.A.s skeptische Philosophie* (in WdS, N. F. 16, 1992). – N. Starosel'skaja, »*Volnujušaja svjaz' vremen*« (in Literaturnoe obozrenie, 1992, Nr. 7/8). – V. Setschkareff, *Die philosophischen Aspekte von M.A.s Werk*, Mchn. 1996.

NAČALO KONCA

(russ.; *Der Anfang vom Ende*). Roman von Mark Aldanov, erschienen 1939. – Die literarische Hinterlassenschaft des Autors, der die Sowjetunion schon 1919 verließ und seine schriftstellerische Laufbahn in der Emigration begann, umfaßt eine größere Anzahl historischer Romane, die, ausgehend von der Tetralogie *Myslitel'*, 1921–1927 *(Der Denker)*, und thematisch sowie durch wiederkehrende Gestalten miteinander verbunden, ein Panorama der europäischen Geschichte von 1792 bis in die Zeit nach dem Zweiten Weltkrieg entwerfen. *Načalo konca* beschreibt die dreißiger Jahre des 20. Jh.s, die Epoche des deutschen Faschismus, des Spanischen Bürgerkriegs und der Moskauer Schauprozesse. Eine Gruppe sowjetischer Diplomaten reist in das der Katastrophe zutreibende westliche Europa. Ihre Mitglieder verkörpern exemplarische, nach ihrer sozialen wie weltanschaulichen Herkunft divergierende Typen des zeitgenössischen Sowjetbürgers. Kangarov, der sowjetische Botschafter in einem »*der kleineren und weniger bedeutenden westlichen Königreiche*«, lebt in Angst vor den Folgen eines Artikels, den er, damals gemäßigter Sozialist, vor der Revolution über die Bolschewisten geschrieben hat. Er reist in Begleitung seiner

Frau Helen, einer Gutsbesitzerstochter, die durch die Revolution um ihre Karriere als bürgerliche Schauspielerin gebracht wurde. Zum Botschaftspersonal gehört die anziehende, zwanzigjährige Nadja, eine Vertreterin der ersten, nach der Revolution geborenen Generation der Sowjetunion. Unter dem Decknamen Wislicenus begleitet den Botschafter ferner einer der führenden Männer der Oktoberrevolution, ein Mitstreiter Lenins, in geheimem Auftrag der Komintern. Schließlich gehört der Gruppe Konstantin Tamarin an, ehemals Generalmajor des zaristischen Heeres, nun Kommandeur der Roten Armee. – Der Erzähler des Romans sagt wenig über die politische Tätigkeit der Sowjetdiplomaten. Statt dessen begleitet er sie durch die Audienzen und Empfänge, die Hotels und Caféhäuser, die Salons und Sanatorien einer morbiden bürgerlichen Welt, als deren Totengräber der deutsche Faschismus auf der einen, der Stalinismus auf der anderen Seite vorgestellt werden. Symbolgestalt des siechenden Bürgertums ist der alternde, angeblich prokommunistische Schriftsteller Vermandois, der sich trotz seiner Mittellosigkeit seinen Anteil am Wohlleben der gehobenen Gesellschaft zu sichern sucht. Der Wohlstand der bürgerlichen Welt verfehlt nicht seine Wirkung auf die sowjetischen Reisenden: Tamarin fühlt sich in den Pariser Cafés der russischen Emigranten in seine vorrevolutionäre Offizierszeit versetzt. Kangarov und seine Frau sind alsbald auf dem Parkett des europäischen Erb- und Finanzadels heimisch und bedienen sich der bourgeoisen Spielregeln bei ihren eigenen Geschäften. Selbst Nadjas Überzeugung, daß zu Hause »alles besser« sei, gerät im Anblick der reichen Pariser Schaufenster ins Wanken. Gleichwohl denkt keiner von ihnen ernstlich daran, dem Beispiel der konterrevolutionären Emigranten zu folgen.

Weniger an der Erhellung der historischen Ereignisse als an ihrer Wirkung auf das Bewußtsein der Beteiligten interessiert, gliedert Aldanov die kaum entwickelte Handlung in eine Reihe nur oberflächlich miteinander verbundener, aus der Psychologie der Personen entwickelter Erlebenskomplexe, die in ermüdend langatmigen Meditationen und inneren Monologen seiner Protagonisten zum Ausdruck kommen. »Die Kunst des historischen Romans besteht... in der ›Erhellung des Inneren‹ der handelnden Personen und ihrer gehörigen räumlichen Distanz – einer Distanz, die ermöglicht, daß die Personen die Epoche und die Epoche die Personen erklären«, hat Aldanov selbst seine Technik charakterisiert. Unorganisch mit dem Ganzen verbunden ist die offensichtlich nach dem Vorbild DOSTOEVSKIJS entworfene Schilderung eines Raubmords, der Vermandois' Sekretär Alvera aufs Schafott bringt. Kaum größere Dynamik verleiht dem Werk die Darstellung der Beziehungen zwischen Nadja und dem Botschafter. Das weitere Geschick der Romangestalten bleibt ohne hinreichende Motivation: Wislicenus wird in Paris durch Agenten der GPU entführt; Tamarin stirbt im Spanischen Bürgerkrieg einen sinnlosen Tod; Nadja endet als hoffnungsvolle Sowjetschriftstellerin; Kangarov verliert, zwischen der Angst vor den Moskauer Prozessen und der Ernüchterung über seine enttäuschte Liebe zu Nadja, jeden inneren Halt; Vermandois (in dem die Kritik der Emigration Züge des Autors zu entdecken meint) setzt, die Gunst des Publikums verlierend, das deprimierende Leben eines alternden Dichters fort. Sein kraftlos empörter Aufschrei, als Kangarov ihn durch das Angebot einer russischen Edition seiner Werke zu einer prosowjetischen Stellungnahme bewegen will, schließt den Roman: »Merde!«

Das Augenmerk des Erzählers gilt weniger dem objektiven Verlauf der geschichtlichen Ereignisse, die er ohne Analyse der zugrundeliegenden gesellschaftlichen Auseinandersetzungen betrachtet, als vielmehr den menschlichen Charakteren, deren über Zeiten und Klassen hinweg im wesentlichen typisches, unveränderliches Wesen mit den wechselnden Konstellationen der Weltgeschichte konfrontiert wird. Aldanovs Romane knüpfen an die Tradition Lev N. TOLSTOJS, aber auch der westeuropäischen, insbesondere der französischen Literatur an.   C.K.

AUSGABEN: Paris 1936–1942 (in Sovremennye zapiski, 62–64, 68). – Paris 1939.

ANDREJ ALEKSEEVIČ AMAL'RIK

* 12.5.1938 Moskau
† 12.11.1980 bei Guadalajara / Spanien

ZAPISKI DISSIDENTA

(russ.; Ü: Aufzeichnungen eines Revolutionärs). Memoiren von Andrej A. AMAL'RIK, erschienen 1982 in den USA. – Die in der Zeit zwischen 1977 und 1978 in der Emigration niedergeschriebenen Erinnerungen, das letzte Werk Amal'riks, knüpfen inhaltlich an den autobiographischen Bericht Neželannoe putešestvie v Sibir', 1970 (Unfreiwillige Reise nach Sibirien), an, der minuziös und eher leidenschaftslos die aufgrund des »Parasiten-Erlasses« verhängte Verbannung des Autors auf einen Kolchos in Sibirien schildert. Weltweit bekannt wurde Amal'rik, dessen geistig-schöpferische Tätigkeit als Dramatiker begonnen hatte, durch seinen 1969 erschienenen Essay Prosuščestvuet li Sovetskij Sojuz do 1984 goda? (Kann die Sowjetunion das Jahr 1984 erleben?) Hier prophezeit der eigenwillige Kritiker des Sowjetsystems einen Krieg zwischen Rußland und China und den Zusammenbruch der Sowjetunion.

Der ursprünglich geplante Titel der Erinnerungen, Zapiski revoljucionera, dem die deutsche Übersetzung entspricht, ist den gleichnamigen Aufzeichnungen des Fürsten Pëtr KROPOTKIN (1842 bis 1921), einem Theoretiker des Anarchismus, entliehen und markiert die Position des Autors in einem längst nicht mehr revolutionären, weil erstarrten, totalitären System. Mit der Glaubwürdigkeit des Augenzeugen beschreibt Amal'rik das interessanteste Jahrzehnt der neueren sowjetischen Geschichte, die Jahre von 1966 bis 1976, die durch die Entstehung der innersowjetischen Dissidenzbewegung und die Gründung der »Helsinki-Gruppe« geprägt sind. *»Thema der Aufzeichnungen ist der Konflikt zwischen der Persönlichkeit einerseits und dem System andererseits, in dem die Persönlichkeit nichts gilt, das System jedoch alles«* (Amal'rik).

Der erste von drei Teilen des Buches umfaßt die Jahre 1966–1970 und schildert das Moskauer Leben der zweiten Dissidentengeneration des Jahres 1966 und dessen spannungsgeladene Atmosphäre vor dem Hintergrund des Prager Frühlings und des Einmarsches in die Tschechoslowakei. Neben Amal'riks Frau, der Malerin Gjusel, und bekannten Zeitgenossen und Intellektuellen treten Vertreter der westlichen Presse auf, deren opportunistisches Verhalten aus der Sicht des Autors scharf kritisiert wird. Der zweite Teil beginnt mit der Verhaftung Amal'riks wegen Verleumdung der Sowjetgesellschaft. Die Darstellung der Gerichtsverhandlung ist nicht frei von grotesken Zügen: KGB-Leute und Milizionäre erscheinen zuweilen wie Gestalten GOGOL's; die tragikomische Beweisführung entlarvt eine pervertierte Justiz mit der Verzerrung moralischer Begriffe. Die Beschreibung der Verschickung an die Kolyma, des Lebens in Gefängnissen, Lagern und der Verbannung macht das Kernstück der Memoiren aus. Das Lager ist als Mikrokosmos der sowjetischen Gesellschaft gezeichnet, mit eigenen Gesetzen, Führern, Unterdrückern und Unterdrückten. Die Grausamkeit der Lagerrealität kontrastiert mit der Komik der Ereignisse: Amal'rik wird verdächtigt, ein Agent des KGB in Gestalt eines Verbannten zu sein, der die Lebensbedingungen in den Lagern überprüfen soll. Diese Angst vor dem »Revisor« charakterisiert die auftretenden Personen als Akteure einer Tragikomödie. Kurzporträts wie das eines Mörders, der unzählige Beschwerdeschreiben an Brežnev verfaßt, verstärken den »literarischen« Charakter der Memoiren. Zufällige Begegnungen offenbaren tragische oder unglaubliche Lebensgeschichten; skurrile Begebenheiten wie der illegale Verkauf einer Leichenhalle sind nicht der Phantasie des Dichters entsprungen, sondern aus dem Leben gegriffen. Nicht selten werden Personen mit Romanfiguren verglichen, in erster Linie aus Gogol's Werken.

Im letzten Teil berichtet Amal'rik von seiner erneuten Verurteilung und den drei folgenden Verbannungsjahren in Magadan. Die Rückkehr nach Moskau läßt ihn wieder aktiv an der Dissidenzbewegung teilhaben, als deren Höhepunkt die Gründung der »Helsinki-Gruppe« unter Vorsitz von J. Orlov im Mai 1976 anzusehen ist. Der Staat reagiert mit Verhaftungen; der Druck auf Amal'rik wächst; ständige Beschattung, Festnahmen und die Drohung von Verhaftung und Totschlag zwingen ihn und seine Frau schließlich zur Emigration. Der locker-ironische Stil, in dem Amal'rik schonungslos eine grausame Realität enthüllt, die kritische Distanz und die überlegene Position, aus der dem Sowjetsystem hier das Urteil gesprochen wird, läßt diesen Lebensbericht fast emotionslos erscheinen. Amal'riks sehr individualistische Standpunkte zu Fragen der Religion, des Nationalismus und Patriotismus, seine Reflexionen über das kommunistische System grenzen ihn scharf von den russischnational eingestellten Kreisen ab und charakterisieren ihn als Außenseiter innerhalb der Opposition. Seine Erinnerungen erweitern den Blick in die inneren Verhältnisse der Sowjetunion und bilden eine wichtige Ergänzung zu dem Lebensbericht Vl. BUKOVSKIJS *I vozvraščaetsja veter (Wind vor dem Eisgang)* und den Aufzeichnungen L. PLJUŠČS *Na karnevale istorii (Im Karneval der Geschichte)*. S.Ma.

AUSGABE: Ann Arbor 1982.

ÜBERSETZUNG: *Aufzeichnungen eines Revolutionärs*, B. Kerneck-Samson, Bln. u. a. 1983.

LITERATUR: A. Razumovsky, *A. A.s Thesen* (in FAZ, 6. 6. 1970). – K. Marko, *Kann die Sowjetunion das Jahr 1984 erleben?* (in Berichte des Bundesinstituts für Ostwissenschaftliche u. Internationale Studien, Köln 1970, 53). – A. Kohlschütter, *Die Stimme der Stummen wird leiser* (in Die Zeit, 27. 7. 1973). – W. Kasack, *»Ich glaube, daß ich ein besserer Patriot bin«* (in NZZ, 18./19. 7. 1976). – A. Bezanson, *Ob A. A.* (in Sintaksis, 1980, 8, S. 4–6). – J. Gastev, *»Revoljucioner« A. A. i ego »Zapiski«* (in Russkaja Mysl', 9. 12. 1982).

ALEKSEJ NIKOLAEVIČ ARBUZOV

* 26.5.1908 Moskau
† 20.4.1986 Moskau

LITERATUR ZUM AUTOR:
N. Rjabinjanc u. V. Sergeev, *Stanovlenie ličnosti. Zametki o dramaturgii A. A.* (in Zvezda, 1955, 8). – K. Rudnickij, *Portrety dramaturgov*, Moskau 1961. – N. Krymova, *Teatr A.* (in A. A., *Dramy*, Moskau 1969, S. 3–25). – I. Višnevskaja, *A. A. Očerk tvorčestva*, Moskau 1971. – *Handbuch der Sowjetliteratur*, Hg. N. Ludwig, Lpzg. 1975, S. 156 ff. – W. Kasack, *Lexikon der russischen Literatur ab 1917*, Stg. 1976. – S. Fenina, *A. N. A.* (in Russkij jazyk za rubežom, 1979, 5, S. 16–25). – H. Segel, *Twentieth-Century Russian Drama*, NY 1979, S. 367 bis 373. – A. Smith, *The Dramatic Work of A. A.*, Diss.

Indiana Univ. 1981. – E. Dangulova, *P'esy v dobroj bor'be. Beseda s A. A.* (in Sovremennaja dramaturgija, 1982, 1, S. 232–249). – I. Vasilinina, *Teatr A.* (in Teatr, 1983, 6, S. 126–135). – Ju. Edlis, *Gody stranstvij, ili Kuda uchodjat dni?* (in Sovremennaja dramaturgija, 1991, Nr. 6). – A. Šapiro, *»Rebjata! A vy dikari...«* (in Teatr, 1994, Nr. 1).

MOJ BEDNYJ MARAT

(russ.; Ü: *Mein armer Marat. Leningrader Romanze*). Dialoge in drei Teilen von Aleksej N. ARBUZOV, Uraufführung: Moskau, 2.1. 1965, Komsomoltheater; deutsche Erstaufführung: Dresden, 29.4. 1965. – Arbuzov, Schauspieler in den zwanziger Jahren, anschließend Theaterregisseur und Stückeschreiber, verfaßte 28 Dramen und zählt neben V. Rozov zu den bekanntesten und meistgespielten älteren sowjetischen Dramatikern mit weltweitem Ruhm. Zwischen 1965 und 1969 wurde *Moj bednyj Marat* 3253mal aufgeführt; in einer Statistik für 1981 bis 1983 liegt das Drama in der UdSSR mit 232 Aufführungen an dritter Stelle hinter zwei anderen Stücken Arbuzovs: *Žestokie igry* (Grausame Spiele) und *Vospominanija* (Erinnerungen). Im Ausland fanden vor allem *Moj bednyj Marat* und *Staromodnaja komedija* (Eine altmodische Komödie) große Resonanz. Menschlichkeit, psychologische Feinfühligkeit, echter dramatischer Konflikt, Klarheit der Aussage, Konzentration aufs Wesentliche sind die tragenden Grundpfeiler für den Erfolg dieses Dramatikers.

In einer für den Autor charakteristischen Zeitstreckung – das Drama umfaßt 17 Jahre, wobei die Jahre 1942, 1946 und 1959 herausgegriffen werden – beleuchtet Arbuzov in drei Etappen die zwischenmenschlichen Beziehungen und Persönlichkeitsentwicklungen der drei jungen Menschen Lika, Marat und Leonidik, die sich als vom Kriegsgeschehen betroffene Heranwachsende im belagerten Leningrad kennenlernen. Ihre unerfüllten beruflichen Pläne der Vorkriegszeit transponieren sie auf die kommende Zeit des Friedens. Sie wollen den Wünschen ihrer Eltern entsprechen: Lika will Ärztin, Leonidik Schriftsteller und Marat Bauingenieur werden. Nach den Wirren des Krieges treffen sich die drei reifer gewordenen Menschen vier Jahre später in derselben Wohnung wieder: die beiden jungen Männer haben Fronterfahrung hinter sich. Marat, »Held der Sowjetunion«, versteht, daß das Leben nicht stillsteht und es keine Wiederholungen gibt. Die Krankenschwester Lika heiratet aus Mitleid den lebensuntüchtigen Leonidik, der im Krieg einen Arm verloren hat. – Das nächste Treffen der Freunde findet 1959 in der nachstalinistischen Tauwetter-Ära statt. Während Marat seinem Ideal des pragmatischen Vorwärtsstrebens treu geblieben ist, droht das Leben von Lika und Leonidik in der Monotonie und Leere des Alltags zu verflachen und in Hilflosigkeit, Mittelmäßigkeit, Selbstzufriedenheit und Selbstaufopferung zu stagnieren. Leonidik, ein mittelmäßiger Dichter, kompensiert seine Frustration in erhöhtem Alkoholkonsum. Marat erkennt die Ausweglosigkeit und den Verlust der Lebensträume seiner Freunde, warnt und provoziert gleichermaßen: *»Laß uns überlegen – wann ist der Mensch am Ende? Wenn er plötzlich einsieht, daß in seinem Leben alles entschieden ist. (...) Nein, von nun an will ich glauben – selbst an Tagen vorm Sterben ist es nicht zu spät, das Leben von vorn zu beginnen.«* Die Erkenntnis, daß sein Leben im Alltag erstarrt ist, daß Lika ihn nur aus Mitleid geheiratet hat und seit jeher den tatkräftigen Marat liebt, veranlaßt den einsichtigen Leonidik, seine Frau freizugeben. *»Ich muß loskommen von deiner Bemutterung, von deiner Vormundschaft«*, gesteht er ihr. Lika und Marat beginnen in gedämpftem Optimismus ein neues Leben.

Marats Worte *»Selbst an Tagen vorm Sterben ist es nicht zu spät, das Leben von vorn zu beginnen«* enthalten die Kernaussage des Dramas. Stagnation im geistig-seelischen Bereich, Verflachung der menschlichen Beziehungen und selbstzufriedene Mittelmäßigkeit sind für Arbuzov die größten Hindernisse im geistigen Wachstumsprozeß des Menschen. In Übereinstimmung mit dem von HERAKLIT überlieferten Grundsatz *»panta rhei«* (»alles ist in stetem Fluß«) sieht Arbuzov das menschliche Sein als ewige Bewegung, konstantes Werden und stetiges Streben nach der Verwirklichung von Idealen. Echt empfundene Liebe, tiefe zwischenmenschliche Beziehungen sind nach Arbuzov ohne Selbsterkenntnis und -verwirklichung nicht erreichbar. Auch in seinen anderen Werken demonstriert Arbuzov seine Überzeugung, daß leidvolle Schicksalsschläge die Menschen zur Selbsterkenntnis führen können. Er beleuchtet, psychologisch überzeugend, die Schicksale verunsicherter Durchschnittsmenschen mit Fehlern, Irrtümern und dem Unvermögen zur echten Kommunikation sowie ihre geistig-menschliche Entwicklung zu reifen Persönlichkeiten, die ihre wahre Bestimmung erkennen. Eine religiös-metaphysische Ebene spart Arbuzov jedoch in allen Dramen aus.

Wie auch in seinen anderen Stücken gestaltet Arbuzov hier in locker chronologisch verbundenen Szenen ein offen strukturiertes, chronikartiges psychologisches Drama mit epischem Charakter und optimistischem Ende. Episierend ist vor allem der für Arbuzov typische, mehrere Jahre umfassende Handlungszeitraum. Die für den Dramatiker kennzeichnende Dramaturgie der Kontraste spiegelt sich am deutlichsten in der unterschiedlichen Anlage und Entwicklung der drei Protagonisten. In dem kammerspielartigen, bühnenwirksamen Drama geht es Arbuzov nicht um politische Aussagen, die er eher meidet, sondern ausschließlich um die Darstellung individueller Konflikte. Seine apolitische Haltung, der Verzicht auf Kritik an den Zuständen in der Sowjetunion und die Hintansetzung politischer Aspekte trug dem Dramatiker Vorwürfe seitens der sowjetischen Kritik ein: *»Man hat Arbuzov vorgeworfen, seine Stücke seien manchmal etwas melodramatisch, etwas sentimental. Der Vorwurf einer Gefühlskälte wäre schlimmer. Der Mut, das See-*

*lische auf die Bühne zu bringen, verdient eher Aner-
kennung«* (W. Kasack). – Nach erfolgreichen Aufführungen in London (1966) und New York
(1967 und 1978) folgten weitere in Holland, Belgien, Frankreich, Japan, Australien und in der Bundesrepublik   W. Schr.

AUSGABEN: Moskau 1965 (in Teatr, 1). – Moskau
1969 (in *Dramy*, S. 435–512).

ÜBERSETZUNG: *Mein armer Marat. Leningrader
Romanze*, G. Jäniche, Bln./DDR 1972 (in *Dramen*,
S. 279–341).

LITERATUR: Vl. Tolšin, *Dva russkich spektaklja v
N'ju-Jorke* (in *Russkaja mysl'*, 10. 11. 1983, S. 11).

TANJA

(russ.; *Ü: Tanja*). Drama in zwei Teilen und acht
Bildern von Aleksej N. ARBUZOV, Uraufführung:
Novosibirsk, 9. 7. 1938, Theater »Rote Fackel«;
deutsche Erstaufführung: 1967. – *Tanja* gilt als
das bedeutendste Stück aus Arbuzovs Frühzeit, das
bis 1956 etwa tausendmal aufgeführt wurde. Im
Zentrum des psychologischen Dramas steht die
junge Moskauerin Tat'jana Rjabinina, die ihre persönliche Entwicklung und berufliche Ausbildung
zur Ärztin ihrer Liebe und scheinbar glücklichen
Ehe mit dem Ingenieur German Rjabinin geopfert
hat. Die träumerisch-verspielte 22jährige Frau erlebt aufgrund ihrer Selbstaufgabe den inneren
Bruch ihrer Ehe. German, ein geradliniger und aufstrebender Geologe, verliebt sich in seine tatkräftige und selbstbewußte Kollegin Marija Šamanova.
Tanja verläßt daraufhin ihren Mann, um im Alleinsein zu sich selbst zu finden. In der folgenden Zeit
muß sie schwere Schicksalsschläge erleiden. Der
Tod des Kindes, an dem sie sich schuldig fühlt,
bringt sie an den Rand der Verzweiflung und ist
das auslösende Moment für tiefgehende Reflexionen über den Sinn von Leben und Tod. Nach dem
Abschluß ihres Medizinstudiums arbeitet Tanja als
engagierte und verantwortungsbewußte Ärztin in
Sibirien, wo sie German wiedertrifft und dessen
krankes Kind heilt. Sie überwindet schließlich ihre
Persönlichkeitskrise und sieht ihren Lebensinhalt
im Dienst für andere. In einer neuen, tiefen Liebe
findet sie ihr persönliches Glück – wie fast alle Dramen Arbuzovs endet auch dieses Stück mit einem
optimistischen Schluß.
Arbuzov, der dieses Stück wegen unzureichender
Überzeugungskraft 1947 überarbeitete, stellt die in
seinen späteren Werken wiederkehrenden Themen
der Liebe und des menschlichen Reifungsprozesses
in den Mittelpunkt dieses konzentriert strukturierten und bühnenwirksamen Dramas. Es ist typisch
für Arbuzov, daß er keine heroischen Figuren, sondern einfache Durchschnittsmenschen darstellt. Er
konzentriert sich auf die wesentlichen Züge der Erlebnis- und Gefühlswelt sowie die psychologische
Entwicklung der Protagonisten, die in der Regel

Suchende, Träumer und unfertige Menschen sind
und nach dem Durchleben leidvoller Erfahrungen
zu reifen Persönlichkeiten werden. Geistig-seelischer Bereich – Arbuzov spart in seinen Dramen
eine metaphysische Ebene aus – und echter dramatischer Konflikt, der lange Zeit im sowjetischen
Drama unterdrückt wurde, haben in dem lyrisch
anmutenden Stück den Vorrang vor politischer
Aussage und aktueller Zeitkritik, deren Fehlen sowjetische Kritiker zum Vorwurf von Ideenlosigkeit, Sentimentalität und *»ungenügendem Heldentum«* veranlaßte. Das politische Ausweichen wird
am deutlichsten in der Tatsache, daß das Stück zwischen 1934 und 1938 spielt, ohne daß auf den stalinistischen Terror in irgendeiner Weise angespielt
wird.
Wie die meisten Dramen Arbuzovs hat auch *Tanja*
eine offene Dramenstruktur, die mit epischen Elementen durchsetzt ist. Der für diesen Autor typische, mehrere Jahre umfassende Handlungszeitraum – die acht Bilder spielen in der Zeit von 1934
bis 1938 – untermauert als episierendes Gestaltungsmittel den Wandlungsprozeß der Hauptfigur
zu sozialem Bewußtsein und Selbsterkenntnis und
erhöht gleichzeitig den Spannungsbogen. Der
Reichtum an Kontrasten gehört zu Arbuzovs charakteristischen Gestaltungsmitteln. *»Gegensätze,
Divergenzen reizen Alexej Arbusow. Er spürt sie in
Alltäglichem, Gewöhnlichem, Normalem auf und verarbeitet sie in seinen Stücken zu besonderen, die Figuren erhellenden, enthüllenden Situationen«* (J. Ziller). Die kindliche Tanja wird zu Beginn mit der
reifen, verantwortungsbewußten Šamanova kontrastiert; der nach ihrem Lebenssinn bewußt suchenden Protagonistin steht die ewig auf ihren Geliebten wartende 85jährige alte Frau gegenüber,
der erst im Alter die Sinnlosigkeit und vergeudeten
Möglichkeiten ihres Lebens einsichtig werden:
*»Ich habe ein Leben ohne Sinn gelebt. (…) Das ganze
Leben scheint leer, als ob ich überhaupt nicht gelebt
hätte.«* Und schließlich spiegelt sich in der wechselnden, kontrastiven Raumstruktur von der kleinen Wohnung im Arbatviertel Moskaus zur sibirischen Weite die Persönlichkeitsentfaltung der
Hauptfigur vom passiv-naiven zum aktiv-verantwortungsvollen Handeln.
In vielen Dramen Arbuzovs symbolisiert die Wahl
des Schauplatzes Sibirien den inneren Wandel der
Figuren. Passivität – Aktivität, Enge – Weite, Verantwortungslosigkeit – Verantwortungsbewußtsein, Ziellosigkeit – Lebensziel, Unreife – Reife,
Unruhe – Rast, Kälte – Wärme, Zeitwechsel
(Herbst – Frühling; Morgen – Abend), Zeitstrekkung (1934–1938) gehören zu Arbuzovs Kontrastrepertoire und sind Teil seiner philosophischen Grundkonzeption des Entweder-Oder, die
nicht nur für dieses kammerspielhafte Gesellschaftsdrama kennzeichnend ist.   W. Schr.

AUSGABE: Moskau 1969 (in *Dramy*, S. 27–108).

ÜBERSETZUNG: *Tanja*, R. Kühn, Bln./DDR 1972
(in *Dramen*, S. 5–68).

LITERATUR: W. Kasack, *Menschliches – allzu Menschliches in der Sowjetunion* (in NZZ, 27./28. 4. 1986).

MICHAIL PETROVIČ ARCYBAŠEV

* 24.10.(5.11.)1878 Gouvernement Charkov
† 3.3.1927 Warschau

LITERATUR ZUM AUTOR:
V. V. Vorovskij, *Literaturno-kritičeskie stat'i*, Moskau 1956. – S. O'Dell, *M. P. A. (1878–1927). A centennial presentation and assessment*, Vancouver 1980. – E. Aspis, *Vospominanija o M. A.* (in Voprosy literatury, 1991, Nr. 11/12). – N. Luker, *Wild Justice: M. A.'s Mstitel' Collection* (in New Zealand Slavonic Journal 1993, S. 63–84).

SANIN

(russ.; *Ü: Ssanin*). Roman von Michail P. ARCYBAŠEV, erschienen 1907. – Nach Jahren der Abwesenheit kommt Sanin in seine Geburtsstadt zu Mutter und Schwester zurück. Ein Mann ohne Grundsätze, ist er weder Zyniker noch böse: Er kennt keine Verbissenheit, keine Überlegung und jedenfalls auch keine Hemmungen. Das einzige, was ihn interessiert, ist die Jagd nach reinem, ungezügeltem Sinnengenuß, die natürliche, von keinen moralischen oder gesellschaftlichen Bedenken gestörte Befriedigung des Geschlechtstriebs. Er verführt die Verlobte seines ergebenen Freundes Jurij, eines Revolutionärs und Idealisten, worauf dieser Selbstmord begeht. Als man Sanin bittet, einige Worte am Grab zu sprechen, antwortet er gleichgültig: *»Was soll man hier sagen? Es gibt nur einen Dummkopf weniger auf der Erde.«* Jurij gehöre zu den Menschen von gestern, die vor ihrem Untergang stehen, und es sei unnötig, ihn zu bedauern. Mitleid ist für Sanin überhaupt keine der Eigenschaften, die der neue Mensch mit sich schleppen soll. Das Ich allein ist übriggeblieben, das nunmehr versuchen muß, das richtige Verhältnis zu seinem Körper zu finden. Sanin verschwindet beschwingten Herzens aus der Stadt, ungerührt von all der Verzweiflung, die er zurückläßt.
Arcybašev wertet den Amoralismus seines Helden durchaus positiv. So wie er werden alle Menschen der »neuen Generation« sein. Alles, was nicht Geschlecht ist, erscheint nur als Ausrede und Verhüllung des Geschlechts. – Die Reaktion der Öffentlichkeit konnte als Symptom dafür gelten, daß die neue Generation bereits geboren war, daß die philosophischen Einsprengsel des Romans eine tiefere

Wahrheit für die Jugend eröffneten, die ihre Ideale nach dem Fehlschlag der Revolution von 1905 verloren zu haben schien. – Die deutsche Übersetzung war zeitweise verboten. Das Buch ist im weitschweifigen, schlendrigen Stil der Boulevardliteratur geschrieben und verdient als Kunstwerk kaum Aufmerksamkeit. Aber als Spiegel einer Epoche ist es auch heute noch von Interesse.   J.W.

AUSGABEN: Moskau 1907. – Bln. 1921. – Letchworth 1969.

ÜBERSETZUNGEN: *Ssanin*, A. Villard u. S. Bugow, Mchn./Lpzg. 1909; ern. 1919. – *Ssanin: Roman*, dies., Mchn. 1971.

LITERATUR: A. P. Omel'čenko, *Geroj nezdorovogo tvorčestva. »Sanin«, Roman A.*, Petersburg 1908. – M. Schneidewin, *Die angebliche Überwindung des revolutionären Geistes durch A.s Roman »Ssanin«* (in PJb, 134, 1908). – P. Barchan, *Sanin u. die erotische Bewegung* (in NRs, 20, 1909, S. 123 ff.). – N. Luber, *A.'s. Sanin: A reappraisal* (in Renaissance & Modern Studies, 1980, 24, S. 58–78).

NIKOLAJ NIKOLAEVIČ ASEEV

* 27.6.(9.7.)1889 L'gov
† 16.7.1963 Moskau

LITERATUR ZUM AUTOR:
A. Selivanovskij, *N. A.* (in A. S., *Očerki po istorii russk. sov. lit.*, Moskau 1936). – A. Margolina, *o stichotvornoj sud'be N. A.* (in Oktjabr', 1940, H. 11). – B. M. Sarnov, *N. N. A.* (in *Ist. russk. sov. lit.*, Hg. Akad. Nauk, Bd. 2, Moskau 1960, S. 340–361). – A. S. Karpov, *N. A. Očerk tvorčestva*, Moskau 1969. – B. M. Cimerinov, *N. A. na Ukraine* (in Filolog. nauki, 1972, 6, S. 88–98). – V. I. Mil'kov, *N. A. Literaturnyi portret*, Moskau 1973. – M. A. Bakina, *Slovotvorčestvo N. A.* (in Russkaja Reč', 1977, S. 40–45). – I. Shajtanov, *»Ja choču govorit' o rifme s čitatelem«: O technike sticha rannego A.* (in Voprosy Literatury, 1984, 1, S. 62–95).

LIRIČESKOE OTSTUPLENIE

(russ.; *Lyrische Abschweifung*). Poem in neun Teilen von Nikolaj N. ASEEV, erschienen 1924. – Aseevs in schwungvollen Versen (vierfüßigen Jamben bzw. dreifüßigen Anapästen) verfaßte *Lyrische Abschweifung* entstand in der NEP-Periode, d. h. zu einer Zeit, als sich nach dem Umbruch der Oktoberrevolution und den chaotischen Jahren des Bürgerkriegs die Verhältnisse in Rußland weitgehend normalisiert und die Fundamente der neuen Gesellschaftsordnung gefestigt hatten. Die in der Kampfzeit herrschende romantische Begeisterung für die sozialistische Revolution ist vorüber, und man beginnt, die Ideale aus den Jahren zuvor mit der gesellschaftlichen Wirklichkeit nach dem Umsturz zu vergleichen. *» Wo ist das Leben, wo der Wind des Jahrhunderts, der mein Auge versengt hat?«* fragt Aseev. – Die Hingabe an den Revolutionsgedanken ist der Enttäuschung über seine konkreten Ausdrucksformen gewichen. Nunmehr sind die Ziele des Sozialismus nicht mehr ideell geplante, sondern politische Faktoren der praktischen Wirklichkeit, und auch im nachrevolutionären Rußland muß die Ideologie zugunsten der Politik Zugeständnisse machen: *» Man muß schließlich irgendwie leben!«* Aseev vergleicht dieses Nachgeben mit dem Verhältnis zweier Liebender: So wie Liebe nur durch die Aufgabe der Selbständigkeit der Frau verwirklicht werden könne, könne gesellschaftliches Leben nur durch das Aufgehen der Idee im Handeln geschaffen werden. Ebenso wie die Geliebte dem Mann gerade durch ihre Hingabe fremd werden könne, könne auch das Ideal in seiner Realisation derart verwandelt werden, daß es schwerfällt, seinen früheren Inhalt wiederzuerkennen: *» Du siehst mich an, ohne mich zu verstehen. Du hörst mir zu und glaubst meinen Worten nicht«*, wirft der Dichter der Revolution vor. Die Beeinträchtigung und Verfälschung der Idee durch die politische Realität bleibt nun aber nicht ein bedauerlicher Widerspruch zweier außerhalb der menschlichen Sphäre stehender Tatsachen, sondern wird zu einem ganz persönlichen Problem, verlangt sie doch vom einzelnen die ständig wechselnde Entscheidung für eine der beiden Seiten, was in jedem nicht rein pragmatischen Denken zu einer fortwährenden Bewußtseinsspaltung führen muß, da die Ehrlichkeit des Gedankens mit der Zweckmäßigkeit des Handelns in Konflikt gerät. *» Wenn Du doch alles nur zur Hälfte tust, reiß Dich doch selbst entzwei«*, ruft Aseev seiner *» sogenannten Seele«* zu. Hier begegnet der gleiche Widerspruch zwischen der *» gemachten Geschichte«* und der gelebten Wirklichkeit, wie auch in Boris PASTERNAKS Roman *Doktor Živago*, einem Buch des Lebens gegen die Geschichte, in dem ebenfalls der Revolution Unehrlichkeit vorgeworfen wird. Bezeichnenderweise kommt diese Kritik jedoch in *Liričeskoe otstuplenie* nicht aus dem Munde eines erklärten Gegners der sozialistischen Gesellschaftsordnung, sondern aus den eigenen Reihen, weshalb man das Urteil des Autors keineswegs als Verdammung der sozialistischen Revolution mißverstehen darf. Aseev läßt keinen Zweifel daran, daß er seine Vorbehalte als Kritik nach innen – gewissermaßen *en famille* – verstanden wissen will: Nicht die Tatsache und das Ideal der Revolution werden angegriffen, sondern die gegenwärtigen Formen ihrer Verwirklichung. Die Revolution ist nicht falsch, sondern schal geworden. Kritik an den Fehlern aber bedeutet zugleich Vertrauen zur Sache. Nur jenseits des Vertrauens wird Kritik zur Feindschaft, der Kritiker

zum Feind. Zwischen beiden Arten von Kritik gibt es keine Gemeinschaft. Deshalb hat sich auch der Leser des Gedichts zunächst wie vor einem mißtrauischen Wachposten als Freund der gemeinsamen Sache auszuweisen, ehe er in den inneren Bereich der Gleichgesinnten eingelassen wird, wo man erkennt, daß der Sieg nicht das Ende, sondern einen neuen Anfang bedeutet. C.K.

AUSGABEN: Moskau/Leningrad 1924 (in Lef, Nr. 2). – Moskau 1963 (in *Sobr. soč.*, 5 Bde., 1963/64, 1). – Leningrad 1981 (in *Stichotvorenija i poèmy*).

VIKTOR PETROVIČ ASTAF'EV

* 1.5.1924 Owsjanka / Gebiet Krasnojarsk

CAR'-RYBA. Povestvovanie v rasskazach

(russ.; *Zar-Fisch*). »Erzählung in Episoden« von Viktor P. ASTAF'EV, erschienen 1976. – Für sein zu diesem Zeitpunkt umfangreichstes Werk, das der ethisch und ökologisch engagierten russischen Dorfprosa zuzuordnen ist, erhielt der Autor 1978 den Staatspreis der UdSSR. Das Buch weist keine einheitliche Handlungslinie auf. Es ist in zwei Hauptteile mit sieben bzw. fünf Erzählungen gegliedert, die durch den Ich-Erzähler (Akim), den einheitlichen Ort (Sibirien) und eine gemeinsame Problematik zu einem Ganzen verbunden sind. Ein weiteres, mehreren Erzählungen gemeinsames Element ist deren parabelhafter Charakter. Am Beispiel der ihm vertrauten Gegend um den sibirischen Fluß Enisej will Astaf'ev auf die verheerenden Folgen der fortschreitenden Zivilisation aufmerksam machen, die nicht nur zur Zerstörung des ökologischen Gleichgewichts führen, sondern auch Schaden an der menschlichen Seele verursachen. Gleichzeitig zeichnet er ein anschauliches und malerisches Bild der sibirischen Landschaft mit dem riesigen Enisej, der Taiga und ihrer reichen Tier- und Pflanzenwelt. Daneben enthält das Buch eingehende Beschreibungen sibirischer Bräuche und Alltagsszenen.

Bereits im ersten Teil des Werks wird das Thema Mensch–Natur in seiner Vielschichtigkeit dargestellt. Eine Schlüsselrolle für das Verständnis der dargebotenen Problematik kommt dabei der Erzählung *Zar-Fisch* zu, die als Titelerzählung aus dem Gesamtwerk herausgegeben ist. Sie schildert den dramatischen Zweikampf zwischen dem Wilddieb Ignat'ič und einem riesigen Stör, der im Volksmund Zar-Fisch genannt wird. Aus Habgier, Ehrgeiz und Jagdleidenschaft mißachtet Ignat'ič den guten Rat seines gläubigen Großvaters, der

lautet: Habe man das Glück gehabt, einen Zar-Fisch zu fangen, solle man sich bekreuzigen und den Fisch freilassen. Insbesondere gelte dies für Menschen, die gesündigt hätten. Ignat'ičs Versuch, den gefangenen Stör ins Boot zu ziehen, mißlingt, er stürzt ins Wasser und muß einige Stunden Seite an Seite mit dem Fisch um sein Leben kämpfen. In dieser Krisensituation erinnert er sich an seine größte Sünde: Vor vielen Jahren hat er eine Frau, die ihn liebte (Glaška), auf brutale Weise gekränkt. »*Nun hat für ihn die Stunde der Sünde geschlagen.*« Er büßt seine Tat und rettet sein Leben. Diese Erfahrung führt zur inneren Umkehr Ignat'ičs. Er gibt den Fischfang für immer auf, zieht in die südliche Stadt Frunse und führt das Leben eines gläubigen Menschen. – In dieser Erzählung wird das verantwortungslose Verhältnis des Menschen zur Natur mit dem Sündenfall in Zusammenhang gebracht. Daneben zieht Astaf'ev auch eine Parallele zwischen der Sünde, die man einer Frau gegenüber begeht, und der Sünde wider die Natur. Der Erzähler erinnert sich, daß die Frau ein »Geschöpf Gottes« ist und das gleiche Geschlecht hat wie die Natur. Daher wird die Sünde im einen wie im anderen Fall von Gott bestraft. Astaf'ev selbst faßt die zentrale Aussage der Erzählung wie des gesamten Werks so zusammen: »*Der Mensch verkrüppelt in seiner Unvernunft die Natur, und ihm selbst wird eine Lehre der Sittlichkeit erteilt.*«
Eine ähnliche Haltung wie Ignat'ič zeigen auch Grochotalo, Damka und Komandor, die zentralen Personen der Erzählungen *Damka, Am goldenen Riff* und *Der Fischer Grochotalo*. Auch sie sind Wilderer; ihr Verhältnis zur Natur ist ausschließlich vom Streben nach persönlichem Profit bestimmt. Astaf'ev ist bemüht, dem Leser das Ausmaß des der Natur zugefügten Schadens anschaulich vor Augen zu führen. So berichtet die Erzählung *Die schwarzen Federn fliegen* von Hunderten abgeschossener Auerhähne, die – weil es an Kühlschränken für die Lagerung fehlte – verwesen mußten. Daneben verweist der Erzähler auf die schonungslosen Rodungen, die industrielle Zerstörung von Flüssen und Seen in der Taiga sowie auf die Ausrottung seltener Fische und anderer Tiere. Eine weitere Erzählung aus dem ersten Teil, *Der Tropfen*, hat einen gleichnishaften Charakter. Sie berichtet von den Erlebnissen des Ich-Erzählers während eines nächtlichen Aufenthalts im Wald. In den frühen Morgenstunden veranlaßt ihn ein Tautropfen zur philosophischen Reflexion über die Bedeutung der Natur für den Menschen. Er empfindet die Natur als beseelt, als einen Raum, in dem die Nähe zum Transzendenten deutlich erkennbar ist.
Der zweite Teil des Werks ist handlungsreicher als der erste. Hier wird die Entwicklungsgeschichte zweier gegensätzlicher Menschen, Akim und Goga Gercev, in Rückwendungen nachgeholt. Aus dem Werdegang beider läßt sich ihre unterschiedliche Einstellung zur Natur und zum Mitmenschen ableiten. Akim wuchs zusammen mit seinen vielen Geschwistern in einem Fischer-Artel auf, wo die Versorgungsnöte der Familie durch die Unterstüt-

zung der Gemeinde gelöst wurden. Die Nähe zur Natur, die Erfahrung des Gemeinschaftslebens und die von der Mutter geerbte Liebe zum Leben sind ausschlaggebend für seine menschliche Veranlagung. Sein Gegentyp Goga Gercev ist ein ausgesprochener Pragmatiker. Er distanziert sich von den Eltern, von Frau und Kindern. Er ist unfähig zu lieben; er nutzt seine Mitmenschen nur aus. Die ethische Verrohung wird an diesem Beispiel auf das Problem der Entwurzelung und Bindungslosigkeit des Menschen der Gegenwart zurückgeführt. Das Werk endet schwermütig-resigniert mit einem – allerdings nicht als Bibelzitat kenntlich gemachten – Auszug aus dem Alten Testament (*Prediger* 3, 1–9) und einer nachgestellten Frage des Erzählers: »*Was aber suche ich dann? Warum quäle ich mich? Warum, weshalb wird mir keine Antwort zuteil?*« Eine Lösung der aufgeworfenen Problematik sieht Astaf'ev in der Rückbesinnung auf das Althergebrachte, auf die Tradition und auf den Glauben, die den Menschen so formen, daß er sich auf eine sinnvolle Nutzung der Natur einzurichten vermag.

I.Ad.

AUSGABEN: Moskau 1976 (in Naš sovremennik, 4–6). – Moskau 1980.

LITERATUR: S. Čuprinin, ... *Byt' čelovekom na zemle!* (in Literaturnaja gazeta, 21.7. 1976). – I. Dedkov, *List na drevle žizni* (in Družba narodov, 1976, 12, S. 255–262). – A. Marčenko, *Stal on klikat' zolotoju rybku...* (in Novyj mir, 1977, 1, S. 253–257). – Z. Niva, *K voprosu o »novom počvenničestve«: moral'nye i religioznye podteksty »Car'ja-Ryby« V. A.* (in Z. N., *Odna ili dve russkich literatury?*, Genf 1978, S. 136–144). – R. Kuzmenko, *Osobennosti sootnošenija obraza povestvovatelja i geroev v »Car'-rybe«* V.A. (in Voprosy russkoj literatury, 1984, 2 [44], S. 40–47). – A. Ovčarenko, *Geroj i avtor v tvorčestve* V.A. (in Moskva, 1986, 4, S. 187–195).

PASTUCH I PASTUŠKA. Sovremennaja pastoral'

(russ.; Ü: *Schäfer und Schäferin. Eine Pastorale aus unserer Zeit*). Kurzroman von Viktor P. ASTAF'EV, erschienen 1971. – Der als Dorfschriftsteller bekannte Astaf'ev verlegt die Handlung von *Pastuch i pastuška* in die Zeit des Zweiten Weltkriegs, dessen Grausamkeit in Konfrontation mit Liebe und Menschlichkeit gezeigt wird.
Eingebettet in ein kurzes Rahmengeschehen – eine Frau sucht in der Steppe ein einsames Grab auf und trauert um den Toten – sind die vier Kapitel – *Die Schlacht, Die Begegnung, Der Abschied* und *Das Hinscheiden* – des Hauptteils, dessen Zentralfigur der kaum zwanzigjährige Leutnant Boris Kostjaev mit seiner tragischen Liebe zu der etwas älteren Ljusja ist, die er schon wenige Tage nach dem Kennenlernen für immer verlassen muß. Daneben schildert Astaf'ev die Schrecken des Krieges – z. B. in drastischen Verwundungsszenen –, aber auch

dessen Alltag und vor allem seine Wirkung auf die Menschen, ihre Angst und ihre Sehnsucht, auch ihre Verrohung. Eine Sonderstellung in bezug auf Titel und Thematik des Werks hat die Schlußepisode des ersten Kapitels, die vom Tod eines alten Schafhirten und seiner Frau berichtet. Man findet die beiden nach der Schlacht erschossen auf dem Weg zu einem Versteck; im Augenblick des Todes umarmen sie sich. Den Soldaten, die sie beerdigen, gelingt es nicht, sie zu trennen; so legen sie sie gemeinsam in ihr Grab, »*zusammen für immer und ewig*« – eine Reminiszenz an die antike Sage von Philemon und Baukis.

In *Die Begegnung* wird die zweite Hauptfigur, Ljusja, eingeführt. In ihrem Hause finden einige Soldaten, die unter Kostjaevs Kommando stehen, für kurze Zeit Unterkunft. Aus den Dialogen der Soldaten erfährt der Leser Näheres zu deren Vorgeschichte, z. B. von einem sechzehnjährigen Jungen, der sein Geburtsdatum gefälscht hat, um studieren zu können, und statt dessen in den Krieg geschickt wurde. Im Vordergrund aber steht die Liebesgeschichte zwischen Boris und Ljusja. Während einer kurzen Phase des Glücks kann Boris, der die Liebe als etwas Einmaliges und Ewiges begreift, die Umstände des Krieges verdrängen. Im dritten Kapitel jedoch gewinnt die Realität über das seelische Befinden der beiden immer mehr die Oberhand. Stärker als Ljusja leidet Kostjaev unter der Last der äußeren Zwänge, ein Zustand, den der Autor durch dessen thematisch kontrastierende Kindheitserinnerungen zum Ausdruck bringt. Eine davon betrifft eine Theateraufführung mit Szenen aus dem idyllischen Hirtenleben. Die sich wiederholende Erinnerung an das tote Schäferehepaar hingegen steht für die Gegenwart des Krieges, für die zerstörte Idylle.

Im letzten Kapitel des Hauptteils *(Das Hinscheiden)* – ihm geht der Abschied von Ljusja voraus – führt die Vereinsamung von Boris, seine Entfremdung von der Außenwelt zum tragischen Ende: Nach der Trennung nimmt Boris die Realität nicht mehr voll wahr. Er lebt in Erinnerungen und Visionen eines Wiedersehens mit der Geliebten. Nach einer leichten Verwundung ins Lazarett eingeliefert, tritt die von den Ärzten erwartete Besserung jedoch nicht ein. Boris kann nicht genesen, weil er den Lebenswillen verloren hat. Er stirbt in dem Lazarettzug, der ihn nach Hause bringen soll. Zuletzt erscheint ihm nochmals Ljusja, die er an der eigenartigen Form ihrer Augen – es sind die Augen der Mutter-Gottes-Ikone – erkennt. Er wird in der Steppe begraben.

Die Tonlage der Trauer und des Leidens durchzieht den gesamten Roman. Sein Grundthema, die Bewahrung des Menschlichen angesichts der Grauen des Krieges, wird am Ende, wenn sich die Rahmenhandlung schließt, noch einmal vertieft. Die Liebe erhebt sich nicht nur über die Nöte und Zwänge einer grausamen Wirklichkeit, sie geht auch über den Tod hinaus. Ehe die anonym bleibende Frau (Ljusja?) vom Grab weggeht, sagt sie zu dem Toten: »*Schlafe. Ich werde jetzt gehen. Aber*

ich komme zu dir zurück. Bald. Sehr bald werden wir zusammen sein … Dort wird niemand mehr die Macht haben, uns zu trennen.«   I.Ad.

AUSGABEN: Moskau 1971 (in *Naš sovremennik*, 8). – Moskau 1972 (in *Povesti o moem sovremennike*). – Moskau 1979–1981 (in *Sobr. soč. v četyrech tomach*, 1).

ÜBERSETZUNG: *Schäfer und Schäferin. Eine Pastorale aus unserer Zeit*, I. Tschörtner, Bln./DDR ²1976.

LITERATUR: A. Lanščikov, *Teper', mnogo let spustja* (in Literaturnaja gazeta, 8. 9. 1971, S. 5). – V. Kamjanov, *Mera obščenija* (in Novyj mir, 1972, 1, S. 225–260). – N. Maksimova, *Problema avtorskogo gumanizma v povesti V. A.* »*Pastuch i pastuška*« (in Voprosy russkoj literatury, 1975, 1 [25], S. 50–60). – V. Kurbatov, *V. A.*, Novosibirsk 1977, S. 42–49. – V. Astaf'ev, *Pro to, o čem ne pišut v knigach* (in Literaturnaja gazeta, 10. 10. 1979, S. 6). – G. Belaja, *Nadežnaja, zemnaja, pročnaja cennost'…* (in G. B., *Chudožestvennyj mir sovremennoj prozy*, Moskau 1983, S. 38–40).

PEČAL'NYJ DETEKTIV

(russ.; *Ü: Der traurige Detektiv*). Roman von Viktor P. ASTAF'EV, erschienen 1986. – In seinem Kurzroman hat der sibirische Schriftsteller Astaf'ev erstmals das dörfliche Milieu verlassen und als Handlungsort die Provinzstadt Vejsk gewählt. Zentrale Figur ist der Milizbeamte Sošnin, der, mit 42 Jahren invalidisiert, über seine Situation reflektiert und in der Arbeit als Schriftsteller eine neue Lebensaufgabe sucht. Die relativ handlungsarme Gegenwartsebene der Er-Erzählung zeigt Sošnins Konfrontation mit der unfähigen Verlagsleiterin, eine von drei betrunkenen Halbstarken provozierte Schlägerei mit Sošnin und schließlich dessen Begegnung mit seiner Frau, die von ihm getrennt lebt. In diese Schicht sind episodenartig Rückwendungen über Lebensgeschichten verschiedener Stadtbewohner sowie Erlebnisse aus dem Polizeialltag eingebettet, die nur teilweise als Erinnerung der Hauptfigur motiviert sind und häufig primär die Funktion haben, die moralischen Probleme der Gesellschaft mit ihren Ursachen und Erscheinungsformen zu dokumentieren. In für sowjetische Literatur erstaunlicher Offenheit und von Umgangssprache und Verbrecherjargon durchsetzter Sprache werden die grausamsten und unmenschlichsten Verbrechen geschildert, wird moralische Gleichgültigkeit und Haltlosigkeit angeprangert und zur Umkehr gemahnt.

Die auf Sošnin selbst bezogenen Rückwendungen erzählen in anachronischer, assoziativer Folge dessen Lebensgeschichte und die ihn prägenden Ereignisse. Im ersten der insgesamt neun Kapitel wird vom frühen Tod der Eltern berichtet, vom Unrecht der Stalinzeit, das auch den jungen Sošnin betrifft.

Nach Abschluß der Polizeischule beginnt Sošnin in einer fremden Stadt seine berufliche Laufbahn, lernt seine spätere Frau kennen. Mittelpunkt des zweiten Kapitels ist die Vergewaltigung einer alten Frau durch mehrere Betrunkene. Die Eindringlichkeit der Schilderung – erreicht durch die detaillierte äußerliche Beschreibung des Opfers nach der Tat – ist typisch für die Erzählweise des Romans. Am Beispiel dieser Frau entwickelt Astaf'ev auch das Thema des Mitleids mit den Verurteilten, das für Sošnin eine »Schwäche« des russischen Volkes ist, die es zu überwinden gilt, der er jedoch auch selbst nach der Prügelei mit den jugendlichen Alkoholikern erliegt (Kap. 3). – Weniger differenziert wird die Frage nach dem Recht zu töten behandelt. Ein Amokfahrer, der bereits Menschen getötet und Sošnin schwer verletzt hat, wird von dessen Kollegen erschossen, eine für Sošnin völlig gerechtfertigte Handlungsweise (Kap. 4). – Parallel zu den beruflichen Erlebnissen wird von Sošnins Ehe, der Geburt seiner Tochter, von Ehekrise und Trennung berichtet und darüber reflektiert sowie von Sošnins Weg zum Schreiben. Der letzte Abschnitt seiner Vorgeschichte (Kap. 6/7) umfaßt das Ereignis, das zur Pensionierung Sošnins geführt hat: Beim Versuch, einen ehemaligen Sträfling festzunehmen, der alte, hilflose Frauen terrorisiert, wird er lebensgefährlich verletzt.

Neben solchen ausführlich geschilderten Verbrechen konfrontiert Astaf'ev den Leser mit einer an DOSTOEVSKIJ erinnernden Materialsammlung menschlicher Grausamkeiten: Mord aus blinder Wut, aus Lust am Töten, Mißhandlung und Ermordung der eigenen Kinder als äußerste Stufe moralischer Verkommenheit. Das Schlußkapitel enthält eine in der Art eines ironisierten Märchens erzählte Lebensgeschichte einer eigenwilligen Frau, deren Tod in die Gegenwartsebene zurückführt. Aus Anlaß der Beerdigung kommt Sošnin mit Frau und Tochter zusammen und stellt sich die Frage nach dem Sinn der Familie. Er findet die Antwort in einer Sprichwortsammlung russischer Volksweisheit, die ihm die Unauflöslichkeit der Ehe und die Bedeutung der Familie als Grundlage menschlicher Gemeinschaft vor Augen führt. Der Roman endet mit dem Bild des über einen Bogen Papier gebeugten Sošnin, der nun seine neue Aufgabe in Angriff nimmt.

In der lebhaften Diskussion, die das Werk in der sowjetischen Öffentlichkeit auslöste (auch im Zusammenhang mit dem Vorwurf russisch-nationaler und antisemitischer Tendenzen innerhalb der russischen Dorfprosa), begrüßten die Befürworter die rückhaltlose Einbeziehung der Schattenseiten der sowjetischen Gesellschaft in die Literatur, wie es sie vor Gorbačëvs Politik der Umgestaltung nicht gegeben hatte. Die Kritiker hingegen machten künstlerische Bedenken geltend: Es handle sich weniger um einen Roman als um publizistische Prosa, die, anstatt Fragen aufzuwerfen, fertige Antworten gebe; das gezeichnete Bild der Gesellschaft sei zu negativ. Ob Astaf'ev seinen Stoff überzeugend bewältigt hat, dürfte nicht ganz zu Unrecht

umstritten sein. Doch geht es nicht allein um die Darstellung von Amoral und menschlichem Bösen; es geht auch um die Ergründung der sozialen und psychologischen Ursachen und die Wege zur Überwindung. Und es geht um den von den Härten des Lebens Gezeichneten, den »traurigen Detektiv«, der durch seine leidvollen Erfahrungen zum verantwortungsvollen Schriftsteller reift.   F.G.

AUSGABEN: Moskau 1986 (in Oktjabr', 1). – Moskau 1986 (in *Žizn' prožit'*).

ÜBERSETZUNG: *Der traurige Detektiv*, Th. Reschke, Köln 1988.

DRAMATISIERUNG: Moskau 1987 (Bearb. u. Regie: G. Trostjaneckij).

LITERATUR: A. Adamovič, Rez. (in Literaturnaja gazeta, 19. 3. 1986). – *Chudožnik ili publicist – kto prav?* (in Literaturnaja gazeta, 27. 8. 1986). – A. Kučerskij, *Pečal'nyj negativ* (in Voprosy literatury, 1986, 11). – E. Starikova, *Kolokol trevogi* (ebd.). – V. Sokolov, *Moj drug Sošnin* (ebd.). – G. Birjukov, *Obeščanie novych vstreč* (in Teatral'noe obozrenie, 10. 4. 1987). – G. Ziegler, Rez. (in FAZ, 19. 5. 1988).

ISAAK EMMANUILOVIČ BABEL'

* 1.(13.)7.1894 Odessa
† 27.1.1940 in Haft Moskau

LITERATUR ZUM AUTOR:
N. Gorbačëv, *Novelly B.* (in *Dva goda lit. revoljucii*, Leningrad 1926); – Th. Rothschild, *Zur Form von I. B.'s Erzählungen* (in WSlJ, 1970, 16, S. 112 bis 134). – J. Falen, *I. B. His Life and Art*, Diss. Univ. of Pennsylvania 1970 [ent. Bibliogr.]. – *I. B. Vospominanija sovremennikov*, Moskau 1972. – P. Carden, *The Art of I. B.*, Ithaca/Ldn. 1972. – F. M. Levin, *I. B. Očerk tvorčestva*, Moskau 1972. – R. Hallett, *I. B.*, NY 1973 [enth. Bibliogr.]. – J. Falen, *I. B. Russian Master of the Short Story*, Knoxville 1974 [enth. Bibliogr.]. – M. Cunningham, *I. B. The Identity Conflict*, Diss. Northwestern Univ. 1976 [enth. Bibliogr.]. – E. Wedel, *Zu Sprache und Stil bei I. B.* (in Symposium Slavicum, Mchn. 1976, S. 213–254). – S. Povarchov, *Chronika literaturnoj reabilitacii* (in Voprosy literatury, 1991, Nr. 6). – T. Ivanova, *Glavy iz žizni. Vospominanija. Pis'ma I. B.* (in Oktjabr', 1992, Nr. 5–7).

KONARMIJA

(russ.; *Ü: Budjonnys Reiterarmee*). Dreißig Erzählungen von Isaak E. Babel', erschienen 1926. – Nachdem Gor'kij 1916 in seiner Zeitschrift ›Letopis'‹ einige Geschichten Babel's veröffentlicht hatte, gab er dem jungen Schriftsteller den Rat, sich vorerst im Leben gründlich umzusehen. Babel', der aus einer jüdischen Kaufmannsfamilie stammte, wurde Soldat, Rotarmist, nahm 1920 an dem Polenfeldzug des legendenumwobenen Generals Budënnyj teil und arbeitete schließlich in einer Drukkerei in seiner Heimatstadt Odessa. Schon 1923 brachte Majakovskij in seiner Zeitschrift ›LEF‹ mehrere Erzählungen von Babel' heraus, die später in den Band *Konarmija* bzw. in den 1927 erschienenen Erzählband *Odesskie rasskazy (Geschichten aus Odessa)* aufgenommen wurden. »*Auch Babel' war, wie Camus und Pavese, Hamsun und Vittorini ›Heimatkünstler‹ höchsten Rangs, ein Regionalist...*« (W. Jens)

In den Erzählungen über seine Erlebnisse in der roten Reiterarmee gibt Babel' ein Bild der Geschehnisse, das nichts mit einer Heroisierung des Bürgerkriegs zu tun hat: Es sind knappe, in ihrer Pointierung an Maupassant geschulte Skizzen voller Blut, willkürlichen und unnötigen Mordens, roher Gewalt und unerträglicher Grausamkeit. In einer der Erzählungen kommt Priščepa, einer von Budënnyjs Kosaken, in sein Heimatdorf, in dem seine Eltern ermordet und ihre Besitztümer von den Nachbarn verschleppt wurden: »*In jeder Hütte, in der der Kosak Sachen seiner Mutter oder eine Tabakspfeife seines Vaters fand, ließ er Greisinnen mit durchschnittener Kehle zurück, über dem Brunnen aufgehängte Hunde und mit Kot beschmutzte Ikonen.*« Ein anderer Kosak sagt: »*Mit einer Kugel kannst du nicht dorthin dringen, wo der Mensch eine Seele hat, und du kannst nicht herausfinden, wie sie ist. Aber ich schone mich selber auch nicht, ich trete manchmal auf dem Feind eine Stunde und länger herum, weil ich wissen will, wie es da drinnen aussieht.*« Selbst die schrecklichsten Bilder sind für den Ich-Erzähler der Novellen – einen intellektuellen Juden unter Kosaken – von der Melancholie einer ihm fremden Welt erfüllt. Hinter den blutigen Szenen steht die entsetzliche Vermutung, daß dieses von jeder Moral losgelöste, mit Pferden und Maschinengewehren verbrachte und sich trotz alledem krampfhaft behauptende Leben hier sein wirkliches, kraftstrotzend-ekelhaftes Wesen enthüllt. Das Entsetzen geht aber Hand in Hand mit der Bejahung dieses Lebens und seiner trotz aller kaum zu ertragenden Schrecken geheimnisvollen Schönheit: »*Wir blikken in die Welt wie auf eine Wiese im Mai, eine Wiese voller Frauen und Pferde.*«

Babel' verleiht den einzelnen Gestalten Plastizität. Es überstürzen sich Bilder und Symbole »*im Gewand der expressionistischen Suada... auch die Typen scheinen bekannt: schwangere Frauen, wahnsinnige Taube, verstümmelte, sterbende Pferde, mäuseäugige Statuen...*« (W. Jens); Babel' schafft abrupte Übergänge von Szene zu Szene und berichtet Grausiges mit nüchterner Sachlichkeit, weshalb ihn Jens wohl zu Recht mit Kafka vergleicht. Die mit einer ungeheuren Spannung geladenen Novellen – eher Impressionen – des Erzählers zehren von der ihnen eigenen Antithetik: Babel' erfüllt das lyrische Naturbild mit dem Schrecken der gestörten Ordnung, stellt das abgründig Häßliche neben das unberührt Schöne, Verdorbenheit neben Naivität. Seine Vergleiche sind bizarr, überraschend expressionistisch. Gogol' ähnlich wechselt er häufig vom Bereich des Organischen und Lebendigen zum Anorganisch-Toten über – die »*geborstenen Säulen und Mauerhaken*« sind »*in die Erde gewühlt wie die krampfigen Finger böser Greisinnen*«; »*bläuliche Wege*« sind »*wie Milchströme, die aus zahllosen Brüsten gequollen waren*«; »*der Duft der Lilien*« ist »*kräftig und rein wie Spiritus*«. – Der Wirklichkeit entnimmt Babel' Details, die in seinen kühnen Bildern zu Symbolen überhöht werden und dabei doch lebensvoll wirken.

Budënnyj wandte sich 1924 in der Zeitschrift ›Oktjabr'‹ gegen Babel's dichterische »Verzerrung« der wahren Geschehnisse des Polenfeldzugs. Doch unangefochten durch die Einwände eines gekränkten Kosakengenerals gehört *Konarmija* zu den genialsten literarischen Zeugnissen der russischen Revolution. »*Der Ästhet und die Barbarei, der Gedankenreiche und die Macht, der Schüchterne im Sog der Grausamkeit... ein Grundthema dieses Jahrhunderts*« (W. Jens). KLL

Ausgaben: Moskau 1926; ³1928. – Moskau 1936 (in *Rasskazy*). – Moskau 1966 (in *Izbrannoe*, Hg. E. Krasnoščekova; Vorw. L. Poljak). – Ann Arbor 1983. – Minsk 1986 (in *Izbrannoe*).

Übersetzungen: *Budjonnys Reiterarmee*, D. Umanskij, Bln. 1926. – *Die Reiterarmee*, M. Dor u. R. Federmann (in *Zwei Welten. Die Geschichten d. I. B.*, Wien/Mchn./Basel 1960). – *Budjonnys Reiterarmee*, D. Umanskij (in *Budjonnys Reiterarmee u. anderes*, Olten 1960; Nachw. W. Jens). – *Die Reiterarmee*, F. Mierau, Lpzg. 1975. – Dass., D. Umanskij (in *Erste Hilfe. Sämtl. Erzählungen*, Hg. H. M. Enzensberger, Nördlingen 1987). – *Die Reiterarmee*, P. Urban, Bln. 1994. – Dass., T. Reschke, K.-H. Jähn, Ffm. 1994.

Literatur: A. Ležnev, *I. E. B. Zametki k vychodu »Konarmii«* (in *Pečat' i revoljucija*, Moskau 1926, S. 82 ff.). – A. Lee, *Epiphany in B.'s »Red Cavalry«* (in *Russian Literature Triquarterly*, 1972, 2, S. 249–260). – G. Williams, *Two Leitmotifs in B.'s »Konarmija«* (in *WdS*, 1972, 17, S. 308–317). – M. Klotz, *Poetry of the Present: I. B.'s »Red Cavalry«* (in *SEEJ*, 1974, 18, S. 160–169). – B. Kolrus, *Die Darstellung des Krieges in B.'s »Konarmija«*, Phil. Diss. Graz 1979. – R. Grøngaard, *An Investigation of Composition and Theme in I. B.'s Literary Cycle »Konarmija«*, Aarhus 1979. – S. Povartsova, *Materials for a Creative Biography of I. B.: on the Verge of »Red Cavalry«* (in *Soviet Review*, 1980, S. 65–83). – M. Ehre, *B.'s »Red Cavalry«: Epic and Pathos, His-*

tory and Culture (in Slavic Review, 1981, 40, S. 228–240). – J. J. Van Baak, *The Place of Space in Narration: a Semiotic Approach to the Problem of Literary Space, with an Analysis of the Role of Space in I. E. B.'s »Konarmija«*, Amsterdam 1983. – A. Reid, *I. B.'s »Konarmija«: Meanings and endings* (in Canadian Slavonic Papers 18, 2, 1991). – N. Lejderman, *»I ja choču internacionala dobrych ljudej...«. Nacional'nye golosa i obščečelovečeskie svjatyni v »Konarmii« I. B.* (in Literaturnoe obozrenie, 1991, Nr. 10). – R. Mann, *The Dionysian Art of I. B.*, USA 1994. – C. Luck, *I. B.'s „Red Cavalry"*, Keele 1996.

MARIJA

(russ.; *Ü: Maria*). Drama in acht Bildern von Isaak Ė. BABEL', erschienen 1935; Uraufführung: Florenz 1964, Piccolo teatro. – Babel's letztes Drama behandelt das Schicksal des russischen Adels in den ersten Jahren nach dem sozialistischen Oktoberrevolution. Alle Personen, die das eigenwillige Stück auf die Bühne bringt, sind Außenseiter der neuen Gesellschaft. Gleichermaßen an den Rand des politischen Geschehens verwiesen, stehen sich die Welt des entmachteten, funktionslos gewordenen Adels um den ehemaligen zaristischen General Mukovnin und das Milieu des emporgeschwemmten, kriminellen Spekulantentums um den jüdischen Geschäftemacher Dymšic gegenüber. Ohne sich wirklich von den Denk- und Lebensgewohnheiten der alten Gesellschaft befreit zu haben, sucht Mukovnin den Anschluß an die Gegenwart durch eine weniger aus Überzeugung als aus Nützlichkeitserwägungen begonnene Abrechnung mit dem eigenen gesellschaftlichen Stand: Er arbeitet an einem Geschichtswerk, das die unmenschliche Behandlung der russischen Soldaten durch die zaristischen Offiziere bloßstellt. Der alternde General zerbricht indes am Schicksal seiner Tochter Ljudmila, die, unfähig, im Wirbel der gesellschaftlichen Auseinandersetzungen eine sinnvolle Aufgabe zu erfüllen, das Opfer des glatten, gerissenen Dymšic wird. Von einem seiner betrunkenen Kumpane vergewaltigt, wird sie mitsamt dem asozialen Gelichter von der Polizei festgenommen. Die Nachricht von der Verhaftung der Tochter tötet Mukovnin. In seine mit kostbaren alten Möbeln ausgestattete Wohnung zieht – das Neue und die Zukunft verkörpernd – eine Proletarierfamilie mit einer schwangeren Frau ein.

Sorgfältig vermeidet es das Drama, die neue Wirklichkeit augenfällig mit den Relikten der absterbenden Gesellschaftsordnung zu konfrontieren. Sie bleibt die ferne Welt der Titelheldin Maria, der ältesten Tochter des Generals, die nirgends im Stück selbst auf der Bühne erscheint. Maria, deren Bild der Zuschauer lediglich aus den mosaikartigen Erzählungen der übrigen Figuren und aus einem Brief an den Vater zu gewinnen vermag, ist die einzige positive Gestalt des Dramas. Sie allein hat den entscheidenden Schritt an die Seite der fortschrittlichen gesellschaftlichen Kräfte ihres Landes getan:

Als Mitarbeiterin der Politischen Abteilung begleitet sie die Rote Armee an die Front.

Die erste Fassung des Stücks vollendete Babel' 1933 in Sorrent im Haus seines väterlichen Freundes Maksim GOR'KIJ. Die Kritik des berühmten Dichters, der das Stück *»im ganzen kalt«*, die Absicht des Autors unverständlich genannt hatte, veranlaßte Babel' zu einer gründlichen Überarbeitung. Ursprünglich war das Werk als Einleitung einer dramatischen Trilogie geplant, welche die gesellschaftliche Entwicklung der Sowjetunion von 1920–1935 umfassen sollte. Doch sind die Entwürfe der folgenden Teile, in denen die Titelheldin des ersten Stücks selbst auftreten sollte, nicht erhalten. Ebenso wie sein Drama *Zakat*, 1928 (*Sonnenuntergang*), hat Babel' auch das Stück *Marija* vor der Publikation in öffentlichen Lesungen zur Diskussion gestellt. Die durchweg ablehnende Beurteilung, die das Drama durch die sowjetische Kritik erfuhr, verhinderte die bereits vorbereitete Aufführung; so kam es erst 1964 in Italien zur vielbeachteten Erstinszenierung.   C. K.

AUSGABEN: Moskau 1935 (in Teatr i dramaturgija, Nr. 3, März). – Moskau 1935. – Moskau 1957 (in *Izbrannoe*, Hg. I. Ėrenburg). – Moskau 1966 (in *Izbrannoe*). – Letchworth 1976.

ÜBERSETZUNG: *Maria*, H. Pross-Weerth (in *Sonnenuntergang*, Olten/Freiburg i.B. 1962). – Dass. (in *Werke*, Hg. F. Mierau, Bln./DDR 1973).

LITERATUR: I. Ležnev, *Novaja p'esa I. B.* (in Teatr i dramaturgija, 1935, 3, S. 46–57). – W. Jens, Nachw. (in I. Ė. B., *Budjonnys Reiterarmee*, Olten/Freiburg i. B. 1960).

ODESSKIE RASSKAZY

(russ.; *Ü: Geschichten aus Odessa*). Erzählzyklus von Isaak Ė. BABEL', erschienen 1921–1924. – Der literarische Weg des Autors beginnt, nach einigen unsicheren Versuchen unter der Anleitung Maksim GOR'KIJS, in der ersten Hälfte der zwanziger Jahre, als – zunächst in den Lokalzeitungen Odessas, später vor allem in der futuristischen Literaturzeitschrift ›LEF‹ (Linke Front, ab 1923) und in A. VORONSKIJS Journal ›Krasnaja Nov'‹ (Rotes Neuland, ab 1921) – die Erzählungen seiner beiden bekanntesten Zyklen, der *Odesskie rasskazy* und der *Konarmija*, 1926 (*Budjonnys Reiterarmee*), zu erscheinen beginnen. Die *Geschichten aus Odessa* umfassen die vier Erzählungen *Korol'* (*Der König*), *Kak ėto delalos' v Odesse* (*Wie es in Odessa dazu kam*), *Otec* (*Der Vater*) und *Ljubka Kazak* (*Ljubka Kazak*). In ihnen beschreibt der Autor, der selbst einer traditionsbewußten Familie des jüdischen Mittelstandes entstammt, das Leben der Moldavanka, des Judenviertels seiner Heimatstadt Odessa.

Der Held der ersten drei Erzählungen ist Benja Krik, ein romantischer, verwegen-kühner Räuberhauptmann, genannt der »König«. Der Leser trifft

ihn beim rauschenden Hochzeitsfest seiner vierzigjährigen, an der Basedowschen Krankheit leidenden Schwester. Auf einem hohen Kissenturm
thront die Braut neben ihrem gänzlich verschüch-
terten Ehegemahl, den Benja von dem Geld seines
steinreichen Schwiegervaters Ėjchbaum gekauft
hat, jenes Ėjchbaum, dessen hübsche Tochter Cilja
dem Banditenkönig den Kopf verdrehte, als er gerade dem Vater eine hübsche Summe Geldes abge-
preßt hatte. Kaum von der eigenen Hochzeitsreise
zurückgekehrt, hat sich Benja ohne Umschweife an
die Verheiratung der Schwester gemacht. Die Warnung eines Vertrauten vor einer Razzia des neuein-
gesetzten Polizeikommissars scheint er nicht zu beachten. Die kostbarste Schmuggelware aus dem
Odessaer Hafen hat Benja zur Ehre seines Hauses
aufgeboten. Das Fest ist in vollem Gange, als sich
unter den Duft der Speisen und des Weins Brand-
geruch mischt. Erschrocken stürzen die Gehilfen
Benjas herein und berichten, das Polizeiquartier
habe, kaum daß die zur Ergreifung Benjas ausgesandten Polizisten das Haus verlassen hätten, Feuer
gefangen und brenne lichterloh. Mit stoischer Mie-
ne befiehlt Benja die Fortsetzung des Festes und
geht selbst, sich das eigene Werk anzusehen.
Freundlich grüßt er den neuen Kommissar, dem es
die Ereignisse nicht gestatten, das Hochzeitsfest
des Banditen zu stören: »Nun, was sagen Sie zu diesem Unglück? Es ist schon ein Kreuz ... Ei, ei, ei ...«
Die zweite Erzählung trägt den »beruflichen« Werdegang der Hauptgestalt dieses der Brechtschen
Dreigroschenoper vorgreifenden Banditenmahls
nach. Der Ich-Erzähler gibt die Ereignisse wieder,
wie sie ihm von dem selbstbewußten Reb Ar'e Lejb
berichtet wurden. Beiläufig wird das *»schreckliche
Ende«* des Banditen erwähnt, doch gilt das Interesse
des Erzählenden dem kometenhaften Aufstieg
Benjas in der jüdischen Halbwelt der Hafenstadt.
Benja hat sich dem einäugigen Räuber Froim Grač
als Gehilfe angeboten und von dem versammelten
Räuberrat den Auftrag erhalten, zur Probe seiner
Fähigkeiten den reichen Geschäftsmann Tarta-
kovskij zu »erleichtern«. Das Unglück will es, daß
die Kugel eines betrunkenen Kompagnons einen
der Angestellten Tartakovskijs niederstreckt. Benja
richtet dem Ermordeten ein prunkvolles Begräbnis
aus. In einem roten Automobil, dessen eingebaute
Drehorgel *Lache Bajazzo* über den Friedhof
schmettert, fährt er mit seiner Begleitung vor, um
einen riesigen Kranz erlesener Rosen zum Sarg zu
tragen. Die Bandenmitglieder selbst heben den
Sarg. Benja hält eine ergreifende Leichenrede auf
den »ehrlichen Arbeiter, der um eines lumpigen Kup-
ferpfennigs willen starb«. Kaum hat er geendet, da
trägt man einen zweiten Sarg zum Nachbargrab:
Benja nötigt die Trauergemeinde, die eben zele-
brierte Zeremonie am Grabe des Mörders zu wiederholen, dem er unmittelbar nach der Tat das
Schicksal seines Opfers angekündigt hatte.
Die dritte Erzählung berichtet ebenfalls von einem
Heiratskontrakt Benjas. Basja, die Tochter Froim
Grač', ein unförmiges Monstrum von Weib mit
einer weithin tönenden Baßstimme, hat ein Auge

auf den Lebensmittelhändler Kaplun geworfen.
Doch der Bittgang des Vaters ist vergeblich: Die
Eltern des Händlers bestehen auf einer Schwiegertochter aus der gleichen Branche. Die Schankwirtin
Ljubka Kazak macht den Vater auf Benja aufmerksam und vermittelt ein Gespräch. Stundenlang
muß der Vater vor der Tür warten, hinter der sich
Benja mit der hübschen Katjuša abgibt. Doch als er
sich erhebt, wird man rasch handelseinig. Der Vater verspricht eine ansehnliche Mitgift. Den Rest
wird sich Benja bei dem Lebensmittelhändler holen, der aus Familienstolz »die erste Liebe Basjas
nicht geachtet hat«.
Die Heldin der letzten Erzählung ist die Kneipen-
wirtin Ljubka Kazak, die, Schmugglerin, Speku-
lantin und Kupplerin zugleich, den greisen Cu-
dečkis zum Verwalter ihres Betriebs macht, weil er
es verstanden hat, mit drastischen Methoden das
vernachlässigte Kind der Wirtin von der trockenen
Mutterbrust zu entwöhnen.
Aufgrund der vom Autor selbst gegebenen Datierung 1923/24 hat die Literaturgeschichte lange
Zeit den Zyklus der Odessaer Erzählungen für jünger als die Novellen der *Konarmija* gehalten. Erst
die in neuerer Zeit intensivierte Beschäftigung mit
dem während der Stalinzeit verfolgten und ermordeten Dichter hat die tatsächliche Entstehungs-
und Erscheinungszeit des Zyklus gesichert. – Ein
Romantiker von Natur, sucht Babel' in seinen skizzenartigen Erzählungen durch naturalistische
Überzeichnung dem Alltag des Odessaer Judenviertels seine exotische, fremdartige, oft groteske
Seite abzugewinnen. Die scheinbar leichtfertige, lakonische, bald schroff realistische, bald expressionistisch aggressive, bald poetisch zurückhaltende
Diktion der Erzählungen hat die sowjetische Kritik
vielfach verleitet, dem Autor Ästhetizismus und
Formalismus vorzuwerfen. Einen Verteidiger fand
Babel' jedoch in Maksim Gor'kij, der hinter der eigenwilligen literarischen Gestaltung der Erzählung
einen tiefen – wenn auch nicht gesellschaftlich
kämpferischen – Humanismus erkannte.   C.K.

AUSGABEN: Odessa 1921 (*Korol'*, in Morjak,
23. 6.). – Odessa 1923 (*Kak èto delalos' v Odesse*, in
Izvestija Odesskogo gubispolkoma, gubkoma
KP(b)U i gubprofsoveta, 5. 5.). – Moskau 1924
(*Otec* und *Ljubka Kazak*, in Krasnaja nov', 1924,
Nr. 5). – Moskau/Leningrad 1927 (in *Rasskazy*). –
Moskau 1966 (in *Izbrannoe*). – Letchworth 1976. –
Minsk 1986 (in *Izbrannoe*).

ÜBERSETZUNGEN: *Geschichten aus Odessa*, D.
Umanskij, Bln. 1926. – Dass., M. Dor u. R. Feder-
mann (in *Zwei Welten. Die Geschichten des I. B.*,
Mchn. 1960). – Dass., D. Umanskij u. H. Pross-
Weerth, Darmstadt 1962. – Dass., M. Dor (in
Exemplarische Erzählungen, Wien/Mchn. 1985). –
Dass., D. Umanskij (in *Erste Hilfe. Sämtl. Erzäh-
lungen*, Nördlingen 1987).

VERFILMUNG: *Benja Krik*, Rußland 1927 (Regie:
V. Vil'ner).

ZAKAT

(russ.; *Ü: Sonnenuntergang*). Drama in acht Bildern von Isaak È. BABEL', Uraufführung: Baku, 23. 10. 1927, Rabočij teatr. – Als Vorwurf seines ersten Dramas, dessen Sujet auf eine erst 1956 entdeckte gleichnamige Erzählung zurückgeht, dient Babel' das Milieu der Juden von Odessa, das auch den Hintergrund seiner 1927 erschienenen *Evrejskie rasskazy (Jüdische Erzählungen)* bildet. Das Thema des Sonnenuntergangs versinnbildlicht den Untergang einer Generation und mit ihr einer Welt historisch überholter Ordnungen. Der alte Mendel' Krik, Besitzer eines gutgehenden Fuhrunternehmens, der Geschäft und Familie mit eiserner Hand regiert, ohne seine erwachsenen Söhne Benja und Levka am Unternehmen zu beteiligen, ventiliert die Möglichkeit, seinen Besitz zu verkaufen, um sich mit seiner Mätresse Marusja nach Bessarabien abzusetzen. Er macht die Rechnung jedoch ohne seine Söhne, die ihn im eigenen Hof zusammenschlagen, um vor den Domestiken zu demonstrieren, wer fortan die Geschicke der Firma lenkt. Die Machtdemonstration findet ihren Höhepunkt in einem Festessen, das Benja zynisch zu Ehren der greisen Eltern gibt. Der alte Mendel', eingeschüchtert und demoralisiert, läßt Benjas Demütigungen widerspruchslos über sich ergehen. Aus dem vitalen, sanguinischen, autoritären Kraftmenschen ist ein hilfloser Greis geworden, dessen Situation mit jüdischer Altersweisheit nur der alte Rabbi Ben Zchar'ja erfaßt, der das Stück mit den Worten beschließt: »*Doch Gott hat auf jeder Straße seine Gendarmen, und Mendel' Krik hatte Söhne in seinem Haus. Die Gendarmen kommen und machen Ordnung. Tag ist Tag, und Abend ist Abend. Alles hat seine Ordnung, Juden. Trinken wir ein Gläschen!*« Babel's Drama erhält seinen Sinn allein im Kontext der *Evrejskie rasskazy* und vor allem der Prosafassung von 1924/25, in der das Motiv des (nicht realisierten) Vatermordes nicht an die drohende Hintergehung der Erben, sondern allein an das Moment der Rache am brutalen, übermächtigen Vater gekoppelt ist. Benja Krik, im Drama ein kaltblütiger, skrupelloser Dandy, entpuppt sich in der Erzählung als der legendäre König der Unterwelt von Odessa. Die Übernahme des väterlichen Geschäfts ist so mit der Emanzipation des Romantisch-Kriminellen aus den Fesseln der jüdischen Patriarchalität verzahnt, die sich angesichts der gewitzten, religiösen Rechtfertigung durch Ben Zchar'ja ihr eigenes Grab schaufelt. Die Vermischung der Sphären und Motive, das Neben- und Ineinander von Kriminalität, sexueller Leidenschaft, Anarchie und auf Machtprinzipien gegründetem Wertbewußtsein demonstriert das Dubiose der nach außen hin scheinbar nahtlosen dynastischen Abfolge und der tradierten Ordnung selbst, die als Modell eines erstarrten Sozialgefüges zugrunde gegangen ist, bevor Benja und Levka das Szepter übernehmen. Ein durchschlagender Theatererfolg blieb Babel's Drama versagt. Trotz des fesselnden, häufig an die expressionistische Dramentradition erinnernden

Dialogs bleibt das Stück wegen seines Mangels an szenisch realisierbaren Höhepunkten ein lyrisches Genrebild, das wie ein dialogisiertes Komplement der »*ornamentalen Prosa*« des Autors wirkt.   A.Gu.

AUSGABEN: Moskau 1928 (in *Novyi mir*, Nr. 2). – Moskau 1928. – Moskau 1957 (in *Izbrannoe*, Hg. I. Èrenburg). – Moskau 1966 (in *Izbrannoe*). – Letchworth 1976.

ÜBERSETZUNGEN: *Sonnenuntergang*, H. Pross-Weerth (in *Werke*, Bd. 2, Olten/Freiburg i. B. 1962). – Dass., H. Burck (in *Ein Abend bei der Kaiserin*, Bln. 1969). – Dass., H. Pross-Weerth (in *Sonnenuntergang: Geschichten und Dramen*, Olten/Freiburg i. B. 1972). – Dass. (in *Werke*, Hg. F. Mierau, Bln./DDR 1973).

LITERATUR: G. Gukovskij, »*Zakat*« (in *I. B. Stat'i i materialy*, Hg. B. V. Kazanskij u. Ju. N. Tynjanov, Moskau/Leningrad 1928; m. Bibliogr.)

MICHAIL MICHAJLOVIČ BACHTIN

* 17.11.1895 Orël
† 7.3.1975 Moskau

LITERATUR ZUM AUTOR:
R. Grübel, *Die Ästhetik des Wortes bei M. M. B.* (in M. B., *Die Ästhetik des Wortes*, Ffm. 1979, S. 21–88). – Tz. Todorov, *M. B., Le Principe Dialogique*, Paris 1981. – A. Tamarčenko, *M. B.* (in M. B. u. V. Vološinov, *Frejdizm: Krtičeskij očerk*, NY 1983, S. 225–280). – K. Clark u. M. Holquist, *M. B.*, Harvard Univ. Press 1984. – V. Kožinov, *B. i ego čitateli* (in *Moskva*, 1993, Nr. 7).

PROBLEMY POÈTIKI DOSTOEVSKOGO

(russ.; *Ü: Probleme der Poetik Dostoevskijs*). Literaturwissenschaftliche Arbeit von Michail M. BACHTIN, erschienen 1929. – Die Arbeit des in der Sowjetunion lange unterdrückten Wissenschaftlers geht in ihrer Bedeutung weit über eine Einzeluntersuchung zum Erzählwerk DOSTOEVSKIJS hinaus. Sie eröffnet mit der Sicht des Neuen bei Dostoevskij zugleich eine neue Sicht für die Literaturwissenschaft. Bachtin führt für die Romane Dostoevskijs den Begriff der »Polyphonie« ein und bezeichnet damit eine »dialogische« Konzeption des Romans, nach der die »Stimmen und Bewußtseine« (Perspektiven) verschiedener Figuren gleichberechtigt nebeneinander und neben die des Autors (Erzählers) gestellt sind. Die Überwindung des »monologischen« Romans, in dem alles dem Autorenbewußtsein untergeordnet ist, bezeichnet Bachtin als die »*prinzipielle Neuerung*« Dostoevskijs. Im Zusammenhang mit dieser Entwicklung führt er die Romane Dostoevskijs auf die Tradition »*karnevalisierter*« Literatur zurück, d. h. Literatur, die Bachtins Definition zufolge »*direkt und unmittelbar oder indirekt, über eine Reihe vermittelnder Glieder – dem Einfluß der (antiken oder mittelalterlichen) Folklore in der einen oder anderen Form unterlag*« und die die Dialogisierung des Romans begünstigt habe.

Beide Ansätze – die Gattungsproblematik vor dem Hintergrund der karnevalisierten Literatur sowie Begriff und Konzept des Dialogischen – sind erst nach Erscheinen der zweiten Auflage von Bachtins Buch aufgenommen und weitergeführt worden. Indem er von der Beobachtung der Polyphonie ausgeht, liefert Bachtin zunächst einen Forschungsüberblick und verdeutlicht die Schwierigkeiten, die Dostoevskijs Romane den vorwiegend ideologisch ausgerichteten Untersuchungen bereitet haben, aber auch, wie sich die Forschung dem Phänomen der Polyphonie schrittweise genähert hat. Bei der Exemplifizierung seines Polyphonie-Begriffs entwickelt Bachtin drei Aspekte ausführlich: die Rolle des »*Helden und seiner Stimme*«, die Bedeutung der Idee sowie Fragen der Gattung und der Komposition. Laut Bachtin zeichnet sich der Held durch eine besondere Selbständigkeit und Unabhängigkeit gegenüber der Perspektive des Autors (Erzählers) aus; er wird nicht dargestellt, sondern stellt sich selbst dar: »*Wir sehen nicht, wer er ist, sondern wie er sich selbst versteht; wir nehmen nicht die Wirklichkeit des Helden ästhetisch wahr, sondern die Art und Weise, wie er sich dieser Wirklichkeit bewußt wird.*« Entsprechend der Autonomie des Helden ist auch die von ihm ausgesprochene Idee autonom. Zugleich ist sie »*intersubjektiv und interindividuell*«, ein »*lebendiges Ereignis, das sich dort abspielt, wo zwei oder mehrere Bewußtseine dialogisch aufeinanderstoßen*«. Dostoevskijs Umgang mit Ideen sieht Bachtin durch den geistesgeschichtlichen Kontext bedingt: »*Dostoevskij besaß die geniale Gabe, den Dialog seiner Epoche zu hören oder genauer, seine Epoche als großen Dialog zu hören.*« Die Monologisierung der Ideologie hält Bachtin für einen Kardinalfehler früherer Dostoevskij-Arbeiten. Im Zusammenhang mit der Frage nach Gattung und Kompositionsprinzipien gibt er einen kurzen Überblick über das Eingehen von Elementen des Karnevals in die Literatur und die Tradition der karnevalisierten Literatur von den antiken Gattungen des sokratischen Dialogs und der menippeischen Satire bis hin zum Schelmenroman und darüber hinaus. Er zeigt, daß die Karnevalisierung häufig die Sprengung von Gattungsnormen gefordert hat. In Dostoevskijs Werk stellt er eine Vielzahl solcher karnevalesker Elemente fest, weist auf die unmittelbaren literarischen Vorbilder hin und konstatiert, daß erst die Karnevalisierung »*die offene Struktur des großen Dialogs ermöglicht*« habe. Im letzten Teil des Buches stellt Bachtin Einzeluntersuchungen zum »*Wort bei Dostoevskij*« an, die er

als metalinguistisch bezeichnet in dem Sinne, daß er die dialogischen Beziehungen des Wortes mit berücksichtigt. Seinen Begriff des »*zweistimmigen Wortes*« erläutert er zunächst theoretisch als Stilisierung, Parodie, versteckte Polemik, versteckten Dialog (dialogisierten Monolog) und analysiert dann die verschiedenen Erscheinungsformen der Dialogisierung bei Dostoevskij. Das methodische Verfahren, den Text nicht als statische Struktur, sondern im Lichte seiner Kontexte zu sehen, die »*Dynamisierung des Strukturalismus*« (Kristeva), die Bachtin damit vollzieht, gehört zu den wesentlichen Ausgangspunkten für die Betrachtung des literarischen Textes als Intertext. – Obwohl Bachtins Polyphonie-These nach wie vor umstritten und zu Recht auf den Vorwurf gewisser terminologischer Inkonsequenzen (W. Schmid) gestoßen ist, hat er mit seiner Arbeit einen Markstein in der Dostoevskij-Forschung und Romantheorie gesetzt sowie Linguistik und Semiotik in der UdSSR und in anderen Ländern nachhaltig beeinflußt.   F.G.

AUSGABEN: Leningrad 1929 (u. d. T. *Problemy tvorčestva Dostoevskogo*); 2. überarb. Aufl., Moskau 1963; ³1972.

ÜBERSETZUNG: *Probleme der Poetik Dostoevskijs*, A. Schramm, Mchn. 1971.

LITERATUR: A. A. Hansen-Löve, *Karnevalisierung der Literatur* (in Wort und Wahrheit, 1972, 27, S. 522–531). – J. Kristeva, *B., das Wort, der Dialog und Roman* (in Literaturwissenschaft und Linguistik. Ergebnisse und Perspektiven, Ffm. 1972, Bd. 3, S. 345–361). – W. Schmid, *Der Textaufbau in den Erzählungen Dostoevskijs*, Mchn. 1973, S. 9–15.

TVORČESTVO FRANSUA RABLE I NARODNAJA KUL'TURA SREDNEVEKOV'JA I RENESANSA

(russ.; *Ü: Rabelais und seine Welt. Volkskultur als Gegenkultur*) Literaturwissenschaftliche Arbeit von Michail M. BACHTIN, erschienen 1965. – Die Arbeit über RABELAIS, neben dem DOSTOEVSKIJ-Buch Bachtins wichtigstes Werk, war bereits 1940 abgeschlossen und in Moskau als Dissertation eingereicht worden (die Promotion konnte jedoch erst 1946 durchgeführt werden) – eine Veröffentlichung war allerdings aufgrund der darin enthaltenen »*tiefen und innovatorischen Ideen*« (V. Vinogradov) während der Stalinzeit nicht möglich, sie erfolgte erst im Zusammenhang mit Bachtins wissenschaftlicher Rehabilitierung in den sechziger Jahren.

Ausgangspunkt der Arbeit ist eine Neuinterpretation des Grotesken in Rabelais' Hauptwerk *Gargantua et Pantagruel* (1532–1564). Bachtin setzt sich kritisch mit Wolfgang KAYSERS Begriffsbestimmung des Grotesken auseinander, die aufgrund der historisch begrenzten Sicht (Romantik) das Destruktive in einer Weise hervorhebt, wie es nach Bachtins Meinung für das Mittelalter und die Renaissance nicht gerechtfertigt ist. Er betrachtet das Groteske im Kontext der mittelalterlichen Karnevalskultur als einer schöpferischen Gegenwelt zur offiziellen Kultur von Staat und Kirche. In diesem Sinne verbindet sich das Groteske mit Humor und Kreativität, ist sein Wesen nicht die Negation, sondern Ambivalenz. In seiner Einordnung Rabelais' in eine »Geschichte des Lachens« erklärt Bachtin die Mißverständnisse, die *Gargantua et Pantagruel* aufgrund des historischen Wandels, des Niedergangs der Karnevalskultur seit dem 17. Jh. hervorgerufen hat.

Das mittelalterliche Lachen, mit dem Rabelais eng verbunden ist, charakterisiert Bachtin so: *»Man begriff, daß sich hinter dem Lachen niemals Gewalt verbirgt, daß das Lachen keine Scheiterhaufen aufrichtet, daß Heuchelei und Betrug niemals Lachen, sondern eine ernsthafte Maske anlegen, daß das Lachen keine Dogmen erzeugt und keine Autorität aufrichtet, daß das Lachen nicht von Furcht, sondern von Bewußtsein der Kraft zeugt, daß das Lachen ... mit der irdischen Unsterblichkeit des Volkes, endlich mit der Zukunft und dem Neuen zusammenhängt, daß es ihnen den Weg bahnt. Deshalb mißtraute man spontan dem Ernst, traute man dem festtäglichen Lachen.«* Bei Rabelais erreicht diese Form des Lachens ihren Höhepunkt. In der Aufklärung aber wird das Lachen individuell, erhält negative Konnotationen, seine philosophische Bedeutung geht verloren, das Komische wird in die niederen literarischen Gattungen verdrängt. Die Folge ist, daß man Rabelais nicht mehr versteht. Bereits das 17. Jh. stört sich an vulgärsprachlichen Elementen, die unmittelbar aus der »Sprache des Marktplatzes« stammen, an der groben Körperlichkeit, an der hyperbolischen Bildlichkeit der Freßgelage, an Spielen, Schlachten, Prügeleien, die allesamt in der karnevalistischen Volkskultur ihren Ursprung und dadurch ihren Sinn haben.

Von besonderer Bedeutung sind Bachtins Ausführungen zum »grotesken Bild des Körpers« mit der Gegenüberstellung von klassischem und groteskem Kanon, einer *»der größten Leistungen der semiotischen Analyse«* (A. Hansen-Löve). Der groteske Körper ist im Gegensatz zum klassischen Körper mit seiner Statik, Glätte und Isoliertheit der Körper im Prozeß des Sterbens und Werdens, des Verschlingens und Verschlungenwerdens, der Mensch in seiner Verbindung zum anderen Menschen – auch im sozialen Sinne –, entscheidend sind daher Extremitäten und Körperöffnungen. *»Die wesentlichen Ereignisse im Leben des grotesken Leibes, sozusagen die Akte des Körper-Dramas, Essen, Trinken, Ausscheidungen ... Begattung, Schwangerschaft, Niederkunft, Körperwuchs, Altern, Krankheiten, Tod, Zerfetzung, Zerteilung, Verschlingung durch den anderen Leib – alles das vollzieht sich an den Grenzen von Leib und Welt, an der Grenze des alten und des neuen Leibes.«*

Der oppositionelle Geist von »Gargantua et Pantagruel« besteht Bachtin zufolge nicht in der Satire auf Zeitgeschehen, sondern in solch elementarer, volkstümlicher Bildlichkeit, in dem Lachen, das den Menschen befreit *»nicht nur von der äußeren Zensur, sondern vor allem vor dem großen inneren Zensor, vor der ... Furcht vor dem Geheiligten, dem autoritären Verbot, dem Vergangenen, vor der Macht«*. Das befreiende Lachen gehört zu jenen Elementen des Karnevals, die sich in dessen nunmehr rein literarischer Tradition bis in die Gegenwart verfolgen lassen.

Zwar ist hinsichtlich der Analyse des Rabelais-Textes und der Quellenverwendung zum mittelalterlichen Karneval auf Fehler und Mißdeutungen hingewiesen worden (Berrong, Pfrunder), die eigentliche Bedeutung von Bachtins Werk als fundamentaler Beitrag zu einer Semiotik der Kultur ist jedoch – wie die breite Rezeption in den achtziger Jahren zeigt – von diesen Mängeln unbeeinträchtigt geblieben.   F.G.

AUSGABEN: Moskau 1965; Nachdr. Orange (Calif.)/Düsseldorf 1986.

ÜBERSETZUNG: *Rabelais und seine Welt. Volkskultur als Gegenkultur*, G. Leupold, Ffm. 1987.

LITERATUR: R. Ortali, *Rabelais par un Soviétique* (in Quinzaine littérairé, 69, 1969, S. 13 f.). – Y. Benot, *Le »Rabelais« de B. ou l'éloge du rire* (in Pensées, 162, 1972, S. 113–125). – R. M. Berrong, *Rabelais and B. Popular Culture in »Gargantua and Pantagruel«*, Univ. of Nebraska Press 1986. – R. Lachmann, Vorwort (in M. B., *Rabelais und seine Welt. Volkskultur als Gegenkultur*, Ffm. 1987, S. 7–46). – P. Pfrunder, *Karnevaleske Welterfahrung. M. B.s Studie zur mittelalterlichen Lachkultur* (in NZZ, 15. 4. 1988, S. 42). – H. Markgraf, *Heitere Körper, schwangerer Tod. M. B. über »Rabelais und seine Welt«* (in FAZ, 3. 6. 1988).

ÉDUARD GEORGIEVIČ BAGRICKIJ

eig. Éduard G. Dzjubin

* 3.11.1895 Odessa
† 16.2.1934 Moskau

DAS LYRISCHE WERK (russ.) von Éduard Georgievič BAGRICKIJ.
Bagrickij – sein eigentlicher Familienname ist Dzjubin – gilt zusammen mit Michail SVETLOV (1903–1964) und Nikolaj TICHONOV (1896 bis 1979) als einer der führenden romantischen Dichter der frühen Sowjetliteratur. Wie sein Zeitgenosse Isaak BABEL' (1894–1940), der Meister kurzer, dichter Prosa, dem er von 1920 bis zu seinem Tod

1934 freundschaftlich verbunden war, entstammte auch Bagrickij einer jüdischen Kaufmannsfamilie aus Odessa. Seine ersten Gedichte, deren heroisch-romantische Thematik und klare Sprache den Einfluß der Lyrik Nikolaj GUMILËVS (1896–1921) erkennen lassen, entstanden und erschienen 1915, der erste seiner drei Gedichtbände *(Jugo-zapad – Südwesten)* wurde jedoch erst 1928 veröffentlicht. In den Jahren 1918–1920 wandte sich Bagrickij den englischen Romantikern zu. Ihre Bedeutung für sein Schaffen zeigt sich unter anderem in seiner Vorliebe für die Form der Ballade und in Übersetzungen von Gedichten von Walter SCOTT und Robert BURNS in dem Band *Jugo-zapad*. Innerhalb der russischen Literatur seiner Zeit war Bagrickij vor allem von den unpolitischen, romantischen Abenteuergeschichten des um 15 Jahre älteren Aleksandr GRIN (1880–1932) begeistert. Einige seiner frühen Gedichte stehen unter dem Einfluß der futuristischen Dichtungen Vladimir MAJAKOVSKIJS (1893–1930), an den er 1915 eine Hymne richtete *(Gimn Majakovskomu – Hymne an Majakovskij)*. Bagrickijs Gedichte der Jahre 1918–1925 sind romantisch-optimistisch und zumeist unpolitisch. Soldaten und Revolutionäre, aber auch Schmuggler und Diebe sind seine typischen Charaktere. Immer wieder verwendet er das Motiv des Vagabunden. So schreibt er etwa von 1921 bis 1923 eine Reihe von Till-Eulenspiegel-Gedichten, in denen er sich mit der Figur des flämischen Till vergleicht: *»So mag ich denn wie dieser Vagabund durchs ganze Land ziehn«* (*Til' Ulenspigel'*, 1922). Weitere Ausgestaltungen des Motivs finden sich z. B. in den Gedicht *Pticelov*, 1918 *(Der Vogelsteller)*, und in *Skazanie o more, matrosach i Letučem Gollandce*, 1922 *(Sage vom Meer, den Matrosen und dem Fliegenden Holländer)*. In den Gedichtband *Jugo-zapad* nimmt Bagrickij, der die Revolution begeistert begrüßte und im Bürgerkrieg als Angehöriger einer Propagandaeinheit Agitpropverse verfaßte, nur eine Revolutions-Verserzählung, *Duma pro Opanasa (Das Lied von Opanas)*, auf, die ihn 1926 berühmt macht. In der Form an das ukrainische historische Lied, die *duma*, und an Taras ŠEVČENKOS Poem *Hajdamaky*, 1841 *(Die Hajdamaken)*, angelehnt, beschreibt er den von der Roten Armee desertierten Bauern Opanas, der seinen ehemaligen Kommissar Kogan erschießt. Wie die meisten Gedichte Bagrickijs zeigt auch das *Lied von Opanas* einen episodenhaften Aufbau; auf seiner Grundlage verfaßte der Dichter 1933 ein gleichnamiges Opernlibretto.

Im Jahr 1925 übersiedelte Bagrickij von Odessa nach Moskau. Dort trat er 1926 zunächst der literarischen Vereinigung *Pereval* (Der Paß) bei, die sich zu einem sozialen Auftrag der Literatur unter Wahrung des Rechts auf freie Themenwahl bekannte. Ein Jahr später wechselte er zur Gruppe der Konstruktivisten. Die Gedichte der Jahre 1925–1927 lassen eine gewisse Enttäuschung gegenüber der kommunistischen Wirklichkeit erkennen, ohne daß Bagrickij jedoch seine positive Einstellung zur Revolution aufgibt. Die Gedichte seines zweiten Gedichtbandes *Pobediteli*, 1932 *(Die Sieger)*, dessen Titel keinen konkreten Bezug besitzt, sind in ihrer Aussage persönlich. So thematisiert Bagrickij etwa in *Proischoždenie*, 1930 *(Herkunft)*, seine jüdische Abstammung. In *Vstreča*, 1928 *(Begegnung)*, findet sich erneut das Eulenspiegel-Motiv. Die drei Verserzählungen des letzten Gedichtbandes *Poslednjaja noč*, 1932 *(Die letzte Nacht)*, zeigen die innere Auseinandersetzung des Lyrikers mit den Idealen der Revolution. – Bagrickijs Werk ist von großer sprachlicher und metrischer Vielfalt. Daß es dennoch im positiven Sinn einheitlich wirkt, erklärt sich aus seiner Vitalität und der romantischen Kraft seiner Bilder.   C.Hü.

AUSGABEN: *Jugo-zapad*, Moskau 1928. – *Pobediteli*, Moskau 1932. – *Poslednjaja noč*, Moskau 1932. – *Sobranie sočinenij*, Moskau 1938 (2 Bde., nur Bd. 1 erschienen). – *Stichotvorenija i poėmy*, Moskau 1964. – *Izbrannoe. Stichotvorenija i poėmy*, Petrozavodsk 1975.

LITERATUR: E. Ljubareva, *Ė. B.*, Moskau 1964. – I. Roždestvenskaja, *Poėzija Ė. B.*, Leningrad 1967. – *Ė. B. Vospominanija sovremennikov*, Hg. L. Bagrickaja, Moskau 1973. – W. Rosslyn, *The Path to Paradise: Recurrent Images in the Poetry of E. B.* (in MLR, 71, 1976, 71, S. 97–105).

GRIGORIJ JAKOVLEVIČ BAKLANOV

* 11.9.1923 Voronež

LITERATUR ZUM AUTOR:
P. Toper, *Poiski voennoj prozy* (in *Žanrovo-stilevye iskanija sovremennoj sovetskoj prozy*, Moskau 1971, S. 43–92). – F. Kuznecov, *Avtor i geroj: druz'ja ili vragi?* (in *Literaturnoe Obozrenie*, 1975, S. 31–34). – B. Kodzis, *Powieści wojenne G. B.*, Breslau 1977. – P. Ul'jašov, *»Sposoba tol'ko pravda«: čelovek i obstojatel'stva v proizvedenijach G. B.* (in Oktjabr', 1982, 5, S. 190–194). – I. Dedkov, *O sud'be i česti pokolenija* (in Novyj mir, 1983, 5, S. 218–230).

PJAD' ZEMLI

(russ.; *Ü: Ein Fußbreit Erde*). Erzählung von Grigorij J. BAKLANOV, erschienen 1959. – Held dieser in Ichform geschriebenen, romanartigen Erzählung ist der Artillerieleutnant Motovilov, dessen Regiment im Sommer 1944 einen schmalen Brückenkopf am Dnestr verteidigt. Der Höhepunkt des Kriegs ist bereits überschritten. Die russischen Truppen wissen, daß ihnen der endgültige Sieg nicht mehr zu nehmen ist. Im Südwesten steht die

Rote Armee kurz vor der rumänischen Grenze. Hier aber, am Dnestr, liefern sich Russen und Deutsche schon seit Wochen einen erbitterten Stellungskampf, in dem die Deutschen, die sich jenseits des Flusses auf einem Höhenzug verschanzt haben, eine weitaus günstigere taktische Position einnehmen als die Russen, deren Regimenter nicht nur durch pausenlosen Artilleriebeschuß, sondern auch durch Malaria und andere vom mörderischen Klima der Flußniederung begünstigte Krankheiten auf die Hälfte ihrer ursprünglichen Stärke zusammengeschmolzen sind. Dennoch gelingt es den Russen, obschon unter schweren Verlusten, mehrere Offensiven des Gegners erfolgreich abzuschlagen und schließlich, aus einer praktisch hoffnungslosen Position heraus, die feindlichen Höhen im Sturm zu nehmen.

An eigentlicher Handlung ist Baklanovs Erzählung arm. Der Autor, der das Kriegsgeschehen als freiwilliger Frontoffizier aus eigener Anschauung kennengelernt hat, skizziert in knappen Zügen die Möglichkeiten menschlicher Bewährung und menschlichen Versagens im Krieg: Angst, Verzweiflung, Apathie auf der einen, Hoffnung und Enthusiasmus auf der anderen Seite. Deutlich ist bei Baklanov – im Vergleich zur früheren sowjetischen Kriegsliteratur – die übliche Tendenz zur Glorifizierung des »Großen Vaterländischen Krieges« zugunsten einer sachlichen, weitaus stärker am konkreten Detail orientierten Schilderung abgebaut. Nicht nur der individuelle psychologische Konflikt der bei jeder militärischen Operation von jedem Soldaten immer neu zu treffenden Gewissensentscheidung (keineswegs im Sinn eines intellektuellen Schwankens zwischen patriotischen und pazifistischen Neigungen, sondern konkret als Entscheidungszwang vor dem ständigen Ausgesetztsein an Angst und Trägheit einerseits und eiserner Pflichterfüllung andererseits), auch die Konflikte, die sich innerhalb der Militärbürokratie ergeben, die gruppenspezifischen Differenzen zwischen Etappen- und Frontsoldaten, zwischen Favoriten einflußreicher Offiziere und Pechvögeln, die seit Jahren vergeblich auf die längst fällige Auszeichnung warten, werden von Baklanov kritisch beleuchtet.

Trotz seines sichtbaren Bemühens um eine objektive und unpathetische Darstellung ist Baklanovs Erzählung nicht frei vom Lob unkomplizierter Männlichkeit. Besonders der Held Motovilov zeichnet sich durch eine instinktsichere Entschlußkraft aus, die im Ernstfall keine moralischen Bedenken kennt. Ein weiteres Relikt der älteren sowjetischen Kriegsliteratur stellt die Einblendung lyrischer Naturbetrachtungen und sentimentaler Reminiszenzen (an Kindheit, Heimat, Eltern, erste Liebe usw.) in das krude Kriegsgeschehen dar. Dennoch lassen sich in *Pjad' zemli* deutlich die Akzentverschiebungen registrieren, die die sowjetische Literaturdoktrin seit dem Beginn des ideologischen »Tauwetters« (1954–1956) kennzeichneten. Dazu gehören vor allem die Revision des stalinistischen Monumentalismus, das heißt der romantischen Reduktion des historischen Geschehens auf ein heldenhaft verklärtes Modell sowie die damit verbundene Abkehr vom typisierenden Darstellungsverfahren und die Hinwendung zur psychologisch individualisierenden Charakterzeichnung.   A.Gu.

AUSGABEN: Moskau 1959. – Moskau 1980 (in *Pjad' zemli. Povesti i Rasskazy.*) – Moskau 1983 (in *Sobr. soč.v 4-ch tomach*, 1).

ÜBERSETZUNG: *Ein Fußbreit Erde*, H. Pross-Weerth, Stg. 1960.

LITERATUR: A. Ninov, *Sud'ba čeloveka, sud'ba pokolenija* (in Sibirskie ogni, 4, 1960, S. 162–176). – A. Abramovič, *Idti vmeste s narodom. O filosofskom i političeskom krugozore pisatelja. Na materiale romane G. B.»Pjad' zemli«* (ebd., 5, 1961, S. 187–192). – P. Toper, *Čelovek na vojne. O romane … »Pjad' zemli« B.* (in Voprosy literatury, 4, S. 20–51). – A. Hiersche, *Zwei Redaktionen des Kurzromans »Pjad' zemli« von G. B.* (in W. Krauss u. a., *Slavisch-deutsche Wechselbeziehungen in Sprache, Literatur und Kultur*, Bln. 1969, S. 346–350).

VASILIJ IVANOVIČ BELOV

* 23.10.1932 Timonicka / Gebiet Vologda

LITERATUR ZUM AUTOR:
O. Vojtinskaja, *Proza V. B.* (in Znamija, 1967, 37, S. 239–44). – T. G. Panikarovskaja, *Tak toskovali ruki …* (in Russkaja Reč', 1972, 6, S. 42–48). – G. H. Hosking, *V. B., Chronicler of the Soviet Village* (in Russian Review, 1975, 34, S. 165–185). – T. V. Krivoščapova, *Rol' prozaičeskich fol'klornych žanrov v tvorčestve V. B.* (in Vestnik Moskovskogo Universiteta, 1976, S. 33–44). – W. Piłat, *Problematyka moralna w tworczości W. B.* (in Przegląd Humanistyczny, 1976, 20, S. 59–77). – L. Kuznecova, *Semejnaja zizn' Konstantina Zorina* (in Literaturnoe Obozrenie, 1977, S. 56–60). – A. Streljanyj, *Perestavilsja li svet?* (in Literaturnoe Obozrenie, 1977, S. 51–55). – D. Štok, *Zemlja moja rodnaja …* (in Grani, 1978, 110, S. 182–198). – B. Tessmer, *W. B.: Sind wir ja gewöhnt* (in Weimarer Beiträge, 1980, 26, S. 105–117). – A. Hiersche, *Ungewohntes aus Wologda: W. B.s nordrussische Ansichten* (in *Was kann denn ein Dichter auf Erden. Betrachtungen über moderne sowjetische Schriftsteller*, Hg. A. H. u. E. Kowalski, Bln./DDR 1982, S. 13–33). – M. Lobanov, *Mužestvo talanta* (in Oktjabr', 1982, 10, S. 179–186). – A. McMillin, *Town and Country in the Work of V. B.* (in *Russian Literature and Criticism*, Hg. u. Einl. E. Bristol, Berkeley 1982,

S. 130–142). – A. Ovčarenko, *Tvorčestvo V. B. v vospriatii sovetskoj i zarubežnoj kritiki* (in Voprosy Literatury, 1983, 8, S. 31–53). – B. Tessmer, *Mensch, Natur, Gesellschaft in der Prosa V. B.s u. Valentin Rasputins* (in ZfSl, 1983, 28, S. 194–203). – A. Petrik, *Glubiny krest'janskoj kultury* (in Novyj mir, 1984, 8, S. 246–249). – A. Ovčarenko, *V. B.: As Seen by Soviet and Foreign Critics* (in Soviet Literature, 1984, 12, S. 126–132). – L. Wangler, *V. B. Menschliche und gesellschaftliche Probleme in seiner Prosa*, Mchn. 1985. – B. Tessme, *Zu V. B.s literarischem Funktionsverständnis* (in WZ Greifswald, 35, 1986, Nr. 1/2, S. 129/130).

KANUNY

(russ.; *Ü: Vorabende*). Roman von Vasilij I. BELOV, erschienen 1972–1987. – In seinem als »Chronik« bezeichneten Werk, das mit dem 1987 erschienenen dritten Teil noch nicht abgeschlossen ist, beschreibt Belov am Beispiel eines nordrussischen Dorfes in den Jahren 1928 (Teil I und II) und 1929 (Teil III) den »Vorabend« und Beginn der Zwangskollektivierung der Landwirtschaft in der UdSSR. Er veranschaulicht die in vielen Jahrhunderten gewachsenen Traditionen und die organische Gemeinschaft des Dorfes im Kontrast zu den zerstörerischen Maßnahmen der sowjetischen Behörden mit dem Ziel, diese entscheidende historische Phase möglichst wahrheitsgetreu wiederzugeben und zudem die Erinnerung an das russische Dorf, das in der ursprünglichen Form heute nicht mehr besteht, seine Lebensweise und ethischen Werte zu bewahren. Chronikartig zeigt Belov das gemeinsame Schicksal als Summe von Einzel- und Familienschicksalen, die als Handlungslinien miteinander verflochten sind.

Die ersten beiden Teile bestehen aus 17 bzw. 18 Kapiteln, der dritte Teil ist mit nur 8 Kapiteln erheblich kürzer. Der Haupthandlungsort ist das Dorf Šibanicha im Gouvernement Vologda, daneben spielt ein Teil der Handlung in der sowjetischen Hauptstadt. Belov eröffnet den Roman mit der Nebenfigur des Nosopyr' (Stülpnase), eines kauzigen alten Bettlers, der von einem Kobold geplagt wird, und führt damit sogleich in den wichtigen Themenbereich des russischen Volksglaubens und Brauchtums ein, an den er auch in der Darstellung des wilden Treibens der Maskierten in der Neujahrsnacht anknüpft. Die hier bereits angelegte Handlungslinie um den von Neid und Haß getriebenen Kreisbevollmächtigten Ignatij Sopronov und seinen Kampf gegen die Bauern leitet über zur Handlung in Moskau. Hier suchen der Dorfpope und ein Bauer aus Šibanicha Gerechtigkeit, nachdem ihnen aufgrund von Sopronovs Denunziation das Wahlrecht entzogen worden ist. Ein junger Bursche aus ihrem Dorf, der hier als Kurier für die Partei arbeitet und im Zentrum der Moskau-Handlung steht, ist aber zu sehr der Willkür seiner Vorgesetzten ausgeliefert, um anderen helfen zu können. Die wichtigste unter mehreren Hauptfiguren ist Pavel Pačin, dessen Hochzeit einen Schwerpunkt im ersten Teil bildet. Bei der kirchlichen Eheschließung, die – wie christlich-orthodoxer Glaube und Ritus überhaupt – den Dorfbewohnern noch völlig selbstverständlich ist, tritt Sopronov als Störenfried in Erscheinung. Mit der Familiengründung verbindet Pavel den Plan, eine Windmühle zu bauen; eine sagenumwobene Riesenkiefer, die Pavel zuvor im Traum gesehen hat, wird zu diesem Zweck gefällt. Bei einer Versammlung bekommt die Familie Pačin erneut Sopronovs Haß zu spüren, als dieser sie bei der Klasseneinteilung der Dorfbevölkerung willkürlich als Kulaken einstuft, was bei den damit verbundenen Abgaben ihren Ruin bedeuten würde. Die Bauern setzen sich jedoch zunächst gegen Sopronov durch und entheben ihn seines Postens.

Der zweite Teil ist durch einige weitere Untaten Sopronovs bestimmt: seinen Versuch, Pavels Getreide zu beschlagnahmen, dessen Erlös dieser für den Bau der Mühle braucht, seine Denunziation gegen den ehemaligen Gutsbesitzer Prozorov, den Dorfpopen, den Geistlichen Irenej und sogar eine Reihe alter Männer – darunter den eigenen Vater –, die Sopronovs Bruder für seine üblen Streiche verprügelt haben. Prozorov, ein Materialist, der den Wandel sozialer Verhältnisse befürwortet, dem aber angesichts der fortschreitenden Zerstörung der Lebenssinn entgleitet, wird in dem Moment verhaftet, als er neuen Halt in der Liebe zu einem Bauernmädchen zu finden beginnt. Auch der Dorfpope wird verschleppt; Irenej dagegen stirbt, ehe ihm das gleiche Schicksal zuteil wird. Durch die eindrucksvolle Schilderung seines Sterbens im Einklang mit Natur und Gott wird zugleich das absurde Tun der Staatsmacht bloßgestellt. Ebenso entlarvend ist die eher komische Darstellung der Verhaftung und späteren Freilassung der Alten. In höherem Auftrag, aber eigenmächtig in der Durchführung setzt Sopronov schließlich um ein Vielfaches erhöhte Steuern fest, durch die viele Familien ruiniert und gezwungen sind, die Landwirtschaft aufzugeben und ihr Heimatdorf zu verlassen. Am Ende steht Sopronovs fehlgeschlagener Versuch, Pavel zu töten – äußerster Ausdruck seines Hasses und seiner Zerstörungswut.

Der mit erheblichem zeitlichen Abstand erschienene dritte Teil führt einige Handlungslinien im Jahr 1929 weiter. Pavel kann seine unter großen Mühen gebaute Windmühle in Betrieb nehmen, doch dieser Erfolg wird überschattet durch die Einführung des Kolchos in Šibanicha und den Nachbardörfern. Sopronov, dessen krankhafter Haß sich noch steigert, nachdem ihn Pavels Kusine Palaša vor dem Ertrinken rettet, treibt die Kollektivierung um so ehrgeiziger voran, als seine Parteikarriere davon abhängt. Zunächst will kaum jemand dem Kolchos beitreten, doch bald geben die meisten dem Druck von Beschlagnahmungen und drohender neuerlicher Erhöhung der Steuern nach. Am Ende wird den wohlhabenderen unter den Bauern als »Kulaken« und »Rechtsabweichlern« die Beteiligung am Kolchos verweigert.

Das erste Buch von Belovs wichtigstem Werk fand nur wenig und zumeist zurückhaltende bis negative Aufnahme seitens der sowjetischen Literaturkritik. Dies ist politisch-ideologisch durchaus erklärlich, denn so deutlich ist der Antagonismus zwischen den positiven Werten des alten russischen Dorfes – Naturverbundenheit, Verwurzelung im christlichen Glauben, soziale Verantwortung innerhalb der Gemeinschaft, Lebensfreude – und den destruktiven Kräften der Sowjetmacht unter Stalin bis dahin nicht herausgearbeitet worden. Darüber hinaus hat Belov hier mehr als in anderen Werken historische, folkloristische, religiöse und ethischmenschliche Elemente zu einer großen epischen Fiktion verschmolzen.   F.G.

AUSGABEN: Wologda 1972 (in Sever, 4–5). – Moskau 1976 u. 1979. – Moskau 1987.

ÜBERSETZUNGEN: *Vorabende*, E. Ahrndt, Bln./ DDR 1983. – Dass., ders., Ffm. 1987.

LITERATUR: L. Ėmel'janov, *Razrušenie tišiny* (in Zvezda, 1972, 11). – Ju. Surovcev, *O nacional'noj samobytnosti i »fantastičeskoj vyčurnoj ljubvi« k nej* (in Literaturnoe obozrenie, 1973, 2). – W. Kasack, Rez. (in NZZ, 29.4.1987). – P. Uljašov, Rez. zu Teil III (in Literaturnaja Rossija, 16.10.1987, S.14). – V. Rasputin, Rez. zu Teil III (in Literaturnaja gazeta, 21.10.1987, S.4).

PLOTNICKIE RASSKAZY

(russ.; *Ü: Zimmermannsgeschichten*). Erzählung von Vasilij I. BELOV, erschienen 1968. – Belov, der die lyrische Richtung der sowjetischen »Dorfprosa« vertritt und in seinem Werk die noch unberührte Landschaft des nordrussischen Dorfes und den Charakter von dessen Bewohnern festzuhalten versucht, gestaltet in seiner Erzählung *»einen ebenso endlosen wie überflüssigen Streit zweier Nachbarn«* (W. Kasack).
Der im Dorf aufgewachsene Ich-Erzähler Sorin hat seine Heimat schon vor langer Zeit verlassen und sich in der Stadt zum Ingenieur ausbilden lassen. Während seines dreiwöchigen Urlaubs kehrt er an den Ort seiner Kindheit zurück, wo *»wie die Schneebrocken vom verwitterten Dach die vielschichtigen Brocken«* seiner Vergangenheit ihm von der Seele gleiten. Um das Vaterhaus nicht ganz verfallen zu lassen, nimmt er sich die Ausbesserung des Badehauses vor. Sein Nachbar Oleša Smolin, ein alter Zimmermann, hilft ihm dabei und erzählt während der Arbeit aus seinem Leben. Ergänzt und bisweilen korrigiert werden seine Erinnerungen durch einen anderen Nachbarn, Aviner Kozonkov. Beide sind seit ihrer Kindheit in einer Art Haßliebe verbunden. Fasziniert beobachtet Sorin das ambivalente Verhältnis der beiden Männer, die in ihren so eng miteinander verflochtenen Biographien ein Stück Dorfgeschichte aus zwei unterschiedlichen Perspektiven vor ihm ausbreiten. Oleša erzählt von

seiner Kindheit, der ersten großen Liebe, gemeinsamen Streichen, frühen Demütigungen durch Aviner, der immer gewissenlos und ein Ränkeschmied war. Oleša erinnert sich auch an die Mühsal der Kollektivierung, die harte Arbeit als Kolchosbauer. Politische Denunziationen des Opportunisten Aviner hatten dem gewissenhaften und rechtschaffenen Oleša oft das Leben schwergemacht. Auch jetzt noch wird dem Alten viel abverlangt – während Aviner sich unter fadenscheinigen Vorwänden zu drücken weiß –, denn die Jungen sind fast alle in die Stadt gezogen. Als Sorin versuchen will, den verbalen Duellen der beiden Rivalen, diesem endlosen *»Lamento zweier Greise über die Ungereimtheit des Schicksals«* (H. v. Ssachno), ein Ende zu setzen und sie miteinander auszusöhnen, kommt es zwischen den beiden alten Männern zu Handgreiflichkeiten. Doch schon am nächsten Tag sitzen sie gemeinsam am Tisch, in der Gewißheit versöhnt, daß sie beide in absehbarer Zeit in der gleichen Erde liegen werden, und singen ein altes, einzig ihrer Generation bekanntes Lied.
Diese handlungsarme Fabel, die von der Erinnerung der alten Männer getragen wird, ist alles andere als ein Bild dörflicher Idylle. Belov läßt den Leser Zugang finden zu den widerborstigen, doch verläßlichen und liebenswerten Charakteren der Dorfbewohner; er läßt ihn die Natur entdecken und das Gefühl, in dieser Landschaft verwurzelt zu sein. Belovs gesamtes Werk ist von dem Bemühen bestimmt, die Strukturen des Dorfes, seine Lebensformen festzuschreiben, sieht er doch darin die einzige Möglichkeit, sie der Zukunft zu erhalten. Denn auf dem Dorf selbst ist die Kontinuität der Generationen durchbrochen. Was früher als dem Verhältnis »Vater-Sohn, Mutter-Tochter« Überlieferung und zugleich kreative Erneuerung war, wird mit den alten Leuten verlorengehen. Belov sieht damit wesentliche Wertvorstellungen verfallen, die eine Nation geprägt haben. Er gehört der letzten Generation an, die diese traditionelle Lebensordnung noch selbst gekannt hat. Sein Erinnern und Festhalten ist deshalb *»in die Gegenwart und in die Zukunft gerichtet«* (Belov).   G.Wi.

AUSGABEN: Moskau 1968 (in Novyj mir, 7). – Archangelsk 1968. – Moskau 1971 (in Sel'skie povesti).

ÜBERSETZUNGEN: *Zimmermannsgeschichten*, E. Panzig, M. Wiebe, Mchn. 1974. – Dass., dies. (in *Frühlingsnacht. Ausgewählte Prosa*, Bln./DDR 1982).

LITERATUR: H. v. Ssachno, *Russische Prosa heute*, Mchn. 1972. – G. Hildebrandt, *Ein Beitrag zur sowjetischen Dorfprosa der Gegenwart* (in WdS, 1973, 18, S.196). – H. Pross-Weerth, Rez. (in FAZ, 12.2.1975). – D. Brown, *Soviet Russian Literature Since Stalin*, Cambridge 1978, S.246f. – G. Hosking, *Beyond Socialist Realism. Soviet Fiction Since Ivan Denisovich*, Ldn. 1980, S.62–65. – I. Mulushinska, *The Role of the Story-Teller in V. B.s »Carpenter's Tales«* (in Vestnik leningr. univ., 1984).

PRIVYČNOE DELO

(russ.; *Ü: Sind wir ja gewohnt*). Erzählung von Vasilij I. Belov, erschienen 1966. – Belovs Novelle
gehört zu den Klassikern der modernen sowjetischen Literatur. Die Geschichte des herzensguten,
doch nicht sehr willensstarken und dem Alkohol
zugetanen Ivan Afrikanovič führte zu heftigen Diskussionen: Manch linientreuer Kritiker vermißte
die Idealisierung dörflicher Lebensverhältnisse,
den stilisierten positiven Helden. Befremdlich
schien vielen, wie unerschrocken Belov die wirtschaftlichen und sozialen Verhältnisse in den Kol-
chosdörfern aufdeckte. Das Schicksal der jungen
Kolchosbäuerin Katerina, die sich in den fünfziger
Jahren buchstäblich zu Tode arbeitet, um ihre große Familie durchzubringen, löste eine Betroffenheit aus, die letztlich auch eine konkrete Veränderung der Lebens- und Arbeitssituation auf dem
Land bewirkte. Die unverhältnismäßig harten Lebensbedingungen in der Landwirtschaft führten
dazu, daß die Anziehungskraft der Stadt auf die
jüngere Generation überaus stark war. Die Jungen
wollten die Entbehrungen der Alten nicht mehr auf
sich nehmen und versprachen sich in der Stadt ein
besseres Leben. Die Vertreter der modernen russischen »Dorfprosa« – F. Abramov, V. Rasputin
und nicht zuletzt Belov – sind keineswegs starrsin-
nige Befürworter der patriarchalischen Dorfstruk-
tur, wie ihnen die Kritik zum Teil vorwarf. Sie machen es sich lediglich zur Aufgabe, das Bewahrens-
werte an der Tradition zu überliefern. Sie warnen
vor der Eigengesetzlichkeit der technischen Entwicklung, die bei aller Fortschrittlichkeit geistige
und moralische Werte irreparabel zerstört.
Mit der Lebensgeschichte von Ivan Afrikanovič erzählt Belov zugleich die Geschichte von dessen
Heimatdorf. Ivan ist kein Held, was schon im Alltag augenfällig ist – als er zum ersten Mal einen
Hahn schlachten soll, nimmt ihm schließlich seine
Frau Katerina das Beil aus der Hand, um sein Ansehen bei der Schwiegermutter zu wahren. Katerina
erscheint es verwunderlich, daß ihr Mann im Krieg
bis nach Berlin gekommen ist und Orden erhalten
hat, wenn er hier im Dorf nicht einmal einen Hahn
töten kann. Der sensible und gütige Ivan Afrikanovič ist anstellig bei der Arbeit, aber ohne Durchset-
zungsvermögen und Ehrgeiz. Er braucht auch Zeit
zum Träumen, vor allem aber braucht er die Nähe
seiner mütterlichen und verständnisvollen Frau.
Denn sein großer Feind ist der Alkohol, dem er
trotz aller guten Vorsätze nicht widerstehen kann.
Katerina, die für eine große Kinderschar sorgen
muß, hat lernen müssen, mit beiden Beinen fest auf
der Erde zu stehen, und sich dennoch die Zartheit
des Gefühls für ihre Familie bewahrt. Von drei Uhr
morgens bis zehn Uhr nachts versorgt sie im Kolchos das Vieh, wobei sie sich bis zur Erschöpfung
verausgabt – eine Tatsache, die Ivan Afrikanovič
kaum bewußt ist. Als sie nach der Geburt des neunten Kindes sofort wieder die Arbeit aufnimmt, erleidet sie einen Schlaganfall. In der Hoffnung, besser für seine Familie sorgen zu können, läßt ihr

Mann sich wodkatrunken von seinem Schwager
überreden, mit in den Norden zu fahren, wo sich
das Geld viel leichter verdienen lasse als im Dorf.
Die Sorge um die Kinder bleibt bei Katerina, die
nun auch noch die Arbeit ihres Mannes übernimmt. Beim Mähen erleidet sie einen zweiten
Schlaganfall, den sie nicht überlebt.
Ivan Afrikanovič indessen gelangt gar nicht bis in
den Norden. Schon nach drei Tagen verspürt er
Heimweh und die Sehnsucht nach seiner Frau. Auf
dem Heimweg erfährt er von einem Fremden, daß
in seinem Dorf *»irgendeine Frau«* gestorben sei, die
viele Kinder hinterlassen habe. Erst nachdem er
eine Strecke zurückgelegt hat, überfällt ihn wie ein
Blitz die Gewißheit, daß es sich um Katerina handle; die böse Vorahnung reißt ihn aus der erträumten Glücksvorstellung seiner Heimkehr in die Familie. Von Verzweiflung und dem Gefühl der Ausweglosigkeit ergriffen, irrt er tagelang durch den
Wald. Als er schließlich, völlig entkräftet, den Weg
in sein Dorf wiedergefunden hat, ist er innerlich
verändert. Er besucht das Grab der Verstorbenen
und hält mit ihr eine imaginäre Zwiesprache:
Reuevoll, daß er seine Pflichten als Familienvater
vernachlässigt habe, berichtet er ihr, daß er für die
Kinder gut sorge und seit ihrem Tod keinen Tropfen Alkohol mehr trinke.
Belov fügt die tragischen und komischen Ereignisse im Leben seiner Figuren in den Kreislauf des
Jahres ein und zeigt die harmonische Verbundenheit der Menschen mit der Landschaft. Feindselig
erscheint die Natur erst dann – ein Beispiel dafür ist
der durch den Wald irrende Ivan Afrikanovič –,
wenn man ihr innerlich orientierungslos ausgeliefert ist. Belov vermittelt die Poesie dieser anspruchslosen und undramatischen Landschaft im
Norden Rußlands und zeichnet in lyrischen Bildern den von natürlichen Gesetzmäßigkeiten bestimmten Wechsel der Jahreszeiten.   G. Wi.

Ausgaben: Vologda 1966 (in Sever, 1). – Moskau
1967. – Moskau 1971 (in *Sel'skie povesti*). – Moskau
1986.

Übersetzung: *Sind wir ja gewohnt*, H. Angarowa,
Bln./DDR 1978. – Dass., dies. (in *Frühlingsnacht.
Ausgew. Prosa*, Bln./DDR 1982).

Literatur: E. Doroš, *Ivan Afrikanovič* (in Novyj
mir, 1966, 8). – O. Voitinskaja, *Prosa V. B.* (in
Znamja, 1967, 1). – D. Brown, *Soviet Russian Lit-
erature Since Stalin*, Cambridge 1978, S. 245. – G.
Hosking, *Beyond Socialist Realism. Soviet Fiction
Since Ivan Denisovich*, Ldn. 1980, S. 59–62.

NIKOLAJ ALEKSANDROVIČ BERDJAEV

* 6.3.1874 Obuchovo bei Kiew
† 24.3.1948 Clamart bei Paris

LITERATUR ZUM AUTOR:
Bibliographie:
T. Klepinina, *Bibliographie des œuvres de N. B.*, Paris 1978.
Gesamtdarstellungen und Studien:
E. Dennert, *Die Krisis der Gegenwart u. die kommende Kultur. Eine Einführung in die Geschichtsphilosophie B.s*, Lpzg. 1928. – E. Porret, *N. B. u. die christliche Philosophie in Rußland*, Heidelberg 1950. – R. Rössler, *Das Weltbild N. B.s. Existenz u. Objektivation*, Göttingen 1956. – E. Klamroth, *Der Gedanke der ewigen Schöpfung bei N. B.*, Hbg.-Bergstedt 1963. – N. P. Poltorackij, *B. i Rossija*, NY 1967. – St. D. Panos, *Der Gottesbegriff bei B.*, Diss. Mchn. 1969. – J. Story, *Journey through Paradox. A Critical Analysis of the Thoughts of N. B., 1899–1914*, Diss. Columbia Univ. 1971. – R. Redlich, *Filosofija ducha N. A. B.*, Ffm. 1972 [m. Bibliogr.]. – W. Dietrich, *Provokation der Person, N. B. in den Impulsen seines Denkens*, Gelnhausen/Bln. 1975. – P. Klein, *Die »kreative Freiheit« nach N. B. Zeichen der Hoffnung in einer gefallenen Welt*, Regensburg 1976. – V. A. Kuvakin, *Kritika ėkzistencializma B.*, Moskau 1976. – P. Champell Murdoch, *Der sakramental-philosophische Aspekt im Denken N. A. B.s*, Erlangen 1981. – I. Devcic, *Der Personalismus bei N. A. B. Versuch einer Philosophie des Konkreten*, Rom 1981. – A. Köpcke-Duttler, *N. B. Seine Philosophie und sein Beitrag zu einer personalistischen Pädagogik*, Ffm. 1981 [enth. Bibliogr.]. – Ders., *N. B.s Weg einer schöpferischen Bildung*, 2 Bde., Ffm. 1982. – A. A. Ermičev, *N. A. B.* (in *Russkaja filosofija. Slovar'*, Hg. M. Maslin, Moskau 1995).

DUCH I REAL'NOST'. Osnovy bogočelovečeskoj duchovnosti

(russ.; *Ü: Geist und Wirklichkeit*). Religionsphilosophisches Werk von Nikolaj A. BERDJAEV, erschienen 1937. – Das mit dem Preis der französischen Akademie ausgezeichnete Spätwerk des Religionsphilosophen versucht, wie der Untertitel anzeigt, die *»Grundlagen der gottmenschlichen Geistigkeit«* zu beschreiben. Im ersten Kapitel (*Die Realität des Geistes. Geist und Sein*) untersucht Berdjaev die Begriffe »Geist« und »Sein« und wirft kritische Streiflichter auf die Theorien repräsentativer philosophischer Lehrsysteme (auch einiger russischer Denker, denen er *»Hypostasierung abstrakter Begriffe«* vorwirft); eine Geschichte des Begriffs »Geist« in den verschiedenen Sprachen und phi-

losophischen Schulen trägt er ergänzend nach. Die Frage, ob die durch rationales Denken erarbeitete Kategorie des Seins auf den Geist und auf Gott anzuwenden sei, wird von Berdjaev verneint. Ähnlich wie in der apophatischen Theologie müsse man vielmehr zu dem Ergebnis gelangen: Die Philosophie des Geistes ist Philosophie nicht des Seins (Ontologie), sondern der Existenz. Die – selbstverständliche – Realität des Geistes sei Realität der Freiheit, nicht der Natur. Geist stehe über den Gegensätzen Realismus-Idealismus, Denken-Sein, Objekt-Subjekt usw., er ist bei Berdjaev Lebensprinzip, ursprüngliche Wirklichkeit, In-Sich-Sein, Sinn des Seins, Hauch Gottes, transzendent und immanent, revolutionäre Kraft, Schönheit, Güte, Wahrheit der Seele, der er höchste Qualität und Würde, Einheit und Gerechtigkeit verleihe; er ist Tätigkeit des Überbewußtseins im Bewußtsein, und er hat – als Freiheit – den Primat über das Sein. Geist sei individuell, enthülle sich konkret und universal in der persönlichen Existenz, existiere nur im (von Gott geschaffenen) Subjekt, das nicht nur Denken und Bewußtsein sei, sondern als aktiver Wille schöpferisch und objektivierend wirke. Das Reich des Geistes sei das Reich der Freiheit und der Liebe; die pneumatologische Weltanschauung sei dynamisch. – Im zweiten Kapitel lehnt Berdjaev Versuche ab, die Eigenschaften des Geistes in Worten zu definieren. Geist als göttliches Element sei im Menschen mit dem menschlichen Element verbunden, da der Mensch eine geistig-seelische Einheit in der Fülle (symbolisiert durch das »Herz« im ostkirchlichen Sinn) darstelle. Vergeistigung beruhe auf dem Kampf des männlichen gegen das chthonisch-tellurische und kosmische weibliche Prinzip.

Das dritte Kapitel behandelt die Tragödie des Geistes, die darin bestehe, daß der Geist niedersteige und in die gefallene zeitliche Welt der Zivilisation und Gesellschaft nur unter Veränderungen eintreten könne: Verbürgerlichung, Erkaltung, Erstarrung, Selbstentfremdung des Menschen. Kollektiv könne er sich manifestieren nicht als objektiver, sondern nur als objektivierter Geist, dessen schöpferische Leistungen – Kultur, Geschichte – immer hinter den schöpferischen Absichten zurückbleiben. Darin besteht nach Berdjaev die Problematik der schöpferischen Aktivität. Die Objektivierung mildere und verberge im Interesse des Nützlichen den destruktiv-anarchischen Aspekt der nur subjektiv zu erlebenden religiösen Wahrheit, im Falle der christlichen Offenbarung z. B. durch die Institution der gegenwärtigen Kirche, durch ihre konventionell-sakralisierten Formen (mit Hinweis auf DOSTOEVSKIJS Großinquisitor; vgl. *Brat'ja Karamazovy – Die Brüder Karamazov*). Daß statt einer Realisierung der evangelischen Gebote ihre sakramentale Symbolisierung stattgefunden habe, darin erweise sich die Tragödie des Christentums; doch könne freilich diese Symbolisierung durch geistige Besinnung, Rückführung, Gehaltserfüllung eine positive Seite gewinnen. In diesem Zusammenhang deutet Berdjaev auch die Gefahren an, die die

Technik berge: den Übergang des Organischen zum Organisierten, wenn der Mensch der Technik nicht Herr werden könne.

Auf der Suche nach dem Sinn der Askese (Kapitel 4) lehnt Berdjaev den dualistisch-pessimistischen Asketismus ab, der als Furcht- und Verdienstreligiosität auch ins Christentum eingedrungen sei. Das Christentum sei aber nicht eigentlich asketisch, sondern prophetisch und messianisch. Christliche Askese in ihren verschiedenen Formen müsse positiv sein, dürfe nicht Zerstörung oder Verdrängung bedeuten, sondern Lenkung der Affekte im Dienst der Mystik, ausgerichtet auf Weltverklärung, wirksam als inspiratorisch-schöpferischer Eros. – Im fünften Kapitel diskutiert Berdjaev das Böse (die Sünde) und das Leiden: Das Leid (auch das scheinbar sinnlose, schicksalhafte) und das Mitleid sind für ihn geistige Phänomene (oder Wirkungen des Geistes); in beiden sieht er ein verklärendes Mysterium, das durch bloßen Optimismus oder Pessimismus (wie in manchen Erlösungsreligionen) nicht zu enträtseln sei. Die Fragen nach Wesen und Ursache des Bösen führen Berdjaev gegen seinen Willen zu einem neuen Dualismus, da er nicht Gott als den Urheber des Bösen sehen will (Theodizeeversuch): der Geist und seine Willensfreiheit und damit auch das Böse stammen nicht von Gott, sondern von einer uranfänglichen »vorseienden« Freiheit (Freiheit auch von Gott), dem »Ungrund« (den Böhme annimmt). Im folgenden widmet sich Berdjaev den Begriffen Tragik und Glück: Tragik im christlichen Sinn ist nicht mehr Verhängnis, sondern Liebesopfer. Glück im rein irdischen Sinn ist nicht möglich, eine (durchführbare) Verwirklichung sozialer Utopien (zu denen Berdjaev auch den Marxismus rechnet) läßt die geistigen Probleme nur deutlicher werden. – Im sechsten Kapitel konstatiert Berdjaev die Schwierigkeit, die Mystik, ihre Stufen, Formen und Gefahren, die Typen ihrer Vertreter in die theologische Sprache zu übertragen. Wahre Mystik ist nach ihm objektiv, realistisch, ist Erwachen des Geistes, Beziehung zwischen Gott und Seelengrund, ist negative Erkenntnis Gottes und der zwei Akte des theogonischen Prozesses: das göttliche Nichts (die Gottheit, der Ungrund usw.) realisiert sich in der Ewigkeit in Gott – der dreieinige Gott schafft die Welt. Theoria und Theosis (*theosis*: Vergöttlichung, Vergottung, ein Begriff der griechischen Kirchenväter) sind Wesenselemente der ontologisch-ganzheitlichen ostchristlichen Mystik.

Im siebenten Kapitel umreißt Berdjaev in optimistischer Zusammenschau, das Eschatologische gelegentlich vernachlässigend, Aufgaben und Ziel: echte Realisation des Geistes und »Vergeistigung« des Menschen durch Gnade und freie Tat, durch die schöpferische Kraft der Kontemplation (vgl. das »Herzensgebet«, das »geistige Tun« der orthodoxen Kirche); Durchgeistigung aller und des einzelnen (der Mensch hat Geist, soll aber Geist werden) und Verklärung durch den Parakleten (Tröster); durch Subjektivierung des Objektiven endlich Übergang in die Sphäre reiner Existenz; somit eine neue, kommunizierend-personalistische Geistigkeit, ein pneumatologisches Christentum: der Geist objektiviert nicht mehr, sondern inkarniert sich in der integralen Menschheit. So entsteht das Gottmenschentum – ein z. T. in der Ikonentheologie wurzelnder zentraler Begriff der russischen Religionsphilosophie.   M.G.R.

Ausgabe: Paris 1937.

Übersetzung: *Geist und Wirklichkeit*, R. Kirchner, Lüneburg 1948.

OL'GA FËDOROVNA BERGGOL'C

* 16.5.1910 St. Petersburg
† 13.11.1975 Leningrad

Literatur zur Autorin:
G. Curikova, *O. B.*, Moskau/Leningrad 1962. – E. S. Dobin, *Geroj. Sjuzet. Detal'*, Leningrad 1962. – E.-M. Fiedler-Stolz, *O. B. Aspekte ihres lyrischen Werkes*, Mchn. 1977. – D. T. Chrenkov, *Ot serdca k serdcu. O žizni i tvorčestve O. B.*, Leningrad 1979. – *Vospominanija O. B.*, Hg. G. M. Curikova u. I. S. Kuz'mičev, Leningrad 1979.

FEVRAL'SKIJ DNEVNIK

(russ.; *Februartagebuch*). Verspoem von Ol'ga F. Berggol'c, erschienen 1942. – Die inhaltliche Geschlossenheit des gesamten lyrischen Werks der Leningrader »Berufsrevolutionärdichterin« – wie sie sich selbst nannte – basiert auf ihrem Entschluß, sich selbst und ihr Werk in den Dienst des Aufbaus eines neuen kommunistischen Staates zu stellen. Inspiriert von der außerliterarischen Wirklichkeit nahm Berggol'c aktuelle politische und persönliche Ereignisse zum Anlaß, aus ihrer Sicht vorbildhafte Personen darzustellen und direkt zu bestimmten Denk- und Handlungsweisen aufzurufen. Die von dem Leitgedanken »*Ol'ga Berggol'c und ihre Generation auf dem Weg der Bewährung*« durchdrungenen Themen finden ihre dichterische Umsetzung in der Darstellung von individuellem Mut und Tapferkeit, von heldenhaften Verhaltens- und Handlungsweisen einzelner anonymer Personen, die stets nur als Glied der Gemeinschaft für dieselbe lebten und handelten. Die aus der dreifachen Motivation der historischen Ereignisse, der Zeitgenossenschaft und des persönlichen Erlebens sowie der Parteizugehörigkeit getroffene Auswahl der Themen und Motive zeigt besonders deutlich das tiefe Einfühlungsvermögen der Autorin in menschliche Bedrängnis und Tragik.

Die künstlerischen Fähigkeiten der Dichterin zeigen sich in dem steten Bemühen um Geschlossenheit des Werkganzen, sei es im einzelnen Gedicht, im Zyklus oder in einer Gedichtsammlung, wobei sie sich epischer und lyrischer Bauformen bedient, bezogen auf den historischen Zeitpunkt des jeweiligen Anlasses. Der besonders in der Kriegsdichtung augenfällige bild- und symbolhafte Stil verdeutlicht, daß ihre Gedichte auch sprachliche Kunstwerke und nicht bloß dichterisch verbrämte, journalistische Reporte sind. Ein weiteres typisches Stilmerkmal ist die Darbietungsweise von »Beichte« und »Predigt«, die politisches Interesse und persönliche Überzeugung der Figuren glaubwürdig verbindet und die dichterische Gestaltung erheblich verfeinert.

Nahezu alle Aspekte der Berggol'cschen Lyrik vereinigen sich in dem 1942 entstandenen *Fevral'skij dnevnik (Februartagebuch)*. Das aus sechs Teilen bestehende Poem weist Leningrad als Ort des Geschehens aus. Der Zeitraum umfaßt einen Abend, die folgende Nacht und den Morgen. Zwei Witwen verbringen diese Zeit mit Gesprächen über die allgemeine Situation in der belagerten Stadt und über ihr eigenes Schicksal. Diese im ersten Teil des Werks eingeführte Konstellation lebt im dritten Teil mit dem Hinweis auf das nächtliche Schweigen der beiden Frauen wieder auf, um dann im sechsten Teil im Ausdruck ihrer Hoffnungen einen optimistischen Schlußsatz zu finden. In dieses zeitlich und personell begrenzte Gerüst bettet Olga Berggol'c in knappen und prägnanten Worten das gedankliche Grundmotiv ihrer Kriegslyrik ein: die Gegenwartsbewältigung mit Hilfe optimistischer Zukunftsbilder (*»Ein doppeltes Leben leben wir nun: / eingeschlossen, in Kälte, Hunger und Verzweiflung, / wir atmen aber schon den morgigen, den glücklichen und reichen Tag, – / wir allein haben diesen Tag erobert«*). Dieses Wissen um den Sieg soll den Bewohnern Leningrads Kraft für ihren Kampf geben, der in den Teilen 2, 4 und 5 durch die Kernmotive »Leningrad« (Stadtmotiv) und »Leningrader« (Typus- und Situationsmotiv) verdeutlicht wird. Der Typus des sich stets positiv verhaltenden Durchschnittsbürgers entstammt allerdings nicht eigens der Berggol'cschen Dichtung, sondern er wurde von den Kulturbehörden der gesamten sowjetischen Literatur vorgegeben. Seine künstlerische Gestaltung zerfällt bei Olga Berggol'c in ein äußeres und ein inneres Erscheinungsbild. Das äußere, stark situativ geprägte Bild bilden die mutigen, gar heldenhaften Taten der Bevölkerung, das innere ihre Wünsche und Prophezeiungen, die die entschlossene, kämpferische und pflichtbewußte (parteiliche) Gesinnung des »Leningraders« demonstrieren sollen. Während Olga Berggol'c das Heldentum dieses Menschentypus in ausführlichen Passagen beschreibt, findet sie für seine Tragik nur kurze, knappe Worte. Das Motiv des Todes, ein spezifisches Kriegsmotiv, wird daher auch von ihr nahezu ausnahmslos nur im Sinne des sozialistischen Realismus, d. h. in der Sonderform des Heldentodes angewandt. Ergänzt werden diese Kernmotive durch die Rahmenmotive »Feind«, »Haß«, »Sieg« und »Stille«, die den zweipoligen Stimmungsgehalt der Gegenwarts- und Zukunftsbezogenheit noch vertiefen.

Die Symbol- und Bildhaftigkeit der Berggol'cschen Sprache, die im *Februartagebuch* nur in kargen Begriffen wie »Dunkelheit«, »Feindliches Feuer«, »Hunger«, »Kälte« und »Tod« anklingen, entfalten dennoch ihren vollen symbolischen Charakter vor allen denen, die die Tragödie Leningrads miterlebt bzw. sich mit ihr befaßt haben (vgl. H.E. SALISBURYS *900 Tage*). Gerade in diesem Poem offenbart sich – auf der Grundlage einer »beichthaften Predigt« – die pragmatische Ausrichtung dieser Lyrik, in der neben unverkennbar propagandistischen und belehrenden Zielsetzungen auch die eigene Überzeugung der »Berufsrevolutionärdichterin« immer wieder durchklingt: *»Ich war niemals eine Heldin, / mich dürstete weder nach Ruhm noch Auszeichnung / . . . / ich war nicht heldenhaft, ich lebte ganz einfach nur.«*   E.M.F.

AUSGABEN: Moskau 1942 (in *Leningradskaja tetrad'. Stichi*). – Moskau 1964 (in *Stichi i poémy*). – Leningrad 1970 (in *Vernost'. Stichi i proza*). – Moskau 1972 (in *Pamjat'. Kniga stichov*). – Leningrad 1973 (in *Sobr. soč. v trech tomach*).

LITERATUR: A. Sinjavskij, *Poézija i proza O. B.* (in *Novyi mir*, 1960, 5, S. 225–236). – A. Jaščin, *Poézija podviga. Tvorčeskij portret poétessy O. F. B.* (in *Literaturnaja Rossija*, 17.2. 1967, S. 14–15). – A. Abramov, *Lirika i épos Velikoj Otečestvennoj Vojny. Problematika – Stil' – Poétika*, Moskau ²1975. – H. E. Salisbury, *The 900 Days. The Siege of Leningrad*, NY 1969; Ldn. 1971.

ANDREJ GEORGIEVIČ BITOV

* 27.5.1937 Leningrad

LITERATUR ZUM AUTOR:
B. Anašenkov, *Vyedennoe jajco: seredina, sedina* (in Literaturnoe Obozrenie, 1977, S. 59–61). – I. Dedkov, *Sladkie, sladkie slezy* (in Literaturnoe Obozrenie, 1977, S. 57–59). – W. Schmid, *Materialien zu einer Bitov-Bibliographie* (in WSlA, 1979, 4, S. 481–495). – Ders., *Nachtrag zur Bitov-Bibliographie* (in WSlA, 1980, 5, S. 327–334). – Ders., *Verfremdung bei A. B.* (in WSlA, 1980, 5, S. 25–53). – O. Hassanoff Bakič, *A New Type of Character in the Soviet Literature of the 1960s: the Early Works of A. B.* (in Canadian Slavonic Papers, 1981, 23, S. 125–133). – M. Klefter, *Rejsemotivet hos A. B.* (in Slavica Othiniensia, 1981, 4, S. 27–37). – E. Chances, *A. B.*, Cambridge 1993.

PUŠKINSKIJ DOM

(russ.; *Ü: Das Puschkinhaus*). Roman von Andrej
G. Bitov, erschienen 1978. – Die Geschichte des
dreißigjährigen Doktoranden der Literaturwissenschaft Lev Odoevcev wird nicht geradlinig erzählt.
Bitov geht vielmehr spielerisch mit der Biographie
seines Helden um; in komplexer Erzählweise spielt
er die Möglichkeiten eines Lebenslaufs durch. Jeden für die Entwicklung des jungen Gelehrten entscheidenden Lebensabschnitt überprüft er auf seine Alternativen, indem er immer wieder – jeweils
mit gleicher, verwirrender Bestimmtheit – eine andere Version des Geschehens erzählt. In den zwischen diesen narrativen Part eingeschobenen Kommentaren, den sogenannten *»Hervorhebungen«*, in
denen Bitov auf den Entstehungsprozeß seines Romans zurückblickt, vermerkt er lakonisch, bei den
verschiedenen Biographie-Varianten gehe es *»um
die Desorientiertheit«*.
Lëva, als Kind mit den Eltern nach Sibirien verbannt, nach dem Krieg nach Moskau zurückgekehrt, entstammt einem alten Adelsgeschlecht. Die
von Kollegen spöttisch-spielerisch verwendete Anrede »Fürst« stellt ebenso den Bezug zu einer Tradition her wie sein Vor- und Vatersname Lev Nikolaevič (Lëva als Koseform), den er mit Tolstoj,
dem Übervater der russischen Literatur, gemeinsam hat. Auch Lëvas Vater und Großvater waren
angesehene Literaturwissenschaftler. Allerdings
erfährt der Enkel von der Existenz des Großvaters
erst als Erwachsener: Dieser hatte dreißig Jahre in
Arbeitslagern verbracht und wurde bis zu seiner
Rehabilitierung in den späten fünfziger Jahren von
Lëvas Eltern totgeschwiegen.
Odoevcev setzt als angehender Literaturwissenschaftler die Familientradition fort. Aufgewachsen
in einem intellektuellen Elfenbeinturm, versucht er
zu verdrängen, was in der Außenwelt geschieht. In
seiner Weltfremdheit unterscheidet er sich kaum
von seinen Eltern: *»Sie brachten ihm bei, was sie
konnten, und verschwiegen dabei das, was sie wußten.«*
Mit seinem elitären Lebensstil harmoniert der mu-
seale Arbeitsplatz: das Puškin-Haus, ein abseits ge-
legenes altes Palais, das als Puškin-Museum und Literaturinstitut eingerichtet ist. Lëva gilt nicht nur
als vielversprechender Literaturwissenschaftler,
auch sein Privatleben ist intakt. Er lebt bei den Eltern und hat drei Freundinnen: *»Die er stürmisch
liebt ... liebt ihn nicht; die ihn entsagungsvoll liebt,
liebt er nicht und die, an der er in einem unverbindli-
chen Nützlichkeitsverhältnis hängenbleibt, liebt ihn
ebensowenig wie er sie. Hier ist noch alles spätpubertär
und daher ohne Konsequenz«* (H. v. Ssachno). – Erst
jener 8. November 1961, an dem der Roman endet,
bringt sein Leben aus dem Gleichgewicht. Am Jahrestag der Oktoberrevolution muß er im Institut
Wache halten. Vergeblich versucht er im men-
schenleeren Haus, sich auf die bevorstehende Verteidigung der Dissertation vorzubereiten. Unter
Freunden, die schließlich kommen, um ihm Gesellschaft zu leisten, ist auch Mitišatev, fast ein E. T. A.
Hoffmannscher Doppelgänger Lëvas, der ihn um

sein Aristokratentum beneidet und ihm vorwirft,
von der Realität keine Ahnung zu haben. Wodkatrunken versucht er Lëva klarzumachen, daß es wi-
derliche Charaktere gibt und daß er, Mitišatev,
einer davon ist: ein Emporkömmling, erfüllt von
sozialen Ressentiments, Minderwertigkeitskom-
plexen, Neid und Haß, der höchstens mit *»kollektiver Unaufrichtigkeit«* im Leben etwas erreichen
kann. Der Streit mündet in eine Schlägerei, in deren Verlauf alle Museumsexponate, darunter Puškins Totenmaske, zerstört werden. Dies löst ein
Duell mit Puškins Pistolen aus, in dem Lëva den
Tod findet – möglicherweise, denn die vom Autor
angewandte Variantentechnik ermöglicht es ihm,
Lëva am Leben bleiben und mit Hilfe von Freundin und Verwandten die Ordnung im Museum
wiederherstellen zu lassen. Es stellt sich dabei heraus, daß die verhängnisvolle Totenmaske stapel-
weise im Magazin gelagert wird. Die Realität erhält
auch hier einen ambivalenten Zug.
Bitov erweitert Sprachspielerei zur Literaturspiele-
rei, indem er die russische Literatur in Form von
Zitaten, Anspielungen und Reflexionen in sein
Buch einbringt. Im Widerstreit zwischen den Generationen beispielsweise klingt sehr direkt Turgenevs *Otcy i deti*, 1862 *(Väter und Söhne)*, an; Titel und Motto des Buches sind wiederum Bloks
letztem Gedicht *(Puškinskij dom*, 1921 – *Das Puschkinhaus)* entliehen, in dem der große Dichter, und
in ihm die gesamte russische Klassik, als geistige
Existenzbedingung Rußlands beschworen werden.
– Der vollständige Text des Romans erschien nur
im Ausland; in der Sowjetunion wurden lediglich
Fragmente in den Zeitschriften ›Zvezda‹ und ›Voprosy literatury‹ veröffentlicht.   G.Wi.

Ausgaben: Ann Arbor 1978. – Ffm. 1978.

Übersetzung: *Das Puschkinhaus*, N. Spitz-Wdo-
win u. S. List, Darmstadt/Neuwied 1983.

Literatur: J. Karabčevskij, Rez. (in Grani, 1977,
106, S. 141–203). – E. J. Brown, *Russian Literature
Since the Revolution*, Cambridge/Mass. 1982,
S. 333. – J. Rühle, Rez. (in Die Welt, 14. 5. 1983).
– H. J. Fröhlich, Rez. (in FAZ, 6. 8. 1983). –
T. Rothschild, Rez. (in FRs, 23. 8. 1983). – J. R.
Döring-Smirnov, Rez. (in SZ, 27./28. 8. 1983). –
H. Pross-Weerth, Rez. (in Die Zeit, 30. 9. 1983). –
H. Stehli, Rez. (in NZZ, 7. 10. 1983). – H. v.
Ssachno, *Raunen aus dem russischen Wald. Der Er-
zähler A. B. und sein zyklisches Werk* (in Die Zeit,
17. 4. 1987).

JURIJ VASIL'EVIČ BONDAREV

* 15.3.1924 Orsk / Gebiet Orenburg

LITERATUR ZUM AUTOR:
A. Elkin, *Na ognennoj čerte: Literaturnyj portret* (in Moskva, 1973, 2, S. 214–220). – A. Karlin, *Otvetstvennost' pamjati* (in Oktjabr', 1974, 3, S. 199–210). – E. N. Gorbunova, *»Nespokojnaja tišina...«* (in Naš Sovremennik, 1978, 15, S. 148–162). – Dies., *J. B. Očerk tvorčestva*, Moskau 1981. – Vl. Korobov, *Utverždenie i otricanie: J. B. – 60 let* (Oktjabr', 1984, 3, S. 190–195). – L. Bykov, *Postiženie složnoj jasnosti: Po stranicam novych rabot o tvorčestve J. B.* (in Literaturnoe Obozrenie, 1985, 6, S. 24–29).

GORJAČIJ SNEG

(russ.; *Ü: Heißer Schnee*). Roman von Jurij V. BONDAREV, erschienen 1969. – Mehr als zwanzig Jahre nach dem Erfolg von Viktor NEKRASOVS *V okopach Stalingrad*, 1947 (*In den Schützengräben von Stalingrad*), wagte sich Bondarev an den großen historischen Stoff: Im Dezember 1942 versucht die deutsche Panzerarmee des Generals E. von Manstein den von den Sowjets um Stalingrad gezogenen Ring zu durchbrechen und die eingeschlossenen deutschen Truppen zu entsetzen. Dem von einer schweren Verwundung gezeichneten General Besonov wird von Stalin die Aufgabe übertragen, 35 km südwestlich von Stalingrad am Fluß Myškova, dem letzten natürlichen Hindernis vor der ebenen Steppe, den Durchbruch der Deutschen zu vereiteln. Beim Befehlsempfang in Moskau weist Stalin darauf hin, daß dem Erfolg dieses Unternehmens nicht nur militärische, sondern auch psychologische Bedeutung zukommt: Der Nimbus der Deutschen als unentwegte Sieger wäre damit gebrochen.
Nur eine sowjetische Division hat in einem über die Kräfte gehenden Marsch rechtzeitig den Fluß erreicht, als der deutsche Panzerangriff beginnt. Besonov verbirgt seine Verzweiflung über die Aussichtslosigkeit der Operation und sein Mitgefühl für die Soldaten hinter Härte und Unzugänglichkeit. Er weiß, daß er diese Division opfern muß, um jene Zeit zu gewinnen, in der er seine Armee sammeln und strategisch einsetzen kann. Wiewohl die sowjetischen Artilleristen die ganze Nacht versucht haben, in dem steinhart gefrorenen Boden Schützengräben zu errichten, sind sie in der flachen Landschaft fast ohne Deckung. Zwei Tage und zwei Nächte währt der Kampf, in dem die Deutschen weitaus überlegen sind.
Bondarevs Roman spielt auf zwei Ebenen: im Gefechtsstand der Division, wo die großen Zusammenhänge dieser Schlacht sichtbar werden, und in den Laufgräben der Soldaten, wo man nur den Befehl kennt, diese Stellungen unbedingt zu halten. Einer der Bataillonsführer ist Drosdovskij, eine negative Variante des äußerlich ähnlich gezeichneten Leutnants Knažko in Bondarevs Kriegsroman *Bereg*, 1975 (*Das Ufer*). Seine juvenile Schönheit, Kälte und Unnahbarkeit heben ihn aus der Masse heraus und scheinen, zusammen mit seiner Herkunft (sein Vater war ein bekannter Militär), eine Gewähr zu bieten für die von ihm immer wieder beanspruchte und geforderte Tapferkeit und Heldenhaftigkeit. Doch diesen Ansprüchen hält er im Augenblick der persönlichen Gefahr selbst nicht stand, reagiert egoistisch und feige, schickt seine Leute bewußt in den Tod. Der gleichaltrige, kampfunerfahrene Kusnecov, der soeben die Artillerieschule absolviert hat, bewährt sich hingegen in seiner Funktion als Zugführer. Angesichts der mit zersplitterten Karabinern, Uniformfetzen und Toten übersäten eigenen Stellungsgräben wird er von Skrupeln geplagt, daß er den Tod der ihm anvertrauten Soldaten nicht verhindern konnte. Der noch nicht einmal Dreißigjährige fühlt sich nach dieser Schlacht, in der er den Tod abwechselnd erwartete und verachtete, um zwanzig Jahre gealtert. Nur drei Soldaten aus seinem Zug sind am Leben geblieben; Besonovs Strategie entschied über das Schicksal der übrigen Männer auf dem Gefechtsvorposten. Am dritten Tag hat der General die verbliebenen Teile seiner Armee so formiert, daß er zum Gegenangriff übergehen kann, der die Wende des gesamten Krieges einleitet.
Die Handlung des Romans wird nicht von einem einzelnen, sondern von einer Gruppe aufeinander angewiesener Menschen getragen. Jeder der kämpfenden Soldaten hat an der historischen Verantwortung teil, die gleichsam nur institutionell dem General übertragen ist. Immer wieder konfrontiert Bondarev seine Figuren mit Ausnahmesituationen wie Krieg, Verhaftungen, Verhören oder komplizierten Liebesbeziehungen – sie legen das Individuelle viel offener bloß, als Alltagsszenen es vermögen. In der psychologischen Analyse des Verhältnisses »Mensch – Krieg« gelingt dem Autor eine sehr genaue Interpretation der Befindlichkeit der jungen Soldaten, die mit der Belastung fertig werden müssen, daß sie um einer gerechten Sache willen getötet werden und selbst töten und zerstören müssen.

G.Wi.

AUSGABEN: Moskau 1969 (in Znamja, 9, 10 u. 11). – Moskau 1973 (in *Sobr. soč.*, 4 Bde., 3). – Moskau 1984 (in *Sobr. soč.*, 6 Bde., 2).

ÜBERSETZUNG: *Heißer Schnee*, J. Elperin, Bln./DDR 1971. – Dass., ders., Ffm. 1975.

VERFILMUNG: UdSSR 1973 (Regie: J. Jegiasarov).

LITERATUR: K. Kantorczyk, *J. B.: »Heisser Schnee«* (in Weimarer Beiträge, 1972, 18, S. 151–154). – A. M. Mansurova, *Roman J. B. »Gorjačij Sneg« i ego mesto v sovremennoj sovetskoj literature* (in Filologičeskie Nauki, 1975, 17, S. 41–47). – D. Brown, *Soviet Russian Literature since Stalin*, Cambridge 1978. – N. N. Shneidman, *Soviet Literature in the 1970s*, Toronto 1979, S. 56–57. – A. N. Kožin, *Slovo o velikoj pobede: po romanu J. B. »Gorjačij Sneg«* (in Russkaja Reč', 1980, S. 3–6). – K. Kantorczyk, *Naturbild und Natursicht in J. B.s Roman »Gorjačij Sneg«* (in WZ Rostock, 1983, 32, S. 41–43).

TIŠINA

(russ.; *Ü: Vergiß, wer du bist*). Roman von Jurij V. BONDAREV, erschienen 1962. – Als Hauptmann der Reserve aus der Roten Armee entlassen, kehrt der Kommunist Sergej Nikolaevič Vochmincev im Jahre 1945 nach Moskau zurück. Seinem Eintritt ins Zivilleben scheint äußerlich nichts im Wege zu stehen. Seine Familie hat bis auf die Mutter den Krieg überlebt, er hat ein Zuhause, der Staat unterstützt den ehemaligen Soldaten bei der Aufnahme eines Studiums, und ein findiger Freund führt ihn in das turbulente Nachkriegsleben der sowjetischen Hauptstadt ein. In Moskau begegnet Vochmincev jedoch seinem Kriegskameraden Uvarov, der an der Front den Leutnant Vasilenko, einen Bekannten Vochmincevs, denunziert und seine Versetzung in ein Strafbataillon veranlaßt hat. Die erregte Auseinandersetzung Vochmincevs und Uvarovs in einem Moskauer Tanzlokal, die eine Strafe wegen Störung der öffentlichen Ordnung nach sich zieht, ist der Beginn des erbitterten Kampfes des Helden um die Gerechtigkeit. Vochmincev gibt sich nicht mit der Schlichtung des Streits nicht zufrieden: Er verlangt einen Richter. Lange Zeit später, als Vochmincev vor dem Abschluß seines Studiums steht und die Geschichte längst vergessen scheint, kommt es tatsächlich zu einem Gerichtsverfahren, doch ist der Angeklagte nicht Uvarov, sondern Vochmincev. Er hat der Parteiorganisation die Verhaftung seines Vaters verschwiegen, der, ein verdienter Altbolschewik und während des Kriegs Politruk an der Front, von mißgünstigen Nachbarn denunziert wurde. Inzwischen zum Parteifunktionär avanciert, nutzt Uvarov seine Chance, den unliebsamen Mitwisser seines Versagens zu vernichten. Auf sein Betreiben wird Vochmincev aus der Partei ausgeschlossen und verliert seinen Studienplatz. Obwohl er gezwungen ist, eine Anstellung als Bergarbeiter in Kasachstan anzunehmen, *»fühlt er sich unbesiegt«*.
Bondarevs Roman entlarvt die Ruhe der Nachkriegszeit in der Sowjetunion als die unheimliche »Stille« (so der Originaltitel des Werks) gesetzeswidrig anonymer Machtausübung in den letzten Jahren der stalinistischen Herrschaft. Ihre Organe, die Beamten des Staatssicherheitsdienstes, scheinen eine Infektion zu verbreiten: *»Sergej schien ja, daß ihre gelben Finger Spuren von Grippe hinterließen.«* Zu den Höhepunkten des Romans gehört die Schilderung der Verhaftung von Vochmincevs Vater. Das Verhältnis des Helden zu seinem Vater ist kritisch: Er hält ihm vor, seinen Lebensmut verloren und die Mutter betrogen zu haben. Im Begriff, *»eine weite Reise anzutreten«*, schreibt der Vater aus dem Gefängnis: *»Ich habe versäumt, Dir ein Vorbild zu sein ... bleib stark und jammere nicht. Der Tod ist nicht das Schlimmste.«* Dem Vermächtnis des Vaters getreu folgt Vochmincev der Stimme seines Gewissens. Er unterliegt dem gesellschaftlichen Apparat, dem sich sein Gegenspieler Uvarov verschrieben, sein Freund Konstantin angepaßt hat. Von der Gesellschaft verstoßen, bleibt er im Inneren ungebrochen. Die übrigen Personen des Romans – Vochmincevs sensible, prinzipienfeste Schwester Asja, seine verheiratete Geliebte Nina u. a. – spielen eine nur untergeordnete Rolle.
Formal steht das Werk in der Tradition des russischen realistischen Romans. Die Entwicklung der Handlung verläuft, von einigen Rückblenden abgesehen, chronologisch. Die Erzählebene variiert zwischen Er-Erzählung, innerem Monolog und Dialogen in milieubedingter Diktion.　　　F.H.

AUSGABEN: Moskau 1962 (in Novyj mir, H. 3–6). – Moskau 1962. – Moskau 1977 (in *Izbr. proizv.*, 2 Bde., 1). – Moskau 1985 (in *Sobr. soč.*, 6 Bde., 3).

ÜBERSETZUNG: *Vergiß, wer du bist*, J. Hahn, Mchn. 1962.

JOSEPH BRODSKY

Iosif Aleksandrovič Brodskij

* 24.5.1940 Leningrad
† 28.1.1996 New York

LITERATUR ZUM AUTOR:
M. Nikoloć, *Dve poèmy I. B.* (in Delo, 1970, 16, S. 982–1002). – A.-M. Brumm, *The Muse in Exile: Conversations with the Russian Poet J. B.* (in Mosaic, 1974, 8, S. 229–246). – W. Kasack, *I. B.* (in Osteuropa, 1977, 3, S. 180–188). – H. Gifford, *The Language of Loneliness* (in Times Literary Supplement, 11. 8. 1978, S. 902–903). – J. E. Knox, *J. B.'s Affinity with Osip Mandel'shtam. Cultural Links with the Past*, Diss. Univ. of Texas, Austin 1978 [enth. Bibliogr.]. – F. D. Reeve, *On J. B.* (in The American Poetry Review, 1981, 10, S. 36 f.). – *Poètika B.*, Hg. L. V. Losev, Tenafly 1986. – B. Ashoff, *Gespräch mit J. B.* (in Die Zeit, 30. 10. 1987). – H. Bienek, *Die Freiheit, wie ein Dichter zu leben. Über Leben und Schreiben des J. B.* (ebd.). – E. Wolffheim, *»Unser Allerheiligstes ist die Sprache.« Zur Übergabe des Nobelpreises für Literatur an J. B. am 10. Dezember* (in NZZ, 4. 12. 1987). – V. Poluchina, *J. B.: A Poet for Our Time*, Cambridge 1989. – Ju. Kublanovskij, *Poèzija novogo izmerenija* (in

Novyj mir, 1991, Nr. 2). – V. Poluchina, *Brodsky through the Eyes of his Contemporaries*, London 1992. – A. Rančin, *Filosofskaja tradicija I. B.* (in Literaturnoe obozrenie, 1993, Nr. 3/4).

DAS LYRISCHE WERK (russ.) von Joseph BRODSKY.

»Als einem virtuosen Erneuerer der poetischen Sprache« wurde Brodsky 1987 der Nobelpreis für Literatur verliehen. Der russische Lyriker lebt seit 1972 im amerikanischen Exil und schreibt nunmehr in beiden Sprachen: neben Gedichten auf Russisch autobiographische Prosa, wie *Less than One* (1986; auszugsweise dt. Ü: *Erinnerungen an Leningrad*), in Englisch.

Brodsky war in der Sowjetunion als Lyriker nur über Manuskriptabschriften bekannt, seine metaphysisch geprägten Gedichte blieben unveröffentlicht. Er betätigte sich auch als Übersetzer polnischer, serbokroatischer und englischer Poesie. Seine Arbeit wurde 1964 von einem Leningrader Gericht als »Parasitentum« gebrandmarkt. Das Urteil in dem auf der Diffamierung staatlich nicht kontrollierter künstlerischer Arbeit aufgebauten Prozeß lautete auf fünf Jahre »Arbeitseinsatz« im weiten Nordosten der Sowjetunion. (Die Gerichtsverhandlung wurde im Westen bekannt durch die Mitschrift der Schriftstellerin Frida VIGDOROVA.) Auf internen – unter anderem setzten sich A. ACHMATOVA, K. PAUSTOVSKIJ und D. ŠOSTAKOVIČ für ihn ein – wie internationalen Protest hin wurde das Urteil nach eineinhalb Jahren aufgehoben; 1972 mußte Brodsky die Sowjetunion verlassen.

Brodsky schrieb keineswegs politische Lyrik, die Anstoß hätte erregen können, hatte aber auch nichts mit dem offiziell geforderten und geförderten sozialistischen Realismus gemein. Seine Lyrik ist von großer Sprachgewalt, er schreibt mit einem für ihn charakteristischen »*langen ›epischen‹ Atem*« (Holthusen), metaphernreich und formal sehr vielseitig. Seine großen Gedichtsammlungen erschienen, zum Teil schon vor seiner Exilierung, in den USA: *Stichotvorenija i poèmy*, 1965 (*Gedichte und Poeme*), *Ostanovka v pustyne*, 1970 (*Haltestelle in der Wüste*), *Konec prekrasnoj èpochi*, 1977 (*Das Ende einer schönen Epoche*), *Čast' reči*, 1977 (*Redeteil*), *Rimskie elegii*, 1982 (*Römische Elegien*), *Novye stansy k Avguste. Stichi k M. B. 1962–1982*, 1983 (*Neue Stanzen an Auguste. Gedichte für M. B. 1962–1982*), *Urania*, 1987 (*Urania*). Brodskys ästhetisches Bekenntnis, daß Gedichte Erfahrungen seien, auch Erfahrungen mit dem Tod, formuliert er in der Federico GARCÍA LORCA gewidmeten Definition der Poesie und sagt damit auch viel über seine Thematik aus: Brodskys Lyrik reflektiert über den Zustand der Welt. Die intensiv fragenden, den Zweifel vor jede Antwort stellenden metaphysischen Gedichte setzen sich mit der Vergänglichkeit, der Ungeborgenheit des Menschen, der Funktion der Zeit auseinander. Immer stehen die Lebenden im Bann des Todes – auch dort, wo er in seinen Vorformen, der Trennung und dem Schlaf, er-

scheint. Selbst die Dinge gehören ihm an: Zerstört, zerborsten liegen sie ganz wörtlich als Ruinenstadt wie Königsberg (*Einem alten Architekten in Rom*, 1964; Originaltitel in Deutsch). Sie werden aber auch vorübergehend durch die Macht der dichterischen Sprache aus der Banalität ihrer Alltagserscheinungen gelöst wie in *Bol'šaja èlegija Džonu Donnu*, 1963 (*Große Elegie auf John Donne*). Wenn der Tod die Stimme ihres Dichters, hier des englischen Metaphysikers John DONNE (1572–1631), zum Schweigen bringt, verlieren auch die Dinge ihre poetische Wertigkeit. Der Tod des Wortmächtigen bringt auch sein Werkmaterial – die Sprache – zum Verstummen: »*John Donne schlief ein. Es schlafen die Gedichte,/ und alle Bilder, Rhythmen, starke, schwache,/ sind unauffindbar. Laster, Sehnsucht, Sünden,/ sie ruhen lautlos gleich in ihren Silben./ Ein Vers ist zu dem andern wie ein Bruder/ ... Die Zeilen schlafen tief. Des Jambus strenge Wölbung./ Trochäen schlafen, wie die Wächter, links und rechts./ ... Alles schlief ein. Die Bücherstapel schlafen./ Die Wörterflüsse, zugedeckt vom Eise des Vergessens./ Es schlafen alle Reden, ihre ganze Wahrheit.*«

In dem Gedicht *Glagoly*, um 1962 (*Die Verben*), geht Brodsky noch einen Schritt weiter. Die Gedichte, die Strophen, alles Geschriebene lösen sich in einzelne Wörter auf. Dabei fällt auf, daß Brodskys Sprache weitgehend auf Substantiven und Verben aufgebaut ist. Die Verben, das Rückgrat der Sprache, führen ein absolutes Eigenleben: »*Um mich scharen sich schweigsame Verben,/ ... hungrige Verben, nackte Verben,/ taube Verben, Hauptverben./ ... Jeden Morgen gehen sie an die Arbeit,/mischen Zement, schleppen Steine herbei,/ sie bauen eine Stadt, doch es wird nie eine Stadt sein,/ sie bauen ein Denkmal ihrer Einsamkeit.*« Indem sich die Wörter ihm entziehen, entziehen sie dem Dichter auch seine bisherige Wirklichkeit. Sie lassen ihn sprachlos, es sei denn, er schriebe stammelnd, unter Verzicht auf die Syntax. Aber das Verstummen der Sprache leitet ihn an, eine erweiterte Realität zu sehen. Die Eindrücke, die, hungrig nach Gestaltung, über den Dichter herstürzen, kosten ihn seine Lebenskraft, wenn er nicht mehr fähig ist, kreativ mit ihnen umzugehen. Er kann nur schöpferisch sein, wenn die Sprache an Ich und Welt gebunden bleibt. Isoliert von seinen Wörtern, mithin seiner Sprache, bleibt der Dichter in seinem Verhältnis zur Welt deutlich verunsichert zurück.

Schon in den Gedichten der sechziger Jahre, etwa *Byl černyj nebosvod...*, 1964 (*Wir sahen damals abends dieses Roß...*), *Einem alten Architekten in Rom* (1964), *Stichi na smert' T. S. Eliota*, 1965 (*Verse auf den Tod T. S. Eliots*), oder *Ostanovka v pustyne*, 1966 (*Haltestelle in der Wüste*), finden sich die Schlüsselwörter, die den Zugang zu Brodskys Lyrik öffnen: Trennung, Schlaf, Nacht, Dunkelheit, Schwärze, Kälte, Einsamkeit, Wehmut, Trübsal, Öde. Sie alle führen auf das eine hin: Tod. Ihnen stehen nur wenige »helle« Wörter gegenüber: Lampe, Licht, (heimatlicher) Herd, Vögel und Falter. Die »dunklen« Wörter bleiben am ehesten in der Naturlyrik ausgespart.

Groß ist Brodskys Fundus an Bildern. Für die metaphorische Umschreibung beispielsweise des Todes bedient er sich eines anscheinend unausschöpflichen Vorrats. Der Tod ist nicht nur *»jener Bursche, der mit langer Sense geht«* (*Cholmy*, 1970 – *Die Hügel*), auch als *»Frau Tod«* tritt er auf (*Stichi na smert' T. S. Eliota*); es gibt nichts, das ihn nicht im Kern enthielte: *»Der Tod ist in jedem Worte,/ im Schößling, in Dotter und Brot...«* (*Cholmy*). Eines der schönsten Bilder für den Tod findet Brodsky im Gleichnis des schwarzen Pferdes (*Byl černyj nebosvod...*). Wie ein moderner Maler (in den *Rimskie elegii – Römische Elegien*, Nr. XI, bezieht er sich auf den russischen Maler Kasimir Malevič und dessen *»Weißes Quadrat auf weißem Grund«*) sucht der Dichter als Gleichnis des Todes alle Nuancen von Schwarz auszuloten. Das schwarze Roß ist das Nichts. Es ängstigt die Menschen an der Geborgenheit des Lagerfeuers, weil es einen Reiter sucht, und einen von ihnen in sein Nichts, das heißt in den Tod, hineinziehen will. Das Nichts aber ist jener Ort, an dem Trauer, Melancholie und Glaube nicht mehr gelten.

Brodsky setzt oft auf die Rezeption der Antike und des Christentums durch die Moderne. Die Anverwandlung und Umformung zeitloser Thematik finden sich beispielsweise in der metaphysischen Versdichtung *Isaak i Avraam*, 1965 (*Isaak und Abraham*), oder in *Enej i Didona* (später *Didona i Enej*, 1969 – *Aeneas und Dido*). Hinter *Odyssej Telemaky*, 1972 (*Odysseus an Telemach*), stehen, gebrochen durch den Hinweis auf FREUDS Ödipuskomplex-Theorie, die traditionellen Ratschläge eines Vaters an seinen Sohn, einem in der *Bibel* wie in der Spätantike beliebten Topos. Auch mit direkten und indirekten Zitaten spielt Brodsky vielfach. Er verweist nicht nur auf die russische Literatur (zum Beispiel auf PUŠKIN und PASTERNAK, Achmatova und MANDEL'ŠTAM). Auch GOETHE, LENAU, DANTE werden zitiert, vor allem aber die englischsprachigen metaphysischen Dichter wie DONNE, BLAKE, KYNASTON, ELIOT, AUDEN und Wallace STEVENS, dem er in *Einem alten Architekten in Rom* mit der Anspielung auf dessen *To an Old Philosopher in Rome* huldigt. Brodsky bezeichnet sich selbst als *»Architekturfetischisten«*, entsprechend gern beschreibt er Interieurs und architektonische Details, die zugleich eine Hommage sind an Städte, die er liebt, wie Venedig, Florenz, Rom.

Die Vielfalt traditioneller poetischer Formen beherrscht er souverän: Sonett, Stanze, Elegie, Romanze, Ballade. *Bol'šaja ėlegija Džonu Donnu* ist in vierzeiligen gereimten Jamben, *Plač* (*Die Wehklage* aus dem Zyklus *Šestvie – Prozession*) in gereimten Trochäen geschrieben; Anapäst (*Posvjaščenie Gleby Gorbovskomy – Zueignung an Gleb Gorbovskij*) und Daktylos stehen ihm gleichfalls zu Gebote. In *Meksikanskij divertisment* (*Mexikanisches Divertimento*) adaptiert er spanische Versformen. Gleichermaßen finden sich strophen- und reimlose Gedichte, wobei vielfach das Enjambement bevorzugt wird. Auch direkte und indirekte Rede, sogar als Frage und Antwort, sind Bauformen seiner Lyrik. Mit dem Stilmittel der poetischen Montage stellt Brodsky durch mehrere, scheinbar willkürlich untereinandergesetzte Bilder Analogien her, die aus Träumen stammen könnten, so unreal, beinah bizarr wirken sie. Die Montage so disparater Dinge aber vermittelt ein Bild von der Widersprüchlichkeit des Lebens. Der Erfahrenswert solcher Zeilen und Strophen dominiert, auch dort, wo rationale Zusammenhänge scheinbar nicht auszumachen sind.   G.Wi.

AUSGABEN: *Stichotvorenija i poėmy*, NY 1965. – *Ostanovka v pustyne*, NY 1970. – *Konec prekrasnoj ėpochi*, Ann Arbor 1977. – *Čast' reči*, Ann Arbor 1977. – *Rimskie elegii*, NY 1982. – *Novye stansy k Avguste. Stichi k M. B. 1962–1982*, Ann Arbor 1983. – *Mramor*, Ann Arbor 1984. – *Urania*, Ann Arbor 1987. – *Čast' reči. Izbrannye stichi 1962–1988*, Moskau 1990. – *Soč. I. B.*, Bd. 1: Paris/ Moskau/NY 1992; Bd. 2–4: St. Petersburg 1994/95.

ÜBERSETZUNGEN: *Ausgewählte Gedichte*, H. Ost u. A. Kaempfe, Esslingen 1966; ern. Ffm. 1987 (u. d. T. *Gedichte*; FiTb). – *Jalta gewidmet*, J. Masner (in Kontinent, 1976, 4). – *Wiegenlied vom Kabeljau-Kap*, G. v. Olsowsky (in Kontinent, 1976, 5). – *Teil einer Rede – Lyrischer Zyklus. Litauisches Divertimento*, N. N. (in Kontinent, 1977, 6). – *In England. Briefe aus der Ming-Dynastie. Plato weiterführend*, G. v. Olsowsky (in Kontinent, 1977, 8). – *Einem alten Architekten in Rom*, K. Dedecius u. a., Mchn. 1978; ern. 1986 (Slg. Piper). – *Römische Elegien*, F. Ph. Ingold, Mchn. 1985. – *Ufer der Verlorenen*, J. Trobitius, Mchn./Wien 1991. – *An Urania*, B. Veit, S. List, F. Ph. Ingold u. C. Meyer-Clason, Mchn. 1994.

OSTANOVKA V PUSTYNE

(russ.; *Haltestelle in der Wüste*). Gedichte und Poeme von Joseph BRODSKY, erschienen 1970. – Der Sammelband mit einundsiebzig Gedichten und Poemen aus den Jahren 1961–1969 ist in sechs ungleich lange Teile gegliedert. Dem Band sind vier Übersetzungen Brodskys von Gedichten John DONNES beigefügt.

Allein die Titel – jeder dritte entspricht dem unmittelbaren Textbeginn – deuten auf weite thematische Vielfalt. Die ersten drei Abschnitte des Bandes mit den Titeln *Hügel, Anno Domini, Die Fontäne* sind den kleineren lyrischen Gattungen gewidmet. Im vierten Teil, *Poeme*, findet sich das Gedicht, das der ganzen Sammlung den Titel gibt: *Haltestelle in der Wüste*. Besonders im umfangreichen, durch ständige Gesprächssituationen dramatisierten Poem *Gorbunov und Gorčakov* (Teil 5; vierzehn Abschnitte mit jeweils zehn zehnsilbigen Zehnzeilern) fügt Brodsky auch äußere, zeitgenössische Wirklichkeit ein, nähert sich aber nie der üblichen Einlinigkeit des sozialistischen Realismus. Politische Aussagen fehlen fast völlig. (So ist der von der

Staatsanwaltschaft während der Gerichtsverhandlung im Februar 1964 erhobene Vorwurf, Brodskys Verse seien prononciert *antisowjetisch wie auch pornographisch* zumindest aus diesem Sammelband nicht zu belegen.) Ebensowenig findet man reine Natur- und Liebeslyrik.

Die tiefgründigen, oft schwer faßbaren Inhalte offenbaren weitreichende Kenntnisse verschiedener Kulturbereiche; der angelsächsischen Poesie, der *Bibel*, der antiken und mittelalterlichen Literatur, des europäischen Symbolismus. Doch weder in der frühen romantisch-elegischen Stimmung (*Weihnachtsromanze*, 1962) noch im religiös-metaphysischen (*Isaak und Abraham*, 1963; *Verse auf den Tod T. S. Eliots*, 1965) oder pragmatisch-philosophischen Gehalt (*Weissagung*, 1965; *Haltestelle in der Wüste*, 1966) Brodskyscher Gedichte zeigt sich eine deutliche Abhängigkeit von Vorbildern. Schon die ausgesuchte, anspruchsvolle Lexik bekundet Streben nach Originalität. Beim Versuch einer Charakteristik drängen sich Leitwörter, iterierende Bilder und Symbole auf: Schwermut, Sehnsucht *(toska)*, Fremdheit, Einsamkeit; Schatten *(ten')*, Trugbild, Erscheinung *(prizrak)*. Auch durch die häufig begegnenden Begriffe *cholmy* (Hügel) und *skakat'* (springen) wird die überwiegend elegisch-getragene Grundstimmung nur wenig belebt, stehen doch *schwarz* (häufigste Farbbezeichnung), *Dunkelheit*, *Tod* und – atmosphärisch vorherrschend – *kalter Regen* oft in unmittelbarer Nähe (vgl. *Du springst in die Finsternis...*, 1962).

Von EVTUŠENKOS Sturm und Drang ist hier nichts zu spüren. Eine Vielzahl von Vergleichsformen bestimmt die Länge der meist zögernd-verhalten, gelegentlich zähflüssig sich reihenden Verse. Neben traditionellen Metren finden sich rhythmisch-originelle Versuche mit ungleichsilbigen, vielfüßigen Zeilen bei im allgemeinen genau eingehaltenem, gelegentlich recht abwechslungsreichem Reimschema. Das makkaronistische Poem *Zwei Stunden im Reservoir* (1965) mit seinen deutsch-russischen Form- und Wortspielen ist hierfür ein Beispiel.

In vielleicht bewußter Abgrenzung gegen die Formexperimente zeitgenössischer Lyriker entspricht die überwiegend konventionelle formale Gestaltung der seriösen inhaltlichen Harmonie unter dem Motto des Sammelbandes (vom Herausgeber eingefügt?):

»... Men must endure
Their going hence, even as their coming hither.
Ripeness ist all.«　　　　　　(*King Lear*, 5,2)

Die zukunftsoffenen Standortfragen in den Schlußversen des Titelpoems weisen nur scheinbar über SHAKESPEARES Reifeforderung hinaus – produktive Lebensweisheit oder resignierende Schicksalsergebenheit? –:

»... Wohin sind wir geraten?
... Was liegt dort vor uns?
Wartet auf uns nun nicht eine andere Epoche?
Und wenn's so ist, worin liegt unsere gemeinsame Pflicht?
Und was müssen wir ihr opfern?«

In der Sowjetunion sind Brodskys Dichtungen bis auf sehr wenige Ausnahmen in literarischen Almanachen und Selbstdruckausgaben nicht erschienen.

　　　　　　　　　　　　　　　　　KLL

AUSGABE: NY 1970.

ÜBERSETZUNG: *Haltestelle in der Wüste*, S. List (Ausw. in *Einem alten Architekten in Rom*, Mchn. 1978).

LITERATUR: F. P. Künzel, Rez. (in SZ, 15.6. 1973). – C. Proffer, *A Stop in the Madhouse: B.'s Gorbunov i Gorčakov* (in Russian Literature Triquarterly, 1971, 1, S. 342–351). – R. D. Sylvester, *The Poem as Scapegoat: An Introduction to J. B.'s »Halt in the Wilderness«* (in Texas Studies in Literature and Language, 1975, 17, S. 303–325).

MICHAIL AFANAS'EVIČ BULGAKOV

* 14.5.1891 Kiew
† 10.3.1940 Moskau

LITERATUR ZUM AUTOR:
Bibliographien:
Y. Hamant, *Bibliographie de Mihail Bulgakov*, Paris 1970. – E. Proffer, *An International Bibliography of Works by and about M. B.*, Ann Arbor 1976.
Biographien:
A. Wright, *M. B. Life and Interpretations*, Toronto 1978. – E. Proffer, *Bulgakov: Life and Work*, Ann Arbor 1984. – M. Čudakova, *Žizneopisanie B.*, Moskau 1989. – *M. B. Manuskripte brennen nicht. Eine Biographie in Briefen und Tagebüchern*, Hg. J. Curtis, Ffm. 1991. – E. Wolffheim, *M. B.*, Reinbek 1996 (romono).
Gesamtdarstellungen und Studien:
E. Proffer, *The Major Works of M. B.*, Diss. Indiana Univ. 1971. – J. Woodward, *Narrative Tempo in the Later Stories of B.* (in WdS, 1971, 16, S. 383–396). – V. Levin, *Das Groteske in M. B.s Prosa*, Mchn. 1975. – K. Rudnitsky, *B.'s Plays* (in Russian Literature Triquarterly, 1976, 15, S. 123–166). – N. Galichenko, *Humour, Satire and Fantastic Elements in M. B.'s Early Prose*, Montreal 1977. – L. Ershov, *M. B. as Playwright*, Diss. Stanford Univ. 1981. – *Tvorčestvo M. B. Issledovanija, materialy, bibliografija*, 3 t, Sankt Petersburg 1991–1995. – *Nomer, posvjaščennyj 100-letiju so dnja roždenija M. B.* (in Literaturnoe obozrenie, 1991, Nr. 5). – *Tvorčestvo M. B. Issledovanija. Materialy. Bibliografija*, Kniga 3, Sankt Petersburg 1995.

BELAJA GVARDIJA

(russ.; *Ü: Die weiße Garde*). Roman von Michail A.
BULGAKOV, erschienen 1966. – Auszüge des Romans
wurden bereits 1924 in ›Rossija‹, der Zeitschrift
der Smenovechovcy (einer Bewegung innerhalb
der nach 1918 emigrierten russischen Intelligenz,
die für eine Zusammenarbeit mit der Sowjetmacht
eintrat) veröffentlicht. Die zeitgenössische
sowjetische Kritik mißverstand sie als eine *»Apotheose
des weißen* [d. h. antibolschewistischen] *Offiziers«*.
Diese Fehlinterpretation wurde von der antisowjetischen
Emigration unterstützt, welche die
Fragmente in Buchform herausgab und sich vor allem
an der vermeintlichen Sensation des Inhalts interessiert
zeigte, den literarischen Wert des Buches
dagegen für *»nicht sehr groß«* (G. Struve) hielt. Eine
werkbezogene Interpretation des Inhalts und eine
adäquate Analyse der künstlerischen Form des Romans
ist erst seit der Veröffentlichung des vollständigen
Textes im Jahre 1966 möglich. Doch gelangten
zuvor schon wichtige Motive des Romans
durch seine Dramatisierung (1926) unter dem Untertitel
des Werks, *Dni Turbinych* (*Die Tage der Geschwister
Turbin*; vgl. dort), in das Bewußtsein der
literarischen Öffentlichkeit: Trotz anfänglich heftiger
Kritik und zeitweiligem Verbot behauptete
sich das Stück – u. a. auf persönliche Empfehlung
Stalins – lange auf den Spielplänen der sowjetischen
Theater. Ein enger thematischer Zusammenhang
besteht auch zu Bulgakovs Drama *Beg*, 1928
(*Die Flucht*), das in den sechziger Jahren verfilmt
wurde und erneut Diskussionen in der Sowjetunion
auslöste.
Die Handlung des Romans konzentriert sich auf
die Darstellung des russischen Intellektuellen während
der Bürgerkriegszeit, dessen Erziehung von
konservativen Idealen bestimmt war. Die Geschwister
Turbin – der Facharzt für Geschlechtskrankheiten
und spätere Militärarzt Aleksej, der kriegsfreiwillige
Junker Nikolka und Elena, die Gattin
des baltischen Oberst Tal'berg – sind aufrechte
Verfechter einer monarchistisch-patriotischen
Idee. Die von Bulgakov mit offenkundiger Sympathie
gezeichneten Weißen erleben im Kiew des Jahres
1918/19, wie ihre idealistische Ehr- und Vaterlandsbegriffe
entlarvt und zerstört werden. Der
Prozeß des inneren Zusammenbruchs – ihm gegenüber
ist die historische Kapitulation der Stadt eher
Kulisse und Symbol – wird in Bulgakovs Darstellung
von Tönen der Tragik und Trauer, aber auch
der Ironie begleitet. Mit Recht spricht R. SCHRÖDER
von Figuren, die an Don Quijote erinnern.
Das gilt insbesondere für den Junker Nikolka Turbin
und sein Idol, den Oberst Naj-Tur, der sein Leben
für seine Junker opfert und Nikolka vor einem
sinnlosen »Heldentod« rettet. Gegenstück zu den
aufrichtig idealistisch gezeichneten weißen Offizieren
ist vor allem Sergej Tal'berg, der seine Truppe
und auch seine Gattin Elena in dem von den Banden
Petljuras bedrohten Kiew zurückläßt und mit
Hilfe seiner Beziehungen zum Stab der deutschen
Okkupationstruppen ins Ausland flieht. Tal'berg

nimmt das Verhalten der meisten weißen Stabsoffiziere
vorweg, die nach dem Verrat des Hetmans
Skoropadskij, einer Marionette der deutschen Besatzungsmacht,
ihre Truppen im Stich lassen und
sie der Vernichtung durch die Banden des ukrainischen
Nationalisten preisgeben. Allein der patriarchalisch-väterlich
geschilderte Oberst Malyšev löst
seine Division rechtzeitig auf. Immer deutlicher
zeichnet sich im letzten Teil des Romans die heranrückende
Kraft der revolutionären Massen ab, mit
deren Sieg die *»weiße Operette«* ihr Ende findet.
Von den Weißen wird der Sieg der Roten als historische
Notwendigkeit, als einzige Möglichkeit akzeptiert,
die *»Einheit Rußlands«* zu bewahren.
Einer ihrer Kommandeure bekennt vor dem Tod:
»Ich kann die Bolschewiki gut verstehen.« Elena verlobt
sich mit Šervinskij, einem Sympathisanten der
Roten.
Künstlerisch zählt Bulgakovs Roman zu den interessantesten
Leistungen der frühen Sowjetliteratur,
zumal er die Traditionen der russischen Klassik in
höchst eigenständiger Weise mit zeitgenössischen
Prosaexperimenten zu vereinen vermag. Einerseits
verweisen Zitate, Gestalten und Motive auf die
klassische Literatur (Nikolka auf Petja Rostov,
ganze Szenen auf die Schlacht von Borodino aus
TOLSTOJS *Vojna i mir*, 1868/69), andererseits findet
eine literarische Auseinandersetzung mit dieser
Tradition statt, die von wesentlichen Elementen
der experimentellen Prosa bestimmt wird, ohne jedoch
ihrem Trend zur *vnesjužetnost'* (Sujetlosigkeit)
zu verfallen. Der Bürgerkrieg wird weder in
Bruchstücken wie bei PIL'NJAK noch in Massenbildern
wie bei MALYŠKIN oder VESЁLYJ, sondern in
der Art eines formengeschichtlich neuartigen *»Familienromans«*
(Schröder) gezeigt. Aus der experimentellen
Prosa sind vor allem Montageformen
übernommen, die jedoch in eher integrierter Weise
verarbeitet sind: Bruchstücke der Wirklichkeit
(teils in den Text verwoben, teils herausgehoben),
Konfrontationen von grotesken und phantastischen
Szenen mit realistischen Passagen, die Vermischung
unterschiedlicher Stilebenen und Sprachen
(auffällig vor allem die Dialoge mit russisch-ukrainischer
Mischsprache) usf. Die auktoriale
Ebene ist äußerst reduziert, selbst die sogenannten
»geschichtsphilosophischen« Passagen sind stilisiert
(*skaz* und stilistische Vorbilder der altrussischen
Dichtung) oder erscheinen ironisch-distanziert.

H.J.S.

AUSGABEN: Moskau 1924 (in Rossija; Ausz.). –
Moskau 1973 (in *Romany*). – Moskau 1983 (in *Izbrannaja
Proza*).

ÜBERSETZUNGEN: *Die weiße Garde*, L. Robiné,
Bln. 1969. – Dass., ders., Neuwied 1980. – Dass.,
R. Schröder, Bln. 1992.

DRAMATISIERUNG: M. A. Bulgakov, *Dni Turbinych*,
Moskau 1926 (dt.: *Die Geschwister Turbin*, K.
Rosenberg, Bln. 1928).

LITERATUR: R. Schröder, *B.s Roman »Die weiße Garde« – Der Zerfall einer Familie als weltgeschichtliches Ereignis* (in M. B., *Die weiße Garde*, Bln. 1969, S. 323–354). – S. Pollak, *Dwie powieści – dwa dramaty* (in S. P., *Srebrny wiek i później*, Warschau 1971, S. 160–175). – A. Drawicz, *Ale jak żyć? Jak żyć?: Biała Gwardia M. B.* (in Twórczość, 1975, 31, S. 73–86). – S. Schultze, *The Epigraphs in »White Guard«* (in Russian Literary Triquarterly, 15, 1976, S. 213–218). – M. Fieseler, *Stilistische und motivische Untersuchungen zu M. B.s Romanen »Belaja Gvardija« und »Master i Margarita«*, Hildesheim 1982.

D'JAVOLIADA

(russ.; *Ü: Teufelsspuk*). Phantastische Erzählung von Michail A. BULGAKOV, erschienen 1925. – Die *»Erzählung davon, wie Zwillinge einen Prokuristen zugrunde richten«* folgt der – in Rußland besonders reichen – Tradition, die Kritik an der Gesellschaft in den Zerrspiegel der Groteske zu projizieren (vgl. GOGOL's *Nos – Nase* und *Zapiski sumasšedšego – Aufzeichnungen eines Verrückten* oder DOSTOEVSKIJS *Dvojnik – Der Doppelgänger*). Der kleine Prokurist Korotkov aus der Hauptzentralversorgungsstelle für Streichholzmaterialien verwechselt den Namen des neuen Direktors Kal'soner mit dem ähnlich lautenden Wort für *»Unterhosen«* (*kal'sony*) und wird daraufhin entlassen. Besessen von dem Zwang, den Beleidigten über den Irrtum aufzuklären, hetzt er hinter ihm her. Doch narrt ihn die scheinbare Doppelexistenz des gnomenhaften Kal'soner, der ihm einmal im Hochhaus des Centrosnab (Zentralversorgungsamt) *»bläulich glattrasiert«* und dann wieder mit einem *»langen assyrischen Lockenbart«* begegnet. Korotkov begreift nicht, daß es sich um Zwillinge handelt. Von Begegnung zu Begegnung wird er konfuser, zumal ihm seine Ausweispapiere gestohlen werden, und zwar von einem gewissen Kolobkov, für den man ihn groteskerweise nun selbst hält. Schließlich beginnen sich seine Eindrücke völlig zu verwirren. Er sieht den bärtigen Kal'soner sich in einen Kater verwandeln, und die Bürokraten in den Zimmerfluchten des Centrosnab-Gebäudes erscheinen ihm als spukhafte Marionetten bei närrisch pervertierten Büroarbeiten. Seine Erklärungen diesen Beamten gegenüber werden immer verworrener: *»Die Dokumente gestohlen, und ein Kater erschien. Er hat kein Recht dazu. Ich hab mich im Leben nie gestritten, das sind Streichhölzer. Zu verfolgen hat er das Recht nicht. Ich sehe nicht, daß er Kal'soner ist. Die Dokumente hat man mir gestohl...«* Ein letzter absurder Amoklauf Korotkovs – aus seiner Sicht und in ebenso absurder Prosa geschildert – endet auf dem Dach des Centrosnab: *»Schon sah Korotkov die vorgestreckten Hände, schon entsprang Kal'soners Mund eine Flamme. Ein Abgrund von Sonne lockte Korotkov derart, daß er sich seines Geistes bemächtigte. Mit einem durchdringenden Siegesschrei sprang er ab und flog hinaus nach droben.«*

Die Satire auf die Sowjetbürokratie hat der Autor derart vermummt und skurril verfremdet, daß die zeitgenössische Kritik das Werk zwar kategorisch ablehnte, faktische ideologische Bedenken jedoch nicht vorzubringen wußte. Bulgakov übt weder objektiv (d. h., indem er als Stoff spezielle Mißstände wählte) noch subjektiv (d. h. durch tendenziöse Anprangerung) Kritik an der sowjetischen Gesellschaft. Er übt sie allein mit Hilfe der Form, indem er das Spukhafte das Reale durchdringen, Wirkliches unwirklich werden läßt. Dies zeigt sich vor allem in der Vermischung und schließlichen Nivellierung der zwei verschiedenen Erzählebenen. Zuletzt steht der Leser vor der Frage: Ist das Absurde so real wie das Reale, oder ist das Reale so absurd wie das Absurde? W.Sch.

AUSGABEN: Moskau 1925. – Moskau 1926 (in *Rasskazy*). – NY 1952 (in *Sbornik rasskazov*). – Ann Arbor 1982/83 (in *Sobr. soč.*, 10 Bde., 3).

ÜBERSETZUNGEN: *Teufelsspuk*, A. Jais (in *Meistererzählungen*, Mchn. 1979). – *Teufeleien. Skizzen, Satiren, Grotesken*, A. Jais, S. Schahadat u. D. Trottenberg, Stg. 1994. – *Teufeliaden*, T. Reschke, Bln. 1994.

LITERATUR: J. Biedermann, *Formen des Komischen in M. A. B.s Erzählung »D'javoliada«* (in *Festschrift für Heinz Wissemann*, Frankfurt a. M. u. a. 1977, S. 21–36).

DNI TURBINYCH

(russ.; *Ü: Die Tage der Geschwister Turbin*). Schauspiel in vier Akten von Michail A. BULGAKOV, Uraufführung: Moskau 1926, Künstlertheater. – Das Stück ist die dramatisierte Fassung des 1924 in der unabhängigen Zeitschrift ›Rossija‹ abgedruckten Romans *Belaja gvardija* (*Die weiße Garde*; vgl. dort), der von der sowjetischen Kritik abgelehnt wurde und in Rußland erst 1966 erscheinen konnte. Roman wie Schauspiel geben ein Bild vom Zusammenbruch der (zaristischen) Weißen Garde in den Jahren 1918/19. Das baldige Verbot des Schauspiels ist darauf zurückzuführen, daß Bulgakov die Feinde des Bolschewismus zwar nicht heroisierte, aber objektiv darstellte und ihnen in den Gestalten der drei Geschwister Turbin ein menschlich ergreifendes Denkmal setzte. Der Älteste ist der dreißigjährige Artillerieoberst Aleksej Turbin, der Befehl hat, die Stadt Kiew (im Auftrag des von den Deutschen unterstützten, später im Stich gelassenen Hetmans Skoropadskij) gegen die Banden Petljuras sowie gegen die Bolschewisten zu verteidigen. Noch vor dem Angriff Petljuras ziehen die Deutschen ihre Hilfe zurück, der Hetman flieht, und Aleksej erfüllt seine letzte Pflicht, die ihm sein Gewissen diktiert: er rettet das Leben der ihm anvertrauten Soldaten. Er selbst geht in den Tod. Seinem Bruder Nikolka, einem Nachfahren des kühnen jungen Romantikers Petja Rostov aus

TOLSTOJS *Vojna i mir (Krieg und Frieden)*, gelingt im letzten Moment eine halsbrecherische Flucht in das Haus seiner Schwester Elena. Schon vor ihm hatten sich die mit der Familie befreundeten weißgardistischen Offiziere auf Befehl Aleksejs dort in Sicherheit bringen können. Der Abzug der Petljura-Banden vor den heranziehenden Bolschewisten bringt die Kämpfer der Weißen Garde zu der Einsicht, daß ihre Zeit vorbei ist und nur noch die Rote Garde die Macht und die Kraft hat, Rußland zu einen und ihm den Frieden zu bringen. Das Stück endet mit dem Abgesang Nikolkas auf die zaristische Vergangenheit.

Obwohl auch in Bulgakovs Darstellung der Weißen Garde die negativen Charaktere nicht fehlen (z.B. Elenas Mann, Oberst im Generalstab, der seine Frau verläßt und feige nach Deutschland flieht), bleibt der Gesamteindruck positiv: die Geschwister Turbin und ihre Freunde sind keine Klassenfeinde (wie etwa das geldhortende Kleinbürgerehepaar im Hause der Turbins), sondern leidenschaftliche Patrioten, deren menschliche Schwächen verschwindend klein sind im Vergleich zu ihrer von Kultur und Adel geprägten Haltung. In PASTERNAKS *Doktor Živago* (1957) wird man ähnlichen Charakteren und Bildern begegnen.   M.Gru.

AUSGABEN: Moskau 1926. – Moskau 1955. – Letchworth 1970. – Moskau 1986 (in *P'esy*).

ÜBERSETZUNGEN: *Die Tage der Geschwister Turbin*, K. Rosenberg, Bln. 1928. – *Die Tage der Turbins*, Th. Reschke (in *Stücke*, Bln./DDR 1982).

LITERATUR: E. Proffer, *An Unpublished Scene from the Original Days of the Turbins (White Guard)* (in Russian Literature Triquarterly, 1973, 7, S. 475–479). – V. Levin, *»Belyj Dom« – eine Parodie auf M. A. B.s Drama »Dni Turbinych«* (in WdS, 1981, 26, S. 326–337). – G. Lenhoff, *Chronological Error and Irony in B.'s »Days of the Turbins«* (in *Russian Literature and American Critics: In Honor of Deming B. Brown*, Hg. K. N. Brostrom, Ann Arbor 1984, S. 149–160).

KABALA SVJATOŠ (MOL'ER)

(russ.; Ü: *Die Kabale der Scheinheiligen (Molière)*). Drama in vier Akten von Michail A. BULGAKOV, Uraufführung: Moskau, 5. 2. 1936; erschienen 1962. – MOLIÈRE gehört zu den Dichtern der Weltliteratur, die für Bulgakov von besonderer Bedeutung waren, und zwar nicht nur aufgrund seines Ranges als Dramatiker, sondern auch wegen seines problematischen Verhältnisses zu Staat und Geistlichkeit, das Bulgakovs Stück besonders betont. Bulgakov hat *Le bourgeois gentilhomme (Der Bürger als Edelmann)* als Spiel im Spiel für die russische Bühne bearbeitet, ist selbst als Schauspieler in Molière-Stücken aufgetreten und hat neben *Kabala svjatoš* 1933 einen biographischen Roman über Molière (*Žizn' gospodina de Mol'era – Ü: Das Leben des Herrn de Molière*) abgeschlossen, dessen Erscheinen von GOR'KIJ verhindert und erst in der Folge des »Tauwetters« möglich wurde (1962). Im Gegensatz zu dem Theaterstück, wo Bulgakov den dramatischen Erfordernissen entsprechend die Chronologie der überlieferten Ereignisse verändert und erfundene Figuren einführt, hält sich die Biographie strenger an die historischen Tatsachen. Letztere sind freilich durch einen fingierten Ich-Erzähler perspektivisch (oft ironisch) gebrochen – im *Prolog* etwa tritt diese Erzählerfigur in einen Dialog mit der Hebamme, die Molière auf die Welt brachte. Diese Tendenz zum Romanhaften und eine Reihe von Anspielungen auf die Gegenwart haben mit zur Ablehnung des Buches beigetragen.

Für sein Molière-Stück hat Bulgakov einen Zeitraum von mehreren Jahren zugrunde gelegt, um das Schicksal des Dramatikers und Theaterdirektors vom Höhepunkt seiner Karriere (1. Akt) bis zu seinem Tod (4. Akt) darstellen zu können. Das Spiel setzt ein mit einer triumphalen Aufführung von Molières Theatertruppe vor den Augen Ludwigs XIV. (wobei der Zuschauer des Bulgakov-Stückes von hinten auf die fiktive Bühne von Molières Theater blickt), der den Dichter anschließend auszeichnet. Doch werden auch bereits mögliche Gefahren und Konflikte angedeutet: Molière beabsichtigt, die sehr viel jüngere Armande zu heiraten, die angeblich die Schwester, in Wirklichkeit aber die Tochter seiner langjährigen Geliebten Madeleine ist, möglicherweise – dies bleibt bis zuletzt offen – sogar seine eigene. Der Schauspieler und Chronist des Theaters La Grange versucht vergeblich, Armande von der Heirat abzuhalten.

Im Mittelpunkt des zweiten Akts steht der vorläufig noch offen ausgetragene Konflikt zwischen Molière und der Geistlichkeit, die sich durch die Komödie *Tartuffe* beleidigt sieht und deren Autor als Antichrist anklagt. Die Versuche des Erzbischofs, auf den König Einfluß zu nehmen, scheitern zunächst. Molière steht nach wie vor in der Gunst Ludwigs XIV., sein *Tartuffe* wird zur Aufführung bei Hofe freigegeben. Die folgende Szene in Molières Wohnung zeigt, wie dieser in einem cholerischen Eifersuchtsanfall seinen Adoptivsohn Moyron davonjagt, weil er Armande (inzwischen Molières Frau) den Hof macht. Zwar bereut Molière gleich darauf sein Handeln, doch der tief verletzte Moyron rächt sich, indem er das Geheimnis von Armandes Identität an den Erzbischof und die mit ihm verbündete Geheimorganisation *»Kabale der Heiligen Schrift«* verrät (3. Akt). In der folgenden Szene nimmt der Erzbischof Madeleine, die sich infolge ihrer Schuldgefühle in eine Art religiösen Wahn gesteigert hat, die Beichte ab, die Moyrons Aussage bestätigt. Er hat nun die Mittel, um beim König gegen Molière vorzugehen, hetzt aber darüber hinaus noch einen berüchtigten Duellanten gegen Molière auf. Der König, der sich seiner Abhängigkeit von der Kirche wohl bewußt ist, straft Molière, indem er ihm das Patronat entzieht und den *Tartuffe* verbietet. Das Duell jedoch findet nicht in der gewünschten Weise statt, da Molière schwer krank und geistig verwirrt und somit wehrlos ist. Der Akt endet mit einem grotesk-komischen Streit zwischen dem Erzbischof und dem Duellanten.

Doch auch ohne Duell ist Molière durch das Urteil des Königs vernichtet. Bei einer letzten Aufführung des *Malade imaginaire (Der eingebildete Kranke)* im Palais Royal (4. Akt) dringen Musketiere in den Zuschauerraum ein und ermorden einen Türwächter. Molière erleidet einen Herzanfall und stirbt. Die Aufzeichnungen La Granges über den Grund für Molières Tod beenden das Stück: *»Was war die Ursache? Was? Wie soll ich das aufschreiben? Die Ursache waren die Ungnade des Königs und die schwarze Kabale! So schreibe ich's hin!«*

Über das Zentralproblem »Künstler und Staat« hinaus bietet Bulgakov hier eine tiefe Charakteranalyse des Theatergenies, die er mit unterschiedlichen Mitteln erreicht. So wird Molière in korrespondierender und kontrastierender Gegenüberstellung mit anderen Figuren dargestellt, so wird das Theater nicht als solches, sondern auch als sein Lebensraum und Lebensinhalt vorgeführt, so wird mehrmals seine Ähnlichkeit mit den von ihm selbst erschaffenen Charaktertypen (Sganarelle, Argan) hervorgehoben, erscheinen diese als Konstituenten seiner Identität, so enthüllt sich sein wechselhaftes Temperament vor allem in den Auseinandersetzungen mit dem Faktotum Bouton, die einen großen Anteil am Komischen innerhalb der dramatischen Handlung ausmachen. – Bulgakov selbst erlebte *Kabala svjatoš* nur kurze Zeit auf der Bühne (1936). Neben theaterinternen Auseinandersetzungen waren hierfür die trotz des Ausweichens in die Historie allzu deutlichen Gegenwartsbezüge – etwa die ausdrückliche Verurteilung von Denunziantentum und Tyrannei – verantwortlich.   F.G.

AUSGABEN: Moskau 1962 (in *P'esy*). – Moskau 1965 (in *Dramy i komedii*).

ÜBERSETZUNGEN: *Die Kabale der Scheinheiligen (Molière)*, Th. Reschke, Bln./DDR 1970. – *Die Kabale der Scheinheiligen, Alexander Puschkin, Batum*, T. Reschke, Bln. 1995.

LITERATUR: O. Litovskij, Rez. (in Sovetskoe iskusstvo, 11. 2. 1936). – K. Rudnickij, *Mol'er, »Tartjuf« i B.* (in Nauka i religija, 1972, 1, S. 84–90). – N. Zajcev, *Mol'er na scene i za kulisami* (in Leningradskaja pravda, 17. 2. 1973). – I. Nowikowa, *Molière-Stück von M. B. (Inszenierung, Textanalyse)* (in Hamburger Beiträge für Russischlehrer, 1981, 20, S. 206–261). – E. Proffer, *B. Life and Work*, Ann Arbor 1984, S. 421–444. – F. Göbler, *Zur Bedeutung des Raums in M. B.s Dramen »Kabala svjatoš« (Mol'er) und »Poslednie dni« (Puškin)* (in ZslPh, 50, H. 1, 1990).

MASTER I MARGARITA

(russ.; *Ü: Der Meister und Margarita*). Roman von Michail A. BULGAKOV, entstanden 1940, erschienen 1966/67. – Zu den geistigen Ahnherren des Satirikers Bulgakov (GOGOL' vor allem, auch A. REMIZOV) tritt im »Meister«-Roman GOETHE hinzu, der faustisch-phantastische Goethe. Das Motto, das Bulgakov seinem Leser mitgibt, enthält nicht nur den Hinweis auf die »Vorlage«, sondern zugleich auch eine Wertung; es lautet: *»Nun gut, wer bist du denn? – Ein Teil von jener Kraft, die stets das Böse will und stets das Gute schafft.«*

So geschieht's. Der Teufel erscheint leibhaftig im Moskau der dreißiger Jahre und stellt es, tatkräftig unterstützt von seinen Zauberlehrlingen, nach allen Regeln der Schwarzen Kunst auf den Kopf. Er foppt, blamiert und schädigt alle, bis auf zwei Gerechte: den Meister und Autor eines unveröffentlichten Romans, zu Beginn des großen Spuks in der Irrenanstalt einquartiert, und Margarita, seine ehemalige Geliebte; sonst bevölkern die Sowjetkapitale in Bulgakovs Sicht nur kleine, schäbige, schmierige Betrüger und Spekulanten, neugierige Hauswarte, korrupte Gastwirte und mittelmäßige Schriftsteller. Sie alle haben unter den Anschlägen des Satans zu leiden, und ehe, wie der Epilog referiert, die Wogen der Unruhe allmählich geglättet und alle passiv an den Vorfällen Beteiligten in die Provinz versetzt werden, haben Bulgakovs Teufel das Gute geschafft: den Meister wieder mit Margarita vereint und in die ewige Ruhe einer nur zaghaft ironisierten Biedermeieridylle überführt.

Das an Episoden überreiche Geschehen spielt sich auf drei Ebenen ab, die der Erzähler auf recht einfache Weise koordiniert, nämlich nach dem alten Prinzip der »Simultaneität«. – Mehr oder weniger unvermittelt ins Moskauer Geschehen hineingeschnitten werden drei Kapitel aus dem Roman im Roman: der vom Meister verfremdeten Passionsgeschichte – diese Teile spielen in Jerusalem zur Zeit der Kreuzigung Christi und handeln in verschlüsselter Form das ab, was Bulgakov aus der Gegenwart seiner Erzählung verbannt: die Politik und ihre Mechanismen, Macht und Ohnmacht der Unterdrücker und ihre Angst vor den Unterdrückten, die, wie z.B. Christus gegenüber Pilatus, ketzerische Ideen äußern: *»Ich habe ... gesagt, daß von jeder Staatsmacht den Menschen Gewalt geschehe.«*

Wenn zum Schluß Matthäus dem Meister-Roman ent- und eine Moskauer Dachterrasse in Bulgakovs Roman besteigt, um dem Teufel Gottes Willen bezüglich Meister und Margarita zu übermitteln, so vollzieht sich dies auf der dritten Spielebene: der Sphäre mystischer Phantastik, die bestimmt wird durch das Gesetz: Der Teufel kann alles, dem Teufel kann keiner etwas anhaben (ausgenommen, ganz zum Schluß, der liebe Gott). Nach diesem Gesetz finden in und um Moskau all die »sonderbaren«, vom Autor auch als solche angekündigten Teufelsspäße, Verwechslungsszenen und Expeditionen ins Gespensterliche statt; nach diesem Gesetz können die burlesken Spießgesellen des Teufels in Bulgakovs Moskau schalten und walten, wie immer sie wollen.

Die Absicht Bulgakovs liegt klar zutage. Der Meister und Margarita sollen im Verein mit den dunklen Mächten zum einen Satire, zum andern den mystisch-philosophischen Gedanken plausibel machen, Gott der Herr werde seine Gerechten in jener Welt erkennen. Dieser Wunschtraum mag angesichts der Bulgakovschen Biographie nicht ohne tragische Note sein (daß sich in diesem humorigsatirischen Zwitter autobiographische Züge aller Art spiegeln, ist offenkundig), er nimmt der Satire selbst nicht nur die nötige Vehemenz, sondern verwandelt sie in ein aufwendiges Patt zwischen Liebe und Versöhnung hier und Ohrfeigen dort. Doch nicht allein diese Grundideen, die sich quasi gegenseitig aufheben, vermitteln den Eindruck, Bulgakovs Satire ziele zu kurz. Großen Anteil daran hat der über Gebühr bemühte Mechanismus des Phantastischen: Zahlreiche Szenen sind – ähnlich darin dem Roman im Roman – derjenigen Welt schlicht enthoben, die Bulgakov satirisch treffen will. Die vorgegebene Unverletzbarkeit der Teufel bewirkt nicht nur, daß sich eine ganze Reihe von z. T. recht plumpen Pointen, lange bevor sie ausgesprochen werden, erkennen lassen, sondern vor allem, daß sich die Satire nicht aus sich selbst, von innen, aus der Logik des Moskauer Alltags heraus entwickelt. Das Chaos über Moskau und Stalins Alltagsbürokratie bricht von außen herein, und man weiß: Wenn Bulgakovs Teufel sich trollen, bleibt, bis auf ein paar personelle Änderungen, alles beim alten. Die Teufel provozieren Reaktionen, und Reaktion scheint auch das Motiv für Bulgakovs »Satire« zu sein, Wunschtraum eines Ohnmächtigen: fliegen können, unsichtbar sein, und dann wehe ihnen – ungestraft den Varietéadministrator Varenucha ohrfeigen zu können: »_Sehr, sehr angenehm, antwortete der katerartige Dickwanst piepsend, holte plötzlich aus und versetzte Varenucha eine Ohrfeige, daß diesem die Mütze vom Kopf flog und spurlos in der Klosettöffnung verschwand._« P.U.

AUSGABEN: Moskau 1966/67 (in Moskva, 10, H. 11; 11, H. 1). – Paris 1967. – Moskau 1983 (in _Izbrannoe_). – Ffm. 1986.

ÜBERSETZUNG: _Der Meister und Margarita_, Th. Reschke, Bln./Neuwied 1968. – Dass., ders., Graz 1982. – Dass., ders., Bln./Weimar 1983. – Dass., ders., Mchn. [7]1986. – _Der schwarze Magier_ [Urfassung des Romans _Der Meister und Margarita_], R. und T. Reschke, Bln. 1994.

LITERATUR: P. Urban, Rez. (in Die Zeit, 3.5. 1968). – Ders., Rez. (ebd., 27. 4. 1968). – M. v. Zitzewitz, Rez. (in Die Welt, 15. 6. 1967). – R. Beermann, _B.s »Meister u. Margarita« und die Wertordnung_ (in Osteuropa, 20, 1970, S. 176 bis 183). – E. Ericson, _The Satanic Incarnation: Parody in B.'s »The Master and Margarita«_ (in Russian Review, 33, 1974, S. 20–36). – C.A. Palmer, _B.'s »Master and Margarita«. Theme, Manner, Anteced-_ ents, Diss. Yale Univ. 1974. – E. Mahlow, _B.'s »The Master and Margarita«. The Text as a Cipher_, NY 1975. – M. Čudakova, _Tvorčeskaja istorija romana M. B. »Master i Margarita«_ (in Voprosy Literatury, 1976, 20, S. 218–253). – Sh. Gutry, _An Approach to »The Master and Margarita« through the Creative Prose and the Letters of M. A. B._, Diss. Princeton Univ. 1976. – L. Milne, _»The Master and Margarita«. A Comedy of Victory_, Birmingham 1977. – B. Sharratt, _M. B.'s »The Master and Margarita«. An Analysis of Structure_, Toronto 1977. – E. Wedel, _Zur Doppelromanstruktur von M. B.s »Master i Margarita«_ (in Symposium Slavicum, 1977, S. 183 bis 195). – H. Riggenbach, _M. B. s Roman »Master i Margarita«. Stil und Gestalt_, Bern 1979. – Barbara Zelinsky, _M. B., »Der Meister und Margarita«_ (in _Der russische Roman_, Hg. Bodo Zelinsky, Düsseldorf 1979, S. 330–354). – G. Élbaum, _Analiz judejskich glav »Mastera i Margarity«_, Ann Arbor 1981. – A. Chedrova, _Christianskie aspekty romana M. A. B. »Master i Margarita«_ (in Novyj Žurnal, 1985, 160, S. 175–183). – B. Zelinsky, _Die Faust-Rezeption in B.s »Der Meister und Margarita«_ (in _Faust-Rezeption in Rußland und in der Sowjetunion_, Hg. G. Mahal, Knittlingen 1983). – L Kiseleva, _Dialog dobra i zla v romane B. »Master i Margarita«_ (in Filologičeskie nauki 1991, Nr. 6).

POCHOŽDENIJA ČIČIKOVA. Poèma v desjati punktach s prologom i èpilogom

(russ.; _Ü: Tschitschikows Abenteuer_). Erzählung von Michail A. BULGAKOV, erschienen 1925. – Die scharfe Satire (Untertitel: _Ein Poem in zehn Punkten mit Prolog und Epilog_) auf die sowjetische Wirklichkeit der NEP-Periode versetzt die Helden des Gogol'schen »Poems« _Mёrtvye duši_, 1842 (_Tote Seelen_) – es erschien unter dem von der Zensur vorgeschriebenen Titel _Pochoždenija Čičikova ili Mёrtvye duši (Die Abenteuer Čičikovs oder Tote Seelen)_ –, aus der zaristischen Feudalgesellschaft in die ersten Jahre nach der Oktoberrevolution. Der Gauner Čičikov findet sich in der sowjetischen Realität mühelos zurecht. Mit genügend Selbstbewußtsein ausgestattet, weiß er das Beamtentum einzuschüchtern und sich auf ungesetzliche Weise zum »Trillionär« zu entwickeln. Seine amtliche Registrierung scheitert an den unergründlichen Praktiken der Administration. Selbst als Čičikovs Personalbogen aus einem Papierkorb hervorgekramt wird, erweist sich die sowjetische Beamtenschaft als unfähig, den Gauner unschädlich zu machen. Schließlich sieht sich der Autor gezwungen, selbst einzugreifen. Er entlarvt den Verbrecher und findet beim Sezieren von Čičikovs Magen zusammengestohlenes Volkseigentum in Form eines Diamantenschatzes vor. Nach seinen Wünschen hinsichtlich einer Belohnung gefragt, äußert der Autor: »_‹Eine Hose ... ein Pfund Zucker ... eine 25-Watt-Birne ...‹ Doch plötzlich erinnerte ich mich, daß ein ordentlicher Literat uneigennützig zu sein hat. Ich stockte und murmelte ...: ‹Nichts außer den gebundenen Werken Gogol's_ *in der Art, wie ich sie unlängst auf dem Trödlermarkt verkauft habe.‹«*

Die anekdotisch erzählte Geschichte ist, zu Beginn der Stalinzeit erschienen, eine der letzten umfassenden Satiren auf die sowjetische Gesellschaft. Der Autor hat seine Gogol'-Travestie in die Form eines Traums gekleidet, der im Epilog in ein bitteres Erwachen mündet: *»Schließlich wurde ich wach. Und da war nichts: kein Čičikov, kein Nozdrëv und vor allem kein Gogol'... Ach, dachte ich bei mir und begann mich anzuziehen, und wieder zog an mir das Leben in seiner ganzen Alltäglichkeit vorbei.«* W.Sch.

AUSGABEN: Moskau 1925 (in *D'javoliada*). – Moskau 1926 (in *Rasskazy*). – NY 1952 (in *Sbornik rasskazov*). – Letchworth 1979.

ÜBERSETZUNG: *Tschitschikows Abenteuer*, A. Jais (in *Meistererzählungen*, Mchn. 1979).

LITERATUR: D. Furhop, *M. B.s Erzählung »Pochoždenija Čičikova«* (in *Russische Autoren des 19. Jh.s*, Hg. P. Tretjakow u. E. Lübcke, Hbg. 1982, S. 11–15).

POSLEDNIE DNI

(russ.; *Ü: Die letzten Tage*). Drama in vier Akten von Michail A. BULGAKOV, Uraufführung: Moskau, 10. 4. 1943; erschienen 1955. – Das Stück über Aleksandr PUŠKIN war bereits 1934/1935 geschrieben worden, konnte aber erst in den Jahren 1943–1948 gespielt werden. Seine Veröffentlichung gehört zu den frühesten literarischen Ereignissen der »Tauwetter«-Jahre. Bulgakov zeigt das Netz der Intrigen um Puškin während der letzten Tage vor seinem Tod im Duell (10. 2. 1837), er zeigt nicht den Dichter selbst – die Zentralfigur tritt nicht in Erscheinung –, sondern läßt ihn durch die Aussagen anderer über ihn, deren Beziehung zu ihm sowie durch Zitate aus seinen Dichtungen indirekt präsent sein. Die Gefährdung des schöpferischen Genies durch die autoritäre Staatsmacht, die für den unterdrückten Schriftsteller Bulgakov in den dreißiger Jahren zu einem beherrschenden Thema geworden war, ist hier – wohl im Hinblick auf bessere Publikations- bzw. Aufführungsmöglichkeiten – ins Historische transponiert.

Die Handlung umfaßt vier Akte, die durch Ortswechsel in Szenen untergliedert sind. Zunächst wird Puškins häusliche Situation vorgeführt, seine Geldnot, die Oberflächlichkeit seiner schönen Frau Natalja, ihre Gleichgültigkeit ihm und seiner literarischen Arbeit gegenüber sowie ihre leichtsinnige Beziehung zu dem Sohn des niederländischen Gesandten, d'Anthès-Heeckeren. Nataljas Schwester Aleksandra, die mehr Verständnis und Zuneigung für Puškin aufbringt, beschwört sie, mit ihm aufs Land zu fahren, um den Gläubigern und den anonymen Briefen, in denen Puškin als Hahnrei beschimpft wird, zu entgehen, doch Natalja möchte das prächtige Leben der Salons und Bälle sowie die Rendezvous mit d'Anthès nicht aufgeben. Mittelpunkt des zweiten Akts ist der Ball bei der Fürstin Voroncova, die neben dem Dichter Vasilij ŽUKOVSKIJ zu den wenigen Freunden Puškins gehört. Sein gefährlichster Feind ist der Fürst Dolgorukov, auf den auch die anonymen Briefe zurückgehen. Zar Nikolaj I., der Sympathien für Natalja hegt, ist über Puškin verärgert, weil dieser in seinen Schriften den Machtmißbrauch des Herrschers anklagt, mit Aufrührern sympathisiert und die ihm verliehene Uniform nicht trägt – ein Akt offener Mißachtung. Als der Zar in der folgenden Szene bei der Geheimpolizei von einem bevorstehenden Duell zwischen Puškin und d'Anthès erfährt, befiehlt er, dies zu verhindern, die Duellanten aber nach dem Gesetz zu bestrafen. Der Chef der Geheimpolizei Benckendorff, der im Duelltod Puškins die einfachere Lösung sieht, erteilt dagegen geheime Anordnung, die Soldaten mit dem Verhaftungsauftrag an einen falschen Ort zu schicken. Puškins Beleidigungsbrief an den alten Heeckeren, mit dem er das Duell provozieren will, erreicht diesen, als d'Anthès noch von einer Flucht mit Natalja spricht. Das Duell findet am folgenden Tag statt, d'Anthès wird nur leicht verletzt, Puškin aber tödlich.

Nach Puškins Tod versammelt sich vor seinem Haus eine riesige Menschenmenge. Es kommt zu Demonstrationen von Studenten und Offizieren, die den Dichter als Opfer der Staatsmacht sehen: *»Der Untergang des großen Bürgers konnte geschehen, weil die unumschränkte Macht im Lande von Unwürdigen ausgeübt wird, die das Volk wie Sklaven behandeln...«* Um einen Aufruhr zu vermeiden, läßt man Puškins Leichnam bei Nacht und Nebel aus der Stadt bringen. Der Uhrmacher Bitkov, der Puškin für die Geheimpolizei bespitzelt hat, kommentiert die nächtliche Unternehmung so: *»Wenn sie ihn dort verscharrt haben, wird auch meine Seele endlich Ruhe finden ... Er geht in seine ferne Ruhestatt, und ich geh in Urlaub.«* Mit der »fernen Ruhestatt« spielt er auf ein Gedicht Puškins an, das er auswendig gelernt hat und in dem der Dichter die Sehnsucht nach einem Ort der Ruhe und der Freiheit ausdrückt. Seine Petersburger Wohnung war keineswegs dieser Ort (das zeigt das Eindringen des Spitzels und des Nebenbuhlers, das zeigt schließlich die Versiegelung seines Arbeitszimmers durch die Polizei nach seinem Tod), im Leben blieb er für ihn unerreichbar. Das Stück endet, wie es anfing, mit einem Zitat aus *Winterabend*, jenem Gedicht, das mit Schneetreiben und Sturmgeheul nicht nur im Einklang mit der zeitlichen Situierung des Geschehens steht, sondern auch die hoffnungslose Atmosphäre der letzten Tage Puškins heraufbeschwört.

Die Darstellung Puškins, ohne ihn auftreten zu lassen, gelingt nicht zuletzt dank einer derart organischen Verbindung des Zitats mit der Handlung, mit der Raumgestaltung und den Figurenperspektiven. Der Grund dafür, daß Bulgakov seine Hauptfigur nicht auf die Bühne bringt, dürfte nicht allein im Respekt vor der Größe der historischen Person liegen; es zeigt sich darin auch, daß der

Künstler im Spiel der Mächtigen keine aktive Rolle einnimmt, daß über sein Leben oder Sterben verhandelt wird, ohne daß er selbst zum Handeln kommt.   F.G.

AUSGABEN: Moskau 1955. – *Dni Turbinych. Poslednie dni (A. S. Puškin)*, Moskau 1962 (in *P'esy*).

ÜBERSETZUNGEN: *Die letzten Tage*, P. Hamm, Bln./DDR 1948. – Dass., Th. Reschke, Bln./DDR 1970.

LITERATUR: R. Schröder, *Eine Reise in die vierte Dimension – sieben dramatische Kapitel aus B.s »Roman mit der Geschichte«* (in M. B., *Stücke I*, Bln./DDR 1982, S. 457–481). – E. Proffer, *B. Life and Work*, Ann Arbor 1984, S. 445–458. – N. Thun, *B.s Puschkinstück ohne Puschkin* (in N. T., *Puschkinbilder*, Bln./Weimar 1984, S. 19–60).

SOBAČ'E SERDCE

(russ.; *Ü: Hundeherz*). Novelle (*povest'*) von Michail A. BULGAKOV, entstanden 1925, veröffentlicht 1968 in einer in Frankfurt a.M. erscheinenden russischen Exilzeitschrift; erst 1987 in der Sowjetunion publiziert; dort erschien in demselben Jahr auch eine dramatisierte Fassung. – Bulgakovs satirische Novelle steht in der Tradition klassischer Tierdichtung (ÄSOP, KRYLOV, LA FONTAINE), die soziale Mißstände enthüllt und menschliche Verhaltensweisen verspottet. Russische Vorläufer sind u.a. TOLSTOJS *Cholstomer*, 1885 (Der Leinwandmesser), ČECHOVS *Kaštanka* (1887), KUPRINS *Sobač'e sčast'e*, 1897 (Hundeglück), FEDINS *P'esi duši*, 1925 (Hundeseelen), und ZAMJATINS *Glaza*, 1922 (Die Augen).

Im Zentrum der in Moskau zu Beginn der zwanziger Jahre spielenden Handlung steht der sympathische geniale Chirurg Professor Filip Filippovič Preobraženskij, noch ganz dem Geist und Lebensstil der Zarenzeit zugewandt, der den Straßenhund Šarik bei sich aufnimmt, um ihm die menschlichen Organe eines Verbrechers einzupflanzen. Der neu entstandene Tiermensch Poligraf Poligrafovič Šarikov, ein Homunkulus ohne Geschichte, Verantwortung und soziale Einbindung, entpuppt sich als gefährlicher Widerling: er flucht, säuft, stiehlt, belästigt Frauen, tötet. – Als er Preobraženskijs Assistenten Bormental' mit der Pistole bedroht, wird er überwältigt und durch eine Operation in einen Hund zurückverwandelt.

Bulgakovs typische Mehrschichtigkeit zeigt sich auch in dieser unterhaltsam-bissigen Allegorie, in der der Autor sozialkritische, medizinische, autobiographische und phantastische Elemente verknüpft. Mit pointierten antisowjetischen Äußerungen drückt Bulgakov seine tiefe Skepsis gegenüber der politischen Entwicklung nach 1917 aus, deckt Mißstände der NEP-Zeit auf und führt das Revolutionsideal von dem zur Macht gelangten »neuen Menschen« proletarischer Herkunft *ad absurdum*.

Der zum kommunistischen Genossen verwandelte Tiermensch ist trotz der Umwandlung charakterlich ein »Straßenköter« geblieben und wird daher zur Bedrohung für die Umwelt. In satirisch-grotesker Gestaltung zeigt der Autor die Reduzierung des Menschen auf die Stufe des Tieres und die Aufwertung des Hundes auf die Ebene des Menschen. Durch die Technik des inneren Monologs wird Šarik, der Hund, psychologisch überzeugend als ein Wesen mit den menschlichen Qualitäten des moralischen Bewußtseins, des Humors und der philosophischen Reflexion charakterisiert.

Der mit einem Magier, Priester (*žrec*) und GOETHES Faust verglichene Preobraženskij – das Faustmotiv spielt in Bulgakovs Roman *Master i Margarita* eine bedeutende Rolle – ist das *alter ego* des schreibenden Arztes Bulgakov. Der Autor, der in dieser Parabel Goethes Homunkulus-Motiv umkehrt, warnt vor dem willkürlichen Eingreifen des Menschen in die natürliche Ordnung der Dinge und setzt damit die Tradition von H. G. WELLS' Antiutopie *The Island of Dr. Moreau* (1896) fort. Die Beziehung »Künstler und Gesellschaft« zieht sich durch Bulgakovs Gesamtwerk. *»»Hundeherz« ist die schonungslose Selbstanalyse eines Schriftstellers der inneren Emigration, in der Komik, Tragik und Resignation beklemmend miteinander verschränkt sind«* (J. Rühle). Der heruntergekommene, aber freie Straßenhund Šarik steht symbolisch für den unabhängigen Schriftsteller, während der tierische Šarikov die Inkarnation des von Ideologie und Zensur umfunktionierten und gleichgeschalteten, »vielschreibenden« Literaturfunktionärs ist – Šarikovs Vor- und Vatersname (»Poligraf Poligrafovič«) implizieren diese Bedeutungsebene.

Der Vielschichtigkeit der Deutungsmöglichkeiten entspricht die Vielfalt der stilistischen Kunstgriffe. Durch die Verflechtung von Polyperspektivität – die Handlung wird abwechselnd aus Šariks und Bormental's Perspektive sowie aus der Sicht eines allwissenden Er-Erzählers beleuchtet – mit innerem Monolog, Personifizierung, Aufwertung, Reduzierung, Paradoxie, Kontrast, Alogismus, Anspielung, Verfremdung, Vulgarismus, Tiermetaphorik, grotesker Gestaltung, der Einbeziehung der phantastischen Schicht in die reale usf. schafft Bulgakov auch formal eine mehrschichtige Ebene, die er in *Master i Margarita* zur Vervollkommnung führt.   W.Schr.

AUSGABEN: Ffm. 1968 (in Grani, 69, S. 3–85). – Paris 1969. – Moskau 1987 (in Znamja, 6, S. 76–135).

ÜBERSETZUNG: *Hundeherz*, G. Drohla, Neuwied 1971. – Dass., dies., Neuwied [10]1985.

LITERATUR: J. Rühle, *B.s frühe Prophetien* (in Die Welt der Literatur, 19. 9. 1968, S. 24). – P. Urban, *Herr und Hund. Der neue Roman von M. B.* (in FAZ, 5. 10. 1968). – N. Struve, *»Sobač'e serdce«* (in Russkaja mysl', 22. 5. 1969, S. 6). – E. Kanak, *M. B. »Sobač'e serdce«* (in Novyj žurnal, 1969, 91,

S. 301–302). – D. L. Burgin, *B.'s Early Tragedy of the Scientist-Creator: An Interpretation of »The Heart of a Dog«* (in SEEJ, 22, 1978, Nr. 4, S. 494–508). – H. Goscilo, *Point of View in B.'s »Heart of a Dog«* (in Russian Literature Triquarterly, 15, 1978, S. 281–291). – Chr. Rydel, *B. and H. G. Wells* (ebd., S. 306–310). – V. Lakšin, *M. B., Sobač'e serdce* (in Znamja, 1987, H. 6, S. 73–76). – M. Čudakova, *Posleslovie zu: M. B., »Sobač'e serdce«* (ebd., S. 135–141). – Ja. Ajzenštat, *Podlinnaja istorija o tom, kak sudili M. B. K izdaniju v Sovetskom Sojuze povesti ›Sobač'e serdce‹* (in Russkaja mysl', 27. 7. 1987, S. 11). – S. Dedjulin, *Novinki i »novinki« M. B.* (ebd., 21. 8. 1987, S. 12).

DAVID DAVIDOVIČ BURLJUK

* 21.7.1882 Semirotoščina bei Char'kov
† 16.1.1967 Southampton / Long Island, N.Y.

LITERATUR ZUM AUTOR:

R. Jakobson, *Novejšaja russkaja poėzija*, Prag 1921. – K. Čukovskij, *Futuristy*, Moskau 1922. – G. Lehrmann, *De Marinetti a Maiakovski*, Diss. Fribourg 1942. – V. Markov, *Mysli o russkom futurizme* (in Novyj Žurnal, 38, 1954). – D. Tschiževskij, *Anfänge des russischen Futurismus*, Heidelberg 1963. – F. Ingold, *Die einzige Kunst der Gegenwart: Eine vergessene Deklaration von D. D. B.* (in *Schweizerische Beiträge zum VII. Internationalen Slawistenkongress in Warschau, August 1973*, Hg. P. Brag u. a., Luzern 1973). – H. Ladurner, *D. D. B.s Leben und Schaffen 1908–1920* (in WSLA, 1978, 1).

POŠČEČINA OBŠČESTVENNOMU VKUSU

(russ.; *Ü: Eine Ohrfeige dem allgemeinen Geschmack*). Manifest der russischen Kubo-Futuristen, unterzeichnet von David BURLJUK, Aleksandr (eig. Aleksej) KRUČËNYCH (1886–1968), Vladimir V. MAJAKOVSKIJ (1893–1930) und Velemir CHLEBNIKOV (1885–1922), erschienen 1912 in dem gleichnamigen Almanach. – Zum Unterschied von dem als »evolutionäre« Richtung der russischen Lyrik zu apostrophierenden Akmeismus (vgl. GUMILËV, *Nasledie simvolizma* . . .), der bei aller »Opposition« gegen die Ästhetik des Symbolismus doch dessen Erbe antrat, bedeutete der russische Futurismus, der sich, ideologisch völlig unabhängig, parallel zu dem 1909 von MARINETTI propagierten italienischen Futurismus entwickelte, eine radikale Absage an alle überkommenen litera-

rischen Autoritäten, eine Herausforderung an das Bürgertum und seine Traditionen. Von den zahlreichen Gruppen des russischen Futurismus (den Moskauer Kubo-Futuristen, seit 1911 auch als »Gileja«-Gruppe bekannt; den Petersburger Ėgo-Futuristen mit F. SEVERJANIN und V. ŠERŠENEVIČ an der Spitze: Einige Vertreter dieser kurzlebigen Gruppe, die nur dem Namen nach futuristisch war, stießen später zu den sogenannten Imaginisten, denen sich auch S. ESENIN kurzfristig zugesellte; *Mezonin Poezii – Mezzanin der Dichtung; Centrifuga – Die Zentrifuge* usf.) verdienen vor allem die Kubo-Futuristen – ihr Name deutet ihre Verbundenheit mit den Malern des Kubismus an – literarisches Interesse. Im gleichen Jahr, als Chlebnikov mit seinem berühmten Gedicht *Zakljatie smechom*, 1910 *(Gelächterbeschwörung)*, die futuristische Lyrik initiierte, brachte die bereits seit 1908/09 existierende Gruppe, deren Mitglieder sich inoffiziell *budetljane*, Menschen der Zukunft, nannten, als erste gemeinsame Publikation den auf Tapetenpapier gedruckten Almanach *Sadok sudej I (Ein Käfig für Kritiker)* heraus.

Zwei Jahre später, nachdem sich der zunächst aus David Burljuk, Velemir Chlebnikov, Vasilij KAMENSKIJ (1884–1961), Elena GURO (1877–1913) und Benedikt LIVŠIC (1886–1939) bestehenden »Gileja«-Gruppe der Worttheoretiker Kručënych und der junge Kunstschüler und angehende Dichter Majakovskij angeschlossen hatten, schockierten die Kubo-Futuristen die Öffentlichkeit durch ihr kompromißlos gegen die Vergangenheit gerichtetes Manifest mit dem bezeichnenden Titel *Eine Ohrfeige dem allgemeinen Geschmack*. In diesem wütenden rhetorischen Ausbruch werden nicht nur die als degenerierte Epigonen denunzierten Symbolisten, sondern auch die Realisten *(»Werft Puškin, Dostoevskij, Tolstoj usw. usf. vom Dampfer der Gegenwart!«)* verhöhnt: »Aus Wolkenkratzerhöhe blicken wir auf ihre Nichtigkeit!« Von *»unversöhnlichem Haß auf die bisher übliche Sprache«* erfüllt, *»befehlen«* die Futuristen der verachteten Öffentlichkeit, das Recht des Dichters auf eine Revolutionierung des poetischen Wortschatzes, vor allem die Schaffung von Neologismen, zu »respektieren«. Und *»sollten bis heute in unseren Zeilen die schmutzigen Zeichen eures ›Gesunden Menschenverstands‹ und ›Guten Geschmacks‹ übriggeblieben sein, so bebt auf ihnen doch schon zum ersten Mal das Wetterleuchten der Neuen kommenden Schönheit des Eigenwertigen (Sich selbst genügenden) Wortes«.* Mit dieser Betonung des dichterischen Worts als Selbstzweck (statt eines Mittels zu Kommunikationszwecken) war nicht nur der Schlachtruf des *samovitoe slovo* geboren, sondern auch die prinzipielle Frage einer neuen Dichtersprache aufgeworfen, ein Problem, das die Futuristen in den Mittelpunkt weiterer Manifeste (des titellosen Manifests in *Sadok sudej II*, 1913; des Manifests *Slovo kak takovoe – Das Wort als solches* u. a.), aber auch ihrer dichterischen Praxis stellten. Ausgehend von dem Primat der Form vor dem Inhalt, vom Wort-Zeichen als einer von seiner semantischen Bedeutung weitgehend emanzipierten Wesenheit, strebten die frühen russischen Futuristen (im Gegensatz zu den italienischen Futuristen, die die Hauptbetonung auf den Stoff, auf eine das industrielle Zeitalter erfassende Thematik legten) eine »*metalogische*«, sinnüberschreitende Sprache (»*zaumnyi jazyk*«) an, die in Kručenych, Chlebnikov und Kamenskij ihre extremsten Verfechter fand. Gemeinsam war den russischen »Wort-Konstrukteuren«, daß sie eine jargonnahe, »entpoetisierte«, neologismenreiche und grammatische Normen mißachtende Sprache bevorzugten und in bahnbrechender Weise mit Versstruktur und Bildmaterial (»*realisierten Metaphern*«) experimentierten. Nach der von den bourgeoisiefeindlichen Dichtern begrüßten Oktoberrevolution wandelte der russische Futurismus sein Gesicht und wurde zunehmend ideologisiert, wobei seine Anhänger revolutionäre Formen mit gesellschaftlich-revolutionärem Inhalt zu verbinden suchten. In der neofuturistischen Ästhetik der »LEF«-Gruppe (Linke Front) schließlich, zu der die Majakovskij, N. Aseev und S. Tret'jakov zählten und der B. Pasternak nahestand, »*gingen leidenschaftliches Interesse am Wort, am formalen Experiment, und das pragmatische Schlagwort vom ›sozialen Auftrag‹ eine Verbindung ein*« (V. Ehrlich).

Die Bedeutung der futuristischen Bewegung (die nach Majakovskijs Tod endete) für die Entwicklung der russischen Lyrik zeigt sich nicht zuletzt darin, daß sich die gesamte zeitgenössische russische Dichtung mit der neuen Richtung auseinandersetzte und daß ganze Gruppen (wie die Konstruktivisten) unter dem Einfluß ihrer Ideen standen. Zu einem gültigen ästhetischen System entwickelten sich die flammenden künstlerischen Glaubensbekenntnisse der Futuristen jedoch nie (auch wenn Majakovskij und Chlebnikov in späteren kritischen Aufsätzen ihre Einsichten präzisierten). Eine neue Poetik zu erarbeiten, die literarische Revolution theoretisch zu erhärten, sollte der professionellen Literaturwissenschaft – den russischen Formalisten – vorbehalten bleiben.   D.Bu.

Ausgaben: Moskau 1912 (in dem Almanach *Poščečina obščestvennomu vkusu*). – Moskau 1929 (in *Literaturnye manifesty ot simvolizma k Oktjabrju. Sbornik materialov*, Hg. N. L. Brodskij u. a.). – Mchn. 1967 (in *Manifesty i programmy russkich futuristov. Die Manifeste und Programmschriften der russischen Futuristen*; Vorw. V. Markov; Slavische Propyläen, 27).

Übersetzung: *Eine Ohrfeige dem allgemeinen Geschmack*, F. Hitzer (in Kürbiskern, 4, 1967, S. 18).

Literatur: V. Erlich, *Russian Formalism. History – Doctrine*, Den Haag 1955 (dt.: *Russischer Formalismus*, Mchn. 1964, S. 46–57; ern. Ffm. 1987). – Z. Mathauser, *Umění poezie. V. Majakovskij a jeho doba*, Prag 1964. – Ders., *Logika neologičnosti* (in *Problémy literárnej avantgardy*, Hg. Slovenská akadémia vied, Preßburg 1968. S. 143 ff.).

VASIL' BYKAŬ

* 19.6.1924 Bytschki / Lepeler Bezirk

Literatur zum Autor:
S. Hoppe, *Zu den neueren Erzählungen V. B.s* (in ZfSl, 1974, 5, S. 667–680). – S. Stankevič, *Pis'mennicki profil' V. B.* (in Belarus, 1974, 208). – Dzivasil, *V. B. na usesajuznym pis'mennickim forume* (in Belarus, 1975, 216). – C. Frioux, *La vision tragique de V. B.* (in Le Monde, 28. 2. 1975). – V. Buran, *V. B.*, Minsk 1976. – J. Gutschke, *Das höchste Maß an eigener Verantwortung* (in Neues Deutschland, 11. 8. 1976). – J. Müller-Udeis, *Die nichtrussischen Literaturen der UdSSR* (in Osteuropa, 1976, S. 172). – O. Orechwa, *B. Search for Moral Imperative* (in Zapisy, 1976, 14, S. 51–58). – R. Hager, *Nachwort* (in V. B., *Ausgewählte Novellen*, Lpzg. 1978, S. 431–440). – L. Lazarev, *V. B.*, Moskau 1979. – J. Dedkov, *V. B.*, Moskau 1980. – L. Debüser, *Wie soll der Mensch ein Mensch sein, wie?* (in V. B., *Romane & Novellen*, 2 Bde., Köln 1985, 2, S. 577–599). – D. Buhaëŭ, *V. B.*, Minsk 1987.

AL'PIJSKAJA BALLADA

(russ.; Ü: *Alpenballade*). Erzählung von Vasil' Bykaŭ, erschienen 1963. – In einem in den Alpen gelegenen österreichischen Werk bringen fünf Kriegsgefangene – darunter der Ukrainer Ivan – nach einem nächtlichen Bombenangriff einen Blindgänger zur Explosion, um sich einen Weg in die Freiheit zu bahnen. In dem nach der Detonation entstandenen Chaos können tatsächlich mehrere KZ-Häftlinge und Gefangene entfliehen. Barfuß und in Häftlingskleidung erreicht Ivan die höhere Waldregion und trifft hier auf die junge italienische Kommunistin Giulia, der ebenfalls die Flucht gelungen ist. Ivan reagiert abwehrend auf ihren Versuch, sich ihm anzuschließen. Er ist überzeugt, daß in einer solchen Situation nur jeder für sich allein durchkommen kann. Verhallende Schüsse und Hundegebell deuten darauf hin, daß die anderen Entflohenen schon aufgespürt wurden. Auf dem Weg zu Giulias Ziel, dem Versteck der italienischen Partisanen bei Triest, orientieren sich die beiden einzig an der Himmelsrichtung. In einer drei Tage währenden Flucht, immer weiter und höher in die Bergregion hinein, entwickelt sich zwischen Ivan und Giulia eine Liebesbeziehung. Trotz Erschöpfung, Hunger und Verzweiflung über ihre aussichtslose Lage schmieden sie Zukunftspläne. Ein durch die Wälder irrender deutscher Soldat führt schließlich eine SS-Streife auf ihre Spur. Fest entschlossen, sich nicht wieder gefangennehmen zu lassen, wollen sie sterben. Im letzten Moment wirft Ivan, der nicht fähig ist, Giulia zu erschießen, das Mädchen in eine Schneemulde in dem vor ihnen liegenden tiefen Abgrund. Einen Augenblick später wird er von den Wolfshunden der SS getötet. – In einem Epilog schreibt Giulia achtzehn Jahre später an Ivans Angehörige in seinem Heimatdorf und schildert ihnen jene drei miteinander gelebten Tage. Die Schneeverwehungen im Abgrund hatten ihr das Leben gerettet. Ivans Vermächtnis sind der gemeinsame, nun fast erwachsene Sohn und ihre, Giulias Arbeit für den Frieden in der Welt, der sie sich mit Hingabe widmet.

Geprägt von der Erfahrung des Krieges, ist Bykaŭs Werk eine permanente Auseinandersetzung mit der Realität jener Zeit. Dem üblichen Darstellungsklischee zum Trotz, macht er es sich zur Aufgabe, die andere Seite des Soldatendaseins – Feigheit, Verrat, Denunziantentum – zu zeigen und sie psychologisch zu begründen. *Al'pijskaja ballada* weicht von diesem Sujet ab. Mit der lyrischen Liebesgeschichte fließt in die dramatisch zugespitzte Handlung eine Illusion des Friedens ein. Wie immer bei Bykaŭ befindet sich der Held jedoch in einer Situation, in der es letztlich um Leben oder Tod geht und in der sich seine moralischen Qualitäten erweisen müssen.   G.Wi.

AUSGABE: Moskau 1963 (in Novyj mir). – Moskau 1964. – Moskau 1975 (in *Povesti*). – Moskau 1978 (in *Al'pijskaja ballada. Sotnikov*).

ÜBERSETZUNG: *Alpenballade. Geschichte einer Liebe*, D. Pommerenke, Bln./DDR 1970; ²1982.

LITERATUR: V. A. Buran, *V. B. Narys tvorčasci*, Minsk 1976, S. 120–136. – N. N. Shneidman, *Soviet Literature in the 1970s*, Toronto 1979, S. 51.

DANIIL IVANOVIČ CHARMS

d.i. Daniil Ivanovič Juvačëv

* 12.1.1906 St. Petersburg
† 2.2.1941 in Haft

LITERATUR ZUM AUTOR:
Bibliographie:
J.-Ph. Jaccard, *D. Ch. Bibliographie* (in Cahiers du Monde Russe et Soviétique, 26, 1985).
Gesamtdarstellungen und Studien:
A. Aleksandrov u. M. Mejlach, *Tvorčestvo D. Ch.* (in *Materialy XXII naučnoj studenčeskoj konferencii. Poėtika. Istorija literatury. Lingvistika*, Tartu 1967). – A. Flaker, *O rasskazach D. Ch.* (in Československá rusistika, 14, 1969, 2). – P. Urban, *Nachwort* (in D. Ch., *Fälle. Prosa, Szenen, Dialoge*, Ffm. 1970). – W. Kasack, *D. Ch. Absurde Kunst in der Sowjetunion* (in Die Welt der Slaven, 21, 1976, 2). – A. Stone-Nakhimovsky, *Laughter in the Void. An*

Introduction to the Writings of D. Kh. and Alexander Vvedenskij (in WSlA, Sonderbd. 5, 1982). – L. Stoimenoff, *Grundlagen und Verfahren des sprachlichen Experiments im Frühwerk von D. Ch.*, Diss. Ffm. 1984. – *D. Ch. and the Poetics of the Absurd*, Hg. V. N. Cornwell, Ldn. 1991. – J.-Ph. Jaccard, *D. Ch. la fin de l'avant-garde russe*, Bern 1991 (Slavica Helvetica, Bd. 39) – T. Grob, *D. Ch.' unkindliche Kindheit*, Bern 1994. – F. Göbler, *D. Ch.' »Slučaj« (Fälle) und die russischen Volksmärchen* (in ZslPh, 55, 1995/96, S. 27–52).

DAS LYRISCHE WERK (russ.) von Daniil I. CHARMS.
Seine Gedichte, Komödien, szenischen Dialoge und Prosa unterzeichnete Daniil Ivanovič Juvačëv mit dem Pseudonym Charms, das er phantasiereich variierte. Bis zu seinem Hungertod in Haft wurden, ausgenommen seine Kinderdichtung, nur zwei seiner Gedichte in offiziellen Lyriksammlungen publiziert: *Slučaj na železnoj doroge*, 1926 (*Vorfall auf der Bahnlinie*), und ein Jahr später *Stich Pëtra-Jaškina-Kommunista (Der Vers des Kommunisten Pëtr Jaškin)*. Die Diskrepanz zwischen seiner avantgardistischen Dichtung und der offiziellen Kulturpolitik war zu groß und wurde seit der Normierung der Kunst zu einer proletarischen, die 1928 zur Bildung der RAPP (Russische Assoziation proletarischer Schriftsteller) geführt hatte, immer krasser. Die literarischen Aktionen von Charms und seinen Dichterfreunden A. VVEDENSKIJ, N. ZABOLOCKIJ u. a. wurden 1930 durch den *pogromartigen* (Mejlach) Artikel *Revolutionäre Jongleurkünste. Ein Anschlag literarischer Rowdies* in der Leningrader Zeitschrift ›Smena‹ öffentlich diffamiert und verurteilt. Zwar wurde Charms 1956 offiziell rehabilitiert, seine Werke konnten jedoch nur sehr vereinzelt erscheinen, und von einer eigentlichen Rezeption in der Sowjetunion kann erst seit 1987 gesprochen werden. Als Verfasser von Kinderliteratur war er hingegen dem sowjetischen Leser bekannt geblieben.
Charms' faszinierendes Spiel mit Realität und Phantasie, die von ihm angewandte Umkehrung logischer und mimetischer Strukturen, sein freier und spielerischer Umgang mit absurden und scheinbar kindlich-naiven Aussagen bewirkten, daß S. MARŠAK, Schriftsteller und Leiter der Kinderbuchabteilung des Staatsverlages in Leningrad, Charms zur Mitarbeit heranziehen konnte. Er forderte jedoch, daß die *»Wunderlichkeiten einen Sinn«* erhielten und daß die *»ironisch-parodistische«* Aussageebene eliminiert werde. Charms publizierte in den Kinderzeitschriften ›Ëž‹ (Der Igel) und ›Čiž‹ (Der Zeisig); 1929 erschien u. a. das mit Illustrationen von V. Tatlin versehene Kinderbuch *Vo-pervych i vo-vtorych (Erstens und zweitens)* und 1936 die freie Nachdichtung von Wilhelm BUSCHs *Plisch und Plum*.
1925 hatte Charms zusammen mit A. Vvedenskij und dem *zaum'*-Dichter A. TUFANOV die literarische Gruppe »Levyj flang« (Linke Flanke) gegrün-

det, die nur kurz existierte, da Charms wie auch Vvedenskij die phonematischen Experimente Tufanovs ablehnten. Zwar finden sich in Charms' szenischem Poem *Lapa*, 1930 *(Die Pratze)*, Passagen, die an die transmentale Gedichtsprache *(zaum')* V. CHLEBNIKOVS erinnern, der dort auch als fiktiver Dialogpartner auftritt, doch sind dies eher parodistische Anspielungen an die die Sprache zertrümmernden Frühversuche der Futuristen und an den poetologischen Anspruch der *Zaumniki*, die Sprache von dem ihr vorgegebenen Wortmaterial absolut zu befreien, um das »*selbsthafte*« Wort und die »*Sternensprache*« (Chlebnikov) zu finden.

Seit dem Herbst 1927 trug die Dichtergruppe um Charms den Namen »Obèriu«, eine Abkürzung von *Ob-edinenie real'nogo iskusstva* (Vereinigung der realen Kunst), und veranstaltete denen der Dadaisten ähnliche Happenings in Klubs, Künstlerhäusern, Studenten- und Arbeiterwohnheimen. In ihren künstlerischen Veranstaltungen wurden die herkömmliche Unterscheidung der verschiedenen Künste und ihre gegenseitige Abgrenzung ebenso aufgehoben wie die Trennung von Aktions- und Zuschauerraum. Die Provokation stand unter der Idee des Gesamtkunstwerks als Collage der unterschiedlichen Gattungen und Stile; bestimmend war die Überzeugung, daß alles in und zur Kunst verwandelt werden könne, solange die schöpferische Freiheit und die Erkenntnismöglichkeiten nicht drangsaliert würden.

Die formale Gestalt der frühen Gedichte Charms' – *Konec geroja*, 1926 *(Das Ende des Helden)*, *Prorok s Aničkinogo mosta*, 1926 *(Der Prophet von der Aničkov-Brücke)*, *Ossa* (1928) – ist weitgehend konventionell. Ihr experimenteller Charakter verrät sich jedoch in der semantischen Struktur. Der kontextuelle Zusammenhang der semantischen Träger wird nicht durch logische Sujet- und Motivketten gestiftet, sondern durch den Zusammenprall ungleichartiger und zufälliger Themen, wodurch Widersinn und Un-Sinn, jedoch nicht Sinnlosigkeit und Alogisches, entstehen.

Verdoppelung, Verschiebung, Verkehrung und die Negation der sprachlogischen Verfahren und Zusammenhänge sind die gestaltenden Prinzipien, die die »Obèriuten« auch in ihrem Manifest *Obèriu* (1928) forderten, das vor der Beschränkung auf eine ausschließlich mimetische und ideologisierte Kunst warnte. Charms' dichterische Intentionen und Kunstgriffe wurden in dem Manifest so charakterisiert: »*Daniil Charms ist ein Lyriker und Dramatiker, dessen Augenmerk nicht auf die statische Figur konzentriert ist, sondern auf die Konfrontation einer Reihe von Gegenständen, auf deren Wechselbeziehungen. Im Augenblick des Geschehens gewinnt der Gegenstand neue Konturen, die von realer Bedeutung durchdrungen sind. Das Geschehen, auf neue Weise umgestaltet, bewahrt in sich das ›klassische‹ Gepräge und repräsentiert zugleich den weiten Spielraum des Obèriu-Weltempfindens.*« Ein Jahr zuvor hatte sich Charms in *Predmety i figury otkrytye Daniilom Charmsom 8. Avgusta 1927 goda, Peterburg (Gegenstände und Figuren, entdeckt von Daniil Charms am*

8. August 1927, Petersburg) mit der zweifachen Entität des Gegenstandes auseinandergesetzt: mit seiner realen Dimension und mit seinem die »*menschliche Vorstellungskraft transzendierenden Potential*« (Stoimenoff). Der Gegenstand wie auch das Wort in seiner abgenutzten Vergegenständlichung gewinnen ihre »*fünfte Bedeutung*« (Charms), sobald sie die konventionellen Wechsel- und Bedeutungsbeziehungen transzendieren.

Charms' Texte bewahren das »klassische« Gepräge in der typographischen Anordnung, auch wenn es vereinzelt kalligraphische Gedichte gibt, die optisch gestaltet (in *Lapa*) oder mit graphischen Chiffren (*Robert Mabr, Rhabanus Maurus*, 1931) versehen sind. Der Dichter behält die »klassischen« Kunstgriffe bei: den Variationsreichtum des Versrhythmus, den reinen und assoziativen Reim, die Klangassoziationen und Alliteration. Doch befreit er die »klassischen« Strukturen aus ihrer statischen Tradition, indem er die durch Konventionen festgelegte syntaktische und semantische Textgestalt durchbricht. Aufgegeben wird das traditionelle Sujet, gering gehalten die referentielle Ebene; die semantische Stringenz und das logische Gefüge, die der eindeutige Informationen vermittelnden Sprache zugrunde liegen, werden aufgebrochen. Dadurch erschwert Charms die Kommunikation zwischen dem Kunstwerk und seinem Rezipienten und erreicht eine Aktivierung der kognitiven Wahrnehmung der im Kunstwerk neu gestalteten Wirklichkeit.

Seit den dreißiger Jahren deutet sich in Charms' Gedichten sowie in seinem immer umfangreicheren Prosawerk eine poetologische Neuorientierung an. Die Themen werden konkreter und persönlicher, ihr Realitätsbezug wird evident, ihre alogische Verknüpfung verhindert nicht die existentielle Aussage. Der Hunger und der Tod (*Strašnaja smert*, 1935 – *Schrecklicher Tod*), die metaphysisch-religiöse Suche (*Molitva pered snom*, 1931 – *Gebet vor dem Schlaf*), der Verlust von Freiheit, die Bedrohung durch Gewalt, Angst (*Ja plavno dumat' ne mogu*, 1937 – *Ich kann nicht fließend denken*) und die physische und psychische Verkrüppelung des Menschen (*Starucha*, 1939 – *Die Alte*) beschwören die bedrohliche Lebensrealität, in der sich Charms befand, und seinen Widerstand gegen den ideologischen Optimismus der damaligen Zeit. Dennoch werden die Texte weiterhin durch den Zufall und die Zweifel an der physikalischen Gesetzmäßigkeit von Ursache und Wirkung organisiert. Die Absurdität der Welt wird als solche nur erkannt, wenn die vermeintlich axiomatischen Denkstrukturen durch das Kunstwerk durchbrochen werden. Die Imagination denkt gegen die Verstandesprinzipien an und entdeckt die verschenkte (weil unbenannte) Wirklichkeit: »*Die wahre Kunst steht in der Reihe der ersten Wirklichkeit, sie erschafft die Welt und erscheint als deren Widerspiegelung. Sie ist unbedingt real*« (an K. V. Pugačeva, Oktober 1933). A.M.W.

AUSGABEN: *Slučaj na železnoj doroge* (in *Sobr. stichotv*, Leningrad 1926). – *Stich Pètra-Jaškina-Kom-*

munista (in *Kostër: Sbornik*, Leningrad 1927). – *Vo-pervych i vo-vtorych*, Leningrad 1929. – *Igra. Stichi dlja detej*, Moskau 1962. – *Čto ėto bylo?*, Moskau 1967. – *Anekdoty iz žizni Puškina* (in Literaturnaja gazeta, 1967, Nr. 47). – *P'esa. Simfonija No 2. Iz za-pisnoj knižki* (ebd., 1968, Nr. 46). – *Vstreča. Byl odin ryžij čelovek. Sonet. Makarov i Petersen. Ochotni-ki* (in Československá rusistika, 14, 1969, 2). – *Svjaz'. Basnja* (in Literaturnaja gazeta, 1979, Nr. 27). – *Jumorističeskie paradoksy* (in Voprosy li-teratury, 1973, 11). – *Izbrannoe*, Würzburg 1974 [Einl. G. Gibian]. – *Predmety i figury otkrytye D. I. Ch.* (in Soviet Union/Union Soviétique, Temple/Arizona, 5, 1978, 2). – *Sobranie proizvede-nij*, Hg. M. Mejlach u. V. Erl, 9 Bde., Bremen 1978 ff. – *».. I emu v rot zaletela kukuška«* (Iz prozy i poėtii) (in Voprosy literatury, 1987, 8). – *Iz neopu-blikovannogo* (in Družba narodov, 1987, 10). – *»Ja dumal o tom, kak prekrasno vsë pervoe!«* (in Novyj mir, 1988, 4; Einl. v. Clocer). – *Polnoe sobr. soč.*, (2 Bde.), Sankt Petersburg 1997.

ÜBERSETZUNGEN: *Fälle*, P. Urban (in Kursbuch, 15, 1968). – *?, Paradoxes*, Hg. L. Debüser, I. Tschörtner, Bln. 1983. – *Fälle. Szenen, Gedichte, Prosa*, P. Urban, Zürich 1984. – *Fallen. Prosa, Sze-nen, Kindergeschichten*, P. Urban, Zürich 1985. – *Alle Fälle. Das unvollständige Gesamtwerk in zeitli-cher Folge*, P. Urban, Zürich 1995.

LITERATUR: A. Aleksandrov, *D. Ch.* (in Den'poėzii, Moskau/Leningrad 1965). – G. König, *Die Kinder-lyrik der Gruppe Obėriu* (in WSlA, 1978, 1). – A. Gerasimova, *Obėriuty* (in Voprosy literatury, 1988, 4).

ELIZAVETA BAM

(russ.; *Ü: Jelisaweta Bam*). Schauspiel in 19 *Kuski* (Stücken) von Daniil I. CHARMS, entstanden 1927, Uraufführung: Leningrad, 24. 1. 1928, Haus der Künste; deutsche Erstaufführung: Berlin, 15. 9. 1983, Künstlerhaus Betanien. – Das erst Mitte der sechziger Jahre wiederentdeckte Schauspiel ist einer der letzten Versuche der russischen Avantgar-de, eine *»wahrhaft revolutionäre Kunst«* zu inszenie-ren, um ein *»essentiell neues Weltbild«* zu provozie-ren. Es ist eine bewußte Demonstration gegen das traditionelle Drama und Theater und wider die Er-wartung, die Bühne könne ein Spiegel der vorgege-benen Realität sein. An die Stelle des mimetischen Sujets treten ähnlich dem bildnerischen Werk des Konstruktivisten Kazimir Malevič (1878–1935), dem die »Obėriuten« geistig nahestanden, struktu-rierende Elemente, die auf Tradition und Konven-tion hinweisen, jedoch diese durch überraschen-de Zusammenstellungen und Wechselbeziehungen negieren. – Die Konstituenten des Dramas werden deformiert, um mittels der Imagination neu kom-poniert zu werden. Charms theatralisiert das Dra-ma zum totalen Theater, indem er die Handlungs-losigkeit bzw. Zuständlichkeit, die Pantomime,

Überraschungseffekte und die sie konstituierenden Figuren für ebenso *»theatralische Elemente«* (Mani-fest *Obėriu*) erachtet wie die Dekoration, die Re-quisiten, Objekte, die Zeit und den Raum. Wie-wohl das Theater mit den Materialien des Lebens spielt, kündigt es dessen logische Gesetzmäßigkeit und Eindeutigkeit als vermeintliche auf. Es begibt sich in Opposition und gibt sich als ein Artefakt zu erkennen.

Die Titelfigur, deren Nachname Bam onomato-poetisch den Klang der Totenglocke assoziieren wie auch an die scherzhafte Redewendung *bambu-kovskoe položenie* (mißliche Lage) denken läßt, er-wartet in ihrem Zimmer die Verhaftung wegen eines angeblich von ihr begangenen »abscheuli-chen« Verbrechens. Die referentielle Dimension der ersten beiden *Kuski* (Stücke), deren gattungs-stilistische Überschriften diesmal den Realitäts-charakter vermuten lassen *(1. Stück: realistisches Melodrama, 2.: realistische Gattung, der Komödie nahe)*, schlägt im *3. Absurd komisch-naive Gattung* in ein clowneskes Spiel um. Die realitätssignalisie-renden Bezüge bleiben bis zum *19. Ende der Oper. Bewegung der Kulissen, Objekte, des Hintergrunds und der Menschen* zunehmend irrevelant zugunsten des dissonanten Zusammen- und Gegenspiels von banalen und tragischen Elementen, von komischen und grotesken Momenten, von Unsinnsgeplapper und philosophischen Exkursen, von phonetischem Gestammel und poetischen Sentenzen.

Der Mischung von gattungsspezifischen Stil- und Spielformen und ihrer Parodie entsprechen die os-zillierende Identität der Figuren und ihre Meta-morphosen. Als Angeklagte und Verfolgte tritt Eli-zaveta Bam in den ersten beiden »Stücken« auf, ab dem 3. erhebt sie Forderungen gegenüber ihren Verfolgern bis zur Bedrohung ihres Antagonisten Pëtr Nikolaevič im 7. »Stück«. Die Modifikationen ihrer Gegenspieler Ivan Ivanovič und Pëtr Nikolae-vič entheben auch diese einer Eindeutigkeit: Die beiden Männer treten auf als Verfolger, Krüppel, clowneske Akrobaten, dann wiederum als Philoso-phen und Zauberer und scheinen im 13. »Stück« eine Figur und nicht zwei zu sein. – Die Entpersön-lichung der Figuren und der Verlust des jeweiligen Schicksals, das sie ebenso austauschbar erscheinen läßt wie ihr fragmentarischer Charakter, stützt die polyvalente semantische Struktur des Spiels. Sie setzt sich im wesentlichen aus drei Schichten zu-sammen, die den Text konstituieren: Die über die Realität referierende Schicht, die durchbrochen wird von einer an alogischen und spielerischen Ele-menten reichen Schicht, in der sich die Manifesta-tion einer inhaltlichen und ideellen Achse vor-nehmlich auf die Formal- und Sprachstruktu-rellen verlagert. Die dritte Schicht umfaßt die poe-tischen und philosophischen Einlagen, die parodi-stischen Charakter haben, doch zugleich auf die Relativität und Fragmentarität der einzelnen Text-schichten verweisen.

Weder die Figuren noch ihr reduzierter Dialog, der jene Funktion negiert, die ihm als dramatischem Medium bis ČECHOV zukam und im sozialistischen

Drama restauriert wurde, weder das Geschehen noch der ständig wechselnde Bühnenraum erlauben einen eindeutigen Interpretationsansatz. Charms figuriert und inszeniert die Undurchschaubarkeit und Unerklärbarkeit der menschlichen Situation mittels schwer deutbarer Aktionsfigurationen und Sprachrudimente. Das Komische, Groteske, Burleske und Paradoxe überspielen jedoch nicht die Tragik, die sich in dem Metaphernnetz der Bedrohung und des Todes veräußert. Auch zeugt die Ringstruktur des Schauspiels von der »*Vergeblichkeit aller Fluchtphantasien*« (Müller-Scholle), von der Hoffnungslosigkeit der Lebenssituation, von der Fragwürdigkeit von Moral und Sinn, die in Charms' szenischen Dialogen, in seiner *Komedija goroda Peterburga*, 1927 *(Die Komödie der Stadt Petersburg)*, und in seiner Prosa ebenso virulent sind und ihn als einen Vorläufer der westlichen absurden Literatur ausweisen.   A.M.W.

AUSGABEN: Meddelanden 1972 (in Slavistiken Institutionen Stockholms Universitet, Nr. 8). – Würzburg 1974 (in *Izbrannoe*, Hg. G. Gibian).

ÜBERSETZUNGEN: *Elizaveta Bam* (in *Fälle*, P. Urban, Ffm. 1970). – Dass. (in *Fallen. Prosa, Szenen, Kindergeschichten, Briefe*, P. Urban, Zürich 1985).

LITERATUR: J. Błoński, *Przeczucia »Elżbiety Bam«* (in Dialog, 1967, 10, S. 125–128). – L. Kleberg, *Om D. Ch.' »Elizaveta Bam«* (in D. Ch., *Elizaveta Bam*, Meddelanden 1972, S. I–X). – N. I. Chardziev, *O kanoničeskom tekste p'esy D. Ch. »Elizaveta Bam«* (in D. Ch. Izbrannoe, Hg. G. Gibian, Würzburg 1974, S. 170–171). – B. Müller, *Absurde Literatur in Rußland. Entstehung und Entwicklung*, Diss. Mchn. 1978. – A. Martini, *Retheatralisierung des Theaters: D. Ch. »Elizaveta Bam«* (in ZslPh, 42, 1981, 1, S. 146–166). – Ch. Müller-Scholle, *»Jelisaweta Bam«* (in *Das russische Drama*, Hg. B. Zelinsky, Düsseldorf 1986, S. 280–291).

BORIS CHAZANOV

eig. Gennadij Moiseevič Fajbusovič

* 16.1.1928 Leningrad

ANTIVREMJA. Moskovskij roman

(russ.; *Ü: Gegenzeit. Ein Moskauer Roman*). Roman von Boris CHAZANOV, erschienen 1985 in New York, in Rußland erst 1991. – Die erste Fassung wurde 1980 bei einer Hausdurchsuchung in der Moskauer Wohnung des Autors beschlagnahmt; Chazanov hat diesen, seinen ersten Roman aus dem Gedächtnis erneut niedergeschrieben und

nach der Emigration (1982) in Deutschland vollendet. Er nimmt eine Schlüsselstellung innerhalb seines Gesamtwerkes ein: Themen wie Alltag unter dem Sowjet-Regime oder das Spannungsverhältnis zwischen Judentum und Russentum, die schon vorangegangene Erzählungen und Essays (wie auch seine nachfolgenden Werke) wesentlich prägen, werden erweitert. In *Antivremja* entwickelt Chazanov die für ihn typische Verrätselungstechnik weiter, indem er die Vielschichtigkeit der erzählten Vorgänge an einer komplexen Zeitstruktur veranschaulicht.

Dreh- und Angelpunkt des Romans ist die Erinnerung eines betagten Mannes an seine Jugend- und Studienjahre in Moskau, insbesondere die Zeit von Frühling 1941 bis Winter 1945. Im Verlauf der Erinnerungen setzt ein Erkenntnisprozeß ein: Scheinbare Zufälle fügen sich zu einem seinem Lebensweg zugrundeliegenden Plan. Anlaß des Erinnerungsvorganges ist die Beerdigung seiner Studienfreundin Vika. Im Fluß der Erinnerung reflektiert der Ich-Erzähler Lenja das Verhältnis zu seinen Eltern, die zunächst ablehnende Haltung zu seinem leiblichen Vater, von dessen Existenz er erst als Dreizehnjähriger erfährt, erste intime Erfahrungen, die Freundschaft mit Vika und deren gleichnamigem Zwillingsbruder sowie die riskante Bekanntschaft mit dem dubiosen Zeitungsverkäufer und Astrologen Pavel Chrisanfovič, nach dessen Denunziation er schließlich verhaftet wird. Es ergeben sich zwei Zeitebenen: die der vergangenen Ereignisse und die der Erzählergegenwart, die die Vergangenheit reflektiert und kommentiert. Der Erinnerungsprozeß entwickelt sich nicht linear, sondern der Erzähler ordnet das Geschehen assoziativ. Das Hin-und-her-Springen zwischen beiden Ebenen veranschaulicht die gegenläufige Bewegung von Zeit und »Gegenzeit«: Chronologisch fließt die Zeit ab 1941 voran, die »Gegenzeit« hingegen ist der Weg vom gegenwärtigen Standpunkt der Erinnerung zurück in die Vergangenheit. Beide Ebenen durchdringen sich permanent. In diesem Fluß von Zeit und »Gegenzeit« werden Sinnzusammenhänge (und somit letztlich das göttliche Ordnungsprinzip, das hinter allem steht) für den Ich-Erzähler erkennbar.

Die Spiegelung von Zeit und »Gegenzeit« findet sich auch in der Figurenkonzeption wieder, vor allem in den beiden Vätern Lenjas – der russische Vater, der ihn aufzieht, und sein leiblicher Vater jüdischer Herkunft. Die Konfrontation mit seinem leiblichen Vater löst bei Lenja zunächst Verunsicherung und Angst aus; endlich beschließt er jedoch, ihn zu besuchen. In diesem bei weitem umfangreichsten Kapitel des Romans schildert der Vater seinen Lebensweg als Revolutionär der ersten Stunde, der schließlich Opfer der Parteisäuberung unter Stalin wird – Gefängnis und Lager in Kasachstan liegen hinter ihm. Der Vater, der für sich selbst und seinen Sohn keine Zukunft mehr in der Sowjetunion sieht, fordert Lenja auf, mit ihm auszureisen. Lenja lehnt ab, entscheidet sich für den russischen Weg und nimmt damit letztendlich seine Verhaftung in Kauf. Wie die beiden Väter wird auch das Zwillingspaar – der ständig ironisierende, provozierende Vika und die rätselhafte Vika – polarisierend dargestellt: Er wird mit dem Mond, sie mit der Sonne assoziiert. Zu beiden, die etwas Geheimnisvolles umhüllt, fühlt Lenja eine starke Anziehungskraft. Vika, der sein Studium am Militär-Fremdspracheninstitut abbrechen mußte, ist es, der Lenja mit Pavel Chrisanfovič, einem bedingungslosen antisemitischen Patrioten, bekannt macht. Während der Zugfahrt Lenjas zu seinem Vater erinnert er sich an Chrisanfovič – ein Vorzeichen auf die bei seiner Rückkehr erfolgende Verhaftung.

Die drohende Katastrophe wird darüber hinaus durch die Metapher des sich in den Fenstern spiegelnden *»metallischen toten Himmelblaus«* angedeutet. Die Verwendung von Farben spielt in Chazanovs Werk eine wesentliche Rolle zur Charakterisierung von Figuren oder des Raums. Farben können auch die Funktion von Vorausdeutungen haben. In *Antivremja* unterstreichen die Farb- und auch Lichtkontraste die Vielschichtigkeit des dargestellten Lebens – so werden beispielsweise mit dem Bild der grauen Stadt Moskau grelle Farben wie *»giftig-orange Neonschriften«* verbunden – und außerdem das dem Roman zugrundeliegende Konzept der Zeit und »Gegenzeit«. Eine weitere Besonderheit ist die Darstellung von Träumen, die wie die Erinnerung eine Form der Wirklichkeit sind und einen Weg der Erkenntnis über die komplexen Geordnetheiten der scheinbar zufälligen Begebenheiten des Lebens darstellen. Der fließende Übergang von Traum und geschilderten Ereignissen erinnert an Nikolaj GOGOL's *Nevskij Prospekt*, andere Techniken wie beispielsweise das Einflechten der Legende von dem Rabbi Baal-schem-tow an Fedor DOSTOEVSKIJS *Brat'ja Karamazovy* oder Michail BULGAKOVS *Master i Margarita*. Der reflektierende Erzählstil, der *Antivremja* charakterisiert, klingt insgesamt an die Erzählweise von Robert MUSIL an.

Chazanov konfrontiert in *Antivremja* wie auch in anderen Werken – beispielweise *Nagl'far v okeane vremen*, 1993 *(Ü: Unten ist Himmel)* und *Chronika N. Zapiski nezakonnogo čeloveka*, 1995 *(Ü: Der Zauberlehrer)* – den Leser mit einer vielschichtigen Wirklichkeit, die über chronologisch-kausale Gesetzmäßigkeiten hinausgeht. M.Mun.

AUSGABEN: NY 1985 (in *Ja Voskresenie i žizn'. Izbrannaja proza*). – Moskau 1991 (in *Čas korolja; Antivremja. Moskovskij roman*).

ÜBERSETZUNG: *Gegenzeit. Ein Moskauer Roman*, A. Nitschke, Stg. 1986. – Dass., dies., Mchn. 1990 (Slg. Piper).

LITERATUR: E. Wolffheim, *Inversion von Raum und Zeit* (in NZZ, 24. 9. 1986, S. 41). – K. Marko, *Unzeitgemäß: Boris Chasanow* (in Europäische Rundschau, 1987, H. 4, S. 117–123). – A. Kunik, *Boris Chazanov. Argument k čeloveku* (in Sintaksis, 17,

1987, S. 122–141). – W. Kasack, *Russ. Lit. des 20. Jh.s in dt. Sprache*, Bd. 2, Mchn. 1991, S. 68 f. – I. Sljusareva (in Literaturnaja gazeta, 27. 5. 1992, S. 4). – M. Munz, *Boris Chazanov. Erzählstrukturen und thematische Aspekte*, Mchn. 1994.

VELIMIR CHLEBNIKOV

eig. Viktor Vladimirovič Chlebnikov
* 9.11.1885 Tundutovo / Gouvernement Astrachan'
† 23.7.1922 Santalovo / Gouvernement Novgorod

LITERATUR ZUM AUTOR:
Bibliographie:
V. Markov, *Literatura o Ch.* (in V. Ch., *Sobranie proizvedenij*, Leningrad 1933, Bd. 5, S. XI–XLIV; photomech. Nachdr. Mchn. 1972).
Biographie:
N. Stepanov, *V. Ch. Žizn' i tvorčestvo*, Moskau 1975.
Gesamtdarstellungen und Studien:
R. Jakobson, *Novejšaja russkaja lirika. Nabrosok pervyj: Podstupy k Ch.*, Prag 1921. – J. Tynjanov, *O Ch.* (in J. T., *Archaisty i novatory*, Leningrad 1929). – Vl. Markov, *The Longer Poems of V. Kh.*, Berkeley 1962. – R. A. MacLean, *The Prose of V. X.*, Diss. Princeton Univ. 1974 [enth. Bibliogr.]. – S. Mirsky, *Der Orient im Werk V. Ch.s*, Mchn. 1975. – P. Stobbe, *Utopisches Denken bei V. Ch.*, Diss. Mchn. 1982. – V. P. Grigor'ev, *Grammatika idiostilja. V. Ch.*, Moskau 1983. – J. C. Lanne, *V. Kh. poète futurien*, Paris 1983. – R. Vroon, *V. X.'s Shorter Poems. A Key to the Coinages*, Diss. Univ. of Michigan, Ann Arbor 1983. – *V. Ch. A Stockholm Symposium*, Hg. N. Nilsson, Stockholm 1985. – V. P. Grigor'ev, *Slovotvorčestvo i smežnye problemy jazyka poèta*, Moskau 1986. – *V. Ch. 1885–1985*, Hg. J. Holthusen u. a., Mchn. 1986. – *V. Ch. (1885–1922): Myth and Reality*, Hg. W. Weststeijn, Amsterdam 1986. – R. Cooke, *V. Kh. A Critical Study*, Cambridge 1987. – R. Goldt, *Sprache und Mythos bei V. Ch.*, Mainz 1987. – Ch. Baran, *Problemy kompozicii v proizvedenijach V. Ch.* (in Literaturnoe obozrenie, 1991, Nr. 8).

DAS LYRISCHE WERK (russ.) von Velimir CHLEBNIKOV.
Nicht nur im Generationszusammenhang steht Chlebnikov zwischen Symbolismus und Futurismus, auch seine eigenwillige Ästhetik formte sich zwischen diesen beiden Polen des russischen Modernismus, als dessen herausragender Exponent er heute gilt. Zur Fortsetzung seines Studiums der

Naturwissenschaften und Mathematik übersiedelte Chlebnikov 1908 aus Kazan' nach St. Petersburg, wo er zunächst in symbolistischen Dichterkreisen verkehrte, durch die Vermittlung seines Mentors Vjačeslav Ivanov aber auch Dichter wie Gumilëv oder Kuzmin kennenlernte. Chlebnikov verband Ivanovs Theorie einer »Mythenschöpfung« (*mifotvorčestvo*) vermittels der Dichtung, einem auf Wagners Gesamtkunstwerk-Gedanken und Nietzsches *Geburt der Tragödie* gründenden Konzept zur Überwindung der Säkularisierung von Kunst und Leben, zunächst mit einer betont slavophilen, antizivilisatorischen Attitüde, die er im Anschluß an die symbolistische Großstadtlyrik (Verhaeren, Blok, Brjusov) zu teilweise apokalyptischen Untergangsvisionen ausweitete (*Žuravl'*, 1908/1909 – *Der Kranich; Gibel' Atlantidy*, 1909/1912 – *Der Untergang von Atlantis*). Andere Poeme wie *Vila i Lešij*, 1913 *(Nymphe und Waldgeist)*, frönten auch dann noch im Stile Gorodeckijs oder Remizovs der Vision mythisch-folkloristischer Urwelten, als sich Chlebnikov längst vom Symbolismus abgewandt hatte. Unkonventionelle Verssprache und bizarre Metaphorik bescherten ihm als »*Visionär*« (Gumilëv) frühe Anerkennung. Eine outriert neoromantische Ausrichtung kennzeichnet auch Chlebnikovs erste dramatische Versuche *(Snežimočka*, 1908 – *Schneeflöckchen)*. Das Versdrama *Markiza Dèzes*, 1909–1911 *(Die Marquise Dezesse)*, enthält in seinen unvermittelten Realitätsbrüchen *in nuce* stilistische Konstanten des späteren Werks. Der Zweiakter *Gospoža Lenin*, 1909–1912 *(Frau Lenin)*, reduziert in der abstrakt symbolischen Tradition zu Maeterlincks *Les aveugles (Die Blinden)* die dramatische Welt auf die personifizierten Sinne eines einzelnen Menschen, deren handlungslose Wechselrede das facettenreiche Mosaik einer nur indirekt und fragmentarisch erfahrbaren Realität vermittelt und deren Partikel das dergestalt atomisierte Individuum zu keinem gültigen Gesamtbild mehr zusammenfügen kann. Beachtung verdient das Kurzdrama *Mirskonca*, 1912 *(Weltvomende)*, ein erster Umsetzungsversuch des revolutionierten mathematisch-physikalischen Weltbildes in ein Kunstwerk, in dem, wie Chlebnikov schon 1909 gefordert hatte, »*die Regeln der Logik von Zeit und Raum so oft zerstört werden wie ein Trinker in der Stunde nach dem Schnapsglas greift*«.
1911 gehörte Chlebnikov zu den Gründungsmitgliedern der »Hylaea« (D. und N. Burljuk, Kručënych, Lifšic, ab 1912 auch Majakovskij), der Keimzelle des russischen Kubofuturismus, einem fragilen Konglomerat aus mystisch-hesychastischer Kunstmetaphysik (mit Kontakten zum »Blauen Reiter«) und visionärer Zukunftseuphorie. Zusammen mit Kručënych entwarf Chlebnikov in mehreren manifestartigen Texten *(Slovo kak takovoe*, 1913 – *Das Wort als solches)* die Theorie einer weitestgehend auf Neologismen basierenden »transmentalen« Sprache *(zaumnyj jazyk)* und schuf nachgerade klassische Beispiele futuristischer Wortkunst *(Zakljatie smechom – Beschwörung durch*

Lachen; Bobèobi pelis' guby – Bobeobi sangen die Lippen). Als sprachwissenschaftlich »*genialer Dilettant*« (Čiževskij) entwickelte Chlebnikov in der Folgezeit einen hermetischen sprachalchemistischen Kosmos, den er in theoretischen Untersuchungen als »*Durchbruch zu den Schichten des Schweigens*« im Hinblick auf eine neu zu schaffende, völkerverbindende »Sternensprache« *(zvëzdnyj jazyk)* begriff und der in wesentlichen Details das Vorbild von Mallarmés *Livre (Das Buch)* und *Les mots anglais (Die englischen Wörter)* erahnen läßt. Chlebnikov glaubte in archaischen Sprachzuständen verschüttete Urweisheiten verborgen und versuchte, das von ihm postulierte erkenntnistheoretische Primat der Sprache im Rückgriff auf sprachphilosophische Konzepte der Antike (Platons *Kratylos*) durch die Annahme einer ursprünglichen Motiviertheit des sprachlichen Zeichens zu legitimieren.
Darüber hinaus verwendete der ethnologisch beschlagene Autodidakt Fragmente ritueller Geheimsprachen *(Noč' v Galicii*, 1914 – *Eine Nacht in Galizien)* und mythologische Topoi vornehmlich ägyptischer (*Ka, Ka²*, 1916) oder sibirischer *(Deti vydry*, 1913 – *Die Kinder des Otters)* Provenienz und imitierte z. B. durch palindromischen Versbau den zyklischen Charakter mythischer Textstrukturen (*Razin, Razin*, 1920). Auf diese Weise entstanden filigrane Lyrik- und Prosagebilde, in denen »*die sprachlichen Elemente aller Ebenen, der semantischen wie der morphologischen, der syntaktischen wie der phonologischen, einen Mythos (erschaffen), dessen Sinn sich gleichzeitig dem Verstehen darbietet und immer wieder entzieht*« (F. Scholz). – Nach Marinettis Rußlandreise kam es 1914/15 zu Entfremdung und Bruch mit dem Futurismus. Chlebnikov blieb von nun an ohne tiefere Bindung an literarische Schulen. Moskau, Cherson, Rostov am Don, Astrachan', Baku und Pjatigorsk markieren bis 1922 Stationen seines unsteten Lebensweges.
In den Jahren 1916–1922 entstand im Kontext einer Reihe geschichtsphilosophischer Traktate *(Vremja mera mira*, 1916 – *Zeit, Maß der Welt)*, in denen Chlebnikov in pythagoreischem Geiste Geschichte als System mathematisch fixierbarer Interdependenzen interpretierte, ein bedeutender Zyklus von Poemen über Revolution, Welt- und Bürgerkrieg. Visionen eines sozialistischen Utopia *(Ladomir*, 1920/1921 – *Friedwelt)* stehen dabei komplexe Auseinandersetzungen mit den Fragen von Schuld und Gewalt in metaphysischen Dimensionen gegenüber *(Noč' v okope*, 1920 – *Die Nacht im Schützengraben; Nočnoj obysk*, 1921 – *Nächtliche Haussuchung)*. Von den mit einer Einheit der Roten Armee in Persien verbrachten Sommermonaten des Jahres 1921 zeugen einige der künstlerisch ausgereiftesten Arbeiten Chlebnikovs, in denen die orientalische Bilderwelt mit assoziativen Gedankenketten und mythologischen Reflexionen zu einem zeitlosen geistigen Panoptikum verschmilzt *(Truba Gul'-mully*, 1921 – *Die Frula Gul-Mullahs)*. – Sein letztes großes Werk, das als Versuch zur Überwindung herkömmlicher Gattungsgrenzen

angelegte »Metapoem« *(sverchporest')* *Zangezi* (1922) vereinigt in der Nietzsches Zarathustra nachempfundenen Titelgestalt des einsamen Propheten noch einmal nicht ohne resignative Züge das poetologische Vermächtnis ihres Schöpfers. Chlebnikovs Universalität anstrebendes Denken befruchtete beinahe alle Bereiche der russischen Moderne, so Skrjabins Synästhetizismus, Malevičs Theorie des Suprematismus wie auch El Lisickijs architektonische Projekte der zwanziger Jahre. Sein literarisches Werk prägte nicht nur Generationen russischer Lyriker (u. a. ASEEV, ZABOLOCKIJ, VOZNESENSKIJ), sondern fand auch in Prosa (KIM) und Dramatik (AMAL'RIK) Schüler. In seinem Nekrolog nannte Majakovskij den einstigen Weggefährten 1922 denn auch einen *»Kolumbus neuer poetischer Kontinente, die jetzt von uns besiedelt und urbar gemacht werden«*.   R.Gt.

AUSGABEN (Auswahl): *Učitel' i učenik*, Cherson 1912. – *Izbornik stichov 1907–1914 gg.*, St. Petersburg 1913. – *Tvorenija (1906–1908)*, Moskau 1914. – *Zangezi*, Moskau 1922. – *Stichi*, Moskau 1923. – *Sobranie proizvedenij*, Hg. Ju. Tynjanov u. N. Stepanov, 5 Bde. Leningrad 1928–1933; Nachdr. 1968–1972. – *Neizdannye proizvedenija*, Moskau 1940; Nachdr. Mchn. 1971. – *Nesobrannye proizvedenija*, Mchn. 1972 [innerhalb des Nachdr. d. *Sobr. proivz.*]. – *Tvorenija*, Moskau 1986.

ÜBERSETZUNGEN: *Dossier, Ch. und andere*, P. Celan u. a. (in Kursbuch, 10, 1967, S. 1–47). – *Ziehn wir mit Netzen die blinde Menschheit. Gedichte, Versdrama, poetologische Texte*, Hg. M. Erb, Bln./DDR 1984. – *Werke. Poesie, Prosa, Schriften, Briefe*, Hg. P. Urban, Reinbek ²1985. – V. Ch. u. A. Kručenych, *Höllenspiel. Poem*, L. Harig, Bln. 1986.

VLADISLAV FELICIANOVIČ CHODASEVIČ

* 28.5.1886 Moskau
† 14.6.1939 Billancourt bei Paris

DAS LYRISCHE WERK (russ.) von Vladislav Felicianovič CHODASEVIČ.
Die Anfänge vom lyrischen Schaffen des Dichters und Kritikers liegen am Ende des »silbernen Zeitalters« der russischen Lyrik, des Symbolismus. Chodasevič hat seine Wurzeln dort, entwickelt daraus aber eine eigenständige Poetik, die sich keiner der postsymbolistischen Strömungen – Akmeismus, Imaginismus, Futurismus – unterordnet. Im ersten Gedichtband *Molodost'*, 1908 *(Jugend)*, sind vor allem Einflüsse V. BRJUSOVs zu spüren, die bis in ein-

zelne Motive reichen (Dornenkrone als Symbol des leidenden Dichters). Innerhalb von *Molodost'* entfaltet sich in den melancholischen Liebesgedichten an die »Cousine« ein Themenbereich, der später kaum mehr eine Rolle spielt. Lediglich in *Sčastlivyj domik*, 1914 *(Das glückliche Häuschen)*, dem zweiten Lyrikband, klingt er in den Gedichten an die »Carevna« (Prinzessin) noch einmal an. Daneben enthält *Sčastlivyj domik* Bilder und Gedanken zu einer kleinen häuslichen Idylle, einem privaten Bereich der Geborgenheit, den auch der Titel meint. Der Dichter verrät hier seine geistige Nähe zu A. PUŠKIN, mit dem er sich auch als Literaturwissenschaftler intensiv auseinandersetzte.
Die reife Phase in Chodasevičs Lyrik beginnt mit dem dritten Gedichtband, dessen Titel *Putem zerna*, 1920 *(Der Weg des Korns)*, in erkennbarer Opposition zu den avantgardistischen Tendenzen steht, die in den revolutionären zehner und zwanziger Jahren ein Aufbrechen der überkommenen Formen forderten, die Abwendung von jeglicher Tradition, in der Lyrik das Sprengen der Versstruktur und der konventionellen Semantik. Diesen Tendenzen steht Chodasevič äußerst kritisch gegenüber. Seine Verstechnik folgt den klassischen Vorbildern und versucht, deren Möglichkeiten auszuschöpfen; seine Bildsprache greift vielfach auf Bekanntes zurück, läßt es aber in neuen Zusammenhängen erscheinen. Im Titelgedicht von *Putem zerna*, das sich an das biblische Gleichnis vom Weizenkorn anlehnt, setzt er das Wort Gottes in Parallelität zum Dichterwort; zugleich steht der *»Weg des Korns«* – das Sterbenmüssen, um wiedergeboren zu werden – für das Auf und Ab der russischen Geschichte und meint auch die aktuelle Situation im Jahr der Revolution (1917). Außerdem verbindet Chodasevič das Bild mit seiner eigentümlichen, dualistischen Metaphysik, in der die Seele das göttliche Licht repräsentiert, das in dem dunklen stofflichen Gefäß des Leibes gefangen ist. In Umkehrung der üblichen Begriffe erscheint das menschliche Leben als Phase der Finsternis und des Todes für die Seele, die erst durch den Tod des Leibes Freiheit, d. h. Leben erlangt. In dem Band *Tjaželaja lira*, 1922 *(Die schwere Lyra)*, der diese Vorstellungen in vielfältiger Bildlichkeit weiterentwickelt, gelangt Chodasevič zu der folgenden prägnanten Formulierung: *»Korken überm scharfen Jod:/ schon bist du von ihm zerfressen!/ Körper stirbt den gleichen Tod:/ von der Seele aufgegessen.«* Diese Seelenkonzeption verbindet sich mit Poetik in dem Sinn, daß der Mensch überhaupt erst durch das Teilhaftigwerden der Seele am Göttlichen zum Dichter wird (z. B. *Pro sebja*, 1918/19 – *Über mich selbst*): Visionäres oder mystisches Erleben befähigt den Dichter, die ihn umgebende graue Wirklichkeit zu verwandeln, in eine neue Welt in der Dichtung zu erschaffen. Die Entwicklung von Chodasevičs Lyrik dokumentiert und reflektiert aber, wie diese Grundlage mehr und mehr problematisch wird. Zwar zeigt das Gedicht *Ballada*, 1921 *(Ballade)*, wie das Ich in einem Verwandlungsprozeß zu kosmischer Größe anwächst (*»mit den Füßen im*

unterirdischen Feuer,/ Mit der Stirn in den fließenden Sternen«), zur mythologischen Urgestalt des Dichters, Orpheus, wird, doch tritt dieser Orpheus nicht auf fruchtbaren Boden, sondern auf *»glatte, schwarze Felsen«*, und die *»schwere Lyra«*, die er empfängt, veranschaulicht die Last, die die dichterische Gabe bedeutet. Das Gedicht beschließt den Band *Tjaželaja lira*, es beschließt auch die produktivste Phase in Chodasevičs Entwicklung. In diese Phase gehören auch mehrere Blankversgedichte längeren Umfangs, die kleine Begebenheiten von plötzlich sich öffnender existentieller oder metaphysischer Tiefe schildern, z. B. das Ahnen der Urverwandtschaft alles Lebendigen in *Obez'jana*, 1919 *(Der Affe)*, oder die Wahrnehmung von Sphärenmusik in *Muzyka*, 1920 *(Musik)*.

Der Weg in die Emigration (1922) markiert einen Bruch in Chodasevičs Schaffen. In der Sammlung *Evropejskaja noč'*, 1927 *(Europäische Nacht)*, die als Teil von *Sobranie stichov (Gesammelte Gedichte)* erschien, werden die europäischen Großstädte Berlin und Paris düster und dämonisch erlebt und dargestellt, die Menschen in ihrer Erbärmlichkeit gezeigt, bisweilen zu hundsköpfigen Schattenwesen verzerrt. Der Zugang zu den lichten, transzendenten Sphären gelingt kaum mehr. An seine Stelle tritt in der 182 Verse umfassenden Dichtung *Sorrentinskie fotografii*, 1925 *(Sorrentiner Photographien)*, die Erinnerung, der Blick in die Vergangenheit, nach Moskau, nach Petersburg. Die Erinnerung ist – entsprechend dem zentralen Bild des zweifach belichteten Negativs – eine Überlagerung zweier Welten, der italienischen Landschaft bei Sorrento und der durch sie hindurchscheinenden Bilder und Szenen aus Rußland. *Sorrentinskie fotografii* deutet jedoch auch das Schwinden jener durchscheinenden Welt an und damit das Unmöglichwerden der Dichtung.

Nach der Veröffentlichung von *Sobranie stichov* hat Chodasevič bis zu seinem Tode kaum noch Lyrik geschrieben, in der Sowjetunion wurde er als Emigrant aus der Literaturgeschichte getilgt, die Emigration selbst nahm ihn fast nur noch als Kritiker wahr. Die hohen Urteile von A. BELYJ, später V. VEJDLE und V. NABOKOV wurden erst nach Jahrzehnten von der Slavistik aufgenommen, die nun auch das Innovative im Werk Chodasevičs erkannte, seine Prosaisierung oder Entpoetisierung der Lyrik, seine ironische Aussageweise mit ihren verschiedenen Schattierungen (Bethea). In der Sowjetunion wurde nach erfolglosen Ansätzen in den sechziger Jahren seit 1986 die Rückführung Chodasevičs in die Literaturgeschichte vollzogen. F.G.

AUSGABEN: *Molodost'*, Moskau 1908. – *Sčastlivyj domik*, Moskau 1914; Bln./Petrograd/Moskau ³1922. – *Putem zerna*, Moskau 1920; Petrograd ²1921 [Überarb.]; Nachdr. Berkeley 1977. – *Tjaželaja lira*, Moskau/Petrograd 1922; Bln. ²1923. – *Sobranie stichov*, Paris 1927; Nachdr. NY 1978. – *Sobranie stichov*, Hg. N. Berberova, Mchn. 1961. – *Sobranie stichov*, Hg. Ju. Kolker, 2 Bde., Paris 1982/83. – *Stichotvorenija* (in *Sobr. soč.*, Hg.

J. Malmstad u. R. Hughes, 5 Bde., Ann Arbor 1983, 1). – *Sobr. soč. v četyrech tomach*, Moskau 1997.

ÜBERSETZUNG: *Europäische Nacht. Ausgewählte Gedichte*, K. Borowsky, Tübingen 1985.

LITERATUR: A. Belyi, *Tjaželaja lira i russkaja lirika* (in Sovremennye zapiski, 1923, 15, S. 371–388). – V. Vejdle, *Poėzija Ch.* (in Sovremennye zapiski, 1928, 34, S. 452–469). – J. A. Miller, *Creativity and the Lyric »I« in the Poetry of V. F. Xodasevič*, Diss. Univ. of Michigan 1981. – D. M. Bethea, *Khodasevich. His Life and Art*, Princeton 1983. – Ju. Levin, *Zametki o poėzii Vl. Ch.* (in WSLA, 1986, 17, S. 43–129). – A. Voznesenskij, *Nebesnyj muravej* (in Ogonek, 1986, 48, S. 26–29). – N. Bogomolov, *Žizn' i poėzija Vl. Ch.* (in Voprosy literatury, 1988, 3, S. 23–61). – F. Göbler, *Vl. F. Ch. Dualität und Distanz als Grundzüge seiner Lyrik*, Mchn. 1988. – I. Surat, *Puškinist V. C.*, Moskau 1994.

OLEG GRIGOR'EVIČ ČUCHONCEV

* 8.3.1938 Pavlovskij Posad / Gebiet Moskau

DAS LYRISCHE WERK (russ.) von Oleg Grigor'evič ČUCHONCEV.

Seit 1958 publiziert der in Moskau lebende Lyriker in sowjetischen Zeitschriften. Erst 1976 erschien sein erster schmaler Lyrikband *Iz trech tetradej (Aus drei Heften)*; 1983 folgte ein weiterer Band *Sluchovoe okno (Das Dachfenster)*. Čuchoncev geht in seinen Gedichten vom konkret Erlebten in Natur und Umwelt, oft auch von einem historischen Beispiel aus. Das subjektiv Gefühlte und Gesehene wird im Gedicht analysiert und verallgemeinert und erhält in seiner Gültigkeit eine Bedeutung für den Leser, auch für den westlichen Leser. Es sind die allgemeinen und ewigen Wahrheiten, die am Ende des dichterischen Schaffensprozesses stehen. Dieses und das Prinzip der Aufrichtigkeit in der Behandlung seiner Themen, das er in seinen Gedichten über den Künstler postuliert, zeichnen Čuchoncev als einen großen Lyriker aus.

Seine Lyrik geht oft von Naturbildern aus. Es ist die ganz konkrete Landschaft seiner russischen Heimat, auch die Natur in der Großstadt Moskau, die er in eigenen Bildern zum Ausdruck bringt. Die Natur ist hier äußeres Zeichen der inneren Befindlichkeit des lyrischen Ich, so auch in einem Gedicht über die vom Gezwitscher der Sperlinge erfüllte Gewitternacht *(»...I poka gomonit vorob'inaja noč'...«)*, das zugleich einem ganzen Zyklus von Gedichten den Titel gibt. Hier ist es das Stehen der

Luft in der Großstadt vor einem Gewitter, dem die Empfindungslosigkeit und Gleichgültigkeit des lyrischen Ich entspricht. Es kommt zu einem Verfließen der äußeren und inneren Grenzen: »*Ist es die Hitze oder ein Fieberwahn?*« Erst das Gewitter kann hier die äußere und innere Spannung lösen. Natur kann auch Zeichen historischer Vorgänge sein, so in dem Gedicht *V polunoč' petuch na derevne*, 1963 *(Um Mitternacht krähte der Hahn)*. Hier ist es der Bruch des Übergangs vom Sommer zum Herbst, der in direkte Parallele gesetzt wird zum Ahnen eines historisch-politischen Umschwungs. Das Krähen des Hahns ist ein oft von Čuchoncev verwendetes Symbol des Negativen, wie überhaupt biblische Bilder und Themen eine große Rolle in seiner Lyrik spielen. In vielen seiner Gedichte beschäftigt sich Čuchoncev mit dem Problem des Todes und dem Glauben an Gott. Er umkreist dieses Thema in fragender Haltung. Die Breite seiner Problematisierung reicht von dem naiven Glauben daran, daß die irdischen Mühen von Gott im Jenseits entlohnt werden, mit Bezug auf Hiob, bis zum Eingeständnis, daß der Mensch das Problem von Leben und Tod nicht lösen kann, so in dem Gedicht *Gibrid pekarni s kolokol'nej (Die Kreuzung zwischen einer Brotfabrik und einem Glockenturm)*. Verurteilt wird die Überheblichkeit derjenigen, die meinen, ihre Verneinung der Transzendenz durch irdischen Pomp aufwerten zu können. Es ist in jedem Fall die Position des Glaubens, die Čuchoncev einnimmt, aber in einer fragenden Haltung. In einem weiteren Themenkomplex beschäftigt sich Čuchoncev mit den Bedingungen und Aufgaben seiner Existenz als Künstler, so zum Beispiel in der *Ballada o restavratore (Ballade über den Restaurator)*. Die Position des Künstlers ist die unter dem Dach, abgehoben vom Alltag und offen nach oben. Das »*Dachfenster*« (siehe auch Titel des zweiten Lyrikbandes) wird zum Symbol der künstlerischen Existenz. Die Aufgabe des Künstlers ist es, im Alltag, im Verdeckten das Bild des Ewigen, Allgemeinen darzustellen, so wie der Restaurator unter der Tünche der Jahrhunderte das wahre und ursprüngliche Bild zum Vorschein bringt. Čuchoncev nimmt hier eine durchaus positive Grundhaltung zum eigenen Schaffen und zum Leben ein. Oberstes Prinzip der künstlerischen Darstellung ist die Wahrhaftigkeit, die geboren wird aus dem Gefühl der Verantwortung vor der Geschichte und für die Zukunft, auch vor dem deutlich ausgesprochenen Hintergrund derjenigen, die um die Wahrheit des Wortes willen gelitten haben, so dargestellt in seinem elegischen Gedicht *Vospominanie o zastol'jach junosti (Erinnerung an die Gelage der Jugend)* oder in seinem Gedicht *Superego*. Die Auffassung der Geschichte als Kette von Einst – Jetzt – Zukunft bestimmt auch Čuchoncevs Behandlung historischer Themen und seine Bewältigung der Vergangenheit, der persönlichen wie auch der seines Volkes. Das Jetzt ist seiner Auffassung nach ein wesentliches Bindeglied zwischen Vergangenheit und Zukunft und erhält seinen Sinn vor diesem Hintergrund. Zugleich verschärft

dieser so gesehene Zusammenhang die Verantwortung des Menschen für sein Handeln vor der Geschichte und im Hinblick auf das Urteil zukünftiger Generationen. So betrachtet sind es die ewigen Wahrheiten, die Bestand haben. Eng verbunden hiermit ist seine Behandlung des Kriegsthemas. Krieg ist hier nicht nur der partikuläre Krieg des russischen Volkes. Er ist dies auch, aber es sind ebenfalls und vor allem die Kriege allgemein, die Čuchoncev im Sinne hat. Im Vordergrund steht das Leid der Menschen im und nach dem Krieg. Es geht nicht um Recht oder Unrecht der Kriegführenden, sondern um das vergossene Blut und die Tränen der Unschuldigen, im Angesicht deren es keinen gerechten Krieg geben kann (so in der Verserzählung *Svoi – Die Meinen*). Es ist auch hier das Allgemeine, was im Besonderen zutage tritt und was auch für den Leser anderer Zeiten und Völker Bedeutung hat. Wie in mehreren literaturkritischen Abhandlungen zu seinem Werk betont wurde (zum Beispiel von B. SARNOV und dem emigrierten Dichter N. KORŽAVIN), schreibt Čuchoncev eine fast klassisch zu nennende Lyrik. Er steht hiermit wie auch mit seinen lyrischen Formen in der Tradition der großen russischen Dichtung von PUŠKIN bis heute. Sein Ziel ist nicht das Experiment, das Streben nach dem Neuen, sondern das die Zeit Überdauernde, die ewigen Werte und Fragen des menschlichen Daseins.   G.Q.

AUSGABEN: *Iz trech tetradej*, Moskau 1976. – *Sluchovoe okno*, Moskau 1983.

LITERATUR: N. Koržavin, *Dobro ne možet byt' staro* (in Kontinent, 17, 1978, S. 315–330). – B. Sarnov, Rez. (in Literaturnoe obozrenie, 1978, 12, S. 58–62). – N. Aleksandrova, Rez. (in Družba narodov, 1982, 5, S. 127–129). – I. Rodnjanskaja, Rez. (in Novyi mir, 1982, 10, S. 233–237). – N. Ivanova, Rez. (in Družba narodov, 1984, 11, S. 262 f.). – W. Kasack, *O. Č.* (in NZZ, 22./23. 12. 1984). – L. Anninskij, Rez. (in Junost', 1985, 3, S. 93–95). – W. Kasack, Art. *O. G. Č.* (in W. K., *Lexikon der russischen Literatur. Ergänzungsband*, Mchn. 1986, S. 47–48).

LIDIJA KORNEEVNA ČUKOVSKAJA

* 24.3.1907 St. Petersburg
† 8.2.1996 Moskau

LITERATUR ZUR AUTORIN:
K. Verheul, *Een Russische poging tot rekenschap* (in Tirade, 1969, 13, S. 36–46). – E. Brejtbart, *Chranitel'nica tradicii: L. K. Č.* (in Grani, 1977, 104, S. 171–182). – A. Pries, *L. K. Ts.* (in Tirade, 1983,

27, S. 97–103). – V. Lamzdorf, *Isključit' iz žizni* (in Possev, 1980, 1, S. 60–61). – N. Žand, *Une sténographie de la vie soviétique* (in Le Monde, 25. 3. 1980). – A. Latynina, »*Writing Was My Salvation...*« (in Moscow News, 1988, 17, S. 7). – A. Julius, *L. Č. Leben und Werk*, Mchn. 1995.

OPUSTELYJ DOM

(russ.; *Ü: Ein leeres Haus*). Roman von Lidija K. ČUKOVSKAJA, erschienen 1966 in New York und Paris. – Dieser kurze, halbautobiographische Roman (ursprünglicher Titel: *Sof'ja Petrovna*) der Tochter des bekannten Kinderbuchautors Kornej ČUKOVSKIJ entstand im Winter 1939/40 in Leningrad unter dem Eindruck gerade durchlebter Ereignisse und ist der einzige nicht nachträglich geschriebene Prosatext über die Zeit der Massenverhaftungen von 1937; Anfang der sechziger Jahre wurde die Erzählung zu einem der verbreitetsten Samizdat-Bücher. Das von der Autorin als Zeugenaussage verstandene Werk schildert die Zeit der »Säuberungen« unter Stalin aus der Sicht einer Leningrader Patriotin, die, dem sowjetischen Regime blind vertrauend, erst die Verhaftung von Arbeitskollegen, dann die des eigenen Sohnes erlebt, daraufhin allmählich in ihrem Glauben an einen gerechten Sowjetstaat erschüttert wird und am Ende in völlige Hoffnungslosigkeit fällt.

Überzeugend gelingt es Čukovskaja, das wohlgeordnete Leben der Ol'ga Petrovna Lipatova zu schildern, die nach dem Tod ihres Mannes als qualifizierte Schreibkraft in einem Leningrader Verlagshaus arbeitet. Streng und gerecht, dabei politisch vollkommen desinteressiert, versieht sie ihre Arbeit voller Freude und macht bald berufliche Fortschritte. Als Wohnungsbevollmächtigte ihrer Gemeinschaftswohnung genießt sie den Respekt der Nachbarn; ihr Sohn Kolja, ein musterhafter Jungkommunist, wird als Bester seines Jahrgangs zusammen mit seinem Freund Alik Finkelstein in eine Fabrik nach Sverdlovsk geschickt, wo er bald eine für die Produktion wichtige Erfindung macht. Ol'ga Petrovnas Glück ist vollkommen, als die ›Pravda‹ auf der ersten Seite über ihn berichtet. Ihr unerschütterlicher Glaube an die Unfehlbarkeit des Sowjetstaates wird von vielen Menschen ihrer Umgebung geteilt. Daß Nataša Frolenko, einer Kollegin und Freundin, die Aufnahme in den Komsomol verweigert wird, scheint Ol'ga durch Natašas Herkunft – sie ist die Tochter eines zaristischen Obersten – ausreichend begründet. Ebenso findet Kolja selbst für absurdeste Erscheinungen des sowjetischen Alltags immer wieder befriedigende Erklärungen. Diese Begrenztheit des Horizonts wird als Massenphänomen gezeigt und läßt die Hauptfigur als typische Vertreterin einer totalitären Gesellschaft erscheinen. Die Verhaftung angeblicher Saboteure und Staatsfeinde läßt bei ihr nicht die geringsten Zweifel an deren Schuld aufkommen. Als ihr Sohn verhaftet wird, glaubt sie an ein Mißverständnis und erwartet ständig seine Rückkehr. Für sie beginnt nun ein neues Leben, das von der Frage nach dem Schicksal ihres Sohnes geprägt ist. Der Rhythmus ihres Lebens wird jetzt vom schrecklichen Ritual des Schlangestehens vor Gefängnissen und Auskunftsstellen bestimmt. Ein Schreibfehler Natašas, der als klassenfeindlicher Anschlag interpretiert wird, führt zu deren Entlassung. Ol'gas Eintreten für sie auf einer Generalversammlung des Verlags bleibt nicht ohne Folgen. Ol'ga reicht die Kündigung ein, bevor sie selbst entlassen werden kann. Wegen seiner Loyalität dem Freund gegenüber verliert auch Alik seine Arbeit und wird später ebenfalls verhaftet. Inzwischen hat Ol'ga erfahren, daß Kolja wegen der Beteiligung an einem terroristischen Akt zu zehn Jahren Zwangsarbeit verurteilt und deportiert wurde. Nach dem Selbstmord Natašas, die keinen Ausweg mehr gesehen hat, bleibt Ol'ga allein zurück. In ihrer Verzweiflung legt sie Vorräte für Kolja an, auf dessen Brief sie täglich wartet. Als dreizehn Monate nach Koljas Verhaftung Nachrichten von Entlassungen bekanntwerden, gestaltet sie aus Wunschvorstellungen und Hoffnungen ihre eigene Realität. Sie stellt sich vor, gute Nachrichten von der baldigen Rückkehr ihres Sohnes zu bekommen und die Achtung ihrer Umwelt zurückzugewinnen. Schließlich erhält sie einen ihr auf Umwegen zugestellten Brief Koljas aus dem Lager, in dem er verzweifelt die näheren Umstände seiner Verhaftung schildert und die Mutter darum bittet, ein Gesuch zu schreiben. Als sie die Ausweglosigkeit der Lage begreift, verbrennt sie den Brief. So kapituliert die Hauptfigur des Romans, anders als dessen Autorin, vor der Übermacht eines totalitären Staates.

Der in nüchtern-realistischem Stil geschriebene Roman hat in erster Linie als Zeitdokument Bedeutung, wobei auch die Publikationsgeschichte des Buches einige charakteristische Entwicklungsphasen der jüngsten Geschichte spiegelt. Mußte Čukovskaja ihren Roman in den vierziger Jahren unter größter Gefahr verbergen, so wäre er in den sechziger Jahren beinahe veröffentlicht worden: Das Manuskript war bereits gesetzt, als die Publikation doch noch verboten wurde. Die Tatsache, daß der Roman (unter dem ursprünglichen Titel *Sof'ja Petrovna*) in dem Leningrader Journal ›NEVA‹ im Februar 1988 erstmals veröffentlicht wurde, galt damals schon als ein Hinweis auf die von der Autorin so bedingungslos geforderte Aufarbeitung einer menschenverachtenden und grausamen Vergangenheit.   S. Ma.

AUSGABEN: NY 1966 (in Novyj žurnal, H. 83 u. 84). – Paris 1965 [recte 1966]. – Paris 1981. – Leningrad 1988 (u. d. T. *Sof'ja Petrovna*; Neva, 2, S. 51–93). – Moskau 1988 (in *Povesti*). – Moskau 1990 (in L. Č., *Process isključenija*). – Moskau 1992 (in *Trudnye povesti: 30-e gody*, Hg. A. I. Vanjukov).

ÜBERSETZUNG: *Ein leeres Haus*, E. Mathay, Zürich 1967. – Dass., dies., Zürich 1971. – Dass., dies., Zürich 1982.

VERFILMUNG: Rußland 1990 (Regie: A. Sirenko).

LITERATUR: W. Kasack, *Sie füllt das leere Haus* (in Die Welt, 24. 3. 1987). – P. Karp, *Rubeži ličnogo opyta* (in Knižnoe Obozrenie, 1988, 20, S. 3). – L. Maller, *Čtoby najti brat'ev, Razmyšlenija o povestjach L. Čukovskoj* »*Sof'ja Petrovna*« *i* »*Spusk pod vodu*« (in Literaturnoe obozrenie, 1989, H. 11, S. 75–78).

SPUSK POD VODU

(russ.; *Ü: Untertauchen*). Roman von Lidija K. ČUKOVSKAJA, erschienen 1972 in New York. – Dieser in Tagebuchform geschriebene zweite Roman der in der Sowjetunion vor allem als Redakteurin und Publizistin bekannten Autorin entstand zwischen 1949 und 1957 und gelangte über den Samizdat in den Westen. Das Original, das mehr als ein Jahrzehnt nur im Samizdat kursierte, erschien 1988 zusammen mit dem Roman *Sof'ja Petrovna* in Moskau.

Die Handlung spielt vor dem Hintergrund der von Stalin initiierten Kampagne gegen den »Kosmopolitismus« Ende der vierziger Jahre und zeigt den verhängnisvollen Einfluß des Stalinismus auf die schöpferische Intelligenz jener Zeit. Ort der Handlung ist ein Sanatorium für Künstler nördlich von Leningrad, in das die Hauptperson, Nina Sergeevna Pimenova, für 26 Tage gekommen ist, um an einer Übersetzung zu arbeiten; heimlich schreibt sie jedoch einen Roman über die Stalinzeit. Hier trifft sie Menschen, die wie sie von der Erfahrung totalitärer Staatsgewalt gezeichnet sind. In der Idylle der winterlichen Landschaft werden die sich im Sanatorium aufhaltenden Schriftsteller von der politischen Wirklichkeit eingeholt.

Der Roman beginnt mit der Ankunft in dem Erholungsheim; die erste Tagebuchaufzeichnung datiert vom Februar 1949. Lyrische Naturbeschreibungen bilden zunächst den Schwerpunkt der Aufzeichnungen. Einsame Spaziergänge, das Erlebnis des winterlichen Waldes, die Versenkung in die russische Lyrik und Begegnungen mit und in einer belebten und als personifiziertes Gegenüber empfundenen Natur ersetzen Nina Sergeevna den Kontakt mit den im Sanatorium weilenden Künstlern. Eine Ausnahme bildet der Schriftsteller Nikolaj Aleksandrovič Bilibin, der seine Lagererlebnisse in einem Roman über das Leben der sibirischen Bergarbeiter verarbeitet und zu dem sie nach und nach ein immer vertrauteres Verhältnis entwickelt. Als Bote von »drüben« gibt er ihr Aufschluß über das Schicksal ihres 1937 verhafteten Mannes und klärt sie darüber auf, daß das Urteil über ihn, zehn Jahre Lager mit Briefverbot, mit der sofortigen Liquidierung gleichzusetzen war. Seine Kenntnisse einer unbekannten und grausamen Welt, an der ein Außenstehender nur durch schreckliche Phantasievorstellungen oder authentische Zeugenberichte teilhaben kann, machen ihn zum Mittler zweier Welten und zum wichtigen Zeugen einer unbewältig-

ten Vergangenheit. Immer kehrt in Ninas Alpträumen das Motiv des Todes ihres Mannes wieder; leitmotivisch wiederholt sich das Bild des Wassers und schafft eine Verbindung zu dem als beglückend empfundenen Prozeß des »*Untertauchens*«. Dieser Vorgang meint gleichzeitig die Empfindung des Wegtauchens in eine andere Welt, in der Ruhe und Frieden herrschen, die Begegnung von Stille und Erinnerung, die Beschwörung einer schrecklichen Vergangenheit und den Versuch, diese durch bewußte Zeugenschaft, die sich im Niederschreiben eines Buches manifestiert, zu überwinden. Diese Vergangenheit ist allgegenwärtig und betrifft jeden; Bilibin, der im Lager herzkrank wurde, den jüdischen Dichter Weksler, der im Krieg seinen Sohn verlor, einen beleibten Hypertoniker, dessen Familie von den Deutschen bei lebendigem Leibe verbrannt wurde, oder eine Hausangestellte, der eine Zuzugsgenehmigung nach Moskau verweigert wird, weil sie in einer früher besetzten Zone lebt. Das Sanatorium liegt in ehemaligem Kriegsgebiet; der verschneite Wald, ein Symbol des Friedens und der Unschuld, birgt die Gräber gefallener Soldaten. Die Atmosphäre im Heim wird zunehmend von den politischen Ereignissen geprägt; im Radio wird zum Kampf gegen den Kosmopolitismus aufgerufen, ein neuer Antisemitismus kommt auf. Eines Nachts wird der jüdische Dichter Weksler abgeholt.

Ninas Beziehung zu Bilibin wird immer enger, bis sie seinen Roman liest und erkennt, daß er, statt Zeugnis von der Wahrheit abzulegen, seine Lagererlebnisse in ein sozialistisches Heldenepos umgearbeitet hat. Zutiefst enttäuscht wendet sie sich von ihm ab, nachdem sie ihn einen Feigling und falschen Zeugen genannt hat. Schließlich verlassen sie gemeinsam das Sanatorium, ohne sich noch einmal ausgesprochen zu haben. Mit der Rückkehr nach Moskau brechen die Aufzeichnungen ab.

Dieser zweite Roman L. Čukovskajas ist in gewisser Weise die Fortsetzung von *Opustelyj Dom*, 1965 (*Ein leeres Haus*). Während der erste Roman ein Zeitzeugnis der schrecklichsten Jahre des Stalinismus war, werden hier die Auswirkungen dieser Jahre auf das Leben, Denken und Fühlen von Opfern oder Angehörigen von Opfern der Staatsgewalt verdeutlicht. Einem an der Oberfläche normalen Leben, das von grausamen Erfahrungen gezeichnet ist, die verschwiegen werden müssen und daher nicht verarbeitet werden können, droht jederzeit die Wiederholung eines schon durchlebten Alptraums. Vorstellungen davon gibt ein Kapitel des Buches, das inhaltlich an *Opustelyj Dom* anknüpft und als Buch im Buch die bedrückendsten Erinnerungen an die Schreckensjahre wachruft. S.Ma.

AUSGABEN: NY 1972. – Paris 1972. – Moskau 1988 (in *Povesti*). – Moskau 1990 (in L. C., *Process isključenija*).

ÜBERSETZUNG: *Untertauchen*, S. Geier, Zürich 1975.

LITERATUR: M. Frisé, Rez. (in FAZ, 11. 12. 1974).
– H. von Ssachno, Rez. (in SZ, 22./23. 3. 1974). –
A. Broyard, Rez. (in International Herald Tribune,
5. 5. 1976).

NIKOLAJ FËDOROVIČ ČUŽAK

d.i. Nikolaj Fëdorovič Nasimovič
* 1876 Nižnij Novgorod
† 3.9.1937 Leningrad

LITERATURA FAKTA. Pervyj sbornik materialov rabotnikov LEFA

(russ.; *Die Literatur des Faktums. Erster Sammelband von Materialien der Arbeiter des LEF*). Literaturtheoretischer Sammelband, herausgegeben von N. F. ČUŽAK, erschienen 1929. – Der Band enthält vor allem Beiträge zu Theorie und Praxis der von der »Linken Front der Künste« (LEF) erarbeiteten Konzeption einer faktographischen Prosa, die größtenteils 1927/28 in der von MAJAKOVSKIJ geleiteten Zeitschrift ›Novyj LEF‹ (Neuer LEF) zuerst veröffentlicht worden waren. Die Zeitschrift, Nachfolgerin der 1923–1925 erschienenen ›LEF‹, war das Forum der linken künstlerischen Avantgarde, die ihre Aufgabe darin sah, die Kunst in den Dienst der Revolution zu stellen und zugleich die Kunst selbst revolutionär umzugestalten. Die von ihr in der ersten Hälfte der zwanziger Jahre aus Gedanken des Proletkults, des Konstruktivismus und Futurismus sowie der Formalen Schule entwickelte Idee einer »Produktionskunst«, die Auffassung der Kunst als direkte, unmittelbare Lebensgestaltung, fand ihren Ausdruck vor allem in der bildenden Kunst und Architektur, im Agitations- und Reklameplakat, im Film und in der Fotomontage.
Die *Literatura fakta* ist der erste Versuch, dieses theoretische Modell literarisch umzusetzen. Die wichtigsten Vertreter dieser neuen Literaturkonzeption waren S. TRET'JAKOV, N. Čužak, O. BRIK und V. ŠKLOVSKIJ. Der Sammelband, der theoretische Grundsatzartikel wie kritische Rezensionen sowjetischer Neuerscheinungen enthält, ist als Handbuch und Leitfaden für den jungen Sowjetschriftsteller gedacht, der von der »*sinnlosen Nachahmung der abgelebten Formen*« der literarischen Tradition zu neuen, den »*Erfordernissen der revolutionären Epoche*« entsprechenden Wegen geführt werden soll. Wie Čužaks Aufsatz über die *Literatur der Lebensgestaltung* beweist, der in einer Revision der russischen Literaturgeschichte die Linie des »*Adels-Realismus*« die des »*Raznočinzen-Realismus*« gegenüberstellt, bedeutet dies nicht den Bruch mit jeglicher Tradition, sondern die Ablehnung der unkritischen Kanonisierung der bürgerlichen »Klassi-

ker« und des psychologischen realistischen Romans des 19. Jh.s. Der von der sowjetischen Kritik erhobenen Forderung nach einem »*roten Epos*« und einem »*roten Tolstoj*« stellt Tret'jakov die Erkenntnis entgegen, daß es die geforderten revolutionären Gattungen bereits gibt: »*Unser Epos ist die Zeitung ... Was soll es, über einen Roman oder ein Buch, was soll es, über ›Krieg und Frieden‹ zu reden, wenn man jeden Morgen, sobald man die Zeitung in die Hand nimmt, in der Tat eine neue Seite jenes so erstaunlichen Romans umblättert, der ›Unser Heute‹ heißt. Die handelnden Personen dieses Romans, seine Autoren und seine Leser – sind wir selbst.*«
Die Auffassung der Identität von Kunst und Leben, das Begreifen der Literatur als Lebensgestaltung erfordert ein völlig neues Verständnis des literarischen Werks, des Schriftstellers und des Lesers. Der neue Typus des Schriftstellers ist nicht länger der Berufsschriftsteller oder der Dichter im Elfenbeinturm, sondern der aktiv im Produktionsprozeß stehende Arbeiter- und Bauernkorrespondent, der die Veränderung der Wirklichkeit mit den Augen des Produzenten betrachtet. Die neuen literarischen Werke sind nicht die großen, fiktives Geschehen beschreibenden Romane, sondern die kleinen, vordem geringgeschätzten Gattungen der Reportage, der Skizze, des Zeitungsfeuilletons, des Protokolls; nicht fiktive, »*illusionistische*« Belletristik, sondern Autobiographie, Memoiren, authentische Reiseberichte und Tagebücher. Der neue Leser soll nicht allein passiver Konsument sein: Er soll selbst vom Standpunkt des Produzenten aus schreiben.
Die *Literatura fakta* setzt dem Psychologismus des bürgerlichen Romans, dem fiktiven individuellen Helden das produzierende Kollektiv entgegen. Sie ersetzt das erfundene Sujet durch die »*Biographie des Dinges*« (Tret'jakov), die Typisierung von Personen und Ereignissen, den von der Partei geforderten »*lebendigen Menschen*« in der fiktiven Literatur durch die konkrete Tatsache (so in der Gattung des Bio-Interviews), die typische Verallgemeinerung durch die Montage der Fakten in ihrem dialektischen Prozeß. Dogmatische Einseitigkeit führte die Theoretiker der Faktographie bei der Beurteilung der jungen Sowjetliteratur teilweise zu schweren Fehleinschätzungen (vgl. Briks Verriß von FADEEVS Roman *Razgrom*, 1927 – *Die Neunzehn*).
Die Konzeption der *Literatura fakta* fand auch in der deutschen proletarischen Literatur der Weimarer Republik Widerhall (so in den dokumentarischen Romanen Ernst OTTWALTS). Es kam zu einer ästhetischen Grundsatzdiskussion mit Georg LUKÁCS, dessen am bürgerlichen Roman des 19. Jh.s orientierte Literaturtheorie sich schließlich durchsetzte. In der Sowjetunion wurde die *Literatura fakta* von der offiziellen Literaturkritik heftig attackiert und als »*linke Abweichung*« verdrängt, doch beweist die nachstalinistische Prosaliteratur (die Memoiren ĖRENBURGS, KATAEVS, ŠKLOVSKIJS u. a.) ihre Nachwirkung. K.H.

AUSGABE: Moskau 1929; Nachdr. Mchn. 1972.

TEILÜBERSETZUNG: S. Tret'jakov, *Die Arbeit des Schriftstellers*, K. Hielscher, Reinbek 1972.

LITERATUR: G. Lukács, *Reportage oder Gestaltung?* (in Die Linkskurve, 1932, 7–8). – E. Ottwalt, *Tatsachenroman u. Formexperiment* (ebd., 1932, 10). – G. Lukács, *Aus der Not eine Tugend* (ebd., 1932, 11–12; auch in G. L., *Zur Tradition der sozialistischen Literatur in Deutschland*, Bln./Weimar 1967, S. 436–490). – Ders., *Erzählen oder Beschreiben?* (in Internationale Literatur, 11–12, 1936; auch in G. L., *Begriffsbestimmung des literarischen Realismus*, Darmstadt 1969, S. 33–85). – R. Grebeníčkova, *Moderner Roman u. russische Formale Schule* (in Alternative, 47, 1966, S. 45–55). – V. Choma, *Problémy literárnej avantgardy*, Preßburg 1968, S. 161–174. – M. Drozda, *LEF* (in M. D. u. M. Hrala, *Dvacátá léta sovětske literárni kritiky*, Prag 1968). – R. Grebeníčkova, *Literatura faktu a teorie románu* (in Československa rusistika, 13, 1968, H. 3, S. 162–166). – V. D. Barooshian, *Russian Futurism in the Late 1920's: Literature of Fact* (in SEEJ, 15, 1971, H. 1, S. 38–47). – R. Lachmann, *Faktographie u. formalistische Prosatheorie* (in Ästhetik u. Kommunikation, 12, 1973).

MARINA IVANOVNA CVETAEVA

* 8.10.1892 Moskau
† 31.8.1941 Elabuga

LITERATUR ZUR AUTORIN:
I. Érenburg, *Poèzija M. C.* (in Literaturnaja Moskva, 1956, S. 709–714). – J. Holthusen, *Russische Gegenwartsliteratur*, Bd. 1, Bern/Mchn. 1963, S. 101–103 (Dalp Tb.). – S. Karlinsky, *M. C. Her Life and Art*, Berkeley/Los Angeles 1966. – G. Wytrzens, *Das Deutsche als Kunstmittel bei M. C.* (in WSlJ, 1969, 15, S. 59–70). – J. A. Taubman, *Between Letter and Lyric. The Epistolarly-Poetic Friendship of M. C.*, Diss. Yale Univ. 1972 [enth. Bibliogr.]. – A. Flaškova, *Die Rezeption der Folklore in der Dichtung M. C.s*, Diss. Wien 1976. – A. M. Kroth, *Dichotomy and »Razminovenie« in the Work of M. C.*, Diss. Univ. of Michigan 1977. – A. Efron, *Stranicy vospominanij*, Paris 1979. – *M. C., Studien und Materialien*, Wien 1981 (WSlA, Sonderbd. 3). – M. Razumovsky, *M. Z. Mythos u. Wahrheit*, Wien 1981 [enth. Bibliogr.]. – M.-L. Bott, *Studien zum Werk M. C.s*, Diss. Konstanz 1983. – S. Karlinsky, *M. C. The Woman, Her World and Her Poetry*, Cambridge 1985. – A. Saakjanc, *M. C. Stranicy žizni i tvorčestva 1910–1922*, Moskau 1986. – V. Lossky, *M. Ts. Un itinéraire poétique*, Malakoff 1987. – K. Stromberg, *Die Genauigkeit der Seele, Zu Prosa-Ausgaben der russischen Lyrikerin M. Z.* (in SZ, 24./25. 9. 1988). – I. Kudrova, *Versty, dali … M. C., 1922–1939*, Moskau 1991. – I. Brodskij, *O M. C.* (in Novyj mir, 1991, Nr. 2). – M. Belkina, *Die letzten Jahre der M. C.*, Ffm. 1991. – *Actes du 1er colloque international (Lausanne, 30.6.–3.7. 1982)*, Hg. R. Kemball, E. Étkind u. L. Heller, Bern 1991.

DAS LYRISCHE WERK (russ.) von Marina CVETAEVA.

Mit ihren reifen Werken von der Kritik mißverstanden oder unterschätzt, vom Publikum meist als unverständlich abgetan, gilt die Dichterin heute als eine der bedeutendsten Erscheinungen der russischen Literatur des 20. Jahrhunderts. Was sie sehr früh zugleich selbstbewußt und resigniert über das Los ihrer Dichtung sagte, ist eingetroffen: *»Für meine ungelesen gebliebenen Verse,/Verstaubt in Magazinen verräumt,/Wo niemand nach ihnen griff und greift,/Für meine Verse wie für alte Weine/Wird kommen ihre Zeit.«*

Der erste Gedichtband der Gymnasiastin aus hochkultiviertem Moskauer Haus (Vater Professor bäuerlicher Herkunft, Mutter Pianistin aus baltendeutsch-polnischem Adel), *Večernij al'bom*, 1910 *(Abendalbum)*, wurde von Koryphäen der Literatur (BRJUSOV, GUMILËV, VOLOŠIN) einer Rezension für würdig erachtet. Er überraschte durch die intim-private Thematik, mit naiver Frische dargebotene Kindheitserinnerungen und Probleme, ebenso aber durch formale Reife, freilich noch innerhalb der Konventionen von Metrum und Reim, und durch die Vielfalt der Strophenformen. Die zweite Lyriksammlung *Volšebnyj fonar'*, 1912 *(Laterna magica)*, setzte zum Teil thematisch den ersten Band fort, neu war das Motiv der tragisch unerfüllt bleibenden Liebe (des aufeinander zugehenden Sich-Verfehlens, *razminovenie*, das für das spätere Werk konstitutiv blieb). In beiden Frühwerken fällt der Hang zur genauen Datierung und zur chronologischen Anordnung auf. Den Charakter eines bekenntnishaften Tagebuchs behielt die Lyrik bis etwa 1925. Ein anderer wiederkehrender Charakterzug ist die Tendenz zur zyklischen Komposition der Lyrik. Der umfangreiche, die Dichtungen der Jahre 1913–1915 zusammenfassende dritte Gedichtband *Junošeskie stichi (Juvenilia)* war 1919 druckfertig, wurde aber erst 1976 veröffentlicht. Cvetaeva meinte von sich selbst, sie sei *»viele Dichter«*. Die für sie bezeichnende sprachliche, strukturelle, inhaltliche und emotionale Polyphonie findet sich ausgeprägt in den vor ihrem Weggang aus Rußland (1922 nach Berlin, bis 1925 Prag, dann bis 1939 Paris) verfaßten Sammlungen aus dem Jahr 1916, *Vërsty 1*, 1922 *(Werstpfähle*; Dichtungen aus dem Jahr 1916), *Vërsty 2* (1921, aus den Jahren 1917–1920), *Razluka*, 1922 *(Trennung)*, *Remeslo*, 1923 *(Handwerk*; 1921/22 geschrieben). Dem Kampf und Untergang der Weißen Armee auf der Krim und den Erlebnissen im revolutionären Moskau gilt die Sammlung *Lebedinyj stan (Das Schwanengehege*, 1917–1921, erst 1957 veröffentlicht). Aus diesen Sammlungen sind die *Stichi k Bloku*, 1922 *(Verse an Blok)*, gesondert erschienen. Thematisch Passendes faßte Cvetaeva gegen ihre Gewohnheit wegen des erhofften Leser-Echos im Band *Psicheja-Romantika*, 1923 *(Psyche-Romantik)*, zusammen. In Prag entstand 1922–1925 die letzte Gedichtsammlung *Posle Rossii*, 1928 *(Nicht mehr in Rußland)*, in der soziale Motive großes Gewicht gewinnen (vgl. *Polotërskaja – Lied der Parkettbohner)*. Nur ein Kritiker, Dmitrij S. MIRSKIJ, erkannte darin eine Gipfelleistung moderner Dichtung, im übrigen war die Ablehnung als »unverständlich« einhellig.

Cvetaeva wollte *»aus Hochachtung vor dem Leser«* es diesem nicht leichtmachen, indessen blieb ihr Streben nach Hermetik unverstanden, manchmal wohl auch, wie in den *Pereuločki (Seitengassen)*, weil sie die Vieldeutigkeit und Verschlossenheit ihrer Gedichte zu weit trieb. Thematisch und stilistisch sind die reifen Gedichte der Cvetaeva ungewöhnlich vielgestaltig. Persönliches Erleben der *»mjatežnica lbom i črevom« (»Meuterin mit Stirn und Leib«)*, zu der sie sich selbst stilisiert, wird durch gern getragene Masken (Außenseiter der Gesellschaft, Marina Mniszek, die Frau des Falschen Demetrius u. a.) verfremdet. Unter den vielen Liebesgedichten findet sich auch ein homoerotischer Zyklus *(Podruga – Die Freundin)*. Souverän handhabt die Dichterin Sprache, Verfahren und Haltung der Folklore, besonders des Zaubermärchens. Hierher gehören auch umfangreiche Versdichtungen: *Car'-Devica*, 1922 *(Mädchen-Zar)*, *Molodec*, 1924 *(Der Prachtkerl)*, und das Fragment *Egoruška (Sankt Jörg)* aus dem Nachlaß. Drei Zyklen huldigen Dichter-Zeitgenossen: BLOK, ACHMATOVA und MANDEL'ŠTAM. Die Adressaten dieser Dichtungen, v. a. Blok, werden fast ins Mythische entrückt, ein Zug, der sich auch im Briefwerk und in der Prosa findet.

Für den Stil der Cvetaeva sind revolutionierende Neuerungen kennzeichnend. Die syllabotonische Metrik wird für eine logaödische aufgegeben, der Reim, rein phonetisch, erreicht wie der MAJAKOVSKIJS eine neue Qualität. Den Möglichkeiten insbesondere des gesprochenen Russisch folgend, wird die Syntax extrem elliptisch, die Textkohärenz damit zu einem Problem, das dem Leser aufgegeben ist. Die Kohärenzsignale werden in die Kasusendungen, die gelegentlich hypertrophisch wuchernden Satzzeichen und in die Pausen verlagert. Dazu kommen viele Enjambements. Sätze oder Satzteile werden in kohärente Textstücke »eingekeilt«. Die Aussage *»Glybami – lbu/Lavry pochval« (»Wie schwere Schollen werden für die Stirn/ des Genies/Lorbeerkränze der Lobpreisungen«)* reiht ohne Verbum vier verschiedene Kasus präpositionslos aneinander.

Nach 1925 verlagert sich der Schwerpunkt des Schaffens zu lyrischen Großformen *(poèma)*. Auch in diesen ist die Darstellungsfunktion zugunsten der Ausdrucksintensität und der ästhetischen Ausformung zurückgenommen. Denkmal einer großen unerfüllten Liebe sind die beiden »Prager« *poèmy: Poèma Gory*, 1925 *(Gedicht vom Berg)*, und *Poè-*

ma Konca (Gedicht vom Ende). *Poèma Gory* ist auf der durchgehenden paronomastischen Verknüpfung von *gorá* (Berg) und *góre* (Leid) aufgebaut. Die Sage vom Hamelner Rattenfänger aufgreifend, verwandelt die Cvetaeva im *Krysolov*, 1925/26 *(Rattenfänger)*, den alten Stoff zur »lyrischen Satire« auf das banausische Spießertum und zur Warnung vor einem Verrat am Ideal der permanenten Revolution. *Novogodnee*, 1927 *(Neujahrsglückwunsch)*, ein Gruß an RILKE über den Tod hinaus, erinnert an dessen *Duineser Elegien* (1923). An Rilke knüpfen auch die hermetischen *Poèma Vozducha*, 1927 *(Gedicht von der Luft)*, *Poèma Lestnicy*, 1926 *(Gedicht von der Treppe)*, und *Popytka Komnaty*, 1926 *(Versuch eines Zimmers)*, an. – In den späten lyrischen Zyklen (anläßlich des Todes von Majakovskij und Vološin, zum PUŠKIN-Jubiläum 1937) wird die Diktion einfacher. Der letzte Zyklus *Stichi k Čechii*, 1938/39 *(Verse für die Tschechei)*, gibt der Verzweiflung der Dichterin (die sie nach der Rückkehr in die Sowjetunion 1941 in den Freitod trieb) Ausdruck; es sei Zeit, *»dem Schöpfer die Eintrittskarte zurückzugeben«: »Ich brauche weder Gehör-/gänge noch Seher-augen./Auf Deine irre Welt/Einzige Antwort – Verzicht.«*   G.Wy.

AUSGABEN: *Večernij al'bom*, Moskau 1910. – *Volšebnyj fonar'*, Moskau 1912. – *Vërsty 2*, Bln. 1921; ²1922. – *Vërsty 1*, Moskau 1922. – *Car'-Devica*, Bln. 1922. – *Stichi k Bloku*, Bln. 1922. – *Razluka*, Bln. 1922. – *Remeslo*, Bln./Moskau 1923. – *Psicheja-Romantika*, Bln. 1923. – *Molodec*, Prag 1924. – *Posle Rossii*, Paris 1928. – *Lebedinyj stan*, Mchn. 1957 u. Paris 1971. – *Izbrannye proizvedenija*, Moskau/Leningrad 1965. – *Prosto serdce*, Moskau 1967 [gesammelte Übers.]. – *Perekop*, Paris 1971. – *Nesobrannye proizvedenija*, Mchn. 1971. – *Neizdannoe*, Paris 1976. – *Krysolov*, Letchworth 1978 [gek.] u. Wien 1982 [zweispr.]. – *Sočinenija*, 2 Bde., Moskau 1980/81 u. 1984. – *Stichotvorenija i poèmy*, NY 1980 ff. [enth. alle Gedichtsammlungen; bis jetzt 4 Bde., Bd. 5 soll die Versdramen umfassen]. – *Proza*, Moskau 1989.

ÜBERSETZUNGEN: *Gedichte*, Ch. Reinig, Bln. 1968. – *Gedichte*, Ausw. F. Mierau, Bln. 1974. – *Gedichte 1909–1939*, M. Razumovsky, Wien 1979 [zweispr.]. – *Maßlos in einer Welt nach Maß*, Hg. E. Mirowa-Florin, Bln. 1980 [zweispr.]. – *Vogelbeerbaum*, Hg. F. Mierau, Bln. 1986. – *An Anna Achmatova*, I. Wille u. J. Peters, Bln. 1992 [russ.-dt.]. – *Gruß vom Meer*, F. Ph. Ingold, Mchn. 1994. – *Zwischen uns – die Doppelklinge*, E. Erb, A. Endler, S. Kirsch, U. Grüning u. K. Mickel, Lpzg. 1994 [russ.-dt.].

VERTONUNG: D. Šostakovič, *Šest' stichotvorenij M. C.* (Suite für Mezzosopran und Klavier, op. 143).

VËRSTY

(russ.; *Werstpfähle*). Gedichtsammlung von Marina CVETAEVA, erschienen 1921/22. – Die Sammlung umfaßt die meisten der zwischen 1916 und 1920 entstandenen Gedichte der Autorin. Sie stellt eine Art lyrisches Tagebuch dar, in dessen Mittelpunkt das gemeinsame Erleben Moskaus durch die Dichterin und Osip MANDEL'ŠTAM steht, den sie ein Jahr zuvor kennengelernt hatte und mit dem sie eine kurze Freundschaft verband. Die Beschreibung des immer wieder symbolisch im Bild seiner Türme und Glocken gefaßten Moskaus dient als Ausgangsebene für die lyrische Darstellung der Beziehungen zwischen Liebender und Geliebtem, wobei autobiographische Gegebenheiten allenfalls in weitgehender poetischer Stilisierung wiedergegeben werden. Vielfältig sind die Themen und Motive der Zyklen und Einzelgedichte. Folkloristische und erzählerische stehen neben subjektiv-bekenntnishaften Sujets. Ist die Dichtung Anna ACHMATOVAS retro- und introspektiv, so ist die Lyrik Marina Cvetaevas in starkem Maße appellativ, was sich technisch sowohl durch den in seiner Häufigkeit nahezu manieristischen Gebrauch von Anaphern und Parallelismen als auch durch die Verwendung der direkten Rede bekundet. Die lyrische Subjekt-Objekt-Beziehung bleibt dadurch konstant, daß das lyrische Ich häufig zum Träger einer Art Rollengedicht wird. Die Zersplitterung der Ich-Perspektive, ihre Verteilung auf eine Vielzahl differenter lyrischer Masken bedingt bereits durch die mit dem Rollengedicht gegebene Verschiebung des sozialen oder historischen Horizonts eine weitgehende Einbeziehung von Objektelementen. Dennoch ist die poetische Intensität der Gedichte dort am stärksten, wo das lyrische Ich in den Hintergrund tritt und die schlichte, additiv-reihende Darstellung der erlebten Wirklichkeitsmomente dominiert.   A.Gu.

AUSGABEN: Bln. 1921 *(Vërsty 2)*. – Moskau 1922 *(Vërsty 1)*. – Moskau/Leningrad 1965 (in *Izbrannye proizvedenija*). – Ann Arbor 1972 [Nachdr. d. Ausg. Moskau 1922]. – NY 1980 (in *Stichotvorenija i poèmy*, 5 Bde., 1).

ÜBERSETZUNG: Ausw. in *Gedichte 1909–1939*, M. Razumovsky, Wien 1979 [russ.-dt.].

LITERATUR: V. Brjusov, Rez. (in *Pečat'i revoljucija*, 1922, Nr. 6). – R. Gusl', Rez. (in *Novaja russkaja kniga*, 1922, Nr. 11/12).

JURIJ OSIPOVIČ DOMBROVSKIJ

* 12.5.1909 Moskau
† 29.5.1978 Moskau

CHRANITEL' DREVNOSTI

(russ.; *Der Bewahrer des Altertums*). Roman von Jurij O. DOMBROVSKIJ, erschienen 1964 in der Moskauer Literaturzeitschrift ›Novyj mir‹, in Buchform 1966. – Nach *Deržavin* (1939) und *Obez'jana prichodit za svoim čerepom*, 1959 *(Der Affe kommt, seinen Schädel zu holen)*, ist dies der dritte Roman Dombrovskijs. Mit großer Anerkennung aufgenommen, gewährt er Einblick in die von Mißtrauen und Beklemmung geprägte Stimmung zur Zeit der stalinistischen Säuberungen. Die Handlung beruht auf eigenen Erfahrungen: Bevor er Ende der dreißiger Jahre verhaftet und ins Straflager gebracht wurde, war der Autor als wissenschaftlicher Mitarbeiter am Zentralmuseum von Kasachstan beschäftigt. So auch sein anonymer Held und Ich-Erzähler, ein junger Historiker aus Moskau, der in Alma-Ata, der Hauptstadt der Sowjetrepublik Kasachstan, am Museum arbeitet, das in einer säkularisierten Kathedrale eingerichtet wurde. Im Dachgeschoß eines Turmes untergebracht, bereitet er Ausstellungen vor, klassifiziert archäologische Funde und verfolgt nur aus der Ferne das politische Geschehen des Jahres 1937. Er freundet sich mit den schlichten, geradlinigen Charakteren des Romans an, wie etwa dem unqualifizierten, aber menschlich einnehmenden Museumsdirektor, einem ehemaligen Offizier, oder einem volkstümlich-verschmitzten, dem Wodka zugetanen Schreiner. Mit den eifrigen, der Obrigkeit ergebenen Bürokraten und mit einem dilettantischen Amateurarchäologen, der ihm seine Dienste aufdrängen will, gerät der aufrichtige, nicht anpassungswillige Held dagegen bald in Konflikt.

Neben alltäglichen Erlebnissen werden seltsame Vorkommnisse geschildert, die trotz ihres mitunter anekdotenhaften Charakters eine unheilvolle Entwicklung bekunden. Sie wecken immer wieder beklemmende Zweifel am Regime, die der Held zu verdrängen versucht. Die meist unbegründeten, oft absurden Anklagen, denen in der Stalinära unzählige zum Opfer fielen, werden insbesondere von einem Vorgang illustriert. Es fängt mit dem Gerücht um eine entflohene Boa constrictor an, das ein betrügerischer Schausteller in die Welt setzt, um sich aus der Affäre zu ziehen, als sein Publikum die angekündigte, aber nicht existierende Schlange zu sehen verlangt. Im verdachtvollen Klima der leise fortschreitenden Säuberung gewinnt diese wie eine Farce begonnene Angelegenheit zunehmend grotesk-bedrohliche Züge und wächst schließlich zu einem angeblichen Spionagefall heran, in den der Held verwickelt wird. Nach dem Versuch, einem wie er selbst unschuldigen Kolchosarbeiter zu helfen, die Gegenstandslosigkeit der auf ihm lastenden Bezichtigung nachzuweisen, ahnt der Protagonist, daß auch ihm die Verhaftung droht. Der an vielfältigen, meist historischen Digressionen reiche Roman entwickelt sich chronologisch an einer scheinbar ungezwungen geknüpften Handlung entlang. Deren Elemente bieten Aufschluß über verschiedene Ausprägungen der seelischen und geistigen Verfassung sowie über die von administrativer Willkür und chaotischen Arbeitsbedingungen gekennzeichneten Verhältnisse des zentralistischen Staates. Ihre innere Kohärenz bezieht die Handlung jedoch aus dem Umstand, daß die Welt, in die sich der Held flüchtet, nur vermeintlich von der politischen Realität entrückt ist. Zugleich aber symbolisiert das im Titel hervorgehobene Hegen der Altertümer sein Bewußtsein eines in Jahrtausenden gewachsenen Zivilisationserbes, dessen Werte nun verlustig gehen. Der lebhafte, mitunter mit lakonischer Ironie durchsetzte Erzählstil, in dem Beschreibungen mittelasiatischer Vegetation oder der Restbestände kasachischer Kultur lyrische Akzente setzen, vermittelt nur indirekt die Grauen stalinistischer Schuldfahndung. Deutlich veranschaulicht der Roman aber die unter der Oberfläche des Alltags anschwellende Welle staatlichen Terrors, deren Auswirkungen später in Dombrovskijs Meisterwerk, *Fakul'tet nenužnych veščej*, 1978 *(Die Fakultät der unnützen Dinge)*, eingehend geschildert werden, in das die Handlung von *Chranitel'drevnosti* mündet. O.Sz.

AUSGABEN: Moskau 1964 (in Novyj mir, Nr. 7 u. 8). – Moskau 1966. – Paris 1978.

LITERATUR: A. Flaker, Rez. (in Československa rusistika, 1966, Nr. 11). – F. Svetov, Rez. (in Prostor, 1969, Nr. 7).

FAKUL'TET NENUŽNYCH VEŠČEJ

(russ.; *Die Fakultät der unnützen Dinge*). Roman von Jurij O. DOMBROVSKIJ, erschienen 1978. – Die zehnjährige Arbeit an diesem Buch begann im Anschluß an die Veröffentlichung von *Chranitel' drevnosti*, 1964 *(Der Bewahrer des Altertums)*, als die Verschärfung der ideologisch-politischen Reglementierung unter Brešnev einsetzte. Unter diesen Voraussetzungen sah der Autor kaum Aussichten auf eine Veröffentlichung des Werkes, weshalb er keinerlei Rücksicht auf die Zensur nahm. Er vermittelt unverhohlen seine Erkenntnisse über den sozialistischen Staat und – selbst ein ehemaliges Opfer der stalinistischen Säuberungen – veranschaulicht die Wirkungsweise des NKWD-Apparates sowie den im Titel anklingenden Verlust ethischer und kultureller Werte in einer durch Personenkult und Denunziation korrumpierten Gesellschaft. Dombrovskij verstand seinen Roman als *»ein Buch über die Philosophie des Rechts«*: Mit der *Fakultät der unnützen Dinge* ist ironisch die juristische Fakultät der Epoche gemeint, in der Wahrheits- und Rechtsbegriffe – Elemente der in Jahrtausenden entwickelten Zivilisation – noch nicht dem Prinzip »sozialistischer Zweckmäßigkeit« gewichen waren. Das sogleich als eines der scharfsinnigsten Zeugnisse über Stalins Gewaltherrschaft gefeierte Meisterwerk erschien kurz vor dem Tod des Autors in einem Exilverlag in Paris.

Die in fünf Teile gegliederte Handlung setzt da ein, wo *Chranitel' drevnosti* endet. Schauplatz ist weiterhin Alma-Ata im Jahre 1937. Derselbe Protagonist, der hier den Namen Zybin erhält und von dem in der dritten Person erzählt wird, leitet zu Beginn des Buches die archäologische Abteilung am Zentralmuseum von Kasachstan und freut sich auf das Wiedersehen mit seiner Geliebten. Nachdem Fabrikarbeiter antiken Goldschmuck, der einen einmaligen archäologischen Fund darzustellen verspricht, entdecken und, ohne die Fundstelle anzugeben, das Weite suchen, wird Zybin unter dem Vorwurf »antisowjetischer Umtriebe« verhaftet und überdies beschuldigt, das dem Staat zustehende Gold entwendet zu haben. Der in der Untersuchungshaft einsetzende zweite Teil gibt die Wortgefechte wieder, die sich der Held und die Untersuchungsrichter liefern, sowie seine Gespräche mit einem alten Häftling, die eine präzise, historisch fundierte Analyse des pervertierten Legislatur- und Justizsystems beinhalten. Der dritte Teil schildert, wie zwei Museumsmitarbeiter, Zybins Untergebener Kornilov und der Expriester Vater Andrej, vom NKWD geschickt gegeneinander ausgespielt und zu Denunziantendiensten gezwungen werden. Ihre langen Debatten um die Leidensgeschichte Christi erläutern, zusammen mit dem im vierten Teil geführten Dialog des leitenden Untersuchungsrichters Neuman mit dem ihm verwandten, dem NKWD unterstellten Oberstaatsanwalt Stern (für den die historische Gestalt Lev Šejnins Modell stand), sowohl das komplexe, intime Verhältnis zwischen Peinigern und Gepeinigten als auch ihre Beziehungen untereinander. Dieses Thema – eines der Hauptanliegen des Romans – wird u. a. durch den auf einem authentischen Vorfall beruhenden Bericht von Zybins späterem Zellengenossen vertieft, der vor der Revolution Stalin geholfen hatte und – im fünften Teil – auf dessen Intervention hin nach zehnjähriger Haft begnadigt wird. Die Kritik sah in der Darstellung des Begnadigungsentschlusses, bei der sich der Diktator als ein dem Gesetz unterworfenes Oberhaupt eines demokratischen Staates gebärdet, eines der satirisch schärfsten Kapitel des Buches. Zybin läßt sich trotz Folter kein falsches Geständnis entreißen und wird schließlich halbtot entlassen, nachdem Neuman, der kurz danach seines Amtes enthoben wird, das Gold wie durch ein Wunder ausfindig machen konnte. Doch nicht die Standhaftigkeit, sondern vielmehr der Zufall und die Willkür des Systems (der selbst einige NKWD-Beamte bei dieser Gelegenheit zum Opfer fallen) liegen der Rettung des Helden zugrunde, weshalb diese keine optimistische Aussicht impliziert. Die äußere Handlung veranschaulicht

u. a. die auf Lüge und Erpressung fußenden Ermittlungsmethoden des Geheimdienstes, der zur »Produktion« wahnwitziger Verbrechen angehalten wird und sich, wie die Inquisition, nach dem Grundsatz richtet, daß es keine Unschuldigen gibt. Den inneren Vorgängen kommt jedoch in dem mehr an Deutung als an Anklage interessierten Roman eine größere Bedeutung zu. Neben Emotionen und Bewußtsein der Opfer – die wie Zybin ihren sittlichen Kategorien treu bleiben, sich wie Kornilov partiell oder wie Vater Andrej restlos zu Spitzeldiensten verleiten lassen – durchleuchtet Dombrovskij als einer der ersten das Innenleben des NKWD-Stabes.

Die in *Chranitel' drevnosti* aus Zensurgründen notwendigen Aussparungen werden hier zum Stilmittel erhoben. Der dichten, vielschichtigen Struktur entsprechen die metaphorische Beziehung zwischen Geträumtem und Erlebtem sowie der durch Wiederholung der Motive geschaffene Widerhalleffekt. Dadurch wird eine größere Einheit in dem reichhaltigen Roman erzielt, dessen Referenzen bis zu TACITUS und SENECA zurückreichen. Unter Heranziehung der Evangelien und Apokryphen entfalten sich kontrapunktisch Reflexionen über Fragen des Gewissens, der Resignation, der Schuld und der Freiheit, die an DOSTOEVSKIJS Christologie anknüpfen. Darüber hinaus erweitern die Parallelen zur römischen Geschichte die historische Dimension des Romans und gliedern den Stalinismus in die Reihe der Tyranneien ein. Die durchgehende Analogie zum Verhör Jesu, über das realistischer als in BULGAKOVS *Master i Margarita*, 1966/67 *(Der Meister und Margarita)*, berichtet wird, mündet in eine wirkungsvolle Schlußszene, die Zybin, mit Neuman und Kornilov wie mit den beiden Schächern an seiner Seite, darstellt. O.Sz.

AUSGABEN: Paris 1978. – Moskau 1988 (in Novyj mir, Nr. 8–11).

LITERATUR: F. Svetov, *Novyj roman J. D.* (in Vestnik RHD, 1977, Nr. 123). – H. v. Ssachno, *»Die Fakultät der unnützen Dinge«* (in SZ, 1./2. 7. 1978). – I. Szenfeld, *Krugi żyzni i tvorčestva J. D.* (in Grani, 1979, Nr. 111–112, S. 351–377). – S. Nikolaev, *Neoproveržimost' istin* (in Oktjabr', 1989, Nr. 2). – S. Piskunova u. V. Piskunov, *Estetika svobody* (in Zvezda, 1992, Nr. 1).

EFIM JAKOVLEVIČ DOROŠ

d. i. Efim Jakovlevič Gol'berg
* 25.12.1908 Elizavetgrad / Gouvernement
Cherson
† 20.8.1972 Moskau

LITERATUR ZUM AUTOR:
M. Kuźmin, *Reportaż literacki J. D.* (in Slavia Orientalis, 1973, 22, S. 47–55). – G. Žekulin, *E. D.* (in *Russian and Slavic Literature*, Hg. R. Freeborn u. a., Cambridge/Mass. 1976, S. 425–448).

RAJGOROD V FEVRALE

(russ.; *Eine Bezirksstadt im Februar*). Erzählung von Efim Ja. DOROŠ, erschienen 1962. – Die Skizze des talentierten Schriftstellers, eine der (1958 ff. in der Zeitschrift ›Novyj mir‹ veröffentlichten) Fortsetzungen seines in dem Sammelband *Literaturnaja Moskva*, 1956 *(Literarisches Moskau)*, publizierten Erstlingswerks *Derevenskij dnevnik (Ländliches Tagebuch)*, hat keinen zentralen Helden. In ungezwungenem Erzählton werden Szenen und Motive des sowjetischen Landalltags, verbunden durch den identischen sozialen Hintergrund und die Gestalt des Beobachters, aneinandergereiht. Ein Außenstehender, zeichnet der Ich-Erzähler – Korrespondent einer Zeitung oder in vergleichbarer Funktion – engagiert, mit Wärme und Sympathie, doch objektiv das Bild einer sowjetischen Provinzstadt mit ihren unverwechselbaren Gestalten. Das Kompositionsprinzip der nivellierenden Detailreihung verleiht allen Beobachtungen hinsichtlich ihrer gesellschaftlichen Bedeutsamkeit gleiches Gewicht. Charaktere, Schicksale und Ereignisse fügen sich zu einem nachhaltigen Eindruck des in revolutionärer Umformung begriffenen dörflichen Lebens in seiner vollen ökonomischen und sozialen Problematik. Fremd sind dieser Erzählung die *»allgemeinen, gewaltigen Kategorien«* (B. Bode) der zwischen 1945 und 1953 üblichen schönfärberischen Landwirtschaftsromane angesehener Stalinpreisträger wie NIKOLAEVA, BABAEVSKIJ, MAL'CEV, MEDYNSKIJ u. a. Sie erfüllt – ein Jahr vor F. ABRAMOVS exemplarischen Dorfskizzen *Vokrug da okolo (Rund ums Dorf)* erschienen sowie thematisch und formal mit V. OVEČKINS meisterlichen ländlichen Skizzen verbunden – eher die Forderung nach einer Dorferzählung *»jenseits von Utopia und Paysanismus«* (H. v. Ssachno), die V. POMERANCEV und derselbe Abramov in ihren unmittelbar nach Stalins Tod erschienenen literaturkritischen Aufsätzen erhoben haben. Dabei gilt ihre Aufmerksamkeit weniger den weitreichenden Entwicklungsperspektiven der sowjetischen Landwirtschaft als dem scheinbar zufälligen, doch unvergleichlich aussagekräftigeren Detail, in dem der Fortschritt des sozialistischen Aufbaus für das geübte Auge seinen unmittelbaren Niederschlag findet. Die Schicksale der Protagonisten reichen aus der Gegenwart zurück in die stalinistische Vergangenheit, in die ersten nachrevolutionären Jahre, ja in die Zeit der zaristischen Unterdrückung.

Die in ihrer Gegensätzlichkeit komplementären Figuren bilden ihrer sozialen Stellung gemäß drei Gruppen: Die Kolchoswirtschaft vertreten der achtunggebietende Vorsitzende Ivan Fedoseevič, der seine auf praktische Erfahrung gestützten Fähigkeiten zur Leitung des landwirtschaftlichen Produktionsprozesses mit einer kundigen Liebe zur russischen Literatur vereinigt, die 23jährige Kolchosarbeiterin Son'ka, die, von ihrem Geliebten verlassen und Mutter eines unehelichen Kindes, mit ungebrochener Energie ihre Familie unterhält, sowie die aufgeschlossene Natal'ja Kuz'minišna, die unmittelbaren Anteil an dem Schicksal ihres Kolchos nimmt, obwohl die Bauern einst ihren Mann als *kulak* (Großbauer) verleumdet und zum Selbstmord getrieben haben. Städtischer, bürgerlicher wirken die Träger des provinziellen Kulturlebens um den Architekten Sergej Semënovič, den Restaurator des Stadtkreml', und die Familie des feinsinnigen Lehrers Zjablikov. Über den beiden Gruppen steht das Gebietskomitee der KPdSU, dem die Erzählung ein weniger günstiges Zeugnis ausstellt: Vasilij Vasil'evič, der Sekretär des Rajkom, hat sich noch nicht von dem bürokratischen Dirigismus der Zeit des Personenkults zu lösen vermocht; über den Kopf der erfahreneren Kolchosarbeiter hinweg setzt er seine weniger von dem Gedanken an die Sache als von der Sorge um die eigene Autorität getragenen Anordnungen durch. Gegen die von dem Gebietssekretär vertretenen Administrationsformen und ihre negativen sozioökonomischen Auswirkungen richtet sich die wesentliche Argumentation der Erzählung, ihr Plädoyer für das Vertrauen in die Mündigkeit und die Eigeninitiative der in der sowjetischen Landwirtschaft Tätigen. Doroš' ländliche Chronik *»ist das demokratischste literarische Werk, daß Rußland heute besitzt, weil es gleichsam ›von unten‹, vom Leben, von der atmenden Substanz her und damit in Kontraststellung, wenn auch nicht in Gegnerschaft zur Partei die verschwiegenen Seiten des russischen Lebens auf dem Niveau der besten künstlerischen Prosa beleuchtet«* (Ssachno). Gliedernde Funktion haben die das Werk durchziehenden Naturschilderungen, deren Bezug auf die bekannte Tauwettersymbolik der nachstalinistischen Literatur offenbleibt. KLL

AUSGABE: Moskau 1962 (in Novyj mir, Nr. 10).

LITERATUR: B. Bode, *Sowjetliteratur 1962/63, Tl. 1* (in Osteuropa, 1963, Nr. 13). – H. v. Ssachno, *Der Aufstand der Person*, Bln. 1965.

SERGEJ DONATOVIČ DOVLATOV

* 3.9.1941 Ufa

NAŠI

(russ.; *Die Unsrigen*). Familienerinnerungen von Sergej D. DOVLATOV, erschienen 1983. – Das siebente Buch des in den USA lebenden Exilschriftstellers erzählt die Geschichte seiner Familie anhand von dreizehn Kapiteln, in denen je ein Mitglied porträtiert wird. Der Weg wird nachgezeichnet aus der märchenhaften Urzeit der Familie, verkörpert durch die beiden Großväter, über das moderne Leben in der sowjetischen Großstadt, dargestellt durch die Eltern- und Kindergenerationen, bis hin zu der Verpflanzung in die fremde Welt der USA, symbolisiert durch den hier neugeborenen Sohn des Erzählers.

Die beiden Großväter leben zeitlich und räumlich entrückt, in fernen Provinzen, in Vladivostok der eine, im Kaukasus der andere. Sie sind, wie Folklorefiguren, ganz auf eine zum Extrem gesteigerte Eigenschaft reduziert: Der Großvater väterlicherseits ist unvorstellbar groß und stark, der Großvater mütterlicherseits ungeheuer jähzornig und tyrannisch. Aber auch von den psychologisch differenzierter gezeichneten Familienmitgliedern der jüngeren Generationen prägt jedes ein exzentrischer Charakterzug. Ein Onkel, ein ehemaliger Oberst, ist ein Sportfanatiker und verachtet alle »Schwächlinge und Intellektuellen«. Ein anderer mit praktisch ausschließlich materiellen Interessen macht schon als Kind trickreiche Geschäfte und flieht später in den Westen. Über eine Tante, die Lektorin ist, werden viele Anekdoten mit berühmten Schriftstellern erzählt. Die Biographie ihres Mannes *»spiegelt die Geschichte unseres Staates«* wider. Der Reihe nach liebt er Stalin, Malenkov, Chruščëv, Lenin, Solženicyn und Sacharov – dann ist seine seelische Kraft verbraucht. Was bleibt, ist ein schizophrenes, von seiner physischen Befindlichkeit determiniertes Bewußtsein: Solange er gesund ist, streitet er erbittert mit dem vom Leninismus abgefallenen Erzähler, als er aber schwer erkrankt, gibt er seinem Widersacher plötzlich recht und bezichtigt sich selbst des Irrtums und der Feigheit. Des Erzählers Mutter, eine altmodische, einfache Frau, spricht im Gegensatz zu manchen »ahnungslosen« Intellektuellen zu Hause deutlich über Stalins Verbrechen. Der Vater, ein Opportunist, Possenreißer und Schauspieler, lebt dagegen nicht in der Wirklichkeit, sondern auf der Bühne. Ein Cousin, hochbegabt, aber mit selbstzerstörerischem Abenteuerdrang, wird zum Kriminellen, weil er immer wieder mit spontanen Eskapaden seine jedesmal neu steil ansteigende Karriere zerstört. Als »normales« Familienmitglied erscheint die Hündin Glaša, deren Heldentaten und Liebesproblemen ein eigenes Kapitel gewidmet ist. Die Ehefrau des Erzählers ist die verkörperte Unerschütterlichkeit. Sie ist mit ihm verheiratet, weil einer seiner Saufkumpane sie einmal bei ihm »vergessen« hat, woraufhin sie sich völlig selbstverständlich bei ihm niedergelassen hat. Später, als er ihr nach längerer Trennung in die USA nachfolgt, findet er bei seiner Ankunft von ihr nur einen Zettel: »*Bin um 8 zurück.*« Gegenüber seiner Tochter ist er ähnlich hilflos wie gegenüber seiner Frau: Seine literarische Welt ist ihr fremd, sie vermißt an ihm sichtbare, äußere Erfolge und Autorität. Den Schluß bildet die Vorstellung des jüngsten Sohnes, eines amerikanischen Staatsbürgers.

Dovlatovs Erzählweise ist anekdotisch, steht in der Tradition des humoristisch-psychologischen *bytopisatel'stvo* (Alltagsbeschreibung). Die Figuren werden einzeln geschildert, wodurch die extremen und komischen Züge sowie die Seltsamkeit des jeweiligen Charakters prägnanter hervortreten. *Naši* ist das Bild einer zugleich alltäglichen und absonderlichen Familie mit ihren kuriosen Figuren, exzentrischen Charakteren und ihrem schwierigen Schicksal. Gleichzeitig ist es eine Parabel auf die wechselvolle Geschichte seines Volkes, besonders seine Schriftstellergeneration, von der so viele im Ausland neu beginnen mußten. K.Hm.

AUSGABE: Ann Arbor 1983.

ÜBERSETZUNG: *Die Unsren. Ein russisches Familienalbum*, G. Leupold, Ffm. 1989.

LITERATUR: D. M. Fiene, Rez. (in SEEJ, 1983, 2). – M. Taranov, Rez. (in Kontinent, 36, 1983). – I. Brodskij, *O. S. D.* (in Zvezda, 1992, Nr. 2). – Al'manach »Petropol'«: *Pamjati S. D.*, 5, 1994.

ION PANTELEEVIČ DRUCE

rum. Ion P. Druţă
* 13.9.1928 Horodište / Rumänien

SAMARITJANKA

(russ.; *Ü: Die Samariterin*). Erzählung von Ion P. DRUCE, erschienen 1988 in der Moskauer Zeitschrift ›Ogonek‹ (›Das Flämmchen‹). – Die Erzählung des aus Bessarabien (1940 von der Sowjetunion annektiert) stammenden Prosaisten und Dramatikers, der zunächst in der Sprache seiner damals rumänischen Heimat, später russisch schrieb, steht unter dem Motto der an Christus gerichteten Worte aus dem *Johannesevangelium* (4,9): »*Wie kannst du, ein Jude, von mir, einer Samariterin, zu trinken verlangen?*«

Im Augenblick der Beschlagnahmung eines Klosters im Norden Moldawiens 1945 bittet ein Bauernmädchen die Äbtissin um Aufnahme, da ihm ein Engel befohlen habe, sein Leben als Nonne bei den heilenden Quellen des Trezvori-Klosters zu führen. Die ruhige Sicherheit, mit der die junge Frau ihre Aufgabe in der Betreuung des Klosters gerade angesichts der Vertreibung der Nonnen verteidigt, überzeugt die Äbtissin, ihr segnend den dazu erbetenen Auftrag zu geben und als Symbol der Einkleidung dem Mädchen die eigene Nonnenhaube zu überlassen. In das geräumte Kloster wird alsbald eine Maschinen-Traktoren-Station verlegt, ein Arbeiter, von der Berufenen eingeweiht, bietet ihr dort durch Heirat das Wohnrecht an und stellt sich damit selbst in den Dienst an dieser Aufgabe. Unbeirrt von den wechselnden Funktionen der Klostergebäude als MTS-Station, Rindermastbetrieb, Touristenattraktion, Trinkerheilanstalt und schließlich als Heim für geistig behinderte Kinder kommt die junge Frau als Köchin, später als Viehmagd, Krankenwärterin, Betreuerin der Behinderten ihrem Gelübde nach in dem Bemühen, die Gebäude vor dem Verfall zu bewahren und die Klostertradition tätiger Nächstenliebe aufrechtzuerhalten durch Speisung Hilfesuchender während der Hungersnot nach dem Krieg, durch ihren taktvollen Umgang mit den aus der Bahn geworfenen Alkoholikern, durch mütterliche Zuwendung zu den von ihren Angehörigen verlassenen Kindern. Mit stiller Selbstverständlichkeit handelt die Samariterin im Wissen um ihren gottgegebenen Auftrag. So ist auch nicht ein denkbarer Konflikt der Titelgestalt zwischen Familie, Arbeitsplatz und Berufung Gegenstand dieser Erzählung, sondern die Gegenüberstellung von praktizierter sozialistischer Gesellschaftsreform – die, von hektischer Betriebsamkeit bestimmt, sich letztlich nur zerstörend auswirkt – und den bewährten Formen eines auf den Fundamenten des Christentums beruhenden Zusammenlebens der Menschen. Die einzelnen Perioden in der vier Jahrzehnte umfassenden Chronik der wechselnden Nutzungen des Klosters werden durch die Frage eingeleitet, was der Leser für einen geeigneten Verwendungszweck hielte; dabei aufgezählte sinnvolle Vorschläge unterstreichen den Kontrast zu der tatsächlich getroffenen Entscheidung. Mit feiner Ironie werden aus dem Abstand des Chronisten Erscheinungsformen sozialistischer Mißstände geschildert. In meisterhaften Dialogen charakterisiert der Dramatiker Druce die Reaktionen der Umwelt auf das Tun der Samariterin. Eine darunterliegende Schicht enthält unausgesprochen das Credo des Autors – sein Vertrauen in die göttliche Lenkung der Geschicke der Menschen: Aus dem Chaos der Auflösung der Klostergemeinschaft, mit dem die Erzählung einsetzt, folgt allmählich die Rückkehr zur einstigen Bestimmung dieses Ortes, an dem drei heilkräftige Quellen zur Gründung des Klosters als einer Stätte des Helfens, Heilens, Linderns geführt hatten. Als den zu Rinderställen degradierten Gebäuden der endgültige Verfall droht, wird durch das eigenwillige Walten der Geschichte, »*die es nun einmal liebt, die Ereignisse auf ihre Weise zu ordnen*«, die Erdbebenkatastrophe in Turkmenistan zum Anlaß der Renovierung, weil ein ausländischer Staatsgast statt der geplanten Reise nach Mittelasien das Trezvori-Kloster in Moldawien besuchen will. Die danach mögliche Nutzung des Klosterkomplexes als Trinkerheilanstalt und Behindertenheim bedeutet eine Rückkehr zur eigentlichen Aufgabe. Die Erzählung schließt mit dem Bericht von einem Gespräch des Autors mit einem Geistlichen, der, selbst von der Kirchenverfolgung betroffen, auf die Frage nach der Nonne vom Trezvori-Kloster von keiner Nonne wissen will: diese Frau habe ja nicht einmal den gewöhnlichen Segen zur Einkleidung bekommen. Das Gleichnis vom barmherzigen Samariter (*Lukas* 10,30 ff.) klingt an mit der Verurteilung einer im Ritus erstarrten Kirche, die das Wesen der christlichen Botschaft nicht mehr erkennt. Wie schon in den anderen Werken Druces – Romanen, Erzählungen, Theaterstücken, Drehbüchern –, deren Handlungen meist in seiner ländlichen Heimat angesiedelt sind, verbindet er auch hier sein humanes Anliegen mit Traditionsbewußtsein und einem zum Zeitpunkt der Publikation wieder möglich gewordenen, klaren religiösen Bekenntnis. So gehört er einerseits zu den Vertretern der russischen Dorfprosa, die ein Gegengewicht gegen die Folgen sozialistischer Menschenmanipulation in der Rückkehr zu den sittlichen Werten der alten Dorfgemeinschaft suchen, andererseits steht er in der Tradition der großen russischen Schriftsteller des ausgehenden 19. Jh.s., die in den ethischen Normen des Christentums den Maßstab für zwischenmenschliche Beziehungen sahen. Trotz seines kritischen Blickes auf die Amtskirche verwirft Druce diese im Gegensatz zu Lev Tolstoj nicht: Gerade die Beauftragung durch die Äbtissin und deren Segen war von der jungen Frau inständig erbeten worden – und sie hatte beides erhalten. Druces Erzählung mußte wohl dort entstehen, wo das gescheiterte Experiment des Sozialismus, der an den Anfang der Weltverbesserung einen unbarmherzigen Klassenkampf gesetzt hatte, die Besinnung auf die Botschaft einer alle Menschen umfassenden Nächstenliebe nahelegte. Die Veröffentlichung zur Zeit der Perestroika in einer Zeitschrift mit einer millionenstarken Lesergemeinde weist auf eine breite Aufnahmebereitschaft der Menschen jenseits des Eisernen Vorhangs für diese Fragen hin.   I.L.

Ausgabe: Moskau 1988 (in Ogonek, 23).

Übersetzung: *Die Samariterin*, A. Hampel u. I. Lorenz (in *Ogonjok. Die besten Erzählungen aus der russischen Perestroika-Zeitschrift*, Hg. W. Kasack, Mchn. 1990).

Literatur: G. Belaja, Art. *I. P. D.* (in *Handbuch der Sowjetliteratur 1917–1972*, Hg. N. Ludwig, Lpzg. 1975). – M. Bruchis, Art. *I. Druță* (in *The Modern Encyclopedia of Russian and Soviet Litera-*

tures, Hg. H. B. Weber, Bd. 6, Gulf Breeze 1982). – G. A. Hosking, *The Paradoxes of Soviet Fiction in the 1980s* (in *Gorbachev and the Soviet Future*, Hg. L. W. Lerner, Boulder 1988, S. 129–131). – A. A. Adamovič, *I. D.* (in Literaturnaja gazeta, 7. 9. 1988). – W. Kasack, Art. *I. P. D.* (in W. K., *Lexikon der russischen Literatur des 20. Jh.s*, Mchn. 1992).

VLADIMIR DMITRIEVIČ DUDINCEV

* 29.7.1918 Kupjansk / Gebiet Char'kov

NE CHLEBOM EDINYM

(russ.; *Ü: Der Mensch lebt nicht vom Brot allein*). Roman von Vladimir D. Dudincev, erschienen 1956. – Dieses Erstlingswerk ist eines der aufsehenerregenden Zeugnisse der »Tauwetterliteratur« – so genannt nach Ėrenburgs Roman *Ottepel'*, 1954 *(Tauwetter)* –, die besonders durch die antistalinistische Tendenz des XX. Parteitags der KPdSU ermutigt wurde. Doch das Ausmaß der Kritik an den Übergriffen der Bürokratie und der als »Personenkult« umschriebenen Fehlentwicklung des Sozialismus mußte die Initiatoren dieser Kritik überraschen: Nach der anfangs zustimmenden Aufnahme des Romans sah sich Dudincev bald heftigen Angriffen ausgesetzt, in die schließlich auch Chruščev einstimmte. Trotzdem erschien der in ›Novyj mir‹ abgedruckte Roman 1957 als Buch und wurde, im Westen zur Sensation hochgespielt, bereits im Erscheinungsjahr in mehrere Sprachen übersetzt.
Weder die traditionelle Erzählmanier noch die reichlich papierenen Charakterdarstellungen – als gelungen sind nur einige negative Helden zu bezeichnen – hätten ein solches Aufsehen gerechtfertigt. Interessant war allein der im Roman behandelte Konflikt zwischen Individuum und bürokratischem Apparat. Der Ingenieur Lopatkin, der für die von ihm erfundene Röhrengußmaschine Anerkennung sucht, stößt jahrelang bei seiner nächsten Umgebung wie auch im Ministerium und der Akademie auf eine Mauer von Borniertheit und Gruppenegoismus. Als sein Gegenspieler fungiert der berühmte Professor Avdiev, der ein ähnliches, allerdings völlig unrentables Verfahren entwickelt hat. Die profilierteste Gestalt unter den etablierten Technokraten ist der Fabrikdirektor Drozdov, der mit einer steilen Karriere rechnen kann. Drozdovs Frau Nadežda ist zunächst vom Zynismus und Stärke ihres Gatten fasziniert, wird jedoch zur Helferin und schließlich zur Geliebten Lopatkins. Als Lopatkin nach jahrelangen Kämpfen damit beauftragt wird, seine Erfindung für ein geheimes Pro-

jekt auszuarbeiten, bezichtigen ihn seine Gegner aufgrund von Nadeždas Mitwisserschaft des Geheimnisverrats. Er wird zu acht Jahren Arbeitslager verurteilt und hat es nur dem Einsatz eines jungen Gerichtsbeisitzers zu verdanken, daß er bereits nach anderthalb Jahren entlassen wird. Sein Leidensweg ist nun zu Ende, da inzwischen Galickij, die einzige positive Gestalt aus dem Kreis um Avdiev, die von ihm entworfene Maschine gebaut hat. Ein Teil von Lopatkins Gegnern fällt in Ungnade, der andere schart sich, freundschaftliche Verbundenheit heuchelnd, um den erfolgreichen Erfinder.

Nicht das Kollektiv greift der Roman an, sondern diejenigen, die das Kollektiv als Deckmantel für ihr egoistisches Strebertum benutzen und in Umkehrung der Äußerung Galickijs – »*Das Gesetz schützt schließlich das Subjekt und nicht die Form*« – inhaltslos gewordene bürokratische Formen und Privilegien aufrechtzuerhalten suchen und das schöpferische Subjekt erdrücken. In traurigem Kontrast zu Lopatkins Schicksal steht das des Professors Bus'ko, eines durch die Manipulation von Bürokraten zur Erfolglosigkeit verurteilten Erfinders. Einst einer der »*Träumer, die nicht nur vom Brot allein leben*«, flieht er nun, skurril und mißtrauisch geworden, die Menschen. Aber nicht Resignation will Dudincev lehren, sondern – wie er in seinem Vorwort zur deutschen Ausgabe schreibt – den Glauben »*an den unausweichlichen Sieg der Vernunft und der Gerechtigkeit*«. Die jahrzehntelang verhinderte, erst 1988 möglich gewordene Veröffentlichung seines ebenfalls in den fünfziger Jahren spielenden Romans *Belye odeždy (Die weißen Gewänder)*, in dem am Beispiel zweier unterschiedlicher Auffassungen der Gentheorie das Eingreifen stalinistischer Bürokratie in die Wissenschaft dokumentiert wird, muß er daher als Genugtuung empfunden haben.   J.W.

AUSGABEN: Moskau 1956 (in Novyj mir, Nr. 8–10). – Moskau 1957.

ÜBERSETZUNG: *Der Mensch lebt nicht vom Brot allein*, I.-M. Schille, Hbg. 1957. – Dass., ders., Gütersloh 1960.

LITERATUR: N. Krjučkova, Rez. (in Izvestija, 2. 12. 1956). – A. Blanchet, *Le scandale Doudintsev* (in Études. Revue Catholique d'Intérêt Général, 1957, Nr. 293, S. 448 ff.). – U. A. Floridi, »*Non di solo pane*« (in Civiltà Cattolica, 3, 1957, S. 514–519). – L. Froese, »*Nicht vom Brot allein*«. *Ein Blick in die sowjetrussische Wirklichkeit* (in Die Sammlung, 12, 1957, S. 471–476). – E. Kosing, *Die verdächtige Liebe des Herrn Welkisch. Noch einmal:* »*Der Mensch lebt nicht vom Brot allein*« (in Sowjetwissenschaft. Kunst u. Literatur, 5, 1957, S. 436–441). – R. B. Lockhart, *The Individual and the Collective* (in Time. Atlantic Edition, 38, 1957, S. 1230 f.). – K. Mehnert, *Der Individualist u. das Sowjetsystem. Zu einem neuen Roman* (in Osteuropa, 1957, S. 413 ff.). – L. Kofler, *V. D.s* »*Der Mensch lebt nicht vom Brot allein*« (in DUZ, 13, 1958, S. 552–556). – Ch. Hyart, *Doudintsev et Pasternak, deux insoumis*

parmi les écrivains soviétiques (in Revue Générale Belge, 1959, Nr. 3, S. 58–73).

BORIS MICHAJLOVIČ ĖJCHENBAUM

* 4.(16.)10.1886 Krasnoe bei Smolensk
† 24.11.1959 Leningrad

LITERATUR ZUM AUTOR:
Bibliographie:
B. M. Ė. *Materialy dlja bibliografii* (in International Journal of Slavic Linguistics and Poetics, 1963, 7).
Gesamtdarstellungen und Studien:
R. Jakobson, *B. M. Ė.* (in International Journal of Slavic Linguistics and Poetics, 1963, 6, S. 160 bis 167). – G. Bjalyj, *B. M. Ė. – istorik literatury* (in B. Ė, *O proze*, Leningrad 1969, S. 5–21; auch in B. Ė. *O proze. O poėzii*, Leningrad 1986, S. 3–16). – V. Orlov, *B. M. Ė* (in B. Ė., *O poėzii*, Leningrad 1969, S. 5–20). – H. K. Schefski, *B. M. Ė. The Evaluation of His Critical Method and His Contribution to Russian Literary Criticism*, Diss. Stanford 1976. – Ders., *The Changing Focus of Ė.'s Tolstoi Criticism* (in Russian Review, 1978, 37, S. 298–307). – RES, 57, 1985, Nr. 1 [Sondernr. *B. Ė.*]. – F. W. Galan, *Film and Form: Notes on B. Ė.'s Stylistics of Cinema* (in Russian Literature, 19, 1986, S. 105–142). – M. Čudakova u. E. Toddes, *Nasledie i put' B. Ė.* (in B. Ė. *O literature Raboty raznych let*, Moskau 1987, S. 3–32).

SKVOZ' LITERATURU

(russ.; *Durch die Literatur*). Sammelband literaturgeschichtlicher Aufsätze von Boris M. ĖJCHENBAUM, erschienen 1924. – Ėjchenbaum, einer der führenden Vertreter der russischen Formalen Schule und Mitbegründer des Petersburger »Opojaz« (Gesellschaft zur Erforschung der dichterischen Sprache), hat in diesem Band fünfzehn seiner Arbeiten aus den Jahren 1916–1922 zusammengefaßt. Liegt den früheren Aufsätzen eine gnoseologisch begründete Ästhetik zugrunde – etwa dem Artikel *Deržavin* (1916), wo aus dem die Weltsicht des Dichters bestimmenden »*künstlerischen Wissen*« sein Stil abgeleitet wird –, so läßt sich seit 1918 ein Umbruch feststellen, der Übergang zur formalen oder, wie Ėjchenbaum sie auch nannte, morphologischen Methode, die sich nur auf die konkreten Probleme der Poetik konzentriert.

Am Anfang der neuen Etappe steht der berühmt gewordene Aufsatz *Kak sdelana* »*Šinel'*« *Gogolja*, 1918 *(Wie Gogol's* »*Mantel*« *gemacht ist)*. Ėjchenbaum analysiert hier GOGOL's Novelle unter dem

Gesichtspunkt der Verknüpfung ihrer stilistischen und vor allem erzählerischen *priëmy* (künstlerischen Verfahren). Er geht davon aus, daß nicht das Sujet, die Verflechtung der einzelnen Motive, sondern die Erzählmanier des Erzählers das dominierende Organisationsprinzip des *Mantel* ist, und zwar die Erzählweise des *skaz* – diesem Problem ist der in dem Band enthaltene Artikel *Illjuzija skaza*, 1918 *(Die Illusion des skaz)*, gewidmet –, die den Eindruck der lebendigen mündlichen Rede hervorrufen soll. Die kompositionelle Grundschicht der Novelle, bestehend aus dem komischen *skaz* mit seinen zahlreichen Wort- und Klangspielen, Anekdoten und Kalauern, ist durch pathetisch-deklamatorische Einschübe kompliziert, so daß das Ganze eine Groteske bildet, »*in der die Mimik des Lachens und die Mimik der Trauer abwechseln*«.

Alle formalistischen Arbeiten des Bandes unterscheiden zwischen der künstlerischen Form und dem außerkünstlerischen Material oder, wie es in *O zvukach v stiche*, 1920 *(Über die Laute im Vers)*, heißt, zwischen der »*organisierenden und über alles dominierenden spezifischen Abstraktion*« und den »*ihr unterworfenen Elementen der Realisierung und Motivation*«. In dem genannten Aufsatz wendet Ėjchenbaum gegenüber der Ansicht, daß die lautliche Seite eines Gedichts die Bedeutung nur untermale, ein, daß in der Poesie die Laute selbst ihren Wert und ihre Bedeutung in sich tragen, nicht bloß einen »Inhalt« begleiten. – In der Abhandlung *O tragedii i tragičeskom*, 1919 *(Über die Tragödie und das Tragische)*, zu der *O tragedii Šillera v svete ego teorii tragičeskogo*, 1917 *(Über die Tragödie Schillers im Licht seiner Theorie des Tragischen)*, eine Vorarbeit darstellt, wird, entsprechend der formalistischen Scheidung von Form und Material, das Wesen des Tragischen nicht darin gesehen, daß der Zuschauer echtes Mitleid empfindet, sondern in dem Umstand, daß das Mitleid als eine Form der ästhetischen Wahrnehmung benutzt wird. »*Das Mitleid ist aus der Seele herausgenommen und vor den Zuschauer hingestellt – durch es hindurch verfolgt er das sich entwickelnde Labyrinth der künstlerischen Verkettungen.*«

Die Evolution der Literatur faßt Ėjchenbaum als immanenten dialektischen Prozeß der Selbsterzeugung neuer Formen auf: »*Die Kunst*«, so liest man in der Studie *Nekrasov* (1922), »*lebt auf der Grundlage der Verknüpfung und der Gegenüberstellung ihrer Traditionen, indem sie sich entwickelt und verändert nach den Prinzipien des Kontrasts, des Parodierens, der Ablösung und Verschiebung. Sie kennt keinerlei kausale Verbindung mit dem ›Leben‹, noch mit dem ›Temperament‹ oder der ›Psychologie‹. Studieren kann man die Geschichte der Literatur, nicht die Geschichte von ›Temperamenten‹ und ›Naturen‹.*« Entgegen der Meinung, der Dichter Nekrasov sei künstlerisch nicht beachtenswert, sieht Ėjchenbaum in ihm eine »*historisch unausweichliche und notwendige Erscheinung*«, deren Aufgabe es war, die zur Schablone abgesunkene »hohe« Lyrik Puškinscher und Lermontovscher Prägung zu prosaieren und dadurch die Poesie zu erneuern. Demgemäß

erscheint die schöpferische Individualität des Dichters nicht als Absonderung von den durch die literarische Evolution gestellten Aufgaben, sondern als »*Akt des Sich-selbst-Erkennens im Strom der Geschichte*«. – Ganz ähnlich haben für Ėjchenbaum Tolstojs Krisen nicht ihren Grund in der individuellen Psychologie des Autors, sondern, wie es in *O krizisach Tolstogo*, 1920 *(Über die Krisen Tolstojs)*, heißt, im »*Suchen neuer künstlerischer Formen und deren neuer Rechtfertigung*«. – Auch in *Sud'ba Bloka*, 1921 *(Das Schicksal Bloks)*, erklärt Ėjchenbaum das Scheitern des großen Symbolisten als »*Vergeltung der Geschichte*«. Es hat seinen Grund darin, daß Blok nicht zum Dichter der Oktoberrevolution werden konnte, ohne sich, seiner dichterischen Konzeption getreu, zugrunde zu richten.

Ėjchenbaums Arbeiten aus den zwanziger Jahren – unter ihnen seien noch das Buch *Melodika russkogo liričeskogo sticha*, 1922 *(Die Melodie des russischen lyrischen Verses)*, seine Studien über Anna Achmatova, Lermontov und Tolstoj sowie sein polemischer Artikel *Teorija formal'nogo metoda*, 1925 *(Die Theorie der formalen Methode)*, erwähnt – zählen nach wie vor zu den anerkannten Leistungen formaler Literaturbetrachtung.   H.Gü.

AUSGABE: Leningrad 1924; Nachdr. Den Haag 1962.

ÜBERSETZUNGEN: *Aufsätze zur Theorie u. Geschichte der Literatur*, A. Kaempfe, Ffm. 1965 (es). – *Texte der russischen Formalisten*, Hg. J. Striedter, Bd. 1, Mchn. 1969.

LITERATUR: V. Erlich, *Russischer Formalismus*, Mchn. 1964; ern. Ffm. 1987 (Fi Tb). – J. Striedter, *Zur formalistischen Theorie der Prosa u. der literarischen Evolution* (in *Texte der russischen Formalisten*, Hg. ders., Bd. 1, Mchn. 1969, S. 9–83). – A. Hansen-Löve, *Der russische Formalismus. Methodologische Rekonstruktion seiner Entwicklung aus dem Prinzip der Entfremdung*, Wien 1978.

NIKOLAJ ROBERTOVIČ ĖRDMAN

* 16.9.1902 Moskau
† 10.8.1970 Moskau

LITERATUR ZUM AUTOR:
K. Rudnickij, *Režisser Mejerchol'd*, Moskau 1969, S. 332–342. – M. Hoover, *N. Ė.: A Soviet Dramatist Rediscovered* (in Russian Literature Triquarterly, 1972, 2, S. 413–434). – N. Moranjak-Banburać, *N. R. Ė. – komediograf (Voprosy sovetskoj avangardnoj dramy)* (in Russian Literature, 1987, 21, S. 77–88).

MANDAT

(russ.; *Ü: Das Mandat*). Satirische Komödie in fünf Akten von Nikolaj R. ĖRDMAN, Uraufführung: Moskau, 20. 4. 1925, Teatr im. Mejerchol'da; dt. Erstaufführung: Berlin 1927, Renaissance-Theater. – Gegenstand der Satire ist der am Besitz hängende, opportunistische Kleinbürger, der durch die phrasenhafte, scheinrevolutionäre Maskierung seiner reaktionären Gesinnung in der Zeit der Neuen Ökonomischen Politik (NĖP) zu einer Gefahr für die gesellschaftsverändernden Ziele der jungen Sowjetrepublik und daher zur Zielscheibe vieler literarischer Attacken (CHLEBNIKOV, GLADKOV, MAJAKOVSKIJ u. a.) wurde.

Der ehemalige Großindustrielle und Grundbesitzer Olimp Valerianovič Smetanič, der *»am ersten Tag der Revolution anfing … Pleite zu machen … und immer noch nicht mit der Pleite fertig ist«*, sucht für seinen Sohn Valerian Olimpovič eine Frau, die als »Mitgift« ein Parteimitglied in die Ehe mitbringt, das als Alibi für seine Machenschaften dienen soll. Nadežda P. Gulačkina, die ehemalige Besitzerin eines Feinkostgeschäfts, wittert eine Chance für ihre dumme und häßliche Tochter Varvara und überredet ihren Sohn Pavel, sich um die Aufnahme in die Partei zu bemühen, um so die Voraussetzung für die gute Partie zu schaffen. Es kommt zu burlesken Verwicklungen und entlarvenden Verwechslungen, in deren Verlauf schließlich Nastja, die Köchin der Gulačkins, in einer Truhe versteckt, im Zimmer des ehemaligen zaristischen Generals Avtonom Sigismundovič landet. Sie trägt ein Kleid der Zarin, das die Salondame Tamara L. Lišnevskaja als *»das Letzte, was von Rußland verblieb«* vor einer angeblich drohenden Haussuchung bei den Gulačkins retten wollte. Die Köchin wird von dem senilen General für die zurückgekehrte Großfürstin Anastasja Nikolaevna gehalten, da sie zufällig dieselben Vornamen trägt. Als Olimp V. Smetanič von diesem unverhofften »Ereignis« erfährt, disponiert er augenblicklich um: Er läßt altes Zarengeld aufkaufen und schmiedet neue Heiratspläne für seinen Sohn, den er gerade noch einer Frau mit *»kommunistischer Verwandtschaft«* zuführen wollte. Da nämlich Nastja, die an eine Entführung im Stile ihrer sentimentalen Groschenhefte glaubt, auf unverzügliche Heirat mit Valerian Olimpovič drängt, sieht sich der ehemalige Großindustrielle und Gutsbesitzer schon als Schwiegervater der zukünftigen Zarin. Es wird eine groteske Heiratszeremonie arrangiert, bei der der genarrte Pavel sein *»anderes Gesicht«* – das am Hosenboden befestigte Zarenporträt – zeigen muß. Die Nutznießer des alten Rußlands glauben an eine *»Renaissance«* und träumen von der Rückgewinnung ihrer früheren Vorrechte. Schon hört Smetanič vom zurückkehrenden alten Staatsschiff *»den freudigen Ausruf: ›Land in Sicht!‹ Jawohl, Land in Sicht, dreihunderteinundvierzig Hektar. Heiliges, heimatliches Land«*, und meint damit sein enteignetes Großgrundbesitz. Pavel, der das Spiel mit der Köchin durchschaut, sieht eine unverhoffte Chance zu »re-

volutionärem Heldentum« und damit verbundenen *»Parteiehren«*. Bislang konnte er sich lediglich auf ein *»Mandat«* als Hausmeister berufen, dessen Kopie angeblich *»an den Genossen Stalin persönlich«* abgegangen ist, das er sich aber – wie sich am Ende erweist – selbst ausgestellt hat. In der Wohnung des entmachteten zaristischen Offiziers findet eine groteske *»Wiedereinführung«* der alten Zarenmacht statt, die selbst die von dem skandalsüchtigen Untermieter Šironkin alarmierte Miliz nicht ernst zu nehmen vermag.

Nicht nur mit der Gattungsbezeichnung *»satirische Komödie«* knüpft Ėrdman an GOGOL's *Revizor*, 1836 *(Der Revisor)*, an. Auch in der schöpferischen Adaption einer Reihe von thematischen und formalen Elementen zeigt sich der Einfluß dieses Autors. Bezeichnenderweise wurde Ėrdman von GOR'KIJ als *»unser neuer Gogol'«* begrüßt, und der erste Regisseur von *Mandat*, V. Ė. MEJERCHOL'D sah darin *»eine glänzende Fortsetzung der Grundlinie der russischen Dramatik von Gogol' und Suchovo-Kobylin«*. Gleichzeitig fällt jedoch die für die russische Dramatik und Dramaturgie der ersten beiden Jahrzehnte des 20. Jh.s typische Aufnahme von Elementen des Jahrmarkt- und Schmierentheaters auf. Ėrdman nutzt die *»groben szenischen Effekte«*, um die entlarvende Satire und die spielerische Dynamik des Stücks zu verdeutlichen, wobei letztere vor allem durch die sich in Handlung umsetzenden Wortwitze und -spiele unterstützt wird. Auf diese Weise kommt er ohne jede Bühnenanweisung aus. Dies wiederum ließ die Regiekunst Mejerchol'ds deutlich hervortreten: Seine Inszenierung der Komödie wurde zu einem besonderen Ereignis, da das Stück für die Entfaltung von Mejerchol'ds Prinzipien der *»Biomechanik«* außerordentlich günstige Voraussetzungen bot. Mejerchol'd gliederte die Drehbühne in drei Ringebenen, die sich in beliebigen Geschwindigkeiten und Richtungen bewegen ließen. Damit war ein Gegengewicht zu den marionettenhaften Bewegungen der Personen des Stückes geschaffen. Einen besonderen Stellenwert verlieh der Regisseur den Gegenständen, die als Konsumfetische Denken und Handeln der karikierten kleinbürgerlichen Opportunisten bestimmen (Nähmaschine, Piano, Fächer, Papierblumen u. a.). Mit der Figur des Drehorgelmannes wurde ein Element des Schaubudendramas in neuer Verwendung wieder eingeführt.   H.J.S.

AUSGABEN: o. O. u. J. [1924]. – Mchn. 1976. – Moskau 1987 (in Teatr, Nr. 10).

ÜBERSETZUNGEN: *Das Mandat*, E. Boehme, Bln. 1926. – Dass., E. Kottmeier u. E. G. Kostetzky, Neuwied 1969 [Bühnenms.].

LITERATUR: O *»Mandate«* N. Ė. v teatre Mejerchol'da (in Pravda, 15. 5. 1925). – K. postanovke *»Mandata«. Beseda s V. Ė. Mejerchol'dom* (in Večernjaja Moskva, 6. 4. 1925). – N. Volkov, *Moskovskaja dramaturgija – k itogam sezona* (in Prizyv, 1925/26, S. 84–90). – I. Solov'jeva, *Radi čego?* (in

Teatr, 3, 1957, S. 70–81). – K. Martínek, *Pokus o satirický výpad proti měšťáctví – Ė. »Mandat«* (in K. M., *Mejerchol'd*, Prag 1963, S. 253/254). – *Istorija sovetskogo dramatičeskogo teatra*, Bd. 2, Moskau 1966, S. 128–133. – V. Ė. Mejerchol'd, *Stat'i, pis'ma, reči, besedy*, Bd. 2, Moskau 1968, S. 95–97. – E. G. Kostetzky, *Ė. –»Das Mandat«* (in Das Schauspielhaus, 1971, H. 19). – W. Kasack, *N. Ė. i ego »Mandat«* (in N. Ė., *Mandat*, Mchn. 1976).

SAMOUBIJCA

(russ.; *Ü: Der Selbstmörder*). Satirische Komödie von Nikolaj R. ĖRDMAN; als Bühnenmanuskript herausgegeben 1928, Uraufführung: Göteborg 1969; deutschsprachige Erstaufführung: Zürich 1970, Schauspielhaus. – *Der Selbstmörder* ist, neben szenischen Miniaturen, das zweite große Stück Ėrdmans, das aber, im Gegensatz zu seinem überaus populären und vielgespielten – durch die Inszenierung von MEJERCHOL'D in die Theatergeschichte eingegangenen – Erstlingswerk *Das Mandat* (1925), nach Vorbereitungen zur Aufführung abgesetzt und in der Sowjetunion erst unter den Bedingungen von Gorbačëvs *Perestroika* 1987 auf die Bühne kam. Das fünfaktige, ungemein spritzige und theaterwirksame Stück voller Situationskomik ist nicht nur eine böse Satire auf das muffige Spießertum, das auch durch die Revolution nicht hinweggefegt wurde und sich in den Jahren der NĖP wieder breitmachte, sondern auch eine ironische Auseinandersetzung mit der sowjetischen Wirklichkeit dieser Jahre. Held des Stücks ist der arbeitslose Kleinbürger Semën Semënovič Podsekal'nikov, ein Familientyrann voll weinerlichen Selbstmitleids und Geltungsdrangs. Nach einer nächtlichen Auseinandersetzung mit seiner Frau und seiner Schwiegermutter befürchten diese den Selbstmord ihres »Familienoberhaupts«. Sie holen Nachbarn zu Hilfe, die sich geschäftig um den »Lebensmüden« bemühen. Die großangelegte Hilfsaktion, die Podsekal'nikov so plötzlich in den Mittelpunkt stellt, bringt ihn erst auf die Idee des Selbstmords, und mit Hilfe des Nachbars Kalabuškin hat es sich schnellstens herumgesprochen, daß Podsekal'nikov sich erschießen will. Sofort erscheinen viele Leute, die diesen Selbstmord für ihre Zwecke ausnützen und Podsekal'nikov zu einem »ideologischen Toten« machen wollen. Aristarch, der Vertreter der alten russischen Intelligencija, will ihn *»für die Wahrheit«*, der Literat Viktor Viktorovič *»für die heilige Kunst«* und der Pope für die Religion sterben lassen.
Podsekal'nikov findet immer mehr Gefallen an seinem »Heldentod« und wird zunehmend selbstbewußter und aufgeblasener. Im Anschluß an ein großes Abschiedsbankett soll er sich erschießen, und jetzt erlebt Podsekal'nikov im Gefühl der Freiheit und Macht, das ihm sein naher Tod gibt, seinen größten Augenblick: *»Mein Gott! Ich kann alles machen? Mein Gott! Ich fürcht mich vor niemand! Zum erstenmal in meinem Leben fürcht ich mich vor nie-*

mand. Wenn ich jetzt will, geh ich in jede Versammlung, in jede, kapiert? – und strecke dem Vorsitzenden ... die Zunge heraus. Das geht nicht? Das geht! Liebe Genossen! Das ist es ja, daß ich machen kann, was ich will. Ich fürcht mich vor niemand. Wir sind in der Sowjetunion 200 Millionen, Genossen, und jede Million fürchtet sich vor jemand, und ich hier fürcht mich vor niemand ... Ich muß sowieso sterben. Oj, haltet mich fest, sonst fang ich gleich an zu tanzen. Heute herrsche ich über alle Menschen. Ich bin ein Diktator. Ich bin der Zar, liebe Genossen ...« Und er ruft den Kreml an, »das rote Herz der Sowjetrepublik«, um zu sagen, daß er Marx nicht mag. Sich aber das Leben zu nehmen, das bringt er nicht fertig. Er ringt verzweifelt komisch um seinen Selbstmord und hüpft schließlich lebendig in den Sarg. Auf dem Friedhof erhebt sich der vermeintlich Tote und stürzt sich heißhungrig auf die rituelle Totenspeise: *»Bloß leben, Genossen, bloß nicht sterben, nicht für euch, nicht für die übrige Menschheit ...«* Die Trauergemeinde ist empört über soviel Feigheit und Materialismus und fühlt sich betrogen. Da wird gemeldet, daß das Beispiel Schule gemacht hat. Ein junger Mann hat sich nach seinem Vorbild erschossen.
Podsekal'nikov ist der nicht ohne Sympathie gesehene ironisch-übersteigerte Antiheld par excellence, der kleine gedemütigte Spießer, der nichts will, als ein »ruhiges Leben« und sein Essen und die »Flüsterfreiheit« zu sagen, *»daß das Leben schwer ist«*. Er entlarvt nicht nur die heuchlerischen und verlogenen Ideale der konterrevolutionären Anhänger der alten Welt, die seinen Tod für ihre Zwecke ausschlachten wollen, sondern kritisiert auch die hohle Phraseologie seiner Umwelt, den Zweckoptimismus, die ständige Forderung nach Heroismus durch die Sowjetmacht. Das Stück stammt aus der GOGOL'schen Tradition, zu der sich Ėrdman in mehreren direkten Anspielungen und Zitaten ausdrücklich bekennt. Die Ähnlichkeiten in der dramaturgischen Konstruktion besonders mit dem *Revizor* sind auffällig. – Groteske Überspitzung der Charaktere und eine geschickte Kombination von komödiantischer Situationskomik und geschliffenem Wortwitz sind die häufigsten Stilmittel von Ėrdmans Satire.   K. H.

AUSGABEN: o. O. 1928 [Bühnenms.]. – Bln. 1975. – Ann Arbor 1980. – Moskau 1987 (in Sovremennaja dramaturgija, Nr. 2).

ÜBERSETZUNG: *Der Selbstmörder*, I. Gampert, Kassel 1970 [Bühnenms.].

LITERATUR: F. Bondy, Rez. (in SZ, 2. 3. 1970). – G. Rohde, Rez. (in FAZ, 4. 3. 1970). – M. Jovanović, *»Samoubijca« – nepoznata drama N. Ė.* (in Pozorište, 1971, 4). – *N. Ė.'s »The Suicide«: An Unpublished Letter from Stalin to Staninlavsky*, Hg. C. Proffer (in Russian Literature Triquarterly, 1973, 7).

IL'JA GRIGOR'EVIČ ĖRENBURG

* 27.1.1891 Kiew
† 31.8.1967 Moskau

LITERATUR ZUM AUTOR:
Bibliographie:
Russkie sovetskie pisateli, Prozaiki, Bd. 6, Tl. 2, Moskau 1969, S. 217–337.
Biographien:
F. Nieuwažny, *I. Ė.*, Warschau 1966. – *Vospominanija ob I. Ė. Sbornik*, Hg. G. A. Belaja u. L. I. Lazerev, Moskau 1975. – A. Goldberg, *I. Ė.: Revolutionary, Novelist, Poet, War Correspondent, Propagandist: the Extraordinary Epic of a Russian Survivor*, NY 1984.
Gesamtdarstellungen und Studien:
A. I. Tereščenko, *Sovremennyj nigilist*, Leningrad 1925. – V. Kirpotin, *Tema kul'tury i vojny y tvorčestve Ė.*, Taschkent 1943. – B. Amondru, *Dostoevsky et E. Des saintes icones à l'étoile rouge*, Lille 1945. – T. Trifonova *I. Ė. Krit.-biogr. očerk*, Moskau 1952. – J. Holthusen, *Russische Gegenwartsliteratur*, Bd. 1, Mchn. 1963, S. 135–138. – V. Erlich, *The Metamorphoses of I. Ė.* (in Problems of Communism, 1963, 12, S. 15–24). – A. Rubaškin, *Publicisticka I. Ė.*, Moskau 1965. – H. Oulanoff, *Motives of Pessimism in Ė.'s Early Works* (in SEER, 1967, S. 266–277). – J. Lajčuk, *The Evolution of I. G. Ė.'s Weltanschauung During the Period 1928–1934* (in Canadian Slavonic Papers, 1970, 12, S. 395–416). – T. K. Trifonova (in *Istorija russkoj sovetskoj literatury*, Bd. 4 (1954–1965), Moskau 1971, S. 273–294). – R. Lauer, *I. Ė. und die russische Tauwetter-Literatur*, Göttingen 1975. – R.-R. Hammermann, *Die satirischen Werke von I. Ė.*, Diss. Wien 1978. – H. Siegel, *Ästhetische Theorie und künstlerische Praxis bei I. Ė. Studien zum Verhältnis von Kunst und Revolution*, Tübingen 1979.

LJUBOV' ŽANNY NEJ

(russ.; *Ü: Die Liebe der Jeanne Ney*). Roman von Il'ja G. ĖRENBURG, erschienen 1924. – *Ljubov' Žanny Nej* ist der seinerzeit meistgelesene von Ėrenburgs frühen Romanen, die in rascher Folge in den zwanziger Jahren erschienen. Seine Popularität ist weniger ein Zeugnis für den literarischen Wert des Romans als vielmehr für die dem Geschmack eines sehr breiten Lesepublikums angepaßte Mischung von sentimental-pathetischer Liebesgeschichte und spannendem Kriminalroman mit verwickelter Intrige. Daß sich der experimentierfreudige und an der Avantgarde-Kunst geschulte Autor in diesen Jahren einem derartigen Kolportage-Sujet zuwandte, ist in Zusammenhang zu sehen mit der zwischen 1919 und 1922 in der Sowjetunion geführten Debatte um das Melodrama. Damals wurde – insbesondere von GOR'KIJ und LUNAČARSKIJ – die Wiederbelebung dieser romantischen Gattung gefordert, da sie mit ihren Effekten und großen Posen geeignet sei für eine emotional ansprechende agitatorische Massenliteratur.

Jeanne Ney, als Tochter eines französischen Botschaftsbeamten nach Rußland gekommen, erlebt dort Revolution und Bürgerkrieg und lernt den russischen Revolutionär Andrej Lobov kennen, für den sie vom ersten Augenblick an das tiefe Gefühl einer untrennbaren Zusammengehörigkeit empfindet, das auch nicht mehr erschüttert werden kann, als Andrej in Erfüllung seiner revolutionären Aufgaben ihren Vater erschießt. Jeanne geht zurück nach Paris, wo sie sich in dem schmierigen Detektivbüro ihres Onkels, bedrängt von einer verbrecherischen Umwelt, kümmerlich ihren Lebensunterhalt verdient. Sie trifft Andrej wieder, als dieser von der Partei zu revolutionärer Untergrundtätigkeit nach Frankreich geschickt wird, und erlebt mit ihm wenige Stunden erfüllten Glücks, ehe sie mit seiner Hilfe nach Rußland zurückkreist. Ihr Gegenspieler ist der russische Emigrant und perfekte Schurke Chabyl'ëv, der mehrmals unheilvoll in ihr Leben einbricht. Er wird schließlich zum Raubmörder an Jeannes Onkel und lenkt den Verdacht geschickt auf Andrej. Dieser wird verhaftet, aufgrund von Indizienbeweisen verurteilt und, da er Jeanne, die ihn entlasten könnte, nicht in die Affäre hineinziehen will, schließlich hingerichtet. Jeanne kommt zu seiner Rettung zu spät. Aber ihre Liebe ist stärker als der Tod. Jeanne wird die Nachfolgerin Andrejs in seiner revolutionären Arbeit.

In der kolportagehaften Handlung des Romans sind zwei ganz gegensätzliche Schichten ziemlich grob miteinander verknüpft: einmal die Welt der Liebe der lichten, naiven Jeanne und des kämpferischen Helden Andrej, gezeichnet mit unglaubhafter Melodramatik und überreichlicher Sentimentalität; dagegen steht die faulende Welt der spätkapitalistischen Bourgeoisie, die mit den Stilmitteln der Karikatur und Groteske gestaltet ist. Die Figuren sind ebenso konstruiert wie die durch Effekte aufgeladenen Handlungssituationen. Die positiven Figuren bleiben blasse Schemen oder Klischeegestalten wie z. B. die schöne blinde Kusine Gabriele. Überzeugend dagegen wirkt die satirische Zeichnung der konterrevolutionären Verbrechertypen wie Chabyl'ëv und Nejchenson. Die Verwendung der verschiedensten Stilmittel und reißerischen Effekte, zusammen mit einem eingängig glatten Stil, wirkt oft fast parodistisch. – Ėrenburg selbst wertet in seinen Memoiren *Ljudi, gody, zizn'*, 1960–1965 *(Menschen, Jahre, Leben)*, den Roman als »*Tribut an die Romantik der Revolutionsjahre, an Dickens, an den Primat der Fabel*«. K.H.

AUSGABEN: Moskau 1924. – Leningrad 1928/29 (in *Polm. sobr. soč.*, 8 Bde., 3). – Moskau 1952–1954 (in *Sočinenija*, 5 Bde.). – Jerusalem 1984.

ÜBERSETZUNG: *Die Liebe der Jeanne Ney*, W. Jollos, Basel 1926. – Dass., ders., Bln. 1931.

LJUDI, GODY, ŽIZN'

(russ.; *Ü: Menschen, Jahre, Leben*). Autobiographie in sechs Teilen von Il'ja G. Ĕrenburg, Teile 1–6 erschienen in der Zeitschrift ›Novyj mir‹ von 1960 bis 1965, als Buch veröffentlicht 1966 (Teile 1–3) und 1967 (Teile 4–6). – Die Memoiren, an denen Ĕrenburg fünf Jahre lang intensiv arbeitete, sind das letzte große Werk dieses Schriftstellers und Publizisten und wahrscheinlich das bedeutendste aus der langen Reihe seiner Bücher. Ĕrenburg, der sich auch in allen seinen Romanen mit aktuellen Problemen auseinandersetzt, ist wie kaum ein anderer für die Gattung der zeitgeschichtlichen Memoirenliteratur prädestiniert, da das Zeitgeschehen nicht nur den Hintergrund für seine eigene Entwicklung abgibt, sondern sein persönliches Leben ganz in den geistigen und politischen Bewegungen dieses Jahrhunderts aufgegangen ist. Nie war Ĕrenburg nur distanzierter Beobachter; er hat die geschichtlichen Ereignisse, die unser Jahrhundert geprägt haben, bewußt und aktiv teilnehmend erlebt: die russische Revolution von 1905, an der er als Gymnasiast beteiligt war, den Ersten Weltkrieg in der Emigration in Paris, die schweren und begeisternden Jahre nach der Oktoberrevolution in Rußland, die bewegten zwanziger Jahre in Frankreich, Belgien, Deutschland. Er hat das Aufkommen des Faschismus erlebt, den Bürgerkrieg in Spanien, den Zweiten Weltkrieg als Kriegsberichterstatter in seiner Heimat, die Jahre des kalten Kriegs und die erregenden Ereignisse der Entmachtung des Stalinismus.

Ĕrenburg hat viele der bedeutendsten Gestalten unseres Jahrhunderts persönlich gekannt. Er sprach mit Lenin, Einstein, Picasso, Pasternak, Esenin, Majakovskij, Babel', Mejerchol'd, Gor'kij, Hemingway, Gide, Neruda, Modigliani, Matisse, Léger, Rivera und viele andere. Ĕrenburg hat die Entwicklung der modernen Malerei und Literatur aus nächster Nähe beobachtet. Er traf sich mit den damals noch unbekannten Pariser Malern, deren Namen heute aus der Kunstgeschichte nicht mehr wegzudenken sind, erlebte den Aufschwung revolutionärer Kunst nach 1917 und ihren Verfall in der Stalinzeit. Für ihn war die Entwicklung der Kultur untrennbar verbunden mit den politischen Veränderungen der Epoche. Der Bericht über sein Leben ist zugleich ein Bericht über die geistigen, politischen, kulturellen Bewegungen unseres Jahrhunderts. In seinen Erinnerungen versucht er, seinen Platz in diesen Bewegungen zu überdenken, zu rechtfertigen, die gewonnenen Erfahrungen weiterzugeben.

Aus dem Inhalt ergeben sich drei ineinander übergehende Darstellungsformen, die die Struktur des Werks bestimmen: Zeitbilder der großen historischen Ereignisse dieses Jahrhunderts; Porträts von bedeutenden Persönlichkeiten, Politikern, Wissenschaftlern, vor allem aber von Künstlern; schließlich Gedanken und Meditationen, die die geistige Entwicklung des Autors zum Gegenstand haben. Von den Zeitbildern, die mit großer Beobach-

tungsgabe und Sinn für symptomatische Details gezeichnet sind, ragen etwa die leidenschaftlichen Kapitel über den Spanischen Bürgerkrieg heraus oder die Schilderung der Atmosphäre kurz vor der Machtergreifung des Faschismus. Sein Versuch, die Frage nach den schlimmsten Jahren des Stalinismus zu beantworten, bleibt trotz ehrlichen Ringens unbefriedigend, wenn auch aus vielen Details ein eindrucksvolles Bild der psychischen Situation dieser Zeit entsteht.

Für die Literatur- und Kunstgeschichte unseres Jahrhunderts sind die großen Künstlerporträts von bleibendem Wert. Genannt seien nur die Charakteristiken seiner großen Vorbilder Isaak Babel' und Hemingway, von Picasso und Modigliani, von Esenin und Majakovskij, von Bal'mont und Brjusov, von Einstein und Joliot-Curie. – Bedeutung als kulturhistorisches Dokument erreichen die Memoiren auch durch die Schilderung von literarischen Strömungen und Künstlergruppen und ihren Diskussionen, wie etwa dem legendären Café »Rotonde«, dem Treffpunkt der Pariser Künstler um die Zeit des Ersten Weltkriegs, des literarischen Lebens in Berlin zu Anfang der zwanziger Jahre oder von bedeutenden Schriftstellerkongressen, wie dem des Jahres 1934 in der Sowjetunion.

Die Verbindungslinie zwischen all diesen Berichten stellt die Person des Autors dar, sein Weg als politisch engagierter Künstler und Publizist. Die private Sphäre seines Lebens ist dabei fast vollständig ausgeklammert. *»Dieses Buch ist ja weniger eine Lebensgeschichte als eine Folge aus der Erinnerung erwachsender Meditationen.«* Dabei betont aber Ĕrenburg immer wieder den subjektiven Charakter seines Berichts und macht darauf aufmerksam, daß er nicht Anspruch auf Vollständigkeit und Objektivität erhebt, sondern alles aus seiner Sicht betrachtet. Bei der Aufzeichnung seiner Erinnerungen versucht er jedoch, möglichst genau zu sein, nichts aus der Phantasie hinzuzufügen und alles dokumentarisch zu belegen. Er stützt sich auf eine Menge konkreten Materials, auf Notizbücher und Briefe, alte Manuskripte – besonders sein 1935 erschienenes *Buch für Erwachsene (Kniga dlja vzroslych)* –, Zeitungen, Kongreßprotokolle und Zuschriften von Lesern. Niemals projiziert er seine im Lauf der Jahre erworbenen Erfahrungen zurück, sondern belegt seine damaligen Ansichten mit Aufzeichnungen, um sie dann mit seinen inzwischen gewonnenen Einsichten zu konfrontieren. Dadurch gewinnt die Darstellung an Spannung und Lebendigkeit; sie ist gleichzeitig höchst subjektiv und wirkt dabei doch distanziert losgelöst von seiner Person. – Der lockere Aufbau des Buchs birgt die Gefahr, daß der Autor sich häufig einfach seinen Gedanken und Einfällen hingibt. Der zweite Band wirkt auch zunehmend unkonzentriert. Hervorzuheben ist Ĕrenburgs Ringen um unbedingte Ehrlichkeit der Darstellung, auch in bezug auf seine eigene Person. Er verschweigt keine seiner Schwierigkeiten und Krisen, so daß das Buch oft einen bekenntnishaften Charakter annimmt. Ĕrenburgs Urteile über Menschen und historische Ereignisse, denen stets sein

Engagement für die Idee des Sozialismus und für sein Vaterland zugrunde liegt, sind in diesem seinem letzten Werk geprägt von einer toleranten und verständnisvollen Güte und Altersmilde, die nicht selten naiv wirkt und gelegentlich in klischeehaften pathetischen Wendungen ihren Niederschlag findet, gerade dort, wo tiefe Gefühle ausgedrückt werden sollen.

Das Buch, das nach Ėrenburgs eigenen Worten *»der Bericht über ein Leben ist, über das Suchen, die Verirrungen und die Funde eines Menschen«*, stellt gleichzeitig ein Zeitdokument von Rang dar, dessen Wert ebenso in der ungeheuren Fülle von aufschlußreichen Fakten wie auch in seinem humanistischen Engagement liegt. K.H.

Ausgaben: Moskau 1960–1965 (in Novyj mir; 6 Tle.). – Moskau 1966 (in *Sobr. soč.* 9 Bde., 1964–1967, 8).

Übersetzungen: *Menschen, Jahre, Leben*, A. Kaempfe, 2 Bde., Mchn. 1962–1965. – Dass., H. Burck u. F. Mierau, 3 Bde., Bln./DDR 1978; ²1982. – Dass., B. Schröder, Bln. 1991.

Literatur: J. Günther, Rez. (in Der Tagesspiegel, 6. 9. 1962). – C. Hohoff, Rez. (in Rheinische Post, 30. 8. 1962). – J. Kaiser, Rez. (in SZ, 24. 8. 1962). – C. G. Ströhm, Rez. (in Christ u. Welt, 17. 8. 1962). – H. Pörzgen, Rez. (in FAZ, 23. 3. 1965). – V. Erlich, *I. Ė. Takes a Bow* (in Problems of Communism, 1965, 14, S. 72–74). – P. Stupples, *Ė.'s Memoires* (in Melbourne Slavonic Studies, 1977, 12, S. 63–86).

NEOBYČAJNYE POCHOŽDENIJA CHULIO CHURENITO i ego učenikov Monsieur Dėle, Karla Šmidta, Mistera Kulja, Alekseja Tišina, Ėrkole Bambuči, Il'i Ėrenburga i Negra Ajši, v dni mira, vojny i revoljucii, v Pariže, v Meksike, v Rime, v Senegale, v Kinešme, v Moskve i v drugich mestach, a takže različnye suždenija učitelja o trubkach, o smerti, o ljubvi, o svobode, ob igre v šachmaty, ob iudejskom plemeni, o konstrukcii i o mnogom inom

(russ.; *Ü: Die ungewöhnlichen Abenteuer des Julio Jurenito und seiner Jünger Monsieur Delhaie, Mister Cool, Karl Schmidt, Ercole Bambucci, Alexej Tischin, Ilja Ehrenburg und des Negers Ayscha in den Tagen des Friedens, des Krieges und der Revolution in Paris, Mexiko, Rom, am Senegal, in Moskau, Kineschma und anderen Orten, ebenso verschiedene Urteile des Meisters über Pfeifen, über Leben und Tod, über Freiheit, über Schachspiel, das Volk der Juden und einige andere Dinge*). Roman von Il'ja G. Ėrenburg; erschienen 1922. – Der im Laufe eines Monats niedergeschriebene Roman ist der erste und wohl eigenwilligste aus Ėrenburgs langer Reihe von Werken, der ihn mit einem Schlag berühmt machte und ihm den Ruf eines Zynikers und Nihilisten ein-

brachte. Aber noch am Ende seines Lebens in seinen Memoiren steht Ėrenburg zu diesem Buch. *Julio Jurenito* ist ein satirisch-grotesker Zeitroman, der alle Seiten des politischen und geistigen Lebens der zivilisierten Welt zur Zeit des Ersten Weltkriegs und der Jahre danach vom Standpunkt der *»großen Provokation«* ironisch kommentiert.

Der Mexikaner Julio Jurenito, ein Revolutionär und Anarchist besonderer Art, hat die *»Mission des großen Provokateurs«* auf sich genommen und sieht nun seine Lebensaufgabe im Kampf gegen die Gesellschaft und Kultur, gegen die Anschauungen seiner Zeit. Kein ideologisches Konzept, kein ethisches Gebot steht hinter seinem Tun. Dieser *»Mensch ohne Überzeugungen«* handelt gleichsam aus Einsicht in den zwangsläufigen Prozeß der Geschichte, diesem nachhelfend. Sachlich und ruhig, fast naiv betreibt er das Geschäft der Zerstörung alles Bestehenden. Seine Methode ist die hier fast zum Mythos erhobene Provokation. *»Der Provokateur ist der große Geburtshelfer der Weltgeschichte.«* Er bekämpft die Kultur *»mit den von ihr selbst gelieferten Waffen«*, indem er *»ihre Eiterbeulen ... auf jede Weise pflegt«*. Was in der Gesellschaft des europäischen 20. Jh.s auch verborgen oder unerkannt – angelegt ist, bringt er durch seine Provokationen zur Erscheinung, führt es ad absurdum, um die Konsequenzen einer inhumanen Lebensform, geprägt von Krieg und Kriegsgeschäft, Rassismus, aggressivem Nationalismus, Brutalität, heuchlerischen und verlogenen Ideologien, zu zeigen. Er wirbt Jünger an, die, zum Teil ohne ihre Funktion zu begreifen, helfen sollen, sein Werk der Zersetzung voranzutreiben. Es sind verschiedene Nationalcharaktere, typische Vertreter gängiger Weltanschauungen und Ideologien, die einfach dadurch, daß sie besonders intensiv sich selbst leben, zur Destruktion der westlichen Zivilisation beitragen. Mister Cool, die groteske Verkörperung der amerikanischen Ideologie, die mit Dollars und der Bibel die Welt retten will; der Neger Ayscha, der naiv und rührend an immer neue, gerade geschaffene Götzen glaubt; Aleksej Tischin, der typische russische Intellektuelle mit seinen ewigen Gewissensbissen und der Unfähigkeit zu handeln; Ercole Bambucci, der Italiener, geborener Anarchist und Nichtstuer; Monsieur Delhaie, der französische Genießer, der ein Bestattungsinstitut betreibt, in dem die Toten nach ihrer sozialen Stellung in sechzehn Beerdigungsklassen eingeteilt werden; der Deutsche Karl Schmidt mit seiner Leidenschaft für Ordnung und System, der nach seinen Plänen *»die ganze Welt organisieren will«*, und schließlich der Ich-Erzähler namens Il'ja Ėrenburg.

Der Meister reist mit seinen Jüngern durch die Hauptstädte der Welt, inszeniert kleine und große Provokationen und Happenings, arbeitet unermüdlich und kühl an seinem Vernichtungswerk. Geheimnisvolle Verbindungen in ganz Europa und undurchsichtige Machenschaften lassen einen großen Teil der Ereignisse des Ersten Weltkriegs als sein Werk erscheinen. Aber der von Jurenito als das erstrebte Ende der Zivilisation angesehene

Krieg hat diesen Effekt noch nicht endgültig erreicht. Als in Rußland die Revolution ausbricht, eilt der Meister mit seinen Jüngern voll Tatendrang sogleich dorthin: »*Die Krankheit tritt eben in die von mir vorausgesehene zweite Phase.*« Aber auch hier wird er enttäuscht: »*Das Schlimmste ist, daß man, statt alles abzubrechen und neu aufzubauen, sich darauf beschränkt, das Alte zu reparieren.*« Schließlich ist der Meister seines Werks müde geworden und begeht Selbstmord, indem er sich mit nagelneuen Stiefeln nachts in einer russischen Provinzstadt in einen Park begibt und auch prompt ermordet wird. Der Chronist der Taten des Meisters Jurenito muß feststellen, daß seine Zeit noch nicht gekommen ist. Aber: »*Das Unvermeidliche wird kommen, ich glaube daran, und allen, die es erwarten, allen meinen Brüdern ohne Gott, ohne Programm und ohne Ideen, den Nackten und Verachteten, die nur den Wind und den Skandal lieben, gilt mein letzter Kuß.*«

Der Roman hat die Form einer Lebensbeschreibung des Meisters, niedergeschrieben von seinem treuesten Jünger, Il'ja Ėrenburg. Die Romanhandlung, wie auch die umrißhaft karikierten Typen der Jünger haben nur demonstrative Funktionen, sind im Grunde nur Konstruktionen, die dem Autor eine allseitige Kommentierung des Zeitgeschehens ermöglichen: der kapitalistischen Profitwelt und der Welt der Revolution, bürgerlicher Beschränktheit und des Weltverbesserertums, des Klerus und der Pseudosozialisten, der Reklamewelt und des Kunstbetriebs usf. Das Buch ist einfallsreich, frech und brillant geschrieben, wenn auch voller überflüssiger Passagen und im einzelnen oft nicht genau durchdacht. Seine Darstellungsmittel sind Satire, Ironie, Parodie und Groteske, häufig kabarettistische Gags. Bei aller grotesken Verzerrung sind die autobiographischen Züge sehr deutlich. Ėrenburg reagiert so sensibel, so ahnungsvoll auf die Tendenzen seiner Zeit, daß viele Aussagen des Romans – so die Voraussage des nächsten Krieges, die Vorahnung des Faschismus, der Vernichtung der Juden, des Verrats der Revolution – ihre bittere Verwirklichung in der Geschichte erfahren haben.   K. H.

Ausgaben: Moskau 1922. – Bln. 1922. – Moskau/Leningrad ²1927. – Moskau 1962 (in *Sobr. soč.*, 9 Bde., 1962 ff., 1).

Übersetzung: *Die ungewöhnlichen Abenteuer des Julio Jurenito und seiner Jünger Monsieur Delhaie, Mister Cool, Karl Schmidt, Ercole Bambucci, Alexej Tischin, Ilja Ehrenburg und des Negers Ayscha in den Tagen des Friedens, des Krieges und der Revolution in Paris, Mexiko, Rom, am Senegal, in Moskau, Kineschma und anderen Orten, ebenso verschiedene Urteile des Meisters über Pfeifen, über Leben und Tod, über Freiheit, über Schachspiel, das Volk der Juden und einige andere Dinge*, A. Eliasberg, Bln. 1923. – Dass., ders., Mchn. 1967. – Dass., ders., Ffm. 1976.

Literatur: W. Werth, Rez. (in Die Zeit, 8. 3. 1968). – E. Uvary-Maier, *Studien zum Frühwerk I. Ė.s*, Diss. Zürich 1970. – I. Pizem, *Three Early Novels of I. Ė*, Diss. NY Univ. 1973.

OTTEPEL'

(russ.; *Ü: Tauwetter*). Kurzroman von Il'ja G. Ėrenburg, erschienen in zwei Teilen 1954 bis 1956. – Der Roman, erste literarische Reaktion auf das denkwürdige Umbruchjahr 1953, ist eines der exemplarischsten und programmatischsten Werke der Literatur nach Stalins Tod. Sein Titel wurde zum Schlagwort für die gesamte nachstalinsche Epoche. »*Ich wollte zeigen, wie sich gewaltige historische Ereignisse im Leben einer kleinen Stadt spiegeln, wollte mein Gefühl des Auftauens, meine Hoffnungen ausdrücken*«, schreibt Ėrenburg dazu in seinen Memoiren. Nicht die politischen Veränderungen, sondern das »*Seelenklima*« jener Jahre, die Veränderungen im Bewußtsein der Menschen, ihre Gefühle und Denkweisen, ihre privaten Beziehungen zueinander will der Autor zeigen. Der symbolhafte Titel meint vor allem das »Auftauen« des in den Jahren der Erstarrung verarmten Innenlebens, das Bewußtwerden der Problematik des persönlichen Lebens. Ėrenburg, der sich gegen eine falsch verstandene verinnerlichte Kollektivideologie wendet, geht es um die Möglichkeit des Zweifelns an den geltenden Normen des Privatlebens, um eine »*Erziehung der Gefühle*« in einem sozialistisch humanistischen Sinn.

Das Buch spielt im Kreis der Intelligenz einer Provinzstadt, die geprägt ist von einem großen Schwerindustrieunternehmen. Lena, der Frau des Fabrikdirektors Žuravlëv, die ihre Ehe nie in Frage gestellt hat, wird allmählich bewußt, daß ihr Mann ein harter, gefühlloser Bürokrat ist. Nach schwerem innerem Kampf ringt sie sich zu einer Trennung von ihm durch. Sie gewinnt Mut, ihr eigenes Leben zu leben, und findet schließlich in ihrer Liebe zu dem Ingenieur Koroteev Erfüllung. Ein Auftauen ihrer »*eingefrorenen Herzen*« erleben in ihrem langsamen Zueinanderfinden auch zwei vom Schicksal schwergeprüfte Menschen, die jüdische Ärztin Vera Šerer und der ältere verschlossene Ingenieur Sokolovskij, und die Maschinenbauingenieurin Sonja Puchov, die in einer trotzig dogmatischen, gefühlsfeindlichen Komsomolideologie befangen ist, leidet unter ihrer Liebe zu dem romantischen Schwärmer Savčenko. Alles ist in dieser Zeit in Bewegung gekommen. Eine Verleumdungskampagne, die der Fabrikdirektor gegen Sokolovskij in Gang setzte, hat keine Chance, denn »*die Zeiten sind nicht mehr so*«. Žuravlëv selbst, der nur die Übererfüllung der Norm im Kopf hat und nicht das Wohlergehen der Arbeiter seines Betriebes, ein »*menschliches Halbfabrikat*«, ein typisches Geschöpf der Stalinära, wird von seinem Posten abgesetzt.

Ein zweites zentrales Thema des Romans ist das Problem der Kunst. In Saburov zeichnet Ėrenburg einen leidenschaftlichen, ehrlichen Künstler, der als Formalist verschrien ist, weil seine Bilder in Stil und Thematik nicht der gewünschten Norm entsprechen. Nur von seiner Frau bewundert und unterstützt, arbeitet er unter drückenden Verhältnissen verbissen weiter. (Die Gestalt trägt Züge des mit Ėrenburg befreundeten Landschaftsmalers Robert Falk.) Ihm gegenübergestellt ist der begabte Volodja Puchov, der aber aus Opportunismus sein Künstlertum verrät und mit offiziell gewünschten Kolchosbildern und Aktivistenporträts Erfolge erzielt, die ihn aber schließlich nicht befriedigen und charakterlich korrumpieren. Die Entwicklung dieser Gestalten, die im ersten Teil oft nur angedeutet ist, wird in dem – auch von Ėrenburg selbst später für überflüssig gehaltenen und nicht in seine *Gesammelten Werke* aufgenommenen – zweiten Teil des Romans ziemlich oberflächlich auf ein Happy-End hin weitergeführt.

Trotz aller kritischen Töne ist der Roman mit seiner eindeutigen Wertposition und optimistischen Perspektive in der Grundhaltung noch ganz den Normen des sozialistischen Realismus verpflichtet. Jedoch knüpft Ėrenburg mit *Ottepel'* auch wieder an die Tradition ČECHOVS an. Da weniger die äußere Handlung interessiert als die innere Entwicklung der Gestalten, besteht der Roman zum größten Teil aus Gesprächen, Gedankenberichten und Meditationen. Dementsprechend sind die häufigsten Kunstmittel innerer Monolog und erlebte Rede. Gestalten und Handlung illustrieren das den Roman durchziehende lyrische Motiv des Tauwetters in der Natur, in den menschlichen Beziehungen und in den politischen Verhältnissen. Die Sprache ist von der Frühlings- und Tauwettermetaphorik geprägt. Der Roman war bei seinem Erscheinen heftig umstritten und wurde auf dem Zweiten Schriftstellerkongreß 1954 hart angegriffen. Bei allen künstlerischen Mängeln ist das Buch vor allem als Beginn einer neuen Literatur der Bewußtseinsproblematik bedeutend.   K.H.

AUSGABEN: Moskau 1954 (in Znamja, Nr. 5; Tl. 1). – Moskau 1956 (in Znamja, Nr. 4; Tl. 2). – Moskau 1956, 2 Bde. – Moskau 1965 (in *Sobr. soč.*, 9 Bde., 1962–1967, 6). – Letchworth 1978 [Nachdr. d. Ausg. Moskau 1954.].

ÜBERSETZUNG: *Tauwetter*, W. Rathfelder, Bln. 1957.

LITERATUR: R. Lauer, *Funktion der Literatur in der Literatur: die literarischen Anspielungen in I. Ė.s Roman »Ottepel'«* (in Ost und West, 1977, 2).

OLEG NIKOLAEVIČ ERMAKOV

* 20.2.1961 Smolensk

AFGANSKIE RASSKAZY

(russ.; *Ü: Winter in Afghanistan*). Zyklus aus ursprünglich sechs (in der deutschen Ausgabe: neun) Erzählungen von Oleg Nikolaevič ERMAKOV, erschienen 1987–1989 in russischen Literaturzeitschriften. – Ermakov, Sohn eines Armeeangehörigen, studierte am Pädagogischen Institut in Smolensk und leistete 1981 bis 1983 seinen Militärdienst im Afghanistankrieg ab. Anschließend war er Mitarbeiter einer Jugendzeitschrift und arbeitet seitdem als Techniker am Hydrometeorologischen Institut in Smolensk. – 1987 debütierte Ermakov als Schriftsteller mit diesen Erzählungen seiner Erlebnisse im Afghanistankrieg (1979–1985), an dem er als einfacher Soldat teilnahm. Alle »Afghanischen Erzählungen« (so die wörtliche Übers. des Titels) tragen Spuren der seelischen und intellektuellen Verarbeitung des im Krieg Erlebten. Vor ihm konnte sich nur der Emigrant Vladimir RYBAKOV (* 1947) in seinen Erzählungen offen zu den Greueln dieses Krieges äußern.

Im Mittelpunkt der Erzählungen stehen Menschen, die per Obrigkeitsbefehl aus ihrem gewohnten, alltäglichen Leben gerissen und mit einem Krieg konfrontiert werden, der von der Sowjetunion einzig als machtpolitische Demonstration geführt wurde und dessen Sinn sich ihnen nicht erschließt. Die verschiedenen Perspektiven, die Ermakov in seinen Erzählungen wählt, begleiten die Soldaten und die ihnen Nahestehenden von der Einberufung bis zur Wiedereingliederung in das ideologische System in der Heimat. Der namenlose Held der Erzählung *Vesennjaja progulka (Frühlingsausflug)* steht kurz vor seiner Einberufung und sucht mit seiner Freundin noch einmal Stätten seiner Kindheit auf. Ohne Vorstellung davon, was es tatsächlich heißt, Leben zu töten, sprechen beide unbefangen über ein Gewehr, mit dem sie sich in der unheimlichen Waldlandschaft vor wilden Tieren schützen könnten. Sie verdrängen die drohende Gefahr eines Kriegseinsatzes bis zum Vergessen und genießen die letzte gemeinsame Zeit. – Freude und Leid einer daheimgebliebenen Ehefrau, die vergeblich auf ihren in die Reserve entlassenen Mann wartet, liegen in der Erzählung *Zanesennyj snegom dom (Ein schneeverwehtes Haus)* dicht beieinander. Durch die Ankündigung der baldigen Heimkehr des geliebten Menschen blüht die junge Frau zusehends auf. Eindrucksvoll deutet Ermakov dann ihre seelische Zerstörung an, als sie die von ihr innerlich immer angstvoll befürchtete Nachricht vom Tod ihres Mannes erhält (die der Leser schon seit den ersten Seiten kennt): Ihr schönes Gesicht verwandelt sich jäh in eine »*affenartige Fratze*«.

Die Erzählungen aus der Sicht der Soldaten an der Front schildern eine in zweifacher Hinsicht schwierige Lage. Neben dem möglicherweise tödlichen Kampf gegen einen Gegner, den sie nur aus Erzählungen ihrer älteren Kameraden und Vorgesetzten kennen, die ihn als so grausam und bestialisch charakterisieren, daß Selbstmord einer Gefangenschaft vorzuziehen sei *(Kreščenie – Feuertaufe; »N-skaja čast' provela učenija« 1981 – »Truppenübung« 1981)*, sind die Soldaten einem System ungeschriebener Gesetze in einer strengen Hierarchie unterworfen und Quälereien durch ältere Kameraden ausgesetzt; sie finden nicht einmal unter ihresgleichen den nötigen psychischen Rückhalt *(Zimoj v Afganistane – Winter in Afghanistan)*. Feigheit, Speichelleckerei und Spitzeltum verschweigt Ermakov ebensowenig wie Erpressung, sinnlose Gewalt und Rauschgiftmißbrauch in der Armee. Das Lebensgefühl der Rekruten ist bestimmt von allgegenwärtiger Angst, die kaum eine Ruhepause zuläßt. Ermakov beschreibt die ständige Bedrohung in klarer Sprache, ohne emotionalisierendes Pathos; Wiederholungen unterstreichen das Beklemmende der Situation. In seiner stärksten Antikriegserzählung aus dem Zyklus, *Mars i soldat (Mars und der Soldat)*, konzentriert Ermakov das Gefühl der Hoffnung auf Befreiung eines gefangenen, russischen Soldaten zu höchster Intensität. Voller Zuversicht sieht dieser Gefangene seinen Henkern in die Augen und hat bei seiner Hinrichtung – von ihm als Möglichkeit stets verdrängt – nicht mehr die Zeit, einer Empfindung der Verwunderung oder der Enttäuschung Ausdruck zu verleihen.

Angst verfolgt die Soldaten bis in die letzten Minuten vor ihrer Entlassung *(Blagopolučnoe vozvraščenie – Glückliche Heimkehr)*: Die Fahrt zum Flughafen, von dem aus sie die Heimreise antreten sollen, ist ebenso gefahrvoll wie die letzte Nacht im Durchgangslager, das von gegnerischen Granatwerfern beschossen wird. Erst hoch in der Luft und unerreichbar für den Feind, läßt Ermakov den Helden der Erzählung nach Monaten der permanenten Anspannung aufatmen: *»Geschafft!«* Für andere Reservisten zieht sich die Zeit bis zur Abfahrt in die Heimat durch Schikanen der Vorgesetzten quälend in die Länge *(Pir na beregu fioletovoj reki – Gelage am violetten Fluß)*. Sind sie endlich in Taškent in Sicherheit, müssen sie von dort ihre Heimreise selbst organisieren und tagelang auf Platzkarten für die überfüllten Züge warten. Ermakov verläßt seine Helden als seelische Wracks, die – total erschöpft – im Schlaf versuchen, das Grauen zu verarbeiten.

Nach ihrer Heimkehr werden die ehemaligen Soldaten mit dem Unverständnis der Politfunktionäre konfrontiert, die diesen sinnlosen Krieg, der nicht in ihr ideologisches Konzept paßt, totschweigen wollen. Als zu einseitig und zu negativ werden die autobiographischen Aufzeichnungen eines Reservisten in der Erzählung *Želtaja gora (Der gelbe Berg)* zensiert. Ähnlich wie die amerikanischen Vietnamveteranen sind die ehemaligen Soldaten

zum Schweigen verurteilt und müssen einsam, ohne den Rückhalt der Gesellschaft, für die sie in den Krieg gezogen sind, mit ihrem Gewissen ins reine kommen und ihre Ängste verarbeiten.

Ermakov, der sich bis 1990 ausschließlich mit dem Afghanistankrieg auseinandergesetzt hat, ist zu Beginn der neunziger Jahre offen für Neues und wendet sich in Erzählungen wie *Donna Vita (Donna Vita)* unter anderem auch religiösen Themen zu.

P.B.B.

AUSGABEN: *Kreščenie; Željtaja gora* (in Znamja, 1989, Nr. 3). – *Blagopolučnoe vozvraščenie* (in Novyj mir, 1989, Nr. 8). – *Afganskie rasskazy* (in Znamja, 1989, Nr. 10; enth. *Vesennjaja progulka; »N-skaja čast' provela učenija« 1981; Zimoj v Afganistane; Mars i soldat; Pir na beregu fioletovoj reki; Zanesennyj snegom dom)*.

ÜBERSETZUNG: *Winter in Afghanistan. Erzählungen*, G.-M. Braungardt u. R. Landa, Bln. 1991.

LITERATUR: I. Suchich, *My byli na vojne, kotoroe ne bylo* (in Literaturnoe obozrenie, 1991, Nr. 10).

VENEDIKT EROFEEV

* 24.10.1938 Čupa / Karel. ASSR
† 11.5.1990 Moskau

MOSKVA – PETUŠKI

(russ.; *Ü: Die Reise nach Petuschki*). Roman von Venedikt EROFEEV, erschienen 1973. – Schon bald nach seinem Entstehen (1969) den populärsten, durch den Samizdat verbreiteten Werken russischer Untergrundliteratur zugerechnet, 1973 in der israelischen Zeitschrift ›Ami‹ vorabgedruckt, erschien der Roman in Buchform zuerst in französischer Übersetzung. Er entwirft ein groteskes Bild der sozial und seelisch verwahrlosten sowjetischen Welt, die gänzlich im Alkoholismus versunken ist. Erzählt wird aus der Perspektive eines betrunkenen, mit dem Autor namensgleichen und biographisch weitgehend übereinstimmenden Helden. Mit seinem Weg zum Bahnhof beginnt am frühen Morgen die Handlung und spannt sich sodann in den Rahmen einer Zugfahrt zwischen den gegensätzlich semantisierten Titelorten. Moskau stellt den realen, durch die Sowjetwirklichkeit verdüsterten Erlebnisraum dar, dessen topographischen und symbolischen Mittelpunkt der Kreml bildet. Dem entgegen steht der Idealraum und das Reiseziel Petuški, wo die Geliebte und der kleine Sohn Venedikts leben, *»wo die Vögel nicht aufhören zu singen ... wo sommers wie winters der Jasmin nicht ver-*

blüht. Die Erbsünde . . . tangiert dort niemanden. Sogar die, die wochenlang nicht nüchtern werden, behalten dort ihren klaren, unergründlichen Blick.«
Die Reiseerlebnisse des Helden spiegeln eine mit
diesem Paradies stark kontrastierende Realwelt.
Die das russische Volk repräsentierenden Passagiere bilden eine stumpfsinnige, von Trunksucht beherrschte Gemeinschaft ohne Hoffnung und Menschenwürde. Ihre unterwegs erzählten Geschichten
ergänzen, zusammen mit Rückblenden in Venedikts Leben als Hilfsarbeiter, die karikierende Darstellung der sowjetischen Gesellschaft: Hier gleicht
die zwischenmenschliche Harmonie dem kollektiven Alkoholismus und eine ausgeprägte Individualität den eigentümlichen Trinkgewohnheiten.
Die in der Obhut von Engeln angetretene Reise,
die Venedikts Fluchtversuch aus diesem moralisch
und kulturell verödeten Alltag symbolisiert, wird
mehr und mehr zur tragischen Irrfahrt. Kurz vor
dem Ziel bricht eine apokalyptische Finsternis herein, alle Passagiere verschwinden, und unheilvolle
Erscheinungen verhöhnen und mißhandeln den
Helden – darunter ein zum Sprung aus der Eisenbahn einladender Satan, eine verstümmelte Sphinx,
die Petuški für Menschen unzugänglich erklärt, sowie eine Horde Erinnyen, die durch den plötzlich
in Richtung Moskau donnernden Zug rasen. Verwirrt und verzweifelt findet sich Venedikt mitten in
der Hauptstadt wieder. Vor dem Kreml, den er nie
zuvor gesehen hatte, wird er von vier Männern blutig zusammengeschlagen und schließlich in einem
Treppenhaus, in dem er Zuflucht sucht, umgebracht.
Die Unmöglichkeit, Petuški – den einzigen Ort aller sonst untergegangenen Werte – zu erreichen,
der barbarische Mord am unschuldigen Helden
und das Verhängnisprinzip, dem das Geschehen
insgesamt unterliegt, machen auf der Ebene der äußeren Handlung Erofeevs Verzweifeln an der sowjetischen Wirklichkeit sichtbar. Dennoch tritt
diese Ebene hinter der Schilderung innerer Vorgänge zurück, die sich in Venedikts Empfindungs-
und Gedankenwelt abspielen. Das vom Trink-
rausch getrübte Bewußtsein des Perspektivträgers
motiviert nämlich die erzähltechnischen und stilistischen Mittel, mit denen der Autor in vorwiegend
sarkastischer Manier seine bitter-luziden Erkenntnisse über die Heimat ausdrückt. Wie ein Zerrspiegel reflektiert die überreizte Wahrnehmung des
Helden die Deformation von Mensch und Gesellschaft; zudem verhöhnen seine Ansichten alle in
der Sowjetunion geltenden Werte. So erhebt er
z. B. die Trunksucht – eines der akutesten sozialen
Probleme – zum würdigsten Gegenstand wissenschaftlicher und philosophischer Betrachtung,
preist sie als Kunst und als einzig wahren Lebensinhalt an. Auch das groteske Vermengen des Realen
mit dem Irrealen läßt sich auf Wahnerlebnisse zurückführen, die zum Säuferwahnsinn gehören, ferner begründet die alkoholbedingte Gefühlsverwir-
rung Venedikts hyperbolische Ausdrucksweise sowie seine extremen, plötzlich umschwingenden Af-
fektzustände.

Neben der Satire und der Groteske wendet Erofeev
als weiteres Stilmittel des Hohns die Parodie an.
Die in Moskva – Petuški reichlich anklingenden Erzeugnisse westeuropäischer und russischer Literatur sowie der sog. sowjetischen »Antikultur« (Pro-
pagandareden, Parteislogans u. ä.) werden auf ihrem Weg durch Venedikts Bewußtseinsstrom umgestaltet oder, wie auch Ereignisse aus der Weltgeschichte bzw. aus berühmten Biographien, abwegig gedeutet. Andererseits huldigt der Autor literarischen Vorbildern; auf das bedeutendste – Go-
GOL's Roman Mërtvye duši – verweist der (aus der
zweiten Ausgabe von Moskva – Petuški gestrichene)
Untertitel Poem wie auch die Verwendung einer
Reise als Erzählgerüst. Dieses Kompositionsprinzip knüpft zugleich an eine Tradition an, die mit
STERNES Roman A Sentimental Journey through
France and Italy begründet und in Rußland von
RADIŠČEV (Putešestvie iz Peterburga v Moskvu) aufgegriffen wurde. Mit der zunehmend tragischen
Handlungsentwicklung vermindern sich literari-
sche Nachklänge, während mythologisch-religiöse
Reminiszenzen in den Vordergrund rücken. In den
letzten Romankapiteln stellen schließlich dicht auf-
tretende neutestamentliche Motive eine deutliche
Analogie zwischen Venedikts Tod und dem Opfer-
tod Christi her.   O. Sz.

AUSGABEN: Jerusalem 1973 (in Ami). – Paris 1977.

ÜBERSETZUNGEN: Moscou-Pétouchki, A. Sabatier
u. A. Pingaud, Paris 1976 [frz.]. – Die Reise nach
Petuschki, N. Spitz, Mchn. 1978.

LITERATUR: Anonym, Rez. (in Kontinent, 1977,
14). – V. S. Dunham, V. E. Moscow to the End of the
Line, NY 1980. – M. Altšuller, Rez. (in Novyj Žurnal, NY 1982, Nr. 146). – A. Skaza, Pesnitev'
»Moskva – Petuški« V. E. in tradicija Gogolja ter Do-
stojevskega (in Studies in Romanticism, 1982, 4,
S. 589–596). – P. Vajl u. A. Genis, Strasti po E. (in
P. V. u. A. G., Sovremennaja russkaja proza, Ann
Arbor 1982, S. 41–50). – M. Colucci, Il diavolo e
l'acquavite: Quel viaggio Moskvá-Petuski (in Belfa-
gor, 31. 5. 1983). – A. Drawicz, Rez. (in Russkaja
mysl', Paris, 19. 4. 1984).

SERGEJ ALEKSANDROVIČ ESENIN

* 3. 10. 1895 Konstantinovo / Gouvernement
Rjazan'
† 28. 12. 1925 Leningrad

LITERATUR ZUM AUTOR:
Bibliographien:
I. Rozanov, Putevoditel' po sovremennoj russkoj lite-

rature, Moskau 1929, S. 131–136. – E. L. Karpov, *Bibliografičeskij spravočnik*, Moskau 1972. – *E. Russkie sovetskie pisateli. Poety. Bibliografičeskij ukazatel'*, Bd. 8, Tl. 1, Moskau 1985.
Biographien:
S. Vinogradskaja, *Kak žil E.?*, Moskau 1926. – E. F. Nikitina, *E. Žizn' i ličnost'*, Moskau 1926. – I. Rozanov, *E. o sebe i drugich*, Moskau 1926. – I. I. Šnejder, *Vstreči s E. Vospominanija*, Moskau 1965. – F. de Graaff, *S. E. A Biographical Sketch*, Den Haag 1966. – *Vospominanija o S. E.*, Hg. Ju. L. Prokušev, Moskau 1975. – G. McVay, *E. A Life*, Ann Arbor 1976. – E. Watała, *Życie Sergiusza Jesienina*, Warschau 1982. – *E.: A Biography in Memoirs, Letters and Documents*, Hg. u. Übers. J. Davies, Ann Arbor 1982. – *Među Jeseninovima*, Hg. S. Markovi, Belgrad 1984. – *S. A. E. v vospominanijach sovremmenikov*, 2 Bde., Moskau 1986.
Gesamtdarstellungen und Studien:
V. Kiršon, *S. E.*, Leningrad 1926. – V. Dynnik, *Liričeskij roman E.*, Moskau 1926. – V. Druzin, *S. E.*, Leningrad 1927. – F. D. Graff, *S. Esénine. Sa vie, son œuvre*, Leiden 1933; [2]1966. – F. W. Neumann, *S. A. Jesenin* (in Hamburgische Akademische Rundschau, 1947, S. 171–175). – M. P. Pascal, *Essénine, poète de la campagne russe* (in Preuves, 1953). – O. Zelinskij, *La poesia di E.* (in Rassegna sovietica, 11, 1955). – W. Lettenbauer, *Farben in E.s Dichtung* (in WdS, 2, 1957, S. 49–60). – *S. E.* (in *Istorija russkoj sovetskoj literatury*, Bd. 1, Moskau 1958, S. 374–396). – A. V. Kulinin, *S. E. krit.-biogr. očerk*, Kiew 1959. – S. Lafitte, *S. E. Une étude*, Paris 1959 [m. Bibliogr.]. – E. F. Naumov, *S. E. Žizn' i tvorčestvo*, Leningrad 1960; [2]1965; 1973. – Ch. Auras, *S. E. Bilder- u. Symbolwelt*, Mchn. 1965. – F. E. M. Galkina, *O stile poèzii S. E.*, Moskau 1965. – P. F. Jūin, *Poèzija S. E., 1910–1923*, Moskau 1966. – J. Vereync, *La forme poétique de S. E. Les rythmes*, Den Haag/Paris 1968. – P. F. Jušin, *S. E. Idejnotvorčeskaja èvoljucija*, Moskau 1969 [m. Bibliogr.]. – V. Belousov, *S. E. Literaturnaja chronika*, 2 Bde., Moskau 1969/70. – A. Marčenko, *Poètičeskij mir E.*, Moskau 1972. – M. F. Varese, *E.*, Florenz 1974 [m. Bibliogr.]. – C. V. Ponomareff, *S. E.*, Boston 1978 [m. Bibliogr.]. – F. Scholz, *Neue Bereiche und Ausdrucksformen der Poesie in S. A. E.s Frühwerk* (in WdS, 1978, 2, S. 319–359). – *S. E. Problemy tvorčestva. Sbornik Statej*, Hg. P. Jušin, Moskau 1978. – Ju. L. Prokúev, *E. Obraz, stichi, èpocha*, Moskau 1979; [2]1975; 1986. – *Aktual'nye problemy sovremennogo eseninovedenija. Sbornik naučnych trudov*, Hg. V. V. Săchov u. a., Rjazan' 1980 [m. Bibliogr.]. – Lynn Visson, *S. E. – A Poet of the Crossroads*, Würzburg 1980 (Colloquium Slavicum, 11). – V. G. Bazanov, *S. E. i krest »janskaja rossija«*, Leningrad 1982. – N. Arsent'eva, *S. E. i F. Garsja Lorka: tipologičeskie issledovanija liriki*, Moskau 1985. – O. Voronova, *Proza S. E.: Žanry i stil'*, Moskau 1985. – *V mire E. Sbornik statej*, Hg. N. Tichonov, Moskau 1986. – F. Mierau, *S. E.*, Lpzg. 1992. – A. Panfilov, *Nepridumannyj E.*, Moskau 1997.

INONIJA

(russ.; *Ü: Inonien*). Poem von Sergej A. ESENIN, erschienen 1918. – Ein Jahr nach der Revolution, die Esenin gleich vielen seiner Zeitgenossen wie *»ein rettender Engel«*, wie ein *»Wirbelsturm«* erscheint, *»der der Welt der Ausbeutung der Massen den Bart schert«*, schreibt der dreiundzwanzigjährige Dichter eine dem Propheten Jeremias gewidmete hymnische Vision des »anderen Landes« (russ. *inoj*: anders), des zukünftigen Menschheitsparadieses. Der Bauernsohn, dem Geist und Gesetz der proletarischen Revolution fremd sind – *»ich verstand alles auf meine Art mit meinem bäuerlichen Einschlag«* –, beschwört die neue Erde in Bildern, die ihm von Kindheit an vertraut sind. *»Die Wangen, die schwarzen, der Äcker / die Pflugschar hier pflügt sie dir neu.«* Doch was in seinem Gedicht Gestalt annimmt, sind nicht die Träume eines sentimentalen Reaktionärs, der an die Verwirklichung eines Bauernparadieses glaubt, *»wo alle Häuser neu mit Zypressenholz gedeckt sind«*, es sind die Visionen eines Dichters, der unter dem unmittelbaren Eindruck einer geschichtlichen Wende zuerst und vor allem die Erneuerung der Sprache postuliert. (1918 bildet sich um Esenin der Kreis der »Imaginisten«, eine kurzlebige literarische Vereinigung, die das dichterische Bild zum Selbstzweck erhebt und eine Weltrevolution des Geistes auslösen möchte.) Die seit MEREŽKOVSKIJ gebräuchliche metaphorische Identifizierung des leidend sich erneuernden Rußland mit dem gekreuzigten Christus scheint Esenin verbraucht; protestierend deutet er deshalb das Symbol des duldenden Heilands blasphemisch um: *»Leib Christi –: aus dem Munde / spei ich Ihm, Deinen Leib.«*
Vorbei sind die Zeiten der geduldigen, gläubigen Hinnahme irdischer Qual. Bilder der Fruchtbarkeit und der Wiedergeburt beschreiben die zukünftige Herrlichkeit der erneuerten Erde: *»Ich sag dir, es wird eine Zeit sein, / da verebbt das Gewitterwort, / dein Korn, es stößt durch den Scheitel, / den himmelblauen dort.«* – Doch am Horizont leuchtet nicht nur die Morgenröte einer besseren Welt; die Schatten des nun auch über Rußland hereinbrechenden Industriezeitalters schrecken den Dichter. Noch glaubt er in schwärmerischer Naivität die Vision des stählernen Amerika abwehren, bannen zu können: *»…und du, Amerika, hör: / Schick keine eisernen Schiffe / über des Unglaubens Meer! / Keine Stahl- und Granitbogen! Keine / Last mir auf Fluß und auf Land!«* Wenige Jahre später hat er vor dem Unabänderlichen resigniert. *»Übers blaue Feld kommt er gegangen, / kommt und kommt, der eiserne, der Gast. / Rauft die Halme aus, die Abendröte tranken, / und er ballt sie in der schwarzen Faust«* (1920; Ü: P. Celan).
Ein Vergleich mit Aleksandr A. BLOK, dessen Poem *Dvenadcat'* (Die Zwölf) ebenfalls 1918 erschien, liegt nahe. Hier wie dort sucht ein Dichter Antwort zu geben auf ein überwältigendes Geschehen, das er als Naturereignis begreift und dessen gesellschaftspolitische Relevanz er nicht durchschaut.

Doch anders als Blok, der seine dichterischen Visionen drängend und fast atemlos bis zu dem rätselhaften Schluß vorantreibt – Christus die Revolutionäre führend –, verströmt Esenin sich in freien Rhythmen, die erst gegen Ende vom Gleichmaß des Trochäus abgelöst werden, umkreist er, der sich selbst als Seher versteht, die Gesichte seiner Einbildungskraft in immer neuen, teils vertrauten, teils kühnen dichterischen Bildern. KLL

AUSGABEN: Moskau 1918 (in *Naš put'*). – Moskau/Leningrad 1926 (in *Sobr. stichotv.*, 4 Bde., 1926/27, 2). – Moskau 1961 (in *Sobr. soč.*, Hg. G. I. Vladykin, 5 Bde., 1961/62, 2; krit.). – Moskau 1977 (in *Sobr. soč.*, 6 Bde., 1977–1980).

ÜBERSETZUNG: *Inonien*, P. Celan (in *Gedichte*, Ffm. 1961, S. 20–30). – Dass., ders. (in *Gedichte*, Stg. 1965, S. 56–72; RUB). – Dass., ders. (in *GW*, Hg. L. Kossuth, 3 Bde., Bln. 1995; Bd. 1: *Gedichte*).

MOSKVA KABACKAJA

(russ.; *Das Moskau der Schenken*). Gedichtsammlung von Sergej A. ESENIN, erschienen 1924. – Der Titel der Sammlung findet sich zum ersten Mal in Esenins 1923 erschienenen *Stichi skandalista (Verse eines Skandalisten)* als Überschrift eines kurzen Gedichtzyklus. Im darauffolgenden Jahr begegnet er dreimal: bei der Veröffentlichung dreier Gedichte in einer imaginistischen Zeitschrift, als Titel der im Juli erschienenen Buchausgabe und schließlich als Überschrift eines Gedichtzyklus in dem im Dezember veröffentlichten Sammelband *Stichi (Gedichte)*. Die Buchausgabe, welche alle Versionen im wesentlichen vereint, gliedert sich in vier Teile: *Stichi – kak vstuplenie (Verse als Einführung)*, *Moskva kabackaja*, *Ljubov' chuligana (Die Liebe eines Hooligans)* und *Stichotvorenie kak zaključenie (Gedicht als Abschluß)*. Die vier Teile sind thematisch durch die leitmotivische Antithese von Stadt und Land verbunden. Aus schwermütiger Distanz läßt der Dichter die Bilder der längst verlassenen Welt des Dorfes an sich vorübergleiten. Die Beschwörung der Sphäre des Unberührten, Unschuldigen, der kindlichen Naivität ist dem Bewußtsein ihres unwiderruflichen Verlustes konfrontiert. Die Verkettung des eigenen Schicksals mit dem der Großstadt wird als unaufhaltsames Verhängnis beschrieben. Dennoch sind die mit dem Bilde Moskaus assoziierten Vorstellungen ambivalent: Neben der prophetischen Ahnung vom eigenen Tod auf den Straßen der Stadt findet sich eine Art Liebeserklärung an die Kneipen und Gassen der Moskauer Slums, deren Intimität als Ersatz für die verlorene Dorfwelt erfahren wird. Der Dichter gewinnt ihnen eine forciert unbekümmerte Zuhälter- und Dirnenromantik in der Art François VILLONS ab: »*Die ganze Nacht hindurch, bis zum Morgengrauen, rezitiere ich meine Verse vor den Huren und brenne ich Schnaps mit den Banditen.*«

Isolation von der Heimat und ausschweifender Lebensgenuß haben im Zyklus *Ljubov' chuligana* zu Lebensüberdruß und -ekel, zu hoffnungsloser Resignation geführt. Nach der Trennung vom Dorf und dem Verlust der eigenen Unschuld bleibt als Ausweg allein die Sehnsucht nach der Liebe. Der Hooligan träumt die Erlösung der schuldig-unschuldig geschundenen Kreatur durch das reine, konfliktlose Leben. Thematisch und formal ist der Gedichtband der vor allem von V. ŠERŠENEVIČ und A. MARIENGOF gepflegten Kaschemmenlyrik der Imaginisten verpflichtet, die sich ausdrücklich zur Tradition RIMBAUDS und BAUDELAIRES bekennt. Doch erschöpft sich der lyrische Prozeß bei Esenin nicht in der Darstellung der abenteuerlich-anrüchigen Halbweltkulisse, diese fungiert nur noch als Kontrast- und Illustrationsmoment des lyrischen Ichs. A.Gu.

AUSGABEN: Leningrad 1924. – Moskau 1961 (in *Sobr. soč.*, Hg. G. I. Vladykina u. a., 5 Bde., 1961/62, 2). – Moskau 1965 (in *Stichotvorenija. Poėmy*). – Moskau 1977 (in *Sobr. soč.*, 6 Bde., 1977–1980).

ÜBERSETZUNG: In *GW*, Hg. L. Kossuth, 3 Bde., Bln. 1995; Bd. 1: *Gedichte* [Übers. P. Grosse, A. Endler, W. Dege u. E. J. Bach].

LITERATUR: I. Gruzdev, *S. E. »Moskva kabackaja«* (in Russkij Sovremennik, 1924, Nr. 3, S. 254). – I. M. Mašbic-Verov, *S. E. Stichi (1920–1924). »Moskva kabackaja«* (in Oktjabr', 1925, Nr. 2, S. 142–145). – A. Cingovatov, *E. na perelome* (in Komsomolija, Moskau 1925, Nr. 7).

RUS' SOVETSKAJA

(russ.; *Ü: Die sowjetische Rus*). Poem von Sergej A. ESENIN, erschienen 1924. – Nach acht Jahren skandalumwitterten Bohemienlebens in der Stadt, das seinen Niederschlag in den Zyklen *Ispoved' chuligana*, 1921 *(Beichte eines Hooligans)*, und *Moskva kabackaja*, 1924 *(Das Kneipen-Moskau)*, gefunden hat, kehrt der Dichter in sein Heimatdorf zurück, das ihm in all den Jahren Garant eines »reineren« Lebens gewesen ist. Jedoch der Wirbelsturm der Revolution hat auch das Dorf nicht verschont: Das Elternhaus ist zerstört; die Dorfbewohner unterhält wichtigtuerisch ein Rotarmist mit seinen Bürgerkriegserlebnissen; durch die Felder stapft der junge Komsomolec, und zur Harmonika singt man die Agitlieder von Demjan BEDNYJ. Der Dichter fühlt sich überflüssig, stößt auf Ablehnung. Seine pathetischen Hymnen an das Dorf, seine romantisch-verträumten Bilder sind veraltet und vergessen. Schon die Lebenden kennen ihn nicht mehr, und erst recht wird er denen, die nach ihm kommen und durch nichts mehr dem Dorf verbunden sind, fremd sein. Er hat zwar das Ziel seiner Sehnsucht erreicht, sieht sich jedoch einer Selbsttäuschung erlegen. Mit einer verzweifelten Anstrengung versucht er wieder Boden unter den Füßen zu gewinnen, blickt bewußt auf die *»grauen Felder«*, die Bauern vor dem Gemeindehaus, *»wie früher vor der Kirche«*, und prägt sich die *»holprige, ungewaschene Sprache«* ein, die neuen, ungewohnten Klänge einer neuen Generation: *»Ich nehme es an. Ich nehme alles an, was auch geschieht. Ich bin bereit, den ausgehauenen Spuren zu folgen. Meine Seele gebe ich rückhaltlos dem Oktober und dem Mai.«* So erklärt sich der Dichter selbst zum Parteigänger der Revolution, weil ihn bessere Einsicht – gegen sein Gefühl – dazu zwingt. Seine *»liebe Leier«* jedoch wird er sich nicht entreißen lassen; ihre Klänge, auch wenn sie überflüssig und unverständlich erscheinen, werden ihren Sinn nicht verlieren.

Rus' sovetskaja, vom Autor als *»kleines Poem«* bezeichnet, wurde 1925 in den gleichnamigen Zyklus und – im gleichen Jahr – in den Zyklus *Strana sovetskaja (Sowjetland)* aufgenommen. Bereits der Titel deutet die antithetische Spannung an, die das Werk charakterisiert: Das nachgestellte Adjektiv, dem eine prädikative Bedeutung zukommt, deutet einen dynamischen Vorgang an; der Name »Rus'« für Rußland ist ein bewußt gewählter Archaismus, der den Kontrast zwischen Vergangenem und Werdendem unterstreicht. Die Struktur des in jambischen Versen ungleicher Länge gehaltenen Poems, das von einem teils realistisch erzählenden, teils lyrisch monologisierenden poetischen Ich beherrscht wird, ist nach einem halbkreisförmigen Kompositionsschema angelegt: Die erste der insgesamt zwanzig, je vier- oder fünfzeiligen Strophen enthält die Vorgeschichte, die letzte (einzige achtzeilige) den Ausblick auf die Zukunft, während die zehnte als arithmetische Mitte den Scheitelpunkt des Ganzen markiert – die Hinwendung des Ich zur Welt, die Annahme der Realität. Und dies ist der zentrale Aspekt des Werks, eines typischen Produkts der letzten Schaffensperiode Esenins, die durch *»den Einbruch der ›objektiven‹ Entwicklung in das Bewußtsein des lyrischen Ichs«* (Auras) gekennzeichnet wird. Trotzig geht der Dichter gegen seine Verzweiflung und Ohnmacht an, doch der Versuch, seinen Platz in der ihm fremd gewordenen, veränderten Umwelt des »sowjetischen Rußlands« zu behaupten, scheitert. Ein Jahr nach Erscheinen des Poems beging Esenin Selbstmord.

KLL

AUSGABEN: Moskau 1924 (in Krasnaja nov'). – Moskau 1961 (in *Sobr. soč.*, Hg. G. I. Vladykin u. a., 5 Bde., 1961/62, 2; krit.). – Moskau 1965 (in *Stichotvorenija. Poėmy*). – Moskau 1977 (in *Sobr. soč.*, 6 Bde., 1977–1980).

ÜBERSETZUNG: *Sowjetrußj*, E. J. Bach (in *Liebstes Land, das Herz träumt leise. Gedichte*, Bln. 1958). – *Die sowjetische Rus*, R. Kirsch (in *GW*, Hg. L. Kossuth, 3 Bde., Bln. 1995; Bd. 1: *Gedichte*).

NIKOLAJ NIKOLAEVIČ EVREINOV

* 25.2.1879 Moskau
† 7.2.1953 Paris

LITERATUR ZUM AUTOR: B. V. Kazan'skij, *Metod teatra. Analiz sistemy N. N. E.*, Leningrad 1923. – A. Kašina-Evreinova, *N. E. v mirovom teatre XX veka*, Paris 1964. – G. Kalbouss, *The Plays of N. E.* (in Russian Language Journal, 1971, 92, S. 23–33). – C. Collins, *N. E. as a Playwright* (in Russian Literature Triquarterly, 1972, 2, S. 373–398). – N. N. Tschin, *N. E. The Theorist of Russian Theater*, Diss. Univ. of Calif., Berkeley 1974. – C. Moody, *N. N. E. 1879–1953* (in Russian Literature Triquarterly, 1976, 13, S. 659–695). – S. Golub, *E.: The Theater of Paradox and Transformation*, Diss. Univ. of Kansas 1977. – O. Hildebrand, *Harlekin frälsaren, Teatr och verklighet i N. E.s dramatik*, Uppsala 1978. – S. Volkonskij, A. Evreinova u. a., *N. E. (1897–1979)* (in Russkaja mysl', Paris, 22. 2. 1979, S. 8). – *N. E. – L'Apôtre russe de la théâtralité*, Hg. G. Abensour, Paris 1981. – F. Kannak, *Pamjati uśedšich. N. N. E.* (in Novyj Žurnal, NY 1981, 42, S. 143–148). – *E., Fotobiografija*, Hg. E. Proffer u. A. Evreinova, Ann Arbor/Mich. 1981. – S. Golub, *Mysteries of the Self: The Visionary Theater of N. E.* (in Theater Hist. Studies, 1982, 2, S. 14–35). – S. M. Carnicke, *The Theatrical Instinct: N. E. and the Russian Theatre of the Early 20th Cent.*, NY 1989.

SAMOE GLAVNOE. Dlja kogo komedija, a dlja kogo i drama

(russ.; *Ü: Die Hauptsache. Für die einen eine Komödie, für andere ein Drama*). Schauspiel in vier Akten von Nikolaj N. EVREINOV, Uraufführung: Petrograd 1921. – Der Autor des Stücks, der seit 1925 in Paris lebte, ist als Regisseur wie als Theoretiker und Historiker des Theaters hervorgetreten. Unter dem Einfluß eines Ästhetizismus Wildescher Prägung und des Gedankenguts von FREUD arbeitete er in den Jahren 1907–1912 seine Konzeption des *starinnyj teatr* (Theater der alten Zeit) aus, der zufolge eine – keineswegs naturalistische, sondern antirealistisch stilisierte – Rekonstruktion der Theaterformen vergangener Epochen in besonderem Maß der Befriedigung des menschlichen Spieltriebs diene. Das »Monodrama« Evreinovs bezog den Zuschauer als aktives theatralisches Element ein: Das Drama sollte den Rahmen des Theaters überschreiten und den Zuschauer zur handelnden Person werden lassen. Den Gedanken der Autonomie der Kunst brachten Schriften des Autors wie *Teatr kak takovoj*, 1913 *(Das Theater als solches)*, und *Teatr dlja sebja*, 1915 *(Das Theater für sich)*, zum Ausdruck.

1920, zum dritten Jahrestag der Oktoberrevolution, fand unter Evreinovs Regie unter Teilnahme von Hunderttausenden von Petrograder Bürgern ein Massenschauspiel statt, das die Erstürmung des Winterpalais vom 7. November 1917 rekonstruierte. Die von Evreinov erhoffte »Theatralisierung des Lebens« – sein Buch *Teatralizacija žizni* erschien 1922 – blieb natürlich ein Wunschtraum. – Die Wirkung der Kunst auf das Leben ist auch das Thema von *Samoe glavnoe*. Die These des Lehrstücks ist jedoch wenig überzeugend, da sie als fertige Wahrheit aufgetischt wird.

Der Held, der Verwandlungskünstler Paraklet, der nacheinander als Wahrsagerin, Dr. Fregli, Herr Schmidt, Mönch und Harlekin auftritt, will einen Weg zur Beglückung der Menschen finden, *»denen kein Sozialismus helfen kann, weil ihnen etwas fehlt, was wertvoller ist als alle materiellen Güter: Talent, Schönheit, Geisteskraft, Gesundheit, Jugend«*. Den »Stiefkindern« des Lebens soll, wenn schon nicht das Glück, so doch wenigstens die Illusion des Glücks gegeben werden. Zu diesem Zweck muß der Schauspieler, durch dessen *»zauberkräftige Kunst«* nach Ansicht Paraklets *»die Welt gerettet werden wird«*, von der Bühne ins Leben hinuntersteigen. Zusammen mit einem Komiker, einer »Barfußtänzerin« und einem »jugendlichen Liebhaber« unternimmt er einen Versuch und quartiert sich mit ihnen in einer kleinen Pension ein. Die scheinbar aufrichtige Zuneigung des »jugendlichen Liebhabers« läßt die nicht eben anziehende, an Tuberkulose leidende Tocher der Wirtin wieder zu Kräften kommen; die Barfußtänzerin, als Magd in der Pension angestellt, erweckt die Lebensfreude eines Studenten, der unlängst einen Selbstmordversuch unternommen hat, und auch der Komiker trägt dazu bei, die übrigen Gäste zu erheitern. Paraklet, der sein Ziel, wenn auch nur im kleinen Maßstab, erreicht hat, ruft am Schluß des Stücks aus: *»Heil den echten Komödianten, die durch ihre Kunst die kläglichen Komödien unglücklicher Dilettanten gerettet haben!«* M.Sz.

AUSGABE: Petrograd 1921.

ÜBERSETZUNG: *Die Hauptsache. Für die einen eine Komödie, für andere ein Drama*, A. Scholz, Bln. 1924.

VERFILMUNG: *Ecco la felicità*, Italien 1939/40 (Regie: M. L'Herbier).

EVGENIJ ALEKSANDROVIČ EVTUŠENKO

* 18.7.1933 Zima / Gebiet Irkutsk

LITERATUR ZUM AUTOR:
Bibliographien:
Ju. S. Nechorošev u. A. P. Šitov, *E. E. Bibliografičeskij ukazatel'*, Čeljabinsk 1981. – *Russkie sovetskie pisateli. Poèty*, Bd. 7, Moskau 1984, S. 347–482.
Gesamtdarstellungen und Studien:
B. Runin, *Uroki odnoj poètičeskoj biografii (Zametki o lirike E. E.)* (in Voprosy literatury, 1963, 2, S. 17–45). – I. Meshakov-Korjakin, *Graždanskaja tematika v poèzii E.* (in Melbourne Slavonic Studies, 1969, 3, S. 22–34). – A. Guidoni, *»Muzika istorii« v poèzii E.* (in Sovremennik, 1976, 32, S. 112–131). – M. Ščepuro, *Poetyka E. J.*, Breslau 1977. – G. McVay, *An Interview with E. E.* (in Journal of Russian Studies, 1977, 33, S. 19–26). – V. A. Babenko, *Women in E.'s Poetry* (in Russian Review, 36, 1977, 3, S. 320–333). – N. P. Condee, *The Metapoetry of E., Axmadulina and Voznesenskii. Analyzed in the Context of Soviet Aesthetic Theory*, Diss. Yale 1978 [m. Bibliogr.]. – H. v. Ssachno, *Prosa als Ausweg: Die Wandlungen des J. J.* (in SZ, 29./30. 8. 1981, S. 93–94). – J. Bjelica, *Tradicija i novatorstvo u poeziji sovjetskih pjesmika: R. Roždestvenskog, E. J. i A. Voznesenskog*, Titograd 1983. – E. J. Sidorov, *E. E.: ličnost' i tvorčestvo*, Moskau 1987.

JAGODNYE MESTA

(russ.; Ü: *Wo die Beeren reifen*). Roman von Evgenij A. EVTUŠENKO, entstanden 1973–1980, erschienen 1982 in der Zeitschrift ›Moskva‹. – Evtušenko, der seit der literarischen Umbruchsphase unter Chruščëv weltbekannte sowjetische Lyriker, legte mit *Jagodnye mesta* seinen ersten Roman vor, den er selbst als das wichtigste Buch bezeichnete, das er bis dahin geschrieben habe. Sein Anliegen war es, einen vollständigen Querschnitt der Gesellschaft zu geben und mit grundsätzlichen religiösen und ethischen Fragen zu verbinden: *»Während ich diesen Roman schrieb, habe ich stets an Dostoevskijs Worte gedacht, daß jeder an allem Schuld trage.«* Der Roman wurde zwiespältig aufgenommen. Schriftstellerkollegen wie Georgij SEMËNOV oder Valentin RASPUTIN, der als Sibirier dem weitgehend in Sibirien spielenden Roman für die Zeitschriftenausgabe das Vorwort schrieb, äußerten sich positiv, der Kritiker Ju. SUROVCEV ordnete ihn *»in die Reihe der besten Werke der letzten Jahre«* ein, sein Kollege V. KARDIN hingegen unterzog das Werk 1983 wegen des unzureichenden Wahrheitsgehalts einer vernichtenden Kritik. Westliche und sowjetische Kritiker sind sich einig, daß der Roman keine ausgewogene Struktur habe.

Jagodnye mesta ist ein typisches Werk der Brežnev-Zeit, das ein berühmter Autor verfaßte, der Informationen über die Sowjetunion so einzukleiden vermag, daß der Zensor die Veröffentlichung gestattet und daß es im Westen Aufsehen erregt. Alle kritischen Passagen über das Leben in der Sowjetunion sind durch propagandistische Positiva aufgefangen, eine weitgehend negative Sicht des Westens gleicht die teilweise negativen Aussagen über das eigene Land aus, kann aber auch als chiffrierte Kritik am Sowjetsystem aufgefaßt werden, wie der auf Chile bezogene Satz: »*Die absolute Macht – das ist entwürdigendes Mißtrauen gegenüber allen anderen.*«

Evtušenko geht von einer geologischen Expedition in Sibirien aus, die eine Menschengruppe auf einem Lkw vereint, aber dieses epische Schema wird als Erzählgerüst nicht durchgehalten. Das Werk ist weder um eine oder mehrere herausragende Figuren noch um eine durchgehende Fabel gebaut. Seine 25 Kapitel spielen in Sibirien, als der vom Autor spürbar geliebten Heimat, in Moskau und Leningrad, dazwischen unvermittelt in Chile und auf Hawaii. Neben fiktiven Gestalten treten historische wie Salvador Allende auf, es finden sich auch satirische Porträts namentlich nicht genannter lebender Personen (z. B. I. Glazunov).

Kernpunkt der Kritik am Sowjetsystem ist der sich verfestigende Klassenstaat. Evtušenko schildert die Selbstverständlichkeit, mit der die Privilegierten das Vorrecht des Einkaufs in Sondergeschäften, die kostenlose Benutzung von Dienstwagen oder das Wohnen in bequemen, großen Wohnungen in Anspruch nehmen, wie Kinder dieser Klasse auf die übrige Bevölkerung herabschauen und das doppelzüngige Reden unreflektiert praktizieren. Voll Entsetzen stellen andere, nicht zur Machtschicht Gehörende fest, daß gerade die zügellosen Zyniker, die Lügner und Opportunisten »*so gute Zukunftsaussichten haben*«.

Im literarischen Bereich deutet Evtušenko die unzureichenden Druckauflagen der Werke bedeutendster Schriftsteller wie O. MANDEL'ŠTAM, M. BULGAKOV oder A. ACHMATOVA an, verweist auf den Schwarzmarkt oder das Abschreiben von Büchern, ohne »Samisdat« zu nennen oder bei der Erwähnung GUMILËVS klar sagen zu können, daß dessen Werk verboten ist. Er erwähnt die schändliche Praxis, daß Lyriker – damit auch er selbst – ihren eigentlich gemeinten Gedichten eine »Lokomotive« vorspannen, also parteigemäße Reimereien, um eine Publikation zu ermöglichen.

Er definiert »*den allen echten Dichtern eigenen Ton*« so, wie er sich selbst vermutlich sieht: »*Die Verse waren dicht und ungestüm. Fest miteinander verkettete Worte. Die Spitzen freigelegter Nerven ragten aus den Zeilen. Mitleidslosigkeit sich selbst gegenüber. Mitleid mit den anderen. (...) Eine Kampfansage an geistige Trägheit und Sattheit.*« Aber er klammert jene Schicht der »zweiten Kultur« aus, die in ihrer dichterischen Aussage zu keinerlei Kompromiß bereit war und dafür Publikationsverbot, Verfolgung, Emigration oder Lagerhaft in Kauf nahm,

die Menschen wie ihn verachtete, weil er seinen Nonkonformismus stets so zu begrenzen und mit Konformismus aufzuwiegen verstand, daß er als Propagandist angeblicher Liberalisierung des Sowjetsystems regelmäßig ins Ausland fahren und im Inland reichlich publizieren konnte.

Neben der Gegenwart schildert Evtušenko die Vergangenheit, kritisiert für den damaligen Zeitpunkt relativ frei die Verbrechen der Zwangskollektivierung und der »Kulaken«-Verfolgung. Er begrenzt die Schilderung einer amerikanischen Rockshow auf die negativen Seiten des Managements, so daß im Kontext des Romans die Einseitigkeit des USA-Bildes kaum zu unterbieten ist, er fügt ein Interview eines Korrespondenten mit Allende als Präsident ein, um diesen als Idealkommunisten zu glorifizieren.

An den Schluß des Buches hat Evtušenko unter der manierierten Überschrift *Prolog* (die Einleitung nennt er *Epilog*) ein ernsthaftes Kapitel gestellt, das der metaphysischen Frage der menschlichen Fortexistenz nach dem körperlichen Tod und der Einwirkung höher entwickelter geistiger Existenzen auf den Menschen gewidmet ist. Er hatte Einblick in die unpublizierte Autobiographie des genialen russischen Gelehrten CIOLKOVSKIJ erhalten, aus der er zitiert. Evtušenko veranschaulicht, daß der als »*Vater der sowjetischen Raumfahrt*« und als Science-fiction-Autor bekannte Physiker ein tief religiöser Mensch war, der von der Existenz intelligenter außerirdischer Wesen und von der persönlichen Unsterblichkeit des Menschen überzeugt war. Den Schluß stellt Evtušenko unter das Motiv der Überwindung des Krieges und der Entwicklung des noch niederen menschlichen Gewissens.

Jagodnye mesta ist ein Roman, der – wie auch die meiste Lyrik Evtušenkos – publizistischen Charakter hat. Er hat denselben Mangel wie seine Verserzählungen: Es gebricht ihm an künstlerischer Einheit und es fehlt die klare Position des Autors. Aber etliche Teile geben Einblick in die sowjetische Gesellschaft der siebziger Jahre und verdeutlichen – im Vergleich zur »Glasnost« der späten achtziger Jahre – die Grenzen des damals Sagbaren.   W.Ka.

AUSGABE: Moskau 1982.

ÜBERSETZUNG: *Wo die Beeren reifen*, W. Bräuer, Wien/Hbg. 1982.

LITERATUR: Ju. Surovcev, *V poiskach istiny* (in Literaturnoe obozrenie, 1982, Nr. 6, S. 36–41). – G. Semënov, *Proza poèta* (in Literaturnaja gazeta, 2. 2. 1982, S. 4). – W. Kasack, *Gott, Sibirien, Allende und vieles mehr* (in NZZ, 27. 10. 1982). – R. Lauer, *Eine Scheidelinie quer durch die Nationen* (in FAZ, 12. 2. 1983). – G. Leech-Anspach, *Wider das offizielle Weltbild* (in Der Tagesspiegel, 6. 3. 1983). – V. Kardin, *O pol'ze i vrede arifmetiki* (in Voprosy literatury, 1983, Nr. 10, S. 46–86).

STANCIJA ZIMA

(russ.; *Station Zima*). Verspoem von Evgenij A. Evtušenko, erschienen 1956. – Evtušenkos Poem, das bei seinem Erscheinen großes Aufsehen erregte, entstand in den Jahren zwischen Stalins Tods (1953) und dem XX. Parteitag der KPdSU (1956). Es ist ein gewichtiges Zeugnis des tiefgreifenden Umdenkungsprozesses, den die Entlarvung des Stalinismus in der Sowjetunion auslöste. Das Gedicht ist autobiographisch konzipiert: Der Autor setzt sich und seine Erfahrung stellvertretend für eine Generation, deren Denken seine entscheidende Ausprägung durch die stalinistische Deformierung der sozialistischen Gesellschaft erfuhr und die nun, an der Schwelle einer neuen Zeit, ihre Entscheidung für die sozialistische Zukunft ihres Landes in gründlicherer Weise zu formulieren hatte. Hatte man sich daran gewöhnt, den Sozialismus mit der sowjetischen Wirklichkeit zur Zeit des sogenannten Personenkults gleichzusetzen, so galt es nun, die schwierige Scheidung zwischen den aufgedeckten Verfehlungen und den fortschrittlichen Inhalten des sozialistischen Aufbaus während der Stalinzeit zu treffen. Die Aufgabe mußte, vor allem innerhalb der sowjetischen Jugend, eine Übergangsphase mehr oder minder großer Unsicherheit und Desorientierung auslösen. Eben dieser Stimmung der erschütterten naiven Zuversicht und der auf einem kritischeren Niveau gewonnenen Einsicht in die Notwendigkeit des Sozialismus sucht Evtušenkos Poem Ausdruck zu verleihen.
Im hauptstädtischen Milieu vergeblich um die Bewältigung der nachstalinistischen Verunsicherung bemüht, sucht der Dichter Zuflucht in der vermeintlichen Geborgenheit seines Geburtsortes, der unbedeutenden Bahnstation Zima an der Transsibirischen Eisenbahn. Doch das Leben, das er dort vorfindet, hat wenig gemein mit dem konfliktlosen Dasein seiner Kindheit. Es ist auf den ersten Blick das althergebrachte, bescheidene, leicht verstaubte, von keinen gesellschaftlichen Veränderungen zeugende Leben der russischen Provinz, das ihm weder die Antwort auf seine bohrenden Fragen gibt noch die Möglichkeit eröffnet, ihnen durch die Flucht in eine heile Welt zu entgehen. Doch je mehr sich der Blick des Dichters für die Gesetze dieses Lebens schärft, desto deutlicher wird ihm, daß unter der Oberfläche gesellschaftlicher Rückständigkeit, menschlicher Schwäche und lähmender Resignation auch hier die Dinge in Fluß geraten sind. Zwar nehmen sich die Veränderungen auf der abgelegenen Bahnstation ungleich bescheidener aus als in der Hauptstadt, doch sind die Menschen, jeder auf eine andere Weise, von den gesellschaftlichen Wandlungen nicht minder betroffen. Die Fragen und Zweifel des Dichters sind Gemeingut aller Mitglieder der sowjetischen Gesellschaft. Die Zeiten, da es für auftretende Schwierigkeiten vorgefertigte Lösungen gab, gehören unwiederbringlich der Vergangenheit an. Die nachstalinistische Periode der Sowjetgesellschaft erfordert das aktive, aufrichtige Mitdenken jedes ihrer Bürger. Der Dichter verläßt seinen Heimatort, ohne seine Probleme gelöst zu haben, doch in der festen Gewißheit, daß der Prozeß der Bewältigung des Geschehenen begonnen hat und nicht mehr umkehrbar ist. Die formale Bewältigung des Stoffs ist der gedanklichen Durchdringung der aufgeworfenen Problematik entschieden untergeordnet. Nur selten verläßt das Poem das konventionelle Versmaß fünffüßiger Jamben und den überwiegend assonierenden Kreuzreim.   C.K.

AUSGABEN: Moskau 1956 (in ˌOktjabr', 33, Nr. 10). – Mchn. 1964 [m. engl. Übers.]. – Ldn. 1966 (in *Kaćka*). – Ldn. o. J. (in *Nasledniki Stalina*).

ALEKSANDR ALEKSANDROVIČ FADEEV

* 24.12.1901 Kimry
† 13.5.1956 Moskau

LITERATUR ZUM AUTOR:
Bibliographie:
Russkie sovetskie pisateli. Prozaiki, Bd. 5, Moskau 1968, S. 254–321. – G. M. Capenko, *Proizvedenija A. A. F. na inostrannye jazyki. Ukazatel' literatury*, Moskau 1976.
Biographien:
A. F. Vospominanija sovremennikov, Hg. K. Platonova, Moskau 1965. – B. L. Bejaev, *A. F. Biografia*, Leningrad 1969. – Ders., *Stranicy žizni A. F. v 20e i 30e gody*, Moskau 1980.
Gesamtdarstellungen und Studien:
W. M. Ozerov, *Das Schaffen A. Fadejews*, Lpzg. ²1955. – K. Zelinskaja, *A. A. F.*, Moskau 1956. – D. I. Romanenko, *A. F. Krit.-biogr. očerk*, Moskau 1956. – L. Kisleva, *Tvorčeskie iskanija A. F.*, Moskau 1965. – V. G. Boborykin, *A. F. Literaturnyj portret*, Moskau 1968. – V. M. Ozerov, *A. F. Tvorčeskij put'*, Moskau 1960; ²1970. – A. S. Bušmin, *A. F. Čerty tvorčeskoj individual'nosti*, Leningrad 1971; ²1983. – S. I. Sešukov, *F.*, Moskau ²1973. – M. Velengurin, *Molodoj F.*, Krasnodar 1975. – H. v. Ssachno, *Two Russian Writers: Fadeyev and Tcardovskij* (in Encounter, Feb. 1975, S. 56–60). – *A. F.: materialy i issledovanija*, 2 Bde., Moskau 1977–1984.

MOLODAJA GVARDIJA

(russ.; Ü: *Die junge Garde*). Roman von Aleksandr A. Fadeev, erschienen 1945. – Unter den Kriegsromanen, die kurz vor oder nach Beendigung des Zweiten Weltkriegs in der Sowjetunion geschrie-

ben wurden, nimmt Fadeevs *Molodaja gvardija* einen besonderen Platz ein. Die Handlung des breiten, übersichtlich komponierten, in seiner ausgefeilten Sprache kaum mehr an den Kurzroman *Razgrom*, 1927 *(Die Neunzehn)*, erinnernden Werkes geht auf tatsächliche Kriegsereignisse zurück. Während der deutschen Besatzungszeit bilden Komsomolzen der Grubenstadt Krasnodon im Donezbecken eine Widerstandsgruppe, die sogenannte »Junge Garde«. Im illegalen Kampf gegen die faschistischen Okkupanten versetzen sie der deutschen Wehrmacht empfindliche Schläge und schrecken weder vor der Hinrichtung von Kollaborateuren noch vor bewaffnetem Kampf zurück, wenn es gilt, die Versorgung der Deutschen zu gefährden oder sowjetische Kriegsgefangene zu befreien. Wenige Monate vor ihrem Abzug gelingt es den Deutschen, die Untergrundorganisation durch die Erpressung eines aus der Jungen Garde ausgestoßenen Jungen ausfindig zu machen. Alle Mitglieder der Gruppe werden verhaftet und nach brutalen Verhören erschossen. Nach der Befreiung entdeckt die Rote Armee in einem Massengrab die Leichen der Komsomolzen, die nun die Auszeichnung »Helden der Sowjetunion« erhalten.
Fadeevs Roman ist getragen von dem unerbittlichen Haß gegen den faschistischen Angreifer, dessen Bild er in den deutschen Gestalten des Werkes typisierend herauszuarbeiten sucht. Gleichwohl erlangen nicht nur die Charaktere der russischen Gegenseite die Plastizität realistisch und psychologisch überzeugend dargestellter Menschen. Die lebensnahe, ausgeglichene Personendarstellung, die den Roman von manchen zeitgenössischen sowjetischen Prosawerken der Kriegsperiode abhebt, hat vor allem in Kreisen der sowjetischen Schriftsteller begeisterte Zustimmung gefunden. Die Kritik der KPdSU, die dem Autor die Überschätzung der spontanen Aktion seiner jugendlichen Helden und die Unterbewertung der führenden Rolle der Kommunistischen Partei im antifaschistischen Widerstand zum Vorwurf machte, veranlaßte Fadeev zur Überarbeitung des Werks (erschienen 1951). Zahlreiche Bearbeitungen und Übersetzungen zeugen von der großen Popularität des Romans in der Sowjetunion und den Staaten der sozialistischen Welt.   M.Gru.-KLL

AUSGABEN: Moskau 1945 (in Znamja). – Moskau 1946. – Moskau 1951 [rev. Fassg.]. – Moskau 1959 (in *Sobranie sočinenij*, Hg. E. F. Knipovič u. a., 5 Bde., 1959–1961, 2).

ÜBERSETZUNGEN: *Die junge Garde*, anon., Wien 1948. – Dass., anon., Bln. 1949; ³1954. – Dass., anon., 2 Bde., Stg. 1974.

VERFILMUNG: SU 1947 (Regie: S.Gerassimov).

LITERATUR: K. Zelinskij, *Jazyk i stil' romana »Molodaja gvardija«* (in Učenye zapiski in-ta mirovoj literatury im. M. Gor'kogo, 1, 1952). – N. I. Nikulina, *Tvorčeskaja istorija romana »Molodaja gvardija«* (in

N. I. N., *A. A. F. t, Seminarij*, Leningrad 1958). – *»Molodaja gvardija«. Sbornik dokumentov i vospominanij*, Hg. L. Gribova u. a., Kiew 1961. – E. Knipovič, *Romany F. »Razgrom« i »Molodaja gvardija«*, Moskau ²1973. – S. Dmitrenko, *V. G. Boborykin. Ob istorii sozdanija romana A. F. »M. g.«* (in Novyj mir, 1989, Nr. 9).

KONSTANTIN ALEKSANDROVIČ
FEDIN

* 24.2.1892 Saratov
† 15.7.1977 Moskau

LITERATUR ZUM AUTOR:
Bibliographie:
Russkie sovetskie pisateli. Prozaiki, Bd. 5, Moskau 1968, S. 322–399.
Biographie:
Vospominanija o K. F. Sbornik, Hg. N. K. Fedina, Moskau 1981. – J. M. Okljanskij, *F.*, Moskau 1986. *Gesamtdarstellungen und Studien:*
M. Slonim, *K. F.* (in M. S., *Portrety sovetskich pisatelej*, Paris 1933, S. 112–122). – D. E. Tamarčenko, *Put'k realizmu. O tvorčestve K. F.*, Leningrad 1934. – V. Smirnova, *O romanach K. F.* (in *Sovetskja chudožestvennaja literatura. Sbornik statej*, Hg. I. T. Kozlov, Moskau 1955, S. 309–359). – B. J. Brajnina, *K. F. Očerk žizni i tvorčestva*, Moskau ⁵1962 (dt.: *K. F.*, Bln. 1954) – E. J. Simmons, *Russian Fiction and Soviet Ideology: Introduction to F., Leonov, and Sholokhov*, NУ 1958. – P. A. Bugaenko, *Masterstvo K. F.*, Saratov 1959. – H. Pross-Weerth, *K. F.* (in Osteuropa, 1959, 9, S. 693–700). – K. F., *F. und Deutschland*, Bln./DDR 1962. – M. Zahrádka, *O chudožestvennom stile K. F.*, Prag 1962. – Z. I. Levinson, *Obraz vremeni, Partija i revoljucionnyj narod y tvorčestve K. A. F.*, Tula 1964. – B. Hiller, *K. F. u. der dt. Expressionismus* (in ZfSl, 1965, 10, S. 35–52). – *Tvorčestvo K. F. Stat'i, dokumental'lye materialy, vstreči s F.*, Hg. I. S. Zil'berštejn, Moskau 1966 [m. Bibliogr.]. – J. Blum, *K. F. A Descriptive and Analytic Study*, Den Haag/Paris 1967 [m. Bibliogr.]. – F. F. Eroščeva, *Romany K. F. o revoljucii*, Krasnodar 1967. – N. I. Kuznecov, *Očerk tvorčestva K. F.*, Moskau 1969. – A. K. Strakov, *Geroi i gody, Romany K. F.*, Moskau 1972. – M. M. Kuznecov, *Romany K. F.*, Moskau 1973. [m. Bibliogr.]. – C. C. Warren, *Death in the Novels of K. F. and Leonid Leonov*, Diss. Columbia Univ. 1973. – N. I. Kuznecov, *K. A. F. – chudožnik*, Tomsk 1980; Leningrad ²1984. – B. J. Brajnina, *F. i Zapad: knigi, vstreči, vospominanija*, Moskau 1980; ²1983. – N. I. Mar, *»... A za oknom zelenyj les«: dialogi s K. F.*, Moskau 1983. – *Tvorčestvo K. A. F. teoretiko-literaturnye aspekty izučenija (Sbornik naučnych trudov)*, Saratov

1983. – A. N. Starkov, *Stupeni mastera: očerk tvorčestva K. F.*, Moskau 1985. – V. M. Pronjagin, *Ranee tvorčestvo K. F.*, Diss. Moskau 1986.

GORODA I GODY

(russ.; *Ü: Städte und Jahre*). Roman von Konstantin A. FEDIN, erschienen 1924. – Andrej Starcov, die Hauptfigur des ersten und bekanntesten Romans Fedins, ist der Prototyp eines intellektuellen Träumers, wie ihn TURGENEV in seinen Romanen geschaffen hat: Hamlet und Don Quijote in einem, irrt er durch eine Welt, in der er keinen Platz im Kreis der Tätigen und Wirkenden zu finden vermag. In Deutschland, wo er studiert, überrascht ihn – wie seinen Autor, der 1914–1918 hier interniert war – der Erste Weltkrieg. Als russischer Staatsbürger in die sächsische Kleinstadt Bischofsberg deportiert und dort unter Polizeiaufsicht gestellt, lernt er den deutschen Hurrapatriotismus und den schneidig-muffigen Chauvinismus in seiner penetrantesten, spießigsten Erscheinungsform kennen und verachten; hier begegnet ihm aber auch die Frau, die ihm zum Schicksal werden soll: Marie Urbach, ein exzentrisches, phantasiebegabtes, sinnenfrohes Wesen. Marie, deren Kindheit und Mädchenjahre witzig in einer in sich geschlossenen Erzählung geschildert werden, ist mit dem Leutnant von zur Mühlen-Schönau verlobt, der allerdings zur Zeit am Frankreichfeldzug teilnimmt. Sie betrügt ihren Verlobten mit dem interessanten, traurigen Russen Starcov (keiner der beiden erfährt etwas von der Existenz des andern) und lernt, unter dem Einfluß ihres neuen Geliebten, die deutsche Wirklichkeit mit kritischen Augen zu sehen. Nach Ausbruch der Revolution in Rußland versucht Starcov illegal die Grenze zu überschreiten. Er wird jedoch verhaftet und – nach gelungener Flucht aus dem Polizeigewahrsam – als russischer Spion in Bischofsberg von Mühlen-Schönau festgenommen, der dort einen Genesungsurlaub verbringt. Der Edelmann und hochdekorierte Bilderbuchkriegsheld rettet den Russen jedoch vor dem Zugriff der Behörden, als er erfährt, daß Starcov mit Kurt Wahn befreundet ist, einem begabten jungen Maler, den Mühlen-Schönau entdeckt hat und der ausschließlich für seine private Bildersammlung malen muß. Somit unverhofft seiner Geliebten zurückgegeben, wartet Starcov weiter auf die Stunde seines zweiten Aufbruchs, die den Liebenden nach Abschluß des Friedensvertrags von Brest-Litowsk schlägt. Starcov verspricht Marie, die ihm, wie er glaubt, zu einem festen Haltpunkt im Leben geworden ist, sie in höchstens zwei Monaten nachkommen zu lassen. Allerdings benötigt er selbst schon Wochen, nur um in seine Heimat zu gelangen, in der die Revolution und das Chaos herrschen.

Von hier an wird die Handlung bis zur Unglaubhaftigkeit abenteuerlich. Starcov findet in Moskau seinen deutschen Freund Wahn wieder, der sich unter dem Eindruck der bolschewistischen Revolution für den Kommunismus entschieden hat. Als sie gemeinsam in eine *»entlegene Gegend«* Rußlands reisen, ist es ausgerechnet der deutsche Offizier Mühlen-Schönau, der sich dort als Bandenführer der konterrevolutionären Mordwinen betätigt. Mit Hilfe deutscher Kriegsgefangener wird der Aufstand niedergeschlagen, doch Starcov verhilft nun seinerseits Mühlen-Schönau zur Flucht, dies jedoch nur unter der Bedingung, daß der Bischofsberger Edelmann der »Braut« Starcovs, Marie Urbach, einen Liebesbrief überbringe. Hierauf versetzt der Autor seinen Helden nach Petrograd, wohin ihm alsbald ein Mädchen folgt, das von Starcov schwanger ist, und als eines Tages der noch immer auf der Flucht befindliche Mühlen-Schönau unverhofft auftaucht, um bei Starcov zu übernachten, kann der deutsche Edelmann sich augenscheinlich davon überzeugen, daß seine treulose Braut Marie von ihrem russischen Geliebten betrogen wurde und wird. Marie, offiziell immer noch seine Verlobte, weigert sich, das zu glauben; um nach Rußland reisen zu können, heiratet sie pro forma einen russischen Kriegsgefangenen und trifft gerade zu dem Zeitpunkt in Petrograd ein, da Starcovs Geliebte kurz vor der Entbindung steht. Sie entflieht auf Nimmerwiedersehen. Starcov dagegen verliert aus Liebeskummer und Existenzangst allmählich den Verstand, und eines Tages gesteht er seinem Freund Wahn, daß er es war, der dem deutschen Bandenführer zur Flucht verhalf. Wahn rächt diesen Verrat an der Revolution und erschießt den einstigen Freund.

Fedins Versuch, die Tragödie eines bürgerlichen Intellektuellen darzustellen, wirkt, verglichen etwa mit PASTERNAKS Roman *Doktor Živago* (dessen Erscheinen in der Sowjetunion Fedin zusammen mit Konstantin SIMONOV und Boris LAVRENËV 1956 verhinderte), hilflos mechanistisch. Fedin vermag sich nicht aus der Tradition des realistischen psychologischen Romans zu lösen; er muß kopieren, weil er nicht fähig ist, Stilmittel zu entwickeln, mit deren Hilfe er die durch die Revolution total veränderte Wirklichkeit Rußlands künstlerisch in den Griff bekommen könnte. Zwar »stimmt« scheinbar alles in diesem Roman, jede Verhaltensweise ist irgendwie motiviert, nie fallen die Handlungsfäden auseinander, das Schaltwerk der dramatischen Konflikte funktioniert, und es fehlen auch nicht jene Passagen, in denen die Sprache des Autors zu Poesie wird. Insgesamt jedoch wirkt der Roman literarisch antiquiert, auch wenn sich Fedin des seinerzeit noch originellen formalen Kunstmittels bedient, die Handlung von hinten nach vorn ablaufen zu lassen: Eröffnet wird der Roman mit einer »Rede« des geistesgestörten Starcov, ihr folgt ein verstörter »Brief« an Andrejs an die verlorene Geliebte, dem sich eine sogenannte »Übergangsformel« anschließt, in der der Leser über Starcovs Ermordung informiert wird. Das eigentliche erste Kapitel schildert Starcovs Leben in Petrograd während des Bürgerkriegs, das zweite führt nach Deutschland in das Jahr 1914 kurz vor Ausbruch des Ersten Weltkriegs. Von hier aus schreitet die Handlung chronologisch fort und endet im Jahr 1920 kurz vor dem Tod des Helden.   KLL

AUSGABEN: Leningrad 1924. – Moskau 1952 (in *Sobranie sočinenij*, 6 Bde., 1952–1954, 1). – Moskau 1959 (in *Sobr. soč*, Hg. B. J. Brajnina, 9 Bde., 1959–1962, 2). – Moskau 1969 (in *Sobr. soč.*, 10 Bde., 1969 ff., 1). – Moskau 1982 (in *Sobr. soč.*, 12 Bde., 1982 ff., 1).

ÜBERSETZUNGEN: *Städte u. Jahre*, D. Umanskij, Bln. 1927. – Dass., ders., Bln. 1952. – Dass., G. Schwarz (in *SW*, Bd. 3, Bln. 1960).

VERFILMUNG: SU 1930 (Regie: E. Červjakov). – SU 1974 (Regie: A. Zarchi).

LITERATUR: C. Z. Karasik, *Tema iskusstva i revoljucii v romane »Goroda i gody«* (in Učennye zapiski Leninabadskogo ped. instituta, 4, 1957, S. 57–73).

OL'GA DMITRIEVNA FORŠ

* 28.5.1873 Festung Gunib / Dagestan
† 17.7.1961 Leningrad

LITERATUR ZUR AUTORIN:
Bibliographie:
Russkie sovetskie pisateli. Prozaiki, Bd. 5, 1968, S. 467–490.
Biographie:
O. F. v vospominanijach sovremennikov, Hg. G. E. Tamarčenko, Leningrad 1974.
Gesamtdarstellungen und Studien:
R. D. Messer, *O. F.*, Leningrad 1955. – P. Gromov, *Glubokij master* (in O. F., *Sočinenija*, 4 Bde., 1, Moskau 1956). – S. M. Petrov, *Sovetskij istoričeskij roman*, Moskau 1958. – G. Struve, *Geschichte der Sowjetliteratur*, Mchn. 1958. – Ju. A. Andreev, *Russkij sovetskij istoričeskij roman*, Moskau/Leningrad 1962, S. 9–18. – A. T. Tamarčenko, *O. F. Žizn', ličnost', tvorčestvo*, Moskau 1966; Leningrad ²1972. – R. A. Skaldina, *O. D. F. Očerk tvorčestva 20–30ch godov*, Riga 1974. – M. Slonim, *Soviet Russian Literature*, Ldn./NY 1977, S. 272–275. – N. P. Lugovcov, *Sražajuščajasja muza: literatur-kritičeskie očerki*, Leningrad 1985. – S. Timina, *O. F. i sovremennost'* (in Zvezda, 1988, 10, S. 197–204).

SOVREMENNIKI

(russ.; *Zeitgenossen*). Historischer Roman von Ol'ga D. Forš, erschienen 1926. – Der zweite Roman der Autorin gehört dem in den zwanziger Jahren beliebten Genre des biographisch-literar- bzw.

kunsthistorischen Romans an. Er spielt in Italien zur Zeit des Befreiungskampfes von 1848. Sein Thema ist der bis zuletzt ungelöste Widerstreit zwischen Kunst und Wirklichkeit. Im Mittelpunkt des Werks steht die historische Gestalt des Landschafts- und Genremalers Aleksandr A. Ivanov (1806–1858), der eindringliche Gemälde zum christlichen Heilsgeschehen hinterließ (Christus erscheint dem Volke, Christus erscheint Maria Magdalena usf.). In Rom trifft Ivanov mit Aleksandr GERCEN und Nikolaj GOGOL' zusammen. In der Auseinandersetzung mit ihren konträren Weltanschauungen erschließt der Roman die geistige Entwicklung Ivanovs. Gogol' erscheint dabei als Vertreter der konservativen, streng hierarchisch-orthodoxen Weltsicht der *Vybrannye mesta iz perepiski s druz'jami*, 1846 *(Ausgewählte Stellen aus dem Briefwechsel mit Freunden)*, seiner Spätzeit. Er vertritt das Prinzip der Bindung des Künstlers an die Lehren der Kirche. Ivanov dagegen beansprucht die Autonomie des Künstlers gegenüber kunstfremden Postulaten. Uneingestanden beginnt er jedoch der Ansicht Gercens zu folgen und sucht seine Kunst mehr und mehr in den Dienst der Menschlichkeit und des sozialen Fortschritts zu stellen. Neben Gogol' und Gercen tritt die fiktive Gestalt des Malers Bagrecov als Gesprächspartner auf, dessen zuweilen novellistisch dargestelltes Leben in bezeichnendem Kontrast zur Biographie Ivanovs steht. Bagrecov begleitet Ivanov auch nach seiner Rückkehr nach Petersburg, wo ein verständnisloses Publikum die Werke des großen Künstlers ablehnt, der verbittert und unter seelischen Depressionen leidend stirbt.

Der Roman behandelt den historischen Vorwurf mit eigenwilliger Souveränität. Bewußt verdichtet er das sich tatsächlich über die Jahre 1845–1848 erstreckende Geschehen so, daß der Eindruck entsteht, es vollziehe sich im Verlauf eines einzigen Jahrs. Dadurch komprimiert und vereinfacht er die im Briefwechsel mit Gogol' u. a. zutage tretende, überaus komplizierte geistige Entwicklung Ivanovs. Vornehmlich im Disput mit konträren Partnern über Fragen des Künstlertums entfaltet, enthält die eigentliche Biographie des Malers wenig romanhafte Züge. Den spannungsarmen Verlauf seiner Vita beleben farbigere Nebenhandlungen. Der römische Schauplatz bietet Gelegenheit, die italienische Freiheitsbewegung und die politischen Auseinandersetzungen der Zeit einzubeziehen: Benedetta, die Geliebte Bagrecovs, kämpft an der Seite ihres Bruders für die Unabhängigkeit Italiens. – Die symbolistischen Anfänge der Autorin sind in den *Sovremenniki* nicht gänzlich überwunden. Neben formalen Elementen weist vor allem die Betonung der menschlichen Leidenschaften und des hohen Rangs des Künstlertums auf die Nähe zum Symbolismus. Der Roman ist in einer kunstvollen Sprache geschrieben, was vor allem im Gebrauch einer reichen, prätentiösen Lexik und einem mitunter manierierten Satzbau zum Ausdruck kommt.

         W. Scha.

AUSGABEN: Moskau/Leningrad 1926. – Moskau 1962 (in *Sobr. soč.*, Hg. A. V. Tamarčenko, 8 Bde., 1962–1964, 2).

SEMËN LJUDWIGOVIČ FRANK

* 29.1.1877 Moskau
† 10.12.1950 London

PREDMET ZNANIJA. Ob osnovach i predelach otvlečĕnnago znanija

(russ.; *Der Gegenstand der Erkenntnis. Grundlagen und Grenzen der abstrakten Erkenntnis*). Philosophische Abhandlung von Semën L. FRANK, erschienen 1915. – Der hermeneutische Horizont, dem die Philosophie Franks entstammt, ist eine Synthese der russischen (KIREEVSKIJ, CHOMJAKOV, SOLOV'ËV) und der abendländisch-neuplatonischen Philosophietradition (PLOTIN, NICOLAUS VON CUES) mit zeitgenössischen Richtungen (REHMKE, HUSSERL, LOSSKIJ). Dieses ontologisch ausgerichtete Denken steht in Gegensatz zu der bis zum Ersten Weltkrieg vorherrschenden erkenntnistheoretischen Philosophie, die Frank zuerst kennengelernt hatte. Seine philosophische Entwicklung vom theoretischen Marxismus über den Neukantianismus zum Idealrealismus zeigt deutlich den Übergang von einer theoretisch-logischen Gedankenausrichtung zu einer seinsoffenen Philosophie. *Predmet znanija* stellt den Endpunkt dieser Entwicklung dar, die später keine Veränderung mehr erfährt, sondern nur eine Vertiefung.

Der erste Teil der Abhandlung (*Znanie i bytie – Erkenntnis und Sein*) geht von der Grundüberzeugung aus, daß ein autarkes, in sich geschlossenes Erkenntnissystem nur im Rahmen einer fundamentalen Ontologie möglich ist. Als Muster des Erkenntnismonismus gelten BERKELEYS »*Esse est percipi*« und KANTS »*Außer unserer Erkenntnis haben wir nichts, womit wir unsere Erkenntnis vergleichen könnten*«. Probleme wie die Transzendenz des Objekts der Erkenntnis und deren Diskursivcharakter lassen sich von diesem Denkansatz her nur schwer erklären. Frank versucht diese Problematik, die der Idealismus verschleiert und der naive Realismus einfach hinnimmt, durch eine Analyse des Erkenntnisvorgangs, d. h. des Urteilsmechanismus, festzustellen und aufzuklären. Im Urteil wird ein Subjekt A mit dem Prädikat B verbunden, was aber nach Franks Auffassung nur möglich ist aufgrund der Existenz eines darunterliegenden, unbekannten und undefinierten Bereiches X, aus dem die zu definierenden Inhalte erst eruiert werden. Die allgemeine Formel für ein Urteil muß dann so lauten: AX ist B. Eben dieses X ist es, in das die Erkenntnis einzudringen sucht. Im Gegensatz zur Marburger Schule (NATORP), die es als dem Bewußtsein immanent zu deuten versucht, beschreibt der Autor dieses X als transzendent und zeigt in einer einleuchtenden Untersuchung, daß wirklich immanent nur das *Hier* und *Jetzt* sein kann. So betrachtet schrumpft das Immanente auf ein Minimum zusammen und bildet nur die mathematische Grenzlinie zwischen Vergangenheit und Zukunft. Der immanente Seinspunkt wird dementsprechend erst auf dem Hintergrund eines zeitumspannenden, transzendent vorhandenen Ganzen möglich und erklärbar, um dessen Existenz der Mensch, ohne es zu kennen, weiß. Dieses Wissen nennt Frank in Anlehnung an Sokrates und Nicolaus von Cues »*wissendes Nichtwissen*« oder »*docta ignorantia*«. Das Wissen um das Unendliche, Unbekannte, das jeder begrifflichen Erkenntnis vorausgeht, wird einerseits durch ein »*Haben*« dieser Unendlichkeit ermöglicht. Der menschliche Geist befindet sich in einem primären ontischen Zusammenhang mit dem Sein, der jeder sekundären Erkenntnisrelation vorausgeht.

Nach diesem Seinsaufweis untersucht Frank im zweiten Teil (*Intuicija vseedinstva i otvlečĕnnoe znanie – Die Intuition der All-Einheit und die abstrakte Erkenntnis*) die Problematik der Beziehung des erkennenden Subjekts zu den Inhalten des Seins. Ein *Haben* des Seins kann die *Erkenntnis* des Seins nicht ersetzen. Die normale menschliche Erkenntnis ist die begriffliche Erkenntnis, deren Hauptcharakteristikum sich im Mechanismus des Schlußfolgerns offenbart. Als Hauptinstrument der abstrakten Erkenntnisweise werden die Begriffe benützt, zu deren Wesen es gehört, *überindividuell* und *ideell* zu sein. Dieser Idealität lassen sich *Außerzeitlichkeit* und *Determiniertheit* zuordnen. Gerade aus diesem Sachverhalt heraus entsteht das Problem, ob mit in sich abgeschlossenen, wohldefinierten Begriffen eine fortlaufende Erkenntnisreihe aufgebaut werden kann. Diese Problematik, die dem Bewegungsproblem des ZENON analog ist, läßt sich nur durch die Forderung einer tieferliegenden, metalogischen und noch nicht differenzierten Einheit a/b lösen, aus der als potentieller Grundlage A und B erst entstehen. Die begriffliche, schlußfolgernde Erkenntnis setzt also eine primäre, intuitiv erfaßte Einheit bereits voraus. Diese primäre, unendliche Einheit, die Frank mit Solov'ëv eine All-Einheit nennt, ist eine Einheit, an deren intuitivem Erfaßtwerden die begriffliche Erkenntnis sich erst orientiert.

Im dritten Teil (*Konkretnoe vseedinstvo i živoe znanie – Die konkrete All-Einheit und das lebendige Wissen*) untersucht Frank, ergänzend und abschließend, den Zeit- und Zahlbegriff. Aus dieser Analyse heraus interpretiert er Sein weder als Zeit noch als reine Zeitlosigkeit, sondern als *Transtemporalität*, als überzeitliche Einheit von Zeit und Zeitlosigkeit. Dieser kosmischen All-Einheit, die den Bereich des Idealen und Realen umspannt, die eine *lebendige* Einheit von Werden und Ewigkeit bildet, kann eine begriffliche, alles in zeitlose Begriffe verkürzende

Erkenntnisweise nicht gerecht werden. In Anwendung eines Begriffs, den schon Kireevskij verwendet, bezeichnet Frank das einzig adäquate Seinswissen als ein »er-lebendes« Wissen *(živoe znanie)*, da Sein letztlich selber Wissen und Leben ist.
Die Abhandlung enthält mithin zwei grundsätzliche Themenkreise. Zum einen versucht sie die gegenständliche Natur der Erkenntnis aufzuzeigen, das Unbekannte als den eigentlichen Gegenstand der Erkenntnis zu fordern und es als transzendent und evident zu interpretieren, schließlich Erkenntnissubjekt und Erkenntnisobjekt zu einer unmittelbaren Seinseinheit zu verschmelzen. Das Motiv Franks, im Gegensatz zu Kritizismus und Idealismus das transzendente Sein als solches aufzuweisen, trifft sich mit dem Anliegen der modernen Ontologie (HARTMANN, HEIDEGGER). In seinem zweiten Hauptwerk (*Nepostižimoe*, 1939 – *Das Unbegreifliche*) wird das in *Predmet znanija* aufgewiesene Sein zum Gegenstand einer großangelegten Seinsphilosophie.
Zum anderen beschreibt die Abhandlung das Sein als auch seinem Inhalt nach unmittelbar zugänglich, unabhängig von jedem äußeren Seinszugang, innerhalb eines lebendigen, existentiellen Erlebens, das nicht irrational ist, sondern ein lebendiges Wissen. Das Anliegen des Autors – direkter Seinskontakt und Überwindung des Rationalismus – findet Parallelen in Vergangenheit (PASCAL, JACOBI, BAADER, SCHELLING) und Gegenwart (Lebensphilosophie, Existenzphilosophie, hermeneutische Philosophie). R.Glä.

AUSGABEN: Petrograd 1915 (Zapiski Istorikofilologičeskago fakul'teta Imperatorskago Petrogradskago Universiteta, Bd. 126). – Ldn. 1974, Hg. D. Tschiževskij.

ÜBERSETZUNG: *Erkenntnis und Sein* (in Logos, Tübingen, 19, 1928, S. 165–195; 20, 1929, S. 231–261; dt. Zusammenfassg.).

LITERATUR: D. Tschižewskij, *Hegel bei den Slaven*, Reichenberg 1934; Darmstadt [2]1961. – J. Delesalle, *L'affirmation de l'être et la connaissance intuitive* (in Revue de Philosophie, 38, 1938, S. 38–70). – V. V. Zen'kovskij, *Istorija russkoj filosofii*, Bd. 2, Paris 1950. – N. O. Losskij, *History of Russian Philosophy*, NY 1951. – *Sbornik pamjati S. L. F.*, Hg. V. V. Zen'kovskij, Mchn. 1954. – L. Gančikov, *F. S. L.* (in *Enciclopedia filosofica*, Bd. 2, Florenz [2]1967). – G. L. Kline, *F. S. L.* (in *The Encyclopedia of Philosophy*, Bd. 3, Ldn./NY 1967). – E. Barabanov, *F. S. L.* (in *Filosofskaja enciklopedija*, Bd. 5, Moskau 1970). – D. Tschižewskij, »*Predmet znanija*« (in S. L. F., *Predmet znanija*, Ldn. 1974, S. 1–6). – V. Kuraev, *S. L. F.* (in *Russkaja filosofija. Slovar*, Hg. M. Maslin, Moskau 1995).

ARKADIJ PETROVIČ GAJDAR

d.i. Arkadij Petrovič Golikov

* 22.1.1904 L'gov / Gouvernement Kursk
† 26.10.1941 bei Kanev / Ukraine

LITERATUR ZUM AUTOR:
Bibliographie:
V. M. Akimov, *A. P. G. Bibliografičeskie i metodičeskie materialy*, Leningrad 1959.
Zeitschrift:
Tvorčestvo A. P. G., Gorkij 1975 ff.
Biographien:
V. V. Smirnova, *A. G. Krit.-biogr. očerk*, Moskau 1961; [2]1972. – B. Kamov, *Obyknovennaja biografija*, Moskau 1971. – V. V. Smirnova, *A. G. Očerk žizni i tvorčestva*, Moskau [2]1972. – B. A. Emel'janov, *O semlom vsadnike, G. Rasskazy o pisatele*, Moskau 1974. – A. M. Gol'din, *Nevydumannaja žizn'. Iz biografii A. G.*, Moskau 1975. – B. I. Osykov, *A. G. Literaturnaja chronika*, Voronež 1975. – B. I. Osykov, *Vremja bylo neobyknovennoe*, Voronež 1984.
Gesamtdarstellungen und Studien:
F. Ebin, *Obzor proizvedenij A. P. G.* (in *Nedelja detskoj knigi*, Moskau/Leningrad 1950). – Ders., *Tvorčeskij put' A. P. G.* (in F. E., *O detskoj literature*, Moskau/Leningrad 1950). – *Žizn' i tvorčestvo A. P. G.*, Hg. R. I. u. V. S. Fraerman, Moskau/Leningrad 1951; Moskau [4]1964. – A. Grešnikova, *A. G.*, Moskau 1952. – E. O. Putilova, *O tvorčestve A. P. G.*, Leningrad 1960. – A. Ivič, *A. G.* (in A. I., *Vospitanie pokolenij*, Moskau 1960). – *A. P. G. Sbornik statej*, Arzamas 1963. – B. Kamov, *A. G.*, Moskau 1963. – B. N. Kamov, *A. P. G. Grani ličnosti. Principy tvorčestva*, Moskau 1979. – I. I. Rozanov, *Tvorčestvo A. P. G.*, Minsk 1979.

TIMUR I EGO KOMANDA

(russ.; *Ü: Timur und sein Trupp*). Erzählung von Arkadij P. GAJDAR, erschienen 1940. – Die Erzählung des bedeutenden Jugendbuchautors ist – mit seinem kindlichen positiven Helden, der auf dem Kampf feindlicher Gruppen basierenden Figurenkonstellation und seiner optimistischen Perspektive – eines der klassischen Werke der sozialistisch realistischen Kinderliteratur. Es überzeugt jedoch durch die sensible Einfühlung in die kindliche Psyche und den romantischen Zauber seiner Handlung. In der Datscha eines Moskauer Vororts hat der junge Pionier Timur während des Zweiten Weltkriegs eine Gruppe von Kindern um sich gesammelt, die es sich zur Aufgabe macht, heimlich den Familien eingezogener Rotarmisten zu helfen und gegen eine Bande jugendlicher Rowdies und Nichtstuer zu kämpfen. In einer alten Scheune haben sich die Jungen ein romantisches Versteck eingerichtet und eine selbstgebastelte Signalanlage installiert. Im Schutz der Nacht stapeln sie für ihre Schützlinge Holz, jäten Unkraut, holen Wasser usf., um sich anderntags über die Verblüffung der Ahnungslosen zu freuen. Doch die Gruppe hat sich nicht allein feindlicher Jugendlicher zu erwehren; erst allmählich werden Skepsis und Unverständnis der Erwachsenen überwunden, die die wahren Absichten der Jugendlichen verkennen.

Kaum ein Kinderbuch hat je einen nachhaltigeren Einfluß auf das praktische Leben ausgeübt als Gajdars *Timur*, dessen Held zum Vorbild von Millionen Kindern wurde. Das Buch spricht die kindliche Neigung zu Abenteuer und Romantik an, lenkt sie jedoch nicht auf vergangene Zeiten oder unerreichbare Länder, sondern auf den unmittelbar gegenwärtigen Alltag, der ungezählte Möglichkeiten sinnvoller und fröhlicher Abenteuer bieten kann. Die Welt des Kindes ist in Gajdars Werk stets mit der Welt der Erwachsenen, mit der gesellschaftlichen Umwelt verbunden. Die Wirkung der in ungezählten Auflagen erschienenen Erzählung wie auch der *Timur*-Verfilmung von 1940 – Grundlage des Textes war ein Filmszenarium – war enorm: In der ganzen Sowjetunion kam es zu einer »Timurbewegung« *(Timurovskie družiny)*; überall bildeten sich Kindergruppen, für die Arbeiten und Helfen ein romantisches Spiel wurde. Gajdar ließ dem erfolgreichen Buch, dessen Wirkung weit über die Grenzen der Sowjetunion und teils auch des sozialistischen Lagers hinausreichte, eine Fortsetzung unter dem Titel *Kljatva Timura*, 1941 *(Timurs Schwur)*, folgen.   K.H.

AUSGABEN: Moskau 1940. – Moskau/Leningrad 1953. – Moskau/Leningrad 1954 (in *Sočinenija*). – Moskau 1956 (in *Sobr. soč.*, 4 Bde., 1955/1956, 3). – Moskau 1962 (in *Povesti*). – Moskau 1980 (in *Sobr. soč.*, 4 Bde., 1979–1982, 2).

ÜBERSETZUNGEN: *Timur und seine Freunde*, F. Grün, Wien 1945. – *Timur und sein Trupp*, L. Klementinowskaja, Bln. 1947.

VERFILMUNGEN: *Timur i ego komanda*, UdSSR 1940 (Regie: A. E. Razumnyi). – *Kljatva Timura*, UdSSR 1942 (Regie: L. W. Kuleschow).

LITERATUR: L. Kassil', *G., ugadavšij Timura* (in Kostër, 1944, Nr. 5/6).

ALEKSANDR ARKAD'EVIČ GALIČ

* 20.10.1918 Ekaterinoslav
† 15.12.1977 Paris

DAS LYRISCHE WERK (russ.) von Aleksandr A. GALIČ.

Das lyrische Schaffen von Aleksandr Galič setzte Anfang der sechziger Jahre ein. Galič, der sich bis dahin einen Namen als Dramatiker und Drehbuchautor gemacht hatte, wurde als politisch und sozial engagierter Dichter populär. Seine liedhaften Gedichte trug er zur Gitarre vor. Obgleich ihm seit 1968 öffentliche Auftritte verboten wurden, verbreiteten sich seine Lieder in der ganzen Sowjetunion mit Hilfe der in »Samizdat« entstandenen Tonbandaufzeichnungen. Die als antisowjetisch eingestufte Dichtung von Galič führte zu seinem Ausschluß aus dem Schriftstellerverband und anschließend aus dem Litfond. 1974 wurde dem Dichter die Ausreise in den Westen erlaubt, wo seine Auftritte viel Resonanz fanden. 1977 kam Galič bei einem Unfall in Paris ums Leben.

Galičs erster Lyrikband *(Pesni – Lieder)* wurde 1969 im Verlag »Posev« in Frankfurt am Main veröffentlicht. 1972 erschien ebenfalls im Westen sein Band *Pokolenie obrečënnych (Die Generation der Verdammten)*. 1977 folgte der Band *Kogda ja vernus' (Wenn ich zurückkehre)*, der neben seinen letzten in der Sowjetunion geschriebenen Liedern auch alle im Westen entstandenen Gedichte umfaßt. 1981 erschien der Band *Kogda ja vernus'. Polnoe sobranie stichov i pesen (Wenn ich zurückkehre. Die vollständige Sammlung von Liedern und Gedichten)*. Diese komplette Werkausgabe enthält auch die Lieder, die 1975 in der Zeitschrift ›Kontinent‹ publiziert wurden. 1988 wurde der Ausschluß Galičs aus dem Schriftstellerverband rückgängig gemacht. Im April 1988 wurden in der Zeitschrift ›Oktjabr'‹ neun von seinen Liedern veröffentlicht. Es folgten Publikationen von Galičs Gedichten in ›Novyj mir‹, ›Znamja‹ und ›Ogonëk‹.

Galičs Gedichte sind höchst politisch und sozialkritisch, aber auch lyrisch und philosophisch. Einige von ihnen haben unverkennbar autobiographischen Charakter, z. B. *Černovik epitafii (Skizze eines Epitaphs)*. In seinem Genre kommt Galič unter anderen Barden wie OKUDŽAVA und VYSOCKIJ aufgrund seiner Kompromißlosigkeit eine Sonderstellung zu; als satirischer Darsteller der sowjetischen Wirklichkeit steht er ZOŠČENKO und VOJNOVIČ nahe. – Für seine Gedichte, Balladen und Poeme wählt Galič große, polyphonische Themen. Sie fügen sich zur Enzyklopädie der russischen Wirklichkeit (Dror). Das Bild, das er dabei von der sowjetischen Gesellschaft vermittelt, bildet die Antithese zur offiziellen sowjetischen Darstellung. Um eine höhere thematische Einheit zu erreichen, führt Galič seine Gedichte zu großen Zyklen zusammen, in denen er sich mit jeweils einer bestimmten Problematik besonders intensiv auseinandersetzt.

Den Band *Pokolenie obrečënnych* bilden fünf Gedichtzyklen und die großen Poeme *Stalin* und *Kadiš*. Die hier zusammengefaßten Gedichte haben epische Dimensionen und manchmal auch dramatischen Charakter. Oft sind sie auf einer Anekdote aufgebaut. Sie enthalten viele Details, die die Glaubwürdigkeit der Aussage und den Wirklichkeitsbezug unterstreichen. Manche Gedichte behandeln punktuell eine kurze Episode, andere umfassen einen längeren Lebensabschnitt. Auf engstem Raum entfaltet Galič Charaktere, die er durch sprechende Namen (Šestopal, Derganov) oder schichtenspezifische Ausdrucksweise lapidar, aber zutreffend skizziert. Im Zyklus *Ja vybiraju svobodu (Ich wähle die Freiheit)* stellt sich Galič gegen die Gleichgültigkeit und Passivität der Gesellschaft. In den Gedichten *Staratel'skij val'sok (Der Walzer der Streber)*, *Bez nazvanija (Ohne Titel)* und *Poezd (Der Zug)* zeigt er, wie aus opportunistischem Schweigen eine passive Mitschuld am Unrecht erwächst. Galič betont aus einem hohen ethischen Anspruch heraus die Verantwortlichkeit jedes einzelnen. Das Gedicht *Ja vybiraju svobodu* ist das moralische Credo des Dichters, der selbst um den Preis einer Verfolgung den Weg der Freiheit und Wahrheit wählt.

Verfolgung in einem totalitären System und die selbstbetrügerische Vergangenheitsbewältigung werden zu Leitmotiven im Zyklus *Oblaka plyvut v Abakan (Die Wolken ziehen nach Abakan)*. Durch die konträre Darstellung der Vergangenheit aus der Sicht des Funktionärs einerseits und des ehemaligen Häftlings andererseits werden die psychologischen Deformationen in den Beziehungen von Henker und Opfer transparent. Daneben werden auch die Lagerthematik und das Problem des Antisemitismus schonungslos offengelegt. Im Zyklus *Erika berët četyre kopii (Erika schafft vier Kopien)* setzt sich Galič mit der schwierigen Lage des Dichters im kommunistischen Regime auseinander. Der Wunsch eines jeden Dichters, frei schaffen und veröffentlichen zu können, spiegelt sich in den Gedichten *My ne chuže Goracija (Wir stehen Horatio in nichts nach)* und *Pesnja o velosipede (Das Lied vom Fahrrad)* wider. Gleichzeitig erteilt aber Galič in *Proščanie s gitaroj (Der Abschied von der Gitarre)* eine klare Absage an die opportunistische und käufliche Kunst. An vielen Stellen erinnert er an die verfolgten Schriftsteller wie MANDEL'ŠTAM, ACHMATOVA, Zoščenko und CHARMS, die den nichtkonformistischen Weg eingeschlagen haben. Durch die Hinzufügung vieler Zitate aus den Werken dieser Dichter entstehen literarische Assoziationen. Im Mittelpunkt des Zyklus *Žutkoe stoletie (Das lästige Jahrhundert)* steht der sowjetische Alltag. Die verlogene Moral, die Prinzipienlosigkeit in den zwischenmenschlichen Beziehungen und die Allgegenwärtigkeit der Partei sind Paradigmen für die zermürbende Macht des Systems, die vor keinem sozialen Bereich haltmacht. Der nächste Zyklus, die Balladen, greift die bereits erörterten Themen noch einmal auf. In den zwei großen Poemen, die die ewige ethische Antithese zwischen Gut und Böse zur Sprache bringen, kristallisiert sich der Glaube des Dichters an das Gute im Menschen heraus. Janusz Korczak im Poem *Kadiš*, der die ihm anvertrauten jüdischen Kinder in freier Entscheidung in die Gaskammer von Auschwitz begleitet, symbolisiert den Sieg transzendenter Werte im Menschen über grausame Triebe. Die religiösen Untertöne in den beiden Poemen sind unüberhörbar.

In dem Band *Kogda ja vernus'* tritt das Dramatische und das Epische weitgehend zurück, die lyrisch-subjektive Reflexion gewinnt die Oberhand. Die Satire und Ironie des vorhergehenden Bandes werden (abgesehen vom Zyklus über Klim Petrovič) durch Melancholie und auch Nostalgie ersetzt. Bereits im Leitgedicht *Kogda ja vernus'* wird aus der Position eines Zwangsemigranten der Wunsch nach Rückkehr in die Heimat hörbar. Selbst die Erinnerung an die Verfolgung und die nüchterne Einschätzung der sowjetischen Wirklichkeit können das Heimweh nicht verdrängen. Der Zyklus *Dikij Zapad (Der wilde Westen)* gibt Galičs Erfahrungen in der Emigration wieder. *Upražnenija (Übungen)*, die diesen Zyklus eröffnen, bieten ein Resümee über die entwurzelte Befindlichkeit eines Emigranten in der Fremde. Galič steht auch dem Westen kritisch gegenüber. Das zeigt sich besonders deutlich in *Pesenka o Dikom Zapade (Das Lied vom Wilden Westen)*, in dem er den übermäßigen Wohlstand für die seelische Abstumpfung verantwortlich macht. In der satirischen Tradition des vorhergehenden Bandes steht der Zyklus *Kolomijcev v polnyj rost (Kolomijcev in voller Größe)*. Der närrisch anmutende Klim Petrovič deckt durch die ihm eigentümliche, naiv-tölpelhafte Art die systembedingten Mängel und Mißstände auf.

In seinen Gedichten verbindet Galič viele Stilebenen. Das sprachliche Spektrum reicht von erhabenen Metaphern, biblischen Redewendungen und pathetischen Aussagen bis zu umgangssprachlichen, manchmal sogar vulgären Ausdrücken. Durch die Wiederholung bestimmter Verse unterstreicht der Dichter nicht nur ihre Bedeutung, sondern auch den liedhaften Charakter seiner Lyrik. Oft bestehen seine Gedichte aus Strophen und einem Refrain, der manchmal variiert erscheint. Neben Gedichten, die ein ruhiges Metrum aufweisen, gibt es auch Lieder, in denen durch harte Rhythmen (z. B. die Nachahmung des Marschtaktes) oder die Verwendung abgehackter Wörter die Atmosphäre von Unruhe erzeugt wird. – Die Vielfalt der Stilarten, die lebendige Sprache und thematische Mannigfaltigkeit geben der Lyrik von Aleksandr Galič die Stellung eines empfindlichen Seismographen der gesellschaftlichen Stimmungen (Ètkind). R.Maz.

AUSGABEN: *Pesni*, Ffm.1969. – *Pokolenie obrečënnych*, Ffm. 1972. – *Kogda ja vernus'*, Ffm. 1977. – *Kogda ja vernus'. Poln. sobr. stichov i pesen*, Ffm. 1981.

LITERATUR: W. Kasack, *Schicksale sowjetischer Non-konformisten. Die Ausreise des Schriftstellers A. G.* (in NZZ, 4.7.1974). – E. Ètkind, »*Čelovečeskaja komedija« A. G.* (in Kontinent, Paris 1975, Nr. 5, S. 405–426). – W. Kasack, Art. *A. A. G.* (in W. K., *Lexikon der russischen Literatur ab 1917*, Stg. 1976). – D. Andreeva, *Rossii serdce ne zabudet ...* (in Grani, 1978, Nr. 109, S. 215–228). – L. Kopelev, *Pamjati A. G.* (in Kontinent, Paris 1978, Nr. 16, S. 334–343). – R. C. Lamont, *Horace's Heirs: Beyond Censorship in the Soviet Songs of the Magnitizdat* (in World Literature Today, 1979, Nr. 53). – A. Opul'skij, *A. G.* (in Grani, 1981, Nr. 119, S. 264–276). – W. di Fede, *Prova generale in un teatro della Mosca sovietica assieme con A. G.* (in Humanitas, 1982, Nr. 2, S. 295–315). – W. Kasack, Art. *A. A. G.* (in W. K., *Enciklopedičeskij slovar' russkoj literatury s 1917 goda*, Ldn. 1988).

ALEKSEJ KAPITONOVIČ GASTEV

* 8.10.1882 Suzdal'
† 1941

LITERATUR ZUM AUTOR:
V. Percov, *Sovremenniki (G., Chlebnikov)* (in Novyj LEF, 1927, H. 8/9, S. 75–83). – Ders., *A. G.* (in Literaturnaja gazeta, 9.10.1962). – K. Zelinskij, *Na rubeže dvuch èpoch*, Moskau 1962. – Z. Papernyj, *V pervye gody (proletarskie poèty)* (in Z. P., *Samoe trudnoe*, Moskau 1963). – *Proletarische Kulturrevolution in Sowjetrußland (1917–1921)*, Hg. R. Lorenz, Mchn. 1969. – V. Percov, *A. G.* (in V. P., *Poèty i prozaiki velikich let*, Moskau 1969, S. 249–256). – S. Kirsanov, *Slovo o G.* (in A. G., *Poèzija rabočego udara*, Moskau 1971, S. 3–7). – *Russkie sovetskie pisateli. Poèty*, Hg. B. Toločinskaja, Bd. 5, Moskau 1982, S. 344–382. – K. Johansson, *A. G.: Proletarian Bard of the Machine Age*, Stockholm 1983 [m. Bibliogr.].

PAČKA ORDEROV

(russ.; *Ein Packen von Ordern*). Zyklus in rhythmischer Prosa von Aleksej K. GASTEV, erschienen 1921. – Der Autor, von Beruf Schlosser, hatte schon früh Kontakte zur revolutionären Bewegung. Er mußte deshalb für einige Jahre ins französische Exil, wo er in Paris zur »Liga für proletarische Literatur« gehörte (zusammen mit LUNAČARSKIJ, BESSAL'KO und KALININ). Nach der Oktoberrevolution war er Erster Sekretär des gesamtrussischen Metallarbeiterverbandes und Mitarbeiter der kulturrevolutionären Organisation »Proletarskaja kul'tura« (abgek. Proletkult).

Kennzeichnend für das dichterische Schaffen Gastevs sind eine revolutionäre Romantik, die pathetische Verherrlichung der Maschine als bestimmendes Element im Leben des Proletariats, die Betonung der »katastrophischen« und dynamischen Dimension der proletarischen Psyche und die Tendenz zur Technisierung der Sprache. *Pačka orderov* geht unter dem bezeichnenden Zwischentitel *Slovo pod pressom (Das Wort unter der Presse)* in die fünfte Auflage der *Poèzija rabočego udara (Poesie des Arbeiterschlags)* ein, eines 1918 veröffentlichten Sammelbandes von Gastevs Kurzprosa.

Der Prosazyklus besteht aus zehn lakonisch abgefaßten Anweisungen, von denen die ersten beiden im militärischen Ton gehalten, die Bedienung von Maschinen betreffen. In den Ordern 03 und 04 wird der Zugriff erweitert: »*Prismen von Häusern. / Packen von zwanzig Vierteln. / In die Presse damit. / Zu einem Parallelogramm walzen. / Auf dreißig Grad zusammenpressen. / Auf Wellen und Räder. / Ein Häuserblock-Tank. / Bewegung in der Diagonale. / Die Straßen schneiden ohne zu zittern. / Weitere tausend Kalorien für die Arbeiter.«* Die Order 05 befiehlt die Technisierung des Worts: »*Den Spießern die Technik beibringen. / Ihnen die Geometrie eintrichtern. / Logarithmen in die Gebärden. / Ihnen die Romantik besudeln. / Tonnen von Empörung. / Normierung des Wortes von Pol zu Pol. / Sätze nach dem Dezimalsystem. / Kesselschmiede der Sprache. / Die Literatur liquidieren. / Die Tunnels zu Kehlen machen. / Sie zum Sprechen bringen.«* In der Anordnung 06 geht es um die Inszenierung eines interkontinentalen Konzerts, in 07 um ein weltumspannendes Kommunikationssystem. Auf die schwindelerregende Dynamisierung alles Geschehens (Order 08) folgt die Vision eines mit allen Mitteln der Technik geführten Kriegs. Der Zyklus schließt mit der knappen Order 10: »*Meldung erstatten: sechshundert Städte – Probe bestanden. / Zwanzig Städte hin – Ausschußware.«*

Die kurzen Sätze, meist nur aus Substantiven und Infinitiven mit imperativischem Sinn bestehend, wirken durch ihre extreme Komprimiertheit. Die Häufung wissenschaftlicher Termini, von Zahlen und Maßangaben hält ständig den Eindruck äußerster Präzision wach. Gastev intendiert nach seinen eigenen Worten eine neue Form der künstlerischen Reportage, »*die von dem ganzen modernen Leben, das unter dem Zeichen der Ökonomie des Worts steht, diktiert ist*«. Für ihn ist die künstlerische Konstruktion eine Arena, »*die man nicht nur mit dem Vorrat verschiedenartiger poetischer Metaphern bewaffnet, sondern mit dem Reißstift des Konstrukteurs, dem Schlüssel des Monteurs und dem Chronometer betreten muß*«. Sein Konzept, »*in der proletarischen Kunst eine totale Revolution der ästhetischen Normen*« durchzuführen, bringt Gastev in die Nähe der futuristischen Sprachexperimente. Im Gegensatz zur Mehrzahl der proletarischen Autoren, die sich im Umkreis älterer bürgerlicher Kunsttraditionen, vorzugsweise des Symbolismus, bewegten, erreicht Gastev in *Pačka orderov* ein hohes Maß an künstlerischer Originalität.

Für den radikalen Funktionalisten und Neuerer Gastev war die Arbeit in dem von ihm 1920 gegründeten Zentralen Arbeitsinstitut CIT, von ihm selbst als sein »letztes Kunstwerk« bezeichnet, eine konsequente Fortsetzung seiner bisherigen Praxis. Gastev gab das Dichten auf, um sich ganz dem Problem der Wissenschaftlichen Organisation der Arbeit (NOT), der Rationalisierung von Arbeitsprozessen zu widmen.   H.Gü.

AUSGABEN: Riga 1921. – Moskau 1923 (in *Poézija raboçego udara*; [8]1971).

LITERATUR: B. Arvatov, »*Paçka orderov*« *G. A.* (in B. A., *Ob agit-i proz-iskusstve*, Moskau 1930; dt. Übers.: *Kunst und Produktion*, Mchn. 1972, S. 104–106). – K. Hielscher, *Futurismus und Kulturmontage* (in alternative, 1978, Heft 122/123, S. 226–235).

EVGENIJA SEMËNOVNA GINZBURG

* 20.12.1906 Moskau
† 25.5.1977 Moskau

KRUTOJ MARŠRUT. Chronika vremen kul'ta ličnosti

(russ.; *Ü: Marschroute eines Lebens* [Tl. 1]; *Gratwanderung* [Tl. 2]). Memoiren in zwei Bänden von Evgenija S. GINZBURG, erschienen 1967–1979. – »*Eine Chronik aus den Zeiten des Personenkultes*« nennt die Autorin ihre Memoiren. Als Dreißigjährige wird die Dozentin für Geschichte an der Universität Kasan, eine überzeugte Kommunistin, 1937 aus der Partei ausgeschlossen und verhaftet. Dem geht eine dreijährige politische Hexenjagd voraus: Ihr wird vorgeworfen, einen bereits 1934 verhafteten Kollegen nicht rechtzeitig als Trotzkisten entlarvt zu haben. Nach der Verhaftung verhört sie der Geheimdienst wochenlang ohne Unterbrechung, dann wird sie nach Moskau gebracht, wo sie in einer siebenminütigen Verhandlung zu zehn Jahren Einzelhaft (nach zwei Jahren in eine Lagerhaft umgewandelt) verurteilt wird. Angesichts der Möglichkeit des Todesurteils empfindet sie die Strafe als »*Wohltat*«.
Im Laufe ihrer zweijährigen »Einzelhaft« (aus Platzgründen muß sie ihre Zelle mit einer anderen Gefangenen teilen) in Jaroslavl verfolgt sie, soweit es die Umstände zulassen, die immer weiter um sich greifenden stalinistischen Säuberungen. Die Machtverhältnisse innerhalb des allmächtigen Geheimdienstes spiegeln sich im Wechsel des Personals und in der ab- und zunehmenden Strenge des Gefängnisregimes wider. Die willkürlich verordne-

ten tagelangen Aufenthalte in der winzigen und eiskalten Strafzelle gehören zu den Strafmaßnahmen, denen Ginzburg mehrmals unterzogen wird. Wie so oft in ihrem Leben als Gefangene, rettet sie sich vor der Verzweiflung durch die Flucht in die Literatur (eigene Gedichte und Rezitation der Klassiker).
In einem mehrwöchigen, unter menschenunwürdigen Bedingungen verlaufenden Transport in Güterwagen mit der Aufschrift »*Spezialausrüstung*« gelangt sie mit Hunderten von weiblichen Häftlingen, darunter Wissenschaftlerinnen, Künstlerinnen und Ärztinnen, in das Verbannungsgebiet Kolyma im östlichen Sibirien. Im Lager angekommen, wird sie erneut auf eine harte Probe gestellt: Anstrengende körperliche Arbeiten (wie z. B. Holzfällen) und mangelnde Ernährung bedrohen immer wieder Evgenija Ginzburgs Leben. Nur die ihr durch Glücksfälle zugeteilten Arbeiten im Innendienst, als Krankenschwester oder auf einer Hühnerfarm, wo sie mit den Hühnern deren reichlich zugemessenes Futter teilt, retten sie vor dem Tod.
1947 wird sie entlassen, ist aber verbannt, d. h. sie muß in Magadan, der Hauptstadt des Gebietes Kolyma, leben. Es gelingt ihr, ihren Sohn, den künftigen Schriftsteller Vasilij AKSËNOV, den sie zuletzt als Vierjährigen gesehen hat, zu sich zu holen. Als schließlich die Verbannung aufgehoben wird, kehrt sie mit ihrem zweiten Mann, dem Arzt Anton Walter (der als Krimdeutscher und Sammler deutscher Märchen und Lieder nach Sibirien verbannt wurde), nach Rußland zurück. Sie heiratete Walter in der falschen Annahme, ihr erster Mann, Pavel Aksënov, sei liquidiert worden. »*Aufgrund neu eingetretener Umstände und mangels eines strafbaren Tatbestandes*« wird Ginzburg 1955 rehabilitiert. – Im letzten Kapitel, das die erste Zeit in Moskau nach der Verbannung schildert, wird auch die Perspektive der von den Säuberungen unbehelligt Gebliebenen einbezogen. Am Beispiel ihrer Schwester führt die Autorin vor, daß für diese die kleinen Alltagsprobleme viel wichtiger sind als das Unrecht der Repressionen und der Lager.
Evgenija Ginzburgs Memoiren stellen eine »*gestaltete Dokumentation*« dar. Die Autorin formt die außergewöhnlichen Erlebnisse in den Gefängnissen, auf Transporten und in der Lagerwelt zu einzelnen Szenen, die in kurze Kapitel aufgeteilt werden. In den Bericht über ihre harten Erfahrungen mischt sich keine Verbitterung. Hingegen zeigt sie bei jeder Gelegenheit die Menschlichkeit der Lagerinsassen. Zudem behält sie während dieser alptraumartigen Odyssee, die achtzehn Jahre ihres Lebens währt, ihren Humor. Ihr eigenes Schicksal sowie die lebendigen Porträts der vielen politischen wie kriminellen Gefangenen (vor allem Frauen) dokumentieren einprägsam ein Stück sowjetischer Zeitgeschichte. Dabei ergeben sich absurde Szenen, etwa wenn der sie einst zynisch verhörende Offizier selbst als halbverhungerter Gefangener im Lager auftaucht und sie ihm ihre Brotration zukommen läßt.

Evgenija Ginzburgs Lagerbericht läßt sich im Vergleich mit Solženicyns *Archipelag GULag* dahingehend charakterisieren, daß Solženicyn als Opfer der Nachkriegssäuberungen ins Lager kam und sein Vertrauen zum sowjetischen System bald verlor – Evgenija Ginzburg dagegen blieb dem Kommunismus treu (*»... selbst jetzt, nach allem, was geschehen war, hätten wir uns nie für ein anderes System als das sowjetische entschieden«*). Von Bedeutung waren auch die kurzlebigen Hoffnungen der Chruščëv-Zeit (*»in unserem Land herrscht wieder die Wahrheit Lenins«*), unter deren Einfluß Ginzburg ihre Memoiren verfaßte.

Laut ihrer eigenen Darstellung hatte Evgenija Ginzburg von Anfang an die Absicht, ihre Erlebnisse schriftlich festzuhalten – dieses Bewußtsein des Beobachters ermöglichte ihrer Meinung nach das Überleben in den Lagern. Während des Schreibens hegte sie konkrete Hoffnungen auf eine Veröffentlichung des Buches in der Sowjetunion. Als aber die Tauwetter-Periode 1966 abklang, wurde die Publikation des Buches abgelehnt. Es kursierten aber schon Samizdat-Kopien, auf denen die ohne Wissen der Autorin gedruckte, unvollständige russische Edition in Italien basierte, die wiederum den zahlreichen ausländischen Übersetzungen zugrunde liegt. Im Jahre 1988, mehr als ein Jahrzehnt nach dem Tod der Autorin, konnte das Buch erstmals offiziell in der Sowjetunion – in einer russischsprachigen Rigaer Zeitschrift – erscheinen.

H.Mey.

AUSGABEN: Tl. 1: Mailand 1967. – NY 1985. – Riga 1988 (in Daugava). – Tl. 2: Mailand 1979. – NY 1985. – Riga 1989 (in Daugava).

ÜBERSETZUNGEN: *Marschroute eines Lebens*, S. Geier, Reinbek 1967; ern. Mchn. 1986 [Tl. 1]. – *Gratwanderung*, N. Schawina, Vorw. H. Böll, Nachw. L. Kopelev und R. Orlova, Mchn./Zürich 1980; ern. Mchn. 1984; 41985 [Tl. 2].

LITERATUR: R. Dadoun, Rez. (in La Quinzaine littéraire, 1.–15. 2. 1980). – W. Maximov, Rez. (in Die Welt, 3. 5. 1980). – H. Bienek, Rez. (in Die Zeit, 6. 6. 1980). – Anon. Rez. (in NZZ, 6. 6. 1980). – W. Paul, Rez. (in SZ, 26./27. 7. 1980). – A. Brousek, Rez. (in FAZ, 2. 8. 1980). – V. Iverni, Rez. (in Kontinent, 1980, 25, S. 178–180). – Dies., Rez. (ebd., 1980, 23, S. 388–392). – J. Bayley, Rez. (in Listener, 3. 9. 1981). – C. Booker, Rez. (in Spectator, 29. 8. 1981). – K. Fitzlyon, Rez. (in TLS, 1981). – J.-M. Chauvier, *Mémoires d'outre-taïga* (in La Revue nouvelle, 1981, 11, S. 393–400). – J. Malzew, *Freie russische Literatur 1955–1980*, Ffm. u. a. 1981, S. 164–168. – E. J. Brown, *Russian Literature since the Revolution*, Cambridge/Mass. 1982, S. 287–291. – D. Lowe, *E. G.'s »Krutoj Maršrut« and V. Aksenov's »Ožog«: The Magadan Connection* (in SEEJ, 27, 1983, 2, S. 200–210). – K. Smirnov, *Žertvoprinošenie. Istorija sem'i* (in Ogonek, 1991, Nr. 2).

ZINAIDA NIKOLAEVNA GIPPIUS

auch Zinaida Nikolaevna Hippius

* 20.11.1869 Belëv / Gouvernement Tula
† 9.9.1945 Paris

DAS LYRISCHE WERK (russ.) von Zinaida N. GIPPIUS.

Unter den Vertretern der ersten russischen Symbolistengeneration, den sogenannten Dekadenten, spielt Zinaida Gippius eine eminent wichtige Rolle. Im Gegensatz zu Konstantin BAL'MONT und Valerij BRJUSOV, die sich von westlichen, vor allem französischen Vorbildern beeinflussen ließen, repräsentiert sie wie auch ihr Mann, der Schriftsteller und Kulturphilosoph Dmitrij MEREŽKOVSKIJ, die »slavophile«, »metaphysische« Richtung des frühen russischen Symbolismus und läßt – was die Lyrik betrifft – den Einfluß von Evgenij BARATYNSKIJ und Fedor TJUTČEV erkennen; wegweisend für ihr ganzes Schaffen ist das Gedankengut DOSTOEVSKIJS. Auch wenn sie sich – wie sie schreibt – nur *»selten und wenig«* mit Lyrik befaßte und mehr zur Prosa hingezogen fühlte, ist Zinaida Gippius vor allem als Lyrikerin bekannt geworden und hat auf dem Gebiet der Lyrik ihr Bestes geschaffen. 1904 und 1910 vereinigte sie ihre z. T. wesentlich früher entstandenen Gedichte in zwei *Sobranie stichov (Gesammelte Gedichte)* betitelten Bänden, die auf großes Interesse und fast ungeteilte Zustimmung stießen. Auch ihre drei späteren, zeitbedingt weniger beachteten Gedichtbände, *Poslednie stichi*, 1918 *(Letzte Gedichte)*, *Stichi*, 1922 *(Gedichte)*, und *Sijanija*, 1938 *(Leuchten)*, sind kaum weniger wertvoll, auch wenn sie neben der vermehrt politischen Thematik eine gewisse ins Extreme gesteigerte Vergeistigung und Konzentration aufweisen, was in einigen Fällen den künstlerischen Eindruck beeinträchtigen mag. Geist in konzentrierter Form ist überhaupt ein der möglichen Definitionen Gippiusscher Lyrik, *»einer zum Trocknen gelegten Blume in einer Logarithmentafel«* (M. Kuzmin). Syllogistische Schärfe des Gedankens, lakonische Zuspitzung der Formulierung, kurz: aphoristische Prägnanz sind die Hauptmerkmale dieser Lyrik, die das Unvereinbare, den negativen und positiven Pol, vereinen will: *»Zwei Drähte eng umschlungen, / Die Enden frei, entblößt, / Drin ›Ja‹ und ›Nein‹ bezwungen, / Bezwungen – nicht erlöst. / Ihr finsteres Sich-Drehen / Ist Pein, Bedrängnis, Tod, / Doch winkt ein Auferstehen / Befreiung aus der Not. / Berühren sich die Enden, / Erwachen ›Ja‹ und ›Nein‹, / Erwachen – ja und blenden, / Vereinen sich und enden: / Ihr Tod ist heller Schein«* (Električestvo – Elektrizität). Auf den »elektrisierenden« Charakter der Lyrik von Zinaida Gippius ist mehrmals hingewiesen worden, ebenso auf eine verwirrende Vielfalt der Tonalität, auf eine *»Harmonie, die auf der Gesetzmäßig-*

keit im Wechsel der Dissonanzen aufgebaut ist« (A. Belyj). Vieles in ihrer Lyrik mag Spiel mit dem Intellekt sein, Suche nach Entrückung, Abstraktion: *»Ich liebe das Ersonnene: / Ihm geb mein Leben ich ... / Das Ferne, das Versponnene, / Das Einsame lieb ich«*, schreibt sie in jenem für sie so typischen liedhaften Ton, der dem Gebet nahekommt. In der Einleitung zu ihrem ersten Gedichtband vergleicht sie Gedichte mit Gebeten und fügt hinzu: *»Jeder Mensch betet unweigerlich oder strebt zum Gebet – es ist gleich, ob er dies erkennt oder nicht, es ist gleich, in welche Form sich dieses Gebet bei ihm fügt und an welchen Gott es gerichtet ist. Die Form hängt von den Fähigkeiten und Neigungen eines jeden ab. Die Poesie im allgemeinen, die Verskunst im besonderen ist Wortmusik – und dies ist nur eine der Formen, die das Gebet in unserer Seele annimmt.«* Die Folge dieses Gebet-Verständnisses sind kleine, zärtliche Christus-Gedichte, die, obschon von der Kritik nicht sehr freundlich aufgenommen, kaum weniger bedeutsam sind als jene düsteren, unheimlich anmutenden Versschöpfungen wie *Krik (Der Schrei)*, *Pauki (Die Spinnen)*, *Ona (Sie)* oder gar *Vsë krugom (Alles um uns)*, eine endlose Aufzählung von Schlechtem und Widerwärtigem: *»Schreckliches, Grausiges, Klebriges, Gräßliches, / Stumpfes, Verhärtetes, Dreckiges, Häßliches, / Langsam Zermürbendes, Kleinliches, Niedriges, / Ehrloses, Schändliches, Schlüpfriges, Widriges / ..«* In Gedichten dieser Tonlage vermag Zinaida Gippius die Register ihrer selbstquälerischen Kunst am effektvollsten zu ziehen; und wenn sie, die von den Besuchern ihres Petersburger Salons *Belaja d'javolica* (Weiße Teufelin) genannt wurde, gesteht: *»Meine Seele ist finster und drohend, / Sie wohnt in den Fesseln des Worts«* oder *»Ich grüß dich, Versagen, mein Versagen, ich grüße dich«*, so ist das nicht (nur) dekadente Attitüde oder selbstgefällige Deklamation, sondern vielmehr Ausdruck einer zerrissenen, leidenden Seele, die – gepaart mit einer schonungslos-logischen Intelligenz – selbst vor Verwünschung und Blasphemie nicht zurückschreckt: *»Doch kann ich mich versöhnen? – / Die Seele kann es nicht. / Es braucht ja nicht zu sühnen, / Wer Lästerworte spricht!«* In mehreren Gedichten mit z. T. groteskem Einschlag kokettiert die Dichterin mit Gott und dem Teufel, ja wie Fëdor Sologub, der symbolistische Dichter, dem sie am nächsten stand, richtet sie Liebesgedichte an den Tod. Es ist dies aber Suche nach Wahrheit, nach Ewig-Absolutem, nach *»dem, was höher ist als Glück«*, denn gewöhnliches Glück taugt für Zinaida Gippius nicht, Liebe blieb ihr versagt. *»Ich will die Liebe – lieben kann ich nicht«*, heißt es im Gedicht *Bessilie (Kraftlosigkeit)*. So sind denn ihre Liebesgedichte eher Gedichte über die Unmöglichkeit der Liebe.

Diese vorwiegend nach innen gerichtete, individualistische Haltung ihrer Lyrik hinderte aber die Autorin nicht, weitsichtige und urteilssichere Beobachterin ihrer Zeit zu sein und politische Gedichte zu schreiben, die *»zu den besten«* (G. Struve) in der russischen Literatur gehören. Seit 1905 bis weit in die Jahre der Emigration nahmen politische Themen in ihrer Lyrik einen vergleichsweise wichtigen Platz ein. 1920 veröffentlichte Zinaida Gippius gar ein für Soldaten gedachtes Bändchen mit *Marschliedern (Pochodnye pesni)*, ihren einzigen Gedichtzyklus. Im übrigen ist eine Zyklisierung, aber auch eine Periodisierung ihrer Gedichte nicht möglich. Sie sind durchwegs Ausdruck einer momentanen Empfindung und nicht etwa gewandelter weltanschaulicher oder ästhetischer Überzeugungen, wie dies bei ihrer Publizistik, die sie meist mit »Anton Krajnij« (Anton der Extreme) signierte, und z. T. auch bei ihrer Prosa der Fall ist. Problematisch ist es auch, ein religiöses System für ihre meist religiös inspirierte Lyrik finden zu wollen. Bezeichnenderweise trägt die wichtigste Studie zu diesem Thema den Titel *Paradox in the Religious Poetry of Zinaida Gippius*, wie überhaupt das Paradoxon in ihrer Lyrik dominierende rhetorische Figur ist.

Stilistisch zeichnet sich die Lyrik von Zinaida Gippius neben der schon genannten lapidaren, epigrammatischen Knappheit durch jene Musikalität aus, die einerseits auf einer kunstvollen Wahl der Worte beruht, bei denen *»jeder Buchstabe seine lautliche Bedeutung hat«* (V. Brjusov), andererseits durch den refrainartigen Gebrauch von Wiederholungen und Parallelismen (z. B. im bekannten Gedicht *Pesnja – Lied*) und vor allem durch eine fast beispiellose Souveränität im Umgang mit Reimen erzeugt wird. So geben z. B. die mit Vorliebe benutzten daktylischen Reime ihren Gedichten eine eigentümliche, kadenzierte Note. Zinaida Gippius führt als erste der russischen Symbolisten den für die weitere Entwicklung der russischen Lyrik so wichtigen *dol'nik* (bei dem die unbetonten Silben nicht gezählt werden) wieder ein und tritt als Erneuerin der russischen Strophik hervor, ohne jedoch auf Straffheit der Komposition zu verzichten. Zinaida Gippius' Stil zeichnet sich trotz seiner Einfachheit durch Farb- und Facettenreichtum aus. Verwegene Gedanken, ungewohnte Bilder kleidet sie in eine schlichte, unprätentiöse Sprache, die schön, »männlich« und klar ist.

Obwohl Zinaida Gippius weitgehend in Vergessenheit geraten ist, was auch daran liegt, daß sie dem russischen Leser jahrzehntelang vorenthalten wurde, muß sie doch als wichtige Wegbereiterin der modernen russischen Lyrik angesehen werden. Belyj, Blok, Achmatova, Gumilëv, Mandel'štam und die ihr in vielem verwandte Marina Cvetaeva sind in jenem Umkreis zu Dichtern geworden, der durch die Persönlichkeit und das Schaffen von Zinaida Gippius entschieden mitgeprägt war.   C.Fe.

Ausgaben: *Sobranie stichov. 1889–1903*, Moskau 1904. – *Sobranie stichov. Kniga vtoraja. 1903–1909*, Moskau 1910. – *Poslednie stichi. 1914–1918*, Petersburg 1918. – *Pochodnye pesni*, Warschau 1920 [u. d. Pseud. Anton Kirša]. – *Stichi. Dnevnik 1911–1921*, Bln. 1922. – *Sijanija*, Paris 1938. – *Stichotvorenija i poëmy*, Hg. T. Pachmuss, 2 Bde., Mchn. 1972. – *Stichotvorenija. Proza*, Hg. K. Azadovskij u. A. Lavrov, Moskau 1991.

ÜBERSETZUNGEN: In *Russische Lyrik der Gegenwart*, Hg. u. Ü. A. Eliasberg, Mchn./Lpzg. 1907. – In *Dein Lächeln noch unbekannt gestern. Verse russischer Frauen*, Hg. u. Ü. J. v. Guenther, Heidelberg 1958. – In *Russische Lyrik. Gedichte aus drei Jahrhunderten*, Hg. E. Ėtkind, Mchn. 1981. – *Frühe Gedichte*, Ch. Ferber, Sachseln 1987.

VERTONUNGEN: u. a. von S. Prokof'ev und M. Mjaskovskij.

LITERATUR: M. Gofman, *Z. N. G.* (in *Kniga o russkich poėtach poslednego desjatiletija*, Hg. ders., St. Petersburg/Moskau 1908, S. 175–183). – E. Lundberg, *Poėzija Z. N. G.* (in Russkaja mysl', 1912, Nr. 12, S. 55–66). – V. Brjusov, *Z. G.* (in *Russkaja literatura XX veka*, Hg. S. A. Vangerov, Bd. 1, Moskau 1914, S. 173–188). – J. Bailey, *The Versification of Z. G.*, Diss. Harvard 1965. – O. A. Maslenikov, *The Spectre of Nothingness: The Privative Element in the Poetry of Z. G.* (in SEEJ, 4, 1966, S. 299–311). – V. Zlobin, *Tjaželaja duša*, Washington 1970 [engl.: *A Difficult Soul: Z. G.*, Berkeley 1980]. – I. Kirillova, *Z. G. – A Russian Decadent Poet* (in *Gorski Vijenac. A Garland of Essays Offered to Professor E. M. Hill*, Hg. R. Auty u. a., Cambridge 1970, S. 179–194). – T. Pachmuss, *Z. H. an Intellectual Profile*, Carbondale 1971. – Ders., Vorwort [engl.] (in Z. G., *Stichotvorenija i poėmy*, Bd. 1, Mchn. 1972, S. 9–42). – O. Matich, *Paradox in the Religious Poetry of Z. G.*, Mchn. 1972. – A. Filonov Gove, *Gender as a Poetic Feature in the Verse of Z. G.* (in *American Contributions to The Eighth International Congress of Slavists*, Hg. H. Birnbaum, Bd. 1, Columbus 1978, S. 379–407). – N. Bogomolov u. N. Kotrelev, *K istorii pervogo sbornika stichov Z. G.* (in Russkaja literatura, 1991, Nr. 3).

ANATOLIJ TICHONOVIČ GLADILIN

* 21.8.1935 Moskau

REPETICIJA V PJATNICU

(russ.; *Ü: Probe am Freitag*). Erzählung von Anatolij T. GLADILIN, erschienen 1978. – Gladilin war bereits in der Sowjetunion ein namhafter Schriftsteller, als er 1976 – nachdem er in den siebziger Jahren mehr und mehr im Samizdat oder in westlichen Verlagen publizieren mußte – emigrierte. Die satirische Erzählung *Repeticija v pjatnicu* entstand 1974/75 noch in Moskau.

Der KGB-Oberstleutnant Vassilij Ivanovič ist in der Nähe einer Gebietsstadt mit einer heiklen Aufgabe betraut, denn er weiß um eines der größten Geheimnisse des Landes. In dem von ihm zu bewachenden Kellerraum ruht seit 21 Jahren Stalin, der durchaus nicht verbrannt und an der Kremlmauer bestattet worden ist. Vielmehr wurde er nach schwerer Krankheit in einen tiefen Heilschlaf versetzt und in seiner Marschalluniform auf unbestimmte Zeit eingefroren. Zu Vassilij Ivanovičs Aufgaben gehört es, ihn einmal pro Woche mit Bürste und Staubsauger zu reinigen. Doch eines Tages steht Stalin völlig unvorhergesehen »aufgetaut« in Vassjas Arbeitszimmer. Zufällig soll am nächsten Tag, einem Freitag, in der Gebietsstadt ein Festakt stattfinden, zu dem Delegationen aus der gesamten Sowjetunion und im Zuge der Entspannungspolitik leider auch einige ausländische Korrespondenten eingeladen sind. Unglücklicherweise müssen gerade an diesem Tag zahlreiche Mitarbeiter des Staatssicherheitsdienstes zur Hilfe bei der Kartoffelernte antreten, um die Planerfüllung zu sichern. Selbst die üblichen Schlangen vor Brot- und Fleischläden haben sich nicht vermeiden lassen, was angesichts der Anwesenheit ausländischer Gäste sehr peinlich ist. Auf dem Höhepunkt des Festaktes erscheint plötzlich Stalin, umjubelt vom Volk. Er beginnt, aus dem Stegreif eine Rede im vertrauten Stil zu halten, in der immer wieder die bewährten Wendungen von den imperialistischen Aggressoren, Spionen und Saboteuren zu hören sind. Unwirsch geißelt er das erlahmende Interesse am Marxismus-Leninismus und spricht mit besonderem Nachdruck seinen Unmut darüber aus, daß, seit er nicht mehr an der Macht ist, einige Bevölkerungsgruppen, vor allem die jüdische Bourgeoisie, die Emigration als Schlupfloch aus der Sowjetunion entdeckt haben. Die Unruhe unter den Funktionären ist groß: Allzu gut kann man sich noch an die Massenverhaftungen während des Stalin-Regimes erinnern. Stalins beabsichtigter Auftritt im Fernsehen wird durch die Übertragung eines Fußballspieles Sowjetunion gegen Bundesrepublik blockiert. Damit gewinnt man Zeit, um den Beschluß zu fassen, daß er nicht wieder in das ZK aufgenommen werden kann, »*da überall bekannt ist, daß die Tochter des Genossen Stalin ins Ausland floh, das Vaterland verraten und damit den Namen des Führers beim Volk in Mißkredit gebracht hat*«. Mit ambivalenten Gefühlen muß Stalin zugestehen, daß seine Politbüromitglieder von ihm gelernt haben.

An den nächsten beiden Tagen, dem Wochenende, gibt es in der ganzen Stadt Wodka zu Sonderpreisen zu kaufen, damit die Leute über den zweitägigen Saufgelagen die Ereignisse vom Vortag vergessen. Zu lösen bleibt das Problem der drei ausländischen Journalisten. Die beiden Amerikaner werden mit Hinweisen auf ihre illegalen Ikonenkäufe, auf die die Ausweisung stehen könnte, zum Schweigen gebracht. Standhafter zeigt sich der junge Engländer. Er wird schließlich mit dem Versprechen gewonnen, daß die sowjetische Regierung zusätzlich zehntausend Juden ausreisen läßt und über die Agentur Reuter darauf hinweisen wird, welch große Verdienste der Journalist am Zustandekommen dieser humanitären Aktion habe.

Repeticija v pjatnicu deckt die grotesken Züge des sowjetischen Alltags auf und macht den Lesern die Lächerlichkeit eingefahrener Usancen bewußt, das Schlangestehen, die Hamsterkäufe und die Tatsache, daß hochspezialisierte Fachkräfte zu Erntearbeiten eingesetzt werden. Wie auch andere Autoren der Nach-Stalin-Zeit (z. B. Kornilov in *Demobilizacija*), polemisiert Gladilin gegen den Heldenkult des Volkes, das lieber wieder unter autoritärer Führung leben würde, als selbständig denken und entscheiden zu lernen.   G.Wi.

Ausgabe: Paris 1978.

Übersetzung: *Probe am Freitag*, A. Nitschke u. L. Ujvary, Ffm. u. a. 1980.

Literatur: D. Brown, *Soviet Russian Literature Since Stalin*, Cambridge/England 1978, S. 204. – E. J. Brown, *Russian Literature Since the Revolution*, Cambridge/Mass. 1982, S. 370. – V. Absev (in Literaturnoe obozrenie, 1991, Nr. 10).

FËDOR VASIL'EVIČ GLADKOV

* 21.6.1883 Černavka / Gouvernement
Saratov
† 20.12.1958 Moskau

Literatur zum Autor:
Bibliographien:
Russkie sovetskie pisateli. Prozaiki, Bd. 1, Leningrad 1959, S. 465–499. – A. M. Gutkina, *Bibliografija tekstov F. V. G. 1900–1964*, Moskau 1965.
Biographien:
F. G. Vospominanija sovremennikov, Moskau 1965. – B. Barajnina u. S. Gladkova, *Vospominanija o F. V. G.*, Moskau 1978. – L. N. Ul'rich, *Letopis' žizni i tvorčestva F. V. G.*, Taškent 1982.
Gesamtdarstellungen und Studien:
J. V. Vladislavev, *F. G.* (in J. V. V., *Literatura velikogo desjatiletija*, Bd. 1, Moskau 1928). – W. Leppmann, *F. G.* (in Osteuropa, 6, 1931, S. 329–337). – E. V. Filippova, *G. lekcija*, Moskau 1955. – B. Ja. Brajnina, *F. G.*, Moskau 1957. – L. N. Ul'rich, *Gorkij i G.*, Taškent 1961. – A. P. Voloženin, *F. G. Žizn' i tvorčestvo*, Moskau 1969. – A. N. Vlasenko, *F. G.: stranicy žizni, stranicy tvorčestva*, Moskau 1983. – J. S. Puchov, *F. G.: očerk tvorčestva*, Moskau 1983. – B. Brajnina, *Ja vas ljubil, ljudi* (in F. V. G., *Sobr. soč.*, Bd. 1, Moskau 1983, S. 5–24).

CEMENT

(russ.; *Ü: Zement*). Roman von Fëdor V. Gladkov, erschienen 1925. – Der erste Roman in der russischen Literatur, in dem das Thema Industrialisierung des Landes (hier in der Zeit des Übergangs vom Kriegskommunismus zur Neuen Ökonomischen Politik [NEP] des Wiederaufbaus) gestaltet wird und in dem der von Theorie und Praxis der proletarischen Revolution erzogene Mensch in seinem neuen Verhalten beobachtet wird. Die Handlung des außerordentlich erfolgreichen Buchs erinnert allerdings über weite Strecken hin mehr an eine Wildwest-Story als an die Gattung des sogenannten sozialistischen Aufbau-Romans, wie sie sich später ausprägte: Gleb Čumalov, Kommandant der Roten Armee, vormals Schlosser, kehrt aus dem Krieg unerkannt in sein verfallenes, von Banden tyrannisiertes Heimatdorf zurück (Motiv des Fremden); die demoralisierten Arbeiter des stillgelegten, ausgeplünderten Zementwerks feiern ihn als ihren Retter, doch den Kampf um den Wiederaufbau des Werks muß Čumalov ganz allein führen (Motiv des einsamen Kämpfers). An vier Fronten entbrennt dieser Kampf: Dem Helden gelingt es nicht nur, die Arbeiter aus ihrer Lethargie zu reißen und die Banden in den Bergen unschädlich zu machen, er schlägt sich auch erfolgreich durch das Dickicht der neuen bolschewistischen Bürokratie und macht der konterrevolutionären Arbeit bourgeoiser Schädlinge ein Ende. Der vollständige Sieg Čumalovs versteht sich von selbst, hat doch Gladkov diese Gestalt reichlich mit allen Eigenschaften des urgewaltigen, schieß- und schlagfertigen Helden ausgestattet. Nur einer Niederlage entgeht Čumalov nicht: Seine Frau wendet sich von ihm ab und verläßt ihn. Da aber letztlich Gefühle nichts, Kampf und Arbeit indessen alles bedeuten, findet der im Herzen einsame, vom Leser nun auch bemitleidete Held sein Heil dort, wo es die Partei ihm bietet: »*Jetzt, im Feuer gestählt, setzen wir alles auf die Arbeit… Wir bauen am Sozialismus… Auf zum Sieg, Genossen!*«
Wenn auch dieser abenteuerlich wilde, auf pathetischen Heroismus gestimmte Haupthandlungsteil des Romans jedes Komsomolzenherz höher schlagen ließ, der eigentliche und ernstzunehmende Roman beginnt erst dort, wo der Wilde Westen in der Sowjetunion aufhört und Gladkov die persönlichen Beziehungen der Menschen zueinander als objektiver Beobachter zu schildern versucht. Symptomatisch ist die Geschichte einer Ehe: Die Frau des Helden Čumalov, Daša, hat sich während der dreijährigen Abwesenheit ihres Mannes aus einer zärtlich ihrem Mann ergebenen Ehefrau in eine eigenwillige, kämpferische Bolschewistin verwandelt, deren Leben ganz von ihrem politischen Wirken ausgefüllt ist. Dieses neue Sein, das ihr Bewußtsein bestimmt, gibt ihr die Freiheit, auch all jene Bande abzuschütteln, die sie in ihrer Arbeit für die Gesellschaft behindern: Ihr Töchterchen gibt sie in ein Kinderheim; von ihrem heimgekehrten Mann trennt sie sich, um nicht wieder in die Rolle

einer gehorsamen Hausfrau am Herd gedrängt zu werden. Sicher ist es Gladkov gelungen, in Daša, wie er einmal sagte, eine Frau darzustellen, »*die sich in ihrem Leben das Recht erkämpft hat, in den ersten Reihen der Arbeiterklasse zu stehen*« – unsicher bleibt aber auch er vor der Tatsache, daß diese Frau dabei nicht nur die Familie zerstört, sondern auch den Tod ihres im Heim verkümmernden Kindes verschuldet. Bei aller vorgestellten Ordnung des Denkens bleibt die Unordnung des Herzens: »*Alles ist gerissen, alles ist verworren ... Man muß die Liebe irgendwie neu einrichten.*« In der später erfolgten Neubearbeitung seines Romans versuchte Gladkov schlechten Gewissens, dieses »Irgendwie-neu-Einrichten« der Liebe zu präzisieren: Das Paar trennt sich auf Zeit, um zur inneren Ordnung zu gelangen und damit wieder zusammenzufinden.   M.Gru.

AUSGABEN: Moskau 1925 (in Krasnaja nov'). – Moskau 1958/59 (in *Sobr. soč.*, 8 Bde., 2).

ÜBERSETZUNGEN: *Zement*, O. Halpern, Wien/Bln. 1927. – Dass., W. Rathfelder u. L. Remané, Bln. 1956. – Dass., A. E. Thoss, Bln. 1972. – Dass., W. Rathfelder, Bln. [6]1974.

DRAMATISIERUNG: Moskau 1926.

VERFILMUNG: SU 1927.

LITERATUR: S. F. Šuvalov, *Kompoz.-stilistič. analiz romana »Cement«* (in E. Nikitina u. S. F. Š., *Belletristy-sovremenniki*, Moskau 1927, S. 47–82). – A. Ležnev, *O »Cemente« G.* (in A. L., *Literat. budni*, Moskau 1929, S. 199–209). – G. Schramm, Rez. (in Literatur und Kritik, 8, 1973, S. 123). – R. L. Busch, *G.'s »Cement«: The Making of a Soviet Classic* (in SEEJ, 22, 1978, S. 348–361). – E. A. Vavra, *The Unmentionable Politics in G.'s »Cement«* (in Russian Language Journal, 1984, 129/130, S. 101–114).

**FRIDRICH NAUMOVIČ
GORENŠTEJN**

* 18.3.1932 Kiew

ISKUPLENIE

(russ.; *Ü: Die Sühne*). Roman von Fridrich N. GORENŠTEJN, erschienen 1979. – Bevor sich Gorenštejn, der in der Sowjetunion als Drehbuchautor für Fernsehen und Film (u. a. Andrej Tarkovskijs *Solaris* nach dem Roman von Stanisław LEM) arbeitete, 1977 entschloß, im Westen zu publizieren, konnte er nur eine einzige größere Erzählung in

einer Literaturzeitschrift unterbringen. Der Schritt in die literarische Öffentlichkeit des westlichen Auslands war zugleich auch der erste Schritt in Richtung auf seine Emigration (1980). *Die Sühne* ist das Werk, mit dem Gorenštejn als Schriftsteller bekannt wurde; E. ĖTKIND sprach anläßlich seines Erscheinens von der »*Geburt eines Meisters*«. Eine vollständige russische Ausgabe erschien, wie auch bei dem 1974/75 geschriebenen Roman *Psalom (Psalm)*, erst nach der Übersetzung.

Die Handlung führt in eine ukrainische Provinzstadt und umfaßt in ihrem größeren Teil nur wenige Tage um den ersten Jahreswechsel nach Ende des Zweiten Weltkrieges. Die Situation ist gekennzeichnet von den Folgen des Krieges und der deutschen Besatzung; es herrschen Not und Hunger, Frontsoldaten kehren physisch und psychisch verstümmelt nach Hause zurück, der von den Nationalsozialisten entfesselte Antisemitismus und seine Opfer stehen den Überlebenden noch vor Augen. Im Mittelpunkt des Geschehens steht die im Verlauf der Erzählung zur Frau heranreifende sechzehnjährige Sašen'ka, die, durch Entbehrungen gedemütigt, in hysterischen Ausbrüchen ihrem Haß auf die Mitmenschen freien Lauf läßt. Auf engstem Raum lebt sie zusammen mit ihrer Mutter sowie Ol'ga und deren Freund Vasja, der sich als angeblicher Nazi-Kollaborateur versteckt hält und den die Mutter, wie zuvor Ol'ga, aus Gutmütigkeit aufgenommen hat. Sie leben von den Almosen, die Ol'ga vor der Kirche erbettelt, und dem, was die Mutter aus der Kantine, wo sie arbeitet, herausschmuggelt. Nachdem Sašen'ka beim Neujahrsball eine herbe Enttäuschung ihres übergroßen Liebesverlangens erlebt, denunziert sie die eigene Mutter und Vasja beim Sicherheitsdienst. Sie wird krank und findet Zuflucht und Pflege bei der Familie einer Freundin. Nachdem ihre Mutter sie in einem Brief um Verzeihung für die schlechte Erfüllung ihrer Mutterpflichten bittet, ringt sie sich – zwischen Haß und Liebe schwankend – zur Versöhnung durch. Ihre eigentliche Wandlung aber setzt erst dann ein, als sie den heimgekehrten jüdischen Fliegerleutnant Avgust kennenlernt, dessen Familie vom Nachbarn erschlagen worden ist. Sie wird ihm zur Stütze, als er der Exhumierung der Leichen seiner Angehörigen beiwohnt, die vom Mörder in eine Abfallgrube geworfen worden waren und nun außerhalb der Stadt beerdigt werden sollen. (Das Bild der in ihrem Grab liegenden Schwester Avgusts war ihr bereits zuvor in Visionen erschienen.) Sie wird seine Geliebte und bewahrt ihn vor dem Selbstmord.

In der zweiten Hälfte des Romans tritt die Nebenfigur eines aus politischen Gründen verurteilten Literaturprofessors stärker in den Vordergrund. Sein Bedürfnis über das geschehene Unrecht, über die Frage nach dem Ende des Leidens, das sich die Menschen gegenseitig zufügen, und über die Möglichkeit der Sühne zu philosophieren, läßt ihn in Dialog mit Avgust treten, den sein Haß und die Verzweiflung über die angehäufte Schuld innerlich zerstören. Auch der Erzähler nimmt teil an dem

Dialog, doch ohne sich über die Figuren zu erheben, sondern bemüht, das Rätselhafte und Unerklärliche als solches bestehen zu lassen – die Zitate und Interpretationen aus der Bibel sind entsprechend eher Varianten der aufgeworfenen Grundfragen als Antworten darauf. – Das abschließende zwölfte Kapitel des Romans zeigt in einer Art Epilog das nunmehr harmonische Zusammenleben Ol'gas, Sašen'kas und ihrer Mutter, die inzwischen drei Töchter zur Welt gebracht haben. Während die Männer von den Härten des Lebens zerstört werden – der Professor stirbt, und auch Avgust scheint nicht mehr am Leben zu sein –, bilden die Frauen das lebenspendende Element. Die Schlußidylle mit dem Bad der drei Säuglinge symbolisiert – etwas plakativ vielleicht – die bereits zuvor vom Autor an zentraler Stelle herausgehobene positive Kraft der Mutterliebe.

Gorenštejns Sprache ist detailgenau, oft drastisch und bisweilen aufdringlich in der Darstellung des Physischen. Über weite Strecken bleibt er – besonders in der ersten Hälfte des Romans – nahe an der Perspektive Sašen'kas, die dadurch auch in ihren negativen Zügen nachvollziehbar wird. Die erst in der Mitte einsetzenden Kommentare erscheinen zunächst etwas unvermittelt, fügen sich dann aber in die nun stärker reflektierende Darstellungsweise ein. F.G.

AUSGABEN: Tel Aviv 1979 (in Vremja i my, 42; Ausz.). – Tenafly 1984.

ÜBERSETZUNG: *Die Sühne*, G. Leikauf, Darmstadt 1979.

LITERATUR: E. Ėtkind, *Die Geburt eines Meisters* (in F. G., *Die Sühne*, Darmstadt 1979, S. 5–14). – H.-P. Klausenitzer, Rez. (in FAZ, 4.10. 1979). – W. Kasack, Rez. (in NZZ, 7.12. 1979). – D. Milivojevic, Rez. (in Neue russische Literatur, 2–3, 1979/80, S. 538–540). – N. Koržavin, *Klubok sudeb* (in Russkaja mysl', 5.6. 1980). – D. Milivojevic, *The Cardinal Points in F. G.'s Writing* (in Neue russische Literatur, 4–5, 1981/82). – L. Anninskij, *F. G.: miry, kumiry, chiméry* (in Voprosy literatury, 1993, Nr. 1). – I. Prussakova, *Pisatel'žestokogo veka* (in Neva, 1993, Nr. 8).

DANIIL ALEKSANDROVIČ **GRANIN**

eig. Daniil Aleksandrovič German

* 1.1.1919 Volyn'

LITERATUR ZUM AUTOR:
Russkie sovetskie pisateli. Prozaiki [Bibliogr.], Hg. K. Muratova, Bd. 1, Leningrad 1959, S. 571–579.

– O. Vojtinskaja, *D. G.*, Moskau 1966. – L. Plotkin, *D. G. Očerk tvorčestva*, Leningrad 1975. – W. Beitz, *D. G.* (in *Multinationale Literatur der Sowjetunion*, Bd. 2, Bln. 1980, S. 169–183; 526 bis 528). – L. Kossuth, *Gespräch mit D. G.* (in Sinn und Form, 33, 1981, S. 595–607). – A. Starkov, *Nravstvennyj poisk geroev D. G.*, Moskau 1981.

IDU NA GROZU

(russ.; Ü: *Dem Gewitter entgegen*). Roman von Daniil A. GRANIN, erschienen 1962. – In physikalischen Laboratorien und Forschungsinstituten, naturwissenschaftlichen Abteilungen von Hochschule und Akademie und in externen Meß- und Beobachtungsstationen arbeiten sowjetische Wissenschaftler an einem Projekt zur Erforschung und künstlichen Beeinflussung von Gewittern. Zur weiteren Entwicklung der Arbeit soll der kühne Versuch gemacht werden, Messungen im Kern der Gewitterzentren selbst vorzunehmen, also die für Flugzeuge so gefährlichen Unwetter direkt anzufliegen. Nach erbitterten Kämpfen gegen Opportunismus, Mißgunst und persönliche Eitelkeit gelingt es endlich, eine erste Zustimmung für den Plan zu erwirken: Die Untersuchung der Randzonen von Gewittern wird genehmigt, ein Team gebildet und ein Flugzeug zur Verfügung gestellt. Während des Flugs verliert der Pilot im Unwetter die Orientierung, und die Maschine stürzt ab. Der einzige Versuchsteilnehmer, der die Ursache des Unglücks erkennt – ein Gerät, das das Zentrum des Gewitters anzeigen sollte, blieb ausgeschaltet –, wird von dem Schuldigen zu Boden getreten und kommt bei dem Unglück um. Die Untersuchungskommission allerdings macht die verfehlte Anlage des ganzen Projekts für den Zwischenfall verantwortlich und läßt die Arbeiten einstellen. Das Team zerfällt, seine Mitarbeiter wenden sich andern Aufgaben zu. Zurück bleibt Krylov, der Held des Romans, der allein durch die zähe Auseinandersetzung mit dem wissenschaftlichen Problem neue Kräfte auf das Vorhaben zu konzentrieren und schließlich seine Fortsetzung durchzusetzen vermag.

Wenn auch schon der äußere Handlungsablauf eine gewisse Dramatik der Darstellung bedingt, so liegt doch der Nachdruck auf der Entwicklung des »inneren Geschehens«, das sich in den psychologischen Reaktionen der beteiligten Personen zeigt. Nur zwei von ihnen sind in ihrem Verhalten von Beginn an festgelegt: Krylov, der, einzig von der Sache besessen, kompromißlos und unbestechlich das Projekt vorantreibt, und sein Gegner Agatov, ein intriganter Opportunist, der sich am Tod eines Mitarbeiters schuldig macht, als er die Entdeckung seines Versagens befürchten muß. Die übrigen Gestalten des Romans lassen sich nicht schematisch der einen oder andern Seite zuordnen. Sie übernehmen in der Entwicklung des Projekts teils fortschrittliche, teils negative Funktionen. Dabei zeichnet es den Roman aus, daß die handelnden

Personen allein nach der Bewährung in der gemeinsamen Arbeit beurteilt werden. Das wird vor allem an Tulin deutlich – einer Kontrastfigur zu Krylov –, der mit intuitivem Geschick das Projekt unterstützt, es aber sofort fallenläßt, als der erste Rückschlag eintritt. Die Erarbeitung der gesellschaftlichen Praxis als Maßstab und Korrektiv der Kritik ermöglicht es Granin, seinen »positiven Helden« von allen Klischeevorstellungen freizuhalten. Krylov versucht nicht, eine Idee des Kommunismus von außen an die Wirklichkeit heranzutragen, sondern erfüllt seine Aufgabe im Prozeß der sozialistischen Arbeit selbst. Doch auch die Gegenfiguren des Helden stehen nicht außerhalb der sozialistischen Gesellschaft: Probleme, die sich im Kampf mit den Gegnern des wissenschaftlichen Projekts stellen, haben ihre Ursache in der historischen Entwicklung dieser Gesellschaft, setzen sie aber ohne Alternative voraus. Aus der gleichen Zuversicht erklärt sich, daß Granin der Partei eine vergleichsweise geringfügige Rolle zuschreibt: Nach einem halben Jahrhundert sozialistischen Aufbaus ist der »sowjetische Mensch« so weit gereift, daß er zur Lösung anstehender Konflikte des erzieherischen Appells nicht länger bedarf.   C.K.

AUSGABEN: Moskau 1962 (in Znamja, 32, 8–10). – Moskau 1962. – Leningrad 1979 (in *Sobr. soč.*, 4 Bde., 1978–1980, 2). – Moskau 1988.

ÜBERSETZUNGEN: *Dem Gewitter entgegen*, D. Pommerenke, Bln. 1963. – *Zähmung des Himmels*, K.-E. Wädekin, Stg. 1963 [gek.].

KARTINA

(russ.; *Ü: Das Gemälde*). Roman von Daniil A. GRANIN, erschienen 1980. – Wie zahlreiche Werke Granins, etwa *Sobstvennoe mnenie (Die eigene Meinung)*, zeigt auch dieses in der Thematik und der linearen Handlungsführung enge Verwandtschaft mit Vladimir DUDINCEVS *Ne chlebom edinym (Der Mensch lebt nicht vom Brot allein)*: Ein aufrechter Einzelgänger setzt eine gerechte Sache gegen den Widerstand des wissenschaftlichen oder administrativen Apparates durch. Hier wird eine idyllische Lebenswelt vor der Zerstörung durch den Bau einer Industrieanlage bewahrt.

Sergej Losev war Techniker, ehe er Bürgermeister des Provinzstädtchens Lykov wurde. Zupackend und pragmatisch, ging er bislang völlig in seinem Amt auf. Eher zufällig erwirbt er ein Gemälde des Lykover Malers Astachov. Es zeigt das alte Haus am Fluß, bei dem Losev in seiner Jugend Fische fangen und schwimmen lernte. Vor kurzem hat er selbst dem Abriß des Gebäudes zugestimmt, an dessen Stelle eine Rechenmaschinenfabrik entstehen soll. Unter dem Einfluß seiner Erinnerungen sowie der Lektüre des philosophischen Tagebuches seines frühverstorbenen, eigenbrötlerischen Vaters und von Briefen Astachovs wird sich Losev der Bedeutung historisch gewachsener intakter Lebens-

räume für den Menschen bewußt: »*Wenn wir das Alte zerstören, wo kommen wir dann hin?*« So nimmt er den Kampf um die Erhaltung des Hauses und der Flußlandschaft auf. Dabei muß er sich gegen den mächtigen Bezirksfunktionär Uvarov durchsetzen, einen phantasielosen, auf Plansollerfüllung fixierten Bürokraten. Unterstützt wird er jedoch von dem einflußreichen Veteranen Polivanov und der Lehrerin Tatjana Tučkova, mit der den Geschiedenen bald ein inniges Liebesverhältnis verbindet. Sie zeigt ihm, daß das Leben jenseits der bloßen Funktion als Amtsträger tiefere Dimensionen haben kann. Noch einmal erlebt Losev längst vergessen geglaubte Gefühle: zu einer Frau, zur Kunst, zur Natur. Es gelingt ihm nicht nur, den Abzug eines Trupps Geometer zu erreichen, der bereits das Baugelände vermessen wollte, sondern auch den einer Pioniereinheit, die in einer Nacht-und-Nebel-Aktion das alte Haus sprengen sollte. Eine Beförderung zum Stellvertreter Uvarovs schlägt er ebenfalls aus, um den Kampf nicht aus den Händen legen zu müssen. Den Ausschlag gibt schließlich ein Artikel in der ›Pravda‹, der die Aufmerksamkeit höherer Stellen weckt und Losevs Gegner zum Einlenken zwingt. Ein Happy-End findet der Roman damit jedoch nicht. Tatjana geht nach Weißrußland, Losev legt sein Amt nieder, leitet den Bau der Fabrik an einer anderen Stelle des Flusses und verläßt Lykov mit unbekanntem Ziel. Sein Nachfolger rühmt sich zwar der erhalten gebliebenen lebenswerten Atmosphäre der Stadt, distanziert sich aber von ihm als einem Aufsässigen, »*der in moralischer Hinsicht die Autorität untergraben hat*«. Der Geist seiner Kontrahenten lebt also noch fort. Das im Epilog referierte Verschwinden Losevs aus Lykov und die Sehnsucht, mit der seine Rückkehr erwartet wird, stilisiert ihn gleichsam zu einem fast mythischen Heilsbringer, der von den altrussischen Heldensagen inspiriert scheint. »*Zwischen Zukunft und Gegenwart gibt es keine unüberbrückbare Kluft, vielmehr haben die Kräfte der Zukunft im Heute zu wirken begonnen!*« (W. Beitz).

Der bei seinem Erscheinen kontrovers diskutierte Roman verzichtet auf jede Polemik. Auch die Ansichten von Losevs Widersachern erscheinen in ihrer historischen Bedingtheit nicht als unberechtigt oder böse. Der Schluß zeigt, daß der von Losev eingeleitete Gesinnungswandel längst noch nicht abgeschlossen ist – sein Erfolg war nicht mehr als ein Etappensieg. Granin zählt somit, wie auch Čingiz AJTMATOV u. a., zu der Reihe bedeutender sowjetischer Autoren der achtziger Jahre, die die zunehmenden Zweifel an einer ungebremsten Industrialisierungspolitik auf Kosten anderer Lebensbereiche literarisch formulieren.   K.P.W.

AUSGABEN: Moskau 1980 (in Novyj mir, 1/2). – Moskau 1987.

ÜBERSETZUNG: *Das Gemälde*, L. Remané, Bln. 1981. – Dass., dies., Köln 1987.

VERFILMUNG: SU ca. 1982 (Regie: B. Mansurov).

LITERATUR: A. Pawlowski, Rez. (in Kunst und Literatur, 29, 1981, S. 847–862). – I. Grekowa, Rez. (ebd., S. 1277–1287). – W. Beitz, *»Das Gemälde« von D. G.* (in Weimarer Beiträge, 29, 1982, S. 460–473).

SOBSTVENNOE MNENIE

(russ.; *Ü: Die eigene Meinung*). Erzählung von Daniil A. GRANIN, erschienen 1956. – Die kurze Erzählung behandelt das Problem des Opportunismus zur Zeit des Stalinismus. Im Mittelpunkt steht der Fall eines jungen Technikers, der mit zäher Energie eine richtige Erkenntnis gegen die geschlossene Abwehrfront allein dem persönlichen Interesse verpflichteter Vorgesetzter durchzusetzen versucht.

Der begabte Ingenieur Ol'chovskij hat in einem Artikel die Unwirtschaftlichkeit der technischen Konstruktionen des angesehenen Akademiemitglieds Stroev nachgewiesen. Um seine Arbeit zu veröffentlichen, bedarf er der Unterstützung seines Vorgesetzten Minaev. Soeben für den Posten des Institutsleiters vorgeschlagen, ist Minaev allerdings an einem Konflikt mit dem einflußreichen Stroev nicht interessiert. Obwohl er die wissenschaftliche und ökonomische Berechtigung der Arbeit Ol'chovskijs anerkennt, schlägt er daher die Bitte des Ingenieurs ab.

Gleichwohl läßt ihn die aufrechte Haltung des Mitarbeiters nicht unberührt. Minaev erkennt in Ol'chovskij seine eigene Jugend wieder: Auch er hat einst versucht, der »eigenen Meinung« gegen den Widerstand der Vorgesetzten zum Durchbruch zu verhelfen. Doch seit man ihm in der Jugend das Rückgrat brach, ist die Tugend des opportunistischen Zurückweichens für Minaev zum eigentlichen Inhalt seiner Existenz geworden. Sein Leben gründet auf dem Prinzip, sich durch Unterwürfigkeit und Anpassung, durch Schweigen und bewußte Lüge in die Stellung emporzudienen, die ihm endlich die Verwirklichung seiner dünner und schaler werdenden »eigenen Meinung« ermöglichen soll. Minaev muß die Erfahrung machen, daß ihm der eigene Opportunismus die Grenzen seiner Handlungsfreiheit unwiderruflich vorschreibt: Das Gutachten, mit dem Minaev den Fall Ol'chovskij »vorläufig« beiseite schob, erweist sich in der Hand eines geschickten Gegners als stärker als der gute Vorsatz, den Ingenieur später gegen seine Feinde in Schutz zu nehmen. Als ihm die Unterlegenheit seines besseren Ich gegen die von seinem karrieristischen Verhalten geschaffenen objektiven Widerstände bewußt wird, erkennt Minaev, daß er ein alter Mann ist. Im dunklen Fenster des Eisenbahnabteils, in dem er einsam in der Nacht aus Moskau in sein Institut fährt, tritt ihm der Student Minaev entgegen: In der Auseinandersetzung mit den Prinzipien und Hoffnungen seiner Jugend brechen die Argumente des durch seinen Aufstieg korrumpierten Direktors kraftlos in sich zusammen.

Die Erzählung, die bei ihrem Erscheinen in der Sowjetunion eine lebhafte Diskussion auslöste, zeichnet sich in der Fülle der kritischen Literatur der nachstalinistischen Übergangsperiode durch ihre Einsicht in die Gebundenheit der kritisierten Erscheinungen an die historisch bedingte Situation der Sowjetgesellschaft gegen Ende der Stalinzeit aus. Sie lastet die entlarvten Mängel nicht dem sozialistischen Aufbau, sondern den während des Stalinismus eingetretenen Verzerrungen der proletarischen Demokratie an. Granin verdeutlicht diesen Zusammenhang durch den bekannten Tauwettertopos: *»Auf dem Fluß trieb dicht das letzte Eis. Stellenweise war der Fluß noch ganz weiß, wie zugefroren. Die Eisschollen stauten sich an den Granitpfeilern der Brücke, zerbarsten leicht und verschwanden, sich drehend, in kantigen Stücken in der Strömung …«* Die Aufmerksamkeit des Autors gilt weit mehr dem gedanklichen Vorwurf als der formalen Gestaltung des Textes. Die fortschrittliche Tendenz seiner Kritik vermag mit dem wenig ausgeglichenen Aufbau der Erzählung zu versöhnen.   C. K.

AUSGABE: Moskau 1956 (in Novyj mir, 32, Nr. 8).

ÜBERSETZUNGEN: *Die eigene Meinung*, G. Eschbach (in Freundschaft in Aktion, 1956, 7/8). – Dass., H. Weerth (in Osteuropa, 1957, Nr. 5). – Dass., V. P. Lebedev (in *Russische Erzähler*, Mchn. 1962). – Dass., G. Eschbach (in *Der Platz für das Denkmal*, Lpzg. 1975).

ZUBR

(russ.; *Ü: Der Genetiker*). Roman von Daniil A. GRANIN, erschienen 1987. – Auch dieser Roman behandelt ein Thema aus dem Bereich der Wissenschaft und Forschung. Erzählt wird die Biographie des sowjetischen Biologen und Genetikers Nikolaj Timofeev-Resovskij (1899–1981), der unter einer sowjetischen Wissenschaftspolitik zu leiden hatte, die – unter Führung des von Stalin favorisierten Biologen Trofim Lysenko (1898–1976) – die genetische Forschung völlig liquidierte.

Nach dem Zoologie-Studium an der Moskauer Universität arbeitete Timofeev-Resovskij in einem Forschungsinstitut; 1925 wurde er zur wissenschaftlichen Mitarbeit an das Kaiser-Wilhelm-Institut in Berlin-Buch entsandt. Durch seine Forschungen zur Strahlenbiologie und Genetik erlangte er bald einen wissenschaftlichen Ruf und Kontakte zu bekannten Fachkollegen. Trotz der politischen Veränderungen in Deutschland nach 1933 konnte er sich weiter unbehelligt seiner Forschung widmen. Unter dem Eindruck der beunruhigenden Nachrichten aus der Heimat (er hörte von Verfolgungen bekannter Wissenschaftler, vom Aufstieg Lysenkos) verweigerte er 1937 die Rückkehr in die Sowjetunion. Auch die Emigration lehnte er für sich persönlich ab; er behielt seinen sowjetischen Paß und nahm die ihm angebotene deutsche Staatsbürgerschaft nicht an. Bis zum Kriegsende arbeitete er in Buch und weigerte sich, nach Westen zu gehen; ein Angebot aus den USA lehnte er ab. Beim Einmarsch der Russen wurde er verhaftet, dann aber vom stellvertretenden Volkskommissar des Innern, Zavenjagin, zum Institutsdirektor in Buch ernannt. Ohne Wissen Zavenjagins wurde er jedoch erneut verhaftet und wegen seiner einstigen Weigerung, in die Sowjetunion zurückzukehren, zu Lagerhaft verurteilt. 1947 wurde er von Zavenjagin in einem Lager aufgefunden und in die Verbannung in den Ural geschickt, wo er von nun an in einem Labor arbeitete. 1948 wurde auf Betreiben Lysenkos die genetische Forschung generell verboten. Timofeev-Resovskij setzte jedoch seine Arbeit inoffiziell fort und konnte so ein »Reservat« der Genetik im Ural aufrechterhalten. Nachdem sein Labor Anfang der fünfziger Jahre aufgelöst wurde, arbeitete er in den folgenden Jahren in verschiedenen Forschungsinstituten. Da er aus seiner Meinung über Lysenko kein Hehl machte, wurde er jedoch in seiner wissenschaftlichen Arbeit nach wie vor behindert.

Nachdem Lysenko an Einfluß verloren hatte, begann auch die genetische Forschung wieder aufzuleben. Timofeev-Resovskijs Rang war im Zuge dieser Entwicklung inzwischen unbestritten und durch internationale Auszeichnungen bestätigt. Bis zu seinem Tode 1981 widmete er sich weiterhin seiner Forschung, ohne aber eine offizielle Rehabilitierung erfahren zu haben.

Granin, der Timofeev-Resovskij persönlich gut kannte und ihn sehr schätzte, verarbeitete neben eigenen Eindrücken eine Fülle dokumentarischer Zeugnisse zu einer Biographie, die an der Grenze von dokumentarischer Prosa und literarischer Fiktion steht. Die Chronologie der Ereignisse wird immer wieder durch Rückblicke und Vorauswendungen unterbrochen. Die 49 kurzen Kapitel wirken in sich abgeschlossen und – vom Erzähler durchaus beabsichtigt – episodenhaft: Es sind *»Ereignisse und Begebenheiten aus seinem Leben ... wie in einem Kaleidoskop. Man hätte sie vielleicht ordnen und aus den verschiedenen Varianten eine komplette zusammenstellen sollen, aber davor hütete ich mich.«* Der Roman konzentriert sich auf die Darstellung der Hauptfigur, alle anderen Figuren definieren sich lediglich aus ihrer Beziehung zu Timofeev-Resovskij. Er war ein eigenwilliger, unangepaßter Mensch, der wegen seiner äußeren Erscheinung und seines Charakters »Zubr« (Auerochs, Ur) genannt wurde. Dementsprechend wird er vom Erzähler porträtiert: *»Er war ein Ur, der zufällig überlebt hatte«*, ein Wesen aus einer früheren Epoche also, dem die politischen Umstände dieser Epoche zum Verhängnis werden. Eine Darstellung der politischen Ereignisse erfolgt nur insoweit, wie sie Voraussetzung und Hintergrund für das persönliche Schicksal Timofeev-Resovskijs bilden. Auch geht es nicht um eine ausführliche Darstellung des »Lysenkotums«. Wenn der Erzähler an einer Stelle doch genauer darauf eingeht, so ist das eher zu verstehen als Analyse der Diktatur allgemein *(»Die Fiktion herrschte und trieb Blüten ... Trugbilder*

wurden zur Wirklichkeit erklärt ... Die inbrünstigen Beschwörungen des großen Lehrers erzeugten Gläubigkeit. Er verstand es, zur rechten Zeit Versprechungen zu machen«) und damit als literarische Verarbeitung der Vergangenheit auch auf einer abstrakten Ebene. Ungeachtet der zum Teil stark idealisierenden Darstellung Timofeev-Resovskijs ist der Roman sehr informativ und gehört zu den wichtigsten Werken der »Perestroika«-Literatur.   D.Tr.

AUSGABEN: Moskau 1987 (in Novyj mir, Nr. 1–2). – Leningrad 1987.

ÜBERSETZUNG: *Der Genetiker*, E. Ahrndt, Köln 1988.

LITERATUR: A. Turkov, Rez. (in Literaturnaja gazeta, 11. 3. 1987). – V. T., Rez. (in Russkaja mysl', 12. 6. 1987). – I. Grekova, *Legendarnyj obraz* (in Oktjabr', 1987, Nr. 5, S. 184–189). – E. Sidorov, *Povest' o redkostnom čeloveke* (in Znamja, 1987, Nr. 6, S. 226–227). – I. Rišina, *Echo dal'nee i blizkoe* (in Literaturnaja gazeta, 27. 5. 1987).

VASILIJ SEMËNOVIČ GROSSMAN

* 12.12.1905 Berdičev / Gouvernement Kiew
† 14.9.1964 Moskau

ŽIZN' I SUD'BA

(russ.; *Ü: Leben und Schicksal*). Roman von Vasilij S. GROSSMAN, erschienen 1980 in Lausanne. – Das Hauptwerk Grossmans, der als begabter, realistischer Epiker von M. GOR'KIJ entdeckt wurde und während des Krieges Frontberichterstatter der Armeezeitung ›Krasnaja zvezda‹ war, hatte bis zu seiner Drucklegung im Westen einen langen Weg zurückgelegt. Das 1960 vollendete Manuskript wurde dem Chefredakteur der Zeitschrift ›Znamja‹ übergeben, der es sofort an den KGB weiterleitete. Alle Kopien, Notizbücher, Entwürfe, ja sogar Farbbänder und Kohlepapier wurden beschlagnahmt; das Buch wurde »verhaftet«, wie es von offizieller Seite hieß. Auf wunderliche Weise gelangten 1975 Mikrofilme des Romans in den Westen. Zwanzig Jahre nach seiner Beendigung konnte das Buch, dem der Chefideologe Michail Suslov prophezeit hatte, es könne erst in zwei- bis dreihundert Jahren gedruckt werden, in der Schweiz auf russisch erscheinen. Es wurde als Sensation gewertet, daß das Werk 1988 erstmals in der Sowjetunion in der Zeitschrift ›Oktjabr'‹ abgedruckt wurde und gleichzeitig auch in Buchform erschien. Der epochale Roman, ein gewaltiges Epos, das mit

TOLSTOJS *Krieg und Frieden* vergleichbar ist, erforscht die sowjetische Realität auf einem Höhepunkt ihrer Geschichte, der Schlacht um Stalingrad. In Stalingrad, dem Epizentrum der Weltgeschichte, entscheidet sich das Schicksal der Welt, der Untergang des Nazismus. Geschildert werden die Ereignisse an der Front, im Hinterland, das Leben in deutschen Konzentrationslagern, im russischen GULag, im jüdischen Ghetto, in der Evakuierung, im belagerten Stalingrad, in intellektuellen Moskauer Kreisen. Durch häufigen Szenenwechsel und multiperspektivische Betrachtungsweise, die es dem Leser erlaubt, die Geschehnisse aus der Sicht aller Beteiligten wahrzunehmen, werden verschiedenste Nuancen und Schattierungen einer bisweilen unerträglichen Wirklichkeit aufgezeigt. Kapitel, die von der Dynamik der Ereignisse beherrscht werden, wechseln mit solchen ab, in denen der Denker und Analytiker an die Stelle des Chronisten tritt und über Geschichte, Gott und Freiheit reflektiert, Faschismus und Antisemitismus einer genauen Analyse unterzieht, das Phänomen Hunger anatomisch untersucht und die psychologischen Folgen des Totalitarismus aufzeigt. Grossman hat einen historischen Familienroman geschrieben, dessen philosophischer Grundgedanke und Leitmotiv die menschliche Güte ist, die einer von Kirche und Staat vorgegebenen Kategorie des Guten, das oftmals – wie die Geschichte beweist – infolge von Fanatismus und Intoleranz in Grausamkeit umschlägt, positiv entgegenwirkt.

Im Mittelpunkt der Geschehnisse steht die Familie Šapošnikov: Aleksandra Vladimirovna, ihre beiden Töchter, Evgenija und die mit dem jüdischen Physiker Štrum verheiratete Ljudmila, Nadja, die Tochter der Štrums, und Tolja, Ljudmilas Sohn aus erster Ehe. Daneben erscheinen Sergej Šapošnikov, der Sohn von Aleksandras verschollenem Sohn Dmitrij, und ihre Enkelin Vera, die im umkämpften Stalingrad einen Sohn zur Welt bringt, während ihr Mann, der Panzerleutnant Viktorov, von Deutschen abgeschossen wird und stirbt. Jede dieser Personen leidet unter den Folgen des Krieges und des Totalitarismus. Während Sergej im belagerten Stalingrad inmitten von Gewalt und Grausamkeit die erste Liebe erfährt, schreibt Štrums Mutter, der ein Tod durch die Deutschen bevorsteht, einen ergreifenden Abschiedsbrief an ihren Sohn. Evgenija, die ihren Mann, den Altbolschewiken Krymov, verlassen hat und mit dem Obersten Novikov ein neues Leben beginnen will, zögert nicht, zu ihrem Mann zurückzukehren, als sie von dessen Verhaftung hört. Ihre Freundin, die kinderlose jüdische Ärztin Sof'ja Osipovna Levinton, erfährt auf dem Abtransport in ein deutsches Konzentrationslager zum erstenmal, was Mutterliebe bedeutet, als sie den Jungen David in ihre Obhut nimmt und mit ihm zusammen in der Gaskammer stirbt. Erschütternd beschreibt Grossman die Gefühlswelt von Menschen, die kurz vor dem Tode stehen, und schildert aus der Sicht der Ärztin, wie das Schicksal Opfer und Henker zusammenführt. Der Physiker Štrum, eine zentrale Figur des Bu-

ches, macht während der Evakuierung in Kasan eine bahnbrechende Entdeckung, für die er für den Stalinpreis vorgeschlagen wird, und wird nach der Reevakuierung nach Moskau fast ein Opfer der neuen Welle des Antisemitismus. Standhaft widersteht er allen Repressalien seitens der Staatsmacht und erfährt in dem Augenblick, da er sich für sein Gewissen und die Moral entscheidet, eine Art von Erleuchtung. Ein Telefonanruf Stalins wendet sein Schicksal; danach gehört er, als Wissenschaftler hochgeschätzt, zu den Privilegierten. Meisterhaft gelingt es Grossman, die Psyche Štrums aufzuzeigen, der schließlich eine moralische Niederlage erleidet, als er – paradoxerweise durch die ihm plötzlich verliehene Macht geschwächt – eine für das Ausland inszenierte Diffamierungskampagne zu unterstützen bereit ist. Während er mit dieser persönlichen Niederlage leben muß, gelingt es seiner Frau Ljudmila kaum, mit dem Schmerz über den Tod ihres gefallenen Sohnes Tolja fertig zu werden. Der Verlust des Sohnes entfremdet sie ihrer Umgebung, besonders ihrem Mann, den eine tiefe platonische Liebe mit der Frau seines Kollegen Sokolov verbindet.

Ljudmilas erster Mann Abčuk wird als Opfer des Stalinismus in einem russischen Lager gefangengehalten, wo sein sterbender Lehrer ihm den Glauben an den Kommunismus als den Irrtum ihres Lebens vor Augen führt. Ebenso schockiert wird der in einem deutschen Konzentrationslager internierte Leninist Mostovskoj, als ihn Himmlers Stellvertreter Liss zu einem nächtlichen Gespräch zu sich ruft und, sich gleichsam mit ihm verbrüdernd, die Analogie zwischen Faschismus und Sozialismus »hegelianisch« beweist und Stalin als Lehrmeister des Nationalsozialismus hinstellt. Der fanatische Kommunist Krymov lernt nach seiner Verhaftung in der Lubjanka auf brutale Weise die Methoden eines Unrechtregimes kennen, dem er sogar zur Zeit der Entkulakisierung blind die Treue hielt. Grossman zeigt weniger die Identität von Ideologien als die ihrer Entwicklungen auf; legt dar, wie sowohl der Faschismus als auch der Sozialismus Stalins zum Totalitarismus sich entwickelten, wie der Sieg von Stalingrad eine Epoche des Rassismus und Antisemitismus einleitete und zur Katastrophe für Besiegte und Sieger wurde.

Grossmans in der Tradition Tolstojs und ČECHOVS stehende Epopöe ist von einem tiefen Humanismus durchdrungen. Im Mittelpunkt steht der Mensch, der einzelne, dem es obliegt, durch wahre Güte ein nicht abzuwendendes Schicksal positiv zu beeinflussen oder einem allmächtig erscheinenden Staat Widerstand zu leisten. Diese Güte kann in verschiedenen Formen auftreten; ob sie in der Befehlsverweigerung des Panzerobersten Novikov zum Ausdruck kommt, der um seine Soldaten zu retten, einen Befehl mit Verspätung ausführt, oder das Handeln von Grekov, dem gänzlich unorthodoxen Kommandanten eines belagerten Stalingrader Hauses, bestimmt, der entgegen eigenen Interessen ein Liebespaar vor dem sicheren Tod rettet, ist von geringerer Bedeutung als die Tatsache, daß sie immer und überall in Erscheinung treten kann und die letzte Wahrheit und Freiheit des Menschen ist. – Das 1955 begonnene und parallel zu diesem Werk geschriebene Romanfragment *Vsë tečët (Alles fließt)* vertieft die in *Leben und Schicksal* angesprochenen Fragen und führt die hier begonnene Analyse russischer Geschichtserfahrung fort.   S.Ma.

AUSGABEN: Lausanne 1980. – Moskau 1988.

ÜBERSETZUNG: *Leben und Schicksal*, anon., Mchn./ Hbg. 1984.

LITERATUR: H. v. Ssachno, *Lenins Lob und Liquidierung* (in Die Weltwoche, 14. 6. 1972). – B. Jampolski, *Letzte Begegnung mit W. G.* (in NZZ, 25. 2. 1977). – B. Zaks, *Literatura i vremja. Nemnogo o G.* (in Kontinent, Paris 1980, 26, S. 352–363). – S. Markiš, *Slučaj G.*, Lausanne 1983. – I. Rakusa, *»Freiwillig verzichtet der Mensch nicht auf Freiheit«* (in NZZ, 3. 5. 1985). – Dies., *Russische Schicksale* (ebd., 28. 6. 1985). – R. Eder, *»Life and Fate«* (in Los Angeles Times, 30. 3. 1986). – S. Lipkin, *Stalingrad V. G.*, Ann Arbor 1986. – Ders., *»Žizn' i sud'ba« V. G.* (in Strana i mir, 10, 1986). – S. Markiš, *Ljubil li Rossiju V. G.?* (in Russkaja mysl', 21. 2. 1986). – A. Navrozov, *The View from Vnukovo* (in The Encounter Magazine, 1986, Dez.). – S. Lipkin, *Pravoe delo pobeždaet* (in Moskovskie novosti, 18. 10. 1987). – I. Zolotusskij, *Vojna i svoboda* (in Literaturnaja gazeta, 8. 6. 1988). – V. Laksin, *Narod i ljudi* (in Izvestija, 25. 6. 1988). – A. Karpov, *Narod bessmerten* (in Pravda, 4. 7. 1988). – I. Rišina u. A. Egorov, *Liš' tot dostoin žizni i svobody ...* (in Literaturnaja gazeta, 24. 8. 1988). – S. Lipkin, *»Žizn' i sud'ba« V. G.*, Moskau 1990. – A. Bočarov, *V. G. Žizn'. Tvorčestvo. Sud'ba*, Moskau 1990. – E. Danilova, *Znak bedy? Nad stranicam »Žizn' i sud'by« V. G.* (in Voprosy literatury, 1993, Nr. 2).

IL'JA ARNOL'DOVIČ IL'F
EVGENIJ PETROVIČ PETROV

Il'ja Arnol'dovič Il'f
eig. Il'ja Arnol'dovič Fajnsil'berg

* 15.10.1897 Odessa
† 13.4.1937 Moskau

Evgenij Petrovič Petrov
eig. Evgenij Petrovič Kataev

* 13.12.1903 Odessa
† 2.7.1942 bei einem Flugzeugabsturz zwischen Sevastopol' und Moskau

LITERATUR ZU DEN AUTOREN:
V. E. Ardov, *I. i P. Vospominanija i mysli* (in Znamja, 1945, S. 116–148). – L. Gurovič, *I. I. i E. P. – satiriki* (in Voprosy literatury, 1957, 4). – T. Sincova, *I. I. i E. P. Materialy dlja biografii*, Leningrad 1958. – A. Vulis, *I. I. i E. P. Očerk tvorčestva*, Moskau 1960. – B. Galanov, *I. I. i E. P. Žizn'. Tvorčestvo*, Moskau 1961. – G. Munblit, *Rasskazy o pisateljach: Bagrickij, I., P., Makarenko*, Moskau 1962. – *Vospominanija ob I. I. i E. P. Sbornik*, Hg. ders. u. A. Raskin, Moskau 1963. – V. Akimov, *I.A.I. i E.P.P.* (in *Russkie sovetskie pisateli. Prozaiki*, Bd. 2, Leningrad 1964, S. 204–238). – L. Janovskaja, *Počemu vy pišete tak smešno? Ob. I. I. i E. P., ich žizni i ich jumore*, Moskau ²1969.

DVENADCAT' STUL'EV

(russ.; *Ü: Zwölf Stühle*). Satirischer Roman von Il'ja A. IL'F und Evgenij P. PETROV, erschienen 1928. – Frucht des Teamworks zweier geborener Humoristen und Satiriker von unerschöpflichem Einfallsreichtum, schildert der Roman die Jagd geldgieriger Männer nach zwölf Stühlen, in deren einem eine verstorbene Aristokratin bei Ausbruch der Revolution ihren Millionenschmuck versteckt hat. Ihr vertrottelter Schwiegersohn Vorobev, als Beamter in einer Kleinstadt untergetaucht, macht sich als erster auf die Suche; der Pope, das Beichtgeheimnis für sich nützend, folgt ihm auf eigene Faust; der Dritte im Bunde wird der »große Kombinator« Ostap Bender, ein junger Herr von ebenso kaltschnäuziger Frechheit wie spitzbübisch charmanter Schläue. Er wird Vorobevs Gesellschafter, wenig später dessen Chef und bringt die übers Land verstreuten Stühle alle zusammen. Deren Polster bergen allerdings nicht den ersehnten Schatz. Bevor der letzte Stuhl untersucht wird, befreit sich Vorobev, der die Dankbarkeit nicht schätzt, vom »großen Kombinator«, indem er ihm die Kehle durchschneidet. Doch auch der zwölfte Stuhl enttäuscht: Der Schmuck war schon gefunden und aus seinem Erlös ein prächtiges Klubhaus zugunsten der Allgemeinheit gebaut worden.
Il'f und Petrov schreiben mit großer Leichtigkeit. Situationskomik und die chaplineske Tücke des Objekts bauen sie ebenso brillant in die Jagd-Handlung ein wie GOGOL'sche Groteskszenen und zwerchfellerschütternde Lustspielakte; neben gezügelten, nie zum puren Selbstzweck ausartenden Übertreibungen steht das klug berechnete *understatement*; und wo es absurde Utopien zu entwerfen gilt (z. B. den *»interplanetaren Schachkongreß«*), entwickeln die Autoren wahre Katarakte von detaillierten Zukunftsträumen. Wenn aber Il'f und Petrov dem »lebenden Leichnam« der bourgeoisen Endzeit begegnen, wird ihre Feder aggressiv und trifft Bürokratismus und Bestechlichkeit, Feigheit, Lüge oder Organisationssucht gleichermaßen wie die Schmarotzer im Sowjetstaat. Noch schärfer geschliffen ist die Satire im zweiten Teil des Buches *(Zolotoj telënok – Das goldene Kalb)* .   M.Gru.

Ausgaben: Riga 1928 (in Tridcat'dnej). – Moskau 1928. – Moskau 1935 [zus. m. *Zolotoj telënok*]; ern. 1948. – Moskau 1961 (in *Sobr. soč.*, Hg. A. G. Demenťev u. a., 5 Bde., 1; krit.; m. Einl. v. D. Zaslavskij). – Eriwan 1962. – Minsk 1983.

Übersetzungen: *Zwölf Stühle*, E. Brod u. M. v. Pruss-Glowatzky, Hbg. 1954 (rororo). – Dass., E. v. Eck, Mchn. 1978.

Dramatisierung: H. Kipphardt, *Die Stühle des Herrn Szmil* (in *Junges deutsches Theater von heute*, Mchn. 1961).

Verfilmung: *The Twelve Chairs*, USA 1970 (Regie: M. Brooks).

Literatur: D. Nikolaev, *Satiričeskie romany I. i P.* (in Lit. gazeta, 25. 9. 1956). – L. Ryn'kov, *Perenosnoe upotreblenie slov v romanach I. I. i E. P. »Dvenadcat' stuľev« i »Zolotoj telënok«* (in Uc. zap. Kustanajskogo ped. inst., Bd. 4, 1959, S. 148–204). – V. Bolen, *Analysis of the Comic in I. I.'s and E. P.'s »Twelve Chairs« and »The Golden Calf«*, Diss. Univ. of Michigan 1968. – A. Starkov, *»Dvenadcat' stuľev« i »Zolotoj telënok« I. i P.*, Moskau 1969. – J. Wright, *I.'s and P.'s »The Twelve Chairs« and »The Golden Calf« and the Picaresque Tradition*, Diss. Univ. of Wisconsin 1973. – U. Zehrer, *»Dvenadcat' stuľev« u. »Zolotoj telënok« I. I. u. E. P. Entstehung, Struktur, Thematik*, Gießen 1975.

ZOLOTOJ TELËNOK

(russ.; *Ü: Das goldene Kalb*). Roman von Il'ja A. Il'f und Evgenij P. Petrov, erschienen 1931. – Im Mittelpunkt der gelungenen Fortsetzung der *Dvenadcat' stuľev*, 1928 (*Zwölf Stühle*), steht, zu neuem Leben erwacht, deren Held, der Gauner Ostap Bender. Unverwüstlich, schlagfertig und witzig setzt er sich mit unter merkwürdigen Umständen erworbenen Komplicen auf die Fährte eines illegalen Millionärs, des *»goldenen Kälbchens«* Korejkov, der sich während der NEP-Zeit ein Vermögen ergaunerte und nun als bescheidener Buchhändler getarnt auf die Rückkehr des Kapitalismus wartet. Die atemberaubende, groteske Jagd des *»großen Kombinators«* Bender nach den fremden Millionen endet in Sibirien, wohin der Held mit seinen Kumpanen, als angebliche Vorhut eines staatlichen Autorennens von den Provinzfunktionären mit Benzin versorgt und mit Ehrengaben überhäuft, in einem klapprigen Auto reist. Der Millionär wird gestellt und um sein Geld gebracht. Doch was kann ein Mann vom Schlage des *»großen Kombinators«* in der Sowjetunion mit einer Million Rubel beginnen? Die exotischen Vergnügungslokale sind verschwunden, die feinen Hotelzimmer sind für Tagungsteilnehmer reserviert, Autos sind Kollektivgenossenschaften vorbehalten, Häuser dürfen nur von staatlichen Unternehmen gebaut werden. Bender verzweifelt und überweist die

schwer erworbene Million der Staatsbank. Sogleich aber bereut er seinen Entschluß, holt das Geld zurück, deckt sich mit ausländischer Währung und Preziosen ein und schleicht bei Nacht und Nebel über die russisch-rumänische Grenze. Doch der Empfang durch die bürgerliche Gesellschaft ist niederschmetternd. Die rumänischen Grenzer plündern den Helden bis aufs Hemd aus. Mit letzter Kraft erreicht er wiederum das rettende sowjetische Ufer, das er resigniert begrüßt: *»Ich brauche keine Ovationen! Ein Graf von Monte Christo bin ich nicht geworden. Ich werde mich umqualifizieren und Hausverwalter werden müssen.«* Nach dem Muster des klassischen Schelmenromans weiß sich auch der sowjetische Picaro für seine Zwecke geschickt der bestehenden Einrichtungen seines Landes zu bedienen, um so den Autoren Gelegenheit zu bieten, ein satirisches Gesamtbild der Sowjetgesellschaft zu zeichnen. Die Handlung des erfolgreichen Romans ist ausgewogener als die der *Dvenadcat' stuľev* und übertrifft sie an trockener Situationskomik und sprühendem Wortwitz.   KLL

Ausgaben: Moskau 1931 (in 30 dnej, Nr. 1–7; 9–12). – Moskau 1933. – Moskau 1935 [zus. m. *Dvenadcat' stuľev*]; ern. 1948. – Moskau 1936. – Moskau 1938 (in *Sobr. soč.*, 4 Bde., 1938/39, 2). – Moskau 1961 (in *Sobr. soč.*, 5 Bde., 2). – Odessa 1962. – Minsk 1983 [zusammen mit *Dvenadcat' stuľev*].

Übersetzungen: *Ein Millionär in Sowjetrußland*, E. Brod, M. v. Pruss-Glowatzky u. R. Hoffmann, Bln. 1932. – *Das goldene Kalb*, E. Italiener, Stockholm 1946. – Dass., M. Schillskaja, Mchn. 1967. – *Das goldene Kalb. Oder die Jagd nach der Million*, T. Reschke, Mchn. 1979. – *Das goldene Kalb: ein Millionär in Sowjetrußland*, W. Rathfelder u. P. Todorović, Zürich 1986.

Dramatisierung: M. Korolev, *Zolotoj telënok*, Moskau 1961.

Verfilmung: SU 1968 (Regie: M. Švejcer).

Literatur: V. Šklovskij, *»Zolotoj telënok« i staryj plutovskij roman* (in Literaturnaja gazeta, 6. 5. 1934). – L. Janovskaja, *Delo Nr. 2 (K tvorčeskoj istorii »Zolotogo telënka«)* (in Voprosy literatury, 1963).

FAZIL' ABDULOVIČ ISKANDER

* 6.3.1929 Suchumi

LITERATUR ZUM AUTOR:
H. P. Burlingame, *The Prose of F. I.* (in Russian Literature Triquarterly, 14, 1976, S. 123–165). – Z. Michajlova, *F. I.: bibliografičeskij ukazatel'*, Ul'janovsk 1982. – K. Haase, *F. I.: An Analysis of His Prose*, Diss. Michigan State Univ. 1986. – K. Ryan-Hayes, *Soviet Satire after the Thaw: Tvardovskij, Solženicyn, Vojnović and I.*, Diss. Univ. of Michigan 1986. – U. Greiner, *Aus der neuen Welt. Begegnungen mit Tschingis Aitmatov, Daniil Granin, F. I. Gespräche über Literatur, Politik und das Leben* (in Die Zeit, 26.5. 1989). – N. Ivanova, *Smech protiv stracha, ili F. I.*, Moskau 1990.

SANDRO IZ ČEGEMA

(russ.; *Ü: Onkel Sandro aus Tschegem*). Roman von Fazil' A. ISKANDER, erschienen 1973 in der Zeitschrift ›Novyj mir‹, in Buchform 1977. – Der Roman Iskanders – ein modernes abchasisches Epos – umfaßt mehr als 80 Jahre der Geschichte des kleinen südkaukasischen Volkes vom späten 19. Jh. über die Sowjetisierung, Kollektivierung und den Zweiten Weltkrieg bis in die siebziger Jahre. Das umfangreiche Werk setzt sich aus einer losen Aneinanderreihung von Abenteuergeschichten zusammen, die den Eindruck erwecken, nur durch die Hauptfiguren (Onkel Sandro und seine Familie) und den Handlungsort (das Dorf Čegem in der damals zur Sowjetrepublik Georgien gehörenden autonomen Republik Abchasien) verbunden zu sein. Die 21 Novellen des Werkes bilden aber vielmehr die Knotenpunkte einer zusammenhängenden, oft humorvollen Darstellung der alten kaukasischen bäuerlichen Welt, die im Laufe des 20. Jh.s nahezu vollständig zerstört wurde.

Sandros Vater, der abchasische Viehzüchter Chabug, kehrte im späten 19. Jahrhundert aus der Türkei in die Heimat zurück. Durch Fleiß und harte Arbeit brachte er es in zwanzig Jahren zu einem beachtlichen Viehbestand, wurde aber später von der bolschewistischen Regierung enteignet und muß nun in der kollektivierten Landwirtschaft arbeiten. Trotz aller Widrigkeiten behält er seine Würde und seine Verbundenheit mit der traditionellen Kultur. Auch sein Sohn, der schlaue, schlagfertige Sandro, überlebt alle Stürme des Schicksals, denn er versteht es, jeder Situation mit Witz und Einfallsreichtum zu begegnen. Im Bürgerkrieg 1921 gerät er zwischen die Fronten der um Georgien kämpfenden Einheiten der Menschewiken und der Bolschewiken. Nach der bolschewistischen Machtübernahme fällt er dem abchasischen Parteichef Nestor Lakoba durch seine Künste als Volkstänzer auf; er wird in eine Tanztruppe aufgenommen und zieht in die Hauptstadt Suchumi, wo er außerdem als Hausverwalter im Gebäude des Zentralkomitees arbeitet. Bei einem Bankett im Jahre 1935, zu dem die Führer des Sowjetstaates geladen sind, kommt es zu einer Begegnung zwischen Sandro und Stalin, der dessen kunstfertigen Tanz lobt und behauptet, Sandro schon einmal gesehen zu haben. Später erinnert sich Sandro, daß er als Kind dem jungen Stalin tatsächlich schon einmal begegnet war – nämlich als dieser, wegen Mordes gesucht, auf seiner Flucht durch Sandros Dorf ritt. Sandro schwieg damals aus Angst und verhinderte damit die Hinrichtung des jungen Stalin.

Im Zuge der stalinistischen Säuberungen wird Sandros Gönner Lakoba 1937 liquidiert. Sandro selbst kann sich in letzter Minute dank Chabugs Hilfe aufs Land retten. Später läßt er sich in einer Vorstadt nieder. Mitte der sechziger Jahre begegnet ihm der Ich-Erzähler, ein junger Redakteur der Suchumer Zeitung ›Die roten Subtropen‹, der Sandros Leben und Erzählungen dokumentiert. Durch die Zwischenschaltung des Standpunktes des Journalisten entsteht die notwendige Distanz zum Erzählten.

Für die innere Dynamik der abchasischen Gesellschaft sorgen strenge Gesetze, die Rangordnung der einzelnen Familien, die erbitterten Stammesfehden, aber auch die Feste, bei denen der Tamada, der Zeremonienmeister, eine wichtige Rolle spielt. In der Episode eines uralten Opferbaums, der in den dreißiger Jahren von jungen Kommunisten angezündet wird, aber den Anschlag überdauert, werden die alten Bräuche nicht nur humoristisch verarbeitet – hier kommt auch der tragische Konflikt zwischen der ungläubigen jüngeren Generation und der älteren zum Ausdruck. Das Thema des Opferbaumes wird im (bereits 1970 als Erzählung veröffentlichten) letzten Kapitel, *Der Baum der Kindheit*, wieder aufgegriffen. Der Erzähler besucht mit Sandro ein letztes Mal das Dorf Čegem. Fast alle alten Bewohner sind tot oder fortgegangen. Der Opferbaum – Sinnbild der Traditionen – ist längst abgestorben und existiert nicht mehr. Die glaubenslose moderne Generation hat gesiegt.

Die These der Kritikerin H. BURLINGAME, Iskanders künstlerische Prosa sei als ein einziges Werk anzusehen, wird durch *Sandro iz Čegema* belegt. Einige Charaktere und Motive des Romans sind auch in anderen Werken zu finden – so wird in einem Kapitel in modifizierter Form das Sujet von *Sozvezdie kozlotura (Das Sternbild des Ziegentur)* verarbeitet. Während Iskander selbst seine Hauptfigur mit Don Quijote vergleicht, meinen B. BRIKER und P. DAL'TOR, Iskanders Werk stehe in der Tradition des »magischen Realismus« von W. FAULKNER und G. GARCÍA MÁRQUEZ, die in ihren Werken ebenfalls mit der Schilderung eines Ausschnittes der Wirklichkeit zugleich eine ganze Welt vermitteln.

Nachdem der Erzähler vom Absterben des Opferbaums erfährt, sinnt er darüber nach, ob der ganze Zyklus der Čegemer Geschichte nicht von vorne beginnen könnte. Der mythisch-zeitlose Charakter der traditionellen Weltsicht wird im vorletzten Kapitel durch die von unzähligen Generationen der Čegemer weitergegebene Legende von »*Džansuch, dem Hirsch-Sohn*« verdeutlicht. Der von einem Hirsch aufgezogene, dann als Kind zu den Čegemern gekommene Džansuch wird als eine Art weiser Urahn verehrt. Seine durch Intrigen des abchasischen Königshofes bewirkte Ermordung steht für die Bedrohung der traditionellen Weltanschauung. Onkel Sandro und seine Familie sehen alle Ereignisse, auch die der sowjetischen Periode, vor dem Hintergrund der »ewigen« Čegemer Kultur. Diese Perspektive wirkt dem tendenziösen sowjetischen Geschichtsbild der vorrevolutionären Zeit entgegen. So wird z. B. der Prinz von Oldenburg, ein idealistischer Vetter des Zaren, der sich in Abchasien niederließ und dort um die Jahrhundertwende Reformen durchführen wollte, als liebenswerter Exzentriker dargestellt. Lenin wiederum wird seiner revolutionären Monumentalität beraubt, indem er bei den Čegemern »*der, der das Gute wollte, es aber nicht schaffen konnte*« wird.

Diese und andere Abweichungen von der ideologischen Programmatik der Brežnev-Zeit führten dazu, daß in der sowjetischen Ausgabe des Romans lediglich acht der 21 Kapitel enthalten waren und daß selbst dieser Torso nicht von Eingriffen der Zensur verschont blieb. So wurden u. a. alle expliziten Erwähnungen von Stalin, Lakoba und Chruščëv getilgt. Diese aus nur einem Viertel des gesamten Werkes bestehende Fassung verstärkte den Eindruck, es handle sich lediglich um einen gefälligen Schelmenroman. Erst 1989 erschien eine Ausgabe des kompletten Werkes in Rußland.   H.Mey.

AUSGABEN: Moskau 1973 (in Novyj mir, 8–11). – Moskau 1977. – Ann Arbor 1979–1981 [vollst. Fassung]. – Moskau 1988 (in Znamja, Nr. 9; bisher ungedr. Ausz.). – Moskau 1989, 3 Bde. [vollst. Ausg.].

ÜBERSETZUNGEN: *Onkel Sandro aus Tschegem,* A. Kaempfe, Mchn. 1976. – *Belsazars Feste. Aus dem Leben des Sandro von Tschegem,* R. Reichert, Ffm. 1987. – *Der Hüter der Berge oder Das Volk kennt seine Helden,* F. Arnim, Ffm. 1988. – *Sandro von Tschegem,* M. Milack-Verheyden, Ffm. 1989.

LITERATUR: P. Vajl u. A. Genis, *Djadja Sandro i Josif Stalin* (in P. V. u. A. G., *Sovremennaja russkaja proza,* Ann Arbor 1982, S. 19–32). – B. Briker u. P. Dal'gor, »*Sandro iz Čegema*« *i magičeskij realizm I.* (in Scando-Slavica, 30, 1984, S. 103 bis 116).

SOZVEZDIE KOZLOTURA

(russ.; *Ü: Das Sternbild des Ziegentur*). Novelle von Fazil' A. ISKANDER, erschienen 1966. – Der Ich-Erzähler, ein junger Journalist aus der autonomen Republik Abchasien im Südkaukasus, verliert seine Stelle bei einer Jugendzeitschrift im Süden Rußlands, weil er, ohne es zu wissen, ein Gedicht des Chefredakteurs, das dieser unter einem Pseudonym veröffentlicht hat, kritisiert. Er kehrt in seine Heimatstadt am Schwarzen Meer zurück und wird bei der Lokalzeitung ›Die roten Subtropen‹ angestellt. Zugeteilt wird er der Abteilung Landwirtschaft, wie »*er es sich erträumt hat*«, da »*in jenen Jahren in der Landwirtschaft Reformen durchgeführt wurden*« und er »*wissen wollte, wo's langgeht*« – ein Hinweis auf die Chruščëv-Ära, die zur Zeit der Publikation der Novelle gerade endete.

Das Werk ist eine Satire auf die abenteuerliche und oft dilettantische Wirtschaftspolitik Chruščëvs, die zu seinem Sturz 1965 maßgeblich beigetragen hat. Wie der Erzähler berichtet, ist diese Zeit durch unzählige von oben angeordnete »Kampagnen« gekennzeichnet, etwa zur Einsparung von Brennstoffen oder zur Abschiebung der Leute in die Rente. Als der junge Journalist seine neue Stellung antritt, läuft gerade eine vom Redakteur der Landwirtschaftsabteilung der ›Roten Subtropen‹, Plato Samsonovič, initiierte Kampagne zur Propagierung des »Kozloturs«, einer Kreuzung zwischen einem kaukasischen Steinbock – dem Tur – und einer Ziege. Diese völlig neue Züchtung, die in einem Naturschutzpark gelungen ist, wird in einer kurzen Meldung erwähnt, die einem Funktionär in Moskau auffällt. Als dieser die Kreuzung als einen »*vielversprechenden Anfang*« preist, lanciert die Redaktion großangelegte Meldungen über das Zuchtprojekt, lobt Fleisch und Wolle des Tieres sowie seine Sanftmut – ohne freilich Genaueres zu wissen. Angesichts der enormen Zahl der Leserbriefe richtet die Zeitung zwei neue Rubriken ein: für (»*Auf den Spuren des Ziegenturs*«) und gegen (»*Wir lachen über Kleingläubige*«) das neue Tier. Dessen Benennung entfacht einen leidenschaftlichen Streit mit nordkaukasischen Wissenschaftlern (Iskander spielt auf die alte Rivalität unter den kaukasischen Völkern an), die behaupten, ihre Bezeichnung »*Turziege*« sei wissenschaftlich genauer als die südkaukasische Variante »*Ziegentur*«.

Trotz seiner ironisch-distanzierten Haltung zur Propagierung einer Idee, die offensichtlich der Wirklichkeit nicht ganz standhält (man stellt zum Beispiel bald fest, daß sich die Ziegen energisch dagegen sträuben, sich mit den Turs zu paaren), gerät der Journalist-Erzähler selbst in den Sog der emotionsgeladenen Berichterstattung. Auf einer Reise zur Untersuchung des Ziegenturs ist er eines Abends in einem Alkoholrausch plötzlich überzeugt, in einem Sternbild am Himmel die Kopfform des Ziegenturs zu sehen. Bald nach seiner Entlassung aus der Ausnüchterungszelle (er wurde tief schlafend auf einer Parkbank aufgefunden) setzt auch eine Ernüchterung der Ziegentur-Euphorie ein. Der Grund ist ein umfangreicher Artikel in einer großen Moskauer Tageszeitung, in dem »*unbegründete Neuerungen in der Landwirtschaft*«, u. a. auch »*die unüberlegte Propagierung des Ziegenturs*«, kritisiert werden. Die Kampagne wird prompt beendet; die Tiere verschwinden unauffällig in den Kolchosenherden oder werden geschlachtet. – Neben der eigentlichen Handlung spielen auch die Erinnerungen des Erzählers an seine Kindheit auf dem abchasischen Land eine wichtige Rolle. In episch breiten Schilderungen wird die Atmosphäre der Republik während des Zweiten Weltkriegs vermittelt – einer Zeit, da *»Ziegen noch Ziegen waren, und noch nicht Ziegenturs«*. Den *»unbewußten Glauben an den gesunden Menschenverstand«* des Kindes stellt der Erzähler den unsinnigen Kampagnen der Chruščëv-Funktionäre gegenüber.

Iskander geht aber über diesen spezifischen Zeitraum hinaus und parodiert die für alle Perioden der sowjetischen Geschichte typischen Versuche, breite Bevölkerungsmassen für eine Idee zu gewinnen und die öffentliche Meinung mit Hilfe der Medien zu lenken. Mit viel Humor und Situationswitz verspottet er den Berufsalltag der Redakteure Plato Samsonovič und Avandil Avandilovič. Der eine scheut nicht davor zurück, in die hohlen Zeitungsphrasen einen militärisch-propagandistischen Wortschatz einzubauen *(»Der Ziegentur – eine Waffe in der antireligiösen Propaganda«)*, während der andere, ein Funktionär, der ohnehin nicht fähig ist, auch nur einen Artikel selbst zu verfassen, mit einem *»Kaninchen unter der Hypnose einer Losung«* verglichen wird.

Der Stil der Novelle ist mit dem der GOGOL'schen Erzählungen verglichen worden – lange Ketten von irrelevanten Details verleihen vielen Passagen einen komischen Effekt; beiläufige Bemerkungen einiger *»wichtiger Personen«* werden von den Untergebenen als die höchste Wahrheit behandelt. Dieser gelungene satirische Stil, verbunden mit dem spezifischen politisch-zeitgeschichtlichen Stoff (nach Iskanders Angaben geht er auf eine tatsächliche Zeitungsmeldung zurück), hat erheblich dazu beigetragen, daß *Sozvezdie kozlotura* zu Iskanders größten Erfolgen zählt.   H.Mey.

AUSGABEN: Moskau 1966 (in Novyj mir, 8). – Moskau 1970 (in *Derevo detstva*). – Moskau 1988 (in *Izbrannoe*).

ÜBERSETZUNG: *Das Sternbild des Ziegentur*, H. Grimm, Bln. 1968. – Dass., ders., Mchn. 1973. – Dass., ders., Bln. 1984.

LITERATUR: F. Iskander, *Idei i priëmy* (in Voprosy literatury, 12, 1968, Nr. 9, S. 73–76).

GEORGIJ VLADIMIROVIČ IVANOV

* 10.11.1894 Kovno
† 27.8.1958 Hyères / Frankreich

DAS LYRISCHE WERK (russ.) von Georgij V. IVANOV.
Der erste Gedichtband Ivanovs, *Otplyt'e na o. Citeru (Einschiffung nach der Insel Cythera)*, erschien in St. Petersburg im Jahre 1912. Er verschaffte dem Achtzehnjährigen den persönlichen Zugang zu Dichterkreisen und »Dichterschulen«, unter deren literarischem Einfluß er bereits stand. Es waren die Nachfolger des Symbolismus, die Egofuturisten (I. SEVERJANIN) und vor allem die Akmeisten (M. KUZMIN,   A. ACHMATOVA,   N. GUMILËV, O. MANDEL'ŠTAM). Den »metaphysischen Nebeln« des Symbolismus stellte der Akmeismus die »schöne Klarheit« und Gegenständlichkeit der realen Welt entgegen, wie sie das Auge in Natur und Kunst, besonders in ihren Details, erfreuen. Die kurz aufeinanderfolgenden Gedichtbände – *Gornica*, 1914 *(Das Himmelszelt)*, *Veresk*, 1916 *(Das Heidekraut)*, *Sady*, 1921 *(Gärten)*, und *Lampada*, 1922 *(Das Ikonenlämpchen)* – ähneln in der Thematik dem ersten Band und sind formal sehr gelungen. Nur *Pamjatnik slavy*, 1915 *(Ein Denkmal des Ruhmes)*, weicht thematisch ab: Er enthält, der damaligen Mode folgend, patriotische Verse. – Diese frühe Dichtung Ivanovs ist beschreibend, dekorativ, stilisiert; der Autor versucht sich zwar in möglichst mannigfachen Themen und Formen, verläßt jedoch nie das Diesseitige. Die Naturbilder sind meist keine direkten Beschreibungen, sondern Abbildungen von Malerei, Lithographien, Buchvignetten (*Vaza s fruktami – Vase mit Früchten* aus *Gornica, Vot rošča i ukromnaja poljanka – Hier ist ein Hain und eine abgeschiedene Lichtung* und *Už rybaki vernulis' s lovli – Schon sind die Fischer heimgekehrt vom Fischfang* aus *Veresk* oder *Est'v litografijach starinnych masterov / Neizjasnimoe, no javnoe dychan'e – Es weht in den Lithographien der alten Meister / Ein unerklärbarer, doch spürbarer Atem* und *V melancholičeskie večera – An melancholischen Abenden* aus *Sady*). Die französischen Maler Watteau und Lorrain sind besonders häufig vertreten. Die zerbrechliche Eleganz des 18. Jh.s – in Form von teurem Porzellan, Schäferstatuetten, Nymphen, Faunen (*Osen' – Herbst* aus *Otplyt'e* oder *Kofejnik, sacharnica, bljudca – Eine Kaffeekanne, Zuckerdose, Untertassen* aus *Veresk*) – steht neben Bildern aus dem Leben der Wandertheater (in *Gornica* und *Veresk*) und neben religiöser Theatralik (*Osennij brat – Der herbstliche Bruder* aus *Otplyt'e*), doch die poetischen Bilder beschränken sich auf visuelle Eindrücke, und der Dichter übt sich, indem er sie beschreibt, in komplizierten Formen und Rhythmen. Das kaiserliche Petersburg, seine Kultur, ist schon hier ein Thema, das das spätere Werk Ivanovs nostalgisch durch-

zieht. Dieser äußerliche Glanz einer zwar echten, doch nur visuellen Poesie nimmt mit der Sammlung *Lampada* ein Ende.

Nach den Erfahrungen der Revolution 1917, des Zusammenbruchs des Zarenreichs und der Emigration (1922) ändert sich Ivanovs Dichtung grundlegend. Das »Paradies«, in dem er lebte, existierte nicht mehr, und es gab keine Hoffnung auf eine Wiederkehr. Die Dichterkreise in Paris, die Zeitschriften, an denen er mitarbeitete, die dem Untergang geweihte Kultur der russischen Emigration vermochten keinen Ersatz für das Verlorene zu bieten. Die Gedichtbände *Rozy*, 1931 *(Rosen)*, *Otplytie na ostrov Citeru*, 1937 (der Titel unterscheidet sich orthographisch von dem des ersten Bandes), und *Portret bez schodstva*, 1950 *(Ein Bildnis ohne Ähnlichkeit)*, die einzelnen, in Zeitschriften gedruckten Gedichte oder Zyklen sowie die kurz vor Ivanovs Tod erschienene Sammlung *1943–1958 Stichi*, 1958 *(1943–1958 Verse)*, zeigen einen Dichter mit gänzlich neuer Weltanschauung und eigenem, unverkennbarem Gesicht. Die Kritik sah in Ivanov zu diesem Zeitpunkt fast einmütig den bedeutendsten Dichter der russischen literarischen Diaspora.

Die schmerzvolle Erfahrung des Ausgestoßenseins, des Alleinseins in einer gleichgültigen oder feindlichen Welt, die Enttäuschung und Verzweiflung, die völlige Hoffnungslosigkeit der Emigration, die ihm zum Symbol des Lebens schlechthin wurde, den sich daraus ergebenden Nihilismus, zuweilen Zynismus, faßte Ivanov in »musikalische« Verse, getragen von einer eigenartigen Melodik, einer wohlberechneten Klangharmonie, einem einschmeichelnden Rhythmus und Reim, die in der russischen Dichtung kaum ihresgleichen haben. Auf dem Kontrast zwischen dem Wohllaut der Worte und ihrer beängstigenden Bedeutung beruht der Effekt und die Eigenart von Ivanovs Dichtung (*Nad rozovym morem vstavala luna – Über dem rosafarbenen Meer erhob sich der Mond* aus *Otplytie* oder *Kak vy kogda-to razborčivy byli – Wie wählerisch wart ihr einstmals* aus *Portret*). Seine Themen sind nun die Leere, das Nichts, der Untergang (*Uplyvajut malen'kie jaliki / V zolotoj mežduplanetnyj omut – Die kleinen Jollen schwimmen davon / In den goldenen interplanetaren Abgrund* aus *Stichi*). Die zauberhafte Musik, die Weichheit des Versklangs und die wenigen »poetischen« Realia, wie Rosen, Sterne, Meer, Sonnenuntergänge, blitzender Schnee, vielleicht auch die Liebe, vermögen zwar die Seele zu berauschen, jedoch den Eindruck der Sinnlosigkeit nicht zu überdecken. Ivanovs Ansätze zu einem »Dennoch« enden stets in der Leere, im Sinnlosen (*Byl zamysel stranno poročen – Die Idee war seltsam abwegig* aus *Portret*). So wie Rußland und seine Kultur zugrunde gingen, so wird alles im Nichts enden, scheint der Dichter zu sagen. Die Schönheit lügt, Poesie ist eine künstliche Pose, und doch ist die Schönheit da, sie ist real. Musik und die Sterne bleiben, obwohl sie nichts bewirken, nichts erklären, nur vorübergehend Trost spenden. Wenn aber der Mensch überhaupt imstande ist, sich mit Dich-

tung zu befassen – obwohl er weiß, daß es Selbsttäuschung ist –, so wird ihm damit die Lebensangst erträglicher, und es ist nun gleichgültig, daß das Leben sinnlos ist, daß der Tod allem ein Ende setzen wird.

Ivanovs Dichtung gleitet auf der Schneide zwischen dem metaphysisch Unmöglichen und dem ästhetisch Realisierbaren; es ist eine Art Grenzsituation, bei der die Spannung des Negativen so intensiv ist, daß man meint, sie könnte ins Positive umschlagen – was allerdings nicht eintrifft (*Na grani tajanija i l'da – An der Grenze von Tauen und Eis* aus *Portret*). Die Möglichkeit einer Metamorphose *(perevoploščenie)*, das Leuchten *(sijanie)*, die Strahlen *(luči)*, von denen Ivanov zuweilen andeutungsweise spricht, muß man als Ausdruck einer Hoffnung in bezug auf die Zeit nach dem Untergang dieser Welt (das Böse im Menschen könnte sehr wohl auch die atomare Vernichtung herbeiführen) verstehen (*Ne stanet ni Evropy, ni Ameriki – Kein Europa wird es mehr geben, kein Amerika* aus *Stichi*). Hin und wieder wird Ivanovs Dichtung zu einer Art gegenstandslosen, lyrischen Strömens, wobei seltsamerweise der Zusammenklang »sinnloser« Wortketten einen höheren poetischen Sinn ergibt: »*Želtofiol'« – pochože na violu / Na melancholiju, na kanifol'* (»*Goldlack« – das ähnelt der Viola / Der Melancholie, dem Kolophonium* aus *Stichi*). Keine Übersetzungen, nur Paraphrasen solcher Gedichte sind möglich, doch kann auch hier nur eine Annäherung erreicht werden. – Die Paradoxie des Daseins, der ästhetischen Hoffnung ohne Sinn, führt den Dichter zuweilen zur Groteske (*Na poljanke poutru / Veselilsja kenguru – Auf der Lichtung in der Früh / Amüsierte sich ein Känguruh* aus *Stichi*). Sehr bewußt betont er das Paradoxe auch in seinen politischen Anschauungen. Er weiß um sein »*Talent des doppelten Blickwinkels«*, das ihm das Leben »zerbogen« hat. – Nicht selten sind Anleihen bei Dichtern, die Ivanov besonders schätzte (Tjutčev, Lermontov, Puškin, Annenskij), Zitate, die er seiner Weltanschauung entsprechend paraphrasiert (*Melodija stanovitsja cvetkom – Die Melodie wird zur Blume* oder *Golubizna čužogo morja – Die Bläue des fremden Meeres* aus *Stichi*). – Bemerkenswert sind die 38 Gedichte, die Ivanov einige Wochen vor seinem Tode schrieb: *Posmertnyj dnevnik (Das postume Tagebuch)*. Ohne neue Motive zu enthalten, sind sie in ihrer Aufrichtigkeit und in ihrer kreatürlichen Angst ein zusammenfassender Höhepunkt von Ivanovs kompromißlos tragischer Dichtung.

V.S.

AUSGABEN: *Otplyt'e na o. Citeru*, St. Petersburg 1912. – *Gornica*, St. Petersburg 1914. – *Pamjatnik slavy*, Petrograd 1915. – *Veresk*, Petrograd/Moskau 1916. – *Sady*, Petrograd 1921. – *Lampada*, Petrograd 1922. – *Rozy*, Paris 1931. – *Otplytie na ostrov Citeru*, Bln. 1937. – *Portret bez schodstva*, Paris 1950. – *1943–1958 Stichi*, NY 1958. – *Sobranie stichotvorenij*, Würzburg 1975 [enth. alle o. g. Bände und *Posmertnyj dnevnik*]. – *Izbrannye stichi*, Paris 1980. – *Izbrannaja poèzija*, Paris 1987. – *Nesobran-*

noe, Orange/Calif. 1987. – *Sobr. soč. v trech tomach*, Moskau 1994.

LITERATUR: R. Gul', *G. I.* (in Novyj Žurnal, 1955, 42). – V. Markov, *O poèzii G. I.* (in Opyty, 1957, 8). – I. Agushi, *The Poetry of G. I.* (in Harvard Slavic Studies, 1970, 5). – J. Ivask, *Russkie poèty* (in Novyj Žurnal, 1970, 98). – V. Markov, *G. I.: Nihilist as Light-Bearer* (in *The Bitter Air of Exile: Russian Writers in the West 1922–1972*, Berkeley 1977). – V. Krejd, *Peterburgskij period G. I.*, Tenafly 1989.

VSEVOLOD VJAČESLAVOVIČ IVANOV

* 24.2.1895 Lebjaž'e / Gouvernement
Semipalatinsk
† 15.8.1963 Moskau

LITERATUR ZUM AUTOR:
Bibliographie:
E. Žilina u. D. Berman, *V. I.* (in *Russkie sovetskie pisateli. Prozaiki*, Bd. 2, Leningrad 1964, S. 118 bis 174).
Biographie:
V. I. Pisatel' i čelovek, Hg. T. Ivanova, Moskau 1970; ²1975.
Gesamtdarstellungen und Studien:
A. Kručënych, *Zaumnyj jazyk u ... V. I. ...*, Moskau 1925. – A. Voronskij, *V. I.* (in A. V., *Literaturnye portrety*, Moskau 1928; auch in A. V., *Literaturno-kritičeskie stat'i*, Moskau 1963, S. 126–156). – V. Polonskij, *V. I.* (in V. P., *O sovremennoj literature*, Moskau 1929, S. 5–40). – V. Šklovskij, *O prošlom i nastojaščem v proizvedenijach V. I.* (in Znamja, 1937, S. 278–288). – N. N. Janovskij, *V. I.*, Novosibirsk 1956. – N. Zajcev, *Dramaturgija V. I.*, Leningrad 1962. – M. Minokin, *Put' V. I. k romanu*, Orёl 1966. – *V. I. Trudy Mežvuzovskoj konferencii posvjaščennoj 70-letiju roždenija pisatelja (Mart 1965)*, Omsk 1970. – L. Gladkovskaja, *V. I. Očerk žizni i tvorčestva*, Moskau 1972. – *V. I.: problemy romantizma*, Hg. M. Minokin, Moskau 1976. – F. Snyder, *The Ornamental Prose of V. I.*, Diss. Univ. of Michigan 1989 [enth. Bibliogr.]. – E. Krasnoščekova, *Chudožestvennyj mir V. I.*, Moskau 1980. – A. Ivanov, *V. I. Literaturnyj portret*, Moskau 1982. – K. Schlögel, *Atem der Revolution. W. I., ein Mitbegründer der neuen russischen Literatur* (in FAZ, 3. 6. 1989).

BRONEPOEZD NO. 14–69

(russ.; *Ü: Panzerzug Nr. 14–69*). Erzählung von Vsevolod V. IVANOV, erschienen 1922; Uraufführung der dramatisierten Fassung: Moskau 1927, Künstlertheater, zum 10. Jahrestag der Oktoberrevolution. – Ivanovs Erzählung ist eines der ersten Prosawerke in der russischen Literatur, in denen der Kampf roter Partisanen gegen die Konterrevolution (Kolčak-Armee, amerikanische und japanische Intervenienten) geschildert wird. Den Stoff zu *Bronepoezd No. 14–69* fand Ivanov im Kriegsjahr 1919 in einem Bericht der Roten-Armee-Zeitung; die näheren Einzelheiten erfuhr er von beteiligten Partisanen.
Abgerissen, vor Hunger erschöpft und nur mit Gewehren bewaffnet, verfolgt eine Partisaneneinheit im Fernen Osten einen waffenstarrenden weißgardistischen Panzerzug. Weil nach den Gesetzen jeder Zug auch dann halten muß, wenn er einen Toten überfährt, erschießt sich, auf den Schienen liegend, der den russischen Partisanen als Kampfgenosse verbundene Chinese Sin-Bin-u freiwillig beim Herannahen des Panzerzuges und wird von den Rädern zermalmt. Eine solche Selbstaufopferung unterscheidet sich in der Darstellung Ivanovs grundlegend von dem sogenannten »pathetischen Heldentum«, wie es spätere Revolutionsschreiber (FURMANOV, SERAFIMOVIČ, FADEEV) kreierten. Ivanov, dem Steppensohn und Partisanenkämpfer, erschien die Revolution von Anfang an als ein elementarer Ausbruch lang angestauter menschlicher Kräfte und Leidenschaften, ja er sah sie als ein reißendes, feindvernichtendes Tier, dem der Mordruf vorangeht: »*Gib ihm, hau zu, vernichte!*« und »*Alles dreht sich, kreist, geht zugrunde.*« Dieses Tier ist es, das sich dem Panzerzug entgegenwirft, sich in ihn verkrallt und ihn schließlich zu Tode hetzt (wie denn auch die Beschreibung der Schlacht die Vorstellung suggeriert, es kämpfe ein vielgliedriges, vielköpfiges Tier mit einem stählernen, feuerspeienden Drachen). Und wenn dann die überlebenden Partisanen, von Blut und Schnaps berauscht, nach dem Kampf im besudelten Gehäuse ihrer Beute den Sieg feiern, so ist auch dies alles andere als die Siegesfeier einer klassenbewußten Arbeiter- und Bauernschaft: »*In der Nacht werden wir zum Tier, zum Tier!*«
Noch nicht unter dem Zwang einer Doktrin denkend und schreibend – erst in der Bühnenfassung wird die Führungsrolle der KP berücksichtigt –, schuf Ivanov ein nicht nur wahres, sondern auch künstlerisch zeitloses Dokument über den Kriegskommunismus im Fernen Osten, das einem Vergleich mit Isaak BABEL's *Konarmija*, 1926 *(Budjonnys Reiterarmee)*, standhält. Der Aufbau der Erzählung Ivanovs ist dramatisch: Aus dreißig in acht Hauptkapitel gefaßten Einzelszenen wird die Handlung bei ständigem Wechsel von Ort, Zeit und Personen zusammengesetzt. Verflimmernde Großaufnahmen und unvermittelt dazwischengeblendete harte Nahbilder erzeugen die schwindelerregende Atmosphäre einer wilden Revolutions-

zeit, in der die brutale Ökonomie des Tötens sich mit lichten Zukunftsträumen paart. Der Sprachstil wechselt mit den Inhalten der Einzelszenen, ohne diffus zu werden. Im Gegenteil: Indem Ivanov von der Sprache des lakonischen Beobachters zu der expressiven des direkt Beteiligten übergeht, ganze Sätze auf Substantivreihen reduziert oder die ungelenke Sprache des Ungebildeten benutzt und dagegen kühne Phantasiebilder setzt, denen Wortströme von enthemmter Fiebrigkeit folgen, abgelöst vom Stakkato einer Revolutionsmarsch-Sprache, schafft er eine Wortklangsymphonie, die das Revolutionsgeschehen adäquat mitteilt.   M.Gru.

AUSGABEN: Moskau 1922 (in *Krasnaja nov'*; auch erste Buchausg.). – Moskau 1958 (in *Sobr. soč.*, Hg. M. Minokin, 8 Bde., 1958–1960, 1). – Kišinev 1979 (in *Povesti i rasskazy*).

ÜBERSETZUNGEN: *Panzerzug Nr. 14–69*, E. Schiemann, Hbg. 1923. – *Panzerzug 14–69*, A. Boettcher, Lpzg. 1955 (RUB). – Dass., M. Obermann, Ffm. 1970. – Dass. (in *Die Rückkehr des Buddha. Erzählungen*, G. Dalitz u. a., Nördlingen 1989).

DRAMATISIERUNG: *Bronepoezd 14–69*, Moskau 1934 (dt.: *Panzerzug 14–69*, A. Wagner, Bln. 1948; Bühnenms.).

LITERATUR: V. I., *Kak byla napisana povest' »Bronepoezd 14–69«* (in *Sobr. soč.*, Bd. 1, Moskau 1958, S. 45–51). – I. Levin, *»Armoured Train 14–69«: A One-Way Trip to Socialist Realism* (in Russian History, 8, 1981, S. 233–241). – K. Globig, *Lehrmeister Sibirien: Der Traditionsbezug der Partisanenerzählungen W. I.s* (in K. G., *Erbe und Erben: Traditionsbeziehungen sowjetischer Schriftsteller*, Bln. 1982, S. 316–336).

PARTIZANY

(russ.; *Ü: Partisanen*). Erzählung von Vsevolod V. IVANOV, erschienen 1921. – Das Werk ist Teil eines Erzähltriptychons, das unter dem Titel *Partizanskie povesti*, 1923 (*Partisanengeschichten*), bekannt geworden ist (die beiden anderen Teile, *Bronepoezd No. 14–69 – Panzerzug Nr. 14–69* und *Cvetnye vetra – Farbige Winde*, – waren 1922 erstmals erschienen). Wie die übrigen Erzählungen, so spielt auch *Partizany* zur Zeit des Bürgerkriegs. Ort der Handlung ist ein Dorf in Sibirien. Kubdja, ein Handwerker, verdingt sich und seine Arbeitskameraden bei Emolin, einem Unternehmer. Anläßlich eines kirchlichen Festtags trifft sich das Volk im Dorf, wobei nach alter Sitte illegal gebrannter Wodka ausgeschenkt wird. Plötzlich erscheinen zwei Polizisten, die die Schwarzbrenner festnehmen wollen. Es entsteht ein Menschenauflauf. Als ein Polizist von einem der Handwerker erschossen wird, müssen Kubdja und seine Kameraden fliehen. Ein Polizeitrupp, den die »weißen« Behörden aussenden, wird von den Flüchtigen überfallen und

zurückgeschlagen. Von da an erhalten die Aufständischen ständig neuen Zulauf von den Bauern und entwickeln sich rasch zu einer organisierten Partisaneneinheit. Bei einem Gefecht mit Truppen Kolčaks werden sie aufgerieben. Zwei Monate später zieht die Rote Armee in das umkämpfte Gebiet ein; den Gefallenen, unter ihnen Kubdja, wird die letzte Ehre erwiesen.

Wie auch die anderen frühen Erzählungen Ivanovs zeichnet sich *Partizany* durch das Fehlen romantischer Schönfärberei der Bürgerkriegsepoche aus, wie sie für viele sowjetische Werke typisch ist. Überhaupt sind Hinweise auf die übergreifende politische Bedeutung des Partisanenkampfes recht spärlich. Der Zusammenschluß der Bauern und Handwerker zu einem Partisanentrupp ist kein bewußter Akt politischer Einsicht, sondern erfolgt als Reaktion auf einen alltäglichen Streit mit der Polizei, der zufällig ein böses Ende nahm. Von den Schrecken des Bürgerkriegs, der das ganze Land erfaßt hat, ist wenig zu spüren. Gut gelungen erscheint die Zeichnung des einfachen Volkes, der Bauern und Handwerker Sibiriens. Ihre Bodenständigkeit und fast mythische Naturverbundenheit wird durch zahllose Vergleiche verdeutlicht. Der echte *mužik* gleicht »*einem entwurzelten Baumstumpf – schwarz, nach Erde duftend und nach irgendwelchen feuchten Säften*«. Lange, von der urwüchsigen Volkssprache durchsetzte Dialoge wechseln mit lyrischen Einschüben, in denen die landschaftliche Schönheit Sibiriens verherrlicht wird. Die Sympathien des Autors liegen eindeutig auf seiten der sibirischen Bauern. Die Gegenseite, seien es nun flachbrüstige Stadtleute oder Soldaten der »Weißen«, wird durchweg negativ gezeichnet. Der physischen Überlegenheit der Bauern entspricht ihre undifferenzierte, instinktbetonte Verhaltensweise. Besonders deutlich wird dies bei den gleichmütigen Schilderungen körperlicher Gewalt.   H.Fö.

AUSGABEN: Moskau 1921 (in *Krasnaja nov'*). – Petrograd 1921. – Moskau 1958 (in *Sobr. soč.*, Hg. M. Minokin, 8 Bde., 1958–1960, 1). – Moskau 1973 (in *Sobr. soč.*, 8 Bde., 1973–1978, 1).

ÜBERSETZUNG: *Partisanen*, anon., Hbg. 1922.

VOZVRAŠČENIE BUDDY

(russ.; *Ü: Die Rückkehr des Buddha*). Erzählung von Vsevolod V. IVANOV, erschienen 1923. – Der Text gilt als typischer Höhepunkt der »exotischen Erzählungen« und des »ornamentalen Stils« des Autors. Das Thema des vorangegangenen Zyklus *Partizany*, 1921 (*Partisanen*), ist hier in höchst eigenwilliger Weise stilisiert: Der Bürgerkrieg bestimmt das Handlungsgeschehen nicht mehr durch direkt geschilderte Szenen der Kämpfe zwischen »Weißen«, »Roten« und »Grünen«, sondern nur noch mittelbar durch seine gräßlichen Folgen – Hunger, Kälte und Not –, die eine sonderbare Reisegesellschaft zu spüren bekommt. Eine ehedem von dem zaristischen General Kaufmann (dem Großvater des Autors) aus einem mongolischen Lamakloster geraubte und in den Besitz der Grafen Stroganov gelangte Buddhastatue soll auf Anordnung des Volkskommissariats für Nationalitätenangelegenheiten von Dava-Dorčži, einem mongolischen Soldaten der Roten Armee und heimlichen Gygen (menschliche Verkörperung Buddhas), sowie dem Professor Vitalij Safonov als unfreiwilligem wissenschaftlichem Berater der Expedition dem mongolischen Volk zurückgegeben werden. Im Verlauf der Eisenbahnfahrt durch das hungernde und kämpfende Rußland setzen sich nach Anisimov, dem Politkommissar der Gruppe, zuerst die Begleitsoldaten, dann eine die Strapazen bislang in stiller Ergebenheit ertragende Mongolin und endlich auch Dava-Dorčži, der eigentliche Initiator der Fahrt, ab. Safonov reist allein weiter, bis er am Ende von Kirgisen, die Schätze in der Statue vermuten, ermordet wird. Während der ganzen Fahrt ist die Buddhastatue symbolisches Zentrum des Geschehens. Zuerst ihrer Holzverschalung, dann ihres Goldes beraubt, steht sie zuletzt mit aufgebrochener Brust einsam im Wüstensand auf dem Weg in ihr Ursprungsland.

Die Geschichte ist mit Erzählungen von Mythen und Volksbräuchen der Mongolen vermischt, die eine Art Verfremdung des furchtbaren Geschehens bewirken und so eine funktionale literarische Bearbeitung des Sujets ermöglichen. H.J.S.

AUSGABEN: Moskau/Petrograd 1923 (in Naši dni, Nr. 3). – Moskau 1924. – Moskau 1958 (in Sobr. soč., Hg. M. Minokin, 8 Bde., 1958–1960, 2). – Moskau 1973 (in Sobr. soč., 8 Bde., 1973–1978, 1).

ÜBERSETZUNG: Die Rückkehr des Buddha, E. Honig, Bln. 1930. – Dass., ders., Hbg./Mchn. 1962. – Dass. (in Die Rückkehr des Buddha. Erzählungen, G. Dalitz u. a., Nördlingen 1989).

ALEKSANDR JAKOVLEVIČ JAŠIN

eig. Aleksandr Jakovlevič Popov

* 27.3.1913 Bludnovo / Gouvernement Vologda
† 11.7.1968 Moskau

RYČAGI

(russ.; Die Hebel). Erzählung von Aleksandr Ja. JAŠIN, erschienen 1956. – Jašins Erzählung, die in gesellschaftskritischer Hinsicht zweifellos den Höhepunkt im zweiten Band des spektakulären »Tauwetter«-Almanachs Literaturnaja Moskva (Litera-

risches Moskau) bildet, entstand unter dem unmittelbaren Eindruck der nachstalinistischen Übergangsperiode in der Sowjetunion. Richten sich die Angriffe der seit 1953 erschienenen kritischen Literatur – so auch der Erzählungen von DUDINCEV (Ne chlebom edinym, 1956 – Der Mensch lebt nicht vom Brot allein) oder GRANIN (Sobstvennoe mnenie, 1956 – Die eigene Meinung) – in erster Linie gegen die vom Stalinismus begünstigte Entfremdung zwischen der Sowjet-Administration und den einfachen Menschen, so setzt Jašins Erzählung tiefer an: Sie sucht die zerstörerischen Folgen des Personenkults – die übertriebene Reglementierung der Gesellschaft, die Unterdrückung der fortschrittlichen Initiative der Massen, die zunehmende Bürokratisierung, den Opportunismus der Aufstrebenden usf. – an den Wurzeln des gesellschaftlichen Gefüges, im Charakter des durchschnittlichen Parteimitglieds aufzudecken.

Im Klubraum eines Kolchosbetriebs im Norden der Sowjetunion treffen sich vier Funktionäre, der Viehzüchter Cipyšev, der Lagerverwalter Ščukin, der Kolchosvorsitzende Kudrjavcev und der Leiter der Feldwirtschaftsbrigade Konoplev, zu einer der vom Bezirkskomitee angeordneten Parteisitzungen und unterhalten sich, solange der fünfte Funktionär, die Lehrerin Akulina Semënovna, noch auf sich warten läßt, »ohne jegliche Rücksichtnahme ... wie langjährige, gute Genossen«. Freimütig diskutieren sie die Schwierigkeiten des Kolchos, freimütig machen sie dafür die unrealistischen Planungsmethoden des Bezirkskomitees verantwortlich und kritisieren den bürokratischen, autoritären Sekretär. Einhellig verurteilen sie die mangelnde Berücksichtigung der Vorschläge und Interessen der unmittelbar im Produktionsprozeß stehenden Kolchosarbeiter durch die leitenden Parteigremien. Ihr Gespräch wird plötzlich durch das Murren der Putzfrau, der alten Marfa, unterbrochen, die jedes Wort der offenen Diskussion mit angehört hat. Augenblicks legt sich eine lähmende, nur durch das nervöse Lachen Ščukins unterbrochene Stille über die Versammlung. Als die fünfte Genossin endlich eintrifft, kann die offizielle Sitzung beginnen. Das Radio wird ausgeschaltet, und die Versammelten erleben eine spukhafte Metamorphose: Aus den ungezwungenen Gesprächspartnern werden »Hebel der Partei auf dem Dorfe«, die die gleichen Themen wie vorher im privaten Gespräch behandeln, nur daß sie nun alles zuvor Beanstandete einstimmig gutheißen. Reibungslos werden die Tagesordnungspunkte erledigt. Erst als die Sitzung geschlossen ist, verwandeln sich die »Hebel« zurück in natürliche Menschen. Aus dem Radio ertönt die Ankündigung des XX. Parteitags.

Wie Jašins parabolische Erzählung zeigt, hat die undemokratische Phase der sozialistischen Gesellschaft tiefgreifende Veränderungen in der Persönlichkeitsstruktur des einzelnen hinterlassen, die die Rückkehr zu den leninistischen Prinzipien der proletarischen Demokratie erschweren. Daß bewußtseinslähmende Furcht sich zum Automatismus steigern kann, verdeutlicht die Szene des belauschten Gesprächs, wo die Auswirkung der Deformierungen des sozialistischen Gesellschaftsgefüges auf die zwischenmenschlichen Beziehungen gezeigt wird. Die den parodistisch gestalteten Diskussionsobjekten innewohnende Symbolkraft überhöht die Parabel zu einer Grundsatzfrage, und ihre Beantwortung ist die in der nachstalinistischen Literatur erstmalig aufgestellte Behauptung, daß – im Rückblick auf den Stalinismus – der Mensch der Partei gegenüber prinzipiell im Recht sei.	W.Sch.

Ausgaben: Moskau 1956 (in *Literaturnaja Moskva*, Bd. 2). – Ldn. 1965.

Literatur: K. Zedrina, *Bol'saja sila* (in Znamja, 1950, 3). – V. Dement'ev, *Dar severa* (in Oktjabr', 1958, 6). – G. Struve, *Die Anklageliteratur* (in G. S., *Die Geschichte der Sowjetliteratur*, Mchn. 1964, S. 524 ff.; GGT). – A. A. Michajlov, *A. Ja.*, Moskau 1975. – N. A. Jašina, *Vospominanija ob otce*, Moskau 1977.

SEMËN SOLOMONOVIČ JUŠKEVIČ

* 7.12.(25.11.)1868 Odessa
† 12.2.1927 Paris

EVREI

(russ.; *Die Juden*). Erzählung von Semën S. Juškevič, erschienen 1903. – Wie alle Werke des jüdischen Erzählers spielt auch dieses sein bedeutendstes im Milieu der russischen Provinzghettos seiner Zeit. Das Buch trägt unter dem Leitmotiv *»Elend muß nicht sein«* eine flammende Anklage gegen Rechtlosigkeit und Asozialität vor, denen die mittellosen Juden im zaristischen Rußland ausgesetzt waren. Im Mittelpunkt des Geschehens steht der junge Arbeiter Nachman, der versucht, sich ein menschenwürdiges Leben aufzubauen. Die Verhältnisse in dem Ghetto, in dem er nach erfolgloser Wanderung zu bleiben beschließt, sind katastrophal: Alle hungern, die Not treibt die jungen Mädchen zur Prostitution, und wer in den Fabriken in der Stadt arbeitet, muß sich mit einem Bettellohn zufriedengeben. Die einzige Hoffnung, aus dem Elend herauszukommen, besteht für die meisten darin, einmal das große *»Los der Leipziger Lotterie«* zu ziehen. Die seelische und geistige Verarmung ist so weit fortgeschritten, daß Nachman nur noch wenige findet, mit denen er seine Gedanken über die Zukunft des jüdischen Volkes austauschen kann. Doch da er Rußland für seine Heimat hält und sozialistischen Lösungsversuchen gewogen ist, wird er selbst mit diesen wenigen uneins, weil sie zumeist dem zionistischen Gedanken anhängen. Bald

macht der Ausbruch eines Pogroms jede Diskussion unmöglich. Zwar ruft der alte Šlojma zum Widerstand auf, doch die schwache Gegenwehr bleibt erfolglos. An diesem *»Bartholomäustag«* wird Nachman erschlagen, seine Braut Mejta vergewaltigt und bestialisch hingemordet: *»Kraftlose Kämpfer, aufgewachsen in Sklaverei, in Furcht, in Leiden – wie schändlich ergeben ließen sie ihr Leben … Wer könnte sich auch verteidigen?«*

Die Erzählung setzt ihrer Tendenz nach das Anklageschrifttum der *narodniki* (Volkstümler) fort. In seinem Stil lehnt sich der Autor eng an Gor'kij an, dessen sogenannter »Znanie-Schule« er angehörte und dem er die Erzählung widmete. Seine Versuche aber, Gor'kijs Kunst, Atmosphäre zu schaffen, nachzuahmen, gelingen nur selten. Die Erzählung wirkt vornehmlich als episches Pamphlet, das durch naturalistisch-grausige Darstellung erschüttern will. Das in den Repliken verwendete Judenrussisch und die detaillierte Beschreibung des Ghettomilieus zeigen die enge Vertrautheit des Autors mit dem gesprochenen Idiom und seine gründliche Kenntnis der von ihm geschilderten Verhältnisse.	W.Sch.

Ausgaben: Moskau 1903. – Mchn. 1904. – Petersburg 1914–1918 (in *Poln. sobr. soč.*, 14 Bde.). – Leningrad/Moskau 1928.

Literatur: B. Zajcev, *S. S. Ju.* (in Sovremennye zapiski, 31, 1927). – Z. F. Finkelstein, *S. J.* (in *Jüdisches Lexikon*, Bd. 3, Bln. 1929). – *Istorija russkoj literatury konca XIX – načala XX veka. Bibliografičeskij ukazatel'*, Hg. K. Muratova, Moskau/Leningrad 1963, S. 444–447.

IVAN IVANOVIČ KATAEV

* 27.5.1902 Moskau
† 19.8.1937 in Haft

MOLOKO

(russ.; *Milch*). Roman von Ivan I. Kataev, erschienen 1930. – Teločka, »das Kälbchen«, Instrukteur einer Moskauer Zentralverwaltung, bereist die Umgebung der Hauptstadt, um die Milch-Produktionsgenossenschaften *»wissenschaftlich und auf verwaltungstechnischem Gebiet«* zu unterstützen. In naiver Selbstgefälligkeit gesteht er dem Leser *»entre nous«*, daß er seiner wissenschaftlichen Tätigkeit – er hat neue Formen für das Melken entwickelt – im Grunde die Poesie (Dichtungen *»mit Bauernblut«*, keine *»proletarischen Futuristen«*) vorzieht. Ein Bändchen feinsinniger Lyrik begleitet ihn auf allen seinen Reisen. Nicht ohne Zufriedenheit

quittiert der sensible Instrukteur den Spitznamen, den ihm sein feucht-frischer Blick und sein rosa Teint eingetragen haben. Den Verhältnissen der sowjetischen Landwirtschaft steht der weltfremde Funktionär verständnislos gegenüber. Er läßt sich durch das hervorragende Geschäfts- und Organisationstalent des Kulaken Nilov, des Leiters einer Milch-Produktionsgenossenschaft, der auch aus seiner Privatwirtschaft einen Musterbetrieb »ganz ohne Ausbeutung« gemacht hat, über dessen gesellschaftsfeindliche, antisowjetische Haltung täuschen. Unterschlagungen, die aufgedeckt werden, sucht er als verwaltungstechnische Nachlässigkeiten Nilovs zu erklären. Auch die Untersuchung der Angelegenheit auf einer Mitgliederversammlung der Produktionsgenossenschaft kann ihn nicht überzeugen, daß der freundliche, menschlich einnehmende Kulak ein ausgemachter Schurke ist.
Kataev war einer der begabtesten Schriftsteller der Gruppe »Pereval« (Gebirgspaß), die sich 1924 von der Gruppe »Oktjabr'« (Oktober) abgespalten hatte und die Tradition des literarischen Realismus mit der des bürgerlichen Humanismus zu verbinden suchte. Sein Roman, der im Jahre 1930 spielt, ist dem Helden als Ich-Erzählung in den Mund gelegt. Der Autor benutzt die Ichform zur distanziert ironischen, doch keineswegs lieblosen Darstellung des Alltags eines kleinen Sowjetfunktionärs. Die sowjetische Kritik hat Kataev, der sich bemüht, die Auseinandersetzung der konträren gesellschaftlichen Lager in der sowjetischen Landwirtschaft von einem unparteiischen Standpunkt aus darzustellen, unhistorische, versöhnlerische, »pseudohumanistische« Haltung vorgeworfen.   M.Sz.

AUSGABEN: Moskau 1930. – NY 1954 (in *Na perevale – Sbornik proizv.*; m. Studie v. G. Glinka).

LITERATUR: V. Akimov, *I.I.K.* [Bibliogr.] (in *Russkie sovetskie pisateli. Prozaiki*, Bd. 2, Leningrad 1964, S. 392–397). – *Vospominanija ob I.K.*, Hg. M. Terent'eva-Kataeva, Moskau 1970.

VALENTIN PETROVIČ KATAEV

* 28.1.1897 Odessa
† 12.4.1986 Moskau

LITERATUR ZUM AUTOR:
T. Sidel'nikova, *V.K.*, Moskau 1957. – F. Lucenko, *Tvorčestvo V.K.*, Moskau 1959. – B. Brajnina, *V.K. Očerk tvorčestva*, Moskau 1960. – B. Toločinskaja, *V.P.K.* [Bibliogr.] (in *Russkie sovetskie pisateli. Prozaiki*, Bd. 2, Leningrad 1964, S. 328–391). – L. Skorino, *Pisatel'i ego vremja. Žizn' i tvorčestva V.P.K.*, Moskau 1965. – W. Fiedorov, *V.P.K. vs.*

Socialist Realism. An Interpretation, Diss. Indiana Univ. 1973 [enth. Bibliogr.]. – S. Leconte, *The Prose of V.K.*, Diss. Vanderbilt Univ. 1974 [enth. Bibliogr.]. – P. Johnson, *Struggle with Death. The Theme of Death in the Major Prose Works of Ju. Oleša and of V.K.*, Diss. Cornell Univ. 1976 [enth. Bibliogr.]. – R. Russel, *V.K.*, Boston 1981. – B. Galanov, *V.K. očerk tvorčestva*, Moskau 1982. – I. Ševčenko, *Povesti V.K. 60ch–70ch godov i problemy sovremennoj sovetskoj liričeskoj prozy*, Odessa 1983. – T. Gevorkjan, *Žanrovo-stilevye osobennosti prozy V.P.K. 60-ch-70-ch godov*, Moskau 1985. – J. Vogl, *Das Frühwerk V.P. Kataevs*, München 1985 (Slavistische Beiträge, 179; zugl. Diss. Wien 1982).

KVADRATURA KRUGA

(russ.; *Ü: Quadratur des Kreises*). Lustspiel in drei Akten von Valentin P. KATAEV, Uraufführung: Moskau 1928; deutsche Erstaufführung: Leipzig 1930, Schauspielhaus. – Zwei Studenten teilen sich eine bescheidene »Bude«, die in ihrer Ärmlichkeit kaum zu übertreffen ist. Beide lassen sich, ohne voneinander zu wissen, an ein und demselben Tag »registrieren« – so lautet nach der Revolution der Terminus für die standesamtliche Eheschließung. Ohne dem anderen die eigene Familiengründung zu verraten, ziehen sie samt ihren Frauen in die gemeinsame Behausung, wo sich nun groteske Verstellungsszenen ergeben, bis der Tatbestand schließlich eingestanden ist und die Ehepaare sich einzurichten beginnen. Zunächst wird das Zimmer durch einen Kreidestrich in zwei gleiche Hälften geteilt. Nur zu rasch stellt sich jedoch heraus, daß beide die Falsche geheiratet haben: Vasja fühlt sich von der betulichen, unpolitischen, lediglich auf sein körperliches Wohl bedachten Ljudmiločka in einen »kleinbürgerlichen Sumpf« gezogen, während Abram bei Tonja, der lese- und bildungshungrigen Komsomolzin, der Hungertod droht. Nach turbulentem Hin und Her kommt endlich der Tausch zustande, freimütig vom Parteigenossen Flavius gebilligt: »*Geniert euch nicht, Kinder, und liebt einander, seid nicht dumm – die Revolution wird's überstehen.*«
Neben der aus den meisterhaft konstruierten Interessenkonflikten resultierenden Situationskomik ist es vor allem die Diktion der handelnden Personen – Tonjas politökonomische Reflexionen über das Eheleben, Flavius' phantastisch-revolutionäre Phrasen usw. –, mit der sich die Wirksamkeit dieses ebenso treffsicheren wie heiteren Gespötts auf den nachrevolutionären Alltag der Sowjetunion erklären läßt.   M.Gru.

AUSGABEN: Moskau 1928 (in Krasnaja nov'). – Moskau 1934 (in *Komedii*). – Moskau 1957 (in *Sobr. soč.*, Hg. L.I. Skorino, 5 Bde., 1956/57, 5; krit.). – Moskau 1971 (in *Sobr. soč.*, 9 Bde., Moskau 1968–72, 7). – Moskau 1986 (in *Sobr. soč.*, 10 Bde., Moskau 1983–1986, 9).

ÜBERSETZUNGEN: *Quadratur d. Kreises (Ein Strich geht durch das Zimmer)*, R. Hoffmann u. D. Umanski, Lpzg. 1930 [Text d. Erstauff.]. – Dass., A. Markov u. N. Schiller, Königsberg 1931 [Text d. Auff. im Schauspielhaus]. – *Eine Schnur geht durch das Zimmer*, J. Ettlinger, o. O., o. J.

TRAVA ZABVEN'JA

(russ.; *Ü: Das Gras des Vergessens*). Memoirenwerk von Valentin P. KATAEV, erschienen 1967. – In diesem Alterswerk hat Kataev nach einer Reihe realistischer Romane ganz neue, experimentelle Wege beschritten. Schon in seinem Lenin-Buch *Malen'kaja železnaja dver' v stene*, 1964 *(Eine kleine Eisentür in der Wand)*, ist dieses Ringen um Vertiefung der Erfahrung zu spüren, stärker noch in *Svjatoj kolodec*, 1966 *(Der heilige Brunnen)*, wo er die Wirklichkeit ganz aus den Traumgesichten, den Assoziationsketten des Unterbewußten zu erfassen versucht.

Den künstlerischen Höhepunkt dieses neuen Ansatzes bildet *Trava zabven'ja*, ein Memoirenwerk ganz eigener Art: »... *Ich suche etwas, das in seiner Art kein Roman mehr ist. Das Fehlen einer durchgehenden Handlung befriedigt mich nicht. Selbst die Struktur, die Form soll anders sein, gewissermaßen die Memoiren einer Person, geschrieben von einer anderen ...*« Obwohl zusammengesetzt aus autobiographischem Erleben, Erinnerungssplittern und Faktenmaterial, das das ganze Leben des Autors umfaßt und dem Leser die konkretesten und buntesten Eindrücke der Revolutionsjahre vermittelt, ist das Buch doch nicht einfach eine literarische Autobiographie. Denn nicht um den Reifeprozeß Kataevs als Mensch und Dichter geht es, vielmehr dient das autobiographische Material einer umfassenderen künstlerischen Grundidee.

In BUNIN und MAJAKOVSKIJ, die er beide als seine Lehrer verehrt und an die er sich mit äußerster Genauigkeit und Authentizität erinnert, gestaltet Kataev zwei einander entgegengesetzte Möglichkeiten des Dichterlebens, zwei divergierende poetische Systeme, den Gegensatz von »reiner« und »engagierter« Kunst. Bunin, der vollendete Beobachter, der von sich glaubt, *»er besäße die absolute Unabhängigkeit des reinen Künstlers«*, scheitert an seiner Haltung zur Oktoberrevolution, der er mit Angst und Unverständnis gegenübersteht. Er stirbt einsam und unverstanden in der Emigration. Aber auch das Leben Majakovskijs, der leidenschaftlich Partei ergreift, sein Dichten in den Dienst der Revolution stellt, endet tragisch. In den Bannkreisen dieser beiden Dichter, die hier zu epischen Gestalten werden, bewegt sich der Ich-Erzähler, der nicht in jedem Moment mit Kataev zu identifizieren ist, ja der sogar zeitweilig in der Inkarnation eines gewissen Rjurik Pčëlkin in einer Er-Erzählung aufgeht. Kunstvoll verwoben in die Handlungsebene der literarischen Erinnerungen ist nämlich auch das Sujet eines wohl autobiographisch angeregten Romans, *Der Todesengel*, den

Kataev sein Leben lang schreiben wollte und dann doch nie geschrieben hat. Es ist die Geschichte der Klavdija Zaremba, in der sich die ganze Größe und Tragik der Revolution verkörpert, eines Mädchens aus der Parteischule, das den Geliebten, einen Konterrevolutionär, dem Tode überantwortet und daran ein Leben lang zu tragen hat.

Nicht zuletzt ist das *Gras des Vergessens*, ein Bild übrigens, das von PUŠKIN stammt, ein Buch über den Tod: Der einsame Tod Bunins, der tragische, erschütternde Freitod Majakovskijs, aus dessen Schilderung alles Erinnern an ihn wächst, die ruhige Todeserwartung der gealterten Klavdija Zaremba bestimmen weitgehend das Klima von Kataevs Memoiren. Das Gefühl der Vergänglichkeit, die Kategorie der Zeit, ist in der gesamten Konzeption des Werks immer gegenwärtig. In der Form, wie der alt gewordene Autor um das Erinnern an Längstvergangenes ringt, wie er das die Vergangenheit überwuchernde »Gras des Vergessens« gleichsam abmäht – indem er die poetischen Probleme der Darstellung mitreflektiert, Erzählzeit und erzählte Zeit ineinander verschränkt, auf Erinnerungen anderer zurückgreift, Visionen und Traumgesichte und lange Passagen von Lyrik einbezieht –, eröffnen sich neue Dimensionen des Erzählens. K.H.

AUSGABEN: Moskau 1967 [Vorw. I. Andronikov]. – Moskau 1969 (in *Svjatoj kolodec. Trava zabvenija*). – Moskau 1972 (in *Sobr. soč.*, 9 Bde., Moskau 1968–1972, 9). – Moskau 1984 (in *Sobr. soč.*, 10 Bde., Moskau 1983–1986, 6).

ÜBERSETZUNGEN: *Kraut des Vergessens*, H. D. Becker, Mchn. 1968 [Nachw. H. Bienek]. – *Das Gras des Vergessens*, H. Angarowa, Bln. 1969 [Nachw. H. Krempien]. – Dass., ders., Bln. 1987.

LITERATUR: F. Mierau, *Oktober-Bücher, Bücher-Oktober* (in SuF, 1970, H. 2, S. 464/465). – D. Kiziria, *Four Demons of V. K.* (in Slavic Review, 44, 1985, 4, S. 647–662).

VOLNY ČËRNOGO MORJA

(russ.; *Die Wogen des Schwarzen Meeres*). Romantetralogie von Valentin P. KATAEV, erschienen 1961. – Kataevs realistischer »Odessa-Zyklus«, an dem er länger als zwanzig Jahre arbeitete, ehe er in seinem Spätwerk neue Wege beschritt, ist eine Epopöe russischer Geschichte von den Kämpfen des russischen Proletariats im Jahre 1905 bis zum Ende des Zweiten Weltkriegs. Von Kataevs persönlicher Erfahrung der sowjetischen Entwicklung durchdrungen und mit seiner Heimatstadt Odessa verbunden, tragen die Romane des Zyklus autobiographische Züge.

Der erste, bedeutendste Teil des Zyklus ist das zu einem klassischen Jugendbuch gewordene *Beleet parus odinokij*, 1936 *(Es blinkt ein einsam Segel)*, das aus kindlicher Perspektive die Ereignisse der Revolution von 1905 in Odessa beschreibt. Helden des Romans sind Petja Bačej, gleich dem Autor Sohn eines Lehrers aus dem liberalen Bürgertum, und der Fischersohn Gavrik Černoivanenko, der bereits als Kind wie ein Erwachsener arbeiten muß. Er geht mit dem Großvater fischen, verkauft die Ware auf dem Markt und trägt stolz und selbstverständlich die Verantwortung für sein Leben. Daneben ist er ein Anführer der Straßenjungen, ein Meister im »Öhrchenspiel«, kennt jeden Winkel in Odessa und hat sogar Verbindungen zur revolutionären Bewegung. Petja, sorglos und unbekümmert aufgewachsen, beginnt unter dem Einfluß seines Freundes Gavrik und unter dem Eindruck des erregenden Geschehens in der Stadt zu ahnen, daß in der Welt nicht alles in Ordnung ist, doch bleibt sein Blick der eines Kindes, das die Vorgänge – den Generalstreik in Odessa, ein Judenpogrom, blutige Straßenkämpfe – als ein erschreckend-verwirrendes, dabei aber spannendes Abenteuer auffaßt. Das Schicksal der beiden Freunde wird in den späteren Romanen zum Bild der Entwicklung dreier Generationen der Sowjetgesellschaft erweitert.

Der thematisch folgende, wenngleich entstehungsgeschichtlich erst an dritter Stelle stehende Roman *Chutorok v stepi*, 1956 *(Vor den Toren der Stadt)*, schildert die Ereignisse der Jahre 1910–1912 – die illegale Tätigkeit der Revolutionäre und das Anwachsen ihrer Bewegung – wiederum reizvoll aus der Perspektive des nunmehr 14- bis 15jährigen Petja. Sein Freund Gavrik ist bereits ein bewußter, verantwortungsvoller Parteiarbeiter. Immer noch kindlich und auf Abenteuer versessen, beginnt Petja mehr und mehr von dem Geschehen um sich zu begreifen. Auf einer Auslandsreise mit dem Vater befördert er einen Brief der Odessaer Bolschewiki an Lenin und begegnet in Italien Gor'kij und emigrierten Revolutionären. Sein Vater, ein liberaler Intellektueller voll sympathischer Ungeschicklichkeit und Naivität, beginnt in Zirkeln der Bolschewiki zu unterrichten.

Der dritte Teil des Zyklus, *Zimnij veter*, 1960 *(Winterwind)*, zeigt die Freunde im Ersten Weltkrieg an der deutschen Front, während der Oktoberrevolution und des Bürgerkriegs, an dem sie sich in der Ukraine aktiv beteiligen. – Entstehungsgeschichtlich früher liegt der Schlußroman des Zyklus, *Katakomby*, 1949 *(In den Katakomben von Odessa)*. Ursprünglich 1949 unter dem Titel *Za vlast' sovetov (Für die Macht der Sowjets)* erschienen und wegen seiner »falschen« Darstellung der Rolle der Partei heftigen Angriffen ausgesetzt, wurde er 1951 vom Autor einer grundlegenden Bearbeitung unterzogen. 1961 erschien dann der dritte Variante des Textes, nun unter dem Titel *Katakomby*. Er schildert die Rückkehr des Moskauer Juristen Pëtr Bačej und seines Sohnes Petja nach Odessa. Hauptdarstellungsträger sind nun also die Enkel. Vom Ausbruch des Zweiten Weltkriegs überrascht, werden Vater und Sohn getrennt. Sie nehmen an der heroischen Verteidigung Odessas teil, die vor allem von den legendenumwobenen Katakomben aus geführt wird, welche bereits in den vorangegange-

nen Romanen eine Rolle spielten. Pëtr begegnet Gavrik Černoivanenko, der das im Untergrund tätige Rayonskomitee der Partei leitet. In einer Partisaneneinheit kämpft er bis zur Befreiung Odessas mit. Die Tetralogie stellt eine literarische Chronik der historischen Entwicklung der Sowjetunion in der ersten Hälfte des 20. Jh.s dar, deren Schilderung voll in den Rahmen der offiziellen sowjetischen Geschichtsdeutung paßt. Die Bücher fanden wegen ihrer reizvollen Verbindung von Humor und Poesie, von Abenteuer und Romantik einen großen Leserkreis. K.H.

Beleet parus odinokij:
AUSGABEN: Moskau 1936 (in Krasnaja nov', Nr. 5). – Moskau/Leningrad 1936. – Moskau 1947 (in *Izbrannoe*). – Moskau 1947 (in *Povesti i rasskazy*, 2 Bde., 1). – Moskau 1950. – Moskau 1956 (in *Sobr. soč.*, 5 Bde., 1956/57, 2). – Moskau 1957. – Moskau 1959. – Moskau 1972.

ÜBERSETZUNGEN: *Es blinkt ein einsam Segel*, L. Klementinowskaja, Bln. 1946. – *Ein weißes Segel einsam gleitet*, O. v. Wyss, Zürich 1947. – *Es blinkt ein einsam Segel*, I. Tinzmann, Bln. 1956. – Dass., ders., Ffm. u. a. 1976. – Dass., ders., Bln. 1983.

DRAMATISIERUNG: V. P. Kataev, *Beleet parus odinokij*, Moskau 1937.

VERFILMUNG: SU 1937 (Regie: V. Legošin).

LITERATUR: A. Palej, *V. K.*, Rez. (in Novyj mir, 1936, Nr. 9, S. 301–302). – L. Kon, Rez. (in Detskaja literatura, 1936, Nr. 19, S. 67–72). – E. Zlatova, Rez. (in Literaturnaja učëba, 1936, Nr. 10, S. 105–110). – N. Maljavkina, *Povest' V. K. »Beleet parus odinokij«* (in Učënye zapiski Petrozavodskogo universiteta, 7, 1957, S. 167–193). – A. Zavališina, *Osobennosti stilja povesti V. K. »Beleet parus odinokij«* (in Učënnye zapiski kaf. russk. jaz. i lit. Išimskogo ped. instituta, 3, 1959, S. 3–21).

Za vlast' sovetov:
AUSGABEN: Moskau 1949 (in Novyj mir, Nr. 6–8; 1. Fassg.). – Moskau 1949. – Moskau 1951 (u. d. T. *Vozvraščenie*, in Ogonëk, Nr. 40; 2. Fassg.). – Moskau/Leningrad 1951. – Moskau/Leningrad 1955. – Moskau 1956 (in *Sobr. soč.*, 5 Bde., 1956/57, 3). – Moskau 1961 (u. d. T. *Katakomby*; 3. Fassg.).

ÜBERSETZUNGEN: *In den Katakomben von Odessa*, V. Ensslen, Bln. 1955; ern. 1963. – Dass., R. Willnow, Bln. 1986.

DRAMATISIERUNG: V. P. Kataev, *Za vlast' sovetov*, Moskau 1953.

VERFILMUNG: SU 1956 (Regie: B. Buneev).

LITERATUR: M. Bubennov, *O novom romane V. K. »Za vlast' sovetov«* (in Oktjabr', 1950, Nr. 2, S. 3–19). – V. Sizych, *Faktičeskaja osnova i vymysel v romane V.K. »Za vlast' sovetov«* (in Uč. zap. Leningr. gos. ped. inst., 32, t., 1958).

Chutorok v stepi:
AUSGABEN: Moskau 1956 (in Junost', Nr. 1–3). – Moskau 1956. – Moskau 1957 (in *Sobr. soč.*, 5 Bde., 1956/57, 5). – Moskau 1958.

ÜBERSETZUNG: *Vor den Toren der Stadt*, J. Elperin, Bln. 1957.

LITERATUR: G. Curikova, *»Chutorok v stepi«* (in Zvezda, 1956, Nr. 6, S. 180–183). – L. Skorino, *»Chutorok v stepi«* (in Znamja, 1956, Nr. 9, S. 175–181). – V. Vetvickij, *Nekotorye osobennosti avtorskoj reči v romane V.K. »Chutorok v stepi«* (in *O literature dlja detej*, Bd. 3, Leningrad 1958).

Zimnij veter:
AUSGABEN: Moskau 1960 (in Roman gazeta, Nr. 19). – Moskau 1960.

ÜBERSETZUNG: *Winterwind*, G.v.Wojtek, Bln. 1961.

Volny černogo morja:
AUSGABEN: Moskau 1961. – Moskau 1962. – Moskau 1970 ff. (in *Sobr. soč.*, 9 Bde., 1968 ff., 5, enth. *Beleet parus odinokij* u. *Chutorok v stepi*). – Moskau 1970 (in *Sobr. soč.*, 9 Bde., Moskau 1968–1972, 5–6). – Moskau 1984 (in *Sobr. soč.*, 10 Bde., Moskau 1983–1986, 4–5).

LITERATUR: D. F. Rado, *V.K. as a Children's Writer. An Analysis of* »*Volny černogo moria*«, Diss. Univ. of Michigan 1977 [enth. Bibliogr.]. – W. Cukierman, *V.K.'s Odessa Cycle* (in Russian Language Journal, 32, 1978, 3, S. 91–106).

VENIAMIN ALEKSANDROVIČ KAVERIN

eig. Veniamin Aleksandrovič Zil'ber

* 19.4.1902 Pskov
† 4.5.1989 Moskau

LITERATUR ZUM AUTOR:
Besedy o knigach V.P. Kataeva, L.A. Kassilja i V.A.K., Moskau 1961. – V. Serebrjakova, *V.A.K.* [Bibliogr.] (in *Russkie sovetskie pisateli. Prozaiki*, Bd. 2, Leningrad 1964, S. 240–263). – B. Seyr, *Das Frühwerk V.A.K.s (1920–1931)*, Diss. Wien 1971. – B. Deys, *Das Frühwerk V.A.K.s 1920–1931. Studien zur Erzähltechnik*, Diss. Wien 1973. – R.F. Walter, *The Prose Fiction of V.K. An Interpretative*

Study, Diss. Indiana Univ. 1974 [enth. Bibliogr.]. – H. Oulanoff, *The Prose Fiction of V.A.K.*, Cambridge/Mass. 1976. – O. Novikova u. V. Novikov, *V.K. Kritičeskij očerk*, Moskau 1986.

CHUDOŽNIK NEIZVESTEN

(russ.; *Ü: Unbekannter Meister*). Roman von Veniamin A. KAVERIN, erschienen 1931. – Mit »*Unbekannter Meister, 1929*« ist ein Bild signiert, das eine Szene von »*düsterer Feierlichkeit*« zeigt: eine auf der Straße liegende Frau mit gebrochenen Armen, umstanden von Leuten »*in der starren Pose von Neugier, Gleichgültigkeit und Entsetzen*«. Über Bild und Maler wird gesagt: »*Außer einer unbewußten Darstellungskraft sprachen aus dem Bild Verstand und ein scharfes Gedächtnis – ein furchtbares Gedächtnis, das vielleicht sehr klare Vorstellungen von dem hatte, was vor den Augen eines Menschen vorbeifliegt, der aus dem fünften Stockwerk hinunterstürzt. Um ein solches Bild zu malen, mußte man zerschellen.*« Dieses Bild, dessen Beschreibung im Epilog des Romans gegeben wird, ist der Schlüssel zu dem in acht »Begegnungen« gegliederten Roman.

Esfir, zwischen ihrem Mann Archimedov und ihrem Geliebten Špektorov stehend, wählt den Freitod, doch ist diese Tat nicht als gewaltsame Lösung eines der üblichen dramatischen Dreiecksverhältnisse zu verstehen. Esfir wird Opfer eines Konflikts, der in das Bild der sowjetischen Wirklichkeit gehört: Sozialismus und Technisierung befinden sich im feindlichen Gegensatz zu Romantik und Moral, das »*tote Inventar des Sozialismus wächst schneller als das lebende*«, und es wächst auf Kosten der menschlichen Würde. Sie zu verteidigen, zieht der Romantiker Archimedov (»*Ich … glaube, daß man an sämtlichen Hochschulen einen Lehrstuhl für Illusionen schaffen muß*«) in einen pittoresken, an Don Quijotes Abenteuer erinnernden Kampf. Ihm ist die Romantik eine Waffe gleich dem *roman* (altrussische Bezeichnung für einen Mauerbrecher), mit dem er »*gegen den Verfall der Ehre, gegen Heuchelei, Gemeinheit und Langweiligkeit*« antritt. Seine Armee sind die Kinder, sein Hauptquartier ist das Kindertheater, in dem seine *Physik der Sitten* gespielt wird und wo man das zeigt – Ehre, Selbstlosigkeit, militante Güte –, was er »*nicht nur auf der Bühne sehen möchte*«. Sein natürlicher Widersacher ist Špektorov, der Spezialist für Straßenbaumaschinen: »*Ich baue den Sozialismus auf. Aber wenn ich zwischen Moral und einem Paar Hosen wählen müßte, würde ich gewiß die Hosen nehmen.*« Um seinetwillen trennt sich Esfir von ihrem Mann Archimedov, der seinen Sohn Ferdinand (so getauft nach Lassalle; in Wirklichkeit ist es Špektorovs Kind, was Archimedov nicht weiß) mit sich nimmt: »*Er wird mir beistehen. Er wird beweisen, daß unsere Kinder die Sieger sein werden.*« Nach der Rückkehr Špektorovs von einer Sowchose, wohin er sich vor seiner Liebe zu Esfir geflüchtet hatte, wird Archimedov als Fürsprecher der Bettler und Obdachlosen verhaftet. Esfir begeht Selbstmord; Archimedov, zwar freigelassen, doch seiner Tätigkeit im Kindertheater enthoben, verkommt; Špektorov adoptiert den kleinen Ferdinand, da seine »*materiellen Verhältnisse besser sind*« als die des geschlagenen Romantikers. Archimedovs Testament ist das Bild, signiert mit »*Unbekannter Meister. 1929*«.

Kaverin, als Vertreter der westlichen Richtung des Schriftstellerbunds »Serapionsbrüder« auch dem formalen Experiment zugeneigt, tritt nach der ersten einführenden »Begegnung« *(»Meister, wem gibst du deine Stimme?*«) aus der Anonymität heraus und gibt sich als Erzähler zu erkennen, der »*die Grenze zwischen Traum und Leben, ohne die man weder arbeiten noch leben kann*«, klarer zu sehen vermag. Er verfolgt die Ereignisse, die ihm vorher selbst nicht bekannt sind, sammelt Zeugenaussagen *(»Er* [Archimedov] *ist der einzige Künstler unserer Zeit, der die Moral nicht fürchtet … die Moral der Aufmerksamkeit und des Vertrauens«)*, reist zu den verschiedenen Schauplätzen des Geschehens, ja, er wird selbst in die Handlung mit einbezogen, in sie verwickelt und dient zuletzt Špektorov als Zeuge bei der Adoption des Kindes. So übernimmt der Erzähler innerhalb des Romans selbst die Funktion, Grenze zu sein zwischen »Traum und Leben«, eine Funktion, die keine Be- oder Verurteilung der Romanfiguren und ihrer Handlungen zuläßt. M.Gru.

AUSGABEN: Leningrad 1931. – Moskau 1981 (in *Sobr. soč.*, 8 Bde., 1980–1983, 2). – Jerusalem 1982.

ÜBERSETZUNG: *Unbekannter Meister*, G. Drohla, Ffm. 1961 (BS).

LITERATUR: A. Brudnyj, *Zametki o stilističeskich osobennostjach prozy K.* (in Uč. zap. filol. fak. Kirgizsk. univ., 1958, S. 85–98). – D. G. Cygankova, *Romany V. K. 30-ch-50-ch godov* (in Uč. zap. Mosk. obl. pedag. inst., 1958, 2, S. 107–133). – H. Oulanoff, *K.'s »Chudožnik Neizvesten«: Structure and Motivation* (in SEEJ, 10, 1966, S. 389–399). – D. Piper, *Three Early Soviet Novels. Oleša's »Zavist'«, Tynjanov's »Smert' Vazir-Muchtara«, and K.'s »Chudožnik neizvesten«* (in Journal of Russian Studies, 20, 1970, S. 3–20).

DVA KAPITANA

(russ.; Ü: *Zwei Kapitäne*). Roman von Veniamin A. KAVERIN, erschienen 1939–1944. – *Dva kapitana* ist einer der bekanntesten romantisch-abenteuerlichen Unterhaltungsromane der Sowjetliteratur; erzählt wird die Handlung (in zehn Teilen und einem Epilog) zum Großteil vom Helden, dem Flugkapitän Aleksandr Grigorev, und von seiner Braut, der Tochter des im Jahre 1915 in der Arktis umgekommenen Polarforschers Kapitän Tatarinov. Der Roman beginnt mit der Schilderung der Kindheit des stummen Grigorev. Sie fällt noch in die Zeit vor der Revolution: die Not im Elternhaus, der Tod des unschuldig eingekerkerten Va-

ters, die Leiden des Jungen unter seinem Stiefvater, seine Erlösung von der Stummheit durch einen den Revolutionären nahestehenden Arzt, schließlich seine Verwaisung. Nach der Oktoberrevolution flieht er mit einem Freund heimlich nach Moskau. Dort wird der Junge aufgegriffen, kommt in ein Schulheim und entwickelt sich unter den neuen gesellschaftlichen Verhältnissen des sozialistischen Staats zu einem kühnen, wißbegierigen Kommunisten, der der Vollbringung außergewöhnlicher Heldentaten entgegenfiebert. Als Flugkapitän glaubt er endlich, seinen Jugendtraum verwirklichen zu können: die Aufklärung der dunklen Hintergründe, die zum Tode des berühmten Kapitäns Tatarinov führten. Dies gelingt ihm erst im vorletzten Jahr des Zweiten Weltkrieges, als er mit seiner Maschine in der Arktis notlanden muß und dort zufällig das Zelt und im Zelt den Leichnam des Forschers findet, der das kriegswichtige Severnaja Zemlja entdeckt hatte und sterben mußte, weil sein gegen ihn intrigierender Bruder die Expedition unzulänglich ausgerüstet hatte.

Die Handlung des Romans ist sorgfältig aufgebaut, der Faden von der Vergangenheit (Kapitän Tatarinov) zur Gegenwart (Kapitän Grigorev) geschickt geknüpft. Großangelegte Intrigenspiele und Liebesaffären halten die Spannung wach; das Kriegsgeschehen bietet außerdem Gelegenheit, den Helden in nervenkitzelnden Situationen zu zeigen, in die ihn nicht nur der deutsche Gegner, sondern auch sein Nebenbuhler um die Liebe der Kapitänstochter bringt. Im übrigen hält sich Kaverin, 1946 für diesen Roman mit dem Stalin-Preis ausgezeichnet, streng an die Regeln des Sozialistischen Realismus, die sich in einer der leitmotivischen Kapitelüberschriften zusammenfassen ließen: »*Kämpfen und suchen, finden und sich nicht ergeben.*« Die Kluft zwischen diesem und dem 1931 erschienenen Roman *Chudožnik neizvesten (Unbekannter Meister)* ist unüberbrückbar: Kaverin hat sich vor dem auch die »künstlerischen« Maßstäbe setzenden Stalinismus auf das weniger gefährliche Feld der sozialistisch getönten Abenteuer- und Unterhaltungsliteratur zurückgezogen, die vorwiegend für Kinder gedacht ist. So besorgte denn auch der Staatsverlag für Kinderliteratur nahezu alle russischen Buchausgaben der *Zwei Kapitäne*. M.Gru.

AUSGABEN: Leningrad 1939 (Tl. 1; in Lit. sovremennik). – Moskau 1944 (Tl. 2; in Oktjabr'). – Leningrad 1946. – Frunse 1962. – Moskau 1972. – Moskau 1981 (in *Sobr. soč.*, 8 Bde., 1980–1983, 3).

ÜBERSETZUNGEN: *Zwei Kapitäne*, H. Angarowa u. M. Broser, 2 Bde., Bln./Wien 1946/47. – Dass., M. Broser, Bln. 1948 [Bearb.].

DRAMATISIERUNGEN: K. Seeger, *Zwei Kapitäne. Spiel in vier Akten*, Bln. 1949. – Wilna 1955 (bearb. v. Autor).

VERFILMUNG: UdSSR 1956 (Regie: V. Vengerov).

LITERATUR: V. Smirnova *»Dva kapitana« menjajut kurs* (in V. S., *O literature i teatre*, Moskau 1956).

PERED ZERKALOM

(russ.; *Ü: Vor dem Spiegel*). Roman von Veniamin A. KAVERIN, erschienen 1971. – 1910 lernt die sechzehnjährige Elizaveta Nikolaevna Turaeva den 21jährigen Mathematikstudenten Konstantin Pavlovič Karnovskij auf einem Schülerball in Perm' kennen. Aus dieser Begegnung entwickelt sich ein inniger Briefwechsel, der sich über 22 Jahre erstrecken wird. Die Briefe Turaevas an Karnovskij erzählen die Geschichte einer unerfüllten Liebe, schildern aber auch die soziale und kulturelle Lage der russischen Intelligenz vor und nach dem bolschewistischen Umsturz 1917. Ein Erzähler ergänzt den Briefwechsel durch narrative Einschübe; diese beziehen sich vor allem auf die seltenen Begegnungen Karnovskijs mit Turaeva und bilden sowohl in deren Verhältnis als auch im Aufbau des Romans die entscheidenden Einschnitte.

Wegen des frühen Todes seines Vaters muß Karnovskij den Lebensunterhalt für seine Familie in Kazan' verdienen und kann deshalb die Schule erst spät abschließen. Um so größer ist sein Eifer während des Studiums. Auch Turaeva träumt davon, zu studieren. 1913 geht sie nach St. Petersburg und schreibt sich – wie Karnovskij – an der mathematischen Fakultät ein. Bald aber entdeckt sie ihre Neigung zur Kunst und beschließt, sich ausschließlich ihr zu widmen. Die junge Künstlerin interessiert sich stark für die byzantinisch-ikonische Komponente der russischen Kunst und baut sie in ihren Stil ein. Es gelingt ihr, ihre Ansichten dem rationalistisch veranlagten Karnovskij zu vermitteln, seine ungeteilte Liebe kann sie aber nicht gewinnen – Karnovskij ist zu stark auf seine Karriere bedacht. Während Turaeva Karnovskij in Kazan' besucht, kommt es jedoch beinahe zu einer Verlobung; als er aber von ihrem vagen Vorhaben erfährt, nach dem Kriegsende nach Paris zu fahren, um bei Matisse zu studieren, entbrennt ein heftiger Streit. Turaeva reist ab, ohne sich zu verabschieden. Der Briefwechsel wird zwar bald wieder aufgenommen, zur nächsten persönlichen Begegnung kommt es aber erst 10 Jahre später. Das Ende des Ersten Weltkriegs und die ersten Revolutionsjahre erlebt Turaeva in Jalta. Mit einem alten Maler namens Vardges Surenjanc restauriert sie eine armenische Kirche. Karnovskij dagegen beteiligt sich aktiv am Aufbau der neuen Gesellschaftsstrukturen, leitet eine Arbeiterfakultät und wird zuerst in Petrograd, dann in Moskau Professor. Im Wirrwarr des Bürgerkrieges kommt es zu einer Unterbrechung ihres Briefwechsels, und als auch die Krim 1921 von den Roten eingenommen wird, erfährt Karnovskij durch einen Brief von Surenjanc, daß Turaeva nicht mehr in Rußland ist. Sie ist mit einem Kaufmann ins Ausland gereist, der ihr versprochen hat, sie über Konstantinopel nach Paris zu bringen. Als sie erkennt, daß er ein Schwindler ist, verläßt sie ihn und bleibt für einige Zeit am Bosporus, wo sie den jungen russischen Kriegsveteranen Aleksej heiratet, aber auch ein Liebesverhältnis mit dem Maler Georgij Gordeev unterhält. Obwohl sie Karnovskij mitteilt, daß sie ihn nicht mehr liebt, verbindet die beiden nach wie vor eine beständige Zuneigung. – 1923 fährt Turaeva zu Gordeev, der sich in Paris niedergelassen hat. Da ihr der künstlerische Durchbruch lange Zeit nicht gelingt, lebt sie am Rande des Existenzminimums. In den Briefen an Karnovskij sucht sie Zuflucht vor Gordeevs demütigender Eifersucht. Als der inzwischen verheiratete Karnovskij – nunmehr ein berühmter Mathematiker – 1925 wegen eines Forschungsprojekts nach Paris kommt, läßt Gordeev die beiden kaum aus den Augen. In den wenigen Minuten, da sie allein sind, erklären sich Turaeva und Karnovskij ihre Liebe; trotzdem sind sie sich dessen bewußt, daß eine ganze Welt zwischen ihnen liegt (Turaeva: *»Ich glaube, daß meine Bilder bei euch seltsam, sogar ›ausländisch‹ wirken«*). Durch diese Phase ihrer Beziehung wird eine der zentralen Fragen der russischen Intelligenz der zwanziger Jahre – die Entscheidung für oder gegen die Emigration – beleuchtet. – 1930 erkrankt Turaeva an Tuberkulose und stirbt zwei Jahre später, nachdem sie in ihren letzten Jahren den lang ersehnten Erfolg als Künstlerin erzielt hat. Ihr Kampf ums Überleben und um Anerkennung in der Emigration erinnert an die Biographie der Dichterin Marina CVETAEVA, die in Kaverins Roman leicht erkennbar als Larisa Nestroeva erscheint. Turaeva indes trägt gewisse Züge der russischen Avantgarde-Künstlerin Natal'ja GONČAROVA, die im Roman auch namentlich auftritt.

Der Reifeprozeß der Künstlerin wird durch das Leitmotiv des Spiegels veranschaulicht. Im kurzen Schlußkapitel *Vor dem Spiegel* berichtet der Erzähler rückblickend, daß für Turaeva die Briefe an Karnovskij *»ein Spiegel«* waren, *»in dem sie ihr ganzes Leben lang sich selbst reflektiert sah«*. Bei Karnovskijs erstem Besuch in Paris bemerkt er ein Gemälde von Turaeva, in dem ein Spiegel abgebildet ist: *»Dem Himmel zugekehrt, stand in einem Garten der Spiegel … aber er war leer. Man mußte sich in die Luft erheben, um sich in ihm betrachten zu können …«* Am Ende stellt Turaeva fest, daß ihr Leben bisher durch ihren eigenen Doppelgänger im Spiegel bestimmt wurde und daß man sich den anderen Menschen zuwenden muß, um sein wirkliches Gesicht zu sehen. Karnovskij seinerseits ist eine Variante der oft bei Kaverin auftretenden Figur des scheinbar gefühllosen, von der Arbeit besessenen Wissenschaftlers. Diesmal aber werden die krassen Gegensätze aufgelöst; der Wissenschaftler tritt in einen Dialog mit der Kunst und erhält dadurch eine menschliche Dimension.

Kaverins Wahl der Gattung des Briefromans wird zum Teil durch die konkreten Hintergründe der Entstehung des Werkes bedingt – es basiert auf tatsächlichen Briefen, die ein Bekannter Kaverins ihm zur Verfügung stellte. Zum Teil ist es aber auch eine Antwort auf V. ŠKLOVSKIJS Roman *Zoo.*

Pis'ma ne o ljubvi, 1923 *(Zoo oder Briefe nicht über die Liebe)*, dessen ironischem Ton Kaverin seine ernste Beschäftigung mit den Kernfragen der russischen Intellektuellen entgegensetzt.   H.Mey.

AUSGABEN: Leningrad 1971 (in Zvezda, 1–2). – Moskau 1972. – Moskau 1982 (in *Sobr. Soč.*, 8 Bde., 1980–1983, 6). – Minsk 1986.

ÜBERSETZUNG: *Vor dem Spiegel*, G. Drohla, Darmstadt/Neuwied 1971; ²1978; ³1986.

LITERATUR: V. K., *Starye pis'ma* (in V. K., *Izbrannye proizvedenija*, 2 Bde., Moskau 1977, 2, S. 658–663). – E. Beaujour, *K.'s »Before the Mirror«* (in SEEJ, 24, 1980, 3, S. 233–244).

SKANDALIST, ili Večera na Vasil'evskom ostrove

(russ.; *Der Unruhestifter oder Die Abende auf der Vasil'evinsel*). Roman von Veniamin A. KAVERIN, erschienen 1928. – *»Im Winter 1928 traf ich bei Jurij N. Tynjanov einen Literaten, der zutiefst davon überzeugt war, daß ihm alle Geheimnisse literarischer Arbeit bekannt seien«*, schreibt Kaverin über den Prototyp Nekrylov, die Titelgestalt seines anderen Tags begonnenen Schlüsselromans. Einige Kritiker glaubten darin den Literaturwissenschaftler Viktor ŠKLOVSKIJ, einen exponierten Vertreter der formalistischen Schule, zu erkennen; anderen Theoretikern um die Zeitschrift »Poètika« sind der Philologe Ložkin und der Linguist Dragomanov nachgebildet, während die Gestalt des Philologiestudenten Nagin autobiographische Züge verrät.

In parodistischer Manier beschreibt der Roman das damalige Leben der Literaten- und Akademikerkreise auf der Petrograder Universitätsinsel. Im Vordergrund der Auseinandersetzung steht die formalistische Literaturtheorie. In vorsichtiger Form verteidigt der Autor im Sinne der »Serapionsbrüder« die Freiheit des künstlerischen Schaffens, lehnt jedoch das literarische Programm seines Helden Nekrylov ab als den *»groben Unfug eines Menschen, der sein Recht auf Unfug verteidigt«*. Nekrylov scheitert in der durch seinen »Unernst« selbstverschuldeten wissenschaftlichen und gesellschaftlichen Isolation. Mit ihm scheitern, wenn auch aus unterschiedlichen Gründen, Dragomanov und Ložkin. Der erste wird in einem alle Ideale negierenden, unsteten Kampf gegen die Konservativen der vorrevolutionären Vergangenheit zum vollendeten Defätisten. Ložkin hat, *»geboren von der einen Epoche, ernährt von der zweiten und vergebens bemüht, in der dritten zu leben«*, zu spät die Sinnlosigkeit seiner lebenslangen Beschäftigung mit der altrussischen Sektenliteratur erkannt und vermag sich letztlich nicht mehr von seinen Folianten zu lösen.

Die Auseinandersetzung des Romans mit der bürgerlichen Intelligenz und dem Formalismus auch der »Serapionsbrüder« ist eine Auseinandersetzung des beiden Gruppen angehörenden Autors mit sich selbst. Pamphletartige Diskussion von strenger Wissenschaftlichkeit, gelehrte Aperçus und spielerische Gedankenexperimente wechseln mit hartem, der Filmtechnik entlehntem Schnitt. Die scherzhaft-spöttische Erzählhaltung und die Benutzung der kritisierten künstlerischen Gestaltungsmittel durch den Autor selbst scheinen die Abrechnung mit dem Formalismus zu mildern und lassen die Aussage des Romans zweideutig erscheinen. Die sowjetische Kritik, die Kaverins Werk mit Skepsis aufnahm, lobte die treffende, wenngleich *»ohne Lichtblick oder Perspektive«* gezeichnete Darstellung des Petrograder Akademikermilieus.   W.Sch.

AUSGABEN: Leningrad 1928. – Leningrad ²1930 (in *Sočinenija*, Bd. 3). – Moskau 1963 (in *Sobr. soč.*, 6 Bde., 1963–1966, 1). – Moskau 1980 (in *Sobr. soč.*, 8 Bde., 1980–1983, 1).

LITERATUR: D. Piper, *V. A. K. A Soviet Writer's Response to Commitment. The Relationship of »Skandalist« and »Chudožnik neizvesten« to the Development of Soviet Literature of the Late Nineteen Twenties*, Pittsburgh 1970. – C. Getty-Depretto, *Les sources réelles du roman de V. K. »Skandalist«* (in L'enseignement du russe, 26, 1979, S. 5–23). – Dies., *Des éléments nouveaux pour l'étude du roman de V. K. »Skandalist«* (in Revue des études slaves, 54, 1982, 4, S. 763–766).

ÈMMANUIL GENRICHOVIČ
KAZAKEVIČ

* 24.2.1913 Kremenčug / Gouvernement
Poltava
† 22.9.1962 Moskau

DVOE V STEPI

(russ.; *Ü: Das Todesurteil*). Erzählung von Èmmanuil G. KAZAKEVIČ, erschienen 1948. – Wie in seiner ersten Kriegserzählung Zvezda, 1947 *(Der Stern)*, weicht Kazakevič auch in *Dvoe v stepi* wesentlich von der parteikonformen und propagandagerechten Darstellungsweise ab, die besonders im Bereich der Kriegsliteratur außerordentlich schematische und realitätsferne Werke mit – positiv wie negativ – stark verzerrten Charakteren hervorgebracht hat. Während Zvezda noch mit einem Stalinpreis ausgezeichnet wurde, wirkte die Hauptfigur der zweiten Erzählung, ein wegen Feigheit zum Tode verurteilter Soldat der sowjetischen Armee, auf dogmatische Kritiker als Provokation, auf die sie mit heftigen Presseangriffen reagierten.

Äußerer Handlungsrahmen ist der Rückzug der sowjetischen Truppen vor den Deutschen im Zweiten Weltkrieg. Der junge Leutnant Ogarkov, der gerade eine Ausbildung als Chemiker abgeschlossen hat, erhält den Auftrag, seiner Division eine Depesche mit dem Rückzugsbefehl zu überbringen. Unterwegs verirrt er sich, gerät erstmals in ein Feuergefecht und kehrt schließlich in dem Glauben, die Division habe ihren Standort bereits verlassen, unverrichteter Dinge zum Stab zurück. Dort wird er dem Kriegsgericht überstellt und zum Tod durch Erschießen verurteilt. Das Urteil wird jedoch nicht vollstreckt, denn die eilig aufbrechenden Truppen lassen versehentlich Ogarkov und seinen Bewacher, den Kasachen Džurabaev, zurück. Džurabaev, der es als seine Pflicht ansieht, den Gefangenen wieder abzuliefern, macht sich mit ihm auf einen langen Weg durch die Steppe, der die beiden zu guten, wenn auch sehr ungleichen Kameraden werden läßt. Nachdem sie sich einigen versprengten Truppen angeschlossen haben, erteilt ein ahnungsloser Offizier, vom schlafenden Džurabaev unbemerkt, Ogarkov einen Auftrag als Kundschafter, bei dem dieser sich durch überlegtes Handeln und Tapferkeit auszeichnet. Die dabei sich ergebende Gelegenheit zur Flucht läßt ihn einen Augenblick wanken, doch schließlich besinnt er sich auf seine Verantwortung gegenüber der Truppe, ja sogar gegenüber seinem Bewacher. – Mehrmals wird er zusammen mit Džurabaev in Kampfhandlungen verwickelt, bis letzterer bei einem Luftangriff tödlich verwundet wird. Wieder steht Ogarkov vor der Möglichkeit, sich der Vollstreckung des Todesurteils zu entziehen. Nicht zuletzt durch die Begegnung mit einem Deserteur, dessen unpatriotische Haltung ihn abstößt, beschließt er, sich den Militärbehörden zu stellen. Sein Fall wird neu verhandelt, man begnadigt ihn und schickt ihn an die Front. In einem epilogartigen Ausblick wird Ogarkov als geliebter und geachteter Hauptmann mit Befehl über einen Pioniertrupp gezeigt.
Ungewöhnlich für die sowjetische Literatur jener Zeit ist zunächst der sowjetische Leutnant, der sich – obwohl er patriotisch fühlt und zum Kampf bereit ist – vor seinem Vaterland schuldig macht: Auch er selbst fühlt sich am – vermeintlichen – Untergang seiner Division schuldig (in der zweiten, 1962 erschienenen Fassung wird die Division durch Initiative ihres Kommandeurs gerettet, womit auch Ogarkovs Schuld gemildert ist). Vor allem aber beeindruckt die Art und Weise, wie Kazakevič – ohne anzuklagen – das Versagen des unerfahrenen Soldaten nachvollziehbar und psychologisch plausibel macht. Aufgrund der Bewährung kann Kazakevič seiner Figur – gleichsam im Sinne poetischer Gerechtigkeit – jenes Verzeihen widerfahren lassen, das in der Realität des Krieges äußerst selten gewesen sein dürfte. Voraussetzung hierfür ist Ogarkovs Treue gegenüber dem eigenen Gewissen, das durch den ständigen Begleiter Džurabaev symbolisch verkörpert wird. – Mit seiner unprätentiösen Sprache und dem Verzicht auf falsches Pathos (auch und gerade im Zusammenhang

mit Ogarkovs Begegnung mit der jungen Soldatenwitwe Marija) hat Kazakevič, ähnlich wie V. Nekrasov mit seinem Roman *V okopach Stalingrada*, 1947 *(In den Schützengräben von Stalingrad)*, den Weg bereitet für die ehrlichere Kriegsliteratur der Tauwetterperiode, die durch Namen wie B. Okudžava und G. Baklanov repräsentiert wird. 　　　　　　　　　　　　　　　　F.G.

Ausgaben: Moskau 1948 (in Znamja, 5). – Moskau 1962 (in *Povesti*).

Übersetzung: *Das Todesurteil*, M. u. R. Bräuer Bln./DDR 1965.

Literatur: A. Mar'jamov, *Kon' belyj i kon' černyj* (in Literaturnaja gazeta, 10. 7. 1948). – B. Solov'ev, *Pooščrenie naturalizma* (in Novyj mir, 1948, 10, S. 242 f.). – Z. Kedrina, *Poèzija i žizn'* (in Z. K., *Literaturno-kritičeskie stat'i*, Moskau 1956, S. 153 bis 176). – K. Simonov, *Nekotorye problemy razvitija sovetskoj prozy* (in K. S., *Na literaturnye temy*, Moskau 1959, S. 286 f.). – A. Bočarov, *È. K.*, Moskau 1965, S. 40–56. – S. Achmedov, *Vojna v tvorčestve È. K.* (in Voprosy sovetskoj literatury, 1968, S. 73–85). – N. Kuznecov, *Sjužet i konflikt povesti È. K. »Dvoe v stepi«* (in Učenye zapiski Leningr. ped. inst., 1968, 362, S. 256–260). – G. Bahro, *K.-Chronik* (in Literatur und Sprachentwicklung in Osteuropa im 20. Jh., Bln. 1982, S. 9–19).

jurij pavlovič Kazakov

* 8.8.1927 Moskau
† 29.11.1982 Moskau

NA POLUSTANKE

(russ.; *Ü: Auf der Zwischenstation*). Erzählung von Jurij P. Kazakov, erschienen 1959. – Auf einer kleinen Bahnstation im Inneren Rußlands warten zwei Menschen auf den Zug, ein Bauernmädchen, in dessen *»blassem, müdem Gesicht schon alle Hoffnung erloschen«* ist, und ein *»zottiger, pockennarbiger Bursche im Ledermantel mit einem groben, flachen Gesicht«*. Er hat sich als Gewichtheber hervorgetan und wird das öde Dorf, das stumpfe Einerlei des Landlebens verlassen. Er träumt von nichts anderem, als daß er alle Rekorde brechen und nach Moskau und ins Ausland kommen wird. Unwirsch verspricht er dem Mädchen, zurückzukehren und zu schreiben. Nach Einfahrt des Zuges hört er das letzte, unbeholfene Liebesgeständnis des Mädchens, küßt sie, aufgefordert, ein letztes Mal und steigt ein. Als sich der Zug in Bewegung setzt, faßt er den Mut, die Wahrheit zu sagen: *»Hörst du ... ich* *komme nie wieder!*« Das Mädchen, das beinahe gegen den anfahrenden Zug taumelt, wird vom Stationsvorsteher zurückgerissen. Der bündige Kommentar des Eisenbahners – »*Tja, heutzutage gehen alle*« – rückt das eben noch Unfaßbare in den Bereich des Alltäglichen.

Ebenfalls im dörflichen Milieu spielt Kazakovs Erzählung *Zapach chleba*, 1961 *(Der Duft des Brotes)*. Dusja, die vor fünfzehn Jahren ihr Dorf verlassen und ihr früheres Leben fast vergessen hat, erhält am Neujahrstag die Nachricht vom Tod ihrer Mutter. Sie bleibt ungerührt und fährt aus Bequemlichkeit erst im Mai aufs Land, nachdem die Verwandtschaft ihr nochmals geschrieben hat, sie solle sich um das von der Mutter hinterlassene Haus kümmern. Im Dorf fühlt sich Dusja vollkommen fremd, und erst der Duft des Brotes im Haus der Mutter ruft in ihr eine Erinnerung an die Kindheit hervor. Am Grab der Mutter überwindet sie für kurze Zeit ihre Gefühllosigkeit. Aus ihr bricht eine dumpfe Totenklage hervor, wie sie sie einst als Kind von den Bäuerinnen des Dorfes gehört hat. Doch schon am *»nächsten Tag beendete sie ihre Reisevorbereitungen, trank zum Abschied mit der Schwester Tee, war lustig und erzählte, wie schön ihre Wohnung in Moskau sei und was für Komfort sie biete.*«

Zeitgenössische sowjetische Kritiker warfen Kazakov Individualismus, Zeitlosigkeit und Gesellschaftsferne vor, übersahen allerdings, in welchem Maß seine Helden von der sowjetischen Gegenwart geprägt sind. So wird z. B. die egoistische Gefühlskälte Dusjas erst vor dem problematischen Hintergrund des Gegensatzes zwischen Stadt und Land, des sich vollziehenden Urbanisierungsprozesses in der Sowjetunion, verständlich; ebenso die Brutalität des Burschen aus *Na polustanke*, der beim Abschied sagt: »*Bei mir ist jetzt alles in Ordnung. Was soll mir jetzt noch die Kolchose? Das Haus? Das können die Mutter und die Schwestern behalten, darum tut's mir nicht leid, ich geh in die Gebietsstadt...*« Kazakovs Neigung, »*der inneren Biographie den Vorzug zu geben*«, ist kein Rückzug aus der Gesellschaft, sondern eine Absage an eine bestimmte schablonenhafte Vorstellung von Realismus. – Das Schaffen des Autors steht in der Tradition des russischen psychologischen *rasskaz* (Erzählung) von TURGENEV, ČECHOV, BUNIN, PRIŠVIN und PAUSTOVSKIJ. Ohne jede Spur von Idyllik und romantisierenden Tendenzen zeichnen sich Kazakovs Erzählungen durch Prägnanz, Sensibilität und Konkretheit aus.   H.Gü.

AUSGABEN: Moskau 1959. – Moskau 1985 (in *Izbrannoe*, Hg. T. Sudnik).

ÜBERSETZUNGEN: *Auf einer kleinen Bahnstation*, G. Strauch (in *Musik bei Nacht. Erzählungen*, Stg. 1961). – *Auf der Zwischenstation*, Th. Reschke u. a. (in *Larifari und andere Erzählungen*, Bln. 1966).

LITERATUR: A. Ninov, *J. K. i ego rasskazy* (in A. N., *Dvoe v dekabre*, Moskau 1966, S. 248–269). – N. Čekulina, *Liričeskaja proza J. K.: problematika i žanrovye osobennosti*, Diss. Moskau 1984. – I. Kuz'mičev, *J. K.: nabrosok portreta*, Leningrad 1986.

STRANNIK

(russ.; *Ü: Der Pilger*). Erzählung von Jurij P. KAZAKOV, erschienen 1956. – Aus dem Thema der Erzählung – ein Pilger in Sowjetrußland – macht Kazakov eine Komödie eigenen Stils, die sich aus fünf Abschnitten zusammensetzt: Der auf der Chaussee dahinwandernde Pilger, ein junger, großgewachsener Mann, biegt beim Anblick eines Dorfes von der Straße ab und legt sich, nach einem kargen Mahl, zum Schlaf nieder. Nach Sonnenuntergang geht er ins Dorf, spricht eine ältere Frau an, erkundigt sich, ob »*die Kirche in Gebrauch*« ist, stellt sich als »*Gottesmann*« vor und findet in ihrer Wohnung ein Unterkommen für die Nacht. Beim Abendbrot lernt der Pilger die Schwiegertochter der Wirtin, Ljuba, kennen, eine Aktivistin von der Kolchose, mit der er über die zwei Prinzipien »Gott« und »Arbeit« in Streit gerät. Nachts schleicht sich der Gottesmann an Ljubas Bett und versucht, sie zu verführen; Ljuba jedoch flüchtet auf den Dachboden, und dem wütenden Pilger bleibt nichts anderes übrig, als sich ebenfalls schlafen zu legen. Am nächsten Morgen verläßt er, von Ljubas Mutter beschimpft, das Haus unter Segenssprüchen, und: »*Wie immer, wenn er von irgendwo fortging, wurde ihm fröhlicher und fröhlicher ums Herz – die Straße rief ihn, und das Gestern fiel ab und verblaßte.*«

Die Erzählung ist typisch für die Arbeiten des Autors aus den fünfziger Jahren: Sie stellt ein Individuum in den Mittelpunkt, dessen Lebensform auf eine andere stößt, ohne daß daraus etwas erwüchse. Ob es sich um einen Knaben und einen Erwachsenen handelt oder um einen scheuen jungen Mann und ein vielbegehrtes Mädchen – immer sind es verhinderte Begegnungen, die mit knappen Strichen einprägsam gezeichnet werden. Den Erzählungen fehlt die in der UdSSR geforderte gesellschaftliche Relevanz. Die Einbeziehung des konkreten Alltags verleiht ihnen nur eine scheinbare Aktualität. In Wirklichkeit geht es um Einzelgänger, die – in einem poetischen Niemandsland angesiedelt – auf ein Ende ihrer Einsamkeit hoffen, den *kairos* jedoch entweder nicht finden oder nicht erkennen. Deshalb läßt sich auch die vorliegende Erzählung weder im religiösen noch in einem gesellschaftspolitischen Sinn deuten; die sowjetische Kritik hat das erkannt und gegen den Autor massive Vorwürfe erhoben, da ihm im Grunde nur an der wertfreien Beschreibung von Landschaften liegt: sichtbaren wie unsichtbaren. Wie mit wenigen Worten Glück, Verzweiflung, Trauer eines Menschen oder ein Teich, ein Wald, eine Straße entstehen, wie Naturereignisse, hart und bilderarm geschildert, die Qualität kosmischer Visionen annehmen, dazu bedarf es eines gesellschaftspolitisch freien Raums.   KLL

AUSGABEN: Moskau 1956 (in Molodaja gvardija,

Nr. 3). – Moskau 1985 (in *Izbrannoe*, Hg. T. Sudnik).

ÜBERSETZUNG: *Der Pilger*, G. Strauch-Orlow (in *Musik bei Nacht*, Stg. 1961).

LITERATUR: J. Nagibin, *Svoë i čužoe* (in Družba narodov, 1959, Nr. 7). – V. Bušin, *Štampy byvajut raznye. Zametki o rasskazach J. K.* (in Literatura i žizn', 1959, Nr. 99).

TRALI-VALI

(russ.; *Ü: Larifari*). Kurzgeschichte von Jurij P. KAZAKOV, erschienen 1963. – *Trali-vali* ist ein typisches Beispiel für Kazakovs meisterhafte Kurzprosa, die – stilistisch in der Tradition ČECHOVS, BUNINS und PAUSTOVSKIJS – von einfachen Menschen in ihrer engen Beziehung zur russischen Natur erzählt. In den handlungsarmen, verhaltenen Texten voller Poesie und innerer Spannung geht es nicht um soziale oder gesellschaftliche Probleme, sondern um die »Biographie des Innenlebens«, um das private Erleben und Fühlen einzelner, um ihre Einsamkeit, ihre Träume, ihre Sehnsüchte. Die 1959 entstandene Erzählung zeichnet in der urwüchsigen Gestalt des jungen Bojenwärters Jegor die naturnahe Einfachheit und die Schwermut eines Daseins in der nordrussischen Landschaft und stellt unausgesprochen die Frage nach dem menschlichen Glück.

Jegor, der nichts anderes zu tun hat als in einer einsamen Flußgegend abends die Lichter in den Bojen zu entzünden, ist ein kräftiger junger Bursche. Aber er ist schon ein Säufer, faul, träge und voll spöttischer Gleichgültigkeit gegenüber dem Leben. Worum es auch immer geht, für ihn ist alles nur »*Larifari*«, wie seine geläufigste Redewendung lautet. Er lebt allein in einer unfertigen, vernachlässigten Holzhütte am Fluß. Oft kommt für einige Tage seine Geliebte Alenka zu ihm, zu der er ein natürliches, beglückendes Verhältnis hat, die um ihn leidet und mit der er manchmal von einem sinnvolleren, von Arbeit erfüllten Leben träumt. Aber er hat sich mit seiner trägen Existenz ohne Aufgabe, gleichsam außerhalb der Gesellschaft, längst abgefunden. Er lebt dumpf und unreflektiert, wie ein Teil der ihn umgebenden Natur, und doch überkommt ihn manchmal, wenn in den Abendstunden ein beleuchteter Dampfer an ihm vorüberfährt und er den Lärm und das Stimmengewirr fremder Menschen hört, eine unfaßbare Sehnsucht nach etwas Unbestimmtem und das Gefühl, daß das Leben an ihm vorübergeht. Bisweilen bricht seine innere Ruhelosigkeit und Schwermut aus ihm heraus, und er beginnt zu singen. In seinem Gesang »*nach alter russischer Art, langgezogen, schleppend, scheinbar ein wenig heiser*«, liegt seine ganze Seele, liegen all seine verschütteten menschlichen Möglichkeiten. Die innigsten Augenblicke der Verbundenheit erleben Jegor und Alenka im gemeinsamen Gesang. »*Als sie geendet haben, zerquält, ausgehöhlt, glücklich, als Je-*

gor schweigend und schwer atmend den Kopf auf ihre Knie legt, küßt sie sein bleiches kaltes Gesicht und raunt mit erstickter Stimme: ›Jegor, mein Liebster … Ich liebe dich, du mein Herrlicher, du mein Schatz …‹ Ach Larifari, möchte Jegor sagen, aber er schweigt. Sein Mund ist süß und trocken.«

Die Natur ist, wie in allen Erzählungen Kazakovs, mit größter Sensibilität erfühlt und dabei äußerst konkret, mit allen Farben, Gerüchen, Tönen, Bewegungen, gestaltet. Sie ist nicht illustrierender Hintergrund für die Personen, sondern untrennbarer Teil ihres Seins. Die Erzählung, trotz ihres Lyrismus keineswegs romantisch oder sentimental, erinnert an die kühle, verzehrende Melancholie ČECHOVS und den knappen, rauhen, verhaltenen Stil HEMINGWAYS. Kazakovs Sprache ist genau, dicht und voller Musikalität.   K.H.

AUSGABEN: Moskau 1963 (in *Goluboe i zelenoe. Rasskazy i očerki*). – Moskau 1966 (in *Dvoe v dekabre*; Nachw. A. Ninov). – Moskau 1985 (in *Izbrannoe*, Hg. T. Sudnik).

ÜBERSETZUNG: *Larifari*, Th. Reschke (in *Larifari und andere Erzählungen*, Bln. 1966; Vorw. Ch. Wolf).

LITERATUR: K. K. Kramer, *J. K. The Pleasures of Isolation* (in SEER, 10, 1966, S. 22–31). – N. Sillat, *Moderne sowjetische Prosa. Vom Beginn der 50er Jahre bis zur Gegenwart*, Bln. 1967, S. 261–269. – J. Holthusen, *Russische Gegenwartsliteratur*, Bd. 2, Bern 1968, S. 120–124.

VLADIMIR VASIL'EVIČ KAZAKOV

* 29.8.1938 Moskau
† 23.6.1988 Moskau

DER FEHLER DER LEBENDEN

Roman von Vladimir V. KAZAKOV (Sowjetunion), erschienen in deutscher Übersetzung 1973; die russische Ausgabe mit dem Titel *Ošibka živych* folgte 1976. – Auf einer Zugfahrt von Warschau nach Moskau begegnen sich Permjakov, Istlen'ev und Kuklin. In Moskau angekommen, erleben sie in der Stadt und Umgebung scheinbar zufällige Treffen mit Marija, Sonja, Evelina, Ol'ga und Levickij sowie mehreren unbenannten oder nur mit Buchstaben gekennzeichneten Personen. Während ihrer Zusammenkünfte führen sie merkwürdige Gespräche über den Alltag und die Kultur. Der Zusammenhang der verschiedenen Handlungsstränge ist schwer ersichtlich. Istlen'ev fährt nach Smolensk, um eine Erbschaftsangelegenheit zu regeln.

Um Permjakov schart sich eine bunt gemischte Gefolgschaft (ein Dichter, ein Boxer u. a.), die er aber bald wieder verliert. Mehr läßt sich über die Handlung des 1970 entstandenen absurdistisch-experimentellen Romans des inoffiziellen Moskauer Schriftstellers Kazakov kaum sagen.

Die dramenartige graphische Darstellung der Dialoge, auch innerhalb der ausführlich zitierten Tagebücher der Figuren, bricht mit den Konventionen der Prosa. Der Roman ist »*eine Montage aus kleineren Texten, aus Splittern von Geschichten*« (P. Urban). Die chronologische Sukzessivität und die Logik des Alltags werden aufgehoben. Damit ermöglicht und fördert das Werk Bedeutungsbildungen auf anderen Ebenen, v. a. der rein sprachlichen. Die Wörter führen ihr eigenes, vom Kontext unabhängiges »Leben«. Der Name Istlen'ev ist vom Wort »verwesen« *(istlet')* abgeleitet, Kuklin von »Puppe« *(kukla)*. Bestimmte Wortmuster tauchen immer wieder auf und kreisen vorzugsweise um Zeitbegriffe wie Uhr, Zeiger, Zifferblatt, Sekunde. Sie dienen dazu, die traditionelle Auffassung von der Zeit, die den Menschen versklavt, in Frage zu stellen: »*Merkwürdig, niemand kommt ohne eine Uhr aus, abgesehen von der Zeit selbst.*« Die personifizierte Zeit weist einen eigenständigen Willen auf *(»Mitternacht benimmt sich seltsam«)*. In einer anderen dominierenden Wortkonstellation, »Spiegel–Scheibe–Fenster«, wird das Sehen und Hin- bzw. Durchschauen thematisiert. Während die Fenster Unheil künden (*»Wissen Sie, jedes Fenster ist eine Falle«* oder *»Als ich hierher kam, sagten mir die Fenster, daß ich hier nicht lebendig herauskommen werde«*), hat der Spiegel eine entlarvende Funktion *(»Sein Lächeln war so qualvoll, daß der Spiegel aufstöhnte«)*.

Kazakov knüpft an die absurdistische Literatur der zwanziger und dreißiger Jahre, v. a. an das Werk der Futuristen V. CHLEBNIKOV (der Titel ist eine Anspielung auf dessen Poem *Ošibka smerti – Der Fehler des Todes*) und A. KRUČËNYCH sowie des »Obèriuten« D. CHARMS an. Die Ästhetik dieser Dichter verunsicherte und unterlief das eindeutige Verhältnis zwischen Wort und Gegenstand, störte die automatischen Wahrnehmungsabläufe, um auf die Wahrnehmung selbst aufmerksam zu machen. Diese wichtige literarische Richtung wurde ein Opfer der stalinistischen Gleichschaltung der Kultur. – Kazakov läßt seine Figuren über russische Künstler der ersten Jahrzehnte dieses Jahrhunderts (K. MALEVIČ, B. PASTERNAK, D. BURLJUK, A. ACHMATOVA) diskutieren; zwischendurch läßt er – indem er sich namentlich nennt – seine persönliche Meinung zu den großen Vorbildern einfließen. In diesem Sinne nimmt das Werk nicht nur die Tradition der Avantgarde wieder auf, sondern kommentiert sie auch. Im Traum einer der Figuren werden die Werke P. Picassos von Kunsthistorikern beurteilt: »*Sie sagten, daß nicht das ganze Werk des Malers für uns annehmbar sei, sondern nur der ›bessere Teil‹.*« Diese explizite Kritik an der offiziellen sowjetischen Kulturpolitik wird implizit durch die den Normen des sozialistischen Realismus provo-

kativ widersprechende Ästhetik des Werks unterstützt. Kazakov führt den Stil der Avantgarde als alternativen Weg der russischen Literatur weiter.

H.Mey.

AUSGABE: *Ošibka živych*, Mchn. 1976.

ÜBERSETZUNG: *Der Fehler der Lebenden*, P. Urban, Mchn. 1973.

LITERATUR: P. Urban, *Nachwort* (in V. K., *Der Fehler der Lebenden*, Mchn. 1973). – S. List, Rez. (in Die Zeit, 11. 1. 1974). – H. Heißenbüttel, Rez. (in Deutsche Zeitung, 1. 3. 1974). – Th. Rothschild, Rez. (in FAZ, 4. 9. 1974). – R. Lachmann, *Intertextuelle Strukturen in V. K.s »Ošibka živych«* (in *Text. Symbol. Weltmodell. Johannes Holthusen zum 60. Geburtstag* Hg. J.-R. Döring-Smirnov u. a., Mchn. 1984, S. 345–364).

ANATOLIJ ANDREEVIČ KIM

* 15.6.1939 Sergievka / Gebiet Tjulkubas, Kasachische SSR

LOTOS

(russ.; *Ü: Der Lotos*). Roman von Anatolij A. KIM, erschienen 1980 in der Moskauer Zeitschrift ›Družba narodov‹ (Völkerfreundschaft). – Mit diesem Roman wurde Kim in der Bundesrepublik Deutschland als der in seiner geistigen Aussage bedeutendste Autor der Gruppe der »Vierzigjährigen« *(sorokoletnie)* eingeführt, die Mitte der siebziger Jahre in die russische Literatur traten. Der in seiner religiösen Grundhaltung der materialistischen Auffassung des Marxismus und den Prinzipien des Sozialistischen Realismus strikt widersprechende Roman konnte nur deshalb in der Sowjetunion erscheinen, weil seine Darstellung vom Tod als Wandel in einen anderen Seinszustand für einen der am Genehmigungsprozeß beteiligten Amtsträger aktuell zur entscheidenden Lebenshilfe geworden war. Dabei wirkte sich erleichternd aus, daß Kims philosophische Bildung seiner asiatischen (koreanischen) Herkunft gemäß dem Buddhismus und nicht der russischen Orthodoxie entstammt. Geistesgeschichtlich gesehen gehört das Buch in den Zusammenhang der Überwindung ideologischer Leere und der religiösen Wiedergeburt in Rußland, die um 1980 zunahm.

Das Erzählgerüst des Romans bildet die Begegnung des anerkannten Malers Lochov, der nach Sachalin zu seiner sterbenden Mutter fliegt, nachdem er sich sechzehn Jahre nicht mehr um sie gekümmert hatte, und nun angesichts der nicht mehr sprechfähigen, ihn aber wahrnehmenden Frau die vielschichtige Wirklichkeit des Todes erkennt: das mühsame Verfallen des Körpers, die widersinnige medizinische Behandlung, die Wahrheit der Existenz der Seele, die zeitaufhebende Sicht auf das eigene Leben von der Kindheit bis in das Sterben, ja darüber hinaus das Wissen um die Fortexistenz in einer an die Materie nicht gebundenen Form, das Erkennen der Parallelität von Geburt und Tod als Wandlungsprozesse des unsterblichen Ichs.

Symbol für diese Lebenserkenntnis wird in Kims Roman die Lotosblüte, Sinnbild für die Öffnung zur geistigen Erkenntnis. Lochov legt seiner Mutter eine behutsam blütengleich geschälte Orange in die Hand, und sie spürt diese als »Sonnenlotos«, als Zeichen der inneren Eröffnung des Sohnes zu jener Welt, in die sie sich wandelt. Diese Welt ist in Kims Roman in Gestalt des Chors der körperfreien Wesenheiten integriert, aus denen sich der einzelne Mensch bei der Geburt löst und in den er zurückkehrt. Der Autor läßt ihn in lyrischer Prosa in »Wir«-Form sprechen.

Kim hebt in diesem Roman die Vorstellung der physikalischen Zeit auf. Der Leser wird in Lebensphasen Lochovs, seiner Mutter und seines Stiefvaters versetzt, die bis zu Jahrzehnten zurückliegen: in die Kindheit Lochovs, als sich ihm bei der Beobachtung einer Raupe an einem Blatt das Geheimnis der Wandlung erschloß; in die Jugend der Mutter, als sie glückliche Stunden in einem blühenden Tulpenfeld verbrachte; in die Situation des Besuchs Lochovs am Grab seiner Mutter; in den Tag sechzehn Jahre später, als er unwissentlich einem Fuchs Todesangst einjagt; in die Zeit des Zweiten Weltkriegs, als Lochovs Mutter mit ihm als Baby von der Front bis nach Kasachstan flieht. Viele Szenen veranschaulichen sowjetische Wirklichkeit und allgemeingültige zwischenmenschliche Situationen: Sichbewähren und Versagen. In der Gegenwartsschicht kommt es zur körperlichen Vereinigung zwischen Lochov und einer Krankenschwester neben der Sterbenden – Liebe und Sterben, Leben und Tod, Wandlungen, wie sie der Mensch erfährt, um sich dem Lotos gleich zu entfalten.

Das Ineinandergreifen der Zeitschichten und der Perspektiven ist Kim stilistisch meisterhaft gelungen. Es erschließt sich bei wiederholtem Lesen mehr und mehr. Das Ich des Malers ist einmal das Ich des Mannes, der seine sterbende Mutter zeichnet, dann des berühmten Künstlers, der Jahre nach dem Tod seiner Mutter nach Japan reist, auch das Ich des Verstorbenen, der sich Jahre nach seinem Tod, von der Materie unbeschwert, in den Bereich seiner früheren Existenz versetzt und erkennt: *»Ich sehe die Welt in wahrem Licht, in einer Einheit, so wie sie ist.«* Kim geht gar so weit, daß sich das erzählende Ich innerhalb eines Absatzes wandeln kann – vom Ich des Malers Lochov zum Ich der Mutter. Das Stilmittel der Aufhebung einer einheitlichen Perspektive und Zeitebene steht im Dienst des geistigen Anliegens des Buches: des Nachvollzugs der Wandlung als des Schlüssels zum Verstehen von Leben, Tod und Kunst. W.Ka.

AUSGABEN: Moskau 1980 (in Družba narodov, 10). – Moskau 1983 (in *Izbrannoe*). – Moskau 1988 (in *Izbrannoe*).

ÜBERSETZUNG: *Der Lotos*, W. Kasack, Ffm. 1986.

LITERATUR: S. Elkin, *Ključ k bessmertiju* (in Moskva, 1981, 10, S. 215–217). – A. Michajlov, *Istorija žizni i istorija ducha* (in Voprosy literatury, 1981, Nr. 4, S. 62–69). – S. Zalygin, *Svoej dorogoj* (in Družba narodov, 1981, Nr. 6, S. 241–245). – E. Jukina, *Dostoinstva čeloveka* (in Novyj mir, 1984, Nr. 12, S. 245–248). – L. Anninskij, *Prevraščenija i prevratnosti* (in Literaturnoe obozrenie, 1985, Nr. 8). – A. Nemzer, *O čem že pela belka* (ebd.). – H. v. Ssachno, Rez. (in SZ, 24. 12. 1986). – M. Vol'pe, *Vremja dlja dobra* (in Moskva, 1986, Nr. 8, S. 198–200). – H. Albers, Rez. (in Hamburger Abendblatt, 16./17. 6. 1987). – G. Leech-Anspach, Rez. (in Der Tagesspiegel, 15. 1. 1989).

SEMËN ISAAKOVIČ KIRSANOV

* 18.9.1906 Odessa
† 10.12.1972 Moskau

SEM' DNEJ NEDELI

(russ.; *Sieben Tage der Woche*). Verserzählung von Semën I. KIRSANOV, erschienen 1956. – Kirsanovs Poem entstand unter dem Eindruck des XX. Parteitags der KPdSU (1956). Es ist eines der meistgenannten Zeugnisse der nachstalinistischen Übergangsperiode und stellt eine engagierte Invektive gegen die lähmende Erstarrung der sozialistischen Gesellschaft unter der übertriebenen administrativen Reglementierung dar, welche die stalinistische Vergangenheit der Sowjetunion als Erbe hinterlassen hatte.

Gegenstand der allegorischen Darstellung ist die »Erneuerung der Herzen«. Mit einem großen Mitarbeiterstab arbeitet der Ich-Erzähler an der Entwicklung eines künstlichen Herzens, das alle positiven Eigenschaften des Menschen ohne seine Fehler und Unzulänglichkeiten umfassen soll. Der kühne Plan soll sowohl dem sterbenden Freund des Erzählers (gemeint ist das im Kampf um den Sozialismus ermüdete Volk) Hilfe bringen als auch das »steinerne« Herz der für die überkommenen Zustände Verantwortlichen ersetzen. Das neue Herz soll zum Bindeglied zwischen den Gliedern der Sowjetgesellschaft, zwischen der Gesellschaft und ihrer Führung, ja zwischen den Mitgliedern der menschlichen Gemeinschaft insgesamt werden. Die Entwicklungsstadien des Projekts gliedert das Poem nach dem Vorbild der Schöpfungsgeschichte in die sieben Tage der Woche. Den so gewonnenen sieben Kapiteln ist eine allgemeine, den gesellschaftskritischen Impuls des Poems begründende Einleitung und ein unheilvolles Traumgesicht beigefügt.

Jeder Wochentag ist von eigener Bedeutung für den Fortschritt des Projekts. So verheißungsvoll der Montag, der Tag der kühnen Pläne und der weitreichenden Hoffnungen ist, so enttäuschend ist der weitere Verlauf der Woche. Die staatliche Bürokratie versagt der Arbeit die Zustimmung. Erst die Unterstützung der Partei ermöglicht ihre Fortsetzung. An dem fast vollendeten Modell treten Mängel auf, die zur Überarbeitung des Planes zwingen. Zu guter Letzt verbietet eine staatliche Kommission die weitere Herstellung des vollendeten Herzens. Der Erzähler macht das personifizierte Sowjetrußland selbst zum Richter seiner Sache. Die Kräfte der Vergangenheit vermögen die Entscheidung jedoch bis zum samstäglichen Feierabend hinauszuzögern. Sie lassen die Arbeitspause nicht ungenutzt: Als der Erzähler die Sonntagszeitung aufschlägt, sieht er seine Erfindung als die eines fremden »Neuerers« gepriesen. Die Geschäfte des Landes quellen über von einer billigen Herzproduktion: »Blechherzen, Gummiherzen ... Teigherzen als Suppeneinlage ...« Statt des vollendeten, alle Menschen einigenden Herzens wird »Lüge in Herzform« angeboten. Noch einmal haben die Feinde des gesellschaftlichen Fortschritts das Ende ihrer Herrschaft hinauszuzögern vermocht. Doch wie sich der Montag mit dem Wochenbeginn wiederholt, so kehrt unausweichlich die Stunde des Neubeginns, des Kampfes um die Überwindung der Hemmnisse des gesellschaftlichen Fortschritts wieder.

Kirsanovs Poem stieß bei seinem Erscheinen gleichermaßen auf heftige Kritik wie auf begeisterte Zustimmung. Es ähnelt in den formalen Eigenheiten dem früheren Schaffen des MAJAKOVSKIJ verpflichteten Autors. Eigenwillig assonierende Reime, eine freie, mitunter die strenge Regelmäßigkeit sprengende Behandlung des Reimschemas, die raffinierte Nutzung phonetischer und semantischer Wortverwandtschaften und die souveräne Beherrschung der prosodischen Mittel sind die Charakteristika dieser Dichtung. Zeilenlänge, Rhythmus und Sprechgeschwindigkeit zeichnen exakt Fortschritt und Hemmung des dargestellten Projektes nach. C.K.

AUSGABEN: Moskau 1956 (in Novyj mir, Nr. 9). – Moskau 1962 (in Lirika). – Moskau 1966 (in Kniga liriki).

LITERATUR: K. Zelinskij, Poèzija i čuvstvo sovremennosti (in Literaturnaja gazeta, 5. 1. 1957). – J. Denny, The Poetic Persona of S. K., Diss. Univ. of Michigan 1986.

DMITRIJ IOSIFOVIČ KLENOVSKIJ

eig. Dmitrij Iosifovič Kračkovskij
* 24.9.(6.10.)1892 Sankt Petersburg
† 26.12.1976 Traunstein

DAS LYRISCHE WERK (russ.) von Dmitrij I. KLENOVSKIJ.

Als Dichter, der zu Beginn der neunziger Jahre des vorigen Jahrhunderts geboren wurde, müßte Klenovskij dem »Silbernen Zeitalter« der russischen Literatur angehören, aber er ist ein Lyriker der russischen Emigration in Deutschland mit dem Schwerpunkt seines Schaffens nach dem Zweiten Weltkrieg. Er hatte im zweiten Jahrzehnt des 20. Jh.s begonnen, Gedichte zu schreiben, aber das geistfeindliche Sowjetregime hatte ihm die Inspiration genommen, und erst 1942 in einem bayerischen Flüchtlingslager brach sein Talent wieder auf: dichterische Aussagen über das Leben des Menschen in der Relation zu seinem geistigen Ursprung. Klenovskij ist nicht wie die meisten Schriftsteller der Zweiten Emigration um 1950 in die USA weiteremigriert, sondern in Deutschland geblieben, lebte von Sozialhilfe und bezahlte auch davon den Druck seiner zehn schmalen Lyrikbände, die 1950–1977 erschienen sind. Von Boris ZAJCEV und Gleb STRUVE ist bekannt, daß sie ihn Ende der fünfziger Jahre für den besten der emigrierten russischen Lyriker ansahen, Johannes von GUENTHER nennt ihn in seiner Literaturgeschichte (1964) »eine gewaltige Dichterpersönlichkeit, die ... heute bereits in Tiefe und Wohllaut an die Verse Tjutčevs, dieses Puškin ebenbürtigen Dichters, heranreicht«. Das gezielte Verschweigen und Diffamieren der Emigration durch die sowjetische Literaturgeschichtsschreibung und die davon nicht unabhängige Sicht sehr vieler Philologen im Westen, aber auch das bescheidene Zurücktreten des Autors selbst ließen ihn lange kaum beachtet sein.

Dmitrij Klenovskij hat diesen Namen erst in Deutschland angenommen. Er heißt eigentlich Kračkovskij, sein Vater war als Maler Mitglied der Akademie der Künste, seine Mutter ebenfalls Malerin. Mit den Eltern besuchte er vor der Sowjetära mehrfach Italien, auch Frankreich. Sein Studium in Sankt Petersburg – Jura und Philologie – fiel in die Zeit der geistigen Blüte der Stadt. Die Begegnungen mit der gegenständlich-klaren Richtung des Akmeismus und mit der Anthroposophie, die führenden Dichtern jener Zeit, wie VOLOŠIN und BELYJ, zur geistigen Richtschnur wurde, haben seine Lyrik lebenslang geprägt. Ein erster Gedichtband erschien 1917. Die Zeit in der Sowjetunion verbrachte er ab 1923 in Charkov als Übersetzer. Lebenslang war er dankbar für die Liebe, die ihn mit seiner Frau, Margarita Gutman, verband.

Seinen ersten in Deutschland publizierten Gedichtband (1950) nannte Klenovskij *Sled žizni (Die Spur des Lebens)*. Er meinte damit sein Denken und Handeln, wie es im Gedicht sprachliche Gestaltung findet, doch voll und zeitlos nur Gott erkennbar ist. Klenovskijs Schaffen ist »Dem Himmel entgegen« ausgerichtet, und dieses Bild für eine Grundhaltung, zu der er den Menschen verhelfen wollte, wählte er für den zweiten Band (*Navstreču nebu*, 1952), denn seine Gedichte sehen das irdische Geschehen im Hinblick auf das Jenseitige, Geistige, Wahre. Ebenso grundsätzliche Bedeutung hat der Titel des dritten Buches, das 1956 als letztes in Frankfurt a. M. erschien, *Neulovimyj sputnik (Der ungreifbare Begleiter)*. Gemeint ist der geistige Führer, der Schutzengel, jene aus vielen Religionen und Mythen vertraute Erscheinung, die Klenovskij zeitlebens wahrnehmen konnte – »*Durchsichtiger Widerschein eines anderen Willens, der auf meine Worte gefallen ist*« (1960) – und die bei keinem anderen russischen Dichter eine so wesentliche Stellung einnimmt. Unter *Prikosnovenie (Berührung)*, dem Titel des nächsten Bandes von 1959, der wie alle folgenden in München erschien, versteht er die Verbindung zwischen der metaphysischen Realität und der Dichtung, und es ist bezeichnend für die nüchterne Prüfung, der er seine Wahrnehmungen unterzieht, daß er in einem der Gedichte seiner Unsicherheit, wie weit die Berührung zwischen den Welten durch Dichtung erfolgt, Ausdruck gibt.

Uchodjaščie parusa (Entschwindende Segel) wählte Klenovskij als Titel für seinen fünften Band (1962), und gemeint sind damit die Seelen der Verstorbenen, die vom irdischen Dasein ins jenseitige überwechseln – in Richtung auf unseren »Hafen«, über den wir nichts Genaues wissen. Für Klenovskij ist dieser »Hafen« nicht die unmittelbare geistige Welt, in die der einzelne mit seinem Tod eintritt, sondern das letzte Ziel, das erst nach vielen Wiederverkörperungen erreicht wird: die unmittelbare Nähe Gottes. Die mehrfache körperliche Existenz, die der allmählichen geistig-ethischen Vervollkommnung dient, unterlag für Klenovskij ebensowenig einem Zweifel wie die Wirklichkeit der nicht an die irdische Materie gebundenen individuellen Wesenheiten, wobei er sich weder mit Reinkarnation noch mit einer Angelologie theoretisch befaßt hat, sondern seine Überzeugung auf eigener Wahrnehmung beruht. Auf diese kleinen Einblicke, die ihm in das wahre Geschehen von Zeit zu Zeit gewährt wurden, spielt der Titel des nächsten Gedichtbuches (1965) an: *Razroznennaja tajna (Das bruchstückhafte Geheimnis)*. Die ersten sechs Gedichtbände hat Klenovskij 1967 in einem Buch vereint und um neue Verse von 1965/66 erweitert. Die von 1969 bis 1977 erschienenen vier weiteren Lyrikbände, die auch je etwa 60 Seiten umfassen, enthalten ebenfalls jeweils die neuesten Gedichte und bewegen sich im gleichen Themenbereich, aber ihre Titel sind nicht so aufschlußreich.

Die Literatur verdankt Klenovskij viele eindrucksvolle Gedichte über den Tod. Das Sterben selbst sieht er nüchtern in seiner möglichen Verbindung mit großen Schmerzen, doch haben die »*schlimmen, schweren Tode*« für ihn einen tiefen Sinn, beflügeln die Seele. Der Tod als solcher ist für ihn kein Anlaß zur Trauer, sondern Lösung vom Irdischen, Erkennen des Eigentlichen, zeitweilige Heimkehr.

Zu anderen Themen, die Klenovskij gestaltete, gehören die zeitlosen Daseinsfragen der Liebe, des Schmerzes, der Begegnung, des Verlusts, des Vertrauens, des Schicksals, der Mühen und der Freuden des Alltags, der Zärtlichkeit – also all jene Themen, die in sein Grundthema der Einbettung dieser begrenzten Existenz in das zeitenthobene Leben übergehen.

Zeitgebundene Gedichte schrieb Klenovskij fast nur in der ersten Nachkriegszeit und in geringem Umfang. Dort erklingt das Thema des Fremdseins des Emigranten und des Trosts in der Natur, wird der Blick nach Carskoe Selo, den Ort seines Gymnasiums, gerichtet. Klenovskij blieb aber unverwandt seinem Rußland verbunden: »*Ich diene dir im erhabenen Wort. In der Fremde diene ich – dir*« (1956).

In der Form seiner lyrischen Aussage ist Klenovskij dem Akmeismus treu geblieben – stets war er um maximale Klarheit und Sparsamkeit bemüht, verbunden mit einem gelegentlich der Prosa nahen, fast erzählenden Sprachfluß. Nie suchte er den ausgefallenen Reim, wählte eher den unauffälligen, der unmerklich der Aussage Struktur gab. Auf die Abschlußpassagen seiner Gedichte legte er jedoch besonderen Wert, gestaltete sie oft zur aphorismusnahen Quintessenz des Ganzen.   W.Ka.

AUSGABEN: *Stichi. Izbrannoe iz šesti knig i novye stichi (1965–1966)*, Mchn. 1967. – *Sobr. stichov*, Bd. 1 [1950–1959], Paris 1980 [Bd. 2 nicht erschienen]. – Šachovskoj, Archiepiskop Ioann (Strannik), *Perepiska s K.*, Paris 1981.

LITERATUR: N. Ul'janov, *D.K.* (in Novyj žurnal, Nr. 59, 1960, S. 121–126). – Strannik, *O poèzii D.K.* (in Russkaja mysl', 23. 6. 1966). – È. Bobrova, *D.I.K.* (in Novyj žurnal, Nr. 138, 1980, S. 102–110). – G. Struve, *Neizvestnoe stichotvorenie D.K.* (in Novoe russkoe slovo, 27. 9. 1981, Russkaja mysl', 22. 10. 1981). – W. Kasack, *D.K.* (in Osteuropa, 1982, S. 132–141). – L. Rževskij, *Poslednij akmeist. O tvorčestve D.K.* (in L.R., *K veršinam tvorčeskogo slova*, Norwich 1990, S. 231–237). – V. Kazak [W. Kasack], *K žizni čerez preodolenie smerti* (in Literaturnaja učeba, 1995, Nr. 5/6, S. 40–49). – W. Kasack, *D.K.s Schutzengelgedichte* (in W.K., *Die russische Schriftsteller-Emigration im 20. Jh.*, Mchn. 1996, S. 162–178). – W. Kasack, *D.K., Ein russischer Dichter, der mit seinem Schutzengel lebte* (in Roerich-Forum, Nr. 8, 1996, S. 17–22).

NIKOLAJ ALEKSEEVIČ KLJUEV

* 22.10.1884 Koštugi bei Vyterga /
Gouvernement Oloneck
† 22./25.10.1937 in Haft Tomsk

DAS LYRISCHE WERK (russ.) von Nikolaj
A. KLJUEV.
Kljuev ist eine der kompliziertesten und eigenartigsten Gestalten in der russischen Lyrik. Mit S. ESENIN, S. KLYČKOV und P. OREŠIN zählt er zu der Gruppe der »Bauerndichter« der beiden ersten Jahrzehnte dieses Jahrhunderts. Er schöpft aus der Verflechtung des autochthonen heidnischen Mythos mit der kirchenslavischen geistlichen Lyrik, die er in seiner Kindheit im ursprünglichen russischen Norden erlebte. Da sein heimatlicher Olonecker Dialekt einen wichtigen Bestandteil seines Wortschatzes bildet, muß auch der russische Leser oft ein Speziallexikon konsultieren. Kljuevs Mutter, eine begabte Bylinensängerin und *plačeja* (Klageweib), prägte entscheidend sein Weltbild.
Die ersten veröffentlichten Gedichte Kljuevs (1904–1908) zeichnen sich durch den aufbegehrenden Geist der Revolution von 1905 aus. Für Kljuev waren politische Inhalte aber vor allem religiös begründet. Er begeisterte sich für die radikalen russischen Sekten (Chlysten [Geißler], Skopzen [Kastraten] u. a.), aber auch für die Altgläubigen (*Staroobrjadcy*). Der ekstatische Chiliasmus und die Spiritualität der Sekten faszinierten Kljuev; die Altgläubigen (Protopop AVVAKUM war eines seiner Vorbilder) repräsentierten in seinen Augen die Ursprünglichkeit des Bauerntums, die er durch die Modernisierung Rußlands bedroht sah. 1907 schrieb Kljuev mehrere Briefe an A. BLOK, der den Bauernsohn in die Literaturszene Petersburgs einführte; dort fand dessen urwüchsige Dichtung ein breites Echo. Zwar brachte Kljuev immer wieder seine Skepsis gegenüber der Stadtintelligenz zum Ausdruck (*Golos iz naroda – Eine Stimme aus dem Volk*), profitierte aber gleichzeitig sowohl von den Kontakten mit Blok, A. BELYJ u. a. als auch von dem Umgang mit der modernen Poesie, die sein lyrisches Naturtalent verfeinerte.
Die ersten Lyrikbände *Sosen perezvon*, 1912 (*Kieferngeläut*), *Bratskie pesni*, 1912 (*Brüderliche Lieder*), und *Lesnye byli*, 1913 (*Waldmären*), wurden vom Publikum und der Kritik begeistert aufgenommen. Tiefe Religiosität (»*Der Geist kam über mich an des Herrn Tag*«) und eine bäuerlich-pantheistische Personifizierung der Natur (»*Wo nonnenverschleiert die Tannen sich neigen / Auf uraltem Kirchhof am dörflichen Schrein …*«) durchdringen diese Verse. Spürbar ist auch der Einfluß der verschlüsselten Chlysten-Lieder; der zweite Lyrikband – wohl als Liederbuch für diese Sekte bestimmt – schöpft aus deren mündlicher Tradition.
Die Antwort Kljuevs auf den Ersten Weltkrieg sind Verse patriotischen Inhalts. Sie stellen den deutschen Kaiser als einen gegen das heilige Rußland kämpfenden Heiden dar (*Besednyj naigryš – Gesprächsmelodie*). 1915 lernte Kljuev den jungen Esenin kennen, mit dem ihn fortan eine enge Freundschaft verband. Ihre gemeinsamen Lesungen, auf denen sie in Bauernkleidung auftraten, fanden sowohl bei der Zarin als auch bei den Revolutionären positive Aufnahme. Aus dieser Zeit stammen auch Kljuevs *Izbjanye pesni (Hüttenlieder)*, wohl die besten Gedichte seines vorrevolutionären Schaffens. In einem Klagelied auf den Tod seiner Mutter beschwört der Dichter die traditionelle Dorfwelt herauf und besingt die Einheit der Seele der Verstorbenen und der Natur: »*Es ruhte das Schweigen … Allein die Kraniche, / Posaunten in der Ferne einen Siegesruf: /*›*Wir tragen die Seele der Mutter über die See, / Wo die Strahlen das Sonnenschiff schaukeln.*‹« Kljuev, der im Leben ein eher abstraktes Verhältnis zu Frauen hatte, bezieht die Frau als Mutter in seine Dichtung ein: als die leidende Mutter Rußland, die Muttergottes sowie die fruchtbare »*Mutter feuchte Erde*« der heidnischen Tradition.
Anfang 1917 schloß sich Kljuev den *skify* (Skythen) an, einer Dichtergruppe, die sich für eine vom russischen Bauerntum ausgehende politisch-soziale Befreiung und eine neofolkloristische Dichtung einsetzte. In seinen Gedichten aus dieser Zeit begrüßt Kljuev die Revolution von 1917 als die ersehnte Apokalypse und als politische Befreiung der Bauern, nimmt aber gleichzeitig eine ambivalente Haltung ein, die den Bolschewiken von Anfang an verdächtig erschien (»*Dem Verstand – die Republik, dem Herzen aber – Mutter-Rußland. / Ich werde sie vor dem Rachen des Löwen nicht verleugnen*«). Kljuev war auch einer der ersten, die Loblieder auf Lenin schrieben, wobei er allerdings den bolschewistischen Führer als einen altgläubigen Messias darstellte. L. TROTZKI, der sich in seinen Schriften zur Literatur ausführlich zu Kljuevs Werk äußert, schreibt über diese Verse: »*Es ist schwer zu entscheiden, ob sie für oder gegen Lenin sind.*« Kljuevs wiederkehrendes negatives Motiv des Eisens bringt seine Ablehnung der technokratischen Züge der bolschewistischen Politik sowie der großstädtischen proletarischen Dichter (A. GASTEV, V. KIRILLOV) zum Ausdruck: »*Es verirrt sich der eiserne Gastev, / Er jagt nach dem Mond.*« Sein Leitbild ist nach wie vor die versunkene Stadt »*Kitež*« – ein Wallfahrtsort nahe Nižnyj Novgorod, den Gott, so die Legende, vor den angreifenden Tataren unsichtbar gemacht hat, dessen Kirchen und Glocken aber für die Gläubigen noch zu sehen und zu hören sind. – Kljuevs Ablehnung der Stadt führte zu Spannungen mit Esenin, der sich von den »Bauerndichtern« trennte und den Petrograder Imagisten anschloß. In *Četvrtyj Rim (Das vierte Rom)*, dem ersten von mehreren Poemen, die sein Spätwerk einleiten, setzt sich Kljuev 1922 explizit von ihm ab: »*Ich will nicht ein berühmter Dichter / Mit Zylinder und Lackschuhen sein.*« Als Esenin 1925 Selbstmord beging, widmete ihm Kljuev ein weiteres Poem, *Plač o Esenine (Klagegesang auf Esenin)* – eine

postume Versöhnung mit dem langjährigen Freund.

In den zwanziger Jahren wurde Kljuev, dessen *»neues Slavophilentum«* sich noch vertieft hatte (vgl. den Gedichtband *L'vinyj chleb – Löwenbrot* und das Poem *Mat' subbota – Mutter Samstag*), von bolschewistischer Seite zunehmend angegriffen. 1924 versuchte er seine materielle Lage durch die Wiederherausgabe seines (nunmehr durch die Zensur erheblich modifizierten) Zyklus *Lenin* in einem gleichnamigen Buch zu verbessern, wurde in der Presse aber als *»reaktionär«* beschimpft. 1927 richtete er sich in seinem Poem *Derevnja (Das Dorf)* (*»Du Rußland, Rußland, Mütterchen / Verzaubertes Fäßchen / Was seh' ich da, Blut oder Perlen, / Oder die Hörner des kahlen Teufels?«*) offen gegen die Kollektivierung und die Stalinherrschaft, woraufhin der Begriff *»kljuevščina«* (Kljuev-Bande) entstand, der mit dem *»antisowjetischen Kulakentum«* gleichgesetzt wurde. Obwohl Kljuev 1927 aus dem sowjetischen Literaturbetrieb ausgeschlossen wurde, konnte 1928 eine Sammlung seiner früheren Gedichte noch erscheinen. – Sein Poem *Pogorel'ščina (Nach der Feuersbrunst)* trug Kljuev mehrmals in privaten Lesungen vor. Dieses komplexe Werk handelt von einem mythischen Dorf, das an die 1855 vom Zaren gewaltsam aufgelöste Altgläubigen-Kolonie Vyg erinnert. Folkloristische Themen und religiöse Symbolik verbinden sich in der Schilderung der altgläubigen Ikonenmaler und Dichter des 17. Jh.s und des Untergangs durch einen Sarazenensturm. Diesen kann man als Allegorie für die das unverdorbene bäuerliche Leben bedrohenden Kräfte – insbesondere die sowjetischen Machthaber – verstehen. Historische Dimension und dichte Metaphorik dieses Poems machen es zu einer der Glanzleistungen der russischen Poesie dieses Jahrhunderts.

Kljuev schrieb Gedichte bis in die dreißiger Jahre hinein, obwohl er wußte, daß deren Veröffentlichung nicht möglich war. In seinem letzten Gedichtzyklus, *O čem šumjat sedye kedry*, 1932/33 (*Worüber die grauen Zedern rauschen*), besingt Kljuev noch einmal die von ihm über alles geliebte russische Natur (*»Laßt die Sonne wie einen goldenen Kamm / Jetzt unsere Fluren kämmen, / … / Damit die Zedern, wie Auerhahndaunen, / Wie Netze, im Tauwetter wehend, / Darüber sprechen, wie wir lebten und sangen«*). In *Klevetnikam iskusstva (Den Verleumdern der Kunst)*, das in Handschriften kursierte und 1933 zu seiner Verhaftung führte, geht er auch auf die aktuelle Situation ein, indem er die Verfolgung der Dichter durch die geistlosen Funktionäre angreift. Kljuev fand, wie auch andere »Bauerndichter« (Orešin und Klyčkov), in einem stalinistischen Lager den Tod.

Von den volkstümlichen Dichtern des 19. Jh.s (A. Kol'cov) unterscheidet sich Kljuev durch die Modernität seiner Verstechnik, von Esenin, mit dem man ihn oft vergleicht, durch die Vielschichtigkeit des Bedeutungsaufbaus seiner Lyrik und die epische Breite, aber auch durch die unbeschönigte Wiedergabe des Weltbilds des russischen Bauern.

Kljuevs Dichtung muß in ihrem Umfang und ihrer Tiefe in vielem noch entdeckt werden. Obwohl er später auch von der sowjetischen Kritik gewürdigt wurde, gab es während der Sowjetära keine Gesamtausgabe seiner Werke in Rußland. Seine Gedichte und Poeme der späten zwanziger und der dreißiger Jahre wurden nur im Westen veröffentlicht.   H. Mey.

AUSGABEN: *Sosen perezvon*, Moskau 1912. – *Bratskie pesni*, Moskau 1912. – *Lesnye byli*, Moskau 1913. – *Mirskie dumy*, Petrograd 1916. – *Mednyj kit*, Petrograd 1919. – *Pesnoslov*, 2 Bde., Petrograd 1919. – *L'vinyj chleb*, Moskau 1922. – *Četvërtyj Rim*, Petrograd 1922. – *Mat' subbota*, Petrograd 1922. – *Lenin*, Moskau/Leningrad 1924. – *Izba v pole*, Leningrad 1928. – *Polnoe sobranie sočinenij*, Hg. B. Filippov, 2 Bde., NY 1954. – *Sočinenija*, Hg. G. Struve u. B. Filippov, 2 Bde., Mchn. 1969. – *Stichotvorenija i poèmy*, Leningrad 1977. – *Izbrannoe*, Moskau 1981. – *Stichotvorenija i poèmy*, Archangelsk 1986.

LITERATUR: L. Trockij, *N. K.*, Moskau 1923; Nachdr. Letchworth 1979. – B. Filippov, *N. K. Materialy dlja bibliografii* (in N. K., *Sočinenija*, Hg. G. Struve u. B. Filippov, Bd. 1, Mchn. 1969, S. 5–182). – H. Stammler, *N. K.* (ebd., Bd. 2, S. 5–50). E. Breidert, *Studien zu Versifikation, Klangmitteln und Strophierung bei N. A. K.*, Diss. Bonn 1970. – Ders., *Entwicklungstendenzen in N. A. K.s Versifikation nach 1927* (in ZslPh, 37, 1974). – K. Azadovskij, *Rannee tvorčestvo N. A. K.* (in Russkaja literatura, 18, 1975, Nr. 3). – V. Bazanov, *Poèma o drevnem Vyge* (in Russkaja literatura, 22, 1979, 1, S. 77–96). – I. Rakusa, *Nordrussische Orphik. Ein Hinweis auf den Bauerndichter N. K.* (in NZZ, 31. 10./1. 11. 1987). – *Russkie sovetskie pisateli. Poèty*, vol. 11, Moskau 1988 [Bibliogr.]. – V. Manujlov, *N. K.* (in Soglasie, 1992, Nr. 12).

SERGEJ ANTONOVIČ KLYČKOV

eig. Sergej Antonovič Lešënkov

* 13.7.1889 Dubrovki / Gouvernement Tver'
† 8.10.1937 in Haft

ČERTUCHINSKIJ BALAKIR'

(russ.; *Der Schwätzer von Čertuchino*). Roman von Sergej A. KLYČKOV, erschienen 1926. – Der Roman besteht aus einer Reihe lose aneinandergereihter Einzelerzählungen, die bilderbogenartig das unwiderruflich vergangene bäuerliche Leben im »alten Rußland« widerspiegeln. Erzählt werden diese Geschichten von dem »Schwätzer« Pëtr Kirillič, der die Einwohner des (Phantasie-)Dorfs Čertuchino als Zuhörer zu sich in seine Hütte einlädt. – Wie in den Romanen *Sacharnyj nemec*, 1925 *(Der Zuckerdeutsche)*, und *Knjaz' mira*, 1928 *(Der Friedensfürst)*, mit denen das vorliegende Erzählwerk thematisch eng verknüpft ist, bedient sich der Bauerndichter Klyčkov auch hier einer Kompositionstechnik, die seiner üppig wuchernden Phantasie einen weiten Spielraum läßt: Er verzichtet auf eine durchgehende Fabel und läßt Erinnerungen erzählen, die vielfältig reflektiert und in einer musikalisch-deklamatorischen Sprache vorgetragen werden. Traum und Wirklichkeit, Märchen und Wahrheit, realistische und phantastische Elemente werden hierbei so fest miteinander verknüpft, daß das Bild einer »realistischen Märchenwelt« entsteht. Ihr Feind ist die industrialisierte Stadt, die mit ihren Schornsteinen das »Band der Zeit« zerstört; ihre Teufel sind Tempo, Materialismus und Technik. – Die sowjetische Kritik verdammte Klyčkov als erzreaktionären Romantiker, der die Vergangenheit Rußlands idealisierte. F.H.

AUSGABEN: Moskau 1926 (in Novyj mir). – Moskau 1926. – Moskau 1988.

LITERATUR: N. Lelevič, *Poèt mužickoj stichii. O romane K. »Čertuchinskij balakir'«* (in Novyj mir, 1926, 1, S. 147–153). – A. Voronskij, *Lunnye tumany: »Čertuchinskij balakir'« K.* (in Krasnaja nov', 1926, S. 215–224). – M. Bekker, *Dva mira: O romanach S. K. »Čertuchinskij balakir'« i A. Dorogojčenko »Bol'šaja Kamenka«* (in Oktjabr', 1927, S. 166–174). – M. Stepanenko, *The Prose Works of S. K.*, Diss. NY 1970 [enth. Bibliogr.].

VLADIMIR NIKOLAEVIČ KORNILOV

* 29.6.1928 Dnepropetrovsk

BEZ RUK, BEZ NOG

(russ.; *Ü: Ohne Arme, ohne Beine*). Roman von Vladimir N. KORNILOV, erschienen 1974/75. – Der Roman über das Lebensgefühl eines Siebzehnjährigen im sowjetischen Alltag durfte in der Sowjetunion – wie auch andere Werke des Autors – nicht publiziert werden, gleichwohl lebt Kornilov weiterhin in Moskau. Sein jugendlicher Held Valerij Koromyslov ist ein Verwandter von J. D. SALINGERS Holden Caulfield in *The Catcher in the Rye*, 1951 *(Der Fänger im Roggen)*, und U. PLENZDORFS Edgar Wibeau in *Die neuen Leiden des jungen W.* (1973). Kornilovs schnoddrig unterkühlter Jargon mit den zynisch-ironischen Untertönen charakterisiert sehr genau die Welthaltung der

Heranwachsenden, die sich an der Wirklichkeit und den Menschen verletzen und sie dennoch suchen.

Zwei Tage und Nächte streift Valerij im Sommer 1945 mehr oder weniger ziellos durch Moskau. Er will dem langen Abschied von der hysterischen Mutter entgehen, die eine mehrmonatige Reise nach Berlin anzutreten hat. Die innere Bindung an sie ist längst durchschnitten, der Vater lebt ohnehin von der Familie getrennt. Viel bedeutender als die Eltern sind für Valerij die gleichaltrigen Freunde und die Schwierigkeiten in der Schule: »*Ich hatte keine Lust zu lernen. Ich habe ein phänomenales Gedächtnis. Hätte ich mich richtig dahintergeklemmt, hätte ich in drei Tagen Altgriechisch lernen können. Ehrenwort. Aber ich interessierte mich für nichts.*« Außerdem ist er mit seiner ersten großen Liebe beschäftigt und überlegt, wie er das Mädchen Ritka für sich gewinnen kann. Sie spielt die Überlegene und Erfahrene, verspottet ihn und weist ihn zurück. Doch nach und nach überzeugt der unsichere Valerij sie von sich, muß aber feststellen, daß seine innere Einsamkeit dennoch bestehen bleibt: »*von sich kann man ihr nichts erzählen*«. Seine Umwelt erscheint ihm um so fragwürdiger, als er die Angepaßtheit und Korrumpiertheit der Erwachsenen mit Unbehagen auch schon an Ritka entdeckt, die einer Lehrerin ein Blankozeugnis abschmeichelt, in das sie die Noten selbst eintragen kann.

Kornilov zeigt, wie in den Jahren des Stalinismus, in einem Land, in dem jeder Ansatz, das eigene Leben individuell zu gestalten, im Keim erstickt wird, die Jugendlichen auf dem Weg ins Erwachsenwerden nach ihrer Identität suchen. Nicht mit den leisen, eher larmoyanten Tönen von H. HESSES *Demian* (1919), sondern mit aggressivem, lautstarkem Verhalten wird die eigene Unsicherheit und die Furcht vor dem Erwachsenwerden überspielt. Doch nur nach privater Orientierung zu suchen, ist 1945 nicht genug. Die Entwicklung zur Persönlichkeit bedingt auch die Überprüfung der politischen Szene. Der väterliche Freund und Gegner, der Kriegsveteran Koslov, bringt die politische Komponente in Valerijs Reflexionen über das Leben. Koslov lehrt Valerij, die glatte offizielle Darstellung der jüngsten sowjetischen Geschichte gegen den Strich zu lesen. Widerwillig hört sich der junge Mann die nonkonformistischen Ansichten an und flüchtet sich zunächst – wütend über die schlüssigen Argumente Koslovs – in die offizielle Meinung, Koslov sei verrückt. Dennoch hat Koslov Valerijs Mißtrauen geweckt und damit bewirkt, daß der Junge allmählich beginnt, genauer nachzudenken. Wie ein Puzzle entschlüsselt er gleichsam nebenbei die politischen Ereignisse, die sich in seiner unmittelbaren Umgebung abspielen: Klassenkameraden verschwinden; aus den Lehrbüchern müssen die Schüler jeden Monat Namen von Marschällen und Volkskommissaren ausstreichen und deren Fotografien entfernen, da sie als Volksfeinde und Spione untragbar geworden seien. Er ahnt, daß er nicht nur des nahenden Krieges wegen Moskau verlassen mußte, um in Sibirien aufzuwachsen, sondern daß die Eltern politische Schwierigkeiten hatten. Schließlich wird Valerij bewußt, daß seine Familie unter unterschwellig überall spürbarem Antisemitismus zu leiden hat. In der sich allmählich herausbildenden politischen Auffassung Valerijs wird die Ablehnung des Antisemitismus zum Angelpunkt.

Bez ruk, bez nog steht in der Traditon des Entwicklungsromans. Kornilov bietet weder einen positiven Helden noch verbindliche Lösungsmöglichkeiten der aufgezeigten Probleme. Valerij Koromyslov steht der Welt der Erwachsenen mit dem grundsätzlichen Vorurteil der Jugend gegenüber. Sein Widerspruch und Widerstand gilt nicht der sozialistischen Gesellschaft, sondern der Erstarrtheit und Verlogenheit seiner Umwelt. Und dennoch: Wie unerträglich sich ihm die Elterngeneration auch darstellt, seine Rebellion ist nicht zuletzt von der Sehnsucht getragen, erwachsen zu werden.

G.Wi.

AUSGABEN: Ffm. u. a. 1974/75 (in Kontinent, 1 u. 2).

ÜBERSETZUNG: *Ohne Arme, ohne Beine*, L. Meir, Ffm. u. a. 1975.

LITERATUR: K. Obermüller, Rez. (in FAZ, 9. 10. 1975). – R. Herzenberger, Rez. (in Die Welt, 1. 11. 1975). – E. H., Rez. (in NZZ, 13. 11. 1975).

DEMOBILIZACIJA

(russ.; *Ü: Abschied vom Regiment*). Roman von Vladimir N. KORNILOV, erschienen 1976. – Der als Lyriker und Übersetzer bekannt gewordene Autor wurde 1977, nachdem er sich für A. SACHAROV eingesetzt hatte, aus dem sowjetischen Schriftstellerverband ausgeschlossen. Wie schon frühere Werke konnte auch *Demobilizacija*, ein Roman über die Moskauer Intelligenz im Jahr nach Stalins Tod, nicht in der Sowjetunion erscheinen.

Im Mittelpunkt des Geschehens steht der junge Leutnant Boris Kurčev, der seine Entlassung aus dem Militärdienst betreibt. Kurčev hatte sich für die Offizierslaufbahn verpflichtet und kam erst später zu der Erkenntnis, daß er für einen militärischen Beruf ungeeignet ist. Sein Wunsch, eine Doktorandenstelle im Fach Geschichte zu bekommen, scheint sich nicht realisieren zu lassen, da Kurčev einerseits als Absolvent eines Lehrerseminars nicht über die entsprechende Vorbildung verfügt und andererseits kein Parteimitglied ist und es auch nicht werden will. Kurčev hofft jedoch, daß ihm sein in Moskau lebender Cousin, der es in jungen Jahren bereits zu einer Philosophiedozentur gebracht hat, die notwendigen Beziehungen vermitteln wird. Während sein Entlassungsgesuch läuft, verbringt Kurčev seinen Urlaub in Moskau, der Stadt, an der er sich nicht »satt essen« kann, die ihm die Freiheit bedeutet. Glücklicherweise erbt er dort eine kleine Wohnung, so daß die wichtigste

Voraussetzung für seinen künftigen Aufenthalt in Moskau erfüllt ist. Mit Hilfe seines Cousins findet Kurčev auch Zugang zu einem Kreis Intellektueller. Seine Bewerbungsarbeit für die ersehnte Doktorandenstelle wird herumgereicht und wegen ihrer originellen Gedanken bewundert. Allerdings warnen die neuen Bekannten Kurčev davor – ebenso wie zuvor schon sein Cousin –, daß man mit einer allzu individualistischen Arbeitsweise kaum Karriere machen könne. Den Rat des Cousins, bereits erschienene Arbeiten durch leichte Veränderungen und den Austausch von Zitaten zu einer neuen Arbeit zusammenzufügen, hatte Kurčev abgelehnt. Zu seinen beruflichen Problemen kommen private hinzu, als sich Kurčev in die Anglistikstudentin Inga verliebt, die aber seinen Cousin Ljoška verehrt, der mit der Juristin Marjana verheiratet ist, die sich wiederum mit Kurčev tröstet. Angesichts der scheinbar unlösbaren Probleme im beruflichen und privaten Bereich beginnt Kurčev an sich selbst zu zweifeln und wird zusehends pessimistischer. Schließlich sucht er Trost im Alkohol und beginnt der Zeit nachzutrauern, als er noch Soldat war. Damals ging alles seinen geregelten Gang, und Kurčev kam nie in die Verlegenheit, sich für eine Sache bewußt entscheiden zu müssen, für sich selbst Sorge tragen zu müssen. »*Stalin versetzte, wen er wollte, sperrte ein, wen er wollte, liquidierte, wen er wollte, ließ Leute aus den Lagern heraus, steckte sie wieder hinein, siedelte ganze Republiken um – alles war richtig, weil Stalin es tat.*«

»*Demobilisierung*« – so die wörtliche Übersetzung des Romantitels – bedeutet nicht nur die Entlassung eines einzelnen aus dem Militär, sondern die Ablösung des ganzen Volkes aus der stalinistischen Ära. An Kurčevs Moskauer Freundeskreis zeigt Kornilov beispielhaft, wie sich die politischen Veränderungen ein Jahr nach Stalins Tod im Bewußtsein der Menschen spiegeln, ihr Denken, ihre Entscheidungen und Gefühle beeinflussen. Ideologisch Verkrustetes taut nur langsam auf, und die Schwierigkeiten auf dem Weg zur Mündigkeit jedes einzelnen begünstigen das Wiederaufkeimen von Einstellungen, die man längst glaubte überwunden zu haben: In den Kreisen der Intellektuellen besinnt man sich in Abkehr von »*internationalistischen und kosmopolitischen*« Marxismus-Leninismus auf ein chauvinistisches Slaventum zurück. Kurčev beobachtet mit Staunen, wie sein Cousin, der sich nur in feinste westliche Tuche kleidet, von den russischen Bauern zu schwärmen beginnt und mittelalterliche Ikonen sammelt. Kurčev, der sich nicht korrumpieren läßt, kontert dem opportunistischen Cousin kritisch: »*Du willst Lobeshymnen auf das Volk singen – doch wie dieses Volk lebt, interessiert dich einen Dreck.*«

So wie Kurčev erst lernen muß, mit seiner Freiheit außerhalb der Kaserne sinnvoll umzugehen, mußte ein ganzes Volk lernen, Entscheidungen selbst zu treffen, individuelle Gefühle anzuerkennen und auszudrücken und selbstverantwortlich zu handeln. Kornilovs spröde, knappe Prosa arbeitet überwiegend mit Dialog und erlebter Rede und reflektiert sehr genau die wechselseitige Abhängigkeit von politischen Gegebenheiten und menschlichen Beziehungen. Er selbst nannte den Stil von *Demobilizacija* »*Lyrik, die sich als Prosa ausgibt*«.

G.Wi.

AUSGABE: Ffm. 1976.

ÜBERSETZUNG: *Abschied vom Regiment*, E. Werfel, Ffm. u. a. 1982 [gek.; Vorw. R. Orlova u. L. Kopelev].

LITERATUR: J. Malzew, *Freie Russische Literatur 1955–1980*, Ffm. u. a. 1981, S. 279. – K. Meier-Rust, Rez. (in NZZ, 29. 4. 1983).

ALEKSANDR SEMËNOVIČ KUŠNER

* 14.9.1936 Leningrad

DAS LYRISCHE WERK (russ.) von Aleksandr S. KUŠNER.

Aleksandr Kušner, dessen erster Gedichtband *Pervoe vpečatlenie (Der erste Eindruck)* 1962 erschien, ist ein Vertreter der philosophischen Lyrik in der Tradition der philosophischen romantischen Dichtung F. TJUTČEVS (1803–1873). Die durchgehende Thematik seiner Lyrik ist die Suche nach dem Sinn des Lebens, die Frage nach dem »Woher?« und »Wohin?« des Menschen. Mit der russischen Romantik verbindet ihn die Grundstimmung des Leidens an der Welt, des schmerzlich bewußten Verlustes der ursprünglichen Harmonie und das Streben nach dem Wiedergewinn dieser Harmonie, verkörpert in Natur und Poesie. Diese Grundstimmung macht ihn zum Vertreter der »sentimentalischen Dichtung« im SCHILLERschen Sinne. Kennzeichnend für Kušner als philosophischen Lyriker ist das Problem der Erkenntnis der Welt; diese ist für ihn stark bedingt durch das Verhaftetsein des Menschen in Zeit und Raum. Gerade seine frühe Lyrik macht immer wieder diese Konditionalität deutlich, indem sie jene Orte bzw. Gegenstände in den Vordergrund stellt, die die dichterische Aussage bedingen: den Schreibtisch; das Fenster als das Symbol der Öffnung zur Außenwelt; die Stadt Leningrad, in der Kušner lebt; das Land mit seinem spezifischen Klima und seiner atemberaubenden, oft als bedrohlich empfundenen Weite und Vielfalt.

In seiner frühen Lyrik bemüht sich Kušner, in einfacher, genauer Sprache die ihn umgebende Realität wiederzugeben, wobei das Problem der Perspektive eine große Rolle spielt. Es findet dichterischen Ausdruck in den Bildern von »*Fernrohr*« und »*Linse*«. Mit der Linse vergrößert der Dichter das darzustellende Objekt; alltägliche Dinge werden neu, gleichsam zum ersten Mal gesehen und so erst in ihrem eigentlichen Sein erkannt (vgl. die Gedichte *Grafin – Die Karaffe* und *Nad mikroskopom – Über dem Mikroskop* sowie den Titel des ersten Gedichtbandes *Pervoe vpečatlenie*). Das Fernrohr dagegen versetzt den Dichter bildlich auf einen hohen Berg, von dem aus er die Realität in ihrer Vielfalt wahrnimmt. Im Bewußtmachen der jeweiligen Perspektive zeigt Kušner die Bedingtheit der menschlichen Erkenntnis durch Raum und Zeit. Wesentlich für den Dichter ist das Visuelle, die Wahrnehmung der Realität mit den Sinnen, im besonderen aber mit dem Auge. Kušners Gedichte enthalten eine Vielzahl von Ausdrücken, die diese visuelle Wahrnehmung der Realität umschreiben. So bezeichnet er sich selbst in dem Gedicht *Volna (Die Welle)* als »*Ungeheuer mit funkelndem Auge*«. Kennzeichnend für seine frühe Lyrik ist die Nähe zur Malerei, speziell zur impressionistischen Malerei in ihrem Wechsel zwischen Licht und Schatten und ihrem Farbenreichtum (*Siren' – Der Flieder*).

Kušners Lebensgefühl ist geprägt von der Erkenntnis des Zwiespalts zwischen der oft als bedrohend empfundenen Realität und dem Streben nach Harmonie, die für ihn in seinem Bild Italiens, aber auch in der Dichtung und Natur verkörpert wird. In seinen Gedichten schreibt er gegen das die erstrebte Harmonie bedrohende Chaos an, indem er es in die Form der Poesie zwängt und ihm so Gestalt und Sinn gibt (*Ja videl podlost' i bedu – Ich habe Niedertracht und Unglück gesehen*).

Kennzeichnend für Kušners spätere Lyrik ist der Abschied von der Dingwelt – ironisch dargestellt in dem Gedicht *Kakaja raznica,/ Čem my razvlečeny (Was macht es für einen Unterschied, Womit wir uns unterhalten)* – und seine Wende nach innen zur »*duša*« (Seele) als dem Zentrum des Gefühls (*To, čto my zovëm dušoj – Das, was wir Seele nennen*) angesichts der Gefühlskälte seines Jahrhunderts. Kušners spätere Lyrik wird demgemäß bestimmt von einer Verstärkung des reflexiven Elements; der Dichter tritt auf in der Pose des Denkers und Philosophen (»*die Wange in die Hand gestützt*«), der seine Zeit kritisch und nachdenklich analysiert. Die Themen sind ernster, weniger spielerisch, vielschichtiger. Die Haltung ist oft klagend, die Sprache dunkler, schwieriger, andeutend. Der Grundtenor des Leidens an der Welt findet sich ebenso oft wie das Element der »*toska*« (Sehnsucht, Trauer) an sich, das Kušners Liebes- und Zeitgedichte leitmotivisch durchzieht.

Doch auch hier ist es die Suche nach dem Geheimnis des Lebens, der »*formula žizni*«, die den dichterischen Schreib- und Erkenntnisprozeß vorantreibt. Der andere Mensch wird gesehen als Leidens- und Zeitgenosse in diesen »*harten Zeiten*«. Dies ist der Ursprung des den Dichter und Leser umfassenden »*wir*«, auf das sich die Gedichte Kušners oft beziehen. Ab dem Sammelband *Golos*, 1978 (*Die Stimme*), verbindet Kušner seine Gedichte zu Zyklen mit jeweils einem gemeinsamen Thema, dessen Motive in den einzelnen Gedichten entfaltet werden. Die Themen der einzelnen Zyklen sind das Leiden an der Welt, die Natur, die Antike, die Liebe, der Wechsel des Lebens, das Problem der Perspektive und die Frage nach dem Sinn des Lebens. Oft taucht das Bild des Orpheus auf, der zum Symbol der Sehnsucht, der »toska«, wird und dem gerade seine Menschlichkeit, seine »duša«, im Gegensatz zur Rationalität zum Verhängnis wird (*Nel'zja ogljadyvat'sja mne – Ich darf mich nicht umschauen*). Es sind die Bereiche von Kunst, Natur, Nacht und Liebe, die Kušner der Gewalt, Zerstörung und Kälte seines Jahrhunderts entgegensetzt. Dichten ist somit für ihn die Möglichkeit, dem Ideal der Harmonie aus dem Zustand des Strebens, der Sehnsucht immer näher zu kommen. Dies ist ein unendlicher Prozeß, aber ein Prozeß, der zum Prinzip die Hoffnung und das Vertrauen auf die Kraft des dichterischen Wortes hat, das in der Lage ist, das Chaos zu bändigen.   G.Q.

AUSGABEN: *Pervoe vpečatlenie*, Leningrad 1962. – *Nočnoj dozor*, Leningrad 1966. – *Primety*, Leningrad 1969. – *Zavetnoe želanie*, Leningrad 1973. – *Pis'mo*, Leningrad 1974. – *Prjamaja reč*, Leningrad 1975. – *Gorod v podarok*, Leningrad 1976. – *Golos*, Leningrad 1978. – *Kanva. Iz šesti knig*, Leningrad 1981. – *Tavričeskij sad*, Leningrad 1984. – *Dnevnye sny*, Leningrad 1986. – *Stichotvorenija*, Leningrad 1986 [Vorw. D. Lichačev]. – *Živaja izgorod'. Kniga stichov*, Leningrad 1988. – *Apollon v snegu. Zametki na poljach*, Leningrad 1991. – *Na sumračnoj zvezde*, St. Petersburg 1994. – *Izbrannoe*, St. Petersburg 1997 [Vorw. I. Brodskij].

LITERATUR: A. Asarkan, Rez. (in Novyj mir, 1963, 3). – A. Marčenko, Rez. (in Voprosy literatury, 1966, 11). – E. Evtušenko, Rez. (in Literaturnaja Rossija, 9. 8. 1974, S. 11). – Vl. Solov'ev, Rez. (in Literaturnoe obozrenie, 1975, 2). – S. Čuprinin, Rez. (in Oktjabr', 1979, 12). – M. P.' janych, Rez. (in Neva, 1982, 2). – I. Rodnjanskaja, Rez. (in Družba narodov, 1983, 5). – D. Lichačev, Rez. (in Lit. obozrenie, 1985, 11). – V. Baevskij, Rez. (in Novyj mir, 1986, 11).

ANATOLIJ VASIL'EVIČ **KUZNECOV**

* 18.8.1929 Kiew
† 13.6.1979 London

BABIJ JAR

(russ.; *Ü: Babij Jar*). Roman von Anatolij V. KUZNECOV, erschienen 1966; überarbeitete Fassung 1970. – Ein Jahr nach seiner Emigration veröffentlichte der Autor unter dem Namen A. Anatolij die

autorisierte Fassung des vier Jahre zuvor mit starken Kürzungen und z. T. sinnentstellenden Fehlern in der Sowjetunion erschienenen Romans, seines zweiten autobiographischen Werks nach *Prodolženie legendy*, 1957 (*Im Gepäcknetz nach Sibirien*). Auf der Grundlage einer gemeinsam mit Kuznecov unternommenen Exkursion nach Kiew hatte bereits 1961 EVTUŠENKO das Schicksal der von den faschistischen Okkupanten in Babij Jar ermordeten Russen, Ukrainer, Juden und Zigeuner zum Gegenstand eines seiner berühmtesten Poeme gemacht. Kuznecovs Roman, der keinen Anspruch auf literarische Qualitäten erhebt, spannt den Rahmen weiter. Babij Jar, das Massenvernichtungslager vor den Toren Kiews, wird ihm zum Kristallisationspunkt des Kriegsgeschehens schlechthin, zum Sinnbild des totalen Chaos, eines berechnend-unberechenbaren Vernichtungswillens.

Dem streng dokumentarischen Charakter des Werks gemäß fehlen Fabel und Handlungskontinuum. Episch integrierende Funktion eignet lediglich dem Ich des Erzählers, des damals zwölf- bis vierzehnjährigen Anatolij Kuznecov. Der Roman umfaßt die Zeit der deutschen Okkupation Kiews vom September 1941 bis zum November 1943, die mit der fast vollständigen Liquidation der Einwohner der ukrainischen Metropole zu Ende geht. Im Gegensatz zu den einschlägigen sowjetischen Kriegsromanen auch der nachstalinistischen Zeit ist *Babij Jar* ein Epos ohne positiven Helden, ja ohne positive Dimension überhaupt. Kuznecov kennt weder Helden des Kampfes noch des Widerstandes und der furchtlosen Selbstverleugnung noch solche der stoischen Ergebenheit in das Schicksal. Das einzige »Ethos«, das der deutschen Mordmaschinerie entgegengehalten wird, ist das des Überlebens. Dieses Ethos teilt der junge Tolja mit den pikarischen Heldentypen eines Simplicissimus oder eines Oskar Matzerath. Im Unterschied zu GRIMMELSHAUSEN ist es bei Kuznecov jedoch nicht der Held, der das Chaos der Welt durchwandert, sondern umgekehrt das Chaos, das an dem Helden vorüber- und über ihn hinwegzieht. Stationen dieser Entwicklung sind der Exodus der Kiewer Juden nach Babij Jar, die Sprengung und Plünderung der Kiewer Altstadt, der Brand des Kiewer Höhlenklosters, die Deportation der arbeitsfähigen Einwohner nach Westeuropa, die Verbrennung der Leichenberge in Babij Jar angesichts der vorrückenden Front, schließlich die Befreiung der Stadt durch die Einheiten der Roten Armee. Im übrigen treten die historischen Ereignisse hinter der Schilderung der persönlichen Erfahrungen zurück: dem Tod der Großmutter, dem Schicksal der jüdischen Freunde und Altersgenossen, der Nachbarn und Verwandten sowie den Ereignissen im eigenen Haus, das abwechselnd als Unterschlupf, Wehrmachtsquartier und Teil des Frontabschnitts fungiert.

Der Offenheit des pikarischen Romans entspricht bei Kuznecov die Offenheit des Schlusses: Die Rückeroberung Kiews wird nicht als Erlösung von den vorausgegangenen Leiden geschildert, denn der Liquidation der Nicht-Arier und Nicht-Deutschen folgt die Liquidation der Pro-Deutschen und Kollaborateure durch sowjetische Standgerichte, der Demütigung der Bevölkerung durch die SS folgt ihre Degradierung durch Stalin, der den Sachverhalt der Gefangenschaft und der Okkupation zur nationalen Schande erklärt. Verbrechen und Vergeltung lösen einander ab. Die Geschichte bietet dem gemeinen Volk in der fatalistischen Sicht des Emigranten Kuznecov nur die Alternativen Stalin, Hitler und wieder Stalin.   A.Gu.

AUSGABEN: Moskau 1966 (in Junost', Nr. 8–10). – Ffm. 1970 [überarb.].

ÜBERSETZUNGEN: *Babi Jar. Ein dokumentarischer Roman*, L. Robiné, Zürich 1968. – *Babij Jar*, A. Kaempfe, Mchn. 1970.

LITERATUR: A. Rothberg, *The Heirs of Stalin*, Ithaca 1972, S. 251–267. – Z. Vatnikova-Prizel, *Anatolij's »Babi Yar«: A New (Syncretic) Form of Memoir Literature* (in Russian Language Journal, 106, 1976, S. 143–152). – W. P. Green, *The Karaite Passage in A. Anatolij's »Babi Yar«* (in East European Quarterly, 12, Boulder 1978, S. 283–287).

BORIS A. LAVRENËV

* 17.7.1891 Cherson
† 7.1.1959 Moskau

LITERATUR ZUM AUTOR:
Z. Ja. Štejnman, *Navstreču žizni. O tvorčestve B. L.* (in Z. Ja. Š., *Osnovnaja bibliografija*, Leningrad 1934, S. 93–126). – L. Ëventov, *B. L. Krit. biogr. očerk*, Leningrad 1951. – I. Višnevskaja, *B. L.*, Moskau 1962. – V. A. Rušina, *Veter revoljucii. O tvorčestve V. V. Majakovskogo i B. A. L.*, Kišinëv 1971. – V. Kardin, *B. L.*, Moskau 1981.

SOROK PERVYJ

(russ.; *Ü: Der Einundvierzigste*). Erzählung von Boris A. LAVRENËV, erschienen 1924. – Thema der Erzählung, die vor allem durch die in Cannes 1957 vorgeführte Verfilmung bekannt geworden ist und zu den am stärksten beachteten Prosaversuchen der frühen Sowjetliteratur gehört, ist der Bürgerkrieg: Mit dreiundzwanzig Rotarmisten, dem letzten eines von den Weißen geschlagenen Truppenteils, zieht Marja Bassova (Marjutka) durch die Salzwüsten Turkestans. Unterwegs stößt die Abteilung auf eine kirgisische Karawane, bei der sich auch der weiße Offizier Govrucha-Otrok befindet, der das einundvierzigste Opfer der Scharfschützin Marjut-

ka werden soll. Aber sie verfehlt ihn, und er wird gefangengenommen. Im Zuge der Ereignisse werden Marjutka und der Leutnant schließlich auf eine verlassene Insel im Aralsee verschlagen. Es entwickelt sich zwischen ihnen ein Liebesverhältnis, wobei sich die Klassenwidersprüche in der Vorstellungs- und Gefühlswelt der beiden spiegeln. Als die Rettung in Gestalt eines Bootes mit weißer Besatzung naht, gerät Marjutka in den Konflikt zwischen Liebe und Klassenbewußtsein. Sie befolgt den Befehl, den Offizier nicht lebend entkommen zu lassen, und tötet Govrucha-Otrok.

Dieses Frühwerk des Autors läßt den stilistischen Einfluß Nikolaj N. NIKITINS und Vsevolod V. IVANOVS erkennen. Mit Ivanovs Kurzroman *Vozvraščenie Buddy*, 1923 *(Die Rückkehr des Buddha)*, ist die Erzählung nicht nur durch thematische Anklänge verbunden. Wie Ivanov begnügt sich Lavrenëv nicht damit, die Wirklichkeit in der Literatur darzustellen, sondern er parodiert sie. Der Autor lockert das Geschehen auf, indem er augenzwinkernd über die Ereignisse und die Personen mit dem Leser plaudert. Typisch sind skurrile Metaphern, Vergleiche und Personencharakteristiken. So wird der rote Kommissar Evsjukov als der *»himbeerrote Kommissar«* vorgestellt, weil seine Lederjacke mit einer Anilinfarbe gefärbt ist, in der die Usbeken *»die luftigen Seiden ihrer Schals in den Farben der Paradiesvögel«* zu färben pflegen. Mit wohlmeinender Ironie werden die kleinen Schwächen auch der positiven Helden geschildert, um jedes Pathos zu vermeiden und die psychologische Wahrscheinlichkeit zu erhöhen. In gleicher Funktion setzt Lavrenëv die sprachlichen Eigenheiten des Fischermädchens Marjutka, des Bauern Evsjukov und des Kosakenrittmeisters Baryka ein. Eine dynamische Handlungsführung, ein dem Zeitgeschmack Rechnung tragender Handlungsreichtum, die individuelle Charakterzeichnung der Helden, die Herausarbeitung von deren sozialem Hintergrund, der romantisch drapierte Konflikt zwischen persönlichem Gefühl und revolutionärer Pflicht sowie die ironische Erzählhaltung bedingten den beachtlichen Erfolg der Erzählung. Im Gegensatz zu anderen Schriftstellern der Zeit behandelt Lavrenëv das Bürgerkriegsthema vor allem psychologisch. Im Mittelpunkt seines Interesses stehen Stellung und Verhalten des Individuums in der revolutionären Auseinandersetzung. Durch die Wahl außergewöhnlicher Situationen vermeidet er die Gefahr einer heroisch-pathetischen Darstellung, ohne die historische Perspektive aufzugeben.   W.Sch.

AUSGABEN: Leningrad 1924 (in Zvezda, Nr. 6). – Moskau 1960 (in *Veter. Povesti i rasskazy*). – Moskau 1963 (in *Sobranie sočinenij*, 6 Bde., 1963–1965, 1). – Moskau 1982 (in *Sobr. soč.*, 6 Bde., 1982–1984, 1).

ÜBERSETZUNGEN: *Der Einundvierzigste*, E.W. Mewes, Bln. 1928. – *Der letzte Schuß*, W. Preuß, Bln./Lpzg. 1960; ²1967.

Verfilmungen: SU 1927 (Regie: Ja. Protazanov). – *Sorok pervyj*, SU 1957 (Regie: G. Čuchraj).

Literatur: G. Gorbačëv, *B. L.* (in Zvezda, 1925, Nr. 5, S. 230–251). – I. Brajlovskij, *»Sorok pervyj« B. L.* (in I. B., *Ljudi spravedlivoj vojny …*, Rostow 1941).

LEONID MAKSIMOVIČ LEONOV

* 31.5.1899 Poluchino bei Moskau
† 8.8.1994 Moskau

Literatur zum Autor:
Bibliographien:
V. M. Akimov, *L. M. L. Ukazatel' literatury*, Leningrad 1958. – N. V. Gel'fand, *Bibliografija tekstov L. M. L. 1915–1962*, Moskau 1962. – R. D. Thompson, *Bibliography of the Works of L. L.* (in Oxford Slavonic Papers, 11, 1964, S. 137–150). – *Russkie sovetskie pisateli, Prozaiki*, Bd. 2, Hg. O. Golubeva u. a., Leningrad 1964, S. 662–721. – V. Kovalev, *L. L. Seminarij*, Moskau 1964, S. 79–249. – G. Čapenko, *Proizvedenija L. M. L. v perevodach na innostrannye jazyki: otdel'nye zarubežnye izdanija, ukazatel' literatury*, Moskau 1982.
Gesamtdarstellungen und Studien:
V. Ja. Kirpotin, *Romany L. L.*, Moskau/Leningrad 1932. – I. Nusinov, *L. L.*, Moskau 1935. – A. Desnickij, *Romany L. L.*, Moskau/Leningrad 1954; ²1962. – J. Simmons, *Russian Fiction and Soviet Ideology: Introduction to Fedin, L. and Sholokhov*, NY 1958. – L. L. Boguslavskaja, *L. L.*, Moskau 1960. – V. A. Koval'ëv, *Tvorčestvo L. L.*, Moskau 1962. – L. A. Fink, *Dramaturgija L.*, Moskau 1962. – A. Desnickij, *Tvorčestvo L. L.*, Moskau/Leningrad 1962; Leningrad ²1969. – *L. L. Seminarij*, Hg. ders., Moskau/Leningrad 1964 [enth. Bibliogr.]. – F. Vlasov, *Èpos mužestva*, Moskau 1965; ²1973. – *L. L. Seminarij*, Leningrad 1968. – V. A. Koval'ëv, *Realizm L. L.*, Leningrad 1969. – *Mežvuzovskaja koferencija, posvjaščennaja 70-letiju L. L.*, Moskau 1969. – *Tvorčestvo L. L.*, Hg. V. Koval'ëv, Leningrad 1969 [enth. Bibliogr.]. – Ch. Brümmer, *Beiträge zur Entstehungsgeschichte der frühen Romane L. M. L.s*, Mchn. 1971 (Slavistische Beiträge, 51). – E. V. Starikova, *L. L. Očerk tvorčestva*, Moskau 1972. – L. Fink, *Uroki L. L.*, Moskau 1972. – E. D. Surkov, *Problemy veka – problemy chudožnika*, Moskau 1973. – L. Fink, *L. L. Tvorčeskaja èvoljucija*, Moskau 1973. – C. Warren, *Death in the Novels of Konstantin Fedin and L. L.*, Diss. Columbia Univ. 1973 [enth. Bibliogr.]. – V. Koval'ëv, *Ètjudy o. L. L.*, Moskau 1974; ²1978. – R. Opitz, *L. L. Philosophie u. Komposition*, Bln. 1975 [enth. Bibliogr.]. – V. Krylov, *Osobennosti tipizacii charakter v proze*

L. L., Leningrad 1975. – E. Lapešinskaja, *Nravstvennyj mir geroev L. L.*, Voronež 1977. – G. Harjan, *L. L.: A Critical Study*, Toronto 1979 [enth. Bibliogr.]. – I. Kruk, *L. L. Narys tvorčosti*, Kiew 1979. – O. L., Hg. V. Čivilichin, Moskau 1979. – *Mirovoe značenie tvorčestva L. L. Sbornik statej*, Hg. V. Koval'ëv, Moskau 1981. – V. Nolan, *The Troubled Hero: The Double in Selected Prose of L. L.*, Diss. Pittsburgh 1982. – N. Groznova, *Tvorčestvo L. L. i tradicii russkoj klassičeskoj literatury: očerki*, Leningrad 1982. – G. Ščeglova, *Žanrovo-stilevoe svoeobrazie dramaturgii L. L.*, Moskau 1984. – Cz. Andruszko, *Romany L. L. 20-ch godov*, Posen 1985. – *L. L. Tvorčeskaja individual'nost' i literaturnyj process. Sbornik statej*, Hg. V. A. Koval'ëv u. V. A. Groznova, Leningrad 1987.

BARSUKI

(russ.; *Ü: Die Dachse*). Roman von Leonid M. Leonov, erschienen 1924. – Der Roman erzählt in drei Teilen (Ort und Zeit: Rußland vor, während und nach der Revolution) die Lebensgeschichte zweier Brüder, Pavel und Semën. Sie stammen aus dem Dorf Vory, werden beide von ihrem Vater in die Stadt zu einem Kaufmann gegeben, fronen dort ihr Leben als »Erniedrigte und Beleidigte« unter Leidensgenossen, bis sie sich trennen: Der hinkende Pavel geht in die Fabrik, der starke Semën, in eine reiche Schankwirtstochter verliebt, hofft auf Heirat und besseres Leben, wird enttäuscht und kommt bei Kriegsausbruch unter die Soldaten. Nach Jahren treffen sich die Brüder wieder: Semën als Führer der aufständischen Bauern von Vory, Pavel als Vertreter der Sowjetmacht, der den Aufstand niederschlägt.
Die Grundidee des Werkes ist der unaufhebbare Gegensatz zwischen Stadt und Dorf: Städtischer Materialismus (die Jagd nach Geld unter Einsatz aller Mittel als einzige Daseinsform) steht gegen bäuerliche Leidenschaftlichkeit, die in dumpfer Schicksalsergebenheit erlischt (vor der Revolution); die von der Stadt ausgehende Bewegung des Kommunismus stößt auf das kleinliche Besitzdenken und den starren Traditionalismus des Dorfes (nach der Revolution). Wohin diese Gegensätzlichkeit führt, macht die groteske *Geschichte der Sinkin-Wiese* deutlich: Zur Zeit der Leibeigenschaft hatte der Gutsherr Svinulin um eines berühmten chinesischen Kampfgänserichs willen die Hälfte seines Dorfs Archangel an den Gutsherrn Titkin verkauft, der mit den gegen den Gänserich eingetauschten Bauern Brachland besiedelte. Nach Aufhebung der Leibeigenschaft erhielten die Svinulinschen Bauern seine große, ertragreiche Sinkin-Wiese, während die an Titkin gefallenen ehemaligen Archangeler sich mit dessen kargem Land zufriedengeben sollten. Dagegen erhob das »Dorf der Gänseriche« (die *gusaki*) Einspruch und verklagte das »Dorf der Diebe« (die *vory*) – ein Streit, der die Bauern über fünfzig Jahre lang mit Rechtshändeln und traditionellen Faustkämpfen beschäf-

tigte. Als die Sowjetmacht diesen Streit kurzerhand zugunsten der »Gänseriche« entscheidet, erheben sich die »Diebe«. Sie verweigern die Ablieferung des vorgeschriebenen Erntedeputats und erschlagen die staatlichen Bevollmächtigten, die es zwangsweise eintreiben wollen. Darauf vereinigen sie sich mit Konterrevolutionären, graben sich in den Wäldern ein und terrorisieren das Land. Aus den Dieben sind Dachse *(barsuki)* geworden: *»Die Dachse ... sind Tiere ... sie haben keinen Verstand. Wenn sie einen Baum fällen, lassen sie einen Stumpf von einem Aršin Höhe stehen. Für den Wurzelstock reicht ihre Kraft nicht mehr aus.«* Das Endziel ihrer Rebellion – *»Mit Millionen knirschender Pflüge werden wir über die Stellen hinackern, wo die Städte* [d. h. der Kommunismus] *sich erheben«* – bleibt wirrer Bauerntraum, den der Kommunismus auslöscht.

Die eigentliche Fabel des Romans wird von einer nahezu unübersehbaren Fülle vielfältigen Geschehens überwuchert. Fast in jedem der 56 Kapitel werden neue Personen eingeführt, die später hier und da schemenhaft wieder auftauchen, vom Wirbel der Ereignisse mitgerissen werden und in der finsteren Welt der Vorstadt oder des Dorfes zugrunde gehen: Kaufleute, revolutionäre Studenten, Betrüger, Trinker, Diakone, verkommene Frauen, desertierte Soldaten, Wahnsinnige, Krüppel, Sowjetbeamte, die Masse der Bauern. Leonov sieht diese Menschen mit den Augen eines DOSTO-EVSKIJ, an dessen Psychologie er sich geschult hat. Jede Figur erfüllt eine bestimmte Funktion, ist eine Erscheinungsform des städtischen oder dörflichen Lebens. Nicht wissend warum, bevölkern diese Menschen eine Welt, auf die die Schatten der apokalyptischen Reiter gefallen sind, und in einem letzten Aufbäumen ihrer Kräfte reißen sie sich selbst in den Abgrund. Einzig die Sowjetvertreter, Abgesandte einer kalten, ordnenden Macht, deuten auf den neuen, zukünftigen Menschen hin; doch scheinen gerade sie der proklamierten Einheit von Arbeitern und Bauern im kommunistischen Staat entgegenzustehen.

Leonov arbeitet mit den Stilelementen N. GOGOL's (in der grotesken *Geschichte von der Sinkin-Wiese*) und N. LESKOVS (z. B. die Erzählungen der Partisanen am Lagerfeuer in der typischen Form des *skaz*) ebenso selbständig wie mit der Kompositionstechnik F. Dostoevskijs (Aufbau des Romans) und den Kunstmitteln des Symbolismus (Überhöhung des Themas in der eingefügten *Geschichte vom rasenden Kalafat*, dem Turmbauer). Seine Sprache, nicht mehr ornamental verschnörkelt wie in den frühen Erzählungen, ist in den Dialogen von urwüchsiger Bäuerlichkeit und strotzt von primitiv-saftigen Wendungen der Vulgärsprache. In den berichtenden oder beschreibenden Passagen wird die Sprache – hart akzentuiert – bei aller Grobheit des verwendeten Wortmaterials lyrisch gespannt. Düstere Farben und auch die des Moders und der Fäulnis werden bevorzugt, vor allem bei der bildträchtigen Beschreibung der gleich einem Lebewesen gesehenen Natur auf der einen, der Stadt auf der anderen Seite. M.Gru.

AUSGABEN: Moskau 1924 (in Krasnaja nov'). – Leningrad 1925. – Moskau 1960 (in *Sobr. soč.*, Hg. E. Starikova, 9 Bde., 1960–1962, 2).

ÜBERSETZUNGEN: *Die Bauern von Wory*, B. Prochaska u. D. Umanski, Wien 1926. – *Aufruhr*, A. Wagner u. H. Bürck (in *AW*, Bln. 1957). – *Die Dachse*, H. Pross-Werth, Darmstadt 1963. – Dass., A. Wagner u. H. Bürck, Lpzg. 1974.

DRAMATISIERUNG: *Barsuki* (Urauff.: Moskau 1927, Vachtangov-Theater).

LITERATUR: Chr. Brümmer, *Beiträge zur Entwicklungsgeschichte der frühen Romane L. M. L.s »Barsuki«, »Vor'«, »Sot'«, »Skutarevskij«, »Doroga na okean«*, Mchn. 1971. – D. L. Plank, *Unconscious Motifs in L. L.'s »The Badgers«* (in SEEJ, 16, 1972).

RUSSKIJ LES

(russ.; *Ü: Der russische Wald*). Roman von Leonid M. LEONOV, erschienen 1953. – Die Studentin Apollinarija (Polja) Ivanovna Vichrova, ein Kind geschiedener Eltern, kennt ihren Vater nur aus den abwertenden Andeutungen ihrer Mutter sowie aus den diffamierenden Besprechungen seiner wissenschaftlichen Werke. 1941 geht sie nach Moskau, um zu studieren und um Genaueres über ihren Vater herauszufinden. Nach und nach erfährt sie die Lebensgeschichte von Ivan Matveič Vichrov, der als Kapazität auf dem Gebiet der Forstwissenschaft gilt, auf der anderen Seite aber nicht nur immer wieder heftig angegriffen wird, sondern auch Repressalien über sich ergehen lassen muß. – Vichrovs Gegenspieler und Auslöser der lebensbedrohenden Kritik ist sein Kollege und ehemaliger Freund, Professor Gracianskij. Unfähig, eigene wissenschaftliche Arbeiten zu verfassen – angeblich hindert ihn daran sein niedriger Hämoglobinspiegel –, wird Gracianskij vor allem durch seine geschickt formulierten Attacken gegen Vichrovs Werke berühmt. Die eigentlichen Wurzeln dieses lebenslangen Duells werden an den Lebensläufen der Widersacher aufgedeckt, an denen in häufigen und ausgedehnten Rückblenden ab 1892 auch die Geschichte Rußlands in der ersten Hälfte des 20. Jh.s dargestellt wird.

Gracianskij wird als ein Opportunist dargestellt, der sich außerordentlich geschmeidig der orthodoxen Linie der jeweiligen dominierenden Richtung anzupassen vermag. Vichrov, andererseits, wird in den Augen seiner Tochter und damit für den Leser im Laufe des Romans immer mehr aufgewertet. Polja lernt ihren Vater erst dann persönlich kennen, als sie ihre früheren negativen Vorurteile über ihn abgelegt und den wahren Wert seiner Arbeit erkannt hat. Vichrov setzt sich seit langem für den Schutz der bedrohten Umwelt ein. Den raschen Profit, der mit der Rodung der großen russischen Wälder entlang der Flüsse bis weit hinein nach Sibirien erzielt wird, sieht er als Raubbau, dessen Folgen nicht nur Bodenerosionen und Klimaveränderungen, sondern auch der Verlust des psychologischen Werts eines intakten Waldes seien. Während Vichrov bei seiner Argumentation an die kommenden Generationen denkt, propagiert Gracianskij nur den kurzfristigen Gewinn aus der Schlagung der Bäume. Er verbrämt dies mit gängigen Parteilosungen, was ihn in den Augen der Behörden als Sympathisanten der neuen Gesellschaftsordnung hinstellt, Vichrov dagegen als den allen Fortschritt hemmenden Traditionalisten.

Einen Höhepunkt des Romans bildet Vichrovs zweistündige, im Roman gut vierzig Seiten umfassende Vorlesung über den russischen Wald, in der aufgezeigt wird, wie Altes bewahrt und dennoch Neues geschaffen werden kann. Leonov legt seinem Helden jene Argumente in den Mund, mit denen er selbst in einem 1947 erschienenen Aufsatz *V zaščitu druga (Zur Verteidigung eines Freundes* – d. h. des Waldes) die Öffentlichkeit für seinen Standpunkt zu gewinnen suchte. Mit Hilfe dialektischer Rhetorik gelingt es Gracianskij, Vichrovs Vortrag als Ausdruck des religiösen Mystizismus zu »entlarven«. Diese Anschuldigung, die in der Zeit stalinistischen Terrors den Tod bedeuten konnte, bringt Vichrov die Verbannung ein.

Poljas Ankunft in Moskau fällt zeitlich mit dem Angriff Hitlerdeutschlands auf die Sowjetunion zusammen, der einem weiteren wichtigen Erzählstrang den Anfang gibt. Sie erlebt die Bedrohung Moskaus im Kriegswinter 1941/42. Mit großer Begeisterung wohnt sie der Parade auf dem Roten Platz anläßlich des Jahrestages der Oktoberrevolution bei, die ganz im Zeichen der vaterländischsozialistischen Berichterstattung beschrieben wird und den Willen der Sowjetunion demonstriert, trotz des weit vorgedrungenen Blitzangriffs durchzuhalten. Damit wird auch eine Parallele zur Rivalität zwischen Vichrov und Gracianskij hergestellt. Jedoch fällt Gracianskij, der anfangs einen schnellen Sieg über seinen Rivalen errungen zu haben schien, am Schluß in Ungnade und erlebt eine klägliche Niederlage.

Vichrovs Adoptivsohn Sergej und Polja verkörpern eine junge sowjetische Generation, die mit geradezu lehrbuchhaft moralischem Verhalten und utopischer Weltanschauung das lange verkannte Erbe Vichrovs fortsetzen und mit neuen Ideen verbinden wird. So wie im Wald das empfindliche Gleichgewicht zwischen Altem und Neuem, zwischen Bewahren und Weiterführen nicht gestört werden darf, soll auch im politischen Leben eine Kontinuität herrschen. Damit ist der Roman gleichzeitig ein Beispiel des zukunftsgerichteten und optimistischen Sozialistischen Realismus und – neben I. Ėrenburgs 1954–1956 erschienenem *Ottepel' (Tauwetter)* – eines der frühen Werke der »Tauwetter«-Periode der Sowjetliteratur. Der Angriff gegen den politischen Opportunismus, der als Hauptanliegen des Romans angesehen werden kann, wurde auch als Kritik an der Politik der gesamten Stalin-Ära aufgefaßt.   KLL

Ausgaben: Moskau 1953 (in Znamja, Nr. 10–12). – Moskau 1955 (in *Sobr. soč.*, 5 Bde., 1953–1955, 6). – Moskau 1961 [überarb.]. – Moskau 1962 (in *Sobr. soč.*, 9 Bde., 1960–1962, 9). – Moskau 1972 (in *Sobr. soč.*, 10 Bde., 1969–1972, 9). – Moskau 1978.

Übersetzungen: *Der russische Wald*, M. Schick u. a. (in *AW*, 4 Bde., Bln./DDR 1956–1967, 2). – Dass., H. Burck, Ffm. 1979.

Literatur: *Čitateli o romane L. L. »Russkij les«* (in Literaturnaja gazeta, 23. 3. 1954). – V. Orlov, Rez. (in Izvestija, 11. 4. 1954). – N. Gej, Rez. (in Oktjabr', 1954, Nr. 6). – P. Gromov, Rez. (in Zvezda, 1955, Nr. 8). – M. Lobanov, *Roman L. L. »Russkij les«*, Moskau 1958. – F. Ch. Vlasov, *Poėzija žizni*, Moskau 1961. – E. Starikova, *»Russkij les« L. L.*, Moskau 1963. – E. Wolffheim, Rez. (in FRs, 12. 4. 1980). – S. D. Abramovič, *Simvolika pejzaža u A. P. Čechova i L. M. L. (»Višnëvyj sad« i »Russkij les«)* (in Voprosy russkoj literatury, 1986, Nr. 2, S. 78–83). – I. Žukov, *Mirozdanie po L. Mečta i delo v »Russkom lese«* (in Literaturnoe obozrenie, 1986, Nr. 7, S. 23 f.).

VOR

(russ.; *Ü: Der Dieb*). Roman von Leonid M. Leonov, erschienen 1927. – Der zweite große Roman des Autors (nach *Barsuki*, 1924), der trotz seines anerkannten literarischen Niveaus z. T. auf heftige Kritik stieß, gestaltet das Milieu des Moskauer Untergrundes der NĖP-Periode, die Halbwelt der Diebe, Mörder, Hehler, Chansonetten, Säufer und Asphaltpoeten, als einen in sich geschlossenen Kosmos von Schicksalen, Normen und Wertvorstellungen, die der scheinbar sozial reduzierten Ganovenwelt den Charakter allgemeiner Repräsentanz verleihen.

Eine streng durchkomponierte Fabel fehlt dem Roman. Das Geschehen, in dessen Mittelpunkt der Ganovenführer Mit'ka Vekšin steht, zerfällt in eine Vielzahl kaleidoskopisch aufgefächerter Handlungsebenen. Sie werden allein durch die Gestalt des Dichters Fёdor Fёdoryč Firsov zusammengehalten, der als fiktiver Repräsentant des Autors das Romangeschehen teils registriert, teils diktiert und somit als jederzeit ironisch aufhebbar erscheinen läßt. Der Hintansetzung epischer Evolution entspricht die nahezu parataktische Anordnung der handelnden Personen. Wesentlich durch die in Reminiszenzen, Autobiographien und Rückblenden nachgetragene Vorgeschichte der Helden motiviert, wird die eigentliche Handlung durch die Spannung der Personenkonstellation bestimmt, die mit der oft willkürlichen und sprunghaften, gegen Ende jedoch deutlicher konturierten Explikation der Charaktere unterschwellig auch die innere Entwicklung Mit'kas und seine Funktion als Titelgestalt begründet. Mit'ka Vekšin repräsentiert den Typus des romantischen Revolutionärs. Während des Bürgerkriegs wegen der brutalen Exekution eines Weißgardisten seines militärischen Rangs in der Roten Armee enthoben, sucht er nach dem Ende des Bürgerkriegs den »Klassenkampf« als Führer einer Moskauer Einbrecherbande fortzusetzen, um mehr und mehr zu erkennen, daß diese Form des Anarchismus weniger auf die Liquidierung der bürgerlichen Exzesse der NĖP-Periode als auf die Vernichtung seiner selbst hinausläuft.

Zweifel an der Legitimation seiner Macht steigern sich zum Zweifel an der eigenen Identität, als sich der Verdacht bestätigt, daß er nicht der Sohn eines kleinen Dorfhandwerkers, sondern das natürliche Kind des Landadligen Sergej Manjukin ist, der seine Tage als heruntergekommener Alkoholiker in den Moskauer Slums verbringt. Die Identitätszweifel werden durch das Wiedersehen mit seiner Schwester Tanja verstärkt, die es als Trapezkünstlerin zu internationalem Ruhm gebracht hat. Mit'kas Gegenspieler ist der junge Nikolka Zavarichin, ein von Körperkraft und naivem Selbstbewußtsein strotzender Kutschersohn aus der Provinz, in den sich Tanja verliebt und von dessen naiver Aversion gegen alles Städtische und Protokollarische sie sich einen ruhenden Gegenpol zu der Panik und Todesangst erhofft, die sie bei ihrem riskanten Beruf stärker und stärker ergreifen. Doch Zavarichin, der ihr gegen Mit'kas Willen die Ehe verspricht, schiebt die Hochzeit hinaus, bis ihn Tanjas Todessturz vom Trapez aller Treuegelübde enthebt. Zu Beginn des Romans als positiver Gegenspieler und Nachfolger des Königs der Unterwelt eingeführt, wird Zavarichin im Verlauf der Erzählung mehr und mehr zum negativen Antagonisten Mit'kas. Seine urtümliche Kraft und Kühnheit erweisen sich als knabenhafte Großtuerei, sein Haß gegen die Stadt kompromittiert sich durch krämerhafte Geschäftigkeit, die er als typisches Produkt der NĖP-Periode an den Tag legt. Eine weitere Schlüsselfigur des Romans ist Mit'kas Jugendliebe Maša Dolomanova, die an der Seite des brutalen Messerstechers und Einbrechers Agej die souveräne Rolle der Gangsterkönigin spielt. Mit'ka in Haßliebe verbunden, ist Maša gleich ihm unablässig bemüht, sich aus dem Sumpf der Unterwelt zu ziehen. Sie ist am Ende die einzige, der – nach dem Tod Agejs – der Absprung gelingt. In der Hoffnung, durch die Wiederaufnahme des Kontakts mit seiner ländlichen Heimat Erlösung zu finden, enttäuscht, sagt sich Mit'ka nach dem Verlust des letzten Freundes, dessen Leben er unwissentlich ruinierte, endgültig von Moskau los, um sich in Sibirien eine neue Existenz als Holzfäller in einer Arbeiterbrigade zu suchen.

Der Epilog des Romans, den Leonov anläßlich der Neuausgabe des Werks im Jahre 1959 in wesentlichen Punkten korrigierte, zitiert ein fingiertes Presseurteil über die Erstausgabe, in welchem dem fiktiven Erzähler vorgehalten wird, er habe es versäumt, nachrevolutionäre Rußland in den angemessenen historischen Dimensionen zu zeichnen, Erbe und Auftrag der Revolution nicht hinreichend gewürdigt und sich statt dessen damit begnügt, auf überholte Schablonen des Menschlich-

Allzumenschlichen zurückzugreifen. Mag die ironische Verbrämung eine Art unverbindlicher Rückversicherung des Autors darstellen, so trifft sie in der Tendenz, einen über den Maßstab der historischen Erschütterungen hinausgehenden Schlüssel für die Dechiffrierung der seelischen Prozesse der Hauptakteure zu finden, eines der konstituierenden Elemente des Romans. Nicht zu Unrecht sind Leonovs frühe Romane insbesondere von westlichen Literarhistorikern häufig mit denen F. DOSTOEVSKIJS verglichen worden. Fraglos besteht, zumal in den angedeuteten Endlösungen ihrer Schuldkonflikte, eine auffallende Parallele zwischen den Outlaws Mit'ja Karamazov und Mit'ka Vekšin. Intensiver als Dostoevskij setzt Leonov jedoch die psychologischen Probleme seiner Helden in episch-erzählerische Elemente um, stärker als jener läßt er trotz des Verzichts auf eindeutige theoretische Stellungnahme und prototypische Heldenzeichnung soziale und historische Implikationen zur Geltung kommen.   A.Gu.

AUSGABEN: Moskau 1927 (in Krasnaja nov', Nr. 1–7). – Moskau/Leningrad 1928; Nachdr. Mchn. 1975. – Moskau 1961 (in *Sobr. soč.*, Hg. E. Starikova, 9 Bde., 1960–1962, 3). – Moskau 1970 (in *Sobr. soč.*, 10 Bde., 1969–1972, 3).

ÜBERSETZUNGEN: *Der Dieb*, D. Umanskij u. B. Prochaska, 2 Bde., Bln. 1928. – Dass., L. Robiné u. H. Burck, Mchn. 1970.

LITERATUR: V. Ermilov, *Problema živogo čeloveka v sovremennoj literature i »Vor« L. L.* (in Na liter. postu, 1927, Nr. 5/6). – I. Oksënov, »Vor« L. L. (in Krasnaja gazeta, 23.9. 1927; auch in Žizn' iskusstva, 1928, Nr. 17, S. 4 f.). – V. Friče, *O novom buržua* (in Pravda, 22.5. 1927; auch in V. F., *Zametki o sovremennoj literature*, Moskau/Leningrad 1928, S. 97–104). – B. Val'be, »Vor«, roman L. L. (in Novosti iskusstva, nauki i literatury, 1928, Nr. 2, S. 37–40). – G. Gorbačëv, *O »Vore« L. L.* (in Zvezda, 1928, Nr. 2, S. 140–153). – E. Severin, »Vor« L. L. (in Pečat' i revoljucija, 1928, Nr. 3, S. 96–102). – V. Goffenšefer, *L. L. »Vor«* (in Molodaja gvardija, 1928, Nr. 4, S. 199–201). – V. A. Koval'ëv, »Vor« L. L. (Ot pervoj ko vtoroj redakcii romana) (in Voprosy sovetskoj literatury, 9, 1961, S. 136–191). – E. Starikova, *O romane L. L. »Vor«* (in E. S., *Poėzija prozy*, Moskau 1962, S. 29–66). – L. Mihlap, *L. L.'s Revision of »Vor«. A Case Study in Soviet Censorship*, Diss. Chapel Hill 1973.

VLADIMIR GERMANOVIČ LIDIN

eig. Vladimir Germanovič Gomberg

* 12.2.1894 Moskau
† 27.9.1979 Moskau

OTSTUPNIK

(russ.; *Ü: Der Abtrünnige*). Roman von Vladimir G. LIDIN, erschienen 1927. – Fast in der Art einer spannenden Kriminalgeschichte schildert der Roman das Schicksal des sowjetischen Studenten Kirill Bessonov, der unter den Einfluß des durch die Periode der Neuen Ökonomischen Politik (NÉP) emporgeschwemmten kriminellen Spekulantentums gerät und erst durch das Vorbild bewußter, aktiver Sozialisten auf den geraden Weg zurückgeführt wird. Bessonov, der früh seine Eltern verliert, durchlebt eine schwere Kindheit. Die fünfzehnjährige Varen'ka, die lichteste Gestalt seiner Jugend, zieht in eine andere Stadt. Ihr Bild begleitet Bessonov als wehmütige Erinnerung einer unerfüllten Sehnsucht durch sein späteres Leben. Bessonov beginnt als Lehrling in einem Betrieb zu arbeiten und wird bald zum Studium nach Moskau geschickt. Hier begegnet er der jungen Journalistin Tat'jana Agurova, in der er eine Spur von Varen'kas Wesen zu erkennen glaubt. Sein Studienkollege Sverbeev unterrichtet ihn über Tanjas Verhältnis mit Bessonovs Professor Čeliščev. Bessonovs aufkeimende Liebe und Eifersucht benutzt er geschickt, um den Kameraden ganz in seine Hände zu bekommen. Er führt ihn in die Intellektuellen- und Spekulantenkreise der NÉP-Bourgeoisie ein, von denen er sich ein reiches, unbeschwertes Leben verspricht. Bessonov beginnt, über einigen literarischen Erfolgen sein Studium zu vernachlässigen, und versinkt immer mehr in den Orgien und Saufgelagen seiner zweifelhaften Freunde. Sein Versagen bei den Jahresprüfungen bindet ihn nur noch enger an diese Kreise. Inzwischen sucht sich der verheiratete Čeliščev von der Bindung an Tanja, die ein Kind erwartet, zu befreien. Tanja treibt das Kind ab, begeht jedoch Selbstmord, als ihr in einem Gespräch mit Bessonov ihr Scheitern bewußt wird. Sverbeev benutzt Tanjas Selbstmord, um Bessonovs Haß gegen Čeliščev zu schüren, dessen Ersparnisse er sich, von Geldnot getrieben, aneignen will. Nachdem Bessonov bei dem Einbruch Čeliščev erschossen hat, beschließen er und Sverbeev ins Ausland zu fliehen. Die Flucht führt Bessonov in die Stadt seiner Kindheit, wo er Varen'ka trifft, die ihn noch immer liebt. Sie kann ihn jedoch nicht zum Bleiben bewegen. Erst das Gespräch mit Lar'kov, einem sozialistischen Arbeiter, der sich bis zum letzten für seinen Betrieb einsetzt, gibt den Anstoß zu Bessonovs Wandlung. Von Sverbeev verachtet, kehrt er zurück, um nach Abbüßung seiner Strafe ein neues Leben zu beginnen.

Die Schwäche des in der traditionellen Weise des klassischen Realismus erzählten Romans liegt darin, daß die Widersprüche im Charakter des Helden keine überzeugende Einheit zu bilden vermögen. Demgegenüber erscheint die Gestalt seines diabolischen Gegenspielers Sverbeev weitaus konsistenter und abgerundeter. Die Außensteuerung des Helden läßt sowohl den Kulminationspunkt seines Abwegs, den Mord an Čeliščev, als auch seinen Gesinnungswandel nicht so sehr aus seiner eigenen inneren Entwicklung als aus seiner passiven Beeinflußbarkeit erwachsen. – Lidins Roman wurde von einem Teil der Kritik bei seinem Erscheinen vorgeworfen, er stelle das Leben der sowjetischen Studenten in negativer Verzerrung dar, während die Verteidiger Lidins darauf hinwiesen, daß es dem Autor gelungen sei, das Schicksal seiner Helden als den aus den gesellschaftlichen Bedingungen der NÉP-Periode resultierenden Abweg von »Abtrünnigen« darzustellen.   C.K.

AUSGABEN: Moskau 1927 (in Novyj mir, Nr. 4–8). – Moskau 1928; 2. Aufl. 1931. – Moskau/Leningrad 1928 (in *Sobranie sočinenij*, 6 Bde., 1928–1930, 3).

ÜBERSETZUNG: *Der Abtrünnige*, O. Halpern u. E. W. Mewef, Bln. 1928.

LITERATUR: M. Poljakova, »Otstupnik« V. L. (in Pečat i revoljucija, 1928, Nr. 4). – A. Ležnev, *Ot Aničkova k Matveevu (Četyre romana)* (in Novyj mir, 1928, Nr. 5). – G. Jakubovskij, *Ličnost' i kollektiv v sovremennoj literature* (in G. J., *Kul'turnaja revoljucija i literatura*, Moskau 1928). – S. Rodov, »Otečestvennye Rokamboli« sovremennoj literatury (in Čitatel' i pisatel', 18. 8. 1928). – *Russkie sovetskie pisateli. Prozaiki*, Hg. O. Golubeva u. a., Bd. 2, Leningrad 1964, S. 744–779. – S. Mašinskij, *O V. L. i ego knigach* (in V. L., *Sobr. soč.*, Hg. V. Borisova, Bd. 1, Moskau 1973, S. 5–31).

WLADIMIR LINDENBERG

russ. Vladimir Aleksandrovič Čeliščev

* 16.(3.)5.1902 Moskau
† 18.3.1997 Berlin

GOTTES BOTEN UNTER UNS

Betrachtungen und Erzählungen von Wladimir LINDENBERG (Rußland/Deutschland), erschienen 1967. – Lindenberg, der den Namen des Stiefvaters trägt, der russischen Herkunft nach aber Vladimir Aleksandrovič ČELIŠČEV heißen würde, hat dieses Buch als siebzehntes von 37 geschrieben. Nur von

1920, dem zweiten Jahr nach der Emigration, stammt ein Buch in russischer Sprache *(Tri doma)* über die Erlebnisse während des Oktoberumsturzes, aber es wurde erst 1985 ediert. Für die seit 1948 verfaßten Bücher benutzte Lindenberg nur die deutsche Sprache. Sie verbinden umfassende Kenntnis der Religionen der Welt mit einem Bekenntnis zur russischen Orthodoxie, Zitate aus philosophischen, literarischen und religiösen Werken mit Erinnerungen an das ereignisreiche eigene Leben, vor allem an die beiden ersten Jahrzehnte in Rußland. Hierbei steht *Gottes Boten unter uns* sowohl in der Tradition seiner Bücher *Die Menschheit betet. Praktiken der Meditation in der Welt* (1956) und *Mysterium der Begegnung* (1959), in denen er verschiedene Religionen vorstellt, als auch seiner sechs autobiographischen Werke (erschienen zwischen 1961 und 1983), in denen er einzelne Erlebnisse von überpersönlicher Bedeutung schildert.

In *Gottes Boten unter uns* geht Lindenberg der Wirklichkeit und Alltäglichkeit des Wirkens Gottes durch Menschen und andere Vermittler nach, wobei er nur im Titel das Wort »Engel« meidet. Seine Voraussetzung steht am Anfang: »*Alle Religionen erwähnen die guten, heilenden, beschützenden Mächte, die Engel, und die bösen, verführenden, zerstörenden Dämonen, Diaboloi – die Durcheinanderwerfer.*« Fünf einleitende Kapitel bringen Beispiele aus dem *Alten* und *Neuen Testament*, wie die auf einer der bekanntesten russischen Ikonen dargestellte Begegnung Abrahams mit den drei Engeln, der Rettung der »drei Jungmänner im feurigen Ofen«, Christi mehrfache Erscheinungen zwischen Ostern und Himmelfahrt. Ein sechstes Kapitel, die »wohl schönste und erbaulichste Geschichte von einem Gottesboten«, geht auf das apokryphe Buch Tobit zurück. Lindenberg zitiert oft wörtlich, »*weil die Kraft ihrer bildhaften Sprache und die gedrängte Kürze der Erzählung oft unübertrefflich sind*«.

45 Geschichten veranschaulichen die Wirklichkeit von »*Gottes Boten im profanen Lebensbereich*«. Einige berichten von Situationen, in denen Lindenberg auf wunderbare Weise das Leben gerettet wurde. In *Errettung aus dem Gefängnis* erzählt er, wie er am 12. November 1917 als Fünfzehnjähriger mit anderen jungen Männern von den Bolschewiken in Moskau verhaftet und zum Tode verurteilt wurde. Als sie nacheinander einzeln zum Erschießen geholt werden, sieht er plötzlich unter den Rotarmisten den ehemaligen Kutscher Alexander der Čeliščevs. Beide geben sich nicht zu erkennen. Der Kutscher fordert sich diesen jungen Adligen zur Exekution, schießt aber in die Luft und verhilft ihm zur Flucht. – *Der falsche Zug* berichtet von Lindenbergs Errettung bei seiner Abreise aus Rußland. Am Bahnhof in Moskau wurde sein Stiefvater mit ihm und seiner Halbschwester Wera vom Bahnpersonal gehindert, in den vorgesehenen Zug einzusteigen, und alles wütende Protestieren half nichts. Sie mußten einen anderen Zug nehmen. Später erfuhren sie, daß der erste auf einen Munitionszug aufgefahren und explodiert war. – Von seiner Mutter Jadviga berichtet Lindenberg, daß sie – inzwischen wieder Ehefrau des Russen Čeliščev – kein Recht und keine Möglichkeit hatte, die ein Jahr später auch von ihr erstrebte Ausreise zu realisieren. »*Eines Tages, als sie in einer alten Hutschachtel kramte, fand sie einen längst abgelaufenen Paß*« von Karl Lindenberg, und mit diesem konnte sie von der Deutschen Botschaft die notwendigen, lebensrettenden Papiere erhalten. – Lindenberg erzählt auch von den Jahren, die er im KZ verbrachte (1937–1941). Er hatte als Dreizehnjähriger von seinem Vater im Rosenkreuzerschloß der Čeliščevs eine längere Schulung in Meditation und Formen des Übergangs in die geistige Welt erhalten, die es ihm ermöglichte, 1936 Wochen der Dunkel-Einzelhaft nicht als Folter, sondern als Gewinn zu erfahren. Im KZ selbst erschien ihm dann »*jede Nacht im Traum*« seine 1934 verstorbene Mutter, er »*lebte mit ihr ein geistiges Leben in wunderbaren Gesprächen, im Lesen herrlicher Bücher, in Begegnungen mit Menschen, Lebenden und längst Verstorbenen*«.

Lindenberg kommentiert: »*Es bleibt sich gleich, wie man dieses Phänomen erklären mag, ob tiefenpsychologisch, ob als Reizung des Gehirns durch Hunger und Blutzuckermangel, oder als Einwirkung göttlicher Kräfte. Mein Buch handelt von diesem Einstrahlen Gottes und seiner Boten in unser Sein, und so ist es selbstverständlich, daß ich diese letzte These annehme.*«

Die lebendig erzählten Beispiele machen das Anliegen des Autors deutlich: Er will wie auch in anderen Büchern den Menschen helfen, nichts als »Zufall« abzutun, sondern »*die lenkende Hand Gottes zu erspüren*« und diese »*dankend und ehrfürchtig anzunehmen*«.

W.Ka.

AUSGABE: Mchn./Basel 1967.

LITERATUR: W. Kasack, *Schicksal und Gestaltung. Leben und Werk W. L.s.*, Mchn. 1987. – *W. L. Ein Porträt in Texten und Bildern*, Hg. G. Züricher, Mchn. 1993. – W. Kasack, *Den Tod in das Leben einbezogen. Zum Tode von W. L.* (in Novalis, 1997, Nr. 5, S. 32–35).

JURIJ MICHAJLOVIČ LOTMAN

* 28.2.1922 Petrograd
† 1993

STRUKTURA CHUDOŽESTVENNOGO TEKSTA

(russ.; *Ü: Die Struktur literarischer Texte*). Literaturtheoretische Arbeit von Jurij M. LOTMAN, erschienen 1970. – Innerhalb der Veröffentlichungen des Kreises sowjetischer Semiotiker, die seit

Anfang der sechziger Jahre in Tartu und Moskau ihre Zentren herausgebildet haben, hat das Buch Lotmans besondere Bedeutung als eine allgemeine theoretische Grundlegung der semiotischen Betrachtung von Kunst und Kultur. Literarische Texte dienen Lotman daher in erster Linie dazu, Aspekte seiner Theorie in exemplarischen Analysen zu verdeutlichen.

Semiotisch betrachtet bilde Kunst, so Lotman, eine sekundäre Sprache, die oberhalb der Ebene der natürlichen Sprache (und im Falle der Literatur aus deren Material) errichtet werde. *»Künstlerischer Text«* – so auch im Titel des Originals – sei demnach je nach Erkenntnisinteresse ein Werk, ein Teil eines Werks, eine homogene Menge von Werken der Kunst bis hin zu beliebiger Größe (etwa: die literarischen Werke des russischen Klassizismus). Die Idee in der Kunst, die man in der Struktur des jeweiligen Textes ausgedrückt finde, stelle ein Modell von Wirklichkeit dar, so daß die Sprache (im weiteren Sinne) des künstlerischen Textes als solche bedeutungshaltig sei. Künstlerische Sprache konstituiere in diesem Sinne ein *»sekundäres modellbildendes System«*, in dem der Künstler seine Mitteilung kodiere, während der analytische Kode des Rezipienten mit dem Kode des Autors meist nur in Teilen identisch sei. Da sich bei der Interpretation eines Kunstwerks eine Umkodierung auf ein anderes System vollziehe, reduziere sich der Bedeutungsumfang. Aufgrund des modellierenden Charakters der Struktur seien in der Kunst zwei Arten von Bedeutung möglich, die *»syntagmatische Bedeutung«* der Textelemente, die durch ihre Relation zu anderen Textelementen definiert sei (interne Umkodierung), und die *»paradigmatische Bedeutung«*, d. h. Bedeutung im allgemeinsprachlichen Sinne (Umkodierung auf externe Systeme). Während die externen Umkodierungen in den natürlichen Sprachen paarig seien und die Denotate der Wirklichkeit angehörten, fänden sich im Kunstwerk häufig *»multiple Umkodierungen«*, Projektionen unterschiedlicher Systeme aufeinander. *»Ein sekundäres modellbildendes System vom Typ Kunst konstituiert sein eigenes System von Denotaten, das nicht etwa eine Kopie, sondern ein Modell der Welt der Denotate in allgemeinsprachlicher Bedeutung darstellt.«* Durch die Möglichkeiten der syntagmatischen Bedeutung, der multiplen Umkodierung und der Mehrfachkodierung (Textelemente können in mehrere Kontextstrukturen eingehen) sei der Informationswert literarischer Texte gegenüber allgemeinsprachlichen Texten um ein Vielfaches erhöht. – In einer Gegenüberstellung von Kunst und Spiel sowie Kunst und wissenschaftlichen Systemen kommt Lotman zu dem Schluß, daß die Kunst die Funktionen der beiden anderen in sich vereint, indem sie zugleich den Intellekt und das Verhalten organisiert. Im allgemeinsten Sinne nennt Lotman als Funktion der Kunst den *»Erwerb der Welt«*.

Die Strukturanalysen, die einen bedeutenden Anteil des Buches ausmachen, stehen auf der Grundlage der Unterscheidung von *»paradigmatischer Achse«* und *»syntagmatischer Achse«* im künstlerischen Text. Lotman konzentriert sich vor allem auf Verstexte, in denen er Wiederholungsphänomene (Paradigmatik) auf phonetischer, grammatischer, lexikalisch-semantischer Ebene untersucht sowie syntagmatische Erscheinungen wie Metaphern oder organisierte Lautfolgen.

Im Kapitel zur Komposition des Wortkunstwerks sind besonders die Konzepte des *»semantischen Feldes«* und des *»Blickpunkts«* hervorzuheben. Das semantische Feld entstehe, so Lotman, aus der Korrelation von zwei einander negierenden Systemen. Es teile sich in zwei Bereiche, zwischen denen eine Grenze liege, deren Überschreitung durch den *»Helden«* das Ereignis (Handlung) ausmache. Semantisches Feld, Grenze zwischen dessen Teilmengen und Held als Grenzüberschreiter seien also die notwendigen Grundelemente des Sujets. – Als *»künstlerischen Blickpunkt«* bezeichnet Lotman die Relation eines Systems zu seinem Subjekt. Für den russischen Klassizismus materialisiere sich der Blickpunkt im Begriff der Wahrheit, in der russischen Romantik werde er durch den *»lyrischen Doppelgänger des Autors«* verkörpert (Subjektivismus), während im Realismus innerhalb eines Werkes konkurrierende Systeme in Erscheinung träten, die auf verschiedene Subjekte bezogen seien, so daß Wahrheit sich als *»Mengendurchschnitt aller Blickpunkte«* darstelle.

Bei der Klärung des Zusammenhangs von Struktur und Wertung unterscheidet Lotman zwei Grundpositionen. Die Struktur eines Textes sei zunächst nur dann informationshaltig, wenn sie aus dem automatisierten Funktionieren herausgehoben werde, wobei die Lösung aus dem Automatismus eine Erschwerung der Kommunizierbarkeit zur Folge habe. Andererseits sagt Lotman, daß künstlerische Systeme den Wert eines Werkes historisch keineswegs immer an den Verstoß gegen die kanonischen Regeln gebunden hätten, sondern häufig – z. B. im Klassizismus – an deren Befolgung (Ästhetik der Identität). Innovation und Originalität seien nur im Sinne einer *»Ästhetik der Gegenüberstellung«* (Gegenüberstellung der tatsächlichen und der vom Rezipienten erwarteten Struktur) positive Wertungskriterien. Im einen wie im anderen Falle sieht Lotman die Bedeutung textexterner Relationen, der gesellschaftsgeschichtlichen Bedingungen (Kontext) von Produktion und Rezeption.

Mit seinem strukturalen Ansatz setzt Lotman Traditionen der russischen Formalen Schule fort und verbindet sie mit Erkenntnissen der allgemeinen Semiotik und Informationstheorie. Auch Forschungen der traditionellen Literaturwissenschaft finden breite Berücksichtigung im Sinne einer Eingliederung in das umfassende semiotische Modell. Von den zahlreichen und vielübersetzten Arbeiten Lotmans, zu denen auch Untersuchungen zu Einzelfragen der russischen Literatur- und Kulturgeschichte zählen, ist *Struktura chudožestvennogo teksta* – wohl aufgrund des einführenden Charakters – sein international einflußreichstes Buch.　　　F.G.

AUSGABE: Moskau 1970.

ÜBERSETZUNGEN: *Die Struktur literarischer Texte*, R.-D. Keil, Mchn. 1972. – *Die Struktur des künstlerischen Textes*, R. Grübel, Ffm. 1973.

LITERATUR: R. Grübel, Rez. (in Kritikon Litterarum, 1972, Nr. 1, S. 203–208). – D. Tschiževskij, Rez. (in ASSL, 108, 1972, S. 471–472). – R. Grübel, *Nachwort des Herausgebers* (in Ju. L., *Die Struktur des künstlerischen Textes*, Ffm. 1973, S. 451 bis 459). – P. Brang, Rez. (in Germanistik, 14, 1973, S. 80). – F. Sauer, *Überlegungen zum strukturalen Verfahren bei Ju. L.* (in *Festschrift für Heinz Wissemann*, Ffm. u. a. 1977, S. 307–317). – A. Shukman, *Literature and Semiotics: A Study of the Writings of Yu. M. L.*, Amsterdam 1977. – Russian Literature, 5, 1977, Nr. 1 (Sondernr. *Ju. M. L.*). – K. Städtke, *Ju. L.s Beitrag zu einer Semiotik der Kultur* (in Ju. L., *Kunst als Sprache*, Lpzg. 1981, S. 403–432).

ANATOLIJ VASIL'EVIČ LUNAČARSKIJ

* 23.11.1875 Poltava
† 26.12.1933 Menton / Frankreich

TEATR I REVOLJUCIJA

(russ.; *Theater und Revolution*). Sammelband theatertheoretischer Arbeiten von Anatolij Vasil'evič LUNAČARSKIJ, erschienen 1924. – Aus den ersten Jahren nach der Oktoberrevolution, als die Beseitigung des Analphabetentums die vorrangige Aufgabe der sowjetischen Bildungspolitik war, liegen nur wenige theoretische Stellungnahmen der Partei zu Kulturfragen vor. Besondere Bedeutung kommt deshalb einzelnen Äußerungen führender Parteimitglieder wie LENIN, BUCHARIN, TROCKIJ und vor allem Lunačarskij zu, der zwischen 1917 und 1929 als Volkskommissar für das Bildungswesen für die sowjetische Kulturpolitik verantwortlich war. Obgleich er im Gegensatz zu den Futuristen und der Gruppe der sogenannten Linken von dem spontanen Schaffen der Massen anfangs keine nennenswerten künstlerischen Erfolge erwartete, förderte Lunačarskij die künstlerische Eigeninitiative des Proletariats in Arbeiterklubs und Organisationen wie dem Proletkult. Der verbreiteten Agitationskunst, die er als plakativ und zweidimensional beschränkt empfindet, spricht er nur in der gegenwärtigen Übergangsperiode eine – begrenzte – Funktion zu: Nur eine dem Ideen- und Formenreichtum der Klassik vergleichbare Kunst vermag die Revolution in ihrer Größe und Vielfalt widerzuspiegeln. Eine solche Kunst wird das Proletariat erst nach einer längeren Bildungs- und Entwicklungsphase hervorbringen. Darum müssen dem Proletariat zunächst die Kunstwerke und Kulturtraditionen der Vergangenheit kritisch erschlossen werden, damit es an Vorbildern lernen und an unbestritten Schönem seinen Hunger nach Kultur befriedigen kann. Eine (derartige) kritische Sichtung nimmt der Autor selbst unter anderem in seiner *Istorija zapadnoevropejskoj literatury v eë važnejšich momentach*, 1924 (*Geschichte der westeuropäischen Literatur in ihren wichtigsten Momenten*), vor.

In zahllosen literatur- und theatertheoretischen Abhandlungen, in Kampfschriften, Vorträgen, Rezensionen neuerschienener Werke und Theaterkritiken verteidigt Lunačarskij die Klassik als Anknüpfungspunkt für die Kunst des Proletariats gegen die Bilderstürmerei der »Linken«, die das kulturelle Erbe pauschal als bürgerlich verdammen und deshalb den radikalen Bruch mit der Vergangenheit fordern. Klassisch nennt Lunačarskij Werke, die während des stürmischen Aufstiegs einer neuen Klasse und ihrer Blütezeit entstanden sind, Werke, die über die »*einfache Widerspiegelung des historischen, sozialen Moments*« hinausgehen und deren Autor »*Bilder schafft, Gefühle ausdrückt und Thesen verkündet, die in Jahrhunderten und Jahrtausenden nicht absterben und in allen entsprechenden Epochen ein vielleicht eigenartiges, aber immer lautes Echo finden*«.

In den besonders heftigen Auseinandersetzungen um das revolutionäre Theater in den Jahren zwischen 1920 und 1924 bewahrt Lunačarskij die traditionsgebundenen, ehemals zaristischen Theater, STANISLAVSKIJS Künstlertheater und TAIROVS Kammertheater, vor der häufig geforderten Schließung. Überdies bezieht er Stellung zu den revolutionären Theaterexperimenten der verschiedenen Kunstrichtungen und ermutigt junge Dramatiker und Regisseure durch behutsame Kritik. Trotz seiner engagierten Haltung in den ästhetischen Kontroversen der Zeit sah Lunačarskij seine Aufgabe als Volkskommissar darin, neben der Bewahrung des Alten im Rahmen der unabdingbaren Forderung nach Parteilichkeit der Kunst sämtliche Neuansätze zu fördern, auch dort, wo sie seinen persönlichen Vorstellungen von einer klassisch harmonischen, von realistischem Pathos getragenen proletarischen Kunst widersprachen. R.Ti.

AUSGABEN: Moskau 1924. – Moskau 1958 (in *O teatre i dramaturgii*, 2 Bde.; Ausz.). – Moskau 1964 (in *Sobranie sočinenij*, 5 Bde., 1963 ff., 3).

LITERATUR: L. A. Vojtolovskij, Rez. (in Krasnaja nov', 1926, Nr. 9, S. 233–235). – A. Dejč, *L. i teatr* (in A. V. L., *O teatre i dramaturgii*, Bd. 1, Moskau 1958, S. 7–46). – P. Novickij, *L. i teatr* (in Teatr, 1959, Nr. 1, S. 102–110). – K. Čukovskij, *L.* (in Novyj mir, 1959, Nr. 11, S. 220–235). – A. Elkin, *A. V. L.*, Moskau 1961. – A. L., *Die Revolution u. die Kunst*, Dresden 1962. – *A. V. L. o literature i iskusstve. Bibliografičeskij ukazatel'*, Hg. K. D. Muratova, Leningrad 1964. – *Iz istorii sovetskoj éstetičeskoj mysli*, Moskau 1967. – A. L., *Vospominanija i vpečatlenija*, Moskau 1968 (Ausw.; dt. *Schlaglicht. Erlebnisse und Gestalten auf meinem Wege*, Hg. I. Kuschel, Bln./DDR 1986). – D. Angres, *Die Beziehung L.s zur deutschen Literatur*, Bln./DDR 1970; ²1976. – A. Lebedev, *Éstetičeskie vzgljady A. V. L.*, Moskau 1970. – *V. I. Lenin i A. V. L., Perepiska, doklady, dokumenty*, Moskau 1971. – *Dokumente zur sowjetischen Literaturpolitik 1917–1932*, Stg. u. a. 1972 [Analyse v. K. Eimermacher]. – J. Kristoff, *Critic and Commissar. A. V. L. on Art*, Diss. Columbia Univ. 1972 [m. Bibliogr.]. – *A. V. L. Ukazatel' trudov, pisem i literatura o žizni i dejatel'nosti*, 2 Bde., Hg. L. M. Chlebnikov, Moskau 1975. – *A. V. L. Issledovanija i materialy*, Hg. A. Iezuitov, Leningrad 1978. – J. U. Peters, *Kunst als organisierte Erfahrung. Über den Zusammenhang von Kunsttheorie, Literaturkritik u. Kulturpolitik bei A. V. L.*, Mchn. 1980. – T. O'Conner, *The Politics of Soviet Culture: A. L.*, Ann Arbor/Mich. 1983.

VLADIMIR VLADIMIROVIČ MAJAKOVSKIJ

* 19.7.1893 Bagdadi bei Kutaissi / Georgien
† 14.4.1930 Moskau

LITERATUR ZUM AUTOR:
Bibliographien:
V. Baskov u. L. S. Levina, *M. i teatr. Annotirovannyj Bibliografičeskij ukazatel' literatury 1963–1973*, Moskau 1973. – L. Kossuth, *Bibliographie deutschsprachiger Veröffentlichungen über V. M.* (in Kunst und Literatur, 21, 1973, u. 22, 1974). – G. Darring, *M.: A Bibliography of Criticism (1912–1930)* (in Russian Literature Triquarterly, 2, 1972, S. 510–529; auch in *10 Bibliographies of 20th Century Russian Literature*, Hg. F. Moody, Ann Arbor 1977, S. 83–102). – G. K. Ivanov, *M. v muzyke*, Moskau 1978. – G. M. Capenko, *V. V. M. Ukazatel' literatury*, Moskau 1980. – S. S. Iškova, *Prižiznennye izdanija V. M. M.: katalog*, Moskau 1984.
Biographien:
V. V. Kamenskij, *Žizn' s M.*, Moskau 1940; Nachdr. Mchn. 1974. – A. Koloskov, *Žizn' M.*, Moskau 1950. – *V. M. v vospominanijach sovremennikov*, Hg. N. Reformatskaja, Moskau 1963. – W. Woroszylski, *Życie M.*, Warschau 1965 [engl.: *The Life of M.*, NY 1971]; ²1984. – *M. v vospominanijach rodnych i druzej*, Moskau 1968. – A. V. Fevral'skij, *Vstreči V. M.*, Moskau 1971. – *Erinnerungen an M.*, Hg. G. Schaumann, Lpzg. 1972; ²1977. – R. Jakobson u. D. S. Mirskij, *Smert' V. M.*, Den Haag 1975.

Gesamtdarstellungen und Studien:
V. Šklovskij, *O. M.*, Moskau 1940; auch in V. Š., *Sobr. soč.*, Bd. 3, Moskau 1974 [dt. Ffm. 1966]. – *M. Materialy i issledovanija*, Hg. V. O. Percov u. M. I. Serebrjanskij, Moskau 1940. – A. V. Fevral'skij, *M. – dramaturg*, Moskau 1940; ²1958. – L. I. Timofeev, *Poétika M.*, Moskau 1941. – G. O. Vinokur, *M. novator jazyka*, Moskau 1943; Nachdr. Mchn. 1967. – E. Triolet, *M., poète russe*, Paris 1945 [dt. Bln. 1957]. – V. Katjanin, *M. Literaturnaja chronika*, Moskau 1948; ²1956. – I. V. Gutorov, *Poétičeskoe masterstvo M.*, Moskau 1950. – *Tvorčestvo M. Sbornik statej*, Hg. L. I. Timofeev u. a., Moskau 1952. – A. I. Metčenko, *Tvorčestvo M.*, 2 Bde., Moskau 1954–1961. – V. D. Duvakin, *Poémy M.*, Moskau 1955. – V. Percov, *M.*, 2 Bde., Moskau 1957/58. – *Novoe o M.*, Hg. V. V. Vinogradov u. a., Moskau 1958. – M. P. Štokmar, *Rifma M.*, Moskau 1958; Nachdr. Letchworth 1972. – N. Kalitin, *Slovo i mysl'. O poétičeskom masterstve V. M.*, Moskau 1959. – A. M. Ripellino, *M. e il teatro russo d'avanguardia*, Turin 1959 [dt.: *M. u. das russische Theater der Avantgarde*, Köln 1964]. – I. Masbič-Verov, *Poémy M.*, Moskau 1960; ²1963. – Z. Papernyj, *Poétičeskij obraz u M.*, Moskau 1961. – H. Uhlig, *W. M.*, Bln. 1962. – G. S. Čeremin, *Rannij M. Put' poéta k Oktjabrju*, Leningrad 1962. – V. V. Timofeeva, *Jazyk poéta i vremja. Poétičeskij jazyk M.*, Moskau 1962. – G. Schaumann u. F. Schulzki, *M.*, Halle 1962. – V. Pluček, *Na scene – M.*, Moskau 1962. – B. L. Miljavskij, *Satirik i vremja. O masterstve M. – dramaturga*, Moskau 1963. – A. Metčenko, *M. Očerk tvorčestva*, Moskau 1964. – A. Gumeckaja, *M. and His Neologisms*, NY 1964. – H. Huppert, *W. M. in Selbstzeugnissen u. Bilddokumenten*, Reinbek 1965 (rm). – S. Kosman, *M. Mifi dejstvitel'nost'*, Paris 1968. – V. O. Percov, *M. Žizn' i tvorčestvo*, 3 Bde., Moskau 1969–1972. – A. I. Storožev, *Satira dooktjabr'skogo perioda v tvorčestve M.*, Volgograd 1969. – N. I. Chardžiev u. V. V. Trenin, *Poétičeskaja kul'tura M.*, Moskau 1970. – S. S. Kemrad, *M. v Amerike*, Moskau 1970. – B. P. Gončarov, *O poétike M.*, Moskau 1973. – E. J. Brown, *M. A Poet in the Revolution*, Princeton 1973. – D. G. Ivlev, *Ritorika M. i tradicii russkogo klassičeskogo sticha*, Riga 1973. – J. Kostovskij, *M. i mirovaja poézija*, Washington 1974. – P. K. Serbin, *Izučenie tvorčestva V. M.*, Kiew 1976. – *V. M. Memoirs and Essays*, Stockholm 1975. – H. Huppert, *Ungeduld des Jahrhunderts. Erinnerungen an M.*, Bln. 1976. – S. Vladimirov, *Ob éstetičeskich vzgljadach M.*, Leningrad 1976. – B. Jangfeldt, *M. and Futurism. 1917–1921*, Stockholm 1976. – V. P. Rakov, *M. i sovetskaja poézija 20ch godov*, Moskau ²1976. – A. Ušakova, *M. i sovremennost'*, Moskau 1977. – *V. V. M. gewidmet*, Hg. P. Bukowski u. G. Fischer, 2Bde., Hbg. 1977. – W. Storch, *M.*, Mchn. 1977. – C. Frioux, *M.*, Paris 1978. – A. Rode, *Wesen und Aufgabe in M.s poetologischer Theorie und dichterischer Praxis 1917–1930*, Tübingen 1978. – V. Trenin, *V masterskoj sticha M.*, Moskau 1978. – F. Pickel', *M. Chudožestvennoe postiženie mira*, Moskau 1979. – J.-U. Peters, *Poesie und Revolution. M.s Ly*

rik als Paradigma der russisch-sowjetischen Avantgarde, Konstanz 1979. – A. D. P. Briggs, *V. M. A Tragedy*, Oxford 1979. – I. Eventor, *Tri poèta*, Leningrad 1980. – B. P. Gončarov, *Poètika M.*, Moskau 1983. – V. Terras, *V. M.*, Boston 1983. – *V mire M. Sbornik statej*, Hg. A. Michajlov, 2 Bde., Moskau 1984. – Ju. Karabčievskij, *Voskresenie M.*, Mchn. 1985. – G. S. Čeremin, *V. V. M. v literaturnoj kritike: 1917–1925*, Leningrad 1985. – *Revoljucija-žizn'-pisatel'. V chudožestvennom mire V. V. M.*, Voronež 1986. – *M. in Deutschland. Texte zur Rezeption 1919–1930*, Hg. R. Loew, Bln. 1986. – J. Stapanian, *M.'s Cubo-futurist Vision*, Houston 1986. – A. S. Subbotina, *M.: Skvoz' prizmu žanra*, Moskau 1986. – B. P. Verevkin, *M. v gazete*, Moskau 1986. – T. G. Sverbilova, *Komedii V. V. M. i sovremennaja sovetskaja dramaturgija*, Kiew 1987. – L. Brik, *Schreib Verse für mich. Erinnerungen an M. und Briefe*, Bln. 1991. – K. Petrosov, *M.: biografija poèta i ego tvorčestvo* (in Izvestija AN, Serija literatury i jazyka, 1993, Nr. 3). – V. Musatov, *O logike poètičeskoj sud'by M.* (in Izvestija AN, Serija literatury i jazyka, 1993, Nr. 5). – *»I vot vy, nakonec, stoletnij jubilej...«* (in Literaturnoe obozrenie, 1993, Nr. 9/10). – M. Vajskopf, *Vo ves' logos. Religija M.*, Jerusalem 1997.

BANJA

(russ.; *Ü: Das Schwitzbad*). Satirisches Drama von Vladimir V. MAJAKOVSKIJ, erschienen 1929; Uraufführung: Moskau, 16. 3. 1930, Mejerchol'd-Theater; deutsche Erstaufführung: Berlin/DDR 1959, Volksbühne. – Wie in vielen seiner Zeitungsgedichte aus jenen Jahren läuft Majakovskij mit Hilfe einer kabarettistischen Form auch hier gegen die verspießerte, heuchlerische sowjetische Bürokratie Sturm – ein tragischer Versuch, kurze Zeit vor seinem Selbstmord mit revolutionärem Schwung die bürokratisch manipulierte Phrase zu bekämpfen. Das Stück, dessen Uraufführung der Dichter zusammen mit Vsevolod MEJERCHOL'D besorgte, enthält viele Elemente von Majakovskijs konstruktivistischem Theater: *»biomechanische«*, turnerische Bewegungen der Akteure, Simultanbühne, *»minutengerechte«* Aktualität; alles ist auf agitatorische Wirkung berechnet: *»Theater ist kein Spiegel, sondern ein Vergrößerungsglas.«* – Eine (in der Literatur schon bei H. G. WELLS auftauchende) »Zeitmaschine« wird erfunden, mit der man in die Zukunft und aus ihr zurück fahren kann. Der Komsomolze Velosipedkin erhofft sich von ihr die Verkürzung des *»Unionskongresses zur Frage der Niederglättung aufgeworfener Fragen«* und andere Anwendungsmöglichkeiten. Aber die Bürokratie zur Unterstützung des Erfinders zu bewegen, ist ein vergebliches Unterfangen: er wird beim *glavnačpups* (Hauptchef für Koordinierungsregelung) Pobedonosikov, der mit Porträtsitzen, Diktieren von Aufrufen und privater Bereicherung beschäftigt ist, gar nicht vorgelassen (Namenscharakteristik: *Pobedonoscev*: ultrareaktionärer Berater

Zar Alexanders III.; *pobedonosnyj*: siegreich, siegesbewußt; *nosik*: Näschen). Die Situation ändert sich erst, als die Zeitmaschine eine Delegierte aus dem Jahre 2030 herbeizaubert, die beauftragt ist, eine Auswahl der besten Kommunisten in die sozialistische Zukunft zu holen: die Mitfahrt Pobedonosikovs scheitert an der Masse seines Reisegepäcks und den ungeklärten Fragen der Spesen und Umzugsgelder. Der Sozialismus braucht ihn nicht – das »Schwitzbad« hat ihn ausgeschieden.
In der Mitte des Stücks wendet Majakovskij die Theater-im-Theater-Technik an: Es findet eine Publikumsdiskussion über die beiden ersten Akte statt. In der ersten Reihe sitzt der »wirkliche« Pobedonosikov und ist empört. Er vermißt die *»lichten Seiten«* der sowjetischen Wirklichkeit und ihre erholsame Darstellung. Majakovskij benutzt die eingeblendete Diskussion zu einer Polemik einerseits gegen den psychologischen Realismus, zu dem die russische Literatur in der Mitte der zwanziger Jahre größtenteils zurückgekehrt war und der vor allem auch in Konstantin Stanislavskijs Moskauer Künstlertheater (MChat) gepflegt wurde, und andererseits gegen das heroisch-revolutionäre, allegorische Massentheater (und damit gegen sein eigenes Revolutionsoratorium *Misterija-Buff*). So hat der Regisseur ironisch anzuordnen: *»Genosse Kapital, tänzeln Sie nun nach links mit der Fratze der Zweiten Internationale... Strecken Sie die Fühler des Imperialismus aus... Imaginierte Arbeitermassen, ich erbitte eine symbolische Massenempörung... Simulieren Sie den ehernen Marschschritt der Arbeiterkohorten.«* Der stets agitatorische Majakovskij, der um der revolutionären Propaganda willen *»seinem Lied auf die Kehle getreten war«*, war in eine ausweglose Situation geraten; in der neuen stalinistischen Gesellschaft diente die leninistische Ideologie nämlich zur Verschleierung der wahren Machtverhältnisse.

B. K.

AUSGABEN: Moskau 1929. – Moskau 1958 (in *Poln. sobr. soč.*, Hg. V. A. Katanjan u. a., 13 Bde., 1955–1961, 11; krit.). – Moskau 1976 (in *P'esy*).

ÜBERSETZUNGEN: *Das Schwitzbad*, H. Huppert (in *Mysterium buffo u. a. Stücke*, Ffm. 1960; BS). – Dass., ders. (in *Werke*, Hg. L. Kossuth, Bd. 3, Ffm. 1968). – *Schwitzbad*, R. Kirsch (in *Die Wanze, Schwitzbad und andere satirischen Dichtungen aus den Jahren 1928–29*, Hg. F. Mierau, Darmstadt 1980; SLu). – Dass., ders., Lpzg. 1982.

LITERATUR: M. Bočarov, *Žanrovoe svoeobrazie komedii M. »Banja«* (in M. B., *V gorach Altaja*, Bd. 1, 1957, S. 56–67). – N. Kalitin, *Razjašče slovo. O jazyke »Klopa« i »Bani«* (in N. K., *Slovo i mysl'. O poèt. mast. M.*, Moskau 1959, S. 175–209). – M. Bočarov, *P'esa V. V. M. »Banja«*, Rostov 1972. – S. A. Komarov, *K tvorčeskoj istorii satiričeskoj komedii V. M. »Banja«* (in S. A. K., *Kritika kak čast' literaturnogo processa*, Tjumen' 1983, S. 25–37).

FLEJTA POZVONOČNIK

(russ.; *Ü: Die Wirbelsäulenflöte*). Poem von Vladimir V. MAJAKOVSKIJ, erschienen 1915. – Das Poem gehört zu den wenigen Werken Majakovskijs, in denen er sich nicht mit dem unmittelbaren Zeitgeschehen oder einem zu neuer Aktualität gelangten historischen Problem auseinandersetzt. Das Zentrum des Poems, das in stockenden, selbstquälerischen Angriffen erreicht und sofort wieder verlassen wird, ist in den folgenden Zeilen zu suchen: *»Als der Welt allerhöchster Würdenträger / befehl ich dem Volk, / dein Gesichtchen, / damit es sich nicht verflüchtige, / in das Sonnengold meiner Münzen zu prägen. / In des tundrablassen / Landes Stille, / wo der Fluß mit dem Nordwind feilscht voller List, / dort kratz ich ins Eisen deinen Namen, Lilja, / und küss' es in der Katorga Finsternis«* (Ü: A. E. Thoss).
In der – für Majakovskijs Dichtung charakteristischen – Steigerung vom eigentlichen Ausgangspunkt (die Liebe des Autors zu Lilja Brik) in eine sich selbst weiterspinnende und assoziierende exzentrische Bilderwelt stößt dieses Poem ins Schrankenlos-Metaphysische vor. Der auslösende Primäraffekt wird von zahlreichen, sich überlagernden Erinnerungsfragmenten sowie von uneingedämmt wuchernden Bildern umschlossen und letztlich absorbiert. Die Bilderwelten sind zum *»Abschiedskonzert«* des Dichters vom Leben aufeinandergetürmt: zu einer letzten Begegnung ruft die *»Wirbelsäulenflöte«* all jene früheren Geliebten aus der Vergangenheit zurück, die er *»wie Ikonen in den Höhlen der Seele aufbewahrt«*. Diese Frauen verschmelzen ihm zu dem einen und einzigen Weib: der von Gott gesandten Verruchten, die den Dichter peinigt und zerstört und die sich, machte er nur das Zeichen des Kreuzes über sie, in schwefligen Gestank und Rauch auflösen würde. Er aber fordert von ihr eine totale, der Selbstaufgabe gleichkommende Hingabe. Sie wird ihm verweigert im Kuß der Begehrten, deren Lippen ihn in Eiseskälte berühren. Vor dem wütenden, erbarmungslosen Kampf der Liebe flüchtet sich der Dichter in Visionen seines Selbstmords, er sieht sich seinen Schädel am Nevskij-Prospekt zerschmettern, doch sind diese Fluchtversuche nur ohnmächtige Verzögerungen. Er muß zu der Begehrten zurückkehren, dazu bereit, sie bis in die Saharawüste zu verfolgen, ihr in Paris, London und Spanien aufzulauern – verwandelt in glühenden Sand, in die im Nebel blinkende Laterne, in die Seine, in den Todesblick des vom Torero erstochenen Stiers, in den kriechenden Mond, um ihr stets gegenwärtig zu sein.   M. Sz.

AUSGABEN: Petersburg 1915 (in Vzjal; unvollst.). – Petersburg 1916. – Moskau 1955 (in *Poln. sobr. soč.*, Hg. V. A. Katanjan, 13 Bde., 1955–1961, 1; krit.). – Leningrad 1963 (in *Izbr. proizv.*, Hg. V. O. Percov u. a., 2 Bde., 1; krit.). – Moskau 1978 (in *Sočinenija*, 3 Bde., 2).

ÜBERSETZUNGEN: *Die Wirbelsäulenflöte*, A. E. Thoss (in *Wolke in Hosen*, Bln. 1949). – Dass., ders.

(in *Frühe Gedichte*, Ffm. 1965; BS). – *Wirbelsäulenflöte*, H. Huppert (in *Werke*, Hg. L. Kossuth, Bd. 2, Ffm. 1969).

LITERATUR: I. Mašbic-Verov, *»Flejta pozvonočnik« M.* (in I. M.-V., *Poėmy M.*, Moskau ²1963, S. 100–137). – R. Aizelwood, *Verse Form and Meaning in the Poetry of V. M.: With Special Reference to V. M.'s »Tragedija«, »Oblako v štanach«, »Flejta-pozvonočnik«, »Čelovek«, »Ljublju« and »Pro ėto«*, Diss. Oxford 1984.

KLOP

(russ.; *Ü: Die Wanze*). Satirisches Drama von Vladimir V. MAJAKOVSKIJ. Uraufführung: Moskau, 31. 2. 1929, Mejerchol'd-Theater; deutsche Erstaufführung: Essen, 26. 4. 1962, Schauspielhaus. – *»Die › Wanze‹ ist die Bühnenvariante eines Grundthemas«*, schrieb Majakovskij, *»dem ich Gedichte, Poeme, Plakate und Agitationssprüche gewidmet habe: es handelt sich um das Ringen mit dem Spießbürger.«* Das Fortleben eines Menschentyps, dessen Daseinserwartungen sich auf das private – materielle oder sentimentale – Glück beschränken und den die von LENIN eingeführte Neue Ökonomische Politik (NĖP) mit ihren Konzessionen an kapitalistische Wirtschaftsformen in diesen Daseinserwartungen zu bestätigen schien, war eine der beunruhigendsten Herausforderungen an die sowjetische Literatur der zwanziger Jahre.
Ivan Prisypkin, *»früherer Arbeiter, früheres Parteimitglied, zur Zeit Bräutigam«*, mit dem vornehm gewandelten Namen Skripkin (von *skripka*: Geige), hat sich entschlossen, in die Familie eines Friseurs mit gutgehendem Privatbetrieb einzuheiraten, der seinerseits einen Schwiegersohn mit Gewerkschaftsausweis und *»makelloser proletarischer Herkunft«* aus Prestigegründen hoch willkommen heißt. Mit eleganten Schlipsen geschmückt, wagt Skripkin die ersten zagen Schritte im Gesellschaftstanz und demonstriert so seinen Übertritt in die Welt des Kleinbürgertums. Während der Hochzeitsfeier kommt es zwischen den stark berauschten Gästen zu einem heftigen Streit; im Handgemenge stürzt die von Gazeflor umwallte Braut auf den Ofen, der umfällt und die ganze Gesellschaft in Brand setzt. Im Verlauf der vergeblichen Rettungsarbeiten der Feuerwehr wird der Bräutigam vom sofort gefrierenden Löschwasser derart konserviert, daß er 50 Jahre später – die Welt ist inzwischen schon in einer sozialistischen Föderation zusammengeschlossen – von Bauarbeitern gefunden werden kann. In einer funkmechanisch vollzogenen Abstimmung entscheidet man sich dafür, Skripkin aufzutauen, obwohl man befürchtet, die 1929 in Rußland grassierenden Seuchen der Speichelleckerei und Wichtigtuerei könnten erneut virulent werden. Skripkin, der in Symbiose mit einer Wanze »überwintert« hat, stiftet in der technisierten, sterilen und rationalisierten Zukunftswelt tatsächlich sofort Verwirrung: Hunde fangen wieder

an zu dienern, Institutslaboranten erliegen reihenweise dem Einfluß eines flüssigen Gemischs, »welches in größerer Dosis giftig wirkt, in kleinerer aber widerlich. Man nannte es dazumal Bier.« Schlager und Verliebtheit breiten sich aus in einer Gesellschaft, für die Rosen und Träume Angelegenheiten der gartenbauwissenschaftlichen und medizinischen Abteilung sind und die den Tanz der Einstudierung neuer Feldbaumethoden nutzbar macht. Doch schließlich wird der Störenfried gezähmt und zusammen mit der Wanze als »Spießerius vulgaris« im Zoo gezeigt. Dort darf er dem staunenden Publikum überwundene Bräuche wie Gitarrespielen und Zigarettenrauchen vorführen.

Ähnlich wie in Banja, 1929 (Das Schwitzbad), wo die Erfindung der Zeitmaschine Reisen in die Zukunft und somit wechselnde Perspektiven gestattet, verfremdet Majakovskij in Klop die Gegenwart zur Vergangenheit – ein Kunstgriff, der es ihm ermöglicht, die Utopie einer fragwürdigen, perfektionierten Gesellschaft als konsequente Fortsetzung der stalinistischen Parteibürokratie und ihrer mit revolutionären Phrasen heuchlerisch kaschierten Spießerideologie auszuweisen.   B.K.

AUSGABEN: Moskau 1929 (in Molodaja gvardija). – Moskau 1958 (in Poln. sobr. soč., Hg. V. A. Katanjan u. a., 13 Bde., 1955–1961, 11; krit.). – Moskau 1976 (in P'esy). – Durham 1985.

ÜBERSETZUNGEN: Die Wanze. Eine Zauberkomödie, H. Huppert (in Spectaculum II, Ffm. 1959). – Dass., ders. (in Mysterium buffo u. andere Stücke, Ffm. 1960; BS). – Dass., ders. (in Mysterium buffo. Die Wanze. Das Schwitzbad, Lpzg. 1963; RUB). – Dass., ders. (in Werke, Hg. L. Kossuth, Bd. 3, Ffm. 1968). – Die Wanze, R. Kirsch (in Die Wanze, Schwitzbad und andere satirischen Dichtungen aus den Jahren 1928–29, Hg. F. Mierau, Darmstadt 1980; SLu).

LITERATUR: C. Frioux, La métaphore chez M. (in RES, 34, 1957, S. 57–66). – N. Kalitin, Razjaščee slovo. O jazyke »Klopa« i »Bani« (in N. K., Slovo i mysl', Moskau 1959, S. 175–209). – V. N. Pluček, Na scene – M., Moskau 1962, S. 83–124. – V. Ziva, »Klop« M. v postanovkach Konrada Svinarskogo (in V. Z., Russkaja klasika i mirovoj teatral'nyi process, Moskau 1983, S. 37–50).

MISTERIJA-BUFF. Geroičeskoe, épičeskoe i satiričeskoe izobraženie našej épochi

(russ.; Ü: Mysterium buffo. Heroisches, episches und satirisches Abbild unseres Weltalters). Drama in sechs Akten und einem Prolog von Vladimir V. MAJAKOVSKIJ, Uraufführung der Erstfassung: Petrograd, 7. 11. 1918 (zum ersten Jahrestag der Oktoberrevolution), der zweiten, erweiterten Fassung: Moskau, 1. 5. 1921; erste deutschsprachige Aufführung: Moskau, Juni 1921 (in der Arena des Moskauer Staatszirkus zu Ehren des Dritten Weltkongresses der Kommunistischen Internationale unter Verwendung einer ungedruckt gebliebenen Übersetzung von Rita RAIT).

Das in beiden Fassungen von Vsevolod Mejerchol'd inszenierte revolutionäre Mysterienspiel – das erste sowjetische Theaterstück überhaupt – nimmt die Massenszenen der Filme S. Ejzenštejns und V. Pudovkins sowie das »selbständige Spielgerüst« E. Piscators vorweg. Es verwendet die mittelalterliche und barocke Simultanbühne, läßt die Akteure turnerische, »biomechanische« Kollektivbewegungen ausführen und hebt die Grenze zwischen Zuschauern und Schauspielern auf. Damit steht es in polemischem Gegensatz zur »Schlüssellochbühne« der von Majakovskij als spießig angegriffenen, psychologisch-realistischen Čechov-Inszenierungen Stanislavskijs im Moskauer Künstlertheater. Die Herausgeber und Regisseure fordert Majakovskij auf, sein Stück stets zugunsten seiner agitatorischen Wirkung »minutengerecht«, d. h. den propagandistischen Notwendigkeiten des Augenblicks angepaßt, abzuwandeln. »Mysterium – das ist das Große an der Revolution, buffo – das Lächerliche in ihr.« Beides erscheint in grotesker, hyperbolischer, mit Worten spielender, schwungvoll rhythmischer und gereimter Sprache: Von der mit einem Pol auf einer Eisfläche ruhenden Erdkugel klettern – vor der Sintflut der Weltrevolution fliehend – »Reine« (Feudalherren und Bourgeois) und »Unreine« (Proletarier) herab. Auf der Arche, die sie sich bauen, lassen die Reinen (zunächst unter der Monarchie eines Negus, später unter einer republikanischen Regierung) die Unreinen schuften: »Den einen die Brezel, den anderen das Loch in der Brezel!« Der ausbrechende Klassenkampf, den ein menschewistischer »Versöhnler« vergeblich zu verhindern versucht, endet mit der Vertreibung der Reinen aus der Arche. Auf den Rat des »Menschen der Zukunft«, der den hungernden Proletariern als Vision erscheint, verlassen die Unreinen das durch die Herrschaft der Reinen ruinierte Schiff, um das irdische Paradies zu erlangen. Randalierend durchziehen sie Hölle und Himmel. An die Glut der Stahlwerke wie an die Brennstoffknappheit der Winter gewöhnt, haben sie für die Teufel nur ein Lachen übrig. Der Himmel (mit den Heiligen Rousseau und Tolstoj) ist ein fades Paradies, eine große Enttäuschung – dort sind die Seligen damit beschäftigt, Christi Initialen in Wolkenränder zu sticken. Die dritte Station ihres Leidensweges ist das Land des Ruins. Nachdem sie dort die Spekulanten überwunden und eine Lokomotive und einen Dampfer, die sie unter Trümmern finden, wieder in Gang gebracht haben, gelangen sie staunend in das von ihnen selbst geschaffene, elektrifizierte und blumengeschmückte gelobte Land, wo sie von den Maschinen nicht mehr gequält, sondern bedient werden: Alle Güter stehen jedermann reichlich zur Verfügung. Zuschauer und Schauspieler vereinigen sich zum Gesang der Internationale.   B.K.

AUSGABEN: Moskau 1918; ²1919. – Moskau 1921

(2. Fassg., in Vestnik teatra, Nr. 91/92; Beilage). –
Moskau 1956 (in *Poln. sobr. soč.*, Hg. V. A. Katanjan u. a., 13 Bde., 1955–1961, 2; krit.). – Moskau
1963 (in *Izbr. proizv.*, Hg. V. O. Percov u. a.,
2 Bde., 1). – Moskau 1976 (in *Pes'y*).

ÜBERSETZUNG: *Mysterium buffo. Heroisches, epi-
sches und satirisches Abbild unseres Weltalters*,
H. Huppert (in *Mysterium buffo u. andere Stücke*,
Ffm. 1960; BS). – Dass., ders. (in *Mysterium buffo.
Die Wanze. Das Schwitzbad*, Lpzg. 1963; RUB). –
Dass., ders. (in *Werke*, Hg. L. Kossuth, Bd. 3, Ffm.
1968).

LITERATUR: A. V. Fevral'skij, *Pervaja sovetskaja
p'esa »Misterija-Buff«*, Moskau 1971. – K. A. Sa-
marjan, *»Misterija-Buff« – pervaja sovetskaja p'esa*
(in K. A. S., *Voprosy iskusstv na sovremennom étape*,
Erevan 1984, S. 83–99). – B. Ljubimov, *»Misterija-buff«-92* (in Teatr, 1992, Nr. 12).

OBLAKO V ŠTANACH. Tetraptich

(russ.; *Ü: Wolke in Hosen. Tetraptychon*). Poem in
vier Teilen mit einem Prolog von Vladimir V. MA-
JAKOVSKIJ, zensiert erschienen 1915; zweite, unzensierte und vollständige Ausgabe 1918. – Majakovskij bezeichnete das zu seinen besten Werken
zählende Poem selbst als *»programmatisch«* für sein
Schaffen, als *»Katechismus der modernen Kunst«*.
Wie den anderen Futuristen, mit denen er 1913/14
durch Rußland reiste, um öffentliche Lesungen zu
veranstalten, kam es dem Autor in seinem Poem
wie in seinen Auftritten in der Petersburger Künst-
lerkneipe *»Zum herrenlosen Hund«* und seinen
Beiträgen in AVERČENKOS ›Neuem Satirikon‹ auf
eines an: *épater le bourgeois. »Euren Gedanken, träu-
mend auf weichem Hirn wie ein fettgewordener Lakai
auf einem speckigen Sofa, werde ich am blutigen Herz-
lappen reizen, bis zum Überdruß verhöhnen, frech und
ätzend.«* Mit den *»vier Schreien der vier Teile«* des
Poems – *»Nieder mit eurer Liebe! Nieder mit eurer
Kunst! Nieder mit eurer Ordnung! Nieder mit eurer
Religion!«* – reißt der Dichter alles vom Sockel, was
dem Bürger heilig ist. Er verspottet die rührselige,
mystische oder anakreontische Poetisierung der
Liebe. Im ersten und letzten Teil des *»Tetrapty-
chons«* stellt er ihr seine fleischliche, leidenschaftliche, tragische Liebe entgegen, die er *»grob auf die
Pauke«* legt, obwohl auch er *»tadellos zärtlich«* sein
kann: *»kein Mann – eine Wolke in Hosen«*. Während
die Dichterlinge im Dienst der Herrschenden ihre
»Brühe aus Liebe und Nachtigallen« brauen,
*»krümmt sich die stumme Straße«; »sie hat keine Zun-
ge zum Schreien«*. Majakovskij möchte der Prophet
und Erlöser, ein *»Schreihals Zarathustra«* für die
»Zuchthäusler des Großstadt-Leprosoriums« sein,
»die Sonne als Monokel« im Auge und *»Napoleon als
Mops an der Leine führen«*. In seiner Empörung ruft
er die *»Hungernden und Schwitzenden«* auf, die
Wochentage mit Blut in Feiertage umzufärben,
und sieht in einer Vision, wie sich *»im Dornenkranz*

der Revolutionen das Jahr 1916« nähert. Er fühlt sich
als *»der dreizehnte Apostel« (Trinadcatyj apostol)* –
dies war der ursprüngliche, von der Zensur gestrichene Titel des Poems. Der letzte Teil des Werks ist
ein zynisches, fordernd-drohendes Gespräch mit
Gott, das von M. GOR'KIJ (der meinte, noch nie habe ein Dichter derart mit Gott zu richten gewagt)
mit dem *Buch Hiob* verglichen wurde.

Die Negation der gesamten kulturellen Tradition
ist bei Majakovskij weniger asozial und nihilistisch
als vielmehr aggressiv-sozialrevolutionär. So bekennt er sich höchstens in Worten, nicht aber in seinem Schaffen, zur rein formalistischen Ästhetik der
Futuristen. – In den lyrisch-polemischen Hinwen-
dungen zum Publikum, seinem für die öffentliche
Rezitation bestimmten *»polyphonen Rhythmus«*
kündigt sich bereits der spätere lyrische Agitator
an, während es sich bei den »epischen« Teilen des
Werks um lakonisch-knappe dramatische Inszenierungen handelt. Vulgarismen, auf komische Wirkung berechnete Neologismen, grelle Bilder, phantastische Hyperbeln, grobe Ironie und die futuristische »Entpoetisierung« der Sprache, die in eine
*»Spannung zwischen Sarkasmus und Naivität, zwi-
schen pathetischem Zynismus und verletztem Fein-
gefühl hineinwächst«* (J. Holthusen), vermögen
gleichwohl den tragischen Grundton und das lyrische Pathos der Verserzählung nicht zu verdecken.
Maksim Gor'kij, den Majakovskij 1915 mit einer
Rezitation aus seinem Poem begeisterte, erinnert
sich: *»Er sprach irgendwie mit zwei Stimmen, bald als
reinster Lyriker, bald scharf satirisch.«* Und Lilja
BRIK (die Frau des Theoretikers Ossip BRIK), der
das Poem gewidmet ist, schrieb später: *»Die ganze
Dichtkunst schien uns damals zu nichts nutze. Ton
und Thema waren falsch. Und mit einem Mal stimmte alles: Thematik und Intonation.«*   B. K.

AUSGABEN: Moskau 1915. – Moskau 1918. – Moskau 1955 (in *Poln. sobr. soč.*, Hg. V. A. Katanjan
u. a., 13 Bde., 1955–1961, 1; krit.). – Moskau 1963
(in *Izbr. proizv.*, Hg. V. O. Percov u. a., 2 Bde., 1). –
Moskau 1965 (in *Sočinenija*, 3 Bde., 3). – Moskau
1978 (in *Sočinenija*, 3 Bde., 2).

ÜBERSETZUNGEN: *Wolke in Hosen*, A. E. Thoss,
Bln. 1949 [Vorw. S. Hermlin]. – Dass., ders. (in
Frühe Gedichte, Ffm. 1965). – Dass., H. Huppert
(in *Werke*, Hg. L. Kossuth, Bd. 2, Ffm. 1969). –
Wolke in Hosen. Ein Tetraptychon, K. Dedecius,
Mchn. 1976. – *Die Wolke in Hosen*, A. v. Reinhardt,
Tübingen 1977.

LITERATUR: H. Uhlig, *»Wolke in Hosen«* (in H. U.,
W. M., Bln. 1962, S. 27–33). – C. Steiger, *»Oblako
v štanach«. Versuch einer sprachorientierten Interpretation*, Bern 1980. – V. Al'fonsov, *Revoljucija i
sčast'e: o poème V. M. »Oblako v štanach«* (in Zvezda,
1983, Nr. 5, S. 191–200). – R. Aizelwood, *Verse
Form and Meaning in the Poetry of V. M.: With Special Reference to V. M.'s »Tragedija«, »Oblako v štanach«, »Flejta-pozvonočnik«, »Čelovek«, »Ljublju«
and »Pro éto«*, Diss. Oxford 1984.

VLADIMIR SEMËNOVIČ MAKANIN

* 13.3.1937 Orsk

GOLOSA

(russ.; *Ü: Stimmen*). Skizzensammlung von Vladimir S. MAKANIN, erschienen 1980. – Die kurzen Skizzen, manchmal vom Umfang einer Erzählung, spiegeln Alltagsszenen und Durchschnittscharaktere. Die entworfenen Lebensläufe bleiben jedoch meistens im Ansatz stecken und erscheinen – da sie nicht eindeutig festgelegt werden – als Varianten einer allgemeinverbindlichen Biographie, deren Fazit die Einsicht ist, daß Glück und Erfolg des einen immer mit Niederlagen eines anderen Menschen bezahlt werden. Die Angepaßten wie die Außenseiter, die auf Sicherheit Bedachten wie die Abenteurer kommen in diesem facettenreichen Abbild des Lebens sehr unmittelbar zu Wort. Dabei geht Makanin ganz undidaktisch und wertfrei mit den Versatzstücken der Charakterbeschreibung um: Erniedrigungen, Bosheiten, Hoffnungslosigkeit finden genauso ihren Platz wie Freude, Lust oder Sinngebungen des Todes (z. B. bei der alten Mutter, die sich von ihren Söhnen köpfen läßt, um sich als Gespenst am Räuber des Familienvermögens zu rächen).

Eine der größeren Studien ist dem kurzen Leben von Koľka Mister gewidmet. Der Zwölfjährige hat durch Krankheit die Weisheit und Erfahrungen eines alten Mannes erworben, nun begegnet er der Naivität der Gleichaltrigen sowie der falschen Rücksichtnahme der Erwachsenen mit Strenge und Ablehnung. Selbst die Reaktionen der Eltern und der älteren Schwester werden bestimmt von dem Verhalten dieses greisenhaften Kindes, das mit dreizehn Jahren eines schrecklichen Todes stirbt, wie ihn nur J. P. JACOBSEN oder R. M. RILKE geschildert haben. Ansonsten dominieren in der Sammlung Texte, in denen Menschen, von dem Wunsch nach einer engeren Kommunikation mit ihrer Umwelt geleitet, sich verschiedene Formen dieser Kommunikation »erfinden«. Da ist z. B. ein kauziger Junggeselle, der larmoyant, aber sehr penibel die Mißerfolge seiner Kontaktversuche zu Frauen im Büro ausbreitet und dabei heimlich die Aufmerksamkeit genießt, die ihm sonst nie zuteil wird. Einen anderen Versuch, Einsamkeit durch vorgetäuschte Nähe zu ersetzen, unternimmt eine alte Frau, die den Nachbarn vorspielt, von erfolgreichen Kindern und sorgenden Verwandten verwöhnt zu werden, bis bei ihrem Tod die Wahrheit ans Licht kommt. Das Absurde streift die Skizze vom bunten Abend einer alkoholisierten Arbeitsbrigade, bei der eines der Mädchen so betrunken ist, daß jeder der Männer glaubt, sie als leichte Beute nach Hause begleiten zu können. Sie entzieht sich jedem, verschwindet unbemerkt aus der Gruppe und noch nach Monaten hängt an der Wand der nächstgelegenen U-Bahn-Station ein Zettel: »*Junges Mädchen spurlos verschwunden*...« In der Legende vom berühmten Uralräuber Severjan, genannt »*der Graue*«, entwickelt Makanin, wie leicht Partnerschaft zu Verrat wird, wenn es gilt, das eigene Leben zu retten, wie schnell Stimmungen in einer Volksmenge umschlagen können und wie unmittelbar Hysterie Selbstjustiz und Mord zur Folge haben kann.

Darüber hinaus diskutiert Makanin mit dem Leser die Methoden schriftstellerischer Arbeit, die Rolle der Inspiration und der »*Stimmen*«, die Einbringung realistischer Details und Versuche der Charakterisierung. Eine epische Verfremdung nach BRECHTschem Vorbild hält er für unbrauchbar, um die Realität abzubilden. Mit der Technik der Stimmencollage schließt der Autor die Einzelschicksale, die er zuvor in Situationen und Charaktere zerlegt hat, zu neuen Entwürfen von zeitgenössischen Menschen wieder zusammen.   G.Wi.

AUSGABE: Moskau 1980.

ÜBERSETZUNG: *Stimmen*, A. Kaempfe, Kiel 1983.

LITERATUR: R. Orlowa, Rez. (in Die Zeit, 7.6. 1985). – R. Lauer, Rez. (in FAZ, 16.4. 1984). – E. Gessen, *Vokrug M.* (in Grani 1991, Nr. 161).

PREDTEČA

(russ.; *Ü: Der Wunderheiler*). Roman von Vladimir S. MAKANIN, erschienen 1983. – In seinem Porträt eines Wunderdoktors karikiert der Autor medizinische Autodidakten und den von ihnen getragenen Naturheilboom. Makanins Wunderheiler ist der alte Moskauer Jakuškin. Er kehrte mit dieser Fähigkeit von einem mehrjährigen Aufenthalt in Sibirien zurück. Nach eigener Aussage arbeitete er dort in einer ingenieurtechnischen Brigade, in Wirklichkeit aber war er wegen krimineller Delikte in einer Arbeitskolonie. Dort wurde er blitzartig vom »*Erlebnis der Wahrheit*« heimgesucht, als ihm ein Holzklotz auf den Kopf fiel. Die Schulmediziner diagnostizieren zwar eine Schizophrenie, er aber fühlt seitdem eine Kraft in sich, die von überraschender Wirkung ist. Er wird als erfolgreicher Asthma- und Krebsheiler bekannt, auch in medizinischen Kreisen nimmt man ihn zur Kenntnis. Seine Therapie besteht in einer für ihn sehr anstrengenden Kraftübertragung durch Handauflegung, die durch stundenlange Diskurse begleitet wird, und in der Verabreichung von Zahnpastapulver und Kräutertees. In einer Art Bergpredigt-Ideologie redet er seinen Patienten ins Gewissen, ihre Mitmenschen zu lieben und nur Gutes zu tun, um den Planeten Erde zu retten. Obwohl er mit seinen Heilmethoden beachtliche Erfolge erzielt, lebt Jakuškin anspruchslos und bescheiden. Honorare weist er stets zurück. Nach jeder Patientenbehandlung zieht er sich, zu Tode erschöpft, zu einer mehrtätigen Fasten- und Schlafkur zurück. Danach greift er zur Lektüre, um sich mit neuem Wissensstoff anzureichern. Sein Lesematerial bezieht er aus den vor Müllschluckern abgelegten Zeitungen und Zeitschriften. Bald ist er von einem Kreis von Jüngern umgeben, der sich seine zornigen Monologe über die unerhört *»verstockte und pervertierte Menschheit«* sehr zu Herzen nimmt. Die »Jakuškinianer« zucken auch kaum zusammen, wenn ihr Guru die fliegenden Untertassen als Aufschrei des menschlichen Gewissens interpretiert oder von einem Neutrino munkelt, das als unsterbliches kollektivistisches Teilchen in der Seele der Menschen stecke.

Eines Tages stirbt eine von den Ärzten längst aufgegebene und zuletzt von Jakuškin behandelte Krebskranke. Daraufhin wird er von Selbstzweifeln heimgesucht, die eine Ernüchterung auslösen. Er spürt, daß seine magische Kraft im Schwinden ist. Auch auf seine Anhänger springt von seiner »Ausstrahlung« kein Funke mehr über. Doch inzwischen hat er längst zahlreiche Nachfolger gefunden. Der von ihm eingeleitete Aufschwung der Volksheilkunde hat bei Kranken wie bei Ärzten, die mit den Grenzen der Schulmedizin konfrontiert sind, eine unerhörte Resonanz ausgelöst. Gleich drei neue Wunderheiler, darunter ein studierter Biologe, treten an Jakuškins Stelle, und auch seine »Gemeinde« löst sich auf und schart sich um die neuen Gurus und ihre Pseudolehren. Beim Versuch, für eine neue Heilmethode Wurzeln auszugraben, stirbt Jakuškin in einem selbstgegrabenen Loch. Nur sein letzter Gefährte, ein Straßenköter, klagt um den Toten.   G.Wi.

Ausgabe: Moskau 1983.

Übersetzungen: *Der Wunderdoktor*, W. Hoepp, Bln./DDR 1984. – *Der Wunderheiler*, A. Kaempfe, Kiel 1984.

Literatur: R. Orlowa, Rez. (in Die Zeit, 7.6. 1985).

ANTON SEMËNOVIČ MAKARENKO

* 13.3.1888 Belopol'e / Gouvernement
Charkov
† 1.4.1939 Moskau

Literatur zum Autor:
Bibliographien:
A. S. Chrustalova, *A. S. M. Bibliografičeskij ukazatel'*, Moskau 1959. – G. Hillig u. I. Rauch, *A. S. M. Das deutschsprachige Schrifttum bis 1962*, Wiesbaden 1962. – *Russkie sovetskie pisateli. Prozaiki*, Bd. 3,

Moskau 1964, S. 7–35. – I. M. Rudaeva u. I. M. Turič, *A. S. M. Ukazatel' literatury o žizni i dejatel'nosti*, Moskau 1975. – L. I. Bondarenko, *A. S. M. Spisok literatury 1973–1977*, Leningrad 1978.
Biographie:
Hundert Jahre A. M.: neue Studien zur Biographie, Hg. G. Hilling, Bremen 1988.
Gesamtdarstellungen und Studien:
W. L. Goodman, *A. S. M. Russian Teacher*, Ldn. 1949. – J. S. Balabanovič, *A. S. M. Ein Abriß seines Lebens und Schaffens*, Bln. 1953. – B. Kosteljanec, *A. S. M.*, Moskau 1954. – Ju. Lukin, *A. S. M.*, Moskau 1954. – E. M. Medynskij, *A. S. M.*, Moskau ²1954. – N. A. Morozova, *A. S. M. Seminarij*, Leningrad ²1961. – J. Bowen, *Soviet Education. A. M. and the Years of Experiment*, Madison 1962 [m. Bibliogr.]. – L. Adolfs, *A. S. M. Erzieher im Dienste der Revolution*, Bad Godesberg 1962 [m. Bibliogr.]. – E. Feifel, *Personale u. kollektive Erziehung. Kathol. Erziehungsverständnis in Begegnung u. Auseinandersetzung mit der Sowjetpädagogik bei A. S. M.*, Freiburg i. B. 1963. – F. Bal'banovič, *A. S. M. – čelovek i pisatel'*, Moskau 1963. – W. Nastainczyk, *M.s Sowjetpädagogik. Kritische Analyse seiner Kollektivation*, Heidelberg 1963. – J. G. Krol', *A. S. M.*, Moskau/Leningrad 1964. – I. Rüttenauer, *A. S. M. Ein Erzieher u. Schriftsteller in der Sowjetgesellschaft*, Freiburg i. B. 1965. – Ju. Lukin, *Dva portreta*, Moskau 1975. – *Idei A. S. M. v sovremennoj škole*, Voronež 1976. – *A. S. M. i sovremennost'*, Moskau 1978. – M. F. Getmanec, *A. S. M. i koncepcija novogo čeloveka v sovetskoj literature 20–30ch godov*, Charkov 1978. – E. Sauermann, *M. u. Marx: Praktisches u. Theoretisches über die Erziehung der Arbeiterjugend*, Bln./DDR 1987.

PEDAGOGIČESKAJA POĖMA

(russ.; *Ü: Der Weg ins Leben*). Erziehungsroman von Anton S. Makarenko, erschienen 1933 bis 1936. – Der romanhaft-dokumentarische Bericht über die erzieherische Arbeit des bedeutendsten sowjetischen Pädagogen galt als eines der grundlegenden Werke der Sowjetpädagogik, dessen Studium fester Bestandteil der Lehrerausbildung in den europäischen sozialistischen Ländern geworden war. *»Dieses Buch Makarenkos gibt die Entwicklungsgeschichte, gewissermaßen die ›ursprüngliche Akkumulation‹ der sozialistischen Erziehung«* (G. Lukács).
Makarenko beschreibt in diesem Werk seine mehrjährige Arbeit an der Eingliederung der ungezählten, durch Revolution und Bürgerkrieg entwurzelten, verwahrlosten und zu kriminellen Delikten getriebenen russischen Jugendlichen in die sozialistische Gesellschaft. Fast mittellos und ohne fremde Hilfe begann Makarenko im Hungerjahr 1920 in der Nähe von Poltava in einem verfallenen Gebäude mit dem Aufbau seiner berühmten Gor'kij-Kolonie, der er bis 1928 vorstand. Der Kern seiner pädagogischen Arbeit war die Erziehung der Ju-

gendlichen durch das Kollektiv zum Kollektiv, das dem einzelnen die volle Entfaltung seiner Persönlichkeit ermöglichen sollte. Das methodische Mittel zur Erreichung dieses Ziels war die Erziehung zur Arbeit. Durch kollektive, von ihnen selbst organisierte Arbeit, deren Erlös ihnen gemeinsam zugute kommt, sollten sich die Jugendlichen der Kolonie gegenseitig zu Verantwortung und bewußter, solidarischer Disziplin erziehen. Eine fast militärische Ordnung regelte das Zusammenleben der Kolonisten.

Lebendig und überzeugend, zugleich mit einem guten Teil Humor, beschreibt Makarenko, wie aus den zerlumpten, schmutzigen, abgestumpften und mißtrauischen Jugendlichen, die z. T. Jahre des Herumstreunens hinter sich haben, langsam und nach empfindlichen Rückschlägen verantwortungsbewußte, aufgeschlossene und arbeitsame Menschen werden. Die Helden seines Romans sind zum größten Teil den realen Schicksalen seiner Zöglinge nachgebildet. Aus der Mischung von autobiographischer Erzählung und einer neuartigen, viel allgemeineren Gattung, die in der Benennung »Poem« zum Ausdruck kommt – da ja Makarenko nicht nur das Werden seiner Gor'kij-Kolonie, sondern die Entstehung eines neuen Menschen und einer neuen Gesellschaft überhaupt darstellen wollte – ergibt sich die Vereinigung zweier gegensätzlicher Stillagen: eines strengen Dokumentarstils und eines wertenden, von Pathos und Poetisierung bestimmten emotionalen Stils.

Entstehung und Erscheinen des Romans gehen unmittelbar auf Anregung Maksim GOR'KIJS zurück, der die Arbeit Makarenkos mit großer Anteilnahme verfolgte und den Autor mit ungezählten Ratschlägen zu Inhalt, Konzeption und literarischer Gestaltung zur Veröffentlichung seiner Erfahrungen drängte. Ihm hat Makarenko sein Werk gewidmet. In den zwanziger Jahren als »Kasernenhofpädagogik« angegriffen, fand Makarenkos Methodik erst in dem zunehmend autoritären Klima der Sowjetunion der folgenden Jahrzehnte Anerkennung. Nach der Lösung des Problems der verwahrlosten Jugend im Detail unwiederholbar, hat sie in ihren Prinzipien die Grundsätze der sozialistischen Erziehung nachhaltig beeinflußt. Das »pädagogische Poem« hat auch über pädagogisch interessierte Kreise hinaus viele Leser gefunden. K.H.

AUSGABEN: Moskau 1933–1936 (in God, 1933, Nr. 3: Tl. 1; 1935, Nr. 5: Tl. 2; 1936, Nr. 8: Tl. 3). – Moskau 1934–1936, 3 Bde. – Moskau 1957 (in Sočinenija, Hg. I. A. Kairov u. a., 7 Bde., 1957/58, 1; krit.). – Moskau 1971 (in Sobr. soč., 5 Bde., 1–2).

ÜBERSETZUNG: Der Weg ins Leben. Ein pädagogisches Poem, I.-M. Schille, Bln. 1950; 5 1954. – Dass., ders. (in Werke, Hg. W. Kienitz, Bd. 1, Bln. 1959).

VERFILMUNG: SU 1955 (Regie: A. Massljukov u. A. Maevskaja).

LITERATUR: V. V. Ermilov, O tradicijach sovetskoj literatury, Moskau 1955, S. 68–153. – G. Lukács, Der sozialistische Aufbau u. die Entstehung des neuen Menschen. M.: »Der Weg ins Leben« (in G. L., Der russische Realismus in der Weltliteratur, Neuwied 1964, S. 417–471). – B. Kosteljanec, »Pedagogičeskaja poèma« A. S. M., Leningrad 2 1977. – E. Gartmann, Das »Pädagogische Poem« A. S. M.s Ein künstlerisches Werk, Diss. Marburg 1978. – V. A. Rogačev, »Pedagogičeskaja poèma« A. S. M. kak naučno-chudožestvennyj roman (in Kritika kak čast' literaturnogo processa, Tjumen' 1983, S. 51–63).

VLADIMIR EMEL'JANOVIČ MAKSIMOV

d.i. Lev Alekseevič Samsonov

* 9.12.1932 Moskau
† 26.3.1995 Paris

KARANTIN

(russ.; Ü: Die Quarantäne). Roman von Vladimir E. MAKSIMOV, erschienen 1973. – Der Roman bedient sich der klassischen Situation der in einem Raum eingeschlossenen Menschengruppe. Der Verzicht auf die äußere Bewegungsfreiheit beschränkt die Aktionen des kleinen Kreises auf die Reflexion über die eigene Person und das soziale Miteinander. In Karantin wird der Zug Odessa–Moskau einige hundert Kilometer vor der Hauptstadt gestoppt, weil am Ausgangsort die Cholera ausgebrochen ist und über die Fahrgäste eine sechstätige Quarantäne verhängt werden muß. Die Reisenden, deren Spielraum sich auf die Waggons beschränkt, stellen einen Querschnitt durch die russische Gesellschaft dar. Im Verlauf der sechstätigen Ausnahmesituation enthüllen die Geschichten, die sie erzählen, ihre entscheidenden Charaktereigenschaften, die sich als Grundstruktur der russischen Natur entpuppen: »Der Russe, seiner Natur nach ein Idealist, dürstet in seinem Drang zur gesellschaftlichen Vollkommenheit und Gerechtigkeit nach der unverzüglichen und endgültigen Lösung der Grundprobleme des menschlichen Daseins. Daher rühren die ständigen blutigen Wirren zu Anbeginn der russischen Geschichte, die extreme religiöse Unduldsamkeit in späterer Zeit und schließlich der militante Atheismus und die Anarchie« schreibt Maksimov in seinem Nachwort.

In der Geschichte von der Verwandlung des stillen Seminaristen, die der anwesende Priester den Zuginsassen erzählt und deren zeitgenössische Bezüge auf Stalin nur knapp verhüllt sind, wird der Einfluß F. DOSTOEVSKIJS spürbar: Armut und übertriebene Erwartungen an das Leben haben in einem jungen Priesterzögling brennenden Ehrgeiz geweckt. Auf ungewöhnliche Weise will er versuchen, die Menschheit zum Glauben an die Wahrheit Christi zurückzuführen. Er wird Diktator eines riesigen Reiches und sät Angst, Mißtrauen und Mordlust unter seinen Untertanen. Seine zu Henkern gewordenen Gefährten läßt er durch neue Henker ermorden. In einem Krieg liefert er ein Viertel seines Reiches an den Feind aus, um das eigene Volk zu demütigen, das dennoch seinen Namen preist. Seine Opfer glorifizieren ihn noch im Tod und hinter Stacheldraht. Lüge hat die Wirklichkeit völlig entstellt. Erst am Ende seines Lebens kommt er zu der Einsicht, daß nicht Gläubigkeit, sondern Hochmut sein Handeln bestimmte. Aus seiner Erzählung läßt der Priester die Mitreisenden die Lehre ziehen, daß der einzige Weg, die Menschheit zur Vernunft zu bringen, darin bestehe, sie aufzurütteln.

Der Ich-Erzähler Boris Chramov, ein Moskauer Hauptmann, befindet sich mit seiner Geliebten Marija auf der Rückreise von einem Urlaub am Schwarzen Meer. Den Ausbruch der Seuche in Odessa benutzte er als Vorwand, die Stadt zu verlassen, denn aus der anfangs so leidenschaftlichen Beziehung zwischen ihm und Marija ist schon nach kürzester Zeit eine nichtssagende Verbindung geworden. Während der Quarantäne verbringt Boris jede Nacht in einem anderen Abteil und lauscht den Erinnerungen, Träumen, Beichten und Lebensläufen der Reisenden. Dabei begreift er langsam die Beziehung zwischen der Gegenwart und der Vergangenheit Rußlands. Es wird für ihn offenbar, daß Grausamkeit und Gewalt, Leid und Frustration, sexuelle und alkoholische Exzesse die Geschichte dieses Volkes bestimmten. – Die exzeptionelle Situation lehrt Boris, Marijas wahres Wesen zu erkennen, das eben die andere Seite der russischen Natur darstellt. Selbstlose Hilfsbereitschaft, Wärme und Mitleid bestimmen Marijas Verhältnis zu den Menschen. Allmählich wächst in Chramov eine aufrichtige Zuneigung zu der Frau, von der er sich nach der Ankunft in Moskau eigentlich trennen wollte.

Die sechstägige Quarantäne verändert nicht nur Boris, auch die anderen gehen geläutert aus diesen Lehrstunden über menschliche Verhaltensweisen und russische Vergangenheit hervor. Als der Zug zur Abfahrt bereit ist, keimt in allen die Hoffnung, daß sie die Kraft für eine Veränderung des Schicksals ihres Volkes und für eine Wandlung ihres privaten Lebens aus dem Geist des Christentums schöpfen könnten. – Maksimov gehört zu jenen russischen Intellektuellen, die den Ausweg aus der Krise, in der sich Rußland befindet, in religiöser und nationaler Besinnung suchen. Er lehnt gleichermaßen den sowjetischen Kommunismus wie die westlichen Ideologien ab, sieht aber sein Land im Griff der »_moralischen Seuche aus dem Westen_«. Doch sind alle Quarantänen, Absperrungen und andere Vorsichtsmaßnahmen zwecklos, wenn eine Neugestaltung nicht aus dem Volk selbst kommt.

G.Wi.

AUSGABEN: Ffm. 1973. – Ffm. 1974 (in _Sobr. soč._,

6 Bde., 1973–1982, 3). – _Sobr. soč v 9 tomach_, Moskau 1993.

ÜBERSETZUNG: _Die Quarantäne_, A. Jollas, Mchn./ Bern 1974.

LITERATUR: M. Szenessy, Rez. (in Stuttgarter Ztg., 12. 10. 1974). – H. v. Ssachno, Rez. (in SZ, 19. 10. 1974). – Th. Zenke, Rez. (in FAZ, 16. 11. 1974).

PROŠČANIE IZ NIOTKUDA

(russ.; _Ü: Abschied von Nirgendwo_). Roman in zwei Teilen von Vladimir E. MAKSIMOV, erschienen 1974 _(Pamjatnoe vino grecha)_ und 1982 _(Čaša jarosti)_. – Maksimovs zweiteiliges Werk ist ein Entwicklungsroman mit stark autobiographischem Charakter. In einer oft schmerzvollen Auseinandersetzung mit einer eher feindlichen als wohlwollenden Umwelt formen sich Weltbild und Talent des 1932 in Moskau geborenen Vladka Samsonov. Der junge Mann wächst in Sakolniki auf, einem Moskauer Viertel, das in Maksimovs Werken mehrmals – am eindringlichsten in _Sem' dnej tvorenija_, 1971 _(Die sieben Tage der Schöpfung)_ – beschrieben wurde. Sakolniki war den Kindern »_ihr Mekka, ihr Gelobtes Land, Taiga und Patagonien zugleich, Klondike und Colorado. Hier lernten sie die schwierige Lektion, den eigenen Verstand zu gebrauchen._« Von hier zieht Vladka Samsonov in die Welt hinaus.

Sein Vater war – wie Maksimovs Vater – 1933 verhaftet worden. Der junge Pionier wird ihn in der Schule verleugnen und sich als Waisenkind ausgeben, um den politischen Makel in seiner Biographie nicht eingestehen zu müssen. Wie viele Kinder, stiehlt er aus Selbsterhaltungs- und Beutetrieb in den Kriegswintern Holz, Kohle, Kartoffeln. Als Zwölfjähriger läuft er von zu Hause weg und vagabundiert als Dieb, Schmuggler und Gelegenheitsarbeiter durch die Sowjetunion. In Kinderbesserungsanstalten, Gefängnissen, psychiatrischen Kliniken und Arbeitslagern in Georgien und Sibirien erfährt er die Realität des Lebens. Dabei lernt er die Solidarität der Schwachen kennen. Sie teilen Brot und Lager mit ihm, reichen ihn von Ort zu Ort weiter und helfen ihm zu überleben. Doch auch unter den Mächtigen und Einflußreichen findet er immer wieder welche, die – von seiner proletarischen Herkunft fasziniert, von seinem schriftstellerischen Talent überzeugt – Verständnis für ihn aufbringen. Schließlich wird der knapp Zwanzigjährige von den Kollegen mit Kleidung und Schuhwerk ausgestattet und zu einem Schriftstellerkongreß geschickt. Es scheint, als habe sich damit sein Traum, Dichter zu werden, erfüllt.

Die Gefährten seines schwierigen Entwicklungsprozesses, die Asozialen, Entrechteten und Verfemten, hatten Vladka vielfach aufgefordert, seine und ihre Erfahrungen an die Öffentlichkeit zu bringen: »_Was ist das für ein Land? Was sind das für Menschen? Und warum, wieso können sie so leben?_«

Die Suche nach der Antwort auf diese Fragen hatte Vladka durch das Land getrieben und ihm die Kraft gegeben, alles zu ertragen. Die Begegnungen mit den unterschiedlichsten Menschen säten aber noch einen anderen Keim: die Frage, ob es neben der dreidimensionalen Welt, in der er lebt, noch etwas anderes gibt. In einem Vorgriff auf die späteren Jahre – ein ausländischer Journalist interviewt den inzwischen berühmt gewordenen Schriftsteller Samsonov – antwortet er auf die Frage: »*Glauben Sie an Gott?*« – »*Ich werde glauben*«, denn nur das vermittle seinem Leben »*Sinn und Hoffnung*«.

Der acht Jahre später erschienene zweite Teil des Romans setzt 1954 ein und hat die Zeit zum Thema, da Vladka Samsonov, Maksimovs Alter ego, Anerkennung als Schriftsteller findet. Das autobiographische Moment erscheint hier noch unverhüllter als im ersten Teil. Darüber hinaus ist es ein Schlüsselroman über die Moskauer Gesellschaft, in dem Begegnungen mit Kollegen, Künstlern, Wissenschaftlern und Funktionären aufgezeichnet werden. Mit den Erfolgreichen wie mit den Gescheiterten versitzt Samsonov Tage und Nächte in Kneipen und engen Wohnungen. Er bleibt der Unangepaßte, gleichwohl stellt er immer wieder fest, welchen Spielraum ihm die Kulturfunktionäre lange Zeit gewährten. Als Antwort auf die quälende Frage, warum Gleichgültigkeit, Korruption, Diebstahl und Alkoholismus zur Alltagsnorm im Land des siegreichen Sozialismus geworden sind, schreibt Samsonov einen Roman, der offiziell nicht zur Veröffentlichung angenommen wird, aber im Samizdat und im Westen rasche Verbreitung findet (gemeint ist Maksimovs Roman *Sem' dnej tvorenija*, 1971). Schließlich legt man Samsonov nahe, das Land zu verlassen. Das Buch endet mit dem Flug Moskau–Paris und mit einer Liebeserklärung an die Heimat Rußland.   G.Wi.

AUSGABEN: Ffm. 1974 (Tl. 1: *Pamjatnoe vino grecha*). – Ffm. 1982 (Tl. 1 u. Tl. 2: *Čaša jarosti*). – Ffm. 1982 (in *Sobr. soč.*, 6 Bde., 4; Tl. 1).

ÜBERSETZUNGEN: *Abschied von Nirgendwo*, T. Frickhinger-Garanin, Mchn./Bern 1976. – *Der Kelch des Zorns*, dies., Ffm. u. a. 1984.

LITERATUR: M. Gregor-Dellin, Rez. (in FAZ, 7. 2. 1977). – M. Nk., Rez. (in NZZ, 4. 3. 1977). – H. v. Ssachno, Rez. (in SZ, 2. 4. 1977).

SEM' DNEJ TVORENIJA

(russ.; *Ü: Die sieben Tage der Schöpfung*). Roman von Vladimir E. MAKSIMOV, erschienen 1971. – Im Mittelpunkt der breitangelegten, drei Generationen umfassenden Familiensaga steht der Eisenbahner Pëtr Laškov. Als junger Bursche hat er an der Revolution von 1905 teilgenommen und sich das ungebrochene Lebensgefühl des überzeugten Bolschewiken bis in die sechziger Jahre bewahrt. Um des höheren Ziels willen hat er unerschüttert hinge-

nommen, daß sein ältester Sohn aus unerfindlichen Gründen hingerichtet wurde und die beiden anderen Söhne im Krieg fielen. Mit starrem Eifer verteidigt er, was bis 1953 im Namen des Staates geschah. – Für seine beiden Brüder, den Forstaufseher Andrej und den Moskauer Hausmeister Vasilij, gelten die Prinzipien der Revolution nicht mehr uneingeschränkt. Aufgrund ihrer Lebenserfahrungen vermögen sie, anders als Pëtr, die Konfrontation mit der Realität nicht zu verdrängen oder auf ein rigoroses Ja-Nein zu reduzieren. Immer öfter zweifeln sie an den rigiden Praktiken, die im Namen der Revolution legalisiert werden.

Von der zweiten Generation hat nur Pëtrs Tochter Antonia überlebt. Bei ihr ist der Verlust des Glaubens an die revolutionären Ideale noch ausgeprägter. Sie wehrt sich auf eine scheinbar passive Weise gegen die hartnäckig verfochtenen Überzeugungen ihres Vaters, doch es ist Rebellion genug, wenn die atheistisch erzogene junge Frau Anschluß an den Kreis eines Sektenpredigers sucht. Später heiratet sie und zieht mit ihrem Mann in ein Steppengebiet des Südens. Zu ihrem Entsetzen entpuppt sich das Bauwerk, an dem sie arbeiten, als riesiges Gefängnis. Antonias Mann wird bald verhaftet, und sie bleibt mit dem neugeborenen Sohn allein, da sie als Frau eines politischen Gefangenen nicht zu ihrem Vater zurückkehren mag.

Pëtrs Enkel Vadim, ein unbedeutender Schauspieler, verkörpert die dritte Generation. Er lehnt sich auf seine Weise – mit Alkohol und Selbstmordversuchen – gegen einen Staat auf, der alle am Gängelband führt. In einer psychiatrischen Klinik kommt er mit Christen in Kontakt. Ihre Gespräche über Gott, die russische Geschichte und Gegenwart helfen ihm, zu sich selbst zu finden: »*Es ist nicht wichtig, den Weg zu wissen, sondern zu gehen.*«

Pëtr Laškov hingegen hatte nie den Mut und die Bereitschaft nachzudenken. Er verschanzt sich hinter dem trügerischen Glauben, daß das Recht auf seiten der Revolution und des Kommunismus sei. Nur ganz allmählich, als er in Gesprächen mit alten Jugendfreunden, den Brüdern und nicht zuletzt mit der jungen Generation erfährt, welchen Halt sie aus dem christlichen Glauben beziehen, wird ihm bewußt, daß im Grunde auch er an seiner alten Position seit langem zweifelt. Leitmotivisch zieht sich die Erinnerung an ein Schlüsselerlebnis durch sein Leben, bis ihm dessen Sinn aufgeht: Während der Revolution von 1905 hatte der Halbwüchsige hinter einem zerschossenen Schaufenster einen verlockenden Räucherschinken entdeckt. Im Kugelhagel robbte er über den Marktplatz. Wie durch ein Wunder erreichte er unversehrt sein Ziel, aber als er nach dem Schinken griff, erwies sich dieser als buntbemalte Attrappe. Wann immer er sich daran erinnert, spürt Pëtr die Verzweiflung, die ihn damals überfiel und die er erst jetzt zu interpretieren weiß: Er hat sein Leben allezeit für eine Illusion aufs Spiel gesetzt, hat es vertan auf der Jagd nach einem kläglichen, nicht greifbaren Phantom.

Dem Rhythmus der sechs Wochentage entsprechend, besteht der Roman aus sechs Erzählungen.

Der Text des siebten Tages – es ist der Tag der Hoffnung und der Auferstehung – besteht nur aus einem Satz. Der Proletarier Laškov muß sich eingestehen, »*daß er sein Leben mit dem beendete, womit er es eigentlich hätte beginnen sollen*«: mit der Abkehr von den deformierten Idealen der Revolution und der Hinwendung zum christlichen Glauben. – Am Beispiel mehrerer individueller Schicksale gelang es Maksimov, ein breites, anschauliches Bild der gesellschaftlichen Verhältnisse der Sowjetunion seit ihrer Gründung zu zeichnen. Die Handlung spielt in der Gegenwart, doch in Erinnerungen, Träumen und Alpträumen wird die Vergangenheit lebendig. Aus der Betrachtung der Schicksale seiner Figuren folgert Maksimov, daß Träumen und Enttäuschtwerden den russischen Nationalcharakter kennzeichnet. Der Weg zum christlichen Glauben erscheint ihm als Lösung aus dem Dilemma, in dem er sein Land sieht. Der in der Sowjetunion geschriebene Roman des seit 1974 im Exil lebenden Schriftstellers wurde dort durch Samizdat bekannt und erschien zunächst nur im Westen.   G.Wi.

Ausgaben: Ffm. 1971. – Ffm.1982 (in *Sobr. soč.*, 5 Bde., 1974–1982, 2).

Übersetzung: *Die sieben Tage der Schöpfung*, N. u. J. Koch, Mchn./Bern 1972. – Dass., dies., Mchn. 1975 (dtv). – Dass., dies., Mchn. 1980 (Knaur Tb).

Literatur: N. Antonov, *Gody bezvremenščiny* (in Grani, 1973, Nr. 89/90, S. 229). – J. Malzew, *Freie Russische Literatur 1955–1980*, Ffm. u. a. 1981, S. 225–229. – E. J. Brown, *Russian Literature since the Revolution*, Cambridge/Mass. 1982, S. 371.

ZAGLJANUT' V BEZDNU

(russ.; *Ü: Der weiße Admiral*). Roman von Vladimir E. Maksimov, erschienen 1986. – Der Roman schildert die letzten Jahre im Leben des russischen Admirals Aleksandr Vasil'evič Kolčak, der während des Bürgerkrieges zum Obersten Regenten der antirevolutionären Kräfte in Westsibirien wird. Kolčak, den die Nachricht vom Ausbruch der Oktoberrevolution in den Vereinigten Staaten erreicht hat, entschließt sich, über Japan in die Heimat zurückzukehren, um gegen den Bolschewismus zu kämpfen. 1918 übernimmt er die Führung der antikommunistischen Truppen in Sibirien. Nach anfänglichen Erfolgen sieht er sich gezwungen, den Rückzug zu befehlen. Verlassen von den westlichen Alliierten und verraten von den tschechischen Truppen, die sich auf die gegnerische Seite geschlagen haben, wird Kolčak gefangengenommen und beim Heranziehen der Armee unter General Kappel im Februar 1920 erschossen. – Der Admiral wird weder als großer Stratege noch als politisches Talent geschildert; seine Antipathie der Politik gegenüber und seine strategischen Fehler sind offenkundig. Im Zentrum des Romans steht Kolčaks Liebe zu der Russin Anna Kniper-Timireva, die zu seinem Lebensinhalt geworden ist und das Gegengewicht zu dem herrschenden Chaos des Bürgerkrieges bildet. Daneben verläuft zeitlich parallel ein Erzählstrang über die Soldaten Udal'cov und Egoryčev, die sich dem Admiral anschließen und nach dessen Tod versuchen, in die Mongolei zu gelangen, um dort neue Widerstandskräfte zu organisieren. Egoryčev, der aus Liebe zu einer russischen Bäuerin den Plan aufgibt, über die Grenze des Landes zu fliehen, wird verhaftet und beendet sein Leben im Arbeitslager; Udal'cov schlägt sich bis nach England durch, wo er ein erbärmliches Emigrantendasein fristet. Den Epilog bildet die vom Sohn des Admirals erzählte Geschichte der Familie Kolčak.

Der Roman zeichnet sich durch eine komplizierte und anspruchsvolle Struktur aus. Er beginnt mit den Erinnerungen Annas an ihren Geliebten und mit der Hinrichtung des Admirals. Die Chronologie der Ereignisse wird oft durch Ergänzungen, rückgreifende Berichte, Rückblicke und Nachträge des allwissenden Erzählers unterbrochen, denn trotz diesen Einschüben und trotz der oft wechselnden Perspektive fügen sich die mosaikartigen Fragmente zu einem klaren Bild zusammen. – Neben den fiktiven Erzählsträngen werden Fragmente aus der Korrespondenz historischer Persönlichkeiten (z. B. zwischen Lenin und Škljanskij), Ausschnitte aus Tagebüchern, Erinnerungen und biographische Daten über die Hauptfiguren mit einbezogen, was dem Roman dokumentarischen Wert verleiht. Doch gegen diese versachlichenden Tendenzen lassen sich die auch manchmal idealisierte Darstellung des Admirals wie auch die deutlichen Wertungen des Autors absetzen, die dessen emotionelle Haltung gegenüber den von ihm beschriebenen Ereignissen verraten und zu einer gewissen Sympathiesteuerung führen.

Die psychologische Analyse gewinnt oft die Oberhand über die eher wenig spannende Handlung. Dieses Romankonzept wird transparent im Originaltitel, dessen wörtliche Übersetzung *In den Abgrund schauen* lautet. Es wird nach den Ursachen, Motiven und Wirkungen des Chaos in den ersten Jahren nach der Revolution gesucht. Die Bolschewiken, die im Roman (abgesehen von den dokumentarischen Fragmenten) nicht zu Wort kommen, werden hier ebenso kritisch betrachtet wie die antirevolutionären Kräfte, denen einheitliche Zielsetzung und Koordinierung der militärischen Aktionen fehlen. Auch die westlichen Alliierten werden scharfer Kritik unterzogen. Der Erzähler macht ihnen zum Vorwurf, daß sie durch ihre opportunistische Haltung und die Unterschätzung der drohenden kommunistischen Gefahr in den eigenen Staaten den Bolschewiken zum Sieg verholfen haben. Er erhebt Anklage wegen des moralischen Niedergangs der westlichen Politiker, die ihre berufliche Ehre zugunsten des diplomatischen Nutzens aufgegeben haben. Diese Meinung wird durch die Auszüge aus dem Tagebuch eines französischen Beobachters bestätigt. – Schonungslos werden aber vor allem die Tschechen kritisiert, die den Admiral in die Hände der Bolschewiken ausgeliefert haben und so die im Roman hochgepriesene Idee der Zusammengehörigkeit aller slavischen Völker verraten haben. Bei der Verurteilung dieser Tat erinnert der Autor an den Preis, den die Tschechen einige Jahrzehnte später – während des Prager Frühlings 1968 – für ihren einstigen Verrat an den antikommunistischen Kräften bezahlen sollten. Durch diese zukunftsgewissen Kommentare, die über das weitere Schicksal der Betroffenen berichten, greift der Roman weit über die Jahre der Revolution hinaus und ragt manchmal sogar bis in die unmittelbare Gegenwart hinein. Indem Maksimov zeigt, wie die gefeierten Helden der Revolution während der »Großen Säuberung« in den dreißiger Jahren selbst zu den Opfern des von ihnen einst erkämpften und unterstützten Systems geworden sind, warnt er vor einer opportunistischen Haltung gegenüber der Gewalt. R.Maz.

AUSGABE: Paris/NY 1986.

ÜBERSETZUNG: *Der weiße Admiral*, M. Milach-Verheyden, Mchn. 1986.

LITERATUR: W. Kasack, *Ein Russe blickt zurück* (in Die Welt, 30.9. 1986).

NADEŽDA JAKOVLEVNA MANDEL'ŠTAM

* 31.10.1899 Saratov
† 29.12.1980 Moskau

VOSPOMINANIJA

(russ.; *Ü: Das Jahrhundert der Wölfe*). Autobiographische Aufzeichnungen von Nadežda J. MANDEL'ŠTAM, erschienen 1970. – Am 13. Mai 1934 ist die Lyrikerin Anna ACHMATOVA in Moskau bei ihren Freunden Mandel'štam zu Besuch; die Tscheka erscheint, durchsucht die Wohnung, beschlagnahmt Manuskripte und verhaftet den akmeistischen Dichter Osip MANDEL'ŠTAM (1891–1938), vermutlich wegen eines Spottgedichtes auf Stalin, das er unvorsichtigerweise einigen Freunden gezeigt und vorgelesen hat. Nach längerer Untersuchungshaft wird Mandel'štam zu drei Jahren Verbannung verurteilt; seine Frau Nadežda teilt mit ihm das erniedrigende Elend des Exils in Voronež. 1937 kehrt das Ehepaar nach Moskau zurück, hält sich jedoch meist auf dem Lande versteckt. Wider Erwarten erhalten sie im Frühjahr 1938 die Vergünstigung eines Erholungsaufenthaltes in Samaticha; dort wird Mandel'štam am 2. Mai abermals verhaftet und diesmal wegen »konterrevolutionä-

rer Tätigkeit« zu fünf Jahren Arbeitslager verurteilt. Schwer erkrankt, wird er im September nach Vladivostok abtransportiert, wo er im Dezember des gleichen Jahres stirbt. Nadežda, die seit Jahren schon einen großen Teil seiner Gedichte auswendig gelernt hat, um sie vor dem Untergang zu bewahren, rettet die noch verbliebenen Manuskripte, wird Textilarbeiterin und später Englischlehrerin. 1964 schreibt sie ihre Memoiren, die, zuerst durch Samizdat verbreitet, 1970 nach Westeuropa gelangten und in mehrere Sprachen übersetzt wurden.

Diese Aufzeichnungen über ihr Leben mit Mandel'štam unter dem Terror der Stalin-Ära sind ein menschliches und politisches Zeugnis von ungewöhnlichem Rang und erstaunlicher Vergegenwärtigungskraft. Nicht immer geordnet und übersichtlich erzählt, entschädigen sie für diesen Mangel durch ihre Detailfreudigkeit, durch die bisweilen meisterhaften Schilderungen von Begegnungen mit Freunden und Feinden, mit Spitzeln und Schergen, mit Leidensgenossen und unscheinbaren Helfern. Ungebrochen wie ihr Lebenswille bleibt Nadeždas Fähigkeit zur Anteilnahme, zur Solidarität mit allen sinnlos-grausam Geopferten und Verfolgten. Doch: »*Wer die Luft des Terrors atmet, stirbt, auch wenn er zufällig am Leben bleibt.*« In Klage und Anklage gewinnt diese Überlebende ihren Freimut, den sicheren Ton, die »hohe Verständigkeit im Unglück« aus ihrer Erfahrung des Todes, des hoffnungslosen Auf-alles-Gefaßtseins, ohne die über solche Schreckenszeiten nur unzulänglich gesprochen werden kann. Bedeutend und erhellend, weit über das Privat-Biographische hinaus, sind auch Nadeždas Erinnerungen an Mandel'štams poetische Verfahrensweisen, an seine im ursprünglichsten Sinne »dichterische Existenz« und deren Hilflosigkeit in einer durch Zwang verdorbenen Welt. Die Ausgesetztheit des Dichters muß ihm zum tödlichen Verhängnis werden, wo er, mit keiner anderen Waffe und Legitimation als dem ungehörigen »interesselosen« Wort, unter Schindern und Geschundenen sich zum Zeugen der Wahrheit aufgerufen fühlt. F.Ke.

AUSGABEN: NY 1970. – Paris ³1982. – *Vtoraja kniga*, Moskau 1990.

ÜBERSETZUNG: *Das Jahrhundert der Wölfe. Eine Autobiographie*, E. Mahler, Ffm. 1971.

LITERATUR: A. Kaempfe, Rez. (in SZ, 17.11. 1971). – W. Bronska-Pampuch, Rez. (in Die Zeit, 2.4. 1971). – G. Steiner, *Vom Sterben eines Dichters* (in Merkur, 26, 1972, H.2, S.186–191). – J. Brodskij, *N.M. (1899–1980): An Obituary* (in J.B., *Less Than One. Selected Essays*, NY 1986, S. 145–156; dt.: in Akzente, 29, 1982, S. 149 bis 157).

OSIP ĖMIL'EVIČ MANDEL'ŠTAM

* 15.1.1891 Warschau
† 27.12.1938 im Lager Vladivostok

LITERATUR ZUM AUTOR:
Bibliographien:
O. Ė. M., *Sobr. soč*, Hg. B. Filippov u. G. Struve,
Bd. 2, NY 1971, S. 699–724; Bd. 3, Washington
1969, S. 417–542; Bd. 4, Paris 1981, S. 193–200. –
Russkie sovetskie pisateli. Poėty, Bd. 13, Moskau
1990.
Biographien:
G. Struve, *O. Ė. M., Opyt biografii i kritičeskogo
kommentarija* (in O. Ė. M., *Sobr. soč.*, Bd. 1, Wash-
ington 1967, S. 29–84). – N. Mandel'štam, *Vospo-
minanija*, NY 1970 (dt.: *Das Jahrhundert der Wöl-
fe*, Ffm. 1971). – Dies., *Vtoraja kniga*, Paris 1972
(dt.: *Generation ohne Tränen*, Ffm. 1975).
Gesamtdarstellungen und Studien:
I. Bušman, *Poėtičeskoe iskusstvo M.*, Mchn. 1964. –
J. Blot, *O. M.*, Paris 1972. – Russian Literature,
1972, H. 2; 1974, H. 7/8; 1975, H. 10/11 [Son-
derh. *O. M.*]. – C. Brown, *M.*, Cambridge 1973. –
A. M. Iverson, *Hellenism in the Poetics of O. M.*,
Diss. Ottawa 1973. – A. A. Cohen, *O. Ė. M.*, Ann
Arbor 1974. – D. Koubourlis, *A Concordance to the
Poems of O. M.*, Ithaca 1974. – N. Å. Nilsson, *O. M.
Five poems*, Stockholm 1974. – E. Toddes, *M. i
Tjutčev*, Lisse 1974. – S. Broyde, *O. M. and His
Age*, Cambridge/Mass. 1975. – Action poétique,
63, 1975 [Sonderh. *O. M.*]. – J. P. Baines, *M. The
Later Poetry*, NY 1976. – S. H. Leiter, *The City Vi-
sions of O. M.*, Diss. Detroit 1976. – K. Taranovsky,
Essays on M., Cambridge/Mass. 1976. – D. M.
West, *M.: The Egyptian Stamp*, Birmingham 1980.
– W. Schlott, *Zur Funktion antiker Göttermythen in
der Lyrik O. M.s*, Ffm. 1981. – O. Ronen, *An Ap-
proach to M.*, Jerusalem 1983. – R. Dutli, *O. M. –
»Als riefe man mich bei meinem Namen«. Dialog mit
Frankreich. Ein Essay über Dichtung und Kultur*,
Zürich 1985. – C. Isenberg, *Substantial Proofs of
Being. O. M.'s Literary Prose*, Columbus/Ohio
1986. – I. M. Semenko, *Poėtika pozdnego M.: ot čer-
novych redakcij k okončatel'nomu tekstu*, Rom 1986.
– É. G. Gerštejn, *Novoe o M.*, Paris 1986. – G. Frei-
din, *A Coat of Many Colors. O. M. and His Mytholo-
gies of Self-Presentation*, Berkeley u. a. 1987. –
N. Mandel'štam, *Tret'ja kniga*, Paris 1987. –
R. Przybylski, *An Essay on M.: God's Grateful
Guest*, Ann Arbor 1987. – J. G. Harris, *O. M.*, Boston 1988. – N. Struve, *O. M.*, Ldn. 1988. – P. Zee-
man, *The Later Poetry of O. M.: Text and Context*,
Amsterdam 1988. – P. Hesse, *Mythologie in moderner Lyrik: O. E. M. vor dem Hintergrund des »Silbernen Zeitalters«*, Bern 1989. – R. Dutli, *Ein Fest mit
M.*, Zürich 1991. – *Žizn' i tvorčestvo O. Ė. M.*, Vo-
ronež 1991. – *Slovo i sud'ba*, Moskau 1991. – *O. M.
K 100-letiju so dnja roždenija. Poėtika i tekstologija*,

Moskau 1991. – O. A. Lekmanova (Hg.), *M. i antičnost'*, Moskau 1995. – L. Kichnej, *Filosofsko-ėste-
tičeskie principy akmeizma i chudožestvennaja praktika O. M.*, Moskau 1997.

DAS LYRISCHE WERK (russ.) von Osip Ė.
MANDEL'ŠTAM.
Das bisher nur im Westen annähernd vollständig
edierte lyrische Werk Mandel'štams wurde erst ab
den sechziger Jahren – und ab 1970 mit deutlichem
Auftrieb durch die Veröffentlichung der Memoiren Nadežda MANDEL'ŠTAMS (1899–1980), der
Witwe des Dichters – allmählich in seiner Bedeutung erkannt. Seither gilt für die westliche Kritik
fast einmütig J. BRODSKYS Urteil von »*Rußlands
größtem Dichter dieses Jahrhunderts*«. In seinem
Heimatland wuchs dem Stalinopfer Mandel'štam
ab dem »Tauwetter« von 1956 dank Samizdat-
Prinzip und mündlicher Tradition in Intellektuel-
len- und Künstlerkreisen die Rolle einer Symbolfigur zu: für die Unbeirrbarkeit und Ungebrochen-
heit eines ästhetisch wie ethisch relevanten Schaffens unter widrigsten Zeitumständen. Der 1973 in
Leningrad edierte Auswahlband (*Stichotvorenija*),
in geringer Auflage und mit geschichtsklitterndem
Vorwort, bildete eine nur halbherzige Rehabilitation, doch hat die Auflösung des Sowjetimperiums
auch Mandel'štams »Rückkehr« nach Rußland
möglich gemacht.
Mandel'štams erster Gedichtband *Kamen'*, 1913
(*Der Stein*), zeigt seine Herkunft vom russischen
Symbolismus und seine Befreiung von ihm, bei
gleichzeitiger Annahme des Akmeismus, wie er in
den 1913 erschienenen Manifesten von N. GUMI-
LĖV und S. GORODECKIJ und Mandel'štams eigenem Text *Utro akmeizma*, 1913–1919 (*Der Morgen des Akmeismus*), formuliert ist. Die um Einsamkeit und Verstummen kreisende, an F. TJUTČEV
und P. VERLAINE orientierte musikalische frühe
Lyrik weicht ab 1912 kraftvoll formulierten, modellhaften, Sakralbauten gewidmeten Architektur-
gedichten (*Notre-Dame; Aja-Sofija – Hagia Sophia*), bevor sie sich dem modernen Leben zuwendet und in einer Reihe von scheinbar »leichtsinnigen«, parodistischen Gedichten voller überraschender Wendungen (*Tennis; Kino; Amerikanka –
Amerikanermädchen*) Gumilėvs Forderung nach
»heller Ironie« verwirklicht. – Bereits 1914 entwirft
Mandel'štam in *Ossian* seine Poetik der schöpferischen Anverwandlung fremder Werke und bringt
verschiedenste literarische Welten in seine Gedichte ein (HOMER, E. A. POE, P. VERLAINE, Ch. DICK-
ENS, OVID, J. B. RACINE u. a.). Unter dem Einfluß
des russischen Philosophen P. ČAADAEV (1794 bis
1856) wendet sich Mandel'štam 1914 dem Katholizismus und den päpstlichen Rom zu (*Encyclica –
Enzyklika; Posoch – Der Pilgerstab*), doch ist diese
»katholische Phase« nur Etappe auf dem Weg zu
einer poetischen Synthese sämtlicher europäisch-
abendländischer Kultur- und Glaubenselemente
(Hellas, Rom, Judentum, Christentum). Das Auftauchen des exilierten Ovid und der Figur der Phä-

dra (aus Racines Tragödie) gegen den Schluß des Bandes weist voraus auf die von dunklen Vorahnungen geprägte zweite Gedichtsammlung.

Die Sammlung *Tristia* (1922) vereint Gedichte aus der Zeit um die Oktoberrevolution; zunächst ohne Mandel'štams ordnenden Zugriff in Berlin ediert, kam sie im Folgejahr 1923 unter dem Titel *Vtoraja kniga (Das Zweite Buch)* in gestraffter Form in Moskau heraus. Mandel'štam gibt hier seiner Lyrik eine neoklassizistische Richtung, ohne jedoch deren eigenwillige Modernität einzubüßen: V. ŽIRMUNSKIJ konstatierte 1921 *»phantastische Unerwartetheit«, »groteske Brüche«, »immer freiere, kühnere Metaphernflüge«* in *»klassisch strengen, genauen, epigrammatischen Formeln«*. Bekräftigt wird diese Poetik in Mandel'štams paradoxal formuliertem Essay *Slovo i kul'tura*, 1921 *(Das Wort und die Kultur)*, wo es heißt: *»Die klassische Dichtung ist die Dichtung der Revolution.«* Das Gegensätzliche vereinend, Archaismen mit Alltagssprache verwebend, formal auf die Oden und Elegien der russischen Klassiker G. DERŽAVIN, K. BATJUŠKOV und A. PUŠKIN verweisend, schafft Mandel'štam eine neue, *»überfrachtete«* Semantik und entwirft ein überzeitliches Netz literarischer Assoziationen und kulturhistorischer Bezüge. Die Auseinandersetzung mit der geschichtlichen Umwälzung von 1917 löst Mandel'štam durch die Schaffung eines aus antiken, griechisch-römischen Quellen genährten Kulturraums, in dem Vergangenheit und Gegenwart überblendet werden können. Die Stadt Petersburg wird zu *»Petropolis«*, die auf der Krim entstandenen Gedichte sind Ausblicke auf Hellas und den Mittelmeerraum, auf die Wiege der europäischen Kultur, in steter Sorge um das *»Hier und Jetzt«*. In dem Gedicht *Sumerki svobody*, 1918 *(Die Dämmerung der Freiheit)*, zeigt die Auseinandersetzung mit der Revolution sowie Mandel'štams ambivalente Haltung dem geschichtlichen Ereignis gegenüber: Einerseits begrüßt er die Wende, ruft die Zeitgenossen auf, den Umschwung zu wagen, andererseits schafft er ein Gedicht des Zwielichts, voller dunkler apokalyptischer Bilder (das *»Schiff der Zeit«*, das *»zu Grunde geht«*). Der von Ovids Exildichtung *Tristia* inspirierte Band spricht von der *»Wissenschaft des Abschieds«* (im Gedicht *Tristia*, 1918), vom Tod Petersburgs, vom Verlust des dichterischen Wortes als vom Verlust der Atemluft. Die Dominanz des Farbtons Schwarz (u. a. *»schwarze Sonne«*), die Vorherrschaft des Schuldgefühls und die Allgegenwart des Todes äußern sich bis in die erotischen Gedichte dieser Phase hinein.

Die auf *Tristia* folgende Gruppe der *Gedichte 1921–1925* in Mandel'štams letztem zu Lebzeiten publizierten, nur dank einer Intervention N. Bucharins zustande gekommenen Band *Stichotvorenija (Gedichte)* von 1928 hebt an mit einem programmatischen *»Kein Atmen mehr«* (in *Koncert na vokzale – Bahnhofskonzert*) und reflektiert die zunehmende quälende Isolation Mandel'štams nach der Revolution, die obsessive Beschäftigung mit der Zeit und der Epochenfolge (*Našedšij podkovu – Hufeisenfinder; Grifel'naja oda – Griffel-Ode*), ein Gefühl des Ungenügens und vorzeitigen Alterns in einer animalisch gesehenen Epoche (*»Meine Zeit, mein Raubtier«*, in *Vek – Die Zeit*) sowie eine – vorläufige – Verweigerung der Zeitgenossenschaft (*»War niemands Zeitgenosse«*). All diese Themen behandelt Mandel'štam jedoch in einer zunehmend autonomer werdenden, semantisch und formal befreiten Bildsprache. In dem zentralen Gedicht *1 janvarja 1924 (Der 1. Januar 1924)* mit seiner suggestiven Fahrt durch das nächtliche Moskau kommt es *»zum Ausbruch aus der Kontingenz: durch das Lachen«* (P. Celan), doch bricht Mandel'štams lyrisches Schaffen 1925 plötzlich ab, und eine fünfjährige Schweigeperiode setzt ein.

Erst im Oktober 1930, begünstigt durch die lang ersehnte Reise Mandel'štams nach Armenien, in ein *»biblisches«* Land mit reichster kultureller Vergangenheit, hebt es neu an mit unbändiger sinnlicher Frische und einem beinah jubilierenden Unterton (Zyklus *Armenija – Armenien*). Das Gedicht *Leningrad* (1930) spiegelt die schmerzende Rückkehr in die Stadt seiner Kindheit, in der nunmehr nur noch *»die Stimmen der Toten«* hörbar sind. Nach dem Umzug nach Moskau und visionärer Gedichten auf das *»Wolfshund-Jahrhundert«* begegnet Mandel'štam seiner Epoche freier als zuvor (*»Zeit, daß ihr wißt: auch ich bin Zeitgenosse«*, in *Polnoč' v Moskve – Mitternacht in Moskau*), doch wird seine Lyrik schon bald zur Zeitzeugin im politischen Sinn: Mandel'štam geißelt die Aushungerung der Bauern während der Zwangskollektivierung der Landwirtschaft und macht Stalin verantwortlich für Erschießungen und Deportationen. Ein Epigramm gegen Stalin (1933) war nur einer der Gründe für Mandel'štams erste Verhaftung am 13. Mai 1934 und eine dreijährige Verbannung. Die nach dem Verbannungsort benannten drei *Voronežskie tetradi*, 1935–1937 *(Woronescher Hefte)*, stehen für Mandel'štams letzte Schaffensperiode; auch sie, wie schon früher *Moskovskie tetradi*, 1930–1934 *(Moskauer Hefte)*, postum und zunächst nur im Westen ediert. Traumatische Erlebnisse, wie die unter Bewachung erfolgte Fahrt in die Verbannung, Halluzinationen, die Erinnerung an einen Selbstmordversuch, brechen durch, doch führt die Begegnung mit der aufgepflügten Schwarzerde der mittelrussischen Ebenen diesen *»Dichter der Kultur«* auch zu einer Hinwendung zur Natur. Auch wenn Stalin noch immer präsent ist (als *»Judas für die Völker der Zukunft«*), auch wenn sich Zeugnisse von Krankheit und äußerster materieller Not mehren, so ist doch mit diesen letzten Gedichten kein Schattenreich bezeichnet: familiäre Dialoge mit Verbündeten aus der Vergangenheit, mit Dichtern und Malern (Dante, Villon, Leonardo, Rembrandt u. a.), zärtliche Hinwendung zu Tieren (die *Stieglitz*-Gedichte), zu Kleinkindern (in *Roždenie ulybki – Die Geburt des Lächelns*) sowie allem voran zu seiner *»Bettler-Freundin«*, seiner Frau Nadežda, die Mandel'štams Verbannung teilte, bilden den Gegenpol. Ein urtümlicher Vitalismus (*»Allen Lebenden lebenslang Freund«*) wirkt bis zuletzt, bis in die Texte von Tod und Auferstehung hinein. Mit *Stichi o neizvestnom soldate*, 1937 *(Verse vom unbekannten Soldaten)*, einem visionären Requiem auf die *»Millionen von leichthin Getöteten«*, schuf sich Mandel'štam sein eigenes Requiem. Am 2. Mai 1938 zum zweitenmal verhaftet und nach Sibirien verschickt, starb er am 27. Dezember 1938 in einem Transitlager bei Vladivostok.

Mandel'štams Bedeutung liegt (neben seinem Einfluß auf die Lyrik der nachstalinistischen Zeit, auf Dichter wie A. Tarkovskij, J. Brodsky u. a.) in seiner europäisch gestimmten, aus diversen kulturellen Quellen – Hellas, Rom, Judentum, Christentum, Italien, Frankreich, die russische Klassik u. a. – sich nährenden Universalität (Mandel'štam bezeichnete noch 1937 seinen Akmeismus als *Toska po mirovoj kul'ture – Sehnsucht nach Weltkultur)*, in der Kühnheit einer eigenwillig verdichteten Bildsprache sowie nicht zuletzt in Zeugnissen moralischer Widerstandskraft eines Künstlers unter totalitärem Regime. Als exemplarisches Werk des 20. Jh.s, das die Entdeckungen der literarischen Moderne, die Neugestaltung des alten europäischen Erbes und ein profund humanistisches Ethos (bei größter persönlicher Gefährdung) gleichermaßen zu leisten vermag, ist Mandel'štams lyrisches Schaffen eines der bedeutsamsten der russischen Literatur überhaupt. R.Du.

Ausgaben: *Kamen'*, Petersburg 1913; ²1916 [erw.]. – *Tristia*, Bln. 1922. – *Vtoraja kniga*, Moskau 1923. – *Primus*, Leningrad 1925 [Kinderged.]. – *Dva tramvaja*, Leningrad 1925 [Kinderged.]. – *Šary*, Leningrad 1926 [Kinderged.]. – *Kuchnja*, Leningrad 1926 [Kinderged.]. – *Stichotvorenija*, Moskau/Leningrad 1928. – *Sobr. soč.*, Hg. G. Struwe u. B. A. Filippov, Bd. 1, NY 1955. – *Sobr. soč.*, Hg. dies., Bd. 1, Washington u. a. 1967–1981. – *Stichotvorenija*, Hg. N. I. Chardžiev, Leningrad 1973. – *Voronežskie tetradi*, Hg. V. Švejcer, Ann Arbor 1980. – *Sočinenija v dvuch tomach*, Moskau 1990.

Übersetzungen: *Gedichte*, P. Celan, Ffm. 1959; ern. 1988 (FiTb). – *Hufeisenfinder*, ders. u. a., Hg. F. Mierau, Lpzg. 1975. – *Schwarzerde. Gedichte aus den Woronescher Heften*, R. Dutli, Ffm. 1984. – *Armenien*, F. Ingold, Zürich 1985. – *Tristia*, P. Celan u. a., Hg. F. Mierau, Bln./DDR 1985. – *Mitternacht in Moskau. Gedichte 1930–1934*, R. Dutli, Zürich 1986. – *Im Luftgrab. Ein Lesebuch*, ders., Zürich 1988. – *Der Stein. Frühe Gedichte 1908–1915*, ders., Zürich 1988. – *Gedichte und Briefe*, J. Peters, Hg. S. Heinrichs, Bln. 1989. – *Das zweite Leben. Späte Gedichte und Notizen*, R. Dutli, Mchn./Wien 1991.

Vertonungen: S. M. Slonimskij, *Četyre stichotvorenija* (Chor a cappella; entst. 1974). – I. Eröd, *Vier Gesänge nach O. M. u. S. Jessenin* (entst. 1983; Urauff.: Graz, 17. 2. 1986). – Ders., *Schwarzerde. Fünf Gesänge für Bariton und großes Orchester* (entst. 1985; Urauff.: Graz, 29. 9. 1985).

EGIPETSKAJA MARKA

(russ.; *Ü: Die ägyptische Marke)*. Erzählung von Osip É. Mandel'štam, erschienen 1928. – Der imaginäre Held dieser surrealistischen Erzählung ist der Jüngling Parnok, ein Träumer und Phantast, den seine Umwelt nicht ernst nimmt. Die Handlung, oft von autobiographischen Impressionen Mandel'štams unterbrochen, ist aus einer Reihe statischer Bilder zusammengesetzt, die in der Hauptsache Dinge und Gegenstände zeigen, die der Jüngling Parnok, eine Selbstprojektion des Autors, benutzt, mit denen er lebt oder die er verliert, wie den Frack, mit dessen Hilfe er sich in der Gesellschaft einen Platz erobern wollte, der aber bei einem Erfolgsmenschen landete.

Auf gleiche Weise wird auch das Traumleben Parnoks indirekt durch ein Sammelsurium bizarrer Gegenstände abgebildet, die in dem Helden – wie im Autor – unendliche Assoziationsreihen hervorrufen. Dieser Parnok aber, der in der Gesellschaft nur den Kuriositätswert einer »ägyptischen Briefmarke« hat, versucht als einziger von allen, in der wirren Zeit der Revolution einen Menschen, wenn auch nur einen gemeinen Schieber, vor der Lynchjustiz der aufgebrachten Massen zu retten. Keiner versteht ihn; denn Gerechtigkeit, Harmonie und Schönheit gehören schon in das »Fabelzeitalter«, in dem er als einziger noch lebt.

Am Schluß der Erzählung finden sich zwei Sätze, die programmatisch Inhalt wie Form der *Egipetskaja marka* umreißen: *»Unser Leben ist eine Erzählung ohne Fabel und Helden, gebildet aus Leere und Glas, aus dem heißen Stammeln einzelner Abschweifungen, aus dem Influenzfieber Petersburgs.«* Und: *»Vernichtet die Handschrift, aber verwahrt das, was ihr nebenher skizziert habt, nichtverstehend, wie im Schlaf.«* Nach diesem Motto wechseln in der Erzählung unwirklich-groteske Bilder mit absurden Verallgemeinerungen *(»Ich liebe die Zahnärzte wegen ihrer Liebe zur Kunst«)*, verbinden Vergleiche das Bekannte mit dem Entlegensten *(»Der Flügel glich einem schwarz lackierten Kometen«)*, wird das Unbedeutendste an einer Erscheinung dazu ausgewählt, das für das Ganze anscheinend Typische zu zeigen. Häufig wendet sich der Autor mit Bemerkungen über seine eigene Schreibweise an den Leser: *»Ich fürchte mich nicht vor Zusammenhanglosem und vor Abschweifungen.«* Oder: *»Schmieren ist besser als schreiben.«* J.W.

Ausgaben: Leningrad 1928 (in *Šum vremeni*; Nachdr. Ann Arbor 1976). – Washington 1971 (in *Sobr. soč.*, Hg. G. Struve u. B. Filippov, 4 Bde., 1967–1981, 2).

Übersetzungen: *Die ägyptische Briefmarke*, G. Drohla, Ffm. 1965 (BS). – *Die ägyptische Marke*, R. Dutli (in *Das Rauschen der Zeit. Die ägyptische Marke. Vierte Prosa*, Zürich 1985).

Literatur: D. M. West, *»The Egyptian Stamp«*, Birmingham 1980.

KAMEN'

(russ.; *Ü: Der Stein*). Gedichtband von Osip Ė. MANDEL'ŠTAM, erschienen 1913. – Die Gedichte der ersten schmalen Sammlung Mandel'štams, insbesondere die seit 1912 entstandenen, stellen eine meisterhafte Umsetzung der akmeistischen Grundprinzipien in die dichterische Praxis dar. Bemerkenswert ist schon die Wahl des Titels *Kamen' (Der Stein)*. Das Bild des Steins spielt eine wesentliche Rolle in Mandel'štams programmatischem Aufsatz *Utro akmeizma*, 1919 *(Der Morgen des Akmeismus)*, der Grundthesen dieser literarischen Schule formuliert und möglicherweise bereits 1913, das heißt im Erscheinungsjahr der ersten Auflage von *Kamen'* (und des GUMILĖVschen Manifests *Nasledie simvolizma i akmeizm – Das Erbe des Symbolismus und der Akmeismus)*, entstanden ist. In diesem Fall dürfte die Wahl des Titels *Kamen'* wohl der Absicht des Autors entspringen, eine enge Verbindung der dichterischen Aussage dieser Gedichte mit dem Inhalt seines theoretischen Aufsatzes zu dokumentieren. Mandel'štam zieht dort eine Parallele zwischen der gotischen Architektur mit ihren klaren, strengen Formen und den Prinzipien des Akmeismus: Wir *»führen die Gotik in die Beziehungen zwischen den Worten ein, ähnlich wie Sebastian Bach sie in der Musik verankert hat«*. *»Das Wort«* ist für Mandel'štam nichts anderes als der *»Feldstein«*, der sich erst *»unter den Händen des Baumeisters ... in Substanz ... verwandelt«*.

Aus allen Gedichten spricht eine Vertrautheit des Autors mit den verschiedensten Themen und Metaphern aus der Welt des Hellenismus, Roms, des Byzantinischen Reichs, der orthodoxen Liturgie, der jüdischen Mystik, der Philosophie und Wissenschaft. Besonders aufschlußreich ist die Tatsache, daß neben Motiven aus den Bereichen der Musik und der Literatur (*Bach; Gomer – Homer* u. a.) solche aus dem Bereich der Architektur eine wesentliche Rolle spielen (*Aja-Sofija – Hagia Sophia; Notre-Dame)*. Hier besteht ohne Zweifel eine Verbindung zum Gesamtthema des Gedichtbandes und zu dem in *Utro akmeizma* betonten Thema der Baukunst, das für die akmeistische Dichtung mit ihrer Vorliebe für klare Linien so bedeutsam war. Von dieser dem russischen Symbolismus entgegengesetzten ästhetischen Einstellung her ist auch Mandel'štams Vorliebe für das *»physiologisch-geniale«* Mittelalter und für die Architektur der Gotik leicht begreiflich. Im sakralen Bauwerk scheinen sich Mandel'štam am klarsten jene beiden Elemente zu enthüllen, denen seine Dichtung primär zugeordnet ist: der Glaube und die schwerelose Schönheit. Der Umstand, daß das Bild der Kathedrale in seinem zweiten Gedichtband, *Tristia* (1922), wieder auftaucht und das der gotischen Kathedrale, speziell das Bild von Notre-Dame in Paris, auch in *Utro akmeizma* begegnet, zeigt die hervorragende Bedeutung, die der Dichter gerade ihm zur Verdeutlichung seines dichterischen Anliegens beigemessen hat. Wie ein Baumeister hat auch der Dichter sein Material in die Sphäre der Leichtigkeit, der Schönheit und des Geistes zu erheben und in (poetische) Substanz zu verwandeln.

Mandel'štam hat der russischen Lyrik einen neuen Themenbereich erschlossen und sie gleichzeitig formal bereichert. Während die Gedichte der Sammlung *Kamen'* ihrer Versstruktur nach der russischen Klassik verpflichtet sind (A. PUŠKIN, K. BATJUŠKOV), beschreitet Mandel'štam in der Wahl seiner Bilder, in der ihnen eigenen Magie des Dinglichen, neue Wege: *»Frauen in Tüchern huschen vorbei« – »Aber ich liebe auf den Dünen das Kasino, den weiten Blick aus dem vernebelten Fenster und den feinen Sonnenstrahl auf der zerknitterten Tischdecke; und, umgeben von grünlichem Wasser, liebe ich es, wenn, gleich einer Rose, im Kristallglas Wein ist, der geflügelten Möwe nachzuschauen!«* Das Bild des Kristalls findet sich in *Kamen'* mehrmals, zweifellos nicht nur in dekorativer Funktion. In seiner Transparenz, Reinheit und seinen klaren Konturen ist das Kristall den Gedichten Mandel'štams wesensverwandt und – neben dem Bild des Steins – als programmatisch zu werten. *»Die Blumenvase ist erwacht und hat ihr Kristall ausgegossen«*, heißt es schon in einem titellosen Gedicht aus dem Jahr 1909.

Mandel'štam benutzt – seiner These treu – die Worte tatsächlich wie Bausteine, die er, der Dichter-Baumeister, gleichsam »nach seinem Bilde« zusammenfügt und mit denen er auf verschiedenen semantischen Ebenen, in einem reizvollen Nebeneinander ungebräuchlicher Archaismen von steifer Pracht und abgegriffenen, trivialen Alltagswörtern, spielt. Die für Mandel'štams Stil charakteristische, nie manierierte Zuordnung von scheinbar Unvereinbarem, die Ordnungslosigkeit als bewußt eingesetztes Stilmittel erweckt im Leser verschiedene einander widersprechende Assoziationen. Es handelt sich um den Ausdruck einer Welt- und Kunstanschauung, um die von den Akmeisten postulierte Annahme der Welt als Einheit von Schönem und Häßlichem, als Synthese von *»Gott, Laster, Tod und Unsterblichkeit«* (N. Gumilëv). Für diese Eigenart des Mandel'štamschen Stils gibt es in seinem ersten Gedichtband zahlreiche Beispiele: *»Mai, Fetzen drohender Gewitterwolken. Leblos siecht das Grün dahin. Alles, die Motoren und die Autohupen – und der Flieder riecht nach Benzin«* (in *Tennis*, 1913). I.v.W.

AUSGABEN: Petersburg 1913; ²1916 [erw.; Nachdr. Ann Arbor 1976]. – NY 1955 (in *Sobr. soč.*, Hg. G. Struve u. B. A. Filippov, 2 Bde., 1; m. Komm. u. Bibliogr.). – Paris 1975 [russ.-frz.].

ÜBERSETZUNGEN: *Der Stein*, P. Celan, Ffm. 1959 [Ausw.]. – Dass. R. Dutli, Zürich 1987 [dt.-russ.].

LITERATUR: M. H. Gray, *Static-Kinetic Interplays in the «Kamen'»-Poems of O.M.*, Diss. Ohio State Univ. 1977. – P. Steiner, *Poem as Manifesto: M.'s »Notre Dame«* (in Russian Literature, 5, 1977, Nr. 2, S. 239–256).

ŠUM VREMENI

(russ.; *Ü: Rauschen der Zeit*). Prosaskizzen von Osip É. MANDEL'ŠTAM, erschienen 1925. – Die vierzehn kurzen Essays des akmeistischen Dichters vermitteln ein eindrucksvolles Bild der geistigen und kulturellen Verfassung Rußlands um die Jahrhundertwende. Als aufmerksamer Beobachter erlebt das Ich des Werks passiv, doch nachdenklich den Anbruch der neuen Zeit. Autobiographische Momente bilden dabei lediglich Anlaß und Ausgangspunkt der Darstellung: »*Ich will nicht von mir selber sprechen, sondern einem Zeitalter nachspüren, dem Werden und Rauschen einer Epoche. Mein Gedächtnis ist allem Persönlichen feind ... Zwischen mir und vergangenen Epochen ist ein Graben, ein Abgrund, der mit rauschender Zeit angefüllt ist.*« Die Melancholie des Fin de siècle, dessen überlebte Gesellschaft an kaiserlichen Paradeausfahrten, Militärfeiern und Standkonzerten Gefallen findet, vermochte nicht den Abgrund zu verdecken, der sich dem Dichter hinter der glänzenden Fassade der Hauptstadt aufgetan hatte.

Das Spiegelbild der Zeitwende erblickt der jüdische Autor im »Chaos« des Petersburger Judentums, das dem Knaben unverständlich und erschreckend erscheint. Ebenso wie durch lähmende Melancholie ist die Atmosphäre jedoch durch eine hektische Nervosität gekennzeichnet: Studentenunruhen vor der Kazaner Kathedrale erregen die Sensationslust der Gesellschaft ebensosehr wie die Konzerte Hofmanns und Kubelíks, die die Menge zur Raserei bringen und eine »*prähistorische Unruhe*« wecken, oder die Kunst der Schauspielerin Komissarževskaja, die »*aus dem russischen Theater ausbrach wie aus einem Irrenhaus*«. In der Muffigkeit des bürgerlich-jüdischen Elternhauses, in der Gestalt des durch sein Festhalten am einmal gefaßten Weltbild vereinsamten »*Familien-Bismarck*« Julyj Matvéič und der kühlen Idylle Finnlands, wo man eine befreundete jüdische Familie besucht, reicht die Vergangenheit in die Gegenwart hinein.

Die anbrechende Epoche wird in einer Reihe literarischer und politischer Porträts sowie in beinahe impressionistischen Momentaufnahmen der geistigen Situation des Landes vor der Revolution von 1905 heraufbeschworen. Symptomatisch für das Bewußtsein des Umbruchs ist die Beschreibung der »*geologischen Schichten*« des Bücherschranks der Familie, die dem Knaben die Literatur als lebendige Welt von nahezu mystischer Anziehungskraft erscheinen lassen. Das Bild der Zeit, die in Mandel'štam unablässig den Eindruck des Verfalls, des Epigonentums, der Inferiorität der Epoche erweckt, erhellt sich dem Dichter mittels der Kultur. Kultur bedeutet ihm nicht oberflächliche Bekanntschaft mit einzelnen Künsten. Die Einheit von Literatur, Musik, Malerei, Architektur und Philosophie ist unabdingbares, grundlegendes Element seines poetischen Weltbildes. Die fühlbare Gegenwart der Kultur wirkt als einigende Kraft, die alle Einzelthemen und -motive zu einem Gewebe von Reflexionen, Beobachtungen und Impressionen fügt, welches die eigentliche Struktur des Werks ausmacht. Die an poetischen Bildern und Figuren reiche Prosa ist gleichwohl klar, präzis und persönlich-unmittelbar. In Durchsichtigkeit und Prägnanz der Tradition A. PUŠKINS verpflichtet, verrät sie in zahlreichen lyrischen Elementen den Einfluß des französischen Symbolismus.　　　　E.Kö.

AUSGABEN: Leningrad 1925. – Leningrad ²1928 [zus. m. *Egipetskaja marka*; erw.]. – NY 1955 (in *Sobr. soč.*, Hg. G. Struve u. B. Filippov, 2 Bde., 2; m. Komm. u. Bibliogr.). – Washington 1971 (in *Sobr. soč.*, Hg. dies., 4 Bde., 1967–1981, 2).

ÜBERSETZUNGEN: *Rauschen der Zeit*, G. Drohla (in *Die ägyptische Briefmarke*, Ffm. 1965; BS). – *Das Rauschen der Zeit*, R. Dutli (in *Das Rauschen der Zeit. Die ägyptische Marke. Vierte Prosa*, Zürich 1985).

TRISTIA

(russ.; *Ü: Tristia*). Gedichtband von Osip É. MANDEL'ŠTAM, erschienen 1922. – Die zu seinem zweiten Gedichtband vereinigten Gedichte aus der Zeit von 1916–1921 bilden einen Höhepunkt im Schaffen des russisch-jüdischen Dichters. Mandel'štam entdeckt gegenständliche Korrelate der seelischen Erfahrung in Figuren der historischen oder religiösen Überlieferung, der Mythologie des griechisch-lateinischen Kulturraums, besonders aber – damit ein Grundprinzip von *Kamen' (Der Stein)* weiterführend – in den Werken der Literatur, der bildenden Kunst, der Architektur, das heißt im künstlerisch schon Geformten, das nun zum zweitenmal Gegenstand der Gestaltung wird. Auf viele seiner Gedichte trifft die Charakerisierung des Symbolisten A. BLOK zu: »*Seine Verse entstehen aus sehr ungewöhnlichen Träumen, die allein auf den Gebieten der Kunst liegen.*« Dies bezeichnet V. ŽIRMUNSKIJ mit dem Begriff F. SCHLEGELS als »*Poesie der Poesie*«. Biographisches ist nur als Bestandteil einer außer ihm liegenden und ihn umfassenden Ordnung im Werk zugelassen. Die Dichtung nähert sich einer *poésie pure*, deren eigene Wirklichkeit nur in der Kraft der Sprache erlebbar ist. Die Bezüge zur realen Welt sind häufig schwer zu erkennen. »*Schwestern – das Schwere und das Zarte – eure Züge sind gleich. / Bienen und Wespen saugen an der schweren Rose. Der Mensch stirbt, der erwärmte Sand erkaltet. / Und die gestrige Sonne trägt man auf schwarzer Bahre.*« Mandel'štam verteidigt die Autonomie der Kunst und bietet angesichts der tödlichen Bedrohung des Menschen und seiner Kultur in der chaotischen Zeit von Revolutionen und Bürgerkrieg sprachliche Modelle einer Welt, in denen die höchste dichterische Verpflichtung zur Humanisierung (im Sprachgebrauch des Dichters steht hierfür oft der Begriff Hellenisierung) des Lebens realisiert ist. Die Frage nach Sinn und Möglichkeiten der Dichtung zieht sich als zentrales Thema durch den Zyklus. Ebenso wichtig ist die Darstellung der Gefühle des einsamen, leidenden Menschen, der, durch die Erfahrung des Todes existentiell betroffen, leidenschaftlich nach Wärme, Liebe und Leben verlangt. Hierbei tritt das Einzelschicksal ein in den größeren Zusammenhang, werden historisch-kulturelle Schichten vermischt. Das sterbende Petersburg erhält den Namen Petropolis, Persephone, in beiden Bereichen beheimatet, wird zur sinnbildhaften Gestalt der Zeit. Die Tragödie der Phädra aktualisiert sich in der Tragödie Rußlands.

Folgt Mandel'štam bei Reimen, Strophen- und metrischen Formen mit wenigen Abweichungen der Tradition, steht er in den lautlichen Instrumentierung den Symbolisten nahe, so ist er auf dem Gebiet der poetischen Semantik ein ausgesprochener Avantgardist. Hier berührt er sich mit den Theorien der russischen Formalisten und den Neuerungen V. CHLEBNIKOVS. Typisch ist für Mandel'štam die konsequente Wiederholung bestimmter Schlüsselworte wie: »*Wort, Schwalbe, Sonne, Zeit, Tod*«, die über ihre usuelle Bedeutung und über die durch den Kontext bedingte Verschiebung hinaus spezifisch Mandel'štamsche Chiffren darstellen, die nur im Zusammenhang mit dem Gesamtzyklus deutbar sind. Die Flexibilität der lexikalischen Schichten und die semantische Ambivalenz wird in *Tristia* bei sparsamem Einsatz des Verbs vornehmlich über das Adjektiv erreicht. Die Vorliebe des Dichters für antithetisch-ambivalente Strukturen, in einigen Gedichten virtuos bis zur Polyvalenz gesteigert, zeigt sich auch bei der Durchführung des Themas. Die gleiche Konsequenz liegt der Mischung von feierlich-archaischen Ausdrücken mit Worten der einfachen Alltagssprache zugrunde, wobei jedoch Vulgarismen vermieden werden. Meisterhafte Gestaltungskraft beweist Mandel'štam bei der Objektivierung seines Gefühls für die musikalisch-rhythmischen Potenzen der russischen Sprache. K.Wo.

AUSGABEN: Bln. 1922. - Moskau 1923 [gek.; u. d. T. *Vtoraja kniga*]. - NY 1955 (in *Sobr. soč.*, Hg. G. P. Struve u. B. A. Filippov, 2 Bde., 1; m. Komm. u. Bibliogr.). - Washington 1969 (in *Sobr. soč.*, Hg. dies., 3 Bde., 1964–1969, 3).

ÜBERSETZUNGEN: In *Gedichte*, P. Celan, Ffm. 1959 [Ausw.]. - *Tristia*, ders. u. a., Hg. F. Mierau, Bln./DDR 1985.

LITERATUR: V.M. Žirmunskij, *Na putjach k klassicizmy (O.M. »Tristia«)* (in Vestnik literatury, 1921, Nr. 4/5; auch in V.M. Ž., *Izbrannye trudy*, Bd. 1, 1977, S.138–141). - B. Bobrov, »*Tristia*« (in Pečat' i revoljucija, 1923, Nr. 4). - L. A. Foster, *Nekotorye leksičeskie i semantičeskie osobennosti sbornika »Tristia« O.M.* (in *Slavic Poetics. Essays in Honor of Kyril Taranovsky*, Hg. R. Jakobson u. a., Paris 1973. S. 125–134). - S. A. Ošerov, »*Tristia« O.M. i antičnaja lirika* (in S. A. O., *Antičnost' v kul'ture posledujuščich vekov*, Moskau 1984, S. 337–353).

VLADIMIR RAFAILOVIČ MARAMZIN

* 5.8.1934 Leningrad

TJANITOLKAJ

(russ.; *Ü: Das Stoßmich-Ziehdich*). Erzählung von Vladimir R. MARAMZIN, erschienen 1976 in der in Paris erscheinenden literarischen Exilzeitschrift ›Kontinent‹. – Diese satirische Erzählung, die zu Maramzins besten Texten gehört, entstand im Januar 1966 in Leningrad, wurde in der UdSSR über den Samizdat verbreitet und vom Autor nach der Emigration (1975) mit kommentierendem Beitext in Druck gegeben. Der Titel geht auf das phantastische Tier aus Hugh LOFTINGS Roman *Doktor Dolittle's Zoo* (1925) zurück, das anstelle des Hinterteils einen zweiten Kopf hat, der in die andere Richtung schaut. Es dient dem Erzähler zur dichterischen Umsetzung eigener Erfahrungen mit dem sowjetischen Staatssicherheitsdienst KGB, der dabei sehr widerspruchsvolle Gesichter zeigt. Maramzin schrieb einerseits eine Satire auf den KGB, andererseits auf den sowjetischen dissidenten Schriftsteller der frühen sechziger Jahre, als in der Sowjetunion wahre Literatur unterdrückt, kritische über Abschriften im Samisdat verbreitet und ins Ausland zur dortigen Veröffentlichung gebracht wurde.

Das erste der sechs Kapitel bildet eine plaudernde Reflexion über die Stellung des Schriftstellers in der Gesellschaft. Die Handlung beginnt im zweiten Kapitel. Der Ich-Erzähler, ein Schriftsteller, verharrt einen Augenblick vor dem »*Großen Haus*«, dem Sitz des KGB in Leningrad. Da setzt ein kafkaeskes, phantastisch-realistisches Geschehen ein: Er wird sofort verhaftet; seine Tasche mit Manuskripten muß er in der Garderobe lassen. Er wird zu einem Gespräch in die Literaturabteilung des KGB gebeten, wo sich alle, insbesondere der leitende Oberst in Zivil, nicht nur überaus höflich verhalten, sondern auch offen und kritisch über den sowjetischen Literaturbetrieb sprechen. »*Uns macht das Schicksal der russischen Literatur Sorgen*«, leitet der Oberst das Gespräch ein, und seine Mitarbeiter pflichten ihm bei: »*Sie können doch jede beliebige Zeitschrift aufschlagen, das kann man einfach nicht lesen!*« oder »*Mit Pasternak haben wir uns wohl blöd verhalten.*« Während die KGB-Leute so reden wie sonst Dissidenten unter sich in abhörfreier Umgebung, bleibt der Schriftsteller zunächst mißtrauisch, zumal seine Gegner offenbar bestens informiert sind. Er reagiert mit den üblichen, der offiziellen Presse entnommenen Phrasen, wie »*Sowjetliteratur ... große Erfolge*«. Aus seinen Gedanken wird seine zunehmende Verunsicherung deutlich. Gipfelpunkt des Gesprächs bildet das KGB-Angebot, den Schriftsteller zu verhaften, damit er in einem Einzelzimmer ein aufrichtiges Werk schreibe, das dann mit KGB-Hilfe rasch veröffentlicht werden könne. Beim Verlassen des »*Großen Hauses*« erhält er seine Tasche zurück und ist konsterniert: Sein Manuskript ist inzwischen gebunden und vom KGB visiert.

Die absurde Situation – der KGB als Freund und Helfer einer offenen russischen Literatur, Verhaftung als Ermöglichung künstlerischer Freiheit – wird am Schluß gesteigert. Der Schriftsteller beschließt, nachdem er das Haus verlassen hat, das Angebot anzunehmen, und kehrt zurück. Diese zweite Szene ist parallel und antithetisch gebaut: wieder das Betreten des Hauses, wieder die Begegnung mit dem Oberst. Diesmal entspricht aber beides der üblichen Vorstellung von einem Behördengang. Der Besucher muß lange warten, der Oberst, der nun seine Jacke gewendet – mit der Uniformseite nach außen – trägt, empfängt ihn kühl. Das Wechselspiel ist damit noch nicht beendet. Enttäuscht, daß seine Annahme des Angebots abgelehnt wurde, kehrt der Schriftsteller nach Hause zurück. Doch schon in der folgenden Nacht erhält er einen Anruf von dem KGB-Offizier, der ihm mitteilt, sein Werk sei bereits in einer sowjetischen Literaturzeitschrift erschienen. Er solle sich am Kiosk die neue Ausgabe kaufen. Der Schriftsteller ist verzweifelt, denn nur der verbotene Schriftsteller gilt etwas.

Es ist Maramzin in dieser aus einer Eingebung – nicht einem Erlebnis – entstandenen Erzählung gelungen, in satirisch-bildhafter Weise die Situation des Schriftstellers im Spannungsfeld zwischen Anerkennung beim Leser und staatlicher Beaufsichtigung darzustellen. Dabei kritisiert er einerseits den Schriftsteller, den der Drang nach Schreib- und Publikationsmöglichkeit blind macht, die Geschicklichkeit des KGB zu durchschauen, und macht andererseits die sowjetische öffentliche, aber der Presse widersprechende Meinung lächerlich, verbotene Werke seien *a priori* gut. Er stellt den KGB in satirischer Verfremdung spiegelverkehrt zur Wirklichkeit dar, wirft aber damit einen Blick in die Zukunft.

Zehn Jahre später nämlich – so berichteten Maramzin selbst und Vladimir Vojnovič – haben sich KGB-Offiziere durchaus ähnlich verhalten. In der Zeit der *perestrojka* (ab 1986) wurde das Verhältnis der staatlichen sowjetischen Stellen gegenüber der Literatur ganz erheblich positiver, wurde die Zensur (wie in Maramzins Erzählung) aufgehoben. Ausgehend von der seinen Lesern bekannten Tatsache, daß sowjetische Behörden Literatur als Medium der Massenbeeinflussung fürchten und sie deshalb ihrerseits beeinflussen wollen und daß der KGB eine geheimnisumwitterte Institution mit unumschränkter Gewalt ist, hat Maramzin ein phantastisches Idealbild des KGB in seinem Verhältnis zur Literatur entworfen, das grundsätzliche Bedeutung für das Verständnis des gegenseitigen Verhältnisses von Macht, Kunst und Rezeption hat. W.Ka.

AUSGABEN: Paris 1976 (in Kontinent, Nr. 8). – Paris 1979 (in *Smešnee čem prežde*). – Ann Arbor 1981.

ÜBERSETZUNG: *Das Stoßmich-Ziehdich*, Ch. Bertoncini (in *Ich mit einer Ohrfeige in der Hand*, Bln. 1978).

LITERATUR: T. Chmel'nickaja, *Zapasniki duši* (in Literaturnaja gazeta, 19. 5. 1966, S. 3). – Ju. Mal'cev, *Russkaja literatura v poiskach form* (in Grani, 98, 1975, S. 181–187). – W. Kasack, Art. *V. R. M.* (in W. K., *Lexikon der russischen Literatur ab 1917*, Stg. 1976, S. 235 f.). – L. Lifšic, *Proza Ivana Petroviča* (in Kontinent, 10, 1976, S. 386–393). – W. Kasack, *Auf der Suche nach dem eigenen Stil* (in NZZ, 17. 3. 1978). – Ders., *Satire als Vorausschau* (in *Colloquium Slavicum Basiliense. Gedenkschrift für Hildegard Schroeder*, Basel 1981). – E. J. Brown, *Russian Literature since the Revolution*, Cambridge/ Mass. 1982, S. 386 f. – R. Figge, *Satiretechnik bei W. M.* (in *Literatur und Sprachentwicklung in Osteuropa im 20. Jahrhundert*, Bln. 1982).

SAMUIL JAKOVLEVIČ MARŠAK

* 2.3.1887 Voronež
† 4.7.1964 Moskau

LIRIČESKIE ÉPIGRAMMY

(russ.; *Ü: Lyrische Epigramme*). Gedichtsammlung von Samuil Ja. MARŠAK, erschienen 1965. – In den letzten Jahren seines Lebens wandte sich der bis dahin vor allem als Kinderautor und Übersetzer bekannte Autor zunehmend dem eigenen lyrischen Schaffen zu. Nach dem Erfolg der Sammlung *Izbrannaja lirika*, 1962 *(Ausgewählte Lyrik)*, für die ihm der Lenin-Preis verliehen wurde, verfaßte Maršak rund fünfzig kurze Gedichte, die zusammen mit einigen Werken aus dem früheren Schaffen postum als *Liričeskie épigrammy* veröffentlicht wurden. – Die meist vierzeiligen Werke dieser Sammlung sind, wie auch die frühere Lyrik Maršaks, eher unpersönlich in ihrer Ausrichtung. Thematisch dominiert die Reflexion über Literatur und Kunst. Daneben findet man auch zurückblickende moralische Belehrungen und einen kleinen Zyklus über die Natur.

Viele der Epigramme stellen einen Versuch dar, das Wesen der Kunst auf eine knappe und einprägsame Formel zu bringen: »*Es gibt keinen vorgeschriebenen Weg zur Kunst. / Wenn der Himmel und das Meer nur die Bläue wären, / Würdest du Himmel und Meer / in einem Geschäft für Farben kaufen können.*« Nicht die Forderungen einer bestimmten Zeit bzw.

eines bestimmten Landes stehen im Mittelpunkt dieser Dichtung, sondern die universellen Eigenschaften des Schaffensprozesses: »*Dichter, warte die seelische Ruhe ab, / Um das Atmen des Sturms wiederzugeben, / Damit sich ein einziger Vierzeiler / In deinem längst geöffneten Heft niederläßt.*« Die philosophischen Epigramme rufen zuweilen den didaktisch-humorvollen Kinderautor Maršak in Erinnerung (»*Wir brauchen Mut / Zum ersten Schritt. / Wer fällt, aber den zweiten Schritt riskiert, / Der ist ein zweifacher Held*«), sind aber auch oft von der meditativen Stimmung des Lebensabends beherrscht. Das lyrische Ich bereut nichts, wird sich aber voller Trauer der Unumgänglichkeit des Todes bewußt: »*Und die Zeit kam. Und der Tod kam – einfach so, / Nicht wie in romantischen Träumen, / Sondern er bewältigte einfach das Herz, / Und es erloschen in ihm das Leiden und die Angst.*« Oder: »*Alles stirbt auf der Erde und im Meer, / Aber dem Menschen wird ein schweres Los beschert: / Er muß über das Todesurteil wissen … / Er lebt, trotz allem, / Als ob er eine Ewigkeit leben würde / und als ob die Welt ihm gehören würde.*«
Der Stil zeichnet sich durch Klarheit und die Nähe zur gesprochenen Sprache aus, die diese Epigramme dem breiten Publikum zugänglich machen. Die späte Lyrik Maršaks ist der klassischen russischen Dichtung verpflichtet, v. a. der von A. Puškin, der in einem der Epigramme gewürdigt wird (»*So ist es richtig für den Dichter – daß nicht … / eine falsche Maske, sondern er selbst geliebt wird*«). Das Metrum der Gedichte folgt ausschließlich klassischen Mustern, meist vier- bzw. fünffüßigen Jamben. Die Zeilen sind immer gereimt, wobei der Kreuzreim mit abwechselnden männlichen und weiblichen Endungen vorherrscht. – Maršaks verstärkte Beschäftigung mit der Form des Vierzeilers fällt mit seinem zunehmenden Interesse für den persischen Dichter des Mittelalters ʿOmar Hayyām zusammen. Seine Pläne, dessen *Robāʿiyāt (Vierzeiler)* ins Russische zu übersetzen, hat Maršak nie realisiert, aber die knappen, aphoristischen Werke dieser weltberühmten Sammlung dienten ihm als Vorbild für seine *Liričeskie épigrammy*: »*Vier Zeilen strömen Gift aus, / Wenn in ihnen ein böses Epigramm lebt, / Aber die Wunden des Herzens heilen die ›Rubaijat‹ – / Die Vierzeiler des alten Hayyām.*« H.Mey.

AUSGABEN: Moskau 1965. – Leningrad 1973 (in *Stichotvorenija i poémy*).

LITERATUR: B. E. Galanov, *S. Ja. M. Žizn' i tvorčestvo*, Moskau ⁴1965. – N. Koržavin, Rez. (in Literaturnaja gazeta, 25. 12. 1965). – B. Sarnov, Rez. (in Novyj mir, 1966, Nr. 11, S. 256–259).

LEONID NIKOLAEVIČ MARTYNOV

* 22.5.1905 Omsk
† 21.6.1980 Moskau

DAS LYRISCHE WERK (russ.) von Leonid N. MARTYNOV.
Die lange Dichterlaufbahn Martynovs erstreckt sich von der letzten Phase der russischen Avantgarde bis zum Anfang der achtziger Jahre. Seine in rund zwanzig Originalsammlungen zusammengefaßten Gedichte dokumentieren den Weg eines eher unpolitischen Dichters durch verschiedene Phasen der sowjetischen Lyrik. Martynovs erste Gedichte erschienen 1921 in den Zeitungen und Zeitschriften seiner sibirischen Heimatstadt Omsk. Bald wurde er zu den »sibirischen Futuristen« gezählt, deutliche Einflüsse V. MAJAKOVSKIJS – vor allem in der Instrumentalisierung der Sprache und Verwendung von Kalauern – machten sich bemerkbar. Martynovs frühe Werke sind von Revolutionspathos beherrscht (»*Zwischen den alten Häusern / … bewegten sich die Panzerwagen / … Der ruhmreiche Fahrer ist die Revolution*«).
Vom Ende der zwanziger Jahre (das Gedicht *Reka* »*Tišina*«, 1929 – *Der Fluß »Stille«*) bis in die vierziger Jahre beschäftigt sich Martynov in episch breiten Werken in Versen mit der Geschichte und den Legenden Sibiriens (*Pravdivaja istorija ob Uben'kae*, 1935/36 – *Die wahre Geschichte über Uben'kaj; Tobol'skij letopisec*, 1937 – *Der Tobolsker Chronist*). Diese Entwicklung findet ihren Höhepunkt in den Gedichten über »Lukomor'e«, einen in der Novgoroder Folklore thematisierten mythisch-utopischen Ort am Meer. A. PUŠKINS märchenhaft-romantisches Poem *Ruslan i Ljudmila* (1820) sowie ein dreijähriger Aufenthalt Martynovs in Vologda (1932–1935) erweckten sein Interesse für die nordrussische Sage, die er z. T. auf Sibirien übertrug: »*Lukomor'e existiert! / Mein Urgroßvater war da … / Diese zauberhafte Ortschaft, / Ein Land großer Schätze, / Wo die Ehrlichkeit der Menschen unermeßlich ist, / Wo man zahlreiche Wunder und Ungeheuer findet*« – *Lukomor'e* (1945). Die Sprache der historisch-legendären Werke ist reich an folkloristischen und dialektalen Elementen, die Metrik eher konventionell, aber oft mit überraschenden Enjambements versehen.
1939 erschien die erste Gedichtsammlung Martynovs, doch nach der Wende in der sowjetischen Literaturpolitik, die 1946 durch die Angriffe auf A. ACHMATOVA und M. ZOŠČENKO eingeleitet wurde, gerieten auch Martynovs »mystische« Werke – vor allem der Band *Ercinskij les*, 1946 (*Der Wald von Ercin*), der die »Lukomor'e«-Gedichte enthielt – ins Kreuzfeuer der orthodoxen Kritiker, darunter auch der Lyrikerin V. INBER. Dies führte zu einem Publikationsverbot. – Die während dieser rund zehn Jahre anhaltenden Periode des öffentlichen

Schweigens verfaßten Werke, die teilweise erst in den sechziger oder siebziger Jahren veröffentlicht wurden, setzen zum Teil die mythische Linie fort, es klingen aber auch kritische Töne über den Opportunismus der späten Stalinzeit (»*Doch, es gibt einen Ausweg / Er wird von der Ehrlichkeit gezeigt«*) und die in der folgenden Phase dominierenden philosophischen Tendenzen an.

Mit der Aufhebung des Publikationsverbotes begann 1955, also in den ersten Jahren der »Tauwetter«-Periode, eine neue Phase im Schaffen Martynovs. Der Dichter betrat im sechsten Jahrzehnt seines Lebens erneut die literarische Bühne und wurde zu einer der leitenden Figuren in der sowjetischen Literatur der späten fünfziger und sechziger Jahre. Erst die Werke dieser Zeit »*machten Martynov weiterhin bekannt und befreiten ihn von dem Odium eines ›regionalen‹ Talents«* (J. Holthusen). – Die Grundeinstellung des lyrischen Ichs des »neuen« Martynov ist durchweg positiv – auch im Hinblick auf explizit sowjetische Werte (*Lenin*, 1970) – und betont zukunftsgerichtet (»*Denkst du, / Daß man früher / Ruhiger lebte? / Hör bloß auf! / Gib diese Naivität auf!«* – *Starye vremena*, 1962 – *Die alten Zeiten*), doch dem politischen Geschehen bleibt der Dichter in seinem Werk nach wie vor fern. Dessen Thematik ist außerordentlich vielseitig und erstreckt sich von Errungenschaften der modernen Wissenschaft über Kommentare zur Geschichte bis zu Problemen des alltäglichen Lebens, wobei das konkret Beschriebene meist als Anstoß für eine Diskussion über allgemeine philosophische Probleme dient. Am meisten beschäftigen Martynov das Phänomen der Zeit und die schwer begreifliche Komplexität des Lebens und der Natur, die er mit einer einprägsamen Einfachheit zu formulieren versteht, was zu seiner Popularität in breiten Kreisen der UdSSR maßgeblich beigetragen hat.

In seinen poetischen Verfahren ist Martynov nicht außerordentlich experimentell, weiß aber sehr wohl die Errungenschaften der russischen Symbolisten und Futuristen in seine Verstechnik einzubeziehen. Oft verwendet er kühne Wortspiele, die der Geradlinigkeit seines sonst prosaähnlichen Stils entgegenwirken. Im Gedicht *O, zemlja moja*, 1957 (*O mein Land*), kommt z. B. das Wort *storona* (Seite) in fast jeder Zeile vor, erhält aber jedesmal einen anderen Sinn, womit die dogmatische Einseitigkeit kritisiert und bekämpft wird. – Bis kurz vor seinem Tod verfaßte Martynov Gedichte und setzte dabei die Richtung fort, die er Mitte der fünfziger Jahre eingeschlagen hatte. Seine Gedankenlyrik aus dieser Zeit ist knapp; der Dichter reflektiert zunehmend über die Kunst und den Künstler (*Stichi i proza*, 1972 – *Verse und Prosa*; *Mir rifm*, 1974 – *Die Welt der Reime*). Obwohl er sich immer häufiger dem Thema des Todes zuwendet (*Prichodit vremja*, 1979 – *Die Zeit kommt*), zeugen auch seine letzten Gedichte von seiner unbeirrten Zukunftsorientiertheit.

Martynov, der wegen der Thematik seiner Gedichte aus den vierziger Jahren, aber auch wegen seiner utopisch-zukunftsgerichteten Einstellung von der sowjetischen Kritik der »*Sänger des Lukomor'e«* genannt wird, ist einer der wichtigsten sowjetischen Gedankenlyriker der Nachkriegszeit. Er wurde mit mehreren Preisen ausgezeichnet, darunter mit dem Staatspreis der UdSSR (für den Gedichtband *Giperboly*, 1972 – *Hyperbeln*). 1971 wurde er ins Präsidium des Schriftstellerverbandes gewählt. – Seine Lyrik bildete zwar eine Brücke zwischen der futuristischen Avantgarde und der jungen »Tauwetter«-Poesie (A. Voznesenskij, E. Evtušenko), wurde dann aber von letzterer hinsichtlich der Popularität beim Publikum übertroffen. Aus diesem Grunde, aber auch wegen seiner unübersetzbaren Wortspiele fand Martynov weniger Beachtung im Ausland als seine »Schüler« der fünfziger und sechziger Jahre. H.Mey.

Ausgaben: *Stichi i poėmy*, Omsk 1939. – *Poėmy*, Moskau/Omsk 1940. – *Za rodinu*, Omsk 1940. – *My pridëm*, Omsk 1942. – *Žar-cvet*, Omsk 1944. – *Lukomor'e*, Moskau 1945. – *Ercinskij les*, Omsk 1946. – *Stichi*, Moskau 1955. – *Lirika*, Moskau 1958. – *Stichotvorenija*, Moskau 1961. – *Novaja kniga*, Moskau 1962. – *Stichi*, Moskau 1964. – *Poėmy*, Novosibirsk 1964. – *Pervorodstvo*, Moskau 1965. – *Golos prirody*, Moskau 1966. – *Stichotvorenija*, Moskau 1967. – *Ljudskie imena*, Moskau 1969. – *Vo pervych, vo vtorych, vo tretich*, Moskau 1972. – *Giperboly*, Moskau 1972. – *Izbrannaja lirika*, Moskau 1973. – *Zemnaja noša*, Moskau 1976. – *Sobr. soč.*, 3 Bde., Moskau 1976/77. – *Uzël bur'*, Moskau 1979. – *Zolotoj zapas*, Moskau 1981. – *Reka tišina*, Moskau 1983. – *Stichi i poėmy*, Leningrad 1986.

Übersetzung: *Der siebente Sinn*, A. Endler u. P. Wiens, Bln./DDR 1968.

Literatur: I. Grinberg, *Doroga v Lukomor'e* (in Zvezda, 1945, Nr. 7). – V. Inber, *Uchod ot dejstvitel'nosti* (in Literaturnaja gazeta, 7. 12. 1946). – L. M., *Moj put'* (in L. M., *Stichotvorenija*, Moskau 1961, S. 5–13). – A. Nikul'kov, *L. M.*, Novosibirsk 1969. – V. Dement'ev, *L. M.: poėt i vremja*, Moskau 1971; ²1986. – G. Mučnik, *O chudožestvennom metode poėzii L. M. 20-ch godov* (in Russkaja literatura, Alma-Ata 1972, Nr. 3, S. 58–65). – N. B. Rusanova, *L. N. M. Bibliografičeskij ukazatel'*, Omsk 1980. – A. I. Pavlovskij, *Miroznanie L. M.* (in A. I. P., *Sovetskaja filosofskaja poėzija*, Leningrad 1984, S. 83–127). – Z. A. Petrova, *Istoričeskie poėmy L. M.: vzaimodejstvie literaturno-istoričeskogo materiala i chudožestvennogo vymysla*, Leningrad 1984 [zugl. Diss. Leningrad]. – *Problemy tvorčestva L. M. Mežvuzovskij sbornik naučnych trudov*, Hg. Ė. Šik u. a., Omsk 1985.

NOVELLA NIKOLAEVNA MATVEEVA

* 7.10.1934 Puškin bei Leningrad

DAS LYRISCHE WERK (russ.) von Novella N. Matveeva.
Novella Matveeva ist in erster Linie für ihre einzigartigen Gedichte bekannt, die sie zu eigenen Gitarrenmelodien singt und die oft, so die Dichterin, nur in Verbindung mit der Musik verständlich sind. Sie debütierte 1958 in der Parteizeitung ›Komsomol'skaja pravda‹. Darauf folgten mehrere Zeitungspublikationen, hauptsächlich in ›Junost'‹ und ›Novyj mir‹, sowie einige Gedichtbände und Schallplatten, die die Aufmerksamkeit der Kritiker und des Publikums auf sich zogen. Schon diese ersten Werke bestechen durch originelle Thematik, ungewöhnliche Frische und ausdrucksvolle Sprache, die im übrigen auch der späteren Dichtung von Matveeva eigen sind. Ihr umfangreiches Werk umfaßt Lieder, Landschafts- und Kindergedichte, sozialkritische und satirische Lyrik sowie philosophisch-theoretische Gedichte. Jede dieser thematischen Gruppierungen weist ihren eigenen Stil auf. Den Liedern von Matveeva haftet die Stimmung der Nostalgie an; es ist eine Sehnsucht nach dem Nichthiesigen, Nichterreichbaren, Nichtgreifbaren, nach dem Vergangenen, nach der Kindheit, nach fernen Ländern und Meeren. Die Dichterin meidet das Konkrete; die poetische Landschaft ihrer Lieder ist traumhaft, zeitlos und geographisch unbestimmt. Diese mystische Welt erfüllt – abgesehen von der ästhetischen Wirkung – eine bestimmte Vermittlungsfunktion. Dank der gänzlichen Realitätsferne erscheint nämlich jede Botschaft der Autorin, auch wenn es eine alte Binsenwahrheit ist, überraschend neu, so z. B. in *Karavan (Die Karawane)*: »*Aber die Karawane ging immer weiter durch die Wüste, / sie ging deshalb, weil das Übel kein Unglück ist.*« (»*Das Übel ist kein Unglück*« ist ein altes russisches Sprichwort.)
Die Seethematik nimmt in den Liedern der Matveeva einen besonderen Platz ein. Meereswellen, Schiffe, Matrosen, Fischer, die Ferne erscheinen als Symbole der Freiheitsliebe, der Wahrheitssuche, einer spontanen, frischen und klaren Wahrnehmung der Welt, einer scherzhaft-leichten Lebensbejahung. Im Lied *Brat'ja-kapitany (Brüder-Kapitäne)* gelingt es der Dichterin, vor einem exotischen Hintergrund und mit einfachen formellen Mitteln die Dramatik auszudrücken, die in der Einsamkeit jedes Suchenden liegt: »*Aber die Schiffe, die uns folgen, / werden mit denselben Wellen kämpfen müssen.*« Der dramatische Effekt wird durch die naiv anmutende Handlung noch verstärkt. Der paradoxen Wirkung, die den Liedern von Matveeva oft eigen ist, liegt ebendiese Verbindung von formeller Einfachheit, kindlicher Naivität und einem verborgenen philosophischen Inhalt zugrunde. Die Lieder

erzählen unter anderem von der Entdeckung der Schönheit im Häßlichen (»*Eine Linde blühte am Kreuzweg auf, / der Stamm ist verkrümmt, / aber ihre Blüten sind leicht*«), von der unaussprechbaren Offenheit der Geheimnisse (»*Diese Häuser ohne Dächer / in der grauen nächtlichen Ferne / sie wußten irgend etwas, / was sie nicht sagen konnten*«) und von dem Zauber der Gefühlsambivalenz (»*Alles war zauberhaft: / selbst der Papierabfall, / selbst ein Rührstock, / bleiben im Gedächtnis. / Und diese Häuser ohne Dächer, / hell ohne Licht, / diese Trauer und Freude, / diese Nacht mit dem Lächeln eines Tages*«).
Reich an Metaphern sind nicht nur die Lieder, sondern auch die Landschaftsgedichte der Matveeva: »*Die Wolken brennen beim Sonnenuntergang … / wie ein frischer Einschnitt auf dem Granatapfel*« (*Oblaka – Die Wolken*). Die für die russische Lyrik wegen ihrer Exotik, Farbenpracht und Stärke eher untypischen Metaphern lassen den Einfluß von García Lorca vermuten: »*Wie die Götter ging der Donner von den Wolken nieder, / wie ein Falke fiel ein Gewitter über die Prärie (Indejskaja pesnja – Das Indianerlied).*« Die sprudelnde Phantasie der Matveeva kommt besonders deutlich in den Gedichten zum Vorschein, in denen sie kleinen, alltäglichen Dingen (wie Abflußrohre, Zeppelin oder Pfeffer) ein eigenes Bewußtsein verleiht: »*Rohre, ihr Rohre, / ihr habt eure Lippen gestreckt, / um den Passanten Geheimnisse der Häuser auszuplaudern*« (*Vodostočnye truby – Abflußrohre*). Das ermöglicht der Dichterin einen Dialog mit sich selbst und die Verkündung der eigenen Lebensphilosophie.
Geschätzt und geliebt werden die Lieder von Matveeva hauptsächlich in sowjetischen Intellektuellenkreisen. Neben A. Galič, B. Okudžava und V. Vysockij gehört sie zu den sogenannten »Barden«, die in den sechziger Jahren das Genre des gesungenen Gedichts geschaffen und populär gemacht haben. Dagegen genießen ihre melodielosen Gedichte weitaus weniger Popularität, obwohl manche von ihnen für ihr Werk nicht minder repräsentativ sind. So entstand eine ganze Reihe von Gedichten literaturtheoretischen Inhalts als Antwort an die Kritiker, die der Dichterin »Exotik« und »Flucht« vorwarfen, nicht selten in einer persönlich verletzenden Form. Kritiker sind dazu da, so Matveeva, »*um über das Ewige in einer Sprache des Grabes zu urteilen*« (*Zoloto projektov – Das Gold der Projekte*). Energisch verteidigt sie ihr Recht auf eigene Interpretation der Realität gegen die Angriffe der Wächter des Sozialistischen Realismus. Ihre Kompromißlosigkeit und der direkte, leidenschaftliche Stil ihrer Polemik erinnern mitunter an das Pathos von Marina Cvetaeva (*Moj Bodler – Mein Baudelaire; Podmaster'je – Der Lehrling; Moe otnošenie – Meine Meinung*).
Die sozialkritischen Gedichte der Matveeva wirken geradezu entlarvend (*Zoloto proektov; Rošči vzgljada – Heime des Blickes*); die für ihre Lieder typische Anmut verschwindet hier gänzlich hinter ungewöhnlich scharfen Tönen. In ihrer philosophischen Lyrik indes setzt sie sich mit der Rolle des Dichters (*Poëty – Dichter; Starinnyj brodjaga – Der altertüm-*

liche Vagabund) und dem Wesen der Poesie *(Poznanie – Erkenntnis; Ballada kruga – Die Kreisballade)* auseinander oder spricht ihr Bedauern über die aus dem Leben verschwundene Romantik aus, die sie als *»mutige Trauer«* und die *»Sehnsucht nach Cooper und Grin«* bezeichnet. Einige Gedichte sind ihren Lieblingsdichtern, meist aus dem englischsprachigen Raum (R. Frost, E. A. Poe), gewidmet.

Sledopyt (Der Kundschafter) ist gewissermaßen das programmatische Gedicht der Novella Matveeva. Hier verleiht sie ihrer Begeisterung für eine aktive, optimistische Lebenseinstellung Ausdruck: *»Wie viel Inspiration gibt es im Leben! Wie wenig Gewöhnliches!«* Die Subjektivität der Wahrheitsentdeckung, die die Autorin unermüdlich verteidigt, steht im krassen Gegensatz zu der vom Staat diktierten Literaturdoktrin, der eine vorgefertigte, allgemeingültige »Wahrheit« zugrunde liegt *(Oda kljakse – Ode an den Tintenklecks)*. So versucht Matveeva, ihr Verlangen nach der künstlerischen und politischen Freiheit in ihren Auseinandersetzungen mit der Kritik zu vermitteln, oder sie verlegt es in ihre musikalischen Träume von ungarischen und spanischen Freiheitskämpfern *(Vengerskaja pesnja – Ungarisches Lied; Pesnja svobody – Freiheitslied)*. Mit der Zeit werden tragische Töne unüberhörbar; hin und wieder klingt Ausweglosigkeit an: *»Still balle ich in der Faust / die Qual / des ewigen Geheimnisses, / aber auch dessen Enträtselung / kann mir / keine Erleichterung bringen«* *(Napev – Ein Motiv)*.

Die metrische Form ist bei Matveeva stets traditionell; die späten Versuche, in reimlosen Versen zu schreiben *(Rana – Die Wunde; Obraščenie k Goraciju – Anrede an Horatio)*, bleiben vereinzelte Ausnahmen. Ihre poetische Originalität liegt in einer Botschaft, deren Inhalt schwer zu definieren ist, denn die Dichterin schafft in ihren Gedichten eine Atmosphäre des Geheimnisses, des Märchens. Sie spricht im Leser das verträumte, verletzbare und zutrauliche Kind an. Sie selbst formuliert ihre dichterische Aufgabe folgendermaßen: *»Ein Lied zu machen aus dem Stoff, / aus dem bestand / das, was dein Lied getötet hat«* *(Moj Bodler)*.   E.I.

Ausgaben: *Lirika*, Moskau 1961. – *Korablik*, Moskau 1963. – *Duša veščej*, Moskau 1966. – *Solnečnyj zajčik*, Moskau 1966. – *Lastočkina škola*, Moskau 1973. – *Reka*, Moskau 1978. – *Zakon pesen*, Moskau 1983. – *Strana priboja*, Moskau 1983. – *Kroličja derevnja*, Moskau 1984. – *Izbrannoe*, Moskau 1986. – *Chvala rabote*, Moskau 1987. – *Lirika* (in Znamja, 1992, Nr. 3/4). – *Nerastoržimyj krug*, Moskau 1991. – *Osanna Schodne*, Moskau 1992. – *Menuèt*, Moskau 1994.

Literatur: O. Voronova, *Na poroge novoj knigi* (in Komsomol'skaja pravda, 24. 8. 1963). – B. Runin, *Dalekoe i blizkoe* (in Novyj mir, 1964, Nr. 5). – A. Obertynskij, *Skol'ko sčast'ja v derev'jach* (in Moskva, 1964, Nr. 8). – Z. Papernyj, *Skazka na okraine goroda* (in Literatura v škole, 1965, Nr. 1). – L. Levickij, *Duša dejstvitel'nosti* (in Novyj mir,

1967, Nr. 6). – L. Michajlova, *Poezija duchovnosti* (in Literaturnaja gazeta, 9. 2. 1975). – G. Krasuchin, *Izoščrennost' masterstva* (ebd., 19. 2. 1975). – S. Čuprin, *Trud vdochnovenija* (in Novyj mir, 1984, Nr. 10).

VSEVOLOD ÉMIL'EVIČ
MEJERCHOL'D

* 9.2.1874 Penza
† 2.2.1940 Moskau

Literatur zum Autor:
A. Gvozdev, *Teatr im. V. M. (1920–1926)*, Leningrad 1960. – N. Volkov, *M.*, 2 Bde., Moskau/Leningrad 1929. – B. Alpers, *Teatr social'noj maski*, Moskau/Leningrad 1931. – P. A. Markov, *Novejšie teatral'nye tečenija (1898–1923)*, Moskau 1934. – J. B. Elagin, *Temnyj genij: V. M.*, NY 1955; Ldn. ²1982. – B. Rostockij, *O režissërskom tvorčestve V. È. M.*, Moskau 1960. – N. B. Beeson, *V. M. and the Experimental Prerevolutionary Theater in Russia*, Diss. NY 1960. – K. Martinek, *M.*, Prag 1963. – K. Rudnickij, *Režissër M.*, Moskau 1969. – M. L. Hoover, *M. The Art of Conscious Theater*, Amherst 1974. – P. F. Schmidt, *The Theater of V. E. M.*, Diss. Cambridge/Mass. 1974. – V. P. Koršunova u. a., *Bibliograf. ukazatel' knig. statej … V. E. M.*, Moskau 1974. – *Tvorčeskoe nasledie V. E. M.*, Moskau 1978. – E. Braun, *The Theater of M. Revolution on the Modern Stage*, Ldn. 1979. – K. R. Eaton, *The Theater of M. and Brecht*, Diss. Madison 1979. – A. Gladkov, *Gody učenija V. M.*, Saratov 1980. – Ch. Mailand-Hansen, *M.s Theaterästhetik in den 1920er Jahren. Ihr theaterpolitischer und kulturideologischer Kontext*, Kopenhagen 1980. – K. Rudnickij, *M.*, Moskau 1981. – S. Michaela, *Zur Konzeption und Entwicklung des Uslovnyj-Theaters M.s: eine Analyse unter besonderer Berücksichtigung seiner Auswirkungen auf das epische Theater B. Brechts*, Diss. Köln 1982. – K. B. Eaton, *The Theater of M. and Brecht*, Westport/Conn. 1985. – C. Kiebuzinska, *Revolutionaries in the Theater: M., Brecht and Witkiewicz*, Ann Arbor 1988. – *Mejerchol'dovskij sbornik*, Bd. 1, Moskau 1992. – *M. repertiruet*, 2 Bde., Moskau 1991. – *Werkraum M. Zur künstlerischen Anwendung seiner Biomechanik*, Hg. D. Hoffmeier u. K. Völker, Bln. 1995.

O TEATRE

(russ.; *Über das Theater*). Essays, Kritiken, Tagebuchnotizen von Vsevolod É. Mejerchol'd, entstanden und zum Teil veröffentlicht 1905–1912, erschienen 1913. – In dem Sammelband kritischer

Reflexionen über eigene und fremde Theaterarbeit entwickelt der Autor seine Theatertheorie, deren einzelne Positionen er ständig an der Praxis überprüft.

Mejerchol'd setzt an bei K. STANISLAVSKIJ und dem »Moskauer Künstlertheater«, wo er 1898 seine Schauspielerlaufbahn begonnen hatte. Dem psychorealistischen Stimmungstheater, das großen Wert auf historisch genaue Ausstattungsdetails legte, wirft er vor, die Kunst des Theaters auf die »Photographie«, die »Illustration der Worte des Autors« zu beschränken. An M. MAETERLINCKS Mysterienbeispielen, deren Symbolwelten sich nicht auf reale Zeiten und Räume fixieren lassen, erarbeitet er seinen Stil eines bewußt geformten (nicht erlebten), die Eigengesetzlichkeit der Bühne betonenden Theaters (»uslovnyj teatr« – den Begriff übernimmt Mejerchol'd von V. BRJUSOV). Er sprengt den Rahmen der Guckkastenbühne, konzentriert die Aktion auf das Proszenium, dessen Raum er durch symbolische Farben, Vorhänge und Lichteffekte reliefartig stilisiert. Dem Dekor entspricht die Schauspielergestik, keine natürliche Bewegung stört die Harmonie des malerischen Bildes. Das Publikum soll sich vollkommen auf die Magie der Farben- und Linienkomposition konzentrieren.

Das Musiktheater, seinem Wesen nach antirealistisch, kommt Mejerchol'ds Willen zur Form entgegen. Er entdeckt bei der Inszenierung von R. WAGNERS *Tristan und Isolde* (1910), daß die szenischen Elemente sich nur dann zum Gesamtkunstwerk fügen, wenn sie der Partitur, nicht dem Stoff des Librettos entsprechen. Vor allem die Bewegungsregie muß mit Harmonie und Rhythmus der Musik korrespondieren, wodurch sich der Bewegungsablauf dem Tanz nähert. Die Überbetonung des Dekorativen überwindet Mejerchol'd durch den Rückgriff auf das Volkstheater (vor allem die *commedia dell'arte*). Bei der Rekonstruktion dieser »Epochen der reinen Theatralität« erkennt er als die wesentlichen Theaterelemente: Maske, Geste und Bewegung. Mejerchol'd verselbständigt das Spiel und – parallel dazu – löst es von der Literatur. Harlekin – halb Gaukler, halb Artist, Virtuose in allen schauspielerischen Techniken – braucht nur ein Szenario als Grundlage für sein »teatr improvizacii«. Bevorzugtes Stilmittel des Jahrmarkttheaters – *Balagan (Schaubude)* lautet der Titel des entscheidenden Essays in *O teatre* – ist die Groteske: Scheinbar Unvereinbares wird in überraschende Zusammenhänge gebracht, plötzliche Kontraste durchbrechen die alltägliche Beziehung des Zuschauers zur Realität. In der Inszenierung von A. BLOKS *Balagančik*, 1906 *(Die Schaubude)*, die Mejerchol'd selbst als »ersten Impuls zur Definition meines künstlerischen Weges« ansieht, gelingt die Verfremdung: Auf die Bühne steht, als zweite Spielfläche, ein Marionettentheater, dessen Bühnenmaschinerie unverkleidet ist; zudem tritt der Autor als Kommentator des Spiels auf. Damit vollzieht Mejerchol'd den endgültigen Bruch mit dem Illusionstheater.

O teatre ist das Konzentrat von Mejerchol'ds Theaterarbeit vor der Revolution. Als begabter Schriftsteller – wie A. ČECHOV ihm bescheinigt – konfrontiert er seine Regietätigkeit immer wieder mit der gesamteuropäischen Theatertradition und deren aktueller Entwicklung. Er folgt dem russischen Symbolismus, der die Erneuerung des Theaters aus seinen religiösen Ursprüngen fordert (V. IVANOV); er setzt sich mit M. REINHARDT auseinander, greift die Reformideen von G. FUCHS, A. APPIA und E. G. CRAIG auf, deren esoterischen Ästhetizismus er allerdings im Verlauf seiner Studien zum Volkstheater und zur Groteske überwindet. Hier beginnt sein Weg zum Theater nach der Revolution. R.Ti.

AUSGABEN: Petersburg 1913. – Moskau 1968 (in *Stat'i, pisma, reči, besedy*, Bd. 1).

TEATRAL'NYJ OKTJABR'

(russ.; *Ü: Theateroktober*). Aufsätze zu Theorie und Praxis des nachrevolutionären Theaters, herausgegeben von Vsevolod É. MEJERCHOL'D u. a., erschienen 1926. – Der Begriff des »*Theateroktober*«, der zum Etikett aller sowjetischen Bühnenexperimente der zwanziger Jahre unabhängig von den im Einzelfall vorherrschenden Beziehungen zwischen ästhetischem Experiment und sozialistischer Theorie beziehungsweise neuer Gesellschaftsordnung wurde, bezeichnet ursprünglich lediglich das Programm des Regisseurs Mejerchol'd. Einst Schüler K. STANISLAVSKIJS, dann umstrittene Zentralfigur des vorrevolutionären Petersburger Theaterlebens, war Mejerchol'd einer der ersten russischen Künstler, die die Revolution begrüßten. A. LUNAČARSKIJ ernannte ihn Ende 1920 zum Leiter des sowjetischen Theaterwesens. An die »*vorderste Theaterfront*« berufen, verkündete Mejerchol'd in den folgenden Monaten die Devise des »*Theateroktober*«, wonach das Theater zur Waffe im Klassenkampf werden soll. Es genüge nicht, dem Volk die Tore der Theaterhäuser zu öffnen, wenn das Theater nicht zugleich auf der Bühne qualitativ Neues zeigt und auf die Bedürfnisse des proletarischen Zuschauers eingeht. Werte und Traditionen der Vergangenheit müssen vom Klassenstandpunkt des Proletariats aus überprüft, die Ausdrucksmittel des Theaters müssen revolutioniert werden. Die professionellen Theaterleute haben ihre Kenntnisse an die Laienzirkel der Arbeiter, Bauern und Rotarmisten weiterzugeben. Nur in engem Kontakt mit Zuschauern und Laien wird die Erneuerung des professionellen Theaters gelingen.

Mejerchol'd vertrat seine Thesen zunächst in Interviews und öffentlichen Diskussionen. Erst 1926 erschien unter seiner Redaktion eine ausführliche Publikation, in der Mitarbeiter seines Theaters das Programm erläuterten und Mejerchol'ds Theaterpraxis der vergangenen Jahre nach den Prinzipien des Theateroktober analysierten. Neben sowjetischer Gegenwartsdramatik (V. MAJAKOVSKIJ, N. ÉRDMAN, A. FAJKO) inszenierte Mejerchol'd auch vorrevolutionäre Stücke in aktualisierenden

Bearbeitungen. So nimmt seine Aufführung von É. Verhaerens *Les aubes (Die Morgenröte)* im Jahre 1920 auf den Bürgerkrieg Bezug, während seine Inszenierung von A. Ostrovskijs *Les*, 1871 *(Der Wald)*, im Jahre 1924 zu einem Pamphlet auf die Gutsbesitzerswelt des vorrevolutionären Rußland wird. Aus dem Fundus volkstümlicher Spieltechniken der Vergangenheit, die Mejerchol'd bereits vor der Revolution studierte, wählt er jene Elemente aus, die besonders theatralisch und effektvoll sind und der Illusionsdurchbrechung dienen. Wie im Jahrmarktstheater setzt der Schauspieler Pantomime und Akrobatik ein. Neben das Wort tritt als gleichwertiges Ausdrucksmittel das Spiel mit den Dingen. Emotionen werden nicht psychologisch differenziert nachempfunden, sondern vorgezeigt, in eine Gestensprache umgesetzt. Der Schauspieler demonstriert seine Beziehung zur Rolle und macht durch sein Spiel die Klassenzugehörigkeit der dargestellten Person deutlich. Die von konstruktivistischen Künstlern gestaltete Bühne wird zur *»Werkbank« (stanok)*, zum rein funktionalen Spielgerüst. Die Rampe, im bürgerlichen Theater illusionsfördernde *»vierte Wand«* der Bühne, wird von seiten der Schauspieler wie der Zuschauer durchbrochen. Aufgrund der Ergebnisse öffentlicher Diskussionen und intensiver Zuschauerbefragung werden die Inszenierungen ständig überarbeitet. Durch alle ästhetischen Diskussionen der zwanziger Jahre zieht sich die Erörterung der Frage nach der Einschätzung des *»kulturellen Erbes«* der Vergangenheit. Mejerchol'd gilt in dieser Auseinandersetzung als Wortführer der *»Linken«* auf dem Theatersektor. Im Gegensatz zu Futurismus und Proletkult plädiert er nicht für den radikalen Bruch mit der Vergangenheit, sondern steht eher den Prinzipien Lunačarskijs oder Lenins nahe, der die *»Entwicklung der besten Vorbilder, Traditionen und Ergebnisse der bestehenden Kultur vom Standpunkt der marxistischen Weltanschauung und der Lebens- und Kampfbedingungen des Proletariats in der Epoche seiner Diktatur«* fordert. Andererseits ist sich Mejerchol'd mit den Anhängern des Futurismus und des Proletkult in der Ablehnung des bürgerlichen Realismus einig, wie ihn die ehemals zaristischen Theater und das Künstlertheater konservierten. Dieser *»Museumskunst«* räumt er – im Gegensatz zu Lunačarskij – keine Entwicklungsmöglichkeit in der neuen Gesellschaftsordnung ein. – In Deutschland haben Mejerchol'ds Inszenierungen und seine Theorie des revolutionären Theaters vor allem E. Piscator und B. Brecht nachhaltig beeinflußt.   R.Ti.

Ausgabe: Moskau/Leningrad 1926.

Übersetzung: *Theateroktober*, K. Fend, Hg. L. Hoffmann u. D. Wardetzky, Lpzg. 1972. – Dass., ders., Ffm. 1972.

JUNNA PINCHUSOVNA MORIC

eig. Junna Petrovna Moric
* 2.6.1937 Kiew

NA ETOM BEREGE VYSOKOM: Stichi

(russ.; *Auf diesem hohen Ufer: Gedichte*). Gedichtsammlung von Junna P. Moric, erschienen 1987. – In ihrem bislang letzten Gedichtband hat Junna Moric eine Auswahl ihrer Gedichte vom Beginn der sechziger Jahre bis Mitte der achtziger Jahre vorgelegt. Die Dichterin steht in der Nachfolge der Moderne, ihre Verse erinnern an die spröde und zugleich sensible Lyrik der Marina Cvetaeva. Junna Moric benützt vorzugsweise klassische Metren, schreibt aber auch Gedichte in dem vom Symbolismus geprägten *dol'nik* und im Akzentvers, meist unter Beibehaltung des Reims. Ungewöhnliche Metaphern und poetische Bilder sowie eine eher komplexe Syntax machen es dem Leser allerdings nicht leicht, den Gedankenverbindungen dieser Lyrik zu folgen. Ein Großteil der Verse von Junna Moric ist Gedankenlyrik, die von konkreten Bildern der Lebenswirklichkeit ausgeht und diese als Metaphern für die Psychologie und Philosophie dichterischer Tätigkeit einsetzt. Immer wieder stellt die Dichterin ihr vom Ethos der Liebe getragenes Anliegen den vielfachen Ansprüchen des Lebens gegenüber. Im programmatischen Eingangsgedicht des Bandes schreibt sie vom *»harmonischen Chor der Verse,/ die all das verkünden, woran die Erde nicht vorübergehen kann«*. Diese Lyrik ist dem Diesseits zugewandt, ihr liegt eine oft enthusiastische Akzeptanz der Realität zugrunde. Im Gedicht *Na smert' Džul'etty (Auf den Tod Julias)* ruft die Dichterin Julia auf, doch nicht den Freitod zu wählen, und stellt ein erfülltes Leben späterem Nachruhm gegenüber: *»Ich möchte sein! Nicht jetzt, nicht in Jahrhunderten,/ ... sondern bloß im vollsten Sinn des Worts!«* Die Liebe zum Leben – ungeachtet dessen, was es auch an Leid mit sich bringen mag – ist zugleich eine Art Schutzmantel, der die Autorin vor Angriffen und Zerstörung bewahrt *(Surovoj nit'ju – Mit grobem Faden)*. In anderen Gedichten von Junna Moric stehen Szenen und Menschen des Alltags im Vordergrund. Hier versteht es die Dichterin, meist auf der Grundlage von einfachen Erzählhandlungen, einfühlsame und individuell gestaltete, aber detailreiche Bilder zu zeichnen, in denen die Prosa des Lebens eine poetische Überhöhung erfährt, so z. B. in dem unbetitelten Gedicht *Mercaet v nebe ledjanom... (Es blinkt am eisigen Himmel ...)*: Ein vor dem frostigen Fenster gefrorenes Stück Rindfleisch, das zu Suppe verarbeitet wird, und ein Stern, der am eisigen Nachthimmel verglüht, sind Symbole zweier Lebensebenen, auf denen sich der

Mensch stets bewegt. – Neben zahlreichen Gedichten mit einer narrativen Grundstruktur stehen kurze lyrische Gedichte, Stimmungsbilder von großer Dichte, Detail- und Bildreichtum, mitunter lautmalerisch-melodiös gestaltet, wie das Gedicht *Snežnost'* (der Titel ist ein Neologismus, der auf der Grundlage zweier Adjektive, *snežnyj* – schneeig und *nežnyj* – zärtlich, gebildet wurde).

Im Hintergrund dieser Verse steht eine Zeit und Raum umspannende, alle Erfahrungen und Leiden der Menschen in sich schließende Sensibilität. In dem Gedicht *Tvorčeskim vzgljadom (Mit schöpferischem Blick)* prägt die Autorin dafür das eindrucksvolle Bild von der »dreiäugigen Poesie«. Das »dritte Auge« des Dichters bedeutet die Fähigkeit, »mit den Blütenblättern der Lippen,/ der ganzen Haut, mit dem Blut, dem hag'ren Leib zu sehen«. Die Verse der Junna Moric leben von der Schönheit und Verantwortlichkeit des Menschen, der Liebe zum Leben: »...in Tränen wirst du dich an deine irdische Heimat schmiegen/ und wirst den Rest aller Tage/ die Hilflosigkeit beseelten Lebens/ der seelenlosen Unsterblichkeit der Steine vorziehen.«   R. Ne.

AUSGABE: Moskau 1987.

LITERATUR: W. Kasack, Art. *Ju. P. M.* (in W. K., *Lexikon der russischen Literatur ab 1917*, Stg. 1976, S. 247). – Ju. M., »... *vse korni tjanutska k svobode...*« (in Daugava, 1987, Nr. 7). – Anon., *Soviet Poets Open Up at Philadelphia Reading* (in The New York Times, 21. 3. 1989, S. 18). – W. Kasack, *Auswirkungen der Perestrojka im Bereich der russischen Lyrik* (in *Perestrojka und Literatur*, Hg. E. Reißner, Bln. 1990).

BORIS ANDREEVIČ MOŽAEV

* 1.6.1923 Pitelino / Gebiet Rjazan'
† 2.3.1996 Moskau

ŽIVOJ

(russ.; *Ü: Die Abenteuer des Fjodor Kuskin*). Erzählung von Boris A. MOŽAEV, erschienen 1966 in der Zeitschrift ›Novyj mir‹ unter dem Titel *Iz žizni Fëdora Kuz'kina (Aus dem Leben des Fëdor Kuz'kin)*; in Buchform 1973 in dem Sammelband *Lesnaja doroga (Der Waldweg)* unter dem Titel *Živoj (Der Lebende)*. – Možaev, der schon in früheren Werken sein Interesse für die Dorfthematik gezeigt hatte, leistete mit *Živoj* einen wichtigen Beitrag zur russischen Dorfprosa der sechziger Jahre. Zu deren Themenkreis gehört die oft schonungslose Kritik an dem durch die vorangegangene Zwangskollektivierung und die Zerstörungen des Zweiten Welt-

kriegs verursachten desolaten Zustand der Landwirtschaft und den katastrophalen, menschenunwürdigen Lebensbedingungen der Landbevölkerung. Gleichzeitig wird der in diesen Verhältnissen lebende russische Bauer als Träger positiver Werte wie Traditionsbewußtsein, Menschlichkeit, Festhalten an christlich fundierter Moral und Einheit mit der Natur dargestellt. Diese positiven Werte sind es, die ihm helfen, in einer feindlichen, aus amoralischen, korrupten und unfähigen Parteifunktionären und Beamten bestehenden Umwelt dennoch nicht seine Menschenwürde zu verlieren, obwohl ihm diese Umwelt nicht nur die materielle Lebensgrundlage entzieht, sondern auch eine massive Bedrohung für seine geistigen Grundlagen bedeutet.

In 18 Kapiteln schildert Možaev das Leben des Bauern Fëdor Kuz'kin im Zeitraum von 1953 bis 1955. Die Erzählung beginnt mit Kuz'kins folgenschwerem Entschluß, den Kolchos zu verlassen, weil ihm und seiner Familie in der dortigen Mißwirtschaft der Hungertod droht. Die Leitung des Kolchos und die lokalen Parteibehörden sehen dies als akute Bedrohung, wird doch damit die Diskrepanz zwischen den angeblich idealen Lebensbedingungen und der tatsächlichen katastrophalen Lage im Kolchos dokumentiert. Eine Vielzahl von Maßnahmen wird ergriffen, um Kuz'kin zur Umkehr zu zwingen oder zugrunde zu richten. Der eigenwillige Bauer wird mit einer unerfüllbaren Zwangsauflage, der doppelten Naturalsteuer belegt; die Aushändigung des Passes wird ihm verweigert, wodurch er der Möglichkeit beraubt wird, sich eine Arbeit zu suchen; und da er keinerlei materielle Unterstützung bekommt, ist er dem Hungertod preisgegeben. Zudem droht ihm ständig die Verhaftung, da er nach dem sowjetischen Gesetz als »Schmarotzer« verurteilt werden kann.

Mit imponierender moralischer Festigkeit und Furchtlosigkeit und zugleich einem nicht zu unterschätzenden Anteil an Bauernschläue und Gewitztheit gelingt es Kuz'kin, diese Anordnungen zu umgehen und teilweise rückgängig zu machen, indem er seine Gegner gegeneinander ausspielt bzw. mit deren eigenen Mitteln schlägt. Nach einer höheren Orts eingereichten Beschwerde über das Verhalten der lokalen Behörden erreicht er sogar eine temporäre Besserung seiner Lage: Er bekommt Arbeit als Holzwächter, dann als Wachmann in einem Kraftwerk. Doch die Schikanen gehen weiter. Man versucht, ihm im Kolchos das Brot zu verweigern, nimmt ihm sein kleines Stück Privatland, macht ihm aufgrund der angeblich widerrechtlichen Nutzung des Landes den Prozeß, den Kuz'kin aber durch einen geschickten Schachzug unerwarteterweise gewinnt. Doch dann kommt sein schärfster Gegenspieler, dessen Einfluß zeitweilig geschwunden war, wieder an die Macht, und Kuz'kin verliert auf dessen Veranlassung hin seine Arbeit. Obwohl seine Lage am Ende keineswegs Grund zum Optimismus bietet, hat er nichts von seiner Würde und seinem Lebensmut verloren.

Nicht zufällig trägt Kuz'kin den Beinamen »*Živoj*«

(Der Lebende). Ein lebendiger Mensch ist im Sinne Možaevs (und in der Tradition der russischen Literatur) derjenige, der im Gegensatz zu seelenlosen, machthungrigen Menschen ehrlich empfindet, seinem Gewissen treu bleibt, das ihm auferlegte Leid geduldig erträgt und der gerade daraus seine Lebenskraft und Stärke schöpft. Obwohl Možaev keinen Zweifel daran läßt, daß alle äußere Macht bei Kuz'kins Gegenspielern liegt, macht er deutlich, daß er alle Hoffnung in die lebendigen, seinem Haupthelden ähnelnden Menschen setzt.
Erst in einem von 1964/65 datierten Nachtrag wird erwähnt, daß es sich bei dem Text um eine 1956 nach Kuz'kins mündlichem Bericht entstandene Aufzeichnung handele. Dort findet sich auch ein Hinweis auf das spätere Geschehen: »*Es wurde leichter.*« Damit sind die vor allem kulturpolitischen Lockerungen des »Tauwetters« gemeint, in dessen Spätphase *Živoj* 1966 erscheinen konnte. Allerdings wurde das Werk wegen angeblich verzerrender und falscher sowie zu kritischer Darstellung heftig attackiert. Eine Inszenierung unter der Regie des berühmten Jurij Ljubimov war bereits 1967 vorbereitet, konnte aber trotz größter Bemühungen nicht durchgesetzt werden. Erst 1989, im Zuge der von Gorbačëv eingeleiteten Liberalisierungspolitik, kam es in Moskau zu einer ersten Aufführung.   D.Sc.

AUSGABEN: Moskau 1966 (*Iz žizni Fëdora Kuz'kina*; in Novyj mir, Nr. 7). – Moskau 1973 (in *Lesnaja doroga*). – Moskau 1977. – Moskau 1978 (in *Starye istorii*). – Moskau 1981 (in *Minuvšie gody*). – Moskau 1982 (in *Izbr. proizv.*, 2 Bde., 2). – Moskau 1985 (in *Dožd' budet*).

ÜBERSETZUNG: *Die Abenteuer des Fjodor Kuskin*, A.Möckel, Ffm. 1981.

LITERATUR: H. Pörzgen, *Die Literatur mit der Egge gemessen* (in FAZ, 25. 11. 1975). – R. Lauer, Rez. (in FAZ, 23. 7. 1981). – W. Kasack, Rez. (in NZZ, 11. 9. 1981). – Ders., *B. A. M.* (in W. K., *Lexikon der russischen Literatur ab 1917*, Stg. 1976, S. 248 f.). – G. Hosking, *Beyond Socialist Realism*, Ldn. 1980. – G. Witte, *Die sowjetische Kolchos- und Dorfprosa der fünfziger und sechziger Jahre*, Mchn. 1983.

VLADIMIR VLADIMIROVIČ NABOKOV

* 23.4.1899 St. Petersburg
† 2.7.1977 Montreux / Schweiz

LITERATUR ZUM AUTOR:
Bibliographien:
D. E. Zimmer, *V. N. Bibliographie des Gesamtwerks*, Reinbek 1964. – A. Field, *N.: A Bibliography*, NY 1973. – S. Schuman, *V. N.: A Reference Guide*, Boston 1979. – S. J. Parker, *V. N.* (in DLB, Documentary Series, Bd. 3, 1983, S. 177–250). – M. Juliar, *V. N.: A Descriptive Bibliography*, NY 1986.
Zeitschrift:
V. N. Research Newsletter, Hg. S. Parker, Lawrence/Kans. 1978–1984 [ab 1985 ff. u. d. T. The Nabokovian; enth. jährliche Bibliogr.].
Biographien:
A. Field, *N.: His Life in Art*, Boston 1967. – D. E. Morton, *V. N.*, NY 1974 [dt.: *V. N. mit Selbstzeugnissen u. Bilddokumenten*, Reinbek 1984; rm]. – L. Lee, *V. N.*, Boston 1976 (TWAS). – A. Field, *N.: His Life in Part*, Ldn. 1977. – M. Couturier, *N.*, Lausanne 1979. – M. Long, *N. Childhood in Arcadia*, Oxford 1984. – A. Field, *V. N.: The Life and Art of V. N.*, NY 1986. – B. Boyd, *V. N.*, 2 Bde., Princeton/N.J. 1990/91 [Bd. 1: *The Russian Years*; Bd. 2: *The American Years*].
Gesamtdarstellungen und Studien:
L. Dembo, *N. The Man and His Work*, Madison/Wis. 1967. – ConL, 8, 1967, Nr. 2 [Sondernr. *V. N.*, Hg. ders.]. – P. Stegner, *Escape into Aesthetics: The Art of V. N.*, Ldn. 1967. – *N. Criticism, Reminiscences, Translations and Tributes*, Hg. A. Appel u. a., Evanston/Ill. 1970. – TriQuarterly, 17, 1970 [Sondernr. *V. N.*, Hg. A. Appel]. – W. Rowe, *N.'s Deceptive World*, NY 1971. – J. Bader, *Crystal Land: Artifice in N.'s English Novels*, Berkeley 1972. – C. Proffer, *A Book of Things About V. N.*, Ann Arbor/Mich. 1974. – A. Appel, *N.'s Dark Cinema*, NY 1974. – D. Fowler, *Reading N.*, Ithaca/N.Y. 1974. – H. Grabes, *Erfundene Biographien: V. N.s englische Romane*, Tübingen 1975. – J. Moynahan, *V. N.*, Minneapolis 1976. – R. Weiler, *N.'s Bodies: Description und Characterization in His Novels*, Aarau 1976. – J. Grayson, *N. Translated: A Comparison of N.'s Russian and English Prose*, Oxford 1977. – G. Hyde, *V. N.: America's Russian Novelist*, Ldn. 1977. – Chronicles of Culture, 2, 1978 [Sondernr. *V. N.*]. – J. V. Hagopian, *V. N.* (in DLB, Bd. 2, 1978, S. 350–364). – M. T. Naumann, *Blue Evenings in Berlin: N.'s Short Stories of the 1920s*, NY 1978. – D. Stuart, *N.: The Dimensions of Parody*, Baton Rouge 1978. – MFS, 25, 1979 [Sondernr. *V. N.*]. – W. Rowe, *N. and Others: Patterns in Russian Literature*, Ann Arbor/Mich. 1979. – *V. N.: A Tribute to His Life, His Work, His World*, Hg. P. Quennel, Ldn. 1979. – E. Pifer, *N. and the Novel*,

Cambridge (Mass.)/Ldn. 1980. – W. Rowe, *N.'s Spectral Dimension*, Ann Arbor/Mich. 1981. – Z. Schachowskoy, *Auf den Spuren N.s*, Ffm. 1981. – *N.: The Critical Heritage*, Hg. N. Page, Ldn. 1982. – *N.'s Fifth Arc: N. and Others on His Life's Work*, Hg. J. Rivers, Austin/Tex. 1982. – Delta, 17, 1983 [Sondernr. *V. N.*]. – M. R. Kecht, *Das Groteske im Prosawerk von V. N.*, Bonn 1983. – L. Maddox, *N.'s Novels in English*, Athens (Ga.)/Ldn. 1983. – *The Achievements of V. N.: Essays, Studies, Reminiscences, and Stories*, Hg. G. Gibian u. S. Parker, Ithaca/N.Y. 1984. – I. Clancy, *The Novels of V. N.*, Ldn. 1984. – R. Hof, *Das Spiel des ›unreliable narrator‹: Aspekte unglaubwürdigen Erzählens im Werk von V. N.*, Mchn. 1984. – *Critical Essays on V. N.*, Hg. Ph. A. Roth, Boston 1984. – Canadian-American Slavic Studies, 19, 1985 [Sondernr. *N.-Issue*, Hg. D. B. Johnson]. – R. Hof, *V. N.* (in KLFG, 6. Nlg., 1985). – D. B. Johnson, *Worlds in Regression: Some Novels of V. N.*, Ann Arbor/Mich. 1985. – J. Karges, *N.'s Lepidoptera: Genres and Genera*, Ann Arbor/Mich. 1985. – S. Ross, *V. N.: Life, Work, and Criticism*, Frederickton/New Brunswick 1985. – P. Tammi, *Problems of N.'s Poetics: A Narratological Analysis*, Helsinki 1985. – B. Clark, *Reflections of Fantasy: The Mirror Worlds of Carroll, N., and Pynchon*, NY 1986. – S. Parker, *Understanding V. N.*, Columbia/S.C. 1987. – *V. N.*, Hg. H. Bloom, NY 1987. – G. Green, *Freud and N.*, Lincoln/Nebr. 1988. – V. Toporov, *N. naoborot* (in Literaturnoe obozrenie, 1990, Nr. 4). – C. Hüllen, *Der Tod im Werk V. N.s »Terra Incognita«*, Mchn. 1990. – F. Göbler, *V. N.s Berlin: Zwischenreich und flüchtige Wirklichkeit* (in ZfSl, 39, 1994, S. 582 bis 590). – B. Nosik, *Mir i dar V. N.*, Moskau 1995.

DAS LYRISCHE WERK (russ. u. amer.) von Vladimir NABOKOV.

Das lyrische Werk Nabokovs, das neben ca. 500 veröffentlichten russischen Gedichten (die Gesamtzahl der von ihm geschriebenen Gedichte dürfte erheblich größer sein) auch 22 englische enthält – Übersetzungen aus dem Russischen nicht mitgerechnet –, hat in der Popularität beim Leser und der Wertschätzung der Kritiker immer hinter seinem Prosaschaffen zurückgestanden. Es ist jedoch integraler Bestandteil des Œuvres eines Schriftstellers, der »keinen generischen Unterschied zwischen Lyrik und künstlerischer Prosa« sah. Nabokov begann 1916 mit dem Schreiben von Gedichten und veröffentlichte im gleichen Jahr 68 von ihnen als Privatdruck unter dem Titel *Stichi (Gedichte)*. Es handelt sich in der Hauptsache um Liebes- und Naturlyrik: *Sčast'e (Glück), Tebja tebja odnu, ljubit' ja obeščaju (Dich, nur Dich, verspreche ich zu lieben), Vesna (Frühling), Zima (Winter)*. Die zwölf Gedichte des nächsten Bandes, den Nabokov 1918 zusammen mit seinem Freund Andrej BALAšov veröffentlichte, *Al'manach: Dva puti (Almanach: Zwei Pfade)*, bilden einen losen Zyklus von Naturbeschreibungen in »Vyra«, dem Landsitz der

Familie bei St. Petersburg. Die frühen Gedichte sind in ihren Ausdrucksmitteln nur selten eigenständig und lassen eine Vielzahl von Mustern unterschiedlichster Qualität (z. B. PUŠKIN, TJUTČEV, FET, APUCHTIN) erkennen. Nabokov hat nur eines von ihnen, *Dožd' proletel*, 1917 *(Regen zog vorüber)*, in die noch von ihm selbst zusammengestellte, jedoch erst nach seinem Tod erschienene Ausgabe *Stichi*, 1979 *(Gedichte)*, aufgenommen.

Auf dem Weg in die Emigration lernte er 1918 auf der Krim eine der herausragendsten russischen Dichterpersönlichkeiten seiner Zeit, Maksimilian VOLOŠIN, kennen. Vološin, von dem Nabokov in Privatgesprächen sagte, er habe ihn gelehrt, Gedichte zu schreiben, machte ihn mit den metrischen Theorien des Symbolisten Andrej BELYJ bekannt, die ihn sein ganzes Leben beeinflussen sollten. Dieser Einfluß läßt sich z. B. in den *Notes on Prosody*, 1963 *(Anmerkungen zur Prosodie)*, erkennen, die ursprünglich den Anhang zu seiner Übersetzung von Puškins *Evgenij Onegin* (1964) bildeten.

In der Berliner Emigration veröffentlichte Nabokov unter dem Pseudonym Sirin, das er bis 1940 benutzte, 1923 die Gedichtbände *Grozd'* (*Die Traube*) und *Gornij put'* (*Der himmlische Pfad*) mit insgesamt 164 Gedichten, darunter ein zehnteiliger Zyklus von Engelgedichten in *Gornij put'*. Verstechnisch vollendet, lassen sie das große dichterische Talent Nabokovs erkennen, leiden aber zuweilen unter der Offensichtlichkeit des ihnen zugrundeliegenden Vorbilds. Als solche dienen neben zahlreichen russischen Dichtern auch die sog. »Georgian Poets« wie z. B. Rupert BROOKE. Nabokov hat nur etwa 30 dieser Gedichte in seinen letzten Gedichtband aufgenommen, ohne ihren ursprünglichen Erscheinungsort zu erwähnen.

Nach 1923 reifte Nabokovs Lyrik im gleichen Maße, wie er seine Gabe als Prosaschriftsteller entwickelte. Formal blieben die Gedichte eher konservativ und an russischen Vorbildern des 19. Jh.s orientiert, inhaltlich entwickelten sie jedoch immer stärkere Eigenständigkeit und gedankliche Tiefe. Anklänge an Gedichte anderer Lyriker, etwa an solche Boris PASTERNAKS oder Vladislav CHODASEVIČS, den Nabokov später als größten russischen Dichter des 20. Jh.s bezeichnete und der selbst zu den profundesten Kritikern der Prosa Nabokovs gehörte, sind erkennbar, ohne Nachahmungen zu sein. Die Zahl neuer Gedichte nahm seit dem Ende der zwanziger Jahre ständig ab und reduzierte sich ab 1940 schließlich auf wenige Gedichte pro Jahr. Trotz seines Wechsels zum Englischen schrieb Nabokov bis zu seinem Tod weiterhin auch russische Gedichte. Eine Sonderstellung in seinem gesamten lyrischen Werk nimmt das 999 Zeilen lange englische Gedicht *Pale Fire (Fahles Feuer)* ein, das Teil des gleichnamigen Romans (1962) ist.

Nabokovs Lyrik wird seit seiner Emigration von vier großen Themen bestimmt, wobei das weitgehende Fehlen von Liebesgedichten auffällt. Eng miteinander verbunden sind zunächst die Bereiche »Rußland« und »Erinnerung«, letzteres eines der zentralen Themen von Nabokovs Gesamtwerk.

Nur in der präzisen, detailgenauen Erinnerung konnte der Autor bewußt leben und sich das verlorene Paradies seiner russischen Kindheit bewahren. Wie schmerzhaft diese Erinnerung sein kann, zeigt das Gedicht *K Rossii*, 1939 *(An Rußland)*, in dem das lyrische Ich Rußland unter Tränen bittet, von ihm abzulassen. Die beiden anderen Themen sind »dichterische Berufung« – die Verbindung von Begeisterung und absoluter Kontrolle über die künstlerischen Mittel – und »Jenseitigkeit«, eine Metaphysik, die am besten durch ebendiesen Begriff aus einem der letzten Gedichte Nabokovs überhaupt, *Vljublennost'*, 1973 *(Verliebtheit)*, charakterisiert wird: *potustoronnost'*. Nabokov drückt in seinen Gedichten immer wieder ein irrationales, tiefes, sprachlicher Gestaltung sich fast entziehendes Wissen um eine jenseitige Welt aus. Diese ist nicht fern oder zukünftig, sie umgibt den Dichter (und auch die Figuren in seinen Prosawerken), ist präsent. Nabokov deutet sein Wissen – und dies in zunehmend verschlüsselter Form – immer nur an. Einer direkten Nennung am nächsten kommt er in einem seiner bedeutendsten Gedichte, *Slava*, 1942 *(Ruhm)*: »*ich erblickte, wie im Spiegel, die Welt und mich selbst, / und etwas anderes, anderes, anderes.*«

Nabokovs Lyrik ist wie seine Prosa und, wie er in seiner Autobiographie *Speak, Memory* (1966) schreibt, wie alle Kunst »*eine Sache der Orientierung: Der Versuch, die eigene Position in dem vom Bewußtsein umfaßten Universum auszudrücken, ist ein unvordenkliches Bedürfnis. Die Arme des Bewußtseins greifen aus und tasten umher, und je länger sie sind, desto besser. Fühler, nicht Flügel sind die natürlichen Gliedmaßen Apolls.*« C.Hü.

AUSGABEN: *Stichi*, St. Petersburg 1916. – *Al'manach: Dva puti* [zus. m. A. Balašov], Petrograd 1918. – *Grozd'*, Bln. 1923. – *Gornij put'*, Bln. 1923. – *Vozvraščenie Čorba*, Bln. 1930 [15 Kurzgeschichten u. 24 Gedichte]. – *Stichotvorenija 1929–1951*, Paris 1952. – *Poems*, NY 1959. – *Pale Fire*, NY 1962. – *Notes on Prosody*, NY 1963. – *Poems and Problems*, NY 1970 [39 russ. Gedichte nebst engl. Übersetzung, 14 engl. Gedichte, 18 Schachaufgaben m. Lösung]. – *Stichi*, Ann Arbor/Mich. 1979 [222 Gedichte].

ÜBERSETZUNGEN: *Fahles Feuer*, U. Friesel, Reinbek 1968. – *An Rußland (1928) – Schnee – An Rußland (1939). Drei Gedichte*, P. Engel (in *Russische Lyrik. Gedichte aus drei Jh.*, Mchn. 1981).

LITERATUR: G. Struve, *Russkaja literatura v izgnanii*, NY 1956, S. 163–172. – V. Setschkareff, *Zur Thematik der Dichtung V. N.s* (in Die Welt der Slaven, 25, 1980, Nr. 1, S. 68–97). – K. Verchejl, *Malyj korifej russkoj poèzii. Zametki o russkich stichach Vladimira Nabokova* (in Ècho, 1980, Nr. 4, S. 138–145).

ADA OR ARDOR

(amer.; *Ü: Ada oder Das Verlangen. Aus den Annalen einer Familie*). Roman von Vladimir NABOKOV, erschienen 1969. – Nicht nur Gestalten und ihre Schicksale stehen im Mittelpunkt von Nabokovs umfangreichstem Werk, sondern auch Form- und Zeitexperimente. Vermutlich aber werden die meisten Leser des – wie *Lolita* (1955) – zum Bestseller gewordenen Romans diesen Aspekten weit weniger Beachtung schenken als der anmutig-riskanten Geschichte einer Leidenschaft. Und in der Tat ist das Lesepublikum kaum jemals seit der Veröffentlichung von *Lolita* stärker dazu herausgefordert worden.

Im Alter von fast neunzig Jahren beginnt Ivan (»Van«) Veen, die Geschichte seines Lebens aufzuzeichnen, eines Lebens, das trotz zahlreicher Amouren von einer einzigen großen Leidenschaft beherrscht war. Nicht nur hierin berührt er sich mit zahlreichen Hauptfiguren in Nabokovs Romanen, wobei die Obsession nicht immer sexueller Natur ist. Van ist vierzehn, als seine Liebe zu Ada, der Zwölfjährigen, der Kindfrau, beginnt, die als seine Kusine gilt, in Wirklichkeit aber seine Schwester ist. Seine vermeintliche Mutter Aqua, geborene Durmanov, die an einer Geisteskrankheit litt, hielt den Sohn ihres Ehemannes, des Bankiers Walter »Demon« Veen, und ihrer Zwillingsschwester Marina für ihr eigenes Kind. Sieben Monate nach ihrer Verheiratung mit Demons Vetter Daniel Veen schenkte Marina ihrer und Demons Tochter Adelaida (»Ada«) das Leben. – Im Jahr 1884 verbringt der Internatsschüler Van, dessen »Mutter« Aqua freiwillig aus dem Leben geschieden ist, seine Ferien zum erstenmal bei Adas Familie. Der Sommer beschert dem jungen Liebespaar reine Glückseligkeit in den Parkanlagen und Waldungen des Landsitzes Ardis (der irgendwo in der russisch-amerikanischen Mischkultur des Romans lokalisiert ist). Im Herbst muß Van ins Internat zurückkehren, und erst vier Jahre später, 1888, findet er sich erneut in Ardis ein. Wieder erleben er und Ada einen wahren Taumel der Leidenschaft, doch als Van die Geliebte der Untreue schuldig glaubt, bricht er die Beziehung zu ihr abrupt ab. Fortan jagt der »Viertel-Erotomane« Abenteuern nach, gerät in manche groteske Situation (Duell mit einem vermeintlichen Nebenbuhler) und ist häufig auf Reisen. Finanziell unabhängig, verfolgt er eine halbakademische Karriere und widmet sich der Psychiatrie, speziell dem Studium des Phänomens Zeit.

Ada, die unter Vans beharrlichem Schweigen leidet, gelingt es erst 1892, ihn von der Hartnäckigkeit ihrer Liebe zu überzeugen: Sie läßt ihn wissen, daß sie einen anderen heiraten würde, falls er weiterhin schwiege. Dieses Ultimatum überbringt Adas jüngere Schwester Lucinda (»Lucette«), die während des zweiten Liebessommers der beiden ihre Beziehung durchschaut und sich selbst in Van verliebt hatte, woraufhin es auch zu Liebesspielen zu dritt kam. Van widersteht den Verführungsversuchen Lucettes, die sich später heimlich auf demselben Überseedampfer einschifft wie er und dort aus enttäuschter Liebe Selbstmord begeht. Aber auch Adas Glück scheint unwiederbringlich verloren. Zwar verbringen sie und Van einen gemeinsamen Winter in dessen Wohnung in Manhattan, doch findet ihr Zusammensein ein Ende, als eines Tages der aristokratisch-unabhängige Lebemann und Genießer Demon Veen erscheint und seinen Sohn (der sich ebenso wie Ada längst über ihr wahres Verwandtschaftsverhältnis klar ist) zum Abbruch der inzestuösen Beziehung drängt. Weniger aus moralischen Gründen als um Adas Laufbahn als Schauspielerin nicht durch einen Skandal zu gefährden, zieht sich Van zurück. Kurz darauf heiratet Ada einen Viehzüchter aus Arizona namens Andrey Vinelander. – Erst zwölf Jahre später gelingt es den Liebenden, sich mehrmals zu treffen. Während der folgenden Trennung – sie dauert siebzehn Jahre – erweist sich Ada als loyale Ehefrau, die ihren kranken Mann bis zu seinem Tod pflegt. Nach all diesen Umwegen können Ada und Van im Jahr 1922, als sie beide das 50. Lebensjahr überschritten haben, endlich eine ungestörte Lebensgemeinschaft beginnen. 1967 beendet der 97jährige Van die Arbeit an seiner Autobiographie.

Auf den ersten Blick scheint *Ada* ein Roman konventioneller Prägung zu sein, nichts anderes als eine Liebes-, Lebens- und Familiengeschichte. Bei genauerer Lektüre entdeckt man jedoch jene Beziehungs- und Erfindungsfülle, jene planvollen Spiele mit Form, Sprache und Zeitebenen, die zu Nabokovs Markenzeichen geworden sind. Die Szene, in der sich Ada und eine ihrer Freundinnen während eines Ausflugs mit einem Buchstabenlegespiel beschäftigen (*insect – scient – nicest – incest* usw.), enthüllt im Grund die literarische Methode des Autors. Gerade bei solchen unermüdlich wiederholten Gesellschaftsspielen erweist sich Ada als *»anmutiger Computer«*, ihr bereitet *»Wortzirkus«* größtes Vergnügen – und beides gilt auch für das Buch, dem sie den Namen gibt. Den Zusammenhang zwischen solcher Buchstabenkombinatorik und der Realität des Romans illustriert Lucette, wenn sie Lettern zu »VANIADA« (Van und Ada) zusammensetzt und daraus wiederum »Divan« ableitet – und das wenige Stunden bevor es eben auf einem Divan zur ersten Umarmung der beiden, zum Urbeginn ihrer Leidenschaft kommt. Zudem ist jenes Buchstabenlegespiel ein Geschenk von keinem anderen als dem Baron Klim Avidov – in anderer Buchstabenfolge »Vladimir Nabokov«. Gleich Arno SCHMIDT stattet Nabokov zahllose Figuren mit anagrammatischen oder anagrammähnlichen Namen aus. Bei ihm besitzt Sprache geheime Nebenbedeutung, funktioniert nach eigenlogischen, abstrakten Gesetzen, reicht weit über die bloße Schilderung hinaus.

Solches Spielen kennzeichnet auch die Erzählweise in *Ada*. Auch sie macht dem Leser die Vielschichtigkeit dieser »Lebensbeschreibung« bewußt: Zwar scheint es allein Van Veen zu sein, der seine Erlebnisse berichtet, doch im Hintergrund steht der »Herausgeber« Ronald Oranger; ferner mischt sich Ada mit Kommentaren ein, schlägt beispielsweise vor, ein Kapitel zu streichen, und erzählt gegen Schluß geradezu im Duett mit Van – mehr noch: die beiden verwachsen untrennbar zu »Vaniada«. Dergestalt enthüllt sich »Van's Book« – im Anagramm der englischsprachigen Urfassung – letztlich als »Nabokov's«. Das bedeutet aber keineswegs, daß der Roman als bloße Autobiographie Nabokovs zu verstehen ist – im Gegenteil: Der Autor charakterisiert das Buch als erdichtet, unempirisch, indem er sich als Erdichter enthüllt. So steht *Ada* nicht nur entstehungsgeschichtlich zwischen der Autobiographie *Speak, Memory* (1966) und dem letzten Roman *Look at the Harlekins!* (1974).

Das Werk trägt die Gattungsbezeichnung »Familienchronik«. Die Chronikform verlangt Darstellung geschichtlicher Begebenheiten entsprechend ihrer zeitlichen Abfolge, Nabokovs Buch aber mischt Jahrhunderte: Man reist – um nur einen Anachronismus zu nennen – im 19. Jh. per Auto und Hubschrauber. Evokation geschichtlicher Wahrheit (wie sie selbst von einem so phantastischen Werk wie GRASS' *Blechtrommel* erreicht wird) will und kann Nabokovs Roman ebensowenig sein wie engagierte Literatur. Dagegen parodiert er – nicht ohne gelegentliche Reverenzbezeugungen – TOLSTOJ und viele andere literaturhistorische Persönlichkeiten und Werke, besonders deutlich etwa BYRONS Leben und seine Dichtungen *Don Juan* und *Childe Harold's Pilgrimage*. – Schließlich stellt sich der Roman, indem er jeglicher Progression entgegenzuwirken sucht, als Anti-Chronik dar. Dem Glücklichen (Paar) schlägt keine Stunde – auch kein Jahrhundert: Das ist die einfachste, sozusagen volkstümliche Ebene dieses epischen Zeitexperiments. Sie wird ergänzt durch eine komplizierte Synthese formalistischer Verfahren. Um nur ein Beispiel zu nennen: Zum mindesten sämtliche Zentralgestalten sind Teile eines Ganzen, etwa der Veen-Saga. Innere und äußere Zusammenhänge, z. B. gemeinsame Geburtstage, Namen und Geliebte, lassen im einen das andere erkennen. Ähnlich fungieren Ereignisse und Dinge als Echos früherer Geschehnisse. Kern solcher Wiederkehrempfindungen ist die Kontinuitätserfahrung Vans und Adas. Ihre Sphäre ist das Land der Erinnerung und der Vorstellungskraft; daher sind sie den Gesetzen von Raum und Zeit entzogen, daher bleibt der Schauplatz ihrer Geschichte diffus, bleibt – abgesehen vom immergrünen Ardis, dem Elysium jugendlicher Liebesekstase – reine »Anti-Terra«. Damit veranschaulicht Nabokov, daß Zeitmessung dem Erlebenden zuzuordnen sei und nicht der Uhr, dem Kalender, dem Jahrhundert. Die Erkenntnisse der Psychoanalyse und des abendländischen Zeit-Experimentalromans (Thomas MANN, PROUST, JOYCE) verwertend, rückt Nabokov an die Stelle des rein Zyklischen die *»Welt, die … sich spiralenförmig in der Zeit bewegt«* – eine undeterministische, gelöste Wiederkehr. Oftmals vom Autor an Wendepunkten der Handlung über Wendeltreppen *(spiral stair cases)* geführt, runden auch Ada und Van die Spirale ihrer Liebe. Der schmetterlingshaft amouröse Roman *Ada* und seine Metaphern entpuppen sich als gedankenträchtige, philosophische Epik.   H.B.Moe.

AUSGABEN: NY 1969. – Ldn. 1969. – Harmondsworth 1971 (Penguin). – NY 1989.

ÜBERSETZUNG: *Ada oder Das Verlangen. Aus den Annalen einer Familie*, U. Friesel u. M. Therstappen, Reinbek 1974. – Dass., dies., 1977 u. ö. (rororo). – Dass., dies., Reinbek 1983.

LITERATUR: L. L. Lee, *V. N.'s Great Spiral of Being* (in Western Humanities Review, 18, 1964, S. 225–236). – A. Appel, »*Ada*« *Described* (in TriQuarterly, 17, 1970, S. 160–186). – J. Leonard, *In Place of Lost Time: Ada* (ebd., S. 136–146). – C. Proffer, »*Ada*« *as Wonderland* (in Russian Literature Triquarterly, 1972, Nr. 3, S. 399–430). – B. A. Mason, *N.'s Garden: A Guide to »Ada«*, Ann Arbor/Mich. 1974. – E. Pifer, *Dark Paradise: Shades of Heaven and Hell in »Ada«* (in MFS, 25, 1979, S. 481–497). – P. Tobin, *V. N., »Ada«* (in P. T., *Time and the Novel: The Genealogical Imperative*, Princeton 1979, S. 133–163). – I. Christensen, *N.'s »Ada«: Metafiction as Aesthetic Bliss* (in I. C., *The Meaning of Metafiction: A Critical Study of Selected Novels by Sterne, N., Barth and Beckett*, Irvington-on-Hudson/Stockholm 1981, S. 37–56). – K. Hayles, *Making a Virtue of Necessity: Pattern and Freedom in N.'s »Ada«* (in ConL, 23, 1982, S. 32–51). – D. Johnson, *The Scrabble Game in »Ada« or Taking N. Clitorally* (in Journal of Modern Literature, 9, 1982, S. 291–303). – D. Packman, *V. N.: The Structure of Literary Desire*, St. Louis/Mo. 1982. – B. Boyd, *N.'s »Ada«: The Place of Consciousness*, Ann Arbor/Mich. 1985. – R. Alter, »*Ada*«*, or the Perils of Paradise* (in R. A., *Motives for Fiction*, Cambridge 1984, S. 76–91). – A. Cancogni, *The Mirage in the Mirror: N.'s »Ada« and Its French Pre-Texts*, NY 1985. – M. Couturier, *Death and Symbolic Exchange in N.'s »Ada«* (in Canadian-American Slavic Studies, 19, 1985, S. 295–365). – D. Johnson, *The Labyrinth of Incest in N.'s »Ada«* (in CL, 38, 1986, S. 224–255).

DAR

(russ.; *Ü: Die Gabe*). Roman von Vladimir NABOKOV, gekürzt 1937/38 unter dem Pseudonym V. Sirin in der Pariser exilrussischen Literaturzeitschrift ›Sovremennye zapiski‹ erschienen, ungekürzte russische Fassung New York 1952; autorisierte englische Fassung *(The Gift)* 1963. – Nabokovs neunter und letzter russischer Roman, eines der subtilsten Werke aus seiner ersten, also der Berliner Schaffensperiode, hat wie viele der frühen Werke diese Stadt zum Schauplatz, allerdings nur einen kleinen Ausschnitt: die russische Emigrantenszene. Hauptfigur ist der Schriftsteller Fëdor Godunov-Čerdyncev, der – damit setzt der Roman

ein – einen Lyrikband in einem russischen Exil-Verlag publiziert hat. Der Leser bekommt Proben der Gedichte im ersten Kapitel vorgeführt, woran Nabokov geistreiche poetologische Überlegungen knüpft, die aber nicht trocken diskursiv abgehandelt werden, sondern durchsetzt sind von kulturhistorischen Betrachtungen, von Kindheitserinnerungen, die teilweise ganz offenbar autobiographischen Charakter haben, und von ironisch gefärbten Beschreibungen der russischen Emigranten.

Bald reift in Čerdyncev der Plan, die Lebensgeschichte seines verstorbenen Vaters aufzuzeichnen, eines renommierten Naturwissenschaftlers, der in Cambridge Biologie studierte. Der Vater besaß eine reichhaltige Schmetterlingssammlung – ein Motiv, das mit Nabokovs eigener Biographie aufs engste verknüpft ist. Auf der Suche nach der verlorenen Vater-Gestalt ruft Čerdyncev sich die impressiven Reiseberichte des Vaters, der zahlreiche wissenschaftliche Exkursionen in die entlegensten Gebiete der Welt unternommen hatte, ins Gedächtnis und versucht, sie mit Hilfe wissenschaftlicher Quellen zu objektivieren. Seine aus Paris angereiste Mutter unterstützt ihn mit ihren eigenen Erinnerungsberichten nachdrücklich bei seinem Plan. Doch trotz des reichhaltigen Materials verschwimmen dem Sohn die Konturen; der »Zauber«, der vom Vater ausging, läßt sich für ihn nicht in Worte fassen, und so gibt er sein Vorhaben resigniert auf. Das Scheitern des Projekts mag auch damit zusammenhängen, daß Čerdyncev sich mit der Passion des Vaters für sein Forschungsgebiet nicht ausreichend zu identifizieren vermag. Vom Vater dagegen heißt es, daß er sich nie für die Poesie interessiert habe, mit Ausnahme von Puškin, den er häufig auswendig rezitierte – Gelegenheit für Nabokov, sich durch den Mund seines Protagonisten mit dem Werk PuŠKINS auseinanderzusetzen. Damit führt er die im ersten Kapitel begonnene Erzählstrategie fort, seinen *Homme de lettres* Čerdyncev immer wieder in dichtungstheoretische Betrachtungen zu verwickeln. Damit wird vollends deutlich: Nicht der männliche Protagonist, sondern die Literatur selbst steht – ähnlich wie in *Ada or Ardor*, 1969 *(Ada oder Das Verlangen)* – im Zentrum von *Dar*. Aber nicht als etwas eindeutig Definierbares, sondern als Vexierspiel, das den Leser narrt und auf die Folter spannt, damit er am Ende erfährt: Literatur läßt sich nicht eingrenzen, vielmehr lockt sie ihn wie eine Fata Morgana auf immer verschlungenere Pfade und Schneisen.

Diese Einsicht veranlaßt Čerdyncev, sich an ein scheinbar handgreiflicheres Projekt zu begeben, an die Abfassung einer Biographie des umstrittenen »liberalen« russischen Kulturkritikers Nikolaj G. ČERNYŠEVSKIJ (1828–1889). Von einem Mitemigranten wird er dazu mit den Worten ermuntert: »*In unserer schrecklichen Zeit, in der die Persönlichkeit auseinanderfällt und jeder Gedanke erstickt wird, muß es für den Schriftsteller ein wahrer Genuß sein, in die lichtvolle Epoche der sechziger Jahre einzutauchen.*« Obwohl aus auktorialer Perspektive diese Bemerkung nicht einer gewissen Süffisanz entbehrt, gesteht Nabokov seinem Protagonisten doch zu, daß ihn hierbei eine starke *»Sehnsucht nach Rußland«* leite. Allerdings wird sie als *»gefährliches Verlangen«* diagnostiziert, gegen das er denn auch »erfolgreich« ankämpft. Er vollendet sein Werk – es bildet den Inhalt des vierten und längsten Kapitels von *Dar* – und sieht sich sogleich den z. T. hämischen Rezensionen russischer Emigranten konfrontiert. Sie sind in den Text einmontiert und dienen Nabokov als Anlaß, seine eigenen Kriterien in bezug auf die Historiographie darzulegen, wobei er für die Subjektivität des Historikers plädiert – ein Prinzip, das er in seinen Würdigungen russischer Schriftsteller immer verfolgt hat (vgl. *Lectures on Literature*, 1980/81). Den Redakteuren von ›Sovremennye zapiski‹ erschien das zentrale Kapitel über Černyševskij freilich als zu respektlos, gewagt und subjektiv, so daß ausgerechnet dieser Teil des Werkes bei der Erstveröffentlichung fehlte. Voll von Anspielungen auf die klassische russische Literatur und mit teilweise geschickt kaschierten Anleihen bei der traditionellen Literaturkritik seiner Heimat durchsetzt, ist *Dar* einer der persönlichsten Romane Nabokovs, zieht der Autor hier doch Bilanz über seinen eigenen Werdegang als Schriftsteller in den ersten Exiljahren. Ihren besonderen Nachdruck erhält diese Bilanz durch die Gegenüberstellung mit den kulturellen Ambitionen der Emigrantenszene. Deren z. T. aufgeblasene und hoffnungslos regressive Aktivitäten zur Wiederbelebung der russischen Kultur in einer absolut fremden Umgebung werden vom Autor mit sanftem Spott bedacht. Der Schauplatz Berlin ist auf der realistischen Ebene kaum präsent: Es gibt ein paar bissige Bemerkungen über die Berliner Bevölkerung der zwanziger Jahre, aber auch melancholische, so das Aperçu, es gebe in Berlin bestimmte *»kleine Gäßchen, wo die Seele gleichsam zerfließt«.* Insgesamt jedoch gestattet der Autor weder seinem Protagonisten noch sich selbst ausschweifende Lamentationen. Ihrer beider Programm heißt: Lebensbewältigung durch geistige Produktion. Čerdyncev, dessen Liebesgeschichte mit der Halbjüdin Zina Merc auf der realistischen Ebene des Romans eine letztlich untergeordnete Rolle spielt, entwikkelt etappenweise seine »Gabe«: Er reift zum Künstler heran, und – hier schließt sich der Kreis – das Endprodukt des Reifungsprozesses hat der Leser in Gestalt des Romans *Dar* vor sich, einer brillanten Synthese von Epik, Lyrik, Fiktion und Literaturkritik. E.Wol.

AUSGABEN: Paris 1937/38 (in Sovremennye zapiski, H. 63–67; ohne Kap. 4). – NY 1952 [vollst. Ausg.]. – Ann Arbor/Mich. 1975.

ÜBERSETZUNG: *The Gift*, M. Scammell, D. u. V. Nabokov, NY 1963 [engl.]. – Dass., dies., Ldn. 1963. – Dass., dies., Harmondsworth 1980 (Penguin). – *Die Gabe*, A. Engel (in *GW*, Bd. 5, Reinbek 1991; aus d. Russ.).

LITERATUR: S. Karlinsky, *V. N.'s Novel »Dar« as a Work of Literary Criticism* (in Slavic and East European Journal, 7, 1963, Nr. 3, S. 284–290). – D. B. Johnson, *The Key to N.'s »Gift«* (in Canadian-American Slavic Studies, 16, 1982, S. 190–206). – R. B. Salomon, *»The Gift«: N.'s Portrait of the Artist* (in *Critical Essays on V. N.*, Hg. Ph. A. Roth, Boston 1984, S. 185–201). – D. White, *Radical Aestheticism and Metaphysical Realism in N.'s »The Gift«* (in *Russian Literature and American Critics*, Hg. K. N. Brostrom, Ann Arbor/Mich. 1984, S. 273–291). – S. Davydov, *»The Gift«. N.'s Aesthetic Exorcism of Chernyshevskii* (in Canadian-American Slavic Studies, 19, 1985, S. 357–374). – D. B. Johnson, *The Chess Key to »The Gift«* (in D. B. J., *Some Novels of V. N.*, Ann Arbor/Mich. 1985, S. 93–106). – V. Alexandrov, *The ›Otherworld‹ in N.'s »The Gift«* (in *Studies in Russian Literature in Honor of Vsevolod Setchkarev*, Hg. J. Connolly u. a., Columbus/Oh. 1986, S. 15–33).

LECTURES ON LITERATURE

(amer.; *Ü: Die Kunst des Lesens*. Band 1: *Meisterwerke der europäischen Literatur*; Band 2: *Meisterwerke der russischen Literatur*). Gesammelte Vorträge in zwei Bänden von Vladimir NABOKOV, postum erschienen 1980/81. – Bevor der Exilrusse Nabokov sich dank des Welterfolges seines Romans *Lolita* ab 1959 ausschließlich dem eigenen Schreiben widmen konnte, hielt er Vorlesungen über Meisterwerke der europäischen und russischen Prosaliteratur, von 1941–1948 am Wellesley College in Massachusetts und von 1948–1958 an der Cornell University in Ithaca/N.Y. Dem renommierten Literaturwissenschaftler Fredson BOWERS ist es zu verdanken, daß ein Vorhaben, das Nabokov selbst nie in Angriff genommen hätte, realisiert wurde und die schriftlichen Aufzeichnungen Nabokovs für diese Vorlesungen gesammelt, geordnet und teilweise überarbeitet in Buchform herausgegeben wurden. Die Fülle des Materials führte zu einer Aufteilung in zwei Bände, wobei der zweite Band ausschließlich Ausführungen zur russischen Literatur (Gogol' – Turgenev – Dostoevskij – Tolstoj – Čechov – Gor'kij) enthält.
Betrachtet man diese Vorträge (was dem damaligen Zuhörer nicht möglich war) im Zusammenhang mit Nabokovs Prosawerk, kann man zwei zentrale Anliegen feststellen: den Entwurf einer eigenen Poetik und die Beschreibung des idealen Lesers seiner Romane. Wie in seinen Vorworten und Interviews argumentiert Nabokov polemisch gegen jegliche Vertreter des Nützlichkeitsprinzips als Kriterium für eine ästhetische Bewertung und plädiert leidenschaftlich für Eigenständigkeit, Zweckfreiheit und Magie der Kunst sowie für das Spiel subtiler Bezauberung und Täuschung. Daß die Heftigkeit seiner Polemik ihre Wurzeln in der Erfahrung sowjetischer Zensur und in der unterschwelligen Einengung durch die Kunstdoktrin des sozialistischen Realismus hat (beides versteht Nabokov als Teil der russischen Tradition), wird in

seiner Besprechung russischer Literatur deutlich. Seine Diskussion der europäischen Meisterwerke von Jane Austen, Dickens, Flaubert, Joyce, Kafka, Proust und Stevenson befaßt sich hingegen nicht mit historischen und biographischen Hintergründen, sondern konzentriert sich ausschließlich auf die Diskussion eines Hauptwerks pro Autor und zielt vor allem auf eine Erziehung des Lesers. Seinen Unterricht verstand Nabokov als *»eine Art detektivischer Arbeit, die das Geheimnis literarischer Strukturen entschleiern will«*. Für ihn ist das Kunstwerk die Erschaffung einer neuen Welt, mit der man sich in allen Einzelheiten vertraut machen sollte. Ähnlichkeiten mit und Verbindungen zu der bekannten Welt sind nur von sekundärer Bedeutung. Dementsprechend verabscheut er eine Lektüre, die Information über vergangene Orte und Zeiten, Lebensrat oder allgemeine Ideen sucht. Meisterwerke bilden nicht das Alltägliche und Gewöhnliche ab, sondern sie sind »Märchen«, die die Welt neu erfinden. Der Kunst des Schreibens liegt, laut Nabokov, die Fähigkeit zugrunde, die Welt als Fiktionspotential zu sehen. Die Kunst des Lesens besteht darin, diese erfundene Welt losgelöst von den Forderungen nach Wahrheit, Wirklichkeitstreue und Wirkungsfähigkeit als Täuschung in ihren Einzelheiten zu goutieren. So sind die Eigenschaften, die ein guter Leser besitzen muß, Einbildungskraft, Erinnerungskraft, künstlerisches Gespür und die Fähigkeit, mit einem Wörterbuch umzugehen. Da Kunst nicht *»von etwas handelt«*, sondern *»sich selbst ist«*, lehnt Nabokov eine persönlichkeitsbezogene Einbildungskraft beim Leser ab. Dieser soll ein Buch weder deshalb schätzen, weil er eigene Erfahrungen, Ereignisse oder Orte aus der Vergangenheit darin wiederfindet, noch weil er sich mit einer Figur identifizieren kann. Vielmehr plädiert Nabokov für eine *»unpersönliche Einbildungskraft«*, eine Zurückhaltung, die gekoppelt ist mit einer *»Freude am Künstlichen«*, kurz: für eine Mischung aus der Leidenschaft des Künstlers und der geduldigen Präzision des Wissenschaftlers. Obgleich Nabokov den Autor als Mischung von Erzähler, Lehrer und Zauberer versteht, betont er vor allem letztere Eigenschaft und sieht das Ziel der Lektüre eines Autors darin, den *»individuellen Zauber seines Genies«* zu begreifen und seinen Stil, seine Bildersprache, die Struktur und das Muster seines Romans zu untersuchen.
So liest Nabokovs guter Leser weder mit dem Herzen noch mit dem Kopf allein, sondern mit dem Rückenmark: *»Dort zeigt sich das verräterische Prikkeln, trotz der gewissen Distanz und Gelassenheit, die wir beim Lesen bewahren müssen. Dann können wir mit einem Vergnügen zugleich der Sinne und des Verstandes zusehen, wie der Künstler sein Kartenhaus errichtet, und Zeugen sein, wie aus ihm unversehens ein prächtiges steinernes Schloß mit Türmen und Zinnen wird.«* Dieser *»kleine Schauer, der uns über den Rükken läuft«*, wird von Nabokov analog gesehen zur Inspiration des Künstlers, die ihn eine innere Verbundenheit der Welt erkennen und so ein lebendiges Bild aus disparaten Einheiten formen läßt. Wie

ein solches Teilhaben an den Gefühlen des Autors durch ein *»Zerlegen, Zerstückeln, Zerquetschen«* seines Werkes ermöglicht wird, führt Nabokov in den einzelnen Vorträgen mit einer Mischung aus Inspiration und Präzision vor. Detailkenntnisse sind ihm der Schlüssel zum Verstehen eines Werkes. Er diskutiert die Struktur, die Entwicklung der Geschichte, die Wahl der Figuren, die thematischen Stränge, die lyrischen Eigenschaften und arbeitet stilistische Merkmale für jeden Autor heraus. In Diagrammen skizziert er die Struktur und den genauen Zeitablauf der Ereignisse; er zeichnet eine Karte der räumlichen Gegebenheiten nach und betont neben sinnlichen Details Einzelheiten wie die Physiognomie der Figuren, die Kleidung und Inneneinrichtungen, die relevanten Sitten und Bräuche.
Trotz elitärer Idiosynkrasien der hier entworfenen Literatur- und Lesetheorie und unter Berücksichtigung der Tatsache, daß es sich um Vorträge für ein studentisches Publikum handelt, bestechen Nabokovs Ausführungen durch umfassende Belesenheit, scharfe Beobachtungsgabe und (stellenweise) stilistische Brillanz. Daß große Werke der Literatur aus einer Fülle wichtiger Einzelheiten (eher als aus großen abstrakten Ideen) bestehen – dieser Einsicht kann sich kein Leser Nabokovs entziehen. Insofern ergänzen sich die Theorie des Lehrers und die Praxis des Autors Nabokov nahtlos. E.Br.

AUSGABEN: NY 1980, Hg. F. Bowers [Bd. 1; Vorw. J. Updike]. – Ldn. 1981 [Bd. 1]. – NY 1981, Hg. F. Bowers [Bd. 2]. – Ldn. 1981 [Bd. 2].

ÜBERSETZUNGEN: *Die Kunst des Lesens. Meisterwerke der europäischen Literatur: Austen – Dickens – Flaubert – Joyce – Kafka – Proust – Stevenson*, K. A. Klewer u. R. A. Russel, Hg. F. Bowers, Ffm. 1982. – *Die Kunst des Lesens. Meisterwerke der russischen Literatur: Gogol – Turgenjew – Dostojewski – Tolstoi – Tschechow – Gorki*, K. A. Klewer, Hg. ders., Ffm. 1984. – *Lekcii po russkoj literature*, Moskau 1996 [russ.].

LITERATUR: M. Bishop, *N. at Cornell* (in TriQuarterly, 17, 1969, S. 234–239). – R. Wetzstein, *N. as Teacher* (ebd., S. 240–246). – S. J. Parker, *Professor N.: A Review Essay* (in V. N. Research Newsletter, 8, 1982, S. 38–45). – P. Balbert, *Perceptions of Exile: N., Bellow, and the Province of Art* (in StN, 14, 1982, S. 95–104).

LOLITA

(amer.; *Ü: Lolita*). Roman von Vladimir NABOKOV, erschienen 1955. – Nach zweijährigem Untergrundruhm der in Paris erschienenen Olympia-Press-Ausgabe und einem vorwiegend auf oberflächlichem Verständnis beruhenden Skandalerfolg der amerikanischen Ausgabe von 1958 und ihrer mindestens 27 Übersetzungen erkannte eine genauer analysierende Kritik in dem Roman ein provokatives Werk der Weltliteratur, das bald zu einem modernen Klassiker avancierte. Eine Art Vorstudie stellt die 1939 geschriebene, 1959 zur Veröffentlichung freigegebene, aber erst 1986 postum edierte Novelle *Vol'šebnik (Der Zauberer)* dar. 1967 übersetzte der Autor den Roman selbst ins Russische. 1974 veröffentlichte Nabokov sein *Lolita*-Drehbuch, das er 1961 für die Verfilmung durch Stanley Kubrick geschrieben, dieser aber nur teilweise verwendet hatte. Eine Dramatisierung von Edward ALBEE wurde 1981 uraufgeführt.

Hauptschauplatz des Romans sind die Vereinigten Staaten der späten vierziger Jahre, sein Thema ist die verbotene *amour passion* des 1910 in Frankreich geborenen Literaturwissenschaftlers Humbert Humbert (Nabokov: *»ein besonders übel klingender Name«*) zu der am Anfang ihrer Beziehung im Jahre 1947 zwölfjährigen Dolores (Lolita, Dolly, Lo) Haze. H. H. schildert den Verlauf seiner einseitigen Leidenschaft in dem Gefängnis, wo er nach dem Mord an seinem Nebenbuhler im Herbst 1952 seinen Prozeß erwartet. Er ist seit einem frustrierenden Kindheitserlebnis (das ein Echo auf POES Ballade *Annabel Lee* darstellt) bestimmten nicht *»menschlichen«*, sondern *»dämonischen«* Mädchen zwischen neun und vierzehn Jahren verfallen, die er *»Nymphchen«* (nymphets) nennt und die nur von Männern erkannt werden, die *»Künstler und Wahnsinnige«* sind wie er. Ihre vollkommene Inkarnation findet er in Lolita, einer *»Mischung von zarter, träumerischer Kindlichkeit und einer Art koboldhafter Vulgarität«*, der Tochter der Witwe Charlotte Haze, einer durch und durch bürgerlichen Amerikanerin, in deren Haus er nur ein Zimmer mieten wollte, die sich aber prompt in ihn verliebt. Um in Lolitas Nähe bleiben zu können, heiratet er schleunigst die Mutter. Als diese ihre Tochter aus dem Haus schicken will, denkt er daran, sie zu ermorden, doch ein Autounfall räumt sie ihm beizeiten aus dem Weg. Lolita, die verstohlen Begehrte, ist keine Unschuld mehr; sie ist es, die H. H. schließlich verführt, ohne seine Liebe je zu erwidern. Ihre Gunst und Verschwiegenheit muß er sich erpressen und erkaufen. Ein für H. H. so seliges wie qualvolles Jahr lang fahren die beiden, als Vater und Tochter auftretend, im Uhrzeigersinn durch die Vereinigten Staaten von Motel zu Motel, lassen sich dann für neun Monate in einer College-Stadt im Osten nieder und brechen schließlich zu einer zweiten Autoreise in den Westen auf. Bald merkt H. H., daß sie verfolgt werden. Eines Tages ist Lolita, offenbar mit dem Verfolger im Bunde, verschwunden. Alle Versuche, die Flüchtigen aufzuspüren, bleiben vergeblich. Drei Jahre später meldet sich Lolita selber wieder, um ihn um finanzielle Hilfe zu bitten: *»Blaß und besudelt«*, verheiratet und schwanger, weigert sie sich indessen, zu H. H. zurückzukehren. Er bringt sie wenigstens dazu, den Namen ihres Entführers preiszugeben: Es ist der Dramatiker Clare Quilty, den er aufsucht und in einer grotesken Racheszene erschießt. Dem Vorwort des fiktiven Herausgebers läßt sich entnehmen, daß H. H. kurz vor seinem Prozeß einem Herzanfall erlegen und Lolita wenig später im fernen Alaska im Kindbett gestorben ist.

In seinem Nachwort zur amerikanischen Ausgabe berichtet Nabokov über die Entstehung des Romans, äußert sich zu dem Vorwurf, *Lolita* sei ein pornographisches Buch (wobei er Pornographie als eine *»Kopulation von Klischees«* definiert, mit der er nichts im Sinne habe), und skizziert seine ästhetischen Überzeugungen. Der Roman, in dem der gebürtige Russe Nabokov das Instrument der englischen Sprache virtuos handhabt, bewegt sich auf typisch Nabokovsche Weise zwischen dem Farcenhaften und einem *»Abgrund von Ernst«*. Didaktische Absichten, wie sie der fiktive Herausgeber hineininterpretiert, weist er von sich (*»Ich verabscheue Theorien, Botschaften, absichtsvolle Ideen, Moral«*, erklärte er in einem Interview). Wenn diesem Roman dennoch wie jedem Kunstwerk eine Moral innewohnt, so deshalb, weil H. H. immer deutlicher begreift, daß er das Leben seiner Geliebten unwiderruflich *»zerbrochen«* hat.

Der Roman stellt ein überlegen geplantes, vielschichtiges System von inneren Bezügen dar, ist reich an offenen und versteckten Anspielungen auf andere Autoren und Werke (vor allem auf Poe und MÉRIMÉES *Carmen*, auf de SADES *Justine*, auf CATULL, FLAUBERT, JOYCE und das Kunstmärchen *La belle et la bête*) und auf diverse Literaturformen (Beichte, Kriminalroman, Reiseerzählung), reich auch an parodistischen Elementen (FREUD, Amerikas *»Suburbia«*- und Motelzivilisation werden ebenso aufs Korn genommen wie der Jugendkult und eine sich als fortschrittlich verstehende Pädagogik). Von den geheimeren Themen sind hauptsächlich zu nennen: das Schachspiel (H. H.s Affäre als – wie der Autor es nannte – *»Schachproblem, das eine bestimmte Lösung fordert«*) und das Gefängnismotiv (alle Hauptgestalten sind in direktem oder übertragenen Sinne Gefangene). Gegen allegorische Deutungen, an denen es nicht gemangelt hat und die in dem Roman vor allem eine Konfrontation des alten Europa (H. H.) mit dem jungen Amerika (Lolita) zu finden glaubten, hat sich Nabokov gewehrt. Seine *Lolita* ist die Geschichte eines Mannes, der der unerreichbaren Schönheit der Unreife nachjagt, die Geschichte einer tragischen Leidenschaft – tragisch, weil ihr Gegenstand im Grunde nur eine Mirage im Kopf des Jägers ist und damit irdischer Inbesitznahme entzogen, tragisch aber auch, weil sie, wenn sie ans Ziel käme, ihren Gegenstand vernichten müßte.   D.E.Z.

AUSGABEN: Paris 1955. – NY 1958. – Greenwich/Conn. 1959. – Ldn. 1960. – Harmondsworth 1963 u. ö. (Penguin). – NY 1967 [russ.]. – NY 1970 u. Ldn. 1971 (*The Annotated Lolita*, Hg. A. Appel). – NY 1984. – NY 1989.

ÜBERSETZUNGEN: *Lolita*, H. Hessel u. a., Hbg. 1959. – Dass., dies., Reinbek 1964 u. ö. (rororo). – Dass., dies., Neubearb. D. E. Zimmer (in *GW*, Bd. 8, Reinbek 1989; m. Anm.). – *Lolita*, Moskau 1989 [russ.].

VERFILMUNG: England 1961 (Regie: S. Kubrick).

DRAMATISIERUNG: E. Albee, *Lolita* (Schauspiel; nach Probeauff. in Boston Urauff.: NY, 19. 3. 1981, Brooks Atkinson Theater; Buchausg. NY 1984).

LITERATUR: L. Trilling, *The Last Lover. V. N.'s »Lolita«* (in Encounter, 11, 1958, Nr. 4, S. 9–19). – V. Nabokov, *On a Book Entitled »Lolita«* (ebd., 12, 1959, Nr. 4, S. 73–76). – A. Appel Jr., *»Lolita«, the Springboard of Parody* (in ConL, 8, 1967, S. 204–241). – C. Proffer, *Keys to »Lolita«*, Bloomington/Ind. 1968. – E. Bruss, *V. N.: Illusions of Reality and the Reality of Illusions* (in E. B., *Autobiographical Acts*, Baltimore 1976, S. 127–162). – R. Wallace, *No Harm in Smiling: V. N. »Lolita«* (in R. W., *The Last Laugh*, Columbia/Mo. 1979, S. 65–89). – W. Anderson, *Time and Memory in N.'s »Lolita«* (in Centennial Review, 24, 1980, S. 360–383). – J. Pinnells, *The Speech Ritual as an Element of Structure in N.'s »Lolita«* (in Dalhousie Review, 60, 1980, S. 605–621). – P. S. Bruss, *Lolita«: The Pursuit of Text* (in P. B., *Victims; Textual Strategies in Recent American Fiction*, Ldn. 1981, S. 52–66). – A. D. Nakhimovsky, *An English-Russian Dictionary of N.'s »Lolita«*, Ann Arbor/Mich. 1982. – M. Gullette, *The Exile of Adulthood: Pedophilia in the Midlife Novel* (in Novel, 17, 1984, S. 215–232). – R. Bullock, *Humbert the Character, Humbert the Writer: Artifice, Reality and Art in »Lolita«* (in PQ, 63, 1984, S. 187–204). – J. Haegert, *Artist in Exile: The Americanization of Humbert Humbert* (in ELH, 32, 1985, S. 777–794). – M. Seidel, *N. and the Aesthetics of American Exile* (in Yale Review, 75, 1985, S. 224–239). – S. Butler, *»Lolita« and the Modern Experience of Beauty* (in StN, 18, 1986, S. 427–437). – L. Olsen, *A Janus-Text: Realism, Fantasy, and N.'s »Lolita«* (in MFS, 32, 1986, S. 115–126). – *V. N.'s »Lolita«*, Hg. H. Bloom, NY 1987. – E. Ermath, *Conspicious Construction; Or, Kristeva, N., and the Anti-Realist Critique* (in Novel, 21, 1988, S. 330–339). – E. Jong, *Time Has Been Kind to the Nymphet: »Lolita« 30 Years Later* (in NY Times Book Review, 5. 6. 1988, S. 46–47). – T. McNeeley, *Lo and Behold: Solving the »Lolita« Riddle* (in StN, 21, 1989, S. 182–200). – C. Jannone, *From »Lolita« to »Piss Christ«* (in Commentary, 89, 1990, S. 52–54). – St. Lem, *Lolita, ili Stavrogin i Beatriče* (in Literaturnoi obozrenie, 1992, Nr. 1).

PALE FIRE

(amer.; *Ü: Fahles Feuer*). Roman von Vladimir NABOKOV, erschienen 1962. – Nabokovs vierzehnter Roman, der fünfte in englischer Sprache, ist innerhalb der Gattung ein höchst ungewöhnlicher Fall. Er besteht aus einem vierteiligen, tausendzeiligen Gedicht in *heroic couplets* (paarweise gereimten jambischen Fünfhebern) sowie verschiedenen Zutaten eines »Herausgebers«: einem Vorwort,

einem über zweihundertseitigen Anmerkungsapparat und einem Namensregister. Verfasser des Gedichts ist der angesehene amerikanische Dichter John Shade, 61 Jahre alt, Professor für englische Literatur an der Universität von »New Wye« im Staat »Appalachia« und Pope-Experte. Das Gedicht charakterisiert sein Herausgeber einmal nicht unzutreffend als *»eine autobiographische, höchst appalachische, ziemlich altmodische Erzählung in neopopescher Versform«*. Es enthält private Erinnerungen, vor allem auch an den Selbstmord Hazels, der häßlichen, fast hexenhaft anmutenden Tochter des Dichters, Erwägungen über die selbständige Realität der Kunst und über eine Realität jenseits der Realität sowie über Shades Versuche, sich ihrer zu vergewissern; sein Hauptthema ist der Tod.

Der Herausgeber stellt sich als Charles Kinbote vor, Kollege, Nachbar und Freund des Dichters; seinen Kommentar verfaßt er in einem Motel im Westen der USA, in dessen Abgeschiedenheit er sich auf der Flucht vor Anfeindungen mit dem Manuskript Shades zurückgezogen hat, nachdem dieser unmittelbar vor Vollendung seines Werks vor seinem Haus erschossen wurde. Bald aber stellt sich heraus, daß das übliche Werk-Kommentar-Verhältnis (dort die Fiktion, hier die Realien) scheinbar umgekehrt ist, daß Kinbote so gut wie keinen Kommentar zu Shades Gedicht liefert, sondern darin nur nach Stichworten sucht, um seine eigene phantastische Lebensgeschichte vorzutragen; er will sie Shade ausführlich erzählt und dabei die (offensichtlich vergebliche) Hoffnung gehegt haben, dieser werde sie als Material zu seinem Gedicht benutzen. Seiner Geschichte zufolge ist Kinbote niemand anders als »Karl der Beliebte«, der Exkönig eines kleinen, heiteren nordosteuropäischen Landes namens Zembla, der nach der Revolution der »Extremisten« 1958 ins Ausland und an die Universität von New Wye flüchtete – ein kultivierter, religiöser Mann, Vegetarier, Päderast. Die Geheimorganisation der »Schatten« habe ihm aus Zembla einen Mörder nachgeschickt, den »halbmenschlichen« Automaten Jakob Gradus, dessen »graduelle« Annäherung im Lauf des Jahres 1959 Kinbote mit dem Fortschreiten von Shades Gedicht synchronisiert; die Kugel, die Shade tödlich traf, sei ihm, dem Exmonarchen, zugedacht gewesen. – Wer jedoch gewisse in Kinbotes Kommentar verstreute Indizien sammelt, sieht einen anderen Zusammenhang durchschimmern: Danach wäre Kinbote ein wahnsinniger Exilrusse namens Botkin, ein unglücklicher Homosexueller, der sich Shade mit seinen Geschichten erfolglos aufzudrängen versucht hat; und der Mörder ein anderer Irrer, der aus einer Anstalt ausgebrochene Jack Grey, der weder Shade noch Kinbote erschießen wollte, sondern den Richter, dem das von Kinbote bewohnte Haus gehört und der ihn einst verurteilt hatte.

Der Roman, der in seiner Grundidee Berührungspunkte zu *The Real Life of Sebastian Knight* (1941) aufweist, ist ein außerordentlich intrikat angelegtes Werk der Spiegelreflexe, voll von irrlichternden Verweisen, Umkehrungen und Anspielungen (vor allem auf SHAKESPEARE, POPE, SWIFT, GOETHE), die entschlüsselt werden wollen. Methode und eigentliches Thema werden zum Beispiel am Titel deutlich. »Fahles Feuer« ist der Titel von Shades Poem. Kinbote weiß ihn nicht zu erklären. Dem Gedicht selbst ist zu entnehmen, daß Shade ihn »Will« verdankt. William Shakespeare? Bei einer Gelegenheit zitiert Kinbote in seinem Kommentar vier Verse aus *Timon von Athen* (IV, 3), allerdings in einer Rückübersetzung aus dem »Zemblanischen«, da er kein englisches Original zur Hand hat. In ihr ist unter anderem vom »silbrigen Licht« des Mondes die Rede. Sucht man die betreffende Stelle bei Shakespeare auf, so findet man (als eines unter vielen Beispielen für Diebstahl): »*... der Mond ein arger Dieb; sein fahles Feuer nimmt er von der Sonne.*« So wie der Mond von der Sonne, so raubt sich Kinbote seinen Glanz von Shade; aber umgekehrt wirkt Shades Gedicht neben Kinbotes bunten Zembla-Geschichten nur wie ein »fahles Feuer«. Kinbote ist ein Irrer, ein *lunatic* (das englische Wort enthält den Hinweis auf *luna*, den Mond); in einer von ihm mitgeteilten Variante zu Shades Gedicht zitiert dieser aus Alexander Popes *Essay on Man*, u. a.: »*The sot a hero, lunatic a king*« (II, 268). So stellt es sich tatsächlich dar: der Trinker *(sot)* Shade ein Held, der Irre *(lunatic)* Kinbote ein König. Ebenfalls aus dem *Essay on Man* stammt der Name Zembla; dort bezeichnet er ein imaginäres nördliches Land, in dem die Menschen das Laster beheimatet wähnen, das doch unter ihren Augen zu Hause ist; gleichzeitig klingt in dem Namen das Wort *semblance* an (Anschein, Ähnlichkeit) – es ist ein Land des Scheins, und in Kinbotes Zembla-Erlebnissen spiegeln sich tatsächlich Botkins Appalachia-Erlebnisse; schließlich erinnert der Name Zembla an das russische Novaja Zemlja – das aber bedeutet »Neuland«, und »Neuland« ist (ausdrücklich über das französische Terre Neuve: Neufundland) die Neue Welt: noch ein Spiegelreflex.

Diese Verrätselung ist keine dem Roman willkürlich aufgesetzte Spielerei, sondern sein zentrales Thema. Shade vermeint in den Erscheinungen eine Art »Sinngewebe«, in dem Spiel, das »gleichgültig wer« mit den Welten spielt, ein »korrelatives Muster« zu erkennen, »Ornamente aus Zufällen und Möglichkeiten«. Im Chaos des Wirklichen auf derlei Ornamente aufmerksam zu werden, ist für Shade und Nabokov die einzige Möglichkeit, wenigstens auf das Vorhandensein eines höheren Sinngewebes zu schließen, wenn auch nähere Aussagen über seine Natur dem Menschen nicht möglich sind. *Pale Fire* ist eine Reflexion über »Kunst« und »Wirklichkeit« und damit ein Gleichnis für das Verhältnis des Menschen zu jenem höheren Zusammenhang: Der Künstler nämlich steht so über der von ihm erschaffenen Welt wie »gleichgültig wer« über der für den Menschen erfahrbaren Wirklichkeit; wie mögliche Götter mit den Welten und den für den Zusammenhang blinden und leidenden Menschen spielen und schalten, schaltet er mit seinem Werk. *Pale Fire* ist ein Modell für das Kryp-

togramm, das die Natur darstellt. Wer seine unzähligen Hinweise und Entsprechungen entziffert (ein Prozeß ohne Ende), leistet im kleinen, was die Menschheit im großen zu leisten hätte. Das »fahle Feuer«, das der Mensch wahrnimmt, ist der Abglanz einer Sonne, in die zu blicken ihm unmöglich ist.   D. E. Z.

AUSGABEN: NY 1962. – Ldn. 1962. – NY 1963. – NY 1980. – NY 1982. – Harmondsworth 1985 (Penguin). – NY 1989.

ÜBERSETZUNG: *Fahles Feuer*, U. Friesel, Reinbek 1968. – Dass., ders., Reinbek 1978 u. ö. (rororo).

LITERATUR: M. McCarthy, *V. N.'s »Pale Fire«* (in Encounter, 19, 1962, S. 71–84). – F. Kermode, *Zemblances* (in New Statesman, Ldn., 9. 11. 1962). – C. T. Williams, *Web of Sense: »Pale Fire« in the N. Canon* (in Crit, 6, 1963/64, S. 29–45). – W. Vordtriede, *Die Wollust der Fußnote. Über V. N.s »Fahles Feuer«* (in Merkur, 23, 1969, S. 678–686). – R. Alter, *N.'s Game of Worlds* (in R. A., *Partial Magic: The Novel as a Self-Conscious Genre*, Berkeley 1975, S. 180–217). – Ph. A. Roth, *The Psychology of the Double in N.'s »Pale Fire«* (in Essays in Literature, 11, 1975, S. 209–229). – D. Walker, *The Viewer and the View: Chance and Choice in »Pale Fire«* (in Studies in American Fiction, 4, 1976, S. 203–222). – V. Strunk, *Infinity and Missing Links in N.'s »Pale Fire«* (in ESC, 7, 1981, S. 456–472). – A. Kernan, *Reading Zemblan: The Audience Disappears in N.'s »Pale Fire«* (in A. K., *The Imaginary Library*, Princeton 1982, S. 89–129). – L. Abraham, *Literary Illusion in N.'s »Pale Fire«* (in Dutch Quarterly Review of Anglo-American Letters, 13, 1983, S. 241–266). – P. O'Donnell, *Watermark: Writing the Self in N.'s »Pale Fire«* (in Arizona Quarterly, 39, 1983, S. 381–405). – R. Pearce, *The Novel in Motion; An Approach to Modern Fiction*, Columbus/ Oh. 1983, S. 66–82. – J. Haegert, *The Author as Reader as N.: Text and Pretext in »Pale Fire«* (in TSLL, 26, 1984, S. 405–426). – M. Seidel, *»Pale Fire« and the Art of the Narrative Supplement* (in ELH, 51, 1984, S. 837–855). – S. Tani, *The Metafictional Anti-Detective Novel* (in S. T., *The Doomed Detective*, Carbondale/Ill. 1984, S. 113–147). – D. Galef, *The Self-Annihilating Artists of »Pale Fire«* (in TCL, 31, 1985, S. 421–437). – M. Torgovnick, *N. and His Successors: »Pale Fire« as a Fable for Critics in Seventies and Eighties* (in Style, 20, 1986, S. 22–40). – S. Knapp, *Hazel Ablaze: Literary License in N.'s »Pale Fire«* (in TCL, 31, 1985, S. 421–437). – H. Smith, *The Topology of »Pale Fire«* (in *Cross-Cultural Studies: American, Canadian and European Literatures: 1945–1985*, Hg. M. Jurak, Ljubljana 1988, S. 183–192). – M. Stewart, *N.'s »Pale Fire« and Boswell's »Johnson«* (in TSLL, 30, 1988, S. 230–245). – P. Meyer, *Reflections of Shakespeare. V. N.'s »Pale Fire«* (in Russian Literature Triquarterly, o. J., Nr. 22, S. 145–168). – Dies., *Find What the Sailor Has Hidden: V. N.'s »Pale Fire«*, Middletown/Conn. 1988. – D. Williams, *The »Pale Fire« of N.'s Aesthetics* (in Russian Literature Journal, 1992, Nr. 153–155).

PNIN

(amer.; *Ü: Pnin*). Roman von Vladimir NABOKOV, erschienen 1957. – In sieben aufs sorgfältigste komponierten Kapiteln porträtiert der Roman den am Schluß des Buches, 1954, sechsundfünfzig Jahre alten Timofej Pavlovič Pnin, der am Waindell-College im Staat New York vor allem dank der Protektion durch den Leiter der Deutschen Abteilung, Dr. Hagen, eine *»praktisch tote Sprache«* lehrt, nämlich seine russische Muttersprache; die geringe Zahl und die Ignoranz seiner Schüler stehen in komischem Kontrast zu seinen immensen und ungefragten Kenntnissen der russischen Literatur- und Kulturgeschichte. Pnin, der allen seinen Anstrengungen zum Trotz nicht verleugnen kann, daß er, der Exilrusse, einer anderen Welt angehört, gilt als eine Art Campus-Original: Wenige in dem Intrigennest haben Sinn und Verständnis für seine absonderliche, altmodische Grandezza, für seinen Mut, seine Reinheit, seine Gelehrsamkeit, seine Treue (Qualitäten, die ihm sein Autor ausdrücklich zuerkannte). Im Lauf der Handlung wird man Pnins in verschiedenen Situationen ansichtig: Pnin auf der Reise zu einem Frauenklub, vor dem er eine Rede halten soll; Pnin als Untermieter; Pnin im Kampf mit der englischen Sprache; Pnin von allem Technischen fasziniert, mit dem er gleichwohl auf Kriegsfuß steht; Pnin während des Besuchs seiner früheren Frau, der Psychologin (und miserablen Dichterin) Liza Wind, einem wankelmütigen und selbstsüchtigen Wesen, das ihn immer nur ausgenutzt hat und das er dennoch weiter liebt; Pnin mit Lizas Sohn Victor, der ein talentierter Maler zu werden verspricht; Pnin beim Sommerurlaub unter Exilrussen; Pnin beim Versuch, ein guter amerikanischer Gastgeber zu sein. Am Ende, als Pnin sich gerade mit dem Gedanken trägt, sein Nomadenleben zu beenden und ein kleines Haus zu erwerben, eröffnet ihm Hagen, daß er das College verlassen und Pnin damit nach neun Jahren seine Anstellung in Waindell verlieren werde; so packt Pnin seine Sachen und verschwindet. (In *Pale Fire*, 1962, wird er noch einmal erwähnt: Er hat anderswo doch noch eine feste Stellung gefunden, sogar als Leiter einer Russischen Abteilung.)
Bei der Porträtierung Lizas und ihres zeitweiligen Gatten Eric Wind findet Nabokov Gelegenheit, »Psycho-Eseleien« (Psychoanalyse, Psychometrie) ausgiebig zu verspotten. (Pnin: *»Warum überläßt man den Menschen nicht seinem Leid? Ist das Leid nicht das einzige, was der Mensch auf Erden zuverlässig besitzt?«*) Bei der Porträtierung Victors trifft ähnlich bissiger Spott die abstrakte Kunst. Die Humoreske ist schwarz grundiert: Pnins Leben ist eine einzige Serie von Verlusten (der Heimat, der Jugendgeliebten, der Frau, der Stellungen, der Behausungen); auch fühlt er sich durchaus als Zeitgenosse von Ereignissen, mit denen zu leben ihm ei-

gentlich gar nicht möglich ist: etwa die Ermordung seiner Jugendgeliebten in einem deutschen KZ. *Pnin* stellt weniger Ansprüche an den detektivischen Sinn als viele andere Bücher Nabokovs; trotzdem entdeckt der aufmerksame Leser auch in diesem Roman eine Geschichte hinter der Geschichte, nämlich die Beziehung des Ich-Erzählers, der wiederum einige Ähnlichkeit mit Nabokov selber hat, zu Pnin. Obwohl sie sich von Jugend an kennen, weigert sich Pnin nicht nur, unter dem Erzähler am Waindell-College zu arbeiten; er will ihn noch nicht einmal sehen, wahrscheinlich weil der Erzähler einmal eine Affäre mit Liza Wind hatte und Pnin ihn seitdem meidet. Die Romanfigur also flieht vor einem Vexierbild ihres Autors; vielmehr: Der Autor läßt sein Geschöpf davor fliehen, während er es dingfest macht.   D.E.Z.

AUSGABEN: Garden City/N.Y. 1957. – Ldn. 1957. – NY 1964. – NY 1969. – NY 1984. – NY 1989.

ÜBERSETZUNGEN: *Pnin*, C. Meyer-Clason, Reinbek 1960. – Dass., ders., Reinbek 1965 u. ö. (rororo). – *Professor Pnin*, ders., Ffm. 1982 (BS). – Dass., ders., Reinbek 1987 (rororo). – *Pnin* (in Inostrannaja literatura, 1989, Nr. 2; russ.). – *Pnin*, K. Birkenhauer, Reinbek 1994.

LITERATUR: H. Nemerov, *The Morality of Art* (in KR, 19, 1957). – W. Vordtriede, *Die Masken des V.N.* (in Merkur, 20, 1966, S. 138–151). – R. M. W. Dillard, *Not Text, But Texture. The Novels of V.N.* (in Hollins Critic, 3, 1966, S. 1–12). – Ch. Nicol, *Pnin's History* (in Novel – A Forum on Fiction, 4, 1971, Nr. 3, S. 197–208). – F. Moody, *At Pnin's Center* (in Russian Literature Triquarterly, 1976, Nr. 14, S. 70–83). – D. Stuart, *N.'s »Pnin«: Floating and Singing* (in *Masks of the Twentieth-Century Novel*, Hg. H. Garvin, Lewisburg/Pa. 1977, S. 259–275). – D. Cowart, *Art and Exile: N.'s »Pnin«* (in Studies in American Fiction, 10, 1982, S. 197–207). – H. Cohen, *N.'s »Pnin«: A Character in Flight from His Author* (in English Studies in Africa, 26, 1983, S. 57–71). – L. Toker, *»Pnin«: A Story of Creative Imagination* (in Delta, 17, 1983, S. 61–74). – D. Richter, *Narrative Entrapment in »Pnin« and ›Signs and Symbols‹* (in PLL, 20, 1984, S. 418–430). – L. Toker, *Self-Conscious Paralepsis in V.N.'s »Pnin« and ›Recruiting‹* (in Poetics Today, 7, 1986, S. 459–469). – C. Hales, *The Narrator in N.'s »Pnin«* (in Russian Literature Triquarterly, Nr. 22, S. 169–181). – G. Barabtarlo, *Phantom of Fact – A Guide to N.'s »Pnin«*, Ann Arbor/Mich. 1989.

PRIGLAŠENIE NA KAZN'

(russ.; *Ü: Einladung zur Enthauptung*). Roman von Vladimir NABOKOV, 1935/36 unter dem Pseudonym V. Sirin in der Pariser exilrussischen Literaturzeitschrift ›Sovremennye zapiski‹ erschienen, in Buchform Paris 1938, in der autorisierten englischen Fassung *(Invitation to a Beheading)* 1959. – Nabokovs achter, noch in russischer Sprache geschriebener und im Berliner Exil entstandener Roman ist dasjenige seiner Bücher, für das der Autor selbst die *»größte Wertschätzung«* hegte, während ihm *Lolita* (1955) das liebste war (Interview aus dem Jahr 1967 mit Alfred Appel Jr.).

Der Roman spielt an einem imaginären Ort in einer imaginären, mutmaßlich zukünftigen Zeit. Ihre Ferne ist gekennzeichnet durch eine allgemeine *»Müdigkeit der Materie«*, in deren Folge die Technik zum größeren Teil wieder rückgängig gemacht wurde, sowie durch allerlei altertümliche Modeattribute (Schlafrock, Wams, Käppchen). Cincinnatus C. ist zum Tode verurteilt worden und erwartet als einziger Gefangener in einer riesigen, *»gemein pittoresken«* Festung auf der Spitze eines Felsenhügels über einer Stadt die Hinrichtung durch Enthaupten. Sein Verbrechen, nur vage benannt, gilt seiner Gesellschaft als überaus rar und schimpflich und bestand in *»gnoseologischem Frevel«* (auch als *»Opazität«* oder *»Okklusion«* umschrieben), einer Art seelischer Undurchsichtigkeit. In Wahrheit ist Cincinnatus ein lebendig empfindender Mensch, während seine Zeitgenossen, die ihn beseitigen, buchstäblich stumpfe Menschenattrappen sind. Wochenlang wird er vor allem dadurch gequält, daß man ihm den genauen Hinrichtungstermin vorenthält. Seine Wärter benehmen sich teils wie Bürokraten, die farcenhafte Gesetzesvorschriften exekutieren, teils wie Parodien von Hotelbediensteten, Kindergärtnern oder Krankenpflegern; auch wechseln sie die Identität. Seine nymphomane Ehefrau Marthe besucht ihn (einmal mitsamt ihrer ganzen Sippe und der Wohnungseinrichtung) und bestätigt ihm, daß sie eine Attrappe wie die übrigen ist. Ein zudringlicher späterer Mitgefangener, M'sieur Pierre, erweist sich als sein Scharfrichter, der beauftragt war, zunächst die Freundschaft seines Opfers zu erwerben. Lediglich die Mutter, von Cincinnatus zunächst auch für eine Fälschung gehalten, scheint einen Funken von seiner Art Leben zu haben, obwohl auch sie ihn dann aus Angst verrät. Eine zweifache Hoffnung auf Rettung (durch die minderjährige Tochter des Gefängnisdirektors und durch geheimnisvolle Tunnelbohrer) stellt sich als Irreführung heraus. Nach einem festlichen Abschiedsbankett bei den Stadtoberen zu seinen und seines Henkers Ehren wird Cincinnatus, von der langen, nackten Todesangst mürbe gemacht, aber unbeugsam in seiner Andersartigkeit, in einer öffentlichen Schaustellung hingerichtet. Im Augenblick des Todes aber entschließt er sich, aus der Farce in die von ihm immer erahnte wirkliche Welt zu entweichen, und während die Farce um ihn herum zerfällt wie eine billige Bühnendekoration, geht er dorthin, *»wo ihm verwandte Wesen standen«*.

Nabokov bestreitet in seinem Vorwort zur englischsprachigen Ausgabe von 1959 die Verwandtschaft zu KAFKA, dessen Werk ihm zur Zeit der Niederschrift noch unbekannt gewesen sei, nicht aber die Verbindungen zu seinem späteren englischen

Roman *Bend Sinister*, 1947 *(Das Bastardzeichen)*, und er wehrt sich gegen eine Auslegung als politische Parabel. Auf einer unteren Verständnisebene handelt es sich um einen Roman über das Leben in einem totalitären Staat, der vernichtet, wen er geistig nicht gleichschalten kann; auf einer mittleren Ebene geht es um das Individuum, das sich gegen die Allgegenwart dumpfer, gefühlstoter Abgeschmacktheit *(pošlost)* und Brutalität kaum zu behaupten vermag; und auf einer obersten, nur schwach angedeuteten, quasi metaphysischen Ebene schließlich geht es um die Hoffnung, die Seele könne den Kerker des Körpers, in dem sie gefangen ist, überwinden und eines ihr gemäßeren Seinszustandes teilhaftig werden.   D.E.Z.

AUSGABEN: Paris 1935/36 (in Sovremennye zapiski, H. 58–60). – Paris 1938. – Ldn. 1960. – Ann Arbor/Mich. 1979.

ÜBERSETZUNGEN: *Invitation to a Beheading*, D. u. V. Nabokov, NY 1959 [engl.]. – Dass., dies., Harmondsworth 1963 (Penguin; ern. 1989). – *Einladung zur Enthauptung*, D.E. Zimmer, Reinbek 1970. – Dass., ders., Reinbek 1973 u.ö. (rororo). – Dass., ders. (in *GW*, Bd.4, Reinbek 1990; neubearb.; m. Anm.).

DRAMATISIERUNG: R. McGrath, *Invitation to a Beheading* (Urauff.: NY, März 1969, Public Theater).

LITERATUR: A. Pryce-Jones, *The Fabulist's Worlds. V. N.* (in The Creative Present, 27, 1963, S.65–78). – L. S. Dembo, *V. N. An Introduction* (in ConL, 8, 1967, S. 111–126). – R. Alter, *»Invitation to a Beheading«: N. and the Art of Politics* (in TriQuarterly, 17, 1970, S. 41–59). – R. P. Hughes, *Notes on the Translation of »Invitation to a Beheading«* (ebd., S. 284–292). – S. E. Hyman, *The Handle: »Invitation to a Beheading« and »Bend Sinister«* (ebd., S. 60–71). – L. Foster, *N.'s Gnostic Turpitude: The Surrealistic Vision of Reality in »Priglashenie na kazn'«* (in Mnemozina – Studia Litteraria Russica in Honorem Vsevolod Setchkarev, Hg. J. Baer u. a., Mchn. 1974, S. 117–129). – S. Klemtner, *To ›Special Space‹: Transformation in »Invitation«* (in MFS, 25, 1979, S. 427–438). – D. Penner, *»Invitation«: N.'s Absurdist Initiation* (in Crit, 20, 1979, S. 27–39). – D. Peterson, *N.'s »Invitation«: Literature as Execution* (in PMLA, 96, 1981, S. 824–836). – D.B. Johnson, *Spatial Modeling and Deixis: N.'s »Invitation«* (in Poetics Today, 3, 1982, S. 81–98). – J. Conolly, *N.'s ›Terra Incognita‹ and »Invitation«* (in WSIA, 12, 1983, S. 55–65). – R. Grossmith, *Spiralizing the Circle: The Gnostic Subtext in N.'s »Invitation«* (in Essays in Poetics, 12, 1987, S. 51–74). – B. Grossmith, *N. and Self-Divestment: A Gnostic Source* (in English Language Notes, 25, 1988, S. 73–78). – L. Toker, *Ambiguities in V. N.'s »Invitation«* (in Ambiguities in Literature and Film, Hg. H. Braendlin, Tallahassee/Fla. 1988, S. 95–103).

SOBYTIE

(russ.; *Das Ereignis*). Komödie in drei Akten von Vladimir NABOKOV, erschienen unter dem Pseudonym V. Sirin 1938 in der Pariser exilrussischen Zeitschrift ›Russkie zapiski‹; Uraufführung: Paris 1938, Russisches Theater. – Nabokovs Weltruhm gründet auf seinen Romanen, insbesondere auf den nach *Lolita* (1955) erschienenen amerikanischen Werken. Er hat sich jedoch in seiner bis 1940 dauernden russischen Schaffensperiode wiederholt auch dem Drama zugewandt und insgesamt zehn Theaterstücke geschrieben, von denen allein sechs noch vor seinem ersten Roman *Mašen'ka*, 1926 *(Maschenka)*, entstanden. In den Jahren 1923 bis 1925 gelangte der Autor über den Umweg als Drehbuchautor und Verfasser kurzer Varieté-sketche zum Drama. Zeitgleich mit nie realisierten Drehbüchern und Sketchen, die am beliebtesten Varietétheater der russischen Emigration in Berlin, Sinjaja Ptica (Der blaue Vogel), aufgeführt wurden, schrieb er Dramen wie *Smert'*, 1923 *(Der Tod)*, oder *Poljus*, 1924 *(Der Pol)*.
Sobytie ist neben *Izobretenie Val'sa*, 1938 *(Die Erfindung des Herrn Vals)*, das einzige abendfüllende Stück Nabokovs. Nach dem totalen Mißerfolg der Uraufführung am Russischen Theater in Paris unter der Regie Jurij Annenkovs – Charakterisierungen wie »quasimetaphysisches Vaudeville«, »Melodram«, »Farce« oder »tragische Farce« zeigen die Unsicherheit der Kritiker – entwickelte es sich jedoch schnell zum erfolgreichsten Theaterstück der gesamten ersten russischen Emigration mit Inszenierungen in Prag, Warschau, Belgrad und New York. In der UdSSR wurde seine Veröffentlichung – wie überhaupt die aller Werke Nabokovs – erst durch die Reformpolitik Gorbačëvs möglich; *Sobytie* erschien 1988 in der Zeitschrift ›Teatr‹.
In einer abgelegenen, namen- und konturlos bleibenden Kleinstadt leben der Porträtmaler Troščejkin und seine Frau Ljubov' seit sechs Jahren *»wie die drei Schwestern«*, wie Troščejkin in einer Anspielung auf ČECHOVS Drama *Tri sestry* (1901) feststellt. Ihr Alltag wird bestimmt durch Ljubov's Trauer um ihr vor drei Jahren gestorbenes Kind, durch ihre Verachtung für ihren lebensuntüchtigen, *»gefühllosen, kalten, engstirnigen«* Mann, der die Erinnerung an das Kind verdrängt hat, und durch dessen Arbeit als Maler und seine Zukunftspläne, die um das Verlassen der Stadt kreisen. Am fünfzigsten Geburtstag von Ljubov's Mutter, der Schriftstellerin Antonina Pavlovna Opojašina, wird Troščejkin durch einen Bekannten eine Nachricht überbracht, die das im Titel genannte »Ereignis« ankündigt: *»Barbašin ist zurückgekehrt.«* Barbašin, der Geliebte Ljubov's vor ihrer Heirat, hatte in einer Eifersuchtsszene auf Troščejkin und Ljubov' geschossen und dann, während ihn die Polizei abführte, Troščejkin Rache geschworen. Alle fürchten nun, daß er nach seiner frühzeitigen Entlassung aus dem Gefängnis diese Drohung wahrmacht. Ljubov's Erinnerungen an ihre große Liebe, Troščejkins hysterische und völlig untaugliche

Versuche, sich zu schützen, und Antonina Pavlovnas Geburtstagsfeier vermischen sich. Das Stück endet am Abend desselben Tages mit der von einem Boten überbrachten Nachricht, Barbašin sei ins Ausland abgereist und lasse alle, die ihn kennen, grüßen. Das »Ereignis« hat nicht stattgefunden.
Nabokov verknüpft in seiner Komödie drei thematische Bereiche. Im Vordergrund steht das Thema der Angst, ihre Entstehung, ihre explosionsartige Entwicklung sowie ihr plötzliches Verschwinden. Die Angst vor einem Ereignis, das schließlich nicht eintritt, macht das Stück zu einer Umkehrung von Nikolaj GOGOL's Komödie *Revizor*, 1836 *(Der Revisor)*, die mit dem Erscheinen des echten Revisors endet. Häufige explizite und implizite Verweise – so etwa das leicht verfremdete Zitat *»Meine Herren, zu uns in die Stadt ist ein Revisor gekommen«* – verdeutlichen diesen Bezug. Sie sind Teil eines komplexen Systems von Zitaten und Entlehnungen aus dem klassischen russischen Theater, neben Gogol' und PUŠKIN insbesondere aus den Werken Čechovs, auf dessen Namen bereits der Vor- und Vatersname von Ljubov's Mutter, Antonina Pavlovna, verweisen. Eine Reihe von Nabokovs Figuren, so etwa Ljubov's Schwester Vera und die Dienerin Marfa, sind offenkundig in Anlehnung an Čechovs Charaktere gestaltet. Diese Parodierung des psychologischen Dramas Čechovscher Prägung bildet den zweiten thematischen Bereich des Stückes. Er ist direkt mit dem dritten verbunden, der Vieldeutigkeit fiktionaler Realität: Ljubov' und ihr Mann treten am Ende des zweiten Aktes aus der zur stummen Szene erstarrten Handlung heraus, die Troščejkin, der hier aus einer eher lächerlichen Figur zum wirklichen Künstler wird, als von ihm gemaltes Bild, aber auch als *»das Leben«* bezeichnet. Dieses nicht eindeutig bestimmbare Ineinandergreifen und Verschwimmen von Realitätsebenen durchzieht das ganze Stück und gibt ihm seine Komplexität. Nabokov gestaltet also auch im Bereich des Theaters eines der zentralen Themen seines gesamten Schaffens.   C.Hü.

AUSGABEN: Paris 1938 (in Russkie zapiski, H. 4). – Moskau 1988 (in Teatr, H. 5).

ÜBERSETZUNG: The Event (in *The Man from the USSR and Other Plays*, Hg. u. Einl. D. Nabokov, San Diego 1984; 1985; engl.).

LITERATUR: S. Karlinsky, *Illusion, Reality, and Parody in N.'s Plays* (in ConL, 8, 1967, S. 268–279). – R. Guerra, *V. N. v neprivyčnoj ipostasi* (in Kontinent, 45, 1985, S. 367–392).

SPEAK, MEMORY

(amer.; *Ü: Sprich, Erinnerung, sprich. Wiedersehen mit einer Autobiographie*). Literarische Autobiographie von Vladimir NABOKOV, zuerst 1951 unter dem Titel *Conclusive Evidence* erschienen, in einer überarbeiteten Fassung 1966. – Die Memoiren des

Exilrussen Nabokov sind zwar auch eine systematisch angeordnete Zusammenstellung persönlicher Erinnerungen, die den geographischen Raum von St. Petersburg bis St. Nazaire, den zeitlichen vom August 1903 bis zum Mai 1940 umfassen; aber der Autor hieße nicht Nabokov, wenn das Ich dieser Autobiographie nicht wie das seiner Romangestalten vielfach gebrochen wäre und zum Spielball einer regen Phantasie würde. Nabokov behandelt seine Vergangenheit wie einen Text und zerlegt sie mit einer Mischung aus wissenschaftlicher Präzision und künstlerischer Leidenschaft. Einerseits konzentriert er sich dabei auf die detaillierte Wiedergabe der erlebten Orte und bestimmter prägender Ereignisse und Eindrücke seiner Vergangenheit. Andererseits versucht er aber, einen philosophischen Hintergrund für die eigene Biographie zu entwerfen und dabei der Entwicklung von bestimmten thematischen Mustern sowie der Wiederkehr bestimmter Motive nachzugehen.

In den ersten elf Kapiteln beschreibt der Autor mit liebevoller Akribie seine ersten zwanzig Lebensjahre im zaristischen Rußland, auf dem Landgut »Vyra« und in St. Petersburg. Er zeichnet Porträts seiner Mutter und seines Vaters, erklärt die Genealogie seiner Familie und beschreibt die verschiedenen englischen und französischen Gouvernanten, seine russischen Lehrer, seine Schul- und Lektüreerlebnisse, die Ausflüge in die Umgebung des Landgutes sowie Reisen nach Berlin, Paris und an die Côte d'Azur. Dabei werden auch Entstehung und Entwicklung verschiedener prägender Leidenschaften Nabokovs deutlich: erste Begegnungen mit der englischsprachigen und russischen Literatur, die Begeisterung für Schmetterlingsforschung (1906), erste dichterische Versuche (1914) und die erste Liebe (1915). In den letzten vier Kapiteln schildert Nabokov dann, wesentlich knapper als vorher, den nächsten zwanzigjährigen Lebensabschnitt: seinen sechzehnmonatigen Aufenthalt auf der von der Weißen Armee besetzten Krim, die Flucht aus dem bolschewistischen Rußland von 1919 über Griechenland nach England, seine Studienzeit in Cambridge (bis 1922) sowie sein Leben als junger Exil-Autor in Berlin (1922–1937) und Paris (1937–1940). Mit der Schilderung seiner zweiten Flucht, diesmal aus dem faschistischen Europa von 1940, endet das Buch. Hatten die Aufzeichnungen mit dem Augenblick eingesetzt, in dem sein eigenes reflektierendes Bewußtsein und sein »fühlendes Leben« begannen, als er seine Eltern nicht mehr »unter der Maske eines zarten Inkognitos«, sondern als von ihm getrennte, eigenständige Wesen wahrnahm, so enden sie mit Beobachtungen über das aufkommende »fühlende Leben« seines Sohnes. In *Speak, Memory* geht es Nabokov freilich – darauf verweist bereits der Titel des Buches – nicht in erster Linie um die Vermittlung biographischer Fakten, sondern vor allem um eine Diskussion der Bedeutung und Funktion des Erinnerns. Nabokovs Aufzeichnungen sind ein Versuch, sich gegen »*das Gefängnis der Zeit*« aufzulehnen. Mit »Erinnern« ist nicht die schwärmerische Nostalgie für eine verlo-

rene Zeit gemeint, sondern ein Zustand des Bewußtseins, der dem sterblichen Menschen die Chance bietet, »*über seine Grenzen hinweg zu spähen*«. Bei seiner Mutter lernte Nabokov, die Spuren der Zeit zu kultivieren und an der Vergangenheit zu hängen, um so ein »*einzigartiges Scheinbild*«, »*die Schönheit ungreifbaren Besitzes, unirdischer Immobilien*« bei sich zu haben und den Verlust von Kindheit und Heimat leichter ertragen zu können. Weil in der Erinnerung wie in der Kunst eine vorgestellte Welt gegenüber der erlebten privilegiert wird, bieten beide Vorgänge die Möglichkeit, räumliche und zeitliche Begrenzungen zu negieren, Sterblichkeit wie Vergänglichkeit aufzuheben: »*Jene robuste Wirklichkeit macht die Gegenwart zu einem bloßen Schemen ... Alles ist, wie es sein sollte, nichts wird sich je ändern, niemand wird jemals sterben.*« Durch den Akt des Erinnerns wird eine vergangene Welt neu entworfen; Dissonanzen werden vervollständigt und aufgelöst. Doch erkennt Nabokov auch, daß erst der vollständige Bruch mit der Welt seiner Knabenzeit Perspektiven öffnete und jene Distanz schuf, die es ihm ermöglichte, die dauerhafte Harmonie einer erinnerten Welt zu finden. So ist es sicher kein Zufall, daß die erinnernde Rekonstruktion des Lebens (des eigenen oder eines anderen Lebens) so viele Romanhelden und fiktive Biographen in Nabokovs großen Romanen beschäftigt, von *The Real Life of Sebastian Knight* (1941) bis *Ada or Ardor* (1969).   E.Br.-KLL

AUSGABEN: NY 1951 (*Conclusive Evidence*). – Ldn. 1951 (*Speak, Memory*). – NY 1966.

ÜBERSETZUNG: *Sprich, Erinnerung, sprich. Wiedersehen mit einer Autobiographie*, D. E. Zimmer, Reinbek 1984. – *Erinnerung, sprich*, ders. (in *GW*, Bd. 21, Reinbek 1991).

LITERATUR: C. Shloss, »*Speak, Memory*«. *The Aristocracy of Art* (in *N.'s Fifth Arc*, Hg. J. E. Rivers u. Ch. Nicol, Austin/Tex. 1982, S. 224–229). – Ph. A. Roth, *Toward the Man behind the Mystification* (ebd., S. 43–59). – D. Stuart, *The Novelist's Composure: »Speak, Memory« as Fiction* (in MLQ, 56, 1974/75, S. 177–192).

ZAŠČITA LUŽINA

(russ.; *Ü: Lushins Verteidigung*). Roman von Vladimir NABOKOV, 1930 unter dem Pseudonym V. Sirin in dem russischen Exil-Verlag Slovo in Berlin erschienen; sowjetische Ausgabe 1986; autorisierte englische Fassung *(The Defense)* 1964. – Wie so häufig bei Nabokov steht auch im Zentrum dieser fiktiven Biographie eine große Obsession: die Leidenschaft der Hauptfigur Aleksandr Lužin zum Schachspiel. In nahezu strikter chronologischer Abfolge wird in Nabokovs drittem russischen Roman die Lebensgeschichte Lužins bis zu seinem frühen Freitod aus der Perspektive des Autors erzählt, freilich ohne psychologische Deutungsversuche. Von dem Moment an, wo Lužin sich seiner unwiderstehlichen Passion bewußt ist, wird der Leser aufgefordert, diese Passion als ein Faktum zu akzeptieren, das keiner Erklärungen bedarf. Dieser Moment wird, ohne präzise Altersangabe, mit den Worten beschrieben: »*So um den April herum, in den Osterferien, kam der Tag, der Lushin vorherbestimmt war, an dem die ganze Welt ringsum verlosch, als hätte jemand den Schalter ausgedreht. Nur das eine blieb inmitten der Finsternis hellerleuchtet, das neugeborene Wunder, dieses funkelnde Inselchen, auf das sich nun sein ganzes Leben konzentrieren sollte.*« Die vorangehenden beiden Kapitel, in denen Lužins behütete Kindheit in seinem Petersburger Elternhaus resümiert wird, zeigen bereits ein Kind, dem eine ungewöhnliche Zukunft bevorsteht: Es ist introvertiert, widersetzt sich jeder Kommunikation – übrigens auch mit den Eltern – und begegnet allen Einflüssen von außen mit totaler Apathie. Die frühkindliche Erstarrung vermag nur eine einzige Person zu durchbrechen, die unverheiratete Tante Lužins, die heimliche Geliebte seines Vaters. Sie ist es auch, die den Neffen zum Schachspiel verführt, nicht ahnend, daß sie damit seiner schlummernden Leidenschaft die Schleusen öffnet, so daß er von nun an den Schulbesuch meidet und sich noch stärker von der Außenwelt abkapselt.

Die durch diese Frauenfigur markierten erotischen Assoziationen machen deutlich: Der Gegenstand der Leidenschaft ist austauschbar. Dem Autor kommt es nur darauf an, eine Figur zu zeigen, die in den Netzen ihrer Obsession unrettbar verstrickt ist. Da er als entschiedener Gegner FREUDS auf alle psychologischen Erklärungen verzichtet, analysiert Nabokov weder die psychischen Abgründe seines Protagonisten, noch gibt er diesem die Chance, selbst darüber zu reflektieren. Lužin hat sein Schicksal akzeptiert und beugt sich ihm willenlos. Nur die Nebenfiguren dürfen diese Passion kommentieren, so Lužins Vater, ein mittelmäßiger Schriftsteller, der einmal anmerkt, für seinen Sohn sei das Schachspiel »*eine heilige Handlung*«. Andererseits ist er aber auch stolz, Vater eines Wunderkindes – denn zu einem solchen avanciert der Sohn sehr rasch – zu sein.

Nach dem Ende dieser ungewöhnlichen Jugend überläßt der inzwischen verwitwete Vater seinen Sohn einem zwielichtigen Hasardeur namens Valentinov, der den jungen Mann von einem Schachturnier zum andern durch halb Europa schleppt, um an dessen Ruhm und beträchtlichen Einnahmen zu partizipieren. Diese Phase wird indes nur in knappen, retrospektiven Abbreviaturen resümiert. Die Handlung setzt erst wieder ein, als Lužin, der nach der Oktoberrevolution nicht wieder nach Rußland zurückkehrt, in einem deutschen Badeort eine junge russische Emigrantin aus Berlin kennenlernt, der er ziemlich unvermittelt einen Heiratsantrag macht. Die junge Frau fühlt sich zu dem dicklichen, asthmatischen Sonderling hingezogen, weil ihn eine Aura des Extravaganten umgibt, die sie rätselhaft und rührend zugleich findet. Ein Eheversprechen macht sie jedoch von der Zustimmung ihrer Eltern abhängig. Nach Berlin zurückgekehrt, wohin auch Lužin wegen eines internationalen Schachturniers reist, führt sie diesen in ihr wohlhabendes Elternhaus ein, und das verschafft dem Autor Gelegenheit, das kuriose Milieu russischer Emigranten im Berlin der zwanziger Jahre aus intimer Kenntnis (er lebte dort von 1922–1937) mit aller ihm zu Gebote stehenden Ironie zu beschreiben. Während des Turniers erleidet Lužin einen Nervenzusammenbruch, und von da an richtet die junge Frau ihre ganze Energie darauf, ihn abzuschirmen gegen alle neuerlichen Versuchungen, seiner Obsession weiter zu frönen. Allen Vorhaltungen der Eltern zum Trotz heiratet sie ihn, der wie in Trance alles über sich ergehen läßt, und trifft Vorbereitungen für eine längere gemeinsame Auslandsreise. Doch unterschwellig vermitteln all diese Aktivitäten den Eindruck von haltlosen Beschwichtigungen. Die drohende Katastrophe tritt denn auch bald ein: Lužin wird durch das Wiederauftauchen Valentinovs aus seiner zeitweiligen Amnesie gerissen; sogleich erinnert er sich »*mit tränenfeuchter Wehmut, wie sie Liebeserinnerungen eigen ist, der tausend Partien, die er einst gespielt hatte*«. Gleichzeitig erscheint ihm diese »Liebe« als ein »Verhängnis«, und um seiner verzehrenden Sucht nicht länger ausgesetzt zu sein, stürzt er sich aus dem Fenster des Badezimmers in die Tiefe.

Von einigen kompositorischen Ungeschicklichkeiten abgesehen, präsentiert Nabokov diese bizarre Fallstudie mit großer Impressivität, sanfter Ironie und witzigen Detailbeobachtungen. Grundiert wird sie von der nicht beantwortbaren Frage nach der Realität des Geschehens. Ist sie in Lužins selbstvergessenen Schachoperationen enthalten oder in der von ihm weitgehend vernachlässigten Alltagswirklichkeit, in die seine Frau ihn hineinziehen möchte? Sein Freitod wird damit begründet, daß er, der letztlich ein Spielball unkontrollierbarer Kräfte bleibt, sich vor beiden Wirklichkeitsformen fürchtet und vor ihnen flieht.   E.Wol.

AUSGABEN: Bln. 1930. – Paris 1967. – Ann Arbor/ Mich. 1979. – Moskau 1986 (in Moskwa, Nr. 12, S. 73–163; russ.). – Moskau 1988 [zus. m. *Mašenka, Priglašenie na kazn'* u. *Drugie berega*; russ.].

ÜBERSETZUNGEN: *Lushins Verteidigung*, D. Schulte, Reinbek 1961. – *The Defense*, M. Scammell u. V. Nabokov, NY/Ldn. 1964 [engl.]. – *Lushins Verteidigung*, D. Schulte, Reinbek 1974 u. ö. (rororo; ern. 1989). – Dass., ders., Ffm. 1979 (BS). – *The Defense*, Hg. M. Scammell, Oxford 1986 [engl.].

LITERATUR: S. Purdy, *Solus Rex: N. and the Chess Novel* (in MFS, 14, 1968, S. 379–395). – A. Cockburn, *Idle Passion: Chess and the Dance of Death*, NY 1974, S. 31–40. – J. Gezari, *Roman et problème chez N.* (in Poétique, 17, 1974, S. 96–113). – J. Gezari u. W. Wimsatt, *V. N.: More Chess Problems and the Novel* (in YFS, 58, 1979, S. 102–116). – D. Johnson, *Text and Pre-text in N.'s »The Defense« or ›Play it Again Sasha‹* (in MFS, 30, 1984,

S. 278–287). – B. Boyd, *The Problem of Pattern: N.'s »Defense«* (ebd., 33, 1987, S. 575–604).

JURIJ MARKOVIČ NAGIBIN

* 3.4.1920 Moskau
† 17.6.1994 Moskau

CHAZARSKIJ ORNAMENT

(russ.; *Das chazarische Ornament*). Erzählung von Jurij M. NAGIBIN, erschienen 1956. – Die in dem von K. PAUSTOVSKIJ herausgegebenen Almanach ›Literaturnaja Moskva‹ (Literarisches Moskau) veröffentlichte Erzählung gehört, wie etwa auch A. JAŠINS *Ryčagi*, 1956 *(Die Hebel)*, zu den ersten literarischen Dokumenten und Leistungen, die in der Sowjetunion die – nur zäh vorankommende – Überwindung des Stalinismus einleiteten.

In der Ichform berichtet Nagibin von einem Jagdausflug in die Maščera, das wild- und fischreiche sumpfige Waldgebiet nordwestlich von Moskau. Zwei Jäger aus der Stadt – der Autor und sein Begleiter Leontij Sergeevič – entdecken während ihres Ausflugs das bäuerliche Hinterland, in dessen Wildnis die Menschen noch wie vor hundert Jahren in Unwissenheit und Armut dahinvegetieren. Der Leser fühlt sich unwillkürlich in die Zeit der *Zapiski ochotnika*, 1852 *(Aufzeichnungen eines Jägers)*, I. TURGENEVS zurückversetzt, in der allerdings ein kommunistischer Funktionär äußerst befremdlich wirken muß. Dieser positive Held der Erzählung Nagibins ist der Rayonsekretär der Partei. Als Jäger verkleidet, macht er einen Kontrollgang durch sein Gebiet, schleppt sich durch die Sümpfe, redet stundenlang mit den Bauern und stößt überall nur auf Verständnislosigkeit und Abwehr. Seine Sprache wird nicht verstanden, seine Botschaft vom neuen Leben störrisch negiert. In den Augen der Bauern bleibt er – obgleich kein phrasenhafter Parteiredner, sondern selbstloser Kommunist – ein Feind; und auf die zwei städtischen Jäger, die ihm begegnen, wirkt er wie eine skurrile LESKOVSCHE Gestalt, wenn er seinem Zorn über die störrischen Bauern freien Lauf läßt und damit indirekt Kritik an der sowjetischen Agrarwirtschaft übt. Diese *»Entdeckung der unterentwickelten Agrargesellschaft, der im Zustand sozialer Ungelöstheit verharrenden bäuerlichen Bevölkerung, der vom Fortschritt unberührten dörflichen Notgemeinschaft … darf nach dem bukolischen Illusionismus der stalinistischen Epoche als literarische Großtat angesprochen werden«* (H. v. Ssachno).

F.H.-KLL

AUSGABE: Moskau 1956 (in Literaturnaja Moskva, Bd. 2).

LITERATUR: M. Čerkasskij, *Detali i mysl'* (in Neva, 1957, S. 178–184). – Z. A. Sukončev, *Papy, mamy, Val'ka Kosoj i pisatel' Ju. N.* (in Komsomol'skaja pravda, 1958, Nr. 179). – G. Gibian, *Kazakov, N., Voronin. New Trends in Soviet Novel* (in Survey, 1961, April–Juni, S. 49–55). – H. v. Ssachno, *Der Aufstand der Person*, Bln. 1965, S. 168–170. – E. Cochrum, *J. N.'s Short Stories. Themes and Literary Criticism*, Ann Arbor 1979. – I. Bogatko, *J. N.*, Moskau 1980. – E. Sergeev, *O čeloveke – dlja čeloveka* (in Znamja, 3, 1982, S. 225–232).

VIKTOR PLATONOVIČ NEKRASOV

* 17.6.1911 Kiew
† 3.9.1987 Paris

KIRA GEORGIEVNA

(russ.; *Ü: Kyra Georgijewna*). Erzählung von Viktor P. NEKRASOV, erschienen 1961. – Stärker noch als in seinem ersten, unter dem Eindruck der Kriegsereignisse entstandenen und mit dem Stalinpreis (1947) ausgezeichneten Roman *V okopach Stalingrada*, 1947 *(In den Schützengräben von Stalingrad)*, neigt Nekrasov in *Kira Georgievna* dazu, das reale, die gesellschaftliche Wirklichkeit spiegelnde Geschehen so eng mit der individuellen Entwicklung der handelnden Personen zu verknüpfen, es so entschieden in den Bereich der persönlichen Beziehungen zu verlagern, daß das dialektische Widerspiel von Individuum und Umwelt einseitig aufgehoben wird. So betrachtet, ist die Erzählung, die anderthalb Jahre vor A. SOLŽENICYNS *Odin den' Ivana Denisoviča*, 1962 *(Ein Tag aus dem Leben des Ivan Denisovič)*, das Thema der stalinistischen Verfolgung aufnimmt, kein vollgültiger Ausdruck eines politischen Engagements und rechtfertigt die wenigsten der Schlüsse, die die westliche Kritik daraus zu ziehen versucht hat.

Kira Georgievna ist eine impulsive, stets begeisterungsfähige, alles mit ihrer ganzen Persönlichkeit erlebende Künstlerin, deren Denken und Handeln aber zugleich bis zur Oberflächlichkeit unverbindlich bleibt. Ihr erster Mann, der avantgardistische Dichter und Filmkünstler Vadim, wurde 1937 nach einjährigem, romantischem Zusammensein überraschend verhaftet und in ein Arbeitslager deportiert. Als er zurückkehrt, lebt die inzwischen 42jährige Kira mit dem wesentlich älteren, ernsten und gesetzten Kunstprofessor Nikolaj J. Obolensky in einer weniger auf Liebe als auf gegenseitiger Achtung und Toleranz gegründeten Ehe, die es ihr ermöglicht, ein Liebesverhältnis mit dem naivurwüchsigen 22jährigen Elektromonteur Juročka einzugehen. Die unerwartete Heimkehr Vadims, der in der Verbannung ebenfalls wieder geheiratet hat, stellt Kira zwischen drei Männer, die ihr einander ausschließende Existenzmöglichkeiten zu eröffnen scheinen. Zunächst gibt es für sie keinen Zweifel an ihrer Rückkehr zu Vadim. Kira, die die Erlebnisse der verflossenen Jahre kaum verändert haben, vermag scheinbar mühelos den Anschluß an die gemeinsame Vergangenheit zu finden, während Vadim in der Verbannung erfahren hat, daß das Leben über die individuelle Erfüllung hinaus Verantwortung und Einsatz für die anderen fordert, daß die Umwelt ein Anrecht auf den einzelnen hat. Für ihn ist eine Fortsetzung der Ehe mit Kira und damit die Rückkehr zu einem romantisch-ichbezogenen Ideal nicht möglich. Auf sich selbst zurückgeworfen, entscheidet sich aber auch Kira schließlich für ihren zweiten Mann, der, allein gelassen, einen Herzanfall erlitten hat. Sie vollzieht in der Pflege des Kranken die bewußte Hinwendung zu einer Lebensführung, die es erfordert, die Bedürfnisse der eigenen Persönlichkeit zugunsten des Mitmenschen hintanzustellen.   C.K.

AUSGABEN: Moskau 1961 (in Novyj mir, Nr. 6). – Moskau 1962. – Paris 1983.

ÜBERSETZUNG: *Kyra Georgijewna*, G. Strauch-Orlow, Stg. 1962. – *Kyra u. die drei*, ders., Mchn. 1964. – *Kyra Georgijewna*, ders., Ffm. 1981.

LITERATUR: *Russkie sovetskie pisateli. Prozaiki. Bibliografičeskij ukazatel'*, Bd. 3, Leningrad 1964, S. 164–172. – M. Bieler, Rez. (in FAZ, 30. 7. 1981, S. 18).

V OKOPACH STALINGRADA

(russ.; *Ü: In den Schützengräben von Stalingrad*). Roman von Viktor P. NEKRASOV, erschienen 1947. – Neben Konstantin SIMONOVS *Živye i mërtvye*, 1959 *(Die Lebenden und die Toten)*, und Aleksandr ČAKOVSKIJS *Blokada*, 1968–1973 *(Die Blockade)*, zählt *V okopach Stalingrada* zu den bekanntesten der überaus zahlreichen sowjetischen Prosawerke über den Zweiten Weltkrieg und zur sogenannten »Aufrichtigkeitsliteratur«, die »*den Krieg ohne die bis dahin übliche Heroisierung zeigt*« und »*die rücksichtslose und falsch handelnde Offiziere ebensowenig verschweigt wie den leidvollen Alltag an der Front*« (W. Kasack).
Die Handlung des Romans setzt zu jener Zeit ein, als die Truppen Hitlers die Rote Armee noch zur Räumung großer Teile sowjetischen Territoriums zwingen konnten. Das nahezu aufgeriebene Pionierregiment des Protagonisten und Ich-Erzählers, des Ingenieurs Leutnant Keržencev, erhält den Befehl, die mühsam ausgebauten Stellungen am mittelrussischen Fluß Oskol aufzugeben. Durch das Durcheinander eines völlig kopflosen Rückzuges schlägt sich Keržencev mit wenigen Getreuen nach Stalingrad durch, wo ihn ein mörderischer Stellungskrieg erwartet. Mehr improvisierend als plan-

voll widerstehen die Russen mit primitivsten Mitteln einem technisch überlegen ausgerüsteten Gegner. Das zermürbende Warten auf die täglichen Luftangriffe, die mangelhafte Ernährung, die immensen Verluste nicht nur im Kampf, sondern auch wegen der fehlenden medizinischen Versorgung der Verwundeten, die mannigfaltigen Organisationsprobleme und die Auseinandersetzungen mit den bürokratisch-sturen Vorgesetzten bestimmen ihren Alltag. Einer von ihnen endet sogar vor dem Ehrengericht, weil er die Soldaten in einen überflüssigen, verlustreichen Frontalangriff auf einige strategisch wichtige Wassertürme schickt, die ebensogut fast kampflos in einem bereits vorbereiteten, eleganten Handstreich hätten genommen werden können. Bei der Erstürmung einer vom Feind gehaltenen Anhöhe wird Keržencev von seinen Leuten abgeschnitten, von seinem Freund Leutnant Širjaev in letzter Sekunde befreit, schließlich aber doch so schwer verwundet, daß er erst nach einem monatelangen Lazarettaufenthalt zu seiner Einheit zurückkehren kann. Bei seinem Eintreffen erlebt er gerade noch, wie »*die lange grüne Schlange der gefangenen Deutschen zur Wolga hinunterkriecht*«. Die Schlacht um Stalingrad ist beendet.
Die Qualität des »*einfach, aufrichtig und frei von jeder Politik*« (G. Struve) geschriebenen Romans liegt in den psychologisch genau gezeichneten Charakteren. Keržencev, seine treusorgende Ordonnanz Valega, der zupackende Leutnant Širjaev, der draufgängerische Matrose Čumak, beider Gegenpol, der linkisch-verschlossene, grüblerische jüdische Offizier Farber, der trottelhafte Charlomov oder der kameradschaftliche Gemeine Sedych – sie alle entsprechen nicht dem Typ unbeirrt voranschreitender Helden, sondern sind lediglich Menschen, die es im rechten Moment verstehen, »*ihre Furcht zu verbergen*«. Trotz der subjektiven Perspektive bleibt der Ton stets sachlich und chronikhafter Berichterstattung angemessen. Die Erzählzeit des Romans, das Präsens, macht den Leser zum unmittelbaren Zeugen der Gefühle und Gedanken der Figuren. – *V okopach Stalingrada* fand allein in der Sowjetunion in 1,5 Millionen Exemplaren Verbreitung und trug seinem Autor den Stalinpreis 2. Klasse für das Jahr 1946 ein. Es wurde in etwa 30 Sprachen übersetzt und gilt nach wie vor als Nekrasovs wichtigstes Werk, wurde jedoch seit der Ausreise des Autors nach Paris 1974 in der Sowjetunion jahrelang offiziell nicht mehr erwähnt.

K.P.W.

AUSGABEN: Moskau 1947 u.ö. – Moskau 1962 (in *Izbr. proizv.*). – Ffm. 1981 (in *Stalingrad*).

ÜBERSETZUNG: *In den Schützengräben von Stalingrad*, N. Ludwig, Bln./DDR 1948; ern. 1968. – Dass., dies., Bln. u. a. 1949. – *Stalingrad*, dies., Lpzg. 1992.

VERFILMUNG: *Soldaty*, SU 1956 (Regie: A. Ivanov).

LITERATUR: N. I. Modenskaja, *Jazyk i stil' povesti V. N. »V okopach Stalingrada«* (in Uč. zap. Pjatigorskogo univ. ped. inst., 11, 1956, S. 219–239). – G. Gorbatov, *Protiv štampa. (Roman V. N. »Stalingrad«)* (in *Sovetskaja literatura i voprosy masterstva*, 1, 1957). – W. Kasack, Rez. (in Osteuropa, 25, 1975, S. 162–164). – J. Serke, *Der Remarque der Sowjetunion* (in J. S., *Die verbannten Dichter*, Ffm. 1982, S. 306–321). – V. Terras, *Handbook of Russian Literature*, New Haven 1985. – L. Kopelev, *Der Dichter von Stalingrad. Zum Tode von V. N.* (in Die Zeit, 11. 9. 1987).

AUSGABEN: Moskau 1932 [Tl. 1]. – Moskau 1935 [Tl. 2]. – Moskau 1940. – Moskau 1963 (in *Sobr. soč.*, 5 Bde., 3 u. 4; Einl. V. Lidin).

ÜBERSETZUNG: *Tsushima*, M. v. Busch, Weimar 1955.

LITERATUR: V. Ščerbina, *A. S. N.-P.*, Moskau 1951. – V. Krasil'nikov, *A. S. N.-P. Žizn' i tvorčestvo*, Moskau 1966. – J. Westwood, *N.-P. as Naval Historian* (in American Slavic Review 28, 1969, S. 297–303). – *A. S. N.-P. v vospominanijach sovremmenikov*, Moskau 1980.

ALEKSEJ SILYČ NOVIKOV-PRIBOJ

* 24.3.1877 Matveevskoe / Gouv. Tambov
† 29.4.1944 Moskau

CUSIMA

(russ.; *Ü: Tsushima*). Erzählwerk in zwei Teilen von Aleksej S. NOVIKOV-PRIBOJ, erschienen 1932 (Teil 1), 1935 (Teil 2), endgültige Fassung und Gesamtausgabe 1940. – Auf rund 800 Seiten erzählt der Seemann und Schriftsteller Novikov die Geschichte der furchtbaren Seeschlacht bei Cusima in den fernöstlichen Gewässern (27. Mai 1905), in deren Verlauf die zweite russische Kriegsflotte fast vollständig von den Japanern vernichtet wurde. *»Niemand dachte, daß die Niederlage der russischen Flotte zu einer so grausamen Vernichtung werden würde. Wir haben vor uns nicht nur eine militärische Niederlage, sondern den vollständigen militärischen Zusammenbruch des Absolutismus«* (Lenin). Halb Dokumentation, halb Erlebnisbericht, enthüllt das Buch die Gründe für diesen Zusammenbruch und gibt ein – mit unendlich vielen Details belegtes – wahres Bild von den Zuständen in der zaristischen Marine, die einen Monat nach der verlorenen Seeschlacht zur offenen Revolution auf dem Panzerkreuzer »Potëmkin« führten.

Wenn auch Novikov weder ein brillanter noch ein geistreicher Geschichtsschreiber ist, so ist ihm hier doch das gelungen, was viele der späteren Kriegshistoriker oft vergeblich anstrebten. Er war selbst Teilnehmer an der Schlacht und trug zahllose mündliche Zeugenaussagen, daneben Dokumente, Briefe, Tagebücher, spätere Prozeß- und Gerichtsakten, Publikationen sowohl von russischer als auch japanischer Seite, zusammen, so daß er die Geschehnisse auf allen Schiffen der russischen Flotte synchron wiedergeben konnte, und zwar mit der Präzision und Akribie eines fanatischen Kriminalisten. Viele Passagen des Buchs lesen sich deshalb trotz der Glanzlosigkeit der Sprache spannend und unterhaltsam. M.Gru.

NIKOLAJ OGNĚV

d.i. Michail Grigor'evič Rozanov

* 26.6.1888 Moskau
† 22.6.1938 Moskau

DNEVNIK KOSTI RJABCEVA. Kortiny iz žizni školy vtoroj stepeni

(russ.; *Ü: Das Tagebuch des Schülers Kostja Rjabzew. Bilder aus dem Schulalltag der zweiten Klasse*). Fiktive Tagebuchaufzeichnungen eines fünfzehnjährigen Schülers aus den Jahren 1923/24 von Nikolaj OGNĚV, erschienen 1927. – Ognёv, ein literarischer Anhänger B. PIL'NJAKS, den er in seinen frühen Erzählungen, wie *Evrazija (Eurasien)* und *Šči respubliki (Die Kohlsuppe der Republik)*, nachahmte, überlieferte der Nachwelt mit diesem fiktiven Schülertagebuch ein hochinteressantes Dokument über die experimentellen Anfänge sowjetischer Erziehungsmethoden an Oberschulen nach dem sogenannten Dalton-Plan, der auf ein amerikanisches Vorbild zurückgeht, den Laboratory-Plan, wie ihn Helen Parkhurst erstmals ausarbeitete: Die Schulzimmer (Laboratorien) sind jeweils für ein bestimmtes Unterrichtsfach eingerichtet, die Schüler arbeiten selbständig unter Betreuung eines Fachlehrers und sollen monatlich freiwillige Prüfungen in den einzelnen Fächern ablegen; Turn- und Religionsunterricht werden nicht erteilt.

Kostja, der jugendliche Tagebuchschreiber, gehört der Oktober-Generation an, die – frühreif, stolz, leicht verletzbar, mißtrauisch – aus Revolution und Bürgerkrieg hervorging: *»Wir haben Hunger, Kälte, völligen Zerfall der Wirtschaft erleben müssen, sogar unsere Familien ernähren müssen. Wir sind Tausende von Kilometern gereist, um Brot aufzutreiben. Manche haben sogar im Bürgerkrieg mitgekämpft. Es sind ja noch keine drei Jahre seit dem Krieg vergangen.«* Diese mehr oder minder entwurzelte Generation zur Selbstverantwortlichkeit zu erziehen und sie in die sowjetische Gesellschaft einzugliedern

war Ziel des neuen Erziehungssystems, das sich
von den Unterrichtsmethoden der Zarenzeit losgesagt hatte und die Schulen zu revolutionären Republiken erklärte, die von den Schülern selbst regiert
und verwaltet werden sollten. In großer Offenheit
läßt Ognëv, der selbst Lehrer an sowjetischen
Schulen war, seinen Schüler Kostja über die
Schwierigkeiten und Probleme berichten, mit denen er – ein durchaus eigenwilliger, doch noch unfertiger Charakter – sich in der Schule, im Kollektiv
und in seinem Privatleben herumschlagen muß, bis
er in der Schülerrepublik seinen festen Platz gefunden hat. Oftmals nimmt das Tagebuch satirische
Züge an, etwa wenn Kostja über Dialektik, Kommunismus oder das »neue Leben« meditiert, sich
hinter seiner proletarischen Abstammung verschanzt oder wenn er – wie auch seine Mitschüler –
der überall grassierenden Abkürzungsmanie verfällt (z. B. *škrab* aus *školnyj rabotnik* – Schularbeiter,
d. h. Lehrer) und Sprachformeln der Partei benutzt
(*»Das Gericht ist die organisierte Form der sowjetisti-
schen Öffentlichkeit«*), wobei ihm bezeichnenderweise oft Rechtschreibfehler unterlaufen. – Die
Fortsetzung des Tagebuchs, *Ischod Nikpetoža*, 1930
(Kostja Rjabzew auf der Universität), ist sowohl literarisch als auch inhaltlich weniger bedeutend.

　　　　　　　　　　　　　　　　　　M.Gru.

Ausgaben: Moskau 1927 [Tl. 1]. – Moskau 1930
[Tl. 2 u. d. T. *Ischod Nikpetoža*]. – Moskau 1928/29
(in *Sobr. soč.*, 4 Bde., 3–4). – Moskau 1932 [erw. m.
d. Kap. *Razbojničij forpost*]. – Moskau 1966.

Übersetzungen: *Das Tagebuch des Schülers Kostja
Rjabzew. Aufzeichnungen eines Fünfzehnjährigen*,
M. Einstein, Bln. 1928. – *Kostja Rjabzew auf der
Universität*, ders., Bln. 1929. – Dass., ders., Bln.
1967.

Literatur: I. Rubanovskij, *O »Kostja Rjabcev« i
ego dnevnike* (in Molodaja gvardija, 1927). – A. K.
Voronskij, *N. O.* (in A. K. V., *Lit. portrety*, Bd. 2,
Moskau 1928). – T. Lomtev, *Zametki o jazyke
»Dnevnika Kosti Rjabceva«* (in Narodnyj učitel',
1933, Nr. 1). – E. Russkova, *N. O., molodeži pisatel'*, 1933. – *Russkie sovetskie pisateli. Prozaiki*, Leningrad 1964, S. 338–347 [Bibliogr.].

BULAT Š. OKUDŽAVA

---

* 9.5.1924 Moskau
† 12.6.1997 Paris

DAS LYRISCHE WERK (russ.) von Bulat Š.
Okudžava.
Der teils von georgischen, teils von armenischen

Vorfahren abstammende, jedoch in Moskau aufgewachsene und in russischer Sprache schreibende
Dichter gilt als Schöpfer eines neuen Genres, des
sog. Autorenliedes, das innerhalb kürzester Zeit
eine enorme Popularität gewann. Okudžava (der in
dieser Art, Lieder zu schreiben, zahlreiche Nachfolger fand), beschreibt dieses Genre, dessen Anfänge
in der russischen städtischen Romanze des 19. Jh.s
zu suchen sind, als *»Gedichte, die ich mit Gitarrenbe-
gleitung vortrage«*, wobei die Melodie und die melancholische, vertrauenerweckende Stimme des
Autors eine zweitrangige, aber keineswegs unwe-
sentliche Rolle spielen. Nach eigener Aussage überträgt Okudžava die Rhythmen der russischen Folklore in eine urbane Umgebung und füllt sie mit
zeitgenössischen Inhalten. Die Verbreitung des
Genres vor allem unter der studentischen Jugend
ist nicht zuletzt auf den Umstand zurückzuführen,
daß es sich um eine Art Protest gegen das sowjetische unpersönliche und banale Massenlied mit seiner leeren Rhetorik handelt.

Die Anfänge der literarisch-musikalischen Versuche Okudžavas gehen auf die Kriegszeit zurück, die
er als 17jähriger Freiwilliger an der Front verbrachte. Die ersten Gedichte publizierte er während seiner Lehrtätigkeit im Kalugaer Gebiet, die er nach
seinem Studium der russischen Philologie an der
Tifliser Universität aufnahm. Nach Moskau übersiedelt, begann Okudžava, seine Gedichte im
Freundeskreis vorzutragen; 1959 trat er zum erstenmal öffentlich auf. Weitere Ausgaben seiner
Lyrik beinhalteten willkürlich zusammengestellte
Gedichte und – dank der Tonbandaufnahmen –
längst populär gewordene Lieder. – Jahrzehntelang, bis zur jüngsten politischen Umwälzung in
der Sowjetunion, genoß Okudžava einen halboffi-
ziellen Status; seine literarische Entwicklung wurde von der offiziellen Kritik stets mit größter Skepsis verfolgt. Zwar verwehrte man ihm nicht die
Veröffentlichung seiner Werke, doch reagierten die
Kritiker entweder negativ oder mit Schweigen. Seine Auslandsreisen wurden des öfteren gestrichen,
offizielle Auftritte im Fernsehen beschnitten, und
erst 1979, zwanzig Jahre nach dem ersten Konzert,
wurde seine erste Schallplatte in der Sowjetunion
herausgegeben.

Obwohl die Lieder Okudžavas völlig unpolitisch
klingen und nur andeutungs- und ansatzweise sozialkritische Gedanken enthalten, haftet ihnen
doch etwas »Unorthodoxes« und Unsowjetisches
an. Der ihm oft vorgeworfene »Pessimismus« und
sein »Spießertum« sind in Wirklichkeit nichts anderes als der Mangel an obligatorischem Scheinop-
timismus und die Weigerung, die sowjetische Realität zu glorifizieren. Okudžava ließ sich niemals
dazu verleiten, systemverherrlichende Gedichte zu
schreiben; er empfand geradezu Abscheu vor jeglichem Pathos und jeder Art politischer Proklamationen. Seine Autonomie innerhalb der sowjetrussischen literarischen Welt war allerdings schwer erkämpft und gab genügend Anlaß zu Sanktionen
gegen ihn. Für die Verteidigung der verfolgten Autoren J. Daniėl', A. Sinjavskij und A. Solženi-

CYN mußte Okudžava mit zeitweiligem Ausschluß aus Partei und Schriftstellerverband büßen. 1972 wurde er gezwungen, sich von seinen westlichen Publikationen zu distanzieren.

Okudžavas Lyrik macht den Eindruck einer spontanen Beichte: Bewußt naiv, schlicht und direkt, erzählt sie vom alltäglichen Freud und Leid eines einfachen Menschen, in dem sich der Zuhörer ohne Mühe wiedererkennen kann. Thematische Schwerpunkte sind die Sehnsucht nach Liebe, der Zusammenbruch von Illusionen, das Bedürfnis, eigenes Schicksal zu begreifen und von anderen verstanden zu werden. Dabei sucht der Dichter weder Zuflucht in philosophischen Systemen, noch schafft er einen ästhetischen Realitätsersatz. Schönheit, Harmonie und Integrität findet er im Alltag mit all seinen Banalitäten, Aggressionen, Lächerlichkeiten und Tagträumen. Okudžavas Vision der Wirklichkeit ist überzeugend, sie läßt keinerlei Zweifel an der von ihm neuentdeckten tieferen und schöneren Beziehung zum Alltäglichen aufkommen. Sein Verhältnis zu Worten ist genauso direkt wie zu Gefühlen; er benützt sie in ihrer eigentümlichen Bedeutung, ohne Angst, mißverstanden zu werden, ohne Begriffen wie Liebe, Kummer oder Schicksal auf den Grund zu gehen, ohne an eigenen Gefühlen oder denen der Zuhörer zu zweifeln. Diese auffallende Intimität zwischen Okudžava und seinem Publikum, die niemals vorgetäuscht oder plumpvertraulich wirkt, äußert sich auch im wiederholten Gebrauch des Wortes »wir«, das seine Konzerte zu einem ehrlichen und freundschaftlichen Gespräch mit seinen Mitmenschen macht.

Krieg, Liebe und Arbat (ein altes Moskauer Wohnviertel) sind die Schlüsselworte von Okudžavas Poesie, die – in vielen seiner Gedichte gleichzeitig präsent – ein einzigartiges thematisches Geflecht bilden: »Wachen der Liebe ziehen unaufhörlich durch Arbat…/ O große ewige Armee,/ wo Worte und Rubel keine Macht haben,/ wo alle einfache Soldaten sind, denn die Liebe kennt keine Marschälle./ Möge dein Feldzug nie zu Ende gehen./ Oh, gäbe es nur solche Armeen!« (Časovye ljubvi – Die Wachen der Liebe). – Die typische, zwischen Trauer und Ironie oszillierende Stimmung verdanken seine Lieder der immerwährenden Erinnerung an den Krieg, der für Okudžava nicht nur Absurdität und Tragik bedeutet, sondern den Menschen auch »eine große Kunst des Verzeihens und Verstehens« abfordert. Einem wiederkehrenden Traum ähnlich und in phantastisch-märchenhafter Weise erscheint der Krieg in Okudžavas Dichtung mit seinem ständigen Begleiter und Gegenspieler, der Liebe (Pesenka o sapogach – Lied von den Stiefeln; Pesenka o molodom gusare – Lied von einem jungen Husaren). In dieser bizarren Verflechtung von Liebe und Krieg, die für den Dichter Leben und Tod symbolisieren, findet er einen Ausdruck für das Gefühl der Verletzlichkeit und Instabilität des Lebens, für dessen vergängliche und sich erneuernde Schönheit. Mit der Erinnerung an den Tod im Krieg ist Okudžava bestrebt, sich und seinen Zuhörern den fortdauernden Wert des Lebens und der menschlichen Kommunikation immer wieder zu vergegenwärtigen. Im Gefühl der Zusammengehörigkeit sieht er die Chance, die existentielle Tragik des Menschen zu überwinden (Polnočnyj trollejbus – Mitternachtstrolleybus; Do svidanija, malčiki – Auf Wiedersehen, Jungs).

Das Moskauer Wohnviertel Arbat als Lebensraum, als Hintergrund von Okudžavas Gefühlswelt und Handlungsort vieler seiner Gedichte wird zur personifizierten Heimat und ist zugleich Dialogpartner, »Berufung, Freude, Kummer und Religion« (Pesnja ob Arbate – Lied vom Arbat). Hier bezieht sich der Begriff »Heimat« nur auf und ausdrücklich auf einen winzigen Stadtteil und wird damit jener für den Sozialistischen Realismus typischen Tendenz entgegengesetzt, ihn auf die ganze Sowjetunion auszudehnen und so unfaßbar zu machen. – Auch Okudžavas Frauenbild ist völlig konträr zu dem, das jahrzehntelang in der sowjetischen Literatur vorherrschte: Als erster wagte er von »ihrer Majestät, der Frau« zu singen und dabei die Liebe zwischen zwei Menschen als das höchste aller Gefühle auf ein beinahe unerreichbares Podest zu heben (Ešče odin romans – Noch eine Romanze; Vaše veličestvo, ženščina – Eure Majestät, Frau). Beispielhaft dafür ist Pesenka o moskovskom murav'e (Lied von einer Moskauer Ameise), die Geschichte eines Einsamen, dessen Traum von der Liebe plötzlich in Erfüllung geht, der aber von seiner Traurigkeit dennoch nicht befreit wird. Die »altmodische« Ritterlichkeit und Romantik Okudžavas führte zu Angriffen seitens der Kritik: Der Dichter galt als »nicht im Einklang mit der Epoche stehend« und »die Zeitlosigkeit der Kunst propagierend«; seine Gedichte wurden als »süßes Gift« abgestempelt.

Typisch für Okudžava ist ferner die Personifizierung jener Begriffe, die ihm besonders wichtig erscheinen. Liebe, Hoffnung, Glaube, Schicksal, Trennung und Erfolg – im Russischen ausnahmslos Feminina – sind in zahlreichen Gedicht-Dialogen seine Gesprächspartner. Die wirkliche Hauptheldin seiner Lyrik ist aber die Hoffnung (die er als »kleines Orchester der Hoffnung« bezeichnet), die ihn vor abgrundtiefer Verzweiflung schützt, Wärme spüren läßt und auf seine Zuhörer ansteckend wirkt. »Wenn sich doch die Liebe und die Hoffnung verbündeten,/ schwer auszudenken, was für Folgen das hätte,/ welche nutzlosen Qualen uns erspart blieben,/ nur edle Leiden zeichneten dann unsere Stirn« (Ja vnov' povstrečalsja nadeždu – Ich traf die Hoffnung wieder). Okudžava ist weniger ein Moralist als vielmehr ein sensibler Beobachter, der die Menschen an die längst vergessene Schönheit elementarer Dinge erinnert: »Wieviel Güte, stellen Sie sich vor, ist im Schweigen, im Schweigen« (Polnočnyj trollejbus). Seine Lieder gleichen einem meditativen Innehalten im fieberhaften Treiben und Geschehen der modernen Gesellschaft. – Auch den Prozeß des künstlerischen Schaffens betrachtet er mit großer Gelassenheit: »Jeder schreibt, wie er atmet« (Ja pišu istoričeskij roman – Ich schreibe einen historischen Roman). Seine Verse läßt er geschehen, mitunter verzichtet er gar auf jegliche dichterische Umformung, um den Eindruck des Erzwungenseins zu vermeiden. Der inhaltlichen Schlichtheit und Transparenz der Lieder Okudžavas entspricht eine stilistische Einfachheit. Gleichwohl wirken sie weder banal noch vulgär. Hinsichtlich der Gestaltungsform seiner Lyrik ist Okudžava ein Anhänger der Tradition; Reim und Rhythmus sind für ihn wichtige Komponenten der Poesie. Als seine Lehrer betrachtet er A. Puškin, B. Pasternak und R. Kipling.   E. I.

Ausgaben: *Lirika*, Kaluga 1956. – *Ostrova*, Moskau 1959. – *Veselyj barabanščik*, Moskau 1964. – *Po doroge k Tinatin*, Tbilisi 1964. – *Mart velikodušnyj*, Moskau 1967. – *Proza i poezija*, Ffm. 1968. – *65 pesen*, Ann Arbor 1980. – *Stichotvorenija*, Moskau 1984. – *Posvjaščjaetsja vam*, Moskau 1988. – *Časpitie na Arbate. Stichi raznych let*, Moskau 1996.

Übersetzungen: *Der fröhliche Trommler*, W. Fischer, Ahrensburg 1969. – *Gedichte und Chansons*, A. Kaempfe u. G. Schindele, Mchn. 1969. – *Romanze vom Arbat*, L. Kossuth, Bln. 1988.

Literatur: Ju. Terapiano, *B. O.* (in Russkaja mysl', Paris, 22. 8. 1968). – Z. Maurina, *Kleines Orchester der Hoffnung*, Memmingen 1974. – P. Gutiontov, *... i dobryj mir tvoich zabot* (in Komsomol'skaja pravda, 22. 5. 1976). – Ja. Trušnovič, *Ne rasstavajtes' s nadeždoj, maestro!* (in Possev, Ffm. 1976, Nr. 5). – N. Zand, *Le chanteur-compositeur Boulat Okoudjava à la Sorbonne* (in Le Monde, 20. 12. 1978). – K. Pomerancev, *B. O.* (in Russkaja mysl', Paris, 26. 11. 1981). – *Tri voprosa menestreljam. Slovo B. O.* (in Avrora, 1981, Nr. 12). – I. Rišina, *I stichi i proza* (in Literaturnaja gazeta, 28. 7. 1982). – D. Boss, *Das sowjetische Autorenlied*, Mchn. 1985 (Slawistische Beiträge, Bd. 188). – A. Zolkovskij, *Tema i variacii* (in WSLA, 1989, Sonderbd. 2). – Marran, *B. O. i ego vremja* (in Kontinent, Paris 1989, Nr. 36). – Ju. Karabičevskij, *Tovarišč nadežda. Pesni B. O.* (in Grani, Ffm. 1989, Nr. 98). – L. Lazarev, *Nas vremja učilo* (in Znamja 1989, Nr. 6, S. 210–215).

BEDNYJ AVROSIMOV

(russ.; *Ü: Der arme Avrosimov*). Roman von Bulat Š. Okudžava, erschienen 1969. – Die Handlung des Romans, der fünfzehn Kapitel und einen Epilog umfaßt, spielt nach der Niederschlagung des Dekabristenaufstands im Dezember 1825. An der Arbeit der Geheimen Kommission, die die Verschwörung untersucht, nimmt als Protokollant der junge Landedelmann Ivan Evdokimovič Avrosimov teil. Durch den Gang der Untersuchung, die zufällige Bekanntschaft mit Personen, die den Verschwörern nahestehen, und nicht zuletzt durch seine blühende Phantasie wird Avrosimov mehr und mehr in den Bann der dekabristischen Gedankenwelt gezogen. Sein Idol wird Oberst Pestel', die führende Gestalt des Südbundes der Aufständischen. Im Taumel amouröser Abenteuer und aus-

schweifender Trinkgelage der Petersburger Offiziere faßt Avrosimov den Plan, Pestel' aus der Peter-und-Paul-Festung zu befreien. Ehe er jedoch sein Vorhaben ausführen kann, wird er verhaftet und, da er sich als harmlos erweist, in sein Heimatdorf abgeschoben. Der Verwirklichung seines Traums von einem idyllischen Leben auf dem Lande steht nun nichts mehr im Wege. – Der Held des an überraschenden Wendungen reichen Romangeschehens ist ein naiver, phantasiereicher und leicht beeinflußbarer romantischer Jüngling. Seine Geschichte wird von einem um das Wohlergehen »*unseres Helden*« väterlich besorgten Erzähler vorgetragen, der für den als »*gnädiger Herr*« apostrophierten Leser Tun und Lassen Avrosimovs betulich kommentiert. Erlebnisse, Begegnungen, Träume und Visionen des Helden werden jedoch nicht um ihrer selbst willen erzählt, sondern dienen vor allem dazu, den als agierende Figur im Hintergrund bleibenden Oberst Pestel' zu charakterisieren.

Die Erzähltechnik ist dem Romanvorwurf angepaßt: Virtuos greift Okudžava Stil und Thematik der in der russischen Literatur vor allem durch den Dekabristen Aleksandr A. Bestužev-Marlinskij (1797–1837) vertretenen romantischen Erzählung aus dem Offiziersmilieu auf. Die Rekonstruktion geht bis in lexikalische, phraseologische und syntaktische Einzelheiten hinein. Ebenso sind die bestimmenden Motive dieses Genres (Napoleon-Motiv, Propheten-Motiv, Duell-Motiv, geheimnisvolle Rufe, das Auftreten Unbekannter usw.) in den Roman eingegangen. Die ambivalente Darstellung des adeligen Revolutionärs Pestel', seines Denunzianten Majboroda und der an der Untersuchung beteiligten Offiziere, das Schwanken des Helden zwischen der Loyalität gegenüber Zar und Staat und der Sympathie mit den Verschwörern, endlich die in der komplizierten Erzählweise angelegte wechselseitige Durchdringung und Relativierung verschiedener Bewertungsebenen verleihen dem Roman einen weiten gedanklichen Horizont, der den Bezug auf Ereignisse der Zeitgeschichte nicht ausschließt. – Bei seiner Veröffentlichung löste das Werk eine Kontroverse in der sowjetischen Literaturkritik aus. Die 1971 erschienene Buchausgabe mit dem Titel *Glotok svobody. Povest' o Pavle Pestele (Ein Schluck Freiheit. Roman über Pavel Pestel')* stellt in Untertitel und Vorwort (von S. Volk) den Revolutionär Pestel' stärker in den Vordergrund, als es vom Text her zu rechtfertigen ist.   R. La.

Ausgaben: Moskau 1969 (in Družba narodov, Nr. 4–6). – Chicago 1970. – Moskau 1971 (u. d. T. *Glotok svobody. Povest' o Pavle Pestele*). – Ffm. 1970.

Übersetzungen: *Der arme Avrosimov*, A. Jais, Mchn./Bln. 1970. – *Der Arme Avrosimov oder Die Abenteuer eines Geheimschreibers*, Th. Reschke, Bln. 1971.

Literatur: G. Štorm, *Istorija prinadležit poètu* (in Literaturnaja gazeta, 8. 10. 1969, S. 6). – V. S. Bušin, *Nedosužno ...* (in Russkaja reč', 1970, Nr. 4, S. 28–31). – K.-D. van Ackern, *B. O. und die kritische Literatur über den Krieg*, Mchn. 1976 [enth. Bibliogr.].

PUTEŠESTVIE DILETANTOV

(russ.; *Ü: Die Reise der Dilettanten*). Roman von Bulat Š. OKUDŽAVA, erschienen 1976. – Fürst Sergej Vasil'evič Mjatlev lebt in St. Petersburg in der Mitte des 19. Jh.s ohne Verpflichtung zu einem öffentlichen Amt, ohne gesellschaftlichen Ehrgeiz. Auch wenn ihm skandalöse Gelage mit Freunden nachgesagt werden und er gelegentlich auf Empfängen bei Hof erscheint, steht er der Petersburger Gesellschaft so distanziert gegenüber, daß er bei Zar Nikolaus in Ungnade fällt. Dieser kann nämlich solche Geringschätzung seiner Umgebung nicht ertragen. Die Liaison zwischen dem Fürsten und der verheirateten Baronin Anette Fredricks löst sich, als der Zar ein Auge auf die Baronin wirft. Auch Mjatlevs Liebe zur jungen Aleksandrina Žil'cova findet durch ihr plötzliches Verschwinden ein jähes Ende – es geht das Gerücht um, sie habe sich in der Neva ertränkt. Im Gefolge des Dekabristenputsches (1825) wurde ihr Vater unschuldig verurteilt und kam in der sibirischen Verbannung um.
Ein schöner, ungestümer Knabe, der sich als Herr van Schonhoeven vorstellt, sucht im Garten des Fürstenpalais immer wieder die Begegnung mit Mjatlev. Eines Tages gesteht van Schonhoeven dem Fürsten, daß er in Wirklichkeit ein Mädchen ist, und zwar Lawinia Brawura, die sechzehnjährige Tochter eines polnischen Exilanten. Lawinia soll bald zu ihrem zukünftigen Ehemann, den sie aber nicht liebt, nach Moskau ziehen. Mjatlev wiederum, der sich in Lawinia verliebt hat, muß für sein Verhältnis mit der Gräfin Natalja Rumjanceva bezahlen: Der Zar zwingt ihn zur Heirat. Die Fürstin Mjatleva stirbt nach wenigen Monaten, doch dem Verhältnis zwischen dem Fürsten und Lawinia stehen weitere Hindernisse im Wege: Die junge Polin wird von der Mutter und dem Ehemann bewacht. Auch der Zar zeigt Interesse an ihr, und im Haus des Fürsten nisten sich Spitzel des Hofes ein. Unter diesen schwierigen Umständen beginnt die Liebesgeschichte zwischen Mjatlev und Lawinia. Die Liebenden versuchen nach Tiflis zu fliehen, immer verfolgt von den Häschern des Zaren, die ihnen keinen Aufschub gewähren (dies ist die engere Bedeutung des Titels *Die Reise der Dilettanten*). Schließlich werden sie verhaftet, Lawinia muß zu ihrem Ehemann zurück, Mjatlev verliert seinen Titel und hat als einfacher Soldat im Krimkrieg zu dienen. Als er schwer verwundet wird, erscheint Lawinia als Krankenschwester und pflegt ihn, bis die wachsamen Behörden sie wieder ausfindig machen und abermals zu ihrem Mann zurückschicken. Nach Zar Nikolaus' Tod (1855) wird Mjatlev von dessen Nachfolger Alexander II. rehabilitiert und lebt zurückgezogen mit der als »Wirtschafterin« getarnten

Lawinia auf seinem Landgut. Nach seinem Tod »*verließ Lawinia ... Gerüchten zufolge Rußland für immer. Allerdings wandert Herr van Schonhoeven offenbar immer noch über die schneebedeckten Felder des Landgutes ...*«
Als Mjatlevs Prototyp gilt Fürst Sergej Vasil'evič Trubeckoj, der 1841 Michail LERMONTOV in dessen tödlichem Duell sekundierte. Doch geht es in *Putešestvie diletantov* nicht so sehr um eine konkrete Biographie als vielmehr um ein Zeitbild des Lebens in Rußland nach dem Dekabristenaufstand. – Okudžava treibt in seinem umfangreichen Roman ein parodistisches Spiel sowohl mit der Sprache als auch mit den literarischen Gattungen. Das Werk spielt auf den sentimentalen Roman in Briefen, aber auch auf die Gattung der fiktiven Memoiren an. Es besteht aus Tagebuchauszügen, Briefen, szenischen Dialogen und eingeschalteten Episoden aus dem Leben am Zarenhof. Dabei wechselt Okudžava zwischen subjektiver und objektiver Erzählweise, mitunter flüchtet er in eine ironisch-distanzierte Manipulation der Darstellung. Verschiedene soziale Bereiche werden miteinander konfrontiert: von der Zarenfamilie mit ihrer »Hofpolitik« über die Petersburger Aristokratie mit ihrer besonderen Klassenmoral und ihren unaufhörlichen Intrigen bis zu den bürgerlichen Kreisen der Hauptstadt und der Provinz. Auch der allgegenwärtige Spitzelapparat des Zaren wird in die polyphone Darstellung einbezogen. Damit wird die bedrückende Atmosphäre im Rußland des 19. Jh.s wiedergegeben, wo jede Unangepaßtheit des Denkens, jede Verbindung mit dem Ausland, jedes Anzeichen eines etwaigen »Nihilismus« als Verschwörung interpretiert und gnadenlos verfolgt wurde. Vor diesem Hintergrund wirken die Hauptfiguren des Romans gleichsam wie Angehörige einer »verlorenen Generation«, die angesichts des überwältigenden Anpassungszwangs mit dem eigenen Leben bloß »dilettantisch« umgehen kann und nur durch dessen Verlust eine Art Würde wiedererlangt.
Der Roman geht angeblich auf ein Buch zurück, das ein Freund des Fürsten Trubeckoj, der georgische Leutnant a.D. Amiran Amilachvari, geschrieben hat. In seinem Nachwort schreibt Okudžava, die Figur des Zaren habe er zusätzlich eingeführt, um »*den Menschen zu charakterisieren, den Mjatlev lange Zeit für den Schuldigen an seinem Unglück hielt*«. Gleichzeitig bemerkt der aufmerksame Leser Parallelen zwischen Nikolaus' Tyrannei und der Diktatur der modernen Sowjetära.   KLL

AUSGABEN: Moskau 1976 (in Družba narodov, Nr. 8–10). – Moskau 1979. – Tallin 1988.

ÜBERSETZUNGEN: *Die Reise der Dilettanten. Petersburg*, A. Kaempfe, Mchn. 1978 [Tl. 1]. – *Die Flucht*, ders., Mchn. 1979 [Tl. 2]. – *Die Reise der Dilettanten*, Th. Reschke, Bln./Weimar 1981.

LITERATUR: B. Chotimskij, Rez. (in Literaturnaja Gruzija, 1977, Nr. 8, S. 73–77). – A. Žolkovskij,

Raj, zamaskivrovannyj pod dvor (in Neue russische Literatur, 1, 1978, S. 101–120). – V. Bušin, *Kušajte, druz'ja moi, vsë vaše* (in Moskva, 1979, Nr. 7, S. 188–203). – M. Bojko, *Ètot blizkij neotgadannyj vek* (in Literaturnoe obozrenie, 1979, Nr. 10, S. 42–45). – V. Oskockij, *Pamflet ili paskvil'?* (in Literaturnaja Gruzija, 1980, Nr. 1, S. 154–171). – V. Iverni, Rez. (in Kontinent, 24, Paris 1980, S. 358–363). – W. Kasack, Rez. (in Die Welt, 12. 1. 1980).

JURIJ KARLOVIČ OLEŠA

* 3.3.1899 Elizavetgrad (zeitweilig Kirovograd)
† 10.5.1960 Moskau

LITERATUR ZUM AUTOR:
A. Gurvič, *Ju. O.* (in A. G., *V poiskach geroja*, Moskau/Leningrad 1938). – G. Struve, *Pisatel' nenužnych tem, tvorčeskaja sud'ba Ju. O.* (in Novyj žurnal, 1961, S. 139–158). – *Russkie sovetskie pisateli. Prozaiki*, Leningrad 1964, S. 338–367 [Bibliogr.]. – E. Beaujour, *The Invisible Land. A Study of the Artistic Imagination of Ju. O.*, NY/Ldn. 1970 [zugl. Diss. NY 1967; enth. Bibliogr.]. – M. Čudakova, *Masterstvo Ju. O.*, Moskau 1972. – *Vospominanija o Ju. O.*, Hg. O. Suok-Oleša u. E. Pel'son, Moskau 1975. – A. Belinkov, *Sdača i gibel' sovetskogo intelligenta Ju. O.*, Madrid 1976. – V. Percov, *»My živëm vpervye«. O tvorčestve Ju. O.*, Moskau 1976. – P. M. Johnson, *Struggle with Death. The Theme of Death in the Major Prose Works of Ju. O. and V. Kataev*, Diss. Ithaca/N.Y. 1976 [enth. Bibliogr.]. – W. Badikow, *Poetyka prozy Ju. O.*, Olsztyn 1983. – G. Houk, *The Rout of Metaphor: Ju. O. and His Reader. 1927–1934*, Diss. Stanford/Calif. 1987.

SPISOK BLAGODEJANIJ

(russ.; *Ü: Die Liste der Wohltaten*). Drama in acht Szenen von Jurij K. OLEŠA, Uraufführung: Moskau, 26. 5. 1931, Teatr im. Vs. Mejerchol'da. – Das bekannteste Drama des Autors hat das gesellschaftliche Bewußtsein der den Traditionen des Bürgertums verpflichteten Intelligenz der Sowjetunion im ersten Jahrzehnt nach dem russischen Bürgerkrieg zum Thema. Oleša selbst beschreibt dieses Bewußtsein in einem Kommentar seines *»pathetischen Melodramas«* als eine russische *»Idee Europas«*, deren wesentlicher Inhalt *»der Gedanke des Primats der Persönlichkeit«* ist. Repräsentantin dieser Geisteshaltung ist die sowjetische Schauspielerin Lëlja Gončarova. Ihren Konflikt mit der sozialistischen Wirklichkeit vertraut sie einem Tagebuch an, das in zwei sorgfältig getrennten Rubriken *»Verbrechen«* und *»Wohltaten«* der Revolution vermerkt. Lëlja beklagt nicht die Anfangsschwierigkeiten des Sozialismus. Ihre Vorwürfe gegen das neue System richten sich gegen seine (in bürgerlich-individualistischer Sicht) *»Verbrechen gegen die Persönlichkeit«*. Mit aufrichtiger Anerkennung verzeichnet sie andererseits den durch die Revolution erkämpften gesellschaftlichen Fortschritt. Die kontrastierenden Teile des Notizbuches spiegeln die innere Zerrissenheit der Heldin: *»Ich bin ein Mensch der alten Welt, der mit sich selbst im Streit liegt … Ich kann weder davonlaufen, noch mich auflehnen, nicht lügen und auch nicht beim Aufbau helfen.«*
Schauplatz der folgenden Szenen ist Paris. Kraß treten die sozialen Gegensätze der kapitalistischen Gesellschaft zutage. Lëlja tritt der Wirklichkeit der bürgerlichen *»Freiheit«* mit der Unsicherheit ihrer ungelösten Zweifel entgegen. Einen Augenblick ist sie bereit, dem Werben der bourgeoisen Welt nachzugeben. Auf dem Papier einer russischen Emigrantenzeitung verschuldet sie sich für den Kauf eines Ballkleides. Zudem verliert sie ihr Tagebuch. Die Verhaftung des französischen Kommunisten Santillan und eine grotesk-widerwärtige Begegnung mit dem Direktor eines Pariser Varietés bringen sie zur Besinnung: *»Arbeiter, erst jetzt verstehe ich deine Weisheit und deinen Großmut, dein Gesicht, das dem Sternenhimmel der Wissenschaft zugewandt ist … Verzeih mir, Sowjetland, ich kehre zu dir zurück …«* Der momentane Verrat hat Lëlja jedoch die Rückkehr verstellt. Schuldschein und Notizbuch erweisen sich in den Händen russischer Emigrantenkreise als brisante Dokumente. Französische Zeitungen veröffentlichen Lëljas Liste der *»Verbrechen«* der Sowjetmacht. Sowjetbeamte unterstellen ihr, das Notizbuch als Bezahlung für das Ballkleid veräußert zu haben. Lëlja findet ihre Rechtfertigung im Tod: Sie stirbt, als sie Santillan vor der Kugel eines russischen Emigranten zu schützen sucht.
In Vorwurf und Konzeption steht Olešas Stück in völligem Gegensatz zu den Aufbau- und Fünfjahrplandramen des zeitgenössischen Sowjettheaters. Trotz seiner konfliktreichen Handlung alles andere als ein Handlungsdrama, läßt es das äußere Geschehen fast vollkommen hinter der minuziösen Inszenierung der dramatischen Entfaltung des Bewußtseins der Heldin zurücktreten. Zu Beginn des Stücks gleichsam in die beiden Teile ihres Tagebuchs gespalten, gelangt Lëlja erst durch die praktische Erfahrung der Klassenauseinandersetzung zur Entscheidung für die Revolution. Die dramatische Anlage des Stücks ist mangelhaft, die Darstellung der bürgerlichen Welt mitunter überzeichnet. Die sowjetische Kritik beurteilte das Werk seiner esoterischen Thematik wegen im allgemeinen ablehnend.
C. K.

AUSGABEN: Moskau 1931 (in Krasnaja nov', Nr. 8). – Bln. 1931. – Moskau 1968 (in *P'esy. Stat'i o teatre i dramaturgii*).

ÜBERSETZUNG: *Die Liste der Wohltaten*, J. Elperin (in *Sowjetische Dramen*, Hg. C. Růžička, Bln. 1967).

LITERATUR: D. Kal'ma, *»Perečen' zlodejanij« Vs. Mejerchol'da i »Spisok blagodejanij« Ju. O.* (in Literaturnaja gazeta, 2. 5. 1931). – V. Zalesski, *Spektakl' - predostereženiе dlja teatra i avtora* (in Večernaja Moskva, 12. 6. 1931).

TRI TOLSTJAKA

(russ.; *Ü: Die drei Dicken*). Roman von Jurij K. OLEŠA, erschienen 1928. – Das zunächst vermutlich für Kinder geschriebene Werk entstand bereits im Jahre 1924, also vor dem Roman *Zavist'*, 1927 *(Neid)*, der den literarischen Ruhm des Autors begründete. Ort der Handlung ist ein imaginärer Staat unter der Tyrannis der »*drei Dicken*«, die das Volk brutal ausbeuten und alle demokratischen Rechte außer Kraft gesetzt haben. Am gleichen Tag, an dem der Waffenschmied Prospero als Haupt einer Widerstandsbewegung verhaftet wird, zerstören meuternde Gardisten das Lieblingsspielzeug des Thronfolgers Tutti, eine lebensgroße, menschenähnliche Puppe. Ihren komplizierten Mechanismus vermag allein der gelehrte Doktor Gaspar Arneri wieder instand zu setzen. Das fettleibige Triumvirat trägt ihm auf, die Reparatur bis zum folgenden Morgen auszuführen, was jedoch aus technischen Gründen ausgeschlossen ist. Der gleichfalls den Aufständischen angehörende Seiltänzer Tibul ersinnt einen Ausweg: Die Zirkusartistin Suok, die der Puppe zum Verwechseln ähnlich sieht, soll die Rolle des königlichen Spielzeugs übernehmen. Der Thronfolger ist begeistert von den neuen Künsten der Puppe, die unerwartet sprechen und tanzen kann. Es gelingt Suok, Prospero zur Flucht aus dem Kerker zu verhelfen. Zwar wird das falsche Spiel entdeckt, doch gelingt es, die zum Tode verurteilte Suok im letzten Augenblick zu befreien. Die Revolution bricht aus, die Armee geht zu den Aufständischen über, die drei Dicken und alle Feinde des Volks werden ihrer Strafe zugeführt. Der Epilog offenbart, daß Suok und Tutti, der in Tibuls Seiltänzergruppe aufgenommen wird, Geschwister sind. Sie wurden getrennt, als die drei Dicken vor Jahren einen Thronfolger suchten. Damit ist auch die Ähnlichkeit zwischen Suok und der Puppe erklärt, die auf Geheiß des Triumvirats nach Suoks Vorbild angefertigt wurde.
Die an ein Puppenspiel erinnernde Simplizität der epischen Konstellation und der Figurenzeichnung des Romans ist der spezifischen Schlichtheit des Märchens verpflichtet. Gleichwohl zielt der Autor ebensowenig auf ein rein märchenhaftes wie ein rein propagandistisches Genre ab. Zum Antimärchen machen seinen Text der Verzicht auf alles Irreale und die Widerspiegelung gesellschaftlicher Widersprüche. Allerdings werden die Klassengegensätze nicht spezifiziert: Sie bleiben auf die Kluft zwischen Dünnen und Dicken, d. i. zwischen Arm

und Reich beschränkt. Wesentliches Darstellungsmittel des Romans ist die – wenngleich aller dämonischen Abgründigkeit beraubte – Groteske. Mehrfach weist der Autor selbst auf die bewußte Vermeidung jeder nicht rational erklärbaren Handlungsmotivation hin. In der Gestalt des von den drei Dicken gewaltsam zu Härte und Grausamkeit erzogenen Thronfolgers, der gleichwohl am liebsten mit seiner Puppe spielt, klingt das von Oleša später vielfach variierte »*Thema vom einsamen Menschen*« an. Die – in diesem Fall durch das Programm des Machterhalts erzwungene – Abkapselung des einzelnen von der Gesamtheit kann nur überwunden werden durch die bewußte Solidarität mit dem Nächsten und mit der Gesellschaft. Die Märchenform ermöglicht, eingebettet in das Schema der gattungsbedingt glücklichen Schlußwendung, eine positive Lösung jenseits moralischer Klischees.

A. Gu.

AUSGABEN: Moskau 1928. – Moskau 1965. – Moskau 1979. – Minsk 1982 (in *Ni dnja bez stroki*). – Volgograd 1984.

ÜBERSETZUNGEN: *Die drei Dicken*, R. Hoffmann u. D. Umanskij, Bln. 1931. – Dass., O. Schwechheimer u. W. Richter-Ruhland, Mchn. 1961. – *Die drei Dickwanste*, K. Kreibusch u. M. Riwkin, Bln. 1962.

VERFILMUNG: SU 1966 (Regie: A. Batalov u. I. Šapiro).

LITERATUR: E. Rozanova, *O romane-skazke »Tri tolstjaka«* (in Voprosy literatury, 1967, Nr. 1, S. 82–86). – I. Vasil'ev, *Poètika skazki Ju. O. »Tri tolstjaka« v aspekte dvuch eë ključevych sostavljajuščich* (in Rusycystyczne studia literackie, 1979, Nr. 3, S. 67–77).

ZAVIST'

(russ.; *Ü: Neid*). Roman von Jurij K. OLEŠA, erschienen 1927. – Vorwurf und Struktur des ersten Romans des Autors, dessen Erscheinen in der an literarischen Ereignissen nicht armen Zeit der NEP-Periode eine Sensation ersten Ranges bedeutete, stehen in einer auf eine übergeordnete historische Dialektik zurückweisenden Spannung. Im Mittelpunkt des ersten Teils des Romans steht der Moskauer Bohemien Nikolaj Kavalerov, ein junger, intelligenter, doch phlegmatischer und entscheidungsschwacher Kabarettdichter, der eines Nachts nach einer Kneipenschlägerei von Andrej Babičev, einem bedeutenden Spitzenfunktionär und Leiter eines Lebensmitteltrusts, von der Straße aufgelesen und wie ein Sohn aufgenommen wird. Kavalerovs Dankbarkeit verwandelt sich in Rebellion und Ekel, als er zu erkennen glaubt, daß Babičev eine seelenlose, machtgierige Maschine ist, die ihn aus Selbstsucht als Hofnarren hält. Hinzu kommt Kavalerovs Einbildung, Babičev habe unehrenhafte

Absichten gegenüber seiner Nichte Valja, die Kavalerov als Symbol weiblicher Reinheit erscheint und die er zu heiraten entschlossen ist. Valja ist ihrerseits in Babičevs Pflegesohn Volodja verliebt, dessen vorübergehende Abwesenheit Kavalerov zu überbrücken ausersehen ist. Im Mittelpunkt des zweiten Teiles steht Babičevs Bruder Ivan, ein romantischer Phantast, der den Anschluß an die neue Zeit ebensowenig gefunden hat wie Kavalerov. Er ist sich seiner historischen und gesellschaftlichen Überflüssigkeit bewußt, kehrt seine Passivität jedoch in Aggression um und sagt der gigantischen neuen Zeit den Kampf an, dessen Donquichotterie er sich gleichwohl eingesteht. Ivan sieht in Kavalerov einen Gesinnungsgenossen, dem er das eigentliche Motiv seiner Rebellion gegen den »Wurstmacher« Andrej Babičev bewußtmacht: den Neid auf die bessere Alternative, auf den unverdienten Erfolg des anderen, auf die neue Epoche, in der das Schicksal ihn selbst nur als Strandgut angeschwemmt hat. Kavalerov ist fest entschlossen, Andrej Babičev umzubringen. Ivan setzt auf die von ihm erfundene, vorerst allerdings nur als Fiktion existierende Maschine »Ophelia«, mit deren Hilfe er der neuen Welt zu trotzen hofft.

Doch gelingt weder Kavalerovs Attentat auf den »Wurstmacher«, noch kommt Ivans Maschine zum Einsatz. Die Exponenten der neuen, heroischen Welt entziehen sich ihren Widersachern, indem sie sich mehr und mehr perfektionieren und der Öffentlichkeit immer eindrucksvollere Beweise ihres Könnens liefern: Volodja als Torwart einer Moskauer Fußballmannschaft, Andrej Babičev als Erfinder einer Superwurst. An die Stelle des Neids tritt bei den Gescheiterten die Apathie (*»Ich finde, daß Gleichgültigkeit der beste Zustand des menschlichen Geistes ist. Lassen Sie uns gleichgültig sein, Kavalerov«*), die ihren Ausdruck in der stummen Ergebung in die Schlafgemeinschaft mit Anečka, der schmierigen, geilen Zimmerwirtin Kavalerovs, findet, deren kolossales Vorkriegsbett das letzte Refugium beider wird.

Die zeitgenössische sowjetische Literaturkritik hat an Olešas Roman vorab die Demaskierung des potentiellen Konterrevolutionärs und des dekadenten Nichtstuers gelobt, doch hat der Autor seine skurrilen, grotesken Antihelden zu positiv, die Vertreter der neuen Ära zu schematisch und blutleer gezeichnet, als daß sich das Werk in den Rahmen der üblichen Sabotage-Literatur einordnen ließe. Andererseits kann aus dem Interesse des Autors an Ivan und Kavalerov angesichts ihres schmachvollen Endes, das sie ihrer letzten moralischen Legitimation beraubt, nicht auf seine einseitige Sympathie für diese geschlossen werden. Das Problem der Antihelden besteht nicht im Aufeinanderprall konträrer Ideologien (wo Ideologie produziert wird, erweist sie sich als phantasieloses Geschwätz), sondern im Konflikt zweier historischer und zugleich psychischer Dimensionen. Obwohl sie das Grandiose der neuen Zeit erkennen, sind weder Ivan noch Kavalerov imstande, sich den neuen Gegebenheiten anzupassen. Sie sind keine Konterrevolutionäre, sondern »überflüssige Menschen«. Mit ihrer Kritik an unreflektiertem Wohlstands- und Fortschrittspathos, an seelenloser Technokratie und *»administrativer Leidenschaft«* treffen sie Richtiges, ohne jedoch eine Alternative aufzeigen zu können. An dieser Unfähigkeit, die sie fortwährend auf sich selbst zurückwirft, gehen die anachronistischen Helden zugrunde. Ihrem Unvermögen zur Verwirklichung positiver Ideen entspricht die formale Seite des Romans, dem im Ganzen wie im Detail etwas Unabgeschlossenes, Fragmentarisches, absichtlich nicht zu Ende Reflektiertes anhaftet. So ist die Darstellung der Romanhelden in eine Unzahl erzählerischer Facetten zersplittert, die z. T. ohne logische und zeitliche Kausalität ineinander verschränkt sind. Es ist denkbar, daß der Roman damit die monomanisch-irrationale Welt der Helden zu spiegeln trachtet. Wahrscheinlicher ist die Annahme, daß die Unmöglichkeit einer glaubwürdigen Lösung durch den rational begründeten Sieg des Neuen über das Alte, die formal durch den Rückgriff auf die Technik der ornamentalen Prosa und deren Vermengung mit den satirischen Phantasmagorien M. Bulgakovs und M. Zoščenkos zum Ausdruck kommt, die eigene Position des Autors bezeichnet: die Verweigerung einer moralischen, gesellschaftlichen oder psychologischen Alternative, wo es darum geht, die Verschiebung historischer Kräftekonstellationen zu registrieren.

A.Gu.

AUSGABEN: Moskau 1927 (in Krasnaja nov', Nr. 7/8). – Moskau/Leningrad 1928; Nachdr. Ann Arbor 1977; ern. 1985. – Moskau 1935 (in *Izbrannoe*). – Moskau 1956 (in *Izbr. soč.*). – Moskau 1965 (in *Povesti i rasskazy*). – Oxford 1969. – Chicago 1973 (in *Izbrannoe. Zavist'*). – Minsk 1982 (in *Ni dnja bez stroki*). – Riga 1987.

ÜBERSETZUNGEN: *Neid*, G. Drohla, Wiesbaden 1960. – Dass., dies., Ffm. 1964; ern. 1978 (BS). – Dass., I. Schröder, Bln. 1973.

LITERATUR: Ja. Černjak, *O »Zavisti« Ju. O.* (in Pečat' i revoljucija, 1928, Nr. 5, S. 107–112). – Ju. Juzovskij, Rez. (in Čitatel' i pisatel', 28. 7. 1928). – N. Fatov, *»Zavist'« Ju. O.* (in Rabočaja Moskva, 5. 8. 1928). – A. Ležnev, *O »Zavisti« Ju. O.* (in A. L., *Literaturnye budni*, Moskau 1929, S. 213 bis 216). – R. Lauer, *Zur Gestalt Ivan Babičevs in Olešas »Zavist'«* (in WdS, 7, 1962, S. 45–54). – O. Šitareva, *Tvorčeskoe sozdanie romana »Zavist'« Ju. O.* (in Filologičeskie nauki, 4, 1969, S. 82–92). – D. Piper, *Ju. O.'s »Zavist'«: An Interpretation* (in SEER, 48, 1970, S. 27–43). – T. Berzinski, *Kavalerov's Monologue in »Envy«: A Baroque Soliloquy* (in Russian Literature Triquarterly, 1, 1971, S. 375–385). – L. Scheffler, *Ju. O.s Roman »Zavist'« – ein Kommentar zur Zeit* (in ZslPh, 36, 1972, S. 266–295). – S. Appell, *Ju. O. »Zavist'« u. »Zagovor čuvstv«*, Mchn. 1973 [zugl. Diss. Köln]. – W. Wilson, *The Objective of J. O.'s »Envy«* (in SEEJ, 19, 1974, Nr. 1, S. 31–40). – E. Schellenberg, *Erzählerischer Multi-

perspektivismus und ideologische Disparität. Ein Versuch über Ju. O.s »Zavist'« (in *Festschrift für A. Rammelmeyer*, Mchn. 1975, S. 327–351). – G. Düwel, *Ju. O.s Roman »Zavist'« als Beitrag zu den Debatten um die Funktion der Literatur in der Sowjetgesellschaft in den 20er Jahren* (in ZfSl, 22, 1971, Nr. 3, S. 307–316). – N. Cornell, *The Principle of Distortion in O.'s »Envy«* (in Essays in Poetics, 5, 1980, S. 15–35). – A. Barratt, *Ju. O.'s »Envy«*, Birmingham 1981. – V. Peppard, *O.'s »Envy« and the Carnival in Russian Literature* (in *Russian Literature and American Critics*, Ann Arbor 1984). – K. Ingdahl, *The Artist and the Creative Act: A Study of Ju. O.'s Novel »Zavist'«*, Stockholm 1984 [zugl. Diss. Stockholm 1984].

VERA FËDOROVNA PANOVA

* 20.3.1905 Rostov am Don
† 3.3.1973 Leningrad

LITERATUR ZUR AUTORIN:
S. Fradkinka, *V mire geroev: V. P., Tvorčeskie portrety pisatel'nicy*, Perm' 1961. – Z. Boguslavskaja, *V. P.*, Moskau 1963. – A. Ninov, *V. P., Očerk tvorčestva*, Leningrad 1964. – M. Guillerey, *L'œuvre romanesque de V. P.*, Paris 1969. – *Russkie sovetskie pisateli. Prozaiki*, Hg. O. Golubeva u. a., Bd. 3, Leningrad 1964, S. 470–497 [Bibliogr.]. – V. P., *O moej žizni, knigach i čitateljach*, Leningrad 1975. – D. V. Tevekeljan, *V. P.*, Moskau 1980. – A. Ninov, *V. P.*, Leningrad 1980.

SENTIMENTAL'NYJ ROMAN

(russ.; *Ü: Sentimentaler Roman*). Roman von Vera F. PANOVA, erschienen 1958. – Der Roman, der das Motto *»O junost' legkaja moja!« (»O meine leichtfüßige Jugend!«)* aus A. PUŠKINS *Evgenij Onegin* (1825/1833) trägt, von der Autorin selbst als *»das Buch über meine Jugend«* bezeichnet, ist ein Rückblick Vera Panovas auf die zwanziger Jahre. Wehmütig und zugleich aus leicht ironischer Distanz wird das Lebensgefühl einer Gruppe junger Menschen aus Rostow am Don (der Heimatstadt der Autorin) in den stürmischen Jahren nach der Oktoberrevolution beschrieben, ihre Zukunftsträume, ihr Ringen um Klarheit in weltanschaulichen Fragen, ihre nächtlichen Diskussionen und Liebeserfahrungen. Im Mittelpunkt des Geschehens steht der junge Journalist Sevast'janov, dessen Entwicklung in vielen Einzelheiten den persönlichen Erfahrungen Vera Panovas entspricht. In seinem Leben spielen zwei gegensätzliche Frauengestalten eine Rolle, die »große Zoja«, die nur für ihre Liebe und

Schönheit lebt, und die tapfere, bescheidene und charakterfeste »kleine Zojka«, zu der Sevast'janov schließlich findet, nachdem er seine wirre Leidenschaft für Zoja, die ihn verläßt, überwunden hat. Der Weg des Helden vom »großen« zum »kleinen«, dafür aber beständigen Glück vollzieht sich vor dem Hintergrund der Zeit unmittelbar nach der Revolution, der Periode der Neuen Ökonomischen Politik (NEP), der atheistischen Propaganda, der Agitationsarbeit der Komsomolzen, der erbitterten Kämpfe auf dem Land und der rasch wechselnden literarischen Strömungen und Gruppierungen. Vera Panova verlegt ihre eigene Erinnerung in das Erinnern ihres Helden, der, nunmehr ein reifer Mann, während einer Eisenbahnreise in seine Heimat die Vergangenheit noch einmal durchlebt. Sein aus Erinnerung und Reflexion geformter Monolog ermöglicht eine Darstellung des Geschehens, die sich von den ideologischen Urteilen der Stalinzeit weitgehend befreit hat. Wie in ihren anderen Werken kommt es der Autorin auch hier nicht so sehr auf eine klar sich entwickelnde Handlungsführung an als vielmehr auf die Beschreibung menschlicher Schicksale und Beziehungen.   K.H.

AUSGABEN: Moskau 1958. – Moskau 1961. – Moskau 1962 [zus. m. *Vremena goda*]. – Moskau 1972 (in *Izbrannoe*). – Leningrad 1987 (in *Sobr. soč.*, 5 Bde., 1987–1989, 2).

ÜBERSETZUNGEN: *Mit siebzehn ist man jung*, W. Hoepp, Bln. 1960 [Nachw. H. Krempien]. – *Sentimentaler Roman*, I. Tinzmann, Mchn. 1960 [Vorw. H. v. Ssachno].

VERFILMUNG: SU 1977 (Regie: I. Maslennikov).

LITERATUR: L. A. Plotkin, *Tvorčestvo V. P.*, Moskau 1962, S. 134–157.

SERËŽA. Neskol'ko istorij iz žizni očen' malen'kogo mal'čika

(russ.; *Ü: Serjosha. Geschichten aus dem Leben eines noch sehr kleinen Jungen*). Erzählung von Vera F. PANOVA, erschienen 1955. – Die Erzählung, deren Handlungsort und Personen aus dem Roman *Jasnyj bereg*, 1949 *(Das helle Ufer)*, übernommen sind, berichtet von den Freuden und Sorgen eines fünfjährigen Jungen auf einem Staatsgut. Ihr Reiz liegt darin, daß alles Geschehen aus der unbefangenen Perspektive des Kindes gesehen wird und daß in dieser begrenzten kindlichen Sicht alle Gestalten überaus lebendig werden: seine Mutter, die Dorflehrerin; Lukjanyč und Tante Paša, die beide noch der vorrevolutionären Generation angehören; Korostelëv, der allmächtige Sowchosvorsitzende und neue Vater von Serëža, und die anderen Kinder der »Fernen Straße«. Voller Verständnis und Humor beschreibt Vera Panova, wie sich Serëža die Welt der Erwachsenen deutet, wie er einen neuen Vater bekommt, wie ein Fahrrad für ihn gekauft wird, wie man die Urgroßmutter beerdigt, wie er ein Brüderchen bekommt, wie er krank wird und deshalb beinahe nicht nach Cholmogory, der neuen Arbeitsstätte der Eltern, mitdarf und wie schließlich doch noch alles gut wird. – Die Ereignisse werden mit liebevoller Beobachtungsgabe und großem Einfühlungsvermögen erzählt und sind mit vollendeter sprachlicher Prägnanz – vor allem was die charakteristische Redeweise der Gestalten angeht – dargestellt. So gehört die Erzählung zu den bemerkenswertesten Kindergeschichten der neueren Literatur. K.H.

AUSGABEN: Moskau 1955 (in Novyj mir). – Leningrad 1955. – Leningrad 1956 (in *Izbr. soč.*, 2 Bde., 1). – Leningrad 1978 (in *Sputniki, Serëža. Skazanie ob Ol'ge, Kto umiraet*). – Leningrad 1988 (in *Sobr. soč.*, 5 Bde., 1987–1989, 3).

ÜBERSETZUNGEN: *Kleiner Mann in großer Welt*, M. Riwkin, Bln. 1956. – *Serjoscha*, E. Müller-Kamp, Bonn 1957. – *Serjosha. Geschichten aus dem Leben eines noch sehr kleinen Jungen*, M. Riwkin, Mchn. 1961 (List-Bücher).

VERFILMUNG: SU 1960 (Regie: G. Danelija u. a.).

LITERATUR: L. A. Plotkin, *Tvorčestvo V. P.*, Moskau 1962, S. 109–133. – Z. Boguslavskaja, *V. P.*, Moskau 1963, S. 103–119.

VREMENA GODA. Iz letopisej goroda Ënska

(russ.; *Ü: Verhängnisvolle Wege*). Roman von Vera F. PANOVA, erschienen 1953. – Der Roman, dessen Titel in wörtlicher Übersetzung *Die Jahreszeiten. Aus den Annalen der Stadt Ënsk* lautet, ist einer der ersten sog. Tauwetterromane der Zeit nach Stalins Tod, in dem die Autorin unter Abkehr von der »Theorie der Konfliktlosigkeit« das Leben einer typischen sowjetischen Provinzstadt ohne Schönfärberei und künstlichen Optimismus darstellt. Die Handlung, die aus vielen Episoden aufgebaut ist und eine Fülle von Gestalten einbezieht, wird nur durch die Einheit der Zeit zusammengehalten; das Geschehen setzt mit der Neujahrsfeier ein und endet mit der Begrüßung des neuen Jahres.
Im Mittelpunkt des Romans steht die Geschichte zweier Familien, der Kuprijanovs und der Bortaševičs. Mit Dorofeja Kuprijanova schildert die Autorin das Leben einer Frau, die mit der Sowjetmacht groß geworden ist. Ein einfaches Bauernmädchen, hat sie sich zu einer angesehenen, in ihrer verantwortungsvollen Arbeit aufgehenden Funktionärin in der Stadtverwaltung emporgearbeitet. Ihre beiden Kinder, Gennadij und Jul'ka, haben sich, obwohl unter gleichen Bedingungen aufgewachsen, ganz unterschiedlich entwickelt. Jul'ka ist eine tatkräftige, selbständige Komsomolzin geworden, Gennadij dagegen ein verwöhnter Faulpelz und

energieloser Geck, der schließlich in eine Verbrecherbande gerät und ihr beinahe zum Opfer fällt. – Stepan Bortašević und seine Familie gehören zur privilegierten Funktionärsschicht. Er und seine Frau Nadežda Petrovna haben sich ehrgeizig, zäh und schließlich auch mit Hilfe von Heuchelei und Korruption nach oben gearbeitet. Ihr Lebensweg ist typisch für die Karriere einer bestimmten Schicht von Funktionären. Als Stepan Bortaševičs Doppelleben als hoher Funktionär und Protektor dunkler Geschäfte entlarvt wird, nimmt er seine Zuflucht zu einem ehrlosen Freitod. Die Kinder Serëža und Katja sind von dem Treiben ihrer Eltern unberührt geblieben.
Der Hauptakzent des Romans liegt auf der Gestaltung der Intimsphäre des Familienlebens und der Liebesbeziehungen, die mit großer psychologischer Aufrichtigkeit geschildert werden. In gewissem Sinne zieht das Werk durch die Beschreibung der Entwicklung der Kinder beider Familien eine undifferenzierte Anwendung der Milieutheroie in Zweifel. Von der Kritik wurde Vera Panova vorgeworfen, daß »*der soziale und politische Gesichtskreis des Romans etwas begrenzt*« sei. Auf dem 2. Schriftstellerkongreß des Jahres 1954 stand der Roman – zusammen mit I. ERENBURGS *Ottepel' (Tauwetter)* – wegen mangelnder Parteinahme und »Objektivismus« im Mittelpunkt der Angriffe der Parteikritik. K.H.

AUSGABEN: Leningrad 1953 (in Novyj mir, Nr. 29). – Leningrad 1954. – Leningrad 1956 (in *Izbr. soč.*, 2 Bde., 2). – Leningrad 1987 (in *Sobr. soč.*, 5 Bde., 1987–1989, 2).

ÜBERSETZUNG: *Verhängnisvolle Wege*, V. Ensslen-Poirier, Bln. 1957. – Dass., dies., Bln. 1958.

LITERATUR: M. Šaginjan, *Ob iskusstve i literature*, Moskau 1958, S. 305–312. – L. A. Plotkin, *Tvorčestvo V. P.*, Moskau 1962, S. 78–108. – G. A. Veretennikova, *Roman V. P. »Vremena goda« i ego ocenka zarubežnoj kritikoj* (in *Tradicii i novatorstvo v sovetskoj literature*, Moskau 1976, S. 105–114).

BORIS LEONIDOVIČ PASTERNAK

* 10.2.1890 Moskau
† 30.5.1960 Peredelkino bei Moskau

LITERATUR ZUM AUTOR:
Bibliographien:
Selected List of Essays and Articles on B. P.'s Poetry (in Bull. on the New York Public Library, 63, 1959, S. 566–567; 64, 1960, S. 450–451). – *Istorija russkoj literatury konca XIX – načala XX veka*, Hg.

K. Muratova, Moskau/Leningrad 1963. – N. A. Troickij, *B. P. Bibliografija*, Ithaca/N.Y. 1969.
Biographien:
J. de Proyat, *P.*, Paris 1964. – O. Ivinskaja, *V plenu vremeni. Gody s B. P.*, Moskau 1972 (dt.: *Lara. Meine Zeit mit P.*, Mchn. 1978; ern. 1984). – A. Gladkov, *Vstreči s P.*, Paris 1973. – H. Schewe, *P. privat*, Hbg. ²1974. – P. J. Mark u. L. Pasternak-Slater, *P. Die Familie*, Genf 1975. – L. Flejschman, *B. P. v dvadcatye gody*, Mchn. 1981. – R. Hingley, *P., a Biography*, Ldn. 1983. – L. Flejschman, *B. P. v tridcatye gody*, Jerusalem 1984. – A. Voznesenskij, *Begegnung mit P.*, Bln. 1984. – R. Orlova-Kopelewa, *B. P.*, Stg. 1986. – E. Pasternak, *B. P. Materialy k biografii*, Moskau 1989.
Gesamtdarstellungen und Studien:
Y. Berger, *B. P. Une étude*, Paris 1958. – R. Conquest, *Courage of Genius. The Pasternak Affair. A Documentary Report on its Literary and Political Significance*, Ldn. 1961. – *Sbornik statej posvjaščennych tvorčestvu B. L. P.*, Mchn. 1962. – M. Acoutturier, *P. par lui-même*, Paris 1963 (dt.: *B. P. in Selbstzeugnissen und Bilddokumenten*, Reinbek 1965; rm). – J. van Damme, *B. P.*, Brügge 1965. – D. Davie u. A. Livingstone, *P. Modern Judgements*, Ldn. 1969. – E. D. Mossman, *The Prose of the Poet P.*, Ann Arbor 1969. – J. Dyck, *B. P.*, NY 1972. – E. A. Freiberger Scheikholesami, *Der deutsche Einfluß in Werken von B. P.*, Diss. Philadelphia 1973. – C. Michelis, *B. L. P.*, Florenz 1973. – K. Borowsky, *Kunst und Leben. Die Ästhetik B. P.s*, Hildesheim 1976 [zugl. Diss. Tübingen 1973]. – H. Gifford, *P., A Critical Study*, Cambridge 1977 [enth. Bibliogr.]. – E. Dal', *Nekotorye osobennosti zvukovych povtorov B. P.*, Göteborg 1978. – C. A. Jackson, *Teleological Coincidence and Eternity in P.'s Prose*, Diss. NY 1978. – V. Erlich, *P. A Collection of Essays*, Englewood Cliffs 1978. – Russian Literature, 6, 1978, Nr. 1 [Sondernr. *B. P.*]. – T. Hamilton, *Osnovnaja tematika proizvedenij B. P.*, Diss. Washington 1979. – S. Lukić, *Dileme i sinteze B. P. Studija*, Belgrad 1979 [enth. Bibliogr.]. – I. P. Smirnov, *Poroždenie interteksta (èlementy intertekstual'nogo analiza s primerami iz tvorčestva B. L. P.)*, Wien 1985. – E. Nöldeke, *B. L. P. und seine Beziehungen zur deutschen Kultur*, Diss. Tübingen 1986. – N. N. Vil'mont, *O B. P.: Vospominanija i mysli*, Moskau 1989. – E. Pasternak, *B. P. Materialy dlja biografii*, Moskau 1989. – V. Belentschikow, *Internationales Symposium »B. P.« in Marburg* (in ZfSl, 1, 1992). – *Erinnerungen an B. P.*, Hg. F. Thun [E. Ahrndt, M. Bräuer, A. Frank, I. Kolinko, A. Möckel u. D. Pommerenke], Bln. 1994.

DAS LYRISCHE WERK (russ.) von Boris L. PASTERNAK.

Nachdem sich Pasternak unter dem Einfluß Aleksandr Skrjabins sechs Jahre lang mit Kompositionslehre beschäftigt hatte, verzichtete er am Ende der Gymnasialzeit wegen des fehlenden absoluten Gehörs auf die beabsichtigte Laufbahn als Musiker. Statt dessen schrieb er sich 1909 an der historisch-philologischen Fakultät der Moskauer Universität ein und studierte Philosophie, bis er drei Jahre später während eines einsemestrigen Aufenthalts in Marburg erkannte, daß die Wissenschaft für ihn mehr ein Gegenstand des Erlebens als des Erforschens war. Seine Wendung zur Dichtung hatte deshalb etwas Zwangsläufiges und Folgerichtiges. Dichtend, »*häufig und ohne Unterbrechung, so wie man malt oder komponiert*«, konnte Pasternak, nur fähig, »*vegetativ*« zu denken, dem Strom der Assoziationen folgen und seine Gedanken in Bildern zum Ausdruck bringen.

Lehrzeit (1912–1916)

Die Gedichte, die nach dem Verzicht auf das Philosophie-Studium zuerst in Deutschland und später in Rußland entstanden, sind noch geprägt von der Suche nach einem eigenen Ton und Stil und einer persönlichen Sicht der Welt und des Menschen. Sie lassen jedoch auch schon künftige Eigenarten des Autors erkennen. Dazu gehört vor allem die Gestaltung des Augenblicks intensivster Wahrnehmung und Erlebnisfähigkeit. In *Marburg* (1916) sieht das lyrische Ich nach einer schmerzhaften Liebesenttäuschung sich selbst und seine Umgebung von Grund auf verändert. Von nun an ist es immer wieder das Gefühl, das die bisherige Sicherheit erschüttert und, Ordnung in Unordnung verwandelnd, etwas Neues und Überraschendes schafft. Die Vorliebe für neue und überraschende Situationen teilte Pasternak mit den russischen Futuristen, denen er seit 1913 als Mitglied des Zirkels »Centrifuga« nahestand. Futuristisch ist auch sein starker Hang zum Experiment. Sperrige Syntax, gesuchte Metaphorik, ausgedehnte Bildnetze, ungewöhnliche Reimschemata und verblüffende Kombinationen von Wörtern, Klängen und Gedanken sind charakteristische Merkmale dieser Schaffensphase. Doch vieles wirkt noch zu angestrengt, und so hat Pasternak die Gedichte seiner Anfangsjahre, publiziert in den Bänden *Bliznec v tučach*, 1914 *(Der Zwilling in den Wolken)*, und *Poverch bar'erov*, 1917 *(Über die Barrieren)*, rückblickend als manieriert und theatralisch verworfen.

Erste Reife (1917–1923)

Der dritte Zyklus, *Sestra moja – žizn'*, 1922 *(Meine Schwester – das Leben)*, entstanden in den Monaten zwischen Februaraufstand und Oktoberrevolution, infolge der Zeitumstände aber mit fünfjähriger Verspätung erschienen, bezeichnet Pasternaks Durchbruch zu eigentlicher schöpferischer Produktivität. Immer noch dominiert die Metapher, jetzt aber ist sie nicht mehr um der verblüffenden oder verfremdenden Wirkung willen da. Weder als verkürzter Vergleich noch als Chiffre für Seelisch-Geistiges verstanden, ist sie Mittel eines dynamisierenden Verfahrens, das die getrennten Erscheinungen der Wirklichkeit zu einem neuen einheitlichen Ganzen zusammenfaßt. Nicht nach ihrer Ähnlichkeit, sondern nach dem Grad ihrer Nachbarschaft ausgewählt, beginnen diese Erscheinungen, metaphorisch verknüpft, einander zu durchdringen und sich gegenseitig in der Intensität ihres Seins zu steigern. Die dargestellte Welt ist deshalb von einer irritierenden Lebendigkeit. Alles tönt und strömt und pulsiert. Dabei sind die Dinge der Natur nicht nur in Bewegung, sie tragen auch ganz persönliche Züge, haben ihre Eigenarten, Gewohnheiten und Neigungen. *»Der umzäunte Vorgarten verlor bei ermüdender Arbeit seine Brille auf dem Rasen.« »Der Donner zog die Mütze und machte des Nachts hundert Blitzlichtphotos zur Erinnerung.«* Das lyrische Ich kann weitgehend zurücktreten; denn es definiert sich durch die handelnden und fühlenden Dinge. Mensch und Natur, Innen und Außen gehören zusammen als Teile eines Umfassenderen. Dieses Umfassendere heißt bei Pasternak das *»Leben«.* Von ihm künden Bäche und Teiche, Gräser und Bäume, Gärten und Steppen, Wolken und Sterne, Regenschauer und Wirbelwinde, Sonnenaufgänge und Sonnenuntergänge. Das Leben, ewig und absolut, aber auch konkret und vielfältig, ein *»Gott der Details«,* ist überall, selbst im Kleinsten, in dem Zweig einer Weide oder in der Schote einer Erbse. Poesie als Darstellung des Makrokosmos im Mikrokosmos.

Diese Formel gilt genauso für den Zyklus, der 1923 unter dem Titel *Temy i variacii (Themen und Variationen)* die Gedichte der Jahre 1918–1922 versammelte. Der Titel hat programmatischen Charakter. Er benennt das Grundverfahren einer Lyrik, die letztlich nichts anderes sein will als Gesang und Feier des Lebens. Wo die Themen und Motive gleichbleiben, bedarf es ständiger stilistischer Variation. Das hohe Maß an Sprachkraft und Formkunst, das dafür erforderlich ist, bestimmte schon *Sestra moja – žizn',* erscheint hier aber stellenweise noch beträchtlich gesteigert. An einer Grenze angelangt, wandte sich Pasternak, der Zeittendenz folgend, dem Epischen zu und schrieb Verserzählungen wie *Lejtenant Šmidt,* 1926/27 *(Leutnant Schmidt),* in denen er das eigene Leben in Bezug zur erlebten Geschichte setzte.

Neubeginn (1930)

Erst 1930 kehrte Pasternak zur Lyrik zurück. Der Selbstmord Vladimir MAJAKOVSKIJS, die Begegnung mit Zinaida Neuhaus, der Frau des Pianisten Heinrich Neuhaus, und der Aufenthalt im Süden, zuerst bei Kiew, dann in Georgien, bewirkten eine seelische Erschütterung, die wie 1912 und 1917 einen schöpferischen Neubeginn zur Folge hatte. *Vtoroe roždenie (Die zweite Geburt)* heißt dementsprechend der Zyklus, der 1932 die zuvor in Zeitschriften veröffentlichten Gedichte dieser Zeit zusammenfaßte. Die persönliche Situation, Pasternaks Stellung zwischen zwei Frauen, kehrt hier wieder, poetisiert und verallgemeinert zu einem Doppelbild des Weiblichen. Beide Bilder verweisen in ihrer Unterschiedlichkeit auf zwei differierende poetische Verfahren, das eine, verkörpert durch die Ehefrau Evgenija Muratova, auf die Komplexität und das Raffinement der bisherigen Lyrik, das andere, verkörpert durch die Geliebte Zinaida Neuhaus, auf die Klarheit und Natürlichkeit der künfti-

gen Lyrik. Noch stehen beide Verfahren nebeneinander, aber schon wird deutlich, daß Pasternak bestrebt ist, das erste, jetzt als *»Wortunrat«* bezeichnet, durch das zweite zu ersetzen. Die *»unerhörte Einfachheit«,* die er in der Gestalt Zinaidas wie auch im Volksleben Georgiens und in der Bergwelt des Kaukasus entdeckte, wurde sein großes Ziel. Ihm näherte er sich Band für Band, von *Na rannich poezdach,* 1943 *(In den Frühzügen),* über *Zemnoj prostor,* 1945 *(Irdische Weite),* bis zu *Kogda razguljaetsja,* 1959 *(Wenn es aufklart).* Aleksandr PUŠKIN, den er früher durch Virtuosität zu übertreffen trachtete, bildete auf diesem Weg das eingestandene Stilvorbild.

Parallel zur Verwirklichung eines immer einfacheren Sprechens wurde der moralischen Vertiefung der Aussage ein wachsendes Gewicht beigemessen. Die Erlebnisse, die *Vtoroe roždenie* zugrunde liegen, hatten in Pasternak ein starkes Schuldgefühl hervorgerufen *(»Männergrausamkeit«).* Das Thema der persönlichen Schuld verband sich seit Kriegsbeginn, als das neue Interesse am Christentum erwachte, mit der Frage nach der allgemeinen Schuld des Menschen. Untrennbar miteinander verknüpft, ging beides ein in die Konzeption des großen Romans, *Doktor Živago (Doktor Schiwago),* der, zwischen 1948 und 1954 geschrieben, durch einen Epilog aus 25 Gedichten abgeschlossen wird. Die *Gedichte von Jurij Schiwago (Stichotvorenija Jurija Živago),* keineswegs ein bloßer Anhang, beglaubigen die Künstlerexistenz des Helden und liefern als Verdichtung der wichtigsten Themenbereiche eine letzte, äußerste Sinngebung des Werkes. Deshalb ist auch ihre Abfolge durchaus nicht beliebig. Am Anfang steht der Auftritt eines Schauspielers in der Rolle von SHAKESPEARES Hamlet, und dann führt die gedankliche Entwicklung, Gedicht für Gedicht, immer direkter zu der Person Jesu Christi und dem Geschehen im Garten Gethsemane. Der Dichter erscheint als derjenige, der beide, Hamlet und Christus, in sich vereinigt. Er teilt mit ihnen die hohe Sendung, die furchtbare Einsamkeit und das Schicksal, in der Welt zu scheitern, um erst am Ende siegreich zu sein.

Poetik

Pasternak schuf stets aus einer GOETHESCHEN Ehrfurcht vor dem Leben. Das Leben blieb deshalb bis zuletzt das *»Alpha und Omega«* seines Dichtens, auch wenn es seit den vierziger Jahren mehr in religiöser als in philosophischer Beleuchtung erschien. *»Die Poesie, die größer ist als die durch ihre Höhe berühmten Alpen, befindet sich im Gras, unter den Füßen, so daß man sich nur zu bücken braucht, um sie zu sehen und von der Erde aufzunehmen.«* Aus dem Leben kommend, wird die Poesie nach der Übertragung auf das Papier zum ständigen Bericht über ihre Herkunft und Entstehung. Die Metapher bildet dabei das Hauptmittel. *»Gefunden«* und nicht *»erfunden«,* stellt sie, *»das Leben umfassend«,* etwas Reales, Wahres und Objektives dar. Sie *»spricht«,* während der Mensch *»schweigt«.* Poesie kann so bei Pasternak definiert werden als realistische Metaphernrede oder, genauer gesagt, als metaphorischer Detailrealismus. Denn immer wird das Leben von ihm als Ansammlung zahlloser gegenständlicher Einzelheiten ergriffen. Poesie: »*Das ist – ein jäh anschwellender Pfiff./ Das ist – das Knirschen zusammengepreßter Eisschollen./ Das ist – die Nacht, die das Blatt vereist./ Das ist – das Duell zweier Nachtigallen.*«   B.Z.

AUSGABEN: *Bliznec v tučach*, Moskau 1914. – *Poverch bar'erov*, Moskau 1917. – *Sestra moja – žizn'*, Moskau/Bln. 1922. – *Temy i variacii*, Bln./Moskau 1923. – *Vtoroe roždenie*, Moskau 1932. – *Na rannich poezdach*, Moskau 1943. – *Zemnoj prostor*, Moskau 1945. – *Kogda razguljaetsja*, Paris 1959. – *Sočinenija*, Hg. G. Struve u. B. Filippov, 4 Bde., Ann Arbor 1959–1961. – *Stichotvorenija i poèmy*, Hg. L. Ozerov, Moskau/Leningrad 1965. – *Stichotvorenija i poèmy*, Moskau 1988.

ÜBERSETZUNGEN: *Gedichte, Erzählungen, Sicheres Geleit*, A. Kaempfe u. a., Ffm. 1959 (FiBü). – *Wenn es aufklart. Gedichte 1956–1959*, R. D. Keil, Ffm. 1960; ern. 1989 (FiTb). – *Ausgewählte Gedichte*, E. Kottmeier, Zürich 1961. – *Gedichte von Jurij Schiwago*, M. v. Holbeck, Ffm. 1965 [russ.-dt.]. – *Initialen der Leidenschaft*, G. Deicke u. J. Bobrowski, Bln. 1969; ern. Ffm. 1971; 4 1988 (BS). – *Meine Schwester – das Leben*, G. Deicke, Luzern 1976. – *Lyrik aus acht Büchern*, N. Preussfreund, Genf 1977. – *Erzählungen, Gedichte*, K. Borowsky u. H. Pross-Weerth, Bln. 1989 [russ.-dt.].

LITERATUR: D. L. Plank, *The Composition of P.'s Lyric 1912 to 1932*, Diss. Washington 1963. – A. D. Sinjavskij, *Poèzija P.* (in B. P., *Stichotvorenija i poèmy*, Hg. L. Ozerov, Moskau/Leningrad 1965, S. 9–62). – D. L. Plank, *P.'s Lyric. A Study of Sound and Imagery*, The Hague/Paris 1966. – C. Barnes, *The Poetry of B. P. with Special Reference to the Period 1913–1917*, Diss. Cambridge 1971. – J. R. Döring, *Die Lyrik P.s in den Jahren 1928–1934*, Mchn. 1973 [zugl. Diss. Regensburg 1973]. – O. Hughes, *The Poetic World of B. P.*, Princeton 1974. – B. Zelinsky, *Definitionen der Poesie bei P.* (in ZslPh, 37, 1974, S. 275–290). – Ders., *Selbstdefinitionen der Poesie bei P.* (ebd., 38, 1975, S. 268–278). – K. Pomorska, *Themes and Variations in P.'s Poetics*, Lisse 1975. – A. Vorobiov, *P.'s Lyrical Creativity. The Formative Years 1912–1922*, Diss. Urbana 1976 [enth. Bibliogr.]. – J. Faryno, *K probleme koda liriki P.* (in Russian Literature, 6, 1978, Nr. 1, S. 69–101). – V. A. Kovalev, *Lirika B. P.* (in Russkaja literatura, 23, 1980, Nr. 4, S. 59–70). – V. Baevskij, *»Temy i variacii«: Ob istoričesko- kul'turnom kontekste poèzii B. P.* (in Voprosy literatury, 1987, Nr. 10, S. 30–59). – M. Čudakova, *Doktor Živago: tricatiletie spustja* (in Rossija [Venedig], 1991, Nr. 7) – M. Levin, *Vospominanija o B. P.* (in Zvezda, 1993, Nr. 4) – S. Rejser, *Čitaja poèmu »Vysokaja bolezn'«. P. Zametki tekstologa* (in Izvestija AN, Serija literatury i jazyka, 1993, Nr. 5).

DETSTVO LJUVERS

(russ.; *Ü: Lüvers Kindheit*). Erzählung von Boris L. PASTERNAK, erschienen 1922. – Diese frühe, 1918 im Zusammenhang mit den ersten Vorarbeiten des Autors zu seinem Roman *Doktor Živago* entstandene Erzählung beschreibt den physischen und psychischen Reifeprozeß des dreizehnjährigen Mädchens Ženja Ljuvers, das im Zeitraum eines Jahres aus der noch halb unbewußt erlebten Kindheit heraustritt, durch die Wirrnisse der Pubertät geht und zu einem neuen Sein erweckt wird: zur Frau und zugleich zu einer Persönlichkeit, die ihr Verhalten zur Wirklichkeit selbst bestimmt.

Körperlich bereits reif, in ihrem Denken und Fühlen aber durchaus noch Kind, erlebt Ženja gleich wie im Märchen ihre erste große Reise: die aufregende Übersiedlung der Familie aus Perm in das weit hinter der Grenze zwischen dem europäischen Rußland und Asien in Sibirien gelegene Jekaterinburg. Noch ist ihr nicht bewußt, daß sie auch eine Entwicklungsgrenze überschritten hat, die sie endgültig von ihrer frühen Kindheit trennt; erst am Ende der Reise fällt die kindliche Verzauberung von ihr ab, die Märchenkulisse wird zur Realität, die neuen Verhältnisse stellen Ansprüche an sie. Während die Familie in ihre alltägliche Ordnung zurückfindet, entfernt sich Ženja, vorerst nahezu unmerklich, dem Familienkreis. Sie gewinnt kritische Distanz zu Vater, Mutter und Bruder, zu den Freunden des Hauses und zu den Vorgängen in ihrer unmittelbaren Umgebung und entdeckt auf heimlichen oder beaufsichtigten Ausflügen eine Welt, in der Dinge und Menschen in geheimnisvolle, scheinbar unerklärbare Beziehungen zueinander treten. Je tiefer sie in diese Welt, die »Werkstatt des Lebens«, eindringt, um so dichter wird das Netz der bedeutungsvollen Verweise Pasternaks auf das Koordinatensystem einer höheren, im Leben wirksamen Weltordnung, »*die man sich zum Vorbild nehmen muß, um nicht – hat man einmal unter Tausenden eine Möglichkeit verwirklicht – stets unter Tausenden ein und dasselbe zu wiederholen*«. Ženja entgeht dieser Wiederholung eines vorgegebenen Typs, indem sie unter den ihr begegnenden Lebensformen keine entdeckt, in der sie sich verwirklichen könnte: Ihr Bruder, ein »*richtiger Gymnasiast*«, der einem bewunderten Leitbild nachlebt, belustigt sie nur; die Freundin, die in den Typus einer vulgär sinnlichen weiblichen Mittelmäßigkeit hineinwächst, wird ihr fremd. Sie läßt, wie es in der Terminologie Pasternaks heißt, das Leben an sich arbeiten, denn »*ihm zu helfen, hat keiner die Macht, es zerstören kann jeder*«.

So wird denn auch das jäh über die Familie Ljuvers hereinbrechende, das Leben Ženjas entscheidend bestimmende Unglück nicht auf das Zusammenspiel unseliger Zufälle zurückgeführt, sondern als planvolles Wirken der »*Weltordnung*« gesehen: Nach einem Theaterbesuch der Eltern scheut das Pferd der Ljuvers' und erschlägt einen Menschen, der, wie Ženja erst später erkennt, in ihrer Welt schemenhaft schon immer die Rolle eines Todesengels gespielt hat; Ženjas Mutter, hochschwanger, erleidet angesichts des Unglücks einen Nervenzusammenbruch, der eine Totgeburt zur Folge hat. Die Qualen, die sie durchstehen muß, lösen in Ženja eine starke psychische Erschütterung aus, auf deren Höhepunkt ihr schlagartig bewußt wird, daß ihr Ich mit dem Bild der Mutter identisch ist. Dadurch erlangt sie die Kraft, ihren Schmerz zu überwinden und zu sich selbst, zu ihrem Leben, zu dem neuen Sein als Frau zu finden. Die Erkenntnis aller Zusammenhänge schließlich und das Bewußtsein, jetzt in das Leben eingeweiht zu sein, verwandeln die *»kleine Frau«* in eine unverwechselbare Persönlichkeit, die erwachsen genug ist, um keiner leitenden Hand mehr zu bedürfen.

Der aus kunstvoll gearbeiteten Einzelgliedern zusammengesetzten Erzählung, die eine der ersten Erprobungen der idealistischen Philosophie Pasternaks in einem Prosatext darstellt, liegt das gleiche Kompositions- und Darstellungsprinzip zugrunde wie dem Roman *Doktor Živago*. Bedeutsam für das Verständnis beider Werke ist der ein Jahr vor *Detstvo Ljuvers* entstandene Gedichtzyklus *Sestra moja – žizn'* (*Meine Schwester – das Leben*), in dem Pasternak seine – für sein ganzes weiteres Schaffen bestimmend bleibende – Kunstauffassung entwickelte.   M.Gru.

AUSGABEN: Moskau 1922 (in *Naši dni*). – Ann Arbor 1961 (in *Sočinenija*, Hg. G. Struve u. B. Filippov, 4 Bde., 1959–1961, 2). – Moskau 1982 (in *Vozdušnye puti*). – Moskau 1985 (in *Izbrannoe*, 2 Bde., 2).

ÜBERSETZUNGEN: *Lüvers Kindheit*, G. Drohla, Mchn. 1960. – *Shenja Lüvers' Kindheit*, M. u. E. Erb (in *Luftwege*, Lpzg. 1986). – Dass., dies., Ffm. 1986.

LITERATUR: R. Payne, *The Three Worlds of B.P.*, NY 1961, S. 103–116. – V. Vejdle, *O rannej proze P.* (in Novyj žurnal, 1961, S. 144–150).

DOKTOR ŽIVAGO

(russ.; *Ü: Doktor Schiwago*). Roman von Boris L. PASTERNAK, erschienen 1957 in italienischer Sprache. – Der Roman, dessen Handlung in dem geschichtsträchtigen Zeitraum zwischen dem Russisch-Japanischen Krieg (1904) und der beginnenden Stalin-Ära (etwa um 1930) spielt und im Epilog Ausblicke bis in die Zeit kurz vor Stalins Tod (1953) gibt, erzählt die Lebens- und Leidensgeschichte des Arztes, Wissenschaftlers und Dichters Jurij Andreevič Živago, dessen Bestimmung es ist, das Ende eines *»überflüssigen Menschen«* zu finden: Živago erleidet während der Fahrt zu einem Arbeitsplatz, den er endlich gefunden hat, in der Straßenbahn einen Herzanfall und stirbt auf dem Steinpflaster einer Moskauer Straße. Dieses absichtsvoll banale, an den Tod des Konsuls Thomas Buddenbrook in Thomas MANNS *Seelengeschichte des deut-*

schen Bürgertums« erinnernde Sterben des Doktors Živago beendet ein Leben, das sich, losgelöst vom historischen Geschehen der Zeit, selbst zu verwirklichen suchte, und das heißt hier: ohne Bezug zur bolschewistischen Revolution und ihrer Ideologie, die das alte Rußland zertrümmerte und ein Reich schuf, das, wie Živago weiß, eine neue Epoche in der Geschichte Rußlands, ja der ganzen Welt eröffnete und das Bestand haben wird. Lara, die weibliche Hauptfigur und Geliebte Živagos, faßt seine und ihre Situation in folgende Worte: *»Wir beide sind wie die beiden ersten Menschen, wie Adam und Eva, die nichts hatten, womit sie sich nach der Erschaffung hätten bedecken können; und wir sind jetzt genauso nackend und ohne ein Dach über uns am Ende der Welt; und wir beide – ich und du – sind die letzten Erinnerungen an das unübersehbar Große und Gewaltige, das in der Welt im Laufe der Jahrtausende zwischen ihnen und uns geschaffen wurde.«*

Nicht Auflehnung gegen die neue Ordnung des Sowjetstaats bestimmt also das Verhalten des Doktors, sondern das Wissen, in diesem neuen Zeitalter, mit dem ihn nichts verbindet, seinen Passionsweg bis zum Tod gehen zu müssen. – In der morbiden, zerfallenden Bürgerwelt des zaristischen Rußlands aufgewachsen, die dem jungen Jurij Andreevič *»Unordnung und frühes Leid«* brachte, erschloß sich Živago die Welt des Geistes, in der sich jene Geschichtsphilosophie heranbildet, die später den Ausbruch der Revolution (gemeint ist der Juliaufstand des Jahres 1917) als ein kosmisches Geschehen feiern wird (*»Sogar die Sterne und Bäume haben sich zum Gespräch versammelt«*), das nicht in kausale Zusammenhänge gebracht werden kann (*»Es ist müßig, bei Ereignissen von zyklischem Ausmaß nach Ursache und Wirkung zu fragen. Man wird keine finden ... Das wahrhaft Große ist ohne Anfang wie das Weltall«*). Bis zum Ausbruch des Ersten Weltkriegs verläuft Živagos Leben in bürgerlich geordneten Bahnen: Er schließt sein Medizinstudium ab; seine ungewöhnliche diagnostische Befähigung verspricht eine glänzende Karriere; die Einheirat in die Familie eines angesehenen, vermögenden Professors enthebt ihn aller materieller Sorgen. Der Krieg, den er als Arzt in vorderster Kampflinie mitmacht, erschüttert die gutbürgerliche Lebensform der Živagos; die dem Juliaufstand folgende organisierte bolschewistische Oktoberrevolution zerstört sie. Die Dekrete der Sowjetregierung lassen keinen Zweifel daran, daß die Zeit der Freiheit vorüber ist und ein neuer terroristischer Machtapparat gebildet wird, dessen Aufgabe darin besteht, das Bürgertum als Klasse insgesamt zu vernichten. Der Doktor akzeptiert den Beschluß des Familienrats, das hungernde, von Razzien heimgesuchte Moskau zu verlassen, mit den Seinen auf dem ehemaligen Familiengut der reichen Verwandten seiner Frau zu siedeln, dort die schlimme Zeit zu überleben und, wie Živago hinzufügt, *»eine eigene Welt zu bauen – wie Robinson«.*

Živagos Familienidylle inmitten eines aufgewühlten, vom Bürgerkrieg zerfleischten Rußlands bekommt einen ersten Sprung durch die Wiederbegegnung mit einer Frau, die er während des Kriegs in einem Krankenhaus an der Front kennenlernte und deren »*mühelose Schönheit*« einen unauslöschlichen Eindruck in ihm hinterlassen hat: die Lehrerin Lara, deren Mann ein unter dem Decknamen Strelnikov lebender, berühmt-berüchtigter Panzerzugführer der Roten Armee ist (später, da die Revolution ihre Kinder frißt, wird er von seinen Genossen zum Selbstmord getrieben). Diese Frau, die der Arzt zweimal in seinem Leben wiederfindet und beide Male verliert, die er in zwei Gedichten symbolisch zur Maria-Magdalena-Gestalt überhöht (in ihr erblickt er »*die Gleichsetzung von Gott und Leben, von Gott und Persönlichkeit, von Gott und Weib*«) und die am Ende aus der Ferne der Mongolei an sein Totenbett kommt, als Büßerin und als Geläuterte – diese Frau wird zu einem neuen Mittelpunkt in Živagos Leben: »*Sie liebten einander, weil alles ringsum es wollte: die Erde unter ihren Füßen, der Himmel über ihren Köpfen, die Wolken und die Bäume.*« Durch diese Živagos religiös, aber nicht konfessionell zu verstehende Christus-Nachfolge und Passion – ideell in seiner »*Philosophie von den Urbildern*« vorgegeben, die als lebendige Erinnerung in den Abbildern weiterleben – Bestätigung.

Mußte die religiöse Passion des Doktor Živago Konstruktion bleiben, weil der Autor sie künstlerisch ebensowenig bewältigen konnte wie die Beweisführung, daß sein Held ein genialer Dichter und Wissenschaftler ist, so überzeugt und erschüttert der Leidensweg des Bürgers Živago um so nachhaltiger – dies allerdings nur unter der Voraussetzung, daß der Doktor als Anti-Held akzeptiert und sein Handeln weder mit christlich-moralischen noch engagiert politischen, also ideologischen Meßgeräten angepeilt wird. Aus dem Entschluß der Bolschewiki, das Bürgertum und seine Welt zu liquidieren, resultiert die sich immer klarer herauskristallisierende Entscheidung Živagos, Bürger zu bleiben, d.h. frei und unengagiert zu leben, sich nicht »umerziehen« zu lassen, wie es seinen einstigen Freunden Gordon und Dudorov widerfährt, deren angeblicher Mangel an Loyalität der Sowjetregierung gegenüber durch zweimalige Einweisung in Arbeitslager geahndet wird und die erst im Zweiten Weltkrieg, lange nach Živagos Tod, den Makel ihrer bürgerlichen Abstammung mit härtester Bewährung an der Front abzuwaschen vermögen. Erst am Vorabend von Stalins Tod entdecken sie in Živagos literarischem Nachlaß das, was Pasternak den »*einzigen historischen Gehalt der Nachkriegszeit*« nennt: die »*innere Freiheit*«. Für sie zahlte Živago mit dem Leben, das ihm im letzten Jahrzehnt seines Daseins zerrann: »*Sein ärztliches Wissen schwand dahin, und auch seine schriftstellerischen Fähigkeiten büßte er ein. Für kurze Zeit erhob er sich zwar aus dem Zustand der Niedergeschlagenheit und des Verfalls, gewann einen Teil seiner alten Lebhaftigkeit zurück und nahm eine bestimmte Tätigkeit auf; bald aber, nach dem Verlöschen seiner Lebenskräfte, sank er zurück in die Teilnahmslosigkeit sich und der Welt gegenüber.*«

Pasternaks Erzählwerk, in dem »*Darstellungsmittel einer bürgerlichen Romankunst*« verwendet werden, die sich »*auf Stendhal und Tolstoj berufen kann, aber auch auf Flaubert, Dostoevskij und gewisse Experimente des expressionistischen Romans*« (H. Mayer), ist in seiner formalen Gestalt bewußt unübersichtlich gehalten: ein scheinbar wahlloses, vom Autor aber beabsichtigtes Nebeneinander von Prosastücken, die Ausschnitte aus dem Leben der einzelnen Romangestalten bringen, Dialoge und Monologe, Betrachtungen religionsphilosophischer oder kunstästhetischer Art wiedergeben oder selbständige Erzählungen darstellen (die 1922 erschienene, in sich geschlossene Erzählung *Detstvo Ljuvers – Lüvers Kindheit* beispielsweise ist die Frucht von Vorarbeiten Pasternaks am *Doktor Živago*). Dieses Kompositionsprinzip, das eine überschaubare Romanhandlung ausschließt, ist auf die Konzeption des Lyrikers Pasternak zurückzuführen, der dort anknüpft, wo die sowjetischen Kunstideologen Verbotstafeln aufgestellt haben, nämlich bei den Formalisten A. BLOK, É. VERHAEREN und W. WHITMAN. Indirekt verteidigt Pasternak ihre und damit seine Kunst, indem er seinen Protagonisten zum Angriff auf die »*Hirtenidyllen*« der sozialistischen Kunst übergehen läßt: »*Das ungeordnete Aufzählen von äußerlich unvereinbaren Gegenständen und Begriffen, die willkürlich zusammengebracht zu sein scheinen, wie es bei den Symbolisten, bei Blok, Verhaeren und Whitman zu beobachten ist – diese Eigentümlichkeit ist keineswegs Ausdruck stilistischer Willkür. Sie stellt eine neue Ordnung des Sehens, der Wiedergabe von Eindrücken dar, die unmittelbar aus dem Leben und der Natur herrühren.*«

Der Roman, an dem Pasternak ein halbes Leben lang gearbeitet hatte, wurde 1956 von dem Redaktionskollegium (Fedin, Simonov, Lavrenëv) der Zeitschrift ›Novyj mir‹ abgelehnt und von der Veröffentlichung in der Sowjetunion ausgeschlossen. Die 1957 erfolgte Erstausgabe des Werks in italienischer Sprache erregte weltweites Aufsehen und gab den Ausschlag für die Verleihung des Nobelpreises an Pasternak, den er aus politischen Gründen jedoch nicht annehmen konnte. M. Gru.

AUSGABEN: Moskau 1954 (Gedichte aus *Doktor Živago*; in Znamja). – Mailand 1957 (*Il dottor Živago*, übers. v. P. Zveteremich). – Ann Arbor 1959. – Moskau 1988 (in Novyj mir, Nr. 1–4). – Moskau 1989.

ÜBERSETZUNGEN: *Doktor Schiwago*, R. v. Walter, Ffm. 1958. – *Wenn es aufklart. Gedichte 1956–1959. Die Gedichte des Jurij Schiwago*, R.D. Keil, Ffm. 1960. – *Doktor Schiwago*, R. v. Walter u. H. Pross-Weerth, Ffm. 1960. – Dass., R. v. Walter u. R.D. Keil, Ffm. [14]1980; [19]1989. – Dass., T. Reschke, Bln./Weimar 1992.

VERFILMUNG: USA 1965 (Regie: D. Lean).

LITERATUR: C.D. Kemig, *Menschenbild u. Revolution. Zur Interpretation d. Romans »Doktor Schiwa-*

go« (in Moderne Welt, Köln 1959, 1, 60, S. 267 bis 283). – R. L. Jackson, *»Doctor Zhivago« and the Living Tradition* (in SEER, 1960, S. 103–118). – M. A. Šajkovič, *Notes on B. P.'s »Doctor Zhivago«* (ebd., S. 319–330). – G. di Leonardo, *Il cristianesimo di »Dottor Zivago«*, Rom 1960. – H. Mayer, *»Doktor Schiwago«* (in H. M., *Ansichten zur Literatur der Zeit*, Hbg. 1962). – D. Obolensky, *The Poems of Doctor Zhivago* (in SEER, 1962, S. 123–135). – L. Müller, *Die Gedichte des Doktor Schiwago* (in Neue Sammlung, 3, 1963, S. 1–16). – D. Davie, *The Poems of Doktor Zhivago*, Manchester 1965. – H. Jaschke, *Die falschen Dunkelheiten. Anmerkungen zum deutschen »Schiwago«* (in Sprache im technischen Zeitalter, 1966, H. 16). – H. Gaumnitz, *Die Gedichte des Dr. Živago*, Diss. Tübingen 1969. – W. Kasack, *Die Funktion der Erzählschlüsse in P.s »Dr. Živago«* (in ZslPh, 25, 1970, S. 170–186). – R. Dreistadt, *A Unifying Psychological Analysis of the Principle Characters in the Novel »Dr. Zhivago« by B. P.* (in Psychology, 9, 1972, Nr. 3, S. 22–35). – H. Birnbaum, *Doktor Faustus und Doktor Shivago*, Lisse 1976. – P. A. Bodin, *Nine Poems from »Doktor Zhiwago«: A Study of Christian Motifs in B. P.'s Poetry*, Stockholm 1976. – D. Davie, *The Poems of Dr. Zhivago*, Manchester 1965; ern. Westport/Conn. 1977. – M. Sendich, *P.'s »Doktor Živago«: An International Bibliography of Criticism (1957–1974)* (in Russian Language Journal, 105, 1976, S. 109–152). – I. Masing-Delić, *Some Alternating Opposites in the Zhivago Poems* (in The Russian Review, 36, 1977, S. 438–462). – J. Toomre, *The Narrative Structure of P.'s »Doktor Živago«*, Diss. Providence 1977. – M. Sendich, *Supplementary Bibliography to M. Sendich's International Bibliography of Criticism of B. P.'s »Doktor Živago« (1957–1977)* (in Russian Language Journal, 113, 1978, S. 193–205). – L. Müller, *P.: »Doktor Shivago«* (in *Der Russische Roman*, Hg. B. Zelinsky, Düsseldorf 1979, S. 354–380). – A. Pjatigorskij, *P. i »Doktor Živago« Subjektivnoe izloženie filosofii* (in Vremja i my, 25, 1978, S. 149–171). – W. Weststeijn, *Metaphor and Simile in »Doktor Živago«* (in Essays on Poetics, 10, 1985, Nr. 2, S. 41–57). – N. Cornwell, *P.'s Novel: Perspectives on »Doktor Zhivago«*, Keele 1986. – I. C. Kelly, *Eternal Memory: Historical Themes in P.'s »Doktor Živago«*, Diss. NY 1986. – D. S. Lichačev, *Razmyšlenija nad romanom B. L. P. »Doktor Živago«* (in Novyj mir, 1988, Nr. 1, S. 5–10). – N. Ivanova, *Smert' i voskresenie doktora Živago* (in Junost', 1988, Nr. 5, S. 79–82). – V. Borisov u. E. Pasternak, *Materialy k tvorčeskoj istorii romana* (in Novyj mir, 1988, Nr. 6, S. 205–248). – *»Doktor Živago« včera i segodnja: kruglyj stol* (in Literaturnaja gazeta, 15. 7. 1988, S. 3). – E. Clowes, *Characterization in »Doktor Živago«: Lara i Tonja* (in SEEJ, 34, 1990, H. 3).

OCHRANNAJA GRAMOTA

(russ.; *Ü: Geleitbrief*). Autobiographische Skizzen von Boris L. Pasternak, erschienen 1929. – Dem

Dichter gelang es, in diesem Zeugnis seines Werdegangs, das dem Gedächtnis R. M. Rilkes gewidmet ist, ein literarisches Kunstwerk zu gestalten, das – was die Ausdruckskraft seiner Sprache, die Kühnheit seiner Metonymien und Bilder sowie die philosophische Begründung der Aussage betrifft – seiner übrigen Prosa in nichts nachsteht. Die drei Kapitel des Werks entsprechen den drei entscheidenden Phasen der persönlichen Entwicklung des Autors: der Hingabe an die Musik, dem Studium der Philosophie und der Entscheidung für die Dichtung.

Als Sohn einer bedeutenden Pianistin war Pasternak schon früh mit der Musik vertraut geworden; dem von ihm tief verehrten impressionistischen Komponisten Skrjabin konnte er schließlich mehrere eigene Kompositionen mit Erfolg vortragen. An der Moskauer Universität wurde er mit der Philosophie I. Kants und G. W. F. Hegels bekannt: daneben beschäftigte er sich mit Platon sowie H. Cohen und P. Natorp, den Vertretern der Marburger Schule, und hatte Gelegenheit, ein Semester in Marburg Philosophie zu studieren. Nach Rußland zurückgekehrt, geriet er in die Auseinandersetzung zwischen den literarischen Gruppen der Vorkriegszeit, die sich auf eine Kontroverse zwischen dem werkimmanenten Literaturverständnis der Akmeisten, Futuristen und Imaginisten und der transzendenten Kunstauffassung der symbolistischen Schule zuspitzte. Die Charakterbilder, die Pasternak von den bedeutendsten Vertretern dieser Diskussion – V. Majakovskij, S. Esenin, N. Aseev, N. Tichonov, V. Chlebnikov, A. Blok, A. Belyj u. a. – entwirft, gehören zu den wertvollsten Zeugnissen von *Ochrannaja gramota*. Waren Skrjabin und Cohen die Leitbilder der vorangehenden Jahre, so nimmt nun vor allem Vladimir Majakovskijs Einfluß zu, der sich besonders in Pasternaks ersten dichterischen Werken und theoretischen Äußerungen geltend macht. Zugleich zeichnen die Skizzen jedoch jene für Pasternak so entscheidende Entwicklungsphase nach, in deren Verlauf die futuristische Anschauung einer allein aus sich selbst bestimmten Kunst hinter dem idealistischen Kunstverständnis einer neukantianischen Weltauffassung zurücktrat. So wird Kunst für Pasternak ein eigenständiges Mittel der Erkenntnis. Das künstlerische Schaffen bedeutet ihm die Übertragung der Realität von der Ebene des herkömmlichen Erkennens auf die Ebene des aktuellen, subjektiven Erlebens: *»Wir hören auf, die tatsächliche Welt wahrzunehmen. Sie erscheint gleichsam in einer neuen Kategorie.«* Mit dieser neuen Kategorie ist das durch die Kunst geschaffene »Gleichnis«, das literarische Bild, gemeint. Hat Pasternak sich in seinem 1956 entstandenen *Vstupitel'nyj očerk (Autobiographische Skizze)* von dem etwas manierierten Stil seines *Geleitbriefs* losgesagt, so hält er an den darin geäußerten theoretischen Ansichten bis in seine letzten Gedichtsammlungen fest.   C. K.

Ausgaben: Moskau 1929 (in Zvezda, Nr. 8). – Moskau 1931 (in Krasnaja nov', Nr. 4–6). – Moskau 1931. – Ann Arbor 1961 (in *Sočinenija*, Hg. G. Struve u. B. Filippov, 4 Bde., 1959–1961, 2). – Moskau 1982 (in *Vozdušnye puti*). – Moskau 1985 (in *Izbrannoe*, 2 Bde., 2).

ÜBERSETZUNGEN: *Geleitbrief. Entwurf zu einem Selbstbildnis*, G. Drohla, Ffm. 1958. – *Sicheres Geleit*, J. v. Guenther (in *Gedichte, Erzählungen Sicheres Geleit*, Ffm. 1959; FiBü). – *Der Schutzbrief*, E. Erb (in *Luftwege*, Lpzg. 1986). – Dass., ders., Ffm. 1986.

LITERATUR: R. Jacobson, *Randbemerkungen zur Prosa des Dichters P.* (in Slavische Rundschau, 6, 1935, S. 357–374).

PIS'MA IZ TULY

(russ.; *Ü: Briefe aus Tula*). Erzählung von Boris L. PASTERNAK, erschienen 1922. – An einem 10. April zwischen 1911 und 1914 begleitet ein junger Dichter seine abreisende Frau (oder Geliebte) von Moskau bis Tula, wo er auf den Zug warten muß, der ihn nach Moskau zurückbringt. Vom Bahnhof aus schreibt er in dieser Nacht fünf Briefe an die geliebte Frau. In den ersten beiden spricht er über den Trennungsschmerz und den Versuch, durch das Schreiben von Versen darüber hinwegzukommen. Danach geht er nach Tula hinein, um die Stadt zu besichtigen, und kommt mit der letzten Pferdebahn zum Bahnhof zurück. Im Wartesaal wird er Zeuge eines lärmenden Abendessens einer Gruppe von Filmschauspielern, die an diesem Tag Aufnahmen für einen historischen Film in Tula gemacht haben. Abgestoßen von dem Pseudokünstlertum und der eingebildeten Genialität dieser Leute ist er zutiefst betroffen, als einer von dieser *»schlimmsten Sorte Boheme«* ihn, den jungen Dichter, *»Kollege«* nennt; denn er empfindet – zunächst noch unklar –, daß sein Künstlertum sich von dem dieser Boheme tatsächlich nur graduell unterscheidet. Diese Einsicht trifft ihn in Tula, in der Nähe des Wohnorts und des Begräbnisplatzes von L. TOLSTOJ, auf dem *»Territorium des Gewissens«*, besonders schmerzlich. Als Verwandelter fährt er nach Moskau zurück. *»Er dachte an seine Kunst und daran, wie er auf den richtigen Weg kommen könne. Er vergaß, mit wem er gefahren war, wem er das Geleit gegeben, an wen er geschrieben hatte. Er vermutete, alles werde neu beginnen, wenn er aufhöre, sich selbst zu hören, und wenn in seiner Seele vollkommene physische Stille eintreten werde – keine Ibsensche, sondern akustische.«* Ein zweiter, kurzer Teil der Erzählung handelt von einem alten Schauspieler, der in der gleichen Nacht, ebenfalls in Tula, ein *»überaus seltsames«* Erlebnis hat. In der Hoffnung enttäuscht, von den hergereisten Schauspielern *»tragische menschliche Rede zu hören«*, und angeregt von einem von fern an sein Ohr dringenden erregten Geflüster zweier Liebender, beginnt er (ziemlich genau zu der Zeit, da der Dichter sich auf dem Bahnhof die Anrede *»Kollege«* gefallen lassen muß) zu *»spielen«*. Er verwan-

delt sich in einen Bühnenhelden, den er 25 Jahre zuvor gespielt hat (oder in sich selbst, als er 25 Jahre jünger war?), und zwar so vollkommen, daß er sogar seine Partnerin von damals hört und sieht. Erst als die Tränen seiner Erschütterung versiegen, verschwindet das Bild der Vergangenheit, und er verwandelt sich zurück in den alten Mann. *»Auch er hatte, wie die Hauptperson* (d. h. wie der Dichter) *die physische Stille gesucht. In der Erzählung hatte er allein sie gefunden, indem er mit seinen Lippen einen anderen hatte sprechen lassen.«*

Das Thema der Erzählung ist die Frage nach der richtigen und der falschen Kunst. Falsch, schamlos und lügenhaft erscheint Pasternak die Kunst, die sich als die Selbstaussage eines genialen Menschen versteht und darum die Biographie des Künstlers zum eigentlichen Inhalt hat. Dieser falsche Geniekult, der die anderen als Philister und Kleinbürger betrachtet und dem der Briefschreiber bis zu seinem mitternächtlichen Erlebnis in Tula selbst huldigte, hat seit 30 Jahren, also seit Beginn der achtziger Jahre des 19. Jh.s, das heißt seit den ersten Anfängen des russischen Symbolismus, das Leben vergiftet. – Die echte Kunst dagegen beginnt, wo der Dichter *»aufhört, sich selbst zu hören und wo in der Seele die vollkommene physische Stille eintritt«* – eine Stille, in der *»der andere«* und in der *»die Dinge«* in ihrem Wesen zu hören sind und dann auch gestaltet werden können.

Die Erzählung ist eine dichtungstheoretische Programmschrift: Gegen das, was Pasternak an anderer Stelle die *»romantische«* Auffassung vom Dichter und der Dichtung genannt hat, wird eine Konzeption gesetzt, die man *»phänomenologisch«* nennen könnte. Der wichtigste Gegner, mit dem Pasternak sich hier auseinandersetzt, wird nicht genannt. Es ist der von Pasternak bewunderte und doch zutiefst abgelehnte V. MAJAKOVSKIJ. Die Begegnung mit ihm hatte eben zu der Zeit, in der die Erzählung spielt, den jungen Pasternak vom *»romantischen«* Wege abgebracht, vielleicht nicht so sehr, weil er diesen schon damals als falsch erkannt hätte (*»damals roch er noch nicht nach Blut«*, wie Pasternak sich später ausdrückte), als vielmehr deswegen, weil er es für hoffnungslos hielt, in der *»romantischen«* Manier mit Majakovskij zu konkurrieren. Die Erzählung von 1918 gibt der Wende von 1914 nachträglich eine dichtungstheoretische (beinahe könnte man sagen: eine dichtungsethische) Grundlage. Die wichtigste Hilfe zum Verständnis der Erzählung ist Pasternaks Schilderung seines Verhältnisses zu Majakovskij in *Ochrannaja gramota*, 1929 *(Geleitbrief)*.

Pasternak hat in seiner Spätzeit seine frühe Prosa ihres manierierten Stils wegen verurteilt – zu Unrecht. Das Werk ist aufs feinste komponiert; die Erzählweise originell und nur scheinbar, nur für den flüchtigen Leser, dunkel und fragmentarisch; die Stilmittel sind der Leidenschaft und dem Ernst der Aussage angemessen.   L.Mü.

AUSGABEN: Moskau 1922 (in *Šipovnik*). – Moskau 1925 (in *Rasskazy*). – Ann Arbor 1961 (in *Sočineni-*

ja), Hg. G. Struve u. B. Filippov, 4 Bde., 1959 bis 1961, 2). – Moskau 1982 (in *Vozdušnye puti*).

ÜBERSETZUNGEN: *Briefe aus Tula*, R. v. Walter (in Orplid, 1927). – Dass., ders. (in *Gedichte, Erzählungen, Sicheres Geleit*, Ffm. 1959; FiBü). – Dass., H. Loose u. O. Torne (in *Luftwege*, Lpzg. 1986). – Dass., dies., Ffm. 1986.

SPEKTORSKIJ

(russ.; *Spektorskij*). Versroman von Boris L. PASTERNAK, erschienen 1924–1930, überarbeitete Fassung 1931. – Mit starkem autobiographischem Bezug erzählt das ursprünglich als Versroman konzipierte, Fragment gebliebene Werk in neun Kapiteln unterschiedlicher Länge Ausschnitte aus dem Leben des Moskauer Intellektuellen Sergej Spektorskij vor dem Hintergrund der Weltkriegs-, Revolutions- und Bürgerkriegsjahre. Pasternak selbst formuliert die Intention seiner Erzählung, welche die charakteristischen Züge seines Gesamtwerks vereint, als »*Umbruch der Augenscheinlichkeit, Erstellung eines allgemeinen, zusammenfassenden Zeitgemäldes, einer Naturgeschichte des Daseins*«.
Das Werk bestätigt die Beobachtungsgabe und das deskriptive Talent des Dichters, ist jedoch weniger auf eine stringente Handlungsführung als auf den lyrischen Ausdruck der Gefühlsregungen seines »unbedeutenden« Helden konzentriert. Anhand der Beziehungen Spektorskijs zu zwei konträren Frauengestalten entwickelt Pasternak seine idealistische Lebensphilosophie. Das Leben – *Sestra moja – žizn' (Meine Schwester – das Leben)*, wie es der Autor im Titel seines ersten Gedichtbandes nennt – ist unbedingtes, absolutes, allgegenwärtiges und ewiges Prinzip allen Geschehens. Allein in der Unterwerfung unter seine Gesetze liegt der Schlüssel irdischen Glücks. Der Mensch folgt der Stimme des Lebens, indem er sich mit der Natur identifiziert, die, ihrerseits anthropomorph, häufig eigenständiger Träger der Handlung wird. Wie »*in einem Strahlenbündel*« erhellt die Erzählung die entscheidenden Momente im Leben des Helden, Ereignisse »*außerhalb der Zeit*«, neben denen alles übrige Erleben als nicht gelebte »*Lücke im Kalender*« erscheint. Nur von kurzer Dauer ist Spektorskijs Beziehung zu der verheirateten Ol'ga Buchteeva. Sie begegnet dem Helden, der »*unerfahren wie ein einjähriges Kind*« ist, mit Mütterlichkeit. Anders gestaltet sich Spektorskijs Liebe zu Marija Il'ina. Vor die Entscheidung zwischen Mutter und Marija gestellt, folgt er der Geliebten. In unruhiger Zeit verliert er auch sie, ohne sie je zu vergessen.
Das lyrische Ich nimmt Spektorskij gegenüber die Haltung des außenstehenden Beobachters ein. Der Autor kann jedoch nicht verhehlen, daß er seinem Helden gleichsam wie einer nach außen getretenen Manifestation seiner selbst begegnet. Fortwährend wird dadurch die an A. PUŠKIN geschulte ironische Distanz des Dichters zu seinem Gegenstand in Frage gestellt. Es ist Pasternak nicht gelungen, ein mo-

dernes Gegenstück zum *Evgenij Onegin*, 1833 *(Eugen Onegin)*, von Puškin zu schaffen, dessen *Mednyj vsadnik*, 1834–1837 *(Der eherne Reiter)*, er das Motto seiner Dichtung entnimmt. Thematisch Pasternaks *Dvadcat' strofy s predisloviem*, 1929 *(Zwanzig Strophen mit einem Vorwort)*, verpflichtet, wird die Erzählung ihrerseits zur Grundlage seines Prosawerks *Povest'*, 1934 *(Erzählung)*. In Einzelheiten weist sie auf den *Doktor Živago*, 1957 *(Doktor Schiwago)*, voraus. Die dichterischen Vorzüge der Erzählung werden durch die Unausgeglichenheit der Komposition beeinträchtigt, die das Werk eher als eine Folge lyrischer Szenen denn als geschlossene Dichtung erscheinen lassen.

B. Kar.-KLL

AUSGABEN: Moskau 1924 (in Krug, Nr. 5; Ausz.). – Moskau 1925/26 (in Kovš, Nr. 2 u. 4; Ausz.). – Moskau (in Rossija, Nr. 5). – Moskau 1928/29 (in Krasnaja nov', 1928, Nr. 1 u. 7; 1929, Nr. 12; Ausz.). – Moskau 1930 (in Novyj mir, Nr. 12; Ausz.). – Moskau 1931 [rev.]. – Moskau 1933 (in *Poėmy*). – Ann Arbor 1961 (in *Sočinenija*, Hg. G. Struve u. B. Filippov, 4 Bde., 1959–1961, 1; 1. u. 2. Fassg.). – Moskau/Leningrad 1965 (in *Stichotvorenija i poėmy*; beide Fassg.). – Moskau 1982 (in *Stichotvorenija*). – Moskau 1985 (in *Izbrannoe*, 2 Bde., 1). – Alma-Ata 1986 (in *Sestra moja – žizn'*).

LITERATUR: D. Kal'ma, »*Spektorskij*« B. P. (in Literaturnaja gazeta, 19.3.1931). – A. Prozorov, *Tragedija subjektivnogo idealista. B. P. – »Spektorskij«* (in Na literaturnom postu, 1932, Nr. 7, S. 26–35). – Ju. Čumakov, *K istoriko-tipologičeskoj charakteristike romana v stichach (»Evgenij Onegin« i »Spektorskij«)* (in Boldinskie čtenija, 1977, S. 106–118).

KONSTANTIN GEORGIEVIČ PAUSTOVSKIJ

* 31.5.1892 Moskau
† 14.7.1968 Moskau

LITERATUR ZUM AUTOR:
S. L. L'vov, *K. P., Krit.-biogr. očerk*, Moskau 1956. – Levickij, *K. P., Očerk tvorčestva*, Moskau 1963; ²1977. – *Russkie sovetskie pisateli. Prozaiki*, Hg. O. Golubeva, Bd. 3, Leningrad 1964, S. 524–562 [Bibliogr.]. – E. Alelchsanjan, *K. P. novellist*, Moskau 1969. – I. Reischle, *P.s Auffassung vom dichterischen Schaffen*, Diss. Tübingen 1970. – G. P. Trefilova, *K. G. P.* (in *Istorija russkoj sovetskoj literatury*, Bd. 4, Moskau 1971, S. 295–329). – W. Kasack, *Der Stil K. P.s*, Köln/Wien 1971 [enth. Bibliogr.]. – L. Ačkasova, *Gumanizm v tvorčestve K. P.*, Kazan'

1972 [enth. Bibliogr.]. – A. Drawicz, *K. P.*, Warschau 1972. – D. W. Lumpkins, *K. P.'s Chronicle Novels*, Diss. Nashville/Tenn. 1974 [enth. Bibliogr.]. – V. Pudožgorskij, *Putešestvie v prekrasnoe*, Vologda 1974. – E. Dibahl, *Man and Nature in the Works of K. P.*, Diss. Boulder/Colo. 1974. – *Vospominanija o K. P.*, Hg. L. Levickij, Moskau 1975; ²1983. – L. Kremencov, *K. G. P., Talant. Mirovozzrenie. Masterstvo*, Rostov am Don 1975. – Z. Medić-Vokačeva, *Poetika K. P.*, Maribor 1975. – L. Ačkasova, *Čelovek kak nravstvennaja cennost' v éstetike K. P.*, Kazan' 1977. – D. Carik, *K. P. Očerk tvorčestva*, Kišinëv 1979. – S. Ščeglova, *K. P. – romantik i realist: idejno-chudožestvennye iskanija 20-30-ch godov*, Kiew 1982. – G. P. Trefilova, *K. P. master prozy*, Moskau 1983. – L. Kremencov, *Problema tvorčeskoj évoljucii K. G. P.*, Diss. Moskau 1984. – B. Čičibabin, *Krasota spasajuščaja* (in Literaturnoe obozrenie, 1992, Nr. 11/12).

BESPOKOJNAJA JUNOST'

(russ.; *Ü: Unruhige Jugend*). Zweiter Teil der Autobiographie *Povest' o žizni (Erzählung vom Leben)* von Konstantin G. PAUSTOVSKIJ, erschienen 1955. – *Dalëkie gody*, 1946 *(Ferne Jahre)*, fortsetzend, erzählt der Autor aus seiner Studentenzeit in Kiew vor dem Ersten Weltkrieg, berichtet von seiner Übersiedlung nach Moskau zu Mutter und Schwester und leitet zu jener unruhigen Zeit über, die vom Ausbruch des Kriegs bis zur Oktoberrevolution reicht. Was den Autor als Erlebenden am meisten bewegt, macht auch auf den Leser den stärksten Eindruck: die Begegnungen mit Menschen, die er bei seinen wechselnden Tätigkeiten als Straßenbahner, Sanitäter, Fabrikarbeiter, Fischer und Reporter kennenlernt. Mit unnachahmlicher Plastizität schildert er unzählige Bauern und Soldaten, Händler, jüdische Gastwirte, Dirnen, Ärzte und Offiziere. Dem in sich selbst Eingesponnenen weitet sich allmählich der Blick, so daß er den Mitmenschen sehen kann, bis er schließlich zum Volk findet: Als Sanitäter im Krieg fühlt er sich zum erstenmal als Russe. Weit zurück liegt der Tag, an dem ein befreundeter Schriftsteller zu ihm sagte: *»Sie führen sich auf, als sei die Welt dazu da, Sie mit interessanten Gedanken zu erfüllen.«* – Besonders erschütternd sind sein Erlebnis menschlichen Elends zunächst im Lazarettzug, dann bei einer Sanitätsabteilung in Polen, seine Liebe zur jungen Schwester Lolja, die an den Pocken stirbt, die Nachricht vom Tod der Brüder, die er zufällig auf einem spekkigen Zeitungsfetzen liest: Beide sind am gleichen Tag gefallen. Dann die Rückkehr nach Moskau, das ihm zu eng wird, Arbeit in einem Rüstungswerk im Süden und schließlich ein Dasein als Fischer am Schwarzen Meer, bis ihm selbst das Leben dort verdächtig idyllisch erscheint. Er geht wieder nach Moskau, beginnt sich literarisch zu betätigen und arbeitet zunächst als Reporter in der Provinz. Was der junge Paustovskij aus diesen unruhigen Jahren gewinnt, ist die Erkenntnis der Sinnlosigkeit des Krieges, aus der ein ganz persönliches Verantwortungsgefühl erwächst: Es darf keinen Krieg mehr geben.

Paustovskijs Autobiographie – vor allem dieser zweite Teil – wirkt klar und geradlinig; die bei ihm sonst öfter zu findenden Exkurse und Weitschweifigkeiten fehlen. Erstaunlich auch hier wieder seine Fähigkeit, mit wenigen Worten eine ganze Atmosphäre wiederzugeben und vor allem – ähnlich A. KUPRIN ähnelnd, dem er in mancher Hinsicht nahesteht – sinnliche Eindrücke zu vermitteln. I.M.

AUSGABEN: Moskau 1955 (in *Novyj mir*). – Moskau 1957 (in *Sobr. soč.*, 6 Bde., 3; krit.).

ÜBERSETZUNG: *Unruhige Jugend*, J. v. Koskull, Mchn. 1962. – Dass., ders. (in *Erzählungen vom Leben*, Mchn. 1981). – Dass., ders., Ffm. 1984.

LITERATUR: T. Chmel'nickaja, *Lirika v proze. Avtobiografičeskije povesti K. P.* (in Neva, 1955, S. 165–172). – I. P. Borodin, *Leninskaja tema v avtobiografičeskoj knige K. P. »Povest' o žizni«* (in Voprosy russkoj literatury, 1970, Nr. 13, S. 35–39).

BROSOK NA JUG

(russ.; *Ü: Sprung nach dem Süden*). Fünfter Teil der Autobiographie *Povest' o žizni (Erzählung vom Leben)* von Konstantin G. PAUSTOVSKIJ, erschienen 1961. – Im Jahr 1923 gelangt der ruhelose, auf das Leben neugierige Schriftsteller in die Hauptstadt der Abchasischen Republik, Suchum, die ihm vom Schiff aus wie das Paradies erscheint. Trotz strenger Quarantäne gelingt es ihm, wenn auch ohne Gepäck, an Land zu kommen. In der Tat ist Suchum eine phantastische Stadt: Hier bezahlt man für einen jungen Bären einen Rubel, für uralte russische Kringel dagegen Riesensummen, die Blutrache lebt noch, nachts wächst der Bambus einen Meter hoch durch das Straßenpflaster, und von der neuen Sowjetmacht, die sich gerade durchzusetzen beginnt, ist noch nicht viel zu sehen. Ein kleiner alter Jude, den der Dichter in einer Kneipe die Lezginka tanzen sieht, gibt ihm Arbeit als Korrespondent im Kooperativ. Nach einer glücklich überstandenen Malariakrankheit und einem abenteuerlichen Ausflug in die Berge verläßt Paustovskij die Stadt, da ein inzwischen in sein Haus eingezogener neuer Mieter so »alltäglich« ist, daß ihm der weitere Aufenthalt verleidet wird. Außerdem hatte er sich auch schon nach der Lektüre von H. BARBUSSES Roman *Le feu*, 1916 *(Das Feuer)*, gefragt, ob diese Umgebung die richtige für sein »Vorwärtskommen« wäre. Er geht nach Batum, wo auch I. BABEL' lebt, und gibt dort eine Seemannszeitung heraus. Batum ist der Inbegriff des Fremdartigen und bietet unter anderem neue Aspekte der »Neuen Ökonomischen Politik« (NÉP), u. a. wenn Straßentänzerinnen kostbare Teppiche strapazieren, um ihnen die Alterspatina zu verschaffen. Nachts wandern Ratten in solchen Massen zum

Hafen, daß die Hausnischen mit Eisentüren versehen werden müssen, um die Miliz vor ihnen zu schützen. Alles ist hier ungewöhnlich, auch die Menschen und ihre Schicksale. Hier wird Paustovskij von der Poesie *»gepackt«*, und er verlebt herrliche *»Versnächte«* mit dem neugewonnenen Freund Ruvim Fraerman – doch daneben kann er beispielsweise auch die Gründung einer Lastträgergewerkschaft veranlassen. Dann zieht es ihn nach Tiflis, das ihm Glück zu verheißen scheint. Er lebt im Haus künstlerisch ambitionierter Menschen und findet dort auch sein Glück, nämlich Marija. Als er aber von einer Reise nach Eriwan zurückkehrt, erwartet ihn nur noch Marijas Abschiedsgruß, und er beschließt nun, sich zu Mutter und Schwester nach Kiew zu begeben.

Paustovskij, der an einer Stelle dieses Buchs sagt, er beneide das Gras, *»von dem niemand verlangt, daß es seine Gefühle aufzeichne«*, erklärt gleichzeitig den Wunsch, die hinschwindenden Erinnerungen festzuhalten, für eine der mächtigsten menschlichen Impulse, so mächtig wie das Leben selbst, das ihn, trotz seiner Sehnsucht nach dem *»Land voll Frieden«*, immer wieder ins Ungewisse hinaustrieb. Von seinem allzu strengen *»Sichselbstvorantreiben«* zu einem Ziel aber kurierte ihn ein Freund: *»Behäng dich nicht selbst mit einem Joch! Die Indische Malaria hat dich mit Yogimikroben infiziert. Lebe frei, leicht, je leichter um so besser, und jag dein Leben nicht dem langweiligen Vorbild nach, das du dir ausgedacht hast – an dein Ziel kommst du schon.« »An welches Ziel?«* fragt Paustovskij. *»Herr Jesus«*, ruft Miša, *»überlege weniger ... sieh mehr und staune mehr!«*   I.M.

Ausgaben: Moskau 1961. – Moskau 1962 (in *Povest' o žizni*, 2 Bde., 2).

Übersetzung: *Sprung nach dem Süden*, G. Schwarz (in *Erzählungen vom Leben*, Ffm. 1984).

DALËKIE GODY

(russ.; *Ü: Ferne Jahre*). Erster Teil der Autobiographie *Povest' o žizni (Erzählung vom Leben)* von Konstantin G. Paustovskij, vollständig erschienen 1946. – Wie in M. Gork'ijs Autobiographie *Detstvo (Kindheit)* steht am Anfang des Buchs das Erlebnis des Todes: Paustovskij beschreibt, wie er im Alter von sechzehn Jahren zu seinem sterbenden Vater fuhr. Eine Rückblende führt im Anschluß daran durch Kindheit und Jugendzeit des in Kiew geborenen Schriftstellers, den von Jugend an *»der Wind des Nichtalltäglichen«* umwehte. Ungewöhnlich und bunt ist schon der Kreis der nächsten Verwandten: Der eine Großvater ist ein vertrockneter Notar, der andere, ein gebürtiger Kosak, Frachtfuhrmann, ein Geschichtenerzähler und Liedersänger; die Großmutter mütterlicherseits ist eine damenhafte, fanatisch gläubige katholische Polin, die Mutter des Vaters eine schöne, aber kaum liebenswürdig zu nennende Türkin, die sich in ewigen Nörgeleien über ihren Sohn, den *»Phantasten«*, ergeht, der von Beruf Eisenbahnstatistiker ist. Andere für den Jungen faszinierende Gestalten sind der Onkel Jusja, der in Europa, Asien und Afrika ein abenteuerliches Leben führt, und die anmutige, singende Tante Nadja, die mit einem Maler befreundet ist. Früh schon entdeckt der junge Konstantin seine Liebe zum Meer und zur Natur. Sein entscheidendes Landschaftserlebnis hat er in den Brjansker Wäldern, wo er – nach der Trennung seiner Eltern und der Verarmung der Familie – glückliche Monate bei Verwandten verbringt. Später schlägt er sich als Repetitor durch. Der Leser lernt seine Lehrer kennen und das nervöse Leben in Kiew, jener Stadt, *»in der die Glut der Revolution nie ganz erlosch«*. Immer wetterleuchtet es: Entweder wird dem Zaren oder einem durchreisenden König nicht mit der nötigen Ehrfurcht begegnet, oder auf das Manifest, das die *»Bürgerrechte«* garantiert, folgen Demonstration und Pogrom. Erstaunlich ist aber auch die starke Anteilnahme der Bevölkerung – ob jung oder alt – am literarischen und künstlerischen Leben: Als L. Tolstoj stirbt, tragen alle Schüler spontan Trauerflor; als A. Čechovs Tod bekannt wird, bittet Paustovskijs Mutter ihren am Flußufer sitzenden Mann, *»doch wenigstens jetzt nicht mehr zu angeln«*. Der Kiewer Frühling und eine scheue Liebe zur Frau eines Lehrers, zu dem Mädchen Lena auf der Krim, später zu Ljuba lassen in dem jungen Konstantin die ersten Gedichte reifen. Eine Kiewer Zeitung druckt seine erste Erzählung. Als er die Schule verläßt, gibt ihm ein alter Apotheker als guten Rat die Mahnung, mehr nachzudenken und die Neugier auf das Leben werden für ihn bestimmend.

Paustovskijs Sprache ist, wie er es an I. Gončarov rühmte, *»einfach und klar und spricht zum Herzen«*. Manche Abschnitte aus *Dalëkie gody* – zum Beispiel das ethnologisch sehr interessante Kapitel *Die Schenke an der Braginka* – sind nahezu selbständige, in sich geschlossene Erzählungen. Ungewöhnlich sind die scharfe Beobachtungsgabe und der wache Sinn des Autors für die *»kleinen Dinge«* im Leben, die den Menschen *»entzücken können«*. *»Je unerfreulicher die Gegenwart aussah«*, notiert er einmal, um so stärker habe er *»das in ihr verborgene Gute«* erfühlt. Diese lebensbejahende Begeisterungsfähigkeit, fern aller ideologischen Beschränkung, ist in jeder Zeile der Autobiographie spürbar.   I.M.

Ausgaben: Moskau 1945 (in *Novyj mir*; unvollst.). – Moskau 1946 [vollst.]. – Moskau 1957 (in *Sobr. soč.*, 6 Bde., 3; krit.). – Moskau 1968 (in *Sobr. soč.*, 8 Bde., 1967–1970, 4; krit.). – Moskau 1982 (in *Sobr. soč.*, 9 Bde., 1981–1986, 4; krit.).

Übersetzungen: *Aus ferner Jugend*, R. Hoffmann, Wien 1947. – *Ferne Jahre*, J. v. Koskull, Bln. 1955. – *Ferne Jahre. Erinnerungen an Kindheit u. Jugend*, ders., Mchn. 1961. – *Ferne Jahre*, ders., Ffm. 1984.

KNIGA SKITANIJ

(russ.; *Ü: Buch der Wanderungen*). Sechster Teil der Autobiographie *Povest' o žizni (Erzählung vom Leben)* von Konstantin G. PAUSTOVSKIJ, erschienen 1963. – Die in diesem Teil der Autobiographie festgehaltenen Erlebnisse setzen im Jahre 1923 ein. Der Autor ist von Tiflis nach Kiew gezogen, wo seine Familie in größter Armut lebt. Nach dem plötzlichen Tod von Mutter und Schwester übersiedelt er nach Moskau, wird Mitarbeiter verschiedener literarischer Zeitschriften und verkehrt im Künstlerzirkel »Konotop«. Hier lernt er den Dichter RUVIM kennen, der sein engster Freund wird. In Leningrad wohnt er der Beisetzung Lenins bei. Durch eine zufällige Anregung faßt er den Plan, Ust-Urt und das Karabugas-Gebiet zu besuchen. Aus den Reiseeindrücken entsteht der Band *Karabugas*, nach Paustovskijs eigenen Worten *»sein erstes wirkliches Buch«*. Die Meščёra, Murmansk, Karelien, Poti (wo er ein Buch über die Kolchis schreiben will) und schließlich wieder Moskau sind die weiteren Stationen dieser unruhigen Zeit der »Wanderungen«. Eine Begegnung mit M. GOR'KIJ, die bei Paustovskij tiefen Eindruck hinterläßt, beschließt das Buch, dem manches schriftstellerische Bekenntnis und vor allem ein unerschütterlicher Glaube an die Macht des Wortes zu entnehmen sind.

Der Wert der Erinnerungen liegt, wie auch bei den vorangegangenen Teilen, weniger in der Erschließung neuer Tatsachen aus der Biographie des Autors als vielmehr in der Darlegung der mannigfaltigen Beziehungen, die den Dichter mit den bekanntesten zeitgenössischen Schriftstellern verbinden. Es sind die Namen des »Großen Jahrzehnts« der frühen sowjetischen Literatur, die hier genannt werden: I. IL'F, J. OLEŠA, M. BULGAKOV, A. BEK, È. KAZAKEVIČ, A. PLATONOV, V. MAJAKOVSKIJ u. a.

KLL

AUSGABEN: Moskau 1963 (in *Novyj mir*, Nr. 10–11). – Moskau 1968 (in *Sobr. soč.*, 8 Bde., 1967–1970, 5; krit.). – Kišinёv 1978. – Moskau 1982 (in *Sobr. soč.*, 9 Bde., 1981–1986, 5; krit.).

ÜBERSETZUNG: *Buch der Wanderungen*, G. Schwarz, Mchn. 1967.

NAČALO NEVEDOMOGO VEKA

(russ.; *Ü: Beginn eines unbekannten Zeitalters*). Dritter Teil der Autobiographie *Povest' o žizni (Erzählung vom Leben)* von Konstantin G. PAUSTOVSKIJ, erschienen 1958. – Der dritte Teil von Paustovskijs Lebensbeschreibung, die der Autor selbst mit einem Drama verglichen hat, zeigt weniger Lyrismus als die beiden vorhergehenden Bände, dafür aber eine ausgeprägte Neigung des Erzählers zu naturalistischer Schilderung und Spannungstechnik. *Načalo nevedomogo veka* setzt ein mit dem Jahr 1917. Februarrevolution und Kerenskij-Regierung haben den unversöhnlichen Gegensatz zwischen dem bürgerlichen Lager mit seinen intellektuellen Wortführern (*»auf den ersten Blick schöngeistigen, aber knochen- und haltlosen Leuten«*) und der Arbeiterklasse unter Führung der Bolschewiken krasser denn je bewußtgemacht. Rußland zerfällt *»wie ein Klumpen nassen Lehms«*. Der fünfundzwanzigjährige Paustovskij – zu diesem Zeitpunkt bei einer Zeitung tätig – begrüßt die Februarrevolution mit Begeisterung, ohne jedoch seine distanzierte Haltung als *»höchst interessierter Zuschauer«* der historischen Umwälzungen ganz aufzugeben. Seine idealistische Erziehung machte ihn *»mißtrauisch gegen alles, was die alte Kultur zu verleugnen schien«*. Die besorgte Familie ruft ihn zurück in die Provinz. Zu Beginn des Bürgerkriegs kehrt er jedoch nach Moskau zurück und wird dort beinahe irrtümlich erschossen. Erst 1920 bejaht er die Revolution voll und ganz und bekennt sich von da an zur sozialistischen Zukunft seines Landes. In Kiew erlebt er die Kämpfe zwischen den Weißen (Denikin, Petljura, Skoropadskij, Machno) und der Roten Armee. Als Denikin die männlichen Bewohner der Stadt gegen die bolschewistischen Truppen mobilisiert, flieht der Autor nach Odessa. Sein Bericht schließt mit dem Einmarsch der Roten Armee in die heißumkämpfte Stadt. Nach unbeschreiblichen Schreckensszenen legen die Schiffe der weißen Emigranten im Hafen Odessas ab. Ein letztes Geschoß wird zum Ufer hin abgefeuert, findet aber keine Erwiderung. Stumm betrachten die Roten die in der Panik der Flucht zertrampelten Toten.

KLL

AUSGABEN: Moskau 1958. – Moskau 1962 (in *Povest' o žizni*). – Moskau 1968 (in *Sobr. soč.*, 8 Bde., 1967–1970, 4). – Moskau 1982 (in *Sobr. soč.*, 9 Bde., 1981–1986, 4; krit.).

ÜBERSETZUNG: *Beginn eines unbekannten Zeitalters*, G. Düwel, Bearb. H. Speitel, Mchn. 1962.

VREMJA BOL'ŠICH OŽIDANIJ

(russ.; *Ü: Die Zeit der großen Erwartungen*). Vierter Teil der Autobiographie *Povest' o žizni (Erzählung vom Leben)* von Konstantin G. PAUSTOVSKIJ, erschienen 1959. – Paustovskijs Erinnerungen umfassen hier nur einen Zeitraum von etwa zwei Jahren und führen in den Anfang der zwanziger Jahre. Die eigentlichen Fakten sind nicht zahlreich. Paustovskij erlebt die Blockade Odessas, wird nach ihrer Aufhebung Mitarbeiter an der Zeitung ›Morjak‹ und bricht im Auftrag dieser Zeitung zu einer Schiffsreise auf, die über Sewastopol und Jalta nach Batumi führen soll.

Obwohl es das Werk als Autobiographie nahelegte, sieht sich Paustovskij nicht im Mittelpunkt der Aufmerksamkeit. Als Erzähler seiner Erlebnisse und seiner mehr oder weniger flüchtigen menschlichen Begegnungen hält er sich meist im Hintergrund. Die einzelnen Kapitel stellen immer kleine,

selbständige Erzählungen dar. Durch die stets
spürbare Anwesenheit der Person des Erzählers
werden sie zu einem Zyklus vereint. Dabei finden
sich von dramatischer Spannung getragene Episoden ebenso wie humorvolle, Landschafts- und
Stimmungsbilder ebenso wie Betrachtungen über
die Arbeit des Schriftstellers (vor allem beim Zusammensein mit I. Babel', der Paustovskij entscheidend beeinflußt hat).
Durch die Auswahl charakteristischer Details sollte
die Atmosphäre der Zeit spürbar werden. Die chronologische Folge der Begebenheiten ist daher weniger wichtig. Es lag nicht in Paustovskijs Absicht,
ein umfassendes, objektives Bild der Zeit zu entwerfen, er wollte vielmehr nur das beschreiben, was
er selbst gesehen und erlebt hatte. Deshalb findet
sich in dem Buch nur wenig von dem umwälzenden
Geschehen jener Jahre. Für ihn war es, bedingt
durch die Blockade, eine Zeit der großen Stille.
Trotz der schweren Entbehrungen ist er von uner-
klärlichem Schwung beseelt und entdeckt in sich
das leidenschaftliche Verlangen, das Leben in seiner Phantasie poetisch zu verklären. Diese Fähigkeit – er erkennt sie später als eine der Grundlagen
seines dichterischen Schaffens – erlaubt es ihm, jene
schwierigen Jahre als Übergangszeit zu betrachten
und sie als große, unbestreitbare Hoffnung auf eine
glücklichere Zukunft für sich und sein Land zu erleben.   I.R.

Ausgaben: Leningrad 1959 (in Oktjabr',
Nr. 3–5). – Moskau 1962 (in *Povest' o žizni*). –
Moskau 1968 (in *Sobr. soč.*, 8 Bde., 1967–1970, 5;
krit.). – Odessa 1977. – Moskau 1982 (in *Sobr. soč.*,
9 Bde., 1981–1986, 5; krit.).

Übersetzungen: *Die Zeit der großen Erwartungen*, G. Schwarz, Mchn. 1963. – Dass., J. v. Koskull, Mchn. 1981. – Dass., ders., Ffm. 1983; Bln.
⁵1987.

ZOLOTAJA ROZA. Zametki o pisatel'skom trude

(russ.; *Ü: Die goldene Rose. Gedanken über die Arbeit des Schriftstellers*). Literaturtheoretische Betrachtung von Konstantin G. Paustovskij, erschienen 1955. – Weder als Leitfaden für junge
Schriftsteller noch als umfassende theoretische Untersuchung gedacht, sucht das Werk, das die Erfahrungen des Autors bei der Leitung eines Prosase-
minars am Moskauer Literaturinstitut in den dreißiger Jahren spiegelt, dem Leser etwas von der
»Poesie des Schriftstellertums« zu vermitteln. Da diese Absicht in einer nüchternen Abhandlung nicht
zu erreichen wäre, wählt Paustovskij eine leser-
freundlichere Form: »Sowie seine Erzählungen, Romane und die Autobiographie nicht nach einem Plan
entstanden sind, so ist auch dieses Buch eine lockere
Aneinanderfolge von Essays zur Literatur im allgemeinen und zu einzelnen Autoren, von selbständigen
Erzählungen, Reflexionen über den Schaffensprozeß,

auch Betrachtungen über einzelne Wörter« (W. Kasack).
Die Sprache des Textes ist wie in anderen Werken
des Autors bildhaft und emotional gefärbt. In einzelnen Erzählungen und Skizzen behandelt er die
nach seinem Urteil wesentlichen Gebiete des dichterischen Schaffens. So dient die Erzählung *Starik v
stancionnom bufete (Der alte Mann im Bahnhofsre-
staurant)* als Ausgangspunkt für Betrachtungen
über die Bedeutung des Details in der Prosa. *Nočnoj diližans (Nachtpost)*, eine Geschichte über den
Märchendichter H. Ch. Andersen, illustriert Paustovskijs Gedanken über die Macht der Phantasie
und ihren Einfluß auf das Leben. Andere Erzählungen behandeln das Problem der Berufung, die Entstehung des dichterischen Kunstwerks, die Merkmale des guten Prosastils usf. Daneben berichtet
Paustovskij Einzelheiten über die Entstehungsgeschichte eigener Werke (*Kara-Bugaz*, 1932 – *Kara-
Bugaz; Sneg*, 1944 – *Schnee; Telegramma*, 1946 –
Das Telegramm u. a.). Schließlich enthält das Buch
Essays über Dichter, die Paustovskij wegen charakteristischer – und in ihrer Auswahl ihn selbst charakterisierender – Eigenschaften fesseln, darunter
vor allem die Kapitel über M. Prišvin aus dem ersten und über I. Bunin aus dem unvollendeten
zweiten Teil des Werks. Frei von allen Klischeevorstellungen des Sozialistischen Realismus über die
Aufgabe des Schriftstellers, hebt Paustovskij die
zeitlosen, allgemeingültigen Gesetze des dichterischen Schaffens hervor.   I.R.

Ausgaben: Moskau 1955 (in Oktjabr', Nr. 9/10).
– Moskau 1956. – Moskau 1958 (in *Sobr. soč.*,
6 Bde., 1958/59, 2). – Leningrad 1979 (in *Povesti i
rasskazy*). – Minsk 1980 (in *Izbrannoe*). – Moskau
1982 (in *Sobr. soč.*, 9 Bde., 1981–1986, 3). – Moskau 1983.

Übersetzung: *Die goldene Rose. Gedanken über die
Arbeit des Schriftstellers*, A. Kurella, Bln. 1958;
⁴1977. – Dass., ders., Salzburg 1969.

Literatur: A. Turkov, O »Zolotoj roze« (in A. T.,
Poėzija sozidanija, Moskau 1962, S. 190–198). –
L. Levickij, *K. P. Očerk tvorčestva*, Moskau 1963,
S. 364–404. – P. Solov'ev, *Kniga o pisatel'skom tru-
de* (in P. S., *Otvetstvennost' pered vremenem*, Moskau
1963, S. 266–280). – D. Fuldheim Urman, *K. P.,
Marcel Proust and the Golden Rose of the Memory* (in
Canadian Slavic Studies, 1968, H. 2, S. 311–326).
– I. Vasjučenko, »Bol'še čem chram i masterskaja«:
Zametki o povesti K. G. P. »Zolotaja roza« (in Litera-
turnaja učёba, 1985, Nr. 6, S. 218–223).

LJUDMILA STEFANOVNA PETRUŠEVSKAJA

* 26.5.1938 Moskau

BAL POSLEDNEGO ČELOVEKA

(russ.; *Ü: Der Ball des allerelendsten Menschen*). Erzählband von Ljudmila S. PETRUŠEVSKAJA, erschienen 1996, entstanden seit 1968. – Bereits am Anfang ihrer literarischen Laufbahn wendet sich die Puškin-Preisträgerin (1991) L. Petruševskaja mit ihrer Prosa gegen den sozialistischen Realismus, weshalb ihre Werke 1974–1982 nicht gedruckt werden. Petruševskajas Figuren sind keine unrealistisch starken positiven Helden, sondern gewöhnliche Menschen: oft einsam und schutzlos gegenüber dem *»für alle gleich geltenden Schicksal«* (*Novye Robinzony*, 1993; *Ü: Die neuen Robinsons*). Im Mittelpunkt der Erzählungen stehen menschliche Reaktionen auf Schicksalsbrüche, die grundsätzliche Lebenshaltungen der Figuren verbildlichen: Unterwirft sich der Mensch der Fügung, fristet er unter ständigen Schicksalsschlägen sein Dasein (*Rasskazčica*, 1972; *Ü: Die Erzählerin*). Kämpft der Mensch blind und hyperaktiv gegen das Schicksal, ist er ebenfalls zum Scheitern verurteilt (*Mistika*, 1993; *Die Mystik*; *Smotrovaja ploščadka*, 1972; *Ü: Die Aussichtsplattform*). Die *»Geächteten«* der Gesellschaft (*Doč' Kseni*, 1988; *Ü: Xsenias Tochter*) – Alkoholiker (*Strana*, 1988; *Ü: Das Land*), Prostituierte (*Doč' Kseni*), Mörder (*Medeja*, 1993; *Ü: Medea*) – erscheinen als hilfsbedürftige, aus Verzweiflung handelnde Menschen, die Mitleid verdienen. Die Autorin verzichtet bewußt auf die allwissende und wegweisende Erzählhaltung: Ihre Erzähler erwägen unterschiedliche Interpretationsmöglichkeiten des menschlichen Verhaltens und regen damit den Leser zur Deutung der fiktiven Wirklichkeit an. Petruševskaja will den Leser schockieren und ihn durch ein überraschendes, thematisch offenes Ende zum Nachdenken über sich und die Welt animieren.
In der Titelgeschichte (1988) vermag die Ich-Erzählerin ihren Geliebten Ivan nicht aus der Alkoholsucht zu retten. Sie beobachtet auf einer Feier, wie der Dreiundzwanzigjährige sich wieder betrinkt, und führt ein Gespräch mit sich selbst. Mit »du« redet sie die rationale Seite ihres Ichs an, mit »ich« bezeichnet sie dessen emotionalen Teil. So wird der innere Konflikt der Frau zwischen der rationalen Ablehnung des Alkoholikers und der emotionalen Zuneigung zu ihm sichtbar. Als Liebende sieht sie ihn *»in der vierten Dimension«*: außerhalb des Raums (seiner Alkoholprobleme) und außerhalb der Zeit (der Erzählgegenwart). In diesem Konflikt gibt sie den Kampf auf und schaut tatenlos dem Untergang ihres Geliebten zu. Während Ivan vor seinem bitteren Fatum des gescheiterten

Übersetzers in den Alkohol flieht, schützt sich Raisa in *Takaja devočka*, 1988 *(Ü: Ein tolles Mädchen)*, durch rituelles Weinen vor ihrem Kummer. Während sich Lena in *Skripka*, 1987 *(Ü: Die Geige)*, in Phantasie und Lüge hüllt, entblößt sich Galja in *Rasskazčica* bis ins Intimste durch den Drang, alles von sich zu erzählen.
Im Kurzroman *Vremja noč'*, 1991 *(Ü: Meine Zeit ist die Nacht)*, bleibt der Zentralfigur, der Dichterin Anna Andrianovna, nur das Schreiben als Ausweg aus der Einsamkeit. So entstehen diese *»Aufzeichnungen auf der Tischkante«*, eine Mischung aus Tagebuchbericht und innerem Monolog, die Hintergründe eines familiären Generationskrieges enthüllen. Anna Andrianovna entwickelt im Kampf gegen die Einsamkeit eine Haßliebe voller Eifersucht zu ihren Familienmitgliedern und verliert schließlich alle: Ihre Mutter kommt ins Pflegeheim, der Sohn Andrej besucht Anna Andrianovna nur, um Geld zu erpressen, die Tochter Alëna flieht mit ihren Kindern aus der Wohnung. Durch die Einführung des Tagebuches von Alëna in die Aufzeichnungen der Mutter erscheint die familiäre Tragödie aus einer zweiten Perspektive beleuchtet. Die Erzählung wird zum *»Kreismodell als Symbol der Ausweglosigkeit und Hoffnungslosigkeit«* (E. CHEAURÉ): In der Familie, wo Lieben gleich Besitzen bedeutet, wiederholt sich in Alëna das Schicksal ihrer Mutter und der Großmutter, denn schon die Großmutter *»wollte Liebesobjekt ihrer Tochter sein … die ganze Familie und alles durch sich ersetzen«*.
Auch Lena in der Erzählung *Bessmertnaja ljubov'*, 1983 (*Ü: Unsterbliche Liebe*; ein Sammelband unter diesem Titel erschien 1988), kämpft verzweifelt gegen einen Schicksalsschlag: die Geburt eines behinderten Sohnes. Sie verläßt das sechsjährige Kind, den Ehemann Al'bert und die kranke Mutter und sucht ihr Glück in der Liebe zu ihrem Kollegen Ivanov. Als diese Beziehung scheitert, wird Lena geisteskrank in eine Klinik eingeliefert, wo Al'bert sie nach sieben Jahren Trennung abholt. Während Lena im egoistischen Drang nach der Gestaltung eines glücklichen Lebens aus der Familie flüchtet und sich selbst zerstört, akzeptiert ihr betrogener Ehemann sein Schicksal: Er bleibt seiner Frau ein treuer Mann und seinem behinderten Sohn ein fürsorglicher Vater. Die Frage, ob Al'berts Verhalten ebenfalls wie Lenas durch eine *»unsterbliche Liebe«* motiviert ist, läßt der Erzähler am Schluß offen.
Die goldene Mitte zwischen der Ohnmacht gegenüber dem Schicksal und dem selbstzerstörerischen Kampf ums Glück finden die *»neuen Robinsons«* aus der gleichnamigen Erzählung (1993). Ein Ehepaar mit achtzehnjähriger Tochter fühlt sich in der Großstadt von einer unbestimmten Gefahr bedroht. Sie fliehen aufs Land und versuchen dort, als Selbstversorger zu überleben. Durch kluges, rechtzeitiges und mäßiges Handeln besiegen sie die Gefahr, die hier für die schicksalhaften Hindernisse des Lebens steht. Was die *»neuen Robinsons«* in ihrer Wahlheimat aufbauen, gleicht einer neuen Gesellschaft: Sie entsteht auf den Trümmern der alten

Welt mit Hilfe der neuentwickelten Eigenschaften: Optimismus, Kooperation, Fleiß, Voraussicht, Einfallsreichtum und Friedfertigkeit. Am Schluß der Erzählung blicken die Robinsons voller Hoffnung – gemischt mit der gesunden Angst vor weiteren Gefahren – in die Zukunft. Von den 85 im Band veröffentlichten Erzählungen ist *Novye Robinzony* einer der wenigen Texte, deren Figuren sich erfolgreich dem Schicksal widersetzen.   I.No.

AUSGABEN: *Bessmertnaja ljubov'*, Moskau 1988 – *Po doroge Boga Ėrosa*, Moskau 1993. – *Tajna doma*, Moskau 1995 – *Bal poslednego čeloveka*, Moskau 1996. – Charkov/Moskau 1996 (in *Sobr. Soč.*, 5 Bde., 1–2).

ÜBERSETZUNGEN: *Auf Gott Amors Pfaden*, A. Leetz, Bln. 1994. – *Unsterbliche Liebe*, A. Leetz u. R. Landa, Bln. 1990; ern. Reinbek 1992. – *Meine Zeit ist die Nacht*, A. Leetz, Bln. 1991 [Erstausg. in übersetzter Version]; ern. Reinbek 1994.

LITERATUR: A. Barker, *Women Without Men in the Writing of Contemporary Soviet Women Writers* (in *Russian Literature and Psychoanalysis*, Hg. D. Rancour-Laferriere, Amsterdam 1989, S. 431–449.) – N. Kolesnikoff, *The Narrative Structure of L. P.'s Short Stories* (in Canadian Slavonic Papers, 32, 1990, No. 4, S. 444–456.) – M. Katz, *L. P.s Erzählung »Svoj krug«* (in *Rußland aus der Feder seiner Frauen. Zum femininen Diskurs in der russ. Literatur*, Slavistische Beiträge, Mchn. 1992, S. 95–101). – E. Cheauré, *Das Schicksal dreier Generationen* (in Osteuropa, 1993, 10, S. 965–977). – K. Hielscher, *Alltag und Mythos. Zur Prosa L. P.s* (in *Jenseits des Kommunismus. Sowjetisches Erbe in Literatur und Film*, Osteuropaforschung, Hg. E. Cheauré, 35, Bln. 1996).

BORIS ANDREEVIČ PIL'NJAK

eig. Boris Andreevič Wogau
* 11.10.1894 Možajsk
† 21.4.1938 in Haft

LITERATUR ZUM AUTOR:
B. P. Stat'i i materialy, Hg. B. Kazanskij u. Ju. Tynjanov, Leningrad 1928; Nachdr. Ann Arbor/Mich. 1971 u. Letchworth 1973 [enth. Bibliogr.]. – K. Radek, *B. P.s Stellung in der sowjetrussischen Literatur* (in B. P., *Die Wolga fällt ins Kaspische Meer*, Bln. 1930, S. 5–23). – V. Novotný, *Pilňakovy literární montáže*, Diss. Prag 1969. – K. Brostrom, *The Novels of B. P. as Allegory*, Diss. Ann Arbor 1973. – G. Browning, *B. P. as Phenomenon and Artist*, Diss. Cambridge/Mass. 1974. – P. Jensen, *Nature as*

Code. The Achievement of B. P. 1915 till 1924, Kopenhagen 1974. – V. T. Reck, *B. P., A Soviet Writer in Conflict with the State*, Montreal 1975. – A. Schramm, *Die frühen Romane B. P.s*, Mchn. 1976. – R. Damerau, *B. P.s Geschichts- und Menschenbild. Biographische und thematische Untersuchung*, Gießen 1976. – M. Smith, *Towards an Understanding of Ornamentalism in P., Šklovskij and Vs. Ivanov*, Philadelphia/Penn. 1978. – E. Korpala-Kirszak, *B. P.*, Krakau 1979. – T. R. Edwards, *Three Russian Writers and the Irrational. Zamyatin, P., and Bulgakov*, Diss. Charlottesville/Va. 1982. – G. Browning, *B. P. A Scythian at the Typewriter*, Ann Arbor 1985. – M. A. Nicholas, *B. P. and Modernism* (in Slavic Review, 50, H. 2, 1991). – *».. .ehrlich sein mit mir und Rußland.« Briefe und Dokumente*, Hg. D. Kassek, Ffm. 1994.

GOLYJ GOD

(russ.; *Ü: Das nackte Jahr*). Roman von Boris PIL'NJAK, erschienen 1922. – Vom übermächtigen Druck des Zarismus und des Krieges plötzlich befreit, befindet sich Rußland im Jahre 1919 in einem wirtschaftlichen und politischen Vakuum. Es herrscht ein chaotisches Durcheinander von Ideologien, Hoffnungen und unbestimmten Erwartungen, ein Nebeneinander von noch einmal sich aufbäumender Vergangenheit und fiebernder Gegenwart, von Feudalismus und anarchistisch-kommunistischer Utopie. Kräutermänner und Wahrsager, in der unendlichen Steppe im verborgenen lebende Sektierer und eigenwillige Bibelausleger, Anarchisten, die sich eine für kurze Zeit blühende Kommune geschaffen haben, übergeschnappte Pentagramm-Propheten, paralytische Aristokraten, Kommunisten in ihren Lederjoppen, Mönche, Brandstifter und vorsintflutlich lebende Bauern wälzen sich, befallen von Syphilis und Flecktyphus, unter *»Läusen, Flöhen und Litern von Spermatozoen«* einer fragwürdigen Zukunft entgegen. Das Land und die Leute gehen zugrunde: *»Weil ihnen allen, den Fürsten, den Anarchisten, denen vom Komitee – die Hauptsache fehlte, der Wille zu handeln, schöpferisch zu sein.«* Hier wird zum erstenmal der Konflikt angedeutet, der in Pil'njaks zweitem Roman, *Mašiny i volki*, 1925 (*Maschinen und Wölfe*), das Grundthema bildet: der Zusammenprall *»des kunterbunten, knorrigen, russischen Volkstums«* mit der europäischen Zivilisation.
Im Schmelztiegel der sich überstürzenden Ereignisse und der äußersten Armut büßt der Mensch seine Individualität ein und wird austauschbar: *»Ein winziges Frägelchen: Jener diensttuende Beamte an der Haltestelle Mar, war er nicht Andrej Volkovič, oder war er Gleb Ordynin? Oder anders herum: Gleb Ordynin und Andrej Volkovič, hätte nicht einer von ihnen jener Mensch sein können, der in den letzten Fieberschauern der Schwindsucht erkrankte?«* Da es keinen unaustauschbaren Menschen mehr gibt, kann auch kein Romanheld existieren: *Golyj god* hat keinen Helden, deshalb auch keinen auf ihn bezoge-

nen Handlungsstrang. Die Abfolge der apokalyptischen Bilder scheint willkürlich, die Zeitebenen sind durcheinandergewirbelt, die Perspektiven und Schauplätze werden hammerschlagartig wiederholt und verleihen der auseinanderstrebenden Materie eine äußerliche Kohäsion.

Das Erstlingswerk Pil'njaks registriert in zusammengeschnittenen Einzelteilen eine Epoche, die, noch nicht zum Fetisch erhoben, aufrichtig geschildert wird. Der Schriftsteller ist nicht bemüht, die Geschehnisse aus der Distanz zu betrachten, zu werten und zu ordnen. Er steht inmitten des Tumults, und seine Begabung bewährt sich vor allem in der meisterhaften Schilderung bruchstückhafter Einzelheiten, die sich nicht zu einem Ganzen mobilisieren und funktionalisieren lassen. Gerade diese Splitterhaftigkeit aber übermittelt ein reales Bild von der wirren Vielfalt und den widersprüchlichen Tendenzen des Bürgerkriegs.

Die zeitgenössische russische Kritik nahm den Roman sehr positiv auf, da er zu einem Zeitpunkt erschein, als noch fieberhaft nach neuen, dem Zeitgeschehen angemessenen Formen in der Kunst gesucht wurde. Pil'njak galt seit diesem Werk als einer der führenden Schriftsteller der zwanziger Jahre in der Sowjetunion.   M.Sz.

AUSGABEN: Bln. u. a. 1922; Nachdr. Ann Arbor 1980. – Moskau 1929 (in *Sobr. soč.*, 8 Bde., 1928–1930, 1). – Letchworth 1966. – Moskau 1978 (in *Izbr. proizv.*).

ÜBERSETZUNGEN: *Das nackte Jahr*, M. Schillskaja, Mchn. 1964 [Nachw. G. Müller]. – Dass., G. Dalitz, Weimar 1980. – Dass., ders., Ffm. 1981.

LITERATUR: L. Kuzmich, *Jazyk i stilističeskie osobennosti romana B. P. »Golyj god«*, Diss. NY 1967. – A. van Holk, *Mythological Archetypes in P.'s »The Naked Year«* (in Russian Literature, 16, 1984, Nr. 1, S. 21–65). – A. Flaker, *Konstruktivnost' »Gologo goda«* (ebd., S. 67–79).

MAŠINY I VOLKI

(russ.; *Ü: Maschinen und Wölfe*). Roman von Boris PIL'NJAK, erschienen 1925. – *»Geschichte ist für mich keine Wissenschaft, sondern ein Poem«*, lautet eine Bemerkung des Erzählers in Pil'njaks bedeutendstem Roman, die als Leitmotiv über dem gesamten Werk stehen könnte: Obwohl voll von historischem Geschehen, ist *Maschinen und Wölfe* doch alles andere als ein in herkömmlicher Weise berichtendes Geschichtsbuch. Chaotisch in seiner Anlage, vieldeutig in seiner Aussage, gibt das Buch die geschichtliche Wirklichkeit Rußlands zu Beginn des 20. Jh.s dennoch treffend wieder. Gerade in seiner Absage an die Suche nach geschichtlichen Zusammenhängen sichert sich der Roman die Freiheit, die es ihm ermöglicht, aus den unzähligen mosaikartig aneinandergefügten Episoden der Erzählung ein wirklichkeitssattes Bild erstehen zu lassen.

Der Realismus in *Mašiny i volki* muß also verstanden werden als Gestaltung der Realität in künstlerischer Formung, deren Prinzip jedoch Formlosigkeit ist. Und gerade diese systematische Ordnungslosigkeit läßt den Roman den Zeitraum seiner Handlung angemessener und anschaulicher wiedergeben, als ein klassischer historischer Roman es je vermocht hätte.

Es ist die Zeit der Oktoberrevolution und der folgenden Notjahre; Pil'njak schildert sie mit all den Gesichtern, die sie den von ihr Betroffenen zeigte. Betroffen waren in jenen Jahren nicht nur die Anhänger der alten Gesellschaftsordnung oder das unwissende Volk, sondern nahezu alle: Revolutionäre wie Gestürzte, Bürger wie Anarchisten nicht weniger als die Kommunisten selbst. Die einen sahen sich durch die Revolution der ersehnten Freiheit um keinen Schritt näher gebracht, die anderen von der neuen Entwicklung ausgeschlossen und die dritten schließlich vor die Aufgabe gestellt, die entfesselten Kräfte zum Aufbau eines neuen, lebensfähigen Staats zusammenzuschweißen. Die einen fühlten sich gebunden an das Erbe der Tradition und standen der Gesetzmäßigkeit der sozialistischen Ordnung mit dem gleichen Unverständnis gegenüber wie die anderen, die nur die Formel, den Plan kannten und den Ansprüchen des Alltags hilflos ausgeliefert waren. Gerade diesen Gegensatz hat Pil'njak auf die Formel »Maschinen und Wölfe« gebracht. Wölfe: das ist das Symbol alles »Russischen«, eines einfachen, natürlichen Lebens, der Natur überhaupt – ein zwiespältiges Symbol gefährlicher Unbändigkeit und Traditionsgebundenheit –, verkörpert in der derb-kräftigen Pferdehirtin Mar'ja. Auf der anderen Seite stehen die wenigen, die über die Anforderungen des Tages hinaussehen, die trotz aller Lehren der Wirklichkeit (Pil'njak belegt sie statistisch) daran festhalten, daß sich dieses Leben nicht nach dem Zufall oder dem Recht des Stärkeren, sondern nach dem nüchternen Gesetz der Vernunft einrichten lasse. Dieser Gruppe entstammt der Initiator der Revolution, der Kommunist, der seinen Zielen unter allen Umständen treu bleibt. Ihn, den *»kondensierten Willen«*, läßt Pil'njak in seinem Roman jedoch nicht selbst in Erscheinung treten, sondern durch die Welt der Fabrik, der Maschine, des modernen, rationalen Industriestaats verkörpern.

Mit der sozialistischen Revolution verbindet sich im Bewußtsein Pil'njaks die industrielle Revolution, die *»Romantik der proletarischen Maschinenrevolution«*, und auch dieses Symbol ist widersprüchlich: Bedeutet die Maschine auf der einen Seite den industriellen Aufstieg und die Hebung des Lebensstandards, so ist sie auf der anderen Seite eine dem Bereich der »Wölfe« feindliche Welt, eine Gewalt, die der Einwirkung des Menschen entzogen ist und deren Rückwirkungen auf sein Leben er nicht zu steuern vermag. Dieses Moment der Entfremdung stellt der Autor durch die Gestalt des Statistikers Ivan Aleksandrovič Nepomnjaščij (»gedächtnislos«) dar, den er für den Haupthelden seines Romans ausgibt. Obwohl Nepomnjaščij selten (und

stets nur als Zeuge, nie als Person der Handlung) genannt wird, sind es doch seine nüchternen Berechnungen und Aufzeichnungen, die das Romangeschehen bestimmen. »Helden« im engeren Sinn kennt das Buch nicht: Es waren in jenen Jahren nicht die Menschen, die die Verhältnisse, sondern die Verhältnisse, die die Menschen beherrschten. Das Zusammenspiel von Charakteren ersetzt Pil'njak durch das Prinzip der Einheit des Ortes der Handlung: Die Provinzstädte Rjazan' und Kolomna sind die Schauplätze einer chaotischen Fülle von Einzelgeschehnissen, die exemplarisch das Schicksal Rußlands wiedergeben – jenen gewaltigen Umerziehungsprozeß, der die Wölfe der Welt der Maschinen eingliedern wird.
Leitmotive und Symbolkomplexe verbinden die Erzählsegmente dieses, ähnlich wie bei A. REMIZOV und A. BELYJ, in ornamentaler Prosa verfaßten, kompliziert strukturierten Romans, dessen Modernität und künstlerische Qualität nicht zuletzt in der großenteils monologisierenden, bisweilen im Bewußtseinsstrom mündenden Erzählweise zum Ausdruck kommt. *Mašiny i volki* ist eng mit dem früheren Roman *Golyj god*, 1922 (*Das kahle Jahr*), verbunden, aus dem Pil'njak ganze Ausschnitte in den späteren Roman übernommen hat.
KLL

AUSGABEN: Leningrad 1925; Nachdr. Mchn. 1971. – Moskau 1930 (in *Sobr. soč.*, 8 Bde., 1928–1930, 2).

ÜBERSETZUNG: *Maschinen u. Wölfe*, M. Schillskaja, Zürich 1946. – Dass., ders., Mchn. 1962 (dtv).

LITERATUR: A. Tulloch, *The »Man vs. Machines« Theme in P.'s »Machines and Wolves«* (in Russian Literature Triquarterly, 8, 1974, S. 329–341). – G. Browning, *Civilization and Nature in B. P.'s »Machines and Wolves«* (in SEEJ, 20, 1976, Nr. 2, S. 155–166).

POVEST' NEPOGAŠENNOJ LUNY

(russ.; *Ü: Die Geschichte vom nichtausgelöschten Mond*). Erzählung von Boris PIL'NJAK, erschienen 1926. – Gut erholt von einem längeren Kuraufenthalt im Kaukasus zurückgekehrt, erhält General Gavrilov, der Befehlshaber der sowjetischen Armee, einen Ruf des »Ersten«, des »Unbeugsamen«, nach Moskau zu kommen. Gavrilov kennt die Gründe des Befehls nicht, erfährt jedoch am Tag seines Eintreffens in der Hauptstadt aus der Zeitung, er sei erkrankt. Der »Unbeugsame« empfängt Gavrilov, um ihm mitzuteilen, er müsse sich operieren lassen: *Das verlangt die Revolution! Du bist für die Revolution ein unentbehrlicher Mann.«* Zu einer Auseinandersetzung ist keine Zeit, *»die Anordnungen sind bereits getroffen«.* Am Abend besucht Gavrilov seinen Freund Popov, einen Kampfgefährten aus den Tagen der Illegalität, und dessen Tochter Nataša. Er erzählt ihm von dem Ur-

teil seiner Ärzte, die seinen Gesundheitszustand als gänzlich unbedenklich bezeichnet haben. *»Gavrilov zündelte mit Streichhölzern; verwundert, wie sich nur Kinder über die Geheimnisse dieser Welt wundern können, sah Nataša auf das Feuer, formte ihren kleinen Mund zu einem Röhrchen und versuchte das Feuer auszupusten. Ihr Atem reichte nicht, das Streichholz schnell zu löschen.«* Nach Hause zurückgekehrt, schreibt Gavrilov sein Testament. Am übernächsten Tage ist er tot. Der »Unbeugsame« eilt auf die Todesnachricht hin ins Krankenhaus. *»Der Mann saß lange gebeugt und stumm neben der Leiche ... er nahm die Hand Gavrilovs, drückte sie und sagte: ›Leb wohl, Genosse! Leb wohl Bruder‹, und ging aus dem Zimmer mit gesenktem Kopf.«*
Pil'njaks Erzählung ist eine nur oberflächlich maskierte Anspielung auf das Schicksal des Oberbefehlshabers der Roten Armee, General Frunze, der im Herbst 1926 unter ungeklärten Umständen auf dem Operationstisch starb, nachdem ihm Stalin nachdrücklich zur Operation geraten hatte. Obwohl sich der Autor bemühte, seinen Stoff knapp und ohne überflüssige Abweichungen zu behandeln, hat er es sich selbst hier nicht versagt, in der Art seiner ornamentalen Prosa Nebenmotive von symbolischer Bedeutung in die Erzählung einzufügen. Zusammen mit der auf eine einfache, faßliche Aussage zielenden Haupthandlung bilden diese Motive ein widersprüchliches und nicht immer verständliches Ganzes. Unklar bleibt vor allem die symbolische Bedeutung des Titelmotivs, das kurz vor dem Abschluß der Erzählung in offenkundigem Bezug auf die erwähnte Streichholzszene wiederkehrt: *»Nataša stand auf der Fensterbank, und Popov sah, wie sie die Backen aufblies, das Mündchen spitzte, auf den Mond zielte und pustete. ›Was machst du, Nataša?‹ fragte der Vater. ›Ich will den Mond auslöschen‹, antwortete Nataša.«*   M. Sz.

AUSGABEN: Moskau 1926 (in Novyj mir, Nr. 5). – Sofia 1927. – Ldn. 1972. – Moskau 1987 (in Znamje, Nr. 12). – Moskau 1989.

ÜBERSETZUNGEN: *Die Geschichte vom nichtausgelöschten Mond*, V. P. Lebedew (in *Mahagoni u. andere Erzählungen*, Mchn. 1961; GGT). – Dass., ders. (in *Mahagoni*, Nördlingen 1988). – Dass., B. Conrad, Ffm. 1989.

LITERATUR: A. Latynina, *»Ja uže otdal prikaz ...«. »Povest' nepogašennoj luny« B. P. kak javlenie social'noj prognostiki* (in Literaturnoe obozrenie, 1988, Nr. 5, S. 13–15). – E. Jablokov, *Železo, stynušćee v žilach. Problemy i geroi »Povesti nepogašennoj luny«* B. P. (in Literaturnoe obozrenie, 1992, Nr. 11/12).

VOLGA VPADAET V KASPIJSKOE MORE

(russ.; *Ü: Die Wolga fällt ins Kaspische Meer*). Roman von Boris PIL'NJAK, erschienen 1929. – Der Roman gehört zu den ersten Versuchen der sogenannten Aufbau- oder Fünfjahrplanliteratur und bezeichnet eine neue Entwicklungsstufe im Schaffen Pil'njaks. Im Sujet steht er der in demselben Jahr veröffentlichten, von der Kritik aus ideologischen Gründen heftig angegriffenen Erzählung *Krasnoe derevo (Mahagoni)* nahe, die – eine vom Autor bereits in früheren Werken angewandte Methode – großenteils in den neuen Roman übernommen wurde. Pil'njak betrachtete seine Prosa grundsätzlich als Material, das er beliebig auseinandernehmen und neu montieren konnte. Ähnlich wie in anderen Prosastücken übernimmt Pil'njak den ursprünglichen Text nicht mechanistisch, sondern montiert ihn nach einem bestimmten stilistischen, kompositorischen und sprachrhythmischen Plan. Die dabei entstehenden Kontexteinheiten ergeben neue Bedeutungszusammenhänge und nicht zuletzt eine neue ideologische Ausrichtung: Beschränkt sich die Erzählung auf die bloße Kritik der bestehenden Mißstände, so stellt der Roman dieser Kritik weniger nihilistisch die Darstellung der positiven Seiten des sowjetischen Lebens zur Seite. (A. AROSEV zufolge erkannte Pil'njak während seines USA-Besuches 1929 die Kritik an *Mahagoni* ausdrücklich an.) Darüber hinaus fügt der Roman Textpassagen, die ursprünglich weit auseinanderlagen, in einen neuen Zusammenhang ein, so daß ganz neue zeitliche Abfolgen entstehen. Zuweilen kann dieses Montageprinzip bis in die syntaktischen Zusammenstellungen verfolgt werden. Nach dem allgemeinen Schaffensprinzip Pil'njaks treten dabei Wiederholungen vorwiegend leitmotivischer Art auf. Sie werden im Roman durch die immer wieder angeführte Sentenz von der *»Wiederholung der Erscheinungen«* zum Zentralproblem der philosophischen Auseinandersetzung. Überdies fließt hier in die Montagetechnik des Autors ein neues, veränderndes Moment ein. Unter dem Eindruck der neuen Thematik wie der Proklamation einer sog. »Faktenliteratur« in der literarischen Diskussion am Ende der zwanziger Jahre (N. ČUŽAK, S. TRET'JAKOV u. a.) verwendet Pil'njak nun weitgehend faktographische Passagen: technische Daten, eine lehrbuchartige Abhandlung über Hydraulik, Zeitungsartikel, ja es wird sogar eine vollständige Ausgabe der Werkzeitung von Kolomstroj beigefügt. Gleichwohl kann das Werk nicht zur *literatura fakta* (Faktenliteratur) gerechnet werden, da Pil'njak gerade hier ein ausgesprochenes Fabelbewußtsein entwickelt und die für sein Schaffen der Jahre 1920–1924 bezeichnende Montage relativierter Sujets bis auf wenige faktographisch motivierte oder als *monologue intérieur* gestaltete Relikte aufgibt.

Im Mittelpunkt der Erzählung *Krasnoe derevo* stand der Gegensatz zwischen dem vorrevolutionären Rußland, dessen Zeugnisse die Antiquare Besdetov sammeln und das in vielen Vertretern der Zarenzeit, vor allem in der Gestalt Jakov Skudrins, ironisiert wird, und der sowjetischen Provinz, deren Alltag in allen Bereichen, auch dem politischen, satirisch gezeichnet wird. Als romantisches Gegengewicht fungiert, mit Sympathie, doch nicht ohne Ironie gezeichnet, der geisteskranke Ivan Ožegov

(alias Skudrin), der Bruder Jakovs, der die Ideen des Kriegskommunismus in utopischer Verklärung vertritt. Bewußt erinnert Pil'njak in seiner Gestalt an den Typ des altrussischen *jurodivyj*, des heiligen Toren. – Diese Grundfabel fand zwar Aufnahme in den Roman, doch verschiebt der neue Kontext die Akzente. Zentralfigur des Werks ist der Professor für Hydraulik Pimen Sergeevič Poletika, der den Bau des »Monolithen« projektiert, eines gigantischen Dammes bei Kolomna, der die Moskva durch Umleitung der Wolga schiffbar machen soll. Als Naturwissenschaftler und Techniker, der schon im Jahre 1903 *»die Theorie des dialektischen Materialismus in der Leninschen Formel annahm«* und den das Alte, die *»Wiederholung der Erscheinungen«*, unangenehm berührt, entscheidet er sich für das neue Rußland der technischen Revolution. Als negative Gegenwelt fungiert vor allem Westeuropa, repräsentiert durch die Ausländer im Grandhotel von Kolomna und ihnen und von ihnen korrumpierten russischen Ingenieur Jevgenij Poltorak. Mit Jakov Skudrin plant Poltorak einen Sabotageakt auf den Monolithen, der von dem wahnsinnigen Revolutionsromantiker Ivan verhindert wird. Die aufgezeigten Antinomien treten auch in den Liebesbeziehungen der Romangestalten zutage. Den haltlosen und ausschweifenden Repräsentanten der alten Gesellschaft werden bewußte, dem Neuen zugewandte Menschen gegenübergestellt. Gegen den brutalen Egoismus des Mannes kommt es zum Aufstand der Arbeiterinnen, die deutliche Züge ihrer bäuerlichen Herkunft tragen. Den Gegensatz des alten und des neuen Kolomna, der das Hauptthema der Erzählung bildete, erweitert der Roman durch ein Bild der Arbeiterstadt Kolomstroj, deren neue Ordnung der zerfallenden bürgerlichen Welt entgegengestellt wird. H.J.S.

AUSGABEN: Moskau/Leningrad 1929. – Bln./Moskau 1929 *(Krasnoe derevo)*. – Moskau 1930; Nachdr. Chicago 1973. – Moskau 1989 (in *Povest' nepogašennoj luny*).

ÜBERSETZUNGEN: *Die Wolga fällt ins Kaspische Meer*, E. Honig, Bln. 1930. – *Mahagoni*, V. P. Lebedew, Mchn. 1961. – Dass., ders., Nördlingen 1988.

LITERATUR: A. Arosev, *Die Entstehung der Sowjetliteratur*, Prag 1932. – B. Mathesius, *Doslov o B. P.'ovi a jeho romane* (in B. Pil'njak, *Stavíme přehradu*, Prag 1932). – K. Brostrom, *The Enigma of P.'s »The Volga Falls to the Caspian Sea«* (in SEEJ, 18, 1974, Nr. 3, S. 271–298).

ANDREJ PLATONOVIČ **PLATONOV**

eig. Andrej Platonovič Klimentov
* 1.9.1899 Jamskaja sloboda bei Voronež
† 5.1.1951 Moskau

LITERATUR ZUM AUTOR:
L. Šubin, *A. P.* (in Voprosy literatury, 1967, Nr. 6, S. 26–54). – N. Mitrakova, *A. P. P. Materialy k bibliografii*, Voronež 1969. – L. P. Fomenko, *Tvorčestvo A. P. P.*, Diss. Moskau 1969. – *Tvorčestvo A. P. Stat'i i soobščenija*, Hg. V. Skobelev u. a., Voronež 1970. – J. Shepherd, *A. P.: The Career of a Soviet Literary Nonconformist*, Diss. Bloomington 1972. – M. Jordon, *A. P.*, Letchworth 1973. – D. Taran, *Chudožestvennyj mir A. P.*, Diss. Kiew 1973. – A. Olcott, *A. P. The Citizen-Artist*, Diss. Stanford 1976 [m. Bibliogr.]. – V. G. Poltavceva, *Kritika mifologičeskogo soznanija v tvorčestve A. P.*, Rostov 1977. – V. A. Čalmaev, *A. P.*, Moskau 1978. – V. Maramzin, *A. P. P. Bibliografičeskij ukazatel'* (in Echo, 1979, Nr. 4, S. 186–190; 1980, Nr. 1, S. 149–158; Nr. 2, S. 153–158; Nr. 3, S. 147–158; Nr. 4, S. 146–151). – N. G. Poltavceva, *Filosofskaja proza A. P.*, Rostov 1981. – E. Tolstaja-Segal, *Ideologičeskie konteksty P.* (in Russian Literature, 9, 1981, S. 231–280). – A. Teskey, *P. and Fyodorov: the Influence of Christian Philosophy on a Soviet Writer*, Aversham 1982 [m. Bibliogr.]. – V. Vasil'ev, *A. P. Očerk žizni i tvorčestva*, Moskau 1982. – M. Heller, *A. P. v poiskach sčast'ja*, Paris 1982. – W. und R. Śliwowski, *A. P.*, Warschau 1983. – A. Cvetkov, *The Language of A. P.*, Diss. Detroit 1983. – T. Seifrid, *Linguistic Devices in the Prose of A. P.*, Diss. Ithaca/N.Y. 1983. – D. M. Ul'jancev, *Idejno-chudožestvennye funkcii zaglavij v rasskazach A. P. P.*, Diss. Odessa 1985. – L. Šubin, *Poiski smysla otdel'nogo i obščego sušcestvovanija*, Moskau 1987. – *A. P. Vospominanija sovremennikov. Materialy k biografii*, Hg. N. V. Kornienko u. E. D. Šubina, Moskau 1994. – *A. P. Mir tvorčestva*, Hg. dies., Moskau 1994.

ČEVENGUR

(russ.; *Ü: Unterwegs nach Tschevengur*). Roman in drei Teilen von Andrej P. PLATONOV, entstanden 1927–1929, vollständig erschienen 1988. – Dieser erste und wohl wichtigste Roman Platonovs greift die Zeit unmittelbar vor und nach dem bolschewistischen Umsturz in Rußland 1917 auf. Die in der Umgebung von Voronež spielende Handlung setzt mit dem Selbstmord eines Fischers ein: Da er seine »Neugierde auf den Tod« nicht mehr bändigen kann, ertränkt er sich in einem See. Sein Sohn Aleksandr (Saša), der eigentliche Held des Romans, wird zunächst in die Familie der Dvanovs aufgenommen, wo er von Prokofij, dem ältesten von sechzehn Söhnen, gequält und schließlich ausgestoßen wird. Wieder obdachlos geworden wird er von Zachar Pavlovič aufgenommen. Zachar, Zentralfigur des ersten Teils, zeichnet sich durch seinen Drang nach Erkenntnis aus und steht damit im krassen Gegensatz zu seiner trägen und stumpfsinnigen Dorfumgebung. Er interessiert sich insbesondere für die Technik, verliert aber das Interesse an jedem Projekt, sobald dessen Abschluß in Sicht ist. Die Diskrepanz zwischen Zachars Einstellung und der des Saša Dvanov, der Wissen akkumuliert und daraus eine Zukunftsperspektive aufbaut, wird explizit hervorgehoben. Sašas Eintritt in die bolschewistische Partei am Ende des ersten Teils wird als die praktische Konsequenz dieser Einstellung dargestellt.

In den beiden anderen Teilen wird Saša Dvanovs Schicksal (sein Name stammt vom russischen *dva*, das heißt zwei, und deutet auf eine Bewußtseinsspaltung bzw. Ambivalenz hin) vor dem Hintergrund der Revolution geschildert. Saša, inzwischen ein Eisenbahningenieur und Kommissar, reitet mit Stepan Kopënkin – einem Don Quichotte der Revolution, der sein Pferd »Proletarische Kraft« nennt und Rosa Luxemburg verehrt – in die Provinz, um »den Kommunismus unter dem einfachen und besseren Volk zu suchen«. Dabei begegnen sie mehreren sonderbaren Gestalten, die in der extremen Bürgerkriegssituation an die Macht gekommen sind, u. a. einem machtgierigen Bauern, dessen willkürliche Umverteilung der Güter zu totalem Chaos führt. Immer wieder versuchen Dvanov und Kopënkin, die Befehle der jungen Sowjetregierung zu befolgen und die Bevölkerung für deren Politik zu gewinnen, doch bleiben ihre Bemühungen ohne Ergebnis. Schließlich werden sie von ihren Vorgesetzten zurückbeordert, da ein Kurswechsel – die wirtschaftlich restaurative NÈP (Neue Ökonomische Politik) – eingetreten ist.

Den Höhepunkt des Romans bildet der dritte Teil, der die Geschehnisse im Dorf Čevengur zum Thema hat: Elf einheimische Bolschewiken unter der Führung Čepurnyjs und des schon aus dem ersten Teil bekannten Prokofij Dvanov sorgen für die Einführung des Kommunismus. Nach der grausamen Liquidierung und Vertreibung der »Bourgeoisie« sammeln sie das »Proletariat« und die Angehörigen »sonstiger Klassen« aus den umliegenden Dörfern, um ein kommunistisches Paradies zu errichten, in dem es für Sorgen, Krankheiten, ja sogar für den Tod keinen Platz mehr geben soll. Doch die nun völlig im Sinne der NÈP verfaßten Anordnungen der sowjetischen Regierung stoßen auf Befremden und Ablehnung. Am Ende wird Čevengur, dessen Bewohnern das Scheitern ihrer Kommune inzwischen klargeworden ist, von nicht näher bestimmten feindlichen Truppen vernichtet. Saša kehrt zum See zurück, in dem sein Vater den Tod gefunden hat, und ertränkt sich ebenfalls.

Neben den bereits erwähnten politischen und psychologischen Charakteristika weist *Čevengur* mehrere Züge eines philosophischen Romans auf, der von den Ideen N. FËDOROVS (1828–1903) stark geprägt ist. Fëdorov wollte die irdische Fruchtbarkeit abwerten und den Tod bzw. die naturwissenschaftliche Auferweckung der Toten zum Kern des Lebens machen. In *Čevengur* wird der junge Saša von seinen zahlreichen Stiefbrüdern gequält und schläft oft beim Grab seines Vaters; die Szenen des Bürgerkriegs sind voll blutiger Grausamkeiten, wobei Saša selbst mehr als einmal schwer verwundet wird; und schließlich entsteht der Kommunismus in Čevengur durch die (minutiös beschriebene) Erschießung der Bourgeoisie. Mit der Todesthematik und den apokalyptisch-utopischen Ideen Fëdorovs hängt auch der von den Čevengurer Bolschewiken immer wieder hervorgehobene Umstand zusammen, daß mit dem Kommunismus das »*Ende der Geschichte*« eingetreten sei. – Platonovs zurückhaltende Erzählweise rief unterschiedliche Assoziationen hervor: J. Brodskij sprach von einer Herrschaft der Sprache über ihre Sprecher; andere brachten Platonovs Stil mit dem Naturalismus (G. de Maupassant, E. Zola) in Verbindung. Die Bürgerkriegsereignisse in der Provinz werden von ihm als absurd und grotesk geschildert, was zu einem zweideutigen, wenn nicht schlicht negativen Bild der Revolution führt. Deshalb konnten zu Lebzeiten des Autors lediglich der erste Teil (unter dem Titel *Proischoždenie mastera – Die Entstehung eines Meisters*) und kurze Auszüge aus den weiteren Teilen in Rußland erscheinen. Die 1972 erfolgte Publikation des Gesamtwerks bestätigte den Eindruck, der anhand des ersten Teils entstanden war: Dieser antiutopische Roman ist, neben E. Zamjatins *My*, entstanden 1920 *(Wir)*, B. Pil'njaks *Golyj god*, 1922 *(Das nackte Jahr)*, und I. Babel's *Konarmija*, 1926 *(Die Reiterarmee)*, eines der wichtigsten Werke der frühen russisch-sowjetischen Prosa über die Revolution.   H.Mey.

Ausgaben: Moskau 1928 (in Krasnaja nov, Nr. 4, Tl. 1). – Paris 1972 [Tl. 2 u. 3]. – Moskau 1988 (in Družba narodov, Nr. 3–4; vollst.). – Moskau 1988 (in *Izbrannoe*). – Moskau 1989.

Übersetzungen: *Die Entstehung eines Meisters*, A. Jais (in *Die Kutschervorstadt. Gesammelte Erzählungen*, Hg. u. Nachw. A. Kaempfe, Mchn. 1968; Tl. 1). – *Unterwegs nach Tschewengur*, S. Geier, Darmstadt/Neuwied 1973 [Tl. 2 u. 3].

Literatur: M. Majzel', Rez. (in Zvezda, 1930, Nr. 4). – F. Levin, Rez. (in Rezec, 1930, Nr. 7). – V. Varšavskij, »*Čevengur*« *i novyj grad* (in Novyj žurnal, 122, 1976, S. 193–213). – B. Paramonov, »*Čevengur*« *i okrestnosti* (in Kontinent, 1987, Nr. 54, S. 333–372). – V. Berin, Rez. (in Literaturnaja gazeta, 27. 4. 88, S. 4). – S. Semënova, *Mytarstva ideala. K vychodu v svet* »*Čevengura*« *A. P.* (in Novyj mir, 1988, Nr. 5, S. 218–231). – V. Čalmaev, *Chudožestvennyj mir romana-utopii* »*Čevengur*« *A. P. u Istoriko-literaturnyj kommentarij* (in *A. P.*, *Čevengur*, Moskau 1989, S. 3–22; 373–381).

DŽAN

(russ.; *Ü: Dshan*). Erzählung von Andrej P. Platonov, entstanden 1934, vollständig erschienen 1965. – Diese Langerzählung handelt von der mythischen Suche nach der Seele und der märchenhaften Rettung des fiktiven, vom Aussterben bedrohten turkmenischen Volkes Džan im sowjetischen Mittelasien der frühen dreißiger Jahre. Von seiner Mutter, der Kirgisin Gjul'čataj (Bergblume) aus Not einst fortgeschickt, kehrt Nazar Čagataev als Absolvent eines Moskauer ökonomischen Instituts und Ehemann der Russin Vera (Glaube) mit dem Auftrag in seine turkmenische Heimat zurück, sein als Paria in der Wüste zugrundegehendes Volk zu suchen. Gegen den Widerstand des Verräters Nur-Muchammed (des Pseudo-Licht-Propheten) gelingt es ihm, unterstützt von dem Mädchen Ajdym, unter Einsatz seines Lebens nach abenteuerlicher Durchquerung der Wüste das Volk an seine Stammsitze zurückzuführen. Gestärkt begibt sich das Volk zwar gegen den Willen Nazars wieder auf Wanderschaft, kehrt aber zur Siedlung zurück, in welcher er es nach erneuter Suche in gesicherten Verhältnissen findet. Zusammen mit dem turkmenischen Mädchen Chanom (Frau), das eine Ausbildung absolvieren und seinem Volk als Lehrerin dienen soll, fährt Čagataev nach Moskau zurück. Da seine Frau gestorben ist, verbindet er sich mit deren Tochter Ksenja (Gastfreundschaft).

Der personale Erzähler greift indische und iranisch-türkische Mythen der Ambivalenz auf, wie archaische Erzählungen vom Kampf des Guten und Bösen, von Glück und Unglück, von Licht und Finsternis (Ormazd und Achriman), aber auch von Blindheit und Sehen, von Paradies und Hölle (Iran und Turan), von der Beziehung zwischen Mann und Frau, zwischen Mutter und Sohn, und er formt sie poetisch um, indem er sie mit mosaischen sowie messianisch-eschatologischen Elementen der Bibel verknüpft und auf herausfordernde Weise in die politische Gegenwart versetzt. Die mythische Nähe des Menschen zur Natur, des Fühlens und Denkens zu ihrem Gegenstand und des sprachlichen Ausdrucks zu seinem Inhalt zeigt sich in der kultischen Form der Nahrungsaufnahme und gewinnt in der leitmotivisch erscheinenden Steppenpflanze *perkati-pole* (Brachdistel; wörtl.: Roll übers Feld) Gestalt, die im Verein mit dem Wind Tieren und Menschen den Weg durch die Wüste weist. Der Autorität beanspruchende Gestus des Epischen, die Selbstgewißheit der bewahrenden Funktion des Gedächtnisses werden gebrochen durch die Eigenwilligkeit der Protagonisten, durch das Gewahrwerden ihrer existentiellen Bedrohung und den elegischen Ton des Erzählers. Auch die von Platonov gepflegte Form des Märchens dient hier nur als Folie, vor der die sprachlich karge poetisch mythisierende Erzählung von dem Begehren zeugt, die zerstörte mittelasiatische Kulturlandschaft wiederherzustellen und in der Tradition des Eurasianismus mit dem russischen Europa zu verbinden. Sie ist als »*romantische Erzählung*« (P. Borozdina), als »*My-*

sterienspiel« (V. Turbin) und als *»soziale Utopie«* (N. Poltavceva) aufgefaßt worden.   R. Gl.

AUSGABEN: Moskau 1938 (in Lit. gaz. 5.1.; Ausz.). – Moskau 1947 (in Ogonëk, Nr. 15; Ausz.). – Moskau 1963 (in Sel'skaja molodež', Nr. 3; Ausz.). – Moskau 1964 (in Prostor, Nr. 9; gek.). – Moskau 1965 (in *V prekrasnom i jarostnom mire*; vollst.). – Moskau 1985 (in *Sobr. soč.*, 3 Bde., 2).

ÜBERSETZUNGEN: *Das Volk Dschan*, A. Jais (in *Die Kutschervorstadt*, Mchn. 1968; unvollst.). – *Dshan*, M. Riwkin (in *In der schönen und grimmigen Welt*, Bln. 1969; ern. 1981; unvollst.). – Dass., A. Frank u. W. Kaempfe (in *Romane. Die Baugrube. Das Juvenilmeer. Dshan*, Hg. u. Nachw. L. Debüser, Mchn. 1990). – *Das Volk Dschan. Der Takyr. Die Baugrube*, K. Borowsky, Bln. 1992.

LITERATUR: E. Landau, *Starinnyj i obyknovennyj čelovečeskij vzgljad* (in Novyj mir, 1965, Nr. 6). – V. Turbin, *Misterija A. P.* (in Molodaja gvardija, 1965, Nr. 7). – L. Anninskij, *Vostok i zapad v tvorčestve A. P.* (in Prostor, 1968, Nr. 1, S. 89–97). – P. Borozdina, *Povest' A. P. »Džan«* (in *Tvorčestvo A. P.*, Hg. V. Skobelev u. a., Voronež 1970). – N. G. Poltavceva, *Filosofskaja proza A. P.*, Rostov 1981, S. 87–120. – E. Tolstaja-Segal, *Naturfilosofskie temy v tvorčestve P. 20-ch-30-ch gg.* (in Slavica Hierolsolymitana, 1979, S. 223–254). – J. Manthey, Rez. (in SZ, 14./15. 7. 1990).

GOROD GRADOV

(russ.; *Ü: Die Stadt Gradov*). Satirische Langerzählung in acht Kapiteln von Andrej P. PLATONOV, erschienen 1927. – Diese Satire zeichnet das Bild einer von der Bürokratie überwucherten russischen Provinzstadt in der Mitte der zwanziger Jahre. Platonov hatte in den frühen zwanziger Jahren an der Begründung einer proletarischen Kultur mitgewirkt und dabei eine *»Arbeiterkontrolle«* über den Staatsapparat mit dem Ziel gefordert, *»die Gigantomanie, das Chaos, die Überflüssigkeit unserer Einrichtungen zu verringern und die Sabotage und Räubereien der berühmten sowjetischen Angestellten zu beenden«*. In Tambov und Voronež war er erneut der Bürokratie begegnet.
Anknüpfend an M. ŠALTYKOV-ŠČEDRINS *Istorija odnogo goroda*, 1870 *(Geschichte einer Stadt)*, hat Platonov eine Darstellungsform entwickelt, die Satire weder vom Außenstandpunkt wie E. ZAMJATIN im Roman *My*, entstanden 1920 *(Wir)*, noch M. ZOŠČENKOS Erzählungen gleich aus der Innensicht der Personen entwirft, sondern in einer sich im Raum zwischen den Protagonisten bewegenden Perspektive. Erfüllt von der die Welt verbessernden Mission der Bürokratie, fährt der Beamte Šmakov mit dem Auftrag der Moskauer Zentralverwaltung nach Gradov, um *»in die Gouvernementsgeschäfte hineinzuwachsen und sie mit gesundem Menschenverstand zu beleben«*. Der Titel *Gorod Gradov* stellt rus-

sische und kirchenslavische Form im Wortspiel nebeneinander und weist mit seiner Bedeutung »Stadt der Städte« den Ort der Handlung als Inbegriff der russischen Provinzstadt aus. Auch die Namen der durchaus negativen Helden sind sprechend: »Šmakov« ist von *šmak* (Trichter) abgeleitet; tatsächlich will sein Träger den für ihn einfältigen Provinzlern die Bürokratie als *»kollektive Erarbeitung der sozialen Wahrheit«* eintrichtern. Das Universum dieses »Philosophen« der Bürokratie stülpt der verkehrten realen Welt ihre eigene räumliche Ordnung über: Mittelpunkt ist der Schreibtisch, plaziert im Kontor, gelegen im mit der Stadt identischen Verwaltungsgebäude. Die Umgebung ist reduziert auf das Gouvernement, die Hauptstadt ist nichts als ein Verwaltungszentrum. Aus dieser Wahrnehmung wird auch die Weltgeschichte bürokratisch deformiert; da ihre Entstehung nicht administrativ dokumentiert ist, hat sie keinen Anfang, kein eigenes Prinzip. Ihre Kontinuität liegt, auch über die Revolution hinaus, in der eine chaotische natürliche Welt planenden und ordnenden Bürokratie, deren Beamte sich zu den wichtigsten Vollstreckern der »sozialistischen Geschichte«, ja zu den Begründern einer Antiutopie, genannt »Sonnenstadt«, aufschwingen. Das angestrebte Ziel ist die völlige, vom Zentrum kontrollierte Gleichförmigkeit der Überzeugungen und Handlungen, ist Untätigkeit; ihr Widerlager sind *»Räuberei, Unsinn und Poesie«*. Auch für die Literatur ist eine kontrollierbare Aufgabe vorgesehen. Das Ende der Stadt Gradov und ihrer satirischen Darstellung, der Rückfall zum Dorf, folgt unweigerlich aus dem (an authentische Vorgänge anknüpfenden) Fehlschlagen des Versuches, gerade in ihr die Gouvernementszentrale anzusiedeln. Die bürokratische Vision und ihre Darstellung enden in der Zerstörung der Perspektive des administrativen Praktikers, des Gegenstücks zum »Philosophen« Šmakov: *»Aber Bormotov traut seinen Augen nicht – denselben Augen, die einmal Träger eines unbeirrten staatlichen Blicks waren.«*
In der bürokratischen Welt ist alles Surrogat; an die Stelle der Tat tritt die Akte, der Angestellte ersetzt den Revolutionär. *»Der Arbeiter hat gekämpft, und der Bürokrat hat gesiegt«* – in diesem der Zensur oder Selbstzensur zum Opfer gefallenen Satz gipfelt die mit dem Roman *Čevengur* und der Novelle *Usomnivšijsja Makar (Der in Zweifel geratene Makar)* eng verwandte Erzählung. Sie ist von der Forschung als *»Pamphlet«* (A. Vulis), *»psychologische Satire«* (L. Krojčik) und als *»Warnung«* (V. Verin) gedeutet worden. Der Groteske des späten Konstruktivismus und dem Absurdismus eines D. CHARMS und A. VVEDENSKIJ verwandt, führt sie ein Verhalten ad absurdum, das die Realität durch standardisierte Wahrnehmungs- und Verhaltensschablonen und die lebendige Rede durch sinnleere Klischees ersetzt.   R. Gl.

AUSGABEN: Moskau 1927 (in *Épifanskie šljuzy*). – Moskau 1928 (in Krasnaja panorama, Sept./Okt.). – Moskau 1929 (in *Proischoždenie mastera. Povest'*).

– Moskau 1966 (in *Izbrannoe*). – Moskau 1984 (in *Sobr. soč.*, 3 Bde., 1).

ÜBERSETZUNG: *Die Stadt Gradov*, A. Robiné (in *In der schönen und grimmigen Welt*, Bln. 1969; ern. 1981).

LITERATUR: A. Vulis, *Sovetskij satiričeskij roman*, Taškent 1965, S. 63–76. – L. E. Krojčik, *Osobennosti satiry A. P.* (in *Tvorčestvo A. P.*, Taškent 1965). – V. A. Verin, *Satiričeskij debjut A. P.* (in *Filologičeskie nauki*, 1979, Nr. 4, S. 11–16). – T. Langerak, *Kommentarii k sborniku A. P. »Ėpifanskie šljuzy«* (in *Dutch Contributions to the Tenth International Congress of Slavists*, Amsterdam 1989, S. 139–176).

JUVENIL'NOE MORE

(russ.; *Ü: Das Juvenilmeer*). Kurzroman von Andrej P. PLATONOV, entstanden 1934, erschienen 1972. – Eigenwillig zwischen Phantastik und Realistik oszillierend, erzählt dieses in sechzehn Abschnitte gegliederte Prosastück von der Modernisierung eines in der südlichen Steppe gelegenen sowjetischen Staatsgutes in den frühen dreißiger Jahren. Vorangetrieben wird sie vor allem von Nikolaj Vermo, einem erfinderischen Ingenieur und Musiker. Sein Familienname spielt auf den genialen russischen Naturwissenschaftler *Ver*nadskij und Kapitän N*emo* an, den ambivalenten Helden von Jules VERNES utopischen Romanen *Vingt mille lieues sous les mers*, 1870 *(Zwanzigtausend Meilen unter den Meeren)*, und *L'île mystérieuse*, 1870 *(Die geheimnisvolle Insel)*. Der in die Vergangenheit gewandte, des Opportunismus geziehene Sowchos-Vorsitzende Umriščeev wird abgesetzt, da seine Maxime *»Misch dich nicht ein!«* Neuerungen verhindert. Statt seiner verfolgt die unermüdliche Bostaloeva mit dem Ingenieur, einem Schmied und einem Tierzüchter die Verwirklichung der realistischen und utopischen Vorhaben: Nutzung des Viehkots als Brennmaterial, Gewinnung von Windenergie, Konservierung von Fleisch durch Elektrisierung, Erschließung von Tiefenwasser zur Bewässerung der Steppe. Die Aufbruchsstimmung wechselt freilich unvermittelt mit Anfällen von Schwermut; das Ziel, körperliche Arbeit durch Erfindung zu ersetzen und eine Modell-Sowchose zur Fleischgewinnung zu errichten, wird behindert durch satirisch dargestellte Halbbildung und Ignoranz, durch Unaufrichtigkeit, Rücksichtslosigkeit und Bürokratie. Im nachwortartigen Schluß werden Vermo und die Bostaloeva für ein halbes Jahr nach Amerika entsandt, um dort die Tiefenbohrung mit Lichtbogen und die Gewinnung von Energie aus dem Licht voranzutreiben.

Die karge Handlungsstruktur ist überlagert von poetomythischen, naturhistorischen und philosophischen Bedeutungsschichten, die das Geschehen als fortdauernde Kosmogenese und als Versuch bestimmen, die Evolution in einer Weise voranzutreiben, die eine Heimat erst in der Zukunft verheißt.

So verweist der Name der Sowchose »Roditel'skie Dvorniki« (Eltern-Gehöft) zugleich auf die Mühe, einen offenen Raum heimisch zu machen, und auf die Vorstellung des Religionsphilosophen N. FËDOROV von der Verpflichtung der Kinder, den Tod durch Wiedererweckung der Eltern zu überwinden. Im Anklang an slavische Fruchtbarkeitsmythen soll dem verwundbaren Leib der Erde das in der Tiefe ruhende »Mutterwasser« zu einem ganz Mittelasien bedeckenden »jungfräulichen« Meer entbunden werden.

Die weitgehend zur Parabel verdichtete Erzählung lebt von der nur in Musik, Tanz und Naturbetrachtung zum Ausgleich kommenden Spannung zwischen Gefühl und Verstand, zwischen der Sehnsucht und dem sie verdrängenden Denken. Nur mit Mühe bändigt die Form jene Melancholie, die im stetigen Standpunktwechsel die optimistische Rationalität bricht. Die Rede stellt fachsprachliche und alltägliche, öffentliche und intime, bürokratische und persönliche Ausdrücke so unvermittelt nebeneinander, verbindet unterschiedliche Stile so unmotiviert, daß konventionelle Bedeutungen erschüttert, sprachliche Klischees durchbrochen werden und die Wörter zur authentischen Benennung der Gegenstände und Erscheinungen streben. Von der Kritik ist der Kurzroman als *»phantastischer Realismus voll berauschender Lebenslust«* (A. Urban), als *»sozialistische Version des sprachlich faßbar gemachten existentiellen Entsetzens«* (J. Brodskij) und als *»Eröffnung eines Raums der Bewohnbarkeit«* (I. Borisova) gewürdigt worden.   R. Gl.

AUSGABEN: Paris 1972. – Moskau 1986 (in Znamja, Nr. 6). – Moskau 1988 (in *Povesti i rasskazy, 1928–1934* u. in *Gosudarstvennyj žitel'*).

ÜBERSETZUNGEN: *Das Meer der Jugend*, A. Knierim, Bln. 1984 [Nachw. J. Brodskij]. – *Das Juvenilmeer*, A. Frank u. W. Kaempfe (in *Romane. Die Baugrube. Das Juvenilmeer. Dshan*, Hg. u. Nachw. L. Debüser, Mchn. 1990).

LITERATUR: J. Brodskij, *Nachwort* (in A. P., *Das Meer der Jugend*, Bln. 1984). – I. Borisova, *Na semi vetrach* (in Novyj mir, 1987, Nr. 1, S. 251–261). – A. Urban, *Dela i ljudi: Včera i segodnja* (in Znamja, 1987, Nr. 7). – J. Manthey, Rez. (in SZ, 14./15. 7. 1990).

KOTLOVAN

(russ.; *Ü: Die Baugrube*). Kurzroman *(povest')* von Andrej P. PLATONOV, entstanden 1929/30, erschienen 1969 im Westen, 1987 in Moskau. – Die Fabel dieser handlungsarmen Provest' beschreibt, wie der Arbeiter Voščev wegen *»Grübelns«* seine Stelle verliert und auf der Suche nach einer neuen Arbeit auf einen Bautrupp stößt, der eine Baugrube für das *»bisher einzige proletarische Gemeinschaftsgebäude«*, das der Ingenieur Pruševskij entworfen hat, aushebt. Die Arbeiten gehen nur schleppend voran, da es an Fachkräften mangelt. Die Idee des Vorarbeiters Čiklin, für den Bau eine natürliche Grube zu nutzen, beschleunigt das Vorhaben vorübergehend, bis der ehrgeizige Funktionär Paškin im Streben nach Superlativen in der Zeit des Ersten Fünfjahresplanes den Auftrag erteilt, die Baugrube um das Sechsfache zu vergrößern. Nastja wird von den Bauarbeitern adoptiert. Sie ist gleichsam ein Symbol für die zukünftigen Bewohner des Hauses, für eine freie und glückliche Zukunft der Menschen, nach der sich alle Figuren mehr oder weniger konkret sehnen.

Die in düsteren Farben gestaltete Beschreibung der Figuren und der Natur, denen wegen mangelnder Lebensenergie der Tod näher ist als das Leben, läßt erahnen, daß dieses Bauwerk ohne Perspektive sein wird. Keiner der Helden hat eine positive Vision von der zukünftigen Welt, weshalb sie immer wieder von Zweifeln geplagt werden. Pruševskij fehlt eine Vorstellung von der »*seelischen Verfassung*« der zukünftigen Bewohner des Hauses, und er legt aus Verzweiflung den Tag seines Selbstmordes fest. Voščev ist es nicht möglich, ohne Wahrheit zu leben. Auf seine Frage, ob die Wahrheit auch dem Proletariat zustünde, antwortet der Aktivist der Partei: »*Dem Proletariat steht die Bewegung zu, und alles, was ihm dabei verquer kommt – egal ob es die Wahrheit ist oder eine vom Kulaken unter den Nagel gerissene Strickjacke – alles kommt streng organisiert in den großen Kessel, nachher ist nichts mehr wiederzuerkennen.*«

Die zweite Hälfte der Erzählung ist relativ unabhängig gestaltet und mit dem ersten Teil vor allem durch die Figuren verbunden. Platonov wendet sich hier kritisch dem damals hochaktuellen, politischen Thema der Zwangskollektivierung der Landwirtschaft zu. Stalin hatte diese radikale Enteignungspolitik 1929 unter der Losung »*Liquidierung der Kulaken als Klasse*« befohlen. Platonov beschreibt in der *Baugrube* die verheerenden Folgen, die dieser Appell hatte und die Stalin im März 1930 zwangen, zur Mäßigung aufzurufen. Čiklin, Nastja und ein vieldeutiger, wortlos wütender Bär, der stellvertretend für die vor der Revolution geknechteten Bauern steht, machen sich auf den Weg, um die umliegenden Gebiete zu »entkulakisieren«. Einer der betroffenen Bauern prophezeit: »*Paßt bloß auf: Heute beseitigt ihr mich, und morgen werdet ihr selber beseitigt. Zu guter Letzt kommt bloß noch euer oberster Mensch im Sozialismus an.*« Der grenzenlose Übereifer der Funktionäre, die »*die harte Linie, die in die lichte Zukunft führt*«, gnadenlos vertreten, steht Platonovs Freiheitsideal ebenso entgegen wie die Selbstjustiz, da in beiden Fällen egoistische Motive die Handlungsweise bedingen und nicht der Wille, eine bessere Zukunft zu gestalten. In beiden Teilen der Erzählung ist den Figuren das ideologische Ziel als abstrakte Größe nicht begreiflich, ein Mangel an körperlicher Arbeit führt unweigerlich zu Grübeleien, die wiederum die Lebenskraft lähmen. Dieses Phänomen thematisierte Platonov schon in früheren Texten (*Usomnivšijsja Makar*, 1929 – *Makar im Zweifel*) als eines seiner

wichtigsten Anliegen: Er warnt vor einer Zweiteilung der Gesellschaft in eine machtorientierte Funktionärsklasse, die lediglich auf den eigenen Vorteil bedacht ist, und eine machtlose, entrechtete Arbeiterklasse, die ideologisch gesehen Trägerin des Fortschritts sein soll, jedoch in der Realität einem Bürokratiemoloch zu gehorchen hat.

Im Tod der kleinen Nastja, die ebenso wie die Titelfigur in dem 1991 erstmals erschienenen Roman *Ščastlivaja Moskva (Die glückliche Moskva)* den Kommunismus verkörpert, versinnbildlicht Platonov das Scheitern der Idee unter den freiheitsfeindlichen Bedingungen des sozialistischen Regimes in der Sowjetunion. Čiklin benutzt die Baugrube als Grab für das Mädchen und begräbt dadurch gleichzeitig in einem tieferen Sinn die Hoffnungen aller Handlungsträger.

Für Platonovs gesamtes Werk ist die kritische Auseinandersetzung mit den Erscheinungen seiner Zeit und der Gesellschaft am Maßstab eines an Toleranz orientierten Freiheits- und Moralideals charakteristisch. Für die künstlerische Umsetzung der meist als Negativum formulierten Postulate seiner Philosophie bedient sich Platonov einer sprachlichen Codierung seiner Texte, bei der der Leser gehalten ist, »*beim Blick aufs kleinste Detail immer das Weltbild-Ganze seiner Werke präsent zu haben, das Hin- und Herweben der hier waltenden Wechselwirkungen zu ergründen, um das Einzelne zu begreifen*« (W. Beitz). P.B.B.

Ausgaben: Ffm. 1969 (in Grani, Nr. 70, S. 3–107). – Ldn. 1969 (in Student, Nr. 13–14, S. 5–113). – Ann Arbor 1973. – Moskau 1987 (in Novyj mir, Nr. 6, S. 50–123). – Riga 1988. – Moskau 1988.

Übersetzungen: *Die Baugrube*, A. Jais, Ffm. 1971. – Dass., W. Kaempfe (in *Die Baugrube. Das Juvenilmeer. Dshan. Romane*, Hg. u. Nachw. L. Debüser, Bln. 1989).

Literatur: I. Brodskij, *[Vorwort]* (in A. P., *The Foundation Pit*, Ann Arbor 1973, S. 5–7). – E. Markštejn, *Dom i Kotlovan, ili mnimaja realizacija utopii* (in *Rossija. Studia e ricerche a cura di Vittorio Strada*, N. 4, Turin 1980, S. 245–270). – T. Seifrid, *Writing Against Matter: on the Language of A. P.'s Kotlovan* (in Slavic and East European Journal, 31, 1987 (3), S. 370–387). – S. Zalygin, [Vorwort] (in Novyj mir, 1987, Nr. 6). – A. Pavlovskij, *Jama. O chudožestvenno-filosofskoj koncepcii povesti A. P. »Kotlovan«* (in Russkaja literatura, 1991, Nr. 1, S. 21–41) – N. Malygina, *»Kotlovan« A. P. i obščestvenno-literaturnaja situacija na rubeže 20-30-ch godov* (in *A. P., Issledovanija i materialy*, Hg. T. A. Nikonova, Voronež 1993, S. 55–61). – W. Beitz, *Beobachtungen zur erzählten Welt und zur Erzählweise in A. P.s Povest' »Kotlovan«* (in Literatur und Kunst, Jena 1997, S. 33–39).

NIKOLAJ FËDOROVIČ POGODIN

eig. Nikolaj Fëdorovič
* 16.11.1900 Gundorovskaja
† 19.9.1962 Moskau

LITERATUR ZUM AUTOR:
E. Kočar, *Dramaturgija P. 30-ch godov*, Moskau 1955. – N. Zajcev, *N. F. P.*, Moskau/Leningrad 1958. – E. Cholodov, *Die Kunst P.s* (in Sowjetwissenschaftl. Kunst u. Lit., 9, 1961, S. 1169–1189). – K. Rudnickij, *N. P.* (in K. R., *Portrety dramaturgov*, Moskau 1961, S. 379–387). – V. Pimenov, *O P.* (in Teatr, 1963, Nr. 9). – E. G. Cholodov, *P'esy i gody. Dramaturgija N. P.*, Moskau 1967. – *Slovo o P., Vospominanija*, Hg. A. Volgar', Moskau 1968. – E. Kornilov u. Ju. Nermirov, *Kumačovoe utro. Rannij period tvorčestva N. P.*, Rostov 1979. – K. D. Seemann, *Das sowjetische Drama zwischen Avantgarde und Realismus. N. P.* (in *Von der Revolution zum Schriftstellerkongreß*, Hg. G. Erler u. a., Bln. 1979, S. 421–445).

ARISTOKRATY

(russ.; *Ü: Aristokraten*). Schauspiel in drei Akten von Nikolaj F. POGODIN, Uraufführung: Moskau, 13. 11. 1934, Teatr im. E. Vachtangova. – Das erfolgreiche Zeitstück spielt in einem Arbeitslager am Weißen Meer, wo unter Leitung der Čeka (Außerordentliche Kommission zum Kampf gegen Konterrevolution, Sabotage und Spekulation) die arbeitsscheuen »Aristokraten« der Sowjetgesellschaft (nämlich Banditen, Diebe, Prostituierte, Geistliche, Kulaken, Schädlinge aus den Reihen der Intelligenz) umerzogen werden sollen. Drei typische Beispiele seien herausgegriffen: der Ingenieur Sadovskij, ein »echter Schädling«, der einsehen lernt, daß die Zukunft dem Sozialismus gehört, den mit aufzubauen ihm neuer Lebensinhalt wird; die Prostituierte Sonja, die sich das Trinken ab- und das Arbeiten angewöhnt und sich zuletzt als Brigadeführerin einen Namen macht; der »Kapitän« Kostja, Boß der Diebe, der sich in den Chef einer Arbeiter-Kommune verwandelt. Ihre Wandlung haben alle drei dem Čekisten Gromov zu danken, der sozialistischen Humanismus demonstriert: unerbittliche Gerechtigkeit, menschliche Wärme und Anteilnahme, Glaube an das Gute im Menschen. (»...*wir haben sie verurteilt, gestraft, in die Verbannung geschickt, was sollen wir da an Wunder glauben? Wir haben alles gewußt, was gespielt wurde, aber das ist inzwischen längst begraben – für sie und für uns.*«)
Das Schauspiel, 1956/57 im Majakovskij-Künstlertheater in Moskau als Komödie neu herausgebracht, entstellt zu einem pädagogischen Spaß, was in den Arbeitslagern der stalinistischen Ära blutiger

Ernst gewesen war. Die Banditen (»Mütze«, »Zitrone«, »Zigeuner« u. a.) könnten einem einfältigen Gangsterfilm entsprungen sein; die Dirnen heulen ständig nach Schnaps und Morphium und befleißigen sich einer ausgesucht unflätigen Umgangssprache; die dekadente Intelligenz munkelt bösewichtlerisch im Dunkeln. Daß um Frauen gespielt wird und Taschendiebtricks am laufenden Band vorgeführt werden, sind ebensolche Verlegenheitsrequisiten einer Pseudo-Gangsterkomödie à la Hollywood wie die Erfindung einer sentimentalen Liebesgeschichte, über die der schon bekehrte Diebesboß beinahe stolpert und wieder vom rechten Weg abkommt.
Den Regeln des »Vorzeige«-Theaters folgend, sind die drei Akte des Stücks in Einzelbilder aufgelöst, sogenannte »Episoden«, denen plakativ ein das Thema anzeigendes Transparent vorangestellt ist (»*Die Frauenbaracke*«, »*Das Messer des Kapitäns*« usw.). Wie »komisch« das Stück sein kann, zeigt die Episode »*Schubkarren und seltene Vögel*«: Zwei Geistliche (die »seltenen Vögel«) sägen Holz, wobei der eine »*wie ein Berserker*« arbeitet, der andere »*in kraftlosen Bewegungen von der Säge mitgenommen wird, so daß ein komisches Hin und Her entsteht*«; darüber geraten die geistlichen Herren in einen verwickelten kirchensprachlichen Streit, der damit endet, daß beide voreinander ausspucken und sich gegenseitig der Gnade Gottes anempfehlen. M.Gru.

AUSGABEN: Moskau 1934. – Moskau 1935 [umgearb.]. – Moskau 1960 (in *Sobr. dramat. proizv.*, 5 Bde., 1960/61, 3; krit.). – Moskau 1972 (in *Sobr. soč.*, 4 Bde., 1972/73, 1).

ÜBERSETZUNGEN: *Aristokraten*, anon., Bln. 1946. – *Die Aristokraten*, E. Dieckmann, Bln. 1959.

VERFILMUNG: *Zaključënnye*, SU 1936 (Regie: E. Červjakov).

LITERATUR: A. Gurvič, *P. Vtoroe roždenie. O p'ese P. »Aristokraty«* (in A. G., *V poiskach geroja*, Moskau 1938). – S. Andreeva, *O p'ese N. P. »Aristokraty«* (in Učen. zap. Leningr. univ. im. Ždanova, 130, 1957, S. 187–202).

SONET PETRARKI

(russ.; *Das Sonett Petrarcas*). Drama in drei Akten von Nikolaj F. POGODIN, Uraufführung: Moskau 1957, Teatr im. V. Majakovskogo. – Gegenstand des gegen kleinbürgerliche Anschauungen und Verhaltensweisen in der sozialistischen Gesellschaft gerichteten Stückes ist die Liebe des Kommunisten Suchodolov, der eine sibirische Großbaustelle leitet, zu der Leningrader Studentin Maja, die in seinem Betrieb an einer soziologischen Untersuchung arbeitet. Die Begegnung mit Maja macht Suchodolov die Erstarrung der eigenen Ehe bewußt. Maja wird ihm zum Sinnbild einer anderen, in seiner Persönlichkeit angelegten, durch den Verlauf seines bisherigen Lebens jedoch verschütteten Möglichkeit der eigenen Existenz. Diese Entdeckung steht für Suchodolov derart im Vordergrund, daß ihm der Gedanke an die sinnliche Erfüllung seiner Liebe fernliegt. Er schreibt der Studentin lediglich eine Reihe lyrischer Briefe, in denen er zu klären sucht, welche Bedeutung Maja für sein Leben hat: Sie ist für ihn die Laura aus Petrarcas Sonetten, eine abstrakte Idee seiner Träume und Wünsche. Bei ihrem ersten und einzigen Zusammensein zeigt sich jedoch, daß Maja keineswegs der ihr zugeschriebenen Rolle entspricht. Sie wirft Suchodolov die Ichbezogenheit seiner Empfindungen vor und bekennt ihm den gänzlich unplatonischen Charakter ihrer Liebe.

Das vielschichtige Liebesverhältnis wird durch Eingriffe Außenstehender kompliziert, die aus unterschiedlichen Motiven Einfluß auf das Schicksal der Helden zu nehmen suchen. Suchodolovs Gattin Ksenia Petrovna sieht in seiner Aufmerksamkeit für Maja eine eheliche Verfehlung und vertieft, indem sie Rechenschaft fordert, die Kluft zwischen sich und ihrem Mann bis zum Bruch. Dononov, Parteigenosse und Arbeitskollege Suchodolovs, hofft den Rivalen durch die Aufdeckung persönlicher Verfehlungen zu Fall bringen zu können. Der charakterschwache Künstler Armando verrät Suchodolovs Liebe wegen seiner Schwäche für Ksenia Petrovna. Die junge Komsomolzin Klara benutzt die Prinzipien der kommunistischen Moral als Vorwand, um sich in das Privatleben ihrer Freundin Maja einzumischen. All diese Intrigen scheitern jedoch an Pavel Michajlovič, einem langjährigen, erfahrenen Parteimitglied, der die unsachlichen Motive der Angriffe auf Suchodolov durchschaut und einen ausdrücklichen Vertrauensbeweis der Partei für den fähigen Genossen erwirkt.

Dieses poetische Drama Pogodins, der vor dem XX. Parteitag mit seinen Stücken über den sozialistischen Aufbau sehr erfolgreich war, scheint weniger zur Aufführung als zur Lektüre geeignet. Wie seinen anderen Dramen fehlt *Sonet Petrarki* eine bühnenwirksame Handlung, das Thema wird vor allem auf abstrakt gedanklicher, schauspielerischer Darstellung entzogener Ebene bewältigt. Im zweiten Band des umstrittenen Sammelwerks *Literaturnaja Moskva (Das literarische Moskau)* erschienen, exemplifiziert das Drama zum Teil die im gleichen Band von Mark Ščeglov aufgezeigten Schwächen des zeitgenössischen sowjetischen Theaters. KLL

Ausgaben: Moskau 1956 (in *Literaturnaja Moskva*, Bd. 2). – Moskau 1961 (in *Sobr. dramat. proizv.*, 5 Bde., 1960/61, 5; krit.). – Moskau 1973 (in *Sobr. soč.*, 4 Bde., 1972/73, 3).

Literatur: M. Turovskaja, »*Sonet Petrarki*« (in Večernaja Moskva, 24. 5. 1957). – E. Izmajlova, *Razdum'e o žizni* (in Večernij Leningrad, 6. 12. 1957).

EVGENIJ ANATOL'EVIČ POPOV

* 5.1.1946 Krasnojarsk / Sibirien

PREKRASNOST' ŽIZNI. Glavy iz »romana s gazetoj«, kotoroj nikogda ne budet načat i zakončen. Roman-kollaž

(russ.; *Ü: Die Wunderschönheit des Lebens. Kapitel aus einem Roman mit Zeitung, der niemals begonnen wurde und niemals beendet wird. Roman-Collage*). Roman von Evgenij Anatol'evič Popov, erschienen 1989. – Der Autor studierte Geologie in Moskau und arbeitete anschließend, nachdem er weder am Literaturinstitut noch an der Filmhochschule zugelassen wurde, als Geologe in Sibirien. Seine ersten Kurzgeschichten stammen aus den frühen sechziger Jahren, fünf Erzählbände, die Popov verschiedenen Verlagen vorgelegt hatte, wurden nicht gedruckt. 1976 übersiedelte er nach Moskau, wo er von Übersetzungen und Gelegenheitsarbeiten lebte. Hin und wieder kann Popov aus seinem umfangreichen Werk (weit mehr als 200 Kurzgeschichten, Kurzdramen und mehraktige Theaterstücke) einzelne Erzählungen veröffentlichen. Seine Teilnahme an dem Almanach ›Metropol‹ (1979) verhinderte die Aufnahme Popovs in den Schriftstellerverband und führte zum Publikationsverbot. Seit Mitte der achtziger Jahre kann Popov wieder publizieren.

Die Wunderschönheit des Lebens ist eine Collage mit Chronikcharakter. Beginnend mit 1961 ist jedem Jahr bis 1985 ein Kapitel gewidmet. Alle sind nach dem gleichen Prinzip aufgebaut. Die einzelnen Abschnitte werden mit einer Erzählung, die im entsprechenden Jahr entstanden ist, eingeleitet. Den Mittelteil bildet eine Reihe authentischer Zeitungstexte, die von politischen Nachrichten, Ernteberichten, über Propagandaartikel und offenen Briefen bis hin zu Schlagzeilen und Leserbriefen ein buntes Potpourri des öffentlichen Lebens in der Sowjetunion zeichnen. Die Kapitel enden jeweils mit einer weiteren Erzählung, deren Entstehungsdatum Popov in einem Vorwort mit ungefähr 1981 datiert. Die fiktionalen Texte in *Die Wunderschönheit des Lebens* sind – unabhängig von der gewählten Erzählperspektive – so realitätsnah und authentisch, daß die Distanz zwischen Leser/Erzähler/Autor auf ein Minimum schrumpft, ein für Popovs Erzählen typisches Merkmal. Wie in einem Photoalbum entdeckt der Leser Popovs subjektive Sicht Rußlands, ein Eindruck, der durch die Auswahl der Themen noch verstärkt wird. Scheinbar unbedeutende, alltägliche Ereignisse, die ohne Pointe erzählt werden, bilden den Anlaß für die Erzählungen, die mal amüsant, mal nachdenklich, mal aktuell, mal traurig sind: ein Student, der seine Bücher im Antiquariat verkaufen will, um die Zeit bis zum nächsten Stipendium zu überbrücken

(1961), ein Besuch einer Theaterprobe (1962), ein Mann, der ein Auge verliert, weil ihm ein Aktenordner ins Gesicht fällt (1981). Beinahe nebenbei konfrontiert Popov den Leser mit kleinen Schikanen und Hindernissen des Lebens im allgemeinen und des Lebens in der Sowjetunion im besonderen: Benzinrationierung (1961), nicht ganz harmlose Streiche sich langweilender Jugendlicher (1967), ein Gespräch über Unterhosen (1974).

Die Grundstimmung der gesamten Chronik gibt der Titel einer der Erzählungen, *Die Wunderschönheit des Lebens* (1966), wieder: Das Leben ist (trotz allem) wunderschön, weil es Menschen gibt oder weil es schlimmer hätte kommen können. Popov propagiert einen pragmatischen Optimismus, ohne den das Leben unerträglich wäre. Gleichzeitig gelingt es ihm, den unerschütterlichen Glauben daran, daß sich alle Probleme früher oder später von selber lösen, als Ausdruck einer urrussischen Einstellung zum Leben darzustellen. Popov erzählt von seinen Helden mit einer ironischen Distanz, die manchmal an fatalistischen schwarzen Humor grenzt, wie in der Erzählung *Eschatologische Tendenzen bei einem gewissen Teil der ehemaligen Jugend* (1963). Ein Mann ist halb wahnsinnig vor Zahnschmerzen und wird von Arzt zu Arzt, von einem Ende der Stadt ans andere geschickt, weil niemand sich für ihn zuständig fühlt. Doch Popovs Held ist zufrieden, als er endlich jemanden gefunden hat, der ihn von seinen Schmerzen befreit. Er kann auch weiterhin schreiben, und geblieben ist ihm *nur* eine chronische Arthrose, es hätte ja schlimmer kommen können.

In allen Erzählungen zählt für Popov die Wahrhaftigkeit der Dinge, die die »*Wunderschönheit des Lebens*« ausmachen. Der Roman ist ein Beleg für Popovs Glauben an die Menschen. Durch die subjektive Perspektive und den leichten, ironischen Ton wird die satirische Dimension der Texte erst in der Fülle der erzählerisch verarbeiteten Stoffe deutlich.

P.B.B.

AUSGABE: Moskau 1990.

ÜBERSETZUNG: *Die Wunderschönheit des Lebens*, A. Frank, Ffm. 1992.

LITERATUR: Ju. Orlickij, *Roman ... s gazetoj* (in Oktjabr', 1992, Nr. 3, S. 202–204). – R. Eshelman, *Von der Moderne zur Postmoderne in der sowjetischen Kurzprosa. Zoščenko – Paustovskij – Šukšin – P.* (in Wiener Slavistischer Almanach, 1993, Nr. 31, S. 173–209).

MICHAIL MICHAJLOVIČ PRIŠVIN

* 4.2.1873 Chruščevo / Gouvernement Orlov
† 16.1.1954 Moskau

KAŠČEEVA CEP'

(russ.; *Die Kette des Kaščej*). Autobiographischer Roman von Michail M. PRIŠVIN. Der erste Teil (*Kurymuška*) erschien 1924 separat als Erzählung (*povest'*), das Gesamtwerk 1930. – Der unsterbliche Zauberer Kaščej begegnet in der russischen Volksdichtung als die mythische Verkörperung des Bösen, jener Urkraft, die sich für Prišvin in der lähmenden Macht der gesellschaftlichen und politischen Konventionen des Zarenreichs manifestierte. Die Befreiung aus den Fesseln des unheilvollen Zauberers ist sein dichterisches Bild für das Bemühen des Menschen, mündig zu werden. In Übereinstimmung mit der durch den Titel evozierten Vorstellung einer Kette ist der Roman nicht in Kapitel, sondern in »Glieder« unterteilt; sie bestehen wiederum aus mehreren skizzenartigen Abschnitten, die auf den ersten Blick willkürlich aneinandergereiht erscheinen und keinen kontinuierlichen Handlungsverlauf ergeben, in Wirklichkeit aber höchst kunstvoll aufeinander bezogen sind: Jeder Abschnitt stellt eine Stufe in der fortschreitenden Bewußtseinsbildung und -erweiterung der Hauptfigur dar, der der Autor Züge seines eigenen Charakters gegeben hat.

Miša Alpatov kommt als Sohn eines Kaufmanns in dem Städtchen Chruščevo zur Welt, auf einem Gut, das sein Vater des gesellschaftlichen Ansehens wegen einer verarmten adligen Familie abgekauft hat. »*Dort, in einem von Leibeigenenhänden gemachten und aus irgendeinem Grund Kury genannten riesigen Sessel, wurde ich – Kurymuška* [*muška*: kleine Fliege] *– geboren.*« Die Hauptwesenszüge Mišas sind schon in seiner Kindheit stark ausgeprägt: Verträumtheit, gepaart mit außergewöhnlicher Sensibilität und einer lebhaften Phantasie, die seine Sehnsucht nach märchenhaften, im prosaischen Alltag unauffindbaren Regionen der Schönheit und Harmonie nährt, aber auch seinen Haß gegen alle die Kräfte weckt, die ihm jene Regionen zu zerstören scheinen.

In der kindlichen Vorstellungswelt verschmilzt das erträumte Paradies untrennbar mit dem Gegenstand der letzten Zeichnung, die der Vater vor seinem Tode anfertigte. Eine schmerzliche Sehnsucht nach dem Land der »*blauen Biber*«, die dort dargestellt sind, erfüllt Mišas ganze Seele. Der ähnlich träumerisch veranlagte Bauer und Vogelfänger Gusek nimmt den Knaben mit auf Wachtelfang, und in ihrer Phantasie verschmilzt das Land der »*blauen Biber*« mit dem der »*weißen Kaufmannswachtel*«. Später nimmt die traumhaft erlebte

Schönheit die reale Gestalt des Mädchens Maša an, das es zu schützen gilt vor der Macht des – in der kindlichen Vorstellungswelt noch nicht mit anonymen Kräften, sondern der Person des Starec (Dorfältester) identifizierten – Zauberers Kaščej.

Die auf *Kurymuška* folgenden »Glieder« des Romans schildern die Entwicklung Miša Alpatovs zur erwachsenen Persönlichkeit. Mit zehn Jahren flieht er heimlich aus dem Elternhaus und fährt mit einem Boot wolgaabwärts, in der Hoffnung, auf diesem Weg Asien – eine neue Version des Landes der »*blauen Biber*« – zu erreichen. Nach seiner Rückkehr muß er aus politischen Gründen das Gymnasium der Kreisstadt Jelez verlassen und zieht daraufhin zu einem Onkel nach Sibirien, wo er seine Schulausbildung beendet. In Riga besucht Alpatov das Polytechnikum, schließt sich marxistischen Kreisen an und übersetzt August Bebels Schrift *Die Frau und der Sozialismus*. Man verhaftet ihn, als seine Vorträge über die Emanzipation der russischen Frau zu Unruhen unter der Arbeiterschaft führen. Im Gefängnis besucht ihn ein junges Mädchen, das sich als seine Braut ausgibt, um für ihn die Verbindung zu seinen politischen Freunden aufrechtzuerhalten. Ein Jahr später wird er aus der Haft entlassen und begibt sich zum Studium nach Berlin und Leipzig. Später arbeitet er in Rußland als Agronom. Nach der Trennung von Inna Rostovceva, seiner Gefängnisbraut – die Liebe zu ihr war das entscheidende Erlebnis seines Lebens –, wird ihm das Schreiben zur einzigen Möglichkeit der Selbstverwirklichung.

Kaščeeva cep' ist ein in historischer wie literarischer Hinsicht gleichermaßen bedeutsamer Roman. Prišvin, Verfasser ethnographischer Skizzen, war ein Meister der Naturschilderung. Vor allem in *Kurymuška*, dem besten Teil des Werks, finden sich Abschnitte von einer sprachlichen Schönheit und poetischen Leuchtkraft, von einer Plastizität in der Wiedergabe der Stimmen und Bilder der Natur und ihrer Wirkung auf die kindliche Seele, wie sie in der sowjetischen Kunstprosa wohl einmalig sind.   I.v.W.

Ausgaben: Moskau 1924 *(Kurymuška)*. – Moskau 1930 *(Kaščeeva cep')*. – Moskau/Leningrad 1932/33, 2 Bde. – Moskau 1956/57 (in *Sobr. soč.*, Hg. P. Smirnov u. a., 6 Bde., 1; ern. 1960).

Literatur: Ju. Sobolëv, »*Kurymuška*« (in Rossija, 1924, Nr. 2/3, S. 221 f.). – N. G. Smirnov, *M. P., Očerk žizni i tvorčestva*, Moskau 1953. – T. Chmeľnickaja, *Tvorčestvo M. P.*, Moskau 1959, S. 103–145. – L. Livšic, *M. P., Tvorčeskij put'*, Moskau 1960. – G. Eršov, *M. P. Očerk žizni tvorčestva*, Moskau 1963. – H. Lampl, *Das Frühwerk M. P.s. Studien zur Erzähltechnik*, Diss. Wien 1967. – R. Parrott, *M. P., Major Short Works 1924–1941*, Diss. Ann Arbor 1974. – L. Šatalova, *Pevec dobra i krasoty*, Kišinëv 1974. – D. Hannaway, *The Life and Works of M. P.*, Diss. Syracuse 1975 [m. Bibliogr.]. – V. Prišvina, *Naš dom*, Moskau 1977. – *P. i sovremennost'*, Hg. P. Vychodcev, Moskau 1978. – Ders., *Narodno-poëtičeskie osnovy filosofskoj prozy M. M. P.* (in Russkaja literatura, 1980, Nr. 1, S. 49–72). – V. Kurbatov, *M. P. Očerk tvorčestva*, Moskau 1986. – *Tvorčestvo M. M. P. Issledovanija i materialy*, Voronež 1986. – N. P. Dvorcova, »*Kaščeeva cep'*« *M. P. i problema istoričeskogo smysla puti pisatelja* (in Izvestija AN, Serija literatury i jazyka, 1992, Nr. 3). – *Meždunarodnaja naučnaja konferencija, posvjaščennaja tvorčestvu M. M. P.* (in Izvestija AN, Serija literatury i jazyka, 1994, Nr. 2).

VLADIMIR JAKOVLEVIČ **PROPP**

* 29.4.1895 St. Petersburg
† 22.8.1970 Leningrad

MORFOLOGIJA SKAZKI

(russ.; *Ü: Morphologie des Märchens*). Literaturwissenschaftliche Studie von Vladimir Ja. PROPP, erschienen 1928. – Propps bahnbrechender Neuansatz in der wissenschaftlichen Beschreibung von Erzähltexten, der zunächst weitgehend unbeachtet blieb, erlangte erst mit dreißig Jahren Verspätung durch eine Übersetzung ins Englische (1958) weltweite Aufmerksamkeit, konnte aber auch zu diesem Zeitpunkt noch überaus anregend auf die Literaturwissenschaft wirken. Zu den zahlreichen Übersetzungen des Buches gesellte sich 1969 eine Neuauflage in der Sowjetunion, die für Propp und sein Werk nach sehr wechselhafter Rezeption, die Ende der vierziger Jahre mit einem öffentlichen Tribunal von Fachkollegen ihren Tiefpunkt erreicht hatte, offizielle Würdigung auch im eigenen Lande signalisierte.

Die Forschungssituation, von der Propp 1928 mit seinem Ansatz zu einer Märchentypologie auszugehen hat, beschreibt er als von unterschiedlichen Klassifizierungsversuchen geprägt, die zwar als solche in die richtige Richtung weisen, aber alle mehr oder weniger stark unter der Heterogenität der Klassifizierungskriterien (Themen, Motive, Aussage, Stil etc.) und daraus resultierend unter erheblichen Unschärfen bei der Abgrenzung von Märchengattungen leiden. Um nun eine exakte wissenschaftliche Beschreibungsmethode zu entwickeln, geht er von einer für seine Arbeit grundlegenden Beobachtung aus. In dem festgelegten Textkorpus russischer Zaubermärchen aus der Sammlung A. N. AFANAS'EVS findet er Beispiele für das Ausüben ein und derselben Handlung durch verschiedene Figuren bzw. Handlungsträger vor.

Durch Zerlegung der Märchentexte in kleinste Handlungseinheiten gelangt Propp zu konstanten »*Funktionen*«, die auf Definitionen wie »*Verbot*«, »*Verletzung des Verbots*«, »*Empfang eines Zauber-*

mittels«, »Kampf« etc. reduziert werden können. Alle Zaubermärchen – so Propps These – lassen sich auf die überschaubare Zahl von 31 solcher Funktionen zurückführen, die zwar nicht immer vollständig, aber stets in der gleichen Reihenfolge anzutreffen sind. *»Die konstanten und unveränderlichen Elemente des Märchens sind die Funktionen der handelnden Personen, unabhängig davon, von wem oder wie sie ausgeführt werden. Sie bilden die wesentlichen Bestandteile des Märchens.«* Innerhalb der Funktionen gibt es konstante *»Rollen«* (Held, Gegenspieler, Helfer etc.), die sich in vielerlei Weise konkretisieren können und erst hierdurch die stoffliche Vielfalt der Zaubermärchen bedingen: *»Nomenklatur und Attribute der handelnden Personen sind variable Märchenelemente.«* Zu allen 31 Funktionen liefert Propp Beispiele und Erläuterungen sowie die für die Formalisierung notwendigen Buchstaben- und Zahlensymbole. Bestimmte Funktionen faßt er zu *»Sequenzen«* zusammen, während das Märchen als Ganzes wiederum aus einer Folge von Sequenzen besteht, so daß sich der Text als hierarchische Struktur schematisieren läßt. – In der ebenfalls 1928 erschienenen Studie *Transformacii volšebnych skazok (Transformationen von Zaubermärchen)* erklärt Propp die Verwandtschaftsverhältnisse zwischen einzelnen Zaubermärchen auf der Basis ihrer Struktur als solche von Grundformen und (durch Transformationen) abgeleiteten Formen, die in ihrer jeweiligen Ausprägung vom kulturellen Kontext ihrer Entstehung bedingt sind.

Während Propps Interesse in erster Linie der Erforschung der Folklore galt und er seinen Ansatz später in diesem Sinne erweiterte und differenzierte sowie für eine historisch-genetische Betrachtungsweise des Märchens nutzbar machte (womit er den wichtigen Schritt von der Synchronie zur Diachronie vollzog), wurde seine Arbeit – insbesondere durch die französischen Strukturalisten – als methodologischer Impuls zur Darstellung von Tiefenstrukturen (Handlungssubstrat) von Erzähltexten allgemein aufgenommen, so daß sie als *»Ausgangspunkt der neueren, insbesondere der strukturalen Erzähltextanalyse«* (E. Gülich) bezeichnet werden kann.   F.G.

AUSGABEN: *Morfologija skazki*: Leningrad 1928. – Moskau 1969. – *Transformacii volšebnych skazok*: Leningrad 1928 (in Poétika, Nr. 4).

ÜBERSETZUNG: *Morphologie des Märchens*, Ch. Wendt, Hg. K. Eimermacher, Mchn. 1972 [enth. auch *Transformationen von Zaubermärchen*, Ü.: M.-G. Wosien]. – Dass., dies., Ffm. 1975.

LITERATUR: E. M. Meletinskij, *Strukturno-tipologičeskoe izučenie skazki* (in V.P., *Morfologija skazki*, Moskau 1969; dt. in V.P., *Morphologie des Märchens*, Ffm. 1975, S. 241–276). – C. Lévi-Strauss, *L'analyse morphologique des contes russes* (in International Journal of Slavic Linguistics and Poetics, 1960, Nr. 3, S. 122–149; u.d.T. *»La structure et la*

forme. Réflexions sur un ouvrage de V. P.« in Cahiers de l'Institut de science économique appliquée, 1960, Nr. 99, S. 3–36; dt. in V. P., *Morphologie des Märchens*, Ffm. 1975, S. 181–214). – A. J. Greimas, *Le conte populaire russe. Analyse fonctionelle* (in International Journal of Slavic Linguistics and Poetics, 1965, Nr. 9, S. 152–175). – I. Levin, *V. P.: An Evaluation of His Seventieth Birthday* (in Journal of the Folklore Institute, 1967, Nr. 4, S. 32–49). – F. J. Oinas, *V. Ja. P.* (in Journal of American Folklore, 1971, Nr. 84, S. 338–340). – K. Eimermacher, *Nachwort* (in V. P., *Morphologie des Märchens*, Ffm. 1975, S. 277–286). – E. Gülich, *Die Anfänge der Erzähltextanalyse bei V. P.* (in E. G. u. W. Raible, *Linguistische Textmodelle*, Mchn. 1977, S. 195–202). – R. Lachmann, *Die P.-Nachfolge in der sowjetischen Forschung* (in Zeitschrift für Literaturwissenschaft und Linguistik, 3, 1978, Beih. 8, S. 46–70).

VALENTIN GRIGOR'EVIČ RASPUTIN

* 15.3.1937 Ust'-Uda / Gebiet Irkutsk

LITERATUR ZUM AUTOR:
W. Kasack, *W. R.* (in Osteuropa, 1975, Nr. 7). – V. Šapošnikov, *V. R.*, Novosibirsk 1978. – C. Link, *Symbolism of the Sacred: the Novels of V. R.*, Diss. Bloomington/Ind. 1983. – D. Gillespie, *Man and Soviet Society in the Works of Vasily Belov and V. R. 1960–1981*, Diss. Leeds 1984. – V. Sigov, *Proza V. G. R.: problematika i poétika*, Diss. Moskau 1984. – R. Schäper, *Die Prosa V. G. R.s: Erzählverfahren und ethnisch-religiöse Problematik*, Mchn. 1985. – E. Rich, *Women in the Prose of V. R.*, Diss. Ann Arbor/Mich. 1985. – M.-L. Magnusson, *Gränsens funktioner och minfestioner i V. R. povesti*, Göteborg 1986. – C. Kwŏn, *Sibirian Mythology, Folklore, and Tradition in V. R.'s Novellas*, Diss. Lawrence/Kans. 1986. – A. Urmanov, *Poétika prozy V. R.: psichologičeskij analiz tradicii i novatorstva*, Diss. Moskau 1986. – T. Polowy, *The Povesti of V. G. R.: Genre, Language, and Style*, Diss. Vancouver 1986. – D. Gillespie, *V. R. and Soviet Russian Village Prose*, Ldn. 1986 [enth. Bibliogr.]. – E. Elizarova, *V. G. R. Bibliografičeskij ukazatel'*, Irkutsk 1986. [Vorw. M. Sergeev]. – S. Semenova, *V. R.*, Moskau 1987. – N. Tenditnik, *V. R.: očerk žizni i tvorčestva*, Irkutsk 1987. – R. Porter, *Four Contemporary Russian Writers*, Oxford 1989. – G. Hasenkamp, *Gedächtnis und Leben in der Prosa R.s*, Wiesbaden 1991.

DEN'GI DLJA MARII

(russ.; *Ü: Geld für Maria*). Novelle von Valentin G. RASPUTIN, erschienen 1967. – Marija, eine gutmütige Bauersfrau, lebt in einer Kolchose in Sibirien mit ihrem Mann Kuz'ma und ihren vier kleinen Kindern. Sie ist gedrängt worden, den Kaufladen des Dorfes zu übernehmen, nachdem mehrere Vorgänger wegen vorsätzlicher Unterschlagung oder aus Unkenntnis der Geldwirtschaft begangener Fehler die Härte des Gesetzes zu spüren bekommen hatten. Marija läßt sich nur widerstrebend überreden, den Laden vorübergehend zu führen, obwohl sie nie Buchführung gelernt hat und kaum die einfachsten Rechnungen beherrscht. Bei der neuen Arbeit kann sie ihr mitleidiges Herz nicht verbergen. Sie schreibt ihren Kunden an und drängt sie nicht, zügig zu bezahlen.

Das zentrale Ereignis der Novelle bildet das Auftauchen eines staatlichen Rechnungsprüfers, der bei der Inventur einen Fehlbetrag von tausend Rubeln feststellt. Der Revisor zeigt Verständnis und überschreitet sogar seine Befugnisse, indem er Marija eine Frist von fünf Tagen gewährt, in denen sie das Geld beschaffen soll – andernfalls drohe ihr eine fünfjährige Gefängnisstrafe. Weder sie noch Kuz'ma können sich eine solch gewaltige Summe vorstellen, die neuen Rubel verwechseln sie immer noch mit den alten von vor der Währungsreform 1961, die um das Zehnfache weniger wert waren. Im Bewußtsein der Dorfbewohner ist Geld, wie viele andere Erscheinungen des modernen städtischen Lebens, ein Fremdkörper, denn sie kennen nur den Tauschwert der Waren und wurden selbst von der Kolchose meist in Naturalien bezahlt. Hier klingt ein Grundthema der Prosa Rasputins und der sowjetischen Dorfprosa überhaupt an: die gegenseitige Entfremdung des Dorfes und der Stadt.

Im Mittelpunkt der übrigen Handlung stehen Kuz'mas Versuche, die tausend Rubel aufzutreiben. Marija ist vor Entsetzen hysterisch und fleht ihren Mann immer wieder an, sie vor dem Gefängnis zu retten. Kuz'ma läßt eine Demütigung nach der anderen über sich ergehen, als er von den Mitbewohnern des Dorfes Geld zu borgen versucht. Er stößt auf Egoismus und schadenfrohe Zurückweisung, aber auch auf Hilfsbereitschaft, besonders bei den Ärmsten. Die schließlich erborgte Summe reicht bei weitem nicht aus, und so macht sich Kuz'ma zu einer langen Bahnreise nach Moskau auf, wo er auf die Hilfe seines dort ansässigen Bruders setzt. Als Werkmeister hat dieser einen einträglichen Beruf und könnte die Summe wohl aufbringen, doch die Brüder sind sich seit Jahren entfremdet. Die Handlung der Novelle bricht in dem Moment ab, da Kuz'ma, voller Zweifel am Erfolg seiner Reise, an die Tür des Bruders klopft.

Die Gestaltung der Zeit weist ein für Rasputin typisches Verfahren auf: Die am frühen Morgen des vierten Tages der Fünf-Tage-Frist beginnende Reise Kuz'mas bildet die Gegenwart des Werkes; in der Form von Kuz'mas Erinnerungen wird die Vorgeschichte des Dorfes und der handelnden Personen erzählt. Da fast alles aus der Perspektive Kuz'mas geschildert wird, steht sein *»Erfahrungsweg«* und die *»Prozeßhaftigkeit«* (B. Schultze) im Vordergrund. In allen Abschnitten, auch in Diskussionen auf der Zugreise, kommt der Gegensatz zwischen den traditionsbewußten, solidarisch auftretenden Dorfbewohnern und den Städtern zum Ausdruck. Kuz'mas Reise findet im späten Oktober statt, so daß auch das Wetter die peinigende Situation des bedrängten Ehepaares widerspiegelt: Die Natur ist verödet, der Himmel ist verhangen, und der erste Schnee, der symbolisch, aber auch im konkreten bäuerlichen Leben klare Verhältnisse und neue Aufgaben schafft, steht unmittelbar bevor.

Bereits in dieser ersten großen Novelle des sibirischen Dorfprosaisten Rasputin zeichnet sich die für ihn typische Thematik ab: Der hilflose einzelne gerät in eine von außen einbrechende, tragische und ausweglos erscheinende Situation, die meist als Parallelerscheinung zum Einbruch der modernen Zivilisationen auf das traditionelle russische Dorf präsentiert wird. Der Erzähler steht eindeutig auf der Seite des Dorfes, was sich auch in seiner einfachen, betont volkstümlichen Sprache niederschlägt.   KLL

AUSGABEN: Irkutsk 1967 (in Angara, Nr. 4). – Novosibirsk 1967 (in Sibirskie ogni, Nr. 9; erw.). – Moskau 1976 u. ö. (in *Povesti*). – Moskau 1984 (in *Izbr. proizv.*, 2 Bde., 1). – Hbg. 1987, Hg. B. Südkamp [russ.-dt.]. – Minsk 1989 (in *Povesti*).

ÜBERSETZUNG: *Geld für Maria*, J. Elperin, Bln. 1977. – Dass., ders., Mchn. 1978. – Dass., ders., Bln. 1988.

DRAMATISIERUNG: V. Rasputin, *Den'gi dlja Marii* (Urauff.: Moskau, Mai 1979, MChAT).

LITERATUR: V. Semenov, *Rodom iz derevni* (in Družba narodov, 1968, Nr. 4, S. 274–276). – I. Vinogradov, *Čužaja beda* (in Novyj mir, 1968, Nr. 7, S. 246–250). – V. Šiškov, Rez. (in Oktjabr', 1968, Nr. 10, S. 223 f.). – P. Gamarra, *Romanesque sibirien, légendaire d'Asie* (in Europe, 1978, Nr. 585/586, S. 213–219). – E. Watala, *Sjužetno-kompozicionnye osobennosti povesti V. R. »Den'gi dlja Marii«* (in Rusycystyczne studia literaturoznawcze; 1982, Nr. 6, S. 69–80). – B. Schutze, *Jurij Trifonovs »Der Tausch« und V. R.s »Geld für Maria«: ein Beitrag zum Gattungsverständnis von Povest' und Rasskaz in der russischen Gegenwartsprosa*, Göttingen 1985. – D. Gillespie, *V. R. and Soviet Russian Village Prose*, Ldn. 1986, S. 20–26.

POSLEDNYJ SROK

(russ.; *Ü: Die letzte Frist*). Roman von Valentin G. RASPUTIN, erschienen 1970. – In einem kleinen sibirischen Dorf liegt die achtzigjährige Bäuerin Anna im Sterben. Von den dreizehn Kindern, die sie geboren hat, sind nur noch fünf am Leben. Die Mutter will von ihnen Abschied nehmen, und es scheint, als könne sie ihr Sterben bewußt hinauszögern, um alle noch einmal zu sehen. Michail, der einzige, der im Dorf geblieben ist und auf dessen Hof sie lebt, benachrichtigt die anderen Geschwister. Drei Kinder kommen: Varvara, die Älteste, aus einem Dorf, das 50 km entfernt liegt, Il'ja, der älteste Sohn, aus dem fernen Norden, und Ljusja aus einer ungenannten, weit entfernten Großstadt. Anna wartet sehnsüchtig auf ihr Lieblingskind, die jüngste Tanja, die aber offenbar die Reise aus Kiew gar nicht erst angetreten hat. In den drei Tagen des vergeblichen Wartens gibt sich die Bäuerin Rechenschaft über ihr arbeitsames Leben und die Menschen, denen sie begegnet ist. Während die Kinder sich nacheinander für längere Zeit an ihr Bett setzen, erinnert sie sich an Szenen aus deren Kindheit und erkennt schmerzlich den Kontrast zwischen den erwachsenen Kindern, die sie nun vor sich hat, und dem im Gedächtnis behaltenen Bild. Die Kinder werden aber auch untereinander verglichen, und der Erzähler konstatiert, daß sie kaum Gemeinsamkeiten aufweisen. Die kinderreiche, beleibte, vorzeitig gealterte Varvara bildet einen markanten Kontrast zur schlanken, städtischen Ljusja, Il'ja hat einen schwachen Willen, den er hinter seinen ewigen Possen zu verbergen versucht, während der starke und betont männliche Michail herrisch, im wodkatrunkenen Zustand gar aggressiv auftritt.

Die einzige Gemeinsamkeit zwischen den Angereisten scheint ihre selbstsüchtige Haltung zu sein. Nach drei Tagen gelangen sie zu der Überzeugung, daß die Mutter nicht bald sterben wird und daß sie umsonst gerufen wurden. Die Mutter führt mittlerweile Zwiegespräche mit dem Tod; bald bittet sie ihn, sie endlich zu sich zu nehmen, bald macht sie sich Vorwürfe, daß sie ihn zu heftig herbeigesehnt hat und daß sie nach ihrem Abschied von den Kindern noch zu den Lebenden zählt. Sie möchte sterben, solange die Kinder noch da sind, aber die schützen Verpflichtungen vor und reisen ab. Enttäuscht über dieses Verhalten und darüber, daß Tanja gar nicht gekommen ist, stirbt Anna in der folgenden Nacht.

Die zentralen Rasputinschen Themen der Erinnerung und des Stellenwerts des Dorfes stehen in diesem Werk erneut im Vordergrund. Die zahlreichen Konflikte innerhalb der Familie werden letztlich auf die Entwurzelung derjenigen zurückgeführt, die aus dem Dorf weggezogen sind. Denn eine innere Harmonie ist in Rasputins Weltbild nur möglich durch die enge Beziehung zur heimatlichen Natur, die der uralten bäuerlichen Gesellschaft Halt und Trost bietet. Aber auch die Zustände im Dorf als Ganzem lassen viel zu wünschen übrig. Vor allem der weitverbreitete Alkoholismus setzt der Dorfgemeinschaft zu. Auch Michail ist Alkoholiker und trinkt mit Il'ja innerhalb von zwei Tagen den Kasten Wodka leer, den sie eigentlich für den Leichenschmaus gekauft hatten. Dabei erklärt Michail dem Bruder, daß im Dorf deswegen getrunken wird, weil die Technik die Arbeit langweilig und ermüdend gemacht hat. Das Sterben der alten Frau geht mit dem langsamen Zerfall des russischen Dorfes einher – eine Tatsache, deren sich Anna auch bewußt ist: »Du und ich«, sagt sie zu einer Gleichaltrigen, »wir sind die letzten alten Frauen der alten Welt«.

Mit *Poslednyj srok* beginnt Rasputins reife Periode. In Kontrast zu der etwas schematischen Darstellung der Konflikte in *Den'gi dlja Marii*, 1967 *(Geld für Maria)*, gelingt ihm hier eine psychologisch differenzierte Erzählweise. Seine einfühlsame und detaillierte Wiedergabe der Gefühle eines Sterbenden erinnert an L. TOLSTOJS *Smert' Ivana Il'iča*, 1886 *(Der Tod Ivan Iljitschs)*, und *Tri smerti*, 1859 *(Drei Tode)*. Dieses Aufgreifen eines klassischen Themas bei gleichzeitiger Ausweitung ins Allegorische hat einen großen Anklang in der russischen literarischen Presse gefunden, allerdings wurde der Autor von einigen Kritikern (D. CHIROV, M. ROŠČIN) wegen seiner »naiven« Haltung kritisiert.

H. Mey.

AUSGABEN: Moskau 1970 (in Naš sovremennik, Nr. 7–8). – Novosibirsk 1971. – Moskau 1978 (in *Povesti*). – Moskau 1984 (in *Izbr. proizv.*, 2 Bde., 2). – Minsk 1989 (in *Povesti*).

ÜBERSETZUNGEN: *Die letzte Frist*, A. Kaempfe, Stg. 1976; ern. Ffm. 1985. – Dass., E. Thiele, Bln. 1977.

DRAMATISIERUNG: Moskau 1978 (Urauff.: Juni 1978, MChAT).

LITERATUR: M. Roščin, *Služit' živomu* (in Novyj mir, 1970, Nr. 10, S. 253–256). – I. Dedkov, *Žizn' i smert' staruchi Anny* (in Družba narodov, 1971, Nr. 3, S. 269–272). – D. Chirov, *Po zakonam chudožestvennogo tvorčestva (Zametki o partijnosti literatury)* (in Oktjabr', 1971, Nr. 4, S. 203). – M. Čudakova, *Zametki o jazyke sovremennoj prozy* (in Novyj mir, 1972, Nr. 1, S. 232–237). – P. Jokastra, Rez. (in Die Welt, 3. 7. 1976). – H. v. Ssachno, Rez. (in SZ, 17. 7. 1976). – W. Kasack, Rez. (in NZZ, 21. 7. 1976). – B. M. Judalević, *Priroda konflikta v povesti V. R. »Poslednyj srok«* (in *Problema žanra v literature Sibiri*, Novosibirsk 1977, S. 139–150). – V. Šapošnikov, *Lev Tolstoj i V. R.* (in V. Š., *Velikie literaturnye otkrytija*, Novosibirsk 1981, S. 104 bis 107). – V. K. Sigov, *Avtor i geroj v povesti V. R. »Poslednyj srok«* (in *Žanrovo-stilevye problemy sovetskoj literatury*, Hg. A. Ognev, Kalinin 1983, S. 91–105). – D. Gillespie, *V. R. and Soviet Russian Village Prose*, Ldn. 1986, S. 27–35.

PROŠČANIE S MATËROJ

(russ.; *Ü: Abschied von Matjora*). Roman von Valentin G. RASPUTIN, erschienen 1976. – Traditionsbewußtsein und technisierte Modernität prallen aufeinander, als die Insel Matëra im sibirischen Fluß Angara und das seit über dreihundert Jahren darauf bestehende gleichnamige Dorf wegen eines großen Stauseeprojekts überflutet werden sollen. Die Mehrheit der Dorfbewohner ist bereits aufs Festland gezogen und lebt in einer modernen Sowchosensiedlung, deren Bauweise der eines städtischen Appartementkomplexes ähnelt. Auf der Insel sind nur einige alte Menschen geblieben, die zwar wissen, daß die Trennung von Matëra unvermeidlich ist, die aber mit ihrer Heimat so sehr verwachsen sind, daß sie den Umzug bis zum letzten Augenblick hinausschieben. Obwohl sie sich den Wunsch, daß der Tod sie noch auf Matëra hole, nicht eingestehen, scheint ihnen doch das Verharren auf der Insel als der würdigste Abschied von ihr. Die kleine Gruppe schart sich um die über achtzigjährige Darja Pinigina. Sie verdrängt den bevorstehenden Untergang ihrer Heimatinsel, bis ihr ein entscheidendes Ereignis überdeutlich klarmacht, daß die Flut unaufhaltsam ist: Im Frühsommer erscheint eine Sanitätsbrigade, die damit beginnt, den Friedhof des Dorfes zu »säubern«. Die amtliche Wortwahl der Aufräumarbeiter bringt die Kluft zwischen ihnen und den Dorfbewohnern zum Ausdruck, denn die Einebnung der Gräber bedeutet für die Alten den Verlust eines wesentlichen Bezugspunktes. Sie beschimpfen die Sanitätsbrigade als »*Teufel*« und »*unreine Kräfte*«: Die Erinnerung an die Ahnen ist ein Heiligtum der Dorfbewohner, mit deren Hilfe sie die Gegenwart zu bewältigen versuchen. »*Die Wahrheit steckt im Gedächtnis*«, sagt Darja später. »*Wer kein Gedächtnis hat, der hat auch kein Leben.*«

Im Verlauf des kurzen sibirischen Sommers drängen sich die Ereignisse. Die jüngere Generation kommt zum letztenmal auf die Insel zur Heuernte, das Vieh wird abtransportiert, der Wald wird gerodet und abgebrannt, wobei auch einige Häuser im Dorf in Flammen aufgehen. Schließlich bleibt den letzten Ausharrenden – vier Greisinnen, dem alten Narren Bogodul und dem kleinen, von seiner Mutter verlassenen und von seiner ebenfalls auf der Insel gebliebenen Großmutter betreuten Buben Koljanja – nur noch eine verfallene Baracke als Unterkunft. Darja, immer wieder von Sohn und Enkel bedrängt, weigert sich, die Insel zu verlassen, bevor die Toten nicht aufs Festland umgebettet sind. Sie fühlt sich ihren Vorfahren gegenüber schuldig, da sie sie nicht besser schützen kann. Der Schluß des Romans bleibt offen: Das Fährboot, mit dem die Alten einen Tag vor der Überflutung abgeholt werden sollen, verirrt sich im Nebel und fährt an Matëra vorbei. Angesichts dieser apokalyptischen Szene kommen sich die letzten Bewohner der Insel vor, als würden sie sich bereits im Reich der Toten befinden.

Der Sibirier Rasputin problematisiert aus seiner zutiefst konservativen Perspektive die Rolle des Dorfes in der sozialistischen, technisierten Gesellschaft, aber auch den Konflikt der Generationen: Für die Alten ist die Dorfgemeinde nicht nur eine Produktionsstätte landwirtschaftlicher Erzeugnis-

se, sondern auch die Quelle aller ethischen Werte. Die junge Generation hat sich von der Bindung an eine festumgrenzte Heimat bereits völlig gelöst – der Enkel Andrej ist sogar bereit, am Staudamm mitzuarbeiten, dem die Insel zum Opfer fallen wird. Die mittlere Generation – der übrigens auch der Autor angehört – ist zwischen der Liebe zur Heimatinsel und der Bequemlichkeit des neuen Lebens hin und her gerissen. Darüber hinaus wird das Problem des heidnischen Elementes im Volksbewußtsein thematisiert: Ein kleines nächtliches Tier wird als »*Herr der Insel*« verehrt, der um das Unbewußte und die Zukunft der Bewohner weiß; die Überlieferung von dem *Jurodivyj* schlägt sich in den Eigenschaften des alten Bogodul nieder; eine uralte Lärche trotzt allen Rodeversuchen, so daß die Alten sich an die Sage klammern, Matëra werde erst dann untergehen, wenn dieser Baum fällt, da seine Wurzeln die Insel mit dem Festland verklammern. Im Denken der Dorfbewohner kommt die Natur einer Person gleich, die man achten muß. Die Gegner der Natur werden von einer eindeutig negativen Figur, dem Bürokraten Žuk (Käfer), angeführt. Das Eigenleben des Flusses Angara, die jahreszeitlich wechselnden Farben und die Geräusche und Gerüche von Wasser und Land werden liebevoll beschrieben (was auch mit Rasputins explizitem politischem Eintreten für ökologische Belange im Einklang steht).

Rasputins unzweideutige Verbundenheit mit dem früher als »reaktionär« beschimpften traditionellen Dorf und der Natur umfaßt alle Register des Engagements, von M. Šolochovs Verherrlichung der Kollektivierung der Landwirtschaft und der Industrialisierung in *Tichij Don*, 1928–1940 *(Der stille Don)*, über L. Leonovs Plädoyer für die Erhaltung des Waldes in *Russkij les*, 1953 *(Der russische Wald)*, zu einem neuen ökologischen und nationalen Bewußtsein. Während in den früheren Werken Rasputins die Unterjochung der Natur im Mittelpunkt stand, konzentriert sich der Autor hier auf das Problem der Natur, die aus dem Weg geschafft werden soll (D. Gillespie). – *Proščanie s Matëroj* fand eine tiefe Resonanz bei der russischen Bevölkerung. Die Kritik, die überwiegend positiv reagierte, warf dem Autor gelegentlich eine »einseitige« Haltung im Konflikt des Fortschritts mit der Natur vor. **H. Mey.**

Ausgaben: Moskau 1976 (in Naš sovremennik, Nr. 10/11). – Moskau 1978 (in *Povesti*). – Moskau 1984 (in *Izbr. proizv.*, 2 Bde., 2). – Minsk 1989 (in *Povesti*).

Übersetzungen: *Abschied von Matjora*, A. Kaempfe, Mchn. 1977. – Dass., E. Panzig, Bln. 1978; ²1980. – Dass., A. Kaempfe, Reinbek 1985; ³1988. – Dass., ders., Mchn. 1989.

Verfilmung: SU 1982 (Regie: Ė. Klimov).

Literatur: E. I. Zacharova, *Ėto stanovitsja tradiciej: V. R. v MGU* (in Vestnik Mosk. univ., Ser. 9,

1977, Nr. 3, S. 79–86). – H. Stehli, Rez. (in NZZ, 22. 11. 1977). – H. P. Klausnitzer, Rez. (in FAZ, 19. 12. 1977). – P. Jokostra, Rez. (in Die Welt, 21. 1. 1978). – W. Werth, Rez. (in SZ, 18. 2. 1978). – A. Kondratovič, Rez. (in Literaturnaja gazeta, 12. 4. 1978, S. 5). – E. Wolffheim, Rez. (in FRs, 17. 7. 1978). – N. Janovskij, *Zaboty i trevogi V. R.* (in Sever, 1979, Nr. 2, S. 106–116). – T. Reschke, *V. R.s »Abschied von Matjora«* (in Neue deutsche Literatur, Bln./DDR, 28, 1980, Nr. ??, S. 103–110). – *»Abschied von Matjora« von V. R.* (in WB, 26, 1980, Nr. 11, S. 130–150). – R. D. Kluge, *R.s »Abschied von Matjora«* (in *Die russische Novelle*, Hg. B. Zelinsky, Düsseldorf 1982). – B. Hiller, *Zur Poetik R.s »Abschied von Matjora«* (in ZfSl, 28, 1983, Nr. 2, S. 187–193). – R. Zueva, *Leksiko-stilističeskij analiz povesti V. R. »Proščanie s Matëroj«* (in *Issledovanie jazykovogo masterstva pisatelja*, Alma-Ata 1984, S. 80–93). – D. Gillespie, *V. R. and Soviet Russian Village Prose*, Ldn. 1986, S. 39–46.

ŽIVI I POMNI

(russ.; *Ü: Leb und vergiß nicht*). Roman von Valentin G. Rasputin, erschienen 1974. – Der Soldat Andrej Gus'kov kehrt im Herbst 1944 nach einem Lazarettaufenthalt nicht wieder an die Front zurück. Nach mehrfachen Verwundungen in seinen drei Jahren ehrenhaften Militärdienstes muß er sich einer schweren Operation unterziehen. Seine Fahnenflucht geschieht nicht aus Feigheit – er wollte vor der Fahrt an die Front nur noch einmal sein Dorf Atamanovka in Sibirien sehen, aber der von ihm erbetene Kurzurlaub wurde ihm nicht gewährt. Da die Heimreise aber mehr als einen Monat beansprucht, ist bei seiner Ankunft die Frist für die Rückkehr an die Front längst abgelaufen. Gus'kov versteckt sich in den Wäldern seiner Heimat am Fluß Angara. Eines Tages entdeckt seine Frau Nastëna, daß im Badehaus eine Axt aus einem nur der Familie bekannten Versteck fehlt. Von nun an wartet sie ahnungsvoll. Ihre Vermutungen bestätigen sich, als Andrej eines Nachts über den zugefrorenen Fluß kommt. Aus Angst vor Strafe und Schande wagt er nicht, sich irgend jemandem im Dorf anzuvertrauen, da er aber Hilfe braucht, um im Freien überwintern zu können, entschließt er sich, seine Frau aufzusuchen. Solange das Eis fest ist, geht Nastëna heimlich über den Fluß zu der Waldhütte, wo Andrej lebt, und versorgt ihn mit dem wenigen, was sie an Nahrungsmitteln aus dem im letzten Kriegswinter hungernden Dorf beiseite schaffen kann. Doch als das Eis brüchig wird, bricht die Verbindung des Ehepaars für lange Zeit ab. Inzwischen geht der Krieg zu Ende, und Nastëna wartet vergeblich, wie die anderen Frauen im Dorf, auf die Heimkehr der Soldaten. Als sie feststellt, daß sie schwanger ist, versucht sie ihren Zustand so lange wie möglich zu verbergen. Diese Situation mutet um so ironischer an, als ihre Ehe vor dem Krieg von Kinderlosigkeit überschattet war. Man traut Nastëna keine Verbindung zu einem andern Mann zu, zumal knapp vor Kriegsende kaum Männer im Dorf lebten. Andrejs Vater ahnt die wirklichen Umstände und bedrängt Nastëna erfolglos, die Wahrheit zuzugeben.

Als der Fluß von Treibeis frei wird, können die Eheleute zwar ihre heimlichen Treffen wieder aufnehmen, doch ist sich Andrej dessen bewußt, daß sein verstecktes Leben im Wald nicht lange währen kann. Die Situation scheint völlig ausweglos zu sein. Andrej bittet seine Frau inständig, das Kind zur Welt zu bringen, damit etwas von ihm überlebe, aber Nastëna ist es vollkommen klar, daß selbst ihr Kind die Schande des desertierten Vaters würde tragen müssen. Als sie bemerkt, daß ihr die Dorfbewohner bei ihren nächtlichen Fahrten über den Fluß folgen, um den Gerüchten von Andrejs Vaterschaft auf den Grund zu gehen, stürzt sie sich vom Boot ins Wasser. Andrej spürt instinktiv, was am Fluß vor sich geht, und zieht sich in eine Höhle in der Taiga zurück.

In den ausgedehnten Erinnerungen und Reflexionen der Eheleute werden ihre Erlebnisse im Bürgerkrieg und während der Kollektivierung aufgearbeitet. Ihre persönliche Beziehung war unmittelbar vor Andrejs Einberufung nicht mehr sehr glücklich – nicht zuletzt wegen ihrer Kinderlosigkeit –, doch kann man den Beschreibungen ihrer Träume entnehmen, daß sie im Unterbewußtsein nach wie vor einander eng verbunden sind. Dieses unbewußte Band zwischen den beiden war auch eines der Motive, die Andrej zur Flucht bewogen haben. Aber gerade diese Tat hat die Zukunft seiner Familie unwiederbringlich zerstört. Dieser quälenden Ausweglosigkeit ist keiner der Eheleute gewachsen. Trotzdem erscheint Nastënas Opferbereitschaft in Rasputins Schilderung vorbildhaft; sie *»entspricht seiner Vorstellung von der idealen russischen Frau«* (D. Gillespie). Sie wird sogar einmal von Andrej als *»Gottesmutter«* bezeichnet. Von den Kritikern stimmte G. Mikkelson dieser Interpretation zu, indem er Nastënas Tod eine Art christliches Martyrium nannte.

Die Einsamkeit des Paares wird dem engmaschigen Netz der Beziehungen im Dorf entgegengesetzt, wobei gerade die aus diesem Netz hervorgehende strenge Moral alle Hoffnung der Eheleute auf Erbarmen und Nachsicht im Keim erstickt. Die lebendige bäuerliche Tradition wird durch die volksnahe Sprache des Erzählers unterstrichen, die auch dialektale Elemente einbezieht. Die Verbundenheit der Menschen mit der Natur kommt in den Schilderungen der sibirischen Wald- und Flußlandschaft, aber auch in der Abhängigkeit der Eheleute von den Bedingungen der jeweiligen Jahreszeit zum Ausdruck. Schließlich ist es das Tauwetter, das Andrejs und Nastënas letzte Hoffnung auf ein gemeinsames Leben zunichte macht.

Die Natur, deren Rang im Roman dem einer handelnden Person entspricht, läßt dieses Werk als ein Pendant zur Fortschritts- und Aufbauliteratur des Sozialistischen Realismus erscheinen, in dem die Macht des Willens und die Bezwingung der Natur im Mittelpunkt stehen. Es besteht eine gewisse Parallele zwischen diesem einzigen umfangreichen Werk Rasputins, dessen Handlung nicht in der Gegenwart spielt, und V. Bykaŭs Kriegserzählungen, in denen ebenfalls die menschliche Schwäche in extremen Situationen zum bestimmenden Faktor wird. – Nach dem Erscheinen des Romans wurde Rasputin von der Mehrzahl der Kritiker als ein erstrangiger Autor bezeichnet. Seine eindeutige, propagandistische Haltung gegenüber dem »Verräter« Andrej wurde gelobt. Einige Rezensenten (u. a. M. Ermakova) brachten seine psychologische Betrachtungsweise mit dem Werk F. Dostoevskijs in Verbindung und verglichen Andrej und Nastёna mit Rodion Raskolnikov und Sonja Marmeladova in *Prestuplenie i nakazanie*, 1866 *(Schuld und Sühne)*.   KLL

Ausgaben: Moskau 1974 (in *Naš sovremennik*, Nr. 10/11). – Moskau 1975. – Moskau 1984 (in *Izbr. proizv.*, 2 Bde., 2). – Tallin 1986. – Minsk 1989 (in *Povesti*).

Übersetzungen: *In den Wäldern die Zuflucht*, A. Kaempfe, Mchn. 1976; ern. Reinbek 1980 (rororo). – *Leb und vergiß nicht*, E. Ahrndt, Bln./ DDR 1977; ern. Lpzg. 1980; ²1986. – Dass., ders., Bln. 1978.

Dramatisierung: Leningrad 1978 (Urauff.: Juli 1978, Leningradskij molodoj teatr).

Verfilmungen: SU 1976 u. 1977 [TV].

Literatur: E. Sidorov, *Na puti k sintezu* (in Voprosy literatury, 1975, Nr. 6, S. 99–125). – W. Kasack, Rez. (in NZZ, 1. 12. 1976). – S. Lenz, Rez. (in FAZ, 4. 12. 1976). – H. v. Ssachno, Rez. (in SZ, 18. 5. 1977). – A. Dyrdin, *Dialektika pamjati: čelovek i vremja v povesti V. R. »Živi i pomni«* (in *Sovremennyj sovetskij roman: filosofskie aspekty*, Hg. V. Kovalёv, Leningrad 1979, S. 178–193). – A. Gazizova, *O real'nosti i uslovnosti v povesti V. R. »Živi i pomni«* (in *Problemy tipologii socialističeskogo realizma*, Hg. V. Druzin u. a., Moskau 1979, S. 66–77). – E. O. Safronova, *Povest' V. R. »Živi i pomni«*, Wilna 1980. – V. Sigov, ›*Vnutrennjaja reč' v povesti V. R. »Živi i pomni«* (in *Žanrovo-stilevye problemy sovetskoj literatury*, Hg. A. Ognev, Kalinin 1982, S. 115–127). – M. Ermakova, *Tradicii Gor'kogo i Dostoevskogo v sovremennoj social'no-filosofskoj proze: povest' V. R. »Živi i pomni«* (in *Tradicii i novatorstvo v chudožestvennoj literature*, Gor'ki 1983, S. 36–53). – G. Mikkelson, *Religious Symbolism in V. R.'s »Live and Remember«* (in *Studies in Honor of Xenia Gasiorowka*, Columbus/Oh. 1983, S. 172–187).

Aleksej Michajlovič Remizov

* 6.7.1877 Moskau
† 26.11.1957 Paris

Literatur zum Autor: B. Sadovskij, *Nastojaščij (Sočinenija R.)* (in Sovremennik, 1912, Nr. 5). – A. Rystenko, *Zametki o sočinenijach R.*, Odessa 1913. – K. I. Čukovskij, *Psichologičeskije motivy v tvorčestve A. R.* (in K. I. Č., *Kniga o sovremennych pisateljach*, Petersburg 1914). – P. I. Ivanov-Razumnik, *A. R.* (in P. V. I.-R., *Tvorčestvo i kritika. Stat'i i kritičeskie. 1908–1922*, Petersburg 1922, S. 57–82). – N. Kodrjanskaja, *A. R.*, Paris 1959. – J. Holthusen, *Russische Gegenwartsliteratur*, Bd. 1, Bern/Mchn. 1963, S. 72–76. – D. S. Mirskij, *Geschichte der russischen Literatur*, Mchn. 1964, S. 459–467. – H. Lampl, *Innovationsbestrebungen im Gattungssystem der russischen Literatur des frühen 20. Jh.s – am Beispiel A. M. R.s* (in WSlJ, 24, 1978, S. 158–174). – G. Slobin, *R. and the Rise of Russian Modernism*, Diss. New Haven/ Conn. 1978 [enth. Bibliogr.]. – H. Sinany, *Bibliographie des œuvres de A. R.*, Paris 1978. – J. Bailey, *The Structure of A. M. R.'s Prose*, Ann Arbor 1979 [zugl. Diss. Seattle/Wash. 1978; enth. Bibliogr.]. – N. Reznikova, *Ognennaja pamjat'. Vospominanija o A. R.*, Berkeley 1980. – C. Rosenthal, *A. R. and the Literary Uses of Folklore*, Diss. Stanford 1980. – *A. R., Approaches to a Protean Writer*, Hg. G. Slobin, Columbus/Oh. 1987. – C. Ebert, *Symbolismus in Rußland: zur Romanprosa Sologubs, R.s und Belyjs*, Bln. 1988. – D. Clamor, *»Dokuka i Balagur'e« von A. R. Das Verhältnis von R.scher Umdichtungen von Märchen zu ihren Vorlagen*, Mchn. 1992. – *A. R. Isledovanija i materialy*, Sankt Petersburg 1994.

ČASY

(russ.; *Die Uhr*). Roman von Aleksej M. Remizov, erschienen 1908. – Nach *Prud*, 1908 *(Der Teich)*, der zweite Roman Remizovs, in dem ein von teuflischen Leiden gezeichnetes Dasein geschildert wird. Als Motto sind dem Werk die Verse aus dem *Matthäus-Evangelium* vorangestellt, in denen das Erscheinen Christi mit dem Hereinbrechen der Sintflut in den Alltag der nichtsahnenden Menschen verglichen wird (24, 38/39). Reif zur Sintflut ist für Remizov die Welt, in der Menschen durch ein sinnloses Leben treiben, gehetzt von der Zeit, die *»alle Qualen und Leiden des Lebens«* verursacht. Diese Zeit, in Hunderten von tickenden Uhren vergegenwärtigt, will der verkrüppelte Uhrmachergeselle Kostja besiegen und töten, *»um sich selbst und die ganze Erde und die ganze Welt zu befreien«*. Im Wahnsinn zerstört er die Kirchturmuhr, die er zu betreuen hat. Dieser »Sieg« befreit ihn. Das Leben der anderen in der Zeit bleibt sinnlos: Kostjas Vater weiß seine Tage nur mit Kartenspielen auszufüllen, wobei ihm Gestalten seiner Phantasie als Partner dienen; seine Tochter, die den vor dem Bankrott stehenden Uhrmacherladen führen muß, glaubt, ihre Rettung in der Liebe Nelidovs zu finden.

Nelidov ist der einzige, der von einer zukünftigen Veränderung der Welt überzeugt ist, doch bewahrt ihn dieses Wissen nicht davor, jedem und allem, selbst der Liebe, zu mißtrauen, da *»zu lieben und den Geliebten nicht zu beherrschen unmöglich ist«*; Beherrschen aber und Zerstören sind eins. Er sucht den Tod, da auch er die von allen Gestalten des Romans gestellte Frage *»Warum leben?«* nicht beantworten kann. Am hoffnungslosesten wird sie von Kostja formuliert: *»Und ich wollte Euch fragen, Papachen – sinnierte Kostja –, gibt es ein solches Buch, in dem vielleicht alles aufgeschrieben ist? Wie man leben muß? – Und warum leben, wenn ich sterben werde, unbedingt sterben werde, und ich überhaupt keine Freude im Leben habe.«* Die Antwort des Vaters ist sinnloses Gestammel. Dialoge dieser Art haben nicht mehr die Funktion, Gespräche zwischen Menschen wiederzugeben; jeder spricht allein, bleibt ohne Zuhörer. Selbstgespräch und Traum sind Ersatz für die fehlende Kommunikation, Ruhelosigkeit und der Schrei des Menschen Ausdruck seiner Angst und Einsamkeit. Eine Verkörperung des Todes in dieser surrealistisch aufgezeichneten Welt ist die Krankenschwester, die die sterbenskranke Katja in den *»warmen Süden«* begleiten soll: Sie zerbricht die Uhr, weil *»dort keine mehr nötig«* sein wird.

Sprache und Darstellung charakterisieren die einzelnen Gestalten des Romans als Inkarnationen eines bestimmten Seinszustands (der Deformierte, die Liebende, der Mißtrauende). Bizarre Effekte erreicht Remizov dadurch, daß er die jeweils höhere Sprachebene seiner Figuren plötzlich verläßt und die Personen in abgenutzten, alltäglichen Wendungen weitersprechen läßt. Hier, im Sprachlichen, wo er sich vielfach den mit der Sprache experimentierenden Symbolisten verwandt zeigt, liegt auch die eigentliche Bedeutung Remizovs. *»Der Wortschatz der russischen Literatursprache«*, schreibt A. STENDER-PETERSEN, *»war für Remizov nicht eine Summe fixierter oder fixierbarer Wörter, sondern ein reicher Strom, in den zu jeder Zeit die Nebenflüsse veralteter, mundartlicher und kirchenslavischer Wortgruppen hineingeleitet werden konnten, um in ihm gleichwertig weiterzuleben… Er umgab sich mit seltenen mittelalterlichen Folianten, studierte altrussische Texte, machte sich mit der volkstümlichen apokryphen Literatur der Heiligenlegenden vertraut«* und *»lebte sich so sehr in diese Welt vergessener Ideen und ornamentaler Handschriften ein, daß er sich sogar in seinen Privatbriefen einer dekorativen Schrift bediente.«* J.W.

AUSGABEN: Moskau 1908. – Petersburg 1910 (in *Sočinenija*, 8 Bde., 1910–1912, 2; Nachdr. Mchn. 1971).

KRESTOVYE SËSTRY

(russ.; *Schwestern im Kreuz*). Roman von Aleksej M. REMIZOV, erschienen 1910. – Der Bankangestellte Pëtr Alekseevič Marakulin, ein stets fröhlicher, vertrauensseliger und akkurater Mensch, gerät in den Ruf, ein »Dieb« zu sein, und verliert zu Unrecht seine Stellung. Von Kollegen und Freunden fortan gemieden, begreift er allmählich den bitteren Ernst seiner Lage. In einem großen Petersburger Mietshaus, das nach seinem Besitzer das »Burkovsche Haus« genannt wird, fristet er, heruntergekommen und verzweifelnd, ein kärgliches Untermieterdasein. Allein bei anderen aus der Gesellschaft Ausgestoßenen, *»unter die Räder Gekommenen und solchen, die im Begriff sind, unter die Räder zu kommen«*, findet er Mitgefühl und Hilfe. Er verliebt sich in die hübsche Schauspielschülerin Veročka, eine der drei mit ihm in einer Wohnung hausenden Untermieterinnen. Auch das stolze und leidenschaftliche Mädchen hat Lieblosigkeit und Brutalität im Übermaß erfahren. Um sich an ihrem Verführer, einem alternden Lebemann, zu rächen, versucht sie – vergeblich – Karriere als Schauspielerin zu machen; sie endet nach etlichen Zwischenstationen als Dirne. Marakulin, der den Leidensweg Veročkas miterlebt und sie vor dem Äußersten bewahren will, scheitert mit seinen Bemühungen. Als er sie eines Tages unangemeldet in ihrem neuen, von einer *»einflußreichen Persönlichkeit«* bezahlten Quartier besucht, demütigt sie ihn mit dem Vorwurf, er könne ja nicht zahlen. Marakulins seelische Zerrüttung wird durch eine ihm von einem undankbaren Freund zugefügte Enttäuschung noch beschleunigt. Ein von grauenvollen Symbolerscheinungen erfüllter Traum kündigt ihm für den übernächsten Tag seinen Tod an. *»Er wollte seinem Traum nicht glauben und glaubte ihm doch, und indem er ihm glaubte, verurteilte er sich selbst zum Tod.«* Die Stunden des Wartens auf sein Ende sind von Seelenqualen und Todesangst bestimmt. Schon hofft er auf Rettung, da erscheint vor seinen erregten Sinnen die Halluzination der über den Hof hingleitenden Veročka. In höchstem Glücksgefühl breitet Marakulin die Arme aus, stürzt aber dabei vom Fensterbrett in den Hof hinunter.

Neben Marakulin spielen noch eine Reihe von Frauengestalten wichtige Rollen. Sie alle sind »Schwestern im Kreuz« und, gleich Marakulin, mit dem sie Schmutz und Elend des Mietskasernendaseins teilen, schutzlose und unglückliche Kreaturen. Falsche Moral und Herzensroheit des provinziellen Kleinbürgermilieus, dem sie entstammen, haben sie zu dem gemacht, was sie jetzt sind. Außer Veročka ist da Vera Nikolaevna, die sich das nachzuholen bemüht, was ihre engstirnige Familie ihr vorenthalten hat. Sie möchte Medizin studieren, doch eine schwere Krankheit macht das Vorhaben unmöglich. Da ist ferner die Lehrerin Anna Stepanovna, die aufgrund ihres Vermögens geheiratet worden ist, sofort nach der Hochzeit aber von ihrem Mann verstoßen wurde. Schließlich ist da die prächtig gezeichnete alte Wäscherin, die »göttliche

Akumovna«. Auch ihr Leidensweg hat früh begonnen; ihr sterbender Vater hatte sie verflucht, einsam und heimatlos *»gleich einem rollenden Stein über die weiße Erde zu irren«.*

Der Roman ist Ausdruck einer zutiefst pessimistischen Weltschau. Die Fülle symbolischer Bilder, die weitgehend rhythmische Satzstruktur und die durch die Wiederholung von Leitmotivsätzen zu besonderer Eindringlichkeit gesteigerte Sprache lassen erkennen, daß der Autor den Symbolisten nahestand. Das Kernsymbol des Romans ist das »Burkovsche Haus«; es ist *»das ganze Petersburg«.* Darüber hinaus wird der »schwarze Flügel« dieses Hauses, der Flügel der Erniedrigten und Beleidigten, der den lokalen Mittelpunkt des Geschehens bildet, zum Sinnbild dieser Welt des Leidens, der Ungerechtigkeit und der Brutalität. Ähnlich wie F. Dostoevskij faszinierte Remizov der Prozeß menschlicher Selbstzerstörung. An Dostoevskij erinnert auch die starke Akzentuierung ethisch-religiöser Fragen und die schonungslose Entlarvung sozialer Mißstände. – Die für Remizovs Kunstprosa charakteristische Stileigenheit des *skaz* (d. i. die Wiedergabe der auf den fiktiven Erzähler zugeschnittenen gesprochenen Umgangssprache) findet sich auch in *Krestovye sëstry* stark ausgeprägt und zeugt von seinem experimentellen Interesse an den Möglichkeiten der Sprache.   I. v. W.

Ausgaben: Petersburg 1910 (in *Sočinenija*, 8 Bde., 1910–1912, 5; Nachdr. Mchn. 1971). – Bln. u. a. ²1923. – Letchworth 1969.

Übersetzungen: *Die Schwestern im Kreuz*, F. Frisch, Mchn. 1913 [Einl. E. Anitschkow]. – *Schwestern im Kreuz*, W. Ahrndt u. E. Thiele, Bln. 1982.

Literatur: V. Kranichfel'd, *V podpol'e* (in Sovremennyj mir, 1910, Nr. 11, S. 97–100). – K. I. Čukovskij, *Dlja čego my živëm (»Krestovye sëstry«)* (in Reč', 1910, Nr. 264, S. 2 f.). – D. Gorbov, *Mërtvaja krasota i zivučee bezobrazie* (in Krasnaja nov', 1926, Nr. 7).

---

v. Ropšin

d.i. Boris Viktorovič Savinkov

* 31.1.1879 Charkov
† 7.5.1925 Moskau

KON' BLEDNYJ

(russ.; *Ü: Das fahle Pferd*). Erzählung von V. Ropšin, erschienen 1909. – *»Und ich sah ein fahles Pferd. Und der darauf saß, des Name hieß Tod, und*

die Hölle folgte ihm nach. Und ihnen ward Macht gegeben über den vierten Teil der Erde, zu töten mit dem Schwert und Hunger und Tod und durch die wilden Tiere auf Erden‹ (Offenbarung 6,8).« Unter diesem Motto, dem auch der Titel des Werkes entnommen ist, läßt Ropšin einen der russischen vorrevolutionären Terroristen in Tagebuchform über die Ermordung des Moskauer Generalgouverneurs reflektieren. Aus völlig gegensätzlichen Motiven haben sich fünf Verschwörer zur Ausführung der Tat zusammengefunden: Fëdor aus Solidarität mit einer Frau, die bei einem Aufstand von den Kosaken erschlagen wurde; Vanja aus religiösem Fanatismus; Genrich aus sozialistischer Überzeugung; die jugendliche Erna aus Liebe zu dem Erzähler; der Erzähler schließlich, weil er keine Moralbegriffe in den zwischenmenschlichen Beziehungen anerkennt. Bewußt nimmt er die Rolle eines Smerdjakov aus F. Dostoevskijs *Brat'ja Karamazovy*, 1879/80 *(Die Brüder Karamazov)*, auf sich. Zweimal schlägt das Attentat fehl. Beim erstenmal versagen Genrichs Nerven, beim zweitenmal wird das Opfer nur leicht verwundet, doch kommt Fëdor auf der Flucht ums Leben. Erst der dritte Versuch ist erfolgreich; Vanja aber wird ergriffen und zum Tode durch den Strang verurteilt. Wenig später geht auch Erna zugrunde. Nach einer kurzen, unglücklichen Romanze mit Elena und nach dem kaltblütigen Mord an ihrem Mann ergibt sich der Erzähler einem ausweglosen Nihilismus: *»Mich langweilen meine Worte, meine Gedanken, meine Wünsche. Mich langweilen die Menschen, ihr Leben. Zwischen ihnen und mir ist eine Schranke. Laß die Liebe die Welt erretten. Ich brauche keine Liebe. Ich bin allein.«*

Das Gefühl des Weltekels teilt Ropšins Held mit den Gestalten der Zinaida Gippius (die das Werk auch stilistisch überarbeitet haben soll), während das Smerdjakov-Motiv den unmittelbaren Einfluß Dostoevskijs verrät. Für das große Interesse der zeitgenössischen Leser dürfte jedoch weniger die gedankliche Konzeption des Werkes als die einfache Handlung der Erzählung ausschlaggebend gewesen sein, zumal bekannt war, daß der Autor, der den russischen »Sozialrevolutionären« angehörte, seine Kenntnisse des revolutionären Terrors aus erster Hand besaß und selbst an der Ausführung zweier politischer Morde beteiligt war.   W. Sch.

Ausgaben: Petersburg 1909. – Nizza 1913. – Petersburg/Moskau ⁴1918. – Mchn. 1974.

Übersetzung: *Das fahle Pferd*, anon., Kopenhagen 1909.

Literatur: A. V. Amfiteatrov, *Zamety serdca*, Moskau 1909, S. 193–207. – S. A. Vengerov, Rez. (in Novaja Rus', 1909). – V. Černov, *Dve bezdny* (in Zavety, 1912, Nr. 8, S. 112–143). – G. Plechanov, Rez. (in Sovremennyj mir, 2, 1913). – G. Witinskij, *Aus d. Leben eines russischen Terroristen* (in Der Querschnitt, 4, 1924, S. 279–287). – B. Pares, *Delo B. S.* (in Slavonic Review, 4, 1925/26,

S. 760–769). – R. Gul', *B. S.*, o. O. 1930. – F. Stepun, *B. V. S.*, Paris 1950. – M. Slonim, *Modern Russian Literature*, NY 1953, S. 163 f. – W. Giusti, *Ricordi di un terrorista* (in Il Borghese, 30. 11. 1956).

VIKTOR SERGEEVIČ ROZOV

* 21.8.1913 Jaroslave slavl'

LITERATUR ZUM AUTOR:
A. Kron, *O V. R., Roždenie dramaturga* (in Teatr, 1955, Nr. 5, S. 83–96). – I. Solov'ëva, *Geroi i temy V. R.* (in Novyj mir, 1960, Nr. 8, S. 227–240). – I. Višnevskaja, *V. R. i ego geroi* (in Teatr, 1963, Nr. 6, S. 39–49). – I. Meister, *Die Entwicklung der dramatischen Technik von V. R.*, Diss. Bonn 1965. – A. Anastas'ev, *V. R., Očerk tvorčestva*, Moskau 1966. – G. A. Lopkina, *R.* (in *Očerki istorii russkoj sovetskoj dramaturgii 1945–1967*, Leningrad 1968, S. 279–321). – O. Tabakov, *R. i ego teatr* (in V. R., *Moi šestidesjatye. P'esy i stat'i*, Moskau 1969, S. 368–376). – W. Kasack, *V. S. R.* (in ZslPh, 1975, Nr. 1, S. 157–177). – *Tradicionnyj sbor. Portret dramaturga V. R. glazami ego druzej v 2 dejstvijach, 5 kartinach* (in Teatr, 1983, Nr. 9, S. 113–122). – W. Kasack, *V. S. R.* (in KLFG, 8. Nlg., 1985).

GNEZDO GLUCHARJA

(russ.; *Ü: Das Nest des Auerhahns*). Drama in zwei Akten von Viktor S. Rozov, Uraufführung: Irkutsk, 25. 12. 1978, Teatr im. Ochlobkova; deutsche Erstaufführung: Landshut 1984. – Neben A. ARBUZOV, O. KORNIJČUK und N. POGODIN gehört Rozov zu den bedeutendsten und meistgespielten sowjetischen Dramatikern. Auch *Gnezdo glucharja* wurde allein in den Jahren 1981–1983 1804mal aufgeführt. Wie in den meisten Stücken Rozovs steht auch hier eine sowjetische Familie im Mittelpunkt, an deren Beispiel einerseits Spannungen, die durch unterschiedliche gesellschaftliche und materielle Ansprüche entstehen, andererseits *»die menschliche Bedrohung der sowjetischen Gesellschaft durch den gewissenlosen, zynischen Opportunisten«* (W. Kasack) thematisiert werden.
Sudakov, ein hoher Kulturfunktionär, der alle Privilegien seines Amtes genießt und fest davon überzeugt ist, eine bedeutende Rolle in der Gesellschaft zu spielen, hat gleichzeitig jeden Sinn für das reale Leben dieser Gesellschaft verloren. In seiner Selbstherrlichkeit geht ihm auch der Instinkt für die Gefährdungen seiner eigenen Person abhanden. Er merkt nicht, daß sein Schwiegersohn Egor, den er mit allen Mitteln fördert, auf seine Kosten eine Blitzkarriere zu machen versucht. Als eine höhere Position neu besetzt werden soll, suggeriert Egor dem Schwiegervater, daß nur er für diese in Frage kommt, setzt aber gleichzeitig insgeheim den eigenen Aufstieg durch. Selbst als Sudakov erfährt, daß Egor die Funktion statt seiner übernommen hat, durchschaut er dessen Doppelspiel immer noch nicht. Auch Sudakovs Tochter Iskra hat Egor nur geheiratet, weil er sich davon berufliche Vorteile versprach. Aus dem gleichen Motiv heraus will er nun seine Frau verlassen und sich mit Ariadna, der Tochter eines höheren Vorgesetzten, liieren. Iskra durchschaut jedoch Egors Plan und warnt Ariadna vor der geplanten Verbindung. Schon jetzt ist vorauszusehen, daß auch diese eines Tages der Tochter eines noch einflußreicheren Funktionärs wird Platz machen müssen. – Ist Iskra durch ihre Ehe und das Verhalten des Vaters verbittert und psychisch gebrochen, so versucht der Sohn Prov gegen das eigene Milieu zu rebellieren. Seine Trotzhaltung wird durch die Beziehung mit Soja verstärkt, zumal Sudakov auf deren proletarische Herkunft höchst verärgert reagiert. Er hat nämlich den Sohn für die hochprivilegierte Diplomatenschule vorgesehen. Um sich von dem Profit- und Karrieredenken seiner Familie nicht vereinnahmen zu lassen, beschließt Prov, sich strafbar zu machen: Er entreißt einem Fremden auf der Straße die Tasche und rennt damit davon. Seine Auslösung bei der Miliz verdankt er jedoch nicht seinem einflußreichen Vater, sondern einzig und allein Sojas Mutter, einer resoluten Marktfrau, deren Beziehungen dorthin reichen, wo Sudakovs Verbindungen aufhören. Zum wiederholten Male setzt Rozov in seinem Stück der Frau ein Denkmal, jener Mutterfigur, die menschliche Wärme, innere Lebendigkeit und Würde ausstrahlt, die Eigenschaften also, die der Mann über seinem Karrieredenken längst verloren hat. Genauso deutlich bringt er seine Sympathie für rebellierende Jugendliche zum Ausdruck, jenen *»Typ junger Leute, der absolut unversöhnlich ist gegenüber allem Miesen und Gemeinen im Leben, an das wir Erwachsenen uns schon gewöhnt haben, mit dem zu leben wir sogar bequem finden«.* Damit knüpft er an sein Stück *V doroge*, 1962 *(Unterwegs)*, an, in dessen Mittelpunkt ein achtzehnjähriger Ausreißer steht, der im weiten Sibirien die Freiheit wiederzufinden glaubt, um die ihn die Gesellschaft beraubt hatte.   KLL

AUSGABEN: Moskau 1979 (in Teatr, Nr. 2). – Moskau 1983 (in *Izbrannoe*).

ÜBERSETZUNG: *Das Nest des Auerhahns*, G. Jäniche, Bln./DDR 1979. – Dass., ders. (in *Stücke*, Bln./DDR 1982).

LITERATUR: R. Ezerskaja, *Džosef Papp stavit p'esu R.* (in Novoe russkoe slovo, 22. 7. 1984, S. 6). – W. Kasack, *V. R., »Das Nest des Auerhahns«* (in *Das russische Drama*, Hg. B. Zelinsky, Düsseldorf 1986).

VEČNO ŽIVYE

(russ.; *Ü: Die ewig Lebenden*). Drama in drei Akten von Viktor S. Rozov, Uraufführung: Moskau 1956, Teatr im. Ermolovoj. – Mit dem letzten seiner in den fünfziger Jahren entstandenen Werke schuf Rozov eines der populärsten und meistgespielten sowjetischen Theaterstücke, dessen Verfilmung unter dem Titel *Letjat žuravli (Wenn die Kraniche ziehen)* zugleich einer der größten internationalen Erfolge des sowjetischen Nachkriegsfilms wurde. Das Stück spielt zur Zeit des Zweiten Weltkriegs. Boris Vorozdin, der Sohn eines berühmten Chirurgen, gesteht seiner Verlobten Veronika, die er zärtlich Belka (Eichhörnchen) nennt, daß er sich als Freiwilliger an die Front gemeldet hat. Kurz nach seiner Abreise kommt Veronikas Familie in den Trümmern ihres von deutschen Bombern zerstörten Hauses ums Leben. Veronika findet bereitwillig Aufnahme bei den Vorozdins, wo ihr Boris' Vetter Mark, ein junger Pianist, den Hof macht. Durch die Abwesenheit des Verlobten und den Verlust der Angehörigen aus dem Gleichgewicht gebracht, wird Veronika Marks Geliebte und schließlich seine Frau. Die Ehe ist von Anfang an problematisch. Es kommt zu Spannungen mit Boris' Eltern, die es nicht verwinden können, daß Veronika die Rückkehr des Verlobten nicht abgewartet hat, sowie mit Mark, der schon bald nach der Eheschließung mit der Lebedame Antonia Monastyrskaja ein Verhältnis begonnen hat. Der Konflikt erreicht seinen Höhepunkt, als Mark der Monastyrskaja zum Namenstag das Stoff-Eichhörnchen schenkt, das Boris beim Abschied für Veronika zurückgelassen hat, und diese Zeugin der peinlichen Szene wird. Zur gleichen Zeit setzt Marks Vorgesetzter Černov, der ebenfalls ein Verhältnis mit der Monastyrskaja hat, um den Nebenbuhler auszuschalten, Doktor Vorozdin davon in Kenntnis, daß Mark den Namen seines einflußreichen Onkels mißbraucht hat, um seine Freistellung vom Militärdienst zu erwirken. Zweifach kompromittiert, verläßt Mark das Haus der Vorozdins. Inzwischen ist Volodja Kovalëv, der Sohn einer Lehrerin, die einst mit den Vorozdins zusammenlebte, verwundet von der Front heimgekehrt und berichtet, wie ihm durch den heldenhaften Einsatz eines unbekannten, bei Smolensk gefallenen Kameraden das Leben gerettet wurde. Aus einem Bericht geht hervor, daß der Unbekannte, der noch im stärksten Feuer von seiner »Belka« sprach, der vermißte Boris Vorozdin war.
Obwohl auch Rozov gelegentlich in melodramatisches Pathos verfällt, zeugt das Stück im übrigen von seinem Bemühen, den schwülstigen Heldenkult der zeitgenössischen sowjetischen Kriegsliteratur durch eine psychologisierende Darstellung und vor allem auch durch die Einbeziehung des negativen und des passiv-leidenden Heldentums zu überwinden. Das Martyrium Veronikas, deren Gestalt in mancher Hinsicht an HEBBELS Genoveva erinnert, ist dem tragischen Schicksal des Boris Vorozdin ebenbürtig zugeordnet. Auch in anderer

Hinsicht weist *Večno živye* Parallelen zur traditionellen Tragödienkonzeption auf. Hierzu sind sowohl die Typenwahl (der Erzbösewicht Mark, der Intrigant Černov, der Pater familias Fëdor Ivanovič Vorozdin) als auch die Anordnung der Höhepunkte und das Verhältnis von Katastrophe und Katharsis zu rechnen. Was *Večno živye* von der klassischen Tragödie jedoch unterscheidet, ist die im symbolischen Parallelismus zwischen dem Motiv der »ewig Lebenden« (den gefallenen Rotarmisten) und dem Motiv der fliegenden Kraniche (dem Thema des Lieblingsliedes von Veronika) aufscheinende Dimension der Unvergänglichkeit.

A.Gu.

AUSGABEN: Moskau 1957. – Moskau 1959 (in *V poiskach radosti – Stranica žizni – V dobryj čas – Večno živye. P'esy*). – Moskau 1973 (in *V dobryj čas. P'esy*). – Moskau 1983 (in *Izbrannoe*).

ÜBERSETZUNGEN: *Die ewig Lebenden*, G. Daberkow-Schmid, Bln./DDR 1959 [Bühnenms.]. – Dass., G. Jänicke (in *Stücke*, Bln./DDR 1982).

VERFILMUNG: *Letjat žuravli*, 1957 (Regie: M. Kalatosov).

LITERATUR: W. F., *Vergebliche Mühe mit einem Sowjetstück. V. R.:» Wenn die Kraniche ziehen«* (in Die Welt, 11. 12. 1959).

ZATEJNIK

(russ.; *Ü: Der Kulturleiter*). Schauspiel in zwei Akten von Viktor S. Rozov, Uraufführung: Moskau, 10. 2. 1966, Mossovjet-Theater. – In der für Rozov typischen Weise veranschaulicht *Zatejnik* eines der wichtigsten politisch-gesellschaftlichen Probleme seiner Zeit: das Erkennen der Verbrechen der Stalinzeit noch nach 14 Jahren, das Weiterwirken der damaligen Nutznießer, denen es bessergeht als ihren Opfern, das Nebeneinander gewissenloser Karrieristen und schuldbewußter ehemaliger Stalinisten. Rozovs Stück ist im Geiste des »Tauwetters«, der halbliberalen Phase der sowjetischen Politik unter Chruščëv (1953–1964) geschrieben, hatte großen Erfolg, wurde durch die Übernahme von 33 Theatern zur damals meistgespielten Erstaufführung in der Sowjetunion. Insgesamt kam das Stück 1966 1269mal an 45 sowjetischen Theatern auf die Bühne. Das westdeutsche Fernsehen zeigte es 1969 unter dem Titel *Der Spaßmacher*. Die konservative, auf Restalinisierung abzielende Politik Brežnevs führte zur Unterdrückung des Stückes und zu seiner politischen Disqualifizierung in den Literaturgeschichten.
Zatejnik ist ein typischer Zweiakter. Der erste Akt zeigt die Begegnung zweier Studienkollegen der Stalinzeit im Jahre 1966, die sich in einem Sanatorium auf der Krim erstmals wiedersehen. Der Zuschauer erkennt Schritt für Schritt die Vorgeschichte von 1952: Valentin, der Gast im Sanatori-

um, hatte die unumschränkte Macht seines Vaters als Staatsanwalt und die psychotische Angst eines jeden vor Verhaftung, Folter und KZ ausgenutzt, um seinem Studienkollegen Sergej, dem er nun als »Kulturleiter«, also dem für Sport und Spiele Zuständigen, im Sanatorium schicksalhaft begegnet, dessen Verlobte Galja auszuspannen. – Der zweite Akt überträgt dieses Erkennen in den betroffenen Familienbereich – zu Galja, die damals aus Liebe zu Sergej, um diesen vor der Verhaftung zu bewahren, die Ehe mit dem ungeliebten Valentin einging, keine Kinder hat, ihren Lebensschwerpunkt im Beruf als Lehrerin hat und mit Valentins Vater, jenem Staatsanwalt, zusammenlebt. Während dieser voller Reue auf seinen Machtmißbrauch, den Valentin durch Selbstmorddrohung erreichte, zurückblickt, versucht Valentin durch Lügen – wie vorher gegenüber Sergej – Gesicht und Vorteil zu wahren. Seine Angst ist berechtigt: Sobald Galja erfahren hat, daß Sergej am Leben und ihr weiter liebend verbunden ist, beschließt sie, Moskau zu verlassen und ihn aufzusuchen. Es bleibt offen, ob beide noch die Kraft finden, ihre Leben miteinander zu verbinden.

Rozovs Stücke sind unterschiedlich in der Struktur. *Zatejnik* ist ein analytisches Drama; die Spannung zielt auf das Aufdecken der Vorgeschichte. Es hat auch zukunftsgerichtete Spannungslinien, z. B. auf Zeitpunkt und Wirkung des Erkennens der Wahrheit bei Sergej, Galja und dem Vater-Staatsanwalt. Es ist angereichert durch eine Parallelhandlung im zweiten Akt: Ein junges Paar heiratet trotz erheblicher Widerstände und nimmt dafür objektives Unrecht auf sich, ist mutiger gegenüber der Umwelt als die vorherige Generation. Wie alle Stücke Rozovs zeigt auch dieses einen hohen Grad an Bühnenwirksamkeit, z. B. durch verbindende Details oder Wechsel des Handlungsrhythmus (bis zu einer Prügelei im ersten Akt). Rozovs Grundanliegen ist ethischer Art, was auch dieses Zeitstück ins Grundsätzliche hebt. W.Ka.

AUSGABEN: Moskau 1966 (in Teatr, Nr. 3). – Moskau 1969 (in *Moi šestidesjatye. P'esy i stat'i*). – Moskau 1983 (in *Izbrannoe*).

ÜBERSETZUNGEN: *Der Kulturleiter*, W. Kasack, Stg. 1977 (russ.-dt.; RUB). – *Der Kulturnik*, G. Jänicke (in *Stücke*, Bln./DDR 1982).

LITERATUR: I. Višnevskaja, *Svoe suždenie o žizni* (in Teatr, 1966, Nr. 6, S. 39–49). – H. Mundrich, *Russisches an der Saar. Stücke von R. und Arbusow* (in Theater heute, 1968, H. 5, S. 39 f.).

ANATOLIJ NAUMOVIČ RYBAKOV

eig. Anatolij Naumovič Aronov
* 14.1.1911 Černigov

DETI ARBATA

(russ.; *Ü: Die Kinder vom Arbat*). Roman von Anatolij N. RYBAKOV, erschienen 1987. – Rybakov, bis dahin vorwiegend als Jugendbuchautor bekannt, legte mit diesem Roman den ersten Band eines Romanzyklus vor, der auf sieben Bände angelegt ist und zwei Jahrzehnte sowjetischer Geschichte umfassen soll. *Deti Arbata* zeigt die Vorgänge in den Jahren 1933/34 als Vorgeschichte der Stalinschen »Säuberungen«. Der Roman wurde bereits 1966 geschrieben und bis 1983 vom Autor mehrfach überarbeitet, wurde trotz zweimaliger Ankündigung von der Zensur verboten und konnte erst nach mehr als zwanzig Jahren im Zeichen von *glasnost'* erscheinen.

Die Haupthandlung erzählt das Schicksal der »Kinder vom Arbat«: Der Student Saša Pankratov und seine Freunde aus dem traditionsreichen Moskauer Arbat-Viertel stehen 1933 am Beginn ihrer Berufs- oder Studienzeit; sie sind aktiv im Kommunistischen Jugendverband und überzeugt von den Idealen des Sozialismus. Als Saša wegen einer angeblichen politischen Verfehlung aus dem Komsomol und der Hochschule ausgeschlossen wird, glaubt er zunächst an einen Irrtum. Er ist sich keiner Schuld bewußt und wendet sich an die Partei, um Gerechtigkeit zu erhalten. Seine baldige Rehabilitierung scheint sein Vertrauen zu rechtfertigen; kurz darauf wird er jedoch ohne Angabe von Gründen verhaftet und im Gefängnis mit den Verhörmethoden der Geheimpolizei konfrontiert, was ihn erstmals an der Rechtmäßigkeit der Untersuchungsbehörden zweifeln läßt. Er weigert sich, ein Schuldgeständnis zu unterschreiben, und wird im April 1934 wegen konterrevolutionärer Agitation und Propaganda nach Sibirien verbannt. – Während Saša die Rechtlosigkeit der politisch Verbannten am eigenen Leibe erfährt – ohne dabei seine kommunistischen Ideale aufzugeben –, gehen seine Freunde in Moskau ihre eigenen Wege und arrangieren sich zum Teil um persönlicher oder materieller Vorteile willen mit dem Regime. So z. B. der aus einfachen Verhältnissen stammende Jurij Šarok: Er nutzt seine Beziehung zu Lena Budjagina, der Tochter eines Funktionärs, rücksichtslos aus und macht Karriere beim Geheimdienst NKWD. – Die zweite Ebene des Romans bildet ein Stalin-Porträt. Die in die Haupthandlung eingeschobenen Kapitel bestehen im wesentlichen aus inneren Monologen und Reflexionen Stalins über den Kommunismus, den Aufbau der Partei, über Machtkämpfe und Säuberungen im Parteiapparat. Der Roman endet im Dezember 1934 mit der Ermordung von Stalins

Rivalen, dem populären Leningrader Parteichef Kirov. Sie markiert den Beginn der ungeteilten Macht Stalins, die einer von Sašas Leidensgenossen mit den Worten prophezeit: *»Wer immer das getan hat … es brechen finstere Zeiten an.«*

Die Struktur des Romans wird geprägt durch zwei kontrastive Handlungsebenen: Eine Vielzahl von Figuren, rascher Wechsel der Schauplätze und mehrere Handlungsstränge verleihen der Haupthandlung Dynamik, während die Kapitel um Stalin handlungsarm und vom Stil her trocken und distanziert, fast protokollhaft wirken. Die Figuren sind typisiert und bieten sich damit als – positives oder negatives – Identifikationsmodell an. Saša Pankratov (er trägt nach Rybakovs Aussage autobiographische Züge) verkörpert mit seinem Glauben an die kommunistische Zukunft und seiner moralischen Integrität das Ideal des »sozialistischen Menschen«. Sein Antipode Jurij Šarok ist dagegen ein prinzipienloser Karrierist und Opportunist. Eine Ausnahme bildet die Figur Stalins: Erstmals in der sowjetischen Literatur wird in einer Mischung von dokumentarischen und fiktionalen Elementen eine Art Psychogramm des Diktators erstellt. Dieses zeigt einen rücksichtslosen Despoten, dessen Handlungen durch Machthunger und Streben nach Größe motiviert sind. So werden Säuberungen in der Partei aus Stalins Perspektive wie folgt kommentiert: *»Auch wenn das ein paar Millionen Menschenleben kostete – die Geschichte würde das dem Genossen Stalin verzeihen.«*

Deti Arbata ist nicht frei von formalen und inhaltlichen Schwachpunkten. In der Sowjetunion wurde nicht nur die literarische Qualität des Romans, sondern auch dessen historische Glaubwürdigkeit in Frage gestellt. Wenn ihm dennoch ein großer Erfolg zuteil wurde, dann ist es nicht zuletzt auf den Publikationszeitpunkt zurückzuführen, zu dem er einen wichtigen Beitrag zur sowjetischen Diskussion über die Stalin-Zeit darstellte. Im Jahre 1988 erschien die Fortsetzung des Zyklus, der Roman *Tridcat'pjatyj i drugie gody (Das Jahr 35 und andere).*   D.Tr.

AUSGABEN: Moskau 1987 (in Družba narodov, Nr. 4–6). – Moskau 1988.

ÜBERSETZUNG: *Die Kinder vom Arbat*, J. Elperin, Köln 1988. – Dass., ders., Mchn. 1990 (dtv).

LITERATUR: A. Turkov, Rez. (in Literaturnaja gazeta, 8.7. 1987). – Ju. Idaškin, Rez. (in Literaturnaja Rossija, 31.7. 1987). – A. Lacis, Rez. (in Izvestija, 16.8. 1987). – A. Rybakov u. N. Železnova, *Éto, soglasites', postupok* (in Literaturnoe obozrenie, 1987, Nr. 9, S. 38–43). – Anon., *»Deti Arbata«: istorija i sovremennost'* (in Oktjabr', 1987, Nr. 10, S. 179–192). – A. Fomenko, *Bednye deti* (in Literaturnaja učeba, 1988, Nr. 3, S. 79–85). – V. Kožinov, *Pravda i istina* (in Naš sovremennik, 1988, S. 160–175). – U. Greiner, Rez. (in Die Zeit, 3.2. 1989).

TJAŽELYJ PESOK

(russ.; *Ü: Schwerer Sand*). Roman von Anatolij N. RYBAKOV, erschienen 1978. – Der Roman verfolgt das Schicksal einer russisch-jüdischen Familie in den Jahrzehnten von 1909 bis 1943. Der anerkannte Basler Chirurg Ivanovskij, der aus einer westrussischen Kleinstadt in der Nähe von Černigov stammt, seine Ausbildung aber in der Schweiz absolvierte und sich dort niederließ, reist 1909 nach vierzigjähriger Abwesenheit nach Rußland, um seiner Familie die Heimat zu zeigen. Der Besuch bleibt nicht ohne Folgen: Der jüngste Sohn des Arztes, Jakov, verliebt sich so heftig in Rachil', die Tochter des jüdischen Schuhmachers Rachlenko, daß er sie gegen den Willen seiner Eltern heiratet. Das junge Ehepaar zieht zwar anfangs in die Schweiz, doch läßt Heimweh Rachil' bald nach Rußland zurückkehren. Jakov pendelt eine Zeitlang zwischen den Ländern hin und her, bis der Ausbruch des Ersten Weltkriegs die inzwischen um einige Kinder gewachsene Familie in Rußland festhält. In den folgenden Jahren bringt Jakov, der dereinst in der Schweiz wie sein Vater Medizin studieren sollte, seine Familie als Kaufmanns- und Schuhmachersgehilfe durch. Auch während der Oktoberrevolution bleibt er Rachil' zuliebe in Rußland, wiewohl seine Eltern auf eine Ausreise der Familie in die Schweiz drängen.

Immer stärker greifen aktuelle Ereignisse – die Arbeitslosigkeit der zwanziger, die Hungersnot der dreißiger Jahre – in das Familienleben ein. Im Vorfeld der stalinistischen Säuberungen wird Jakov 1935 als *»Fremdling«* und *»ein Mann von zweifelhafter sozialer Herkunft«* verhaftet. Nur dank eines geschickten Anwalts kommt er nach einem Jahr frei. Auch 1939, als vor den Deutschen aus Polen geflüchtete Juden von den antisemitischen Grausamkeiten berichten, bleiben Jakov und Rachil' in Rußland. Wie alle anderen schenken sie diesen Berichten keinen Glauben. Erst nach dem Einmarsch der Deutschen werden sie mit der grausamen Wahrheit konfrontiert: Registrierung der Juden, Kennzeichnung durch den Judenstern, Einrichtung eines Ghettos, Erschießungen bestimmen von nun an auch ihren Alltag. Trotzdem unterstützen sie den Widerstand gegen die deutsche Besatzung und bezahlen mit dem Leben.

Der Ich-Erzähler, zweiter Sohn von Jakov und Rachil', berichtet von dem Schicksal seiner Familie, indem er *»all sein Wissen«* über sie ausbreitet. *»Er tut es in einem Plauderton, einer Sprache, die Herkunft und Charakter des Erzählers verrät, die Schnoddrigkeit und Pathos gleichermaßen Raum gibt und sich vom Jargon der Zeit und jiddischen Floskeln nährt«* (R. Lauer). Auf dieser sprachlichen Ebene gelingt es Rybakov, einerseits interessante Einblicke in das Leben der jüdischen Gemeinde in Rußland zu vermitteln, andererseits leise und unaufdringlich Kritik an dem unter Stalin von Neid, Mißtrauen und Verleumdung geprägten jüdischrussischen Verhältnis zu üben. Damit spricht er ein Thema an, das *»angesichts der unveränderten antise-*

mitischen Tendenzen und der Emigrationswelle seit den siebziger Jahren keineswegs nur historisch relevant« (W. Kasack) ist.   KLL

AUSGABEN: Moskau 1978 (in Oktjabr'). – Moskau 1979.

ÜBERSETZUNG: *Schwerer Sand*, J. Elperin, Düsseldorf 1980. – Dass., ders., Bln./DDR 1981.

LITERATUR: R. Lauer, Rez. (in FAZ, 27. 3. 1981).

VARLAM TICHONOVIČ ŠALAMOV

* 1.6.1907 Vologda
† 18.1.1982 Moskau

KOLYMSKIE RASSKAZY

(russ.; *Ü: Geschichten aus Kolyma*). Erzählungsband von Varlam T. ŠALAMOV, erschienen 1978 in London. – Die Erzählungen des in der Sowjetunion jahrelang nur als Lyriker anerkannten Autors erschienen zunächst im Samizdat, parallel zur offiziellen Ausgabe von A. SOLŽENICYNS *Odin den' Ivana Denisoviča*, 1962 *(Ein Tag des Iwan Denissowitsch)*. Seit 1966 wurden Šalamovs Kurzgeschichten in mehreren russischen Exilzeitschriften veröffentlicht, bis sie 1978 in England als Sammelband erscheinen konnten. Nachdem bis 1987 in der Sowjetunion nur eine Erzählung gedruckt wurde *(Stlanik – Die Legföhre)*, erschienen 1988 einige der Kurzgeschichten in der Zeitschrift ›Novyj mir‹ (Neue Welt). 1989 folgte ein Auswahlband unter dem Titel *Levyj bereg (Das linke Ufer)*.
Leidenschaftslos, in trockenem, scheinbar neutralen Ton erzählt Šalamov in seinen umfangreichen autobiographischen Aufzeichnungen über die Hölle des Archipel GULag. Da er I. BUNIN einen Klassiker der russischen Literatur nannte, wurde er in der Zeit des schlimmsten stalinistischen Terrors zur Lagerhaft verurteilt und verbrachte fast siebzehn Jahre seines Lebens in Kolyma, dem berüchtigtsten Straflager der Sowjetunion im Nordosten Sibiriens. Dort, jenseits des Polarkreises, vegetieren neben den gefährlichen Kriminellen die »Achtundfünfziger«, jene Abertausende, die gemäß Artikel 58 der sowjetischen Verfassung als »Spione«, »Saboteure« und »Konterrevolutionäre« zu jahrzehntelanger Lagerhaft verurteilt werden, meist ohne den Grund ihrer Verhaftung zu kennen. Kolyma ist der Triumph des absolut Bösen, ein Synonym für unendliches menschliches Leid, für einen Tod, der dem physischen Tod vorgreift. Unter unvorstellbaren Bedingungen, die durch eisige Kälte, Hunger und härteste Arbeit gekennzeichnet sind,

kämpfen die Menschen – nicht miteinander, sondern gegeneinander – ums Überleben. Fast aller Gefühle beraubt, erstarren sie zur Materie, gleichen sich einer durch Kälte erstarrten Natur an und vermögen nur noch auf der niedrigsten Ebene zu denken, zu handeln und zu kommunizieren. Wer noch in der Lage ist, Gefühle zu haben, empfindet tiefen, bitteren Zorn.
In Hunderten von Charakterskizzen illustriert Šalamov, welche Auswirkungen eine solche Lagermoral hat, die darauf basiert, alles dem Überleben unterzuordnen. Indem der Mensch nur noch seinem Lebensinstinkt folgt (welcher laut Šalamov bei Menschen wesentlich stärker ausgeprägt ist als bei Tieren), wird er zum Unmenschen degradiert. Er ist zu allem fähig, kann Opfer und gleichzeitig Henker sein. Wo alle Normen einer zivilisierten Gesellschaft aufgehoben sind, zählt Kannibalismus nicht zu den schlimmsten Auswüchsen. Spricht Solženicyn vom »*ersten Kreis der Hölle*«, so ist Kolyma die eigentliche Hölle. Hier wird das Leben eines Tieres ungleich höher geschätzt als das eines Menschen.
Šalamov sieht das Lager als Bewährungsprobe für die moralische Stärke des Menschen, eine Probe, die von der überwiegenden Mehrheit nicht bestanden wird. Zu den wenigen, die ihre Menschlichkeit nicht einbüßen, zählt der Autor diejenigen, die im Glauben Halt finden. Unter Umständen, unter denen Mitgefühl den Tod bedeuten kann und »*Güte als Rebellion*« (M. Geller) verstanden wird, kommt menschlichem Verhalten ein besonderer Stellenwert zu. Wie kann der Mensch an einem Ort leben, an dem ein Leben unmöglich ist, scheint der Autor zu fragen. Die Antwort gibt Šalamov in der Erzählung *Žitie inženera Kiprejeva (Das Leben des Ingenieurs Kiprejew)*: Es ist das Prinzip der Hoffnung, das einen am Leben erhält. Aber auch hier lauert das Böse. Denn wo der Tod Erlösung bedeutet, hat sich die Hoffnung auf die Seite des Menschenfeindlichen gestellt. Sie legt Fesseln an und bedeutet Unfreiheit.
Anders als Solženicyn, der Erlösung durch Leiden predigt und dadurch dem Lagerleben auch positive Aspekte abgewinnt, vertritt Šalamov die Auffassung, daß Leiden demoralisiert und den menschlichen Geist zerbrechen läßt. Eine Brutalisierung des Menschen ist für ihn unausweichliche Konsequenz. Während Solženicyn das Lager als weltliches Äquivalent zum Jüngsten Gericht erkennt, bedeutet es für Šalamov eine Schule, in der nichts gelernt wird, wo vieles zu sehen ist, was ein Mensch lieber nie sehen sollte. – Mit seinen Erzählungen leistete Šalamov einen wichtigen Beitrag zur sogenannten Lagerliteratur, der von mehreren Schriftstellerkollegen, u. a. von Solženicyn, ausdrücklich gewürdigt wurde. 1981 erhielt der Autor den Friedenspreis des französischen PEN-Clubs.   S.Ma.

AUSGABEN: Ldn. 1978. – Paris 1982. – Paris 1985. – Moskau 1989 (*Levyj bereg*; Ausw.).

ÜBERSETZUNGEN: »*Artikel 58*«. *Die Aufzeichnun-*

gen des Häftlings Schalamow, G. Drohla, Köln 1967 [Ausw.]. – Dass., u. d. T. *Kolyma. Insel im Archipel*, ders., Mchn. 1975. – *Geschichten aus Kolyma*, A. Nitschke u. A. Manzella, Bln. u. a. 1983.

LITERATUR: C. Gerstenmaier, Rez. (in Die Welt, 7. 6. 1975). – G. Andreev, Rez. (in Russkaja mysl', 12. 4. 1979). – V. Iverni, *Zerkalo pamjati* (in Kontinent, 1979, Nr. 19, S. 379–383). – G. Hosking, Rez. (in New Universities Quarterly, 1980, Spring, S. 161–168). – A. Sinjavskij, *Srez materiala* (in Sintaksis, 1980, Nr. 8, S. 180–186). – M. Geller, *V. Š.* (in Russkaja mysl', 18. 2. 1982). – G. Hosking, Rez. (in TLS, 1. 10. 1982). – E. Wolffheim, Rez. (in NZZ, 20. 12. 1983). – L. Mlečin, *Ne pyl' na vetru* (in Novoe vremja, 29. 7. 1988). – M. Geller, *»Kolymskie rasskazy« ili »Levyj bereg«?* (in Russkaja mysl', 22. 9. 1989). – E. Šklovskij, *Pravda V. Š.* (in Družba narodov, 1991, Nr. 9). – V. Šalamov, *Vospominanija* (in Znamja, 1993, Nr. 4).

DAVID SAMUILOVIČ SAMOJLOV

eig. David Samuilovič Kaufman
* 1.6.1920 Moskau

DAS LYRISCHE WERK (russ.) von David S. SAMOJLOV.

Seine literarische Tätigkeit begann Samojlov mit Übersetzungen aus dem Polnischen, Tschechischen und Ungarischen. Er schrieb von Jugend an Gedichte, aber sein erster selbständiger Gedichtband – *Bližnie strany (Benachbarte Länder)* – erschien erst 1958. Weitere Veröffentlichungen sind *Vtoroj pereval*, 1963 *(Der zweite Bergpaß), Dni*, 1970 *(Tage), Ravnodenstvie*, 1972 *(Tagundnachtgleiche)*, die verstheoretische Abhandlung *Kniga o russkoj rifme*, 1973 *(Das Buch vom russischen Reim), Volna i kamen'*, 1974 *(Welle und Stein), Vest'*, 1978 *(Die Botschaft), Izbrannoe*, 1980 *(Ausgewählte Werke)*; mit einem Vorwort des Kritikers Sergej ČUPRININ und dem »dramatischen Poem« *Suchoe plamja – Die trockene Flamme), Zaliv*, 1981 *(Die Bucht), Vremena*, 1983 *(Zeiten)*, und der Sammelband *Stichotvorenija*, 1985 *(Gedichte)*, der Werke bis 1983 enthält.

David Samojlov gehört der Kriegsgeneration an. Der Zweite Weltkrieg ist eines seiner Themen, bestimmt aber seine Dichtung nur in dem Maße, in dem alles eigene Erleben in die Dichtung einfließt. Entscheidend für Samojlov und sein Verständnis von Dichtung, Kunst überhaupt, ist die Rolle des Gedächtnisses *(pamjat')* für die menschliche und damit auch die dichterische Existenz. Die Aufgabe der Dichtung sieht Samojlov darin, die wesentli-chen Dinge dem Vergessen zu entreißen, ihnen Bedeutung und Ewigkeit zu geben, sich selbst und die eigene Geschichte zu objektivieren und in der Rückschau als historisch Gewordenes zu begreifen *(»Der Mensch ist Erinnerung und Wille«)*. Seine Ansicht der Historizität des Menschen zeigt sich auch in seiner Aufarbeitung des russischen, auch des europäischen literarischen Erbes. Samojlov stellt sich ganz bewußt in gewisse Traditionen, insbesondere die von A. PUŠKIN und A. ACHMATOVA, aus dem Bewußtsein heraus, daß es die ewigen Themen wie Leben, Liebe, Tod, Gott und Natur sind, die große Dichtung immer beschäftigt haben und immer beschäftigen werden. Seine ganz persönliche Aufgabe als Dichter sieht er darin, diese keineswegs neuen Themen aus seiner Perspektive und seiner historischen Situation, die auch die Situation seiner Leser ist, darzustellen.

Samojlovs Schaffen ist entscheidend geprägt von den ethischen Maximen des Maßes und der Beschränkung auf das Wesentliche. Ein sittliches Ideal, das wir immer wieder in seinen Gedichten finden, ist das Ideal der Reife und Abgeklärtheit im Gegensatz zum jugendlichen Gefühlsüberschwang und zur Leidenschaft. Eines seiner durchgehenden künstlerischen Stilmittel ist das Prinzip der Mehrdimensionalität und des Kontrastes, das der Objektivierung der dichterischen Aussage dient. Unter seinen Gedichten gibt es mehrere kleine dialogische Szenen, in denen die Perspektive des lyrischen Gedichts in zwei Stimmen aufgespalten ist. Dies gilt beispielsweise für das dramatisierte Gedicht *Staryj Don Žuan (Der alte Don Juan)*, das in kürzester Form den Kontrast von Schein und Sein, Geist und Körper, Vergänglichkeit des Äußeren und Beständigkeit tatsächlicher Werte am Beispiel des gealterten Don Juan auslotet und in der Kürze und Prägnanz des dargestellten Konflikts den Puškinschen »kleinen Tragödien« *(malen'kije tragedii)* vergleichbar ist.

Die Gestalt und Zeit Puškins haben Samojlov immer wieder beschäftigt; in vielen Gattungen seines breit angelegten Werkes ist eine starke Vorbildfunktion zu spüren, so in dem »dramatischen Poem« *Suchoe plamja (Die trockene Flamme)*, das in der Tradition des *Boris Godunov* (1831) Puškins steht und in dem – am Beispiel Men'šikovs – der Konflikt zwischen Staatsmacht und Mensch dargestellt wird. Aufstieg und Fall dieses Günstlings entlarven das Streben nach Macht als Scheinwert menschlicher Existenz und stellen die Frage nach den eigentlichen Werten. Ähnlich wie in dem Werk *Staryj Don Žuan* bilden hier Glück und Liebe, auch Gott und menschliche Demut den Kontrast zum sich selbst verzehrenden Strohfeuer der Eitelkeiten und Intrigen. Durch die Polarisierung der Standpunkte wird eine innere Dynamik in der Darstellung erreicht, und der Leser ist aufgerufen, sich ein eigenes Urteil zu bilden.

Samojlovs Werk zeichnet sich durch eine große Vielfalt der Gattungen aus. Den einen Pol bildet das komische Poem in der Art des Puškinschen Werkes *Ruslan i Ljudmila* (1820) mit der Ebene der Ich-Einmischungen und dem Kontrast zwischen Erhabenem und Profanem. Auf der anderen Seite steht die Behandlung der ewigen Fragen der Menschheit, der Frage nach dem Sinn des Lebens und nach der Existenz Gottes (z. B. in dem Poem *Cyganovy – Die Cyganovs*) und die ernste Abhandlung philosophischer Themen (in den dramatisierten Gedichten wie *Staryj Don Žuan*). Die Gattung des historischen Dramas ist vertreten durch *Suchoe plamja*, und neben den dramatisierten Gedichten steht reine Naturlyrik. Man kann hier in ganz bewußtes Einsetzen und Varriieren literarischer Traditionen beobachten, besonders der Puškins, wie es dem ausgeprägten Formbewußtsein und dem theoretischen Wissen Samojlovs entspricht, die sich auch in seiner Abhandlung über den russischen Reim niederschlagen. Der Vielfalt der Gattungen entspricht die Breite der Thematik. Eines der großen, den Dichter immer wieder beschäftigenden Themen ist das Problem des Alterns *(Staryj Don Žuan, Suchoe plamja)*. Leben und Schreiben ist für Samojlov ein Prozeß der Selbstverzehrung, der unermüdlichen Arbeit an sich selbst, eine Befreiung von den äußerlichen Leidenschaften und ein Entwicklungsprozeß zur Reife, Abgeklärtheit, zum Maß. Oft finden wir in seinen Gedichten die Form des Rückblicks und der Bilanz des Gelebten, wobei das Leben selbst ein Leidensweg ist, ein Auf und Ab, das mal im Bild eines Bergpasses, mal in dem biblischen Bild vom Leben als Leidenskelch seinen dichterischen Ausdruck findet. Leben und Entwicklung des Menschen werden oft dargestellt in der Parallele zu den Jahreszeiten, zum Werden und Vergehen in der Natur. Die Natur spielt in der Lyrik Samojlovs eine überaus große Rolle. Es ist der Wechsel und die Spezifik der Jahreszeiten, die er immer wieder zum Thema seiner Gedichte macht. Natur spiegelt für ihn die Ambivalenz menschlicher Existenz wider, wo Leben zugleich Sterben heißt. Gleichzeitig ist sie in seinen Augen ein Bild des Gleichmaßes im Wandel und eine Quelle schöpferischer Produktivität. Samojlovs Naturmetaphorik belebt die Natur in oft eigenwilligen Bildreihen, die gewöhnliche Dinge wie das Eintreffen des Winters aus überkommenen Darstellungen herauslösen und neu charakterisieren, so z. B. in dem Gedicht *Zima nastala (Der Winter kam)*.

Samojlovs Lyrik der achtziger Jahre ist gekennzeichnet durch eine Verstärkung des reflexiven Elements, des Themas der Rückschau, des Abschieds und der Bilanzierung des eigenen Lebensweges sowie durch eine Beschäftigung mit den letzten Fragen des Daseins. Es ist eine Dichtung, in der Schaffensprozeß und Leben eine enge Verbindung eingehen, wo das Leid und die Lebenserfahrung deutlich zu spüren sind und wo es dem Dichter doch gelingt, die eigene Erfahrung so zu objektivieren, daß er die ewigen Probleme und Fragestellungen, die Menschen beschäftigt haben und beschäftigen werden, ausspricht.   G.Q.

AUSGABEN: *Bližnie strany*, Moskau 1958. – *Vtoroj pereval*, Moskau 1963. – *Dni*, Moskau 1970. – *Rav-nodenstvie*, Moskau 1972. – *Kniga o russkoj rifme*, Moskau 1973; ²1982 [erg.]. – *Volna i kamen'*, Moskau 1974. – *Vest'*, Moskau 1978. – *Izbrannoe*, Moskau 1980. – *Zaliv*, Moskau 1981. – *Vremena*, Moskau 1983. – *Stichotvorenija*, Moskau 1985. – *Izbrannye proizvedenija*, 2 Bde., Moskau 1989 – *Snegopad: Moskovskie stichi*, Moskau 1990.

LITERATUR: A. Drawicz, *Zaproszenie do podróży*, Krakau 1974, S. 273–276. – W. Kasack, *D. S. S.* (in W. K., *Lexikon der russischen Literatur ab 1917*, Stg. 1976, S. 332). – V. Baevskij, *Bol'šaja povest' pokolenija. Zametki o poėzii D. S.* (in Voprosy literatury, 1981, Nr. 5, S. 107–139). – L. Bachnov, *Ne tol'ko vschody, no i počva. Beseda s D. S.* (in Literaturnoe obozrenie, 1983, Nr. 8, S. 416–446). – V. Baevskij, *Naedine s žizn'ju* (ebd., 1986, Nr. 4, S. 41–46). – J. Boldyrev, *D. S.* (in Soviet Literature, 1986, Nr. 7, S. 125 f.). – I. Vinukorova, *Ty už tak mne žit' pozvol'* (in Oktjabr', 1987, Nr. 3, S. 204–206). – S. Baevskij, *D. S.* (in Russkij jazyk za rubežom, 1988, Nr. 4, S. 89–92). – W. Kasack, *D. S. S.* (in *Enciklopedičeskij slovar' russkoj literatury s 1917 goda*, Ldn. 1988). – K. Panteleeva, *Kommentarii k stichotvorenijam D. S.* (in Russkij jazyk za rubežom, 1988, Nr. 4, S. 89–92). – O. I. Severskaja, *O kartine mira v poėzii D. S.* (in Russkaja reč', 1988, Nr. 2). – A. Gorodnickij, *D. S.* (in Neva, 1991, Nr. 1).

MICHAIL ŠATROV

eig. Michail Filippovič Maršak

* 3.4.1932 Moskau

DIKTATURA SOVESTI. Spory i razmyšlenija vosem'desjat šestogo goda v dvuch častjach

(russ.; *Ü: Diktatur des Gewissens. Streitgespräche und Überlegungen des Jahres 1986 in zwei Teilen*). Drama in zwei Teilen von Michail ŠATROV, Uraufführung: Moskau, 13./14. 11. 1986, Teatr im. Leninskogo komsomola. – Wie in früheren Stücken Šatrovs sind Thema und Aussage von *Diktatura sovesti* politisch-publizistischer Natur. Der Autor, der in seinen Dramen immer wieder die Revolutionsproblematik und die Figur Lenins beleuchtet, bleibt auch mit *Diktatura sovesti* diesem Thema treu. Er befaßt sich hier mit der Frage, inwieweit der von Lenin propagierte Sozialismus einer Prüfung seiner theoretischen Grundlagen wie seiner historisch-praktischen Auswirkungen aus heutiger Sicht standhält. Diese bis 1985, d. h. bis zum Amtsantritt des Staats- und Parteichefs Michail Gorbačëv, für sowjetische Verhältnisse mehr als gewagte Fragestellung ist eng verknüpft mit der politischen Entwicklung zur Zeit der Entstehung des Dramas, nämlich der von Gorbačëv eingeleiteten *perestrojka*. Šatrov, der »*zum auserwählten Kreis der von Gorbatschew als vertrauenswürdig erachteten Literaten*« (M. Nazarov) gehört, spiegelt in *Diktatura sovesti* jedoch nicht nur aktuelle Fragen der Zeit; er macht sein Stück auch zum Sprachrohr der neuen Politik, indem er *glasnost'* und die »Diktatur des Gewissens«, also die Notwendigkeit, Entscheidungen nach eigener Gewissensüberzeugung zu treffen, propagiert.

Die Redaktion einer Jugendzeitung – so die Ausgangsszene – berät über die Veröffentlichung einer aus dem Jahr 1920 stammenden und eine fiktive Gerichtsverhandlung gegen Lenin betreffenden Zeitungsnotiz. Das Kollegium beschließt, den Prozeß, in dem Pro und Kontra der Leninschen Theorie erörtert wurden, nachzuspielen, um den Nutzen einer Veröffentlichung der besagten Zeitungsnotiz zu prüfen. Auf diese Weise entsteht eine Spiel-im-Spiel-Situation, in der die Redaktionsmitglieder die Rollen der Zeugen der Anklage und der Verteidigung übernehmen. Als Zeugen fungieren sowohl historische als auch literarisch-fiktive Figuren, die nacheinander vor Gericht gerufen werden. So erscheinen in dieser Funktion Pëtr Verchovenskij, Hauptfigur aus Dostoevskijs *Besy (Die Dämonen)*, Winston Churchill, der französische Kommunist André Marty, Ernest Hemingway und einige seiner Romanfiguren. Die »Verhandlung« endet – wie im Verlesen der Zeitungsnotiz zu Beginn des ersten Teils vorweggenommen – mit dem »Freispruch« Lenins und der Bestätigung der Leninschen Prinzipien. – Šatrov bereichert das sehr linear konstruierte Stück durch häufige Durchbrechung der Fiktionsebenen. Die Figuren treten zeitweise aus der zweiten Fiktionsebene, also aus ihren Rollen als »Zeugen«, zurück in die erste Ebene, in ihre Rollen als Journalisten, und reflektieren aus dieser Sicht das soeben Gesagte oder treten auch ganz aus der Fiktion und äußern ihre Meinung als Schauspieler.

Wesentliches Anliegen Šatrovs ist es, deutlich werden zu lassen, daß alle negativen Erscheinungen, die die Geschichte des Kommunismus begleitet haben, niemals auf die theoretischen Grundlagen des Leninschen Sozialismus zurückzuführen seien. Er versucht vielmehr aufzuzeigen, daß für das Negative einzelne verantwortlich seien, die nie »echte Sozialisten« waren, sondern den Sozialismus nur vorschützten, um ihn für eigene Zwecke zu mißbrauchen (Verchovenskij, Marty). Die Unantastbarkeit der Leninschen Ideologie ist nicht die einzige gedankliche Folge der »Verhandlung«; es wird auch das Bestreben deutlich, jeden Zweifel an ihrem Anspruch auf Richtigkeit zu beheben und sie somit als für die Zukunft maßgebende Grundlage der Politik zu bestätigen. – Für den sowjetischen Rezipienten haben die im Verlauf des Stückes geäußerten Meinungen – vor allem der als Gegner des Sozialismus auftretenden Figuren – größten Informationswert. »*Die Gegner des Sozialismus dürfen das System verurteilen, und diese Meinungen hört man erstmals so offen ... Diese Äußerungen werden dann*

durch die ›*positiven Helden‹ entschärft. Aber für die ›richtigen‹ ideologischen Parolen sind sowjetische Leser nicht mehr aufnahmefähig, so daß nur die kritischen und ehrlichen Teile des Werkes gesellschaftliches Aufsehen erregen und damit in Umlauf kommen*« (M. Nazarov). Das rege Interesse, das *Diktatura sovesti* in Ost und West hervorrief, beruhte überwiegend auf seinem politisch-publizistischen Gehalt, der zuverlässig die Mitte der achtziger Jahre eingeschlagene Richtung der sowjetischen Politik widerspiegelte.   D. Sc.

AUSGABE: Moskau 1986 (in Teatr, Nr. 6).

ÜBERSETZUNG: *Diktatur des Gewissens*, G. Jänichen (in Theater heute, 1988, H. 3).

LITERATUR: W. Kasack, *Lexikon der russischen Literatur ab 1917*, Stg. 1976, S. 333 f. – M. Nazarov, *O »Diktature sovesti« i o sovesti diktatury* (in Russkaja mysl', 27. 3. 1987, S. 12). – B. Lehmann, *Entdeckungen und Wiederentdeckungen* (in NZZ, 5./6. 12. 1987, S. 66). – W. Höbel, *Augenreiben nach dem Neubeginn* (in SZ, 2. 2. 1988, S. 11). – M. Nazarov, *Ein Dramatiker als Reformer* (in NZZ, 21./22. 2. 1988, S. 38).

LIDIJA NIKOLAEVNA SEJFULLINA

* 3.4.1889 Varlamovo / Gouvernement Orenburg
† 25.4.1954 Moskau

LITERATUR ZUR AUTORIN:
U. Barbato, *L. S.* (in Rivista di Letterature Slave, 7, 1928). – N. N. Janovskij, *L. S. Krit.-biogr. očerk*, Moskau 1959. – *S. v vospominanijach sovremennikov*, Moskau 1961. – *Russkie sovetskie pisateli. Prozaiki*, Bd. 4, Moskau 1966, S. 102–133. – S. Poręba, *Twórczość L. S. lat dwudziestych*, Breslau 1974. – N. Čertova, *Golos skvoz' metel'*, Moskau 1974. – V. Kardin, *Dve sud'by*, Moskau 1976.

PEREGNOJ

(russ.; *Ü: Humus*). Erzählung von Lidija N. SEJFULLINA, erschienen 1923. – Aus einer originellen Perspektive zeichnet die bekannteste Erzählung der kommunistischen Schriftstellerin die einschneidenden gesellschaftlichen Veränderungen Rußlands durch die sozialistische Oktoberrevolution nach: Nicht die Stätten der bewaffneten Auseinandersetzungen im russischen Bürgerkrieg, sondern ein abgeschiedenes sibirisches Dorf bildet den Schauplatz der auf dem Gegensatz starker, divergierender Charaktere gegründeten Handlung. Held der umfangreichen Novelle ist der durch die Revolution gewandelte Bauer Sofron Artamonovič. Zum überzeugten Bolschewisten geworden, doch nicht frei von anarchistischen Gedankengängen, scheut er nach seiner Rückkehr von der Front keine Mühe, die Dorfbewohner zu organisieren und die Ideen der sozialistischen Revolution zu propagieren. Sofron gründet Kommunen und bekämpft Ausbeuter und Tagediebe. Ungenügende politische und parteiliche Schulung verleiten ihn jedoch zu groben und schwerwiegenden Fehlern. Seiner ehrlich gemeinten, doch kompromißlos über das Ziel hinausschießenden politischen Arbeit fällt die Intelligenz des Dorfes, die Lehrerin und das Arztehepaar, zum Opfer, weil sie von Sofron zu Klassenfeinden gestempelt werden. Die Erzählung endet tragisch: Die Weißen überfallen das Dorf und ermorden die Bolschewisten. Dennoch läßt die Novelle keinen Zweifel am Sieg der revolutionären Sache. Aus dem »Humus« der gefallenen Bolschewisten werden Generationen neuer, kämpferischer Revolutionäre erstehen.

Mit Überzeugungskraft und dokumentarischer Zuverlässigkeit schildert die Autorin den von empfindlichen Rückschlägen begleiteten Kampf der neuen Ideen gegen die jahrhundertealten Traditionen und Vorurteile der Dörfler. Parteilich, doch ohne Beschönigung und Einseitigkeit sucht die Erzählung die Kompliziertheit des historischen Übergangs von der halbfeudalen Gesellschaftsordnung des Zarenreichs zu den Anfängen der sozialistischen Gesellschaft aufzuzeigen. Ungeschminkt und mit naturalistischer Genauigkeit beschreibt sie die Grausamkeiten und Exzesse, in denen sich im Zug der Befreiung der generationenlang angestaute Haß der unterdrückten Schichten entlädt. Ein Vorzug der Erzählung ist ihr Vermögen, bereits in der Wirklichkeit der ersten Revolutionsjahre exemplarische Beispiele vorbildlicher kollektiver Arbeit und sozialistischer Lebensführung herausgestellt zu haben. Thematisch und stilistisch (Vorherrschen des *skaz* und der rhythmischen Prosa) schließt *Peregnoj* unmittelbar an das Erzählwerk A. NEVEROVS (1886–1923) an.   KLL

AUSGABEN: Moskau 1923. – Moskau 1927 (in *Sobr. soč.*, Hg. V. Pravduchin, 6 Bde., 1926–1931, 2). – Moskau 1958 (in *Izbr. proizv.*, Hg. C. E. Dimitrieva, 2 Bde., 1). – Moskau 1980 (in *Sočinenija*, 2 Bde., 1).

ÜBERSETZUNG: *Humus*, anon. (in *Das Herz auf der Zunge und andere Erzählungen*, Bln. 1959).

LITERATUR: N. Prjasnikov, *Jazyk i manera L. S.* (in *Krasnaja nov'*, 1923).

VITALIJ NIKOLAEVIČ SËMIN

* 12.6.1927 Rostov am Don
† 10.5.1978 Koktebel'

NAGRUDNYJ ZNAK »OST«

(russ.; *Ü: Zum Unterschied ein Zeichen*). Autobiographischer Roman von Vitalij N. SËMIN, erschienen 1976. – 1942 wird der Ich-Erzähler Sergej als Schüler aus der von deutschen Truppen besetzten Stadt Rostov nach Deutschland deportiert. Bis zum Kriegsende lebt er als sogenannter »Ostarbeiter« in einem Lager im Ruhrgebiet; seine Leidensgenossen sind vorwiegend russische Zivilarbeiter. Anders als die erwachsenen Männer ist der unterernährte Junge der harten körperlichen Arbeit kaum gewachsen. Er unternimmt einen Fluchtversuch, wird jedoch gefangen und ins Lager zurückgebracht. Wiewohl alle Zwangsarbeiter das gleiche Schicksal erleiden, trifft Sergej auf die unterschiedlichsten Charaktere: auf Hilfsbereite, Mutige und Willensstarke ebenso wie auf Kleinmütige und Zynische. Indem Sëmin die so verschiedenen Lagerinsassen porträtiert, bewahrt er »*Ich-Struktur, Chronologie und die Perspektive des damals Fünfzehnjährigen*« (W. Kasack). Als Jugendlicher ist Sergej allen Eindrücken viel stärker ausgesetzt als die Erwachsenen. Bevor er ins Lager kam, war er zu jung, um Lebenserfahrungen zu sammeln, folglich stehen ihm keine Vergleiche aus dem »normalen« Leben zur Verfügung, an denen er seine Situation im Lager orientieren könnte. Um so stärker ist in der fremden Umgebung sein Verlangen nach einem Freund, einer Vaterfigur, die ihm an der Schwelle zum Erwachsensein zur Seite stehen würde. Ein wenig Fürsorge erfährt er jedoch nur, als er, schwer an Typhus erkrankt, mit Hilfe einer russischen Ärztin und Pflegerin überlebt.

Der Leser bekommt auch Einblick in den Lageralltag, in die Arbeit unter Tage und in einer Gießerei. Auf dem Weg zur Arbeit wird es zum Ereignis, ein Stück Straße zu sehen, das Steinpflaster unter den Füßen zu spüren. Weniger verbittert als verwundert stellt Sëmins jugendlicher Protagonist fest, daß keiner der Deutschen, mit denen er in der Fabrik zusammenarbeitet, den Zwangsarbeitern je ein wenig Mitgefühl zeigt oder ein Stück anbietet. Hochmut, Überheblichkeit und Ordnungssinn sind in Sergejs Augen die Eigenschaften, die die Deutschen besonders oft auszeichnen und die zu seinem Erstaunen von den meisten von ihnen bis zum Kriegsende unerschütterlich bewahrt werden. – Erst Anfang 1945 werden die Verbote im Lager ein wenig gelockert, so wird z. B. das Stehlen von Kartoffeln nicht mehr mit Gefängnis bestraft, sondern stillschweigend übersehen. Als russische Kriegsgefangene ins Lager kommen und eine Widerstandszelle gründen, schließt Sergej sich ihnen an und hilft unter Lebensgefahr einige wenige Waffen zu beschaffen, die an sich nutzlos sind, aber das Selbstwertgefühl der Lagerinsassen stärken. Entscheidend für Sergejs Reifeprozeß ist die Erkenntnis, daß sein Wert nicht in körperlicher Leistung liegt, für die er ohnehin zu schwach ist, sondern darin, daß er *»aller Wahrscheinlichkeit hohnsprechende Dinge«* erlebt und daß seine Wahrnehmungsfähigkeit anders ist als die der Erwachsenen. Er fühlt, daß das von ihm Gesehene und Erlebte eines Tages sehr wichtig sein wird, daß er überleben muß, um sein Wissen, seine Erfahrung weiterzugeben. Das hilft ihm, alle psychische und physische Gewalt zu ertragen. Er erkennt ferner, daß im Lager nur überlebt, wer das Gefühl der eigenen Würde behält und seine Selbstachtung gegen alle Demütigungen ständig erneuert.

Der Roman hat deutlich autobiographische Züge, und es besteht kein Grund, an seiner Authentizität zu zweifeln. Dennoch wurde dem Autor von manchem westlichen Kritiker das Verschweigen der Tatsache vorgeworfen, daß die Eroberung des Lagers durch die russischen Truppen im August 1945 nicht für alle Befreiten das Ende des Leidensweges bedeutete: *»Wie weit Sëmin einer Schwarz-Weiß-Zeichnung verfällt, kann man nicht beurteilen, aber er verschweigt, daß die Mehrzahl seiner russischen Leidensgenossen nach der Befreiung aus deutschem Lager im sowjetischen Lager verschwand, daß er, der Autor, selbst 1953 Opfer dieser sowjetischen Willkürpolitik wurde«* (W. Kasack). KLL

AUSGABEN: Moskau 1976 (in Družba narodov, Nr. 4–5). – Moskau 1978.

ÜBERSETZUNGEN: *Zum Unterschied ein Zeichen*, A. Kaempfe, Mchn. 1978. – *Zeichen auf blauem Grund*, C. u. G. Wojtek, Bln./DDR 1979.

LITERATUR: D. Brown, *Soviet Russian Literature since Stalin*, Cambridge 1978, S. 291–293. – T. Nowakowski, Rez. (in FAZ, 29.6.1978). – E. J. Brown, *Russian Literature since the Revolution*, Cambridge/Mass. 1982, S. 322. – A. Adamovič, *Ničego važnee* (in Voprosy literatury, 1983, Nr. 3, S. 105–149). – W. Kasack, *Russische Literatur des 20. Jh.s in deutscher Sprache*, Mchn. 1985, S. 35.

ALEKSANDR SERAFIMOVIČ SERAFIMOVIČ

eig. Aleksandr Serafimovič Popov

* 19.1.1863 Stanica Nižnekurmojarskaja / Dongebiet
† 19.1.1949 Moskau

LITERATUR ZUM AUTOR:
N. Fatov, *A. S. S.*, Moskau/Leningrad 1927. – S. V. Šuvalov, *A. S. S., Tematičeskij i formal'no-chudožestvennyj analiz*, Moskau 1929. – *A. S. S., Issledovanija, vospominanija, materialy, pis'ma*, Moskau/Leningrad 1950. – V. Kurilenko, *A. S. S. Krit.-biogr. očerk*, Moskau 1950 [m. Bibliogr.]. – A. A. Volkov, *A. S. S. Krit.-biogr. očerk*, Moskau 1951 (dt.: *A. S. S.*, Bln. 1953). – N. Ždanovskij, *A. S. S. 1863–1949*, Moskau 1953 [m. Bibliogr.]. – W. Beitz, *A. S. S. in seiner Wandlung vom kritischen zum sozialistischen Realisten*, Diss. Greifswald 1957. – G. Gaj, *Tvorčestvo S.*, Charkow 1958. – A. Volkov, *Tvorčeskij put' A. S. S.*, Moskau 1960; ²1963. – *A. S. (1863–1949)*, Hg. L. Gladkovskaja u. a., Volgograd 1963. – V. Lafferty, *A. S. S.*, Diss. Ldn. 1974. – *Vospominanija sovremennikov ob A. S. S.*, Moskau 1977. – *A. S. S.*, Volgograd 1979. – G. Eršov, *S. – stranicy žizni, bor'by i tvorčestva*, Moskau 1982.

ŽELEZNYJ POTOK

(russ.; *Ü: Der eiserne Strom*). Roman von Aleksandr S. SERAFIMOVIČ, erschienen 1924. – Der Autor, der schon vor 1917 seine zunächst milieubeschreibend-realistische Prosa *(bytopisanie)* in den Dienst der revolutionären Arbeiterbewegung Rußlands stellte und dadurch die Anerkennung LENINS fand, schuf mit seinem Hauptwerk einen Roman, der als klassisches Werk der Sowjetliteratur gilt und in Massenauflagen in nahezu allen Sprachen der Welt verbreitet ist.

Zum Gegenstand des Romans nahm Serafimovič, der während des Bürgerkriegs Frontkorrespondent der ›Pravda‹ war, ein historisches Ereignis: den »langen Marsch« der sog. Taman-Armee, einer zunächst ungefügten Masse verstreuter roter Truppenteile, versprengter Matrosen und vor allem vor dem weißen Terror aufständischer Kosaken flüchtender Bauern- und Handwerkerfamilien, die 1918 in zweiunddreißig Tagen einen Weg von mehr als 500 km – vom Kubangebiet bis zum Nordkaukasus – zurücklegten, um sich mit den zurückweichenden Hauptkräften der Roten Armee zu vereinigen. In intensivem Studium von Augenzeugenberichten und Zeitdokumenten verfolgte der Autor den Zug, der nahezu übermenschliche Leistungen erforderte: Mit dem Ballast von Hausrat und Kleinkindern, ohne Brot und Vorräte, teilweise gar ohne Munition müssen sich die Menschen in sengender Hitze, ständig den Angriffen der Kosakenverbände, der deutschen Interventionstruppen und der georgischen Menschewiki ausgesetzt, durch feindliches Gebiet kämpfen. Die Wandlung dieser ungeformten Masse zum handelnden Kollektiv ist das eigentliche Thema des Romans. Zunächst lehrt die Angst vor dem von allen Seiten drohenden Tod, die anfänglichen anarchistischen Tendenzen zu überwinden und sich einer eisernen Führung und Disziplin unterzuordnen. Die eigentliche Kraft aber, die die unvorstellbaren Strapazen ertragen und das Ziel erreichen läßt, ist das wachsende Bewußtsein des Einsatzes für die ureigensten Interessen, des Kampfes für die Macht der Arbeiter und Bauern. Ein Vergleich der beiden Meetings am Anfang und am Schluß des Romans macht diesen Bewußtseinsprozeß, der das äußere Geschehen unterschwellig begleitet, in einfacher, unpathetischer Weise deutlich.

Die Intention, den inneren Gestaltungsprozeß der Bauern- und Soldatenmassen darzustellen, hat konkrete künstlerische Konsequenzen, die in engem Zusammenhang mit den Kunsttendenzen der Zeit stehen. Wie bei A. MALYŠKIN (*Padenie Daira*, 1923 – *Der Fall von Dair*), A. VESËLYJ (*Strana rodnaja*, 1925/26 – *Heimatland*) oder den seinerzeit in der Sowjetunion populären Stücken E. TOLLERS (*Masse-Mensch*, 1920) nimmt in Serafimovičs Roman die Masse die Stelle des individuellen Helden ein. Nur leitmotivisch begegnen typische Einzelgestalten (die alte Bäuerin Gorpina oder die namenlose Mutter, die über dem Tod von Kind und Mann den Verstand verliert). Häufiger tritt allein der von den Massen zum Kommandeur gewählte Kožuch auf, doch bleibt auch er trotz der eingefügten Reminiszenz über seine Herkunft eine typische Gestalt ohne ausgeprägte Individualität, eine Symbolfigur für die vorwärtstreibende, organisierende Kraft des sich im Lauf der Zeit herausbildenden Kollektivhelden.

Die sprachlich-stilistischen Folgen der Konzentration auf den Protagonisten »Masse« zeigen sich insbesondere in den häufigen Gesprächsfetzen, deren Sprecher meist allein durch die verschiedenen Dialekte und Jargons signalisiert werden. Neben der typischen Matrosensprache herrschen vor allem ukrainische Dialekte der Don- und Kubangegend vor, aus der der größte Teil des »Heerzuges« stammt. In späteren Ausgaben des Werks hat Serafimovič diese Dialektformen »geglättet«, was der sprachlichen Kraft des Romans eher geschadet hat. Die Zwischentexte lassen vor allem im ersten Teil des Romans die stilistische Schule L. ANDREEVS erkennen. H.J.S.

AUSGABEN: Moskau 1924 (in Nedra, Nr. 4). – Moskau 1924. – Moskau 1930 (in *Poln. sobr. soč.*, Hg. G. Neradov, 15 Bde., 1928–1930, 13). – Moskau 1934 (in *Sočinenija*, Hg. ders.). – Moskau 1948 (in *Sobr. soč.*, Hg. ders., 10 Bde., 1940–1948, 9). – Moskau 1959 (in *Sobr. soč.*, 7 Bde., 1959/60, 6).

ÜBERSETZUNGEN: *Der eiserne Strom*, E. Schiemann, Bln. 1925. – Dass., O. Unger, Bln. 1930. – Dass., F. Schwarz (in *AW*, Bd. 2, Bln. 1956). – Dass., G. Rath, Bukarest 1957.

DRAMATISIERUNG: A. S. S. u. I. Vsevoložskij, *Železnyj potok*, Moskau 1934; ern. 1937.

VERFILMUNG: SU 1967 (Regie: E. Dzigan).

LITERATUR: V. Poljanskij, »*Železnyj potok*« S. (in Krasnaja nov', 1925, S. 275–285). – A. S. Serafimovič, *Kak ja pisal »Železnyj potok«* (in Na literaturnom postu, 1928). – D. Furmanov, »*Železnyj potok*« A. S. (in D. F., *Sobr. soč.*, Bd. 3, Leningrad 1936, S. 410–420). – Ders., *O »Železnom potoke«* A. S. (in D. F., *Sobr. soč.*, Bd. 3, Moskau 1951, S. 287–304). – L. Poljak, »*Železnyj potok*« (in A. S. S., Moskau/Leningrad 1950). – V. Lazarev, *Rabota A. S. S. nad romanom »Železnyj potok«* (in Uč. zap. Mosk. gosud. ped. inst., 83, 1960, S. 31–65). – N. Staricyn, *K istolkovaniju proizvedenija A. S. S. »Železnyj potok«* (in Iz istorii sovetskoj literatury 20-ch godov, Ivanovo 1963, S. 136–146). – Ders., *Narod – glavnyj geroj »Železnogo potoka«* A. S. S. (in A. S. S. (1863–1949), Hg. L. Gladkovskaja u. a., Volgograd 1963). – Z. Poticha, *Nabljudenie nad jazykom ėpopei A. S. S. »Železnyj potok«* (ebd.). – L. Gladkovskaja, *Roždenie ėpopei »Železnyj potok«* A. S. S., Moskau/Leningrad 1963. – E. L. Efremenko, *Istorija teksta romana S. »Železnyj potok«* (in Tekstologija proizvedenij sovetskoj literatury, Bd. 4, Moskau 1967, S. 80–139). – *Iz istorii »Železnogo potoka«*, Moskau 1976.

SERGEJ NIKOLAEVIČ SERGEEV-CENSKIJ

* 30.9.1875 Preobraženskoe /
Gouvernement Tambov
† 3.12.1958 Alšuta / Krim

LITERATUR ZUM AUTOR:
M. Morozov, *Očerki novejšej literatury. Staja o S.-C.*, Moskau 1911. – A. Kornfeľd, *Puť S.-C.* (in Russkoe bogatstvo, 12, 1913, S. 122–163). – V. Ščerbina, *S.-C.* (in Novyj mir, 1943, Nr. 10/11, S. 122–163). – G. Makerenko, *S. N. S.-C.*, Simferopoľ 1957. – A. V. Prjamkov, *S.-C. v žizni i tvorčestve*, Tambov 1963. – I. Ševcov, *Podvig bogatyrja. O S.-C.*, Tambov 1960. – *Russkie sovetskie pisateli. Prozaiki*, Bd. 4, Moskau 1966, S. 242–279. – P. I. Plukš, *S. N. S.-C. Žizn' i tvorčestvo*, Moskau 1968. – Ders., *S. N. S.-C. Pisateľ i čelovek*, Moskau 1975. – M. Vajsberg u. E. Tartakovskaja, *S.-chudožnik*, Taškent 1977.

SEVASTOPOL'SKAJA STRADA

(russ.; *Ü: Die heißen Tage von Sewastopol*). Historischer Roman von Sergej N. SERGEEV-CENSKIJ, erschienen 1937–1939. – Thema des breitangelegten Zeitgemäldes ist der Krimkrieg von der Landung der britischen, französischen und türkischen Interventionstruppen bei Eupatoria im September 1854 bis zur Aufgabe der Festung Sewastopol durch die Russen im August 1855. Der Epilog trägt die anschließende Geschichte bis zum Pariser Friedensschluß (März 1856) nach. Ein Großteil des Werks besteht aus ausführlichen Schilderungen der Kriegsereignisse: Schlachten an der Alma, bei Balaklawa und Inkerman, Artillerieduelle, einzelne Scharmützel und Ausfälle der Belagerten, Seeschlachten und endlich die entscheidende Wendung nach der Einnahme des Malachov-Hügels durch die Franzosen, welche die Russen unter General Gorčakov zwang, sich aus der Stadt in den Nordteil der Festung zurückzuziehen.

Mit epischer Ausführlichkeit behandelt der Verfasser nicht allein das vordergründige Kriegsgeschehen, er sucht auch die politischen Ursachen des Krieges aufzudecken. Die Akteure des politischen Geschehens werden aus der Nähe gezeigt: Zar Nikolaus I., dessen Tod als Symbol des Zusammenbruchs des Regimes geschildert wird; Kaiser Napoleon III., den der Ehrgeiz treibt, an die Tradition Napoleons I. anzuknüpfen; der todkranke französische Feldherr Saint-Arnauld; Lord Palmerston u. a. Zugleich sucht der Autor ein umfassendes Bild der zaristischen Gesellschaft um die Mitte des 19. Jh.s zu zeichnen. Ein eigentlicher Held fehlt dem Roman. Die Aufmerksamkeit des Lesers soll vielmehr auf Repräsentanten der verschiedensten sozialen Schichten des Reiches gelenkt werden, vom Zaren und der Hofaristokratie über den General, den bürgerlichen Beamten, das Sanitätspersonal bis zum gemeinen Soldaten. Mehrfache Abschweifungen unterbrechen den chronologischen Ablauf des Geschehens. Rückblenden zeigen die Verflechtung von Einzelschicksalen mit dem großen historischen Zusammenhang. Bemerkenswert sind die Porträts des Angehörigen des Petraševskij-Kreises Debout, des Admirals Kornilov, des berühmten russischen Arztes Pirogov, der ersten russischen Krankenschwester Daša usf.

Die Sympathie des Autors gilt dem einfachen russischen Volk, dem namenlosen Soldaten, der seine Heimat unter Einsatz seines Lebens verteidigt. Die eigentliche Schuld an der russischen Niederlage tragen in seinen Augen die russische Generalität, die korrupte Bürokratie, die schlechte Kommunikation und die mangelhafte Ausrüstung des Heeres, überhaupt die feudale Rückständigkeit des Landes unter Nikolaus I. und Alexander II. Selbst auf dem technischen Stande der Napoleonischen Feldzüge, sah sich die russische Armee der modernen, weit überlegenen Streitmacht der kapitalistischen Länder England und Frankreich gegenüber. Allein der Heldenmut der russischen Soldaten und zufällige Naturgewalten (Unwetter und Typhusepidemie) verhindern den rascheren Sieg der Interventionsmächte.

Bereits nach dem Erscheinen der ersten Fortsetzungen des Romans hob die sowjetische Kritik seine Abhängigkeit von LEV TOLSTOJS *Vojna i mir*, 1868/69 *(Krieg und Frieden)*, hervor. Der Autor bestätigte den Einfluß Tolstojs, betonte jedoch den tiefgreifenden Unterschied in der Konzeption beider Werke mit dem Hinweis, er schreibe nicht über Krieg und Frieden, sondern allein über den Krieg. Im Gegensatz zu Tolstoj verzichtet Sergeev-Censkij darauf, in der traditionellen Weise des historischen Romans das fiktive Schicksal erfundener Personen mit dem historischen Geschehen zu verflechten. Gegenstand seines Romans ist, von Einzelheiten abgesehen, ausschließlich die Geschichte. Sergeev-Censkijs »Epopöe« steht auf der Grenze zwischen historischem Roman und reiner Geschichtsschreibung. Der Romantechnik entlehnten Kompositionselementen (Rückblenden, Retardierungen, Raffungen, epischer Erzählton) stehen andere gegenüber, welche das Werk dem historiographischen Tatsachenbericht nähern: die chronikartige Datierung hervorstechender Ereignisse, die Zitierung historischer Dokumente (Zeitungsberichte, Briefe, Tagesbefehle) usf. Der Roman ist im ganzen auktorial erzählt, doch werden häufig Einzelszenen aus der Perspektive eines Beteiligten geschildert. Die sachliche Distanziertheit und detaillierte Realienkenntnis der gleichfalls Tolstoj verpflichteten Beschreibung des Kriegsgeschehens begründete den beachtlichen Erfolg des Romans in der sowjetischen Öffentlichkeit.   W. Scha.

AUSGABEN: Moskau 1937–1939 (in Oktjabr'). – Moskau 1939/40, 3 Bde. – Moskau 1950, 3 Bde. – Moskau 1955 (in *Sobr. soč.*, Hg. N. I. Zamoškin, 10 Bde., 1955/56, 4–6; krit.).

ÜBERSETZUNG: *Die heißen Tage von Sewastopol*, J. Kieseritzky, 2 Bde., Bln. 1953.

LITERATUR: Anon., Rez. (in Izvestija, 16. 10. 1940). – E. Usievič, *Dva romana S.-C.* (in E. U., *Knigi i žizn'*, Moskau 1949). – Ju. L. Andreev, *Russkij sovetskij istoričeskij roman*, Moskau 1962, S. 131–134.

LEV ISAAKOVIČ ŠESTOV

eig. Lev Isaakovič Švarcman
* 12.2.1866 Kiew
† 20.11.1938 Paris

VLAST' KLJUČEJ POTESTAS CLAVIUM

(russ.; Ü: *Potestas clavium oder Die Schlüsselgewalt*).
Philosophische Schrift von Lev I. ŠESTOV, erschienen 1923. – Šestovs Denken wies bereits um die Jahrhundertwende Züge der späteren Existenzphilosophie auf. Sein radikal antirationalistisches, theozentrisches, im Glauben gründendes Philosophieren wurde am stärksten beeinflußt von B. PASCAL, F. NIETZSCHE und F. DOSTOEVSKIJ (den ihm in vielem verwandten S. KIERKEGAARD dagegen lernte Šestov erst in seinen letzten Lebensjahren kennen). Steht Šestov einerseits am Beginn der Existenzphilosophie, so sieht andererseits V. ZEN'KOVSKIJ in ihm eine Art Endpunkt in der Reihe jener russischen Säkularisten, die – im Gegensatz zum antireligiösen Säkularismus der Voltairianer des 18. Jh.s bis hin zum militanten Atheismus V. LENINS – sich keineswegs von der Religion abwandten, sondern bei aller entschiedenen Ablehnung des historischen Christentums das *»freie theologische Forschen«* vertraten. Diese Strömung reicht von dem ukrainischen Denker H. SKOVORODA über die älteren Slavophilen (A. CHOMJAKOV, I. KIREJEVSKIJ u. a.) bis weit ins 20. Jh. hinein.
Potestas clavium ist ein für Šestov typisches Stück philosophischer Prosa, zu dessen literarischen Merkmalen ein *»publizistisches Temperament mit Neigung zu provokanten Paradoxien und aphoristischer Ausdrucksweise«* ebenso gehört wie die Methode des *»verdeckten inneren Dialoges mit einem Widerpart«* (R. Gal'ceva). Das Werk gliedert sich in drei Teile: Während die ersten beiden aus einer Vielzahl locker aneinandergereihter Kapitel unterschiedlicher Länge bestehen, enthält der dritte die Essays *Memento mori* (eine kritische Auseinandersetzung mit E. HUSSERLS Erkenntnistheorie), *Vjačeslav der Großartige* (ein brillantes Stück polemischer Prosa über V. IVANOV) sowie *Von den Wurzeln der Dinge*. Insgesamt ist das Werk eine einzige große Auseinandersetzung mit der nach Ansicht des Autors verhängnisvoll rationalistischen Philosophie und Theologie des Abendlandes.
In der *»Schlüsselgewalt«* der Nachfolger Petri sieht Šestov eine typische Geisteshaltung verkörpert, die jedoch weder eine katholische Erfindung ist noch sich auf die Kirche beschränkt: nämlich die Inanspruchnahme des alleinigen Rechtes, *»sich selbst und seinem Nächsten die Türe zum Himmelreich zu öffnen«*. Auf der Suche nach dem Ursprung der Idee der *»Schlüsselgewalt«* stößt Šestov auf Sokrates, dem als erstem der Gedanke gekommen sei, daß der Mensch *»über die uneingeschränkte Macht über*

Himmel und Erde« verfüge und daß *»der Schlüssel zum Himmelreich nicht im Himmel, sondern auf Erden«* zu finden sei. Dieses *»Himmelreich«* ist – nach Šestov – die Sokratisch-Platonische Hypostasie des Guten als der höchsten Idee, zu dem nur ein einziger Weg führt – die Katharsis. Das aber bedeutet, daß Sokrates die Welt gewann um den Preis der Entsagung von der gottgeschaffenen Welt. Die Philosophie in ihrem Streben nach den *»Wurzeln aller Dinge«* vertraute sich der Vernunft als alleiniger Führerin auf dem Wege der Erkenntnis an: Sie wollte Wissenschaft sein. Doch eine Wissenschaft, deren Ideal und Richtmaß die Mathematik war, konnte nur das Beständige, Unveränderliche, Gesetzmäßige, die »ewigen« Wahrheiten und Notwendigkeiten zum Gegenstand haben. Das Zufällige, Einmalige, das Wunder, letzten Endes das Leben blieben außerhalb ihrer Möglichkeiten und unter ihrer Würde. Außer PLATON (mit Einschränkungen) erkannte kein einziger Philosoph Gott an. Der Gott der Philosophen war stets ein Gott von Gnaden der Vernunft. Die Folge war ein jahrhundertelanger Kampf zwischen *Athen und Jerusalem* (so der deutsche Titel eines Spätwerks von Šestov), der mit einem doppelten Sieg des Rationalismus endete: in der Philosophie G. W. F. HEGELS und in dem Postulat des Vatikanischen Konzils von 1871, das lautete: *»Dei existentium naturali ratione posse probari.«* Am Anfang dieser verhängnisvollen Entwicklung steht der Sündenfall: Erkenntnis durch Wissen anzustreben auf Kosten der Freiheit des Lebens.
Der *»Selbstherrschaft der Vernunft«* hat Šestov weder ein neues System noch eine neue Offenbarung entgegenzusetzen. Der positive Kern seines Philosophierens wird fast nur in Andeutung sichtbar. Dies ist das Opfer, das der Schriftsteller dem Philosophen bringen muß, für den die Wahrheit grundsätzlich keine Allgemeingültigkeit haben kann, da sie doch *»nicht aus jenem Stoff gemacht [ist], aus dem Ideen geformt werden; sie ist lebendig, sie ... fürchtet am allermeisten dasjenige, was in unserer Sprache Verkörperung genannt wird – fürchtet es so, wie alles Lebende den Tod fürchtet. Daher kann sie nur derjenige sehen, der für sich sucht, nicht aber für die anderen, der das feierliche Gelöbnis ablegte, seine Visionen nicht in allgemeingültige Sätze zu verwandeln und niemals die Sätze zu verwandeln und niemals die Wahrheit greifbar zu machen.«* So ist für Šestov der Weg zur Wahrheit, der Weg zu Gott ein zutiefst persönlicher. Er ist nur vom einzelnen beschreitbar, im bewußten Annehmen aller Ungewißheiten und Zweifel, im Durchwandern von Randgebieten des Daseins und von *»Katastrophensituationen«*, in denen der Mensch lernt, den Glauben als *»neue Dimension des Denkens«* zu entdecken und dem Leben zu vertrauen, ohne über seinen Sinn zu grübeln. In *Potestas clavium* (wie auch in anderen Schriften Šestovs) herrscht eine spezifische Spannung, die vom geistigen Gespaltensein dieses Denkers herrührt. Denn der leidenschaftliche Streiter wider die rationalistische Philosophie des Abendlandes steht selbst in dieser Tradition. Seine Kritik ist von einer

Art Haßliebe bestimmt und kann sich selbst nie ganz dem Bann des *lumen rationale* entziehen. In der Widersprüchlichkeit seines Philosophierens sieht Šestov keinen Mangel, denn: »*Wenn schon philosophiert sein muß, dann Tag um Tag, heute ohne Rücksicht darauf, was man gestern gesagt hat … Die Philosophie muß irre sein, wie unser ganzes Leben.*«

G.v.S.

AUSGABE: Bln. 1923.

ÜBERSETZUNG: *Potestas clavium oder Die Schlüsselgewalt,* H. Ruoff, Mchn. 1926.

LITERATUR: N. Berdjaev, *L. Š. i Kierkegaard* (in Sovremennye zapiski, 16, 1936). – R. Umbach, *Die Grundprobleme L. Schestows,* Diss. Mchn. 1952. – B. De Schloezer, *L. Š.* (in Revue philosophique, 3, 1959). – F. Déchet, *L'itinerario filosofico di Leone Sestov,* Mailand 1964 [m. Bibliogr.]. – J. C. S. Wernham, *Two Russian Thinkers. An Essay on Berdyaev and Shestov,* Toronto 1968 [m. Bibliogr.]. – V. Asmus, *L. Š. i Kirkegor* (in Filosofskie nauki, 1972, Nr. 4). – V. Erofeev, »*Ostaetsja odno – proizvol*« (in Voprosy literatury, 1975, Nr. 10, S. 153 bis 188). – N. Baranova-Šestova, *Bibliographie des études sur L. Chestov,* Paris 1978. – D. Patterson, *The Literary and Philosophical Expression of Existential Faith. A Study of Kierkegaard, Tolstoj and Shestov,* Diss. Eugene/Oreg. 1978. – B. Fondane, *Rencontres avec L. Chestov,* Paris 1982.

KONSTANTIN MICHAJLOVIČ SIMONOV

eig. Kirill Michajlovič Simonov

* 28.11.1915 Petrograd
† 28.8.1979 Moskau

LITERATUR ZUM AUTOR:
L. Lazarev, *Dramaturgija K. S.,* Moskau 1952. – A. Tarasenko, *K. S.* (in A. T., *Stat'i o literature,* Moskau 1958, Bd. 1, S. 273–277; Bd. 2, S. 191 bis 227). – I. L. Višnevskaja, *K. S., Očerk tvorčestva,* Moskau 1966. – *Russkie sovetskie pisateli. Prozaiki,* Bd. 4, Moskau 1966, S. 280–397. – G. Warm, *K. S.* (in *Moderne sowjetische Prosa. Vom Beginn der 50er Jahre bis zur Gegenwart,* Bln. 1967, S. 127–147). – S. J. Fradkina, *Tvorčestvo K. S.,* Moskau 1968. – L. Lazarev, *Voennaja proza K. S.,* Moskau 1975. – S. Baruzdin, *O K. S.* (in S. B., *Ljudi i knigi,* Moskau 1978, S. 144–155). – L. Fink, *K. S., Tvorčeskij put',* Moskau 1979; ²1983. – N. Thun, *K. S.* (in *Multinationale Literatur der Sowjetunion,* Bd. 1, Bln./DDR 1981, S. 258–275; 481–483). – G. Alaeva,

Romany K. S.: problemy žanra, Diss. Moskau 1982. – *K. S. v vospominanijach sovremennikov,* Moskau 1984 (dt.: *Erinnerungen an K. S.,* Bln. 1988). – L. Lazarev, *K. S.: Očerk žizni i tvorčestva,* Moskau 1985. – D. Berman, *K. M. S.: bibliografičeskij ukazatel',* Moskau 1985. – A. Karaganov, *K. S.: vblizi i na rasstojanii,* Moskau 1987.

DNI I NOČI

(russ.; *Ü: Tage und Nächte*). Kurzroman von Konstantin M. SIMONOV, erschienen 1943/44. – Einer der berühmtesten sowjetischen Kriegsromane, entstanden während des Zweiten Weltkriegs als unmittelbarer Widerhall des Kampfes um Stalingrad; 1946 mit dem Stalin-Preis ausgezeichnet. – Simonov, der den Roman bewußt als Aufruf zu verstärkter Kampfbereitschaft konzipierte, beschreibt das historische Geschehen nicht in seiner ganzen Breite, sondern wählt einen engen Ausschnitt: die Herbstmonate 1942 bis zum Beginn der sowjetischen Offensive in einem einzelnen Truppenabschnitt. Handlungsort ist hauptsächlich ein zerschossenes Haus an der Hauptkampflinie, in dem sich der Bataillonsstab dieses Truppenteils befindet. Reportageartig und mit Sachkenntnis ist das Stalingrader Frontleben geschildert: die blutigen Straßenkämpfe, die oft nur um ein einzelnes zerstörtes Gebäude geführt wurden; die nervenaufreibenden Erkundungsgänge; Kampfsituationen, in denen jeder Soldat durch die bloße Erfüllung seiner Pflicht zum Helden wurde.

Das immer wiederkehrende Thema Simonovs – das einfache, selbstverständliche, unpathetische Heldentum des Kämpfers – ist die Grundidee des Romans. Die Tapferkeit und Heldenhaftigkeit der Kämpfer bei Stalingrad steht symbolisch für den Heroismus der ganzen Roten Armee. Darauf beruht die propagandistische und erzieherische Wirkung des Romans, doch bedingt diese Tendenz auch eine klischeehafte Zeichnung der Charaktere: Hauptheld ist der Bataillonskommandeur Saburov, Idealtyp des umsichtigen, energischen, tapferen, bescheidenen Offiziers, der keinen Moment zögert, sein Leben aufs Spiel zu setzen. Auch die anderen Soldaten und Zivilisten sind fast alle Musterbeispiele an Mut, Kameradschaftsgeist und Patriotismus. Zwar zeigt Simonov den Krieg und den Tod in all seiner Schrecklichkeit und Unbarmherzigkeit; doch die idealisierende Darstellung fast aller handelnden Personen, die Idyllisierung des Kameradschaftsverhältnisses unter den Soldaten und die Konfliktlosigkeit in den menschlichen Beziehungen machen das Buch vielfach unglaubhaft und oberflächlich. Weniger seinen literarischen Qualitäten als einer damaligen Aktualität und der propagandistischen, zum Kampf anspornenden Wirkung verdankt dieser Roman seinen bedeutenden Platz in der Geschichte der sowjetischen Kriegsliteratur.

K.H.

AUSGABEN: Moskau 1943/44 (in Znamja). – Moskau 1944. – Moskau 1953 (in *Sočinenija*, 3 Bde., 1952/53, 3). – Moskau 1956 (in *Povesti i rasskazy*). – Moskau 1967 (in *Sobr. soč.*, 6 Bde., 1966–1970, 2). – Moskau 1980 (in *Sobr. soč.*, 10 Bde., 1979–1987, 2; krit.).

ÜBERSETZUNGEN: *Tage und Nächte*, E. Margolis u. R. Czora, Bln./Lpzg. 1947. – Dass., dies., Bearb. S. u. L. Behrsing, Bln. 1948; ern. 1953. – Dass., dies., Mchn. 1978.

VERFILMUNG: SU 1944 (Regie: A. Stolper).

LITERATUR: E. Troščenko, *Poèzija pokolenija, sozrevšego na vojne* (in Novyj mir, 1943, Nr. 7/8). – N. Modenskaja, *Jazyk povesti »Dni i noči«* (in Uč. zap. Pjatigorsk. ped. inst., 10, 1955, S. 411–425). – L. V. Židkova, *Povest'o zaščitnikach Stalingrada* (in Uč. zap. Mosk. gor. ped. inst., 1958, S. 199–225). – E. Kolpakova, *Povest' »Dni i noči«* (in Uč. zap. Vil'njussk. ped. inst., 6, 1959, S. 257–287). – V. M. Smirnov, *Romany voennych let; 1942–1945 gody* (in Voprosy sovetskoj literatury, 9, 1961).

SOLDATAMI NE ROŽDAJUTSJA

(russ.; *Ü: Man wird nicht als Soldat geboren*). Roman von Konstantin M. SIMONOV, erschienen 1964. – Die Handlung dieses zweiten Teils der Trilogie *Živye i mёrtvye* (*Die Lebenden und die Toten*), zu der außer *Živye i mёrtvye* (1959) noch *Poslednee leto*, 1971 (*Der letzte Sommer*), gehört, spielt zwischen der Neujahrsnacht 1942/43 und Anfang Februar 1943 an der Wolgafront. Nach verbissenen Kämpfen gelingt es den sowjetischen Streitkräften, die 6. deutsche Armee unter General Paulus nach der Einkesselung in Stalingrad aufzuspalten und zur Kapitulation zu zwingen. Dieser Sieg ist das Ergebnis eines langen, verlustreichen Lernprozesses, der aus der zunächst mangelhaft ausgebildeten und ausgerüsteten Sowjetarmee ein schlagkräftiges Instrument moderner Kriegführung werden ließ. Zahlreiche aus *Živye i mёrtvye* vertraute Figuren haben diesen Prozeß am eigenen Leibe erfahren, so auch Serpilin, der 1937 Stalins »Großer Säuberung« zum Opfer gefallen und nach vier Jahren Lagerhaft rehabilitiert worden war. Ohne Hader führt er jetzt als souveräner, energischer Heerführer im Range eines Generalleutnants eine Division: »Sosehr man ihn auch zerbrochen hatte, es war alles wieder zusammengeheilt.« Oft widersetzt er sich sinnlosen Durchhaltebefehlen, wenn ein Kampfziel dadurch mit weniger eigenen Verlusten erreicht werden kann.
Das Jahr 1943 beginnt für Serpilin mit dienstlichem Ärger und privatem Kummer: Ein betrunkener Kommandeur treibt sein Regiment unvorbereitet in einen aussichtslosen Angriff auf eine vom Feind gehaltene Höhe und unternimmt anschließend einen Selbstmordversuch. Serpilin kann die Anhöhe eben noch einnehmen, ehe er zu seiner sterbenden Ehefrau nach Moskau ausgeflogen

wird. Dort begegnet er seinem Stiefsohn wieder, der sich nach Serpilins Verhaftung von ihm losgesagt und den Namen seines leiblichen Vaters, eines Bürgerkriegshelden, angenommen hatte. In Moskau erfährt Serpilins Freund Artemev durch die Militärärztin Tanja Ovsjannikova, daß seine Schwester Maša als Partisanin erschossen worden sein soll. Ihr Ehemann Ivan Sincov gilt als vermißt. Noch ist nicht bekannt, daß er, ohne Papiere aus deutscher Gefangenschaft entkommen, zunächst als möglicher Spion behandelt, aber dank dem aufrechten Parteifunktionär Malinin rehabilitiert worden ist. Sein Schwager Artemev verhilft der gerade von einer schweren Verwundung genesenen Tanja zu einem Flug nach Taškent, wo sie ihre Mutter, Malinin und ihren Noch-Ehemann Dr. Kolčin wiedertrifft, der eine bigamistische Ehe mit einer Funktionärstochter eingegangen ist, um nicht an die Front zu müssen. Als Malinin davon erfährt, erzwingt er Kolčins »freiwillige« Meldung zur Front und die endgültige Trennung von Tanja.
In Stalingrad kreuzen sich die Lebenswege der Hauptfiguren erneut. Zu Serpilins Division stoßen die auf deren Wunsch hin von ihm als Ärztin angeforderte Tanja, Oberst Artemev sowie, als Bataillonskommandeur, Oberleutnant Sincov, der Tanja schon einmal das Leben gerettet hat. Zwischen letzteren entwickelt sich eine tiefe Liebe. – Sincov ist der erste, der einen deutschen General gefangennimmt. Beim Ausnehmen letzter Widerstandsnester der geschlagenen 6. Armee verliert er jedoch seine linke Hand fast vollständig. In letzter Sekunde fällt auch der aufrechte Politstellvertreter Levašov, während sein verschlagener, karrieresüchtiger Kollege Bastrjukov am Leben bleibt. Serpilins Stiefsohn fällt, an einer anderen Front, ebenfalls. Bei einer Audienz bei Stalin in Moskau setzt sich Serpilin – nicht ganz ohne Risiko für sich selbst und darüber hinaus erfolglos – für einen Kameraden ein, der wie er ins Lager verschleppt wurde. Dabei erkennt er, daß Stalin letztlich ein menschenverachtender, in militärischen Fragen wenig weitblickender Despot ist, auf den jedoch als Leit- und Integrationsfigur im Kriege nicht verzichtet werden kann. Somit bestätigt sich der Gedanke Sincovs bezüglich der Katastrophe von 1941, nämlich *»daß nicht nur andere an alledem schuld sind, sondern auch er…«* K. P. W.

AUSGABEN: Moskau 1964; [2]1972. – Moskau 1968 (in *Sobr. soč.*, 6 Bde., 1966–1970, 5). – Moskau 1981 (in *Sobr. soč.*, 10 Bde., 1979–1987, 2; krit.).

ÜBERSETZUNGEN: *Soldaten werden nicht geboren*, A. Kaempfe, Mchn. 1965. – *Man wird nicht als Soldat geboren*, S. Görbert u. A. Specht, Bln./DDR 1966; [10]1985.

LITERATUR: L. Lazarev, *Die Kriegsromane K. S.s* (in Kunst und Literatur, 1965, Nr. 1, S. 58–76).

ŽIVYE I MËRTVYE

(russ.; *Ü: Die Lebenden und die Toten*). Roman von Konstantin M. Simonov, erschienen 1959. – Das Gesamtwerk des Autors bestimmt der Eindruck des Zweiten Weltkriegs, den Simonov als Kriegsberichterstatter an den verschiedensten Fronten erlebte. Sein Anfang der fünfziger Jahre begonnener, auf mehrere Bände berechneter Romanzyklus stellt sich die Aufgabe, den Großen Vaterländischen Krieg der Sowjetunion in all seinen Aspekten zu erfassen. Der 1952 erschienene Roman *Tovarišči po oružiju (Waffengefährten)* beschreibt die Vorgefechte des Krieges in Spanien und der Mongolei, *Živye i mërtvye* behandelt den faschistischen Überfall auf die Sowjetunion, *Soldatami ne roždajutsja,* 1964 *(Man wird nicht als Soldat geboren)*, schildert die Wende des Krieges durch den sowjetischen Sieg bei Stalingrad und an der Wolga, und *Poslednee leto,* 1970/71 *(Der letzte Sommer)*, das letzte Kriegsjahr 1944 in Weißrußland. Zwischen dem Erscheinen des ersten und zweiten Teils des Zyklus liegt der XX. Parteitag der KPdSU (1956), der den Autor zur Überarbeitung des ersten Bandes (1961) und zur Revision der Gesamtkonzeption veranlaßte. Die drei letztgenannten Romane hat Simonov später als Trilogie unter dem übergreifenden Titel *Živye i mërtvye* zusammengefaßt. Vom Ringen um die historische Wahrheit, um die Bewältigung der stalinistischen Vergangenheit und um eine ehrlichere, wahrhaftigere Sicht des Krieges geprägt, wurde *Živye i mërtvye* zu einem der meistdiskutierten und richtungweisenden Bücher der unter dem Eindruck jenes Parteitages entstandenen Sowjetliteratur.
Der Roman umfaßt die Zeit zwischen dem Ausbruch des Krieges und den ersten sowjetischen Offensiven vor Moskau im Winter 1941, also die ersten Monate des Krieges mit dem für die Sowjetbevölkerung unfaßlichen Rückzug der Roten Armee. Sincov, Redakteur einer Armeezeitung und Politleiter, wird von der Nachricht des Kriegsausbruchs auf einer Urlaubsreise überrascht. Während er in dem hereinbrechenden Chaos die Armee-Einheit sucht, der er zugeteilt ist, erlebt er in tragischen Episoden die Hilflosigkeit, Unsicherheit und Verwirrung der von den Ereignissen völlig überrumpelten Armee. Wie ein roter Faden zieht sich durch das Geschehen die Frage: »*Wie konnte es dazu kommen? Warum waren wir nicht besser vorbereitet? Warum hat ER nichts davon gewußt?*« Nach einer Verwundung bleibt Sincov bei einer Division, die in heldenhaftem Kampf ihre Stellung westlich des Dnjepr gehalten hat und dadurch in eine mörderische Kesselschlacht gerät. An der Gestalt des Regimentskommandanten Serpilin wird einer der Hintergründe der verzweifelten Lage deutlich. Weil er in Vorträgen vor der Stärke der Hitler-Wehrmacht gewarnt hatte, war Serpilin 1937 unter der Beschuldigung verhaftet worden, »*für die Überlegenheit der faschistischen Armee Propaganda gemacht zu haben*«. Einer der Menschen, »*die eher zerbrechen, als daß sie sich beugen*«, ist er gleichwohl stets ein

überzeugter Kommunist geblieben. Als der Kampf aussichtslos wird, schlägt sich seine Division unter furchtbaren Verlusten zu den eigenen Leuten durch. Wenig später wird der Rest der Division, der man, da sie aus besetztem Gebiet kam, die Waffen genommen hatte, von einer deutschen Panzerabteilung aufgerieben.
Hier klingt das zweite Grundthema des Romans an: die in verschiedenen Konfliktsituationen immer wieder gestellte Frage nach dem richtigen Verhältnis von Mißtrauen und Wachsamkeit, Verantwortung und blindem Befehlsgehorsam. Dem Tod entronnen, wird Sincov verwundet. Er verliert seine Papiere und gerät in deutsche Gefangenschaft. Zwar gelingt es ihm zu fliehen, doch läuft er Gefahr, ohne Papiere als Deserteur oder Spion erschossen zu werden. Auf das Vertrauen seiner Landsleute angewiesen, begegnet er nur noch Feigheit, bürokratischer Bequemlichkeit, Gleichgültigkeit und Furcht vor Verantwortung. Erst der alte, ehrliche Parteifunktionär Malinin glaubt ihm und ist bereit, sich für ihn einzusetzen. Sincov wird in ein Moskauer Kommunistenbataillon aufgenommen und darf wieder kämpfen. Der Roman endet mit der Schilderung der Schlacht um Moskau, die den Menschen das Vertrauen auf den Sieg der Roten Armee wiedergibt.   K.H.

Ausgaben: Moskau 1959 (in Zvezda vostoka, 1959, Nr. 4, 10–12, u. Znamja, Nr. 10–12). – Moskau 1960 (in Roman gazeta, Nr. 3–4). – Moskau 1960. – Taškent 1960. – Moskau 1961. – Moskau 1964. – Moskau 1965. – Moskau 1968 (in *Sobr. soč.*, 6 Bde., 1966–1970, 4). – Moskau 1981 (in *Sobr. soč.*, 10 Bde., 1979–1987, 4; krit.).

Übersetzungen: *Die Lebenden und die Toten*, A. Kaempfe u. M. Lampus, Mchn. 1960. – Dass., dies., Mchn. 1965. – Dass., C. u. G. Wojtek, Bln. 1962; [18]1989.

Dramatisierung: A. Viner, Narodnyj dramatičeskij teatr Dvorca kul'tury im. Lensoveta, 1962.

Verfilmung: SU 1963 (Regie: A. Stolper).

Literatur: I. Vinogradov, *Vo imja živych* (in Novyj mir, 1960, Nr. 6, S. 209–223). – E. Raskina, *Voennye romany K. S.* (in Uč. zap. Tašk. teatr.-chudož. inst., 1962, Nr. 5, S. 193–218). – N. Modenskaja, *Povesti i romany K. S. o velikoj otečestvennoj vojne,* Diss. Moskau 1963. – M. Lange, *Literatur der Lebenswahrheit. Zu K. S.s Roman »Die Lebenden und die Toten«* (in Sonntag, 1963, Nr. 5, S. 14). – È. Ljavdanskij, *Roman K. S. »Živye i mërtvye«* (in Uč. zap. Leningr. gos. ped. inst. im. A. I. Gercena, 239, 1964, S. 3–15). – K. Tangara, *Značenie i upotreblenie form prošedšego vremeni v proze K. M. S.: na materiale romana »Živye i mërtvye«,* Diss. Leningrad 1986. – V. Bicenova, *Frazeologičeskie edinicy russkogo jazyka v ich sistemnych otnošenijach: na materiale K. S. »Živye i mërtvye«,* Diss. Voronež 1987.

VIKTOR BORISOVIČ ŠKLOVSKIJ

* 6.2.1893 St. Petersburg
† 5.12.1984 Moskau

LITERATUR ZUM AUTOR:
Russkie sovetskie pisateli. Prozaiki, Bd. 6, Tl. 2, Moskau 1969, S. 229–289 [Bibliogr.]. – R. Lachmann, *Die Verfremdung und das neue Sehen bei V. Š.* (in Poetica, 3, 1970, S. 226–249). – M. Munk, *Fragmentation and Unity in the Prose of V. B. Š.*, Diss. NY 1974. – M. Zorin, *Dialog s V. Š.* (in M. Z., *Lampe moej ne gasnut'*, Riga 1976, S. 5–91). – R. Sheldon, *V. Š. An International Bibliography*, Ann Arbor/ Mich. 1977. – M. Smith, *Towards an Understanding of Ornamentalism in Pil'njak, Š. and Vs. Ivanov*, Philadelphia 1978. – *Kunsttheoretische Nachforschungen über Max Raphael, Sergei Eisenstein, V. Š., Raoul Hausman*, Hg. A. Paffenholz, Hbg. 1988.

SENTIMENTAL'NOE PUTEŠESTVIE. Vospominanija 1917–1922

(russ.; *Ü: Sentimentale Reise*). Autobiographischer Bericht von Viktor B. ŠKLOVSKIJ, erschienen 1923. – In dem dokumentarisch-autobiographischen Buch, das den Untertitel *Erinnerungen 1917–1922* trägt, schildert der berühmte Literaturtheoretiker der Formalen Schule und Prosaautor seine Erlebnisse aus den Jahren der Oktoberrevolution und des Bürgerkriegs: die revolutionäre Stimmung in Petersburg, die Unruhen, Streiks und Demonstrationen, die zur Februarrevolution führten; seine Tätigkeit als Kommissar der Provisorischen Regierung an der Front in Galizien und später in Kurdistan; sein abenteuerliches Leben mit falschem Paß, die wochenlangen Reisen in eiskalten, überfüllten Zügen, seine Verwundungen und Lazaretterlebnisse; das Hungern und Frieren im winterlichen Petrograd, das trotz allem so rege literarische Leben, seine Lehrtätigkeit als Professor am Institut für Kunstgeschichte und seine Mitarbeit im »Opojaz« (Gesellschaft zur Erforschung der dichterischen Sprache); schließlich die Bitterkeit der Emigration in Finnland und Berlin. – In Šklovskijs Bericht erscheinen viele berühmte Zeitgenossen: Politiker wie Kerenskij, Lenin und Sverdlov, seine formalistischen Mitstreiter B. ĖJCHENBAUM und Ju. TYNJANOV, M. GOR'KIJ, der sich wiederholt für ihn eingesetzt hat, die Autoren aus der Gruppe der Serapionsbrüder, der auch Šklovskij angehörte, sowie die Dichter N. GUMILËV, V. CHODASEVIČ, O. MANDEL'ŠTAM und A. BLOK.
Der Titel des Buchs spielt in doppelter Hinsicht auf das berühmte gleichnamige Werk L. STERNES aus dem 18. Jh. an. Einmal bezieht es sich ironisch auf seinen literarischen Vorgänger, denn die Reise Šklovskijs ist im Gegensatz zu der Sternes alles an-

dere als empfindsam. Es ist eine Reise durch Krieg, Hunger, Krankheit und Tod. Dabei nimmt der Autor dem Geschehen gegenüber eine bestechend unparteiische und distanzierte Haltung ein: »*Ich möchte nicht Kritiker der Ereignisse sein, ich möchte nur Material für eine Kritik geben.*« Die zweite Beziehung zu Sterne liegt im Stil und in der Komposition des Berichts. Šklovskij übernahm von dem englischen Autor, den er für die russische Literatur seiner Zeit wiederentdeckte und mit dessen *Tristram Shandy* er sich in seiner *Theorie der Prosa*, 1925 *(O teorii prozy)*, auch theoretisch beschäftigte, das Formprinzip der scheinbaren Formlosigkeit, das sich in der Fragmentarität, der unzusammenhängenden und abschweifenden Erzählweise und den Überschneidungen von erzählter Zeit und Erzählzeit manifestiert. In die knappe und bündige Darstellung des Geschehens werden fortwährend Gedanken über literaturtheoretische und politische Probleme, witzige Einfälle und geistreiche Anekdoten eingeflochten. Hier macht sich neben dem Vorbild Sternes das des russischen Philosophen und Publizisten V. ROZANOV bemerkbar, dessen Nähe zu Sterne Šklovskij in seinem theoretischen Essay *Literatura vne »sjužeta« (Literatur ohne »Sujet«)* – aufgenommen in die zweite Auflage von *O teorii prozy* (1929) – festgestellt hat. – Das Buch, das an der Grenze zwischen Memoirenwerk, Autobiographie, Roman und Dokumentarbericht liegt, entspricht der Konzeption der *literatura fakta* (Literatur der Tatsachen), die besonders von der Zeitschrift ›LEF‹ vertreten wurde und in dem 1929 erschienenen Sammelband *Literatura fakta* ihre theoretische Begründung fand.   K.H.

AUSGABEN: Moskau/Bln. 1923. – Moskau 1929; Nachdr. Orange/Conn. 1986.

ÜBERSETZUNGEN: *Viktor Šklovskijs Sentimentale Reise*, R.-E. Riedt u. G. Drohla, Ffm. 1964. – *Sentimentale Reise*, dies., Ffm. 1974.

LITERATUR: V. Dohrn, *Die Literaturfabrik: die frühe autobiographische Prosa von V. Š. – ein Versuch zur Bewältigung der Krise der Avantgarde*, Mchn. 1987 (Slavistische Beiträge, Bd. 216).

O TEORII PROZY

(russ.; *Ü: Theorie der Prosa*). Sammelband literaturtheoretischer Essays von Viktor B. ŠKLOVSKIJ, erschienen 1925, zweite erweiterte Auflage 1929. – Der Band enthält eine Reihe grundlegender Arbeiten des bedeutenden Theoretikers der Formalen Schule V. Šklovskij, unter denen besonders der Essay *Iskusstvo, kak priëm (Kunst als Kunstgriff)* als programmatisches Manifest des »Opojaz« (Gesellschaft zur Erforschung der dichterischen Sprache) Geltung erlangte. In dem Aufsatz setzt Šklovskij der häufig vertretenen Ansicht, Kunst sei Denken in Bildern, entgegen, daß das poetische Bild nur ein Kunstmittel unter anderen ist. Aufgabe des dichterischen Bilds ist nach Šklovskij auch nicht, etwas Unbekanntes anschaulich zu erklären, sondern einen Gegenstand in eine neue semantische Reihe zu versetzen und ihn so in einem ungewohnten Licht erscheinen zu lassen. Zur Kennzeichnung dieses Sachverhalts wird der – später von B. BRECHT aufgegriffene und modifizierte – Terminus »Verfremdung« (*ostranenie*) eingeführt, der nach Šklovskij ein wesentliches Merkmal der Kunst überhaupt darstellt: »*Um für uns die Wahrnehmung des Lebens wiederherzustellen, die Dinge fühlbar, den Stein steinig zu machen, gibt es das, was wir Kunst nennen. Ziel der Kunst ist, uns ein Empfinden für das Ding zu geben, ein Empfinden, das Sehen und nicht nur Wiedererkennen ist. Dabei benutzt die Kunst zwei Kunstgriffe: die Verfremdung der Dinge und die Komplizierung der Form, um die Wahrnehmung zu erschweren und ihre Dauer zu verlängern. Denn in der Kunst ist der Wahrnehmungsprozeß ein Ziel in sich und muß verlängert werden. Die Kunst ist ein Mittel, das Werden eines Dings zu erleben, das schon Gewordene ist für die Kunst unwichtig.*« Als Beispiel für Verfremdung führt Šklovskij etwa L. TOLSTOJS Erzählung *Cholstomer*, 1885 *(Der Leinwandmesser)*, an, wo die Ereignisse aus der Sicht eines Pferdes geschildert werden.

In Šklovskijs Definition von Kunstwerken als Dingen, »*die mit Hilfe besonderer Kunstgriffe geschaffen werden, mit Kunstgriffen, die bewirken sollen, daß diese Dinge als Kunst wahrgenommen werden*«, ist der von B. CHRISTIANSEN in seiner *Philosophie der Kunst* (1909) gebrauchte Begriff der »Differenzempfindung«, d. h. der Abweichung von normalen Eindrücken und Sprachgewohnheiten, eingegangen. Ihre Aufgabe, die Dinge vom Automatismus der Wahrnehmung zu befreien, ein neues Sehen zu ermöglichen, erreicht die Kunst mit Hilfe spezifischer Kunstgriffe der ästhetischen Organisation außerästhetischen Materials, z. B. indem sie eine »*schwierige, bewußt gehemmte, gebremste Sprache*« verwendet. An die Stelle des schwer faßbaren Form-Inhalt-Dualismus tritt das Begriffspaar Form – Material, wobei Material den außerästhetischen Stoff, Form die ästhetische Organisation, das »*Kompositionsgesetz eines Gegenstands*« bedeutet. Wenn in dem Aufsatz *Literatura vne »sjužeta«* (*Literatur ohne »Sujet«*) vom literarischen Werk gesagt wird, es sei »*kein Material, sondern ein Verhältnis von Materialien*«, so wird in dieser Definition der Einfluß J. F. HERBARTS spürbar. Entsprechend der Unterscheidung von Form und Material wird in dem Aufsatz *Svjaz' priëmov sjužetosloženija s obščimi priëmami stilja* (*Die Beziehung zwischen den Kunstgriffen des Handlungsaufbaus und den allgemeinen stilistischen Kunstgriffen*) zwischen der Fabel (*fabula*) als Materialelement und dem Sujet (*sjužet*) als Konstruktionsprinzip unterschieden. Das Sujet ist bestimmt als »*unendliches Labyrinth von Verkettungen*« (L. Tolstoj) einzelner Motive, wobei die Spielregeln der Sujetkonstruktion – Wiederholung, Parallelismus, Steigerung, Retardation usw. – eine gewisse Parallelität zu den stilistischen Figuren aufweisen.

In einigen weiteren Aufsätzen wird die Methode Šklovskijs anhand konkreter Analysen exemplifiziert. Die Arbeit *Kak sdelan Don-Kichot (Wie Don Quijote gemacht ist)* zeigt, daß der Charakter des Helden sich M. CERVANTES erst während der Durchführung der Romankonstruktion ergab und nicht schon vorher fertig vorhanden war. In *Parodijnyj roman (Die Parodie auf den Roman)* wird L. STERNE als »*extremer Revolutionär der Form*« bezeichnet, für den die Bloßlegung (*obnaženie*) des Kunstgriffs typisch ist. Sterne reiht in *The Life and Opinions of Tristram Shandy Gentleman* (1759 bis 1767) Erzählkunstgriffe ohne Motivierung, d. h. logisch-psychologisch notwendige Verknüpfung, aneinander und macht dadurch die Kunstgriffe als solche sichtbar. Dem Leser wird dabei klar, daß Kunstwerke eigenen Gesetzen unterliegen und nicht den Abläufen des wirklichen Lebens. Der Aufsatz *Ornamental'naja proza (Ornamentale Prosa)* versucht am Beispiel A. BELYJS zu zeigen, daß die Weltanschauung eines Autors – im Fall Belyjs die anthroposophische – nicht den Kern seines Werks ausmacht, sondern als »Arbeitshypothese« in dem Maß modifiziert wird, in dem der Autor sich auf die Problematik ästhetischen Gestaltens einläßt. – Šklovskijs theoretische Arbeiten sind bei aller polemischen Überspitzung wegweisend für die moderne Literaturwissenschaft geworden. Vor allem Strukturalisten und Semiotiker haben an seine Terminologie und die von ihm gewonnenen Einsichten angeknüpft.   H.Gü.

AUSGABEN: Moskau 1925; ²1929 [erw.]. – Moskau 1983.

ÜBERSETZUNG: *Theorie der Prosa*, G. Drohla, Ffm. 1966 [unvollst.]. – Dass., dies., Ffm. 1984.

LITERATUR: V. Erlich, *Russischer Formalismus*, Mchn. 1964. – J. Striedter, *Zur formalistischen Theorie der Prosa u. der literarischen Evolution* (in *Texte der russischen Formalisten*, Hg. ders., Bd. 1, Mchn. 1969, S. 9–83). – A. A. Hansen-Löve, *Der russische Formalismus*, Wien 1978.

ZOO. PIS' MA NE O LJUBVI ili Tret'ja Éljuiza

(russ.; *Ü: Zoo oder Briefe nicht über die Liebe*). Roman in Briefen von Viktor B. ŠKLOVSKIJ, erschienen 1923. – Das Werk entstand, nachdem der Autor, als Angehöriger der Sozialrevolutionären Partei sowie wegen Konspiration gegen die Sowjetmacht von der Verhaftung bedroht, über Finnland nach Berlin emigriert war. Gegenstand des in Briefform konzipierten Textes ist das Berlin der zwanziger Jahre, das Leben der russischen Emigrantenkolonie sowie literaturtheoretische Probleme, die Šklovskij als führenden Vertreter der Formalistengruppe »Opojaz« (Gesellschaft zur Erforschung der dichterischen Sprache) beschäftigten. Die tragikomischen Liebesergüsse an Alja, die Adressatin

der Briefe, und ihre ernüchternden Erwiderungen sind nur der Vorwand für das eigentliche Anliegen des Schreibers: die Rückkehr nach Rußland, die dem Autor 1923 auf Fürsprache M. Gor'kijs und V. Majakovskijs gestattet wurde. »*Alja ist die Realisierung einer Metapher. Ich erfand eine Frau und eine Liebe für ein Buch über die Verständnislosigkeit, über fremde Menschen, über ein fremdes Land. Ich möchte nach Rußland.*« Den dreißig Briefen des Werks sind von Ausgabe zu Ausgabe neue Vorworte, V. Chlebnikovs lyrisches Prosastück *Zverinec (Tiergarten)* sowie eine Widmung an Elsa Triolet, das Urbild der Alja, vorangestellt, aus deren Namen der zweite Untertitel des Werks *(Die dritte Heloïse)* abgeleitet ist. Ohne Handlung im eigentlichen Sinne, behandeln die parodistischen Liebesbriefe verschiedenartige Themen: Straßen, Bauwerke, Automobile, die Großstadtatmosphäre, die während der Inflationszeit in Berlin versammelte russische Emigration (A. Belyj, M. Slonimskij, R. Jakobson, P. Bogatyrev, I. Ėrenburg, M. Chagall, B. Pasternak u. a.). Die Aussichtslosigkeit ihrer Situation faßt Šklovskij in das Bild: »*Wir fahren nirgendwohin, wir leben auf einem Haufen inmitten der Deutschen, wie ein See inmitten der Ufer.*« Einbezogen werden persönliche und literarische Erinnerungen (an Chlebnikov, A. Remizov u. a.), Anekdoten und literaturtheoretische Exkurse.
Der ästhetische Standort des Werks wird bestimmt als »*Versuch, aus dem Rahmen des üblichen Romans herauszugelangen*«. Mit dem geschärften Bewußtsein des Formalisten von der Machbarkeit des Kunstwerks legt Šklovskij auf Schritt und Tritt die Kunstmittel bloß, die er benutzt. So bilden die Briefe gleichsam die Applikation der an den Werken L. Sternes, M. Cervantes' und V. Rozanovs gewonnenen theoretischen Einsichten des Autors. Viele der in den Briefen geäußerten Gedanken zur künstlerischen Form und zu literarhistorischen Entwicklungen sind in seinem Essayband *O teorii prozy*, 1925 *(Theorie der Prosa)*, wiederzufinden. Dokumentation, Reportage, Autobiographie und literaturtheoretischen Essay auf der Grundlage des umgedeuteten alten Briefromans verschmelzend, stellt das Werk in der Reihe der russischen sujetlosen Prosaliteratur zusammen mit Šklovskijs *Sentimental'noe putešestvie*, 1923 *(Sentimentale Reise)*, das verbindende Glied zwischen dem Subjektivismus Rozanovs und der sog. Faktographie *(literatura fakta)* der um die Zeitschrift ›Novyj LEF‹ (Neuer LEF) gruppierten Literaten dar.   R.La.

Ausgaben: Bln. 1923. – Leningrad 1924. – Leningrad 1929. – Moskau 1964 (in *Žili-byli*). – Moskau 1983 (in *Izbr. proizv.*).

Übersetzungen: *Zoo oder Briefe nicht über die Liebe*, A. Kaempfe, Ffm. 1965; ern. 1980 (es). – Dass., E. Panzig , Bln./DDR 1976 [zus. m. *Es war einmal*].

Literatur: Ju. Tynjanov, *Literaturnoe segodnja* (in Russkij sovremennik, 1924, Nr. 1). – B. Ėj-chenbaum, *O. V. Š.* (in B. Ė., *Moj vremennik*, Leningrad 1929, S. 131/132). – G. Struve, *Geschichte der Sowjetliteratur*, Mchn. 1957, S. 73 ff. – J. Holthusen, *Russische Gegenwartsliteratur (1890–1940)*, Bd. 1, Bern/Mchn. 1963.

IVAN SERGEEVIČ ŠMELËV

* 3.10.1873 Moskau
† 24.6.1950 Paris

Literatur zum Autor:
J. Legras, *L'art de I. Chmeliov* (in Le Monde Slave, 3, 1935, S. 90–103). – M. Achenbrenner, *I. Schmeljow. Leben und Schaffen des großen russischen Schriftstellers*, Königsberg 1937. – *Pamjati I. S. Š.*, Mchn. 1956. – J. Kutyrina, *I. S. Š.*, Paris 1960. – M. M. Dunaev, *Tvorčestvo I. S. Š. perioda pervoj russkoj revoljucii* (in Russkaja literatura, 1976, Nr. 19, S. 173–181). – Ders., *Svoeobrazie tvorčestva I. S. Š.* (ebd., 1978, Nr. 1, S. 163–175). – Ders., *Dostoevskij i Š.* (in *Dostoevskij. Materialy i issledovanija*, Bd. 3, Leningrad 1978). – D. Šachovskoj, *Bibliographie des œuvres de I. Ch.*, Paris 1980. – W. Schriek, *I. Š.: die religiöse Weltsicht und ihre dichterische Umsetzung*, Mchn. 1987.

BOGOMOL'E

(russ.; Ü: *Die Straße der Freude*). Erzählung von Ivan S. Šmelëv, erschienen 1935 während der Emigration in Belgrad. – Wie der zwei Jahre früher publizierte autobiographische Roman *Leto gospodne (Das Jahr des Herrn)* ist dieses Werk der wehmütigen (die soziale Problematik allerdings idealisierend unterschlagenden) Erinnerung an das russische Volksleben gegen Ende des 19. Jh.s gewidmet: seiner zeitlosen Beschaulichkeit, seiner naiven wie gewitzten, tiefgläubigen wie abergläubischen, immer aber sein ganzes Wesen aufs entscheidendste bestimmenden Religiosität.
Thema der Erzählung, die autobiographische Züge trägt, ist die Wallfahrt *(bogomol'e)* des Zimmermanns Gorkin (»*Bei Gott ist alles gut, alles neu und rein, wie ein glattgehobeltes Brett ... wir aber verunreinigen uns selbst! ... Deshalb gehen wir auch zum Heiligen – uns abzuwaschen, zu reinigen ...*«) von Moskau zum Kloster Troica des hl. Sergij. Ihn begleitet – neben einigen Angestellten der (Šmelëvschen) Holzhandlung – auch der Sohn seines Arbeitgebers, der kleine Van'ka, aus dessen kindlich-naiver Sicht das Werk verfaßt ist: »*Wer ist er? ER? Ich verstehe etwas, aber nicht alles.*« Dennoch versteht der etwa Sechsjährige oft mehr von den transzendenten Spekulationen und dem sehr

menschlichen Hader der Pilger, als der Aufnahmefähigkeit seines Alters entspricht. Darin liegt eine
Schwäche, zugleich aber auch ein Reiz der Erzählung: Indem Šmelëv durch den Mund eines Kindes
die Gefühle, Gedanken und Vorstellungen der ver-
zückten Pilgerschar ausspricht, verleiht er der Erzählung jene Art »höherer Naivität«, die sich in der
Erwachsenensprache *(»Alle Geschäfte, Brüderchen,
lassen sich nicht erledigen ... richtig! Tausend Geschäfte harrten. ER aber läßt nicht auf sich warten«)*
nur andeuten kann, in kindlichen Äußerungen aber
ganz – und nicht ohne gelegentliche komische Effekte – offenbart: *»Der Mönch sagt, daß für Judas
Qualen ohne Ende bereitet wären. Andere würden
vielleicht durch die Gebete der Gerechten erlöst, Ischariot aber würde nicht erlöst werden, in alle Ewigkeit,
Amen! Und alle sagen, dieser würde sich auf keinen
Fall herauswinden können.«*   W.Sch.

AUSGABE: Belgrad 1935.

ÜBERSETZUNG: *Die Straße der Freude. Roman aus
dem alten Rußland*, R. Karmann u. A. Luther, Bln.
1952; ²1957.

ČELOVEK IZ RESTORANA

(russ.; *Ü: Der Kellner*). Roman von Ivan S. ŠME-
LËV, erschienen 1910. – In diesem »Kleinbürgerro-
man« aus der Zeit nach der Revolution von 1905
gibt Šmelëv eine instruktive Gesellschaftsanalyse
des Rasputinschen Rußland mit all seinen unerhör-
ten Diskrepanzen zwischen den kapitalistischen
Parvenüs und dem ständig um seine Existenz besorgten, stets erniedrigten und immerzu von der
Ochrana geplagten kleinen Mann. Dieses Mißverhältnis zeigt sich gerade dem *»Menschen aus dem
Restaurant«* (wie die wörtliche Übersetzung des Titels lautet), dem Kellner Skorochodov, jeden Tag
aufs neue, und bitter klagt er: *»Sie sitzen im Warmen, vor Spiegelwänden, flöten wie die Nachtigallen,
und es kränkt sie sehr, daß es solche Kellerwohnungen und
alle Arten von Ansteckung da gibt.«*
Im Existenzkampf mit den *»Herrschaften, die infolge des riesigen Kapitalzustroms durch die Staatsauf-
träge ein großartiges Leben führen«*, verliert Skorochodov seine Familie: Sein Sohn Koljuša schließt
sich den Revolutionären an und taucht in der Illegalität unter, seine Tochter Nataša wird verführt
und im Stich gelassen; seine Frau verläßt ihn, er
selbst büßt schließlich seine Stellung ein. Unter der
ihm tagaus, tagein zuteil werdenden Deklassierung
leidend *(»Was habe ich nicht alles zeit meines Dienstes gesehen in den Restaurants...! Aber alles finde ich
nicht so entsetzlich wie das Verhöhnen der Seele, die der
Spiegel des ganzen Wesens ist«)*, findet er sich immer
mehr auf eine höhere Sittlichkeit verwiesen *(»Gute
Menschen haben in sich eine Kraft, die ihnen von dem
Allmächtigen kommt«)*, die ihn über das irdische
Treiben erhaben macht: *»Ich stehe und höre zu. Es
summt einem in den Ohren: su-su-su ... su-su-su ...
Nichts als leeres Geschwätz ...«*

Šmelëv, den man nach Erscheinen seines Romans
für einen schreibenden Kellner hielt, wählte sich die
von N. GOGOL' in die russische Literatur eingeführte *(Zapiski sumasšedšego – Aufzeichnungen eines Verrückten)*, von F. DOSTOEVSKIJ perfektionierte
Form der typisierend konfusen Ich-Erzählung.
Sprache und Stil der flüchtigen Notizen oder un-
konzentrierten, saloppen Monologe spiegeln unmittelbar die Reaktionen des Helden auf das von
ihm erlebte Geschehen wider, das der Berichtende
häufig in eingeflochtenen Reflexionen kommentiert: *»Ich hätte ihm gern gesagt, was für ein nettes
Souper für den Herrn Karasev daraus geworden war,
aber das ging natürlich nicht an. Es ist an uns zu antworten, nur wenn wir gefragt werden. Aber ich hatte
große Lust, es ihm zu sagen.«*   W.Sch.

AUSGABE: Petersburg 1910.

ÜBERSETZUNGEN: *Der Kellner*, K. Rosenberg, Bln.
1927. – Dass., G. Schwarz, Bln. 1968.

VERFILMUNG: SU 1927 (Regie: Ja. Protazanov).

LETO GOSPODNE. Prazdniki, radosti, skorbi

(russ.; *Ü: Wanja im heiligen Moskau. Der Roman
meiner Jugend*). Roman von Ivan S. ŠMELËV, erschienen 1933. – Die »erzählte Zeit« des autobiographischen Romans umfaßt ein orthodoxes Kir-
chenjahr von einem »reinen Montag« (dem Beginn
des vorösterlichen Fastens) zum anderen. Der ruhige, stets gleichbleibende Rhythmus seiner Werkta-
ge und festlichen Kulminationspunkte beherrscht
das ganze Geschehen des keinerlei stringenter
Handlungsführung folgenden Werkes. Die kalen-
darische Sakralisierung seines Alltags und der Einfluß des naiv-gläubigen, stets zum Vortrag erbaulicher Legenden und Erzählungen geneigten Zimmermanns Gor'kin lassen den jungen Vanja, den
Erzähler des Romans, jede neue Erfahrung durch
den Filter geistlicher Sinngebung aufnehmen.
Wird die Darstellung des Kindes durch eine der
Psychologie des Siebenjährigen kaum angemessene metaphysische Gedanklichkeit belastet, so fehlt
es dem Roman doch nicht an sprachlicher und stilistischer Ausgewogenheit. Šmelëv bedient sich der
an N. LESKOV erinnernden Erzähltechnik des *skaz*,
dessen Eigenart in einer stark individualisierten,
mundartlich oder jargonhaft gefärbten Sprache
liegt, die die Umrisse der Erzählergestalt mit besonderer Deutlichkeit hervortreten läßt.
Wie die Erzählung *Bogomol'e*, 1935 *(Die Straße der
Freude)*, enthält *Leto gospodne* die weitgehend
durch die Sicht des russischen Emigranten bedingte verklärende Deutung der Kindheit des Autors.
Wehmütig ruft Šmelëv die patriarchalisch-be-
schaulichen Seiten des russischen Volkslebens der
siebziger Jahre des vergangenen Jahrhunderts unter Vernachlässigung der sozialen Konflikte in Erinnerung. Die gelungene, doch von der Rück-

wärtsgewandtheit des Rußlandbildes Šmelëvs zeugende Beschreibung Moskaus mag dafür als Beispiel stehen: »*Ich sehe die Glockentürme, die goldene Christus-Erlöser-Kathedrale, wie Spielzeug die weißen Häuserkästen, die dunkelbraunen und grünen Dächerbrettchen, die grünen Gartenflecken, die dunklen Schornsteinstöckchen, die flammenden Funken der Fenster, die grünen Teppiche der Gemüsegärten, das weiße Kirchlein unter uns. Ich sehe das ganze spielzeugartige Moskau und darüber die vergoldeten Kreuze.*« W.Sch.

AUSGABEN: Belgrad 1933. – Moskau 1960 (in *Povesti i rasskazy*, Hg. O. Michajlov). – NY 1976. – Moskau 1988.

ÜBERSETZUNG: *Wanja im heiligen Moskau. Der Roman meiner Jugend*, R. Karmann, Freiburg i. B. 1958.

NEUPIVAEMAJA ČAŠA

(russ.; *Ü: Der niegeleerte Kelch*). Novelle von Ivan S. ŠMELËV, erschienen 1919. – Šmelëvs Novelle, die – obwohl kurz nach der Oktoberrevolution entstanden – die Abkehr des Autors von der sozialen Thematik beweist, beschreibt das Schicksal des leibeigenen Ikonenmalers Ilja Šaronov, der wegen seines schon früh sichtbaren Talents auf Kosten seines Herrn in Dresden und Rom ausgebildet wird und trotz seiner sensationellen Erfolge und lukrativen Aufträge im Ausland nach Rußland zurückkehrt, um die Kirche seines Heimatdorfes auszumalen. Er verliebt sich in Nastasja, die junge, anmutige Frau des Gutsherrn, die er im Auftrag ihres Mannes porträtieren soll. Einzige Manifestation dieser Liebe wird Iljas letzte Ikone – genannt »Der niegeleerte Kelch« –, die Nastasja als Madonna ohne Kind, aber mit einem Kelch als Sinnbild der Leiden Christi (und Iljas?) darstellt. Der Maler überlebt Nastasja, die kurz nach der Geburt ihres ersten Kindes gestorben ist, nur um wenige Tage. Sein letztes Werk, das Madonnenbild, das er einem nahegelegenen Kloster vermacht hat, wird bald als wundertätig verehrt.
Die mystisch-metaphysische Dimension, die Šmelëv seiner erfolgreichen Novelle verliehen hat, vermag diese keineswegs über ihr trivial-romantisches Niveau zu erheben. Der Typus Iljas repräsentiert sich als charismatische Künstlergestalt, in deren gottgefälliger, erdenthobener Existenz sich ihrerseits die moralische Integrität der vergangenen Epoche des »heiligen Rußland« manifestieren soll, die der Autor in legendenhaft-archaisierendem Sprachgestus zu beschwören bemüht ist. Der geschichtsfernen und farblosen Szenerie gemäß, in der Šmelëv seinen Haupthelden ansiedelt, bleibt auch dessen Persönlichkeit blaß, ohne ausgeprägte Konturen, und selbst in ihrer tragisch unerfüllten Liebe eigentlich unproblematisch und entwicklungslos. Auch die halbironische Darstellung der angeblichen Wundertätigkeit der Madonnenikone

erweist sich als verspätetes und daher untaugliches Mittel des Autors, seine romantisch-ästhetisierende Genievorstellung realistisch zu objektivieren.
A.Gu.

AUSGABEN: Moskau 1919 (in Otčina). – Moskau 1922 (in Zadruga).

ÜBERSETZUNG: *Der niegeleerte Kelch*, H. Ruoff, Bln. 1926. – Dass., ders., Hbg./Mchn. 1961.

LITERATUR: A. A. Arosev, Rez. (in Krasnaja nov', 1922, Nr. 5, S. 286). – N. Asukin, Rez. (in Rossija, 1923, Nr. 3, S. 28). – Ju. Sobolev, Rez. (in Pečat' i revol., 1923, Nr. 1, S. 224/225).

ANDREJ MICHAJLOVIČ SOBOL'

eig. Julij Michajlovič Sobol'

* 25.5.1888 Saratov
† 12.5.1926 Moskau

OBLOMKI

(russ.; *Strandgut*). Erzählung von Andrej M. SOBOL', erschienen 1923 als Titelgeschichte eines Erzählbandes. – »Strandgut« bezeichnet metaphorisch die Gesellschaft eines als Szene und Kulisse ins Phantastische entgrenzten Badeortes an der russischen Schwarzmeerküste, das sommerliche Refugium enttäuschter und durch die Revolution gebrochener Bürger, Aristokraten, Künstler und Studenten am Fuße eines steilen Basaltkegels, des »Teufelsfingers«. A. G. Mirovič, »*ein Mensch unbestimmter Profession und Reputation*«, sein Zimmernachbar, ein namenloser Poet, und schließlich der schwindsüchtige Lupin wissen, daß die Gärten des Hotels die Endstation ihres Schicksalsweges darstellen. Die Gestalt eines nur noch im Koma dahindämmernden Vizegouverneurs indiziert den zeitlichen Stillstand der Szene: Der Badeort in seiner Stagnation markiert ein Vorstadium des Todes. Die einzige Möglichkeit, dieser fatalen Situation zu entrinnen, bietet der Rausch als Medium der immer aufs neue scheiternden Flucht in eine Freiheit, die keiner dieser drei Männer inhaltlich zu bestimmen wagt. Sie alle begreifen sich als überflüssig, sind sich also ihrer »Strandgutexistenz« bewußt. Ihr Versuch, das Bewußtsein von persönlicher Substanz und Überlegenheit den anderen Kurgästen gegenüber zu begründen, basiert auf der Überzeugung, daß allein sie jener rätselhaften jungen Frau aus Moskau, die ihrer Unnahbarkeit wegen das Gesprächsthema der Saison darstellt, nahestehen, während alle übrigen von der ominösen Unbekannten unbeachtet bleiben. Diese »lichte Person« *(svetlejšaja)* ergänzt das Quartett: Auch sie ist »Strandgut« und wie die anderen in einer ständigen Flucht vor ihrem bisherigen Leben und den damit verbundenen Erinnerungen begriffen.

Der eintönige Alltag des Badeortes wird durch die Ankunft eines Herrn Treč (Anagramm zu *čёrt*: »Teufel«) unterbrochen, dem es nicht nur ohne weiteres gelingt, alle Kurgäste mit seinen charmanten und geistreichen Plaudereien zu ergötzen, sondern vor allem auch die sofortige Bekanntschaft der *svetlejšaja* zu machen. Mirovič ist der einzige, der ahnt, um wen es sich bei dieser neuen Person handelt. Er erinnert sich eines Gesprächs mit dem Poeten, bei dem er zum Schluß erklärt hatte: *»Ich will fort von hier, und wenn es mit dem Teufel zuginge!«* Der Teufel, Herr Treč, hat seiner Aufforderung Folge geleistet. Er ruft den drei Männern ihre Träume ins Bewußtsein und beweist ihnen, daß diese Träume nur die Sehnsucht nach dem Chaos, der allgemeinen Katastrophe, darstellen. Es gelingt ihm, sich *svetlejšaja* und den in sie verliebten Mirovič hörig zu machen. Diese Szene, in der Mirovič von der Allmacht des Herrn Treč überzeugt wird, ist zur *tentatio Christi* stilisiert. Der Weg in die »Freiheit« führt über den »Teufelsfinger«, den steilen Basaltberg, an dessen Fuß man anderntags den zerschmetterten Leichnam Mirovičs findet.

Mirovič ist nicht nur der Typ des *lišnij čelovek*, des »überflüssigen Menschen«, den Soboľ immer wieder zur Zentralgestalt seiner phantastisch-realistischen Erzählungen gemacht hat, sondern zugleich auch eine Reinkarnation Fausts, der hier zur Gestalt des »permanenten Revolutionärs« (freilich nicht im Sinne L. Trockijs), das heißt des »katastrophischen« Menschen, umgedeutet wird. Dieser zeithistorische Aspekt der zur Zeit des Bürgerkriegs spielenden Erzählung bleibt jedoch bloße Anspielung. Tatsächlich thematisiert Soboľ in *Oblomki* Grundsätzlicheres als bloß historisch zu deutende Personen und Seinsmöglichkeiten. In seinem Normalverständnis stellt der Badeort den positiven Bereich des gesicherten, eindimensionalen Lebens absoluter Muße dar, dessen paradiesisches Wesen jedoch bereits aus sich selbst, d. h. aus jener qualvollen Tatenlosigkeit und gefängnishaften Abgeschlossenheit heraus, in Frage gestellt wird. Der Strand, an den das Schicksal die Personen der Erzählung geworfen hat, wird – ein absolutes Vakuum in seiner lähmenden Zeitvergessenheit – zum widernatürlichen Seinsbereich, zu einer paradiesischen Hölle. Die Immanenz dieses satanischen Prinzips bringt symbolisch der schwarze Basaltdruck zum Ausdruck, der sich drohend über den Gärten des Hotels erhebt. Die unauflösliche Verflochtenheit von Satanischem und Paradiesischem schließt konsequent jede Möglichkeit einer Erlösung aus, die das letzte Ziel aller *»katastrophischen Träume«* Mirovičs und seiner Gefährten ist.

Mirovičs Flucht in eine Zukunft, deren einziger Inhalt im Grunde der Wiedergewinn einer neuen Zeitlichkeit und damit auch eines neuen Seins darstellt, bedeutet als symbolischer Akt der Befreiung das endgültige Aufhören der Zeit, nämlich den physischen Tod, dem ein psychisches Gestorbensein bereits vorausgegangen ist, auch wenn Mirovič seinem Freund, dem Poeten, erklärt, daß der Selbstmord für ihn als Fluchtversuch ausscheide. – Die fatale Aufhebung aller Alternativen macht letztlich jede konstruktive menschliche Entscheidung unmöglich. Allein der Selbstmord bleibt als Freiheit in einem Dasein des totalen Zwangs. Herr Treč ist also keineswegs ein Sendbote der Hölle, sondern als Versucher und Mörder nur die symbolische Objektivation der geheimen Todessehnsucht Mirovičs, in dessen Untergang Soboľ, der 1926 in Moskau auf offener Straße Selbstmord beging, seine eigene letzte Existenzentscheidung vorweggenommen hat.　　　　　　　　　　　　　　A.Gu.

Ausgaben: Moskau 1923 (in *Oblomki. Tret'ja kniga rasskazov 1920–1923*). – Moskau 1926 (in *Sobr. soč*, 4 Bde., 3).

Literatur: M. Oľševec, *»Oblomki«* (in Krasnaja gazeta, 1926, Nr. 134). – V. Pleskov, *Na trudnom puti. Pamjati A. S.* (in Katorga i ssylka, 1926, Nr. 5, S. 234–236). – A. Voniško, *A. S.* (ebd., S. 236 bis 238). – J. Sobolev, *Pamjati A. S.* (in Krasnaja niva, 1926, Nr. 27, S. 12). – B. Fajonš, *Ob A. S. (Materialy k biografii)* (in Zvezda, 1928, Nr. 7, S. 134–155). – V. Zacilišin, *A. S.* (in *Early Soviet Writers*, NY 1958, S. 282–286). – *Istorija russkoj literatury konca XIX – načala XX veka*, Moskau/Leningrad 1963, S. 383–384.

---

saša Sokolov

eig. Aleksandr Vsevolodovič Sokolov

* 6.11.1943 Ottawa

ŠKOLA DLJA DURAKOV

(russ.; *Ü: Die Schule der Dummen*). Roman von Saša Sokolov, erschienen 1976. – In seinem zum Zeitpunkt des Erscheinens als *»das surrealistischste Werk der modernen russischen Literatur«* (W. Kasack) geltenden Roman folgt Sokolov dem Bewußtseinsstrom eines Schizophrenen. Der junge Mann, aus einem Nervensanatorium entlassen, wird in einer Datschensiedlung bei Moskau von seinen Eltern betreut und besucht die Sonderschule für geistig Behinderte. Zuzeiten dem Verlust seiner Identität ganz ausgesetzt, vielfach von Gedächtnislücken zu abrupten Gedankensprüngen verführt, entwickelt er mit Hilfe einer absurd erscheinenden Phantasie eine innere Wahrhaftigkeit, die die realistische Erfassung der Welt ersetzt und korrigiert. Die auf ihn einstürzenden Eindrücke verarbeitet der Kranke in einem ständigen Dialog mit seinem »Du«, wobei er manchmal durchaus weiß, daß die beiden Teile seiner Persönlichkeit eins sind. Ansonsten aber läßt ihn sein selektives Gedächtnis die wirklichen Lebensumstände immer wieder vergessen oder verdrängen. Dann wird der Sonderschüler zum Mitarbeiter Leonardos bei ballistischen Berechnungen, zum Berater bei der Gestaltung der Mona Lisa, zum Angestellten in einem Moskauer Ministerium oder zum erfolgreichen Ingenieur. Nur die in schwierigen Situationen manchmal angestrebte Verwandlung in eine Nymphe empfindet er als Eskapismus. Sein beständigster Wunschtraum ist jedoch die Ehe mit der von ihm verehrten Lehrerin Veta Akatova.

Genauigkeit und Bestimmtheit sind die beiden großen Hürden, die der Ich-Erzähler nicht nehmen kann und will. Personen verschmelzen miteinander – so wenig Eigengewicht hat der einzelne in einer Welt, deren Disparatheit und Hohlheit nur noch vermittelbar ist, wenn die lineare Erzählweise aufgehoben und der Held aus den Randfiguren der Gesellschaft gewählt wird. Auch die Zeit wird zu einem vagen Begriff: *»Unsere Kalender sind zu fiktiv, und die Zahlen, die darauf geschrieben sind, bezeichnen nichts und sind durch nichts gesichert, wie Falschgeld.«* Niemand kennt eine Definition der Zeit, an deren Richtigkeit nicht Zweifel wach würden; niemand kann erklären, welchen Sinn eine Gliederung des Lebens in ein Gestern, Heute und Morgen hat. Beweisbar scheint nur, *»daß sich das Nichts in der Zeit, in der Vergangenheit und der Zukunft befindet und von der Gegenwart nichts hat und es in der Natur dem Nichtmöglichen nahe ist, wodurch, was daraus folgt, es keine Existenz hat, denn dort, wo das Nichts wäre, müßte die Leere sein«.*

Das Sich-Reiben eines sensiblen Menschen an der Realität wird von der Umgebung des Protagonisten von vornherein als Krankheit diagnostiziert und damit groteskerweise von der Gesellschaft akzeptiert. Der Ich-Erzähler ist davon befreit, eine den vorgegebenen Vorstellungen entsprechende Beziehung zur Umwelt einnehmen zu müssen. Der Roman spiegelt großartig die sprachlichen Möglichkeiten, Realistik und Phantastik miteinander verfließen zu lassen. Von einer zufälligen Person, einem irrelevanten Wort – einem Homonym etwa – ausgehend bringt Sokolov ein ganzes Assoziationsgeflecht zum Wuchern, baut ein Phantasiegebäude aus Wörtern, das über eine ganze Seite gehen kann. Der von diesem assoziativen Rhythmus getragene Stil ist dem Sprecher gemäß schlicht und natürlich und bezieht Umgangssprache sowie Archaismen ein.

Die Kritik stellte den Autor in den Umkreis von W. FAULKNER (*The Sound and the Fury*, 1929 – *Schall und Wahm*), A. BRETON, J. JOYCE und M. BUTOR, ohne daß Sokolov sich direkt auf diese Schriftsteller bezöge. Die puristische Einfalt des tragisch-vernünftigen Helden überzeugt ohne literarische Vorbilder. – Sokolov, der Mitte der siebziger Jahre aus der Sowjetunion ausreisen durfte, veröffentlicht seine Werke, außer frühen journalistischen Arbeiten und der in der Zeitschrift ›Žizn' slepych‹ erschienenen Erzählung *Na beregu (Am Ufer)*, ausschließlich im Westen.   G.Wi.

AUSGABE: Ann Arbor 1976.

ÜBERSETZUNG: *Die Schule der Dummen*, W. Kasack, Ffm. 1977; ern. Ffm. 1994.

LITERATUR: H. v. Ssachno, Rez. (in SZ, 31.12. 1977). – J. Malzew, *Freie russische Literatur 1955–1980*, Ffm. u. a. 1981, S. 308–312. – E. J. Brown, *Russian Literature Since the Revolution*, Cambridge/Mass. 1982, S. 379–381. – W. Kasack, *S. S.* (in W. K., *Lexikon der russischen Literatur ab 1917. Ergänzungsband*, Mchn. 1986, S. 180 f.). – P. Vajl u. A. Genis, *Uroki školy durakov. O romane S. S. »Škola dlja durakov«* (in Literaturnoe obozrenie, 1993, Nr. 1–2).

MICHAIL ALEKSANDROVIČ ŠOLOCHOV

* 24.5.1905 Kružilin / Dongebiet
† 21.1.1984 Veščenskaja bei Rostov am Don

LITERATUR ZUM AUTOR:
Bibliographien:
F. Krause, *Š.s Werke in deutscher Übersetzung und ihre Rezensionen: Beitrag zu einer Bibliographie* (in Kunst und Literatur, 1965, Nr. 13). – *Russkie sovetskie pisateli. Prozaiki*, Bd. 6, Tl. 2, Moskau 1969. – *Knigi M. A. Š. na jazykach narodov mira*, Moskau 1975. – D. Rudan, *Bibliografija priloga o M. Š. na srpskohrvatskim jeziku* (in Zbornik za slavistiku, 11, 1976, S. 183–191). – L. I. Il'nícka, *M. Š. i Ukrajina*, Lemberg 1979. – L. Štavdaker, *M. A. Š. Bibliografičeskij ukazatel'*, Rostov am Don 1980.
Forschungsberichte:
J. Baer, *Sholokhov in the USA* (in Soviet Literature, 1980, Nr. 5, S. 172–181). – *Tvorčestvo M. A. Š. v sovetskoj i zarubežnoj kritike*, Moskau 1986.
Biographien:
I. Ležnev, *Put' Š.*, Moskau 1958. – Ju. Lukin, *M. Š. Krit.-biogr. očerk*, Moskau 1962. – M. Adriasov, *Syn tichogo Dona*, Moskau 1969. – A. Kulinyč, *M. Š.*, Kiew 1975. – A. Sofronova, *Šocholovskoe*, Moskau 1975. – Ju. Lukin, *Dva portreta*, Moskau 1975. – N. Koršunov, *Vstreči s Š.*, Alma-Ata 1981.
Gesamtdarstellungen und Studien:
V. Goffenšefer, *M. Š.*, Moskau 1940. – I. Ležnev, *M. Š.*, Moskau 1948. – Ju. Lukin, *M. Š.*, Moskau 1952. – *M. Š. Sbornik statej*, Leningrad 1956. – V. Gura, *Žizn' i tvorčestvo M. A. Š.*, Moskau ²1960. – M. Sojfwer, *Masterstvo Š.*, Taškent 1961. – V. Gura u. F. Abramov, *M. A. Š. Seminarij*, Leningrad 1962; ²1963. – N. Masin, *Roman Š.*, Moskau 1963.

– A. Britikov, *Masterstvo M. A. Š.*, Moskau 1964. – I. Vološčuk, *O tvorčeskom metode M. Š. v svete sovremennych problem sovetskoj literatury*, Preßburg 1964. – L. Jakimenko, *Tvorčestvo M. A. Š. Idei, obrazy, tvorčeskij metod, žanry, stil', masterstvo, poétika*, Moskau 1964. – *M. Scholochow. Werk und Wirkung. Materialien des Internationalen Symposiums »Sch. und wir«, Leipzig 18.–19. 3. 1965*, Hg. E. Hexelschneider u. N. Sillat, Lpzg. 1966. – *M. A. Š.*, Hg. B. Ivanov, Moskau 1966. – D. Stewart, *M. Š.*, Ann Arbor/Mich. 1967. – Sowjetliteratur, 1967, Nr. 1 [Sondernr. *M. A. Š.*]. – A. Klimenko, *The World of Young Sholokhov. Vision of Violence*, North Quincy/Mass. 1972. – *Sie kämpften für die Heimat. M. Scholochow als Schriftsteller, Parteiliterat u. ›Enfant terrible‹*, Hg. R. Hotz, Bern/Ffm. 1972. – *Slovo o Š.*, Hg. A. Sofronov, Moskau 1973. – M. Zahrádka, *M. Š.*, Prag 1975. – V. Zakrutkin, *Cvet lazorevyj*, Moskau 1975. – *Tvorčestvo M. Š.*, Hg. V. Kovalёv u. A. Chvatov, Moskau 1975 [m. Bibliogr.]. – A. Žuravlёva u. A. Kovalёva, *M. Š.*, Moskau 1975. – *M. Š. Stat'i i issledovanija*, Hg. L. Skorcova u. O. Smola, Moskau 1975; ²1980. – F. Birjukov, *Chudožestvennye otkrytija Š.*, Moskau 1976; ²1980. – R. Medvedev, *Problems in the Literary Biography of M. Sholokhov*, Cambridge 1976. – L. Jakimenko, *Tvorčestvo M. A. Š.*, Moskau 1977. – *Š. v sovremennom mire*, Hg. L. Eršov u. V. Kovelev, Leningrad 1977. – *Werk und Wirkung M. Sch.s im weltliterarischen Prozeß*, Lpzg. 1977. – O. Marušiak, *Osudy l'udské v diele M. Š.*, Preßburg 1978. – V. Litvinov, *M. Š.*, Moskau 1980. – V. Tamachin, *Poétika Š.-romanista*, Stavropol' 1980. – *Jazyk i stil' prozy M. A. Š.*, Hg. V. Gromov, Rostov am Don 1981. – H. Ermolaev, *M. Š. and his Art*, Princeton 1982. – *Problemy tvorčestva M. Š.*, Moskau 1984. – *Š., Žizn', tvorčestvo, vospominanija, fotografii, dokumenty*, Hg. E. Sofonova, Moskau 1985. – V. Petelin, *M. Š. Stranicy žizni i tvorčestva*, Moskau 1986. – *Untersuchungen an Texten M. Š.s*, Hg. B. Wilhelmi, Jena 1988.

TICHIJ DON

(russ.; *Ü: Der stille Don*). Roman von Michail A. Šolochov, erschienen 1928–1940, in überarbeiteter Fassung 1953. – Das Hauptwerk Šolochovs gehört zu den erfolgreichsten Romanen der Sowjetliteratur. Er gilt als klassisches Zeugnis des Sozialistischen Realismus. Das Erscheinen der ersten Bände des Werks bezeichnet eine neue Etappe in der Geschichte der sowjetischen Prosa. Zum erstenmal versucht ein Roman die epische Bewältigung der in erbitterten Klassenkämpfen vollzogenen Umgestaltung Rußlands während der entscheidenden Jahre von Weltkrieg, Revolution, Bürgerkrieg und Intervention. Am Beispiel der Klassenauseinandersetzungen innerhalb des Kosakentums sucht er die historische Gesetzmäßigkeit der gesellschaftlichen Erneuerung Gesamtrußlands abzuleiten.

Die Handlung des Romans, die nach einer gerafften Vorgeschichte seit dem Russisch-Türkischen Krieg von 1877/78 das Jahrzehnt zwischen 1912 und 1922 umfaßt, ist in konzentrischen Kreisen angelegt (V. Šklovskij). Im Mittelpunkt steht die Geschichte Grigorij Melechovs und seiner Liebe zu Aksinja Astachova. Den folgenden Ring bildet die Chronik der Familie Melechov. Um diese lagert sich das Schicksal des Chutors (Kosakensiedlung). Der äußere Kreis endlich umfaßt die Geschichte des Kosakentums insgesamt. Die Familie Melechov gehört dem bäuerlichen Mittelstand an. Gesellschaftliche Herkunft und traditionelle Bindung bestimmen den politischen Weg des Helden. Der energische, temperamentvolle, mit außergewöhnlichen Fähigkeiten, durchdringendem Verstand und aufrichtigem Herzen begabte Grigorij ist zum Untergang verurteilt, weil er in leidenschaftlicher Suche nach der geschichtlichen Wahrheit und dem gerechten Ziel des gesellschaftlichen Kampfes nicht auf die Seite der Revolution findet. Seine Zweifel treiben ihn aus einem Lager in das andere. Als Frontsoldat des Weltkriegs von der Sinnlosigkeit des Völkermordes erschüttert, schließt sich Grigorij nach der Revolution der Kosakenarmee unter Führung der Kommunisten Podtёlkov und Krivošlykov an, die gegen die konterrevolutionäre Donregierung unter General Kaledin kämpft. Erbittert beobachtet Grigorij, wie sich Offiziersregiment und Grausamkeit der zaristischen Armee in den revolutionären Truppen behaupten. Im Gefecht verwundet, kehrt er zu seiner Familie zurück. Unter dem Eindruck der Niederlage Podtёlkovs und der Agitation des Autonomisten Izvarin, der die Loslösung des Don von Sowjetrußland propagiert, fügt sich Grigorij erneut in Milieu und Gedankenwelt des heimatlichen Chutor: »Das Eigene, Kosakische, mit der Muttermilch Eingesogene und von Kindesbeinen Vertraute siegte über die große menschliche Wahrheit.« Der Kampf der Roten gegen die Kulaken, dem auch Grigorijs Schwiegervater zum Opfer fällt, ruft einen Aufstand der Kosaken hervor, dem sich Grigorij anschließt. Des Tötens und Marodierens überdrüssig, kämpft er, von den weißen Kommandeuren als »halbgesottener Bolschewik« verdächtigt, nach der Besetzung seines Heimatdorfes durch die Roten ohne Überzeugung.

Von dem selbstherrlichen Benehmen und den verräterischen Beziehungen der weißen Befehlshaber zur ausländischen Reaktion abgestoßen, endlich von den eigenen Leuten auf der Flucht vor den Roten im Stich gelassen, schließt sich Grigorij erneut der Roten Armee an. Durch die Teilnahme am Polenfeldzug in Budёnnyjs Reiterarmee sucht Grigorij seine »Schuld« gegenüber der Revolution zu büßen. Als er jedoch nach der Demobilisation nach Hause zurückkehrt, findet er in seinem Schwager, dem Kommunisten Koševoj, einen erbitterten Gegner. Grigorij flieht und tritt in die Reihen der »grünen« Bande Jakov Fomins ein, die, zunächst für die Rechte der Kosaken und gegen die Ablieferungskommissionen der Roten angetreten, durch Mißerfolg zu einer verbrecherischen Räuberbande degeneriert. Ein letztes Mal sucht Grigorij vor den historischen Auseinandersetzungen in ein privates Glück mit seiner Geliebten Aksinja zu fliehen. Als Aksinja auf der Flucht erschossen wird, kehrt er gebrochen nach Hause zurück, wo er von seiner Familie einzig seinen Sohn Mišatka am Leben findet: *»Das war alles, was ihm im Leben geblieben war, was ihn einstweilen noch mit dieser Erde und mit dieser ganzen gewaltigen, in den kalten Strahlen der Sonne gleißenden Welt verband.«* Die historische Wahrheit des notwendigen Sieges der Revolution ist Grigorij bis zuletzt verborgen geblieben. Seine klassenbedingte Unentschiedenheit endet in der Loslösung von den siegreichen Kräften der Geschichte: Im Traum sieht Grigorij sein Regiment ohne ihn zum Angriff schreiten.

Die Gestalt des Romanhelden ist sowohl in ihrer politischen Widersprüchlichkeit wie in ihrer menschlichen Plastizität geschildert. Ein zentrales Motiv des Romans ist die leidenschaftliche Liebe des verheirateten Grigorij zu seiner ebenfalls verheirateten Nachbarin Aksinja. In der Geradlinigkeit ihres Charakters eine der ausgeprägtesten Gestalten des Romans, bringt Aksinja durch ihre kompromißlose Liebe den verzweifelten Protest gegen das bittere Los der Frau im patriarchalischen Kosakenmilieu zum Ausdruck. Mit großem psychologischen Einfühlungsvermögen zeichnet der Autor die innere Welt Aksinjas, die moralische Größe und überzeugende Lauterkeit ihres Gefühls. Der Tod Aksinjas unterstreicht das tragische Scheitern des Helden. Ebenso vollendet jedoch ist die Gestalt Natal'jas, die das Schicksal der ungeliebten Frau anfangs schweigend erduldet, um sich unverhofft in wildem Protest gegen den Gatten und ihr ausweglose Schicksal zu erheben. Das soziale und politische Spektrum der Romangestalten umfaßt Aristokratie und Generalität, Großgrundbesitzer und Kulaken, Mittelstand und niedere Schicht, Kosaken, Ukrainer und Russen, Weiße und Rote. Die Kommunisten spielen nicht die augenfälligste, jedoch die entscheidende Rolle.

Zeigen vor allem die ersten Bände des Romans Stilmittel der zeitgenössischen Avantgarde (Zitieren der »Wirklichkeit«, moderne Metaphorik, Einbeziehung der »niederen« Sprache usf.), so ist seine Darstellung, verglichen mit I. BABEL' oder B. PIL'NJAK, im ganzen konservativ. Der Roman knüpft an die realistische Tradition der russischen Literatur des 19. Jh.s an und ist in seiner Bedeutung für den Realismus des 20. Jh.s dem Schaffen J. GALSWORTHYS, Th. und H. MANNS oder R. MARTIN DU GARDS vergleichbar. Größtenteils vor der Alleinherrschaft des Sozialistischen Realismus in der sowjetischen Literatur entstanden, hat er Theorie und Praxis der Richtung nachhaltig beeinflußt. Gleich L. TOLSTOJS *Vojna i mir*, 1865–1869 *(Krieg und Frieden)*, verbindet der Roman fiktive Familienchronik und authentische Geschichtsdarstellung – ohne freilich die psychologische Tiefe und kompositionelle Geschlossenheit des Vorbilds zu erreichen. Die Differenzierung des Erzählstils kennzeichnet der häufig krasse Wechsel von episch ruhiger und thematisch bedingter beschleunigter Er-

zählung, von komischer und tragischer Intonation, von deskriptiver und kontemplativer Erzählhaltung. Bevorzugtes Stilmittel des Romans sind Dialog und szenische Darstellung. Sie begünstigen Natürlichkeit und Lebendigkeit des erzählten Geschehens. Das szenische Erzählen, das die Charaktere nicht in Autorenkommentar oder innerem Monolog, sondern allein in ihrem Handeln offenbart, hält die Motivation der Helden verborgen und erschwert ihre moralische Typisierung. Fern aller Schwarzweißmalerei vermeidet der Autor die Idealisierung der siegreichen Bolschewiki durch die ungeschminkte Bloßlegung der moralischen und charakterlichen Schwächen auch und gerade der Kommunisten. Šolochovs Neigung zum Naturalismus macht sich insbesondere in der Wiedergabe des eigenartigen Lokalkolorits des Donkosakenmilieus bemerkbar. Vor allem die ersten beiden Bände des Werks zeichnen ein detailliertes, folkloristisch reichhaltiges Genrebild des Kosakenlebens. Dem ethnographischen Naturalismus des Romans entspricht die ausgedehnte Verwendung des *skaz*, der indirekten Charakterisierung des Helden durch seine unverwechselbare, individuelle Diktion, die eine Fülle umgangssprachlicher Wendungen, Dialektismen, Ukrainismen, stehender Redensarten und Sprichwörter in die Sprache des Romans eingehen läßt. Eingeschobene Volkslieder, lyrische Abschweifungen, Apostrophen an den Helden und nicht zuletzt die Landschaftsbilder des Autors verraten den Einfluß der Volksdichtung.

Šolochovs Roman war in der Sowjetunion seit dem Erscheinen des ersten Bandes umstritten. Man machte ihm den Vorwurf der »Kulakenliteratur« und der mangelnden Parteilichkeit. Erschienen die ersten Bände des Romans nicht zuletzt dank des persönlichen Votums Stalins *(»Ein berühmter Schriftsteller unserer Zeit, Genosse Šolochov, beging in seinem ›Stillen Don‹ eine Reihe gröbster Fehler … aber ergibt sich vielleicht daraus, daß dieses Werk es verdiene, zurückgezogen zu werden?«)* ohne nennenswerte Schwierigkeiten, so stieß die Veröffentlichung des letzten Teiles auf Widerstand. Nach erregten Diskussionen wurde das Werk 1941 mit dem Stalinpreis ausgezeichnet. – Die sowjetische Kritik sieht den Schwerpunkt des Romans in der Tragödie seines negativen Helden. Begründet die marxistische Kritik das Scheitern Grigorijs aus der *»Psychologie des schwankenden Mittelbauern«* (G. Lukács), so suchen westliche Interpreten den Untergang des talentierten Helden als Anklage gegen die Sowjetmacht zu deuten (E. Simmons). 1953 veröffentlichte der Autor eine inhaltliche und stilistische Neufassung des Romans, die Korrekturen am Bild einzelner historischer Persönlichkeiten und einiger von der Kritik bemängelter Passagen des Werks enthält. 1965 erhielt Šolochov für sein Werk den Nobelpreis für Literatur. KLL

AUSGABEN: Moskau 1928 (in Oktjabr', 1–10, Bd. 1/2). – Moskau 1929–1932 (ebd., 1929, 1–3; 1932, 8–10; Bd. 3). – Moskau 1937–1940 (in Novyj mir, 1937, 11–12; 1938, 1–3; 1940, 2–3;

Bd. 4). – Moskau 1941. – Moskau 1953 [rev.]. – Moskau 1956/57 (in *Sobr. soč.*, Hg. K. V. Potapov, 8 Bde., 1956–1960, 2–5). – Moskau 1985/86 (in *Sobr. soč.*, 8 Bde., 1985/86, 1–4).

Übersetzungen: *Der stille Don*, O. Halpern, 3 Bde., Bln. 1929–1934. – Dass., ders. u. a., 4 Bde., Bln. 1953/54. – Dass., M. Schick, Bln. 1957. – Dass., O. Halpern u. a., 2 Bde., Mchn. 1985.

Vertonungen: I. I. Dzeržinskij, *Tichij Don* (Oper; Uraufführung: Moskau, 31. 5. 1935, Gos. muzykal'nyj teatr im. VI. I. Nemirova-Dančenko). – D. D. Šostakovič, *Tichij Don*, 1965.

Verfilmungen: SU 1930 (Regie: O. Preobraženskaja u. I. Pravov). – SU 1957/58 (Regie: S. A. Gerasimov).

Literatur: L. Jakimenko, *»Tichij Don« M. Š., O masterstve pisatelja*, Moskau 1954; ²1958 [m. Bibliogr.]. – I. Ležnev, *O novoj redakcii »Tichogo Dona«* (in Zvezda, 1954, Nr. 12, S. 160–169). – V. Apuchtina, *M. Š. v rabote nad »Tichim Donom«* (in Izvestija AN SSSR, 14. 3. 1955, S. 209–224). – L. Barag, *O masterstve plastičeskogo izobraženija čeloveka v romane M. A. Š. »Tichij Don«* (in Uč. zap. Bašk. gos. ped. inst., 8, 1956, Nr. 2, S. 39–85). – P. Kraevskij, *»Tichij Don« M. Š. kak social'noistoričeskaja épopeja* (in Uč. zap. Mosk. gos. ped. inst., 174, 1961, S. 33–64). – B. Dajredžiev, *O »Tichom Done«*, Moskau 1962. – V. Vasil'ev, *O »Tichom Done« M. Š.*, Čeljabinsk 1963 [m. Bibliogr.]. – V. Litvinov, *Tragedija Grigorija Melechova*, Moskau 1965. – F. Birjukov, *»Tichij Don« i ego kritiki* (in Russkaja literatura, 1968, Nr. 11). – R. Hallett, *Soviet Criticism of »Tichy Don«* (in SEER, 12, 1968). – P. Belov, *Lev Tolstoj i M. Š.*, Rostov am Don 1969. – L. Bilinski, *»The Quiet Don«*, Diss. Providence/R. I. 1974. – H. Ermolaev, *Riddles of the »Quiet Don«* (in SEEJ, 18, 1974, S. 299–310). – R. Medvedev, *Qui a écrit le »Don Paisable«?*, Paris 1975. – S. Semanov, *»Tichij Don«. Literatura i istorija*, Moskau 1977; ²1982. – E. Tumas-Richter, *A Comparative Analysis of Woman Characters in the »Quiet Don« and »The Peasants« by W. St. Reymont*, Diss. Boulder/Colo. 1977. – A. Kalinin, *Vremja »Tichogo Dona«*, Moskau 1978. – G. Kjetsaa, *The Authorship of the »Quiet Don«*, Oslo 1978. – *»Tichij Don«. Uroki romana*, Rostov am Don 1979. – V. Gura, *Kak sozdavlsja »Tichij Don«*, Moskau 1980. – N. Velikaja, *»Tichij Don« kak žanrovoj i stilevoj sintez*, Vladivostok 1983. – A. Korolenok, *Š. i Gogol': épičeskie tradicii v žanrovoj strukture »Tichogo Dona«*, Moskau 1985. – S. Semanov, *V mire »Tichogo Dona«*, Moskau 1987 [enth. Bibliogr.]. – W. Zaworski, *»Cichy Don« Szołochowa: Z problemów formy i bohatera*, Breslau 1987. – L. Kolodnyj, *Rukopisi »Tichogo Dona«* (in Voprosy literatury, 1993, Nr. 1). – A. Makarov u. S. Makarova, *»A vlast' éta ne ot boga«. »Soavtorskaja« obrabotka chudožestvennogo teksta v »Tichom Done«* (in Novyj mir, 1993, Nr. 11).

VLADIMIR ALEKSEEVIČ SOLOUCHIN

* 14.6.1924 Alepino / Bezirk Vladimir
† 4.4.1997 Moskau

Literatur zum Autor:
Russkie sovetskie pisateli. Prozaiki, Bd. 7, Tl. 2, Moskau 1972, S. 302–333 [Bibliogr.]. – V. Solouchin, *Jašel po radnoj zemle, jašel po svoej trope* (in *Sobr. soč.*, 4 Bde., 1, Moskau 1983). – V. Dement'ev, *Služenie prekrasnomu* (in Moskva, 1984, Nr. 5). – E. Moździerska, *Poetyka prozy Włodzimierza Solouchina*, Zielona Góra 1984. – D. Strunk, *Interview mit V. A. S.* (in Osteuropa, 34, 1984, S. 903–909). – A. Voznesenskij, *Solo zemli* (in Literaturnaja gazeta, 13. 6. 1984). – N. Kudel'ko, *I. S. Turgenev i sovetskaja literatura: na primere proizvedenij K. G. Paustovskogo i V. A. S.*, Diss. Moskau 1986. – N. Franz, *V. A. S.* (in KLFG, 9. Nlg., 1986).

ČËRNYE DOSKI. Zapiski načinajuščego kollekcionera

(russ.; *Ü: Schwarze Ikonen. Ich entdecke das verborgene Rußland*). »Aufzeichnungen eines beginnenden Sammlers« von Vladimir A. Solouchin, erschienen 1969. – Das erste Kapitel, das von Sammeln und Sammelleidenschaft handelt und in der deutschen Ausgabe nicht enthalten ist, stellt eine Begründung dafür dar, daß es berechtigt ist, der Ikone (einem Gegenstand also, der aus der Sicht eines durchschnittlichen Sowjetbürgers einen leidenschaftlichen Einsatz, wie es das Sammeln ist, nicht verdient) überhaupt Aufmerksamkeit zu schenken. Dokumentarische Aufzeichnungen über Begegnungen mit verschiedenen Menschen, bewußt unterhaltsam erzählt und mit erläuternden Exkursen verbunden, füllen die weiteren 14 Kapitel des Buches.
Angefacht worden war Solouchins Leidenschaft für Ikonen durch den Besuch in der Moskauer Werkstatt von Ilja Glazunov und Nina Vinogradova. Ihnen dankt er im Nachwort zur Ausgabe von 1972. Das Miterleben der Restaurierungsarbeit, das Betrachten der ausgestellten Ikonen dort und in der Wohnung Pavel Korins wirkten auf Solouchin überwältigend; hier wurde ihm das Sammeln als Mission und Großtat verständlich, hier begriff er, daß diese ureigentlich religiösem Ritual zugehörigen Gegenstände zugleich historisch künstlerische und nationale Werte darstellen, *die jeder Russe kennen muß*«. – Spannend berichtet der Autor von seiner Suche nach alten Ikonen in seinem Heimatdorf Alepino und in dessen nächster Umgebung und läßt dabei den Leser an seinem Lernprozeß hinsichtlich der Erkennungsmerkmale einer Ikone teilnehmen. Die Planung seines Suchweges geschieht

aufgrund zweier bei einem Geistlichen aufgestöberter Bücher; es sind historisch-statistische Beschreibungen des Bistums Vladimir aus den Jahren 1893–1896. Fast dramatische Züge nimmt die Schilderung des weiteren Weges an; von Erfolgen und Enttäuschungen wird berichtet, von Begegnungen mit Menschen, die wie selbstverständlich Ikonen zu Fensterabdichtungen, Futtertrögen und Tischchen verarbeiten oder sie auf Speichern verkommen lassen, aber auch mit gläubigen Menschen, die gerettete Ikonen liebevoll pflegen. Besonders anrührend ist die Begegnung mit der alten Nonne geschildert, die sich verpflichtet fühlt, ihren »Wachdienst auf Erden« neben den vor einer Ikone brennenden Kerzen zu tun. Übereifrige Kolchosvorsteher, die selbst der Zerstörung von Kirchen Vorschub geleistet haben, werden ebenso porträtiert wie gewiefte Klubleiter, die plötzlich selbst Interesse an alten Ikonen zeigen in der Hoffnung, ein Geschäft machen zu können. Ein Kapitel »für besonders interessierte Leser« gibt ausführlich Auskunft über Ikonographie, wobei Solouchin ausdrücklich betont, aus der Sicht eines Laien zu schreiben. Die Zeitgleichheit seines Suchens nach alten Ikonen mit German Titovs Flug in der Erdumlaufbahn, wovon das Radio eben berichtet, läßt den Autor Gedanken über Kunst und Wissenschaft nachgehen: »Die Wissenschaft macht den Menschen technisch mächtiger, die Kunst macht ihn geistig mächtiger. Außerdem ein wenig besser.«
Unter dem Titel Celyj okean krasoty (Ein ganzes Meer von Schönheit) ist sehr bald nach Erscheinen von Černye doski L. Ljubimovs ausführliche positive Besprechung veröffentlicht worden. Sie bescheinigt Solouchin das Verdienst, Interesse für die altrussische Kunst zu wecken und »Verständnis für das, worauf wir stolz sind und was uns ermöglicht, die Stafette weiterzugeben«. – Kritik hatte Solouchin schon vor dem Erscheinen seines Buches in großem Umfang durch die Zensur erfahren; er hat 151 Streichungen hinnehmen müssen, »da ein Wort, da zwei, da ein Satz«. Ohne die Eingriffe der Zensur, meint Solouchin, »wäre ich im Bewußtsein der Menschen nicht als der bekannt, der ich heute bin, hätten meine Bücher nicht diese Wirkung gehabt«. Sein Thema – die Wahrung des kulturellen Erbes – hat Solouchin erneut in Vremja sobirat' kamni, 1980 (Zeit, die Steine zu sammeln) und Prodolženie vremeni. Pis'ma iz raznych mest, 1982 (Im Zeitenlauf. Briefe aus verschiedenen Orten), aufgegriffen. Damit beschreibt er Plätze (z. B. Zvanka, Šachmatovo, Optyna pustyn', Smolensk-Talaškino), die mit den Namen bedeutender Vertreter des geistigen Lebens des 18., 19. und beginnenden 20. Jh.s in Rußland verbunden sind.   I. Ja.

AUSGABEN: Moskau 1969 (in Moskva, Nr. 1). – Moskau 1969 (in Zimnij den'; m. Vorw.). – Moskau 1972 (in Slavjanskaja tetrad'; Nachw. V. Solouchin). – Ann Arbor 1980. – Moskau 1984 (in Sobr. soč., 4 Bde., 3; m. Nachw.).

ÜBERSETZUNG: Schwarze Ikonen. Ich entdecke das verborgene Rußland, G. Berkenkopf, Mchn./Salzburg 1969; Nachdr. 1978.

LITERATUR: L. Ljubimov, Celyj okean krasoty (in Naš sovremennik, 1969, Nr. 9).

KAPLJA ROSY

(russ.; Ü: Ein Tropfen Tau). Lyrische Erzählung von Vladimir A. SOLOUCHIN, erschienen 1960. – Wie die Vladimirskie prosëlki, 1957 (Die Feldwege von Vladimir), des zunächst vor allem als Lyriker hervorgetretenen Autors wurde seine autobiographische Erzählung, die in kurzer Zeit große Popularität erlangte, von der Kritik als Umbruch in der sowjetischen Prosa begrüßt. Beide Werke gehören zu der seit dem Ende der fünfziger Jahre verbreiteten Gattung der autobiographischen oder tagebuchartigen Prosa (I. ERENBURG, V. KATAEV, O. BERGGOL'C u. a.) und sind Vorläufer der sog. Dorfprosa der siebziger Jahre.
In Form einer Reise in das Land seiner Kindheit beschreibt der Autor sein Heimatdorf Olepino im Gebiet von Vladimir. Freie Assoziationen, Erinnerungen, poetische Naturschilderungen, verklärte Kindheitseindrücke und Bilder aus der Geschichte des Ortes wechseln mit Fakten, Zahlen, statistischem Material und Auszügen aus alten Urkunden. Nahezu pedantisch wird jedes Haus des Dorfes und das Schicksal seiner Bewohner beschrieben. Die Erzählung verfolgt den Lebensweg jedes einzelnen, an den sich der Autor erinnert, denn »schließlich sind alle Menschen interessant, man muß nur tief genug graben«. Als Einheimischer, der in die Stadt zog, wie als Sowjetbürger fühlt sich der Autor verantwortlich für alles, was im Dorf geschieht. Mit genauem Zahlenmaterial weist er nach, durch welche Fehler der zentralen Planung der Kolchos eine Phase des Niedergangs erlebte und weshalb er einen neuen Aufschwung nahm. Er macht Verbesserungsvorschläge für das Klubhaus, kritisiert das Desinteresse an den Gebäuden der Vergangenheit und kämpft um die Erhaltung der alten Dorfkirchen, auch wenn sie nicht von besonderem kunstgeschichtlichen Wert sind. Dieses Element des Textes weist voraus auf Solouchins leidenschaftliches Engagement für die Erhaltung der alten russischen Kulturdenkmäler, das in den späteren Werken des Autors, Pis'ma iz Russkogo muzeja, 1966 (Briefe aus dem Russischen Museum), und Černye doski, 1969 (Schwarze Ikonen), seinen Ausdruck fand. Solouchin wurde damit zu einem der führenden Vertreter eines neuen Konservatismus, der sich für die Bewahrung des nationalen Gedächtnisses und der traditionellen Werte des russischen bäuerlichen Lebens einsetzte und die spätere Dorfliteratur ganz wesentlich prägte.
Solouchins starkes Interesse an der russischen nationalen Vergangenheit und an der Bewahrung der Tradition äußert sich auch darin, daß er in seinem Dorf alle Reste von Brauchtum und Folklore aufspürt (z. B. die Frühlingsspiele seiner Kindheit)

und liebevoll Einrichtungen und Gebrauchsgegenstände der Bauern schildert. Die kraftvollen, poetischen Schilderungen der Natur Mittelrußlands sind eingebettet in die Darstellung der Arbeit der Bauern und der Spiele der Kinder. Es finden sich mit allen Sinnen wahrgenommene Bilder vom Fischen im Morgengrauen, vom Pilze- oder Beerensammeln, von der festlichen Stimmung bei der ersten Heumahd. Immer aber ist dem Autor der Prozeß der Wandlung bewußt, in dem sich das Land und seine Bewohner befinden. Er wird durch den Bau einer Straße symbolisiert, der als eine Art Leitmotiv fungiert: Das vordem abgelegene und schwer erreichbare Dorf wird in wenigen Jahren nicht wiederzuerkennen sein. – Wie sich in einem Tropfen Tau in starker Verkleinerung die Dinge der Umgebung spiegeln, so spiegelt sich im Beispiel des unbedeutenden Dorfes Olepino das Schicksal des ganzen Landes.   K. H.

Ausgaben: Moskau 1960 (in Znamja, Nr. 1–2). – Moskau 1964 (in *Liričeskie povesti. Rasskazy*). – Jaroslavl' 1967 (in *Liričeskie povesti*). – Ufa 1971.

Übersetzungen: *Ein Tropfen Tau*, G. Berkenkopf, Mchn. 1961. – Dass., G. Schwarz, Bln./DDR 1963.

Literatur: A. Ėl'jaševič, *O liričeskoj proze* (in Oktjabr', 11, 1960, S. 204–210). – H. D. Sander, Rez. (in Die Welt, 29. 6. 1961). – A. J. Pavlovskij, *O liričeskoj proze (Ol'ga Berggol'c i V. S.)* (in *Vremja, pafus, stil' chudožestvennogo tečenija v sovremennoj literature*, Moskau/Leningrad 1965, S. 246–271). – E. Osetrov, *Solnce v kaple rosy* (in Literaturnaja gazeta, 14. 6. 1989).

PIS'MA IZ RUSSKOGO MUZEJA

(russ.; *Ü: Briefe aus dem Russischen Museum. Nachdenkliche Betrachtungen eines sowjetischen Dichters*). Prosaband von Vladimir A. Solouchin, erschienen 1966. – Der Band versammelt die für Solouchin charakteristische »persönliche« Prosa, die Publizistik, Essay, autobiographische und lyrische Elemente verbindet. In 13 Briefen an seine Freunde in Moskau vermittelt der Autor seinen persönlichen Zugang zum Russischen Museum in Leningrad – seine Eindrücke, seine Sehperspektive – und verbindet diese mit verschiedenartigen Reflexionen und Beobachtungen. Er schreibt, wie er betont, ohne den Anspruch, als Fachmann auf dem Gebiet der Kunstgeschichte zu gelten, bietet aber viel sachkundige Information.
Der erste Brief geht einleitend der Frage nach dem »Fortschritt« der Menschheit und jedes einzelnen nach – ein Thema, das Solouchin Jahre später in *Smech za levym plečom*, 1988 *(Das Lachen hinter dem Rücken)*, erneut aufgreift. Der zweite Brief führt den Leser in die Schönheiten Leningrads ein, vergleicht die Stadt mit Moskau, beklagt die zahlreichen Zerstörungen alter Kirchen und Bauwerke. *»Wenn wir das Alte zerstören, reißen wir immer Wurzeln ab«*, ist der Tenor des Briefes. Die beiden nächsten Abschnitte weisen den Weg zu Rossis Michaels-Palais, dem heutigen Russischen Museum; dabei nimmt Solouchin ausführlich Stellung zum *»Unfug«* von Straßen- und Ortsumbenennungen sowie zu Architektur- und Baugeschichte des Palais. Der fünfte bis achte Brief sind der altrussischen Malerei, insbesondere der aus Byzanz zusammen mit dem Christentum überkommenen Malweise, gewidmet. Nach der »Besichtigung« der Fresken-Kopien in den Magazinen und in einer Ausstellung (Theophanes, Rublëv, Dionisij) wird der Leser weitergeführt in die übervollen Magazinräume mit Ikonen – dies nimmt der Autor zum Anlaß, Fragen der Ikonographie zu erläutern und auf verschiedene Verfahrensweisen des Restaurierens einzugehen. Die anschauliche Schilderung der vielfältigen Sammlungen (Holzplastik, Schnitzereien, Volkskunst, die nur zum Teil religiösen Inhalts sind) läßt die Frage aufkommen, worin sich zuerst *»das Bedürfnis des Menschen, die Schönheit seiner Umwelt nachzuschaffen«*, geäußert hat, die Frage also nach dem Verhältnis von Kunst und Religion. Mit viel Einfühlsamkeit beschreibt Solouchin die Ikonen in den Schausälen, denen er selbst noch vor fünf Jahren wenig Aufmerksamkeit geschenkt habe; dabei ist er bemüht, den geistigen Gehalt aus ihrer Zeit heraus zu vermitteln. In den Briefen 9 bis 13 geht es um das jeweils Neue in der Malerei des 18., 19. und beginnenden 20. Jh.s: höfische Porträtmalerei, Anfänge der Genrekunst, Durchbruch eines nationalen Selbstbewußtseins, Künstlergruppe der Wanderausteller *(peredvižniki)*, Nesterov und seine religiöse Romantik, Viktor M. Vasnecovs Märchen- und Epos-Darstellungen. Mitunter sei zu beobachten, daß malerisches Können hinter dem Gehalt des Bildes zurücktrete. Surikov und seine großen Themen werden in einem eigenen Brief behandelt. Eingehend wird auf Christusdarstellungen russischer Künstler (Ivanov, Polenov) hingewiesen. Ebenso ausführlich werden Vrubels Dämon und Entgleisungen moderner Malerei besprochen. Schließlich vermerkt der Autor, was in diesen Briefberichten nicht Platz gefunden hat, z. B. die großartige Landschaftsmalerei. Den Gang durch das Russische Museum bezeichnet er als nicht abgeschlossen; offen bleibt die Frage nach Form und Inhalt, nach Schein und Sein.
Das Buch hat gleich nach seinem Erscheinen stürmische Reaktionen ausgelöst: sowohl eine Fülle lobender Leserbriefe als auch scharfe Kritik von seiten der Kunstwissenschaftler, die dem Autor Koketieren mit Dilettantismus, voreingenommene Überbewertung alles Alten sowie naive Beurteilung z. B. städtebaulicher Maßnahmen der Gegenwart vorwarfen. Lediglich die Vorstellung altrussischer Malerei fand knappe anerkennende Worte. Das Hervorheben der Ausführungen des Autors zu religiösen Darstellungen durch westliche Kritiker wurde als Fehlinterpretation gedeutet und scharf verurteilt. Trotz aller Kritik bekennt sich Solouchin zu seinem Werk: *»Ich bin froh, daß das Buch so und*

nicht anders geworden ist.« Ein letztes Kapitel, ursprünglich als eine Art Epilog zu den 13 Briefen geplant, ist erst in der Ausgabe von 1976 erschienen; es trägt den Titel *Putešestvie v fondy (Die Reise zu den Magazinbeständen)* und gilt den ersten abstrakten Malern (Kandinskij, Malevič): *»Der Leser wird selbst herausfinden, wo rechts und wo links ist.*« – Das Thema Ikone ist bei Solouchin schon früher angeklungen, z. B. 1961 in dem Gedicht *Skazka (Märchen)*. Sehr lebendig verdeutlicht es einerseits die geistliche Bedeutung der Ikone, andererseits die beeindruckende Schönheit der Malerei.   I.Ja.

AUSGABEN: Moskau 1966 (in Molodaja gvardija, Nr. 9–10). – Moskau 1967. – Moskau 1972 (in *Slavjanskaja tetrad'*; Nachw. V. Solouchin). – Moskau 1976 (in *Slovo živoe i mërtvoe*; enth. d. Kap. *Putešestvie v fondy*). – Moskau 1984 (in *Sobr. soč.*, 4 Bde., 3; m. Nachw.).

ÜBERSETZUNG: *Briefe aus dem Russischen Museum. Nachdenkliche Betrachtungen eines sowjetischen Dichters*, I. Jablonowski, Mchn./Salzburg 1972.

LITERATUR: G. Kučerenko, *Posmotrim ob-ektivnej* (in Oktjabr', 1967, Nr. 3, S. 216–224). – V. Solouchin, *Po povodu »Pisem iz Russkogo muzeja«. Otvečaet avtor* (in Molodaja gvardija, 1967). – A. Kamenskij, *Pospešaja na »strelu«* (in Literaturnaja gazeta, 21. 2. 1968, S. 8).

ALEKSANDR ISAEVIČ SOLŽENICYN

* 11.12.1918 Kislovodsk

LITERATUR ZUM AUTOR:
Bibliographien:
D. Fiene, *A. S. An International Bibliography of Works by and about Him*, Ann Arbor/Mich. 1973. – M. Nicholson, *S. in 1976. A Bibliographical Reorientation* (in Russian Literature Triquarterly, 14, 1976, S. 462–482). – C. u. W. Senner, *A. S.: A Bibliography of Works by and about Him in German 1973–1975* (ebd., S. 483–507). – W. Martin, *A. S. Eine Bibliographie seiner Werke*, Hildesheim/NY 1977. – C. u. W. Senner, *A. S.: A Critical Bibliography of Works by and about Him in German 1975–1978* (in Germanoslavica, 3, 1979, Nr. 2, S. 127–146).
Zeitschrift:
S. Studies, Hamilton/N.Y. 1980–1981.
Biographien:
D. Burg u. G. Feifer, *S.*, Ldn. 1972 (dt.: *S.*, Mchn. 1973). – L. Labedz, *S., A Documentary Record*, Bloomington/Ind. 1973. – Ž. Medvedev, *Zehn Jahre im Leben des A. S.*, Darmstadt 1974. – *S.: A*

Pictorial Biography, NY 1974. – R. Neumann-Hoditz, *A. S. in Selbstzeugnissen und Bilddokumenten*, Reinbek 1974 (rm). – *S. Eine Bild-Biographie*, Darmstadt 1974. – N. Rešetovskaja, *Lieber Alexander. Mein Leben mit S.*, Mchn. 1975. – D. Panin, *S. et la réalité*, Paris 1975. – M. Scammell, *S.: A Biography*, NY u. a. 1984. – *Akte S. 1965–1977. Geheime Dokumente des Politbüros der KPdSU und des KGB. (Kremlovskij samosud. Delo o pisatele A. I. S.)*, B. u. L. Lehnhardt, Bln. 1994. – V. A. Čalmaev, *A. S., Žizn' i tvorčestvo*, Moskau 1994.
Gesamtdarstellungen und Studien:
Delo S., Ldn. 1970. – *Bestraft mit Weltruhm. Dokumente zu dem Fall S.*, Hg. E. Guttenberger, Ffm. 1970. – G. Grazzini, *S.*, Mailand 1971. – A. Rothberg, *A. S., The Major Novels*, Ithaca/N.Y. 1971 [m. Bibliogr.]. – L. Moody, *A. S.'s Prose. A Study of Phraseology and Characterization*, Diss. Columbus/Oh. 1971 [m. Bibliogr.]. – *Seminarbeiträge zum Werk A. S.s*, Hg. I. Nowikowa u. a., Hbg. 1972 [m. Bibliogr.]. – C. Moody, *Solzhenitsyn*, Edinburgh 1973; ²1976 [m. Bibliogr.]. – *A. S., Critical Essays and Documentary Materials*, Hg. J. Dunlop u. a., NY 1973; ²1975. – O. Clément, *L'esprit de S.*, Paris 1974. – M. Nicholson, *A. S. and the Russian Literary Tradition*, Diss. Oxford 1974. – *A. S., Von der Unbeugsamkeit des Geistes*, Hg. F. Ph. Ingold, Zürich 1974. – G. Nivat, *Sur S.*, Essais, Lausanne 1974. – H. Falkenstein, *A. S.*, Bln. 1975 [m. Bibliogr.]. – N. Nielsen, *S.'s Religion*, Nashville/N.Y. 1975. – R. Gul', *S., Stat'i*, NY 1976. – V. Karpovič, *S.'s Peculiar Vocabulary. Russian-English Glossary*, NY 1976. – A. Kodjak, *A. S.*, Boston 1978 [m. Bibliogr.]. – S. Allaback, *A. S.*, NY 1978 [m. Bibliogr.]. – S. Richards, *A. S., The Literary and Didactic Conflict in his Prose 1954–1971*, Diss. Oxford 1979. – E. E. Ericson, *S., The Moral Vision*, Grand Rapids/Mich. 1980. – G. Nivat, *S.*, Paris 1980. – A. Flegon, *Vokrug S.*, 2 Bde., Ldn. 1981. – E. Kogan, *Soljanoj stolp: psichologija A. S.*, Paris 1982. – R. Brakman, *Vybor v adu: žizneutverždenie Solženicynskogo geroja*, Ann Arbor/Mich. 1983. – M. Šneerson, *A. S.: Očerki tvorčestva*, Ffm. 1984. – *S. in Exile. Critical Essays and Documentary Materials*, Hg. J. Dunlop u. a., Stanford/Calif. 1985. – M. Scammell, *S.*, NY 1985. – A. Flegon, *A. S., Myth and Reality*, Ldn. 1986. – *A. I. S. i ego tvorčestvo*, Hg. A. Glezer, Paris u. a. 1988. – *A. S. k 70-letiju so dnja roždenija*, Hg. M. Geller, Ldn. 1989. – K.-P. Walter, *A. S.* (in KLFG, 23. Nlg., 1991).

ARCHIPELAG GULAG

(russ.; *Ü: Der Archipel GULAG*). Erzählerisches Dokumentarwerk in drei Bänden (bzw. sieben Teilen) von Aleksandr I. SOLŽENICYN (Literatur-Nobelpreisträger des Jahres 1970), erschienen 1973–1975. – Der Autor, der als Artillerieoffizier im Juli 1945 zu acht Jahren Straflager verurteilt und 1953 *»auf ewig«* nach Kasachstan verbannt worden war, begann mit der Arbeit an dieser Gesamtdarstellung des sowjetischen Lagersystems und der Lebensbedingungen seiner zahllosen Opfer im April 1958, nach Abschluß seines ersten, bis 1968 jedoch unveröffentlichten Romans *V kruge pervom (Im ersten Kreis)* und noch vor der Niederschrift von *Odin den' Ivana Denisoviča*, 1962 *(Ein Tag des Iwan Denissowitsch)*, jener Erzählung, die spektakuläres Aufsehen erregte und dem Verfasser den gefährlichen Ruhm eines Protagonisten der sog. Lagerliteratur einbrachte. In der Folgezeit erschien eine beträchtliche Anzahl von Häftlingserinnerungen, Tagebüchern, Dokumentarberichten, Romanen, Poemen und Gedichten, deren anklagende Tendenz mit didaktisch-moralischem und teilweise hohem literarischem Anspruch einherging. Zielsetzung war, den Terror der Stalinära durch eine Geschichtsschreibung der Betroffenen festzuhalten und ein Fortbestehen bzw. Wiederaufleben stalinistischer Methoden unmöglich zu machen. Die Manuskripte wurden zumeist im Samisdat verbreitet oder ins westliche Ausland geschmuggelt und dort veröffentlicht – so auch Solženicyns Bücher und Zeitschriftenartikel –, nur wenige durften offiziell in der UdSSR erscheinen. Als das Hauptwerk dieser für eine generelle politische und menschenrechtliche Fehlentwicklung im 20. Jh. symptomatischen Lagerliteratur gilt unbestritten *Archipelag GULag*, ein primär historiographisches Unternehmen, das der Verfasser als »*Versuch einer künstlerischen Bewältigung*« der Vorgänge im Strafvollzug der Sowjetunion von 1918 bis 1956 verstanden wissen wollte und an dem er ein Jahrzehnt arbeitete. Das Ergebnis – eine formenreiche und doch diszipliniert arrangierte Komposition aus geographisch-chronikalisch-statistischer Dokumentation, exemplarischen Augenzeugenberichten, episch verdichteten Eigenerlebnissen und luziden Psychogrammen von Opfern und Peinigern – hat das Gelingen dieses nie zuvor unternommenen Versuchs grundsätzlich bestätigt, und zwar auf zweifache, extrem unterschiedliche Weise: Die Sowjetmacht reagierte auf die Veröffentlichung des ersten Bandes im Ausland (YMCA-Press, Paris 1973) mit der Ausweisung des Autors, der im Februar 1974 in der Bundesrepublik Deutschland eintraf; in der westlichen Welt (sowie insgeheim auch in den Ostblockstaaten) wurde *Archipelag GULag* als tragisches Epos der *conditio inhumana* unserer Epoche gefeiert und der Titel zum anklagenden Schlüsselwort für die bis dahin als *terra incognita* geltende Straflagerregion jenseits des Ural. Die aktuelle Brisanz des Falls Solženicyn, die Schockwirkung der totalen GULag-Exploration und die souveräne Darstellungsform sicherten dem Werk in kürzester Zeit die Verbreitung in allen Kultursprachen und in Millionenauflagen. Der erste Teil *(Tjuremnaja promyšlennost' – Die Gefängnisindustrie)* schildert die nach der Oktoberrevolution zunächst mit chaotischer Vehemenz und bald schon mit gesetzlich ermöglichter Willkür betriebene Industrialisierung des Strafvollzugs sowie die absurde Dekretierung neuer strafbarer Tatbestände (z. B. Berufs-, Religions- und Volkszugehörigkeit) zum Zweck der Arbeitssklavengewinnung

und der metastasenartigen Ausbreitung von Arbeitslagern. Der zweite Teil *(Večnoe dviženie – Ewige Bewegung)* ist den Verkehrswegen und Transportmitteln zum Archipel, gebildet aus Hunderten von Lagerinseln, gewidmet. Im dritten und vierten Teil werden die tödlichen Dualismen *Arbeit und Ausrottung (Istrebitel'no – trudovye)* und *Seele und Stacheldraht (Duša i koljučaja provoloka)* analysiert. Der fünfte Teil *(Katorga)* entwickelt eine Psychologie des GULag-Volkes, im sechsten Teil *(Ssylka)* wird u. a. das Los der Verbannung in die Fremde mit dem der Einkerkerung »daheim« verglichen und im siebten Teil die Situation *Nach Stalin (Stalina net)* beleuchtet – mit dem Resultat: »*Die Machthaber wechseln, der Archipel bleibt.*«
Solženicyn hat sein Werk all jenen zugeeignet, »*die nicht genug Leben hatten, um dies zu erzählen*« – nicht zuletzt in der Absicht, den sprachlosen Opfern ein Denkmal zu setzen und ihre Mörder anzuklagen. Doch er versäumt nicht zu erklären, daß »*die Torturen des 20. Jahrhunderts überall auf der Welt denkbar sind*«, wenngleich jedermann der irrigen, verhängnisvollen Meinung sei, »*derartiges könnte bei uns nie vorkommen*«. Die behauptete Allgemeingültigkeit und unbedingte Objektivität ist der »*rhetorischen und polemischen Monumentalmontage*« (H. v. Ssachno) allerdings nicht ohne weiteres abgenommen worden. – Eine strengere kritische Betrachtung des *Archipel GULag*, dessen ersten Band Heinrich BÖLL 1974 als »*Musterbeispiel der Dokumentarliteratur*« und als ein Werk, in dem »*kein falscher Ton zu entdecken*« sei, bezeichnet hatte, setzte erst zu Beginn der achtziger Jahre ein. Es war die Folge eines von der Friedensbewegung geprägten Denkens, das Ost und West nicht mehr strikt polarisierte und Solženicyns vom amerikanischen Exil aus vorgetragenes antisowjetisches Engagement als reaktionär ablehnte. Ein weiterer Wandel vollzog sich gegen Ende des Jahrzehnts: Zu den erfreulichsten Konsequenzen von Gorbačëvs Perestroika-Kurs zählt zweifellos, daß Solženicyns Werke, darunter *Archipelag GULag* (1990), nun auch in der UdSSR publiziert werden durften.

G.Wo.

AUSGABEN: Paris 1973–1975, 3 Bde. – Paris 1980, 3 Bde.

ÜBERSETZUNG: *Der Archipel GULAG*, 3 Bde., A. Peturnig u. E. Walter, Bern 1974/75. – Dass., dies., Bern u. a. 1986 [gek.].

LITERATUR: R. Dutschke u. M. Wilke, *Die Sowjetunion, S. und die westliche Linke*, Reinbek 1975 (rororo). – C. Lefort, *Un homme en trop. Réflexions sur »L'Archipel Goulag«*, Paris 1976. – R. A. Medvedev, *S. und die sowjetische Linke. Eine Auseinandersetzung mit dem »Archipel GULag«*, Bln. 1976. – S. Carter, *The Politics of S.*, NY 1977. – C. Giordano, *S., »Arcipelago di bugie«*, Mailand 1978.

AVGUST ČETYRNADCATOGO
10 – 21 avgusta

(russ.; *Ü: August vierzehn. 23. August – 3. September*). Historischer Roman von Aleksandr I. SOLŽE-NICYN, erschienen 1971 als erster »Knoten« *(uzel)* des Romanzyklus *Krasnoe koleso: povestvovan'e v otmerennych srokach (Das rote Rad: eine Erzählung in bestimmten Zeitausschnitten)*; erweiterte und überarbeitete Fassung 1983. – Die verwirrende Vielzahl der Einzelhandlungen dieses ersten Teils von Solženicyns monumentaler Romanchronik der Sowjetrevolution (vgl. auch *Oktjabr' šestnadcatogo*, 1984, und *Mart semnadcatogo*, 1986–1988) gruppiert sich um den Ausbruch des deutsch-russischen Kriegs im Sommer 1914, speziell den Ostpreußenfeldzug der 2. russischen Armee unter General Samsonov und ihre vollständige Vernichtung durch die materiell überlegene 8. deutsche Armee unter Ludendorff und Hindenburg. Die militärischen Operationen bilden die eigentliche Achse des Romans. Neben Gestalten der russischen Militärgeschichte führt der Autor eine Reihe fiktiver Personen ein, die als Träger der äußeren Handlung und als Exponenten der dargestellten inneren Evolution fungieren: den revolutionären Studenten Saša Lenartovič, den glühend patriotischen Leutnant Jaroslav Charitonov, den martialischen Feldwebel Černega, den braven Gefreiten Blagodarev und vor allem Oberst Vorotyncev, einen brillanten Strategen, der zur obersten Heeresleitung abkommandiert ist. Vorotyncev, der das unaufhaltsame, durch die administrative und operative Unfähigkeit des Generalstabs verschuldete Fiasko der Narev-Armee im letzten Moment durch seinen persönlichen Einsatz zu verhindern sucht, ist die zentrale Gestalt des Romans. Sein vergeblicher Kampf gipfelt in seinem die Schwächen der russischen Heeresleitung schonungslos aufdeckenden Rapport, der den Roman beschließt. Vorotyncev nimmt bei seinem Versuch, aus dem deutschen Kessel auszubrechen, Charitonov und Lenartovič in seine Gruppe auf. Damit vereint Solženicyn drei bis dahin getrennt verlaufende Handlungsstränge des Werks. Die Gestalt Vorotyncevs erinnert in manchem an die des Fürsten Bolkonskij aus L. TOLSTOJS *Vojna i mir*, 1868/69 *(Krieg und Frieden)*; auf Tolstojs Roman weist auch die Trennung des Geschehens in einen militärischen und einen zivilen Bereich, wenngleich dieser lediglich episodenhaft auf das Gesamtgeschehen bezogen wird und vor allem der Exposition der im weiteren Verlauf des Zyklus bedeutsamen Personen dient. Zu ihnen gehören die gegensätzlichen Familien Tomčak und Charitonov – erstere eine reiche Gutsbesitzersippe aus dem Kubangebiet, letztere eine linksliberale Pädagogenfamilie aus Rostov am Don mit unverhohlenen Sympathien für die Revolution – sowie der Student Sanja, ein Idealist Tolstojscher Prägung, mit dessen Charakterporträt der Roman beginnt und dem der Autor offenbar Züge seines Vaters gegeben hat.

Solženicyn trennt die Darstellung des zivilen »friedlichen«, doch bereits mit politischem Sprengstoff geladenen Bereichs allzu scharf von der des Schicksals der russischen Armeen. Auch innerhalb beider Sphären ist die Wechselbeziehung zwischen einzelnen Gestalten und Ebenen nicht immer klar ersichtlich. So wirken die mit offenkundiger Liebe zum strategischen Detail geschriebenen Schilderungen der Schlachten und Truppenbewegungen oft wie langatmige historische Dokumentationen – ein Eindruck, der weder durch die gelegentlichen, der literarischen Verdichtung und Überhöhung des Kriegsgeschehens dienenden halblyrischen Montagen *(»Filmleinwände«)* noch durch das Einblenden von Zeitungsberichten, -inseraten, -überschriften usf. überspielt werden kann. Das historische Faktum ufert bei Solženicyn aus, wird nicht dichterisch verarbeitet, sondern lediglich in erratische Blöcke zerschlagen, die den epischen Fluß aufhalten und häufig gänzlich versiegen lassen.

Die in der Sowjetunion wie im westlichen Ausland – natürlich mit unterschiedlicher Wertakzentuierung – geäußerte Meinung, Solženicyns Roman glorifiziere das vorrevolutionäre, das »ewige« Rußland, zielt am Text vorbei: Nichts wird vom Autor schärfer kritisiert als gerade die moralische Verkrüppelung der zaristischen Heeresleitung in ihrer Mischung aus seniler Feigheit und religiöser Inbrunst, auch wenn diese Kritik erheblich relativiert wird in der Schilderung der mystischen Erlebnisse General Samsonovs, der sich nach dem Untergang seiner Armee das Leben nimmt. Ebensowenig läßt sich aus diesem Roman auf eine ablehnende Haltung Solženicyns gegenüber der Revolution schließen: Zum einen ist das Thema der gesellschaftlichen Veränderung in diesem Band von untergeordneter Bedeutung, zum anderen werden die Gestalten, die – peripher – Träger revolutionärer Gedanken sind, niemals negativ, sondern, sofern die Revolution im Generationskonflikt zum Gegenstand intellektueller Disputationen wird, allenfalls mit leichter Ironie dargestellt.

Im Jahre 1983 erschien eine Neufassung von *Avgust četyrnadcatogo*, die nicht nur zahlreiche Überarbeitungen, sondern auch einen Zusatz von ca. 300 Seiten enthält. Dabei handelt es sich einerseits um einen Einschub, in dessen Mittelpunkt der Ministerpräsident Stolypin, »*die wichtigste politische Figur in der russischen Geschichte des 20. Jh.s*« (Solženicyn), steht, andererseits um größere Textpassagen, in denen Lenins Rolle im Revolutionsgeschehen analysiert wird. Seinen Entschluß, den Roman zu überarbeiten, begründete der Autor damit, erst im Laufe der Jahre den Rang mancher Ereignisse von 1917 richtig erkannt zu haben, so vor allem die Bedeutung der Februarrevolution, die im Gegensatz zur Oktoberrevolution, die lediglich ein *coup d'état* gewesen sei, »*die wahre Revolution war*«.

A.Gu.-KLL

AUSGABEN: Paris 1971. – Paris 1983, 2 Bde. [erw.]. – Leningrad 1990 (in Znamja, Nr. 1–12).

ÜBERSETZUNGEN: *August neunzehnhundertvier-*

zehn, A. Kaempfe, Mchn. 1971. – *August 14*, S. Geier, Darmstadt 1972; ⁴1981. – Dass., dies., Stg. 1974. – *August vierzehn. 23. August – 3. September*, dies., Mchn./Zürich 1987 [erw.].

LITERATUR: K. Windle, *The Theme of Fate in S.'s »August 1914«* (in Slavic and East European Studies, 16, 1971, S. 80–89). – R. Gul', *Čitaja »Avgust četyrnadcatogo«* A. I. S., NY 1971. – T. Rickwood, *Themes and Style in S.'s »August 1914«* (in Slavic and East European Studies, 17, 1972, S. 20–38). – *»Avgust četyrnadcatogo« čitajut na rodine. Sbornik statej i otzyvov*, Paris 1973. – O. Kraus, *A Study of Polyphony in A. S.'s »August 1914«*, Ann Arbor/Mich. 1978 [m. Bibliogr.]. – J. Kublanovskij, *U istokov stil'ja »Avgusta četyrnadcatogo«* (in Russkaja mysl', 20. 10. 1983). – W. Wiegand, *S.s erstaunliche Kraft* (in FAZ, 16. 12. 1983). – R. Wilson, *S.'s »August 1914« and »Lenin in Zurich«: The Question of Historical Determinism* (in Clio, 14, 1984, Nr. 1, S. 15–36). – *A. S., »Das rote Rad«. Texte, Interviews, Reden*, Hg. H. Pross-Weerth, Mchn./Zürich 1986. – P. Gray, *Russia's Prophet in Exile* (in Time, 24. 7. 1989). – G. Davies, *Myth, History, and S.'s »Krasnoe koleso: Avgust četyrnadcatogo«* (in SEEJ, 36, 1992, H. 1).

MART SEMNADCATOGO
23 fevralja – 18 marta

(russ.; *Ü: März siebzehn. 23. Februar – 18. März*). Historischer Roman von Aleksandr I. SOLŽENI-CYN, erschienen 1986–1988 als dritter »Knoten« *(uzel)* des Romanzyklus *Krasnoe koleso: povestvovan'e v otmerennych srokach (Das rote Rad: eine Erzählung in bestimmten Zeitausschnitten)*. – Die vierbändige Romanchronik rekonstruiert in einer dynamischen Montage Tag für Tag, teilweise sogar Stunde für Stunde die Ereignisse vom 23. Februar bis zum 18. März 1917. Die meist kurzen Kapitel sind den Erlebnissen einer Person bzw. einer Personengruppe gewidmet oder geben aus auktorialer Sicht einen Überblick über die Vorgänge an einem bestimmten Schauplatz, gelegentlich als kurze, drehbuchartige Sequenz dramatisiert. Die objektive Schreibweise wechselt dabei ständig mit einer subjektiv geprägten Erlebniswiedergabe (personales Erzählen). Mit gelegentlich ermüdender Ausführlichkeit schildert Solženicyn auf zahlreichen Dokumenten fußend – Briefwechsel des Herrscherpaares, Memoiren Kerenskijs, Zeitungsberichte u. a. – die revolutionären Ereignisse: von den mehr zufällig entstehenden spontanen und noch völlig bedeutungslosen Demonstrationen in Petrograd bis zur landesweiten Erhebung, die in jenes archaische Chaos mündet, das den Bolschewiki schließlich zur Macht verhelfen wird.
Der Romanautor ist dem Chronisten hier noch konsequenter untergeordnet als im zweiten »Knoten«: Die Figuren denken, fühlen und handeln streng gemäß ihrem historischen Persönlichkeitsbild; die Handlungsregie des Verfassers bleibt

sorgsam verhüllt. Penibel genau, gestützt auf alte Karten und zahlreiche Dokumente, schildert Solženicyn in buntem Wechsel (als Folge der zeitlichen Koinzidenz) turbulente Vorgänge auf den Straßen, Volksaufläufe, Meetings, Zusammenstöße aufgebrachter Menschenmassen mit der Polizei, Soldatenmeutereien, Mordtaten und Plünderungen, Gefangenenbefreiungen, Regierungssitzungen, Beratungen im Parlament, Stabsbesprechungen, militärische Abwehraktionen – aber auch Szenen des friedlichen Lebens an vielen, von den Ereignissen scheinbar unberührten Punkten Petrograds.
Die fiktiven Personen aus früheren Teilen – wie etwa Vorotyncev und seine Geliebte, einzelne Soldaten und Offiziere – agieren zwar auch hier, aber nur höchst sporadisch und sorgfältig eingepaßt in die historischen Abläufe der Revolutionschronik. Sie haben die dokumentarisch belegten Szenen vornehmlich dort zu beleben und zu ergänzen, wo authentisches Material nicht zur Verfügung steht. Zudem dienen sie dazu, beim Leser auch ein menschlich-persönliches Interesse zu wecken und aufrechtzuerhalten. Persönliche Reminiszenzen historischer wie fiktiver Figuren aus unterschiedlichen Perspektiven verleihen dem Mosaik-Panorama zusätzliche historische Tiefe; Auszüge aus den Dumaprotokollen vermitteln das Bild eines bis zum Ausbruch der Unruhen funktionierenden Parlamentarismus.
Solženicyn bezieht gezielt Wortmaterial in die Erzählsprache mit ein, das selten oder gar nicht gebraucht wird, aber noch nicht als abgestorben bezeichnet werden kann. Auf diese Weise sucht er dem von ihm beklagten Prozeß der Verengung und Reduzierung des Wortschatzes (abgesehen von technischen Elementen) in den modernen Sprachen, besonders aber im Russischen, entgegenzuwirken (Solženicyn hat dafür das Wörterbuch von DAHL intensiv studiert und schon im Lager begonnen, einen speziellen Wörterkatalog – *otbor* – zusammenzustellen, den er ständig weiter ergänzt und auf 40 000 bis 50 000 Einheiten zu bringen trachtet). Farbigkeit erhält der polyphone Text nicht zuletzt auch durch den ständigen Wechsel der Intonation: lakonisch bei der Vermittlung historischer Fakten, bis zum Sarkasmus humorig in fiktionalen Passagen (wie etwa dem inneren Monolog des aufgeblasen-unfähigen Innenministers Protopopov), poetisch gefühlvoll bei der Schilderung des Empfindens junger Liebender. Trauer, Mitleid und Sympathie vermischen sich mit kritischer Reserve in jenen Passagen, die Denken und Verhalten des Zaren wiedergeben, eines *»Menschen mit großen Seelengaben«*, aber zu schwach, um das Steuer in derart bewegter Zeit zu halten oder fähige Mitarbeiter zu finden.
Solženicyn erblickt eine wichtige politische Aufgabe darin, die *»Legende«* zu zerstören, die Ereignisse des März 1917 hätten die Voraussetzungen für eine bürgerlich-demokratische Entwicklung geschaffen, die ohne den bewaffneten Aufstand im Oktober zu einem freien Rußland geführt hätte. Unfähig, der von ihnen leichtfertig mitverschuldeten

Anarchie entgegenzuwirken, haben die liberalen Führer vielmehr ungewollt dem Bolschewismus den Boden bereitet. Daß sein Land sehr wohl über Kräfte verfügte, welche die Lage hätten zum Besseren wenden können – tapfere Offiziere und Soldaten, kenntnisreiche hohe Verwaltungsbeamte, vor allem aus dem Kreis der ehemaligen Mitarbeiter Stolypins, eine wissenschaftliche Elite von Rang –, ist Solženicyns Überzeugung, die er an einzelnen Personen manifest macht. Es ist die historische Schuld der herrschenden Kreise, daß diese Menschen nicht zum Zuge kamen. – Der Zyklus ist auf insgesamt sieben Knoten konzipiert, welche die Handlung bis zum Jahre 1922, d. h. bis zum Ende des Bürgerkriegs, führen sollen.　　　　E.Re.

AUSGABE: Paris 1986–1988, 4 Bde.

ÜBERSETZUNG: *März siebzehn. 23. Februar – 18. März,* H. Pross-Weerth, Mchn./Zürich 1989/ 90 [2 Tle.].

LITERATUR: J. Kublanovskij, *»Mart semnadcatogo«: chronika istoričeskoj katastrofy* (in Grani, Ffm., 1987, Nr. 144, S. 183–199). – M. Šneerson, *Glavy, napečatannye petitom (Iz nabljudenij nad »Krasnym kolesom« A. S.)* (ebd., Nr. 143, S. 86–108). – H. Sietz, *Panorama der russischen Revolution. Zum 2. Buch von A. S.s »März siebzehn«* (in NZZ, 22. 2. 1991).

MATRËNIN DVOR

(russ.; *Ü: Matrjonas Hof*). Erzählung von Aleksandr I. SOLŽENICYN, erschienen 1963. – In Solženicyns Erzählung steht nicht das dynamische Wechselspiel äußerer Gegebenheiten, sondern die Entfaltung eines unverwechselbaren, ausgeprägten Charakters im Mittelpunkt. Soweit konkretes Geschehen berichtet wird, ist es auf die zentrale Gestalt der alternden alleinstehenden, kränklichen Bäuerin Matrëna bezogen. Dies verleiht der Erzählung einen ausgesprochen statischen Charakter und unterstreicht die Eindringlichkeit der Beobachtungen. Um die distanzierte, neutral deskriptive Haltung der Erzählung zu verdeutlichen, verzichtet der Autor auf die innere Begründung des dargestellten Charakters und schränkt die Erzählperspektive auf den Blickwinkel eines fiktiven Ich-Erzählers ein. Den gleichsam nebenbei eingestreuten Bemerkungen ist zu entnehmen, daß es sich um den Untermieter Matrënas handelt, der als Lehrer im benachbarten Braunkohlenzentrum arbeitet. Er ist erst vor kurzem aus langjähriger Haft im Arbeitslager entlassen worden. Über die Gründe seiner Verurteilung sagt die Erzählung nichts, doch dürfte auch hier (wie in anderen Erzählungen Solženicyns) das Schicksal des Autors selbst im Hintergrund stehen. Der Erzähler und Matrëna weisen in vieler Hinsicht verwandte Züge auf. Gemeinsam ist beiden vor allem ihre Position am Rande der Gesellschaft. Matrëna, durch ein unglückliches Geschick mit dem falschen Mann verheiratet – als ihr Bräutigam, der im Ersten Weltkrieg als verschollen galt, zurückkehrte, war sie schon eine Ehe mit seinem Bruder eingegangen –, hat sechs Kinder geboren, von denen keines älter als drei Monate wurde. Ihren Mann, der ihr das Leben nicht leichtmachte, verlor sie im Zweiten Weltkrieg. Die Pflegetochter, das jüngste Kind ihres Schwagers und einstigen Bräutigams, ist längst im Nachbardorf verheiratet. So wohnt Matrëna mit ihrem Untermieter in einem weitläufigen, baufälligen Holzhaus. Ihr einziger Lebensinhalt ist ihre alltägliche Arbeit und ihre selbstlose Hilfe für andere. Alles, was sie besitzt, ist das Haus, ein kleiner Garten und eine Ziege. Um diese schmale Basis ihres Lebensunterhalts zu bewahren, nimmt sie die unsäglichsten Mühen auf sich. Dennoch steht sie jederzeit zur Verfügung, wenn der Kolchos zusätzliche Arbeitskräfte benötigt oder die Dorfleute gemeinsam ihre privaten Äcker bestellen. Sie weigert sich, für ihre Hilfe irgendeine Bezahlung anzunehmen, und erträgt geduldig die Vorwürfe und die Verständnislosigkeit ihrer Umwelt, die ihre spontane Güte als Beschränktheit und Lebensuntüchtigkeit begreift. So wird Matrënas Hütte gleichsam zu einer Insel des natürlichen, naiv-menschlichen, unbeschädigten Lebens. Die Resignation des Autors, die sich darin äußert, daß er die Möglichkeit eines menschlichen Lebens nur in der Freiheit von der Gesellschaft gegeben sieht, bestimmt auch den Ausgang der Erzählung: Als sie ihren Verwandten beim Transport von Baumaterial hilft, wird Matrëna von einem Zug überrollt und getötet.

Gegen die gesellschaftsfeindliche Nuance des Werks, die ihren Ursprung in der Biographie des Autors hat, richteten sich in erster Linie die Einwände der sowjetischen Kritik. In formaler Hinsicht bietet die Erzählung ein überzeugendes Beispiel für die Übereinstimmung der Darstellungsform mit ihrem Gegenstand: Die mit mundartlichen Wendungen durchsetzte Diktion der Erzählung bringt das ruhige, ausgeglichene Wesen der Titelgestalt angemessen zum Ausdruck.　　C.K.

AUSGABEN: Moskau 1963 (in Novyj mir, Nr. 1). – Ldn. 1965. – Ffm. 1966 (in *Sočinenija*).

ÜBERSETZUNGEN: *Matrjonas Hof,* I. Tinzmann (in *Nach dem Tauwetter. Neue russische Erzählungen,* Mchn. 1964). – Dass., dies., Stg. 1971 [Nachw. K. Borowsky]. – *Matronas Hof,* A. Jais u. A. Kaempfe, Ffm./Bln. 1992.

ODIN DEN' IVANA DENISOVIČA

(russ.; *Ü: Ein Tag des Iwan Denissowitsch*). Kurzroman von Aleksandr I. SOLŽENICYN, erschienen 1962. – Dieses erste Werk Solženicyns, das mit ausdrücklicher Billigung Chruščëvs als Beitrag zur Bewältigung der stalinistischen Vergangenheit in der Sowjetunion erscheinen durfte, ist nicht nur ein erschütterndes authentisches Dokument des Leidens einer Generation, sondern auch ein Kunstwerk von Rang. Solženicyn beschreibt, jahrelange eigene Erfahrungen verarbeitend, den Alltag eines stalinistischen Arbeitslagers. Die Handlung beschränkt sich auf die Ereignisse eines wahllos herausgegriffenen Tages im Januar 1951. Im Mittelpunkt des Geschehens steht der Häftling Nr. S 854, der ehemalige Zimmermann Ivan Denisovič Šuchov, ein einfacher Mann von bäuerlichem Denken, naiv und weltklug, unkompliziert und gewitzt. *»Der Anklage zufolge saß Šuchov wegen Landesverrats. Er hatte das zugegeben und ausgesagt, daß er sich habe gefangennehmen lassen, um sein Land zu verraten, und daß er aus der Gefangenschaft zurückgekehrt sei, um einen Auftrag des deutschen Geheimdienstes auszuführen. Welcher Art dieser Auftrag gewesen war, dahinter konnte weder Šuchov noch der Untersuchungsrichter kommen... Šuchovs Überlegungen waren einfach: Unterschreibst du nicht, ist es dein Tod, unterschreibst du, dann lebst du noch ein paar Jährchen. Also unterschrieb er.«* Acht Jahre seiner Haftzeit hat Šuchov hinter sich. Der im Roman beschriebene Tag ist ein Tag wie jeder andere, ein Ausschnitt aus einem unendlich scheinenden monotonen Zeitablauf. Streng chronologisch nach dem Lagerstundenplan werden die Ereignisse dieses einen Tages geschildert, vom Wecken bis zum Schlafengehen. Jede Handlung des Helden ist bestimmt von der einzigen Aufgabe: zu überleben. Überleben – das bedeutet ständigen zähen Kampf gegen die übermächtige Bedrohung der Natur, gegen die Kälte, gegen ein unmenschliches System der Bewachung und Terrorisierung, das erfordert den Einsatz aller Klugheit und List im Kampf um einen Löffel Brei oder ein bißchen Wärme. Unter den enthumanisierten Bedingungen des Lagerlebens gewinnt die Schilderung mechanischer Tätigkeiten, von Details des Tagesablaufs, vor allem des Essens, eine ungeheure Bedeutung. Dabei ist der geschilderte Tag ein guter Tag: *»Er war dem Arrest entgangen, seine Brigade hatte nicht zur Sozkolonie gemußt, mittags hatte er sich einen Extrabrei organisiert, das Mauern war ihm von der Hand gegangen, beim Filzen hatten sie ihn nicht mit dem Sägeblatt erwischt, er hatte sich bei Cesar' etwas verdient und Tabak gekauft. Und er war nicht krank geworden, hatte sich wieder erholt. Der Tag war vergangen, durch nichts getrübt, fast glücklich.«* Šuchov hat diesen Tag überlebt, weil er klug, listig und dem Lagerleben angepaßt ist. Wichtiger ist aber, daß er auch an diesem Tag seine Würde als Mensch bewahrt hat, daß er sich nicht erniedrigte und sich gegen den geistigen und physischen Zwang behauptete. *»Vor die Hunde gehen im Lager die, die Schüsseln auslecken, auf das Krankenrevier spekulieren oder denunzieren.«* Eine wichtige Rolle spielt in diesem Zusammenhang die Arbeit. Indem Šuchov, auch unter den unmenschlichen Bedingungen des Zwangs, sich die Arbeit selbst zu seiner Aufgabe macht, die Wand, die er mauert, als sein Werk betrachtet, schafft er sich einen kleinen Raum der Freiheit. Šuchov ist kein Märtyrer, er veranschaulicht, wie sich ein einfacher Mensch in einem sinn-

losen Dasein bewährt. Die ihn umgebenden Figuren zeigen andere Möglichkeiten des Verhaltens: der Kapitän, der aufbegehrt und ins Lagergefängnis muß, was Krankheit oder Tod bedeuten kann; der Intellektuelle Cesar', der auch im Lager weiter über Kunst diskutiert; der fromme Baptist Alëša, dem sein Glauben über alles hinweghilft. Dagegen steht die Gestalt Fetjukovs, der zu jeder Erniedrigung fähig geworden ist. Die Welt des Lagers erscheint als ein in sich geschlossener Mikrokosmos. Über das Leben »draußen« erfährt man fast nichts. Die Zeit existiert losgelöst von einer längst versunkenen Vergangenheit und ohne Hoffnung auf eine Zukunft. *»Solcher Tage waren es in seiner Haftzeit vom Wecken bis zum Zapfenstreich 3653. Drei Tage zusätzlich, wegen der Schaltjahre.«* Der strengen Einschränkung von Zeit und Ort der Handlung entspricht die Einengung der Erzählperspektive auf ein Bewußtsein. Alle Wahrnehmungen sind aus dem Blick des Zimmermanns Šuchov gesehen, dessen Bewußtseinshorizont noch dazu durch die Bedingungen des Lagerlebens reduziert ist. Dementsprechend ist die häufigste Erzählform die erlebte Rede. Dabei wechselt aber ständig die auf den Helden bezogene Er-Form mit der überindividuellen Wir-Form, so daß sich ein *»fortlaufender, entindividualisierter Bewußtseinsstrom zu ergeben scheint, der einem kollektiven Erlebnis entspricht«* (J. Holthusen). – Der Stil des Romans ist hart, sparsam, prägnant. Durch ein scheinbar unbeteiligtes, sachliches, zur Untertreibung neigendes Erzählen ergibt sich oft bittere Ironie. Solženicyn vermeidet jedes anklägerische Pathos. Die Sprache ist durchtränkt vom Lagerjargon, der damit zum erstenmal Eingang in die Literatur findet, von volkstümlichen Wendungen und Sprichwörtern. Der Roman rief bei seinem Erscheinen in der Sowjetunion heftige Diskussionen hervor.   K.H.

AUSGABEN: Moskau 1962 (in Novyj mir, Nr. 11). – Moskau 1963. – Ffm. 1966 (in *Sočinenija*).

ÜBERSETZUNGEN: *Ein Tag im Leben des Ivan Denissowitsch*, W. Löser u. a., Bln. 1963. – Dass., G. Kurz u. S. Summerer, Mchn./Zürich 1963; ern. 1968 [nach der engl. Übers.]. – *Ein Tag des Iwan Denissowitsch*, C. Meng, Mchn. 1982; ⁹1989.

LITERATUR: A. Kaempfe, Rez. (in Die Zeit, 1963, Nr. 17). – E. Fojtiková, *Realismus Solženicynovy novely »Jeden den Ivana Denisoviče«* (in Československá rusistika, 9, 1964, S. 34–38). – V. Lakšin, *»Ivan Denisovič«; ego druz'ja i nedrugi* (in Novyj mir, 1964). – G. Lukács, *Die kritische Aufarbeitung der Stalinschen Periode: S.: »Ein Tag im Leben des Iwan Denissowitsch«* (in G. L., *Probleme des Realismus*, Neuwied 1964). – M. Michajlov, *Das Totenhaus Dostojewskis und S.s*, Pfaffenhofen 1968. – D. Kimmage, *Characterization and Setting in »The First Circle« and »One Day in the Life of Ivan Denisovich«*, Diss. Ithaca/N.Y. 1974. – R. Bartmann, *Der Zusammenhang zwischen der Gefühls- und der Sprachwelt der Personen in »Ein Tag des Ivan Denisovič«*,

Diss. Erlangen 1978. – *K 20-letiju vychodu v svet »Odnogo dnja Ivana Denisoviča«. Interv'ju A. S. dlja Radio B. B. C.* (in Vestnik russkogo christianskogo dviženija, 1983, Nr. 138, S. 155–163). – J. Dunn, *»Ein Tag« vom Standpunkt des Lebens: ideelle Konsequenz als Gestaltungsfaktor im erzählerischen Werk von A. I. S.*, Mchn. 1988 [zugl. Diss. Tübingen 1988].

OKTJABR' ŠESTNADCATOGO
14 oktjabrja – 4 nojabrja

(russ.; *Ü: November sechzehn. 27. Oktober – 17. November*). Historischer Roman von Aleksandr I. SOLŽENICYN, erschienen 1984 als zweiter »Knoten« (*uzel*) des Romanzyklus *Krasnoe koleso: povestvovan'e v otmerennych srokach (Das rote Rad: eine Erzählung in bestimmten Zeitausschnitten)*; der vom Original abweichende Titel erklärt sich aus dem Unterschied zwischen russischem und deutschem Kalender. – Das rote Rad ist Sinnbild der Revolution. Einmal in Bewegung geraten, *»reißt es ein ganzes Volk mit, ganze Völker, auch seine Initiatoren, als seien es winzige Sandkörner, so daß jene Leute, welche die Revolution in Gang setzten, von diesem Wirbelsturm hilflos herumgeschleudert werden und meist zugrunde gehen«* (Solženicyn). Wie der Roman *Avgust četyrnadcatogo*, 1971 *(August vierzehn)*, soll auch dessen thematische Fortsetzung einen markanten historischen Schnittpunkt beschreiben, einen kurzen Zeitabschnitt, an dem Entscheidendes vorgeht oder aber sich vorbereitet.

Die rund drei Wochen umfassende Handlungszeit des in 75 Kapitel gegliederten Romans spielt wenige Monate vor dem Sturz des Zarismus, in der Stille vor dem Sturm, als Spektakuläres weder an der erstarrten Front noch in der Tiefe des Landes vor sich geht. Zwei miteinander kombinierte Kompositionsverfahren verknüpfen die Vorgänge, die sich an zahlreichen, lokal meist weit voneinander entfernten Schauplätzen abspielen. – Hauptsächlich mittels des Gesprächs zwischen einer Vielzahl von Personen werden Stimmung, Lagebeurteilung, Zukunftserwartung unterschiedlichster sozialer Gruppen vermittelt: der Offiziere und Soldaten an der Front, der Generäle im Hauptquartier, der Arbeiter in den Waffenfabriken und der um Einfluß bei ihnen konkurrierenden sozialistischen Agitatoren, der Intellektuellen in Moskau, Parlamentarier in Petrograd, Bauern der fernen Provinz u. a. m. Ausführliche Zitate aus dem Briefwechsel des Herrscherpaares – verknüpft durch politische Reflexionen – verdeutlichen die Beurteilung der Entwicklung aus der Sicht der Monarchie.

Über die militärische Lage tief beunruhigt, nutzt Oberst Vorotyncev – dem Leser bereits von *Avgust četyrnadcatogo* her bekannt – seinen Urlaub, um über Moskau, Petrograd nach Mogilev ins Große Hauptquartier zu reisen, auf der Suche nach einem Weg, den verbrecherisch stümperhaft geführten Krieg entweder zu beenden oder ihm eine siegverheißende Wende zu geben. Die zahlreichen Kontakte des Obersten mit vielen (meist historischen) Personen unterschiedlicher Mentalität konkretisieren und bereichern seinen generellen Eindruck von der allgemeinen Misere. Sein Zögern, auf eine Machtübernahme durch die Duma oder gar auf einen Staatsstreich zu setzen, wird mitbestimmt durch die Argumente der attraktiven Ol'da Andozerskaja, zu der ihn während seines Aufenthaltes in Petrograd eine heftige Leidenschaft erfaßt. Für die junge Geschichtsdozentin steht die Heiligkeit des Zarismus und die Notwendigkeit, die religiösen, geistigen und politischen Traditionen Rußlands als unabdingbare Voraussetzung seines Weiterbestehens zu wahren, außer Zweifel. Eine – wie sich zeigen soll trügerische – Hoffnung verbindet sich für Vorotyncev mit der Persönlichkeit des Stellvertretenden Stabschefs Gurko, in dem er den Mann gefunden zu haben wähnt, der die Armee erneuern und so die Voraussetzung für eine radikale Wende schaffen kann.

Hauptheld des Romans (wie der ganzen Epopöe) ist Rußland. Um die unter einer dicken Schicht der Verfälschung und des Verschweigens verhüllte Wahrheit freizulegen, geht Solženicyn zu den Quellen der Zeit zurück, wertet er Archivmaterialien, persönliche Erinnerungen, Zeitungsberichte u. a. m. aus. Verbleibende weiße Flecke füllt die intuitive Phantasie des Schriftstellers mit Hilfe fiktiver Gestalten. Das Romangeschehen ist somit der Dokumentalität untergeordnet, was den Hauptunterschied zu einem traditionellen historischen Roman ausmacht. Solženicyn zitiert korrekt aus den Quellen, kontaminiert aber auch aus Reden, Memoiren, Briefen, rafft und profiliert mit dem Ziel größerer Plastizität. Im Erzählton überwiegend sachlich, stimmungsneutral, kann er auch mit deutlichem Engagement bissig-ironisch werden, wenn er politische Heuchelei und historische Blindheit geißelt. Denn Rußland zerbrach seiner Überzeugung nach in erster Linie infolge des tragischen Zusammenwirkens mehrerer Faktoren, die er mittels Handlung, Dialog, personaler Rückerinnerung und Reflexion herausarbeitet: einer von ihrer Aufgabe überforderten Staatsspitze, einer blind-reformunwilligen Feudalschicht, einer entschlußschwachen Regierung ohne starke Persönlichkeiten, einer unfähig-borniierten Generalität und nicht zuletzt auf den Zusammenbruch des Systems verbissen hinarbeitender intellektueller Kreise, die alle destruktiven Tendenzen förderten, anstatt ihnen zu widerstehen. Der Bloßlegung aus der Tiefe der Vergangenheit heraus wirkender Ursachen für das sich anbahnende Debakel dient auch die aus dem Handlungsgeschehen ausblendende Geschichte der konstitutionell-demokratischen Partei Rußlands (Kadetten). Einige Kapitel seiner vorab erschienenen literarischen Studie *Lenin v Cjuriche*, 1975 *(Lenin in Zürich)*, die Charakterbild des Revolutionärs und Analyse der Geschichte der Linken in einem darstellt, hat Solženicyn dem Roman eingefügt. – Ungemein fakten- und personenreich, ist das Werk eine Enzyklopädie russischen Lebens vor der Revolution. Zugleich wirft es universal gültige philosophisch-politische Fragen auf – wie die nach dem vernünftig-wünschenswerten Verhältnis von Traditionspflege und kontinuierlicher Erneuerung, von Freiheit und Ordnung, Liberalität und Glaube. E.Re.

AUSGABE: Paris 1984, 2 Bde.

ÜBERSETZUNG: *November sechzehn. 27. Oktober – 17. November*, H. Pross-Weerth, Mchn./Zürich 1986.
1986.

LITERATUR: *A. S., »Krasnoe koleso«, uzel II. Interv'ju s Bernarom Pivo dlja francuzskogo televidenija (snjato v Vermonte 31 oktjabrja 1983)* (in Russkaja mysl', 1.11.1984). – H. Bienek, *S.s Desaster* (in Die Zeit, 12.9.1986).

RAKOVYJ KORPUS

(russ.; *Ü: Krebsstation*). Roman von Aleksandr I. SOLŽENICYN, erschienen 1968. – Die Krebsstation eines im asiatischen Teil der Sowjetunion gelegenen Krankenhauses, die der Autor zum Handlungsort seines Romans macht, ist – ähnlich wie das Lager in *Odin den' Ivana Denisoviča*, 1962 *(Ein Tag des Iwan Denissowitsch)* – nur äußerlich Symbol der völligen Nivellierung jeglicher Individualität angesichts eines gemeinsamen Schicksals; sie ist nicht Modell, sondern Katalysator einer sozialen Gegebenheit: Nur die ständige Bedrohung durch den unausweichlichen Krebstod als äußere Gemeinsamkeit produziert eine scheinbar in sich geschlossene Gesellschaft. Hinter dieser Fassade jedoch bleibt der einzelne Patient mit seiner individuellen Geschichte, seinem Willen und seinen spezifischen Erwartungen als unaustauschbare Größe bestehen. Auf epische Entwicklung verzichtet der Autor fast gänzlich: Die Handlung geht auf in einer Fülle von Episoden, Charakterdarstellungen, Lebensläufen und vor allem der minuziösen Beschreibung des Krankenhausalltags. Von den Gestalten des Romans ist der Fabrikchef Rusanov, der es eher durch Denunziation als durch persönliche Qualifizierung zu seinem einflußreichen Posten gebracht hat, am deutlichsten typisiert. Durch seine Krankheit über Nacht auf eine Stufe gestellt mit den übrigen Patienten, fühlt er sich von deren Rohheit und Primitivität angewidert. Gegenspieler erwachsen ihm in seinen Zimmergefährten, allen voran Oleg Kostoglotov, der unter Stalin lange Jahre in Lagern zugebracht hat, ohne dadurch jedoch demoralisiert worden zu sein, und nun den anderen Kranken die *»Physiologie des Optimismus«* predigt. Zu dieser Haltung ringt er selbst sich nur deshalb durch, weil er illusionslos Ursachen und Symptome seiner Krankheit zu erkennen und zu bekämpfen bestrebt ist. Neben ihm stehen vor allem der finstere, sanguinische Maurer Efrem Podduev, der längst mit dem Leben abgeschlossen hat und die anderen von der Sinnlosigkeit aller Genesungsträume zu über-

zeugen versucht, sowie der junge Geologe Vadim Zadyrko, der sich darüber im klaren ist, daß ihm sein Krebsleiden nur noch wenige Monate zur Lösung einer wissenschaftlichen Aufgabe läßt. Die Sphäre der Außenwelt wird vertreten vor allem durch die Ärztinnen und Krankenschwestern, symbolisch aber auch durch die Zeitungen, die den Kranken täglich Informationen aus Moskau vermitteln. Gegen Ende des Romans wird von der Umbesetzung des Obersten Gerichtshofs, dem Sturz Malenkovs und den ersten Rehabilitierungsprozessen von Opfern der Stalinära berichtet. Am Ende des zweiten Romanteils erfährt diese vorsichtig optimistische Tendenz jedoch eine pessimistische Umwertung. Kostoglotov und Rusanov werden schließlich als geheilt entlassen. Gleichwohl stellt ihre Rückkehr ins normale Leben keineswegs symbolisch den Beginn einer neuen, geläuterten Ära dar. Rusanov ist bei seiner Entlassung der alte skrupellose und dünkelhafte Karrieremacher geblieben, den auch die veränderten politischen Vorzeichen nicht aus dem Gleis zu werfen vermögen, während Kostoglotov in der Außenwelt vergeblich nach jener Freiheit und jenem Glück sucht, an die er bisher geglaubt hat. Die ständigen Bestrahlungen haben sein Geschwür zwar vorläufig geheilt, ihn jedoch zugleich sterilisiert. Dieses physische Gebrechen deutet symbolisch an, mit welchem Preis der Wiedereintritt in die »normale« Sphäre erkauft werden muß. Die Libido, das elementarste Verlangen nach Glück, ist Kostoglotov geblieben, sein Optimismus jedoch ist erloschen.

Durch die Konstruktion des Nullpunkts, auf den das Leben der Krebskranken herabgesunken ist, vermag der Autor den existentiellen Hoffnungen und Ängsten seiner Romanfiguren lapidarsten Ausdruck zu verleihen. Erfassung der gesellschaftlichen Wirklichkeit geschieht dadurch, daß die konkret-historische Gesellschaft auf ein elementares (keineswegs repräsentatives) Mindestmaß reduziert wird, von dem aus nur elementarste Reaktionen möglich sind. Gleichwohl bedeutet dieser Primat des Elementaren nicht Triumph des kitschig-simplen Gefühls, sondern vielmehr dezidierte Abkehr vom dogmatischen, optimistischen Realismus stalinistischer Prägung und die Hinwendung zu einem neuen kritischen Realismus, dem Humanität im weitesten Sinne des Wortes Ursache und Zweck dichterischer Darstellung bedeuten. Dieses nur durch den Rekurs auf die elementaren Befindlichkeiten des Individuums in den Griff gebrachte *humanum* verkörpern Kostoglotov, Zadyrko und Podduev, wenn auch niemals als moralische Attitüde, sondern lediglich in der Kongruenz von Person, Erkenntnis und Handlung. Rusanovs seelische Labilität dagegen ist das Resultat einer zur Grundhaltung erstarrten lebenslangen Feigheit und Ignoranz gegenüber der Realität.

Die personalen Veränderungen in der Führungsspitze des Kreml signalisieren – als parallel zur Genesung Kostoglotovs ablaufendes Geschehen – zwar das Heraufziehen einer neuen Ära, einen Genesungsprozeß auch der äußeren Welt, doch erweist sich eine grundsätzliche Neuordnung des Lebens im individuellen wie im allgemein gesellschaftlichen Bereich als Utopie. – Die innere Handlung des Romans verläuft nicht als Progreß, sondern als Regreß, d. h., die Genesung wird nicht als Fortschritt, sondern symbolisch als Rückkehr zu einem längst erreichten, aber im Laufe der Zeit durch Degeneration und Verfall verlorengegangenen Normalzustand dargestellt. Dieser Normalzustand aber bleibt in der düsteren Perspektive Solženicyns außer Kraft gesetzt, solange das Individuum vergewaltigt und zur physischen und moralischen Kapitulation gezwungen wird.   A.Gu.

AUSGABEN: Ldn. 1968. – Paris 1968. – Moskau 1990 (in Novyj mir, Nr. 6 ff.).

ÜBERSETZUNG: *Krebsstation*, C. Auras u. a., 2 Bde., Neuwied/Bln. 1968/69 [Vorw. H. Böll]; Bd. 1: 466. Tsd. 1987; Bd. 2: 387. Tsd. 1990.

LITERATUR: M. Grunert, Rez. (in SZ, 14./15. 5. 1969). – J. Walker, *S.'s »Cancer Ward«*, Diss. Bloomington/Ind. 1971. – H. Koelbing, *Medizin, Arzt u. Patient in S.s »Krebsstation«*, Zürich 1973. – D. Nakeeb, *»Cancer Ward« and the Russian Geometrical Tradition* (in SEER, 60, 1982, Nr. 3).

V KRUGE PERVOM

(russ.; *Ü: Im ersten Kreis*). Roman von Aleksandr I. SOLŽENICYN, erschienen 1968. – Nach *Odin den' Ivana Denisoviča*, 1962 *(Ein Tag des Iwan Denissowitsch)*, und *Rakovyj korpus*, 1968 *(Krebsstation)*, greift dieser monumentale Roman zum drittenmal das Thema des äußerlich eingeschränkten menschlichen Lebens auf. Er spielt in der Šaraška, einem Spezialgefängnis für politische Häftlinge in der Nähe Moskaus. Die 250 Insassen der Anstalt sind zugleich Akteure wie Kulisse des in eine verwirrende Vielfalt einzelner Handlungsfäden zersplitterten Geschehens. Sie werden bevorzugt behandelt, da sie mit der Konstruktion eines Sprachzertrümmerers beschäftigt sind, der einerseits der Kremlspitze ungestörte Telefonate, andererseits dem Geheimdienst die Entschlüsselung abgefangener Telefongespräche ermöglichen soll. Im Mittelpunkt der Handlung stehen die Schicksale des Ingenieurs Neržin und des jungen Karrierediplomaten Volodin. Neržin ist ein Meister der lebenswichtigen Kunst, Häftling zu sein, Volodin ein erfolgversprechender Staatsrat zweiter Klasse, der im Epikureismus sowohl die Legitimation seiner privilegierten Existenz als Mitglied der oberen Zehntausend wie auch ein Refugium vor der Gefährdung dieser durch eigene Unvorsichtigkeit aufs Spiel gesetzten Existenz findet.

Ungleich stärker als in Solženicyns vorausgegangenen »Lagertexten« ist die Außenwelt in die Handlung einbezogen: mit Volodin das Milieu der mehr oder minder apolitischen Nutznießer des Systems; mit dem Wach- und Verwaltungspersonal die Hierarchie der totalen, allgegenwärtigen Exekutive bis hin zu Abakumov, Berija und Stalin; endlich mit Neržins Frau Nadežda und ihrem Kommilitonen Ščagov die Gepeinigten und Betrogenen des stalinistischen Regimes. – Auch unter den Häftlingen ist die Skala der Typen und Schicksale weit gespannt: von dem Kommunisten Lev Rubin, der an die Restitution des sich selbst korrumpierenden Bolschewismus durch den revolutionären Geist der leninistischen Ära glaubt, bis hin zu dem Mathematikprofessor Čelnov oder dem Kunstmaler Kondrašev-Ivanov, die ihren Frieden mit der Welt gemacht haben und ihr Häftlingsdasein in der Šaraška nicht mehr als Einschränkung ihrer Persönlichkeit begreifen; von Valentin Prjančikov, der in der Haft weder seine Sorglosigkeit noch seine Unerschrockenheit gegenüber den Mächtigen verloren hat, bis zu dem halbblinden Hofarbeiter Spiridon, dem Prototyp der getretenen Kreatur, die sich als stärker denn ihre Richter erweist.

Die differenzierte Abstufung des Milieus, des Personals, der Schicksale, Handlungen und Dialoge überwindet an keiner Stelle den hermetischen Höllenkreis, der auch jenseits der Šaraška das menschliche Sein umspannt. Die Angst, Grundbefindlichkeit aller Beteiligten bis hinauf zum »*Vater der Völker*«, kennt allenfalls individuelle Unterschiede des Betroffenseins, nicht aber der Intensität. Nicht Ideologie, sondern das Bewußtsein der unausgesetzten, latenten oder offenbaren Bedrohung wird zum integrierenden Faktor der Gesellschaft. Das totalisierende Prinzip des Infernalischen wird an der Gestalt Volodins sinnfällig: Aus Unvorsichtigkeit hat der Diplomat einen Bekannten vor der Verhaftung durch die GPU gewarnt. In paradox-ironischer Umkehrung des für immer außer Kraft gesetzten Normalfalles weicht die Angst, die ihn seit dem riskanten Telefonat lähmt, erst in dem Augenblick einer absoluten Selbstgewißheit, als er verhaftet wird und nun seinerseits das Höllentor zu durchschreiten hat. Erst jetzt erweist sich alles Vorherige als nicht normal. Die infernalische Identität kann nur im Inferno selbst zurückgewonnen werden. Der Beschneidung der individuellen Souveränität entspricht die Reduktion des Menschen zum beliebig manipulierbaren und transportierbaren Material: »*Mjaso, viande, Fleisch, meat*« steht auf der Lastwagen, die eine Gruppe von Häftlingen, darunter Neržin, aus der Šaraška in ein Arbeitslager überführt. »*In den Straßen von Moskau sieht man immer wieder Lieferwagen mit Lebensmitteln, äußerst sauber und vom sanitären Standpunkt einwandfrei. Die Versorgung der Hauptstadt kann nur als vorzüglich bezeichnet werden*«, läßt der Autor einen ahnungslosen und naiven westlichen Zeitungskorrespondenten den Vorgang kommentieren. A.Gu.

AUSGABEN: Ldn. 1968. – Belgrad o. J. – Hbg. 1968. – Paris 1978 (in *Sobr. soč.*, 18 Bde., 1–2). – Moskau 1990 (in Novyj mir, Nr. 1–5).

ÜBERSETZUNGEN: *Der erste Kreis der Hölle*, E. Mahler u. N. Nielsen-Stokkeby, Ffm. 1968. – *Im ersten Kreis*, S. Geier, Ffm. 1982 [vollst. Übers. der wiederhergestellten Urfassg.].

LITERATUR: H. v. Ssachno u. M. Grunert, *Literatur und Repression*, Mchn. 1970, S. 87–189. – J. Dunlop, *»The First Circle«*, Diss. New Haven/Conn. 1973 [m. Bibliogr.]. – D. Kimmage, *Characterization and Setting in »The First Circle« and »One Day in the Life of Ivan Denisovich«*, Diss. Ithaca/N.Y. 1974. – A. Krasnov, *Polyphony of »The First Circle«. A Study of S.'s Affinity with Dostoevsky*, Diss. Seattle/Wash. 1974. – N. Larionoff, *»The First Circle« of A. S.*, Diss. Berkeley/Calif. 1976. – O. Carlisle, *S. and the »Secret Circle«*, Ldn. 1978. – A. Akeley, *Another Look inside the Circle. Technique and Pattern in A. S.'s »The First Circle«*, Diss. Ann Arbor/Mich. 1980 [m. Bibliogr.]. – G. Nivat, *Les différents cercles soljénitsyniens* (in Le débat, 9, 1981, S. 106–115). – H. Ermolaev, *S.'s Self-Censorship: Two Versions of »V kruge pervom«* (in Russian Language Journal, 38, 1984, Nr. 129/130, S. 177 bis 185). – S. Layton, *»The First Circle« and S.'s »Mistrust of Poetry«* (in Canadian American Slavic Studies, 18, 1984, Nr. 4, S. 411–422). – W. Beitz, *Raum und Zeit in S.s Roman »V kruge pervom«* (in ZfSl 39, 1994, H. 1).

KONSTANTIN S. STANISLAVSKIJ

eig. Konstantin Sergeevič Alekseev
* 17.1.1863 Moskau
† 7.8.1938 Moskau

LITERATUR ZUM AUTOR:
O. Gaillard, *Das deutsche S.-Buch*, Bln. 1947. – A. Luther, *Das Moskauer Künstlertheater*, Lpzg. 1947. – N. Abalkin, *Sistema S. i sovetskij teatr*, Moskau 1950 (dt.: *Das S.-System und Sowjettheater*, Bln. 1953). – D. Magarshack, *S. A Life*, NY 1951; Nachdr. Westport/Conn. 1975. – *Besedy K. S. S. v studii Bol'šogo teatra v 1918–1922 gg., zapisany...* K. E. Antarovoj, Moskau ³1952. – N. Gourfinkel, *Constantine S.*, Paris 1955. – N. Gortschakow, *Regie. Unterricht bei S.*, Bln. 1959. – Ju. S. Kalašnikov, *Teatral'naja ètika S.*, Moskau 1960. – E. I. Poljakova, *K. S. S. i V. I. Nemirovič-Dančenko*, Moskau 1961. – *Masterstvo aktëra v terminach i opredelenijach K. S. S.*, Moskau 1961. – V. B. Blok, *Sistema S. i problemy dramaturgii*, Moskau 1963. – *S. Pisateli, artisty, režissëry o velikom dejatele russkogo teatra*, Hg. S. Melik-Zacharov u. Š.-Š. Bogatyrëv, Moskau 1963. – TDR, 9, 1964, Nr. 1/2 [Sondernr.: *S. and America*]. – C. Edwards, *The S. Heritage*, Ldn. 1966. – I. Vinogradskaja, *Žizn' i tvorčestvo K. S.*, 4 Bde., Moskau 1971–1976. – N. Sibirjakov, *Mirovoe značenie S.*, Moskau 1974. – T. Surina, *S. i*

Brecht, Moskau 1975. – E. Poljakova, *S.*, Moskau 1977. – V. Toporkov, *S. in Rehearsal. The Final Years*, NY 1979. – L. Klimova, *K. S. S. v russkoj i sovetskoj kritike*, Leningrad 1986. – J. Morgan, *S.'s Encounter with Shakespeare: The Evolution of a Method*, Ann Arbor/Mich. 1984 [zugl. Diss. New Haven/Conn. 1980]. – L. Novickaja, *Uroki vdochnovenija: sistema K. S. S. v dejstvii*, Moskau 1984. – O. Sobolevskaja, *K. S. S. rabotaet, beseduet, otdychaet*, Moskau 1988. – F. Malcovati, *S.: vita, opere e metodo*, Rom u. a. 1988. – *S.-Lesebuch*, Hg. P. Simhandl, Bln. 1990 [m. Essays].

RABOTA AKTËRA NAD SOBOJ

(russ.; *Ü: Die Arbeit des Schauspielers an sich selbst*). Lehrbuch der Schauspielkunst von Konstantin S. STANISLAVSKIJ. Teil 1: *Rabota nad soboj v tvorčeskom processe pereživanija (Die Arbeit an sich selbst im schöpferischen Prozeß des Erlebens)*, erschienen 1938; Teil 2: *Rabota nad soboj v tvorčeskom processe voploščenija (Die Arbeit an sich selbst im schöpferischen Prozeß des Verkörperns)*, in einer Bearbeitung veröffentlicht 1948, im Original 1955. – Der an A. ČECHOVS Stücken entwickelte psychologische Realismus des 1898 von Stanislavskij und V. NEMIROVIČ-DANČENKO begründeten Moskauer Künstlertheaters drohte um 1905 zur routinemäßig angewandten Schablone zu verblassen. Um den Mangel an *»innerer Wahrhaftigkeit«* in der Rollengestaltung zu beheben, konzentrierte sich Stanislavskij in den folgenden Jahren (1907–1914) auf die Analyse des schöpferischen Prozesses beim Schauspieler. Als Lehrer Torcov entwickelt er im ersten Teil des als Tagebuch eines Schauspieleleven geschriebenen Lehrbuchs *Rabota aktëra nad soboj* vor einer Gruppe junger Schauspielschüler die einzelnen Stationen dieses Prozesses. Kraft seiner Phantasie füllt der Schüler eine knapp skizzierte Szene mit Raum- und Zeitkolorit und zergliedert sie in eine logische Kette charakteristischer Handlungsdetails. Eine lückenlose, »organische« Motivation der physischen Handlungen, verbunden mit ihrem intensiven Vollzug, löst das unbewußte Schaffen des Schauspielers aus. Seine Emotionen werden freigesetzt; er spielt nicht mehr eine Rolle, sondern lebt eine Gestalt.

Im zweiten Teil von *Rabota aktëra nad soboj* beschäftigt sich Stanislavskij mit Studien zur Sprech- und Bewegungsschulung, die gleichzeitig das Gefühl für Tempo und Rhythmus fördert, und lehrt, der Schauspieler müsse außer der Psychotechnik seine körperlichen Ausdrucksmittel beherrschen, um in der Wechselbeziehung von *»Erleben« (pereživanie)* und *»Verkörpern« (voploščenie)* die Einheit des psychophysischen Prozesses in der Gestaltung zu wahren. – In dem nach unvollendeten Manuskripten aus Stanislavskijs Nachlaß herausgegebenen pädagogischen Werk *Rabota aktëra nad rol'ju*, 1950 *(Die Arbeit des Schauspielers an seiner Rolle)*, das anhand einer Schüleraufführung des *Othello* entstanden war, beschreibt der Autor die Entwick-

lung der Rolle im Probenverlauf: Nach der literarischen Analyse des Stücks konzipiert jeder Schauspieler, selbst der Statist, eine detaillierte Biographie seiner Rolle. Der Regisseur initiiert nur den
schöpferischen Prozeß; in kollektiver Arbeit fügt
das Ensemble die szenischen Details zur »*durchgehenden Handlung*« (*skvoznoe dejstvie*) zusammen
und richtet sie aus auf den Grundgedanken des
Stücks, die »*Überaufgabe*« (*sverchzadača*).
Im Gegensatz zu seinem Antipoden MEJERCHOL'D
besaß Stanislavskij nur geringe theoretische und historische Kenntnisse. Seine Schriften – er plante
eine »*Grammatik der Schauspielkunst*«, an der er
mehr als dreieinhalb Jahrzehnte arbeitete, die aber
unvollendet blieb – stecken voller Widersprüche
und ungenauer, der schauspielerischen Umgangssprache entlehnter Termini. Im Bewußtsein dieser
Mängel verstand er sein »System« vorwiegend als
Anleitung zur Ausbildungspraxis. In dieser Beziehung erreichte er Weltgeltung: In den vierziger
Jahren bereits in den USA adaptiert, gehören »Sta-
nislavskij-Etüden« heute zum festen Ausbildungs-
programm jeder Schauspielschule mit europäischer
Theatertradition. Wo die Übungsanleitungen sich
jedoch zur Arbeitsmethode und Theatertheorie
verdichten, liegen die historisch bedingten Grenzen des »Systems«. Stanislavskij erzog seine Schüler für ein Theater der »vierten Wand«, das den Zuschauer im ungebrochenen Miterleben der Büh-
nenillusion begeistern wollte. Zeit seines Lebens
blieb er seinem Stilprinzip des psychologischen
Realismus treu. Ihn differenziert er, befreit ihn von
rein äußerlicher Imitation und erreicht den Gipfel
emotionaler Ausstrahlungskraft. Für die sowjetischen Theaterexperimente nach der Revolution,
die durch artistische Tricks und verfremdende
Spieltechniken eine kritische Zuschauerhaltung
provozieren wollten, brachte Stanislavskij kein
Verständnis auf.   R.Ti.

AUSGABEN: Moskau 1938 (Tl. 1). – Moskau 1948,
2 Bde. (Tl. 2). – Moskau 1950 (*Rabota aktëra nad
rol'ju*, Hg. G. Kristi). – Moskau 1954–1957 (in
Sobr. soč., Hg. M.N. Kedrov u.a., 8 Bde.,
1954–1961, 2–4; krit.).

ÜBERSETZUNGEN: *Das Geheimnis des schauspielerischen Erfolges*, A. Meyenburg, Zürich o. J. [1949]. –
*Die Arbeit des Schauspielers an der Rolle. Fragmente
eines Buches*, H. Hellmich u. a., Bln. 1955. – *Die Arbeit des Schauspielers an sich selbst. Tagebuch eines
Schülers*, Bd. 1: *Die Arbeit an sich selbst im schöpferischen Prozeß des Erlebens*, I. Tintzmann, Bln. 1961;
Bd. 2: *Die Arbeit an sich selbst im schöpferischen Prozeß des Verkörperns*, R. E. Riedt, Bln. 1963. – *Die
Arbeit des Schauspielers an sich selbst*, I. Tintzmann u.
R. E. Riedt, 3 Bde., Bln. 1981; 5 1988.

FËDOR AVGUSTOVIČ STEPUN

* 19.2.1884 Moskau
† 23.2.1965 München

NIKOLAJ PERESLEGIN

(russ.; *Ü: Die Liebe des Nikolai Pereslegin*). Briefro-
man von Fëdor A. STEPUN, erschienen 1923–1925.
– Der in drei Teile gegliederte Roman hat Begebenheiten aus den Jahren 1910–1914 zum Inhalt, die
der Philosophiestudent Nikolaj Pereslegin in Briefen an seine Freundin und spätere Frau Natal'ja
Konstantinovna detailliert schildert. Der äußere
Handlungsablauf ist dabei von sekundärer Bedeutung: Es geht dem Autor in erster Linie um die Brechung und Interpretation der Geschehnisse durch
das Medium eines »*überflüssigen Menschen*«.
Nach dem frühen Tod seiner Frau Tanja geht Pereslegin nach Florenz und berichtet von dort Natal'ja über seine Reiseeindrücke. In diesen Briefen
wendet er sich jedoch zunehmend einer Reflexion
der eigenen Vergangenheit zu. Pereslegin erkennt,
daß er Tanja im Grunde nicht um ihrer selbst willen, sondern nur aus Mitleid geliebt hat und daß
seine Liebe seit jeher der Empfängerin seiner Briefe, Natal'ja, galt. Zwar ist Natal'ja mit seinem
Schwager und Freund Alëša verheiratet, aber Pereslegin rechtfertigt seine Leidenschaft mit mystischen Visionen und einer egozentrischen Liebes-
philosophie, für die die »Sünde« »Pflicht« sei. Nach
seiner Rückkehr nach Moskau bricht Natal'ja mit
Alëša und heiratet Pereslegin. Doch ist ihr glückliches Zusammenleben auf einem Landgut von nur
kurzer Dauer. Pereslegin fährt unter dem Vorwand
nach Petersburg, dort sein Magisterexamen ablegen zu wollen; in Wirklichkeit aber trifft er sich
dort mit Tanjas Jugendfreundin Marina. Über seine Leidenschaft zu Marina, zu der er sich auf ihm
selbst rätselhafte Weise unwiderstehlich hingezogen fühlt, berichtet er im folgenden Natal'ja mit
grausamer Aufrichtigkeit, obwohl er weiß, daß diese sich mit Selbstmordgedanken trägt. Damit
nimmt sein Leben die entscheidende tragische
Wendung. Marina wird von einem eifersüchtigen
Liebhaber erschossen, und auch Natal'ja trennt sich
für immer von Pereslegin. Dieser geht nach Kriegsbeginn gemeinsam mit Alëša an die Front. Sein
letzter Brief an Natal'ja trägt das Datum: »Galizien,
22. Dez. 1914«.
Stepun hat die Hauptfigur seines Romans in deutliche Nachbarschaft zu M. LERMONTOVS Pečorin,
der Hauptgestalt von *Geroj našego vremeni*, 1840
(*Ein Held unserer Zeit*), gerückt, und Pereslegin
nennt sich selbst einen »*nachgeborenen Romantiker*«. Er spricht von sich als dem »*Anatom und
Theaterschneider seiner eigenen Seele*«, dem »*Skelett
in der Pose des Narziß*«. Erleben und Genießen der
Welt bedeuten ihm die durch keine moralischen

Schranken eingeengte Möglichkeit, sich in immer neuen, immer diabolischeren Rollen zu verwirklichen. Bedenkenlos zerstört er dabei das Leben anderer Menschen, denn gerade diese libertinistische Willkür gehört zum höchsten ästhetischen Genuß der »Selbstentfaltung«. Eine eigentliche Wandlung macht er nicht durch. Seine Selbstanalyse zu Beginn des Romans hat auch am Ende ihre Geltung: *»Fassungslos stehe ich vor mir selber und begreife nicht, was ich denn eigentlich für ein Mensch bin, wenn in meiner Seele keine Schranke ist zwischen Leiden und Genießen, zwischen Treue und Verrat, Aufrichtigkeit und Heuchelei, Leben und Tod.«* Die Einsicht in sein menschliches Versagen, in das Hohle und Sinnlose seiner egoistischen Lebensphilosophie, zu der er am Ende des Romans gelangt, verhindert jedoch das Abgleiten in eine sentimentale Selbstheroisierung.

Lermontov gegenüber verfügt Stepun über die umfassenderen psychologischen Kenntnisse, doch setzt die Form des Briefromans der psychologischen Analyse gewisse Grenzen: Stepun gibt auf der einen Seite tiefste Einblicke in die menschliche Seele und ihre Abgründe; die Wiedergabe von Seelenzuständen, äußeren Eindrücken oder hintergründig-mehrdeutigen menschlichen Beziehungen ist oft von geradezu halluzinatorischer Eindringlichkeit. Auf der anderen Seite ist der Leser auf die Optik des Briefschreibers festgelegt und vermag nicht, die geschilderte Welt von außen zu sehen. Das Überwiegen des lyrischen Elements läßt die übrigen Figuren des Romans zudem blaß und typisiert erscheinen, auch sie beziehen ihr Leben nur aus den Reflexen in der Seele Pereslegins. Die Position des Autors bleibt ungeklärt: Der Leser weiß nicht, ob es in diesem Roman um die Verdammung oder um die Verherrlichung einer todgeweihten Welt geht, und die intendierte Parallelisierung von privatem und historischem Geschehen, dem Scheitern Pereslegins und dem Beginn des Ersten Weltkriegs, vermag nicht zu überzeugen.

M.Sz.-KLL

AUSGABEN: Paris 1923–1925 (in Sovr. zapiski, Bd. 14/15; 17/18; 20–22; 25). – Paris 1929.

ÜBERSETZUNG: *Die Liebe des Nikolai Pereslegin*, K. Rosenberg, Mchn. o. J. [1928]. – *Die Wandlung des Nikolai Pereslegin*, ders., Mchn. 1946; ern. 1951.

LITERATUR: H. Glockner, Rez. (in Russischer Gedanke, 2, 1930, S. 81–87).

ARKADIJ NATANOVIČ **STRUGACKIJ**
BORIS NATANOVIČ **STRUGACKIJ**

Arkadij Natanovič Strugackij

* 28.8.1925 Batumi
† 14.10.1991 Moskau

Boris Natanovič Strugackij

* 15.4.1933 Leningrad

LITERATUR ZU DEN AUTOREN:
J. P. Glad, *Vozroždenie antiutopii v proizvedenijach A. i B. S.* (in Novyj Žurnal, 98, 1970, S. 144–152). – H. V. Ssachno, *Die Brüder S.* (in SZ, 16.12. 1972). – D. Suvin, *Criticism of the S. Brothers' Work* (in Canadian-American Slavic Studies, 1972, Nr. 2; dt.: *Die Kritik zum Werk der Brüder S.*, in Quarber Merkur, 40, 1975, S. 26–44). – A. Gromova, *Die Helden der fernen Regenbögen. Bem. zum lit. Schaffen der Strugatzkis* (in Quarber Merkur, 36, 1973, S. 28–31). – B. Rullkötter, *Die wissenschaftliche Phantastik in der Sowjetunion*, Bern/Ffm. 1974. – D. Suvin, *The Literary Opus of the S. Brothers* (in Canadian-American Slavic Studies, 1974, Nr. 3, S. 454–463). – H. Földeak, *Neuere Tendenzen in der sowjet. Science Fiction*, Mchn. 1975. – W. Kasack, *Die Brüder S.* (in Osteuropa, 1976, Nr. 1, S. 47–49). – V. Gakov, *Der Menschlichkeitstest* (in Sowjetliteratur, 1982, Nr. 1, S. 141–149). – S. Plog-Bontemps, *Interview mit A. S. im November 1981 in Moskau* (in Science-Fiction in Osteuropa, Hg. W. Kasack, Bln. 1984, S. 70–78; Osteuropaforschung, Bd. 14). – K. Podak, *Das Geheimnis der schreibenden Brüder* (in SZ, 3./4. 2. 1990).

PIKNIK NA OBOČINE

(russ.; *Ü: Picknick am Wegesrand*). Utopische Erzählung von Arkadij N. und Boris N. STRUGACKIJ, erschienen 1972 in der Leningrader Zeitschrift ›Avrora‹. – Die stets gemeinsam schreibenden Brüder Strugackij legen mit diesem Werk eine Abwandlung des in der Science-fiction weitverbreiteten Invasionsthemas vor. Im Gegensatz zum üblichen Invasionsroman, in dem die Invasoren selbst eine entscheidende Rolle spielen, kommen diese in *Piknik na oboče* allerdings gar nicht vor. Ja es ist nicht einmal klar, ob sie überhaupt auf der Erde waren. Bekannt sind lediglich sechs verseuchte Zonen, in denen es unerklärliche Erscheinungen und rätselhafte Gegenstände gibt. Ob diese von den Außerirdischen absichtlich oder zufällig zurückgelassen wurden oder Produkte einer Havarie sind, bleibt völlig offen. Zwei Gruppen beuten die Zonen aus: Wissenschaftler, die ganz offiziell die Zonen untersuchen, und Schatzgräber, die bei illegalen, äußerst gefährlichen nächtlichen Besuchen in den Zonen wertvolle und brauchbare Gegenstände zu stehlen suchen, um sie dann auf dem Schwarzmarkt zu verkaufen.

Im Mittelpunkt der Erzählung steht Roderic Schuchart, der sich vom Mitarbeiter eines wissenschaftlichen Instituts, der auch mal kleine illegale Nebengeschäfte betreibt, zum arbeitslosen Schatzgräber entwickelt. Zunächst besucht Schuchart noch legal die Zone. Bei einem dieser Besuche kommt sein Freund und Vorgesetzter mit einem Gegenstand in Berührung und stirbt nach der Rückkehr. Schuchart, der sich an dessen Tod schuldig fühlt, gibt seinen Job auf. Er geht erneut, diesmal schon illegal als Schatzgräber, mit seinem Auftraggeber Aasgeier in die Zone. Aasgeier verunglückt und verliert beide Beine, doch Schuchart rettet ihn. Danach wird er verhaftet, sorgt aber vorher noch dafür, daß seine Frau und seine Tochter, die wie viele Kinder der Schatzgräber eine Mutation ist, finanziell abgesichert sind. Das dritte Kapitel fällt etwas aus dem Rahmen, denn die Autoren nutzen gleichsam Schucharts Gefängnisaufenthalt für eine wissenschaftlich-philosophische Diskussion über den Besuch der Außerirdischen – der ja auch lediglich ein Picknick am Wegesrand gewesen sein könnte und damit gar nicht die Bedeutung hat, die ihm zugemessen wird. Aus dem Gefängnis zurück, versucht Schuchart schließlich zusammen mit Aasgeiers Sohn die sogenannte Goldene Kugel zu erreichen, eine angebliche Wunschmaschine, die Schucharts Tochter, der es inzwischen immer schlechter geht, retten soll. Um die Kugel, die sich in der Zone befindet, zu erreichen, muß man auf dem Weg einen Menschen opfern. Schuchart tut dies und erreicht die Kugel. Danach bricht die Erzählung ab – ob er jemals zurückkehren kann, bleibt offen.

Piknik na obočine gehört zur zweiten Schaffensphase der Brüder Strugackij, deren Beginn man auf das Jahr 1962 datieren kann. Hatten sie zunächst in der Tradition der von Ivan EFREMOV zur Blüte gebrachten, fortschrittsgläubigen wissenschaftlichen Phantastik der Sowjetunion geschrieben – wenn auch bereits mit stärker als üblich differenzierten Charakteren –, so setzten sie nun ihre Erkenntnis *»Literatur ohne Kritik an der gegenwärtigen Wirklichkeit gibt es nicht«* immer stärker in einer sozial- und gesellschaftskritischen – oder, wie sie es nannten, *»realistisch-phantastischen«* – Literatur um. Dem modernen Menschen von heute, der Gesellschaft, wird in der Erzählung mit Hilfe des Invasionsthemas ein Spiegel vorgehalten. Dabei ist die Invasion nur Anlaß, nicht Ursache, für das Zutagetreten der menschlichen Abgründe, denn *»das Schwein findet immer zum Dreck ...«* Die Autoren zeichnen das äußerst düstere Bild einer Gesellschaft, die sämtliche christlich-moralischen Werte verloren hat. Was zählt, sind nur noch materielle Werte und der eigene Ruhm; Egoismus und Eitelkeit sind dominierend. Die Angst vor dem Unbekannten und die Angst vor der Erkenntnis, wie klein und unbedeutend der Mensch eigentlich ist, können ebenso wie die Perspektivlosigkeit und die Alltagssorgen nur noch betäubt, hier durch Alko-

hol, ertragen werden. Die Zonen sind eine Versuchung, der die Menschen auf ihrer Jagd nach dem Glück nicht widerstehen können. Viel Hoffnung auf Besserung haben die Brüder Strugackij offenkundig nicht. Selbst wenn die Menschen ein wenig mehr erkennen würden – lautet ihre These –, *»würden sie zehn Minuten wehklagen, dann aber wieder zu ihrem gewohnten Denken zurückkehren«.* Wenn dennoch am Ende ein Hoffnungsschimmer bleibt, dann liegt dies an der Mehrschichtigkeit der Figur des Schuchart, der zwar einerseits auch der materiellen Gier verfallen ist, andererseits aber alles für seine Frau und sein Kind zu tun bereit ist. Er erkennt schließlich das ganze Ausmaß seines Handelns, als er begreift, daß sein egoistisches Menschenopfer eben doch nicht das selbstlose Gottesopfer ist, und verzweifelt die letzten Worte von Aasgeiers Sohn wiederholt: *»Glück für alle, umsonst, niemand soll erniedrigt von hier fortgehen.«*

W.v.K.

AUSGABE: Leningrad 1972 (in Avrora, Nr. 7–10).

ÜBERSETZUNG: *Picknick am Wegesrand*, A. Möckel, Bln./DDR 1976. – Dass., ders., Ffm. 1981.

VERFILMUNG: *Stalker*, SU 1980 (Regie: A. Tarkovskij).

LITERATUR: F. Rottensteiner, Rez. (in Quarber Merkur, 48, 1978, S. 84 f.). – S. Lem, *Nachwort* (in A. u. B. S., *Picknick am Wegesrand*, Ffm. 1981).

ULITKA NA SKLONE

(russ.; *Ü: Die Schnecke am Hang*). Phantastische Erzählung von Arkadij N. und Boris N. STRUGACKIJ, erschienen 1966–1968. – Die Erzählung besteht aus zwei formal völlig voneinander unabhängigen Teilen. Inhaltlich dagegen sind die beiden Teile kunstvoll durch einige Anspielungen und beiderseits vorkommende Elemente miteinander verknüpft. – Der eine Teil spielt in einer riesigen Verwaltung mit kafkaesken Zügen, die gleichzeitig für die Erhaltung, Ausbeutung und Vernichtung eines riesigen, weitgehend unerforschten Waldgebietes zuständig ist (Kap. 1, 3, 5, 6, 9, 10). Die Hauptfigur, Pfeffer, ist in dem riesigen Getriebe nur ein kleines Rädchen ohne echten Einfluß auf Entscheidungen. Gleichzeitig ist er aber der einzige Individualist, der auch selbständig denkt, mit den teils sinnlosen Verordnungen kämpft und sich gegen sie auflehnt. Er will das Objekt der Verwaltung, den Wald, den er bisher nur von einer Anhöhe aus sehen konnte, näher kennenlernen, doch beim Versuch, in den Wald zu kommen, scheitert er. Ebensowenig gelingt es ihm, der Verwaltung zu entkommen. – Der zweite Teil spielt in eben jenem Wald und ist geprägt durch eine phantastische, märchenhaft-mythische Atmosphäre (Kap. 2, 4, 7, 8, 11). Kandid, die zentrale Figur dieses Teils, ist ein ehemali-

ger Biologe der Verwaltung, der mit dem Hubschrauber über dem Wald abgestürzt ist. Äußerlich scheint er voll in das Leben des Waldvolkes integriert zu sein. Dennoch sieht er sich und sehen ihn die anderen als Außenseiter. Bei dem Unfall hat er offenkundig die Erinnerung an vergangene Zeiten verloren, aber etwas zieht ihn wie magisch zur Anhöhe – zur Verwaltung, die er mehrfach vergeblich zu erreichen versucht.
Ulitka na sklone ist, mit Ausnahme von *Gadkie lebedi*, 1972 *(Die häßlichen Schwäne)*, das in der Sowjetunion überhaupt nicht erscheinen durfte, das Werk der Brüder Strugackij, dessen Veröffentlichung die meisten Probleme bereitete. Der Kandid-Teil erschien 1966 in der Anthologie *Éllinskij sekret (Das Hellenische Geheimnis)*, der Pfeffer-Teil 1968 in der Zeitschrift ›Bajkal‹. Die Anthologie hatte nur eine geringe Auflage, die betreffenden Nummern der Zeitschrift erschienen ebenfalls nur in geringer Stückzahl und wurden schnell wieder zurückgezogen. Die Kritik an der Erzählung gründete sich vor allem auf die tiefschwarze Satire auf die Verwaltung, die als antisowjetisch eingestuft wurde. Auch wenn zahllose Anspielungen auf die sowjetische Realität zumindest für den Insider nicht zu übersehen sind, gingen die Kritiker damit zweifellos einen Schritt zu weit, da die Autoren – und das gilt für ihr gesamtes Schaffen – keineswegs das System der Sowjetunion, sondern vielmehr die Entwicklung des Menschen an sich in Frage stellen. Zudem wurde damit die Bedeutung der Erzählung reduziert, die, wie alle späteren Werke der Brüder Strugackij, mehrschichtig ist. Eine vollständige Entschlüsselung scheint kaum möglich, viele Rätsel, vor allem die den Wald betreffenden, bleiben ungelöst. Die beiden zentralen Figuren haben – bei allen Unterschieden – auch viel gemeinsam. Beide stehen weitgehend hilflos einer Umwelt gegenüber, die sie nicht verstehen, beide sehnen sich nach der anderen Welt – in der Hoffnung, daß sie dort ihr Glück und die Wahrheit finden. Akzeptiert man die in der Science-fiction häufig vertretene und auch hier mögliche Deutung, daß der Wald ein Symbol für die Welt ist (nach dem Roman von Ursula K. Leguin *The Word for World is Forest*, 1972 – *Das Wort für Welt ist Wald*), ergibt sich die Gegenüberstellung der modernen Zivilisation, die sich ohne Rücksicht auf das Individuum weiterentwickelt, und der moralisch klar überlegenen, traditionsreichen, auf Gemeinschaft basierenden alten Gesellschaft. Beide werden vom Individuum, das an ihnen scheitert, weil es sie nicht versteht, letztlich abgelehnt. Die Autoren bezeichneten den Wald selbst als *»Symbol für das Unbekannte und Fremde ... was zur Zeit der Menschheit ... noch verborgen ist«.* Wieder wird das Dilemma deutlich: Der Mensch ist unfähig, die Wahrheit zu erkennen, ob er nun nah daran ist (Kandid) oder sie nur aus der Ferne sieht (Pfeffer).   W.v.K.

Ausgaben: Leningrad 1966 (in *Éllinskij sekret*, Hg. E. Brandis; Tl. 1). – Ulan-Ude 1968 (in Bajkal, Nr. 1–2; Tl. 2).

Übersetzung: *Die Schnecke am Hang*, H. Földeak, Ffm. 1978 (st).

Literatur: A. Lebedev, *Realistische Phantastik u. phantastische Realität* (in Quarber Merkur, 39, 1975, S. 7–14; auch in Polaris, 3, 1975, S. 81–89). – H. Lück, Rez. (in Deutsche Volkszeitung, 3. 8. 1978). – I. Rakusa, Rez. (in Neue Zürcher Ztg., 1. 8. 1978). – D. Suvin, *The Strugatzkys and Their »Snail on the Slope«* (in Foundation, 17, 1979, S. 255–277).

VASILIJ MAKAROVIČ ŠUKŠIN

* 25.7.1929 Sroski / Altaj
† 2.10.1974 Stanica Kletskaja / Gebiet Volgograd

Literatur zum Autor:
V. Korobov, *V. Š.*, Moskau 1977. – A. Ovarčenko, *Novye geroi – novye puti*, Moskau 1977. – N. Tolčenova, *V. Š., ego zemlja i ljudi*, Barnaul 1978. – D. Avgustova, *V. M. Š., Bibliografičeskij ukazatel'*, Ufa 1980. – A. Red'ko, *V. M. Š. Bibliografičeskij ukazatel'*, Barnaul 1981. – V. Apuchtina, *Proza V. Š.*, Moskau 1981. – *Š. und die Dorfprosa im Russisch-Unterricht*, Hg. B. Südkamp, Hbg. 1981. – L. Emel'janov, *V. Š.: Očerk tvorčestva*, Leningrad 1983. – V. Gorn, *Naš syn i brat: Problemy i geroi prozy V. Š.*, Barnaul 1985. – V. Karpova, *Talantlivaja žizn': V. Š. – prozaik*, Moskau 1986. – E. Vertlib, *V. Š. i russkoe vozroždenie*, NY 1990. – W. Gorn, *V. M. Š. (1929–1974). Bibliografičeskij ukazatel'*, Barnaul 1994.

JA PRIŠËL DAT' VAM VOLJU

(russ.; *Ü: Ich kam, euch die Freiheit zu geben*). Historischer Roman von Vasilij M. Šukšin, erschienen 1971. – Thema dieses umfangreichen Romans ist der Aufstand, der vom Donkosaken Stepan (»Sten'ka«) Razin 1670/71 angefacht und geleitet wurde. Die grausame Hinrichtung des Anführers auf dem Roten Platz bildet die Anfangsszene. Die darauffolgende, stark an Razins Perspektive gebundene Handlung wird an den wichtigsten Etappen des Aufstands entlanggeführt.
Die Kosaken hatten im Vertrag von Perejaslavl' (1654) dem Zaren Aleksandr Michajlovič Treue geschworen und ihrerseits gewisse Privilegien erhalten. Die ihnen zugestandenen Freiheiten wurden jedoch alsbald durch die dem Zaren direkt unterstellten Bojaren eingeschränkt. In ihrer Verbitterung schlugen sich die Kosaken auf die Seite des Räubers Razin. Dieser hatte 1667–1669 von

Astrachan aus mehrere Raubzüge unternommen, bis er im Herbst 1669 erstmals einen politisch-aufständischen Angriff wagte. Mit Kosaken und Bauern zog er durch Astrachan und das Wolga-Don-Gebiet und rächte an den Bojaren die schrecklichen Grausamkeiten, die diese an ihren Untertanen verübt hatten. In gleicher Weise wurden die Provinzverwalter, die sog. Wojewoden, zur Rechenschaft gezogen, die den Armen ihr letztes Hab und Gut genommen hatten.

Das Wüten Razins wird in Šukšins Roman auf den Mord an dessen älterem Bruder Ivan zurückgeführt. In der kriegerischen Auseinandersetzung zwischen Rußland und Polen hatten sich Ivan und die von ihm angeführten Kosaken dem Zarenheer angeschlossen. Während einer Pause in den Kampfhandlungen wurde er von einem Bojaren gefangengenommen und gehängt. Der noch jugendliche Stepan mußte diesem Willkürakt beiwohnen. – Als er selbst zum Anführer wurde, fühlte er sich anfangs noch dem Zaren verpflichtet. Nun, da die Menschen zu ihm strömen, legt er sich aber nicht nur mit dem Zaren, sondern auch mit der orthodoxen Kirche an. Damit schafft er sich in der gläubigen und abergläubischen Armee Feinde – auch unter denen, die seine politischen Ansichten grundsätzlich teilen. Deshalb wenden sich die übrigen Kosakenführer von Razin ab und liefern ihn an den Zaren aus.

Der junge Kosakenführer wird von Šukšin als passionierter Krieger, aber auch als reflektierender Rebell dargestellt, der Fragen der Macht, der Unterdrückung und Freiheit immer wieder durchdenkt und mit seinen Offizieren diskutiert. Es kommen in ihm auch Mitleid mit der unterdrückten Bevölkerung und Schuldgefühle wegen der von ihm ausgeübten grausamen Gewalt auf. Sein Haß gegen die Privilegierten ist aber immer dominant. Bevor er einen Bojaren von einem Turm in den Tod stößt, heißt es: »*Stepan wäre nicht Stepan gewesen, hätte er jetzt auch nur einen Moment darüber nachdenken müssen, welches Schicksal dem verhaßten Wojewoden zu bereiten sei, verhaßt, weil er hienieden süß gefressen, weich geschlafen, Befehle erlassen und keine Sorgen gekannt hatte.*«

Bis zum 20. Jh. wurde Razin von offiziellen historischen Quellen als Räuber und Plünderer dargestellt. Im Volksmund wurde er mehrfach Gegenstand von Legenden und Liedern. In der sowjetischen Periode wurde seine Tätigkeit als Bestandteil der Revolutionsgeschichte Rußlands gedeutet, die im bolschewistischen Umsturz ihren Höhepunkt erreichte. Šukšin neigt zu dieser glorifizierenden, revolutionären Sicht, wobei zwei Grundtendenzen seiner historischen Auffassung hervorzuheben wären: Zum einen ist Razin der Totengräber des alten Moskowien am Vorabend der petrinischen Reformen, die den Bojarenstaat endgültig zerstören. Zum anderen ist die Revolte das Ergebnis eines Bündnisses zwischen den zahlreichen, aber passiven Bauern und den weniger zahlreichen, aber aktiven Kosaken.

Da Razin überwiegend im Milieu des Bauerntums

gezeigt wird, sind die Dialoge größtenteils in der Volkssprache verfaßt. Dies bildet einen Unterschied zu B. OKUDŽAVAS zur gleichen Zeit entstandenem Dekabristenroman *Glotok svobody (Ein Schluck Freiheit)*, der vor allem im adeligen Milieu spielt und dem eher eine skeptische Distanz zum offiziellen Geschichtsbild anhaftet. Auch stilistische Unterschiede lassen sich feststellen: Šukšins Roman ist, im Gegensatz zu Okudžavas fließender und z. T. ironischer Prosa, in kurze Szenen aufgelöst und zielt auf Pathos und dramatische Effekte, wodurch er oft wie ein Filmszenario wirkt. Der Autor selbst betrachtete dieses sein umfangreichstes Werk, das erst postum in einer Einzelausgabe erschien, als sein wichtigstes, während einige Kritiker den unvollendeten Charakter des Romans bemängelten. KLL

AUSGABEN: Novosibirsk 1971 (in Sibirskie ogni, Nr. 1–2). – Moskau 1974.

ÜBERSETZUNGEN: *Ich kam, euch die Freiheit zu geben*, T. Reschke, Bln./DDR 1978; ²1980. – *Rebell gegen den Zaren. Ein Kosakenroman*, ders., Stg. 1980.

LITERATUR: L. Anninskij, *Volja, put', rezul'tat* (in Novyj mir, 1975, Nr. 12, S. 262–264). – N. Dodonova, *Istoričeskij roman o Stepane Razine* (in Problemy stilja i žanra, Moskau 1984, S. 110–132). – Ju. Andrianov, *Chudožestvennye svoeobrazie romana »Ja prišël dat' vam volju«* (in Žanrovo-stilevye problemy sovetskoj literatury, Kalinin 1985, S. 81–90).

KALINA KRASNAJA

(russ.; *Ü: Roter Hollunder*). Erzählung von Vasilij M. ŠUKŠIN, erschienen 1973. – Der vierzigjährige Egor Prokudin wird aus einem Arbeitslager nach fünf Jahren entlassen. Er ist ein in sich widersprüchlicher Held: ein gutmütiger und lebensfroher Bursche mit Sinn für Poesie, der gleichzeitig mit Stolz zugibt, ein Dieb zu sein. Sobald er auf freiem Fuß ist, zieht es ihn wieder zu seiner alten Diebesbande. Damit beginnt die straff und streng chronologisch organisierte, sich über einige Tage im Frühling erstreckende Handlung. Nach einem mißglückten Einbruchsversuch der Bande muß Egor sofort wieder fliehen. Er entschließt sich, zu seiner Brieffreundin Ljuba Bajkalova aufs Land zu fahren. Ljuba hat Egor aufgrund der Gedichte, die er ihr ein Jahr lang in seinen Briefen schickte, liebgewonnen. Sie ist eine einfache, aber selbstbewußte, in sich ruhende Bäuerin, die ihrem ersten Mann, einem Alkoholiker, den Laufpaß gegeben hat. Ihre innere Sicherheit und Würde scheinen Egors Labilität aufzufangen. Mit der Zeit wird er auch von Ljubas Eltern, die anfangs gegen den Haftentlassenen protestierten, akzeptiert und findet in Ljubas Bruder Petro, einem bedächtigen, kräftigen jungen Mann, einen Freund. In der Sowchose findet Egor eine Anstellung als Traktorist. Obwohl er ursprünglich vom Lande stammt, hat Egor nur geringe Kenntnisse von bäuerlicher Arbeit; nichtsdestotrotz sehnt er sich nach dörflicher Ruhe und Harmonie, wie er sie sich im Arbeitslager erträumte. Seine besondere Liebe zur Natur zeigt sich u. a. in der fast zärtlichen Beziehung zu dem russischen Nationalbaum, der Birke, mit der er wie mit einer Frau spricht (*»Wartest du auf den Bräutigam? Bald wird es so weit sein...«*) und die er sogar hin und wieder umarmt.

Einen emotionellen Höhepunkt der Erzählung bildet der Besuch, den Egor zusammen mit Ljuba seiner Mutter abstattet, ohne sich allerdings zu erkennen zu geben. Wenn seine Haare nachgewachsen seien, sagt der kurzgeschorene Ex-Sträfling, werde er ein normales Leben mit Mutter und Ljuba führen. Doch die Vergangenheit läßt ihn nicht los. Seine alten Komplizen machen ihn ausfindig, da sie nicht zulassen können, daß einer von ihnen »aussteigt«. Als Egor mit dem Traktor beim Säen ist, lauert ihm der Bandenchef auf und schießt ihn in einem Birkenhain nieder. Egor stirbt auf einem Feld: *»Da lag er, ein russischer Bauer, in der heimatlichen Steppe, unweit des Hauses.«*

Šukšins Stellung innerhalb der Dorfprosa ist dadurch gekennzeichnet, daß er – im Gegensatz etwa zu V. Rasputin oder V. Belov – nicht versucht, das Wesen des traditionellen Dorfes und seiner Bewohner erinnernd heraufzubeschwören, sondern seine Aufgabe vielmehr darin sieht, die jüngere Generation, die nur die kollektivierte Landwirtschaft kennt, ohne Vorbehalte zu schildern. Seine Protagonisten sind ausgeprägte Charaktere, die nicht am Untergang des alten Dorfes, sondern an ihren eigenen psychologischen und sozialen Unzulänglichkeiten kranken. Auch die Kollision mit der Stadt wird nicht wie bei Rasputin direkt thematisiert, sondern in einem zitierten Gedicht angedeutet (*»O Stadt, Stadt, du hast uns in deinem grausamen Griff wie Kadaver ... auf deinen Namen getauft«*). Der Autor grenzt die Welt des Dorfes von der des städtischen Gaunermilieus auch mit sprachlichen Mitteln ab, indem er dem Jargon der Bande die kernige, an Sprichwörtern reiche Dorfsprache entgegensetzt. – *Kalina krasnaja* fand – nicht zuletzt wegen der vom Autor kurz vor seinem Tod besorgten Verfilmung, in der er als Hauptdarsteller fungierte – sowohl bei der Kritik als auch beim Publikum großen Anklang und trug maßgeblich dazu bei, daß Šukšin postum (1976) der Leninorden zuerkannt wurde.   KLL

Ausgaben: Moskau 1973 (in *Naš sovremennik*, Nr. 4). – Moskau 1975 (in *Brat moj*). – Moskau 1975 (in *Izbr. proizv.*, 2 Bde., 1). – Moskau 1988 (in *Kinopovesti*).

Übersetzungen: *Roter Hollunder*, R. Willnow, Bln./DDR 1978. – Dass., ders. (in *Bruderherz*, Darmstadt/Neuwied 1978). – *Kalina Krasnaja*, ders. (in *Kalina Krasnaja. Novellen, Filmszenarien, Selbstzeugnisse*, Hg. L. Debüser, Bln. 1981). – Dass., ders., Darmstadt/Neuwied 1985.

Verfilmung: SU 1974 (Regie: V. Šukšin).

Literatur: A. Lanščikov, *Razmyšlenija o »Kaline krasnoj«* (in Volga, 1976, Nr. 3, S. 145–158). – Ju. Tjurin, Rez. (in Moskva, 1976, Nr. 4, S. 193–199). – V. Solov'ev, *Scenarij i fil'm (O »Kaline krasnoj«)* (in *Literatura i sovremennost'*, Bd. 14: *Stat'i o literature 1974–1975 godov*, Moskau 1976, S. 309–323). – H. Klausenitzer, Rez. (in Deutsche Zeitung, 20.10.1978). – H. v. Ssachno, Rez. (in SZ, 28.11. 1978). – U. Steltner, *Zur Problematik des sog. künstlerisch-literarischen Funktionalstils (vor dem Hintergrund der Prosa von Rasputin und Š.)* (in *Russische Sprache und Literatur der Gegenwart in Unterricht und Forschung. Materialien des Intern. MAPRJAL-Symposiums, Mainz 5.–8. Okt. 1981*, Hbg. 1982, S. 197–212). – I. Veber, *Sootnošenie èpičeskogo i dramatičeskogo v kinopovesti V. Š. »Kalina krasnaja«* (in *Chudožestvennoe tvorčestvo i literaturnyj process*, Tomsk 1985, S. 186–202).

EVGENIJ L'VOVIČ ŠVARC

* 21.10.1896 Kazan'
† 15.1.1958 Leningrad

Literatur zum Autor:
S. Cimbal, *Tvorčeskoe svoeobrazie skazok E. Š.* (in *O literature dlja detej*, Leningrad 1958, S. 119–138). – Ders., *E. Š. Krit.-biogr. očerk*, Leningrad 1961. – *Jewgeni Schwarz – Mensch und Schatten*, Hg. L. Debüser, Bln. 1972. – R. J. Metcalf, *E. Shvarts and his Fairy Tales for Adults*, Birmingham 1979. – I. Corten, *E. L. Shvarts: A Selected Bibliography* (in Russian Literature Triquarterly, 16, 1979, S. 333 bis 339). – E. Isaeva, *Žanr literaturnoj skazki v dramaturgii E. Š.*, Diss. Moskau 1985.

DRAKON

(russ.; *Ü: Der Drache*). Märchenstück in vier Akten von Evgenij L. Švarc, erschienen 1943, Uraufführung (in polnischer Sprache): Nowa Huta bei Krakau, 7.6.1961, Teatr Ludowy; deutsche Erstaufführung: Berlin, 21.3.1965, Deutsches Theater. – Das während des Krieges entstandene, auf den Diktator des deutschen Faschismus gemünzte, jedoch von den stalinistischen Zensoren vorsichtshalber unterdrückte Bühnenwerk ist eine gefährlich aktuelle Parabel. Auf seiner Wanderschaft gelangt Lancelot in eine Stadt, die ein Drache seit Hunderten von Jahren tyrannisiert oder – wie die Einwohner das nennen – beschützt. Zu den blutigen Extravaganzen des dreiköpfigen Unholds gehört es, sich jedes Jahr zu einem bestimmten Termin ein schö nes junges Mädchen zuführen zu lassen und es nach der Hochzeit zu töten – ein Brauch, mit dem sich die Bürger der Stadt und selbst die jungen Mädchen längst abgefunden haben. Lancelot, nicht vertraut mit den Verhältnissen, empört sich. Der »Kater« (sprich: das Gerücht) setzt ihn über das Schicksal einstiger Drachenkämpfer ins Bild, doch kann ihn deren Untergang ebensowenig von seinem Vorsatz abbringen wie der schreckliche Auftritt des Unholds: Lancelot fordert ihn, wenn auch zitternd, zum Zweikampf. Allein mit seiner Rüstung steht es schlecht: Bürgermeister und Stadtrat wünschen keine Veränderung der Verhältnisse und händigen ihm die lächerlichsten Waffen aus, beispielsweise eine Kehrichtschaufel als Schild. Insgeheim versorgen ihn jedoch die Handwerker mit Schwert, fliegendem Teppich und Tarnkappe, so daß sich Lancelot – nach einem vom Drachen inszenierten, aber gescheiterten Mordanschlag auf sein Leben – zum großen Kampf in die Lüfte erheben kann. Die Sonne verfinstert sich, nacheinander fallen drei abgeschlagene Köpfe in die Stadt, die Bürger feiern ihre Befreiung – Lancelot aber, zu Tode erschöpft, gerät in Vergessenheit. Niemand weiß später, ob er tot oder wohin er verschwunden ist. Diesen Umstand macht sich der Bürgermeister zunutze und erklärt sich selbst zum Drachentöter; er schwingt sich zum neuen Machthaber auf und zwingt das einst dem Drachen zugedachte Mädchen, ihn zu heiraten. Nichts hat sich geändert, nur die Gefängnisse sind jetzt überfüllt. Die Armen jedoch haben Lancelot nicht vergessen, sie rebellieren und schreiben seinen Namen an die Häuserwände. Und tatsächlich kehrt der Totgeglaubte – dank seiner Tarnkappe vorläufig noch unsichtbar – gerade in dem Moment zurück, da der Bürgermeister sich mit seinen Gehilfen zum Hochzeitsschmaus niederlassen will. Der Tyrann und sein Adjutant werden verhaftet, die Gefangenen freigelassen, und die Gerechtigkeit darf triumphieren. Trotz des märchenhaften Schlusses scheint hinter dem »Märchenspiel« das Lehrstück durch: Die Verführbarkeit des Menschen kennt keine Grenzen; gewöhnt an die Unterdrückung, wird jeder demoralisiert und erkennt jeden neuen »Drachen« als Herrn an. Was Lancelot rät, ist simpel, doch gilt sein Rat jedem Herrschenden: nämlich keiner Doktrin nachzuleben, sondern auf das Wohl des Volkes bedacht zu sein und militant die Humanität vor dem Totalitarismus zu schützen.   M.Gru.

AUSGABEN: Moskau 1943. – Moskau 1962, Hg. S. Cimbal. – Perm' 1988 (in *Drakon. P'esy*).

ÜBERSETZUNGEN: *Der Drache. Märchenkomödie*, D. Müller, Köln 1962. – *Der Drache*, G. Jäniche u. a. (in *Märchenkomödien*, Lpzg. ²1977).

BEARBEITUNG: W. Biermann, *Der Dra Dra, Große Drachentöterschau mit Musik*, Bln. 1970.

TEN'

(russ.; *Ü: Der Schatten*). Märchenspiel in drei Akten von Evgenij L. ŠVARC, Uraufführung: Leningrad 1940, Teatr komedii; deutsche Erstaufführung: Berlin, 3. 4. 1947, Kammerspiele des Deutschen Theaters. – In der Residenzstadt eines *»imaginären südlichen monarchistischen Staates«* ist ein *»aufrichtiger, kluger, liebevoller«* Gelehrter gereist, um die (Märchen-)Geschichte zu studieren. Er wohnt im Zimmer seines Freundes Hans Christian Andersen, der vor ihm das Märchenland besucht hatte. Von Annunziata, der Tochter seines Wirts, gewarnt (*»Sie sind so gut, und eben solchen Menschen geht es meistens schlecht«*), kann der Gelehrte doch seinem Unglück nicht entgehen. Er begegnet der Prinzessin des Landes, der das Testament des Vaters auftrug, einen *»guten, ehrlichen, gebildeten und klugen Mann«* aus der Stadt zu nehmen, da die Atmosphäre im Schloß vergiftet und die Dummheit eines jeden Prinzen der Welt zu groß für das kleine Land sei. Die Prinzessin verliebt sich in den Gelehrten, und beide beschließen zu heiraten. In diesem Moment aber trennt sich der Schatten des Liebenden, *»das vollkommene Gegenteil des Gelehrten«*, von seinem Herrn. Er bedient sich aller verborgenen bösen Einrichtungen des Märchenlandes, um den Gelehrten bei der Prinzessin auszustechen, selbst die Macht zu ergreifen und sich auf dem Thron zu etablieren. Am Tage seiner Vermählung zitiert er seinen früheren Herrn zu sich, um ihn mit der Drohung, ihn im Weigerungsfalle zu töten, zu seinem Schatten zu *»ernennen«*. Mit Hilfe einer Zauberformel gelingt es dem Gelehrten, dem Hofstaat und der Prinzessin die von Annunziata bezeugte Wahrheit zu beweisen. Der Schatten bezichtigt ihn jedoch *»ansteckenden«* Wahnsinns und läßt ihn hinrichten. Im gleichen Augenblick springt der Kopf des Schattens von seinen Schultern. Kopflos sitzt er auf dem Thron. Ein verborgenes Lebenselixier, das nur guten Menschen Hilfe bringt, erweckt den Gelehrten, damit aber auch seinen Schatten zu neuem Leben (*»Warum sollten sie einen guten Menschen vom Tode auferwecken?« – »Damit ein schlechter leben kann.«*) Um sein Leben zu erhalten, gibt der Schatten nun sein Schattendasein zu. Der Gelehrte aber schlägt die Hand der Prinzessin aus und verläßt mit Annunziata das Land der bösen Märchen. Auch der Schatten ist verschwunden, doch der Gelehrte weiß: *»Er ist entflohen, um sich mir wieder und wieder in den Weg zu stellen.«*
Die Bezugnahme des Märchenspiels auf H. Ch. ANDERSEN geschieht nicht willkürlich: Das Stück macht sich den Anspruch des Dänen zu eigen, der Märchendichter schreibe die *»reine Wahrheit«*. Gleichwohl ist sein Bezug auf die Wirklichkeit von Autor und Zuschauer weitaus mittelbarer als in Švarc' bekannterem antitotalitärem Drama *Drakon*, 1943 *(Der Drache)*. Bleibt dem Betrachter in *Drakon* der gleichnishaft-illustrierende Charakter des Stückes stets gegenwärtig, so gewinnt das Märchengeschehen in *Ten'* die Eigenständigkeit einer neuen Wirklichkeit.   M.Gru.

AUSGABEN: Leningrad 1940 (in Lit. sovremennik). – Moskau/Leningrad 1962, Hg. S. L. Cimbal. – Perm' 1988 (in *Drakon. P'esy*).

ÜBERSETZUNGEN: *Der Schatten. Eine Märchenkomödie*, I. Tinzmann, Bln. 1946 [Bühnenms.]. – *Der Schatten*, G. Jäniche u. a. (in *Märchenkomödien*, Lpzg. ²1977). – Dass., A. Clemen, Ffm. 1982. – Dass., R. Kühn, Bln. 1983.

VERFILMUNG: SU 1972 (Regie: N. Koševerova).

ALEKSANDR JAKOVLEVIČ TAIROV

eig. Aleksandr Jakovlevič Kornblit
* 6.7.1885 Romny / Gouvernement Poltava
† 25.9.1950 Moskau

ZAPISKI REŽISSËRA

(russ.; *Ü: Das entfesselte Theater*). Theatertheoretische Schrift von Aleksandr Ja. TAIROV, erschienen 1921. – In den *Aufzeichnungen eines Regisseurs* – so der Originaltitel der Abhandlung – zieht der Autor die Bilanz seiner Arbeit am Moskauer Kamernyj teatr (Kammertheater) und formuliert sein Programm eines Theaters der Zukunft. Gegen den Dilettantismus, der seiner Ansicht nach das Theater der Zeit überwuchert, ruft er zur Rückbesinnung auf die Grundelemente des Theaterkunstwerks, zur »*Theatralisierung des Theaters*« auf.
Im Zentrum seiner Theaterkonzeption steht der Schauspieler. Er ist Tänzer, Sänger und Akrobat zugleich. Wie ein Virtuose sein Instrument, so muß er Körper und Stimme beherrschen. Allein im künstlerisch vollendeten, emotionserfüllten, dynamischen Spiel liegen Sinn und Inhalt der Theaterkunst beschlossen. Alle anderen szenischen Elemente haben sich dem Schauspieler unterzuordnen. So auch die dramatische Literatur: Daß auf der Bühne von einem Dichter konzipierte und ausgearbeitete Stücke aufgeführt werden, empfindet Tairov als Eingriff in die Autonomie des Theaters, und nur dem geringen Entwicklungsstand der zeitgenössischen Bühnenkunst schreibt er es zu, daß er selbst bei seinen Inszenierungen auf dichterische Spielvorlagen zurückgreifen muß. Durch die Aufführung von Pantomimen während der Experimentierphase des Kammertheaters sucht er die Befreiung des Theaters von den Fesseln des Dichterwortes voranzutreiben. Im Theater der Zukunft wird sich der Schauspieler seine Spielpartitur selbst schaffen, während der Dichter nur noch Formulierungshilfe beim Rhythmisieren der Sprache an emotionalen Kristallisationspunkten leistet. Der Bühnenbildner, mehr Architekt als Maler, wird die

Aufgabe haben, eine den Schauspieleraktionen adäquate »szenische Atmosphäre« zu schaffen. Die Bühne wird nicht mehr eben, sondern in verschiedene Spielflächen, Stufen und schiefe Ebenen unterteilt sein: Dem dreidimensionalen Körper des Schauspielers entsprechend, muß sie architektonisch gegliedert und nicht einfach mit Dekorationsflächen umhängt sein. Der Rhythmus der Bühnengebilde ist dem Grundrhythmus des jeweiligen Schauspiels anzupassen.
Tairovs Abhandlung enthält scharfe Angriffe gegen Vertreter des zeitgenössischen Theaters. Den – wie er meint – literaturhörigen Naturalismus des Stanislavskijschen Künstlertheaters disqualifiziert er ebenso als dilettantisch wie V. MEJERCHOL'DS Stilbühnenexperimente, in denen der Schauspieler zum zweidimensionalen Farbklecks im Gemälde des Bühnenbildners herabgewürdigt werde. Die Polemiken gegen alle Varianten symbolistischer Theatertheorie verweisen auf den geistesgeschichtlichen Hintergrund, dem Tairovs künstlerisches Credo entstammt, nämlich auf den Rückzug in den Elfenbeinturm des rein Ästhetischen in der Zeit nach der ersten russischen Revolution von 1905. Obwohl sich Tairov mit solcher Entschiedenheit gegen die Theorien seiner russischen Zeitgenossen wendet, berührt sich seine Konzeption in vielen Punkten mit der ihren. Zugleich greift er Ideen der Westeuropäer G. FUCHS, E. G. CRAIG, A. APPIA und É. DALCROZE auf. Zwar ist seine Abhandlung konkreter und aufgrund seiner kontinuierlichen Arbeit am Kammertheater stärker praxisbedingt als die mystischen *L'art-pour-l'art*-Theaterphantasien vieler Symbolisten, aber Tairov ist kein Revolutionär des Theaters. Die *Zapiski režissëra* bilden vielmehr einen verspäteten Höhe- und Endpunkt der Entwicklung nach 1905: Tairovs Verteidigung der Rampe, seine Proklamation des Theaters als autonome, »*sich selbst genügende Kunst*« erschien zu einem Zeitpunkt, da die Oktoberrevolution bereits einige Jahre zurücklag und der als Symbolist angegriffene Mejerchol'd bereits den »Theateroktober« verkündet hatte, ein Programm zur Umwandlung des Theaters in ein Forum revolutionärer politischer Agitation.
Starken Einfluß übten die *Zapiski režissëra* in Verbindung mit mehreren Gastspielen des Autors in den zwanziger Jahren auf das Theater des deutschen Expressionismus aus. Tairov und das Kammertheater wurden als Exponenten der aufblühenden sowjetischen Kunst gefeiert, deren schöpferische Kräfte die Revolution freigesetzt hat. Ganz im Gegensatz dazu wurde dasselbe Kammertheater in der Sowjetunion bereits 1920 von A. LUNAČARSKIJ zum »akademischen« Theater, d. h. zum Hort hervorragender künstlerischer Traditionen der Vergangenheit, erklärt. R. Ti.

AUSGABEN: Moskau 1921. – Moskau 1970 (in *O teatre*). – Moskau 1970 (in *Zapiski režissëra* …, Hg. P. Markov u. a.).

ÜBERSETZUNG: *Das entfesselte Theater*, anon.,

Potsdam 1923; ²1927. – Dass., Köln 1964. – Dass., Lpzg./Weimar 1980. – Dass., Bln. 1989.

LITERATUR: J. Apuškin, *Kamernyj teatr*, Moskau/Leningrad 1927. – K. Deržavin, *Kniga o Kamernom teatre. 1914–1934*, Leningrad 1934. – *Kamernyj teatr. Stat'i, zametki, vospominanija*, Moskau 1934. – N. Ja. Berkovskij, *T. i Kamernyj teatr* (in *Literatura i teatr*, Moskau 1969). – Ju. Golovašenko, *Režisserskoe iskusstvo T.*, Moskau 1970. – T. Torda, *A. T. and the Scenic Artists of the Moscow Kamerny Theater 1914–1955*, Diss. Denver/Colo. 1977 [m. Bibliogr.].

ARSENIJ ALEKSANDROVIČ TARKOVSKIJ

* 25.6.1907 Elizavetgrad
† 27.5.1989 Moskau

DAS LYRISCHE WERK (russ.) von Arsenij A. TARKOVSKIJ.

Arsenij Tarkovskijs Werk wurde erst spät publiziert. Die ersten Gedichte schrieb er zwar bereits in den zwanziger Jahren – während seines Studiums an der Staatlichen Hochschule für Literatur –, doch nachdem er Anfang der dreißiger Jahre von kommunistischen Literaturfunktionären des »Mystizismus« bezichtigt wurde, veröffentlichte er in den folgenden Jahren ausschließlich Übersetzungen vorderasiatischer (v. a. turkmenischer, aber auch arabischer) und kaukasischer (armenischer und georgischer) Dichtung. Seine eigenen Gedichte stellte er nur hin und wieder in Zeitungen und öffentlichen Lesungen vor. Der erste Band mit Tarkovskijs Werken war für das Jahr 1946 geplant, doch machte Ždanovs Kampagne gegen A. ACHMATOVA und M. ZOŠČENKO die Publikationspläne zunichte. In der neuen, repressiven Atmosphäre erschien es Tarkovskijs Verlegern unmöglich, einen Dichter herauszubringen, der völlig unpolitisch war. Erst 1962, als der erste Gedichtband des nunmehr 55jährigen Tarkovskij, *Pered snegom* (*Vor dem Schnee*), erschien, konnte sich der russische Leser überzeugen, daß einer der größten Dichter des Landes sein Licht jahrzehntelang unter den Scheffel gestellt hatte (bzw. hatte stellen müssen). In den sechziger Jahren legte Tarkovskij zwei weitere Bände vor: *Zemle zemnoe*, 1966 (*Der Erde das Irdische*), und *Vestnik*, 1969 (*Der Bote*), eine Sammlung, die alle alten und einige neue Gedichte enthielt. Dies, zusammen mit den Bänden *Zimnij den'*, 1980 (*Wintertag*), und *Ot junosti do starosti*, 1987 (*Von Jugend bis Alter*), stellt in etwa sein gesamtes lyrisches Werk (ca. 250 Gedichte) dar.

Die quantitative Bescheidenheit des Œuvres Tar-

kovskijs wird durch die qualitative Dichte der nur selten mehr als dreißigzeiligen Gedichte aufgewogen. Die Kritiker betonen immer wieder die »Gewichtigkeit« seiner Verse. In suggestiver, oft hermetischer Bildersprache behandelt Tarkovskij »ewige« Themen wie Liebe, Tod, Erinnerung und Dichtung. Ein weiteres Thema ist die Unergründbarkeit des menschlichen Schicksals, so z. B. in dem berühmten Gedicht *Pervye svidanija*, 1962 (*Erste Begegnungen*), in dem auf eine sich immer mehr steigernde Beschreibung einer Liebe (*»Das Wort ›Du‹ legte / Seinen neuen Sinn bloß und bedeutete nun: ›Zar‹«*) die überraschenden und bedrückenden Zeilen folgen: *»Als unsern Spuren schon das Schicksal folgte, / Wie ein Verrückter mit dem Messer in der Hand«*. Oft werden Naturerscheinungen herangezogen, um die Universalität der Erwägungen zu unterstreichen, doch im Vordergrund steht immer der Mensch als Verbindungsglied zwischen dem diesseitigen, irdischen und dem stets nur indirekt angedeuteten jenseitigen Bereich. Die ausgestreckte Hand und der Flügel (bzw. ein beflügeltes Tier) sind die für diese Verbindung am häufigsten stehenden Metaphern: *»Und die Mutter kam, winkte mit der Hand – / Und flog fort...«* (*Ja v detstve zabolel... – Ich erkrankte in der Kindheit...*). Andererseits betont der Dichter immer wieder die Verbundenheit des Menschen mit der Erde, mit der konkreten Welt: *»Ich war lange die geizige, ockerhaltige, / Unruhige Erde, und ihr, meine Verse, / Fielt mir zufällig auf die Brust / Aus den Schnäbeln der Vögel, aus den Augen des Grases«* (*K sticham*, 1960 – *An die Verse*). Es sind vor allem der Baum und das Gras, deren Wurzeln eine feste Verbundenheit mit der Erde symbolisieren: *»Einst schlug ich mein Heft auf und lernte Gras, / Und das Gras, es begann mit dem Flötengesang«* (*Ja učilsja trave...*, 1956); oder: *»Meine Wanderungen gehen zu Ende. / Ich trete ins Labyrinth der Wurzeln ein...«* (*Titanija*, 1958). Die klassischen Grundelemente, vor allem Erde und Wasser, spielen eine entscheidende Rolle in Tarkovskijs Bilderwelt und Symbolik. Einen wichtigen Stellenwert hat bei ihm ferner das Wort, das – ähnlich wie bei den Akmeisten – als Sammelpunkt für kulturelle Erinnerung und Überlieferung thematisiert wird (*»Das Wort hat die Macht der Jahrhunderte«*, in *Slovo – Das Wort*), das aber auch als Verbindungsglied zwischen Erde und Himmel fungiert, wobei es oft die Unzulänglichkeit der menschlichen Sprache ist, an der diese Verbindung scheitert: *»Ich höre die weiße Rede der weißen Wolken, / Doch kann ich kein Wort davon... aufbewahren, / Denn ich bin ein Gefäß mit knappem Raum / Und ich weiß nicht warum ich mich selbst zerschlagen habe«* (*Ja proščajus' so vsem...*, 1955 – *Abschied nehm' ich von allem...*).

Als besonders wichtig für seine persönliche Entwicklung hat Tarkovskij die Begegnung mit M. CVETAEVA im Jahre 1939 (nach ihrer Rückkehr in die Sowjetunion) und mit Achmatova angesehen. Beiden hat er Gedichtzyklen gewidmet (sie wurden allerdings nur im Band *Volšebnye gory*, 1978 – *Verzauberte Berge* als solche zusammengefaßt). Der Evakuierung Cvetaevas nach Elabuga 1941 und ihrem darauffolgenden Selbstmord widmete er Mitte der achtziger Jahre das Gedicht *Elabuga: »Ich rufe – niemand antwortet, Marina schläft fest. / Elabuga, Elabuga, der Friedhofslehm«.* Einen großen Einfluß übten auf ihn auch N. Zabolockij und B. Pasternak aus, deren dichterische Evolution vom Surrealismus bis zu einer auf die Klassik zurückgreifenden Dichtung reicht. Tarkovskijs Lyrik weist keine so offensichtliche Entwicklung bzw. Evolution auf. Seine Gedichte aus den zwanziger und dreißiger Jahren, etwa *Prochožij*, 1931 *(Der Wanderer)*, oder das seinem neugeborenen Sohn Andrej, dem künftigen Regisseur, gewidmete *Kolybel'*, 1932 *(Die Wiege)*, sind überwiegend an konkrete Situationen gebunden; erst später wendet er sich geschichtsübergreifenden Themen zu.

Unter den historischen Ereignissen des 20. Jh.s, die Thema seiner Gedichte sind, nehmen – vom Tod Zabolockijs, Achmatovas und Cvetaevas abgesehen – der Bürgerkrieg und der Zweite Weltkrieg, in dem der Dichter zwei Jahre lang als Freiwilliger gedient und ein Bein verloren hat, eine besondere Stellung ein. Doch auch Gegebenheiten, denen eine persönliche Erfahrung zugrunde liegt, werden stets im Hinblick auf die existentielle Situation eines einzelnen, ohne Ausarbeitung konkreter Details, thematisiert, so in dem lakonischen Gedicht *Ivanova iva*, 1958 *(Ivans Weide)*, in dem ein gefallener Soldat unter einer Weide begraben wird, auf der er früher immer spazierenging.

Tarkovskijs dichterisch-philosophische Stimme ist Ausdruck einer Sensibilität, die aus der neoklassischen Dichtung der Akmeisten (Achmatova, O. Mandel'štam), aber auch aus der klassischen Dichtung des 19. Jh.s (A. Puškin, F. Tjutčev, A. Fet) schöpft. Sie geht mit einer Vorliebe für klare Strukturen, traditionelle Metren und genaue Reime einher. Tarkovskij hat immer wieder den entscheidenden Einfluß Puškins auf sein Werk betont. In einem Zyklus aus den siebziger Jahren, *Puškinskie ėpigrammy (Puškin-Epigramme)*, läßt er in die eigene Dichtung Puškin-Zitate einfließen, die er auf eine neue, originelle Weise entfaltet. Mit seinem Werk steht er der neoklassischen »Leningrader Schule« (I. Brodskij, A. Kušner), vor allem aber dem lyrischen Schaffen seiner Altersgenossin M. Petrovych (1908–1979) nahe.

Obwohl Tarkovskij seit den frühen sechziger Jahren an Popularität gewann und von Autoritäten wie Anna Achmatova hoch eingeschätzt wurde, fiel das Lob seitens der sowjetischen Literaturkritiker und der offiziellen Kulturbehörden meist eher bescheiden aus. Als Übersetzer mittelasiatischer Dichtung wurde er in den betreffenden Republiken mit Staatspreisen ausgezeichnet, als Lyriker aber genoß er erst im letzten Jahrzehnt seines langen Dichterlebens die ihm gebührende Anerkennung.   H. Mey.

Ausgaben: *Pered snegom*, Moskau 1962. – *Zemle zemnoe*, Moskau 1966. – *Vestnik*, Moskau 1969. – *Stichotvorenija*, Moskau 1974. – *Volšebnye gory*,

Tbilisi 1978. – *Zimnij den'*, Moskau 1980. – *Izbrannoe*, Moskau 1982. – *Stichi raznych let*, Moskau 1983. – *Ot junosti do starosti*, Moskau 1987.

Übersetzung: *Auf der anderen Seite des Spiegels*, K. Lebedewa u. a., Bln. 1990 [Nachw. dies.; russ.-dt.].

Literatur: A. Urban, *Zametki o nezamečennom* (in Zvezda, 1964, Nr. 5, S. 198 f.). – Ders., Rez. (ebd., 1966, Nr. 11, S. 209–211). – A. Urban, Rez. (ebd., 1975, Nr. 9, S. 205–209). – W. Kasack, *A. T.* (in Osteuropa, 1975, Nr. 4, S. 271 f.). – A. Achmatova, *A. T. »Pered snegom«* (in A. A., *Sočinenija*, Bd. 3, Washington/Paris 1983, S. 166–168). – F. Medvedev, *Sud'ba moja sgorela meždu strok* (in Ogonëk, 1987, Nr. 3, S. 18–21). – S. Kekova, *K voprosu o poėtičeskom jazyke A. T.* (in Voprosy stilistiki, Bd. 22, Saratov 1988, S. 55–64). – V. Senderov, *Osen' bez T.* (in Russkaja mysl', 27. 10. 1989). – Ju. Najman, *Osobaja primeta* (in Voprosy lit., 1991, Nr. 4).

VALERIJ JAKOVLEVIČ TARSIS

* 23.9.1906 Kiew
† 3.3.1983 Bern

SKAZANIE O SINEJ MUCHE. KRASNOE I ČËRNOE

(russ.; *Ü: Die blaue Fliege*). Zwei Kurzromane von Valerij Ja. Tarsis, erschienen 1962. – Der außerhalb der Sowjetunion publizierte Band enthält zwei kritische Kurzromane, die die Stellung des Individuums in der sozialistischen Gesellschaft zum Gegenstand haben. – *Skazanie o sinej muche (Die blaue Fliege)*: Ein Philosophieprofessor erschlägt eine Fliege, die ihn hartnäckig verfolgt. Die einschneidenden Veränderungen, die sich hieraus für das Bewußtsein des überzeugten Kommunisten ergeben, beschreibt er in einer Abhandlung über echten und falschen Sozialismus. Niemand wagt, das brisante Werk zu drucken. Kollegen und Studenten distanzieren sich von seinem Verfasser, man suspendiert ihn krankheitshalber von seinem Posten und versetzt ihn endlich ans Wohnungsamt, um ihn auf den Boden der Wirklichkeit zurückzuführen. Der heiter-ironische Ton des Romanbeginns weicht allmählich stumpfer Satire. Tief erschüttert von seiner Tat, beschließt der Professor, einen Weg zu den Menschen zu suchen, Gewissen und Verstand zu läutern, einfach, zielstrebig und sanftmütig zu werden. In pathetischer Melancholie schließt der Roman mit der Feststellung: *»Die Seele ist keine Kanzlei. Sie hat keinen Anspruch auf Planstellen. Alle ihre Angestellten wurden entlassen. Dar-*

unter auch ich.« Zwischen dem literarisch an-
spruchsvollen Anfang und dem etwas dürftigen
Schluß kommentiert Tarsis alles, was in den ersten
Jahren nach der Stalin-Ära die Gemüter in der Sowjetunion bewegte: die Abschaffung des Personenkults, die »Tauwetter«-Periode, die Neuorientierung der Wirtschaft, die veränderte Literaturpolitik, die Persönlichkeit Chruščëvs. Fazit: Es hat
sich nichts geändert, und es kann sich nichts ändern, solange die Bürokratie dem Menschen verwehrt, verantwortlich zu handeln.
Der zweite Kurzroman – *Krasnoe i čërnoe (Rot und
Schwarz)* – berichtet mit liebenswürdiger Ironie
und Wärme vom Leben und Leiden des Professors
Abrikosov. Abwechselnd kommen Erzähler und
Romanheld zu Wort; allerdings schreiben beide –
und das ist ein künstlerischer Mangel – eine allzu
ähnliche Handschrift. Abrikosov besitzt *»ein angenehmes Äußeres, eine bezaubernde Frau und siebzehn
solide wissenschaftliche Arbeiten, unter denen eine
Monographie über Stendhal besonders hervorragte«.*
Gleichwohl schämt er sich seiner bei Studenten und
Kollegen beliebten Vorlesungen, die ihm stümperhaft erscheinen. Verzweifelt und vergeblich sucht
er nach einem Ausweg aus seiner schizophrenen Situation: *»Ich möchte reisen über Land und Meer, wirken, ungezogen sein, die Welt verändern, die Dummheit aus den Schädeln klopfen … Aber die Menschen
lassen mich nicht vorwärts kommen – und so reise ich
um mich selbst, der Sonne entgegen, durch meinen eigenen Schatten.«* Der Autor läßt offen, ob Abrikosov den Freitod wählt. *»Mit einem gefährlichen
Überschuß an Gedanken erfuhr er den argen Mangel
an Hoffnungen, die seinen Träumen ebenso empfindlich fehlten wie romantischen Jünglingen, die in äthe-
rische Geschöpfe verliebt sind.«*
Die Publikation der Romane war eine literarische
und politische Sensation. Seit Jahrzehnten hatte
kein russischer Autor mit derartig souveräner Eleganz die sowjetische Wirklichkeit – das Ergebnis
einer Symbiose von mediokrer Bürokratie, philosophischer Utopie und menschlicher Unzulänglichkeit – verspottet. Hier war ein unmittelbarer
Nachfahre von I. IL'F und E. PETROV am Werk, bereichert durch die Erfahrungen einer Generation,
doch unberührt von den ästhetischen Theorien des
Sozialistischen Realismus. Tarsis hält zwar den
großen Atem, den nur Distanz verleihen kann,
nicht durch, sinkt vielmehr gelegentlich in plumpe
Schwerfälligkeit ab und verfällt auch hier und da in
Sentimentalität. Dennoch sind beide Romane
Marksteine in der Entwicklung der sowjetischen
Prosa: Ein Schriftsteller von Format, der sein Talent an den Autoren der zwanziger Jahre schulte,
zeigt noch einmal die Möglichkeiten jener Epoche,
die die sowjetische Gegenwartsliteratur in vielfältiger Form inspiriert.   H.P.W.

AUSGABEN: Ffm. 1962. – Ffm. 1966 (in *Sobr. soč.*,
12 Bde., 11).

ÜBERSETZUNG: *Die blaue Fliege*, J. Hahn, Mchn.
1965.

LITERATUR: C. L. Sulzberger, Rez. (in New York
Times, 28. 10. 1964). – W. Heißenbüttel, Rez. (in
SZ, 8. 9. 1965). – F. Hitzer, *Aufzeichnungen
=1200000 + aus dem ›Untergrund‹* (in Kürbis-
kern, 1966, Nr. 2). – A. Artemov, *Rannij predteča.
K 75-letiju V. Ja. T.* (in Posev, Ffm. 1981, Nr. 9,
S. 56–58). – W. Kasack, *Ich werde versuchen, ein
Mensch zu sein. Zum Tode von V. T.* (in NZZ, 8. 3.
1983, S. 23).

VLADIMIR FËDOROVIČ TENDRJAKOV

* 5.12.1923 Makarovskaja / Gebiet Vologda
† 3.8.1984 Moskau

LITERATUR ZUM AUTOR:
B. N. Kljusov, *Na perednej linii. Očerk tvorčestva
V. T.*, Minsk 1963. – *Russkie sovetskie pisateli. Pro-
zaiki*, Bd. 5, Moskau 1968, S. 4–26. – L. Pacira,
V. T., A Survey and Analysis of his Works, Diss. East
Lansing/Mich. 1975. – L. Wangler, *The Moral and
Religious Themes in the Works of V. T. 1956–1976*,
Diss. Pittsburgh/Penn. 1977 [m. Bibliogr.]. –
T. Ščumilova, *Povesti V. Tendrjakova 70-ch godov:
konflikty i charaktery*, Diss. Moskau 1985.

RASPLATA

(russ.; *Ü: Die Abrechnung*). Roman von Vladimir
F. TENDRJAKOV, erschienen 1979. – Der sechzehnjährige Kolja Korjakin erschießt eines Nachts seinen Vater. Der Alkoholiker hatte den Jungen und
dessen Mutter jahrelang psychisch und physisch
mißhandelt. Kolja bekennt sich sofort zu seiner
Tat, dennoch steht der mit dem Fall beauftragte
Kriminalinspektor vor einer schwierigen Aufgabe:
Der Junge wird von allen, die ihn kennen, entlastet
– nicht nur von seiner Mutter, die das Gewehr versteckt und den Mord als ihre Tat ausgibt, sondern
auch von scheinbar Unbeteiligten, eine ehemalige
Freundin und die Arbeitskollegen des Ermordeten
eingeschlossen. Alle räumen ein, daß sie wesentlich
Schuld an dessen Alkoholismus und somit indirekt
an Koljas Verzweiflungstat tragen. Am entschie-
densten jedoch bekennt sich Arkadij Kirillovič,
Koljas Russischlehrer, schuldig. Das Schlüsselerlebnis des Lehrers war die Schlacht um Stalingrad.
Dort erlebte er Situationen, in denen die Menschlichkeit über die vom Krieg verordnete Feindschaft
siegte, so beispielsweise die Opferbereitschaft russischer Soldaten, die unter Einsatz ihres Lebens
deutsche Verwundete retteten. Nach dem Krieg
versuchte Arkadij Kirillovič, diese ihn prägende Erfahrung an seine Schüler weiterzugeben. Über die

in den Lehrplänen vorgeschriebene Faktenvermittlung hinaus gelang es ihm, seinen Zöglingen die Erkenntnis zu vermitteln, daß menschliche Verhaltensweisen selten eindeutig positiv oder negativ seien. Nun glaubt er, daß er in den ihm anvertrauten Jugendlichen Reserven unbewußter Menschlichkeit aktiviert habe und »*daß er seelisch schöne Menschen entließ, die weder selbst jemanden kränken noch zusehen konnten, wenn jemand beleidigt wurde, die keinen Betrug und keine Gemeinheit duldeten und sich ihrer moralischen Vorzüge bewußt waren*«. Nicht nur das Verhalten seiner Schüler bestärkt ihn in diesem Glauben, auch deren Eltern scheinen in ihm eine moralische Autorität zu sehen. Um so größer ist das Entsetzen des Lehrers, als er konstatieren muß, daß Kolja – womöglich unter dem Einfluß seiner ethischen Ansprüche – zum Vatermörder geworden ist. Mehr noch, er muß feststellen, daß dessen Mitschüler, von denen die meisten um die Verhältnisse in der Familie Korjakin wußten, die Tat als mutig und sittlich gerechtfertigt ansehen. Auch der vernehmende Kriminalinspektor zögert, Kolja zu verurteilen, zumal er einsieht, daß der Junge in einer Strafanstalt für Minderjährige erst recht den Boden unter den Füßen verlieren würde. Nicht Kolja habe versagt, glaubt er zu erkennen, sondern die Gesellschaft, in der man für die Probleme der Mitmenschen kein Verständnis finde.

Die moralische und psychologische Aufarbeitung des Vatermordes nimmt Tendrjakov zum Anlaß, seine Skepsis darüber zu äußern, ob angstfreie, auf Verständnis basierende Beziehungen zwischen den Menschen überhaupt zu realisieren seien. In dem spannend aufgebauten Roman stellt er den Begriff »Schuld« in Frage. Sein Protagonist verletzt zwar die bürgerlichen und moralischen Gesetze und glaubt, mit seinen Schuldgefühlen allein fertig werden zu müssen, doch ist er in Wirklichkeit nicht allein – die Gesellschaft fühlt sich von seinem Verbrechen mitbelastet. Hier wirkt Tendrjakovs didaktischer Vorsatz allerdings zu aufdringlich. Denn der Schuldanspruch seiner Figuren überfordert letztlich die reale Gesellschaft, in der Mord und Totschlag nur in Ausnahmefällen auf Einfühlungsvermögen und die Bereitschaft, soziale Hintergründe zu erforschen, stoßen.   G.Wi.

Ausgaben: Moskau 1979 (in Novyj mir, Nr. 3). – Moskau 1982.

Übersetzungen: *Die Abrechnung*, W. Kasack, Ffm. 1980 (BS). – Dass., E. Ahrndt, Bln./DDR 1980.

Literatur: H.P. Klausenitzer, Rez. (in FAZ, 16. 1. 1981).

SUD

(russ.; *Ü: Das Gericht*). Erzählung von Vladimir F. Tendrjakov, erschienen 1961. – Das abgeschiedene Dorf Dymki ist in den Sog des industriellen Aufbaus der Sowjetunion geraten: Ein Holzverarbeitungskombinat bringt die moderne Technik in die unberührte Waldlandschaft. Drei Männer sind aus Dymki zur Bärenjagd aufgebrochen: der bodenständige Jäger Teterin, der tölpelhafte Sanitäter Mitjagin und Dudyrëv, der Leiter der Großbaustelle des Kombinats. Nach abenteuerlicher Hetzjagd stellen sie den Bären am Ufer eines Flusses. Im Moment, bevor die Schüsse fallen, ertönt jenseits des Flusses die Harmonika eines jungen Burschen. Teterins Warnruf kommt zu spät: Eine der Kugeln seiner Gefährten tötet den Bären, die andere den Burschen. Wer den verhängnisvollen Schuß abgegeben hat, läßt sich zunächst nicht feststellen. Teterin findet das Beweisstück: die Kugel im Kopf des Bären. Unbedacht preßt er das Blei in seine ursprüngliche Form, um zu prüfen, aus wessen Gewehrlauf es stammt. Es stellt sich heraus, daß Dudyrëv den Burschen erschossen hat.

Damit beginnt der vielschichtige Prozeß der gedanklichen und psychologischen Bewältigung des Unglücksfalls, der dem Autor Gelegenheit gibt, die gesellschaftlichen Implikationen des Geschehens in ihrer Brechung durch die beteiligten Charaktere darzulegen. In der Welt des Waldes (die den vorindustriellen Zustand der Sowjetunion verkörpert) ist der urwüchsige Jäger Teterin – für Dudyrëv Sinnbild des Volkes, in dessen Interesse er das Kombinat errichtet – der unbestechliche Richter seiner Gefährten. Die Kugel setzt ihn in den Besitz einer Wahrheit, die ihn über Dudyrëv erhebt. In Teterins Reich am Tod des Burschen schuldig geworden, ist Dudyrëv in der Welt der Technik Herr der Baustelle des Kombinats, dessen Ausdehnung mit der Zeit die Existenz Teterins vernichten wird. Seine Welt steht für die dynamische Entfaltung des sozialistischen Aufbaus, und das verleiht seiner Sache in höherem Sinne eine Rechtfertigung, vor der die Wahrheit Teterins zu verblassen droht. Aus Achtung vor der Person des Baustellenleiters sucht die Justiz allen Verdacht auf den widerstandslosen Mitjagin zu lenken. Sie verdächtigt Teterin, er habe die Kugel zurechtgepreßt, um Mitjagin zu entlasten. Befremdet durch das Verhalten Dudyrëvs, das er als Versuch versteht, sich auf Kosten des Schwächeren aus der Affäre zu ziehen, und aus Furcht, selbst in den Prozeß hineingezogen zu werden, wirft Teterin das lästige Beweisstück fort. Die feige Tat zwingt ihn, vor Gericht seine früheren Aussagen als Begünstigung Mitjagins zu widerrufen. Zu seiner Beschämung steht Dudyrëv zu dem Teil der Schuld, der ihm aus dem Untersuchungsergebnis bekannt ist, und verhindert die Verurteilung Mitjagins. Im Besitz der Wahrheit, ist Teterin durch sein persönliches Versagen unterlegen. Objektiv schuldig, siegt durch seine moralische Integrität der Vertreter der neuen Gesellschaft.

Die farbige Erzählung eines vordergründigen Geschehens, die nicht geringen Wert auf Spannung und Ausgefallenheit der Situation legt, verbindet sich in Tendrjakovs Prosa mit der psychologischen Zergliederung der Verhaltensweise der Betroffenen, denen das Außergewöhnliche ihrer Situation zur Bewährungsprobe wird. Beide Momente finden ihre Begründung in der Bezogenheit auf den Prozeß des sozialistischen Aufbaus. Tendrjakovs Sprache ist einfach beschreibend. Sie bedient sich – auf dem Weg der erlebten Rede – auch in den darstellenden Partien weitgehend der individuellen Diktion der handelnden Personen, die eine Vielzahl lexikalischer und syntaktischer Dialektismen in die Literatursprache einbringt. Vorwurf und realistische Erzählweise des Werks rufen die Erinnerung an I. TURGENEVS *Zapiski ochotnika*, 1852 *(Aufzeichnungen eines Jägers)*, wach.   C.K.

AUSGABEN: Moskau 1961 (in Novyj mir, Nr. 3). – Moskau 1963 (in *Izbr. proizv.*, 2 Bde., 2). – Moskau 1987 (in *Sobr. soč.*, 5 Bde., 1987–1989, 1).

ÜBERSETZUNGEN: *Das Gericht*, I. Tinzmann (in *Nach dem Tauwetter. Neue russische Erzählungen*, Mchn. 1964). – Dass., C. u. G. Wojtek, Lpzg. 1964. – Dass., dies., Bln. 1975. – Dass., V. Albrecht, Bln. 1987.

VERFILMUNG: SU 1962 (Regie: V. Skujbin u. A. Mansarova).

LITERATUR: F. Kuznezov, Rez. (in Izvestija, 11. 5. 1961).

TROJKA, SEMERKA, TUZ

(russ.; *Ü: Drei, Sieben, As*). Erzählung von Vladimir F. TENDRJAKOV, erschienen 1960. – An einem reißenden Fluß im sibirischen Norden stehen fünf einsame Hütten. Unter der Leitung des Meisters Dubinin schaffen hier, fernab von der nächsten menschlichen Siedlung, fünfundzwanzig Flößer flußaufwärts geschlagenes Holz über zwei hinderliche Stromschnellen. In diese ausgeglichene Gesellschaft kommt Unruhe, als Leška, der jüngste der Arbeiter, einen Unbekannten vor dem Tode in der tückischen Strömung bewahrt. Der Gerettete, Bušuev, entpuppt sich als entlassener Sträfling, der seine Arbeitsstelle in der benachbarten Forstwirtschaft wegen Differenzen mit seinen Vorgesetzten widerrechtlich verlassen hat. In einem Anflug von Mitleid und im Vertrauen auf die Aussichtslosigkeit eines Fluchtversuchs aus der einsamen Station nimmt Dubinin den Unbekannten als Arbeiter in seine Gruppe auf. Zunächst scheint sich Bušuev in die Gemeinschaft der Flößer zu fügen. Nach einer Weile zieht er jedoch, des abwechslungslosen Einerlei des Stationslebens müde, ein Kartenspiel hervor und hat die arglosen Arbeiter rasch zum Glücksspiel um ihre hart verdienten Ersparnisse verführt. Mit kleinen, geplanten Erfolgen weiß er, der sich auf alle Künste des Falschspiels versteht, seine Partner zu den gewagtesten Risiken zu verlocken. In kurzer Zeit haben die Arbeiter ihr Geld an ihn verloren. Mit einem Schlag verändert das Spiel den inneren Zusammenhalt der Gesellschaft. Habgier, Neid, Disziplinlosigkeit, ja die ersten tät-

lichen Auseinandersetzungen um das verspielte Geld breiten sich unter den Flößern aus. Als die dumpfe Aversion der Arbeiter gegen Bušuev ihren Höhepunkt erreicht, weiß er Leška wider Willen zu seinem Komplicen zu machen: Er steckt ihm die gewonnenen Summen zu und droht ihn zu erschlagen, falls er den Gefährten den Verbleib des Geldes verrät. Bušuev durchsucht Dubinins Büro nach seinem Paß, um die Station mit dem unverhofft leicht erworbenen Reichtum zu verlassen. Von Dubinin überrascht, gelingt es ihm, den Meister zu täuschen: Mit dem Versprechen, ihm das verborgene Geld auszuhändigen, lockt er ihn an eine einsame Stelle am Fluß, um ihn mit dem Beil in der Hand zur Herausgabe der Dokumente zu zwingen. Nach kurzem, erbittertem Kampf tötet Dubinin Bušuev mit dem Messer.

Auch in dieser Erzählung des Autors dient die Außergewöhnlichkeit der Situation vor allem der Bewährungsprobe der beteiligten Charaktere. Die Konstellation des Konflikts ist der von Tendrjakovs Erzählung *Sud*, 1961 *(Das Gericht)*, verwandt: Schuld oder Unschuld Dubinins, der in den Verdacht gerät, Bušuev um seines Spielgewinns wegen erschlagen zu haben, lassen sich allein durch den Nachweis des verschwundenen Geldes beweisen, das sich im Besitz Leškas befindet. Um Dubinin zu entlasten, müßte Leška sein aus Feigheit eingegangenes Einvernehmen mit Bušuev und seinen Verrat an den Kameraden eingestehen. Wie Semën in der Erzählung *Sud*, versagt Leška aus Angst, in das Gerichtsverfahren gezogen zu werden. Da er die Tötung Bušuevs nicht als Notwehrhandlung erweisen kann, wird Dubinin unter strenger Bewachung fortgebracht. Verstört beraten die Flößer, wie sie ihrem Vorgesetzten helfen können. »*Doch da ertönte unterdrücktes Schluchzen. Alle hoben die Köpfe. Offen und ohne Hemmungen schluchzte Leška…*« Die Erzählung läßt es offen, ob er seine kleinmütige Haltung korrigiert.

Das Verhältnis der spannenden, vielfältigen Handlung und ihrer gedanklichen und psychologischen Bewältigung durch die beteiligten Personen ist weniger ausgewogen als in anderen Erzählungen des Autors. Deutlich überwiegt die Faszination durch das äußere Geschehen. Die psychologische Motivierung der Ereignisse erscheint mitunter schematisch, die Gegensätzlichkeit der verführten, naivguten Arbeiter und des unverbesserlich bösen Verbrechers überzeichnet. Die Sprache der Erzählung paßt sich bewußt der Ausdrucksweise ihrer Helden an: Klar, einfach, oft sprunghaft, stark mit dem Wortschatz und der Phraseologie der Umgangssprache durchsetzt, sucht sie das unverbildete Denken der Flößer nachzubilden.   C.K.

AUSGABEN: Moskau 1960 (in Novyj mir, Nr. 3). – Moskau 1963 (in *Izbr. proizv.*, 2 Bde., 2). – Moskau 1966 [zus. m. anderen Erzählungen]. – Moskau 1987 (in *Sobr. soč.*, 5 Bde., 1987–1989, 1).

ÜBERSETZUNGEN: *Drei, Sieben, As*, Th. Tasnády u. W. Bruckner, Wien 1964. – *Drei – Sieben – As*,

H. Angarowa, Lpzg. 1980. – Dass., G. Löffler, Bln. 1988 [gek.].

LITERATUR: Ju. Lukin, Rez. (in Pravda, 28.3. 1960). – N. Kukorskij, Rez. (in Moskovskij literator, 19.5. 1960). – V. Litvinov, *T. »staryj« i T. »novyj«* (in Oktjabr', 1961, Nr. 6, S. 199–209). – B. Solov'ev, *Istočnik i postevnevnost'* (in Neva, 1961, Nr. 3).

ZATMENIE

(russ.; *Ü: Mondfinsternis*). Roman von Vladimir F. TENDRJAKOV, erschienen 1977 in der Moskauer Zeitschrift ›Družba narodov‹ (Völkerfreundschaft). – In diesem Liebesroman, der 1974 in einer Provinzstadt spielt, stellt Tendrjakov einerseits die Frage nach der Bedeutung der geistigen und der religiösen Bedürfnisse des Menschen – und knüpft somit an seinen früheren Roman *Apostol'skaja komandirovka*, 1969 *(Dienstliche Abordnung als Apostel)*, an –, andererseits nach der Einengung der schöpferischen Initiative und der Arbeitsfreude eines Lehrers durch den staatlichen Lehrplan. (Dieses Thema hatte der Autor mit gleichem Einsatz für mehr Freiheit des Lehrers in dem Roman *Noč' posle vypuska*, 1974 – *Die Nacht nach der Entlassung* behandelt.)

Der nicht umfangreiche Roman *Zatmenie* weist eine sehr bewußte Konstruktion auf: Er beginnt und endet mit einer Mondfinsternis; die fünf Kapitel tragen dem Tagesablauf in seiner Naturverbundenheit entsprechende symbolische Überschriften. *Frühlicht* stellt das sich mehr und mehr liebende Paar, den Biochemiker Pavel Krochalev und die Philologiestudentin Maja Škanova beim Erleben der Schönheit der Natur während einer partiellen Mondfinsternis dar. *Morgen* hat die Hochzeit der beiden zum Thema, wobei der Ich-Erzähler Pavel Gedanken über seine wissenschaftliche Laufbahn und seine Interessen an Umweltreinhaltung einfließen läßt. Hier tritt ein anderer Mann wieder auf: Pavels ehemaliger Untermieter, Goša Čugunov. Dieser hat sich ganz von materiellen Interessen gelöst, übt keinen Beruf aus und ist als Vorsteher einer kleinen christlichen Sekte tätig. Das zentrale Kapitel, *Mittag*, ist einem gemeinsamen Urlaub der jungen Eheleute gewidmet: Enttäuscht von der Moskauer Stadtkultur und begeistert von der unberührten Natur, unternehmen sie eine Wallfahrt zu Majas Heiligtum, dem Puškin-Museum Michajlovskoe. Im vierten Kapitel, *Dämmerung*, erlebt der Leser die Rückschläge der beiden im Beruf und das Zusammenbrechen der Ehe, die bis dahin nur unter unterschiedlichem Verhältnis zu Natur, Religion und Literatur gelitten hatte. Pavels wissenschaftliches Ansehen wird durch Majas naives Ausplaudern seiner geheimen Pläne erschüttert; sie scheitert bei einer Lehrprobe, weil sie sich nicht dem vorgeschriebenen sterilen Text unterordnet. Sie finden keine gemeinsame Sprache, ihre Probleme zu lösen. Maja verläßt die Wohnung und geht –

wie das Schlußkapitel *Abenddunkel* zeigt – zu Goša. Pavels Verzweiflung führt dazu, daß er bei einer pseudodemokratischen Versammlung im Institut nicht die zugeteilte Rolle spielt, das vorgesehene Opfer anzuklagen, sondern gegen die Lüge protestiert. Er wird zum Helden wider Willen. Sein Versuch, Maja über ein erneutes Erleben einer Mondfinsternis zurückzugewinnen, scheitert.

Tendrjakov hat für den Roman den negativen Ausgang einer Liebe gewählt, um das Unterschiedliche wie Verstand gegen Gefühl, religiöse Offenheit gegen marxistischen Atheismus herausgearbeitet. Reflexionen des Ich-Erzählers betonen das Grundsätzliche des Anliegens. In *Zatmenie* stellt Tendrjakov jede der Personen mit ihrem Guten und Schlechten dar, so daß der Leser frei ist, sich selbst ein Urteil zu bilden. Die religiösen und politischen Probleme sind mit Rücksicht auf den Zensor und wohl auch durch den Zensor abgeschwächt worden. Weder wird das Christentum objektiv dargestellt noch die böse Rolle der Partei bei der Institutsversammlung überhaupt erwähnt.   W.Ka.

AUSGABEN: Moskau 1977 (in Družba narodov, Nr. 5). – Moskau 1986.

ÜBERSETZUNG: *Mondfinsternis*, W. Kasack, Ffm. 1978; ern. 1981 (st).

LITERATUR: V. Dudincev u. K. Ikramov, *V labirinte protivoreči* (in Literaturnoe obozrenie, 1977, Nr. 12, S. 54–60). – V. Kamjanov, *Strasti napokaz* (in Literaturnaja gazeta, 10.8. 1977, S. 4). – A. Gorlovskij, *Net, strastnost' poiska* (ebd., S. 5). – V. Tarsis, Rez. (in ZeitBild, 1978, Nr. 8).

ABRAM TERC

d. i. Andrej Donatovič Sinjavskij

* 8.10.1925 Moskau
† 25.2.1997 Paris

LITERATUR ZUM AUTOR:
Weißbuch in Sachen S. – Daniel, Hg. A. Ginsburg, Ffm. 1967. – M. Dalton, *A. S. and J. Daniel'*, Würzburg 1973. – R. Lourie, *Letters to the Future. An Approach to Sinyavsky-Tertz*, Ithaca/N.Y. 1975. – H. Bienek, *»Ohne ihn kann ich nicht leben.«* Gespräch mit A. S. (in Die Zeit, 6.2. 1981). – J. Malzew, *Freie russische Literatur 1955–1980*, Ffm. u.a. 1981, S. 52ff. – P. Vajl u. A. Genis, *Dabardan! A. S. kak A. T.* (in P. V. u. A. G., *Sovremennaja russkaja proza*, Ann Arbor/Mich. 1982, S. 57–75). – J. Brezna, *»Ich wollte mich nicht brechen lassen.«* Gespräch mit A. S. (in SZ, 10./11.8. 1985). – N. Fedorovskij, *A. S.* (in Die Zeit, 27.9. 1985). – *Cena me-*

tafory ili Prestuplenie i nakazanie S. i Danielja, Hg.
E. Velikanova, Moskau 1989.

GOLOS IZ CHORA

(russ.; *Ü: Eine Stimme im Chor*). Aufzeichnungen
von Abram TERC, erschienen 1973. – Grundlage
des Buches sind die Briefe, die Terc in den Jahren
seiner Haft, zwischen 1966 und 1971, an seine
Frau schickte. Der anerkannte Literaturwissenschaftler war 1965 zu sieben Jahren verschärfter
Lagerhaft verurteilt worden, weil er literarisch-sati-
rische Werke (z. B. *Ljubimov*) im Ausland veröffentlicht und damit angeblich die UdSSR verleumdet hatte. Zweimal im Monat durfte Terc an seine
Frau schreiben; die Briefe gingen zwar durch die
Zensur, deren Länge war jedoch keiner Vorschrift
unterworfen. So verfaßte er nicht selten zwanzig-
seitige Episteln: Beobachtungen und Reflexionen
zu Leben und Literatur.
Golos iz chora, das sich kaum einer Gattung zuordnen läßt, ist auch thematisch äußerst heterogen.
Die einzelnen Abschnitte sind selten mehr als eine
halbe Seite lang und bestehen meist aus einem einzigen Satz. Nur gelegentlich lassen sich Verbindungen zwischen ihnen herstellen. Das Buch enthält Reflexionen über Psychologie, Philosophie
und Religion, über Autoren wie W. SHAKESPEARE,
J. SWIFT, D. DEFOE, A. PUŠKIN, N. GOGOL', O.
MANDEL'ŠTAM und A. ACHMATOVA oder über allgemeine literarische Fragen (*»Die Metapher – Erinnerung an das goldene Zeitalter, als alles alles war. Ein
Splitter der Metamorphose«*). Persönliche Erinnerungen und Berichte über die Welt des Lagers
bringt Terc als wörtliche Wiedergaben von Äußerungen seiner Mitgefangenen aus allen sozialen
Schichten hinein, wodurch er die eigentümliche
Mentalität der Lagerinsassen treffend zum Ausdruck bringt.
Die »Stimme« ist der Autor selbst, den »Chor« bilden die Mitgefangenen, die sich oftmals störend,
sogar quälend in die Existenz des einzelnen einmi-
schen; zugleich versinnbildlichen sie eine Grund-
tatsache des Lagerlebens: daß ein Alleinsein, ein
Für-sich-Sein dort unmöglich ist. Andererseits
wird der »Chor« als Gesellschaft akzeptiert, denn er
mildert die Lagerisolation, gibt dem Gefangenen
das Gefühl, nach wie vor ein soziales Wesen zu sein.
Mit seinen vielfach schlagfertigen und drastischen
Äußerungen bildet der »Chor« die vitale Ergänzung zu den intellektuellen Betrachtungen des Autors. Der »Chor« hat aber auch eine andere Signifikanz: *»Nachts hört er einen Chor von Stimmen – vielleicht Erdgeister, vielleicht die unzähligen über die Erde verstreuten Völker und Stämme – und fühlt plötzlich, während er zuhört, daß er den Verstand verlöre,
würde er auch nur ein einziges Wort in diesem Chor
verstehen. Verstehen – verlieren.«* Dieses nächtliche
Hadern mit dem Stimmengewirr symbolisiert
wohl in erster Linie Terc' Versuch, selbst in der La-
gersituation die Individualität zu bewahren, was
ihm trotz Belastungen wie schwere Arbeit, Hunger

und die Schikanen des Wachpersonals auch gelingt.
Dies hat er v. a. seiner Position eines Betrachters zu
verdanken: *»Wenn man mir das Recht genommen
hätte, zu schreiben, wörtlich, im materiellen Sinne –
kein Wort, keinen Buchstaben –, was hätte ich dann
gemacht?«* Doch die Entscheidung, die Zeit im Lager so bewußt wie nur möglich zu durchleben, ist
dem Autor nicht ganz leichtgefallen; so schreibt er
im zweiten Jahr seiner Haft: *»Wäre ich einverstanden gewesen, die Jahre, die ich hier verbringen muß,
einfach zu verschlafen? Damit die Zeit erträglicher
und kürzer wird? Nein, wahrscheinlich wäre ich damit nicht einverstanden gewesen. Denn diese Zeit muß
nicht durchflogen, sondern durchlebt werden, langsam
und schwer den Fuß aufsetzend, muß jeder Tag für
sich durchwatet werden.«*
Die Einsichten über die Unmöglichkeit des Alleinseins sowie über die rettende Funktion eines geistig
außenstehenden Betrachters erinnern zuweilen an
F. DOSTOEVSKIJS *Zapiski iz mërtvogo doma*,
1861/62 *(Aufzeichnungen aus einem Totenhaus)*, in
denen der Autor ebenfalls von unmittelbar aufgezeichneten Äußerungen seiner Mitgefangenen
Gebrauch macht und seine eigenen Reflexionen zu
allgemein menschlichen Problemen dazwischen-
schaltet.
Auch die Überschreitung der Gattungsgrenzen, gekoppelt mit der Lagererfahrung, ist für das teils literarische, teils dokumentarische Werk charakteristisch. Mit Dostoevskijs *Zapiski* beginnt im übrigen eine Tradition der Lagerliteratur, die im 20. Jh.
u. a. in den Werken A. SOLŽENICYNS, E. GINS-
BURGS, V. ŠALAMOVS und S. DOVLATOVS ihre Fortsetzung findet. Formal knüpfen Terc' Aufzeichnungen an Dostoevskijs *Dnevnik pisatelja*, 1873 bis
1881, *(Tagebuch eines Schriftstellers)*, sowie an das
Werk V. ROZANOVS an. Es sind vor allem die expliziten Überlegungen zur Literatur, die *Golos iz chora*
in die Nähe der Rozanovschen Prosa bringen (Sinjavskij hat 1982 ein Buch über dessen *Opavšie
list'ja*, 1913–1915 – *Gefallene Blätter* veröffentlicht). Weitere in den Briefen von Terc enthaltene
literarische Ausführungen bilden das Material, aus
dem die 1975 erschienenen Bücher *Progulki s Puš-
kinym (Promenaden mit Puškin)* und *V teni Gogolja
(Im Schatten Gogolja)* hervorgegangen sind.   KLL

AUSGABE: Ldn. 1973.

ÜBERSETZUNGEN: *Eine Stimme aus dem Chor*,
S. Geier, Wien/Hbg. 1974 [Vorw. I. Golomstock].
– *Eine Stimme im Chor*, dies., Mchn. 1978 (dtv).

LITERATUR: F. Weigend, Rez. (in Stuttgarter Zeitung, 10. 10. 1974). – J. Rühle, Rez. (in Die Welt,
31. 10. 1974). – H. Bienek, Rez. (in FAZ, 30. 11.
1974). – H. v. Ssachno, Rez. (in SZ, 14. 12. 1974).
– M. Levitt, *S.'s Alternative Autobiography. A Voice
from the Chorus* (in Canadian Slavonic Papers 33
(1) 1991).

KROŠKA CORES

(russ.; *Ü: Klein Zores*). Erzählung von Abram TERC, erschienen 1980. – Der stotternde Ich-Erzähler Kroška (dt. »Knirps«) Cores wird von einer als die Kinderärztin Dora Aleksandrovna erscheinenden Fee mit einer Gabe bedacht, die ihm später zum Verhängnis werden wird. Dora Aleksandrovna verspricht dem unter seinem stockenden Redefluß leidenden zwergwüchsigen Kind die vollkommene Beherrschung der Redekunst, aber nur wenn er bereit ist, auf Liebe, Ruhm und Reichtum zu verzichten. Kroška Cores geht darauf ein; fortan ist er zwar unbeliebt, aber durch seine enthemmte Eloquenz allen überlegen. Die Handlung geht auf das berühmte Märchen E. T. A. HOFFMANNS (ihm ist auch die Erzählung gewidmet), *Klein Zaches, genannt Zinnober*, 1819 (russ. *Kroška Caches*), zurück, in dem die Fee Rosabelverde alle positiven Taten und Äußerungen anderer dem mißgestalteten Zwerg Zaches zugute halten läßt.

Cores – im Jiddischen bedeutet das Wort »kleiner, unbedeutender Mensch«, im Rotwelschen nimmt es die Bedeutung »Unglück« an – macht mit der Zeit seinen Namen wahr: Da er sein Redetalent mit dem Verzicht auf alles Gute erkauft hatte, wird er seiner Umgebung zum Verhängnis. So verschuldet er – auf indirekte Art – den Tod seiner fünf Stiefbrüder, die im Gegensatz zu ihm, der, mit harmlosen Worten tötend, vorzüglich in das Konzept einer auf Denunziation und Mißtrauen ausgerichteten Gesellschaft zu passen scheint, ihrerseits »gesellschaftlich nützliche« Persönlichkeiten darstellen: Nikolaj ist Schiffskapitän, Pavel' Kolchosbauer, Vasilij Offizier, Jakov Arzt und Vladimir Politiker. Viele Anspielungen lassen auf die sowjetische, auf jede totalitäre Gesellschaft schließen, in sich die Menschen ihrer Schuld – etwa am Tod eines anderen – oft nicht bewußt sind: *»Oder haben wir irgendwann – vor langer, langer Zeit schamlos gefrevelt? Und wissen selbst nicht, wie schuldig wir sind. Wären wir nicht böse, nicht schuldig, dann wären sie nicht aus unsern Tiefen an die Oberfläche gestiegen – weder Hitler noch Stalin.«*

Um sich vor sich selbst und die Gesellschaft vor einem zu retten, der ungewollt nur Böses bewirkt, zieht sich Kroška Cores aufs Schreiben zurück; schreibend sucht er nach seiner Identität, nach dem, was ihn so auffällig anders macht als seine Stiefbrüder. In diesem zweiten Handlungsstrang erscheint die Fee ein letztes Mal, diesmal als Verkäuferin in einem paradiesisch mit Waren gefüllten Lebensmittelgeschäft in Moskau. Ihr Vermächtnis an Kroška Cores ist ein Schrank, der in seinen Augen E. T. A. Hoffmann ähnelt. Zugleich lüftet sie das Geheimnis von Cores' Herkunft, nämlich daß sein Vater Schriftsteller ist und Sinjavskij heißt. Diese Tatsache und die jüdische Herkunft des Namens der Hauptfigur weisen auf eine Doppelung bzw. Umkehrung der Identitäten von Abram Terc und Andrej Sinjavskij, denn der Nichtjude Sinjavskij hatte absichtlich einen jüdischen Namen als Pseudonym gewählt. Zugleich ist Kroška Cores,

ähnlich wie Terc, eine »Papiergeburt«, denn sein Vater hat, wie die Mutter haßerfüllt sagt, *»ohne Sinn und Verstand dem Leben das Papier vorgezogen«*. Cores' Versuch, in ein Manuskript »zurückzukehren«, ist somit eine Rückbesinnung auf seine eigentliche Herkunft, eine Flucht vor der ihn überwältigenden Realität und ein literarischer Akt, in dem die romantische Vorstellung vom Autor als Vater verfremdet und damit sowohl realisiert als auch in Frage gestellt wird.

E. T. A. Hoffmanns Auseinandersetzung mit der Aufklärung und dem romantischen Irrationalismus wird hier in einem ganz anderen Zusammenhang aufgearbeitet, nämlich vor dem Hintergrund der Diskrepanz zwischen der aufklärerischen marxistischen Ideologie und der absurden sowjetischen Wirklichkeit einerseits und durch die Gleichsetzung des Daseins eines Zaches/Cores mit dem eines Schriftstellers andererseits. Gleichzeitig klingt hier das Hoffmannsche Thema des Doppelgängers an, der in der Spaltung des Autors in Sinjavskij und Terc eine konkrete Entsprechung findet.　　　　　　　　　　　　　　　　KLL

AUSGABE: Paris 1980.

ÜBERSETZUNG: *Klein Zores*, S. Geier, Ffm. 1982.

LITERATUR: R. Lauer, Rez. (in FAZ, 30. 10. 1982). – I. Rakusa, Rez. (in NZZ, 13/14. 11. 1982). – H. v. Ssachno, Rez. (in SZ, 27./28. 11. 1982).

LJUBIMOV

(russ.; *Ü: Ljubimov*). Phantastische Erzählung von Abram TERC, erschienen 1963. – Die Handlung dieser scharfen Satire auf die sowjetische Ideologie spielt etwa eine Generation nach der Oktoberrevolution in der fiktiven russischen Stadt Ljubimov. Völlig unerwartet zieht sich in Ljubimov das bisherige Stadtkomitee freiwillig von allen Führungsposten zurück und läßt Leonid Ivanovič Tichomirov, einen bis dahin unauffälligen Fahrradmechaniker, zum *»höchsten Führer, Richter und Oberkommandierenden«* der Stadt wählen. Die Suggestivkraft, die von Tichomirov ausgeht, zieht die ganze Stadt in ihren Bann. Kaum in den Besitz dieser hohen Ämter gekommen, greift er sofort nach den äußersten Zielen: Er verleiht Ljubimov den Status eines *»altrussischen Fürstentums vom Typ ›Luxemburg‹«* und beschließt, dessen Bewohnern, dieser ohnehin schon *»vortrefflichen Gesellschaft«*, die Zukunft, nach der das ganze Land seit Jahrzehnten strebt, schneller zu sichern. Realisierbar erscheint dieser *»Weg zur Vollkommenheit«* über eine Bewußtseinsveränderung der Menschen. Die Geldwirtschaft wird abgeschafft, mit den überflüssig gewordenen Banknoten werden die Wände des Regierungsgebäudes tapeziert. Dank der Willenskraft, die Tichomirov auf die Massen zu übertragen vermag, eilen die Arbeiter im Laufschritt zu ihren Betrieben und erfüllen freiwillig ihre Norm zweihundertprozentig.

Niemand weiß, daß sich Tichomirov eines geheimnisvollen Hilfsmittels bedient. Ein Buch, dessen kostbarer Ledereinband auf die Zarenzeit weist und das möglicherweise aus dem Nachlaß seines Großvaters stammt, fiel ihm eines Tages bei Reparaturarbeiten an seinem Haus in die Hände. Dieses Buch, angeblich eine Übersetzung aus dem Indischen, enthält Anweisungen, wie man durch hypnotischen »Magnetismus« Macht über andere gewinnt. Dank seiner Willensenergie, die mit Hilfe dieses Buches instrumentalisiert wird, gelingt es ihm, den Bewohnern Ljubimovs zu dem seit Jahrzehnten vergeblich propagierten Sprung in die lichte Zukunft zu verhelfen. Allerdings greifen bald Funktionäre und Milizionäre aus der übergeordneten Gebietsstadt ein, die diese neue Revolution wieder rückgängig machen wollen. Über ein System von Warndrähten, die im Umkreis von 30 km um Ljubimov gezogen wurden, vermag der neue »Zar«, wie die Bevölkerung Tichomirov nennt, die Angreifer in die Flucht zu treiben. Die Stadt wird daraufhin – übrigens in satirischer Anspielung auf die in russischen Legenden beschriebene Stadt Kitež, die für Ungläubige unsichtbar ist – für die Invasoren völlig unauffindbar. Kurz vor der Stadt verlieren sich Straßen und Wege in Sümpfen und einem undurchdringlichen Wald, so daß alle unverrichteter Dinge umkehren müssen; offiziell wird die Version ausgegeben, geologische Vorgänge hätten Ljubimov und ein halbes Dutzend umliegender Dörfer in die Tiefe gerissen.

Doch eines Tages wird aufgedeckt, daß die Art, wie das mystische Buch in Tichomirovs Hände gelangt ist, auf eine Persönlichkeit aus dem 19. Jh., einen gewissen Proferansov, zurückzuführen ist. Dieser hat das Buch von einem vierjährigen Indienaufenthalt mitgebracht und Jahrzehnte später – vielmehr war es sein Geist – Tichomirov zugespielt, um ihn zum Ausführenden jener geheimnisvollen Magie zu machen. Als der neue »Zar« beginnt, sich als Imperator zu fühlen und alle irrationalen Kräfte zu leugnen, erscheint ihm Proferansov und warnt ihn, daß er seine Fähigkeiten nur auf Zeit verliehen bekommen habe. Tatsächlich schwindet langsam Tichomirovs Einflußnahme auf seine Umwelt. Als er eines Tages, um seine Kraft aufzufrischen, im indischen Buch lesen will, muß er entdecken, daß es aus dem Tresor verschwunden ist. Proferansovs Experiment mit Tichomirov ist abgelaufen. Die Bevölkerung von Ljubimov verfällt bald in alte, unter der Hypnose Tichomirovs vorübergehend aufgegebene Untugenden wie Trunksucht und Faulheit. Als auch noch ferngesteuerte Panzer die Stadt niederwalzen, was ein klarer Beweis dafür ist, daß die Außenwelt wieder erfolgreich gegen Ljubimov zu agieren vermag, verläßt Tichomirov die Stadt. Ohne Geld, ohne Papiere, nur mit dem, was er auf dem Leib hat, besteigt er, heimatlos geworden, als blinder Passagier einen Güterzug, um irgendwo, wo man ihn nicht kennt, als Fahrradmechaniker neu anzufangen.

Die Erzählung ist eine deutliche Satire auf die an Hypnose grenzende Gesinnung der sowjetischen Bürger sowohl in den ersten Revolutionsjahren als auch in der Stalinära. Die aus dem exotischen Ausland kommende Lehre läßt die »importierte« marxistische Theorie assoziieren (Tichomirov behauptet, sich bei seinen Methoden auf Engels' *Dialektik der Natur* zu stützen). Tichomirov selbst verkörpert einen revolutionären Charismatiker, der nach dem Schwinden seiner Einflußnahme zu einem kümmerlichen Durchschnittsbürger wird. Dieses Thema greift Terc erneut in der Erzählung *Kroška Cores*, 1980 *(Klein Zores)*, auf, deren Titelfigur sich nur einer kurzlebigen Macht erfreut. Im Einklang mit der satirischen Tradition M. SALTYKOV-ŠČEDRINS (etwa mit dessen *Istorija odnogo goroda*, 1869/70 – *Die Geschichte einer Stadt*) übt Terc Kritik sowohl an der herrschenden sowjetischen Ideologie als auch an der passiven, die Autokratie erst möglich machenden Haltung der sowjetischen Bevölkerung. Eine Analogie in der moderneren Literatur bildet A. PLATONOVS *Čevengur* (1927), in dem der »echte« Kommunismus ebenfalls in einem Städtchen errichtet wird, dann aber wegen der inneren Schwäche zerfällt und am Ende von außen ausradiert wird. Doch im Gegensatz zu Platonovs zwischen Tragik und Absurdität oszillierendem Stil ist Terc voll und ganz auf Satire ausgerichtet. Damit steht er mit seinem Werk dem späteren Roman V. VOJNOVIČS *Moskva 2042* (1987), in dem sich der Einfluß des Kommunismus auf die Hauptstadt beschränkt, entschieden näher. – Die Erzählung, die zu den Werken zählt, die vor der Verhaftung des Autors unter dem Pseudonym Abram Terc im Ausland erschienen sind, hat die damaligen sowjetischen Behörden besonders erzürnt und zur Härte der Lagerstrafe gegen den entlarvten Sinjavskij beigetragen.

KLL

AUSGABEN: Paris 1963. – NY 1967 (in *Fantastičeskie povesti*).

ÜBERSETZUNG: *Ljubimov*, L. Stuart, Wien/Hbg. 1966. – Dass., dies., Mchn. 1980.

LITERATUR: R. Lourie, *Letters to the Future. An Approach to Sinyavsky-Tertz*, Ithaca/N.Y. 1975, S. 155 bis 170. – E. Cheauré, *A. T. Vier Aufsätze zu seinen »Phantastischen Erzählungen«*, Heidelberg 1981.

SPOKOJNOJ NOČI

(russ.; Ü: *Gute Nacht*). Autobiographischer Roman von Abram TERC, erschienen 1984. – In diesem komplexen autobiographischen Werk, das im französischen Exil entstand, versucht Terc, das eigene Schicksal zu begreifen und aufzuarbeiten. Rückblendend vom Tag seiner Verhaftung und dem Aufenthalt im Moskauer Untersuchungsgefängnis, erzählt er die eigene Vorgeschichte.

Der damals etablierte Literaturwissenschaftler Andrej Sinjavskij, der zehn Jahre lang unter dem

Pseudonym Abram Terc im westlichen Ausland publiziert hatte, wurde am 8. September 1965 auf offener Straße vom KGB verhaftet. Ohne chronologisch vorzugehen, fächert der Autor auf, was ihn dazu gebracht hatte, im Westen als Terc zu sagen, worüber Sinjavskij in seinem Land nicht mehr schweigen konnte. Es wird beschrieben, wie der naive, an Politik überhaupt nicht, dafür um so mehr an Literatur interessierte Student vom KGB angeworben werden sollte, um den französischen Militärattaché über dessen Tochter, eine Russischstudentin, zu erpressen. Damals kam er noch ungestraft davon, auch wenn er den Auftrag nicht wunschgemäß ausführte, sondern die Studentin informierte und mit ihr zusammen die Geheimpolizei täuschte. Erst als sein Vater, ein Revolutionär der ersten Stunde, verhaftet und, psychisch völlig zugrunde gerichtet, 1951 in die Verbannung an seinen Heimatort entlassen wird, beginnt Sinjavskij/Terc, sich konsequent mit den Mechanismen der Angst, des Verrats und der Gewalt auseinanderzusetzen. Er durchschaut die Realität als eine Scheinwirklichkeit, die nur dank eines einwandfrei funktionierenden Propaganda- und Überwachungsapparates aufrechterhalten wird. So entsteht die Spaltung der Schriftstellerpersönlichkeit in den aus sowjetischer Sicht unanfechtbaren Literaturwissenschaftler Sinjavskij und den im Ausland publizierenden Satiriker Terc, der den Sinjavskij wiederum zerstört, sobald dessen wahre Identität bekannt wird.

Diese Bewußtseinsspaltung schlägt sich im polyphonen Stil des Romans nieder, in dem die Verhöre in dramenüblicher Form wiedergegeben und die Geschehnisse vom inneren Monolog begleitet werden. In phantastischen, ja halluzinatorischen Szenen treten Stalin und seine Führungsriege als handelnde Personen auf (etwa indem sie ehemalige Lagerhäftlinge um Verzeihung bitten). Gebete und Szenen aus der altrussischen Geschichte sowie Gedichte von Terc und von russischen Klassikern werden eingeschoben. Es entsteht ein psychopathologisches Bild des russischen Geistes im totalitären System, aber auch des Autors selbst, der dieses Bild als eine Abwehr gegen den Wahnsinn entwirft. Hinzu kommen scharfsinnige Beobachtungen, sei es zum Charakter der Verfolger, sei es zum Ablauf des mit der Verurteilung zur mehrjährigen Lagerhaft endenden Schauprozesses, den die sowjetischen Behörden gegen Sinjavskij und Ju. DANIEL' (er hatte unter dem Pseudonym N. ARŽAK im Ausland publiziert) inszenierten. Die Weigerung der Angeklagten, den Prozeß in einer Selbstbezichtigungsszene gipfeln zu lassen, hatte zu einer psychologisch und politisch neuen Situation in der UdSSR geführt, nämlich zur Geburt der sowjetischen Dissidenz. KLL

AUSGABE: Paris 1984.

ÜBERSETZUNG: *Gute Nacht*, S. Geier, Ffm. 1985.

LITERATUR: Th. Rothschild, Rez. (in FRs, 9. 10.

1985). – H. Fein, Rez. (in Die Welt, 9. 10. 1985). – A. Braun, Rez. (in Stuttgarter Zeitung, 4. 1. 1986). – I. Rakusa, Rez. (in Die Zeit, 21. 3. 1986).

JEVGENYJ EVGENIJ TERNOVSKY

eig. Evgenij Samojlovič Ternovskij
* 2.8.1941 Ramenskoe / Gebiet Moskau

PRIËMNOE OTDELENIE

(russ.; *Ü: Ohne Schlaf verging die Nacht*). Roman von Jevgenyj TERNOVSKY, erschienen 1979 im russischen Exilverlag Possev in Frankfurt. – Der Titel des Romans, der in wörtlicher Übersetzung *Die Aufnahmestation* lautet, gibt den Handlungsort in einem Moskauer Bezirkskrankenhaus an. Der Autor, der 1974 nach Paris emigrieren mußte und in Lille als Hochschullehrer tätig ist, hat in Moskau eine Zeitlang als Pfleger gearbeitet. Sein Anliegen in diesem, seinem zweiten, Roman ist es, am Beispiel der Krankenhausaufnahme der Ehefrauen von zwei in der sowjetischen Hierarchie sehr unterschiedlich gestellten Männern ein wahrheitsgemäßes Bild der menschlichen Auswirkungen des Klassenstaat-Systems zu geben und dabei in Grundfragen des Lebens wie der der schicksalhaften Bestimmung und der Bewährung vor dem Tode vorzudringen. Der arme Rentner Dmitrij Goričev hat seine sterbende Frau aus einem Dorf 200 km von Moskau entfernt in die Hauptstadt gebracht und erhofft deren Aufnahme im Krankenhaus. Gleichzeitig trifft der wohlsituierte, politisch angepaßte Hochschuldozent Igor Ljučenko mit seiner Frau ein, die es notgedrungen hinnimmt, nicht in ein Sonderkrankenhaus für Privilegierte aufgenommen zu werden. Nur der Fürsprache Ljučenkos, von dem der Arzt sich Vorteile erhofft, verdankt die Frau Goričevs ihr Bett. Ternovsky entwickelt den Roman aus dieser kontrastierten Ausgangssituation in doppelter Richtung: spannend über zwei Tage und Nächte bis kurz nach dem Tod der einen Frau und bis kurz vor die standesgemäße Verlegung der anderen sowie analytisch in die Vorgeschichte der beiden Männer und der Verstorbenen hinein, bei der sich herausstellt, daß sie mit Ljučenko einmal ein Liebesverhältnis hatte, von ihm schwanger geworden war und er sie dann im Stich gelassen hatte.

Ternovsky gibt in selbständigen Szenen einen vielfältigen Einblick in das wahre Leben in Moskau und im verkommenen sowjetischen Dorf um 1970. Er führt den Leser in eine finstere Vorstadtkneipe, wo dieser Zeuge eines Gesprächs zwischen Goričev und einem Mann wird, der die Zeiten Stalins beschwört und nicht glauben kann, daß sein Glaube falsch, seine Macht kurzlebig gewesen sein soll. Er bringt uns zu Verwandten der Toten, die zur russischen Katakombenkirche gehören, und kontrastiert russisches, im Volk verwurzeltes Christentum der vom Staat aufgeweichten Orthodoxen Kirche in der UdSSR. Er veranschaulicht Wirtschaftsnot und Schwarzmarkt am Beispiel eines Schuldirektors, der Kohle für Möbel verschiebt. Er bezieht zwei Bereiche ein, die erst dank Perestroika in der russischen Literatur der Sowjetunion auftauchen: Prostitution und Drogensucht. Er bringt uns in die Wohnung eines Privilegierten und veranschaulicht die charakterlosen, opportunistischen Verhaltensnormen der mittleren sowjetischen Führungsschicht, die nur an materielles Wohlergeben denkt.

Der zentrale erzähltechnische Kunstgriff, erst allmählich die schicksalsmäßige Verflochtenheit der Sterbenden mit den beiden Männern zu erhellen, wird durch einen zweiten wirksamen ergänzt: Ternovsky versteht es, die Personen in ihrer jeweiligen Situation so überzeugend denken und handeln zu lassen, daß der Leser ihnen gegenüber je nach Situation Sympathie oder Antipathie empfindet. Neue Szenen blättern neue Seiten seiner Menschen auf; das ganze Bild entsteht erst am Schluß. Hier zeigt sich ein guter Einfluß F. DOSTOEVSKIJS: Nicht viele Schriftsteller können Menschenbilder in ihrem inneren Widerspruch plastisch werden lassen. – Ternovskys Roman ist ein gutes Beispiel der russischen Emigrantenliteratur der Brežnev-Zeit, in dem er in literarisch ausgewogener Form ein wahrheitsgemäßes Bild der sowjetischen Gesellschaft und Menschen zeigt, was dem Schriftsteller in der UdSSR erst ab Ende der achtziger Jahre in der Perestroika möglich wurde.   W.Ka.

AUSGABEN: Ffm. 1979 (in Grani, Nr. 111/112). – Ffm. 1979.

ÜBERSETZUNG: *Ohne Schlaf verging die Nacht*, W. Kasack, Graz u. a. 1979.

LITERATUR: W. Kasack, *Menschen wie wir in Rußland* (in NZZ, 26. 9. 1979). – H.-P. Klausenitzer, Rez. (in FAZ, 13. 11. 1979). – A. Brousek, Rez. (in Die Welt, 2. 2. 1980).

NIKOLAJ SEMËNOVIČ TICHONOV

* 4.12.1896 St. Petersburg
† 8.2.1979 Moskau

LITERATUR ZUM AUTOR:
N. Kovarskij, *N. T. Krit. očerk*, Moskau 1935. – B. Solov'ëv, *N. T.*, Moskau 1958. – I. Grinberg,

Tvorčestvo N. T., Moskau 1958; ²1972. – V. Sošin, *N. T.*, Moskau 1960. – D. Norman, *The Early Prose of T.*, Diss. Boulder/Colo. 1974. – A. Morščichina, *N. S. T. Bibliografičeskij ukazatel' ego proizvedenij i literatury o něm 1918–1970 godov*, Leningrad 1975. – B. Hurjev, *Mikolaj T.*, Kiew 1976. – V. Sošin, *Poèt romantičeskogo podviga*, Leningrad 1976; ²1978. – V. Ditc, *Knigi o T.* (in Russkaja literatura, 1977, Nr. 1, S. 212–217). – *Vospominanija o N. T.*, Hg. I. Galov u. M. Kotov, Moskau 1986.

KRASNYE NA ARAKSE

(russ.; *Die Roten am Araxes*). Poem von Nikolaj S. TICHONOV, erschienen 1925. – Nachdem der Autor sich 1922 der literarischen Gruppe der »Serapionsbrüder« angeschlossen hatte, versuchte er in seinen 1924 entstandenen Poemen *Krasnye na Arakse, Licom k licu (Gesicht an Gesicht)* und *Doroga (Der Weg)* eine neue Form der revolutionären Versdichtung zu finden. Dies äußert sich in Tichonovs Abkehr von der akmeistischen Richtung, die sich als Gegenbewegung zum russischen Symbolismus verstand und deren Manifest N. GUMILËV 1913 herausgegeben hatte. Tichonov wandte sich nun dem Futurismus zu und machte sich die künstlerischen Mittel V. MAJAKOVSKIJS, vor allem aber V. CHLEBNIKOVS und B. PASTERNAKS zu eigen. Die vornehmliche Aufgabe des Dichters sieht er jetzt darin, einen Beitrag zur Verwirklichung der sozialistischen Ideale zu leisten und das Bewußtsein des Menschen im Hinblick auf dieses Ziel zu bilden. Daraus ergeben sich Konsequenzen für Themenwahl und Darstellungsweise, die er jedoch nicht – etwa im Sinne der Forderungen des Sozialistischen Realismus – auf die Postulate der Einfachheit und Verständlichkeit reduziert. Vielmehr spiegeln gerade die Poeme von 1924 »*das Experimentierstadium in der Poesie Tichonovs wider, in dem er nicht nur nach Kompensationsformen suchte, sondern auch mit der Sprache sich gewollt unverständlich und schwierig gab*« (G. Struve).

In *Krasnye na Arakse* werden zwei Themenbereiche behandelt: das Leben der sowjetischen Grenzwächter an der transkaukasischen Grenze entlang des Araxes und die Verheißung der revolutionären Umgestaltung Asiens. Bei der Beschreibung des Grenzerlebens hat Tichonov eigene, während einer Armenienreise gesammelte Erfahrungen verwertet. Sie bilden jedoch nur Anknüpfungspunkte und Mittel zu der eigentlichen Absicht des Poems: der Prophezeiung, daß die asiatischen Völker durch den Sozialismus befreit werden. »*Wo bist du, Asien? Asien ist niedergebeugt und eingesperrt.*« Doch die sowjetischen Grenzsoldaten werden die neue Lebensordnung im Kampf über die russische Grenze hinaus in die asiatischen Länder tragen: »*Unhörbar, wie die Nadel des Nachts – schwärzer als die Pest für die einen, heller als das Glas für die anderen – so werden wir in Asien eindringen.*« Das Haupthindernis für einen solchen Umsturz sieht der Dichter in der noch mangelhaften Bewußtseinsbildung der asiatischen Völker, die sie davon abhält, ihre eigene Lage zu erkennen, und dazu verleitet, gegen ihre Befreier die Waffen zu erheben. Dennoch ist die Zuversicht des Autors ungebrochen: »*Belle nur, Asien, wie du magst, solange du jenseits der Grenzen liegst ... Du wirst das Brot aus unseren Öfen essen.*«

C. K.

AUSGABEN: Leningrad 1925 (in Kovš, Bd. 1). – Moskau 1958 (in *Sobr. soč.*, Hg. I. Grinberg, 6 Bde., 1958/59, 2). – Moskau 1973 (in *Sobr. soč.*, 7 Bde., 1973–1976, 1). – Leningrad 1981 (in *Stichotvorenija i poèmy*).

LITERATUR: V. Šošin, *Vostok v tvorčestve N. T.* (in *V bor'be za soc. realizm*, Moskau 1959, S. 230 f.). – A. Karpov, *Poèmy N. T. i sovetskaja poèma 20-x godov* (in *Problemy stilja i žanra v sovetskoj literature*, Sverdlovsk 1972, S. 2–14).

TAT'JANA NIKITIČNA TOLSTAJA

* 3.5.1951 Leningrad

»NA ZOLOTOM KRYL'CE SIDELI ...«

(russ.; Ü: »*Saßen auf goldenen Stufen ...*«). Titelgeschichte eines Erzählbandes von Tat'jana N. TOLSTAJA, erschienen 1987. – Die erste Sammlung von 13 Erzählungen brachte der Enkelin von Alexej TOLSTOJ und Urgroßnichte von Lev TOLSTOJ sowohl in ihrem Heimatland wie auch im Ausland raschen Ruhm ein. Ihre bislang ausschließlich in kurzer Form vorliegende Prosa wurde bereits in viele Sprachen übersetzt (eine deutsche Version dieses Bandes erschien unter dem Titel *Stelldichein mit einem Vogel*). Im literarischen Umfeld der Perestroika, in dem die publizistische Prosa als Aufarbeitung der Vergangenheit klar dominierte, entwickelte Tolstaja eine überraschend eigenständige Stimme, die sich in kein gängiges Schema einordnen läßt. In Abkehr von dem jahrzehntelang postulierten Dogma realistischen Erzählens, das weitgehend den ideologischen Vorgaben verpflichtet war, stellt ihre Prosa eine Rückbesinnung auf eine polyphon geprägte Erzählform dar, die Elemente des Märchens, der russischen Mythologie sowie des Traums mit der Schilderung der russischen Wirklichkeit kunstvoll verbindet. Tolstajas Protagonisten sind Durchschnittsmenschen, die sie mit sensiblem Gespür für das Detail zu unverwechselbaren Individuen macht. Ihr Personal ist ein Konglomerat von skurrilen Einzelgängern, Frustrierten und Verlierern der Gesellschaft. Oft handelt es sich um »gescheiterte Existenzen«, die die Enge des Alltags durch Flucht in die Phanta-

sie, den eigentlichen Ort der Handlung, zu sprengen suchen. So erträumt sich der weltfremde Sonderling *Peters*, der in der Obhut seiner Großmutter nie eine richtige Kindheit erleben durfte, Liebe und Glück, bis er erkennen muß, daß sein Bemühen um die jeweils Auserwählte auch weiterhin sinnlos bleiben wird. In der Erzählung *Reka Okkervil'* (*Die Okkerwil*) ist der Fluß das Symbol der Sehnsüchte des verschrobenen Simeonov, dessen Verehrung für die ehemalige Chansonsängerin Vera Vasil'evna das Ausmaß eines Kults angenommen hat, vor dem sein langweiliges Leben und auch seine reale Geliebte verblassen. Als er das Idol als gealterte und sich überaus gewöhnlich gebärdende Diva kennenlernt, erfolgt die jähe Ernüchterung. Die meisten Erzählungen gipfeln in einem Wendepunkt, an dem die Figuren den Selbstbetrug erkennen. Auch der Junge Petja wird in *Svidanie s pticej* (*Stelldichein mit einem Vogel*) Opfer einer herben Desillusionierung. Zu Hause fühlt er sich unverstanden, sein Großvater liegt im Sterben, und sein Onkel Borja macht ihm das Leben schwer. Er findet eine zauberhafte Gegenwelt bei der Geschichtenerzählerin Tamila, die ihn in einer ersten erotischen Schwärmerei fasziniert. Nach dem Tod des Großvaters sucht Petja sie in seiner Trauer auf und findet dabei den verhaßten Onkel in inniger Umarmung mit ihr. Aus der Sicht eines Kindes schildert eine erwachsene Erzählerin in der Titelerzählung »*Na zolotom kryl'ce sideli ...*« (»*Saßen auf goldenen Stufen ...*«) die Rückkehr an den Ort ihrer Kindheit. Der Glanz des damaligen Idylls weicht jedoch der Erkenntnis einer »alt und modrig« gewordenen Welt. Was in der Kinderperspektive als geheimnisvolle Zauberwelt erschien, wird nachträglich als banale Fassade entlarvt. Die Erinnerung bestimmt ebenso die Erzählung *Milaja Šura* (*Die liebe Schura*). Nach drei Ehen sowie einer verpaßten Jugendliebe besteht das Leben der alten Aleksandra Ernestovna aus beständigem Erinnern und Heraufbeschwören der erlebten und der eingebildeten Vergangenheit.

Durch die Verschachtelung verschiedener Bewußtseinsebenen werden die Grenzen der Zeit und des Ortes durchlässig. Realität und Normalität sind in Frage gestellt, wobei Erinnerung, Wunschdenken und Phantasie für die Figuren durchgängig greifbarer sind, als es die Alltagswirklichkeit ist. In Konfrontation mit den Tatsachen erweisen sich die romantischen Traumvorstellungen jedoch fast immer als Trugbilder. Auf die fragilen Höhenflüge der Helden folgt nicht etwa eine Neuorientierung im degenerierten Alltag – nach dem Absturz in die Wirklichkeit bleiben Leere und Tristesse zurück. Der eigentümliche Reiz der Prosa Tolstajas erklärt sich durch die souveräne sprachliche Gratwanderung zwischen Wirklichkeit und Traum, Realem und Imaginärem, Vergangenheit und Gegenwart. Melodiöse, assoziative Passagen mit ausdrucksstarken Metaphern werden in der faktischen Perspektive ironisch gebrochen. In der Tradition GOGOL's finden sich häufig lebhafte Abschweifungen im Plauderton nach Art des russischen *skaz* sowie fiktive Anreden des Lesers, die in den Erzählfluß eingestreut sind, wobei der Kontrast als Stilmittel durchgängig verwendet wird. Der Ton Tolstajas gleitet dabei nie ins Zynische ab, sie beschreibt ihre oft tragikomischen Figuren mit liebevoll-distanziertem Blick für das Wesentliche. Innerhalb der russischen Literatur bietet Tolstajas Prosa weder sprachliche Innovationen noch politisch-moralische Botschaften, ihre Stärke ist vielmehr die suggestive Momentaufnahme des Lebens, die sich dem Leser im lyrischen Duktus der Sprache erschließt.   M.Bre.

AUSGABE: Moskau 1987.

ÜBERSETZUNGEN: *Stelldichein mit einem Vogel*, S. List, Hbg./Zürich 1989. – *Rendevouz mit einem Vogel*, I. Tschörtner, Bln. 1989. – *Sonja*, S. List, Ffm. 1991.

LITERATUR: I. Grekova, *Rastočitelnost' talanta* (in Novyj mir, 1988, Nr. 1, S. 252–256). – P. Spivak, *Vo sne i najavu* (in Oktjabr', 1988, Nr. 2, S. 201–203). – A. Vasilevskij, *Noči cholodny* (in Družba narodov, 1988, Nr. 7, S. 256–258). – I. Murav'eva, *Dva imeni* (in Grani, 1989, Nr. 152, S. 99–133). – P. Vajl u. A. Genis, *Gorodok v tabakerke* (in Zvezda, 1990, Nr. 8, S. 147–150). – S.T. Wisniewska, *Narrative Structure in the Prose of T. T.*, Diss. Ann Arbor 1993. – I. Rakusa, *Verzauberungen, Entzauberungen* (in NZZ, 19. 1. 1990). – D. Rancour-Laferriere, V. Loseva u. A. Lunkov, *Violence in the Garden: A Work by T. in Kleinian Perspective* (in SEEJ, 1995, Nr. 39/4, S. 524–534). – M. Hochsieder, *Tradition und Transformation. Intertextualität in der Prosa T. T.s* (in *Jenseits des Kommunismus*, Hg. E. Cheauré, Bln. 1996, S. 59–74).

ALEKSEJ NIKOLAEVIČ GRAF TOLSTOJ

* 10.1.1883 Nikolaevsk (umbenannt in Pugačëv)/ Gouvernement Samara
† 23.2.1945 Moskau

LITERATUR ZUM AUTOR:
E. Gollerbach, *A. N. T. Opyt krit.-bibliogr. issledovanija*, Leningrad 1927. – I. Veksler, *A. N. T.*, Leningrad 1948. – V. Ščerbina, *A. T. Tvorčeskij put'*, Moskau 1956 (dt.: *A. T.*, Weimar 1959). – *Tvorčestvo A. N. T.*, Hg. A. Alpatov u. L. Poljak, Moskau 1957. – A. Alpatov, *A. N. T., master istoričeskogo romana*, Moskau 1958. – P. P. Veselovskij, *Tvorčestvo A. N. T.*, Leningrad 1958. – Ju. Krestinskij, *A. N. T. Žizn' i tvorčestvo*, Moskau 1960. – M. Čarnyj, *Put' A. T.*, Moskau 1961; ²1981. – L. Poljak,

A. T.-chudožnik, Moskau 1964. – H. Jünger, *A. T. Erkenntnis u. Gestaltung*, Bln. 1969. – *Vospominanija ob A. N. T.*, Hg. Z. Nikitina u. L. Tolstaja, Moskau 1973. – A. Naldeev, *A. T. Stranicy tvorčestva*, Moskau 1974. – N. Krandievskaja-Tolstaja, *Vospominanija*, Leningrad 1977. – V. Petelin, *A. T.*, Moskau 1977; ²1978 [m. Bibliogr.]. – N. Tyrras, *Historical and Ideological Aspects of the Prose and Dramatic Works of A. N. T.*, Diss. Vancouver 1978. – F. Boščevskij, *Izučenie tvorčestva A. T.*, Kiew 1979. – V. Petelin, *Sud'ba chudožnika: žizn', ličnost', tvorčestvo A. N. T.*, Moskau 1979; ²1982. – V. Skobelev, *V poiskach garmonii: Chudožestvennoe razvitie A. N. T. 1907–1922 gg.*, Kujbyšev 1981; ²1982. – *Chudožestvennyj mir A. N. T.*, Hg. V. Skobelev, Kujbyšev 1983 [m. Bibliogr.]. – E. Muščenko, *Poětika prozy A. N. T.: puti formirovanija ěpičeskogo slova*, Voronež 1983. – *A. N. T.: Materialy i issledovanija*, Hg. A. M. Krjukova, Moskau 1985. – S. Borovikov, *Jasnyj talant: lit.-krit. očerki ob A. N. T.*, Saratov 1986. – V. Bystrov, *A. T. – novellist 1917–1929*, Diss. Leningrad 1986.

CHOŽDENIE PO MUKAM

(russ.; *Ü: Der Leidensweg*). Romantrilogie von Aleksej N. TOLSTOJ, erschienen: *Sëstry*, 1920 *(Die Schwestern)*, *Vosemnadcatyj god*, 1927 *(Das Jahr Achtzehn)*, *Chmuroe utro*, 1940/41 *(Trüber Morgen)*. – Tolstojs in einem Zeitraum von über zwanzig Jahren veröffentlichtes, vielfach umgearbeitetes und ideologisch den Zeitläufen angepaßtes Lebenswerk ist ein gelungener und – trotz aller Zugeständnisse – auch objektiver Versuch, die Geschehnisse der russischen Revolutions- und Bürgerkriegsjahre episch darzustellen. Wird jenes säkulare Ereignis in B. PASTERNAKS *Doktor Živago* (1957) zum Schicksal eines introvertierten Individualisten, in M. ŠOLOCHOVS *Tichij Don*, 1928–1940 *(Der stille Don)*, zu dem einer ethnisch-historischen Einheit (den Kosaken) in Beziehung gesetzt – um zwei der bedeutendsten konthematischen Werke zu nennen –, so will diese Trilogie die Bedeutung der Revolution für eine der wichtigsten Gesellschaftsschichten allgemein widerspiegeln, ihre Bedeutung nämlich als reinigendes Purgatorium für die russische Intelligenz. Der Weg verläuft in drei Etappen, die drei Zitate andeuten sollen: »*Unsere Tragödie besteht darin, daß wir, die russische Intelligenz, im friedlichen Schoß der Leibeigenschaft aufgewachsen sind und die Revolution uns nicht nur tödlich, sondern direkt bis zum Erbrechen erschreckt hat.*« – »*Ich sehe alles, verstehe alles, aber ich stehe abseits… Das ist furchtbar. Darin besteht mein ganzes Leid.*« – »*Der Mensch hat für den Menschen das Recht gefordert, Mensch zu werden. Das ist kein Traum, das ist eine Idee, sie kann verwirklicht werden… Das blendende Licht hat die halbzerstörten Gewölbe aller vergangenen Jahrhunderte erhellt… Alles ist harmonisch, alles ist gesetzmäßig… Das Ziel ist gefunden.*«
Ehe die Schwestern Katja und Dar'ja sowie ihre Ehepartner Roščin und Telegin aus dem dekaden-

ten Vorkriegs-Petersburg, wo »*Zersetzung als Zeichen guten Tons, Neurasthenie als Zeichen der Verfeinerung galt und sich die Menschen Laster und Perversionen zuschrieben, nur um nicht für banal gehalten zu werden*«, zu diesem Ziel finden, müssen sie das nach außen und innen wirkende Chaos des Jahres 1918 erfahren: Roščin erlebt es unter den Weißen, Anarchisten und Roten auf der Suche nach seiner Frau, die sich aus dem Strudel eines haltlosen Lebens rettet und zur verantwortungsbewußten Lehrerin wandelt, während sich Telegin nach lascher Solidarität mit den Roten im Kampf zum klaren Bolschewiken läutert, seine Frau aber erst nach ihrem mißglückten Attentat auf Lenin das begreift, was zur revolutionären Devise dieser zwei Paare wird: »*Wir kämpfen auf den Barrikaden für unser und der Welt Recht, ein für allemal der Ausbeutung des Menschen durch den Menschen ein Ende zu machen.*«

Der zweite und der dritte Teil der Trilogie unterscheiden sich von dem bereits in der Emigration entstandenen ersten Roman durch eine neue Erzähltechnik; es ist eine Kluft, die auch von späteren Assimilierungsversuchen nicht gänzlich ausgeglichen wurde. Die Kapitel von *Sëstry* weisen einen geradlinigen, szenisch wechselnden Handlungsablauf auf, wobei Tolstoj gelegentlich mit Perspektivwechsel experimentiert (z. B. wird von einem anonymen »jungen Mädchen« berichtet, und erst später stellt sich heraus, daß es Dar'ja ist, die der Leser längst kennengelernt hat). Die Kapitel von *Vosemnadcatyj god* und *Chmuroe utro* dagegen sind in viele szenische Bilder gebrochen, die sich mit fortschreitender Lektüre langsam zu einem Mosaik ordnen. Offensichtlich zwangen die divergierenden Lebenswege seiner Helden den Autor zu dieser Form, da die Konzeption des ersten Teils – ausgedehnt auf die ganze Trilogie – den Stoff ins Unkontrollierbare verschleppt hätte. Daneben werden in dem Maße, in dem die Ereignisse fortschreiten, subjektive Wertungen verdrängt. Zurückhaltend verhält sich Tolstoj auch in der Dokumentation des historischen Geschehens; und dort, wo dies unumgänglich erschien, anonymisiert er weitgehend, womit jene programmatische Lobhudelei vermieden wird, die seinen historischen Roman *Chleb*, 1937 *(Brot)*, so abträglich war. Die verschiedenen Meinungen zu den ideologischen und militärischen Problemen aller Fronten werden nie vom Autor selbst interpretiert; sie zu prüfen bleibt dem Leser überlassen. So kann die Trilogie, die 1943 mit dem Stalinpreis ausgezeichnet wurde, jedem Leser ein objektives Bild von den damaligen Verhältnissen vermitteln, der die verhaltene Sympathie des Autors für die »Roten« da, wo sie unangebracht ist, richtig einzuschätzen weiß. W.Sch.

AUSGABEN: *Sëstry*: Paris 1920 (in Grjaduščaja Rossija). – Paris 1920/21 (in Sovremennye zapiski). – Bln. 1922. – Leningrad 1925. – *Vosemnadcatyj god*: Moskau 1927 (in Novyj mir). – Moskau 1929. – *Chmuroe utro*: Moskau 1940/41 (in Novyj mir). – Leningrad 1941. – *Choždenie po mukam*:

Moskau 1957. – Moskau 1959 (in *Sobr. soč.*, Hg. A. V. Alpatov u. a., 10 Bde., 1958–1961, 5 u. 6; krit.). – Moskau 1983 (in *Sobr. soč.*, 10 Bde., 1982–1986, 5–6). – Moskau 1988 [Vorw. V. Ščerbina].

ÜBERSETZUNGEN: *Höllenfahrt, Roman der russ. Revolution*, A. Eliasberg, Mchn. 1922 [unvollst.]. – *Der Leidensweg*, M. Schick (Bd. 1: *Die Schwestern*, Bln. 1946; Bd. 2: *Das Jahr Achtzehn*, Bln. 1946; Bd. 3: *Trüber Morgen*, Bln. 1947). – Dass., ders., Bln. 1955; 2 1974 [3 Bde.]. – Dass., ders., Bln. 1984 [3 Bde.].

LITERATUR: L. N. Fomenko, *Roman - ėpopeja A. N. T.* »*Choždenie po mukam*«, Moskau 1958. – J. Kudrova, *Charakter geroja i mirovozzrenie pisatelja; k tvorč. istorii* »*Choždenie po mukam*« (in Russkaja literatura, 3, 1961, S. 65–84). – G.-M. Smirnova, *Trilogija A. N. T.* »*Choždenie po mukam*«, Leningrad 1976. – K. Fedin, »*Ordeal*« (in Soviet Literature, 1, 1983, S. 102–107). – L. Smirnova, *The Sources of Stylistic Expressiveness: A. T.'s Trilogy* »*Ordeal*« (ebd., S. 151–156). – N. Agababova, *Frazeologija v trilogii A. N. T.* »*Choždenie po mukam*«, Diss. Leningrad 1985.

PËTR PERVYJ

(russ.; *Ü: Peter der Große*). Unvollendeter historischer Roman von Aleksej N. TOLSTOJ, erschienen 1929–1945. – Der »*erste echte historische Roman*« der russischen Literatur (M. GOR'KIJ) hat nicht die Entwicklung einer fiktiven Fabel vor dem Hintergrund einer geschichtlichen Epoche, sondern die exakte, umfassende Rekonstruktion einer historischen Persönlichkeit, des russischen Zaren Peters I. (reg. 1689–1725), in ihrer menschlichen und politischen Monumentalität zum Ziel. Der Gestalt des »*Vaters des Vaterlandes, allrussischen Imperators, Peters des Großen*«, wie sein Ehrentitel lautete, hatte der Autor bereits seine beiden Erzählungen *Den' Petra*, 1918 *(Der Tag Peters)*, und *Navaždenie*, 1919 *(Die Versuchung)*, gewidmet, die in der Tradition der dem Reformwerk Peters feindlich gesonnenen Werke D. MEREŽKOVSKIJS und B. PIL'NJAKS stehen. Von der negativen Einschätzung des Zaren hatte sich Tolstoj unter dem Eindruck der Kritik und eines umfangreichen Quellenstudiums gelöst, als er die Niederschrift seines großangelegten Romans begann; das Werk sollte »*die fortschrittliche Bedeutung der petrinischen Epoche*« für den Kampf um die nationale Existenz Rußlands und seinen Anschluß an die wirtschaftliche und kulturelle Entwicklung Westeuropas herausarbeiten.

Das erste Buch des Romans schildert Kindheit und frühe Jugend des Herrschers inmitten der Auseinandersetzungen der sich erbittert befehdenden Hofcliquen der Naryškins (die den Zehnjährigen zum Zaren ausrufen) und der Miloslavskijs (der Parteigänger seiner älteren Halbschwester Sof'ja).

Unter der Regentschaft der Schwester lebt der Minderjährige ohne Einfluß auf die Politik. Seine Leidenschaft gilt den berühmten »Spielregimentern«, die er mit Hilfe deutscher Offiziere organisiert; sein Vorbild ist das geordnete und gesicherte Leben der ausländischen Kaufleute, Offiziere und Techniker der »deutschen Vorstadt« Moskaus, die eindrucksvoll mit dem chaotischen Elend der russischen Hauptstadt kontrastiert. Noch bei seiner Machtübernahme im Sommer 1689 ist Peter der verspielte, ausschließlich am Kriegshandwerk interessierte Halbwüchsige. Bis zum Tod seiner Mutter (1694) bleibt er ohne politische Ambition. Zum entscheidenden Erlebnis wird ihm die russische Niederlage gegen die Türken bei Azov. Erst jetzt beginnt Peter mit der bewußten Organisation seines Staates. 1696 gelingt es der russischen Flotte unter dem Kommando seines Schweizer Freundes Lefort, die Türken entscheidend zu schlagen. Mit der Rückkehr Peters von seiner ersten Auslandsreise und der Niederwerfung des Strelitzenaufstandes von 1698 schließt das Buch. – Das zweite Buch schildert die ersten Reformwerke des Zaren und den Beginn des Nordischen Krieges. Treffend setzt es die vorausschauende Rüstungspolitik Peters dem kriegerischen Temperament des Schwedenkönigs Karl XII. (reg. 1697–1718) entgegen. Es gelingt den Schweden, das russische Heer bei Narva empfindlich zu schlagen, doch erobern die Russen das verlorene Territorium Schritt für Schritt zurück. Mit der Gründung St. Petersburgs im Jahre 1703 endet das Buch. – Die sechs Kapitel des unvollendeten dritten Teils beginnen mit der Darstellung der inneren Umgestaltung Rußlands durch die Reformtätigkeit des Zaren und das allmähliche Eindringen der westeuropäischen Kultur. Als gewichtigster Teil des Romans konzipiert, sollte das Buch, früheren Plänen zuwider, offensichtlich bis zum russischen Sieg bei Poltava (1709) fortgeführt werden.

Zu Unrecht hat die Literaturkritik des Westens versucht, Tolstojs Werk, das eine eingehende Kenntnis des historiographischen, diplomatischen und ikonographischen Quellenmaterials verrät, als Schlüsselroman auf die Gestalt Stalins zu interpretieren. Dem Roman, der am Stand der sowjetischen Geschichtswissenschaft der Zeit widerspiegelt, ist jede geschichtsphilosophische Tendenz fremd. Seine Figuren sind keine Verkörperungen von außen an den Gegenstand getragener Gedanken und Ideen, sondern mehr oder minder getreue Nachbildungen der beherrschenden Persönlichkeiten jener Zeit. »Ich habe in diesem Thema die Enträtselung des russischen Volkes und der russischen Staatlichkeit gesucht«, bekennt der Autor selbst. Nur zuweilen, und auch dann in strenger Anlehnung an die Quellen, bedient sich das Werk fiktiver Gestalten. Jede seiner Figuren ist individuell gestaltet und überzeugt durch ihre innerlich motivierte Geschlossenheit. Die Fülle der handelnden Personen und die Weite des politischen, sozialen und kulturgeschichtlichen Gesichtskreises machen den Roman zu einem reichen Monumentalgemälde der Petrinischen Epoche. Die Darstellung des Zaren selbst ist bestimmt durch die Intention des Autors, die fortschrittliche Bedeutung seiner Reformen für die Entwicklung der russischen Gesellschaft hervorzuheben. Peter erscheint als der geniale, weitblickende Staatsmann, der die Geschichte Rußlands um eine ganze Epoche vorwärtsbewegt. Das harte, oft grausame Durchgreifen des Herrschers zur Durchsetzung und Sicherung seines Werks schreibt der Roman, wenn nicht den Bedingungen von Zeit und Umwelt, so den Notwendigkeiten der Staatsräson zu. Ohne allen Zweifel überwiegt in der vielschichtigen Gestalt des Zaren das Positive, vor dem seine Gegner, etwa der Fürst Golycin, menschlich und in ihrer politischen Bedeutung verblassen. Dem Vorwurf der sowjetischen Kritik, vor allem der Romanbeginn zeichne den Zaren als unproblematischen Helden, beabsichtigte der Autor offenkundig im unvollendeten Schlußteil des Buchs Rechnung zu tragen.

Die Sprache des Werks ist anspruchslos und sparsam, dabei präzis und mitunter drastisch. Fern jeder schematischen Archaisierung und stets auf Verständlichkeit für den modernen Leser bedacht, sucht sie Atmosphäre und Kolorit durch die reichliche Verwendung des zeitgenössischen Wortschatzes wiederzugeben.

Tolstoj hat seinen Roman während der mehr als zweieinhalb Jahrzehnte seiner Entstehung mehrfach zur Grundlage literarischer Arbeiten anderer Gattung gemacht. 1929 entstand sein Drama *Na dybe (Auf der Folter)*, das, im ganzen noch Merežkovskij verpflichtet, bereits das Staatsmännische im Handeln des Zaren betont. Aus einer Umarbeitung des Stücks »*im rein realistischen Stil*« (1934) ging – als dritte Redaktion – das Drama *Pëtr Pervyj*, 1938 *(Peter I.)*, hervor. Zu gleicher Zeit und z. T. in wörtlicher Übereinstimmung mit dem Drama vollendete Tolstoj zusammen mit dem Regisseur V. Petrov das Drehbuch eines erfolgreichen gleichnamigen Films, nachdem er zwischen 1933 und 1936 eine Jugendbuchfassung seines Romans geschrieben hatte.   KLL

AUSGABEN: Moskau 1929–1945 (in *Novyj mir*; Tl. 1: 1929/30; Tl. 2: 1933/34; Tl. 3: 1944/45). – Moskau 1947. – Moskau 1959 (in *Sobr. soč.*, Hg. A. V. Alpatov u. a., 10 Bde., 1958–1961, 7; krit.; Bd. 9 enth. dramatisierte Fassg.). – Moskau 1984 (in *Sobr. soč.*, 10 Bde., 1982–1986, 7).

ÜBERSETZUNGEN: *Peter der Große*, W. E. Groeger, Lpzg. 1931 [Bd. 1]. – Dass., M. Schick, 3 Bde., Moskau 1949. – Dass., ders., Stg. 1961 [Nachw. D. Geyer].

DRAMATISIERUNG: A. N. Tolstoj, *Pëtr I. P'esa v desjati kartinach*, Moskau 1938.

VERFILMUNG: SU 1937–1939, 2 Tle. (Regie: V. Petrov).

LITERATUR: W. Mediger, *Die Begegnung Peters des*

Großen und der Kurfürstin Sophie von Hannover in der Darstellung A. N. T.s (in *Niedersächsisches Jahrbuch für Landesgeschichte*, Bd. 26, Hildesheim 1954, S. 117–148). – A. V. Alpatov, *O tret'ej knige romana A. N. T. »Pëtr Pervyj«* (in *Tvorčestvo A. N. T. Sbornik statej*, Hg. ders. u. L. M. Poljak, Moskau 1957). – A. N. Pautkin, *O jazyke romana A. N. T. »Pëtr Pervyj«* (ebd., S. 131–154). – P. P. Veselovskij, *Proizvedenija o »Petre I«* (in P. P. V., *Tvorčestvo A. N. T.*, Leningrad 1958, S. 135–183). – M. Nesterov, *Istorizm jazyka i chudožestvenno-slovesnoe masterstvo v romane A. T. »Pëtr I«* (in M. N., *Jazyk russkogo sovetskogo istoričeskogo romana*, Kiew 1978, S. 107–152).

SERGEJ MICHAJLOVIČ
TRET'JAKOV

* 20.6.1892 Goldingen / Gouvernement
Kurland
† 9.8.1939 in Haft

LITERATUR ZUM AUTOR:
V. Percov, *S. T.* (in V. P., *Pisatel' i novaja dejstvotel'nost'*, Moskau ²1961). – F. Mierau, *Tatsache und Tendenz. Der Schriftsteller S. T.* (in WB, 1972, H. 3, S. 66–97). – Ders., *Nachwort* (in S. T., *Gedichte, Stücke, Prosa*, Lpzg. 1972, S. 421–526). – Ders., *Erfindung und Korrektur. T.s Ästhetik der Operativität*, Bln. 1976. – M. Schneider, *Die operative Skizze S. T.s: Futurismus und Faktographie in der Zeit des ersten Fünfjahrplans*, Diss. Bochum 1983.

DEN ŠI-CHUA

(russ.; *Ü: Deng Schi-hua*). Bio-Interview von Sergej M. TRET'JAKOV, erschienen 1930. – *»Wir brauchen nicht auf Tolstojs zu warten, wir haben unser Epos – unser Epos ist die Zeitung.«* Mit diesen Worten umreißt der Autor in einem Aufsatz zum hundertsten Geburtstag L. TOLSTOJS *(Novyj Lev Tolstoj – Ein neuer Leo Tolstoj)* seinen Standpunkt in der in den zwanziger Jahren einsetzenden Debatte über die Bedeutung des *»klassischen Erbes«* für die Herausbildung einer sozialistischen Kultur und Kunst. Gleichzeitig enthalten sie eine der grundlegendsten Thesen der gegen Ende der zwanziger Jahre von Tret'jakov, N. ČUŽAK, O. BRIK u. a. innerhalb des LEF (Linke Kunstfront) entwickelten Programms einer faktographischen Literatur *(literatura fakta)*, das Tret'jakov in seinem »Bio-Interview« zu realisieren versucht. In seinen poetologisch-kulturpolitischen Aufsätzen polemisiert Tret'jakov vor allem gegen die *»fiktive«* Kunst, die *»um der Erholung willen ihre Zauberkünste ausübt«*, und setzt ihr die aus den Fakten des Lebens zusammengestellte Zeitung entgegen. Er kämpft gegen die Trennung von materieller und ästhetischer Aneignung der Wirklichkeit und versteht die Kunst als einen klassenbezogenen, das Leben verändernden *»Produktionsprozeß«*: *»Von der Zeitung wird der Kampf geführt gegen alles Exotische, scheinbar Unverständliche, Irrationale, Unerklärliche, gegen die Verschleierung der einfachsten und notwendigsten menschlichen Beziehungen durch geheimnisvolle Schnörkeleien … Die Zeitung lehrte mich, Tatsachen zu schätzen und sie für die literarische Produktion auszunutzen.«*
Den klassenkämpferischen, politischen Charakter des Gegensatzes von Belletristik und Faktographie erkannte der Autor insbesondere während seiner Tätigkeit als Professor an der Pekinger Nationaluniversität (1924/25) am Beispiel der westlichen China-Literatur: *»Während dieser Zeit trat mir die Verlogenheit all jener spannenden, romantischen Novellen über China … besonders kraß vor Augen. Das Märchen von dem geheimnisvollen Volk, das gefährlicher als ein Tiger sein sollte und dessen Blut sich nicht mit dem Blut eines Weißen vermischen könne, wurde absichtlich kolportiert, um die Grenze zwischen Eroberer und Sklaven aufrechtzuerhalten.«* In konsequenter Abkehr von den ästhetischen wie den ideologisch-kulturpolitischen Voraussetzungen dieser Literatur sucht Tret'jakov im Bio-Interview zum einen konkrete Information über die aktuelle Klassensituation in China bereitzustellen, zum anderen bestimmte rein reportagehafte Züge seiner früheren China-Arbeiten *(Ryči, Kitaj!*, 1926 – *Brülle, China!; Čžungo*, 1927 – *Čžungo; Li Jan uprjam*, 1927 – *Der widerspenstige Li Jan)* zu überwinden: *»Ich war bestrebt, die Geschehnisse tiefer, in ihrer Dialektik, ihrer Bewegung und Veränderung zu fassen. So entstand die Idee eines Bio-Interviews, eines großen Werkes, eigentlich eines biographischen Romans, geschrieben von einem Journalisten mit Hilfe des Interviews.«*
Ein halbes Jahr lang unterhielt sich der Autor täglich mehrere Stunden mit einem Studenten seines Pekinger Literaturseminars, dessen Biographie die Entwicklung der zeitgenössischen chinesischen Intelligenz exemplarisch widerspiegelte. Mit gezielten Fragen – *»Ich war abwechselnd Untersuchungsrichter, Vertrauensmann, Interviewer, Gesprächspartner und Psychoanalytiker«* – rekonstruierte Tret'jakov die sechsundzwanzig Lebensjahre seines Schülers und verband die hierbei gewonnenen Einsichten mit Erfahrungen, die er selbst während seines China-Aufenthalts gesammelt hatte, um aus diesem Material eine Arbeit zu erstellen, die *»nicht allein ein künstlerisches, sondern zugleich ein Forschungswerk ist«*.
Als Sohn eines mit revolutionärer Untergrundarbeit und militärischen Führungsaufgaben betrauten Kuomintang-Funktionärs wächst Deng Schihua unter der Obhut seiner Mutter und zweier Onkel in der konservativen Atmosphäre der traditionsverhafteten chinesischen Intelligenz heran. Der ältere Onkel, ein der konfuzianischen Philosophie, der Ahnenverehrung und der Monarchie ver-

pflichteter Vertreter des alten China, bereitet den jungen Deng aufs Gymnasium vor. 1912, während der Präsidentschaft von Jüan Schi-hai, dem Interessenvertreter der Großgrundbesitzer und der Kompradoren-Bourgeoisie, müssen der Gymnasiast und sein Vater vor den politischen Verfolgern flüchten. Deng taucht in einem buddhistischen Kloster unter, wo er das harte und entbehrungsreiche Leben der chinesischen Landarbeiter kennenlernt. Als die politische Lage seine Rückkehr aufs Gymnasium erlaubt, beteiligt er sich dort aktiv an der revolutionären Schülerbewegung, vor allem an den Boykottmaßnahmen gegen die Japaner. Nach dem Abschluß der Schulzeit zwingt ihn seine standesbewußte Stiefmutter zur Heirat mit einer ungebildeten Kaufmannstochter, die er nicht liebt. Seinen eigenen Willen setzt Deng dann aber in Peking durch, wo er Literatur- und Militärwissenschaften studiert, und nicht Ingenieurwissenschaften, wie der Vater es wünschte. Aus Begeisterung für die Oktoberrevolution hört er Vorlesungen über russische Literatur bei Tret'jakov. Seine politische Aktivität setzt er als Agitator fort. Ob er am Ende den Weg zur Kommunistischen Partei findet, läßt der Autor offen.

Neben dieser nach dem Zeugnis zeitgenössischer chinesischer Kommunisten exemplarischen Biographie bietet das Werk eine Fülle faktographischen, überwiegend »nichtbearbeiteten«, d. h. nicht als fabelbezogenes Kolorit eingesetzten Materials aus allen Bereichen des chinesischen Lebens: Geographische Angaben, folkloristische Details, notenschriftliche Titel und transkribierte oder kommentierte chinesische Ausdrücke unterbrechen häufig den aus der herkömmlichen Belletristik gewohnten Handlungsgang. Ihre unvermittelte Montage in den Kontext läßt diese Elemente zudem besonders auffällig hervortreten.

Das künstlerisch gelungenste Beispiel der *literatura fakta* löste eine heftige Diskussion unter den zeitgenössischen marxistischen Schriftstellern aus. In Deutschland versuchte vor allem E. OTTWALT, die hier gewonnenen Erfahrungen in seine schriftstellerische Praxis einzubeziehen. Davon zeugt sowohl sein Roman *Denn sie wissen, was sie tun* (1931) als auch der Plan, zusammen mit Tret'jakov ein Doppel-Bio-Interview zu schreiben, in dem einem sozialistischen sowjetischen ein kapitalistischer deutscher Fabrikdirektor gegenübergestellt werden sollte. Große Bedeutung hatten Tret'jakovs Arbeiten auch für die poetologische Konzeption B. BRECHTS.

Daneben entwickelte sich nicht nur bei bürgerlichen Schriftstellern wie G. BENN, sondern auch in der von der RAPP (Russische Vereinigung Proletarischer Schriftsteller) beherrschten sowjetischen Literaturkritik und in der Leitung des deutschen BPRS (Bund Proletarischer Revolutionärer Schriftsteller) eine heftige Opposition gegen das Literaturkonzept Tret'jakovs. Vor allem G. LUKÁCS warf dem Autor des Bio-Interviews eine Fetischisierung der Dinge vor, die zu einer Mischung von Naturalismus und Neuer Sachlichkeit führe.

Glaubte A. KURELLA 1958 konstatieren zu können, die Entwicklung des Sozialistischen Realismus habe »*die Thesen der Faktographen widerlegt*«, so kann V. CHOMA auf faktographische Tendenzen in der neueren Sowjetliteratur verweisen: auf die Dramen M. ŠATROVS und den wachsenden Anteil der Dokumentarprosa bei V. SOLOUCHIN, O. BERGGOL'C, I. ÉRENBURG, V. ŠKLOVSKIJ, L. GINSBURG, A. ČAKOVSKIJ u. a.   H.J.S.

AUSGABEN: Moskau 1930. – Moskau 1962. – Moskau 1963.

ÜBERSETZUNG: *Den Schi-Chua. Ein junger Chinese erzählt sein Leben. Bio-Interview*, A. Kurella, Bln. 1932. – *Deng Schi-hua. Ein chinesischer Student erzählt sein Leben*, ders., Bln. 1958 [m. Vorw.]. – Dass., ders., Bln. 1988.

LITERATUR: V. Šklovskij, *Neskol'ko slov o četyrechstach millionach* (in Novyj Lef, 1928, H. 3). – *Literatura fakta. Pervyj sbornik materialov rabotnikov LEFa*, Hg. N. N. Čužak, Moskau 1929; Nachdr. Bochum 1971; Mchn. 1972. – B. Olden, *Die Memoiren eines jungen Chinesen* (in Das Tagebuch, 1932, H. 32). – R. Huelsenbeck, *T.: »Den Schi-Chua«* (in Die Literarische Welt, 1932, H. 32). – G. Lukács, *Erzählen oder Beschreiben* (in Internationale Literatur, 1936, H. 12). – V. Choma, *Od futurizmu k literature faktu*, Preßburg 1972, S. 161 bis 210.

RYČI, KITAJ!

(russ.; *Ü: Brülle, China!*). Schauspiel in neun Bildern von Sergej M. TRET'JAKOV, Uraufführung: Moskau 1926. – Im Gegensatz zu zeitgenössischen Versuchen, die Entlarvung des internationalen Kapitalismus und die Herleitung der Notwendigkeit der Weltrevolution mit Hilfe des abstrakt-exemplarischen Theaters zu bewältigen (A. LUNAČARSKIJ, A. TOLSTOJ, A. FAJKO), bedient sich das erfolgreiche Agitationsstück des aus der LEF-Gruppe (entst. 1923) hervorgegangenen Autors ausschließlich realistischer Mittel. Die Handlung des Dramas spielt in einer chinesischen Hafenstadt. Sie beschreibt den Ausbruch einer Rebellion chinesischer Kulis, die aus ihrer inneren Gesetzmäßigkeit in die proletarische Revolution münden muß. Chinesische Hafenarbeiter löschen die Fracht eines Dampfers, welche der amerikanische Unternehmer Hall einem chinesischen Geschäftspartner verkaufen will. Hall hat den Kulis 20 Cents für ihre Arbeit versprochen. Als er jedoch erfährt, daß die Chinesen ihre Arbeiter mit der Hälfte des Geldes abzuspeisen pflegen, sucht er den vereinbarten Lohn auf 10 Cents herabzusetzen. Während Hall mit einem britischen Kanonenboot mit einem englischen Geschäftsmann zusammentrifft, kommt es zur offenen Auflehnung der Arbeiter. Hall eilt auf einem chinesischen Boot in den Hafen zurück, stürzt jedoch während der Auseinandersetzung über den

Fahrpreis über Bord und ertrinkt. Die Vertreter der Kolonialmächte deuten den Unfall als vorsätzlichen Mord. Der Kapitän des britischen Kriegsschiffes fordert als Genugtuung den Tod des Schuldigen oder, falls dieser nicht gestellt werden kann, die Enthauptung zweier chinesischer Schiffer an seiner Statt. Er unterstreicht seine Forderung mit der Drohung, widrigenfalls die Stadt zu beschießen. Gnadengesuche lehnt er ab, gestattet jedoch zynisch, die Unschuldigen zu hängen, damit sie ihres Kopfes nicht verlustig gehen. Die Hinrichtung der Schiffer wird zur Initialzündung der Revolution: *»Millionen werden sich erheben! ... Das Volk wird sich erheben ... Hinaus aus unserem China! ... Brülle, China!«*

Das Schauspiel erhebt sich beträchtlich über das Niveau des in den zwanziger Jahren aufblühenden sowjetischen Agitationstheaters, das in dem Bemühen, den Massen das sozialistische Gedankengut nahezubringen, die Gesetzmäßigkeit der proletarischen Revolution gemeinhin nach vorgefaßten Schemata abhandelte. Obwohl die Charaktere des Dramas innerhalb der klischeehaften Schwarzweißmalerei von Gut und Böse verbleiben und obwohl das Wechselspiel von Ursache und Wirkung in der gesellschaftlichen Entwicklung kaum in seiner dialektischen Vielfalt dargelegt ist, vermag die effektvolle Handlung durch ihre Dynamik die Schwächen des Stückes zu überdecken. Dem Chinakenner Tret'jakov ist es insbesondere meisterhaft gelungen, die brodelnde Atmosphäre der chinesischen Hafenstadt einzufangen.   M.Gru.

AUSGABEN: Moskau 1926. – Moskau 1966 (zus. m. *Protivogazy* u. *Slyšiš', Moskva?!*).

ÜBERSETZUNG: *Brülle, China!*, L. Lania, Bln. 1929. – Dass., ders. (in *Russisches Theater des 20. Jh.s*, Hg. J. Schondorff, Mchn. 1960).

SLYŠIŠ', MOSKVA?!

(russ.; *Hörst Du, Moskau?!*). Agit-Guignol in vier Akten von Sergej M. TRET'JAKOV, Uraufführung: Moskau, 7. 11. 1923, Pervyj rabočij teatr Proletkul'ta. – Dieses »Agit-Guignol« stellt neben V. MA-JAKOVSKIJS *Misterija-buff*, 1918 (*Mysterium buffo*), und den anderen Agitationsstücken des Autors einen Höhepunkt in dem Bemühen um die Revolutionierung der Bühnenkunst und um eine neue Form literarischer Agitation dar. Literarhistorisch sind seine Impulse weit über das sowjetische Theater hinaus wirksam geworden: so vor allem für die Dramatik B. BRECHTS, der in späteren Jahren mit Tret'jakov zusammenarbeitete. Als Novum führt das Stück die Kontrapunktik von grotesken Bühnengestalten und realen Personen, von grotesker Szenerie und aktuellem Handlungsbezug ein (daher die Gattungsbezeichnung). Der berühmte Filmregisseur Sergej EJZENŠTEJN (1898—1948), der dieses Stück inszenierte, bezeichnete das als Prinzip der »*Montage der Attraktionen*« (»montaž

attrakcionov«) – die Grundlage seiner kurz darauf folgenden ersten Filmkompositionen.

Die künstlerische Konzeption des Stücks ist der Kunsttheorie des LEF verpflichtet und bereitet die Entwicklung des Autors zum Vertreter der aus dem LEF hervorgegangenen »Faktenliteratur« (*literatura fakta*) vor. Anstelle psychologisch gestalteter Helden werden in plakativen Strichen gezeichnete Typen entworfen, die in kurzen Akten die Thesen der Agitation demonstrieren. Ausbeutende und ausgebeutete Klasse stehen einander in Gestalt ihrer exemplarischen Repräsentanten gegenüber: auf der einen Seite der Provinzgouverneur, Großgrundbesitzer und Fabrikant Graf Stal' (Stahl) und seine »*Speichellecker*«, die Kokotte Marga, der Dichter Grabbe und der Künstler Grubbe, ferner der Polizeipräfekt, der Bischof, der Chef der gelben Sozialisten Furc (Furz), der Vertreter des amerikanischen Bankkapitals Mr. Paund (Pound) sowie der Provokateur Stumm (Stumm), auf der anderen Seite die Mitglieder des kommunistischen Aktivkomitees: der Sekretär des Streikkomitees Kurt und sein Bruder Hugo, der Metallarbeiter Zorn, die Textilarbeiterin Elli, der Bergarbeiter Dik, der Künstler Fred und der Schauspieler Hubert. Als Zeit der Handlung werden *»unsere Tage«* angegeben. Anspielungen machen deutlich, daß die revolutionären Ereignisse in Deutschland im Jahre 1923 den historischen Hintergrund des Stücks bilden. Gleichzeitig wird die Handlung mit dem Anlaß der Uraufführung, dem sechsten Jahrestag der Oktoberrevolution, verbunden: Die Vertreter der herrschenden Klasse planen, Arbeiterdemonstrationen zum Revolutionstag durch ein Volksfest zu verhindern, auf dem das bronzene Standbild des »Eisernen Grafen« – Vorfahr des Grafen Stahl und Trutzsymbol der Herrschenden – enthüllt werden soll. Unter Einsatz von Leben und Freiheit gelingt es den Arbeitern unter Führung der Kommunisten, die »Feier« umzufunktionieren. Statt des Grafenstandbildes erscheint ein Kolossalporträt Lenins, und der Aufstand bricht los. Das Stück schließt mit der an den Zuschauer gerichteten Frage *»Moskau! Hörst Du, Moskau?!«*, welche den Agitationszweck, die Aktivierung des Publikums, auslösen soll.

Die Uraufführung des Stücks schloß mit dem Gesang der Internationale, der Bühne und Publikum vereinte. Mit dem Sieg der Arbeiter über die Herrschenden demonstriert das Stück die Niederlage der bourgeoisen Kunst als einer wesentlichen Stütze der bürgerlichen Gesellschaft, um so die These des LEF von der Notwendigkeit einer neuen Kunst zur Festigung der Revolution und der internationalen Organisation der fortschrittlichen Künstler zur Vorbereitung der Weltrevolution zu untermauern.   H.J.S.

AUSGABEN: Moskau 1924. – Moskau 1966 [zus. m. *Ryči, Kitaj!* u. *Protivogazy*].

LITERATUR: A. Kručennych, *Lef-agitki Aseeva, Majakovskogo*, *T.*, Moskau 1925. – S. Margolin, *Pervyj rabočij teatr Proletkul'ta*, Moskau 1930.

JURIJ VALENTINOVIČ TRIFONOV

* 28.8.1925 Moskau
† 28.3.1981 Moskau

LITERATUR ZUM AUTOR:
R. Schröder, *Ju. T., seine Erforschung der revolutionären Ungeduld und der polyphone Roman in der Sowjetliteratur* (in Ju. T., *Ungeduld*, Bln./DDR 1975, S. 401–411). – N. Shneidman, *Ju. T. and the Ethics of Contemporary Soviet City Life* (in Canadian Slavonic Papers, 1977, Nr. 3, S. 335–351). – A. Kaempfe, *Der politische Status der sowjetischen Schriftsteller – am Beispiel Ju. V. T.*, Mchn. 1979. – I. Velembovskaja, *Simpatii i antipatii Ju. T.* (in Novyj mir, 1980, Nr. 9). – R. Schröder, *Gespräch mit Ju. T., Ein »Roman mit der Geschichte«* (in WB, 1981, H. 8, S. 133–169). – W. Beitz, *Alltäglichkeit und Geschichte. Die Prosa Ju. T.s* (in *Was kann denn der Dichter auf Erden*, Hg. A. Hiersche u. E. Kowalski, Bln./DDR 1982, S. 410–427). – S. Jerjomina u. W. Piskunow, *Zeit und Ort der Prosa Ju. T.s* (in Kunst und Literatur, 1982, Nr. 8, S. 839–859). – B. Pankin, *Im Kreis oder auf einer Spirale* (in B. P., *Strenge Literatur*, Bln./DDR 1982, S. 147–194). – V. Golovskoj, *Nravstvennye uroki Trifonovskoj prozy* (in Russian Language Journal, 1983, Nr. 3, S. 147–164). – T. Patera, *Obzor tvorčestva i analiz moskovskich povestej Ju. T.*, Ann Arbor/Mich. 1983. – N. Ivanova, *Proza Ju. T.*, Moskau 1984. – W. Beitz, *Epochenwidersprüche und Konfliktgestaltung bei Tendrjakov, T. und Granin* (in WB, 1985, H. 5, S. 814–836). – I. Dedkov, *Vertikali Ju. T.* (in Novyj mir, 1985, Nr. 8, S. 220–235). – F. Kuznecov, *Ju. T.* (in *Literatur sozialistischer Länder*, Bd. 2, Bln./DDR 1985, S. 332–347). – A. Šitov u. O. Trifonova-Mirošničenko, *Ju. T., 1925–1981 gg., Učebno-metodičeskaja razrabotka po kursu literaturno-chudožestvennoj kritiki*, Moskau 1985. – S. Baruzdin, *Neodnoznačnyj T.* (in Družba narodov, 1987, Nr. 10, S. 255–262). – Ju. Okljanskij, *Ju. T., Portret-vospominanie*, Moskau 1987. – G. Hoffmann, *Narrative Structures in the Later Prose of Ju. T.*, Diss. Bryn Mawr/Penn. 1988. – V. Kardin, *Aufzeichnungen über Ju. T.* (in Kunst und Literatur, 1988, Nr. 6, S. 741–759). – Ders., *Vremena ne vybirajut* (in V. K., *Obretenie*, Moskau 1989, S. 7–67). – C. de Maegd-Soëp, *T. and the Drama of the Russian Intelligentsia*, Gent/Brugge 1990 [m. Bibliogr.]. – E. Thiele, *Ju. V. T.* (in KLFG, 22. Nlg., 1990).

DOLGOE PROŠČANIE

(russ.; *Ü: Langer Abschied*). Novelle von Jurij V. TRIFONOV, erschienen 1971. – Die dritte der sog. »Moskauer Novellen« spielt in den frühen fünfziger Jahren und handelt vom »langen Abschied« des erfolglosen Schriftstellers Griša Rebrov von seiner langjährigen Lebensgefährtin Ljalja Teplenëva. Ljalja ist eine ehrgeizige Schauspielerin, was nicht zuletzt auf den Einfluß ihrer Mutter zurückzuführen ist, die keine Mühe scheut, um der Tochter zum Erfolg zu verhelfen. Nur aus Rücksicht auf sie bleiben Rebrov und Ljalja unverheiratet, denn die Mutter steht auf dem Standpunkt, daß nur ein einflußreicher und wohlhabender Mann für Ljalja in Frage kommt. Bei einer Premierenfeier lernt Ljalja den Dramatiker Smoljanov kennen; kurz darauf geht sie ein Verhältnis mit ihm ein. Er ist kein großes schriftstellerisches Talent, doch er versteht es, die aktuellen Themen auf die Bühne zu bringen. Zudem beherrscht er die Kunst der Beziehungen und der Korruption. Ljaljas Liaison mit dem gefragten Autor, der seine Fäden überall zu knüpfen versteht, ebnet ihr den Weg zu immer besseren Rollen im Theater und schließlich zu Filmangeboten. – Von dem erfolglosen Rebrov hingegen zieht sich Ljalja immer mehr zurück. Er wiederum verurteilt jeglichen Opportunismus und steht Ljaljas Kollegen ablehnend gegenüber. Die meiste Zeit verbringt er in der Leninbibliothek, wo er für ein Theaterstück über Ivan Pryšov, einen Revolutionär der 1860er Jahre und Anhänger des Terroristen Nečaev recherchiert (Nečaevs Tod ist die Vorlage für F. DOSTOEVSKIJS Besy, 1872 – Die Dämonen). Dabei wird er allerdings stets von Selbstzweifeln heimgesucht: »Alles zu nichts nutze. Irgendein schweres Rauschmittel.« Von Ljaljas Verhältnis mit dem Erfolgsautor erfährt er erst, als sie mit Smoljanov bricht, weil er sie mit einem seiner Förderer verkuppeln wollte. Smoljanov versucht Ljalja zurückzugewinnen, indem er Rebrov seine Hilfe anbietet; Rebrov weist dies aber zurück, verläßt Ljalja und reist noch am selben Abend nach Sibirien ab. Am fünften Tag der Zugfahrt werden die Passagiere durch die Nachricht vom Tod eines wichtigen Mannes überrascht, und obwohl dessen Name nicht genannt wird, besteht kein Zweifel daran, daß es sich um Stalins Tod handelt.
Die Haupthandlungslinie erstreckt sich somit vom Sommer 1951 bis zum März 1953. Sie ist umrahmt durch zwei kurze Passagen, die auf das Jahr 1970 datiert sind. *»Damals, vor achtzehn Jahren, gab es an dieser Stelle sehr viel Flieder«*, heißt es im ersten Satz des Buches; und einige Sätze später: *»Doch das ist nun alles lange her. Wo der Flieder wuchs, steht heute ein siebenstöckiges Haus.«* An dieser Stelle stand auch jenes Haus, das Ljaljas Vater, dem demobilisierten Rotarmisten Pëtr Teplenëv, im Jahre 1922 zugeteilt wurde. Dort hatte er mit großer Hingabe Blumen gezüchtet, bis sie, ähnlich wie die Kirschgarten in A. ČECHOVS Višnëvyj sad (1904), dem »Fortschritt« weichen mußten. In zahlreichen Reminiszenzen blickt Ljaljas Vater auf sein Leben von 1917 bis 1952 zurück und läßt dabei – auf typisch Trifonovsche Art – ein Stück sowjetischer Geschichte, die an den Schicksalen der durch Repression und Krieg gezeichneten Verwandten und Freunde verdeutlicht wird, am Leser vorbeiziehen. In der Schlußpassage fährt Ljalja am Ort ihrer Kindheit

vorüber und erinnert sich an Rebrov und die Ereignisse, die nun 18 Jahre zurückliegen. Ljalja hat inzwischen einen Militär geheiratet; Rebrov, der ein erfolgreicher Drehbuchautor und unverbesserlicher Schürzenjäger geworden ist, hat bereits zwei Ehen hinter sich. Nicht nur die Einfamilienhäuser der Moskauer Vorstädte sind der Vergessenheit anheimgefallen, sondern auch die Erinnerung an die eigene Vergangenheit, v. a. an die Stalinzeit, die für Ljalja und Rebrov eine behütete Kindheit, aber auch eine Zeit des Schreckens bedeutete (dies wird durch das »Verschwinden« der Nachbarn Rebrovs und den ungeklärten Tod von dessen Vater angedeutet). Die »äsopische Sprache«, die C. de MAEGD-SOÉP und T. SEIFRID in Trifonovs Werk feststellen, spielt auch hier eine offenkundige Rolle: Rebrovs »langer Abschied« von Ljalja ist zugleich ein Abschied von der Stalinzeit, die zum Publikationszeitpunkt des Romans in der sowjetischen Literatur ein Tabu war. Die zeitgenössischen Kritiker (etwa M. SINEL'NIKOV) reagierten entsprechend ablehnend; erst deren Nachfolger (u. a. T. Seifrid) wiesen darauf hin, daß der Zwang zur indirekten Darstellung den »äsopischen« Werken Trifonovs zu allgemeinerer menschlicher Gültigkeit und damit auch einem höheren literarischen Niveau verholfen hat.   H.Mey.

AUSGABEN: Moskau 1971 (in Novyj mir, Nr. 8). – Moskau 1973. – Moskau 1986 (in *Sobr. soč.*, 4 Bde., 1985–1987, 2). – Moskau 1988 (in *Moskovskie povesti*).

ÜBERSETZUNGEN: *Langer Abschied*, E. Thiele, Bln./DDR 1975. – Dass., S. List, Darmstadt/Neuwied 1976; ern. 1986 (SLu). – Dass., E. Thiele (in *Moskauer Novellen*, Lpzg. 1976; RUB). – Dass., A. Kaempfe (in *Moskauer Novellen*, Darmstadt/Neuwied 1980; SLu). – Dass., E. Thiele (in *AW*, Hg. R. Schröder, Bd. 2, Bln./DDR 1983).

LITERATUR: M. Sinel'nikov, Rez. (in Voprosy literatury, 1972, Nr. 2, S. 46–62). – M. Gus, Rez. (in Znamja, 1972, Nr. 8, S. 223–226). – M. Reich-Ranicki, Rez. (in FAZ, 3. 4. 1974). – A. Pakalnis, Rez. (in Pergale, 1976, Nr. 4, S. 177–179). – B. Pankin, *Po krugu ili po spirali? O povestjach Ju. T. »Obmen«, »Predvaritel'nye itogi«, »Drugaja žizn'«, »Dolgoe proščanie«, »Dom na naberežnoj«* (in Družba narodov, 1977, Nr. 5, S. 238–253; auch in B. P., *Strogaja literatura*, Moskau ²1982, S. 138–178). – R. Neuhäuser, *Die zeitgenössische russische Novelle am Beispiel von Ju. T.s »Dolgoe proščanie« (»Langer Abschied«)* (in Slavistična revija, 29, 1981, Nr. 4, S. 561–572). – C. Partridge, *T.'s The Moscow Cycle. A Critical Study*, Lewiston u. a. 1990.

DOM NA NABEREŽNOJ

(russ.; *Ü: Das Haus an der Moskwa*). Kurzroman von Jurij V. TRIFONOV, erschienen 1976. – Der Roman setzt im Jahr 1972 ein, als der Literaturwissenschaftler Vadim Glebov in einem heruntergekommenen Arbeiter einen ehemaligen Schul- und Studienfreund wiedererkennt. Die Erscheinung des vorzeitig gealterten und vom Alkohol gezeichneten Levka Šulepnikov, der vorgibt, Glebov nicht zu kennen, kontrastiert mit Glebovs Erinnerung an seinen einst so umschwärmten und erfolgreichen Gefährten früherer Zeiten. In der darauffolgenden schlaflosen Nacht wird Glebov von den Erinnerungen an Kindheit und Jugend in den dreißiger und vierziger Jahren heimgesucht. Diese Rückblende macht den zentralen Handlungsstrang des Romans aus: Glebov wächst in einer engen Gemeinschaftswohnung am Ufer des Flusses Moskva auf, verbringt aber viele Stunden bei Klassenkameraden im benachbarten Hochhaus. Hier – es handelt sich übrigens um ein allen Moskauern bekanntes Gebäude in der Serafimovičstraße, in dem Trifonov selbst, der Sohn eines Altbolschewiken, aufwuchs – wohnen Vertreter der sowjetischen Elite: Minister, Literaten, Wissenschaftler und hohe Parteifunktionäre, darunter auch Šulepnikovs Stiefvater. Die Vorteile, die Šulepnikov aus der privilegierten Stellung seines Stiefvaters zieht, nutzt er gegenüber seinen Schulkameraden aus: Herrisch wählt er seine Anhänger, die ihm hingebungsvoll folgen – die übrigen werden ausgeschlossen. Glebov beneidet seinen Freund Šulepnikov um dessen Selbstsicherheit und sein Elternhaus, ist aber bestrebt, seine Unabhängigkeit zu bewahren.

Der Krieg trennt die beiden, doch 1947 treffen sie sich am Moskauer Institut für Literaturwissenschaft wieder. Um den noch immer vom Schicksal begünstigten Šulepnikov schart sich Moskaus *jeunesse dorée*. Glebov steht Šulepnikov, den er für einen Opportunisten hält, nach wie vor zwiespältig gegenüber. Aber auch er sorgt für seinen Vorteil, indem er sich um die Freundschaft einer ehemaligen Schulkameradin, Sonja Gančuk, deren Vater eine führende Position am Institut innehat, bemüht. Er wird zum häufigen Gast in Professor Gančuks Wohnung, die sich ebenfalls in dem besagten Haus an der Moskva befindet. Damit löst Gančuk Šulepnikov als Gönner ab; das Haus wird zum Sinnbild dessen, was Glebov im Leben begehrt.

Professor Gančuk gehörte in den zwanziger und dreißiger Jahren zu denjenigen, die skrupellos für die harte Linie der Partei gegen »kleinbürgerliche« und »anarchistische« Elemente in der sowjetischen Literatur eintraten. Nun aber ist seine Position am Institut durch die nachrückende jüngere Generation gefährdet. Es wird eine Institutsversammlung einberufen, die Gančuk zu Fall bringen soll. Man will sich Glebovs bedienen, der weder seine Beziehung zu Sonja Gančuk noch seine Freundschaft mit dem Professor opfern möchte, der aber andererseits die eigene Karriere durch eine Verteidigung des Professors, »dessen Schicksal ohnehin besiegelt ist«, nicht aufs Spiel setzen will. Er entschließt sich zu einem Schritt, den er bis zu seiner Begegnung mit Šulepnikov aus seinem Gedächtnis verdrängt hat: Er unterläßt es, Gančuk zu verteidigen, und benutzt den Tod seiner Großmutter als Vorwand, nicht auf der Versammlung zu erscheinen. Aufgrund von für die Stalinzeit typischen Anschuldigungen wie »*vaterlandslose Haltung*« und »*Formalismus*« verliert Gančuk seine Stellung. Glebov paßt sich schnell der neuen Situation an: Er arrangiert sich mit der neuen Leitung des Instituts und betrachtet die Verlobung mit Sonja als gelöst. Šulepnikov dagegen, der in jener Versammlung den Professor denunziert hat, wird hinterher von Gewissensbissen geplagt (»*Wie Vieh haben wir uns benommen*«). Damit beginnt sein Abstieg; er wird zum Alkoholiker.

Vom Standpunkt des angesehenen Wissenschaftlers Glebov aus – drei Jahrzehnte später – »*kann all das niemals geschehen sein*«. So schildert Trifonov die bequemen Gedächtnislücken, mit denen ein angepaßter Intellektueller auf die Jahre der stalinistischen Herrschaft reagiert. Dabei geht der Autor aber über die spezifisch sowjetische Problematik hinaus: Angeprangert wird jegliches individuelle und kollektive Unvermögen, sich die Schuld einzugestehen. In einem Interview äußerte sich Trifonov zu dem in seinem Werk allgegenwärtigen Thema »*Zeit als Gedächtnis*«: »*Die Zeit ist ein geheimnisvolles Phänomen; sie zu verstehen und zu schildern ist ebenso schwierig wie die Schilderung der Ewigkeit. Doch die Zeit ist das, worin wir jeden Tag, jede Minute baden ... Ich möchte, daß der Leser versteht: Dieser geheimnisvolle ›verbindende Faden der Zeiten‹ läuft durch uns alle hindurch, und dies ist der Nerv der Geschichte.*«

Der anonyme Erzähler, von Beruf Historiker, tritt in der Rahmenhandlung als Bekannter der handelnden Personen auf. Er begleitet im Jahre 1974 den 86jährigen Gančuk zum Grab der frühverstorbenen Sonja. Dort begegnen sie dem nun als Friedhofswärter arbeitenden Šulepnikov, der inzwischen unter einem anderen Namen lebt. Am Ende des Romans werden die Schicksale der zwei Hauptfiguren einander gegenübergestellt: Der wohlgenährte, erfolgreiche Glebov auf der Fahrt zu einer Konferenz nach Paris und Šulepnikov, »*in einer abgetragenen Lederjacke aus den vierziger Jahren*«, der auf seiner Heimfahrt vom Friedhof »*wie gewohnt*« zum Fenster seiner ehemaligen Wohnung im Hochhaus am Moskva-Ufer hinaufschaut. Während Glebov jahrzehntelang die Erinnerung verdrängte, wurde Šulepnikov sein ganzes Leben lang davon gequält. – Trifonovs Roman wurde zur Zeit seiner Veröffentlichung von der offiziellen sowjetischen Kritik zurückhaltend aufgenommen; einerseits wegen seines brisanten Stoffes, der u. a. den Mythos des Altbolschewiken (in der Figur Gančuks) entweiht, andererseits wegen seiner offenen, sich nicht auf eine Wertung festlegenden Struktur. Erst nach dem Tod Trifonovs und zehn Jahre nach dem ersten Abdruck in einer Zeitschrift durfte das Werk in der Sowjetunion wieder erscheinen.

H. Mey.

AUSGABEN: Moskau 1976 (in Družba narodov, Nr. 1). – Ann Arbor/Mich. 1983. – Moskau 1986 (in *Sobr. soč.*, 4 Bde., 1985–1987, 2). – Moskau 1988 (in *Moskovskie povesti*)..

ÜBERSETZUNGEN: *Das Haus an der Moskwa*, A. Kaempfe, Mchn. 1977; ern. 1989. – Dass., ders., Reinbek 1979 (rororo). – *Das Haus an der Uferstraße*, E. Thiele (in *AW*, Hg. R. Schröder, Bd. 3, Bln./DDR 1983). – Dass., ders., Bln./DDR 1990.

DRAMATISIERUNG: Moskau 1980 (Urauff.: 12. 6. 1980, Moskovskij teatr dramy i komedii na Taganke; Regie: Ju. Ljubimov).

LITERATUR: V. Dudincev, Rez. (in Literaturnoe obozrenie, 1976, Nr. 5, S. 48–52). – L. Anninskij, Rez. (in Don, 1977, Nr. 2, S. 157–160). – P. Jokostra, Rez. (in Die Welt, 18. 6. 1977). – W. Werth, Rez. (in SZ, 16. 7. 1977). – W. Kasack, Rez. (in FAZ, 30. 8. 1977). – G. Leech-Anspach, Rez. (in Tagesspiegel, 11. 12. 1977). – B. Pankin, *Po krugu ili po spirali? O povestjach Ju. T.* »*Obmen*«, »*Predvaritel'nye itogi*«, »*Drugaja žizn'*«, »*Dolgoe proščanie*«, »*Dom na naberežnoj*« (in Družba narodov, 1977, Nr. 5, S. 238–253; auch in B. P., *Strogaja literatura*, Moskau ²1982, S. 138–178). – S. McLaughlin, *Ju. T.'s »House on the Embankment«: Narration and Meaning* (in SEEJ, 4, 1982, S. 419–433). – Dies., *Ju. T.'s »Dom na naberežnoj« i F. Dostoevsky's »Prestuplenie i nakazanie«* (in Canadian Slavonic Papers, 24, 1983, Nr. 2, S. 275–283). – S. Gelhard, *Die Dramatisierung von Ju. V. T.s Roman »Das Haus an der Moskwa« am Moskauer Taganka Theater*, Mainz 1984. – T. Seifrid, *T.'s »Dom na naberežnoj« and the Fortunes of Aesopian Speech* (in Slavic Review, 49, 1990, Nr. 4, S. 611–624).

DRUGAJA ŽIZN'

(russ.; Ü: *Das andere Leben*). Novelle von Jurij V. TRIFONOV, erschienen 1975. – Einige Monate nach dem plötzlichen Tod ihres Mannes Sergej wird die vierzigjährige Ol'ga von dem Gedanken aus dem Schlaf gerissen, daß sie möglicherweise am Ableben ihres Mannes Schuld tragen könnte. Indem sie ihre Ehe einer Analyse unterzieht, versucht sie, eine Antwort auf diese Frage zu finden und zugleich mit dem frühen Tod des Ehepartners fertig zu werden (Trifonov schrieb den Roman z. T. als Reaktion auf den Tod seiner ersten Frau). Über Leben und Persönlichkeit der Hauptfigur, des Historikers Sergej Troickij, erfährt der Leser also meist aus der in der dritten Person wiedergegebenen Perspektive Ol'gas; damit rückt das für Trifonov wesentliche Problem der Erinnerung und der Subjektivität der Wahrheit wieder einmal in den Vordergrund.

Ol'ga, eine nüchterne und praktisch denkende Biochemikerin, versucht den begabten Sergej dazu zu bewegen, Karriere zu machen. Doch sie stößt dabei auf Widerstand, denn Sergej weigert sich, unterwürfig und intrigant zu werden. Er versteht sich nicht auf Ränkeschmieden und identifiziert sich nicht mit den herrschenden Vorstellungen von

Karriere und Glück. Ol'ga wiederum empfindet Sergej als lebensuntüchtig, ungeschickt und im Umgang mit Menschen allzu scheu. Indem sie vorgibt, ihn anspornen zu wollen, versucht sie ihn völlig zu dominieren. In Wirklichkeit aber ist sie die innerlich Unselbständige; aus dieser Unselbständigkeit heraus nimmt sie Sergej jeden Lebensraum, fordert seine bedingungslose Hingabe. – Sergej arbeitet an einem geschichtsphilosophischen Traktat, das besagt, daß nicht Gott dem Menschen Unsterblichkeit verleihe, sondern ein »Faden«, der sich durch jedes Individuum zieht und der zugleich der hauchdünne Nerv der Geschichte ist. Auch in diesem Fall steht Ol'ga ihrem Mann verständnislos gegenüber, denn ihre materialistische Sicht der Dinge schließt jedwede Vorstellung eines Lebens nach dem Tod aus. Gegenstand von Sergejs Abhandlung ist ferner die »Ochrana« (die zaristische Polizei) in der Zeit zwischen 1910 und 1917. Dieses Thema ist v. a. deswegen heikel, weil die Zensur etwaige Enthüllungen über die bolschewistischen Revolutionshelden oder über die Übernahme der Methoden der »Ochrana« durch den KGB niemals dulden würde. Damit wird Sergej zur Zielscheibe der Angriffe seiner karrierebewußten Kollegen, die es als ihre »patriotische« Pflicht ansehen, gegen Sergejs Projekt Einwände zu erheben. Ol'ga schließt sich dieser Opposition an, indem sie ihren Mißmut über Sergejs Betätigung äußert *(»Was bist du – ein Historiker oder ein Privatdetektiv?«)*. Unter dem Druck dieser Angriffe wendet sich Sergej zunehmend dem Spiritualismus und der Parapsychologie zu. Doch er stirbt, bevor es ihm gelingt, ein neues, seinen wahren Neigungen und Bedürfnissen entsprechendes Leben zu beginnen.
Der Titel des Romans ist mehrdeutig: Er bezieht sich auf Sergejs »anderes Leben«, das durch seinen Tod verhindert wurde. Auch die Ehe wird in der Trifonovschen Darstellung zur Konfrontation mit einem »anderen Leben«, einer anderen Welt. Je mehr sich Ol'ga an Sergej klammert, desto deutlicher wird es, wie weit sie von ihm entfernt ist. Sie ist der Auseinandersetzung mit dem »anderen Leben« nicht gewachsen. Man kann aber den Titel auch politisch auslegen: Sergejs Abhandlung ist indirekt eine Auseinandersetzung mit dem Tabuthema Stalin, denn es gibt eine Theorie, daß auch Stalin vor dem bolschewistischen Umsturz als Doppelagent gearbeitet habe. Daß sich Ol'ga und Sergej im Todesjahr Stalins (1953) kennengelernt haben, ist wohl auch kein Zufall: Ihre Ehe symbolisiert die Schwierigkeiten eines Neubeginns, eines »anderen Lebens« in der poststalinistischen Ära. Dieser politische Aspekt ist den zeitgenössischen Kritikern der restaurativen Brežnev-Ära nicht entgangen: Die konservativen unter ihnen schlossen sich gleichsam den feindseligen Kollegen Sergejs an und bezeichneten ihn als lebensuntüchtigen Taugenichts, während die eher liberalen die volle Komplexität der Problematik zumindest ansatzweise erkannten. Erst Ende der achtziger Jahre hat man begonnen, diesen mehrschichtigen psychologischen Roman gebührend zu analysieren.   KLL

AUSGABEN: Moskau 1975 (in Novyj mir, Nr. 8). – Moskau 1976. – Moskau 1986 (in *Sobr. soč.*, 4 Bde., 1985–1987, 2). – Moskau 1988 (in *Moskovskie povesti*).

ÜBERSETZUNGEN: *Das andere Leben*, A. Kaempfe, Mchn. 1976. – Dass., E. Thiele, Bln./DDR 1978. – Dass., A. Kaempfe, Reinbek 1981 (rororo). – Dass., E. Thiele (in *AW*, Hg. R. Schröder, Bd. 3, Bln./DDR 1983). – Dass., A. Kaempfe, Mchn. 1989.

LITERATUR: L. Fink, Rez. (in Literaturnaja gazeta, 29. 10. 1975, S. 4). – L. Anninskij, Rez. (in Don, 1977, 2, S. 157–160). – N. Tjul'pinov, Rez. (in Zvezda, 1976, Nr. 2, S. 216–218). – V. Solov'ev, Rez. (in Literaturnoe obozrenie, 1976, Nr. 2, S. 38–40). – V. Dudincev, Rez. (ebd., 1976, Nr. 4, S. 52–57). – W. Werth, Rez. (in SZ, 9. 12. 1976). – R. Baumgart, Rez. (in Die Zeit, 17. 12. 1976). – M. Gregor-Dellin, Rez. (in FAZ, 31. 12. 1976). – B. Pankin, *Po krugu ili po spirali? O povestjach Ju. T. »Obmen«, »Predvaritel'nye itogi«, »Drugaja žizn'«, »Dolgoe proščanie«, »Dom na naberežnoj«* (in Družba narodov, 1977, Nr. 5, S. 238–253; auch in B. P., *Strogaja literatura*, Moskau ²1982, S. 138–178). – W. Beitz, *Ju. T.: »Das andere Leben«* (in WB, 1979, H. 5, S. 117–124). – B. Mai, *Die Suche nach dem »anderen Leben« in den Werken Ju. T.s* (in ZfSl, 27, 1982, Nr. 4, S. 611–618). – A. Schneider, *Zum Bild der Frau in der modernen russischen Literatur. Dargestellt an Ju. T.s Olga aus »Das andere Leben«* (in Fs. f. *Wolfgang Gesemann*, Bd. 2, Neuried 1986, S. 337–354).

OBMEN

(russ.; *Ü: Der Tausch*). Novelle von Jurij V. TRIFONOV, erschienen 1969. – Mit diesem Werk beginnt der Zyklus der »Moskauer Novellen«, der außerdem *Predvaritel'nye itogi*, 1970 *(Zwischenbilanz)*, und *Dolgoe proščanie*, 1971 *(Langer Abschied)*, umfaßt und der die Probleme und das häufige Versagen der Moskauer Intelligenz angesichts der Herausforderungen des sowjetischen Alltags zum Thema hat. – Die Handlung von *Obmen* spielt innerhalb einiger Tage in den späten sechziger Jahren. Ksenia Fëdorovna, leitende Bibliographin an einem Institut und Mutter des 37jährigen Viktor Dmitriev, wurde soeben aus einem Krankenhaus entlassen, wo festgestellt wurde, daß sie an Magenkrebs leidet und daß keine Heilungschancen bestehen. Ksenia versucht sich einzureden, daß es sich bei ihrer Krankheit um Magengeschwüre handelt, zumal ihr Zustand beim Verlassen der Klinik wesentlich besser ist. Viktors Frau Lena, die bis dahin ihre Abneigung gegen die Schwiegermutter kaum verbergen konnte, schlägt vor, Ksenias Zimmer und die Einzimmerwohnung der Dmitrievs gegen eine Zweizimmerwohnung zu tauschen, in alle, samt der Tochter des Ehepaares, zusammenleben würden. Jahrelang hatte Viktor seine Frau gebeten, mit der Mutter zusammenzuziehen, war dabei aber stets auf Lenas kategorische Ablehnung gestoßen. Der Grund für Lenas »Verwandlung« ist freilich leicht zu erraten: Die Schwiegermutter wird bald sterben, und die Dmitrievs werden die Zweizimmerwohnung für sich allein haben. Ohne größere Mühe zwingt Lena ihren Plan dem völlig überforderten Viktor auf, der nur noch seine Ruhe haben will und die wahren Motive seiner Frau verdrängt. Sie setzt sich auch bei den Behörden fristgerecht durch, denn sie kämpft für ihren materiellen Vorteil mit größter Entschiedenheit. Die »Wohltat« für Ksenia wird sogar mit einer Feier besiegelt. Nachdem Ksenia tatsächlich bald darauf stirbt, kann Viktor die Augen vor der Wirklichkeit nicht mehr verschließen. Er wird ernsthaft krank und muß drei Wochen lang im Bett bleiben. Sein ganzes Leben lang wird er von diesen Ereignissen gezeichnet bleiben.

Zentrale Figur des Romans ist Viktor; er ist, wie viele Trifonovsche Helden, ein humanistisch geprägter Intellektueller, der unter dem mühevollen Alltag leidet. Wie in anderen Werken Trifonovs, ist die Frau des Helden diejenige, die praktisch, vernünftig und skrupellos ist und die es versteht, ihre Entscheidungen in die Tat umzusetzen. Der einzige Ausweg ist die Flucht: für Viktor ist es die Krankheit, für Rebrov in *Dolgoe proščanie* und Antipov in *Vremja i mesto*, 1981 *(Zeit und Ort)*, eine nicht realisierbare Arbeit, für Sergej in *Drugaja žizn'*, 1975 *(Das andere Leben)*, die Parapsychologie. Die Inaktivität dieser Trifonovschen Helden ist nicht Abwehr, sondern Notwehr, die es ihnen ermöglicht, die täglichen Begegnungen mit den Ehefrauen, Kindern und Kollegen durchzustehen. In *Obmen* kommt eine soziale Komponente hinzu, denn Viktor entstammt einer Intellektuellenfamilie, die das praktische Leben verachtet, während Lenas Eltern, die Lukjanovs, Aufsteiger sind, die einzig und allein darauf bedacht sind, die richtigen Beziehungen zu knüpfen und die praktischen Lebensfragen zu regeln. Wichtiger aber ist die psychische Konstruktion Viktors, die auch eine gewisse Bewunderung für die praktischen Aufsteiger und einen daraus resultierenden Minderwertigkeitskomplex einschließt. – Mit *Obmen* setzt Trifonovs Anknüpfung an die klassische russische Literatur des 19. Jh.s ein, die aber immer die brennendsten zeitgenössischen Probleme einbezieht. Die in den »Moskauer Novellen« unentwegt gestellte Schuldfrage erinnert an F. Dostoevskij, während die psychologische Durchdringung der Alltagssituationen Trifonov in eine Reihe mit A. Čechov stellt.   KLL

AUSGABEN: Moskau 1969 (in Novyj mir, Nr. 12). – Moskau 1973 (in *Dolgoe proščanie. Sbornik povestej i rasskazov*). – Moskau 1986 (in *Sobr. soč.*, 4 Bde., 1985–1987, 2). – Moskau 1988 (in *Moskovskie povesti*).

ÜBERSETZUNGEN: *Der Tausch*, E. Thiele (in *Verwandlungen*, Bln./DDR 1974). – Dass., A. Kaempfe u. H. v. Ssachno, Mchn. 1974. – Dass., E. Thiele (in *Moskauer Novellen*, Lpzg. 1976; RUB). – Dass., A. Kaempfe u. H. v. Ssachno, Darmstadt/Neuwied 1980 (SLu). – Dass., E. Thiele (in *AW*, Hg. R. Schröder, Bd. 2, Bln./DDR 1983).

DRAMATISIERUNG: Moskau 1977 (Urauff.: Moskovskij teatr dramy i komedii na Taganke; Regie: Ju. Ljubimov).

LITERATUR: R. Baumgart, *Flüsterndes Gebrüll. Ju. T.s Moskauer Novellen* (in Die Zeit, 4. 6. 1976). – B. Pankin, *Po krugu ili po spirali? O povestjach Ju. T. »Obmen«, »Predvaritel'nye itogi«, »Drugaja žizn'«, »Dolgoe proščanie«, »Dom na naberežnoj«* (in Družba narodov, 1977, Nr. 5, S. 238–253; auch in B. P., *Strogaja literatura*, Moskau ²1982, S. 138 bis 178). – G. Haussmann, *Der sowjetische Mensch in der Krise: Darstellung und Beurteilung der moralischen, geistigen und kulturellen Situation des Menschen der sechziger und siebziger Jahre in den Moskauer Romanen Ju. T.s*, Diss. Tübingen 1983. – B. Schultze, *Ju. T.s »Der Tausch« und Valentin Rasputins »Geld für Maria«: ein Beitrag zum Gattungsverständnis von Povest' und Rasskaz in der russischen Gegenwartsprosa*, Göttingen 1985.

STARIK

(russ.; Ü: *Der Alte*). Roman von Jurij V. TRIFONOV, erschienen 1978. – Pavel Letunov, ein Veteran des Bürgerkrieges, setzt sich in den siebziger Jahren mit der Figur des roten Kosakenführers Migulin auseinander, der 1921 vor ein Gericht gestellt und erschossen wurde. Letunov hatte damals im Prozeß ausgesagt, er könne die Schuld des Angeklagten, d. h. dessen konterrevolutionäre Tätigkeit, nicht ausschließen. Erst aufgrund seiner eigenen Erfahrungen in der Stalinzeit, in der die Uminterpretation von historischen Fakten an der Tagesordnung war, begriff Letunov, daß wohl auch Migulin nicht persönlich schuldig war, sondern ein Opfer seiner Zeit wurde. Es drängt ihn, die Geschichtsschreibung über Migulin anhand seiner eigenen Erinnerungen sowie alter Briefe, Akten und des Prozeßstenogramms zu überprüfen, um so die Wahrheit über den einst berühmten Kosakenführer – hinter dem sich der Kommandeur der Zweiten Reiterarmee, F. K. Mironov (1872–1921), verbirgt – herauszufinden. Auf diese Weise entsteht ein breites Panorama der Jahre zwischen 1913 und 1921, in dem der Krieg und die Revolution naturgemäß eine zentrale Rolle spielen.

Migulin ist in vieler Hinsicht ein typischer Trifonovscher Held: unangepaßt, einzelgängerisch, rigoros moralisch. Er konnte und wollte niemals etwas zu seinen Gunsten ausnutzen und hatte vor allem ideologische Feinde, denen sein spontanes Rebellentum suspekt war. Aufgrund der Schilderung Letunovs wird dem Leser deutlich, daß seine Aussage vor dem Gericht möglicherweise durch die Tatsache beeinflußt wurde, daß seine Jugendliebe Assja statt seiner Migulin geheiratet hatte. Ein

Brief, den Letunov von Assja im Jahre 1973 bekommt (und mit dem der Roman beginnt), versetzt ihm einen Schock, der ihn zu einer intensiveren Beschäftigung mit Migulin führt. Schuldgefühle hat er weniger Migulin gegenüber als der jungen Generation, der er seine persönlichen Erfahrungen mit der Zeitgeschichte nicht vermitteln kann. Die Gesellschaft der siebziger Jahre, verkörpert in Kindern, Enkeln und Nachbarn, will nichts mehr davon wissen; die Befriedigung profanerer Bedürfnisse, etwa der Erwerb eines kleinen Häuschens, spielt in deren Leben eine übergeordnete Rolle. In den Augen der jungen Generation ist Letunov nur noch eine skurrile Figur. Erst ein Jahr nach seinem Tod erscheint ein junger Doktorand, der über Migulin arbeitet und das Archiv des Verstorbenen mitnehmen möchte.

Der ständige Wechsel zwischen Gegenwart und Vergangenheit – wie auch zwischen der ersten und dritten Person – deutet auf die Komplexität der Wahrheitssuche hin, die Letunov unternimmt. Das Trifonovsche Leitthema der Aufarbeitung der Erinnerung erreicht damit einen neuen Höhepunkt. – In diesem letzten Roman, der noch zu Lebzeiten Trifonovs veröffentlicht wurde, arbeitet der Autor das Trauma der Revolution auf, der sein eigener Vater, Valentin Trifonov, ein Altbolschewik und Mitstreiter Lenins, zum Opfer fiel. Sein Archiv diente Trifonov als Hauptquelle bei der Beschäftigung mit Mironov, die mit der 1965 entstandenen Erzählung *Otblesk kostra (Widerschein des Feuers)* begann und mit *Starik* zum Abschluß kam. Der Titel des Romans ist zweideutig: »Der Alte« war der Spitzname Migulins bzw. Mironovs; damit ist aber auch der greise Letunov gemeint, dessen Alter vor allem angesichts der Verständnislosigkeit und so gänzlich anderen Sichtweise der Jugend der siebziger Jahre ins Auge fällt.   KLL

AUSGABEN: Moskau 1978 (in *Družba narodov*, Nr. 3). – Moskau 1979. – Moskau 1986 (in *Sobr. soč.*, 4 Bde., 1985–1987, 3).

ÜBERSETZUNGEN: *Starik*, E. Thiele, Mchn. 1979. – *Der Alte*, ders., Bln./DDR 1980. – Dass., ders., Reinbek 1982 (rororo). – Dass., ders. (in *AW*, Hg. R. Schröder, Bd. 3, Bln./DDR 1983). – Dass., ders., Lpzg. 1984 (RUB).

LITERATUR: R. Michaelis, Rez. (in Die Zeit, 13. 4. 1979). – S. Lenz, Rez. (in FAZ, 12. 5. 1979). – H. v. Ssachno, Rez. (in SZ, 31. 5. 1979). – G. Leech-Anspach, Rez. (in Der Tagesspiegel, 24. 6. 1979). – M. Sinel'nikov, *Poznat' čeloveka, poznat' vremja* (in Voprosy literatury, 1979, Nr. 9, S. 26–52; dt.: *Den Menschen und die Zeit erkennen: Zu Ju. T.s Roman »Der Alte«*; in Kunst und Literatur, 28, 1980, Nr. 7, S. 748–765). – E. Reißner, *Auf der Suche nach der verlorenen Wahrheit. Ju. T.s jüngster Roman »Der Alte«* (in Osteuropa, 1979, Nr. 2, S. 99–110). – B. Mai, *Historischer Alltag. Ju. T.s Roman »Der Alte«* (in *Alltag und Geschichte der Sowjetliteratur heute*, Erfurt 1981, S. 76–83). –

F. Dumrath, *Die Funktion des Präsens im Roman »Starik« von Ju. V. T.*, Hbg. 1982. – Ch. A. Bourg, *Le rôle du mystère dans le »Viel Homme« de Ju. T.* (in Essais sur le discours soviétique, 3, 1983, S. 64–86). – H. Ermolaev, *Prošloe i nastojaščee v »Starike« Ju. T.* (in Russkoe vozroždenie, 1986, Nr. 36, S. 93–117). – V. Suchanov, *Poètika romanov Ju. T. 60–80ch godov: na materiale romanov o sovremennosti »Utolenie žaždy«, »Starik«, »Vremja i mesto«*, Diss. Tomsk 1987.

VREMJA I MESTO

(russ.; *Ü: Zeit und Ort*). Roman von Jurij V. TRIFONOV, erschienen 1981. – Dieser letzte, postum erschienene Roman Trifonovs ist die Autobiographie des fiktiven Moskauer Schriftstellers Aleksandr Antipov. Ein Ich-Erzähler, der sich gelegentlich erklärend einschaltet, ist zusammen mit Antipov aufgewachsen und bezeichnet ihn als sein »alter ego«. Als Widerpart des gespaltenen Ichs des Helden verkörpert er die andere Variante des noch unsicheren, nach sich selbst suchenden Antipov. Als sich dessen Persönlichkeit gefestigt und er Anerkennung gefunden hat, tritt der Doppelgänger in den Hintergrund. Erst am Ende des Romans begegnen sich die inzwischen alt gewordenen ehemaligen Freunde wieder.

Das Leben Antipovs stimmt in vielen Einzelheiten mit dem Trifonovs überein. Der Vater wird im Jahr des großen Terrors 1937 verhaftet und später erschossen. Da die Mutter einige Monate danach als »Frau eines Volksfeindes« für acht Jahre nach Kasachstan verbannt wird und erst 1946 zurückkehrt, wächst er bei Verwandten auf. (Der Erzähler erleidet ein ähnliches Schicksal und wird – wie Trifonov – von der Großmutter großgezogen.) Antipov, im Krieg wegen starker Kurzsichtigkeit nicht an der Front, sondern in einer Flugzeugfabrik, setzt früh alles, was er beobachtet und erlebt, literarisch um. Nach dem Krieg feiert er als Student des Moskauer Literaturinstituts erste schriftstellerische Erfolge. Er heiratet die Redaktionssekretärin Tanja, mit der er zwei Kinder hat. Doch das Familienglück leidet unter dem anhaltenden Terror der Stalinzeit: Noch lange nach der Erschießung des Vaters haben die Antipovs Bedenken, den Enkel eines »Volksfeindes« in die Welt zu setzen.

Nach mehreren erfolgreichen Kinder- und Jugendbüchern macht sich Antipov an sein Lebenswerk, »Das Nikiforovsche Syndrom«. Ähnlich wie *Vremja i mesto* handelt Antipovs Roman von einem Schriftsteller, der beschlossen hat, über einen Schriftsteller zu schreiben. So entsteht eine Kette von Literatenschicksalen, die bis zum Freimaurer-Autor des 18. Jh.s N. Novikov zurückführt und das im Titel angedeutete »Syndrom« veranschaulicht: die Angst, der Realität ins Auge zu sehen, und den Drang, sich selber zu »zensieren«. Die Moskauer Verlage lehnen Antipovs Roman ab; sie wollen statt der psychologischen Analyse soziale Begründungen lesen. Antipov, in diesem Moment auch mit dem Scheitern seiner Ehe konfrontiert, fängt trotz schwerer, letztlich tödlicher Krankheit von vorn an, um das Problem bis auf den Grund auszuschöpfen.

In *Vremja i mesto* spielt die »Zeit«, und vor allem der spezifische »Ort« der Handlung, die Stadt Moskau, eine noch stärkere Rolle als in anderen Romanen Trifonovs. Die Atmosphäre dieser für den Autor so wichtigen Stadt wird in elegischen Passagen heraufbeschworen. Dem Tver'skoj Boulevard, einer von Trifonovs Lieblingsstraßen, wo sich auch das von ihm absolvierte Literaturinstitut befindet, verdanken einige Kapitel ihre Überschriften. Noch wichtiger ist die Schilderung des Moskauer Intellektuellenmilieus. Die Auseinandersetzungen mit den Schriftstellerkollegen erscheinen wesentlicher als alles Familiäre. Ihre Existenzkämpfe, die Ambivalenz ihrer Beziehungen untereinander, ihr Ehrgeiz, ihre Hoffnungen und Selbsttäuschungen sind der eigentliche Nährboden für Antipovs Entwicklung. – Trifonov entfaltet hier ein letztes Mal seine besondere Zeitkonzeption und setzt alle für ihn typischen Verfahren wie Rückblenden, Zeitsprünge, Vermischung von auktorialer und personaler Erzählweise und Verfremdung durch einen Ich-Erzähler ein, um seinem Thema – dem Leben des sowjetischen, insbesondere des Moskauer Intellektuellen von den dreißiger Jahren bis zur Gegenwart – Ausdruck zu verleihen.
KLL

AUSGABEN: Moskau 1981 (in Družba narodov, Nr. 9–10). – Ffm. 1982. – Moskau 1987 (in *Sobr. soč.*, 4 Bde., 1985–1987, 4).

ÜBERSETZUNGEN: *Zeit und Ort*, E. Thiele, Bln./DDR 1982. – Dass., ders., Mchn. 1982. – Dass., ders. (in *AW*, Hg. R. Schröder, Bd. 4, Bln./DDR 1983). – Dass., ders., Ffm. 1985 (BS). – Dass., ders., Bln./DDR 1989 [zus. m. *Das umgestürzte Haus*].

LITERATUR: A. Botscharow, *Die Blätter fallen…* *Zum letzten Roman Ju. T.s* (in Kunst und Literatur, 1982, Nr. 8, S. 824–831). – G. Ziegler, Rez. (in FAZ, 22. 12. 1982). – E. Wolffheim, Rez. (in NZZ, 15./16. 1. 1983). – G. Leech-Anspach, Rez. (in Der Tagesspiegel, 10. 4. 1983). – N. Schneidman, *The New Dimensions of Time and Place in Ju. T.'s Prose of the 1980s* (in Canadian Slavonic Papers, 27, 1985, Nr. 2, S. 188–195). – V. Suchanov, *Poėtika romanov Ju. T. 60–80ch godov: na materiale romanov o sovremennosti »Utolenie žaždy«, »Starik«, »Vremja i mesto«*, Diss. Tomsk 1987. – S. McLaughlin, *Antipov's Nikoforov Syndrome. The Embedded Novel in T.'s »Time and Place«* (in SEEJ, 32, 1988, Nr. 2, S. 237–250).

ALEKSANDR TRIFONOVIČ TVARDOVSKIJ

* 21.6.1910 Zagor'e / Gouvernement
Smolensk
† 18.12.1971 Krasnaja Pachra bei Moskau

LITERATUR ZUM AUTOR:
E. Ljubareva, *A. T., Krit.-biogr. očerk*, Moskau 1957. – P. Vychodcev, *A. T.*, Moskau 1958. – A. Turkov, *A. T.*, Moskau 1960; ern. Moskau 1970. – S. Maršak, *Radi žizni na zemle. Ob A. T.*, Moskau 1961. – M. Kotov, *V masterskoj sticha T., Stat'i i zametki*, Saratov 1963. – P. Roščin, *A. T.*, Moskau 1966 [Bibliogr.]. – *A. Twardowski. Allein der Wahrheit verpflichtet*, Hg. R. Hotz u. K. Farner, Bln./Ffm. 1972. – V. Dement'ev, *A. T.*, Moskau 1976. – V. Akatkin, *A. T., Stichi i proza*, Voronež 1977. – *Vospominanija ob A. T. T.*, Moskau 1978. – A. Kondratovič, *A. T.: poėzija i ličnost'*, Moskau 1978; ern. Moskau 1985. – A. Makedonov, *Tvorčeskij put' T.*, Moskau 1981. – *A. T. Ukazatel' perevodov*, Hg. C. Capenko, Moskau 1981. – M. Urickevič, *Literaturno-kritičeskie vzgljady A. T. T.*, Diss. Odessa 1985. – N. Utechin, *Sovremennost' klassiki*, Moskau 1986. – V. Akatkin, *A. T. T. i dejstvitel'nost' perechodnoj ėpochi 1925–1935: formirovanie chudožestvennogo mira poėta*, Diss. Sverdlovsk 1988. – A. Kulinič, *A. T.: očerk žizni i tvorčestva*, Kiew 1988.

TËRKIN NA TOM SVETE

(russ.; *Tërkin in der Unterwelt*). Verspoem von Aleksandr T. TVARDOVSKIJ, erschienen 1963. – Tvardovskijs 1954 begonnene burleske Travestie des *Vasilij Tërkin*, 1942–1945 (*Wassilij Tjorkin*), seines berühmten Versepos aus den Jahren des Zweiten Weltkriegs, begleitet den Helden des »Buchs vom Soldaten« auf einer ironisch DANTES *Divina Commedia* nachgeschaffenen Reise durch das Jenseits. Den Rahmen des Geschehens bildet das 21. Kapitel des Kriegszyklus, welches von der Verwundung des Helden und seiner knapp geglückten Flucht vor dem Tode berichtet. In der Blüte des Lebens ist Tërkin, von einer feindlichen Granate getroffen, in die Vorhalle des Jenseits gelangt, welche einer riesigen Metrostation gleicht. In unablässiger Folge treffen Züge aus der Oberwelt ein, die vor allem die Opfer des Weltkriegs heranschaffen. Ein Gewirr von Gängen, Türen, Hinweisschildern und Sperren gibt einen ersten Eindruck von dem gewaltigen bürokratischen Apparat, der zur Verwaltung des Jenseits mobilisiert ist. Überall herrscht Disziplin und Ordnung, mit einem Wort – *kul'tura* (Kultur). Über den Türen prangt die Aufschrift: »*Nicht beim Leiten stören!*« Tërkin gerät in die Mühle der Aufnahmeinstanzen. Name, Nummer, Ge-

burtsdatum, Lebenslauf, Fotografie, Fingerab-
drücke und Röntgenaufnahme – alles wird säuber-
lich registriert und in riesigen Aktenbergen verwahrt. Erschöpft sucht Tërkin einen Schlafplatz. In
den zuständigen Büros empfangen ihn Tote mit
feuchtem Blick: »*Ham wer nich und krieg'n wer
nich!*« Eine stumme Geste weist Tërkin von Tisch
zu Tisch, bis er endlich erfährt, daß Schlafstellen
derzeit nicht vorhanden sind. Empört sieht sich der
Held nach dem Beschwerdebuch um. Beschwerden
aber sind im Jenseits nicht vorgesehen, und die
»*Sargzeitung*« wird zensiert. Ein Kriegskamerad,
dem er unerwartet begegnet, wird Tërkins Inferno-
Begleiter. Seine Auskünfte sind niederschmetternd: Auch das Jenseits gliedert sich in die sozialistische und die – in wachsender Fäulnis begriffene –
kapitalistische Unterwelt. Zwar bedingt die Natur
des Jenseits gewisse Einschränkungen des Klassen-
kampfes im kapitalistischen System, doch ist das
bourgeoise Jenseits »*nach alter Sitte*« in das Paradies der Ausbeuter und die glühende Hölle der Unterdrückten geteilt. Das sozialistische Jenseits – auf
wissenschaftlicher Grundlage errichtet – kennt keine Klassentrennung. Es ist weder warm noch kalt,
kein Paradies, doch auch keine Hölle. Mit seinem
Begleiter durchschreitet Tërkin die Abteilungen
der sozialistischen Unterwelt: die langweilig geordnete militärische und die langweilig ungeordnete zivile. Zuletzt gelangt er an die »*Besondere Abteilung*«. Hier reihen sich namenlos die Opfer der
stalinistischen Verfolgung. Als Tërkin erfährt, daß
diese Abteilung dem »*teilweise noch lebenden*« Stalin
persönlich unterstellt ist, beschließt er erschrocken,
rasch ins Leben zurückzukehren. Er schwingt sich
auf einen der leer in die Oberwelt zurückkehrenden
Züge – und erwacht im Lazarett.
In formaler Hinsicht ist Tvardovskijs Satire auf die
sowjetische Wirklichkeit der Stalinzeit dem Vorbild des *Vasilij Tërkin* verpflichtet. Sie teilt mit ihm
neben dem leichten, vorwiegend vierfüßigen trochäischen Versmaß vor allem die heitere, häufig
amüsant-humorvolle, volkstümliche Diktion. Die
Erzählung wird, Tvardovskijs Zyklus *Za dal'ju
dal'*, 1960 *(Ferne um Ferne)*, vergleichbar, mehrfach von kompositorisch bedeutsamen Abschweifungen unterbrochen, die im Gespräch mit dem
Leser Charakter und Taten des Helden kommentieren und den Bezug des Poems auf die Gegenwart
erläutern.
Tvardovskij plädiert vom Standpunkt des Sozialisten für eine gründliche und umfassende Diskussion des Stalinismus, die helfen soll, die Fehler der
Vergangenheit zu vermeiden und die Prinzipien
der proletarischen Demokratie durchzusetzen.

C.K.

Ausgaben: Moskau 1963 (in Izvestija, 18. 8.). –
Moskau 1963 (in Novyj mir, 39, Nr. 8). – Moskau
1978 (in *Sobr. soč.*, 6 Bde., 1976–1983, 3). – Leningrad 1986 (in *Stichotvorenija i poèmy*, Hg. M. Tvardovskaja).

Literatur: B. Mechanov, Rez. (in Družba narodov, 1964, Nr. 1, S. 259–262). – S. Maršak, *Sud'ba
žizni* (in Junost', 1964, Nr. 9, S. 41–45). – I. Mo-
chirev, *Rodovye, žanrovye i stilističeskie svojstva poèmy
A. T. »Tërkin na tom svete«* (in Uč. zap. kafedry
russk. lit., 1965, Nr. 132, S. 76–90).

VASILIJ TËRKIN. Kniga pro bojca

(russ.; *Ü: Wassilij Tjorkin*). Gedichtzyklus von
Aleksandr T. Tvardovskij, erschienen 1942 bis
1945. – Aus dem unmittelbaren Erleben der Front-
ereignisse entstanden und zuerst in den Truppen-
zeitungen der Roten Armee veröffentlicht, gilt
Tvardovskijs »Buch vom Soldaten«, wie der Untertitel des Zyklus lautet, als eines der bedeutendsten
Zeugnisse der sowjetischen Kriegsliteratur. Die
symbolische Titelgestalt ist nicht die alleinige Erfindung des Autors. Sie wurde noch während des
finnischen Feldzugs (1939) von einer sowjetischen
Schriftstellergruppe (darunter Tvardovskij und
N. Tichonov) geschaffen, die in einer Leningrader Militärzeitschrift die Tradition der fortlau-
fenden Bildserien aufleben ließ. Mit dem Helden
der auf anspruchslose Unterhaltung abgestellten
Bildfolgen teilt Tvardovskijs Tërkin jedoch nur
noch seinen volkstümlichen Charakter. Als »*synthetische Typisierung*« (G. Struve) des sowjetischen
Frontsoldaten vereinigt er die heldenhaften wie die
liebenswert menschlichen Züge des Kämpfers der
Roten Armee, ohne sich je aus der Menge der russischen Soldaten zu erheben. Er zeichnet sich weniger durch überragendes Talent als durch die uner-
schrockene und findige Bewältigung der Anforderungen des Kriegs aus. Tapferkeit, Ausdauer,
Pflichtbewußtsein, Gewissenhaftigkeit, Besonnen-
heit, dabei Kameradschaftlichkeit, Fröhlichkeit
und ein unbesiegbarer Humor sind seine hervorragenden Eigenschaften. Alles andere als eine unerreichbare Idealgestalt, ist Tërkin so das vertraute
Ebenbild des ausgezeichneten Kämpfers, mit dem
sich der sowjetische Soldat zu identifizieren vermochte. In kurzer Zeit wurde diese realitätsnahe
Symbolfigur zum Leitbild und ständigen Begleiter
der Roten Armee.
Tvardovskijs Zyklus bietet keine durchgehende
Handlung, sondern eine Geschichte »*ohne Anfang
und Ende*«. Seine 30 Kapitel sind allein durch die
Gestalt des Helden und den Hintergrund des
Kriegsgeschehens miteinander verbunden. Ohne
Kulminationspunkt stehen sie gleichberechtigt nebeneinander. Jedes von ihnen zeigt Tërkin in einer
anderen, charakteristischen Situation. Angriff,
Nahkampf, Verwundung, Auszeichnung, der Ab-
schuß eines feindlichen Flugzeugs, die abenteuerliche Überwindung eines Flusses, die Rast im Schützengraben, schließlich der Marsch auf Berlin sind
die Stationen von Tërkins Fronterleben. Unter fast
gänzlichem Verzicht auf die Schilderung des Gegners beschränkt sich Tvardovskij bewußt auf die
Wiedergabe der Kriegserfahrungen aus sowjetischer Sicht. Die Vielfalt der Sujets und Aussagefor-
men gestattet keine Zuordnung des Zyklus zu einer

festumrissenen literarischen Gattung. Handlungsreiche Gedichte wechseln mit kontemplativen, ernste mit heiteren, lyrische mit realistisch beschreibenden. In sich vollendet, fügen sie sich nicht zu
einem geschlossenen Poem.

Die Eigenständigkeit der Kapitel erklärt sich aus
Entstehung und Publikationsweise des Zyklus,
dessen Teile auch dem Soldaten verständlich sein
mußten, der keine Fortsetzungen der Armeezei-
tungen erhielt. Zitate und Anleihen aus dem *Vasilij
Tërkin* der Bildserien erklären die häufige Unterbrechung des vierfüßig trochäischen Grundme-
trums der Gedichte durch andere Versmaße. Nirgends gibt die Sammlung jedoch den eingängig-
anspruchslosen, Volkslied und Folklore nahestehenden Grundton der Diktion auf. Noch während
der Niederschrift des Zyklus nahm die Leserschaft
unmittelbaren Einfluß auf seine Gestaltung. Die
Popularität des Helden hat Bearbeitungen und
»friedliche« Fortsetzungen des Zyklus (z. B.
B. Širšovs *Vasilij Tërkin na zavode* – *Vasilij Tërkin
im Betrieb*) angeregt. Die Wirkung der Gedichte
veranlaßte die russische Emigration, Tërkin in den
Dienst antisowjetischer Ziele zu stellen. Ausdrücklich hat sich Tvardovskij gegen das propagandistische Machwerk S. JURASOVS *(Vasilij Tërkin posle
vojny* – *Vasilij Tërkin nach dem Kriege)* verwahrt,
das auch vor der wörtlichen Ausbeutung des Originals nicht zurückschreckt. C.K.

AUSGABEN: Moskau o. J. [1944]. – Moskau 1946.
– Moskau 1954 (in *Sočinenija*). – Moskau 1957 (in
Poèmy). – Moskau 1976. – Moskau 1977 (in *Sobr.
soč.*, 6 Bde., 1976–1983, 2). – Leningrad 1986 (in
Stichotvorenija i poèmy, Hg. M. Tvardovskaja).

ÜBERSETZUNGEN: *Abschied von Helden*, E. Weinert
(in Sowjetliteratur, 1947; Ausz.). – *Wassilij Tjorkin. Der Krieger u. der Tod*, A. Kurella (in *Vom
Wunderland Murawia. Eine Auswahl aus seinen
Dichtungen*, Bln. 1954). – *Wassili Tjorkin. Ein Poem*, H. Ruppert, Bln. ²1968 [Nachdichtg.].

VERTONUNGEN: A. Novikov, *Vasilij Tërkin*, Moskau 1978 (Operette). – R. Bojko, *Vasilij Tërkin*,
Moskau 1981 (Oratorium).

BEARBEITUNG: S. Jurasov, *Vasilij Tërkin posle vojny*,
NY 1953.

LITERATUR: P. Roščin u. J. Aksenova, *Chudožestvennoe masterstvo A. T. v poème »Vasilij Tërkin«* (in
Literatura v škole, 1953). – M. M. Orlov, *O jazyke i
stile poèmy A. T. »Vasilij Tërkin«* (in Russkij jazyk v
škole, 1954, Nr. 3). – E. M. Pietsch, *Das Poem »Wa-
silij Tërkin« von A. T., Versuch einer Analyse* (in
Russischunterricht, 7, 1954, S. 203–209). – I. A.
Močirev, *O fabule i sjužete poèmy »Vasilij Tërkin«*
(in Uč. zap. Kirovsk. ped. inst., 11, 1957,
S. 69–84). – *Pis'ma čitatelej »Vasilija Tërkina«*, Hg.
M. Tvardovskaja, Moskau 1976. – A. Grišunin,
»Vasilij Tërkin« A. T., Moskau 1987. – I. Vasil'ev,
Organizacija chudožestvennogo mira v poème

A. T. T. »Vasilij Tërkin« (in *Tvorčestvo pisatelja i literaturnyj process*, Ivanovo 1987, S. 80–90).

JURIJ NIKOLAEVIČ TYNJANOV

* 18.10.1879 Režica / Gouv. Vitebsk
† 20.12.1943 Moskau

LITERATUR ZUM AUTOR:
L. Cyrlin, *Ju. N. T., belletrist*, Leningrad 1945. –
V. Kaverin, *Issledovatel' i chudožnik* (in Literaturna-
ja gazeta, 1953, Nr. 150). – A. Belinkov, *Ju. T.*,
Moskau ²1965. – V. Kaverin, *Ju. T., pisatel' i učënyj*,
Moskau 1966. – B. Bundy, *Ju. T. and Cleanth
Brooks. A Comparative Study in Russian Formalism
and Anglo-American New Criticism*, Diss. Ann Ar-
bor/Mich. 1970. – E. Korpała-Kirszak, *Sztuka pi-
sarska Ju. T. (Powieści histor.-biogr.)*, Breslau 1974.
– G. Olson, *T.-Fictionist*, Toronto 1982. – *Vospominanija o Ju. T., portrety i vstreči*, Moskau 1983. –
J. Heil, *The Russian Literary Avant-Garde and the
Cinema (1920s and 1930s): The Film Work of I. Babel and Ju. T.*, Diss. Berkeley/Calif. 1984. – S. Rosengrant, *The Genesis of T.'s Fiction* (in Selecta, 8,
1987, S. 115–120). – M. Sosa, *Ju. T.: Method and
Theory*, Diss. Wisconsin 1987. – *Novoe zrenie: Kniga o Ju. T.*, Moskau 1988. – *Serapionovy Brat'ja*,
Moskau 1994.

KJUCHLJA

(russ.; Ü: *Wilhelm Küchelbecker. Dichter und Rebell*). Roman von Jurij N. TYNJANOV, erschienen
1925. – Der Roman des bis dahin ausschließlich als
Literaturwissenschaftler tätigen Autors begründet
in der Geschichte des sowjetischen historischen
Romans das Sondergenre der Dichterbiographie
(auch »literarhistorischer« Roman genannt). Tynjanovs erster und wohl gelungenster biographisch-
psychologischer Roman, dem, beginnend mit *Sovremenniki*, 1927 *(Zeitgenossen)*, von Ol'ga Foršĭ,
eine ganze Reihe ähnlicher Werke folgte, behandelt
die tragische Gestalt des Dichters und Dramatikers
Vil'gel'm K. KJUCHEL'BEKER (Wilhelm Küchelbek-
ker, 1797–1846). Dieser Freund und Schulgefähr-
te A. PUŠKINS war zum Revolutionär geboren,
wurde aber ein Opfer der Verhältnisse, die er zu ändern suchte. Im Lyzeum von Carskoe Selo erzogen,
verzichtete er auf eine glänzende Karriere im zaristischen Staatsdienst und wählte statt dessen das
Dasein eines Literaten und Revolutionärs. An dem
gescheiterten Dekabristenaufstand von 1825 beteiligt, muß er, von der Geheimpolizei verfolgt und
steckbrieflich gesucht, Großrußland verlassen. In
Polen aufgegriffen, wird er zunächst zum Tode,

dann zu zwanzigjähriger Verbannung nach Sibirien verurteilt, wo er, ein träumerischer und zugleich wild-leidenschaftlicher Charakter, an der Seite einer ungeliebten Frau zugrunde geht.

Tynjanovs auf eingehendem Quellenstudium beruhende überragende Kenntnis dieser Epoche – er galt als Puškin-Spezialist und gab auch die Werke Kjuchel'bekers heraus – ermöglichte ihm eine authentische Darstellung der literarischen, gesellschaftlichen und politischen Umwelt seines Helden. So gelingt es Tynjanov, über die fesselnde Darstellung des Dekabristenaufstands, die Schilderung der literarischen Kämpfe der »Plejade« (Dichtervereinigung zu Beginn des 19. Jh.s) und die aufschlußreiche Charakteristik des Küchelbeckerschen Freundeskreises (Puškin, A. Del'vig, A. Griboedov, K. Ryleev, A. Odoevskij) hinaus Ursachen und Hintergründe der Ereignisse aufzuhellen.

Es ist verständlich, daß Tynjanov, dessen Tätigkeit als Literaturtheoretiker mit dem Untergang der formalistischen Schule ein Ende fand, sich nun in Form des unverfänglicheren historischen Romans denjenigen Gestalten der Literaturgeschichte zuwandte, deren Werk ihm als Wissenschaftler bereits vertraut war. An Kjuchel'bekers Schicksal dürfte den Formalisten mit seinen kompromißlosen Ansichten von der Freiheit der Kunst und des Künstlers fasziniert haben, mit welch exemplarischer Konsequenz ein Dichter von hoher Sensibilität an seiner Umwelt zerbricht.   M.Gru.-KLL

Ausgaben: Leningrad 1925. – Moskau 1956 (in *Izbr. proizv.*). – Moskau 1959 (in *Sočinenija*, Hg. B. O. Kosteljanec, 3 Bde., 1; krit.). – Leningrad 1971 [zus. m. *Smert' Vazir-Muchtara*]. – Moskau 1981. – Moskau 1985 (in *Sobr. soč.*, Bd. 1; krit.).

Übersetzung: *Wilhelm Küchelbecker. Dichter und Rebell*, M. Einstein, Bln. 1929. – Dass., dies., Bln. 1948. – Dass., dies., Mchn. 1966. – Dass., dies., Bln. ²1977. – Dass., dies., Zürich 1990.

Literatur: D. u. Z. Breschinsky, *Ju. T. between »Kjuchlja« and »Puškin«* (in SEEJ, 26, 1982, Nr. 3).

O LITERATURNOJ ÉVOLJUCII

(russ.; *Ü: Über literarische Evolution*). Literaturtheoretischer Essay von Jurij N. Tynjanov, erschienen 1927. – Tynjanov, der mit R. Jakobson, V. Šklovskij und B. Ejchenbaum zum »Opojaz« (Gesellschaft zur Erforschung der dichterischen Sprache) gehörte, bemüht sich, wie auch die anderen Vertreter der russischen »Formalen Schule« der zwanziger Jahre, an die Stelle des in der Literaturgeschichte vorherrschenden eklektischen Nebeneinanders von psychologischen, biographischen, kulturhistorischen und geistesgeschichtlichen Betrachtungsweisen eine spezifisch literaturwissenschaftliche Methode zu setzen. Dazu mußte zunächst das eigentlich »Literarische« von anderen Erscheinungen des kulturellen Lebens abgehoben

werden. Dies gelingt Tynjanov, ohne daß er, wie viele andere Anhänger der formalen Methode, in einen selbstgenügsamen Formalismus verfällt: *»Die Evolution der Literatur läßt sich nur dann erforschen, wenn man die Literatur als Reihe, als System nimmt, das auf andere Reihen und Systeme bezogen ist.«* Vor allem plädiert Tynjanov für eine Überprüfung der statischen, wertenden und spekulativen Terminologie der Literaturwissenschaft und ihre Ersetzung durch Termini, die *»die konkrete Folge konkreter Fakten«* sind. Aus der Definition der Literatur als eines sich entwickelnden Systems geht hervor, daß Kategorien wie Gattung, Tradition, Einfluß usw. nur als evolutionäre Größen Geltung haben können.

Innerhalb des Gesamtsystems der Literatur läßt sich die literarische Evolution als *»Veränderung im Wechselverhältnis der Systemglieder«*, d. h. als *»Ablösung der Systeme«* bestimmen, wobei die Ablösung sprunghaft oder allmählich erfolgen kann. In seinem Aufsatz *Literaturnyj fakt*, 1924 *(Das literarische Faktum)*, unterscheidet Tynjanov – in einer die kybernetische Beschreibung der zu- und abnehmenden Stabilität von Systemen antizipierenden Weise – folgende Etappen: *»1. Als Kontrast zum automatisierten Konstruktions-Prinzip bildet sich dialektisch ein entgegengesetztes Konstruktions-Prinzip aus; 2. das neue Prinzip findet Anwendung; 3. es breitet sich aus, wird zur Massenerscheinung; 4. es automatisiert sich und provoziert entgegengesetzte Konstruktions-Prinzipien.«* – Der von Šklovskij eingeführte Begriff der »Automatisierung« literarischer Kunstgriffe (vgl. *O teorii prozy*) meint das Verblassen der ursprünglichen Funktion eines literarischen Elements, z. B. die Abnutzung bestimmter Reime und Metren. Die Parodie als ironisierende *»Mechanisierung eines bestimmten Kunstgriffs«* – diesem Problem ist Tynjanovs Studie *Dostoevskij i Gogol'. K teorii parodii*, 1921 *(Dostoevskij und Gogol'. Zur Theorie der Parodie)*, gewidmet – ist eine mögliche Reaktion auf die Automatisierung literarischer Kunstgriffe.

Literarische Formelemente lassen sich nicht isoliert von dem System, dem sie zugehören, betrachten, sondern müssen in ihrer *»konstruktiven Funktion«* innerhalb des Kunstwerks sowie im Rahmen des übergeordneten Epochensystems untersucht werden. Was innerhalb einer Epoche ein *»literarisches Faktum«* ist, kann in einer anderen Epoche als außerliterarische, umgangssprachliche Erscheinung fungieren. So ist z. B. ein Freundesbrief aus dem 18. Jh. ein außerliterarisches Milieufaktum, während beginnend mit N. Karamzins *Pis'ma russkogo putešestvennika*, 1791/92 *(Briefe eines russischen Reisenden)*, die Gattung des Reisebriefs literarisch kanonisiert wird.

In dem von Tynjanov und Jakobson gemeinsam verfaßten programmatischen Aufsatz *Problemy izučenija literatury i jazyka*, 1928 *(Probleme der Literatur- und Sprachforschung)*, der thematisch eng mit *O literaturnoj évoljucii* verquickt ist, wird streng zwischen der biographischen oder psychologischen Genese und der evolutionären Bedeutung literarischer Phänomene unterschieden. Das bedeutet indes keine Absage an außerliterarische Einwirkungen: »*Die dominierende Bedeutung der hauptsächlichen sozialen Faktoren wird damit keineswegs verworfen, muß sich aber gerade am Problem der Evolution der Literatur in vollem Umfang herausstellen.*« In dieser Ansicht deutet sich bereits die Selbstüberwindung des einseitigen Formalismus auf den die Formale Schule ablösenden literaturwissenschaftlichen Strukturalismus hin an. Tschechische Strukturalisten wie J. MUKAŘOVSKÝ oder F. VODIČKA und sowjetische Semiotiker wie Ju. LOTMAN haben an Tynjanovs bahnbrechende Arbeiten angeknüpft.　　　　　　　　　　　　　　H.Gü.

AUSGABEN: Leningrad 1927 (in Na literaturnom postu, Nr. 4). – Leningrad 1929 (in *Archaisty i novatory*; Nachdr. Mchn. 1967; Vorw. D. Tschiževskij).

ÜBERSETZUNGEN: *Über literarische Evolution*, A. Kaempfe (in *Die literarischen Kunstmittel u. die Evolution in der Literatur*, Ffm. 1967; es). – *On Literary Evolution*, C. Luplow, NY 1982.

LITERATUR: S. Rosengrant, *The Theoretical Criticism of Ju. T.*, Diss. Stanford 1976. – Ju. Striedter, *Vorwort* (in F. Vodička, *Die Struktur der literarischen Entwicklung*, Mchn. 1976, S. 7–103). – A. Hansen-Löve, *Der russische Formalismus*, Wien 1978, S. 315–333; 369–391. – H. Günther, *Literarische Evolution und Literaturgeschichte* (in *Der Diskurs der Literatur- und Sprachhistorie*, Hg. B. Cerquiligni u. H. U. Gumbrecht, Ffm. 1983, S. 265 bis 279).

PUŠKIN

(russ.; *Ü: Puschkin*). Historischer Roman von Juri N. TYNJANOV, erschienen 1935/36. – Die unvollendete Biographie des großen russischen Dichters ist nach *Kjuchlja*, 1925 *(Wilhelm Küchelbecker)*, und *Smert' Vazir-Muchtara*, 1929 *(Der Tod des Wazir-Muchtar)*, der dritte und letzte der biographischen Romane des Autors. Das Werk beschreibt den Werdegang Aleksandr S. PUŠKINS bis zu dessen Verbannung aus Petersburg in seinem einundzwanzigsten Lebensjahr (1820).
In seiner breiten epischen Anlage greift der Roman jedoch weit über die individuelle Darstellung seines Helden hinaus. Das erste Kapitel, *Detstvo (Kindheit)*, entwirft ein fesselndes, detailliertes Bild der zeitgenössischen zaristischen Gesellschaft, dessen Eindringlichkeit den empfindlichen Mangel an historischem Material über die Kindheit des Dichters vergessen macht. Um so ausführlichere Quellen standen Tynjanov für die folgenden Abschnitte *Licej (Lyzeum)* und *Junost' (Jugend)* zur Verfügung. Beruhen die Porträtzeichnungen des ersten Kapitels – des Bonvivants und Spottpoeten Vasilij L. Puškin (des Onkels des Dichters), des zeitlebens infantilen Sergej L. Puškin (des Vaters),

der »Mohrenverwandtschaft« mütterlicherseits und der Vertreter der sentimentalen Dichtergeneration – vorwiegend auf dem Einfühlungsvermögen des Autors, so konnte er die Lyzeumsjahre in Carskoe Selo aus einer umfangreichen Tagebuch- und Briefliteratur rekonstruieren.
Aus den Notizen und Gedichten von Puškins Lyzeumsfreunden A. DEL'VIG, V. KJUCHEL'BEKER u. a. sowie aus den Selbstdarstellungen des Dichters entwirft Tynjanov ein in seiner Geschlossenheit faszinierendes Lebensbild des jungen Puškin, wobei die historische und charakterologische Darstellungskraft des Autors die unbedeutenden biographischen Lücken dieser Periode überbrückt. Mit dem Fortgang der Biographie erweitert sich das Spektrum der politischen und literarischen Nebenfiguren: Puškin soll aus der zeitgenössischen Gesellschaft, sein Dichtertum aus dem Zusammenspiel von individueller Charakterentwicklung und objektiver Stellung in der Geschichte interpretiert werden. Bewußt löst sich Tynjanov von der Tradition der überkommenen Puškin-Biographien, die sich auf einen Abriß der Lebensdaten des Dichters oder eine Interpretation seines künstlerischen Werdegangs beschränkten. Der Roman bedient sich einer die Historizität seines Gegenstandes bewußtmachenden Reflexionstechnik, die von L. FEUCHTWANGER beeinflußt scheint. Die Persönlichkeitsentwicklung Puškins, die mit Hilfe dieser Methode psychologisch glaubwürdig rekonstruiert wird, kann etwa mit dem Jahr 1820 als abgeschlossen gelten. Das letzte Kapitel dieses wohl besten biographischen Romans über Puškin ist stilistisch und kompositorisch unvollendet geblieben.　　W.Sch.

AUSGABEN: Leningrad 1935/36 (in Lit. sovremennik; Tl. 1 u. 2). – Moskau 1936, 2 Bde. – Moskau 1959 (in *Sočinenija*, Hg. B. O. Kosteljanec, 3 Bde., 3; krit.). – Moskau 1969 (u. d. T. *Puškin i ego sovremenniki*).

ÜBERSETZUNG: *Puschkin*, T. u. G. v. Stein, Bln. 1963; Nachdr. Zürich 1987.

LITERATUR: A. Grustejn, *Roman T. o Puškine* (in A. G., *Izbr. stat'i*, Moskau 1959, S. 198–201). – N. Thun, *Puschkinbilder: Bulgakow, Tynjanow, Platonow, Soschtschenko, Zwetajewa*, Bln. 1984. – D. u. Z. Breschinsky, *Ju. T. between »Kjuchlja« and »Puškin«* (in SEEJ 26, 1982, Nr. 3, S. 287–301).

LJUDMILA EVGEN'EVA ULICKAJA

* 21.2.1943 Davlekanovo, Baškirien

MEDEA I EE DETI. Semejnaja chronika

(russ.; *Ü: Medea und ihre Kinder*). Roman von Ljudmila E. ULICKAJA, erschienen 1996. – Ulickaja gehört zu den russischen Schriftstellern, deren Talent sich erst entfalten konnte, als die Fesseln der Sowjetzensur gefallen waren. Vorher hatte sie als Biologin gearbeitet und Anfang der achtziger Jahre Filmszenarien, Hörspiele und Kinderbücher geschrieben. Schon die 1992 in der Zeitschrift ›Novyj mir‹ erschienene längere Erzählung *Sonečka (Sonetschka)* – einer ihrer ersten Texte – fand in Rußland große Anerkennung und wurde in Frankreich 1996 mit dem »Prix Médicis« ausgezeichnet. In Deutschland wurde sie in ihre Erzählsammlung *Zarte und grausame Mädchen* (Berlin 1994) einbezogen. *Medea i ee deti* ist Ulickajas erster Roman. Sie nennt ihn »Familienchronik«. Medea, die Zentralfigur, ist durch den Ort der Handlung, die einst griechische Küste der Krim, mit der Medea des griechischen Mythos verbunden, aber sie handelt in einem der Grausamkeit des Mythos entgegengesetzten Sinn: Sie tötet nicht ihre Kinder, sondern sorgt – selbst kinderlos – in Liebe für viele wie um eigene Kinder. Der Roman ist in der postsowjetischen Zeit geschrieben und gibt ein unverfälschtes Bild des Lebens unter dem Sowjetregime. Sein Anliegen aber ist nicht die Wiederherstellung der politischen Wahrheit, sondern eine umfassende Schilderung der Menschen in jener Epoche.

Medea ist das menschliche Zentrum, ein Kraftfeld, auf das eine unüberschaubare Menge von Verwandten ausgerichtet ist. Zu ihr, die – fast noch ein Kind – ihren Geschwistern zu Beginn der Sowjetzeit die Mutter ersetzen, kommen ihre zahlreichen Nichten mit Kindern und Kindeskindern auf die Krim. Als Urlauber wollen sie im Schwarzen Meer baden, sie freuen sich, andere Menschen zu treffen, Abenteuer zu erleben. Die Selbstverständlichkeit des Alltags wird hier in vielen Varianten erzählt. Die Autorin wählt für das Jahrzehnte umfassende Geschehen meist die Perspektive von Frauen. Sie sind es, die einen Mann für sich ausschauen, die Erlebnisse, Vergangenes, Künftiges über Männer oder Kinder miteinander bereden. Medea hat während der gesamten Sowjetzeit und schon vorher auf der Krim mit ihrem Völkergemisch gelebt. Den Bürgerkrieg hat sie ebenso durchlitten wie Stalins Vertreibung der Tataren oder die deutsche Besatzung im Zweiten Weltkrieg. Solche Ereignisse bleiben am Rande. Nur die Verdrängung der Juden aus ihren Arbeitsstellen um 1948 unter dem Schlagwort des »Kampfes gegen den Kosmopolitismus« ist ein wenig intensiver mit dem Schicksal einer der Personen verbunden. Das ergibt sich aus dem Leben von Medeas Mann, einem Juden. An seinem Beispiel veranschaulicht Ulickaja auch das Denken eines »Berufsrevolutionärs«.

Ulickajas Roman hat epische Ruhe, epische Breite, der Stoff entfaltet sich an einer epischen Vielzahl von Personen. Die Kapitel sind in sich einmal mehr, einmal weniger geschlossen, aber eine durchgehende Handlung oder Handlungsstränge, die das Ganze zusammenhalten, gibt es kaum. Aus der unterschiedlichen sozialen Herkunft und den Zeitphasen, von denen erzählt wird, ergibt sich die Fülle der Einblicke in russisches Leben. Ein Kapitel ist z. B. einem Mann gewidmet, der, sportlich begabt, zu den besonders geförderten sowjetischen Schulkindern gehörte, dann aber erkennen mußte, daß nicht objektive Leistung, sondern Bestechung die Laufbahn bestimmt. Sein beruflicher Lebenslauf mit Erfolgen und Enttäuschungen als Zirkusakrobat, Schütze beim Militär und Sportmediziner ist mit den besonderen sowjetischen Bedingungen verknüpft, sein Erleben auf der Krim aber, wo zwei Frauen sich erfolgreich um ihn bemühen, betont den persönlichen und zwischenmenschlichen Bereich.

Auch ein sowjetischer General gehört in den großen Medeakreis. Der Erwähnung der 1945 mitgebrachten »*Wagenladung Beutegut aus Deutschland*« steht die Schilderung der negativen Wirkung des Reichtums auf das soziale Verhalten der Ehefrau gegenüber. Die Beschreibung des bekannten Hochhauses an der Moskva mit »*Spitze, Bögen und Kolonnaden über den unterschiedlichen Flügeln*«, in dem der General und seine Frau als Angehörige der oberen Klasse der »klassenlosen Gesellschaft« wohnen, ist durch einen knappen Kommentar eingeordnet: »*Ein übler Ort.*«

Die Großfamilie der Medea mit Menschen vieler Nationen symbolisiert das Verbundensein der Menschen überhaupt. Das Buch gewinnt seine Hauptkraft, indem es unauffällig an die zu allen Zeiten und in allen Ländern gültigen ethischen Gesetze erinnert. Wenn die Autorin erzählt, wie Medea ihren Mann liebend zu Hause sterben läßt, veranschaulicht sie eine grundsätzliche Haltung zu Sterbenden und dem Tod. Wenn sie von den verschiedenen isolierten Ereignissen berichtet, deutet sie schicksalhaft Verbindendes, die Fügung, behutsam an. Das Buch baut keine Spannung auf, entwickelt sich nicht zu einem Schluß hin, statt dessen strahlt es eine wohltuende Ruhe aus und vermittelt dabei viel Neues. Es bietet Freude und Leid und – durch die Rückschau – bewältigtes Leben.   W.Ka.

AUSGABEN: Moskau 1996 (in Novyj mir, Nr. 3–4). – Moskau 1996.

ÜBERSETZUNG: *Medea und ihre Kinder*, G.-M. Braungardt, Bln. 1997.

LITERATUR: M. Rjurikova, Interview (in Literaturnaja gazeta, 20. 9. 1995, S. 3). – T. Morozova, Rez. (in Literaturnaja gazeta, 19. 6. 1996). – W. Kasack, Rez. (in Die Welt, 1. 3. 1997). – M. Titze, Rez. (in

Die Zeit, 21.3. 1997). – U.M. Schmidt, Rez. (in NZZ, 22./23.3. 1997). – K.M. Gauß, Rez. (in FAZ, 5.4. 1997). – Sch.Schahadat, Rez. (in SZ, 3./4.5. 1997). – J.v. Sternburg, Rez. (in Lesart, 1997, Nr. 1).

ARTËM VESËLYJ

d.i. Nikolaj Ivanovič Kočkurov
* 29.9.1899 Samara (zeitweilig Kujbyšev)
† 2.12.1939 in Haft

LITERATUR ZUM AUTOR:
A. Kručënych, *Zaumnyj jazyk U...*, *A. V.*, Moskau 1925. – V. Polonskij, *O sovremennoj literature*, Moskau/Leningrad 1928, S. 161–184. – *A. V.*, *Sbornik statej*, Hg. E. Nikitina, Moskau 1931. – M. Bočačer, *A. V.* (in Znamja, 1933, Nr. 1, S. 194–203). – M. Čarnyj, *Tvorčeskij put' A. V.* (in Literaturnyj kritik, 1933, Nr. 2, S. 98–120). – Ders., *A. V. Krit.-biogr. očerk*, Moskau 1960. – V. Skobelev, *A. V. Očerk žizni i tvorčestva*, Kujbyšev 1974 [enth. Bibliogr.].

ROSSIJA, KROV'JU UMYTAJA

(russ.; *Ü: Rußland, in Blut gewaschen*). Romanfragment von Artëm VESËLYJ, erschienen 1932. – Die Tatsache, daß Vesëlyj alle vier zu seinen Lebzeiten erschienenen Ausgaben des Romans ausdrücklich als »Fragment« bezeichnete, deutet zunächst auf weiterreichende Pläne des Autors. In der Tat fanden sich im Vesëlyj-Archiv Entwürfe für die Erweiterung des »Fragments« zu einem Monumentalwerk, das die revolutionären Ereignisse in Rußland »*vom Umbruch der Jahre 1916/17*« bis zum siegreichen Ende des Bürgerkriegs, der Einnahme Perekops durch die Rote Armee im Jahre 1920, behandeln sollte (Arbeitsplan aus dem Jahre 1933). Die Bezeichnung »Fragment« kann jedoch auch als eigenwillige Gattungsbezeichnung aufgefaßt werden, da sie die spezifische Form des Werkes wie die Schaffensweise und poetologische Position des Autors überhaupt charakterisiert. Vesëlyj setzt sich über nahezu alle Kategorien der traditionellen Erzählkunst hinweg, wobei er vor allem die sukzessive Entwicklung einer logisch aufgebauten Handlung aufgibt zugunsten einer Montage »sujetfreier« (*bezsjužetnyj* im Sinne V. ŠKLOVSKIJS) Textfragmente. Dieses dichterische Vorgehen führt zu einer relativen Eigenständigkeit der einzelnen Abschnitte, die sich auch in der Textgeschichte des Werkes widerspiegelt: Seit 1921 veröffentlichte Vesëlyj in verschiedenen Periodika und Agitheften einzelne Prosatexte, diese faßte er später in Sam-

melbänden zusammen, stellte sie zu größeren Prosawerken – z. B. *Strana rodnaja*, 1925/26 (*Heimatland*) – zusammen, montiert sie dann zum Fragment *Rossija, krov'ju umytaja*.
Zunächst sollte der Roman aus mehreren »*Flügeln*« (*krylo*) bestehen, die jeweils zwölf größere »*Verbände*« (*svjazok*) und sechsunddreißig »*Etüden*« (*etjuda*) enthalten sollten. Später plante Vesëlyj vierundzwanzig Kapitel, wobei »*nach jeweils drei Kapiteln – wie ein Atemholen oder eine musikalische Pause – sieben Etüden folgen. Etüden sind äußerst kurze, völlig selbständige und abgeschlossene Erzählungen von ein, zwei, drei Seiten, die mit dem Haupttext des Romans durch ihren glühenden Atem, ihren Handlungsort, ihr Thema und die Zeit verbunden sind...*« Hiervon wurden jedoch nur zehn Kapitel und zwölf Etüden (zwischen das siebte und achte Kapitel eingefügt) ausgeführt. Die Varianten (*raznoslovo*) der verschiedenen Fassungen sind nicht durch den jeweils neuen Kontext bedingt, sie beruhen vielmehr auf einer prinzipiellen ideologischen Akzentverschiebung. Diskussionen über das entstehende Werk, zumal die Gespräche mit A. SERAFIMOVIČ, dem Autor des thematisch verwandten Romans *Železnyj potok*, 1924 (*Der eiserne Strom*), veranlaßten Vesëlyj, die Rolle der Arbeiterklasse und die organisierende Funktion der Partei stärker zu betonen als in den ersten Textentwürfen, wo der elementare (*stichijnyj*) Aufbruch der Bauern- und Soldatenmassen im Vordergrund steht. Deren schwierige Bewußtseinsentwicklung und zeitweilig anarchistische Neigungen blieben jedoch auch im Romanfragment zentrales Thema.
Auf ein prologartiges visionäres Kapitel über die Schrecken des Ersten Weltkriegs folgen Bilder, die den allmählichen Zersetzungsprozeß in den Reihen der an der türkischen Front kämpfenden russischen Soldaten schildern: ihre Kriegsmüdigkeit, den Widerstand gegen Vorgesetzte, Massendesertionen und Verbrüderungen mit dem Gegner. Gleichsam als Typus – keinesfalls als Romanheld im traditionellen Sinn – tritt der einfache Soldat Maksim Kužel' auf. Der politisch zunächst völlig ungebildete Kubanbauer, den seine Kameraden zum Delegierten ihres Soldatenrates wählen, tritt in Tiflis einer roten Partisaneneinheit bei und erlebt die Kämpfe des Bürgerkriegs, deren Schilderung den größten Teil des Werkes einnimmt. Obwohl sich noch andere Gestalten – der Matrose Galagan, der Partisanenkommandeur Ivan Černojarov, die Bolschewiki Kapustin und Grebenščikov – als Individuen abzeichnen, bleibt die Masse als Hauptträger der revolutionären Kämpfe der eigentliche Held des Geschehens. Das Zurücktreten des individuellen Helden zugunsten eines Kollektivs verbindet Vesëlyjs Werk mit charakteristischen künstlerischen Tendenzen seiner Zeit, wie sie sich in Serafimovičs *Zeleznyj potok* und A. MALYŠKINS *Padenie Daira*, 1923 (*Der Fall von Dair*), oder in den Massenfestspielen der ersten Revolutionsfeiern manifestieren, aber auch mit analogen Tendenzen der westlichen Literatur (vgl. den französischen Unanimismus, E. TOLLERS *Masse-Mensch*, 1920,

John Dos Passos' Romantrilogie *U.S.A.* usf.).
Das wesentliche Charakteristikum des Werkes liegt
jedoch in seiner sprachlichen Gestaltung. Bei seinen intensiven Vorarbeiten versuchte Vesëlyj vor
allem eine möglichst breite volkssprachliche Aus-
druckswelt zu erfassen. Nicht nur die Dialoge der
Massenszenen, das ganze Fragment wird von der
Lexik und Syntax, von Rhythmus und Bilderwelt
der verschiedenen russischen und ukrainischen
Dialekte bestimmt, wobei vor allem der Soldaten-
und Bauern-Skaz vorherrscht. Dazu kommt eine
Vorliebe für futuristisch beeinflußte Wort- und
Satzspiele, die sich selbst wieder aus den Eigenheiten der Bauernsprache herleiten. Expressionistisch
wirkende Satzfragmente und eine graphisch eigentümliche Gliederung des Textes unterstreichen bisweilen den pathetischen Sprachrhythmus einer
Passage. Bezeichnenderweise findet Kručënych
gerade bei Vesëlyj, der eines seiner Werke
V. Chlebnikov widmete, Beispiele einer *»transmentalen Sprache« (zaumnyj jazyk)*.   H.J.S.

Ausgaben: Moskau 1932. – Moskau 1933. – Moskau 1935. – Moskau 1936. – Moskau 1958 (in *Izbr.
proizv.*, Hg. Z. A. Vesëlaja). – Moskau 1970 [zus.
m. *Guljaj Volga*]. – Moskau 1977. – Leningrad
1983 (in *Izbr. proza*).

Übersetzung: *Rußland, in Blut gewaschen*, Th.
Reschke, Leipzig/Weimar 1987 [Nachw. K. Kas-
per]. – Dass., ders., Köln 1987.

EVGENIJ MICHAJLOVIČ VINOKUROV

* 22.10.1925 Brjansk
† 23.1.1993 Moskau

IZBRANNOE IZ DEVJATI KNIG

(russ.; *Ausgewähltes aus neun Büchern*). Gedichtband von Evgenij M. Vinokurov, erschienen
1968. – Der Sammelband des Autors, der zu den
angesehensten sowjetischen Lyrikern zählt, ist der
Ertrag zwanzigjährigen dichterischen Schaffens.
Er vereinigt Gedichte aus neun vorangegangenen
Publikationen Vinokurovs: *Stichi o dolge*, 1951
(Verse über die Pflicht), *Sineva*, 1956 *(Bläue)*, *Priz-
nan'ja*, 1958 *(Bekenntnisse)*, *Lico čelovečeskoe*, 1960
(Das menschliche Antlitz), *Slovo*, 1962 *(Wort)*, *Muzyka*, 1964 *(Musik)*, *Charaktery*, 1965 *(Charaktere)*, *Ritm*, 1966 *(Rhythmus)*, und *Zreliša*, 1968
(Schauspiele). Sind die Gedichte der ersten beiden
Sammlungen noch ganz vom Erlebnis des Krieges
geprägt, so treten in den folgenden Veröffentlichungen die Kriegserinnerungen zurück hinter der

Beschreibung von oft im pointierten Genrebild
eingefangenen Erfahrungen des eigenen Lebens
wie Freude, Trauer, Zweifel, Ängste, Versagen,
Wünsche und Stimmungen.
Vinokurovs Lyrik ist in dem Sinne philosophisch,
als sie in jeder Empfindung und in jeder Lebensäu-
ßerung Urgrund, Sinn und Bedeutung aufzuspüren und ihre Essenz im Gedicht zu destillieren versucht. Die berührten Probleme, mitunter ein wenig
lehrhaft vorgetragen, sind jedermann verständlich
und gehen jeden an. Der Einfluß Boris Pasternaks, der die Anfänge des Autors entscheidend geprägt hatte, ist auch in den jüngsten Gedichten
noch spürbar; allerdings erreicht Vinokurov nirgends die subjektive Souveränität seines Vorbilds.
Themen und Motive seiner stets um Objektivierung bemühten Gedichte werden niemals zu lyrischen Subjekten. Vinokurov ist weder in thematischer noch in formaler Hinsicht ein Neuerer, sondern ein Meister des schlichten, einprägsam-lied-
haften Verses. Im Vorwort zu *Izbrannoe iz devjati
knig* schreibt der Autor: *»Echtes Suchen spielt sich
nicht auf dem Gebiet der Verstechnik ab, wo es nur
millimeterweise Vorwärtsbewegungen gibt, sondern
auf dem Gebiet der menschlichen Seelenverfassung, wo
Vorwärtssprünge über Hunderte von Kilometern
möglich sind.«*   H.P.W.

Ausgaben: Moskau 1968. – Moskau 1983 (in
Sobr. soč., 3 Bde., 1983–1984, 1).

Literatur: Ju. Arkadskij, Rez. (in Volga, 1968,
Nr. 3). – A. Krongauz, Rez. (in Družba narodov,
1969, Nr. 4, S. 271–273). – S. Kunjaev, Rez. (in
Naš sovremennik, 1969, Nr. 6, S. 113–118). –
A. Aleksandrov, Rez. (in Zvezda, 1969, Nr. 7,
S. 216 f.). – A. Michajlov, *E. V., Razbory, dialogi,
polemiki*, Moskau 1975. – *Russkie sovetskie pisateli.
Poéty*, Bd. 5, Moskau 1982, S. 107–170.

GEORGIJ NIKOLAEVIČ VLADIMOV

eig. Georgij Nikolaevič Volosevič
* 19.2.1931 Charkov

VERNYJ RUSLAN. Istorija karaul'noj sobaki

(russ.; *Ü: Die Geschichte vom treuen Hund Ruslan*).
Kurzroman von Georgij N. Vladimov, erschienen
1975 in der russischen Exilzeitschrift ›Grani‹ in
Frankfurt am Main. – Der zwischen 1963 und
1965 verfaßte Kurzroman wurde erst zehn Jahre
nach seiner Entstehung publiziert, nachdem Vladimov jahrelang vergeblich auf eine Veröffentlichung in der Sowjetunion gehofft hatte. Der Abdruck des Romans in der Moskauer Zeitschrift

›Znamja‹ im Jahre 1989 zeugt von entscheidenden Veränderungen, die nicht nur im kulturellen Leben der Sowjetunion stattgefunden haben, und rehabilitiert einen Autor, dem einer der ersten Plätze in der zeitgenössischen russischen Literatur zukommt. Vladimov, der in seiner Heimat durch die realistische Novelle *Bol'šaja ruda*, 1961 *(Das große Erz)*, bekannt wurde, leistet mit diesem Werk einen bedeutenden Beitrag zur literarischen Bewältigung der Vergangenheit. Am Beispiel des ehemaligen Lagerhundes Ruslan, der, nachdem in der frühen Nach-Stalin-Zeit viele Straflager aufgelöst werden, ohne Aufgabe bleibt, veranschaulicht Vladimov die Dressur und Verhetzung des Menschen in einem totalitären Staat. Geschildert wird das Leben und Sterben des Wachhundes Ruslan aus dessen eigener Perspektive; dabei versteht es der Autor, sich in die Psyche der stummen Kreatur einzufühlen, die von der Liebe zu ihrem Herrn und dem Dienst gekennzeichnet ist.

Nach Auflösung des Straflagers, in dem Ruslan dient, bleibt er sich selbst überlassen. Nur von dem einen Gedanken besessen, weiterhin seine Pflicht zu tun, arrangiert er sich in dem für ihn fremden Leben auf seine Art. Als ein ehemaliger Lagerhäftling, der nach seiner Entlassung Unterschlupf bei einer im nahegelegenen Dorf ansässigen Frau gefunden hat, ihn aufnimmt, erkennt Ruslan in ihm einen zu Bewachenden und nicht, wie dieser glaubt, den neuen Herrn. Ebenso wie Ruslan versucht der Entlassene sich im Leben außerhalb der Lagerrealität zurechtzufinden. Der ehemalige Kunsttischler verbringt seine Tage damit, aus den Brettern ausgedienter Eisenbahnwaggons einen Schrank zu zimmern und sich am Abend zu betrinken. Seine Angst vor der Rückkehr zur Familie entspricht dem Gefühl, nicht mehr dazuzugehören. Als ein lang erwarteter Brief ihm die Möglichkeit bietet heimzukehren, entscheidet er sich im letzten Augenblick dagegen, da er erkannt hat, daß er seinen Platz in der »normalen« Gesellschaft für immer verloren hat und das Leben seiner Angehörigen nicht stören darf. So wie ihm, ist es auch Ruslan unmöglich, die durch die Willkür des Staates aufgezwungene Lagerexistenz abzuschütteln. Sein Denken und Fühlen wird von einem auf grausamen Lernerfahrungen beruhenden Wissen beherrscht und beeinträchtigt, das ihn zwingt, die Welt in Herren und Häftlinge einzuteilen. Die Auflösung des Lagers hält er für einen Irrtum, der irgendwann als solcher erkannt wird. So läuft er – ebenso wie viele andere ehemalige Lagerhunde – tagsüber mehrmals zum Bahnhof, um ankommende Züge mit Häftlingen zu erwarten. Ein nie erlebtes Gefühl, das Ruslan beim Jagen im Wald erfährt und das ihm eine Ahnung von seiner eigentlichen Bestimmung als Hund vermittelt, läßt Visionen und Träume, die ihm die Welt des Lagers verschönert haben, für kurze Zeit Wirklichkeit werden.

Diese Welt des Lagers mit ihrer trostlosen und unmenschlichen Realität ersteht immer wieder in Rückblenden. In einzelnen Episoden wird die Tätigkeit der Hunde geschildert: das Zusammentreiben der Kolonnen, die Verfolgung und das Aufspüren von Flüchtlingen. Bei der Beschreibung einer Exekution wird die moralische Überlegenheit des Hundes seinem sadistischen Herrn gegenüber hervorgehoben. Das gleiche geschieht bei einer Meuterei der Häftlinge, der sich die Hunde anschließen. Hierbei wird die Frage »Kann sich der Hund aus seiner Dressur befreien?« einmal positiv entschieden. Im übrigen aber kann diese Frage, die im Roman auf das engste mit dem Thema Freiheit verknüpft ist, nicht eindeutig beantwortet werden. Dies zeigt sich am Schluß der Geschichte: Die Ankunft von Arbeitern eines Zellulose-Papier-Kombinats läßt die Hunde, die es als Rückkehr der Häftlinge deuten, wieder zu dressierten Wachhunden werden. Es kommt zu einem erbitterten Kampf zwischen Tieren und Menschen, als die Hunde auf die mangelnde Disziplin der nichtsahnenden Arbeiter beim Marschieren in der Kolonne mit andressierter Schärfe reagieren. Mit gebrochenem Rückgrat stirbt Ruslan unter schrecklichen Qualen in dem Bewußtsein, seinem Dienst nicht untreu geworden zu sein.

Die Geschichte des Hundes Ruslan, ein Meisterwerk zeitgenössischer russischer Literatur, besitzt starke Gleichniskraft. Indem Vladimov das Problem des durch die Indoktrination seitens des Staates zum reinen Befehlsempfänger degradierten Menschen auf die Hundeebene überträgt, schafft er eine Distanz und findet gleichzeitig die Perspektive, aus der die Welt der Menschen als eine von Verrat und Grausamkeit beherrschte erscheint, in der jeder jeden bewacht. Die Tragödie des um sein Lebensglück betrogenen Hundes Ruslan ist die Tragödie vieler Millionen Menschen, deren Leben unter den Auswirkungen einer vom Staat anerzogenen falschen Moral zerstört wurde.   S.Ma.

AUSGABEN: Ffm. 1975 (in Grani, Nr. 96). – Ffm. 1975. – Moskau 1989 (in Znamja, Nr. 2).

ÜBERSETZUNG: *Die Geschichte vom treuen Hund Ruslan*, T. Frickhinger-Garanin, Bern/Mchn. 1975. – Dass., dies., Bergisch Gladbach 1978.

LITERATUR: W. Kasack, Rez. (in NZZ, 6./7. 12. 1975). – H. v. Ssachno, Rez. (in SZ, 15./16. 11. 1975). – A. Terc, Rez. (in Kontinent, Paris 1975, Nr. 5, S. 367–404). – A. Latynina, Rez. (in Literaturnaja Gazeta, 1. 3. 1989). – R. Porter, *Four Contemporary Russian Writers*, Oxford 1989. – E. Rževskaja, *Tragedija vernogo Ruslana* (in Moskovskie novosti, 22. 1. 1989).

VLADIMIR NIKOLAEVIČ **VOJNOVIČ**

* 26.9.1932 Stalinabad (umbenannt in
Dušanbe)

LITERATUR ZUM AUTOR:
W. Kasack, *V. Voinovich and his Undesirable Satires*
(in *Fiction and Drama in Eastern and Southeastern
Europe*, Hg. H. Birnbaum u. T. Eekman, Colum-
bus/Oh. 1980). – C. Pearce, *The Prose Works of
V. V.*, Diss. Seattle/Wash. 1983. – R. Porter, *Four
Contemporary Russian Writers*, Oxford u. a. 1989,
S. 98–116. – D. Rancour-Laferriere, *From Incom-
petence to Satire: Voinovich's Image of Stalin as Cas-
trated Leader of the Soviet Union in 1941* (in Slavic
Review, 50, 1991, Nr. 1, S. 36–47). – W. Kasack,
Exil als Aufgabe. Laudatio auf W. W. (in *Jahrbuch
8. Bayerische Akademie der Schönen Künste*, Mchn.
1994).

IVAN'KIADA ili Rasskaz o vselenii pisatelja
Vojnoviča v novuju kvartiru

(russ.; *Ü: Ivankiada oder Die Erzählung über den
Einzug des Schriftstellers Woinowitsch in die neue
Wohnung*). Erzählung von Vladimir N. VOJNOVIČ,
erschienen 1976. – Die autobiographische, satirische Erzählung, die nach ihrer Niederschrift im Samisdat kursierte, schildert Vojnovičs Kampf um
die Vergrößerung seines Wohnraums – ein auch
heute noch brennendes Problem vieler Menschen
in Rußland. Der Ich-Erzähler ist mit dem Autor
vollständig identisch; nicht nur stimmen Name,
Adresse und Daten überein, sondern ergänzen darüber hinaus einige Dokumente das Geschehen aus
dem Jahre 1973. Zu diesem Zeitpunkt besaß der
Autor mit seiner schwangeren Frau eine Einzimmerwohnung von 24,41 Quadratmetern. Als in der
Wohnkooperative »Moskauer Schriftsteller« die
Wohnung Nr. 66 frei wird, steht für ihn außer Frage, daß er diese Zweizimmerwohnung bekommen
wird, zumal sie ihm auf der vorangegangenen Ge-
nossenschaftsversammlung einstimmig zugesprochen wurde. Um so unbegreiflicher sind ihm die
Ausführungen des Vorsitzenden der Kooperative,
Turganov: Der Bedarf an Einzimmerwohnungen
sei gestiegen. So will eine Frau namens Bašova ihre
Zweizimmerwohnung gegen zwei Einzimmerwohnungen tauschen. Da es aber nur eine einzige
gebe – eben die des Autors – solle von der Wohnung Nr. 66 ein Zimmer abgetrennt werden. Dann
könne Vojnovič in die Wohnung der Bašova ziehen, während diese die Wohnung von Vojnovič be-
käme und das, was von der Wohnung Nr. 66 übrig-
bliebe. *»Und was ist mit dem Zimmer, das ohne Kü-
che, Bad und Toilette bleibt? Es stellt sich heraus, daß
es gerade um dieses Zimmer geht. Sergej Sergeevič
Ivan'ko hat gebeten, seine Wohnverhältnisse zu verbes-*

*sern und dieses Zimmer seiner Wohnung zuzuschla-
gen.«* Bei den Nachforschungen des Autors, wer
dieser Ivan'ko sei, stellt sich heraus, daß dieser mit
Frau und Kind eine Dreizimmerwohnung von
50,5 Quadratmetern in demselben Haus wie
Vojnovič bewohnt, der Leiter des Staatskomitees
für das Pressewesen ist und daß seine Beziehungen
bis zum KGB reichen. *»Wenn er ein so wichtiger
Mann ist, warum bekommt er dann keine Dienstwoh-
nung, und zwar von der Größe, die er braucht?«* Auf
diese angesichts der Fakten verständliche Frage erhält der Autor eine verblüffende Antwort: Ivan'ko
habe sich von einem Amerikaaufenthalt teure Ein-
richtungsgegenstände mitgebracht und sie in der
Wohnung so installieren lassen, daß er sie unbe-
schadet nicht mehr ausbauen könne. *»Er kann unmöglich umziehen, er kann sich nur ausbreiten oder
sich nach oben oder unten vergrößern.«* Im folgenden
wird der sechsmonatige Kampf beider Anwärter
auf die Wohnung Nr. 66 geschildert, ein Kampf,
für den Vojnovič seine Arbeit an dem Roman *Ivan
Čonkin* (1975) unterbricht und der Ivan'ko zu kriminellen Methoden wie Amtsmißbrauch greifen
läßt: Er korrumpiert Leute, um seine Wohnung illegal zu vergrößern, und seine Helfershelfer wiederum handeln aus dem Wunsch heraus, ihre Manuskripte veröffentlicht zu sehen.
Die negativen Erscheinungen im Schriftstellerverband sind Hauptangriffspunkte und füllen wesentliche Teile der Erzählung. Während im ersten Teil
der Erzählung, der auf Bezirksebene spielt, Ivan'ko
eine Niederlage einstecken muß, gleichzeitig aber
lauthals droht, keineswegs seine unsauberen Machenschaften einzustellen *(»Macht nichts, die Sache
versalze ich ihnen. Die werden vor mir noch tanzen«)* ,
werden im zweiten Teil dessen einflußreiche Gönner auf Kommunalebene (v. a. Promyslov, der
Vorsitzende des Moskauer Stadtsowjets) mobilisiert, die ihre Verbindungen zugunsten Ivan'kos
spielen lassen sollen. Der Mißstand der Privilegie-
rung Linientreuer in der Sowjetunion hat Schriftstellern immer Anlaß zu satirischer Darstellung geboten (vgl. M. BULGAKOVS *Master i Margarita*). So
unterscheidet sich der Lebensstandard privilegier-
ter Schichten erheblich von dem der normalen Bevölkerung: *»Manchmal erholte er sich mit seiner Familie in Nizza (Geneigter Leser, haben Sie Ihren Urlaub schon einmal in Nizza verbracht?)«* Daß der Autor letztlich die ungesetzlichen Ansprüche Ivan'kos
zurückweisen kann, ist seiner Beharrlichkeit zu verdanken, mit der er gegen den Tatbestand des doppelten Rechts kämpft.
Literaturtheoretisch zählt diese Erzählung zur Kategorie der Individualsatire, deren Höhepunkt das
einzig fiktionale Kapitel *Ein schöner, sonniger Tag*
im zweiten Teil bildet. Mit Hilfe von Komik wird
Ivan'kos »Größe« in ein Nichts umgewandelt und
Ivan'ko als Typ des skrupellosen, kommunistischen Karrieremenschen entlarvt, der vor Erpressung und Einschüchterung nicht zurückweicht,
wenn es um die Befriedigung seiner persönlichen
Bedürfnisse geht. Das sprachliche Vergnügen soll
aber nicht über den ernsten Inhalt hinwegtäuschen.

Die von der Satire geleistete Analyse der gesellschaftlichen Wirklichkeit, einzelner Erscheinungen oder auch Personen, hat nicht zuletzt die Aufgabe, zur Behebung der angeprangerten Mißstände beizutragen. Vojnovičs Erzählung bildet insofern eine Ausnahme, als sie tatsächlich den angestrebten Erfolg hatte. I. Schö.

AUSGABE: Ann Arbor/Mich. 1976.

ÜBERSETZUNG: *Ivankiada oder Die Erzählung über den Einzug des Schriftstellers Woinowitsch in die neue Wohnung*, T. Frickhinger-Garanin, Ffm. u. a. 1979.

LITERATUR: Ju. Terepiano, *Novye knigi* (in Russkaja mysl', Paris, 13. 5. 1976, S. 10). – G. Kryžickaja, Rez. (in Novoe russkoe slovo, NY, 13. 3. 1977, S. 3). – W. Kasack, Rez. (in NZZ, 22. 2. 1980, S. 33).

ŽIZN' I NEOBYČAJNYE PRIKLJU-ČENIJA SOLDATA IVANA ČONKINA

(russ.; *Ü: Die denkwürdigen Abenteuer des Soldaten Iwan Tschonkin*). Roman von Vladimir N. Vojnovič, erschienen 1975. – Ein Militärflugzeug muß im Jahre 1941, kurz vor dem deutschen Angriff auf die Sowjetunion, auf einem Feld beim Dorf Krasnoe notlanden. Daraufhin wird der gemeine Soldat Ivan Čonkin abkommandiert, die Maschine zu bewachen. Mit dieser nutzlosen und absurden Aufgabe beginnen seine »denkwürdigen Abenteuer«. Čonkin, ein hoffnungsloser Pechvogel, dem es immer wieder auf wundersame Weise gelingt, die fatalsten Situationen zu überstehen, mißachtet alle Vorschriften, freundet sich mit den Bewohnern des rückständigen Krasnoe an und macht Njura, eine einfache Bauernfrau, zu seiner Geliebten. Im Dorf lebt auch Gladyšev, ein Amateurwissenschaftler und kommunistischer Eiferer, der sich um die Zucht von Pflanzenhybriden bemüht, denen er politische Bezeichnungen wie »PUKS« (Abkürzung von: *put' k socializmu* – Weg zum Sozialismus; in der Kindersprache aber auch: Furz) geben will. Insgesamt wird die Dorfbevölkerung als eine *»mehr oder weniger zusammenhängende Sammlung von Exzentrikern«* (C. Pearce) geschildert. Eine wichtige Rolle im ersten Teil des Romans spielen die Träume Čonkins, in denen sich seine Angst vor den Armeebehörden mit phantastischen Umkehrungen (Stalin als Frau etwa) vermischt. Der zweite Teil spielt nach dem deutschen Angriff. Die ersten Versammlungen der Dorfbevölkerung und eine Rundfunkrede Stalins werden vor dem Hintergrund eines allgemeinen Durcheinanders im Dorf geschildert: Einerseits wird Čonkin von Gladyšev denunziert, andererseits werden der Geheimdienstagent Filippov, der nach Krasnoe gekommen ist, um Čonkin zu verhaften, und dessen Vorgesetzter Miljaga von Čonkin und Njura festgenommen. Es entsteht ein regelrechter Krieg um Čonkin, wobei keiner im Grunde weiß, wer gegen wen kämpft, und jede Seite die andere mit den Deutschen verwechselt. Es gehen die phantastischsten Gerüchte um: Čonkin würde eine ganze Bande anführen, er sei ein weißer General oder, umgekehrt, Stalin selbst habe sich im Dorf Krasnoe unter dem Namen Čonkin versteckt. General Drynov wird auf den Fall angesetzt, und es gelingt ihm, Čonkin zu stellen; er muß ihm aber einen Orden verleihen, statt ihn zu verhaften, denn Čonkin hat inzwischen eine ganze Kompanie besiegt. Doch zum Schluß erscheint der inzwischen befreite Filippov mit dem Haftbefehl, und Čonkin wird doch noch festgenommen.

Der Roman ist eine Parodie auf A. Tvardovskijs Poem *Vasilij Tërkin* (1942–1945): Nicht der einfache, heroische Bauer-Soldat, sondern ein subversives Wesen, das niemals an die Front gelangt, steht im Vordergrund. In der Brežnev-Ära, als es galt, die Rolle der Roten Armee im Zweiten Weltkrieg zu verklären, wurde Vojnovičs Sicht der Dinge als ein beispielloser Verstoß gegen die Normen der Kriegsdarstellung empfunden. Eine vollständige sowjetische Ausgabe konnte daher erst 1990 erscheinen. – In der englischsprachigen Kritik wurde der Roman häufig mit J. HELLERS *Catch-22* (1961) verglichen. Der ebenfalls oft unternommene Vergleich mit J. HAŠEKS *Osudy dobrého vojáka Švejka za světové války*, 1921–1923 *(Die Abenteuer des braven Soldaten Schwejk während des Weltkriegs)*, legte mehrere Gemeinsamkeiten und Unterschiede bloß. Ähnlich wie Švejk entlarvt Čonkin durch seine ungewollte Sabotage-Tätigkeit die Absurdität des Krieges. Vojnovič selbst sieht den Unterschied zu Tërkin und Švejk v. a. darin, daß letztere eine aktive Rolle spielen, Čonkin aber meist passiv bleibt. Švejks Retter sind immer seine eigene Schläue und Gerissenheit, während Čonkin nur durch glückliche Wendungen des Schicksals überlebt. Damit ist auch der wichtigste Kontrast zum pikaresken Abenteuerroman gegeben, denn dort sucht der Held das Abenteuer, während Čonkin von den Abenteuern geradezu heimgesucht wird. Ein weiterer Gegensatz zu *Švejk* liegt in der Komposition: Bei Hašek sind die einzelnen Kapitel relativ eigenständige Szenen aus dem Leben des Helden, während Čonkins Geschichte sich an einer narrativen Linie entlang entwickelt. – Ein weiterer literarischer Bezugspunkt, vor allem im ersten Teil des Romans, ist das Werk N. GOGOL's: Das plötzliche Auftauchen des notgelandeten Piloten und die Reaktion des Bürgermeisters lassen den *Revisor* (1836) assoziieren; Čonkin selbst erinnert in manchem an Čičikov in *Mërtvye duši*, 1842 *(Tote Seelen)*. Ferner schöpft Vojnovič aus der russischen Volkstradition. Sein Protagonist ist zugleich eine moderne Version des russischen Märchenhelden Ivan-Durak (Ivan der Dumme), dem seine Dummheit letztlich nicht schadet und dem immer wieder großes Glück zuteil wird. Hierher gehört auch die Verwechslung Čonkins – sowie anderer Figuren des Romans – mit Stalin. Der Nachname des Haupthelden läßt sich als eine Kombination des

Tvardovskijschen Tërkin mit dcm umgangssprach-lichen *čoknutyj*, das so viel wie »bekloppt« heißt, aufschlüsseln (R. Porter).

Die Entstehungsgeschichte des Romans, den Vojnovič bereits in den späten fünfziger Jahren be-gann, läßt sich z. T. am Inhalt ablesen. Im ersten Teil, als dessen Entstehungszeit der Autor die Jahre 1963–1967 angibt, wird vor allem die Absurdität des Lebens in der Armee angeprangert, während im zweiten Teil einige weitere Bollwerke der sowje-tischen Ideologie, z. B. der KGB (bei Vojnovič »die Institution«), angegriffen werden. Dies ist zwar eine logische Entwicklung, erklärt sich aber auch dadurch, daß Vojnovič den ersten Teil noch in der »Tauwetter«-Periode schrieb und Hoffnungen he-gen durfte, ihn in der Sowjetunion zu publizieren (ein Auszug unter dem Titel *Žizn' Ivana Čonkina – Das Leben des Ivan Čonkin* wurde in der Zeitschrift ›Novyj mir‹ im September 1963 angekündigt, aber nie veröffentlicht). Dieser erste Teil weist auch mehr Gemeinsamkeiten mit den auf dem Dorf spielenden, in ›Novyj mir‹ veröffentlichten frühen Erzählungen Vojnovičs auf (z. B. mit *My zdes' ži-vëm – Wir leben hier*). Der zweite Teil wurde von einem Vojnovič geschrieben, der sich bereits den Dissidenten angeschlossen hatte. – 1979 legte der Autor einen weiteren, den dritten und vierten Teil der Čonkin-Geschichte enthaltenden Roman, *Pre-tendent na prestol. Novye priključenija Ivana Čonki-na (Iwan Tschonkin, Thronanwärter)*, vor und kün-digte zugleich einen fünften Teil an. Obwohl also noch nicht abgeschlossen, gehört der Roman schon jetzt zu den großen Satiren der modernen russi-schen Literatur.   H.Mey.

AUSGABEN: Paris 1975. – Ann Arbor/Mich. 1985. – Moskau 1988 (in Ogonëk, Nr. 26–30; Ausz.). – Moskau 1990 [zus. m. *Pretendent na prestol*].

ÜBERSETZUNG: *Die denkwürdigen Abenteuer des Soldaten Iwan Tschonkin*, A. Kaempfe, Darmstadt/ Neuwied 1975. – Dass., ders., Zürich 1979; ern. 1990 (detebe).

LITERATUR: N. Muravina, Rez. (in Vestnik russko-go christianskogo dviženija, 1975, Nr. 1, S. 188–200). – O. Beer, Rez. (in Die Welt, 27. 3. 1975, S. 3). – M. Szenessy, Rez. (in FAZ, 11. 7. 1975). – V. Iverni, Rez. (in Kontinent, 5, 1976, S. 427–454). – C. Roy, Rez. (in Le nouvel observa-teur, 21. 2. 1977, S. 50–53). – B. Feron, Rez. (in Le Monde, 25. 2. 1977, S. 15; 23). – P. Petro, *Hashek, Voinovich and the Tradition of Anti-Militarist Satire* (in Canadian Slavonic Papers, 22, 1980, Nr. 1, S. 116–121). – M. Kirkwood, *An Aspect of Humor in Voinovich's »Life and Extraordinary Adventures of Soldier Ivan Chonkin«* (in Essays in Poetics, 5, 1980, Nr. 2, S. 43–62). – M. Friedberg, Rez. (in Slavic Review, 39, 1980, Nr. 4, S. 717–719). – S. Lercomte, *Scatological Details in V.'s »Žizn'i neo-byčajnye priključenija soldata Ivana Čonkina«* (in Russian Language Journal, 34, 1980, S. 145–151). – S. Thompson, »*The Life and Extraordinary Ad-ventures of Private Ivan Chonkin«: A Commentary and Explanation*, Diss. Vancouver 1981.

ALEKSANDR MOISEEVIČ **VOLODIN**

eig. Aleksandr Moiseevič Lifšic
* 10.2.1919 Minsk

FABRIČNAJA DEVČONKA

(russ.; *Das Mädchen aus der Fabrik*). Schauspiel in vier Akten von Aleksandr M. VOLODIN, Urauffüh-rung: Stavropol' 1956, Stavropol'skij kraevoj dra-matičeskij teatr. – Entstanden in der Zeit kulturpo-litischer Lockerungen nach Stalins Tod, der sog. »Tauwetter-Periode«, stieß Volodins Erstlings-werk auf ungewöhnlich starke Resonanz. Die Mos-kauer Erstaufführung von 1957 (Centralnyj teatr sovetskoj armij) löste gar einen heftigen Kritiker-streit aus: Von der liberalen Kritik wurde das Stück begeistert aufgenommen, von konservativer Seite jedoch »*als bösartige Parodie auf die sowjetische Ju-gend*« (L. Barulina u. P. Dëmin) angefeindet. Zum einen hatte der Autor nämlich einen gesellschaftli-chen Mißstand ehrlich und präzise beschrieben, zum anderen sich von der lange verordneten Kunstdoktrin gelöst. Wie auch in späteren Dra-men, *Pjat' večerov*, 1959 *(Fünf Abende)*, *Moja star-šaja sestra*, 1961 *(Meine ältere Schwester)*, u. a., wen-det sich Volodin in *Fabričnaja devčonka* vom He-roenklischee der Dramatik des sozialistischen Rea-lismus ab. Er beschreibt Menschen im Konflikt mit ihrer Umwelt, Scheiternde, Charaktere, deren Schicksal sich nicht glücklich vollendet.

Auch Žen'ka Šul'čenko, das lebenslustige »Mäd-chen aus der Fabrik« (eine Spinnerei bei Lenin-grad), fällt aus der ihr zugedachten Rolle. Zwar ge-hört sie mit fünf anderen jungen Frauen zur »*besten Komsomolzengruppe*«, doch schwänzt sie die lang-weiligen wöchentlichen Komsomolzentreffen, um ihren Vergnügungen nachzugehen. Geradeheraus und ehrlich spricht Žen'ka ihre Meinung aus: Als ein Kamerateam ins Fabrikwohnheim kommt, um Žen'kas Gruppe für die Wochenschau zu porträtie-ren, kritisiert sie offen die Manieriertheit der Auf-nahmen. Um dem Verwaltungsleiter Makarov eine tadellos geführte Abteilung vorzuführen, muß die gesamte Belegschaft eine Woche lang die Maschi-nen putzen und daher die Produktion gestoppt werden. Lautstark protestieren Žen'ka und ihre Kolleginnen gegen diese Schönfärberei. Žen'kas Gegenspieler, der humorlose und angepaßte Kom-somol-Sekretär Bibičev, kann dieses Verhalten nicht akzeptieren. Nachdem Žen'ka im Anschluß an einen Tumult in einer Tanzbar des Saales ver-wiesen wurde, nötigt Bibičev Žen'kas Kollegin

Lelja, einen denunzierenden Artikel über die Widerspenstige in der ›Komsomol'skaja pravda‹ zu veröffentlichen. Doch da sich die Protagonistin trotz dieser und weiterer Einschüchterungen nicht beugen will, wird ihr schließlich gekündigt (d. h., sie wird nach sowjetischen Maßstäben in die Asozialität ausgestoßen). Die permanente Notwendigkeit, das Empfinden der Wirklichkeit und das Zusammenleben mit anderen Menschen dem Kodex der kommunistischen Ideologie zu unterwerfen – zentrale Thematik des Werks –, schafft eine Atmosphäre des Zwangs und der Heuchelei, der Lüge und Angst. Dieser Zwang ist so allumfassend, daß er das Leben aller Personen des Stücks direkt oder indirekt beeinflußt. Lelja, die den Hetzartikel gegen Žen'ka schrieb, muß ihre uneheliche Tochter als Schwester ausgeben, um die Position der Gruppenleiterin nicht zu verlieren. Die Vorarbeiterin nutzt die Lage zu einem privaten Rachefeldzug und forciert Žen'kas Entlassung, um die Liebesbeziehung zwischen ihrem Sohn und der Heldin zu verhindern. Irina, Žen'kas Freundin, flieht die Situation und folgt ihrem Verlobten nach Bulgarien. Nur der starre Funktionär Bibičev unterwirft sich restlos dem System und verliert schließlich jedes menschliche Antlitz.

Fabričnaja devčonka hat keine durchgehende Handlung. Eingebettet in den Alltag der Protagonisten, zergliedern sich die Geschehnisse in Episoden, die die Problematik aus einer vervielfachten Perspektive nuanciert und facettenreich zeigen. Verbunden sind die Segmente durch eine dem Kino entlehnte Überblendtechnik, die im Stück einen schnellen Szenen- und Ortswechsel ermöglicht. Musik, die das Werk leitmotivisch durchzieht, romantisiert die Atmosphäre persönlicher Gespräche im Refugium des Alltags. Dieses besondere Ambiente wie auch der Verzicht auf die klassischen Einheiten weisen darauf hin, daß dem Autor innere und moralische Zusammenhänge der Problematik wesentlich sind. – *Fabričnaja devčonka* ist ein zeitgenössisches Stück: Während Bibičev die Erbschaft der Stalinzeit symbolisiert, verkörpert Žen'ka die neue Freiheit, den Aufbruch der damaligen Sowjetgesellschaft. Zwar bekämpft der Bürokrat die Protagonistin bis zum Schluß, doch durch den optimistischen Unterton des offenen Endes, die Rückkehr der Heldin andeutend, verleiht Volodin der Hoffnung auf den Sieg einer menschlicheren Gesellschaft Ausdruck. C.N.

AUSGABEN: Moskau 1956 (in Teatr, Nr. 9). – Moskau/Leningrad 1957.

LITERATUR: M. Alekseev, *Poiski i nachodki* (in Novyj mir, 1956, Nr. 11, S. 257–259). – V. Smirnova, *Na fabričnoj okraine* (in Teatr, 1957, Nr. 4, S. 54–62). – V. Sokolov, *Brak bez ljubvi* (ebd., 1957, Nr. 5, S. 61–67). – L. Barulina u. P. Dëmin, *A čto u nich za dušoj?* (ebd., 1957, Nr. 6, S. 54–58). – M. Stroeva, »*Kritičeskoe napravlenie uma*« (ebd., S. 59–69). – E. Cholodov, *Spor o trech spektakljach* (ebd., 1957, Nr. 7, S. 53–70). – E. Surkov, *Žen'ka*

Šul'čenko, eë druzja i nedrugi (in Znamja, 1958, Nr. 3, S. 170–187). – *Twentieth-Century Russian Drama. From Gorky to the Present*, Hg. H. B. Segel, NY 1979, S. 355–359.

ANDREJ ANDREEVIČ
VOZNESENSKIJ

* 12.5.1933 Moskau

SOROK LIRIČESKICH OTSTUPLENIJ IZ POĖMY TREUGOL'NAJA GRUŠA

(russ.; *Ü: Dreieckige Birne. Dreißig lyrische Abschweifungen*). Gedichtzyklus von Andrej A. VOZNESENSKIJ, erschienen 1962. – Das Werk, dessen Originaltitel übersetzt *Vierzig lyrische Abschweifungen aus dem Poem Die dreieckige Birne* heißt, ist die Frucht einer Amerikareise des Autors, die ihn zu einem größeren Poem *Die dreieckige Birne* – der Titel bezieht sich auf die dreieckige Form der elektrischen Birnen in der New Yorker Metro – inspirierte. Während der Arbeit daran »*sank das Poem*«, wie Voznesenskij im Vorwort bemerkt, »*wie ein überladenes Schiff*«, und gleichzeitig entstand ein eigener Organismus, »*ein Poem der lyrischen Abschweifungen*«, das neben Gedichten auch einige Prosastücke, Ausschnitte aus Tagebüchern und journalistischen Reportagen enthält. Die *Lyrischen Abschweifungen*, nach dem Poem *Mastera*, 1959 *(Meister)*, und dem Lyrikband *Parabola*, 1960 *(Parabel)*, die dritte größere Veröffentlichung Voznesenskijs, zeigen ihn als den sowjetischen Vertreter der Großstadt- und Zivilisationspoesie, als Dichter des technischen Zeitalters. Anknüpfend an die poetische Tradition der frühen zwanziger Jahre, an B. PASTERNAK, an den LEF und insbesondere an V. MAJAKOVSKIJ, von dem es ein ähnliches Amerikabuch gibt, aber auch beeinflußt von Filmtechnik, Architektur und westlicher Lyrik, vor allem von F. GARCÍA LORCA, manifestiert sich in Voznesenskijs Schaffen eine spezifisch sowjetische moderne Lyrik.

In dem Zyklus verschränken sich Themen aus der westlichen Welt mit solchen aus Rußland. Amerika hat ihn fasziniert, aber hinter dem Glanz der aufreizenden Fassade erkennt er eine inhumane, entfremdete Welt, ob er nun die Verlorenheit der Beat-Generation in den *Beatnik-Monologen*, die Entwürdigung der Frau in *Striptease* oder in der *Abschweifung, in der man eine Frau schlägt*, die unendliche Wehmut einer russischen Emigrantenkneipe oder das Schicksal der Schwarzen zum Thema hat. Daneben aber stehen die russischen Themen, der russische Herbst und der Fußball, der *Brand im Architektur-Institut*, ja sogar eine groteske *Abschweifung ins 17. Jh.* der russischen Geschichte, wobei die östliche Welt durchaus nicht als reiner Gegensatz zur westlichen gezeichnet wird.

Bestimmendes Kennzeichen der Dichtung Voznesenskijs ist die ungewöhnlich starke Metaphorik, die er den »*Motor der Form*« nennt. Die Metapher erlaubt ihm die Verbindung von Zeiten und Räumen, das Nebeneinander von Geschichte und Gegenwart, Umkehrungen der Chronologie, der Größenverhältnisse, der Kausalität bis hin zu dem immer wiederkehrenden Topos der »Antiwelten«, der sich nicht nur in der gleichnamigen *Ironisch-philosphischen Abschweifung* findet, wo es heißt: »*Die steilen Wolkenkratzer tropfen / Vom Kugelbauch der Welt herab.*« Voznesenskij sieht russische Motorrad-Halbstarke als Rublëvsche Engel, die Sonne sitzt ihm als Marienkäfer am kleinen Finger, er verwandelt sich in einen Hund auf der Fährte. Die paradoxe, groteske, verkehrte, Natur und Technik, Umwelt und Ich ineinander verschmelzende Metapher entwickelt sich vor allem aus dem Klang und wird durch ihn raffiniert assoziiert, schematisiert, in ein System gebracht. Auch die moderne Umwelt aus Glas, Kunststoff und Neon findet ihren Ausdruck in der Struktur der Gedichte des ehemaligen Architekten, die oft technischen Gebilden nachkonstruiert sind.   K.H.

AUSGABEN: Moskau 1962. – Moskau 1983 (in *Sobr. soč.*, 3 Bde., 1).

ÜBERSETZUNG: *Dreieckige Birne. Dreißig lyrische Abschweifungen*, E. Schmidt u. A. Kaempfe, Ffm. 1963 [Ausw.].

LITERATUR: E. Isaev, Rez. (in Literaturnaja gazeta, 17. 1. 1963). – V. Čalmaev, Rez. (ebd., 5. 2. 1963). – G. Krasuchin, Rez. (in Moskva, 1963, Nr. 8, S. 106–107). – P. Forgues, *The Poetry of A. V.* (in Survey, 49, 1963, S. 63–77). – W. H. Auden, *The Poetry of A. V.* (in New York Review of Books, 14. 4. 1966, S. 3 ff.). – M. Hopkins, *A Descriptive Analysis of the Phonology of Selected Poems by A. V.*, Diss. Baton Rouge/La. 1968. – A. Michajlov, *A. V. Ètjudy*, Moskau 1970. – J. Baily, *The Verse of A. V. as an Example of Present-Day Russian Versification* (in SEEJ, 17, 1973, Nr. 2, S. 155–173). – R. Thomson, *A. V.: Between Pasternak und Mayakovsky* (in SEER, Januar 1976, S. 41–59). – L. Balachonskaja, *Jazykovye antonimy i kontekstovo protivopostavljaemye slova kak sredstva sozdanija kontrasta v proizvedenijach A. V.*, Diss. Leningrad 1987.

BORIS KONSTANTINOVIČ ZAJCEV

* 10.2.1881 Orël
† 28.1.1972 Paris

LITERATUR ZUM AUTOR:
V. Polonskij, *Tvorčestvo B. Z.* (in Naša žizn', 1915, Nr. 4, S. 151–157). – G. Struve, *Current Russian Literature: B. Z.* (in SEER, 17, 1938/39, S. 445–451). – Ders., *B. K. Z.* (in G. S., *Russkaja literatura v izgnanii*, NY 1956, S. 101–104; 262–267). – F. Stepun, *Vstreči*, Mchn. 1962, S. 123–140. – A. Siljaeva, *Belletrizovannye biografii B. Z.*, Diss. NY 1969 [m. Bibliogr.]. – R. Guerra, *Bibliographie des œuvres de B. Z.*, Paris 1982.

GOLUBAJA ZVEZDA

(russ.; *Der blaue Stern*). Roman von Boris K. ZAJCEV, erschienen 1918. – Wie so viele Werke Zajcevs gleicht auch dieser Roman einer psychologischen Studie über die unübersetzbare russische *toska*, die man annähernd mit Kummer, Leid, Sehnsucht, Schmerz, Melancholie wiedergeben könnte.

Die Stimmung prägt das Lebensgefühl des Helden Christoforov und seiner ätherischen Geliebten Mašura: »*Gefallen Ihnen die zwei kleinen Wörter: geheimer Kummer?*« In dieser lyrisch-melancholischen Atmosphäre von bänglichen Vorahnungen und kaum verborgenem Lebensüberdruß bewegen sich alle in diesem Roman dargestellten Vertreter der Moskauer jungen Generation zu Beginn des 20. Jh.s. Wie in A. ČECHOVS Dramen oder I. BUNINS Prosawerken ist die Erzählung nach außen hin handlungsarm, scheinbar ziellos und völlig auf die inneren Vorgänge konzentriert. Auf dem Landhaus der Vernardskijs, bei Spaziergängen in den Moskauer Parks, im Hippodrom, auf Soireen und Maskenbällen spüren die Menschen dem Sinn ihres Daseins im Gespräch mit dem anderen nach. Aller Mittelpunkt ist Christoforov, der »*Verkünder der Armut*« und der esoterischen Liebe zu dem blauen Stern Vega, »*dessen Bild das Bild einer Frau ... im höheren Sinne ist und von dessen Licht, umgekehrt, in einigen Frauen ein Abglanz*« sich findet. Mašura begreift, daß er nur das Ideal des Ewig-Weiblichen liebt, und söhnt sich mit ihrem Verlobten aus, während Christoforov das Zwiegespräch mit seiner Vega ewig suchend fortsetzen wird: »*In ihrem göttlichen Gesicht war immerwährende Hoffnung und immerwährende Hoffnungslosigkeit.*«

Das Kolorit des Vorkriegs-Moskau und der hügeligen Moskwa-Ufer ist meisterhaft in die schwermütige Stimmung integriert, besitzt aber darüber hinaus einen erzählerischen Eigenwert. Zajcevs Technik der ausmalenden Beschreibung, der dies zu danken ist, geht wiederum auf Bunin zurück, an dessen impressionistische Darstellungsweise der Autor anknüpft. Ein kleines Kunstwerk für sich ist die Schilderung eines Maskenballs: Während Christoforov nach Mašura sucht, reiht sich vor seinen Augen Impression an Impression zu einem vollendeten Gesamtbild des Balltrubels, in dem alle Details exakt einander zugeordnet sind.　W.Sch.

AUSGABEN: Moskau 1918 (in Slovo, 8, 1918). – Bln. 1923 (in *Sobr. soč.*, 7 Bde., 6). – NY 1968 (in *Reka vremën*). – Tula 1989.

ZOLOTOJ UZOR

(russ.; *Ü: Natascha Nikolajewna*). Roman von Boris K. ZAJCEV, erschienen 1923–1925. – Zajcev, einer der engsten Freunde L. ANDREEVS und ehemals Mitglied des Literatenkreises »Sreda«, dem zeitweilig auch A. ČECHOV, M. GOR'KIJ, A. KUPRIN und N. TELEŠOV angehörten, zählt mit I. ŠMELËV zu den wenn nicht bedeutendsten, so doch meistgelesenen Romanciers der russischen Emigrantenliteratur. Wie die Mehrzahl seiner frühen Werke behandelt sein Roman, dessen Titel wörtlich mit *Das goldene Muster* wiederzugeben ist, das Schicksal des in den Strudel der Revolution geratenen russischen Adels und gehobenen Bürgertums. Heldin und Chronistin der Handlung ist die hübsche, doch kapriziöse Fabrikantentochter Nataša Nikolaevna. Nach voreiliger Eheschließung mit dem Studenten Marcel und der Geburt ihres Sohnes Andrjuša verläßt sie Moskau, fasziniert von ihren gesellschaftlichen Erfolgen und ihren Chancen als Kammersängerin und *femme du monde*, zusammen mit dem Architekten Aleksandr Andreič, einer fragwürdigen Künstlergestalt, um sich an seiner Seite in Paris ungehemmt den Zerstreuungen der großen Welt hinzugeben. Nach dem Bruch mit dem Geliebten verläßt Nataša Paris mit enormen Spielgewinnen, die ihre weitere Existenz sichern, und begibt sich nach Rom, wo sie unter der Patronage ihres väterlichen Freundes Georgij Aleksandrovič, eines Aristokraten alten Typs und Liebhabers klassischer Kunst und stoischer Philosophie, jenes unbeschwerte Daseinsglück findet. Der Ausbruch des Ersten Weltkriegs macht diesem Idealzustand ein jähes Ende. Nataša gelingt es, vor der Schließung der Grenzen nach Rußland zurückzukehren. Die Beziehung zu Marcel, der sie trotz ihrer Fehltritte noch immer sklavisch liebt, ist rasch wiederhergestellt, doch zerstören der Tod des Vaters und die Einberufung Marcels die kaum gefundene Harmonie. Der Ausbruch der Revolution und die darauf folgenden Ereignisse bringen die entscheidende Wende im Leben der Heldin. Der Verlust ihres Sohnes, der von der Čeka konspirativer Umtriebe in Gymnasiastenkreisen verdächtigt und in den Kellern der berüchtigten Ljubjanka zu Tode gefoltert wird, ihre eigene Festnahme sowie die Verhaftung Georgij Aleksandrovičs, der in seiner Zelle Selbstmord verübt, und schließlich eine lebensbedrohende Erkrankung Marcels werden von Nataša

reumütig als Sühne für ihre früheren Verfehlungen begriffen. Inzwischen wieder freigelassen, erblickt sie in der wunderbaren Genesung Marcels den Beweis, daß Gott ihr vergeben hat. Nach dem Ende des Bürgerkriegs verlassen Nataša und Marcel Rußland, um in Rom neu zu beginnen.

Dem Roman Zajcevs, der sich thematisch an L. TOLSTOJS *Anna Karenina* (1875–1877) anlehnt, liegt das Maria-Magdalena-Motiv zugrunde, auf dessen ethische und religiöse Vertiefung der Autor jedoch verzichtet. Die idealisierende Suche nach der Lebensharmonie, die ihr Vorbild im Bergsonschen Vitalismus des frühen 20. Jh.s hat, verbindet sich einerseits mit einer für den Autor charakteristischen sentimentalen Sicht des objektiven Handlungshintergrundes, d. h. in diesem Fall der Revolution, andererseits mit einer Verengung des Erlebnishorizontes der Heldin auf oft trivial-klischeehaft geschilderte arkadische Kleinstbereiche. Der sentimental-retrospektiven Anlage des Romans entspricht der Erzählgestus der melancholisch gefärbten Rückblende (*»Ach, wie gerne erinnere ich mich jener Zeit, als ...«*), der durch die Form der Ich-Erzählung nahegelegt wird. In gewissem Widerspruch zu diesem Pathos der Resignation steht die Tatsache, daß Nataša glaubt, in der Gegenwart ihres Exils jenes Arkadien (Italien) wiedergefunden zu haben, das ihr zuvor schon die höchste Lebenserfüllung geboten hatte. Die Wiedergewinnung Arkadiens wird allerdings durch den Verlust des »alten Rußland« und die Katastrophen der Vergangenheit relativiert.

Der gegen Ende des Romans hervortretende Bezug auf die aktuelle Situation der russischen Emigration beweist, daß der Verzicht auf die Einbeziehung der historischen Realität dem Unvermögen des Autors entspringt, die Revolution, deren erklärter Gegner Zajcev war, episch-objektiv zu bewältigen. Dieses Unvermögen kennzeichnet zwar auch die sowjetischen Prosaschriftsteller der zwanziger Jahre (I. BABEL', B. PIL'NJAK, V. IVANOV u. a.), der Unterschied zu den Schriftstellern der Emigration (Zajcev, Šmelëv, F. STEPUN u. a.) besteht jedoch darin, daß sie, wenn auch in subjektivem Zugriff, stets das Revolutionsgeschehen selbst in den Mittelpunkt ihrer Werke stellen, während letztere ihre Helden aus der Geschichte zu »evakuieren« versuchen.　A.Gu.

AUSGABEN: Paris 1923–1925 (in Sovr. zapiski, 15–18). – Prag 1926.

ÜBERSETZUNG: *Natascha Nikolajewna*, F. Ottow, Krefeld 1961.

LITERATUR: N. Smirnov, Rez. (in Novyj mir, 1926, Nr. 6).

SERGEJ PAVLOVIČ ZALYGIN

* 6.12.1913 Durasovka / Gouvernement Ufa

LITERATUR ZUM AUTOR:
L. Terakopjan, *S. Z., Pisatel' i geroj*, Moskau 1973. – W. Kasack, *S. P. Z.* (in W. K., *Lexikon der russischen Literatur ab 1917*, Stg. 1976, S. 443). – N. N. Shneidman, *Soviet Literature in the 1970's: Artistic Diversity and Ideological Conformity*, Toronto 1979, S. 64–69.

SOLËNAJA PAD'

(russ.; *Ü: Republik Salzschlucht*). Roman von Sergej P. ZALYGIN, erschienen 1967. – Als die Zeitschrift ›Pravda‹ 1952 begann, Skizzen aus dem Leben im sozialistischen Dorf von Valentin V. OVEČKIN (1904–1968) zu veröffentlichen, war der Anstoß zur Entwicklung der sog. »Dorfprosa« in der sowjetischen Literatur gegeben. Besonders starken Einfluß, auch auf die Literatur anderer osteuropäischer Länder, übten seine unter dem Titel *Trudnaja vesna*, 1956 *(Frühlingsstürme)*, zusammengefaßten Kurzprosatexte aus. Der Sibirier Zalygin bezeichnet sich zwar als Ovečkins Schüler, von den Dorfprosaisten (F. ABRAMOV, V. BELOV u. a.) unterscheidet ihn jedoch, daß er sich nicht mit den Problemen des Nachkriegsdorfes auseinandersetzt, sondern in die Zeit des Bürgerkriegs und der Kollektivierung zurückgeht. So berichtet er in der 1964 erschienenen Novelle *Na Irtyše (Am Irtysch)* von vier dramatischen Tagen des Dorfes Krutye Luki im Jahre 1931, als der komplizierte Prozeß der Kollektivierung in die Struktur dieses sibirischen Dorfes eingreift. In die Novelle, die Zalygin *»eher psychologisch als handlungsreich«* nennt, sind laut Aussage des Autors *»schon ausgereifte Gestalten und Charaktere des späteren Romans ›Solënaja pad'‹ eingegangen, dessen Sujet jedoch unberührt blieb«*. – Den historischen Rahmen von *Solënaja pad'* bildet der Bürgerkrieg in Sibirien im Jahre 1919. Die Partisanen- und Bauernheere, die gegen die weißgardistische Armee des Admirals Kolčak kämpfen, haben unabhängige rote Republiken, sogenannte Bauernrepubliken gegründet, deren Ziel es ist, nach und nach immer größere Territorien einzubeziehen und diese anschließend zusammenwachsen zu lassen. Die Befehlshaber sind in vielen Dingen noch unerfahren, werden immer wieder mit völlig neuen Situationen konfrontiert.
Mit einer solch prekären Situation setzt der Roman ein. Der Bauer Vlasichin wird durch ein Volkstribunal unter der Leitung des Revolutionsstabschefs Brusenkov zum Tode verurteilt. Vlasichin hat seine beiden Söhne in einem unzugänglichen Sumpfgebiet versteckt, weil er verhindern wollte, daß die Brüder, von denen der eine mit den Roten, der andere mit den Weißen sympathisiert, aufeinander schießen müssen. Die Vollstreckung des Urteils wird im letzten Augenblick durch den eintreffenden Oberbefehlshaber der Partisanenarmee, Meščerjakov, verhindert. Zwischen Brusenkov und Meščerjakov entflammt eine heftige Auseinandersetzung, für die der Fall Vlasichin nur Vorwand ist und die im weiteren Handlungsverlauf die Aktionen der Dörfler und der Bauernarmee entscheidend bestimmen wird. Die beiden Widersacher verkörpern zwei verschiedene Lebensauffassungen, die sich in den Methoden des revolutionären Kampfes niederschlagen. Brusenkov ist ein harter, kompromißloser Mann, der seine diktatorisch erteilten Befehle sofort ausgeführt sehen will. Fanatisch und rücksichtslos, scheut er sich nicht, Menschen zu opfern, die nicht seinem Bild eines Revolutionärs entsprechen. Sein Gegenpart ist der kluge, lebensfrohe Meščerjakov. Er kämpft nicht um eines abstrakten Zieles willen, sondern weil er den Menschen ein besseres Leben unter friedlichen Verhältnissen schaffen will. Menschlich und spontan, läßt er Individualität gelten, während Brusenkov alle nach seinem Bild formen will.
Zalygins Vorbild für die Gestalt Meščerjakovs war der legendäre Oberbefehlshaber der sibirischen Roten Armee, Mamontov, den der Autor als Kind selbst noch erlebt hatte. Berichte von Zeitgenossen bilden die Grundlage seiner Charakterdarstellung. Indem er ein breites Panorama der Kämpfe im Gebiet des Dorfes »Salzschlucht« zeichnet, übt Zalygin Kritik an Anführern der Revolution vom Schlage Brusenkovs. Nicht die revolutionäre Idee irrt, scheint er zu sagen, sondern mancher ihrer Anhänger, dem die menschlichen Qualitäten fehlen, der Part eines Politoffiziers zu übernehmen. In Brusenkovs Schatten wird bereits die später dominierende orthodoxe Parteikaste sichtbar, während Persönlichkeiten wie Meščerjakov in der Nomenklatura immer seltener werden. Mit einem differenziert gestalteten, reichen Personenbestand fängt Zalygin in Charakteren und Handlungen die Widersprüchlichkeit jener historischen Tage ein. G.Wi.

AUSGABEN: Moskau 1967 (in Novyj mir, Nr. 4–6). – Moskau 1973 (in *Izbr. proizv.*, 2 Bde., 2). – Moskau 1979 (in *Sobr. soč.*, 4 Bde., 1979/80, 1). – Petrozavodsk 1983.

ÜBERSETZUNG: *Republik Salzschlucht*, Th. Reschke u. a., Bln./DDR 1970.

LITERATUR: V. Surganov, Rez. (in Literaturnaja gazeta, 23. 8. 1967).

EVGENIJ IVANOVIČ ZAMJATIN

* 1.2.1881 Lebedjan' / Gouvernement
Tambov
† 10.3.1937 Paris

LITERATUR ZUM AUTOR:
Mašbic-Verov, *E. Z.* (in Na literaturnom postu,
1927, Nr. 17/18, S. 56–65). – D. J. Richards, *Zamyatin. A Soviet Heretic*, Ldn. 1962. – A. Shane,
The Life and Works of E. Z., Berkeley/Los Angeles
1968. – S. Layton, *Z.'s Neorealism*, Diss. Yale 1972
[m. Bibliogr.]. – C. Collins, *E. Z. An Interpretive
Study*, Den Haag/Paris 1973. – G. Leech-Anspach,
E. Z. Häretiker im Namen des Menschen, Wiesbaden
1976. – N. Franz, *Groteske Strukturen in der Prosa
Z.s: syntaktische, semantische u. pragmatische Aspekte*, Mchn. 1980 (Slavistische Beiträge, Bd. 139). –
L. Scheffler, *E. Z. Sein Weltbild und seine literarische
Thematik*, Köln 1984.

BLOCHA

(russ.; *Ü: Der Floh*). Schauspiel in vier Aufzügen
von Evgenij I. ZAMJATIN, erschienen 1925; Uraufführung: Moskau 1925, Moskovskij chudožestvennyj teatr. – Diesem geglückten Versuch, die russische Volkskomödie wieder ins Leben zu rufen,
liegt thematisch N. LESKOVS Erzählung *Levša*,
1881 *(Der Linkshänder)*, und – als die beiden gemeinsame Quelle – eine populäre Wanderanekdote
zugrunde: die Geschichte von dem linkshändigen
Tulaer Waffenschmied, der die englischen Feinme-
chaniker dadurch übertrifft, daß er die dem Zaren
einst in London geschenkte tanzkundige *»Nym-
phorsorie aus reellem eisernen Stahl«* mit Hufeisen
beschlägt. Zamjatin fand eine neue Form, indem er
dramaturgische Elemente und Figuren sowohl aus
den altrussischen *»Szenarien«* *(dejstva)* als auch der
commedia dell'arte übernahm: Die aus den altertümlichen russischen Mysterienspielen bekannten
»Drei Chaldäer« wurden Charaktermasken; sie
können in verschiedene Rollen schlüpfen und haben die Funktion, den Zuschauer (zur Verdeutlichung des »Spiels« auch über das erforderliche Maß
hinaus) mit der Handlung vertraut zu machen:
»Die Chaldäer leiten im Floh *das ganze Spiel und
entzünden – wo es not tut – mit einer lustigen Desillusionierung Zuschauer wie Darsteller.«*
Die Betonung des »Spiel«-Charakters (der nicht
zuletzt in einer phantastischen Mißachtung des natürlichen Zeitablaufs zum Ausdruck kommt) und
der Rückgriff auf alte Formelemente des Volks-
theaters sind zweifellos als Reaktion des Autors auf
Theatertheorie und -praxis der um die Mitte der
zwanziger Jahre an Boden gewinnenden Prolet-
kult-Literaten (*Napostovcy* – Vorpostler) zu verstehen. Zamjatin wollte mit seiner Komödie ein Mu-

sterbeispiel volksnaher Bühnenkunst schaffen. Sie
wurde so populär, daß sie dem heroisch-prätentiö-
sen Schautheater des proletarischen Schrifttums so
lange Widerpart bieten konnte, bis jene Gattung
zur offiziellen Doktrin erhoben wurde. – Seine Komik bezieht das Stück – außer von der Übersteigerung der Groteskszenen – vor allem auch aus einer
lustigen Einbeziehung des Publikums in die Handlung, so, wenn der aus England geflohene Linkshänder, die Zuschauer betrachtend, sich versichert,
wieder in Rußland zu sein. W. Sch.

AUSGABEN: Leningrad 1925. – Moskau 1929 (in
Sobr. soč., 4 Bde., 1; krit.). – Mchn. 1982 (in *Sočinenija*, Hg. E. Žigalevič u. B. Filippov, 4 Bde.,
1970–1988, 2). – Moskau 1989 (in *Izbr. proizv.*,
Hg. A. Galuškin).

ÜBERSETZUNG: *Der Floh*, J. v. Guenther, Mchn.
1962.

MY

(russ.; *Ü: Wir*). Roman von Evgenij I. ZAMJATIN,
entstanden 1920, erschienen in tschechischer, englischer und französischer Übersetzung 1924, in
einer russischen Kurzfassung 1927; die vollständige russische Ausgabe erschien 1952. – Zamjatin
schrieb sein bedeutendstes, in der Sowjetunion
nicht verlegtes Werk nach eingehender Beschäftigung mit den Utopien von H. G. WELLS. Es stellt
die Vision eines totalitären »Einheitsstaates« dar
und führt in eine Welt der *»quadratischen Harmonie
graublauer Marschblöcke«*, in der ein »Wohltäter«
das Glück der »Nummern« – individuelle Namen
sind abgeschafft – durch maximale Normierung ihres Tagesablaufs und hermetische Abriegelung gegen die Wildnis *»jenseits der grünen Mauer«* ge-
währleistet: *»Ist die Freiheit des Menschen gleich
Null, so begeht er keine Verbrechen. Das einzige Mittel, den Menschen vor dem Verbrechen zu bewahren,
ist, ihn vor der Freiheit zu bewahren.«*
Unter dem Einfluß seiner (nicht genehmigten) Geliebten I-330 wird der Raketentechniker D-503
unheilbar krank: Er bekommt eine »Seele« und
schließt sich der mit den Wilden verbündeten Opposition des Einheitsstaates an, welche auf den
»glücksfeindlichen« Einfall verfällt, am »Tag der
Einstimmigkeit« sich gegen die Wiederwahl des
Wohltäters zu erheben. Der Aufstand wird durch
Verrat zunichte. D-503 wird durch eine von der
Regierung verordnete eugenische Behandlung
chirurgisch vom »Splitter Phantasie« befreit. Die
letzte seiner vierzig »Eintragungen«, in denen er
seine Geschichte erzählt, berichtet gleichgültig-
glücklich, er habe der Folterung der Geliebten bei-
gewohnt, welche am folgenden Morgen die »Maschine des Wohltäters«, den überdimensionalen
elektrischen Stuhl des Einheitsstaates, besteigen
wird: *»Die Vernunft muß siegen!«*
Zamjatins Roman hat die bekanntesten Sozialuto-
pien der Moderne, A. HUXLEYS *Brave New World*,

1932 *(Schöne neue Welt)*, und G. ORWELLS *1984* (1949), vorweggenommen. Zumindest Huxleys direkte literarische Abhängigkeit von diesem Werk ist sehr wahrscheinlich; der Handlungsverlauf in *Brave New World* deckt sich bis in Einzelheiten mit dem des russischen Vorbildes. Den Mathematismus Zamjatins, der seinen Niederschlag nicht allein in der Art der dargestellten Denknormen, sondern ebenso in einer kontinuierlich mathematisch-physikalischen Metaphorik des Stils findet, ersetzt Huxley durch den Biologismus des sog. »Bokanovsky-Verfahrens«. Ist *Brave New World* auf die kapitalistische Massengesellschaft, *1984* auf den Stalinismus gemünzt, so gibt sich Zamjatins Roman als eine unspezifische Fiktion einer Terror-Herrschaft. Er erscheint als allgemeingültige Prophetie zu einer Zeit, da Gaskammern, uniforme Bewußtseinsgleichschaltung und gelenkte zynische Eugenik höchstens angstgeträumte Zukunftsvisionen darstellten.

Zamjatin, der zunächst ganz auf der Seite der Revolution stand, schrieb in seiner kritisch-publizistischen Schrift *O literature, revoljucii, éntropii i o pročem*, 1924 *(Über Literatur, Revolution, Entropie und über anderes)*, in der er ähnliche Gedanken wie in dem Roman *My* äußerte, über die Notwendigkeit des Ketzertums: *»Ketzer sind die einzige (bittere) Medizin gegen die Entropie des menschlichen Denkens.«* In der literarischen Tradition N. LESKOVS, A. REMIZOVS und insbesondere N. GOGOL's stehend, vertrat er einen dem herkömmlichen Realismusbegriff entgegengesetzten »Neorealismus«: *»Der Realismus, der nicht primitiv sein will – nicht realia, sondern realiora – liegt in der Verschiebung, in der Entstellung, in der Krümmung, in der Nichtobjektivität.«* – Verständlicherweise stieß Zamjatin mit solchen Ansichten auf eine ablehnende Haltung der sowjetischen Kritik, die den unhistorischen, außergesellschaftlichen Standort des Romans bemängelte. Auch mußte die Veröffentlichung des Werks in der Prager Emigrantenzeitschrift ›Volja Rossii‹ (Die Freiheit Rußlands) – die dort erschienene Kurzfassung wurde, um den bis 1931 in der Sowjetunion lebenden Autor nicht zu gefährden, als Rückübersetzung aus dem Tschechischen ausgegeben – als Angriff auf den jungen Sowjetstaat empfunden werden. – Zu Unrecht hat man dem Roman jedoch den Vorwurf des heimlichen Trotzkismus gemacht. Zamjatins These der *»unendlichen Zahl der Revolutionen«* ist nicht identisch mit dem Prinzip der *»permanenten Revolution«*. Es liegt ihr vielmehr ein dialektisches Weltverständnis zugrunde, die Idee vom ewigen Widerspiel von »Entropie« und »Energie«, deren Antagonismus notwendig Revolutionen in unaufhörlicher Folge produziert: *»Es gibt zwei Kräfte in der Welt, Entropie und Energie. Die eine schafft selige Ruhe und glückliches Gleichgewicht, die andere führt zur Zerstörung des Gleichgewichts, zu qualvoll-unendlicher Bewegung.«* Dieser Aspekt verleiht auch dem »Einheitsstaat«, jener unvermeidlichen, einseitigen Anmaßung *»Gottes, des größten aller Skeptiker«*, seine geschichtliche Relativität.   W. Sch.

AUSGABEN: Paris 1924 [u. d. T. *Nous autres*]. – Prag 1927 (in Volja Rossii; russ. Kurzfassg.). – NY 1952 [vollst. russ. Ausg.]. – NY 1967. – Mchn. 1986 (in *Sočinenija*, Hg. E. Žigalevič u. B. Filippov, 4 Bde. 1970–1988, 3). – Moskau 1989 (in *Izbr. proizv.*, Hg. A. Galuškin).

ÜBERSETZUNGEN: *Wir*, G. Drohla, Köln 1958. – Dass., dies., Mchn. 1970; ern. 1975 (Heyne-Tb). – Dass., dies, Nachw. I. Rakusa, Zürich 1977. – Dass., dies., Mchn. 1982. – Dass., dies., Köln 1984. – Dass. (in *Ausgew. Werke in 4 Bdn.*, B. Heitkamp, I. Schröder, W. Arndt u. a., Lpzg./Weimar 1991; Bd. 3).

LITERATUR: E. Brown, *Brave New World, »1984« and »We«. An Essay on Anti-Utopia*, Ann Arbor/ Mich. 1976. – E. Klosty-Beaujour, *Z.'s »We« and Modernist Architecture* (in Russian Review, 47, 1980, S. 49–60). – B. Anger, *»1984« et »Nous autres«: deux œuvres complémentaires*, Paris 1982. – J. Kolodziej, *Rereading Zamjatin's »We«: A Cultural Perspective*, Diss. Bloomington/Ind. 1984. – A. Baratt, *The First Entry of »We«: an Explication* (in *The Structural Analysis of Russian Narrative Fiction*, Hg. J. Andrew, Keele 1984, S. 94–114). – Ders., *Revolution as Collusion: The Heretic and the Slave in Z.'s »My«* (in SEER, 62, 1984, S. 344 bis 361). – G. Kern, *Z.'s »We«: A Collection of Essays*, Ann Arbor/Mich. 1988. – L. Dolgopolov, *E. Z. i. V. Majakovskij (k istorii sozdanija romana »My«)* (in Russkaja literatura, 1988, Nr. 4, S. 182–185). – A. Ju. Galuškin, *K »dopečatnoj« istorii romana E. I. Z. »My«* (in Stanford Slavic Studies, vol. 8, 1994). – R. Goldt, *Thermodynamik als Textem. Der Entropiesatz als poetologische Chiffre bei E. I. Z.*, Mainz 1995.

OGNI SVJATOGO DOMINIKA

(russ.; *Die Feuer des hl. Dominikus*). Drama in vier Akten von Evgenij I. ZAMJATIN, erschienen 1922/ 23. – Zamjatins erstes Bühnenstück spielt in Spanien zur Zeit der Inquisition. Der junge »Freigeist« Rodrigo de Santa Cruz – er liest das *Neue Testament* in neukastilischer Übersetzung – ist aus den Niederlanden in die Heimat zurückgekehrt. Von seinem obrigkeitshörigen Bruder Baltasar dem Sevillaner Inquisitor Gonzales de Munebraga überantwortet, bleibt er seinem modernistischen Christentum über die Folterung hinaus treu, bis ihn Bruder und Inquisitor durch seine Braut Ines zum Widerruf veranlassen. Trotzdem muß er den Scheiterhaufen besteigen, da die versprochene Rettung angeblich nur seiner Seele galt. Während der Verbrennung ersticht Ines den von einer Sänfte aus beobachtenden Baltasar. Das verblendete Volk aber preist den Segen der Ketzerverbrennung: *»Die Inquisition ist mächtig; die Macht ist schön; schön ist es, sich vor der Macht zu verneigen. Also ... ist auch dieser Anblick schön!«*

Die Einflüsse von M. LERMONTOVS dramatischem

Fragment *Ispancy*, 1830 *(Die Spanier)*, auf die romantische Fabel des Dramas, die Einwirkung von DOSTOEVSKIJS *Velikij Inkvizitor (Der Großinquisitor)* aus den *Brat'ja Karamazovy*, 1879/80 *(Die Brüder Karamasov)*, auf die Darstellung Munebragas als personifizierte Macht des dämonischen Willens und schließlich die Verwandtschaft des dramatischen Dialogs mit dem in F. SCHILLERS *Dom Karlos* (1787) – all dies tritt zurück hinter der sarkastischen Illustration des totalitären Weisheitsanspruchs der Kirche, die sich befugt fühlt, das menschliche Denken zu beherrschen, ja es der praktischen Erfahrung zuwider zu lenken. Der Widerspruch gegen diesen totalen Anspruch einer mächtigen Institution wird, ähnlich wie bei B. BRECHT, meist Randfiguren des Stücks in den Mund gelegt: *»Wenn mir die Kirche sagte, ich hätte nur ein Auge, dann würde ich dem beistimmen und daran glauben. Zwar weiß ich sicher, daß ich zwei Augen besitze, doch weiß ich noch sicherer, daß die Kirche nicht irren kann.«*

Es besteht kein Zweifel, daß der »innere Emigrant« Zamjatin in der Gestalt der katholischen Kirche und der Inquisition die Kommunistische Partei der Sowjetunion und die Methoden der sowjetischen Staatssicherheitsorgane (vor allem der Čeka) geißeln wollte (vgl. auch *My*); die historische Abstrahierung erweitert jedoch die Bezugsmöglichkeit auf jegliche Ausprägung einer totalitären Ideologie.

Mit seinem undogmatischen, kritischen Denken bereits wenige Jahre nach der Revolution selbst zum Ketzer geworden, behandelte Zamjatin das Motiv der Ketzerei nicht nur in seinem Roman- und Dramenwerk, sondern auch in seiner Publizistik, besonders in dem Aufsatz *O literature, revolucii, ėntropii i o pročem*, 1924 *(Über Literatur, Revolution, Entropie und über anderes)*, wo er immer wieder die »*Schlafkrankheit«* des Dogmatismus und die unflexible offizielle Literaturpolitik (*»Wenn es keine Ketzer gäbe, müßte man sie erfinden!«*) angreift.   W.Sch.

AUSGABEN: Petrograd 1922/23 (in *Literaturnaja mysl'*). – Bln. 1923; Nachdr. Würzburg 1973. – Moskau 1929 (in *Sobr. soč.*, 4 Bde., 3; krit.). – Mchn. 1982 (in *Sočinenija*, Hg. E. Žigalevič u. B. Filippov, 4 Bde., 1970–1988, 2). – Moskau 1989 (in *Izbr. proizv.*, Hg. A. Galuškin).

OSTROVITJANE

(russ.; *Die Insulaner*). Satirische Erzählung von Evgenij I. ZAMJATIN, erschienen 1918. – Wie in der Erzählung *Lovec čelovekov*, 1917 *(Der Menschenfänger)*, entwirft der Autor in der tragikomischen Geschichte des weltfremden Gentlemans Kemble *»mit dem Quadratkinn«* ein karikaturistisch überzeichnetes, doch treffsicheres Abbild des heuchlerischen Moralismus und des pedantisch-überheblichen Insulanertums der englischen Kleinstadtgesellschaft zu Beginn des Jahrhunderts. Zum – gespielten –

Entsetzen der Honoratioren der Provinzstadt Jesmond, allen voran des pietistisch-falschen und engherzigen Vikars Dewley und seiner Presbyter, ist Kemble ein Liebesverhältnis mit einer Revuetänzerin eingegangen und hat den *»irischen Amoralisten«* O'Kelley, als er ihn mit seiner »Didi« in flagranti ertappte, erschossen. Im Gefängnis der Kleinstadt soll er hingerichtet werden. Vor dem Gefängnistor stehen, mitleidig-sensationslüstern, die Stadtbewohner, die Kemble durch den Hinweis auf die Seitensprünge der Geliebten zur Tat getrieben haben. Beim Erklingen des Armsündeglöckchens setzt das Heilsarmee-Blasorchester mit einer feierlich-getragenen Hymne ein: *»Im Himmel Gott der Gerechte, auf Erden die Briten als erste Nation. Das größte Verbrechen hienieden: Tee trinken, wenn der Löffel noch in der Tasse steckt.«*

Der Stil der Erzählung, deren Diktion an A. ČECHOV und M. ZOŠČENKO erinnert, trägt ausgesprochen expressionistische Züge. Auffallend ist vor allem Zamjatins Technik der Detailcharakterisierung seiner Helden durch ein leitmotivisches Attribut, das jede der handelnden Personen begleitet: Aus der Stereotypie der Charakterisierung entsteht eine Klimax der grotesken Wirkung. 1926 schrieb Zamjatin nach seiner Erzählung das Schauspiel *Obščestvo počëtnych zvonarej (Die Gesellschaft der ehrenamtlichen Glöckner)*.   W.Sch.

AUSGABEN: Petersburg 1918 (in *Skify*, Nr. 2). – Bln. 1923. – Petersburg 1923. – Moskau 1929 (in *Sobr. soč.*, 4 Bde., 3; krit.). – Mchn. 1970 (in *Sočinenija*, Hg. E. Žigalevič u. B. Filippov, 4 Bde., 1970–1988, 1). – Ann Arbor/Mich. 1979. – Moskau 1989 (in *Izbr. proizv.*, Hg. A. Galuškin).

UEZDNOE

(russ.; *Aus der Provinz*). Erzählung von Evgenij I. ZAMJATIN, erschienen 1915. – Die Erzählung, die den eigentlichen Beginn der literarischen Tätigkeit Zamjatins markiert, umfaßt sechsundzwanzig vignettenartige Genrebilder aus dem stagnierenden Leben eines russischen Provinzstädtchens der Jahrhundertwende, die durch die verwerfliche »Karriere« des negativen Helden zusammengehalten werden. Anfim Baryba *»mit der viereckigen Schnauze«* wird, durch die Prüfung gefallen, aus dem väterlichen Haus gejagt. Er lungert *»mit den Hunden«* herum, wird von einer Kaufmannswitwe ausgehalten und fallengelassen, begeht einen Diebstahl und avanciert endlich aufgrund seiner falschen Zeugendienste für den städtischen Rechtsverdreher Morgunov *»mit den Ikonenaugen«* zum Stadtpolizisten. Das letzte Bild enthüllt den Helden als allegorische Verkörperung des zaristischen Rußland. *»Leise schwankend, ungeschlacht, viereckig, rülpsend erhob er sich ... So als käme da kein Mensch, sondern ein altes, aus dem Grabe auferstandenes Weib, das abgeschmackte steinerne russische Weib.«*

Die Schilderung der animalisch-geistlosen Provinzgesellschaft, ihre Konfrontation mit dem skrupellos gewitzten Helden, schließlich die symbolisch überhöhte Deutung des Sujets sind unmittelbar dem Vorbild von N. GOGOL's *Mërtvye duši*, 1835–1841 *(Tote Seelen)*, verpflichtet. Freilich vulgarisiert Zamjatin den Vorwurf, nicht zuletzt durch die Angleichung seiner Diktion an den Gassenjargon. Bezeichnend ist die leitmotivische Verwendung expressiver, charakterisierender Epitheta. Reichen Gebrauch macht die Erzählung von der von N. LESKOV entwickelten, von A. REMIZOV fortgeführten Technik des *skaz*, die Zamjatin durch die eigenwillige Handhabung des russischen Aspektsystems pointiert.   W. Sch.

AUSGABEN: Moskau 1915. – Moskau/Petrograd 1923. – Moskau 1929 (in *Sobr. soč.*, 4 Bde., 1; krit.) – Mchn. 1963 (in *Povesti i rasskazy*). – Mchn. 1970 (in *Sočinenija*, Hg. E. Žigalevič u. B. Filippov, 4 Bde., 1970–1988, 1). – Letchworth 1978. – Moskau 1989 (in *Izbr. proizv.*, Hg. A. Galuškin).

LITERATUR: A. Dermann, *E. Z. »Uezdnoe«. Povesti i rasskazy* (in *Russkie vedomosti*, 6. 6. 1916, S. 5). – D. Balika, *E. Z. (»Uezdnoe«)* (in D. B., *V laboratorii poèta. F. Sologub, A. Belyj, E. Z.*, Moskau 1917, S. 16–20). – *E. Z. »Uezdnoe«. Povesti i rasskazy* (in *Russkie zapiski*, 1916, Nr. 4, S. 303–305). – S. V. Kastorskij, *»Gorodok okurov« i povest' E. Z. »Uezdnoe«* (in S. V. K., *Povesti M. Gor'kogo »Gorodok Okurov«, »Žizn' Matveja Koževjakina«*, Leningrad 1960, S. 323–329). – L. Scheffler, *E. Z. Sein Weltbild und seine literarische Thematik*, Köln 1984.

ALEKSANDR ALEKSANDROVIČ
ZINOV'EV

* 29.10.1922 Pachtino / Gebiet Kostroma

LITERATUR ZUM AUTOR:
M. Mommsen-Reindl, *Der Leviathan aus A. Sinowjews soziologisch-satirischer Sicht* (in *Osteuropa*, 1981, S. 313–323). – A. Abramov, *Ob èstetičeskich vzgljadach A. Z.* (in *Tretja volna*, Paris 1982, Nr. 12, S. 61–65). – J.-U. Peters, *Satire als Ideologiekritik. Der Schriftsteller A. Z.* (in *WSlA*, 1982, S. 205–223). – P. Vajl u. A. Genis, *Zagavor protiv čustv* (in P. V. u. A. G., *Sovremennaja russkaja proza*, Ann Arbor/Mich. 1982, S. 113–130). – S. Veil, *Hommage à A. Z.* (in *Commentaire*, 1982/83, Winter, S. 661–663). – J. M. Kirkwood, *Osnovy Zinov'evizma* (in *Journal of Russian Studies*, 1983, Nr. 46, S. 39–48). – K.-P. Walter, *A. Z.* (in *KLFG*, 25. Nlg., 1991). – A. Sproede, *Literatur als praktische Philosophie. Bemerkungen zum Werk von A. Z.* (in *Wiener Slavistischer Almanach*, 1987, Nr. 20).

ZIJAJUŠČIE VYSOTY

(russ.; *Ü: Gähnende Höhen*). Satirischer Roman von Aleksandr A. ZINOV'EV, erschienen 1976. – Der Titel parodiert das in der Sowjetunion seinerzeit gängige politische Schlagwort von den »leuchtenden Höhen des Kommunismus« (*»sijajuščie vysoty kommunizma«; sijat'* – leuchten, *zijat'* – gähnen, z. B. von Abgründen). Das Werk besteht aus drei Teilen (dessen ersten der Autor für die deutsche Ausgabe dreigeteilt hat), jeder Teil wiederum aus einer Vielzahl von Prosasegmenten, die mit lyrischen Einschüben durchsetzt sind und deren Länge zwischen einer Zeile und mehreren Seiten schwankt. Sie enthalten Ausschnitte aus wissenschaftlichen Traktaten, die von den Figuren des Romans gerade – mit entsprechender Lexik – gelesen oder geschrieben werden, in Umgangssprache geführte Gespräche, in denen der Inhalt der Traktate zum Teil kontrapunktisch kommentiert wird, und schließlich auktorial erzählte Passagen. Bei den Traktaten handelt es sich überwiegend um soziologische Untersuchungen zur Gesellschaft von Ibansk, dem unschwer als Sowjetunion identifizierbaren Schauplatz des Werkes. Der Name Ibansk ist gebildet aus dem klassischen russischen Vornamen Ivan und dem Verb *ebat'* (ficken). Seine Bewohner sind hochabstrahierte Verkörperungen bestimmter Eigenschaften, Tätigkeiten oder Krankheiten, wobei sich die an die gesellschaftlichen Bedingungen Ibansks Angepaßten durch ironisch gemeinte positive Bezeichnungen wie »der Instrukteur«, »der Denker« oder »der Lehrer« von den wenigen Kritischen, Unangepaßten abheben wie etwa »der Schizophrene«, »der Schmierer« oder »der Neurastheniker«. Letzteren gilt Zinov'evs Sympathie. Treten episodische Figuren auf, tragen sie alle den Namen Ibanov, was sie nicht als Individuen, sondern als Angehörige einer Gattung ausweist. In Ibansk ist politisches Handeln durch eine »Sozismus« genannte Propaganda-Ideologie ersetzt worden, die beständig mit den Wahrheitskategorien der Wissenschaft konfligiert und ähnlich wie G. ORWELLS *»newspeak«* durch eine Sprachregelung die Umwertung aller Werte erreicht hat. Die von ihr hervorgebrachten, assoziativen Neologismen – inhaltslose, bestenfalls vieldeutige Sprachhülsen – entlarven ihren illusionären Charakter. So wird die *dialektika* (Dialektik) wahlweise zur *»diabolektika«* oder zur *»dubolektika«* (von *dub* – Eiche; Assoziation von Sturheit). Der Sozismus hat nicht nur eine Antiwelt hervorgebracht, in welcher die Ibansker in permanentem »Kopfstand« leben, sondern diese auch jeder Vorstellung von einer nicht verkehrten Welt beraubt. In deutlicher Abgrenzung von den Gedanken A. SOLŽENICYNS sieht Zinov'ev eine Identität des Volkes von Ibansk mit der Kaste der Herrscher. Die Ibansker sind korrupte Zyniker, die die leeren Rituale des Sozismus sehr wohl durchschauen, sich ihnen jedoch um zahlreicher Privilegien willen so vollständig angepaßt haben, daß sie in keinem anderen System mehr leben können. Ihr Charakter ist, wie die Parallelisierung durch ein entsprechendes Traktat zeigt, dem der Ratten ähnlich; Ibansk hingegen gleicht einem Bordell, dessen Bewohner sich dem System prostituieren.

Eine besondere Qualität des Buches ist der paradoxale Stil, mit dem die groteske Lebensweise in Ibansk beschrieben wird, etwa wenn von einer Gruppe Untersuchender und einer Gruppe Untersuchter die Rede ist. *»Beide Gruppen setzten sich aus ein und denselben Personen zusammen ... und übten keinerlei Einfluß aufeinander aus... Dank der Tatsache, daß nicht der geringste Informationsaustausch zwischen ihnen stattfand, konnte völliges gegenseitiges Einvernehmen erzielt werden.«* Auf diese Weise entsteht das Mosaikbild eines sich in permanentem Leerlauf drehenden Wissenschaftsbetriebs und einer erstarrten totalitären Gesellschaft. Den Montagecharakter des Textes schreibt Zinov'ev seiner beständigen Bedrohung durch den KGB beim Schreiben zu: *»Deshalb ist jeder Teil so geschrieben, als sei er der letzte, und das ist leicht an der Art des Schlusses dieser Buchteile zu erkennen. Ich konnte es mir nicht einmal leisten, an ein das ganze Buch durchziehendes Thema zu denken. Das Äußerste, was mir möglich war... war die Beibehaltung der Figuren und die Weiterentwicklung der Ideen.«* In Wirklichkeit aber war es Zinov'evs Vorsatz, die Gültigkeit der von ihm gefundenen sozialen Gesetze Ibansks anhand mikroskopisch genau beobachteter Situationen, also induktiv, zu zeigen, was die Vielzahl kleiner, handlungsmäßig kaum miteinander verbundener Szenen bedingte.

Als *Zijajuščie vysoty* 1976 im Westen erschien und sofort zu einem enormen Erfolg wurde, ging der damals als Professor für mathematische Logik in Moskau tätige Zinov'ev seines Arbeitsplatzes sowie sämtlicher militärischer und akademischer Grade verlustig und wurde 1977 ausgewiesen. Seither lebt er in München. Sein sich gängigen literarischen Gattungsetiketten verweigerndes literarisches Debüt wurde als *»bisher erbarmungsloseste Vivisektion eines politischen Systems«* (H. Bienek) und als *»ein monumentales satirisches Werk«* (F. Ph. Ingold) gepriesen. Man verglich Zinov'ev mit J. SWIFT, N. GOGOL', F. RABELAIS oder F. KAFKA und zeichnete ihn mit renommierten Literaturpreisen aus. Die zahlreichen weiteren Bücher, die Zinov'ev danach in rascher Folge hervorbrachte, wiederholen monoton Motive, Themen und formale Kunstgriffe des Debüts und stießen daher bei der enttäuschten Leserschaft und Kritik auf Ablehnung. K.P.W.

AUSGABEN: Lausanne 1976. – Lausanne 1978; ²1980.

ÜBERSETZUNG: *Gähnende Höhen*, G. v. Halle u. E. Storeck, Zürich 1981. – Dass., dies., Zürich 1987 (detebe).

LITERATUR: G. Andreev, *A. Z.s »Klaffende Höhen«*, Köln 1978. – J. Scherrer, *Soziologische Satire oder satirische Soziologie?* (in Merkur, 11, 1978, S. 1137 bis 1145). – P. Petro, *A. Z.'s »The Yawning*

Heights« as an Anatomy (in Canadian Slavonic Papers, 23, 1981, Nr. 1, S. 70–76). – H. Bienek, Rez. (in Der Spiegel, 30. 3. 1981). – R. Schmid, Rez. (in Die Zeit, 24. 4. 1981). – F. Ph. Ingold, Rez. (in NZZ, 25./26. 4. 1981). – H.-P. Klausenitzer, Rez. (in FAZ, 27. 4. 1981). – N. Franz, *Komposition und Stil in Z.s »Zijajuščie vysoty«* (in N. F. u. J. Meichel, *Russische Literatur der Gegenwart*, Mainz 1986). – M. Kirkwood, *»Zijajuščie vysoty« and its Serialisation in Oktjabr'* (in SEER, 1992, Nr. 3).

VIKTOR MAKSIMOVIČ ŽIRMUNSKIJ

* 2.8.1891 St. Petersburg
† 31.1.1971 Leningrad

VOPROSY TEORII LITERATURY. Stat'i 1916 do 1926

(russ.; *Fragen der Theorie der Literatur. Aufsätze 1916–1926*). Sammelband literaturtheoretischer Arbeiten von Viktor M. ŽIRMUNSKIJ, erschienen 1928. – Der sowjetische Literaturwissenschaftler Žirmunskij, der sich insbesondere als Kenner der deutschen Sprache und Literatur einen Namen machte, nahm zur Formalen Methode die Stellung eines kritischen Sympathisanten ein; von ihm stammt eine der ersten im Westen erschienenen informativen Studien über die russische Formale Methode, *Formprobleme in der russischen Literatur*, 1925. Žirmunskij stand eine Zeitlang dem »Opojaz« (Gesellschaft zur Erforschung der poetischen Sprache) nahe, entfernte sich jedoch seit Anfang der zwanziger Jahre von dieser Vereinigung, deren Doktrin er als formalistisch bezeichnete.

Von den futuristisch orientierten Vertretern der Formalen Methode unterscheidet sich Žirmunskij durch die stärkere Hinwendung zur symbolistischen Poesie, insbesondere zu A. BLOK, durch die Einführung »germanistischer« Elemente (wie sie sich aus der Beschäftigung mit der westlichen Romantik und der formal interessierten deutschen Literaturwissenschaft – O. WALZEL, H. WÖLFFLIN u. a. – ergaben) sowie durch seine geistesgeschichtliche Ausrichtung, die sich etwa in der Forderung ausdrückt, die Evolution der Stile in Zusammenhang mit der *»allgemeinen Entwicklung der Kultur, insbesondere mit der Veränderung des ›Lebensgefühls‹, des ›psychologischen Hintergrunds‹ einer Epoche zu sehen«*.

Seine Vorbehalte gegenüber der Formalen Methode formuliert Žirmunskij bereits in *K voprosu o »formal'nom metode«*, 1923 *(Zur Frage der »Formalen Methode«)*, dem Vorwort zur russischen Übersetzung von Walzels *Gehalt und Gestalt im Kunstwerk des Dichters* (1923), das mit anderen Arbeiten aus den Jahren 1916–1926 in *Voprosy teorii literatury* aufgenommen wurde. Gegen V. Šklovskijs Formel der *»Kunst als Verfahren«* führt er an, daß Kunst in der Regel *»synkretistisch«* sei und sich nicht in ästhetischen Aufgaben erschöpfe. Sie könne daher mit der gleichen Berechtigung als *»Produkt psychischer Tätigkeit«*, als *»soziales Faktum und sozialer Faktor«*, als *»moralisches oder religiöses Phänomen«* oder als *»Mittel der Erkenntnis«* definiert werden. Žirmunskij weist zu Recht darauf hin, *»daß die Herauslösung eines autonomen ästhetischen Bereichs ein im Prozeß der historischen Entwicklung begründetes, wenngleich berechtigtes methodologisches Verfahren«*, doch keine Wesensbestimmung der Literatur ist. Weiter kritisiert Žirmunskij die Theorie der immanenten literarischen Evolution, deren Grundprinzipien – *»Abweichung von den herrschenden Schablonen«* (Verfremdung) und *»erschwerte Form«* – in seinen Augen nicht *»treibende und bewegende Faktoren in der Entwicklung der Kunst«* sind, sondern *»sekundäre Merkmale, die die vollzogene Entwicklung im Bewußtsein des in seinen Forderungen an die Kunst zurückgebliebenen Lesers widerspiegeln«*. Der Autor stellt fest, *»daß das Kontrastprinzip die neue Richtung nur durch negative Merkmale bestimmt und nicht im geringsten den positiven Inhalt und die Richtung des historischen Prozesses festlegt«*. Žirmunskijs dritter Einwand richtet sich gegen die Gleichsetzung der durch das formale Kompositionsprinzip bestimmten *»gegenstandslosen«* Künste (Ornamentkunst, Musik) mit *»thematischen«* Künsten wie der Literatur. Diesen Vorwurf konkretisierte er in seiner Rezension von B. Ėjchenbaums *Melodika sticha*, 1922 *(Die Melodik des Verses)*. Dabei unterscheidet der Autor seinerseits zwischen der reinen *»Wortkunst«* (Lyrik), in der die Kompositionsaufgabe vorherrscht, und *»literarischen Kunstwerken«* – etwa den Romanen L. Tolstojs –, in denen das Wort der *»kommunikativen Funktion«* zugeordnet ist. Den eigenen Standpunkt legt Žirmunskij in dem Artikel *Zadači poėtiki*, 1921–1923 *(Die Aufgaben der Poetik)*, dar. Wie die übrigen Formalisten lehnt er den Dualismus von Form und Inhalt ab. An ihre Stelle treten bei ihm die *»Form«* als ästhetische Eigenart der Kunst und das *»Material«*, d. i. in der Poesie die Sprache. Den in der Formalen Schule anerkannten Untersuchungsbereichen Stilistik und Komposition fügt Žirmunskij die Thematik hinzu. Die Stilistik versteht er, an A. Potebnja anknüpfend, *»gewissermaßen als poetische Linguistik«*. Stil dagegen ist *»die Einheit der Verfahren eines Kunstwerks«*. Zwar betont Žirmunskij die *»teleologische Gerichtetheit«* und *»Systemhaftigkeit«* der künstlerischen Verfahren eines Werkes, doch ist in seinem Begriff der *»Einheit«* des Werks viel psychologisierende Harmonisierung spürbar, wodurch er hinter dem funktional-systemtheoretischen Ansatz Ju. Tynjanovs zurückbleibt.

Žirmunskijs Kritik trifft in erster Linie den frühen Formalismus und läßt dessen spätere Entwicklung und Selbstkorrektur unberücksichtigt. Ėjchen-

baums Gegenvorwurf, Žirmunskij sei ein *»Versöhner der Extreme«*, der kein *»Pathos zur Zuspitzung und Klärung«* theoretischer Probleme besitze, ist nicht unberechtigt. Žirmunskijs Anleihen bei Geistesgeschichte und Psychologie mußten der sich entwickelnden Formalen Schule als Rückfall in überwundene Positionen erscheinen. Seine Einwände gegen die *»formalistische«* Einseitigkeit und seine eklektizistische Unentschlossenheit brachten keine Lösung der anstehenden theoretischen Probleme. Es bleibt jedoch ein Verdienst seiner Kritik, die Grenzen der Formalen Methode aufgezeigt und bestimmte *»Grenzprobleme«* – etwa die Frage nach dem Verhältnis von ästhetischen und außerästhetischen Faktoren in der Kunst oder nach den bewegenden Kräften der literarischen Evolution – ins Bewußtsein gehoben zu haben.   H.Gü.

Ausgaben: Leningrad 1928; Nachdr. Den Haag 1962.

Übersetzung (Ausz.): *Die Aufgaben der Poetik*, J. Paulmann (in *Texte der russischen Formalisten*, Hg. W. D. Stempel, Bd. 2, Mchn. 1972).

Literatur: B. Ėjchenbaum, *Vokrug voprosa o »formalistach«* (in Pečat' i revoljucija, 1924, Nr. 5, S. 1–12). – V. M. Žirmunskij, *Formprobleme in der russischen Literaturwissenschaft* (in ŽslPh, 1, 1925, S. 117–152). – P. Berkov, *V. M. Ž. kak literaturoved (k 70-letiju so dnja roždenija)* (in Russkaja literatura, 1961, Nr. 5). – *V. M. Ž.*, Moskau/Leningrad 1963. – V. Erlich, *Russischer Formalismus*, Mchn. 1964, S. 105 ff. – J. Striedter, *Zur formalistischen Theorie der Prosa und der literarischen Evolution* (in *Texte der russischen Formalisten*, Bd. 1, Hg. J. S., Mchn. 1969, S. 9–83). – W. D. Stempel, *Zur formalistischen Theorie der poetischen Sprache* (ebd., Bd. 2, Hg. W. D. S., S. 9–53). – A. Hansen-Löve, *Der russische Formalismus*, Wien 1978.

LEONID GENRICHOVIČ ZORIN

* 3.11.1924 Baku

GOSTI

(russ.; *Gäste*). Schauspiel in drei Akten von Leonid G. Zorin, Uraufführung: Moskau 1954. – Der Autor dieses spektakulären Stücks zählt zu jenen avantgardistischen Satirikern, die nach der sog. *»Ždanovščina«* (Ždanov war unter Stalin der führende Kulturideologe) mit Malenkovs Forderung nach *»neuen Gogol's und Ščedrins«* Ernst zu machen suchten, ohne daß sie die veränderte Situation realistisch genug eingeschätzt hätten.

Pëtr Kirpičëv, der negative Held des Stücks, ist einer jener inhumanen Funktionärsbürokraten, die der übrigen Menschheit so ähnlich sind *»wie der Affe dem Menschen«.* Wie widerwärtig sein Charakter ist, zeigt sich während eines Familientreffens im Landhaus seines Vaters, eines alten Revolutionsveteranen, der in seiner wohlverdienten Zurückgezogenheit nicht bemerkt hat, wie *»aus dem Sohne Kirpičëvs ein Kirpičëvsöhnchen geworden«* ist, das nur dank seinem Vatersnamen, nicht aber kraft charakterlicher Qualitäten in der Sowjethierarchie Karriere gemacht hat. Pëtrs Sohn aus erster Ehe, Sergej, und der Journalist Trubin beweisen dies dem Alten mit der »Geschichte« des Rechtsanwalts Pokrovskij, der als Bittsteller zu Gast weilt. Zu Unrecht aus der Anwaltskammer ausgeschlossen, bittet Pokrovskij Pëtr als den zuständigen Ministerialbeamten, sich für seine Rehabilitation einzusetzen, und bekommt eine unverbindliche Zusage. In einem Ferngespräch mit Moskau aber, dessen Zeugen fast alle Beteiligten sind, gibt Pëtr den Unschuldigen skrupellos preis, um die eigene Karriere nicht zu gefährden. Der Vater weist dem Sohn die Tür, und Sergej verspricht, *»auf Leben und Tod gegen ihn und seinesgleichen zu kämpfen«.* Das Stück endet mit dem symbolisch gemeinten Satz Trubins: *»Es gibt im Leben ein weises Gesetz. Die Gäste kommen und gehen, die Hausherren bleiben.«*

Obwohl damit deutlich gesagt war, daß die einzelnen Bürokraten in der Sowjetgesellschaft nur eine vorübergehende »Gastrolle« spielen können, fühlte sich die »mittlere« Generation Pëtr Kirpičëvs derart angeschwärzt, daß sie – die ja tatsächlich über jene durch *»Abgeschmacktheit, Gier und Schwächlichkeit«* korrumpierte Macht verfügte – Zorin vorwarf, er *»verhöhne unter dem Deckmantel der Kritik an den negativen Erscheinungen die Grundlagen des Sowjetlebens selbst«.* Das Stück wurde nach wenigen Aufführungen vom Spielplan abgesetzt und durfte auch nicht wieder gedruckt werden; eine Maßnahme, die eindeutig bestätigt, daß eine Randbemerkung im Stück die Ursache allen Übels trifft: *»Es gibt ein kurzes Wort – Macht.«* W.Sch.

AUSGABE: Moskau 1954 (in Teatr, Nr. 15).

LITERATUR: A. Mar'janov, *Ob odnoj fal'šivoj p'ese* (in Literaturnaja gazeta, 27.5. 1954; dt.: *Feindliche Propaganda*; in Ostprobleme, 6, 1954, S. 1008 ff.). – Ders., *O p'ese L. Z. »Gosti«* (in Sovetskaja kul'tura, 5.6. 1954; dt.: *Sorin beleidigt die Sowjetgesellschaft*; in Ostprobleme, 6, 1954, S. 1055 ff.). – A. Steininger, *Literatur und Politik in der Sowjetunion nach Stalins Tod*, Wiesbaden 1965, S. 37. – L. Vetelina, *Problemno-tematičeskaja i žanrovaja ėvoljucija sovremennoj sovetskoj komedii i komediografija L. Ž.*, Diss. Moskau 1988.

MICHAIL MICHAJLOVIČ
ZOŠČENKO

* 9.8.1894 St. Petersburg
† 22.7.1958 Leningrad

LITERATUR ZUM AUTOR:
M. Z. Stat'i i materialy, Leningrad 1928; Nachdr. Letchworth 1973. – J. Sac, *M. M. Z.* (in Literaturnaja kritika, 3, 1937, S. 140–167). – R. A. Domar, *Die Tragödie eines Sowjet-Satirikers. Der Fall Z.* (in E. J. Simmons, *Der Mensch im Spiegel der Sowjet-Literatur*, Stg. 1956, S. 238–285; m. Bibliogr.). – H. Scriabine, *L'humour contre les ›faux dieux‹ dans l'œuvre de deux grands contemporains: M. Z. et M. Aymé*, Diss. Syracuse 1962/63. – V. Wiren-Garozynski, *The Russian Language in the Immediate Post-Revolutionary Period and its Literary Stylization in the Fiction of M. Z.*, Diss. NY 1965. – L. Eršov, *K istorii sovetskoj satiry. Z. i satiričeskaja proza 20–40-ch godov*, Leningrad 1973. – L. Scatton, *The Neglected Z. An Integrated Approach to his Life and Works*, Diss. Cambridge/Mass. 1976. – M. Čudakova, *Poėtika Z.*, Moskau 1979. – A. Murphy, *M. Z.: A Literary Profile*, Oxford 1981. – E. Salnikow-Ritter, *Studien zur Sprache M. Z.s*, Diss. Graz 1981. – *M. Z. v vospominanijach sovremennikov*, Hg. A. Smoljan u. N. Jurgeneva, Moskau 1981. – K. Hanso, *Writing a Path to Health: Autobiography and Autotherapy in Z.'s Work*, Diss. Berkeley/Calif. 1985. – W. Mucha, *Opowiadania satyryczne i humorystyczne M. Zoszczenki (1921–1932)*, Breslau 1985. – M. Kreps, *Technika komičeskogo u Z.*, Benson/Vt. 1986. – M. Grau, *Untersuchungen zur Entwicklung von Sprache und Text bei M. Z.*, Mchn. 1988. – B. Sarnov: *Prišestvie kapitana Lebjadkina. Slučaj Zoščenko*, Moskau 1993. – *Lico i maska M. Z.*, Moskau 1994.
Neue Werkausg.: Sobr. soč., 3 Bde., Moskau 1994.

GOLUBAJA KNIGA

(russ.; *Ü: Das Himmelblaubuch*). Erzählwerk von Michail M. ZOŠČENKO, erschienen 1934/35. – Dieses höchst originelle, nach Inhalt wie Form einmalige Werk der russischen Literatur geht auf eine Anregung Maksim GOR'KIJS zurück, der dem Autor riet: *»Meiner Ansicht nach könnten Sie… mit dem bunten Glasperlenwerk Ihres Wortschatzes eine Art humanistischer Kulturgeschichte darstellen bzw. aussticken.«* Bei der Zusammenstellung eines neuen Erzählbandes kam Zoščenko auf dieses Thema zurück, doch entstand in der Folge keine Kulturgeschichte, sondern, wie er an Gor'kij (Brief vom Januar 1934) schreibt, eine *»Geschichte der menschlichen Beziehungen«*, die er *Himmelblaubuch* betitelte, weil *»alle anderen Farben bereits an Weißbücher, Braunbücher, Blaubücher usw. vergeben sind«.*

Das Buch gliedert sich in die fünf Kapitel: *Das Geld, Die Liebe, Kabale, Unglücke, Erstaunliche Ereignisse*, die mit allgemeinen Betrachtungen des Satirikers Zoščenko über das jeweilige Thema eingeleitet werden. Auf die Einleitung folgt zumeist eine nicht chronologisch geordnete Aufzählung erstaunlicher, grotesker oder blutrünstiger Begebenheiten aus dem Altertum und Mittelalter, verknüpft mit »historischen Novellen« und »komischen und barbarischen Histörchen«. Den eigentlichen Hauptteil der einzelnen Kapitel bildet eine Handvoll Kurzgeschichten, in denen Zoščenko den Alltag in Sowjetrußland durchstöbert und der Bedeutung nachforscht, die beispielsweise dem Geld oder der Liebe in einem sozialistischen Land zukommt. Ein Nachwort leitet sodann zum nächsten Thema über.

Es nimmt wunder, daß diese erfrischend unpreziöse, zuweilen kabarettistisch bunt gefiederte, stets aber den Leser zum Mitdenken zwingende »Geschichte der menschlichen Beziehungen« kurz nach ihrer Veröffentlichung in der Sowjetunion verboten wurde und nicht wieder aufgelegt werden durfte, obwohl gerade ihr hätte entnommen werden sollen, wie leuchtend sich die Sowjetunion von den kapitalistischen Staaten abhebt als ein Land, das dem Verbrechen der Ausbeutung des Menschen durch den Menschen ein Ende gemacht und alle Voraussetzungen dafür geschaffen hat, daß der Mensch gut werde und seinen Nächsten liebe und achte, denn: »*Jetzt gehört nun alles den Werktätigen selbst, und deshalb hoffen wir, daß alles gut werden wird und daß alle sklavischen Gefühle und Gedanken, die die düstere Historie hervorgerufen hat – blindlingse Dienstbereitschaft, lakaienhafte Liebedienerei und übermäßige Bereitserei –, weichen und verschwinden und nie wieder die Würde des Menschen herabsetzen werden.*« Gerade solche Hoffnungen jedoch, die der als Spaßmacher verkannte Zoščenko gleichsam wie Leuchtbojen aussetzt, mußten bereits zu Anfang der sogenannten Stalin-Ära in Widerspruch zu der politischen Wirklichkeit stehen, die zwar noch nicht von den wenig später anlaufenden stalinistischen Terroraktionen geprägt war, doch bereits beängstigend deutlich erkennen ließ, daß sich die Sowjetunion auf dem Weg zu einem Totalitarismus befand, der voraussetzte, was Zoščenko geißelte – »*sklavische Gefühle und Gedanken*«.   M.Gru.

AUSGABEN: Moskau 1934/35 (in Krasnaja nov', 1934, Nr. 3 u. 10; 1935, Nr. 6, 7 u. 12). – Leningrad 1935. – Jerusalem o. J. [ca. 1976]. – Leningrad 1987 (in *Sobr. soč.*, Hg. D. Granin u. a., 3 Bde., 3).

ÜBERSETZUNGEN: *Das Himmelblaubuch*, I. Mirus, Mchn. 1966 (dtv; ern. 1971). – Dass., T. Reschke, Bln./DDR 1987. – Dass., ders., Ffm. 1989 (st).

LITERATUR: A. Starkov, *Ot »Sinebriuxova« k »Goluboj knige«: Satira Z. v 20-x – pervoj polovine 30-x godov* (in Voprosy literatury, 8, 1964, Nr. 11, S. 64–82).

O ČĚM PEL SOLOVEJ

(russ.; *Ü: Was die Nachtigall sang*). Satirische Erzählungen von Michail M. ZOŠČENKO, erschienen 1927. – Zoščenko, der sich 1922 in Lev LUNC' Manifest der Serapionsbrüder *(Počemu my Serapionovy Brat'ja – Warum wir Serapionsbrüder sind)* kritisch gegen jede Art von politischer Indoktrinierung der nachrevolutionären Literatur gewandt hatte, geht es in seinen frühen Erzählungen und Satiren weniger um die institutionell bedingten Mißstände der sowjetischen Gesellschaft, d. h. nicht so sehr um kollektives wie um individuelles Schicksal. Die Helden der Erzählsammlung *O čěm pel solovej* stehen fast alle in einem rein subjektiven Erlebnisbereich: Die Welt, die sie umgibt, und die Probleme, an denen sie scheitern, sind Resultate ihrer eigenen Träume, Launen, Ängste, Hoffnungen und Spleens. – In *Koza (Die Ziege)* sieht sich der kleine Büroangestellte Zabežkin endlich am Ziel seiner Wünsche: Er gründet einen Hausstand. Als er jedoch versucht, seiner frisch Angetrauten – Domna Pavlovna – den Zusammenhang zwischen seinem romantischen Traum vom bürgerlichen Glück (das mit Domnas Ziege begann) und seinem neuen Status klarzumachen, verläßt Domna in der Meinung, Zabežkin habe sie nur der Ziege wegen geheiratet, entrüstet das gemeinsame Nachtlager und stößt Zabežkin in seine frühere Einsamkeit zurück. – In *Strašnaja noč' (Eine schreckliche Nacht)* fühlt sich der Triangelspieler Kotofeev jäh aus seiner Existenzgewißheit gerissen, als ihm klar wird, daß sein bisheriges Leben nichts als eine Reihe von zufälligen Ereignissen darstellte, auf die seine persönlichen Entscheidungen keinen Einfluß hatten. Er erkennt die Fragwürdigkeit der formalen Sicherheit, die sein bisheriges Scheinglück bestimmte, und versucht in einer zum grotesken Amoklauf gestalteten Szene, die schließlich zur Flucht vor der Gesellschaft wird, seinem bisherigen Leben zu entrinnen. Der Versuch mißlingt. Die Gesellschaft holt ihn ein und integriert ihn in die Einsamkeit seines gewohnten Milieus. – Eine ironische Umkehrung erfährt dieses Thema – die plötzliche Konfrontation eines Menschen mit existenzerschütternden Ereignissen – in *Veseloe priključenie (Ein lustiges Abenteuer)*. Der junge Petuchov hat eines Nachts einen Traum, in dem er sich selbst als strahlenden, von seiner Umwelt bewunderten Helden sieht. Anderntags beschließt er, diesen Traum in seine Wirklichkeit hinein zu verlängern. Beim morgendlichen Spaziergang trifft er Katjuša Červjakova und verabredet sich mit ihr für eine Kinovorstellung, von der er das Glück seines weiteren Lebens abhängig macht. Der Hauptteil der Erzählung schildert nun Petuchovs erfolglose Jagd nach den dreißig Kopeken, die er zur Finanzierung seines Treffens mit Katjuša braucht. Das durch den olympischen Eingriff des Autors, d. h. durch dessen Wunsch, ein »heiteres Erlebnis« darzustellen, entgegen aller Erwartung doch noch eintretende Happy-End dient lediglich der ironischen Kontrapunktierung jener erfolglosen Suche nach dem Kinogeld. – Die Titelgeschichte *O čëm pel solovej* erzählt die glückliche, aber kurze Liebe zwischen dem Beamten Bylinkin und der Wirtstochter Lizočka Rundukova. Nach idyllischen Frühlingsnacht-Erlebnissen scheitert diese Liebe schließlich an der Weigerung der künftigen Schwiegermutter Bylinkins, dem Brautpaar ihre Wäschetruhe zu vermachen.

In all diesen Erzählungen triumphiert am Ende das Mittelmaß, das keinen Raum für individuelles, d. h. in der subjektiven Entscheidung begründetes Erleben besitzt. Die Verfremdung des romantischen Rahmens (man vergleiche den Untertitel der Sammlung: *Sentimental'nye povesti – Sentimentale Erzählungen)* ist durchaus nicht bloß als kritische Wertung einer im bürgerlichen Klischee erstarrten Gefühlswelt zu verstehen. Hinter dieser ironischen Fassade zeichnet sich Zoščenkos Resignation angesichts eines nur noch im Klischee zu erlebenden Glücks ab. Die Welt seiner Erzählungen ist ein System von Vorurteilen und programmierten Empfindungen. Gerade in ihrer Schablonenhaftigkeit aber ist diese Welt überempfindlich gegen alles Außerordentliche und Unvorhergesehene, gegen das sie sich nur durch Ignoranz wehren kann.

Die Erzählstruktur der Geschichten offenbart Zoščenkos Abhängigkeit von Nikolaj GOGOL's *Skaz*-Technik. Immer wieder werden in die Handlung Fiktionsverweise (Reflexionen über die Darstellungstechnik, die Sujetwahl usw.) eingeflochten, d. h., die zentrale (subjektive) Handlung wird in eine Distanz gerückt, die das Geschehen ironisch negiert. Ähnlich wie bei Gogol' steckt auch hier der Teufel – Schicksal spielend bzw. manipulierend – im Detail. Diese Verselbständigung einzelner Systemteile wird in Zoščenkos späteren Satiren (z. T. wohl unter dem Einfluß der sowjetischen Literaturdoktrin) nicht mehr als individuelles Aufbegehren, als Nonkonformismus, interpretiert, sondern zur konkreten Invektive gegen bürgerliche Erscheinungen und administrative Mißstände der Sowjetgesellschaft umfunktioniert. A.Gu.

AUSGABEN: Moskau 1927. – Leningrad 1937 (in *Izbr. povesti*). – Leningrad 1987 (in *Sobr. soč.*, Hg. D. Granin u. a., 3 Bde., 2).

ÜBERSETZUNG: *Was die Nachtigall sang* und *Eine entsetzliche Nacht*, O. Schwechheimer u. W. Richter-Ruhland (in *Satiren*, Stg. 1957; RUB; Ausz.).

LITERATUR: A. Ležnev, Rez. (in Pečat' i revoljucija, 6, 1927, S. 220). – A. R. Palej, Rez. (in Novyj mir, 6, 1927, S. 205). – H. Günther, *Zur Semantik und Funktion des Skaz bei M. Z.* (in *Von der Revolution zum Schriftstellerkongreß*, Hg. G. Erler u. a., Wiesbaden 1979, S. 326–353).

SPI SKOREJ

(russ.; *Ü: Schlaf schneller, Genosse!*). Satirische Erzählungen von Michail M. ZOŠČENKO, erschienen 1937 in dem Sammelband *1935–1937*. – Zoščen-

kos Satiren reflektieren die Schwierigkeiten, Absurditäten und psychologischen Verwirrungen der Anfangsjahre der Sowjetunion. Ihr Held ist der ungebildete, doch lernbegierige Durchschnittsbürger, der die Revolution erlebte, ohne die daraus resultierenden geistigen Veränderungen nachzuvollziehen. Insgeheim der alten Zeit nachtrauernd, wundert oder entrüstet er sich über die offensichtlichen Mißstände seiner neuen, sozialistischen Umwelt. Am Beispiel von Wohnungsnot, Plünderei, Bestechungsaffären, Versorgungsschwierigkeiten und ähnlichen gesellschaftlichen »Gebrechen« wird in ironischer Persiflage der Eindruck vermittelt, daß sich für den kleinen Mann unter dem neuen System wenig geändert hat.

In der Titelerzählung beklagt der Erzähler die Schwierigkeiten der Hotelzimmersuche. Die schäbige Kammer, die er sich mit List und Mühe erkämpft hat, ziert neben ungezählten Wanzen eine große Wasserpfütze. Über dem kaum funktionsfähigen Bett hängt ein Schild mit der bezeichnenden Aufschrift: »*Schlaf schneller, Genosse, dein Kissen benötigt schon ein anderer!*« Nach im Kampf gegen Wanzen und rutschende Matratze durchwachter Nacht vertreibt der Lärm einer elektrischen Säge den Morgenschlummer. Zu guter Letzt wird bei der Abfahrt der Paß des Erzählers mit dem seiner Zimmernachbarin vertauscht, deren Bekanntschaft den Gepeinigten allerdings für die erlittene Unbill entschädigt. »*Woraus zu ersehen ist, daß das Reisen und der Aufenthalt in Hotels auch gewisse Vorteile mit sich bringt.*« – Das Problem der Wohnungsnot behandelt die Erzählung *Brak po rasčëtu (Ehe aus Berechnung)*. Obwohl es heute nicht mehr wie zur Zarenzeit vorkommt, daß ein junges Täubchen des Geldes wegen einen Alten nimmt, hat ein hübsches Mädchen einen sechzigjährigen Leningrader Glatzkopf geheiratet, nur um in den Besitz einer schönen Wohnung zu gelangen. Sie versteht verschiedentlich so geschickt umzuziehen, daß sie zuletzt ein herrliches Zimmer im Stadtzentrum bewohnt, während der Gatte, von dem sie sich nach erfülltem Ehezweck scheiden läßt, mit einem unansehnlichen Loch am Stadtrand vorliebnehmen muß. Die Diskrepanz zwischen der Aussage des Erzählers und dem tatsächlichen Ablauf der Geschichte kennzeichnet auch die Erzählung *Bez protekcii (Ohne Protektion)*. Von einem parteilosen Lastfahrer erfährt der Trustbuchhalter, von diesem der kaufmännische Direktor, von diesem endlich der Generaldirektor von dem gänzlich protektionslosen Vanjuška, der augenblicks zum Beweis eingestellt wird, daß man auch ohne Protektion Arbeit bekommen kann.

Die Komik der Satiren ergibt sich vor allem aus ihrem Vortrag durch einen vorgeschobenen Erzähler, der den Autor verdeckend, zu starkem Eigenleben innerhalb der Erzählung gelangt. Jedes Detail wird der »auktorialen« Haltung des fiktiven Erzählers untergeordnet, von dem sich der Autor *expressis verbis* distanziert: »*Ich parodiere einen von mir erfundenen Proletarierschriftsteller, der in gegenwärtiger Zeit und bei den herrschenden Lebensbedingungen existieren könnte.«* Zoščenko entwickelt die von N. GOGOL', N. LESKOV und A. REMIZOV gepflegte Technik des *skaz* fort und erhebt sie zum Strukturmerkmal seiner Satiren. Er stattet seinen Erzähler mit dem Idiom des ungebildeten Städters aus, das ungezählte Wendungen aus der Sprache der Beamten, der Presse, der politischen Werbung, der Wissenschaft und der Subkultur auf gut Glück miteinander vermengt. So entsteht als Konglomerat divergierender Sprachstile ein Jargon, der trotz seiner Nähe zur Umgangssprache synthetisch wirkt und sich eben dadurch zur Spiegelung der inneren Widersprüche der dargestellten Charaktere eignet.

E.Kö.

AUSGABEN: Leningrad 1937 (in *1935–1937. Rasskazy, povesti, fel'etony, teatr, kritika*). – Leningrad 1940. – Moskau/Leningrad 1962 (in *Rasskazy, fel'etony, komedii. Neizdannye proizv.*). – Ldn. 1968 (in *Izbr. proizv.*, 2 Bde., 1). – Leningrad 1987 (in *Sobr. soč.*, Hg. D. Granin u. a., 3 Bde., 2).

ÜBERSETZUNG: *Schlaf schneller, Genosse!*, G. v. Willinsky, Darmstadt 1953. – Dass., dies., Ffm. 1960.

LITERATUR: L. Levin, *Zametki o satiričeskoj proze* (in Molodaja gvardija, 9, 1939, S. 151–158). – W. Busch, *Volksetymologien und anderes bei Z. Anmerkungen zur Lexik eines populären Satirikers* (in *Korrespondenzen. Fs. f. D. Gerhardt zum 65. Geburtstag*, Gießen 1977, S. 65–74).

VOZVRAŠČENNAJA MOLODOST'

(russ.; *Die wiedererlangte Jugend*). Roman von Michail M. ZOŠČENKO, erschienen 1933. – Der Gattung nach eine Amplifikation der satirischen Erzählung des Autors, persifliert Zoščenkos erster Roman die Forderung der zeitgenössischen Literaturkritik nach einer Annäherung von Literatur und Wissenschaft. Er erzählt die Geschichte des alternden Astronomieprofessors Vasilij Petrovič Volosatov, dem es durch die Rasur seines Schnurrbarts und die Anstrengung seiner Willenskraft gelingt, seine verlorengeglaubte Jugend wiederzuerlangen. Volosatov verläßt seine Familie, um die ordinäre, mannstolle Tulja zu ehelichen, die bereits mit neunzehn Jahren die Männer wie die Hemden wechselt und schon zahlreiche Abtreibungen hinter sich hat. Tuljas Untreue läßt den Professor einen Schlaganfall erleiden, der die eine Hälfte seines Körpers lähmt. Endlich geheilt, kehrt er zu Frau und Familie zurück, ohne indes seine Liebe zu Tulja zu vergessen.
Über diese eher dürftige Fabel wird der Leser bis zum vorletzten Abschnitt des Buches im unklaren gelassen. In siebzehn einleitenden Kapiteln breitet der Autor zuvor seinen pseudowissenschaftlichen, unablässig abschweifenden und großenteils irrelevanten Kommentar zum Thema des Romans aus. Er bezeichnet sein Werk als Mittelding zwischen einem unterhaltenden Roman, der dem Leser hilft,

»seine täglichen Sorgen zu zerstreuen«, und einer in der *»einfachen, widersprüchlichen Sprache des Alltags«* geschriebenen wissenschaftlichen Abhandlung und vergleicht es den gängigen Kulturfilmen der Zeit, die aus aufklärerischem Impuls Themen wie *»Die Abtreibung«*, *»Warum regnet es?«*, *»Wie werden Seidenstrümpfe gemacht?«*, *»Wodurch unterscheidet sich der Mensch vom Biber?«* behandeln. *»Es gibt solche Filme über große zeitgenössische Themen der Wissenschaft und der Produktion, die des Studiums wert sind.«* Einerseits sieht sich der Autor genötigt, sich bei *»allen Ärzten, Feldschern, Krankenschwestern, Apothekern, ihren Gattinnen und Angehörigen und selbstverständlich auch bei ihren Nachbarn«* zu entschuldigen, daß er als unbefugter Laie ein so wissenschaftliches Thema wie die Wiedererlangung der Jugend anschneide. Andererseits beschwichtigt er die Schriftsteller ob des ausgefallenen Vorhabens durch das Versprechen, *»die Schönheiten unserer nordischen Natur, die Ufer und Bächlein, die Lichtungen der Wälder, aber auch die komplizierten und herzhaften Erlebnisse der Helden, ihre Meditationen und freiwilligen Aussprüche«* zu beschreiben und *»die aktuelle Politik, den Umbau der Charaktere und die siegreich vorwärtsschreitenden Tage«* zu verherrlichen.
Eher durch die Einheit der Personen als durch die sparsame Handlung verbunden, enthalten die kurzen Kapitel, umrankt von zahlreichen kleineren Histörchen (vom Schluckauf des schlaflosen Künstlers, vom wäschespülenden Hund usf.), jeweils eine der charakteristischen Zoščenko-Satiren. Der eigentliche Roman aber wird an Umfang noch übertroffen durch die zahlreichen Fußnoten, Kommentare und Erläuterungen des Autors, die in bunter Folge die Lebensdaten Goethes und Tolstojs, Theorien über die Entstehung des Universums, Angaben über die Temperaturen auf den Planeten, die Biographie des Autors, die Geschichte seiner Neurose usf. präsentieren. *»Das Erstaunlichste an Zoščenkos Roman ist, daß er als Versuch, die Literatur der Wissenschaft zu erschließen ... ernst genommen wurde. Man veranstaltete darüber verschiedene Diskussionen, an denen einige hervorragende sowjetische Wissenschaftler ... teilnahmen; niemandem fiel auf, daß Zoščenko sie zum Narren hielt«* (G. Struve).

M.Sz.

AUSGABEN: Leningrad 1933 (in Zvezda, Nr. 6, 8 u. 10). – Leningrad 1933. – Leningrad 1987 (in *Sobr. soč.*, Hg. D. Granin u. a., 3 Bde., 3).

LITERATUR: B. Begak, *Povest' i kommentarii k nej* (in Literaturnaja gazeta, 18. 3. 1934). – B. Drugov, Rez. (in Kniga i proletarskaja revoljucija, 1934, Nr. 9, S. 99–102). – A. Nemilov, *M. Z. i problema omoloženija* (ebd., S. 95–98). – A. Ol'gina, Rez. (in Chudožestvennaja literatura, 1934, Nr. 6, S. 16 bis 18). – C. Vol'pe, *O »Vozvraščennoj molodosti«* *M. Z.* (in Zvezda, 1934, Nr. 8, S. 161–171). – E. Žurbina, *Variant sud'by ›intelligentnogo čeloveka‹* (in Oktjabr', 1936, Nr. 2, S. 246–257).

Die Verfasser der Beiträge

A.G.	Dr. Alfreds Gāters	I.M.	Ilse Mirus
A.Gu.	Prof. Dr. Andreas Guski	I.No.	Irina Nowak
A.Kn.	Prof. Dr. Armin Knigge	I.R.	Dr. Irmhild Reischle
A.M.W.	Dr. Angela Martini-Wonde	I.Schö.	Ingeborg Schönenberg
B.B.	Bastian Brant	I.v.W.	Ilse von Werder
B.Gö.	Barbara Göbler	J.Bec.	Jochen Becker
B.K.	Dr. Bernhard Küppers	J.Di.	Dr. J. Dittmar
B.Kar.	Barbara Karhoff	J.H.	Dr. Josef Hahn †
B.Z.	Beate Zimmermann	J.Kri.	Jaroslav Kríž
C.Fe.	Dr. Christoph Ferber	J.W.	Dr. Joachim Weiland
C.Hü.	Dr. Christopher Hüllen	J.Wo.	Dr. Johanna Wolf
C.K.	Dr. Christoph Koch	K.H.	Dr. Karla Günther-Hielscher
C.N.	Christian Nymphius	K.Hm.	Kerstin Holm
D.Bu.	Prof. Dr. Dagmar Burkhart	KLL	Redaktion Kindlers Literatur Lexikon
D.E.Z.	Dieter E. Zimmer	K.M.	Dr. Karl Migner
D.Sc.	Daniela Scarpati	K.N.	Knut Nievers
D.T.	Prof. Dr. Dmitrij Tschiźewskij	K.P.W.	Dr. Klaus-Peter Walter
D.Tr.	Dorothea Trottenberg	K.Wo.	Karl Wolff
D.Wö.	Dietrich Wörn	L.Mü.	Prof. Dr. Dr. Ludolf Müller
E.A.G.	Dr. Ernst August Gruber	M.Bre.	Margit Breuer
E.Br.	Prof. Dr. Elisabeth Bronfen	M.G.R.	Dr. Marion Gras-Racić
E.Bs.	Elisabeth Berres	M.Gru.	Manfred Grunert
E.I.	Elena Ilina	M.Mun.	Marion Munz
E.Kö.	Ernst Kölnsperger	M.Sz.	Mario Szenessy
E.M.F.	Dr. Eva-Marie Fiedler	O.Sz.	Olga Szenfeld
E.Mü.	Dr. Eberhard Müller	P.B.B.	Pia Berger-Bügel
E.Re.	Prof. Dr. Eberhard Reißner	P.Ha.	Prof. Dr. Peter Hauptmann
E.W.	Prof. Dr. Erwin Wedel	P.Mi.	Peter Michael
W.Wol.	Dr. Elsbeth Wolffheim	P.Mü.	Dr. Peter Müller
F.G.	Prof. Dr. Frank Göbler	P.U.	Peter Urban
F.H.	Friedrich Hitzer	R.Bi.	Rolf Binner
F.Ke.	Dr. Fiedhelm Kemp	R.D.K.	Prof. Dr. Rolf-Dietrich Keil
F.Scho.	Prof. Dr. Friedrich Scholz	R.Du.	Prof. Dr. Ralph Dutli
G.Q.	Gaby Quester	R.Gl.	Prof. Dr. Rainer Grübel
G.v.S.	Georg von Schlippe	R.Glä.	Rupert Gläser
G.Wi.	Dr. Gertraude Wilhelm	R.Gt.	Rainer Goldt
G.Wo.	Gert Woerner	R.La.	Prof. Dr. Reinhard Lauer
G.Wy.	Prof. Dr. Günther Wytrzens	R.Maz.	Renate Mazur
H.B.Moe.	Prof. Dr. Hans-Bernhard Moeller	R.Ne.	Prof. Dr. Rudolf Neuhäuser
H.Fö.	Hans Földeak	R.Ti.	Rosemarie Tietze
H.Gü.	Prof. Dr. Hans Günther	S.G.	Sweltana Geier
H.J.G.	Prof. Dr. Horst-Jürgen Gerigk	S.Ma.	Susanne Mattis
H.J.S.	Hans-Joachim Schlegel	T.L.	Prof. Dr. Thomas Leims
H.Lau.	Helga Lauterwein	V.S.	Prof. Dr. Vsevolod Setschkareff
H.Mey.	Dr. Holt Meyer	W.Ka.	Prof. Dr. Wolfgang Kasack
H.P.W.	Dr. Heddy Pross-Weerth	W.Sch.	Wilfried Schäfer
H.Sp.	Dr. Hildegard Spraul	W.Scha.	Prof. Dr. Walter Schamschula
I.Ad.	Irma Adler	W.Schr.	Dr. Wolfgang Schrieck
I.Ja.	Dr. Irene Jablonowski	W.v.K.	Wolfgang van Kann

Abkürzungsverzeichnis

1. Allgemeine Abkürzungen

Abb.	Abbildung(en)	ebd.	ebenda
Abdr.	Abdruck	Ed.	editio, Edition, édition
abgedr.	abgedruckt	Einf.	Einführung
Abh.	Abhandlung(en)	Einl.	Einleitung
Abt.	Abteilung	enth.	enthält
Acad.	Académie	erg.	ergänzt
Akad.	Akademie	Erg.-H.	Ergänzungsheft
Ala.	Alabama	Erl.	Erläuterungen
Alas.	Alaska	ern.	erneut
AlH	Ausgabe letzter Hand	erw.	erweitert
allg.	allgemein		
Anh.	Anhang	f., ff.	folgende
Anm.	Anmerkung	Faks.	Faksimile
Ariz.	Arizona	fasc.	fasciculus
Ark.	Arkansas	Ffm.	Frankfurt/Main
Art.	Artikel	Fla.	Florida
AS	Ausgewählte Schriften	Frft./Oder	Frankfurt/Oder
AT	Altes Testament	Frgm.	Fragment
Aufl.	Auflage	Fs.	Festschrift
Ausg.	Ausgabe		
ausgew.	ausgewählt	GA	Gesamtausgabe
Ausw.	Auswahl	Ga.	Georgia
Ausz.	Auszug	geb.	geboren
autor.	autorisiert	Ges.	Gesellschaft
AW	Ausgewählte Werke	Gesch.	Geschichte
		GG	Gesammelte Gedichte
Bd.	Band	GS	Gesammelte Schriften
Bde.	Bände	GW	Gesammelte Werke
Bearb.	Bearbeitung		
bearb.	bearbeitet	H.	Heft
Beih.	Beiheft	Ha.	Hawaii
Beil.	Beilage	Hab. Schr.	Habilitationsschrift
Ber.	Bericht	Hbg.	Hamburg
Bibl.	Bibliothek	Hg.	Herausgeber
Bibliogr.	Bibliographie	hist.-krit.	historisch-kritisch
Biogr.	Biographie	Hs.	Handschrift
Bln.	Berlin		
Bull.	Bulletin	Id.	Idaho
bzw.	beziehungsweise	Ill.	Illinois
		Illustr.	Illustration(en)
ca.	circa	Ind.	Indiana
Calif.	Kalifornien	Inh.	Inhalt
Cod.	Codex	Inst.	Institut
Colo.	Colorado	in Vorb.	in Vorbereitung
Conn.	Connecticut	Izbr.	Izbrannoe (Auswahl)
dass.	dasselbe	Jb.	Jahrbuch
D.C.	District of Columbia	Jg.	Jahrgang
Del.	Delaware	Jh.	Jahrhundert
ders.	derselbe		
desgl.	desgleichen	kaiserl.	kaiserlich
d.i.	das ist	Kans.	Kansas
dies.	dieselbe, dieselben	Kap.	Kapitel
Diss.	Dissertation	kgl.	königlich
durchges.	durchgesehen	Kl.	Klasse
		Komm.	Kommentar, Kommission

korr.	korrigiert	sämtl.	sämtliche
krit.	kritisch	S.C.	South Carolina
Ky.	Kentucky	S.D.	South Dakota
		selbst.	selbständig
La.	Louisiana	Ser.	Serie
Ldn.	London	Sitzungs-	Sitzungsberichte
Lex.	Lexikon	ber.	
Lfg.	Lieferung	s.o.	siehe oben
Lit.	Literatur	Sobr. soč.	Sobranie sočinenij
Lithogr.	Lithographie		(Gesammelte Werke)
Lpzg.	Leipzig	sog.	sogenannt
		Sp.	Spalte
MA	Mittelalter	Stg.	Stuttgart
ma	mittelalterlich	Str.	Strophe
Mass.	Massachusetts	SS	Sämtliche Schriften
Mchn.	München	s.u.	siehe unten
Md.	Maryland	SU	Sowjetunion
Me.	Maine	Suppl.	Supplement
Mich.	Michigan	s.v.	sub verbo
Minn.	Minnesota	SW	Sämtliche Werke
Miss.	Mississippi		
Mitt.	Mitteilung(en)	Tenn.	Tennessee
Mo.	Missouri	Tex.	Texas
monatl.	monatlich	theol.	theologisch
Mont.	Montana	Tl.	Teil
Ms.	Manuskript	Tle.	Teile
musikal.	musikalisch	Tsd.	Tausend
Nachdr.	Nachdruck	u.a.	und andere
Nachw.	Nachwort	UB	Universitätsbibliothek
NB	Nationalbibliothek	u.d.T.	unter dem Titel
N.C.	North Carolina	Ü	Übersetzung
N.D.	North Dakota	Übers.	Übersetzung
Nebr.	Nebraska	umgearb.	umgearbeitet
Neudr.	Neudruck	Univ.	Universität
Nev.	Nevada	u.ö.	und öfter
N.F.	Neue Folge	unveränd.	unverändert
N.H.	New Hampshire	unvollst.	unvollständig
N.J.	New Jersey	Urauff.	Uraufführung
Nlg.	Nachlieferung	Ut.	Utah
N.Mex.	New Mexico		
N.R.	Neue Reihe	V.	Vers
Nr.	Nummer	Va.	Virginia
N.S.	Neue Serie	veränd.	verändert
NT	Neues Testament	verb.	verbessert
NY	New York	Verf.	Verfasser
N.Y.	New York (Staat)	verf.	verfaßt
		Vergl.	Vergleich
Oh.	Ohio	verm.	vermehrt
o.J.	ohne Jahr	veröff.	veröffentlicht
Okla.	Oklahoma	Verz.	Verzeichnis
o.O.	ohne Ort	vgl.	vergleiche
Oreg.	Oregon	vollst.	vollständig
Orig.	Original	Vorw.	Vorwort
		Vt.	Vermont
Pa.	Pennsylvania		
phil.	philosophisch, philologisch	Wash.	Washington
Progr.	Programm	Wb.	Wörterbuch
Pseud.	Pseudonym	Wis.	Wisconsin
publ.	publiziert	Wiss.	Wissenschaft(en)
		wiss.	wissenschaftlich
R.	Reihe	W.Va.	West Virginia
R.I.	Rhode Island	Wyo.	Wyoming
rev.	revidiert	zeitgen.	zeitgenössisch
Rez.	Rezension	Zs.	Zeitschrift
		z.T.	zum Teil
S.	Seite	Ztg.	Zeitung
s.	siehe	zugl.	zugleich

2. Bücher, Zeitschriften und Reihen

AION	Annali dell'Istituto Orientale in Napoli
AslPh	Archiv für slavische Philologie
BS	Bibliothek Suhrkamp
ByZ	Byzantinische Zeitschrift
CL	Comparative Literature
ConL	Contemporary Literature
Crit	Critique. Studies in Modern Fiction
detebe	Diogenes Taschenbuch
DLB	Dictionary of Literary Biography
dtv	Deutscher Taschenbuch Verlag
DUZ	Deutsche Universitäts-Zeitung
DVLG	Deutsche Vierteljahrsschrift für Literaturwissenschaft und Geistesgeschichte
EC	Exempla Classica
ELH	A Journal of English Literary History
es	Edition Suhrkamp
ESC	English Studies in Canada
FAZ	Frankfurter Allgemeine Zeitung
FiBü	Fischer Bücherei
FiTb	Fischer Taschenbuch
FMLS	Forum for Modern Language Studies
FRs	Frankfurter Rundschau
GGT	Goldmanns Gelbe Taschenbücher
Goldm. Tb	Goldmann Taschenbuch
IB	Insel Bücherei
Insel Tb	Insel Taschenbuch
JbKGS	Jahrbücher für Kultur und Geschichte der Slaven
KLFG	Kritisches Lexikon zur fremdsprachigen Gegenwartsliteratur
KR	The Kenyon Review
LE	Das literarische Echo
MdF	Mercure de France
MFS	Modern Fiction Studies
MLQ	Modern Language Quarterly
MLR	Modern Language Review
MPh	Modern Philology
NRs	Die Neue Rundschau
NZZ	Neue Zürcher Zeitung
PLL	Papers on Language and Literature
PMLA	Publications of the Modern Language Association of America
PQ	The Philological Quaterly
RES	Revue des Études Slaves
RKl	Rowohlts Klassiker
rm	Rowohlts Monographien
rororo	Rowohlts Rotations Romane
RUB	Reclams Universal-Bibliothek
SEEJ	Slavonic and East European Journal
SEER	Slavonic an East European Review
SLu	Sammlung Luchterhand
StN	Studies in the Novel
StSU	Studies on the Soviet Union
StvLg	Studien zur vergleichenden Literaturgeschichte
SuF	Sinn und Form. Beiträge zur Literatur
SZ	Süddeutsche Zeitung
TCL	Twentieth-Century Literature
TDR	The Drama Review
TLS	Times Literary Supplement
TSLL	Texas Studies in Literature an Language
TWAS	Twayne's World Authors Series
WB	Weimarer Beiträge
WdS	Die Welt der Slawen. Vierteljahresschrift für Slawistik
WSlA	Wiener Slawistischer Almanach
WSlJ	Wiener Slawistisches Jahrbuch
WZGreifswald	Wissenschaftliche Zeitschrift der Universität Greifswald
YFS	Yale French Studies
ZfSl	Zeitschrift für Slawistik
ZslPh	Zeitschrift für slavische Philologie

Register der Autoren und Werke